D1726230

Schlothauer/Weider/Wollschläger

Verteidigung im Revisionsverfahren

Praxis der Strafverteidigung   Band 23

Begründet von

Rechtsanwalt Dr. Josef Augstein (†), Hannover (bis 1984)
Prof. Dr. Werner Beulke, Passau
Prof. Dr. Hans Ludwig Schreiber, Göttingen (bis 2008)

Herausgegeben von

Rechtsanwalt Prof. Dr. Werner Beulke, Passau
Rechtsanwalt Prof. Dr. Dr. Alexander Ignor, Berlin

Schriftleitung

Rechtsanwalt (RAK München und RAK Wien) Dr. Felix Ruhmannseder, Wien

Verteidigung im Revisionsverfahren

von

Prof. Dr. Reinhold Schlothauer

Rechtsanwalt in Bremen

Fachanwalt für Strafrecht

Prof. Dr. Hans-Joachim Weider (bis 2. Auflage)

Rechtsanwalt in Frankfurt/Main

Fachanwalt für Strafrecht

Dr. Sebastian Wollschläger

Rechtsanwalt in Köln

Fachanwalt für Strafrecht und Steuerrecht

3., neu bearbeitete Auflage

C.F. Müller

Prof. Dr. Reinhold Schlothauer ist Rechtsanwalt und Fachanwalt für Strafrecht in Bremen sowie Honorarprofessor an der Universität Bremen. Kontakt: schlothauer@strafverteidiger-bremen.de.

Dr. Sebastian Wollschläger ist Rechtsanwalt und Fachanwalt für Strafrecht und Steuerrecht in Köln sowie Dozent in der Ausbildung von Referendaren im Strafrecht im Bezirk des OLG Köln. Kontakt: wollschlaeger@gw-strafsachen.de

Bibliografische Information der Deutschen Nationalbibliothek

Die Deutsche Nationalbibliothek verzeichnet diese Publikation in der Deutschen Nationalbibliografie; detaillierte bibliografische Daten sind im Internet über <http://dnb.d-nb.de> abrufbar.

ISBN 978-3-8114-4467-6

E-Mail: kundenservice@cfmueller.de
Telefon: +49 89 2183 7923
Telefax: +49 89 2183 7620

www.cfmueller.de

Satz: preXtension; Grafrath
Druck: Westermann Druck, Zwickau

Vorwort der Herausgeber

Das vorliegende Werk zur Verteidigung im Revisionsverfahren hat sich seit seinem ersten Erscheinen vor etwa 10 Jahren längst seinen eigenständigen Platz in der Reihe der revisionsrechtlichen Standardwerke erobert. Es ist in seiner Weise einzigartig. *Schlothauer/Weider/Wollschläger* präsentieren, dem Gang der Hauptverhandlung folgend, das Revisionsrecht durchweg aus der Perspektive möglicher Rügen, deren häufig komplizierte Voraussetzungen sie im Einzelnen darlegen. Damit geben sie dem Verteidiger und der Verteidigerin in Strafsachen ein perfektes Hilfsmittel an die Hand, mögliche Verfahrensfehler aufzufinden und ordnungsgemäß zu rügen – eine Aufgabe, an der seit je viele Revisionen scheitern. Das Werk hilft, dieses Scheitern zu vermeiden.

Der Band „Verteidigung im Revisionsverfahren" ist geprägt einerseits von der enormen praktischen Erfahrung des Autorengespanns *Schlothauer/Weider/Wollschläger*, andererseits von dessen langjähriger wissenschaftlicher Beschäftigung mit dem Strafprozessrecht. Er belegt eindrucksvoll die namentlich von *Karl Popper* formulierte Einsicht, dass die Praxis nicht der Feind des theoretischen Wissens ist, sondern sein wertvoller Anreiz. Insofern darf das Werk allen mit Revisionen befassten Strafjuristinnen und Strafjuristen ans Herz gelegt werden.

Aus der Taufe gehoben worden ist das Buch vom Autorenteam *Schlothauer/Weider*. Die Nutzer der Reihe „Praxis der Strafverteidigung" wissen spätestens aus dem Schicksal des Beitrags zur „Untersuchungshaft", dass sich *Hans-Joachim Weider* inzwischen aus Altersgründen von der Mitarbeit an den von ihm mitgeschaffenen Werken zurückgezogen hat. Verlag und Herausgeber ist es eine Herzensangelegenheit, dem scheidenden Kollegen nochmals für sein unermüdliches Engagement in Theorie und Praxis und hier insbesondere für die Aufarbeitung der so schwierigen Materie des Revisionsrechts zu danken und ihm das Beste für den verdienten Ruhestand zu wünschen.

Mit *Dr. Sebastian Wollschläger* konnten wir für die Nachfolge einen würdigen und kompetenten Strafverteidiger gewinnen. Er ist ein erfahrener Rechtsanwalt, Fachanwalt für Strafrecht und Fachanwalt für Steuerrecht, Autor vieler exzellenter wissenschaftlicher Publikationen und auch ein bekannter Spezialist im Revisionsrecht. Bei ihm wissen wir unser gemeinsames Projekt in besten Händen.

Die Neuauflage präsentiert und reflektiert den aktuellen Stand des Revisionsrechts in Rechtsprechung und Literatur. Hingewiesen sei beispielsweise auf die Einarbeitung der jüngsten Rechtsprechung zur Verständigung im Strafverfahren, in der – ganz im Sinne einschlägiger Mahnungen des Bundesverfassungsgerichts – das Revisionsrecht exzessiv zur rechtsstaatlichen Kontrolle von Absprachen genutzt wird.

Auch die Darlegungen zu den Beweisverwertungsverboten sind höchst aktuell und tragen deren Bedeutung für das Revisionsverfahren Rechnung.

Besondere Hervorhebung verdient schließlich die Berücksichtigung der neuen, bis zum Herbst 2017 erlassenen Gesetze. Alle Änderungen des Prozessrechts sind bedacht worden, selbst wenn sie im Zeitpunkt der Manuskripterstellung noch nicht verkündet gewesen sein sollten – vorrangig das „Gesetz zur effektiveren und praxistauglicheren Ausgestaltung des Strafverfahrens" vom 17.8.2017 (BGBl. I 2017, 3202).

Weiterhin ist dem Werk nicht zuletzt im Interesse eines rechtsstaatlichen Strafverfahrens ein großer Erfolg zu wünschen; denn insbesondere mit einer lege artis durchgeführten Revision erfüllen Strafverteidigerinnen und Strafverteidiger die ihnen obliegende Kontrollfunktion, über die Einhaltung des Rechts zu wachen.

Im September 2017

Passau   *Werner Beulke*

Berlin   *Alexander Ignor*

Benutzerhinweise

Dieses Buch ist kein Lehrbuch des Revisionsrechts und will nicht das „Wesen" der Revision vermitteln. Dafür gibt es bereits Monographien wie bspw. diejenigen von Dahs, Die Revision im Strafprozess (9. Aufl. 2017) und Hamm, Die Revision in Strafsachen (7. Aufl. 2010) sowie Überblicksbeiträge wie der von Dahs/Müssig in Münchener Anwaltshandbuch Strafverteidigung (2. Aufl. 2014 § 12). Zweck dieses Buches ist es vielmehr, dem Leitbild der Reihe „Praxis der Strafverteidigung" entsprechend, seinem Benutzer eine praktische Hilfestellung im Falle der Übernahme eines Revisionsmandats von der Einlegung bis zur Entscheidung über sein Rechtsmittel in einem konkreten Verfahren zu geben.

Dabei liegt sein Schwerpunkt in dem Aufspüren revisibler Verfahrensfehler und der schulmäßigen Ausarbeitung einer Verfahrensrüge. Die Überprüfung des Urteils auf sachlich-rechtliche Fehler kann zunächst zurückstehen, wenn man sich darauf beschränkt, in der ohnehin viel zu knapp bemessenen Frist von einem Monat die sog. allgemeine Sachrüge zu erheben. Ohne ergänzende Ausführungen ist das Revisionsgericht dann von Amts wegen verpflichtet, sämtliche Verfahrensvoraussetzungen und etwaige Prozesshindernisse festzustellen (siehe dazu Teil II Kap. 1) und die schriftlichen Urteilsgründe auf Rechtsfehler bei der Anwendung der Strafgesetze auf den festgestellten Sachverhalt, bei der Beweiswürdigung und bei der Strafzumessung (siehe hierzu Teil III) zu überprüfen. Deshalb kann es insoweit bei kursorischen Ausführungen sein Bewenden haben.

Bezüglich der unter Zeitdruck stehenden Suche nach etwaigen Verfahrensfehlern gibt das Buch einen Leitfaden an die Hand, mit dessen Hilfe typische Fehlerquellen im Verlauf der Hauptverhandlung aufgespürt werden sollen. Dabei liegt der Schwerpunkt auf solchen Fehlern, deren Revisibilität die Anerkennung der Revisionsrechtsprechung gefunden hat oder bei denen dies als möglich erscheint.

Die praktische Arbeit an einem Revisionsfall setzt nicht die zuvorige Lektüre des Buches voraus, auch wenn diese nicht schädlich wäre. Denn auf diese Weise erhält man nicht nur einen Einblick in die Denkweise der Revisionsgerichte, sondern als Verteidiger in der Tatsacheninstanz auch Hinweise auf das erforderliche Vorgehen, um Verfahrensfehler des Instanzgerichts festzuschreiben und später eine entsprechende Rüge zu erheben (siehe hierzu auch die konzise Darstellung von Widmaier/Norouzi in Münchener Anwaltshandbuch Strafverteidigung, 2. Aufl. 2014 § 9).

Mit der Zustellung der schriftlichen Urteilsgründe und der Einsichtnahme in das Hauptverhandlungsprotokoll kann anhand des Buches der Ablauf der Hauptverhandlung chronologisch auf mögliche Verfahrensfehler durchgemustert werden. Es empfiehlt sich, zunächst entlang des Inhaltsverzeichnisses zu Teil II Kap. 2 ff.

(S. XVIII ff.) zu gehen und den dortigen Fragestellungen nachzugehen. Nur bei den im konkreten Verfahren einschlägigen Punkten sind dann die näheren Ausführungen in Teil II (Rn. 166 ff.) zu den einzelnen Rügekonstellationen in ihren jeweiligen Verästelungen und Varianten zur Prüfung heranzuziehen, ob hier im eigenen Fall ein Verfahrensfehler vorliegt oder nicht. Ansonsten lassen sich anhand des Inhaltsverzeichnisses einzelne Rügen oder ganze Rügenkomplexe überspringen, was die Effizienz der Arbeit und die Wahrscheinlichkeit erhöht, nichts übersehen zu haben.

Von dieser chronologischen Prüfungscheckliste beginnend mit Fragen der Zuständigkeit und der Gerichtsbesetzung bis zur Durchsicht der schriftlichen Urteilsgründe im Hinblick auf erst dadurch ersichtliche Verfahrensfehler (Teil II Kap. 2-27) weicht das Buch nur in zwei Punkten ab: Beweisverwertungsverboten, gegen die während der gesamten Beweisaufnahme verstoßen werden kann, ist in Teil II mit Kap. 28 ein eigenständiger Abschnitt gewidmet. Besonders hier ist zu bedenken, dass Rechtsprechung und Lehre ständig im Fluss sind. Die einschlägigen Fragestellungen können weder erschöpfend noch abschließend sein. Hier, wie auch im Übrigen bedarf es der kontinuierlichen Verfolgung der ober- und höchstrichterlichen Rechtsprechung. Der zweite eigenständige Komplex betrifft die in Teil II Kap. 29 behandelten besonderen Verfahrensarten, nämlich das Berufungs-, das Strafbefehls- und das beschleunigte Verfahren. Auch den Besonderheiten von Verfahren, in denen eine Verständigung stattgefunden hat oder zumindest angestrebt wurde, wird in diesem Kap. in einem eigenen Abschnitt unter verschiedenen Fragestellungen nachgegangen.

Findet sich bei der Durcharbeitung von Hauptverhandlungsprotokoll und Urteil ein erfolgversprechender Verfahrensfehler, ist damit die Arbeit an der Revision noch nicht getan. Es kommt jetzt darauf an, den Fehler so vorzutragen, dass den Anforderungen des § 344 Abs. 2 S. 2 StPO Genüge getan wird. Die von der Revisionsrechtsprechung hierzu entwickelten Maßstäbe sind teilweise überzogen. Da aber die Revisionsbegründungsschrift nicht der Ort ist, um hier Kritik anzubringen, eine (bewusste) Unterschreitung der Anforderungen sogar kontraproduktiv wäre, muss der Rechtsprechung auch hier Rechnung getragen werden. Die aus Vorsichtsgründen gegebenen Empfehlungen zur anzustrebenden Vollständigkeit des Revisionsvortrags dürfen deshalb nicht als affirmative Rezeption der Revisionsrechtsprechung verstanden werden.

Soweit es sich nicht um absolute Revisionsgründe handelt, finden sich bei einzelnen Rügemöglichkeiten noch Hinweise zur Beruhensfrage.

Während die Befassung mit den in Teil II behandelten Fragestellungen im Zuge der Bearbeitung eines konkreten Revisionsmandats sozusagen in Form einer „work in progress" erfolgt, sollte die Lektüre von Teil I vorgezogen werden, sobald sich die Notwendigkeit abzeichnet, von dem Rechtsmittel der Revision Gebrauch machen zu müssen. Denn die Nichtbeachtung der Fristen und Formalien bei Einlegung und Begründung der Revision würde jede weitere Arbeit nutzlos machen.

Die vorliegende Neubearbeitung verarbeitet Rechtsprechung und Literatur bis einschließlich Juni 2017. Die für das Verfahrensrecht maßgebliche Gesetzeslage berücksichtigt die Gesetze „Zur effektiveren und praxistauglicheren Ausgestaltung des Strafverfahrens" vom 17.8.2017 (BGBl. 2017 I, 3202) und des „Zweiten Gesetzes zur Stärkung der Verfahrensrechte von Beschuldigten im Strafverfahren und zur Änderung des Schöffenrechts" vom 27.8.2017 (BGBl. 2017 I, 3295). Soweit sich daraus für die Revision relevante neue Fehlermöglichkeiten ergeben, sind diese Gegenstand zusätzlicher Verfahrensrügen, ansonsten finden sie bei den bereits vorhandenen Rügemöglichkeiten Berücksichtigung.

Zwar ist das Rechtsmittel der Revision in von Gesetz und Rechtsprechung vorgegebene feste Formen gepresst. Trotzdem ist das Revisionsrecht kein Kanon abgeschlossener Rechtssätze, sondern ständig im Fluss. Auch die vielfältigen Abläufe der tatrichterlichen Hauptverhandlung eröffnen immer neue Fehlermöglichkeiten. Diese aufzuspüren und im Rahmen der Revisionsbegründung zu problematisieren, ist eine Aufgabe, bei der jeder Benutzer des Buches auf sich gestellt ist – zum Nutzen des Beschwerdeführers und zur Fortbildung des Rechts.

Im August 2017

Bremen   *Reinhold Schlothauer*

Köln   *Sebastian Wollschläger*

Inhaltsübersicht

Teil I
Allgemeine Grundsätze des Revisionsverfahrens

Teil II
Ausgewählte Verfahrensrügen
(einschließlich Verfahrensvoraussetzungen und -hindernissen)

Teil III
Die Begründung der Sachrüge

Inhaltsverzeichnis

XVII

Kapitel 4
Mitwirkung ausgeschlossener oder wegen Besorgnis der
Befangenheit abgelehnter Richter/Schöffen

XXV

Kapitel 7
Abwesenheit eines nicht notwendigen Verteidigers

Wurde die Anklage nur mit Änderungen zur Hauptverhandlung zugelassen und ist dem bei der Verlesung des Anklagesatzes Rechnung getragen worden? (Rüge 55)

Wurde einem der deutschen Sprache nicht mächtigen Angeklagten der von dem Sitzungsvertreter der Staatsanwaltschaft verlesene Anklagesatz etc. durch einen Dolmetscher in eine ihm verständliche Sprache übersetzt? (Rüge 56)

Wurde der Angeklagte wegen einer Straftat verurteilt, die Gegenstand einer Nachtragsanklage war, ohne dass der Angeklagte der Einbeziehung dieser Straftat zugestimmt hat bzw. die das Gericht wegen fehlender sachlicher Zuständigkeit für die weitere Straftat nicht in das anhängige Verfahren einbeziehen durfte bzw. bzgl. derer es zu keinem Einbeziehungsbeschluss gekommen ist? (Rüge 57)

Kapitel 11
Mitteilung von Anklageschrift und Eröffnungsbeschluss

Ist es unterblieben, dem Angeklagten vor Beginn der Hauptverhandlung die Anklageschrift mitzuteilen und wurde sein Antrag,
die Hauptverhandlung auszusetzen und die unterlassene Mitteilung nachzuholen, abgelehnt? (Rüge 58)

Ist es unterblieben, in der Hauptverhandlung den nicht verteidigten Angeklagten auf sein Recht hinzuweisen, die Aussetzung der
Hauptverhandlung zu beantragen, weil ihm vor Beginn der
Hauptverhandlung die Anklageschrift nicht mitgeteilt worden
ist? (Rüge 59)

Ist ein Antrag auf Aussetzung oder Unterbrechung der Hauptverhandlung abgelehnt worden, obwohl dem Angeklagten der
Eröffnungsbeschluss bzw. die nach § 207 Abs. 3 StPO nachgereichte Anklage nicht spätestens mit der Ladung zur Hauptverhandlung zugestellt worden ist (§ 215 StPO)? (Rüge 60)

Abschnitt 4
Einlassung durch den und Vernehmung/Befragung des Angeklagten

Abschnitt 5
Abgabe von Erklärungen

XLVIII

Abschnitt 3
Sind in der Hauptverhandlung Berufsgeheimnisträger oder deren Gehilfen i.S.d. §§ 53, 53a StPO vernommen worden?

L

Abschnitt 4
**Ist in der Hauptverhandlung ein Zeuge vernommen worden,
der zu Recht oder zu Unrecht nach § 55 Abs. 2 StPO belehrt
wurde bzw. zu Unrecht von dem Auskunftsverweigerungsrecht
des § 55 Abs. 1 StPO Gebrauch gemacht hat?**

Abschnitt 5
Öffentlich Bedienstete

Abschnitt 6
Videovernehmung

Abschnitt 8
Sind einem Zeugen, Sachverständigen oder Mitangeklagten Vorhalte aus früheren Vernehmungen gemacht oder sind Vernehmungshilfen verwendet worden?

Abschnitt 9
Kombinierter Zeugen-Urkundenbeweis

Abschnitt 10
Gewährleistung des Rechts zur Befragung wesentlicher Belastungszeugen

Abschnitt 11
Vereidigung

Abschnitt 12
Entlassung von Beweispersonen

Kapitel 17
Hat das Gericht ein Beweismittel nicht verwerten bzw. einen
Zeugen nicht vernehmen können, weil eine Sperrerklärung der
Exekutive gem. § 96 StPO vorlag?

Rn.　S.

Kapitel 18
Wurde in der Hauptverhandlung ein Sachverständiger vernommen?

Abschnitt 1
Notwendige Teilnahme an der Hauptverhandlung

Abschnitt 2
Tätigkeit des Sachverständigen in der Hauptverhandlung

Kapitel 23
Einhaltung der Unterbrechungsfristen

> Wurden bei einer mehrtägigen Hauptverhandlung die Höchstfristen für die Dauer der Unterbrechung (§ 229 StPO) überschritten und wurde die Hauptverhandlung entgegen § 229 Abs. 4 S. 1 StPO gleichwohl fortgesetzt? (Rüge 195)

Abschnitt 3

**Unterbrechung bzw. Aussetzung der Hauptverhandlung wegen
Veränderungen des Sachverhalts bzw. der Verfahrenslage**

Abschnitt 4
Ungenügender Beistand oder Wegfall eines Verteidigers

Abschnitt 5
Sitzordnung zwecks Wahrnehmung von Verfahrensrechten

LXXXIX

XCIII

Abschnitt 3
Strafzumessung/Rechtsfolgen

C

Abschnitt 2

Hat das Urteil Aussagen von – insbesondere auskunftsverweige-rungsberechtigten – Zeugen oder früheren Mitbeschuldigten verwertet?

Abschnitt 6
Hat das Urteil Erkenntnisse aus einer verdeckten Ermittlungsmaßnahme verwertet?

Abschnitt 7
Hat das Urteil Erkenntnisse zeugnisverweigerungsberechtigter Berufsgeheimnisträger verwertet (§ 160a StPO)?

Abschnitt 10
Hat das Urteil Vorstrafen des Angeklagten verwertet?

Kapitel 29
Besondere Verfahrensarten

Abschnitt 1
Richtet sich die Revision gegen das Urteil eines Berufungsgerichts?

Abschnitt 3

Richtet sich die Revision gegen ein Urteil, das auf der Grundlage eines (zunächst gestellten) Antrags der Staatsanwaltschaft auf Entscheidung im beschleunigten Verfahren (§ 417 StPO) ergangen ist?

Abkürzungsverzeichnis

a.A.	anderer Ansicht
a.a.O.	am angegebenen Ort
abl.	ablehnend
ABMG	Autobahnmautgesetz für schwere Nutzfahrzeuge
Abs.	Absatz
Abschn.	Abschnitt
abw.	abweichend
a.E.	am Ende
a.F.	alte Fassung
AG	Amtsgericht
AK	Alternativkommentar
allg. M.	Allgemeine Meinung
Alt.	Alternative
a.M.	anderer Meinung
amtl.	amtlich
Anh.	Anhang
Anm.	Anmerkung
AnwBl.	Anwaltsblatt (Zeitschrift; zitiert nach Jahr und Seite)
AO	Abgabenordnung
ArbSchG	Arbeitsschutzgesetz
Art.	Artikel
ASiG	Arbeitssicherheitsgesetz
ausf.	ausführlich
Az.	Aktenzeichen
BAnz	Bundesanzeiger
BayObLG	Bayerisches Oberstes Landesgericht
BayObLGSt	Entscheidungssammlung des Bayerischen Obersten Landesgerichtes in Strafsachen
Bd.	Band
Bearb.	Bearbeiter
Begr.	Begründung
Bek.	Bekanntmachung
Beschl.	Beschluss
betr.	betreffend
BFH	Bundesfinanzhof
BGB	Bürgerliches Gesetzbuch
BGBl.	Bundesgesetzblatt
BGH	Bundesgerichtshof

BGHR	BGH-Rechtsprechung
BGHSt	Entscheidungssammlung des BGH in Strafsachen
Bl.	Blatt
BR-Drucks.	Bundesratsdrucksache
BRAK	Bundesrechtsanwaltskammer
BRAO	Bundesrechtsanwaltsordnung
bspw.	Beispielsweise
BStBl.	Bundessteuerblatt
BT-Drucks.	Bundestagsdrucksache
BtM	Betäubungsmittel
BtMG	Betäubungsmittelgesetz
Buchst.	Buchstabe
BVerfG	Bundesverfassungsgericht
BVerfGE	Entscheidungen des Bundesverfassungsgerichts
BVerwG	Bundesverwaltungsgericht
BVerwGE	Entscheidungen des Bundesverwaltungsgerichts
bzgl.	bezüglich
BZRG	Bundeszentralregistergesetz
bzw.	Beziehungsweise
CR	Computer und Recht (Zeitschrift; zitiert nach Jahr und Seite)
DAR	Deutsches Autorecht (Zeitschrift; zitiert nach Jahr und Seite)
dementspr.	Dementsprechend
ders.	derselbe
d.h.	das heißt
dies.	dieselbe
DRiZ	Deutsche Richterzeitung (Zeitschrift; zitiert nach Jahr und Seite)
EGGVG	Einführungsgesetz zum Gerichtsverfassungsgesetz
Einf.	Einführung
Einl.	Einleitung
einschr.	einschränkend
EG	Europäische Gemeinschaft, Einführungsgesetz
EGMR	Europäischer Gerichtshof für Menschenrechte
EMRK	Europäische Menschenrechtskonvention
entspr.	entsprechend/e/er/es
erg.	ergänzend
et al	et alii (und andere)
etc.	et cetera
EUAlÜbK	Europäisches Auslieferungsübereinkommen
EuGH	Europäischer Gerichtshof

CXXVIII

EUGRZ	Europäische Grundrechte-Zeitschrift (Zeitschrift; zitiert nach Jahr und Seite)
EU-RhÜBK	Europäisches Übereinkommen über die Rechtshilfe in Strafsachen
f., ff.	folgende
Fn.	Fußnote
FS	Festschrift
GA	Goltdammer's Archiv für Strafrecht (Zeitschrift; zitiert nach Jahr und Seite)
GBA	Generalbundesanwalt
gem.	gemäß
GewO	Gewerbeordnung
ggf.	gegebenenfalls
GPS	Global Positioning System
GRCh	Grundrechte-Charta
GS	Großer Senat
GÜG	Grundstoffüberwachungsgesetz
GVG	Gerichtsverfassungsgesetz
HK	Heidelberger Kommentar zur Strafprozessordnung
h.L.	herrschende Lehre
h.M.	herrschende Meinung
HRRS	Höchstrichterliche Rechtsprechung zum Strafrecht (Zeitschrift; zitiert nach Jahr und Seite)
Hrsg.	Herausgeber
HwO	Handwerksordnung
ibid.	ibidem (ebenda)
i.d.F.	in der Fassung
i.d.R.	in der Regel
inkl.	inklusiv
insbes.	insbesondere
insges.	insgesamt
InsO	Insolvenzordnung
IRG	Gesetz über die internationale Rechtshilfe in Strafsachen
i.S.d.	im Sinne der/des
i.S.v.	im Sinne von
i.Ü.	im Übrigen
i.V.m.	in Verbindung mit
jew.	jeweils
JGG	Jugendgerichtsgesetz
JMBl NW	Justizministerialblatt für das Land NRW
JR	Juristische Rundschau (Zeitschrift; zitiert nach Jahr und Seite)

JugK	Jugendkammer
Justiz	Die Justiz (Zeitschrift; zitiert nach Jahr und Seite)
JVA	Justizvollzugsanstalt
JZ	Juristenzeitung (Zeitschrift; zitiert nach Jahr und Seite)
K&R	Kommunikation und Recht (Zeitschrift; zitiert nach Jahr und Seite)
Kap.	Kapitel
KG	Kammergericht
KK-StPO	Karlsruher Kommentar zur Strafprozessordnung
KMR	Kleinknecht/Müller/Reitberger, Kommentar zur StPO
Komm.	Kommentar
KonsG	Konsulargesetz
Kriminalistik	Kriminalistik (Zeitschrift; zitiert nach Jahr und Seite)
krit.	kritisch
LFGB	Lebensmittel- und Futtermittelgesetzbuch
LG	Landgericht
Lit.	Literatur
lit.	littera (Buchstabe)
LK-StGB	Leipziger Kommentar zum Strafgesetzbuch
LR-StPO	*Löwe-Rosenberg* Die Strafprozessordnung und das Gerichtsverfassungsgesetz mit Nebengesetzen
Ls	Leitsatz
m.	mit
MarkenG	Markengesetz
MDR	Monatsschrift für Deutsches Recht (Zeitschrift; zitiert nach Jahr und Seite)
m.N.	mit Nachweisen
MRK	Konvention zum Schutze der Menschenrechte und Grundfreiheiten
m.w.N.	mit weiteren Nachweisen
Nachw.	Nachweise
n.F.	neue Fassung
NJW	Neue Juristische Wochenschrift (Zeitschrift; zitiert nach Jahr und Seite)
Nr.	Nummer
NStE	Neue Entscheidungssammlung für Strafrecht
NStZ	Neue Zeitschrift für Strafrecht (Zeitschrift; zitiert nach Jahr und Seite)
NStZ-RR	Neue Zeitschrift für Strafrecht-Rechtsprechungsreport (Zeitschrift; zitiert nach Jahr und Seite)
NZWiSt	Neue Zeitschrift für Wirtschafts-, Steuer- und Unternehmensstrafrecht (Zeitschrift; zitiert nach Jahr und Seite)

o.Ä.	oder Ähnliches
o.g.	oben genannt(e)
OLG	Oberlandesgericht
OLGSt	Entscheidungen der Oberlandesgerichte zum Straf- und Strafverfahrensrecht
OVG	Oberverwaltungsgericht
OWiG	Gesetz über Ordnungswidrigkeiten
PostG	Postgesetz
ProdSG	Produktsicherheitsgesetz
Prot.	Protokoll
PStr	Praxis des Steuerstrafrechts (Zeitschrift; zitiert nach Jahr und Seite)
RA	Rechtsanwalt
rd.	rund
RegE	Regierungsentwurf
REV	Revision
RG	Reichsgericht
RGBl.	Reichsgesetzblatt
RGSt	Entscheidungen des Reichsgerichts in Strafsachen
RiStBV	Richtlinien für das Strafverfahren und das Bußgeldverfahren
Rn.	Randnummer
R&P	Recht und Psychiatrie (Zeitschrift; zitiert nach Jahr und Seite)
Rspr.	Rechtsprechung
RuP	Recht und Politik (Zeitschrift; zitiert nach Jahr und Seite)
S., s.	Satz, Seite, siehe
SchlHOLG	Schleswig-Holsteinisches Oberlandesgericht
SDÜ	Schengener Durchführungsübereinkommen
SK-StGB	Systematischer Kommentar zur StGB
SK-StPO	Systematischer Kommentar zur StPO
s.o.	siehe oben
sog.	sogenannte
st. Rspr.	ständige Rechtsprechung
StGB	Strafgesetzbuch
StPO	Strafprozessordnung
str.	streitig
StraFo	Strafverteidigerforum (Zeitschrift; zitiert nach Jahr und Seite)
StRR	Strafrechtsreport (Zeitschrift; zitiert nach Jahr und Seite)
StV	Strafverteidiger (Zeitschrift; zitiert nach Jahr und Seite)
StVollstrO	Strafvollstreckungsordnung

StVollzG	Strafvollzugsgesetz
st.Rspr.	ständige Rechtsprechung
StS	Strafsenat
s.u.	siehe unten
Tab.	Tabelle
ThürOLG	Thüringer Oberlandesgericht
TKÜ	Telekommunikationsüberwachung
Tz.	Textziffer
u.a.	und andere
u.Ä.	und Ähnliche/s
unstr.	unstreitig
UrhG	Urhebergesetz
u.U.	unter Umständen
v.	von
VerfGH	Verfassungsgerichtshof
vert.	vertiefend
VG	Verwaltungsgericht
VGH	Verwaltungsgerichtshof
vgl.	vergleiche
VO	Verordnung
Vorb.	Vorbemerkung
VP	Vertrauensperson
VRS	Verkehrsrechts-Sammlung. Entscheidungen aus allen Gebieten des Verkehrsrechts
weit.	weitergehend
wistra	Zeitschrift für Wirtschafts- und Steuerstrafrecht (Zeitschrift; zitiert nach Jahr und Seite)
WpHG	Wertpapierhandelsgesetz
WÜK	Wiener Übereinkommen über konsularische Beziehungen
z.B.	zum Beispiel
z.T.	zum Teil
zahlr.	zahlreich
ZAP	Zeitschrift für die Anwaltspraxis (Zeitschrift; zitiert nach Jahr und Seite)
ZD	Zeitschrift für Datenschutz (Zeitschrift; zitiert nach Jahr und Seite)
Ziff.	Ziffer
zit.	zitiert
ZJS	Zeitschrift für das Juristische Studium (Zeitschrift; zitiert nach Jahr und Seite)
ZPO	Zivilprozessordnung

ZRP	Zeitschrift für Rechtspolitik (Zeitschrift; zitiert nach Jahr und Seite)
ZStW	Zeitschrift für die gesamte Strafrechtswissenschaft (Zeitschrift; zitiert nach Jahr und Seite)
z.T.	zum Teil
zust.	zustimmend
zutr.	zutreffend

Teil I
Allgemeine Grundsätze des Revisionsverfahrens

I. (Pflicht-)Verteidigung im Revisionsverfahren

Die Bevollmächtigung des Verteidigers umfasst in aller Regel auch die Einlegung **1** und Begründung von Rechtsmitteln. Eine besondere Vollmacht für das Revisionsverfahren benötigt der Instanzwahlverteidiger daher nicht.[1]

Auch die Bestellung zum Pflichtverteidiger erstreckt sich auf das Revisionsverfahren, allerdings nur auf Einlegung und Begründung, nicht dagegen auf eine eventuelle Revisionshauptverhandlung. Dafür ist eine gesonderte Beiordnung erforderlich.[2]

Eine Verteidigerbeiordnung nach § 140 Abs. 2 StPO für das Revisionsverfahren ist dann erforderlich, wenn bei der möglichen Revisionsbegründung zu Protokoll der Geschäftsstelle wegen der besonderen Schwierigkeit des Falles der Urkundsbeamte überfordert wäre und/oder ohne Kenntnis der Akten eine Revisionsbegründung nicht möglich ist, da weder dem Urkundsbeamten der Geschäftsstelle noch dem Angeklagten das Akteneinsichtsrecht zusteht.[3] Die Beiordnung ist immer dann geboten, wenn der als Urkundsbeamte tätige Rechtspfleger mit der Abfassung einer schwierigen Revisionsbegründung überfordert sein könnte.[4]

Ein Fall notwendiger Verteidigung im Revisionsverfahren liegt vor, wenn es bei der Anwendung des materiellen oder formellen Rechts auf die Entscheidung nicht ausgetragener Rechtsfragen ankommt, wenn die Subsumtion voraussichtlich aus sonstigen Gründen Schwierigkeiten bereiten wird, oder wenn es auf die Auslegung von Begriffen aus dem Nebenstrafrecht ankommt (z.B. Erschleichen einer Duldung, § 95 AufenthG).[5]

Auch wenn der Angeklagte in der Tatsacheninstanz nicht verteidigt war, kann im Revisionsverfahren ein Fall notwendiger Verteidigung vorliegen, wenn der Angeklagte im Hinblick auf die Schwierigkeit der Rechtsfragen auch unter Mitwirkung des Urkundsbeamten der Geschäftsstelle nicht in der Lage ist, die Revision sachgerecht zu begründen.[6]

Lag in der Tatsacheninstanz ein Fall notwendiger Verteidigung nach § 140 Abs. 1 oder Abs. 2 StPO vor und scheidet der Instanzverteidiger etwa durch Mandatsnie-

---

1 Vgl. nur *Meyer-Goßner/Schmitt*[60] § 140 Rn. 8.
2 *BGH* v. 18.5.2011 – 1 StR 687/10; *Meyer-Goßner/Schmitt*[60] § 140 Rn. 9.
3 *KG* v. 8.8.2006 – 5 Ws 348-355/06 = StraFo 2007, 27.
4 *OLG Koblenz* v. 20.12.2006 – 2 Ws 801/06 = StraFo 2007, 117; *OLG Düsseldorf* StV 1986, 143; KK-*Laufhütte/Willnow*[7] § 140 Rn. 5.
5 *OLG Stuttgart* v. 24.2.2010 – 5 Ws 37/10.
6 Vgl. dazu etwa *KG* v. 8.8.2006 – 5 Ws 348–355/06 = StV 2007, 570.

derlegung oder Entpflichtung aus, darf der Angeklagte im Revisionsverfahren nicht ohne Verteidiger bleiben.[7] In diesen Fällen ist ihm, sofern er selbst keinen Verteidiger beauftragt, ein Pflichtverteidiger zu bestellen.[8] Beizuordnen ist ein Verteidiger auch dann, wenn die Voraussetzungen des § 350 Abs. 3 S. 1 StPO gegeben sind.[9] Der Anspruch auf ein faires Verfahren kann es dabei gebieten, den Wahlverteidiger zu bestellen, der durch Übernahme des Wahlmandats gem. § 143 StPO die Entpflichtung des bisherigen Pflichtverteidigers bewirkt hatte.[10] Der Angeklagte darf nicht auf die Möglichkeit der Revisionsbegründung zu Protokoll der Geschäftsstelle verwiesen werden.[11] Auch wenn sich der bisherige Pflichtverteidiger weigert, eine Revisionsbegründung abzugeben, und der Angeklagte innerhalb der Revisionsbegründungsfrist um die Beiordnung eines neuen Verteidigers bittet, darf er darauf vertrauen, dass das Gericht seinem Wunsch entspricht oder ihn aber darauf hinweist, dass kein neuer Verteidiger beigeordnet werde. Nur so hat der Angeklagte die Möglichkeit, etwa durch die Beauftragung eines Verteidigers, für die rechtzeitige Abgabe der Revisionsbegründung zu sorgen.[12] Unterlässt es der Tatrichter, rechtzeitig vor Ablauf der Revisionsbegründungsfrist über den mit der Einlegung der Revision gestellten Antrag auf Beiordnung eines Pflichtverteidigers zu entscheiden, führt dies zur Aufhebung eines gleichwohl ergangenen Verwerfungsbeschlusses wegen Versäumung der Revisionsbegründung wegen Verstoßes gegen den Grundsatz des fairen Verfahrens.[13] Im Fall einer notwendigen Verteidigung ist der Angeklagte nach Beiordnung eines Verteidigers dann über die Möglichkeit der Wiedereinsetzung zu belehren.[14] Die Ablehnung einer Pflichtverteidigerbestellung im Berufungsverfahren im Hinblick auf das Revisionsverfahren kann mit der Beschwerde nach § 304 Abs. 1 StPO angegriffen werden; insbesondere § 305 S. 1 StPO steht nicht entgegen.[15] Die Verletzung von Verteidigungsrechten durch den staatlich bestellten Verteidiger, namentlich die Versäumung der Frist zur Begründung der Revision nach § 345 Abs. 1 StPO, muss zur Entpflichtung des Rechtsanwalts und Beiordnung eines neuen Verteidigers führen.[16]

Ist eine Beiordnung für die Revisionshauptverhandlung unterblieben und hat der Verteidiger an dieser teilgenommen, kann eine stillschweigende Beiordnung in Betracht kommen. Dies kann dann der Fall sein, wenn der nicht gewählte Verteidiger

7 *OLG Köln* v. 29.7.2016 – 2 Ws 504/16 = StraFo 2016, 382 f.
8 *OLG Köln* v. 29.7.2016 – 2 Ws 504/16 = StraFo 2016, 382 f.
9 *KG* v. 23.9.2015 – (5) 121 Ss 133/15 (42/15).
10 *OLG Stuttgart* v. 24.6.2015 – 4 Ws 222/15 = StV 2016, 142, 143.
11 *OLG Düsseldorf* StV 1986, 143; *OLG Hamm* StV 1984, 66; *Meyer-Goßner/Schmitt*[60] § 140 Rn. 8.
12 *OLG Koblenz* StV 2008, 71.
13 *OLG Braunschweig* v. 20.11.2013 – 1 Ws 366/13 = StV 2014, 275; *OLG Hamm* v. 19.10.2010 – III-3 RVs 87/10 = StV 2011, 658.
14 *OLG Braunschweig* v. 20.11.2013 – 1 Ws 366/13 = StV 2014, 275.
15 *KG* v. 31.3.2014 – 4 Ws 27/14 = StV 2015, 18 f.
16 *BGH* v. 28.6.2016 – 2 StR 265/15 = StraFo 2016, 382.

eine Terminsnachricht erhalten hat, in der Revisionshauptverhandlung aufgetreten ist und die Bestellung eines Verteidigers wegen Schwierigkeit der Rechtslage erforderlich war.[17]

II. Statthaftigkeit der Revision und Beschwer

Die Revision ist als Sprungrevision nach § 335 StPO zulässig gegen die Urteile des **2** Amtsgerichts. Sie ist ferner zulässig gegen die Urteile der Strafkammern des Landgerichts sowie die erstinstanzlichen Urteile des Oberlandesgerichts, § 333 StPO.

Über eine Sprungrevision gegen das Urteil des Amtsgerichts sowie die Revision gegen ein Berufungsurteil des Landgerichts entscheidet das Oberlandesgericht. Über Revisionen der erstinstanzlichen Urteile des Landgerichts und des Oberlandesgerichts entscheidet der Bundesgerichtshof.

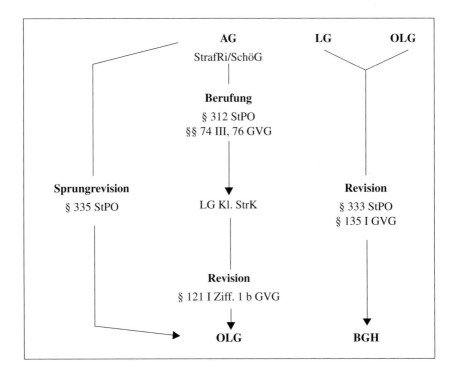

Voraussetzung für die Zulässigkeit der Revision ist darüber hinaus die Beschwer **3** des Rechtsmittelführers. Begründet wird sie allein durch eine unmittelbare Beein-

---

17 *BGH* v. 4.11.2014 – 1 StR 586/12 = StV 2015, 739; *BGH* v. 20.7.2009 – 1 StR 344/08.

trächtigung der Rechte oder schutzwürdigen Interessen des Betroffenen durch die Entscheidung.[18] Die Beschwer kann sich dabei nur aus dem Entscheidungsausspruch ergeben, dagegen nicht aus den Gründen des Urteils, grds. auch dann, wenn die Art der Entscheidungsbegründung Grundrechte verletzt.[19] Bloße Fassungsfehler des Urteils oder Fehler der nach § 275 Abs. 2 StPO vorgeschriebenen Angaben begründen ebenfalls keine Beschwer.[20] Der Angeklagte ist durch jede für ihn nachteilige Entscheidung beschwert.[21] Ein freisprechendes Urteil kann der dann nur durch die Gründe beschwerte Angeklagte nicht anfechten.[22] Dies gilt auch dann, wenn die Freisprechung wegen Schuldunfähigkeit nach § 20 StGB erfolgt ist.[23]

III. Fristen

1. Einlegungsfrist

4 Nach § 341 Abs. 1 StPO ist die Revision bei einer Urteilsverkündung in Anwesenheit des Angeklagten innerhalb einer Woche nach Urteilsverkündung bei dem judex a quo einzulegen. Im Falle eines Abwesenheitsurteils beginnt die einwöchige Einlegungsfrist mit Urteilszustellung, § 341 Abs. 2 StPO, sofern nicht in den Fällen der §§ 234, 387 Abs. 1, 411 Abs. 2 und 434 Abs. 1 S. 1 StPO die Verkündung in Anwesenheit des mit schriftlicher Vollmacht versehenen Verteidigers stattgefunden hat.

2. Antrags- und Begründungsfrist

5 War das Urteil schon vor Ablauf der Revisionseinlegungsfrist (§ 341 StPO) zugestellt, beginnt die Revisionsbegründungsfrist erst nach Ablauf dieser Frist, § 345 Abs. 1 S. 1 StPO. Dies gilt auch, wenn die Revision schon vorher eingelegt worden war.[24] Ob der Tag des Beginns der Monatsfrist dabei mitzuzählen ist, ist umstritten;[25] aus Vorsichtsgründen ist dazu zu raten, die Revision bereits am früheren Termin zu begründen. Ansonsten beginnt die einmonatige Antrags- und Begründungsfrist mit Zustellung des Urteils, § 345 Abs. 1 S. 2 StPO.[26]

Die Zustellung kann auch (nur) an den Angeklagten erfolgen, selbst wenn dem Verteidiger Zustellungsvollmacht erteilt wurde oder nur an einen von mehreren Verteidigern.[27]

---

18 *BGHSt* 7, 153; 13, 75, 77; 16, 374, 376.
19 *BGH* v. 14.10.2015 – 1 StR 56/15 = NStZ 2016, 560, 561.
20 *Meyer-Goßner/Schmitt*[60] Vor § 296 Rn. 11 m.w.N.
21 *Meyer-Goßner/Schmitt*[60] Vor § 296 Rn. 12 mit Beispielen.
22 *BGHSt* 7, 153 ff.; 13, 75, 77; 16, 374 ff.
23 *BGH* v. 14.10.2015 – 1 StR 56/15 = NStZ 2016, 560, 561= StV 2016, 781 m. krit. Anm. *Grosse-Wilde/Stuckenberg*.
24 *Meyer-Goßner/Schmitt*[60] § 345 Rn. 4.
25 Vgl. KK-*Gericke*[7] § 345 Rn. 3 mit Berechnungsbeispielen aus der Rspr.
26 Zu Problemen der Revisionsbegründungsfrist siehe auch *Geipel* StraFo 2011, 9 ff.
27 *BGHSt* 18, 352; KK-*Gericke*[7] § 345 Rn. 4.

Erfolgt die förmliche Zustellung für einen Angeklagten an mehrere Personen, also **6** etwa an mehrere Verteidiger, beginnt die Frist mit dem Datum der letzten Zustellung (§ 37 StPO). Dies gilt allerdings nur dann, wenn die Zustellung an den letzten Verteidiger noch innerhalb der durch die erste Zustellung in Gang gesetzten Frist erfolgte. Wird die Zustellung erst nach Ablauf dieser Monatsfrist bewirkt, wird die Frist nicht erneut in Gang gesetzt und zwar auch dann nicht, wenn die Anordnung der (letzten) Zustellung noch innerhalb der Frist erfolgte.[28]

Die Frist beginnt nur, wenn eine wirksame Zustellung vorliegt. **7**

Eine Urteilszustellung ist unwirksam, wenn sie auf keiner wirksamen Zustellungsanordnung des Vorsitzenden (§ 36 Abs. 1 S. 1 StPO) beruht. An eine besondere Form ist die Anordnung nicht gebunden; sie kann also sowohl schriftlich als auch mündlich getroffen werden. In Anbetracht ihrer Bedeutung muss sie im Zeitpunkt der Zustellung aber aktenkundig, ggf. in Form eines Vermerks, festgehalten sein.[29] Die Anordnung, „an Verteidiger" (bei mehreren) zuzustellen, ist unklar und kann von der mit der Zustellung betrauten Geschäftsstelle (§ 36 Abs. 1 S. 2 StPO) dahin verstanden werden, es sei nur an einen Verteidiger zuzustellen, aber unklar bleibt, an welchen. Dies begründet den Anschein, der Zustellungsempfänger sei nicht durch den allein hierfür zuständigen Vorsitzenden bestimmt, sondern durch die Geschäftsstelle. Eine solchermaßen vorgenommene Zustellung ist unwirksam und setzt die Frist nicht in Gang.[30] An einer solchen wirksamen Zustellung fehlt es, wenn das Urteil dem Pflichtverteidiger zugestellt wird, das Empfangsbekenntnis jedoch von dessen Sozius, der selbst nicht Verteidiger ist, unterschrieben wurde.[31]

Eine wirksame Zustellung liegt ferner nicht vor, wenn die zugestellte Urteilsurkunde unvollständig ist, weil etwa einige Seiten fehlen.[32] Bei einem sprachunkundigen Ausländer ist die Zustellung eines dem Ausländer verständlichen übersetzen Urteils samt Rechtsmittelbelehrung erforderlich.[33]

Die Frist wird auch dann nicht in Lauf gesetzt, wenn das Urteil entgegen § 273 Abs. 4 StPO zugestellt wird, bevor das Hauptverhandlungsprotokoll fertiggestellt ist, d.h. vom Vorsitzenden und dem Protokollführer unterzeichnet ist und etwaige Änderungen des Protokolls vom Protokollführer genehmigt wurden.[34] Stellt der Verteidiger bei Durcharbeitung des Protokolls fest, dass eine vom Vorsitzenden vorgenommene Änderung nicht von dem von dieser betroffenen Urkundsbeamten genehmigt wurde, sollte er das Tatgericht auf diesen Umstand hinweisen verbunden

---

28 *BGHSt* 22, 221; auch *BGHSt* 34, 371; KK-*Gericke*[7] § 345 Rn. 4.
29 *BGH* v. 6.3.2014 – 4 StR 553/13 = StV 2015, 738, 739.
30 *BGH* v. 14.12.2010 – 1 StR 420/10 = NStZ 2011, 591.
31 *BGH* v. 12.2.2014 – 1 StR 601/13; *BGH* v. 28.4.2005 – 4 StR 21/05; KK-*Gericke*[7] § 345 Rn. 5.
32 KK-*Gericke*[7] § 345 Rn. 6; anschaulich *BGH* v. 20.6.2007 – 2 StR 493/06 = StV 2007, 516.
33 *OLG München* v. 18.11.2013 – 4 StRR 120/13 = StV 2014, 532, 533 f.
34 *BGHSt* 37, 287; KK-*Gericke*[7] § 345 Rn. 7.

mit dem Antrag, das Urteil nach Fertigstellung der Sitzungsniederschrift erneut zuzustellen. Mit der (erneuten) Zustellung beginnt dann die „eigentliche" Frist gem. § 345 Abs. 1 StPO.

8 Innerhalb der Frist, die nicht verlängerbar ist,[35] ist der Revisionsantrag zu stellen und die Revisionsbegründung anzubringen.

Alle Verfahrensrügen müssen innerhalb dieser Frist erhoben werden, ein Nachschieben von Rügen oder ein ergänzender Tatsachenvortrag i.s.d. § 344 Abs. 2 S. 2 StPO ist nicht möglich.

Für die Sachrüge reicht es allerdings aus, wenn diese innerhalb der Frist in allgemeiner Form erhoben wird. Ergänzende Ausführungen zur Sachrüge sind auch nach Fristablauf möglich.

Die Revisionsanträge und deren Begründung sind bei dem judex a quo anzubringen.

3. Handlungsmöglichkeiten bei Fristversäumung

a) Fristversäumung

9 Steht fest, dass der Verteidiger die Revisionsschrift fristgerecht in den Gerichtsbriefkasten eingeworfen hat, ist die Frist eingehalten, selbst wenn der Schriftsatz nicht zu den Akten gelangt, etwa weil er abhanden gekommen oder außer Kontrolle geraten ist. § 341 Abs. 1 StPO stellt nur auf den Eingang bei dem Gericht, nicht aber auf den bei der zuständigen Abteilung oder gar auf die Aufnahme der Rechtsmittelschrift in die Akte ab.[36]

b) Wiedereinsetzung bei Versäumung der Einlegungsfrist

10 Der Angeklagte selbst hat Vorkehrungen dafür zu treffen, dass die Frist zur Einlegung der Revision gewahrt wird. Legt er selbst Revision ein, muss das Schreiben an das richtige Gericht adressiert sein. Im Falle der Verbüßung von Haft darf die Rechtsmittelschrift nicht erst am letzten Tag der Frist in den Ausgangsbriefkasten der JVA eingelegt werden. Wegen der Vielzahl der in Betracht kommenden Fallkonstellationen und der unübersehbaren Rechtsprechung muss an dieser Stelle auf die einschlägige Kommentarliteratur verwiesen werden.[37]

11 Hat der Angeklagte einen Verteidiger, so ist dessen Verschulden dem Angeklagten nicht zuzurechnen. Voraussetzung ist jedoch, dass der Angeklagte seinen Verteidiger eindeutig und unmissverständlich mit der Revisionseinlegung beauftragt hat.[38] Die Vermutung des § 44 S. 2 StPO findet auch dann keine Anwendung, wenn der

---

35   Vgl. *BGH* v. 24.1.2017 – 3 StR 447/16.
36   *BGH* v. 20.10.2011 – 2 StR 405/11.
37   *Meyer-Goßner/Schmitt*[60] § 44 Rn. 11 ff.
38   Vgl. zur umfangreichen Rechtsprechung *Meyer-Goßner/Schmitt*[60] § 44 Rn. 11 ff.; KK-*Maul*[7] § 44 Rn. 20 ff., 30.

Angeklagte nach vollständiger Eröffnung der Urteilsgründe, jedoch noch vor Erteilung der mündlichen Rechtsmittelbelehrung eigenmächtig den Sitzungssaal verlässt.[39]

Hat der Verteidiger gegen das Urteil Rechtsmittel eingelegt und wird das Urteil nur an den Angeklagten zugestellt, ohne dass der Verteidiger hiervon unterrichtet wird, stellt das Fehlen der Benachrichtigung des Verteidigers einen Wiedereinsetzungsgrund dar.[40]

Das Wiedereinsetzungsgesuch muss Angaben dazu enthalten, wann das Hindernis, das der Fristwahrung entgegen stand, entfallen ist.[41] Dies gilt auch dann, wenn ein Verteidigerverschulden geltend gemacht wird, das dem Angeklagten nicht zuzurechnen wäre.[42] Wird die Fristversäumnis mit einem Belehrungsmangel begründet, ist auch in diesem Fall ein Zusammenhang zwischen Belehrungsmangel und Fristversäumnis geltend zu machen.[43]

Nach Wiedereinsetzung in den vorigen Stand gegen die Versäumung der Frist zur **12** Einlegung der Revision beginnt die Frist zur Ergänzung der abgekürzten Urteilsgründe mit dem Eingang der Akten bei dem für die Ergänzung zuständigen Gericht.[44]

c) Wiedereinsetzung bei Versäumung der Begründungsfrist

Ist die Revisionsbegründungsfrist insgesamt versäumt worden, rechtfertigt dies bei **13** Verschulden des Verteidigers die Wiedereinsetzung, sofern der Angeklagte seinen Verteidiger unmissverständlich mit der Revisionsbegründung beauftragt hat. Zur Überwachung des Verteidigers ist der Angeklagte grundsätzlich nicht verpflichtet.[45] Etwas anderes soll jedoch dann gelten, wenn dem Angeklagten die Unzuverlässigkeit des Verteidigers bekannt war oder dieser mitgeteilt hat, dass er die Revision nicht begründen werde.[46] Allein der Umstand, dass der Verteidiger bereits in einem vorangegangenen Revisionsverfahren die Revision nicht fristgemäß begründet hatte, genügt hierfür jedoch nicht.[47]

Zum Verhältnis der Wiedereinsetzung zum Antrag auf Entscheidung des Revisionsgerichts nach § 346 Abs. 2 StPO bei Verwerfung der Revision als unzulässig durch den Tatrichter vgl. unten Rn. 82 ff.

---

39 *OLG Bamberg* v. 1.7.2014 – 3 Ss 84/14 = wistra 2015, 36.

40 *OLG München* StV 2009, 401 (Ls).

41 *BGH* v. 26.1.2017 – 5 StR 502/16.

42 *BGH* v. 29.11.2016 – 3 StR 444/16 = StraFo 2017, 66, 67; *BGH* v. 3.2.2016 – 4 StR 448/15; *BGH* v. 8.12.2011 – 4 StR 430/11.

43 *OLG Bamberg* v. 1.7.2014 – 3 Ss 84/14 = wistra 2015, 36.

44 *BGH* StV 2009, 8; zur Verfahrensrüge der verfristeten Urteilsabsetzung siehe im Übrigen Rn. 1881 ff.; zur Urteilsabsetzungsfrist bei Absetzung des Urteils zunächst in abgekürzter Form (§ 267 Abs. 4 StPO) siehe Rn. 1892.

45 *BGH* v. 11.1.2016 – 1 StR 435/15 = wistra 2016, 163, 164.

46 *Vgl. Meyer-Goßner/Schmitt*[60] § 44 Rn. 18; KK-*Maul*[7] § 44 Rn. 30 ff.

47 *BGH* v. 28.6.2016 – 2 StR 265/15 = StraFo 2016, 382.

14 Hat der Verteidiger die Frist jedoch bewusst verstreichen lassen, um etwa zur Begründung umfangreicher Verfahrensrügen mehr Zeit zu gewinnen, kann die Wiedereinsetzung ausgeschlossen sein, auch wenn der Angeklagte von diesen Umständen keine Kenntnis hatte.[48] Wird eine Fristverlängerung, die unwirksam ist, gewährt, ist eine Wiedereinsetzung dagegen möglich.[49]

d) Wiedereinsetzung zur Nachholung von Verfahrensrügen

15 Ist die Revision bereits fristgerecht begründet, z.b. mit der allgemeinen Sachrüge, ist eine Wiedereinsetzung zur Nachholung von Verfahrensrügen nach Ablauf der Revisionsbegründungsfrist grundsätzlich ausgeschlossen.[50]

Eine Wiedereinsetzung zur Nachholung von Verfahrensrügen ist auch dann unzulässig, wenn ein Verteidiger die Sachrüge erhoben, der weitere Verteidiger die Frist zur Anbringung von Verfahrensrügen versäumt hat. Denn bei der Revision handelt es sich unabhängig von der Zahl der Verteidiger um ein einheitliches Rechtsmittel mit einer einheitlichen Begründungsfrist.[51]

Ist eine Verfahrensrüge unzulässig erhoben, kann die Wiedereinsetzung nicht damit begründet werden, die Mängel der Rüge fielen in den Verantwortungsbereich des Verteidigers und den Angeklagten treffe daran kein Verschulden. Das Rechtsinstitut der Wiedereinsetzung dient nicht der Heilung von Zulässigkeitsmängeln von fristgemäß erhobenen Verfahrensrügen. Die Wiedereinsetzung in den vorigen Stand zur Wiederholung einer zunächst vom Verteidiger nicht formgerecht vorgetragenen und daher unzulässigen Verfahrensrüge widerspräche im Übrigen der Systematik des Revisionsverfahrens. Könnte ein Angeklagter, dem durch die Antragsschrift des Generalbundesanwalts ein formaler Mangel in der Begründung einer Verfahrensrüge aufgezeigt worden ist, diese unter Hinweis auf ein Verschulden seines Verteidigers nachbessern, würde im Ergebnis die Formvorschrift des § 344 Abs. 2 S. 2 StPO außer Kraft gesetzt. Da den Angeklagten selbst an dem Mangel regelmäßig keine Schuld trifft, wäre ihm auf einen entspr. Antrag hin stets Wiedereinsetzung zu gewähren. Dies würde nicht mit dem öffentlichen Interesse in Einklang stehen, einen geordneten Fortgang des Verfahrens zu sichern und ohne Verzögerung alsbald eine klare Verfahrenslage zu schaffen.[52]

16 Ausnahmen davon kommen nur unter ganz eng umgrenzten Voraussetzungen in Betracht.

Dies ist bspw. dann der Fall, wenn eine ergänzende Revisionsbegründungschrift mit der Verfahrensrüge auf Grund verzögerter Postlaufzeiten verspätet bei Gericht eingeht, das Telefaxgerät des Gerichts ausgefallen war, der Verteidiger während des

---

48 *BGH* StV 1993, 169.
49 *BGH* v. 24.1.2017 – 3 StR 447/16.
50 Vgl. nur *Meyer-Goßner/Schmitt*[60] § 44 Rn. 7 ff.; KK-*Maul*[7] § 44 Rn. 13.
51 *BGH* StV 2008, 569; siehe aber Rn. 6.
52 *BGH* v. 10.7.2012 – 1 StR 301/12; *BGHSt* 1, 44, 46; *BGH* v. 27.3.2008 – 3 StR 6/08.

Laufs der Begründungsfrist erkrankte[53] oder die Unterschrift des Verteidigers unter der Begründungsschrift fehlt.[54]

Auch bei einer im Übrigen form- und fristgerecht begründeten Revision ist einem Beschwerdeführer ausnahmsweise Wiedereinsetzung zur Erhebung einer Verfahrensrüge zu gewähren, wenn er unverschuldet durch äußere Umstände oder unvorhersehbare Zufälle daran gehindert war, die Verfahrensrüge rechtzeitig formgerecht zu begründen. Von einem solchen Fall ist auszugehen, wenn ein im Rahmen der zunächst per Telefax übermittelten Revisionsbegründung Teile unleserlich waren und dies entweder auf einen Fehler bei der Speicherung im Faxgerät des Gerichts oder auf einen fehlerhaften Ausdruck dieses Geräts zurückzuführen ist.[55] Konnte eine Verfahrensrüge wegen verspäteter Akteneinsicht nicht fristgerecht erhoben werden, kann dies die Wiedereinsetzung nur dann begründen, wenn der Verteidiger im Wiedereinsetzungsantrag dartut, dass er ohne die Akteneinsicht die Verfahrensrüge nicht erheben konnte und ferner darlegt, dass er sich intensiv (mehrfach schriftlich und telefonisch!) um die Gewährung von Akteneinsicht bemüht hat[56] und auch eine Akteneinsicht auf der Geschäftsstelle des Tatgerichts entgegen Nr. 160 RiStBV nicht möglich war.

Fehlt es an derartigen Bemühungen des Verteidigers zur Erlangung von Akteneinsicht und hat er sich damit begnügt, nochmals Akteneinsicht zu beantragen, wird sich das Revisionsgericht nur mit den innerhalb der Begründungsfrist erhobenen Rügen auseinandersetzen.

Zu beachten ist in jedem Fall, dass die Revisionsbegründung innerhalb der Wochenfrist des § 45 Abs. 1 StPO vollständig nachgeholt werden muss.[57]

4. Revision bei erklärtem Rechtsmittelverzicht

Grundsätzlich steht es dem Angeklagten frei, nach der Urteilsverkündung Rechtsmittelverzicht zu erklären, § 302 S. 1 StPO. Seinen Verteidiger kann er hierzu auch mündlich ermächtigen.[58] Ist dem Urteil allerdings eine Verständigung vorausgegangen, ist ein Verzicht ausgeschlossen, § 302 S. 2 StPO.   **17**

Ein nach § 302 S. 1 StPO erklärter Rechtsmittelverzicht ist grundsätzlich wirksam und kann nicht angefochten oder widerrufen werden.[59] Das Risiko der Unaufklärbarkeit trägt dabei grundsätzlich der Angeklagte; dies gilt jedoch nicht, wenn ein Verstoß des Gerichts gegen eine gesetzlich angeordnete Dokumentationspflicht

---

53   *BGH* v. 27.2.2014 – 1 StR 367/13 = StraFo 2014, 333.
54   *Meyer-Goßner/Schmitt*[60] § 44 Rn. 7a; KK-*Maul*[7] § 44 Rn. 13.
55   *BGH* StV 2008, 568 = StraFo 2008, 329 = NStZ 2008, 705.
56   *BGH* v. 4.2.2010 – 3 StR 555/09 = wistra 2010, 229; *Meyer-Goßner/Schmitt*[60] § 44 Rn. 7b.
57   *BGH* NStZ 2000, 326; *BGH* StV 1997, 226.
58   *BGH* v. 2.3.2016 – 4 StR 580/15.
59   Vgl. nur KK-*Paul*[7] § 302 Rn. 15 m.w.N.

vorliegt.[60] Unter besonderen Voraussetzungen kann jedoch ein erklärter Rechtsmittelverzicht unwirksam sein. Die Rechtsprechung dazu ist umfänglich und unübersichtlich.[61] Die Unwirksamkeit wird z.b. dann angenommen, wenn der Beschwerdeführer durch unrichtige oder fehlende amtliche Auskunft in die Irre geführt wurde,[62] bei einem Sprachunkundigen, der die belastenden Teile einer gerichtlichen Entscheidung nicht verstanden hat,[63] weiter wenn der Vorsitzende unzuständigerweise eine Zusicherung abgegeben hat, die nicht eingehalten wurde,[64] die Staatsanwaltschaft für den Weigerungsfall mit der Ankündigung eines unsachgemäßen Haftantrages gedroht hat[65] oder das Gericht mit der Wiederinvollzugsetzung des Haftbefehls droht.[66] Die Unwirksamkeit eines Rechtsmittelverzichts ist auch dann gegeben, wenn dem Angeklagten trotz Vorliegens der Voraussetzungen der notwendigen Verteidigung etwa nach § 140 Abs. 1 oder 2 StPO kein Verteidiger beigeordnet war und die Erklärung daher ohne Beratung mit einem Verteidiger abgegeben wurde.[67] Auch wenn vor Abgabe der Erklärung keine Beratung mit dem Wahlverteidiger stattfinden konnte, weil dieser sich verspätet hatte, kann der Verzicht unwirksam sein.[68]

Soll in Fällen eines für unwirksam erachteten Rechtsmittelverzichts das Urteil angefochten werden, ist, sofern die Einlegungsfrist verstrichen ist, ein form- und fristgerechtes Wiedereinsetzungsgesuch anzubringen, in dem auch die Gründe für die geltend gemachte Unwirksamkeit des Rechtsmittelverzichts ausführlich darzulegen sind.[69]

Die Frist für den Wiedereinsetzungsantrag beginnt mit der Kenntnis des Angeklagten von der Unwirksamkeit des Rechtsmittelverzichts.[70]

IV. Revisionseinlegung

18 Die Revision kann durch den Verteidiger und/oder den Angeklagten schriftlich, zu Protokoll der Geschäftsstelle oder als elektronisches Dokument gem. § 41a StPO eingelegt werden. Sie ist bei dem judex a quo anzubringen. Zuständig ist also nur

---

60 *OLG Karlsruhe* v. 29.8.2013 – 3 Ws 293/13 = StV 2014, 401, 402.
61 Siehe insgesamt *Meyer-Goßner/Schmitt*[60] § 302 Rn. 25 ff.; KK-*Paul*[7] § 302 Rn. 12 f. jew. m.w.N.
62 *BGHSt* 46, 257 = StV 2001, 220; *BGH* StV 1991, 556; *BGH* NStZ 2004, 636; siehe insgesamt bei *Meyer-Goßner/Schmitt*[60] § 302 Rn. 25 ff.; KK-*Paul*[7] § 302 Rn. 13 jew. m.w.N.
63 *OLG Nürnberg* v. 5.5.2014 – 2 Ws 704/13 = StV 2014, 529, 530.
64 *BGH* StV 1995, 395.
65 *BGH* StV 2004, 360.
66 *BGH* StV 2004, 636.
67 *OLG Hamm* StV 2010, 67; *Meyer-Goßner/Schmitt*[60] § 302 Rn. 25a m.w.N.
68 *OLG Köln* StV 2010, 67.
69 *BGH* StV 1995, 395; *BGH* StV 2004, 5.
70 *BGHSt* 45, 227 = StV 2000, 4; *BGH* StV 1995, 395.

die Geschäftsstelle desjenigen Gerichts, dessen Urteil angefochten wird; die Möglichkeit, fristgebundene Erklärungen zu Protokoll der Geschäftsstelle des Amtsgerichts des Verwahrungsortes abzugeben (§ 299 StPO), steht nur dem nicht auf freiem Fuß befindlichen Beschuldigten zu, nicht dagegen dem inhaftierten Nebenkläger.[71]

Das Rechtsmittel muss in deutscher Sprache eingelegt werden. Die Bezeichnung als „Revision" ist nicht erforderlich, sofern aus der Einlegungsschrift eindeutig hervorgeht, dass das Urteil angefochten werden soll, § 300 StPO[72].

Ein Rechtsmittel kann auch mittels eines über einen Internet-Dienst an das Gericht gesandtes Faxschreiben eingelegt werden. Dieses ist wie ein vom Absender selbst versandtes Computerfax zu behandeln, also grundsätzlich auch ohne übermittelten Namenszug. Eine Rechtsmitteleinlegung per E-Mail ist nicht möglich.[73]

Bereits bei der Revisionseinlegung unterlaufen immer wieder Kapitalfehler.   **19**

Ein nicht korrigierbarer Fehler liegt dann vor, wenn mit der Einlegung der Revision diese gleichzeitig begründet wird, etwa mit dem Satz, es werde die Verletzung formellen und materiellen Rechts gerügt.

Die Revisionseinlegung sollte sich auf den Satz beschränken, dass gegen das Urteil Revision eingelegt wird. Gleichzeitig sollte nochmals Akteneinsicht einschließlich des Hauptverhandlungsprotokolls beantragt werden (vgl. Beispiel bei Rn. 22).

Alle weiteren Ausführungen sind bei der Revisionseinlegung zu unterlassen.

Eine „Revisionsbegründung" gleichzeitig mit der Revisionseinlegung verdeutlicht dem Revisionsgericht, dass der Revisionsführer im Revisionsrecht unbewandert ist. Denn ohne Kenntnis der schriftlichen Urteilsgründe kann auch der Revisionsführer nicht beurteilen, ob eine (allgemeine) Sachrüge erhoben werden soll und kann. Dies gilt erst Recht für eine Verfahrensrüge, da diese jeweils einen konkreten Verfahrensfehler benennen muss und die den Fehler begründenden Tatsachen im Einzelnen vorzutragen sind. Dies ist ohne Einsicht in das Hauptverhandlungsprotokoll und die schriftlichen Urteilsgründe schlechterdings nicht möglich. Von daher ist der mit der Revisionseinlegung verbundene Satz, es werde die Rüge der Verletzung formellen Rechts erhoben, schlicht Unsinn.

Die Gefahr einer derart unsinnigen Revisionsbegründung gemeinsam mit der Revi-   **20** sionseinlegung besteht jedoch darin, dass für den Fall der Versäumung der Revisionsbegründungsfrist eine Wiedereinsetzung hinsichtlich der Erhebung von Verfahrensrügen weitestgehend ausgeschlossen ist. Werden Verfahrensrügen, aus welchen Gründen auch immer, nicht innerhalb der Revisionsbegründungsfrist erhoben, sind sie verfristet, da die Revision bereits mit der Erhebung der allgemeinen Sachrüge bei der Revisionseinlegung ordnungsgemäß und ausreichend begründet war. Eine

---

71   *KG* v. 23.1.2015 – (2) 161 Ss 11/15 = NStZ 2015, 719 f.
72   Vgl. dazu insgesamt *Meyer-Goßner/Schmitt*[60] § 341 Rn. 1 ff.
73   *OLG Oldenburg* StV 2009, 12 (Ls).

noch so begründete Verfahrensrüge wäre im Falle der Fristversäumung unzulässig.[74]

21 Es ist empfehlenswert, gleichzeitig mit der Einlegung der Revision nochmals Akteneinsicht zu beantragen. Auch wenn der Verteidiger bereits Kopien der Akten gefertigt hat, ist die nochmalige Akteneinsicht erforderlich, um u.a. zu prüfen, ob der Eröffnungsbeschluss und die Originalfassung des Urteils ordnungsgemäß unterschrieben sind und wann das Urteil auf der Geschäftsstelle eingegangen ist (Eingangstempel), um die Einhaltung der Absetzungsfristen zu überprüfen. Darüber hinaus können sich in den Akten während der Hauptverhandlung gefertigte Vermerke etc. befinden, die für die Begründung von Verfahrensrügen erforderlich sind. Es kann auch auf Ladungen bzw. Ladungsnachweise ankommen.

Und schließlich müssen die Akten ggf. im Hinblick auf eine zu erhebende Aufklärungsrüge durchgearbeitet werden.

Das Vorliegen der vollständigen Akten oder Kopien davon ist daher für die Prüfung und Begründung von Verfahrensrügen unumgänglich. Im Hinblick auf die knapp bemessene Revisionsbegründungsfrist sollte daher der Akteneinsichtsantrag mit Revisionseinlegung gestellt werden, um Verzögerungen bei der Bearbeitung der Revision durch spätere Akteneinsichtsgesuche und verspätete Aktenübersendung zu vermeiden.

22 In einigen Gerichtsbezirken besteht die Besonderheit, dass dem Pflichtverteidiger die Kosten für die Herstellung von Fotokopien nicht erstattet werden, da der Angeklagte gem. Nr. 9000 Abs. 2 Nr. 3 der Anlage 1 zu § 3 Abs. 2 GKG einen Anspruch auf die Erteilung kostenloser Abschriften des Hauptverhandlungsprotokolls hat. Ggf. ist mit der Einlegung der Revision ein entspr. Antrag zu stellen.

23 Beispiel für Revisionseinlegung:

In der Strafsache

gegen

...

Az.: ...

lege ich gegen das Urteil der AG/LG/OLG vom

R e v i s i o n

ein.

Gleichzeitig wird **beantragt,**
1. gemäß Nr. 9000 Abs. 2 Nr. 3 der Anlage 1 zu § 3 Abs. 2 GKG kostenlos Abschriften des Hauptverhandlungsprotokolls zu übersenden,
2. die Akten nochmals zur Einsichtnahme zu übersenden.

---

74 Vgl. dazu anschaulich *BGH* v. 13.11.2007 – 3 StR 341/07 = StV 2008, 301.

Gegen amtsgerichtliche Urteile ist neben der Berufung auch die (Sprung-)Revision **24** zulässig, § 335 StPO. Da derjenige, der ein amtsgerichtliches Urteil anfechten will, oftmals erst nach Kenntnis der schriftlichen Urteilsgründe und der Lektüre des Hauptverhandlungsprotokolls beurteilen und entscheiden kann, welches Rechtsmittel er für das angemessene hält, hat er die Möglichkeit, zunächst ein unbestimmtes Rechtsmittel einzulegen („lege ich gegen das Urteil Rechtsmittel ein").[75] Auch kann er zunächst Berufung einlegen, wobei durch die Bezeichnung des Rechtsmittels als Berufung, sofern keine eindeutige Festlegung auf dieses Rechtsmittel erfolgt ist, keine Bindung eintritt.[76]

Bei Einlegung eines unbestimmten Rechtmittels ist der Beschwerdeführer gehalten, **25** innerhalb der mit Urteilszustellung beginnenden Revisionsbegründungsfrist zu erklären, ob das Rechtsmittel als Berufung oder als Revision durchgeführt werden soll. Hat der Beschwerdeführer das unbestimmt eingelegte Rechtsmittel innerhalb der Frist nicht bezeichnet, wird es als Berufung behandelt.[77] Entsprechendes gilt auch dann, wenn aufgrund unterschiedlicher Rechtsmittelerklärungen mehrerer Wahlverteidiger keine eindeutige Rechtsmittelwahl vorliegt.[78]

Hat der Beschwerdeführer das Rechtsmittel als Revision bezeichnet, ist innerhalb der Monatsfrist des § 345 Abs. 1 StPO der Revisionsantrag zu stellen und die Revisionsbegründung anzubringen[79]. Bei Versäumung der Antrags- und/oder der Begründungsfrist wird die Revision als unzulässig verworfen.[80]

Auch wenn gegen das Urteil ausdrücklich Berufung eingelegt ist, kann der Be- **26** schwerdeführer innerhalb der Frist des § 345 Abs. 1 StPO von der Berufung zur Revision übergehen, indem er ausdrücklich erklärt, die Berufung solle als Revision durchgeführt werden.[81] Auch im Falle eines solchen Rechtsmittelwechsels ist selbstverständlich innerhalb der Frist der Revisionsantrag zu stellen und die Begründung vorzunehmen.

Nach Verwerfung einer Annahme bedürftigen Berufung kann das ausdrücklich als Berufung bezeichnete Rechtsmittel auch dann nicht mehr als Revision fortgeführt werden, wenn der Übergang innerhalb der Revisionsbegründungsfrist erklärt wurde.[82]

Zur Frage, ob das amtsgerichtliche Urteil mit der Berufung oder der Sprungrevision angefochten werden soll, vgl. unten Rn. 81.

---

75 *Meyer-Goßner/Schmitt*[59] § 335 Rn. 2; KK-*Gericke*[7] § 335 Rn. 3.
76 KK-*Gericke*[7] § 335 Rn. 4.
77 *Meyer-Goßner/Schmitt*[60] § 335 Rn. 4.
78 *Thüringer OLG* v. 10.8.2015 – 1 OLG 171 Ss 25/15 = StraFo 2016, 28, 29 f.
79 *Meyer-Goßner/Schmitt*[60] § 335 Rn. 3, 6; KK-*Gericke*[7] § 335 Rn. 4.
80 *Meyer-Goßner/Schmitt*[60] § 335 Rn. 6.
81 KK-*Gericke*[7] § 335 Rn. 4.
82 *OLG Oldenburg* NStZ 2012, 54.

V. Revisionsantrag

1. Form

27 Der Revisionsantrag und die -begründung können nur in einem von einem Verteidiger oder Rechtsanwalt unterzeichneten Schriftsatz oder vom Angeklagten selbst zu Protokoll der Geschäftsstelle angebracht werden.

Der Hinweis auf die Erforderlichkeit einer von einem Rechtsanwalt zu unterzeichnenden Revisionsrechtfertigung ist nicht nur theoretischer Natur.

Aus der Revisionsbegründung muss eindeutig hervorgehen, dass der unterzeichnende Verteidiger die volle Verantwortung für ihren Inhalt übernimmt. Bestehen Zweifel daran, ist die Revision mangels Begründung unzulässig. Zweifel an der Übernahme der Verantwortung können sich aus unsinnigem und grob laienhaftem Vortrag ergeben, so dass es nahe liegen kann, dass der Verteidiger lediglich eine vom Mandanten verfasste „Begründung" unterschrieben hat.[83]

2. Umfassender Antrag

28 Innerhalb der Frist ist der Revisionsantrag zu stellen. Dies geschieht üblicherweise zusammen mit der Revisionsbegründung. Der Antrag steht am Beginn des Schriftsatzes.

Es unterliegt der Dispositionsfreiheit des Revisionsführers im Revisionsverfahren, inwieweit er das Urteil zur Überprüfung des Revisionsgerichts stellt. Er bestimmt mit dem Antrag das Ziel der Revision und weitgehend den Prüfungsumfang des Revisionsgerichts, § 352 Abs. 1 StPO. Die Anträge müssen klarstellen, in welchem Umfang der Beschwerdeführer die Urteilsaufhebung erstrebt.

29 Der Revisionsantrag darf nicht fehlen, was zur Unzulässigkeit der Revision führen könnte. Das Fehlen des Antrags soll jedoch dann unschädlich sein, wenn sich das Ziel der Revision klar aus dem Inhalt der Revisionsbegründung ergibt.[84] Dies kann aber dann problematisch werden, wenn innerhalb der Begründung nur zu einzelnen Problembereichen Ausführungen gemacht werden und so das Ziel der Urteilsaufhebung insgesamt nicht eindeutig zu erkennen ist.

30 Grundsätzlich reicht es aus, wenn beantragt wird, das Urteil des z.B. LG Frankfurt vom ... aufzuheben. Da sich die Rechtsfolgen der Urteilsaufhebung aus dem Gesetz ergeben, § 354 StPO, ist es nicht erforderlich, auch die Zurückverweisung zur neuen Verhandlung und Entscheidung zu beantragen.

---

83 Vgl. *BGH* NStZ 1984, 563 u. 1987, 336 sowie 2000, 211; *Meyer-Goßner/Schmitt*[60] § 345 Rn. 16.

84 *Meyer-Goßner/Schmitt*[60] § 344 Rn. 2.

3. Revisionsbeschränkungen

Aus der Dispositionsfreiheit des Revisionsführers folgt auch die Befugnis zur Revi- **31** sionsbeschränkung. Dadurch werden bestimmte Punkte von der Überprüfung durch das Revisionsgerichts ausgenommen. Von einer Beschränkung kann auch dann auszugehen sein, wenn der Umfang der Revisionsanfechtung unklar bleibt; in diesem Fall ist das Angriffsziel des Rechtsmittels durch Auslegung zu ermitteln.[85]

Bei tatmehrheitlicher Verurteilung kann der Revisionsführer z.b. die Revision auf einzelne Taten beschränken. Auch eine Beschränkung auf den Rechtsfolgenausspruch oder auch nur auf die Anordnung der Unterbringung in einem psychiatrischen Krankenhaus,[86] die unterlassene Strafaussetzung zur Bewährung oder die Feststellung der besonderen Schuldschwere im Sinne von § 57a Abs. 1 S. 1 Nr. 2 StGB ist möglich.[87] Zulässiges Ziel der Revision kann es auch sein, wenn der Beschwerdeführer allein die Kompensation einer nach Aufhebung der erstinstanzlichen Verurteilung und Zurückverweisung durch den Bundesgerichtshof eingetretenen rechtsstaatswidrigen Verfahrensverzögerung begehrt.[88] Eine Beschränkung auf den Rechtsfolgenausspruch ist allerdings nur dann wirksam, wenn die Schuldfeststellungen eine hinreichende Grundlage für die Entscheidung des Instanzgerichts sein können, d.h. eine Trennbarkeit gegeben ist.[89] Im Jugendstrafrecht kann ein Urteil, das ausschließlich ein Zuchtmittel gegen den Angeklagten anordnet, gem. § 55 Abs. 1 S. 1 JGG nicht wegen des Umfangs der Maßnahme und nicht deshalb angefochten werden, weil andere Erziehungsmaßregeln oder (andere) Zuchtmittel hätten angeordnet werden sollen.[90] Unterliegt das Rechtsmittel einer solchen gesetzlichen Beschränkung, ist die Revision unzulässig, wenn sich aus der Begründung der Revisionsanträge ein zulässiges Rechtsmittelziel nicht eindeutig entnehmen lässt.[91]

Zur nachträglichen Beschränkung eines zunächst gestellten umfassenden Aufhe- **32** bungsantrags benötigt der Verteidiger ebenso wie für eine Revisionsrücknahme eine ausdrückliche Ermächtigung des Angeklagten, § 302 Abs. 2 StPO. In der Regel wird diese in der Vollmacht enthalten sein.

Der Pflichtverteidiger ist dagegen zur nachträglichen Rechtsmittelbeschränkung bzw. Rechtsmittelrücknahme *nicht* befugt. Eine möglicherweise vor Beiordnung erteilte Wahlverteidigervollmacht erlischt mit der Niederlegung des Wahlmandats im Zusammenhang mit der Pflichtverteidigerbestellung. Eine ohne ausdrückliche Er-

---

85 *BGH* v. 21.4.2016 – 1 StR 456/15; v. 2.12.2015 – 2 StR 258/15; *Meyer-Goßner/Schmitt*[60] § 344 Rn. 6.
86 *BGH* v. 9.9.2015 – 4 StR 334/15 = StraFo 2015, 467, 468.
87 Vgl. im Einzelnen *Meyer-Goßner/Schmitt*[60] § 318 Rn. 16 ff.
88 *BGH* v. 21.12.2010 – 2 StR 563/10.
89 *BGH* v. 2.12.2015 – 2 StR 258/15; v. 24.9.2013 – 2 StR 397/13 = *BGHR* StPO § 341 Abs. 1 Beschränkung 1.
90 *BGH* v. 10.7.2013 – 1 StR 278/13 = StraFo 2013, 428, 429 m. Anm. *Eisenberg*.
91 *BGH* v. 10.7.2013 – 1 StR 278/13 = StraFo 2013, 428, 429 m. Anm. *Eisenberg; Meyer-Goßner/Schmitt*[60] § 344 Rn. 3a.

mächtigung durch den Angeklagten erklärte Rechtsmittelbeschränkung durch den Pflichtverteidiger wäre daher unwirksam.[92] Die Ermächtigung bedarf allerdings keiner besonderen Form.[93] Sie kann mündlich erteilt und ggf. vom Pflichtverteidiger anwaltlich versichert werden.[94]

33 Eine Revisionsbeschränkung empfiehlt sich aber in aller Regel nicht. Selbst wenn der Verteidiger der Auffassung ist, der Schuldspruch gehe materiell-rechtlich in Ordnung und es sei nur sinnvoll, den Rechtsfolgenausspruch anzugreifen, kann er nie sicher sein, ob er nicht einen materiell-rechtlichen Fehler übersehen hat, der das Revisionsgericht zur Urteilsaufhebung in vollem Umfange veranlassen könnte.

Es erscheint daher angebracht, das Urteil durch die Erhebung der allgemeinen Sachrüge insgesamt zur materiell-rechtlichen Überprüfung durch das Revisionsgericht zu stellen.

34 Davon gibt es allerdings eine *wichtige Ausnahme.*

In Fällen, in denen der Tatrichter die Anordnung der Unterbringung in einem psychiatrischen Krankenhaus oder einer Entziehungsanstalt nach §§ 63, 64 StGB unterlassen oder eine solche Anordnung gar nicht geprüft hat und Anhaltspunkte dafür bestehen, dass dies rechtsfehlerhaft sein könnte, ist eine Revisionsbeschränkung in Form der Ausnahme der Nichtanordnung der Maßregel vom Revisionsangriff dringend zu prüfen. Legt der Verteidiger ohne Revisionsbeschränkung in vollem Umfang Revision gegen das Urteil ein, besteht die Gefahr, dass bei sonstiger Revisionsverwerfung das Urteil allein deswegen aufgehoben wird, weil der Tatrichter die Anordnung der Maßregel nach §§ 63 oder 64 StGB zu Unrecht unterlassen oder nicht hinreichend geprüft hat.[95] Dass nur der Angeklagte Revision eingelegt hat, hindert die Nachholung der Unterbringungsanordnung nicht,[96] weil das Verschlechterungsverbot hier nicht gilt, § 358 Abs. 2 S. 3 StPO. Dies führt bei Urteilsaufhebung allein zur erneuten Prüfung der Maßregelanordnung, häufig verbunden mit entspr. Hinweisen an den Tatrichter für die Anordnung der Maßregel.

Es ist deshalb geboten, die Nichtanordnung einer Maßregel nach §§ 63, 64 StGB vom Rechtsmittelangriff auszunehmen,[97] wenn dies der Interessenlage des Angeklagten entspricht.

Die Ausnahme der Nichtanordnung der Maßregel ist jedoch unwirksam, wenn mit der Revision zugleich der Schuldspruch angegriffen wird, der von der Maßregelanordnung nicht getrennt werden kann und wenn die Entscheidung über den Straf-

---

92 *BGH* NStZ 1991, 94.
93 *BGH* v. 10.9.2009 – 4 StR 210/09 = NStZ-RR 2010, 55; *Meyer-Goßner/Schmitt*[60] § 302 Rn. 32.
94 *BGHR* StPO § 302 Abs. 2 Rücknahme 6; *BGH* NStZ-RR 2010, 55; NStZ-RR 2005, 211, 212; NStZ 2001, 104.
95 Vgl. etwa *BGH* v. 20.2.2008 – 2 StR 37/08.
96 *BGHSt* 37, 5.
97 Zur Zulässigkeit vgl. *BGHSt* 37, 5.

und Maßregelausspruch untrennbar miteinander verbunden sind.[98] Eine Ausnahme der *Nicht*-Anordnung der Maßregel gem. § 64 StGB vom Revisionsangriff ist jedoch nur dann unwirksam, wenn sich im Einzelfall aus den Urteilsgründen eine unlösbare Verbindung von Straf- und Maßregelausspruch ergibt.[99] Dabei ist zu beachten, dass die Feststellung einer Symptomtat unerlässliche Voraussetzung für die Maßregelanordnung ist.[100]

Inzwischen wird auch bezweifelt, dass die Nichtanordnung einer Unterbringung nach § 63 StGB vom Rechtsmittelangriff ausgenommen werden kann.[101]

Die Revision, mit der der Angeklagte allein die *Nichtanordnung* der Unterbringung beanstandet, ist mangels Beschwer unzulässig. Das hindert das Revisionsgericht jedoch nicht, auf eine zulässig erhobene Sachrüge das Urteil aufzuheben, wenn eine Prüfung der Anordnung der Maßregel unterblieben ist und die Feststellungen dazu gedrängt haben und der Angeklagte die Nichtanordnung der Unterbringung nicht vom Rechtsmittelangriff ausgenommen hat.[102]

Eine solche Rechtsmittelbeschränkung kann wie folgt lauten:

Es wird beantragt,

das Urteil des LG X vom XXX **aufzuheben.**

Die Frage der Anordnung der Maßregel nach § 64 StGB (oder ggf. nach § 63 StGB) wird vom Rechtsmittelangriff **ausgenommen.**

VI. Revisionsbegründung

Die Revisionsbegründung kann nur in einem von einem Verteidiger oder Rechtsanwalt unterzeichneten Schriftsatz oder vom Angeklagten selbst zu Protokoll der Geschäftsstelle angebracht werden. Im Hinblick darauf, dass § 345 Abs. 2 StPO eine anwaltliche Revisionsbegründung vorsieht, soll ein Anspruch auf Übersetzung der schriftlichen Urteilsgründe für einen verteidigten sprachunkundigen Angeklagten insofern nicht bestehen.[103] Dies erscheint vor dem Hintergrund der Möglichkeit des Angeklagten, die Revision zu Protokoll der Geschäftsstelle zu begründen, jedoch zweifelhaft.[104]   **35**

---

98 *BGH* v. 22.6.2011 – 2 StR 139/11 = StV 2012, 72; v. 19.1.2010 – 4 StR 504/09.

99 *BGH* v. 2.11.2011 – 2 StR 251/11 = StV 2012, 203 (Klarstellung der Entscheidung StV 2012, 72 Fn. 93).

100 *BGH* v. 26.8.2009 – 2 StR 302/09.

101 *BGH* v. 22.12.2011 – 3 StR 427/11 (Rn. 6); v. 20.9.2002 – 2 StR 335/02 = StraFo 2003, 15; *Meyer-Goßner/Schmitt*[60] § 318 Rn. 23.

102 *BGH* NStZ 2009, 261.

103 *OLG Stuttgart* v. 9.1.2014 – 6 – 2 StE 2/12 = StV 2014, 536, 537.

104 *Bockemühl* StV 2014, 537, 539.

Wird die Revision von einem Verteidiger begründet, muss sich aus der Fassung der Begründungsschrift eindeutig ergeben, dass der Verteidiger die volle Verantwortung für den Inhalt übernimmt. Ist dies nicht der Fall (etwa bei Formulierungen: „Mein Mandant rügt..."), so entspricht die Revision nicht den Formerfordernissen des § 345 Abs. 2 StPO und ist daher unzulässig.[105] Die Übernahme der vollen Verantwortung kann i.d.R. aber nicht bereits dann verneint werden, wenn ein anderer Rechtsanwalt die vom Verteidiger verfasste Revisionsbegründung mit dem Zusatz „i.V." oder „für den nach Diktat verreisten Rechtsanwalt ..." oder *pro absente* unterzeichnet.[106]

Die Revisionsbegründung muss den zur Beurteilung der Zulässigkeit erforderlichen Sachverhalt eigenständig und vollständig vortragen. Eine Bezugnahme auf die Schriftsätze anderer Verfahrensbeteiligter oder Aktenbestandteile reicht nicht. In diesem Fall ist das Rechtsmittel unzulässig.[107]

Die Revision kann mit der Rüge der Verletzung materiellen und formellen Rechts begründet werden. Beide Rügen unterscheiden sich grundlegend.

1. Sachrüge

36 Für die Rüge der Verletzung materiellen Rechts reicht es aus, wenn der Beschwerdeführer lediglich vorträgt, er rüge die Verletzung materiellen Rechts oder er erhebe die allgemeine Sachrüge. Einer weiteren Begründung bedarf es nicht.[108]

Eine zulässig erhobene Sachrüge setzt jedoch voraus, dass die Revision zweifelsfrei erkennbar auf die Verletzung sachlichen Rechts gestützt werden soll. Daran fehlt es, wenn sich die Ausführungen in der Revisionsbegründung in einem unzulässigen Angriff gegen die tatrichterliche Beweiswürdigung erschöpfen, da sich daraus ergibt, dass nicht die Anwendung des materiellen Rechts, sondern nur die Beweiswürdigung beanstandet werden soll.[109] Ist die Sachrüge allerdings vorab allgemein erhoben worden, macht die spätere Revisions„begründung", die sich in unzulässigen Angriffen auf die Beweiswürdigung erschöpft, die allgemein erhobene Sachrüge im Zweifel nicht unzulässig.[110]

Auf Grund dieser Rüge prüft das Revisionsgericht (ausschließlich) das Urteil auf materiell-rechtliche Fehler. Dem Revisionsgericht ist dabei ein Blick in die Akten

---

105 *BGH* v. 2.7.2014 – 4 StR 215/14 = NJW 2014, 2664 f.; v. 27.3.2012 – 2 StR 83/12; *Meyer-Goßner/Schmitt*[60] § 345 Rn. 16 m.w.N.

106 *BVerfG* v. 7.12.2015 – 2 BvR 767/15 = StraFo 2016, 64, 65 f.; *Meyer-Goßner/Schmitt*[60] § 345 Rn. 16; **a.A.** noch *BGH* v. 8.12.2011 – 4 StR 430/11 = NStZ 2012, 276, 277 für den Fall der Bevollmächtigung eines mit dem Pflichtverteidiger in Bürogemeinschaft stehenden und für einen Mitangeklagten als Pflichtverteidiger bestellten Rechtsanwalts.

107 *BGH* v. 13.10.2006 – 2 StR 362/06 = NStZ 2007, 166.

108 Vgl. dazu insgesamt *Meyer-Goßner/Schmitt*[60] § 344 Rn. 14 ff.; s. aber Rn. 2625.

109 *OLG Hamm* StV 2009, 67 m. Anm. *Ventzke*.

110 *OLG Oldenburg* StV 2009, 69.

oder das Hauptverhandlungsprotokoll verwehrt (mit Ausnahme der Prüfung von Verfahrenshindernissen und der Verfahrensvoraussetzungen).

Auf die allgemeine Sachrüge soll das Revisionsgericht auch etwaige Verfahrenshin-   **37** dernisse und fehlende Verfahrensvoraussetzungen prüfen. Hier ist allerdings Vorsicht geboten, da eine Tendenz zu beobachten ist, dass die Prüfung bestimmter Verfahrenshindernisse eine ordnungsgemäß erhobene Verfahrensrüge voraussetzt, z.b. im Falle willkürlicher Annahme der Zuständigkeit[111] oder der fehlenden Voraussetzungen für die Durchführung eines beschleunigten Verfahrens.[112] Es wird daher dringend empfohlen, auch eventuelle Verfahrenshindernisse zum Gegenstand einer ausgeführten Revisionsbegründung zu machen (z.b. unwirksame Anklage und/oder fehlender Eröffnungsbeschluss oder Strafklageverbrauch).

Die allgemeine Sachrüge muss in jedem Fall umfassend erhoben werden. Werden z.b.   **38** nur Einzelausführungen gemacht, etwa nur zu bestimmten Tatkomplexen oder nur zum Rechtsfolgenausspruch, kann darin eine Revisionsbeschränkung gesehen werden,[113] die dem Revisionsgericht eine weitergehende Prüfung verwehrt. Wird nur die Verletzung formellen Rechts gerügt und erweist sich die erhobene Rüge als unzulässig, ist die Revision insgesamt unzulässig. Denn mangels allgemeiner Sachrüge kann das Revisionsgericht das Urteil nicht auf materiell rechtliche Fehler überprüfen.[114]

2. Rüge der Verletzung formellen Rechts

a) Grundlagen für die Prüfung von Verfahrensrügen

Die Begründung der Verletzung formellen Rechts setzt voraus, dass ein ganz genau   **39** zu bezeichnender Verfahrensfehler mit einem umfassenden Tatsachenvortrag gerügt wird. Eine der „allgemeinen Sachrüge" entspr. allgemeine Rüge der Verletzung formellen Rechts gibt es nicht. Hilfsweise erhobene Verfahrensrügen, etwa dergestalt, dass die Rüge Nr. 2 für den Fall erhoben wird, dass die Rüge Nr. 1 nicht erfolgreich ist, sind unzulässig.[115]

Kommen mehrere Verfahrensmängel in Betracht, muss vom Beschwerdeführer die Angriffsrichtung der Rüge deutlich gemacht und dargetan werden, welcher konkrete Verfahrensfehler gerügt wird.[116] Ein bestimmtes Verfahrensgeschehen kann dabei auch zum Gegenstand verschiedener Verfahrensrügen gemacht werden, solange die Angriffsrichtung der Rügen durch den Revisionsführer bestimmt ist.[117]

---

111 *BGHSt* 43, 54 = StV 1998, 1; s. dazu Rn. 172.

112 *OLG Stuttgart* StV 1998, 585; *OLG Düsseldorf* StV 1999, 202.

113 *Meyer-Goßner/Schmitt*[60] § 344 Rn. 6.

114 *BGH* NJW 1995, 2047; sehr anschaulich *BGH* v. 5.7.2007 – 5 StR 383/06 = StV 2007, 505.

115 *BGHSt* 17, 253; *BGH* StV 2006, 568; *Meyer-Goßner/Schmitt*[60] § 344 Rn. 12.

116 *BGH* v. 22.7.2015 – 2 StR 389/13 (Rn. 55); v. 29.8.2006 – 1 StR 371/06 = StV 2007, 121; *BGH* StV 2000, 241 m. Anm. *Cirener/Sander*; JR 2006, 300.

117 *BGH* v. 24.11.2015 – 3 StR 312/15 = StraFo 2016, 112.

Grundlage für das Aufspüren von Verfahrensrügen ist in erster Linie das Hauptver-handlungsprotokoll. Der Verteidiger durchforstet dieses nach der Methode „Trüffel-schwein", um sodann die gefundenen Delikatessen (Verfahrensfehler) dem Revisi-onsgericht auf dem Silbertablett zu servieren (§ 344 Abs. 2 S. 2 StPO) in der Hoff-nung, dass sie sich nicht als taube Nüsse erweisen.

40   Nach § 273 StPO sind in das Hauptverhandlungsprotokoll alle sog. wesentlichen Förmlichkeiten[118] aufzunehmen. Nach § 274 StPO genießt das Hauptverhandlungs-protokoll (zunächst) absolute positive und negative Beweiskraft. Dies bedeutet, dass die in der Sitzungsniederschrift dokumentierten oder nicht dokumentierten Ge-schehnisse, soweit sie wesentliche Förmlichkeiten betreffen, als stattgefunden bzw. als nicht stattgefunden gelten. Ist in der Sitzungsniederschrift nicht vermerkt, dass z.b. die Anklage verlesen oder dem Angeklagten das letzte Wort erteilt wurde, wird damit (zunächst) ungeachtet des tatsächlichen Geschehens in der Hauptverhandlung bewiesen, dass dies nicht der Fall war.

Das Durcharbeiten des Hauptverhandlungsprotokolls eröffnet somit die Suche nach möglichen Verfahrensfehlern.

41   An dieser Stelle muss betont werden, dass das Hauptverhandlungsprotokoll für den Revisionsverteidiger lediglich als Grundlage für das Auffinden von Verfahrensfehlern dient. In der Begründung der Verfahrensrüge hat das Wort Hauptverhandlungsproto-koll oder eine Bezugnahme darauf nichts zu suchen. Der Revisionsführer ist lediglich verpflichtet, konkrete Tatsachen und Geschehnisse in der Hauptverhandlung be-stimmt zu behaupten und vorzutragen. Zum Beweis seiner vorgetragenen Tatsachen, etwa durch Verweis auf das Protokoll, ist er nicht verpflichtet[119] (vgl. dazu Rn. 64).

42   Bei der Prüfung und Erhebung von Verfahrensrügen muss der Revisionsverteidiger das sog. Rekonstruktionsverbot beachten. Dies bedeutet, dass im Revisionsverfah-ren „keine Beweisaufnahme über die Beweisaufnahme vor dem Tatgericht" stattfin-det. Dem Revisionsgericht soll es grundsätzlich verwehrt sein, Feststellungen zum Inhalt der erhobenen Beweise anhand eigener Ermittlungen etwa im Freibeweisver-fahren zu treffen.

Eine Rüge, die auf eine solche Rekonstruktion der Beweisaufnahme hinausliefe, wäre unzulässig.[120] Nur wenn der Tatsachenvortrag allein anhand des Hauptver-handlungsprotokolls ggf. in Zusammenhang mit den Urteilsausführungen mit den Mitteln des Revisionsrechts überprüft werden kann, ist die Rüge zulässig.

Das Rekonstruktionsverbot betrifft jedoch nur das im Urteil festzustellende Ergeb-nis der Beweisaufnahme, soweit es nicht der unmittelbaren Kenntnisnahme durch das Revisionsgericht offen steht, sowie Verfahrensvorgänge, die als wesentliche

---

118   Vgl. dazu *Meyer-Goßner/Schmitt*[60] § 273 Rn. 7 f.
119   *BGH* v. 22.9.2006 – 1 StR 298/06 = StV 2007, 569.
120   Nur: *BGH* StV 1992, 549; *BGH* NStZ 1994, 583 und 630; *BGHSt* 43, 212, 213 = StV 1997, 561; *Meyer-Goßner/Schmitt*[60] § 337 Rn. 13 ff.

Förmlichkeiten der Hauptverhandlung protokollierungspflichtig sind und daher allein durch die Sitzungsniederschrift bewiesen werden können. Alle anderen Verfahrensvorgänge in der Hauptverhandlung sind dagegen, soweit entscheidungserheblich, durch das Revisionsgericht im Freibeweis aufzuklären.[121]

Daher kann mit der Revision grundsätzlich nicht geltend gemacht werden, ein Zeuge habe anders als im Urteil wiedergegeben ausgesagt, Teile einer Zeugenaussage seien im Urteil nicht gewürdigt worden, bestimmte Fragen seien nicht gestellt oder Vorhalte nicht gemacht worden. Dies alles wäre nur durch die unzulässige Rekonstruktion der Beweisaufnahme aufzuklären. Auch die Rüge der „Aktenwidrigkeit" der Urteilsfeststellungen liefe nach der Rechtsprechung des BGH auf eine Rekonstruktion der Hauptverhandlung hinaus. Darunter sind die Fälle zu verstehen, in denen das Urteil den Inhalt einer Zeugenaussage mitteilt, die in krassem Gegensatz zu einer früheren Aussage des Zeugen im Ermittlungsverfahren, etwa einer polizeilichen Vernehmung steht. Denn der Widerspruch zwischen den Aussagen kann sich durch eine für alle Verfahrensbeteiligten einleuchtende Erklärung des Zeugen in der Hauptverhandlung aufgelöst haben, so dass eine Auseinandersetzung mit dem Widerspruch im Urteil nicht erforderlich war. Ob der Widerspruch aufgelöst wurde, könnte wiederum nur durch eine Rekonstruktion dieses Teils der Hauptverhandlung aufgeklärt werden.[122] **43**

Zu weiteren Einzelheiten und Rügemöglichkeiten vgl. die Rüge Nr. 230 Rn. 1970.

b) „Unwahre" Verfahrensrüge

Probleme ergeben sich dann, wenn der mit der Revisionsbegründung beauftragte Verteidiger auch Verteidiger vor dem Tatgericht war und unter Zugrundelegung des Protokolls eine Verfahrensrüge erheben will, von der er positiv weiß, dass sie „unwahr" ist. Dies kann z.B. dann der Fall sein, wenn im Protokoll die Gewährung des letzten Wortes an den Angeklagten nicht festgehalten ist, dieser jedoch tatsächlich das letzte Wort hatte. **44**

In diesen Fällen stellt sich das Problem der Erhebung einer unwahren Verfahrensrüge.

Trägt der Beschwerdeführer wissentlich objektiv falsche und durch das Hauptverhandlungsprotokoll nicht belegte Tatsachen vor, ist die Verfahrensrüge unzulässig, weil aufgrund des unzutreffenden Sachvortrags dem Revisionsgericht keine ausreichende Grundlage für die Prüfung der Verfahrensrüge unterbreitet wurde.[123] **45**

---

121 *BGH* v. 29.11.2011 – 3 StR 281/11 = StV 2012, 587 (unzulässige Einräumung des Fragerechts an einen Amtsanwalt bei einer Verhandlung vor dem Landgericht).

122 Etwa: *Meyer-Goßner/Schmitt*[60] § 337 Rn. 15a; zweifelnd zur Möglichkeit, die Aktenwidrigkeit der Urteilsgründe mit einer „alternativen" Verfahrensbeschwerde zu rügen KK-*Gericke*[7] § 337 Rn. 26a jew. m. zahlr. Rspr.-Nachw. Zur sog. Alternativrüge siehe Rüge Nr. 230 Rn. 1970.

123 *BGH* v. 10.5.2011 – 4 StR 584/10; v. 18.8.2010 – 5 StR 312/10 und v. 15.6.2005 – 1 StR 202/05 = *BGHR* StPO § 344 Abs. 2 S. 2 Beweisantragsrecht 8.

46 Nach der verfassungsrechtlich unbeanstandeten[124] Entscheidung des Großen Senats des BGH vom 23.4.2007[125] besteht in Fällen vermeintlich unwahrer Verfahrensrügen die Möglichkeit der Protokollberichtigung.

Eine Protokollberichtigung mit der Folge einer „Rügeverkümmerung" ist *nicht* möglich, wenn in der Hauptverhandlung Feststellungen über die Kenntnisnahme vom Wortlaut der Urkunden im Selbstleseverfahren unterblieben sind. Denn das Protokoll ist inhaltlich richtig, weil der zu protokollierende Verfahrensvorgang der Feststellung der Kenntnisnahme in der Hauptverhandlung tatsächlich nicht stattgefunden hat.[126] Erachtet der Vorsitzende nach Eingang der Revisionsbegründung mit der vermeintlich unwahren Verfahrensrüge das Protokoll für falsch, kann er das Protokollberichtigungsverfahren einleiten.

47 Dies bedeutet zunächst, dass die beiden Urkundspersonen, also der Vorsitzende und der Protokollführer, sich übereinstimmend an den tatsächlichen Verlauf des Geschehens in der Hauptverhandlung erinnern und das im Protokoll festgehaltene Geschehen für unrichtig halten. Dies ist in dienstlichen Erklärungen beider Urkundspersonen mit einer tragfähigen Begründung, etwa indem auf markante Besonderheiten des Geschehens eingegangen wird, dem Revisionsführer mitzuteilen. Gegebenenfalls sind auch schriftliche Aufzeichnungen, z.b. die handschriftliche Mitschrift des Protokollführers, in der das Geschehen abweichend von der Leseabschrift niedergelegt ist, beizufügen.

48 Der Beschwerdeführer hat sodann die Möglichkeit, zur beabsichtigten Protokollberichtigung *substantiiert* Stellung zu nehmen. Gegebenenfalls kann er darlegen, dass nach seiner Auffassung das ursprüngliche Protokoll den tatsächlichen Geschehensablauf korrekt wiedergegeben habe. Dazu kann es wiederum erforderlich sein, dass der Verteidiger seine Mitschrift aus der Hauptverhandlung, in der er den Verfahrensfehler, z.B. das Unterlassen der Gewährung des letzten Wortes, mit einem großen „R" am Rand vermerkt hat, vorlegt. Hat der Verteidiger, was grundsätzlich empfehlenswert ist, nach Bemerken des Verfahrensfehlers sofort eine schriftliche Stellungnahme seines Mandanten, eines Referendars oder auch von Zuhörern eingeholt, sind diese ebenfalls vorzulegen.

Hat der Verteidiger der Protokollberichtigung substantiiert widersprochen, sind gegebenenfalls weitere dienstliche Erklärungen einzuholen, z.B. von Staatsanwalt, Berichterstatter und gegebenenfalls von Schöffen.

49 Wenn nach der Einholung aller Stellungnahmen die Urkundspersonen, also Vorsitzender und Protokollführer, das Hauptverhandlungsprotokoll nach wie vor für unrichtig halten, so können sie das Protokoll berichtigen. Die Entscheidung ist mit

---

124 *BVerfG* v. 15.1.2009 – 2 BvR 2044/07 = StV 2010, 497.

125 *BGHSt* 51, 298 = StV 2007, 403 ff. Zur Kritik siehe *Hamm* NJW 2007, 3166; *Schlothauer* Zur Immunisierung tatrichterlicher Urteile gegen verfahrensrechtlich begründete Revisionen, in: FS Hamm, 2008, S. 655.

126 *BGH* v. 8.7.2009 – 2 StR 54/09 = StV 2010, 118.

Gründen zu versehen. Darin sind die Tatsachen anzugeben, welche die Erinnerung der Urkundspersonen belegen. Auf die entgegenstehenden Stellungnahmen des Verteidigers ist einzugehen. Um wirksam zu sein, muss der Beschluss sowohl vom Gerichtsvorsitzenden als auch vom Protokollführer unterschrieben werden; das Vorliegen übereinstimmender dienstlicher Erklärungen der beiden Urkundspersonen reicht für eine Berichtigung nicht aus.[127]

Eine Protokollberichtigung ist für das Revisionsgericht jedoch nur dann beachtlich, **50** wenn die vom Großen Senat für das Berichtigungsverfahren aufgestellten Grundsätze beachtet wurden.[128] Eine Unbeachtlichkeit liegt u.a. dann vor, wenn die vorgeschriebene Anhörung des Beschwerdeführers unterblieben ist[129] oder keine eindeutig übereinstimmenden Erklärungen der Urkundspersonen zur Berichtigung vorliegen[130]. Die Beweiskraft des Protokolls entfällt auch ohne Protokollberichtigung, wenn sich eine Urkundsperson nachträglich vom Protokollinhalt distanziert und sich dies **zugunsten** des Angeklagten auswirkt.[131] Dafür ist es nicht erforderlich, dass die Urkundsperson das Protokoll ausdrücklich als unrichtig bezeichnet, es reicht vielmehr aus, wenn sich aus ihrer Erklärung ergibt, dass sie von dem protokollierten Inhalt nicht mehr überzeugt ist.[132]

Ist ein Protokollvermerk nicht eindeutig und auslegungsfähig, kommt eine Klärung **51** im Freibeweisverfahren durch das Revisionsgericht nicht (mehr) in Betracht. Dem Revisionsgericht ist es grundsätzlich verwehrt, den tatrichterlichen Verfahrensablauf anhand dienstlicher Erklärungen im Wege des Freibeweises darauf zu überprüfen, ob die für die Hauptverhandlung vorgeschriebenen wesentlichen Förmlichkeiten beachtet worden sind. Wegen der Möglichkeit, auch noch nach Erhebung einer ordnungsgemäßen Verfahrensrüge das Protokoll zu berichtigen, selbst wenn dieser dadurch der Boden entzogen wird, besteht grundsätzlich kein Raum mehr dafür, zum Nachteil des Angeklagten freibeweislich über die Beachtung der wesentlichen Förmlichkeiten zu befinden.[133]

Nicht endgültig geklärt ist die Frage der Zulässigkeit eines wiederholten Protokoll- **52** berichtigungsverfahrens. Dies sind die Fälle, in denen das Revisionsgericht wegen eines unwirksamen Berichtigungsbeschlusses oder wegen Fehlens eines Berichti-

---

127 *BGH* v. 10.2.2015 – 4 StR 595/14 = StV 2015, 358, 359.
128 *BGHSt* 51, 298 = StV 2007, 403; *BGH* v. 28.6.2011 – 3 StR 485/10 = StV 2012, 523; *OLG Hamm* StV 2009, 349.
129 *BGH* v. 8.3.2016 – 3 StR 417/15 (Rn. 9); *BGHSt* 51, 298 = StV 2007, 403; *BGH* v. 28.6.2011 – 3 StR 485/10 = StV 2012, 523.
130 *BGH* v. 22.12.2010 – 2 StR 386/10 = StV 2011, 267; *BGHSt* 55, 31 = StV 2010, 171; vgl. auch *BGH* v. 10.2.2015 – 4 StR 595/14 = StV 2015, 358, 359.
131 *BGH* v. 10.6.2015 – 3 StR 57/14 = StV 2015, 98, 99 m. Anm. *Wollschläger*; *OLG München* v. 25.5.2009 – 5 St RR 101/09 = StraFo 2009, 335.
132 *BGH* v. 10.6.2015 – 3 StR 57/14 = StV 2015, 98, 99 m. Anm. *Wollschläger*.
133 *BGH* v. 7.9.2016 – 2 StR 71/16; *BGH* v. 28.6.2011 – 3 StR 485/10 = StV 2012, 523; StV 2010, 675; v. 28.1.2010 = StV 2010, 171.

gungsbeschlusses bei bloßer Vorlage dienstlicher Erklärungen die Akten an das Landgericht zurückgibt zum Zweck der erneuten Einleitung eines Protokollberichtigungsverfahrens. Nach der wohl überwiegenden Auffassung verstößt ein solches Verfahren gegen den Grundsatz des fairen Verfahrens.[134]

Ein wiederholtes oder nachgeholtes Protokollberichtigungsverfahren auf Veranlassung des Revisionsgerichts erscheint bedenklich. Wird eine nach Auffassung des Tatrichters unwahre Verfahrensrüge erhoben, besteht die Möglichkeit der Protokollberichtigung. Wird diese unterlassen, so ist dieses Versäumnis der Justiz zuzurechnen. Gleiches gilt, wenn das Berichtigungsverfahren rechtsfehlerhaft war und daher die Protokollberichtigung für das Revisionsgericht unbeachtlich ist. Wenn dem Tatrichter schon die Möglichkeit der Protokollberichtigung eingeräumt wird, so besteht keine Veranlassung, ihm durch das Revisionsgericht die Möglichkeit einzuräumen, Mängel des Berichtigungsverfahrens oder sonstige Versäumnisse zu beseitigen. In jedem Fall sollte der Verteidiger einem wiederholten Protokollberichtigungsverfahren widersprechen.

53 Wenn in der Hauptverhandlung Feststellungen über die Kenntnisnahme vom Wortlaut von Urkunden im Selbstleseverfahren unterblieben sind und es an einem Protokollvermerk über die Kenntnisnahme fehlt, kommt eine Protokollberichtigung zur Nachholung der Feststellung der Kenntnisnahme vom Wortlaut der Urkunden nicht in Betracht.[135] Der 5. Strafsenat hält dagegen eine Protokollberichtigung dann noch für zulässig, wenn in der Hauptverhandlung tatsächlich eine Feststellung des Vorsitzenden über die Kenntnisnahme erfolgt ist, diese jedoch versehentlich nicht protokolliert wurde.[136]

54 Hält der Revisionsführer an seiner Verfahrensrüge, der durch eine ordnungsgemäße Protokollberichtigung der Boden entzogen ist, fest, überprüft das Revisionsgericht die Berichtigungsentscheidung. Ist die Berichtigung rechtsfehlerfrei, so ist das berichtigte Protokoll vom Revisionsgericht zugrunde zu legen. Verbleiben dem Revisionsgericht Zweifel, ob die Berichtigung zu Recht erfolgt ist, kann es versuchen, den Sachverhalt im Freibeweisverfahren weiter aufzuklären. Wenn allerdings bereits im Protokollberichtigungsverfahren dienstliche Erklärungen und Stellungnahmen von zahlreichen Verfahrensbeteiligten eingeholt worden sind, erscheint es zweifelhaft, ob ein vom Revisionsgericht zusätzlich durchgeführtes Freibeweisverfahren wesentliche neue Erkenntnisse erbringen kann. Verbleiben dem Revisionsgericht auch nach seiner Überprüfung Zweifel an der Richtigkeit des berichtigten

---

134 *BGH* v. 14.7.2010 – 2 StR 158/10 = StV 2010 , 675; v. 22.12.2010 – 2 StR 386/10 = StV 2011, 267; *OLG Hamm* v. 10.3.2009 – 5 Ss 506/08 = StV 2009, 349 und v. 12.10.2010 – 3 RVs 49/10 = StV 2011, 272; *Meyer-Goßner/Schmitt*[60] § 271 Rn. 26a; der 3. StS des *BGH* hält in besonderen Fallgestaltungen ein solches Vorgehen ausnahmsweise für zulässig: *BGH* v. 28.6.2011 – 3 StR 485/10 = StV 2012, 523.

135 *BGH* v. 4.9.2013 – 5 StR 306/13 = StraFo 2013, 466; *BGHSt* 54, 37 = StV 2010, 118.

136 *BGHSt* 55, 31 = StV 2010, 171.

Protokolls, hat es das Protokoll in der ursprünglichen Fassung der Prüfung der Verfahrensrüge zugrunde zu legen.

Für den Revisionsführer ergeben sich daraus folgende Probleme.   **55**

Weiß der Verteidiger positiv, dass das Protokoll falsch ist und will er unter Zugrundelegung des Protokolls eine tatsächlich unwahre Verfahrensrüge erheben, liegt es in seinem Ermessen, ob er diese Rüge erhebt. Dem Verteidiger ist es grundsätzlich nicht verwehrt, wider besseres Wissen einen Verfahrensfehler unter Berufung auf ein unrichtiges Hauptverhandlungsprotokoll zu rügen. Zwar erfolgt diese Rüge „missbräuchlich", ihr kann jedoch mit einer Protokollberichtigung der Boden entzogen werden. Daher ist die Erhebung der Rüge nicht nach § 258 StGB strafbewehrt.[137]

Da die Protokollberichtigung eine positive Erinnerung an das tatsächliche Geschehen der beiden Urkundsbeamten voraussetzt, kann nie mit Sicherheit vorhergesagt werden, ob sich tatsächlich beide Urkundspersonen erinnern und damit die Protokollberichtigung gelingt. Fehlt es an der Erinnerung bei einem von beiden oder stimmen die Erinnerungen nicht überein, scheidet eine Protokollberichtigung aus, so dass es bei der absoluten Beweiskraft des (falschen) Protokolls verbleibt.

Erhebt der Verteidiger in Kenntnis der Unrichtigkeit des Protokolls die Verfahrens-   **56** rüge, muss er aber in jedem Fall die Rüge zurücknehmen, wenn eine ordnungsgemäße Protokollberichtigung erfolgt ist. Denn nach der Entscheidung des 3. Senats des BGH vom 11.8.2006[138] wäre eine solche gleichwohl aufrecht erhaltene Rüge rechtsmissbräuchlich.

War der mit der Revision beauftragte Verteidiger in der Instanz nicht tätig, stellt   **57** sich für ihn das Problem der Erhebung einer unwahren Verfahrensrüge zunächst nicht. Grundlage seiner Prüfung von Verfahrensrügen kann nur das Hauptverhandlungsprotokoll mit seiner absoluten Beweiskraft nach § 274 StPO sein. Er ist daher verpflichtet, einen sich aus dem Protokoll ergebenden Verfahrensfehler zur Grundlage einer Rüge zu machen. Selbst wenn er Zweifel an dem im Protokoll wiedergegebenen Geschehen hat, ist er nach der hier vertretenen Auffassung nicht verpflichtet, von sich aus Erkundigungen bei dem Instanzverteidiger oder dem Mandanten über den tatsächlichen Ablauf der Hauptverhandlung einzuholen. Hierzu ist er erst im Protokollberichtigungsverfahren gezwungen, wenn er zu den dienstlichen Erklärungen der beiden Urkundspersonen zu einer beabsichtigten Protokollberichtigung Stellung nehmen muss. In diesen Fällen muss er den Instanzverteidiger und gegebenenfalls den Angeklagten oder weitere bei der Verhandlung anwesende Personen bitten, ihn mit konkreten Informationen über den Verfahrensablauf auszustatten. Gegebenenfalls wird er diese zusammen mit seinem Widerspruch gegen die Protokollberichtigung vorzulegen haben.

---

137 *LG Augsburg* v. 14.3.2011 – 3 KLs 400 Js 110961/10 = StV 2014, 21, 22 ff. m. Anm. *Tsambikakis.*
138 *BGHSt* 51, 88 = StV 2006, 627.

Wird der Revisionsverteidiger nicht in die Lage versetzt, der beabsichtigten Protokollberichtigung *substantiiert* zu widersprechen, muss die Rüge nach Protokollberichtigung zurückgenommen werden.

c) Protokollberichtigungsantrag des Verteidigers

58 Gibt das Protokoll nach Auffassung des Verteidigers einen tatsächlich stattgefundenen oder nicht stattgefundenen Verfahrensvorgang nicht korrekt wieder, hat auch der Verteidiger die Möglichkeit, einen Protokollberichtigungsantrag zu stellen. Dabei ist allerdings darauf zu achten, dass durch den Protokollberichtigungsantrag die Revisionsbegründungsfrist nicht gehemmt wird, etwa dergestalt, dass diese erst (wieder) mit dem Beschluss über den Berichtigungsantrag zu laufen beginnt. Vielmehr ist die Begründungsfrist auch im Falle des Protokollberichtigungsantrags einzuhalten. Dies bedeutet, dass der Verteidiger die Verfahrensrüge unter Vortrag der Tatsachen erheben muss, die nach seiner Auffassung zutreffend sind, auch wenn der Vortrag durch das Protokoll nicht oder gar das Gegenteil bewiesen wird. Gleichzeitig zur Revisionsbegründung ist ein Protokollberichtigungsantrag zu stellen unter detailliertem Vortrag der Tatsachen, aus denen sich die Unrichtigkeit des Protokolls ergibt. Der Protokollberichtigungsantrag sollte in der Revisionsbegründung mitgeteilt werden.

59 Im „Protokollberichtigungsverfahren" wird der Vorsitzende ggf. zunächst eine Stellungnahme der Staatsanwaltschaft zum Berichtigungsantrag einholen.

Hat der Vorsitzende keine sichere Erinnerung daran, ob sich das Geschehen so wie im Antrag behauptet abgespielt hat oder erinnert er sicher einen anderen Sachverhalt, fehlt es an den Voraussetzungen für die Berichtigung der Sitzungsniederschrift. Der Antrag müsste zurückgewiesen werden. Hält der Vorsitzende den im Antrag vorgetragenen Sachverhalt für zutreffend, leitet er diesen zusammen mit seiner Stellungnahme dem Urkundsbeamten zu. Erinnert dieser den Sachverhalt nicht, scheitert der Antrag, da es an dem Erfordernis der übereinstimmenden sicheren Erinnerung der Urkundspersonen (Vorsitzender und Protokollführer) für eine Protokollberichtigung fehlt.

Halten die Urkundspersonen den Vortrag für zutreffend, ist dem Antrag stattzugeben und das Protokoll antragsgemäß zu berichtigen.

Die Beweiskraft des Protokolls entfällt nicht, wenn der Protokollberichtigungsantrag spät beschieden wird. Es gibt keine Fristen, innerhalb derer über einen derartigen Antrag zu entscheiden ist und eine späte Bescheidung lässt nicht zwingend den Schluss zu, dass bei einer zeitnahen Entscheidung die Erinnerung der Urkundsperson besser gewesen wäre.[139]

60 Das „Schicksal" der Verfahrensrüge hängt vom Ausgang des Protokollberichtigungsverfahrens ab. Wird der Antrag abgelehnt, kann der Revisionsführer seinen

---

139 *OLG Hamm* v. 16.7.2009 – 2 Ss 558/08.

Tatsachenvortrag nicht beweisen bzw. der Vortrag wird aufgrund der absoluten Beweiskraft des (unberichtigten) Protokolls widerlegt. Die Rüge sollte wegen Aussichtslosigkeit zurückgenommen werden, es sei denn, es würden sich Zweifel an der Rechtmäßigkeit des den Berichtigungsantrag zurückweisenden Beschlusses ergeben. In diesen Fällen müssen die Grundsätze gelten, die der Große Senat für die Protokollberichtigung „zum Nachteil des Angeklagten" aufgestellt hat. In diesen Fällen unterliegt die Berichtigungsentscheidung der Überprüfung durch das Revisionsgericht. Dies muss mindestens auch für die Fälle zweifelhafter Rechtmäßigkeit eines Beschlusses gelten, mit dem ein Berichtigungsantrag der Verteidigung abgelehnt wird.

Wird das Protokoll antragsgemäß berichtigt, legt das Revisionsgericht der Prüfung der Verfahrensrüge das berichtigte Protokoll zugrunde.

Allerdings sollte sich der Revisionsführer keine Illusionen über die Erfolgsaussichten eines Protokollberichtigungsantrags machen, mit dem die Voraussetzungen für eine erfolgreiche Verfahrensrüge geschaffen werden sollen.

d) Anforderungen an die Darstellung und Begründung der Verfahrensrüge (Anforderungen an den Vortrag)

Während das Revisionsgericht bei der Sachrüge nur das Urteil zur Kenntnis nimmt und zur Grundlage der Prüfung von materiell-rechtlichen Fehlern macht, ist bei der Rüge der Verletzung formellen Rechts (zunächst) *allein die Revisionsbegründungsschrift* Prüfungsgrundlage.   **61**

Die von der Rechtsprechung des BGH gestellten Anforderungen an eine Verfahrensrüge sind sehr hoch, oftmals nicht vorhersehbar und aus der Sicht des Revisionsführers manchmal willkürlich. Der Versuch, die zum Teil überspannten Anforderungen zurückzuschrauben, ist gescheitert. Das BVerfG hat jedenfalls grundsätzlich die Rechtsprechung des BGH zu den Anforderungen an die Verfahrensrüge nach § 344 Abs. 2 S. 2 StPO als verfassungsgemäß angesehen.[140] Es ist daher müßig, darüber Klage zu führen, dass das Revisionsgericht die Vorschrift des § 344 Abs. 2 S. 2 StPO dazu instrumentalisiert, durch die Verwerfung einer Verfahrensrüge als unzulässig ein inhaltlich für richtig gehaltenes Urteil „zu retten".[141] Der Revisionsführer hat sich an der Rechtsprechung des BGH zu orientieren, wenn er nicht Gefahr laufen will, dass seine Rüge als unzulässig verworfen wird.   **62**

Nach § 344 Abs. 2 S. 2 StPO müssen bei einer Verfahrensrüge „die den Mangel enthaltenen Tatsachen angegeben werden".[142]

---

140   *BVerfG* StV 2005, 369.
141   Vgl. zur Kritik nur *Herdegen* in Anm. zu *KG* StV 2000, 189 ff.; *Fezer* in: FS Hanack, S. 352; *Dahs* Die Revision im Strafprozess[9] Rn. 506; *Weider* StraFo 2000, 328.
142   Vgl. dazu insgesamt *Meyer-Goßner/Schmitt*[60] § 344 Rn. 20 ff.

63 Die Rechtsprechung des BGH legt diese Vorschrift dahingehend aus, dass der Beschwerdeführer die den Verfahrensfehler begründenden Tatsachen

- **so genau** und
- **so vollständig** mitzuteilen habe, dass das Revisionsgericht
- **allein anhand der Revisionsbegründung** prüfen könne, ob ein Verfahrensfehler vorliegt,
- wenn die behaupteten Tatsachen erwiesen sind.[143]

Daraus folgt zunächst, dass ein bestimmter Verfahrensvorgang *konkret behauptet* werden muss.[144] Daran fehlt es, wenn der Revisionsführer etwa vorträgt, „nach dem Hauptverhandlungsprotokoll" habe sich Folgendes zugetragen. Dies wäre eine unzulässige sog. Protokollrüge.[145]

64 Eine Bezugnahme auf das Protokoll oder auch nur Hinweise darauf haben in der Revisionsbegründung zu unterbleiben.[146] Denn der Revisionsführer ist nicht verpflichtet, die von ihm behaupteten Verfahrenstatsachen auch zu beweisen.[147] Dies ist eine Frage der Begründetheit, so dass es Aufgabe des Revisionsgerichts ist, den Vortrag darauf hin zu überprüfen, ob die darin behaupteten Tatsachen erwiesen sind. Das Wort „Hauptverhandlungsprotokoll" sollte daher in der Revisionsbegründung überhaupt nicht auftauchen. Denn ein Hinweis auf das Protokoll erleichtert allenfalls der Staatsanwaltschaft bzw. dem Revisionsgericht das Auffinden der entspr. Verfahrensvorgänge im Hauptverhandlungsprotokoll bei der Prüfung des Erwiesenseins der behaupteten Tatsachen. Die Revisionsbegründung ist jedoch nicht dazu da, dem Revisionsgericht oder der Revisionsstaatsanwaltschaft die Arbeit zu erleichtern.

65 Aus der Verpflichtung zur vollständigen Wiedergabe der Verfahrenstatsachen folgt auch, dass z.B. Anträge und Beschlüsse nicht in einer Art Zusammenfassung oder auszugsweise, sondern im *genauen Wortlaut und vollständig* mitzuteilen sind. Die Wiedergabe von Anträgen und Beschlüssen vollständig im Wortlaut kann im Rahmen der Revisionsbegründung in der Form erfolgen, dass die betreffenden Schriftstücke einkopiert oder gescanned werden, wenn dies im Rahmen der Revisionsbegründung vor der Unterschrift und nicht in Form von Anlagen zur Revisionsbegründungsschrift erfolgt.

Wenn z.B. in der Begründung eines Beweisantrags auf Aktenteile und polizeiliche Zeugenvernehmungen verwiesen wird, sind auch diese neben dem Beweisantrag vollständig in der Revisionsbegründung mitzuteilen.[148] Wenn aber ein zur Begrün-

---

143 Nur KK-*Gericke*[7] § 344 Rn. 38.
144 *Meyer-Goßner/Schmitt*[60] § 344 Rn. 24 f.; KK-*Gericke*[7] § 344 Rn. 33.
145 *BGH* v. 13.7.2011 – 4 StR 181/11 = StV 2012, 73; *Meyer-Goßner/Schmitt*[60] § 344 Rn. 26; vgl. auch *BVerfG* v. 9.12.2015 – 2 BvR 1043/15 (Rn. 9 ff.) zur Rüge einer Verletzung von § 273 Abs. 1a S. 3 StPO.
146 *Meyer-Goßner/Schmitt*[60] § 344 Rn. 21.
147 *BGH* v. 22.9.2006 – 1 StR 298/06 = StV 2007, 569.
148 *BGH* v. 25.5.2011 – 4 StR 87/11.

dung einer Rüge (hier: Rüge des Verstoßes gegen §§ 136, 136a StPO) mitzuteilendes polizeiliches Vernehmungsprotokoll nicht in Zusammenhang mit dieser Rüge, sondern bei der zuvor erhobenen Verfahrensrüge vollständig vorgetragen wird, steht dies der Zulässigkeit der Verfahrensrüge nicht entgegen.[149] Allerdings ist Vorsicht geboten. Mindestens ist ein Hinweis erforderlich, bei welcher Rüge auf welcher Seite der Revisionsbegründung die Mitteilung erfolgte. Um ganz sicher zu gehen, sollten die erforderlichen Verfahrenstatsachen bei jeder Rüge vollständig vorgetragen werden. Dies verhindert, dass eine Rüge als unzulässig verworfen wird mit der Begründung, es sei nicht Aufgabe des Revisionsgerichts, sich aus der gesamten Revisionsbegründung die für den notwendigen Vortrag einer bestimmten Verfahrensrüge erforderlichen Mitteilungen selbst herauszusuchen.

Die Begründungsschrift darf auch *keine Bezugnahmen*, auch nicht indirekt, auf den **66** Akteninhalt enthalten.[150] Dies gilt insbesondere auch dann, wenn z.B. in einem Beweisantrag anstelle der Anschrift des Zeugen die Aktenseite angegeben ist, auf der sich die Anschrift befindet. Würde in diesem Fall nur der Beweisantrag mitgeteilt, könnte das Revisionsgericht allein anhand der Revisionsbegründung nicht prüfen, ob ein Verfahrensfehler vorliegt, da ihm der Blick in die (in Bezug genommenen) Akten verwehrt ist und es von daher nicht wissen kann, was auf der Aktenseite steht, auf die verwiesen wurde. Die Rüge setzt mithin voraus, dass die im Beweisantrag in Bezug genommene Aktenseite in vollem Wortlaut mitgeteilt wird.

Nach der Rechtsprechung des BGH ist es nicht Aufgabe des Revisionsgerichts, den Revisionsvortrag jeweils an passender Stelle aus anderen Unterlagen zu ergänzen und den Sachzusammenhang selbst herzustellen.[151]

Auch eine Bezugnahme auf Schriftsätze anderer Verfahrensbeteiligter führt zur Unzulässigkeit.[152] Dies gilt allerdings nur für den erforderlichen Tatsachenvortrag, so dass etwa auf Rechtsausführungen eines Mitrevidenten verwiesen werden kann. Ob dies sinnvoll ist, ist Frage des Einzelfalles.

Das Revisionsgericht ist nicht gehindert, bei Prüfung einer Verfahrensrüge den Ur- **67** teilsinhalt ergänzend zu berücksichtigen, was allerdings die Erhebung der allgemeinen Sachrüge voraussetzt.[153]

Aus der Notwendigkeit der vollständigen Tatsachenmitteilung ergibt sich ferner, **68** dass alle Ausführungen zu einer Verfahrensrüge *vor der Unterschrift* unter die Revisionsbegründung erfolgen müssen und auch eine *Bezugnahme auf Anlagen* zur Revisionsbegründung *nicht möglich* ist.

---

149 *BGH* StV 2010, 676.
150 Anschaulich *BGH* v. 5.6.2007 – 5 StR 383/06 = StV 2007, 505; KK-*Gericke*[7] § 344 Rn. 39.
151 *BGH* StV 2005, 420; *BGHR* StPO § 344 Abs. 2 S. 2 Formerfordernis 1.
152 *BGH* v. 13.10.2006 – 2 StR 362/06 = NStZ 2007, 166.
153 *BGH* StraFo 2008, 332; *BGHSt* 36, 384, 385; *BGH* StV 1982, 55.

69 Auch eine Bezugnahme auf eine von einem Verteidiger eines anderen Angeklagten erhobene Verfahrensrüge scheidet aus. Zulässig ist es jedoch, wenn die Verteidiger mehrerer Angeklagter in einem gemeinschaftlichen Schriftsatz die Revision für beide Angeklagte begründen und die Begründungsschrift von beiden Verteidigern unterzeichnet ist.[154]

70 Zur Vollständigkeit des Tatsachenvortrags gehören auch die Tatsachen, aus denen sich ergibt, dass die Rüge nicht präkludiert ist. Dazu gehört z.b. die Darlegung unter Vortrag des Verfahrensganges, dass ein Verwertungswiderspruch rechtzeitig erhoben, ein Ablehnungsgesuch unverzüglich und damit rechtzeitig angebracht oder eine Besetzungsrüge innerhalb der Frist des § 222a Abs. 1 StPO erhoben wurde.

71 Nach der Rechtsprechung des BGH gehört zur Vollständigkeit des Vortrags im Sinne von § 344 Abs. 2 S. 2 StPO ferner, dass der Beschwerdeführer auch *solche Tatsachen* mitteilt, die der Begründetheit seiner Verfahrensrüge *entgegenstehen* könnten. Er ist verpflichtet, auch solche Fakten vorzutragen, die für das Vorliegen eines Ausnahmetatbestands sprechen und seiner Rüge den Boden entziehen könnten (Vortrag sog. Negativtatsachen).[155]

Wird z.b. gerügt, dass ein in der Hauptverhandlung gestellter Beweisantrag nicht beschieden worden sei, muss vorgetragen werden, dass der Beweisantrag nicht zurückgenommen und der benannte Zeuge nicht vernommen wurde. Wird gerügt, dass z.b. eine richterliche Vernehmungsniederschrift nicht nach § 251 Abs. 2 Nr. 1 StPO hätte verlesen werden dürfen, muss vorgetragen werden, dass die Verfahrensbeteiligten einer Verlesung nach Nr. 3 nicht zugestimmt haben.

Die sich aus dem Erfordernis des Vortrages von Negativtatsachen ergebenden Fallstricke sind mannigfaltig und können an dieser Stelle nicht näher erörtert werden. Der Revisionsführer muss jedoch bei der Abfassung einer Verfahrensrüge genau prüfen, ob nicht ein Vortrag dahingehend erforderlich ist, dass keine Verfahrensgestaltung vorliegt, die seiner Rüge den Boden entziehen könnte.

72 Und schließlich gehört zur Vollständigkeit des Vortrags *die vollständige Mitteilung von Aktenteilen*, die für die Prüfung der Begründetheit der Rüge von Bedeutung sein können, auch wenn sie die Rüge nur mittelbar betreffen.

So ist z.b. bei der Rüge fehlerhafter Verwertung einer Beschuldigtenvernehmung wegen Verstoßes gegen die Belehrungspflichten oder § 136a StPO der vollständige Inhalt der (unverwertbaren) Vernehmungsniederschrift mitzuteilen. Das Gleiche gilt etwa, wenn eine fehlerhafte Verlesung einer Vernehmungsniederschrift nach § 251 StPO gerügt wird.

73 Es empfiehlt sich, sich den Prüfungsgang des Revisionsgerichts zu vergegenwärtigen und eine Verfahrensrüge durch die Brille des Revisionsrichters zu prüfen. So

---

154 *BGH* NStZ 1998, 99 m. Anm. *Widmaier*.
155 KK-*Gericke*[7] § 344 Rn. 38 m.w.N.

kann jedenfalls der Versuch einer Kontrolle dahingehend unternommen werden, ob der Tatsachenvortrag genau und vollständig i.S.d. § 344 Abs. 2 S. 2 StPO ist.

Zwar ist es grundsätzlich Sache des Revisionsgerichts, die **Beruhensfrage** von sich aus zu prüfen. Dies sollte jedoch gerade in Fällen, in denen die Möglichkeit eines Beruhens nicht leicht zu erkennen ist, den Beschwerdeführer nicht davon abhalten, konkret darzulegen, warum aus seiner Sicht hier ein Beruhen möglich erscheinen kann.[156] Andernfalls ist nicht auszuschließen, dass das Revisionsgericht trotz seiner umfassenden Überprüfung der Beruhensfrage eine in diesem Zusammenhang (doch) in Betracht zu ziehende Möglichkeit nicht erkennt und daher auch nicht in seine Erwägungen einbezieht.[157] Dementspr. hat der *BGH* gerade auch im Zusammenhang mit Rügen der Verletzung von § 265 StPO wiederholt darauf hingewiesen, dass auch dem Revisionsvorbringen nichts zu entnehmen ist, was das (negative) Ergebnis seiner Beruhensprüfung in Frage stellen könne.[158]

74

Checkliste – Der Prüfungsgang des Revisionsgerichts:[159]

75

1. Zulässigkeitsprüfung

Das Revisionsgericht liest *ausschließlich* die Revisionsbegründung unter dem Gesichtspunkt, ob die behaupteten Tatsachen so vollständig und genau vorgetragen sind, dass sich daraus der behauptete Rechtsfehler ergeben könnte. Falls dies nicht der Fall ist, wird die Rüge als unzulässig verworfen.

2. Erwiesenheitsprüfung

Ist die Zulässigkeitshürde genommen, prüft das Revisionsgericht, ob die behaupteten Tatsachen bewiesen sind. Dazu wird in erster Linie das Hauptverhandlungsprotokoll mit der ihm zukommenden (eingeschränkten) absoluten Beweiskraft herangezogen. Enthält das Protokoll Lücken oder ist es widersprüchlich, entfällt die Beweiskraft. Das Revisionsgericht geht dann in das sog. Freibeweisverfahren über, um das Erwiesensein des Tatsachenvortrags der Revision zu überprüfen. Dazu kann es alle sinnvoll erscheinenden Erkenntnisquellen nutzen. In erster Linie werden dienstliche Erklärungen der beteiligten Richter ggf. auch des Staatsanwalts zum Tatsachenvortrag der Revision eingeholt. Auch der Verteidiger wird zur Abgabe einer Stellungnahme aufgefordert. Ihm sind alle anderen eingeholten Erklärungen mit der Möglichkeit zur Stellungnahme zu übersenden. Anhand des Ergebnisses der eingeholten Äußerungen prüft das Revisionsgericht, ob die behaupteten Tatsachen erwiesen sind. Zweifel gehen zu Lasten des Revisionsführers.[160]

---

156 Vgl. zusammenfassend KK-*Gericke*[7] § 344 Rn. 65 m.w.N.
157 *BGH* v. 14.1.2010 – 1 StR 620/09.
158 Vgl. anschaulich *BGH* v. 26.6.2012 – 1 StR 158/12; ferner v. 14.1.2011 – 1 StR 587/09 = StV 2012, 74; *BGHR* StPO § 265 Abs. 1 Hinweispflicht 9, 12; *BGH* v. 19.10.1994 – 2 StR 336/94; v. 13.6.2007 – 2 StR 127/07.
159 Anschaulich zu Einzelheiten der internen Arbeitsweise eines Strafsenats des *BGH* bei der Bearbeitung von und Entscheidung über Revisionen *Fischer/Krehl* StV 2012, 550.
160 *BGH* StV 2008, 567.

3. Rechtsfehlerprüfung

Ist der Tatsachenvortrag erwiesen, findet die eigentliche Prüfung des Rechtsfehlers statt, also ob. z.b. ein Beweisantrag tatsächlich rechtsfehlerhaft abgelehnt wurde.

4. Beruhensprüfung

Liegt nach Auffassung des Revisionsgerichts ein relativer Verfahrensfehler vor, erfolgt die Prüfung, ob das Urteil darauf beruht.

VII. Zur „Psychologie" des Revisionsverfahrens

1. Vorbemerkung

76 Der Revisionsführer muss sich immer vor Augen halten, dass der Tatrichter bei dem Revisionsrichter einen Vertrauensvorschuss genießt. Das Revisionsgericht geht zunächst davon aus, dass der Kollege in der Tatsacheninstanz fair und fehlerfrei verhandelt und das Urteil hinsichtlich Schuld und Rechtsfolgenausspruch sorgfältig beraten hat. Diesem „Vorurteil" kann nur dadurch begegnet werden, dass die Revisionsbegründung (gravierende) Rechtsfehler präzise herausarbeitet. „Lässliche Sünden" des Tatrichters verzeiht das Revisionsgericht oftmals, indem ein Beruhen des Urteils auf dem Rechtsfehler ausgeschlossen wird.

Trotz allen Glaubens an die Zuverlässigkeit der Arbeit der Tatrichter wird die Sorgfalt revisionsrichterlicher Kontrolle aber daran deutlich, dass eine nicht unbeträchtliche Anzahl von Urteilsaufhebungen auf die allgemeine Sachrüge erfolgt, also ohne ausgearbeitete Revisionsbegründung.

2. Aufbau der Revisionsbegründung

77 Einem scherzhaften Bonmot zufolge sollte die Begründungsschrift so abgefasst sein, dass der Berichterstatter den Text bei einem guten Glas Rotwein im Ohrensessel lesen kann und dabei nicht einschläft bzw. die Ausführungen wie ein gutes Buch verschlingt.

Es empfiehlt sich daher, den Leser durch den Text zu führen.

Überschriften für die einzelnen Rügen und eine ordentliche Gliederung sollten selbstverständlich sein.

Auch sollte den jeweiligen Einzelbeanstandungen eine kurze einleitende Bemerkung vorangestellt werden, aus der ersichtlich wird, was Gegenstand der nachfolgenden Ausführungen ist.

Gerügt wird die Verletzung formellen und materiellen Rechts. Die Sachrüge wird allgemein erhoben.

I. Rüge der Verletzung formellen Rechts

1. Verletzung von §§ 52, 252 StPO
   Die nachfolgende Rüge betrifft die fehlerhafte Verwertung der ermittlungsrichterlichen Vernehmung der Zeugin A. wegen unterlassener Belehrung über ihr Zeugnisverweigerungsrecht gem. § 52 Abs. 3 StPO.
   a) Verfahrenstatsachen
   ...
   b) Rechtliche Bewertung
   ...
   c) Beruhen
   ...

II. Rüge der Verletzung sachlichen Rechts

Die bereits erhobene allgemeine Sachrüge wird durch folgende Einzelausführungen ergänzt:

1. Lückenhafte Beweiswürdigung im Zusammenhang mit der Würdigung der Angaben des Belastungszeugen B.
2. Fehlerhafte Strafzumessung
   a) Verstoß gegen das Doppelverwertungsverbot des § 46 Abs. 3 StGB
   ...
   b) Fehlerhafte Ablehnung der Strafaussetzung zur Bewährung.
   ...

Bei Rechtsausführungen sollte die in der Revision vertretene Auffassung mit Nachweisen aus Rechtsprechung und Literatur gestützt werden. **78**

Sofern auf Rechtsprechung verwiesen wird, ist es angebracht, zunächst Judikate des erkennenden Senats zu zitieren („ so schon erkennender Senat in ..."). Dahinter verbirgt sich die Hoffnung, dass der Senat sich mit seiner eigenen Rechtsprechung auseinandersetzen muss und wohl nicht „ohne Not" davon abweichen wird.

Grundsätzlich bedarf es keiner Ausführungen zur Beruhensfrage, also ob ein kausaler Zusammenhang zwischen dem gerügten Rechtsfehler und dem angefochtenen Urteil besteht.[161] Es ist Aufgabe des Revisionsgerichts, die Beruhensfrage von sich aus zu prüfen.[162] Vorsicht ist jedoch geboten. Gerade bei gerügten Verfahrensverstößen prüft das Revisionsgericht, ob sich bei rechtsfehlerfreiem Vorgehen des Gerichts der Angeklagte anders als geschehen hätte verteidigen können. Da Revisionsrichter keine Verteidiger sind, kann es trotz aller Sorgfalt bei der revisionsgerichtlichen Prüfung sein, dass für einen *Verteidiger* wegen seiner rollenspezifischen anderen Sichtweise sehr wohl andere und weitere Verteidigungsaktivitäten möglich gewesen wären.[163] Das Fehlen von Ausführungen zur Beruhensfrage wird daher vom Revisionsgericht nicht selten zum Anlass genommen, darauf hinzuweisen, dass **79**

---

161 KK-*Gericke*[7] § 344 Rn. 65; *Meyer-Goßner/Schmitt*[60] § 344 Rn. 27.
162 *BGH* StV 1998, 523, 524.
163 *BGH* v. 14.1.2010 – 1 StR 620/09; anschaulich auch v. 26.6.2012 – 1 StR 158/11.

auch dem Verteidigungsvorbringen nichts zu entnehmen ist, was das negative Ergebnis der Beruhensprüfung in Frage stellen könnte.[164]

3. Schrot- oder Blattschuss?

80 Der mit der Revisionsbegründung beauftragte Verteidiger steht immer wieder vor dem Problem, welche der gefundenen und möglichen formellen und materiellen Rechtsfehler er rügen soll: alle oder nur eine Auswahl der am erfolgversprechendsten.

Auch hier wird gescherzt, dass der Revisionsrichter mehr als 10 Seiten Revisionsbegründung nicht liest.

Zunächst muss man sich den Arbeitsaufwand des Revisionsrichters vor Augen halten. Der Jahreseingang pro Strafsenat des BGH liegt bei ca. 600 Revisionen. Dies bedeutet, dass der/die Vorsitzende 600 Urteile zu lesen hat, die einen nicht unerheblichen Umfang haben. Hinzu kommen eine nicht unbeträchtliche Zahl von Revisionsbegründungen sowie die Anträge des Generalbundesanwalts. Allein diese Lektüre ist ein Kraftakt, so dass der Hinweis an den Revisionsführer nachvollziehbar erscheint, „weniger wäre mehr gewesen".

Dies alles kann und darf den Revisionsführer nicht davon abhalten, die von ihm für erforderlich gehaltenen Rügen zu erheben. Allerdings sollte er in Erwägung ziehen, nach gründlicher Prüfung nur die Rügen zu erheben, die nach seiner Auffassung erfolgversprechend sind und von solchen absehen, deren Erfolg eher unwahrscheinlich ist. Allerdings gibt es auch hier warnende Beispiele:

Der Verteidiger eines Angeklagten erhebt eine Verfahrensrüge wegen zweifelhafter Erfolgsaussicht nicht, der Verteidiger des Mitangeklagten erhebt sie. Diese Rüge führt zur Aufhebung des Urteils gegen diesen Angeklagten, die Revision des anderen Angeklagten wird verworfen.

Die Entscheidung, welche Verfahrensrügen erhoben werden und welche Ausführungen zur Begründung der Sachrüge gemacht werden, muss letztlich der Verteidiger in jedem Einzelfall auf der Grundlage der Besonderheit seines Verfahrens treffen. Eine generalisierende Empfehlung ist deshalb unangebracht.

4. Berufung oder Sprungrevision?

81 Die Wahl des Rechtsmittels gegen ein amtsgerichtliches Urteil ist nicht leicht. Die Berufung eröffnet dem Beschwerdeführer eine neue Tatsacheninstanz u.a. mit der Möglichkeit, neue Beweismittel einzubringen. Die Revision führt zwar lediglich zur Überprüfung des Urteils auf materielle Rechtsfehler und im Falle der Erhebung von Verfahrensrügen auch auf die bezeichneten formellen Fehler, aber im Falle der Ur-

---

164 *BGH* v. 29.3.2012 – 3 StR 422/11; v. 14.1.2010 – 1 StR 587/09 = StV 2012, 74; *BGHR* StPO § 265 Abs. 1 Hinweispflicht 9, 12; *BGH* v. 19.10.1994 – 2 StR 336/94; v. 13.6.2007 – 2 StR 127/07.

teilaufhebung hat der Beschwerdeführer im Falle erneuter Verurteilung erneut zwei Instanzen.

Da der Verteidiger in aller Regel den Ausgang eines Revisionsverfahrens nicht zuverlässig vorhersagen kann, birgt die Sprungrevision die Gefahr in sich (Beruhensfrage, Anforderungen an den Vortrag bei Verfahrensrügen), dass bei ihrem Scheitern das Verfahren rechtskräftig beendet ist. Es ist deshalb eine sorgfältige Prüfung und Zurückhaltung geboten. Die Sprungrevision sollte auf Fälle beschränkt werden, in denen sich der Verteidiger seines Erfolgs „bombensicher" ist oder es um strittige Rechtsfragen mit der Folge geht, dass gegen ein dem Angeklagten günstiges Berufungsurteil von der Staatsanwaltschaft ohnehin Revision eingelegt würde.

VIII. Der weitere Gang des Revisionsverfahrens

1. Verfristete Einlegung oder Antragstellung/Begründung der Revision und Verwerfung durch das Tatgericht

Ist die Revision nicht fristgerecht eingelegt oder begründet worden, wird sie durch **82** das Tatgericht durch Beschluss als unzulässig verworfen, § 346 Abs. 1 StPO. Die Prüfung des Tatrichters beschränkt sich allein auf die Verfristung der Einlegung und/oder Begründung. Jede andere Zulässigkeitsprüfung ist dem Tatgericht untersagt, z.B. Unzulässigkeit der Revision wegen Abgabe eines Rechtsmittelverzichts, Ausschluss der Revision nach § 55 Abs. 2 JGG oder fehlender Bevollmächtigung des Verteidigers.[165] Ein trotzdem ergangener Verwerfungsbeschluss erwächst in Rechtskraft, wenn er nicht nach § 346 Abs. 2 StPO angefochten wird. Eine Aufhebung eines Verwerfungsbeschlusses durch den Tatrichter ist ausgeschlossen.[166]

Der Revisionsführer kann gegen den Beschluss des Tatrichters innerhalb einer Woche nach Zustellung die Entscheidung des Revisionsgerichts beantragen, § 346 Abs. 2 StPO.

Das Tatgericht darf eine Revision nach § 346 Abs. 1 StPO nur dann als unzulässig verwerfen, wenn die Revisionsbegründungsfrist nach § 345 Abs. 1 StPO durch Zustellung des Urteils nach Fertigstellung des Protokolls der Hauptverhandlung wirksam in Lauf gesetzt wurde. Dies setzt zwingend eine – auch mündlich mögliche – Anordnung des Vorsitzenden nach § 36 Abs. 1 S. 1 StPO voraus, wann, wem und in welcher Form das Urteil zugestellt werden soll. Im Zeitpunkt der Zustellung muss sie aktenkundig sein.[167] Die von der Geschäftsstelle ohne Anordnung des Vorsitzenden veranlasste Zustellung an den Angeklagten ist unwirksam.[168] Die Anordnung, „an Verteidiger" (bei mehreren) zuzustellen, ist unklar und kann von der mit der Zu-

---

165   *Meyer-Goßner/Schmitt*[60] § 346 Rn. 2.
166   *Meyer-Goßner/Schmitt*[60] § 346 Rn. 6.
167   *BGH* v. 6.3.2014 – 4 StR 553/13 = StV 2015, 738, 739.
168   *OLG Naumburg* v. 23.9.2913 – 2 Ss 132/13; *OLG München* v. 24.6.2009 –
       5 St RR 157/09.

stellung betrauten Geschäftsstelle (§ 36 Abs. 1 S. 2 StPO) dahin verstanden werden, es sei nur an einen Verteidiger zuzustellen, wobei aber unklar bleibt, an welchen. Eine solchermaßen vorgenommene Zustellung ist unwirksam und setzt die Frist nicht in Gang.[169]

83 Das Revisionsgericht prüft die Zulässigkeit der Revision in umfassender Weise und zwar so, als hätte es selbst über die Zulässigkeit der Revision zu entscheiden.[170] Ist der Verwerfungsbeschluss des Tatrichters rechtsfehlerfrei, verwirft das Revisionsgericht den Antrag als unzulässig. Hat der Tatrichter seine Prüfungskompetenz überschritten (z.b. Verwerfung als unzulässig wegen Erklärung eines Rechtsmittelverzichts), hebt das Revisionsgericht des Beschluss auf und verwirft die Revision, sofern sie nach seiner Prüfung unzulässig ist, gem. § 349 Abs. 1 StPO als unzulässig. War der Antrag begründet und die Revision zulässig, wird der Beschluss des Tatrichters aufgehoben und das Revisionsverfahren wird fortgesetzt.

84 Der Antrag nach § 346 Abs. 2 StPO kann mit einem Wiedereinsetzungsantrag verbunden werden. Dies kommt insbesondere dann in Betracht, wenn der Revisionsführer erst durch den Verwerfungsbeschluss des Tatrichters von der Unzulässigkeit, etwa wegen Fristversäumung erfährt.

Zuständig für die Wiedereinsetzung ist das Revisionsgericht. Dieses prüft zunächst, ob die Revision tatsächlich wegen Fristversäumung unzulässig ist. Ist dies nicht der Fall, ist das Wiedereinsetzungsgesuch gegenstandslos und der Beschluss des Tatrichters aufzuheben.

Ist die Frist versäumt, prüft das Revisionsgericht sodann den Wiedereinsetzungsantrag. Wird Wiedereinsetzung gewährt, ist der die Revision als unzulässig verwerfende Beschluss des Tatrichters gegenstandslos und das Revisionsverfahren nimmt seinen Fortgang.

Ist sowohl der Antrag nach § 346 Abs. 2 StPO als auch das Wiedereinsetzungsgesuch unbegründet (oder unzulässig z.b. wegen Fristversäumung, § 45 Abs. 1 StPO), verwirft das Revisionsgericht die Revision nach § 349 Abs. 1 StPO als unzulässig.[171]

2. Gegenerklärung der Staatsanwaltschaft

85 Ist die Revision zulässig, wird die Revisionsschrift dem Revisionsgegner, der Staatsanwaltschaft, zugestellt. Diese hat die Möglichkeit zu einer Gegenerklärung binnen einer Woche, § 347 Abs. 1 S. 2 StPO.[172] Wird das Urteil wegen eines Verfahrensmangels angefochten, besteht eine Pflicht der Staatsanwaltschaft zur Gegenerklärung, wenn anzunehmen ist, dass dadurch die Prüfung der Revisionsbeschwerde erleichtert wird, § 347 Abs. 1 S. 3 StPO.

169 *BGH* v. 14.12.2010 – 1 StR 420/10.
170 *Meyer-Goßner/Schmitt*[60] § 346 Rn. 10.
171 KK-*Gericke*[7] § 346 Rn. 29.
172 Zum rechtlichen Gehör im Revisionsverfahren vgl. *Wohlers JZ* 2011, 78 ff.

Die Gegenerklärung der Staatsanwaltschaft hat dementsprechend insbesondere für **86** Verfahrensrügen in der Revisionsbegründung des Angeklagten Bedeutung. Die Gegenerklärung soll dazu Stellung nehmen, ob der Tatsachenvortrag im Zusammenhang mit Verfahrensrügen vollständig und zutreffend ist. Die entspr. Fundstellen, insbesondere im Hauptverhandlungsprotokoll sollen angegeben werden. Zu den Einzelheiten vgl. Nr. 162 Abs. 2 RiStBV.

Erachtet die Staatsanwaltschaft den Tatsachenvortrag als vollständig und zutreffend, kann sich die Gegenerklärung insoweit auf den Hinweis beschränken, dass der Tatsachenvortrag zutreffend ist.

Ist nur die Sachrüge erhoben, kann von einer Gegenerklärung gänzlich abgesehen werden, Nr. 162 Abs. 1 RiStBV.

Insgesamt dient daher die Gegenerklärung der Arbeitserleichterung für die Revisionsstaatsanwaltschaft und das Revisionsgericht bei der Prüfung der Vollständigkeit und des Erwiesenseins des Tatsachenvortrags einer Verfahrensrüge.

Die Gegenerklärung ist dem Revisionsführer zuzustellen.

Wird darin vorgetragen, der Tatsachenvortrag der Revision sei unvollständig oder **87** unzutreffend, ist der Revisionsführer gehalten, dazu Stellung zu nehmen.

Hat der Verteidiger tatsächlich einen bestimmten Verfahrensvorgang übersehen, etwa dass ein Beweisantrag entgegen dem Revisionsvorbringen doch z.B. im Zusammenhang mit einem anderen Beschluss beschieden wurde, muss die Rücknahme der entspr. Rüge geprüft werden.

Wird behauptet, der Tatsachenvortrag sei unzutreffend, ist erneut in eine Prüfung des Hauptverhandlungsprotokolls einzutreten und zu prüfen, ob der Vortrag durch das Protokoll bewiesen wird. Ggf. ist unter Hinweis auf das Hauptverhandlungsprotokoll darzulegen, dass der Vortrag durch die Sitzungsniederschrift bewiesen wird.

3. Behandlung der Revision durch die Revisionsstaatsanwaltschaft

Nach Abgabe der Gegenerklärung durch die Staatsanwaltschaft und der Stellung- **88** nahme des Revisionsführers dazu werden die Akten der Staatsanwaltschaft des Revisionsgerichts übersandt (Generalstaatsanwaltschaft bzw. Generalbundesanwalt).

Diese übersendet die Akten mit ihrem Antrag dem Revisionsgericht. **89**

Beantragt werden kann,

- die Revision als unzulässig nach § 349 Abs. 1 StPO zu verwerfen,
- die Revision durch Beschluss als offensichtlich unbegründet zu verwerfen, § 349 Abs. 2 StPO,
- das Urteil durch Beschluss nach § 349 Abs. 4 StPO aufzuheben,
- die Revision teilweise zu verwerfen und das Urteil teilweise aufzuheben,
- die Anberaumung einer Revisionshauptverhandlung.

Ein (teilweiser) Verwerfungsantrag ist dem Revisionsführer zuzustellen, § 349 Abs. 3 StPO.

4. Gegenerklärung zum Antrag der Revisionsstaatsanwaltschaft

90 Stellt die Revisionsstaatsanwaltschaft einen Antrag nach § 349 Abs. 4 StPO, wird in der Regel dieser Antrag dem Beschwerdeführer nicht zugestellt. Denn der Antrag auf Urteilsaufhebung durch die Revisionsstaatsanwaltschaft entspricht dem des Beschwerdeführers, so dass es einer Gegenerklärung nicht bedarf.

91 Nach Zustellung des (teilweisen) Verwerfungsantrags der Revisionsstaatsanwaltschaft hat der Revisionsführer die Möglichkeit, binnen zwei Wochen dazu eine Gegenerklärung abzugeben, § 349 Abs. 3 StPO[173]. Sofern sich nach Mitteilung der Antragsschrift ein weiterer Verteidiger im Revisionsverfahren bestellt, ist eine weitere Mitteilung an ihn – auch im Hinblick auf Art. 103 Abs. 1 GG – nicht geboten.[174] Ansonsten soll es genügen, wenn die Mitteilung im Falle des verteidigten Angeklagten allein an den Verteidiger erfolgt,[175] bei mehreren Verteidigern nur an den, der sich am Revisionsverfahren beteiligt.[176]

Die Zwei-Wochen-Frist kann weder verlängert werden,[177] noch muss die Revisionsstaatsanwaltschaft über sie belehren. „Dies muss ein Verteidiger wissen".[178] Das Revisionsgericht muss nach Ablauf der Frist des § 349 Abs. 3 S. 2 StPO eine Gegenerklärung oder deren Ergänzung auch dann nicht abwarten, wenn sie konkret in Aussicht gestellt worden ist.[179]

Die Frist zur Gegenerklärung nach § 349 Abs. 3 StPO ist aber keine Ausschlussfrist,[180] so dass auch „verfristete" Stellungnahmen vom Revisionsgericht zur Kenntnis genommen werden müssen.

92 Ist absehbar, dass der Revisionsführer die Frist des § 349 Abs. 3 StPO nicht einhalten kann, empfiehlt sich ein Schreiben an das Revisionsgericht des Inhalts, dass der mit der Revision beauftragte Verteidiger aus darzulegenden Gründen die Frist nicht einhalten könne und von daher gebeten werde, mit der Entscheidung über die Revision bis zu einem zu benennenden Zeitpunkt zuzuwarten, bis zu dem die Gegenerklärung abgegeben werde. Einer solchen Bitte folgt das Revisionsgericht meist stillschweigend.

---

173 Vgl. dazu insgesamt *Park* StV 1997, 550 ff.
174 *BGH* v. 26.11.2015 – 1 StR 386/15 = StraFo 2016, 73 f.
175 *BGH* v. 28.7.2015 – 4 StR 168/15.
176 *Meyer-Goßner/Schmitt*[60] § 349 Rn. 15.
177 *BGH* v. 27.2.2007 – 1 StR 8/07; auch *BVerfG* NJW 2006, 668, 669; 672, 673; 1336, 1337 f.; *Meyer-Goßner/Schmitt*[60] § 349 Rn 17 m.w.N.
178 *BGH* v. 30.11.2011 – 1 StR 528/11.
179 *BGH* StV 2008, 570.
180 *Meyer-Goßner/Schmitt*[60] § 349 Rn. 17 m.w.N.

Es empfiehlt sich *nicht*, in der Gegenerklärung zum Verwerfungsantrag der Revisi- **93** onsstaatsanwaltschaft die zuvor nur allgemein erhobene Sachrüge erstmals ausführlich zu begründen in der Hoffnung, man könne das Revisionsgericht auf diese Weise dazu veranlassen, mangels Stellungnahme der Revisionsstaatsanwaltschaft zu den neuen Ausführungen Revisionshauptverhandlung anzuberaumen oder einen Verwerfungsbeschluss nach § 349 Abs. 2 StPO wegen fehlender Bezugnahmemöglichkeit auf Ausführungen der Revisionsstaatsanwaltschaft zu begründen. Sofern keine sachlichen Gründe für ein solches Vorgehen vorliegen, die ggf. darzulegen wären, verärgert diese „Taktik" das Revisionsgericht offensichtlich. Der 3. Senat des BGH hat in seinem Beschluss vom 4.6.2002[181] entschieden, dass die erstmalige detaillierte Begründung der Sachrüge dem Beschlussverfahren nach § 349 Abs. 2 StPO nicht entgegensteht. Das Revisionsgericht sei weder dazu verpflichtet, die neuen Ausführungen der Revisionsstaatsanwaltschaft zur erneuten Stellungnahme zuzuleiten, noch den Verwerfungsbeschluss (ausführlich) zu begründen. Denn durch die erstmalige Begründung der Sachrüge in der Gegenerklärung werde der Staatsanwaltschaft die Möglichkeit zur Stellungnahme genommen und damit faktisch die gesetzliche Regelung des Beschlussverfahrens nach § 349 Abs. 2 StPO unterlaufen. Mache der Beschwerdeführer von der Möglichkeit der Begründung der Sachrüge vor der Stellungnahme der Revisionsstaatsanwaltschaft keinen Gebrauch, indem er sie bis zur Gegenerklärung zurückhalte, und mache er dadurch eine im Gesetz vorgesehene begründete Stellungnahme der Staatsanwaltschaft unmöglich, werde sein Anspruch auf rechtliches Gehör nicht verletzt.

Sofern der Verteidiger gute Argumente für einen sachlich-rechtlichen Fehler hat, darf er damit nicht hinter dem Berg halten. Anderenfalls wird eher die Vermutung genährt, selbst der Verteidiger habe keinen sachlich-rechtlichen Fehler entdeckt.

Deshalb sollte davon abgesehen werden, erstmals in der Gegenerklärung fundierte Ausführungen zur Sachrüge zu machen. Nur wenn der Verteidiger quasi aus wiedereinsetzungsähnlichen Umständen an einer früheren Begründung gehindert war, bleibt kein anderer Weg. Dann aber sind diese Gründe dem Revisionsgericht plausibel zu machen.[182]

Sofern die Ausführungen der Revisionsstaatsanwaltschaft nicht überzeugen, sollte **94** eine Gegenerklärung abgegeben werden.

Zunächst empfiehlt es sich, die Antragsbegründung daraufhin zu untersuchen, ob alle verfahrens- und materiell-rechtlichen Beanstandungen der Revision abgehandelt sind. Ist dies nicht der Fall, ist in der Gegenerklärung auf diesen Umstand hinzuweisen. Es sollte ausgeführt werden, dass die Revision jedenfalls nicht ohne eine Begründung des Revisionsgerichts zu diesem Punkt verworfen werden kann, denn

---

181 *BGH* NStZ 2003, 103 m. Anm. *Ventzke*; so auch *BGH* v. 5.5.2014 – 1 StR 82/14 (Rn. 9).
182 Wie hier *Ventzke* in Anm. zu *BGH* NStZ 2003, 104.

anderenfalls bliebe ein gerügter Rechtsfehler ohne eine Äußerung des Revisionsgerichts, warum diese Rüge unzulässig oder unbegründet ist und der Beschwerdeführer müsste über die Gründe der Verwerfung der Rüge spekulieren.[183]

Entsprechendes gilt, wenn nicht auf alle *wesentlichen* Argumente der Revisionsbegründung eingegangen wird.

95 Sofern es sich nicht um bekannte Rechtsfragen auf der Grundlage einer gefestigten Rechtsprechung handelt, sollten die Nachweise in der Antragsschrift überprüft werden. Es kommt vor, dass die zitierten Entscheidungen oder Literaturstellen die Auffassung der Revisionsstaatsanwaltschaft gar nicht oder nicht in vollem Umfang stützen. Darauf ist in einer ergänzenden Begründung der Rüge hinzuweisen.

Ansonsten muss präzise auf die Ausführungen in der Antragsschrift eingegangen werden. Eine Wiederholung der Darlegungen in der Revisionsbegründung hat zu unterbleiben. Es muss mit neuen Argumenten „gekontert" werden.

96 Dabei sollte der Revisionsführer sich nicht scheuen, eine Stellungnahme zu unterlassen, wenn die Begründung der Antragsschrift (zu einzelnen Rügen) überzeugend ist oder dem nichts Entscheidendes entgegen gehalten werden kann. In diesen Fällen sollte auch in Erwägung gezogen werden, einzelne Rügen, die sich nunmehr (nach gründlicher Prüfung) als aussichtslos erweisen, zurückzunehmen.

5. Entscheidungsmöglichkeiten des Revisionsgerichts

97 Die Entscheidungsmöglichkeiten des Revisionsgerichts entsprechen den dargestellten Antragsmöglichkeiten der Revisionsstaatsanwaltschaft.

Allerdings kann das Revisionsgericht die Revision ohne einen entspr. Antrag der Staatsanwaltschaft nicht durch Beschluss nach § 349 Abs. 2 StPO verwerfen. Hat die Staatsanwaltschaft z.B. die (teilweise) Urteilsaufhebung nach § 349 Abs. 4 StPO beantragt, kann die Revision nicht insgesamt nach § 349 Abs. 2 StPO verworfen werden. Es muss dann Termin zur Revisionshauptverhandlung anberaumt werden.

Andererseits kann das Revisionsgericht trotz eines Verwerfungsantrags nach § 349 Abs. 2 StPO das Urteil (teilweise) nach § 349 Abs. 4 StPO aufheben.[184]

Das Recht auf rechtliches Gehör gebietet es allerdings *nicht*, dass das Revisionsgericht dem Revisionsführer erneut Gelegenheit zur Stellungnahme geben muss, wenn das Gericht die Verwerfung des Revisionsantrags mit rechtlichen Ausführungen begründet, die von der Stellungnahme der Revisionsstaatsanwaltschaft abweichen oder diese ergänzen.[185]

---

183 Streitig: vgl. nur *Meyer-Goßner/Schmitt*[60] § 349 Rn. 13, 14 m.w.N.
184 Zur Begründung revisionsrechtlicher Entscheidungen vgl. *Wohlers* JZ 2011, 78, 81.
185 *BGH* StraFo 2009, 293 = wistra 2009, 283.

Verwerfungsentscheidungen des Revisionsgerichts nach § 349 Abs. 2 StPO brauchen nicht begründet zu werden,[186] und auch dann nicht, wenn der Revisionsführer zu dem Verwerfungsantrag der Revisionsstaatsanwaltschaft Stellung genommen hat.[187] Das Revisionsgericht kann auf die Begründung des Antrags der Revisionsstaatsanwaltschaft Bezug nehmen. An die Begründung des Verwerfungsantrags der Revisionsstaatsanwaltschaft ist es allerdings nicht gebunden. Die Revision kann daher auch dann nach § 349 Abs. 2 StPO verworfen werden, wenn das Revisionsgericht nur das Ergebnis für zutreffend hält, aber aus anderen Gründen als die Revisionsstaatsanwaltschaft.[188] Eine Verletzung des rechtlichen Gehörs kommt nur dann in Betracht, wenn sich aus den besonderen Umständen des einzelnen Falles deutlich ergibt, dass das Gericht ein Vorbringen überhaupt nicht zur Kenntnis genommen oder bei seiner Entscheidung ersichtlich nicht in Erwägung gezogen hat.[189] Einer mündlichen Verhandlung vor der Beschlussfassung bedarf es im Übrigen ebenfalls nicht.[190]

Die Revisionsverwerfung nach § 349 Abs. 2 StPO ohne Begründung wird in der Literatur heftig kritisiert.[191] Geändert hat dies an der Verwerfungspraxis der Revisionsgerichte aber bislang nichts. Für den Verteidiger, der eine umfangreiche Revisionsbegründung und auch eine Gegenerklärung zum Verwerfungsantrag der Revisionsstaatsanwaltschaft abgegeben hat, ist die Revisionsverwerfung ohne Begründung (sog. Zweizeiler) besonders ärgerlich. Er kann seinem Mandanten noch nicht einmal die Gründe für die Verwerfung erklären, da er nicht weiß, ob das Revisionsgericht der Antragsbegründung der Revisionsstaatsanwaltschaft gefolgt ist oder die Revision aus anderen Gründen für unbegründet hält. Mit dieser Situation wird der Verteidiger leben müssen, zumal eine Änderung der Verwerfungspraxis nicht zu erwarten ist. Zuletzt intensiv diskutiert wurde allerdings die Beratungspraxis bei der Revisionsverwerfung durch Beschluss (Vier- oder Zehn-Augen-Prinzip).[192]

Mit Zustimmung der Staatsanwaltschaft bei dem Revisionsgericht besteht auch die **98** Möglichkeit einer vorläufigen Einstellung des Verfahrens gegen Auflagen oder Weisungen, § 153a Abs. 2 S. 1 StPO. Durch die Erweiterung der Anwendbarkeit der Norm auf das Revisionsverfahren soll vermieden werden, dass erst eine Zurückverweisung erfolgen muss, bevor eingestellt werden kann.[193]

---

186 *BVerfG* v. 30.6.2014 – 2 BvR 792/11 = StV 2015, 75, 76 f.; *BVerfGE* 50, 287, 289 f.; 65, 293, 295; *BVerfG* v. 17.7.2007 – 2 BvR 496/07 – m.w.N.; vgl. auch *EGMR* v. 17.4.2014 – Beschwerde Nr. 9154/10 = JR 2015, 95 zu Art. 6 Abs. 1 EMRK.
187 *BGH* v. 22.8.2007 – 1 StR 233/07 und v. 13.8.2008 – 1 StR 162/08 Rn. 20.
188 Siehe dazu nur *Meyer-Goßner/Schmitt*[60] § 349 Rn. 13.
189 *BGH* v. 10.1.2013 – 1 StR 297/12 = NStZ-RR 2013, 157, 158.
190 *BVerfG* v. 30.6.2014 – 2 BvR 792/11 = StV 2015, 75 f.
191 Vgl. etwa die Nachw. bei *Meyer-Goßner/Schmitt*[60] § 349 Rn. 7; *Wohlers* JZ 2011, 78 ff.; *ders.* HRRS 2015, 277; *Barton* StRR 2014, 404.
192 Vgl. nur *Fischer/Krehl* StV 2012, 550; *Fischer/Eschelbach/Krehl* StV 2013, 395; *Hamm/Krehl* NJW 2014, 903; *Meyer-Goßner/Schmitt*[60] § 349 Rn. 18 m.w.N.
193 BT-Drucks. 18/11277, S. 29 f.

99 In der Sache sind die Entscheidungsmöglichkeiten des Revisionsgerichts zahlreich, sofern die Revision nicht insgesamt verworfen wird, § 354 StPO. Hier können nur kurz einige Fallkonstellationen angesprochen werden.

Es kann die Urteilsaufhebung in vollem Umfang erfolgen. In diesem Fall können aber z.b. die Feststellungen des Urteils zum Tatgeschehen aufrecht erhalten bleiben, wenn es z.b. nur um die Frage des Ausschlusses der Schuldfähigkeit geht. In seltenen Fällen kann das Revisionsgericht auch auf Freispruch entscheiden.

Es kann auch nur zu einer Schuldspruchberichtigung kommen, ohne dass das Urteil dann mit den Feststellungen aufgehoben werden müsste. Allerdings muss mindestens dann, wenn der neue Schuldspruch einen niedrigeren Strafrahmen eröffnet, der Strafausspruch aufgehoben und die Sache insoweit zurückverwiesen werden.

Auch kann bei unbegründeter Revision hinsichtlich des Schuldspruchs nur der Rechtsfolgenausspruch aufgehoben werden. Zwar eröffnen § 354 Abs. 1a und Abs. 1b StPO auch insoweit eine eigene Sachentscheidungskompetenz des Revisionsgerichts zur Strafzumessung. Dem sind allerdings durch die Entscheidungen des BVerfG vom 14.6.2007[194] und 14.8.2007[195] enge Grenzen gesetzt (vgl. dazu Rn. 2654 ff.).

Erfolgt eine Urteilsaufhebung, wird die Sache in der Regel an eine andere Abteilung oder einen anderen Spruchkörper des Gerichts zurückverwiesen, dessen Urteil aufgehoben wurde. In Ausnahmefällen kann die Sache auch an ein demselben Land zugehörendes Gericht gleicher Ordnung zurückverwiesen werden.

Es besteht ferner die Möglichkeit, die Sache an ein Gericht niederer Ordnung zurückzuverweisen, z.B. an das Amtsgericht, wenn ein Urteil des Landgerichts aufgehoben wurde, die Strafgewalt des Amtsgerichts jedoch nach Auffassung des Bundesgerichtshofs ausreichend ist.

Möglich ist im Falle der Aufhebung eines Urteils eines Jugendgerichts, die Sache an ein Erwachsenengericht zurückzuverweisen, wenn die Sache nur noch einen Erwachsenen betrifft.

6. Revisionshauptverhandlung

100 Die Revisionshauptverhandlung ist für viele Verteidiger so etwas wie das 3. Staatsexamen.[196] Sie sehen sich fünf bzw. drei hoch qualifizierten und bestens eingearbeiteten Revisionsrichtern und einem Vertreter der Revisionsstaatsanwaltschaft gegenüber. Wenn der Verteidiger nicht bestens vorbereitet ist, droht die Gefahr, dass er angesichts dieser „Übermacht der justiziellen Gegner" an die Wand gespielt wird.

---

194 *BVerfG* StV 2007, 393 m. Aufsatz *Hamm* StV 2008, 205.
195 *BVerfG* StV 2007, 561.
196 Vgl. dazu insgesamt auch *Leipold* StraFo 2010, 353 ff.

a) Gründe für die Revisionshauptverhandlung

Oftmals stellt sich für den Verteidiger zunächst die Frage, warum das Revisionsge- **101** richt eine Hauptverhandlung anberaumt hat.

Hat die Revisionsstaatsanwaltschaft einen sog. Terminsantrag gestellt, liegt der Grund offen zu Tage.

Wurde jedoch ein Antrag auf Revisionsverwerfung nach § 349 Abs. 2 StPO oder **102** Urteilsaufhebung nach § 349 Abs. 4 StPO gestellt und hat das Revisionsgericht Hauptverhandlung anberaumt, kann der Verteidiger daraus sehr vorsichtige Schlüsse darauf ziehen, in welche Richtung das Revisionsgericht denkt.

Ist ein Aufhebungsantrag nach § 349 Abs. 4 StPO gestellt worden, ist das Revisi- **103** onsgericht gehindert, die Revision gem. § 349 Abs. 2 StPO zu verwerfen.[197] In diesen Fällen muss es, um die Revision verwerfen zu können, eine Revisionshauptverhandlung durchführen. Liegt daher eine solche Konstellation vor, „stehen die Zeichen auf Sturm", da es nahe liegt, dass das Revisionsgericht die Revision verwerfen will, wegen des fehlenden Antrages der Revisionsstaatsanwaltschaft jedoch an einer Verwerfung im Beschlusswege gehindert ist.

Hat dagegen die Revisionsstaatsanwaltschaft einen Verwerfungsantrag nach § 349 **104** Abs. 2 StPO gestellt und beraumt das Revisionsgericht Hauptverhandlung an, kann dies ein vorsichtiges positives Signal sein, dass das Revisionsgericht die Revision jedenfalls nicht für *offensichtlich* unbegründet hält.

Der Grund für die Anberaumung der Hauptverhandlung in diesem Fall kann darin liegen, dass innerhalb des Senats keine Einstimmigkeit für eine Revisionsverwerfung nach § 349 Abs. 2 StPO zu erzielen ist, so dass mindestens ein Revisionsrichter die Revision jedenfalls nicht für offensichtlich unbegründet hält.

Grund für die Hauptverhandlung kann auch sein, dass das Revisionsgericht die auf- **105** geworfenen Rechtsfragen für so bedeutungsvoll hält, dass eine Erörterung und Vertiefung in einer Revisionshauptverhandlung erforderlich ist. Dies kommt oft dann vor, wenn zu bestimmten Problemen eine Grundsatzentscheidung getroffen werden soll.

Die sich aus dieser Konstellation ergebenden Signale sind nur sehr eingeschränkt als positives Zeichen zu werten. Denn das Revisionsgericht hat gerade nicht von der Möglichkeit der Urteilsaufhebung nach § 349 Abs. 4 StPO durch Beschluss Gebrauch gemacht (woran es durch den fehlenden Antrag der Revisionsstaatsanwaltschaft nicht gehindert wäre), so dass das Ergebnis in jedem Fall offen ist.

---

197 Zur Problematik des „bestellten Verwerfungsantrags", wenn das Revisionsgericht nach Vorprüfung die Akten an die Revisionsstaatsanwaltschaft zurückgibt mit der Anheimgabe, einen Verwerfungsantrag nach § 349 Abs. 2 StPO zu stellen vgl. *BVerfG* StV 2001, 151 m. Anm. *Neuhaus*; *KG* StV 2001, 153; *OLG Hamm* StV 2001, 221 m. Anm. *Neuhaus*; *Gieg/Widmaier* NStZ 2001, 57.

b) Teilnahme an der Revisionshauptverhandlung

aa) Verteidiger

106 Grundsätzlich – von „schwerwiegenden" Fällen abgesehen[198] – besteht keine Anwesenheitspflicht des (Wahl-)Verteidigers.[199] In der Terminsnachricht befindet sich daher auch standardmäßig der Hinweis an den Verteidiger: „Ihre Teilnahme ist nicht erforderlich". Hieran ist zuletzt allerdings vermehrt Kritik geübt worden: Nach einer im Vordringen befindlichen Meinung gebietet das Gebot des fairen Verfahrens stets die Bestellung eines Verteidigers für die Revisionshauptverhandlung.[200] Hiervon geht beispielsweise auch der 2. Strafsenat des BGH aus.[201]

Eine vor dem Tatgericht erfolgte Beiordnung als Pflichtverteidiger gilt *nicht* für die Revisionshauptverhandlung.

Der Verteidiger kann jedoch einen Beiordnungsantrag für die Revisionshauptverhandlung bei dem Revisionsgericht stellen. Einem solchen Antrag wird in der Regel stattgegeben. Im Falle der Beiordnung muss der Verteidiger an der Hauptverhandlung teilnehmen.[202]

bb) Angeklagter

107 Der nicht in Haft befindliche Angeklagte hat ein Anwesenheitsrecht. Er ist ebenso wie der Verteidiger vom Termin zu benachrichtigen. Der Verteidiger sollte jedoch seinem Mandanten dringend anraten, im Termin nicht zu erscheinen. In der Hauptverhandlung werden nur Rechtsfragen erörtert, zu denen der Mandant in der überwiegenden Anzahl der Fälle ohnehin nicht Stellung nehmen kann, weil ihm die notwendigen Kenntnisse fehlen. Die Erfahrung lehrt, dass die Anwesenheit des Angeklagten und ggf. Äußerungen von diesem sich nicht selten nachteilig auswirken („Dieses Gesicht schreit nach Haft!"). In Ausnahmefällen sollte der Verteidiger den Mandanten veranlassen, unerkannt als Zuschauer im Zuhörerraum an der Verhandlung teilzunehmen.

c) Vorbereitung der Revisionshauptverhandlung

108 Die Vorbereitung auf die Hauptverhandlung setzt zunächst voraus, dass dem Verteidiger bekannt ist, welche Probleme der Senat in der Hauptverhandlung erörtern und vertiefen möchte. Ist dies aus der Stellungnahme der Revisionsstaatsanwaltschaft oder der Terminsnachricht des Senats nicht ersichtlich, sollte der Verteidiger das Revisionsgericht darum bitten, ihm die Schwerpunkte der Hauptverhandlung mitzuteilen, zu denen das Revisionsgericht eine Stellungnahme für notwendig hält. An-

---

198 *BVerfGE* 46, 202.
199 Nur: *Meyer-Goßner/Schmitt*[60] § 350 Rn. 4.
200 *Meyer-Goßner/Schmitt*[60] § 350 Rn. 8 m.w.N.
201 *BGH* v. 25.9.2014 – 2 StR 163/14 = StV 2015, 79.
202 Zu allem: *Meyer-Goßner/Schmitt*[60] § 350 Rn. 5 ff.; KK-*Gericke*[7] § 350 Rn. 11 ff.

hand dieser Vorgaben hat eine Einarbeitung zu erfolgen mit dem Ziel, weitere und ergänzende Ausführungen machen zu können, die über den schriftlichen Revisionsvortrag hinausgehen.

d) Plädoyer

Der Verteidiger hat davon auszugehen, dass dem Gericht das Urteil, die Revisions   **109** begründung und die Stellungnahme der Revisionsstaatsanwaltschaft bekannt sind. Von daher sollte eine Wiederholung des schriftlichen Revisionsvorbringens unterbleiben. Ein kurzes Eingehen auf den schriftlichen Vortrag zu einer Rüge sollte nur zum Einstieg für ergänzende und weitere Ausführungen dienen. Ausführungen, die sich von den Urteilsfeststellungen entfernen oder etwa Berichte über Vorgänge aus der Tatsacheninstanz haben zu unterbleiben.

Wie sich der Gang der Revisionshauptverhandlung entwickelt, liegt auch zu einem   **110** Teil in der Hand des Verteidigers.

Nach dem Vortrag des Berichterstatters kann er sein Plädoyer (als Monolog) halten, er kann aber auch durch einen entspr. Hinweis dazu auffordern, ihn gegebenenfalls zu unterbrechen und in ein Rechtsgespräch einzutreten. Kommt es zu einem solchen Rechtsgespräch, wird der Verteidiger aus Fragen und Stellungnahmen der Revisionsrichter sehr bald erkennen, in welche Richtung das Revisionsgericht denkt. Daran kann er seine weiteren Ausführungen orientieren.

Nach Auffassung der Verfasser ist eine solche Diskussion rechtlicher Probleme allemal ergiebiger als der streng formale Ablauf mit Plädoyer der Verteidigung und des Vertreters der Revisionsstaatsanwaltschaft. Allerdings muss der Verteidiger dann auch für eine solche Diskussion gewappnet und in der Lage sein, auch überraschende und nicht vorhergesehene Fragen beantworten zu können.

Dies gilt aber auch generell, weil der Verteidiger immer damit rechnen muss, dass er in seinen Ausführungen durch Zwischenfragen unterbrochen wird. Dies stellt eine besondere Herausforderung dar, da der Verteidiger spontan zu oftmals komplizierten Rechtsfragen Stellung nehmen muss und vielleicht auch den Faden verliert. In diesen Fällen sollte der Verteidiger sich nicht scheuen, seine momentane „Blockade" offen zu legen und gegebenenfalls um eine Erläuterung der Zwischenfrage bitten, damit er sich auf das neu aufgetauchte Rechtsproblem einstellen kann.

Insgesamt sollten die *Rechts*ausführungen lebhaft sein und es sollte kein vorformulierter Text abgelesen werden.

Am Ende der Ausführungen steht der Revisionsantrag, der „im Eifer des Gefechts"   **111** manchmal vergessen wird und zu der Frage führt, welchen Antrag der Verteidiger denn nun stelle. Manche Revisionsgerichte erwarten auch, dass der Antrag mit der gleichen Überzeugungskraft vorgetragen wird wie die vorangegangenen Ausführungen. Die Antragstellung ist auch deswegen von Bedeutung, weil sich im Laufe des Revisionsverfahrens und insbesondere der Hauptverhandlung neue Aspekte ergeben haben könnten, die eine Abweichung von dem in der Revisionsbegründungsschrift gestellten Antrag rechtfertigen könnten.

IX. Revision der Staatsanwaltschaft und der Nebenklage

1. Vorbemerkung

112 Die Staatsanwaltschaft kann ein Urteil zuungunsten, aber auch zugunsten des Angeklagten anfechten. Letzteres dürfte wohl eine seltene Ausnahme sein. Aber auch eine zuungunsten des Angeklagten eingelegte Revision der Staatsanwaltschaft wirkt nach § 301 StPO zugunsten des Angeklagten, so dass im Falle der Erhebung der (allgemeinen) Sachrüge durch die Staatsanwaltschaft das Revisionsgericht das Urteil auch auf materiell-rechtliche Rechtsfehler zum Nachteil des Angeklagten überprüft.

113 Die Erfolgsquote zuungunsten des Angeklagten eingelegter staatsanwaltlicher Revisionen gegen erstinstanzliche landgerichtliche Urteile ist hoch. Sie dürfte bei ca. 90 % liegen. Dies hat mehrere Gründe. Staatsanwaltliche Revisionen müssen mehrere Hürden nehmen. Zum einen sind die Dezernenten angehalten, nur bei krasser Abweichung von den Vorstellungen der Staatsanwaltschaft Revision einzulegen (Nr. 147 RiStBV). Im Vergleich zu Angeklagtenrevisionen sind daher die Anzahl der Revisionen der Staatsanwaltschaft eher gering.

Eine Revision des Dezernenten der Staatsanwaltschaft durchläuft sodann zwei Kontrollinstanzen.

Zunächst prüft die Generalstaatsanwaltschaft, ob das Rechtmittel erfolgversprechend ist. Wird die Frage verneint oder soll die Revision aus anderen Gründen nicht durchgeführt werden, erfolgt eine Revisionsrücknahme. Soll die Revision nach Auffassung der Generalstaatsanwaltschaft durchgeführt werden, werden die Akten mit einer rechtlichen Stellungnahme dem Generalbundesanwalt zugeleitet. Dort werden erneut die Erfolgsaussichten geprüft. Werden sie verneint, erfolgt in der Regel eine Kontaktaufnahme mit der Staatsanwaltschaft mit dem Ziel, diese zur Revisionsrücknahme zu bewegen. Die Staatsanwaltschaft hat sodann die Möglichkeit, die Revision zurückzunehmen oder entgegen der Empfehlung des Generalbundesanwalts die Revision weiter zu verfolgen. In letzterem Fall tritt der Generalbundesanwalt der Revision nicht bei. Er übersendet die Akten mit seiner Erklärung, dass der Revision nicht beigetreten werde und einer rechtlichen Stellungnahme dem zuständigen Strafsenat.

114 In aller Regel wird auf eine Revision der Staatsanwaltschaft unabhängig davon, ob der Generalbundesanwalt sie vertritt oder ihr nicht beitritt, ein Termin zur Revisionshauptverhandlung anberaumt. Eine Verwerfung einer Revision der Staatsanwaltschaft im Beschlusswege nach § 349 Abs. 2 StPO ist – soweit ersichtlich – eine Rarität. Über die Revision der Staatsanwaltschaft wird daher in der Regel durch Urteil entschieden. Diese Praxis der Revisionsgerichte ist unverständlich. Warum bei einer nach Auffassung des Revisionsgerichts offensichtlich unbegründeten Revision der Staatsanwaltschaft eine zeitaufwändige Revisionshauptverhandlung durchgeführt wird, ist kaum nachvollziehbar, braucht aber an dieser Stelle nicht vertieft zu werden.

Haben sowohl der Angeklagte als auch die Staatsanwaltschaft Revision eingelegt, **115** hat das Revisionsgericht die Möglichkeit der „gespaltenen" Entscheidung: Die Revision des Angeklagten kann im Beschlusswege nach § 349 Abs. 2 StPO verworfen werden, über die Revision der Staatsanwaltschaft wird nach Revisionshauptverhandlung durch Urteil entschieden. Diese Verfahrensweise benachteiligt den Angeklagten, denn ihm wird im Gegensatz zur Staatsanwaltschaft die Möglichkeit genommen, in einer Revisionshauptverhandlung seine Argumente zu vertiefen und zu ergänzen. Dies ist auf erhebliche Kritik gestoßen[203], vom BVerfG allerdings nicht beanstandet worden.[204]

Auch bei gespaltener Entscheidung besteht für den Verteidiger noch ein gewisser **116** Handlungsspielraum. Ist seine Revision nicht vor der Hauptverhandlung bereits durch Beschluss nach § 349 Abs. 2 StPO verworfen worden, kann er in der Revisionshauptverhandlung über die Revision der Staatsanwaltschaft zu materiell-rechtlichen Fehlern des Urteils zum Nachteil des Angeklagten Stellung nehmen, da die Revision der Staatsanwaltschaft auch zugunsten des Angeklagten wirkt und das Revisionsgericht auch auf eine zuungunsten des Angeklagten eingelegte Revision der Staatsanwaltschaft das Urteil auf den Angeklagten benachteiligende sachlich-rechtliche Rechtsfehler prüfen muss.

2. Verteidigungsaktivitäten

a) Revision der Staatsanwaltschaft

Allein die Revisionseinlegung durch die Staatsanwaltschaft erfordert keine beson- **117** deren Tätigkeiten. Denn es ist zum einen ungewiss, ob die Revision nicht wieder zurückgenommen wird, zum anderen kann erst zur konkreten Revisionsbegründung der Staatsanwaltschaft Stellung genommen werden.

Begründet die Staatsanwaltschaft die Revision, ist diese dem Verteidiger zuzustellen, § 347 Abs. 1 S. 1 StPO. Dazu kann innerhalb von einer Woche eine schriftliche Gegenerklärung abgegeben werden, § 347 Abs. 1 S. 2 StPO.

Hat die Staatsanwaltschaft nur die Verletzung materiellen Rechts gerügt, ist eine Gegenerklärung innerhalb der Wochenfrist nicht erforderlich. Gleichwohl sollte zu der Revisionsbegründung zügig Stellung genommen werden, da fundierte Gegenargumente die Prüfung der Erfolgsaussichten durch die Generalstaatsanwaltschaft

---

203 *Hamm* StV 2000, 637 ff.
204 *BVerfGE* 112, 185.

und den Generalbundesanwalt beeinflussen können. Auch können an dieser Stelle bereits materiell-rechtliche Fehler zum Nachteil des Angeklagten geltend gemacht werden.

118 Hat die Staatsanwaltschaft Verfahrensrügen erhoben, sind mehrere Punkte zu prüfen. Zum einen muss untersucht werden, ob die Verfahrensrüge den Voraussetzungen des § 344 Abs. 2 S. 2 StPO entspricht.[205] Ferner ist zu prüfen, ob der Tatsachenvortrag (durch das Protokoll) bewiesen wird. Ist der Tatsachenvortrag unvollständig oder wird er durch das Protokoll nicht bewiesen, ist dies in der Gegenerklärung mitzuteilen.

Insgesamt sollte sich die Gegenerklärung auf eine Stellungnahme zu den Formalien beschränken. Eine inhaltliche Stellungnahme zur Begründetheit der Rügen kann dann im weiteren Verfahren erfolgen, das oben unter Rn. 82 ff. beschrieben wurde.

b) Revision der Nebenklage

119 Bei einer Revision der Nebenklage gelten die Ausführungen zur Revision der Staatsanwaltschaft entsprechend.

Bei Revisionseinlegung durch die Nebenklage sollte allerdings sogleich die Zulässigkeit der Anfechtung geprüft werden. Nach § 400 Abs. 1 StPO kann der Nebenkläger das Urteil nicht allein mit dem Ziel einer anderen (schärferen) Rechtsfolge anfechten.[206] Auch Rechtsfehler bei der Anwendung oder Nichtanwendung von Strafgesetzen, die nicht den Anschluss zur Nebenklage berechtigen, können nicht Gegenstand eines Revisionsangriffs sein. Der Nebenkläger kann sein Rechtsmittel nur darauf stützen, dass eine Rechtsvorschrift über ein Nebenklagedelikt verletzt ist, der Angeklagte insoweit z.b. freigesprochen oder er nur wegen einer anderen Norm verurteilt wurde.[207] Im Falle der Fristversäumnis ist dem Nebenkläger das Verschulden seines Prozessbevollmächtigten zuzurechnen; ein Wiedereinsetzungsgesuch muss entspr. begründet werden.[208]

Liegen diese Voraussetzungen nicht vor, sollte der Verteidiger die Unzulässigkeit der Revision der Nebenklage geltend machen.

120 Hat der Nebenkläger die Revision begründet, ist zu prüfen, ob aus der Revisionsbegründung das Anfechtungsziel eindeutig hervorgeht. Grundsätzlich ist der Nebenkläger verpflichtet, das Ziel seines Rechtsmittels ausdrücklich und eindeutig innerhalb der Revisionsbegründungsfrist anzugeben.[209] Ist der Angeklagte z.b. nicht wegen des angeklagten Nebenklagedelikts sondern „nur" wegen eines nicht zum An-

---

205 Zu den Anforderungen an den Vortrag vgl. oben Rn. 61.
206 Vgl. dazu *Meyer-Goßner/Schmitt*[60] § 400 Rn. 3.
207 *Meyer-Goßner/Schmitt*[60] § 400 Rn. 4.
208 *BGH* v. 28.4.2016 – 4 StR 474/15 = StraFo 2016, 462 f.
209 *Meyer-Goßner/Schmitt*[60] § 400 Rn. 6 m.w.N.

schluss berechtigenden anderen Delikts verurteilt worden, reicht die Erhebung allein der nicht ausgeführten allgemeinen Sachrüge nicht aus.[210]

Ist nach diesen Grundsätzen die Revision der Nebenklage unzulässig, sollte dies bereits in der Gegenerklärung vorgetragen werden.

---

210 *Meyer-Goßner/Schmitt*[60] § 400 Rn. 6.

Teil II
Ausgewählte Verfahrensrügen (einschließlich Verfahrensvoraussetzungen und -hindernissen)

Kapitel 1
Verfahrensvoraussetzungen und -hindernisse[1]

Vorbemerkung

Zwar prüft das Revisionsgericht auf die Sachrüge von Amts wegen das Vorliegen **121** der Prozessvoraussetzungen in der Regel selbstständig aufgrund eigener Sachuntersuchung unter Benutzung aller verfügbaren Erkenntnisquellen im Freibeweisverfahren.[2] *Dies gilt jedoch nicht ausnahmslos.* In einigen Fällen verlangt die obergerichtliche Rspr. die Erhebung einer den Anforderungen des § 344 Abs. 2 S. 2 StPO entspr. Verfahrensrüge, so z.b. bei dem Einwand der willkürlichen Annahme der Zuständigkeit des Gerichts.

Die Rechtslage zur Frage der Notwendigkeit der Erhebung einer Verfahrensrüge **122** oder der Prüfung von Amts wegen allein aufgrund der Sachrüge ist undurchsichtig und nicht eindeutig.[3] In der Rspr. ist die Tendenz zu beobachten, auch Prozesshindernisse nur auf eine entspr. Verfahrensrüge zu überprüfen. Daher sollte der mit der Revision beauftragte Verteidiger die Verfahrensvoraussetzungen und Prozesshindernisse in eigener Verantwortung prüfen und zum Gegenstand einer (Verfahrens-)-Rüge machen. Im Übrigen kann es auch streitig sein, ob überhaupt ein Prozesshindernis gegeben ist. Beispielhaft kann insofern die rechtsstaatswidrige Tatprovokation[4] genannt werden: Im Anschluss an die Rspr. des EGMR geht der 2. Strafsenat des BGH davon aus, dass der in diesem Fall gegebene Verstoß gegen Art. 6 Abs. 1 S. 1 EMRK zur Einstellung des Verfahrens wegen eines Verfahrenshindernisses führt,[5] während die 1. Strafsenat weiterhin an der Strafzumessungslösung festhält.[6] Wegen der großen Fülle der in Frage kommenden Verfahrenshindernisse und der jeweiligen Fallkonstellationen ist es nicht möglich, alle Prozesshindernisse einschließlich des empfehlenswerten Vortrages für eine Rüge abzuhandeln.

---

1 Ausführungen zu weiteren Verfahrensvoraussetzungen und -hindernissen werden im Zusammenhang mit anderen einschlägigen Verfahrensrügen im Rahmen der jeweiligen Hauptverhandlungsabschnitte behandelt.
2 KK-*Fischer*[7] Einl. Rn. 415.
3 *Meyer-Goßner/Schmitt*[60] Einl. Rn. 150; *Meyer-Goßner* NStZ 2003, 169 ff.
4 Vgl. hierzu Rüge 234 Rn. 1986 ff.
5 *BGH* v. 10.6.2015 – 2 StR 97/14 = StV 2016, 70 m. Anm. *Jahn/Kudlich* JR 2016, 54.
6 *BGH* v. 19.5.2015 – 1 StR 128/78 = StV 2016, 78.

123 | **Checkliste – Prozessvoraussetzungen** bzw. **Verfahrenshindernisse:**[7]
- Dauernde Verhandlungsunfähigkeit (vgl. dazu Rüge 5 Rn. 163),
- diplomatische Immunität (§§ 18 bis 20 GVG),
- Immunität eines Abgeordneten, sofern keine Genehmigung des Parlaments zur Strafverfolgung vorliegt (Art. 46 Abs. 2 GG),
- Unanwendbarkeit des deutschen Strafrechts nach §§ 3 ff. StGB,
- Verletzung des Spezialitätsgrundsatzes (§ 83h IRG; Art. 14 EuAlÜbK); Verfahrensrüge sehr empfehlenswert (vgl. dazu Rüge 4 Rn. 159),
- Verjährung StGB §§ 78 ff. (vgl. Rüge 1 Rn. 124),
- Fehlen eines wirksamen Strafantrages (z.b. §§ 230, 248a StGB),
- Fehlen des behördlichen Strafverlangens (§ 104a StGB),
- fehlende Bejahung des öffentlichen Interesses durch die Staatsanwaltschaft (z.b. § 303c StGB),
- Strafklageverbrauch; Verfahrensrüge sehr empfehlenswert (vgl. Rüge 2 Rn. 134),
- anderweitige Rechtshängigkeit (vgl. Rüge 3 Rn. 150),
- Fehlen einer wirksamen Anklage, Nachtragsanklage (vgl. dazu Rüge 54 Rn. 735 ff.) oder eines Strafbefehls (vgl. dazu Rn. 743 ff.),
- Fehlen eines wirksamen Eröffnungsbeschlusses (vgl. dazu Rüge 54 Rn. 743) oder eines Einbeziehungsbeschlusses nach § 266 StPO (vgl. dazu Rüge 57 Rn. 758 ff.),
- gerichtliche Verfahrenseinstellung nach § 154 Abs. 2 (Rüge 3a Rn. 156),
- Fehlen der sachlichen (vgl. dazu Rüge 6 Rn. 167 ff.) oder der örtlichen (vgl. dazu Rüge 9 Rn. 199 ff.) Zuständigkeit,
- Anstiftung durch einen polizeilichen Lockspitzel (Verfahrensrüge erforderlich! Vgl. dazu Rüge 234 Rn. 1986 ff.),
- Verletzung des Beschleunigungsgebots (Verfahrensrüge erforderlich! Vgl. dazu Rüge 235 Rn. 1993 ff.),
- Willkürliche Annahme der Zuständigkeit (Verfahrensrüge erforderlich! Vgl. dazu Rüge 6 Rn. 172, 177).

---

7 *Meyer-Goßner/Schmitt*[60] Einl. Rn. 145 ff.; KK-*Fischer* [7] Einl. Rn. 406 ff.

Rüge 1

Verjährung **124**

I. Rechtsgrundlagen

Die Verjährungsproblematik ist so umfangreich und vielfältig, dass sie hier nur **125** bruchstückhaft behandelt werden kann.

Das Verfahrenshindernis der Verjährung prüft das Revisionsgericht von Amts wegen. Die Überprüfung erfolgt im Freibeweisverfahren ohne Bindung an die Feststellungen des Urteils.

Gleichwohl empfiehlt es sich, das Verfahrenshindernis der Verjährung zum Gegenstand einer (Verfahrens-)Rüge zu machen.

Die schlichte Überschreitung der Verjährungsfrist kann das Revisionsgericht bereits auf Grund der allgemeinen Sachrüge überprüfen, da sich der Zeitpunkt der Tat bzw. derjenige ihrer Beendigung[8] aus dem Urteil ergibt.

Schwierigkeiten kann es jedoch dann geben, wenn das Ruhen der Verjährung nach **126** § 78b StGB oder die Unterbrechung nach § 78c StGB zu prüfen ist. Oftmals werden sich die dafür notwendigen Details aus den Urteilsgründen nicht ergeben. Dafür sind die einzelnen Unterbrechungshandlungen, die in der Akte dokumentiert sind, heranzuziehen.

Dies gilt insbesondere dann, wenn bereits zweifelhaft ist, ob sich eine Unterbre- **127** chungshandlung nach § 78c Abs. 1 StGB auf den verurteilten Angeklagten bezogen hat. Denn nach § 78c Abs. 4 StGB wirkt die Unterbrechung nur gegenüber demjenigen, auf den sich die Handlung bezogen hat. Deswegen ist es erforderlich, dass sich die Unterbrechungshandlung auf eine bestimmte Person, d.h. einen bereits bekannten Tatverdächtigen bezogen hat, der individuell bestimmbar ist. Eine Verfolgung gegen „unbekannt" reicht nicht.[9] Richtet sich z.B. ein Durchsuchungsbeschluss nicht (auch) gegen den Angeklagten, unterbricht der Beschluss die Verjährung gegen den Angeklagten nicht.

Bei mehreren Verdächtigen wirkt eine Handlung nur gegenüber demjenigen, gegen **128** den sie sich richtet, auch wenn die Untersuchungshandlung zugleich auch der Sachaufklärung in Richtung dieses anderen dienen soll.[10]

Die Unterbrechungshandlung muss sich auch auf eine bestimmte Tat beziehen.[11] **129**

---

8 *Fischer*[64] § 78a Rn. 3 ff.
9 *Fischer*[64] § 78c Rn. 4.
10 *Fischer*[64] § 78c Rn. 5.
11 *Fischer*[64] § 78c Rn. 6.

Der Verfolgungswille der Strafverfolgungsbehörden ist danach das entscheidende Kriterium für die sachliche Reichweite der Unterbrechungswirkung.[12] Für die Bestimmung des Verfolgungswillens der Strafverfolgungsorgane ist maßgeblich, was mit der jeweiligen richterlichen Handlung bezweckt wird. Dabei sind neben dem Wortlaut der Verfügung auch der Sach- und Verfahrenszusammenhang entscheidend.[13] Sofern sich die Reichweite nicht aus der Handlung selbst ergibt, ist der sonstige Akteninhalt zur Auslegung heranzuziehen.[14] Bleiben dann immer noch Zweifel, ist davon auszugehen, dass die betreffende richterliche Handlung die Verjährung nicht unterbrochen hat.[15]

130 Bei mehreren Tatvorwürfen oder Serienstraftaten erstreckt sich die Unterbrechungswirkung von Untersuchungshandlungen grundsätzlich auf alle verfahrensgegenständlichen Taten, wenn in einem Verfahren wegen mehrerer Taten im prozessualen Sinn ermittelt wird. Dies gilt jedoch dann nicht, wenn der Verfolgungswille des tätig werdenden Strafverfolgungsorgans erkennbar auf eine oder nur einzelne Taten beschränkt ist.[16]

131 Prozessuale Fehlerhaftigkeit einer der in § 78c Abs. 1 StGB genannten Maßnahmen schließt die Unterbrechungswirkung nicht aus, sofern die Mängel nicht so schwerwiegend sind, dass sie zur Unwirksamkeit führen.[17]

132 Der Katalog der Unterbrechungshandlungen des § 78c Abs. 1 StGB ist abschließend.[18] Die Anordnung einer TKÜ unterbricht daher nicht die Verjährung, weil darauf § 78c Abs. 1 Nr. 4 StGB nicht analog anzuwenden ist.[19]

II. Anforderungen an den Vortrag

133 Zwar prüft das Revisionsgericht die Frage der Verjährung von Amts wegen. Der Revisionsführer sollte jedoch das Verfahrenshindernis der Verjährung geltend machen.

Dazu sollte die Verjährungsfrist berechnet und deren Beginn und Ende mitgeteilt werden.

---

12 Vgl. *BGH* wistra 2000, 17 m.w.N.
13 *BGH* v. 25.6.2015 – 1 StR 579/14 = StV 2016, 90; *BGH* v. 22.8.2006 – 1 StR 547/05 = wistra 2006, 421.
14 Vgl. *BGH* v. 25.6.2015 – 1 StR 579/14 = StV 2016, 90; *BGH* v. 8.2.2011 – 1 StR 490/10 = *BGHSt* 56, 146.
15 *BGHSt* 18, 274; *BGH* StV 2000, 477.
16 *BGH* v. 25.6.2015 – 1 StR 579/14 = StV 2016, 90; *BGHR* StGB § 78c Abs. 1 Handlung 4 und § 78c Abs. 1 Nr. 1 Bekanntgabe 2 jew. m.w.N.; auch *BGH* NStZ 2001, 191; LK[12]-*J. Schmid* § 78c Rn. 8.
17 Vgl. *BGHSt* 29, 351; *BGHR* StGB § 78c Abs. 1 Nr. 7 Eröffnung 1; LK[12]-*J. Schmid* § 78c Rn. 9.
18 *BGH* wistra 2005, 27; *Fischer*[64] § 78c Rn. 7.
19 *BGH* wistra 2005, 27.

Sofern nach Auffassung des Beschwerdeführers bestimmte Handlungen die Verjährung nicht unterbrochen haben, sollten diese mitgeteilt werden. In diesem Falle kann es ausnahmsweise ausreichend sein, den Inhalt der Verfügung oder der Anordnung zusammenfassend mitzuteilen und die Fundstelle in den Akten zu bezeichnen. Kommt es auf die Auslegung des Wortlauts an, empfiehlt sich die vollständige wortgetreue Mitteilung. Selbstverständlich haben Ausführungen zu folgen, warum die Handlung die Verjährung hinsichtlich des Angeklagten nicht unterbrochen hat. Ebenfalls ist auszuführen, warum es zu einem Ruhen der Verjährung nicht gekommen ist oder gleichwohl Verjährung eingetreten ist.

Rüge 2

Strafklageverbrauch   **134**

I. Rechtsgrundlagen

1. Innerdeutsch

Der Grundsatz „ne bis in idem" hat das Verfahrenshindernis des Strafklageverbrauchs zur Folge.[20]   **135**

Grundlage für die Prüfung einer möglichen unzulässigen Doppelbestrafung ist der sog. prozessuale Tatbegriff. Darunter wird ein einheitlicher geschichtlicher Vorgang verstanden, der sich nach natürlicher Auffassung als einheitlicher Lebensvorgang darstellt und sich von anderen gleichartigen Vorfällen unterscheidet.[21] Bei mehreren Vorgängen innerhalb eines Lebenssachverhalts muss die Verknüpfung zwischen ihnen so beschaffen sein, dass eine Aburteilung in getrennten Verfahren zu einer unnatürlichen Aufspaltung des einheitlichen Geschehens führen würde.[22]

Als Beispiele aus der Fülle der Fallkonstellationen seien nur genannt:

Unfallflucht bei Trunkenheitsfahrt; Fahren ohne Fahrerlaubnis auf Flucht nach Raubüberfall oder bei Begehung von Diebstählen, Brandstiftung und anschließender Versicherungsbetrug.

Bei materiell-rechtlicher Tateinheit liegt i.d.R. auch eine Tat im prozessualen Sinn vor. Dies ist insbesondere für die Fälle sog. Bewertungseinheit von Bedeutung. So gilt z.B. für das Betäubungsmittelstrafrecht: Erfasst das Handeltreiben mit Betäubungsmitteln im Rahmen ein- und desselben Güterumsatzes aufeinanderfolgende **136**

---

20 Vgl. dazu insgesamt *Meyer-Goßner/Schmitt*[60] Einl. Rn. 171 ff.
21 *Meyer-Goßner/Schmitt*[60] § 264 Rn. 2 m. zahlr. Rspr.-Nachw.
22 *Meyer-Goßner/Schmitt*[60] § 264 Rn. 3 m.w.N.

Handlungen, wie Erwerb, Einfuhr, Veräußerung und Ablieferung des Gewinns, so werden diese Einzelakte im Wege der Bewertungseinheit zu einer Tat verbunden.[23]

Eine Verurteilung wegen unerlaubter Einfuhr von BtM (hier: mehrere Joints) verbraucht die Strafklage hinsichtlich bei gleicher Gelegenheit eingeführter weiterer BtM auch in großen Mengen.[24]

Ein Strafbefehl wegen Führens eines Fahrzeugs unter Einfluss berauschender Mittel verbraucht die Strafklage für unerlaubten Besitz von Betäubungsmitteln (unter Mitführung eines gefährlichen Gegenstandes).[25]

137 Strafklageverbrauch wird jedoch dann verneint, wenn das noch nicht abgeurteilte Delikt wesentlich schwerer wiegt als das Verurteilte. So soll z.B. eine Verurteilung wegen Hehlerei die Strafklage hinsichtlich eines vorangegangenen Raubes nicht verbrauchen.[26] Ähnliches gilt bei Dauerstraftaten. Wenn die anderen Straftaten das Gewicht der Dauerstraftat erheblich übersteigen, soll kein Strafklageverbrauch eintreten, z.B. bei unerlaubtem Waffenbesitz und schwerem Raub.[27]

138 Ausnahmen bestehen auch bei Organisationsdelikten (z.B. §§ 99, 129 ff. StGB). Das Organisationsdelikt soll solche Taten nicht zur Tateinheit verklammern, die gegenüber dem Organisationsdelikt wesentlich schwerer wiegen, z.B. Verurteilung wegen eines Vergehens der Mitgliedschaft in einer kriminellen Vereinigung und ein in Verfolgung der Ziele der Vereinigung begangenes Verbrechen.[28]

Das Verfahrenshindernis des Strafklageverbrauchs tritt erst mit rechtskräftigem Abschluss des Verfahrens ein. Davor besteht das Verfahrenshindernis der doppelten Rechtshängigkeit.[29]

139 Nur eine Entscheidung in der Sache verbraucht die Strafklage, nicht dagegen die Ablehnung der Eröffnung des Hauptverfahrens oder ein Einstellungsbeschluss nach § 206a StPO.

140 Ein Strafbefehl verbraucht die Strafklage wie ein rechtskräftiges Urteil.[30]

141 Auch eine Einstellung des Verfahrens nach § 153a StPO bewirkt (teilweise) das Prozesshindernis, wobei im Falle der Einstellung nach § 153a StPO die Auflagen erfüllt sein müssen.[31]

---

23 *BGHSt* 30, 28; 40, 138.
24 *BGH* StV 2010, 120.
25 *BGH* StV 2010, 119.
26 *BGHSt* 35, 60.
27 *BGHSt* 36, 151; *Meyer-Goßner/Schmitt*[60] § 264 Rn. 6b.
28 *BVerfG* StV 1981, 323; *BGHSt* 29, 288; vgl. auch *BGH* v. 7.9.2016 – 1 StR 422/15 = NZWiSt 2017, 74 m. abl. Anm. *Zeller.*
29 Siehe Rüge 3 Rn. 150.
30 *BVerfG* StV 1984, 229; *Meyer-Goßner/Schmitt*[60] § 410 Rn. 12.
31 Vgl. dazu insgesamt *Meyer-Goßner/Schmitt*[60] § 153a Rn. 45, 52.; sieht die Staatsanwaltschaft nach der Erfüllung von Auflagen von der Verfolgung eines Vergehens des Vorenthaltens und der Veruntreuung von Beiträgen (§ 266a StGB) nach § 153a Abs. 1 StPO

Eine Verfahrenseinstellung nach § 153 Abs. 1 StPO durch die Staatsanwaltschaft **142** soll keine Rechtskraftwirkung entfalten.[32] Dagegen bewirkt ein gerichtlicher Einstellungsbeschluss einen beschränkten Strafklageverbrauch.[33] In jedem Fall tritt das Prozesshindernis nicht ein, wenn sich die Tat als Verbrechen darstellt.

Ob das Verfahren bei Vorliegen neuer Tatsachen wieder aufgenommen werden **143** kann, etwa wenn durch neue Tatschen die geringe Schuld in Frage gestellt wird, ist heftig umstritten. Der BGH verneint wohl aus rechtssystematischen Erwägungen die Zulässigkeit einer Wiederaufnahme des Verfahrens bei Vorliegen neuer Tatsachen, sofern die Tat nicht als Verbrechen einzustufen ist.[34] Ein Teil der Literatur will dagegen die Wiederaufnahme jedenfalls dann zulassen, wenn neue Tatsachen oder Beweismittel vorliegen, die eine erhöhte Strafbarkeit begründen.[35]

Die Verfahrenseinstellung nach § 153a StPO bewirkt (bei Erfüllung der Auflagen) **144** ein Prozesshindernis, das die gesamte Tat im Sinne des § 264 StPO umfasst. Es bezieht sich jedoch nicht auf die Strafverfolgung derselben Tat unter dem rechtlichen Gesichtspunkt eines Verbrechens, vgl. § 153a Abs. 1 S. 5 StPO.[36]

2. Innerhalb der Schengen-Staaten

Art. 50 der Europäischen Grundrechtscharta enthält wie Art. 54 SDÜ das Verbot **145** der Doppelbestrafung.[37] Allerdings enthält Art. 50 GRCh keine Vollstreckungsklausel wie Art. 54 SDÜ.[38] Insgesamt gilt der Grundsatz „ne bis in idem" auch innerhalb der sog. Schengen-Staaten.

Art. 54 SDÜ bestimmt, dass derjenige, der in einem der Vertragsstaaten des Schengener Übereinkommens „rechtskräftig abgeurteilt" worden ist, wegen derselben Tat[39] in einem anderen Vertragsstaat nicht verfolgt werden darf.[40]

---

endgültig ab, so steht § 153a Abs. 1 S. 5 StPO der Verfolgung einer Ordnungswidrigkeit nach § 5 Abs. 1 Nr. 1 AEntG aF (nunmehr § 23 Abs. 1 Nr. 1 AEntG) wegen der Unterschreitung von Mindestlöhnen (§ 1 Abs. 1 AEntG aF) nicht entgegen, *BGHSt* 57, 175.

32 Streitig: *Meyer-Goßner/Schmitt*[60] § 153 Rn. 37; KK-*Diemer*[7] § 153 Rn. 26.

33 *Meyer-Goßner/Schmitt*[60] § 153 Rn. 37 f.; KK-*Diemer*[7] § 153 Rn. 41.

34 *BGHSt* 48, 331.

35 Vgl. KK-*Diemer*[7] § 153 Rn. 41; *Meyer-Goßner/Schmitt*[60] § 153 Rn. 38 jew. m.w.N.

36 *Meyer-Goßner/Schmitt*[60] § 153a Rn. 45, 52; KK-*Diemer*[7] § 153a Rn. 44.

37 Das Doppelbestrafungsverbot mit grenzüberschreitender Wirkung ist keine allgemeine Regel des Völkerrechts, vgl. *BVerfG* v. 4.12.2007 – 2 BvR 38/06 = StraFo 2008, 151; *OLG Frankfurt* v. 12.11.2013 – 2 Ausl A 87/13 = NStZ-RR 2014, 27.

38 *EuGH* v. 27.5.2014 – C-129/14 PPU = StV 2014, 449 m. Anm. *Zöller* GA 2016, 325; *BVerfG* v. 15.12.2011 – 2 BvR 148/11 = NJW 2012, 1202.

39 Vgl. zum Begriff „derselben Tat" i.S.d. Art. 54 SDÜ *BGH* v. 12.12.2013 – 3 StR 531/12 = StV 2014, 459 m. Anm. *Hecker*.

40 Vgl. dazu insgesamt *Meyer-Goßner/Schmitt*[60] Einl. Rn. 177 f., sowie *Ahlbrecht et. al.* Internationales Strafrecht in der Praxis Rn. 1113 ff.; Auslieferung ist keine Strafverfolgung i.S.d. Art. 54 SDÜ, 50 GRCh, *OLG München* v. 7.12.2012 – OLG Ausl A 1156/12 (274/ 12) = StV 2013, 313 m. Anm. *Brodowski* StV 2013, 339.

Auch hier ist der strafprozessuale Tatbegriff Prüfungsmaßstab.[41]

146   Strafklageverbrauch tritt ein, wenn die Sanktion im anderen Staat vollstreckt ist, gerade vollstreckt wird oder nicht mehr vollstreckt werden kann. Vollstreckt wird die Strafe auch dann, wenn sie zur Bewährung ausgesetzt ist.[42] Auch ein rechtskräftiger Freispruch bewirkt den Strafklageverbrauch.[43] Dies gilt auch bei Freispruch wegen Verfolgungsverjährung,[44] nicht aber bei einer Verfahrenseinstellung wegen rechtsstaatswidriger Verfahrensverzögerung.[45]

147   Auch eine Verfahrenseinstellung durch die Staatsanwaltschaft gegen Auflagen, insbesondere gegen Geldauflagen führt zum Strafklageverbrauch, nachdem der Beschuldigte die Auflagen erfüllt hat.[46]

Die Einstellung des Verfahrens („ordonnance de non-lieu") aus tatsächlichen Gründen durch den französischen Appellationsgerichtshof (chambre d'accusation de cour d'appel) steht einer weiteren Strafverfolgung in Deutschland nach Art. 54 des Schengener Durchführungsübereinkommens nicht entgegen.[47]

Auch bei einer einheitlichen Schmuggelfahrt durch mehrere EU-Länder kann es zu einem Strafklageverbrauch nach Art. 54 SDÜ kommen.[48]

Die Einstellung des Verfahrens nach § 170 Abs. 2 StPO mangels hinreichenden Tatverdachts[49] und die vorläufige Einstellung des Ermittlungsverfahrens nach § 154 Abs. 1 StPO durch die Staatsanwaltschaft führen zu keinem endgültigen Strafklageverbrauch und damit auch zu keinem Verfolgungshindernis nach Art. 54 SDÜ.[50]

Die bloße Zahlung der Geldstrafe, die gegen eine Person verhängt wurde, der mit der gleichen Entscheidung eines Gerichts eines anderen Mitgliedstaats eine bislang nicht vollstreckte Freiheitsstrafe auferlegt wurde, lässt nicht den Schluss zu, dass die Sanktion i.S.d. Art. 54 SDÜ bereits vollstreckt worden ist oder gerade vollstreckt wird.[51]

II. Anforderungen an den Vortrag

148   Zwar prüft das Revisionsgericht auf die Sachrüge auch das Verfahrenshindernis des Strafklageverbrauchs. Es hat im Freibeweisverfahren die Unterlagen beizuziehen, anhand derer ein etwaiger Strafklageverbrauch festgestellt werden kann. Nicht im-

---

41   *EuGH* StV 2006, 393.
42   *BGH* StV 2001, 262; *OLG Hamm* v. 14.1.2014 – III – 2 Ausl 106/10, 2 Ausl 106/10.
43   *BGH* StV 2001, 495; *EuGH* StV 2007, 57.
44   *OLG Stuttgart* StV 2008, 402.
45   *BGH* v. 28.7.2016 – 3 StR 25/16 = NJW 2016, 3044.
46   *EuGH* StV 2003, 201.
47   *BGH* StV 1999, 478.
48   *BGH* StV 2008, 506.
49   *Meyer-Goßner/Schmitt*[60] Einl. Rn. 177 a; vgl. hierzu auch *EuGH* v. 29.6.2016 – C-486/14 = wistra 2016, 355 m. Anm. *Kottek*.
50   *OLG Nürnberg* StV 2010, 233; StV 2011, 401 (Ls).
51   *EuGH* v. 27.5.2014 – C-129/14 PPU = StV 2014, 449 m. Anm. *Zöller* GA 2016, 325.

mer ergeben sich jedoch Anhaltspunkte für einen Strafklageverbrauch aus den Akten. Fehlt z.b. das Ersturteil und ist nur der Bundeszentralregister-Auszug in den Akten enthalten, ergeben sich daraus allein oftmals noch keine Hinweise auf einen Strafklageverbrauch. Es ist daher dringend zu empfehlen, den Strafklageverbrauch zu prüfen und zum Gegenstand einer Rüge zu machen. Ob diese als Verfahrensrüge oder als Sachrüge bezeichnet wird, ist nicht relevant. Entscheidend ist, dass das Verfahrenshindernis des Strafklageverbrauchs geltend gemacht wird. Vorzutragen ist in jedem Fall die Entscheidung in vollem Wortlaut, aus der der Strafklageverbrauch folgen soll, also in der Regel das Ersturteil, der Strafbefehl oder der Einstellungsbeschluss. Da im Falle der Einstellung aus dem Beschluss nicht der Verfahrensgegenstand hervorgeht, muss mitgeteilt werden, welcher konkrete Vorwurf in tatsächlicher Hinsicht dem Beschuldigten gemacht wurde, d.h. welcher Lebenssachverhalt dem Verfahren zugrunde lag.

Soll der Strafklageverbrauch aus Art. 54 SDÜ hergeleitet werden, sollte das ausländische Erkenntnis in vollem Wortlaut mitgeteilt werden. Die Vorlage einer Übersetzung ist nicht notwendig, da das Revisionsgericht das Verfahrenshindernis von Amts wegen zu prüfen hat und deswegen für die Übersetzung selbst zu sorgen hat. Es empfiehlt sich allerdings, die im ausländischen Erkenntnis verhängte Sanktion sowie den dieser zugrundeliegenden Lebenssachverhalt zusammenfassend mitzuteilen. Dargelegt werden sollte auch der Vollstreckungsstand, also z.b. ob die Sanktion vollstreckt ist, noch vollstreckt wird oder ein Freispruch oder eine Einstellung erfolgte. **149**

Die Mitteilung weiterer Tatsachen ist nicht erforderlich, da sich ein möglicher Strafklageverbrauch aus dem Vergleich zwischen der ersten Entscheidung und dem Urteil ergibt.

Rüge 3
Anderweitige Rechtshängigkeit **150**

I. Rechtsgrundlagen

Die doppelte Anhängigkeit eines Verfahrens in ein und derselben Sache bei verschiedenen Gerichten kann zu einer verbotenen Doppelbestrafung führen. Deswegen stellt die anderweitige Rechtshängigkeit ein von Amts wegen zu beachtendes Prozesshindernis dar.[52] Die doppelte Rechtshängigkeit ist quasi eine Vorstufe zum Verbrauch der Strafklage durch ein dieselbe Tat betreffendes Urteil. **151**

---

52 Vgl. nur *BGHSt* 22, 185; *Meyer-Goßner/Schmitt*[60] Einl. Rn. 145 ff.

152 Die Rechtshängigkeit tritt im Falle der Anklage mit dem Eröffnungsbeschluss, im beschleunigten Verfahren mit dem Beginn der Vernehmung des Angeklagten zur Sache[53] und im Strafbefehlsverfahren mit Erlass des Strafbefehls ein.

Für die Frage, ob dieselbe Sache bei zwei verschiedenen Gerichten anhängig ist, ist ebenso wie bei dem Verbrauch der Strafklage der prozessuale Tatbegriff zugrunde zu legen.[54] Auf die Ausführungen dazu kann verwiesen werden (vgl. Rn. 135).

153 Zu einer Doppelanhängigkeit kann es insbesondere dann kommen, wenn verschiedene Sachen verbunden werden sollen oder verbunden worden sind. Dies ist z.B. dann der Fall, wenn ein Gericht ein bei einem anderen Gericht angeklagtes Verfahren übernimmt und zu dem bei ihm anhängigen Verfahren dazu verbindet. Ist der Übernahme- bzw. Verbindungsbeschluss unwirksam, bleibt das Verfahren bei dem Ursprungsgericht anhängig, so dass einer Verurteilung durch das andere Gericht das Verfahrenshindernis der doppelten Rechtshängigkeit entgegensteht.[55]

154 Nach § 12 StPO ist im Falle der Anklageerhebung zu zwei unterschiedlichen Gerichten in der Regel dasjenige Gericht ausschließlich zuständig, welches das Verfahren zuerst eröffnet hat, so dass das Verfahrenshindernis der anderweitigen Rechtshängigkeit hinsichtlich des weiteren Verfahrens gilt.[56]

Dieser Grundsatz gilt jedoch nicht ausnahmslos. Der Grundsatz der Erstzuständigkeit durch Ersteröffnung soll zurücktreten, wenn nur das Gericht, das das Verfahren später eröffnet hat, die Tat vollständiger und umfassender beurteilen kann.[57]

II. Anforderungen an den Vortrag

155 Auch wenn das Revisionsgericht auch dieses Verfahrenshindernis von Amts wegen prüft, empfiehlt sich die Erhebung einer gezielten Rüge.

Mitgeteilt werden sollten die Anklage und der Eröffnungsbeschluss in beiden Verfahren. Im Falle der Unwirksamkeit eines Übernahme- und Verbindungsbeschlusses ist auch dieser mitzuteilen. Es haben Darlegungen zu folgen, warum beide Anklagen dieselbe Tat im prozessualen Sinne betrafen.

---

53 Vgl. dazu *Meyer-Goßner/Schmitt*[60] § 418 Rn. 4.
54 KK-*Kuckein*[7] § 264 Rn. 2.
55 *BGHR* StPO Vor § 1 Verfahrenshindernis, Doppelanhängigkeit 1.
56 *BGHSt* 36, 175.
57 KK-*Scheuten*[7] § 12 Rn. 6; *BGH* NJW 1995, 2500.

I. Rechtsgrundlagen

Mit der Einstellung des Verfahrens nach § 154 Abs. 2 StPO durch Gerichtsbe-   **157**
schluss entsteht ein in jeder Lage des Verfahrens von Amts wegen zu beachtendes
Verfahrenshindernis,[58] das nur durch einen förmlichen Wiederaufnahmebeschluss
beseitigt werden kann. Das gilt auch dann, wenn das Gericht irrtümlich nach § 154
Abs. 2 StPO anstatt nach § 154a Abs. 2 StPO verfahren ist.[59] Ein Wiederaufnahmebeschluss ist unwirksam und beseitigt das Verfahrenshindernis nicht, wenn die materiellen Voraussetzungen für die Wiederaufnahme nicht vorliegen.[60] Die *vorläufige*
Einstellung des Ermittlungsverfahrens durch die StA nach § 154 Abs. 1 StPO führt
zu keinem endgültigen Strafklageverbrauch.[61]

II. Anforderungen an den Vortrag

Mitzuteilen sind die Anklage, der Eröffnungsbeschluss sowie alle Vorgänge um die   **158**
Einstellung, also Antrag der Staatsanwaltschaft, ggf. Stellungnahme der Verteidigung sowie der gerichtliche Einstellungsbeschluss im Wortlaut.

I. Rechtsgrundlagen

Der Spezialitätsgrundsatz ist in Art. 14 EuAlÜbK und § 83h IRG verankert. Er be-   **160**
deutet, dass eine ausgelieferte oder aufgrund eines Europäischen Haftbefehls über-
gebene Person wegen einer vor der Auslieferung begangenen anderen Tat als derjenigen, die dem Auslieferungsersuchen bzw. dem Europäischen Haftbefehl zu Grunde lag, weder verfolgt noch verurteilt werden darf.

Bei einer Auslieferung auf Grundlage eines Europäischen Haftbefehls begründet
die Spezialitätsbindung nach inzwischen vorherrschender Meinung allerdings kein
Verfahrenshindernis, sondern allein ein Vollstreckungshindernis und ein Verbot

---

58 *BGH* v. 29.11.2011 – 1 StR 539/11 = NStZ 2007, 476; vgl. auch *BGH* v. 3.8.2016 – 5 StR
    313/16.
59 *BGH* v. 8.10.2013 – 4 StR 339/13 = StraFo 2013, 510.
60 *KG* StV 2011, 400.
61 *OLG Nürnberg* StV 2010, 233; StV 2011, 401 (Ls).

freiheitsbeschränkender Maßnahmen.[62] Der Strafverfolgung sowie der Verurteilung steht der Spezialitätsgrundsatz nicht entgegen.[63] Die Einbeziehung einer entspr. Strafe in eine Gesamtstrafe ist jedoch nicht möglich.[64] Mit der Revision angegriffen werden kann somit allein ein Gesamtstrafausspruch, der eine wegen des Spezialitätsgrundsatzes nicht vollstreckbare Strafe enthält.[65]

In den Art. 14 EuAlÜbK unterliegenden Fällen besteht dagegen ein Verfahrenshindernis.[66] Der Spezialitätsgrundsatz schließt in diesen Fällen nicht nur die Festsetzung selbständiger Strafen für andere Taten als die Auslieferungstat aus, sondern auch deren Mitbestrafung auf dem Wege der Erhöhung der für die Auslieferungstat verwirkten Strafe. Dies schließt jedoch nicht aus, den Strafrahmen eines festgestellten Qualifikationstatbestandes der Verurteilung wegen der Auslieferungstat auch dann zu Grunde zu legen, wenn diese Feststellungen mittels Beweiserhebungen zu einer verfahrensfremden Tat getroffen wurden. Der Spezialitätsgrundsatz schließt es ferner nicht aus, Umstände, die eine Straftat darstellen, auf die sich die Auslieferung nicht erstreckt, bei der Überzeugungsbildung hinsichtlich der Täterschaft der Auslieferungstat als Indiz zu berücksichtigen.[67]

Ist der Ausgelieferte mit Verkündung des erstinstanzlichen Urteils auf freien Fuß gesetzt worden, entfällt die Spezialitätsbindung gem. Art. 14 Abs. 1 Buchst. b EuAlÜbk dann, wenn er – obwohl er über die Rechtsfolgen dieser Vorschrift informiert worden ist und die Möglichkeit einer Ausreise hatte – nicht innerhalb von 45 Tagen die Bundesrepublik Deutschland verlassen hat oder wenn er nach dem Verlassen Deutschlands dorthin zurückgekehrt ist.[68]

Die Verurteilung unter einem anderen rechtlichen Gesichtspunkt ist nicht ausgeschlossen, sofern ihr derselbe Sachverhalt zugrunde liegt.[69]

Grundlage der Überprüfung, ob ein Verstoß gegen den Spezialitätsgrundsatz vorliegt, ist der Vergleich des abgeurteilten Vorwurfs mit dem dem Auslieferungsersuchen zugrundeliegenden Vorwurf auf der Grundlage des prozessualen Tatbegriffs.

---

62 *EuGH* v. 1.12.2008 – C-388/08 = NStZ 2010, 35, 39 f.; *BGH* v. 7.8.2012 – 1 StR 314/12; *BGH* v. 25.6.2014 – 1 StR 218/14 = StV 2015, 362 = NStZ 2014, 590; *BGH* v. 3.3.2015 – 3 StR 40/15 = StV 2015, 563; *BGH* v. 11.5.2016 – 1 StR 627/15 = NStZ-RR 2016, 290; *BGH* v. 20.4.2016 – 1 StR 661/15 = StV 2017, 248.

63 *EuGH* v. 1.12.2008 – C-388/08 = NStZ 2010, 35, 39 f.; zur Zulässigkeit eines Bewährungswiderrufs vgl. *OLG Hamburg* v. 29.7.2010 – 3 Ws 96/10 = BeckRS 2011, 8.

64 *BGH* v. 27.7.2011 – 4 StR 303/11 = NStZ 2012, 100; *BGH* v. 4.2.2013 – 3 StR 395/12 = StV 2013, 508 = NStZ-RR 2013, 178; *BGH* v. 25.6.2014 – 1 StR 218/14 = StV 2015, 362 = NStZ 2014, 590; *BGH* v. 3.3.2015 – 3 StR 40/15 = StV 2015, 563; *BGH* v. 11.5.2016 – 1 StR 627/15 = NStZ-RR 2016, 290.

65 *BGH* v. 20.4.2016 – 1 StR 661/15 = StV 2017, 248.

66 *BGHSt* 19, 118; *BGH* StV 1985, 274 (Ls); *BGH* v. 25.10.2012 – 1 StR 165/12 = NStZ-RR 2013, 251, 252 .

67 *BGH* v. 12.1.2012 – 4 StR 499/11 = StV 2013, 298.

68 *BGH* v. 9.2.2012 – 1 StR 148/11= StV 2013, 294.

69 *BGH* StV 1987, 6; NStZ 2003, 684.

II. Anforderungen an den Vortrag

Im Falle eines Verstoßes gegen § 83h Abs. 1 IRG sind die Verfahrenstatsachen vorzutragen, aus denen sich der Verstoß gegen den Spezialitätsgrundsatz durch Einbeziehung einer nicht vollstreckbaren Strafe in den Gesamtsprachenausspruch ergibt, namentlich der Europäische Haftbefehl. Ferner sollte vorgetragen werden, dass die Ausnahmen des § 83h Abs. 2 IRG nicht vorliegen, also insbesondere nicht auf die Einhaltung des Spezialitätsgrundsatzes durch den ersuchten Staat oder den Betroffenen selbst verzichtet wurde. Im Falle der Auslieferung sollte vorgetragen werden, dass der Betroffene sich nicht mit der vereinfachten Auslieferung einverstanden erklärt hat. **161**

Das aus einem Verstoß gegen Art. 14 EuAlÜbK resultierende Verfahrenshindernis der beschränkten Auslieferung ist vom Revisionsgericht von Amts wegen zu prüfen. Die Voraussetzungen sind im Freibeweisverfahren zu klären.[70] Gleichwohl empfiehlt sich eine Rüge, mit der ein Verstoß gegen den Spezialitätsgrundsatz und das sich daraus ergebende Verfahrenshindernis geltend gemacht wird.

Vorzutragen ist der Haftbefehl, der der Auslieferung bzw. der Übergabe zugrunde lag. Dabei dürfte wohl ausreichend sein, wenn der Sachverhalt zusammenfassend mitgeteilt wird und im Übrigen auf die Fundstelle Bezug genommen wird. **162**

Rüge 5
Dauernde Verhandlungsunfähigkeit   **163**

I. Rechtsgrundlagen

Unter Verhandlungsfähigkeit wird die Fähigkeit des Angeklagten verstanden, in oder außerhalb der Hauptverhandlung seine Interessen vernünftig wahrzunehmen, die Verteidigung in verständiger und verständlicher Weise zu führen, Prozesserklärungen abzugeben und entgegenzunehmen.[71] Eine (dauernde) Verhandlungsunfähigkeit wird in der Regel nur dann anzunehmen sein, wenn der Angeklagte unter schweren körperlichen oder seelischen Mängeln oder sonstigen schweren Krankheiten leidet. Sie kann auch vorliegen, wenn konkrete Anhaltspunkte für die Gefahr bestehen, dass der Angeklagte bei Fortführung des Verfahrens sein Leben einbüßen oder schwerwiegende Dauerschäden für seine Gesundheit erleiden würde. Dabei ist ein Angeklagter nicht verpflichtet, im Falle einer Erkrankung zur Herstellung seiner **164**

---

70 *BGH* StV 2004, 303; vgl. aber *Meyer-Goßner/Schmitt*[60] Einl. Rn. 150, der eine Verfahrensrüge für erforderlich hält.
71 *Meyer-Goßner/Schmitt*[60] Einl. Rn. 97 m.w.N.; KK-*Fischer*[7] Einl. Rn. 399.

Verhandlungsfähigkeit einen keineswegs unerheblichen Eingriff vornehmen zu lassen, von dem gesundheitliche Gefahren ausgehen.[72]

Die endgültige Verhandlungsunfähigkeit stellt ein Verfahrenshindernis dar.[73]

II. Anforderungen an den Vortrag

165   Da sich Anhaltspunkte für eine Verhandlungsunfähigkeit des Angeklagten wohl kaum aus dem Urteil ergeben und bei zweifelhafter Verhandlungsfähigkeit kaum anzunehmen ist, dass die Verteidigung in der Hauptverhandlung diese nicht thematisiert hat, ist eine Verfahrensrüge zu erheben, um dem Revisionsgericht den Einstieg in eine Prüfung des Verfahrenshindernisses dauernder Verhandlungsfähigkeit zu ermöglichen.

Dazu sind vorzutragen

- alle von der Verteidigung in und/oder außerhalb der Hauptverhandlung gestellten Anträge oder Anregungen hinsichtlich der Verhandlungsfähigkeit,
- alle gerichtlichen Reaktionen auf diese Verteidigungsaktivitäten,
- alle ärztlichen Stellungnahmen bzw. eingeholten Gutachten im vollen Wortlaut,
- alle von der Verteidigung vorgelegten oder zwischenzeitlich eingeholten Stellungnahmen zum Gesundheitszustand des Angeklagten aus früheren Behandlungen, gegebenenfalls Anträge auf Verfahrenseinstellung wegen dauernder Verhandlungsunfähigkeit,
- der oder die gerichtlichen Beschlüsse, mit denen Anträge auf Begutachtung, Einstellung des Verfahrens etc. zurückgewiesen wurden.

---

72   *BVerfG* NStZ 1993, 598; *BGH* StV 1992, 553.
73   Zur Durchführung der Hauptverhandlung in Anwesenheit eines (vorübergehend) verhandlungsunfähigen Angeklagten vgl. Rüge 23 Rn. 421.

Kapitel 2
Gerichtliche Zuständigkeit/Zuständigkeit des Spruchkörpers

Rüge 6
Fand die Hauptverhandlung vor einem sachlich unzuständigen Gericht statt?   **167**

I. Vorbemerkung

Die sachliche Zuständigkeit des Gerichts wird durch das GVG[74] bestimmt (§ 1 StPO).   **168**

Folgende Fehlermöglichkeiten kommen in diesem Zusammenhang in Betracht:[75]

1. Überschreitung der Strafgewalt

Das Gericht hat durch das angefochtene Urteil seine Strafgewalt überschritten, der Strafrichter oder das Schöffengericht bzw. die Kleine Strafkammer als Berufungsgericht haben auf eine höhere Strafe als vier Jahre erkannt.[76] Das Urteil ist wegen sachlicher Unzuständigkeit auf die allgemeine Sachrüge hin – das Revisionsgericht hat die Frage der Zuständigkeit von Amts wegen zu prüfen (§ 6 StPO) – aufzuheben und die Sache zurückzuverweisen. Einer Verfahrensrüge der Verletzung des § 270 StPO, wonach das Gericht eine gebotene Verweisung unterlassen hat, bedarf es daher nicht.   **169**

---

74 Entsprechendes gilt für die Zuständigkeitsverteilung nach §§ 39-41 JGG.
75 Zu Rügemöglichkeiten bei einer Revision gegen das Urteil eines Berufungsgerichts s. Rüge 267a Rn. 2347 und Rüge 267c Rn. 2353.
76 Vgl. *BGHSt* 18, 79, 81; *Meyer-Goßner/Schmitt*[60] § 24 GVG Rn. 11.

2. Ausschließliche Zuständigkeit des Landgerichts bzw. Oberlandesgerichts

170 Für bestimmte Straftaten ist ausschließlich das Landgericht (vgl. §§ 74 Abs. 2, 74a Abs. 1 GVG) bzw. das Oberlandesgericht (vgl. § 120 Abs. 1 GVG) erstinstanzlich sachlich zuständig. Die Verhandlung vor einem Gericht niedrigerer Ordnung ist wegen sachlicher Unzuständigkeit auf die Sachrüge hin vom Revisionsgericht von Amts wegen nach § 6 StPO zu beachten und führt unter Aufhebung des angefochtenen Urteils zur Verweisung an das sachlich zuständige Gericht.[77] Demgegenüber sollte vorsorglich mit der Verfahrensrüge beanstandet werden, wenn nicht das Landgericht (siehe § 74 Abs. 1 S. 2 GVG) die Unterbringung in einem psychiatrischen Krankenhaus angeordnet hat (§ 63 StGB).[78]

3. Fehlerhafte Annahme der Zuständigkeit eines Gerichts höherer Ordnung

a) Fehlerhafte Annahme der Zuständigkeit

171 Nach § 269 StPO ist es als unschädlich anzusehen, dass sich ein Gericht höherer Ordnung im Verhältnis zu einem niederer Ordnung für sachlich zuständig erklärt.[79] Gericht niederer Ordnung ist der Strafrichter im Verhältnis zum Schöffengericht, das Amtsgericht im Verhältnis zum Landgericht.[80] Es kann also mit der Revision nicht geltend gemacht werden, es sei ein Gericht niederer Ordnung anstelle des erkennenden Gerichts höherer Ordnung zuständig gewesen. Dies gilt auch dann, wenn nach Eröffnung des Hauptverfahrens und ggf. nach gem. § 270 StPO erfolgter Verweisung an ein Gericht höherer Ordnung eine Verfahrenstrennung erfolgt und für das abgetrennte Verfahren die Zuständigkeit des niederen Gerichts gegeben wäre.[81]

b) Willkürliche Annahme der Zuständigkeit

172 Die Revision ist ausnahmsweise dann begründet, wenn das Gericht höherer Ordnung seine Zuständigkeit ohne sachlich rechtfertigenden Grund bejaht und der Angeklagte dadurch willkürlich seinem gesetzlichen Richter entzogen wird.[82] Dies gilt

---

77 Siehe am Bsp. einer Anklage wegen eines Vergehens nach § 86 StGB *KG* v. 9.5.2012 – (3) 161 Ss 49/12 = StV 2013, 555.
78 Siehe *BGH* v. 3.2.2016 – 2 StR 481/14 = StV 2016, 621, wo der *Senat* ausdrücklich offen lässt, ob es sich um einen mit der Verfahrensrüge geltend zu machenden Verfahrensverstoß handelt oder eine Überprüfung von Amts wegen zu erfolgen hat.
79 *BGH* StV 2009, 508 = NStZ 2009, 579.
80 Das Schwurgericht ist gegenüber der allgemeinen Strafkammer kein Gericht höherer Ordnung, sondern eine besondere Strafkammer i.S.d. Vorrangregelung des § 74e GVG: *BGH* StV 2009, 509 = NStZ 2009, 404 = StraFo 2009, 155 (s. dazu Rüge 11a Rn. 244).
81 *BGHSt* 47, 116 = StV 2002, 349.
82 Vgl. *BGHSt* 40, 120 = StV 1994, 414; *BGHSt* 47, 16 = StV 2001, 441; *BGH* StV 1995, 620; *BGH* StV 1999, 585; *BGH* StV 2009, 508 = NStZ 2009, 579; *OLG Oldenburg* StV 1994, 421; *OLG Hamm* StV 1995, 182 und dazu ausführlich *Neuhaus* StV 1995, 212; allg. *Meyer-Goßner/Schmitt*[60] § 269 Rn. 8 m.w.N.

auch dann, wenn das höherrangige Gericht nicht auf Grund einer Verweisung durch ein Gericht niedriger Ordnung (§ 270 StPO), sondern durch eine Übernahmeentscheidung nach § 225a Abs. 1 S. 2 StPO mit der Sache befasst wurde.[83]

Von Willkür[84] kann etwa dann die Rede sein, wenn für den Richter leicht erkennbar ist, dass bei einer Anklage zum Landgericht unter keinen Umständen eine höhere Freiheitsstrafe als 4 Jahre zu erwarten ist[85] und auch die Voraussetzungen des § 24 Abs. 1 Nr. 3 GVG offensichtlich fehlen.[86] Vergleichbar ist der Fall einer Anklage zum und Verurteilung durch das Schöffengericht wegen Beleidigung eines Richters.[87] Ähnliches gilt, wenn z.b. die Vorraussetzungen für die Durchführung des beschleunigten Verfahrens nicht vorliegen.[88] Ein Fall der willkürlichen Entziehung des gesetzlichen Richters ist auch gegeben, wenn die Voraussetzungen des § 270 Abs. 1 S. 2 StPO für eine Verweisung der Sache an das Schwurgericht nach Beginn der Hauptverhandlung nur deshalb nicht vorlagen, weil der Angeklagte bis zum Beginn seiner Vernehmung zur Sache in der Hauptverhandlung den Einwand der funktionellen Unzuständigkeit nicht erhoben hatte und die an sich unzuständige Strafkammer von Rechts wegen (funktionell) zuständig geworden ist. Das gilt selbst dann, wenn Umstände, die der Zuständigkeit der allgemeinen Strafkammer entgegenstanden, erst nach dem in § 6a S. 3 StPO bezeichneten Zeitpunkt hervortreten.[89] Rechtswidrig und, wegen Einbeziehung der normativen Kriterien des § 24 Abs. 1 Nr. 3 GVG, willkürlich ist ein nach Eröffnung des Verfahrens vor dem Gericht niedriger Ordnung ergangener Verweisungsbeschluss gem. § 270 StPO (z.B. Annahme eines besonderen Umfangs der Sache nach Scheitern von Verständigungsgesprächen beim Amtsgericht[90]).

Unklar ist, ob die willkürliche Annahme der Zuständigkeit ein Verfahrenshindernis[91] darstellt oder „nur" den Entzug des gesetzlichen Richters zur Folge hat, der zur Urteilsaufhebung führt. Der BGH hat in mehreren Fällen kein Verfahrenshindernis **173**

---

83 *BGH* StV 2009, 508 = NStZ 2009, 579.
84 Siehe zum Maßstab willkürlicher Annahme der sachlichen Zuständigkeit der Jugendschutzkammer *BGH* v. 7.3.2012 –1 StR 6/12 = NJW 2012, 2455 = NStZ 2012, 401 = StV 2013, 3.
85 Vgl. etwa *BGHSt* 38, 212; 40, 120 = StV 1994, 414; zur Unzuständigkeit des Schöffengerichts, wenn eine Freiheitsstrafe von mehr als 2 Jahren offenkundig ausgeschlossen ist (§ 25 Nr. 2 GVG): *OLG Hamm* StV 1995, 182 und dazu *Neuhaus* StV 1995, 112.
86 Zum „besonderen Umfang" des Falles s. bspw. *OLG Karlsruhe* StV 2011, 614 = StraFo 2011, 56.
87 *OLG Naumburg* v. 17.6.2014 – 2 Rv 88/14 = StV 2015, 214, das die Entziehung des gesetzlichen Richters allerdings nicht ausdrücklich als willkürlich qualifiziert.
88 Vgl. etwa *OLG Stuttgart* StV 1998, 585; *OLG Düsseldorf* StV 1999, 202.
89 *BGH* v. 11.12.2008 – 4 StR 376/08 = StV 2009, 509 = NStZ 2009, 404 = StraFo 2009, 155.
90 *BGH* v. 6.10.2016 – 2 StR 330/16 = NStZ 2017, 100 m. Anm. *Moldenhauer* = NJW 2017, 280 m. Anm. *Zopfs* = StraFo 2017, 27. Allg. zum Verhältnis des § 270 StPO zu Art. 101 Abs. 1 S. 2 GG *Pauka/Link/Armenat* StraFo 2017, 10.
91 Vgl. dazu *BGHSt* 44, 34, 36; 40, 120; *BGH* StV 1995, 620; *OLG Stuttgart* StV 1998, 585; *OLG Düsseldorf* StV 1999, 202.

angenommen, sondern einen Verfahrensfehler, der zur Aufhebung und Zurückverweisung an das zuständige Gericht führt.[92]

Ein Verfahrenshindernis wird nur dann angenommen werden können, wenn die Annahme der sachlichen Zuständigkeit auf unsachlichen, sich von den gesetzlichen Maßstäben völlig entfernenden Erwägungen beruht und unter keinem Gesichtspunkt mehr vertretbar erscheint.[93]

174 Unklar ist ferner, ob bei willkürlicher Annahme der Zuständigkeit das Revisionsgericht ein mögliches Verfahrenshindernis auf die Sachrüge von Amts wegen oder nur auf eine entspr. Verfahrensrüge hin prüft. Nach der Auffassung des 4. Senats des BGH ist die Prüfung bei Erhebung einer Sachrüge von Amts wegen vorzunehmen.[94] Dagegen verlangen der 1. und 5. Senat in nicht tragenden Erwägungen eine den Anforderungen des § 344 Abs. 2 S. 2 StPO entspr. Verfahrensrüge.[95]

Es empfiehlt sich daher, eine Verfahrensrüge zu erheben![96]

4. Zuständigkeit eines Gerichts höherer Ordnung infolge Verweisung

a) Mängel des Verweisungsbeschlusses

175 Ist das Gericht höherer Ordnung aufgrund eines Verweisungsbeschlusses i.s.d. § 270 StPO mit der Sache befasst worden, können Mängel des Verweisungsbeschlusses die Revision – wenn kein Fall einer objektiv willkürlichen Übernahmeentscheidung gegeben ist (Rn. 172) – insofern begründen, als ein von der zugelassenen Anklage abweichender Anklagesatz fehlt oder lückenhaft ist und dies in der neuen Hauptverhandlung nicht durch Ergänzung oder Klarstellung korrigiert wird. Darin kann ein Verstoß gegen § 243 Abs. 3 StPO liegen.[97] Auch wenn es das verweisende Gericht unterlassen hat, dem Angeklagten gem. § 270 Abs. 4 StPO eine Frist zur Beantragung weiterer Beweiserhebungen zu setzen, kann dies nur nach entspr. Beanstandung in der neuen Hauptverhandlung und abgelehnter Aussetzung gerügt werden.[98]

---

92 Etwa *BGHSt* 40, 120 = StV 1994, 414; 38, 212; ebenso *OLG Naumburg* v. 17.6.2014 – 2 Rv 88/14 = StV 2015, 214.

93 *BGHSt* 44, 34; 40, 120.

94 *BGHSt* 38, 172; 40, 120 = StV 1994, 414; *BGHSt* 44, 34 = StV 1998, 372; ebenso *OLG Hamm* StV 1995, 182. S. aber *BGH* 4 StR 376/08 v. 11.12.2008 = StV 2009, 509 = NStZ 2009, 404 = StraFo 2009, 155: Urteilsaufhebung auf Grund einer auf die Verletzung des § 270 StPO i.V.m. Art. 101 Abs. 1 S. 2 GG gestützten Verfahrensrüge.

95 *BGHSt* 43,53 = StV 1998, 1 = JZ 1998, 627 m. **abl**. Anm. *Bernsmann*, zustimmend *Wolff* JR 2006, 232; *BGH* NJW 1993, 1607 = NStZ 1993, 197 (1. StS); *BGHSt* 42, 205, 211 ff. = StV 1996, 858 (5. StS); ferner *OLG Karlsruhe* StV 1998, 253; offengelassen vom 2. StS des *BGH* v. 3.2.2016 – 2 StR 481/14 = StV 2016, 621 u. v. 6.10.2016 – 2 StR 330/16 = StraFo 2017, 27 = NStZ 2017, 100 m. Anm. *Moldenhauer*.

96 Siehe dazu *Neuhaus* StV 1995, 212.

97 Siehe dazu Rüge 54 Rn. 747.

98 Siehe dazu die vergleichbaren Anforderungen an die Rüge der Verletzung des § 266 Abs. 3 StPO (Rüge 205 Rn. 1816).

b) Bindungswirkung

Im Übrigen entfaltet ein Verweisungsbeschluss nur dann Bindungswirkung i.S.d. **176**
§ 270 Abs. 3 StPO, wenn das Gericht der niederen Ordnung ihn nach Beginn der
Hauptverhandlung getroffen hat (§ 270 Abs. 1 StPO). Fehlt es an einem Übernahmebeschluss i.S.d. § 225a Abs. 1 S. 2 StPO durch das erkennende höhere Gericht,
ist das Urteil auf die Sachrüge hin wegen der mangelnden sachlichen Zuständigkeit
aufzuheben.[99]

II. Anforderungen an den Vortrag bei Erhebung der Verfahrensrüge der Verletzung des § 269 StPO, Art. 101 Abs. 1 S. 2 GG (ggf. i.V.m. der Verletzung der §§ 270 oder 225a StPO): Revisionsgrund des § 338 Nr. 4 StPO

1. Die Revisionsrüge, das Gericht habe seine Zuständigkeit mit Unrecht ange- **177**
nommen (§ 338 Nr. 4 StPO), bleibt dem Angeklagten auch dann uneingeschränkt
erhalten, wenn dem Urteil eine Verständigung (§ 257c StPO) vorausgegangen ist.[100]

2. Grundsätzlich sind alle Umstände mitzuteilen, aus denen sich ergibt, dass die **178**
Annahme der sachlichen Zuständigkeit auf unsachlichen, sich von den gesetzlichen
Maßstäben völlig entfernenden Erwägungen beruht und unter keinem Gesichts-
punkt mehr vertretbar ist.

Dazu gehört u.a. die Mitteilung **179**

* der Anklage,
* des Eröffnungsbeschlusses,
* aller Vermerke und Verfügungen des Vorsitzenden sowie der sonstigen Korrespondenz des Gerichts bzw. der Staatsanwaltschaft im Zusammenhang mit Zuständigkeit und Eröffnung,
* ggf. der Erörterungen zwischen Verteidigung und Staatsanwaltschaft über eine
  Verfahrenseinstellung nach §§ 153 ff. StPO oder die Erledigung im Strafbefehlsverfahren,
* im Falle einer Verweisungs- (§ 270 StPO) oder Übernahmeentscheidung diese
  Tatsache und deren Zeitpunkt sowie das damit im Zusammenhang stehende Geschehen.[101]

Alle Schriftstücke sind in vollem Wortlaut mitzuteilen. Wird nicht (zusätzlich) die
allgemeine Sachrüge erhoben, ist das Gericht anzugeben, das das Urteil gesprochen
hat.

---

99   *BGH* NStZ 2012, 46.
100 *BGH* v. 13.9.2011 – 3 StR 196/11 = StV 2012, 137 = JR 2012, 262 m. Anm. *Schroeder.*
101 S. beispielhaft für die erforderliche Schilderung des Verfahrensgangs einer objektiv
     willkürlichen Verweisung einer bei einer allgemeinen Strafkammer anhängigen Sache
     an das Schwurgericht: *BGH* StV 2009, 509 = NStZ 2009, 404 = StraFo 2009, 155.

Rüge 7

180 Fand die Hauptverhandlung vor einem allgemeinen Strafgericht statt, obwohl das Verfahren in Bezug auf den (oder zumindest einen von mehreren) Angeklagten Straftaten eines Jugendlichen oder Heranwachsenden betraf?

I. Verfahren gegen Jugendliche oder Heranwachsende

1. Rechtsgrundlagen

181 Hat in einem Verfahren gegen einen Angeklagten, der zur Tatzeit Jugendlicher oder Heranwachsender war, statt des zuständigen Jugendgerichts ein Erwachsenengericht gleicher (oder niedrigerer) Stufe entschieden, begründet dies nach § 338 Nr. 4 StPO die Revision.

182 Über Verfehlungen Jugendlicher entscheiden die Jugendgerichte (§ 33 Abs. 1 JGG).[102] Dies gilt gleichermaßen für Heranwachsende (§ 107 JGG),[103] unabhängig davon, ob auf sie Jugendrecht oder allgemeines Strafrecht anzuwenden ist (§ 108 JGG). Bei der Zuständigkeit des Jugendgerichts verbleibt es auch dann, wenn eine einheitliche Tat bzw. mehrere Verfehlungen desselben Beschuldigten Gegenstand des Verfahrens sind, die dieser teilweise als Heranwachsender, teilweise als Erwachsener begangen hat,[104] ohne dass es darauf ankommt, wo das Schwergewicht der Taten liegt.[105] Bei einer einheitlichen Tat bewirkt eine Beschränkung des Verfahrens wegen der vor Vollendung des 21. Lebensjahres begangenen Einzelhandlungen bzw. Tatteile (§ 154a Abs. 2 StPO) keine Zuständigkeitsänderung.[106] Dies hat zur Folge, dass das allgemeine Strafgericht seine Zuständigkeit nicht dadurch herbeiführen kann, dass bei einer einheitlichen Tat das Verfahren auf die Einzelhandlungen bzw. Tatteile gem. § 154a Abs. 2 StPO beschränkt wird, die nach Vollendung des 21. Lebensjahres begangen worden sein sollen.[107]

183 Eine Zuständigkeitsänderung kann auch nicht mehr dann erfolgen, wenn nach Eröffnung des Verfahrens durch das Jugendgericht eine Abtrennung bzw. eine Einstellung nach § 154 Abs. 2 StPO bzgl. derjenigen Verfahren erfolgt, die Taten eines Jugendlichen bzw. Heranwachsenden zum Gegenstand haben. Nach §§ 47a, 109 Abs. 1 JGG darf sich das Jugendgericht auch dann nicht mehr als unzuständig erklä-

---

102 Zur ausnahmsweisen Zuständigkeit von Gerichten für allgemeine Strafsachen für Straftaten Jugendlicher vgl. § 102 JGG.
103 Zur ausnahmsweisen Zuständigkeit von Gerichten für allgemeine Strafsachen für Straftaten Heranwachsender vgl. §§ 112, 102 JGG.
104 *BGH* StV 2003, 454 = StraFo 2003, 15.
105 *Eisenberg* JGG[19] § 107 Rn. 5 u. § 103 Rn. 32.
106 *Eisenberg* JGG[19] § 103 Rn. 33.
107 **A.A.** *BGHSt* 10, 64, 65; *BGH* NStZ 1991, 503 m. **abl.** Anm. *Eisenberg/Sieveking* NStZ 1992, 295; *BGH* StraFo 2005, 470 m.w.N. und dem Hinweis darauf, dass eine gezielte Umgehung jugendgerichtlicher Zuständigkeit zwecks Vermeidung der Anwendung von Jugendrecht unzulässig sei.

ren, wenn die zur Aburteilung verbleibenden Taten vor ein für allgemeine Strafsachen zuständiges Gericht **gleicher** oder **niedrigerer** Ordnung gehören. Die Vorschrift berührt die Zulässigkeit der Abgabe eines Verfahrens vom Jugendrichter bzw. Jugendschöffengericht an die Strafkammer gem. § 270 StPO also nicht. Verhandelt mithin ein für allgemeine Strafsachen zuständiges Gericht gleicher oder niedrigerer Ordnung in einem Verfahren, das erst nach Eröffnung durch das Jugendgericht übernommen worden ist, begründet dies den Revisionsgrund der Verhandlung vor einem unzuständigen Gericht nach § 338 Nr. 4 StPO.

Bei der Zuständigkeit des Jugendgerichts verbleibt es auch dann, wenn sich nach **184** Eröffnung des Hauptverfahrens herausstellt, dass der Angeklagte bei Begehung der Tat nicht Jugendlicher oder Heranwachsender war. Gelangt demgegenüber ein allgemeines Strafgericht erst in der Hauptverhandlung zu der Erkenntnis[108], dass der Angeklagte bei Begehung der Tat (nicht ausschließbar) noch Jugendlicher oder Heranwachsender war, ist die Sache an das zuständige Jugendgericht zu verweisen. Das gilt selbst dann, wenn zuvor die Jugendkammer das bei ihr angeklagte Verfahren nach §§ 209, 209a Nr. 2a StPO wegen gegenteiliger Einschätzung vor der Strafkammer eröffnet hatte.[109] Eine Verfahrensbeschränkung nach §§ 154 Abs. 2, 154a Abs. 2 StPO lässt die Unzuständigkeit des Erwachsenengerichts nicht entfallen.[110]

Die Erhebung der Verfahrensrüge der Verkennung der Zuständigkeit (§ 338 Nr. 4 **185** StPO) setzt nicht voraus, dass der Beschwerdeführer rechtzeitig zu Beginn der Hauptverhandlung die Unzuständigkeit des Gerichts gerügt hat, da § 6a StPO im Verhältnis zur Jugendgerichtsbarkeit keine Anwendung findet.[111] Erforderlich ist die ausdrücklich auf § 338 Nr. 4 StPO zu stützende Verfahrensrüge der Unzuständigkeit.[112]

---

108 Das Alter eines Angeklagten betrifft eine doppelrelevante Tatsache, sofern die Beweisaufnahme zu dem Ergebnis führen kann, dass statt der für allgemeine Strafsachen zuständigen Strafkammer das Jugendgericht zuständig ist, weshalb die Altersfeststellung nicht dem Freibeweisverfahren, sondern dem Strengbeweisverfahren unterliegt: *BGH* v. 30.1.2013 – 4 StR 380/12 = NStZ 2013, 290 u. *BGH* StV 1982, 101.
109 *BGHSt* 47, 311 = StV 2002, 401 = NStZ 2003, 47 m. Anm. *Rieß*.
110 *Eisenberg* JGG[19] § 103 Rn. 33; *Brunner/Dölling* JGG[11], Vor § 102 Rn. 2; *Ostendorf* JGG[8] §§ 33-33b Rn. 1; *Drees* NStZ 1995, 481; LR-*Meyer-Goßner*[23] § 154a Rn. 15; *BayObLG* JR 1967, 105; **a.A.** *BGH* NStZ 1996, 244 für § 154a StPO und *BGHR* JGG § 32 Schwergewicht 2 zu § 154 Abs. 2 StPO. Der *BGH* verweist allerdings auf die Willkürgrenze, die bei einer bewussten Umgehung des § 32 JGG überschritten wäre. Siehe auch LR-*Beulke*[26] § 154a Rn. 14 u. 15.
111 *BGHSt* 30, 260 = StV 1982, 122; 47, 311, 313 = StV 2002, 401; *BGH* StV 2003, 454 = StraFo 2003, 15; *BGH* v. 17.8.2010 – 4 StR 347/10 = StraFo 2010, 466; *KG* StV 1985, 408, 409; LR-*Franke*[26] § 338 Rn. 77.
112 LR-*Franke*[26] § 338 Rn. 77; *BGHSt* 18, 79, 83, *BGH* StV 2008, 117: Eine Prüfung von Amts wegen findet auch auf die allgemeine Sachrüge hin nicht mehr statt.

2. Anforderungen an den Vortrag der Rüge der Unzuständigkeit gem. § 338 Nr. 4 StPO

186 Es sind (in Ergänzung zur Erhebung der allgemeinen Sachrüge) mitzuteilen,

- die Anklage (zum Erwachsenengericht),
- der Eröffnungsbeschluss,
- dass der vom Erwachsenengericht verurteilte Angeklagte zur Tatzeit noch Jugendlicher bzw. Heranwachsender war und die Voraussetzungen des § 102 JGG bzw. bei Heranwachsenden §§ 112, 102 JGG nicht vorlagen;
- es muss ferner vorgetragen werden, dass das erkennende Gericht ausschließlich als allgemeines Strafgericht zuständig war und auch die zur Entscheidung berufenen Richter nicht zusätzlich der Abteilung bzw. dem Spruchkörper des zuständigen Jugendgerichts angehörten. Dazu sind der Geschäftsverteilungsplan bzw. die aktuellen Änderungsbeschlüsse mitzuteilen, um auszuschließen, dass weder das erkennende Gericht noch die ihm angehörenden Richter eine Zuständigkeit als Jugendgericht hatten bzw. die Besetzung des zuständigen Jugendgerichts bildeten. Im Falle einer Verfahrensbeschränkung nach §§ 154, 154a StPO bzw. einer Verfahrenstrennung ist dies sowie der ursprüngliche Vorwurf mitzuteilen. Ggf. ist der Eröffnungsbeschluss des Jugendgerichts, der Zeitpunkt seines Erlasses sowie der Zeitpunkt der Verfahrenseinstellung/-trennung bzw. der Übernahme der Sache durch das für allgemeine Strafsachen zuständige Gericht mitzuteilen. Wird die Rüge auf die Missbräuchlichkeit einer Verfahrensbeschränkung bzw. -trennung gestützt, müssen die Tatsachen dargelegt werden, die den betreffenden Missbrauch ergeben.

II. Verfahren gegen Jugendliche/Heranwachsende wegen Straftaten in verschiedenen Altersstufen

1. Rechtsgrundlagen

187 Hat in einem Verfahren gegen mehrere Angeklagte, das nicht bzgl. aller Angeklagter Straftaten eines Jugendlichen oder Heranwachsenden zum Gegenstand hatte, statt des zuständigen Jugendgerichts ein Erwachsenengericht entschieden, begründet dies für jeden Angeklagten den Revisionsgrund des § 338 Nr. 4 StPO.

a) Zuständigkeit

188 Hat die Staatsanwaltschaft Strafsachen gegen mehrere Beschuldigte gem. §§ 2, 3 StPO, § 103 Abs. 1 JGG verbunden, die bei zumindest einem Beschuldigten Straftaten zum Gegenstand haben, die vor Vollendung des 21. Lebensjahres begangen worden sein sollen, ist das Verfahren grundsätzlich bzgl. aller Beschuldigten zum Jugendgericht anzuklagen und dort zu verhandeln (§ 103 Abs. 2 S. 1 JGG). Dies gilt auch dann, wenn der die Zuständigkeit des Jugendgerichts begründende Beschuldigte die ihm vorgeworfenen Straftaten teilweise als Heranwachsender, teilweise als Erwachsener begangen haben soll.[113]

---

113   *BGH* bei *Böhm* NStZ 1983, 450.

Eine Ausnahme gilt für Fälle, in denen nach § 120 GVG die erstinstanzliche Zuständigkeit des OLG besteht (§ 102 JGG) bzw. in denen nach § 74c GVG die Wirtschaftsstrafkammer oder nach § 74a GVG die sog. Staatsschutzkammer des Landgerichts[114] zuständig ist (§ 103 Abs. 2 S. 2 JGG).[115] In diesen Fällen findet die Hauptverhandlung ausnahmsweise vor Erwachsenengerichten statt. **189**

Macht das Jugendgericht nicht vor oder zugleich mit der Entscheidung über die Eröffnung des Hauptverfahrens von der Möglichkeit der Verfahrenstrennung Gebrauch,[116] verbleibt es bei der Zuständigkeit des Jugendgerichts. Kommt es nach der Eröffnung des Hauptverfahrens zu einer Verfahrenstrennung, verbleibt es deshalb bei der Zuständigkeit des Jugendgerichts selbst dann, wenn es in dem abgetrennten Verfahren ausschließlich um Straftaten bereits Erwachsener geht (§ 47a JGG). **190**

b) Rügevoraussetzungen

Hat die Hauptverhandlung vor einem Gericht für allgemeine Strafsachen stattgefunden, obwohl dafür das Jugendgericht zuständig war, begründet dies die Revision (§ 338 Nr. 4 StPO). **191**

Dies kann nicht nur derjenige Angeklagte geltend machen, der Straftaten vor Vollendung des 21. Lebensjahres begangen haben soll,[117] sondern auch der Angeklagte, für dessen Straftaten ohne die Verbindung das aburteilende Erwachsenengericht zuständig war.[118]

Der Beschwerdeführer muss die Verfahrensrüge nach § 338 Nr. 4 StPO erheben.[119] Nicht erforderlich ist, dass der Beschwerdeführer bereits vor dem Tatrichter einen Unzuständigkeitseinwand erhoben hat, weil § 6a StPO keine Anwendung findet.[120]

---

114 Zur Rangfolge dieser beiden besonderen Strafkammern s. § 74e GVG.

115 In diesem Fall gilt auch für den Angeklagten, dem Straftaten vor Vollendung des 21. Lebensjahres vorgeworfen werden, die Vorschrift des § 6a StPO entspr.: § 103 Abs. 2 S. 3 JGG.

116 Das Jugendgericht muss das Verfahren gegen den/die zur Tatzeit erwachsenen Angeklagten dann vor dem für allgemeine Strafsachen zuständigen Gericht eröffnen: § 103 Abs. 3 JGG, §§ 209, 209a Nr. 2 StPO.

117 Dass er von diesen die Zulässigkeit des Jugendgerichts begründenden Straftaten freigesprochen und nur bzgl. solcher Straftaten verurteilt worden ist, für die das Erwachsenengericht zuständig war, ist unerheblich: vgl. aber **a.A.** *BGHSt* 10, 64, 65; *BGH* NStZ 1991, 503 m. **abl.** Anm. *Eisenberg/Sieveking* NStZ 1992, 295; *BGH* NStZ 1996, 244.

118 *BGHSt* 30, 260 = StV 1982, 122 für den Fall einer Abgabe der abgetrennten Sache gegen den Erwachsenen an die allgemeine Strafkammer nach Eröffnung des Hauptverfahrens vor der Jugendkammer; ferner *BGH* StV 1985, 357.

119 *KG* StV 1985, 408; s. oben Rn. 185.

120 *BGHSt* 30, 260 = StV 1982, 122; *BGHSt* 47, 311 = StV 2002, 401; *BGH* StV 1981, 77; *BGH* v. 17.8.2010 – 4 StR 347/10 = StraFo 2010, 466.

2. Anforderungen an den Vortrag der Rüge der Unzuständigkeit gem. § 338 Nr. 4 StPO

192 Es sind (in Ergänzung zur zu erhebenden allgemeinen Sachrüge) mitzuteilen,

- die Anklageschrift und
- der Eröffnungsbeschluss im Wortlaut,
- welche der dem Angeklagten oder einem Mitangeklagten nach der zur Hauptverhandlung zugelassenen Anklage vorgeworfenen Straftaten vor Vollendung des 21. Lebensjahres begangen worden sein sollen;
- es ist ggf. darzulegen, dass es im Falle der Eröffnung des Verfahrens durch das Jugendgericht zu einer anschließenden Trennung des Verfahrens und Abgabe der abgetrennten Sache gegen den Erwachsenen an ein Gericht für allgemeine Strafsachen gekommen ist. Es ist vorzutragen, dass weder die Voraussetzungen des § 102 JGG noch die tatsächlichen Voraussetzungen des § 103 Abs. 2 S. 2 JGG vorlagen;[121]
- es muss ferner vorgetragen werden, dass das erkennende Gericht ausschließlich als allgemeines Strafgericht zuständig war und auch die zur Entscheidung berufenen Richter nicht zusätzlich der Abteilung bzw. dem Spruchkörper des zuständigen Jugendgerichts angehörten. Dazu sind der Geschäftsverteilungsplan bzw. die aktuellen Änderungsbeschlüsse vollständig mitzuteilen, um auszuschließen, dass das erkennende Gericht bzw. die ihm angehörenden Richter eine Zuständigkeit als Jugendgericht hatten bzw. die Besetzung des zuständigen Jugendgerichts bildeten. Für den Fall einer Verfahrenstrennung sind für den Mitangeklagten, der Straftaten im Erwachsenenalter begangen haben soll, der Zeitpunkt der Verfahrenstrennung, der Wortlaut des betreffenden Beschlusses und Inhalt und Zeitpunkt der früheren Eröffnungsentscheidung des Jugendgerichts mitzuteilen.

---

121 LR-*Franke*[26] § 338 Rn. 137.

Rüge 8

Fand die Hauptverhandlung vor einem Jugendgericht statt, obwohl sich das Verfahren (auch) gegen einen Angeklagten richtete, dem ausschließlich nach Vollendung des 21. Lebensjahres begangene Straftaten vorgeworfen wurden?   **193**

I. Rechtsgrundlagen und Anforderungen an den Vortrag

Die sachliche Unzuständigkeit des Jugendgerichts (§ 338 Nr. 4 StPO) kann sich aus **194** zwei Konstellationen ergeben:

1. Folgen einer Verfahrenstrennung

a) Rügevoraussetzungen

Es ist bei einem Verfahren, das sich (u.a. nach Verbindung gem. §§ 2, 3 StPO, **195** § 103 Abs. 1 JGG) gegen mehrere Beschuldigte richtet, vor oder spätestens bei der Eröffnung des Hauptverfahrens durch das Gericht zu einer Verfahrenstrennung mit der Folge gekommen, dass das abgetrennte Verfahren nur noch Straftaten gegen Angeschuldigte zum Gegenstand hatte, die nach Vollendung des 21. Lebensjahres begangen worden sein sollen.

Kommt es in diesem Fall nicht zu einer Abgabe des Verfahrens gem. § 103 Abs. 3 JGG, §§ 209, 209a Nr. 2 StPO an ein allgemeines Strafgericht, und findet die Hauptverhandlung vor dem Jugendgericht statt, ist der absolute Revisionsgrund des § 338 Nr. 4 StPO gegeben.

b) Anforderungen an den Vortrag der Rüge der Unzuständigkeit gem. § 338 Nr. 4 StPO

Es ist mitzuteilen **196**

- die Anklageschrift vollständig im Wortlaut,
- dass es nach Anklageerhebung, aber vor oder spätestens anlässlich der Entscheidung über die Eröffnung des Hauptverfahrens zu einer Verfahrenstrennung durch das Gericht gekommen ist und dem/den davon betroffenen Angeklagten ausschließlich solche Straftaten zum Vorwurf gemacht wurden, die nach Vollendung des 21. Lebensjahres begangen worden sein sollen (Trennungs- und Eröffnungsbeschluss sind vollständig mitzuteilen),
- dass die Verhandlung vor einem Jugendgericht stattfand;
- um auszuschließen, dass die betreffende Abteilung oder Strafkammer auch eine Zuständigkeit als allgemeines Strafgericht hatte, sind der vollständige Jahresgeschäftsverteilungsplan und etwaige Änderungsbeschlüsse bis zum Zeitpunkt des Beginns der Hauptverhandlung vollständig mitzuteilen. Ebenfalls muss bzgl. der zur Aburteilung berufenen Richter durch entspr. Vortrag ausgeschlossen

werden, dass diese auch bei einer Verhandlung vor dem allgemeinen Strafgericht die zuständigen Richter gewesen wären.

2. Vorwurf von Straftaten gem. §§ 74a, 74c GVG

a) Rügevoraussetzungen

197 Hatte ein nach § 103 Abs. 2 S. 2 JGG verbundenes Strafverfahren vor einem Jugendgericht u.a. gegen einen Mitangeklagten stattgefunden, dem Straftaten ausschließlich nach Vollendung des 21. Lebensjahres vorgeworfen wurden, bzgl. derer die Voraussetzungen für die besondere Zuständigkeit nach § 74c bzw. § 74a GVG vorlagen, ist die Möglichkeit einer Verfahrensrüge der Unzuständigkeit eröffnet (Revisionsgrund des § 338 Nr. 4 StPO).[122]

b) Anforderungen an den Vortrag der Rüge der Unzuständigkeit (§ 338 Nr. 4 StPO)

198 Es ist darzulegen,

* dass die Verhandlung vor dem Jugendgericht und nicht dem für allgemeine Strafsachen zuständigen Gericht stattgefunden hat,
* dass einem der mehreren Angeklagten ausschließlich Straftaten vorgeworfen wurden, die nach Vollendung des 21. Lebensjahres begangen worden sein sollen,
* dass bzgl. (zumindest einer) dieser Straftaten die Voraussetzungen für die Zuständigkeit einer besonderen Strafkammer gem. §§ 74c bzw. 74a GVG vorgelegen haben.[123]

Rüge 9

199 Fand die Hauptverhandlung vor einem örtlich unzuständigen Gericht statt und wurde ein Einwand der örtlichen Unzuständigkeit zurückgewiesen?

I. Rechtsgrundlagen

200 Gegen das Sachurteil eines örtlich unzuständigen Gerichts kann die Verfahrensrüge der fehlenden örtlichen Zuständigkeit dieses Gerichts (§ 338 Nr. 4 StPO) erhoben werden.[124] Das gilt auch dann, wenn der Angeklagte im Hinblick auf eine verfahrensabkürzende Absprache den Tatvorwurf eingeräumt hat.[125]

---

122 *Meyer-Goßner/Schmitt*[60] § 209a Rn. 11; LR-*Stuckenberg*[26] § 209a Rn. 30.
123 Zu weiteren Einzelheiten des Rügevorbringens s. auch Rüge 11 Rn. 234.
124 *Meyer-Goßner/Schmitt*[60] § 16 Rn. 7, § 338 Rn. 31.
125 *BGH* v. 3.9.2009 – 3 StR 153/09 = StV 2009, 680.

Die Rüge setzt voraus, dass der Angeklagte nach Eröffnung des Hauptverfahrens, **201** spätestens bis zum Beginn seiner Vernehmung zur Sache in der Hauptverhandlung den Einwand der örtlichen Unzuständigkeit geltend gemacht hat (§ 16 S. 2 StPO). Dies bedeutet, dass der Angeklagte in der Hauptverhandlung spätestens im Anschluss an die Erklärung zu seiner Aussagebereitschaft den Einwand geltend machen musste.[126]

Maßgeblicher Zeitpunkt für die Geltendmachung des Einwandes ist die erste Hauptverhandlung in der Sache. Die Befugnis lebt nicht wieder auf, wenn nach Aussetzung der Hauptverhandlung (§ 228 Abs. 1 StPO) oder nach Zurückverweisung der Sache (§§ 328 Abs. 2, 354 Abs. 2, 3, 355 StPO) eine neue Hauptverhandlung begonnen wurde.[127]

Die rechtzeitige Erhebung des Einwandes der örtlichen Unzuständigkeit ist auch bei der Verhandlung vor dem Amtsgericht notwendige Voraussetzung für das Revisionsverfahren, wenn gegen das amtsgerichtliche Urteil Sprungrevision eingelegt wird.

Aus dem Einwand muss hervorgehen, dass der Angeklagte das Gericht für örtlich **202** unzuständig erachtet. Der Einwand muss weder eine Begründung, noch Ausführungen dazu enthalten, welches Gericht tatsächlich örtlich zuständig wäre.[128]

Ob das Gericht örtlich unzuständig war, bestimmt sich nach Maßstab der §§ 7 ff. **203** StPO.[129] Ist die örtliche Zuständigkeit durch die Verbindung mit Verfahren gegen andere Angeklagte begründet (§§ 3, 13 StPO), bleibt diese Zuständigkeit auch dann bestehen, wenn der Grund der Verbindung nach Eröffnung des Hauptverfahrens wegfällt.[130] Der Revisionsgrund des § 338 Nr. 4 StPO liegt sowohl dann vor, wenn das örtlich unzuständige Gericht trotz Einwandes das Verfahren **nicht** an das örtlich zuständige Gericht verwiesen hat, als auch dann, wenn das Berufungsgericht der örtlichen Unzuständigkeit des Erstrichters nicht durch eine Verweisung an das örtlich zuständige Gericht Rechnung getragen hat.[131]

---

126 *BGH* StV 1984, 141 = NStZ 1984, 128.

127 *Meyer-Goßner/Schmitt*[60] § 16 Rn. 3 i.V.m. § 6a Rn. 10. Zu den Revisionsmöglichkeiten gegen ein Berufungsurteil s. Rüge 267b Rn. 2350 und Rüge 267c Rn. 2353.

128 *OLG Köln* StV 2004, 314.

129 Vgl. das Beispiel bei *Schlothauer* Vorbereitung der Hauptverhandlung[2] Rn. 228. Zum Handlungsort i.S.d. § 7 Abs. 1 StPO beim Handeltreiben mit Betäubungsmitteln s. *BGH* v. 31.3.2011 – 3 StR 400/10 = StraFo 2011, 271. Im Falle der Eröffnung des Hauptverfahrens durch das Beschwerdegericht vor einem zu demselben Land gehörenden benachbarten Gericht (§ 210 Abs. 3 S. 1 StPO) hat dieses auf einen rechtzeitig erhobenen Einwand seine örtliche Zuständigkeit zu prüfen, weil es an die Zuständigkeitsbestimmung durch das Beschwerdegericht nicht gebunden ist. Allerdings kann eine Verfahrensrüge nur auf Ermessensfehler bei der Zuständigkeitsbestimmung gestützt werden: *BGH* v. 24.1.2017 – 3 StR 335/16 = NStZ 2017, 420 m. Anm. *Ventzke* = StraFo 2017, 192 m.w.N. und Ausführungen zu den an die Prüfung anzulegenden Maßstäben.

130 *BGH* NStZ 2004, 100 m.w.N.

131 SK-StPO-*Frisch*[5] § 328 Rn. 34.

II. Anforderungen an den Vortrag der Rüge der Verhandlung vor einem örtlich unzuständigen Gericht (§ 338 Nr. 4 StPO)

204 Es ist vorzutragen, dass

- eine Entscheidung in der Sache durch ein Gericht des ersten Rechtszuges ergangen ist,[132]

- der Angeklagte den Einwand der örtlichen Unzuständigkeit des mit der Sache befassten Gerichts geltend gemacht hat. Der Einwand ist im Wortlaut wiederzugeben;[133]

- in dem Sonderfall, dass sich bei verbundenen Strafvorwürfen die örtliche Zuständigkeit möglicherweise aus dem Gerichtsstand des Zusammenhangs (§§ 3, 13 StPO) ergibt, muss die Revisionsbegründung Angaben zu den in der Anklageschrift verbundenen Strafvorwürfen enthalten.[134] Das gilt auch für den Fall, dass die zuständigkeitsrelevante Verbindung zusammenhängender Strafsachen durch Abtrennung oder durch Verfahrensbeschränkung wieder weggefallen ist.[135] Die Anklage und die Beschlüsse über Verbindung oder Abtrennung sind im Wortlaut mitzuteilen.

Es ist ferner mitzuteilen, dass

- der Einwand vor Beginn der Vernehmung des Angeklagten zur Sache erhoben wurde.[136] Wurde er nicht mündlich in der Hauptverhandlung geltend gemacht, sondern zuvor zu Protokoll des Urkundsbeamten der Geschäftsstelle oder schriftlich, ist vorzutragen, dass dies nach Eröffnung des Hauptverfahrens geschah; letzterenfalls, dass das betreffende Schreiben vor Beginn der Hauptverhandlung bei Gericht eingegangen ist;

- es sich um die erste Hauptverhandlung in der Sache handelte, in der der Einwand erhoben wurde, und nicht um eine Hauptverhandlung nach Aussetzung einer früheren (§ 228 Abs. 1 StPO) oder nach Zurückverweisung der Sache durch das Rechtsmittelgericht (§§ 328 Abs. 2, 354 Abs. 2, Abs. 3, 355 StPO),[137]

---

132 Dessen Inhalt muss nicht mitgeteilt werden, wenn die allgemeine Sachrüge erhoben wird.

133 Wurde er mündlich in der Hauptverhandlung geltend gemacht, ergibt er sich aus dem Hauptverhandlungsprotokoll; vor Beginn der Hauptverhandlung kann er zu Protokoll des Urkundsbeamten der Geschäftsstelle oder schriftlich angebracht worden sein.

134 *OLG Köln* StV 2004, 314.

135 *BGH* StV 1993, 452 = NStZ 1993, 499; KK-*Kuckein*[7] § 338 Rn. 67; s. aber auch *BGH* NStZ 2004, 100.

136 Es reicht nicht die Mitteilung aus, der Einwand sei „rechtzeitig" erhoben worden.

137 In dem Sonderfall, dass nicht die örtliche Zuständigkeit des erstinstanzlichen Gerichts in Frage steht, sondern die Sache in der Berufungsinstanz an das örtlich unzuständige Berufungsgericht gelangt ist, ist für den Fall, dass bis zum Beginn der Vernehmung des Angeklagten zur Sache der Unzuständigkeitseinwand geltend gemacht wurde, dieses vorzutragen. Andernfalls sollte auf die Argumente derjenigen verwiesen werden, die dies nicht für erforderlich halten (LR-*Erb*[26] § 16 Rn. 20).

- der Einwand später nicht wieder zurückgenommen worden ist,[138]
- wie der Einwand vom Gericht beschieden wurde; die Entscheidung ist im Wortlaut wiederzugeben;[139]
- ist der Einwand bis zur Urteilsverkündung nicht beschieden worden, ist dies mitzuteilen. Ergänzend ist für den Fall, dass nicht die allgemeine Sachrüge erhoben wird, mitzuteilen, dass das Gericht das Verfahren nicht durch Urteil eingestellt hat (§ 260 Abs. 3 StPO).
- Insbesondere sind alle Umstände vorzutragen, die für die gerichtliche Zuständigkeitsbestimmung im Zeitpunkt des Eröffnungsbeschlusses maßgeblich waren. Die Mitteilung der Anklageschrift allein reicht hierfür nicht aus. Es sind auch alle für die örtliche Zuständigkeit relevanten Erkenntnisse aus dem Ermittlungsverfahren vorzutragen.[140]

Rüge 10

Fand die Hauptverhandlung vor der/dem nach dem Geschäftsverteilungsplan zuständigen Abteilung/Spruchkörper des sachlich und örtlich zuständigen Gerichts statt?   **205**

I. Rechtsgrundlagen

Dem Anspruch des Angeklagten auf Verhandlung vor „seinem" gesetzlichen Richter (Art. 101 Abs. 1 S. 2 GG) ist nur dann Genüge getan, wenn eine generell/abstrakte rechtssatzmäßige Regelung vorhanden ist, die nicht nur festlegt, welches Gericht als organisatorische Einheit, sondern auch welcher Spruchkörper dieses Gerichts tätig werden muss und welcher Richter im Einzelfall zur Entscheidung berufen ist.[141] Nur durch eine solche Vorherbestimmung wird verhindert, dass durch eine auf den Einzelfall bezogene Auswahl des zur Entscheidung berufenen Spruchkörpers bzw. des erkennenden Richters das Ergebnis der Entscheidung – gleichgültig von welcher Seite – beeinflusst werden kann.[142] Nur so kann das Vertrauen der Rechtsuchenden und der Öffentlichkeit in die Unabhängigkeit, Unparteilichkeit und Sachlichkeit der Gerichte gesichert werden.[143]   **206**

Auf der Ebene der Bestimmung des zuständigen Spruchkörpers und der zur Entscheidung berufenen Richter erfolgt die den Anspruch auf den gesetzlichen Richter   **207**

---

138   SK-StPO-*Frisch*[5] § 328 Rn. 17.
139   *OLG Köln* StV 2004, 314.
140   *BGH* v. 24.10.2012 – 1 StR 485/12 = NStZ 2013, 300 = StV 2013, 552 (Ls).
141   Zu Letzterem s. Rüge 12 Rn. 244.
142   Vgl. *BVerfGE* 17, 294, 299; 48, 246, 254; 82, 286, 296; 95, 322, 327.
143   *BVerfGE* 95, 322, 327.

realisierende Regelung durch den vor dem Beginn eines Geschäftsjahres zu erstellenden gerichtlichen Geschäftsverteilungsplan (§ 21e GVG). Dieser muss im Voraus und so genau und eindeutig wie möglich regeln, wie die Geschäfte auf die Abteilungen bzw. Spruchkörper des jeweiligen Gerichts zu verteilen sind. Dabei muss sich die Zuteilung nach allgemein abstrakten Merkmalen richten.[144] Dieser Maßstab gilt auch für jede Änderung des Geschäftsverteilungsplans während des Geschäftsjahres, die ferner nur aus den in § 21e Abs. 3 GVG bezeichneten Gründen zulässig ist.[145] Ist sie sachlich veranlasst, darf sie auch bereits anhängige Verfahren erfassen.[146]

208 Die Gesetzmäßigkeit der Aufstellung und Abänderung des Geschäftsverteilungsplanes, seines Inhalts sowie seiner Umsetzung im Einzelfall unterliegen der Überprüfung durch das Revisionsgericht.[147] Fehler begründen den **absoluten Revisionsgrund des § 338 Nr. 1 StPO.** Im Falle einer Änderung des Geschäftsverteilungsplans gilt dies nicht nur, wenn diese in der Sache nicht vertretbar oder sonst ermessensfehlerhaft gewesen ist.[148]

209 Die zur Begründung erforderliche Verfahrensrüge ist nach erstinstanzlichen Verfahren vor dem Landgericht bzw. dem Oberlandesgericht allerdings nur zulässig, wenn eine der Voraussetzungen des § 338 Nr. 1a-d StPO vorliegt.[149] Praeter legem hält der BGH die Verfahrensrüge entspr. § 338 Nr. 1 StPO in Verbindung mit § 222b StPO dann für präkludiert, wenn der Einwand der Verletzung des § 76 Abs. 2 GVG nicht geltend gemacht wurde, auch wenn das Gericht die Besetzung nicht oder nicht rechtzeitig mitgeteilt hat und letzterenfalls ein Antrag auf Unterbrechung der Hauptverhandlung zu Unrecht abgelehnt wurde.[150] Der Rügeausschluss gilt jedoch nicht für Mängel, die erst entstanden oder objektiv erkennbar geworden sind, nachdem sie nicht mehr beanstandet werden konnten.[151]

---

144 Zu den Anforderungen im Einzelnen: *BGH* v. 8.2.2017 – 1 StR 493/16 = NStZ 2017, 429 = StraFo 2017, 196; KK-*Diemer*[7] § 21e GVG Rn. 11 m.w.N.
145 Siehe Rüge 10 Rn. 229 und Rüge 12 Rn. 302.
146 *BVerfGE* 95, 322, 332, *BVerfG* NJW 2003, 345, *BGHSt* 30, 371; *BGHSt* 44, 161 = StV 1999, 1.
147 Zu den einzelnen Rügemöglichkeiten s. unten Rn. 222 ff.
148 Der auf Willkür reduzierte Prüfungsmaßstab (vgl. *BGHSt* 22, 237, 239 f.; 27, 397, 398; *BGH* StV 2004, 353) ist überholt; *Meyer-Goßner/Schmitt*[60] § 21e GVG Rn. 25; ausführlich Rüge 10 Rn. 229 und Rüge 12 Rn. 302.
149 §§ 222a, 222b StPO finden auch Anwendung im Falle einer Hauptverhandlung im Anschluss an die Aussetzung einer früheren Hauptverhandlung und nach Zurückverweisung durch das Revisionsgericht, nicht aber auf Besetzungsänderungen aufgrund eines Besetzungseinwandes (§ 222b Abs. 2 S. 3 StPO).
150 *BGH* StV 2005, 204, dazu näher bei Rüge 12 Rn. 246.
151 *Meyer-Goßner/Schmitt*[60] § 338 Rn. 16a; KK-*Gericke*[7] § 338 Rn. 9; s. aber auch *BGH* v. 10.12.2008 – 1 StR 322/08 = *BGHSt* 53, 99 = StV 2010, 347 u. v. 8.1.2009 – 5 StR 537/08 = NJW 2009, 931 = StV 2010, 349.

Die Verfahrensrüge der Verhandlung vor einem nach dem Geschäftsverteilungsplan **210** unzuständigen Spruchkörper erfordert bei erstinstanzlichen Verfahren vor dem Landgericht oder dem Oberlandesgericht neben der Mitteilung der Tatsachen, aus denen sich die Fehlerhaftigkeit ergibt, einen Vortrag, der ausschließt, dass die Rüge präkludiert ist.

II. Anforderungen an den Vortrag der Verhandlung vor einem (nach dem Geschäftsverteilungsplan) unzuständigen Spruchkörper (§ 338 Nr. 1 StPO), wenn in der Hauptverhandlung im ersten Rechtszug vor dem Landgericht oder dem Oberlandesgericht ein Besetzungseinwand geltend gemacht wurde, nachdem die Besetzung des Gerichts ordnungsgemäß mitgeteilt worden war,[152] und der Einwand zu Unrecht übergegangen, zurückgewiesen (§ 338 Nr. 1b StPO) oder die Vorschriftswidrigkeit der Besetzung zwar festgestellt, jedoch in dieser bis zum Urteil weiterverhandelt wurde (§ 338 Nr. 1d StPO)

Der Inhalt der Mitteilung der Besetzung und etwaiger Änderungen muss vorgetra- **211** gen werden; ebenso, dass die Hauptverhandlung in der zuletzt mitgeteilten Besetzung begonnen wurde.

Der Besetzungseinwand muss im Wortlaut mitgeteilt werden. Dieser muss – wie die **212** Verfahrensrüge in der Revisionsbegründung – alle Tatsachen enthalten haben, aus denen sich in verständlicher Form die Vorschriftswidrigkeit der Besetzung des Gerichts ergeben soll.[153] Der BGH[154] hat offengelassen, ob es für den Besetzungseinwand ausreicht, dass darin auf Unterlagen in den Strafakten der Kammer Bezug genommen wurde, die über den Besetzungseinwand zu entscheiden hat. Wird diese Frage bejahend beantwortet, hat dies Konsequenzen für den Vortrag im Revisionsverfahren. In der Revisionsbegründung müssen dann alle die Aktenteile, auf die in dem Besetzungseinwand Bezug genommen wurde, vollinhaltlich wörtlich mitgeteilt werden.

---

152 Sollte keine ordnungsgemäße Besetzungsmitteilung erfolgt sein, wäre der Einwand gleichwohl zulässig, aber nicht erforderlich, um die Besetzungsrüge nach § 338 Nr. 1 StPO zu erhalten. Die Anforderungen an die Verfahrensrüge sind dann dieselben wie in dem Fall, in dem kein Besetzungseinwand erhoben worden ist und auch trotz erstinstanzlicher Verhandlung vor dem Landgericht bzw. Oberlandesgericht nicht erhoben werden musste (s. dazu unten Rn. 218). Soweit die Besetzungsrüge die Verletzung des § 76 Abs. 2–5 GVG bzw. § 33b Abs. 2–6 JGG zum Gegenstand hat, ist ein Besetzungseinwand allerdings auch dann erforderlich, wenn keine (rechtzeitige) Besetzungsmitteilung erfolgt ist: s. Rüge 12 Rn. 246.

153 *BGHSt* 44, 161 = StV 1999, 1; *BGH* NStZ 2007, 536 = StraFo 2007, 59; *Meyer-Goßner/Schmitt*[60] § 222b Rn. 6; LR-*C. Jäger*[26] § 222b Rn. 17; KK-*Gmel*[7] § 222b Rn. 8; KMR-*Eschelbach* (September 2001) § 222b Rn. 21.

154 *BGHSt* 44, 161 = StV 1999, 1.

213 Die Verfahrensrüge muss darlegen, dass der Besetzungseinwand i.S.d. § 222b Abs. 1 StPO rechtzeitig erhoben worden ist.[155] Dies muss spätestens bis zum Beginn der Vernehmung des ersten Angeklagten zur Sache i.S.d. § 243 Abs. 5 S. 2 StPO geschehen sein,[156] einschließlich der zur Begründung angeführten Tatsachen. Da alle Beanstandungen gleichzeitig vorzubringen sind (§ 222b Abs. 1 S. 3 StPO), sollte in der Revisionsbegründung vorsorglich dargelegt werden, dass keine der vorgebrachten Tatsachen nachgeschoben worden ist oder dass kein weiterer Einwand erhoben wurde, auch wenn mit der Vernehmung des ersten Angeklagten zur Sache noch nicht begonnen worden war.[157] Bestand keine Möglichkeit, den Besetzungseinwand rechtzeitig zu erheben, weil der Vorsitzende nicht bereit war, den Antrag entgegenzunehmen, und wurde er im weiteren Verlauf der Hauptverhandlung nachträglich erhoben, ist dies dem Angeklagten nicht anzulasten und er mit der Rüge nicht ausgeschlossen.[158] Das atypische Verfahrensgeschehen muss im einzelnen geschildert werden.

214 Enthielt der Besetzungseinwand Bezugnahmen auf Vorgänge in den dem erkennenden Gericht vorliegenden Akten (siehe oben Rn. 212), sind die betreffenden Passagen vollinhaltlich wörtlich in die Revisionsbegründung mit aufzunehmen.

215 Es ist mitzuteilen, dass der Besetzungseinwand nicht zu einem späteren Zeitpunkt zurückgenommen worden ist.

216 Der Beschluss, durch den der Besetzungseinwand zurückgewiesen wurde, ist wörtlich wiederzugeben. Wird in dem Beschluss auf weitere die Besetzung betreffende Beschlüsse des Präsidiums verwiesen, sind auch diese vorzutragen.[159] Ist der Einwand übergangen worden, ist diese Tatsache mitzuteilen (§ 338 Nr. 1b StPO). Hat das Gericht die Vorschriftswidrigkeit der Besetzung nach § 222b Abs. 2 S. 2 StPO festgestellt (§ 338 Nr. 1d StPO), ist auch dieser Beschluss im Wortlaut wiederzugeben.

217 Es ist mitzuteilen, dass das Gericht in der beanstandeten Besetzung die Hauptverhandlung bis zu deren Ende durchgeführt hat.

---

155 *BGH* StV 1986, 516; *BGH* JR 1981, 122 m. Anm. *Rieß.*

156 *BGH* StV 1984, 141. In der Abwesenheitsverhandlung gem. §§ 232, 233 StPO muss der Einwand spätestens vorgebracht worden sein, bevor es zur Verlesung einer die Sacheinlassung enthaltenden Erklärung des Angeklagten bzw. zur durch seinen Verteidiger als Vertreter vorzutragenden Einlassung gekommen ist: KMR-*Eschelbach* (September 2001) § 222b Rn. 12.

157 *BGH* StV 1999, 526 = NStZ 1999, 367 m. Anm. *Rieß* = JR 1999, 302 m. Anm. *Katholnigg*; *BGH* NStZ 2007, 536 = StraFo 2007, 59.

158 *BGH* v. 10.6.2014 – 3 StR 57/14 = StV 2015, 98 m. Anm. *Wollschläger* = StraFo 2014, 388. Da nach Auffassung des *BGH* der Vorsitzende nicht verpflichtet sein soll, auch fristgebundene Anträge jederzeit entgegenzunehmen, setzt die Zulässigkeit der Rüge nicht voraus, dass der Angeklagte nach § 238 Abs. 2 StPO eine Entscheidung des Gerichts herbeigeführt hat.

159 *BGH* v. 20.5.2015 – 1 StR 429/14.

III. Anforderungen an den Vortrag der Rüge der vorschriftswidrigen Besetzung des Gerichts (§ 338 Nr. 1 StPO), wenn in der erstinstanzlichen Hauptverhandlung vor dem Landgericht bzw. dem Oberlandesgericht die Vorschriften über die Mitteilung der Besetzung nach § 222a StPO verletzt worden sind (§ 338 Nr. 1a StPO) oder die Hauptverhandlung nicht nach § 222a Abs. 2 StPO zur Prüfung der Besetzung unterbrochen worden ist (§ 338 Nr. 1c StPO)

Der Revisionsvortrag muss folgende **Verfahrenstatsachen** enthalten: **218**

1. Bei Verletzung der Mitteilungspflicht (§ 338 Nr. 1a StPO):
   a) Es ist in einem erstinstanzlichen Verfahren vor dem Landgericht bzw. dem Oberlandesgericht die Mitteilung der Besetzung völlig unterblieben, und zwar sowohl schriftlich vor,[160] als auch mündlich zu Beginn der Hauptverhandlung[161] oder
   b) die Mitteilung war falsch oder unvollständig[162] oder
   c) dem Verteidiger wurde der Einblick in die Unterlagen zur Prüfung der Besetzung (Geschäftsverteilungspläne, Schöffenwahl- oder -auslosungsvorgänge) verweigert (§ 222a Abs. 3 StPO) oder der dafür zur Verfügung gestellte Zeitraum reichte nicht aus.[163] Die betreffenden Unterlagen sind genau zu bezeichnen; die zeitlichen Verhältnisse, die eine Besetzungsprüfung nicht zuließen, sind ebenso detailliert zu schildern wie die Prüfungsmaßnahmen, die im Hinblick auf die nicht zur Verfügung stehende Zeit nicht durchgeführt werden konnten.

2. Bei nicht erfolgter Unterbrechung der Hauptverhandlung zur Prüfung der Besetzung (§ 338 Nr. 1c StPO): **219**
   a) Die Mitteilung der Besetzung des Gerichts oder einer Besetzungsänderung erfolgte später als eine Woche vor Beginn der Hauptverhandlung (die Daten des Hauptverhandlungsbeginns und des Zugangs der Besetzungsmitteilung sind anzugeben) oder
   b) innerhalb der Wochenfrist wurden die für die Prüfung erforderlichen Besetzungsunterlagen (§ 222a Abs. 3 StPO) nicht vollständig oder nicht für einen ausreichenden Zeitraum zugänglich gemacht (siehe Rn. 218),

---

160 *OLG Celle* NStZ 1991, 553.
161 Eine Besetzungsmitteilung nach diesem Zeitpunkt präkludiert die Verfahrensrüge nicht, selbst wenn sie noch vor dem Zeitpunkt nachgeholt wurde, in dem ein Besetzungseinwand spätestens geltend gemacht werden muss (§ 222b Abs. 1 StPO): LR-*Franke*[26] § 338 Rn. 56.
162 Die Verfahrensrüge der vorschriftswidrigen Besetzung ist in diesem Fall nur bzgl. derjenigen Gerichtsmitglieder nicht präkludiert, bzgl. derer die Mitteilung unrichtig oder unvollständig war.
163 LR-*Franke*[26] § 338 Rn. 56.

c) der Verteidiger hat spätestens bis zu Beginn der Vernehmung des ersten Angeklagten zur Sache einen – wörtlich mitzuteilenden – Antrag auf Unterbrechung gestellt,

d) dieser Antrag ist abgelehnt[164] oder nicht beschieden worden oder

e) die Unterbrechung war zu kurz bemessen, worauf der Verteidiger erneut
einen Antrag auf Unterbrechung stellte, der abgelehnt oder nicht beschieden
wurde, so dass mit der Vernehmung des ersten Angeklagten zur Sache begonnen wurde, ohne dass der Angeklagte Gelegenheit hatte, ggf. einen Besetzungseinwand vorzubringen.[165]

220 3. Die Verfahrensrüge muss in den Fällen des § 338 Nr. 1a und c StPO sämtliche
Verfahrenstatsachen vortragen, aus denen sich die vorschriftswidrige Zuordnung
von Spruchkörper und zu verhandelnder Sache ergibt.

IV. Fand die Hauptverhandlung vor dem Amtsgericht statt?[166]

221 Bei den Verhandlungen vor dem Amtsgericht erfolgt keine Besetzungsmitteilung
und bedarf es keines Besetzungseinwandes, um im Falle einer Sprungrevision mit
der Verfahrensrüge der Verhandlung vor einer nach dem Geschäftsverteilungsplan
unzuständigen Abteilung des Gerichts (§ 338 Nr. 1 StPO) nicht präkludiert zu sein.

Die Verfahrensrüge muss sämtliche Verfahrenstatsachen darlegen, aus denen sich
die vorschriftswidrige Zuordnung der Abteilung des Amtsgerichts zu der verhandelten Sache ergibt.[167]

Zur Besetzung des erweiterten Schöffengerichts (§ 29 Abs. 2 GVG) siehe Rüge 12
Rn. 295.

V. Rügemöglichkeiten

222 Für die Rüge, der mit der Sache befasste Spruchkörper sei zur Verhandlung und
Entscheidung nicht berufen gewesen (§ 338 Nr. 1 StPO), sind insbesondere folgende Problemkreise von Bedeutung:

---

164 Der Beschluss muss ebenfalls vollständig im Wortlaut mitgeteilt werden. Hat der Vorsitzende den Antrag zurückgewiesen, müssen die Anrufung des Gerichts gem. § 238
Abs. 2 StPO und der darauf ergangene Beschluss vorgetragen werden.

165 *BGH* StV 1987, 3; vgl. aber auch *BGH* StV 1987, 514 = NStZ 1988, 36.

166 Zur Rüge der Unzuständigkeit oder vorschriftswidrigen Besetzung der kleinen Strafkammer bei einer Revision gegen ein Berufungsurteil des Landgerichts s. Rüge 267e
Rn. 2359.

167 Siehe nachstehend unter V. (Rn. 222).

1. Zustandekommen des Geschäftsverteilungsplans

a) Rügevoraussetzungen

Die Zuordnung der zu verhandelnden Sachen zu den einzelnen Spruchkörpern/Abteilungen des Gerichts muss im Geschäftsverteilungsplan geregelt sein: **223**

Die Gesetzmäßigkeit der Aufstellung und Abänderung des Geschäftsverteilungsplans durch das Präsidium (§ 21e GVG), und nicht etwa durch den Präsidenten, unterliegt der nicht auf die Prüfung möglicher objektiver Willkür beschränkten Kontrolle des Revisionsgerichts.[168] Davon sind Fehler bei der Wahl des Präsidiums (§ 21b Abs. 6 S. 3 GVG) ausgenommen. Ist ansonsten der Geschäftsverteilungsplan von einem gesetzwidrig zusammengesetzten Präsidium oder nicht mit dem gesetzlichen Stimmverhältnis beschlossen, ist das Gericht im Sinne des § 338 Nr. 1 StPO nicht ordnungsgemäß besetzt.[169]

b) Anforderungen an Revisionsvortrag (§ 344 Abs. 2 S. 2 StPO)

Die Revisionsbegründung muss die das fehlerhafte Zustandekommen des Geschäftsverteilungsplans belegenden konkreten Tatsachen mitteilen. **224**

2. Inhaltliche Fehler des Geschäftsverteilungsplans

a) Rügevoraussetzungen

Inhaltliche Fehler des Geschäftsverteilungsplans können die Revision begründen: **225**

Dies gilt bspw. dann, wenn von vornherein feststeht, dass er nicht eingehalten werden kann, weil er unvollständig ist, indem er die Verteilung der Geschäfte nur für Teile des Geschäftsjahres regelt[170] oder Jugendgerichtssachen nicht erwähnt.[171] Entsprechendes gilt, wenn er – entgegen § 354 Abs. 2 StPO – eine vom Revisionsgericht aufgehobene Sache einem Spruchkörper zuweist, der bereits mit der Sache befasst war.[172]

Insbesondere muss der Geschäftsverteilungsplan die Geschäfte auf die Abteilungen oder Spruchkörper des Gerichts so verteilen, dass im Voraus nach allgemein abstrakten Merkmalen festgelegt wird, vor welcher Abteilung bzw. welchem Spruchkörper die Sache zu verhandeln ist.[173] **226**

Dazu gehört, dass der Geschäftsverteilungsplan allgemeine Regelungen enthält, wie die Zuweisung von Verfahren gegen mehrere Angeklagte zu erfolgen hat.[174] Der

---

168 LR-*Franke*[26] § 338 Rn. 18 m.w.N.
169 LR-*Breidling*[26] § 21e GVG Rn. 33.
170 LR-*Franke*[26] § 338 Rn. 21.
171 LR-*Breidling*[26] § 21e GVG Rn. 33.
172 *LG Potsdam* v. 26.11.2014 – 22 KLs 14/13 = StV 2015, 349; *OLG Köln* v. 23.2.2016 – 1 RVs 21/16 = StV 2016, 637.
173 Zur Geschäftsverteilung mittels eines Rotations- bzw. Turnusverfahrens unter Einsatz eines automatisierten Verfahrens s. *KG* v. 18.5.2013 – (4) 161 Ss 14/13.
174 LR-*Breidling*[26] § 21e GVG Rn. 27 und 28.

Geschäftsverteilungsplan muss ferner der Möglichkeit Rechnung tragen, dass bei Zurückverweisung an einen anderen Spruchkörper desselben Gerichts nach § 210 Abs. 3 S. 1 StPO oder § 354 Abs. 2 S. 1 StPO ein Auffangspruchkörper der in Betracht kommenden Art (Abteilung des Amtsgerichts, Strafkammer des Landgerichts, Strafsenat eines Oberlandesgerichts) besteht.[175]

227 Der Geschäftsverteilungsplan muss für Verfahren, die in die Zuständigkeit einer besonderen Strafkammer i.S.d. § 6a StPO, §§ 74 Abs. 2, 74a und 74c GVG fallen, dem sog. Konzentrationsgrundsatz genügen. D.h., dass eine weitere Schwurgerichtskammer, Wirtschaftsstrafkammer oder Staatsschutzkammer erst dann gebildet werden darf, wenn die existierende besondere Strafkammer nicht mehr in der Lage ist, den Geschäftsanfall zu bewältigen.[176] Dies ist durch Verweis auf die personelle Ausstattung der Kammer und die zu erwartenden Eingänge weiterer Katalogstrafsachen zu dokumentieren.[177]

b) Anforderungen an den Revisionsvortrag (§ 344 Abs. 2 S. 2 StPO)

228 Der Geschäftsverteilungsplan muss vollständig mitgeteilt werden.[178] Ergänzend ist vorzutragen, dass er im Laufe des Geschäftsjahres bis zu Beginn der Hauptverhandlung nicht geändert worden ist.

---

175 Vgl. *OLG Düsseldorf* StV 1985, 407; LR-*Breidling*[26] § 21e GVG Rn. 30. Allerdings darf gem. § 21e Abs. 3 GVG auch noch nachträglich der Geschäftsverteilungsplan für den Rest des Geschäftsjahres ergänzt werden: *BGH* NStZ 1985, 204 Nr. 1; *OLG Oldenburg* NStZ 1985, 473 m. Anm. *Rieß*.

176 Für das Schwurgericht vgl. *BGHSt* 27, 349, *BGH* NJW 1978, 1594 m. Anm. *Katholnigg*; für die Wirtschaftsstrafkammer *BGHSt* 31, 323 = StV 1983, 405 und *BGH* StV 1987, 516; für die Staatsschutzkammer LR-*Siolek*[26] § 74a GVG Rn. 3 ff. Dabei ist eine Auslastung zu 100 % als Voraussetzung für die Bildung einer weiteren besonderen Strafkammer nicht erforderlich; eine weitere besondere Strafkammer darf schon dann gebildet werden, wenn die erste besondere Strafkammer bis auf einen gewissen Bodensatz an allgemeinen Strafsachen ausgelastet ist: *BGH* v. 29.5.1987 – 3 StR 242/86 = *BGHSt* 34, 379 = StV 1987, 516. Besteht Bedarf für eine zweite besondere Strafkammer, kann der Geschäftsanfall jedenfalls dann gleichmäßig auf beide Strafkammern verteilt werden, solange der Schwerpunkt der Zuständigkeit trotz gleichzeitiger Zuweisung allgemeiner Strafsachen eindeutig bei den Katalogstrafsachen liegt: *BGHSt* 31, 323 = StV 1983, 408; *BGHSt* 34, 379 = StV 1987, 516. Macht die Überlastung der bislang einzigen Wirtschaftsstrafkammer die Errichtung einer zweiten Wirtschaftsstrafkammer erforderlich und reicht der Geschäftsanfall nicht aus, um bei beiden Kammern einen eindeutigen Schwerpunkt bei den Wirtschaftsstrafverfahren zu setzen, darf die Verteilung allerdings auch in der Form vorgenommen werden, dass eine der Kammern fast ausschließlich mit Wirtschaftsstrafsachen ausgelastet wird: *BGH* v. 25.4.2014 – 1 StR 13/13 = *BGHSt* 59, 205 = StV 2015, 339 m. Anm. *Börner*. Zu den konkreten Überprüfungsmöglichkeiten s. *Schlothauer* Vorbereitung der Hauptverhandlung[2] Rn. 250.

177 *BGH* v. 25.4.2014 – 1 StR 13/13 = *BGHSt* 59, 205 = StV 2015, 339 m. Anm. *Börner*.

178 *BayObLGSt* 1993, 162 = VRS 86 (1994), 285.

3. Änderung des Geschäftsverteilungsplans

a) Rügevoraussetzungen

Eine Änderung der Geschäftsverteilung durch das Präsidium des Gerichts ist während des Geschäftsjahres nur zulässig, wenn sie aus den in § 21e Abs. 3 GVG bezeichneten Gründen „nötig" ist oder wenn dem Gericht neue Geschäfte zugewiesen werden.[179] Diese Entscheidung unterliegt nicht mehr lediglich einer Vertretbarkeits- oder Willkürkontrolle; sie ist vielmehr einer vollständigen revisionsgerichtlichen Überprüfung unterworfen, insbesondere auch daraufhin, ob eine Überlastung vorgelegen hat und die vom Präsidium getroffenen Maßnahmen erforderlich waren.[180] Danach reicht bspw. der bloße Verweis auf die Verzögerung des Hauptverhandlungsbeginns um vier Monate in einer Haftsache auch dann nicht für eine Änderung der Geschäftsverteilung, wenn die zunächst zuständige Kammer weitere bei ihr anhängige Haftsachen zeitnah zu verhandeln hat.[181] Die Gründe, die eine Änderung der Geschäftsverteilung erfordern, sind umfassend und nachvollziehbar zu dokumentieren.[182] Dabei muss der Änderungsgrund im Beschluss des Präsidiums oder einem Protokoll der entspr. Präsidiumssitzung festgehalten werden.[183] Begründungsmängel und eine fehlende Dokumentation können bis zum Zeitpunkt des Beschlusses, mit dem gem. § 222b Abs. 2 StPO über den Besetzungseinwand entschieden wird, korrigiert werden.[184] Die in dem Zurückweisungsbeschluss nach § 222b Abs. 2 StPO angeführten Gründe für die Änderung der Geschäftsverteilung vermögen eine (nachträgliche) Begründung durch das Präsidium nicht zu ersetzen.[185] Die Dokumentation verfehlt ihren Zweck, die revisionsrechtliche Überprüfung im Hinblick auf die Anforderungen an das Recht auf den gesetzlichen Richter (Art. 101 Abs. 1 S. 2 GG) zu erfüllen, wenn die Notwendigkeit der unterjährigen Änderung des Geschäftsverteilungsplans lediglich auf Vermutungen und Wahrscheinlichkeiten gestützt wird.[186]

229

Die Änderung der Geschäftsverteilung muss die Zuständigkeiten der jeweiligen Spruchkörper im Voraus generell-abstrakt regeln, damit die einzelne Sache „blindlings" aufgrund allgemeiner, vorab festgelegter Merkmale an den entscheidenden

230

179 KK-*Diemer*[7] § 21e GVG Rn. 14.
180 *BGH* v. 10.7.2013 – 2 StR 116/13 = StV 2014, 6 = NStZ 2014, 226. Zum Kurswechsel der Rspr. seit *BVerfG* v. 16.2.2005 – 2 BvR 581/03 = NJW 2005, 2689 = StraFo 2005, 195 u. *BGH* v. 9.4.2009 – 3 StR 376/08 = *BGHSt* 53, 268 = StV 2010, 290; s. ferner *Schmitz* StraFo 2016, 397.
181 *BGH* v. 10.7.2013 – 2 StR 116/13 = StV 2014, 6 = NStZ 2014, 226 mit Besprechungsaufsatz *Sowada* HRRS 2015, 16.
182 *BGH* v. 25.3.2015 – 5 StR 70/15 = StV 2015, 749; *BGH* v. 21.5.2015 – 4 StR 577/14 = StV 2015, 746 = StraFo 2015, 287.
183 *BGH* v. 22.3.2016 – 3 StR 516/15 = StV 2016, 629 = NStZ 2016, 562.
184 *BGH* v. 9.4.2009 – 3 StR 376/08 = *BGHSt* 53, 268 = StV 2010, 290; s. auch *BGH* v. 13.1.2010 – 3 StR 507/09 = StV 2010, 296 = StraFo 2010, 210.
185 *BGH* v. 22.3.2016 – 3 StR 516/15 = StV 2016, 629 = NStZ 2016, 562.
186 *BGH* v. 21.5.2015 – 4 StR 577/14 = StV 2015, 746 = StraFo 2015, 287.

Richter gelangt und so der Verdacht einer Manipulation der rechtsprechenden Gewalt ausgeschlossen wird.[187] Dabei darf das Recht des Angeklagten auf den gesetzlichen Richter mit dem rechtsstaatlichen Gebot einer funktionstüchtigen Strafrechtspflege und dem verfassungsrechtlichen Beschleunigungsgrundsatz zu einem angemessenen Ausgleich gebracht werden.[188] Danach steht Art. 101 Abs. 1 S. 2 GG einer Änderung des zuständigen Spruchkörpers auch für bereits anhängige Verfahren jedenfalls dann nicht entgegen, wenn die Neuregelung generell gilt, also etwa außer mehreren anhängigen Verfahren auch eine unbestimmte Vielzahl künftiger, gleichartiger Fälle erfasst und dies nicht aus sachwidrigen Gründen, sondern deshalb geeignet und erforderlich ist, um die Effizienz des Geschäftsablaufs zu erhalten oder wiederherzustellen.[189] Bei der Übertragung der Verfahren an einen anderen Spruchkörper darf es sich aber nicht um eine unzulässige Einzelzuweisung handeln.[190] Auch insofern bedarf es einer umfassenden Dokumentation und Darlegung der Gründe, die eine derartige Umverteilung der Geschäfte erfordern und rechtfertigen, um den Anschein einer willkürlichen Zuständigkeitsverschiebung auszuschließen.[191] Ob nach diesen Maßstäben Fälle denkbar sind, in denen die spezielle Zuweisung eines einzigen Verfahrens vor Art. 101 Abs. 1 S. 2 GG Bestand haben kann, erscheint fraglich.

Unzulässig ist eine „Stichtagslösung", wonach erst die ab einem bestimmten künftigen Stichtag eingehenden erstinstanzlichen Strafverfahren auf einen anderen Spruchkörper übertragen werden.[192] Ebenfalls kein rechtlich tragfähiges Konzept zur Verteilung der anfallenden Geschäfte stellt eine Regelung dar, nach der in die Zuständigkeit eines Spruchkörpers fallende Verfahren im Wege der „scheibchenweisen" Einzelzuweisung im laufenden Geschäftsjahr je nach konkreter, momentaner Belastungssituation einem anderen Spruchkörper zuzuweisen sind.[193]

b) Anforderungen an Revisionsvortrag

231   Der Beschluss über die Änderung der Geschäftsverteilung, der geänderte Geschäftsverteilungsplan selbst ist im Wortlaut vollständig vorzutragen. Zusätzlich sind bei den Akten befindliche Stellungnahmen des Präsidenten/Direktors des Gerichts als Vorsitzendem des Präsidiums sowie anderer Richter zu den Gründen der beanstan-

---

187   *BVerfG* v. 23.12.2016 – 2 BvR 2023/16 = StraFo 2017, 64 u. v. 16.1.2017 – 2 BvR 2011/16 = NJW 2017, 1233.

188   *BGH* v. 12.5.2015 – 3 StR 569/14 = StV 2015, 747 = NJW 2015, 2597.

189   *BGH* v. 12.5.2015 – 3 StR 569/14 = StV 2015, 747 = NStZ 2016, 124 = StraFo 2015, 330; *BGH* v. 12.1.2016 – 3 StR 490/15 = StV 2016, 623.

190   *BGH* v. 10.6.2014 – 3 StR 57/14 = StV 2015, 98 = NStZ 2014, 668 = StraFo 2015, 330.

191   *BGH* v. 9.4.2009 – 3 StR 376/08 = BGHSt 53, 268 = StV 2010, 290; *BGH* v. 12.5.2015 – 3 StR 569/14 = StV 2015, 747 = NStZ 2016, 124 = StraFo 2015, 330.

192   *BVerfG* v. 23.12.2016 – 2 BvR 2023/16 = StraFo 2017, 64 u. v. 16.1.2017 – 2 BvR 2011/16 = NJW 2017, 1233.

193   *BGH* v. 12.1.2016 – 3 StR 490/15 = StV 2016, 623 u. *BGH* v. 4.5.2016 – 3 StR 358/15 = StV 2016, 626 = StraFo 2016, 387.

deten Änderung des Geschäftsverteilungsplans ebenfalls im Wortlaut mitzuteilen.[194] Ggf. ist vorzutragen, dass nicht nachvollziehbar sei, auf Grund welcher Tatsachen der Geschäftsverteilungsplan geändert wurde, weil auch kein Protokoll der Präsidiumssitzung oder ein dort behandeltes Dokument darüber Auskunft gebe.[195]

4. Errichtung einer Hilfsstrafkammer

Auch Hilfspruchkörper dürfen nur zur Bewältigung unvorhergesehener, vorübergehender Belastungen gebildet werden, wobei von vornherein eine zeitliche Befristung erfolgen muss. Dabei sind an die Begründung der Notwendigkeit für die Gründung einer Hilfsstrafkammer und deren Dokumentation dieselben Anforderungen zu stellen, wie im Falle sonstiger unterjähriger Änderung der Geschäftsverteilung.[196] Ebenso muss nach generell-abstrakten Kriterien geregelt sein, welche Verfahren in die Zuständigkeit der gebildeten Hilfsstrafkammer fallen. Auch insoweit steht Art. 101 Abs. 1 S. 2 GG einer Änderung der Zuständigkeit für bereits anhängige Verfahren dann nicht grundsätzlich entgegen, wenn die Neuregelung generell gilt, also etwa außer mehreren anhängigen Verfahren auch eine unbestimmte Vielzahl künftiger, gleichartiger Fälle erfasst werden und die Gründe für die dadurch angestrebte Wiederherstellung der Effizienz umfassend in der Präsidiumsentscheidung dokumentiert werden.[197]   **232**

Zur Besetzung einer Hilfsstrafkammer siehe Rüge 12 Rn. 303 und Rüge 13 Rn. 337.

5. Abweichungen vom gesetzmäßigen Geschäftsverteilungsplan

Existiert ein gesetzmäßiger Geschäftsverteilungsplan, können bloße Abweichungen[198] hiervon die Revision nach h.M. nur begründen, wenn dies objektiv willkürlich, d.h. offensichtlich grobfehlerhaft war.[199]   **233**

---

194 *BGHSt* 40, 218 = StV 1994, 534 = JZ 1995, 45 m. Anm. *Roxin* = NStZ 1994, 537 m. Anm. *Jakobs* NStZ 1995, 26.

195 *BGH* 3 StR 376/08 v. 9.4.2009 = *BGHSt* 53, 268 = StV 2010, 290; s. auch *BGH* v. 13.1.2010 – 3 StR 507/09 = StV 2010, 296 = StraFo 2010, 210.

196 *BGH* v. 7.1.2014 – 5 StR 613/13 = StV 2014, 267 = StraFo 2014, 121 mit Besprechungsaufsatz *Sowada* HRRS 2015, 16; *BGH* v. 25.3.2015 – 5 StR 70/15 = StV 2015, 749 = NStZ 2015, 658.

197 *BGH* v. 25.3.2015 – 5 StR 70/15 = StV 2015, 749 = NStZ 2015, 658.

198 Zur Entscheidung über die Wiederaufnahme eines nach § 154 Abs. 2 StPO eingestellten Verfahrens durch einen nach dem Geschäftsverteilungsplan unzuständigen Spruchkörper s. *BGH* StV 2005, 532; *Meyer-Goßner/Schmitt*[60] § 154 Rn. 22 u. 22a.

199 *BayObLG* StV 1999, 586; Nachweise und weitere Beispiele bei LR-*Breidling*[26] § 21e GVG Rn. 35.

Rüge 11

234 Hat die vor dem Landgericht durchgeführte Hauptverhandlung vor der zuständigen (besonderen) Strafkammer stattgefunden und wurde ein Einwand der Unzuständigkeit (§ 6a S. 3 StPO) zu Unrecht zurückgewiesen?

I. Rechtsgrundlagen

235 Nach §§ 74 Abs. 2, 74a und 74c GVG muss die Verhandlung in Strafsachen, die in den Zuständigkeitskatalog dieser Vorschriften fallen, vor dem Schwurgericht, der Staatsschutzkammer bzw. der Wirtschaftsstrafkammer als besonderem Spruchkörper durchgeführt werden.

236 Bei Wirtschaftsstrafsachen, die erstinstanzlich vor dem Amtsgericht – Schöffengericht – verhandelt wurden, gilt dies auch für das Berufungsverfahren,[200] und zwar auch dann, wenn es den Verfahrensgegenstand abweichend vom Eröffnungsbeschluss nicht als Wirtschaftsstrafsache gewertet hat.[201] Das gilt dann nicht, wenn eine Ausnahme nach § 74c Abs. 1 Nr. 3 oder Nr. 6 GVG zutrifft. Hat das Schöffengericht die Katalogtat nach § 154 Abs. 2 StPO ausgeschieden, ist die allgemeine kleine Strafkammer zuständig.[202] Wird gegen das Urteil des Amtsgerichts-Strafrichters Berufung eingelegt, verbleibt es demgegenüber auch bei Wirtschaftsstrafsachen bei der Zuständigkeit der allgemeinen Kleinen Strafkammer (§ 74c Abs. 1 GVG).[203]

237 Der Angeklagte muss den Einwand der Unzuständigkeit nach Eröffnung des Hauptverfahrens spätestens bis zum Beginn seiner Vernehmung zur Sache in der Hauptverhandlung geltend gemacht haben (§ 6a S. 3 StPO). Letztmöglicher Zeitpunkt ist die nach Belehrung gem. § 243 Abs. 5 StPO erfolgende Erklärung des Angeklagten, ob er sich zur Sache äußern wolle oder nicht.[204]

Der Einwand kann ohne nähere Begründung die Unzuständigkeit einer allgemeinen oder einer nach § 74e GVG nachrangigen besonderen Strafkammer geltend machen.[205] Ist das Verfahren bei einer besonderen Strafkammer anhängig, ohne dass die ihre Zuständigkeit begründenden Voraussetzungen vorliegen, kann auch dies zum Gegenstand eines Einwands nach § 6a StPO gemacht werden. Ein in der Revision beachtlicher Rechtsfehler nach §§ 338 Nr. 4, 6a StPO, §§ 74 Abs. 2, 74a und

---

200 *Meyer-Goßner/Schmitt*[60] § 74 GVG Rn. 3, § 74c GVG Rn. 6. S. Rüge Nr. 267d Rn. 2356.
201 *OLG Stuttgart* MDR 1982, 252; *Meyer-Goßner/Schmitt*[60] § 74c GVG Rn. 6.
202 *KG* v. 21.7.2010 – 2 ARs 16/10 = NJW 2010, 3464.
203 *Meyer-Goßner/Schmitt*[60] § 74c GVG Rn. 6.
204 *BGH* StV 1984, 141 = NStZ 1984, 128.
205 *Meyer-Goßner/Schmitt*[60] § 6a Rn. 4.

74c GVG setzt nicht voraus, dass das Tatgericht seine Zuständigkeit auf der Grundlage objektiv willkürlicher Erwägungen angenommen hat.[206]

Hat der Angeklagte berechtigterweise die Unzuständigkeit der allgemeinen Strafkammer beanstandet, verweist diese die Sache an den zuständigen besonderen Spruchkörper; im umgekehrten Fall wird die Sache an die allgemeine Strafkammer verwiesen.

Wird der Einwand zurückgewiesen oder nicht beschieden, kann der Angeklagte die **238** Verfahrensrüge des § 338 Nr. 4 StPO erheben.[207] Im Falle des § 74c GVG sind die normativen Zuständigkeitsmerkmale einschließlich des Erfordernisses der besonderen Kenntnisse des Wirtschaftslebens nicht revisibel,[208] für § 74a GVG gilt dies entspr. für die Beurteilung des Zuständigkeitsmerkmals der besonderen Bedeutung (§ 74a Abs. 2 GVG).

II. Anforderungen an den Vortrag der Verfahrensrüge der Verhandlung vor dem unzuständigen Gericht (§ 338 Nr. 4 StPO)

Es ist mitzuteilen, **239**

- dass der Angeklagte den Einwand der Zuständigkeit bzw. Unzuständigkeit einer besonderen Strafkammer gem. §§ 74 Abs. 2, 74a, 74c GVG geltend gemacht und nicht später zurückgenommen hat. Der Einwand ist im Wortlaut wiederzugeben;
- dass der Einwand **vor** Beginn der Vernehmung des Angeklagten zur Sache geltend gemacht wurde, nämlich spätestens im Anschluss an die Erklärung zu seiner Aussagebereitschaft nach Belehrung gem. § 243 Abs. 5 S. 1 StPO;
- wurde der Einwand nicht mündlich in der Hauptverhandlung geltend gemacht, sondern **zuvor** zu Protokoll des Urkundsbeamten der Geschäftsstelle oder schriftlich, ist vorzutragen, dass dies nach Eröffnung des Hauptverfahrens geschah; letzterenfalls, dass das betreffende Schreiben vor Beginn der Hauptverhandlung bei Gericht eingegangen ist;
- der schriftliche oder protokollierte Einwand ist vollständig im Wortlaut mitzuteilen. Wird darin auf Aktenteile verwiesen, muss auch deren Inhalt zum Gegenstand des Vortrags gemacht werden;
- aus dem Rügevorbringen muss sich das Eingreifen des jeweiligen Zuständigkeitskatalogs entnehmen lassen. In dem Fall des Zuständigkeitskatalogs des

---

206 *BGH* v. 13.9.2011 – 3 StR 196/11 = StV 2012, 137 = NStZ 2012, 396 = JR 2012, 262 m. Anm. *Schroeder* und weiteren Ausführungen zur Ausnahmeregelung des § 74a Abs. 1 Nr. 4 Hs. 2 GVG.
207 *Meyer-Goßner/Schmitt*[60] § 6a Rn. 16.
208 *BGH* NStZ 1985, 464; *Meyer-Goßner/Schmitt*[60] § 74c GVG Rn. 10. Anders ist es nur bei willkürlichen Bewertungen.

§ 74c Abs. 1 S. 1 Nr. 5 GVG muss sich aus dem Vortrag ergeben, dass das dem Angeklagten vorgeworfene Verhalten zumindest geeignet war, den Tatbestand einer der dort genannten Katalogtaten zu erfüllen.[209] Der Mitteilung der Anklageschrift bedarf es aber nicht.

- es ist weiter vorzutragen, dass es sich bei der Hauptverhandlung um die erste in der Sache stattgefundene Hauptverhandlung handelte und nicht um eine neue nach Aussetzung der ersten Hauptverhandlung (§ 228 Abs. 1 StPO) oder nach Zurückverweisung der Sache durch das Rechtsmittelgericht (§ 328 Abs. 2, 354 Abs. 2, Abs. 3, 355 StPO);
- es ist mitzuteilen, dass und wie der Einwand vom Gericht beschieden wurde; die Entscheidung ist im Wortlaut wiederzugeben;
- ist der Einwand bis zur Urteilsverkündung nicht beschieden worden, ist dies mitzuteilen.
- Ergänzend ist mitzuteilen, dass das Gericht die Sache auch nicht an den zuständigen Spruchkörper verwiesen hat und es die Katalogtat nicht nach § 154 Abs. 2 StPO ausgeschieden hat.

III. Zuständigkeit einer kleinen Strafkammer als Wirtschaftsstrafkammer im Berufungsverfahren

240 Siehe Rüge Nr. 267d (Rn. 2356).

Rüge 11a

241 Hat die vor dem Landgericht durchgeführte Hauptverhandlung vor einer besonderen Strafkammer nach §§ 74 Abs. 2, 74a bzw. 74c GVG stattgefunden, nachdem die an sich unzuständige allgemeine Strafkammer erst nach Beginn der Vernehmung des Angeklagten zur Sache das Verfahren „gem. § 270 Abs. 1 S. 2 StPO" an die besondere Strafkammer verwiesen hat, ohne dass der Angeklagte den Einwand der funktionellen Unzuständigkeit des Gerichts erhoben hatte?

I. Rechtsgrundlagen

242 Hat ein Angeklagter bis zum Beginn seiner Vernehmung zur Sache in der Hauptverhandlung den Einwand der funktionellen Unzuständigkeit des Gerichts nicht erhoben, ist auch eine an sich unzuständige Strafkammer damit von Rechts wegen (funktionell) zuständig geworden und eine Verweisung des Verfahrens nach § 270 Abs. 1 S. 2 StPO an eine besondere Strafkammer ausgeschlossen. Dies gilt sogar

---

209 *BGH* v. 7.4.2016 – 1 StR 579/15 = StV 2016, 621.

dann, wenn Umstände, die der Zuständigkeit der allgemeinen Strafkammer entgegenstehen, erst nach dem in § 6a S. 3 StPO bezeichneten Zeitpunkt hervortreten.[210]

II. Anforderungen an den Vortrag der Verfahrensrüge der Verhandlung vor dem unzuständigen Gericht (§§ 338 Nr. 4, 270 Abs. 1, 6a StPO; § 74e GVG)

Der *BGH* hat in seinem Urteil vom 11.12.2008 – 4 StR 376/08[211] das Urteil eines **243** Schwurgerichts auf die Verfahrensrüge hin aufgehoben, weil dies seine Zuständigkeit zu Unrecht angenommen habe.

Es ist jeweils im Wortlaut mitzuteilen,

* die Anklageschrift und der Antrag der Staatsanwaltschaft, das Hauptverfahren vor einer allgemeinen großen Strafkammer des Landgerichts zu eröffnen,
* der Eröffnungsbeschluss der allgemeinen großen Strafkammer des Landgerichts,
* die Tatsache, dass der Angeklagte bis zum Beginn seiner Vernehmung zur Sache in der Hauptverhandlung keinen Einwand der funktionellen Unzuständigkeit des Gerichts erhoben hat,
* der Beschluss der allgemeinen Strafkammer, die Sache „gem. § 270 StPO" an eine besondere Strafkammer gem. § 6a StPO, § 74e GVG i.V.m. §§ 74 Abs. 2, 74a, 74c GVG hatte,
* ggf. der in der neu anberaumten Hauptverhandlung vor der besonderen Strafkammer geltend gemachte Einwand der Unzuständigkeit des erkennenden Gerichts, der Zeitpunkt des Einwandes vor Vernehmung des Angeklagten zur Sache und der Inhalt des den Einwand zurückweisenden Beschlusses der besonderen Strafkammer.

---

210   *BGH* v. 11.12.2008 – 4 StR 376/08 = StV 2009, 509 = NStZ 2009, 404 = StraFo 2009, 155; *Meyer-Goßner/Schmitt*[60] § 270 Rn. 13.
211   *BGH* v. 11.12.2008 – 4 StR 376/08 = StV 2009, 509 = NStZ 2009, 404 = StraFo 2009, 155.

Kapitel 3
Gerichtsbesetzung

Rüge 12

244   Fand die Hauptverhandlung vor dem Gericht in vorschriftsgemäßer berufsrichterlicher Besetzung statt?

I. Rügevorbringen im Falle eines Besetzungseinwandes

1. Übergehen bzw. Zurückweisung eines Besetzungseinwandes/ Weiterverhandeln in festgestellter vorschriftswidriger Besetzung

245   Fand die Hauptverhandlung im ersten Rechtszug vor dem Landgericht oder dem Oberlandesgericht statt und wurde dort ein den/die mitwirkenden Berufsrichter betreffender Besetzungseinwand geltend gemacht,[212] weil die Besetzung des Gerichts ordnungsgemäß mitgeteilt worden war, und wurde der Einwand zu Unrecht übergangen, zurückgewiesen (§ 338 Nr. 1b StPO) oder die Vorschriftswidrigkeit der Besetzung zwar festgestellt, jedoch in dieser bis zum Urteil weiterverhandelt (§ 338 Nr. 1d StPO), gelten hier zunächst dieselben Anforderungen an die Revisionsbegründung wie bei der Rüge der Verhandlung vor einem unzuständigen Spruchkörper des Landgerichts bzw. Oberlandesgerichts.[213]

2. Insbesondere: Die Besetzung der großen Straf- und Jugendkammern (§ 76 Abs. 2–5 GVG, § 33b Abs. 2–6 JGG)

246   Auch wenn das Gericht die Besetzung nicht oder nicht rechtzeitig mitgeteilt hat, setzt die Rüge der Verletzung des § 76 Abs. 2–5 GVG (§ 33b Abs. 2–6 JGG) immer einen rechtzeitigen Einwand entspr. § 222b StPO voraus.[214] Dieser muss zu Unrecht zurückgewiesen oder übergangen worden sein.

247   Durch das am 1.1.2012[215] in Kraft getretene Gesetz über die Besetzung der großen Straf- und Jugendkammern in der Hauptverhandlung vom 6.12.2011[216] wurden die Regelungen des Gesetzes zur Entlastung der Rechtspflege vom 11.1.1993 ersetzt,

---

212   Ein Besetzungseinwand gem. § 222b Abs. 1 StPO ist auch in Bezug auf einen hinzugezogenen Ergänzungsrichter erforderlich, auch wenn dieser möglicherweise erst während der Hauptverhandlung in das Quorum eintritt: *BGH* StV 2003, 5, 6.

213   Siehe oben Rüge 10 Rn. 211.

214   So schon für die Rechtslage vor dem 1.1.2012 *BGH* StV 2005, 204.

215   Nach § 41 Abs. 1 EGGVG ist § 76 Abs. 2 GVG a.F. auf alle Verfahren im Erwachsenenbereich anzuwenden, die vor dem 1.1.2012 beim Landgericht anhängig geworden sind. Gleiches gilt nach § 121 Abs. 2 JGG für die Anwendung von § 33b Abs. 2 JGG a.F. bei der großen Jugendkammer.

216   BGBl. I 2011, 2554.

durch die die Möglichkeit einer Besetzungsreduktion eingeführt worden war, um der „Notsituation der Justiz in den neuen Ländern" Rechnung zu tragen. Die von vornherein befristete – wenn auch immer wieder verlängerte – Geltung der § 76 Abs. 2 GVG, § 33b Abs. 2 JGG ließ sich 20 Jahre nach ihrer Einführung nicht mehr rechtfertigen.[217]

Nach der Neuregelung bedarf es nunmehr grundsätzlich eines Beschlusses der gro-**248**
ßen Straf- und Jugendkammer über deren Besetzung vor Beginn der Hauptverhandlung. Dies hat regelmäßig bei Eröffnung des Hauptverfahrens zu erfolgen (§ 76 Abs. 2 S. 1 GVG; § 33b Abs. 2 S. 1 JGG). In dem Beschluss legt die Kammer fest, ob sie in der Hauptverhandlung mit drei Richtern einschließlich des Vorsitzenden und zwei (Jugend-)Schöffen (§ 76 Abs. 2 S. 3 GVG, § 33b Abs. 2 S. 3 JGG) oder mit zwei Richtern einschließlich des Vorsitzenden und zwei (Jugend-)Schöffen (§ 76 Abs. 2 S. 4 GVG, § 33b Abs. 2 S. 4 JGG) besetzt ist. Die Entscheidung hat durch drei Richter der Kammer ohne Schöffenbeteiligung zu ergehen.[218] Ist das Hauptverfahren bereits eröffnet, ohne dass es einer Besetzungsentscheidung bedurfte, beschließt die große Straf- bzw. Jugendkammer über ihre Besetzung bei der Anberaumung des Hauptverhandlungstermins (§ 76 Abs. 2 S. 2 GVG, § 33b Abs. 2 S. 2 JGG) (Nachholung der Besetzungsentscheidung). Von dieser Regelung sind u.a. Fälle betroffen, in denen ein Verfahren vom Amtsgericht nach Beginn der Hauptverhandlung infolge sachlicher Zuständigkeit des Landgerichts an dieses verwiesen wird oder es zu einer Eröffnungsentscheidung des OLG nach sofortiger Beschwerde der Staatsanwaltschaft gegen die Nichteröffnung des Hauptverfahrens durch das LG kommt.[219] Hat die Kammer eine reduzierte Besetzung beschlossen und ergeben sich vor Beginn der Hauptverhandlung neue Umstände, die die Mitwirkung eines dritten Richters i.S.d. § 76 Abs. 2 S. 3, Abs. 3 GVG, § 33b Abs. 2 S. 3, Abs. 3 JGG gebieten, muss diese Besetzung beschlossen werden (§ 76 Abs. 4 GVG, § 33b Abs. 5 JGG).[220] Nach Beginn der Hauptverhandlung ist die Änderung der Besetzungsentscheidung, wenn sie nicht als Reaktion auf einen Besetzungseinwand nach § 222b StPO erfolgt, grundsätzlich ausgeschlossen.[221]

Die Neuregelung strukturiert die Besetzung der großen Straf- und Jugendkammer in **249**
der Hauptverhandlung nunmehr wie folgt:

217 Zu diesem Gesetz ausführlich *Schlothauer* StV 2012, 749.
218 So schon für die alte Rechtslage *BGHSt* 50, 267 = StV 2006, 398 = NStZ 2006, 298 m. Anm. *Rieß*.
219 Begründung des Gesetzesentwurfs der Bundesregierung BR-Drucks. 460/11, S. 9 Ziff. 7; Gesetzesentwurf der Bundesregierung v. 12.8.2011; *Meyer-Goßner/Schmitt*[60] § 76 GVG Rn. 9.
220 *Meyer-Goßner/Schmitt*[60] § 76 GVG Rn. 10. Die Tatsache der Verbindung mehrerer getrennter Verfahren soll auch schon nach alter Rechtslage eine neue Beschlussfassung zugelassen haben, wenn in den getrennten Verfahren jeweils die Durchführung der Hauptverhandlung in reduzierter Besetzung beschlossen worden war: *BGH* v. 29.1.2009 – 3 StR 567/08 = *BGHSt* 53, 169 = StV 2009, 400 = StraFo 2009, 217.
221 *BGH* v. 14.11.2012 – 3 StR 335/12 = NStZ 2013, 181.

250 1. Sind Straftaten gem. § 74 Abs. 2 GVG Gegenstand der Anklage oder eines von der Anklageschrift abweichenden Eröffnungsbeschlusses und ist damit eine große Strafkammer als Schwurgericht zuständig, hat diese nach einem bei der Eröffnung des Hauptverfahrens zu treffenden Beschluss in der Besetzung mit drei Richtern einschließlich des Vorsitzenden und zwei Schöffen zu verhandeln (§ 76 Abs. 2 Nr. 1 GVG). Entsprechendes gilt für die Besetzung der großen Jugendkammer, wenn diese über Sachen verhandelt, die zur Zuständigkeit des Schwurgerichts gehören (§ 33b Abs. 2 Nr. 1 JGG). Hat die Kammer zunächst eine Besetzung mit zwei Richtern einschließlich des Vorsitzenden und zwei (Jugend-)Schöffen beschlossen, und ergeben sich vor Beginn der Hauptverhandlung neue, die Zuständigkeit des Schwurgerichts begründende Umstände und ist dadurch eine Besetzung mit drei Richtern einschließlich des Vorsitzenden und zwei (Jugend-)Schöffen erforderlich, ist zu differenzieren:

Findet die Hauptverhandlung vor der großen Strafkammer statt, ist nicht nur deren Besetzung, sondern auch deren Zuständigkeit betroffen. Ein Einwand des Angeklagten, der unter Bezugnahme auf § 76 Abs. 2 S. 3 Nr. 1 GVG die Besetzung beanstandet, ist zugleich als Einwand nach § 6a StPO zu werten (der Präklusionszeitpunkt des § 222b Abs. 1 S. 1 StPO liegt bei mehreren Angeklagten vor dem des § 6a S. 3 StPO, im Übrigen sind die Zeitpunkte identisch). Der Einwand führt zur Beendigung der Hauptverhandlung und zur Verweisung an das zuständige Schwurgericht (§ 270 Abs. 1 StPO), das bei Terminierung der Hauptverhandlung gem. § 76 Abs. 2 S. 3 Nr. 1 GVG eine Besetzung mit drei Richtern einschließlich des Vorsitzenden und zwei Schöffen beschließen muss. Die Tatsache, dass die große Strafkammer nach § 76 Abs. 4 GVG neuen Umständen Rechnung tragen muss, die nach Maßgabe des § 76 Abs. 2 GVG eine Besetzung mit drei Richtern einschließlich des Vorsitzenden und zwei Schöffen erforderlich machen, berechtigt sie in dieser Situation nicht zu einer Entscheidung von Amts wegen. Selbst wenn die Umstände, die zur Zuständigkeit des Schwurgerichts führen, „neu" sind, ist § 6a StPO gegenüber § 76 Abs. 4 GVG vorgreiflich. Denn eine Veränderung der Zuständigkeit und nicht nur der Besetzung ist nach § 6a S. 3 StPO nur auf Einwand des Angeklagten zu beachten. Würde der Angeklagte keinen Einwand geltend machen, müsste es also bei der Verhandlung vor der allgemeinen großen Strafkammer und zwar mit zwei Richtern einschließlich des Vorsitzenden und zwei Schöffen verbleiben, auch wenn der Verfahrensgegenstand ein Verbrechen gem. § 74 Abs. 2 GVG ist.

Anders würde es sich für die Verhandlung vor der großen Jugendkammer verhalten. Diese ist auch für Verfahren zuständig, die zur Zuständigkeit des Schwurgerichts gehören. Ergeben sich vor Beginn der Hauptverhandlung entspr. Umstände, ist die große Jugendkammer auch ohne einen Besetzungseinwand des Angeklagten von Amts wegen verpflichtet, ihre Entscheidung im Sinne einer Besetzung mit drei Richtern einschließlich des Vorsitzenden und zwei Jugendschöffen zu ändern (§ 33b Abs. 5 JGG).

Ergeben sich solche Umstände erst nach Beginn der Hauptverhandlung, ist das Verfahren in der beschlossenen Besetzung zu Ende zu führen,[222] auch wenn damit eine nur mit zwei Berufsrichtern besetzte Kammer in einer Schwurgerichtssache entscheidet.[223]

2.   Ist bei Eröffnung des Hauptverfahrens die Anordnung der Unterbringung nach   **251**
§§ 63, 66 oder 66a StGB zu erwarten, ist nach entspr.em Beschluss die Hauptverhandlung zwingend in der Besetzung mit drei Richtern einschließlich des Vorsitzenden und zwei Schöffen durchzuführen (§ 76 Abs. 2 Nr. 2 GVG). Dies gilt entspr. für die Verhandlung über Verfehlungen Heranwachsender vor der großen Jugendkammer (§ 108 Abs. 3 JGG). Hat die Kammer zunächst eine Besetzung mit zwei Richtern einschließlich des Vorsitzenden und zwei (Jugend-)Schöffen beschlossen und ergeben sich vor Beginn der Hauptverhandlung neue Umstände, die eine Besetzung mit drei Richtern einschließlich des Vorsitzenden und zwei (Jugend-)Schöffen erforderlich machen, weil die Anordnung der Unterbringung nach §§ 63, 66 oder 66a StGB zu erwarten ist, hat sie diese Besetzung bis zu Beginn der Hauptverhandlung zu beschließen und muss in dieser Besetzung verhandeln (§ 76 Abs. 4 GVG, § 33b Abs. 5 JGG). Ergeben sich solche Umstände erst nach Beginn der Hauptverhandlung, muss das Verfahren in der beschlossenen Besetzung mit zwei Richtern einschließlich des Vorsitzenden und zwei (Jugend-)Schöffen zu Ende geführt werden.[224]

3.   Die große Jugendkammer verhandelt nach einem entspr. Beschluss in der Be-   **252**
setzung mit drei Richtern einschließlich des Vorsitzenden und zwei Jugendschöffen, wenn ihre Zuständigkeit nach § 41 Abs. 1 Nr. 5 JGG begründet ist (§ 33b Abs. 2 Nr. 2 JGG).

4.   Werden Straftaten verhandelt, die in die Zuständigkeit der Wirtschaftsstraf-   **253**
kammer fallen (§ 74c GVG), ist nach einem entspr. Beschluss die Hauptverhandlung „in der Regel" in der Besetzung mit drei Richtern einschließlich des Vorsitzenden und zwei (Jugend-)Schöffen durchzuführen (§ 76 Abs. 2 Nr. 3, Abs. 3 GVG, § 33b Abs. 2 Nr. 3, Abs. 3 Nr. 3 JGG). Hat die Kammer zunächst eine Besetzung mit zwei Richtern einschließlich des Vorsitzenden und zwei (Jugend-)Schöffen beschlossen und ergeben sich vor Beginn der Hauptverhandlung neue, die Zuständigkeit der Wirtschaftsstrafkammer begründende Umstände und ist dadurch eine Besetzung mit drei Richtern einschließlich des Vorsitzenden und zwei (Jugend-)-Schöffen die Regel (§ 76 Abs. 3 GVG, § 33b Abs. 3 Nr. 3 JGG), ist wiederum danach zu differenzieren, ob die Hauptverhandlung vor der großen Strafkammer oder vor der großen Jugendkammer stattfindet. Ersterenfalls ist ein Besetzungseinwand unter Bezugnahme auf § 76 Abs. 3 GVG zugleich als Einwand nach § 6a StPO zu

---

222   S. hierzu Gesetzentwurf der Bundesregierung v. 12.8.2011 (BR-Drucks. 460/11), Begründung S. 9.
223   *Meyer-Goßner/Schmitt*[60] § 6a Rn. 7.
224   *BGH* v. 14.11.2012 – 3 StR 335/12 = NStZ 2013, 181.

werten, was zur Beendigung der Hauptverhandlung und zur Verweisung an die zuständige Wirtschaftsstrafkammer (§ 74c GVG) führt (§ 270 Abs. 1 StPO). Diese ist bei Terminierung der Hauptverhandlung gehalten, bei der erneuten Besetzungsentscheidung das Vorliegen des Regelbeispiels des § 76 Abs. 4 GVG zu berücksichtigen. Handelt es sich um eine Verhandlung vor der großen Jugendkammer, ist diese auch für Straftaten i.s.d. § 74c GVG zuständig. Ergeben sich vor Beginn der Hauptverhandlung Umstände, die i.s.d. § 74c Abs. 1 GVG einschlägig sind, ist die große Jugendkammer auch ohne einen Besetzungseinwand des Angeklagten von Amts wegen verpflichtet, bei ihrer erneuten Entscheidung gem. § 33b Abs. 5 JGG das Vorliegen des Regelbeispiels des § 33b Abs. 3 Nr. 3 JGG zu berücksichtigen.

254 5. Wird eine Sache verhandelt mit einer Hauptverhandlungsdauer von voraussichtlich mehr als 10 Tagen, ist ebenfalls „in der Regel" nach entspr.em Beschluss die Kammer mit drei Richtern einschließlich des Vorsitzenden und zwei (Jugend-)-Schöffen zu besetzen (§ 76 Abs. 2 Nr. 3, Abs. 3 GVG, § 33b Abs. 2 Nr. 3, Abs. 3 Nr. 2 JGG).[225]

255 6. Die Besetzung mit drei Richtern einschließlich des Vorsitzenden und zwei Jugend-Schöffen ist auch die „Regel", wenn die Jugendkammer die Sache nach § 41 Abs. 1 Nr. 2 JGG übernommen hat.

256 7. Erscheint nach dem Umfang oder der Schwierigkeit der Sache die Mitwirkung eines dritten Richters notwendig, ist gem. § 76 Abs. 2 Nr. 3 GVG, § 33b Abs. 2 Nr. 3 JGG in einer Besetzung mit drei Richtern einschließlich des Vorsitzenden und zwei (Jugend-) Schöffen zu verhandeln. Diese Regelung entspricht der Rechtslage vor dem 1.1.2012, weshalb zum Zwecke der Konkretisierung des dem Gericht eingeräumten weiten Beurteilungsspielraums auf die zu § 76 Abs. 2 GVG a.F. bzw. § 33b Abs. 2 JGG ergangene Rspr. zurückgegriffen werden kann. Danach kann die Rüge der Verhandlung in vorschriftswidriger Besetzung nur darauf gestützt werden, dass der dem Gericht eingeräumte Beurteilungsspielraum in unvertretbarer Weise überschritten wurde, indem die Verhandlung in reduzierter Besetzung beschlossen wurde.[226] Bezüglich des Kriteriums des „Umfangs der Sache" kommt eine Überschreitung des Beurteilungsspielraums im Hinblick auf das Regelbeispiel der § 76 Abs. 3 GVG, § 33b Abs. 3 Nr. 2 JGG nicht in Betracht, wenn vor Beginn der Hauptverhandlung eine Verhandlungsdauer von mehr als 10 Hauptverhandlungstagen nicht zu erwarten ist. Bzgl. des Kriteriums der „Schwierigkeit der Sache" dürfte die Verhandlung in reduzierter Besetzung nur dann als objektiv willkürlich erscheinen, wenn das Urteil von der Beantwortung einer bislang noch nicht entschiedenen

---

225 *BGH* v. 4.2.2016 – 4 StR 79/15 = StV 2016, 631. Von der Regel darf danach nur abgewichen werden, wenn im Einzelfall die Mitwirkung eines dritten Berufsrichters nicht notwendig erscheint.

226 Vgl. *BGHSt* 44, 328 = StV 1999, 526; *BGH* StV 2003, 657 m. Anm. *Husheer* = NStZ 2004, 56; *BGH* StV 2004, 250; *BGH* v. 7.7.2010 – 5 StR 555/09 = StV 2011, 463 = NStZ 2011, 52 = StraFo 2010, 466; s. auch *LG Aschaffenburg* StV 2007, 522.

Rechtsfrage abhängt und die Aufklärung des Sachverhalts eine Hauptverhandlungsdauer von weniger als 10 Tagen erwarten lässt.

8. Liegen die vorstehend angeführten Voraussetzungen nicht vor, ist die Kammer **257**
in der Hauptverhandlung nach entspr.em Beschluss mit zwei Richtern einschließlich des Vorsitzenden und zwei (Jugend-)Schöffen besetzt (§ 76 Abs. 2 S. 4 GVG,
§ 33b Abs. 2 S. 4 JGG). Insofern kann die Besetzung mit zwei Richtern einschließlich des Vorsitzenden als „Regelbesetzung" bezeichnet werden.[227] Dies hat zur
Konsequenz, dass bei einer Verhandlung mit drei Richtern einschließlich des Vorsitzenden und zwei (Jugend-)Schöffen eine Besetzungsrüge dann in Betracht
kommt, wenn kein zwingender Fall für die Dreier-Besetzung vorliegt und die Annahme des Umfangs oder der Schwierigkeit der Sache objektiv willkürlich war.[228]
Auch für die Fälle der § 76 Abs. 2 Nr. 3, 76 Abs. 3 GVG, § 33b Abs. 2 Nr. 3, Abs. 3
Nr. 2 u. Nr. 3 JGG gilt, dass die bei Eröffnung beschlossene Besetzung mit zwei
Richtern einschließlich des Vorsitzenden und zwei (Jugend-)Schöffen abgeändert
werden muss, wenn sich vor Beginn der Hauptverhandlung neue Umstände ergeben, die eine Dreier-Besetzung erforderlich machen (§ 76 Abs. 4 GVG, § 33b
Abs. 5 JGG).

9. Ist vor Beginn der Hauptverhandlung ohne oder nur mit unzureichender Be- **258**
gründung ein ursprünglicher Beschluss über die Besetzung der Kammer mit zwei
Richtern einschließlich des Vorsitzenden und zwei (Jugend-)Schöffen dahingehend
neu gefasst worden, dass die Hauptverhandlung in der Besetzung mit drei Richtern
einschließlich des Vorsitzenden und zwei (Jugend-)Schöffen durchgeführt werden
soll, kann auch dies wegen Verletzung der § 76 Abs. 4 GVG, § 33b Abs. 5 JGG die
Revision begründen. Dies gilt allerdings nur dann, wenn sich die neue Entscheidung
als objektiv willkürlich darstellt. Das ist dann anzunehmen, wenn der Beschluss keine Begründung enthält oder diese sich auf die Wiedergabe des Gesetzes mit der bloßen Behauptung beschränkt, es hätten sich vor Beginn der Hauptverhandlung neue
Umstände nach Maßgabe der § 76 Abs. 2 und 3 GVG, § 33b Abs. 2–4 JGG ergeben, ohne dass dies sich aus den den Verfahrensbeteiligten erkennbaren Besonderheiten des Falles erschließt.[229] Liegt kein Fall einer i.S.d. § 76 Abs. 2 Nr. 1 und 2
GVG, § 33b Abs. 2 Nr. 1 und 2 JGG zwingenden Verhandlung in Dreier-Besetzung
vor oder greift nicht das Regelbeispiel für Strafsachen der in § 74c Abs. 1 S. 1 GVG
genannten Straftaten ein, muss die Begründung nachvollziehbar machen, auf Grund
welcher neuen Umstände die sonstige Schwierigkeit der Sache oder der – mehr als
10 Verhandlungstage – zu erwartende Umfang der Sache eine Hauptverhandlung in
Dreier-Besetzung erforderlich machen. Eine solche Begründung ist auch deshalb er-

---

227 S. auch *Deutscher* StRR 2012, 10, 11.
228 So für den Rechtszustand vor dem 1.1.2012 *BGH* StV 2005, 204; ebenso LR-*Siolek*[26]
     § 76 GVG Rn. 22; nunmehr auch (nur Hinweis) *BGH* v. 20.12.2016 – 3 StR 419/16.
229 Zum Maßstab der objektiven Willkür *BVerfG* NJW 1996, 1336; *BGH* v. 7.3.2012 – 1
     StR 6/12 = StV 2013, 3.

forderlich, weil die Zweier-Besetzung nach der neuen Gesetzeslage der gesetzliche Normalfall ist.[230]

259 10. Ergeben sich erst nach Beginn der Hauptverhandlung Umstände i.S.d. § 76 Abs. 4 GVG, § 33b Abs. 5 JGG, ist das Verfahren in der beschlossenen Besetzung zu Ende zu führen, auch wenn dies zur Folge hat, dass die Hauptverhandlung länger als 10 Tage andauert. Die Hauptverhandlung darf auch nicht allein zu dem Zweck ausgesetzt werden, erneut über die Besetzung entscheiden zu können.[231] Dies erschließt sich zwar nicht aus dem Wortlaut der § 76 Abs. 5 GVG, § 33b Abs. 6 JGG,[232] aber der Gesetzessystematik. Die Vorschriften der §§ 76 Abs. 4 GVG und 33b Abs. 5 JGG machen deutlich, dass im Hinblick auf Bedenken hinsichtlich Art. 101 GG die Möglichkeit einer Besetzungsänderung nach einem ersten Besetzungsbeschluss begrenzt werden sollte.[233]

3. Rügemöglichkeiten bei Einwänden gegen die Besetzung der großen Kammer mit zwei Richtern einschließlich des Vorsitzenden und zwei (Jugend-)Schöffen

a) Zwingende Besetzung mit drei Richtern

aa) Rügevoraussetzungen

260 Der Einwand richtete sich dagegen, dass Gegenstand der Anklage bzw. eines rechtlich davon abweichenden Eröffnungsbeschlusses eine Straftat i.S.d. § 74 Abs. 2 GVG ist, weshalb das Gericht in der Hauptverhandlung zwingend mit drei Richtern einschließlich des Vorsitzenden und zwei (Jugend-)Schöffen besetzt sein musste (§ 76 Abs. 2 Nr. 1 GVG, § 33b Abs. 2 Nr. 1 JGG).[234] Die Zurückweisung eines entspr. Besetzungseinwandes und die Verhandlung in reduzierter Besetzung begründet auch dann die Revision (§ 338 Nr. 1 lit. b StPO), wenn sich vor Beginn der Hauptverhandlung neue Umstände ergaben, auf Grund derer die Sache zur Zuständigkeit des Schwurgerichts gehörte und die Kammer keinen erneuten Beschluss über ihre Besetzung gefasst hat (§ 76 Abs. 4 GVG, § 33b Abs. 5 JGG). Dabei dürfte es sich vornehmlich um Fälle handeln, in denen der Tod des Opfers einer in den Katalog des § 74 Abs. 2 GVG fallenden Tat nach dem Beschluss über die Besetzung eingetreten ist.

---

230 S. oben Rn. 257.
231 Gesetzentwurf der Bundesregierung vom 12.8.2011 (BR-Drucks. 460/11) Begründung S. 9.
232 Ebenso *Deutscher* StRR 2012, 10, 13.
233 Vgl. Bericht der Abgeordneten des Rechtsausschusses des Deutschen Bundestages Dr. Sensburg, Strässer, Dyckmans, Petermann und Montag, BT-Drucks. 17/7669, S. 5.
234 In dem Fall, dass die allgemeine Strafkammer nicht zugleich die für Verfahren nach § 74 Abs. 2 GVG zuständige Schwurgerichtskammer ist, begründet dieser Zuständigkeitsfehler bei einem rechtzeitig erhobenen Einwand gem. § 6a StPO vorgreiflich den Revisionsgrund des § 338 Nr. 4 StPO (s. Rüge Nr. 11 Rn. 234).

Ob die Sache zur Zuständigkeit des Schwurgerichts gehört oder nicht, hängt nicht von normativen, einer wertenden Betrachtung zugänglichen Gesichtspunkten ab, so dass in der Revision die Besetzung nicht nach dem Maßstab objektiver Willkür zu prüfen ist.[235] Stellt das Gericht erst in der Hauptverhandlung auf einen entspr. Besetzungseinwand fest, dass es vorschriftswidrig besetzt ist, kann nach der Entscheidung über den Einwand mit der Hauptverhandlung in nunmehr vorschriftsgemäßer Besetzung ohne erneute Ladung von Neuem begonnen werden, nachdem die Kammer erneut über ihre Besetzung mit drei Richtern einschließlich des Vorsitzenden und zwei Schöffen entschieden hat, was allerdings voraussetzt, dass die Kammer die für Verfahren nach § 74 Abs. 2 GVG zuständige Schwurgerichtskammer ist.

bb) Anforderungen an den Vortrag der Rüge der Verletzung der § 76 Abs. 2 Nr. 1 GVG, § 33b Abs. 2 Nr. 1 JGG (§ 338 Nr. 1 lit. b StPO)

Vollständig und im Wortlaut mitzuteilen sind   **261**

- der Beschluss der Kammer über ihre Besetzung in der Hauptverhandlung,
- die Anklageschrift, der Eröffnungsbeschluss und etwaige Hinweise vor Beginn der Hauptverhandlung und sonstige Tatsachen, aus denen sich ergibt, dass die zu verhandelnde Sache in die Zuständigkeit des Schwurgerichts fällt bzw. das Fehlen solcher Hinweise und Tatsachen,
- der Besetzungseinwand, die Tatsache seiner rechtzeitigen Geltendmachung und der Umstand, dass er später nicht zurückgenommen wurde,[236]
- die Entscheidung über den Besetzungseinwand oder die Tatsache, dass dieser übergangen wurde und
- die Besetzung, in der das Gericht die Hauptverhandlung bis zum Urteil durchführte.

b) Zu erwartende Unterbringung nach §§ 63, 66 oder 66a StGB

aa) Rügevoraussetzungen

Der Einwand richtete sich dagegen, dass die Anordnung der Unterbringung nach   **262** §§ 63, 66 bzw. 66a StGB zu erwarten gewesen sei (§ 76 Abs. 2 Nr. 2 GVG, § 108 Abs. 3 JGG). Die Revisionsrüge der vorschriftswidrigen Besetzung kommt unabhängig davon in Betracht, ob im angefochtenen Urteil die Unterbringung tatsächlich angeordnet wurde oder nicht. Allerdings erfordert die Frage, ob die Anordnung der Unterbringung „zu erwarten" war, eine tatrichterliche wertende Prognoseentscheidung, weshalb mit der Revision die ordnungsgemäße Besetzung nur nach dem Maßstab geprüft werden kann, ob das Gericht bei seinem Besetzungsbeschluss objektiv willkürlich verfahren ist. Dies setzt voraus, dass die Entscheidung auf sachfremden

---

235 S. zur vergleichbaren Problematik einer Zuständigkeitsbestimmung nach § 74a GVG
     BGH v. 13.9.2011 = 3 StR 196/11 = StV 2012, 137 = JR 2012, 262 m. Anm. *Schroeder*
     = BGHSt 57, 3.
236 Dieser Einwand ist ggf. zugleich als ein solcher nach § 6a StPO zu werten.

Erwägungen beruhte oder offensichtlich unhaltbar war.[237] Letzteres könnte bspw. dann angenommen werden, wenn sich für die Unterbringung nach §§ 63, 66, 66a StGB relevante Tatsachen im Anklagesatz befanden und/oder die betreffenden Normen in der Anklageschrift unter den anzuwendenden Strafvorschriften angeführt wurden[238] oder sich ein Hinweis auf die in Betracht kommende Unterbringung im Eröffnungsbeschluss befand.[239] Der *BGH*[240] fordert auch dann einen Besetzungseinwand, wenn die mögliche Anordnung einer Sicherungsverwahrung angesichts der Vielzahl und Schwere der angeklagten Taten und ihrer Begehung für alle Verfahrensbeteiligten „nicht fernliegend" war. Diese Auffassung impliziert, dass bei einer entspr. Fallgestaltung die Entscheidung über die Durchführung der Hauptverhandlung in reduzierter Besetzung als objektiv willkürlich einzustufen war.

Die Zurückweisung eines Besetzungseinwandes begründet auch dann die Revision (§ 338 Nr. 1 lit. b StPO), wenn vor Beginn der Hauptverhandlung ein Sachverständiger unter Bezugnahme auf § 246a StPO beauftragt oder zur Hauptverhandlung geladen worden ist und dies auf neuen Umständen beruhte, die nach § 76 Abs. 4 GVG Anlass für einen neuen Beschluss über die Besetzung des Gerichts gegeben hätten.[241]

bb) Anforderungen an den Vortrag der Rüge der Verletzung der § 76 Abs. 2 Nr. 2 GVG, § 108 Abs. 3 JGG (§ 338 Nr. 1 lit. b StPO)

263 Für die Anforderungen an den Vortrag gem. § 344 Abs. 2 StPO gelten die Ausführungen zu Rn. 261 entspr.. Insbesondere sind die Umstände darzulegen, die die Behauptung objektiver Willkür des Besetzungsbeschlusses tragen.

c) Zuständigkeit der großen Jugendkammer nach § 41 Abs. 1 Nr. 5 JGG

264 Der Einwand richtete sich dagegen, dass die Zuständigkeit der großen Jugendkammer nach § 41 Abs. 1 Nr. 5 JGG begründet war:

Auch hier kann die Revision darauf gestützt werden, dass der Beschluss über die Durchführung der Hauptverhandlung in reduzierter Besetzung objektiv willkürlich war, soweit die normativen Voraussetzungen „Erwartung einer höheren Strafe als 5 Jahre Jugendstrafe oder Unterbringung in einem psychiatrischen Krankenhaus" betroffen sind. Bezüglich der Katalogtaten gem. § 7 Abs. 2 Nr. 1 und 2 JGG prüft das Revisionsgericht in vollem Umfang, ob die betreffende Gesetzesverletzung in Be-

---

237 Vgl. nur *BGH* NStZ 1993, 197.
238 *Meyer-Goßner/Schmitt*[60] § 200 Rn. 10 u. 14.
239 *Meyer-Goßner/Schmitt*[60] § 207 Rn. 5.
240 *BGH* v. 13.9.2011 – 5 StR 189/11 = StV 2012, 196 m. Anm. *Ventzke.*
241 Für den Fall des § 108 Abs. 3 JGG fehlt eine Vorschrift, die eine Änderung der Besetzung infolge von vor Beginn der Hauptverhandlung neu hervorgetretenen Umständen zulässt. § 33b Abs. 5 JGG eröffnet diese Möglichkeit nur, wenn sich neue Umstände i.S.d. § 33b Abs. 2–4 JGG ergeben. Angesichts der denselben Sachverhalt betreffenden Regelung des § 76 Abs. 4 GVG dürfte das Fehlen einer entspr. Regelung für Fälle des § 108 Abs. 3 JGG aber nur auf einem Redaktionsversehen beruhen.

tracht kam, eingeschränkt dem gegenüber nur soweit es um die weiteren Voraussetzungen des § 7 Abs. 2 JGG geht.[242]

d) Zuständigkeit der Wirtschaftsstrafkammer oder Verhandlungsdauer von mehr als zehn Verhandlungstagen

Der Einwand richtete sich dagegen, dass bzgl. Straftaten verhandelt wird, die in die **265** Zuständigkeit der Wirtschaftsstrafkammer fallen oder eine Hauptverhandlungsdauer von mehr als zehn Verhandlungstagen zu erwarten ist (§ 76 Abs. 2 Nr. 3 i.V.m. Abs. 3 GVG, § 33b Abs. 2 Nr. 3 i.V.m. Abs. 3 Nr. 2 und 3 JGG):[243]

Da die Dreier-Besetzung in diesen Fällen nur „in der Regel" notwendig ist, ist die Revision auch hier nur in Fällen einer objektiv willkürlichen Besetzungsentscheidung begründet. Entbehrt das Abweichen von der „Regel" im Besetzungsbeschluss jeder Begründung, kann die Entscheidung im Einzelfall willkürlich sein,[244] dies gilt jedoch nur dann, wenn sich die Gründe nicht schon aus den den Verfahrensbeteiligten erkennbaren Besonderheiten des Falles ergeben.[245] Letzteres wäre bspw. dann der Fall, wenn in einer in die Zuständigkeit der Wirtschaftsstrafkammer fallenden oder so umfangreichen Sache, in der nach Anklageerhebung zunächst mit mehr als zehn Hauptverhandlungstagen zu rechnen war, vor Eröffnung des Hauptverfahrens Erörterungen stattgefunden hatten (§ 202a StPO), deren Gegenstand die realistische Möglichkeit einer Verständigung war, weil der Angeschuldigte bereit war, den Tatvorwurf einzuräumen. Liegt eine solche Ausnahme nicht vor, wird in den „Regelfällen" des § 76 Abs. 3 GVG bzw. des § 33b Abs. 3 JGG der Beschluss über die Durchführung der Hauptverhandlung in reduzierter Besetzung in Ermangelung einer Begründung als objektiv willkürlich anzusehen sein. Der Gesetzgeber hat mit der Einführung der Regelbeispiele der höchstrichterlichen Rspr. Rechnung getragen, wonach die voraussichtliche Dauer der Hauptverhandlung von mehr als zehn Tagen ein wesentliches Indiz dafür sei, dass der Umfang der Sache i.S.d. § 76 Abs. 2 GVG a.F. die Mitwirkung eines dritten Richters gebiete.[246] Entsprechendes gilt im Hinblick auf die Schwierigkeit der Sache für die Verhandlung über Straftaten i.S.d. § 74c GVG. Zur Beurteilung der Frage, ob weitere Umstände hinzutreten müssen, um von einer objektiv willkürlichen Besetzungsentscheidung sprechen zu können, kann auf die einschlägige Rspr. zu § 76 Abs. 2 GVG a.F. zurückgegriffen werden.

---

242 Die für die Besetzung maßgebliche Straferwartung liegt allerdings nicht bei 7 Jahren, sondern nach § 41 Abs. 1 Nr. 5 JGG bei 5 Jahren Jugendstrafe!

243 Bei der großen Jugendkammer kommt die Dreier-Besetzung i.d.R. auch bei Übernahme des Verfahrens nach § 41 Abs. 1 Nr. 2 JGG in Betracht: „In der Regel": § 33b Abs. 2 Nr. 3 i.V.m. Abs. 3 Nr. 1 JGG.

244 *BVerfG* NJW 1995, 2911; *BVerfG* NJW 1996, 1336.

245 Vgl. *BVerfG* NJW 1996, 1336; *BGH* v. 7.3.2012 – 1 StR 6/12 = NJW 2012, 2455 = StV 2013, 3.

246 *BGH* v. 18.6.2009 – 3 StR 89/09 = StV 2010, 228 = StraFo 2009, 338; *BGH* v. 7.7.2010 – 5 StR 555/09 = StV 2011, 463 = NStZ 2011, 52 = StraFo 2010, 466. So jetzt auch *BGH* v. 4.2.2016 – 4 StR 79/15 = StV 2016, 631 (Hinweis).

e) Umfang oder Schwierigkeit der Sache

266 Der Einwand richtete sich dagegen, dass Umfang oder Schwierigkeit der Sache die Mitwirkung eines dritten Richters notwendig machten (§ 76 Abs. 2 Nr. 3 GVG, § 33b Abs. 2 Nr. 3 JGG):

Die Revision kann auch darauf gestützt werden, dass außerhalb der Regelfälle der § 76 Abs. 3 GVG, § 33b Abs. 3 JGG die Mitwirkung eines dritten Richters geboten war. Allerdings setzt auch dies voraus, dass sich der Beschluss über die Durchführung der Hauptverhandlung in reduzierter Besetzung als objektiv willkürlich darstellt. Zur Frage, ob dies der Fall ist, kann die einschlägige Rspr. zu § 76 Abs. 2 GVG a.F. herangezogen werden.[247]

Für die Anforderung an den Vortrag gem. § 344 Abs. 2 S. 2 StPO gelten sinngemäß die Ausführungen zu Rn. 263.

f) Nachträgliche Besetzungsreduzierung

267 Die Rüge richtete sich dagegen, dass vor Beginn der Hauptverhandlung die Kammer den ursprünglichen Beschluss, die Hauptverhandlung in der Besetzung mit drei Richtern durchzuführen im Sinne einer Besetzung ohne Mitwirkung eines dritten Richters abgeändert hat (Verletzung der § 76 Abs. 4 GVG, § 33b Abs. 5 JGG):

Auch wenn die Besetzung mit zwei Richtern einschließlich des Vorsitzenden und zwei (Jugend-)Schöffen die Regelbesetzung ist,[248] lässt sich der Vorschrift des § 76 Abs. 4 GVG bzw. des § 33b Abs. 5 JGG der gesetzgeberische Wille entnehmen, das Gericht im Prinzip an einer einmal getroffenen Besetzungsentscheidung festzuhalten. Eine analoge Anwendung der § 76 Abs. 4 GVG, § 33b Abs. 5 JGG verbietet sich im Hinblick auf Art. 101 Abs. 1 S. 2 GG.

Gemäß § 344 Abs. 2 S. 2 StPO sind der Inhalt des ursprünglichen Besetzungsbeschlusses, Zeitpunkt und Inhalt des Abänderungsbeschlusses, Zeitpunkt und Inhalt des Besetzungseinwands, Übergehung oder Zurückweisung des Einwands und Inhalt des entspr. Beschlusses sowie die Besetzung des Gerichts in der Hauptverhandlung mitzuteilen.

g) Verbindungsentscheidung in der Hauptverhandlung in reduzierter Besetzung

268 Hat die Strafkammer bei Eröffnung des Hauptverfahrens beschlossen, die Hauptverhandlung in der Besetzung mit zwei Berufsrichtern und zwei Schöffen durchzuführen und kommt es während der Hauptverhandlung zu einer Verbindung mit einem Verfahren, dem eine weitere Anklageschrift zugrundeliegt, wirkt der ur-

---

247 Vgl. *BGHSt* 44, 328 = StV 1999, 526; *BGH* StV 2003, 657 m. Anm. *Husheer* = NStZ 2004, 56; *BGH* StV 2004, 250; *BGH* v. 7.7.2010 – 5 StR 555/09 = StV 2011, 463 = NStZ 2011, 52 = StraFo 2010, 466.

248 S. oben Rn. 257 f.

sprüngliche Beschluss über die Reduzierung der Besetzung nicht ohne weiteres fort, wenn sich durch die Verfahrensverbindung der Umfang und die Schwierigkeit der Sache i.S.v. § 76 Abs. 2 S. 2 Nr. 3 GVG verändert. Es ist jedenfalls unzulässig, wenn in der Hauptverhandlung mit der Besetzung von zwei Berufsrichtern und zwei Schöffen beschlossen wird, auch nach Hinzuverbindung des Verfahrens in reduzierter Besetzung zu verhandeln. Das inkompetente Quorum kann die Fortgeltung der bisherigen Besetzungsentscheidung ungeachtet der neuen Umstände nicht wirksam beschließen, weil diese Entscheidung außerhalb der Hauptverhandlung durch die drei Berufsrichter der Kammer ohne Schöffenbeteiligung zu treffen ist.[249] Dies gilt auch für den Fall, dass die zugelassene und einbezogene Anklage fälschlicherweise als Nachtragsanklage i.S.d. § 266 StPO behandelt wird.[250]

h) Fehlen eines internen Geschäftsverteilungsplans

Soll in der Besetzung mit zwei Berufsrichtern einschließlich des Vorsitzenden verhandelt werden, bedarf es eines **internen Geschäftsverteilungsplans** (§ 21g Abs. 1 und 2 GVG), der in Bezug auf den Beisitzer eine an abstrakten Grundsätzen orientierte Mitwirkungsregelung enthalten und schriftlich abgefasst sein muss.[251] Auch für die kammerinterne Geschäftsverteilung gilt das Jährlichkeitsprinzip, nach dem die Regelung der Geschäftsverteilung mit dem Ablauf des Geschäftsjahres, das mit dem Kalenderjahr übereinstimmt, ohne weiteres außer Kraft tritt.[252] Er kann während des Geschäftsjahres nur aus den gleichen Gründen geändert werden (§ 21g Abs. 2 Hs. 2 GVG) wie in Fällen des § 21e Abs. 3 GVG.[253] Verfügt der Spruchkörper zum Zeitpunkt des Eingangs der Anklageschrift über keinen nach § 21g Abs. 2 GVG zu erstellenden Mitwirkungsplan, ist das Gebot des gesetzlichen Richters verletzt.[254] Ein bewusster Verstoß gegen eine Geschäftsverteilungsregelung ist nicht Voraussetzung für den Erfolg der Rüge.[255]

269

---

249 *BGH* v. 20.5.2015 – 2 StR 45/14 = *BGHSt* 60, 248 = StV 2015, 741.

250 *BGH* v. 1.3.2017 – 4 StR 405/16 = NStZ – RR 2017, 181.

251 *BGHSt* 40, 168 = StV 1994, 416 = NStZ 1994, 443 m. Anm. *Katholnigg* = JZ 1994, 1175 m. Anm. *Kissel*; *BGH* StV 2003, 8; *BGH* v. 8.2.2017 – 1 StR 493/16; s. ferner KK-*Gericke*[7] § 338 Rn. 33. Zum Jährlichkeitsprinzip eines – auch kammerinternen – Geschäftsverteilungsplans auch *OLG Nürnberg* v. 15.11.2013 – 2 Ws 321/13 = StraFo 2014, 17 = StV 2014, 359 (Ls).

252 *BGH* v. 5.5.2004 – 2 StR 383/03 = *BGHSt* 49, 130 = StV 2004, 525.

253 *BGH* NStZ 2001, 611, auch zur Erstreckung auf bereits terminierte Sachen (s. näher Rn. 302).

254 *BGH* v. 8.2.2017 – 1 StR 493/16 = NStZ 2017, 429 m. Anm. *Tully*. Eine nachträglich geschaffene interne Geschäftsverteilung hat auf zu diesem Zeitpunkt bereits anhängige Verfahren keine Auswirkung.

255 Anders im Falle einer Abweichung von den kammerinternen Mitwirkungsgrundsätzen: *BGH* v. 15.6.1967 – 1 StR 516/66 = *BGHSt* 21, 250 u. v. 13.12.1979 – 4 StR 632/79 = *BGHSt* 29, 162.

4. Rügemöglichkeiten bei Einwänden gegen die Besetzung der großen Kammer mit drei Richtern einschließlich des Vorsitzenden und zwei (Jugend-)Schöffen

a) Willkürliche Überbesetzung

270   Für die Rechtslage gem. § 76 Abs. 2 GVG a.F. hatte der *BGH* erkannt, dass die Rüge der vorschriftswidrigen Besetzung auch in solchen Fällen in Betracht kam, in denen die Kammer mit drei Richtern einschließlich des Vorsitzenden und zwei (Jugend-)Schöffen besetzt war und dies auf objektiver Willkür beruhte, weil die Voraussetzungen für eine Verhandlung in reduzierter Besetzung vorlagen.[256] Daran hat sich durch die Neuregelung des Gesetzes über die Besetzung der großen Straf- und Jugendkammern in der Hauptverhandlung nichts geändert, zumal dieses die Besetzung mit zwei Richtern einschließlich des Vorsitzenden zur „Regelbesetzung" erklärt.[257]

Die Revisionsbegründung muss darlegen, warum die Zurückweisung oder das Übergehen des Besetzungseinwands im Hinblick auf die fehlenden Voraussetzungen der § 76 Abs. 2 GVG, §§ 33b Abs. 2, 108 Abs. 3 JGG objektiv willkürlich war.

b) Abweichen vom ursprünglichen Besetzungsbeschluss

271   Verhandelt die große Kammer in der Besetzung mit drei Richtern einschließlich des Vorsitzenden und zwei (Jugend-)Schöffen, obwohl der ursprüngliche Besetzungsbeschluss eine Besetzung mit zwei Richtern einschließlich des Vorsitzenden und zwei (Jugend-)Schöffen vorsah, und ist es nicht vor Beginn der Hauptverhandlung zu einem Abänderungsbeschluss gem. § 76 Abs. 4 GVG, § 33b Abs. 5 JGG gekommen oder enthält ein solcher Beschluss keine oder eine nur unzureichende Begründung, muss dieser Sachverhalt auf der Grundlage eines entspr. Besetzungseinwandes – ggf. unter wörtlicher Wiedergabe des Abänderungsbeschlusses – vorgetragen und dargelegt werden, dass zwischen dem ursprünglichen Besetzungsbeschluss und dem Beginn der Hauptverhandlung keine Umstände eingetreten sind, aus denen sich für die Verfahrensbeteiligten die Begründung für die Durchführung der Hauptverhandlung in einer Dreier-Besetzung erschließen konnte. Es ist insbesondere darzulegen, dass keine Umstände eingetreten sind, die nach den § 76 Abs. 2 und 3 GVG, § 33b Abs. 2 und 3 JGG eine Besetzung mit drei Richtern einschließlich des Vorsitzenden und zwei (Jugend-)Schöffen geboten hätten.

---

256   *BGH* StV 2005, 204; ebenso LR-*Siolek*[26] § 76 GVG Rn. 22.
257   So jetzt auch *BGH* v. 20.12.2016 – 3 StR 419/16 (Hinweis).

5. Rügemöglichkeiten bei Einwänden gegen die Besetzung im Hinblick auf einen fehlenden Besetzungsbeschluss

Nach § 76 Abs. 2 GVG, § 33b Abs. 2 JGG muss die Kammer – im Gegensatz zur **272** vor dem 1.1.2012 geltenden Rechtslage – stets über die Besetzung beschließen.[258] Das Fehlen eines Beschlusses führt zu einer vorschriftswidrigen Besetzung[259] unabhängig davon, ob unter Mitwirkung eines dritten Richters verhandelt wird oder nicht.[260]

Führt der Einwand zu der Feststellung, dass das Gericht nicht vorschriftsmäßig besetzt ist, hat dies die Beendigung der Hauptverhandlung zur Folge. Nach § 76 Abs. 5 GVG, § 33b Abs. 6 JGG wäre sodann erneut über die Besetzung zu entscheiden und mit der Hauptverhandlung erneut zu beginnen.

Wird der Besetzungscinwand übergangen oder zurückgewiesen und die Hauptverhandlung bis zum Urteil fortgeführt, begründet dies die Revision (§ 338 Nr. 1 lit. b StPO).

6. Ist es nach Aussetzung der Hauptverhandlung erneut zu einer Hauptverhandlung in einer Besetzung gekommen, die von derjenigen in der zunächst begonnenen Hauptverhandlung abweicht und richtete sich dagegen der übergangene oder zurückgewiesene Besetzungseinwand?

Nach Beginn der Hauptverhandlung darf der ursprüngliche Besetzungsbeschluss **273** auch dann nicht rückgängig gemacht werden, wenn sich in der Hauptverhandlung herausstellt, dass die ursprünglichen Annahmen für den Besetzungsbeschluss unzutreffend waren. Eine Aussetzung der Hauptverhandlung nur zu dem Zweck, erneut über die Besetzung entscheiden zu können, ist unzulässig.[261] Dementspr. wäre bei Neubeginn der Hauptverhandlung in veränderter Besetzung der Revisionsgrund der vorschriftswidrigen Gerichtsbesetzung gegeben, wenn ein diesbezüglicher Besetzungseinwand übergangen oder zurückgewiesen wurde (§ 338 Nr. 1 b StPO). Dies gilt aber nur dann, wenn für die Aussetzung der Hauptverhandlung keine anderen Gründe vorlagen als der, erneut über die Besetzung entscheiden zu können. Nur dann wäre das Verfahren in der zunächst beschlossenen Besetzung zu Ende zu führen gewesen. Machten demgegenüber sachliche Gründe die Aussetzung erforderlich, ist nach § 76 Abs. 5 GVG, § 33b Abs. 6 JGG ein erneuter Beschluss über die

---

258 So auch Gesetzentwurf der Bundesregierung v. 12.8.2011 (BR-Drucks. 460/11) Begründung S. 13.

259 Für § 76 Abs. 2 GVG a.F. s. *BGHSt* 44, 361 = StV 1999, 529 sowie *Schlothauer* StV 1993, 147, 150. Zu § 76 Abs. 2 S. 1 GVG ebenso SSW-StPO-*Werner*[2] § 76 GVG Rn. 21. Siehe auch LR-*Gittermann*[26] § 76 GVG Nachtr. Rn. 8.

260 So wohl auch *Deutscher* StRR 2012, 10, 13; **a.A.** bei Verhandlung in Dreierbesetzung KK-*Diemer*[7] § 76 GVG Rn. 5.

261 S. oben Rn. 259; zur früheren Rechtslage schon *Schlothauer* StV 1993, 147, 148.

Besetzung nicht nur zulässig, sondern auch geboten. Nach § 344 Abs. 2 S. 2 StPO muss dargelegt werden, dass solche sachlichen Gründe fehlten.

II. Rügevorbringen in Verfahren ohne Besetzungseinwand

274 Fand die Hauptverhandlung vor dem Amtsgericht[262] statt oder ist in den Fällen des § 338 Nr. 1a bzw. 1c StPO die Besetzungsrüge deshalb nicht präkludiert, weil die Vorschriften über die Mitteilung der Besetzung nach § 222a StPO verletzt wurden oder die Hauptverhandlung nicht nach § 222a Abs. 2 StPO zur Prüfung der Besetzung unterbrochen wurde,[263] sind zusätzlich zu den diesbezüglichen[264] diejenigen Verfahrenstatsachen vorzutragen, aus denen sich die vorschriftswidrige berufsrichterliche Besetzung des Gerichts ergibt.

III. Rügemöglichkeiten bei vorschriftswidriger Besetzung

275 Für die Rüge, der/die mit der Sache befasste Spruchkörper/Abteilung sei in Person der Berufsrichter falsch besetzt gewesen, sind insbesondere folgende Problemkreise von Bedeutung:

1. Bestimmung der Besetzung der Spruchkörper (bzw. der einzelnen Abteilungen beim Amtsgericht) durch den Geschäftsverteilungsplan (§ 21e Abs. 1 GVG)[265]

a) Aufstellung des Geschäftsverteilungsplans

276 Gegenstand der Revision kann die Rüge sein, dass der Geschäftsverteilungsplan nicht gesetzmäßig aufgestellt und abgeändert worden sei.[266] Auch in Bezug auf die zur Entscheidung des Einzelfalls berufenen Richter muss der Geschäftsverteilungsplan im Voraus eine eindeutige Regelung anhand abstrakt – genereller Kriterien enthalten.[267]

---

262   Gegen dessen Urteil sich die Sprungrevision des Angeklagten richtet. Zur Besetzungsrüge bei Urteilen des Landgerichts im Berufungsverfahren s. Rüge 267e Rn. 2361.

263   Nicht präkludiert ist die Besetzungsrüge bei erstinstanzlichen Hauptverhandlungen vor dem Landgericht oder dem Oberlandesgericht auch dann, wenn ein Einwand gegen die Besetzung zu deren Änderung führte. Nach § 222b Abs. 2 S. 3 StPO ist für die neue Besetzung § 222a StPO nicht anzuwenden. Allerdings soll nach Auffassung des *BGH* v. 1.4.2008 – 5 StR 357/07 = StV 2009, 66 m. abl. Anm. *Ventzke* = NStZ 2008, 475 eine Besetzungsrüge wegen widersprüchlichen Prozessverhaltens nicht statthaft sein, die mit der Revision die von ihr bewirkte Besetzungsänderung rügt.

264   Siehe zunächst oben Rüge 10 Rn. 218 u. 219.

265   LR-*Breidling*[26] § 21e GVG Rn. 9.

266   Siehe oben Rüge 10 Rn. 222 sowie unten Rn. 302.

267   *BGH* v. 8.2.2017 – 1 StR 493/16 = NStZ 2017, 429 = StraFo 2017, 196 m.w.N.

b) Vorsitz des Spruchkörpers

Beim Landgericht und beim Oberlandesgericht muss der Geschäftsverteilungsplan **277** den Vorsitz des Spruchkörpers bestimmen, den der Präsident oder ein Vorsitzender Richter zu führen hat (§ 21f Abs. 1 GVG). Das Erfordernis der Bestimmung eines Vorsitzenden Richters zum planmäßigen Vorsitzenden eines Spruchkörpers gilt auch für auswärtige Strafkammern.[268] Es soll nicht für Hilfsstrafkammern gelten.[269] Mit der Besetzungsrüge kann auch die Bestimmung des Vorsitzenden beanstandet werden.[270]

Es widerspricht dem Grundsatz des gesetzlichen Richters, wenn ein Geschäftsver- **278** teilungsplan keine verbindliche Entscheidung über die Person des Vorsitzenden Richters eines Spruchkörpers trifft und danach die Möglichkeit verbleibt, jederzeit einen anderen Vorsitzenden Richter während des laufenden Geschäftsjahres mit dem Vorsitz zu betrauen.[271] Wird ein Richter am Landgericht zum ständigen Vorsitzenden einer ordentlichen Strafkammer bestellt und nicht nur wegen vorübergehender Verhinderung des Vorsitzenden zu dessen Vertreter, sind § 338 Nr. 1 StPO, § 21f Abs. 1 GVG verletzt.

Vorsitzender eines Spruchkörpers bei einem Landgericht kann auch ein Vorsitzen- **279** der Richter am OLG sein, der an das Landgericht (zurück-)abgeordnet wurde.[272]

Ein Vorsitzender Richter kann auch zum Vorsitzenden mehrerer Spruchkörper be- **280** stellt werden. Jedoch muss er die Aufgaben als Vorsitzender im erforderlichen Umfang wahrnehmen können.[273] Er muss normalerweise in 75 % der Fälle den Vorsitz persönlich führen.[274] Nur so kann er richtunggebenden Einfluss auf die Rspr. des Spruchkörpers ausüben.[275] Die Rüge dürfte nur in den Fällen Erfolg haben, in denen sich der Vorsitzende (aus welchen Gründen ist unerheblich) in der Hauptverhandlung hat vertreten lassen.[276]

---

268 *BGHSt* 18, 176.
269 *BGHSt* 31, 389 = StV 1983, 323; *Dahs* Die Revision im Strafprozess⁹, Rn. 132.
270 *BGH* v. 8.1.2009 – 5 StR 537/08 = StV 2010, 349 = NStZ 2009, 471.
271 *OLG Hamm* StV 1998, 6.
272 *BGH* v. 10.12.2008 – 1 StR 322/08 = *BGHSt* 53, 99 = StV 2010, 347 = NJW 2009, 381.
273 Zur vorübergehenden Besetzung der Vorsitzendenstelle im 2. und 4. StS des *BGH* mit einem „Doppelvorsitzenden" s. einerseits *BGH* v. 11.1.2012 – 2 StR 346/11 = StV 2012, 204, andererseits *BGH* v. 11.1.2012 – 4 StR 523/11= StV 2012, 209 u. *BGH* v. 11.1.2012 – 2 StR 482/11 = StV 2012, 272 m. Anm. *Bernsmann* StV 2012, 274; s.a. *Schünemann* ZIS 2012, 1. Ob die Ausführungen des *BVerfG* (v. 23.5.2012 – 2 BvR 610/ 12, 2 BvR 625/12 = StV 2012, 513) zur verfassungsrechtlichen Zulässigkeit eines „Doppelvorsitzenden" gleichermaßen für den Vorsitzenden eines Revisionssenats wie eines Tatgerichts gelten können, ist angesichts der Unterschiedlichkeit der jeweiligen Aufgaben zu bezweifeln. Zu dieser Entscheidung und ihren Konsequenzen *Fischer/ Krehl* StV 2012, 550.
274 KK-*Diemer*⁷ § 21f GVG Rn. 2; LR-*Breidling*²⁶ § 21f GVG Rn. 5.
275 Dazu ausführlich *Schünemann* ZIS 2012, 1, 2 ff.
276 KK-*Gericke*⁷ § 338 Rn. 32.

281 Eine Geschäftsverteilung, die für eine Strafkammer keinen Vorsitzenden bestimmt („N. N.") ist jedenfalls dann gesetzeswidrig, wenn für den Posten dieses Vorsitzenden keine Planstelle ausgewiesen ist,[277] oder diese aufgrund haushaltsrechtlicher Sparmaßnahmen erst mit zeitlicher Verzögerung wieder besetzt wird.[278] Bei dauernder Verhinderung[279] muss gem. § 21e Abs. 3 GVG ein anderer Vorsitzender bestellt werden[280] oder es müssen die Geschäfte der insoweit vakanten Strafkammer im Rahmen einer Geschäftsverteilungsänderung auf andere Strafkammern verteilt werden.[281]

Anforderungen an Vortrag der Verfahrensrüge der **vorschriftswidrigen Besetzung** in der Person **des Vorsitzenden** (§ 338 Nr. 1 StPO, § 21f GVG):

282 Es ist vorzutragen,

- dass der Geschäftsverteilungsplan für eine ordentliche Strafkammer keinen Vorsitzenden Richter als Vorsitzenden bestimmt hat[282] oder nur einen Richter am Landgericht[283] oder gar einen Richter am Amtsgericht[284] oder der Vorsitzende Richter dauerhaft verhindert ist;

- mit der Revisionsbegründung müssen keine Tatsachen vorgetragen werden, die den Verfahrensbeteiligten nicht zugänglich sind, bspw. weil es sich um präsidiumsinterne Vorgänge handelt.[285] Es müssen lediglich die zugänglichen Tatsachen, insbesondere solche aus dem Geschäftsverteilungsplan, vorgetragen werden.[286]

c) Stellvertretender Vorsitzender

283 Für Fälle vorübergehender Verhinderung des Vorsitzenden muss durch den Geschäftsverteilungsplan einem bestimmten Mitglied der Strafkammer die Aufgabe des stellvertretenden Vorsitzenden übertragen sein (§ 21f Abs. 2 S. 1 GVG). Dieser Richter muss ständiges Mitglied der Kammer und Richter auf Lebenszeit (§ 28 Abs. 2 S. 2 DRiG) sein.[287] Nur wenn ein stellvertretender Vorsitzender bestimmt

---

277 *BGHSt* 28, 290.
278 *OLG Hamburg* StV 1984, 503 = NStZ 1984, 570 = JR 1985, 36 m. Anm. *Katholnigg*; *BGH* DRiZ 1985, 396.
279 Siehe dazu auch unten Rn. 296.
280 Die Bestellung nebeneinander und gleichzeitig tätig werdender Vertreter ist ebenfalls unzulässig: *OLG Hamm* StV 1998, 6; *OLG Hamm* StV 2004, 366.
281 *OLG Celle* StV 1993, 66, auch zur Abgrenzung vorübergehender von dauerhafter Verhinderung des Vorsitzenden.
282 Zusätzlich ist vorzutragen, dass für den Posten keine Planstelle ausgewiesen worden ist oder er infolge einer Haushaltssperre nicht besetzt werden konnte.
283 *OLG Hamm* StV 1998, 6; *OLG Oldenburg* StV 2001, 159.
284 *OLG Hamm* StV 2004, 366.
285 *BGHSt* 28, 290; *OLG Hamm* StV 1998, 6.
286 *BGHSt* 28, 290; *OLG Hamm* StV 1998, 6; *OLG Oldenburg* StV 2001, 159. Zu den weiteren Anforderungen s. Rn. 284.
287 *BGHSt* 20, 61; *BGHSt* 13, 262, 266.

worden, dieser aber verhindert ist, ist das dienstälteste und bei gleichem Dienstalter das lebensälteste Mitglied des Spruchkörpers befugt, den Vorsitz zu führen (§ 21f Abs. 2 S. 2 GVG).

Anforderungen an Vortrag: Wird gerügt, dass der Vorsitz nicht von dem Präsi- **284** denten oder einem Vorsitzenden Richter geführt wurde, ist mitzuteilen, dass der den Vorsitz führende Richter weder Präsident noch Vorsitzender Richter, sondern Richter am Landgericht oder Amtsgericht war und dass kein Vertretungsfall gegeben war. War ein Vertretungsfall gegeben und wird gerügt, dass der Vorsitz nicht von dem ordentlichen Vertreter i.S.d. § 21f Abs. 2 S. 1 GVG geführt wurde, ist vorzutragen, wer im Vertretungsfall berufen war[288] und dass der den Vorsitz führende Richter nicht das dienstälteste bzw. bei gleichem Dienstalter das lebensälteste Mitglied des Spruchkörpers war, wenn auch der ordentliche stellvertretende Vorsitzende verhindert war.

d) Blinder Richter als Vorsitzender

Der Vorsitz in einer Hauptverhandlung einer erstinstanzlichen Strafsache darf nicht **285** von einem blinden Richter geführt werden.[289]

Anforderungen an Vortrag: Zur Begründung der Revision bedarf es des Vortrags, **286** dass der namentlich zu benennende Richter tatsächlich blind sei,[290] es reicht nicht aus zu behaupten, der Richter sei stark sehbehindert bis an die Grenze zur Blindheit. Der Erhebung eines Besetzungseinwandes bedarf es für diese Verfahrensrüge nicht, weil es sich um einen Mangel in der Person des Richters handelt.

e) Beisitzer[291]

Der Geschäftsverteilungsplan muss neben dem Vorsitzenden und dessen Stellver- **287** treter die übrigen Richter benennen, die einem Spruchkörper zugeteilt worden sind. Ist ein Richter mehreren Spruchkörpern zugeteilt worden, ohne dass bestimmt ist, in welchem er vorrangig tätig zu werden hat, liegt ein Zuweisungsmangel mit der Folge der Vorschriftswidrigkeit der Besetzung des Gerichts in seiner Person vor.[292]

Anforderungen an Vortrag: Zum notwendigen Revisionsvortrag gehört die Mit- **288** teilung des gesamten Geschäftsverteilungsplans bzw. der Änderungsbeschlüsse aus dem laufenden Jahr, denen zu entnehmen sein muss, dass der namentlich zu benen-

---

288 *BayObLG* StV 1984, 414.
289 *BGHSt* 35, 164 = StV 1988, 191; *BGH* StV 1989, 143; anders für Vorsitz in einer Berufungsstrafkammer: *OLG Zweibrücken* NStZ 1992, 50; dazu *BVerfG* NStZ 1992, 246; **a.A.** SSW-StPO-*Widmaier/Momsen*[2] § 338 Rn. 12.
290 *BGHR* StPO § 338 Nr. 1 Richter, blinder 6.
291 Ob ein blinder Richter als beisitzender Richter an einer tatgerichtlichen Hauptverhandlung nur dann von der Mitwirkung ausgeschlossen ist, wenn es zu einer Augenscheinseinnahme kommt, oder generell, ist str.: vgl. *Meyer-Goßner/Schmitt*[60] § 338 Rn. 11; SSW-StPO-*Widmaier/Momsen*[2] § 338 Rn. 12..
292 *BGHSt* 25, 163 = NJW 1973, 1291.

nende Richter zeitgleich mehreren Spruchkörpern zugeteilt ist, ohne dass bestimmt ist, in welchem er vorrangig tätig zu werden hat.

f) Richter auf Probe, kraft Auftrags und abgeordnete Richter

289 Wirken an einer Entscheidung zwei Richter auf Probe oder ein Richter auf Probe und ein abgeordneter Richter mit, ist das Gericht wegen Verstoßes gegen § 29 DRiG vorschriftswidrig besetzt.[293]

g) Dienstleistungsverbot

290 Die Mitwirkung eines Richters an der Hauptverhandlung entgegen einem absoluten Dienstleistungsverbot führt zur gesetzeswidrigen Besetzung des Gerichts. Darauf hat der *BGH* am Beispiel eines Verstoßes gegen den zwingenden nachgeburtlichen Mutterschutz einer Richterin für den Zeitraum der Mutterschutzfrist erkannt.[294]

2. Überbesetzung eines Kollegialgerichts

291 Ein Spruchkörper darf nicht in einem Maße überbesetzt sein, das die Möglichkeit eröffnet, dass vor einer Großen Strafkammer gleichzeitig zwei Hauptverhandlungen mit jeweils drei Berufsrichtern stattfinden oder der Vorsitzende drei Spruchkörper mit je verschiedenen Beisitzern bilden kann.[295] Dies bedeutet, dass ein Spruchkörper höchstens vier Beisitzer haben darf. Dass bei Verhandlung in reduzierter Besetzung gem. § 76 Abs. 2 GVG die Möglichkeit besteht, bereits bei einer Besetzung mit drei Beisitzern in zwei personell voneinander verschiedenen Sitzgruppen zu verhandeln, wurde demgegenüber für unschädlich gehalten.[296] Dies war unkritisch, solange nach § 76 Abs. 2 GVG a.F. bzw. § 33b Abs. 2 JGG a.F. die Dreierbesetzung die Regel und die Verhandlung in reduzierter Besetzung die Ausnahme war. Nachdem seit dem 1.1.2012 die Zweier-Besetzung die Regel-Besetzung darstellt, ist eine Kammerbesetzung mit einem Vorsitzenden und drei Beisitzern im Hinblick auf das Recht auf den gesetzlichen Richter (Art. 101 Abs. 1 S. 2 GG) jedenfalls dann

---

293 *KG* StV 1982, 9; *Dahs* Die Revision im Strafprozess[9] Rn. 140. Demgegenüber wurde während der Geltung des zeitlich befristeten § 29 DRiZ i.d.F. vom 11.1.1993 (BGBl. I, 50) die Mitwirkung von zwei Richtern auf Probe als unproblematisch angesehen: *BGH* StV 1995, 568 = NJW 1996, 267; *OLG Zweibrücken* StV 1995, 15; **dagegen** *König* StV 1995, 39. Ein Richter auf Probe darf nicht aufgrund eines Dienstleistungsauftrags ohne zeitliche Begrenzung bei einer Strafkammer eingesetzt werden; durch nachträgliche Befristung des Dienstleistungsauftrages kann der Verfahrensfehler auch nicht geheilt werden: *LG Bremen* StV 1998, 13.

294 *BGH* v. 7.11.2016 – 2 StR 9/15 = BGHSt 61, 296 = NStZ 2017, 107 m. Anm. *Niemöller* NStZ 2017, 425 = StraFo 2017, 66.

295 *Dahs* Die Revision im Strafprozess[9] Rn. 128; KK-*Gericke*[7] § 338 Rn. 31; SK-StPO-*Frisch*[3] § 338 Rn. 32; *OLG Koblenz* NStZ 1982, 301; für einen Ausnahmefall *BGHSt* 33, 234 = NStZ 1986, 36 m. Anm. *Rieß*.

296 *BVerfG* StV 2005, 1; *BGH* StV 2005, 2 m. Anm. von *Döllen/Meyer-Mews*.

fragwürdig, wenn es dadurch zu einer Überlastung des Vorsitzenden kommt und sein richtungsweisender Einfluss auf die Rspr. des Spruchkörpers nicht mehr gewährleistet ist.[297]

Gehören der Strafkammer mehr als drei Berufsrichter an, muss jedenfalls ein **interner Geschäftsverteilungsplan** vorliegen (§ 21g Abs. 1 und 2 GVG), der eine an abstrakten Grundsätzen orientierte Mitwirkungsregelung enthalten und schriftlich abgefasst sein muss.[298] Auch für die kammerinterne Geschäftsverteilung gilt das Jährlichkeitsprinzip, nach dem die Regelung der Geschäftsverteilung mit dem Ablauf des Geschäftsjahres, das mit dem Kalenderjahr übereinstimmt, ohne weiteres außer Kraft tritt.[299] Er kann während des Geschäftsjahres nur aus den gleichen Gründen geändert werden (§ 21g Abs. 2 Hs. 2 GVG) wie in Fällen des § 21e Abs. 3 GVG.[300] Verfügt der Spruchkörper zum Zeitpunkt des Eingangs der Anklageschrift über keinen nach § 21g Abs. 2 GVG zu erstellenden Mitwirkungsplan, ist das Gebot des gesetzlichen Richters verletzt.[301] Ein bewusster Verstoß gegen eine Geschäftsverteilungsregelung ist nicht Voraussetzung für den Erfolg der Rüge.[302] **292**

3. Verhandlung in reduzierter Besetzung (§ 76 Abs. 2 S. 4 GVG; § 33b Abs. 2 S. 4 JGG)

Findet eine Verhandlung in reduzierter Besetzung mit zwei Richtern einschließlich des Vorsitzenden und zwei (Jugend-)Schöffen gem. § 76 Abs. 2 S. 4 GVG, § 33b Abs. 2 S. 4 JGG statt,[303] muss ebenfalls im Rahmen der Geschäftsverteilung in abstrakter, genereller Weise geregelt sein, welcher beisitzende Richter neben dem Vorsitzenden an einer Verhandlung mitzuwirken hat (**interner Geschäftsverteilungsplan**).[304] **293**

---

297 *BVerfG* StV 2005, 1. Siehe auch *Fischer/Krehl* StV 2012, 550.
298 *BGHSt* 40, 168 = StV 1994, 416 = NStZ 1994, 443 m. Anm. *Katholnigg* = JZ 1994, 1175 m. Anm. *Kissel*; *BGH* StV 2003, 8; s. ferner KK-*Gericke*[7] § 338 Rn. 33. Zum Jährlichkeitsprinzip eines – auch kammerinternen – Geschäftsverteilungsplans s. *OLG Nürnberg* v. 15.11.2013 – 2 Ws 321/13 = StraFo 2014, 17 = StV 2014, 359 (Ls).
299 *BGH* v. 5.5.2004 – 2 StR 383/03 = BGHSt 49, 130 = StV 2004, 525.
300 *BGH* NStZ 2001, 611, auch zur Erstreckung auf bereits terminierte Sachen (s. näher Rn. 302).
301 *BGH* v. 8.2.2017 – 1 StR 493/16 = NStZ 2017, 429 = StraFo 2017, 196. Eine nachträglich geschaffene interne Geschäftsverteilung hat auf zu diesem Zeitpunkt bereits anhängige Verfahren keine Auswirkung.
302 Anders im Falle einer Abweichung von den kammerinternen Mitwirkungsgrundsätzen: *BGH* v. 15.6.1967 – 1 StR 516/66 = *BGHSt* 21, 250 u. v. 13.12.1979 – 4 StR 632/79 = *BGHSt* 29, 162.
303 Siehe hierzu oben Rn. 246.
304 *BGH* StV 1999, 639 = NStZ 2000, 50 = JR 2000, 166 m. Anm. *Katholnigg*; *BGH* StV 2004, 525 = *BGHSt* 49, 130; ferner *Schlothauer* StV 1993, 147, 148.

4. Verhandlung vor einem nach dem Geschäftsverteilungsplan unzuständigen Richter

294   Soll gerügt werden, dass der an der Hauptverhandlung mitwirkende Richter nicht derjenige ist, der nach dem Geschäftsverteilungsplan hätte mitwirken müssen, müssen die im Geschäftsverteilungsplan getroffenen Regelungen vollständig mitgeteilt werden[305] sowie die Tatsache, dass danach keine Änderung der Geschäftsverteilung erfolgt ist bzw. nur eine solche, durch die die Zuständigkeit des geschäftsplanmäßigen Richters im konkreten Fall nicht berührt wurde.

5. Verhandlung vor dem erweiterten Schöffengericht (§ 29 Abs. 2 GVG)

295   Soweit die Staatsanwaltschaft gem. § 29 Abs. 2 S. 1 GVG die Zuziehung eines zweiten Richters beim Amtsgericht für erforderlich hält, kann sie einen solchen Antrag spätestens bis zum Erlass des Eröffnungsbeschlusses stellen. Die Zuziehung darf das Gericht nach dieser Vorschrift nur mit der Eröffnung des Hauptverfahrens beschließen. Danach ist die Zuziehung eines weiteren Richters nicht mehr möglich.[306] Eine andere Vorgehensweise widerspräche nicht nur dem Wortlaut der Vorschrift; sie wäre auch mit dem Grundsatz des gesetzlichen Richters (Art. 101 S. 2 GG) nicht in Einklang zu bringen. Hat ein erweitertes Schöffengericht entschieden, obwohl ein entspr. Antrag der Staatsanwaltschaft nicht gestellt worden war und auch die Voraussetzungen des § 29 Abs. 2 S. 2 GVG nicht vorgelegen haben, kann hierauf die Revision gestützt werden.[307] Dies muss auch gelten, wenn erst nach Eröffnung des Hauptverfahrens ein zweiter Richter hinzugezogen wird.

6. Verhinderung

a) Verhinderung des Vorsitzenden

296   Der Vertretungsfall des § 21f Abs. 2 GVG tritt in den Fällen vorübergehender Verhinderung des Vorsitzenden ein.

Ist die Verhinderung aus tatsächlichen Gründen offenkundig (Urlaub, Krankheit, Abordnung, Rechtsprechungsaufgaben in der eigenen Kammer),[308] kann der Vorsitzende diese selbst feststellen.[309] Ist die Verhinderung nicht offensichtlich oder wirkt sie sich auf andere Spruchkörper aus, ist sie vom Präsidenten des Gerichts festzustellen.[310] Ist die Feststellung der Verhinderung noch im Rahmen des Verfah-

---

305   *BayObLG* St 1993, 161 = VRS 86 (1994), 285.
306   *KG*, v. 30.12.2015 – (2) 141 HEs 96/15 = StV 2016, 448; LR-*Gittermann*[26] § 29 GVG Rn. 9.
307   *Meyer-Goßner/Schmitt*[60] § 29 GVG Rn. 7.
308   Nicht zu den Rechtsprechungsaufgaben gehört die Durchführung einer Informationsveranstaltung für neu gewählte Schöffen: *BGH* StV 1989, 338.
309   Siehe KK-*Gericke*[7] § 338 Rn. 34.
310   *BGHSt* 21, 174 = NJW 1967, 637; *BGHSt* 30, 268 = StV 1982, 153 = NStZ 1982, 295 m. Anm. *Rieß*.

rens gem. §§ 222a, 222b StPO nachgeholt worden, ist der Vorgang nicht revisibel.[311]

Liegt eine dauernde Verhinderung des Vorsitzenden vor, kann er also für lange oder nicht absehbare Zeit seine Aufgaben nicht wahrnehmen, ist kein Vertretungsfall i.S.d. § 21f Abs. 2 GVG gegeben. Eine solche Situation kann auch infolge einer Überlastung durch strukturelle Maßnahmen (Regelung des Geschäftsverteilungsplans) veranlasst sein.[312] Einer vorhersehbaren, nicht vorübergehenden und nicht auf die besonderen Umstände des Einzelfalles zurückzuführenden Verhinderung muss durch Änderung der Geschäftsverteilung durch das Präsidium gem. § 21e Abs. 3 GVG oder durch Bestellung eines neuen Vorsitzenden Rechnung getragen werden.[313]

b) Verhinderung der Beisitzer

Die Vertretung der Beisitzer muss im Falle ihrer Verhinderung im Geschäftsverteilungsplan geregelt sein. Verfahrensfehlerhaft ist die Bestimmung eines zeitweiligen Vertreters nach Maßgabe des § 21e Abs. 3 GVG, die dadurch erforderlich wird, dass die im Geschäftsverteilungsplan vorgesehene Regelung eine nicht ausreichende Vertreterkette vorsieht.[314] Auf die Verfahrensrüge wird überprüft, ob die geschäftsplanmäßige Vertretungsregelung an sich ausreichte, um die ordnungsgemäße Vertretung aller Beisitzer zu gewährleisten.[315] Eine „ad hoc"-Bestellung eines Vertreters eines beisitzenden Richters kommt allenfalls dann in Betracht, wenn die anlassgebende Entwicklung bei Aufstellung des Geschäftsverteilungsplans nicht vorhersehbar war. Anderenfalls hat eine auf Dauer angelegte Erweiterung der Vertreterreihe nach abstrakten, verfassungsrechtlich durch Art. 101 Abs. 1 GG gebotenen Grundsätzen zu erfolgen.[316]

297

Ebenfalls fehlerhaft kann die Besetzung mit einem Vertreter sein, der auch einem anderen Spruchkörper zugeteilt ist und für den Kollisionsfall nicht durch den Gerichtspräsidenten bestimmt wurde, welche Tätigkeit vorgeht.[317]

Die Feststellung der Verhinderung trifft der Vorsitzende, wenn die Folgen nicht über den eigenen Spruchkörper hinausgehen; sind die Hinderungsgründe nicht of-

298

---

311 *BGHSt* 30, 268 = StV 1982, 153 = NStZ 1982, 295 m. Anm. *Rieß*; *BGH* StV 1989, 338.
312 *OLG Hamburg* StV 2003, 11.
313 *BGH* NStZ 1989, 32; *BGHR* StPO § 338 Nr. 1 Vorsitzender 2. Siehe dazu auch oben Rn. 281.
314 *BGH* StV 1987, 286; *BGH* StV 1987, 514 = NJW 1988, 1921 = NStZ 1988, 36; *BGH* StV 1988, 194; *LG Berlin* StV 1994, 366.
315 *BGHR* GVG § 21e I Verhinderung 3; *Dahs* Die Revision im Strafprozess⁹, Rn. 125b.
316 *BGH* v. 20.5.2015 – 5 StR 91/15 = StV 2015, 751 = StraFo 2015, 331; KK-*Gericke*⁷ § 338 Rn. 34.
317 *BGHSt* 25, 163 = NJW 1973, 1291. Mit der Rüge müssen der gesamte Geschäftsverteilungsplan sowie etwaige Änderungsbeschlüsse mitgeteilt werden sowie die Tatsache, dass der konkrete Einsatz des Richters nicht durch den Gerichtspräsidenten bestimmt wurde.

fensichtlich und unzweifelhaft, muss die Verhinderung von dem Gerichtspräsidenten festgestellt werden, wenn sie die Heranziehung eines Vertreters aus einem anderen Spruchkörper zur Folge hat.[318] Die Feststellung der nicht offenkundigen Verhinderung ist aktenkundig zu machen.[319]

299 Die tatsächlichen Grundlagen des Verhinderungsfalles können im Revisionsverfahren, abgesehen von der Willkürprüfung,[320] nicht überprüft werden. Die diesbezügliche Prüfung muss sich darauf beschränken, ob der Rechtsbegriff der Verhinderung verkannt ist.[321]

Ist im Falle der nicht zu beanstandenden Verhinderung ein zur Vertretung nicht berufener Richter tätig geworden, begründet dies die vorschriftswidrige Besetzung des Gerichts.[322]

Die Anforderungen an einen Besetzungseinwand wegen der Vorschriftswidrigkeit eines Vertretereinsatzes und damit korrespondierend an das Revisionsvorbringen sind sehr streng.[323] Dies soll selbst bei evidenten Besetzungsmängeln gelten, die allen Verfahrensbeteiligten ohne weiteres erkennbar oder sogar bekannt sind. Sowohl der an der Entscheidung mitwirkende Richter, der nicht gesetzlicher Richter war, als auch der Richter, der bei ordnungsgemäßer Besetzung zur Entscheidung berufen war, sind namentlich zu nennen.

c) Zuziehung eines Ergänzungsrichters (§ 192 Abs. 2 GVG)

300 Ordnet der Vorsitzende die Hinzuziehung eines Ergänzungsrichters an, ist dies kein Fall der im Geschäftsverteilungsplan nach § 21e Abs. 1 GVG geregelten Vertretung. Kann der Ergänzungsrichter aus dem betreffenden Spruchkörper selbst herangezogen werden, wird er nach § 21g GVG bestimmt.[324] Im Übrigen muss der Geschäftsverteilungsplan eine allgemeine Regelung enthalten, welche spruchkörperfremden Richter in welcher Reihenfolge als Ergänzungsrichter heranzuziehen sind.[325] Eine Einzelzuweisung durch das Präsidium ohne Bindung an eine abstraktgenerelle Regelung im Geschäftsverteilungsplan führt zu einer vorschriftswidrigen Besetzung.[326]

---

318 *BGH* StV 1989, 338, wonach insbesondere die Feststellung einer Überlastung nicht zu den offensichtlichen Hinderungsgründen zählt. Allg. *Schrader* Die Feststellung der Verhinderung eines Richters, StV 1991, 540.

319 *Kissel/Mayer* GVG[8] § 21e Rn. 147; LR-*Breidling*[26] § 21f GVG Rn. 23: nur zweckmäßig.

320 Vgl. *BGHSt* 35, 366; *Niemöller* StV 1987, 311.

321 Vgl. *Niemöller* StV 1987, 311 unter Auswertung der höchstrichterlichen Rspr. sowie SK-StPO-*Frisch*[4] § 338 Rn. 38 m. w. Bsp.

322 SK-StPO-*Frisch*[4] § 338 Rn. 39.

323 *BGH* v. 7.9.2016 – 1 StR 422/15 = NZWiSt 2017, 74.

324 *BGH* StV 2003, 8; KK-*Diemer*[7] § 192 GVG Rn. 5.

325 *LG Halle* StV 2005, 208.

326 *LG Köln* v. 14.3.2013 – 116 KLs 2/12 = StV 2013, 557; *LG Magdeburg* v. 30.4.2015 – 24 KLs 3/14 = StV 2015, 761.

Wird ein Ergänzungsrichter hinzugezogen, der von vornherein nicht der gesetzliche **301** Richter ist, ist der Einwand der vorschriftswidrigen Besetzung nach § 222b Abs. 1 S. 1 StPO ebenfalls innerhalb der dort bezeichneten Frist und nicht erst im Zeitpunkt seines Eintritts zu erheben.[327] Für Fehler im Zusammenhang mit dem Eintritt in das Quorum greift die Präklusion dagegen nicht Platz.[328] Dies ist vom *1. Strafsenat* des *BGH* in Zweifel gezogen worden, der im Falle des unzulässigen Eintritts eines Ergänzungsrichters die unverzügliche Erhebung eines Besetzungseinwands in Erwägung zieht.[329] Der *5. Strafsenat* des *BGH* erwägt alternativ zur Vermeidung eines Rügeverlustes die Herbeiführung eines Gerichtsbeschlusses gem. § 238 Abs. 2 StPO.[330] Sollte es in der Hauptverhandlung zu einem Besetzungseinwand oder einer Beanstandung gem. § 238 Abs. 2 StPO gekommen sein, ist dieser Umstand sowie ein darauf etwa ergangener Gerichtsbeschluss sowie das weitere Verfahrensgeschehen mitzuteilen.

Der Ergänzungsrichter muss von Beginn der Hauptverhandlung an dieser teilnehmen;[331] eine Hinzuziehung zu einem späteren Zeitpunkt ist rechtsfehlerhaft.[332]

Der Ergänzungsrichter tritt bei Verhinderung eines der zunächst berufenen Richter in das Quorum ein[333]. Scheidet ein Richter aus einem Spruchkörper auf Grund der Übertragung eines Richteramtes bei einem anderen Gericht aus, ist ein Verhinderungsfall i.S.v. § 192 Abs. 2 GVG nicht gegeben, wenn die Hauptverhandlung, die unter Beteiligung dieses Richters begonnen wurde, auf Grund einer Rückabordnung nach § 37 DRiG innerhalb der Fristen des § 229 StPO in der ursprünglichen Besetzung der Richterbank fortgesetzt werden kann.[334] Bezüglich der Revisibilität der Voraussetzung der Verhinderung gelten die Ausführungen zum Eintritt des Vertretungsfalles[335] entsprechend.[336]

Scheidet der Vorsitzende aus, tritt an seine Stelle dessen ständiger Vertreter, wenn dieser schon bislang an der Hauptverhandlung teilgenommen hat. Hat das Präsidium gem. § 21e Abs. 3 S. 1 GVG einen neuen Vorsitzenden bestimmt und hat dieser

---

327 *BGH* StV 2003, 5, 6.
328 *Dahs* Die Revision im Strafprozess⁹, Rn. 145.
329 *BGH* v. 10.12.2008 – 1 StR 322/08 = StV 2010, 347 = NJW 2009, 381 (hierzu abl. *Lindemann* StV 2010, 379).
330 *BGH* v. 8.1.2009 – 5 StR 537/08 = StV 2010, 349 = NStZ 2009, 471 (auch hierzu abl. *Lindemann* StV 2010, 379). *BGH* v. 9.4.2013 – 5 StR 612/12 = StV 2013, 549 = NStZ 2013, 479 zieht beide Möglichkeiten in Erwägung in einem Fall „gewillkürten" Eintritts einer Verhinderung des Vorsitzenden.
331 Siehe Rüge 19 Rn. 393.
332 *BGH* StV 2003, 5.
333 *BGHSt* 35, 366 = StV 1989, 143 = JR 1989, 346 m. Anm. *Katholnigg*. Siehe näher Rüge 14 Rn. 339.
334 *BGH* v. 10.12.2008 – 1 StR 322/08 = *BGHSt* 53, 99 = StV 2010, 347 = NJW 2009, 381.
335 Siehe oben Rn. 297.
336 Siehe *Dahs* Die Revision im Strafprozess⁹, Rn. 145. Siehe ferner *Börner* JR 2017, 16.

– auch als Ergänzungsrichter – schon bislang an der Hauptverhandlung mitgewirkt, übernimmt er den Vorsitz.[337] Im Falle der Verhinderung muss das Verfahren mit dem in das Richterquorum eintretenden Ergänzungsrichter fortgeführt werden. Wird die Verhandlung über die Frist des § 229 StPO hinaus unterbrochen, bis die Verhinderung des Richters behoben ist, anstatt sie mit dem Ergänzungsrichter fortzusetzen, führt dies zur Vorschriftswidrigkeit der Besetzung.[338]

7. Änderung des Geschäftsverteilungsplanes (§ 21e Abs. 3 GVG)[339]

302 Während des laufenden Geschäftsjahres darf eine Änderung des Geschäftsverteilungsplanes im Hinblick auf die richterliche Besetzung der Spruchkörper und Abteilungen nur aus zwingenden justizmäßigen Gründen erfolgen, wenn er in der bisherigen Form nicht mehr durchführbar und eine geordnete Rechtspflege nicht mehr gewährleistet wäre.[340] Sie muss durch Beschluss des Präsidiums erfolgen. Die Änderung der Geschäftslage von einer gewissen Dauer muss die Überlastung oder ungenügende Auslastung eines Richters zur Folge haben oder infolge des Wechsels oder der dauernden Verhinderung einzelner Richter geboten sein.[341] Die Ausbildung des richterlichen Nachwuchses allein stellt keinen genügenden Anlass dar.[342]

Die Revision kann nur darauf gestützt werden, dass bei der Annahme der Voraussetzungen des § 21e Abs. 3 GVG Rechtsfehler unterlaufen sind. Auf die Tatsachen, die zu der Änderung geführt haben, erstreckt sie sich nach herrschender Meinung nicht.[343] Das pflichtgemäße Ermessen des Präsidiums darf nicht durch das eigene Ermessen des Revisionsgerichts ersetzt werden.[344] Ergänzend ist auf die Ausführungen zur Änderung der Geschäftsverteilung im Hinblick auf die Zuständigkeit von Spruchkörpern und Abteilungen zu verweisen (Rüge 10, Rn. 229 ff.).

8. Besetzung einer Hilfsstrafkammer

303 Mit der Einrichtung einer Hilfsstrafkammer (siehe Rüge 10, Rn. 232) muss das Präsidium auch deren Besetzung beschließen. Als nicht ständiger Spruchkörper darf hier den Vorsitz auch ein Richter am Landgericht führen.[345] Dies ist schon deshalb nicht unproblematisch, weil sich in der Praxis Hilfsstrafkammern gelegentlich als

---

337 *BGH* v. 8.1.2009 – 5 StR 537/08 = StV 2010, 349 = NStZ 2009, 470.
338 *BGH* StV 1986, 369 = NStZ 1986, 518; s. auch Rüge 14 Rn. 339.
339 Die nachfolgenden Ausführungen gelten sinngemäß auch für eine Änderung der spruchkörperinternen Geschäftsverteilung: *BGH* NStZ 2001, 611.
340 *BGHSt* 44, 161 = StV 1999, 1, 3.
341 *BGH* StV 1987, 514 = NStZ 1988, 36.
342 *BGHSt* 26, 382.
343 LR-*Franke*[26] § 338 Rn. 22.
344 *BGHSt* 22, 239; 27, 398.
345 Nachweise auf die Rspr. des *BGH* bei *Dahs* Die Revision im Strafprozess[9], Rn. 132; *Meyer-Goßner/Schmitt*[60] § 21f GVG Rn. 12.

„Dauereinrichtungen" etabliert haben.[346] Auch solche Spruchkörper bedürfen des „richtungsweisenden Einflusses" eines ordentlichen Vorsitzenden.[347]

Auch für eine Hilfsstrafkammer bedarf es für die Fälle des § 76 Abs. 2-5 GVG eines **304** internen Geschäftsverteilungsplanes. Für Vertretungsfälle gelten die gleichen Grundsätze wie bei ordentlichen Strafkammern.

Rüge 13

Fand die Hauptverhandlung vor dem Gericht in vorschriftsgemäßer Schöffenbesetzung **305** statt?

I. Rügevorbringen im Falle eines Besetzungseinwands

Fand die Hauptverhandlung im ersten Rechtszug vor dem Landgericht statt und **306** wurde dort ein einen mitwirkenden Schöffen betreffender Besetzungseinwand geltend gemacht,[348] weil die Besetzung des Gerichts ordnungsgemäß mitgeteilt worden war, und wurde der Einwand zu Unrecht übergegangen, zurückgewiesen (§ 338 Nr. 1b StPO) oder die Vorschriftswidrigkeit der Besetzung zwar festgestellt, jedoch in dieser bis zum Urteil weiterverhandelt (§ 338 Nr. 1d StPO), gelten hier zunächst dieselben Anforderungen an den Revisionsvortrag wie bei der Rüge der Verhandlung vor einem unzuständigen Spruchkörper des Landgerichts bzw. Oberlandesgerichts.[349]

II. Rügevorbringen bei vorschriftswidriger Besetzung

Ist in den Fällen des § 338 Nr. 1a bzw. c StPO die Besetzungsrüge deshalb nicht **307** präkludiert, weil die Vorschriften über die Mitteilung der Besetzung nach § 222a StPO verletzt wurden oder die Hauptverhandlung nicht nach § 222a Abs. 2 StPO zur Prüfung der Besetzung unterbrochen wurde oder handelt es sich um eine (Sprung-) Revision gegen ein Urteil des Amtsgerichts bzw. ein Berufungsurteil des

---

346 *Hamm* StV 1981, 38.
347 Zur Unvereinbarkeit der h.M. mit § 21f GVG s. SK-StPO-*Velten*[5] § 21f GVG Rn. 3 sowie SK-StPO-*Degener*[5] § 60 GVG Rn. 10.
348 Ein Besetzungseinwand gem. § 222b Abs. 1 StPO ist auch in Bezug auf einen hinzugezogenen Ergänzungsschöffen (§ 192 Abs. 2 und 3 GVG) erforderlich, der ggf. erst während der Hauptverhandlung in das Quorum eintritt: *BGH* StV 2003, 5, 6. Ebenso ist im Falle der Mitwirkung eines unvereidigten Schöffen ein Besetzungseinwand erforderlich (*BGHSt* 48, 290 = StV 2003, 607), weil es sich nicht, wie im Falle der Mitwirkung eines nach § 32 Nr. 2 GVG ausgeschlossenen Schöffen (hierzu *BGHSt* 35, 28 = StV 1987, 517), um einen Mangel in der Person des Schöffen handelt.
349 Siehe oben Rüge 10 Rn. 211.

Landgerichts, sind (ggf. zusätzlich zum Vortrag des Ausschlusses der Präklusionswirkung[350]) diejenigen Verfahrenstatsachen vorzutragen, aus denen sich die vorschriftswidrige Schöffenbesetzung des Gerichts ergibt.

308 Für die Rüge, der mit der Sache befasste Spruchkörper sei in der Person der mitwirkenden Schöffen falsch besetzt gewesen, sind insbesondere folgende Problemkreise von Bedeutung:

1. Erstellung der Vorschlagsliste für die Schöffenwahl

309 Fehler im Zusammenhang mit der Erstellung der Vorschlagsliste für die Schöffenwahl (§ 36 GVG) sind allenfalls sehr begrenzt revisibel. Soweit die betreffenden Fehler außerhalb des Einwirkungsbereichs der Gerichte liegen, sollen sie der Revision generell entzogen sein.[351]

Soweit die Justiz bzgl. der Vorschlagslisten eigene Verantwortung trägt, sollen nur solche Fehler die Revision begründen können, die so schwer wiegen, dass dadurch die Wirksamkeit der Schöffenwahl in Frage gestellt werde.[352] Dies betrifft bspw. Fehler bei der Verteilung der für das Landgericht benötigten Hauptschöffen auf die dem Landgericht zugehörigen Amtsgerichtsbezirke[353] oder bei der Überprüfung der Einhaltung der Frist zum Auslegen der Vorschlagsliste gem. §§ 39, 36 Abs. 3 GVG.[354] Ein Mangel bei der Aufstellung der Vorschlagsliste kann die vorschriftsmäßige Besetzung des Gerichts nur dann in Frage stellen, wenn ein in der Hauptverhandlung amtierender Schöffe davon betroffen war. Dies muss die Revisionsbegründung darlegen.[355] Bei Verstößen gegen § 36 Abs. 3 GVG[356] deutet der *BGH* an, dass – wenn überhaupt – nur dann ein die Revision begründender Fehler vorliege, wenn in der Person des betreffenden Schöffen Zurückweisungsgründe im Sinne der §§ 32–34 GVG vorlagen.[357] Dazu sollte vorsorglich im Rahmen der Revisionsbegründung entspr. vorgetragen werden.

310 Die Schöffen (und Hilfsschöffen) der Jugendgerichte werden auf Vorschlag des Jugendhilfeausschusses (§§ 70-72 SGB VIII; § 35 Abs. 2 u. 3 JGG) von dem Schöffenwahlausschuss (§ 40 GVG) gewählt (§ 35 Abs. 1 JGG).

---

350 Siehe zunächst oben Rüge 10 Rn. 218 u. 219.

351 *BGHSt* 22, 122, 123; 38, 47, 51.

352 *BGHSt* 34, 121 = StV 1987, 93 m. Anm. *Mehle* = NStZ 1987, 238 m. Anm. *Katholnigg*; *BGH* StV 2001, 156; *BayObLG* StV 1998, 8 m. Anm. *Bockemühl*.

353 *BGHSt* 34, 121 = StV 1987, 93 m. Anm. *Mehle* = NStZ 1987, 238 m. Anm. *Katholnigg* zur Berücksichtigung eines Amtsgerichtsbezirks, für den eine auswärtige Strafkammer existiert; *OLG Celle* JR 1981, 169 m. Anm. *Wagner*.

354 *BGH* StV 2001, 156; *BayObLG* StV 1998, 8 m. Anm. *Bockemühl*.

355 *BGH* v. 16.7.2008 – 2 StR 83/08 = StV 2008, 566.

356 S. zum Nachweis der ordnungsgemäßen Auslegung *BGH* v. 16.7.2008 – 2 StR 83/08 = StV 2008, 566.

357 *BGH* StV 2001, 156.

2. Schöffenwahl

Eine fehlerhafte Zusammensetzung des Schöffenwahlausschusses ist zumindest in- **311**
soweit revisibel, als nicht alle erforderlichen Vertrauenspersonen (§ 40 Abs. 2
GVG) bestellt waren[358] oder eine Vertrauensperson von einem unzuständigen Gre-
mium gewählt oder der Verwaltungsbeamte von einer unzuständigen Stelle bestimmt worden war.[359]

Schwerwiegende Verfahrensfehler bei der Schöffenwahl können diese ungültig ma- **312**
chen:

1. Auslosung der Schöffen anstelle Durchführung einer Schöffenwahl (§ 40 Abs. 3
   S. 1 GVG).[360]
2. Schöffenwahl durch einen beschlussunfähigen Ausschuss (§ 40 Abs. 4 GVG).[361]
3. Wahl eines Jugendschöffen aus der Schöffenliste für Erwachsene.[362]
4. Wahl eines Schöffen aus einer für einen anderen Amtsgerichtsbezirk aufgestellten Vorschlagsliste.[363]
5. Wahl eines Schöffen, dessen Name auf gar keiner Vorschlagsliste enthalten
   war.[364]

Als nicht schwerwiegend hat der BGH den Fehler bewertet, dass anlässlich der **313**
Schöffenwahl die Vorschlagsliste einer Gemeinde fehlte.[365]

3. Auslosung der Reihenfolge des Tätigwerdens der Schöffen (§§ 45, 77 Abs. 1 und Abs. 3 GVG)

Die Auslosung der Hauptschöffen zwecks Zuordnung auf die ordentlichen Sit- **314**
zungstage eines Spruchkörpers für das jeweilige Kalenderjahr (§§ 77 Abs. 1, 45
Abs. 1 GVG) hat in öffentlicher Sitzung stattzufinden (§ 45 Abs. 2 GVG).[366] Dasselbe gilt für die Auslosung der Reihenfolge, in der Hilfsschöffen tätig werden sollen (§§ 45 Abs. 2, 77 Abs. 1 GVG). Allerdings erfolgt die Auslosung der Hilfsschöffen für die Erstellung der Hilfsschöffenliste nur einmal für die gesamte Wahl-
periode und nicht jährlich.[367] Die Auslosung erfolgt für die beim Amtsgericht täti-

---

358 *BVerfGE* 31, 181, 184.
359 *BGHSt* 20, 37, 39; 26, 206, 208; anders im Falle der „Übersetzung" des Schöffen-
    wahlausschusses durch einen weiteren Verwaltungsbeamten, weil dieser Fehler nicht
    schwerwiegend sei und auf das Wahlergebnis keinen Einfluss gehabt habe: *BGHSt* 26,
    206.
360 *BGHSt* 33, 41 = StV 1984, 455 = NStZ 1985, 82; *BGHSt* 35, 190 = StV 1988, 140; *LG
    Koblenz* StV 1988, 246.
361 *Kissel/Meyer*[8] GVG, § 40 Rn. 23.
362 *BGHSt* 26, 393; *Eisenberg* JGG[19], § 35 Rn. 17.
363 *BGHSt* 29, 144.
364 *BGH* StV 1991, 503 = NStZ 1991, 546.
365 *BGHSt* 33, 290.
366 *BGH* StV 1983, 446 = NStZ 1984, 49.
367 *BGHSt* 36, 138 = StV 1989, 240 = JR 1989, 479 m. Anm. *Katholnigg*. Zum zwingenden
    Erfordernis der Auslosung s. *BGHR* GVG § 45 Abs. 2 S. 4 – Reihenfolge 1.

gen Haupt- und Hilfsschöffen durch einen durch den Geschäftsverteilungsplan bestimmten Richter beim Amtsgericht (§ 45 Abs. 3 GVG), die Auslosung der beim Landgericht tätigen Schöffen und Hilfsschöffen nimmt der Landgerichtspräsident vor (§ 77 Abs. 3 GVG).

315 Die Auslosung der Hauptschöffen muss aus einer einheitlichen Schöffenliste erfolgen. Beispielsweise ist die Durchführung getrennter Wahlen von Hauptschöffen für die allgemeinen Strafkammern und für das Schwurgericht und die dementsprechende Schöffenauslosung aus getrennten Listen unzulässig.[368] Bei der Auslosung sind **sämtliche** auf der Schöffenliste stehenden Schöffen zu berücksichtigen und den einzelnen Sitzungstagen zuzulosen.[369] Eine nachträgliche Änderung der durch Auslosung festgelegten Schöffenbesetzung oder der Reihenfolge der Hilfsschöffenliste durch die Geschäftsstelle begründet die Vorschriftswidrigkeit der Besetzung.[370]

316 Die Listen für Jugendschöffen werden jeweils getrennt für Männer und Frauen geführt (§ 35 Abs. 5 JGG), um der Sollvorschrift des § 33a Abs. 1 S. 2 JGG genügen zu können. Zwar sollen Verstöße gegen die Besetzung mit einem männlichen wie weiblichen Jugendschöffen eine Revision nicht ohne weiteres begründen können; dies ist aber anders zu beurteilen, wenn schon keine gesonderte Auslosung weiblicher und männlicher Hauptjugendschöffen und deren Einteilung für einzelne Sitzungstage möglich ist, weil keine getrennten Jugendschöffenlisten geführt werden.[371]

4. Mitwirkung disqualifizierter, unvereidigter oder mit sonstigen Mängeln behafteter Schöffen

a) Disqualifizierte Schöffen

317 Die Mitwirkung eines Schöffen, in dessen Person ein Ausschlussgrund i.S.d. § 32 GVG vorliegt, führt zur vorschriftswidrigen Besetzung des Gerichts in seiner Person. Ein solcher Fall liegt bspw. vor, wenn gegen den Schöffen ein Strafverfahren schwebt, das den Verlust der Fähigkeit zur Bekleidung öffentlicher Ämter zur Folge haben kann.[372] Da es sich um einen Mangel in seiner Person handelt, bedarf es im erstinstanzlichen Verfahren vor dem Landgericht bzw. dem Oberlandesgericht keines Besetzungseinwandes.[373]

Die Revision muss im Falle des § 32 Nr. 1 GVG den Schuldvorwurf und das Strafmaß darlegen.

---

368 *BGH* StV 1986, 48 = JR 1986, 389 m. Anm. *Katholnigg*.
369 *OLG Celle* StV 1991, 203 = NStZ 1991, 350 m. Anm. *Katholnigg*; zu dem dieser Entscheidung zugrunde liegenden Vorgang s. *LG Hannover* StV 1991, 205 = NStZ 1990, 503; s. ferner *LG Braunschweig* StV 1990, 259.
370 *BGH* StV 1982, 358.
371 *Eisenberg* JGG¹⁹, §§ 33-33b Rn. 43; *Zieger*⁶ Rn. 138.
372 *BGHSt* 35, 28 = StV 1987, 517 = JR 1989, 35 m. Anm. *Katholnigg*.
373 *BGHSt* 35, 28 = StV 1987, 517 = JR 1989, 35 m. Anm. *Katholnigg*.

Im Falle des § 32 Nr. 2 GVG muss die Tatbeschreibung des gegen den Schöffen anhängigen Ermittlungsverfahrens so konkret sein, dass ersichtlich wird, dass eine Verurteilung den Verlust der Fähigkeit zur Bekleidung öffentlicher Ämter zur Folge haben kann.[374] Dass das Verfahren im Verlauf oder nach der Hauptverhandlung eingestellt worden ist, lässt die Vorschriftswidrigkeit der Besetzung nicht entfallen.

Nach § 51 Abs. 1, Abs. 2 S. 1 GVG ist ein Schöffe durch einen Strafsenat des OLG seines Amtes zu entheben[375], wenn er seine Amtspflichten gröblich verletzt hat.[376] Bis zu dieser Entscheidung kann der Strafsenat anordnen, dass der Schöffe nicht mehr zu Sitzungen herangezogen wird (§ 51 Abs. 3 S. 1 GVG). Nimmt ein solcher Schöffe gleichwohl (weiter) an der Hauptverhandlung teil, ist dies ein Verfahrensfehler (§§ 26 Abs. 1, 338 Nr. 1 StPO, § 51 GVG). Ist die betreffende Entscheidung des Senats vor Beginn der Hauptverhandlung ergangen, bedarf es eines Besetzungseinwands. Da die Entscheidung des OLG konstitutive Wirkung hat, ist ein Schöffe vor der Entscheidung nicht deshalb disqualifiziert, weil Gründe dafür vorliegen, dass er seine Amtspflichten gröblich verletzt hat und dies später von dem Strafsenat bestätigt wurde.[377]

Anforderungen an den Vortrag: Der Inhalt und der Zeitpunkt der Amtsenthebungs- oder Suspendierungsentscheidung des OLG sind mitzuteilen; ggf. Inhalt und Rechtzeitigkeit eines Besetzungseinwands und die darauf ergangene Entscheidung sowie die Tatsache der (weiteren) Mitwirkung des disqualifizierten Schöffen an der Hauptverhandlung.

b) Unvereidigte Schöffen

Bei fehlender Vereidigung eines Schöffen ist das Gericht in seiner Person im Sinne **318** des § 338 Nr. 1 StPO nicht vorschriftsmäßig besetzt.[378] Der Schöffe muss spätestens vor seiner ersten Dienstleistung zu Beginn der Hauptverhandlung vereidigt worden sein (§ 45 Abs. 2 DRiG).

Das Vereidigungserfordernis gilt sowohl für Haupt- als auch Hilfsschöffen.[379] Ein Ergänzungsschöffe muss ebenfalls spätestens zu Beginn der Hauptverhandlung und

---

374 KK-*Gericke*[7] § 338 Rn. 52 m.w.N.

375 Dies setzt einen Antrag voraus, der beim Amtsgericht bzw. beim Landgericht vor dem durch den Geschäftsverteilungsplan mit dieser Aufgabe betrauten Richter zu stellen ist: *OLG Celle* v. 23.9.2014 – 2 ARs 13/14 = StraFo 2015, 26.

376 Siehe *KG* v. 25.5.2016 – 3 ARs 5/16 = StV 2017, 370: Gröbliche Verletzung der Amtspflichten durch Internet-Hassbotschaften gegen Pädophile und Ausländer und Propagierung der Todesstrafe, entgrenzte Körperstrafen und Selbstjustiz; vergleichbar *OLG München* v. 21.3.2016 – 2 Ws 131/16 = StV 2016, 637.

377 Da die Entscheidung des Strafsenats nicht anfechtbar ist (§ 51 Abs. 2 S. 3, Abs. 3 S. 2 GVG), kann die Ablehnung der Amtsenthebung auch dann nicht gerügt werden, wenn die Entscheidung rechtsfehlerhaft ist.

378 *BGHSt* 48, 290 = StV 2003, 607.

379 *OLG Celle* StV 1999, 201.

nicht erst anlässlich seines Einsatzes vereidigt worden sein; wird er allerdings nicht eingesetzt, ist das Unterlassen der Vereidigung unschädlich.[380]

Eine erst im Laufe der Hauptverhandlung durchgeführte Vereidigung lässt den Verfahrensfehler nicht entfallen.[381] Der Fehler wird in diesem Falle aber dann geheilt, wenn im Anschluss an die Vereidigung die bis dahin durchgeführten wesentlichen Teile der Hauptverhandlung wiederholt worden sind.

319 **Anforderungen an den Vortrag** der Rüge der Mitwirkung eines unvereidigten Schöffen:

Es muss vorgetragen werden, dass an der Hauptverhandlung ein namentlich zu benennender Schöffe mitgewirkt hat, der weder zuvor noch zu Beginn der Hauptverhandlung vereidigt worden ist. Es sollte weiter mitgeteilt werden, dass die Vereidigung auch im Laufe der Hauptverhandlung nicht nachgeholt bzw. die bis dahin durchgeführte Hauptverhandlung nach der Vereidigung nicht wiederholt worden ist.

Da die fehlende Vereidigung keinen Mangel in der Person des Schöffen darstellt, bedarf es im erstinstanzlichen Verfahren vor dem Landgericht der Erhebung eines rechtzeitigen Besetzungseinwandes,[382] falls eine Rügepräklusion nicht gem. § 338 Nr. 1a bzw. § 338 Nr. 1c StPO ausscheidet.

c) Sonstige Mängel

320 Zu sonstigen Mängeln körperlicher, sprachlicher oder geistiger Art siehe Rüge 18 Rn. 390.

5. Heranziehung der Hauptschöffen

a) „Ordentliche", verlegte und „außerordentliche" Sitzungstage

321 Die Hauptschöffen werden zu den für das ganze Jahr im Voraus festgestellten (§ 45 Abs. 1 GVG) ordentlichen Sitzungstagen herangezogen, für die sie ausgelost worden sind (§§ 45 Abs. 2, 77 Abs. 1 GVG). Wird ein solcher im Voraus festgestellter Sitzungstag vor- oder nachverlegt und soll im Zeitpunkt der Terminierung an dem ursprünglich festgestellten Sitzungstag keine, auch nicht in anderer Sache fortgesetzte[383] Hauptverhandlung stattfinden,[384] handelt es sich bei dem verlegten ebenfalls um einen „ordentlichen" Sitzungstag, an dem Hauptschöffen mitzuwirken haben. Es sind diejenigen Hauptschöffen heranzuziehen, deren ordentlicher Sitzungstag dem verlegten Sitzungstag am nächsten kommt. Liegt der verlegte Sitzungstag genau zwischen zwei freien Sitzungstagen, bestimmt in der Regel der frühere or-

---

380   LR-*Franke*[26] § 338 Rn. 32.
381   *OLG Celle* StV 1999, 201.
382   *BGHSt* 48, 290 = StV 2003, 607. Hierzu muss Entsprechendes vorgetragen werden: s. oben Rüge 10 Rn. 211.
383   *BGHSt* 50, 132 = StV 2005, 536.
384   *BGHSt* 43, 270, 272 = StV 1998, 4; s. ergänzend unten Rn. 335.

dentliche Sitzungstag die Schöffenbesetzung.[385] „Außerordentlich" sind Sitzungen nur dann, wenn sie wegen zusätzlichen Bedarfs an Hauptverhandlungstagen anberaumt werden, weil die Durchführung der zu terminierenden Hauptverhandlung an den ordentlichen Sitzungstagen nicht möglich ist.[386] Mit der Revisionsbegründung sind diejenigen Schöffen zu benennen, die bei richtiger Gesetzesanwendung zur Mitwirkung berufen waren, sofern sich dies nicht aus internen Vorgängen erschließt, die nicht ohne weiteres bekannt sind.[387]

Anforderungen an den Vortrag der Rüge der unzulässigen Mitwirkung eines Hilfsschöffen an einer „ordentlichen" Sitzung: **322**

Wird mit einer Verfahrensrüge beanstandet, in einer Hauptverhandlung seien unzulässigerweise Hilfsschöffen tätig geworden, weil es sich nur um einen vorgezogenen „ordentlichen" Sitzungstag gehandelt habe, muss die Revisionsbegründung den Sitzungskalender der fraglichen Zeit mitteilen.[388] Nur so lässt sich feststellen, dass es sich bei dem fraglichen Sitzungstag um einen vorgezogenen oder nachverlegten ordentlichen Sitzungstag und nicht um einen zusätzlichen Sitzungstag handelt, für den Hilfsschöffen hinzuzuziehen waren.[389] Es ist mitzuteilen, dass es sich bei den namentlich zu benennenden Schöffen um Hilfsschöffen gehandelt hat. Die Namen der dem betreffenden ordentlichen Sitzungstag zugewiesenen Hauptschöffen sind ebenfalls mitzuteilen.[390]

b) Besetzung bei Neubeginn der Hauptverhandlung

Musste mit einer Hauptverhandlung nach einem begründeten Besetzungseinwand an einem ordentlichen Sitzungstag neu begonnen werden oder wurde die bereits begonnene Hauptverhandlung aus einem anderen Grund ausgesetzt, sind die für den Tag des neuen Sitzungsbeginns ausgelosten Schöffen zur Mitwirkung berufen. Dies gilt selbst dann, wenn die neue Hauptverhandlung an einem Tag beginnt, der von Anfang an als Fortsetzungssitzungstag bestimmt war. Auch dann dürfen nicht diejenigen Hauptschöffen herangezogen werden, die anlässlich des ursprünglichen Hauptverhandlungsbeginns zur Mitwirkung berufen waren.[391] **323**

---

385 *BGHSt* 41, 175 = StV 1995, 568 = JR 1996, 165 m. Anm. *Katholnigg* und weiteren Ausführungen zur Verlegung ordentlicher Sitzungstage und davon beeinflusster Schöffenbesetzung; *BGH* StV 1998, 4 = NJW 1998, 390.

386 *BGHSt* 11, 54; 43, 270 f.; zu den Grenzen des dem Vors. zustehenden Ermessensspielraums bei der Verteilung einzelner zur Terminierung anstehender Strafsachen auf ordentliche und notwendig gewordene außerordentliche Sitzungen: *BGH* StV 2005, 538 = StraFo 2005, 206.

387 Zurückhaltend KK-*Gericke*[7] § 338 Rn. 52 unter Verweis auf die teilweise uneindeutige Rspr. des *BGH*.

388 *BGH* StV 2000, 242.

389 Siehe hierzu unten Rn. 335.

390 *BGH* GA 1983, 180 m. w. Anm. *Katholnigg*.

391 *BGH* StV 2003, 10 = NJW 2002, 2963.

324 **Anforderungen an den Vortrag** der Rüge der vorschriftswidrigen Besetzung nach Neubeginn der Hauptverhandlung:

Es muss mitgeteilt werden, dass es sich um eine Hauptverhandlung im Anschluss an einen begründeten Besetzungseinwand bzw. nach Aussetzung der ursprünglichen Hauptverhandlung und bei dem Tag des neuen Sitzungsbeginns um einen ordentlichen Sitzungstag handelte. Es muss ferner vorgetragen werden, dass es sich bei den anwesenden Schöffen nicht um die für diesen Tag ausgelosten Hauptschöffen handelte, so dass ausgeschlossen werden kann, dass die für den ursprünglichen Prozessbeginn ausgelosten Schöffen zuständig geblieben waren.

325 Darüber hinaus ist mitzuteilen,[392] welche Hauptschöffen zur Mitwirkung berufen gewesen wären. Zusätzlich ist auszuschließen, dass ein Fall vorliegt, bei dem Ersatz oder Hilfsschöffen heranzuziehen waren oder aber es muss mitgeteilt werden, dass es sich bei den anwesenden Schöffen um Hauptschöffen handelte.

6. Verwendung der Hilfsschöffenliste

a) Ausfall eines Hauptschöffen

326 Ist ein Hauptschöffe gehindert, an einer vorgesehenen Sitzung mitzuwirken, sei es, dass er nicht erreicht werden kann, sei es, dass er ausbleibt oder sei es, dass er von dem Vorsitzenden auf seine Bitte von der Dienstleistung entbunden wird, weil er an deren Teilnahme infolge unabwendbarer Umstände gehindert ist oder ihm diese nicht zugemutet werden kann (§ 54 GVG)[393], sind Schöffen aus der Hilfsschöffenliste heranzuziehen (§§ 47, 49 Abs. 1 GVG). Die Entscheidung des Vorsitzenden ist nicht anfechtbar (§ 54 Abs. 3 S. 1 GVG). Dies hat zur Folge, dass der Vorgang nicht revisibel ist (§ 336 S. 2 StPO), es sei denn, die Entscheidung wäre willkürlich.[394]

327 Willkür in diesem Sinne liegt nicht erst bei einer bewussten Fehlentscheidung, sondern bereits dann vor, wenn die mit der Entbindung des Schöffen verbundene Bestimmung des gesetzlichen Richters grob fehlerhaft ist und sich soweit vom Grundsatz des gesetzlichen Richters entfernt, dass sie nicht mehr gerechtfertigt werden kann.[395] Dabei ist zwischen beruflichen Abhaltungsgründen und einem beabsichtig-

---

392 Der *BGH* hat die Notwendigkeit dieser Mitteilung in der vorstehenden Entscheidung (StV 2003, 10 = NJW 2002, 2963) dahinstehen lassen.
393 *BGH* v. 4.2.2015 – 2 StR 76/14 = StV 2015, 752 = NStZ 2015, 350, wonach berufliche Gründe nur ausnahmsweise die Verhinderung eines Schöffen rechtfertigen.
394 Vgl. *BGH* v. 5.8.2015 – 5 StR 276/15 = StV 2015, 754 = NStZ 2015, 714 m. Anm. *Arnoldi*; *BGH* v. 22.11.2013 – 3 StR 162/13 = *BGHSt* 59, 75 = StV 2014, 288 = NStZ 2014, 215; *BGH* v. 22.11.2013 – 3 StR 162/13 = *BGHSt* 59, 75 = StV 2014, 288 = NStZ 2014, 215 (Willkür für den Fall der Entbindung eines Hauptschöffen wegen Verhinderung allerdings verneint, obwohl diese nur an einem ordentlichen Sitzungstag, nicht an dem verlegten tatsächlichen Sitzungstag vorlag); *OLG Karlsruhe* NStZ 1981, 272 = MDR 1981, 692; *OLG Hamm* NStZ 2001, 611.
395 *BGH* v. 14.12.2016 – 2 StR 342/15 (Tz. 12) = StraFo 2017, 160 m.w.N. = NStZ 2017, 491 m. Anm. *Arnoldi*.

ten Urlaub zu differenzieren, weil berufliche Hinderungsgründe in aller Regel nicht geeignet sind, eine Verhinderung des Schöffen von der Dienstleistung zu begründen. Dieser wird sich in der Wahrnehmung seiner beruflichen Aufgaben häufig vertreten lassen können. Auch wird es sich i.d.R. um eher „verhältnismäßig kurzfristige" Verhinderungen handeln, denen durch die Möglichkeit einer Unterbrechung der Hauptverhandlung (§ 229 StPO) angemessen Rechnung getragen werden kann.[396] Beide Möglichkeiten bestehen im Falle der Verhinderung infolge Urlaubs nicht oder jedenfalls nur selten. Auch wenn ein Urlaub i.d.R. die Unzumutbarkeit der Schöffendienstleistung begründet, setzt die Entbindung eine pflichtgemäße Ermessensentscheidung des Vorsitzenden voraus. Diese ist aktenkundig zu machen (§ 54 Abs. 3 S. 2 GVG), wobei diejenigen Umstände zu dokumentieren sind, welche die Annahme der Unzumutbarkeit der Schöffendienstleistung tragen.[397] Die Dokumentation muss auch das Ergebnis von Erkundigungen bzw. Nachfragen enthalten, wenn die Angaben des Schöffen zu seiner Verhinderung hierzu Anlass gaben.[398]

b) Unwiderruflichkeit der Entbindungsentscheidung

Die Entbindungsentscheidung ist nicht widerruflich, auch nicht, wenn der Grund, **328** der zur Befreiung des Schöffen von seiner Dienstleistung geführt hat, rechtzeitig vor der Hauptverhandlung entfällt.[399] Wird deshalb der ursprünglich zur Mitwirkung berufene Hauptschöffe in der Hauptverhandlung tätig, begründet dies die Vorschriftswidrigkeit der Besetzung.[400]

Anforderungen an den Vortrag der Rüge der Mitwirkung eines entbundenen **329** Hauptschöffen:

---

396 *BGH* v. 4.2.2015 – 2 StR 76/14 = NStZ 2015, 350 = StV 2015, 752 unter Bejahung einer willkürlichen Richterentziehung durch Entbindung aus beruflichen Gründen.

397 Nach *BGH* v. 5.8.2015 – 5 StR 276/15 = StV 2015, 754 = NStZ 2015, 714 m. Anm. *Arnoldi* sollen an die Dokumentation bei Entbindung eines Schöffen wegen Urlaubs geringere Anforderungen zu stellen sein, als bei einer Entbindung wegen Verhinderung aus beruflichen Gründen.

398 *BGH* v. 14.12.2016 – 2 StR 342/15 (Tz. 18 ff.) = StraFo 2017, 160 zu einer Entbindung eines Schöffen aufgrund ersichtlich unzureichender Tatsachengrundlage.

399 *BGHSt* 30, 149 = NStZ 1981, 399 m. Anm. *Katholnigg* = JR 1982, 255 m. Anm. *Rieß*; ferner *BGH* StV 1983, 497. *BGHSt* 31, 3 = StV 1982, 410 betrifft den Sonderfall, dass die Entscheidung des Vorsitzenden über die Befreiung des Schöffen fehlerhaft war und dadurch dem Angeklagten sein gesetzlicher Richter entzogen wurde. In einem solchen Fall ist der Widerruf der Entbindung zulässig und geboten.

400 Die Vorschriftswidrigkeit der Besetzung durch Hinzuziehung des ursprünglich zur Mitwirkung berufenen Hauptschöffen kann nach Auffassung des 5. *Strafsenats* des *BGH* aber dann nicht zulässigerweise mit der Revision gerügt werden, wenn auf den in der Hauptverhandlung erhobenen Besetzungseinwand des Angeklagten hin der ursprünglich vom Vorsitzenden entbundene Hauptschöffe herangezogen und die Hauptverhandlung sodann unter seiner Mitwirkung fortgesetzt wurde: *BGH* v. 1.4.2008 – 5 StR 357/07 = StV 2009, 66 m. Anm. *Ventzke* = NStZ 2008, 475.

Es muss mitgeteilt werden, dass es sich bei dem von der Teilnahme an der Hauptverhandlung entbundenen Hauptschöffen um denjenigen handelt, der dem fraglichen Sitzungstag zugelost war. Die Entscheidung des Vorsitzenden, diesen Schöffen auf seinen Antrag von der Dienstleistung zu entbinden, ist im Wortlaut mitzuteilen. Es ist unter Mitteilung von Einzelheiten darzulegen, dass die Entbindungsentscheidung nicht grob fehlerhaft war.[401] Es ist darüber hinaus mitzuteilen, dass der fragliche Schöffe gleichwohl an der Hauptverhandlung mitgewirkt hat. Schließlich ist vorzutragen, welcher Hilfsschöffe im Zeitpunkt der Entbindung des Hauptschöffen von der Dienstleistung an bereitester Stelle der Hilfsschöffenliste stand und damit zur Mitwirkung an der Hauptverhandlung berufen war.

c) Heranziehung von Hilfsschöffen nach der Hilfsschöffenliste

330   Für die Frage, welcher Schöffe aus der Hilfsschöffenliste heranzuziehen ist, ist auf den Zeitpunkt des Eingangs der Entbindungsanordnung des Vorsitzenden oder der Feststellung bei der Schöffengeschäftsstelle abzustellen, aus der sich die Notwendigkeit der Heranziehung ergibt (§ 49 Abs. 3 GVG). Der zu diesem Zeitpunkt an bereitester Stelle der Hilfsschöffenliste stehende Hilfsschöffe hat in den Spruchkörper einzutreten. Ist dies nicht der Fall, führt dies zur Vorschriftswidrigkeit der Besetzung.[402]

331   **Anforderungen an den Vortrag** der Rüge der fehlerhaften Verwendung der Hilfsschöffenliste:

Es ist darzulegen, dass und aus welchen Gründen der Hauptschöffe zur Mitwirkung in der bevorstehenden Hauptverhandlung nicht zur Verfügung stand. Es ist vorzutragen, zu welchem Zeitpunkt die Anordnung oder Feststellung, aus der sich die Notwendigkeit der Heranziehung ines Hilfsschöffen ergab, bei der Schöffengeschäftsstelle eingegangen ist.[403] Es ist im Einzelnen darzulegen, welcher Hilfsschöffe zu diesem Zeitpunkt an bereitester Stelle der Hilfsschöffenliste stand. In diesem Falle ist der betreffende Hilfsschöffe namentlich als derjenige zu benennen, der bei richtiger Gesetzesanwendung zur Mitwirkung berufen war. Dabei kann sich der Be-

---

401   Vgl. die Fallkonstellation in *BGHSt* 31, 3 = StV 1982, 410.

402   Der *BGH* macht den Erfolg der Revisionsrüge davon abhängig, ob die Heranziehung oder auch Entbindung eines Schöffen gegen das Willkürverbot verstoße: *BGH* v. 14.10.2015 – 5 StR 273/15 = StV 2016, 633 m. abl. Anm: *Wollschläger*.

403   Sind an demselben Tag Anfragen zweier Strafkammern bei der Schöffengeschäftsstelle eingegangen, mit denen jeweils Vertretungsfälle wegen Verhinderung von Hauptschöffen gemeldet wurden, ist der Spruchkörper mit einem Hilfsschöffen vorschriftswidrig besetzt, wenn die Schöffengeschäftsstelle die Anfragen nicht mit Datum und Uhrzeit dokumentiert hat, so dass nicht sicher nachvollzogen werden kann, dass die Zuteilung entspr. der Vorschrift des § 49 Abs. 3 GVG erfolgte: *LG Hannover* StV 2010, 300. Siehe auch *BGH* v. 14.10.2015 – 5 StR 273/15 = StV 2016, 633 m. abl. Anm. *Wollschläger*: Beweislast des Beschwerdeführers für Reihenfolge des Eingangs von zur Heranziehung der Hilfsschöffen führenden Befreiungsanordnungen trotz pflichtwidrigen Unterlassens einer Dokumentation.

schwerdeführer der gebotenen Dokumentation der maßgeblichen Vorgänge bedienen. Im Falle eines kurzfristig geladenen Hilfsschöffen muss der Besetzungseinwand Angaben dazu enthalten, in welcher zeitlichen Abfolge und Nähe zur anberaumten Hauptverhandlung die Entpflichtung des Hauptschöffen und die Heranziehung des an nächster bereiter Stelle stehenden Hilfsschöffen erfolgte.[404]

d) Streichung eines Hauptschöffen aus der Schöffenliste

Wird ein Hauptschöffe von der Schöffenliste gestrichen (§ 52 GVG), tritt an dessen **332** Stelle der Hilfsschöffe, der nach der Reihenfolge der Hilfsschöffenliste an nächster Stelle steht.[405] Zuvor ist die Hilfsschöffenliste durch die Vornahme bereits angeordneter Streichungen auf den neuesten Stand zu bringen; denn die Streichung eines Hilfsschöffen wird nicht erst mit deren Mitteilung an die Schöffengeschäftsstelle wirksam, sondern bereits mit der schriftlich niedergelegten Feststellung.[406]

Der als Hauptschöffe herangezogene Hilfsschöffe wird in der Hilfsschöffenliste gestrichen (§ 49 Abs. 2 GVG). Die Heranziehung eines Hilfsschöffen in der Form, dass er aus der Hilfsschöffenliste ausgelost wird, ist unzulässig und begründet die Besetzungsrüge.[407]

Anforderungen an den Vortrag der Rüge der fehlerhaften Heranziehung eines **333** Hilfs- als Hauptschöffen:

Auch in diesem Falle muss nicht nur mitgeteilt werden, dass der Hilfsschöffe zum Zwecke seiner Heranziehung als Hauptschöffe aus der Hilfsschöffenliste ausgelost wurde; es muss auch mitgeteilt werden, welcher Hilfsschöffe zum betreffenden Zeitpunkt an bereitester Stelle auf der Hilfsschöffenliste stand und damit zur weiteren Mitwirkung als Hauptschöffe berufen war.[408]

e) Einsatz von Ergänzungsschöffen

Werden für eine Verhandlung Ergänzungsschöffen (§ 192 Abs. 2, Abs. 3 GVG) be- **334** nötigt, werden auch diese nach Maßgabe von § 49 Abs. 1 und Abs. 3 GVG aus der Hilfsschöffenliste zugewiesen (§ 48 Abs. 1 GVG)[409]. Der Ergänzungsschöffe tritt in den Spruchkörper ein, sobald der zu ersetzende Schöffe verhindert ist, was festzu-

---

404 *BGH* v. 1.9.2015 – 5 StR 349/15 = StV 2016, 622.
405 *BGHSt* 30, 255 = StV 1982, 6.
406 *KG* StV 1984, 504.
407 *BGH* StV 1985, 6 = NStZ 1985, 135.
408 *BGHSt* 36, 138 = StV 1989, 240 = JR 1989, 479 m. Anm. *Katholnigg*; *BGH* NJW 1991, 50.
409 In der erstinstanzlichen Hauptverhandlung vor dem Landgericht muss, um mit der Besetzungsrüge nicht gem. § 338 Nr. 1b StPO präkludiert zu werden, der gegen den von vornherein gegen den „ungesetzlichen" Ergänzungsschöffen gerichtete Besetzungseinwand rechtzeitig i.S.d. § 222b Abs. 1 StPO vorgebracht worden sein, und zwar auch in den Fällen, in denen der Ergänzungsschöffe erst zu einem späteren Zeitpunkt in den Spruchkörper eintritt: *BGH* StV 2003, 5.

stellen dem Vorsitzenden obliegt.[410] Wird die Verhandlung wegen der Verhinderung des Schöffen über die Frist des § 229 StPO hinaus unterbrochen, bis die Verhinderung behoben ist, anstelle die Hauptverhandlung mit dem Ergänzungsschöffen fortzusetzen, führt dies zu einer vorschriftswidrigen Besetzung.[411]

Die Feststellung der Verhinderung des Schöffen durch den Vorsitzenden mit der Folge des Eintritts des Ergänzungsschöffen kann revisionsrechtlich nur eingeschränkt, nämlich auf Willkür überprüft werden.[412] Zusätzlich wird seitens der Rspr. des *BGH* erwogen, ob eine Besetzungsrüge nur dann erhoben werden kann, wenn im Falle des unzulässigen Eintritts des Ergänzungsschöffen in das Quorum ein Besetzungseinwand geltend gemacht[413] oder ein Gerichtsbeschluss gem. § 238 Abs. 2 StPO herbeigeführt worden ist.[414]

Nach § 48 Abs. 2 GVG kann der Eintritt des Ergänzungsschöffen in das Quorum schon zu Beginn der Hauptverhandlung erfolgen, wenn die Verhinderung des zur Mitwirkung berufenen Hauptschöffen schon vor Beginn der Sitzung bekannt wird. In einem solchen Fall setzt die Besetzungsrüge unter den Voraussetzungen des § 222a StPO einen Besetzungseinwand voraus.

f) Mitwirkung von Hilfsschöffen an „außerordentlichen" Sitzungen

335 Hilfsschöffen werden schließlich gem. §§ 47, 49 Abs. 1 GVG herangezogen, wenn die Anberaumung einer außerordentlichen Sitzung infolge der Geschäftslage dies erforderlich macht.[415] Von einer außerordentlichen Sitzung kann nur gesprochen werden, wenn neben den ordentlichen Sitzungstagen eine zusätzliche Sitzung anberaumt wird.[416] Für die außerordentliche Sitzung sind diejenigen Hilfsschöffen heranzuziehen, die im Zeitpunkt der Anberaumung an bereitester Stelle der Hilfsschöffenliste stehen. Werden für eine außerordentliche Sitzung Hauptschöffen eines davor oder danach liegenden ordentlichen Sitzungstages herangezogen, kann dies wegen vorschriftswidriger Besetzung mit der Verfahrensrüge angegriffen werden.

---

410 *BGHSt* 35, 366 = StV 1989, 143 = JR 1989, 346 m. Anm. *Katholnigg*; s. auch Rüge 12 Rn. 301 u. Rüge 19 Rn. 396.
411 *BGH* StV 1986, 369 = NStZ 1986, 518; a.A. *BGH* v. 8.3.2016 – 3 StR 544/15 = StV 2016, 631 = NStZ 2016, 557 m. Anm. *Ventzke* = JR 2017, 38 m. Bspr. *Börner* JR 2017, 16; s. näher Rüge 14 Rn. 339.
412 *BGHSt* 35, 366, 373 = StV 1989, 143; *BGHSt* 47, 220 = StV 2002, 178, 179.
413 *BGH* v. 10.12.2008 – 1 StR 322/08 = StV 2010, 347 = NJW 2009, 381 (abl. *Lindemann* StV 2010, 379).
414 *BGH* v. 8.1.2009 – 5 StR 537/08 = StV 2010, 349 = NStZ 2009, 471 (abl. *Lindemann* StV 2010, 379).
415 Ohne konkreten Anlass dürfen ordentliche Sitzungstage nicht dadurch freigehalten werden, dass an ihrer Stelle außerordentliche Sitzungen anberaumt werden: *BGHSt* 37, 324 = StV 1991, 246 = NStZ 1991, 349.
416 Zur Abgrenzung von (vor- oder nachverlegten) ordentlichen Sitzungstagen s. oben Rn. 321.

Anforderungen an den Vortrag der unzulässigen Mitwirkung eines Hauptschöf- **336**
fen an einem „außerordentlichen" Sitzungstag:

Es ist vorzutragen, welche ordentlichen Sitzungstage in der Zeit vor bzw.
nach dem außerordentlichen Sitzungstag gem. § 45 Abs. 1 GVG festgestellt worden sind. Es
ist mitzuteilen, dass an diesen Sitzungstagen jeweils eine Hauptverhandlung stattgefunden hat und die für diese Sitzungstage ausgelosten Hauptschöffen mitgewirkt
haben. Es ist mitzuteilen, welche Hilfsschöffen im Zeitpunkt der Anberaumung der
zusätzlichen Sitzung an bereitester Stelle der Hilfsschöffenliste standen.

7. Besetzung einer Hilfsstrafkammer

Schöffen für eine während des Geschäftsjahres gebildete Hilfsstrafkammer (siehe **337**
Rn. 229) werden nicht aus der Hilfsschöffenliste mittels Auslosung für die jeweiligen Sitzungstage herangezogen.[417] Insofern ist die Lage eine andere als für den Fall,
dass gem. §§ 46, 77 Abs. 1 GVG eine weitere ordentliche Strafkammer während
des Geschäftsjahres gebildet wird, für deren ordentliche Sitzungen die benötigten
Hauptschöffen aus der Hilfsschöffenliste ausgelost werden.

Für die Besetzung der Hilfsstrafkammer gilt vielmehr Folgendes: **338**

Findet ihre Sitzung an einem ordentlichen Sitzungstag der Strafkammer statt, zu deren Entlastung sie gebildet worden ist, und werden von dieser an diesem Tage die
dafür ausgelosten Hauptschöffen nicht benötigt, sei es, dass keine Sitzung der ordentlichen Strafkammer stattfindet, sei es, dass an diesem Tage eine früher begonnene Sache fortgesetzt wird, so sind diese Hauptschöffen zur Mitwirkung berufen,
anderenfalls gem. § 49 Abs. 1 GVG heranzuziehende Hilfsschöffen.[418] Findet die
Sitzung der Hilfsstrafkammer nicht an einem (auch nicht vor- oder nachverlegten)
ordentlichen Sitzungstag,[419] sondern als außerordentliche Sitzung statt, sind entspr.
§§ 47, 49 Abs. 1 GVG ebenfalls Hilfsschöffen zur Mitwirkung berufen.

---

417 *BGH* GA 1983, 180 m. Anm. *Katholnigg*; *BGHSt* 31, 157 = StV 1983, 9 m. Anm. *Jung-
     fer* = NStZ 1983, 178 m. Anm. *Katholnigg*; *KG* StV 1986, 49 m. Anm. *Danckert*.
418 *BGH* StV 2008, 62 = NStZ 2007, 537 (auch zum erforderlichen Revisionsvorbringen).
419 Dazu *BGHSt* 41, 175 = StV 1995, 568 = JR 1996, 165 m. Anm. *Katholnigg*; bestätigend
     BGHSt 50, 132 = StV 2005, 536.

Rüge 14

339 Ist die Hauptverhandlung unter Mitwirkung eines zwischenzeitlich verhinderten Richters oder Schöffen zu Ende geführt worden, obwohl der Hauptverhandlung ein Ergänzungsrichter bzw. Ergänzungsschöffe zum Eintritt in das Richterquorum beiwohnte?

I. Rechtsgrundlagen

340 Ein Ergänzungsrichter bzw. Ergänzungsschöffe muss in das zur Urteilsfindung berufene Richterquorum eintreten, wenn einem zeitweise verhinderten Richter bzw. Schöffen die weitere Mitwirkung nur unter Verstoß gegen § 229 StPO möglich ist.[420] Unterbleibt dies, ist das Gericht nicht (mehr) vorschriftsmäßig besetzt mit der Folge des absoluten Revisionsgrundes des § 338 Nr. 1 StPO.

Dies bedeutet, dass eine Unterbrechung der Hauptverhandlung um mehr als 3 Wochen (§ 229 Abs. 1 StPO) bzw. nach vorangegangenen mindestens 10 Verhandlungstagen um mehr als einen Monat (§ 229 Abs. 2 StPO) nicht nur einen relativen Verfahrensfehler (§§ 229, 337 StPO) begründet (dazu Rüge 195 Rn. 1754), wenn die Hauptverhandlung nicht vollständig in dafür ordnungsgemäßer Besetzung wiederholt wurde, sondern auch den absoluten Revisionsgrund des § 338 Nr. 1 StPO.

Ebenso würde es eine Verletzung des § 226 Abs. 1 StPO mit der Folge des absoluten Revisionsgrundes des § 338 Nr. 1 StPO darstellen, wenn die Hauptverhandlung nur vorübergehend während des Zeitraumes der Verhinderung eines Richters oder Schöffen mit einem Ergänzungsrichter oder Ergänzungsschöffen fortgeführt würde. Ein Rotieren zwischen zeitweise verhindertem Richter bzw. Schöffen und Ergänzungsrichter bzw. -schöffen ist unzulässig.

341 Haben der Hauptverhandlung bis zum Zeitpunkt der Verhinderung eines Richters oder Schöffen Ergänzungsrichter bzw. Ergänzungsschöffen beigewohnt, scheidet die Möglichkeit der Hemmung (§ 229 Abs. 3 StPO) der Unterbrechungsfristen des § 229 Abs. 1 oder Abs. 2 StPO aus. Entfällt die Verhinderung nicht bis zum Ende der Unterbrechungsfrist, muss die Hauptverhandlung rechtzeitig unter Mitwirkung des Ergänzungsrichters bzw. Ergänzungsschöffen fortgeführt werden, falls die Hauptverhandlung nicht vollständig wiederholt werden soll. Es ist unzulässig, die Hauptverhandlung unter Inanspruchnahme der Hemmungsfrist des § 229 Abs. 3 StPO zu unterbrechen in der Hoffnung, dass die Verhinderung des Richters oder Schöffen infolge Erkrankung wieder entfällt. Denn nach § 192 Abs. 2 GVG hat ein bereitstehender Ergänzungsrichter oder Ergänzungsschöffe gerade im Falle der Verhinderung in das Entscheidungsquorum einzutreten.[421] Ab der für den Eintritt

---

420 *BGH* NStZ 1986, 518.
421 *Schlothauer* in: FS für Egon Müller, 2008, 437; *Kissel/Mayer*[8] § 192 Rn. 17; **a.A.** LR-*J.-P. Becker*[26] § 229 Rn. 21 u. SK-StPO-*Deiters/Albrecht*[5] § 229 Rn. 18; s.auch LR-*Wickern*[26] § 192 GVG Rn. 17 u. 18 sowie *Meyer-Goßner/Schmitt*[60] § 192 GVG Rn. 7.

der Hemmung gem. § 229 Abs. 3 StPO erforderlichen Feststellung der krankheitsbedingten Verhinderung eines Richters oder Schöffen ist der Ergänzungsrichter bzw. Schöffe der gesetzliche Richter. Der *BGH*, 3. Strafsenat, hat sich allerdings auf den Standpunkt gestellt, dass bei krankheitsbedingter Verhinderung eines Richters der Eintritt eines Ergänzungsrichters grundsätzlich erst dann in Betracht kommt, wenn der erkrankte Richter nach Ablauf der maximalen Fristenhemmung bei einer mindestens an zehn Tagen durchgeführten Hauptverhandlung zu dem ersten notwendigen Fortsetzungstermin weiterhin nicht erscheinen kann.[422]

Das Gericht ist deshalb auch dann nicht mehr vorschriftsgemäß besetzt, wenn der durch Krankheit verhinderte Richter oder Schöffe bis zum Ablauf der nach § 229 Abs. 3 StPO gehemmten Unterbrechungsfristen des § 229 Abs. 1 bzw. Abs. 2 StPO wegen Wegfalls der Verhinderung an der Hauptverhandlung wieder mitwirken kann (**a.A.** *BGH* – 3. Strafsenat!).

II. Anforderungen an den Vortrag der Rüge des Nichteintritts eines bereitstehenden Ergänzungsrichters bzw. -schöffen (§ 338 Nr. 1 StPO)

Es ist mitzuteilen,   **342**

- die Namen der Richter/Schöffen, in deren Anwesenheit die Hauptverhandlung begonnen worden ist,
- die Namen der Richter oder Schöffen, die an der Urteilsfindung mitgewirkt haben (dies gilt auch bei Erhebung der Sachrüge, weil die schriftlichen Urteilsgründe keinen Beweis über die an der Hauptverhandlung mitwirkenden Richter erbringen),
- dass während der Dauer der Hauptverhandlung in der Person eines namentlich zu bezeichnenden Richters oder Schöffen ein Verhinderungsfall eingetreten ist. Grund und Art der Verhinderung sind mitzuteilen (insbesondere im Falle einer Erkrankung), sowie die Verfügung des Vorsitzenden, sofern dieser die Verhinderung ausdrücklich festgestellt hat,
- dass die Hauptverhandlung nicht innerhalb der Unterbrechungsfristen des § 229 Abs. 1 bzw. Abs. 2 StPO (diese sind unter Benennung der Wochentage datumsmäßig und ggf. unter Angabe der Zahl der bereits durchgeführten Hauptverhandlungstage genau darzulegen) in Anwesenheit des zunächst verhinderten Richters bzw. Schöffen, sondern zu einem späteren Zeitpunkt (wiederum unter Angabe des Datums) fortgesetzt worden ist,
- dass während der Zeitdauer der Verhinderung bis zum Ablauf der Unterbrechungsfrist namentlich zu bezeichnende Ergänzungsrichter bzw. Ergänzungsschöffen vorhanden waren, die der gesamten Dauer der bisherigen Hauptverhandlung beigewohnt hatten.

---

422   *BGH* v. 8.3.2016 – 3 StR 544/15 = StV 2016, 631 = NStZ 2016, 557 = JR 2017, 38 m. krit. Anm. *G. Schäfer.*

- Es ist derjenige Ergänzungsrichter bzw. Ergänzungsschöffe namentlich zu bezeichnen, der in das Richterquorum hätte eintreten und an der Entscheidungsfindung hätte mitwirken müssen.

343 Zusätzliche Anforderungen an den Vortrag im Falle der Inanspruchnahme der nach § 229 Abs. 3 StPO gehemmten Frist:

- Es sind der oder die Beschlüsse des Gerichts über Beginn und Dauer einer Hemmung nach § 229 Abs. 3 StPO wörtlich mitzuteilen.
- Es ist mitzuteilen, dass der vorübergehend verhinderte Richter oder Schöffe erst nach Ablauf der ohne Inanspruchnahme der Hemmung gem. § 229 Abs. 3 StPO konkret darzulegenden Unterbrechungsfristen des § 229 Abs. 1 bzw. Abs. 2 StPO an der unter Angabe des Datums zu bestimmenden Hauptverhandlung wieder teilgenommen und an der Urteilsfindung mitgewirkt hat.

Kapitel 4
Mitwirkung ausgeschlossener oder wegen Besorgnis der Befangenheit abgelehnter Richter/Schöffen

Rüge 15

Haben bei dem Urteil Richter oder Schöffen mitgewirkt, die von der Ausübung des Richteramts kraft Gesetzes ausgeschlossen waren (§§ 22, 23 StPO), **344**

- weil sie selbst durch die Straftat verletzt sind,
- weil sie Ehegatte, Lebenspartner, Vormund oder Betreuer des Beschuldigten oder Verletzten sind oder gewesen sind,
- weil sie mit dem Beschuldigten oder mit dem Verletzten in gerader Linie verwandt oder verschwägert, in der Seitenlinie bis zum dritten Grad verwandt oder bis zum zweiten Grad verschwägert sind oder waren,
- weil sie in der Sache als Beamter der Staatsanwaltschaft oder als Polizeibeamter, als Anwalt des Verletzten oder als Verteidiger tätig gewesen sind,
- weil sie in der Sache als Zeuge oder Sachverständiger vernommen worden sind oder
- weil sie bei einer durch ein Rechtsmittel angefochtenen Entscheidung mitgewirkt haben?

I. Rechtsgrundlagen

Hat an einem Urteil ein Richter oder Schöffe mitgewirkt,[423] in dessen Person ein **345** Ausschlussgrund i.S.d. §§ 22, 23 StPO (bei Schöffen i.V.m. § 31 Abs. 1 StPO) vorliegt, liegt der absolute Revisionsgrund des § 338 Nr. 2 StPO vor. Der Aufhebungsgrund kann unabhängig davon geltend gemacht werden, ob der betreffende Richter oder Schöffe (erfolglos) nach § 24 StPO abgelehnt worden ist.

Die Ausschließungsgründe sind in §§ 22, 23 StPO abschließend aufgeführt. § 23 Abs. 1 StPO kommt im vorliegenden Zusammenhang nur bei Revisionen gegen Berufungsurteile in Betracht.

Die den Ausschlussgrund begründenden Tatsachen müssen dem Beschwerdeführer nicht schon vor der Hauptverhandlung bekannt gewesen sein. Es können auch solche Tatsachen vorgebracht werden, die dem Beschwerdeführer erst nach der Hauptverhandlung bis zum Ablauf der Revisionsbegründungsfrist zur Kenntnis gebracht worden sind.

Eine Rügepräklusion besteht bei dem Revisionsgrund des § 338 Nr. 2 StPO nicht.

---

423 Tritt ein nach §§ 22, 23 StPO ausgeschlossener Ergänzungsrichter (§ 192 Abs. 2 GVG) oder -schöffe (§§ 192 Abs. 2 u. 3, 48 GVG) nicht für einen verhinderten Richter bzw. Schöffen in das Quorum ein, bleibt dies revisionsrechtlich folgenlos: LR-*Siolek*[27] § 23 Rn. 6.

II. Anforderungen an den Vortrag der Rüge der Verletzung der §§ 22, 23, 31 StPO (§ 338 Nr. 2 StPO)

346 1. Der Richter bzw. Schöffe, der nach Auffassung des Beschwerdeführers kraft Gesetzes ausgeschlossen war, ist namentlich zu bezeichnen[424]. Ferner ist darzulegen, dass dieser am Urteil mitgewirkt hat.[425]

347 2. Es müssen die den Ausschlussgrund begründenden Tatsachen vollständig mitgeteilt werden:

348 a) § 22 Nr. 1 StPO

Der Richter/Schöffe muss in irgendeinem Punkt durch die (prozessuale) Tat, die Gegenstand der zugelassenen Anklage ist, verletzt sein. Nach h.M. ist Verletzter nur der unmittelbar von der Tat betroffene Richter.[426] § 22 Nr. 1 StPO ist aber auch auf mittelbar Verletzte anzuwenden, jedenfalls wenn sie gem. § 403 StPO Adhäsionskläger werden könnten.[427] Auf jeden Fall bedarf es einer ausführlichen Darlegung aller für die Verletzteneigenschaft maßgeblichen Anknüpfungstatsachen.[428] Ob der Angeklagte wegen der betreffenden Straftat noch zur Rechenschaft gezogen werden kann (z.B. Verjährung), ist unerheblich.[429]

Auch bei einer Verfahrensbeschränkung (§ 154a StPO), einer teilweisen Einstellung des Verfahrens nach § 154 StPO oder der Abtrennung der die Verletzteneigenschaft begründenden Sache behält der Ausschluss für das abgeurteilte Verfahren seine Gültigkeit.[430]

349 b) § 22 Nr. 2 StPO

Das Verhältnis zwischen dem am Urteil mitwirkenden Richter und dem verletzten Angehörigen i.S.d. § 22 Nr. 2 StPO muss ebenso wie der Umstand dargelegt werden, dass der Angehörige durch die prozessuale Tat, die Gegenstand der zugelassenen Anklage ist, verletzt wurde.[431]

Ebenso ist das Angehörigenverhältnis zwischen dem Richter und dem Beschuldigten darzulegen. Der Revisionsgrund kann auch geltend gemacht werden, wenn an dem Urteil ein Richter mitgewirkt hat, der zu einem Mitangeklagten bzw. zu einem wegen derselben Tat ehemals Mitbeschuldigten in einem Angehörigenverhältnis i.S.d. § 22 Nr. 2 StPO steht bzw. stand. Auch diese Umstände sind detailliert darzulegen.

---

424 Wird dem Beschwerdeführer der Name des betreffenden Richters auf Verlangen nicht bekannt gegeben, ist keine weitere Begründung erforderlich: LR-*Siolek*[27] § 28 Rn. 34.

425 Ob sich letzteres bei Erhebung der allgemeinen Sachrüge aus den schriftlichen Urteilsgründen ergeben würde, ist zweifelhaft, weil die Urteilsgründe keinen Beweis über die an der Urteilsfindung beteiligten Richter bzw. Schöffen erbringen.

426 *Meyer-Goßner/Schmitt*[60] § 22 Rn. 6; *BGHSt* 51, 100 = NStZ 2007, 583.

427 MüKo-StPO-*Conen/Tsambikakis* § 22 Rn. 10.

428 Zu den Konsequenzen, dass der Richter/Schöffe nur mittelbar Verletzter ist, LR-*Siolek*[27] § 22 Rn. 8.

429 *KG* StV 1981, 13.

430 SK-StPO-*Weßlau*[4] § 22 Rn. 2; LR-*Siolek*[27] § 22 Rn. 5.

431 Siehe oben Rn. 348.

c) § 22 Nr. 3 StPO   **350**

Die Ausführungen zu Rn. 349 gelten sinngemäß für die in § 22 Nr. 3 StPO benannten Angehörigenverhältnisse.

d) § 22 Nr. 4 StPO   **351**

Der am Urteil mitwirkende Richter muss als Beamter der Staatsanwaltschaft, als Polizeibeamter, als Anwalt des Verletzten oder als Verteidiger in der Sache tätig gewesen sein.

Der Begriff der Sache ist umfassender als der der Tat im prozessualen Sinn.[432] Er umfasst nicht nur das historische Ereignis, das Gegenstand der zur Hauptverhandlung zugelassenen Anklage ist, sondern bei mehreren selbstständigen Taten i.S.d. § 264 StPO die Einheit der Hauptverhandlung.[433] Nicht erforderlich ist auch, dass sich das Verfahren zu dem Zeitpunkt, als der Richter in der vorbezeichneten Eigenschaft tätig wurde, gegen den jetzigen Beschwerdeführer gerichtet hat.[434] Der Ausschlussgrund liegt auch dann vor, wenn der Richter seinerzeit als Staatsanwalt in einem abgetrennten, aber denselben Sachverhalt betreffenden Verfahren Anklage gegen Mitbeschuldigte erhoben hat.[435]

Eine Tätigkeit i.S.d. § 22 Nr. 4 StPO ist bereits eine Sachstandsanfrage des seinerzeitigen Staatsanwalts bei der Kriminalpolizei,[436] die Akteneinsichtsgewährung an einen anwaltlichen Verletztenbeistand oder die Einräumung einer Stellungnahmefrist.[437] Vorgetragen werden sollte neben der Art der Tätigkeit auch der Stand der seinerzeitigen Ermittlungen.[438]

Die Sachidentität und die Tätigkeit müssen deshalb im Rahmen der Revisionsbegründung detailliert vorgetragen werden.

e) § 22 Nr. 5 StPO   **352**

Der am Urteil mitwirkende Richter muss in der Sache als Zeuge oder Sachverständiger vernommen worden sein.[439]

Zum Begriff der Sache kann zunächst auf die Ausführungen zu Rn. 351 verwiesen werden. Soweit es dasselbe Tatgeschehen betrifft, reicht die Vernehmung des Richters als Zeuge in einem anderen Verfahren aus.[440] Die Tatsache, dass

---

432 *Meyer-Goßner/Schmitt*[60] § 22 Rn. 17; LR-*Siolek*[27] § 22 Rn. 24 ff.; *BGH* StV 2006, 4 m. Anm. *Binder* 676.

433 *BGHSt* 49, 29 = StV 2004, 353.

434 SK-StPO-*Weßlau*[4] § 22 Rn. 9.

435 *BGH* StV 2008, 123.

436 *BGH* StV 1982, 51.

437 *BGH* v. 12.8.2010 – 4 StR 378/10 = StV 2011, 69 = NStZ 2011, 106 = StraFo 2010, 462.

438 *BGHSt* 49, 29 = StV 2004, 353.

439 Zum Ausschluss in einem Fall, in dem der noch nicht vernommene Richter als Zeuge für die bevorstehende Hauptverhandlung benannt werden könnte, *LG Lüneburg* StV 2005, 77.

440 *BGHSt* 31, 358 = StV 1983, 313; *BGH* StV 2006, 4 m. Anm. *Binder* 676; *BGH* StV 2007, 617 = NStZ 2007, 711; *BGH* v. 22.1.2008 – 4 StR 507/07 = StV 2008, 383 m. Anm. *Leu* StV 2009, 507.

eine Tat, bzgl. derer der Richter als Zeuge oder Sachverständiger vernommen worden ist, nach § 154 Abs. 2 StPO eingestellt wurde, ändert am Vorliegen des Ausschlussgrundes nichts.[441] Es bedarf in einem solchen Fall einer besonders ausführlichen Darlegung, dass Vernehmungsgegenstand dieselbe Sache war. Ob der vernommene Richter etwas zur Sache bekunden konnte oder nicht, ist unerheblich. Ebenfalls, ob die Aussage in einer förmlichen Vernehmungsniederschrift oder nur in einem Vermerk festgehalten worden ist. Als Zeugenaussage i.S.d. § 22 Nr. 5 StPO ist auch eine schriftliche Erklärung gegenüber den Strafverfolgungsbehörden zu qualifizieren.[442]

353 **Dienstliche Erklärungen** des Richters im Rahmen der anhängigen Hauptverhandlung stellen allerdings nur dann eine Zeugenaussage i.S.d. § 22 Nr. 5 StPO dar, wenn sie zum Gegenstand der Beweiswürdigung zur Schuld- oder Straffrage gemacht werden und die persönliche Vernehmung des Richters ersetzen.[443] In diesen Fällen kommt ferner die Rüge der Verletzung der §§ 250, 261 StPO[444] in Betracht, die in entspr. Fällen zusätzlich erhoben werden sollte, allerdings nur einen nach § 337 StPO zu rügenden (relativen) Verfahrensfehler darstellt.[445] Der Inhalt der Vernehmungsniederschrift, schriftlichen Zeugenerklärung oder dienstlichen Erklärung sind im Wortlaut mitzuteilen.

Sonstige dienstliche Erklärungen, die sich lediglich zu prozessual erheblichen Vorgängen und Zuständen verhalten[446] oder Wahrnehmungen enthalten, die die laufende Hauptverhandlung betreffen,[447] begründen demgegenüber den Ausschlussgrund des § 22 Nr. 5 StPO nicht.[448]

354 Ein in der Hauptverhandlung gehörter Zeuge oder Sachverständiger ist auch dann „in der Sache" vernommen, wenn die Aussage nicht den Kernbereich von Schuld und Strafe betrifft. Der Begriff der „Sache" umfasst alle richterlichen Entscheidungen, die im Verlauf einer Hauptverhandlung zu treffen sind und sich auf die abschließende Entscheidung auswirken können, bspw. die Entscheidung über ein Ablehnungsgesuch gegen erkennende Richter.[449]

---

441 *BGH* StV 2006, 4 m. Anm. *Binder* 676.
442 *BGH* StV 2004, 355.
443 *BGH (2. StS)* StV 2004, 355; zurückhaltender *BGHSt* 47, 270 = StV 2002, 294, 296 (4. StS).
444 Siehe unten Rüge 144 Rn. 1270.
445 Vgl. *BGHSt* 45, 354 = StV 2000, 121; *BGHSt* 47, 270 = StV 2002, 294.
446 *BGH* StV 2002, 355.
447 *BGH* StV 1993, 507 = NStZ 1994, 80.
448 Für die Sondersituation eines beauftragten Richters sowie zu dienstlichen Erklärungen eines Richters, der an einer konsularischen Zeugenvernehmung teilgenommen hat, s. *BGHSt* 45, 354 = StV 2000, 121 (5. StS).
449 *BGH* v. 6.6.2012 – 1 StR 581/12 = NStZ 2014, 44.

Rüge 16

Haben bei dem Urteil Richter oder Schöffen mitgewirkt, nachdem sie wegen Besorgnis der **355**
Befangenheit abgelehnt worden sind und das Ablehnungsgesuch entweder für begründet
erklärt oder mit Unrecht verworfen wurde?

I. Rechtsgrundlagen

Hat an einem Urteil ein Richter oder ein Schöffe mitgewirkt, der erfolgreich wegen **356**
Besorgnis der Befangenheit (§§ 24, 31 Abs. 1 StPO) abgelehnt bzw. bei dem das
gegen ihn gerichtete Ablehnungsgesuch zu Unrecht verworfen worden ist, liegt der
absolute Revisionsgrund des § 338 Nr. 3 StPO vor.

1. Weitere Mitwirkung trotz erfolgreicher Ablehnung

Der Aufhebungsgrund der unzulässigen Mitwirkung nach *erfolgreicher* Ablehnung **357**
wegen Besorgnis der Befangenheit kann unabhängig davon geltend gemacht werden, ob das Ablehnungsgesuch zurecht oder zu Unrecht für begründet erklärt wurde.[450] Eine Überprüfung des diesbezüglichen Ablehnungsbeschlusses ist unstatthaft
(vgl. § 28 Abs. 1 StPO). Er kann auch nicht widerrufen werden.[451] Dass dieser Verfahrensfehler tatsächlich einem Gericht unterläuft, dürfte allerdings so gut wie ausgeschlossen sein.[452]

2. Weitere Mitwirkung bei zu Unrecht verworfener Ablehnung

Der Aufhebungsgrund der zu Unrecht *verworfenen* Ablehnung setzt ein zulässiges **358**
und begründetes Ablehnungsgesuch voraus.

3. Fehler im Ablehnungsverfahren

a) Fehler im Ablehnungsverfahren begründen die Revision nur dann, wenn das **359**
Ablehnungsgesuch fehlerhaft gem. § 26a Abs. 1 StPO als unzulässig verworfen
worden ist und entweder die das Ablehnungsgesuch verwerfende Entscheidung sich
mit den zur Begründung vorgetragenen tatsächlichen Behauptungen überhaupt
nicht auseinandergesetzt hat[453] oder aber die Grenzen der Vorschrift des § 26a
StPO, die den gesetzlichen Richter (Art. 101 Abs. 1 S. 2 GG) gewährleistet, willkürlich überschritten worden sind.[454] Das ist insbesondere dann der Fall, wenn der

---

450 LR-*Siolek*[27] § 28 Rn. 1.
451 *Meyer-Goßner/Schmitt*[60] § 28 Rn. 1.
452 Zu den Rügevoraussetzungen für den unwahrscheinlichen Eintritt dieses Falles s.
   1. Aufl. Rn. 321.
453 SK-StPO-*Frisch*[4] § 338 Rn. 80.
454 *BVerfG* StV 2005, 478; *BGH* StV 2005, 587 = NStZ 2006, 51 m. Anm. *Meyer-Goßner*;
   BGH StV 2007, 119; *BGH* v. 12.12.2008 – 2 StR 479/08 = StV 2010, 304; ebenso *BGH*
   v. 2.11.2010 – 1 StR 544/09 = NStZ 2011, 294; *OLG Celle* StV 2007, 627.

abgelehnte Richter zur Prüfung des Ablehnungsgesuchs sein eigenes Verhalten beurteilen und somit eine Entscheidung „in eigener Sache" treffen muss.[455] Letzterenfalls muss der Verfahrensfehler auch in solchen Fällen zur Urteilsaufhebung und Zurückverweisung führen, in denen das Ablehnungsgesuch nach Auffassung des Revisionsgerichts in der Sache nicht erfolgreich gewesen wäre.[456]

360 **b)** Ansonsten kann der Umstand, dass das über die Ablehnung beschließende Gericht unzuständig oder nicht ordnungsgemäß besetzt war, die Revision nicht begründen.[457] Das gilt dann nicht, wenn ein zunächst erfolglos abgelehnter Richter an der Entscheidung über ein weiteres Ablehnungsgesuch gegen die das ursprüngliche Ablehnungsgesuch zurückweisenden Richter mitwirkt und der Ablehnungsantrag das im ersten Gesuch beanstandete Verhalten zum Gegenstand hat.[458] Auch darf ein Richter an der Entscheidung über ein Befangenheitsgesuch gegen einen erkennenden Richter nicht mitwirken, wenn in seiner Person die Voraussetzungen für einen Ausschlussgrund gem. § 22 StPO gegeben sind.[459] Die Verwerfung eines in der Hauptverhandlung gestellten Befangenheitsgesuchs als unzulässig (§ 26a Abs. 1 Nr. 3 StPO) darf nur in der für die Hauptverhandlung vorgeschriebenen Besetzung, also ggf. unter Beteiligung der Schöffen, erfolgen; das gilt auch im Falle der Unterbrechung zur Beratung über die Zulässigkeit des Befangenheitsantrags.[460] Anderenfalls ist der absolute Revisionsgrund des § 338 Nr. 3 StPO gegeben.

361 **c)** In welcher Reihenfolge über mehrere Ablehnungsgesuche zu entscheiden ist, die sich gegen verschiedene Richter eines Spruchkörpers richten, ist nicht eindeutig geklärt.[461] Eine Verletzung des Rechts auf den gesetzlichen Richter ist aber nur bei einer willkürlichen Vorgehensweise revisibel.[462]

362 **d)** Wurde es unterlassen, dem Angeklagten bzw. seinem Verteidiger die dienstliche Äußerung des abgelehnten Richters zur Kenntnis (§ 26 Abs. 3 StPO) bzw. diesem Gelegenheit zur Stellungnahme zu geben, kann der Antragsteller darauf die Revision nicht stützen, wenn er die Möglichkeit hatte, sein Ablehnungsgesuch zu erneuern, nachdem der sein Gesuch zurückweisende Beschluss bekanntgegeben wor-

---

455 Zur rechtsfehlerhaften Ablehnung eines Befangenheitsgesuchs, das ohne oder nur mit gänzlich ungeeigneten Gründen angebracht sein soll (§ 26a Abs. 1 Nr. 2 StPO) s. einerseits *BGH* v. 6.5.2014 – 5 StR 99/14 = StV 2015, 9 = NStZ 2015, 175, andererseits *BGH* v. 10.7.2014 – 3 StR 262/14 Tz. 9. Zur Zurückweisung eines Befangenheitsgesuchs wegen der damit verbundenen Absicht der Prozessverschleppung *BGH* v. 9.9.2014 – 5 StR 53/14 = StV 2015, 8 = NStZ 2015, 175; *BGH* v. 7.7.2015 – 3 StR 66/15 = StV 2016, 271.
456 *BVerfG* StV 2005, 478; *BGHSt* 50, 216 = StV 2005, 689; *BGH* StV 2007, 121.
457 SK-StPO-*Frisch*[4] § 338 Rn. 77 m.w.N.
458 *BGH* v. 27.10.2011 – 5 StR 376/11 = StV 2012, 450 = NStZ 2012, 45.
459 *BGH* v. 6.6.2013 – 1 StR 581/12 = NStZ 2014, 44.
460 *BGH* v. 9.9.2014 – 5 StR 53/14 = StV 2015, 8 = NStZ 2015, 175.
461 Vgl. LR-*Siolek*[27] § 27 Rn. 35 ff.
462 *BGH* v. 25.4.2014 – 1 StR 13/13 Tz. 33 ff.

den ist.[463] Bestand diese Möglichkeit nicht, kann der Ablehnungsberechtigte die Revision auf die Verletzung des rechtlichen Gehörs stützen.[464] Eine Verletzung rechtlichen Gehörs liegt aber nicht darin, dass das Gericht über das Ablehnungsvorbringen keine förmliche Beweisaufnahme durchgeführt hat.[465] Ist es unterblieben, eine dienstliche Äußerung des abgelehnten Richters einzuholen, obwohl sich der Ablehnende zur Glaubhaftmachung darauf bezogen hat, begründet dies einen – allerdings nur relativen – Verfahrensfehler, weil dem Revisionsgericht eine wesentliche notwendige Entscheidungsgrundlage zur Beurteilung der Verwerfung des Ablehnungsgesuchs fehlt.[466]

e) Der Verstoß gegen § 29 Abs. 1 StPO, indem ein wegen Befangenheit abgelehnter Richter entgegen dieser Vorschrift vor Erledigung des Ablehnungsgesuchs an aufschiebbaren Verhandlungen mitgewirkt hatte, kann allein die Revision nicht begründen.[467] Ist die Zurückweisung des Befangenheitsgesuchs zu Unrecht erfolgt, begründet schon dies den absoluten Revisionsgrund des § 338 Nr. 3 StPO. In den Fällen, in denen das Befangenheitsgesuch nicht zu Unrecht als unbegründet zurückgewiesen worden ist, kann nach Auffassung des BGH[468] ausgeschlossen werden, dass sich der Verstoß gegen die Wartepflicht des § 29 Abs. 1 StPO zum Nachteil des Angeklagten ausgewirkt habe[469], zumal der Vorsitzende bei der Beurteilung der Unaufschiebbarkeit einen Spielraum habe.[470] **363**

f) Bei Anwendung des § 29 Abs. 2 S. 1 StPO kann die Überschreitung der dort bestimmten zeitlichen Grenzen mit der Verfahrensrüge beanstandet werden, wenn die Entscheidung einen Ermessensfehler erkennen lässt.[471] Es handelt sich aber nach Auffassung des BGH um einen relativen Revisionsgrund,[472] bei dem es in der Regel ausgeschlossen sein wird, dass das Urteil auf dem Verstoß beruhen kann.[473] **364**

---

463 KK-*Scheuten*[7] § 26 Rn. 8.
464 LR-*Siolek*[27] § 26 Rn. 31. Siehe dazu näher unten Rn. 380.
465 *BGH* v. 3.11.2010 – 1 StR 500/10 = NStZ 2011, 228.
466 *OLG Hamburg* v. 12.9.2014 – 2 – 45/14 (REV) = StV 2015, 15.
467 *BGHSt* 48, 264 = NJW 2003, 2396.
468 *BGHSt* 48, 264, 267 = NJW 2003, 2396.
469 **A.A.** *OLG Düsseldorf* StV 1994, 528.
470 *BGH* v. 2.10.2013 – 1 StR 386/13, auch zu den Anforderungen des § 344 Abs. 2 S. 2 StPO an die Revisionsbegründung.
471 *BGH* v. 24.2.2015 – 4 StR 444/14 Tz. 5. Der *BGH* weist darauf hin, dass die Zulässigkeit der Rüge voraussetzt, dass das Vorgehen des Vorsitzenden nach § 238 Abs. 2 StPO beanstandet wurde (so auch *BGH* v. 14.2.2002 – 4 StR 272/01 = NStZ 2002, 429 u. *BGH* v. 2.10.2013 – 1 StR 386/13).
472 *BGH* NStZ 1996, 398.
473 *BGH* NStZ 1996, 398.

4. Im Zusammenhang mit der Ablehnung wegen Besorgnis der Befangenheit stehende Rügen

365 Ist die Ablehnung für begründet erklärt worden und muss die Hauptverhandlung deshalb ausnahmsweise nicht ausgesetzt werden,[474] so ist ihr nach der Anbringung des Ablehnungsgesuchs liegender Teil zu wiederholen (§ 29 Abs. 2 S. 2 StPO). Unterbleibt dies, ist der nicht wiederholte Teil nicht Inbegriff der Hauptverhandlung mit der Folge, dass die Verwertung diesbezüglicher Vorgänge bei der Urteilsfindung die Verfahrensrüge der Verletzung des § 261 StPO eröffnet.[475] Die Revision kann deshalb in diesem Fall auf die Missachtung des Wiederholungsgebots gestützt werden.[476] Ist eine Wiederholung nicht möglich, dürfen Beweisergebnisse, die Gegenstand des Teils der Hauptverhandlung waren, der außerhalb der absoluten Grenzen des § 29 Abs. 2 S. 1 StPO stattgefunden hat, ebenfalls nicht verwertet werden (§ 261 StPO).[477]

II. Anforderungen an den Vortrag der Rüge der Mitwirkung eines wegen Besorgnis der Befangenheit abgelehnten Richters oder Schöffen

1. Generelle Rügevoraussetzung

366 Nach Auffassung des *1. Strafsenats* des *BGH*[478] ist die Rüge der fehlerhaften Zurückweisung eines Befangenheitsantrags wegen missbräuchlichen Prozessverhaltens unzulässig, wenn der Angeklagte nach der Zurückweisung seines Antrags an einer Urteilsabsprache mitgewirkt und im Hinblick auf die vom Gericht zugesagte Strafobergrenze ein Geständnis abgelegt habe. Es ist deshalb bei der Rüge der rechtswidrigen Verwerfung eines Ablehnungsgesuchs in einem solchen Fall als Negativtatsache vorzutragen, dass es nach Zurückweisung des Ablehnungsgesuchs nicht zu einer Urteilsabsprache unter Mitwirkung des Angeklagten gekommen ist bzw. im Falle einer Verfahrensverständigung, dass das Gericht die von ihm zugesagte Strafobergrenze nicht eingehalten hat. Ist die im Rahmen einer Verständigung zugesagte Strafobergrenze nicht überschritten worden, bedarf es für die Begründung der rechtswidrigen Verwerfung des Ablehnungsgesuchs zusätzlicher Ausfüh-

---

474 Dies betrifft die Fälle, in denen der abgelehnte Richter oder Schöffe durch einen Ergänzungsrichter oder -schöffen ersetzt wird.

475 SK-StPO-*Deiters*[4] § 29 Rn. 20; LR-*Siolek*[27] § 29 Rn. 41. Siehe unten Rüge 226 Rn. 1922.

476 KK-*Scheuten*[7] § 29 Rn. 12. Hier kommt zugleich eine Verletzung der gerichtlichen Aufklärungspflicht in Betracht. Das Urteil dürfte dann auf der Verletzung des § 29 Abs. 2 S. 2 StPO beruhen, wenn durch die Missachtung des Wiederholungsgebots zugunsten des Angeklagten in Betracht kommender Beweisstoff bei der Urteilsfindung unberücksichtigt geblieben ist.

477 Siehe unten Rüge 226 Rn. 1922.

478 *BGH* v. 22.9.2008 – 1 StR 323/08 = StV 2009, 169 m. abl. Anm. *Beulke/Witzigmann* StV 2009, 394 = NStZ 2009, 159 = StraFo 2009, 73.

rungen, aus denen sich erschließt, dass die Tatsache der Verständigung nicht als Indiz dafür herangezogen werden kann, dass die Gründe für die in dem Ablehnungsgesuch vorgetragene Besorgnis der Befangenheit entfallen sind.

2. Rüge der rechtswidrigen Verwerfung des Ablehnungsgesuchs als unbegründet (§ 338 Nr. 3 StPO)

a) Ablehnungsgesuch

Es ist vorzutragen, dass in der Hauptverhandlung ein zur Urteilsfindung berufener **367** Richter oder Schöffe wegen Besorgnis der Befangenheit abgelehnt worden ist. Das ist auch ein Ergänzungsrichter oder -schöffe (§ 192 GVG) von dem Zeitpunkt an, wo feststeht, dass er in den Spruchkörper eintritt[479]. Der abgelehnte Richter bzw. Schöffe ist namentlich zu bezeichnen. Bei Ablehnung aller Angehöriger eines Spruchkörpers sind diese ebenfalls namhaft zu machen.[480] Der Inhalt des Ablehnungsgesuchs ist vollständig wörtlich mitzuteilen. Ebenso sind weitere zum Verständnis der Rüge erforderliche Vorgänge vorzutragen,[481] z.B. beweiswürdigende Ausführungen eines anderen Urteils, wenn daraus die Befangenheit abgeleitet wird[482] oder der Inhalt eines Beweisantrages und darin in Bezug genommene Aktenbestandteile und der Ablehnungsbeschluss, wenn dieser Anlass für die Ablehnung geboten hat.[483] Als Negativtatsache kann vorzutragen sein, dass der Eindruck der Voreingenommenheit nicht wieder beseitigt wurde, wenn zwischen dem Vorfall, der Grundlage des Befangenheitsgesuchs war, und dem Zeitpunkt, als dieser gestellt wurde, ein längerer Zeitraum lag.[484]

b) Rechtzeitigkeit des Ablehnungsgesuchs

Es muss vorgetragen werden, dass das Gesuch rechtzeitig i.S.d. § 25 StPO ange- **368** bracht und dies glaubhaft[485] gemacht wurde.[486] Das bedeutet im Einzelnen:

aa) Stützt sich das Ablehnungsgesuch auf Umstände, die vor Beginn der Verneh- **369** mung des ersten Angeklagten über seine persönlichen Verhältnisse bzw. im Berufungsverfahren vor Beginn des Vortrags des Berichterstatters eingetreten und dem Ablehnungsberechtigten bekannt geworden sind, muss angegeben werden, dass das

---

479 LR-*Siolek*[27] § 28 Rn. 14.
480 Dies gilt auch im Falle der – zulässigen – Ablehnung „der Mitglieder der Kammer" wegen ihrer Mitwirkung an einem Kammerbeschluss: *BGHSt* 23, 200, 202.
481 *BGH* v. 20.4.2011 – 2 StR 639/10 = StraFo 2011, 312.
482 *Meyer-Goßner/Schmitt*[60] § 338 Rn. 29.
483 *BGH* v. 7.2.2012 – 5 StR 432/11 = StV 2012, 587.
484 *BGH* Beschl. v. 18.10.2005 – 1 StR 114/05.
485 Einer Glaubhaftmachung des Unverzüglichkeitserfordernisses nach § 26a Abs. 1 Nr. 1 StPO bedarf es nicht, wenn sich die der Glaubhaftmachung zugrundeliegenden Tatsachen aus den Akten ergeben: *BGH* v. 6.5.2014 – 5 StR 99/14 = StV 2015, 9 = NStZ 2015, 175.
486 *BGH* v. 17.1.2015 – 4 StR 276/15 = NStZ 2016, 627.

Ablehnungsgesuch vor Beginn der Hauptverhandlung bzw. spätestens bis zum Beginn der Vernehmung des ersten Angeklagten über seine persönlichen Verhältnisse (dies ist die Vernehmung des Angeklagten nach § 243 Abs. 2 S. 2 StPO über die in § 111 Abs. 1 OWiG bezeichneten Angaben und nicht die Vernehmung über die sonstigen persönlichen Verhältnisse des Angeklagten wie Vorleben, Werdegang, Ausbildung, berufliche Tätigkeit etc.) bzw. im Berufungsverfahren vor Beginn des Vortrags des Berichterstatters gem. § 324 Abs. 1 S. 1 StPO angebracht worden ist. Bei einem Ergänzungsrichter oder Schöffen (§ 192 GVG) reicht es aus, wenn das Befangenheitsgesuch zu dem Zeitpunkt angebracht worden ist, an dem feststand, dass er in das Entscheidungsquorum eintritt.[487] Dieser Zeitpunkt und der der Anbringung des Befangenheitsgesuchs sind darzulegen.

370 **bb)** Stützt sich das Urteil auf Umstände, die erst später eingetreten oder dem Ablehnungsberechtigten bekannt geworden sind, ist konkret vorzutragen,

- dass die das Ablehnungsgesuch stützenden Umstände sich erst nach Beginn der Vernehmung des ersten Angeklagten über seine persönlichen Verhältnisse bzw. im Berufungsverfahren erst nach Beginn des Vortrags des Berichterstatters eingetreten sind oder
- dem Ablehnungsberechtigten erst nach diesen Zeitpunkten bekannt geworden sind, wobei Umstände und genauer Zeitpunkt des Bekanntwerdens näher dargelegt werden sollten,
- dass das Ablehnungsgesuch „unverzüglich" bei Gericht angebracht worden ist. Dass das Ablehnungsgesuch nicht als unzulässig, sondern als unbegründet zurückgewiesen worden ist, macht die betr. Ausführungen nicht entbehrlich.

Wenn sich dies nicht bereits aus dem Ablehnungsgesuch selbst ergibt, ist zunächst mitzuteilen, unter welchen Umständen das zur Ablehnung führende Geschehen sich ereignet bzw. der Ablehnungsberechtigte hiervon Kenntnis erlangt hat.

371 Handelt es sich um Vorgänge, die sich während der Hauptverhandlung ereignet haben, ist darzulegen, dass der Antragsteller die Unterbrechung der Hauptverhandlung beantragt und wie das Gericht darauf reagiert hat.[488] Wurde die Hauptverhandlung unterbrochen, ist darzulegen, dass das Ablehnungsgesuch im Fall der Fortsetzung der Hauptverhandlung am selben Tage unverzüglich nach Wiedereintritt in die Verhandlung gestellt wurde, bei Unterbrechung und Fortsetzung der Hauptverhandlung an einem anderen Tage, dass das Ablehnungsgesuch unverzüglich nach Ablauf des Zeitraums bei dem Gericht, dem der abgelehnte Richter angehört, angebracht wurde, der – wie konkret darzulegen ist – notwendig war, um den die Ablehnung begründenden Vorgang mit dem Angeklagten zu erörtern und das schriftliche Ableh-

---

487 LR-*Siolek*[27] § 28 Rn. 14; **a.A.** *OLG Schleswig* StV 1994, 641; *Meyer-Goßner*[55] § 28 Rn. 6.

488 Zur Sondersituation eines die Besorgnis der Befangenheit begründenden Verhaltens nach den Schlussvorträgen s. *BGH* StV 2007, 118.

nungsgesuch zu fertigen. Dem Angeklagten ist eine gewisse Zeit zur Überlegung und Absprache mit dem Verteidiger einzuräumen.[489]

Dazu gehört die Mitteilung des Zeitpunktes, zu dem das Ablehnungsgesuch ange- **372** bracht wurde, sei es durch persönliche Übermittlung an das Gericht, durch Übersendung per Post, Telefax oder Email, sei es durch Erklärung zu Protokoll der Geschäftsstelle oder in der Hauptverhandlung zu Beginn des Fortsetzungstermins.

Handelt es sich um Vorgänge außerhalb der Hauptverhandlung, auf die das Ableh- **373** nungsgesuch gestützt wird, ist darzulegen, wann diese stattgefunden haben und wann der Angeklagte hiervon Kenntnis erlangt hat, wenn er den betreffenden Vorgang nicht selbst (mit) wahrgenommen hat.[490] Ab diesem Zeitpunkt ist der Zeitraum zu bemessen, der für die Erörterung des zur Ablehnung führenden Vorgangs zwischen Verteidiger und Angeklagtem sowie zur Abfassung des schriftlichen Ablehnungsgesuchs erforderlich war, was darzulegen ist. Auch hier muss vorgetragen werden, wann und in welcher Form das Ablehnungsgesuch bei dem Gericht angebracht wurde.

c) Verlauf des Ablehnungsverfahrens

Es muss der weitere Ablauf des Ablehnungsverfahrens mitgeteilt werden. Dazu ge- **374** hört die vollständige wörtliche Mitteilung der dienstlichen Äußerung des abgelehnten Richters[491] sowie sonstiger abgegebener dienstlicher Äußerungen, bspw. des Sitzungsvertreters der Staatsanwaltschaft zu Vorgängen in der Hauptverhandlung, auf die das Befangenheitsgesuch gestützt wurde. Ebenfalls sind Erwiderungen auf die dienstlichen Äußerungen mitzuteilen, im Falle schriftlicher Erklärungen durch vollständige wörtliche Wiedergabe ihres Inhalts.[492] Nur auf diese Weise kann ausgeschlossen werden, dass ein zunächst berechtigtes Misstrauen gegen die Unbefangenheit des abgelehnten Richters im weiteren Verfahren ausgeräumt wurde.[493] Umgekehrt kann die dienstliche Stellungnahme des abgelehnten Richters dazu führen, dass dem durch die zunächst vorgebrachten Einzelumstände genährten Misstrauen des Ablehnenden gegen den abgelehnten Richter die Berechtigung nicht mehr abzusprechen ist.[494]

d) Verwerfungsbeschluss

Der Beschluss, durch den das Gesuch verworfen wurde, ist ebenfalls vollständig **375** wörtlich in die Revisionsbegründung aufzunehmen.

---

489 Insbesondere für inhaftierte Angeklagte: *BGH* v. 8.6.2016 – 5 StR 48/16 = StV 2017, 144.
490 Wird ihm der Vorgang durch seinen Verteidiger verspätet zur Kenntnis gebracht, ist ihm dies nicht zuzurechnen: *BGH* v. 17.12.2009 – 3 StR 367/09 = StV 2011, 73 = NStZ 2010, 401 = StraFo 2010, 192.
491 *BGH* StV 1996, 2.
492 *BGH* v. 4.3.2009 – 1 StR 27/09 = StV 2009, 393.
493 *BGH* v. 5.10.2010 – 3 StR 287/10 = StV 2011, 72; *BGH* v. 2.10.2013 – 1 StR 386/13.
494 *BGH* v. 18.10.2012 – 3 StR 208/12 = wistra 2013, 155.

e) Mitwirkung des erfolglos abgelehnten Richters

376 Es muss mitgeteilt werden, dass der namentlich zu bezeichnende abgelehnte Richter bei dem Urteil mitgewirkt hat.

3. Rüge der rechtswidrigen Verwerfung des Ablehnungsgesuchs als unzulässig (§ 338 Nr. 3 StPO)

377 **a)** Es sind zunächst all diejenigen Tatsachen vorzutragen, die bei der Rüge der rechtswidrigen Verwerfung des Ablehnungsgesuchs als unbegründet mitzuteilen sind (vorstehend Rn. 367 ff.).

378 **b)** Die Prüfung des Revisionsvorbringens unter dem rechtlichen Gesichtspunkt, ob einem Beschwerdeführer im Ablehnungsverfahren der gesetzliche Richter (Art. 101 Abs. 1 S. 2 GG) durch eine willkürliche Anwendung der Zulässigkeitsregelungen der §§ 26a, 27 StPO entzogen worden ist, setzt gem. § 344 Abs. 2 S. 2 StPO den Vortrag voraus, dass die Strafkammer über das Ablehnungsgesuch unter Mitwirkung des abgelehnten Richters (§ 26a Abs. 2 S. 1 StPO) entschieden hat. Dass dies der Fall war, ergibt sich nicht schon aus der Verwerfung des Gesuchs als unzulässig gem. § 26a Abs. 1 Nr. 2 und 3 StPO. Denn ein Ablehnungsgesuch kann auch noch von dem nach § 27 StPO beschließenden Gericht als unzulässig verworfen werden.[495]

379 **c)** Es müssen zusätzlich die Tatsachen vorgetragen werden, aus denen sich ergibt, dass eine Ablehnung des Befangenheitsgesuchs auch im Ergebnis nicht hätte erfolgen dürfen, das Ablehnungsgesuch also in der Sache erfolgreich gewesen wäre.[496] Von der Darlegung dieser Umstände könnte in den Fällen abgesehen werden, in denen es zu einer willkürlichen Überschreitung des von § 26a StPO gesteckten Rahmens gekommen ist.[497] Da nur schwer zu prognostizieren ist, in welchen Fällen eine willkürliche Überschreitung des von § 26a StPO gesteckten Rahmens durch das Revisionsgericht festgestellt wird, dürfte es sich in allen Fällen der Verwerfung des Ablehnungsgesuchs als unzulässig empfehlen, nach Möglichkeit Ausführungen dazu zu machen, dass das Ablehnungsgesuch in der Sache erfolgreich gewesen wäre.[498] Das

---

495 *BGH* v. 9.6.2009 – 4 StR 461/08.
496 SK-StPO-*Frisch*[4] § 338 Rn. 81 a.E.
497 *BVerfG* StV 2005, 478; *BGH* StV 2005, 587 = NStZ 2006, 51 m. Anm. *Meyer-Goßner*; *BGHSt* 50, 216 = StV 2005, 589; *BGH* StV 2007, 119; *BGH* StV 2007, 121; *BGH* v. 12.12.2008 – 2 StR 479/08 = StV 2010, 304.
498 Die Frage, ob die fehlerhafte Verwerfung des Ablehnungsgesuchs als unzulässig nur einen relativen Revisionsgrund (§ 337 StPO) darstellt (so noch *BGHSt* 23, 200, 203; *BGHSt* 23, 265, 267; ebenso KK-*Kuckein*[4] § 338 Rn. 63) oder einen absoluten Revisionsgrund gem. § 338 Nr. 3 StPO (so SK-StPO-*Frisch*[4] § 338 Rn. 80 m.w.N.), ist durch *BGHSt* 50, 216 = StV 2005, 589 in letzterem Sinne entschieden worden (so jetzt auch KK-*Gericke*[7] § 338 Rn. 59). Im Übrigen würde bei Annahme eines relativen Revisionsgrundes das Urteil immer auf dem Verfahrensfehler beruhen, wenn die Verwerfung im Ergebnis nicht hätte erfolgen dürfen.

gilt jedenfalls in den Fällen, in denen das Befangenheitsgesuch wegen Verspätung als unzulässig zurückgewiesen wurde.[499]

4. Rüge der Nichtgewährung rechtlichen Gehörs infolge unterlassener Unterrichtung des Angeklagten über die dienstliche Äußerung des abgelehnten Richters

a) Es sind zunächst der Inhalt des Ablehnungsgesuchs, die rechtzeitige Stellung **380** sowie der das Ablehnungsgesuch zurückweisende Beschluss mitzuteilen.[500]

b) Die dienstliche Äußerung des abgelehnten Richters ist vollständig im Wortlaut **381** mitzuteilen sowie der Umstand, dass diese dem Angeklagten nicht zwecks Gewährung rechtlichen Gehörs zur Kenntnis gebracht wurde. Dazu ist eine genaue Darstellung des Ablehnungsverfahrens erforderlich.[501]

c) Es ist mitzuteilen, dass der Angeklagte keine Möglichkeit hatte, das Ableh- **382** nungsgesuch nach Kenntnisnahme von der dienstlichen Äußerung zu wiederholen.[502] Eine Verpflichtung, ein Verfahren nach § 33a StPO anzuregen, besteht für den Beschwerdeführer nicht.[503]

d) Es ist darzulegen, dass die Stellungnahme zu der dienstlichen Äußerung nicht **383** ausschließbar dazu geführt hätte, dass die Begründetheit der Ablehnung bejaht worden wäre.[504]

---

499 Siehe dazu *BayObLG* StV 2007, 122, 124.
500 Zu den Anforderungen s. oben Rn. 367, 368 ff. u. 375.
501 *OLG Koblenz* MDR 1978, 423.
502 Dies betrifft die Fälle, in denen der Angeklagte erst nach dem letzten Wort (§ 25 Abs. 2 S. 2 StPO) Kenntnis vom Inhalt der dienstlichen Äußerung erhalten hat.
503 LR-*Siolek*[27] § 26 Rn. 31.
504 *BGH* NStZ 1983, 354. Der *BGH* behandelt den Verfahrensfehler der Verletzung des rechtlichen Gehörs im Ablehnungsverfahren als relativen Revisionsgrund (§ 337 StPO). Demgegenüber wird in der Entscheidung *BayObLG* StV 1982, 460 die Prüfung der Begründetheit des Ablehnungsgesuchs durch das Revisionsgericht nach Beschwerdegrundsätzen unter Berücksichtigung der Äußerung des Angeklagten zu der nachträglich bekannt gewordenen dienstlichen Stellungnahme vorgenommen mit der Folge, dass bei dem Ergebnis eines sachlich gerechtfertigten Ablehnungsantrages der absolute Revisionsgrund des § 338 Nr. 3 StPO zu bejahen wäre.

Rüge 17

384 Hat an der Hauptverhandlung ein Richter oder Schöffe teilgenommen, nachdem über eine Anzeige nach § 30 StPO („Selbstablehnung") eine Entscheidung unterblieben ist?

I. Rechtsgrundlagen

385 Hat ein Richter oder Schöffe von einem Verhältnis Anzeige gemacht, das seine Ablehnung rechtfertigen könnte (§ 30 StPO) und ist hierüber keine Entscheidung getroffen worden mit der Folge, dass anstelle des Richters sein regelmäßiger Vertreter an der Hauptverhandlung teilgenommen hat,[505] ist das erkennende Gericht nicht vorschriftsmäßig besetzt.[506]

Ist über die Selbstablehnung eines Richters bzw. eines Schöffen kein Beschluss ergangen mit der Folge, dass diese gleichwohl an der Hauptverhandlung mitgewirkt haben, ist auch insoweit das erkennende Gericht nicht vorschriftsmäßig besetzt.[507]

Auf die Frage, ob die Selbstanzeige die Ablehnung des betreffenden Richters oder Schöffen gerechtfertigt hätte, kommt es nicht an.[508]

II. Anforderungen an den Vortrag der Verletzung des § 30 StPO (bei Schöffen i.V.m. § 31 Abs. 1 StPO)

386 Es ist mitzuteilen,

- Zeitpunkt und vollständiger Inhalt der Selbstanzeige im Wortlaut. Der Richter bzw. Schöffe, von dem die Selbstanzeige stammt, ist namentlich zu bezeichnen,
- dass über die Selbstanzeige nicht durch Beschluss gem. § 27 StPO bei einem Richter bzw. durch den Vorsitzenden gem. § 31 Abs. 2 S. 1 StPO bei einem Schöffen befunden worden ist,
- dass der Richter bzw. Schöffe, der von der Möglichkeit einer Selbstanzeige Gebrauch gemacht hat, an der (weiteren) Hauptverhandlung teilgenommen und an der Urteilsfindung beteiligt war **oder**
- der (regelmäßige) Vertreter oder ein Ergänzungsrichter anstelle des Richters, der sich selbst abgelehnt hat, oder ein Ergänzungs- oder Hilfsschöffe an der Hauptverhandlung teilgenommen hat.

Hat nach einer Entscheidung gem. §§ 27, 31 Abs. 2 S. 1 StPO nicht ein Ergänzungsrichter oder der ordentliche Vertreter des Richters bzw. ein Ergänzungsschöffe oder der an bereitester Stelle der Hilfsschöffenliste stehende Hilfsschöffe an der Hauptverhandlung teilgenommen, wäre das Gericht nicht vorschriftsmäßig besetzt, was entspr. zu rügen wäre.

---

505 Würde anstelle des Schöffen ein Hilfsschöffe an der Hauptverhandlung teilgenommen haben, läge hierin konkludent die nach § 31 Abs. 2 S. 1 StPO gebotene Entscheidung des Vorsitzenden.

506 *BGHSt* 25, 122 = JR 1974, 75 m. Anm. *Arzt.*

507 *Dahs* Die Revision im Strafprozess[9], Rn. 163.

508 *BGHSt* 25, 122. S. zu Art. 101 Abs. 1 GG *BGH* v. 11.7.2017 – 3 StR 90/17.

Kapitel 5
Anwesenheit der notwendigen Verfahrensbeteiligten

Abschnitt 1
Richter und Schöffen

Rüge 18

Hat die Hauptverhandlung in ununterbrochener (körperlicher und geistiger) Gegenwart der zur Urteilsfindung berufenen Personen (Richter/Schöffen) stattgefunden (§§ 226 Abs. 1, 338 Nr. 1 StPO)?   **388**

I. Rechtsgrundlagen

Die zur Urteilsfindung berufenen Richter und Schöffen müssen bis zur Urteilsver- **389** kündung während der gesamten Dauer der Hauptverhandlung ununterbrochen an dieser teilnehmen. Ein Mitglied des Gerichts darf sich auch dann nicht außerhalb des Sitzungssaales aufhalten, wenn es der Hauptverhandlung durch Videotechnik zugeschaltet ist. Dies gilt auch für den Fall, dass die Aussage eines an einem anderen Ort befindlichen Zeugen gem. § 247a Abs. 1 S. 1 StPO in Bild und Ton in das Sitzungszimmer übertragen wird.[509] Tritt ein Ergänzungsrichter oder -schöffe in das Quorum ein, muss auch dieser an der Hauptverhandlung von Anfang an ununterbrochen teilgenommen haben.[510]

„Gegenwärtig" i.S.d. § 226 Abs. 1 StPO ist nicht schon der körperlich anwesende   **390** Richter oder Schöffe, sondern nur derjenige, der der Hauptverhandlung auch geistig

---

509 *BGH* v. 20.9.2016 – 3 StR 84/16 = StraFo 2017, 22 = NStZ 2017, 372 = JR 2017, 174 m. Anm. *J. Kretschmer*. Die Entscheidung lässt offen, ob ein Verfahrensverstoß unter § 338 Nr. 1 oder Nr. 5 StPO zu subsumieren ist. Die Rüge setzt nicht voraus, dass der Angeklagte in der Hauptverhandlung eine Entscheidung nach § 238 Abs. 2 StPO herbeigeführt hat; s. auch Rüge 92 Rn. 971.

510 *BGH* NJW 2001, 3062 (s. Rüge 19 Rn. 393).

folgen kann.[511] Dies setzt u.a. voraus, dass Schöffen der deutschen Sprache mächtig sein müssen. Wirkt ein Schöffe mit unzureichenden Deutschkenntnissen an der Hauptverhandlung mit, ist das Gericht nicht ordnungsgemäß i.s.v. § 338 Nr. 1 StPO besetzt.[512] Der Schöffe muss bessere Sprachkenntnisse besitzen, als es das Führen einer alltäglichen Konversation oder die Lektüre eines Textes des täglichen Lebens erfordert.[513]

Hat ein Richter oder Schöffe während einer Zeugenvernehmung oder während eines sonstigen wesentlichen Teils der Hauptverhandlung über einen nicht unerheblichen Zeitraum hinweg fest geschlafen,[514] konnte er der Verhandlung aus gesundheitlichen Gründen (auch wegen Alkoholisierung etc.) oder wegen sonstiger körperlicher oder geistiger Mängel[515] nicht folgen, ist das Gericht in seiner Person nicht vorschriftsmäßig besetzt. Beschäftigt sich ein Richter[516] oder Schöffe[517] während der Hauptverhandlung mit seinem Mobiltelefon oder Smartphone. um SMS oder E-Mails zu versenden oder zu empfangen, ist dies bislang nur als Umstand problematisiert worden, der die Besorgnis der Befangenheit begründet. Da diese Beschäftigung aber auch die Fähigkeit beeinträchtigt, der Verhandlung zu folgen und ihren Inhalt in allen wesentlichen Teilen zuverlässig aufzunehmen, kann dieses Verhalten auch unter dem Gesichtspunkt der geistigen An- bzw. Abwesenheit Bedeutung erlangen.[518] Da es sich um einen Mangel in der Person des Richters bzw. Schöffen handelt, bedarf es nicht der Erhebung eines rechtzeitigen Besetzungseinwandes. Das gilt auch dann, wenn der Mangel schon zu Beginn der Hauptverhandlung bestand.

II. Anforderungen an den Vortrag der Rüge der vorschriftswidrigen Besetzung des Gerichts (§ 338 Nr. 1 StPO)

391 Der Verhandlungteil, während dessen der namentlich zu benennende Richter oder Schöffe nicht anwesend war oder dem er nicht gefolgt ist bzw. nicht folgen konnte[519]

---

511 *Meyer-Goßner/Schmitt*[60] § 226 Rn. 3; zur Mitwirkung eines blinden Richters an der Hauptverhandlung s. Rüge 12 Rn. 285 u. 287 (Besetzung) und Rüge 138 Rn. 1201 (Augenscheinseinnahme). Zur Unzulässigkeit der Mitwirkung eines stummen oder tauben Richters *Meyer-Goßner/Schmitt*[60] § 338 Rn. 12 u. 13 m.w.N.
512 *BGH* v. 26.01.2011 – 2 StR 338/10 = StV 2011, 526 = StraFo 2011, 152.
513 *Meyer-Goßner/Schmitt*[60] § 33 GVG Rn. 6.
514 *BGH* StV 1982, 9 = NStZ 1982, 41.
515 Vgl. LR-*Franke*[26] § 338 Rn. 42.
516 *BGH* v. 17.6.2015 – 2 StR 228/14 = StV 2016, 270.
517 *LG Koblenz* v. 28.9.2015 – 2090 Js 29.752/10 – 12 KLs = StV 2017, 169.
518 LR- *Franke*[26] § 338 Rn. 44, auch zu anderen ablenkenden Tätigkeiten.
519 Da § 33 Nr. 5 GVG in der ab dem 30.7.2010 geltenden Fassung (BGBl. I, 179) nur vorsieht, dass „Personen, die mangels ausreichender Beherrschung der deutschen Sprache für das Amt nicht geeignet sind", zum Schöffenamt nicht berufen werden sollen, führt ein Verstoß gegen diese Ordnungsvorschrift nur dann zu einer gesetzwidrigen Besetzung, wenn die unzureichende Sprachkompetenz die Unfähigkeit des Schöffen begründet, der Verhandlung zu folgen. Dies muss im Einzelfall anhand konkreter Belege vorgetragen werden.

(die Gründe dafür müssen konkret dargelegt werden),[520] dessen zeitliche Dauer und der konkrete Verhandlungsgegenstand sowie dessen Inhalt müssen genau angegeben werden. Es ist zusätzlich mitzuteilen, dass der betreffende Verhandlungsteil nicht vollständig zu einem Zeitpunkt wiederholt wurde, in dem die betreffenden Mängel nicht mehr vorhanden waren.[521] Es ist weiterhin vorzutragen, dass der Angeklagte nicht teilweise freigesprochen bzw. das Verfahren nicht teilweise gem. § 154 Abs. 2 StPO eingestellt worden ist. Anderenfalls ist vorzutragen, dass die Abwesenheit des Richters oder Schöffen einen konkret zu bezeichnenden Verhandlungsteil betraf, dessentwegen es zu der Verurteilung gekommen ist.

III. Nachweis der Verfahrenstatsachen

Dass die Hauptverhandlung in ununterbrochener körperlicher Gegenwart der zur Urteilsfindung berufenen Richter und Schöffen stattgefunden hat, wird durch das Hauptverhandlungsprotokoll, nicht durch das Urteilsrubrum bewiesen,[522] so dass aus differierenden Angaben zwischen Hauptverhandlungsprotokoll und Urteilsrubrum nur dann auf eine Verletzung des § 226 Abs. 1 StPO geschlossen werden kann, wenn die ausweislich des Hauptverhandlungsprotokolls anwesenden Richter oder Schöffen während der Dauer der Hauptverhandlung tatsächlich gewechselt haben oder nicht ununterbrochen anwesend waren. Wegen der absoluten Beweiskraft des Hauptverhandlungsprotokolls hat in diesem Fall die Rüge der Verletzung des § 226 Abs. 1 StPO nur dann Erfolg (§ 338 Nr. 1 StPO), wenn das Hauptverhandlungsprotokoll auf entspr. Antrag[523] im Sinne des Revisionsvortrags berichtigt wird.

Hat ein körperlich anwesender Richter oder Schöffe der Hauptverhandlung nicht folgen können, weil er fest geschlafen hat oder er ihr aus sonstigen körperlichen, geistigen oder sprachlichen Mängeln nicht folgen konnte, kann dies nur im Wege des Freibeweises bewiesen werden.[524]

392

---

520 *Meyer-Goßner/Schmitt*[60] § 226 Rn. 3 u. § 338 Rn. 14 u. 15.

521 *OLG Hamm* NJW 2006, 1449 (für den Fall eines schlafenden Staatsanwalts).

522 *Meyer-Goßner/Schmitt*[60] § 226 Rn. 12.

523 Zum Protokollberichtigungsantrag s. oben Rn. 58.

524 Für Fälle fehlender Sprachkompetenz *Meyer-Goßner/Schmitt*[60] § 33 GVG Rn. 6.

Rüge 19

393 Hat an dem Urteil ein Ergänzungsrichter oder Ergänzungsschöffe mitgewirkt, obwohl er nicht der gesamten Hauptverhandlung beigewohnt hat oder ist er in den Spruchkörper eingetreten, obwohl ein zur Entscheidung berufener Richter oder Schöffe nicht verhindert war? Oder ist bei mehreren zur Verfügung stehenden Ergänzungsrichtern oder Ergänzungsschöffen nicht der an bereitester Stelle Stehende in das Entscheidungsquorum eingetreten?

I. Anwesenheit des Ergänzungsrichters/-schöffen während der gesamten Hauptverhandlung

1. Rechtsgrundlagen

394 Ein Ergänzungsrichter oder Ergänzungsschöffe darf für einen ausgefallenen Richter oder Schöffen nur eintreten, wenn er an der Hauptverhandlung von Anfang an teilgenommen hat.[525] Anderenfalls begründet der Verstoß gegen § 226 StPO, § 192 Abs. 2 GVG den absoluten Revisionsgrund des § 338 Nr. 1 StPO. Zwar gilt die Anwesenheitspflicht für die gesamte Dauer der Hauptverhandlung; die vorschriftswidrige Abwesenheit soll die Revision aber nur begründen, wenn sie einen wesentlichen Teil der Hauptverhandlung betrifft.[526]

2. Anforderungen an den Vortrag der Rüge der Verletzung der §§ 226, 338 Nr. 1 StPO, 192 GVG

395 • Aufgrund der Verhinderung eines namentlich zu bezeichnenden Richters oder Schöffen ist ein namentlich zu bezeichnender Ergänzungsrichter oder Ergänzungsschöffe in das Richterquorum eingetreten und hat an der Entscheidungsfindung mitgewirkt.

• Der eingetretene Ergänzungsrichter bzw. Ergänzungsschöffe hat bis zu seinem Eintritt in das Entscheidungsquorum nicht der gesamten Hauptverhandlung beigewohnt. Dieser Teil der Hauptverhandlung und die Zeitdauer der Nichtteilnahme sind konkret zu bezeichnen. Der Inhalt dessen, was verhandelt worden ist, ist mitzuteilen.

• Es ist mitzuteilen, dass der Verhandlungteil, der in Abwesenheit des Ergänzungsrichters bzw. schöffen stattgefunden hat, nicht in seiner Anwesenheit vollständig wiederholt worden ist bzw. der Angeklagte nicht teilweise freigesprochen bzw. das Verfahren nicht teilweise gem. § 154 Abs. 2 StPO eingestellt worden ist (anderenfalls ist vorzutragen, dass die Abwesenheit einen zur Verurteilung führenden Verhandlungteil betraf).

---

525 *BGH* NJW 2001, 3062.
526 *Meyer-Goßner/Schmitt*[60] § 226 Rn. 2 i.V.m. § 338 Rn. 36 ff.; s. dazu Rüge 23 Rn. 424.

II. Mitwirkung eines Ergänzungsrichters/-schöffen an der Urteilsfindung ohne Verhinderungsfall

1. Rechtsgrundlagen

Hat an der Entscheidung ein Ergänzungsrichter bzw. Ergänzungsschöffe mitge- **396** wirkt, obwohl kein Verhinderungsfall seinen Eintritt in das Richterquorum erforderte, ist strittig, ob die Revision nur im Falle der Willkür[527] oder schon bei der Verkennung des Rechtsbegriffs der Verhinderung[528] begründet ist. Die tatsächlichen Umstände der Verhinderung unterliegen jedoch nur im Hinblick auf etwaige Willkür der Nachprüfung.[529] Strittig ist auch, wer den Eintritt des Ergänzungsrichters bzw. Ergänzungsschöffen in das Richterquorum zu bestimmen hat.[530]

2. Anforderungen an den Vortrag der Rüge der vorschriftswidrigen Mitwirkung eines Ergänzungsrichters/-schöffen

- Der am Urteil mitwirkende Ergänzungsrichter bzw. -schöffe ist namentlich zu **397** benennen.
- Der Berufsrichter bzw. Schöffe, der durch den Ergänzungsrichter bzw. -schöffen ersetzt wurde, ist ebenfalls namentlich zu bezeichnen.
- Ist die Feststellung der Verhinderung des ersetzten Berufsrichters bzw. Schöffen aktenkundig gemacht bzw. protokolliert worden, ist der Text vollständig im Wortlaut mitzuteilen. Ansonsten sind die Verfahrensvorgänge, die dem Eintritt des Ergänzungsrichters bzw. -schöffen vorausgingen, insoweit vollständig zu schildern, als sie auf die Ersetzung des Berufsrichters bzw. Schöffen Einfluss hatten.
- Ist die Feststellung der Verhinderung durch den Vorsitzenden und nicht durch das Gericht erfolgt, ist dies mitzuteilen.[531]
- Beruht die Feststellung der Verhinderung auf dem Beschluss eines Spruchkörpers, ist dies ebenfalls mitzuteilen.[532]

---

527 *BGHSt* 47, 220 = StV 2002, 178; *Kissel/Mayer* GVG[8], § 192 Rn. 17.
528 So noch *Kissel/Mayer* GVG[6], § 192 Rn. 18; weiterhin *Dahs* Die Revision im Strafprozess[9], Rn. 145; wohl auch *BGH* StV 1986, 369 = NStZ 1986, 518.
529 *Dahs* Die Revision im Strafprozess[9], Rn. 145.
530 *Meyer-Goßner/Schmitt*[60] § 192 GVG Rn. 7; *Schlothauer* in: FS für Egon Müller, 2008, S. 437; *Börner* JR 2017, 16.
531 Nach *BGHSt* 35, 366 = JR 1989, 346 m. zust. Anm. *Katholnigg* und *BGH* v. 8.3.2016 – 3 StR 544/15 = StV 2016, 631 = NStZ 2016, 557 m. Anm. *Ventzke* obliegt die Feststellung des Verhinderungsfalles dem Vorsitzenden; ebenso *Meyer-Goßner/Schmitt*[60] § 192 GVG Rn. 7; LR-*Wickern*[26] § 192 GVG Rn. 18; zweifelnd *Sowada* Der gesetzliche Richter im Strafverfahren, 2002, S. 369; a.A. noch LR-*Karl Schäfer*[23] § 192 GVG Rn. 14, ferner LR-*Hanack*[25] § 338 Rn. 37; s. auch *Schlothauer* in: FS für Egon Müller, 2008, S. 437; *Börner* JR 2017, 16.
532 Folgt man im Anschluss an *BGHSt* 35, 366 und *BGH* v. 8.3.2016 – 3 StR 544/15 = StV 2016, 631 = NStZ 2016, 557 m. Anm. *Ventzke* der h.M., begründet die Mitwirkung eines Ergänzungsrichters bzw. –schöffen den absoluten Revisionsgrund des § 338 Nr. 1 StPO, wenn nicht ausgeschlossen werden kann, dass der Vorsitzende überstimmt wurde.

- Die Umstände, die eine Verkennung des Rechtsbegriffs der Verhinderung[533] bzw. ein willkürliches Vorgehen[534] erkennen lassen, sind darzulegen.

Ein Verfahrensfehler läge bspw. dann vor, wenn bei oder sogar schon vor der Verhinderung eines Berufsrichters bzw. Schöffen feststünde, dass dieser am nächsten planmäßigen Hauptverhandlungstag, durch den die Fristen des § 229 Abs. 1 bzw. Abs. 2 StPO gewahrt wurden, wieder zur Verfügung gestanden hätte.

III. Eintritt des „gesetzlichen" Ergänzungsrichters/-schöffen

1. Rechtsgrundlagen

398 Die Benennung der heranzuziehenden Ergänzungsrichter muss sich bei spruchkörperfremden Richtern aus dem Geschäftsverteilungsplan ergeben.[535] Bei dem Spruchkörper angehörenden Richtern ist dies in dem spruchkörperinternen Geschäftsverteilungsplan (§ 21g Abs. 2 GVG) zu regeln. Die Ergänzungsschöffen werden aus der Hilfsschöffenliste zugewiesen (§§ 48, 49 Abs. 1 GVG).[536] Werden mehrere Berufsrichter bzw. Hilfsschöffen nach § 192 GVG herangezogen, muss vorab die Reihenfolge ihres Eintretens im Verhinderungsfall bestimmt sein.[537] Dies geschieht bei Berufsrichtern im Rahmen des (kammerinternen) Geschäftsverteilungsplans, bei den Ergänzungsschöffen ergibt es sich aus der Reihenfolge der Hilfsschöffenliste, anhand derer die Ergänzungsschöffen herangezogen worden sind.

2. Anforderungen an den Vortrag der Rüge der Mitwirkung eines „ungesetzlichen" Ergänzungsrichters/-schöffen (§ 192 GVG, § 338 Nr. 1 StPO)

399 Es ist mitzuteilen, dass an dem Urteil ein namentlich zu bezeichnender Ergänzungsrichter bzw. -schöffe mitgewirkt hat, der infolge eines Verhinderungsfalls in das Entscheidungsquorum eingetreten ist. Es muss vorgetragen werden, dass der Ergänzungsrichter nicht durch den Geschäftsverteilungsplan bestimmt bzw. von der Regelung des Geschäftsverteilungsplans abgewichen worden ist.[538] Im Falle des Eintritts eines Ergänzungsschöffen ist mitzuteilen, dass dieser im Zeitpunkt der Anordnung seiner Zuziehung nicht an bereitester Stelle der Hilfsschöffenliste stand.[539] Bei mehreren zugezogenen Ergänzungsrichtern bzw. -schöffen ist vorzutragen, dass

---

533 *Dahs* Die Revision im Strafprozess[9], Rn. 145.
534 *BGHSt* 47, 220 = StV 2002, 178; *Kissel/Mayer* GVG[8], § 192 Rn. 17.
535 *LG Halle* StV 2005, 208 m.w.N.; *Meyer-Goßner/Schmitt*[60] § 192 GVG Rn. 5. Siehe Rüge 12 Rn. 300 ff.
536 Siehe Rüge 13 Rn. 334.
537 *Meyer-Goßner/Schmitt*[60] § 192 GVG Rn. 4.
538 Zu den Rügeanforderungen s. Rüge 12 Rn. 300 ff., auch zur Frage eines ggf. erforderlichen Besetzungseinwandes.
539 Zu den Rügeanforderungen s. Rüge 13 Rn. 334, auch zur Frage eines ggf. erforderlichen Besetzungseinwandes.

keine Regelung der Reihenfolge ihres Eintritts existierte bzw. eine solche – im Wortlaut mitzuteilende – nicht eingehalten wurde.

Abschnitt 2
Vertreter der Staatsanwaltschaft

Rüge 20

Fand die gesamte Hauptverhandlung in Anwesenheit eines zur Sitzungsvertretung befug-   **400**
ten Staatsanwalts statt?

I. Rechtsgrundlagen

Während der gesamten Dauer der Hauptverhandlung muss ein zur Sitzungsvertre-   **401**
tung befähigter Staatsanwalt anwesend sein (Ziff. 1). Die Befähigung kann insbesondere im Falle eines ausgeschlossenen oder befangenen Staatsanwalts fehlen
(Ziff. 2). Besondere Probleme können Fälle bereiten, in denen der Sitzungsvertreter
der Staatsanwaltschaft während der Hauptverhandlung als Zeuge vernommen wird
(Ziff. 3).

1. Anwesenheit eines „befähigten" Vertreters

Nach § 226 StPO hat die Hauptverhandlung in ununterbrochener Gegenwart der   **402**
Staatsanwaltschaft zu erfolgen. Es genügt die Präsenz *eines* Staatsanwalts; ein
Wechsel in der Person des Sitzungsvertreters im Verlauf einer Hauptverhandlung
ist zulässig. Ein Staatsanwalt, der über einen nicht unerheblichen Zeitraum fest geschlafen hat, steht einem abwesenden Staatsanwalt gleich.[540]

Die Aufgabe des Sitzungsvertreters der Staatsanwaltschaft kann nur durch eine zum
Richteramt befähigte Person (§ 122 Abs. 1 DRiG) wahrgenommen werden. Nur im
Zuständigkeitsbereich der Amtsanwälte können auch Amtsanwälte allein als Sit-
zungsvertreter tätig werden (§ 142 Abs. 1 Nr. 3 GVG),[541] in diesem Umfange auch
Referendare (§ 142 Abs. 3 GVG).

Die Nichtanwesenheit eines Jugendstaatsanwalts i.S.d. § 36 JGG in der Hauptverhandlung begründet die Revision nicht,[542] wenn überhaupt ein Staatsanwalt anwesend ist.

---

540 *OLG Hamm* NJW 2006, 1449.
541 In Verhandlungen vor den Landgerichten dürfen Amtsanwälten auch nicht unter Auf-
     sicht eines Staatsanwaltes Verfahrensrechte der Staatsanwaltschaft übertragen werden,
     bspw. in Form der Einräumung eines umfassenden Fragerechts: *BGH* v. 29.11.2011 – 3
     StR 281/11 = NStZ 2012, 344 = StV 2012, 587.
542 *Zieger*[6] Rn. 127.

403 Die Abwesenheit eines dazu befähigten Vertreters der Staatsanwaltschaft während eines wesentlichen Teils der Hauptverhandlung[543] ist ein absoluter Revisionsgrund i.S.d. § 338 Nr. 5 StPO.

2. Ausgeschlossener oder befangener Staatsanwalt

404 Wirkt an der Hauptverhandlung ein ausgeschlossener oder befangener Staatsanwalt mit, liegt darin eine Gesetzesverletzung i.S.d. § 337 StPO (str.).[544] Da von der Rspr. ein formelles, gerichtlich durchsetzbares Recht auf Ablehnung eines befangenen Staatsanwalts nicht anerkannt wird,[545] bedarf es in der Revisionsbegründung der Darlegung der Gründe, aus denen sich ergibt, dass in der Person des in der Hauptverhandlung anwesenden Staatsanwalts Ausschließungs- oder Ablehnungsgründe i.S.d. §§ 22 ff. StPO vorgelegen haben.[546] Wird dies zur Überzeugung des Revisionsgerichts festgestellt, wird sich in der Regel nicht ausschließen lassen, dass das Urteil durch die prozessual fehlerhafte Anwesenheit eines ausgeschlossenen oder befangenen Staatsanwalts beeinflusst worden ist.[547]

3. Als Zeuge vernommener Sitzungsvertreter

405 Wird während der Hauptverhandlung der alleinige Sitzungsvertreter der Staatsanwaltschaft förmlich als Zeuge vernommen,[548] erfordert dies die Anwesenheit eines weiteren Staatsanwalts als Sitzungsvertreter.[549] Anderenfalls begründet dies den absoluten Revisionsgrund des § 338 Nr. 5 StPO.[550] Weiterhin kann die Zeugenvernehmung dazu führen, dass der Sitzungsvertreter die staatsanwaltschaftlichen Aufgaben in der weiteren Hauptverhandlung jedenfalls insoweit nicht mehr wahrnehmen darf, als er – insbesondere im Rahmen des Schlussvortrags nach § 258 StPO – hierbei seine eigene Zeugenaussage zu erörtern und zu bewerten hätte, jedenfalls wenn diese in einem „unlösbaren Zusammenhang" mit dem abzuurteilenden Sachverhalt steht.[551]

---

543 Siehe Rüge 23 Rn. 424.
544 Vgl. *OLG Düsseldorf* NJW 1974, 1396; *Bruns* JR 1980, 397 ff.; *Tolksdorf* Mitwirkungsrecht für den befangenen Staatsanwalt, 1989, S. 129; LR-*Siolek*[27] Vor § 22 Rn. 12; MüKo-StPO-*Conen/Tsambikakis* § 22 Rn. 7.
545 Vgl. *BVerfGE* 25, 345; *BGH* NJW 1980, 846.
546 Zum Befangenheitsmaßstab und Einzelfällen der Ausschließung und Ablehnung LR-*Siolek*[27] Vor § 22 Rn. 14 ff.
547 LR-*Siolek*[27] Vor § 22 Rn. 12; KK-*Scheuten*[7] Vor § 22 Rn. 6 m.w.N.
548 Gibt der Sitzungsvertreter während der Hauptverhandlung sachbezogene Erklärungen ab, die den Umfang getätigter Ermittlungen betreffen, wird er nicht schon dadurch zum Zeugen: *BGH* NStZ 1986, 133.
549 KK-*Senge*[7] Vor § 48 Rn. 11; LR-*J.-P. Becker*[26] § 226 Rn. 8; *OLG Naumburg* StraFo 2007, 64.
550 Siehe zum Rügevortrag unten Rn. 408.
551 Vgl. im Einzelnen *BGH* StV 1983, 53, *BGH* StV 1988, 186; zweifelnd der 1. StS des *BGH* StV 1989, 373 = NStZ 1989, 583 u. *BGH* StV 2008, 337 m. krit. Aufsatz *Kelker* StV 2008, 381; *OLG Naumburg* StraFo 2007, 64 auch zu Ausnahmen; ausführlich SK-

Hat der als Zeuge vernommene Vertreter der Staatsanwaltschaft nach seiner Ver- **406**
nehmung gleichwohl die Anklagebehörde in unzulässiger Weise alleine weiterver-
treten, so liegt darin kein absoluter Revisionsgrund, sondern ein Verfahrensfehler,
der nach § 337 StPO zu prüfen ist.[552] Ein solcher Verfahrensfehler wäre auch bei
Hinziehung eines zusätzlichen Sitzungsvertreters der Staatsanwaltschaft dann anzunehmen, wenn der als Zeuge vernommene Staatsanwalt seine eigene Aussage
würdigen würde, und sei es auch nur in Form der pauschalen Bezugnahme auf den
Schlussvortrag seines Kollegen im Rahmen eines erneuten Schlusswortes nach
Wiedereintritt in die Beweisaufnahme.[553] Da nicht ausgeschlossen werden kann,
dass seine unzulässige Beweiswürdigung Einfluss auf die Meinungsbildung des Gerichts gehabt hat, kann auch in einem solchen Fall das Urteil auf dem Verfahrensfehler beruhen.[554]

Ist die Vernehmung des Sitzungsvertreters der Staatsanwaltschaft als Zeuge beab- **407**
sichtigt und soll vor dieser zu demselben Beweisthema ein weiterer Zeuge vernommen werden, so dass die Besorgnis besteht, der Staatsanwalt könne seine Aussage
nach dem von dem Vorzeugen Bekundeten richten und nunmehr die Unwahrheit sagen, kann sein Ausschluss von der Hauptverhandlung gerechtfertigt sein, anderenfalls im Hinblick auf § 58 Abs. 1 StPO die Pflicht zur Wahrheitserforschung verletzt sein kann.[555]

II. Anforderungen an den Vortrag

1. Rüge der Verletzung des § 226 StPO (ggf. i.V.m. § 122 Abs. 1 DRiG bzw. § 142 GVG) wegen Abwesenheit eines befähigten Sitzungsvertreters der Staatsanwaltschaft (§ 338 Nr. 5 StPO)

- Es muss dargelegt werden, dass während eines wesentlichen Teils der Hauptver- **408**
  handlung (Dauer, Gegenstand und Inhalt sind mitzuteilen) überhaupt kein Sitzungsvertreter der Staatsanwaltschaft anwesend war oder
- der alleinige Sitzungsvertreter für einen nicht unerheblichen Zeitraum fest geschlafen hat, wobei die Länge des Zeitraums, die Tatsache, dass der Sitzungsvertreter infolge Schlafes der Hauptverhandlung nicht gefolgt ist und der Gegenstand der Verhandlung, der dem Sitzungsvertreter entgangen ist, mitzuteilen
  sind;[556]
- im Falle der Vernehmung des Sitzungsvertreters der Staatsanwaltschaft als Zeuge sind die Tatsache und die Umstände seiner förmlichen Vernehmung und die

StPO-*Rogall*[4] Vor § 48 Rn. 51 ff.; *Häger* Gedächtnisschrift für K. Meyer, 1990, S. 171/
179; *Müller-Gabriel* StV 1991, 235; *Schneider* NStZ 1994, 457; *Malmendier* NJW
1997, 227/230.
552   BGHSt 14, 265, 267 m.w.N.; LR-*J.-P. Becker*[26] § 226 Rn. 8; LR-*Franke*[26] § 338 Rn. 87.
553   BGH StV 1983, 497 m. Anm. *Müllerhoff*; HK-*Julius*[5] § 226 Rn. 9.
554   BGH StV 1983, 497 m. Anm. *Müllerhoff*.
555   BGH StV 1988, 186.
556   OLG Hamm NJW 2006, 1449.

Abwesenheit eines weiteren Vertreters der Staatsanwaltschaft als Sitzungsvertreter mitzuteilen;

- wurde die Aufgabe des Sitzungsvertreters der Staatsanwaltschaft allein durch eine zum Richteramt überhaupt nicht befähigte Person wahrgenommen, ist dies anhand der Voraussetzungen des § 122 Abs. 1 DRiG konkret darzulegen;

- wurde die Aufgabe des Sitzungsvertreters allein durch einen Amtsanwalt oder Referendar wahrgenommen, ist dies sowie der Umstand mitzuteilen, dass es sich um eine Verhandlung vor einem anderen Gericht als dem Amtsgericht handelte;

- immer ist vorzutragen, dass es bis zum Ende der Urteilsverkündung nicht zu einer Heilung des Verfahrensfehlers durch Wiederholung der Hauptverhandlung in Anwesenheit eines dazu befähigten Vertreters der Staatsanwaltschaft gekommen ist.

- Es ist vorzutragen, dass der Angeklagte nicht teilweise freigesprochen bzw. das Verfahren nicht teilweise gem. § 154 Abs. 2 StPO eingestellt worden ist. Anderenfalls ist vorzutragen, dass die Abwesenheit des Staatsanwalts einen konkret zu bezeichnenden Verhandlungsteil betraf, dessentwegen es zu der Verurteilung gekommen ist.[557]

2. Rüge der Mitwirkung eines ausgeschlossenen bzw. befangenen Staatsanwalts an der Hauptverhandlung (§§ 22, 24, 337 StPO)

409
- Es ist darzulegen, dass als alleiniger Sitzungsvertreter ein Staatsanwalt in der Hauptverhandlung anwesend war, in dessen Person die Voraussetzungen des § 22 Nr. 1–3, Nr. 4 (3. und 4. Alternative) StPO vorlagen. Vorgetragen werden kann auch, dass der Staatsanwalt in einer Verhandlung als Sitzungsvertreter tätig geworden ist, in der aufgrund eines Rechtsmittels eine Entscheidung zu überprüfen war, an der der Staatsanwalt als erkennender Richter mitgewirkt hatte.

- Gründe, aus denen sich eine Besorgnis der Befangenheit des als Sitzungsvertreter tätigen Staatsanwalts ergibt,[558] sind in allen Einzelheiten vorzutragen.

- War in der Hauptverhandlung ein weiterer Vertreter der Staatsanwaltschaft anwesend, ist darzulegen, in welcher Weise der ausgeschlossene bzw. befangene Staatsanwalt in der Hauptverhandlung tätig geworden ist und dadurch die Möglichkeit hatte, auf das Gericht Einfluss auszuüben.

- Ist in oder während der Dauer einer mehrtägigen Hauptverhandlung ein Antrag auf Auswechslung des Staatsanwalts bei dessen zuständigem Vorgesetzten gestellt worden oder hat das Gericht auf dessen Auswechselung hingewirkt, sind die schriftlich dokumentierten Ersuchen sowie eine darauf ergangene Entscheidung des Vorgesetzten einschließlich etwaiger dienstlicher Stellungnahmen des betreffenden Staatsanwalts vollständig im Wortlaut mitzuteilen.

---

557   Zu diesem Erfordernis bei der Rüge absoluter Revisionsgründe s. *BGH* StV 2008, 123 (Rn. 12) m. Anm. *Ventzke.*
558   Siehe hierzu LR-*Siolek*[27] Vor § 22 Rn. 17.

• Es ist mitzuteilen, dass es im Falle einer Auswechslung des Staatsanwalts während der Hauptverhandlung nicht zu einer Wiederholung der Teile der Hauptverhandlung gekommen ist, an denen nur der ausgewechselte Staatsanwalt mitgewirkt hatte.[559]

3. Rüge der weiteren Mitwirkung eines als Zeugen vernommenen Staatsanwalts als Sitzungsvertreter (§§ 226, 337 StPO)

• Vorzutragen ist, dass der Sitzungsvertreter der Staatsanwaltschaft als Zeuge vernommen wurde, **410**

• der Gegenstand der Zeugenaussage muss so genau wie möglich geschildert werden,

• die Tatsache der weiteren Anwesenheit des Sitzungsvertreters in der Hauptverhandlung ist darzulegen,

• erforderlich ist die Mitteilung, dass und wie der Staatsanwalt seine eigene Aussage zum Gegenstand eigener Erörterung und Würdigung gemacht hat.[560] Die betreffende Prozesshandlung (insbesondere in Form des Schlussvortrags), in der dies geschehen ist, muss bezeichnet werden.

• Vorzutragen ist schließlich, dass der Fehler nicht geheilt worden ist,[561] indem der betreffende Staatsanwalt nachträglich abgelöst bzw. ihm ein anderer Staatsanwalt zur Seite gestellt wurde, der eine eigene Würdigung der Zeugenaussage seines Kollegen vorgenommen hat.

4. Rüge der Verletzung der Pflicht zur Wahrheitserforschung im Hinblick auf die Nichtentfernung des als Sitzungsvertreter tätigen Staatsanwalts vor seiner beabsichtigten Zeugenvernehmung und unzulässige Anwesenheit bei der Vernehmung eines Vorzeugen (§§ 58 Abs. 1, 244 Abs. 2, 337 StPO)

• Es ist vorzutragen, dass in der Hauptverhandlung die Absicht bekundet wurde, **411** den Sitzungsvertreter der Staatsanwaltschaft als Zeugen zu vernehmen;

• es ist darzulegen, dass der Sitzungsvertreter der Staatsanwaltschaft tatsächlich förmlich als Zeuge vernommen wurde;

• es ist darzulegen, dass nach Ankündigung der Vernehmungsabsicht in Anwesenheit des Sitzungsvertreters und vor dessen Zeugenvernehmung ein anderer Zeuge vernommen wurde, dessen Aussage der Sitzungsvertreter der Staatsanwaltschaft wahrnehmen konnte;

---

559 Ergänzend sind Ausführungen i.S.d. Vortrages Rn. 408 a.E. zu machen.

560 Zum Erfordernis eines entspr. Revisionsvortrags *BGH* NStZ 2007, 419 = StraFo 2007, 205 = StV 2007, 570 (Ls).

561 Dass dies möglich sein soll, wird von SK-StPO-*Rogall*[4] Vor § 48 Rn. 56 vertreten. Besteht aber der Verfahrensfehler in der unzulässigen Beeinflussung durch das Gericht, lässt sich diese insbesondere bei Schöffenbeteiligung kaum rückgängig machen.

- Gegenstand und Inhalt der Aussage des Vorzeugen wie auch diejenige des als Zeuge vernommenen Staatsanwalts sind mitzuteilen, wobei darzulegen ist, dass und wie der Inhalt der Aussage des Vorzeugen für die Aussage des als Zeugen vernommenen Sitzungsvertreters von Bedeutung war;
- es ist darzulegen, dass und wie das Gericht schon vor der Vernehmung des Vorzeugen erkennen konnte, dass der Inhalt seiner Aussage für die erwartete Zeugenaussage des Sitzungsvertreters von Bedeutung sein würde;
- sollte ein Antrag auf Entfernung des Sitzungsvertreters der Staatsanwaltschaft aus dem Sitzungssaal vor Vernehmung des Vorzeugen gestellt worden sein, sind sowohl dessen Inhalt wie auch die darauf ergangene Verfügung des Vorsitzenden bzw. ein Gerichtsbeschluss wörtlich mitzuteilen.[562]

Abschnitt 3
Urkundsbeamter der Geschäftsstelle

Rüge 21

412 Fand die gesamte Hauptverhandlung in ununterbrochener Gegenwart eines Urkundsbeamten der Geschäftsstelle statt?

I. Rechtsgrundlagen

413 Nach § 226 StPO hat die gesamte Hauptverhandlung in ununterbrochener Gegenwart eines – nicht notwendigerweise desselben – Urkundsbeamten der Geschäftsstelle stattzufinden. Seine (bei wesentlichen Teilen der Hauptverhandlung[563] auch teilweise) Abwesenheit begründet[564] den absoluten Revisionsgrund des § 338 Nr. 5 StPO. Nur in der Hauptverhandlung vor dem Strafrichter kann dieser von der Hinzuziehung eines Urkundsbeamten absehen (§§ 226 Abs. 2 S. 1 StPO). Diese Entscheidung kann nicht mit der Revision überprüft werden (§§ 336 S. 2, 226 Abs. 2 S. 2 StPO).

414 Mit den Aufgaben eines Urkundsbeamten der Geschäftsstelle dürfen nur die in § 153 Abs. 2, 3 und 5 GVG bezeichneten Personen betraut werden:

Neben den in § 153 Abs. 2 und 3 GVG genannten Beamten können nach Abs. 5 auch sonstige Personen, die auf dem Gebiet der Führung des Sitzungsprotokolls

---

562 Siehe zu den Rügeanforderungen insbesondere *BGH* StV 1988, 186, 188.
563 Siehe Rüge 23 Rn. 424.
564 Ein für einen längeren Zeitraum schlafender Urkundsbeamter erfüllt die Anwesenheitsvoraussetzungen nicht. Siehe – auch zum Rügevortrag – die Ausführungen zum schlafenden Staatsanwalt: Rüge 20 Rn. 402 und 408.

einen gleichwertigen Wissensstand wie die in § 153 Abs. 2 GVG Genannten aufweisen, mit den Aufgaben eines Urkundsbeamten der Geschäftsstelle betraut werden, wenn dies nach entspr. bundes- oder landesrechtlichen Bestimmungen zulässig ist. Von dieser Möglichkeit haben einzelne Bundesländer für Justizangestellte[565] und Referendare[566] Gebrauch gemacht. Anhand dieser Bestimmungen und durch Nachfrage bei dem zuständigen Gerichtspräsidenten ist zu prüfen, ob im Einzelfall ein in der Hauptverhandlung tätig gewordener Protokollführer zuvor mit dieser Aufgabe tatsächlich durch die zuständige Stelle betraut worden ist[567] und betraut werden durfte.

Eine Vereidigung einer sonstigen Person gem. § 168 StPO ist für die Hauptverhandlung unzulässig.[568]

II. Anforderungen an den Vortrag der Rüge der Verletzung von § 226 StPO, § 153 GVG

Die Hauptverhandlung hat nicht in Anwesenheit eines Urkundsbeamten der Geschäftsstelle stattgefunden. Als Negativtatsache ist vorzutragen, dass die Hauptverhandlung nicht vor dem Strafrichter durchgeführt wurde bzw. bei einer Verhandlung vor dem Strafrichter dieser nicht von der Hinzuziehung eines Urkundsbeamten der Geschäftsstelle abgesehen hat.[569]   **415**

War ein Urkundsbeamter nur während eines Teils der Hauptverhandlung abwesend, ist darzulegen, was Gegenstand und Inhalt dieses Teils der Hauptverhandlung war, weil die Revision nur bei Abwesenheit während eines **wesentlichen** Teils der Hauptverhandlung begründet ist. Es ist weiterhin vorzutragen, dass der Angeklagte nicht teilweise freigesprochen bzw. das Verfahren nicht teilweise gem. § 154 Abs. 2

---

565 Siehe bspw. für Baden-Württemberg *BGH* StV 1985, 492, für Bremen *OLG Bremen* StV 1984, 109 m. Anm. *Katholnigg*, für Hessen § 1 des Hess. AG zum Gesetz zur Neuregelung des Rechts des Urkundsbeamten der Geschäftsstelle (Hess. GVBl. I 1981, S. 31); für Niedersachsen *BGH* StV 1984, 409.

566 Für Hamburg *OLG Hamburg* StV 1984, 111, für Niedersachsen *BGH* StV 1984, 233; für Bremen *BGH* v. 12.1.2017 – 5 StR 548/16 = NJW 2017, 1126 = NStZ 2017, 303 (danach dürfen nicht nur die der erkennenden Strafkammer zugewiesenen „Stationsreferendare" für Aufgaben der Protokollführung herangezogen werden).

567 Die Betrauung mit der Aufgabe des Urkundsbeamten der Geschäftsstelle muss vor Aufnahme der entspr. Tätigkeit erfolgen: *BGH* v. 8.2.2011 – 1 StR 24/10. Zuständig ist i.d.R. der Behördenleiter: vgl. z.B. § 1 der Hess. VO über die Besetzung der Geschäftsstellen der Gerichte der ordentlichen Gerichtsbarkeit und der Staatsanwaltschaften mit Urkundsbeamten (Hess. GVBl. I 1981, S. 41).

568 *BGH* NStZ 1981, 31.

569 Die Nichthinzuziehung eines Urkundsbeamten bedarf einer Entscheidung des Strafrichters. Diese kann in das Protokoll aufgenommen werden oder konkludent dadurch erfolgen, dass der Strafrichter in dem von ihm selbst geführten Protokoll die Abwesenheit des Urkundsbeamten kenntlich macht: KMR-StPO-*Eschelbach* (Stand Mai 2005) § 226 Rn. 73, 74.

StPO eingestellt worden ist. Anderenfalls ist vorzutragen, dass die Abwesenheit des Urkundsbeamten der Geschäftsstelle einen konkret zu bezeichnenden Verhandlungsteil betraf, dessentwegen es zu der Verurteilung gekommen ist.[570]

Erfüllte die mit der Führung des Sitzungsprotokolls in der Hauptverhandlung befasste Person nicht die Voraussetzungen eines Urkundsbeamten der Geschäftsstelle gem. § 153 Abs. 2, 3 bzw. 5 GVG, sind die Tatsachen vorzutragen, aus denen sich dies im konkreten Fall ergibt, bspw. weil der nichtbeamtete Protokollführer noch nicht durch die zuständige Stelle mit den Aufgaben eines Urkundsbeamten betraut worden war.[571] In einem Bundesland, in dem Behörden- oder Geschäftsleiter Bedienstete auch vorübergehend zu Urkundsbeamten der Geschäftsstelle bestellen dürfen, muss durch entspr. Vortrag diese Möglichkeit ausgeschlossen werden.[572]

Es muss vorgetragen werden, dass der Teil der Hauptverhandlung, während dessen keine oder eine dazu nicht befugte Person das Sitzungsprotokoll geführt hat, nicht in Anwesenheit einer dazu befugten Person vollständig wiederholt und der Fehler dadurch nachträglich geheilt worden ist.

Rüge 22

416 Wurde im Lauf der Hauptverhandlung ein Befangenheitsantrag gegen den Urkundsbeamten der Geschäftsstelle oder eine andere als Protokollführer zugezogene Person (§ 31 Abs. 1 StPO) zu Unrecht zurückgewiesen?

417 Auf die fehlerhafte Zurückweisung eines Ablehnungsgesuchs gegen den Urkundsbeamten der Geschäftsstelle oder eine andere mit der Führung des Hauptverhandlungsprotokolls betraute Person kann die Revision mit Erfolg nicht gestützt werden.

Wendet man, dem Wortlaut entspr., § 28 Abs. 2 StPO auf den Urkundsbeamten der Geschäftsstelle nicht an, kann die das Ablehnungsgesuch zurückweisende Entscheidung ohnehin nicht zusammen mit dem Urteil angefochten werden.[573]

---

570 Vgl. zu diesem Erfordernis *BGH* StV 2008, 123 (Tz. 12) m. Anm. *Ventzke*.
571 Für die Betrauung einer Person mit den Aufgaben eines Urkundsbeamten der Geschäftsstelle sieht § 157 GVG keine besonderen Formvorgaben vor: *BGH* v. 10.12.2014 – 3 StR 489/14 = NStZ 2015, 473. Etwas anderes kann sich aus den landesrechtlichen Regelungen ergeben (vgl. aber *BGH* v. 26.1.2017 – 5 StR 535/16, wonach die in § 9 Abs. 1 S. 2 der Geschäftsordnungsvorschriften Niedersachsen vorgeschriebene Schriftform lediglich der Rechtsklarheit diene und eine Ordnungsvorschrift sei).
572 *BGH* v. 15.7.2014 – 4 StR 34/14 für das Land Sachsen-Anhalt.
573 Für den Antragsteller bleibt in solchen Fällen nur die Überprüfung der angefochtenen Entscheidung mittels der sofortigen Beschwerde (§ 28 Abs. 2 S. 1 StPO).

Aber auch wenn die Revision statthaft wäre, würde die Rüge der Verletzung des § 31 Abs. 1 StPO im Hinblick auf §§ 336, 337 StPO die Revision nur begründen, wenn das Urteil auf dem Mangel beruhte. Dies kann kaum der Fall sein, weil das Urteil auf der Hauptverhandlung, nicht aber auf der Tätigkeit des Urkundsbeamten der Geschäftsstelle oder dem von ihm gefertigten Sitzungsprotokoll beruht.[574]

Abschnitt 4
Angeklagter

---

574 LR-*Siolek*[27] § 31 Rn. 16.

Rüge 23

419 Fand die Hauptverhandlung in ununterbrochener Gegenwart des (verhandlungsfähigen) Angeklagten statt (§ 230 Abs. 1 StPO)?

I. Rechtsgrundlagen

420 Nach § 230 Abs. 1 StPO ist der Angeklagte zur ununterbrochenen Anwesenheit in der Hauptverhandlung verpflichtet. Dieser Verpflichtung korrespondiert das Recht des Angeklagten auf ununterbrochene Anwesenheit, das ihm auch dann zusteht, wenn ausnahmsweise ohne ihn verhandelt werden darf.[575]

421 Die Voraussetzung dauernder Anwesenheit beginnend mit dem Zeitpunkt ihrer Feststellung gem. § 243 Abs. 1 S. 2 StPO bis zum Ende der Eröffnung der Urteilsgründe (§ 268 Abs. 2 StPO) erfüllt nur derjenige Angeklagte, der nicht nur körperlich anwesend, sondern auch psychisch so präsent ist, dass er sich in verständlicher und verständiger Weise verteidigen kann.[576] Nur die endgültige Verhandlungsunfähigkeit begründet ein Verfahrenshindernis, das, wenn es sich erst während der Hauptverhandlung herausstellt, zur Verfahrenseinstellung durch Urteil führen muss (§ 260 Abs. 3 StPO).[577] Ansonsten ist die Frage, ob die Hauptverhandlung gegen einen körperlich anwesenden Angeklagten wegen einer begrenzten Verhandlungsfähigkeit stattfinden durfte, als Verletzung des § 230 Abs. 1 StPO zu rügen.[578]

422 Die Anwesenheitspflicht gilt unabhängig davon, ob die Hauptverhandlung an Gerichtsstelle oder bspw. aus Anlass einer Ortsbesichtigung außerhalb des Gerichts stattfindet.

Sie ist nicht disponibel, so dass auf ihre Einhaltung – auch im allgemeinen Einverständnis – nicht verzichtet werden kann. Der Geltendmachung dieses Rechtsverstoßes steht auch nicht entgegen, dass die beanstandete Abwesenheit auf Initiative des Angeklagten bzw. mit seinem Einverständnis erfolgte.[579]

Der Fehler kann allerdings durch die in Anwesenheit des Angeklagten erfolgende Wiederholung der in seiner Abwesenheit stattgefundenen Teile der Hauptverhandlung geheilt werden.

---

575 Dazu unten Rügen Nr. 24 (Rn. 433), 25 (Rn. 445) und 29 (Rn. 482).

576 LR-*J.-P. Becker*[26] § 230 Rn. 7; *OLG Düsseldorf* NStZ 1990, 295.

577 Ist dies unterblieben, wird der Fehler auf die allgemeine Sachrüge hin von Amts wegen geprüft, s. Rüge Nr. 5 Rn. 163. Es empfiehlt sich aber, auch insoweit eine Verfahrensrüge zu erheben und diese entspr. zu begründen für den Fall, dass sich im Nachhinein die Voraussetzungen endgültiger Verhandlungsunfähigkeit nicht feststellen lassen sollten.

578 *BGH* StV 1984, 493 = NStZ 1984, 521; *BGH* StV 1988, 511. Zur Rüge der unzulässigen Verhandlung in Abwesenheit des Angeklagten wegen angeblich von ihm herbeigeführter Verhandlungsunfähigkeit s. unten Rüge 27 Rn. 468.

579 *BGH* StV 1993, 285 = NStZ 1993, 198.

Die Verletzung des § 230 Abs. 1 StPO ist ein absoluter Revisionsgrund (§ 338 Nr. 5 StPO). Das gilt aber nur dann, wenn ein wesentlicher Teil der Hauptverhandlung ohne den Angeklagten stattgefunden hat.

II. Anforderungen an den Vortrag der Rüge der Verletzung des § 230 Abs. 1 StPO

1. Abwesenheit/Verhandlungsunfähigkeit des Angeklagten

Die Hauptverhandlung hat in Abwesenheit des Angeklagten stattgefunden. Bei **423** einer zeitweisen Abwesenheit ist detailliert anzugeben, welche Teile der Hauptverhandlung ohne den Angeklagten stattgefunden haben und was in seiner Abwesenheit konkret verhandelt wurde.[580] War der Angeklagte während einer Zeugenvernehmung zeitweilig abwesend, ist der Inhalt der Aussage des in Abwesenheit des Angeklagten vernommenen Zeugen mitzuteilen; als negative Verfahrenstatsache sollte vorsorglich mitgeteilt werden, dass der Angeklagte auch nicht nachträglich durch den Vorsitzenden über den Inhalt der in seiner Abwesenheit erfolgten Aussage unterrichtet wurde oder ein etwaiges Informationsdefizit nicht im Rahmen der Ausübung des Frage- und Erklärungsrechts ausgeglichen wurde.[581] Es ist weiterhin vorzutragen, dass der Angeklagte nicht teilweise freigesprochen bzw. das Verfahren nicht teilweise gem. § 154 Abs. 2 StPO eingestellt worden ist. Anderenfalls ist vorzutragen, dass die Abwesenheit des Angeklagten einen konkret zu bezeichnenden Verhandlungsteil betraf, dessentwegen es zu der Verurteilung gekommen ist.[582]

War der Angeklagte körperlich anwesend, ist zu seiner vorübergehenden Verhandlungsunfähigkeit folgendes vorzutragen: Es sind die Umstände mitzuteilen, aus denen sich ergibt, dass die Fähigkeit des Angeklagten, der Verhandlung zu folgen und seine Verteidigung zu führen, ganz oder teilweise aufgehoben oder erheblich eingeschränkt war. Ursachen in Form schwerer körperlicher oder seelischer Mängel oder Krankheiten sowie dafür sprechende Anhaltspunkte sind zu benennen. Diese sind auch vorzutragen, wenn zu befürchten ist, dass die mit einer Teilnahme an den Hauptverhandlungen verbundenen körperlichen und/oder seelischen Belastungen zu erheblichen gesundheitlichen Beeinträchtigungen führen. Ist während der Hauptverhandlung durch eine angepasste Verhandlungsführung versucht worden, einer eingeschränkten Verhandlungsfähigkeit zu begegnen, ist dies ebenso zu schildern wie die Gründe, warum diese Maßnahmen zu kurz gegriffen haben.[583]

---

580 *BGHR* StPO § 344 Abs. 2 S. 2 Abwesenheit 1.
581 *BGH* StV 2008, 566 = NStZ 2008, 644.
582 Vgl. zu diesem Erfordernis *BGH* StV 2008, 123 m. Anm. *Ventzke*.
583 Zu den weiteren Anforderungen an den Vortrag s. Rüge 5 Rn. 165.

2. Wesentlicher Teil der Hauptverhandlung

424 Es ist darzulegen, dass der in Abwesenheit des Angeklagten durchgeführte Teil der Hauptverhandlung wesentlich war. Dazu gehören u.a.:

- Vorgänge der Beweisaufnahme[584] einschließlich einer außerhalb des Gerichtssaals durchgeführten Augenscheinseinnahme (Ortsbesichtigung), an der außer dem Angeklagten das vollzählig versammelte Gericht und alle anderen notwendigen Verfahrensbeteiligten teilgenommen hatten,[585]
- die Vereidigung eines Zeugen,
- die Aussage eines Mitangeklagten,
- der Verzicht auf Vernehmung geladener und erschienener Zeugen gem. § 245 Abs. 1 S. 2 StPO,[586]
- die Verhandlung und Entscheidung über eine Verfahrenstrennung bei mehreren Angeklagten ist ein wesentlicher Teil der Hauptverhandlung, der in Anwesenheit des Angeklagten und – im Falle notwendiger Verteidigung – eines Verteidigers stattzufinden hat,[587]
- Erteilung eines gerichtlichen Hinweises nach § 265 StPO,
- im Berufungsverfahren der Vortrag des Vorsitzenden über die Ergebnisse des bisherigen Verfahrens,[588]
- die Urteilsverkündung (bzgl. der Eröffnung der Urteilsgründe allerdings strittig[589]).

3. Ausschluss von Ausnahmemöglichkeiten

425 Es lagen nicht die Voraussetzungen vor, unter denen zulässigerweise in Abwesenheit des Angeklagten verhandelt werden durfte. Der Vortrag bezieht sich auf sog. Negativtatsachen, deren Vorliegen den Verfahrensfehler entfallen lassen würde. Es empfiehlt sich, vorsorglich alle in Betracht kommenden Ausnahmemöglichkeiten auszuschließen:[590]

---

584 Die Stellung eines Beweisantrages durch den Verteidiger in Abwesenheit des Angeklagten ist kein wesentlicher Teil der Hauptverhandlung: *BGH* v. 28.7.2010 – 1 StR 643/09 = StV 2011, 211 m. Anm. *Kudlich* = NStZ 2011, 233.
585 *BGH* StV 1989, 187; *OLG Hamburg* NStZ 1986, 569 = JR 1987, 78 m. Anm. *Foth*.
586 *BGH* StV 1995, 623. Demgegenüber ist der Verzicht auf Vernehmung geladener, aber noch nicht erschienener Zeugen kein wesentlicher Teil der Hauptverhandlung: *BGH* v. 4.4.2017 – 3 StR 71/17 = StraFo 2017, 240. Auch soll die Erörterung über die Abladung von Zeugen und Sachverständigen während der Abwesenheit des Angeklagten kein wesentlicher Teil der Hauptverhandlung darstellen, wenn denkgesetzlich ausgeschlossen sei, dass der Anspruch des Angeklagten auf rechtliches Gehör sowie seine prozessualen Mitgestaltungsrechte dadurch beeinträchtigt worden seien: *BGH* v. 28.7.2010 – 1 StR 643/09 = StV 2011, 211 m. Anm. *Kudlich* = NStZ 2011, 233.
587 *BGH* v. 13.4.2010 – 3 StR 24/10 = StraFo 2010, 339.
588 *OLG Bremen* StV 1989, 56.
589 Vgl. LR-*J.-P. Becker*[26] § 230 Rn. 5; LR-*Stuckenberg*[26] § 268 Rn. 72; LR-*Franke*[26] § 338 Rn. 84.
590 Zur Uneindeutigkeit der Rspr. vgl. *BGHSt* 30, 74 = StV 1981, 270.

- Der Angeklagte ist der Hauptverhandlung nicht eigenmächtig ferngeblieben[591] bzw. das Gericht hat seine Absicht, die Hauptverhandlung in Abwesenheit fortzusetzen (§ 231 Abs. 2 StPO), auch nicht schlüssig zum Ausdruck gebracht.

- Die Abwesenheit des Angeklagten beruhte nicht auf von ihm vorsätzlich und schuldhaft herbeigeführter Verhandlungsunfähigkeit bzw. das Gericht hat die Durchführung oder Fortsetzung der Hauptverhandlung nicht gem. § 231a Abs. 3 StPO beschlossen.

- Der Angeklagte war nicht deshalb abwesend, weil er wegen ordnungswidrigen Benehmens aus dem Sitzungssaal entfernt oder zur Haft abgeführt worden wäre (§ 231b Abs. 1 StPO).

- Der Angeklagte war nicht deshalb abwesend, weil er auf seinen Antrag hin vom Gericht für einzelne Verhandlungsteile beurlaubt worden ist (§ 231c StPO).

- Der Angeklagte war nicht deshalb abwesend, weil sein Verfahren zulässigerweise vorübergehend vom Gericht abgetrennt worden wäre.[592]

- Der Angeklagte war nicht abwesend, nachdem er in seiner Ladung zur Hauptverhandlung darauf hingewiesen worden war, dass auch in seiner Abwesenheit verhandelt werden könne (§ 232 StPO) bzw. weil er vom Gericht von der Verpflichtung zum Erscheinen in der Hauptverhandlung entbunden worden war (§ 233 StPO).

- Der Angeklagte ist nicht durch Gerichtsbeschluss gem. § 247 StPO vorübergehend aus der Hauptverhandlung entfernt worden.

- (Für das Berufungsverfahren: Der Angeklagte ist der Verhandlung auf eine Berufung der Staatsanwaltschaft nicht ohne genügende Entschuldigung (§ 329 Abs. 2 S. 1 StPO) ferngeblieben).[593]

- (Für das Berufungsverfahren: Der Angeklagte ist der Verhandlung über seine Berufung nicht ferngeblieben, weil seine Anwesenheit nicht erforderlich war und er durch einen Verteidiger mit schriftlicher Vertretungsvollmacht vertreten war: § 329 Abs. 2 S. 1 StPO).

- (Für das Verfahren nach Einspruch gegen einen Strafbefehl: Die Hauptverhandlung hat nicht deshalb in Abwesenheit des Angeklagten stattgefunden, weil er dort durch einen mit schriftlicher Vollmacht versehenen Verteidiger vertreten wurde und er zum Ausdruck gebracht hatte, an der Hauptverhandlung persönlich nicht teilnehmen zu wollen[594]).

---

591 Siehe zur eigenmächtigen Abwesenheit Rüge 24 Rn. 438 und Rüge 26 Rn. 462.
592 Vgl. *BGHSt* 30, 74 = StV 1981, 270.
593 Siehe auch Rüge 268 Rn. 2370.
594 *OLG Karlsruhe* MDR 1985, 868; s. auch Rn. 2427.

4. Keine Heilung des Verfahrensfehlers

426 Der in Abwesenheit des Angeklagten stattgefundene wesentliche Teil der Hauptverhandlung ist nicht in Anwesenheit des Angeklagten vollständig wiederholt worden.[595]

III. Nachweis der Verfahrenstatsachen

1. Abwesenheit

427 Die Anwesenheit des Angeklagten in der Hauptverhandlung ist eine wesentliche Förmlichkeit, die durch das Hauptverhandlungsprotokoll bewiesen wird (§§ 273 Abs. 1, 274 StPO). Das Schweigen des Hauptverhandlungsprotokolls beweist die fehlende Anwesenheit (negative Beweiskraft). Das gilt allerdings nicht, wenn das Protokoll nach einer Unterbrechung der Hauptverhandlung nicht alle Anwesenden aufführt, soweit dies zu Beginn des ersten Verhandlungstages geschehen ist und das Protokoll keinen Hinweis darauf enthält, dass der Angeklagte nach Unterbrechung der Sitzung nicht anwesend war.[596]

2. Keine Heilung

428 Das Schweigen des Protokolls beweist weiterhin, dass eine Wiederholung der in Abwesenheit des Angeklagten durchgeführten Teile der Hauptverhandlung in Anwesenheit des Angeklagten nicht erfolgt ist.

3. Protokollberichtigung

429 Zur Möglichkeit einer Protokollberichtigung bei vermeintlich unrichtiger Sitzungsniederschrift siehe Rn. 44 und 58.

IV. Im Zusammenhang mit diesem Verfahrensfehler stehende weitere Rügemöglichkeiten

1. Verletzung des § 261 StPO

430 Beruht das Urteil auf Erkenntnissen, die in der in vorübergehender Abwesenheit des Angeklagten durchgeführten Hauptverhandlung gewonnen worden sind und ist der diesbezügliche Verfahrensteil in Anwesenheit des Angeklagten nicht vollständig wiederholt worden, kann zusätzlich die Verletzung des § 261 StPO gerügt werden.[597] Es handelt sich um einen relativen Revisionsgrund (§ 337 StPO), weshalb das Urteil auf dem Verfahrensfehler beruhen muss.[598]

---

595 *BGH* StV 1991, 97.
596 *BGHR* StPO § 338 Nr. 5 Angeklagter 2.
597 *BGH* StV 1984, 186.
598 Vgl. unten Rüge 226 Rn. 1922.

2. Verletzung des § 244 Abs. 2 StPO

Auf die Verletzung des § 230 Abs. 1 StPO im Hinblick auf einen abwesenden Mit- **431**
angeklagten kann der anwesende Angeklagte die Revision nur mit der Rüge der
Verletzung der gerichtlichen Aufklärungspflicht (§ 244 Abs. 2 StPO) stützen. Er
muss dann darlegen, welche bislang unberücksichtigten Tatsachen bei einer bzw.
durch eine Verhandlung in Anwesenheit des Mitangeklagten hätten aufgeklärt werden können.[599]

Rüge 24

Hat die Hauptverhandlung in Abwesenheit des Angeklagten stattgefunden, weil er ord- **432**
nungsgemäß geladen und in der Ladung darauf hingewiesen wurde, dass in seiner Abwesenheit verhandelt werden könne (§ 232 StPO)?

A. Voraussetzungen für eine Abwesenheitsverhandlung und -verurteilung

Lagen die Voraussetzungen für eine Abwesenheitsverhandlung und -verurteilung **433**
nach § 232 StPO nicht vor, verletzt dies das Anwesenheitsrecht des § 230 Abs. 1
StPO, weshalb der absolute Revisionsgrund des § 338 Nr. 5 StPO durchgreift.

I. Rechtsgrundlagen

Voraussetzungen für eine Abwesenheitsverhandlung und -verurteilung: **434**

1. Der Angeklagte muss ordnungsgemäß geladen worden sein. Eine Ladung durch
   öffentliche Bekanntmachung genügt nicht (§ 232 Abs. 2 StPO).
2. Mit der Ladung muss der Angeklagte darauf hingewiesen worden sein, dass auch
   in seiner Abwesenheit verhandelt werden könne. Im Falle einer Umladung soll
   es genügen, wenn darin auf die frühere Ladung verwiesen wird, die den betreffenden Hinweis enthalten hatte.[600]
3. Der Angeklagte muss eigenmächtig der Hauptverhandlung ferngeblieben sein.[601]
4. Über einen etwaigen vor Beginn der Hauptverhandlung eingegangenen Antrag
   auf Vertagung bzw. auf Durchführung der Verhandlung unter Entbindung der
   Erscheinenspflicht (§ 233 StPO) muss (negativ) entschieden worden sein, bevor
   nach § 232 StPO verfahren werden darf.[602]

---

599 LR-*J.-P. Becker*[26] § 230 Rn. 49.
600 *OLG Köln* StV 1996, 12; **a.A.** LR-*J.-P. Becker*[26] § 232 Rn. 7.
601 Zum Begriff der Eigenmächtigkeit s. Rüge 26 Rn. 460 ff.
602 LR-*Gollwitzer*[25] § 232 Rn. 16.

5. Das Gericht darf auf keine andere als auf die nach § 232 Abs. 1 StPO zulässige Rechtsfolge erkennen.

6. Liegen die Voraussetzungen des § 232 StPO vor, darf nicht nur gegen einen ausgebliebenen, sondern auch gegen einen sich eigenmächtig aus der Hauptverhandlung entfernenden Angeklagten in dessen Abwesenheit weiterverhandelt werden.[603]

II. Anforderungen an den Vortrag der Verletzung der §§ 230 Abs. 1, 232 StPO

1. Unterbliebene bzw. nicht ordnungsgemäße Ladung

435 Wird ein Ladungsmangel gerügt, müssen die konkreten Tatsachen vorgetragen werden, aus denen sich die Verletzung der Ladungsvorschrift der §§ 216, 217 StPO ergibt. Die Nichteinhaltung der Ladungsfrist soll nach Auffassung des BGH die Ordnungsmäßigkeit der Ladung allerdings nicht gefährden, weil dem Angeklagten das Recht, die Aussetzung der Verhandlung zu verlangen (§ 217 Abs. 2 StPO), verbliebe.[604]

Ist die Ladung des Angeklagten zu Händen eines Zustellungsbevollmächtigten erfolgt, sind etwaige Mängel bei diesem Verfahren ebenfalls vorzutragen.

Ggf. ist mitzuteilen, dass der Angeklagte **nur** durch Ladung aufgrund öffentlicher Bekanntmachung zur Hauptverhandlung geladen wurde (§ 232 Abs. 2 StPO). Der Inhalt aller Schriftstücke, auf die Bezug genommen wird, ist vollständig im Wortlaut (ggf. in Fotokopie) mitzuteilen (z.B. Ladungsverfügung, Ladung, Ladungsnachweis etc.).

2. Hinweis auf Möglichkeit der Abwesenheitsverhandlung

436 Wurde der Angeklagte in der Ladung nicht darauf hingewiesen, dass auch in seiner Abwesenheit verhandelt werden könne, ist vorzutragen, dass weder die Ladung selbst noch eine Anlage hierzu den entspr. klaren und unmissverständlichen Hinweis enthielt. Der Inhalt des Ladungsschreibens sollte wörtlich vollständig mitgeteilt werden; darüber hinaus, dass dieser Ladung keine weitere Anlage beigefügt war oder es ist auch deren Inhalt vollständig wörtlich mitzuteilen.

3. Verhandlung in Abwesenheit des Angeklagten

437 Sowohl bei Ladungsmängeln als auch bei fehlendem Hinweis auf die Möglichkeit einer Abwesenheitsverhandlung ist mitzuteilen, dass die Hauptverhandlung ohne den Angeklagten stattgefunden hat bzw. dass der Angeklagte während eines we-

---

603 LR-*J.-P. Becker*[26] § 232 Rn. 14.
604 *BGHSt* 24, 150; **a.A.** SK-StPO-*Deiters*[5] § 232 Rn. 6 i.V.m. § 217 Rn. 11; so auch schon SK-StPO-*Schlüchter*[3] § 232 Rn. 10.

sentlichen Teils der Hauptverhandlung abwesend war,[605] letzterenfalls, dass dieser Teil der Hauptverhandlung in Anwesenheit des Angeklagten nicht wiederholt worden ist.

4. Keine eigenmächtige Abwesenheit

Der Revisionsvortrag erfordert weiterhin die Mitteilung, dass der Angeklagte nicht **438** eigenmächtig der Hauptverhandlung ferngeblieben ist bzw. sich aus dieser entfernt hat.[606]

Die Beanstandung, das Gericht habe die Hauptverhandlung in Abwesenheit des Angeklagten durchgeführt, weil es zu Unrecht von einem eigenmächtigen Ausbleiben ausgegangen sei, soll nach h.M.[607] mit der Rüge der Verletzung der §§ 232, 230 Abs. 1 StPO nur darauf gestützt werden dürfen, dass das Gericht die von ihm festgestellten Tatsachen rechtsfehlerhaft gewürdigt habe. Dies würde sich auf die Prüfung der in den Urteilsgründen mitgeteilten Tatsachen beschränken.[608] Konsequenz der Auffassung der h.M. ist, dass in Fällen, in denen das Gericht erkennbare Umstände, die der Annahme eigenmächtigen Fernbleibens entgegenstanden, in den Urteilsgründen unberücksichtigt gelassen hat, insoweit die Aufklärungsrüge erhoben werden muss,[609] dem erkennenden Gericht unbekannte Gründe können nach dieser Auffassung nur mit dem Antrag auf Wiedereinsetzung in den vorigen Stand (§ 235 StPO) geltend gemacht werden.[610] Auch wenn die Auffassung der Mindermeinung vorzugswürdig erscheint, wonach die Voraussetzung für die Annahme eigenmächtigen Ausbleibens wie bei § 231 Abs. 2 StPO vom Revisionsgericht im Freibeweisverfahren auf der Grundlage eines hinreichenden Tatsachenvortrags nachzuprüfen ist,[611] sollte zumindest zusätzlich die Aufklärungsrüge erhoben bzw. vorsorglich innerhalb der mit Zustellung des Urteils beginnenden Wochenfrist des § 235 StPO ein Antrag auf Wiedereinsetzung in den vorigen Stand gestellt werden, der unabhängig von der Anfechtung des Urteils mit der Revision zulässig ist.[612]

5. Unzulässige Rechtsfolge

Wird gerügt, dass die konkret verhängte Rechtsfolge nicht von § 232 Abs. 1 StPO **439** gedeckt war, können die diesbezüglichen Tatsachen den Urteilsgründen entnommen werden, wenn die allgemeine Sachrüge erhoben worden ist. Zusätzlich sind die Ver-

605 Zu dem erforderlichen Vortrag s. Rüge 23 Rn. 423 ff.
606 Zur Eigenmächtigkeit und zum entspr. Revisionsvortrag s. Rn. 462 ff.
607 Vgl. *Meyer-Goßner/Schmitt*[60] § 232 Rn. 29 m.w.N.; **a.A.** LR-*J.P. Becker*[26] § 232 Rn. 37.
608 Ist die allgemeine Sachrüge erhoben, unterliegen die in den Urteilsgründen festgestellten Tatsachen zur Frage der eigenmächtigen Abwesenheit des Angeklagten der Beurteilung durch das Revisionsgericht, ohne dass diese im Rahmen der Verfahrensrüge nochmals mitgeteilt werden müssen.
609 LR-*J.-P. Becker*[26] § 232 Rn. 37 m.w.N.
610 *Meyer-Goßner/Schmitt*[60] § 232 Rn. 29 m.w.N.
611 LR-*J.-P. Becker*[26] § 232 Rn. 37. Siehe dazu unten Rüge 26 Rn. 460.
612 *Meyer-Goßner/Schmitt*[60] § 232 Rn. 30; LR-*J.-P. Becker*[26] § 232 Rn. 41.

fahrenstatsachen vorzutragen, aus denen sich ergibt, dass eine Abwesenheitsverhandlung i.S.d. § 232 StPO stattgefunden hat.

6. Ausschluss von Ausnahmemöglichkeiten

440 Es ist vorzutragen, dass der Angeklagte nicht teilweise freigesprochen bzw. das Verfahren nicht teilweise gem. § 154 Abs. 2 StPO eingestellt worden ist. Anderenfalls ist vorzutragen, dass die Abwesenheit des Angeklagten einen konkret zu bezeichnenden Verhandlungsteil betraf, dessentwegen es zu der Verurteilung gekommen ist.[613]

B. Rüge der Nichtverlesung der Niederschrift einer früheren richterlichen Vernehmung des Angeklagten

I. Rechtsgrundlagen

441 Mit der Rüge der Verletzung der §§ 232 Abs. 3, 337 StPO kann beanstandet werden, dass es unterblieben ist, die Niederschrift über eine frühere richterliche Vernehmung des Angeklagten in der Hauptverhandlung zu verlesen. Davon soll nur abgesehen werden dürfen, wenn der Angeklagte in der Hauptverhandlung durch einen mit schriftlicher Vollmacht versehenen Verteidiger vertreten worden ist (§ 234 StPO) und dieser für den Angeklagten eine Sacheinlassung abgegeben hat.[614] Die Nichtverlesung einer früheren richterlichen Vernehmungsniederschrift kann zusätzlich die Aufklärungsrüge begründen.[615]

Da die Verlesung einer früheren richterlichen Vernehmungsniederschrift eine wesentliche Förmlichkeit i.S.d. § 273 Abs. 1 StPO darstellt, wird die Nichtverlesung durch das Schweigen des Hauptverhandlungsprotokolls bewiesen.

II. Anforderungen an den Vortrag der Verletzung des § 232 Abs. 3 StPO

442 Es ist vorzutragen, dass die Hauptverhandlung im Hinblick auf die Voraussetzungen des § 232 Abs. 1 StPO ohne den Angeklagten stattgefunden hat.

Der Inhalt der Niederschrift einer richterlichen Vernehmung des Angeklagten ist vollständig im Wortlaut wiederzugeben. Es ist mitzuteilen, dass diese nicht durch Verlesung in die Hauptverhandlung eingeführt worden ist. Es muss darüber hinaus

---

613 Vgl. zu diesem Erfordernis *BGH* StV 2008, 123 (Tz. 12) m. Anm. *Ventzke*.
614 *Meyer-Goßner/Schmitt*[60] § 232 Rn. 15.
615 LR-*J.-P. Becker*[26] § 232 Rn. 38: Ebenso kann die Nichtverlesung einer polizeilichen oder staatsanwaltschaftlichen Vernehmungsniederschrift zum Gegenstand einer Aufklärungsrüge gemacht werden, wenn ein darin enthaltener verfahrenserheblicher Umstand in den Urteilsgründen unberücksichtigt geblieben ist.

vorgetragen werden, dass der Angeklagte in der Hauptverhandlung nicht durch einen mit schriftlicher Vollmacht versehenen Verteidiger vertreten wurde bzw. dieser keine Sacheinlassung für den Angeklagten abgegeben hat.

C. Verletzung der gerichtlichen Hinweispflicht

Wurde die Hauptverhandlung gegen den abwesenden Angeklagten ohne Anwesen-   **443**
heit eines Verteidigers durchgeführt und ergab sich die Notwendigkeit für einen Hinweis nach § 265 Abs. 1 oder 2 StPO und wurde die Hauptverhandlung nicht abgebrochen, eröffnet dies die Möglichkeit einer Rüge der Verletzung des § 265 StPO.[616]

Wurde die Hauptverhandlung abgebrochen und sodann der erforderliche Hinweis in der Ladung zur erneuten Hauptverhandlung erteilt, dürfte im Falle erneuter eigenmächtiger Abwesenheit des Angeklagten auch diese Hauptverhandlung nach § 232 StPO durchgeführt werden, wenn die sonstigen Voraussetzungen für dieses Verfahren erfüllt sind. Weicht ein Abwesenheitsurteil von der zugelassenen Anklage ab, ist bei der Rüge der Verletzung des § 265 Abs. 1 bzw. Abs. 2 StPO vorsorglich mitzuteilen, dass die betreffenden Hinweise nicht in der Ladung zur Hauptverhandlung enthalten waren. Der Ladungsinhalt ist vollständig im Wortlaut mitzuteilen.

D. Unterlassene Anordnung des persönlichen Erscheinens

Auch im Falle einer zulässigen Abwesenheitsverhandlung kann mit der Aufklä-   **444**
rungsrüge (§ 244 Abs. 2 StPO)[617] beanstandet werden, dass das Gericht von der Möglichkeit der Anordnung des persönlichen Erscheinens des Angeklagten (§ 236 StPO) keinen Gebrauch gemacht hat. Zur Begründung dieser Rüge sind alle Tatsachen anzuführen, aus denen sich ergibt, dass die Teilnahme des Angeklagten für das Gericht erkennbar zu einer weiteren, für die Urteilsfindung relevanten Sachaufklärung geführt hätte und dass das Gericht dies entweder ignoriert oder aber in Fehlgebrauch seines Ermessens unberücksichtigt gelassen hat.[618]

---

616   Siehe hierzu Rüge 191 Rn. 1713 und Rüge 192 Rn. 1723.
617   Siehe hierzu Rüge 190 Rn. 1707.
618   LR-*J.-P. Becker*[26] § 236 Rn. 18 m.w.N.

Rüge 25

445 Wurde die Hauptverhandlung in Abwesenheit des Angeklagten durchgeführt, weil das Gericht ihn von der Pflicht zum Erscheinen entbunden hat (§ 233 StPO)?

I. Rechtsgrundlagen

446 § 233 StPO will dem Angeklagten, der zur Hauptverhandlung nicht erscheinen will, das Fernbleiben ermöglichen, wenn es sich um Strafsachen von geringer Bedeutung handelt. Die Vorschrift kommt auch im Berufungsverfahren in Betracht. Letzterenfalls müssen die Voraussetzungen für eine Abwesenheitsverhandlung auch dann erfüllt sein, wenn bereits die erstinstanzliche Hauptverhandlung zulässigerweise in Abwesenheit des Angeklagten nach § 233 StPO durchgeführt worden ist.

II. Mögliche Verfahrensfehler und Anforderungen an Vortrag

1. Absolute Revisionsgründe (§§ 233 Abs. 1, 230 Abs. 1, 338 Nr. 5 StPO)

447 Es ist vorzutragen, dass der Angeklagte nicht teilweise freigesprochen bzw. das Verfahren nicht teilweise gem. § 154 Abs. 2 StPO eingestellt worden ist. Anderenfalls ist vorzutragen, dass die Abwesenheit des Angeklagten einen konkret zu bezeichnenden Verhandlungsteil betraf, dessentwegen es zu der Verurteilung gekommen ist.[619]

a) Fehlender Entbindungsantrag

448 Die Zulässigkeit einer Abwesenheitsverhandlung setzt einen wirksamen Antrag auf Entbindung vom Erscheinen in der Hauptverhandlung voraus. Der Antrag ist von dem Angeklagten persönlich zu stellen. Wird der Antrag durch seinen Verteidiger gestellt, bedarf dieser eine über die Verteidigungsvollmacht hinausgehende allgemeine Vertretungsvollmacht[620]; einer darüber hinausgehenden besonderen Ermächtigung zur Stellung des Antrages bedarf es nach überwiegender Meinung nicht.[621]

Der Antrag kann widerrufen werden, solange über ihn noch nicht entschieden ist.

Findet eine Abwesenheitsverhandlung nach § 233 StPO statt, ohne dass ein (wirksamer) Antrag gestellt worden ist, greift im Hinblick auf die Verletzung der §§ 233 Abs. 1, 230 Abs. 1 StPO der absolute Revisionsgrund des § 338 Nr. 5 StPO ein.[622]

---

619 Vgl. zu diesem Erfordernis *BGH* StV 2008, 123 (Tz. 12) m. Anm. *Ventzke.*
620 *Schlothauer* in: FS Beulke, 2015, S. 1023, 1028.
621 Vgl. SK-StPO-*Deiters*[5] § 233 Rn. 8 m.w.N. zur entgegenstehenden Auffassung mehrerer Oberlandesgerichte in Fn. 25.
622 LR-*J.-P. Becker*[26] § 233 Rn. 44.

b) Anforderungen an Vortrag der Verletzung der §§ 233 Abs. 1, 230 Abs. 1 StPO

Vorzutragen ist, dass die Hauptverhandlung in Abwesenheit des Angeklagten statt- **449** gefunden hat und dem ein wörtlich mitzuteilender Gerichtsbeschluss nach § 233 Abs. 1 StPO zugrunde lag, wonach der Angeklagte von der Verpflichtung zum Erscheinen in der Hauptverhandlung entbunden wurde.

Es ist weiterhin mitzuteilen, dass der Angeklagte keinen bzw. keinen wirksamen diesbezüglichen Antrag gestellt bzw. einen solchen nicht widerrufen hatte.

c) Fehlender Entbindungsbeschluss

Es stellt einen Verfahrensfehler dar, wenn in Abwesenheit des Angeklagten die **450** Hauptverhandlung durchgeführt wird, ohne dass dem ein Beschluss, den Angeklagten von der Verpflichtung zum Erscheinen in der Hauptverhandlung zu entbinden, zugrunde liegt. Der Beschluss muss ausdrücklich ergehen.[623] Die Verfügung des Vorsitzenden reicht nicht aus. Die Verhandlung in Abwesenheit des Angeklagten ohne einen dies gestattenden Gerichtsbeschlusses verletzt § 233 Abs. 1 StPO und kann als unzulässige Verhandlung in Abwesenheit des Angeklagten nach §§ 233 Abs. 1, 230 Abs. 1, 338 Nr. 5 StPO gerügt werden.

d) Anforderungen an Vortrag der Verletzung der §§ 233 Abs. 1, 230 Abs. 1 StPO

Erforderlich ist der Vortrag der Durchführung der Hauptverhandlung in Abwesen- **451** heit des Angeklagten und der Tatsache, dass dieser Verhandlung kein Gerichtsbeschluss gem. § 233 Abs. 1 StPO zugrunde lag. Kommt eine Abwesenheitsverhandlung nach einer anderen Vorschrift in Betracht, ist vorzutragen, dass deren Voraussetzungen ebenfalls nicht vorlagen.

Der Beschluss setzt einen Antrag des Angeklagten voraus und kann nicht bedingt für den Fall ergehen, dass ein solcher Antrag gestellt wird.[624]

e) Überschreiten der Grenzen zulässiger Rechtsfolgen

Mit der Verfahrensrüge der Verletzung der §§ 233 Abs. 1 S. 2, 338 Nr. 5 StPO kann **452** beanstandet werden, dass das Urteil die durch § 233 Abs. 1 S. 1 StPO begrenzten Rechtsfolgen überschritten hat.[625]

Es ist mitzuteilen, dass die Hauptverhandlung in Abwesenheit des Angeklagten **453** nach seiner Entbindung von der Pflicht zum Erscheinen durchgeführt worden ist. Es sind die durch das Urteil verhängten Rechtsfolgen mitzuteilen, die sich im Falle der Erhebung der allgemeinen Sachrüge aus den Urteilsgründen ergeben.

---

623 KK-*Gmel*[7] § 233 Rn. 5.
624 *OLG Frankfurt/M.* NJW 1991, 2849; **a.A.** KK-*Gmel*[7] § 233 Rn. 6; *Meyer-Goßner/ Schmitt*[60] § 233 Rn. 9; LR-*J.-P. Becker*[26] § 233 Rn. 7.
625 KK-*Gmel*[7] § 233 Rn. 22 m.w.N.

2. Relative Revisionsgründe (§ 337 StPO)

a) Unterbliebene Vernehmung oder Belehrung durch ersuchten oder beauftragten Richter

454 Wurde es unterlassen, den von der Verpflichtung zum Erscheinen in der Hauptverhandlung entbundenen Angeklagten vor der Hauptverhandlung durch einen beauftragten oder ersuchten Richter über die Anklage zu vernehmen (§ 233 Abs. 2 S. 1 StPO), begründet dieser Verfahrensverstoß die Revision, wenn das Urteil auf dem Fehler beruht (§ 337 StPO). Dies kann in der Regel nicht ausgeschlossen werden.[626] Gleichermaßen können Verfahrensmängel bei der Durchführung dieser Vernehmung, bspw. Nichtbelehrung über das Schweigerecht gem. § 243 Abs. 5 S. 1 StPO oder Nichtbenachrichtigung des Verteidigers (§ 233 Abs. 3 S. 1 StPO) beanstandet werden. Vor einer Abweichung des Urteils von der zugelassenen Anklage gem. § 265 Abs. 1 bzw. Abs. 2 StPO muss dem Angeklagten der betreffende Hinweis in der richterlichen Vernehmung erteilt werden.[627] Im Falle einer Abwesenheitsverhandlung nach § 233 StPO reicht es für einen Hinweis nach § 265 StPO nicht aus, wenn dieser dem in der Hauptverhandlung anwesenden Verteidiger gegeben wird;[628] § 234a StPO findet im Falle der Verhandlung nach § 233 StPO keine Anwendung.[629] Das Unterbleiben eines nach § 265 StPO erforderlichen Hinweises ist als Verletzung dieser Vorschrift zu rügen.[630]

Ebenfalls kann die in der richterlichen Vernehmung unterbliebene Belehrung des Angeklagten über die nach § 233 Abs. 1 S. 1 StPO zulässigen Rechtsfolgen mit einer Verfahrensrüge als relativer Revisionsgrund (§§ 233 Abs. 2 S. 2, 337 StPO) beanstandet werden.[631]

b) Nichtverlesung der richterlichen Niederschrift der Vernehmung des Angeklagten

455 Es begründet ebenfalls die Revision, wenn in der Hauptverhandlung das Protokoll über die richterliche Vernehmung des Angeklagten nicht verlesen worden ist (§ 233 Abs. 3 S. 2 StPO). Auch in einem solchen Fall kann in der Regel nicht ausgeschlossen werden, dass das Urteil auf dem Verfahrensfehler beruht (§ 337 StPO).[632]

---

626 LR-*J.-P. Becker*[26] § 233 Rn. 45.
627 Bei nur einfacher Sach- und Rechtslage soll es genügen, den Hinweis in die Ladung des Angeklagten zur Hauptverhandlung aufzunehmen mit dem Bemerken, dass es dem Angeklagten freistehe, sich hierzu vor der Hauptverhandlung schriftlich zu äußern oder zu dieser zu erscheinen: KK-*Gmel*[7] § 233 Rn. 12.
628 *Meyer-Goßner/Schmitt*[60] § 233 Rn. 16: Es muss eine neue Vernehmung durch einen ersuchten oder beauftragten Richter stattfinden.
629 KK-*Gmel*[7] § 233 Rn. 12.
630 Siehe dazu unten Rüge 191 Rn. 1713 und Rüge 192 Rn. 1723.
631 *Meyer-Goßner/Schmitt*[60] § 233 Rn. 28.
632 In Betracht kommt bei der unterlassenen Verlesung des Vernehmungsprotokolls auch eine Aufklärungsrüge, wenn sich der Angeklagte zur Sache geäußert hat.

Es ist mitzuteilen, dass die Hauptverhandlung in Abwesenheit des Angeklagten durch- **456** geführt wurde, vor der Hauptverhandlung der Angeklagte gem. § 233 Abs. 2 S. 2 StPO vernommen und die Vernehmungsniederschrift in der Hauptverhandlung nicht verlesen wurde. Der Inhalt der Vernehmungsniederschrift ist wörtlich mitzuteilen.

c) Nichtladung des Angeklagten zur Hauptverhandlung

Auch ein vom Erscheinen entbundener Angeklagter muss zu dem Hauptverhand- **457** lungstermin geladen werden, da sein Recht zum Erscheinen bestehen bleibt; die Ladung ist allerdings mit dem Hinweis zu verbinden, dass er nicht zu erscheinen brauche.[633] Wird die Hauptverhandlung in Abwesenheit des nicht geladenen Angeklagten durchgeführt, verletzt dies den Anwesenheitsgrundsatz, der sowohl die – hier suspendierte – Anwesenheitspflicht, als auch das zu dieser korrespondierende Anwesenheitsrecht umfasst. Gleichwohl soll die unterlassene Ladung nur nach § 337 StPO revisibel sein.[634] Dass das Urteil auf diesem Verstoß beruht, dürfte in der Regel jedoch kaum auszuschließen sein.

d) Verletzung der Beteiligungsrechte des Angeklagten

Für die Durchführung der Hauptverhandlung im Übrigen gelten §§ 244 ff. StPO mit **458** der Maßgabe, dass bei einem nicht verteidigten Angeklagten Zustimmungserfordernisse gem. §§ 245 Abs. 1 S. 2, 251 Abs. 2 Nr. 3 StPO nicht entfallen.[635] Beweisanträge, die der Angeklagte schriftlich gestellt hat, sind nach § 219 StPO und nicht nach § 244 Abs. 3–5 StPO zu behandeln; Beweisanträge, die der Angeklagte bei seiner Vernehmung gestellt hat, gelten mit Verlesung der Vernehmungsniederschrift in der Hauptverhandlung angebracht und sind nach § 244 Abs. 3–5 StPO zu behandeln.[636]

III. Rügemöglichkeiten von Mitangeklagten

Im Falle der Durchführung einer Hauptverhandlung unter Entbindung des Ange- **459** klagten von der Verpflichtung zum Erscheinen gem. § 233 Abs. 1 StPO können Mitangeklagte, unabhängig davon, ob sie selbst von der Verpflichtung zum Erscheinen entbunden worden sind oder an der Hauptverhandlung teilnehmen, die Verlesung der Niederschrift des nach § 233 Abs. 2 S. 1 StPO vernommenen Angeklagten rügen, wenn sie von dem Vernehmungstermin nicht benachrichtigt worden sind.[637] Die Rüge setzt allerdings voraus, dass der nicht benachrichtigte Verfahrensbeteiligte der Verlesung widersprochen hat[638] (was als den Mangel begründende Tatsache mit vorgetragen werden muss); dies kann aber nicht für die Fälle gelten, in denen

633 KK-*Gmel*[7] § 233 Rn. 16; *Meyer-Goßner/Schmitt*[60] § 233 Rn. 19.
634 SK-StPO-*Deiters*[5] § 233 Rn. 31 m.w.N.
635 KK-*Gmel*[7] § 233 Rn. 18.
636 KK-*Gmel*[7] § 233 Rn. 18.
637 LR-*J.-P. Becker*[26] § 233 Rn. 46.
638 LR-*J.-P. Becker*[26] § 233 Rn. 21.

der von dem Vernehmungstermin nicht benachrichtigte Mitangeklagte ebenfalls gem. § 233 StPO von der Verpflichtung zum Erscheinen in der Hauptverhandlung entbunden worden ist.

Rüge 26

460 Wurde die in Anwesenheit des Angeklagten begonnene Hauptverhandlung in seiner Abwesenheit nach Unterbrechung oder, weil er sich aus ihr entfernt hatte, fortgesetzt (§ 231 Abs. 2 StPO)?

I. Rechtsgrundlagen

461 Entfernt sich der Angeklagte aus der Hauptverhandlung oder bleibt er bei Fortsetzung einer unterbrochenen Hauptverhandlung aus, kann diese nach § 231 Abs. 2 StPO in Abwesenheit des Angeklagten zu Ende geführt werden, wenn er über die Anklage schon vernommen worden war und das Gericht seine fernere Anwesenheit nicht für erforderlich erachtete.[639] Erforderlich ist deshalb ein Gerichtsbeschluss. Beruht die Fortsetzung der Hauptverhandlung in Abwesenheit des Angeklagten lediglich auf der Anordnung des Vorsitzenden eines Kollegialgerichts, begründet dies die Revision.[640]

Lagen die Voraussetzungen für die Zulässigkeit einer Abwesenheitsverhandlung nach dieser Vorschrift in einem wesentlichen Teil der Hauptverhandlung nicht vor, begründet die damit verbundene Verletzung des § 230 Abs. 1 StPO den absoluten Revisionsgrund des § 338 Nr. 5 StPO.

462 Das Sich-Entfernen aus der Verhandlung bzw. das Ausbleiben in der Fortsetzungsverhandlung muss auf **Eigenmächtigkeit des Angeklagten** beruhen, die ihm nachzuweisen ist. Eigenmächtig handelt der Angeklagte, der ohne Rechtfertigungs oder Entschuldigungsgründe wissentlich (**vorsätzlich**) durch Missachtung seiner Anwesenheitspflicht den Gang der Rechtspflege stört.[641]

Rechtfertigungs- oder Entschuldigungsgründe können im Falle unabwendbarer Kollisionen mit anderen Terminsverpflichtungen vorliegen, die der Angeklagte aus objektiven oder zumindest subjektiven Gründen meint, vorrangig wahrnehmen zu müssen[642] oder die sich daraus ergeben, dass es dem Angeklagten aus tatsächlichen Gründen unmöglich ist, zur Hauptverhandlung zu erscheinen.[643]

---

639 Hierzu *BGH* v. 11.3.2014 – 5 StR 630/13 = NStZ 2014, 350 = NJW 2014, 1606.
640 *OLG Köln* NStZ-RR 2012, 178.
641 *BGH* StV 1991, 147 = NJW 1991, 1367.
642 Vgl. *OLG Köln* VRS 70, 16 Nr. 10; *BGH* StV 1984, 325; *OLG Frankfurt/M.* StV 1987, 380; *OLG Stuttgart* Die Justiz 1990, 169.
643 *BGH* NStZ 1993, 446.

Eine vorsätzliche Missachtung scheidet aus, wenn sich der Angeklagte bspw. über den Verhandlungstermin geirrt[644] oder diesen verschlafen hat.[645] Ebenso ist der Fall zu beurteilen, dass dem Angeklagten seitens des Gerichts im Anschluss an eine Unterbrechung der Hauptverhandlung mitgeteilt wird, er brauche zu dem Fortsetzungstermin nicht zu erscheinen.[646] Demgegenüber soll die Abwesenheit des Angeklagten infolge Verhandlungsunfähigkeit auf Eigenmächtigkeit beruhen, wenn dieser ein Suizidversuch zugrunde liegt, selbst wenn es dazu infolge einer mittelgradig depressiven Episode gekommen sein sollte.[647]

Eigenmächtigkeit scheidet ferner dann aus, wenn der Angeklagte der Auskunft seines Verteidigers vertrauen durfte, an einem bestimmten Teil der Hauptverhandlung nicht teilnehmen zu müssen[648] oder wenn das Gericht bei ihm den Eindruck erweckt hat, es stehe ihm frei, ob er an der Hauptverhandlung teilnehmen wolle oder nicht.[649]

Für die Beurteilung der Eigenmächtigkeit kommt es allein darauf an, ob diese tatsächlich vorlag, was vom Revisionsgericht vollständig im Freibeweis zu prüfen ist,[650] ohne an die Feststellung des Tatrichters gebunden zu sein.[651]   **463**

Die Verhandlung darf nach § 231 Abs. 2 StPO nur an den Verhandlungstagen bzw. den Abschnitten der Hauptverhandlung in Abwesenheit des Angeklagten fortgesetzt werden, an denen er eigenmächtig abwesend war. Bleibt er zu einem weiteren Fortsetzungstermin nicht eigenmächtig fern, sondern misslingt ihm ein Erscheinen in der Hauptverhandlung aus anderen Gründen, rechtfertigt dies eine (weitere) Fortsetzung der Hauptverhandlung in seiner Abwesenheit nicht.[652]

II. Anforderungen an den Vortrag der Rüge der Verletzung der §§ 231 Abs. 2, 230 Abs. 1 StPO

1. Die Hauptverhandlung fand teilweise in Abwesenheit des Angeklagten statt.   **464**
Welche Teile der Hauptverhandlung davon betroffen waren und was in Abwesenheit des Angeklagten verhandelt wurde, ist vorzutragen.[653]

---

644 *OLG Bremen* StV 1985, 50.
645 *BGH* StV 1988, 185; *BGH* StV 1991, 147; *BGH* StV 1991, 244 = NJW 1991, 1367.
646 Bleibt der Angeklagte aufgrund einer solchen Mitteilung im Fortsetzungstermin, in dem das Urteil verkündet wird, aus und wird dennoch in Abwesenheit des Angeklagten das Urteil verkündet, greift der absolute Revisionsgrund nach § 338 Nr. 5 StPO ein: *OLG Celle* StraFo 2012, 140.
647 *BGH* v. 25.7.2011 – 1 StR 631/10 = NStZ 2012, 105 m. Anm. *Arnoldi* = NJW 2012, 3249 m. abl. Anm. *Trüg*; ablehnend ebenso *Eisenberg* NStZ 2012, 63 und *Putzke* ZJS 2012, 383.
648 *OLG Bremen* StV 1992, 585.
649 *BGH* StV 1990, 245; *KG* StV 1985, 52; *OLG* Köln StV 1985, 50; *BGH* StV 1987, 189, StV 1989, 187 = NStZ 1989, 283; *BGH* v. 6.5.2014 – 5 StR 160/14 = StV 2015, 339.
650 *BGH* StV 1982, 153.
651 *BGH* NStZ 1999, 418.
652 *BGH* StV 1986, 374 = NStZ 1986, 422.
653 *BGHR* StPO § 344 Abs. 2 S. 2 Abwesenheit 1; *BGHSt* 26, 84, 91.

2. Es ist darzulegen, dass der in Abwesenheit des Angeklagten durchgeführte Teil der Hauptverhandlung wesentlich war.[654]

3. Es ist ggf. vorzutragen, dass der Angeklagte während seiner Anwesenheit (noch) nicht über die Anklage vernommen worden war.[655]

4. Das Gericht muss zum Ausdruck gebracht haben, ohne den Angeklagten weiterverhandeln zu wollen (eines besonderen Gerichtsbeschlusses soll es dafür nicht zwingend bedürfen[656]). Dafür genügt der Vortrag, dass das Gericht nach Feststellung der Abwesenheit des Angeklagten weiterverhandelt hat.

5. Es muss erläuternd behauptet werden, dass das Fernbleiben der Hauptverhandlung nicht auf Eigenmächtigkeit des Angeklagten zurückzuführen war.[657] Dies muss durch einen entspr. Tatsachenvortrag belegt werden; die unsubstantiierte Behauptung eines Irrtums über einen Fortsetzungstermin reicht bspw. nicht.[658]

6. Der in Abwesenheit des Angeklagten stattgefundene wesentliche Teil der Hauptverhandlung ist nicht in Anwesenheit des Angeklagten vollständig wiederholt worden. Der Angeklagte ist nicht teilweise freigesprochen bzw. das Verfahren nicht teilweise gem. § 154 Abs. 2 StPO eingestellt worden[659] (anderenfalls ist vorzutragen, dass die Abwesenheit einen Verhandlungsteil betraf, dessentwegen es zu der Verurteilung kam).

III. Nachweis der Verfahrenstatsachen

465 Zum Nachweis der Abwesenheit des Angeklagten während eines wesentlichen Teils der Hauptverhandlung und einer Heilung des Verfahrensfehlers siehe oben Rüge 23 Rn. 427.

Dass Eigenmächtigkeit tatsächlich nicht vorlag, muss von dem Angeklagten nicht glaubhaft gemacht werden. Diese ist ihm vielmehr nachzuweisen. Sie ist vom Revisionsgericht ex post (also Kenntnisstand zum Zeitpunkt der Revisionsentscheidung) im Freibeweisverfahren[660], allerdings nur auf der Grundlage eines entspr. Revisionsvortrags selbstständig zu klären.[661] Umstände, zu denen die

---

654 Siehe hierzu oben Rüge 23 Rn. 423 ff.
655 Es reicht aus, dass er gem. § 243 Abs. 5 StPO hierzu Gelegenheit hatte.
656 *BGH* NStZ 1981, 297.
657 *BGH* StV 1981, 393; *BGH* StV 1984, 326; *BGH* 3 StR 282/11 v. 25.10.2011 = StV 2012, 72 = wistra 2012, 73.
658 *BGH* StV 1984, 326; *BGH* v. 3.4.2003 – 4 StR 506/02 = *BGHSt* 48, 264, 267; *BGH* v. 25.10.2011 – 3 StR 282/11 = StV 2012, 72; *BGH* v. 29.4.2015 – 1 StR 235/14 Tz. 25.
659 Vgl. zu diesem Erfordernis *BGH* StV 2008, 123 (Tz. 12) m. Anm. *Ventzke.*
660 In der Entscheidung *BGH* v. 25.10.2011 – 3 StR 282/11 = StV 2012, 72 lässt der *Senat* offen, ob künftig eine Bindung des Revisionsgerichts an rechtsfehlerfreie tatrichterliche Feststellungen zur Eigenmächtigkeit anzunehmen sei. Dagegen *Weßlau* StV 2014, 236.
661 *BGH* StV 1982, 153; *BGH* StV 1981, 393, 394; *BGH* NStZ 1999, 418; *BGH* v. 19.11.2009 – 4 StR 276/09 = StV 2010, 289 = NStZ 2010, 585 = StraFo 2010, 158; *BGH* v. 25.10.2011 – 3 StR 282/11 = StV 2012, 72 = wistra 2012, 73.

Revisionsbegründung schweigt, sollen von Amts wegen nicht zu berücksichtigen sein.[662]

IV. Im Zusammenhang mit diesem Verfahrensfehler stehende weitere Rügemöglichkeiten

Beruht das Urteil auf Erkenntnissen, die in der in Abwesenheit des Angeklagten **466** durchgeführten Hauptverhandlung gewonnen worden sind und ist der diesbezügliche Verfahrensteil in Anwesenheit des Angeklagten nicht vollständig wiederholt worden, kann die Verletzung des § 261 StPO gerügt werden.[663] Es handelt sich um einen relativen Revisionsgrund (§ 337 StPO), weshalb das Urteil auf dem Verfahrensfehler beruhen muss.[664]

Kehrt der eigenmächtig abwesende Angeklagte vor Urteilsverkündung in die **467** Hauptverhandlung zurück, ist ihm das letzte Wort zu erteilen, auch wenn in seiner Abwesenheit die Schlussvorträge gehalten worden sind und Gelegenheit zum letzten Wort bestanden hätte.[665]

Rüge 27

Hat das Gericht die Durchführung oder Fortsetzung der Hauptverhandlung in Abwesenheit **468** des Angeklagten im Hinblick auf eine von ihm vorsätzlich und schuldhaft herbeigeführte Verhandlungsunfähigkeit beschlossen und daraufhin die Hauptverhandlung in Abwesenheit des Angeklagten durchgeführt bzw. fortgesetzt?

I. Unzulässige Abwesenheitsverhandlung

1. Rechtsgrundlagen

Die Durchführung oder Fortsetzung der Hauptverhandlung in Abwesenheit des An- **469** geklagten wegen von ihm vorsätzlich herbeigeführter Verhandlungsunfähigkeit erfordert nach § 231a Abs. 3 S. 1 StPO einen Gerichtsbeschluss. Da dagegen die sofortige Beschwerde zulässig ist (§ 231a Abs. 1 S. 2 StPO), schließt diese Sonderregelung nach § 336 S. 2 StPO aus, die Revision darauf zu stützen, dass das Gericht die Voraussetzungen für die Abwesenheitsverhandlung gem. § 231a Abs. 1 StPO zu

---

662 *BGH* v. 25.10.2011 – 3 StR 282/11 = StV 2012, 72 = wistra 2012, 73 gegen *OLG Köln* StV 1985, 50.
663 *BGH* StV 1984, 186.
664 Vgl. unten Rüge 226 Rn. 1922.
665 Vgl. unten Rüge 213 Rn. 1856.

Unrecht angenommen habe.[666] Die Nichtrevisibilität soll sich auch darauf erstrecken, ob der Beschluss formell fehlerhaft zustande gekommen sei.[667] Dies kann allerdings nicht für den Fall gelten, dass der Durchführung oder Fortsetzung der Hauptverhandlung in Abwesenheit des Angeklagten gem. § 231a Abs. 1 StPO kein Beschluss, sondern lediglich eine Verfügung des Vorsitzenden zugrunde liegt. Da die Entscheidung, nach § 231a StPO zu verfahren, auch schon vor Beginn der Hauptverhandlung getroffen werden kann, bedarf es in einem solchen Fall keiner Anrufung des Gerichts nach § 238 Abs. 2 StPO.

470 Mit der Verfahrensrüge kann allerdings beanstandet werden, dass das Gericht nach Einlegung der sofortigen Beschwerde (§ 231a Abs. 3 S. 3 StPO) in Abwesenheit des Angeklagten weiterverhandelt hat, ohne die Hauptverhandlung zu unterbrechen (§ 231a Abs. 3 S. 4 StPO). Ebensowenig darf die Hauptverhandlung in Abwesenheit des Angeklagten auch noch zu einem Zeitpunkt fortgesetzt werden, zu dem die Verhandlungsfähigkeit wiederhergestellt war (und das Gericht hiervon Mitteilung erhalten hat oder bei pflichtgemäßer Kontrolle hiervon Kenntnis hätte erhalten müssen).[668]

Die Fortsetzung der Hauptverhandlung in diesen Fällen verletzt § 230 Abs. 1 StPO mit der Folge des absoluten Revisionsgrundes des § 338 Nr. 5 StPO.

2. Anforderungen an den Vortrag der Verletzung der §§ 230 Abs. 1, 231a Abs. 3 S. 4 StPO:

471 • Der Beschluss des Gerichts gem. § 231a Abs. 3 S. 1 StPO in seinem vollen Wortlaut.

• Die Tatsache der hiergegen eingelegten sofortigen Beschwerde und der Zeitpunkt ihres Eingangs bei Gericht.

• Die Tatsache der Weiterverhandlung, ohne die Hauptverhandlung gem. § 231a Abs. 3 S. 4 StPO zu unterbrechen, und welche (wesentlichen) Teile der Hauptverhandlung dadurch in Abwesenheit des Angeklagten stattgefunden haben.[669]

• Die Tatsache der nicht vollständigen Wiederholung der in Abwesenheit des Angeklagten stattgefundenen wesentlichen Teile der Hauptverhandlung.[670] Nicht erforderlich ist allerdings, dass eine mit einem Zeugen vorgenommene Augenscheinseinnahme in dieser Weise wiederholt wird. Die Augenscheinseinnahme und der Zeugenbeweis brauchen nicht gleichzeitig erhoben zu werden, weil es sich nach unterschiedlichen Regeln zu erhebende Beweise handelt. Etwas ande-

---

666 H.M.: s. LR-*J.-P. Becker*[26] § 231a Rn. 47 m.w.N.

667 LR-*J.-P. Becker*[26] § 231a Rn. 47.

668 Bei einem auf freiem Fuß befindlichen Angeklagten ist es dessen Sache, dem Gericht von der Wiedererlangung der Verhandlungsfähigkeit Kenntnis zu verschaffen: *Meyer-Goßner/Schmitt*[60] § 231a Rn. 20.

669 Zu dem erforderlichen Vortrag s. Rüge 23 Rn. 423 ff.

670 Zum weiteren erforderlichen Vortrag s. Rn. 464 Ziff. 6.

res kann nur unter Aufklärungsgesichtspunkten geboten sein und müsste ggf. als Verletzung der Aufklärungspflicht oder des Beweisantragsrechts gerügt werden.[671]

- Wird beanstandet, dass die Hauptverhandlung in Abwesenheit des Angeklagten fortgesetzt wurde ab einem Zeitpunkt der Wiederherstellung der vollen Verhandlungsfähigkeit ist, ist vorzutragen, dass und woraus das Gericht hiervon sichere Kenntnis erlangt hat oder dies bei Beachtung der nach der Sachlage von ihm zu fordernden Vorkehrungen hätte erfahren müssen.[672]
- Es ist vorzutragen, dass der Angeklagte nicht teilweise freigesprochen bzw. das Verfahren nicht teilweise gem. § 154 Abs. 2 StPO eingestellt worden ist. Anderenfalls ist vorzutragen, dass die Abwesenheit des Angeklagten einen konkret zu bezeichnenden Verhandlungsteil betraf, dessentwegen es zu der Verurteilung gekommen ist.[673]

II. Unterlassene Verteidigerbestellung

1. Rechtsgrundlagen

Gem. § 231a Abs. 4 StPO ist dem verhandlungsunfähigen Angeklagten ein Verteidiger beizuordnen. Die Vorschrift normiert insoweit gegenüber § 140 StPO einen Sonderfall der notwendigen Verteidigung.[674] Findet die Hauptverhandlung gegen den abwesenden Angeklagten ohne einen Verteidiger statt, begründet dies im Hinblick auf die Verletzung des § 226 StPO in Verbindung mit § 231a Abs. 4 StPO den absoluten Revisionsgrund des § 338 Nr. 5 StPO. **472**

2. Anforderungen an den Vortrag

- Wörtlich mitzuteilender Beschluss des Gerichts, gem. § 231a Abs. 1 StPO, in Abwesenheit des Angeklagten die Hauptverhandlung durchzuführen. **473**
- Abwesenheit des Angeklagten während eines konkret zu bezeichnenden wesentlichen Teils der Hauptverhandlung.[675]
- Nicht-Anwesenheit eines Verteidigers während der Durchführung dieses Teils der Hauptverhandlung.
- Nicht-Wiederholung des in Abwesenheit des Angeklagten durchgeführten Teils der Hauptverhandlung in seiner Anwesenheit oder derjenigen seines (beigeordneten) Verteidigers.

Es ist vorzutragen, dass der Angeklagte nicht teilweise freigesprochen bzw. das Verfahren nicht teilweise gem. § 154 Abs. 2 StPO eingestellt worden ist. Anderen-

---

671   *BGH* StV 2008, 174.
672   *Meyer-Goßner/Schmitt*[60] § 231a Rn. 20.
673   Vgl. zu diesem Erfordernis *BGH* StV 2008, 123 (Tz. 12) m. Anm. *Ventzke*.
674   SK-StPO-*Deiters*[5] § 231a Rn. 36.
675   Zu dem erforderlichen Vortrag s. Rüge 23 Rn. 423 ff.

falls ist vorzutragen, dass die Abwesenheit des Angeklagten einen konkret zu bezeichnenden Verhandlungteil betraf, dessentwegen es zu der Verurteilung gekommen ist.[676]

III. Verletzung der Unterrichtungspflicht

1. Rechtsgrundlagen

474 Als relativer Revisionsgrund kann die Verletzung der Unterrichtungspflicht (§ 231a Abs. 2 StPO) gerügt werden, wenn der Vorsitzende den wieder verhandlungsfähigen in die Hauptverhandlung zurückgekehrten Angeklagten nicht oder unvollständig oder verspätet von dem wesentlichen Inhalt dessen unterrichtet hat, was in seiner Abwesenheit verhandelt worden ist.[677]

2. Anforderungen an den Vortrag

475 • Die Hauptverhandlung hat aufgrund eines Beschlusses gem. § 231a Abs. 3 StPO in Abwesenheit des Angeklagten stattgefunden. Der wesentliche Inhalt der in Abwesenheit des Angeklagten durchgeführten Hauptverhandlung muss ebenso mitgeteilt werden, wie der Beschluss im Wortlaut.

• Nach Wiederherstellung der Verhandlungsfähigkeit nahm der Angeklagte an der Hauptverhandlung wieder teil; der Zeitpunkt ist mitzuteilen.

• Der Vorsitzende unterrichtete den Angeklagten nicht von dem wesentlichen Inhalt dessen, was in seiner Abwesenheit verhandelt worden ist, **oder**

• die Unterrichtung erfolgte unvollständig (es ist mitzuteilen, über welchen wesentlichen Inhalt der in Abwesenheit des Angeklagten durchgeführten Hauptverhandlung dieser nicht unterrichtet worden ist) **oder**

• es wird beanstandet, dass die Unterrichtungspflicht erst verspätet erfüllt wurde. In diesem Fall muss der Gegenstand und der Inhalt der in Anwesenheit des Angeklagten fortgeführten Beweisaufnahme bis zum Zeitpunkt der Unterrichtung des Angeklagten vorgetragen werden.[678] Ferner muss in diesem Falle vorgetragen werden, dass der betreffende Teil der Beweisaufnahme nicht nach der Unterrichtung nochmals wiederholt wurde.

---

676 Vgl. zu diesem Erfordernis *BGH* StV 2008, 123 (Tz. 12) m. Anm. *Ventzke*.

677 *BGH* v. 14.1.2010 – 3 StR 403/09 = StV 2011, 202 (auch zur Beruhensfrage); LR-*J.-P. Becker*[26] § 231a Rn. 49; zum Umfang der Unterrichtungspflicht s. *BGH* StV 2008, 174.

678 Die rechtzeitige Unterrichtung des Angeklagten soll diesen befähigen, bei der Fortsetzung der Beweiserhebung in seiner Anwesenheit die zu seiner Verteidigung erforderlichen Maßnahmen zu treffen.

IV. Überschreitung der Unterbrechungsfrist

Wurde gegen den Beschluss nach § 231a Abs. 3 S. 1 StPO sofortige Beschwerde **476** eingelegt und die bereits begonnene Hauptverhandlung bis zur Entscheidung über die sofortige Beschwerde unterbrochen, darf diese Unterbrechung maximal bis zu 30 Tagen dauern (§ 231a Abs. 3 S. 4 StPO[679]).

Hat das Gericht die höchstzulässige Unterbrechungsfrist überschritten, kann die Verletzung des § 231a Abs. 3 S. 4 StPO nach § 337 StPO gerügt werden.[680]

Rüge 28

Wurde die Hauptverhandlung in Abwesenheit des Angeklagten durchgeführt, weil er wegen ordnungswidrigen Benehmens aus dem Sitzungssaal entfernt oder zur Haft abgeführt **477** worden ist (§ 231b StPO)?

I. Rechtsgrundlagen

Die Hauptverhandlung darf wegen ordnungswidrigen Benehmens des Angeklagten **478** in dessen Abwesenheit unter folgenden Voraussetzungen und in folgendem Umfang durchgeführt werden:

1. Durch Beschluss des Gerichts ist der Angeklagte wegen Ungehorsams aus dem Sitzungszimmer entfernt oder zur Ordnungshaft abgeführt worden (§ 177 GVG).
2. Das Gericht darf die weitere Anwesenheit des Angeklagten nicht für unerlässlich halten und muss eine schwerwiegende Beeinträchtigung des weiteren Ablaufs der Hauptverhandlung durch den Angeklagten befürchten.[681]
3. Vor seiner Entfernung musste der Angeklagte Gelegenheit gehabt haben, sich zur Anklage zu äußern. War dies nicht der Fall, muss dies anlässlich der Verhandlung über den die Entfernung anordnenden Beschluss nach § 177 GVG oder zu einem späteren Zeitpunkt erfolgen.
4. Die in Abwesenheit des Angeklagten durchgeführte Hauptverhandlung muss von dem Entfernungsbeschluss gedeckt sein. Das ist bspw. dann nicht der Fall, wenn der Angeklagte wegen seines Verhaltens für die weitere Vernehmung

---

679   *Meyer-Goßner/Schmitt*[60] § 231a Rn. 24.
680   LR-*J.-P. Becker*[26] § 231a Rn. 49; zu den Anforderungen an den Rügevortrag s. Rüge 195 Rn. 1754.
681   Nach *BGHSt* 39, 72 = StV 1993, 285 bedarf es insoweit neben einer Entscheidung nach § 177 GVG keines gesonderten Beschlusses. Durch Fortsetzung der Verhandlung werde hinreichend deutlich, dass die fernere Anwesenheit des Angeklagten nicht für unerlässlich gehalten wurde; **a.A.** LR-*J.-P. Becker*[26] § 231b Rn. 11 sowie Rn. 12.

eines Zeugen ausgeschlossen wird und in seiner Abwesenheit Lichtbilder förmlich in Augenschein genommen werden.[682]

5. Ohne den Angeklagten darf nicht weiterverhandelt werden, wenn die Voraussetzungen des § 231b StPO für das Gericht erkennbar nicht mehr vorlagen oder weil der Ausschluss ohnehin nur für einen bestimmten Verfahrensabschnitt angeordnet worden war.[683]

6. Sobald der Angeklagte wieder vorgelassen worden ist, muss er von dem wesentlichen Inhalt dessen unterrichtet werden, was in seiner Abwesenheit verhandelt worden war (§§ 231b Abs. 2, 231a Abs. 2 StPO).[684]

479 Die Verhandlung in Abwesenheit des Angeklagten ohne die dafür erforderlichen Voraussetzungen verletzt § 230 Abs. 1 StPO mit der Folge des absoluten Revisionsgrundes des § 338 Nr. 5 StPO; die Verletzung der Verpflichtung zur Anhörung des Angeklagten zur Anklage (§ 231b Abs. 1 S. 2 StPO) bzw. zur vollständigen und unverzüglichen Unterrichtung des wieder vorgelassenen Angeklagten über den wesentlichen Inhalt dessen, was in seiner Abwesenheit verhandelt wurde (§ 231b Abs. 2 StPO), kann mit der Revision nach § 337 StPO geltend gemacht werden.

II. Anforderungen an den Vortrag der Rüge der Verletzung der §§ 231b Abs. 1, 230 Abs. 1, 338 Nr. 5 StPO

480 • Ein wesentlicher Teil der Hauptverhandlung wurde in Abwesenheit des Angeklagten durchgeführt. Es ist mitzuteilen, was in seiner Abwesenheit verhandelt wurde und dass dieser Teil der Hauptverhandlung wesentlich war.[685]

• Der Entfernung des Angeklagten aus der Hauptverhandlung lag kein ordnungsgemäßer Beschluss gem. § 177 GVG zugrunde[686] oder es wurde in Abwesenheit des Angeklagten weiterverhandelt, obwohl die Voraussetzung für eine Abwesenheitsverhandlung nach § 231b StPO nicht mehr vorlag, weil der Verfahrensabschnitt, während dessen der Angeklagte entfernt werden sollte, abgeschlossen oder für das Gericht erkennbar nicht mehr zu befürchten war, dass die erneute Anwesenheit des Angeklagten eine schwerwiegende Beeinträchtigung des weiteren Ablaufs der Hauptverhandlung zur Folge haben könnte.

• Es hat in Abwesenheit des Angeklagten eine konkret zu beschreibende Beweisaufnahme oder ein sonstiger wesentlicher Teil der Hauptverhandlung stattge-

---

682 *BGH* v. 17.9.2014 – 1 StR 212/14 = StV 2015, 79 = NStZ 2015, 181.

683 LR-*J.-P. Becker*[26] § 231b Rn. 19.

684 Zum Umfang der Unterrichtungspflicht s. *BGH* StV 2008, 174.

685 Zu dem erforderlichen Vortrag s. Rüge 23 Rn. 423 ff.

686 Da nach h.M. ein über den Beschluss gem. § 177 GVG hinausgehender Beschluss gem. § 231b StPO entbehrlich ist, ist die Annahme, die weitere Anwesenheit des Angeklagten nicht für unerlässlich zu halten, nur in den wenigen Fällen überprüfbar, in denen sich aus dem sonstigen Verfahrensgeschehen darauf rückschließen lässt, dass die Entscheidung des Tatrichters rechtsfehlerhaft oder ermessensmissbräuchlich war: *Meyer-Goßner*[55] § 231b Rn. 12.

funden, was von dem wörtlich mitzuteilenden Entfernungsbeschluss nicht gedeckt war.

- In Anwesenheit des Angeklagten ist der in seiner Abwesenheit durchgeführte Teil der Hauptverhandlung nicht vollständig wiederholt worden (siehe ergänzend Rn. 464 Ziff. 6).

III. Anforderungen an den Vortrag der Verletzung der §§ 231b Abs. 1 S. 2, 337 bzw. der §§ 231b Abs. 2, 337 StPO

- Die Hauptverhandlung wurde während eines wesentlichen Teils in Abwesenheit des Angeklagten durchgeführt.[687]   **481**
- Dem lag die Entfernung des Angeklagten aus der Hauptverhandlung aufgrund eines wörtlich mitzuteilenden Beschlusses gem. § 177 GVG zugrunde.
- Dem Angeklagten ist weder vor seiner Entfernung aus, noch nach seiner Rückkehr in die Hauptverhandlung Gelegenheit gegeben worden, sich zur Anklage zu äußern[688] **oder**
- nach Wiedervorlassen des Angeklagten zur Hauptverhandlung wurde er nicht, unvollständig oder erst verspätet über den wesentlichen Inhalt dessen unterrichtet, was in seiner Abwesenheit verhandelt worden war.[689]

Rüge 29

Wurde in einer gegen mehrere Angeklagte durchgeführten Hauptverhandlung der Angeklagte während einzelner Verhandlungsteile beurlaubt (§ 231c StPO) und fand die Hauptverhandlung deshalb teilweise in seiner Abwesenheit statt?   **482**

I. Rechtsgrundlagen

1. Voraussetzungen für eine zulässige Entfernung des Angeklagten gem. § 231c StPO

a) Dem Angeklagten kann nur dann die Entfernung aus der Hauptverhandlung gestattet werden, wenn er den Antrag gestellt hat, sich während einzelner Teile der Verhandlung entfernen zu dürfen.   **483**

b) Dem Angeklagten muss die Entfernung aus der Hauptverhandlung durch einen Gerichtsbeschluss gestattet werden. Die Verfügung des Vorsitzenden ist nicht ausreichend.   **484**

---

687 Zu dem erforderlichen Vortrag s. Rüge 23 Rn. 423 ff.
688 Dies wird durch das Schweigen des Protokolls bewiesen (negative Beweiskraft).
689 Zum Revisionsvortrag im Einzelnen s. oben Rüge 27 Rn. 474 f.

Durch den Beschluss müssen die Teile der Hauptverhandlung konkret bezeichnet werden, während derer der Angeklagte sich entfernen darf. Dies kann durch eine zeitliche Begrenzung erfolgen, bspw. für einen einzelnen bestimmten von mehreren Hauptverhandlungtagen; möglich ist aber auch eine inhaltliche Begrenzung, bspw. in Form der Gestattung der Entfernung während der Vernehmung eines bestimmten Zeugen, eines bestimmten Sachverständigen oder eines sonstigen abgrenzbaren Beweiserhebungsvorganges.

Der Beschluss ist in der Regel ausdrücklich zu fassen und zu verkünden. Eine stillschweigende Beschlussfassung über eine Verlängerung einer bereits erfolgten Beurlaubung ist aber nach Auffassung des BGH nicht generell ausgeschlossen; sie könnte auch in einer etwaigen Benachrichtigung des Angeklagten über die Verlängerung seiner Beurlaubung außerhalb der Hauptverhandlung liegen.[690]

485 c) Sachliche Voraussetzung für die Gestattung der Abwesenheit des Angeklagten ist, dass er von den in seiner Abwesenheit stattfindenden Verhandlungteilen nicht betroffen ist. Betroffen ist ein Angeklagter vom Verhandlungsteil schon dann, wenn die in seiner Abwesenheit behandelten Verfahrensfragen auch nur mittelbar die gegen ihn erhobenen Vorwürfe berühren.[691] Es reicht aus, wenn der in Abwesenheit stattfindende Verhandlungsteil für den Ausspruch über die Rechtsfolge für den beurlaubten Angeklagten von Bedeutung ist.[692] Nicht betroffen ist ein Angeklagter von in seiner Abwesenheit stattgefundenen Verhandlungteilen nur dann, wenn *ausgeschlossen* werden kann, dass die während seiner Abwesenheit behandelten Umstände auch nur mittelbar die gegen ihn erhobenen Vorwürfe berührt haben könnten.[693]

486 d) In Abwesenheit des Angeklagten darf nichts verhandelt werden, was von einem Beschluss nicht erfasst ist, durch den dem Angeklagten gestattet wurde, sich während inhaltlich konkret bezeichneter Verhandlungteile entfernen zu dürfen[694] (Beispiel: Der Beschluss gestattet es dem Angeklagten, sich während der Vernehmung eines Zeugen zu entfernen. In Abwesenheit des Angeklagten kommt es zusätzlich zu der Vernehmung zur Verlesung einer Urkunde, zur Vernehmung eines weiteren Zeugen, zur Erstattung eines Sachverständigengutachtens oder zur Durchführung einer Augenscheinseinnahme;[695] oder: Entgegennahme eines Beweisantrages und Verhandlung über diesen in Form der Mitteilung der von der Kammer ermittelten Umstände[696]).

---

690 *BGH* StV 1995, 175.
691 *BGH* v. 16.2.2012 – 3 StR 462/11 = StraFo 2012, 141 = NStZ 2012, 463 = StV 2014, 4.
692 *BGH* v. 5.2.2009 – 4 StR 609/08 = StV 2010, 616 = NStZ 2009, 400 = StraFo 2009, 207.
693 *BGH* v. 6.8.2009 – 3 StR 547/08 = StV 2009, 628 = StraFo 2009, 465.
694 *BGH* v. 16.2.2012 – 3 StR 462/11 = StraFo 2012, 141 = NStZ 2012, 463 = StV 2014, 4.
695 *BGH* v. 6.8.2009 – 3 StR 547/08 = StV 2009, 628 = StraFo 2009, 465. Die nicht von dem Beschluss erfassten Teile der Beweisaufnahme müssten, um einen Verfahrensfehler zu heilen, vollständig in Anwesenheit des Angeklagten wiederholt werden.
696 *BGH* v. 6.8.2009 – 3 StR 547/08 = StV 2009, 628 = StraFo 2009, 465.

e) Während des von dem Beschluss bezeichneten Verhandlungsteils darf in Ab- **487** wesenheit des Angeklagten nichts verhandelt werden, wovon dieser doch betroffen wurde.[697]

2. In Betracht kommende Verfahrensfehler

a) Die nach § 231c StPO unzulässige Verhandlung gegen einen abwesenden An- **488** geklagten verletzt die Vorschrift des § 230 Abs. 1 StPO, wonach gegen einen ausgebliebenen Angeklagten eine Hauptverhandlung nicht stattfinden darf, was einen absoluten Revisionsgrund im Sinne des § 338 Nr. 5 StPO darstellt. Dies gilt auch dann, wenn die Beurlaubung dem Antrag des Angeklagten entsprach.[698] Die Befugnis zur Erhebung der Verfahrensrüge eines Verstoßes gegen § 231c StPO bleibt einem Angeklagten auch dann uneingeschränkt erhalten, wenn dem Urteil eine Verständigung vorausgegangen war.[699]

b) Stützt das Gericht bei der Urteilsfindung seine Überzeugungsbildung auf Um- **489** stände und Ergebnisse der Hauptverhandlung, die in Abwesenheit des Angeklagten stattgefunden haben, ist diese Überzeugung nicht aus dem Inbegriff der gegen den Angeklagten durchgeführten Verhandlung geschöpft, liegt darin also eine Verletzung des § 261 StPO, was einen relativen Revisionsgrund (§ 337 StPO) darstellt.

c) Wird nur dem Angeklagten gestattet, während einer ihn nicht betreffenden Be- **490** weisaufahme der Hauptverhandlung fernzubleiben, darf diese im Fall notwendiger Verteidigung nicht in Abwesenheit eines Verteidigers fortgeführt werden.[700]

II. Anforderungen an den Vortrag der Verletzung des § 230 Abs. 1 StPO infolge der unzulässigen Durchführung von Teilen der Hauptverhandlung in Abwesenheit des Angeklagten (§§ 230 Abs. 1, 231c, 338 Nr. 5 StPO)[701]

1. Der von dem Angeklagten gestellte Antrag, ihm während einzelner Teile der ge- **491** gen mehrere Angeklagte stattfindenden Verhandlung zu gestatten, sich zu entfernen, muss inhaltlich vollständig und wörtlich mitgeteilt werden. Der Antrag ergibt sich als wesentliche Förmlichkeit der Hauptverhandlung aus dem Hauptverhandlungsprotokoll. Die vollständige Mitteilung des Antrages ist insbesondere

---

697 Siehe *BGH* v. 16.2.2012 – 3 StR 462/11 = StraFo 2012, 141 = NStZ 2012, 463 = StV 2014, 4. Auch diese Teile der Beweisaufnahme, von denen der Angeklagte betroffen war, müssten in seiner erneuten Anwesenheit nochmals vollständig wiederholt werden, um den Verfahrensfehler zu heilen.

698 *BGH* v. 5.2.2009 – 4 StR 609/08 = StV 2010, 616 = NStZ 2009, 400 = StraFo 2009, 202.

699 *BGH* v. 6.8.2009 – 3 StR 547/08 = StV 2009, 628 = StraFo 2009, 465.

700 *BGH* v. 10.4.2013 – 2 StR 19/13 = StV 2014, 3 = StraFo 2013, 285; s. Rüge 32 Rn. 560.

701 Im Einzelnen *Schlothauer* in: FG Ludwig Koch, 1989, S. 241, 254 ff.

deshalb erforderlich, weil ein daraufhin ergehender Beschluss des Gerichts hierauf Bezug nehmen kann oder im Lichte des Antrags auszulegen ist.

492 2. Die Entscheidung des Gerichts, durch die es dem Angeklagten gestattet wird, sich während einzelner Teile der Verhandlung zu entfernen, ist vollständig mitzuteilen. Dabei ist klarzustellen, ob es sich (unzulässigerweise) um eine Verfügung des Vorsitzenden oder um einen Beschluss des Gerichts handelt. Die wörtliche Wiedergabe des Beschlusses, bei dem es sich um eine aus dem Hauptverhandlungsprotokoll ersichtliche wesentliche Förmlichkeit handelt, ist deshalb wörtlich mitzuteilen, weil sich nur so nachvollziehen lässt, für welche einzelnen Verhandlungsteile dem Angeklagten gestattet wurde, sich zu entfernen, und ob er von diesen Verhandlungsteilen unzulässigerweise doch betroffen war.

Im Falle einer möglichen stillschweigenden Beschlussfassung über eine Verlängerung einer durch ausdrücklichen Beschluss gestatteten Beurlaubung muss zusätzlich vorgetragen werden, ob außerhalb der Hauptverhandlung eine Benachrichtigung des Angeklagten von der Verlängerung der Beurlaubung erfolgt ist und ggf. welchen Inhalt diese Benachrichtigung hatte.[702]

Vorsorglich sollte in allen Fällen, in denen es nicht zu einer Verlängerung der Beurlaubung gekommen ist, mitgeteilt werden, dass auch nicht durch Benachrichtigung außerhalb der Hauptverhandlung eine Verlängerung der Beurlaubung stillschweigend beschlossen worden ist.

493 3. Es ist mitzuteilen, dass in Abwesenheit des Angeklagten ein Verhandlungsteil stattgefunden hat, der nicht zu dem Verhandlungsteil gehörte, für den dem Angeklagten durch den Beschluss gestattet worden war, sich aus der Hauptverhandlung zu entfernen,

oder

es ist mitzuteilen, dass der in Abwesenheit des Angeklagten stattgefundene Verhandlungsteil diesen doch betroffen hat.

Welche Teile der Beweisaufnahme in Abwesenheit des Angeklagten stattgefunden haben, lässt sich – als wesentliche Förmlichkeit der Verhandlung – dem Hauptverhandlungsprotokoll entnehmen. Ob die in Abwesenheit des Angeklagten stattgefundenen Verhandlungsteile diesen betroffen haben, ist ggf. den schriftlichen Urteilsgründen zu entnehmen. Im Übrigen ist die Behauptung, dass ein Verfahrensvorgang den beurlaubten Angeklagten entgegen der ursprünglichen Annahme doch betraf, Gegenstand des Freibeweisverfahrens.[703] Erforderlich ist aber zunächst der Vortrag, dass in Abwesenheit des Angeklagten Umstände verhandelt wurden, die diesen zumindest mittelbar betrafen. Dies ist konkret in allen Einzelheiten darzulegen. Es ist weiterhin vorzutragen, dass der Angeklagte nicht teilweise freigesprochen bzw. das Verfahren nicht teilweise gem. § 154 Abs. 2 StPO eingestellt worden ist. Anderenfalls ist vorzutragen, dass die

---

702 *BGH* StV 1995, 165.
703 *BGHSt* 32, 270 = StV 1984, 185 f.

Abwesenheit des Angeklagten einen konkret zu bezeichnenden Verhandlungsteil betraf, dessentwegen es zu der Verurteilung gekommen ist.[704]

4. Es ist mitzuteilen, dass ein in Abwesenheit des Angeklagten stattgefundener **494** konkreter Verhandlungsteil nicht vollständig in Anwesenheit des Angeklagten wiederholt wurde.

III. Anforderungen an den Vortrag der Rüge der Verletzung des § 261 StPO, weil das Urteil Erkenntnisse aus einem in Abwesenheit des Angeklagten verhandelten Verfahrensteil zu dessen Lasten mitverwertet (§§ 261, 337 StPO)

1. Da es sich um einen relativen Revisionsgrund handelt, ergibt sich aus den Ur- **495** teilsgründen, welche Erkenntnisse das Urteil zu Lasten des Angeklagten mitver- wertet hat, die mutmaßlich aus einem in seiner Abwesenheit verhandelten Ver- fahrensteil stammten.
Es muss dieser Verhandlungsteil konkret bezeichnet und die Abwesenheit des Angeklagten während dieses Verhandlungsteils vorgetragen werden. Ggf. hat eine genaue Klärung im Freibeweisverfahren zu erfolgen, bspw. wenn ein Zeuge zweimal, einmal in Anwesenheit und einmal in Abwesenheit des Angeklagten vernommen wurde.

2. Es muss vorgetragen werden, dass der fragliche Verhandlungsteil nicht in Anwe- **496** senheit des Angeklagten vollständig wiederholt wurde.

Rüge 30

Wurde in einer gegen mehrere Angeklagte durchgeführten Hauptverhandlung das Verfah- **497** ren gegen den Angeklagten (zeitweise) abgetrennt und die Hauptverhandlung in seiner Ab- wesenheit fortgeführt?

I. Rechtsgrundlagen

1. Vorbemerkung

Die vorübergehende Verfahrenstrennung eines gegen mehrere Angeklagte gerichte- **498** ten Verfahrens während der laufenden Hauptverhandlung kann für den Angeklag- ten, dessen Verfahren abgetrennt wurde, in doppelter Hinsicht von Belang sein: Werden nach späterer Wiederverbindung der Verfahren Erkenntnisse aus dem wäh- rend der Verfahrenstrennung verhandelten Verfahrensteil, an dem er nicht beteiligt

---

704 Vgl. zu diesem Erfordernis *BGH* StV 2008, 123 m. Anm. *Ventzke*.

war, im Urteil zu seinen Lasten mitverwertet, wurde das Urteil dann nicht ausschließlich aus dem Inbegriff der Verhandlung gegen ihn gewonnen, was eine Verletzung des § 261 StPO und damit einen relativen Revisionsgrund (§ 337 StPO) darstellt. Erfolgte die Verfahrenstrennung mit dem Ziel, das Anwesenheitsrecht des
Angeklagten gem. § 230 StPO zu umgehen oder gar ihn als Zeugen in der gegen die
bisherigen Mitangeklagten fortgeführten Hauptverhandlung zu vernehmen, liegt
eine Verletzung des § 230 Abs. 1 StPO mit der Folge vor, dass dies einen absoluten
Revisionsgrund gem. § 338 Nr. 5 StPO darstellt. Soll die vorübergehende Trennung
eines gegen mehrere Angeklagte gerichteten Verfahrens zum Gegenstand einer
Verfahrensrüge gemacht werden, muss der Beschwerdeführer deshalb klarstellen,
in welche Richtung seine Beanstandung zielt. Zulässig ist es, beide Verfahrensrügen zu erheben, nämlich sowohl die Verletzung des § 261 StPO als auch die des
§ 230 Abs. 1 StPO.

2. Die möglichen Verfahrensverstöße im Einzelnen

499 **a)** Beanstandet werden kann bereits die Tatsache einer vorübergehenden Verfahrenstrennung. Mit der Einführung des § 231c StPO durch das StVÄG 1979 und der
dadurch geschaffenen Möglichkeit der Beurlaubung eines Angeklagten in einer gegen mehrere Angeklagte gerichteten Hauptverhandlung besteht für eine vorübergehende Trennung des Verfahrens kein Bedürfnis mehr, weshalb die vorübergehende
Verfahrenstrennung eine gesetzlich nicht gedeckte Umgehung des § 231c StPO darstellt, durch die der Angeklagte angesichts der Bedeutung seines Anwesenheitsrechts in Verfahren gegen mehrere Angeklagte in seinem Anspruch auf rechtliches
Gehör verletzt wird.[705] Allein schon die Tatsache der vorübergehenden Verfahrenstrennung stellt eine Verletzung des Anwesenheitsrechts des Angeklagten dar im
Hinblick auf die in seiner Abwesenheit fortgeführte Hauptverhandlung und begründet den absoluten Revisionsgrund des § 338 Nr. 5 StPO. Der BGH hat allerdings erkannt,[706] dass auch eine auf eine Beurlaubung hinauslaufende kurzfristige Abtrennung des Verfahrens nicht rechtsfehlerhaft sei, solange „die Abtrennung nicht der
Umgehung des Antragserfordernisses" des § 231c StPO diene.

500 **b)** Unzulässig ist nach ständiger Rspr. aber auch nach Einführung des § 231c
StPO weiterhin die vorübergehende Verfahrenstrennung dann, „wenn die Verhandlung in Abwesenheit des Angeklagten Vorgänge zum Gegenstand hat, die die gegen
ihn erhobenen Vorwürfe berühren"[707].

Soweit in dem gegen den Angeklagten nach Wiederverbindung ergangenen Urteil
Vorgänge verwertet werden, die nicht zum Inbegriff der in seiner Anwesenheit geführten Hauptverhandlung gehörten, begründet dies einen Verstoß gegen § 261

---

705 Siehe im Einzelnen *Schlothauer* Festgabe für Ludwig Koch, 1989, S. 249 f. m.w.N.;
     a.A. SK-StPO-*Deiters*⁵ § 231c Rn. 3.
706 *BGHSt* 32, 270 = StV 1984, 185.
707 *BGHSt* 24, 257/259; s. auch LR-*J.-P. Becker*²⁶ § 231c Rn. 3.

StPO und führt zur Aufhebung des Urteils, wenn es auf diesem Fehler beruht. Allerdings kann der Fehler durch eine Wiederholung derjenigen Verfahrensteile in Anwesenheit des Angeklagten geheilt werden, deren Ergebnisse zu seinen Lasten im Urteil verwertet werden sollen.

Zusätzlich kann nach Auffassung des BGH in der vorübergehenden Trennung ein Verstoß gegen § 230 Abs. 1 StPO liegen, „wenn von vornherein nur an eine vorübergehende Trennung gedacht war und in der inzwischen fortgesetzten Hauptverhandlung gegen den (oder die) anderen Angeklagten Vorgänge verhandelt werden, die mit den in dem abgetrennten Verfahren erhobenen und zur Verurteilung führenden Vorwürfen zusammenhängen.[708] Der Revisionsgrund des § 338 Nr. 5 StPO liegt bei Fallgestaltungen dieser Art unabhängig davon vor, ob „bestimmte Feststellungen des Urteils (auf in Abwesenheit des Angeklagten stattgefunden) Vorgängen (beruhten) und (diese) deshalb unter Verstoß gegen § 261 StPO zustande gekommen"[709] seien.[710]

II. Anforderungen an den Vortrag

1. Rüge der Verletzung der §§ 261, 337 StPO infolge Verwertung von in Abwesenheit des Angeklagten gewonnenen Erkenntnissen zu seinen Lasten bei der Urteilsfindung

Es muss vorgetragen werden, dass ein gegen mehrere Angeklagte geführtes Verfahren in der Hauptverhandlung vorübergehend getrennt wurde (der betreffende Beschluss ist wörtlich wiederzugeben) und die in Abwesenheit des „abgetrennten" Angeklagten durchgeführte Verhandlung Vorgänge zum Gegenstand hatte, die die gegen ihn erhobenen Vorwürfe berührten. Dabei muss konkret dargelegt werden, welche in Abwesenheit des Angeklagten gewonnenen Erkenntnisse zu seinen Lasten im Urteil verwertet wurden.

501

2. Anforderungen an die Rüge der Verletzung des Anwesenheitsrechts des Angeklagten (§§ 230 Abs. 1, 338 Nr. 5 StPO)

Es muss dargelegt werden, dass von vornherein nur an eine vorübergehende Verfahrenstrennung gedacht war (und damit eine Umgehung des § 231c StPO vorliegt). Dazu müssen der Beschluss und ihm vorausgehende Verfügungen, Anträge und Stellungnahmen (insbesondere der Staatsanwaltschaft) wörtlich mitgeteilt werden. Ferner muss unter Zugrundelegung der Auffassung des BGH dargelegt werden, dass die in Abwesenheit des Angeklagten durchgeführte Verhandlung Vorgänge

502

---

708 *BGHSt* 24, 257; s. auch *BGHSt* 32, 100 = StV 1984, 59; *BGHSt* 32, 270 = StV 1984, 185; *BGHSt* 33, 119 = StV 1985, 180 und *BGHSt* 1986, 465.

709 *BGHSt* 33, 119 = StV 1985, 180.

710 Zur undeutlichen Abgrenzung der Revisionsgründe der §§ 230 Abs. 2, 338 Nr. 5 StPO einerseits und der §§ 261, 337 StPO andererseits s. *Schlothauer* Festgabe für Ludwig Koch, S. 251.

zum Gegenstand hatte, die die gegen ihn erhobenen Vorwürfe berührten. Dies liegt nahe, wenn mehreren Angeklagten dieselbe Tat im prozessualen oder sogar im materiellen Sinn vorgeworfen wird, kann aber auch in Verfahren zum Tragen kommen, die unterschiedliche Vorwürfe zum Gegenstand haben, soweit bspw. der Tatnachweis bzgl. aller Vorwürfe durch denselben Zeugen geführt werden soll und für dessen Glaubwürdigkeit auch seine Aussagen und sein Verhalten im Zeitraum des abgetrennten Verhandlungsteils von Bedeutung sein können.[711] Es ist weiterhin vorzutragen, dass der Angeklagte nicht teilweise freigesprochen bzw. das Verfahren nicht teilweise gem. § 154 Abs. 2 StPO eingestellt worden ist. Anderenfalls ist vorzutragen, dass die Abwesenheit des Angeklagten einen konkret zu bezeichnenden Verhandlungsteil betraf, dessentwegen es zu der Verurteilung gekommen ist.[712]

3. Keine Heilung

503 In beiden Rügekonstellationen muss vorgetragen werden, dass der Verfahrensfehler nicht durch teilweise (Rüge der Verletzung des § 261 StPO) oder vollständige (Rüge der Verletzung des § 230 Abs. 1 StPO) Wiederholung der in Abwesenheit des Angeklagten durchgeführten Verhandlungsteile geheilt worden ist (siehe ergänzend Rn. 464 Ziff. 6).

Rüge 31

504 Ist der Angeklagte für die gesamte Dauer oder zeitweise während der Vernehmung eines Mitangeklagten, Zeugen oder Sachverständigen aus dem Sitzungszimmer entfernt worden?

A. Vorbemerkung

505 Nach § 247 StPO darf das Gericht unter bestimmten Voraussetzungen die Entfernung des Angeklagten aus dem Sitzungssaal anordnen, während ein Mitangeklagter, ein Zeuge oder Sachverständiger vernommen wird. Über den Inhalt dessen, was während seiner Abwesenheit ausgesagt oder sonst verhandelt worden ist, ist er vom Vorsitzenden zu unterrichten, sobald er wieder in den Sitzungssaal zurückgekehrt ist.

---

711 Vgl. hierzu im Einzelnen *Schlothauer* Festgabe für Ludwig Koch, S. 252 ff.
712 Vgl. zu diesem Erfordernis *BGH* StV 2008, 123 (Tz. 12) m. Anm. *Ventzke*.

Als Verfahrensfehler **kommen in Betracht:** **506**

- Das Fehlen eines Gerichtsbeschlusses (Rn. 509),

- die fehlende Begründung des Gerichtsbeschlusses (Rn. 518),

- das Fehlen oder die fehlerhafte Anwendung der gesetzlichen Zulässigkeitsvoraussetzungen für die Entfernung (Rn. 523),

- die Verletzung des rechtlichen Gehörs des Angeklagten vor der seine Entfernung anordnenden Entscheidung (Rn. 533),

- die Verkündung des Entfernungsbeschlusses in Abwesenheit des Angeklagten (Rn. 534),

- die Nichtbeachtung der in dem Entfernungsbeschluss angeordneten Begrenzung der Entfernung des Angeklagten aus dem Sitzungszimmer (Rn. 536),

- die fehlende oder verspätete Unterrichtung des Angeklagten über den wesentlichen Inhalt der während seiner Abwesenheit stattgefundenen Verhandlung (Rn. 552).

Auf in diesem Zusammenhang vorliegende Verfahrensfehler kann sich nur der **507** durch die Entfernung betroffene Angeklagte, nicht aber ein im Sitzungssaal verbliebener Mitangeklagter berufen.[713]

Achtung! Wurde der in Abwesenheit des Angeklagten vernommene Zeuge zu **508** einem späteren Zeitpunkt in der Hauptverhandlung nochmals in Anwesenheit des Angeklagten vernommen, kommt bei den Verfahrensfehlern Rn. 509, 518, 523, 533 und 534 die Möglichkeit in Betracht, dass der Verfahrensfehler **geheilt** wurde.[714] In einem solchen Fall muss der Beschwerdeführer vortragen, was Gegenstand der Vernehmung in Abwesenheit des Angeklagten war und ob es bei der Vernehmung in Anwesenheit des Angeklagten um andere Sachverhalte und Fragen ging.

B. Einzelne Fehlermöglichkeiten und Anforderungen an den Revisionsvortrag

I. Liegt der Entfernung ein Gerichtsbeschluss zugrunde?

1. Rechtsgrundlagen

Die Anordnung der Entfernung des Angeklagten aus dem Sitzungssaal erfordert im **509** Hinblick auf die Bedeutung der Anwesenheitspflicht bzw. des – deshalb auch unverzichtbaren (vgl. aber Rn. 515) – Anwesenheitsrechts des Angeklagten einen Gerichtsbeschluss. Eine Verfügung des Vorsitzenden genügt nicht.[715] Der Beanstan-

---

713 LR-*J.-P. Becker*[26] § 247 Rn. 59 m.w.N. In Betracht käme allenfalls eine Aufklärungsrüge, wenn durch die verfahrensfehlerhafte Entfernung eines Angeklagten eine persönliche Konfrontation mit einem Zeugen unterblieben ist und diese zu einer zusätzlichen Aufklärung hätte führen können.
714 *BGH* StV 2004, 305/306.
715 Vgl. *BGHR* StPO § 247 Ausschließungsgrund 1 und LR-*J.-P. Becker*[26] § 247 Rn. 28 m. N. der Rspr.

dung einer solchen Verfügung und der Herbeiführung eines Gerichtsbeschlusses gem. § 238 Abs. 2 StPO bedarf es deshalb nicht.[716] Eine Ausnahme gilt für Verfahren gegen Jugendliche, bei denen nach § 51 Abs. 1 JGG eine Ausschließung unter den dort genannten Voraussetzungen auch durch den Vorsitzenden angeordnet werden kann.[717]

510 Die Entfernung des Angeklagten aus dem Sitzungszimmer ohne Gerichtsbeschluss verletzt §§ 230, 247 StPO[718] und begründet den absoluten Revisionsgrund des § 338 Nr. 5 StPO. Auch im Rahmen eines absoluten Revisionsgrundes i.S.d. § 338 Nr. 5 StPO führt nach Auffassung der Rspr. ein Verfahrensfehler aber dann nicht zur Aufhebung des Urteils, wenn ein Einfluss des Verfahrensfehlers auf das gesamte Urteil „denkgesetzlich ausgeschlossen" sei.[719]

2. Anforderungen an den Vortrag der Rüge der Verletzung der §§ 230, 247 StPO (ggf. § 51 Abs. 1 JGG) wegen fehlenden Gerichtsbeschlusses[720]

511 **a)** Der Angeklagte hat sich aus dem Sitzungssaal nicht eigenmächtig entfernt, sondern er ist einer entspr. Anordnung des Vorsitzenden oder Bitte des Vorsitzenden bzw. des Gerichts gefolgt. Es erfolgte zu dieser Verfahrensweise keine ausdrückliche Einverständniserklärung des Angeklagten bzw. seines Verteidigers (s. hierzu noch Rn. 515).

512 **b)** Ein die Entfernung des Angeklagten anordnender Gerichtsbeschluss wurde nicht gefasst.

Bei Verfahren gegen jugendliche Angeklagte: Der Vorsitzende hat seine Anordnung der Ausschließung des Angeklagten nicht auf § 51 Abs. 1 JGG gestützt.

513 **c)** In Abwesenheit des Angeklagten fand ein wesentlicher Teil der Hauptverhandlung (allgemein hierzu Rn. 424) statt. Dies erfordert einen **vollständigen** Sachvortrag zu den in Abwesenheit des Angeklagten stattgefundenen Verfahrensvorgängen;[721]

---

716 *OLG Hamm* StV 2010, 65 = StraFo 2009, 287.

717 *BGH* StV 2002, 402 = NStZ 2002, 216 m. Anm. *Eisenberg* 331. Dieser Gesichtspunkt ist beim Rügevortrag zu berücksichtigen.

718 Bei der Ausschließung eines Jugendlichen ohne förmliche Anordnung des Vorsitzenden ist § 51 Abs. 1 JGG verletzt.

719 *BGH* StV 1996, 133; NStZ 1993, 30 (*Kusch*); NStZ 1986, 564; StV 2000, 238.

720 Der *BGH* fordert, dass die Angriffsrichtung der Rüge in der Revisionsbegründung deutlich gemacht und §§ 230, 247 StPO als verletzte Vorschriften bezeichnet werden: *BGH* (4. StS) StV 2000, 241.

721 Es ist weiterhin vorzutragen, dass der Angeklagte nicht teilweise freigesprochen bzw. das Verfahren nicht teilweise gem. § 154 Abs. 2 StPO eingestellt worden ist. Anderenfalls ist vorzutragen, dass die Abwesenheit des Angeklagten einen konkret zu bezeichnenden Verhandlungsteil betraf, dessentwegen es zu der Verurteilung gekommen ist (vgl. zu diesem Erfordernis *BGH* StV 2008, 123 m. Anm. *Ventzke*).

denn:

- die Verlesung von Vernehmungsniederschriften, Urkunden und anderen als Beweismittel dienenden Schriftstücken gem. § 251 Abs. 3 StPO ist nach Auffassung des BGH kein wesentlicher Teil der Hauptverhandlung, weshalb bei Verlesung von Vernehmungsniederschriften etc. vorzutragen ist, dass diese zum Zwecke der Urteilsfindung erfolgte;
- die informatorische Befragung von Zeugen ist nach Auffassung des BGH[722] ebenfalls kein wesentlicher Teil der Hauptverhandlung, weshalb vorzutragen ist, dass in der Hauptverhandlung vernommene Zeugen und Sachverständige nicht nur informatorisch, sondern im Rahmen der Beweisaufnahme zur Person und zur Sache gehört und befragt wurden.
- Ferner sollen die Stellung eines Ablehnungsantrags wegen Besorgnis der Befangenheit von Richtern, Schöffen, Urkundsbeamten der Geschäftsstelle, Dolmetschern und Sachverständigen für den abwesenden Angeklagten durch seinen Verteidiger, die Abgabe und Entgegennahme von Stellungnahmen der Verfahrensbeteiligten und die Verhandlung darüber ebensowenig ein wesentlicher Teil der Hauptverhandlung darstellen[723] wie die Erörterung der Frage, ob sich ein Zeuge auf sein Zeugnisverweigerungsrecht beruft.[724]

d) Der in Abwesenheit des Angeklagten durchgeführte Teil der Hauptverhandlung wurde nicht vollständig in Anwesenheit des Angeklagten wiederholt (siehe dazu unten Rn. 538). **514**

Achtung! Hat der Angeklagte den Sitzungssaal einverständlich verlassen, ist dies von der Rspr. des BGH im Hinblick auf die Unverzichtbarkeit des – mit seiner Anwesenheitspflicht korrespondierenden – Anwesenheitsrechts des Angeklagten wiederholt für unerheblich erachtet worden.[725] Ein Gerichtsbeschluss werde dadurch nicht entbehrlich. **515**

Allerdings haben der 3. und der 5. Strafsenat des BGH[726] für eine derartige Verfahrenssituation **erwogen**, die Rüge der Verletzung des § 247 StPO könne **missbräuchlich** sein[727] bzw. der Grundsatz der Unverzichtbarkeit des Anwesenheits-

---

722 *BGHR* StPO § 247 – Abwesenheit 17 und *BGH* (3. StS), StV 2002, 8.
723 Vgl. *BGHR* StPO § 338 Nr. 6 Öffentlichkeit 2.
724 *BGH* 5 StR 268/00 vom 30.8.2000 = *BGHR* StPO § 247 – Abwesenheit 22 = StV 2002, 8 – möglicherweise nur für die dort maßgebliche besondere Verfahrenssituation.
725 *BGH* StV 1993, 285; *BGHR* StPO § 247 – Ausschließungsgrund 1 (3. StS); *BGHR* StPO § 338 Nr. 5 Angeklagter 10 und 18; ebenso *OLG Hamm* StV 2010, 65 = StraFo 2009, 287; *BGH* v. 5.11.2014 – 4 StR 385/14 = StraFo 2015, 22.
726 *BGHR* StPO § 247 – Ausschließungsgrund 1 (3. StS); *BGHR* StPO § 247 – Abwesenheit 22 (5. StS).
727 Zuletzt unter Hinweis auf *BGHR* StPO § 344 Abs. 2 S. 2 Missbrauch 1 = StV 2001, 101 m. **abl.** Anm. *Ventzke*. Demgegenüber weder Rügeverwirkung noch konkludenter Rügeverzicht bei freiwilligem Verlassen des Sitzungszimmers: *OLG Hamm* StV 2010, 65 = StraFo 2009, 287.

rechts des Angeklagten **gelte** dann **nicht**, wenn die Voraussetzungen für eine Abwesenheitsverhandlung zweifelsfrei vorlägen. Dieser Auffassung des 5. und 3. Strafsenats sollte – auch wenn sie von den Verfassern abgelehnt wird – im Rahmen des Vortrags gegebenenfalls Rechnung getragen werden:

Hat sich der Angeklagte mit seiner Entfernung ausdrücklich einverstanden erklärt oder beruht sie auf einer Anregung oder einem Antrag des Angeklagten selbst, sollte gegebenenfalls **zusätzlich** vorgetragen werden,

516 e) dass die Anregung bzw. das Einverständnis vorsorglich für den Fall der Annahme der Voraussetzungen für eine Entfernung des Angeklagten durch das Gericht im Hinblick darauf erfolgt sind, die Hauptverhandlungsatmosphäre nicht durch eine Verfahrenskontroverse zu belasten, also das Einverständnis nicht dahin ging, eine Prüfung und Entscheidung des Gerichts entbehrlich zu machen, insbesondere wenn

517 f) die Voraussetzungen für eine Abwesenheitsverhandlung nicht zweifelsfrei vorlagen.[728]

II. Ist der Beschluss mit Gründen versehen?

1. Rechtsgrundlagen

518 Der die Entfernung des Angeklagten anordnende Gerichtsbeschluss ist nach § 34 StPO mit Gründen zu versehen, weil nur dadurch dem Revisionsgericht die Prüfung möglich ist, ob das Gericht von zulässigen Erwägungen ausgegangen ist. Nach Auffassung der Rspr. ist nicht nur bei der fehlenden Begründung des Beschlusses der absolute Revisionsgrund des § 338 Nr. 5 StPO gegeben,[729] sondern auch bei einer unvollständigen oder unzureichenden Begründung bei der zweifelhaft bleibt, ob das Gericht von zulässigen rechtlichen Erwägungen ausgegangen ist.[730]

519 Insbesondere muss sich aus der Begründung ergeben, welche Variante des § 247 StPO das Gericht für gegeben hält, wenn mehrere Gründe für eine Entfernung in Betracht kommen[731] und welche konkreten Anhaltspunkte für die Entscheidung maßgeblich waren.[732] Eine nähere Begründung ist auch nicht deshalb entbehrlich, weil sämtliche Beteiligten mit der Anordnung einverstanden waren bzw. diese sogar auf Anregung des Beschwerdeführers hin erfolgte.[733] Eine Begründung, die sich in der Wiedergabe des Gesetzeswortlauts erschöpft, ist nicht ausreichend.[734] Eine nä-

---

728 Zu diesen Voraussetzungen s. Rn. 523.
729 *BGH* StV 2003, 373 (2. StS).
730 *BGHSt* 22, 18/20; *BGH* (3. StS), StV 2002, 8 m.w.N.
731 *OLG Koblenz* GA 1981, 475.
732 *BGH* StV 2004, 305; *OLG Hamm* NStZ 2005, 467 = StV 2005, 8.
733 *BGH* (3. StS), StV 2002, 8 m.w.N.
734 *BGH* (5. StS), StV 2000, 120.

here Begründung soll nur dann entbehrlich sein, wenn die Voraussetzungen für eine Abwesenheitsverhandlung „zweifelsfrei" bzw. „evident" vorlagen.[735]

Handelt es sich um ein Verfahren gegen Jugendliche, ist zusätzlich von Bedeutung, ob die Entscheidung auf § 247 StPO oder auf § 51 Abs. 1 JGG Bezug nimmt. **520**

2. Anforderungen an den Vortrag der Verletzung der §§ 230, 247 StPO wegen fehlender bzw. unvollständiger Beschlussbegründung

a) Der Angeklagte wurde aus dem Sitzungssaal aufgrund eines Gerichtsbeschlusses gem. § 247 StPO entfernt. Ist in der Entscheidung keine Rechtsgrundlage vermerkt, ist vorzutragen, dass sich das Verfahren nicht gegen Jugendliche richtete, anderenfalls § 51 Abs. 1 JGG im konkreten Fall als Rechtsgrundlage ausschied.[736] **521**

b) Der Gerichtsbeschluss ist vollständig wörtlich wiederzugeben unabhängig davon, ob er ohne oder nach Auffassung des Beschwerdeführers nur mit unvollständigen Gründen ergangen ist.

c) In Abwesenheit des Angeklagten wurde ein wesentlicher Teil der Hauptverhandlung durchgeführt (s. oben Rn. 424).

d) Der in Abwesenheit des Angeklagten durchgeführte Teil der Hauptverhandlung wurde nicht vollständig in Anwesenheit des Angeklagten wiederholt.

e) Achtung! Nach Auffassung des 3. Strafsenats des BGH soll die Rüge der fehlenden bzw. unvollständigen Begründung des die Entfernung des Angeklagten anordnenden Beschlusses wegen arglistigen (rechtsmissbräuchlichen) Verhaltens unzulässig sein, wenn zureichende Anhaltspunkte für ein gezielt auf die – vorsorgliche – Schaffung eines Revisionsgrundes gerichtetes Verhalten vorliegen.[737] Derartige Anhaltspunkte sollen sich allerdings noch nicht aus der Tatsache ergeben, dass die beanstandete Entfernung des Angeklagten seiner eigenen Anregung oder einem Antrag seines Verteidigers entsprach.[738] Es empfiehlt sich deshalb, ggf. in einem solchen Fall ergänzend vorzutragen: **522**

Entspricht die Entfernung des Angeklagten aus der Hauptverhandlung seiner Anregung oder gar seinem Antrag oder hat er sich mit seiner Entfernung einverstanden erklärt, ist dies in der Revisionsbegründung mitzuteilen. Dabei ist gegebenenfalls ergänzend darzulegen, dass dies nicht gezielt auf die – vorsorgliche – Schaffung eines Revisionsgrundes erfolgte, sondern bspw. aus Rücksichtnahme auf den zu vernehmenden Zeugen oder Mitangeklagten oder um zu demonstrieren, dass der Angeklagte bewusst auf ein konfrontatives Prozessverhalten verzichte.

---

735 *BGH* (3. StS), StV 1987, 5, StV 2000, 120 (5. StS) mit Beispielen; *BGHR* StPO § 247 Abwesenheit 22 (5. StS) m.w.N.; KK-*Diemer*[7] § 247 Rn. 16b.
736 *BGH* (4. StS), NStZ 2002, 216.
737 *BGHR* StPO § 247 Ausschließungsgrund 1 (3. StS); *BGH* (3. StS), StV 2002, 8.
738 *BGHR* StPO § 247 Ausschließungsgrund 1 (3. StS); *BGH* (3. StS), StV 2002, 8; *BGH* (4. StS), NStZ 1991, 296; ebenso *OLG Hamm* StV 2010, 65 = StraFo 2009, 287.

III. Liegen der Anordnung die gesetzlichen Zulässigkeitsvoraussetzungen für eine Entfernung des Angeklagten aus dem Sitzungszimmer zugrunde?

1. Rechtsgrundlagen

523 Ob die sachlichen Voraussetzungen der Entfernung des Angeklagten zu Recht bejaht wurden, kann im Revisionsverfahren nur daraufhin überprüft werden, ob das Gericht von rechtlich zutreffenden Annahmen ausgegangen ist; eine Überprüfung der Tatsachengrundlage für die Anordnung ist dem Revisionsgericht versagt. Fehlen die sachlichen Voraussetzungen oder sind diese zumindest zweifelhaft,[739] begründet die Verhandlung in Abwesenheit des Angeklagten den absoluten Revisionsgrund des § 338 Nr. 5 StPO.

a) Gefahr einer nicht wahrheitsgemäßen Aussage eines Mitangeklagten oder Zeugen

524 Beruht die Anordnung auf der Befürchtung, ein Mitangeklagter oder ein Zeuge werde bei seiner Vernehmung in Gegenwart des Angeklagten die Wahrheit nicht sagen (§ 247 S. 1 StPO)?

Der Entfernungsgrund des § 247 S. 1 StPO ist auf die Fälle beschränkt, dass das Gericht die Befürchtung hat, ein Mitangeklagter oder ein Zeuge werde mit der Wahrheit zurückhalten. Andere Zwecke rechtfertigen die Entfernung nach dieser Alternative nicht.[740]

525 Die Befürchtung des Gerichts, ein Mitangeklagter oder Zeuge werde in Anwesenheit des Angeklagten nicht die Wahrheit sagen, muss sich auf konkrete, im vorliegenden Einzelfall begründete Tatsachen stützen und nicht etwa nur auf allgemeine Erwägungen;[741] allein die bloße „Möglichkeit, dass durch die Gegenwart des Angeklagten (ein Mitangeklagter oder) ein Zeuge in seiner Aussage beeinträchtigt wird", rechtfertigt die Entfernung nicht.[742] Deshalb reicht weder der bloße Wunsch eines Zeugen, in Abwesenheit des Angeklagten aussagen zu dürfen,[743] noch der Umstand, dass sich ein Mitangeklagter oder ein Zeuge nach Einschätzung des Gerichts oder der Verfahrensbeteiligten in Abwesenheit des Angeklagten „unbefangener" fühlen könnte.[744] Mangels tatsächlicher Anhaltspunkte für die von § 247 S. 1 StPO vorausgesetzte Befürchtung wäre die Anordnung der Entfernung des Angeklagten in

---

739 *OLG Hamm* StV 2005, 8 = NStZ 2005, 467.

740 *OLG Oldenburg* StV 2011, 219 = StraFo 2010, 115 für den Fall, dass laut einer ärztlichen Bescheinigung eine Begegnung einer psychisch alterierten und traumatisierten Zeugin mit dem Angeklagten vermieden werden sollte.

741 *BGH* v. 24.6.2014 – 3 StR 194/14 = StV 2014, 716 = NStZ 2015, 103.

742 *OLG Düsseldorf* StV 1989, 472.

743 *BGH* (5. StS), StV 2000, 120; *BGH* v. 4.8.2009 – 4 StR 171/09 = NStZ 2010, 53; *BGH* v. 24.6.2014 – 3 StR 194/14 = StV 2014, 716 = NStZ 2015, 103.

744 *BGH* (3. StS), StV 2002, 8.

einem solchen Fall rechtsfehlerhaft. An eine durch Tatsachen substantiierte Begründung sind aber umso weniger Anforderungen zu stellen, je stärker sich unmittelbar aus dem Anklagegegenstand sowie aus der Person von Zeugen und Angeklagten und ihrer Beziehung zueinander ohne weiteres eine massive Furcht des Mitangeklagten oder Zeugen vor dem auszuschließenden Angeklagten aufdrängt, die geeignet erscheint, den Mitangeklagten oder Zeugen von wahren, insbesondere vollständigen Angaben in Gegenwart des Angeklagten abzuhalten.[745]

Die Voraussetzungen des § 247 S. 1 StPO für einen Ausschluss des Angeklagten **526** sind auch dann gegeben, wenn ein Mitangeklagter erklärt, im Falle der Anwesenheit des Angeklagten von seinem Schweigerecht gem. § 243 Abs. 4 S. 1 StPO Gebrauch zu machen[746] oder wenn ein zur Verweigerung des Zeugnisses oder der Auskunft berechtigter Zeuge erklärt, unter dem Druck der Anwesenheit des Angeklagten von diesem Recht Gebrauch zu machen, falls er in Gegenwart des Angeklagten vernommen werde.[747] Allein der Umstand, dass bei einem unter Vormundschaft oder Betreuung stehenden Zeugen, dem kein Zeugnisverweigerungsrecht zusteht, der Vormund oder Betreuer der Vernehmung des Betreuten widerspricht, rechtfertigt für sich die Entfernung des Angeklagten nicht.[748] Der Inanspruchnahme eines Zeugnisverweigerungsrechts steht die berechtigte Ausübung eines Auskunftsverweigerungsrechts gem. § 55 Abs. 1 StPO gleich.

Der BGH hält die Entfernung des Angeklagten gem. § 247 S. 1 StPO auch dann für **527** zulässig, wenn ein Zeuge die für seine Vernehmung erforderliche Aussagegenehmigung nach § 54 StPO nur unter der Voraussetzung der Entfernung des Angeklagten erhält bzw. nur unter dieser Voraussetzung eine zulässige Sperrerklärung nach § 96 StPO überwunden werden kann.[749] Allerdings müssen für diese Einschränkungen sachlich einsichtige Gründe vorliegen. Die Möglichkeit einer audiovisuellen Vernehmung gem. § 247a StPO soll der Zulässigkeit der Entfernung des Angeklagten nicht entgegenstehen.[750]

b) Vernehmung einer Person unter 16 Jahren als Zeuge (§ 247 S. 2, 1. Alt. StPO)

Auch wenn keine Befürchtung besteht, dass ein Zeuge in Anwesenheit des Ange- **528** klagten mit der Wahrheit zurückhalten könnte, kann bei noch nicht 16 Jahre alten Zeugen dann die Entfernung des Angeklagten angeordnet werden, wenn ein erhebli-

---

745 *BGH* (5. StS), StV 2000, 120 am Beispiel des psychisch schwer geschädigten Opfers von Sexualverbrechen.
746 *BGH* (1. StS), StV 2001, 214.
747 *BGHSt* 22, 18/21; *BGH* (1. StS), StV 2002, 9; *BGH* (4. StS), StV 2002, 10 m.w.N.; *BGH* v. 4.8.2009 – 4 StR 171/09 = NStZ 2010, 53.
748 *BGHSt* 46, 142 = StV 2002, 9 (1. StS).
749 *BGHSt* 32, 32 = StV 1983, 356 (1. StS); *BGHSt* 32, 115/125; *BGHSt* 42, 175.
750 *BGH* (4. StS), StV 2002, 10. Zum Verhältnis der §§ 247, 247a StPO zueinander ausführlich *Meyer-Goßner/Schmitt*[60] § 247a Rn. 4.

cher Nachteil für das Wohl des kindlichen oder jugendlichen Zeugen zu befürchten ist. Dies sind vornehmlich psychische Folgen einer Vernehmung in Gegenwart des Angeklagten, die aber erheblich sein, also über die Dauer der Vernehmung hinausgehen müssen.[751] Ob das Kind den Ausschluss wünscht oder nicht, ist unbeachtlich.[752] Es stellt insbesondere einen Rechtsfehler dar, wenn die Entfernung des Angeklagten auf § 247 S. 2, 1. Alt. StPO gestützt wird, obwohl der zu vernehmende Zeuge bereits 16 oder mehr Jahre alt ist.[753]

c) Dringende Gefahr eines schwerwiegenden Nachteils für die Gesundheit eines Zeugen (§ 247 S. 2, 2. Alt. StPO)

529 Auch bei erwachsenen Zeugen kann die dringende Gefahr schwerer gesundheitlicher Nachteile körperlicher oder seelischer Art bei Vernehmung in Anwesenheit des Angeklagten dessen Entfernung rechtfertigen. Dem wird vom BGH der Fall gleichgestellt, dass ein dem Angeklagten vom Aussehen her unbekannter V-Mann in Leibes oder Lebensgefahr geraten könnte, wenn er von dem Angeklagten später wiedererkannt werden würde.[754] Allein der Vorwurf eines Sexualdelikts kann aber das Vorliegen einer „dringenden" Gefahr eines „schwerwiegenden" Nachteils für die Gesundheit des verletzten Zeugen bspw. dann nicht begründen, wenn die vorgeworfene Tat kein sehr großes Gewicht hatte und schon längere Zeit zurücklag.[755]

d) Entfernung des Angeklagten bei Erörterungen über seinen Zustand und seine Behandlungsaussichten (§ 247 S. 3 StPO)

530 Auch in diesem Fall ist die Entfernung des Angeklagten nur gerechtfertigt, wenn ein erheblicher Nachteil für seine Gesundheit im Falle seiner Anwesenheit zu befürchten wäre. Der bloße Wunsch des Angeklagten, das Gutachten eines Sachverständigen über seinen Zustand nicht mit anhören zu müssen, rechtfertigt seine Entfernung nicht.[756]

e) Ausschluss eines jugendlichen Angeklagten (§ 51 Abs. 1 JGG)

531 Bei einer Hauptverhandlung gegen einen jugendlichen Angeklagten kann dieser nach § 51 Abs. 1 JGG ausgeschlossen werden, wenn aus Erörterungen Nachteile für die Erziehung entstehen können.

---

751 Vgl. bspw. *BGH* (3. StS), NStZ 1987, 84.
752 *BGH* NJW 2006, 1008, 1009.
753 *BGH* StV 2000, 120 = NStZ-RR 1998, 51 (3. StS).
754 *BGHSt* 32, 125; *BGH* NJW 1985, 1478.
755 *BGH* (1. StS), StV 2002, 9.
756 *BGH* StV 1993, 285.

2. Anforderungen an den Vortrag der Rüge der Verletzung der §§ 230, 247 StPO

a) Es gelten zunächst dieselben Rügeanforderungen wie bei der Rüge der Verlet- **532** zung der §§ 230, 247 StPO wegen fehlender/unvollständiger Beschlussbegründung (s. oben Rn. 521).

b) Darüber hinaus sind alle diejenigen Umstände vorzutragen, die für die Frage, ob die sachlichen Voraussetzungen für eine Entfernung des Angeklagten vorlagen, erheblich sein könnten. Dazu gehört bspw. die Angabe, ob es einem Zeugen zu Beginn seiner Vernehmung gem. § 68 Abs. 2 S. 2 StPO gestattet war, nur eingeschränkte Angaben zur Person zu machen oder nicht.[757] Ist von dem Zeugen zur Unterstützung des von ihm geäußerten Begehrens, den Angeklagten aus dem Sitzungssaal zu entfernen, auf ein ärztliches Attest Bezug genommen worden, ist dieses vollständig im Wortlaut mitzuteilen.[758] Bezieht sich der Beschluss auf einen Antrag des Zeugen, den Angeklagten während seiner Vernehmung aus dem Sitzungssaal zu entfernen, ist auch dessen Inhalt im Wortlaut mitzuteilen.[759] Im Hinblick auf die weiter als § 247 StPO reichende Ausschlussmöglichkeit nach § 51 Abs. 1 JGG ist mitzuteilen, dass sich das Verfahren nicht gegen Jugendliche richtete.[760]

IV. Wurde der Angeklagte vor Anordnung seiner Entfernung hierzu gehört?

Die Nichtgewährung rechtlichen Gehörs vor Anordnung der Entfernung des Ange- **533** klagten aus dem Sitzungszimmer verletzt § 33 Abs. 1 StPO. Es ist strittig, ob der Angeklagte den Verstoß gegen die Anhörungspflicht sofort beanstanden muss und in der stillschweigenden Hinnahme der Anordnung seiner Entfernung eine Billigung dieser Entscheidung mit der Folge gesehen wird, dass seine Anhörung zu keinem anderen Ergebnis geführt hätte.[761] Auf jeden Fall handelt es sich um einen relativen Revisionsgrund i.S.d. § 337 i.V.m. § 33 StPO.[762] Beanstandet der Angeklagte aber seine Nichtanhörung, dürfte es in aller Regel zu einer Heilung des Fehlers der zuvor unterbliebenen Anhörung kommen, da er nunmehr die Möglichkeit hat, sich zu seiner beabsichtigten Entfernung aus der Hauptverhandlung zu äußern.

757　Vgl. *BGH* StV 2004, 305.

758　*BGH* v. 13.8.2003 – 5 StR 286/03 S. 4 f.

759　*BGH* v. 2.4.2015 – 3 StR 23/15 Tz. 4; *BGH* v. 11.1.2017 – 5 StR 544/16.

760　*BGH* StV 2002, 402 = NStZ 2002, 216.

761　So *Meyer-Goßner/Schmitt*[60] § 33 Rn. 19; **a.A.** SK-StPO-*Weßlau*[4] § 33 Rn. 29.

762　LR-*J.-P. Becker*[26] § 247 Rn. 57.

V. Wurde der die Entfernung des Angeklagten anordnende Beschluss in Abwesenheit des Angeklagten verkündet?

1. Rechtsgrundlagen

534 Der die Entfernung des Angeklagten anordnende Beschluss ist einschließlich seiner Begründung in Anwesenheit des Angeklagten durch Verkündung in der Hauptverhandlung bekanntzumachen (§ 35 Abs. 1 StPO). Wird der Beschluss in Abwesenheit des Angeklagten verkündet, stellt dieser Verfahrensfehler einen absoluten Revisionsgrund (§ 338 Nr. 5 StPO) dar.[763]

2. Anforderungen an Vortrag der Rüge der Verletzung der §§ 230, 247, 35 Abs. 1 StPO wegen Verkündung des die Entfernung anordnenden Beschlusses in Abwesenheit des Angeklagten

535 • Der Angeklagte wurde aus dem Sitzungssaal entfernt.

• Der dieser Maßnahme zugrunde liegende Gerichtsbeschluss wurde in Abwesenheit des Angeklagten verkündet. Der Beschluss muss wörtlich mitgeteilt werden.

• In Abwesenheit des Angeklagten wurde ein wesentlicher Teil der Hauptverhandlung durchgeführt (s. oben Rn. 424).

• Der in Abwesenheit des Angeklagten durchgeführte Teil der Hauptverhandlung wurde nicht nach – in Anwesenheit des Angeklagten erneuter – Verkündung des Ausschließungsbeschlusses wiederholt.

VI. Verblieb die in Abwesenheit des Angeklagten durchgeführte Beweisaufnahme in den Grenzen des seine Entfernung anordnenden Beschlusses?

1. Rechtsgrundlagen (betr. anderweitige Beweiserhebung)

536 Während der Abwesenheit des Angeklagten ist die Hauptverhandlung streng auf den Verfahrensteil zu begrenzen, für den die Entfernung des Angeklagten angeordnet wurde.[764] Aus dem Beschluss muss deshalb hervorgehen, für welchen Teil der Hauptverhandlung sich der Angeklagte zu entfernen hat.[765] Wird während der in Abwesenheit des Angeklagten angeordneten Zeugenvernehmung noch ein weiterer Zeuge, Mitangeklagter oder Sachverständiger vernommen, auf den sich der Beschluss nach § 247 StPO nicht erstreckte, so ist der absolute Revisionsgrund nach

---

763   *BGH* StV 2000, 120 = NStZ-RR 1998, 51 (3. StS); *SchlHOLG* StV 2011, 351; *BGH* v. 5.11.2014 – 4 StR 385/14 = StV 2016, 777 = StraFo 2015, 22.

764   Zum Umfang des Ausschlusses jugendlicher Angeklagter nach § 51 Abs. 1 JGG s. *BGH* StV 2002, 402 = NStZ 2002, 216.

765   *Meyer-Goßner/Schmitt*[60] § 247 Rn. 14.

§ 338 Nr. 5 StPO gegeben.[766] Auch andere Beweiserhebungen, auf die sich die Ausschließungsanordnung nicht bezieht, dürfen nicht vorgenommen werden.[767] Dies gilt bspw. für eine förmliche Augenscheinseinnahme[768] von Lichtbildern oder anderen Augenscheinsgegenständen, die dem vernommenen Zeugen, Mitangeklagten oder Sachverständigen also nicht lediglich vorgehalten werden.[769] Anders verhält es sich nur, wenn die Augenscheinseinnahme am Körper des zu vernehmenden Zeugen (oder Mitangeklagten) erfolgt und mit dessen Aussage in unmittelbarem Zusammenhang steht.[770]

Ebenfalls werden die Vorschriften über die Anwesenheit des Angeklagten während **537** der Hauptverhandlung verletzt, wenn die Verlesung einer Urkunde, einer Vernehmungsniederschrift (§§ 251 Abs. 1 oder 2, 253, 254 oder 249 StPO) oder von Behörden und Ärzteerklärungen (§ 256 StPO) erfolgt ist und dies dem Urkundenbeweis und nicht nur als Vorhalt diente.[771] Erfolgte die Verlesung gem. § 251 Abs. 3 StPO, begründet dies die Revision nicht.

Achtung! Ein Verfahrensfehler kann dadurch geheilt worden sein, dass die unzuläs- **538** sigerweise in Abwesenheit des Angeklagten stattgefundene Beweiserhebung in Anwesenheit des Angeklagten prozessordnungsgemäß[772] wiederholt wurde. Dies müsste als wesentliche Förmlichkeit im Hauptverhandlungsprotokoll vermerkt sein. Ist dies nicht der Fall, muss dies als sog. Negativtatsache vorgetragen werden. Eine andersartige Beweiserhebung zum selben Beweisthema reicht für eine Heilung nicht.[773]

---

766 *OLG Koblenz* wistra 1987, 358 für den Fall der Vernehmung eines in dem Entfernungsbeschluss nicht angeführten Zeugen; ferner *BGH* (5. StS), StV 1993, 343 Vernehmung eines Polizeibeamten zur Identität eines ebenfalls in Abwesenheit vernommenen V-Mannes.

767 Die Statthaftigkeit einer entspr. Verfahrensrüge hängt nicht davon ab, dass der Verteidiger die Anordnung der Beweisaufnahme in fortdauernder Abwesenheit des Angeklagten gem. § 238 Abs. 2 StPO beanstandet hat: *BGH* v. 10.3.2009 – 5 StR 530/08 = StV 2009, 227.

768 *BGH* v. 19.11.2013 – 2 StR 379/13 ,Tz. 5; *BGH* v. 14.1.2014 – 4 StR 529/13 = StV 2015, 86 = NStZ 2014, 223 = StraFo 2014, 119. An der Unzulässigkeit ändert sich nichts dadurch, dass die Augenscheinseinnahme eng mit der Vernehmung des Zeugen verbunden ist: *BGH* v. 5.10.2010 – 1 StR 264/10 = StV 2011, 518 = NStZ 2011, 51 = StraFo 2011, 51.

769 *BGH* (3. StS), StV 2002, 8; *BGH* (2. StS), StV 2000, 238; StV 1989, 192 (1. StS); StV 1981, 57 (5. StS) m. Anm. *Strate*.

770 *BGH* StV 2008, 230.

771 *BGH* (5. StS), StV 1984, 102.

772 Vgl. *BGH* StV 1981, 57 und *BGHR* StPO § 247 Abwesenheit 5 (5. StS) einerseits, *BGH* (2. StS), NJW 1988, 429/430 andererseits.

773 *BGH* StV 2002, 408.

2. Anforderungen an den Vortrag der Rüge der Verletzung der §§ 230, 247 StPO wegen nicht von dem Entfernungsbeschluss gedeckter Beweiserhebungen in Abwesenheit des Angeklagten

539   **a)**   Der Angeklagte wurde aus dem Sitzungssaal aufgrund eines Gerichtsbeschlusses gem. § 247 StPO entfernt.

540   **b)**   Der Gerichtsbeschluss hatte folgenden Wortlaut:

Der Gerichtsbeschluss ist vollständig wörtlich wiederzugeben.

541   **c)**   In Abwesenheit des Angeklagten wurde ein Teil der Beweisaufnahme durchgeführt, der durch den Entfernungsbeschluss nicht gedeckt ist.

Form und Inhalt der durchgeführten Beweisaufnahme sind im Einzelnen darzulegen. Dabei ist im Falle einer Augenscheinseinnahme oder der Verlesung einer Urkunde etc. darauf hinzuweisen, dass die betreffenden Augenscheinsobjekte bzw. Urkunden als Beweismittel und nicht nur als (nicht protokollierungspflichtige) Vernehmungsbehelfe gedient haben.[774] Verlesene Schriftstücke sind wörtlich mitzuteilen, Augenscheinsobjekte sind so genau zu beschreiben, dass ihre Bedeutung als wesentlicher Teil der Hauptverhandlung zu erkennen ist.[775]

542   **d)**   Der in Abwesenheit des Angeklagten durchgeführte Teil der Hauptverhandlung wurde nicht vollständig in Anwesenheit des Angeklagten wiederholt.

Dafür reichte es nach früherer Rspr. im Falle einer Augenscheinseinnahme nicht aus, dass allein der Angeklagte nach seinem Wiedereintritt in den Sitzungssaal die Augenscheinsobjekte in Augenschein genommen hat bzw. ihm hierzu Gelegenheit gegeben wurde;[776] vielmehr muss die Augenscheinseinnahme in Anwesenheit des Angeklagten fehlerfrei unter Beteiligung aller Verfahrensbeteiligten (allerdings ohne den betreffenden Zeugen) wiederholt werden.[777] Nach einem Anfragebeschluss des 5. Strafsenats des BGH[778] entschied dieser nach Durchführung des Anfrageverfahrens, dass es ausreiche, wenn dem Angeklagten im Rahmen seiner Unterrichtung nach § 247 S. 4 StPO das in seiner Abwesenheit in Augenschein genommene Objekt vorgezeigt werde.[779] Bei der Verlesung einer Urkunde muss diese nach Rück-

---

774   *BGH* (1. StS), StV 1989, 1912; *BGH* (3. StS), StV 2000, 241; StV 1984, 102 (5. StS). Zu den sich im Einzelfall für den Vortrag ergebenden Schwierigkeiten s. *BGH* StraFo 2004, 319 einerseits, aber auch *BGH* Beschl. v. 20.2.2002 – 3 StR 345/01 (hilfreich!) andererseits.

775   *BGH* NStZ 2007, 717 = StraFo 2007, 509: Mitteilung des Inhalts einer SMS, die in der Hauptverhandlung auf dem Mobiltelefon des Zeugen in Augenschein genommen wurde.

776   *BGH* (5. StS), StV 1986, 418; *BGH* (5. StS), StV 1989, 192.

777   *BGH* (5. StS), StV 1989, 192; *BGH* (3. StS), StV 2002, 8.

778   *BGH* v.10.3.2009 – 5 StR 530/08 = StV 2009, 226 m. Anm. *Schlothauer*.

779   *BGH* v. 11.11.2009 – 5 StR 530/08 = StV 2010, 59 = NStZ 2010, 162 m. Anm. *Erb* NStZ 2010, 347. Die Vorlage des Augenscheinsobjekts ist nach dieser Entscheidung als wesentliche Förmlichkeit im Hauptverhandlungsprotokoll zu vermerken. Die übrigen

kehr des Angeklagten in den Sitzungssaal vollständig neu verlesen werden.[780] Dass sie zu einem späteren Zeitpunkt in Anwesenheit des Angeklagten einem anderen Zeugen vorgehalten wurde, führt nicht zur Heilung des Verfahrensverstoßes.[781]

Die unterbliebene oder ungenügende Wiederholung der Beweiserhebung in Anwesenheit des Angeklagten muss im Einzelnen in der Revisionsbegründung dargelegt werden.

e) Es ist weiterhin vorzutragen, dass der Angeklagte nicht teilweise freigesprochen bzw. das Verfahren nicht teilweise gem. § 154 Abs. 2 StPO eingestellt worden ist. Anderenfalls ist vorzutragen, dass die Abwesenheit des Angeklagten einen konkret zu bezeichnenden Verhandlungsteil betraf, dessentwegen es zu der Verurteilung gekommen ist.[782] **543**

3. Rechtsgrundlagen (betr. sonstige Verfahrensvorgänge)

Auch für sonstige Verfahrensvorgänge gelten die durch den Wortlaut des § 247 StPO und die Anordnung des Gerichts gezogenen Grenzen für die Abwesenheitsverhandlung. Sie werden auch dann nicht durch die Anordnung gedeckt, wenn sie während des Verfahrensteils anfallen, für den der Angeklagte ausgeschlossen worden ist. Dazu gehören im Einzelnen: **544**

Die Anordnung des Vorsitzenden, dass von der Vernehmung eines auf Ladung erschienenen bzw. eines auf Abruf geladenen Zeugen (im Einverständnis mit dem Staatsanwalt und dem Verteidiger) abgesehen werde,[783] die Rücknahme eines Beweisantrages des Angeklagten durch seinen Verteidiger,[784] die Stellung eines Beweisantrages und die Verhandlung darüber,[785] die Beanstandung der Sachleitung des Vorsitzenden z.B. im Zusammenhang mit der Zeugenvernehmung durch den Verteidiger und die Verhandlung über die Beanstandung.[786]

Strittig ist, ob die Verhandlung und Entscheidung über den Ausschluss der Öffentlichkeit, wenn sich deren Notwendigkeit während einer in Abwesenheit des Angeklagten erfolgenden Vernehmung ergibt, ein eigenständiger Verfahrensvorgang ist, **545**

Verfahrensbeteiligten müssen die Möglichkeit haben, ihrerseits den betreffenden Gegenstand noch einmal in Augenschein zu nehmen: *BGH* v. 5.10.2010 – 1 StR 264/10 = StV 2011, 518 Rn. 10.

780   *BGH* (5. StS), StV 1984, 102.

781   *BGH* Beschl. v. 23.7.2004 – 2 StR 158/04.

782   Vgl. zu diesem Erfordernis *BGH* StV 2008, 123 m. Anm. *Ventzke*.

783   *BGH* (2. StS), StV 1983, 52.

784   *OLG Frankfurt/M.* StV 1987, 9.

785   *BGH* (2. StS), StV 1987, 377; Verhandlung über den Antrag auf Begutachtung des in Abwesenheit des Angeklagten zu vernehmenden Zeugen durch einen Sachverständigen).

786   *BGH* Beschl. v. 5.2.20002 – 5 StR 437/01.

zu dem der Angeklagte wieder zuzulassen ist. Von der derzeitigen Rspr. des BGH wird dies verneint.[787]

546 **Achtung!** Ein Verfahrensfehler kann dadurch geheilt worden sein, dass der unzulässigerweise in Abwesenheit des Angeklagten stattgefundene Verfahrensvorgang in Anwesenheit des Angeklagten prozessordnungsgemäß wiederholt worden ist. Dies müsste als wesentliche Förmlichkeit im Hauptverhandlungsprotokoll vermerkt sein. Ist dies nicht der Fall, muss dies als sog. Negativtatsache vorgetragen werden. Eine andersartige Beweiserhebung zum selben Beweisthema reicht für eine Heilung nicht (s.o. Rn. 536).

4. Anforderungen an den Vortrag der Rüge der Verletzung der §§ 230, 247 StPO im Hinblick auf in Abwesenheit des Angeklagten stattgefundener sonstiger Verfahrensvorgänge

547 In Abwesenheit des Angeklagten wurde auf die Vernehmung eines geladenen und erschienenen bzw. eines auf Abruf geladene Zeugen verzichtet, von einem der Verfahrensbeteiligten ein Beweisantrag gestellt und darüber verhandelt oder ein vom Angeklagten bzw. seinem Verteidiger gestellter Beweisantrag durch letzteren zurückgenommen. Wurde in Abwesenheit des Angeklagten zwischen den Verfahrensbeteiligten die Sachlage erörtert, ist der Inhalt der Erörterungen wiederzugeben.[788]

Der Angeklagte darf nach seiner Rückkehr in den Sitzungssaal nicht nachträglich ebenfalls auf die Vernehmung des geladenen und erschienenen Zeugen oder den gestellten Beweisantrag verzichtet haben bzw. zu dem in seiner Abwesenheit gestellten Beweisantrag gehört worden sein. Dies ist als Negativtatsache vorzutragen, wenn die Möglichkeit einer Heilung des Verfahrensfehlers ausgeschlossen werden soll.

Es ist weiterhin vorzutragen, dass der Angeklagte nicht teilweise freigesprochen bzw. das Verfahren nicht teilweise gem. § 154 Abs. 2 StPO eingestellt worden ist. Anderenfalls ist vorzutragen, dass die Abwesenheit des Angeklagten einen konkret zu bezeichnenden Verhandlungsteil betraf, dessentwegen es zu der Verurteilung gekommen ist.[789]

5. Rechtsgrundlagen (betr. insbesondere Vereidigung und Verhandlung darüber)

548 Wird die Entfernung des Angeklagten aus dem Sitzungssaal nur für die Dauer der Vernehmung eines Zeugen oder Sachverständigen angeordnet, gehört deren Vereidigung nicht mehr zur Vernehmung.[790] Wird der Angeklagte gleichwohl nicht vor-

---

787 *BGH* NJW 1979, 276, dazu **ablehnend** *Strate* NJW 1979, 909 sowie *Gollwitzer* JR 1979, 434; *BGH* StV 1995, 250 m. **abl.** Anm. *Stein*; **a.A.** *RGSt* 18, 138; 39, 356; *Park* NJW 1996, 2215; weitere Nachw. bei LR-*J.-P. Becker*[26] § 247 Rn. 37 Fn. 103.
788 *BGH* NStZ 2005, 283.
789 Vgl. zu diesem Erfordernis *BGH* StV 2008, 123 m. Anm. *Ventzke*.
790 *Meyer-Goßner/Schmitt*[60] § 247 Rn. 20b m.w.N.

gelassen, begründet dies die Revision (§§ 230, 247, 338 Nr. 5 StPO). Allerdings kann der Angeklagte auch von der Anwesenheit bei der Vereidigung ausgeschlossen werden, wenn auch insoweit die Voraussetzungen des § 247 S. 2 StPO vorliegen. Dies kann der Fall sein, wenn bei Anwesenheit des Angeklagten bei der Vereidigung eine Enttarnung oder eine schwerwiegende Gefahr für die Gesundheit des vernommenen Zeugen zu besorgen wäre.[791]

Die Verhandlung über die Vereidigung des Zeugen soll mit Rücksicht auf die Neufassung des § 59 StPO durch das 1. JuMoG nicht mehr zu den Verfahrensvorgängen gehören, die bei fehlender Anwesenheit des Angeklagten die Revision begründen.[792] Sie stelle keinen wesentlichen Verhandlungsteil i.S.d. § 338 Nr. 5 StPO dar. Etwas anderes gilt, wenn die Vereidigungsfrage kontrovers erörtert und zum Gegenstand einer gerichtlichen Entscheidung nach § 238 Abs. 2 StPO gemacht worden ist[793] oder von der Vereidigung nach § 60 StPO unter Inanspruchnahme eines Beurteilungsspielraums abgesehen wurde.[794]

6. Anforderungen an den Vortrag der Rüge der Verletzung der §§ 230, 247 StPO wegen Vereidigung eines Zeugen bzw. Verhandlung darüber in Abwesenheit des Angeklagten

- In Abwesenheit des Angeklagten wurde ein Zeuge oder Sachverständiger vereidigt, ohne dass ein Gerichtsbeschluss die Entfernung des Angeklagten aus dem Sitzungszimmer auch für diesen Vorgang legitimierte. Zu diesem Zweck ist der Entfernungsbeschluss wörtlich mitzuteilen. Oder: **549**
- Über die Frage der Vereidigung wurde kontrovers verhandelt, wonach gegen die Verfügung des Vorsitzenden, durch die die Vereidigung bzw. Nichtvereidigung angeordnet wurde, gerichtliche Entscheidung beantragt wurde und darüber ein Gerichtsbeschluss herbeigeführt wurde (§ 238 Abs. 2 StPO). Auch hier ist der Gerichtsbeschluss im Wortlaut mitzuteilen.
- Es ist vorzutragen, dass die in Abwesenheit des Angeklagten erfolgte Vereidigung bzw. die Verhandlung über die Vereidigung nicht nach Wiederzulassung

---

791 *BGHSt* 37, 48 = StV 1990, 338 (4. StS); *BGH* (1. StS), NStZ 1985, 136. Dies entbindet das Gericht allerdings nicht von der Verpflichtung, den Angeklagten vor der Vereidigung zur Verhandlung wieder zuzulassen, ihn gem. § 247 S. 4 StPO zu unterrichten und ihm die Möglichkeit einzuräumen, Fragen an den Zeugen nach erneuter Entfernung stellen zu lassen (s. unten Rn. 557).

792 *BGH* (3. StS), StV 2007, 21 = JR 2007, 78 m. Anm. *Müller*; s. auch *BGH* (4. StS), StV 2007, 20; **a.A.** *Schuster* StV 2005, 628, 631.

793 *BGH* (4. StS), StV 2007, 20 .

794 *Meyer-Goßner/Schmitt*[60] § 247 Rn. 20b; LR-*J.-P. Becker*[26] § 247 Rn. 55; **a.A.** *BGH* (1. StS), NStZ 1987, 335 und *BGH* (2. StS), MDR 1978, 460 bei *Holtz*, beide für Fälle der Nichtvereidigung nach § 60 Nr. 1 StPO; ferner *BGH* (4. StS), StV 2007, 20, der bei Nichtvereidigung nach § 60 Nr. 1 StPO das „Beruhen des Urteils auf der bloßen Abwesenheit des Angeklagten während der Entscheidung über die Vereidigung" verneint.

des Angeklagten zur Hauptverhandlung und nach dessen Anhörung zu der Vereidigungsfrage wiederholt worden ist.

- Es ist weiterhin vorzutragen, dass der Angeklagte nicht teilweise freigesprochen bzw. das Verfahren nicht teilweise gem. § 154 Abs. 2 StPO eingestellt worden ist. Anderenfalls ist vorzutragen, dass die Abwesenheit des Angeklagten einen konkret zu bezeichnenden Verhandlungsteil betraf, dessentwegen es zu der Verurteilung gekommen ist.[795]

7. Rechtsgrundlagen (betr. insbesondere Verhandlung und Entscheidung über die Entlassung eines Zeugen oder Sachverständigen)

550   Nach Auffassung des BGH gehören auch die Verhandlung und Entscheidung über die Entlassung eines Zeugen oder Sachverständigen (§ 248 StPO) nicht zu deren Vernehmung i.S.d. § 247 StPO und bilden einen wesentlichen Teil der Hauptverhandlung i.S.d. § 338 Nr. 5 StPO[796]. Dies gilt auch für die Verhandlung über die Entlassung nach einer zweiten ergänzenden Vernehmung.[797] Die Abwesenheit des Angeklagten begründet den absoluten Revisionsgrund des § 338 Nr. 5 StPO[798]. Die Rüge ist auch ohne Beanstandung dieser Verfahrensweise zulässig.[799]

Die Verhandlung über die Entlassung eines Zeugen in Abwesenheit des aus der Hauptverhandlung entfernten Angeklagten soll allerdings dann keinen wesentlichen Teil der Hauptverhandlung betreffen, wenn der Angeklagte Gelegenheit gehabt habe, die Vernehmung über eine Bild-Ton-Übertragung zeitgleich mitzuverfolgen und er vor der Entlassung des Zeugen nach ausdrücklicher Befragung des Vorsitzenden von seinem Fragerecht keinen Gebrauch machen wollte.[800]

8. Anforderungen an den Vortrag der Rüge der Verletzung der §§ 230, 247 StPO durch Verhandlung über die Entlassung eines Zeugen oder Sachverständigen in Abwesenheit des Angeklagten

551   • Der Angeklagte wurde aufgrund eines – wörtlich mitzuteilenden – Beschlusses gem. § 247 StPO aus der Hauptverhandlung entfernt.

- In seiner Abwesenheit wurde der Zeuge/Sachverständige vernommen; er sagte zur Sache aus bzw. erstattete sein Gutachten.

---

795   Vgl. zu diesem Erfordernis *BGH* StV 2008, 123 m. Anm. *Ventzke.*

796   *BGHSt* 55, 87 (GSSt 1/09 v. 21.4.2010) = StV 2010, 467 = NStZ 2011, 47 m. Anm. *Fezer* = StraFo 2010, 424; *BGH* v. 1.12.2011 – 3 StR 318/11 = StV 2012, 519; *BGH* v. 10.4.2013 – 1 StR 11/13 = StraFo 2013, 339.

797   *BGH* v. 11.3.2014 – 1 StR 711/13 = StV 2015, 87 m. Anm. *Ventzke* = NStZ 2014, 532; *BGH* v. 23.9.2014 – 4 StR 302/14 = NStZ 2015, 104.

798   Zur früheren Kontroverse zwischen den einzelnen Strafsenaten des *BGH* s. 1. Aufl. Rn. 494.

799   *BGH* v. 27.4.2010 – 5 StR 460/08 = StV 2010, 562; *BGH* v. 5.12.2013 – 2 StR 387/13 = StV 2015, 86.

800   *BGH* v. 9.2.2011 – 5 StR 387/10 = StV 2011, 520 m. abl. Anm. *Ventzke* = NStZ 2011, 534.

- Der Angeklagte hatte keine Möglichkeit, die nach seiner Entfernung erfolgte Zeugenvernehmung über eine Bild-Ton-Übertragung mitzuverfolgen.[801]
- Es wurde in Abwesenheit des Angeklagten über die Entlassung des Zeugen/ Sachverständigen verhandelt, und der Zeuge/Sachverständige entfernte sich sodann mit Genehmigung/auf Anweisung des Vorsitzenden von der Gerichtsstelle.[802]
- Erst danach wurde der Angeklagte wieder vorgeführt.
- Nach Unterrichtung über den wesentlichen Inhalt der Aussage/des Gutachtens äußerte sich der Angeklagte nicht zu dieser in seiner Abwesenheit erfolgten Aussage/Gutachtenerstattung.[803] Er verzichtete nicht darauf, Fragen an den Zeugen/Sachverständigen zu stellen oder stellen zu lassen,[804] und er wurde auch nicht nachträglich zur Frage der Entlassung des Zeugen/Sachverständigen angehört. Der Angeklagte erklärte sich insbesondere nicht nachträglich mit der in seiner Abwesenheit erfolgten Entlassung einverstanden.
- Es ist weiterhin vorzutragen, dass der Angeklagte nicht teilweise freigesprochen bzw. das Verfahren nicht teilweise gem. § 154 Abs. 2 StPO eingestellt worden ist. Anderenfalls ist vorzutragen, dass die Abwesenheit des Angeklagten einen konkret zu bezeichnenden Verhandlungsteil betraf, dessentwegen es zu der Verurteilung gekommen ist.[805]

---

801 Zur Erforderlichkeit des Vortrags dieser Negativtatsache s. *BGH* v. 9.2.2011 – 5 StR 387/10 = StV 2011, 520 m. abl. Anm. *Ventzke* = NStZ 2011, 534. Sollte der Angeklagte die Gelegenheit gehabt haben, die Vernehmung über eine Bild-Ton-Übertragung zeitgleich mitzuverfolgen, sind die näheren Umstände einer solchen Video-Übertragung im Einzelnen vorzutragen und darzulegen, dass der Angeklagte ggf. keine Möglichkeit hatte, von seinem Fragerecht Gebrauch zu machen.

802 Kommt es am selben Verhandlungstag zu einer zweiten Vernehmung des Zeugen, bedarf es keiner Ausführungen zum Inhalt dieser Vernehmung, um darzulegen, dass es sich auch bei der Verhandlung über die Entlassung des Zeugen nach seiner zweiten Vernehmung um einen wesentlichen Teil der Hauptverhandlung gehandelt hat: *BGH* v. 11.3.2014 – 1 StR 711/13 = StV 2015, 87 m. Anm. *Ventzke* = NStZ 2014, 532; *BGH* v. 23.9.2014 – 4 StR 302/14 = NStZ 2015, 104.

803 Nach Auffassung des 3. Strafsenats des *BGH* in seiner Entscheidung vom 8.4.1998 – 3 StR 643/97 = StV 2000, 238 = NStZ 1998, 425 muss die Revision zur Begründung einer Rüge nach §§ 247 S. 1, 338 Nr. 5 StPO den wesentlichen Inhalt einer Äußerung des Angeklagten über eine in seiner Abwesenheit erfolgten Zeugenaussage vortragen, wenn die nahe Möglichkeit bestehe, der Angeklagte habe auf weitere Fragen an den zuvor in seiner Abwesenheit entlassenen Zeugen verzichtet.

804 *BGH* v. 23.6.2016 – 5 StR 210/16 ,Tz. 2.

805 Vgl. zu diesem Erfordernis *BGH* StV 2008, 123 m. Anm. *Ventzke.*

VII. Ist der Angeklagte nach Rückkehr in den Sitzungssaal unverzüglich über den wesentlichen Inhalt dessen unterrichtet worden, was während seiner Abwesenheit ausgesagt oder sonst verhandelt worden ist (§ 247 S. 4 StPO)?

1. Rechtsgrundlagen

552 Das Gericht ist nach § 247 S. 4 StPO verpflichtet, den Angeklagten unverzüglich nach seiner Rückkehr in die Hauptverhandlung über den Inhalt der in seiner Abwesenheit durchgeführten Vernehmungen/Befragungen von Mitangeklagten, Zeugen oder Sachverständigen zu unterrichten; bei Zeugen und Sachverständigen hat diese Unterrichtung vor ihrer Vereidigung und Entlassung stattzufinden, damit der Angeklagte Gelegenheit hat, an den Zeugen bzw. Sachverständigen über seinen Verteidiger oder durch das Gericht im Rahmen einer nachfolgenden Anhörung des Zeugen bzw. Sachverständigen an diesen Fragen zu richten.[806] Gegenstand der Unterrichtung ist auch das, was sonst in seiner Abwesenheit verhandelt worden ist, bspw. Anträge und Erklärungen im Zusammenhang mit einer Auskunftsverweigerung eines Zeugen nach § 55 StPO.[807] Die Unterrichtung hat unverzüglich stattzufinden und nicht erst im Anschluss an eine weitere in seiner Anwesenheit durchgeführte Zeugenvernehmung[808] oder sonstige Beweiserhebung. Auch wenn eine in Abwesenheit des Angeklagten durchgeführte Vernehmung eines Zeugen, Mitangeklagten oder Sachverständigen lediglich unterbrochen und die Beweisaufnahme sodann in Anwesenheit des Angeklagten mit weiteren Beweiserhebungen fortgesetzt wird, muss der Angeklagte zunächst über den wesentlichen Inhalt der in seiner Abwesenheit gemachten Aussagen etc. unterrichtet werden.[809] Nur so ist gewährleistet, dass der Angeklagte die Möglichkeit hat, bei Fortsetzung der Beweiserhebung die Bekundungen der in seiner Abwesenheit vernommenen Zeugen, Mitangeklagten und Sachverständigen zu verwerten, insbesondere Fragen zu stellen und Erklärungen abzugeben. Die Unterrichtung kann auch so erfolgen, dass der Angeklagte das Geschehen im Sitzungssaal mittels Videoübertragung mitverfolgen kann.[810]

553 Es hängt von den Umständen des Einzelfalls ab, ob auch eine ungenügende Unterrichtung über den wesentlichen Inhalt des in Abwesenheit des Angeklagten Verhandelten einen Rechtsfehler begründet. Ein Verstoß gegen die Unterrichtungspflicht kann unabhängig davon gerügt werden, ob der Angeklagte im Hinblick auf die unterbliebene bzw. nicht rechtzeitig vorgenommene Unterrichtung eine Gerichtsentscheidung nach § 238 Abs. 2 StPO herbeigeführt hat oder nicht. Es handelt sich bei der

---

806 *BGH* (1. StS), StV 1985, 3; *BGH* (4. StS), StV 1991, 451; *BGH* (2. StS), StV 1992, 359.
807 *BGH* (3. StS), StV 1993, 287; *BGH* (4. StS), StV 1993, 570.
808 *BGH* (3. StS), StV 1990, 52.
809 *BGH* (2. StS), StV 1987, 475; *BGH* (3. StS), StV 1992, 359); *BGH* (3. StS), StV 1995, 339; *BGH* (3. StS), StV 2002, 353; *BGH* (2. StS), StV 2007, 513; *BGH* v. 16.3.2010 – 4 StR 612/09 = StV 2010, 469 = NStZ 2010, 465 = StraFo 2010, 248.
810 *BGHSt* (1. StS), 51, 180 = JZ 2007, 744 m. Anm. *Rieck* = StV 2007, 514.

Verletzung des § 247 S. 4 StPO um einen relativen Revisionsgrund (§ 337 StPO), so dass gegebenenfalls darzulegen ist, warum nicht auszuschließen ist, dass das Urteil auf der unterlassenen oder erst verspätet durchgeführten Unterrichtung beruht.

Im Verfahren gegen einen jugendlichen Angeklagten ist dieser im Falle seiner Ausschließung nach § 51 Abs. 1 S. 1 JGG über das für seine Verteidigung Erforderliche zu unterrichten. **554**

2. Anforderungen an den Vortrag der Rüge der Verletzung des § 247 S. 4 StPO

- Der Angeklagte wurde aufgrund eines (wörtlich mitzuteilenden) Beschlusses des Gerichts gem. § 247 StPO aus der Hauptverhandlung entfernt. **555**
- In Abwesenheit des Angeklagten fand ein wesentlicher Teil der Hauptverhandlung (s. Rn. 424) statt.
- Nach Unterbrechung der in Abwesenheit des Angeklagten durchgeführten Vernehmung eines Mitangeklagten, Zeugen oder Sachverständigen oder nach Abschluss ihrer Vernehmung wurde der wieder vorgelassene Angeklagte nicht unverzüglich über den Inhalt der in seiner Abwesenheit durchgeführten Verhandlung ausreichend unterrichtet.
- Im Falle der verspäteten Unterrichtung ist der Gegenstand und Inhalt der in Anwesenheit des Angeklagten fortgeführten Beweisaufnahme vorzutragen. Weiter ist vorzutragen, dass dieser Teil der Beweisaufnahme nicht nach der Unterrichtung nochmals wiederholt wurde.

VIII. Im Zusammenhang mit der Frage der Entfernung des Angeklagten aus der Hauptverhandlung stehende Verfahrensrügen

1. Abwesenheit eines Verteidigers

Während der in Abwesenheit des Angeklagten durchgeführten Beweisaufnahme war kein Verteidiger anwesend (Verletzung der §§ 140 Abs. 2, 226 StPO) mit der Folge des absoluten Revisionsgrundes des § 338 Nr. 5 StPO.[811] **556**

2. Beschränkung des Fragerechts

Wird der Angeklagte nach Unterrichtung über die in seiner Abwesenheit durchgeführte Verhandlung daran gehindert, sein Fragerecht wahrzunehmen, bspw. indem eine Frage nicht weitergegeben oder nicht zugelassen wird, kann dies als Verletzung des § 240 Abs. 2 StPO gerügt werden. Die in der Einschränkung des Fragerechts liegende Behinderung der Verteidigung bedarf jedenfalls dann als Reaktion der Anrufung des Gerichts und Herbeiführung eines Gerichtsbeschlusses, wenn der **557**

---

811 Vgl. *OLG Zweibrücken* StV 1986, 306.

Angeklagte erfährt, dass eine von ihm gestellte Frage an den Zeugen oder Sachverständigen nicht weitergegeben oder nicht zugelassen wurde.[812] Hatte dadurch der Angeklagte zu keinem Zeitpunkt des Verfahrens Gelegenheit, Fragen an den Zeugen oder Sachverständigen zu stellen oder stellen zu lassen, kann das Konfrontationsrecht des Art. 6 Abs. 3 lit. d EMRK verletzt sein.[813]

3. Nichtunterrichtung über die vom Gericht gestellten Fragen

558 Will ein aus der Hauptverhandlung entfernter Angeklagter die unzulässige Beschränkung seiner Verteidigung rügen (§ 338 Nr. 8 StPO), weil er über die Fragen des Gerichts an einen in seiner Abwesenheit vernommenen Zeugen nicht unterrichtet worden sei, setzt dies voraus, dass er, als er wieder anwesend war, den Vorsitzenden um Mitteilung der gestellten Fragen gebeten und ggf. einen Gerichtsbeschluss herbeigeführt hat.[814]

4. Nichtausschöpfung eines Beweismittels

559 Die Nichtanwendung des § 247 StPO könnte Gegenstand einer Aufklärungsrüge sein, wenn dadurch das Beweismittel nicht vollständig ausgeschöpft wurde.[815]

Abschnitt 5
Verteidiger

Rüge 32

560 Befand sich der Angeklagte im Falle einer notwendigen Verteidigung während der gesamten Dauer der Hauptverhandlung im Beistand eines ordentlichen Verteidigers?

I. Rechtsgrundlagen

561 Die Abwesenheit eines – ordentlichen – Verteidigers während zumindest eines wesentlichen Teils der Hauptverhandlung[816] begründet im Fall der notwendigen Verteidigung (§ 140 StPO, § 68 JGG) die Revision (absoluter Revisionsgrund des

---

812 Vgl. LR-*J.-P. Becker*[26] § 247 Rn. 57. Wird das Fragerecht des Angeklagten dadurch vereitelt, dass er durch vorzeitige Entlassung des Zeugen oder Sachverständigen diese Möglichkeit verliert, begründet dies, wenn die Entlassung in seiner Abwesenheit erfolgt ist, den absoluten Revisionsgrund des § 338 Nr. 5 StPO (s. oben Rn. 550).

813 Siehe dazu Rüge 101 Rn. 1032.

814 *BGH* StV 2000, 654.

815 LR-*J.-P. Becker*[26] § 247 Rn. 58; allg. zur Verletzung der Aufklärungspflicht durch Nichtausschöpfung eines Beweismittels KK-*Gericke*[7] § 344 Rn. 53 sowie Rüge 190 Rn. 1707.

816 Zum Begriff des wesentlichen Teils der Hauptverhandlung s. Rn. 424.

§ 338 Nr. 5 StPO).[817] Dies gilt auch, wenn einem nach Abschluss der Ermittlungen gestellten Antrag der Staatsanwaltschaft auf Bestellung eines Verteidigers nicht entsprochen wurde.[818]

1. Anwesenheit eines „qualifizierten" Verteidigers

a) Verteidigerqualifikation

Die **Verteidigerqualifikation** erfüllt in diesen Fällen nur ein (noch) zugelassener Rechtsanwalt,[819] der nicht gem. § 138c StPO von der Verteidigung ausgeschlossen worden ist , ein Rechtslehrer an einer deutschen (Fach-[820]) Hochschule (§ 138 Abs. 1 StPO), ein Rechtskundiger, der die erste Prüfung für den Justizdienst bestanden hat und darin seit mindestens einem Jahr und drei Monaten beschäftigt ist, wenn ihm die Verteidigung von dem ihn ausbildenden Wahlverteidiger[821] mit Zustimmung des Angeklagten übertragen worden ist (§ 139 StPO), sowie ein nach § 142 Abs. 2 StPO zum Pflichtverteidiger bestellter Referendar, wenn die Hauptverhandlung im 1. Rechtszug vor dem Amtsgericht stattfindet, und zwar bei einer Abteilung, der der Richter nicht angehört, dem er zur Ausbildung zugewiesen ist. Die Anwesenheit eines „Scheinverteidigers"[822], der diese Qualifikation nicht erfüllt, begründet den absoluten Revisionsgrund. Erklärt ein nicht zum allgemeinen oder amtlich bestellten Vertreter erschienener Rechtsanwalt, er sei als „Vertreter" des beigeordneten Verteidigers erschienen, könne aber nicht als Verteidiger des Angeklagten auftreten, da er mit dem Verfahrensstoff nicht vertraut sei, liegt der absolute Revisionsgrund auch dann vor, wenn lediglich über die Abtrennung des Verfahrens verhandelt und entschieden wurde.[823] Strittig ist, ob dies auch für denjenigen Verteidiger gilt, der nicht nach § 146a StPO zurückgewiesen worden ist, obwohl die Voraussetzungen des § 146 StPO gegeben waren.[824]

562

---

817 *BGH* v. 16.7.2014 – 5 StR 200/14 = wistra 2015, 35. Unschädlich soll die Abwesenheit des Verteidigers während eines Zeitraums sein, in dem über einen Tatvorwurf verhandelt wurde, von dem der Angeklagte freigesprochen worden ist oder der nur Mitangeklagte betraf: LR-*Franke*[26] § 338 Rn. 95; s. auch *VerfGH Sachsen* v. 30.09.2014 – 19-IV-13 = StV 2015, 758. In Fällen eines abwesenden Verteidigers infolge Beurlaubung nach § 231c StPO kann auf die Ausführungen bei Rüge 29 Rn. 482 verwiesen werden.

818 *OLG Naumburg* v. 11.5.2017 – 2 Rv 65/17.

819 Maßgeblich soll nach *BGHSt* 47, 238 = NStZ 2002, 379 m. Anm. *Beulke/Angerer* S. 443 = StV 2004, 5 der Zeitpunkt der Bestandskraft des Widerrufsbeschlusses der Zulassung sein. Siehe auch SK-StPO-*Frisch*[4] § 338 Rn. 115 m.w.N.

820 *BGH* StV 2004, 3.

821 LR-*Lüderssen/Jahn*[26] § 139 Rn. 7.

822 *BGHSt* 47, 238 = StV 2004, 5.

823 *BGH* v. 13.4.2010 – 3 StR 24/10 = StraFo 2010, 339 = StV 2011, 650. Zu Rügemöglichkeiten bei Verteidigung durch „unqualifizierte" Verteidiger s.a. Kap. 8 Rn. 689 ff.

824 Vgl. LR-*Lüderssen/Jahn*[26] § 146a Rn. 17 m.w.N. Zum insoweit erforderlichen Vortrag unabhängig davon, ob es sich um einen absoluten Revisionsgrund (§ 338 Nr. 5 StPO) oder einen relativen (§ 337 StPO) handelt, s. Rüge 46 Rn. 689.

b) Anwesenheit

563 Ausreichend sein soll die körperliche **Anwesenheit**[825] eines verhandlungsfähigen Verteidigers in vorstehendem Sinne. Interessenkollisionen, nicht vorhandenes Vertrauensverhältnis zu dem Angeklagten oder unsachgemäße Verteidigung sollen für die Annahme des absoluten Revisionsgrundes i.d.R. nicht ausreichen, was aber jedenfalls in besonders drastischen Fällen (bspw. führt der Verteidiger die Verteidigung überhaupt nicht;[826] konkrete Gefahr einer Interessenkollision[827]) auf den Prüfstand des Revisionsgerichts gestellt werden sollte.

Die Verteidigung durch Assessoren oder aus dem Dienst ausgeschiedene Richter oder Staatsanwälte gewährleistet die notwendige Verteidigung nicht.

c) Verteidiger als Zeuge

564 Auch die förmliche Vernehmung des **Verteidigers als Zeuge** führt dazu, dass er nicht i.S.d. § 338 Nr. 5 StPO anwesend ist.[828]

d) Abwesenheit des Verteidigers

565 Wird nur dem Angeklagten gem. § 231c StPO gestattet, während eines ihn nicht betreffenden wesentlichen Teils der Hauptverhandlung fernzubleiben, darf diese in einem Fall notwendiger Verteidigung nicht in Abwesenheit eines Verteidigers fortgeführt werden.[829] Zur Rüge der Abwesenheit eines notwendigen Verteidigers in Fällen seiner Beurlaubung gem. § 231c StPO kann auf die Ausführungen bei Rüge 29 Rn. 482 verwiesen werden.

2. Es muss sich um einen Fall notwendiger Verteidigung gehandelt haben

566 **a)** In Betracht kommt zunächst ein Fall der notwendigen Verteidigung unter den Voraussetzungen des Katalogs des § 140 Abs. 1 Nr. 1 bis 8 StPO (ggf. i.V.m. § 68 Nr. 1 JGG) bzw. des § 68 Nr. 2–4 JGG.[830]

---

825 Ein für einen längeren Zeitraum schlafender Verteidiger erfüllt nicht die Anwesenheitsvoraussetzung. Siehe – auch zu den Anforderungen an den Rügevortrag – die Ausführungen zum schlafenden Staatsanwalt: Rüge 20 Rn. 402 und 408.

826 *OLG Karlsruhe* StV 2003, 152 hat im Fall eines Verteidigers, der sich in der Hauptverhandlung weigerte, die Verteidigung zu führen, nur auf eine Verletzung des § 145 Abs. 1 StPO und damit auf einen relativen Revisionsgrund (§ 337 StPO) erkannt, weil der Vorsitzende die Hauptverhandlung fortführte, anstelle sie auszusetzen oder einen anderen Verteidiger zu bestellen.

827 *BGH* StV 2006, 113 = NStZ 2006, 404 bejaht wegen Verletzung des § 142 Abs. 1 S. 3 StPO einen relativen Verfahrensfehler, wenn der Angeklagte ausschließlich durch einen Pflichtverteidiger verteidigt wurde, dessen Bestellung ein wichtiger Grund entgegenstand (s. Rüge 47 Rn. 692).

828 Vgl. zur Zeugenvernehmung des Sitzungsvertreters der Staatsanwaltschaft Rüge 20 Rn. 405 und Rn. 410. Siehe aber *BGH* NJW 1967, 404; unentschieden *BGH* NJW 1986, 78.

829 *BGH* v. 10.4.2013 – 2 StR 19/13 = StV 2014, 3 = StraFo 2013, 285.

830 Zur Abwesenheit eines Verteidigers in der im beschleunigten Verfahren durchgeführten Hauptverhandlung im Falle des § 418 Abs. 4 StPO s. Rn. 2441.

b) In den Fällen der Generalklausel des § 140 Abs. 2 StPO (ggf. i.V.m. § 68 Nr. 1 **567** JGG) ist die revisionsrechtliche Überprüfung nach Auffassung der Rspr. auf die Frage beschränkt, ob der Tatrichter die in Betracht kommenden unbestimmten Rechtsbegriffe verkannt oder nicht den richtigen Wertmaßstab angelegt hat.[831]

Ist dem Tatrichter bei einer Entscheidung, dem Angeklagten keinen Pflichtverteidiger beizuordnen, kein Rechtsfehler unterlaufen, soll seine Würdigung vom Revisionsgericht hinzunehmen sein, auch wenn eine zum umgekehrten Ergebnis führende Gesetzesanwendung ebenfalls rechtlich möglich wäre.

Anders muss es sich aber zumindest in den Fällen verhalten, in denen die Frage, ob ein Fall notwendiger Verteidigung vorliegt, überhaupt nicht Gegenstand gerichtlicher Befassung war. Denn hier entzieht sich die Frage, ob der Tatrichter unbestimmte Rechtsbegriffe verkannt bzw. unrichtige Wertmaßstäbe angelegt hat, jeder Überprüfungsmöglichkeit. Es kommt dann allein darauf an, ob nach der vom Revisionsgericht zu beurteilenden Sachlage ein Fall notwendiger Verteidigung rechtsfehlerfrei hätte bejaht werden können (siehe bspw. Rn. 785). Unerheblich ist, ob sich die Voraussetzungen einer notwendigen Verteidigung erst im Laufe der Hauptverhandlung ergeben haben oder die zu Beginn der Hauptverhandlung gegebenen Voraussetzungen vor deren Ende entfallen sind.

c) Ein Fall notwendiger Verteidigung liegt immer dann vor, wenn nach § 231a **568** Abs. 1 StPO eine Verhandlung ohne den Angeklagten stattfand (§ 231a Abs. 4 StPO). Dasselbe muss für den Fall der Entfernung des Angeklagten aus der Hauptverhandlung gem. § 247 StPO gelten.

II. Anforderungen an den Vortrag der Rüge der Verletzung des § 140 ggf. i.V.m. § 231a Abs. 4 StPO bzw. § 68 JGG (§ 338 Nr. 5 StPO)

Vorzutragen ist, dass **569**

- während der gesamten oder eines wesentlichen Teils der Hauptverhandlung kein Verteidiger anwesend war. Bei teilweiser Abwesenheit sind der Zeitraum und das Verfahrensgeschehen des betreffenden Verhandlungsteils genau mitzuteilen. Das gilt auch für den Fall der Vernehmung des Verteidigers als Zeuge, falls kein anderer Verteidiger anwesend ist. Sind in Abwesenheit des Verteidigers Anträge gestellt, Urkunden verlesen oder Augenscheinsobjekte in Augenschein genommen worden, ist dies mitzuteilen, bei Schriftstücken durch wörtliche Wiedergabe. Es ist weiterhin vorzutragen, dass dieser Verhandlungsteil keinen Tatvorwurf zum Gegenstand hatte, von dem der Angeklagte freigesprochen wurde, eine Einstellung nach § 154 Abs. 2 StPO erfolgte oder nur ein etwaiger Mitangeklagter betroffen war (Negativtatsache).

---

831 *BayObLG* NJW 1978, 1337; *OLG Köln* NJW 1986, 2896; *OLG Köln* StV 1986, 238.

- die Voraussetzungen eines Falles notwendiger Verteidigung gegeben waren, wobei die maßgeblichen Anknüpfungstatsachen konkret darzulegen sind. Ist auf einen entspr. Antrag ein Beschluss des erkennenden Gerichts oder eine Verfügung des Vorsitzenden ergangen, durch die vor oder in der Hauptverhandlung die Beiordnung eines Pflichtverteidigers abgelehnt wurde, ist auch dies mit Antrag und Entscheidung im Wortlaut mitzuteilen. Insbesondere in den Fällen der Generalklausel des § 140 Abs. 2 StPO sind im Einzelnen die Umstände darzulegen, aus denen sich die Notwendigkeit der Verteidigung ergibt, bspw. wegen Verteidigungsunfähigkeit des Angeklagten, wegen der Schwere der Tat auch aufgrund von Folgen für den Angeklagten außerhalb der strafrechtlichen Sanktionen oder wegen besonderer Schwierigkeit der Sachlage. Der pauschale Verweis auf die schwierige Sach- und Rechtslage („schwieriger Gang der Beweisaufnahme") entspricht nicht den Anforderungen des § 344 Abs. 2 S. 2 StPO.[832]
- Vorgetragen werden können alle Voraussetzungen für das Vorliegen einer notwendigen Verteidigung, auch wenn sie sich nicht schon im Zeitpunkt der Hauptverhandlung aus der Akte ergeben haben.[833]
- in den Fällen der alleinigen Anwesenheit eines „Scheinverteidigers" ist detailliert darzulegen, weshalb die Voraussetzungen der §§ 138, 139, 142 Abs. 2 StPO nicht vorlagen.
- Eine Wiederholung des in Abwesenheit des Verteidigers stattgefundenen Verhandlungsteils in seiner Anwesenheit hat nicht stattgefunden.

Abschnitt 6
Dolmetscher/Sprachmittler

Rüge 33

570   Fand die Hauptverhandlung in Abwesenheit eines (zur Übertragung befähigten) Dolmetschers/Sprachmittlers statt, obwohl der Angeklagte, ein Mitangeklagter, ein Zeuge oder ein Sachverständiger der deutschen Sprache nicht mächtig, hör- oder sprachbehindert war?

I. Rechtsgrundlagen

1. Dolmetscher

571   Nach § 185 Abs. 1 S. 2 GVG ist in der Hauptverhandlung ein Dolmetscher zuzuziehen, wenn unter Beteiligung von Personen verhandelt wird, die der deutschen Sprache nicht mächtig sind. Ist – wie im Falle von Zeugen oder Sachverständigen – die

---

832   *OLG Oldenburg* v. 27.8.2014 – 1 Ss 179/14.
833   Das Revisionsgericht muss sich darüber ggf. im Freibeweisverfahren Gewissheit verschaffen.

Person, derentwegen die Mitwirkung eines Dolmetschers erforderlich ist, nur vorübergehend anwesend, kann die Zuziehung des Dolmetschers auf diesen Zeitraum beschränkt werden. Demgegenüber muss im Falle eines der deutschen Sprache nicht mächtigen Angeklagten der Dolmetscher grundsätzlich während der ganzen Hauptverhandlung zugegen sein. Bei Abwesenheit eines Dolmetschers während der Verhandlung unter Beteiligung einer der deutschen Sprache nicht mächtigen Person greift der absolute Revisionsgrund des § 338 Nr. 5 StPO.[834]

Ist die beteiligte Person der deutschen Sprache teilweise mächtig, gehört demgegenüber der Dolmetscher nicht zu den Personen, deren Anwesenheit i.S.d. § 338 Nr. 5 StPO erforderlich ist. In einem solchen Fall bleibt es dem pflichtgemäßen Ermessen des Tatrichters überlassen, in welchem Umfang er unter Mitwirkung des Dolmetschers mit den Prozessbeteiligten verhandeln will. Es kann dann ein relativer Revisionsgrund gegeben sein.[835] An die rechtsfehlerfrei im Urteil getroffene Feststellung des Tatrichters, wonach eine an der Verhandlung beteiligte Person der deutschen Sprache hinreichend mächtig war, um ohne Zuziehung eines Dolmetschers an der Hauptverhandlung teilnehmen zu können, soll das Revisionsgericht gebunden sein.[836] Ist aber eine Verständigung infolge unzureichender Kenntnis der deutschen Sprache nur mit Gesten möglich, ist das Absehen von der Hinzuziehung eines Dolmetschers vom tatrichterlichen Ermessen nicht mehr gedeckt.[837] **572**

Ein völlig ungeeigneter Dolmetscher ist als nicht anwesend i.S.v. § 338 Nr. 5 StPO anzusehen.[838] Auch ein am Verfahren beteiligter Verteidiger kann nicht zugleich als Dolmetscher fungieren, anderenfalls § 185 GVG, § 338 Nr. 5 StPO verletzt sind.[839]

2. Sprachmittler

Bei Hör- und Sprachbehinderten besteht ein Wahlrecht zwischen mündlicher und schriftlicher Verständigung und der Hinzuziehung einer die Verständigung ermöglichenden Person (§ 186 Abs. 1 GVG). Die hör- oder sprachbehinderte Person ist auf ihr Wahlrecht hinzuweisen. Nach § 186 Abs. 2 GVG kann das Gericht das Wahlrecht durch eine Anordnung ersetzen. Eine die Verständigung ermöglichende Person muss nicht formelle Dolmetscherfunktion haben. **573**

---

834 *BGH* StV 2002, 296; LR-*Franke*[26] § 338 Rn. 100; *Meyer-Goßner/Schmitt*[60] § 338 Rn. 44.

835 KK-*Diemer*[7] § 185 GVG Rn. 7 m.w.N.

836 *OLG Stuttgart* NStZ 2007, 663 (Ls).

837 *BayObLG* NStZ-RR 2005, 178.

838 KK-*Diemer*[7] § 185 GVG Rn. 7. Zu den Voraussetzungen und zum Verfahren der allgemeinen Beeidigung von Dolmetschern s. bspw. für das Land Bremen §§ 28a ff. AG GVG (Brem. GBl. 2014, 447).

839 *OLG Celle* v. 22.7.2015 – 1 Ss (OWi) 118/15 = StraFo 2015, 383 = StV 2016, 104.

3. Rügebefugnis

574 Der Auffassung, auf die Verletzung des § 185 GVG könne sich nur der Angeklagte berufen, in dessen Person die Voraussetzungen für die Zuziehung eines Dolmetschers vorgelegen hätten,[840] ist zu widersprechen. Das Unterbleiben einer erforderlichen Übertragung bei einem Angeklagten kann sich auch auf Mitangeklagte ausgewirkt haben.[841] Die Rügebefugnis bleibt auch erhalten, wenn der Angeklagte in der Hauptverhandlung auf die Hinzuziehung eines Dolmetschers verzichtet hat.[842]

4. Hinweis: Notwendigkeit eines Sprach-Sachverständigen

575 Ist es im Laufe der Hauptverhandlung erforderlich geworden, fremdsprachige Schriftstücke oder auf Tonträgern aufgezeichnete Gespräche in die deutsche Sprache zu übertragen, hat dies durch einen Sachverständigen zu erfolgen. Dazu kann ein ohnehin in der Hauptverhandlung tätiger Dolmetscher bestellt werden. Das ändert nichts daran, dass für die Tätigkeit des Sachverständigen §§ 72 ff. StPO maßgeblich sind und nicht die für den Dolmetscher geltenden Vorschriften der §§ 185 ff. GVG. Ein Dolmetscher behält allerdings seine Stellung auch dann, wenn er in der Hauptverhandlung zugleich als Sachverständiger oder auch als Zeuge vernommen wird.

II. Anforderungen an den Vortrag der Rüge der Verletzung der §§ 185, 186 GVG

1. Abwesender Dolmetscher im Falle fehlender Verständigungsmöglichkeit

576 Es ist mitzuteilen,

- dass der Angeklagte, ein Mitangeklagter, ein Zeuge oder Sachverständiger der deutschen Sprache überhaupt nicht mächtig war (dies sollte – soweit möglich – belegt werden insbesondere durch bei der Akte befindliche Niederschriften über in Anwesenheit eines Dolmetschers durchgeführte Vernehmungen),
- diejenige Sprache, der der Angeklagte, Mitangeklagte, Zeuge oder Sachverständige mächtig war,
- dass im Falle hör- oder sprachbehinderter Personen die Verständigung nicht schriftlich (§ 186 GVG) sondern **nur** mittels Kopfnicken oder Kopfschütteln erfolgte,
- dass ein Dolmetscher (oder Sprachmittler) in der Hauptverhandlung völlig gefehlt oder zumindest zeitweilig abwesend war (darüber erbringt das Hauptverhandlungsprotokoll Beweis),

---

840   KK-*Diemer*[7] § 185 GVG Rn. 7.
841   In einem solchen Fall sollte ggf. zusätzlich eine Aufklärungsrüge (Verletzung des § 244 Abs. 2 StPO) erhoben werden.
842   *OLG Celle* v. 22.7.2015 – 1 Ss (OWi) 118/15 = StraFo 2015, 383 = StV 2016, 104.

- dass sich die Abwesenheit des erforderlichen Dolmetschers (oder Sprachmittlers) auf einen wesentlichen Teil der Hauptverhandlung erstreckt hat,
- dass ein in Abwesenheit eines Dolmetschers (oder Sprachmittlers) stattgefundener Teil der Hauptverhandlung nicht später in Anwesenheit eines solchen wiederholt und dadurch der Verfahrensfehler geheilt worden ist.
- Es ist weiterhin vorzutragen, dass der Angeklagte nicht teilweise freigesprochen bzw. das Verfahren nicht teilweise nach § 154 Abs. 2 StPO eingestellt worden ist. Anderenfalls ist vorzutragen, dass die Abwesenheit des Dolmetschers einen konkret zu bezeichnenden Verhandlungsteil betraf, dessentwegen es zu der Verurteilung gekommen ist.[843]

2. Abwesender Dolmetscher im Falle eingeschränkter Verständigungsmöglichkeit

Ist eine Verständigung mit dem Angeklagten, Mitangeklagten, Zeugen oder Sachverständigen teilweise möglich und verhandelt das Gericht ganz oder zeitweilig ohne Dolmetscher, ist darzulegen,[844]   **577**

- wieweit die Fähigkeiten zur Verständigung reichten und
- was Gegenstand des Verhandlungsteils war, der in Abwesenheit eines Dolmetschers durchgeführt wurde, obwohl er für eine Verständigung erforderlich gewesen wäre, und
- dass ein in Abwesenheit eines Dolmetschers stattgefundener Teil der Hauptverhandlung nicht später in Anwesenheit eines solchen wiederholt und dadurch der Verfahrensfehler geheilt worden ist,
- dass der Angeklagte nicht teilweise freigesprochen bzw. das Verfahren nicht teilweise nach § 154 Abs. 2 StPO eingestellt worden ist, anderenfalls dass die Abwesenheit des Dolmetschers einen darzulegenden Verhandlungsteil betraf, dessentwegen es zur Verurteilung gekommen ist.
- Eine etwaige Entschließung des Tatrichters, in welchem Umfang ein Dolmetscher zugezogen bzw. davon abgesehen werde, ist mitzuteilen, weil sie zumindest auf Ermessensfehler überprüfbar ist.[845]

3. Ungeeigneter Dolmetscher

Ist in der Hauptverhandlung ein völlig ungeeigneter Dolmetscher tätig geworden, was den absoluten Revisionsgrund des § 338 Nr. 5 StPO begründet,[846] ist vorzutragen,   **578**

- dass dieser nicht in der Lage war, den Prozessverkehr zwischen dem Gericht und den der deutschen Sprache nicht mächtigen Beteiligten zu vermit-

---

843   Vgl. zu diesem Erfordernis *BGH* StV 2008, 123 m. Anm. *Ventzke*.
844   *BGHR* GVG § 185 Zuziehung 2; s. auch *BGH* NStZ 1996, 608.
845   *BGHR* StPO § 338 Nr. 5 Dolmetscher 3.
846   KK-*Diemer*[7] § 185 GVG Rn. 7.

teln,[847] wobei die betreffenden Umstände und ggf. ihre Erörterung in der Hauptverhandlung substantiiert dargelegt werden müssen,[848]

- dass sich die Anwesenheit des ungeeigneten Dolmetschers auf einen (inhaltlich darzustellenden) wesentlichen Teil der Hauptverhandlung erstreckt hat,
- dass die Übersetzung nicht durch einen anderen anwesenden und geeigneten Dolmetscher übernommen und
- der betreffende Teil der Hauptverhandlung auch nicht später in Anwesenheit eines geeigneten Dolmetschers nochmals wiederholt worden ist und
- dass der Angeklagte nicht teilweise freigesprochen oder das Verfahren nicht teilweise nach § 154 Abs. 2 StPO eingestellt worden ist; anderenfalls dass die Abwesenheit des Dolmetschers einen Verhandlungsteil betraf, dessentwegen es zur Verurteilung des Angeklagten gekommen ist.
- Ist die fehlende Qualifikation des Dolmetschers in der Hauptverhandlung nicht beanstandet worden (hierzu ist auch im Falle einer erfolglosen Intervention das Prozessgeschehen vollständig mitzuteilen), ist darzulegen, warum dies während der Hauptverhandlung nicht erkannt wurde, so dass die Beanstandung erst im Revisionsverfahren angebracht werden konnte.

Rüge 34

579 Wurde ein in der Hauptverhandlung anwesender Dolmetscher vor seinem ersten Tätigwerden in der Hauptverhandlung vereidigt (§ 189 Abs. 1 GVG) oder hat er sich auf einen für Übertragungen der betreffenden Art allgemein geleisteten Eid berufen (§ 189 Abs. 2 GVG)?

I. Rechtsgrundlagen

1. Vereidigung bzw. Berufung auf allgemein geleisteten Eid

580 Einer Vereidigung des in der Hauptverhandlung anwesenden Dolmetschers[849] bedarf es ausnahmsweise dann nicht, wenn der in der Hauptverhandlung tätige Urkundsbeamte der Geschäftsstelle die Aufgabe eines Dolmetschers wahrgenommen hat (§ 190 GVG)[850].

---

847 Zur Auswahl des Dolmetschers, Art und Umfang der Übersetzung vgl. *Kabbani* StV 1987, 410; zur möglichen und erforderlichen Übersetzungsleistung ferner *Kranjčić* NStZ 2011, 657.

848 Vgl. *BGHR* GVG § 185 – Zuziehung 1; *BGH* v. 8.8.2017 – 1 StR 671/16. Zur Ablehnung eines Dolmetschers wegen Besorgnis der Befangenheit s. Rüge 36 Rn. 587.

849 Zur Anwesenheit eines ungeeigneten Dolmetschers s. Rüge 33 Rn. 572.

850 Bei Sprachmittlern gem. § 186 Abs. 1 GVG steht es im Ermessen des Gerichts, diese durch einen Eid nach § 189 GVG zu verpflichten: *BGHSt* 43, 62.

In derselben Strafsache muss die Vereidigung bzw. die Berufung auf einen allgemein geleisteten Eid auch dann nur einmal, und zwar *vor* dem ersten Tätigwerden erfolgen, wenn der Dolmetscher in der Hauptverhandlung – ggf. auch an mehreren Verhandlungstagen – wiederholt tätig geworden ist.

Wurden mehrere Dolmetscher tätig – es muss nicht während der gesamten Dauer der Hauptverhandlung derselbe Dolmetscher eingesetzt werden –, besteht die Pflicht zur Vereidigung bzw. zur Berufung auf einen allgemein geleisteten Eid für jeden tätig werdenden Dolmetscher, und zwar wiederum *vor* dem ersten Tätigwerden.

Die Verletzung des § 189 GVG ist ein relativer Revisionsgrund (§ 337 StPO), wenn der unvereidigte Dolmetscher in der Hauptverhandlung tatsächlich tätig geworden ist.

Eine Verletzung des § 189 GVG kann nur dadurch geheilt werden, dass vor dem Ende der Hauptverhandlung die Vereidigung bzw. die Berufung auf den allgemein geleisteten Eid nachgeholt wurde und all die Verfahrensteile prozessordnungsgemäß wiederholt wurden, die unter Mitwirkung des Dolmetschers vor seiner Vereidigung etc. erfolgt sind. Ein Rügeverzicht etwa in Form der widerspruchslosen Entgegennahme der Übersetzung kommt nicht in Betracht.[851]

2. Nachweis der Verfahrenstatsachen

Die Nichtvereidigung bzw. die unterbliebene Berufung auf einen allgemein geleisteten Eid werden durch das Schweigen des Hauptverhandlungsprotokolls bewiesen.[852] Im Falle des § 189 Abs. 2 GVG muss sich der Dolmetscher *selbst* auf den geleisteten Eid berufen haben. Bleibt dies durch einen Protokollvermerk, der Dolmetscher sei allgemein vereidigt, offen, soll eine Klärung im Wege des Freibeweises zulässig sein.[853] Auch die Frage, ob ein Dolmetscher überhaupt für eine bestimmte Sprache allgemein vereidigt ist, unterliegt dem Freibeweis.[854] Dies gilt selbst dann, wenn das Protokoll vermerkt, der Dolmetscher habe sich „auf die allgemeine Vereidigung" berufen.[855] **581**

3. Beruhen

Die Berufung auf eine Vereidigung anlässlich einer anderen Strafsache oder einer gerichtlichen Haftprüfung in derselben Strafsache reicht nicht.[856] Allerdings wird ein Beruhen des Urteils auf einer Verletzung des § 189 GVG regelmäßig verneint, **582**

---

851 *OLG Hamm* StV 1996, 532.
852 *BGH* wistra 2005, 272; *BGH* v. 8.10.2013 – 4 StR 273/13 = StV 2014, 203 = NStZ 2014, 356; zur Möglichkeit einer Protokollberichtigung s. *BGH* v. 15.12.2011 – 1 StR 579/11 = NJW 2012, 1015.
853 *BGH* (1. StS), StV 1982, 357 = NStZ 1982, 392. Siehe aber auch *BGH* (3. StS), NStZ 1981, 691, NStZ 1981, 190 und StV 1984, 146 (2. StS).
854 *OLG Frankfurt/M.* StV 2006, 519.
855 *OLG Celle* v. 4.4.2016 – 1 Ss (OWi) 54/16 = StV 2016, 806.
856 *BGH* StV 1991, 504.

wenn sich der Dolmetscher überhaupt nicht auf einen, auf einen gar nicht oder auf einen nicht ordnungsgemäß geleisteten Eid beruft, an den Übersetzerqualitäten und der Gewissenhaftigkeit des Dolmetschers aber keine Zweifel bestehen.[857] Dies gilt insbesondere dann, wenn der Dolmetscher tatsächlich allgemein vereidigt war.[858]

Ist aber der zugezogene Dolmetscher überhaupt nicht vereidigt worden oder die Berufung auf einen allgemein geleisteten Eid gänzlich unterblieben, wird ein Beruhen des Urteils auf dem Fehler regelmäßig nicht auszuschließen sein, wenn der Gegenstand der Übertragung für das Urteil von wesentlicher Bedeutung war.[859]

4. Rügebefugnis

583 Der Auffassung, auf die Verletzung der §§ 185, 189 GVG könnte sich nur der Angeklagte berufen, in dessen Person die Voraussetzungen für die Zuziehung eines Dolmetschers vorgelegen hätten,[860] ist zu widersprechen. Eine fehlende oder fehlerhafte Übertragung bei einem Angeklagten kann sich durchaus auch auf Mitangeklagte ausgewirkt haben.[861]

II. Anforderungen an den Vortrag der Rüge der Verletzung des § 189 GVG

584
- Der Angeklagte war der deutschen Sprache nicht hinreichend mächtig,
- in der Hauptverhandlung ist ein Dolmetscher zur Verständigung tatsächlich tätig geworden, was konkret darzulegen ist,
- dieser wurde vor seiner Tätigkeit nicht vereidigt bzw. hat sich nicht auf einen allgemein geleisteten Eid berufen,
- der Dienst des Dolmetschers wurde nicht von dem in der Hauptverhandlung tätigen Urkundsbeamten der Geschäftsstelle wahrgenommen,
- der Gegenstand der Übertragung hat sich auf einen wesentlichen Teil der Hauptverhandlung (siehe Rüge 23 Rn. 424) bezogen,
- der Verfahrensfehler wurde nicht wirksam geheilt durch Nachholung der Vereidigung etc. oder Einsatz eines vereidigten Dolmetschers und Wiederholung der von dem Verfahrensfehler betroffenen Verhandlungsteile,

---

857 Vgl. *BGHR* GVG § 189 Abs. 2 – Vereidigung 1 (2. StS), ebenso *BGH* StV 1987, 239 (2. StS); *BGH* NStZ 1986, 469 u. GA 1986, 177 (1. StS) sowie *BGH* (5. StS), StV 1984, 146 u. *BGH* NStZ 2005, 705; *BGH* v. 15.12.2011 – 1 StR 579/11 = NJW 2012, 1015; *BGH* v. 20.11.2013 – 4 StR 441/13 = NStZ 2014, 228 (Beruhen ausgeschlossen) und *BGH* v. 8.10.2013 – 4 StR 273/13 = StV 2014, 203 = NStZ 2014, 356 (Beruhen nicht ausgeschlossen); s. auch *OLG Frankfurt/M.* StV 2006, 519.
858 *OLG Celle* v. 4.4.2016 – 1 Ss (OWi) 54/16 = StV 2016, 806.
859 *BGH* (3. StS), StV 1987, 238 und 1987, 516; *BGH* (4. StS), wistra 2005, 272.
860 KK-*Diemer*[7] § 185 Rn. 7.
861 Ggf. ist auch an die Erhebung einer Aufklärungsrüge zu denken.

- vorsorglich sollte als Negativtatsache vorgetragen werden, dass in der Hauptverhandlung keine weiteren Dolmetscher anwesend bzw. diese nicht vereidigt wurden oder sich auf einen allgemein geleisteten Eid berufen haben, weshalb ein allgemein vereidigter Dolmetscher, der sich nicht auf seinen allgemein geleisteten Eid berufen hat, sich nicht auf diese Weise seine allgemeine Beeidigung vergegenwärtigen konnte.[862]

Rüge 35

Wurde in der Hauptverhandlung beanstandet, dass der Dolmetscher unvollständig bzw. unrichtig übertragen habe? **585**

Eine unvollständige oder unrichtige Übertragung des Gangs der Hauptverhandlung **586** oder einzelner Aussagen kann wegen Verletzung des § 185 GVG einen relativen Revisionsgrund darstellen. Dieser bedarf des konkreten Vortrags, inwieweit die Übertragung unrichtig oder unvollständig war[862a]. Da insoweit die Überwachung der Tätigkeit des Dolmetschers durch das Gericht angesprochen ist, sind etwaige Beanstandungen der Übertragungstätigkeit in der Hauptverhandlung ebenso vorzutragen[863] wie die Reaktion des Dolmetschers und des Vorsitzenden/Gerichts hierauf,[864] insbesondere, dass der Dolmetscher nicht ausgetauscht und die bis zu diesem Zeitpunkt stattgefundenen Verhandlungsteile nicht in Anwesenheit eines qualifizierten Dolmetschers wiederholt wurden.

---

862 *BGH* v. 15.12.2011 – 1 StR 579/11 = NJW 2012, 1015.
862a Ausführlich *BGH* v. 8.8.2017 – 1 StR 671/16.
863 Vgl. *BGHR* GVG § 185 – Zuziehung 1 (5. StS).
864 Zur Ablehnung des Dolmetschers wegen Besorgnis der Befangenheit s. Rüge 36 Rn. 587.

Rüge 36

587 Wurde in der Hauptverhandlung ein Antrag auf Ausschließung oder Ablehnung des dort tätigen Dolmetschers gestellt?

A. Ist ein derartiger in der Hauptverhandlung gestellter[865] Antrag als unbegründet verworfen oder gar nicht beschieden worden?

I. Rechtsgrundlagen

588 Auf den Dolmetscher sind die Vorschriften über Ausschließung und Ablehnung von Sachverständigen entspr. anzuwenden (§ 191 GVG). Der Verweis auf § 74 StPO hat zur Folge, dass das Revisionsgericht ein in der Hauptverhandlung gestelltes[866] Ablehnungsgesuch nicht nach Beschwerdegrundsätzen wie bei der Richterablehnung prüft.

589 Da das Revisionsgericht an die Tatsachenfeststellungen des Tatgerichts gebunden ist, beschränkt sich die Überprüfung darauf, ob das Ablehnungsgesuch ohne Verfahrensfehler und mit ausreichender Begründung beschieden worden ist. Ob die zugrunde liegenden Tatsachen eine Ablehnung gerechtfertigt haben oder hätten, ist eine Rechtsfrage, die der vollen revisionsgerichtlichen Nachprüfung unterliegt.[867] Neue Tatsachen oder Beweismittel dürfen mit der Revisionsbegründung nicht nachgeschoben werden; das Revisionsgericht stellt keine eigenen Ermittlungen an.

Die fehlerhafte Zurückweisung eines Ablehnungsantrags begründet nur einen relativen Revisionsgrund (arg. § 338 Nr. 3 StPO). Hat der Dolmetscher wesentliche Teile der Hauptverhandlung übersetzt, wird das Urteil aber in aller Regel auf diesem Fehler beruhen.

II. Anforderungen an den Vortrag der Rüge der Verletzung des § 191 GVG

590 Es ist mitzuteilen, dass in der Hauptverhandlung gegen den dort tätigen Dolmetscher (dies ist auszuführen) ein Ablehnungsantrag gestellt wurde. Dieser ist im Wortlaut wiederzugeben. Der Zeitpunkt der Antragstellung ist ebenfalls anzugeben.

Der den Antrag zurückweisende Gerichtsbeschluss muss im Wortlaut mitgeteilt werden. Im Antrag bzw. im Gerichtsbeschluss in Bezug genommene schriftliche Unterlagen sowie sonstige im Zusammenhang relevante Stellungnahmen (schriftli-

---

865 Ein vor der Hauptverhandlung gestellter und nicht beschiedener oder abgelehnter Antrag muss in der Hauptverhandlung wiederholt werden: *Meyer-Goßner/Schmitt*[60] § 74 Rn. 11.

866 Eine nachträgliche Rüge, der Dolmetscher sei befangen gewesen, wäre unzulässig: SK-StPO-*Frister*[4] § 191 GVG Rn. 6.

867 *BGHSt* 8, 226/233; *BGHSt* 20, 245.

ches Sachverständigengutachten, dienstliche Äußerung des Sachverständigen bzw. Dolmetschers[868] etc.) müssen ebenfalls vollständig zum Gegenstand des Vortrags gemacht werden.

Ist der Ablehnungsantrag nicht beschieden worden, ist dies vorzutragen.

B. Ist einem Antrag auf Ablehnung eines Dolmetschers stattgegeben worden?[869]

I. Rechtsgrundlagen

In diesem Fall ist die gesamte Hauptverhandlung in dem Umfang in Anwesenheit eines anderen Dolmetschers zu wiederholen, in dem der abgelehnte Dolmetscher tätig war.[870] Eine weitere Tätigkeit des abgelehnten Dolmetschers ist unzulässig. **591**

War ein abgelehnter Dolmetscher bereits vor der Hauptverhandlung tätig, soll er auch nach seiner Ablehnung noch als sachverständiger Zeuge Aussagen über von ihm übersetzte Angaben Dritter machen dürfen.[871]

II. Anforderungen an die Rüge der Verletzung des § 74 StPO i.V.m. § 191 GVG (§ 337 StPO)

In der Hauptverhandlung wurde ein Ablehnungsantrag gegen den dort tätigen Dolmetscher gestellt und diesem wurde stattgegeben. Inhalt und Zeitpunkt des betreffenden Gerichtsbeschlusses sind mitzuteilen. **592**

Im Anschluss an die Ablehnung des Dolmetschers war dieser weiterhin tätig. Es ist mitzuteilen, welche wesentlichen Teile der Verhandlung von ihm übersetzt wurden.

Es ist mitzuteilen, dass die unter Mitwirkung des erfolgreich abgelehnten Dolmetschers vorgenommenen Beweiserhebungen nicht in Anwesenheit eines neuen Dolmetschers wiederholt wurden. Im Falle der Verwertung von Beweiserhebungen bei der Urteilsfindung, die nur durch den erfolgreich abgelehnten Dolmetscher übertragen worden sind, sind diese Tatsache und der Inhalt der betreffenden Beweiserhebungen mitzuteilen.

Vorsorglich sollte ggf. vorgetragen werden, dass das Gericht keine Möglichkeit hatte, die Richtigkeit einer vorgenommenen Übersetzung zu kontrollieren.[872]

---

868   *BGH* v. 11.3.2015 – 5 StR 578/14, Tz. 3.
869   Beispiele aus der Rspr.: *LG Darmstadt* StV 1990, 258 u. 1995, 239; *LG Berlin* StV 1994, 180.
870   *LG Berlin* StV 1994, 180; LR-*Wickern*[26] § 191 GVG Rn. 5.
871   *BayObLG* StV 2001, 264 m. krit. Anm. *Seibert;* **a.A.** auch *LG Köln* StV 1992, 460 u. SK-StPO-*Frister*[5] § 191 GVG Rn. 5 m.w.N.
872   Vgl. *LG Berlin* StV 1994, 180; SK-StPO-*Frister*[5] § 191 GVG Rn. 5.

Rüge 37

593 Ist es unterblieben, für einen Angeklagten, der der deutschen Sprache nicht mächtig, hör- oder sprachbehindert ist, einen Dolmetscher/Sprachmittler zur Ausübung seiner strafprozessualen Rechte heranzuziehen (§ 187 Abs. 1 GVG)?

I. Rechtsgrundlagen

594 Die durch das Opferrechtsreformgesetz vom 24.6.2004 in das GVG eingefügte neue Vorschrift des § 187 Abs. 1 GVG trägt dem Gebot des Art. 6 Abs. 3 lit. e EMRK und der dazu schon zuvor ergangenen Rspr.[873] Rechnung, wonach ein der deutschen Sprache nicht mächtiger Angeklagter u.a. das Recht auf Zuziehung eines Dolmetschers zwecks Kommunikation mit seinem Verteidiger hat, um seine strafprozessualen Rechte ausüben zu können. Der Gesetzgeber hat diese Regelung für hör- oder sprachbehinderte Angeklagte übernommen. Der Beschuldigte ist von dem Gericht darauf hinzuweisen, dass er die unentgeltliche Hinzuziehung eines Dolmetschers beanspruchen kann (§ 187 Abs. 1 S. 2 GVG). Dies ist zu dokumentieren.[874] Die Regelung gilt auch für die Hauptverhandlung, weil zur Wahrnehmung der strafprozessualen Rechte die unmittelbare Kommunikation zwischen Angeklagtem und Verteidiger erforderlich ist.[875] Dies lässt sich durch den nach § 185 Abs. 1 GVG von dem Gericht zugezogenen Dolmetscher nicht leisten,[876] dessen Aufgabe darin besteht, die Verständigung mit und für den der deutschen Sprache nicht mächtigen Angeklagten herzustellen. Die Auffassung, § 187 GVG habe in der Hauptverhandlung keine eigenständige Bedeutung,[877] findet weder im Gesetz noch in den europarechtlichen Vorgaben eine Stütze.

Die Zuziehung eines Dolmetschers obliegt dem Gericht, das von Amts wegen zu prüfen hat, ob und inwieweit dies geboten ist.[878] Lehnt das Gericht einen in der Hauptverhandlung gestellten Antrag des Angeklagten bzw. seines Verteidigers ab, obwohl die Voraussetzungen für eine Dolmetscherzuziehung vorlagen, kann dies als unzulässige Beschränkung der Verteidigung gerügt werden (§ 338 Nr. 8 StPO). Ansonsten kann die Verfahrensrüge allein auf die Verletzung des § 187 Abs. 1 S. 1 GVG, Art. 6 Abs. 3 lit. e EMRK gestützt werden. Auch wenn es sich um einen relativen Revisionsgrund handelt, wird in der Regel nicht ausgeschlossen werden können, dass die Behinderung der Kommunikation zwischen Angeklagtem und seinem Verteidiger die Verteidigungsmöglichkeiten und damit auch die Urteilsfindung beeinflusst hat.

---

873 *BVerfG* NStZ 2004, 161 = NJW 2004, 50; *BGHSt* 46, 178 = StV 2001, 1.
874 *Meyer-Goßner/Schmitt*[60] § 187 GVG Rn. 2.
875 LR-*Wickern*[26] § 185 GVG Rn. 10.
876 LR-*Wickern*[26] § 185 GVG Rn. 11.
877 SSW-StPO-*Rosenau*[2] § 187 GVG Rn. 1.
878 SK-StPO-*Frister*[5] § 187 GVG Rn. 9.

II. Anforderungen an den Vortrag der Rüge der Verletzung des § 187 Abs. 1 GVG (ggf. i.V.m. §§ 238 Abs. 2, 338 Nr. 8 StPO)

1. An der Hauptverhandlung hat ein Angeklagter teilgenommen, der der deutschen Sprache nicht mächtig, hör- oder sprachbehindert war. Dies ist näher auszuführen und sinnvollerweise zu belegen. **595**

2. Dem Verteidiger des Angeklagten war es nicht möglich, ohne Unterstützung durch einen Dolmetscher mit seinem Mandanten zu kommunizieren. Er verfügte nicht über die erforderlichen Sprachkenntnisse bzw. Fähigkeit zur Verständigung mit einem hör- oder sprachbehinderten Angeklagten.

3. Ein Dolmetscher zur Ermöglichung der Kommunikation zwischen dem Angeklagten und seinem Verteidiger war in der Hauptverhandlung nicht anwesend.

4. Ggf. ist ein Antrag auf Heranziehung eines Dolmetschers, die Tatsache seiner Nichtbescheidung oder im Falle seiner Ablehnung letzteres einschließlich des Gerichtsbeschlusses im Wortlaut mitzuteilen. Wurde kein Antrag gestellt, kann der Vorgang gerügt werden, wenn die vorgeschriebene Belehrung (§ 187 Abs. 1 S. 2 GVG) unterblieben ist.

Kapitel 6
Öffentlichkeit der Hauptverhandlung

Rüge 38

596   War während der gesamten Dauer der Hauptverhandlung der Grundsatz der Öffentlichkeit (§§ 169 ff. GVG) gewahrt?

597

Vorbemerkung

598   Wurden wesentliche Teile der Hauptverhandlung (s. Rn. 424) unter Verletzung der Vorschriften über die Öffentlichkeit des Verfahrens durchgeführt und nicht in öffentlicher Verhandlung wiederholt oder sonstwie geheilt, begründet dies den absoluten Revisionsgrund des § 338 Nr. 6 StPO. Fehlt im Hauptverhandlungsprotokoll die ausdrückliche Angabe, dass öffentlich verhandelt wurde, für die **gesamte** Dauer der Hauptverhandlung, gilt aufgrund der Beweiskraft des Hauptverhandlungsprotokolls (§§ 272 Nr. 5, 274 StPO), dass die Verhandlung nicht öffentlich war. Fehlt die Angabe für einen Teil der Hauptverhandlung, kann das Protokoll insoweit erkennbar lückenhaft und der Auslegung zugänglich sein bzw. das Freibeweisverfahren eröffnen. Bei einer vermeintlich unrichtigen Sitzungsniederschrift besteht die Möglichkeit der Protokollberichtigung.

A. War zu Beginn und nach jeder Unterbrechung der Hauptverhandlung bis zu ihrer Beendigung gewährleistet, dass die Öffentlichkeit tatsächlich die Möglichkeit des Zutritts und die Gelegenheit hatte, der Hauptverhandlung beizuwohnen?

I. Rechtsgrundlagen

1. Möglichkeit der Kenntnisnahme von dem Stattfinden einer Hauptverhandlung

599   Hatte die Öffentlichkeit die Möglichkeit, sich ohne besondere Schwierigkeiten davon Kenntnis zu verschaffen, dass eine Hauptverhandlung stattfindet?

War das nicht der Fall, scheitert eine entspr. Rüge nicht daran, dass es einzelnen Zuhörern gleichwohl gelungen ist, an der Hauptverhandlung teilzunehmen.

a) Bei **Verhandlungen** im Gerichtsgebäude, die **in** den üblicherweise genutzten **600** **Sitzungssälen** stattfinden, bedarf es während der gesamten Dauer der Hauptverhandlung eines Aushangs am Sitzungssaal, durch den interessierte Bürger über die Tatsache der Hauptverhandlung und über die Tagesordnung informiert werden.[879] Bei mehreren Verhandlungen am selben Tage oder bei Verhandlungen gegen mehrere Angeklagte setzt dies voraus, dass jeder Angeklagte auf dem Terminzettel vermerkt ist.[880] Keine Verletzung der Vorschriften über die Öffentlichkeit der Hauptverhandlung soll der Umstand darstellen, dass die Hauptverhandlung nach Unterbrechung an demselben Tage in demselben Sitzungssaal fortgesetzt wird, ohne dass dies auf dem ausgehängten Terminsverzeichnis vermerkt war.[881]

Die Verletzung der Vorschriften über die Öffentlichkeit kann die Revision nur begründen, wenn das Gericht den Verstoß zu vertreten hat.[882] Es muss also Kenntnis von der fehlenden Bekanntmachung haben oder es – zumindest zu Beginn und nach jeder Unterbrechung der Verhandlung – unterlassen haben, sich selbst oder mittels eines nachgeordneten Bediensteten (Protokollführer, Justizwachtmeister) davon zu vergewissern, dass ein Aushang mit Hinweis auf die Hauptverhandlung oder ihre Verlegung in einen anderen Sitzungssaal vorhanden ist.[883]

Erforderlich für die Revisionsbegründung ist deshalb die Angabe derjenigen Umstände, aus denen sich das Verschulden des Gerichts (Fahrlässigkeit genügt) ergibt.[884]

Ein Aufruf der Sache zu Beginn der Sitzung vor dem Sitzungszimmer reicht nicht.[885] Ebenfalls ersetzt es den Aushang am Sitzungssaal nicht, wenn der interessierte Bürger nur die Möglichkeit hatte, die Tatsache einer Sitzung in der Pförtnerloge des Gerichtsgebäudes oder bei einer sonstigen Auskunftsstelle zu erfragen.[886]

b) Bei **Verhandlungen im Gerichtsgebäude**, die **außerhalb der üblicherweise 601 genutzten Sitzungssäle** bspw. in dem Dienstzimmer eines Richters stattfinden, reicht erst recht ein bloßer Aufruf der Sache nicht aus; es muss während der gesamten Dauer der Hauptverhandlung durch einen Aushang nach außen deutlich erkennbar sein, dass in dem Zimmer eine öffentliche Verhandlung stattfindet.[887] Außer-

---

879 *BGH* (1. StS), NStZ 1982, 476.
880 Vgl. *OLG Schleswig* NStE Nr. 1 zu § 169 GVG.
881 *OLG Hamm* NStZ 2013, 64.
882 *BayObLGSt* 1994, 41 = MDR 1994, 1235 = *OLGSt* § 338 StPO Nr. 5.
883 *BayObLGSt* 1994, 41 = MDR 1994, 1235 = *OLGSt* § 338 StPO Nr. 5.
884 *BGH* v. 28.9.2011 – 5 StR 245/11 = NStZ 2012, 173 u. Anm. *Deutscher* StRR 2012, 64; *BayObLGSt* 1994, 41 = MDR 1994, 1235 = OLGSt § 338 StPO Nr. 5.
885 *BGH* StV 1983, 446 = NStZ 1984, 89 (5. StS); *OLG Köln* VRS 62, 195.
886 LR-*Wickern*[26] § 169 GVG Rn. 19 m.w.N.
887 *OLG Köln* VRS 62, 195.

dem muss am Eingang des Gerichtsgebäudes oder im Bereich der planmäßigen Sitzungssäle ein Hinweis auf die Verhandlung angebracht sein.[888] Dies gilt auch für Fälle, in denen kurzfristig die Hauptverhandlung in einem anderen Gerichtssaal durchgeführt oder fortgesetzt wird.[889]

602   **c)**   Demgegenüber soll es der Grundsatz der Öffentlichkeit nicht gebieten, dass bei einem **Gericht**, das in **verschiedenen Gebäuden** untergebracht ist, im Hauptgebäude durch einen entspr. Aushang darauf hingewiesen wird, dass und in welchem Gebäude eine Hauptverhandlung stattfindet; hier soll es ausreichen, dass Zuschauer die Möglichkeit hatten, im Hauptgebäude bei einem Pförtner, Wachtmeister oder einer sonstigen Auskunftsstelle die Verhandlungen der Spruchkörper des Gerichts zu erfragen.[890]

603   **d)**   Findet eine **Hauptverhandlung außerhalb des Gerichtsgebäudes** statt, muss zunächst in dem Gerichtsgebäude ein **Aushang** vorhanden sein, der interessierten Bürgern die Möglichkeit verschafft, den Verhandlungsort zu erreichen.[891] Dies gilt unabhängig davon, ob die Hauptverhandlung von vornherein oder erst nach einer Unterbrechung der im Gerichtsgebäude begonnenen Verhandlung außerhalb des Gerichtsgebäudes durchgeführt bzw. fortgesetzt wird.[892]

604   **Achtung!** Bei einer kommissarischen Vernehmung von Zeugen oder Sachverständigen gilt der Grundsatz der Öffentlichkeit nicht.[893]

Es ist deshalb vorzutragen, dass die Verletzung der Öffentlichkeitsvorschriften die Verhandlung vor dem erkennenden Gericht und nicht eine kommissarische Zeugen oder Sachverständigenvernehmung betraf.

605   Wurde die Verhandlung von vornherein außerhalb des Gerichtsgebäudes anberaumt, reicht es, dass ein darauf hinweisender Aushang während der gesamten Dauer der Hauptverhandlung an der üblichen Aushangtafel des Gerichts oder vor einem üblicherweise genutzten Sitzungssaal angebracht war.[894] Hier wie auch bei einer Unterbrechung der im Gerichtsgebäude begonnenen Hauptverhandlung zwecks Fortsetzung außerhalb des Gerichts genügt es nicht, dass interessierte Personen die Möglichkeit hatten, beim Pförtner, der Wachtmeisterei oder einer Geschäftsstelle Erkundigungen über eine Hauptverhandlung einzuholen.[895]

---

888   LR-*Wickern*[26] § 169 GVG Rn. 24.
889   *OLG Dresden* StV 2009, 682.
890   *BGH* (1. StS), NStZ 1982, 476.
891   LR-*Wickern*[26] § 169 GVG Rn. 25.
892   *OLG Koblenz* VRS 53 (1978), 432; *OLG Hamm* JMBl. NW 1981, 238; *OLG Düsseldorf* StV 1982, 563; *OLG Köln* StV 1992, 222; einschränkend *BGH* NStZ 1981, 311 für einen Sonderfall.
893   *OLG Koblenz* VRS 61, 270.
894   *OLG Köln* StV 1992, 222.
895   *OLG Köln* StV 1992, 222; *BayObLGSt* 1980, 2/3; *OLG Hamm* NJW 1974, 1780/1781; *OLG Koblenz* VRS 53, 432/433; *OLG Celle* StV 1987, 287; s. aber auch *BGH* NStZ-RR 2006, 261.

Ebenfalls genügt es nicht, wenn bei einer Unterbrechung der Hauptverhandlung lediglich die bei der Verkündung dieses Beschlusses anwesenden Zuhörer darüber unterrichtet wurden, wo und wann die Hauptverhandlung außerhalb des Gerichtsgebäudes fortgesetzt werde.[896]

Ein Vertrauensschutz wird durch die Verkündung eines Unterbrechungsbeschlusses **606** mit dem Hinweis auf Ort, Zeit und Gegenstand der Weiterverhandlung außerhalb des Gerichtsgebäudes für die dabei anwesenden Zuhörer nicht geschaffen; bei Terminsänderungen,[897] Vernehmung weiterer Zeugen im Zusammenhang mit der Fortsetzung der Hauptverhandlung außerhalb des Gerichtsgebäudes – selbst wenn sie ursprünglich am Gerichtsort vernommen werden sollten – oder der Fortsetzung einer außerhalb des Gerichtsgebäudes durchgeführten Hauptverhandlung an einer anderen Örtlichkeit oder im Sitzungssaal eines anderen Gerichts,[898] sollen die Vorschriften über die Öffentlichkeit der Hauptverhandlung nicht verletzt sein.

Eines Aushanges im Gerichtsgebäude soll es auch dann nicht bedürfen, wenn die Hauptverhandlung außerhalb der üblichen Öffnungszeiten des Gerichts fortgesetzt wurde, sofern Ort und Zeitpunkt der Fortsetzung der Hauptverhandlung in öffentlicher Sitzung bekannt gemacht worden sind.[899]

Ob es einer solchen Bekanntmachung in öffentlicher Sitzung auch dann bedarf, wenn im/am Gerichtsgebäude ein Aushang angebracht ist, ist zweifelhaft.[900]

Weiterhin bedarf es am **Ort** der **außerhalb des Gerichtsgebäudes** durchgeführten **607** Hauptverhandlung **eines Hinweises** durch Aushang, dass an dieser Stelle eine öffentliche Hauptverhandlung stattfindet (Terminszettel).[901]

2. Hatte die Öffentlichkeit die tatsächliche Möglichkeit des Zugangs zur und der Teilnahme an der Hauptverhandlung?

a) Ist der Zugang zum Gerichtsgebäude verwehrt,[902] insbesondere vor oder nach **608** Ende der Öffnungszeiten des Gerichtsgebäudes, ist der Sitzungssaal abgesperrt[903] oder wird interessierten Personen der Zutritt aus anderen als den in §§ 171a, 171b,

---

896 *OLG Celle* StV 1987, 287.

897 *BGH* NStZ 1984, 134.

898 *BGH* (4. StS), GA 1982, 126; *OLG Köln* StV 1984, 275 m. abl. Anm. *Fezer*; *OLG Koblenz* VRS 67, 248.

899 *BGHR* StPO § 338 Nr. 6 Ortstermin 2.

900 S. *OLG Düsseldorf* StV 1982, 563.

901 *OLG Hamm* VRS 64, 451; *OLG Koblenz* VRS 67, 248; *OLG Celle* StV 1987, 287.

902 *BGHSt* 21, 72; *BGH* v. 28.9.2011 – 5 StR 245/11 = NStZ 2012, 173 u. Anm. *Deutscher* StRR 2012, 64.

903 Einem abgesperrten Sitzungssaal steht ein solcher gleich, bei dem ein Schild interessierten Zuhörern den Zutritt untersagt. Ob sich dadurch tatsächlich jemand von der Teilnahme hat abhalten lassen, bedarf keiner Darlegung: *OLG Zweibrücken* NJW 1995, 3333; *OLG Celle* StraFo 2012, 270 = NStZ 2012, 654; **a.A.** *BGH* NStZ 2004, 510; *BGH* NJW 1980, 249.

172, 173 Abs. 2, 174 und 175 GVG genannten Gründen verwehrt, ist der Grundsatz der Öffentlichkeit faktisch verletzt. Einen revisiblen Verfahrensfehler begründet dies aber nur dann, wenn das Gericht den – über geringfügige Beschwernisse hinausgehenden – Verstoß zu vertreten hat[904] und der unter Ausschluss der Öffentlichkeit durchgeführte – wesentliche – Teil der Hauptverhandlung nicht in öffentlicher Sitzung wiederholt oder der Verstoß anderweitig geheilt wird.[905] Auch eine dauerhaft praktizierte Video-Überwachung verletzt das Gebot der Gerichtsöffentlichkeit.[906]

609   **b)**   Ist es durch gerichtlich angeordnete Einlasskontrollen zu einem zeitlich verzögerten Zutritt von rechtzeitig erschienenen Zuhörern in den Verhandlungssaal gekommen, stellt es eine Verletzung des Öffentlichkeitsgrundsatzes dar, wenn mit der Hauptverhandlung gleichwohl zum anberaumten Zeitpunkt begonnen wurde und dieser Teil nicht später wiederholt worden ist, nachdem alle rechtzeitig erschienenen Zuhörer Einlass gefunden hatten.[907]

610   **Achtung!** Dies soll sich nur auf die Lage bei Beginn der Hauptverhandlung beziehen, nicht aber auf die Lage nach Unterbrechung der Hauptverhandlung oder zeitweisem Ausschluss der Öffentlichkeit; die dann durch die Durchführung erneuter Einlasskontrollen eintretende Verzögerung beim Einlass interessierter Personen in den Sitzungssaal soll eine Pflicht, mit der Fortführung der Hauptverhandlung abzuwarten, nicht begründen.[908] Diese Auffassung sollte im Hinblick auf die auch in dieser Situation erfolgende Beeinträchtigung des Öffentlichkeitsgrundsatzes einer Überprüfung unterzogen werden.

Für die Revisionsbegründung ist in entspr. Fällen aber vorsorglich vorzutragen, ob es zu der Verzögerung des Zutritts zum Sitzungssaal zu Beginn der Hauptverhandlung oder nach einer Unterbrechung gekommen ist.

611   **c)**   Die faktische Gewährleistung des Öffentlichkeitsgrundsatzes setzt voraus, dass die Sitzungsräumlichkeit des Gerichts so beschaffen ist, dass interessierte Zuhörer darin auch – sitzend – Platz finden. Ein Raum, in dem gar kein oder nur ein einziger Sitzplatz für Zuhörer vorhanden ist und weitere Personen allenfalls stehend oder gar keinen Platz finden konnten, genügt diesen Anforderungen nicht.[909] Andererseits gebietet es der Öffentlichkeitsgrundsatz nicht, Räumlichkeiten mit einer solchen Größe zur Verfügung zu stellen, dass *alle* interessierten Personen darin Platz gefunden hätten. Es stellt ebenfalls keine ungesetzliche Einschränkung des Öffentlich-

---

904   Es müssen in der Revisionsbegründung die Umstände dargelegt werden, aus denen sich das Verschulden des Gerichts ergibt; *BGH* v. 28.9.2011 – 5 StR 245/11 = NStZ 2012, 173 u. Anm. *Deutscher* StRR 2012, 64; s. beispielhaft *OLG Celle* StraFo 2012, 270 = NStZ 2012, 654.

905   Siehe hierzu *BGH* NStZ 2002, 106.

906   *VG Wiesbaden* StV 2010, 514; *LG Itzehoe* NJW 2010, 3525.

907   *BGHSt* 28, 341 = NJW 1979, 2622.

908   *BGHSt* 29, 258 = StV 1981, 8 m. **abl.** Anm. *Siehl.*

909   *BayObLGSt* 1981, 186 = StV 1982, 62; *OLG Köln* NStZ 1984, 282.

keitsrundsatzes dar, wenn ein *Teil* der bei öffentlichen Verhandlungen der Allgemeinheit zur Verfügung stehenden Plätze Pressevertretern vorbehalten bleibt.[910] Unzulässig wäre es, sämtliche Sitzplätze für eine bestimmte Gruppe von Zuhörern zu reservieren und andere vor diesen erschienene Interessenten deshalb zurückzuweisen.[911]

Erscheinen mehr Interessierte als Plätze vorhanden sind, sind diese nach der Reihenfolge ihres Erscheinens bzw. ihres Eintritts in den Sitzungssaal zuzulassen, eine Auswahl nach anderen Gesichtspunkten als dem „Zufallsprinzip" wäre unzulässig.[912]

d) Finde die Hauptverhandlung außerhalb des Gerichtsgebäudes in einer Räumlichkeit statt, deren Hausrechtsinhaber den Zutritt der Öffentlichkeit ganz oder teilweise untersagt, soll dies nach Auffassung des BGH hinzunehmen sein.[913] Allerdings hat sich das Gericht um die Erlaubnis des Hausrechtsinhabers zum Betreten seines Anwesens durch Zuschauer zu bemühen.[914] Auch ist eine durch den Hausrechtsinhaber verursachte Beschränkung der Öffentlichkeit nur dann hinzunehmen, wenn die Wahrheitsfindung die Durchführung der Hauptverhandlung unter diesen Umständen zwingend erfordert, was nur bei einer Augenscheinseinnahme oder der Vernehmung einer transportunfähigen Person der Fall sein dürfte. **612**

e) Findet die Hauptverhandlung zum Zwecke der Durchführung einer Augenscheinseinnahme außerhalb des Sitzungssaals in einer beengten Räumlichkeit statt, die nicht allen interessierten Zuhörern die Anwesenheit erlaubt, kann die Entscheidung des Vorsitzenden über den Umfang, in dem die Öffentlichkeit zugelassen werden kann, nur auf Rechtsfehler bei der Ermessensausübung überprüft werden.[915] **613**

Ansonsten sind bei Verhandlungen außerhalb des Gerichtsgebäudes mit den Örtlichkeiten einer Augenscheinseinnahme verbundene tatsächliche Einschränkungen der Öffentlichkeit hinzunehmen.[916]

3. Heilung des Verfahrensfehlers

Grundsätzlich gilt für alle Fälle der Verhandlung unter faktischer Verletzung des Öffentlichkeitsgrundsatzes, dass ein diesbezüglicher Verfahrensmangel bis zum Urteil bestanden oder fortgewirkt haben muss.[917] Das ist nicht nur im Fall der Wieder- **614**

---

910 *BGH* wistra 2006, 235 = JR 2006, 389 m. Anm. *Humberg*.
911 *BGH* v. 20.3.1975 – 4 StR 7/75.
912 *BGH* wistra 2006, 235 = JR 2006, 389, 391 m. Anm. *Humberg* (auch zu den Rügeanforderungen in diesem Fall).
913 *BGHSt* 40, 191 = StV 1994, 470; *BGH* NStZ-RR 2000, 366; **a.A.** *Lilie* NStZ 1993, 121/125.
914 *Foth* JR 1979, 262.
915 *BGH* wistra 2006, 235 = JR 2006, 389 m. Anm. *Humberg*. Siehe auch Rüge 139 Rn. 1209.
916 *BGHSt* 21, 72, 73; 24, 72, 73; 27, 13, 14.
917 *BGHSt* 33, 99 = StV 1985, 402 m. Anm. *Fezer* = NStZ 1985, 422 m. Anm. *Schöch*.

holung der Teile der Hauptverhandlung in öffentlicher Sitzung zu verneinen, die unter rechtswidrigem Ausschluss der Öffentlichkeit stattgefunden haben, sondern auch dann, wenn auf eine unter Ausschluss der Öffentlichkeit durchgeführte Beweisaufnahme nachträglich von allen Verfahrensbeteiligten verzichtet worden ist.[918]

4. Besonderheiten bei jugendlichen Angeklagten

615 Findet die Hauptverhandlung gegen einen zur Tatzeit jugendlichen Angeklagten statt, kann dieser eine Verletzung der Öffentlichkeit auch dann nicht rügen, wenn gegen ihn nur im Hinblick auf erwachsene oder heranwachsende Mitangeklagte öffentlich verhandelt worden ist.[919]

II. Anforderungen an Vortrag der Rüge der Verletzung des § 169 GVG (§ 338 Nr. 6 StPO) infolge faktischer Nichtwahrung des Öffentlichkeitsgrundsatzes

1. Die Öffentlichkeit hatte keine Möglichkeit, sich ohne besondere Schwierigkeiten davon Kenntnis zu verschaffen, dass und wo eine Hauptverhandlung stattgefunden hat

616 • Es muss im Einzelnen dargelegt werden, dass während der gesamten Dauer der Hauptverhandlung oder zumindest zeitweise die Öffentlichkeit keine Möglichkeit hatte, sich ohne besondere Schwierigkeiten davon Kenntnis zu verschaffen, dass eine Hauptverhandlung stattfindet bzw. wo bei Unterbrechung der Hauptverhandlung diese fortgesetzt wurde. Dabei ist im Einzelnen darzulegen, wo die Hauptverhandlung durchgeführt worden ist, in welcher Form – wenn überhaupt – ein Aushang darauf aufmerksam gemacht hat, wie bei Unterbrechung und Fortsetzung der Hauptverhandlung außerhalb des Gerichtsgebäudes auf diese Veränderung hingewiesen wurde etc.

• Es sind diejenigen Umstände anzugeben, aus denen sich ergibt, dass das Gericht die zur Wahrung der Öffentlichkeit gebotenen Maßnahmen unterlassen hat,

oder

2. Die Öffentlichkeit hatte ganz oder teilweise nicht die tatsächliche Möglichkeit des Zugangs zur und der Teilnahme an der Hauptverhandlung

617 • Das Gerichtsgebäude oder der Sitzungssaal waren abgesperrt oder interessierten Personen wurde der Zutritt aus anderen als den in §§ 171a 171b, 172, 173

---

918 *BGHSt* 33, 99 = StV 1985, 402 m. Anm. *Fezer* = NStZ 1985, 422 m. Anm. *Schöch*.
919 *BGH* v. 23.1.2003 – 4 StR 412/02 u. *BGH* wistra 2006, 237 = JR 2006, 389 m. Anm. *Humberg*.

Abs. 2, 174 und 175 GVG genannten Gründen (es muss dargelegt werden, dass die entspr. Voraussetzungen **nicht** vorlagen) verwehrt,[920] wodurch sich tatsächlich jemand von der Teilnahme an der Sitzung hat abhalten lassen,[921]

oder

• durch gerichtlich angeordnete Einlasskontrollen war es rechtzeitig erschienenen Zuhörern zu Beginn **oder** nach Unterbrechung[922] der Hauptverhandlung verwehrt, in den Sitzungssaal zu gelangen und die Hauptverhandlung gleichwohl begonnen bzw. fortgesetzt wurde, bevor alle rechtzeitig erschienenen Zuhörer Einlass gefunden hatten,

oder

• die Sitzungsräumlichkeit des Gerichts war nicht so beschaffen, dass Zuhörer überhaupt oder in einem Mindestmaß Gelegenheit hatten, die Hauptverhandlung zu verfolgen; letzterenfalls dass Zuschauern nicht in der Reihenfolge ihres Erscheinens Einlass gewährt wurde bzw. es zu einer unzulässigen Bevorzugung einer bestimmten Besuchergruppe kam,

oder

• das Gericht hat sich im Falle der Hauptverhandlungsdurchführung in einer Räumlichkeit, deren Hausrechtsinhaber den Zutritt der Öffentlichkeit ganz oder teilweise verweigerte, weder um eine (erweiterte) Erlaubnis des Hausrechtsinhabers bemüht, noch eine zur Verfügung stehende Alternative zur Durchführung der Hauptverhandlung an dieser Örtlichkeit erwogen.[923] Im Falle einer Augenscheinseinnahme ist darzulegen, dass es sich nicht um einen kommissarischen Augenschein (§ 225 StPO) handelte, für den der Öffentlichkeitsgrundsatz nicht gilt.

3. Verantwortung des Gerichts für Verletzung des Öffentlichkeitsgrundsatzes

Die faktische Einschränkung der Öffentlichkeit muss von dem Gericht zu vertreten sein, was unter Angabe der Umstände des Einzelfalles darzulegen ist. **618**

---

920 Zum Vortrag bei Verweigerung des Zutritts außerhalb von Verhandlungspausen, um eine Störung der Sitzung zu vermeiden, *BGH* NStZ 2004, 510.

921 Ob es eines solchen, dem Revisionsverteidiger nur selten möglichen, Vortrags bedarf, ist strittig: Siehe *BGH* NJW 1980, 249 u. *BGH* NStZ 2004, 510 einerseits, *OLG Zweibrücken* NJW 1995, 3333 u. *OLG Naumburg* Beschl. v. 1.9.2004 – 1 Ss (B) 249/04 andererseits.

922 S. dazu aber *BGHSt* 29, 258 = StV 1981, 8 m. **abl.** Anm. *Siehl.*

923 *BGH* wistra 2006, 235 = JR 2006, 389 m. Anm. *Humberg.*

4. Wesentlicher Teil der Hauptverhandlung

619 Die Verhandlung unter Verletzung der Vorschriften über die Öffentlichkeit betraf einen wesentlichen Teil der Hauptverhandlung[924] und nicht eine kommissarische Zeugen- oder Sachverständigenvernehmung.

5. Heilung

620 Der in nicht öffentlicher Verhandlung durchgeführte Teil der Hauptverhandlung ist nicht vollständig in öffentlicher Verhandlung wiederholt oder der Verfahrensfehler nicht sonstwie (in nach den Umständen des Falles darzulegender Weise) geheilt worden.

6. „Beruhen"

621 Der Angeklagte ist nicht teilweise freigesprochen bzw. das Verfahren ist nicht teilweise gem. § 154 Abs. 2 StPO eingestellt worden. Anderenfalls ist mitzuteilen, dass der genau zu bezeichnende Teil der Hauptverhandlung, der unter Verstoß gegen die Vorschriften über die Öffentlichkeit stattfand, zur Verurteilung des Angeklagten herangezogen worden ist.[925]

B. Wurde im Laufe der Hauptverhandlung die Öffentlichkeit ausgeschlossen?

I. Beruht ein Ausschluss der Öffentlichkeit auf einem ordnungsgemäßen Gerichtsbeschluss und ist dieser öffentlich verkündet worden?

1. Rechtsgrundlagen

622 a) Nach § 174 Abs. 1 S. 2 GVG bedarf es zum Ausschluss der Öffentlichkeit eines **Gerichtsbeschlusses**.[926] Eine Anordnung des Vorsitzenden kann den Beschluss des erkennenden Gerichts nicht ersetzen.[927] Dies gilt unabhängig davon, aus welchem Grund die Öffentlichkeit ausgeschlossen wird.[928] Etwas anderes gilt nur in

---

924 Siehe Rüge 23 Rn. 424. Auch der Gegenstand der Verhandlung ist mitzuteilen: *BGH* NJW 1996, 138. Siehe auch *BGH* NStZ 2002, 106 zur Abgrenzung von Vorgängen, die außerhalb der Hauptverhandlung vorgenommen werden dürfen und solchen, die Gegenstand der Hauptverhandlung unter Beachtung des Grundsatzes der Öffentlichkeit sein müssen.

925 Zu diesem Erfordernis *BGH* StV 2008, 123 m. Anm. *Ventzke.*

926 *OLG Hamm* StraFo 2000, 195.

927 *BGH* (2. StS), StV 1984, 499; *BGH* StV 2000, 242 = NStZ 1999, 371 (4. StS); a.A. *BGH* (3. StS), NStZ 1999, 372.

928 Im Hinblick auf § 171b Abs. 5 GVG soll der Nichtausschluss der Öffentlichkeit gem. § 336 S. 2 StPO der revisionsgerichtlichen Prüfung entzogen sein: *BGH* v. 15.12.2015 – 4 StR 401/15 = StV 2016, 788. Dies gilt aber nur für die in § 171b Abs. 1 bis 4 GVG normierten tatbestandlichen Voraussetzungen, nicht aber für die Frage, ob eine generel-

den Fällen der Verhandlung ausschließlich gegen Jugendliche (§ 48 Abs. 1 JGG). Hier bedarf es keines Beschlusses. § 174 GVG gilt demgegenüber aber für Verhandlungen gegen Heranwachsende (§ 109 Abs. 1 JGG) ebenso wie in Verfahren gegen Jugendliche oder Heranwachsende vor dem Erwachsenengericht (§§ 104 Abs. 2, 112 S. 1 JGG). Verhandlungen vor dem Jugendgericht gegen Jugendliche **und** Heranwachsende oder Erwachsene sind öffentlich (§ 48 Abs. 3 S. 1 JGG). Die Öffentlichkeit kann aber durch Gerichtsbeschluss nach § 48 Abs. 3 S. 2 JGG ausgeschlossen werden, wenn dies im Interesse der Erziehung jugendlicher Angeklagter geboten ist.

Durch den Beschluss wird der **Umfang des Öffentlichkeitsausschlusses** festgelegt. **623** Ein darüber hinausgehender Ausschluss wäre unzulässig. Der Beschluss muss deshalb genau angeben, ob die Öffentlichkeit für die gesamte weitere Verhandlung bis zur Urteilsverkündung (diese ist mit Ausnahme des jugendgerichtlichen Verfahrens – § 48 JGG – gem. § 173 Abs. 1 GVG immer öffentlich, während für die Verkündung der Urteilsgründe die Öffentlichkeit gem. § 173 Abs. 2 GVG ganz oder teilweise ausgeschlossen werden kann) oder nur für einzelne Verfahrensabschnitte[929] ausgeschlossen wurde.[930]

Wird der Zeitraum des Ausschlusses der Öffentlichkeit in dem Anordnungsbeschluss – ggf. auch versehentlich – nicht eingegrenzt, gilt der Ausschluss für die gesamte Dauer der Hauptverhandlung bis zur Urteilsverkündung.[931]

Erfolgt der Öffentlichkeitsausschluss für einzelne Verhandlungteile, sind diese genau zu bezeichnen. Nach Auffassung des BGH soll der Beschluss aber auslegungsfähig sein, so dass sich der Öffentlichkeitsausschluss auch auf solche Verhandlungteile beziehe, die mit dem im Beschluss ausdrücklich genannten Verhandlungsteil in einem engen inneren Zusammenhang stünden.[932] Es kommt deshalb auf den Inhalt dessen an, was unter Ausschluss der Öffentlichkeit verhandelt wur- **624**

---

le Befugnis besteht, die Öffentlichkeit während eines bestimmten Verfahrensabschnitts auszuschließen, *BGH* v. 7.12.2016 – 1 StR 487/16 = StV 2017, 369. S. auch *Meyer-Goßner/Schmitt*[60] § 171b GVG Rn. 16 u. die dortigen Rspr.-Nachw. sowie Rn. 624.

929 Der Ausschluss der Öffentlichkeit ist nach § 171b GVG auch während der Anklageverlesung zulässig: *BGH* v. 21.6.2012 – 4 StR 623/11 = StraFo 2012, 365 = StV 2012, 712.

930 *BGH* StV 1990, 10 m. Anm. *Frommel.*

931 *BGH* MDR 1992, 634 H – ob dafür die Voraussetzungen vorlagen, s. unten Rn. 628.

932 *BGHR* GVG § 171 b Abs. 1 – Augenschein 1 = NStZ 1988, 190 (4. StS); *BGHR* GVG § 171b Abs. 1 – Dauer 8 zur Anordnung weiterer Zeugenvernehmungen; *BGH* v. 14.5.1996 – 1 StR 51/96 = NJW 1996, 2663 zur Entscheidung über die Vereidigung; *BGH* v. 2.2.1999 – 1 StR 636/98 = NStZ 1999, 371 zum Hinweis auf eine veränderte Sachlage und zur Stellung eines Beweisantrages; *BGH* v. 15.4.2003 – 1 StR 64/03 = NJW 2003, 2761 zur Entlassung eines Zeugen; *BGH* v. 20.9.2005 – 3 StR 214/05 = NStZ 2006, 117 zu Erklärungen des Angeklagten nach § 257 StPO; *BGH* v. 25.1.1994 – 5 StR 508/93 = NStZ 1994, 354 zur Entfernung des Angeklagten nach § 247 StPO; *BGH* v. 12.11.2015 – 5 StR 467/15 zur verständigungsvorbereitenden Erörterung aus Anlass einer unter Ausschluss der Öffentlichkeit erfolgten Einlassung des Angeklagten; s. aber auch *BGH* v. 31.5.2017 – 2 StR 428/16, Tz. 6 f. (kein Zusammenhang).

de,[933] was im Rahmen der Revisionsbegründung im Einzelnen vorzutragen ist.[934] Auch kann für die Auslegung des Beschlusses ein darauf abzielender Antrag eines Verfahrensbeteiligten von Bedeutung sein, dessen Inhalt deshalb ebenfalls vorzutragen ist.[935] Ist die Öffentlichkeit zu den Schlussanträgen i.S.d. § 171b Abs. 3 S. 2 GVG ausgeschlossen worden, zählt dazu auch das letzte Wort des Angeklagten.[936]

625   **b)**   Geht der Ausschluss über die in dem Beschluss bestimmte Dauer bzw. den bezeichneten Verhandlungsgegenstand hinaus,[937] ist § 169 GVG verletzt,[938] es sei denn, dass Handlungen oder Erörterungen stattfinden, die auch außerhalb der Hauptverhandlung hätten erfolgen dürfen.[939] Es muss die Öffentlichkeit wieder hergestellt werden, sobald der Verfahrensabschnitt beendet ist, für den die Öffentlichkeit ausgeschlossen wurde.[940] Wurde trotzdem unter Ausschluss der Öffentlichkeit weiterverhandelt, ist der absolute Revisionsgrund des § 338 Nr. 6 StPO gegeben.[941]

626   **c)**   In dem Gerichtsbeschluss ist gem. § 174 Abs. 1 S. 3 GVG in den Fällen der §§ 171b, 172 und 173 GVG der **Ausschlussgrund** mitzuteilen.[942]

Dabei lässt es der BGH im Einzelfall genügen, dass der Beschluss auf einen hinreichend begründeten Ausschließungsantrag eines Verfahrensbeteiligten Bezug nimmt, weshalb dessen Inhalt gem. § 344 Abs. 2 S. 2 StPO im Rahmen der Revisionsbegründung mitzuteilen ist.[943] Die Bezugnahme auf einen Beschluss betreffend die Entfernung des Angeklagten aus der Hauptverhandlung gem. § 247 StPO reicht demgegenüber ohne weiteres nicht.[944]

---

933   Vgl. zur Kasuistik *BGH* (4. StS), NStZ 1988, 190; *BGH* (2. StS), StV 1991, 191; *BGH* (1. StS), StV 2000, 248 m. Anm. *Ventzke*.

934   Solange es nicht um den Sachbeweis geht, ist eine solche Rekonstruktion des Inhalts der Hauptverhandlung nach Auffassung des *BGH* zulässig.

935   Auch ein außerhalb der Hauptverhandlung gestellter Antrag eines Zeugen auf Ausschluss der Öffentlichkeit ist wirksam, allerdings müssen alle Verfahrensbeteiligte sowie die im Sitzungssaal anwesenden Zuhörer in der Lage sein, den Ausschlussgrund eindeutig zu erkennen: *BGH* v. 22.10.2013 – 4 StR 389/13.

936   *BGH* v. 7.12.2016 – 1 StR 487/16 = StV 2017, 369.

937   Die Wiederherstellung der Öffentlichkeit ist eine zu protokollierende wesentliche Förmlichkeit der Hauptverhandlung: *BGH* (4. StS), StV 1989, 384 sowie *BGH* v. 31.5.2017 – 2 StR 428/16, Tz. 4.

938   *BGHSt* 7, 218; *BGH* MDR 1970, 562; *BGH* MDR 1976, 988; *BGHR* StPO § 338 Nr. 6 Ausschluss 4; *BGH* (2. StS), StV 1990, 252.

939   Siehe hierzu die Beispiele in *BGH* NStZ 2002, 106 sowie in *BGH* (1. StS), StV 2000, 248 m. Anm. *Ventzke*.

940   Die Wiederherstellung der Öffentlichkeit ist eine wesentliche Förmlichkeit, für die die Beweiskraft des Protokolls nach § 274 StPO gilt: *BGH* v. 14.1.2016 – 4 StR 543/15 = StraFo 2016, 112 sowie *BGH* v. 31.5.2017 – 2 StR 428/16, Tz. 4.

941   *BGH* v. 14.1.2016 – 4 StR 543/15 = StraFo 2016, 112 m.w.N.

942   Der Grund für den Ausschluss nach § 171a GVG muss nicht mitgeteilt werden, er unterliegt aber der revisionsrechtlichen Überprüfung dahin, ob die Voraussetzungen dieser Vorschrift vorgelegen haben; dazu unten Rn. 629.

943   *BGH* StV 1994, 641 = NStZ 1994, 591 (5. StS).

944   *BGH* StV 1983, 268 = NStZ 1983, 324 (4. StS).

Ob das Fehlen einer Begründung auch dann schädlich ist, wenn es für die Verfah- **627**
rensbeteiligten und die Zuhörer im Gerichtssaal auf der Hand lag, welcher Grund
dem Öffentlichkeitsausschluss zugrunde lag, ist umstritten.[945]

Das Fehlen einer ausdrücklichen Begründung soll auch dann unschädlich sein,
wenn sich aus den Urteilsgründen und dem Sitzungsprotokoll der Verfahrensablauf
bis zur Entscheidung über den Ausschluss ergibt und dieser aufweist, dass es für die
Zuhörer im Gerichtssaal ohne weiteres erkennbar war, auf welche Prozesshandlun-
gen sich die Ausschließung beziehen sollte und welche Bedeutung diesen Prozess-
handlungen zukam, so dass auch das Revisionsgericht später aus dem gleichen
Grunde sicher ausschließen könne, dass nach der konkreten Sachlage aus rechtlichen Gründen keine andere Entscheidung des Tatgerichts in Betracht kam.[946]

Im Regelfall ist das Fehlen einer Begründung deshalb rechtsfehlerhaft, weil ansons-
ten den Verfahrensbeteiligten, insbesondere aber später dem Revisionsgericht jede
Möglichkeit genommen ist, die Rechtmäßigkeit des Ausschlusses zu überprüfen.
Der begründungslose Beschluss über den Ausschluss der Öffentlichkeit stellt einen
absoluten Revisionsgrund dar, wenn mehrere im Ermessen des Gerichts stehende
Ausschlussmöglichkeiten in Betracht kamen.[947] Deshalb kann die Revision nicht
darauf gestützt werden, dass die Voraussetzungen für einen Ausschluss nach § 171b
Abs. 1-3 GVG nicht vorgelegen hätten (§ 171b Abs. 5 GVG, § 336 S. 2 StPO).[948]

Der Hinweis auf eine Gesetzesbestimmung reicht nur dann aus, wenn dadurch der
Ausschließungsgrund eindeutig gekennzeichnet ist, nicht also, wenn – wie bei § 172
GVG – das Gesetz mehrere Alternativen für die Begründung eines Ausschlusses
enthält. Über die Wiedergabe des einschlägigen Gesetzeswortlauts hinausgehende
tatsächliche Angaben werden von der Revisionsrechtsprechung allerdings nicht gefordert.

d) Kommt es im weiteren Verlauf der Hauptverhandlung zu einem **erneuten Öf-** **628**
fentlichkeitsausschluss, bedarf es dafür eines eigenständigen mit Gründen verse-
nen Beschlusses.[949] Auf einen früheren Beschluss darf zur Begründung nur dann
verwiesen werden, wenn damit der Grund für den erneuten Ausschluss unmissverständlich klargestellt ist,[950] ansonsten bedarf es auch insoweit einer besonderen Begründung. Eine Anordnung des Vorsitzenden genügt nicht. Das gilt selbst dann,

---

945 Zu den unterschiedlichen Auffassungen der einzelnen Strafsenate des BGH s. die Nachweise in *BGHSt* 45, 117 = StV 2000, 244 m. **abl.** Anm. *Park.*
946 *BGHSt* 45, 117 = StV 2000, 244 (1. StS) m. Anm. *Park* = JR 2000, 251 m. Anm. *Rieß*;
kritisch LR-*Wickern*[26] § 174 GVG Rn. 18 m.w.N.
947 *OLG Nürnberg* v. 25.2.2015 – 1 OLG 8 Ss 1/15 = StV 2015, 282.
948 *BGH* v. 19.12.2006 – 1 StR 268/06 = StV 2007, 514 = NJW 2007, 709; *BGH* v.
7.12.2016 – 1 StR 487/16 = StV 2017, 369, Tz. 9.
949 *BGH* (2. StS), StV 1981, 57.
950 *BGHSt* 30, 298 = StV 1982, 106.

wenn derselbe Zeuge im weiteren Verlauf der Hauptverhandlung nochmals unter Ausschluss der Öffentlichkeit vernommen werden soll.[951]

629 **e)** Die **sachliche Berechtigung** eines im Beschluss eindeutig bezeichneten Ausschlussgrundes unterliegt in tatsächlicher Hinsicht keiner Nachprüfung im Revisionsverfahren. Das Revisionsgericht prüft im Zusammenhang mit §§ 171a und 172 GVG sowie § 48 Abs. 3 JGG – nicht aber bei § 171b Abs. 1 und 2 GVG (§ 171b Abs. 3 GVG!)[952] – lediglich, ob der Tatrichter die maßgebenden Rechtsbegriffe verkannt und ggf. sein Ermessen fehlerhaft gehandhabt hat.

Liegt aber offen zutage, dass dem angegebenen Ausschlussgrund die tatsächliche Grundlage fehlt oder enthält der Beschluss doch konkrete Tatsachenangaben, die unter die herangezogene Gesetzesbestimmung nicht subsumiert werden können, ist dies der revisionsrechtlichen Nachprüfung zugänglich.[953]

630 **f)** Der Beschluss über den Öffentlichkeitsausschluss muss in der Regel öffentlich verkündet werden (§ 174 Abs. 1 S. 2 GVG)[954]. Das gilt in den Fällen der § 171b, 172 und 173 GVG auch für die Gründe. Ebenso ist der Beschluss, durch den die Fortdauer des Öffentlichkeitsausschlusses mitgeteilt wird, in der Regel öffentlich zu verkünden. Unterbleibt dies und liegt auch kein Ausnahmegrund i.S.d. § 174 Abs. 1 S. 2 GVG vor, was in der Revisionsbegründung durch entspr. Vortrag ausgeschlossen werden sollte, ist das ein absoluter Revisionsgrund (§ 174 Abs. 1 GVG, § 338 Nr. 6 StPO).[955]

Trotz Vorliegens eines der vorgenannten Verfahrensfehler soll davon der Bestand des Urteils nach Auffassung des BGH nicht berührt sein, wenn dies denkgesetzlich ausgeschlossen werden könne.[956]

Bezog sich der Verstoß gegen die Regeln der Öffentlichkeit nur auf einen abtrennbaren Teil des Verfahrens, erfolgt eine Aufhebung des Urteils nur in diesen Grenzen.[957]

---

951 *BGH* StV 2008, 126; *BGH* v. 9.12.2008 – 3 StR 443/08 = StV 2009, 680 = NStZ 2009, 286 = StraFo 2009, 116; *BGH* v. 17.8.2011 – 5 StR 263/11 = StV 2012, 140; *BGH* v. 9.4.2013 – 5 StR 612/12 = StV 2013, 549 = NStZ 2013, 479.

952 Siehe dazu und zu Ausnahmen *BGH* v. 21.6.2012 – 4 StR 623/11, Rn. 7 = StV 2012, 712 = StraFo 2012, 365 (Ausschluss der Öffentlichkeit während der Verlesung des Anklagesatzes).

953 KK-*Diemer*[7] § 172 GVG Rn. 11 m.w.N.

954 *BGH* (5. StS), StV 1985, 49, 223.

955 *BGH* StV 2000, 243.

956 *BGH* MDR 1995, 1160 = wistra 1995, 351; *BGH* StV 2000, 248 m. abl. Anm. *Ventzke*.

957 Vgl. bspw. *BGH* StV 1981, 3 (3. StS) und 3 f. (2. StS).

2. Anforderungen an den Vortrag der Rüge der Verletzung des § 169 GVG durch rechtsfehlerhaften Ausschluss der Öffentlichkeit (§ 338 Nr. 6 StPO)

a) Während der Dauer der Hauptverhandlung war die Öffentlichkeit ganz oder **631** teilweise ausgeschlossen, wobei unter Ausschluss der Öffentlichkeit ein wesentlicher Teil der Hauptverhandlung stattfand:

Gegenstand und Inhalt der unter Ausschluss der Öffentlichkeit durchgeführten Verhandlung sind mitzuteilen. Es ist ferner mitzuteilen, ob und ggf. wann die Öffentlichkeit wiederhergestellt wurde (dies wird durch das Hauptverhandlungsprotokoll positiv oder negativ bewiesen[958]).

b) Dem Ausschluss der Öffentlichkeit lag kein Beschluss aller Mitglieder des er- **632** kennenden Gerichts zugrunde (sondern bspw. nur eine Anordnung des Vorsitzenden),[959]

oder

der auf einem (wörtlich mitzuteilenden) Gerichtsbeschluss beruhende Ausschluss **633** der Öffentlichkeit betraf auch die Verkündung der Urteilsgründe, obwohl sich das Verfahren nicht **ausschließlich** gegen Jugendliche richtete (s. § 48 Abs. 1 JGG) bzw. bei Verhandlungen gegen Jugendliche **und** Heranwachsende/Erwachsene der Beschluss den Ausschluss der Öffentlichkeit nicht auf § 48 Abs. 3 S. 2 JGG gestützt hat, bzw. kein **besonderer** Beschluss des Gerichts gem. § 173 Abs. 2 GVG unter Beachtung des in § 174 GVG geregelten (darzulegenden) Verfahrens ergangen ist (der Inhalt des Beschlusses ist wörtlich mitzuteilen),

oder

die Öffentlichkeit auch für Verhandlungsteile ausgeschlossen war, auf die sich der **634** den Öffentlichkeitsausschluss anordnende Beschluss nicht bezogen hat:

- Der Inhalt des Beschlusses ist mit Gründen vollständig vorzutragen.
- Der darauf abzielende Antrag eines Verfahrensbeteiligten ist vollständig mitzuteilen.[960]
- Es ist detailliert mitzuteilen, was unter Ausschluss der Öffentlichkeit verhandelt wurde und bestimmt zu behaupten, dass zwischen den vom Beschluss erfassten und tatsächlich unter Ausschluss der Öffentlichkeit stattgefundenen Verhandlungsteilen kein Zusammenhang bestanden hat,[961]

---

958   *BGH* v. 14.1.2016 – 4 StR 543/15 = StraFo 2016, 112.

959   Die Mitteilung der Negativtatsache der Nichtexistenz eines die Öffentlichkeit ausschließenden Beschlusses reicht aus: *OLG Hamm* Beschl. v. 13.3.2000 – 2 Ss 213/00.

960   Erging der Beschluss von Amts wegen, ist – als Negativtatsache – mitzuteilen, dass dieser Beschluss nicht auf Antrag eines Verfahrensbeteiligten erging.

961   *BGH* StV 1998, 364; s. weitere Nachw. oben Rn. 624.

- bzgl. der von dem die Öffentlichkeit ausschließenden Beschluss nicht gedeckten Verhandlungsteile auch kein ergänzender Beschluss zur Fortdauer des Öffentlichkeitsausschlusses ergangen ist,

oder

635 ein Gerichtsbeschluss ergangen ist, der entgegen § 174 Abs. 1 S. 3 GVG nicht begründet worden war:

- Es ist der gesamte verkündete Beschluss im Wortlaut mitzuteilen;
- war der Beschluss auf Antrag eines Verfahrensbeteiligten ergangen und nahm insbesondere der Beschluss darauf Bezug, ist auch dieser Antrag einschließlich einer im Hauptverhandlungsprotokoll dokumentierten Begründung wörtlich mitzuteilen.[962] Nimmt der Beschluss auf einen früheren Beschluss Bezug, ist auch dieser im Wortlaut in die Revisionsbegründung aufzunehmen.

636 c) Der unter Verletzung der Vorschriften über die Öffentlichkeit des Verfahrens durchgeführte Teil der Hauptverhandlung ist nicht in öffentlicher Verhandlung wiederholt oder sonstwie geheilt worden.

637 d) Der Angeklagte ist nicht teilweise freigesprochen bzw. das Verfahren ist nicht teilweise gem. § 154 Abs. 2 StPO eingestellt worden. Anderenfalls ist mitzuteilen, dass der genau zu bezeichnende Teil der Hauptverhandlung, der unter Verstoß gegen die Vorschriften über die Öffentlichkeit stattfand, zur Verurteilung des Angeklagten herangezogen worden ist.[963]

II. Ist über den Ausschluss der Öffentlichkeit (in nicht öffentlicher Sitzung) verhandelt worden?

1. Keine Verhandlung über Öffentlichkeitsausschluss

638 Dass über den Ausschluss der Öffentlichkeit nicht verhandelt wurde, stellt keinen absoluten Revisionsgrund dar. Die Verletzung des rechtlichen Gehörs (Art. 103 GG; § 33 Abs. 1 StPO) begründet aber für denjenigen einen relativen Revisionsgrund, der nicht angehört worden ist. Dazu gehört auch der nach § 247 StPO entfernte Angeklagte (der absolute Revisionsgrund der §§ 247, 338 Nr. 5 StPO ist allerdings weitergehend[964]). Bei gemeinsamen Verhandlungen gegen Jugendliche **und** Heranwachsende/Erwachsene kann im Falle eines Öffentlichkeitsausschlusses ohne zuvorige Verhandlung der Verfahrensfehler nicht von dem jugendlichen Angeklagten geltend gemacht werden.[965]

---

962 *BGH* StV 1994, 641 = NStZ 1994, 591.
963 Zu diesem Erfordernis *BGH* StV 2008, 123 m. Anm. *Ventzke*.
964 Siehe dazu Rüge 31 Rn. 504.
965 *BGHSt* 10, 119.

2. Verhandlung über Ausschluss in nicht öffentlicher Sitzung

Nach § 174 Abs. 1 S. 1 GVG ist über die Ausschließung der Öffentlichkeit in nicht **639** öffentlicher Sitzung zu verhandeln, wenn ein Beteiligter es beantragt oder das Gericht es für angemessen erachtet. Beteiligter in diesem Sinne kann auch ein Zeuge sein, so dass die auf seinen Antrag hin stattfindende nicht öffentliche Verhandlung § 169 S. 1 GVG nicht verletzt.[966]

C. Wurde während der Hauptverhandlung einzelnen Zuhörern der Zutritt verwehrt oder wurden einzelne oder sämtliche Zuhörer aus dem Sitzungszimmer entfernt bzw. haben sie sich einer entsprechenden Anordnung/Anregung des Vorsitzenden/ Gerichts gefügt (§§ 175, 176 GVG)?

I. Rechtsgrundlagen

1. Vereitelung der Anwesenheit eines Zuhörers

Wird einzelnen Zuhörern zu Unrecht der Zutritt zur Hauptverhandlung verwehrt **640** (§ 175 GVG) oder werden sie durch den Vorsitzenden gem. § 177 GVG zu Unrecht wegen angeblicher Störung der Hauptverhandlung aus dem Sitzungszimmer entfernt, kann dies als Verletzung des Öffentlichkeitsgrundsatzes gem. § 169 GVG den absoluten Revisionsgrund des § 338 Nr. 6 StPO begründen.[967]

Allein die Nichtbefolgung der Anordnung des Vorsitzenden an einen Zuhörer, nicht mitzuschreiben, mit der Folge des anschließenden Verweises aus dem Sitzungssaal verletzt die Vorschriften über die Öffentlichkeit der Hauptverhandlung; etwas anderes würde nur dann gelten, wenn durch konkrete Tatsachen die begründete Gefahr bestünde, dass noch zu vernehmende Zeugen von dem Zuhörer über Aussagen oder sonstige Verhandlungsergebnisse unterrichtet werden sollen.[968] Dies setzt allerdings nach Auffassung des *BGH* voraus, dass der Beschwerdeführer die Anordnung des Vorsitzenden in der Hauptverhandlung beanstandet und eine Entscheidung des Gerichts nach § 238 Abs. 2 StPO herbeigeführt hat.[969]

2. Anordnung zum Entfernen

Verlassen alle oder einzelne Zuhörer den Sitzungssaal aufgrund der Bitte/Anregung **641** des Vorsitzenden/Gerichts im Hinblick darauf, dass sie vor die Alternative gestellt werden, den Sitzungssaal freiwillig zu verlassen oder eine Entscheidung über den

---

966 *BGH* v. 27.11.2014 – 3 StR 437/14 = *BGHSt* 60, 58 = StV 2015, 475 m. Anm. *Rosenstock* = NStZ 2015, 477.
967 *BGH* wistra 2003, 465; *Habetha* NJW 2015, 3627, 3628.
968 *BGH* StV 1982, 409 m. Anm. *Deckers* StV 1982, 458 = NStZ 1982, 389 (3. StS); *BGH* NStE Nr. 2 zu § 176 GVG (1. StS).
969 *BGH* v. 29.5.2008 – 4 StR 46/08 = NStZ 2008, 582 = StV 2009, 680 m. abl. Anm. *Sinn/ Hülsmann*; *BGH* v. 14.5.2013 – 1 StR 122/13 = NStZ 2013, 608 m. Anm. *Meyberg*.

Ausschluss des/der Zuhörer bzw. der gesamten Öffentlichkeit herbeigeführt wird, ist § 169 S. 1 GVG mit der Folge des absoluten Revisionsgrundes des § 338 Nr. 6 StPO verletzt, weil das die Reaktion der Zuhörer auslösende Verhalten letztlich einer Anordnung gleichkommt.[970]

3. Hat ein Zuhörer auf Anordnung des Vorsitzenden deshalb den Sitzungssaal verlassen, weil seine Vernehmung als Zeuge in Betracht komme?

642 Entfernt sich ein Zuhörer aus dem Sitzungssaal im Hinblick auf die Anordnung des Vorsitzenden, seine Vernehmung als Zeuge komme in Betracht, handelt es sich um einen Eingriff in den Öffentlichkeitsgrundsatz, der zwar nicht in §§ 169 ff. GVG geregelt ist, aber durch § 58 Abs. 1 StPO legitimiert sein kann. Da dem Vorsitzenden bei seiner Entscheidung ein Beurteilungsspielraum zustehe, kann nach Auffassung des BGH ein unzulässiger teilweiser Öffentlichkeitsausschluss nur dann vorliegen, wenn der Vorsitzende seinen Beurteilungsspielraum überschritten, insbesondere den Zuhörer aus sachwidrigen Erwägungen ausgeschlossen habe.[971] Zusätzlich setze eine entspr. Revisionsrüge die Beanstandung der Anordnung des Vorsitzenden gem. § 238 Abs. 2 StPO voraus.[972]

II. Anforderungen an den Vortrag der Rüge der rechtswidrigen Versagung des Zutritts zur bzw. der rechtswidrigen Entfernung eines Zuhörers aus der Hauptverhandlung (§§ 169, 175, 177 GVG; §§ 58 Abs. 1, 338 Nr. 6 StPO)

643 • Einem oder mehreren bestimmten (möglichst namentlich zu identifizierenden) Zuhörern wurde der Zutritt zur Hauptverhandlung versagt bzw. es kam zur Entfernung von möglichst bestimmt zu bezeichnenden Zuhörern aus dem Sitzungszimmer.

• Der Maßnahme lag die inhaltlich mitzuteilende Anordnung des Vorsitzenden zugrunde. Es ist vorzutragen, dass der Beschwerdeführer die Anordnung des Vorsitzenden beanstandet und einen Gerichtsbeschluss nach § 238 Abs. 2 StPO herbeigeführt hat. Dessen Inhalt ist vollständig mitzuteilen.

644 • Es ist mitzuteilen, dass der betreffende Zuhörer dadurch von einem wesentlichen Teil der Hauptverhandlung ausgeschlossen war. Der betreffende Verfahrensgegenstand ist zu schildern. Es ist weiterhin mitzuteilen, dass der Angeklagten nicht teilweise freigesprochen bzw. das Verfahren nicht teilweise gem.

---

970 Vgl. *BGH* (3. StS), StV 1988, 418, dazu *Schneiders* Verletzung der Öffentlichkeit durch Bitte an einen Zuhörer, den Sitzungssaal zu verlassen?, StV 1990, 91; *BGH* (3. StS), StV 1993, 460 und *OLG Braunschweig* StV 1994, 474.

971 Vgl. *BGH* StV 2002, 5 = NStZ 2001, 163 (5. StS); *BGH* (3. StS), StV 2002, 6 m. **abl.** Anm. *Reichert.*

972 *BGH* StV 2002, 6.

§ 154 Abs. 2 StPO eingestellt worden ist. Anderenfalls ist darzulegen, dass der genau zu bezeichnende Teil der Hauptverhandlung, der unter Verstoß gegen die Vorschriften über die Öffentlichkeit stattfand, zur Verurteilung des Angeklagten herangezogen worden ist.[973]

- Stützte sich die Anordnung des Vorsitzenden darauf, die Vernehmung des Zu- **645** hörers als Zeuge komme in Betracht, ist mitzuteilen, dass die Anordnung beanstandet wurde und sie durch einen wörtlich wiederzugebenden Gerichtsbeschluss bestätigt wurde, der Zuhörer sich während eines wesentlichen Teils der Hauptverhandlung aus dem Sitzungszimmer entfernt hat, es später nicht zu seiner Vernehmung als Zeuge kam und weder nach Aktenlage noch nach dem bisherigen Gang der Hauptverhandlung zu erwarten war, dass der Zuhörer im Hinblick auf den Verfahrensgegenstand als Zeuge in Betracht kam bzw. der Entfernung darzulegende sachwidrige Erwägungen zugrunde lagen.

Oder

- es liegt der Verweigerung des Zutritts bzw. der Entfernung aus dem Sitzungs- **646** zimmer eine Bitte/Anregung des Vorsitzenden/Gerichts zugrunde, deren Begründung mitzuteilen ist sowie der Umstand, dass sich der Zuhörer dem gefügt hat, diese Entscheidung also nicht freiwillig erfolgte und der Zuhörer dadurch einem wesentlichen Teil der Hauptverhandlung fernblieb.

D. Wurde die Öffentlichkeit nicht ausgeschlossen?

Rüge 39

Fand die Hauptverhandlung in Anwesenheit der Öffentlichkeit statt, obwohl die Voraus- **647** setzungen für einen Ausschluss von Amts wegen (§§ 171a, 171b, 172 GVG; § 48 Abs. 1, Abs. 3 JGG) oder auf Antrag (§ 174 Abs. 1 S. 1 GVG) vorlagen?

Wird es unterlassen, die Öffentlichkeit trotz Vorliegens der entspr. Voraussetzung- **648** en auszuschließen, kann dies regelmäßig nur unter dem Gesichtspunkt der Verletzung der Aufklärungspflicht[974] einen relativen Revisionsgrund begründen.[975]

Es ist deshalb konkret darzulegen, zu welchen weitergehenden Erkenntnissen die Hauptverhandlung unter Ausschluss der Öffentlichkeit geführt hätte, bspw. welche zusätzlichen Angaben ein ansonsten aussagebereiter Beschuldigter gemacht hätte oder ob ein Zeuge, der berechtigt das Zeugnis verweigert hat, unter Ausschluss der

---

973 Zu diesem Erfordernis *BGH* StV 2008, 123 m. Anm. *Ventzke.*
974 Siehe Rüge 190 Rn. 1707.
975 *BGH* StV 1999, 198 = NStZ 1998, 586 (5. StS).

Öffentlichkeit aussagebereit gewesen wäre und welchen möglichen Inhalt seine Aussage gehabt hätte.

Zusätzlich ist darzulegen, dass unter den gegebenen Umständen ein Ausschluss der Öffentlichkeit zwingend oder jedenfalls zulässig gewesen wäre.[976] Ist der Ausschluss der Öffentlichkeit entgegen § 171b Abs. 3 S. 2 GVG während der Schlussanträge und des letzten Wortes des Angeklagten unterblieben, steht einer entspr. Rüge des Angeklagten § 171b Abs. 5 GVG i.V.m. § 336 S. 2 StPO nicht entgegen.[977] Es muss vorgetragen werden, welche zusätzlichen Ausführungen bei Schlussvorträgen in nicht öffentlicher Sitzung gemacht worden wären.[978] Das Urteil beruht auf dem Verfahrensfehler, wenn nicht ausgeschlossen werden kann, dass der Angeklagte unter Ausschluss der Öffentlichkeit im Rahmen seines letzten Wortes Angaben gemacht hätte, durch die zumindest die Strafzumessung zu seinen Gunsten hätte beeinflusst werden können.[979] Es handelt sich um einen relativen Revisionsgrund!

649 Soll die Behinderung der Verteidigung beanstandet werden, weil die Zulassung der Öffentlichkeit den Verteidigungswillen des Angeklagten in Form der Nichtausübung von Verfahrensrechten gehemmt habe, ist zumindest der Antrag auf Ausschließung der Öffentlichkeit, die Beanstandung der mitzuteilenden ablehnenden Verfügung des Vorsitzenden und der Inhalt des diese bestätigenden Gerichtsbeschlusses vorzutragen. Es ist weiterhin auszuführen, welche Verfahrensrechte der Angeklagte im Falle des Ausschlusses der Öffentlichkeit wahrgenommen hätte.

E. Wurde die Öffentlichkeit entgegen einem zwingenden Öffentlichkeitsausschluss wiederhergestellt?

I. Rechtsgrundlagen

650 Ist die Öffentlichkeit aus einem gesetzlich zwingenden Grund ausgeschlossen worden (§ 171b Abs. 3 GVG), darf diese erst nach Wegfall der entspr. Voraussetzungen wiederhergestellt werden. Dazu bedarf es wiederum eines Gerichtsbeschlusses.[980]

---

976 Vgl. *BGHSt* 30, 193 = StV 1981, 594 (3. StS).
977 *BGH* v. 12.11.2015 – 2 StR 311/15 = StV 2016, 788 = NStZ 2016, 180 m. Anm. *Arnoldi*; *BGH* v. 26.10.2016 – 5 StR 396/16 = StV 2017, 370 m. Anm. *Hinz* JR 2017, 536.
978 *BGH* v. 4.2.2016 – 4 StR 493/15 u. v. 22.2.2017 – 5 StR 586/16.
979 *BGH* v. 12.11.2015 – 2 StR 311/15 = StV 2016, 788 = NStZ 2016, 180 m. Anm. *Arnoldi*. Ein Beruhen des Urteils bei einem unterbliebenen Ausschluss der Öffentlichkeit gem. § 171b Abs. 3 S. 2 GVG wird nur dann zu verneinen sein, wenn weder vorgetragen noch ersichtlich ist, zu welchen weitergehenden Erkenntnissen die Hauptverhandlung geführt hätte, wenn die Öffentlichkeit ausgeschlossen worden wäre: *BGH* v. 15.12.2015 – 4 StR 401/15 = StV 2016, 788.
980 *BGH* v. 17.09.2014 – 1 StR 212/14 = StV 2015, 79; *BGH* v. 12.11.2015 – 2 StR 311/15 = NStZ 2016, 180 m. Anm. *Arnoldi* = StV 2016, 788.

Trotz der Vorschrift des § 171b Abs. 5 GVG (i.V.m. § 336 S. 2 StPO) ist die Entscheidung bei einer entspr. Verfahrensrüge durch das Revisionsgericht zu überprüfen.[981] Allerdings stellt der Fehler keinen absoluten Revisionsgrund (§ 338 Nr. 6 StPO) dar, weil diese Vorschrift bei einer unzulässigen Erweiterung der Öffentlichkeit nicht anwendbar ist.[982] Es handelt sich um einen relativen Revisionsgrund (§ 337 StPO).

II. Anforderungen an den Vortrag

Vorzutragen sind die Voraussetzungen eines zwingenden Öffentlichkeitsausschlusses (§ 171b Abs. 3 GVG) und die Tatsache, dass die Öffentlichkeit wiederhergestellt wurde, obwohl die Voraussetzungen für den Öffentlichkeitsausschluss noch vorlagen. Mitzuteilen ist deshalb, was Gegenstand der Hauptverhandlung nach Wiederherstellung der Öffentlichkeit war.   **651**

III. Beruhen

Das Urteil beruht auf dem Verfahrensfehler, wenn nicht auszuschließen ist, dass der Angeklagte aufgrund der besonderen Belastung der öffentlichen Hauptverhandlung davon Abstand genommen hat, einen Zeugen oder Sachverständigen zu seinen Gunsten sprechende Fragen zu stellen oder im Rahmen einer Erklärung gem. § 257 StPO oder in seinem letzten Wort (§ 258 StPO) zu seinen Gunsten sprechende Umstände anzusprechen.[983]   **652**

---

981   *BGH* v. 17.09.2014 – 1 StR 212/14 = StV 2015, 79; *BGH* v. 12.11.2015 – 2 StR 311/15 = NStZ 2016, 180 m. Anm. *Arnoldi* = StV 2016, 788.

982   *BGH* v. 17.09.2014 – 1 StR 212/14 = StV 2015, 79; *BGH* v. 12.11.2015 – 2 StR 311/15 = NStZ 2016, 180 m. Anm. *Arnoldi* = StV 2016, 788.

983   Siehe zu Letzterem *BGH* v. 12.11.2015 – 2 StR 311/15 = NStZ 2016, 180 m. Anm. *Arnoldi* = StV 2016, 788.

Kapitel 7
Abwesenheit eines nicht notwendigen Verteidigers

Rüge 40

653 Fand die gesamte oder ein wesentlicher Teil der Hauptverhandlung in Abwesenheit eines dem Angeklagten beigeordneten Pflichtverteidigers statt?

I. Rechtsgrundlagen

654 Die Rüge betrifft solche Fälle, in denen ein Pflichtverteidiger beigeordnet war, auch wenn die Voraussetzungen der §§ 140, 231a Abs. 4 StPO, 68 JGG nicht vorlagen.[984] Es handelt sich deshalb nicht um einen absoluten Revisionsgrund (§ 338 Nr. 5 StPO), sondern um einen relativen Revisionsgrund gem. § 337 StPO. Das Beruhen des Urteils auf dem Verfahrensfehler (gerügt werden muss die Verletzung von Art. 20 Abs. 3 GG; Art. 6 Abs. 1 – faires Verfahren – EMRK, weil durch die Beiordnung eines Pflichtverteidigers ein gerichtlich begründeter Vertrauenstatbestand geschaffen und dieses Vertrauen durch die Durchführung der Hauptverhandlung in (teilweiser) Abwesenheit des Pflichtverteidigers enttäuscht worden ist) wird i. d.R. nicht ausgeschlossen werden können.

II. Anforderungen an den Vortrag

655 • Es ist vorzutragen, dass dem Angeklagten für die Hauptverhandlung ein Pflichtverteidiger beigeordnet worden war. Der Inhalt der betreffenden Entscheidung ist wörtlich mitzuteilen. Es ist als Negativtatsache mitzuteilen, dass die Beiordnung vor Abschluss der Hauptverhandlung nicht rechtswirksam[985] aufgehoben worden ist.

• Es ist vorzutragen, dass der Pflichtverteidiger nicht oder nur teilweise in der Hauptverhandlung anwesend war. Im Falle der teilweisen Abwesenheit ist dieser Verhandlungsteil zeitlich und inhaltlich genau zu beschreiben, um darzulegen, dass ein wesentlicher Teil der Hauptverhandlung[986] betroffen war. Sind Anträge gestellt und Urkunden verlesen worden, sollten diese im Wortlaut mitgeteilt werden. Entsprechendes gilt für den Gegenstand einer Augenscheinseinnahme.

• Der Angeklagte wurde während der Abwesenheit des Pflichtverteidigers nicht durch einen anderen Verteidiger verteidigt.

• Der in Abwesenheit des Pflichtverteidigers durchgeführte Teil der Hauptverhandlung wurde nicht in seiner Anwesenheit wiederholt.

---

984 *Dahs* Die Revision im Strafprozess[9] Rn. 189.
985 Siehe zur Zurücknahme der Bestellung KK-*Laufhütte/Willmow*[7] § 140 Rn. 26.
986 Siehe dazu Rüge 23 Rn. 424.

- Es ist weiterhin vorzutragen, dass der Angeklagte nicht teilweise freigesprochen bzw. das Verfahren nicht teilweise gem. § 154 Abs. 2 StPO eingestellt worden ist. Anderenfalls ist vorzutragen, dass die Abwesenheit des Verteidigers einen konkret zu bezeichnenden Verhandlungsteil betraf, dessentwegen es zu der Verurteilung gekommen ist.[987]

Rüge 41

Hat die Hauptverhandlung ganz oder teilweise ohne einen Verteidiger stattgefunden, dessen Antrag, wegen anderweitiger Verhinderung den Hauptverhandlungstermin zu verlegen, abgelehnt worden ist? **656**

I. Rechtsgrundlagen

Zwar hat ein Angeklagter das Recht auf wirksame Verteidigung (Art. 6 Abs. 3 lit. c **657** EMRK), weshalb er sich in jeder Lage des Verfahrens des Beistandes eines Verteidigers seines Vertrauens bedienen kann (§ 137 Abs. 1 StPO). Deshalb muss das Gericht (der Vorsitzende) bei der Terminsbestimmung auch ernsthaft versuchen, dem Recht des Angeklagten, sich in einem Strafverfahren von einem Rechtsanwalt seines Vertrauens verteidigen zu lassen, so weit wie möglich Geltung zu verschaffen.[988] Dies gilt auch in den Fällen, in denen dem Angeklagten ein Pflichtverteidiger beigeordnet ist und er zusätzlich einen Verteidiger als Anwalt seines Vertrauens gewählt hat (§ 138 StPO).

Jedoch hat nicht jede Verhinderung des Verteidigers des Vertrauens zur Folge, dass eine Hauptverhandlung ausgesetzt werden muss (§ 228 Abs. 2 StPO). Der Vorsitzende bzw. das Gericht sind allerdings gehalten, über Anträge auf Verlegung eines Termins nach pflichtgemäßem Ermessen unter Berücksichtigung der eigenen Terminplanung, der Gesamtbelastung des Spruchkörpers, des Gebots der Verfahrensbeschleunigung und der berechtigten Interessen der Prozessbeteiligten zu entscheiden.[989] Aus der Perspektive des Angeklagten sind dies die Bedeutung der Sache, die Schwierigkeit der Sach- und Rechtslage und die Erwartung, von dem Verteidiger seines Vertrauens verteidigt zu werden. Deshalb ist auch zu berücksichtigen, ob eine ordnungsgemäße Verteidigung des Angeklagten infolge Anwesenheit eines weiteren Verteidigers gewährleistet war, deren es im Falle einer notwendigen Verteidigung ohnehin bedurfte. Dies gilt allerdings dann nicht, wenn der Angeklagte dem allein anwesenden Pflichtverteidiger mangelndes Vertrauen entgegenbringt

---

987 Vgl. zu diesem Erfordernis *BGH* StV 2008, 123 m. Anm. *Ventzke*.
988 *BGH* StV 1992, 53.
989 *BGH* StV 2007, 169, *OLG Braunschweig* StV 2008, 293.

oder sogar ein Zerwürfnis besteht, das eine Kommunikation und eine sinnvolle Verteidigung unmöglich macht.[990] In die Abwägung ist schließlich der Grund für die Verhinderung des Verteidigers einzustellen, insbesondere ob dieser zwingend und voraussehbar war oder nicht sowie die voraussichtliche Dauer der Verhinderung.[991]

Gegenstand einer Verfahrensrüge der Ablehnung eines wegen Verhinderung des Vertrauensverteidigers gestellten Aussetzungsantrages (§§ 265 Abs. 4, 137 Abs. 1, 228 StPO, Art. 6 Abs. 3 lit. c EMRK) kann deshalb nur die Beanstandung von Ermessensfehlern sein.

II. Anforderungen an den Vortrag der Rüge der ermessensfehlerhaften Ablehnung eines Aussetzungsantrages

658 Mitzuteilen sind,

- der vollständige Inhalt eines Aussetzungsantrages (wörtlich), der Zeitpunkt seiner Stellung und die Lage des Verfahrens bei Eintritt des Verhinderungsfalles,
- der Gerichtsbeschluss, durch den der Antrag abgelehnt wurde, vollständig im Wortlaut (ggf. auch die einem solchen nach § 238 Abs. 2 StPO vorangegangene Verfügung des Vorsitzenden),
- die gesamte Korrespondenz (wörtlich), die dem Ablehnungsbeschluss zwischen dem Verteidiger und dem Vorsitzenden/Gericht vorausgegangen ist sowie der Inhalt (fern-)mündlicher Erörterungen des Aussetzungs- bzw. Terminsverlegungswunsches des Verteidigers,
- die Terminslage des Gerichts, soweit diese dem Verteidiger mitgeteilt worden war, sowie Verlauf und Stand des im Zeitpunkt der Antragstellung bereits durchgeführten Verfahrens sowie die weitere Terminplanung des Gerichts,
- Möglichkeit eines Ausweichtermins und etwaige Gründe, die seiner Inanspruchnahme entgegenstanden,
- Möglichkeit der Verteidigung des Angeklagten durch einen anderen (Pflicht-) Verteidiger am Tage der Verhinderung des Antragstellers,
- Absprache über Aufteilung der Verrichtungen im Falle der Verteidigung des Angeklagten durch mehrere Verteidiger (§ 227 StPO) und Darlegung des geplanten Verhandlungsstoffes am Tage der Verhinderung,
- Gegenstand des Anklagevorwurfs, Verfahrensdauer, etwaige Untersuchungshaftzeiten des Angeklagten und/oder von Mitangeklagten.
- die Bezeichnung der Verhandlungstage bzw. der Teile der Hauptverhandlung einschließlich der Mitteilung ihres wesentlichen Inhalts, die ohne den verhinderten Verteidiger stattgefunden haben.
- Es ist weiterhin vorzutragen, dass der Angeklagte nicht teilweise freigesprochen bzw. das Verfahren nicht teilweise gem. § 154 Abs. 2 StPO eingestellt worden

---

990 *BGH* StV 2007, 169.
991 *OLG Koblenz* StV 2010, 476 = StraFo 2009, 523.

ist. Anderenfalls ist vorzutragen, dass die Abwesenheit des Verteidigers einen konkret zu bezeichnenden Verhandlungsteil betraf, dessentwegen es zu der Verurteilung gekommen ist.[992]

Rüge 42

Wurde die Hauptverhandlung teilweise oder gänzlich ohne den fristgerecht geladenen ge- **659** wählten Verteidiger durchgeführt, weil dieser erst verspätet bzw. überhaupt nicht erschienen ist?

I. Rechtsgrundlagen

Nach § 228 Abs. 2 StPO gibt eine Verhinderung des Verteidigers, unbeschadet der **660** Vorschrift des § 145 StPO,[993] dem Angeklagten kein Recht, die Aussetzung der Hauptverhandlung zu verlangen.

Ist dem Gericht bekannt, dass der Angeklagte einen Verteidiger beauftragt hat und erscheint dieser trotz rechtzeitiger Ladung nicht zur Terminsstunde oder bleibt der Verhandlung nach einer Unterbrechung fern, kann das Gericht gleichwohl verpflichtet sein, die Hauptverhandlung von Amts wegen oder auf Antrag zu unterbrechen oder auszusetzen oder zumindest den erschienenen Angeklagten auf die Möglichkeit eines dahingehenden Antrags hinzuweisen, wenn dies aus Gründen der prozessualen Fürsorgepflicht des Gerichts geboten ist.

Ob der vom Angeklagten nicht zu vertretende Verlust seines Verteidigers die Aus- **661** setzung oder zumindest Unterbrechung der Hauptverhandlung gebietet, hängt von den Umständen des Einzelfalles ab, insbesondere Anlass, Vorhersehbarkeit und Dauer der Verhinderung, der Bedeutung der Sache sowie Schwierigkeit der Sach- und Rechtslage, Fähigkeit des Angeklagten, sich selbst zu verteidigen, aber auch Lage des Verfahrens bei Eintritt der Verhinderung und Beachtung des Beschleunigungsgebots.[994]

---

992 Vgl. zu diesem Erfordernis *BGH* StV 2008, 123 m. Anm. *Ventzke*.
993 § 228 Abs. 2 StPO betrifft nur die Verhinderung der Verteidigung im Falle einer nicht notwendigen Verteidigung bzw. diejenigen Fälle einer notwendigen Verteidigung, bei denen nur einer von mehreren Verteidigern an der Teilnahme an der Hauptverhandlung verhindert ist. Zum Fehlen eines Verteidigers in Fällen der notwendigen Verteidigung s. Rüge 32 Rn. 560. Zur unterbliebenen Aussetzung der Hauptverhandlung unter Ablehnung eines Terminsverlegungsantrages des verhinderten Verteidigers s. Rüge 41 Rn. 656. Zur unterbliebenen Aussetzung der Hauptverhandlung in Fällen des § 145 StPO s. Rüge 48 Rn. 704.
994 LR-*Stuckenberg*[26] § 265 Rn. 109.

662 In Betracht kommen insbesondere folgende **Konstellationen**:[995]

- Der gewählte Verteidiger ist so kurz vor der Hauptverhandlung verstorben oder aus anderen (dem Gericht bekannten) unvorhergesehenen Umständen (z.b. Erkrankung) am Erscheinen in der Hauptverhandlung gehindert, dass als Folge davon der Angeklagte sich auf die neue Situation nicht mehr einstellen konnte;[996]
- die Hauptverhandlung wurde nur in Anwesenheit des Pflichtverteidigers durchgeführt, weil der Termin nur mit diesem, nicht aber mit dem Wahlverteidiger abgestimmt worden war und der unverzügliche Hinweis des Wahlverteidigers auf seine Verhinderung und auf seine Bereitschaft, die Verteidigung an einem dem Pflichtverteidiger genannten Alternativtermin zu führen, übergangen worden ist;[997]
- der Verteidiger hatte wegen Verhinderung rechtzeitig einen Vertagungsantrag gestellt, der erst so kurzfristig vor Beginn der Hauptverhandlung zurückgewiesen worden war, dass sich der Angeklagte bei schwieriger Sach und Rechtslage und besonderer Bedeutung der Sache für ihn nicht mehr rechtzeitig darauf einstellen konnte, in der Hauptverhandlung ohne den Beistand dieses Verteidigers zu sein;[998]
- das Gericht hat mit der Hauptverhandlung begonnen bzw. diese vollständig durchgeführt, obwohl es dem Verteidiger zugesagt hatte, bis zu seinem angekündigten Erscheinen abzuwarten,[999]
- das Gericht hat mit der Hauptverhandlung begonnen, ohne zumindest 15 Minuten das (insbesondere angekündigte) Erscheinen des verspäteten Verteidigers abgewartet zu haben.[1000]

II. Anforderungen an den Vortrag der Verletzung des § 265 Abs. 4 (ggf. i.V.m. § 228 bei unzulässiger Beschränkung der Verteidigung: § 338 Nr. 8) StPO

663
- Abwesenheit des fristgerecht geladenen Verteidigers während der gesamten Dauer oder während eines wesentlichen Teils der Hauptverhandlung.
- Bei verspätetem Erscheinen des Verteidigers sind der Zeitpunkt, zu dem geladen wurde, der Zeitpunkt des Beginns der Hauptverhandlung und derjenige des Eintreffens des Verteidigers mitzuteilen. Bei einem Verstoß gegen die Wartepflicht ist darzulegen, dass bei Einhaltung der gebotenen Wartezeit der Verteidiger noch vor der Urteilsverkündung in der Hauptverhandlung eingetroffen wäre.[1001]

---

995 Siehe u.a. LR-*J.-P. Becker*[26] § 228 Rn. 21 ff.; LR- *Stuckenberg*[26] § 265 Rn. 107 f.

996 *BayObLG* StV 1983, 270 m. Anm. *Weider*; *BayObLG* StV 1985, 6; *OLG Düsseldorf* StV 1995, 69.

997 *BGH* StV 1986, 516 = NStZ 1987, 34.

998 *OLG Düsseldorf* StV 1982, 559; *OLG Braunschweig* StV 2004, 366.

999 *OLG Celle* StV 1989, 8.

1000 *BayObLG* VRS 60, 304 (Nr. 141); *OLG Köln* StV 1984, 147; *BayObLG* StV 1985, 6.

1001 KK-*Gmel*[7] § 228 Rn. 15.

- Hat nur ein Verhandlungsteil in Abwesenheit eines Verteidigers stattgefunden, sind der betreffende Zeitraum, sein Inhalt und seine Bedeutung für die Entscheidung mitzuteilen. Auch sind Angaben über den Stand des Verfahrens zum Zeitpunkt der Verhinderung des Verteidigers erforderlich. Dazu gehört auch die Verfahrensdauer im Zeitpunkt des Eintritts der Verhinderung des Verteidigers und ggf. die Tatsache, dass sich der Angeklagte in Untersuchungshaft befand (die Verhinderung des einzigen Verteidigers kann unter den Voraussetzungen des § 140 Abs. 1 Nr. 5 StPO den absoluten Revisionsgrund des § 338 Nr. 5 StPO begründen: s. Rüge 32 Rn. 560). Es ist weiterhin vorzutragen, dass der Angeklagte nicht teilweise freigesprochen bzw. das Verfahren nicht teilweise gem. § 154 Abs. 2 StPO eingestellt worden ist. Anderenfalls ist vorzutragen, dass die Abwesenheit des Verteidigers einen konkret zu bezeichnenden Verhandlungsteil betraf, dessentwegen es zu der Verurteilung gekommen ist.[1002]
- Der Grund für die Verhinderung des Verteidigers ist detailliert darzulegen.
- Der Zeitpunkt der Kenntniserlangung von der Verhinderung des Verteidigers durch den Angeklagten und ggf. die Unmöglichkeit, einen neuen Verteidiger zu bestellen bzw. sich ausreichend auf die neue Situation einzustellen.
- Bedeutung der Sache für den Angeklagten, Schwierigkeit der Sach- und Rechtslage und Unfähigkeit des Angeklagten, sich ausreichend selbst zu verteidigen.
- Wurde ein Antrag auf Aussetzung oder Unterbrechung der Hauptverhandlung gestellt, vollständige Mitteilung im Wortlaut.[1003]
- Beschluss des Gerichts im Wortlaut oder Tatsache der Nichtbescheidung des Antrags.
- Tatsache, dass die Hauptverhandlung nicht unterbrochen oder ausgesetzt wurde bzw. in Abwesenheit des Verteidigers stattgefundene Verhandlungsteile nicht vollständig in seiner Anwesenheit wiederholt wurden.
- Bei Verhinderung eines von mehreren Verteidigern ggf. Mitteilung einer Aufgabenteilung zwischen ihnen und Tatsache, dass das Gericht darüber informiert wurde.
- Es ist vorzutragen, dass der Angeklagte auf die Durchführung der Hauptverhandlung in Anwesenheit seines Verteidigers nicht verzichtet und diesem das Mandat nicht entzogen hat.[1004]

1002 Vgl. zu diesem Erfordernis *BGH* StV 2008, 123 m. Anm. *Ventzke.*

1003 Wurde kein Aussetzungsantrag gestellt, ist darauf hinzuweisen, dass der Angeklagte von dieser Möglichkeit keine Kenntnis hatte, er insbesondere nicht von dem Vorsitzenden darauf hingewiesen wurde. Ist außerhalb der Hauptverhandlung vom Verteidiger ein Aussetzungs- oder Unterbrechungsantrag gestellt worden, der nur durch Verfügung des Vorsitzenden zurückgewiesen worden ist, sind die Vorgänge wörtlich mitzuteilen; ferner ist vorzutragen, dass der Angeklagte hiervon keine Kenntnis hatte bzw. nicht auf die Möglichkeit der Herbeiführung eines Gerichtsbeschlusses hingewiesen wurde.

1004 Ist der Angeklagte infolge der kurzfristigen Verhinderung seines gewählten Verteidigers mit einem nicht ausreichend vorbereiteten neuen Verteidiger erschienen, kann die Zurückweisung des von diesem gestellten Unterbrechungsantrages im Falle unzulässi-

Rüge 43

664 Fand in einem Fall notwendiger Verteidigung die Verhandlung nicht mit dem Vertrauensverteidiger des Angeklagten statt, weil es zu dessen Beiordnung infolge Verletzung des Anhörungsrechts des Beschuldigten (§ 142 Abs. 1 S. 1 StPO) nicht gekommen war?

I. Rechtsgrundlagen

665 Die Verfügung des Vorsitzenden, durch die dem Beschuldigten ein Verteidiger bestellt worden ist (§§ 141 Abs. 4, 142 Abs. 1 S. 2 StPO), unterliegt als Vorentscheidung gem. § 336 StPO unmittelbar der Überprüfung durch das Revisionsgericht, weil das Urteil auf ihr beruhen kann.[1005]

666 Nach § 142 Abs. 1 S. 1 StPO ist der Beschuldigte vor der Bestellung eines Pflichtverteidigers anzuhören.[1006] Diese Pflicht folgt auch aus dem Anspruch des Beschuldigten auf Gewährung rechtlichen Gehörs (§ 33 StPO, Art. 103 Abs. 1 GG) sowie auf ein faires Verfahren (Art. 20 Abs. 3 GG, Art. 6 Abs. 1 S. 1 EMRK). Dem Beschuldigten ist Gelegenheit zu geben, innerhalb einer zu bestimmenden Frist einen Verteidiger seiner Wahl zu bezeichnen. Macht er hiervon Gebrauch, muss der Vorsitzende diesen Verteidiger bestellen, wenn dem kein wichtiger Grund entgegensteht (§ 142 Abs. 1 S. 2 StPO). Nach Auffassung des BGH zur Rechtslage vor Änderung des § 142 Abs. 1 StPO durch das am 1.10.2009 in Kraft getretene 2. OpferrechtsRG[1007] soll ein Verstoß gegen § 142 Abs. 1 S. 2 StPO a.F. für sich allein die Revision nicht begründen können. Das Urteil könne nur dann auf der Gesetzesverletzung beruhen, wenn der gegen den Vorschlag des Angeklagten ohne wichtigen Grund bestellte Verteidiger nicht bereit oder nicht in der Lage gewesen sei, den Angeklagten zu verteidigen.[1008] Hieran soll sich auch nach der Neufassung des § 142 Abs. 1 StPO nichts geändert haben.[1009]

In Anbetracht der an dieser Auffassung geübten Kritik[1010] ist bei Erhebung der Rüge der Verletzung der Anhörungspflicht gem. § 142 Abs. 1 S. 1 StPO ein Rechtsprechungswandel nicht ausgeschlossen.

ger Beschränkung der Verteidigung (§ 338 Nr. 8 StPO) zum Gegenstand der Revision gemacht werden: vgl. *BGH* NStZ 1983, 281 (s. auch Rüge 209 Rn. 1836 und die für diesen Fall entspr. anwendbare Rüge 48 Rn. 704).

1005 SK-StPO-*Wohlers*[5] § 141 Rn. 35; *BGH* (5. StS), StV 1992, 406 m. Anm. *Barton*.
1006 SK-StPO-*Wohlers*[5] § 142 Rn. 3.
1007 Hierzu *Jahn* NJW-Sonderheft für Ingeborg Tepperwien, 2010, S. 25, 26.
1008 *BGH* (1. StS), StV 1992, 406; *BGH* (5. StS), StV 1992, 406 m. Anm. *Barton*; *OLG Köln* NJW 2006, 389 jedenfalls für den Fall, dass der Beschuldigte über einen wesentlichen Zeitraum die Verteidigung durch den beigeordneten Verteidiger widerspruchslos hingenommen habe.
1009 *Meyer-Goßner/Schmitt*[60] § 142 Rn. 20.
1010 Vgl. nur *Barton* StV 1992, 407; SK-StPO-*Wohlers*[5] § 142 Rn. 34 m.w.N.

Einen Verfahrensverstoß, der mit der Revision mit Erfolg beanstandet werden kann, **667** nimmt auch der BGH aber dann an, wenn ein begründeter Anlass, von der nach § 142 Abs. 1 S. 2 StPO a.F. (= § 142 Abs. 1 S. 1 StPO n.F.) vorgesehenen Anhörung des Beschuldigten abzusehen, nicht bestand **und** dem „zeitgerecht vorgetragenen Wunsch des Beschuldigten auf Beiordnung eines von ihm benannten" anstelle des ihm vom Vorsitzenden bestellten Verteidigers nicht Rechnung getragen wurde, ohne dass dem ein wichtiger Grund (§ 142 Abs. 1 S. 3 StPO) entgegengestanden hätte.[1011]

Für die Zulässigkeit der Rüge bedarf es weder der vorgängigen Herbeiführung eines **668** Gerichtsbeschlusses i.S.des § 238 Abs. 2 StPO noch eines Antrags auf Aussetzung der Hauptverhandlung.[1012]

Nach Auffassung des BGH stellt die Verletzung des § 142 Abs. 1 StPO einen relati- **669** ven Revisionsgrund dar.[1013] In Betracht kommt aber auch die Annahme einer unzulässigen Beschränkung der Verteidigung i.S.d. § 338 Nr. 8 StPO[1014].

II. Anforderungen an Vortrag

- Es ist darzulegen, dass es sich um einen Fall notwendiger Verteidigung (§ 140 **670** StPO, § 68 JGG) handelte.

- Es muss vorgetragen werden, dass der Vorsitzende dem Beschuldigten, ohne **671** ihm gem. § 142 Abs. 1 S. 1 StPO Gelegenheit zur Bezeichnung eines Verteidigers gegeben zu haben, einen Verteidiger bestellt hat und ein Grund, von der Anhörung abzusehen, nicht bestand.[1015]

- Es sollte ggf. vorgetragen werden, dass der Angeklagte nach Kenntniserlangung **672** von der Person des ihm beigeordneten Verteidigers dagegen Einwendungen erhoben hat und er zeitgerecht den Wunsch auf Beiordnung eines von ihm benannten Rechtsanwalts vorgetragen hat.[1016] Dabei sollte dargelegt werden, dass wichtige Gründe im Sinne des § 142 Abs. 1 S. 2 StPO, diesen Verteidiger nicht

---

1011 *BGH* (5. StS), StV 2001, 4 m. Anm. *Lüderssen* NStZ 2001, 606; in diesem Sinne schon *BGH* (1. StS), StV 1992, 406.

1012 SK-StPO-*Wohlers*[5] § 142 Rn. 33 m.w.N.; *Meyer-Goßner/Schmitt*[60] § 142 Rn. 20; s. allerdings Rn. 669.

1013 *BGH* StV 2001, 4.

1014 *Lüderssen* NStZ 2001, 606 erwägt neben der Annahme des absoluten Revisionsgrundes des § 338 Nr. 5 StPO die Anwendung von § 338 Nr. 8 StPO; in diesem Sinne auch LR-*Lüderssen/Jahn*[26] § 142 Rn. 38; SK-StPO-*Wohlers*[5] § 142 Rn. 34. In letzterem Falle setzt die Rüge allerdings voraus, dass die unzulässige Beschränkung der Verteidigung auf einem Gerichtsbeschluss beruht.

1015 Es ist darzulegen, dass eine besondere Eilbedürftigkeit zur Beiordnung eines Verteidigers nicht bestand: *BGH* StV 2001, 4.

1016 Dies im Hinblick auf die nach *OLG Köln* NJW 2006, 389 für möglich erachtete nachträgliche Zustimmung durch widerspruchslose Hinnahme der Beiordnung.

beizuordnen, nicht vorlagen. Es sollte schließlich dargelegt werden, dass der von dem Beschuldigten vorgeschlagene Verteidiger in der Hauptverhandlung (auch als Wahlverteidiger) nicht tätig geworden ist.

Rüge 44

673 Fand die Hauptverhandlung in einem Fall notwendiger Verteidigung nicht in Anwesenheit desjenigen Verteidigers statt, dessen Beiordnung der Beschuldigte vorgeschlagen hatte, ohne dass dieser ein wichtiger Grund (§ 142 Abs. 1 S. 2 StPO) entgegengestanden hätte?

I. Rechtsgrundlagen

674 Nach Auffassung des BGH gibt § 142 Abs. 1 StPO dem Beschuldigten keinen Rechtsanspruch auf die Bestellung einer bestimmten (von ihm ausgewählten) Person als Verteidiger[1017]. § 142 Abs. 1 StPO eröffne dem Beschuldigten nur einen Rechtsanspruch auf eine ermessensfehlerfrei Entscheidung.[1018]

675 Räumt man demgegenüber dem Beschuldigten einen Anspruch auf Beiordnung des von ihm gewünschten Verteidigers ein, dem zu entsprechen ist, wenn kein wichtiger Grund i.S.d. § 142 Abs. 1 S. 2 StPO entgegensteht, und begreift man diesen als unbestimmten Rechtsbegriff, bei dessen Konkretisierung dem Vorsitzenden kein Ermessen zukommt[1019], kann die Entscheidung des Vorsitzenden, von der Beiordnung des gewünschten Verteidigers abzusehen, vollständig der revisionsgerichtlichen Überprüfung unterstellt werden. Sieht man – mit dem BGH – in dem Akt der Beiordnung eines Pflichtverteidigers eine Ermessensentscheidung des Vorsitzenden, kann diese nur auf Ermessensfehler hin überprüft werden.[1020] Ermessensfehlerhaft ist die Auswahlentscheidung dann, wenn sie von falschen oder sachwidrigen Voraussetzungen ausgeht, in Wahrheit nicht bestehende Bindungen annimmt („Ermessensunterschreitung") oder wenn das Ermessen infolge des Überwiegens besonderer Umstände ausnahmsweise „auf Null reduziert" ist.[1021]

676 Die Verletzung des § 142 Abs. 1 StPO ist ein relativer Revisionsgrund (§ 337 StPO), wenn ein anderer Verteidiger an der Hauptverhandlung mitgewirkt hat. Es kann auch die unzulässige Beschränkung der Verteidigung (§ 338 Nr. 8 StPO) ge-

---

1017 Vgl. nur *BGH* NStZ 1987, 217.
1018 Dagegen SK-StPO-*Wohlers*[5] § 142 Rn. 15 m. ausf. Nachweisen auf die in Rspr. und Literatur vertretenen unterschiedlichen Auffassungen.
1019 SK-StPO-*Wohlers*[5] § 142 Rn. 15 m.w.N.
1020 *BGH* StV 1997, 564 = NStZ 1998, 49 (1. StS).
1021 *BGH* StV 1997, 564 = NStZ 1998, 49(1. StS).

rügt werden, wenn in der Hauptverhandlung der erneute Antrag auf Beiordnung des Vertrauensverteidigers durch Gerichtsbeschluss zurückgewiesen wurde.[1022]

II. Anforderungen an den Vortrag der Rüge der Verletzung des § 142 Abs. 1 StPO

- Es ist darzulegen, dass es sich um einen Fall notwendiger Verteidigung handelte.   **677**

- Es ist vorzutragen, dass der Beschuldigte im Rahmen seiner Anhörung gem. **678** § 142 Abs. 1 S. 2 StPO einen bestimmten Verteidiger benannt hat, der ihm beigeordnet werden möge.

- Es ist darzulegen, dass der Vorsitzende nicht diesen, sondern einen anderen **679** Verteidiger beigeordnet hat.[1023] Der Inhalt des Beiordnungsbeschlusses ist mitzuteilen.

- Es muss ausführlich dargelegt werden, dass keine wichtigen Gründe im Sinne **680** des § 142 Abs. 1 S. 3 StPO vorlagen, die der Beiordnung des von dem Beschuldigten vorgeschlagenen Verteidigers entgegengestanden hätten.

- Es ist ggf. darzulegen, dass der Vorsitzende bei seiner Entscheidung von falschen **681** oder sachwidrigen Voraussetzungen ausgegangen, in Wahrheit nicht bestehende Bindungen angenommen hat oder das Ermessen infolge des Überwiegens darzulegender besonderer Umstände ausnahmsweise „auf Null reduziert" war.[1024]

- Es ist vorzutragen, dass der vom Angeklagten vorgeschlagene Verteidiger an **682** der Hauptverhandlung nicht teilgenommen hat und der Angeklagte die Verteidigung durch den beigeordneten Verteidiger nicht widerspruchslos hingenommen hat.[1025]

- Ist in der Hauptverhandlung vom Angeklagten noch einmal beantragt worden, **683** den von ihm vorgeschlagenen Verteidiger beizuordnen und ist dies – nach erfolgloser Anrufung des Gerichts (§ 238 Abs. 2 StPO) – durch Gerichtsbeschluss abgelehnt worden, sind dieser Vorgang sowie Antrag und Beschluss im Wortlaut im Hinblick auf den Revisionsgrund des § 338 Nr. 8 StPO mitzuteilen.

1022   *BGH* StV 1997, 564 = NStZ 1998, 49(1. StS).
1023   Ist gegen die Verfügung – erfolglos – Beschwerde eingelegt worden, ist dies und die Beschwerdeentscheidung wörtlich mitzuteilen.
1024   Vgl. dazu im Zusammenhang mit der von dem Beschuldigten gewünschten Beiordnung eines nicht gerichtsansässigen Verteidigers *Schlothauer* StV 1981, 443, 450; *BGHSt* 43, 153 = StV 1997, 564 = NStZ 1998, 49 (1. StS). Zur Rechtslage nach Streichung von § 142 Abs. 1 S. 1 StPO a.F. *Jahn* NJW-Sonderheft für Ingeborg Tepperwien, 2010, S. 25, 27.
1025   Der Herbeiführung eines Gerichtsbeschlusses gem. § 238 Abs. 2 StPO bedarf es bei der Geltendmachung des relativen Revisionsgrundes gem. §§ 142 Abs. 1 S. 2, 337 StPO allerdings nicht.

Rüge 45

684   Hat die Hauptverhandlung ganz oder teilweise ohne einen Verteidiger stattgefunden, der von der Mitwirkung an der Hauptverhandlung ausgeschlossen, zurückgewiesen oder entfernt worden ist?

I. Rechtsgrundlagen

685   Wird ein Verteidiger gem. §§ 138a ff. StPO ausgeschlossen oder gem. § 146a StPO zurückgewiesen, nimmt ein Richter die nach seiner Ansicht unvorschriftsmäßige Kleidung eines Verteidigers zum Anlass, diesen in der Hauptverhandlung zurückzuweisen[1026] oder kommt es gem. § 177 GVG zur Entfernung des Verteidigers aus dem Sitzungssaal,[1027] ist unabhängig von der Zulässigkeit dieser Maßnahmen und den sich daraus ergebenden revisionsrechtlichen Folgen die Hauptverhandlung zu unterbrechen, um dem Angeklagten Gelegenheit zu geben, sich auf die neue Situation einzustellen (vgl. auch § 138c Abs. 4 StPO).

686   Zur Zulässigkeit der Rüge der unzulässigen Beschränkung der Verteidigung bedarf es keines Gerichtsbeschlusses, wenn der Vorsitzende es unterlassen hat, den Angeklagten auf die Möglichkeit hinzuweisen, einen Unterbrechungs- oder Aussetzungsantrag zu stellen.

687   Ausschluss bzw. Zurückweisung eines Wahlverteidigers gem. §§ 138a ff.[1028] und 146a Abs. 1 StPO begründen einen Fall der notwendigen Verteidigung gem. § 140 Abs. 1 Nr. 8 StPO, so dass die Weiterverhandlung ohne Verteidiger einen absoluten Revisionsgrund (§ 338 Nr. 5 StPO) wegen Verstoßes gegen §§ 140 Abs. 1, 226 StPO darstellt.[1029] War ein weiterer Pflicht- oder Wahlverteidiger in der Hauptverhandlung anwesend, führt die nach §§ 137 Abs. 1 S. 2 bzw. 146 StPO unzulässige Zurückweisung des Verteidigers – darüber entscheidet gem. § 146a Abs. 1 S. 3 StPO das erkennende Gericht – zu einer unzulässigen Beschränkung der Verteidigung (§ 338 Nr. 8 StPO).[1030]

1026   Vgl. *OLG Köln* VRS 70, 21; *BGH* StV 1988, 417 = NStZ 1988, 510; *OLG München* StV 2007, 27 m. Anm. *Weihrauch.*

1027   Vgl. *OLG Hamm* StraFo 2003, 244 = StV 2004, 69.

1028   Zur Nichtunterbrechung bzw. -aussetzung der Hauptverhandlung entgegen § 138c Abs. 4 StPO s. Rüge 210 Rn. 1839.

1029   Siehe dazu und zum erforderlichen Revisionsvorbringen Rüge 32 Rn. 560.

1030   **A.A.** BGHSt 27, 154, 159.

II. Anforderungen an den Vortrag der Rüge der Verletzung der §§ 140 Abs. 1, 226 (§ 338 Nr. 5) bzw. der §§ 137 Abs. 1 S. 2, 146 (§ 338 Nr. 8) StPO

Zur Ausführung der Verfahrensrüge ist vorzutragen, dass der in der Hauptverhand- **688** lung anwesende Verteidiger vom Vorsitzenden/Gericht von der weiteren Mitwirkung an der Hauptverhandlung zurückgewiesen worden ist. Die Zurückweisungsentscheidung ist wörtlich mitzuteilen, ferner, dass die Hauptverhandlung ohne diesen Verteidiger fortgesetzt wurde und der Angeklagte nicht auf sein Recht hingewiesen worden ist, die Unterbrechung bzw. Aussetzung der Hauptverhandlung zu beantragen und er auch nicht der weiteren Durchführung der Hauptverhandlung ohne deren Unterbrechung oder Aussetzung in Abwesenheit des zurückgewiesenen Verteidigers zugestimmt hat. Wurde die Hauptverhandlung in Anwesenheit eines weiteren Verteidigers fortgesetzt, ist darzulegen, warum der Angeklagte in seiner Verteidigung unzulässig beschränkt war (§ 338 Nr. 8 StPO, bspw. weil die Verteidiger – wie auszuführen ist – ihre Verrichtungen unter sich aufgeteilt hatten: § 227 StPO).

Kapitel 8
Verteidigung durch unqualifizierten Verteidiger

Rüge 46

689   Hat an der Hauptverhandlung ein Verteidiger mitgewirkt, in dessen Person die Voraussetzungen für seine Zurückweisung wegen Verletzung des Verbots der Mehrfachverteidigung (§ 146 StPO) vorlagen?

I. Rechtsgrundlagen

690   Als Verstoß gegen § 146 StPO kann die Revision darauf gestützt werden, dass der Angeklagte in der Hauptverhandlung im Beistand eines Verteidigers war, der wegen Verteidigung mehrerer Angeklagter seine Aufgabe nicht erfüllen konnte und der deshalb nach § 146a StPO hätte zurückgewiesen werden müssen.[1031] Bei einem tatsächlich bestehenden Interessenkonflikt indiziert dies die Möglichkeit, dass das Urteil auf dem Verstoß gegen § 146 StPO beruht.[1032] Dass dem Tatrichter der Verstoß gegen § 146 StPO unbekannt war, ist unerheblich.[1033]

II. Anforderungen an den Vortrag der Rüge der Verletzung des § 146a StPO (§ 337 StPO)

691   Der Beschwerdeführer muss die Tatsachen darlegen, aus denen sich ergibt, dass die Verteidigung durch den in der Hauptverhandlung anwesenden Verteidiger wegen unzulässiger Verteidigung mehrerer Angeklagter der Aufgabe der Verteidigung im konkreten Einzelfall tatsächlich widerstritten hat.[1034] Dazu müssen der betreffende Mitbeschuldigte bzw. -angeklagte namentlich bezeichnet, die Gleichzeitigkeit beider Verteidigungen sowie der Vorwurf dargelegt und verdeutlicht werden, dass es sich um dieselbe Tat i.S.d. § 264 StPO handelt.

1031   *Meyer-Goßner/Schmitt*[60] § 146a Rn. 9.
1032   LR-*Lüderssen/Jahn*[26] § 146a Rn. 17.
1033   *OLG Koblenz* NJW 1980, 1058; **a.A.** *BGHSt* 27, 22, 24 = JR 1977, 211 m. **abl.** Anm. *Meyer*; ausführlich LR-*Lüderssen/Jahn*[26] § 146a Rn. 17 u. 18.
1034   Vgl. *BGH* NStZ 1981, 190. Im Falle eines bestehenden Interessenwiderstreits wird das Beruhen des Urteils auf einer unzureichenden Verteidigerleistung nicht ausgeschlossen werden können.

Rüge 47

Wurde die Hauptverhandlung in Anwesenheit eines Pflichtverteidigers durchgeführt, der   **692**
dem Beschuldigten bei Beachtung der den Vorsitzenden treffenden Fürsorgepflicht nicht
hätte beigeordnet werden dürfen?

I. Rechtsgrundlagen

Die Verfügung des Vorsitzenden, durch die der Verteidiger bestellt wird (§ 142   **693**
Abs. 1 StPO), unterliegt als Vorentscheidung gem. § 336 StPO unmittelbar der
Überprüfung durch das Revisionsgericht, weil das Urteil auf ihr beruhen kann.[1035]

In der Person des Verteidigers liegende Gründe, die seiner Beiordnung entgegenste-   **694**
hen können, können sich aus folgenden Umständen ergeben:

- Der bestellte Verteidiger gehört nicht zum Kreis der nach §§ 138 Abs. 1, 139,
  142 Abs. 2 StPO bestellbaren Personen.[1036]
- Nach Auffassung des BGH ist die Bestellung eines Verteidigers rechtsfehlerhaft, wenn dieser die Verteidigung wegen eines Interessenkonflikts möglicherweise nicht mit vollem Einsatz führen kann,[1037] insbesondere die Bestellung
  einen Verstoß gegen § 146 StPO zur Folge hätte.[1038]
- Gegen den beigeordneten Rechtsanwalt besteht der Verdacht eines Ausschließungsgrundes gem. §§ 138a, 138b StPO (str.[1039]).

Die Mitwirkung eines Pflichtverteidigers, der in dem konkreten Verfahren aus in   **695**
seiner Person liegenden Gründen nicht hätte beigeordnet werden dürfen, begründet
nach Auffassung des BGH[1040] einen relativen Revisionsgrund. Hat als Verteidiger
allerdings eine Person mitgewirkt, die nicht zum Kreis der nach §§ 138 Abs. 1, 139,
142 Abs. 2 StPO bestellbaren Personen gehört, oder hat ein Rechtsanwalt mitge-

---

1035   *BGH* StV 1992, 406 m. Anm. *Barton.*
1036   Hierzu SK-StPO-*Wohlers*[5] § 142 Rn. 18.
1037   *BGH* v. 11.6.2014 – 2 StR 489/13 = StV 2017, 141 für den Fall eines Interessenkon-
       flikts zwischen aus derselben Kanzlei anwaltlich vertretenen Mitbeschuldigten.
1038   *BGH* StV 1992, 406 f.; teilweise über die Vorschrift des § 146 StPO hinausgehend
       BGHSt 48, 170 = StV 2003, 210, *BGH* StV 2006, 113 = NStZ 2006, 404 und *BGH* v.
       24.2.2016 – 2 StR 319/15 = StV 2016, 473 m. Anm. *Barton* = NStZ 2017, 59; weitere
       Nachweise bei SK-StPO-*Wohlers*[5] § 142 Rn. 19 mit differenzierender eigener Stel-
       lungnahme.
1039   Zum Streitstand s. SK-StPO-*Wohlers*[5] § 142 Rn. 21. Wird der Angeklagte nur durch
       einen Verteidiger verteidigt, der von der Verteidigung gem. § 138c StPO ausgeschlos-
       sen worden ist, ist dies ein Fall des § 338 Nr. 5 StPO (Rüge 32 Rn. 562). Zum Fall der
       unterbliebenen Unterbrechung oder Aussetzung der Hauptverhandlung vor der Ent-
       scheidung des OLG bzw. des BGH über den Verteidigerausschluss s. Rüge 210
       Rn. 1839.
1040   *BGH* StV 1992, 406 f.; *BGH* StV 2006, 113 = NStZ 2006, 404.

wirkt, dessen Zulassung im Zeitpunkt der Hauptverhandlung bestandskräftig widerrufen war, begründet dies den absoluten Revisionsgrund des § 338 Nr. 5 StPO[1041].

II. Anforderungen an den Vortrag der Rüge der Verletzung des § 142 Abs. 1 S. 3 StPO (§ 337 StPO)[1042]

696 • Es ist vorzutragen, dass ein Fall notwendiger Verteidigung vorlag.

697 • Es ist darzulegen, dass der bestellte Verteidiger aus in seiner Person liegenden Gründen nicht hätte beigeordnet werden dürfen.

698 • Es ist darzulegen, dass während der Hauptverhandlung bzw. während eines wesentlichen Teils derselben der Angeklagte nur durch diesen Verteidiger verteidigt wurde.[1043]

699 • Für den Fall, dass der disqualifizierte Verteidiger nur während eines konkret zu bezeichnenden wesentlichen Teils der Hauptverhandlung die Verteidigung allein geführt hat, ist vorzutragen, dass der betreffende Teil (dessen Inhalt ist mitzuteilen) nicht in Anwesenheit eines qualifizierten Verteidigers vollständig wiederholt wurde. Es ist weiterhin vorzutragen, dass der Angeklagte nicht teilweise freigesprochen bzw. das Verfahren nicht teilweise gem. § 154 Abs. 2 StPO eingestellt worden ist. Anderenfalls ist vorzutragen, dass die Abwesenheit des Verteidigers einen konkret zu bezeichnenden Verhandlungsteil betraf, dessentwegen es zu der Verurteilung gekommen ist.[1044]

700 • Hat der Angeklagte einen Antrag auf Entpflichtung des beigeordneten Verteidigers gestellt, dem nicht entsprochen worden ist, erfordert die Rüge der Verletzung der §§ 140 Abs. 1, 141 (338 Nr. 8) StPO die Mitteilung dieses Antrages, dessen Zurückweisung durch Entscheidung des Vorsitzenden bzw. durch Gerichtsbeschluss einschließlich der Gründe und ggf. der Stellungnahme des Pflichtverteidigers zu dem Entpflichtungsantrag.[1045]

1041 *BGHSt* 47, 238 = StV 2004, 5 („Scheinverteidiger"); näher SK-StPO-*Frisch*[4] § 338 Rn. 115; s. insbesondere Rüge 32 Rn. 560.

1042 Zu den Rügeanforderungen bei dem absoluten Revisionsgrund des § 338 Nr. 5 StPO wegen Verteidigung des Angeklagten allein durch einen „Scheinverteidiger" s. Rüge 32 Rn. 562 u. 569.

1043 Anders, wenn gem. § 227 StPO der beigeordnete und ein weiterer Verteidiger in der Hauptverhandlung ihre Verrichtungen unter sich geteilt haben: Vgl. SK-StPO-*Frisch*[4] § 338 Rn. 115 m.w.N.

1044 Vgl. zu diesem Erfordernis *BGH* StV 2008, 123 m. Anm. *Ventzke.*

1045 *BGH* v. 10.12.2015 – 3 StR 163/15, Tz. 24.

Rüge 47a

Wurde die Verhandlung im Falle notwendiger Verteidigung nach Ausbleiben des bisherigen Verteidigers nicht unterbrochen oder ausgesetzt, sondern in Anwesenheit eines nicht in die Sache eingearbeiteten Ersatzverteidigers fortgesetzt (§ 145 Abs. 1 StPO)?

701

I. Rechtsgrundlagen

Bleibt in einem Fall notwendiger Verteidigung in der Hauptverhandlung der Verteidiger aus, entfernt er sich unzeitig oder weigert sich, die Verteidigung zu führen, so hat der Vorsitzende nach § 145 Abs. 1 S. 1 StPO dem Angeklagten sogleich einen anderen Verteidiger zu bestellen. Nach § 145 Abs. 1 S. 2 StPO kann das Gericht jedoch auch die Aussetzung der Verhandlung beschließen. In Betracht kommt aber auch eine Unterbrechung der Hauptverhandlung, wenn die Aussicht besteht, diese mit dem eingearbeiteten und dem Angeklagten vertrauten Verteidiger fortsetzen zu können.

702

Auch wenn das Gericht nach seinem Ermessen entscheidet, ob es bei der Verhinderung des Verteidigers die Hauptverhandlung unterbricht oder ob es sogleich einen anderen Verteidiger bestellt, ist die betreffende Prüfung von Amts wegen vorzunehmen, anderenfalls dies die Revision begründen kann.[1046]

Die unverzügliche Beiordnung eines Verteidigers mit dem Ziel, die Hauptverhandlung fortzusetzen anstelle sie auszusetzen oder zu unterbrechen ist dann rechtsfehlerhaft und stellt eine Verletzung des § 145 Abs. 1 S. 2 StPO dar, wenn der beigeordnete Ersatzverteidiger bei Fortsetzung der Hauptverhandlung nicht in einen umfangreichen Verfahrensstoff eingearbeitet ist und er sich nicht durch Einholung von Informationen auf den Stand des Verfahrens gebracht hat. Dabei spielt es keine Rolle, ob der beigeordnete Ersatzverteidiger Einwendungen gegen das prozessuale Vorgehen erhoben und einen Antrag nach § 145 Abs. 3 StPO auf Unterbrechung des Verfahrens gestellt hat; auch wenn der Angeklagte keine Einwendungen gegen die Fortsetzung der Verhandlung erhoben hat, darf das rechtsstaatlich gebotene Recht auf eine angemessene und effektive Verteidigung (Art. 6 Abs. 3 lit. c EMRK) nicht beschränkt werden.[1047]

In einer solchen Konstellation beruht das Urteil auf dem Verfahrensverstoß, wenn die konkrete Möglichkeit besteht, dass bei Fortsetzung der Hauptverhandlung in Gegenwart des bisherigen Verteidigers für den Angeklagten günstigere Feststellungen im angefochtenen Urteil hätten getroffen werden können.[1048]

1046   *BGH* v. 20.6.2013 – 2 StR 113/13 = StV 2013, 675 = NStZ 2014, 45.
1047   *BGH* v. 20.6.2013 – 2 StR 113/13 = StV 2013, 675 = NStZ 2014, 45.
1048   *BGH* v. 20.6.2013 – 2 StR 113/13 = StV 2013, 675 = NStZ 2014, 45.

II. Anforderungen an den Vortrag der Rüge der Verletzung des § 145 Abs. 1 S. 2 StPO

703
- Es handelte sich um einen Fall notwendiger Verteidigung, was auszuführen ist.
- Der gewählte oder beigeordnete Verteidiger ist der Hauptverhandlung ferngeblieben oder hat sich aus dieser unzeitig entfernt oder sich geweigert, die Verteidigung zu führen.
- Das Gericht hat nicht von Amts wegen geprüft, ob die Verhandlung auszusetzen oder zu unterbrechen sei, sondern sogleich einen Verteidiger beigeordnet und in dessen Anwesenheit die Hauptverhandlung fortgeführt.
- Dabei war dem Gericht bewusst, dass der neue Verteidiger den Verfahrensstoff nicht ausreichend beherrschte. Zu diesem Zweck sind Angaben über den Aktenumfang und den bisherigen Gang der Hauptverhandlung zu machen.
- Es ist der Inhalt der in Anwesenheit des neu beigeordneten Verteidigers fortgeführten Hauptverhandlung zu schildern.
- Bestanden Anhaltspunkte dafür, dass die Hauptverhandlung nach einer Unterbrechung mit dem bisherigen eingearbeiteten Verteidiger hätte fortgesetzt werden können, sind diese darzulegen.
- Die in Anwesenheit des beigeordneten Ersatzverteidigers betreffenden Teile der Hauptverhandlung wurden nicht vollständig zu einem späteren Zeitpunkt in Anwesenheit des eingearbeiteten Verteidigers oder zu einem Zeitpunkt wiederholt, der dem Ersatzverteidiger die Möglichkeit eingeräumt hätte, sich darauf im Sinne einer effektiven Verteidigung vorzubereiten.
- Für den Fall, dass der nicht in die Sache eingearbeitete Ersatzverteidiger nur während eines konkret zu bezeichnenden wesentlichen Teils der Hauptverhandlung die Verteidigung allein geführt hat, ist vorzutragen, dass der betreffende Teil (dessen Inhalt ist mitzuteilen) nicht in Anwesenheit eines qualifizierten Verteidigers vollständig wiederholt wurde.
- Es ist weiterhin vorzutragen, dass der Angeklagte nicht teilweise freigesprochen bzw. das Verfahren nicht teilweise gem. § 154 Abs. 2 StPO eingestellt worden ist. Anderenfalls ist vorzutragen, dass die Abwesenheit des Verteidigers einen konkret zu bezeichnenden Verhandlungsteil betraf, dessentwegen es zu der Verurteilung gekommen ist.[1049]

1049 Vgl. zu diesem Erfordernis *BGH* StV 2008, 123 m. Anm. *Ventzke*.

Rüge 48

Ist im Falle einer notwendigen Verteidigung der Verteidiger in der Hauptverhandlung aus- **704**
geblieben bzw. hat er sich daraus unzeitig entfernt oder sich geweigert, die Verteidigung
zu führen, ist deshalb dem Angeklagten ein anderer Verteidiger beigeordnet oder ein
Wahlverteidiger bestellt worden, der erklärt hat, nicht ausreichend vorbereitet zu sein, und
ist die Hauptverhandlung gleichwohl nicht unterbrochen oder ausgesetzt worden (§ 145
Abs. 3 StPO)?

I. Rechtsgrundlagen

Die Nichtaussetzung oder -unterbrechung der Hauptverhandlung unter Verletzung des **705**
§ 145 Abs. 3 StPO ist ein relativer Revisionsgrund (§ 337 StPO)[1050]. Die Vorschrift
soll in Fällen notwendiger Verteidigung eine ordnungsgemäße Verteidigung gewährleisten.[1051] Erfolgt kein Unterbrechungs- oder Aussetzungsantrag bzw. gibt der neu
beigeordnete Verteidiger keine Erklärung des Inhalts ab, nicht ausreichend vorbereitet
zu sein, kommt eine Unterbrechung oder Aussetzung der Hauptverhandlung unter den
Voraussetzungen des § 265 Abs. 4 StPO von Amts wegen in Betracht.[1052]

II. Anforderungen an den Vortrag der Rüge der Verletzung des § 145 Abs. 3 StPO

- Es handelte sich um einen Fall notwendiger Verteidigung, was auszuführen ist. **706**
- Der gewählte oder beigeordnete Verteidiger ist der Hauptverhandlung ferngeblieben oder hat sich aus dieser unzeitig entfernt oder sich geweigert, die Verteidigung zu führen.
- Dem Angeklagten ist sogleich ein anderer Verteidiger beigeordnet und in dessen Anwesenheit die Hauptverhandlung fortgeführt worden.[1053]
- Der neu bestellte Verteidiger hat erklärt, dass ihm die zur Vorbereitung der Verteidigung erforderliche Zeit nicht zur Verfügung gestanden habe[1054] (wurde der
  ausdrückliche Antrag auf Unterbrechung oder Aussetzung der Verhandlung gestellt, ist dies zusätzlich im Wortlaut mitzuteilen[1055]).

1050 *Meyer-Goßner/Schmitt*[60] § 145 Rn. 26.
1051 Zum Wegfall des gewählten Verteidigers im Falle einer nicht notwendigen Verteidi-
      gung s. Rüge 207 Rn. 1828.
1052 Zum erforderlichen Rügevorbringen s. *BGH* v. 30.8.2012 – 4 StR 108/12 = NStZ 2013,
      122. Allgemein zu den Anforderungen an den Vortrag der Rüge der Verletzung des
      § 265 Abs. 4 StPO bei Verlust des bisherigen Wahlverteidigers s. Rüge 207 ff.
      Rn. 1828 ff.
1053 § 145 Abs. 3 StPO findet entspr. Anwendung für einen neu eingetretenen Wahlvertei-
      diger: LR-*Lüderssen/Jahn*[26] § 145 Rn. 31.
1054 Ob dies vom Gericht hinzunehmen ist oder nicht, ist str.: Vgl. SK-StPO-*Wohlers*[5]
      § 145 Rn. 18 u. 19. Bejahend: LR-*Lüderssen/Jahn*[26] § 145 Rn. 26.
1055 In der Erklärung, dass die zur Vorbereitung der Verteidigung erforderliche Zeit gefehlt
      habe, ist ein zumindest konkludenter Antrag auf Aussetzung oder Unterbrechung der
      Hauptverhandlung zu sehen, so dass es eines ausdrücklichen Antrages nicht zwingend

- Die Hauptverhandlung wurde ohne Unterbrechung oder Aussetzung fortgeführt. Der Beschluss, durch den ein Aussetzungs- oder Unterbrechungsantrag zurückgewiesen wurde, ist wörtlich mitzuteilen. Es ist der Inhalt der fortgeführten Hauptverhandlung zu schildern.[1056]
- Die betreffenden Teile der Hauptverhandlung wurden nicht vollständig zu einem späteren Zeitpunkt wiederholt, nachdem der Verteidiger erklärt hatte, nunmehr die Verteidigung ausreichend vorbereitet zu haben.

---

bedarf. Ohnehin muss das Gericht von Amts wegen die Hauptverhandlung unterbrechen oder aussetzen, wenn es feststellt, dass der Angeklagte nicht ordnungsgemäß verteidigt ist: LR-*Lüderssen/Jahn*[26] § 145 Rn. 29.

1056 Ob das Urteil auf der fehlerhaften Nichtaussetzung oder –unterbrechung der Hauptverhandlung beruht (§ 337 StPO), wird allerdings nicht nur vom Inhalt des Teils der Hauptverhandlung abhängen, der in Anwesenheit des nicht vorbereiteten Verteidigers durchgeführt wurde, sondern auch davon, was *vor* seiner Beiordnung verhandelt wurde, ohne nochmals in seiner Anwesenheit wiederholt worden zu sein (auch dies sollte deshalb vorsorglich vorgetragen werden).

Kapitel 9
(Fristgerechte und mangelfreie) Ladung des Angeklagten und Verteidigers

Rüge 49

Ist ein Antrag auf Aussetzung der Hauptverhandlung abgelehnt oder übergangen worden, obwohl der Angeklagte nicht innerhalb der Frist des § 217 Abs. 1 StPO zur Hauptverhandlung geladen worden ist?

707

I. Rechtsgrundlagen

Der Angeklagte ist per Zustellung zur Hauptverhandlung zu laden, wobei zwischen der Zustellung der Ladung und dem Tag der Hauptverhandlung eine Frist von mindestens einer Woche liegen muss (§ 217 Abs. 1 StPO). Die Nichteinhaltung dieser Frist allein soll nach h.M. mit der Revision nicht gerügt werden können.[1057] Sie entbindet den Angeklagten auch nicht von der Pflicht, zur Hauptverhandlung zu erscheinen. Dem Angeklagten ist lediglich das Recht eingeräumt, vor Beginn oder in der Hauptverhandlung bis zum Beginn seiner Vernehmung zur Sache die Aussetzung der Hauptverhandlung zu beantragen (§ 217 Abs. 2 StPO).

708

Da der Angeklagte mithin die Möglichkeit hat, von der Stellung eines Aussetzungsantrags abzusehen, würde die Vorschrift des § 217 Abs. 3 StPO unverständlich sein, wonach der Angeklagte das Recht hat, auf die Einhaltung der Ladungsfrist zu verzichten. Im Zusammenhang mit der Vorschrift des § 228 Abs. 3 StPO ist § 217 StPO deshalb die Bedeutung beizumessen, dass die Nichteinhaltung der Ladungsfrist des § 217 Abs. 1 StPO auch dann gerügt werden darf, wenn der Angeklagte keinen Aussetzungsantrag bis zu seiner Vernehmung zur Sache gestellt hat, er allerdings nicht gem. § 228 Abs. 3 StPO auf dieses Recht hingewiesen worden war und er auf die Einhaltung der Ladungsfrist nicht wirksam verzichtet hat (siehe Rüge 50 Rn. 713).

709

II. Anforderungen an den Vortrag der Rüge der Ablehnung oder Nichtbescheidung eines Aussetzungsantrages

- Datum der Zustellung der Ladung.
- Datum des Beginns der Hauptverhandlung unter Angabe des Wochentages (und damit verbundener Nichteinhaltung der Ladungsfrist).
- Stellung eines Aussetzungsantrags unter vollständiger Wiedergabe seines Wortlauts.

710

1057   LR-*C. Jäger*[26] § 217 Rn. 16.

- Zeitpunkt der Antragstellung vor Vernehmung zur Sache (ist der Antrag erst später gestellt worden, ist das Gericht zur Aussetzung der Hauptverhandlung nur verpflichtet, wenn zugleich die Voraussetzungen des § 265 Abs. 4 StPO vorliegen[1058]).
- Tatsache, dass der Angeklagte (auch nachträglich) auf die Einhaltung der Ladungsfrist nicht verzichtet hat.
- Ablehnung des Aussetzungsantrags unter vollständiger Wiedergabe des Inhalts des Beschlusses bzw. dessen Nichtbescheidung.[1059]
- Mitteilung, dass die Hauptverhandlung auch tatsächlich nicht ausgesetzt wurde.

III. Weitere Anforderungen an den Vortrag

711 Da die Ablehnung eines Aussetzungsantrags durch Beschluss zu erfolgen hat,[1060] handelt es sich um einen nach § 338 Nr. 8 StPO zu rügenden Rechtsfehler. Die Behinderung der Verteidigung infolge der nicht gewahrten Ladungsfrist ist nach § 344 Abs. 2 S. 2 StPO darzulegen,[1061] weshalb der Inhalt der Anklageschrift, eventuell ein abweichender Eröffnungsbeschluss mitzuteilen sind; der Grad der Konkretisierung des Vortrags im Übrigen ist von den Umständen des Einzelfalles abhängig, darf aber nicht zu überspannten Anforderungen führen. Sollte die Einholung bestimmter Erkundigungen tatsächlicher oder rechtlicher Art infolge der Fristverkürzung nicht möglich gewesen sein, sollte dies jedoch konkret dargelegt werden.

IV. Nachweis der Verfahrenstatsachen

712 Der Antrag und seine Bescheidung sind wesentliche Förmlichkeiten der Hauptverhandlung und werden positiv durch das Hauptverhandlungsprotokoll bzw. bei dessen Schweigen negativ bewiesen.

1058   LR-*C. Jäger*[26] § 217 Rn. 7 m.w.N.
1059   Die Nichtbescheidung eines Antrags steht seiner Ablehnung gleich: *Meyer-Goßner/ Schmitt*[60] § 338 Rn. 60.
1060   LR-*C. Jäger*[26] § 217 Rn. 6 m.w.N.
1061   LR-*C. Jäger*[26] § 217 Rn. 18.

Rüge 50

Ist der Angeklagte entgegen § 228 Abs. 3 StPO nicht auf das Recht hingewiesen worden, **713**
die Aussetzung der Hauptverhandlung im Hinblick darauf beantragen zu dürfen, dass ihm
bzw. seinem (nicht erschienenen) Verteidiger gegenüber die Ladungsfrist des § 217 Abs. 1
(i.V.m. § 218) StPO nicht eingehalten worden ist?

I. Rechtsgrundlagen

Die Rspr. sieht § 228 Abs. 3 StPO als nicht revisionsfähige Ordnungsvorschrift **714**
(„soll") an.[1062]

Die Bedeutung der Vorschrift liegt aber darin, dass durch die Nichtbelehrung über
das Recht, die Aussetzung beantragen zu dürfen, die Präklusionswirkung des § 217
Abs. 2 StPO entfällt.[1063] Zu rügen ist daher die Nichteinhaltung der Ladungsfrist des
§ 217 Abs. 1 StPO[1064].

Ob auch der mit einem Verteidiger in der Hauptverhandlung erschienene Angeklagte nach § 228 Abs. 3 StPO zu belehren ist, wird vielfach verneint.[1065] Da die Einhaltung der Ladungsfrist dem Gericht obliegt, ist allerdings dieses und nicht der Verteidiger verpflichtet, den Angeklagten auf die Möglichkeiten einer Antragstellung
nach § 217 Abs. 2 StPO hinzuweisen.

II. Anforderungen an den Vortrag der Rüge der Nichteinhaltung der Ladungsfrist des § 217 Abs. 1 StPO bei unterbliebener Belehrung über die Möglichkeit der Stellung eines Aussetzungsantrages (§§ 217, 228 Abs. 3, 337 StPO)

- Datum der Zustellung der Ladung des Angeklagten. Auch die Art und Weise der **715**
  Zustellung sollte mitgeteilt werden.
- Datum des Beginns der Hauptverhandlung unter Angabe des Wochentages (und
  damit verbundene Nichteinhaltung der Ladungsfrist des § 217 Abs. 1 StPO).
- Tatsache, dass der Angeklagte auf die Einhaltung der Ladungsfrist nicht verzichtet hat.
- Tatsache, dass der Angeklagte vom Vorsitzenden nicht auf das Recht, einen Antrag auf Aussetzung der Hauptverhandlung stellen zu dürfen, hingewiesen wurde.
- Tatsache, dass dem Angeklagten die Existenz eines solchen Rechts nicht bekannt war (ggf. dass er in der Hauptverhandlung nicht im Beistand eines Verteidigers erschienen ist bzw. er gänzlich ohne Verteidiger war).

1062   Nachweise bei LR-*J.-P. Becker*[26] § 228 Rn. 46.
1063   Nachweise bei LR-*C. Jäger*[26] § 217 Rn. 18.
1064   So auch Rspr. und Literatur bei LR-*C. Jäger*[26] § 217 Rn. 17.
1065   LR-*J.-P. Becker*[26] § 228 Rn. 31.

- Tatsache, dass der Angeklagte keinen Aussetzungsantrag gestellt hat und die Hauptverhandlung nicht ausgesetzt wurde.
- Da es sich um einen relativen Revisionsgrund handelt, sollte zur Beruhensfrage vorgetragen werden, warum der Angeklagte in Kenntnis seines Antragsrechts hiervon Gebrauch gemacht hätte und er infolge der Nichteinhaltung der Ladungsfrist in seinem Recht auf Verteidigung behindert war.

III. Rüge bei unterbliebener Belehrung über die Möglichkeit der Stellung eines Aussetzungsantrages im Hinblick auf die Nichteinhaltung der Frist zur Ladung des in der Hauptverhandlung nicht erschienenen Verteidigers (§§ 228 Abs. 3, 217 Abs. 1, 218 StPO)

716
- Datum der Zustellung der Ladung des Verteidigers. Auch die Art und Weise der Zustellung sollte mitgeteilt werden.
- Datum des Beginns der Hauptverhandlung unter Angabe des Wochentages (und damit verbundene Nichteinhaltung der Ladungsfrist der §§ 217 Abs. 1, 218 StPO).
- Tatsache, dass weder der Angeklagte noch sein Verteidiger auf die Einhaltung der Ladungsfrist verzichtet haben.
- Tatsache, dass der Angeklagte vom Vorsitzenden nicht auf das Recht, einen Antrag auf Aussetzung der Hauptverhandlung stellen zu dürfen, hingewiesen wurde.
- Tatsache, dass dem Angeklagten die Existenz eines solchen Rechts nicht bekannt war.
- Tatsache, dass der Angeklagte keinen Aussetzungsantrag gestellt hat und die Hauptverhandlung nicht ausgesetzt wurde.
- Da es sich um einen relativen Revisionsgrund handelt, sollte zur Beruhensfrage vorgetragen werden, warum der Angeklagte in Kenntnis seines Antragsrechts hiervon Gebrauch gemacht hätte und er infolge der Nichteinhaltung der Ladungsfrist in seinem Recht auf Verteidigung behindert war. Letzteres wird sich schon daraus ergeben, dass der nicht rechtzeitig geladene Verteidiger zur Hauptverhandlung nicht erschienen ist.

IV. Nachweis der Verfahrenstatsachen

717 Die Nichtbelehrung entgegen § 228 Abs. 3 StPO wird durch das Schweigen des Hauptverhandlungsprotokolls bewiesen.[1066]

1066   Zur Pflicht zur Protokollierung der dem Gericht kraft Gesetzes obliegenden Belehrungen LR-*Stuckenberg*[26] § 273 Rn. 12.

Rüge 51

Fand im Falle der Verteidigung des Angeklagten durch einen oder mehrere Verteidiger die Hauptverhandlung ganz oder teilweise ohne den/alle Verteidiger statt, weil das Gericht den/die Verteidiger nicht geladen hatte (§§ 218 S. 1, 337 StPO)? **718**

I. Rechtsgrundlagen

Hat ein Verteidiger seine Mandatsübernahme der Staatsanwaltschaft im Ermitt- **719** lungsverfahren bzw. dem Gericht nach Anklageerhebung rechtzeitig[1067] vor dem Hauptverhandlungstermin angezeigt, ist er zur Hauptverhandlung zu laden (§ 218 S. 1 StPO)[1068]. Auf eine Vollmachtsvorlage kommt es nicht an.[1069] Im Falle mehrerer (Pflicht- und/oder Wahl-)Verteidiger sind diese grundsätzlich alle zur Hauptverhandlung zu laden,[1070] sofern sie nicht einer Sozietät angehören oder eine Bürogemeinschaft betreiben.[1071]

Unterbleibt die Ladung[1072] und findet die Hauptverhandlung ohne den Verteidiger **720** statt, begründet dies im Hinblick auf die unzulässige Beschränkung der Verteidigung in der Regel die Revision (§ 337 StPO)[1073]. Handelt es sich um einen Fall der notwendigen Verteidigung und ist gar kein Verteidiger in der Hauptverhandlung anwesend, liegt der absolute Revisionsgrund des § 338 Nr. 5 StPO vor.[1074]

Die Ladung ist auch dann nicht entbehrlich, wenn der Verteidiger anderweitig von dem Termin Kenntnis hatte (str.)[1075] oder die Möglichkeit bestand, von dem Termin Kenntnis zu nehmen.[1076] Ist der nicht geladene Verteidiger anwesend, so beruht die in seiner Gegenwart durchgeführte Verhandlung nicht auf dem Unterlassen der

---

1067   Vgl. dazu LR-*C. Jäger*[26] § 218 Rn. 16.

1068   Zu den Folgen der Nichtladung eines dem Angeklagten beigeordneten Pflichtverteidigers s. Rügen Nr. 32 Rn. 560 und Nr. 40 Rn. 653.

1069   *BGHSt* 36, 259 = StV 1990, 51 = NStZ 1990, 44.

1070   *BGH* StV 1985, 133; *OLG Naumburg* StV 2009, 686 = StraFo 2009, 332.

1071   *BGH* StV 2007, 283.

1072   Auf ein Verschulden des Gerichts kommt es nicht an (*OLG Köln* MDR 1980, 688; *KG* StV 1996,10). Auch bei verbleibenden Zweifeln ist bei fehlendem Zustellungsnachweis davon auszugehen, dass der Verteidiger nicht zur Hauptverhandlung geladen worden ist: *OLG Hamm* StraFo 1998, 235, 236.

1073   LR-*C. Jäger*[26] § 218 Rn. 32 m.w.N.

1074   Siehe Rüge 32 Rn. 560.

1075   *BayObLGSt* 1984, 133 = StV 1985, 140; *OLG München* NStZ 2005, 651 = StV 2005, 599 (Ls). Der *BGH* schließt nicht aus, dass eine unterbliebene Ladung unschädlich ist, wenn der Verteidiger auf andere Weise rechtzeitig von dem Termin zuverlässig Kenntnis erlangt hatte: *BGHSt* 36, 259, 261 = StV 1990, 51, 52 = NStZ 1990, 44; *BGH* StV 2008, 564 = NStZ 2009, 48. In diesem Sinne nunmehr *OLG Celle* v. 2.4.2012 – 322 SsBs 84/12 = StV 2012, 588; ebenso *Meyer-Goßner/Schmitt*[60] § 218 Rn. 15; nach LR-*C. Jäger*[26] § 218 Rn. 14 handelt es sich um ein Beruhensproblem.

1076   *BGH* StV 1985, 133 = NStZ 1985, 229; *OLG München* NStZ 2006, 590. Zum Fall der Terminskenntnis bei verspäteter Ladung s. u. Rüge 52 Rn. 724.

förmlichen Ladung. Es kommt aber die Rüge der Nichteinhaltung der Ladungsfrist in Betracht, wenn ein darauf gestützter Aussetzungsantrag vom Gericht abgelehnt oder nicht beschieden worden ist.[1077]

721 Die Verletzung des § 218 S. 1 StPO ist ein relativer Revisionsgrund (§ 337 StPO). Es kann in aller Regel nicht ausgeschlossen werden, dass das Urteil auf dem Verfahrensverstoß beruht.[1078] Etwas anderes könnte nur dann gelten, wenn mit Sicherheit ausgeschlossen werden könnte, dass der Verteidiger auch bei ordnungsgemäßer Ladung zum Termin erschienen wäre.[1079] Hat der Angeklagte im Hinblick auf die Abwesenheit des nicht oder zu spät geladenen Verteidigers einen Aussetzungsantrag gestellt, den das Gericht zurückgewiesen hat, begründet dies die Revision unter dem Gesichtspunkt der unzulässigen Beschränkung der Verteidigung (§ 338 Nr. 8 StPO)[1080].

Der Verstoß gegen § 218 S. 1 StPO könnte nur durch einen Verzicht des Angeklagten auf Ladung seines Verteidigers[1081] bzw. auf Durchführung der Hauptverhandlung in Anwesenheit des Verteidigers bzw. durch Mandatsbeendigung geheilt werden, was aber die Kenntnis des Angeklagten davon voraussetzt, dass der Verteidiger nicht geladen wurde.[1082]

II. Anforderungen an den Vortrag der Rüge der Verletzung des § 218 S. 1 StPO

722 • Der Verteidiger wurde zur Hauptverhandlung (Datumsangabe erforderlich) nicht geladen. Die Ladungsverfügung des Vorsitzenden sollte mitgeteilt werden, aus der die Nichtanordnung der Verteidigerladung hervorgeht. Anderenfalls sollten die Aktenteile mitgeteilt werden, aus denen sich die Nichtausführung der Ladungsverfügung ergibt.

1077 Siehe Rüge 52 Rn. 724.

1078 *BGHSt* 36, 259 = StV 1990, 51 = NStZ 1990, 44. Dies gilt selbst im Falle eines Geständnisses: *KG* StV 1996, 10.

1079 *LR-C. Jäger*[26] § 218 Rn. 32; *OLG Hamburg* NStE Nr. 1 zu § 218 StPO; s. auch den Ausnahmesachverhalt *BGH* StV 2006, 284 = NStZ 2006, 461.

1080 *OLG Celle* NJW 1974, 1258, 1259; *OLG München* NStZ 2006, 590; *OLG München* NStZ 2005, 651 = StV 2005, 599 (Ls). Zur Pflicht des Gerichts, den Angeklagten in diesem Fall auf das Recht hinzuweisen, die Aussetzung der Hauptverhandlung beantragen zu dürfen, s. Rügen 50 Rn. 713 u. 53 Rn. 728.

1081 *LR-C. Jäger*[26] § 218 Rn. 30 m.w.N. Darin, dass ein Angeklagter in Abwesenheit des rechtsfehlerhaft nicht geladenen weiteren Verteidigers sich rügelos zur Sache einlässt bzw. die Stellung eines Aussetzungsantrages unterlässt, kann kein Verzicht auf die Verteidigung durch den nicht geladenen Verteidiger gesehen werden; dies gilt insbesondere dann, wenn keine Anhaltspunkte dafür bestehen, dass der von dem Vorsitzenden nicht belehrte Angeklagte sein Recht kannte, die Aussetzung der Verhandlung zu verlangen: *BGH* StV 2008, 564 = NStZ 2009, 48.

1082 *OLG Brandenburg* StV 1996, 539; zur Unerheblichkeit eines Verzichts im Einzelfall und zur Notwendigkeit der Aussetzung der Hauptverhandlung und ihrer Durchführung nur in Anwesenheit des Verteidigers: *OLG Zweibrücken* StV 1988, 425.

- Der Verteidiger hat der (zuständigen) Staatsanwaltschaft im Ermittlungsverfahren bzw. nach Anklageerhebung dem zuständigen Gericht seine Wahl so rechtzeitig angezeigt (Datumsangabe erforderlich)[1083], dass dem Gericht die Ladung des Verteidigers zur Hauptverhandlung fristgerecht möglich gewesen wäre. Dazu sind die Daten der Ladungsverfügung, die Ausführung der Ladungsverfügung und des Eingangs des Bestellungsschreibens bei dem zuständigen Gericht mitzuteilen.
- Der nicht oder nicht fristgerecht geladene Verteidiger war in der Hauptverhandlung nicht anwesend und zu diesem Zeitpunkt bestand sein Mandat noch fort.[1084]
- Weder der Angeklagte noch der Verteidiger haben auf die Ladung verzichtet und der unverteidigte Angeklagte war auch nicht mit der Durchführung der Hauptverhandlung in Abwesenheit des Verteidigers einverstanden.[1085]
- Der nicht (fristgerecht) geladene Verteidiger wäre bei ordnungsgemäßer Ladung in der Hauptverhandlung erschienen.
- Hat der Angeklagte einen Aussetzungsantrag gestellt, den das Gericht durch Beschluss zurückgewiesen hat, ist dies unter wörtlicher Mitteilung von Antrag und Beschluss im Hinblick auf den Revisionsgrund des § 338 Nr. 8 StPO vorzutragen.[1086]
- Vorsorglich sollte mitgeteilt werden, dass der Verteidiger nicht auf anderem Weg rechtzeitig von dem Termin sichere Kenntnis erlangt hatte (Negativtatsache)[1087].

III. Nachweis der Verfahrenstatsachen

Die Abwesenheit und der unterbliebene Verzicht auf die Anwesenheit des nicht geladenen Verteidigers betreffen wesentliche Förmlichkeiten der Verhandlung und werden durch das Hauptverhandlungsprotokoll positiv wie negativ bewiesen. Die restlichen Voraussetzungen werden im Freibeweisverfahren festgestellt.   **723**

1083 *BayObLG* StV 1996, 534; *OLG Hamm* StraFo 1998, 235.
1084 Zur Rüge der Ablehnung eines Aussetzungsantrages wegen nicht fristgerechter Ladung des in der Hauptverhandlung erschienenen Verteidigers s. Rüge 52 Rn. 724.
1085 Vgl. *BayObLG* ibid. Zu den hohen Darlegungsanforderungen im Einzelfall s. *OLG Frankfurt/M.* v. 24.9.2008 – 2 Ss 298/08.
1086 Siehe Rüge 52 Rn. 724. Ist der Angeklagte nicht auf sein Recht hingewiesen worden, einen Aussetzungsantrag zu stellen, s. Rüge 53 Rn. 728.
1087 *OLG Celle* v. 2.4.2012 – 322 SsBs 84/12 = StV 2012, 588, wonach in diesem Fall das Fehlen einer förmlichen Ladung unschädlich sei bzw. das Urteil auf der fehlenden Ladung nicht beruhe.

Rüge 52

724   Ist ein Antrag auf Aussetzung der Hauptverhandlung abgelehnt oder nicht beschieden worden, obwohl der/die Verteidiger des Angeklagten gar nicht oder nicht innerhalb der Frist des § 217 Abs. 1 StPO zur Hauptverhandlung geladen worden ist/sind (§ 218 StPO)?

I. Rechtsgrundlagen

725   Nach § 218 StPO sind alle bestellten und – soweit ihre Wahl dem Gericht gegenüber angezeigt worden ist – alle Wahlverteidiger[1088] innerhalb der Frist des § 217 Abs. 1 StPO durch Zustellung zur Hauptverhandlung zu laden. Unterbleibt dies auch nur bei einem von ihnen, besteht, falls der Verteidiger oder der Angeklagte (letzterer nur im Falle des Nichterscheinens des nicht bzw. nicht rechtzeitig geladenen Verteidigers in der Hauptverhandlung) nicht auf die Einhaltung der Ladungsfrist verzichtet, das Recht, die Aussetzung der Hauptverhandlung zu beantragen. Hierfür gilt die Frist des § 217 Abs. 2 StPO, es sei denn, dass der Verteidiger erst nach Beginn der Vernehmung seines Mandanten zur Sache erscheint (dann soll er aber den Antrag unverzüglich stellen müssen[1089]).

Hat der Verteidiger seine Wahl erst zu einem Zeitpunkt angezeigt, zu dem die Ladungsfrist des § 217 Abs. 1 StPO nicht mehr eingehalten werden konnte, besteht ein Anspruch auf Aussetzung der Hauptverhandlung nicht, es sei denn, diese wäre nach §§ 228, 229, 265 Abs. 4 StPO geboten.[1090]

726   Hat der Verteidiger auf anderem Weg als durch förmliche Ladung rechtzeitig vom Termin der Hauptverhandlung Kenntnis erlangt, ist strittig, ob trotzdem der Anspruch auf Aussetzung der Hauptverhandlung besteht, insbesondere wenn der Verteidiger in der Hauptverhandlung erschienen ist.[1091] Der BGH hat im Falle der rechtzeitigen positiven Kenntniserlangung der Revision den Erfolg versagt.[1092]

Durch die Ablehnung oder Nichtbescheidung eines Aussetzungsantrages kann die Verteidigung unzulässig beschränkt sein (§ 338 Nr. 8 StPO)[1093].

Wird die Hauptverhandlung ohne Verteidiger fortgesetzt, obwohl ein Fall notwendiger Verteidigung vorlag, liegt zusätzlich der absolute Revisionsgrund des § 338 Nr. 5 StPO vor.[1094]

1088   Siehe aber bei mehreren in einer Sozietät oder Bürogemeinschaft tätigen Verteidigern *BGH* StV 2007, 283.

1089   LR-*C. Jäger*[26] § 218 Rn. 21 m.w.N. aus der Rspr.

1090   LR-*C. Jäger*[26] § 218 Rn. 25.

1091   LR-*C. Jäger*[26] § 218 Rn. 14 m.w.N. zum Wegfall der generellen Pflicht zur förmlichen Ladung des Verteidigers.

1092   *BGH* StV 1985, 133 = NStZ 1985, 229; *BGH* StV 1995, 57.

1093   *OLG München* NStZ 2006, 590.

1094   Siehe Rüge 32 Rn. 560.

II. Anforderungen an den Vortrag der Rüge der Ablehnung oder Nichtbescheidung eines Aussetzungsantrags (§§ 218, 217, 338 Nr. 8 StPO)

- Mitteilung unter genauer Datumsangabe, dass dem Gericht so rechtzeitig die **727** Verteidigerwahl angezeigt oder der Verteidiger beigeordnet worden ist, dass er noch unter Einhaltung der Ladungsfrist zur datumsmäßig anzugebenden Hauptverhandlung hätte geladen werden können; dazu können aus der Gerichtsakte das Bestellungsschreiben des Verteidigers mit dem gerichtlichen Eingangsstempel bzw. die Verfügung des Vorsitzenden mit der Beiordnung des Verteidigers in die Revisionsbegründung einkopiert werden.

- Mitteilung, ob und ggf. zu welchem Datum die Ladung des Verteidigers verspätet bewirkt wurde; die Ladungsverfügung und deren Ausführung bzw. die Aktenteile, aus denen sich die Nichtausführung der Ladung ergibt, sollten in die Revisionsbegründung einkopiert werden;

- Zeitpunkt des (ersten) Hauptverhandlungstages und Tag seiner Anberaumung durch den Vorsitzenden,

- Mitteilung, dass, durch wen, wann (vor Beginn der Vernehmung des Angeklagten zur Sache bzw. unverzüglich bei erst nach Vernehmung zur Sache erschienenem Verteidiger) und mit welchem Inhalt (wörtliche Mitteilung) ein Aussetzungsantrag gestellt worden ist;

- Mitteilung, dass und mit welcher Begründung der Aussetzungsantrag zurückgewiesen (der Beschluss ist wörtlich wiederzugeben) bzw. er nicht beschieden worden ist und die Hauptverhandlung bis zur Urteilsverkündung fortgeführt worden ist;

- Mitteilung, dass der Verteidiger nicht rechtzeitig vor Beginn der Ladungsfrist des § 217 StPO auf andere Weise positiv Kenntnis von dem Hauptverhandlungstermin erlangt hatte;

- kein Verzicht auf Einhaltung der Ladungsfrist durch den erschienen Verteidiger bzw. bei nicht erschienenem Verteidiger durch den Angeklagten.

Rüge 53

728   Ist der Angeklagte über das Recht, einen Aussetzungsantrag wegen nicht fristgerechter Ladung seines nicht erschienenen Verteidigers zu stellen, belehrt worden?

I. Rechtsgrundlagen

729   Zwar betrifft die Vorschrift des § 228 Abs. 3 StPO unmittelbar nur die Nichteinhaltung der Ladungsfrist des Angeklagten. Sie gilt aber im Fall der Nichteinhaltung der Frist zur Ladung des Verteidigers entspr.[1095] Deshalb muss der rechtsunkundige Angeklagte, der allein in der Hauptverhandlung erschienen ist, darüber belehrt werden, dass er das Recht hat, die Aussetzung der Hauptverhandlung zu beantragen, weil sein in der Hauptverhandlung nicht erschienener Verteidiger nicht innerhalb der Frist des § 217 Abs. 1 StPO geladen worden ist, obwohl seine Wahl rechtzeitig dem Gericht angezeigt worden war.

II. Anforderungen an den Vortrag der Rüge der Verletzung der §§ 218, 228 Abs. 3, 265 Abs. 4 analog, 337 StPO wegen der unterbliebenen Belehrung über die Möglichkeit der Stellung eines Aussetzungsantrages infolge Nichteinhaltung der Frist zur Ladung des Verteidigers

730   • Datum der Zustellung der Ladung an den Verteidiger.
   • Datum des Eingangs der Verteidigerbestellung bei Gericht (bzw. vor Anklageerhebung bei der Staatsanwaltschaft).
   • Datum des Beginns der Hauptverhandlung unter Angabe des Wochentages (und damit verbundene Nichteinhaltung der Ladungsfrist des § 217 Abs. 1 StPO).
   • Abwesenheit des Verteidigers.
   • Tatsache, dass der Angeklagte auf eine Verteidigung und deshalb auch auf die Einhaltung der Ladungsfrist nicht verzichtet hat.
   • Tatsache, dass der Angeklagte vom Vorsitzenden nicht auf das Recht, einen Antrag auf Aussetzung der Hauptverhandlung stellen zu dürfen, hingewiesen wurde.
   • Tatsache, dass dem Angeklagten die Existenz eines solchen Rechts nicht bekannt war.
   • Da es sich um einen relativen Revisionsgrund handelt, sollte zur Beruhensfrage ggf. vorgetragen werden, dass und warum der Angeklagte in Kenntnis seines Antragsrechts hiervon Gebrauch gemacht hätte und er infolge der Nichteinhaltung der Ladungsfrist in seinem Recht auf Verteidigung behindert wurde.

1095   Nachweise bei LR-*C. Jäger*[26] § 218 Rn. 23.

III. Nachweis der Verfahrenstatsachen

Die Nichtbelehrung entgegen §§ 228 Abs. 3, 218, 217 Abs. 1 StPO wird durch das   **731**
Schweigen des Hauptverhandlungsprotokolls bewiesen.[1096]

Rüge 53a

Ist der unverteidigte, nicht auf freiem Fuß befindliche Angeklagte zur Hauptverhandlung   **732**
geladen worden, ohne anlässlich der Ladung befragt worden zu sein, ob und welche Anträge er zu seiner Verteidigung für die Hauptverhandlung zu stellen habe (§ 216 Abs. 2 S. 2
StPO) und ist ein bis zum Beginn seiner Vernehmung zur Sache gestellter Antrag auf Aussetzung der Verhandlung zurückgewiesen bzw. der unverteidigte Angeklagte in der Hauptverhandlung nicht auf die Möglichkeit zur Stellung eines Aussetzungsantrags hingewiesen
worden (§ 217 Abs. 2 StPO)?

I. Rechtsgrundlagen

Nach § 216 Abs. 2 S. 2 StPO ist der nicht auf freiem Fuß befindliche Angeklagte im   **733**
Zeitpunkt seiner Ladung zu befragen, ob und welche Anträge er zu seiner Verteidigung für die Hauptverhandlung zu stellen habe. Ob diese Befragung mündlich stattzufinden habe oder sie auch schriftlich – mit der Ladung – erfolgen könne, hat der
BGH offengelassen.[1097] Bei einem verteidigten Angeklagten soll ein etwaiger Verstoß gegen § 216 Abs. 2 S. 2 StPO nach Auffassung des *BGH* die Wirksamkeit der
Ladung zur Hauptverhandlung nicht berühren, weshalb auch kein Anspruch auf
Aussetzung der Hauptverhandlung nach § 217 Abs. 2 StPO bestehe. Anders soll
sich die Sachlage bei einem nicht verteidigten Angeklagten darstellen.[1098] Bei
einem unverteidigten rechtsunkundigen Angeklagten ist dieser konsequenterweise
in der Hauptverhandlung auf sein Recht, die Aussetzung der Hauptverhandlung wegen eines Verstoßes gegen § 216 Abs. 2 S. 2 StPO beantragen zu können, hinzuweisen.

1096   Zur Pflicht, die Belehrung des Angeklagten gem. § 228 Abs. 3 StPO zu protokollieren
s. SK-StPO/*Deiters/Albrecht*[5] § 228 Rn. 19.
1097   *BGH* StV 2008, 617 = NStZ 2008, 420. Zumindest ist die Befragung und die hierauf
abgegebene Erklärung des Angeklagten zu beurkunden, anderenfalls die Ladung keine
Rechtswirksamkeit entfaltet: LR-C. *Jäger*[26] § 216 Rn. 11.
1098   *BGH* StV 2008, 617 = NStZ 2008, 420 unter Hinweis auf *BGH* v. 7.7.1964 – 5 StR
217/64.

II. Anforderungen an den Vortrag der Rüge der Verletzung der §§ 216 Abs. 2 S. 2, 217 Abs. 2 StPO wegen Ablehnung oder Nichtbescheidung eines Aussetzungsantrags nach unterbliebener Befragung des Angeklagten gem. § 216 Abs. 2 S. 2 StPO bzw. bei unterbliebener Belehrung über die Möglichkeit der Stellung eines Aussetzungsantrages

734
- Der Angeklagte wurde zur Hauptverhandlung geladen, als er sich nicht auf freiem Fuß befand. Es sind Datum und Umstände der Ladung sowie die Tatsache der Inhaftierung zum Zeitpunkt der Ladung mitzuteilen.
- Im Zeitpunkt der Ladung war der Angeklagte unverteidigt.
- Der Angeklagte wurde anlässlich seiner Ladung zur Hauptverhandlung nicht mündlich oder schriftlich befragt, ob und welche Anträge er zu seiner Verteidigung für die Hauptverhandlung zu stellen habe.[1099]
- Sodann alternativ:
- Bis zum Beginn seiner Vernehmung zur Sache stellte der Angeklagte in der Hauptverhandlung den Antrag, die Verhandlung auszusetzen. Zeitpunkt der Stellung und Inhalt des Antrages sind mitzuteilen.
- Mitteilung, dass und mit welcher Begründung der Aussetzungsantrag zurückgewiesen wurde (im Falle einer entspr. Anordnung des Vorsitzenden ist mitzuteilen, dass nach § 238 Abs. 2 StPO ein diese Anordnung bestätigender Beschluss herbeigeführt wurde, dessen Inhalt wörtlich mitzuteilen ist) bzw. der Aussetzungsantrag nicht beschieden und die Hauptverhandlung bis zur Urteilsverkündung fortgeführt worden ist;
- oder:
- bei einem in der Hauptverhandlung nicht verteidigten Angeklagten ist dieser Umstand vorzutragen sowie die Tatsache, dass er nicht auf das Recht, einen Antrag auf Aussetzung der Hauptverhandlung stellen zu dürfen, hingewiesen wurde und ihm die Existenz eines solchen Rechts nicht bekannt war und die Hauptverhandlung ohne Aussetzung bis zur Urteilsverkündung fortgeführt wurde.
- Zur Beruhensfrage sollte ggf. vorgetragen werden, dass und warum der Angeklagte in Kenntnis seines Antragsrechts hiervon Gebrauch gemacht hätte und in welcher Weise er durch die unterbliebene Befragung gem. § 216 Abs. 2 S. 2 StPO in seiner Verteidigung behindert worden sein kann.

1099 Nachweis dieser Verfahrenstatsache durch fehlende Beurkundung.

Kapitel 10
Anklage/Eröffnungsbeschluss/Nachtragsanklage

Rüge 54

Liegt der Hauptverhandlung eine wirksam zugelassene, ordnungsgemäße Anklage zugrun- **735**
de und wurde der Anklagesatz einer wirksam zur Hauptverhandlung zugelassenen Anklage vor Vernehmung des Angeklagten zur Sache bzw. vor Eintritt in die Beweisaufnahme
verlesen?

A. Erfüllt der verlesene Anklagesatz, Strafbefehlsantrag etc. die erforderlichen Anforderungen?

I. Rechtsgrundlagen

Auch wenn das Revisionsgericht schon auf die allgemeine Sachrüge hin prüft, ob **737**
dem Eröffnungsbeschluss eine wirksame Anklage bzw. im Strafbefehlsverfahren
ein wirksamer Strafbefehlsantrag zugrunde lag (es handelt sich insoweit um notwendige Verfahrensvoraussetzungen), sind damit die hier möglichen Fehler nicht
abgedeckt. Der Beschwerdeführer sollte deshalb nicht nur prüfen,

* ob die Anklageschrift/der angefochtene Strafbefehl der Umgrenzungsfunktion,
  sondern auch
* der Informationsfunktion genügt.

Nur wenn die Anklage die Umgrenzungsfunktion nicht erfüllt, wobei auch auf das
wesentliche Ergebnis der Ermittlungen zurückgegriffen wird,[1100] begründet dies
einen zur Unwirksamkeit der Anklageschrift führenden schweren Mangel mit der

---

1100   *BGHR* StPO § 200 Abs. 1 S. 1 Tat 12.

Folge eines Verfahrenshindernisses. Die angeklagten Taten dürften anhand der Anklageschrift nicht genügend konkretisierbar sein, so dass unklar bleibt, auf welchen konkreten Sachverhalt sich die Anklage bezieht und welchen Umfang die Rechtskraft eines daraufhin ergangenen Urteils hat.[1101]

738 Erfüllt die Anklage die Umgrenzungsfunktion demgegenüber noch hinreichend, kann sie gleichwohl die erforderliche Informationsfunktion nicht erfüllen mit der Folge, dass dies zwar kein Verfahrenshindernis, aber einen Verfahrensfehler begründet.[1102] Abzustellen ist dabei auf den in der Hauptverhandlung verlesenen Anklagesatz, weshalb §§ 243 Abs. 3 S. 1, 265 Abs. 1 u. 4 StPO verletzt sind, wenn dieser keine ausreichende Konkretisierung der einzelnen Tatvorwürfe und Tatumstände enthält[1103] und es das Gericht unterlassen hat, den Angeklagten durch ausdrücklichen Hinweis konkret und eindeutig darüber zu unterrichten, welchen genauen Tatablauf es dem weiteren Verfahren zu Grunde legen will.[1104]

Danach muss die dem Angeklagten zu Last gelegte Tat sowie Zeit und Ort ihrer Begehung so genau bezeichnet werden, dass die Identität des geschichtlichen Vorgangs dargestellt und erkennbar wird, welche bestimmte Tat gemeint ist. Sie muss sich dabei von anderen gleichartigen strafbaren Handlungen des Täters unterscheiden lassen, wobei die Schilderung um so konkreter sein muss, je größer die allgemeine Möglichkeit ist, dass der Angeklagte verwechselbare weitere Straftaten gleicher Art verübt hat.[1105]

739 Bei einer Serie von Straftaten muss der Anklagesatz, um seiner Informationsfunktion gerecht zu werden, die dem Angeklagten im Einzelnen vorgeworfenen Tathandlungen nach Tatzeit, Tatort, Tatausführung und anderen individualisierenden Merkmalen ausreichend beschreiben und darlegen. Es genügt grundsätzlich nicht, den Tatzeitraum nach Beginn und Ende einzugrenzen, die in allen Fällen gleichartige Begehungsweise allgemein zu schildern und einen dadurch etwa herbeigeführten Gesamtschaden zu beziffern.[1106] Nur durch eine Konkretisierung wird es dem Gericht und den Prozessbeteiligten möglich, während der Verhandlung ihr Augenmerk auf die Umstände zu richten, auf die es in tatsächlicher und rechtlicher Hinsicht ankommt und insbesondere dem Angeklagten Gewissheit darüber zu vermitteln, auf welchen Tatvorwurf er sein Verteidigungsvorbringen einzurichten hat. An diesen

---

1101 *BGH* NStZ 1984, 133; *BGH* NStZ 1992, 553; *BGHSt* 56, 183 = StV 2011, 455; *OLG Celle* StV 2012, 456.

1102 *BGHSt* 44, 153, 156 = StV 1998, 580.

1103 *BGH* StV 2006, 457 = NStZ 2006, 649.

1104 *BGHSt* 40, 44, 47; *BGHSt* 44, 153 = StV 1998, 580; *BGHSt* 56, 183 = StV 2011, 455.

1105 Std. Rspr.: Vgl. *BGHR* StPO § 200 Abs. 1 S. 1 Tat 3, Tat 7 und Tat 20; *BGH* StV 2006, 457 = NStZ 2006, 649; *BGH* v. 28.10.2009 – 1 StR 205/09 = StV 2010, 508; *BGH* v. 4.2.2014 – 2 StR 533/13 = StV 2015, 148; *Meyer-Goßner/Schmitt*[60] § 200 Rn. 7.

1106 *BGH* StV 2006, 457 = NStZ 2006, 649; zur Ausnahme bei Serienstraftaten in Form bspw. des sexuellen Kindesmissbrauchs s. *BGHSt* 40, 44, 46 = StV 1994, 226.

Anforderungen hat sich nichts dadurch geändert, dass es nach Auffassung des BGH nunmehr zulässig ist, bei der Verlesung des Anklagesatzes gem. § 243 Abs. 3 S. 1 StPO auf die Verlesung der die Einzeltaten oder Einzelakte näher individualisierenden tatsächlichen Umstände zu verzichten (siehe dazu Rn. 745).

Entsprechende Anforderungen muss ein Strafbefehlsantrag erfüllen.[1107]

Eine nachträgliche Heilung der den Tatvorwurf nicht hinreichend *umgrenzenden* **740** und durch den Eröffnungsbeschluss unverändert zur Hauptverhandlung zugelassenen Anklage ist ausgeschlossen. Ein Angeschuldigter muss vielmehr vor der Eröffnungsentscheidung Gelegenheit erhalten, umfassend informiert zu werden, um eventuell seine Gründe darlegen zu können, warum das Hauptverfahren nicht eröffnet werden darf. Eine Verschiebung der Mängelbeseitigung vom Zwischenverfahren in das Hauptverfahren würde zu einer den zwingenden Erfordernissen des Grundsatzes des rechtlichen Gehörs zuwiderlaufenden Aushöhlung des § 200 StPO führen.[1108]

Wegen der nicht immer eindeutigen Abgrenzung zwischen dem Vorliegen eines **741** schon auf die allgemeine Sachrüge zu beachtenden Verfahrenshindernisses und einem eine Verfahrensrüge erfordernden Verfahrensfehler empfiehlt es sich, die Verlesung eines mangelhaften Anklagesatzes grundsätzlich mit der Verfahrensrüge als Verletzung des § 243 Abs. 3 S. 1 StPO zu beanstanden.

II. Anforderungen an den Vortrag der Rüge der Verletzung der §§ 243 Abs. 3 S. 1 (i.V.m. § 200 Abs. 1), 265 Abs. 1 und 4 StPO

- Es ist die gesamte Anklageschrift einschließlich des wesentlichen Ergebnisses **742** der Ermittlungen mitzuteilen.
- Es ist vorzutragen, dass diese Anklage unverändert (wird die Anklage mit Änderungen gem. § 207 Abs. 2 StPO zur Hauptverhandlung zugelassen, sind auch diese mitzuteilen) zur Hauptverhandlung zugelassen wurde.
- Es ist vorzutragen, dass in der Hauptverhandlung der Anklagesatz (ggf. weitere Teile der Anklageschrift) verlesen worden ist.
- Es ist mitzuteilen, dass der Vorsitzende keine zur Klarstellung eines unklaren Anklagesatzes erforderliche Erklärungen abgegeben oder Hinweise erteilt hat bzw. auch solche, die inhaltlich wiederzugeben sind, nicht ausgereicht haben, Unzulänglichkeiten oder Missverständnisse der Anklageschrift bzgl. ihrer Informationsfunktion zu beseitigen. Ausführungen, durch die behebbare Mängel in der Hauptverhandlung geheilt wurden, sind in der Sitzungsniederschrift zu beurkunden.[1109]

1107 *Meyer-Goßner/Schmitt*[60] § 409 Rn. 4 m.w.N.; LR-*Gössel*[26] § 409 Rn. 9 ff.; s. Kap. 29 Abschn. 3 (Rn. 2421).
1108 *OLG Oldenburg* StV 2010, 511.
1109 *BGHSt* 44, 153 = StV 1998, 580; LR-*J.-P. Becker*[26] § 243 Rn. 52 m.w.N.

B. Wurde die Anklage zur Hauptverhandlung zugelassen bzw. erging ein wirksamer Strafbefehl, Verweisungs- oder Übernahmebeschluss?

I. Rechtsgrundlagen

743 Eine Anklageschrift muss durch einen wirksamen Eröffnungsbeschluss zur Hauptverhandlung zugelassen worden sein (§ 207 StPO). Der Beschluss muss schriftlich abgesetzt worden sein und bedarf der Unterschriften der mitwirkenden Richter.[1110] Letzteres ist vom *3. Strafsenat* des *BGH* relativiert worden. Sei der Beschluss nicht im Umlaufverfahren, sondern von allen zur Entscheidung berufenen Richtern gemeinsam getroffen worden, sei das Fehlen einer Unterschrift unschädlich; die Tatsache einer gemeinsamen Beschlussfassung könne durch dienstliche Stellungnahmen der beteiligten Richter aufgeklärt werden.[1111]

Ein nicht unterschriebener Strafbefehl, dem auch sonst nicht entnommen werden kann, dass er von einem Richter erlassen worden ist, steht einem fehlenden Eröffnungsbeschluss gleich.[1112]

Der Entwurf eines Eröffnungsbeschlusses bzw. eine für den Fall der Eröffnung des Hauptverfahrens vorgenommene Terminsanberaumung erfüllen das Erfordernis eines wirksamen Eröffnungsbeschlusses nicht.[1113] Ebenso wenig kann ein Übernahmebeschluss gem. § 209 Abs. 2 StPO bzw. § 40 Abs. 4 JGG einen fehlenden Eröffnungsbeschluss ersetzen.[1114] Dies gilt i.d.R. auch für eine Besetzungsentscheidung nach § 76 Abs. 2 GVG, § 33b Abs. 2 JGG.[1115] Ein Verweisungsbeschluss nach § 270 StPO oder ein Verbindungsbeschluss kann den Eröffnungsbeschluss nur ersetzen, wenn das verweisende bzw. das verbindende Gericht die Eröffnungsvoraussetzungen geprüft hat.[1116]

1110 *BGH* StV 1981, 329 = NStZ 1981, 448; *BGH* StV 1983, 2; *BGH* StV 1983, 318; *BGH* StV 1983, 401; *BGH* v. 3.4.2012 – 2 StR 46/12 = NStZ 2012, 583 = StV 2013, 132 m. Anm. *Stuckenberg*; *BGH* v. 16.6.2015 – 2 StR 28/15 = StV 2015, 740; s. aber *BGH* v. 21.12.2011 – 4 StR 553/11 = StV 2012, 451, wonach die Wirksamkeit eines von der vorgeschriebenen Anzahl an Richtern erlassenen Eröffnungsbeschlusses nicht dadurch entfalle, dass der Eröffnungsbeschluss nicht sämtliche Unterschriften der Richter aufführe, die bei der Beschlussfassung mitgewirkt hätten. Dass die erforderliche Zahl der Richter bei der Beschlussfassung mitgewirkt hätte, dürfe im Rahmen des Freibeweisverfahrens geklärt werden.

1111 *BGH* v. 17.10.2013 – 3 StR 167/13 = NStZ 2014, 400; ebenso KK-*Schneider*[7] § 207 Rn. 29.

1112 *OLG Karlsruhe* Die Justiz 1993, 203; LR-*Gössel*[26] § 409 Rn. 38.

1113 *BGH* v. 29.9.2011 – 3 StR 280/11 = NStZ 2012, 225; *BayObLGSt* 2000, 161 = NStZ-RR 2001, 139; *OLG Zweibrücken* NStZ-RR 1998, 74.

1114 *BGH* NStZ 1984, 520 zu § 209 Abs. 2 StPO; *BGH* StV 2003, 455 u. *BGH* v. 11.1.2011 – 3 StR 484/10 = StV 2011, 457, jeweils zu § 40 Abs. 4 JGG.

1115 *BGH* v. 11.1.2011 – 3 StR 484/10 = StV 2011, 457.

1116 *Meyer-Goßner/Schmitt*[60] § 207 Rn. 8.

Die Verwendung von Vordrucken, auch wenn sie den Eröffnungsbeschluss mit einer Terminsbestimmung und einer Ladungsverfügung kombinieren, ist zwar grundsätzlich zulässig; die Vordrucke müssen aber vollständig ausgefüllt und eindeutig abgefasst sein, da anderenfalls kein wirksamer Eröffnungsbeschluss vorliegt.[1117]

Ein Besetzungsfehler bei Erlass des Eröffnungsbeschlusses macht ihn nicht unwirksam.[1118] Anders liegt es, wenn der Eröffnungsbeschluss einer Strafkammer nur von einem oder zwei Berufsrichtern gefasst wurde.[1119]

Ein fehlender oder unwirksamer Eröffnungsbeschluss kann noch in der erstinstanzlichen Hauptverhandlung nachgeholt bzw. gefasst werden. Ein solcher ist allerdings unwirksam, wenn die Hauptverhandlung in der gem. § 76 Abs. 2 S. 4 GVG, § 33b Abs. 2 S. 4 JGG reduzierten Besetzung stattfand und der Beschluss in dieser gefasst wurde.[1120] Unwirksam ist er aber auch dann, wenn er entgegen § 76 Abs. 1 S. 2 GVG unter Beteiligung der Schöffen getroffen wurde.[1121] Wurde die Klage nach rechtskräftiger Ablehnung der Eröffnung aufgrund neuer Tatsachen oder Beweismittel wieder aufgenommen, überprüft das Revisionsgericht diese Entscheidung auf Grundlage des zum Zeitpunkt der Eröffnung vorliegenden Akteninhalts auch insoweit, ob bzgl. der Nova ein Beweisverwertungsverbot bestand.[1122]

II. Anforderungen an den Vortrag der Rüge des Fehlens eines wirksamen Eröffnungsbeschlusses oder Strafbefehls

Fehlt es an der Verfahrensvoraussetzung eines rechtswirksamen Eröffnungsbe- **744** schlusses/Strafbefehls, ist dies schon auf die allgemeine Sachrüge hin von Amts wegen zu überprüfen. Es empfiehlt sich gleichwohl, auf die Fehlerhaftigkeit hinzuweisen und den Anforderungen an eine Verfahrensrüge entspr. auf das Fehlen des Eröffnungsbeschlusses/Strafbefehls bzw. seine Unwirksamkeit hinzuweisen. Es sollte auch vorgetragen werden, dass ein fehlender oder unwirksamer Eröffnungsbeschluss nicht (wirksam) in der Hauptverhandlung nachgeholt bzw. gefasst wurde. Der fehlende bzw. nicht ordnungsgemäß zustandegekommene Eröffnungsbeschluss führt zu einem in der Revisionsinstanz nicht mehr behebbaren Verfahrenshindernis

---

1117 *OLG Koblenz* StV 2011, 467; *OLG Zweibrücken* StV 2012, 460.

1118 *BGH* v. 10.9.2013 – 4 StR 267/13 = StV 2014, 325; *Meyer-Goßner/Schmitt*[60] § 207 Rn. 11.

1119 *BGH* v. 13.10.1982 – 3 StR 236/82 = StV 1983, 2, 3; *BGH* v. 27.2.2014 – 1 StR 50/14 = NStZ 2014, 664; *BGH* v. 20.5.2015 – 2 StR 45/14 = StV 2015, 741 = StraFo 2015, 380 = NStZ 2016, 302; *Meyer-Goßner/Schmitt*[60] § 207, Rn. 11.

1120 *BGH* StV 2007, 562; *BGH* StV 2008, 505 = NStZ 2009, 52; *BGH* v. 21.1.2010 – 4 StR 518/09 = StV 2010, 287 = StraFo 2010, 159; *BGH* v. 7.9.2011 – 1 StR 388/11 = StV 2012, 451 = NStZ 2012, 50; *BGH* v. 29.9.2011 – 3 StR 280/11 = NStZ 2012, 225.

1121 *BGH* v. 28.7.2015 – 4 StR 598/14 = StV 2015, 743.

1122 *BGH* v. 1.12.2016 – 3 StR 230/16 = StraFo 2017, 239 = JR 2017, 480 m. Anm. *Stuckenberg*. Die Prüfung erfordert keinen Verwertungswiderspruch des Angeklagten.

mit der Folge, dass das Verfahren einzustellen ist.[1123] Da dadurch kein Strafklageverbrauch eintritt, kann erneut Anklage erhoben werden.

C. Verlesung des Anklagesatzes

I. Rechtsgrundlagen

745 Nach § 243 Abs. 3 S. 1 StPO hat der Sitzungsvertreter der Staatsanwaltschaft vor der Belehrung des Angeklagten über sein Aussagerecht den Anklagesatz (§ 200 Abs. 2 S. 1 StPO) vollständig – zu verlesen. In Strafverfahren wegen einer Vielzahl gleichförmiger Taten oder Tateinzelakte, die durch eine gleichartige Begehungsweise gekennzeichnet sind, darf dem Verlesungserfordernis des § 243 Abs. 3 S. 1 StPO auch in der Weise genügt werden, dass der Anklagesatz insoweit wörtlich vorgelesen wird, als in ihm die gleichartige Tatausführung, welche die Merkmale des jeweiligen Straftatbestands erfüllt, beschrieben und die Gesamtzahl der Taten, der Tatzeitraum sowie bei Vermögensdelikten der Gesamtschaden bestimmt sind. Einer Verlesung der näheren individualisierenden tatsächlichen Umstände der Einzeltaten oder der Einzelakte bedarf es in diesem Fall nicht.[1124] Die Regelungen über das Selbstleseverfahren (§ 249 Abs. 2 StPO) sind auf die Verlesung des Anklagesatzes nicht übertragbar.[1125]

Die Verlesung ist eine wesentliche Förmlichkeit, die durch das ordnungsgemäß errichtete Hauptverhandlungsprotokoll bewiesen wird. Das Schweigen des Protokolls beweist, dass die Verlesung des Anklagesatzes unterblieben ist. Es besteht ggf. die Möglichkeit einer Protokollberichtigung. Ist dem Hauptverhandlungsprotokoll eine Verlesung der Anklage nicht zu entnehmen, ist das Protokoll weder lückenhaft noch widersprüchlich, ist ein Protokollberichtigungsverfahren gescheitert, das Verfahren der Protokollberichtigung nicht eingehalten oder nicht durchgeführt worden, kommt eine freibeweisliche Aufklärung des tatgerichtlichen Verfahrensablaufs allein unter Berücksichtigung abgegebener dienstlicher Erklärungen nach erhobener Verfahrensrüge und zum Nachteil des Angeklagten nicht in Betracht.[1126]

746 Das Unterlassen der Verlesung des Anklagesatzes ist ein relativer Verfahrensfehler, der im Allgemeinen die Revision begründet und zur Aufhebung des angefochtenen Urteils führt. Das Urteil beruht auf der Nichtverlesung des Anklagesatzes allenfalls dann nicht, wenn wegen der Einfachheit der Sach und Rechtslage der Zweck der Verlesung durch die Unterlassung nicht beeinträchtigt worden ist.[1127] Dieser besteht

---

1123   Dies gilt auch im Rahmen einer Revision gegen ein Berufungsurteil trotz wirksamer Berufungsbeschränkung auf den Rechtsfolgenausspruch, was zur Aufhebung des Berufungs- und des erstinstanzlichen Urteils führen muss: *OLG Bamberg* v. 16.6.2016 – 3 OLG 8 Ss 54/16 = StV 2016, 790.
1124   *BGH* v. 12.1.2011 – GSSt 1/10 = *BGHSt* 56, 109 = NStZ 2011, 297.
1125   *BGH* v. 12.1.2011 – GSSt 1/10 = *BGHSt* 56, 109 Rn. 17.
1126   *BGH* v. 14.7.2010 – 2 StR 158/10 = StV 2010, 675 = NStZ 2011, 168.
1127   *BGH* NStZ 1982, 431; *BGH* NStZ 1986, 39.

in der Unterrichtung des Angeklagten, aber auch der Richter und insbesondere der Schöffen über den Verhandlungsgegenstand.

Die Einfachheit der Sach und Rechtslage ist insbesondere dann zu verneinen, wenn es sich um eine Anklageschrift mit mehreren Tatvorwürfen handelt (sog. Punktesachen), weil die Vielzahl von auch einfach gelagerten Fällen es erforderlich macht, dass sie vor der Vernehmung des Angeklagten zur Sache diesem nochmals zur Kenntnis gebracht werden.

Selbst wenn es sich im Einzelfall um einen rechtlich und tatsächlich einfach gelagerten Fall handelt, ist die Verlesung des Anklagesatzes in der Hauptverhandlung dann unentbehrlich, wenn der Angeklagte der deutschen Sprache nicht mächtig und es unterblieben ist, ihm vor der Hauptverhandlung die Anklageschrift und eine schriftliche Übersetzung in seiner Muttersprache oder einer anderen Sprache, die er versteht, zur Kenntnis zu bringen.[1128]

Sind mehrere Strafsachen verbunden, müssen alle Anklagen verlesen werden.[1129]

II. Anforderungen an den Vortrag der Rüge der Verletzung von §§ 243 Abs. 3 S. 1, 337 StPO

- Es ist mitzuteilen, dass der Anklagesatz in der Hauptverhandlung nicht verlesen **747** worden ist. Kam es zu einer teilweisen Verlesung des Anklagesatzes, sind die verlesenen Teile wörtlich mitzuteilen, wenn gerügt werden soll, dass die Verlesung nicht nur der näheren, eine Serienstraftat individualisierenden, tatsächlichen Umstände der Einzeltaten oder Einzelakte unterblieben ist.

- Es muss zumindest der Inhalt des Anklagesatzes wörtlich mitgeteilt werden, um auszuschließen, dass es sich um einen einfach gelagerten Sachverhalt handelt. Ggf. ist – auch bei Einfachheit der Sach und Rechtslage – vorzutragen, dass der Angeklagte der deutschen Sprache nicht mächtig und es unterblieben war, ihm vor der Hauptverhandlung die – in eine ihm verständliche Sprache übersetzte – Anklageschrift mitzuteilen.

- Sind nicht alle von mehreren verbundenen Anklagen verlesen worden, muss dies und auch der Wortlaut sowohl der verlesenen Anklagesätze als auch der nicht verlesenen Anklagesätze in der Revisionsbegründung mitgeteilt werden.[1130]

- Wird gerügt, dass in der Hauptverhandlung ein falscher Anklagesatz aus einer anderen Anklageschrift anstelle des Anklagesatzes aus der richtigen Anklageschrift verlesen worden sei, bedarf es der Mitteilung des Anklagesatzes aus der

---

1128   *OLG Hamm* StV 2003, 491. Zu den Folgen der Nichtmitteilung einer übersetzten Anklage vor der Hauptverhandlung s. auch Rüge 62 Rn. 781.

1129   *OLG Hamm* StV 2003, 491.

1130   Im Falle der Verurteilung ergreift der Verfahrensfehler nur die Schuldsprüche, bzgl. derer die Verlesung der zugrunde liegenden Anklagesätze unterblieben ist.

falschen Anklageschrift oder zumindest dessen wesentlichen Inhalts, weil dessen Kenntnis für die Prüfung unerlässlich ist, ob zwischen den beiden Anklageschriften so große Abweichungen bestehen, dass die Verlesung des falschen Anklagesatzes den Zweck nicht erfüllt hätte, die Teilnehmer an der Hauptverhandlung mit dem Gegenstand der Verhandlung und mit den Grenzen bekannt zu machen, in denen sich diese und die Urteilsfindung zu bewegen haben.[1131]

- Es ist vorzutragen, dass der Anklagesatz weder im weiteren Verfahrensablauf vorgelesen wurde noch ggf. der bis zu diesem Zeitpunkt stattgefundene Teil der Hauptverhandlung vollständig wiederholt worden ist.

D. Verlesung des Strafbefehlsantrags bzw. eines Verweisungs- oder Übernahmebeschlusses

I. Rechtsgrundlagen

748 Ist es zur Hauptverhandlung nicht durch Anklageerhebung bei dem erkennenden Gericht gekommen, sondern durch Einspruch gegen einen Strafbefehl oder durch einen Verweisungsbeschluss (§ 270 StPO) oder nach Vorlegung durch ein Gericht niedrigerer Ordnung (§ 225a StPO), so sind der Inhalt des Strafbefehlsantrags mit den in § 200 Abs. 1 S. 1 StPO entspr. Angaben, der Verweisungsbeschluss gem. § 270 StPO mit dem darin enthaltenen Anklagesatz oder mit dem der ursprünglichen Anklage zu entnehmenden Anklagesatz bzw. im Falle der Vorlegung durch ein Gericht niedrigerer Ordnung der Anklagesatz und der Übernahmebeschluss gem. § 225a StPO zu verlesen.[1132]

II. Anforderungen an den Vortrag der Verletzung des § 243 Abs. 3 S. 1 i.V.m. §§ 411, 225a, 270, 337 StPO

749 Es muss mitgeteilt werden, was in der Hauptverhandlung hätte verlesen werden müssen und dass dieses unterblieben ist. Dazu sind der nicht verlesene Strafbefehlsantrag, der Verweisungs- oder Übernahmebeschluss einschließlich des zugrundeliegenden Anklagesatzes im Wortlaut mitzuteilen.

1131 *BGH* v. 24.6.2009 – 5 StR 206/09 = StraFo 2009, 389.

1132 *Meyer-Goßner/Schmitt*[60] § 243 Rn. 14 m.w.N.

E. Verlesung des Anklagesatzes bei abweichender Eröffnung

Rüge 55

Wurde die Anklage nur mit Änderungen zur Hauptverhandlung zugelassen und ist dem bei der Verlesung des Anklagesatzes Rechnung getragen worden? **750**

I. Rechtsgrundlagen

In den Fällen des § 207 Abs. 2 Nr. 1 und 2 StPO hat der Sitzungsvertreter der **751** Staatsanwaltschaft den Anklagesatz aus der nach § 207 Abs. 3 StPO eingereichten neuen Anklageschrift zu verlesen, im Falle des § 207 Abs. 2 Nr. 3 StPO ist der ursprüngliche Anklagesatz mit der rechtlichen Würdigung des Eröffnungsbeschlusses vorzutragen; in den Fällen des § 207 Abs. 2 Nr. 4 StPO ist der zu verlesende Anklagesatz um die zunächst ausgeschiedenen, nunmehr aber wieder einbezogenen Gesetzesverletzungen in rechtlicher und soweit erforderlich auch in tatsächlicher Hinsicht zu ergänzen.

Auch die Verlesung des Anklagesatzes gem. § 243 Abs. 3 S. 2–4 StPO stellt eine wesentliche Förmlichkeit des Verfahrens i.S.d. § 273 StPO dar, die nur durch die Sitzungsniederschrift bewiesen wird.[1133]

Unterbleibt der Vortrag des Anklagesatzes in veränderter Form, kann auch darauf die Revision (§ 337 StPO) gestützt werden. Die Tatsache der Veränderung ist Indiz dafür, dass die Sach und Rechtslage nicht so einfach ist, dass es bei Berücksichtigung des Zwecks des Verlesungsgebots ausgeschlossen wäre, dass der Gang des Verfahrens oder das Urteil von dem Mangel beeinflusst sein könnte. In der Regel wird deshalb nicht ausgeschlossen werden können, dass das Urteil auf dem Fehler beruht.

II. Anforderungen an den Vortrag der Rüge der Verletzung von §§ 243 Abs. 3 S. 2–4, 337 StPO

* Es ist mitzuteilen, dass die Verlesung bzw. der Vortrag eines Anklagesatzes **752** vollständig unterblieb oder aber nur der Anklagesatz in der ursprünglichen Fassung vorgetragen wurde.
* Es muss der Inhalt des ursprünglichen Anklagesatzes wörtlich mitgeteilt werden.
* Es muss der Inhalt einer von der Staatsanwaltschaft in den Fällen des § 207 Abs. 2 Nr. 1 und 2 StPO eingereichten neuen Anklageschrift im Wortlaut mitgeteilt werden und/oder der Inhalt des nach § 207 Abs. 2 StPO gefassten Eröffnungsbeschlusses.

1133 LR-*J.-P. Becker*[26] § 243 Rn. 52. Es kommt möglicherweise allerdings eine Protokollberichtigung in Betracht.

- Es ist vorzutragen, dass eine neu eingereichte Anklageschrift bzw. ein Anklagesatz nach Maßgabe des § 207 Abs. 2 StPO auch im weiteren Verfahrensablauf weder vorgelesen bzw. vorgetragen wurde noch ggf. der bis zu diesem Zeitpunkt stattgefundene Teil der Hauptverhandlung vollständig wiederholt worden ist.

F. Übersetzung des Anklagesatzes bei der deutschen Sprache nicht mächtigen Angeklagten

Rüge 56

753 Wurde einem der deutschen Sprache nicht mächtigen Angeklagten der von dem Sitzungsvertreter der Staatsanwaltschaft verlesene Anklagesatz etc. durch einen Dolmetscher in eine ihm verständliche Sprache übersetzt?

I. Rechtsgrundlagen

754 Bei Angeklagten, die der deutschen Sprache nicht mächtig sind, gehört die Übersetzung des vom Sitzungsvertreter der Staatsanwaltschaft verlesenen Anklagesatzes in eine ihnen verständliche Sprache zu den wesentlichen Verfahrensakten.[1134]

Die Übersetzung muss durch den in der Hauptverhandlung zugezogenen Dolmetscher erfolgen, bei dem es sich um einen allgemein vereidigten Dolmetscher handeln muss, der sich zu Beginn der Verhandlung auf seinen allgemeinen Eid berufen hat, oder um einen Dolmetscher, der zu Beginn der Verhandlung gem. § 189 GVG vereidigt worden ist.[1135]

755 Dass ein Dolmetscher dem der deutschen Sprache nicht mächtigen Angeklagten den von der Staatsanwaltschaft verlesenen Anklagesatz in eine ihm verständliche Sprache übersetzt hat, wird nicht als wesentliche Förmlichkeit des Verfahrens angesehen.[1136] Das Schweigen des Protokolls beweist deshalb nicht, dass es unterlassen wurde, dem Angeklagten den von der Staatsanwaltschaft verlesenen Anklagesatz etc. durch einen Dolmetscher in eine ihm verständliche Sprache zu übersetzen. Es gilt insoweit das Freibeweisverfahren.[1137]

1134 *BVerfG* NJW 1983, 2762, 2764; *BGH* StV 1993, 2.
1135 Siehe insoweit Rüge 33 Rn. 570.
1136 Wird ein Dolmetscher gem. §§ 185, 186 GVG zugezogen, muss das Protokoll zwar vermerken, dass und warum er zugezogen wurde, sowie dass er vereidigt wurde oder sich auf einen allgemeinen Eid berufen hat, nicht aber, auf welche konkreten Vorgänge sich seine Tätigkeit bezogen hat: LR-*Stuckenberg*[26] § 273 Rn. 10 unter Hinweis auf *RGSt* 1, 137; *RGSt* 43, 442.
1137 So offensichtlich auch *BGH* StV 1993, 2.

Die unterbliebene Übersetzung ist ein relativer Revisionsgrund. Ihre Unterlassung **756** begründet im Allgemeinen die Revision.[1138] Ob ein Beruhen des Urteils auf dem Verfahrensfehler ausnahmsweise ausscheidet, wenn der Angeklagte durch die frühere Zustellung[1139] der übersetzten – unverändert zugelassenen – Anklage über den Verfahrensgegenstand unterrichtet war, ist zu verneinen, zumindest wenn es sich nicht um einen einfach gelagerten Sachverhalt handelte.[1140]

II. Anforderungen an den Vortrag der Rüge der Verletzung des § 243 Abs. 3 S. 1 StPO i.V.m. Art. 6 Abs. 3 lit. a EMRK (§ 337 StPO)

Es ist vorzutragen, dass der Angeklagte der deutschen Sprache nicht mächtig war, **757** dass deshalb ein Dolmetscher hinzugezogen worden ist, der während der Verhandlung auch tätig wurde, dass dieser aber den von der Staatsanwaltschaft verlesenen Anklagesatz nicht vor der Belehrung gem. § 243 Abs. 5 S. 1 StPO übersetzt hat.[1141] Der Inhalt des von dem Vertreter der Staatsanwaltschaft verlesenen Anklagesatzes ist wörtlich mitzuteilen.

1138 *BGH* StV 1993, 2.

1139 Siehe dazu Rüge 62 Rn. 781.

1140 Für eine Differenzierung zwischen dem Verfahrensfehler der Nichtverlesung des Anklagesatzes bei einem der deutschen Sprache mächtigen Angeklagten und der Nichtübersetzung des verlesenen Anklagesatzes bei einem der deutschen Sprache nicht mächtigen Angeklagten besteht kein Anlass (offengelassen allerdings von *BGH* StV 1993, 2, wo die Frage nicht entschieden werden musste, weil die vor Beginn der Hauptverhandlung zugestellte Übersetzung der Anklage erhebliche Mängel aufwies und die Übersetzung in eine Sprache erfolgte, derer der Angeklagte nicht mächtig war).

1141 Erfolgte die Übersetzung erst zu einem späteren Zeitpunkt, kann der Fehler geheilt werden. Hat sich der Angeklagte zur Sache geäußert, ist er darauf hinzuweisen, dass diese Aussage unverwertbar ist und er nochmals frei entscheiden kann, ob er sich zur Sache äußern möchte oder nicht. Eine vor der Übersetzung des Anklagesatzes stattgefundene Beweisaufnahme muss nach der Übersetzung nochmals vollständig wiederholt werden.

G. Nachtragsanklage

Rüge 57

758   Wurde der Angeklagte wegen einer Straftat verurteilt, die Gegenstand einer Nachtragsanklage war, ohne dass der Angeklagte der Einbeziehung dieser Straftat zugestimmt hat bzw. die das Gericht wegen fehlender sachlicher Zuständigkeit für die weitere Straftat nicht in das anhängige Verfahren einbeziehen durfte bzw. bzgl. derer es zu keinem Einbeziehungsbeschluss gekommen ist?

I. Fehlende Zustimmung des Angeklagten

1. Rechtsgrundlagen

759   Kommt es zu einer Verurteilung des Angeklagten wegen einer Straftat i.S.d. § 264 StPO, die Gegenstand einer in der Hauptverhandlung erhobenen Nachtragsanklage war (§ 266 Abs. 1 StPO), begründet es einen Verfahrensfehler, wenn das Gericht die Nachtragsanklage durch Beschluss in das anhängige Verfahren einbezogen hat, ohne dass der Angeklagte dem zugestimmt oder er sogar ausdrücklich widersprochen hat. Allerdings steht es dem Tatrichter bei verweigerter Zustimmung im Rahmen pflichtgemäßer Ermessensausübung frei, in Abstimmung mit der Staatsanwaltschaft die zusätzlichen Vorwürfe nach Erhebung einer hierauf bezogenen weiteren Anklage durch Eröffnung und Verbindung zum Gegenstand einer einheitlichen Hauptverhandlung zu machen.[1142]

Es ist strittig, ob der Verfahrensfehler der fehlenden Zustimmung ein in jeder Lage des Verfahrens zu beachtendes Prozesshindernis darstellt mit der Folge, dass bei Erhebung der allgemeinen Sachrüge das Verfahren insoweit von Amts wegen eingestellt werden müsste,[1143] oder ob er nur auf eine entspr. Verfahrensrüge hin zu beachten ist (h.M.).[1144] Es ist deshalb die Erhebung einer Verfahrensrüge zu empfehlen.

2. Anforderungen an den Vortrag der Rüge der Verletzung des § 266 Abs. 1 StPO infolge fehlender Zustimmung des Angeklagten

760   • Es ist der vollständige Inhalt der ursprünglich erhobenen Anklageschrift und die Tatsache ihrer Zulassung zur Hauptverhandlung mitzuteilen. Der Eröffnungsbeschluss ist im Wortlaut mitzuteilen.

1142   *BGH* StV 2008, 226 (bedenkliche Umgehung des dem Schutz des Angeklagten dienenden § 266 Abs. 1 StPO).

1143   *LG München I* MDR 1978, 161; AK-StPO-*Loos* § 266 Rn. 12; *Meyer-Goßner/Schmitt*[60] § 266 Rn. 14; SK-StPO-*Velten*[5] § 266 Rn. 19; LR-*Stuckenberg*[26] § 266 Rn. 20.

1144   *BGH* MDR 1977, 984 (H); *BGH* wistra 2001, 311; das *OLG Hamm* StV 1996, 532 spricht von einem „auf die Verfahrensrüge zu berücksichtigendem Verfahrenshindernis"; *BGH* NStZ-RR 1999, 303; *OLG Karlsruhe* StV 2002, 184 m. Anm. *Keller/Kelnhofer*; LR-*Stuckenberg*[27] § 266 Rn. 20 u. 42.

- Es ist die Tatsache der mündlichen Erhebung einer Nachtragsanklage in der Hauptverhandlung sowie deren Inhalt mitzuteilen.
- Es ist mitzuteilen, dass der Angeklagte der Einbeziehung der den Gegenstand der Nachtragsanklage bildenden Straftat/-en nicht zugestimmt bzw. ihr ausdrücklich widersprochen hat.
- Es sollte vorgetragen werden, dass der Angeklagte (u.a.) trotzdem wegen der den Gegenstand der Nachtragsanklage bildenden Straftat/-en verurteilt worden ist und keine diesbezügliche weitere Anklage erhoben worden ist, die nach Eröffnung und Verbindung zum Gegenstand einer einheitlichen Hauptverhandlung gemacht wurde.

3. Nachweis der Verfahrenstatsachen

Die mündliche Erhebung der Nachtragsanklage wird durch die Sitzungsnieder- **761** schrift bewiesen. Das gilt auch für deren Inhalt, der in die Sitzungsniederschrift aufzunehmen ist (§ 266 Abs. 2 S. 3 StPO).

Die fehlende Zustimmung des Angeklagten wird durch das Schweigen des Hauptverhandlungsprotokolls bewiesen.[1145] Das bloße Unterlassen eines Widerspruchs oder die sachliche Einlassung auf die Nachtragsanklage ersetzt die Zustimmung nicht.[1146]

4. Rechtsfolgen

Die Rüge der Verurteilung des Angeklagten wegen einer den Gegenstand einer **762** Nachtragsanklage bildenden Straftat, deren Einbeziehung in das Verfahren der Angeklagte nicht zugestimmt hat, soll auch nach herrschender Meinung zur Einstellung des Verfahrens führen.[1147]

II. Fehlende sachliche Zuständigkeit des Gerichts für die Einbeziehungsentscheidung

1. Rechtsgrundlagen

Die Erhebung einer Nachtragsanklage in der Berufungsinstanz ist (spätestens nach **763** den mit dem Rechtspflegeentlastungsgesetz bewirkten Zuständigkeitsänderungen) nicht mehr zulässig.[1148] Sachlich unzuständig ist das Gericht auch dann, wenn die zur Verurteilung führende den Gegenstand der Nachtragsanklage bildende Tat der Entscheidungsgewalt eines höheren Spruchkörpers unterliegt oder (auch bei einer wegen der neuen Tat zu bildenden Gesamtstrafe) die Strafgewalt des erkennenden Gerichts nicht ausreicht.

1145   *OLG Hamm* StV 1996, 532.
1146   *BGH* NJW 1984, 2172 = JR 1985, 125 m. Anm. *Gollwitzer.*
1147   *BGH* MDR 1977, 984 (H); *BGH* NStZ-RR 1999, 303; *OLG Hamm* StV 1996, 532.
1148   *OLG Stuttgart* StV 1994, 644 = NStZ 1995, 51; *Meyer-Goßner/Schmitt*[60] § 266 Rn. 10.

2. Anforderungen an den Vortrag

764 Der Revisionsgrund des § 338 Nr. 4 StPO ist mittels einer Verfahrensrüge geltend zu machen.[1149]

III. Verurteilung des Angeklagten wegen einer den Gegenstand der Nachtragsanklage bildenden Tat ohne Erlass eines Einbeziehungsbeschlusses

765 Fehlt es an einem Einbeziehungsbeschluss,[1150] so ergibt sich hieraus ein Prozesshindernis, das auf die Sachrüge vom Revisionsgericht von Amts wegen zu berücksichtigen ist.[1151] Dem fehlenden Einbeziehungsbeschluss steht ein solcher gleich, durch den eine die erforderliche Umgrenzungsfunktion nicht erfüllende Nachtragsanklage in das Verfahren einbezogen wurde.[1152]

Ist von der Einbeziehung einer außerhalb der Hauptverhandlung erhobenen Anklage[1153] von der gesetzlich vorgegebenen Verfahrensweise in § 266 StPO abgesehen worden, um die Einbeziehung nicht von der Zustimmung des Angeklagten abhängig machen zu müssen, ist eine Verurteilung wegen der mit der „verbundenen" Anklage vorgeworfenen Tat rechtswidrig, wenn nicht erneut mit der Hauptverhandlung begonnen worden war.[1154] Es empfiehlt sich, den Fehler mit der Verfahrensrüge der Verletzung des § 266 Abs. 1 StPO geltend zu machen.[1155]

1149   Siehe Rüge 6 Rn. 172.

1150   Dass ein Einbeziehungsbeschluss ergangen ist, wird als wesentliche Förmlichkeit des Verfahrens durch die Sitzungsniederschrift bewiesen. Das Schweigen des Protokolls beweist, dass kein entspr. Beschluss ergangen ist. Das Gericht entscheidet in der für die Hauptverhandlung vorgesehenen Besetzung.

1151   SK-StPO-*Velten*[5] § 266 Rn. 24 u. 30.

1152   SK-StPO-*Velten*[5] § 266 Rn. 11.

1153   Über deren Zulassung müsste das Gericht in der für Entscheidungen außerhalb der Hauptverhandlung vorgesehenen Besetzung entschieden haben: *BGH* v. 1.3.2017 – 4 StR 405/16 = NStZ-RR 2017, 181.

1154   *BGH* v. 11.12.2008 – 4 StR 318/08 = StV 2009, 337 = NStZ 2009, 222 = NJW 2009, 1429 = StraFo 2009, 110. Zu dieser Problematik auch ausführlich SK-StPO-*Velten*[5] § 266 Rn. 28.

1155   LR-*Stuckenberg*[26] § 266 Rn. 42. Zu den Anforderungen s. oben Rn. 760 mit der Maßgabe, dass (trotz Zustimmung des Angeklagten) kein Einbeziehungsbeschluss ergangen ist. Ggf. sollte das Vorliegen von Verfahrensbesonderheiten i.S.v. *BGH* NJW 1990, 1055 – dazu ablehnend LR-*Stuckenberg*[26] § 266 Rn. 23 – ausgeschlossen werden. Zur Frage, in wieweit die Einbeziehung eines Anklagevorwurfs unter Umgehung der gesetzlichen Regelung in § 266 StPO ein Verfahrenshindernis begründet, oder ob es einer Verfahrensrüge bedarf, s. *BGH* v. 11.12.2008 – 4 StR 318/08 = BGHSt 53, 108 = StV 2009, 337 = NStZ 2009, 222 = NJW 2009, 1429 = StraFo 2009, 110 sowie *BGH* v. 3.8.1998 – 5 StR 311/98 = NStZ-RR 1999, 303 einerseits und *BGH* v. 19.2.2008 – 1 StR 503/07 = StV 2008, 226, 227 andererseits.

IV. Im sachlichen Zusammenhang stehende Rügen

Ist ein Antrag auf Unterbrechung der Hauptverhandlung nach Erhebung einer Nach- **766**
tragsanklage zurückgewiesen worden?[1156]

Ist es nach Einbeziehung einer Nachtragsanklage in das Verfahren unterblieben, den **767**
Angeklagten auf sein Recht hinzuweisen, die Unterbrechung der Hauptverhandlung
zu beantragen?[1157]

1156   Siehe hierzu Rüge 205 Rn. 1816.
1157   Siehe hierzu Rüge 206 Rn. 1819.

Kapitel 11
Mitteilung von Anklageschrift und Eröffnungsbeschluss

Rüge 58

768 Ist es unterblieben, dem Angeklagten vor Beginn der Hauptverhandlung die Anklageschrift mitzuteilen und wurde sein Antrag, die Hauptverhandlung auszusetzen und die unterlassene Mitteilung nachzuholen, abgelehnt?

I. Rechtsgrundlagen

769 Die Mitteilung der Anklageschrift (§ 201 Abs. 1 StPO) dient nicht nur der Gewährung rechtlichen Gehörs im Eröffnungsverfahren, sondern auch der Vorbereitung der Hauptverhandlung. Der Mangel der Mitteilung berechtigt den Angeklagten, die Aussetzung der Hauptverhandlung und Nachholung der unterlassenen Mitteilung zu verlangen.[1158] Die Ablehnung eines solchen Antrages durch Gerichtsbeschluss begründet die Revision (§ 338 Nr. 8 StPO)[1159].

II. Anforderungen an den Vortrag der Rüge der Verletzung der §§ 201 Abs. 1, 228 Abs. 1, 265 Abs. 4, 337 StPO

770 Es ist vorzutragen,

- dass die Mitteilung der Anklageschrift gem. § 201 Abs. 1 StPO und auch später unterblieben ist,[1160]
- dass in der Hauptverhandlung ein Antrag gestellt wurde, die unterlassene Mitteilung nachzuholen und die Hauptverhandlung zu unterbrechen bzw. auszusetzen und
- dass dieser Antrag abgelehnt worden ist.

Ergänzend sollte der Inhalt der gesamten Anklageschrift mitgeteilt werden, um vorsorglich darzulegen, dass durch Verlesung des Anklagesatzes in der Hauptverhandlung dem Zweck des § 201 StPO nicht genügt wurde. Damit kann auch das Beruhen des Urteils auf dem Verfahrensfehler begründet werden.

1158 LR-*Stuckenberg*[26] § 201 Rn. 41.

1159 *OLG Celle* StV 1998, 531; s. aber auch *OLG Düsseldorf* NJW 2003, 2766 mit dem richtigen, aber nicht den Kern treffenden Hinweis darauf, dass die Mitteilung der Anklageschrift gem. § 201 Abs. 1 StPO keine Verfahrensvoraussetzung ist.

1160 Veranlasst der Tatrichter anstelle der gebotenen Zustellung nur eine formlose Übersendung der Anklageschrift an den Angeklagten, gehen bei der Entscheidung über die Verfahrensrüge verbleibende Zweifel an der Mitteilung nicht zu Lasten des Angeklagten: *OLG Celle* StV 1998, 531.

Rüge 59

Ist es unterblieben, in der Hauptverhandlung den nicht verteidigten Angeklagten auf sein **771** Recht hinzuweisen, die Aussetzung der Hauptverhandlung zu beantragen, weil ihm vor Beginn der Hauptverhandlung die Anklageschrift nicht mitgeteilt worden ist?

I. Rechtsgrundlagen

Nach § 201 Abs. 1 StPO ist dem Angeschuldigten die Anklageschrift mitzuteilen, **772** um sich nicht nur im Rahmen des Eröffnungsverfahrens verteidigen, sondern auch im Falle der Eröffnung auf die Hauptverhandlung vorbereiten zu können. Unterbleibt die Mitteilung, berechtigt dies den Angeklagten, die Aussetzung der Hauptverhandlung und die Nachholung der unterlassenen Mitteilung zu verlangen (siehe Rüge 58). Der in der Hauptverhandlung unverteidigte Angeklagte ist durch den Vorsitzenden darauf hinzuweisen, dass er das Recht hat, einen Aussetzungsantrag zu stellen.[1161] Dies folgt aus dem Grundsatz des fairen Verfahrens, „denn ein Recht, das man nicht kennt, kann man nicht ausüben"[1162].

II. Anforderungen an den Vortrag der Rüge des unterbliebenen Hinweises auf die Möglichkeit der Stellung eines Aussetzungsantrages im Falle der Nichtmitteilung der Anklageschrift gem. § 201 Abs. 1 StPO; Art. 6 Abs. 1 EMRK (§ 337 StPO)

Vorzutragen ist, **773**

- dass die Mitteilung der Anklageschrift gem. § 201 Abs. 1 StPO und auch später unterblieben ist,
- der Inhalt der gesamten Anklageschrift, um vorsorglich darzulegen, dass durch Verlesung des Anklagesatzes in der Hauptverhandlung dem Zweck des § 201 StPO nicht genügt wurde,
- der Angeklagte sich in der Hauptverhandlung ohne Beistand eines Verteidigers befand,
- der Angeklagte nicht darauf hingewiesen wurde, dass er wegen Nichtmitteilung der Anklageschrift berechtigt sei, die Aussetzung der Hauptverhandlung und Nachholung der unterlassenen Mitteilung zu verlangen und der Angeklagte keinen Aussetzungsantrag stellte und die Hauptverhandlung auch nicht ausgesetzt oder (längerfristig) unterbrochen wurde.

1161 Die Rspr. hat sich bzgl. der Folgen unterbliebener Mitteilung der Anklageschrift vorrangig unter dem Gesichtspunkt befasst, dass ein unverteidigter Angeklagter mit der Rüge des Verstoßes gegen das Gebot des fairen Verfahrens nicht deshalb ausgeschlossen sei, weil er die Nichtmitteilung der Anklageschrift in der Hauptverhandlung nicht beanstandet habe: *OLG Düsseldorf* StV 2003, 490; *OLG Hamm* StV 2003, 490 m.w.N.

1162 *BGHSt* 12, 235, 238.

Rüge 60

774   Ist ein Antrag auf Aussetzung oder Unterbrechung der Hauptverhandlung abgelehnt worden, obwohl dem Angeklagten der Eröffnungsbeschluss bzw. die nach § 207 Abs. 3 StPO nachgereichte Anklage nicht spätestens mit der Ladung zur Hauptverhandlung zugestellt worden ist (§ 215 StPO)?

I. Rechtsgrundlagen

775   Nach § 215 StPO ist dem Anklagten der Beschluss über die Eröffnung des Hauptverfahrens spätestens mit der Ladung zuzustellen. Entsprechendes gilt in den Fällen des § 207 Abs. 3 StPO für die nachgereichte Anklageschrift.

Nach h.M. kann die Revision nicht auf die unterbliebene Zustellung des Eröffnungsbeschlusses bzw. der nach § 207 Abs. 3 StPO nachgereichten Anklage gestützt werden. Lediglich die Ablehnung eines Aussetzungsantrages unterliege der revisionsgerichtlichen Nachprüfung.[1163]

Eines Aussetzungsantrages bedarf es jedenfalls dann, wenn der Verstoß gegen § 215 StPO durch Bekanntgabe des Eröffnungsbeschlusses bzw. der nachgereichten Anklage zu Beginn der Hauptverhandlung geheilt worden ist. Der unverteidigte Angeklagte ist auf das Recht, einen Aussetzungsantrag stellen zu dürfen, hinzuweisen.[1164]

776   Ob der Angeklagte einen unbedingten Aussetzungsanspruch hat,[1165] kann dahinstehen, weil bspw. in Fällen, in denen die Anklage ohne Änderung zur Hauptverhandlung zugelassen oder dem Angeklagten der Eröffnungsbeschluss nur formlos bekannt gemacht wurde, das Urteil ohnehin nicht auf dem Fehler beruhen würde. Entscheidend ist, ob der Angeklagte infolge eines geänderten Eröffnungsbeschlusses bzw. durch erstmalig in der nachgereichten Anklageschrift angeführte Umstände tatsächlicher oder rechtlicher Art ohne Aussetzung bzw. Unterbrechung der Hauptverhandlung in seiner Verteidigung behindert war.[1166] Zur Beruhensfrage sollte deshalb dargelegt werden, inwiefern die Verteidigung durch die unterlassene Zustellung des Eröffnungsbeschlusses bzw. der nachgereichten Anklage und die Ablehnung des Aussetzungs bzw. Unterbrechungsantrags behindert wurde.

1163   *RGSt* 55, 159; *BGHSt* 15, 40/45; KK-*Gmel*[7] § 215 Rn. 4; KMR-*Eschelbach* (24. EL 2000) § 215 Rn. 14; **a.A.** SK-StPO-*Deiters*[5] § 215 Rn. 11; differenzierend LR-*C. Jäger*[26] § 215 Rn. 9.

1164   Siehe Rüge 61 Rn. 778.

1165   Bejahend *RG* JW 1921, 1324; *Eb. Schmidt* Nachtrag I § 203, 11; verneinend *BGH* LM § 215 StPO Nr. 1; *Meyer-Goßner/Schmitt*[60] § 215 Rn. 8, SK-StPO-*Deiters*[5] § 215 Rn. 12.

1166   *BGH* LM Nr. 1 zu § 215 StPO.

II. Anforderungen an den Vortrag der Rüge der Verletzung der §§ 215, 228 Abs. 1 (§ 338 Nr. 8) StPO

- Dem Angeklagten wurde der Beschluss, durch den die Anklage zur Hauptverhandlung zugelassen wurde bzw. eine nachgereichte Anklage gem. § 207 Abs. 3 StPO nicht spätestens mit der Ladung zur Hauptverhandlung zugestellt. Beschluss bzw. nachgereichte Anklage sind im Wortlaut mitzuteilen.   777
- Der Angeklagte hat auf die Zustellung des Eröffnungsbeschlusses bzw. der nachgereichten Anklageschrift nicht verzichtet.
- Der verteidigte Angeklagte hat in der Hauptverhandlung einen Aussetzungsantrag gestellt, dessen Inhalt vollständig wörtlich mitzuteilen ist.
- Der Aussetzungsantrag wurde durch (ggf. nach § 238 Abs. 2 StPO herbeigeführten) Beschluss, dessen Inhalt mitzuteilen ist, abgelehnt oder überhaupt nicht beschieden.
- Zu einer Aussetzung bzw. (längerfristigen) Unterbrechung der Hauptverhandlung kam es nicht.

Rüge 61

Wurde der unverteidigte Angeklagte zu Beginn der Hauptverhandlung nicht darauf hingewiesen, dass er das Recht habe, die Aussetzung der Hauptverhandlung zu beantragen, weil ihm nicht spätestens mit der Ladung zur Hauptverhandlung der Eröffnungsbeschluss bzw. eine nachgereichte Anklage gem. § 207 Abs. 3 StPO zugestellt worden ist?   778

I. Rechtsgrundlagen

Zu den Voraussetzungen dieser Verfahrensrüge siehe Rüge 60 Rn. 774.   779

II. Anforderungen an den Vortrag der Rüge der Verletzung der §§ 215, 228 Abs. 1, 265 Abs. 4 StPO

- Dem Angeklagten wurde der Beschluss, durch den die Anklage zur Hauptverhandlung zugelassen wurde bzw. eine nachgereichte Anklage gem. § 207 Abs. 3 StPO nicht spätestens mit der Ladung zur Hauptverhandlung zugestellt.   780
- Der Angeklagte hat auf die Zustellung des Eröffnungsbeschlusses bzw. der nachgereichten Anklageschrift nicht verzichtet.
- Der Angeklagte befand sich in der Hauptverhandlung nicht im Beistand eines Verteidigers.
- Der Angeklagte wurde nicht auf die Möglichkeit hingewiesen, einen Unterbrechungs- oder Aussetzungsantrag zu stellen.
- Zu einer Aussetzung oder (längeren) Unterbrechung der Hauptverhandlung kam es nicht.

- Die gesamte Anklageschrift, der Eröffnungsbeschluss bzw. der Inhalt der nach § 207 Abs. 3 StPO nachgereichten Anklage sind vollständig im Wortlaut mitzuteilen.

Rüge 62

781 Ist einem der deutschen Sprache nicht mächtigen Angeklagten vor der Hauptverhandlung eine schriftliche Übersetzung der Anklageschrift in seine Muttersprache oder eine andere ihm verständliche Sprache nicht zur Kenntnis gebracht worden?

I. Rechtsgrundlagen

782 Um auch einem der deutschen Sprache nicht mächtigen Angeklagten ausreichend Zeit und Gelegenheit zur Vorbereitung seiner Verteidigung zu geben, ist ihm mit der Mitteilung der Anklageschrift zugleich eine Übersetzung in eine ihm verständliche Sprache zur Kenntnis zu bringen (§ 201 Abs. 1 StPO; Art. 6 Abs. 3 lit. b EMRK; § 187 Abs. 2 S. 1 GVG). Dass die Anklage dem Angeklagten in der Hauptverhandlung durch einen beigezogenen Dolmetscher übersetzt worden ist, kann i.d.R. die unterbliebene Übersetzung im Zwischenverfahren nicht heilen.[1167] Auch der Beistand eines Verteidigers macht eine schriftliche Übersetzung der Anklageschrift nicht entbehrlich. § 187 Abs. 2 S. 5 GVG greift bei der Nichtübersetzung der Anklageschrift nicht ein, weil dadurch der Angeklagte zeitnah über den Tatvorwurf in allen Einzelheiten informiert werden soll.[1168]

Ist dies unterblieben, sind nach Auffassung der Rspr. die Konsequenzen für das Revisionsverfahren davon abhängig, ob der Angeklagte in der Hauptverhandlung im Beistand eines Verteidigers war oder nicht:

1167 *Schneider, A.* StV 2015, 379; *Christl* NStZ 2014, 376, 378; *OLG Düsseldorf* VRS 100, 133; *OLG Düsseldorf* StV 2001, 498; *KG* StV 1994, 90; *OLG Stuttgart* StV 2003, 490; *OLG Hamm* StV 2004, 364; **a.A.** *OLG Düsseldorf* JZ 1985, 200; *OLG Düsseldorf* NJW 2003, 2766 und *OLG Hamburg* StV 1994, 65 m. Anm. *Kühne* = NStZ 1993, 53, wenn durch die Übersetzung nach den Umständen des Einzelfalles dem Zweck des § 201 StPO genügt wurde. Dies kann nur ausnahmsweise bei einem tatsächlich und rechtlich einfach zu überschauenden Verfahrensgegenstand der Fall sein: *BGH* v. 10.7.2014 – 3 StR 262/14 = StV 2015, 345 = StraFo 2014, 420.

1168 *BGH* v. 10.7.2014 – 3 StR 262/14 = StV 2015, 345 = StraFo 2014, 420. Im konkreten Fall konnte der *BGH* das Beruhen des Urteils auf dem Verfahrensfehler verneinen. Ferner *BGH* v. 23.12.2015 – 2 StR 457/14 = StraFo 2016, 148.

1. Rügevoraussetzungen bei verteidigtem Angeklagten

War der Angeklagte (in der Hauptverhandlung) verteidigt, muss die fehlende Über- **783** setzung (in der Hauptverhandlung) gerügt[1169] und beantragt worden sein, die unterbliebene Mitteilung nachzuholen und die Verhandlung zu unterbrechen oder auszusetzen (§ 265 Abs. 4 StPO)[1170]. Wird dieser Antrag durch Gerichtsbeschluss abgelehnt oder nicht verbeschieden, liegt darin eine unzulässige Beschränkung der Verteidigung (§ 338 Nr. 8 StPO).

2. Rügevoraussetzungen bei unverteidigtem Angeklagten

a) Bei einem unverteidigten Angeklagten ist dieser mit der betreffenden Rüge **784** nicht deshalb ausgeschlossen, weil er den Mangel in der Hauptverhandlung nicht beanstandet und keinen Unterbrechungsantrag gestellt hat,[1171] es sei denn, er wurde von dem Vorsitzenden auf die Möglichkeit eines Unterbrechungsantrages hingewiesen. Das Urteil beruht auf der Verletzung des § 201 Abs. 1 StPO, Art. 6 Abs. 3 lit. a und b EMRK, § 187 Abs. 2 S. 1 GVG, wenn nicht ausgeschlossen werden kann, dass der Angeklagte sich anders verteidigt hätte, wenn ihm die Anklageschrift schon vor der Hauptverhandlung in einer ihm verständlichen Sprache mitgeteilt worden wäre.[1172]

b) Die unterbliebene Mitteilung der Anklageschrift in einer dem der deutschen **785** Sprache nicht mächtigen Beschuldigten verständlichen Sprache kann auch als Verstoß gegen § 140 Abs. 2 StPO als absoluter Revisionsgrund (§ 338 Nr. 5 StPO) gerügt werden, wenn der Angeklagte in der Hauptverhandlung nicht im Beistand eines Verteidigers war. Eines Antrages des Angeklagten auf Beiordnung eines Pflichtverteidigers bedarf es nicht, weil diese von Amts wegen zu erfolgen gehabt hätte.[1173] Die fehlende Mitteilung einer übersetzten Fassung der Anklageschrift führt auch bei leichtverständlichem Sachverhalt zu einer erheblichen Einschränkung der Verteidigungsfähigkeit, was die Mitwirkung eines Verteidigers gebietet.[1174]

1169 *OLG Celle* StraFo 2005, 30 m. abl. Anm. *Rübenstahl.*
1170 *BGH* NStZ 1982, 125; *BGH* v. 23.12.2015 – 2 StR 457/14 = StraFo 2016, 148; *OLG Düsseldorf* StV 2003, 490; *OLG Hamm* StV 2003, 491 für den Fall einer vor Beginn der Hauptverhandlung beantragten Aussetzung der Hauptverhandlung, was nicht verbeschieden wurde.
1171 *OLG Stuttgart* StV 2003, 490; *OLG Düsseldorf* StV 2001, 498.
1172 *OLG Stuttgart* StV 2003, 490; *OLG Düsseldorf* StV 2010, 512.
1173 *OLG Karlsruhe* (3. StS), StV 2002, 299; *OLG Karlsruhe* (1. StS), StV 2005, 655 m.w.N.
1174 *LG Potsdam,* v. 3.11.2010 – 24 Qs 224/10.

II. Anforderungen an den Vortrag

1. Rüge der Ablehnung oder Nichtbescheidung eines Antrages auf Unterbrechung oder Aussetzung der Hauptverhandlung (§§ 201 Abs. 1, 228 Abs. 1, 265 Abs. 4 StPO, Art. 6 Abs. 3 lit. a und b EMRK)

786
- Der Angeklagte war der deutschen Sprache nicht mächtig,
- dem Angeklagten war die vollständig im Wortlaut wiederzugebende Anklageschrift nicht zugleich mit einer Übersetzung in eine ihm verständliche Sprache mitgeteilt worden, was auch bis zur Hauptverhandlung nicht nachgeholt worden ist,
- dies wurde in der Hauptverhandlung gerügt mit dem Antrag, die unterbliebene Übersetzung nachzuholen und die Hauptverhandlung zu unterbrechen bzw. auszusetzen und
- dieser Antrag wurde abgelehnt (der Inhalt des Beschlusses muss vollständig im Wortlaut vorgetragen werden) oder übergangen.
- Wurde die Anklageschrift oder zumindest der Anklagesatz dem Angeklagten in der Hauptverhandlung durch einen Dolmetscher übersetzt, ist dieser Umstand und der gesamte Inhalt der Anklageschrift, soweit sie in der Hauptverhandlung übersetzt wurde, vorsorglich mitzuteilen und darzulegen, dass dadurch dem Zweck des § 201 StPO nicht genügt wurde.

2. Rüge des unterbliebenen Hinweises auf die Möglichkeit der Stellung eines Unterbrechungs oder Aussetzungsantrages (§§ 201 Abs. 1, 228 Abs. 1, 265 Abs. 4 StPO, Art. 6 Abs. 3 lit. a und b EMRK)

787
- Der Angeklagte war der deutschen Sprache nicht mächtig,
- dem Angeklagten war die Anklageschrift nicht zugleich mit einer Übersetzung in eine ihm verständliche Sprache mitgeteilt worden, was auch nicht bis zur Hauptverhandlung nachgeholt worden ist,
- der Angeklagte war in der Hauptverhandlung nicht im Beistand eines Verteidigers,
- der Angeklagte wurde nicht auf die Möglichkeit hingewiesen, einen Unterbrechungs oder Aussetzungsantrag zu stellen und
- die gesamte Anklageschrift oder zumindest der Anklagesatz ist in der Hauptverhandlung nicht übersetzt worden oder in einer Weise, die dem Zweck des § 201 StPO nicht genügt hat.[1175] Der Inhalt der gesamten Anklageschrift ist dafür im Wortlaut mitzuteilen und ggf. der Teil, der in der Hauptverhandlung übersetzt worden ist.

1175 Anderenfalls soll nach *OLG Düsseldorf* NJW 2003, 2766 kein Verfahrensfehler vorliegen. Es empfiehlt sich deshalb nach Möglichkeit, diesem Argument durch entspr. Vortrag vorzubeugen.

3. Rüge der Verletzung der §§ 140 Abs. 2, 141 StPO, Art. 6 Abs. 3 lit. a und b EMRK (§ 338 Nr. 5 StPO)

- Der Angeklagte war der deutschen Sprache nicht mächtig, **788**
- dem Angeklagten wurde die Anklageschrift nicht zugleich mit einer Übersetzung in eine ihm verständliche Sprache mitgeteilt, was auch nicht bis zur Hauptverhandlung nachgeholt worden ist,
- der Angeklagte war in der Hauptverhandlung nicht im Beistand eines Verteidigers,
- es ist der gesamte Inhalt der Anklageschrift im Wortlaut mitzuteilen. Sollten weitere Umstände vorliegen, die für einen Fall der notwendigen Verteidigung sprechen, sollten auch diese vorgebracht werden.[1176]

Rüge 63

Ist einem der deutschen Sprache nicht mächtigen Angeklagten der Eröffnungsbeschluss **789**
bzw. eine nachgereichte Anklage im Falle des § 207 Abs. 3 StPO nicht spätestens mit der Ladung zur Hauptverhandlung in einer ihm verständlichen Sprache zugestellt worden?

I. Rechtsgrundlagen

Der nach § 215 StPO zuzustellende Beschluss über die Eröffnung des Hauptverfah- **790**
rens bzw. die zuzustellende nachgereichte Anklageschrift gem. § 207 Abs. 3 StPO muss im Falle von der deutschen Sprache nicht mächtigen Angeklagten in eine ihnen verständliche Sprache übersetzt werden (§ 187 Abs. 2 S. 1 GVG).

Unterbleibt dies, beruht das Urteil aber nur dann auf der unterbliebenen Zustellung, wenn der Angeklagte dadurch in der Vorbereitung seiner Verteidigung gegen die ihn durch Mitteilung der Anklageschrift bereits bekannten Vorwürfe behindert wurde. Dies kann ausgeschlossen werden, wenn der Eröffnungsbeschluss die dem Angeklagten in Übersetzung zugestellte Anklage ohne Änderungen zugelassen hat.

Im Falle eines in der Hauptverhandlung verteidigten Angeklagten bedarf es zum Erhalt der Rüge der erfolglosen Stellung eines Aussetzungsantrages.[1177] Bei einem unverteidigten Angeklagten bedarf es der erfolglosen Stellung eines solchen Antrages nicht, wenn er nicht auf sein Recht hingewiesen wurde, die Aussetzung bzw. Unterbrechung der Hauptverhandlung verlangen zu können.

1176 Das *OLG Karlsruhe* StV 2005, 655 lässt bei seiner Entscheidung offen, ob ergänzend oder zusätzlich auf die Schwierigkeit der Sachlage abzustellen war. Siehe auch Rüge 32 Rn. 569.

1177 Vgl. im Einzelnen Rüge 58 Rn. 768.

II. Anforderungen an den Vortrag der Rüge der Verletzung der §§ 215, 228 Abs. 1, 265 Abs. 4 StPO; Art. 6 Abs. 3 lit. b EMRK

791   Siehe vergleichbare Rügeanforderungen bei Rüge 62 Rn. 781.

Kapitel 12
Verurteilung wegen der mit der zugelassenen Anklage/ einbezogenen Nachtragsanklage vorgeworfenen Straftat/ Strafvorschrift

Rüge 64

Stimmen der Urteilstenor und die Liste der angewandten Vorschriften mit dem Anklage-   792
satz und den dort genannten anzuwendenden Strafvorschriften bzw. der davon rechtlich
abweichenden Würdigung im Eröffnungsbeschluss nicht überein, ohne dass der Angeklagte gem. § 265 Abs. 1 bzw. Abs. 2 StPO auf die Veränderung des rechtlichen Gesichtspunktes hingewiesen worden ist?

I. Rechtsgrundlagen

Nach § 265 Abs. 1 bzw. Abs. 2 StPO ist dem Angeklagten ein rechtlicher Hinweis   793
zu erteilen, bevor er abweichend von der zugelassenen Anklage[1178] nach einem anderen Strafgesetz abgeurteilt wird oder eine Maßregel der Besserung und Sicherung
angeordnet oder eine an gesetzlich bestimmte Umstände anknüpfende Strafschär-
fung vorgenommen wird und der Angeklagte auf diese Möglichkeit nicht schon in
der zugelassenen Anklageschrift aufmerksam gemacht worden ist.

Eine **Hinweispflicht nach § 265 Abs. 1 bzw. Abs. 2 StPO** wird insbesondere aus-   794
gelöst:[1179]

- bei einer Verurteilung wegen eines anderen Strafgesetzes anstelle oder neben
  dem angeklagten Straftatbestand,
- bei in der zugelassenen Anklageschrift nicht angesprochener Möglichkeit einer
  wahldeutigen Verurteilung,
- bei Änderung der strafrechtlichen Handlungsform (Tatbegehung durch ein Tun
  anstelle eines Unterlassens oder umgekehrt),
- bei Änderung der Schuldform,

1178   Dieser stehen ein Strafbefehl, eine Nachtragsanklage und Einbeziehungsbeschluss
       nach § 266 StPO, der Hinweis nach § 81 Abs. 2 OWiG, durch den das gerichtliche
       Bußgeldverfahren in ein Strafverfahren übergeleitet wurde, und ein Verweisungsbe-
       schluss nach § 270 StPO gleich.
1179   Siehe die Übersichten bei *LR-Stuckenberg*[26] § 265 Rn. 23 ff. u. 38 ff.; SK-StPO-*Vel-
       ten*[5] § 265 Rn. 15; *Schlothauer* StV 1986, 213, 216 ff.

- bei Verurteilung wegen eines Straftatbestandes mit verschiedenen Begehungsweisen, wenn die im Urteil angenommene Tatbestandsvariante nicht mit der in der zugelassenen Anklageschrift angesprochenen übereinstimmt[1180],
- bei Wechsel der Teilnahmeform,
- bei Wechsel des Konkurrenzverhältnisses,
- bei (Nicht-) Anwendung von Jugendrecht,
- bei Bejahung besonderer Schuldschwere i.S.d. § 57a StGB,[1181]
- bei Verhängung einer in der Anklageschrift nicht angeführten Nebenstrafe oder Nebenfolge sowie bei Anordnung einer Maßregel der Besserung und Sicherung,[1182]
- bei Anwendung von die Strafbarkeit erhöhenden Vorschriften oder sonstigen fakultativen Rechtsfolgen, die von besonderen Umständen abhängen.[1183]

795 Es sollte aus arbeitsökonomischen Gründen an dieser Stelle durch Abgleich der rechtlichen Beurteilung in der zugelassenen Anklage und im Urteilstenor zunächst nur geprüft werden, ob ein nach § 265 Abs. 1 oder Abs. 2 StPO notwendiger Hinweis überhaupt erteilt werden musste (darauf ist dann bei der weiteren Lektüre des Hauptverhandlungsprotokolls zu achten). Hat das Gericht einen Hinweis erteilt, ist erst an dieser Stelle zu prüfen, ob er den Anforderungen des § 265 Abs. 1[1184] bzw. 2 StPO[1185] entspricht und ob ein Aussetzungsantrag nach § 265 Abs. 3 oder 4 StPO zu Unrecht abgelehnt bzw. eine von Amts wegen vorzunehmende Verfahrensaussetzung unterlassen wurde. Ebenso ist erst an späterer Stelle zu prüfen,[1186] ob der Angeklagte auch auf eine etwaige Änderung der Sachlage hingewiesen wurde, wenn die Urteilsbegründung gegenüber dem in der zugelassenen Anklage zugrundegelegten Sachverhalt von anderen tatsächlichen Umständen ausgeht und ob insoweit von einer Aussetzung der Hauptverhandlung abgesehen werden durfte.[1187]

796 **Fehlt ein Hinweis, ist dies ein relativer Revisionsgrund.** Es ist deshalb empfehlenswert, Ausführungen dazu zu machen, wie sich der Angeklagte möglicherweise hätte verteidigen können, wenn ihm der Hinweis erteilt worden wäre.

1180 *BGH* v. 25.10.2016 – 2 StR 84/16 = NStZ 2017, 241 m. Anm. *Gubitz* beim Übergang vom Vorwurf des Verdeckungsmordes zu dem des Mordes aus niedrigen Beweggründen (auch zu den an den Hinweis zu stellenden inhaltlichen Anforderungen).
1181 *Wollweber* NJW 1998, 122; **a.A.** *BGH* StV 2006, 60 m. abl. Anm. *Lüderssen*.
1182 Siehe Rüge 192 Rn. 1723.
1183 *Schlothauer* StV 1986, 213, 219 ff.; *Meyer-Goßner/Schmitt*[60] § 265 Rn. 19 jeweils m.w.N. Siehe auch Rüge 192 Rn. 1723.
1184 Siehe Rüge 191 Rn. 1713.
1185 Siehe Rüge 192 Rn. 1723.
1186 Siehe Rüge 193 Rn. 1732.
1187 Hierzu Rüge 201 Rn. 1799.

II. Anforderungen an den Vortrag der Verletzung des § 265 Abs. 1 bzw. Abs. 2 StPO

Der Beschwerdeführer muss mitteilen, **797**

- den Inhalt des insoweit wörtlich wiederzugebenden Anklagesatzes[1188] einschließlich der Liste der anzuwendenden Vorschriften sowie das wesentliche Ergebnis der Ermittlungen,[1189]
- dass die Anklage durch Eröffnungsbeschluss unverändert, ggf. mit welchen – wörtlich wiederzugebenden – Änderungen zur Hauptverhandlung zugelassen worden ist,
- dass das Gericht den Angeklagten nach einer anderen als der in Anklageschrift bzw. Eröffnungsbeschluss angegebenen Vorschrift abgeurteilt bzw. die Strafbarkeit erhöhende Umstände angenommen bzw. ihn zu Nebenstrafen oder Nebenfolgen verurteilt oder eine Maßregel der Besserung und Sicherung angeordnet hat (ist die allgemeine Sachrüge erhoben worden, nimmt das Revisionsgericht den Inhalt des Urteils aufgrund der Lektüre der schriftlichen Urteilsgründe zur Kenntnis) und
- dass der Angeklagte auf die Veränderung der Rechtslage nicht hingewiesen wurde.[1190] Dabei ist auch vorzutragen, dass der Angeklagte auch nicht vor oder außerhalb der Hauptverhandlung davon unterrichtet wurde, dass das Gericht die Möglichkeit einer anderen rechtlichen Würdigung als derjenigen in der zugelassenen Anklage in Betracht ziehe.[1191]

III. Im Zusammenhang stehende Rügen

Ist dem Angeklagten ein Hinweis erteilt worden, der als nicht ausreichend beanstandet werden soll, ist ebenfalls die Verletzung des § 265 Abs. 1 bzw. Abs. 2 StPO zu rügen.[1192] **798**

1188 Bzw. Strafbefehl, Nachtragsanklage und Einbeziehungsbeschluss, Hinweis nach § 81 Abs. 2 OWiG oder Verweisungsbeschluss nach § 270 StPO.

1189 Nach *BGH* NStZ 2001, 162 soll es ausreichen, wenn sich im „wesentlichen Ergebnis der Ermittlungen" (§ 200 Abs. 2 StPO) ein Hinweis befindet. Deshalb ist dieses als „Negativtatsache" in der Revisionsbegründung mitzuteilen, um die Erforderlichkeit der Erteilung eines Hinweises schlüssig darzulegen.

1190 Dass ein Hinweis erteilt wurde, gehört zu den wesentlichen Förmlichkeiten des Verfahrens (LR-*Stuckenberg*[26] § 265 Rn. 69). Das Schweigen des Hauptverhandlungsprotokolls beweist, dass ein Hinweis in der Hauptverhandlung unterblieben ist.

1191 Dies würde die nochmalige Erteilung eines Hinweises in der Hauptverhandlung entbehrlich machen (LR- *Stuckenberg*[26] § 265 Rn. 58; s. auch *BGH* StV 2008, 342 m. Anm. *Wachsmuth* m.w.N. zur umstrittenen Frage, ob es eines tatrichterlichen Hinweises bedarf, wenn dieser bereits in der Entscheidung des Revisionsgerichts erfolgt ist, durch die nach Urteilsaufhebung die Sache zurückverwiesen worden ist) und ist deshalb als sog. Negativtatsache vorzutragen.

1192 Siehe Rügen 191 Rn. 1713 und 192 Rn. 1723.

Ist es von Amts wegen oder entgegen einem Antrag unterblieben, die Hauptverhandlung auszusetzen, kommt die Verfahrensrüge der Verletzung des § 265 Abs. 4 StPO in Betracht.[1193]

Rüge 65

799 Wurde die Hauptverhandlung auf Straftaten des Angeklagten erstreckt und er derentwegen verurteilt, die zwar Gegenstand der Anklage waren, aber vom Gericht nach Anklageerhebung auf Antrag der Staatsanwaltschaft vorläufig eingestellt (§ 154 Abs. 2 StPO) worden sind?

I. Rechtsgrundlagen

800 Ist die öffentliche Klage wegen einer Mehrzahl von Straftaten im prozessualen Sinn bereits erhoben worden, kann das erkennende Gericht auf Antrag der Staatsanwaltschaft das Verfahren durch Einstellung gem. § 154 Abs. 2 StPO auf einzelne Straftaten beschränken. Dies kann im Zwischenverfahren, aber auch noch im Hauptverfahren geschehen. Eine Verurteilung des Angeklagten wegen einer nach § 154 Abs. 2 StPO eingestellten Tat setzt voraus, dass das Gericht durch Wiederaufnahmebeschluss (§ 154 Abs. 3, Abs. 4 StPO) seinen Einstellungsbeschluss wieder rückgängig gemacht hat.

801 Die Wiederaufnahme muss durch ausdrücklichen Beschluss des Gerichts in richtiger Besetzung (s. dazu Rn. 743) und nicht nur durch den Vorsitzenden eines Kollegialgerichts erfolgen.[1194] Eine Wiederaufnahme durch schlüssiges Handeln genügt nicht.[1195] Erfolgte die Einstellung nach § 154 Abs. 2 StPO nach Anklageerhebung, aber vor Eröffnungsbeschluss, muss im Falle der Wiederaufnahme durch einen weiteren Beschluss über die Eröffnung entschieden werden[1196]. Der die zunächst eingestellte Tat betreffende Teil der Anklageschrift muss in der Hauptverhandlung verlesen werden.[1197]

802 Ist der ursprüngliche Einstellungsbeschluss nicht wirksam durch einen Wiederaufnahmebeschluss beseitigt worden, weil ein Wiederaufnahmebeschluss überhaupt nicht ergangen ist, er von einem hierfür nicht zuständigen Gericht erlassen wurde oder die gesetzlichen Voraussetzungen für ihn nicht vorlagen, ist dies als Verfah-

---

1193 Siehe Rüge 201 Rn. 1799 und 202 Rn. 1805.
1194 LR-*Beulke*[26] § 154 Rn. 69.
1195 LR-*Beulke*[26] § 154 Rn. 69 m.w.N.
1196 LR-*Beulke*[26] § 154 Rn. 70.
1197 Zur Frage, ob die Wiederaufnahme nur dann zulässig ist, wenn die Grundlage des Einstellungsbeschlusses nachträglich wegfällt, s. LR-*Beulke*[26] § 154 Rn. 75 m.w.N.

renshindernis auch ohne besondere Rüge bei Erhebung der allgemeinen Sachrüge von Amts wegen zu berücksichtigen. Dasselbe gilt, wenn bei einer Verfahrenseinstellung nach § 154 Abs. 2 StPO im Zwischenverfahren nach Wiederaufnahme des Verfahrens kein Eröffnungsbeschluss bzgl. der eingestellten Tat erlassen worden ist. Vorsorglich sollte der Vorgang durch eine ausdrückliche Verfahrensrüge zum Gegenstand des Revisionsverfahrens gemacht werden.[1198]

II. Anforderungen an den Vortrag

- Es sind die Anklageschrift und ggf. der die Anklage zur Hauptverhandlung zu-   **803**
  lassende Eröffnungsbeschluss im Wortlaut mitzuteilen;
- Wortlaut des Einstellungsbeschlusses nach § 154 Abs. 2 StPO aufgrund eines
  diesbezüglichen ebenfalls mitzuteilenden Antrages der Staatsanwaltschaft und
  Zeitpunkt (vor oder nach Eröffnungsbeschluss);
- kein Erlass eines Wiederaufnahmebeschlusses durch das zuständige bzw. vorschriftsgemäß besetzte Gericht

oder

- kein Eröffnungsbeschluss nach Wiederaufnahme eines im Zwischenverfahren
  nach § 154 Abs. 2 StPO eingestellten Verfahrens.
- Verurteilung wegen der Tat, die Gegenstand des nach § 154 Abs. 2 StPO eingestellten Verfahrens ist.

Rüge 66

Wurde die Hauptverhandlung auf weitere Straftaten i.S.d. § 264 StPO erstreckt und der   **804**
Angeklagte u.a. wegen dieser Taten verurteilt, obwohl sie nicht Gegenstand der zugelassenen Anklage waren?

Eine Verurteilung wegen einer Straftat i.S.d. § 264 StPO, die nicht Gegenstand   **805**
einer – ggf. hinzuverbundenen – zugelassenen Anklage ist, ist nur zulässig, wenn in
der Hauptverhandlung eine Nachtragsanklage erhoben und diese wirksam in das
Verfahren einbezogen worden ist (§ 266 StPO). Ist dies nicht der Fall, fehlt es an
einer Prozessvoraussetzung.

Dies ist auf die allgemeine Sachrüge von Amts wegen vom Revisionsgericht zu prü-   **806**
fen und führt zur Einstellung des Verfahrens durch Beschluss (§ 206a StPO).

1198   Hat es die Staatsanwaltschaft unterlassen, nach Wiederaufnahme des Verfahrens den
       die vor Beginn der Hauptverhandlung eingestellte Tat betreffenden Teil des Anklage-
       satzes zu verlesen, bedarf dies der Rüge der Verletzung des § 243 Abs. 3 StPO: Siehe
       zu den Rügeanforderungen Rüge 54 Rn. 745.

Vorsorglich sollte die Rüge aber wie eine Verfahrensrüge ausgeführt werden, indem der Inhalt des Anklagesatzes und des Eröffnungsbeschlusses mitgeteilt und darauf hingewiesen wird, dass weitere zugelassene Anklagen dem Tatrichter nicht vorlagen bzw. von ihm nicht hinzuverbunden (§ 237 StPO)[1199] worden sind.

1199 Durch eine rechtsfehlerhafte Verbindung kann der die Verbindung anordnende Spruchkörper für die hinzuverbundene Sache zum ungesetzlichen Richter werden (vgl. LR-*J.-P. Becker*[26] § 237 Rn. 7), was mit den dafür einschlägigen Rügen angegriffen werden muss (s. z.B. Rüge 6 Rn. 167 ff.).

Kapitel 13
Erörterungen vor oder während der Hauptverhandlung mit Ziel einer Verständigung

Rüge 67

Ist eine Mitteilung des Vorsitzenden unterblieben, ob und ggf. mit welchem wesentlichen Inhalt Erörterungen nach §§ 202a, 212 StPO stattgefunden haben, deren Gegenstand die Möglichkeit einer Verständigung (§ 257c StPO) war (§ 243 Abs. 4 S. 1 StPO)? **807**

I. Rechtsgrundlagen

§ 243 Abs. 4 S. 1 StPO verpflichtet den Vorsitzenden, den Inhalt von Erörterungen, **808** die vor Beginn der Hauptverhandlung zwischen Gericht und Verfahrensbeteiligten[1200] stattgefunden haben, in der Hauptverhandlung mitzuteilen, wenn diese die Möglichkeit einer Verständigung (§ 257c StPO) zum Gegenstand hatten.[1201] „Die Mitteilungspflicht greift ein, sobald bei im Vorfeld oder außerhalb der Hauptverhandlung geführten Gesprächen ausdrücklich oder konkludent die Möglichkeit und die Umstände einer Verständigung im Raum stehen."[1202] Auch wenn ein Verfahrensbeteiligter ein gerichtliches Verständigungsangebot sogleich ohne Weiteres zurückweist, handelt es sich um einen mitteilungsbedürftigen Vorgang, um in Bezug auf die an den Erörterungen nicht beteiligten Angeklagten und Schöffen Transparenz herzustellen.[1203]

Überwiegend geht es dabei um Fälle, in denen ein Geständnis in einen Zusammenhang mit der Strafzumessung gebracht wird.[1204] Die Mitteilungspflicht kann aber auch andere Verfahrensfragen betreffen, in denen es um ein „do ut des" geht. Das *BVerfG* hatte in seinem Urteil v. 19.3.2013 formuliert: „Die Mitteilungspflicht greift ein, sobald bei im Vorfeld oder außerhalb der Hauptverhandlung geführten Gesprächen ausdrücklich oder konkludent die Möglichkeit und die Umstände einer

---

1200 Gespräche zwischen Staatsanwaltschaft und Verteidigung über die Möglichkeit einer Verständigung fallen nicht in den Regelungsbereich des § 243 Abs. 4 StPO: *BGH* v. 29.9.2015 – 3 StR 310/15 = NStZ 2016, 362 = StV 2016, 775; s.a. *BGH* v. 25.2.2015 – 5 StR 258/13 = NStZ 2015, 232.

1201 Zum Zweck der Regelung s. *BVerfG* v. 15.1.2015 – 2 BvR 2055/14 = StV 2015, 269. Siehe ferner *Schlothauer* in: Niemöller/Schlothauer/Weider, VerStG, 2010, B. § 243 Abs. 4 Rn. 2. Anlässlich der Erörterungen vom Gericht in Aussicht gestellte Strafober- oder –untergrenzen haben allerdings keine Bindungswirkung: *BGH* v. 12.7.2011 – 1 StR 274/11 = StV 2011, 645.

1202 *BVerfG* v. 19.3.2013 – 2 BvR 2628/10, 2 BvR 2883/10, 2 BvR 2155/11 Tz. 85 = StV 2013, 353. S. auch *BGH* v. 18.5.2017 – 3 StR 511/16 = NStZ 2017, 596.

1203 *BGH* v. 21.7.2015 – 2 StR 75/14 = StV 2016, 94 = NStZ 2016, 228.

1204 *OLG Düsseldorf* v. 4.8.2016 – 3 RVs 75/16 = StraFo 2016, 383.

Verständigung im Raum stehen. Dies ist jedenfalls dann der Fall, wenn Fragen des prozessualen Verhaltens in Konnex zum Verfahrensergebnis gebracht werden und damit die Frage nach oder die Äußerung zu einer Straferwartung naheliegt."[1205] Die Rspr. geht mittlerweile darüber hinaus: Ein Konnex zwischen dem prozessualen Verhalten und dem Verfahrensergebnis liegt bspw. auch dann vor, wenn eine Verfahrensbeschränkung nach § 154a Abs. 2 StPO in Bezug auf die Höhe eines Vermögensschadens von der Rücknahme darauf bezogener Beweisanträge abhängig gemacht werden soll.[1206] Ebenso sind Gespräche über eine vollständige Verfahrenseinstellung nach § 153a Abs. 2 StPO nach § 243 Abs. 4 StPO mitteilungsbedürftig.[1207] Gleichermaßen unterliegen Gespräche zwischen Richtern und Verfahrensbeteiligten über eine Teileinstellung des Verfahrens nach § 154 Abs. 2 StPO den Transparenz- und Dokumentationsregeln der §§ 243 Abs. 4, 273 Abs. 1a S. 2 StPO.[1208] Gegenstand einer mitteilungspflichtigen Erörterung kann auch eine mögliche Berufungsbeschränkung als Gegenleistung für Rechtsfolgen i.S.d. § 257c Abs. 2 S. 1 StPO sein.[1209] Erörterungen über die Fortdauer der Untersuchungshaft sind dann mitteilungspflichtig, wenn diese Frage mit einem für das Verfahren bedeutsamen Verhalten des Angeklagten verknüpft ist, bspw. in Form eines Geständnisses oder eines sonstigen für den Fortgang und das Ergebnis des Verfahrens bedeutsamen Prozessverhaltens des Angeklagten.[1210]

Abzugrenzen sind Erörterungen, bei denen ein Verfahrensergebnis einerseits und ein prozessuales Verhalten des Angeklagten andererseits in ein Gegenseitigkeitsverhältnis i.S.v. Leistung und Gegenleistung gesetzt werden, von sonstigen verfahrensfördernden Gesprächen, die nicht auf eine einvernehmliche Verfahreserledigung abzielen.[1211]

1205   *BVerfG* v. 19.3.2013 – 2 BvR 2628/10, 2 BvR 2883/10, 2 BvR 2155/11 Tz. 85 = StV 2013, 353; *BGH* v. 28.7.2016 – 3 StR 153/16 = StV 2016, 772 = NStZ 2017, 52.

1206   *BVerfG* v. 21.4.2016 – 2 BvR 1422/15 = StV 2016, 409 = NStZ 2016, 422 m. Anm. *Bittmann*; *BGH* v. 12.10.2016 – 2 StR 367/16 = NStZ 2017, 244 m. Anm. *Bittmann*; *BGH* v. 25.10.2016 – 1 StR 120/15.

1207   *BVerfG* v. 21.4.2016 – 2 BvR 1422/15 Tz. 20 = StV 2016, 409 = NStZ 2016, 422 m. Anm. *Bittmann*; *BGH* v. 10.5.2016 – 1 StR 571/15 = NStZ 2016, 743; **a.A.** noch *KG* v. 10.1.2014 – (2) 161 Ss 132/13 = NStZ 2014, 293.

1208   *BGH* v. 17.6.2015 – 2 StR 139/14 = StV 2016, 92 = NStZ 2016, 171 m. abl. Anm. *H. Schneider* = JR 2016, 143 m. abl. Anm. *Niemöller* für die Anfrage des Gerichts bei der Staatsanwaltschaft nach der Bereitschaft, einen Antrag nach § 154 Abs. 2 StPO zu stellen, weil der betreffende Verfahrensteil noch nicht entscheidungsreif sei.

1209   Siehe dazu Rüge 271a, Rn. 2397.

1210   *BGH* v. 3.12.2013 – 2 StR 410/13 = StV 2014, 515 = NStZ 2014, 219; *BGH* v. 8.1.2015 – 2 StR 123/14 = StV 2016, 96 = NStZ 2015, 294.

1211   *BGH* v. 28.7.2016 – 3 StR 153/16 = StV 2016, 772 = NStZ 2017, 52 am Bsp. eines im Rahmen eines Rechtsgesprächs erteilten Hinweises auf die strafmildernde Wirkung eines Geständnisses; ferner *BGH* v. 14.4.2015 – 5 StR 9/15 = NStZ 2015, 535 = StV 2016, 87 m. krit. Anm. *Kudlich* und *BGH* v. 18.12.2014 – 1 StR 242/14 = NStZ 2015, 352. Siehe aber auch *BGH* v. 23.3.2016 – 2 StR 121/15 = NStZ 2016, 688 m. abl. Anm. *Pfister*.

Unerheblich ist es für das Bestehen der Mitteilungspflicht, ob die Verständigungsgespräche erfolgreich waren oder nicht.[1212]

Von der Verletzung der Mitteilungspflicht ist nur derjenige Angeklagte beschwert, **809** dessen Rechtskreis von den Erörterungen berührt wird. Nicht betroffene Angeklagte können i.d.R. einen Mitteilungsverstoß nicht rügen (keine „Drittwirkung").[1213] Das kann im Einzelfall jedoch Abgrenzungsfragen aufwerfen.[1214]

Keiner Mitteilungspflicht unterliegen Erörterungen über die Möglichkeit einer Verständigung in einem Parallelverfahren.[1215] Demgegenüber sind auf eine Verständigung abzielende Erörterungen, die sich auf eine später im Eröffnungsverfahren zwecks Nachbesserung zurückgegebene Anklageschrift beziehen, mitteilungspflichtig.[1216]

Auch wenn §§ 202a, 212 StPO, auf die § 243 Abs. 4 S. 1 StPO Bezug nimmt, von Er- **810** örterungen des „Gerichts" mit den Verfahrensbeteiligten spricht, besteht die Mitteilungspflicht des Vorsitzenden auch bzgl. solcher Erörterungen, die zwischen einzelnen Mitgliedern des Gerichts und Verfahrensbeteiligten stattfinden.[1217] Da der Inhalt derartiger Erörterungen aktenkundig zu machen ist (§§ 202a S. 2, 212 StPO), erhält der Vorsitzende, der nicht persönlich an den Erörterungen teilgenommen hat, auf diese Weise von deren Inhalt Kenntnis und kann so seiner Mitteilungspflicht genügen.[1218]

1212   *BGH* v. 23.10.2013 – 5 StR 411/13 = StV 2014, 66 = StraFo 2014, 21; *BGH* v. 29.11.2013 – 1 StR 200/13 = StV 2014, 651 = NStZ 2014, 221.

1213   *BVerfG* v. 1.7.2014 – 2 BvR 989/14 = StV 2014, 649 = NStZ 2014, 528; *BGH* v. 25.2.2015 – 4 StR 587/14 = NStZ 2015, 417; *BGH* v. 25.6.2015 – 1 StR 579/14 = StV 2016, 90; *BGH* v. 12.10.2016 – 4 StR 174/16 = wistra 2017, 76.

1214   Vgl. *BGH* v. 21.7.2015 – 2 StR 75/14 = StV 2016, 94 = NStZ 2016, 228 bei dem Vorwurf von Bandendelikten.

1215   *BGH* v. 9.2.2012 – 1 StR 438/11 = StV 2012, 393.

1216   *BGH* v. 13.2.2014 – 1 StR 423/13 = StV 2014, 513 = NStZ 2014, 217; **a.A.** für den Fall nach Zurücknahme und Neuerhebung der Anklage *BGH* v. 20.2.2014 – 3 StR 289/13 = NStZ 2014, 600.

1217   Demgegenüber begründen nach nicht tragender Auffassung des *BGH* v. 20.10.2010 – 1 StR 400/10 = StV 2011, 202 = NStZ 2011, 592 nur solche Erörterungen eine Mitteilungspflicht, die seitens des Gerichts in voller Besetzung oder durch eines seiner Mitglieder stattfinden, das hierzu nach entspr. Beratung ausdrücklich beauftragt wurde; ebenso noch *OLG Celle* v. 18.10.2013 – 31 Ss 35/13 = NStZ 2014, 290 m. Anm. *Knauer*. Hiergegen ausführlich *Schlothauer* StV 2011, 2305; abl. ebenfalls *Niemöller* NZWiSt 2012, 290, 291; *Schmitt* StraFo 2012, 386, 390; in diesem Sinne auch SK-StPO-*Frister*⁵ § 243 Rn. 44a; MüKo-StPO-*Arnoldi* § 243 Rn. 50; *Schlothauer* in: Niemöller/Schlothauer/Weider, VerStG, 2010, B. § 243 Abs. 4 Rn. 1; offen gelassen von *BGH* v. 20.12.2011 – 3 StR 426/11 = StV 2012, 392; nunmehr eindeutig gegen die Rspr. des *1. Strafsenats*: *BGH* (3. StS) v. 23.7.2015 – 3 StR 470/14 = StV 2016, 81 = NStZ 2016, 221 und v. 28.7.2016 – 3 StR 153/16 = StV 2016, 772 = NStZ 2017, 52.

1218   Die Mitteilungspflicht besteht auch dann, wenn Erörterungen im Zwischenverfahren von der Strafkammer in anderer Besetzung als derjenigen zu Beginn der Hauptverhandlung geführt worden sind: *BGH* v. 29.7.2014 – 4 StR 126/14 = StV 2015, 149 = NJW 2014, 3385.

Ob nach Zurückverweisung durch das Revisionsgericht eine Pflicht des Vorsitzenden des nunmehr zuständigen Tatgerichts besteht, Erörterungen i.S.v. § 202a StPO, die ein im ersten Rechtsgang zuständiges Tatgericht durchgeführt hat, gem. § 243 Abs. 4 StPO mitzuteilen, erscheint fraglich.[1219] Ist es im amtsgerichtlichen Verfahren zu verständigungsbezogenen Erörterungen gekommen, soll dies in der Berufungsinstanz nicht der Mitteilungspflicht des § 243 Abs. 4 S. 1 StPO unterliegen.[1220]

811 „Zum mitzuteilenden Inhalt von Erörterungen gehört, welche Standpunkte von den einzelnen Gesprächsteilnehmern vertreten wurden, von welcher Seite die Frage einer Verständigung aufgeworfen wurde und ob sie bei den anderen Gesprächsteilnehmern auf Zustimmung oder Ablehnung gestoßen ist".[1221] Die Mitteilung, stattgefundene Erörterungen seien „letztlich ergebnislos" verlaufen, obwohl sie konkrete, allerdings unterschiedliche Straferwartungen für den Fall eines Geständnisses zum Gegenstand hatten, ist unzureichend und rechtsfehlerhaft.[1222]

812 Eine Mitteilungspflicht des Vorsitzenden zu Beginn der Hauptverhandlung besteht auch dann, wenn vor der Hauptverhandlung keine Erörterungen stattgefunden haben (Pflicht zur Mitteilung, „ob" Erörterungen stattgefunden haben). Insoweit verlangt das Gesetz vom Vorsitzenden, „Farbe zu bekennen" („Negativattest").[1223] Der sich dieser Auffassung widersetzenden ober- und höchstrichterlichen Rspr.[1224] hat das *BVerfG* eine Abfuhr erteilt.[1225]

813 Die Tatsache der Mitteilung und deren Inhalt müssen im Protokoll dokumentiert werden (§ 273 Abs. 1a S. 2 StPO). Eine fehlende oder mangelhafte Dokumentation der Mitteilung begründet einen Rechtsfehler.[1226]

Die Mitteilung hat nach Verlesung des Anklagesatzes (§ 243 Abs. 3 StPO) und noch vor der Belehrung des Angeklagten über sein Recht, sich zur Sache zu äußern oder zu schweigen (§ 243 Abs. 5 StPO), zu erfolgen.

1219 Vgl. *BGH* v. 3.12.2015 – 1 StR 169/15 = NStZ 2016, 357 Tz. 32; verneinend *OLG Hamburg* v. 27.11.2015 – 1 Rev 32/15 = NStZ 2016, 182 = ZWH 2016, 123 m. Anm. *Bittmann.*

1220 *OLG Hamburg* v. 27.11.2015 – 1 Rev 32/15 = NStZ 2016, 182 = ZWH 2016, 123 m. Anm. *Bittmann.*

1221 *BVerfG* v. 19.3.2013 – 2 BvR 2628/10, 2 BvR 2883/10, 2 BvR 2155/11 Tz. 85 = StV 2013, 353; nach *BGH* v. 2.12.2014 – 1 StR 422/14 = NStZ 2015, 293 = wistra 2015, 198 ist die Frage, von wem die Initiative zu dem Gespräch ausgegangen ist, nicht mitteilungspflichtig.

1222 *BGH* v. 23.7.2015 – 1 StR 149/15 = StV 2016, 95.

1223 *Schlothauer* in: Niemöller/Schlothauer/Weider, VerStG, 2010, B. § 243 Abs. 4 Rn. 7; LR-*J.-P. Becker*[26] § 243 Rn. 52c; SK-StPO-*Frister*[5] § 243 Rn. 43, 43a.

1224 Vgl. nur *BGH* v. 10.7.2013 – 2 StR 47/13 = *BGHSt* 58, 315 = StV 2013, 678 m. abl. Anm. *Schlothauer.*

1225 *BVerfG* v. 26.8.2014 – 2 BvR 2172/13 = StV 2014, 713 m. Anm. *Klotz* StV 2015, 1 = NStZ 2014, 592 m. Anm. *Hunsmann* = JR 2015, 145 m. Anm. *Niemöller.*

1226 *BGH* v. 10.7.2013 – 2 StR 195/12 = *BGHSt* 58, 310 = StV 2013, 677; *BGH* v. 8.10.2013 – 4 StR 272/13 = StV 2014, 67.

Die Nichtbeachtung der Verpflichtung zur Mitteilung stattgefundener bzw. nicht **814** stattgefundener Erörterungen über die Möglichkeit einer Verständigung ist eine Gesetzesverletzung i.S.d. § 337 StPO, auf die grundsätzlich eine Verfahrensrüge gestützt werden kann.[1227] Auf einem Verstoß gegen die Mitteilungspflicht sollte das angefochtene Urteil nach bis zum 19.3.2013 geltender h.M. allerdings nicht beruhen können.[1228] Dieser Auffassung kann seit dem Urteil des *BVerfG* vom 19.3.2013[1229] nicht mehr in dieser Pauschalität gefolgt werden. Bei Verstößen gegen die Mitteilungspflicht gem. § 243 Abs. 4 StPO ist nunmehr regelmäßig davon auszugehen, dass das Urteil auf diesem Verstoß beruht.[1230] Dies gilt sowohl im Falle verständigungsbasierter Urteile als auch solcher, denen keine Verständigung vorausgegangen ist, weil nicht auszuschließen ist, dass das Urteil auf eine gesetzeswidrige informelle Absprache zurückgeht.[1231] Allerdings hält der *BGH* in Ausnahmefällen Abweichendes für vertretbar.

Ist eine Verständigung nach § 257c StPO nicht zustandegekommen, wird durch eine **815** inhaltlich unzutreffende, unzureichende oder unvollständige Mitteilung über außerhalb der Hauptverhandlung und in Abwesenheit des Angeklagten geführte Erörterungen grundsätzlich dessen Verteidigungsposition berührt.[1232] Das Beruhen des Urteils auf dem Rechtsfehler kann in einem solchen Fall nicht ausgeschlossen werden.[1233] Je nach Falllage kann hiervon der Schuldspruch oder auch nur der Strafausspruch betroffen sein. Kann nicht ausgeschlossen werden, dass bei vollständiger

---

1227 *Weider* in: Niemöller/Schlothauer/Weider, VerStG, 2010, C. Rn. 35 ff.; LR-*J.-P. Becker*[26] § 243 Rn. 96a; SK-StPO-*Frister*[5] § 243 Rn. 94.

1228 LR-*J.-P. Becker*[26] § 243 Rn. 96a; SK-StPO-*Frister*[4] § 243 Rn. 94; *Meyer-Goßner*[55] § 243 Rn. 38a; *BGH* NStZ 2011, 592 = StV 2011, 202 m. abl. Anm. *Schlothauer*; *OLG Celle* StV 2012, 394 m. Anm. *Altenhain/Haimerl* = NStZ 2012, 285; **a.A.** schon *Weider* in: Niemöller/Schlothauer/Weider, VerStG, 2010, C. Rn. 37. In diesem Sinne auch *Kirsch* StraFO 2010, 100; *Schlothauer/Weider* StV 2009, 604. Ebenso *Schmitt* StraFo 2012, 386, 390; jetzt auch SK-StPO-*Frister*[5] § 243 Rn. 94; *Meyer-Goßner/Schmitt*[60] § 243 Rn. 38a.

1229 *BVerfG* v. 19.3.2013 – 2 BvR 2628/10, 2 BvR 2883/10, 2 BvR 2155/11, insbesondere Tz. 82 ff. u. 96 ff. = StV 2013, 353.

1230 *BGH* v. 10.7.2013 – 2 StR 195/12 = StV 2013, 677; *BGH* v. 8.10.2013 – 4 StR 272/13 = StV 2014, 67; *BGH* v. 25.11.2013 – 5 StR 502/13 = StV 2014, 653 m. Anm. *Voigt/König*; *BGH* v. 13.2.2014 – 1 StR 423/13 = StV 2014, 513 = NStZ 2014, 217; *BGH* v. 9.4.2014 – 1 StR 612/13 = StV 2014, 516 = NStZ 2014, 416; *BGH* v. 12.10.2016 – 2 StR 367/16 = NStZ 2017, 244 u. *BGH* v. 21.3.2017 – 1 StR 622/16 = ZWH 2017, 223.

1231 *BGH* v. 28.1.2015 – 5 StR 601/14 = NStZ 2015, 178 = StraFo 2015, 154.

1232 *BGH* v. 25.11.2013 – 5 StR 502/13 = StV 2014, 653 m. Anm. *Voigt/König*; *BGH* v. 5.6.2014 – 2 StR 381/13 = BGHSt 59, 252 = StV 2014, 655.

1233 *BGH* v. 10.7.2013 – 2 StR 195/12 = BGHSt 58, 310 = StV 2013, 677; *BGH* v. 29.7.2014 – 4 StR 126/14 = StV 2015, 149 = NJW 2014, 3385; *BGH* v. 15.1.2015 – 1 StR 315/14 = BGHSt 60, 150 = StV 2015, 271 = StraFo 2015, 117 für die Mitteilung, ein stattgefundenes Verständigungsgespräch sei ergebnislos geblieben. Ebenso *BGH* v. 23.7.2015 – 1 StR 149/15 = StV 2017, 95; *OLG Hamburg* v. 5.8.2014 – 1 Ss 74/14 = StV 2015, 280.

Mitteilung stattgefundener Gespräche Anträge gestellt oder der sich schweigend verteidigende Angeklagte sich partiell oder umfänglich – ggf. bestreitend – zur Sache eingelassen hätte oder er sich des Schutzes seiner Selbstbelastungsfreiheit nicht begeben hätte,[1234] ist der Schuldspruch aufzuheben. Hat das Gericht es im Rahmen der Mitteilung von Erörterungen über die Möglichkeit einer zur Bewährung auszusetzenden Freiheitsstrafe unterlassen, die Reaktion der Staatsanwaltschaft zu schildern, kann von diesem Rechtsfehler zumindest der Strafausspruch betroffen sein, wenn der weiterhin schweigende oder bestreitende Angeklagte in Kenntnis der Vorstellungen der Staatsanwaltschaft hätte versuchen können, deren Zustimmung zu einer Verständigung zu erreichen.[1235]

Haben die Erörterungen zu einer Verständigung in der Hauptverhandlung (§ 257c StPO) geführt, kann die dazu seitens des Angeklagten erteilte Zustimmung durch die unterlassene Mitteilung über stattgefundene Erörterungen infiziert sein. Da der Angeklagte über seine Zustimmung zu einem Verständigungsvorschlag des Gerichts autonom entscheiden können muss, er aber i.d.R. bei den vor Beginn der Hauptverhandlung stattgefundenen Erörterungen nicht anwesend war, bedarf er der Information über deren Inhalt. In Kenntnis ihres Inhalts könnte er der Verständigung (in dieser Form) nicht zugestimmt haben.[1236]

Das Urteil soll bei einer unterbliebenen Mitteilung des Vorsitzenden über stattgefundene Erörterungen nach zwischenzeitlich relativierter Auffassung des *BGH* dann nicht auf diesem Verfahrensfehler beruhen, wenn der Angeklagte vom Inhalt der Gespräche alsbald von seinem Verteidiger informiert wurde.[1237] Diese Auffassung kann deshalb nicht überzeugen, weil der Gesetzgeber ausdrücklich den Vorsitzenden in die Pflicht genommen hat, den Angeklagten in der Hauptverhandlung über den Inhalt stattgefundener Erörterungen aufzuklären. Damit sollte der Möglichkeit Rechnung getragen werden, dass über das „Ob" und „Wie" einer Verständigung zwischen Verteidiger und Mandant ein Dissens bestehen kann und dies zu einer gefärbten Mitteilung des Verteidigers über den Inhalt stattgefundener Erörterungen führen kann.[1238] Deshalb wird der Verteidiger auch am Zustandekommen einer Ver-

---

1234 Vgl. *BGH* v. 28.1.2015 – 5 StR 601/14 = NStZ 2015, 178 = StraFo 2015, 154; *BGH* v. 28.7.2016 – 3 StR 153/16 = StV 2016, 772; *BGH* v. 12.10.2016 – 2 StR 367/16 = NStZ 2017, 244; *Voigt/König* StV 2014, 654.

1235 *OLG Oldenburg* v. 12.12.2016 – 1 Ss 128/16; *BGH* v. 10.1.2017 – 3 StR 216/16 (Tz. 16 ff.) = NStZ 2017, 363.

1236 Vgl. *Weider* in: Niemöller/Schlothauer/Weider, VerStG, 2010, C. Rn. 37.

1237 *BGH* v. 20.12.2011 – 3 StR 426/11 = StV 2012, 392; *BGH* v. 15.4.2014 – 3 StR 89/14 = NStZ 2014, 418 = StV 2014, 650; *BGH* v. 23.7.2015 – 1 StR 149/15 = StV 2016, 95; *BGH* v. 12.10.2016 – 2 StR 367/16 = NStZ 2017, 244; *BGH* v. 10.1.2017 – 3 StR 216/16 = NStZ 2017, 363.

1238 *Weider* in: Niemöller/Schlothauer/Weider, VerStG, 2010, C. Rn. 37, wonach die Information über den Inhalt von Vorgesprächen nicht dem Verteidiger überantwortet werden darf.

ständigung nicht beteiligt. „Verständigungspartner" sind nur das Gericht, die Staatsanwaltschaft und der Angeklagte.[1239]

Das *BVerfG* hat deshalb zu Recht in seinem Urteil vom 19.3.2013 erkannt:

> „*Ein Verstoß gegen die Transparenz- und Dokumentationspflichten führt deshalb grundsätzlich zur Rechtswidrigkeit einer gleichwohl getroffenen Verständigung. Hält sich das Gericht an eine solche gesetzwidrige Verständigung, wird ein Beruhen des Urteils auf diesem Gesetzesverstoß regelmäßig schon deshalb nicht auszuschließen sein, weil die Verständigung, auf der das Urteil beruht, ihrerseits mit einem Gesetzesverstoß behaftet ist. Diese Auslegung entspricht der Funktion dieser Vorschriften im Konzept des Verständigungsgesetzes. Dass Verstöße gegen die verfahrensrechtlichen Sicherungen der Verständigung nicht den absoluten Revisionsgründen zugeordnet worden sind, steht einer Auslegung des § 337 Abs. 1 StPO nicht entgegen, der zufolge das Revisionsgericht ein Beruhen des Urteils auf einem Verstoß gegen Transparenz- und Dokumentationspflichten – die nach dem Willen des Gesetzgebers gerade zum Kern des dem Verständigungsgesetz zugrundeliegenden Schutzkonzepts gehören – nur in besonderen Ausnahmefällen wird ausschließen können*"[1240].

Aber auch in den Fällen, in denen keine Erörterungen stattgefunden haben und der **816** Vorsitzende hierüber in der Hauptverhandlung keine Mitteilung gemacht hat, kann das Urteil auf dem Verfahrensverstoß beruhen. Zwar hat der Gesetzgeber den Verstoß gegen § 243 Abs. 4 S. 1 StPO auch insoweit nicht zu einem absoluten Revisionsgrund ausgestaltet. Daraus lässt sich jedoch im Umkehrschluss nicht entnehmen, dass die Kausalität des Verfahrensfehlers i.S.d. § 337 StPO nahezu zwingend ausgeschlossen sei.[1241] Anderenfalls würde § 243 Abs. 4 S. 1 StPO zu einer bloßen Ordnungsvorschrift degradiert.[1242] Dass dies nicht dem Willen des Gesetzgebers entsprach, kann der unterschiedlichen Ausgestaltung des § 243 Abs. 4 S. 1 StPO einerseits und des § 78 Abs. 2 OWiG andererseits und der dieser zugrundeliegenden Kontroverse im Gesetzgebungsverfahren entnommen werden.[1243] Der Gesetzgeber wollte durch die Dokumentation in Form eines „Negativattests" ausschließen, dass es außerhalb der Regelung des § 257c StPO „stillschweigend" und ohne Beachtung der gesetzlichen Förmlichkeiten zu einer informellen Verfahrensabsprache kommt.[1244]. Wenn der *BGH* in mehreren Entscheidungen die Auffassung vertritt,

---

1239 *BGH* v. 5.6.2014 – 2 StR 381/13 = *BGHSt* 59, 252 = StV 2014, 655.

1240 *BVerfG* v. 19.3.2013 – 2 BvR 2628/10, 2 BvR 2883/10, 2 BvR 2155/11 Tz. 97 = StV 2013, 353.

1241 *Jahn* StV 2011, 497, 502.

1242 *BVerfG* v. 15.1.2015 – 2 BvR 2055/14 = StV 2015, 269 = NStZ 2015, 172 m. Anm. *Knauer/Pretsch*.

1243 Siehe hierzu *Schlothauer* in: Niemöller/Schlothauer/Weider, VerStG, 2010, B. § 243 Abs. 4 Rn. 7 sowie B. § 78 Abs. 2 OWiG Rn. 1. Ferner *BVerfG* v. 19.3.2013 – 2 BvR 2628/10, 2 BvR 2883/10, 2 BvR 2155/11 Tz. 96 = StV 2013, 353.

1244 *BVerfG* v. 19.3.2013 – 2 BvR 2628/10, 2 BvR 2883/10, 2 BvR 2155/11 Tz. 76 = StV 2013, 353; *BGH* v. 10.5.2016 – 1 StR 571/15 = NStZ 2016, 743; *Schlothauer* StV 2015, 275, 276.

ein Urteil beruhe nicht auf einer fehlenden Mitteilung, dass keine Verständigungsgespräche stattgefunden hätten („Negativattest"), wenn es solche „tatsächlich" nicht gegeben habe,[1245] dann führt er das Gesetz und die dahinterstehende Intention des Gesetzgebers ad absurdum. Denn der Beweis, dass „tatsächlich" keine absprachebezogenen Erörterungen stattgefunden haben, kann nur von denjenigen erbracht werden,[1246] vor denen der daran unbeteiligte Angeklagte gerade geschützt werden soll: „Zugleich dienen die Transparenzvorschriften des Verständigungsgesetzes dem Schutz des Angeklagten vor einem im Geheimen sich vollziehenden ‚Schulterschluss‘ zwischen Gericht, Staatsanwaltschaft und Verteidigung."[1247]

Deshalb bedarf es zwingend der ausdrücklichen Mitteilung des Vorsitzenden, dass vor Beginn der Hauptverhandlung keine Erörterungen stattgefunden haben. Ansonsten liefe die Forderung nach einem „Negativattest" ins Leere. Der Angeklagte, etwaige Schöffen und die Öffentlichkeit müssen die Gewissheit haben, dass zwischen dem Gericht und der Staatsanwaltschaft, zwischen dem Gericht und dem Verteidiger, zwischen dem Gericht und Verteidigern von Mitangeklagten keine Erörterungen stattgefunden haben, auch und gerade wenn diese nicht in einen gerichtlichen Verständigungsvorschlag in der Hauptverhandlung mündeten. Aus diesem Grund besteht nach § 273 Abs. 1a S. 2 StPO die Pflicht, die Mitteilung gem. § 243 Abs. 4 StPO im Hauptverhandlungsprotokoll zu dokumentieren. Unterbleibt dies, muss das Urteil aufgehoben werden.[1248]

817 Die Beachtung der Mitteilungspflicht ist eine wesentliche Förmlichkeit der Hauptverhandlung und im Hauptverhandlungsprotokoll zu vermerken (§ 273 Abs. 1a S. 2 StPO). Unbeschadet einer Protokollberichtigung beweist das Schweigen des Protokolls, dass der Vorsitzende in der Hauptverhandlung seiner Mitteilungspflicht nicht entsprochen hat.[1249] Eine Aufklärung des Verfahrensablaufs im Wege des Freibeweises ist unzulässig.

1245 *BGH* v. 22.5.2013 – 4 StR 121/13 = StV 2013, 612 (Ls); *BGH* v. 3.9.2013 – 1 StR 237/ 13 = StV 2013, 740; *BGH* v. 29.1.2014 – 1 StR 523/13 = StV 2014, 658; *BGH* v. 15.11.2014 – 2 StR 171/14 = StV 2015, 274 m. abl. Anm. *Schlothauer* = NStZ 2015, 176; *BGH* v. 8.1.2015 – 2 StR 123/14 = NStZ 2015, 294; *BGH* v. 14.4.2015 – 5 StR 9/ 15 = NStZ 2015, 535; *BGH* v. 1.6.2015 – 4 StR 91/15; ferner *KG* v. 26.8.2013 – (4) 161 Ss 129/13 = StV 2014, 78 u. *KG* v. 11.3.2014 – (4) 161 Ss 21/14 = StV 2014, 659.

1246 Der *BGH* begnügt sich hier mit im Freibeweis von den Verfahrensbeteiligten eingeholten Erklärungen: *BGH* v. 14.1.2015 – 1 StR 335/14.

1247 *BVerfG* v. 15.1.2015 – 2 BvR 2055/14 = StV 2015, 269, 271 = NStZ 2015, 172 m. Anm. *Knauer/Pretsch*.

1248 *OLG Nürnberg* v. 25.2.2015 – 1 OLG 8 Ss 1/15 = StV 2015, 282.

1249 *BGH* v. 8.10.2013 – 4 StR 272/13 = StV 2014, 67. Kommt es im Revisionsverfahren auf die Feststellung des Inhalts von Erörterungen an, die vor oder außerhalb der Hauptverhandlung über die Möglichkeit einer Verständigung stattgefunden haben (z.B. Rüge der Verletzung des § 136a StPO wegen Drohung mit der „Sanktionsschere"), ist deren Inhalt entgegen §§ 202a S. 2, 212 StPO nicht aktenkundig gemacht und vom Vorsitzenden entgegen § 243 Abs. 4 S. 1 StPO in der Hauptverhandlung nicht

Die Rüge eines Verstoßes gegen die Mitteilungs- und Dokumentationspflichten **818** gem. § 243 Abs. 4 StPO setzt nicht voraus, dass zunächst von dem Zwischenrechtsbehelf des § 238 Abs. 2 StPO Gebrauch gemacht wurde.[1250]

Ist es unter Verletzung des § 243 Abs. 4 S. 1 StPO zu einer informellen Verfahrens- **819** absprache gekommen, deren Gegenstand eine Berufungsbeschränkung war bzw. kann dies wegen fehlender Dokumentation nicht ausgeschlossen werden, führt dies zur Unwirksamkeit der Berufungsbeschränkung.[1251]

II. Anforderungen an die Rüge der Verletzung des § 243 Abs. 4 S. 1 StPO

1. Nichtmitteilung stattgefundener Verständigungserörterungen

- Es ist vorzutragen, dass vor der Hauptverhandlung Erörterungen zwischen dem **820** Gericht oder einzelnen seiner Mitglieder und (einzelnen) Verfahrensbeteiligten stattgefunden haben. War der Angeklagte daran nicht beteiligt, ist dies darzulegen. Vorsorglich sollte bei einem entspr. Sachverhalt für den Fall, dass nicht alle Mitglieder des Gerichts an den Erörterungen mitgewirkt haben, vorgetragen werden, dass der Gesprächsführung ein ausdrücklicher Auftrag des Gerichts zugrunde lag.

- Der Inhalt der Erörterungen ist detailliert und vollständig mitzuteilen, um darzulegen, dass sie die Möglichkeit einer Verständigung zum Gegenstand hatten.[1252] Ist der Inhalt der Erörterungen aktenkundig gemacht worden (§§ 202a S. 2, 212 StPO), ist dieser und die Aktenfundstelle zusätzlich mit vorzutragen.[1253] Ferner ist darzulegen, in welchem Verfahrensstadium und in welcher Form (persönlich, telefonisch etc.) die Gespräche stattgefunden haben.[1254] Wird gerügt, dass Gespräche stattgefunden haben, an denen der Angeklagte bzw. sein Verteidiger nicht beteiligt war, und hatten diese eine mögliche Verständigung zum Gegen-

---

mitgeteilt worden und bleibt der Sachverhalt im Freibeweisverfahren unaufgeklärt, ist von dem Vortrag des Beschwerdeführers auszugehen. Der Grundsatz, dass nicht zu beseitigende Zweifel am Vorliegen von Verfahrenstatsachen zu Lasten des Angeklagten gehen, gilt nicht, wenn die Aufklärbarkeit des Sachverhalts auf einem Verstoß gegen eine gesetzliche Dokumentationspflicht beruht: *BVerfG* v. 5.3.2012 – 2 BvR 1464/11 = StV 2012, 385 m. Anm. *Niemöller.*

1250 *BGH* v. 5.6.2014 – 2 StR 381/13 = *BGHSt* 59, 252 = StV 2014, 655.
1251 *OLG Stuttgart* v. 26.3.2014 – 4a Ss 462/13 = StV 2014, 397 = StraFo 2014, 152; *OLG Hamm* v. 29.12.2015 – 2 RVs 47/15 = StV 2016, 791 = NStZ 2016, 565 m. Anm. *Bittmann.*
1252 *BGH* v. 14.4.2015 – 5 StR 9/15 = NStZ 2015, 535 = StV 2016, 87 m. Anm. *Kudlich*; *BGH* v. 7.3.2017 – 5 StR 493/16 = NStZ 2017, 424; *BGH* v. 21.3.2017 – 1 StR 622/16 = NStZ 2017, 482 m. Anm. *Bittmann.*
1253 *BGH* v. 14.3.2017 – 4 StR 403/16.
1254 *BGH* v. 10.7.2013 – 2 StR 47/13 = *BGHSt* 58, 315, 318 = StV 2013, 678 m. Anm. *Schlothauer.*

stand, bedarf es allerdings keiner konkreteren Ausführungen zu sämtlichen Gesprächsteilnehmern und den Gesprächsinhalten im Einzelnen.[1255]

- Es ist mitzuteilen, dass der Vorsitzende keine Mitteilung über die stattgefundenen Erörterungen in der Hauptverhandlung gemacht hat.

2. Unzureichende Mitteilung über stattgefundene Verständigungserörterungen

821
- Der Inhalt der durch den Vorsitzenden in der Hauptverhandlung gemachten Mitteilung ist vollständig wiederzugeben. Dieser wird durch das Hauptverhandlungsprotokoll bewiesen (§ 273 Abs. 1a S. 2 StPO).

- Weiterhin ist vorzutragen, was ausdrücklich oder konkludent Gegenstand der Erörterungen vor Beginn der Hauptverhandlung in Bezug auf eine mögliche Verständigung war. Dabei ist darzulegen, bei welcher Gelegenheit und mit welchen Beteiligten die Erörterungen stattgefunden haben. Nur so kann das Revisionsgericht beurteilen, ob etwas besprochen worden ist oder sich ereignet hat, was nicht Gegenstand der Mitteilung des Vorsitzenden und der Protokollierung war.[1256] Deshalb sind – sofern geäußert – auch die Standpunkte, die von den einzelnen Gesprächsteilnehmern vertreten wurden, ebenso mitzuteilen, wie deren Reaktion in Form von Zustimmung oder Ablehnung.[1257]

- Richtet sich das Verfahren gegen mehrere Angeklagte, ist zusätzlich vorzutragen, ob der Beschwerdeführer von der Verletzung der Mitteilungspflicht betroffen war. War das nicht der Fall, soll aber gerügt werden, dass sich der von den Transparenzvorschriften bezweckte Schutz ausnahmsweise auch auf den mitangeklagten Beschwerdeführer erstrecken könne, bedarf es des Vortrags der Verfahrensrolle desjenigen Angeklagten, auf den sich Verständigungsgespräche bezogen hatten. Ist nämlich dieser zum Zeitpunkt der unvollständigen Mitteilung infolge Abtrennung nicht mehr Mitangeklagter, würde dies dem Erfolg der Rüge möglicherweise entgegenstehen, weshalb es insoweit eines vollständigen (Negativtatsache!) Vortrags bedarf.[1258]

3. Unterlassene Mitteilung, dass keine Erörterungen stattgefunden haben, die eine Verständigung zum Gegenstand hatten (unterlassenes „Negativattest")

822
- In dem Fall, dass der Vorsitzende die Mitteilung unterlassen hat, dass keine Erörterungen vor der Hauptverhandlung nach den §§ 202a, 212 StPO stattgefunden hätten, ist dies vorzutragen. Hat der Angeklagte Kenntnis darüber, dass mitteilungspflichtige Erörterungen stattgefunden haben, ist dies und – soweit möglich – deren Inhalt vorzutragen. Anderenfalls ist vorzutragen, dass es sich der

1255 *BGH* v. 28.7.2016 – 3 StR 153/16 = StV 2016, 772 = NStZ 2017, 52.
1256 *BGH* v. 22.7.2014 – 1 StR 210/14 = NStZ 2015, 48.
1257 *BGH* v. 10.1.2017 – 3 StR 216/16 = NStZ 2017, 363 m. Anm. *Bittmann*.
1258 *BGH* v. 29.4.2015 – 1 StR 235/14 Tz. 16.

Kenntnis des Angeklagten entzieht, ob und zwischen welchen Verfahrensbeteiligten Erörterungen stattgefunden haben. Die in der Rspr. des *BGH* vertretene Auffassung, die Rüge sei unzulässig, wenn nicht mitgeteilt werde, ob überhaupt Erörterungen i.S.d. § 243 Abs. 4 StPO stattgefunden und welchen Inhalt diese gehabt hätten, ist abzulehnen. Nachdem die dafür zunächst angeführte Begründung, ein Negativattest werde von der Vorschrift nicht gefordert,[1259] vom *BVerfG* zurückgewiesen worden war,[1260] soll ein entspr. Vortrag nunmehr zum Zwecke der Prüfung der Beruhensfrage Voraussetzung für die Zulässigkeit der Rüge sein.[1261] Dies führt aber zu einer gesetzeswidrigen Verschleifung der von § 344 Abs. 2 S. 2 StPO geforderten Angabe der den Verfahrensfehler begründenden Tatsachen mit der nach § 337 Abs. 1 StPO zu beurteilenden Beruhensfrage. Der Verfahrensfehler liegt allein im Unterlassen der nach § 243 Abs. 4 S. 1 StPO gebotenen Mitteilung, dass *keine* Erörterungen stattgefunden haben, die die Möglichkeit einer Verständigung zum Gegenstand hatten. Nur diese Tatsache muss vorgetragen werden.[1262] Das Beruhen des Urteils auf dem Fehler ist von Amts wegen zu prüfen, weshalb es hierzu keines Vortrags des Revisionsführers bedarf.[1263] Der Versuch, dies in Abrede zu stellen,[1264] läuft darauf hinaus, § 243 Abs. 4 S. 1 StPO entgegen seinem Wortlaut und entgegen der Rspr. des *BVerfG*[1265] die Pflicht zur Erteilung eines Negativattestes abzusprechen. Gleichwohl empfiehlt es sich, auf die Möglichkeit von Verständigungsgesprächen hinzuweisen, wenn es dafür realistische Anküpfungspunkte gibt.[1266]

- Es empfiehlt sich weiterhin, in Betracht kommende Umstände vorzutragen, aus denen sich ergibt, dass das Urteil auf der unterlassenen Mitteilung beruhen kann (siehe Rn. 816).

1259   *BGH* v. 10.7.2013 – 2 StR 47/13 = *BGHSt* 58, 315 = StV 2012, 678 m. abl. Anm. *Schlothauer; BGH* v. 3.9.2013 – 1 StR 237/13 = StV 2013, 740; *KG* v. 26.8.2013 – (4) 161 Ss 129/13 = StV 2014, 78.

1260   *BVerfG* v. 26.8.2014 – 2 BvR 2172/13 = StV 2014, 713 m. Anm. *Klotz* StV 2015, 1 = NStZ 2014, 592 m. Anm. *Hunsmann* = JR 2015, 145 m. Anm. *Niemöller.*

1261   *BGH* v. 25.11.2014 – 2 StR 171/14 = StV 2015, 274 m. abl. Anm. *Schlothauer* = NStZ 2015, 176; ebenso schon *BGH* v. 6.3.2014 – 3 StR 363/13 = StV 2014, 520 = NStZ 2014, 419.

1262   Die Nichtbeachtung dieser wesentlichen Förmlichkeit (§ 273 Abs. 1a S. 2 StPO) wird durch das Schweigen des Protokolls bewiesen.

1263   Vgl. *BGH* v. 24.7.1998 – 3 StR 78/98 = *BGHSt* 44, 138 = StV 1998, 523; SK-StPO-*Frister*[5] § 243 Rn. 94a.

1264   *Pfister* StraFo 2016, 187, 191.

1265   *BVerfG* v. 26.8.2014 – 2 BvR 2172/13 = StV 2014, 713 = NStZ 2014, 592.

1266   SK-StPO-*Frister*[5] § 243 Rn. 94a.

Rüge 67a

823 Hat es der Vorsitzende unterlassen, im weiteren Verlauf der Hauptverhandlung über Erörterungen, deren Gegenstand die Möglichkeit einer Verständigung war, Mitteilung zu machen, soweit sich dadurch Änderungen gegenüber der Mitteilung zu Beginn der Hauptverhandlung ergeben haben (§ 243 Abs. 4 S. 2 StPO)?

I. Rechtsgrundlagen

824 Nach § 243 Abs. 4 S. 2 StPO besteht eine Mitteilungspflicht des Vorsitzenden auch im weiteren Verlauf der Hauptverhandlung, soweit sich Änderungen gegenüber der Mitteilung zu Beginn der Hauptverhandlung ergeben haben. Dies kommt in Betracht, wenn es außerhalb der Hauptverhandlung nach deren Beginn entweder erstmalig zu Erörterungen über die Möglichkeit einer Verständigung gekommen ist oder aber über den Inhalt der zu Beginn der Hauptverhandlung mitgeteilten Erörterungen hinaus neue Aspekte einer möglichen Verständigung Gegenstand von Erörterungen außerhalb der Hauptverhandlung geworden sind.[1267] In der Hauptverhandlung muss der Vorsitzende mitteilen, dass solche Erörterungen stattgefunden haben, welche Standpunkte ggf. von den Teilnehmern vertreten wurden, von welcher Seite die Frage einer Verständigung aufgeworfen wurde und ob sie bei anderen Gesprächsteilnehmern auf Zustimmung oder Ablehnung gestoßen sind. Mitzuteilen sind sämtliche auf eine Verständigung abzielende Erörterungen, also auch solche, durch die bereits mitgeteilte Verständigungsgespräche später inhaltlich modifiziert worden sind.[1268]Die Mitteilung lediglich der Gesprächsergebnisse ist unzureichend.[1269]

Gemäß § 273 Abs.1a S. 2 StPO ist die Mitteilung des Vorsitzenden in das Protokoll der Hauptverhandlung aufzunehmen.[1270]

Die Mitteilungspflicht des Vorsitzenden besteht unabhängig davon, ob diese Erörterungen im Hinblick auf eine mögliche Verständigung ergebnislos geblieben sind oder nicht.[1271] Auch dadurch soll sichergestellt werden, dass durch die öffentliche Erörterung in der Hauptverhandlung kein Raum für informelles und unkontrolliertes Verhalten verbleibt.[1272]

Die Mitteilung hat unverzüglich nach den stattgefundenen Erörterungen zu erfolgen. Das gilt insbesondere dann, wenn sie – zulässigerweise – nicht zeitgleich mit

---

1267 *Schlothauer* in: Niemöller/Schlothauer/Weider, VerStG, 2010, B. § 243 Abs. 4 Rn. 6.
1268 *BGH* v. 12.7.2016 – 1 StR 136/16 = wistra 2017, 30.
1269 *BGH* v. 12.7.2016 – 1 StR 136/16 = wistra 2017, 30; *BGH* v. 12.10.2016 – 2 StR 367/16 = NStZ 2017, 244.
1270 *BGH* v. 25.2.2015 – 4 StR 470/14 = NStZ 2015, 353 m. Anm. *Feldmann*.
1271 *BGH* v. 5.10.2010 – 3 StR 287/10 = StV 2011, 72; *Meyer-Goßner/Schmitt*[60] § 243 Rn. 18c.
1272 *BGH* v. 18.7.2016 – 1 StR 315/15 = StraFo 2016, 470.

allen Verfahrensbeteiligten stattgefunden haben, um dem Anschein der Heimlichkeit und der hieraus entstehenden Besorgnis der Befangenheit vorzubeugen.[1273] Allerdings sind von dem Gebot einer umgehenden Information nach dem Verständigungsgespräch auch Ausnahmen möglich, so dass auch ein späterer Hinweis ausreichend sein kann.[1274]

Auch bzgl. dieser Erörterungen besteht die Pflicht, ihren Inhalt aktenkundig zu machen (§ 212 i.V.m. § 202a S. 2 StPO). Die Verletzung der Mitteilungspflicht i.V.m. § 273 Abs. 1a S. 2 StPO stellt einen Verfahrensfehler dar.

Der Mangel an Transparenz und Dokumentation der Gespräche, die mit dem Ziel der Verständigung außerhalb der Hauptverhandlung durchgeführt wurden, führt – ebenso wie die mangelhafte Dokumentation einer Verständigung – regelmäßig dazu, dass ein Beruhen des Urteils auf dem Rechtsfehler nicht ausgeschlossen werden kann.[1275] Insbesondere beruht das Urteil auf der Verletzung des § 243 Abs. 4 S. 2 StPO dann, wenn dem Angeklagten eine neue Einschätzung des Gerichts zur Beweissituation verschwiegen wurde, die ihn hätte veranlassen können, statt des bisherigen Bestreitens des Tatvorwurfs ein Geständnis abzulegen, um eine Strafe in dem vom Gericht genannten Strafrahmen zu erhalten.[1276]

Für die Rüge eines Verstoßes gegen die Mitteilungs- und Dokumentationspflichten gem. § 243 Abs. 4 S. 2 StPO muss nicht zuvor von dem Zwischenrechtsbehelf des § 238 Abs. 2 StPO Gebrauch gemacht worden sein.[1277]

II. Anforderungen an die Rüge der Verletzung des § 243 Abs. 4 S. 2 StPO

825

Zu den Rügeanforderungen kann zunächst auf die Ausführungen zu Rüge 67 Rn. 820 verwiesen werden.

War es zu Beginn der Hauptverhandlung zu einer Mitteilung über stattgefundene Erörterungen gekommen, ist deren Inhalt mitzuteilen. Sodann ist der Gegenstand der im weiteren Verlauf der Hauptverhandlung stattgefundenen Gespräche detailliert vorzutragen. Nur so lässt sich beurteilen, ob sich daraus mitteilungspflichtige Änderungen ergeben haben.[1278] Die im weiteren Verlauf der Hauptverhandlung erfolgten Mitteilungen, die im Hinblick darauf beanstandet werden, dass sie unvoll-

---

1273 *BGH* v. 5.10.2010 – 3 StR 287/10 = StV 2011, 72.
1274 *BGH* v. 27.1.2015 – 1 StR 393/14 = NStZ 2015, 353; *BGH* v. 12.10.2016 – 4 StR 174/16 = wistra 2017, 76.
1275 *BGH* v. 25.2.2015 – 4 StR 470/14 = NStZ 2015, 353 m. Anm. *Feldmann; BGH* v. 12.10.2016 – 2 StR 367/16 = NStZ 2017, 244; *Weider* in: Niemöller/Schlothauer/Weider, VerStG, 2010, C. Rn. 40.
1276 *BGH* v. 18.7.2016 – 1 StR 315/15 = StraFo 2016, 470.
1277 *BGH* v. 5.6.2014 – 2 StR 381/13 = BGHSt 59, 252 = StV 2014, 655.
1278 *BGH* v. 29.4.2014 – 3 StR 24/14 = StV 2014, 657 = NStZ 2014, 529 m. Anm. *Allgayer; BGH* v. 22.7.2014 – 1 StR 210/14 = StV 2015, 81 = NStZ 2015, 48.

ständig bzw. unzutreffend waren, sind im Wortlaut wiederzugeben. Gegebenenfalls ist vorzutragen, dass nach § 243 Abs. 4 S. 2 StPO gebotene Mitteilungen gänzlich unterblieben sind.

Zusätzlich kann es erforderlich sein, das Verteidigungs- bzw. Einlassungsverhalten des Angeklagten im zeitlichen Ablauf der Hauptverhandlung mitzuteilen. Da dieses durch die unterbliebenen bzw. unzureichenden Mitteilungen beeinflusst worden sein kann, kann das Urteil auf dem Verfahrensfehler beruhen.[1279] Nicht nur aus diesem Grunde ist der Zeitpunkt der Mitteilung darzulegen.[1280] Zusätzlich bedarf es des Vortrags, wann außerhalb der Hauptverhandlung die mitteilungspflichtigen Erörterungen stattgefunden haben.

Konnte sich die Mitteilung zu Beginn der Hauptverhandlung darauf beschränken, dass vor deren Beginn keine Erörterungen stattgefunden hatten, muss der Inhalt der nach Beginn außerhalb der Hauptverhandlung stattgefundenen Gespräche ebenfalls so ausführlich und konkret wiedergegeben werden, dass dem Revisionsgericht die Prüfung ermöglicht wird, ob verständigungsbezogene und damit mitteilungspflichtige Erörterungen stattgefunden haben.[1281] Auch insoweit bedarf es des Vortrags, dass erforderliche Mitteilungen gänzlich unterblieben oder diese unvollständig oder unzutreffend waren, was eine wörtliche Wiedergabe erfordert.

1279 *BGH* v. 18.7.2016 – 1 StR 315/15 = StraFo 2016, 470.
1280 *BGH* v. 27.1.2015 – 1 StR 393/14 = NStZ 2015, 353.
1281 *BGH* v. 25.6.2015 – 1 StR 579/14 = StV 2016, 90 = NStZ 2015, 657; *BGH* v. 29.9.2015 – 3 StR 310/15 = StV 2016, 775 = NStZ 2016, 362.

Kapitel 14
Belehrung des Angeklagten und Einlassung

Abschnitt 1
Belehrung über Aussagefreiheit

Rüge 68

Wurde der Angeklagte nach Verlesung der Anklageschrift und vor Vernehmung zur Sache gem. § 243 Abs. 5 S. 1 StPO auf seine Aussagefreiheit hingewiesen? **827**

I. Rechtsgrundlagen

Nach § 243 Abs.5 S. 1 StPO ist der Angeklagte nach Verlesung der Anklageschrift **828** und vor Eintritt in die Beweisaufnahme darauf hinzuweisen, dass es ihm freistehe, sich zu der Anklage zu äußern oder nicht zur Sache auszusagen. Ein etwaiger Verfahrensfehler kann nur dann die Revision begründen, wenn der Angeklagte sich ohne vorherige Belehrung zu der Anklage in der Hauptverhandlung geäußert hat. Hat das Gericht den Angeklagten veranlasst, sich schon vor oder während der Anklageverlesung zur Sache zu äußern (ggf. auch in Form des Kopfnickens oder -schüttelns als Zeichen dafür, ob er sich zu den Anklagevorwürfen bekenne oder nicht[1282]), ist dies rechtsfehlerhaft und wird auch durch den nach Anklageverlesung erfolgenden Hinweis auf die Aussagefreiheit nicht geheilt.

Einem unterlassenen Hinweis steht ein solcher gleich, der nicht unmissverständlich zum Ausdruck bringt, dass der Angeklagte selbst frei darüber entscheiden kann, ob er sich zur Sache äußert oder schweigt. Etwaige Hinweise des Gerichts auf Vor- oder Nachteile des jeweiligen Verteidigungsverhaltens dürfen nicht zu einer Bevormundung des Angeklagten führen. Ggf. ist der Hinweis dahin zu konkretisieren,

---

1282 *BGH* StV 1988, 45 = NStZ 1988, 85.

dass dem Angeklagten ein Wahlrecht auch dann zusteht, wenn er früher schon ausgesagt hat und diese Aussage unverwertbar ist (qualifizierte Belehrung).[1283]

Bei mehreren Angeklagten kann die Rüge nur von demjenigen erhoben werden, der durch den unterbliebenen Hinweis zur Aussage veranlasst worden ist.

829 Nur die Erteilung des Hinweises an sich ist eine wesentliche Förmlichkeit der Hauptverhandlung, so dass das Schweigen des Protokolls beweist, dass der Hinweis unterblieben ist. Art und Wortlaut eines erteilten Hinweises müssen ggf. im Freibeweisverfahren geklärt werden.

Stützt sich das Urteil bei der Beweiswürdigung zum Schuld oder Strafausspruch auf die ohne Belehrung erfolgte Aussage des Angeklagten in der Hauptverhandlung, beruht das Urteil insoweit auf dem Verfahrensfehler. Das soll dann nicht gelten, wenn der Angeklagte auch ohne Belehrung von seiner Aussagefreiheit Kenntnis hatte und er seine Wahl, auszusagen oder zu schweigen, frei von Erwartungen des Gerichts oder sonstiger Verfahrensbeteiligter ausüben konnte.[1284] Von der Rspr. des BGH ist diese Beruhensfrage in den Begriff der Gesetzesverletzung vorverlagert worden.[1285] Auch wenn diese Auffassung zu Recht auf Kritik stößt,[1286] ergeben sich daraus für eine entspr. Verfahrensrüge Darstellungs- und Begründungslasten, denen im Interesse der Zulässigkeit der Rüge vorsorglich Rechnung zu tragen ist (s. Rn. 830).

II. Anforderungen an den Vortrag der Rüge der Verletzung des § 243 Abs. 5 S. 1 StPO

830 Es ist mitzuteilen,

- dass der Angeklagte zur Sache ausgesagt hat,
- dass der Angeklagte zu Unrecht vom Vorsitzenden nicht auf sein Wahlrecht hingewiesen worden ist, zur Sache auszusagen oder zu schweigen oder aber der – wörtlich mitzuteilende – Hinweis unzureichend oder so missverständlich war, dass der Angeklagte seine Aussagefreiheit nicht erkannt hat
- und dass er deshalb an seine Aussagepflicht glaubte, obwohl ihm ggf. ein Verteidiger zur Seite stand bzw. er bei einer früheren Vernehmung ausreichend gem. § 136 Abs. 1 S. 2 bzw. § 163a Abs. 4 S. 2 StPO belehrt worden war und er auch aus einer Belehrung oder dem Verhalten eines Mitangeklagten nicht ersehen konnte, dass er zur Aussage nicht verpflichtet war.[1287]

1283 Vgl. zu dieser str. Frage LR-*J.-P. Becker*[26] § 243 Rn. 56 u. 59 sowie die dortigen Nachw.

1284 LR-*J.-P. Becker*[26] § 243 Rn. 99; SK-StPO-*Frister*[5] § 243 Rn. 96 m.w.N.

1285 *BGHSt* 25, 325, 331 f. sowie die Frage offen lassend *BGHSt* 38, 214, 227.

1286 SK-StPO-*Frister*[5] § 243 Rn. 95; LR-*J.-P. Becker*[26] § 243 Rn. 98 m.w.N.

1287 LR-*J.-P. Becker*[26] § 243 Rn. 97.

Abschnitt 2
Gelegenheit zur Äußerung

Rüge 69

Erhielt der Angeklagte vor Beginn der Beweisaufnahme sowie, wenn er zunächst ge- **831**
schwiegen hat, später seiner nunmehr erklärten Bereitschaft entsprechend Gelegenheit,
sich umfassend und in der von ihm gewünschten Form zur Sache zu äußern?

A. Nichtgewährung jeglicher Äußerungsmöglichkeit

I. Rechtsgrundlagen

Erklärt sich der Angeklagte nach der Belehrung über seine Aussagefreiheit (§ 243 **833**
Abs. 5 S. 1 StPO) bereit, sich zur Sache zu äußern, ist ihm vor Beginn der Beweisaufnahme ausreichend Gelegenheit zu geben, sich zu der Anklage und allen damit
in Verbindung stehenden Fragen zu äußern.

Wird diese Gelegenheit dem äußerungsbereiten Angeklagten nicht gewährt, kann
die Verletzung des § 243 Abs. 5 S. 2 StPO die Revision begründen.[1288] Der Herbeiführung eines Gerichtsbeschlusses bedarf es als Voraussetzung für die Zulässigkeit
dieser Rüge nicht.

Sowohl der Umstand, dass der Angeklagte bereit war, sich zur Sache zu äußern, als
auch die Tatsache, dass er sich zur Sache nicht geäußert hat, werden durch das Protokoll bzw. dessen Schweigen bewiesen.[1289] Der *3. Strafsenat* des *BGH* geht abweichend von einer früheren Entscheidung desselben *Senats* davon aus, dass es nicht zu
den wesentlichen Förmlichkeiten gehöre, ob dem Angeklagten nach Belehrung

---

1288 *BGH* v. 14.2.1990 – 3 StR 426/89 = StV 1990, 245.
1289 *BGH* v. 14.2.1990 – 3 StR 426/89 = StV 1990, 245.

gem. § 243 Abs. 5 StPO Gelegenheit wurde, sich zu der Anklage zu äußern, weshalb dieser Umstand im Wege des Freibeweises geklärt werden könne.[1290]

II. Anforderungen an den Vortrag der Rüge der Verletzung des § 243 Abs. 5 S. 2 StPO

834 Gemäß § 344 Abs. 2 S. 2 StPO muss lediglich vorgetragen werden, dass der Angeklagte nach Erteilung des Hinweises auf seine Aussagefreiheit sich zu einer Äußerung zur Anklage bereiterklärt hat und er – obwohl er seine Bereitschaft nicht widerrufen hat – keine Angaben zur Sache gemacht hat, weil ihm dazu nicht das Wort erteilt worden ist. Sollte es diesbezüglich zu einer Beanstandung und einem die Möglichkeit zur Äußerung zurückweisenden Beschluss gekommen sein, ist auch dies mitzuteilen.

B. Verweigerung der Möglichkeit zur umfassenden Äußerung

I. Rechtsgrundlagen

835 Ohne Zustimmung des Angeklagten[1291] bzw. gegen seinen Widerspruch[1292] darf er auch nicht darauf verwiesen werden, seine Äußerung vor Beginn der Beweisaufnahme auf einzelne Vorwürfe, Tatkomplexe oder einzelne sonstige Themen zu beschränken, ggf. mit der Maßgabe, während oder nach Abschluss der Beweisaufnahme ergänzende Erklärungen abgeben zu können.[1293] Es darf gegen den Widerspruch des Angeklagten seine Sacheinlassung also nicht zugunsten vorgezogener Beweiserhebungen zurückgestellt werden.

836 Das Urteil beruht auf dem Verfahrensfehler, wenn nicht ausgeschlossen werden kann, dass das Gericht zu einem anderen Ergebnis gekommen wäre, wenn dem Angeklagten schon vor der Beweisaufnahme Gelegenheit gegeben worden wäre, zum gesamten Gegenstand der Anklage Stellung zu nehmen und das Gericht dadurch nicht in der Lage war, alle von dem Angeklagten vorzubringenden Gesichtspunkte bei der Beweisaufnahme umfassend zu berücksichtigen.

1290 *BGH* v. 28.7.2016 – 3 StR 149/16 = wistra 2017, 114. Zwar wird in dieser Entscheidung auf den früheren Beschluss vom 14.2.1990 – 3 StR 426/89 Bezug genommen (allerdings infolge eines Druckfehlers unter dem Aktenzeichen des 4. StS). Dass dort der Nachweis der Verfahrenstatsache anders, nämlich ausschließlich anhand des fehlerfreien Protokolls geführt wird, wird nicht thematisiert.

1291 LR-*J.-P. Becker*[26] § 243 Rn. 2 m.w.N. sowie *BGH* StV 1986, 235 = NStZ 1986, 370.

1292 *BGH* StV 1982, 457 = NStZ 1981, 111; *BGH* StV 1991, 148.

1293 *BGH* StV 1982, 457 = NStZ 1981, 111; *BGH* StV 1991, 148; zur Zulässigkeit der Zurückstellung der Vernehmung zu dem persönlichen Werdegang s. aber *BGH* NStZ 1985, 561.

II. Anforderungen an den Vortrag der Rüge der Verletzung des § 243 Abs. 5 S. 2 StPO durch Beschränkung der Äußerungsmöglichkeit

Vorzutragen ist, **837**

- dass sich der Angeklagte nach Hinweis auf seine Äußerungsfreiheit gem. § 243 Abs. 5 S. 1 StPO bereiterklärt hat, sich zur Sache zu äußern,
- dass der Angeklagte Angaben zur Sache gemacht hat,
- dass es dem Angeklagten aber, ohne dass er dem zugestimmt hätte, verweigert wurde, sich erschöpfend zu der Anklage zu äußern, er vielmehr darauf verwiesen wurde, während oder nach Abschluss der Beweisaufnahme weitere Erklärungen abgeben zu können,
- dass der Angeklagte ggf. dieser Verfahrensweise ausdrücklich widersprochen hat[1294] und das Gericht (ein etwaiger Gerichtsbeschluss ist wörtlich mitzuteilen) sich über den Widerspruch hinweggesetzt hat und
- dass der Angeklagte erst nach Beginn der Beweisaufnahme Gelegenheit erhielt, ergänzend zur Sache Stellung zu nehmen, wobei sowohl der Zeitpunkt der Äußerung als auch deren Inhalt mitgeteilt werden sollten.

C. Verwehrung einer Sacheinlassung nach Eintritt in die Beweisaufnahme

I. Rechtsgrundlagen

Unabhängig davon, dass der Angeklagte das Recht hat, sich nach der Vernehmung **838** eines jeden Zeugen, Sachverständigen oder Mitangeklagten und nach der Verlesung eines jeden Schriftstückes sowie im Rahmen des letzten Wortes zu äußern, ist ihm auch nach Beginn der Beweisaufnahme Gelegenheit zu geben, sich umfassend zur Sache zu äußern, wenn er zunächst von seinem Schweigegerecht Gebrauch gemacht hat. Die Vorschrift des § 243 Abs. 5 S. 2 StPO, die dem Angeklagten das Recht zur Äußerung vor Beginn der Beweisaufnahme einräumt, enthält keine Präklusionsregelung des Inhalts, dass der Angeklagte sein Äußerungsrecht verwirkt hätte, wenn er von der Möglichkeit, vor Beginn der Beweisaufnahme zur Sache auszusagen, keinen Gebrauch gemacht hat. Vielmehr ist ihm jedenfalls nach einer Unterbrechung der Hauptverhandlung zu einer Sachäußerung vor Durchführung der weiteren Beweisaufnahme Gelegenheit zu geben.[1295]

1294 Nach *BGH* NStZ 1997, 198 kann eine Unterbrechung der Vernehmung des Angeklagten zur Sache durch den Vorsitzenden nur dann mit der Revision als unzulässig beanstandet werden, wenn gegen die Anordnung des Vorsitzenden das Gericht angerufen worden ist, was zur Folge hat, dass die Revision vortragen muss, dass dies geschehen ist. Außerdem ist ein daraufhin ergangener Gerichtsbeschluss im Wortlaut mitzuteilen.

1295 Nach *BGH* StV 1986, 235 = NStZ 1986, 370 jedenfalls dann, wenn der Angeklagte bereits vor Beginn der Beweisaufnahme eine Äußerung zur Sache zu einem späteren Zeitpunkt angekündigt hat.

Um die Verletzung des § 243 Abs. 5 S. 2 StPO zu rügen, bedarf es eines Gerichtsbeschlusses, durch den dem Angeklagten die Abgabe einer umfassenden Sachäußerung nach Beginn der Beweisaufnahme verwehrt worden ist.

II. Anforderungen an den Vortrag der Rüge der Verletzung des § 243 Abs. 5 S. 2 StPO durch Verweigerung der Möglichkeit einer Einlassung zur Sache nach Eintritt in die Beweisaufnahme

839 Im Rahmen der Revisionsbegründung ist vorzutragen,

- dass der Angeklagte vor Beginn der Beweisaufnahme vollständig geschwiegen hat,
- dass er nach einer Unterbrechung oder während der Beweisaufnahme seine Bereitschaft zur Äußerung erklärt hat verbunden mit dem Antrag, ihm dazu Gelegenheit zu geben,
- dass dieser Antrag durch (Verfügung des Vorsitzenden und nach Beanstandung) wörtlich mitzuteilenden Gerichtsbeschluss zurückgewiesen worden ist und
- dass die Beweisaufnahme fortgesetzt wurde und der Angeklagte erst Gelegenheit hatte, sich umfassend zur Sache zu äußern,[1296] nachdem konkret zu benennende weitere zur Verurteilung führende maßgebliche Beweise erhoben worden waren.

D. Verweigerung einer im Zusammenhang erfolgenden Einlassung zur Sache

I. Rechtsgrundlagen

840 Die Rüge, der Angeklagte sei in seiner Verteidigung unzulässig beschränkt worden, weil er nicht die Möglichkeit hatte, sich im Zusammenhang zur Anklage zu äußern, sondern sofort zum Verhör übergegangen und er mit Fragen und Vorhalten konfrontiert wurde, setzt voraus, dass ohne Erfolg ein Gerichtsbeschluss über den Antrag herbeigeführt worden ist, dem Angeklagten zunächst Gelegenheit zu einer zusammenhängenden Sachäußerung zu geben. Einzelne Fragen oder Vorhalte stellen das Äußerungsrecht allerdings ebenso wenig in Frage wie Hinweise, mit denen wesentliche Gesichtspunkte zur Erörterung gestellt oder nicht zur Sache gehörende Ausführungen abgekürzt werden. Wird dem Angeklagten durch Gerichtsbeschluss aber das Wort entzogen, weil er auf die Fragen und Vorhalte erst im Anschluss an seine zusammenhängende Äußerung eingehen wollte, ist § 243 Abs. 5 S. 2 i.V.m. § 69 Abs. 1 (analog) StPO verletzt.

Dies stellt eine unzulässige Beschränkung der Verteidigung dar (§ 338 Nr. 8 StPO).

1296 So *BGH* StV 1986, 235 f.

II. Anforderungen an den Vortrag der Rüge der Verletzung des § 243 Abs. 5 S. 2 StPO (i.V.m. § 69 Abs. 1 StPO analog)

Es ist darzulegen, **841**

- dass der Angeklagte zur Äußerung bereit war und zur Sache ausgesagt hat,
- dass ihm keine Gelegenheit zur zusammenhängenden Äußerung gegeben wurde,
- dass der wörtlich mitzuteilende Antrag, ihm Gelegenheit zu einer zusammenhängenden Aussage zu geben, durch (Verfügung des Vorsitzenden und nach Beanstandung) wörtlich mitzuteilenden Gerichtsbeschluss zurückgewiesen wurde und
- dass daraufhin der Angeklagte keine Gelegenheit hatte, sich zusammenhängend zur Anklage zu äußern.
- Vorsorglich sollte der Inhalt der beabsichtigten zusammenhängenden Sachäußerung mit der Revisionsbegründung mitgeteilt werden.

E. Wurde es dem Angeklagten verwehrt, sich zur Sache durch eine Erklärung seines Verteidigers bzw. in Form einer von ihm oder seinem Verteidiger zu verlesenden schriftlichen Erklärung zur Sache zu äußern?

I. Rechtsgrundlagen

Der zur Äußerung bereite Angeklagte ist nach Maßgabe des § 136 Abs. 2 StPO zur **842** Sache mündlich zu vernehmen (§ 243 Abs. 5 S. 2 StPO). Das schließt es nicht aus, dass der Angeklagte zu diesem Zweck eine schriftliche Erklärung verliest[1297] oder vorbereitete Notizen[1298] verwendet. In diesen Fällen werden aber nur die mündlichen Äußerungen Gegenstand der Hauptverhandlung und müssen in den Urteilsgründen gewürdigt werden, selbst wenn eine schriftliche Erklärung nach Verlesung durch den Angeklagten als Anlage zum Protokoll übergeben worden ist.[1299] Anders liegt es nur, wenn der Wortlaut der schriftlichen Einlassung durch das Gericht im

---

1297 *BGH* v. 14.8.2004 – 3 StR 17/03 = StraFo 2004, 98 = NStZ 2004, 163 = StV 2007, 621 m. Anm. *Schlothauer*; *BGH* v. 27.2.2007 – 3 StR 38/07 = StV 2007, 621 m. Anm. *Schlothauer* = NStZ 2007, 349 m.w.N.; *BGH* v. 29.12.2014 – 2 StR 29/14 = StV 2015, 277 = StraFo 2015, 152; LR-*J.-P. Becker*[26] § 243 Rn. 76; *Pfister* NStZ-Sonderheft, 2009, S. 25 f.

1298 *BGH* v. 29.12.2014 – 2 StR 29/14 = StV 2015, 277 = NStZ 2015, 418.

1299 *BGH* v. 14.8.2004 – 3 StR 17/03 = StraFo 2004, 98 = NStZ 2004, 163 = StV 2007, 621 m. Anm. *Schlothauer*; *BGH* v. 27.2.2007 – 3 StR 38/07 = StV 2007, 621 m. Anm. *Schlothauer* = NStZ 2007, 349 m.w.N.; *BGH* v. 29.3.2011 – 3 StR 9/11 = StV 2011, 607. Zur Frage, ob das Gericht verpflichtet ist, eine schriftliche Einlassung eines Angeklagten als Urkunde zu verlesen bzw. eine verlesene Erklärung bei der Urteilsfindung zu berücksichtigen ist, s. Rn. 844 und zu den Anforderungen an den Vortrag der Nichtberücksichtigung Rüge 228 Rn. 1954.

förmlichen Urkundenbeweis (§ 249 StPO) in die Hauptverhandlung eingeführt worden ist (s. dazu Rüge 228 Rn. 1956), worauf der Angeklagte allerdings keinen Anspruch hat.[1300] Nach Auffassung des *BGH* kann der Angeklagte das Gericht i.d.R. auch nicht durch Stellung eines Beweisantrages dazu verpflichten, den Inhalt einer in der Hauptverhandlung übergebenen schriftlichen Erklärung durch Verlesung zum Gegenstand der Hauptverhandlung zu machen.[1301] Diese Rspr. betrifft allerdings nicht schriftliche Erklärungen, die der Angeklagte dem Gericht vor Erlass des Eröffnungsbeschlusses hat zukommen lassen.[1302] Auch wenn der Inhalt einer schriftlichen Einlassung des Angeklagten vom Tatgericht zur Grundlage des Urteilsspruchs gemacht werden soll, soll dies nach Auffassung des *3. Strafsenats* des *BGH* Gegenstand eines zulässigen Beweisantrags sein können, dessen Zurückweisung unter dem Gesichtspunkt des § 244 Abs. 3 StPO[1303] und der Verletzung der Aufklärungspflicht einer revisionsgerichtlichen Überprüfung zugänglich sei.[1304]

843 Der Angeklagte kann es auch seinem Verteidiger überlassen, für ihn Erklärungen zur Sache abzugeben, wenn er diesen dazu bevollmächtigt oder dessen Erklärung nachträglich genehmigt hat, wonach er diese als seine eigene Einlassung verstanden wissen will.[1305] Auch wenn davon eine schriftliche Fassung dem Gericht übergeben und diese als Anlage zu Protokoll genommen wurde, wird sie dadurch nicht zum Gegenstand der Hauptverhandlung.[1306]

844 Die Rüge, der Angeklagte sei unzulässig in seiner Verteidigung beschränkt, weil ihm untersagt wurde, sich durch Verlesen einer schriftlichen Erklärung zur Sache zu äußern bzw. der Verteidiger zurückgewiesen wurde, für den Angeklagten eine Erklärung zur Sache abzugeben, setzt die vorherige Anrufung des Gerichts gem. § 238

1300 *BGH* v. 29.3.2011 – 3 StR 9/11 = StV 2011, 607 sowie *BGH* StV 1994, 521 = NJW 1994, 2904, 2906.

1301 *BGH* v. 27.3.2008 – 3 StR 6/08 = *BGHSt* 52, 175 = StV 2008, 394 Rn. 15 ff.; *LR-J.-P. Becker*[26] § 243 Rn. 79 f.; zur Kritik *Schlothauer* StV 2007, 623, 625; *Mehle* in: FS 25 Jahre AG Strafrecht des DAV, 2009, S. 655, 660 ff. Das Gericht ist aber verpflichtet, eine solche zur Kenntnis zu nehmen: *BGH* StV 2013, 373.

1302 Hierzu *Schlothauer* StV 2007, 623, 625.

1303 Zur Zulässigkeit eines Beweisantrages auf Verlesung einer schriftlichen Erklärung des Angeklagten s. *Schlothauer* StV 2007, 623. Zu den Anforderungen an die Rüge der Zurückweisung eines auf Verlesung einer schriftlichen Erklärung des Angeklagten gerichteten Beweisantrages wegen Unzulässigkeit s. Rüge 166 Rn. 1503.

1304 *BGH* v. 27.3.2008 – 3 StR 6/08 = *BGHSt* 52, 175 = StV 2008, 394 Rn. 18; *Pfister* NStZ-Sonderheft 2009, 25, 27.

1305 *BGH* (3. StS), StV 2007, 620 = NStZ 2005, 703; *BGH* StV 1990, 394 = NStZ 1990, 447 (4. StS); *BayObLG* MDR 1981, 516. Noch weitergehend *BGH* StV 1994, 467 = NStZ 1994, 352 und *BGH* StV 1998, 59 m. Anm. *Park*; *LR-J.-P. Becker*[26] § 243 Rn. 74; **a.A.** *BGH* (2. StS), StV 2007, 622 m. Anm. *Schlothauer*. Zur Frage, unter welchen Voraussetzungen Verteidigererklärungen dem Angeklagten als eigene Sachäußerung zugerechnet und bei der Beweiswürdigung berücksichtigt werden dürfen, s. Rüge 226 Rn. 1922.

1306 *BGH* v. 9.12.2008 – 3 StR 516/08 = StV 2009, 454 = NStZ 2009, 282.

Abs. 2 StPO voraus.[1307] Eine Verletzung der Aufklärungspflicht kommt in Betracht, wenn es nach Zurückweisung der zunächst vom Angeklagten beabsichtigten Einlassung zu keiner weiteren Äußerung zur Sache mehr gekommen ist oder das Gericht sich weigert, den Inhalt der übergebenen schriftlichen Stellungnahme zur Kenntnis zu nehmen.

II. Anforderungen an den Vortrag der Rüge der unzulässigen Beschränkung der Verteidigung durch Zurückweisung einer vom Angeklagten zu verlesenden oder durch seinen Verteidiger für ihn abzugebenden Sacheinlassung (§§ 243 Abs. 5 S. 2, 338 Nr. 8 StPO)

845 Nach § 344 Abs. 2 S. 2 StPO sind das Verfahrensgeschehen im Zusammenhang mit der vom bzw. für den Angeklagten beabsichtigten Äußerung zur Sache, die Verfügung des Vorsitzenden, deren Beanstandung nach § 238 Abs. 2 StPO und der Inhalt des die zurückweisende Verfügung des Vorsitzenden bestätigenden Gerichtsbeschlusses mitzuteilen. Im Falle der beabsichtigten Einlassung durch den Verteidiger des Angeklagten ist ggf. zusätzlich die Ankündigung vorzutragen, dass der Angeklagte bereit gewesen sei zu bestätigen, dass es sich dabei um seine Angaben handele.[1308] Schließlich ist der Inhalt der beabsichtigten Sachäußerung sowie ggf. der Umstand, dass es zu keiner weiteren Sachäußerung des Angeklagten gekommen ist, mitzuteilen.[1309] Im Hinblick auf die Beruhensprüfung kann es sinnvoll sein, den Inhalt des Schriftstücks, dessen Verlesung durch den Angeklagten oder seinen Verteidiger beabsichtigt war, mitzuteilen, insbesondere wenn dieser Text zu Protokoll eingereicht worden war.[1310]

1307   Vgl. *BGH* NStZ 1997, 198; *BGH* StV 2013, 373.

1308   *Schlothauer* StV 2007, 625.

1309   Dies kann auch im Hinblick auf eine etwaige Verfahrensrüge der Verletzung des § 261 StPO von Bedeutung sein, wenn beanstandet werden soll, dass das Gericht bei der Urteilsfindung eine Sacheinlassung des Angeklagten berücksichtigt hat, die nicht Gegenstand der Hauptverhandlung war (s. Rüge 226 Rn. 1922).

1310   Siehe *BGH* v. 29.12.2014 – 2 StR 29/14 = StV 2015, 277 = StraFo 2015, 152.

Abschnitt 3
Besonderheiten bei Nachtragsanklage

Rüge 70

846 Wurde dem Angeklagten – nach Belehrung – Gelegenheit gegeben, sich gegen eine einbezogene Nachtragsanklage zu verteidigen und wurde er – nach Belehrung – zu dem neuen Vorwurf vernommen?

I. Rechtsgrundlagen

847 Nach § 266 Abs. 2 S. 4 StPO ist dem Angeklagten Gelegenheit zu geben, sich gegen eine in der Hauptverhandlung erhobene Nachtragsanklage zu verteidigen, wenn das Gericht diese mit seiner Zustimmung in das Verfahren einbezogen hat. Darüber hinaus muss er zu dem erneuten Vorwurf förmlich gem. § 243 Abs. 5 S. 2 StPO vernommen werden.[1311] Das gilt auch dann, wenn er sich zu der neuen Tat in einem vorangegangenen Abschnitt der Hauptverhandlung bereits geäußert, den Vorwurf womöglich sogar eingeräumt hat.[1312]

Der Angeklagte muss nach § 243 Abs. 5 S. 1 StPO zunächst über sein Aussageverweigerungsrecht belehrt werden, um ihn darüber aufzuklären, dass er trotz seiner Zustimmung gem. § 266 Abs. 1 StPO zu dem mit der Nachtragsanklage erhobenen Vorwurf ebenfalls schweigen darf.[1313]

848 Eine vor Einbeziehung der den Gegenstand der Nachtragsanklage bildenden Straftat in das Verfahren durchgeführte Beweisaufnahme, die (auch) für die Urteilsfindung bzgl. dieser Straftat von Bedeutung ist, muss nicht zwingend noch einmal wiederholt werden.[1314] Allerdings kann dies die Aufklärungspflicht (§ 244 Abs. 2 StPO) gebieten.[1315] Das ist insbesondere dann der Fall, wenn der Angeklagte an einen bereits vernommenen Zeugen oder Sachverständigen ergänzende Fragen stellen will, für die vor Erhebung der Nachtragsanklage keine Veranlassung bestand.[1316]

849 Gelegenheit, sich gegen die Nachtragsanklage – ggf. auch unabhängig von einer Einlassung zur Sache – zu verteidigen, muss dem Angeklagten auch dann gewährt

---

1311 *BGHSt* 9, 243, 245; *Meyer-Goßner/Schmitt*[60] § 266 Rn. 21; KK-*Kuckein*[7] § 266 Rn. 9.

1312 *BGH* NJW 1956, 1367.

1313 KMR-*Stuckenberg* (EL Feb. 2008) § 266 Rn. 28; HK-*Julius*[5] § 266 Rn. 10; **a.A.** *Meyer-Goßner/Schmitt*[60] § 266 Rn. 21 m.w.N.; KK-*Kuckein*[7] § 266 Rn. 9 unter Hinweis auf *BGH* 5 StR 531/65 v. 1.2.1966.

1314 *BGH* NJW 1984, 2172 = JR 1985, 125 m. Anm. *Gollwitzer*.

1315 HK-*Julius*[5] § 266 Rn. 10; LR-*Stuckenberg*[26] § 266 Rn. 30.

1316 Beweisanträge mit dieser Behauptung dürfen nicht mit der Begründung zurückgewiesen werden, der Zeuge sei bereits vernommen und entlassen worden. Siehe dazu Rüge 181 Rn. 1648.

werden, wenn er sich hierzu bereits vor dem Einbeziehungsbeschluss – bspw. im Rahmen seiner Zustimmungserklärung – geäußert hat.[1317]

Mit der Verfahrensrüge können die Verletzung des § 266 Abs. 2 S. 4 StPO, des **850** § 243 Abs. 5 S. 2 StPO[1318] sowie – str. – auch die des § 243 Abs. 5 S. 1 StPO beanstandet werden. Im Falle der Verletzung der Belehrungspflicht nach § 243 Abs. 5 S. 1 StPO beruht das Urteil auf der Verletzung, wenn der Angeklagte sich in Unkenntnis seiner Aussagefreiheit auch insoweit zur Sache geäußert hat und die Einlassung im Urteil zu seinem Nachteil verwertet worden ist.

Das Unterlassen der nach § 244 Abs. 2 StPO gebotenen Wiederholung der Beweisaufnahme bzw. die Ablehnung eines (Beweis-) Antrages auf erneute Vernehmung eines zeitlich vor dem Einbeziehungsbeschluss bereits vernommenen Zeugen oder Sachverständigen (insbesondere zum Zwecke ergänzender Befragung) ist mit den dafür in Betracht kommenden Rügen anzugreifen.[1319]

II. Anforderungen an den Vortrag

1. Nichtbelehrung nach § 243 Abs. 5 S. 1 StPO

- Einbeziehung einer den Gegenstand einer erhobenen Nachtragsanklage bilden- **851** den Straftat mit Zustimmung des Angeklagten in die Hauptverhandlung (wesentliche Förmlichkeit, die durch das Hauptverhandlungsprotokoll absolut bewiesen wird).

- Nichtbelehrung über das Recht, sich zu der Anklage zu äußern oder nicht zur Sache auszusagen (wesentliche Förmlichkeit der Hauptverhandlung, die durch das Schweigen des Protokolls absolut bewiesen wird).

- Äußerung des Angeklagten zur Sache nach Verkündung des Einbeziehungsbeschlusses (die Verkündung des Einbeziehungsbeschlusses sowie die Tatsache einer Äußerung des Angeklagten zur Sache im Anschluss daran werden als wesentliche Förmlichkeiten durch das Hauptverhandlungsprotokoll bewiesen).

- Vorsorglich ist darauf hinzuweisen, dass der Angeklagte von einer Aussagepflicht ausging (dies ist näher auszuführen, wenn ihm ggf. ein Verteidiger zur Seite stand bzw. er bei einer früheren Vernehmung ausreichend gem. § 136 Abs. 1 S. 2 bzw. § 163a Abs. 4 S. 2 StPO belehrt worden war oder er auch aus einer Belehrung oder dem Verhalten eines Mitangeklagten möglicherweise ersehen konnte, dass er zur Aussage nicht verpflichtet war).

- Keine Heilung des Verfahrensfehlers durch spätere – qualifizierte – Belehrung und Wiederholung der vorangegangenen die Nachtragsanklage betreffenden Beweisaufnahme (Negativtatsache).

1317 KMR-*Stuckenberg* (EL Feb. 2008) § 266 Rn. 28; *Meyer-Goßner/Schmitt*[60] § 266 Rn. 21; LR-*Stuckenberg*[26] § 266 Rn. 30.
1318 LR-*Stuckenberg*[26] § 266 Rn. 43.
1319 Siehe Rüge 190 Rn. 1707 und Rüge 181 Rn. 1648.

2. Nichtvernehmung des Angeklagten nach § 243 Abs. 5 S. 2 StPO und Verweigerung der Gelegenheit, sich gegen die einbezogene Nachtragsanklage zu verteidigen (§ 266 Abs. 2 S. 4 StPO)

852
- Einbeziehung einer den Gegenstand einer erhobenen Nachtragsanklage bildenden Straftat in die Hauptverhandlung mit Zustimmung des Angeklagten.
- Der Angeklagte wurde nicht belehrt, dass er Gelegenheit habe, sich gegen den den Gegenstand der einbezogenen Nachtragsanklage bildenden Vorwurf zu verteidigen und sich insoweit zur Sache einzulassen.
- Der Angeklagte hat keine Angaben zur Sache gemacht und auch keine Anträge zur Verteidigung gegen den neu erhobenen Vorwurf gestellt.
- Es bleibt den Umständen des Einzelfalles vorbehalten, ob vorsorglich der Inhalt einer beabsichtigten Sachäußerung bzw. unterlassener, der Verteidigung dienender Anträge mit der Revisionsbegründung mitgeteilt wird.

Abschnitt 4
Einlassung durch den und Vernehmung/Befragung des Angeklagten[1320]

Rüge 71

853
Hat der Angeklagte sich im Verlauf der Hauptverhandlung zur Person und/oder zur Sache eingelassen?

Wurde in der Hauptverhandlung eine schriftliche Erklärung des Angeklagten zur Person/ oder zur Sache gem. § 249 StPO vom Gericht verlesen?

Hat der Verteidiger für den Angeklagten eine Erklärung zur Person und/oder zur Sache abgegeben

oder

hat der Angeklagte vollständig geschwiegen

oder

hat der Angeklagte in der Hauptverhandlung teilweise geschwiegen bzw. zu einzelnen Fragen des Gerichts oder anderer Verfahrensbeteiligten die Aussage verweigert?

I. Rechtsgrundlagen

854
Die Feststellung des Verfahrensgeschehens im Zusammenhang mit dem Recht des Angeklagten, zur Sache nicht auszusagen oder sich zu der Anklage zu äußern (§ 243 Abs. 5 S. 1 StPO), sei es persönlich oder durch seinen Verteidiger oder durch

---

1320 Die Ausführungen zur Befragung des Angeklagten gelten sinngemäß auch für die Befragung eines Mitangeklagten durch Gericht und die übrigen Verfahrensbeteiligten (s. insbes. Rüge 73 Rn. 865).

Verlesung einer schriftlichen Erklärung gem. § 249 StPO durch das Gericht, ist im Hinblick auf die Überprüfung der schriftlichen Urteilsgründe erforderlich. Werden dort Äußerungen des Angeklagten festgestellt und gewürdigt, obwohl dieser während der gesamten Hauptverhandlung geschwiegen hat, keine von ihm stammenden Erklärungen gem. § 249 StPO verlesen worden sind und auch sein Verteidiger keine ihm zurechenbaren Erklärungen abgegeben hat[1321] oder umgekehrt: Schweigt das Urteil zu Äußerungen des Angeklagten in der Hauptverhandlung bzw. solchen seines Verteidigers, soweit sie ihm zurechenbar sind, oder zum Inhalt einer nach § 249 StPO verlesenen Erklärung zur Sache oder stellt es sogar ausdrücklich fest, der Angeklagte habe sich in der Hauptverhandlung nicht geäußert, obwohl er persönlich oder durch seinen Verteidiger Angaben zur Sache gemacht hat, begründet dies die Verletzung des § 261 StPO[1322]. Auch wenn im Urteil festgestellt wird, der Angeklagte habe nur teilweise von seinem Aussageverweigerungsrecht Gebrauch gemacht oder auf einzelne Fragen des Gerichts oder anderer Verfahrensbeteiligter die Antwort verweigert, obwohl er während der gesamten Dauer der Hauptverhandlung geschwiegen und auch sein Verteidiger keine ihm zurechenbaren Erklärungen abgegeben hat, kann dies die Revision begründen.

855 In diesem Zusammenhang kann bei der weiteren Durchsicht des Hauptverhandlungsprotokolls auch festgestellt werden, ob durch das Gericht[1323], den Angeklagten selbst oder seinen Verteidiger[1324] schriftliche Erklärungen zur Sache verlesen worden sind, die sich bereits bei der Akte befunden haben oder nach Verlesung als Anlage zum Hauptverhandlungsprotokoll genommen wurden. Auch diese Vorgänge können eine Verletzung des § 261 StPO begründen, sei es, dass die betreffenden Erklärungen bei der Urteilsfindung übergangen worden sind, sei es, dass auch solche Erklärungen verwertet wurden, die nicht Gegenstand der Hauptverhandlung waren. Ferner kommt hier ein Abgleich zwischen dem Inhalt der Urteilsgründe und demjenigen einer verlesenen Erklärung in Betracht.[1325]

1321 Vgl. hierzu Rüge 226 Rn. 1924.
1322 Siehe hierzu Rüge 228 Rn. 1954.
1323 Zur Zulässigkeit der Verlesung schriftlicher Erklärungen des Angeklagten, die dieser im anhängigen Verfahren zu der gegen ihn erhobenen Beschuldigung abgegeben hat s. *OLG Koblenz* v. 12.5.2016 – 2 OLG 4 Ss 54/16 = StV 2017, 166.
1324 Schriftliche Erklärungen des Verteidigers, denen der Angeklagte nicht zustimmt, bspw. weil er schweigt, dürfen allerdings weder verlesen noch verwertet werden; in Betracht käme nur die Vernehmung des Verteidigers als Zeugen über das, was der Angeklagte ihm gegenüber geäußert hat: *OLG Koblenz* v. 12.5.2016 – 2 OLG 4 Ss 54/16 = StV 2017, 166.
1325 Siehe Rüge 227 Rn. 1946.

II. Nachweis der betreffenden Verfahrenstatsachen

856 Die Vernehmung des Angeklagten zur Sache im Anschluss an seine Belehrung nach § 243 Abs. 5 S. 1 StPO[1326], die erstmalige Einlassung des Angeklagten, der sich auf entspr. Belehrung hin zunächst entschieden hatte, nicht zur Sache auszusagen,[1327] auch dann, wenn diese Einlassung im Rahmen einer Äußerung nach § 257 oder § 258 StPO erfolgt sind,[1328] sind wesentliche Förmlichkeiten i.S.d. § 273 Abs. 1 StPO und werden positiv bzw. bei Schweigen negativ durch das Hauptverhandlungsprotokoll bewiesen. Dies gilt aber nur für die Tatsache der Äußerung, nicht für deren Inhalt.[1329] Werden schriftliche Erklärungen, Schreiben oder sonstige Schriftstücke, die von dem Angeklagten stammen bzw. Äußerungen von ihm enthalten, durch das Gericht gem. § 249 StPO verlesen, ist auch dies eine wesentliche Förmlichkeit, die positiv wie negativ durch das Hauptverhandlungsprotokoll bewiesen wird. Die Beweiskraft des Hauptverhandlungsprotokolls bezieht sich insoweit auch auf den Inhalt der nach § 249 StPO verlesenen Erklärung, auf die die Rüge der Verletzung des § 261 StPO gestützt werden kann, wenn der Angeklagte in der Hauptverhandlung keinerlei Angaben zur Sache gemacht hat.[1330]

857 Der Protokollvermerk, der Angeklagte habe Gelegenheit zur Äußerung erhalten, bezeugt nicht, dass er sich auch tatsächlich zur Sache eingelassen hat. Hat der Angeklagte nach der Belehrung über sein Schweigerecht erklärt, dass er sich nicht zur Sache äußern werde, wird durch den Protokollvermerk, er habe bspw. im Zusammenhang mit der Erteilung des letzten Wortes Gelegenheit zur Äußerung erhalten, nicht bewiesen, dass er von diesem Recht auch Gebrauch gemacht habe.[1331]

Hat sich der Verteidiger anstelle des Angeklagten zur Sache geäußert, muss sich auch dies als wesentliche Förmlichkeit aus dem Hauptverhandlungsprotokoll ergeben.[1332]

858 Der Umstand, dass ein Angeklagter sich nur teilweise zur Anklage äußert, teilweise aber schweigt oder auch nur auf einzelne Fragen des Gerichts oder von anderen Verfahrensbeteiligten keine Antwort gibt, betrifft keine wesentliche Förmlichkeit, so dass diesbezügliche Urteilsfeststellungen nur dann mit der Verfahrensrüge der Verletzung des § 261 StPO angegriffen werden können, wenn durch das Hauptverhandlungsprotokoll bewiesen wird, dass der Angeklagte während der gesamten Dauer umfassend von seinem Schweigerecht Gebrauch gemacht hat.[1333]

1326 *BGH* StV 1983, 8.
1327 *BGH* StV 1992, 1 = NStZ 1992, 49; s. aber noch *BGH* StV 1981, 56 m. abl. Anm. *Schlothauer*.
1328 *BGH* StV 2000, 123; LR-*Stuckenberg*[26] § 257 Rn. 35; SK-StPO-*Velten*[5] § 257 Rn. 11; s. aber noch *BGH* StV 1994, 468 m. abl. Anm. *Schlothauer*.
1329 KK-*Greger*[7] § 273 Rn. 5.
1330 *Schlothauer* StV 2007, 623, 624.
1331 *BGH* StV 2000, 123 f.
1332 *OLG Hamm* JR 1980, 82 m. abl. Anm. *Fezer*; *OLG Köln* VRS 59 (1980), 349; *OLG Hamm* StV 2002, 187; *OLG Düsseldorf* StV 2002, 411.
1333 Hierzu Rüge 226 Rn. 1924.

Rüge 72

Hat der Verteidiger Fragen des Gerichts oder anderer Verfahrensbeteiligter an den Ange-   **859**
klagten als unzulässig bzw. Vorhalte an diesen als unzulässig oder unrichtig beanstandet
und wurde die Beanstandung durch Gerichtsbeschluss zurückgewiesen?

I. Rechtsgrundlagen

Hat der Verteidiger Fragen oder Vorhalte an den Angeklagten durch den Vorsitzen-   **860**
den als unzulässig beanstandet und hat das Gericht nach Anrufung gem. § 238
Abs. 2 StPO die Beanstandung zurückgewiesen oder sind Fragen oder Vorhalte anderer Verfahrensbeteiligter an den Angeklagten (§ 240 StPO) vom Verteidiger beanstandet worden und ist auch die Zurückweisung dieser Beanstandung durch den
Vorsitzenden nach Anrufung des Gerichts bestätigt worden (§ 242 StPO), kann der
Gerichtsbeschluss zum Gegenstand revisionsgerichtlicher Überprüfung gemacht
werden.

Das Urteil kann auf dem Verfahrensfehler nur unter folgenden Voraussetzungen be-   **861**
ruhen:

1. Der Angeklagte hat die nach Auffassung der Verteidigung unzulässige Frage
   nicht beantwortet bzw. auf den nach Auffassung der Verteidigung unzulässigen
   Vorhalt keine Erklärung abgegeben, was bei der Beweiswürdigung zum Nachteil
   des Angeklagten verwertet wird oder
2. der Angeklagte hat die als unzulässig beanstandete Frage beantwortet bzw. auf
   den als unzulässig beanstandeten Vorhalt Erklärungen abgegeben und diese Angaben des Angeklagten sind im Rahmen der Beweiswürdigung zu seinem Nachteil verwertet worden.

II. Anforderungen an den Vortrag

Im ersten Fall (I.1.) muss der Revisionsvortrag folgende Tatsachen enthalten: **862**

- Es sind die Fragen oder Vorhalte des Vorsitzenden bzw. anderer Verfahrensbeteiligter im Wortlaut mitzuteilen, die von der Verteidigung als unzulässig beanstandet worden sind.
- Es ist mitzuteilen, dass gem. § 238 Abs. 2 (§ 242) StPO das Gericht angerufen
  wurde.
- Der die Beanstandung zurückweisende Gerichtsbeschluss ist im Wortlaut mitzuteilen.
- Es ist vorzutragen, dass der Angeklagte daraufhin die Frage nicht beantwortet
  bzw. auf den Vorhalt hin keine Erklärung abgegeben hat.

Der Erfolg der Rüge ist davon abhängig, dass das betreffende Aussageverhalten des   **863**
Angeklagten im Urteil zu seinem Nachteil verwertet wird und die beanstandete Frage bzw. der beanstandete Vorhalt tatsächlich unzulässig war (§ 241 Abs. 2

StPO)[1334]. Bei Vorhalten kann sich die Unzulässigkeit daraus ergeben, dass der Gegenstand des Vorhalts einem Verwertungsverbot unterliegt,[1335] dieser sachlich unrichtig ist, weil er mit dem Akteninhalt oder mit der bisherigen Beweisaufnahme nicht übereinstimmt oder der Vorhalt deshalb ungeeignet ist, weil er eine Sachkunde voraussetzt, über die der Angeklagte nicht verfügt.[1336]

864 Im Falle I.2. ist Folgendes vorzutragen:

- Dem Angeklagten wurde eine von der Verteidigung als unzulässig beanstandete Frage gestellt bzw. ein als unzulässig beanstandeter Vorhalt gemacht. Der Inhalt der Frage bzw. des Vorhalts muss wörtlich mitgeteilt werden.
- Es ist mitzuteilen, dass die Frage bzw. der Vorhalt als unzulässig beanstandet worden ist.
- Der die Beanstandung zurückweisende Gerichtsbeschluss muss wörtlich mitgeteilt werden.
- Es muss vorgetragen werden, welche Aussage der Angeklagte in Beantwortung der Frage bzw. im Zusammenhang mit dem Vorhalt gemacht hat.[1337]

Rüge 73

865 Sind Fragen oder Vorhalte des Verteidigers an den Angeklagten bzw. an Mitangeklagte als unzulässig zurückgewiesen oder ist seine Befragung gegen seinen Willen vom Vorsitzenden unterbrochen worden?

I. Rechtsgrundlagen

866 Nach § 240 Abs. 2 S. 1 StPO hat der Verteidiger das Recht, seinen Mandanten sowie Mitangeklagte zu befragen. Einzelne Fragen dürfen nur unter den Voraussetzungen des § 241 Abs. 2 StPO zurückgewiesen werden. Der Vorsitzende kann ferner über Zeit und Form der Ausübung des Fragerechts entscheiden.[1338] Der Entzug des Fragerechts ist allenfalls im Falle seines Missbrauchs zulässig.[1339] Eine Inter-

---

1334 LR-*J.-P. Becker*[26] § 241 Rn. 31.
1335 Vgl. bspw. für die Bezugnahme auf unverwertbare Erkenntnisse einer Telefonüberwachung gem. § 100a StPO im Rahmen eines Vorhalts: KK-*Bruns*[7] § 100a Rn. 67.
1336 Gutachten über Wirkstoffgehalt sichergestellter Betäubungsmittel oder Ergebnis einer Blutentnahme im Hinblick auf die Blutalkoholkonzentration: *OLG Celle* StV 1984, 107; *OLG Düsseldorf* NJW 1988, 217; *OLG Hamm* MDR 1964, 344.
1337 Vgl. *BGH* MDR 1979, 108; KK-*Bruns*[7] § 100a Rn. 72. Diesem Erfordernis scheint nach dieser Auffassung das Verbot der Rekonstruktion der Hauptverhandlung im Revisionsverfahren nicht entgegenzustehen. Zur Inkonsequenz der BGH-Rspr. zu dieser Frage s. auch *BGH* StV 2008, 123 m. Anm. *Ventzke*.
1338 LR-*J.-P. Becker*[26] § 241 Rn. 26.
1339 *Meyer-Goßner/Schmitt*[60] § 241 Rn. 6 m.w.N.

vention des Gerichts bzw. eines anderen Verfahrensbeteiligten während zulässiger Befragung durch den Verteidiger kommt nur mit dessen Einverständnis in Betracht.[1340] Gegen die Beschränkung des Fragerechts kann der Verteidiger die Entscheidung des Gerichts herbeiführen (§§ 238 Abs. 2, 242 StPO). Nur unter dieser Voraussetzung ist die Berechtigung des Eingriffs in das Fragerecht revisionsrechtlich überprüfbar. Durch die Beeinträchtigung des Rechts der Verteidigung auf (ungestörte) Befragung des Angeklagten oder eines Mitangeklagten kann die Verteidigung in einem für die Entscheidung wesentlichen Punkt unzulässig beschränkt worden sein (§ 338 Nr. 5 StPO)[1341].

II. Anforderungen an den Vortrag im Falle der Zurückweisung einer Frage als unzulässig[1342]

- Es muss der Inhalt derjenigen Frage bzw. desjenigen Vorhalts des Verteidigers **867** im Wortlaut mitgeteilt werden, bzgl. deren/dessen es zu einer Zurückweisung als unzulässig durch den Vorsitzenden gekommen ist.
- Die Beanstandung dieses Vorgangs durch den Verteidiger muss vorgetragen werden.
- Es ist die die Zurückweisung der Frage bzw. des Vorhalts bestätigende Entscheidung des Gerichts (§§ 238 Abs. 2, 242 StPO) im Wortlaut mitzuteilen.
- Es ist mitzuteilen, dass die Frage nicht beantwortet wurde bzw. auf den Vorhalt keine Erklärung abgegeben wurde.

III. Anforderungen an den Revisionsvortrag im Falle einer Unterbrechung der Verteidigerbefragung des Angeklagten oder eines Mitangeklagten durch den Vorsitzenden[1343]

- Es ist mitzuteilen, dass der Vorsitzende dem Verteidiger die Befragung seines **868** Mandanten oder eines Mitangeklagten gestattete.
- Es ist vorzutragen, dass die Befragung durch den Verteidiger unterbrochen wurde und ihm die Fortsetzung der Ausübung des Fragerechts untersagt wurde (und sei es konkludent in Form des Wiederansichziehens des Befragungsrechts durch den Vorsitzenden).
- Es ist vorzutragen, dass der Verteidiger dies beanstandet und erfolglos eine Entscheidung des Gerichts (§ 238 Abs. 2 StPO) herbeigeführt hat.[1344] Der Gerichtsbeschluss ist im Wortlaut mitzuteilen.

1340 *OLG Hamm* StV 1993, 462.
1341 *OLG Hamm* StV 1993, 462; zu einer Sondersituation s. allerdings auch *BGH* StV 1995, 172 = NStZ 1995, 143.
1342 Zu der entspr. Problematik im Zusammenhang mit der Zurückweisung von Fragen des Verteidigers an Zeugen s. Rüge 96 Rn. 996.
1343 Zur entspr. Problematik im Zusammenhang mit der Zeugenbefragung durch den Verteidiger s. Rüge 97 Rn. 1001.
1344 *BGH* NStZ 1997, 198.

- Es ist vorzutragen, dass der Verteidiger sein Fragerecht nicht missbraucht und keine unzulässigen Fragen gestellt hat.
- Es ist vorzutragen, dass der Verteidiger erst nach der Unterbrechung seine Befragung fortsetzen konnte, wobei das weitere Verfahrensgeschehen im Zeitraum der Unterbrechung mitgeteilt werden sollte.

Rüge 74

869 Ist der Angeklagte durch einen Mitangeklagten unmittelbar befragt worden (§ 240 Abs. 2 S. 2 StPO)?

I. Rechtsgrundlagen

870 Wurde der Angeklagte von einem Mitangeklagten unmittelbar befragt und hat er hierauf geantwortet bzw. die Beantwortung unterlassen und ist dieses Verhalten im Rahmen der Beweiswürdigung zu seinem Nachteil verwertet worden, bedarf es einer Anrufung des Gerichts nach § 238 Abs. 2 StPO nicht, weil die gegenseitige Befragung von Mitangeklagten grundsätzlich unzulässig ist.[1345] Die Verletzung des § 240 Abs. 2 S. 2 StPO ist ein relativer Revisionsgrund (§ 337 StPO).

II. Anforderungen an den Vortrag der Rüge der Verletzung des § 240 Abs. 2 S. 2 StPO

871 1. Der Angeklagte wurde unmittelbar durch einen Mitangeklagten befragt. Er hat sich dazu nicht geäußert. Dieses Aussageverhalten wurde ausweislich der Urteilsgründe bei der Beweiswürdigung zu seinem Nachteil verwertet.

oder

2. Der Angeklagte wurde unmittelbar durch einen Mitangeklagten befragt. Er hat sich dazu geäußert. Der Inhalt von Frage und Antwort sind mitzuteilen. Die Antwort wurde ausweislich der Urteilsgründe zu seinem Nachteil bei der Beweiswürdigung verwertet.[1346] Es sollte durch entspr. Vortrag ausgeschlossen werden, dass der Angeklagte die Antwort auf Befragung durch das Gericht oder einen anderen Verfahrensbeteiligten wiederholt hat.

1345 KK-*Schneider*[7] § 240 Rn. 7; *Meyer-Goßner/Schmitt*[60] § 240 Rn. 10.
1346 Die Unzulässigkeit der Befragung muss zu einem Beweisverwertungsverbot bzgl. der darauf gegebenen Antwort führen.

Abschnitt 5
Abgabe von Erklärungen

Rüge 75

Ist der Angeklagte nach der Vernehmung eines Mitangeklagten und nach jeder einzelnen Beweiserhebung befragt worden, ob er etwas zu erklären habe und ist ihm sowie auf Verlangen seinem Verteidiger (letzterem auch nach der Vernehmung des von ihm verteidigten Angeklagten) Gelegenheit gegeben worden, sich zu erklären (§ 257 StPO)?

872

A. Die Befragung des Angeklagten, ob er von seinem Erklärungsrecht Gebrauch machen wolle

I. Rechtsgrundlagen

Nach § 257 Abs. 1 StPO soll der Angeklagte nach jeder Vernehmung eines Mitangeklagten und nach jeder Beweiserhebung befragt werden, ob er dazu etwas zu erklären habe. Obwohl der Wortlaut nahelegt, dass es sich nur um eine „Sollvorschrift" handelt, kann auf ihre Verletzung die Revision gestützt werden.[1347] Damit wird dem Umstand Rechnung getragen, dass § 257 StPO dem Recht auf Gehör in besonders wirksamer Weise Geltung verschaffen will: Auf diese Weise kann vor allem einer vorschnellen Fixierung des Gerichts auf vorläufige Beweisergebnisse entgegengewirkt werden.[1348] Auch kann das Gericht eine solche Stellungnahme des Angeklagten besser würdigen, wenn ihm das Ergebnis der Beweiserhebung, auf das sich die Erklärung bezieht, noch frisch im Gedächtnis ist. Die Befragung des Angeklagten gem. § 257 Abs. 1 StPO durch den Vorsitzenden hat zu erfolgen, damit jener nicht aus Unkenntnis oder Befangenheit auf die Möglichkeit verzichtet, zu seiner Verteidigung Erklärungen zu der gerade durchgeführten Beweiserhebung abzugeben.[1349] Insoweit handelt es sich um zwingendes Recht.[1350] Selbst wenn man davon ausginge, dass § 257 Abs. 1 StPO dem Vorsitzenden bzgl. des Fragerechts ein Ermessen einräumte, reduziert sich dieses auch nach dieser Meinung darauf, ob der Angeklagte nach jedem Akt der Beweisaufnahme oder generell (bspw. zu Be-

873

1347 LR-*Stuckenberg*[26] § 257 Rn. 25; *BGH* StV 1984, 454; *Burkhard* StV 2004, 397; von der früher ablehnenden Auffassung (*Meyer-Goßner*[55] § 257 Rn. 9) ist *Meyer-Goßner/Schmitt*[60] § 257 Rn. 9 mittlerweile abgerückt, verneint aber i.d.R., dass das Urteil auf dem Fehler beruhe.

1348 LR-*Stuckenberg*[26] § 257 Rn. 2; HK-*Julius*[5] § 257 Rn. 1.

1349 SK-StPO-*Velten*[5] § 257 Rn. 4.

1350 AK-StPO-*Rüping* § 257 Rn. 8; KMR-*Paulus*[7] § 257 Rn. 8; nur im Sinne pflichtgemäßen Ermessens, das sich im Einzelfall zur Pflicht verdichten könne: KMR-*Stuckenberg*[8] (EL März 2000) § 257 Rn. 13; LR-*Stuckenberg*[26] § 257 Rn. 9.

ginn der Verhandlung oder der Beweisaufnahme) auf sein Recht hinzuweisen ist.[1351]

1. Pflicht zur Befragung

874   Der Angeklagte ist nach jeder Vernehmung eines Mitangeklagten und nach jeder Beweisaufnahme, gleichgültig welcher Art, zu befragen, also nach jeder Zeugen- oder Sachverständigenvernehmung, Augenscheinseinnahme und der Verlesung von Urkunden und sonstigen Schriftstücken zum Zwecke der Beweiserhebung, auch im Wege des Selbstleseverfahrens.[1352]

2. Zeitpunkt der Befragung

875   Bei der Vernehmung von Zeugen und Sachverständigen hat die Befragung nach Abschluss der Vernehmung zu erfolgen. Auf die Entscheidung über ihre Vereidigung (§§ 59, 79 StPO) kommt es ebenso wenig an, wie auf ihre Entlassung nach § 248 StPO, weil die betreffenden Entscheidungen auch in Abwesenheit des Zeugen oder Sachverständigen getroffen werden können. Anders ist es nur, wenn die Vernehmung/Befragung unterbrochen worden ist. Bei Vernehmungen in Abwesenheit des Angeklagten (§ 247 StPO) ist das Erklärungsrecht einzuräumen, nachdem der Angeklagte gem. § 247 S. 4 StPO unterrichtet worden ist und Gelegenheit hatte, den Zeugen/Sachverständigen/Mitangeklagten ergänzend befragen zu lassen und ggf. die darauf ergangenen Äußerungen zur Kenntnis zu nehmen. Beim Selbstleseverfahren ist der Angeklagte zu befragen, sobald festgestellt worden ist, dass die Richter und Schöffen vom Wortlaut der betreffenden Urkunden oder des Schriftstücks Kenntnis genommen haben und die übrigen Verfahrensbeteiligten hierzu Gelegenheit hatten.

3. Nachweis der Verfahrenstatsachen

876   Die Befragung gehört zu den wesentlichen Förmlichkeiten des Protokolls und nimmt an dessen absoluter Beweiskraft – in positivem wie in negativem Sinne – teil. Allerdings soll die einmalige Feststellung in der Sitzungsniederschrift genügen, die sich auf alle Fälle des § 257 Abs. 1 StPO beziehen soll.[1353] Dies ist abzulehnen, denn es würde eine ausdrückliche Protokollberichtigung erforderlich machen, wenn die Befragung bei auch nur einer einzelnen Beweiserhebung tatsächlich unterblieben ist.[1354]

1351   *Meyer-Goßner/Schmitt*[60] § 257 Rn. 2; LR-*Stuckenberg*[26] § 257 Rn. 9. Ein solcher allgemeiner Hinweis ist allerdings unzureichend, weil der Angeklagte nicht immer weiß, wann die Beweiserhebung abgeschlossen und damit die Möglichkeit einer Äußerung eröffnet ist.

1352   SK-StPO-*Velten*[5] § 257 Rn. 3.

1353   LR-*Stuckenberg*[26] § 257 Rn. 34 m.w.N.

1354   Die Widersinnigkeit dieser Auffassung zeigt sich u. a. daran, dass nach LR-*Stuckenberg*[26] § 257 Rn. 34 zwar die allgemeine Feststellung der erfolgten Befragung genügen soll, der Umstand, dass der Hinweis bei einem einzelnen Beweismittel unterblieben ist, dann allerdings neben dem allgemeinen Vermerk im Protokoll besonders hervorgehoben werden müsse.

4. Beruhen

Auf der unterbliebenen Befragung muss das Urteil beruhen. Wie bei der Gewährung **877** des letzten Wortes wird dies in der Regel nicht ausgeschlossen werden können.[1355] Bei der Verletzung des § 257 Abs. 1 StPO kann dies aber nur für solche Beweiserhebungen gelten, auf denen ihrerseits das Urteil beruht. Findet die betreffende Beweiserhebung im Urteil dagegen gar keine oder nur marginale Erwähnung, könnte das Urteil nur dann auf der Verletzung des § 257 Abs. 1 StPO beruhen, wenn dem Angeklagten die Möglichkeit genommen wurde, rechtzeitig auf ihre Bedeutung insbesondere für die weitere Beweisaufnahme hinzuweisen. Dass der Angeklagte spätestens im Rahmen des letzten Wortes Gelegenheit hatte, zu allen einzelnen Beweiserhebungen Stellung zu nehmen, schließt das Beruhen des Urteils auf der Verletzung des § 257 Abs. 1 StPO deshalb nicht aus.[1356] Denn die Bedeutung des Erklärungsrechts gem. § 257 StPO resultiert aus der verfahrenspsychologisch und kommunikationstheoretisch belegten Tatsache, dass schon während der Beweisaufnahme und nicht erst bei der Urteilsberatung die entscheidenden Weichenstellungen im Hinblick auf die Beweiswürdigung und die Urteilsfindung stattfinden.

Es ist deshalb zumindest der Vortrag angebracht,[1357] ob der Angeklagte im Falle **878** seiner Befragung von der Erklärungsmöglichkeit Gebrauch gemacht hätte und in den Fällen, in denen die betreffende Beweiserhebung nicht oder nur marginal im schriftlichen Urteil erwähnt wird, welche Ausführungen er hierzu gemacht hätte.[1358] Unmögliches würde von dem Beschwerdeführer allerdings abverlangt, wenn vorgetragen werden müsste, inwieweit diese Erklärung auf die weitere Beweisaufnahme und auf das Urteil irgendeinen Einfluss hätte haben können.[1359]

Das Urteil kann aber auch dann auf dem Verfahrensfehler beruhen, wenn Beweiserhebungen einer zuvor abgegebenen generellen Einlassung des Angeklagten entgegenstehen und das Gericht dem Angeklagten insoweit hätte Gelegenheit geben müssen, sich zu diesem neuen Beweisergebnis zu äußern. Lässt das Urteil nicht erkennen, dass der Angeklagte von der Gelegenheit zur Äußerung keinen Gebrauch gemacht hat, kann ein Beruhen auf der Verletzung des § 257 Abs. 1 StPO nicht ausgeschlossen werden.[1360]

1355 Siehe hierzu Rüge 213 Rn. 1857.
1356 **A.A.** LR-*Stuckenberg*[26] § 257 Rn. 40.
1357 *BGH* StraFo 2007, 67 scheint einen solchen Vortrag für zwingend zu halten.
1358 In diesem Sinne auch *BGH* StV 1984, 454.
1359 So aber *BGH* StraFo 2007, 67.
1360 Vgl. *OLG Bremen* StV 1987, 429, das dies – auf die Sachrüge hin – unter dem Gesichtspunkt der lückenhaften Beweiswürdigung beanstandet hat.

II. Anforderungen an den Vortrag der Rüge der Verletzung des § 257 Abs. 1 StPO

879 1. Konkrete Bezeichnung der Vernehmung eines Mitangeklagten bzw. der Beweiserhebung.

2. Tatsachen, aus denen sich der Abschluss der Beweiserhebung ergibt.

3. Nichtbefragung des Angeklagten durch den Vorsitzenden gem. § 257 Abs. 1 StPO zu diesem Zeitpunkt.

4. Vortrag, dass der Angeklagte auch nicht unbefragt eine Erklärung zu der gerade stattgefundenen Beweiserhebung zu diesem Zeitpunkt abgegeben hat.

5. Vortrag, dass der Angeklagte im Falle seiner Befragung eine Erklärung abgegeben und welchen Inhalt die Äußerung gehabt hätte, insbesondere in den Fällen, in denen die Beweiserhebung ausweislich der schriftlichen Urteilsgründe keine Bedeutung hatte.

B. Wurde dem Angeklagten bzw. seinem Verteidiger trotz entsprechenden Verlangens keine Möglichkeit zur Abgabe einer Erklärung gem. § 257 Abs. 2 StPO gegeben?

I. Rechtsgrundlagen

880 Die Nichtgewährung der Erklärungsmöglichkeit stellt sich als Maßnahme der Sachleitung des Vorsitzenden dar. Soll die damit verbundene unzulässige Beschränkung der Verteidigung zum Gegenstand der Revision gemacht werden, setzt dies voraus, dass die betreffende Anordnung durch einen Gerichtsbeschluss (§ 238 Abs. 2 StPO) bestätigt wurde.[1361]

881 Das Verlangen, eine Erklärung abgeben zu wollen, die Verfügung des Vorsitzenden, die Anrufung des Gerichts und die Tatsache und der Inhalt eines darauf ergangenen Beschlusses werden durch das Sitzungsprotokoll bewiesen. Ob das Erklärungsrecht nach § 257 Abs. 1 StPO tatsächlich ausgeübt wurde oder nicht, soll nicht im Protokoll festgehalten werden müssen.[1362] Demgegenüber ist die Abgabe einer Erklärung nach § 257 Abs. 2 StPO protokollierungspflichtig.[1363]

Zur Beruhensfrage kann auf die Ausführungen unter Rn. 877 verwiesen werden.

II. Anforderungen an den Vortrag der Rüge der Verletzung des § 257 Abs. 2 StPO

882 1. Konkrete Bezeichnung der Vernehmung oder Beweiserhebung.

2. Tatsachen, aus denen sich der Abschluss der Beweiserhebung ergibt.

1361 *BGH* StraFo 2007, 67; SK-StPO-*Velten*[5] § 257 Rn. 12; LR-*Stuckenberg*[26] § 257 Rn. 39.

1362 LR-*Stuckenberg*[26] § 257 Rn. 35; *BGH* StV 1994, 468 m. Anm. *Schlothauer*.

1363 LR-*Stuckenberg*[26] § 257 Rn. 36; SK-StPO-*Velten*[5] § 257 Rn. 11.

3. Verlangen des Angeklagten bzw. seines Verteidigers, eine Erklärung abgeben zu wollen.
4. Tatsache und Inhalt der Verfügung des Vorsitzenden.
5. Anrufung des Gerichts und dessen Entscheidung (der Beschluss muss mit Gründen im Wortlaut mitgeteilt werden).
6. Tatsache, dass zu diesem Zeitpunkt der Hauptverhandlung keine Erklärung abgegeben wurde.
7. Ausführungen zum Inhalt der beabsichtigten Erklärung, insbesondere in Fällen, in denen die Beweiserhebung ausweislich der schriftlichen Urteilsgründe unberücksichtigt geblieben ist.

C. Hat der Vorsitzende in Ausübung seiner Sachleitung dem Angeklagten bzw. dem Verteidiger im Hinblick darauf das Wort entzogen, dass die Erklärung die Grenzen des § 257 Abs. 3 StPO überschritten habe?

I. Rechtsgrundlagen

Nach § 257 Abs. 3 StPO dürfen die Erklärungen gem. § 257 Abs. 2 StPO den Schlussvortrag nicht vorwegnehmen. Dies wäre insbesondere dann der Fall, wenn nicht mehr die unmittelbar vorangegangene Beweiserhebung, sondern eine Gesamtwürdigung des bisherigen Verhandlungsergebnisses im Vordergrund stünde.[1364] Erklärungen zum Beweiswert des Beweismittels, das Aufzeigen von Unklarheiten und Widersprüchen sowie Hinweise auf Zusammenhänge mit anderen Beweismitteln, die bereits Gegenstand der Beweisaufnahme waren, oder auf noch bevorstehende Beweiserhebungen sind demgegenüber zulässig.[1365] **883**

Entzieht der Vorsitzende im Hinblick auf die Unzulässigkeit der Erklärung nach § 257 Abs. 3 StPO dem Angeklagten bzw. dem Verteidiger das Wort, kann diese Sachleitungsentscheidung nur dann zum Gegenstand der Revision gemacht werden, wenn hiergegen nach § 238 Abs. 2 StPO das Gericht angerufen worden ist. **884**

Die Verfügung des Vorsitzenden, der Antrag, mit dem eine Entscheidung des Gerichts nach § 238 Abs. 2 StPO herbeigeführt wurde, und die darauf ergehende Entscheidung des Gerichts unterliegen der absoluten Beweiskraft der Sitzungsniederschrift. Der Inhalt der abgegebenen Erklärung gehört demgegenüber nicht zu den nach § 273 Abs. 1 StPO zu protokollierenden Förmlichkeiten. Er kann deshalb nur im Wege des Freibeweises festgestellt werden.

Das Tatgericht hat bei der Beantwortung der Frage, ob durch eine Erklärung gem. § 257 Abs. 2 StPO der Schlussvortrag vorweggenommen wurde, einen Beurtei- **885**

1364 *Leipold* StraFo 2001, 301.
1365 Vgl. näher auch *Rieß* NJW 1975, 94; *Hohmann* StraFo 1999, 155; *Burkhard* StV 2004, 393 m.w.N.

lungsspielraum. Zum Gegenstand der Überprüfung des Revisionsgerichts können deshalb nur solche Vorgänge gemacht werden, in denen der Rechtsbegriff des Schlussvortrages bzw. der Gegenstand der vorangegangenen Beweiserhebung verkannt oder das Wort willkürlich entzogen worden ist.

II. Anforderungen an den Vortrag der Rüge der Verletzung von § 257 Abs. 2 und 3 StPO

886
1. Dem Angeklagten bzw. seinem Verteidiger wurde während der Abgabe einer Erklärung gem. § 257 Abs. 2 StPO (die betreffende Situation muss konkret dargelegt werden) das Wort entzogen.
2. Die Verfügung des Vorsitzenden, der Antrag auf eine Entscheidung des Gerichts nach § 238 Abs. 2 StPO und die darauf ergangene Entscheidung müssen im Wortlaut mitgeteilt werden.
3. Der Inhalt der nach § 257 Abs. 2 StPO abgegebenen Erklärung muss bis zum Zeitpunkt des Wortentzuges inhaltlich mitgeteilt werden, ferner der Inhalt der Erklärungen, die abzugeben das Tatgericht verwehrt hat.[1366]
4. Es ist vorzutragen, dass der Angeklagte bzw. sein Verteidiger auch nach dem Beschluss des Gerichts keine Gelegenheit zur Abgabe einer weiteren Erklärung hatten oder welchen Inhalt eine im Anschluss an den Wortentzug abgegebene Erklärung hatte und welche Erklärung ohne die Wortentziehung abgegeben worden wäre.
5. Ggf. Ausführungen zum Beruhen (siehe oben Rn. 879 Ziff. 5).

1366 *BGH* StV 1984, 454.

Kapitel 15
Sind in der Hauptverhandlung Zeugen vernommen worden?

Abschnitt 1
Allgemeine Belehrung

I. Hat das Gericht einen Zeugen nach § 57 StPO belehrt?

§ 57 StPO soll eine bloße Ordnungsvorschrift allein im Interesse des Zeugen sein. **887**

Auf eine unterlassene oder fehlerhafte Belehrung kann die Revision daher nicht gestützt werden.[1367]

Abschnitt 2
Sind in der Hauptverhandlung Zeugen vernommen worden, die gem. § 52 Abs. 1 StPO ein Zeugnisverweigerungsrecht aus persönlichen Gründen haben?

Überblick		Rn.	**888**
Rüge 76:	Ist ein angehöriger Zeuge in der Hauptverhandlung nicht nach § 52 Abs. 3 StPO belehrt worden?	891	
Rüge 77:	Ist ein Zeuge in der Hauptverhandlung zu Unrecht nach § 52 StPO belehrt worden und hat er die Aussage verweigert bzw. sich unberechtigterweise auf ein Zeugnisverweigerungsrecht berufen?	896	
Rüge 78:	Ist mit Zustimmung eines Zeugen, der in der Hauptverhandlung berechtigt das Zeugnis verweigert hat, eine frühere Aussage oder Erklärung in die Hauptverhandlung eingeführt worden?	899	
Rüge 79:	Hat das Gericht einen Angehörigen eines ehemals Mitbeschuldigten bzw. eines Mitangeklagten als Zeugen in der Hauptverhandlung vernommen, ohne ihn nach § 52 Abs. 3 StPO belehrt zu haben?	907	
Rüge 80:	Hat das Gericht Angehörige ohne genügende Verstandesreife (insbesondere Kinder) vernommen und dabei die besonderen Zustimmungs- und Belehrungserfordernisse gem. § 52 Abs. 2 StPO beachtet?	910	
Rüge 81:	Hat das Gericht aus der berechtigten Zeugnisverweigerung eines zeugnisverweigerungsberechtigten Angehörigen Schlüsse zum Nachteil des Angeklagten gezogen?	918	

1367   *Meyer-Goßner/Schmitt*[60] § 57 Rn. 7; KK-*Senge*[7] § 57 Rn. 8; **a.A.** LR-*Ignor/Bertheau*[26] § 55 Rn. 41; *Bernsmann* StraFo 1998, 75.

Vorbemerkung

889   Vorab ist darauf hinzuweisen, dass es im Rahmen der nachfolgenden Ausführungen ausgeschlossen ist, alle denkbaren Fallkonstellationen von berechtigter oder unberechtigter Zeugnisverweigerung bzw. der Verwertung von früheren Angaben zeugnisverweigerungsberechtigter Zeugen abzuhandeln. Nur die bedeutendsten Problemkreise sollen angesprochen werden.

Verstößt das Gericht gegen die Belehrungspflicht nach § 52 Abs. 3 StPO, besteht hinsichtlich der Aussagen des angehörigen Zeugen grundsätzlich ein Beweisverbot.[1368]

Für die Belehrungspflicht in der Hauptverhandlung kommt es allein auf das tatsächliche Bestehen des Verwandtschaftsverhältnisses i.S.d. § 52 Abs. 1 StPO an, nicht auf die Kenntnis des Gerichts.[1369] An der Unverwertbarkeit einer Angehörigenaussage wegen unterbliebener Belehrung nach § 52 Abs. 1 Nr. 3 StPO ändert auch der Umstand nichts, dass sich der Angehörige als nicht verwandt und verschwägert bezeichnet hat, da es allein auf die objektive Sachlage ankommt.[1370]

Die Geltendmachung des Zeugnisverweigerungsrechts obliegt dem Zeugen. Er kann nur teilweise aussagen oder sich erst im Laufe der Vernehmung auf sein Verweigerungsrecht berufen. Soweit er ausgesagt hat, bleibt dieser Teil seiner Aussage, sofern er zuvor ordnungsgemäß belehrt wurde, verwertbar.[1371]

890   Bei Vernehmungen außerhalb der Hauptverhandlung besteht die Belehrungspflicht auch in allen vernehmungsähnlichen Situationen, also auch bei informatorischen Befragungen.[1372] Ausgenommen sind Spontanäußerungen sowie der Inhalt einer Strafanzeige, sofern diese nicht mit einer Vernehmung verbunden war.[1373] Diese Angaben können trotz unterbliebener Belehrung verwertet werden. Ebenso verwertbar sind Äußerungen des Angehörigen gegenüber anderen Zeugen.[1374]

Die unterbliebene (gebotene) Belehrung können sowohl der Angeklagte als auch ein Mitangeklagter rügen, wenn die Aussage zu Lasten verwertet wurde.[1375] Sind mehrere selbstständige Taten im prozessualen Sinn (§ 264 StPO) Gegenstand des Verfahrens, besteht kein Zeugnisverweigerungsrecht, wenn der Zeuge nur zu selbst-

---

1368   *Meyer-Goßner/Schmitt*[60] § 52 Rn. 32 m.w.N.
1369   *BGH* StV 1988, 89; 2002, 3; KK-*Senge*[7] § 52 Rn. 46; *Meyer-Goßner/Schmitt*[60] § 52 Rn. 34.
1370   *BGH* v. 26.1.2010 – 3 StR 442/09 = NStZ 2010, 452.
1371   Vgl. z.B. *BGH* v. 20.5.2015 – 1 StR 429/14 = NStZ 2015, 656; *Meyer-Goßner/Schmitt*[60] § 52 Rn. 22; KK-*Senge*[7] § 52 Rn. 40 ff.
1372   KK-*Senge*[7] § 52 Rn. 43a; KK-*Diemer*[7] § 252 Rn. 17; *Meyer-Goßner/Schmitt*[60] § 252 Rn. 7.
1373   *Meyer-Goßner/Schmitt*[60] § 252 Rn. 8; KK-*Senge*[7] § 52 Rn. 43a.
1374   *Meyer-Goßner/Schmitt*[60] § 252 Rn. 9; Zur Problematik der „verdeckten" Zeugenvernehmung durch Vertrauenspersonen der Polizei oder verdeckt ermittelnder Polizeibeamte s. Rüge 256 Rn. 2155 ff.
1375   KK-*Senge*[7] § 52 Rn. 49; *Meyer-Goßner/Schmitt*[60] § 52 Rn. 34.

ständigen Taten aussagen soll, an denen der Angehörige nicht beteiligt war. Maßgebend ist insoweit der prozessuale Tatbegriff, wenn es sich also nicht um das gleiche geschichtliche Ereignis handelt und jede Beziehung zu der dem Angehörigen vorgeworfenen Tat ausgeschlossen ist.[1376]

Das Zeugnisverweigerungsrecht, das der Angehörige eines Beschuldigten im Verfahren gegen einen Mitbeschuldigten hat, erlischt, wenn das gegen den angehörigen Beschuldigten geführte Verfahren rechtskräftig abgeschlossen wird, auch bezüglich solcher Tatvorwürfe, hinsichtlich derer das Verfahren gem. § 154 Abs. 1 oder 2 StPO eingestellt worden ist.[1377]

Rüge 76

Ist ein angehöriger Zeuge in der Hauptverhandlung nicht nach § 52 Abs. 3 StPO belehrt worden? **891**

I. Rechtsgrundlagen

Gegenstand der Rüge ist die in der Hauptverhandlung unterbliebene Belehrung **892**
nach § 52 Abs. 3 StPO (und die Verwertung der Aussage im Urteil). Denn bei fehlerhaft unterbliebener Belehrung besteht hinsichtlich der Angaben des angehörigen Zeugen ein Verwertungsverbot.[1378] Ob eine Fernwirkung hinsichtlich weiterer Beweismittel vorliegt, richtet sich nach den zu §§ 136 Abs. 1 S. 2, 163a Abs. 3, 243 Abs. 5 S. 1 StPO entwickelten Grundsätzen.[1379] Sofern es sich um Zeugen mit mangelnder Verstandesreife handelt (§ 52 Abs. 2 StPO), ist auf die Ausführungen zu Rüge 80 Rn. 910 ff. zu verweisen.

Die besondere Problematik liegt in der Beruhensfrage. Es soll darauf ankommen, wie sich der Zeuge im Falle der Belehrung verhalten hätte. Kannte er sein Zeugnisverweigerungsrecht und hat er gleichwohl ausgesagt, so soll ein Beruhen des Urteils auf der fehlerhaft unterlassenen Belehrung ausgeschlossen sein. Gleiches gilt, wenn zu erwarten ist, dass der Zeuge in jedem Falle ausgesagt hätte.[1380]

Möglich ist auch, dass das Gericht im Laufe der Vernehmung den Fehler bemerkt **893**
und den Zeugen nunmehr belehrt. Verweigert er die Aussage, sind seine zuvor ge-

---

1376   *Meyer-Goßner/Schmitt*[60] § 52 Rn. 12; KK-*Senge*[7] § 52 Rn. 8.
1377   *BGH* v. 30.4.2009 – 1 StR 745/08 = StV 2010, 609.
1378   Statt aller *Meyer-Goßner/Schmitt*[60] § 52 Rn. 32 m.w. zahlr. Nachw.
1379   *BGH* v. 27.4.2016 – 4 StR 52/16 = NStZ-RR 2016, 216 (Ls).
1380   *BGH* v. 10.10.2016 – 4 StR 100/16; *BGH* v. 12.1.2011 – 1 StR 672/10; *Meyer-Goßner/
        Schmitt*[60] § 52 Rn. 34 m.w.N.

machten Angaben unverwertbar, sagt er weiter aus, ist der ursprüngliche Belehrungsmangel geheilt und die Aussage ist insgesamt verwertbar.[1381]

Der Umstand, dass ein angehöriger Zeuge im Rahmen seiner polizeilichen Vernehmung im Ermittlungsverfahren gar nicht oder nicht ordnungsgemäß nach § 52 Abs. 3 StPO belehrt wurde, führt nicht dazu, dass nunmehr in der Hauptverhandlung eine qualifizierte Belehrung über die Unverwertbarkeit seiner früheren Angaben erfolgen muss.[1382]

II. Anforderungen an den Vortrag

894 Zu rügen ist ein Verstoß gegen § 52 Abs. 3 StPO.

Es muss vorgetragen werden, dass

- der Zeuge zur Hauptverhandlung geladen wurde und erschienen ist,
- er nach § 57 StPO belehrt worden ist und seine Personalien angegeben hat,
- ob er nach Verwandtschaftsverhältnis befragt wurde und was er geantwortet hat,
- der Zeuge Angehöriger i.S.d. § 52 Abs. 1 StPO des Angeklagten, eines derselben Tat beschuldigten Mitangeklagten oder eines ehemaligen Mitbeschuldigten[1383] ist, was ausführlich und detailliert, ggf. unter Vorlage von Beweismitteln (z.B. Stammbuch) vorzutragen ist, wenn dem Gericht das Verwandtschaftsverhältnis unbekannt war,
- der Zeuge nicht nach § 52 Abs. 3 StPO belehrt worden ist,
- der Zeuge zur Sache ausgesagt hat,
- die Aussage zum Nachteil des Angeklagten im Urteil verwertet wurde,
- dass der Zeuge auch nicht im Laufe der Vernehmung nach § 52 Abs. 3 StPO belehrt wurde und er nicht der Verwertung seiner bisherigen Angaben zugestimmt hat (Negativtatsache!),
- dass der Zeuge sein Zeugnisverweigerungsrecht nicht kannte (Negativtatsache!),
- dass der Zeuge im Falle der Belehrung die Aussage verweigert hätte (Beruhen);
- soll gerügt werden, dass ein Zeuge bei seiner Vernehmung an verschiedenen Hauptverhandlungstagen nicht erneut auf sein Zeugnisverweigerungsrecht hingewiesen wurde, muss auch vorgetragen werden, ob der Zeuge nach seinen ersten Aussagen entlassen worden war und es sich deshalb bei der Folgevernehmung um eine neue Vernehmung i.S.d. § 52 Abs. 3 S. 1 StPO gehandelt hat.[1384]

895 Ausführliche Angaben zur Beruhensfrage empfehlen sich immer dann, wenn Anhaltspunkte dafür vorhanden sind, dass dem Zeugen sein Zeugnisverweigerungs-

---

1381   Vgl. dazu insgesamt *Meyer-Goßner/Schmitt*[60] § 52 Rn. 31, 34; KK-*Senge*[7] § 52 Rn. 36, 46.

1382   *BGH* v. 30.6.2015 – 5 StR 236/15 = NStZ 2015, 656.

1383   Siehe dazu Rüge 79 Rn. 907.

1384   *BGH* v. 9.12.2014 – 3 StR 272/14 = StV 2015, 758.

recht bekannt gewesen sein könnte oder er in jedem Fall ausgesagt hätte.[1385] Dies könnte z.b. dann der Fall sein, wenn der Zeuge polizeilich und richterlich vernommen und jeweils nach § 52 Abs. 3 StPO belehrt wurde.

Gegen die hypothetische Annahme, der Zeuge habe in einem solchen Fall in der Hauptverhandlung in Kenntnis des Verweigerungsrechts die Aussage gemacht, bestehen grundsätzlich Bedenken. Einem gerichtsunkundigen Zeugen sind die Rechtsverhältnisse nicht klar. Er kann nicht wissen, ob es zwischen polizeilicher Vernehmung und Vernehmung in der Hauptverhandlung Unterschiede gibt. Wird er zwar von der Polizei belehrt, von dem Richter in der Hauptverhandlung dagegen nicht, kann das im Zeugen die Fehlvorstellung hervorrufen, er sei nun in der Hauptverhandlung gerade wegen der unterbliebenen Belehrung aussagepflichtig.[1386] Es ist Aufgabe allein des Gerichts, durch eine ordnungsgemäße Belehrung für Klarheit zu sorgen. Unklarheiten dürfen nicht zu Lasten des Angeklagten gehen.

Rüge 77

Ist ein Zeuge in der Hauptverhandlung zu Unrecht nach § 52 StPO belehrt worden und hat er die Aussage verweigert bzw. sich unberechtigterweise auf ein Zeugnisverweigerungsrecht berufen?   **896**

I. Rechtsgrundlagen

Sagt der nicht zeugnisverweigerungsberechtigte Zeuge im Hinblick auf die unrichtige Belehrung über das Bestehen eines Zeugnisverweigerungsrechts aus, kann dies nicht Gegenstand einer Rüge sein. Denn der Zeuge war wegen Fehlens des Zeugnisverweigerungsrechts aussagepflichtig.   **897**

Verweigert der Zeuge aufgrund der unrichtigen Belehrung das Zeugnis oder gesteht das Gericht dem Zeugen die Inanspruchnahme eines tatsächlich nicht bestehenden Zeugnisverweigerungsrechts zu, kann dies gerügt werden, da das Gericht ein geladenes und präsentes Beweismittel nicht genutzt hat.[1387] Gerügt werden muss eine Verletzung von § 245 Abs. 1, § 244 Abs. 2 StPO. Auf die Ausführungen zu §§ 245, 244 Abs. 2 StPO kann verwiesen werden.[1388]

1385 *BGH* v. 12.1.2011 – 1 StR 672/10; *Meyer-Goßner/Schmitt*[60] § 52 Rn. 34.
1386 *BGH* StV 2004, 297; *Meyer-Goßner/Schmitt*[60] § 52 Rn. 32 m.w.N.
1387 *BGH* v. 13.7.2016 – 2 StR 116/16; *BGH* v. 27.11.2012 – 5 StR 554/12.
1388 Siehe Rügen Nr. 189, 190 Rn. 1692 ff., 1708 ff.

II. Anforderungen an den Vortrag

898 Zu rügen ist ein Verstoß gegen §§ 245 Abs. 1, 244 Abs. 2 StPO.

Vorzutragen ist, dass

- der Zeuge zur Hauptverhandlung vom Gericht geladen wurde und erschienen ist,
- er nach § 57 StPO belehrt wurde und seine Personalien angegeben hat,
- er nach dem Verwandtschaftsverhältnis gefragt wurde und was er angegeben hat,
- ggf. die Feststellung seitens des Zeugen oder des Gerichts, dass kein Verwandtschaftsverhältnis bestehe,
- dass der Zeuge nach § 52 Abs. 3 StPO belehrt wurde bzw. das Gericht ein von ihm in Anspruch genommenes Zeugnisverweigerungsrecht zu Unrecht zugestanden hat,
- dass der Zeuge von dem ihm fälschlicherweise eingeräumten Zeugnisverweigerungsrecht Gebrauch gemacht hat,
- dass der Zeuge im weiteren Verlauf der Hauptverhandlung nicht vernommen wurde (Negativtatsache!),
- dass auf die Vernehmung der Zeugen nicht verzichtet wurde (Negativtatsache!),
- dass ein Verwandtschaftsverhältnis i.S.d. § 52 Abs. 1 StPO nicht besteht, was zu begründen ist,
- was der Zeuge im bisherigen Verfahren bekundet hat (Mitteilung des gesamten Wortlauts der Vernehmungsniederschriften und/oder Vermerke über Erklärungen des Zeugen und/oder vom Zeugen stammenden schriftlichen Mitteilungen),
- die in der Hauptverhandlung zu erwartende Aussage des Zeugen im Falle der Vernehmung.

Ein Beruhen des Urteils auf der durch die unrichtige Belehrung nach § 52 Abs. 3 StPO hervorgerufenen (unberechtigten) Zeugnisverweigerung wird wohl kaum auszuschließen sein. Dies gilt selbst dann, wenn dem Zeugen zwar kein Zeugnisverweigerungsrecht nach § 52 Abs. 1 StPO aber ein Auskunftsverweigerungsrecht nach § 55 StPO zugestanden hätte.[1389]

1389   KK-*Senge*[7] § 52 Rn. 47; *Meyer-Goßner/Schmitt*[60] § 52 Rn. 35.

Rüge 78

Ist mit Zustimmung eines Zeugen, der in der Hauptverhandlung berechtigt das Zeugnis verweigert hat, eine frühere Aussage oder Erklärung in die Hauptverhandlung eingeführt worden?

899

I. Rechtsgrundlagen

Macht ein Zeuge in der Hauptverhandlung von seinem Zeugnisverweigerungsrecht gem. § 52 Abs. 1 StPO Gebrauch, unterliegen seine früheren Angaben grundsätzlich einem Beweisverbot (§ 252 StPO).[1390] Auch eine Verlesung einer früheren Vernehmungsniederschrift im Einverständnis der Verfahrensbeteiligten nach § 251 Abs. 2 Nr. 3 StPO ist unzulässig.[1391] Die Erhebung einer Rüge der Verletzung des § 252 StPO durch Verlesung und Verwertung einer Vernehmungsniederschrift nach Zeugnisverweigerung in der Hauptverhandlung setzt nicht voraus, dass der Verlesung widersprochen und ein Gerichtsbeschluss herbeigeführt wurde.[1392] Sie erfordert auch nicht den Vortrag der Negativtatsache, dass der Zeuge nach qualifizierter Belehrung auf das Verwertungsverbot verzichtet habe.[1393] Eine Ausnahme von diesem Beweisverbot besteht nach Auffassung der Rspr. dann, wenn der Zeuge in der Hauptverhandlung sich zwar auf sein Zeugnisverweigerungsrecht berufen, er aber der Verwertung seiner früheren Angaben zugestimmt hat.[1394] In diesem Falle sind die früheren Angaben nach den allgemeinen Regeln verwertbar, so dass z.B. auch eine Verlesung einer Niederschrift über eine frühere nichtrichterliche oder richterliche Vernehmung nach § 251 Abs. 1 Nr. 1 bzw. § 251 Abs. 2 Nr. 3 StPO mit Zustimmung der Verfahrensbeteiligten zulässig ist.[1395] Dies ist vor dem Hintergrund, dass der Zeuge sich dadurch der Überprüfung der Glaubhaftigkeit seiner Aussage durch seine persönliche Vernehmung durch das erkennende Gericht und insbesondere den Angeklagten entzieht, abzulehnen. Der Beschwerdeführer sollte im Hinblick auf die Kritik an dieser Rspr.,[1396] die nicht von allen Senaten des BGH vorbehaltlos unterstützt wird,[1397] prüfen, ob er die von dem Tatgericht in Anspruch ge-

900

1390 *Meyer-Goßner/Schmitt*[60] § 52 Rn. 32. Zur fehlerhaften Verwertung von Aussagen eines nicht in der Hauptverhandlung vernommenen Angehörigen s. Rüge 255 Rn. 2147 ff.
1391 *BGH* v. 13.6.2012 – 2 StR 112/12 = StV 2012, 705.
1392 *BGH* v. 11.4.2012 – 3 StR 108/12 = StV 2012, 706; KK-*Diemer*[7] § 252 Rn. 32.
1393 *BGH* v. 13.6.2012 – 2 StR 112/12 = StV 2012, 705.
1394 *BGHSt* 45, 203; *BGH* StV 2007, 22 und 401; *Meyer-Goßner/Schmitt*[60] § 252 Rn. 16a; vgl. zur Art und Weise der Einführung der früheren Aussage *BGH* StV 2008, 170 und Rüge 150 Rn. 1366 ff.
1395 *BGH* StV 2008, 170; *BGH* v. 13.6.2012 – 2 StR 112/12 = StV 2012, 705.
1396 Vgl. nur *Vogel* StV 2003, 598 m. w. N.
1397 Vgl. *BGH* (3. StS) StV 2003, 603; zweifelnd auch *BGH* v. 27.1.2011 – 5 StR 482/10.

nommene Ausnahme von dem Beweisverwertungsverbot des § 252 StPO erneut zur Diskussion stellen sollte.[1398]

901 Für die von der Rspr. gemachte Ausnahme vom Verwertungsverbot ist Voraussetzung, dass

1. der Zeuge die Zustimmung ausdrücklich und unmissverständlich erklärt. Ein Rückschluss auf eine (konkludente) Zustimmung aufgrund von (unsicheren) Indizien ist nicht möglich.[1399] Die eindeutige Zustimmungserklärung kann auch durch einen Dritten für den Zeugen abgegeben werden, etwa durch einen Zeugenbeistand. Die Zustimmungsklärung kann auch bereits vor der Hauptverhandlung durch den Zeugen oder seinen Rechtsbeistand erteilt werden.[1400] Voraussetzung für die Wirksamkeit ist aber immer, dass sich der Zeuge der Bedeutung der Zustimmung bewusst war;

2. der in der Hauptverhandlung erschienene Zeuge vom Gericht über die Folgen seines Verzichts „qualifiziert" belehrt wurde, d.h. dass dem Zeugen mitgeteilt wurde, dass das Gericht bei fehlender Zustimmung frühere Angaben nicht verwerten, im Falle der Zustimmung die Angaben jedoch dem Urteil zugrunde legen darf.[1401]

Die qualifizierte Belehrung ist ebenso wesentliche Förmlichkeit und deshalb zu protokollieren wie die daraufhin abgegebene Verzichtserklärung des Zeugen.[1402] Das Schweigen des Protokolls zu einer vom Zeugen abgegebenen Verzichtserklärung beweist (§ 274 StPO), dass der Zeuge der Verwertung der früheren Angaben nicht zugestimmt hat.[1403]

902 In Betracht kommen die Rügen, dass der Zeuge der Verwertung nicht (ausdrücklich) zugestimmt hat und/oder er nicht qualifiziert belehrt worden ist.

II. Anforderungen an den Vortrag der Rüge der Verletzung des § 252 StPO

903 1. Es muss vorgetragen werden, dass

- der Zeuge in der Hauptverhandlung sich auf das ihm nach § 52 Abs. 1 StPO zustehende Zeugnisverweigerungsrecht berufen hat,

---

1398 Da im Falle der Zeugnisverweigerung und Verwertung früherer Angaben das Fragerecht und das Konfrontationsrecht aus Art. 6 Abs. 3 lit. d) EMRK tangiert sein können, kann auch (ergänzend) eine Rüge der Verletzung dieser Vorschriften in Betracht kommen (vgl. dazu Rüge 101 Rn. 1032).

1399 *BGH* StV 2007, 402.

1400 *BGH* StV 2008, 57 = NStZ 2007, 712.

1401 *BGH* v. 10.2.2015 – 1 StR 20/15 = NStZ 2015, 232; *BGHSt* 45, 203, 208; *BGH* StV 2007, 22, 23; *Meyer-Goßner/Schmitt*[60] § 252 Rn. 16a.

1402 *BGH* v. 13.6.2012 – 2 StR 112/12 = StV 2012, 705; *BGH* StV 2007, 22, 23.

1403 *BGH* v. 13.6.2012 – 2 StR 112/12 = StV 2012, 705.

- ihm dieses Zeugnisverweigerungsrecht tatsächlich zustand (Mitteilung der das Angehörigenverhältnis i.S.d. § 52 Abs. 1 StPO begründenden Tatsachen),
- der Zeuge sich nicht zur Sache geäußert hat,
- der Inhalt einer früheren Vernehmung oder sonstigen gegenüber den Ermittlungsbehörden gemachte Angaben in welcher Art und Weise in die Hauptverhandlung eingeführt wurde, wobei diese im Wortlaut mitzuteilen ist.

2. Geht das Gericht davon aus, der Zeuge habe sich damit einverstanden erklärt, **904** dass der Inhalt seiner früheren Angaben trotz seiner Zeugnisverweigerung in die Hauptverhandlung eingeführt werden könne, ist zusätzlich vorzutragen, dass
   - der Zeuge nicht qualifiziert belehrt wurde, er also nicht auf die Folgen seines Verzichts auf das sonst bestehende Verwertungsverbot ausdrücklich hingewiesen wurde,
   - der Zeuge der Verwertung nicht (ausdrücklich) zugestimmt hat bzw. die vom Gericht die für die Annahme der Zustimmung herangezogenen Indizien die Zustimmungserklärung nicht tragen und die ausdrückliche Zustimmung nicht ersetzen.[1404]

Im letzteren Fall empfehlen sich Ausführungen zur Beruhensfrage. Denn ein **905** Zeuge kann nicht wissen, ob seine Zeugnisverweigerung zu einem Verwertungsverbot führt. Vielmehr kann er der Auffassung sein, seine frühere Aussage sei trotz der jetzigen Zeugnisverweigerung ohnehin verwertbar. Nur wenn er über die Rechtslage aufgeklärt wird, kann er entscheiden, ob er durch seine Zustimmung das ansonsten bestehende Verwertungsverbot durchbrechen will. Bei fehlender qualifizierter Belehrung wird also ein Beruhen des Urteils auf der fehlerhaft unterlassenen Belehrung nicht auszuschließen sein, weil unklar bleibt, ob dem Zeugen das ohne seine Zustimmung bestehende Verwertungsverbot bekannt war. Die Situation ist damit vergleichbar mit der unterbliebenen Belehrung nach § 52 StPO.

3. Begrenzter Beweiswert der früheren Aussage   **906**
   Verweigert der Zeuge die Aussage, stimmt aber der Verwertung früherer Angaben zu, so haben diese wegen des Fehlens einer unmittelbaren Befragungsmöglichkeit durch die Verfahrensbeteiligten nur begrenzten Beweiswert, was dem Gericht bei der Beweiswürdigung bewusst sein muss und daher im Urteil zu erörtern ist.[1405] Fehlt es daran, könnte die Beweiswürdigung fehlerhaft sein, was mit der Sachrüge zu beanstanden wäre. Gleichwohl empfiehlt es sich, die Verfahrenstatsachen, aus denen sich der begrenzte Beweiswert ergibt, also Zeugnisverweigerung, Zustimmung zur Verwertung früherer Angaben und Einführung der früheren Angaben im Rahmen der Sachrüge mitzuteilen. Da im Falle der Zeugnisverweigerung und Verwertung früherer Angaben das dem Angeklagten

---

1404   *BGH* StV 2007, 401.
1405   *BGHSt* 45, 203, 208; *BGH* StV 2007, 401, 402.

zustehende Fragerecht und das Konfrontationsrecht aus Art. 6 Abs. 3 lit. d) EMRK tangiert ist, kann auch (ergänzend) eine Rüge der Verletzung dieser Vorschriften in Betracht kommen (vgl. dazu Rüge 101 Rn. 1032).

Rüge 79

907   Hat das Gericht einen Angehörigen eines ehemals Mitbeschuldigten bzw. eines Mitangeklagten als Zeugen in der Hauptverhandlung vernommen, ohne ihn nach § 52 Abs. 3 StPO belehrt zu haben?

I. Rechtsgrundlagen

908   Auch der nicht mit einem in der Hauptverhandlung vernommenen Zeugen verwandte Angeklagte kann die Verletzung des § 52 Abs. 3 StPO rügen, wenn dieser ohne Belehrung über sein Zeugnisverweigerungsrecht als Angehöriger eines derselben Tat i.S.d. § 264 StPO beschuldigten Mitangeklagten vernommen wurde und dessen Aussage gegen ihn verwertet worden ist.[1406] Die gleichen Grundsätze gelten für den Fall, dass es um die Aussage eines Angehörigen i.S.d. § 52 Abs. 1 StPO eines ehemaligen Mitbeschuldigten oder Mitangeklagten geht, dessen Verfahren z.B. in irgendeinem Verfahrensstadium abgetrennt wurde.[1407] Voraussetzung ist allerdings, dass die Verfahren gegen die Mitbeschuldigten/Mitangeklagten zu irgendeinem Zeitpunkt gemeinsam geführt wurden und dieselbe Tat i.S.d. § 264 StPO betreffen.[1408] Dies gilt auch dann, wenn der als Zeuge vernommene Angehörige eines früheren Mitbeschuldigten damals ebenfalls Mitbeschuldigter war.[1409] Dass sie hätten verbunden werden können oder parallel geführt wurden, reicht nicht.[1410] Das Zeugnisverweigerungsrecht besteht auch dann, wenn das Verfahren gegen den Mitbeschuldigten z.B. nach § 170 Abs. 2 StPO oder nach § 205 StPO eingestellt wurde.[1411] Liegen diese Voraussetzungen vor, kann der Angeklagte den Verstoß gegen

---

1406   KK-*Senge*[7] § 52 Rn. 49; *Meyer-Goßner/Schmitt*[60] § 52 Rn. 34.
1407   *Meyer-Goßner/Schmitt*[60] § 52 Rn. 11.
1408   *BGH* StV 2012, 193; *Meyer-Goßner/Schmitt*[60] § 52 Rn. 11 m.w. Rspr.-Nachw.
1409   *BGH* StV 2012, 193.
1410   Gegen das von der Rspr. aufgestellte Erfordernis einer solchen prozessualem Gemeinsamkeit sind erhebliche Vorbehalte anzubringen (vgl. nur *Prittwitz* NStZ 1986, 64, 65; *Schlothauer* in: AG Strafrecht des DAV, Wahrheitsfindung und ihre Schranken, 1989, 80, 85 ff. m.w.N.), weshalb eine Verletzung des § 52 Abs. 3 StPO auch in solchen Fällen in Betracht kommt, in denen – bei identischem Tatvorwurf – die Verfahren gegen den Angeklagten und einen anderen Beschuldigten zu keinem Zeitpunkt miteinander verbunden waren, solange das Verfahren gegen letzteren nicht rechtskräftig oder durch Tod abgeschlossen ist.
1411   *BGH* StV 2012, 194; StV 2010, 609; StV 1998, 245.

§ 52 Abs. 3 StPO rügen. Auf die obigen Ausführungen[1412] kann verwiesen werden. Allerdings hat der 5. Senat Zweifel geäußert, ob an dieser Rspr. festzuhalten ist und erwogen, ob das Zeugnisverweigerungsrecht nur so lange Bestand haben kann, wie sich das Verfahren im Zeitpunkt der Entscheidung über das Verweigerungsrecht noch gegen einen angehörigen Angeklagten richtet und nicht – davon gelöst – lediglich als Rechtsreflex auch Nichtangehörige begünstigt.[1413] Ist der Mitbeschuldigte bzw. Mitangeklagte jedoch verstorben oder das Verfahren gegen diesen rechtskräftig (auch durch Freispruch) abgeschlossen, endet das Zeugnisverweigerungsrecht.[1414] Das Zeugnisverweigerungsrecht, das der Angehörige eines Beschuldigten im Verfahren gegen einen Mitbeschuldigten hat, erlischt, wenn das gegen den angehörigen Beschuldigten geführte Verfahren rechtskräftig abgeschlossen wird, auch bezüglich solcher Tatvorwürfe, hinsichtlich deren das Verfahren gem. § 154 Abs. 1 oder Abs. 2 StPO mit Blick auf eine rechtskräftige Verurteilung im Bezugsverfahren eingestellt worden ist.[1415]

II. Anforderungen an den Vortrag

Auch insoweit kann zunächst auf die obigen Ausführungen verwiesen werden. **909**

Allerdings ist unbedingt mitzuteilen, dass die Verfahren gegen den jetzigen Angeklagten und den Angehörigen des Zeugen verbunden waren. Entsprechende Urkunden sollten in der Revisionsbegründung im Wortlaut mitgeteilt werden, etwa die Einleitungsverfügung der Staatsanwaltschaft, die Verfügung über die Verbindung der Ermittlungsverfahren und der Vollständigkeit halber auch eine etwaige Abtrennungsverfügung. Das Gleiche gilt für die Unterlagen, aus denen sich eine Verfahrenstrennung im Zwischenverfahren oder in der Hauptverhandlung ergibt.

Als Negativtatsache muss vorgetragen werden, dass das Verfahren gegen den ehemaligen Mitbeschuldigten bzw. Mitangeklagten im Zeitpunkt der Vernehmung seines Angehörigen nicht rechtskräftig abgeschlossen bzw. dieser nicht verstorben war.

Auch muss detailliert mitgeteilt werden, dass die zum Nachteil des Beschwerdeführers verwertete Aussage des Zeugen dieselbe Tat i.S.d. § 264 StPO betraf, die dem angehörigen ehemaligen Mitbeschuldigten bzw. Mitangeklagten vorgeworfen worden ist.

1412 Rüge 76 Rn. 891 ff.
1413 *BGH* StV 2012, 194.
1414 Vgl. insgesamt dazu *Meyer-Goßner/Schmitt*[60] § 52 Rn. 11; KK-*Senge*[7] § 52 Rn. 6.
1415 *BGHSt* 54, 1 = StV 2010, 609 m. Anm. *Bertheau*; vgl. ferner *BGHSt* 38, 96 = StV 1992, 51 sowie *BGHR* StPO § 52 Abs. 1 Nr. 3 Mitbeschuldigter 7 und 9.

Rüge 80

910 Hat das Gericht Angehörige ohne genügende Verstandesreife (insbesondere Kinder) vernommen und dabei die besonderen Zustimmungs- und Belehrungserfordernisse gem. § 52 Abs. 2 StPO beachtet?

I. Rechtsgrundlagen und Rügemöglichkeiten

911 Die für die Entscheidung über die Ausübung des Zeugnisverweigerungsrechts notwendige Verstandesreife (§ 52 Abs. 2 StPO) setzt voraus, dass der Zeuge erkennen kann, dass der Beschuldigte/Angeklagte etwas Unrechtes getan hat, ihm deswegen eine Strafe droht und die Aussage in diesem Zusammenhang von Bedeutung ist. Der Zeuge muss die Folgen der Aussage für den Angehörigen übersehen können. Diese Frage hat der Tatrichter unabhängig vom Alter des Zeugen oder etwa einer Betreuung (§ 1896 BGB) zu beurteilen. Feste Altersgrenzen gibt es bei kindlichen Zeugen für die fehlende Verstandesreife nicht, bei Kindern unter 7 Jahren wird sie in der Regel fehlen. Bleibt die Frage zweifelhaft, ist von fehlender Verstandesreife auszugehen.[1416]

912 Liegen die Voraussetzungen mangelnder Verstandesreife vor, so sind sowohl der Zeuge als auch dessen gesetzlicher Vertreter gem. § 52 Abs. 3 StPO vor der Vernehmung zu belehren.

Der Zeuge darf nur vernommen werden, wenn er selbst aussagebereit ist und der gesetzliche Vertreter zustimmt, § 52 Abs. 2 StPO. Der Zeuge ist auch ausdrücklich zu belehren, dass er trotz Zustimmung zur Vernehmung durch den gesetzlichen Vertreter die Aussage verweigern kann.[1417]

913 Sind mehrere Personen, z.B. beide Elternteile sorgeberechtigt, so bedarf es der Zustimmung beider. Versagt einer von beiden die Zustimmung, so muss die Vernehmung unterbleiben.[1418] Steht dem Ehegatten des Beschuldigten allein die gesetzliche Vertretung des zur Verweigerung des Zeugnisses berechtigten minderjährigen Kindes zu, so kann er über die Ausübung des Zeugnisverweigerungsrechtes allein entscheiden. Das gilt auch, wenn der allein sorgeberechtigte Elternteil Geschädigter der fraglichen Straftat ist.[1419] Eine Ergänzungspflegschaft kann nur angeordnet werden, soweit der Inhaber der elterlichen Sorge an deren Ausübung tatsächlich oder rechtlich gehindert ist.[1420] Dabei setzt die Pflegerbestellung durch das Vor-

---

1416   Vgl. dazu insges. *Meyer-Goßner/Schmitt*[60] § 52 Rn. 18; KK-*Senge*[7] § 52 Rn. 23 ff.

1417   *BGH* v. 17.4.2012 – 1 StR 146/12 = NStZ 2012, 578 m. Anm. *Eisenberg*; *BGH* StV 1983, 494; 1991, 401.

1418   KK-*Senge*[7] § 52 Rn. 28; *Meyer-Goßner/Schmitt*[60] § 52 Rn. 19.

1419   *OLG Karlsruhe* v. 26.3.2012 – 2 WF 42/12 = StraFo 2012, 225.

1420   *OLG Brandenburg* v. 22.10.2015 – 9 WF 209/15 = Rpfleger 2016, 228; *OLG Nürnberg* v. 15.4.2010 – 9 UF 353/10 = StV 2010, 618 (Ls).

mundschaftsgericht voraus, dass die Aussagebereitschaft des Minderjährigen feststeht.[1421]

Ist der gesetzliche Vertreter selbst Beschuldigter/Angeklagter, so kann er die Zustimmung weder versagen noch erteilen. Dies gilt auch für den nicht beschuldigten Elternteil, sofern beide sorgeberechtigt sind, § 52 Abs. 2 S. 2 StPO.

Im Gesetz nicht geregelt ist der Fall, dass der nichtbeschuldigte Elternteil allein sorgeberechtigt ist. Eine Entscheidung des BGH liegt hierzu bislang soweit ersichtlich nicht vor; das Problem ist in der Literatur umstritten.[1422] Es kann an dieser Stelle nicht vertieft werden.

Als Rügen kommen in Betracht, dass z.B.: **914**

- das Gericht die mangelnde Verstandesreife nicht erkannt oder zu Unrecht angenommen hat,
- die Belehrung des Zeugen und/oder des gesetzlichen Vertreters gem. § 52 Abs. 3 StPO unterblieben ist bzw. dass der gesetzliche Vertreter der Vernehmung nicht zugestimmt hat,
- dass es im Falle eines Beschuldigten, der gesetzlicher Vertreter des Zeugen ist, unterblieben ist, einen Ergänzungspfleger nach § 1909 Abs. 1 S. 1 BGB zu bestellen und dessen Zustimmung zu der Vernehmung einzuholen.

II. Anforderungen an den Vortrag

1. Soll gerügt werden, dass dem Zeugen die notwendige Verstandesreife fehlte **915**
   oder das Gericht diese zu Unrecht angenommen hat, so ist vorzutragen, dass
   - der Zeuge zur Hauptverhandlung vom Gericht geladen wurde und erschienen ist,
   - er nach § 57 StPO belehrt wurde und seine Personalien angegeben hat,
   - er nach dem Verwandtschaftsverhältnis gefragt wurde und was er angegeben hat,
   - die Feststellung, dass ein Verwandtschaftsverhältnis besteht,
   - dass der Zeuge nach § 52 Abs. 3 StPO belehrt wurde,
   - der Zeuge zur Aussage bereit war und zur Sache ausgesagt hat,
   - der gesetzliche Vertreter nicht belehrt worden ist und der Aussage nicht zugestimmt hat,
   - alle Tatsachen und Umstände, aus denen sich die mangelnde Verstandesreife ergeben soll, z.B. Alter des Zeugen, ggf. auch Einzelheiten aus dem

---

1421 *OLG Schleswig* v. 20.11.2012 – 10 WF 187/12 = NJW-RR 2013, 777; *OLG Saarbrücken* v. 22.3.2011 – 6 UF 34/11 = NJW 2011, 2306; **a.A.** *OLG Hamburg* v. 26.3.2013 – 13 UF 81/12 = StraFo 2013, 282.

1422 Für den Ausschluss KK-*Senge*[7] § 52 Rn. 29; für die Entscheidungsbefugnis *OLG Brandenburg* v. 16.9.2011 – 13 UF 166/11 = FamRZ 2012, 1068; *OLG Nürnberg* v. 15.4.2010 – 9 UF 353/10 = StV 2010, 618; *Meyer-Goßner/Schmitt*[60] § 52 Rn. 20 jew. m.w.N.

(Aussage-) Verhalten des Zeugen bei und nach der Belehrung und bei der Aussage in der Hauptverhandlung. Sind Urkunden vorhanden, die für die fehlende Verstandesreife von Bedeutung sind, so sind diese in vollem Wortlaut mitzuteilen.

916 2. Soll gerügt werden, dass die notwendige Belehrung des Zeugen oder des gesetzlichen Vertreters unterblieben ist bzw. die Zustimmung zur Vernehmung nicht erteilt wurde, ist vorzutragen, dass

- der Zeuge zur Hauptverhandlung vom Gericht geladen wurde und erschienen ist,
- er nach § 57 StPO belehrt wurde und seine Personalien angegeben hat,
- er nach dem Verwandtschaftsverhältnis gefragt wurde und was er angegeben hat,
- die Feststellung, dass ein Verwandtschaftsverhältnis besteht,
- die Feststellung, dass dem Zeugen die notwendige Verstandesreife fehlte (vgl. Rn. 8),
- der gesetzliche Vertreter nicht belehrt wurde oder die Zustimmung verweigert hat,
- bzw. der Zeuge selbst (trotz Zustimmung des gesetzlichen Vertreters) nicht belehrt worden ist, dass er gleichwohl von dem ihm zustehenden Zeugnisverweigerungsrecht Gebrauch machen könne und
- der Zeuge zur Sache ausgesagt hat.

917 3. Soll gerügt werden, dass es unterlassen wurde, die Zustimmung eines Ergänzungspflegers einzuholen, weil der Beschuldigte der gesetzliche Vertreter des Zeugen ist, muss vorgetragen werden, dass

- der Zeuge zur Hauptverhandlung vom Gericht geladen wurde und erschienen ist,
- er nach § 57 StPO belehrt wurde und seine Personalien angegeben hat,
- er nach dem Verwandtschaftsverhältnis gefragt wurde und was er angegeben hat,
- die Feststellung, dass ein Verwandtschaftsverhältnis besteht,
- die Feststellung, dass dem Zeugen die notwendige Verstandesreife fehlte,
- der/ein gesetzliche(r) Vertreter des Zeugen selbst (ehemaliger[1423]) Beschuldigter der Tat ist, die Gegenstand der Hauptverhandlung ist,
- jedoch kein Ergänzungspfleger bestellt wurde oder jedenfalls nicht dessen Zustimmung zur Vernehmung des verstandesunreifen Zeugen eingeholt worden ist bzw. dieser nicht vor Erteilung der Zustimmung nach § 52 Abs. 3 StPO belehrt worden ist.

1423   In diesem Fall ist zusätzlich vorzutragen, dass zwischen den Verfahren gegen den Angeklagten und gegen den gesetzlichen Vertreter des in der Hauptverhandlung vernommenen Zeugen zu irgendeinem Zeitpunkt eine prozessuale Gemeinsamkeit bestanden hat, das Verfahren gegen den gesetzlichen Vertreter aber noch nicht rechtskräftig oder durch dessen Tod abgeschlossen ist (s.o. Rn. 908).

Rüge 81

Hat das Gericht aus der berechtigten Zeugnisverweigerung eines zeugnisverweigerungsberechtigten Angehörigen Schlüsse zum Nachteil des Angeklagten gezogen?   **918**

I. Rechtsgrundlagen

Die Tatsache der Ausübung des Zeugnisverweigerungsrechts durch einen gem. § 52   **919**
Abs. 1 StPO zeugnisverweigerungsberechtigten Angehörigen oder eines (wegen derselben Tat) beschuldigten Mitangeklagten oder ehemaligen Mitbeschuldigten darf grundsätzlich nicht gegen den Angeklagten verwertet werden, auch nicht der Umstand, dass der Zeuge zunächst ausgesagt und dann die Aussage verweigert hat und umgekehrt.[1424] Die Unglaubwürdigkeit eines zur Verweigerung des Zeugnisses berechtigten Zeugen darf nicht daraus hergeleitet werden, dass dieser im Ermittlungsverfahren geschwiegen und erst in der Hauptverhandlung seine entlastenden Angaben gemacht hat. Würde die Tatsache, dass ein Zeugnisverweigerungsberechtigter von sich aus nichts zur Aufklärung beigetragen hat, geprüft und gewertet, so könnte er von seinem Schweigerecht nicht mehr unbefangen Gebrauch machen, weil er befürchten müsste, dass daraus später nachteilige Schlüsse zu Lasten des Angeklagten gezogen würden.[1425] Dies gilt sowohl für die Beweiswürdigung im Urteil als auch für die Begründung der Ablehnung von (Beweis-) Anträgen.[1426] Auch (völlig überflüssige) Erklärungen des Zeugen, warum er sich auf sein Zeugnisverweigerungsrecht beruft, etwa dass er den Angeklagte nicht belasten wolle, dürfen nicht berücksichtigt werden.[1427]

II. Anforderungen an den Vortrag

1. Ist ein (Beweis-) Antrag zurückgewiesen worden und in der Ablehnungsbegrün-   **920**
dung die Zeugnisverweigerung unzulässigerweise verwertet worden, ist je nach Antrag und Ablehnungsgrund die Rüge der Verletzung des § 244 Abs. 3 StPO, ggf. auch Abs. 2 zu erheben. Auf die Ausführungen in Kap. 21, Rn. 1417 ff. kann verwiesen werden.

Sofern sich die berechtigte Zeugnisverweigerung nicht vollumfänglich aus dem Urteil ergibt, sind die vorzutragenden Verfahrenstatsachen zu ergänzen und zwar, dass

---

1424 *BGH* v. 12.1.2016 – 3 StR 462/15 = StV 2016, 419; *BGH* v. 29.10.2015 – 3 StR 288/15 = NStZ-RR 2016, 117; *BGH* StV 1985, 45; *Meyer-Goßner/Schmitt*[60] § 261 Rn. 20; KK-*Senge*[7] § 52 Rn. 45 jew. m.w.N.
1425 *BGH* v. 12.1.2016 – 3 StR 462/15 = StV 2016, 419; *BGH* v. 8.12.2015 – 3 StR 298/15 = NStZ 2016, 301; *BGH* v. 20.3.2014 – 3 StR 353/13 = StV 2014, 722; *BGH* v. 13.8.2009 – 3 StR 168/09 = StV 2009, 679.
1426 *BGH* StV 1985, 485.
1427 KK-*Senge*[7] § 52 Rn. 45; *Meyer-Goßner/Schmitt*[60] § 261 Rn. 20.

- der Zeuge zur Hauptverhandlung vom Gericht geladen wurde und erschienen ist,
- er nach § 57 StPO belehrt wurde und seine Personalien angegeben hat,
- die Feststellung, dass der Zeuge Angehöriger i.S.d. § 52 Abs. 1 StPO des Angeklagten bzw. eines derselben Tat beschuldigten Mitangeklagten (oder ehemaligen Beschuldigten)[1428] ist,
- er von seinem Zeugnisverweigerungsrecht (teilweise) Gebrauch gemacht hat.

921 2. Ist die (teilweise) Zeugnisverweigerung (nur) bei der Beweiswürdigung zum Nachteil des Angeklagten verwertet worden, stellt dies einen sachlich-rechtlichen Beweiswürdigungsmangel dar, der auf die allgemeine Sachrüge vom Revisionsgericht zu beachten ist. Auf Ausführungen zu Verfahrenstatsachen sollte jedoch nur dann verzichtet werden, wenn sich die berechtigte Zeugnisverweigerung und deren nachteilige Verwertung mit aller Eindeutigkeit aus dem Urteil selbst ergibt. Im Zweifel empfiehlt es sich, innerhalb der Ausführungen zur fehlerhaften Beweiswürdigung wegen unzulässiger Verwertung der berechtigten Zeugnisverweigerung die oben unter 1. beschriebenen Verfahrensvorgänge vorzutragen.

Abschnitt 3
Sind in der Hauptverhandlung Berufsgeheimnisträger oder deren Gehilfen i.S.d. §§ 53, 53a StPO vernommen worden?

922

Überblick		Rn.
Rüge 82:	Ist ein Berufsgeheimnisträger nicht nach § 53 StPO belehrt worden?	928
Rüge 83:	Ist ein Berufsgeheimnisträger zu Unrecht nach § 53 StPO belehrt worden und hat er daraufhin das Zeugnis verweigert?	930
Rüge 84:	Hat der Berufsgeheimnisträger nach einem Hinweis des Gerichts, er sei von der Schweigepflicht entbunden, ausgesagt, obwohl er tatsächlich nicht entbunden war?	932
Rüge 85:	Ist ein Berufsgeheimnisträger als Zeuge zur Hauptverhandlung erschienen und sofort wieder entlassen worden, nachdem eine Schweigepflichtentbindung nicht vorlag?	936
Rüge 86:	Hat das Gericht aus der berechtigten Zeugnisverweigerung eines Berufsgeheimnisträgers oder Berufshelfers Schlüsse zum Nachteil des Angeklagten gezogen?	939

[1428] In diesem Fall sind zum Bestehen einer – ehemaligen – prozessualen Gemeinsamkeit und zum noch nicht rechtskräftigen Verfahrensabschluss gegen diesen weitere Ausführungen zu machen.

Vorbemerkung

Verstöße im Zusammenhang mit den §§ 53, 53a StPO können von jedem Angeklag- **923**
ten gerügt werden, auch von denen, die nicht zu den durch das Zeugnisverweigerungsrecht geschützten Personen gehören.[1429] Eine Belehrung von Zeugen i.S.d.
§§ 53, 53a StPO ist nicht vorgeschrieben.[1430]

Belehrungen im Hinblick auf das sich aus §§ 53, 53a StPO ergebende Zeugnisverweigerungsrecht, die allerdings nicht unzulässig sind und durch die Fürsorgepflicht
des Gerichts sogar geboten sein können,[1431] gehören deshalb nicht zu den wesentlichen Förmlichkeiten nach §§ 273, 274 StPO, so dass der Nachweis von (unterbliebenen) Belehrungen nur im Freibeweisverfahren geführt werden kann.[1432] Insoweit
bedarf es eines besonderen Vortrags, da sich die Revision zum Nachweis der (unterbliebenen) Belehrung nicht auf das Protokoll berufen kann.

Demgegenüber gehört die Frage, ob der Zeuge auch ohne Schweigepflichtentbindung aussagen will, zu den protokollierungspflichtigen wesentlichen Förmlichkeiten. Insoweit gilt die (negative) Beweiskraft des Protokolls.[1433]

Das mögliche Zeugnisverweigerungsrecht erstreckt sich nur auf Tatsachen, die
einem Berufsgeheimnisträger in seiner amtlichen Eigenschaft anvertraut oder bekannt geworden sind und nicht auf das, was er ausschließlich bei sonstiger Gelegenheit, etwa karitativer oder fürsorglicher Tätigkeit erfahren hat.[1434]

Steht dem Berufsgeheimnisträger das Zeugnisverweigerungsrecht nach § 53 StPO **924**
zu, obliegt es allein seiner freien Entscheidung, ob er sich nach Abwägung der widerstreitenden Interessen zur Aussage entschließt.[1435] Der Angeklagte hat keinen
Anspruch darauf, dass der Berufsgeheimnisträger von seinem Zeugnisverweigerungsrecht Gebrauch macht, selbst dann nicht, wenn er der Träger des Geheimhaltungsinteresses ist. Auch dann, wenn der Berufsgeheimnisträger ohne Entbindung
von der Schweigepflicht, also ggf. unter Verstoß gegen § 203 StGB aussagt, kann
dies nicht gerügt werden.[1436] Der Angeklagte muss es auch hinnehmen, wenn der
Entschluss des Berufsgeheimnisträgers zur Aussage auf einem in seinen Verantwortungsbereich fallenden Irrtum beruht. Etwas anderes gilt nur dann, wenn der Irrtum
durch das Verhalten des Gerichts hervorgerufen wurde. Das Gericht hat sich daher

---

1429 *BGHSt* 33, 148, 153; 50, 64; KK-*Senge*[7] § 53 Rn. 59; *Meyer-Goßner/Schmitt*[60] § 53
Rn. 50.
1430 *BGH* v. 4.2.2010 – 4 StR 394/09 = *BGHR* StPO § 53 Abs. 1 S. 1 Nr. 1 Verweigerung
2; *BGH* NJW 1991, 2844, 2846 = StV 1991, 344.
1431 KK-*Senge*[7] § 53 Rn. 6.
1432 KK-*Senge*[7] § 53 Rn. 58; vgl. auch *Meyer-Goßner/Schmitt*[60] § 273 Rn. 7: protokollierungspflichtig nur „die gesetzlich vorgeschriebenen Belehrungen".
1433 *BGHSt* 15, 200, 202; KK-*Senge*[7] § 53 Rn. 58.
1434 *BGHSt* 51, 140, 141 = StV 2007, 59; *BGH* 4.2.2010 – 4 StR 394/09 = *BGHR* StPO
§ 53 Abs. 1 S. 1 Nr. 1 Verweigerung 2.
1435 *BGHSt* 42, 73 = StV 1996, 355; *BGHSt* 18, 146 f.
1436 KK-*Senge*[7] § 53 Rn. 9 und 48; vgl. auch *BGHSt* 9, 59; 18, 371.

jeder Einflussnahme, insbesondere durch fehlerhafte Hinweise zu enthalten.[1437] Diskutiert wird auch, ob dem Verteidiger ein eigenständiges Schweigerecht unabhängig von der Schweigepflichtentbindung zusteht.[1438] Soweit ersichtlich, gibt es zu diesem Problem bislang keine obergerichtliche Rspr.

Daraus folgt, dass nur Fehler des Gerichts, die in Zusammenhang mit der (Nicht-) Aussage stehen, mit der Revision gerügt werden können. Ist ein in § 53 Abs. 1 S. 1 Nr. 2–3b StPO genannter Zeuge allerdings von der Verpflichtung zur Verschwiegenheit entbunden, darf er, was auch für seine Hilfspersonen gem. § 53a Abs. 2 StPO gilt, das Zeugnis nicht verweigern (§ 53 Abs. 2 S. 1 StPO).

Das Verwertungsverbot des § 252 StPO besteht auch im Falle einer Zeugnisverweigerung nach §§ 53, 53a StPO. Dies gilt allerdings nur für solche (frühere) Aussagen, bei denen das Zeugnisverweigerungsrecht schon bestand.[1439]

Der Ermittlungsrichter darf aber über den Inhalt der Aussage eines gem. § 53 Abs. 1 Nr. 3 StPO zur Verweigerung des Zeugnisses berechtigten Berufsgeheimnisträgers vernommen werden, die dieser vor dem Ermittlungsrichter gemacht hat, wenn der Berufsgeheimnisträger bei dieser Aussage gem. § 53 Abs. 2 StPO von der Verpflichtung zur Verschwiegenheit entbunden war; § 252 StPO ist dann nicht anwendbar. Dies gilt auch für die Vernehmung des Vernehmungsbeamten über die Angaben in einer polizeilichen Vernehmung.[1440]

925   Für Gehilfen eines Berufsgeheimnisträgers gelten folgende Besonderheiten:

Der unter § 53a StPO fallende Personenkreis der Berufshelfer ist weit. Es ist weder ein soziales Abhängigkeitsverhältnis noch eine beruflich ausgeübte Tätigkeit erforderlich. Auch gelegentliche Dienstleistungen – auch aus Gefälligkeit – etwa von Familienangehörigen fallen darunter, sofern ihre Tätigkeit Bezug zur geschützten Betätigung des Hauptgeheimnisträgers hat.[1441]

926   Das Zeugnisverweigerungsrecht des Berufshelfers ist akzessorisch. Ist der Hauptgeheimnisträger von der Schweigepflicht entbunden, gilt dies in den Fällen des § 53 Abs. 2 S. 1 StPO auch für den Gehilfen (§ 53a Abs. 2 StPO). Allerdings kann der Hauptgeheimnisträger, der selbst nicht von der Schweigepflicht befreit ist, über die Ausübung des Zeugnisverweigerungsrechts seines Berufshelfers entscheiden (§ 53a Abs. 1 S. 2 StPO). Er kann selbst das Zeugnis verweigern, die Hilfsperson aber zur Aussage anweisen oder umgekehrt verfahren.[1442] Der Geschützte kann demgegen-

---

1437   Vgl. insgesamt dazu *BGHSt* 42, 73 m.w.N.

1438   Vgl. dazu *Nack* StraFo 2012, 341 und *Leitner* StraFo 2012, 344.

1439   *BGH* StV 1997, 233; *Meyer-Goßner/Schmitt*[60] § 252 Rn. 3; s. hierzu Rüge 254 Rn. 2144.

1440   *BGH* v. 20.12.2011 – 1 StR 547/11 = StV 2012, 195.

1441   Vgl. dazu *BGHSt* 50, 64, 78; *Meyer-Goßner/Schmitt*[60] § 53a Rn. 2; KK-*Senge*[7] § 53a Rn. 2.

1442   *BGHSt* 50, 69, 74 f.; *Meyer-Goßner/Schmitt*[60] § 53a Rn. 7, 8; KK-*Senge*[7] § 53a Rn. 6, 7.

über beide nur gemeinsam entbinden oder nicht entbinden.[1443]

Dem Gehilfen steht kein selbstständiges Weigerungsrecht zu. Ist er entbunden und verweigert er die Aussage, muss diese mit Zwangsmitteln nach § 70 StPO herbeigeführt werden. Wird dies unterlassen, kann dies mit einer Rüge nach § 245 Abs. 1 StPO bzw. der Aufklärungsrüge angegriffen werden.[1444] Sagt dagegen der Gehilfe ohne Schweigepflichtentbindung aus, ist die Aussage wie diejenige des Hauptgeheimnisträgers verwertbar.[1445]

Ist der Hauptberufsgeheimnisträger Beschuldigter oder Angeklagter, so steht dem Gehilfen in diesem Verfahren kein Zeugnisverweigerungsrecht zu.[1446] Sofern sich das Verfahren gegen den Berufsgeheimnisträger und weitere Personen (z.B. Arzt und Patient; RA und Mandant) richtet, ist zu unterscheiden: soll sich die Aussage auf den Dritten (Patient oder Mandant) beziehen, bedarf es einer entspr. Weisung bzw. einer Schweigepflichtentbindung durch den Hauptberufsgeheimnisträger oder die betroffene Person. Bezieht sich die Aussage allein auf den Berufsgeheimnisträger, besteht auch ohne Entbindung Aussagepflicht.[1447] **927**

Wegen der Anforderungen an den Vortrag kann auf die Ausführungen zu §§ 53, 245 Abs. 1, 244 Abs. 2 StPO verwiesen werden.[1448]

Rüge 82
Ist ein Berufsgeheimnisträger nicht nach § 53 StPO belehrt worden? **928**

Das Unterlassen der Belehrung kann mit der Revision nicht gerügt werden. Das Gericht darf davon ausgehen, dass der Berufsgeheimnisträger seine Berufspflichten kennt.[1449] Nur wenn die Unkenntnis offensichtlich ist, ist eine Belehrung aus Fürsorgegründen erforderlich. In diesen – seltenen – Fällen könnte die unterbliebene Belehrung gerügt werden, wenn der Nachweis der Unkenntnis des Berufsgeheimnisträgers über sein Zeugnisverweigerungsrecht und die Kenntnis des Tatrichters hiervon geführt werden kann. Vorzutragen sind dann die Umstände, aus denen sich die Eigenschaft des Zeugen als Berufsgeheimnisträger ergibt, die Tatsache der Un- **929**

1443 *Meyer-Goßner/Schmitt*[60] § 53a Rn. 10 m.w.N.
1444 Siehe Rügen 189, 190 Rn. 1692 ff., 1707 ff.
1445 *Meyer-Goßner/Schmitt*[60] § 53a Rn. 7, 8; KK-*Senge*[7] § 53a Rn. 8.
1446 *Meyer-Goßner/Schmitt*[60] § 53a Rn. 9; KK-*Senge*[7] § 53a Rn. 9.
1447 KK-*Senge*[7] § 53a Rn. 9; *Meyer-Goßner/Schmitt*[60] § 53a Rn. 9.
1448 Siehe Rügen Nr. 189, 190 Rn. 1692 ff., 1707 ff.
1449 *BGHSt* 42, 73 = StV 1996, 355; *BGH* NJW 1991, 2844, 2846; *Meyer-Goßner/ Schmitt*[60] § 53 Rn. 44; KK-*Senge*[7] § 53 Rn. 6.

kenntnis des Zeugen über das ihm zustehende Zeugnisverweigerungsrecht, die Kenntnis dieses Umstandes aufseiten des Gerichts, die Tatsache, dass der Zeuge ausgesagt hat und (ggf.) dass der Träger des Geheimhaltungsinteresses den Zeugen nicht von der Schweigepflicht entbunden hat.

Rüge 83

930 Ist ein Berufsgeheimnisträger zu Unrecht nach § 53 StPO belehrt worden und hat er daraufhin das Zeugnis verweigert?

931 Soll der Zeuge in der Hauptverhandlung vernommen werden und verweigert er nach falscher Belehrung die Aussage, stellt dies einen Verstoß gegen § 245 Abs. 1 StPO dar.[1450]

Auf die Ausführungen zu § 245 StPO[1451] sowie § 55 StPO[1452] kann verwiesen werden.

Nicht ganz eindeutig ist die Frage zu beantworten, ob die Rüge eine Beanstandung der fehlerhaften Belehrung in der Hauptverhandlung gem. § 238 Abs. 2 StPO voraussetzt. Der 3. Senat des BGH hat dies im Urteil vom 16.11.2006 im Falle einer fehlerhaften Belehrung nach § 55 StPO bejaht.[1453] Allerdings hat der 4. Senat in der Entscheidung vom 7.3.1996[1454] einen Gerichtsbeschluss nach § 238 Abs. 2 StPO als nicht erforderlich angesehen, wobei es allerdings in dieser Entscheidung um einen falschen Hinweis auf die Entbindung von der Schweigepflicht ging.

Ist eine Beanstandung in der Hauptverhandlung unterblieben, könnte es geboten sein, unter Bezugnahme auf die Entscheidung des 4. Senats auf die Entbehrlichkeit eines Gerichtsbeschlusses hinzuweisen.

1450 KK-*Senge*[7] § 53 Rn. 57; *Meyer-Goßner/Schmitt*[60] § 53 Rn. 50 jew. m.w.N.
1451 Rüge 189 Rn. 1692 ff.
1452 Rüge 88 Rn. 946.
1453 *BGH* StV 2007, 59 = NStZ 2007, 230 m. Anm. *Widmaier* = JR 2007, 382 m. Anm. *Mosbacher*.
1454 *BGHSt* 42, 73 = StV 1996, 355 m.w.N.

Rüge 84

Hat der Berufsgeheimnisträger nach einem Hinweis des Gerichts, er sei von der Schweige-   **932**
pflicht entbunden, ausgesagt, obwohl er tatsächlich nicht entbunden war?

I. Rechtsgrundlagen

Im Falle eines tatsächlich nicht zutreffenden Hinweises durch das Gericht auf eine   **933**
Entbindung von der Schweigepflicht liegt eine objektiv unzulässige Einflussnahme
auf die Entschließungsfreiheit des Berufsgeheimnisträgers vor. In ihm wird die Vorstellung geweckt, er sei zur Aussage verpflichtet. Sagt er deswegen aus, sind die
Angaben unverwertbar, wenn tatsächlich eine Entbindung von der Schweigepflicht
nicht vorgelegen hat.[1455]

Dies gilt auch dann, wenn zunächst eine Entbindung von der Schweigepflicht vor-   **934**
lag, diese jedoch zu einem späteren Zeitpunkt (vor der Vernehmung) widerrufen
wurde.

Denn der Widerruf ist jederzeit möglich. Dies hat zur Folge, dass das Zeugnisverweigerungsrecht wieder auflebt. Unterlässt das Gericht den Hinweis auf den Widerruf von der Schweigepflichtentbindung, stellt dies eine revisible Beeinträchtigung
der Entschließungsfreiheit des Berufsgeheimnisträgers dar. Eine gleichwohl gemachte Aussage ist unverwertbar.[1456]

Zur Frage der Erforderlichkeit eines Gerichtsbeschlusses gilt das zu Rüge 83
Rn. 931 Gesagte.

II. Anforderungen an den Vortrag

Es ist vorzutragen: **935**

- Ladung und Erscheinen des Zeugen,
- dass der Zeuge zum Kreis der Zeugnisverweigerungsberechtigten nach § 53
  StPO gehört bzw. woraus sich ein Zeugnisverweigerungsrecht für den Zeugen
  ergibt,
- Belehrung nach § 57 StPO und Personalienangabe,
- Hinweis des Gerichts auf Entbindung von der Schweigepflicht, soweit es geht in
  vollem Wortlaut, ggf. Äußerungen des Zeugen vor oder zu dem Hinweis (z.B.
  „dann werde ich aussagen"),
- dass der Zeuge zur Sache ausgesagt hat (nicht der Inhalt, der sich aus dem Urteil
  ergibt),
- alle Tatsachen und Urkunden, aus denen sich die Nichtentbindung von der
  Schweigepflicht bzw. der Widerruf einer Entbindungserklärung ergibt, wobei
  Urkunden, Vermerke etc. in vollem Wortlaut mitzuteilen sind,

---

1455   *BGHSt* 42, 73 = StV 1996, 355; KK-*Senge*[7] § 53 Rn. 9 und 49.
1456   *BGHSt* 42, 73 = StV 1996, 355.

- dass der Zeuge bei Kenntnis der wahren Sachlage nicht ausgesagt hätte,
- dass der Zeuge vom Gericht auch nicht nachträglich auf die Tatsache der fehlenden Entbindung von der Schweigepflicht hingewiesen wurde und er nicht gleichwohl bei seiner Aussage geblieben ist.

Zur Frage der Entbehrlichkeit eines Gerichtsbeschlusses (vgl. dazu Rn. 931) kann auf *BGHSt* 42, 73 = StV 1996, 355 verwiesen werden.

Rüge 85

936 Ist ein Berufsgeheimnisträger als Zeuge zur Hauptverhandlung erschienen und sofort wieder entlassen worden, nachdem eine Schweigepflichtentbindung nicht vorlag?

I. Rechtsgrundlagen

937 Grundsätzlich entscheidet der Zeuge, ob er aussagen will oder nicht. Auch wenn er nicht von der Schweigepflicht entbunden ist, kann er aussagen. Denkbar ist, dass der Gegenstand seiner möglichen Aussage nicht von seiner Verschwiegenheitsverpflichtung erfasst ist. Es liegt ferner allein bei ihm, eine eventuelle Strafverfolgung wegen Verstoßes gegen § 203 StGB in Kauf zu nehmen. Dient die Aussage dazu, einen gegen ihn selbst gerichteten Verdacht einer strafbaren Handlung zu entkräften, unterliegt er insoweit nicht der Schweigepflicht und darf auch ohne Schweigepflichtentbindung aussagen. In jedem Fall muss das Gericht seine Aussage entgegennehmen, sie ist verwertbar.[1457]

Daher ist das Gericht auch im Falle der fehlenden Entbindung von der Schweigepflicht verpflichtet, den Zeugen nach seiner Aussagebereitschaft zu fragen (wesentliche Förmlichkeit!; vgl. oben Rn. 923, 924) und darf ihn nicht ohne diese Befragung sofort entlassen.

Ist dies geschehen, liegt darin ein revisibler Rechtsfehler.[1458]

Zu erheben ist die Rüge der Verletzung des nach § 245 Abs. 1 StPO.

II. Anforderungen an den Vortrag

938 Zu den Anforderungen an den Vortrag kann zunächst auf die Ausführungen zu § 245 Abs. 1 StPO verwiesen werden.[1459] Zusätzlich ist vorzutragen:

- dass der Zeuge zur Hauptverhandlung erschienen war,

1457   Allg. M. vgl. nur *BGHSt* 15, 200, 202; auch *BGHSt* 18, 146; *Meyer-Goßner/Schmitt*[60] § 53 Rn. 6; KK-*Senge*[7] § 53 Rn. 9 jew. m.w.N.
1458   *BGHSt* 15, 200, 202; KK-*Senge*[7] § 53 Rn. 57.
1459   Siehe Rüge 189 Rn. 1692 ff.

- ggf. dass er aufgerufen, gem. § 57 StPO belehrt und zur Person vernommen wurde,
- dass und aufgrund welcher Umstände dem Zeugen ein Zeugnisverweigerungsrecht nach §§ 53, 53a StPO zustand,
- dass keine Schweigepflichtentbindung vorlag,
- dass das Gericht den Zeugen nicht nach seiner Aussagebereitschaft trotz fehlender Schweigepflichtentbindung gefragt hat,
- dass der Zeuge ohne Befragung entlassen wurde,
- was der Zeuge im Falle einer Aussage bekundet hätte.

Rüge 86

Hat das Gericht aus der berechtigten Zeugnisverweigerung eines Berufsgeheimnisträgers oder Berufshelfers Schlüsse zum Nachteil des Angeklagten gezogen? **939**

I. Rechtsgrundlagen

Die Tatsache der Ausübung des Zeugnisverweigerungsrechts durch einen Berufsgeheimnisträger[1460] des Angeklagten oder eines (wegen derselben Tat) beschuldigten Mitangeklagten oder ehemaligen Mitbeschuldigten darf grundsätzlich nicht gegen den Angeklagten verwertet werden, auch nicht der Umstand, dass der Zeuge zunächst ausgesagt und dann die Aussage verweigert hat und umgekehrt.[1461] Dies gilt sowohl für die Beweiswürdigung im Urteil als auch für die Begründung der Ablehnung von (Beweis-)Anträgen.[1462] Auch (völlig überflüssige) Erklärungen des Zeugen, warum er sich auf sein Zeugnisverweigerungsrecht beruft, etwa dass er den Angeklagte nicht belasten wolle, dürfen nicht berücksichtigt werden.[1463] **940**

II. Anforderungen an den Vortrag

1. Ist ein (Beweis-) Antrag zurückgewiesen worden und in der Ablehnungsbegründung die Zeugnisverweigerung unzulässigerweise verwertet worden, ist je nach Antrag und Ablehnungsgrund z.B. die Rüge der Verletzung des § 244 Abs. 3 StPO ggf. auch Abs. 2 zu erheben. Auf die Ausführungen in Kap. 21, Rn. 1417 ff. kann verwiesen werden. **941**

   Sofern sich die Zeugnisverweigerung und die Berechtigung hierzu nicht vollumfänglich aus dem Urteil ergeben, sind die vorzutragenden Verfahrenstatsachen zu ergänzen und zwar, dass

---

1460 Oder dessen Gehilfen nach § 53a StPO.
1461 *BGH* StV 1985, 45; *Meyer-Goßner/Schmitt*[60] § 261 Rn. 20; KK-*Senge*[7] § 53 Rn. 10 jew. m.w.N.
1462 *BGH* StV 1985, 485.
1463 *Meyer-Goßner/Schmitt*[60] § 261 Rn. 20.

- der Zeuge zur Hauptverhandlung vom Gericht geladen wurde und erschienen ist,
- er nach § 57 StPO belehrt wurde und seine Personalien angegeben hat,
- die Feststellung, dass der Zeuge ein Berufsgeheimnisträger[1464] des Angeklagten bzw. eines derselben Tat beschuldigten Mitangeklagten (oder ehemaligen Beschuldigten)[1465] ist,
- er von seinem Zeugnisverweigerungsrecht (teilweise) Gebrauch gemacht hat.

942 2. Ist die (teilweise) Zeugnisverweigerung (nur) bei der Beweiswürdigung zum Nachteil des Angeklagten verwertet, stellt dies einen sachlich-rechtlichen Beweiswürdigungsmangel dar, der auf die allgemeine Sachrüge vom Revisionsgericht zu beachten ist. Auf Ausführungen zu Verfahrenstatsachen sollte jedoch nur dann verzichtet werden, wenn sich die berechtigte Zeugnisverweigerung und deren nachteilige Verwertung mit aller Eindeutigkeit aus dem Urteil selbst ergibt. Im Zweifel empfiehlt es sich, innerhalb der Ausführungen zur fehlerhaften Beweiswürdigung wegen unzulässiger Verwertung der berechtigten Zeugnisverweigerung die soeben unter Rn. 941 beschriebenen Verfahrensvorgänge vorzutragen.

Abschnitt 4
Ist in der Hauptverhandlung ein Zeuge vernommen worden, der zu Recht oder zu Unrecht nach § 55 Abs. 2 StPO belehrt wurde bzw. zu Unrecht von dem Auskunftsverweigerungsrecht des § 55 Abs. 1 StPO Gebrauch gemacht hat?

943

Überblick		Rn.
Rüge 87:	Ist ein Zeuge nicht gem. § 55 Abs. 2 StPO belehrt worden, obwohl ihm ein Auskunftsverweigerungsrecht zustand?	944
Rüge 88:	Ist ein Zeuge nach § 55 StPO belehrt worden, obwohl ihm ein Auskunftsverweigerungsrecht *nicht* zustand oder hat das Gericht eine zu Unrecht erfolgte Auskunftsverweigerung hingenommen?	946
Rüge 89:	Ist die Aussage eines Zeugen, der die Auskunft nach § 55 StPO verweigert hat, oder eine von ihm stammende schriftliche Erklärung verlesen worden?	949
Rüge 90:	Hat das Gericht die (teilweise) Auskunftsverweigerung eines Zeugen nach § 55 StPO bei der Beweiswürdigung unberücksichtigt gelassen?	957

1464   Die Ausführungen gelten gleichermaßen für Berufsgeheimnisträger i.S.d. § 53a StPO.
1465   In diesem Fall sind zum Bestehen einer – ehemaligen – prozessualen Gemeinsamkeit und zum noch nicht rechtskräftigen Verfahrensabschluss gegen diesen weitere Ausführungen zu machen: s. Rüge 79 Rn. 908.

Rüge 87

Ist ein Zeuge nicht gem. § 55 Abs. 2 StPO belehrt worden, obwohl ihm ein Auskunftsverweigerungsrecht zustand?

944

Die Rspr. hat in den letzten Jahren den Anwendungsbereich von § 55 Abs. 1 StPO
erheblich ausgedehnt.[1466] Nach (noch) h.M. dient § 55 StPO allerdings allein dem
Schutz des Zeugen vor der Gefahr der Strafverfolgung, so dass die Revision nach
dieser Auffassung nicht auf die unterlassene Belehrung nach § 55 StPO gestützt
werden kann, selbst wenn es nahe liegt, dass der Zeuge im Falle der Belehrung die
Auskunft ganz oder teilweise verweigert hätte.[1467] Hiergegen bestehen Bedenken.[1468]

945

Rüge 88

Ist ein Zeuge nach § 55 StPO belehrt worden, obwohl ihm ein Auskunftsverweigerungsrecht *nicht* zustand oder hat das Gericht eine zu Unrecht erfolgte Auskunftsverweigerung
hingenommen?

946

I. Rechtsgrundlagen

Sofern der Zeuge trotz unzutreffender Belehrung aussagt, kann die Revision darauf
nicht gestützt werden.[1469]

947

Verweigert der Zeuge jedoch aufgrund der fehlerhaften Belehrung ganz oder teilweise die Auskunft oder nimmt das Gericht eine zu Unrecht erfolgte Auskunftsverweigerung hin, kann dies mit der Verletzung der Aufklärungspflicht bzw. der Verletzung des § 245 Abs. 1 StPO gerügt werden, wenn der Zeuge geladen und in der
Hauptverhandlung erschienen war.[1470] Voraussetzung für die Rüge ist jedoch nach
Auffassung des BGH, dass im Falle einer unrichtigen Belehrung nach § 55 StPO
durch den Vorsitzenden ein Gerichtsbeschluss nach § 238 Abs. 2 StPO herbeige-

---

1466   Vgl. nur *BVerfG* StV 2002, 177; *BGH* StV 2006, 283 und 508; *Meyer-Goßner/
       Schmitt*[60] § 55 Rn. 7; zum Umfang des Auskunftsverweigerungsrechts bei Organisati-
       onsdelikten vgl. *BGH* StV 2010, 614.
1467   Vgl. die Nachw. bei *Meyer-Goßner/Schmitt*[60] § 55 Rn. 17 und KK-*Senge*[7] § 55 Rn. 19;
       a.A. LR-*Ignor/Berthau*[26] § 55 Rn. 41; *Bernsmann* StraFo 1998, 73, 74 m.w.N.
1468   Siehe hierzu Rüge 247 f., Rn. 2107 ff.
1469   Vgl. nur *Meyer-Goßner/Schmitt*[60] § 55 Rn. 18; KK-*Senge*[7] § 55 Rn. 19.
1470   *BGH* v. 28.12.2011 – 2 StR 195/11 = StV 2013, 4 (Verletzung der Aufklärungs-
       pflicht); vgl. *Meyer-Goßner/Schmitt*[60] § 55 Rn. 18; KK-*Senge*[7] § 55 Rn. 20.

führt wurde. Ist dies unterblieben, ist die Rüge präkludiert.[1471] Auch für die Erhebung einer Aufklärungsrüge wegen einer vom Gericht hingenommenen (angeblich) unberechtigten Auskunftsverweigerung ist ein Gerichtsbeschluss erforderlich.[1472] Die Aufklärungsrüge ist auch dann zu erheben, wenn das Gericht es unterlässt, mit Zwangsmitteln nach § 70 StPO einen in der Hauptverhandlung erschienenen, aber grundlos die Auskunft verweigernden Zeugen zu einer Aussage zu bewegen, sofern die Aussage für die Überzeugungsbildung von Bedeutung ist.[1473]

II. Anforderungen an den Vortrag

948 Ist der Zeuge geladen worden und in der Hauptverhandlung erschienen, so ist Folgendes vorzutragen:

- die Ladung des Zeugen durch das Gericht unter Beifügung der Ladungsverfügung und der Nachweis der Ausführung,
- das Erscheinen des Zeugen zum Ladungszeitpunkt, Aufruf, Belehrung nach § 57 StPO, Personalienfeststellung,
- die Belehrung nach § 55 StPO bzw. das Zugestehen eines von dem Zeugen von sich aus in Anspruch genommenen Auskunftsverweigerungsrechts,
- die Beanstandung der Belehrung und Beantragung eines Gerichtsbeschlusses,
- der Gerichtsbeschluss in vollem Wortlaut,
- die Berufung des Zeugen ganz oder teilweise auf das Auskunftsverweigerungsrecht,
- die Vereidigungsentscheidung und Entlassung des Zeugen,
- keine erneute Ladung und Vernehmung des Zeugen,
- kein Verzicht auf die Vernehmung des Zeugen.
- Ferner ist darzutun, warum dem Zeugen kein Auskunftsverweigerungsrecht zustand.

Es ist auszuführen, was der Zeuge im Falle einer Aussage bekundet haben könnte. Hat der Zeuge bereits vor der Hauptverhandlung Angaben gemacht, so sind diese im Wortlaut mitzuteilen. Waren weitergehende Angaben zu erwarten, ist deren Inhalt bestimmt vorzutragen.[1474]

Ferner ist vorzutragen, dass ggf. Angaben des Zeugen vor der Hauptverhandlung nicht durch die Vernehmung des Vernehmungsbeamten eingeführt wurden. Ist dies erfolgt, muss dargelegt werden, was der Zeuge anders oder über die früheren Angaben hinaus in der Hauptverhandlung bekundet hätte, wenn er vernommen worden wäre.

1471 *BGH* StV 2007, 59 = NStZ 2007, 230 m. Anm. *Widmaier* = JR 2007, 382 m. Anm. *Mosbacher*; s. auch schon *BGH* StV 2006, 283 m.w.N.
1472 *BGHSt* 51, 144 = StV 2007, 59 m. Anm. *Widmaier* NStZ 2007, 234.
1473 *BGH* v. 28.12.2011 – 2 StR 195/11 = StV 2013, 4.
1474 Vgl. *BGH* NJW 1996, 1685.

Rüge 89

Ist die Aussage eines Zeugen, der die Auskunft nach § 55 StPO verweigert hat, oder eine von ihm stammende schriftliche Erklärung verlesen worden?[1475] **949**

I. Rechtsgrundlagen

Anders als bei einer Zeugnisverweigerung nach § 52 StPO hindert die (umfassende) Auskunftsverweigerung nach § 55 StPO nicht die Vernehmung der Vernehmungsperson. Die Einführung der früheren Angaben des Zeugen auf diese Weise ist daher zulässig.[1476] § 252 StPO gilt hier nicht. **950**

Die Verlesung des Protokolls über eine frühere Vernehmung oder eine zu Beweiszwecken verfasste Erklärung des Zeugen darf im Falle der Auskunftsverweigerung hingegen nicht erfolgen.[1477] Dies gilt auch dann, wenn die Verfahrensbeteiligten der Verlesung zugestimmt haben.[1478] Auch bei einer teilweisen Auskunftsverweigerung darf die Vernehmungsniederschrift nicht verlesen werden;[1479] die Verlesung einer schriftlichen Erklärung soll dann hingegen zulässig sein.[1480] **951**

Zulässig ist in diesen Fällen allein die Vernehmung der Verhörsperson. Im Falle der bloßen Verlesung liegt ein Verstoß gegen § 250 S. 2 StPO vor. Daneben kommt u.U. ein Verstoß gegen § 251 Abs. 1 Nr. 2 StPO in Betracht. **952**

1475 Siehe auch Rüge 144b Rn. 1274.
1476 H.M. vgl. nur *BGH* NStZ 1996, 96; *Meyer-Goßner/Schmitt*[60] § 55 Rn. 12; KK-*Senge*[7] § 55 Rn. 15 jew. m.w.N.
1477 *BGH* v. 11.5.1982 – 5 StR 92/82 = NStZ 1982, 342 (Vernehmungsniederschrift); *BGH* v. 27.4.2007 – 2 StR 490/06 = BGHSt 51, 325 = StV 2007, 564 (schriftliche Erklärung); vgl. auch *Dölling* NStZ 1988, 6, 9.
1478 *BGH* StV 1982, 405 = NStZ 1982, 342; *BGH* NJW 1984, 136; *BGH* StV 1993, 233 = NStZ 1993, 350; *BGH* StV 1996, 191 = NStZ 1996, 96; *BGH* v. 28.10.1975 – 5 StR 407/75; *BGH* v. 5.12.1978 – 5 StR 767/78; *BGH* v. 26.7.1983 – 5 StR 310/83; vgl. aber KK-*Diemer*[7] § 251 Rn. 7, der die Verlesung mit Zustimmung für zulässig hält, sowie *BGH* StV 2002, 120, nach der die Verlesung erfolgen darf, wenn die Aufklärungspflicht die Vernehmung der Vernehmungsperson nicht gebietet, die Verfahrensbeteiligten der Verlesung zustimmen und auf die Vernehmung der Verhörsperson verzichten.
1479 *BGH* v. 26.7.1983 – 5 StR 310/83 = NStZ 1984, 211 Nr. 19; **a.A.** *Dölling* NStZ 1988, 6, 9.
1480 *BGH* v. 23.12.1986 – 1 StR 514/86 = NStZ 1988, 36 sowie *Dölling* NStZ 1988, 6, 8; **a.A.** *Dahs* StV 1988, 169.

II. Anforderungen an den Vortrag bei berechtigter Auskunftsverweigerung in der Hauptverhandlung und Verlesung der früheren Vernehmungsniederschrift

1. Anforderungen an den Vortrag bei Verlesung wegen nicht zu beseitigender Hindernisse; Rüge der Verletzung von §§ 251 Abs. 1 Nr. 2 und 250 S. 2 StPO

953   Vorzutragen sind:

- die Ladung des Zeugen und Erscheinen in der Hauptverhandlung,
- die Belehrungen nach § 57 StPO und Personalienangabe,
- die Belehrung nach § 55 StPO,
- die Erklärung des Zeugen über die Auskunftsverweigerung,
- dass keine (oder nur in welchem Umfang) Angaben zur Sache gemacht wurden,
- die Vereidigungsentscheidung und Entlassung des Zeugen,
- dass keine erneute Vernehmung erfolgte, kein Verzicht auf Vernehmung des Zeugen erklärt wurde,
- dass keine Vernehmung der Verhörsperson stattgefunden hat,
- dass kein Verzicht auf die Vernehmung der Verhörsperson erklärt wurde,
- dass keine Zustimmung zur Verlesung erteilt wurde,
- ggf. der Widerspruch gegen die Verlesung,
- der Gerichtsbeschluss über die Verlesung,
- die Tatsache der Verlesung der Vernehmungsniederschrift,
- die Wiedergabe des vollen Wortlauts der verlesenen Niederschrift.

954   Nach der Entscheidung *BGH* StV 1996, 191 beruht das Urteil auf der fehlerhaften Verlesung, wenn der Inhalt der Vernehmungsniederschrift zur Überzeugungsbildung herangezogen wurde. Es empfiehlt sich, gleichzeitig eine Aufklärungsrüge wegen der unterlassenen Vernehmung des Vernehmungsbeamten zu erheben. Gegenstand der Rüge kann die unterlassene nähere Aufklärung der Vernehmungssituation, des Aussageverhaltens des Zeugen (stockend, zögerlich etc.) sowie ggf. Hinweise des Vernehmungsbeamten an den Zeugen sowie Äußerungen in dem fast regelmäßig stattfindenden Vorgespräch sein, sofern diese Angaben für die Beurteilung der Aussage von Bedeutung sind.[1481]

2. Anforderungen an den Vortrag bei Verlesung in allseitigem Einverständnis

955   Abweichend von den soeben dargestellten vorzutragenden Tatsachen ist vorzutragen

- die Zustimmung der Verfahrensbeteiligten zur Verlesung,
- der Gerichtsbeschluss zur Anordnung der Verlesung,

1481   Vgl. dazu *BGH* StV 2002, 120.

- die Tatsache der Verlesung,
- die Wiedergabe der verlesenen Niederschrift in vollem Wortlaut,
- dass kein Verzicht auf die Vernehmung der Vernehmungsperson erfolgte und diese in der gesamten Hauptverhandlung hierzu auch nicht vernommen worden ist.

Besonderer Augenmerk ist auf die Frage zu richten, warum in der Hauptverhandlung der Verlesung zugestimmt wurde, nunmehr aber eine Verletzung des Unmittelbarkeitsgrundsatzes wegen unterlassener Vernehmung der Verhörsperson gerügt wird. Ausführungen dazu sind erforderlich, um einer Rügeverwirkung wegen widersprüchlichen Verhaltens entgegen zu wirken. Enthält das Urteil z.B. Ausführungen zur Glaubwürdigkeit des Zeugen, kann angeführt werden, dass damit in dieser Form nicht zu rechnen war und die eigentlich gebotene Vernehmung der Vernehmungsperson Aufklärung über die Vernehmungssituation und das Aussageverhalten des Zeugen gegeben hätte, die der Bewertung durch das Gericht entgegengestanden hätte. Insoweit ist auch an eine an dieser Stelle „eingebaute" Aufklärungsrüge zu denken, mit der die unterlassene Vernehmung des Vernehmungsbeamten gerügt wird. Gegenstand können etwa ein mit dem Zeugen geführtes Vorgespräch, Hinweise des Vernehmungsbeamten an den Zeugen, Art und Weise sowie Ablauf der Vernehmung sein, wie sie sich nicht aus der Vernehmungsniederschrift ergeben (stockend, zögerlich, viele Unterbrechungen etc.).[1482] Diese Umstände können für die Glaubwürdigkeitsbeurteilung von Bedeutung sein und dem Verteidiger in ihrer ganzen Tragweite erst aufgrund der Urteilsausführungen bewusst geworden sein.

956

Rüge 90

Hat das Gericht die (teilweise) Auskunftsverweigerung eines Zeugen nach § 55 StPO bei der Beweiswürdigung unberücksichtigt gelassen?

957

I. Vorbemerkung

Während der Tatrichter aus der Zeugnisverweigerung eines Angehörigen nach § 52 StPO oder eines Berufsgeheimnisträgers nach § 53 StPO keine Schlüsse zum Nachteil des Angeklagten ziehen darf (vgl. dazu Rüge 81 Rn. 918; Rüge 86 Rn. 939), kann der Umstand der (teilweisen) Auskunftsverweigerung eines Zeugen nach § 55 StPO in der Hauptverhandlung bei der Beweiswürdigung sowohl zugunsten als

958

1482   Vgl. dazu auch die Hinweise in *BGH* StV 2002, 120.

auch zuungunsten des Angeklagten berücksichtigt werden, wobei allerdings Schlüsse zugunsten des Angeklagten nahe liegen.[1483]

959 Ob das Unterlassen der Berücksichtigung der (teilweisen) Auskunftsverweigerung bei der Beweiswürdigung zum Gegenstand einer Verfahrensrüge zu machen ist, hängt von verschiedenen Faktoren ab.

Teilt das Urteil die Tatsache der (teilweisen) Auskunftsverweigerung eines Zeugen vollständig mit und wird dieser Umstand bei der Beweiswürdigung nicht berücksichtigt, kann das Revisionsgericht bereits auf die Sachrüge einen darin liegenden etwaigen materiell-rechtlichen Beweiswürdigungsmangel prüfen.[1484] Einer Verfahrensrüge bedarf es in diesen Fällen nicht.

Fehlt es dagegen an der Mitteilung der vollständigen Tatsachen zur (teilweisen) Auskunftsverweigerung eines Zeugen, sind diese Tatsachen dem Revisionsgericht im Rahmen einer Verfahrensrüge zu unterbreiten. Denn erst durch diesen Vortrag wird das Revisionsgericht in die Lage versetzt, anhand eines vollständigen Tatsachenvortrags einen etwaigen Beweiswürdigungsmangel durch die Nichtberücksichtigung der (teilweisen) Auskunftsverweigerung zu prüfen.

Ob in diesen Fällen von der Möglichkeit, eine Verfahrensrüge zu erheben, Gebrauch gemacht werden kann, ist Frage des Einzelfalls.

Grundsätzlich ist der Tatrichter nicht gehalten, jedes Beweismittel erschöpfend zu würdigen. Die Berücksichtigung der Auskunftsverweigerung ist nur dann erforderlich, wenn sich dies aufdrängte.[1485]

Wenn z.B. ein als Zeuge vernommener ehemals Mitbeschuldigter, der im Ermittlungsverfahren (auch) den Angeklagten belastende Angaben gemacht hat, dessen Verfahren jedoch noch nicht abgeschlossen ist, im Verfahren gegen den Angeklagten die Auskunft (umfassend) verweigert, kann es naheliegen, dass die Auskunftsverweigerung allein wegen des noch nicht abgeschlossenen eigenen Verfahrens erfolgte. Allerdings besteht auch die Möglichkeit, dass der Zeuge im Ermittlungsverfahren den Angeklagten belastende Angaben gemacht hat, um sich dadurch selbst vollständig oder teilweise zu entlasten oder Vorteile etwa nach § 31 BtMG zu erlangen. Verweigert er dann in der Hauptverhandlung gegen den Angeklagten teilweise oder umfassend die Auskunft, ist in Erwägung zu ziehen, dass der unter Wahrheitspflicht stehende Zeuge im Falle einer Aussage die (teilweise) Unrichtigkeit seiner

---

1483   Zur Erforderlichkeit der Auseinandersetzung mit der Frage, ob aus einer umfassenden Auskunftsverweigerung eines Belastungszeugen nach § 55 StPO Schlüsse zugunsten des Angeklagten zu ziehen sind vgl. *BGH* StV 2009, 174; zur Beweiswürdigung bei einer Verurteilung aufgrund einer durch Vernehmung des Vernehmungsbeamten eingeführten Aussage eines die Auskunft verweigernden Zeugen vgl. *BGH* StV 2011, 270; *Meyer-Goßner/Schmitt*[60] § 261 Rn. 20; ferner *BGH* StV 1983, 445 und StV 1984, 233.

1484   Vgl. *BGH* v. 15.12.2015 – 1 StR 236/15.

1485   *BGH* StV 1984, 233.

früheren Angaben einräumen und sich ggf. selbst einer falschen Anschuldigung bezichtigen müsste. Liegt ein solches Motiv für die Auskunftsverweigerung auf der Hand, könnte es geboten sein, dies bei der Beweiswürdigung bei der Beurteilung der Glaubhaftigkeit der früheren Angaben zu berücksichtigen.

Ähnlich liegt der Fall, in dem ein Vernehmungsbeamter zur Behauptung des Angeklagten vernommen wird, es sei bei der Vernehmung unter Druck gesetzt und zu (falschen) Angaben gedrängt worden. Sagt der als Zeuge vernommene Polizeibeamte zunächst aus und verweigert nach zwischenzeitlich erfolgter Belehrung nach § 55 StPO sodann die Auskunft auf weitere Fragen, ist dieser Umstand bei der Prüfung der Angaben des Angeklagten über das Zustandekommen der früheren Vernehmung zu berücksichtigen.[1486]

II. Anforderungen an den Vortrag

Zu rügen ist die fehlerhafte Beweiswürdigung wegen Nichtberücksichtigung der (teilweisen) Auskunftsverweigerung eines Zeugen. **960**

Vorzutragen ist, dass,

- der Zeuge zur Hauptverhandlung geladen wurde und erschienen ist,
- er nach Belehrung nach § 57 StPO seine Personalien angegeben hat,
- er nach § 55 StPO belehrt wurde und die Auskunft umfassend verweigert hat, oder
- er zunächst zur Sache ausgesagt hat und sodann die Auskunft verweigert hat, oder
- er die Auskunft auf einzelne Fragen verweigert hat, die wörtlich mitzuteilen sind, oder
- er zunächst ohne Belehrung nach § 55 StPO vernommen wurde, er zwischenzeitlich nach § 55 StPO belehrt wurde und sodann die Auskunft umfassend oder die Beantwortung einzelner mitzuteilender Fragen verweigert hat,
- er nach der Vereidigungsentscheidung entlassen wurde,
- er im weiteren Verlauf des Verfahrens nicht erneut vernommen wurde und nunmehr Angaben gemacht hat bzw. die Fragen beantwortet hat, bezüglich derer er sich zuvor auf sein Auskunftsverweigerungsrecht berufen hatte.

Je nach den Besonderheiten des Falles ist ggf. unter Mitteilung der früheren Aussagen, der Entstehung der Auskunftsverweigerung und etwaiger Motive dafür ausführlich darzulegen, warum das Gericht bei dieser Sachlage die Tatsache der Auskunftsverweigerung bei der Beweiswürdigung hätte berücksichtigen müssen.

1486   Vgl. dazu etwa *BGH* StV 1984, 233.

Abschnitt 5
Öffentlich Bedienstete

Rüge 91

961 Ist in der Hauptverhandlung ein öffentlich Bediensteter i.S.d. § 54 StPO vernommen worden, der sich ganz oder teilweise auf eine fehlende Aussagegenehmigung berufen hat?

I. Rechtsgrundlagen und Rügemöglichkeiten

962 Öffentlich Bedienstete,[1487] auch ehemalige, bedürfen für ihre Aussage einer Aussagegenehmigung, für deren Erteilung bzw. Verweigerung der jeweilige Dienstvorgesetzte zuständig ist. Eine Belehrung des Zeugen über die Erforderlichkeit der Aussagegenehmigung ist nicht notwendig.

Die Aussagegenehmigung kann vollständig oder teilweise, bezogen auf bestimmte Beweisthemen, verweigert werden (sog. beschränkte Aussagegenehmigung).[1488]

Fehlt eine Aussagegenehmigung, besteht ein Beweiserhebungsverbot.

Allein der Zeuge entscheidet, ob das Beweisthema Umstände betrifft, die von der Aussagegenehmigung nicht gedeckt sind.[1489] Sagt ein Zeuge ohne oder entgegen einer verweigerten Aussagegenehmigung aus, ist die Aussage gleichwohl verwertbar.[1490]

§ 54 StPO bezweckt die Wahrung von Amtsgeheimnissen des Staates, er dient nicht dem Schutz des Angeklagten. Daher kann der Angeklagte eine Verletzung von § 54 StPO nicht rügen.[1491]

963 Rügemöglichkeiten bestehen nur, wenn die Aussagegenehmigung zu Unrecht abgelehnt oder eingeschränkt wurde.[1492] Ob dies der Fall ist, kann in Anbetracht der Unzahl der in Frage kommenden Konstellationen und Beweisthemen nicht allgemein beantwortet werden. Ganz allgemein ist der Dienstvorgesetzte gehalten, im Rahmen des pflichtgemäßen Ermessens das Geheimhaltungsinteresse mit dem Interesse an der gerichtlichen Sachverhaltsaufklärung abzuwägen und die Entscheidung an einer rechtsstaatlichen Verfahrensgestaltung zu orientieren.[1493]

1487 Zum Personenkreis vgl. *Meyer-Goßner/Schmitt*[60] § 54 Rn. 3 ff.; KK-*Senge*[7] § 54 Rn. 1 ff.
1488 Vgl. *Meyer-Goßner/Schmitt*[60] § 54 Rn. 22; KK-*Senge*[7] § 54 Rn. 17.
1489 KK-*Senge*[7] § 54 Rn. 12.
1490 Vgl. insgesamt *Meyer-Goßner/Schmitt*[60] § 54 Rn. 2.
1491 *Meyer-Goßner/Schmitt*[60] § 54 Rn. 32; KK-*Senge*[7] § 54 Rn. 26.
1492 Vgl. dazu *Meyer-Goßner/Schmitt*[60] § 54 Rn. 20; KK-*Senge*[7] § 54 Rn. 16.
1493 *Meyer-Goßner/Schmitt*[60] § 54 Rn. 20; KK-*Senge*[7] § 54 Rn. 16 jew. m.w.N.

Ist nach Auffassung der Verteidigung die Aussagegenehmigung unberechtigt verweigert oder beschränkt worden, kann nur gerügt werden, dass das Gericht es unterlassen hat, sich im Wege der Gegenvorstellung um die Erteilung der (uneingeschränkten) Aussagegenehmigung zu bemühen. Die Aufklärungsrüge ist auch zu erheben, wenn das Gericht einen Antrag der Verteidigung auf Erhebung einer Gegenvorstellung zur Herbeiführung der umfassenden oder der Erweiterung der Aussagegenehmigung zu bestimmten Komplexen abgelehnt hat.[1494] **964**

Der Angeklagte kann, sofern er durch die (teilweise) Verweigerung der Aussagegenehmigung beschwert ist, die Entscheidung des Dienstvorgesetzten im Verwaltungsrechtsweg anfechten.[1495] Ein Anspruch auf Aussetzung des Verfahrens bis zur Entscheidung des Verwaltungsgerichts besteht nicht. Die Ablehnung eines Aussetzungsantrags kann ebenfalls nur mit der Aufklärungsrüge beanstandet werden.[1496]

II. Anforderungen an den Vortrag

Da im Zusammenhang mit der Verweigerung oder Beschränkung der Aussagegenehmigung nur die Aufklärungsrüge erhoben werden kann, ist zunächst auf die dortigen Ausführungen zu verweisen.[1497] **965**

Soll gerügt werden, dass das Gericht keine Gegenvorstellung gegen die Verweigerung oder Beschränkung der Aussagegenehmigung erhoben hat, muss vorgetragen werden, dass

- der Zeuge geladen und erschienen war sowie vernommen werden sollte,
- er zu einem konkret zu bezeichnenden Beweisthema aussagen oder befragt werden sollte,
- er die Aussage wegen fehlender Aussagegenehmigung verweigert hat.
- Der Text der Aussagegenehmigung ist in vollem Wortlaut mitzuteilen.

Vorzutragen ist ferner, warum das Beweisthema von (entscheidender) Bedeutung war und warum sich dem Gericht aufdrängen musste, durch eine Gegenvorstellung auf die Erteilung der Genehmigung hinzuwirken und ggf. warum die Versagung der Aussagegenehmigung zu diesem Beweisthema rechtsfehlerhaft war.

Schließlich ist auszuführen, welches Ergebnis die Befragung des Zeugen im Falle einer Aussage gehabt hätte.

Ist ein Antrag der Verteidigung auf Erhebung einer Gegenvorstellung durch das Gericht gestellt worden, sind zusätzlich Antrag und ablehnender Beschluss in vollem Wortlaut mitzuteilen.

1494 *Meyer-Goßner/Schmitt*[60] § 54 Rn. 27, 32; KK-*Senge*[7] § 54 Rn. 19.
1495 *Meyer-Goßner/Schmitt*[60] § 54 Rn. 28; KK-*Senge*[7] § 54 Rn. 20.
1496 *Meyer-Goßner/Schmitt*[60] § 54 Rn. 29; KK-*Senge*[7] § 54 Rn. 21 m.w. Rspr.-Nachw.
1497 Rüge 190 Rn. 1707 ff.

966   Hat das Gericht einen Antrag auf Aussetzung des Verfahrens bis zur Entscheidung des Verwaltungsgerichts über eine Klage gegen die (teilweise) Verweigerung der Aussagegenehmigung zurückgewiesen, ist vorzutragen, dass

- der Zeuge geladen und erschienen war sowie vernommen werden sollte,
- er zu einem konkret zu bezeichnenden Beweisthema aussagen oder befragt werden sollte,
- er die Aussage wegen fehlender Aussagegenehmigung verweigert hat,
- die Aussagegenehmigung ist in vollem Wortlaut mitzuteilen,
- ebenso der Aussetzungsantrag ggf. nebst Klageschrift bei dem Verwaltungsgericht,
- der ablehnende Gerichtsbeschluss in vollem Wortlaut,
- die Bedeutung des Beweisthemas, die Erforderlichkeit der Sachaufklärung zu diesem Punkt und dass sich dem Gericht die Aussetzung des Verfahrens hätte aufdrängen müssen.

Da eine Verfahrensaussetzung immer mit dem Beschleunigungsgebot kollidiert, empfehlen sich Ausführungen dazu, warum eine Verfahrensverzögerung etwa im Hinblick auf die überragende Bedeutung des Beweisthemas für die Schuldfrage (ausnahmsweise) hätte hingenommen werden müssen.

Abschnitt 6
Videovernehmung

Rüge 92

967   Fand eine Zeugenvernehmung in Form einer Videovernehmung nach § 247a StPO statt?

I. Rechtsgrundlagen und Rügemöglichkeiten

968   Im Zusammenhang mit der Vorschrift stehen mehre Problembereiche, u.a.:

- die Videovernehmung wurde angeordnet und durchgeführt,
- das Gericht hat die Möglichkeit der Videovernehmung nicht erkannt bzw. einen Antrag der Verteidigung auf eine solche abgelehnt,
- das Gericht hat im Zusammenhang mit einer Videovernehmung weitere prozessuale Maßnahmen (zum Schutz des Zeugen) angeordnet, z.B. Ausschluss der Angeklagten nach § 247 StPO und/oder der Öffentlichkeit. Je nach der Konstellation kommen unterschiedliche Rügen in Betracht.

969   Grundsätzlich gilt, dass nach § 247a S. 2 StPO die Entscheidung über Anordnung der Videovernehmung als solche unanfechtbar ist. Die Beanstandung, das Gericht habe bei der Anordnung die widerstreitenden Interessen unzutreffend bewertet oder von seinem Ermessen fehlerhaft Gebrauch gemacht, ist danach nicht möglich.[1498]

Damit ist die Überprüfung der Entscheidung über die Anordnung nach § 336 S. 2 StPO der revisionsgerichtlichen Kontrolle grundsätzlich entzogen. Gleichwohl erhobene Rügen sind unzulässig. Zulässig ist es demgegenüber, das Fehlen eines Gerichtsbeschlusses zu rügen, oder die Verletzung sonstiger Vorschriften bei Gelegenheit einer audiovisuellen Zeugenvernehmung, wie etwa § 241a StPO, § 247 StPO oder der Anwesenheitspflicht des Vorsitzenden während der Hauptverhandlung gem. § 226 Abs. 1 StPO.[1499]

Die Einzelheiten des Rechtsmittelausschlusses sind noch nicht völlig geklärt und z.T. hoch streitig.

II. Anordnung und Durchführung der Videovernehmung und Rügemöglichkeiten

Zulässig ist die Rüge, dass die Videovernehmung ohne einen diese anordnenden **970** Gerichtsbeschluss oder nur auf Anordnung des Vorsitzenden durchgeführt wurde.[1500] Allerdings ist über die Anordnung nach § 247a StPO nicht zwingend in der Gerichtsbesetzung in der Hauptverhandlung zu entscheiden. Die Entscheidung kann auch schon im Vorfeld der Hauptverhandlung ergehen.[1501]

Dies kann gerügt werden, da die Durchführung einer Vernehmung nach § 247a StPO einen Gerichtsbeschluss voraussetzt. Eine Beanstandung nach § 238 Abs. 2 StPO als Zulässigkeitsvoraussetzung der Rüge ist nicht erforderlich.[1502]

Das Gleiche gilt, wenn der die Vernehmung anordnende Gerichtsbeschluss keine Begründung enthält. Denn in diesem Fall ist, ebenso wie bei Fehlen eines Gerichtsbeschlusses dem Revisionsgericht die Prüfung nicht möglich, ob die Voraussetzungen des § 247a StPO überhaupt vorgelegen haben, z.B. das Gericht die Vernehmung aus anderen als in § 247a S. 1 StPO normierten Gründen angeordnet hat.[1503]

Gerügt werden kann auch, dass sich nicht nur der Zeuge – dies wird von § 247a **971** Abs. 1 S. 1 StPO in Durchbrechung des Unmittelbarkeitsgrundsatzes legitimiert – sondern auch ein anderer Verfahrensbeteiligter, dessen Anwesenheit in der Hauptverhandlung § 226 Abs. 1 StPO vorschreibt, außerhalb des Sitzungszimmers in

---

1498 *BGH* v. 20.9.2016 – 3 StR 84/16 = StraFo 2017, 22 = JR 2017, 174 m. Anm. *Kretschmer*; KK-*Diemer*[7] § 247a Rn. 22; LR-*Becker*[26] § 247a Rn. 32.

1499 *BGH* v. 20.9.2016 – 3 StR 84/16 = StraFo 2017, 22 = JR 2017, 174 m. Anm. *Kretschmer*.

1500 *BGH* v. 6.2.2008 – 5 StR 597/07 = StV 2008, 231.

1501 *BGH* v. 28.9.2011 – 5 StR 315/11 = StV 2012, 65 m. Anm. *Eisenberg*.

1502 *BGH* StV 2008, 231; *Meyer-Goßner/Schmitt*[60] § 247a Rn. 13; KK-*Diemer*[7] § 247a Rn. 24; LR-*Becker*[26] § 247a Rn. 33.

1503 *BGH* StV 2008, 231.

einem separaten Vernehmungsraum aufgehalten hat.[1504] Die Vernehmung des Zeugen durch den Vorsitzenden außerhalb des Gerichtssaals, die in den Saal übertragen wird („Mainzer Modell"), ist unzulässig. Folge einer solchen Verfahrensweise ist ein absoluter Revisionsgrund i.S.v. § 338 Nr. 1 (fehlerhafte Besetzung) oder § 338 Nr. 5 StPO (Verhandlung in Abwesenheit einer Person, dessen Anwesenheit vorgeschrieben ist)[1505]; der 3. Strafsenat hat dies unentschieden gelassen.[1506] Einer Beanstandung i.S.v. § 238 Abs. 2 StPO bedarf eine Verfahrensrüge jedenfalls nach der Rspr. des 3. Strafsenats nicht, denn es handelt sich um einen Verstoß gegen eine zwingende Verfahrensvorschrift, die dem Vorsitzenden keinen Beurteilungs- oder Ermessensspielraum lässt.[1507]

972   Nicht ausgeschlossen sein soll eine Rüge, die beanstandet, dass die Tatbestandsvoraussetzungen des § 247a StPO zu Unrecht bejaht, verneint oder gar nicht berücksichtigt wurden. In diesen Fällen sei in den Regelungsgehalt anderer Vorschriften, insbesondere § 250 StPO eingegriffen worden, für den der Rechtsmittelausschluss des § 247a S. 2 StPO gerade nicht gilt.[1508] Dies kann dann der Fall sein, wenn keine dringende Gefahr eines schwerwiegenden Nachteils für den Zeugen bestand, wenn zum Schutz des Zeugen andere Möglichkeiten wie Ausschluss des Angeklagten und der Öffentlichkeit ausreichend waren, die Vernehmung aus anderen als in § 247a S. 1 StPO aufgezählten Gründen erfolgte, etwa mit der Begründung, dass die Befürchtung bestehe, der Zeuge werde in Anwesenheit des Angeklagten nicht die Wahrheit sagen.[1509]

973   Völlig unerörtert ist die Rügemöglichkeit bei Anordnung der Videovernehmung aus den Gründen des § 251 Abs. 2 StPO. Die Zulässigkeit der Videovernehmung aus diesen Gründen wird in § 247a S. 1 StPO 2. Alt. eröffnet. Erst der nachfolgende S. 2 entzieht die Anordnung der Anfechtung. Dies könnte darauf hindeuten, dass auch eine auf die Gründe des § 251 Abs. 2 StPO gestützte Anordnung der Anfechtung entzogen wäre.

Dies ist jedoch nach der hier vertretenen Auffassung nicht der Fall.

974   Zum einen dient die Videovernehmung aus den Gründen des § 251 Abs. 2 StPO nicht in erster Linie dem *Schutz* des Zeugen, da in diesen Fällen, anders als in § 247a S. 1 StPO 1. Alt., kein schwerwiegender Nachteil für das Wohl des Zeugen vorausgesetzt wird.

1504   *BGH* v. 20.9.2016 – 3 StR 84/16 = StraFo 2017, 22, 23 = JR 2017, 174 m. Anm. *Kretschmer.*

1505   Vgl. insofern auch die Kap. 3 und 5.

1506   *BGH* v. 20.9.2016 – 3 StR 84/16 = StraFo 2017, 22, 23 f. m.w.N. zum Meinungsstand = JR 2017, 174 m. Anm. *Kretschmer.*

1507   *BGH* v. 20.9.2016 – 3 StR 84/16 = StraFo 2017, 22 = JR 2017, 174 m. Anm. *Kretschmer*; vgl. auch KK-*Schneider*[7] § 238 Rn. 28 ff.

1508   KK-*Diemer*[7] § 247a Rn. 23.

1509   Vgl. die Beispiele bei KK-*Diemer*[7] § 247a Rn. 23; **abl.** *Meyer-Goßner/Schmitt*[60] § 247a Rn. 14 a.E.; s. auch *Diemer* NStZ 2001, 393; *Schlothauer* StV 1999, 50.

Zum anderen ergäbe sich ein unerklärlicher Wertungswiderspruch, wenn die Anordnung der Verlesung nach § 251 Abs. 2 StPO in vollem Umfang revisibel ist, die Anordnung der Videovernehmung dagegen von einem Rechtsmittelangriff ausgeschlossen wäre. Denn in beiden Fällen geht es um die Überprüfung des Vorliegens der Voraussetzungen des § 251 Abs. 2 StPO, so dass kein sachlicher Grund ersichtlich ist, die revisionsrechtlichen Kontrollmöglichkeiten unterschiedlich zu handhaben.

Unzulässig dürfte die Aufklärungsrüge sein, mit der geltend gemacht wird, das Gericht hätte den Zeugen unmittelbar in der Hauptverhandlung vernehmen müssen, da in diesem Fall eine bessere oder weitere Sachaufklärung möglich gewesen wäre.[1510] **975**

Mit einer solchen Rüge würde der in § 247a S. 3 StPO normierte Rechtsmittelausschluss umgangen. Zulässig soll dagegen die Aufklärungsrüge sein, dass das Gericht es unterlassen hat, den Zeugen nach durchgeführter Videovernehmung in der Hauptverhandlung zu vernehmen, wenn nach der Vernehmung bekannt gewordene Umstände dazu gedrängt hätten.[1511]

Auch die Geltendmachung des absoluten Revisionsgrundes der Behinderung der Verteidigung nach § 338 Nr. 8 StPO durch die Anordnung der Videovernehmung soll im Hinblick auf § 247a S. 2 StPO ausgeschlossen sein.[1512]

Rüge 93

Übersehen der Möglichkeit einer Videovernehmung oder Ablehnung eines darauf gerichteten Antrags und Rügemöglichkeiten **976**

I. Rechtsgrundlagen

Revisibel ist auch, dass der Tatrichter die Möglichkeit der Videovernehmung etwa **977** bei der Prüfung der (Un-)Erreichbarkeit eines Zeugen überhaupt nicht gesehen hat (sog. erweiterter Erreichbarkeitsbegriff).[1513] Dies eröffnet nicht die Rüge einer fehlerhafter Anwendung des § 247a StPO, sondern die Rüge der Verletzung z.B. des

---

1510   *Meyer-Goßner/Schmitt*[60] § 247a Rn. 13; KK-*Diemer*[7] § 247a Rn. 22.
1511   LR-*Becker*[26] § 247a Rn. 32; *Rieß* StraFo 1999, 1, 7.
1512   *Meyer-Goßner/Schmitt*[60] § 247a Rn. 13; KK-*Diemer*[7] § 247a Rn. 22; LR-*Becker*[26] § 247a Rn. 32.
1513   *BGHSt* 45, 188 ff. (1. StS) = StV 1999, 580 m. Anm. *Schlothauer* StV 2000, 180; s. aber **entgegenstehend** *BGH* v. 9.10.2007 – 5 StR 344/07 = StV 2009, 454; *Meyer-Goßner/Schmitt*[60] § 247a Rn. 14; KK-*Diemer*[7] § 247a Rn. 23; LR-*Becker*[26] § 247a Rn. 33.

Beweisantragsrechts (Ablehnung wegen Unerreichbarkeit) oder der Aufklärungspflicht. Die damit zusammenhängenden Probleme bleiben daher an dieser Stelle unerörtet (zum Beweisantragsrecht vgl. Rn. 1557).

978 Gerügt werden kann ferner, dass anstelle einer Videovernehmung lediglich die Verlesung einer Vernehmungsniederschrift angeordnet wurde, da eine audio-visuelle Vernehmung besserer Aufklärungsmöglichkeiten geboten hätte.[1514] Ob eine Videovernehmung einen höheren Beweiswert hat als die Verlesung eines Vernehmungsprotokolls, ist streitig.[1515] Auch dieses Problem bleibt an dieser Stelle unerörtet, da es dabei nicht um die fehlerhafte (Nicht-)Anordnung der Videovernehmung geht, sondern um die Verletzung der Aufklärungspflicht durch Heranziehung des sachferneren Beweismittels.[1516]

Das Übersehen der Möglichkeit der Videovernehmung sowie die Ablehnung eines darauf gerichteten Antrags kann mit der Aufklärungsrüge auch dann beanstandet werden, wenn ohne die Videovernehmung überhaupt keine Aussage des Zeugen zu erlangen ist. In diesem Fall steht nicht die Anwendbarkeit des § 247a StPO in Frage, sondern die Frage einer Beweiserhebung als solche.[1517]

979 Sind bei einer Videovernehmung weitere prozessuale Maßnahmen angeordnet worden, etwa Ausschluss des Angeklagten und/oder der Öffentlichkeit, betreffen entspr. Vorgänge ebenfalls nicht den Regelungsbereich des § 247a StPO. Rechtsfehler hinsichtlich der „begleitenden" Anordnungen können nur als Verstoß gegen die entspr. Vorschrift gerügt werden.[1518] Auf die Ausführungen zu den entspr. Vorschriften muss verwiesen werden.

Die in § 247a S. 4 StPO eröffnete Möglichkeit, die Videovernehmung aufzuzeichnen, ist der Revision aus praktischen Gründen entzogen, da ein Beruhen des Urteils auf der Aufzeichnung bzw. deren Unterlassung wohl kaum begründet werden kann.

II. Anforderungen an den Vortrag

980 Hier werden nur die oben unter I. dargestellten Rügemöglichkeiten erörtert, da nur diese als Verstoß gegen § 247a StPO gerügt werden können.

1. Fehlt eine Gerichtsbeschluss oder dessen Begründung bzw. liegt nur eine Anordnung des Vorsitzenden vor, ist Folgendes vorzutragen:

a) die Durchführung der Videovernehmung ohne jegliche Anordnung sowie, dass auch im weiteren Verlauf des Verfahrens kein Gerichtsbeschluss ergangen ist;

1514 Vgl. „zur Konkurrenz" zwischen Videovernehmung, kommissarischer Vernehmung und Verlesung *BGHSt* 46, 73 = StV 2000, 345.
1515 Vgl. dazu *BGHSt* 46, 73 ff. = StV 2000, 345.
1516 Vgl. aber *BGHSt* 46, 73 ff.; KK-*Diemer*[7] § 247a Rn. 24; *Albrecht* StV 2001, 364.
1517 KK-*Diemer*[7] § 247a Rn. 22.
1518 *Meyer-Goßner/Schmitt*[60] § 247a Rn. 13; LR-*Becker*[26] § 247a Rn. 36.

b) bzw. die Verfügung des Vorsitzenden, die in vollem Wortlaut mitzuteilen ist; ferner, dass kein Gerichtsbeschluss ergangen ist, weder vor noch nach der Durchführung der Videovernehmung,

c) bzw. der die Vernehmung anordnende Gerichtsbeschluss (ohne Begründung) in vollem Wortlaut; ferner, dass eine Begründung im weiteren Verfahrensverlauf nicht nachgeholt wurde.

d) in allen Fällen, dass die Videovernehmung durchgeführt wurde und der Zeuge danach nicht erneut per Video oder unmittelbar vernommen wurde,

e) der ggf. verschriftete Inhalt der Vernehmung, ansonsten deren wesentlicher Inhalt ist mitzuteilen, falls er sich nicht im erforderlichen Umfang aus den Urteilsgründen ergibt.

2. Soll gerügt werden, dass die Voraussetzungen des § 247a StPO nicht vorgele- **981** gen haben oder zu Unrecht angenommen wurden, ist stets zu bedenken, dass die Ermessensentscheidung selbst nicht angegriffen werden kann. Gerügt werden kann nur die willkürliche Annahme der Voraussetzungen oder die Anordnung aus einem in § 247a StPO nicht vorgesehenen Grund.

Vorzutragen ist

a) der die Vernehmung anordnende Gerichtsbeschluss in vollem Wortlaut,

b) die Durchführung der Videovernehmung und deren Inhalt,

c) dass eine Heilung des Begründungsmangels durch einen ergänzenden Beschluss nicht erfolgte,

d) der Zeuge nach der Videovernehmung nicht erneut vernommen wurde.

3. Im Falle der Anordnung der Videovernehmung aus den Gründen des § 251 **982** Abs. 2 StPO ist vorzutragen,

a) der anordnende Gerichtsbeschluss,

b) die Durchführung der Videovernehmung und deren Inhalt,

c) dass der Beschluss im weiteren Verfahrensverlauf weder ergänzt noch geändert wurde,

d) der Zeuge nicht erneut vernommen wurde.

Hinsichtlich des Vortrags zu den Voraussetzungen des § 251 Abs. 2 StPO wird auf die dortigen Ausführungen verwiesen (Rüge 146 Rn. 1296).

Abschnitt 7
Sind Fragen der Verteidigung an einen Zeugen, Sachverständigen oder Mitangeklagten zurückgewiesen worden?

Vorbemerkung

984   Einem Zeugen kann gestattet werden, unter den Voraussetzungen des § 68 Abs. 2 und 3 StPO Fragen nach dem Wohnort bzw. der Identität zu verweigern. Damit wird das Fragerecht der Verfahrensbeteiligten eingeschränkt. Die Anordnung trifft der Vorsitzende, gegen dessen Entscheidung Gerichtsbeschluss beantragt werden kann.

Nach § 68a Abs. 2 S. 1 StPO hat der Zeuge jedoch Fragen, die seine Glaubwürdigkeit in der vorliegenden Sache oder seine Beziehungen zum Beschuldigten oder Verletzten betreffen, zu beantworten.

985   Fragen nach Umständen, die dem Zeugen oder einem Angehörigen i.S.d. § 52 StPO zur Unehre gereichen oder zum persönlichen Lebensbereich gehören, können nach § 68a Abs. 1 StPO zurückgewiesen werden, wenn sie nicht unerlässlich sind.

Fragen nach Vorstrafen sollen nur gestellt werden können, wenn sie zur Beurteilung der Glaubwürdigkeit oder zur Prüfung eines Vereidigungsverbots nach § 60 Nr. 2 StPO von Bedeutung sind (vgl. § 68a Abs. 2 S. 2 StPO).

Nach § 241 Abs. 2 StPO können Fragen und Vorhalte an Zeugen, Sachverständige oder Mitangeklagte wegen Ungeeignetheit oder nicht zur Sache gehörig zurückgewiesen werden.

Die unmittelbare Befragung eines Mitangeklagten durch einen Angeklagten ist nach § 240 Abs. 2 S. 2 StPO nicht zulässig.

Fragen an einen Zeugen unter 18 Jahren können in der Regel nur über den Vorsitzenden gestellt werden, § 241a StPO.

Der Vorsitzende entscheidet über die Zulässigkeit der Frage, nach § 242 StPO in Zweifelsfällen das Gericht, was jedoch im Hinblick auf die Möglichkeit der Beanstandungsmöglichkeit nach § 238 Abs. 2 StPO die Ausnahme sein wird.

Voraussetzung für eine Rüge der Verletzung des Fragerechts und der darin gleichzeitig liegenden Behinderung der Verteidigung nach § 338 Nr. 8 StPO ist stets, dass gegen die Entscheidung des Vorsitzenden das Gericht angerufen wurde.[1519] **986**

Die Verfügung des Vorsitzenden und der die Frage nicht zulassende Gerichtsbeschluss sind zu begründen. Fehlt die Begründung, kann dies mit Erfolg gerügt werden, da das Revisionsgericht angesichts der fehlenden Begründung nicht prüfen kann, ob die Rechtsbegriffe „ungeeignet" oder „nicht zur Sache gehörig" rechtsirrtumsfrei angewendet wurden.[1520]

Rüge 94

Ist es einem Zeugen gestattet worden, Fragen nach Wohnort oder Identität und zur Glaubwürdigkeit nicht zu beantworten, § 68 Abs. 2, 3 und § 68a Abs. 2 S. 1 StPO? **987**

I. Rechtsgrundlagen

Eine Verletzung von § 68 StPO kann nicht gerügt werden, da es sich um eine bloße Ordnungsvorschrift handeln soll und die Vorschrift dem Schutz des Zeugen dient und den Rechtskreis des Angeklagten nicht berührt.[1521] Gerügt werden kann nur die Verletzung der Aufklärungspflicht oder die Behinderung der Verteidigung, § 338 Nr. 8 StPO.[1522] **988**

Ob eine Verletzung der Aufklärungspflicht oder eine Behinderung der Verteidigung vorliegt, ist Frage des Einzelfalles und kann nicht allgemein beantwortet werden.

1519 *Meyer-Goßner/Schmitt*[60] § 241 Rn. 23; vgl. auch KK-*Schneider*[7] § 241 Rn. 21 jew. m.w.N.

1520 *BGH* StV 2001, 261.

1521 *Meyer-Goßner/Schmitt*[60] § 68 Rn. 23; KK-*Senge*[7] § 68 Rn. 13.

1522 Vgl. dazu *BGH* v. 26.10.2011 – 5 StR 292/11 = NStZ 2012, 168; *Meyer-Goßner/ Schmitt*[60] § 68 Rn. 23; KK-*Senge*[7] § 68 Rn. 13.

II. Anforderungen an Vortrag

989 Soll wegen der Nichtzulassung von Fragen nach Wohnort oder Identität oder zur Glaubwürdigkeit eine Rüge erhoben werden, ist vorzutragen, dass

- der Zeuge geladen wurde und erschienen ist,
- der Zeuge nach § 57 StPO belehrt wurde,
- der Vorsitzende dem Zeugen gestattete, keine Angaben zu Wohnort und/oder Identität zu machen,
- der Vorsitzende ggf. Fragen zur Glaubwürdigkeit zurückgewiesen hat,
- gegen die Entscheidung des Vorsitzenden ein Gerichtsbeschluss beantragt wurde.
- Der Gerichtsbeschluss ist in vollem Wortlaut mitzuteilen.
- Die Fragen, die gestellt werden sollten, müssen mitgeteilt werden.

990 Es müssen Ausführungen dazu erfolgen, warum die unterbliebenen Angaben für die Sachaufklärung von Bedeutung waren und dem Gericht sich die Aufklärung aufdrängen musste und was Ergebnis der Aufklärung gewesen wäre.

Soll gerügt werden, dass die Verteidigung durch die fehlende Befragungsmöglichkeit behindert war, muss detailliert vorgetragen werden, worin die Behinderung *in einem wesentlichen* Punkt bestand insbesondere, welches Ziel mit der Befragung erreicht werden sollte (z.b. Anknüpfungspunkte für weitere Ermittlungen über Glaubwürdigkeit).[1523]

Rüge 95

991 Sind Fragen an einen Zeugen zum persönlichen Lebensbereich und zu Vorstrafen zurückgewiesen worden, § 68a Abs. 1 und 2 StPO?

I. Rechtsgrundlagen

992 Zum persönlichen Lebensbereich gehören z.B. Fragen nach Neigungen und Einstellungen eines Zeugen, insbesondere zum Sexualleben.[1524]

Unerlässlich bedeutet, dass die Befragung zur Erforschung des Sachverhalts erforderlich ist, wobei gleichgültig ist, ob die Frage eine Haupt- oder Hilfstatsache betrifft (insbesondere zur Prüfung der Glaubwürdigkeit).[1525] Die Pflicht zur Sachverhaltsaufklärung kann dem „Geheimhaltungsinteresse" des Zeugen entgegenstehen.[1526]

1523 Vgl. dazu auch KK-*Gericke*[7] § 338 Rn. 101; *Meyer-Goßner/Schmitt*[60] § 338 Rn. 59.
1524 Vgl. *Meyer-Goßner/Schmitt*[60] § 68a Rn. 4; KK-*Senge*[7] § 68a Rn. 1a.
1525 KK-*Senge*[7] § 68a Rn. 2; *Meyer-Goßner/Schmitt*[60] § 68a Rn. 5 ff.
1526 *BGH* NStZ 1990, 400.

Anschaulich ist die Entscheidung *BGHSt* 50, 318 ff. = StV 2006, 171 zu Fragen an einen im Zeugenschutz befindlichen Zeugen. Allein der Umstand, dass der Zeuge durch die Beantwortung der Fragen Maßnahmen des ihm gewährten Zeugenschutzes teilweise unmittelbar offenbaren müsste oder aus seinen Antworten im Einzelfall zumindest Rückschlüsse auf Art, Umfang und Ausgestaltung dieser Maßnahmen möglich wären, rechtfertigt für sich genommen die Zurückweisung der Fragen nicht. Zwar könnte die Beantwortung – sowohl für die Sicherheit des Zeugen als auch für die gebotene Geheimhaltung der allgemeinen Organisation des Zeugenschutzes – möglicherweise nachteilige Folgen haben. Nach dem gesetzlichen Konzept des Zeugenschutzes hat indessen im Strafprozess die Aufklärungspflicht des Gerichts und das Fragerecht nach § 240 Abs. 2 StPO (insbesondere auch Art. 6 Abs. 3 Buchst. d EMRK) demgegenüber nicht von vornherein zurückzutreten.[1527] Diese Grundsätze können auch auf andere Konstellationen übertragen werden.

Fragen nach Vorstrafen sind dann zuzulassen, wenn die Beantwortung zur Beurteilung der Glaubwürdigkeit erforderlich ist.[1528] Dazu gehören nicht nur Vorstrafen wegen Aussagedelikten, sondern je nach Einzelfall auch sonstige Verurteilungen wegen schwerer Straftaten, sofern sich daraus Indizien gegen die Glaubwürdigkeit des Zeugen ergeben können.[1529] **993**

Auch in diesen Fällen kann nicht die Verletzung von § 68a StPO, sondern nur die Verletzung der Aufklärungspflicht bzw. die Behinderung der Verteidigung in einem wesentlichen Punkt gerügt werden.[1530]

In Fällen der Nichtzulassung von Fragen nach § 68a StPO ergeben sich häufig Überschneidungen mit § 241 Abs. 2 StPO (Rn. 996), so dass auf die dortigen Ausführungen ergänzend verwiesen werden kann.

II. Anforderungen an den Vortrag

Vorzutragen ist, dass **994**

- der Zeuge geladen wurde und erschienen ist,
- er nach § 57 StPO belehrt wurde und ggf. seine Personalien angegeben hat,
- der Zeuge zur Sache ausgesagt hat;
- welche konkrete Frage(n) gestellt wurden (im exakten Wortlaut),
- dass die Frage(n) vom Vorsitzenden nach § 68a StPO zurückgewiesen wurden,
- ein Gerichtsbeschluss beantragt wurde,
- die Verfügung des Vorsitzenden durch Gerichtsbeschluss (voller Wortlaut) bestätigt wurde.

1527 *BGHSt* 50, 318 ff. = StV 2006, 171.
1528 *Meyer-Goßner/Schmitt*[60] § 68a Rn. 7; KK-*Senge*[7] § 68a Rn. 3
1529 Anschaulich *BGH* StV 2001, 435.
1530 *Meyer-Goßner/Schmitt*[60] § 68a Rn. 9; KK-*Senge*[7] § 68a Rn. 7.

995 Im Falle der Aufklärungsrüge ist auszuführen, dass sich dem Gericht die Zulassung der Frage(n) aufdrängen musste, welches Ergebnis die Beantwortung erbracht hätte und warum dies für die Entscheidung (z.B. für die Beurteilung der Glaubwürdigkeit) von erheblicher Bedeutung war.

Das Gleiche gilt für die ferner zu erhebende Rüge der Behinderung der Verteidigung. Hier muss detailliert vorgetragen werden, warum die Verteidigung ganz wesentlich („in einem wesentlichen Punkt") behindert war, etwa weil entscheidende Tatsachen zur Beurteilung der Glaubwürdigkeit nicht aufgeklärt werden konnten.

Rüge 96

996 Sind Fragen wegen Ungeeignetheit oder als nicht zur Sache gehörig zurückgewiesen worden?

I. Rechtsgrundlagen

997 Nicht zur Sache gehörig steht der Bedeutungslosigkeit i.S.d. § 244 Abs. 3 StPO nicht gleich. Die Bedeutungslosigkeit rechtfertigt daher eine Zurückweisung nicht. Auch dass aus Sicht des Gerichts eine Frage unerheblich ist, rechtfertigt die Zurückweisung nicht, da das Gericht darüber erst entscheiden kann, wenn es die Antwort gehört hat.[1531] Dies gilt auch für strafzumessungserhebliche Tatsachen. Grundsätzlich ist ein großzügiger Maßstab anzulegen.[1532] Zur Begründung des Beschlusses, durch den die Zurückweisung einer Frage durch den Vorsitzenden bestätigt wird, reicht die Formulierung, „die Frage gehöre nicht zum Beweisthema", nicht aus. Sofern die Voraussetzungen des § 241 Abs. 2 StPO nicht vorliegen, darf eine Frage nicht zurückgewiesen werden, auch wenn deren Beantwortung für den Zeugen peinlich sein könnte.[1533]

998 Stets sollte bedacht werden, dass das Fragerecht nicht überreizt werden sollte.[1534] Dies gilt auch für die Revision. Mit endlosen Rügen der Verletzung des Fragerechts könnte das Revisionsgericht nicht nur gelangweilt werden, sondern der Eindruck exzessiven Verteidigerverhaltens verstärkt werden. Die möglichen Rügen sollten daher auf die Fälle beschränkt werden, in denen ein gravierender Verstoß geltend gemacht werden kann. Schwierigkeiten ergeben sich jedoch dann, wenn ein ganzer Fragenkomplex in Rede steht, der Ausfluss der Verteidigungsstrategie ist und nur in

---

1531 *BGH* StV 1984, 60 und 1985, 4.

1532 Vgl. zu weiteren Einzelheiten *Meyer-Goßner/Schmitt*[60] § 241 Rn. 12 ff.; KK-*Schneider*[7] § 241 Rn. 5 ff.; vgl. ferner zur Glaubwürdigkeit: *BGH* StV 1982, 204; 1990, 99 und 337.

1533 *BGH* v. 26.5.2009 – 5 StR 126/09 = StV 2010, 58.

1534 Vgl. zum Schutz des Zeugen vor umfangreicher Befragung auch zum Sexualleben nur *BGH* NJW 2005, 1519, vgl. auch *BGHSt* 48, 372.

der Gesamtheit der Zurückweisung der Fragen die Rechtsfehlerhaftigkeit verdeutlicht werden kann.

Ungeeignet sind Fragen, die in tatsächlicher Hinsicht zur Klärung der Schuld und **999** Rechtsfolgenfrage nichts beitragen können. Dazu sollen auch Suggestiv- und Wiederholungsfragen gehören sowie Fragen, die bereits beantwortet sind.[1535] Ungeeignet sollen ferner Fragen an einen Zeugen nach Werturteilen sein.

Die Zurückweisung einer Frage kann auch von einem Mitangeklagten gerügt werden, soweit das Fragethema auch ihn betrifft.[1536]

II. Anforderungen an den Vortrag

Vorzutragen ist, dass **1000**

- der Zeuge geladen wurde und erschienen ist,
- er nach § 57 StPO belehrt wurde und seine Personalien angegeben hat,
- der Zeuge zur Sache ausgesagt hat,
- welche konkrete(n) Frage(n) gestellt wurden (im exakten Wortlaut),
- der Vorsitzende die Frage(n) ggf. mit welcher Begründung beanstandet hat,
- gegen die Nichtzulassung der Frage ein Gerichtsbeschluss beantragt wurde,
- der Gerichtsbeschluss in vollem Wortlaut,
- dass die Frage von dem Zeugen nicht beantwortet wurde.

Es empfiehlt sich, gleichzeitig die Behinderung der Verteidigung durch die fehlerhafte Zurückweisung der Frage zu rügen.

Rüge 97

Ist die Befragung durch die Verteidigung dadurch behindert worden, dass der Vorsitzende **1001** das Fragerecht wieder partiell an sich gezogen, anderen Verfahrensbeteiligten das Fragerecht wieder eingeräumt hat oder die Befragung zur Durchführung einer anderen Beweiserhebung unterbrochen wurde?

I. Rechtsgrundlagen

In Fällen, in denen die Verteidigung ein Konzept der Befragung eines Zeugen ent- **1002** wickelt hat, um ihn allmählich zu Aussagen zu einem bestimmten Thema hinzuführen, wird die Verteidigung im wahrsten Sinne des Wortes aus dem Konzept ge-

---

1535   KK-*Schneider*[7] § 241 Rn. 8 ff. zur Ungeeignetheit aus Rechtsgründen und Rn. 4 ff. zur Ungeeignetheit aus tatsächlichen Gründen.
1536   *BGH* StV 1982, 204; *Meyer-Goßner/Schmitt*[60] § 241 Rn. 23; abl. KK-*Schneider*[7] § 241 Rn. 23.

bracht, wenn der Vorsitzende Zwischenfragen stellt oder das Fragerecht partiell wieder an sich zieht. Rein faktisch wird die Verteidigung in ihrer Befragung und damit in ihren Verteidigungsmöglichkeiten behindert. Das Gleiche gilt selbstverständlich, wenn die Befragung gänzlich unterbrochen wird, z.b. zur Durchführung einer anderen Beweiserhebung. Bereits der Widerspruch gegen die Unterbrechung der Befragung durch Zwischenfragen des Vorsitzenden und ggf. die Beantragung eines Gerichtsbeschlusses stören den Befragungsfluss.

Die Frage, ob in diesen Fällen ein Verstoß gegen § 240 Abs. 2 StPO und eine Behinderung der Verteidigung i.S.v. § 338 Nr. 8 StPO vorliegen, ist streitig.

Nach der Entscheidung *BGH* NStZ 1995, 143 gäbe es kein Recht der Verteidigung, eine einmal begonnene Befragung (ungestört) fortzusetzen und zu Ende zu führen. Solange die Verteidigung insgesamt (im weiteren Verfahrensverlauf) die Gelegenheit zur abschließenden Befragung habe, sei § 240 Abs. 2 StPO nicht verletzt. Dagegen hat das OLG Hamm[1537] entschieden, dass der Vorsitzende, wenn er der Verteidigung das Fragerecht eingeräumt hat, dieses nicht ohne sachlichen Grund wieder entziehen kann. Denn das Fragerecht könne nur sinnvoll und effektiv ausgeübt werden, wenn alle (zulässigen) Fragen im Zusammenhang gestellt werden könnten. Gegen den Willen des Fragenden dürfe seine Befragung daher weder unterbrochen noch anderen Verfahrensbeteiligten das Recht zu Zwischenfragen eingeräumt werden. Anderenfalls liegt ein Verstoß gegen §§ 338 Nr. 8, 240 Abs. 2 StPO vor.

II. Anforderungen an den Vortrag

1003   Es ist vorzutragen, dass

- der Zeuge geladen wurde und erschienen ist,
- er nach § 57 StPO belehrt wurde und seine Personalien angegeben hat,
- er zur Sache ausgesagt hat,
- er vom Vorsitzenden und ggf. weiteren Gerichtsmitgliedern befragt wurde,
- die Staatsanwaltschaft Gelegenheit zur Befragung hatte und der Zeuge ggf. Fragen der Staatsanwaltschaft beantwortet hat,
- der Verteidigung das Fragerecht eingeräumt wurde,
- die Verteidigung mit der Befragung begonnen hat,
- der Vorsitzende einzelne Fragen nicht nach § 241 Abs. 2 StPO beanstandet hat,
- er die Befragung unterbrochen hat, indem er selbst Zwischenfragen stellen wollte bzw. anderen Verfahrensbeteiligten das Fragerecht einräumte bzw. die Befragung ganz an sich zog,
- die Verteidigung dies nach § 238 Abs. 2 StPO beanstandete und einen Gerichtsbeschluss beantragte.

1537   *OLG Hamm* StV 1993, 462; ebenso *Meyer-Goßner/Schmitt*[60] § 240 Rn. 9: Der Vorsitzende sei nicht berechtigt, das Fragerecht wieder an sich zu ziehen oder Fragen in einer ihm richtig erscheinenden Form zu stellen; ebenso LR-*Becker*[26] § 240 Rn. 17; wohl auch KK-*Schneider*[7] § 240 Rn. 6; ausführlich *Degener* StV 2002, 618.

- Der Gerichtsbeschluss (in vollem Wortlaut),
- der weitere Verfahrensgang, also z.b. dass die Befragung (teilweise) durch den Vorsitzenden oder andere Prozessbeteiligte fortgeführt wurde,
- der Verteidigung erst danach das Fragerecht erneut eingeräumt wurde,
- die Verteidigung die Befragung fortsetzte.

Es empfehlen sich ausführliche Angaben zur Beruhensfrage, wenn im Ergebnis die Verteidigung alle ihr erforderlich erscheinenden Fragen stellen konnte, so dass sich ein Beruhen allein wegen der bloßen Unterbrechung des Fragerechts nicht aufdrängt. Es erscheint erforderlich, das Befragungskonzept offen zu legen, mit dem der Zeuge zu Aussagen zu einem bestimmten Punkt hingeführt werden sollte, und dass dies durch die unberechtigten Zwischenfragen verhindert wurde. Insoweit kommt es allein darauf an, dass nicht *ausgeschlossen* werden kann, dass das Ergebnis der Befragung anders ausgefallen wäre, hätte die Verteidigung ihr Fragerecht ungestört und ununterbrochen zu Ende ausüben können. **1004**

Rüge 98

Konnte die Verteidigung einen Zeugen nicht abschließend befragen, weil dessen Vernehmung unterbrochen, der Zeuge aber nicht erneut geladen wurde? **1005**

I. Rechtsgrundlagen

Es kommt häufig vor, dass die Vernehmung eines Zeugen z.B. aus Zeitgründen unterbrochen wird und die Vernehmung zu einem späteren Zeitpunkt fortgesetzt werden soll. In diesem Falle erfolgt in der Regel keine Entscheidung über die Vereidigung und die „offizielle" Entlassung des Zeugen. **1006**

Es ist auch zu beobachten, dass der Vorsitzende anordnet, dass sich der Zeuge für heute entfernen darf und die Entscheidung über die Entlassung zurückgestellt wird.

Wird der Zeuge nicht erneut zur Hauptverhandlung geladen, ergeben sich verschiedene Rügemöglichkeiten.

Voraussetzung für eine Rüge in allen Fallkonstellationen ist aber, dass die Verteidigung Aktivitäten entfaltet hat, um den Zeugen (abschließend) befragen zu können. **1007**

Erfolgt die Unterbrechung der Vernehmung bzw. die Entfernung für diesen Sitzungstag nicht im Einverständnis mit der Verteidigung, ist ein Widerspruch gegen die Unterbrechung der Vernehmung und gegebenenfalls die Herbeiführung eines Gerichtsbeschlusses erforderlich.

Wird der Zeuge vor Ende der Beweisaufnahme nicht von Amts wegen erneut geladen, ist mindestens ein Antrag der Verteidigung auf Ladung des Zeugen zum Zwecke der abschließenden Befragung unter Hinweis auf die noch nicht erfolgte erschöpfende Vernehmung erforderlich.

Wird ein solcher Antrag abgelehnt und erfolgt die Entscheidung über die Vereidigung und Entlassung, kann die Stellung eines Beweisantrages erforderlich sein.

1008 Hat die Verteidigung keinerlei Aktivitäten zur erneuten Ladung entfaltet, scheidet eine Rüge der Verletzung des Fragerechts schon wegen Fehlens eines Gerichtsbeschlusses aus. Auch eine Aufklärungsrüge würde versagen, da sich dem Gericht mangels Kenntnis der von der Verteidigung noch beabsichtigten Fragen die ergänzende bzw. abschließende Vernehmung nicht aufdrängen musste. Dies gilt insbesondere in den Fällen, in denen die Befragung durch das Gericht abgeschlossen war.

Bei entspr. Verteidigungsaktivitäten kommen mehrere Rügen in Betracht.

1009 1. Ist ein (einfacher) Antrag auf abschließende Vernehmung des Zeugen abgelehnt worden, ist die Verletzung des Fragerechts und die Behinderung der Verteidigung zu rügen. Eine Verletzung des Konfrontationsrechts nach Art. 6 Abs. 3 lit. d) EMRK kommt dann in Betracht, wenn der Zeuge sich entfernt hat, bevor die Verteidigung mit der Befragung beginnen konnte. Ist der Zeuge bereits teilweise durch die Verteidigung befragt worden, kommt ein unmittelbarer Verstoß gegen Art. 6 Abs. 3 lit. d) EMRK wohl nicht in Betracht. Gleichwohl ist die Vorschrift tangiert, weil das Fragerecht nicht „effektiv" ausgeübt werden konnte.

1010 2. Hat der Vorsitzende bei der Entfernung des Zeugen zugesagt, diesen erneut auf Bitten der Verteidigung zu laden, wenn weitere Fragen zu stellen sind und wird dieser Bitte bzw. einem entspr. Antrag nicht entsprochen, kommt (zusätzlich) die Rüge der Verletzung des fairen Verfahrens in Betracht, wenn die Verteidigung im Vertrauen auf die erneute Ladung des Zeugen Verteidigungsaktivitäten und insbesondere Fragen zurückgestellt hat.

1011 3. Ist ein Beweisantrag gestellt worden, ist die Verletzung des Beweisantragsrechts zu rügen. Da es sich in diesem Falle um einen Antrag auf erneute Ladung und Vernehmung eines bereits vernommenen Zeugen handelt, bestehen besondere Anforderungen an den Vortrag.

II. Anforderungen an den Vortrag

1. Zurückweisung eines einfachen Antrages auf ergänzende Vernehmung

1012 Rüge der Verletzung des § 240 Abs. 2 StPO; Behinderung der Verteidigung nach § 338 Nr. 8 StPO; Verletzung von Art. 6 Abs. 3 lit. d) EMRK.

Vorzutragen ist,

- dass der Zeuge zur Hauptverhandlung vom … geladen wurde und erschienen war,

- dass der Zeuge zur Sache ausgesagt hat,
- dass der Zeuge vom Gericht und gegebenenfalls der Staatsanwaltschaft und der Verteidigung (teilweise) befragt wurde,
- dass die Vernehmung des Zeugen unterbrochen wurde und gegebenenfalls zu einem späteren Zeitpunkt fortgesetzt werden sollte,
- oder: der Vorsitzende dem Zeugen gestattete, sich für heute zu entfernen und die Entscheidung über die Vereidigung und Entlassung zurückgestellt wurde,
- gegebenenfalls ein Widerspruch der Verteidigung gegen die Entlassung,
- gegebenenfalls die Beantragung eines Gerichtsbeschlusses und dessen voller Wortlaut,
- dass der Zeuge von Amts wegen nicht erneut geladen wurde,
- dass die Verteidigung einen im Wortlaut mitzuteilenden Antrag auf erneute Ladung zum Zwecke der abschließenden Befragung gestellt hat,
- dass das Gericht durch den im Wortlaut mitzuteilenden Beschluss den Antrag abgelehnt hat,
- dass der Zeuge bis zum Ende der Beweisaufnahme nicht erneut geladen und vernommen wurde,
- dass die Verteidigung nicht auf die weitere Befragung verzichtet hat.

In aller Regel empfiehlt es sich, die Fragen bzw. Themenkomplexe mitzuteilen, zu denen der Zeuge noch befragt werden sollte, weil dazu noch keine Gelegenheit bestand. Soll neben der Verletzung des Fragerechts die Behinderung der Verteidigung gerügt werden, muss dargetan werden, dass die unterbliebene Befragung die Verteidigung in einem *wesentlichen* Punkt behindert hat, weil die noch ausstehende Befragung den Kernbereich der Aussage betraf.

2. Keine erneute Ladung des Zeugen trotz Zusage des Gerichts

Zusätzlich zu 1. ist zu rügen ein Verstoß gegen den Grundsatz des fairen Verfahrens. **1013**

Zusätzlich zu den unter 1. vorzutragenden Tatsachen ist auszuführen,

- dass der Vorsitzende bzw. das Gericht die erneute Ladung des Zeugen zugesagt hat; sofern dies im Protokoll vermerkt ist, ist der Protokollinhalt wörtlich mitzuteilen,
- dass die Verteidigung im Vertrauen auf die Zusage der erneuten Ladung Verteidigungsaktivitäten und weitere Fragen unterlassen hat,
- welche Fragen an den Zeugen noch hätten gestellt werden sollen.

3. Zurückweisung eines Beweisantrages

Zu rügen ist die Verletzung des § 244 Abs. 3 StPO; gleichzeitig die Verletzung des **1014** § 240 Abs. 2 StPO; Behinderung der Verteidigung nach § 338 Nr. 8 StPO; Verletzung von Art. 6 Abs. 3 lit. d) EMRK.

Vorzutragen sind neben den unter 1. aufgeführten Tatsachen

- der Beweisantrag in vollem Wortlaut,
- der Beschluss über die Zurückweisung des Antrages im Wortlaut,
- dass die Verteidigung wegen der Entfernung des Zeugen keine Möglichkeit hatte, den Zeugen zu den Beweisthemen zu befragen,
- dass die Verteidigung den Beweisantrag nicht zurückgenommen und auf die Vernehmung des Zeugen nicht verzichtet hat und dieser auch nicht nochmals vernommen wurde.

1015 Die Schwierigkeit besteht in diesen Fällen darin, dass der Beweisantrag z.B. wegen Bedeutungslosigkeit der Beweistatsache oder wegen Wahrunterstellung zurückgewiesen werden kann. Wäre der Zeuge dagegen dazu befragt worden, hätten Fragen zu diesem Beweisthema nicht nach § 241 Abs. 2 StPO zurückgewiesen werden dürfen, da Erwägungen zur Ablehnung eines Beweisantrages wegen Bedeutungslosigkeit die Zurückweisung von Fragen wegen „Ungeeignetheit" nicht rechtfertigen.[1538]

Gleichwohl kann aber die Zurückweisung des Beweisantrages wegen Bedeutungslosigkeit der Beweistatsache für sich genommen nicht angreifbar sein, obwohl die entspr. Fragen hätten zugelassen werden müssen.

Bei der Zurückweisung wegen Wahrunterstellung liegt das Problem darin, dass der Antragsteller sein erstrebtes Beweisziel durch die Wahrunterstellung erreicht hat und daher das Urteil auf der Zurückweisung des Beweisantrages wohl kaum beruhen wird.

Es ist daher dringend anzuraten, neben der Verletzung des Beweisantragsrechts gleichzeitig die Rüge der Verletzung des Fragerechts und der Behinderung der Verteidigung zu erheben.

1016 Es sollte ein Hinweis darauf erfolgen, dass die Befragung eines Zeugen ein dynamischer Prozess ist, in dessen Verlauf sich über die beabsichtigten Fragen hinaus aus den Antworten des Zeugen neue Aspekte ergeben können, die Anlass zu weiteren Fragen bieten. Bereits von daher ist nie auszuschließen, dass bei einer (ergänzenden) Befragung des Zeugen Tatsachen in die Hauptverhandlung eingeführt worden wären, die für die Entscheidung sehr wohl von Bedeutung gewesen wären, bzw. die über die als wahr unterstellten Tatsachen hinausgehen. Aus diesen Gründen wird die Zurückweisung des Beweisantrages wegen Bedeutungslosigkeit der Beweistatsache oder auch eine Wahrunterstellung den sich aus dem Fragerecht ergebenden Verteidigungsmöglichkeiten nicht gerecht.

1538 *Meyer-Goßner/Schmitt*[60] § 241 Rn. 13.

Rüge 99

Konnte die Verteidigung die Befragung des Zeugen nicht beenden, weil dieser für eine **1017**
weitere Befragung nicht mehr zur Verfügung stand?

I. Rechtsgrundlagen

Hier sind zunächst die Fälle denkbar, in denen sich ein Zeuge während der Befra- **1018**
gung durch die Verteidigung nunmehr berechtigterweise z.b. auf sein Zeugnisverweigerungsrecht nach § 52 StPO oder auf sein (umfassendes) Auskunftsverweigerungsrecht nach § 55 StPO beruft. In der berechtigten Zeugnis- bzw. Auskunftsverweigerung liegt weder eine Verletzung des Fragerechts noch eine Behinderung der
Verteidigung.

Die Unmöglichkeit der Befragung durch die Verteidigung ist jedoch bei der Be-
weiswürdigung zu berücksichtigen und zwar unter zwei Aspekten: zum einen die
Tatsache der Zeugnis- bzw. Auskunftsverweigerung, zum anderen die fehlende
Möglichkeit der Verteidigung, die Angaben des Zeugen durch eine eigene Befra-
gung zu hinterfragen und ggf. dadurch die Glaubwürdigkeit des Zeugen bzw. die
Glaubhaftigkeit seiner Angaben zu erschüttern.

Während die berechtigte Zeugnisverweigerung eines Zeugen nach § 52 StPO
grundsätzlich nicht bei der Beweiswürdigung berücksichtigt werden darf, kann die
Tatsache der Auskunftsverweigerung nach § 55 StPO Beachtung finden.[1539]

Soll die Beweiswürdigung insoweit als rechtsfehlerhaft weil lückenhaft gerügt wer- **1019**
den, ist dies im Rahmen der Sachrüge zu beanstanden. Da die Tatsache der Auskunftsverweigerung und die Unmöglichkeit (weiterer) Befragung sich aber nur aus
dem Verfahrensverlauf ergeben, ist es erforderlich, dies im Rahmen der Sachrüge
mitzuteilen. Dazu gehört u.a., dass nach der Aussage des Zeugen und der Befragung
durch das Gericht und die Staatsanwaltschaft die Verteidigung mit der Befragung
begonnen hat, der Zeuge berechtigt die Aussage verweigert hat und die Verteidigung im Laufe des Weiteren Verfahrens keine Möglichkeit mehr hatte, ihre Fragen
an den Zeugen zu stellen. Bei den Ausführungen zur Frage des Beruhens auf der
fehlerhaft unterbliebenen Erörterung der Unmöglichkeit der Befragung durch die
Verteidigung z.B. zur Erschütterung der Glaubwürdigkeit kann es angezeigt sein,
exemplarisch die Fragen mitzuteilen, die dem Zeugen hätten gestellt werden sollen.

Die unterbliebene Berücksichtigung der fehlenden Befragungsmöglichkeit durch **1020**
die Verteidigung bei der Beweiswürdigung kann auch dann gerügt werden, wenn
der Zeuge z.B. infolge Krankheit, Tod oder anderer in seiner Person liegender Umstände nicht von der Verteidigung (zu Ende) befragt werden konnte.

1539 *BGH* StV 1984, 233; *Meyer-Goßner/Schmitt*[60] § 261 Rn. 20; vgl. auch Rüge 90
Rn. 957.

Liegt der Grund für die Unmöglichkeit der Befragung im Verantwortungsbereich der Justiz, ist die Behinderung der Verteidigung und die Verletzung des Rechts aus § 240 Abs. 2 StPO zu rügen, z.b. Beendigung der Befragung wegen Schließung des Gerichtsgebäudes und Abreise des Zeugen am gleichen Tage.[1540] In diesen Fällen hat der Vorsitzende bei absehbarer lang dauernder Zeugenvernehmung die organisatorischen Vorkehrungen dafür zu treffen, dass die Befragung zu Ende geführt werden kann. Für den Fall, dass der Zeuge nicht erneut erscheinen kann, muss ggf. eine audiovisuelle Vernehmung nach § 247a StPO erfolgen.[1541]

Abschnitt 8
Sind einem Zeugen, Sachverständigen oder Mitangeklagten Vorhalte aus früheren Vernehmungen gemacht oder sind Vernehmungshilfen verwendet worden?

1021   Der Vorhalt ist als Vernehmungsbehelf zulässig. Einer Beweisperson können daher zur Unterstützung ihres Gedächtnisses Vorhalte aus einer früheren eigenen Erklärung oder derjenigen eines Dritten gemacht werden.

Entscheidend ist jedoch, dass durch den Vorhalt nicht dessen Inhalt in die Hauptverhandlung eingeführt wird, sondern nur das, was der Zeuge auf Vorhalt erklärt. Erklärt der Zeuge, sich nicht zu erinnern, ist der Vorhalt gescheitert. Das Gleiche gilt für die Erklärung, wenn er das damals so gesagt habe, dann sei das richtig oder ein Vernehmungsbeamter erklärt, er habe alles, was der Zeuge erklärt habe, richtig aufgenommen. Der Inhalt des Protokolls darf in diesen Fällen nicht verwertet werden.[1542] Ist dies geschehen, ist die Inbegriffsrüge, d.h. die Verletzung des § 261 StPO zu erheben, weil das Gericht Tatsachen verwertet hat, die nicht in die Hauptverhandlung eingeführt wurden.[1543]

1022   Die Verwendung von Vernehmungshilfen ist ebenfalls zulässig, u.U. sogar geboten.[1544] Zeugen, die über in amtlicher Eigenschaft gemachte Wahrnehmungen aussagen sollen, kann darüber hinaus eine Vorbereitungspflicht treffen.[1545] Werden Vernehmungsbeamte als Zeugen vernommen, dürfen sie auch Einsicht in die von ihnen aufgenommenen Protokolle und die eigenen dienstlichen Erklärungen nehmen.[1546] Ob diese Grundsätze auch für einen Zeugen gelten, der im Ermittlungsver-

---

1540   Vgl. dazu *BGH* StV 2007, 226.
1541   Vgl. dazu *BGH* StV 2007, 226.
1542   *BGHSt* 14, 310; 21, 149 ff.; *BGH* StV 1990, 485; *Meyer-Goßner/Schmitt*[60] § 249 Rn. 28 m.w.N.
1543   Siehe Rüge 226, Rn. 1922 ff.
1544   *Meyer-Goßner/Schmitt*[60] § 69 Rn. 8.
1545   *Meyer-Goßner/Schmitt*[60] § 69 Rn. 8.
1546   *BGHSt* 3, 281, 283; 14, 339, 340; *BGH* NStZ 2012, 521.

fahren bei der Übertragung von Telefongesprächen in die deutsche Sprache als Sachverständiger tätig war, hat der 4. Strafsenat des BGH offen gelassen; in dem zugrunde liegenden Fall hatten sich die Übersetzer auf Veranlassung des Vorsitzenden einzelne Telefongespräche vor ihrer zweiten Vernehmung erneut angehört.[1547] Eine erfolgreiche Rüge würde jedenfalls eine Beanstandung gem. § 238 Abs. 2 StPO und deren Darstellung gem. § 344 Abs. 2 S. 2 StPO voraussetzen.[1548]

Abschnitt 9
Kombinierter Zeugen-Urkundenbeweis

Rüge 100

Ist ein Teil einer früheren Zeugen- oder Sachverständigenaussage nach § 253 StPO verlesen worden? | **1023**

I. Rechtsgrundlagen und Rügemöglichkeiten

§ 253 StPO eröffnet einen kombinierten Zeugen-Urkundenbeweis.[1549] | **1024**

Die Anordnung der Protokollverlesung nach § 253 Abs. 1 StPO setzt jedoch voraus, dass ein Zeuge zunächst vollständig, ggf. auch unter Einsatz von Vernehmungsbehelfen vernommen wurde.[1550] Der kombinierte Zeugen-Urkundenbeweis kommt erst zur Anwendung, wenn der in der Hauptverhandlung befragte Zeuge oder Sachverständige auch nach Vorhalt erklärt, keine Erinnerung mehr an die zu bekundende Tatsache zu haben. Die Erklärung, sich nicht erinnern zu können, ist nicht protokollierungspflichtig,[1551] es sei denn, es wäre in der Hauptverhandlung von der Staatsanwaltschaft bzw. der Verteidigung ein diesbezüglicher Protokollierungsantrag gestellt worden (§ 255 StPO).

Unter dieser Voraussetzung kann derjenige Teil der früheren Aussage im Urkundsbeweis verlesen werden, an den der Zeuge keine Erinnerung mehr hatte.[1552] Dabei kommt es auf die Erinnerung des tatsächlichen Geschehens und nicht auf die Erinnerung an die frühere Aussage an.[1553] Durch die Verlesung im Urkundsbeweis wird die Vernehmung der Verhörsperson ersetzt.[1554] | **1025**

1547 *BGH* v. 20.1.2016 – 4 StR 376/15 = StV 2016, 771.
1548 *BGH* v. 20.1.2016 – 4 StR 376/15 = StV 2016, 771.
1549 Siehe auch Rüge 147 Rn. 1333.
1550 *BGH* v. 8.2.2011 – 5 StR 501/10 = NStZ 2011, 422.
1551 *Meyer-Goßner/Schmitt*[60] § 253 Rn. 5.
1552 *Meyer-Goßner/Schmitt*[60] § 253 Rn. 1, 3.
1553 KK-*Diemer*[7] § 253 Rn. 5.
1554 *BGH* NStZ 2002, 46 und 2006, 652.

Dass es dabei zur doppelten Verlesung kommt, nämlich einmal Verlesung zum Zwecke des Vorhalts und bei dessen Scheitern zur nochmaligen Verlesung zum Zwecke des Urkundenbeweises nach § 253 StPO, spielt keine Rolle.

Die Formulierung in § 253 Abs. 1 StPO, die Verlesung erfolge „zur Unterstützung des Gedächtnisses" ist irreführend. Der *Vorhalt* in Form der Verlesung erfolgt zur Gedächtnisauffrischung, und es darf nur das verwertet werden, was der Zeuge auf Vorhalt antwortet, während die Verlesung nach § 253 Abs. 1 StPO nach h.M. Urkundenbeweis ist und durch die Verlesung das Verlesene in die Hauptverhandlung eingeführt ist, unbeschadet der darauf von dem Zeugen erfolgenden Reaktion.[1555] Das Verlesene kann bei der Urteilsfindung also unabhängig davon verwertet werden, ob der Zeuge oder Sachverständige die Richtigkeit seiner früheren Angabe bestätigt oder nicht.

Verlesbar nach § 253 StPO sind nur solche früheren Vernehmungsniederschriften, die unter Einhaltung der jeweils maßgeblichen Formvorschriften zustande gekommen sind. Sie können auch aus anderen Strafverfahren oder aus Zivil- oder Verwaltungsgerichtsverfahren stammen. Ohne Belang ist auch, ob ein Zeuge früher in dieser Verfahrensrolle oder als Beschuldigter vernommen worden war. Ist ein zeugnisverweigerungsberechtigter Zeuge ohne Belehrung über sein Zeugnisverweigerungsrecht vernommen worden, kann auch diese Vernehmungsniederschrift verlesen werden, wenn er in der Hauptverhandlung nach Belehrung auf sein Zeugnisverweigerungsrecht verzichtet und ausgesagt hat. Die Verlesung ist schließlich selbst dann zulässig, wenn der Zeuge oder Sachverständige in der Hauptverhandlung erklärt, er habe sich seinerzeit nicht so geäußert, wie in der Vernehmungsniederschrift festgehalten.

§ 253 StPO bezieht sich ausschließlich auf Angaben in früheren Vernehmungen. Daher findet die Vorschrift keine Anwendung auf die Vernehmungspersonen, wenn diese Erinnerungslücken hinsichtlich der von ihnen aufgenommenen Zeugenaussagen haben.[1556]

Die Verlesung nach § 253 StPO[1557] hat in Anwesenheit des Zeugen zu erfolgen[1558] und ist eine protokollierungspflichtige wesentliche Förmlichkeit.[1559] Die Verlesung setzt keinen Gerichtsbeschluss voraus.[1560]

1026 Die gleichen Grundsätze gelten, wenn sich anlässlich der Vernehmung in der Hauptverhandlung Widersprüche zwischen früherer und jetziger Aussage des Zeugen ergeben, die sich auf andere Weise ohne Unterbrechung der Hauptverhandlung

---

1555 *KK-Diemer*[7] § 253 Rn. 2.
1556 *BGH* v. 19.3.2013 – 3 StR 26/13 = StV 2013, 545; *BGH* StV 1994, 637; *KK-Diemer*[7] § 253 Rn. 3; *Meyer-Goßner/Schmitt*[60] § 253 Rn. 7.
1557 Vgl. hierzu auch Rüge 147 Rn. 1333.
1558 *Meyer-Goßner/Schmitt*[60] § 253 Rn. 3.
1559 *Meyer-Goßner/Schmitt*[60] § 255 Rn. 1; *KK-Diemer*[7] § 255 Rn. 1.
1560 *KK-Diemer*[7] § 253 Rn. 1; *Meyer-Goßner/Schmitt*[60] § 253 Rn. 2.

nicht aufklären lassen. Bestätigt der Zeuge allerdings, in der früheren Vernehmung so wie dort protokolliert ausgesagt zu haben, ist der Widerspruch festgestellt, so dass es keiner Verlesung zur Klärung bedarf.[1561] Erklärt der Zeuge dagegen, seine Aussage sei falsch protokolliert, kommt eine Verlesung nach § 253 StPO nicht in Betracht, weil die Aufklärungspflicht die Vernehmung der Verhörsperson gebietet.[1562]

Nach § 255a Abs. 1 StPO gilt § 253 StPO auch für die Vorführung von Videoaufzeichnungen, die nach § 58a StPO oder § 247a StPO entstanden sind.[1563]

Ist nach § 253 StPO verfahren worden, kann gerügt werden, dass die Verlesungsvoraussetzungen nicht vorgelegen haben. Da die Verlesung allein aufgrund der Anordnung des Vorsitzenden erfolgt, setzt die Rüge eine Beanstandung nach § 238 Abs. 2 StPO und einen entspr. Gerichtsbeschluss voraus. **1027**

Ist ein Antrag auf Verlesung nach § 253 StPO abgelehnt worden, ist neben der Verletzung des § 253 StPO die Aufklärungsrüge zu erheben.

Ist während einer Zeugenvernehmung vermehrt nach § 253 StPO wegen Erinnerungslosigkeit oder nicht anders behebbarer Widersprüche verfahren worden, kann dies Anlass sein, sich in der Beweiswürdigung mit den Erinnerungslücken des Zeugen sowie den aufgetretenen Widersprüchen auseinander zu setzen.[1564]

Eine lückenhafte Beweiswürdigung kann auch zum Gegenstand einer Verfahrensrüge gemacht werden, wenn die in der Hauptverhandlung getätigte Aussage eines Zeugen oder Sachverständigen in den Urteilsgründen in der Weise gewürdigt wird, dass sich die Beweisperson an das fragliche Geschehen habe gut erinnern können oder dass die Aussage über mehrere Vernehmungen hinweg konstant geblieben sei, obwohl in der Hauptverhandlung die Niederschrift über eine frühere Vernehmung nach § 253 Abs. 1 oder Abs. 2 StPO verlesen worden ist, ohne dass dies in den Urteilsgründen problematisiert wird.[1565]

II. Anforderungen an den Vortrag

1. Soll gerügt werden, dass die Verlesung zu Unrecht erfolgte, ist vorzutragen, **1028**

a) dass der Zeuge geladen und erschienen war und zur Sache vernommen wurde,

b) dass der Vorsitzende die Verlesung nach § 253 Abs. 1 oder 2 StPO angeordnet hat,

c) ggf. der Grund für die Verlesung, etwa auf Antrag des Angeklagten nach § 255 StPO,

---

1561 *BGH* StV 2002, 11.
1562 KK-*Diemer*[7] § 253 Rn. 6.
1563 *BGH* StV 2004, 246; KK-*Diemer*[7] § 253 Rn. 10.
1564 Siehe Rüge 147 Rn. 1333.
1565 *BGH* StV 2002, 11.

d) dass gegen die Entscheidung ein Gerichtsbeschluss beantragt wurde,

e) der Gerichtsbeschluss im Wortlaut,

f) die Ausführung der Verlesung,

g) die Mitteilung des verlesenen Teils der Vernehmung,

h) dass der Zeuge auch im weiteren Verlauf der Vernehmung keine Erinnerung mehr hatte bzw. der Widerspruch nicht aufgeklärt werden konnte.

Es haben Ausführungen zu folgen, warum die Verlesungsvoraussetzungen nicht vorgelegen haben.

1029 2. Soll gerügt werden, dass ein Antrag auf Verlesung nach § 253 StPO zu Unrecht abgelehnt wurde, ist vorzutragen,

a) dass der Zeuge geladen und erschienen war und vernommen wurde,

b) der Antrag auf Verlesung nach § 253 StPO nebst Begründung sowie die Bezeichnung der zu verlesenden Passagen,

c) die Ablehnung durch den Vorsitzenden,

d) die Beanstandung nach § 238 Abs. 2 StPO,

e) der Gerichtsbeschluss,

f) dass der Grund für den Verlesungsantrag im weiteren Verlauf der Vernehmung nicht entfallen ist und der Antrag nicht zurückgenommen wurde.

Das Urteil ist darauf zu untersuchen, wie es sich zu der Passage der Aussage verhält, deren Verlesung beantragt war. Ist sie im Urteil enthalten, wird das Urteil auf der unterlassenen Verlesung nicht beruhen. Fehlt sie und wäre eine Auseinandersetzung damit erforderlich (etwa weil das Urteil eine Aussagekonstanz annimmt, die Verlesung jedoch Widersprüche ergeben hätte), ist ferner (als Aufklärungsrüge) darzutun, warum dieser Teil der Aussage von Bedeutung war und warum dem Gericht sich die Einführung im Wege der Verlesung hätte aufdrängen müssen.

1030 3. Sind mehrere Protokollverlesungen nach § 253 StPO erfolgt, kann dies Anlass für eine Berücksichtigung bei der Beweiswürdigung sein. Erinnerungslücken eines Zeugen sind für die Beurteilung seiner Glaubwürdigkeit und der Glaubhaftigkeit seiner Angaben ebenso von Bedeutung wie das Hervortreten von Widersprüchen zwischen früherer Aussage und Angaben in der Hauptverhandlung. Soll eine insoweit lückenhafte Beweiswürdigung gerügt werden, muss eine kombinierte Sach- und Verfahrensrüge erhoben werden, da das Urteil in der Regel zur Frage der Verlesung nach § 253 StPO schweigt. Dazu ist vorzutragen,

a) dass der Zeuge geladen und erschienen war und zur Sache ausgesagt hat,

b) dass der Vorsitzende (auf Antrag) die Verlesung angeordnet hat,

c) aus welchem Grund (§ 253 Abs. 1 oder 2 StPO) die Verlesung angeordnet wurde,

d) dass die Anordnung ausgeführt wurde,

e) dass die Voraussetzungen für die Verlesung im weiteren Verlauf der Hauptverhandlung nicht entfallen sind (keine plötzliche Erinnerung des Zeugen, keine Auflösung des Widerspruchs).

Sodann ist auszuführen, warum sich das Gericht im Rahmen der Beweiswürdigung mit den Erinnerungsdefiziten bzw. den Widersprüchen hätte auseinander setzen müssen und die Beweiswürdigung wegen der fehlenden Erörterung lückenhaft ist.

Soll gerügt werden, dass die Beweiswürdigung lückenhaft ist, weil die Verlesung **1031** einer Niederschrift über eine frühere Vernehmung nach § 253 StPO in den Urteilsgründen nicht erwähnt wird, muss die Revisionsbegründung u.a. den Inhalt der verlesenen Vernehmungsniederschrift sowie die Tatsache der Verlesung mitteilen. Ferner ist der (nach § 255 StPO) protokollierte Grund der Verlesung gem. § 253 Abs. 1 oder Abs. 2 StPO anzugeben.

Abschnitt 10
Gewährleistung des Rechts zur Befragung wesentlicher Belastungszeugen

Rüge 101

Hatte die Verteidigung zu keinem Zeitpunkt des Verfahrens die Gelegenheit, Fragen an **1032** einen Belastungszeugen zu stellen? (Verletzung des Konfrontationsrechts Art. 6 Abs. 3 lit. d EMRK)

I. Rechtsgrundlagen und Rügemöglichkeiten

Das Recht, Fragen an den Belastungszeugen zu stellen bzw. (über die Verteidigung) **1033** stellen zu lassen, soll sicherstellen, dass auch für die Verteidigung wichtige Gesichtspunkte herausgearbeitet werden und insbesondere die Glaubwürdigkeit des Zeugen und die Glaubhaftigkeit seiner Angaben kritisch hinterfragt werden können.[1566]

Die Verletzung des Konfrontationsrechts des Beschuldigten oder Angeklagten aus Art. 6 Abs. 3 lit. d) EMRK, in irgendeinem Zeitpunkt des Verfahrens Fragen an den Belastungszeugen zu stellen oder (über seinen Verteidiger) stellen zu lassen, kann verschiedene Ursachen haben. Die Unmöglichkeit der Befragung kann sich etwa daraus ergeben, dass ein Zeuge im Ermittlungsverfahren ohne Befragungsmöglichkeit durch die Verteidigung vernommen wurde, in der Hauptverhandlung jedoch nicht aussagt oder gar nicht vernommen werden kann. So kann sich z.B. der Zeuge in der Hauptverhandlung in zulässiger Weise auf ein Zeugnisverweigerungs- oder umfassendes Auskunftsverweigerungsrecht berufen oder er konnte wegen Unauffindbarkeit, Tod oder auch einer Sperrerklärung (siehe dazu Rn. 1064 ff.) nicht geladen und vernommen werden. Die Rüge der Verletzung des Konfrontationsrechts

---

1566   LR-*Becker*[26] MRK Art. 6 Rn. 219.

nach Art. 6 Abs. 3 lit. b EMRK, weil keine ermittlungsrichterliche Zeugenvernehmung mit der Möglichkeit der Befragung durchgeführt wurde, kann nur dann erfolgreich sein, wenn das Unterlassen der Vernehmung der Justiz zuzurechnen ist.[1567]

Die Vorschrift des Art. 6 Abs. 3 lit. d EMRK erfasst auch Aussagen eines Mitangeklagten im Ermittlungsverfahren, wenn dieser in der Hauptverhandlung von seinem Schweigerecht Gebrauch gemacht hat. Ob infolge dessen der Umstand, dass ein Angeklagter den Mitangeklagten zu keinem Zeitpunkt befragen oder befragen lassen konnte, zu einem Konventionsverstoß führt, hängt davon ab, ob seine Verteidigungsrechte insgesamt angemessen gewahrt wurden und das Verfahren in seiner Gesamtheit fair war.[1568]

1034 Allein die Unmöglichkeit der Befragung soll nicht in jedem Fall eine Verletzung von Art. 6 Abs. 3 lit. d) EMRK zu Folge haben. Entscheidend soll vielmehr sein, ob das Verfahren in seiner Gesamtheit einschließlich der Art und Weise der Beweiserhebung und -würdigung fair war.[1569] Bei der Prüfung, ob wegen Verletzung des Konfrontationsrechts insgesamt ein faires Verfahren vorliegt, kommt es insbesondere darauf an, ob der Umstand, dass der Angeklagte keine Gelegenheit zur konfrontativen Befragung hatte, der Justiz zuzurechnen ist.[1570]

Zwar muss die Justiz auch aktive Schritte unternehmen, um einen Angeklagten in die Lage zu versetzen, einen Mitangeklagten durch seinen Verteidiger (§ 240 Abs. 2 S. 2 StPO) befragen zu lassen. Es gibt aber keine Verpflichtung, Unmögliches zu leisten (hier: Weigerung des Mitangeklagten, Fragen des Verteidigers des Angeklagten zu beantworten). Eine Kompensation hat im Rahmen der Beweiswürdigung zu erfolgen.[1571]

Die Kompensation der Verletzung des Fragerechts erfolgt bei der Beweiswürdigung. Die Rspr. des *BGH* zur Beweiswürdigungslösung bei Verletzung des Konfrontationsrechts wurde vom *BVerfG* nicht beanstandet,[1572] auch im Falle der Unmöglichkeit der Befragung wegen der Sperrung einer Vertrauensperson durch die oberste Dienstbehörde.[1573]

1567 *BGH* v. 12.1.2011 – 1 StR 540/10 = StV 2011, 362; vgl. auch *BGHSt* 51, 150 = StV 2007, 66; *BGH* v. 29.11.2006 – 1 StR 493/06 = StV 2007, 66.

1568 *BGH* StV 2010, 673 (Ls).

1569 *EGMR* v. 15.12.2015 – 9154/10; *EGMR* v. 17.4.2014 – 9154/10 = JR 2015, 95; *EGMR* v. 15.12.2011 – 26766/05 m. Anm. *Meyer* HRRS 2012, 117; *EGMR* StV 2002, 298 m. Anm. *Pauly*; *EGMR* NJW 2003, 2297; *BGH* StV 2007, 66; *BGHSt* 46, 93 = StV 2000, 593 m. Anm. *Schlothauer* StV 2001, 127; *BGH* StV 2005, 113 = JR 2005, 247 m. Anm. *Esser* jew. m.w.N.; *BVerfG* StV 2010, 337; *Meyer-Goßner/Schmitt*[60] MRK Art. 6 Rn. 22a.

1570 *BGH* v. 16.4.2014 – 1 StR 638/13 = StV 2015, 142 m. Anm. *Jahn* JuS 2014, 948.

1571 *BGH* StV 2010, 57; *BGH* v. 16.4.2014 – 1 StR 638/13 = StV 2015, 142 m. Anm. *Jahn* JuS 2014, 948.

1572 *BVerfG* NJW 2007, 204.

1573 *BVerfG* StV 2010, 337 m. Anm. *Safferling*.

Bei der Beweiswürdigung wegen Verletzung des Konfrontationsrechts ist zu differenzieren:

Ist das Unterbleiben der Befragung des Zeugen durch die Verteidigung dem Staat zuzurechnen, kann eine Verurteilung auf dessen Angaben nur gestützt werden, wenn diese durch gewichtige außerhalb der Aussage liegende Beweisanzeichen gestützt werden.[1574]

Trifft den Staat kein Verschulden, bedarf es nur einer besonders sorgfältiger Beweiswürdigung und die Verurteilung darf nicht einzig und allein auf den Angaben des Zeugen beruhen.

Diese Differenzierung ist kaum nachvollziehbar. Die Frage, wem die Unmöglich- **1035** keit der Befragung zuzurechnen ist, ändert an der Tatsache nichts, dass die Verteidigung dadurch wesentlich behindert wurde. Diese in jedem Fall bestehende Einschränkung der Verteidigungsmöglichkeiten kann nicht durch unterschiedliche Anforderungen an die Beweiswürdigung je nach Ursache für die Beschränkung ausgeglichen werden, da in keinem Fall die Verteidigung für die fehlende Befragungsmöglichkeit verantwortlich ist.

Ein Verwertungsverbot für frühere Aussagen bei Verletzung des Konfrontationsrechts lehnt die Rspr. ab.[1575] Auch dies ist kaum nachvollziehbar. Unterbleibt bei einer richterlichen Zeugenvernehmung im Ermittlungsverfahren die gebotene Benachrichtigung des Verteidigers und konnte daher der Zeuge z.B. bei Zeugnisverweigerung in der Hauptverhandlung zu keinem Zeitpunkt befragt werden, soll die Verletzung des Konfrontationsrechts lediglich im Wege der Beweiswürdigung zu kompensieren sein (außerhalb der Aussage liegende unterstützende Beweisanzeichen), während die Verletzung des § 168c Abs. 5 StPO ein umfassendes Verwertungsverbot der früheren Vernehmung nach sich zieht (vgl. dazu Rügen 245, 249, Rn. 2091 ff.; 2038). Auch kann es keinen Unterschied machen, ob die Benachrichtigung des Verteidigers nach § 168c StPO rechtswidrig unterblieb und so eine Befragung unmöglich war, oder ob ein Zeuge etwa durch eine rechtswidrige oder gar objektiv willkürliche Sperrerklärung analog § 96 StPO einer Befragung entzogen wurde.

Ist ein Zeuge erreichbar und trotz Ladung nicht zur Hauptverhandlung erschienen und wurde deswegen seine Aussage durch den Vernehmungsbeamten eingeführt, soll eine ausdrückliche Auseinandersetzung mit der fehlenden Befragungsmöglichkeit durch die Verteidigung jedoch nur dann erforderlich sein, wenn die Verteidigung in der Hauptverhandlung auf die Vernehmung des Zeugen gedrängt hat.[1576]

Da nach der Rspr. des BGH die Kompensation einer Verletzung des Konfrontati- **1036** onsrechts bei der Beweiswürdigung zu erfolgen hat, ist eine kombinierte Sach- und

---

1574 *BGH* StV 2007, 66 = JR 2007, 300 m. Anm. *Eisele*; *BGHSt* 46, 93 = StV 2000, 593; *BGH* NStZ 2005, 224; *Meyer-Goßner/Schmitt*[60] MRK Art. 6 Rn. 22f.
1575 Vgl. etwa *BGHSt* 49, 112 ff. = StV 2004, 192.
1576 *BGH* StV 2007, 569.

Verfahrensrüge zu erheben. Denn (möglicherweise) ergeben sich die Verfahrensvorgänge, auf denen die Unmöglichkeit der Befragung durch die Verteidigung beruht, und die Ursachen dafür, nicht (vollständig) aus dem Urteil.

II. Anforderungen an den Vortrag

1037   Es ist darzulegen,

- dass der Zeuge im Ermittlungsverfahren oder außerhalb der Hauptverhandlung vernommen wurde,
- dass die Verteidigung den Zeugen weder bei dieser Vernehmung noch bei einer anderen Gelegenheit befragen konnte,
- dass der Zeuge in der Hauptverhandlung nicht befragt werden konnte unter Darlegung der Gründe dafür, z.B. Berufung auf ein Zeugnisverweigerungsrecht, Unerreichbarkeit, Sperrung des Zeugen,
- ggf. warum der Justiz die Unmöglichkeit der Befragung zuzurechnen ist, z.B. die fehlerhaft unterbliebene Benachrichtigung des Verteidigers nach § 168c Abs. 5 StPO,[1577] die Unterlassung der gebotenen Pflichtverteidigerbestellung nach § 141 Abs. 3 StPO bei einer richterlichen Zeugenvernehmung im Ermittlungsverfahren bei einem unverteidigten Beschuldigten[1578] oder unzureichende Bemühungen des Gerichts zur Ermöglichung einer Befragung durch die Verteidigung,[1579] z.B. durch eine Videovernehmung nach § 247a StPO,
- die Einführung der früheren Aussage des Zeugen durch ein Beweissurrogat (welches),
- dass die Verteidigung zu keinem Zeitpunkt des Verfahrens die Möglichkeit hatte, Fragen an den Zeugen zu stellen.

Nach diesem vollständigen Vortrag über die Unmöglichkeit der Befragung und deren Ursachen müssen Ausführungen dazu erfolgen, warum das Urteil den Anforderungen an eine Kompensation der fehlenden Befragungsmöglichkeit im Rahmen der Beweiswürdigung nicht entspricht.

1577   *BGH* StV 2007, 66.
1578   Dazu *BGHSt* 46, 93 ff. = StV 2000, 593; hierzu *Schlothauer* StV 2001, 127; vgl. auch *EGMR* v. 19.7.2012 – 26171/07 = StV 2014, 452 m. Anm. *Pauly* u. *EGMR* v. 15.12.2015 – 9154/10.
1579   Vgl. dazu auch LR-*Becker*[26] MRK Art. 6 Rn. 227a.

Abschnitt 11
Vereidigung

Vorbemerkung

Nach § 59 StPO ist die Nichtvereidigung eines Zeugen der Regelfall.[1580] Nur bei **1039** ausschlaggebender Bedeutung der Aussage oder zur Herbeiführung einer wahren Aussage ist ein Zeuge zu vereidigen.[1581] Dies steht jedoch im Ermessen des Gerichts. Bei der Frage der Vereidigung kann mit der Revision geltend gemacht werden, der Tatrichter habe den ihm zustehenden Beurteilungsspielraum überschritten oder sein Ermessen rechtsfehlerhaft ausgeübt. In den Fällen, in denen erst in den Urteilsgründen zutage tritt, dass nach der Beurteilung des Gerichts die tatbestandlichen Voraussetzungen des § 59 Abs. 1 S. 1 StPO für die Vereidigung an sich vorlagen, wird die Revisionsrüge schwerlich davon abhängig gemacht werden können, dass in der Hauptverhandlung rein vorsorglich ein Gerichtsbeschluss gegen die Entscheidung des Vorsitzenden beantragt wurde.[1582]

Die Entscheidung muss nicht begründet werden, auch nicht, wenn gegen die Entscheidung des Vorsitzenden das Gericht nach § 238 Abs. 2 StPO angerufen wurde.[1583]

Weder die entgegen § 59 Abs. 1 S. 2 StPO unterbliebene noch die erfolgte Vereidigung ohne Vorliegen der Voraussetzungen des § 59 Abs. 1 S. 1 StPO können mit der Revision gerügt werden, da es sich um eine Ermessenentscheidung des Gerichts handelt.[1584]

1580 Vgl. zur (Nicht-)Vereidigungsproblematik insgesamt *Diehm* StV 2007, 444 ff.
1581 *BGH* StraFo 2005, 244.
1582 *BGH* (3. StS) StV 2009, 225.
1583 *Meyer-Goßner/Schmitt*[60] § 59 Rn. 11 m.w.N.
1584 *Meyer-Goßner/Schmitt*[60] § 59 Rn. 13; KMR-*Neubeck* § 59 Rn. 18.

1040 Denkbar sind u.a. folgende Verfahrensfehler:

1. Ein Zeuge wurde entgegen den Vereidigungsverboten des § 60 StPO vereidigt. Dies kann unstreitig zum Gegenstand einer Verfahrensrüge gemacht werden.[1585] Dies gilt auch dann, wenn die betreffende Aussage in den Urteilsgründen als unvereidigte gewertet wird, ohne dass die Verfahrensbeteiligten auf diesen Auffassungswandel in der Hauptverhandlung hingewiesen werden.

2. Ein Zeuge ist wegen fehlerhafter Annahme eines Vereidigungsverbots nicht vereidigt worden. Auch dies kann gerügt werden.

3. Es wurde keine Vereidigungsentscheidung getroffen und auch nicht protokolliert.

Es ist höchst streitig, ob ein Verfahrensfehler vorliegt, wenn eine Vereidigungsentscheidung gänzlich unterblieben ist. Streitig ist schon, ob die Tatsache der Nichtvereidigung überhaupt eine wesentliche Förmlichkeit i.S.d. § 273 Abs. 1 StPO ist. Der 3. Strafsenat hält eine ausdrückliche Entscheidung über die Frage der Nichtvereidigung, die protokollierungspflichtig ist, für erforderlich.[1586] Der 1. Senat hat seine bisherige Rspr.,[1587] nach der die Nichtvereidigungsentscheidung eine zu protokollierende wesentliche Förmlichkeit ist, aufgegeben. Sofern keine besonderen Umstände vorlägen, sei der Entlassungsverfügung des Vorsitzenden zu entnehmen, er habe die Voraussetzungen, von der Regel der Nichtvereidigung abzusehen, nicht als gegeben angesehen. Die Zulässigkeit einer sich hiergegen richtenden Verfahrensrüge setze einen Gerichtsbeschluss nach § 238 Abs. 2 StPO voraus.[1588]

Nach Auffassung des 2. Senates besteht keine ausdrückliche Entscheidungs- und Protokollierungspflicht. Eine solche ergäbe sich erst dann, wenn ein Antrag auf Vereidigung gestellt worden sei.[1589]

Der 4. Strafsenat hat in seiner Entscheidung vom 31.7.2013 offen gelassen, ob das Fehlen einer ausdrücklichen Entscheidung über die Vereidigung einen Verfahrensfehler darstellt. Er kommt jedenfalls zu dem Ergebnis, dass das Urteil auf der unterlassenen Entscheidung nur dann beruhen könne, wenn es bei einer solchen Entscheidung zu einer Vereidigung des Zeugen gekommen wäre und wenn sodann nicht auszuschließen wäre, dass der Zeuge in diesem Falle andere, wesentliche Angaben gemacht hätte.[1590]

4. Wird ein Zeuge in einem späteren Abschnitt der Hauptverhandlung nochmals vernommen, bedarf es einer neuen Entscheidung über die Vereidigung. Diese be-

---

1585 HK-StPO-*Gercke*[5] § 59 Rn. 15.
1586 *BGH* (3. StS), StV 2005, 200 m. zust. Anm. *Schlothauer*; ebenso *Meyer-Goßner/Schmitt*[60] § 59 Rn. 13; *Schuster* StV 2005, 628; *Diehm* StV 2007, 444.
1587 *BGH* StraFo 2005, 244.
1588 *BGH* StV 2009, 565.
1589 *BGHSt* 50, 282 ff.; ähnlich in einem Hinweis *BGH* (2. StS) StV 2005, 591.
1590 *BGH* v. 31.7.2013 – 4 StR 276/13 = NStZ-RR 2013, 348.

zieht sich grundsätzlich auf die gesamte bis dahin erstattete Aussage. Dabei bindet den Tatrichter seine frühere Entscheidung über die Vereidigung nicht.[1591] Im Falle der Vereidigung bei der ersten Aussage kommt ein Vorgehen nach § 67 StPO in Betracht.

Die aufgezeigten möglichen Fehler bei der Vereidigungsentscheidung nach der Erstvernehmung erfassen auch die Entscheidung nach der ergänzenden Vernehmung, so dass eine entspr. Rüge auch die ergänzende Vernehmung umfassen muss.

5. Angehörige Zeugen i.S.d. § 52 Abs. 1 StPO haben ein Eidesverweigerungsrecht, über das sie ausdrücklich zu belehren sind, § 61 StPO. Diese protokollierungspflichtige Belehrung ist bei jeder Vernehmung, auch der wiederholten Vernehmung in der Hauptverhandlung, vorzunehmen. Ist sie unterblieben, kann dies als Verstoß gegen § 61 StPO gerügt werden.

Rüge 102

Ist ein Zeuge entgegen einem Vereidigungsverbot des § 60 StPO vereidigt worden? **1041**

I. Rechtsgrundlagen und Rügemöglichkeiten

Zu rügen ist in diesem Fall ein Verstoß gegen § 60 StPO. Die Rüge setzt keinen Gerichtsbeschluss voraus.[1592] **1042**

Zur Frage, wann ein Vereidigungsverbot i.S.d. § 60 StPO vorliegt, muss auf die Kommentierungen verwiesen werden.[1593]

Im Falle der Rüge der Verletzung von § 60 Nr. 1 StPO 1. Alt. (Zeugen unter 18 Jahren) kommt es allein auf das tatsächliche Alter des Zeugen an, so dass die Rüge auch begründet ist, wenn die Vereidigung in Unkenntnis des Alters angeordnet wurde.[1594]

Im Fall der Rüge der Verletzung des § 60 Nr. 1 StPO 2. Alt. (fehlende Verstandesreife etc.) kann nur gerügt werden, dass das Gericht die Frage gewichtiger Anhaltspunkte dafür nicht geprüft hat oder dem Gericht bei der Entscheidung der Frage Rechtsfehler unterlaufen sind.[1595]

1591 *BGH* v. 20.7.2010 – 3 StR 193/10 = StV 2011, 454 = wistra 2010, 451.
1592 *Meyer-Goßner/Schmitt*[60] § 60 Rn. 31.
1593 Nur: *Meyer-Goßner/Schmitt*[60] § 60 Rn. 1 ff.; KK-*Senge*[7] § 60 Rn. 4 ff.; LR-*Ignor/Bertheau*[26] § 60 Rn. 2 ff.
1594 *Meyer-Goßner/Schmitt*[60] § 60 Rn. 32; KK-*Senge*[7] § 60 Rn. 39 jew. m.w.N.
1595 *Meyer-Goßner/Schmitt*[60] § 60 Rn. 33.

Im Falle der Rüge der Verletzung von § 60 Nr. 2 StPO kann gerügt werden, dass das Gericht die Frage der Verstrickung trotz gewichtiger Anhaltspunkte (die sich z.B. aus dem Urteil selbst ergeben können) nicht geprüft hat. Ist eine Prüfung erfolgt, so kann nicht die tatsächliche Wertung angegriffen werden, sondern nur die Verkennung von Rechtsbegriffen.[1596]

1043 Das Gericht hat allerdings die Möglichkeit, den Fehler unzulässiger Vereidigung zu heilen, indem die Aussage im Urteil ausdrücklich als unbeeidete Aussage verwertet wird. Die Heilung des Verfahrensmangels setzt jedoch voraus, dass die Verfahrensbeteiligten in der Hauptverhandlung auf die Verwertung der Aussage als unbeeidet hingewiesen wurden. Das gleiche gilt, wenn sich der Teilnahmeverdacht erst bei der Urteilsberatung herausstellt und daher eine Vereidigung hätte unterbleiben müssen.[1597] Der Hinweis ist protokollierungspflichtig.[1598] Ein Hinweis soll aber dann entbehrlich sein, wenn für die Verfahrensbeteiligten durch den weiteren Verfahrensgang klar auf der Hand lag, dass ein Vereidigungsverbot vorlag und die Wertung der Aussage durch das Gericht als uneidliche unzweifelhaft war.[1599]

II. Anforderungen an Vortrag

1044 Mitzuteilen ist, dass

- der Zeuge geladen und erschienen ist,
- er zur Sache ausgesagt hat,
- die Vereidigung vom Vorsitzenden oder ggf. durch einen Gerichtsbeschluss angeordnet wurde,
- der Zeuge den Eid geleistet hat,
- die Aussage im Urteil als eidliche verwertet wurde und
- aus welchen Gründen des § 60 StPO der Zeuge nicht hätte vereidigt werden dürfen.

Zum Vereidigungsverbot sind alle Tatsachen vorzutragen, aus denen sich das Vereidigungsverbot ergibt, insbes. alle Aktenteile in vollem Wortlaut, die die Annahme des Vereidigungsverbots stützen.

Das Urteil beruht in der Regel auf der fehlerhaften Verwertung einer zum Nachteil des Angeklagten erfolgten Aussage als beeidet, weil das Gericht einer eidlichen Aussage höheren Beweiswert beimisst.[1600]

1596 *Meyer-Goßner/Schmitt*[60] § 60 Rn. 34; KK-*Senge*[7] § 60 Rn. 40 jew. m.w.N.
1597 *Meyer-Goßner/Schmitt*[60] § 60 Rn. 30 m.w.N. und Rn. 27 a.E.; LR-*Ignor/Bertheau*[26] § 60 Rn. 45.
1598 KK-*Senge*[7] § 60 Rn. 33, 34.
1599 *Meyer-Goßner/Schmitt*[60] § 60 Rn. 34 a.E.; HK-StPO-*Gercke*[5] § 60 Rn. 38.
1600 *Meyer-Goßner/Schmitt*[60] § 60 Rn. 34; KK-*Senge*[7] § 60 Rn. 42 m.w.N.; HK-StPO-*Gercke*[5] § 60 Rn. 38.

Ist die Aussage eines vereidigten Zeugen im Urteil als uneidliche verwertet worden, ohne dass ein Hinweis erfolgte, ist dessen Ladung, Vernehmung sowie Vereidigung mitzuteilen sowie die Tatsache, dass ein Hinweis nicht ergangen ist. **1045**

Auf dem unterlassenen Hinweis wird das Urteil beruhen, wenn die Verteidigung durch den unterlassenen Hinweis in die Irre geführt wurde und ggf. von weiteren Anträgen Abstand genommen hat.[1601] Es empfehlen sich daher Ausführungen dazu. Vorsorglich sollte auch vorgetragen werden, dass aus dem weiteren Verfahrensgang die Verwertung der Aussage als uneidliche für die Verteidigung nicht ersichtlich war.

Rüge 103

Ist ein Zeuge wegen fehlerhafter Annahme eines Vereidigungsverbots nicht vereidigt worden? **1046**

I. Rechtsgrundlagen

Eine Rüge setzt voraus, dass eine Entscheidung des *Gerichts* vorliegt, d.h. die Verfügung des Vorsitzenden muss gem. § 238 Abs. 2 StPO beanstandet worden sein.[1602] **1047**

Zwar verlangt das Gesetz im Falle der Nichtvereidigung keine Begründung dieser Entscheidung. Beruht aber die Nichtvereidigung nicht auf einer Ermessensentscheidung des Vorsitzenden in Anwendung der Abschaffung der Regelvereidigung, sondern auf § 60 StPO, so müssen die Gründe angeführt werden, die zur Annahme des Vereidigungsverbots geführt haben.[1603]

Die Ermessensentscheidung des Tatgerichts, ob das Vereidigungsverbot wegen eines Tat- oder Teilnahmeverdachts besteht, kann nur darauf geprüft werden, ob die Rechtsbegriffe der Beteiligung bzw. des Verdachts verkannt worden sind.[1604]

Bei einem Vereidigungsverbot wegen Verdachts der Verstrickung stellt sich das Problem der Teilvereidigung. Insbesondere wenn der Zeuge zu mehreren Tatkomplexen aussagt, muss geprüft werden, ob der Zeuge bspw. bei allen Taten teilnahmeverdächtig ist. Hinsichtlich der Aussagen zu den Komplexen, in denen kein Tatverdacht besteht, liegt kein Vereidigungsverbot vor, so dass, nach dem Ermessen **1048**

1601 KK-*Senge*[7] § 60 Rn. 42.
1602 *Meyer-Goßner/Schmitt*[60] § 60 Rn. 31.
1603 *Meyer-Goßner/Schmitt*[60] § 60 Rn. 28.
1604 KK-*Senge*[7] § 60 Rn. 40; *Meyer-Goßner/Schmitt*[60] § 60 Rn. 34; LR-*Ignor/Bertheau*[26] § 60 Rn. 44 jew. m.w.N.

des Gerichts eine Vereidigung unter den Voraussetzungen des § 59 StPO in Betracht kommt.[1605] Da die Rüge der fehlerhaften Nichtvereidigung nur erhoben werden kann, wenn ein Gerichtsbeschluss ergangen ist, muss die Verfügung des Vorsitzenden im Falle der Nichtvereidigung angegriffen werden. Da die Frage der (Teil-) Vereidigung eine Ermessensentscheidung ist, kann die Rüge nur dann erfolgreich sein, wenn das Gericht die Möglichkeit der Teilvereidigung entweder nicht gesehen oder den Verstrickungsverdacht rechtsfehlerhaft hinsichtlich einzelner Tatkomplexe angenommen hat.

II. Anforderungen an Vortrag

1049 Mitzuteilen ist,

- dass der Zeuge geladen und erschienen ist,
- dass er zur Sache ausgesagt hat,
- dass der Vorsitzende die Nichtvereidigung nach § 60 StPO angeordnet hat,
- dass die Verteidigung einen Gerichtsbeschluss beantragt hat,
- der die Verfügung des Vorsitzenden bestätigende Gerichtsbeschluss,
- dass der Zeuge unbeeidet geblieben ist und entlassen wurde,
- dass die Vereidigung im weiteren Verlauf des Verfahrens nicht nachgeholt wurde.

Ausführliche Ausführungen dazu, warum das Gericht rechtsfehlerhaft von einem Vereidigungsverbot ausgegangen ist, sind selbstverständlich erforderlich. Dies gilt insbesondere in den Fällen möglicher Teilvereidigung. Dazu sind die betreffenden Aktenteile vollständig mitzuteilen.

Ein Beruhen des Urteils auf der fehlerhaften Nichtvereidigung ist in der Regel nicht auszuschließen, da einer beeideten Aussage höherer Beweiswert zukommt.

Rüge 104

1050 Ist keine Entscheidung über die Nichtvereidigung getroffen worden?

I. Rechtsgrundlagen

1051 Wie oben unter Rn. 1040 bereits ausgeführt, ist die Frage der Revisibilität einer unterbliebenen Vereidigungsentscheidung streitig.[1606] Da die Entscheidung des 3. Senats zur Erforderlichkeit einer Entscheidung nur ein obiter dicta enthält, die Ent-

---

1605 *Meyer-Goßner/Schmitt*[60] § 60 Rn. 26.
1606 *BGH* (1. StS), StraFo 2005, 244; *BGH* (3. StS), StV 2005, 200 m. zust. Anm. *Schlothauer.*

scheidung des 2. Senats in *BGHSt* 50, 282 dagegen tragend ist, wird wohl dessen Auffassung die Grundlage künftiger Rspr. sein. Danach ist eine ausdrückliche Entscheidung über die Nichtvereidigung nur dann erforderlich (und protokollierungspflichtig), wenn ein Vereidigungsantrag gestellt wurde. Allein das Fehlen einer Vereidigungsentscheidung soll keinen Verstoß gegen § 59 StPO darstellen.

Damit erübrigt sich auch die Frage, ob gegen die unterbliebene Vereidigungsentscheidung als Voraussetzung einer Rüge ein Gerichtsbeschluss beantragt werden muss.[1607]

Ob in Anbetracht dieser Rechtslage die Rüge unterbliebener Vereidigungsentscheidung erhoben werden sollte, bleibt dem jeweiligen Revisionsführer überlassen.

II. Anforderungen an den Vortrag

Soll die Rüge erhoben werden, ist vorzutragen, dass   **1052**
- der Zeuge geladen wurde, erschienen ist und zur Sache ausgesagt hat,
- keine Entscheidung über die Vereidigung getroffen wurde,
- der Zeuge unbeeidet entlassen wurde,
- eine Vereidigungsentscheidung im weiteren Verfahrensverlauf nicht nachgeholt wurde und
- warum eine Vereidigung nach den Grundsätzen des § 59 StPO hätte vorgenommen werden müssen und ein Vereidigungsverbot nach § 60 StPO nicht vorlag.

Rüge 105

Ist nach einer wiederholten Vernehmung eines Zeugen in demselben Verfahren keine Vereidigungsentscheidung ergangen?   **1053**

I. Rechtsgrundlagen

Ist der Zeuge bei der Erstvernehmung unbeeidet geblieben, bedarf es nach den   **1054** Grundsätzen von *BGHSt* 50, 282 auch bei der Nachvernehmung ohne Antrag keiner Vereidigungsentscheidung. Etwas anderes gilt nur dann, wenn der Zeuge anlässlich der Erstvernehmung vereidigt wurde.[1608] Denn wenn das Gericht die Vereidigung des Zeugen damals für erforderlich gehalten hat, dann hat es zu entscheiden und zu begründen, warum dies für die Nachvernehmung nicht gelten soll. Dies kann nicht von einem Antrag der Verfahrensbeteiligten abhängen. Ist daher eine Vereidigungs-

---

1607   Vgl. dazu *BGHSt* 50, 282, 284; zum Streitstand vgl. *Meyer-Goßner/Schmitt*[60] § 59 Rn. 13 m.w.N.
1608   *BGH* v. 20.7.2010 –3 StR 193/10 = StV 2011, 454.

entscheidung unterblieben, so kann die Verletzung von §§ 59, 67 StPO gerügt werden.

Ist ein Zeuge bei der Erstvernehmung vereidigt worden, jedoch bei der weiteren Vernehmung unvereidigt geblieben, gilt die gesamte Aussage als unvereidigt, da sich die letzte Vereidigungsentscheidung auf die gesamte Aussage bezieht.[1609]

II. Anforderungen an den Vortrag

1055 Vorzutragen ist, dass

- der Zeuge geladen wurde, erschienen ist und ausgesagt hat,
- der Zeuge auf Anordnung der Vorsitzenden bzw. des Gerichts vereidigt und entlassen wurde,
- der Zeuge erneut geladen und vernommen wurde,
- eine Vereidigungsentscheidung nicht ergangen ist und auch nicht nachgeholt wurde.

Rüge 106

1056 Ist ein i.S.d. § 52 Abs. 1 StPO angehöriger Zeuge nicht über sein Eidesverweigerungsrecht nach § 61 StPO belehrt worden?

I. Rechtsgrundlagen

1057 Die protokollierungspflichtige Belehrung ist vor jeder Vernehmung, auch bei einer wiederholten Vernehmung in derselben Hauptverhandlung vorzunehmen, allerdings erst dann, wenn eine Vereidigung erfolgen soll.[1610] Dies gilt auch, wenn dem Gericht die Angehörigeneigenschaft nicht bekannt war und auch eine Belehrung nach § 52 StPO unterblieben ist, da es allein auf das Angehörigenverhältnis und nicht die Kenntnis des Gerichts ankommt. Über das Recht zur Verweigerung der Eidesleistung ist ein Zeuge auch dann zu belehren, wenn er über sein Zeugnisverweigerungsrecht gem. § 52 Abs. 1 StPO belehrt worden ist.[1611]

Ist der Zeuge ohne Belehrung vereidigt worden, kann die unterlassene Belehrung als Verstoß gegen § 61 StPO gerügt werden.[1612] Die Rüge kann auch von nicht angehörigen Mitangeklagten erhoben werden,[1613] wenn ihnen dieselbe Tat i.S.d. § 264 StPO zum Vorwurf gemacht wurde.

1609 *BGH* v. 20.7.2010 –3 StR 193/10 = StV 2011, 454.
1610 *Meyer-Goßner/Schmitt*[60] § 61 Rn. 1, 2.
1611 *BGH* v. 5.12.2007 – 5 StR 531/07 = StV 2008, 563.
1612 Vgl. dazu insgesamt *BGH* v. 5.12.2007 – 5 StR 531/07 = StV 2008, 563.
1613 *Meyer-Goßner/Schmitt*[60] § 61 Rn. 3.

II. Anforderungen an den Vortrag

Es ist vorzutragen, dass **1058**

- der Zeuge geladen wurde, erschienen ist,
- er nach § 52 StPO belehrt wurde oder nicht,
- er zur Sache ausgesagt hat,
- er nicht über sein Eidesverweigerungsrecht belehrt wurde,
- er auf Anordnung des Vorsitzenden oder ggf. aufgrund eines Gerichtsbeschlusses vereidigt wurde,
- die Belehrung nicht nachgeholt wurde.

Das Urteil beruht auf der unterbliebenen Belehrung, wenn das Gericht die Aussage als beeidete zum Nachteil des Angeklagten verwertet hat, sich nicht ausschließen lässt, dass der Zeuge sich im Falle der Belehrung auf sein Eidesverweigerungsrecht berufen hätte bzw. keine Anhaltspunkte dafür vorhanden sind, dass der Zeuge im Falle der Belehrung gleichwohl den Eid geleistet hätte und das Gericht der beeideten Aussage höheren Beweiswert zugemessen hat als einer unbeeideten, was regelmäßig der Fall sein wird.[1614] Für die Frage, ob die Verurteilung auf dem Verfahrensfehler beruht, ist es ohne Bedeutung, ob das Gericht der Aussage der Zeugin auch geglaubt hätte, wenn es von der Vereidigung abgesehen hätte. Allerdings kann ein Beruhen des Urteils auf dem Unterbleiben der gebotenen Belehrung eines zur Verweigerung der Eidesleistung berechtigten Zeugen auch dann ausgeschlossen werden, wenn mit Sicherheit davon auszugehen ist, dass der Zeuge auch nach Belehrung über sein Eidesverweigerungsrecht den Eid geleistet hätte.[1615]

Abschnitt 12
Entlassung von Beweispersonen

Rüge 107

Ist ein Zeuge oder Sachverständiger gegen den Widerspruch der Verteidigung entlassen worden? **1059**

I. Rechtsgrundlagen und Rügemöglichkeiten

Die Pflicht nach § 248 S. 2 StPO, die Verteidigung vor Entlassung eines Zeugen **1060** oder Sachverständigen dazu zu befragen, soll verhindern, dass das Fragerecht beeinträchtigt wird. Wird ein Zeuge oder Sachverständiger gegen den Widerspruch der Verteidigung entlassen, kann eine Verletzung des Fragerechts nach § 240 StPO,

---

1614 *Meyer-Goßner/Schmitt*[60] § 61 Rn. 3.
1615 *BGH* v. 5.12.2007 – 5 StR 531/07 = StV 2008, 563.

eine unzulässige Beschränkung der Verteidigung oder eine Verletzung des fair-trial Grundsatzes gerügt werden.[1616]

Rügevoraussetzung ist immer, dass der Entlassung widersprochen wurde und gegen die Anordnung des Vorsitzenden ein Gerichtsbeschluss ergangen ist.[1617]

Der Umstand, dass noch weitere Fragen an den Zeugen gestellt werden sollen, die jedoch zum Zeitpunkt der Vernehmung noch nicht gestellt werden können, etwa weil weitere Ermittlungen erforderlich sind, hindert die Entlassung auch gegen den Willen der Verteidigung nicht. Es besteht die Möglichkeit, Beweisanträge auf erneute Einvernahme des Zeugen zu stellen, da der Zeuge zu diesem Beweisthema noch nicht vernommen werden konnte und die Beweistatsache erst nach der Entlassung des Zeugen bekannt geworden ist. Zur Rüge der Verletzung des Beweisantragsrechts wegen Ablehnung einer erneuten Zeugeneinvernahme (vgl. Rüge 181 Rn. 1648 ff.).

1061   Ist dem Gericht nach der Entlassung des Zeugen ein Katalog der Fragen vorgelegt worden, die noch gestellt werden sollen einschließlich der Begründung, warum sie nicht schon während der Vernehmung des Zeugen gestellt werden konnten, und ist eine erneute Vernehmung des Zeugen beantragt worden, die zurückgewiesen wurde, kann die Aufklärungsrüge erhoben werden sowie die Behinderung der Verteidigung und die Verletzung des Grundsatzes des fairen Verfahrens gerügt werden.

II. Anforderungen an den Vortrag

1062   Soll die Verletzung des Fragerechts, die Behinderung der Verteidigung oder der Verstoß gegen den Grundsatz des fairen Verfahrens wegen der unzeitigen Entlassung eines Zeugen gerügt werden, ist vorzutragen,

- dass der Zeuge vernommen wurde,
- ggf. ob die Verteidigung die Möglichkeit hatte, den Zeugen zu befragen,
- dass der Vorsitzende die Entlassung des Zeugen angekündigt und die Verfahrensbeteiligten hierzu befragt hat,
- dass die Verteidigung der Entlassung widersprochen hat,
- dass der Vorsitzende die Entlassung angeordnet hat,
- dass gegen die Entscheidung des Vorsitzenden ein Gerichtsbeschluss beantragt wurde,
- dass ein Gerichtsbeschluss ergangen ist (Wortlaut),
- dass der Zeuge entlassen und im weiteren Verlauf der Hauptverhandlung nicht erneut vernommen wurde,
- dass die Verteidigung auf die weitere Befragung des Zeugen nicht verzichtet hat,
- welche Fragen an den Zeugen hätten gestellt werden sollen.

1616   Vgl. KK-*Diemer*[7] § 248 Rn. 4.
1617   *BGH* StV 1996, 248 und 1985, 355.

Kapitel 16
Sind Zeugen im Hinblick auf eine vor der Hauptverhandlung abgegebene Erklärung, sich auf ein Zeugnisverweigerungs- oder ein umfassendes Auskunftsverweigerungsrecht zu berufen, nicht zur Hauptverhandlung geladen bzw. dort nicht vernommen worden und wurden gleichwohl frühere Vernehmungen oder Erklärungen in die Hauptverhandlung eingeführt?

Rüge 108

1064   Ist ein Zeuge i.S.d. § 52 Abs. 1 StPO im Hinblick auf die angekündigte Zeugnisverweigerung nicht zur Hauptverhandlung geladen und vernommen worden?

I. Rechtsgrundlagen

1065   Ein Angehöriger i.S.d. § 52 Abs. 1 StPO, dem sein Zeugnisverweigerungsrecht bekannt ist, kann sich bereits außerhalb der Hauptverhandlung auf sein Zeugnisverweigerungsrecht berufen, auch ohne ausdrücklich vom Gericht darüber belehrt worden zu sein.[1618] In diesen Fällen hat das Gericht keine Veranlassung, den Zeugen zur Hauptverhandlung zu laden und auf der Erklärung der Zeugnisverweigerung in der Hauptverhandlung zu bestehen.[1619] Etwas anderes gilt nur dann, wenn Anhaltspunkte dafür vorliegen, dass der Zeuge im Falle einer Ladung in der Hauptverhandlung anderen Sinnes werden könnte, etwa im Falle des Ausschlusses des Angeklagten nach § 247 StPO oder des Ausschlusses der Öffentlichkeit nach §§ 171b, 172 Nr. 4 GVG oder er im Falle der Anordnung einer Videovernehmung nach § 247a StPO doch aussagen würde. Hat die Verteidigung keinen Antrag auf Ladung und Vernehmung des Zeugen gestellt, kann die unterlassene Ladung und Vernehmung nur mit der Aufklärungsrüge beanstandet werden.

II. Anforderungen an den Vortrag der Verletzung der Aufklärungspflicht, § 244 Abs. 2 StPO

1066   Zunächst sind die Hinweise zu Rüge 190 Rn. 1707 ff. zu beachten. In vorliegendem Zusammenhang sind mitzuteilen

- die Ankündigung der Ausübung des Zeugnisverweigerungsrechts (eine schriftliche Äußerung des Zeugen oder die eines ihn vertretenden Dritten ist im Wortlaut mitzuteilen; gleiches gilt für einen Vermerk eines Richters über ein Telefongespräch, in dem die Zeugnisverweigerung angekündigt wurde),
- die Tatsache, dass der Zeuge nicht zur Hauptverhandlung geladen wurde und während der Hauptverhandlung nicht vernommen wurde,
- die Tatsachen, aus denen sich ergibt, dass der Zeuge im Falle seiner Ladung zur Hauptverhandlung, etwa bei Ausschluss des Angeklagten und/oder der Öffentlichkeit oder im Falle einer Videovernehmung voraussichtlich von seinem Zeugnisverweigerungsrecht keinen Gebrauch gemacht hätte (hierzu ist als Negativtatsache vorzutragen, dass diese Möglichkeiten nicht von dem Zeugen bzw. dem Gericht in Erwägung gezogen worden sind),
- dass dem Gericht dies bekannt sein musste,
- was der Zeuge im Falle seiner Vernehmung bekundet hätte.

1618   *BGHSt* 21, 12; *BGH* StV 2008, 57 = NStZ 2007, 712.
1619   *BGH* StV 2008, 57 = NStZ 2007, 712; *BGH* v. 1.6.2001 – 1 StR 208/01.

Rüge 109

Ist ein Zeuge nicht zur Hauptverhandlung geladen und dort vernommen worden, der sich zu Unrecht auf ein Zeugnisverweigerungsrecht gem. § 52 Abs. 1 StPO berufen hatte?   **1067**

I. Rechtsgrundlagen

Steht dem Zeugen ein Zeugnisverweigerungsrecht nicht zu und hat das Gericht die Ladung des Zeugen wegen fehlerhafter Annahme eines Zeugnisverweigerungsrechts und Berufung des Zeugen darauf unterlassen, kann dies mit der Aufklärungsrüge beanstandet werden.   **1068**

II. Anforderungen an den Vortrag der Verletzung der Aufklärungspflicht nach § 244 Abs. 2 StPO

Es ist vorzutragen,[1620] dass   **1069**

- der Zeuge im Zeitpunkt der Hauptverhandlung nicht (mehr) Angehöriger i.S.d. § 52 Abs. 1 StPO des Angeklagten oder eines Mitangeklagten war,
- der Zeuge sich auf ein tatsächlich nicht bestehendes Zeugnisverweigerungsrecht berufen hat, wobei schriftliche Erklärungen des Zeugen bzw. Vermerke über die Ankündigung der Zeugnisverweigerung im Wortlaut mitzuteilen sind,
- das Gericht dem Zeugen ein Zeugnisverweigerungsrecht zugestanden hat und im Hinblick auf die Ankündigung der Zeugnisverweigerung von der Ladung abgesehen hat,
- die Stellungnahmen der Verteidigung dazu, sofern solche abgegeben wurden,
- der Zeuge in der Hauptverhandlung nicht vernommen wurde,
- kein Verzicht auf die Vernehmung des Zeugen erklärt wurde,
- der Zeuge im Falle der Ladung und Vernehmung zur Sache hätte aussagen müssen und was er bekundet hätte.

Rüge 110

Sind frühere Angaben eines Zeugen i.S.d. § 52 Abs. 1 StPO in die Hauptverhandlung eingeführt worden, der im Hinblick auf eine angekündigte Zeugnisverweigerung nicht geladen und dort nicht vernommen worden ist?   **1070**

Für die Zulässigkeit und Grenzen der Einführung früherer Aussagen eines Zeugen i.S.d. § 52 Abs. 1 StPO gelten die gleichen Grundsätze wie bei der berechtigten Berufung auf ein Zeugnisverweigerungsrecht in der Hauptverhandlung. Auf die Aus-   **1071**

1620   Vgl. ergänzend Rüge 190 Rn. 1707 ff.

führungen zu Rüge 251, 252, 253 und 255 Rn. 2126 ff. kann verwiesen werden. Gleiches gilt für den erforderlichen Vortrag nach § 344 Abs. 2 S. 2 StPO. Abweichend davon ist nur vorzutragen, dass der Zeuge außerhalb der Hauptverhandlung die Berufung auf das Zeugnisverweigerungsrecht angekündigt und das Gericht den Zeugen nicht geladen hat, etwaige Reaktionen der Verteidigung darauf, der Zeuge in der Hauptverhandlung nicht vernommen wurde, er außerhalb der Hauptverhandlung keine Zustimmung zur Verwertung früherer Aussagen erteilt hat und kein Verzicht auf die Vernehmung erklärt wurde.

Rüge 111

1072   Hat ein im Hinblick auf die Berufung auf ein Zeugnisverweigerungsrecht zur Hauptverhandlung nicht geladener und dort nicht vernommener Zeuge i.S.d. § 52 Abs. 1 StPO der Verwertung früherer Angaben zugestimmt und sind diese in die Hauptverhandlung eingeführt worden?

I. Rechtsgrundlagen

1073   Zu der Möglichkeit, dass ein Zeuge i.S.d. § 52 Abs. 1 StPO das Zeugnis verweigert, aber der Verwertung früherer Angaben zustimmt, kann zunächst auf die Ausführungen zu Rüge 78 Rn. 899 verwiesen werden.

Die außerhalb der Hauptverhandlung erklärte Zustimmung zur Verwertung solcher Angaben soll zulässig sein,[1621] ist jedoch nicht unproblematisch. Es ist bereits zweifelhaft, ob dem Zeugen die rechtliche Situation in allen Einzelheiten bekannt ist, also insbesondere ob er Kenntnis davon hat, dass im Falle der Ausübung des Zeugnisverweigerungsrechts frühere (insbesondere nichtrichterliche) Angaben unverwertbar sind. Die Rspr. fordert daher schon für eine Zustimmungserklärung in der Hauptverhandlung, dass der Zeuge zuvor qualifiziert über die Folgen der Zustimmung dahingehend belehrt wird, dass er mit der Zustimmung auf das sonst bestehende Verwertungsverbot i.S.d. § 252 StPO verzichtet.[1622]

Stimmt ein Zeuge außerhalb der Hauptverhandlung der Verwertung früherer Angaben zu, fehlt es in der Regel an einer solchen qualifizierten Belehrung. Eine Zustimmungserklärung wird danach nur dann als wirksam angesehen werden können mit der Folge der Zulässigkeit der Verwertung früherer Angaben, wenn *zweifelsfrei* feststeht, dass sich der Zeuge der Tragweite der Zustimmung bewusst war. Dies

---

1621 *BGH* StV 2008, 57 = NStZ 2007, 712.
1622 *BGHSt* 45, 203, 208; *BGH* StV 2007, 22, 23 und 401; *Meyer-Goßner/Schmitt*[60] § 252 Rn. 16a.

kann z.B. dann der Fall sein, wenn der Zeuge anwaltlich beraten wurde und die Erklärung nach Beratung abgegeben hat.[1623] Bestehen Zweifel daran, dass dem Zeugen die Bedeutung der Zustimmung bekannt war, kann die Erklärung des Zeugen keine das Verwertungsverbot außer Kraft setzende Wirkung entfalten. In diesen Fällen ist der Zeuge zur Hauptverhandlung zu laden und nach Belehrung gem. § 52 Abs. 3 StPO und anschließender Ausübung des Zeugnisverweigerungsrechts qualifiziert über die Folgen einer Zustimmungserklärung zu belehren. Bei Zweifeln an der Kenntnis des Zeugen von der Tragweite der Zustimmungserklärung kann die Einführung früherer Angaben als Verletzung des § 252 StPO gerügt werden.

II. Anforderungen an den Vortrag

Es ist vorzutragen, dass   **1074**

- es sich bei dem Zeugen um einen Angehörigen i.S.d. § 52 Abs. 1 StPO handelt,
- der Zeuge außerhalb der Hauptverhandlung die Berufung auf sein Zeugnisverweigerungsrecht angekündigt und (gleichzeitig) der Verwertung früherer Angaben zugestimmt hat, wobei schriftliche Erklärungen des Zeugen bzw. Vermerke des Gerichts darüber im Wortlaut wiederzugeben sind,
- der Zeuge vom Gericht nicht (schriftlich, persönlich oder fernmündlich) qualifiziert über die Folgen der Zustimmungserklärung belehrt wurde,
- der Zeuge zur Hauptverhandlung nicht geladen wurde,
- der Zeuge in der Hauptverhandlung nicht erschienen ist, dort nicht belehrt wurde und nicht ausgesagt hat,
- dass und auf welchem Wege die früheren Angaben des Zeugen in die Hauptverhandlung eingeführt wurden unter Wiedergabe von deren vollständigen Inhalt im Wortlaut,
- alle (etwaige) Reaktionen der Verteidigung auf diese Vorgänge,
- die Tatsachen, aus denen sich ergibt, dass dem Zeugen die Tragweite der Zustimmung nicht bewusst war.

1623   So im Falle der Entscheidung *BGH* StV 2008, 57 = NStZ 2007, 712.

Rüge 112

1075 Ist ein Berufsgeheimnisträger oder Gehilfe i.S.d. §§ 53, 53a StPO wegen fehlender Schweigepflichtentbindung nicht als Zeuge geladen worden, ohne dass er auf seine gleichwohl bestehende Aussagemöglichkeit hingewiesen wurde?

I. Rechtsgrundlagen

1076 Das Gericht ist verpflichtet, einen zur Hauptverhandlung erschienenen Zeugen, dem nach §§ 53, 53a StPO ein Zeugnisverweigerungsrecht aus beruflichen Gründen zusteht, trotz fehlender Entbindung von der Schweigepflicht nach seiner Aussagebereitschaft zu befragen.[1624] Daher darf das Gericht den Zeugen bei fehlender Entbindung ohne diese Frage nicht sofort entlassen. Das gleiche muss auch im Zusammenhang mit der Ladung eines solchen Zeugen gelten. Auch wenn keine Schweigepflichtentbindung vorliegt und der Zeuge darauf verweist, hat das Gericht nach einer dennoch bestehenden Aussagebereitschaft nachzufragen, bevor es von einer Ladung absieht. Erst wenn der Zeuge daraufhin erklärt, das Zeugnis zu verweigern, darf das Gericht die Ladung unterlassen. Ist die Anfrage bei dem Zeugen unterblieben und der Zeuge nicht geladen worden, kann eine Aufklärungsrüge erhoben werden.

II. Anforderungen an den Vortrag

1077 Hinsichtlich der Einzelheiten für den Vortrag kann auf die Ausführungen zu § 244 Abs. 2 StPO verwiesen werden.[1625] Ergänzend ist darzulegen,

- dass es sich bei dem Zeugen um einen Berufsgeheimnisträger handelt,
- dass dieser nicht von der Schweigepflicht entbunden war,
- dass das Gericht ihn nicht zu der Hauptverhandlung geladen hat (Soweit sich hinsichtlich der Ladung bzw. Nichtladung irgendwelche Vermerke oder sonstige Aufzeichnungen bei den Akten befinden, sind diese im Wortlaut mitzuteilen. Dies gilt gleichermaßen für Äußerungen des Zeugen, die sich bei den Akten befinden),
- dass der Berufsgeheimnisträger in der Hauptverhandlung nicht vernommen und auf seine Vernehmung nicht verzichtet wurde,
- dass der Berufsgeheimnisträger trotz fehlender Entbindung von der Schweigepflicht zur Sache ausgesagt hätte, wenn er nach seiner Aussagebereitschaft gefragt worden wäre, und inwiefern sich dies für den Angeklagten günstig ausgewirkt hätte,
- woraus sich dies für das Gericht ergeben hätte.

Wie bei jeder Aufklärungsrüge stellt sich für das Revisionsgericht die Frage, warum der Verteidiger in der Hauptverhandlung keinen Beweisantrag auf Vernehmung des

---

1624 *BGHSt* 15, 200, 202; KK-*Senge*[7] § 53 Rn. 57.
1625 Siehe Rüge 190 Rn. 1708 ff.

Zeugen gestellt hat. Sofern möglich, sollte dies erklärt werden. Eine solche Erklärung kann z.b. darin liegen, dass der Verteidigung die Bedeutung einer Aussage des Zeugen erst aufgrund der Argumentation im Urteil deutlich wurde.

Rüge 113

Ist ein Zeuge im Hinblick auf die angekündigte umfassende Berufung auf ein Auskunftsverweigerungsrecht (§ 55 StPO) nicht zur Hauptverhandlung geladen worden, obwohl bzgl. dessen Umfang Unklarheiten bestanden?   **1078**

I. Rechtsgrundlagen

Der 2. Senat des BGH[1626] hat darauf hingewiesen, dass bei angekündigter Berufung   **1079**
auf ein umfassendes Auskunftsverweigerungsrecht gegen das Absehen von einer Ladung Bedenken bestehen können. Denn ob dem Zeugen tatsächlich ein umfassendes Auskunftsverweigerungsrecht zustehe, könne oftmals erst während der Vernehmung beurteilt werden. Im Übrigen stelle die Nichtladung bei Berufung auf ein umfassendes Auskunftsverweigerungsrecht nur eine praktisch bedingte Verfahrensvereinfachung dar. Aus ihr ergebe sich aber *nicht*, dass der Zeuge überhaupt nicht vernommen werden könne.[1627] Etwas abweichend davon geht der 1. Strafsenat von der Zulässigkeit der Nichtladung aus, wenn bereits vor der Vernehmung unzweifelhaft feststehe, dass dem Zeugen ein umfassendes Auskunftsverweigerungsrecht zustehe und der Zeuge davon auch im Falle der Ladung zur Hauptverhandlung davon Gebrauch machen werde.[1628]

Im Falle der Nichtladung ist eine Aufklärungsrüge zu erheben.

II. Anforderungen an den Vortrag

Dazu ist vorzutragen: **1080**

- die Beweiserheblichkeit der Bekundungen des Zeugen, ggf. unter Mitteilung früherer Aussagen (hier genügt kurze Zusammenfassung),
- die Mitteilung der Ankündigung der Berufung auf das Auskunftsverweigerungsrecht im Wortlaut,
- die Nichtladung des Zeugen, die Nichtvernehmung in der Hauptverhandlung und dass auf die Vernehmung nicht verzichtet wurde,

---

1626   *BGH* StV 2007, 564.
1627   *BGH* StV 2007, 564.
1628   *BGHR* StPO § 244 Abs. 3 S. 2 Unerreichbarkeit 17; auch *BGH* StV 2008, 57 = NStZ 2007, 712.

- die unzureichende Bejahung eines umfassenden Auskunftsverweigerungsrechts, bzw. die Sachverhaltskomplexe, zu denen der Zeuge hätte Angaben machen müssen,
- die zu erwartenden Angaben des Zeugen, ggf. unter Mitteilung früherer Angaben in vollem Wortlaut bzw. anderer oder weiterer Bekundungen.

1081 Da im Falle der unrichtigen Belehrung gem. § 55 Abs. 2 StPO durch den Vorsitzenden in der Hauptverhandlung die Anrufung des Gerichts Rügevoraussetzung ist, kann sich bei der unterbliebenen Ladung die Frage der Rügeverwirkung stellen, wenn die Verteidigung den Vorsitzenden nicht auf die unzutreffende Annahme eines umfassenden Auskunftsverweigerungsrechts hingewiesen, das Gericht nicht zur Ladung des Zeugen veranlasst oder keinen Beweisantrag auf Vernehmung des Zeugen in der Hauptverhandlung gestellt hat. In diesen Fällen ist es daher erforderlich darzulegen, warum sich dem Gericht trotz der angekündigten Auskunftsverweigerung die Ladung und Vernehmung von Amts wegen aufdrängen musste und ggf. warum die Verteidigung keine Bemühungen entfaltet hat, eine Vernehmung des Zeugen herbeizuführen. Denn das Revisionsgericht wird sich immer fragen, warum die Verteidigung erst in der Revision die unterbliebene Vernehmung des Zeugen rügt und nicht bereits in der Hauptverhandlung auf der Vernehmung des Zeugen bestanden hat, wenn diese aus Sicht der Verteidigung entscheidungserheblich war.

Rüge 114

1082 Ist infolge Ankündigung berechtigter Auskunftsverweigerung vor der Hauptverhandlung nicht nur die Vernehmung des auskunftsverweigerungsberechtigten Zeugen sondern auch die Vernehmung der Verhörsperson und die Verlesung einer Vernehmungsniederschrift oder einer von dem Zeugen stammenden schriftlichen Erklärung unterblieben?

1083 Hier gelten zunächst die Ausführungen zu den Anforderungen an den Vortrag der Rüge der Nichtladung eines Zeugen im Hinblick auf die angekündigte Aussageverweigerung bei ungeklärtem Umfang eines Auskunftsverweigerungsrechts.[1629] Ergänzend ist vorzutragen:

- die Ankündigung der Auskunftsverweigerung,
- die Berechtigung der Auskunftsverweigerung,
- die unterbliebene Ladung und Vernehmung des Zeugen,
- der vollständige Inhalt der früheren Vernehmungsniederschrift oder/und von dem Zeugen stammenden schriftlichen Erklärung,
- die Nichtvernehmung der Verhörsperson,

1629 Rüge 113 Rn. 1078.

- die Nichtverlesung der früheren Vernehmungsniederschrift und/oder einer von dem Zeugen stammenden schriftlichen Erklärung[1630] und ggf. eine dafür in der Hauptverhandlung gegebene Erklärung,
- was sich bei Vernehmung der Verhörsperson über den Inhalt der verlesenen Vernehmungsniederschrift hinaus zugunsten des Angeklagten ergeben hätte.

Auch in diesem Falle ist eine Aufklärungsrüge zu erheben, im Falle der Nichtverlesung der Vernehmungsniederschrift bzw. einer schriftlichen Erklärung des Zeugen auch insoweit. Sofern möglich, sollte auch vorgetragen werden, warum kein Beweisantrag auf Vernehmung des Vernehmungsbeamten gestellt wurde oder nicht zumindest eine Anregung auf dessen Vernehmung erfolgte bzw. nicht die Verlesung der Vernehmungsniederschrift bzw. der schriftlichen Erklärung des Zeugen beantragt wurde. Je nachvollziehbarer das Verteidigungsvorgehen einschließlich der Revisionsrügen für das Revisionsgericht ist, desto offener wird es der Rüge gegenüber stehen – jedenfalls kann dies vermutet werden.

Rüge 114a

Ist ein Zeuge nicht zur Hauptverhandlung geladen worden, obwohl er sich unberechtigt auf ein umfassendes Auskunftsverweigerungsrecht berufen hat? **1084**

Hier gelten die gleichen Grundsätze wie bei dem Absehen von der Ladung bei unberechtigter Berufung auf ein Zeugnisverweigerungsrecht i.S.d. § 52 Abs. 1 StPO (Rüge 109 Rn. 1067). Die dortigen Ausführungen gelten entspr. **1085**

1630   Siehe hierzu aber auch Rüge 89 Rn. 949.

Kapitel 17
Hat das Gericht ein Beweismittel nicht verwerten bzw. einen Zeugen nicht vernehmen können, weil eine Sperrerklärung der Exekutive gem. § 96 StPO vorlag?

1086

Vorbemerkung

1087 § 96 StPO eröffnet der Exekutive die Möglichkeit, unter bestimmten Voraussetzungen ein Beweismittel zu sperren. Dies sind zunächst Akten(-teile) oder Schriftstücke, die sich in amtlicher Verwahrung[1631] befinden. § 96 StPO findet aber auch

---

[1631] Zum Begriff vgl. *Meyer-Goßner/Schmitt*[60] § 96 Rn. 3.

analog Anwendung auf im Auftrag der Polizei verdeckt arbeitende Beweispersonen, also insbesondere Vertrauenspersonen und Verdeckte Ermittler (vgl. dazu auch § 110b Abs. 3 StPO).[1632]

Voraussetzung für die Sperrung eines Beweismittels ist eine rechtmäßige, von der zuständigen Behörde erlassene Sperrerklärung. Zuständig für die Sperrerklärung ist die oberste Dienstbehörde.[1633]

Liegt keine oder keine Sperrerklärung der obersten Dienstbehörde vor, fehlt es an einem Rechtsgrund für die Nichtverwertung des Beweismittels (dazu Rüge 115 Rn. 1092).

Problematisch sind die Fälle offensichtlich rechtswidriger Sperrerklärungen. Die frühere Rspr. hat z.T. ein Verwertungsverbot bzw. ein Beweiserhebungsverbot angenommen.[1634] Nach neuerer Rspr.[1635] soll eine rechtswidrige Sperrerklärung für das Gericht gleichwohl bindend sein, so dass auch die Verwertung von Beweissurrogaten zulässig ist.[1636] **1088**

Die oberste Dienstbehörde ist verpflichtet, die Sperrerklärung zu begründen. Dabei hat sie die staatlichen Geheimhaltungsinteressen und das Interesse an der gerichtlichen Sachverhaltsaufklärung sowie die Verteidigungsinteressen des Angeklagten gegeneinander abzuwägen.[1637] **1089**

Ist die Sperrerklärung unzureichend oder nicht nachvollziehbar begründet, ist das Gericht verpflichtet (ggf. auf Antrag der Verteidigung), Gegenvorstellung zu erheben.[1638] Denn das Gericht muss alles Zumutbare unternehmen, um notwendige Beweismittel herbeizuschaffen bzw. das bestmögliche (unmittelbare) Beweismittel heranzuziehen.

Grundsätzlich gilt: Staatliche Geheimhaltungsinteressen dürfen sich im Strafprozess nicht nachteilig für den Angeklagten auswirken. Kann ein zentrales Beweismittel wegen einer Sperrerklärung (oder einer verweigerten Aussagegenehmigung) nicht in die Hauptverhandlung eingeführt werden, obwohl die Erhebung des Beweises ein Gebot der Aufklärungspflicht gewesen wäre, bzw. ein Beweisantrag des Angeklagten nicht aus den in § 244 Abs. 3-5 StPO genannten Gründen hätte abgelehnt

---

1632 *Meyer-Goßner/Schmitt*[60] § 96 Rn. 12.
1633 *BVerfG* StV 1981, 381; *BGHSt* 30, 34; KK-*Greven*[7] § 96 Rn. 15; *Meyer-Goßner/Schmitt*[60] § 96 Rn. 8.
1634 *BGHSt* 29, 100, 111; *BGHSt* 31, 140, 144, 154; *LG Aachen* StV 1988, 476.
1635 *BGHSt* 36, 159.
1636 Vgl. dazu insgesamt LR-*Menges*[26] § 96 Rn. 87 ff.; KK-*Greven*[7] § 96 Rn. 28.
1637 *Meyer-Goßner/Schmitt*[60] § 96 Rn. 9, 12 f.; KK-*Greven*[7] § 96 Rn. 17 m. zahlr. Rspr.-Nachw.; KK-*Krehl*[7] § 244 Rn. 173; zur Verfassungsmäßigkeit der völligen Sperrung einer VP s. *BVerfG* StV 2010, 337 m. Anm. *Safferling*; vgl. auch *EGMR* v. 15.12.2015 – 9154/0.
1638 *BGHSt* 32, 115; 33, 178; 36, 159; *Meyer-Goßner/Schmitt*[60] § 96 Rn. 9; LR-*Menges*[26] § 96 Rn. 79.

werden können, ist die hierdurch bedingte Verkürzung der Beweisgrundlage und der Verteidigungsmöglichkeiten des Angeklagten durch eine besonders vorsichtige Beweiswürdigung und ggf. durch die Anwendung des Zweifelssatzes auszugleichen.[1639]

Die Sperrerklärung der obersten Dienstbehörde (Innenminister) kann auf dem Verwaltungsgerichtsweg[1640] angefochten werden.

1090 Zu differenzieren ist, ob ein Beweismittel überhaupt nicht oder nur mittelbar (durch Verwendung von Beweissurrogaten) herangezogen werden konnte.

Abschnitt 1
Hatte die Sperrerklärung zur Folge, dass ein Beweismittel weder unmittelbar noch mittelbar Verwendung gefunden hat?

1091 Für den Fall, dass keinerlei Verwendung des Beweismittels erfolgte, ergeben sich u.a. folgende Fallkonstellationen, die Gegenstand einer Rüge sein können:

1. Das Gericht hat ein Beweismittel nicht verwertet, obwohl keine Sperrerklärung oder eine solche einer unzuständigen Behörde vorliegt.
2. Das Gericht hat es unterlassen, Gegenvorstellung gegen eine (unzureichend begründete) Sperrerklärung zu erheben oder hat einen Antrag auf Erhebung einer Gegenvorstellung zurückgewiesen.
3. Das Gericht hat einen Aussetzungsantrag der Verteidigung bis zur Entscheidung des Verwaltungsgerichts über eine Klage gegen die Sperrerklärung zurückgewiesen.
4. Das Gericht hat einen Beweisantrag auf die Heranziehung eines Beweismittels abgelehnt, weil eine Sperrerklärung der Behörde vorlag.
5. Das Gericht hat die Tatsache der Sperrung des Beweismittels bei der Beweiswürdigung nur unzureichend berücksichtigt.

1639 *BGHSt* 49, 112 ff.; KK-*Greven*[7] § 96 Rn. 30; *Detter* StV 2006, 544 ff.; vgl. auch *BVerfG* StV 1995, 561.
1640 *BGHSt* 44, 107; *Meyer-Goßner/Schmitt*[60] § 96 Rn. 14.

Rüge 115

Hat das Gericht ein (unmittelbares) Beweismittel nicht verwertet, obwohl keine Sperrerklärung oder eine solche einer unzuständigen Behörde vorlag? **1092**

Handelt es sich um ein in amtlicher Verwahrung befindliches Schriftstück, so ist **1093** dessen Beschlagnahme durch das erkennende Gericht zulässig.[1641] Dies gilt auch bei einer offensichtlich willkürlichen Sperrerklärung.[1642] Ist dies unterblieben, kann dies mit der Aufklärungsrüge beanstandet werden.

Dazu muss vorgetragen werden,

- dass keine Sperrerklärung oder die einer unzuständigen Behörde vorgelegen hat, in letzterem Fall ist die Mitteilung des vollen Wortlauts der Erklärung erforderlich sowie welche Behörde für die Sperrerklärung zuständig gewesen wäre,
- dass das Gericht die Beschlagnahme nicht angeordnet hat,
- dass und warum sich dem Gericht die Beschlagnahme und die Verwendung des Beweismittels aufdrängen musste, weshalb – soweit möglich – der (vermutete) Inhalt des fraglichen Schriftstücks vorgetragen werden sollte,
- welches Ergebnis die unterbliebene Beweiserhebung gehabt hätte.

Das Gleiche gilt, wenn ein Beschlagnahmeantrag der Verteidigung abgelehnt worden ist. Hier sind ergänzend der Antrag und der ablehnende Beschluss in vollem Wortlaut mitzuteilen. **1094**

Ist ein Beweisantrag auf Verlesung eines zu beschlagnahmenden Schriftstücks zurückgewiesen worden, so ist die Verletzung des Beweisantragsrechts zu rügen. Je nach Ablehnungsgrund kann auf die Ausführungen zum Beweisantragsrecht verwiesen werden.[1643]

Hat das Gericht von der Vernehmung einer anonymen Beweisperson ohne Vorliegen einer Sperrerklärung abgesehen, ist ebenfalls die Aufklärungsrüge zu erheben. Vorzutragen ist u.a. neben der Tatsache, dass die Beweisperson nicht vernommen wurde, was sie im Falle der Vernehmung bekundet hätte, sowie der vollständige Inhalt von Aussagen, Vermerken oder Aktenteilen, aus denen sich bisherige Angaben der Beweisperson ergeben und warum sich dem Gericht die Heranziehung des Beweismittels aufdrängen musste. **1095**

Hat das Gericht die früheren Angaben einer anonymen Beweisperson ohne Vorliegen einer Sperrerklärung durch ein Beweissurrogat in die Hauptverhandlung eingeführt, so ist im Falle der Vernehmung des Vernehmungsbeamten die Verletzung des **1096**

1641 *Meyer-Goßner/Schmitt*[60] § 96 Rn. 2 m.w.N.; KK-*Greven*[7] § 96 Rn. 27; **a.A.** LR-*Menges*[26] § 96 Rn. 8 ff. Allerdings sind Beschlagnahmeanordnungen gegen die Staatsanwaltschaft im anhängigen Verfahren unzulässig, vgl. *OLG Schleswig* v. 20.2.2013 – 2 Ws 566/12 (8/13) = StraFo 2013, 382 m. abl. Anm. *Park* StV 2014, 327.
1642 KK-*Greven*[7] § 96 Rn. 28.
1643 Siehe das Kap. 21, Rn. 1428 ff.

Unmittelbarkeitsgrundsatzes zu rügen. Mitzuteilen ist, dass der Vernehmungsbeamte vernommen wurde, keine Sperrerklärung vorlag bzw. nur die Sperrerklärung einer unzuständigen Behörde, die in vollem Wortlaut anzugeben ist.

Hat das Gericht die Angaben durch Verlesung eingeführt, ist ein Verstoß gegen § 251 Abs. 1 Nr. 2 StPO zu rügen,[1644] da die Voraussetzungen der Unmöglichkeit der Vernehmung nicht vorliegen. Mitzuteilen ist hier zusätzlich der Gerichtsbeschluss über die Anordnung der Verlesung in vollem Wortlaut.

Rüge 116

1097 Hat es das Gericht unterlassen, Gegenvorstellung gegen eine (unzureichend begründete) Sperrerklärung zu erheben oder hat es einen Antrag auf Erhebung einer Gegenvorstellung zurückgewiesen?

1098 Bestehen Zweifel an der Rechtmäßigkeit der Sperrerklärung, so ist das Gericht gehalten, Gegenvorstellung zu erheben.[1645] Deren Unterlassung kann mit der Aufklärungsrüge ebenso beanstandet werden wie die Ablehnung eines Antrags der Verteidigung auf Erhebung einer Gegenvorstellung durch das Gericht. Insoweit kann auf die Ausführungen zur (teilweisen) Verweigerung der Erteilung einer Aussagegenehmigung verwiesen werden.[1646] Die Rüge, das erkennende Gericht habe eine gebotene Gegenvorstellung unterlassen, setzt voraus, dass die Umstände vorgetragen werden, aus denen sich ergibt, dass eine solche Gegenvorstellung Aussicht auf Erfolg gehabt hätte.[1647]

Rüge 117

1099 Hat das Gericht einen Aussetzungsantrag der Verteidigung bis zur Entscheidung des Verwaltungsgerichts über die Klage gegen die Sperrerklärung zurückgewiesen?

1100 Die Ablehnung des Aussetzungsantrags kann nur mit der Aufklärungsrüge beanstandet werden.[1648]

1644   Siehe Rüge 146 Rn. 1296.
1645   LR-*Menges*[26] § 96 Rn. 79; KK-*Krehl*[7] § 244 Rn. 173.
1646   Siehe Rüge 91 Rn. 961.
1647   *OLG Nürnberg* v. 16.2.2015 – 1 OLG 8 Ss 295/14 = NStZ-RR 2015, 251, 252.
1648   KK-*Greven*[7] § 96 Rn. 36; *Meyer-Goßner/Schmitt*[60] § 54 Rn. 29.

Mitzuteilen ist,

- dass ein Beweismittel durch eine Sperrerklärung nicht verwertet wurde;
- der vollständige Inhalt der Sperrerklärung,
- ggf. alle weiteren Schritte zur Erlangung des Beweismittels (z.b. Gegenvorstellung und Entscheidung der Behörde),
- der Aussetzungsantrag ggf. nebst Klageschrift bei dem Verwaltungsgericht,
- der ablehnende Gerichtsbeschluss in vollem Wortlaut,
- sowie die Bedeutung des Beweisthemas, die Erforderlichkeit der Sachaufklärung zu diesem Punkt und dass sich dem Gericht die Aussetzung des Verfahrens hätte aufdrängen müssen.

Da eine Verfahrensaussetzung immer mit dem Beschleunigungsgebot kollidiert, **1101** empfehlen sich Ausführungen dazu, warum eine Verfahrensverzögerung etwa im Hinblick auf die überragende Bedeutung des Beweisthemas für die Schuldfrage bzw. die Strafzumessung (ausnahmsweise) hingenommen werden muss.

Rüge 118

Hat das Gericht einen Beweisantrag auf die Heranziehung eines Beweismittels abgelehnt, **1102** weil eine Sperrerklärung der Behörde vorlag?

Hier ist zu differenzieren, ob die Sperrerklärung rechtmäßig oder fehlerhaft war.

Ist die Sperrerklärung rechtmäßig, kommt dem Umstand, dass die Behörde die Erhebung eines Entlastungsbeweises verhindert, allein bei der Beweiswürdigung entscheidende Bedeutung zu.[1649] Eine Verletzung des Beweisantragsrechts kann nicht gerügt werden. Nach älterer Rspr. kam zwar im Falle der Verhinderung der Aufklärung entlastenden Vorbringens eine Wahrunterstellung der unter Beweis gestellten Tatsache in Betracht.[1650] Diese Ansicht dürfte jedoch durch die Entscheidung *BGHSt* 49, 112 = StV 2004, 192 überholt sein. **1103**

Ist die Sperrerklärung unzureichend, ist die Verletzung des Beweisantragsrechts zu **1104** rügen. Da das Gericht in der Regel den Beweisantrag im Hinblick auf die Sperrerklärung wegen Unerreichbarkeit des Beweismittels zurückweisen wird, kann zunächst auf die Ausführungen zur Zurückweisung eines Beweisantrages wegen Unerreichbarkeit des Beweismittels verwiesen werden.[1651]

1649 Es ist hierzu auf die Ausführungen bei Rüge 119 Rn. 1105 zu verweisen.
1650 *LG Münster* StV 1983, 97; *LG Berlin* StV 1986, 97; vgl. auch *BGHSt* 20, 189; vgl. auch insgesamt *Detter* StV 2006, 544, 551.
1651 Siehe Rüge 171 Rn. 1549 ff.

Neben dem Beweisantrag und dem Gerichtsbeschluss ist zusätzlich ist vorzutragen:

- die Sperrerklärung in vollem Wortlaut,
- ggf. die Bemühungen des Gerichts zur Beischaffung des Beweismittels,
- ggf. die Reaktion der Behörde darauf.

Ausführungen sind dazu erforderlich, warum trotz Sperrerklärung und zurückweisendem Beschluss (noch) keine Unerreichbarkeit gegeben war, z.b. deswegen, weil nicht alle alternativen Möglichkeiten zur Wahrung der schutzwürdigen Geheimhaltungsinteressen ausgeschöpft wurden. Bei Schriftstücken kann dies die teilweise Schwärzung sein, bei Beweispersonen der Schutz vor Enttarnung bei einer Vernehmung in der Hauptverhandlung durch Anwendung von § 68 Abs. 2 und 3 StPO, Ausschluss der Öffentlichkeit, Abtretenlassen des Angeklagten nach § 247 StPO, oder ggf. eine Videovernehmung unter optischer und akustischer Abschirmung.[1652]

Rüge 119

1105 Hat das Gericht die Tatsache der Sperrung des Beweismittels bei der Beweiswürdigung nur unzureichend berücksichtigt?

1106 Staatliche Geheimhaltungsinteressen dürfen sich im Strafprozess nicht nachteilig für den Angeklagten auswirken. Kann ein zentrales Beweismittel wegen einer Sperrerklärung (oder einer verweigerten Aussagegenehmigung) nicht in die Hauptverhandlung eingeführt werden, obwohl die Erhebung des Beweises ein Gebot der Aufklärungspflicht gewesen wäre, bzw. ein Beweisantrag des Angeklagten nicht aus anderen in § 244 Abs. 3–5 StPO genannten Gründen hätte abgelehnt werden dürfen, ist die hierdurch bedingte Verkürzung der Beweisgrundlage und der Verteidigungsmöglichkeiten des Angeklagten durch eine besonders vorsichtige Beweiswürdigung und ggf. durch die Anwendung des Zweifelssatzes auszugleichen.[1653] Die Rspr. des *BGH*, nach der ein Verstoß gegen Art. 6 Abs. 3 lit. d EMRK wegen der Unmöglichkeit der Befragung einer gesperrten Vertrauensperson durch die Verteidigung im Wege der Beweiswürdigung[1654] zu kompensieren ist, begegnet keinen verfassungsrechtlichen Bedenken.[1655]

1652 KK-*Krehl*[7] § 244 Rn. 174; s. ferner Rn. 1109 ff.

1653 *BGHSt* 49, 112 ff. vgl. dazu insgesamt auch *Detter* StV 2006, 544.

1654 Zur „besonders vorsichtigen Beweiswürdigung" bei gesperrten Beweismitteln *Wohlers* StV 2014, 563.

1655 *BVerfG* StV 2010, 337 m. Anm. *Safferling*.

Dabei gebietet es der Zweifelssatz nicht, etwa die in einem Beweisantrag unter Beweis gestellte Tatsache als wahr zu behandeln.[1656] Die Sperrung des Beweismittels ist lediglich bei der Würdigung des gesamten Beweisergebnisses zu würdigen. An dieser Stelle hat der Tatrichter die Möglichkeit, in seine Erwägungen einzustellen, dass ein Entlastungsbeweis des Angeklagten gelungen wäre. Dabei ist zu berücksichtigen, ob gewichtige Indizien gegen die entlastende Beweisbehauptung sprechen oder diese sich mit dem bisherigen Ergebnis der Beweisaufnahme in Einklang bringen lässt oder sogar partiell bestätigt wurde.

Die unzureichende Beweiswürdigung ist mit der Sachrüge zu beanstanden. Da sich **1107** aber möglicherweise nicht alle zur Beurteilung erforderlichen Tatsachen allein aus dem Urteil ergeben, ist es erforderlich, diese im Rahmen der Sachrüge mitzuteilen.

Dazu gehört:

- dass das Gericht von Amts wegen die Heranziehung des Beweismittels für erforderlich gehalten hat, wobei der gesamte hierüber geführte Schriftverkehr einschl. der Antworten der Behörde sowie in den Akten befindliche Vermerke in vollem Wortlaut mitzuteilen ist,
- dass ggf. ein Beweisantrag gestellt wurde, der in vollem Wortlaut mitzuteilen ist, sowie die Bemühungen des Gerichts zur Herbeischaffung des Beweismittels einschl. aller Korrespondenz etc.,
- die Sperrerklärung,
- dass das Beweismittel nicht verwendet wurde,
- auf die Erhebung des Beweises nicht verzichtet bzw. der Beweisantrag nicht zurückgenommen wurde.

Abschnitt 2
Hat das Gericht die Angaben eines anonymen Zeugen trotz unzureichend begründeter Sperrerklärung durch ein Beweissurrogat in die Hauptverhandlung eingeführt?

Im Auftrag der Polizei verdeckt arbeitende Beweispersonen, also insbesondere Vertrauenspersonen und Verdeckte Ermittler (vgl. dazu auch § 110b Abs. 3 S. 3 StPO) **1108** werden, sofern sie in der Hauptverhandlung als Zeugen vernommen werden sollen, in aller Regel für eine unmittelbare Vernehmung „gesperrt", indem weder Name noch ladungsfähige Anschrift bekannt gegeben werden, noch die Zeugen zur Hauptverhandlung „gestellt" werden. Die sog. Sperrerklärung ergeht in analoger Anwendung des § 96 StPO.[1657] Als Gründe für die Sperrung kommen die Gefahr für Leib

---

1656 *BGHSt* 49, 112, 122; dagegen *LG Münster* StV 1983, 97; *LG Berlin* StV 1986, 97; vgl. auch *BGHSt* 20, 189; vgl. auch insgesamt *Detter* StV 2006, 544, 551.

1657 Vgl. nur *Meyer-Goßner/Schmitt*[60] § 96 Rn. 12.

und Leben der Beweisperson im Falle der Enttarnung durch eine Vernehmung in der Hauptverhandlung sowie die dadurch ebenfalls eintretende Gefährdung des weiteren Einsatzes in Betracht (vgl. § 110b Abs. 3 S 3 StPO, der wohl analog auch auf V-Leute anzuwenden ist).[1658] Die Angaben der verdeckt arbeitenden Beweispersonen können daher nur durch einen Zeugen vom Hörensagen (Vernehmung des Vernehmungsbeamten) oder durch Verlesung nach § 251 Abs. 1 Nr. 2 StPO in die Hauptverhandlung eingeführt werden.[1659]

1109 Bevor eine völlige Sperrung der Beweisperson für eine Vernehmung in der Hauptverhandlung in Betracht kommt, sind die eine Aufklärung weniger beeinträchtigenden Mittel zum Schutz der Beweisperson in Erwägung zu ziehen, insbesondere der Verzicht auf Angaben zur Identität, § 68 Abs. 3 StPO, Ausschluss der Öffentlichkeit, Entfernung des Angeklagten nach § 247 StPO und schließlich die Videovernehmung nach § 247a StPO unter optischer und akustischer Abschirmung.[1660] Zum Ausschluss des „Restrisikos" einer Enttarnung kommen auch bei der Videovernehmung nach § 247a StPO unter optischer und akustischer Abschirmung zusätzlich die Geheimhaltung der Identität gem. § 68 Abs. 3 StPO, der Ausschluss der Öffentlichkeit und die Entfernung des Angeklagten nach § 247 StPO in Betracht. Das Gericht ist gehalten, der obersten Dienstbehörde diese Möglichkeiten zum Schutz der Beweisperson anzubieten. Dies gilt schon deswegen, weil anderenfalls u.a. der Konfrontationsrecht der Verteidigung aus Art. 6 Abs. 3 lit. d EMRK tangiert ist. Handelt es sich bei der Beweisperson um einen verdeckten Ermittler, sind an dessen Sperrung auch für eine Videovernehmung unter optischer und akustischer Abschirmung besondere Anforderungen zu stellen.[1661]

Solange die Behörde eine Vernehmung unter diesen Kautelen nicht abgelehnt hat, liegen die Voraussetzungen für die ausschließliche Verwendung eines Beweissurrogats nicht vor.

1110 Neben den oben beschriebenen Konstellationen kommen in diesen Fällen u.a. folgende Möglichkeiten in Betracht:

1. Das Gericht hat die Angaben trotz unzureichend begründeter Sperrerklärung durch die Vernehmungsperson oder durch Verlesung in die Hauptverhandlung eingeführt.
2. Das Gericht hat einen Beweisantrag auf (ergänzende) Vernehmung einer Beweisperson im Hinblick auf die Sperrerklärung zurückgewiesen.
3. Das Gericht hat die bloß mittelbare Einführung der Angaben der gesperrten Beweisperson und die Verletzung des Konfrontationsrechts der Verteidigung nach

---

1658 *Meyer-Goßner/Schmitt*[60] § 96 Rn. 13; zweifelnd KK-*Greven*[7] § 96 Rn. 21; vgl. auch OVG NRW v. 19.11.2014 – 5 B 1276/14 = NJW 2015, 1977.
1659 Vgl. dazu insgesamt *Detter* StV 2006, 544 ff.
1660 Vgl. *BGH* StV 2002, 639 m. zahlr. Nachw.; ferner *BGH* StV 2004, 241 und 577; StV 2006, 682; StV 2007, 228; *Hess VGH* v. 3.6.2013 – 8 B 1001/13, 8 D 1002/13 = StV 2013, 685.
1661 *BGH* StV 2004, 577.

Art. 6 Abs. 3 lit. d EMRK bei der Beweiswürdigung nicht ausreichend berücksichtigt.

Rüge 120

Hat das Gericht die Angaben trotz unzureichend begründeter Sperrerklärung durch die **1111**
Vernehmungsperson oder durch Verlesung in die Hauptverhandlung eingeführt?

Ist die frühere Vernehmung durch eine Vernehmungsperson in die Hauptverhand- **1112**
lung eingeführt worden, ohne dass alternative Möglichkeiten zum Schutz des Zeugen angeboten und abgelehnt wurden, ist die Verletzung des Unmittelbarkeitsgrundsatzes (§ 250 StPO) im Falle der Verlesung zu rügen, im Falle der Vernehmung der Vernehmungsperson ist zusätzlich die Aufklärungsrüge zu erheben, da das Gericht nicht das unmittelbare und sachnähere Beweismittel herangezogen hat.

Es ist vorzutragen,

* welche Bemühungen das Gericht zur Herbeiführung einer unmittelbaren Aussage unternommen hat unter Mitteilung aller in diesem Zusammenhang angefallenen Schriftstücke,
* die Sperrerklärung,
* dass die aufgezeigten Möglichkeiten zum Schutz des Zeugen nicht angeboten wurden oder die Sperrerklärung sich dazu nicht verhält,
* die Einführung der Aussage durch die Verhörsperson und deren Inhalt.

Ist die Aussage nach § 251 Abs. 1 Nr. 2 StPO verlesen worden, so ist ein Verstoß gegen diese Vorschrift zu rügen, da (noch) keine Unmöglichkeit der Vernehmung vorgelegen hat. In diesem Fall sind zusätzlich der Beschluss, der die Verlesung anordnet, die Tatsache der Verlesung und der vollständige Wortlaut der Vernehmungsniederschrift mitzuteilen.

Rüge 121

Hat das Gericht einen Beweisantrag auf (ergänzende) Vernehmung einer Beweisperson im **1113**
Hinblick auf die Sperrerklärung zurückgewiesen?

In der Regel erfolgt die Zurückweisung des Beweisantrags wegen Unerreichbarkeit **1114**
des Beweismittels.

Hat das Gericht den Beweisantrag im Hinblick auf eine Sperrerklärung abgelehnt, ohne dass die oben aufgezeigten alternativen Möglichkeiten zum Schutz des Zeugen angeboten und ablehnt wurden, ist die Annahme der Unerreichbarkeit rechtsfehlerhaft.

Es ist ergänzend zu den sonstigen Anforderungen an die Rüge[1662] vorzutragen,

- welche Bemühungen das Gericht zur Herbeiführung einer unmittelbaren Aussage unternommen hat unter Mitteilung aller in diesem Zusammenhang angefallenen Schriftstücke,
- die Sperrerklärung,
- dass die alternative Möglichkeiten zum Schutz des Zeugen nicht angeboten wurden oder die Sperrerklärung sich dazu nicht verhält,
- der Beweisantrag sowie der ablehnende Gerichtsbeschluss.

1115 Liegt nach allen pflichtgemäßen Bemühungen des Gerichts zur Herbeiführung einer ergänzenden Aussage eine (rechtmäßige) Sperrerklärung vor, die die Beweiserhebung verhindert, so müssen die gleichen Grundsätze wie für den Fall gelten, dass infolge der Sperrerklärung überhaupt keine Aussage des Zeugen herbeigeführt werden kann. Zwar kann die Rüge der Verletzung des Beweisantragsrechts in diesem Fall nicht erhoben werden, jedoch muss das Gericht bei der Beweiswürdigung unter Beachtung des Zweifelssatzes in die Erwägung einstellen, dass der Staat die Aufklärung entlastenden Vorbringens verhindert.[1663]

Rüge 122

1116 Hat das Gericht die bloß mittelbare Einführung der Angaben der gesperrten Beweisperson bei der Beweiswürdigung nicht ausreichend berücksichtigt?

1117 Soll die Verurteilung allein auf die Aussage einer durch ein Beweissurrogat eingeführten anonymen Beweisperson gestützt werden, ist eine besonders kritische Beweiswürdigung erforderlich, da die Verfahrensbeteiligten keine Möglichkeit hatten, die Glaubwürdigkeit des anonymen Zeugen und die Glaubhaftigkeit seiner Angaben durch einen unmittelbaren Eindruck und durch eine direkte Befragung zu überprüfen. Hinzu kommt, dass das Konfrontationsrecht der Verteidigung aus Art. 6 Abs. 3 lit. d EMRK tangiert ist. Aus diesem Grunde darf eine Verurteilung nur dann auf die durch einen Zeugen vom Hörensagen oder durch Verlesung eingeführten

---

1662 Siehe Rüge 171 Rn. 1549 ff.
1663 Vgl. Rüge 119 Rn. 1105.

Aussagen eines anonymen Zeugen gestützt werden, wenn diese durch weitere, außerhalb der Aussage liegende Beweisanzeichen gestützt werden.[1664]

Die fehlerhafte, d.h. lückenhafte Beweiswürdigung ist zwar mit der Sachrüge zu beanstanden. Gleichwohl empfiehlt es sich, alle Verfahrenstatsachen im Zusammenhang mit der Sperrung des Zeugen und der Einführung durch das Beweissurrogat im Rahmen der Sachrüge mitzuteilen.[1665] **1118**

1664 Vgl. dazu etwa *EGMR* StV 1997, 617; *BVerfG* StV 1991, 449; *BGHSt* 51, 150; *Meyer-Goßner/Schmitt*[60] MRK Art. 6 Rn. 22 f. und § 250 Rn. 5 m. zahlr. Rspr.-Nachw.; *LR-Menges*[26] § 96 Rn. 24, 70, 117.

1665 Insoweit kann auf die Ausführungen Rn. 1111 ff. verwiesen werden.

Kapitel 18
Wurde in der Hauptverhandlung ein Sachverständiger vernommen?

Abschnitt 1
Notwendige Teilnahme an der Hauptverhandlung

Rüge 123

1120 Ist im Urteil die Unterbringung des Angeklagten in einem psychiatrischen Krankenhaus, einer Entziehungsanstalt oder in der Sicherungsverwahrung angeordnet oder vorbehalten worden, ohne dass ein Sachverständiger in der Hauptverhandlung über den Zustand des Angeklagten und die Behandlungsaussichten vernommen (§ 246aAbs. 1 StPO) bzw. ohne dass der Angeklagte durch den Sachverständigen zwecks Einholung eines Gutachtens untersucht worden ist (§ 246a Abs. 3 StPO)?

I. Rechtsgrundlagen

1121 1. Die Unterbringung eines Angeklagten gem. §§ 63, 64, 66 StGB bzw. der Vorbehalt einer Entscheidung über die Unterbringung in der Sicherungsverwahrung (§ 66a StGB) darf nicht ohne Hinzuziehung eines (i.d.R. ärztlichen) Sachverständigen angeordnet werden. Dieser muss in der Hauptverhandlung über den Zustand des Angeklagten und die Behandlungsaussichten vernommen werden (§ 246a Abs. 1 StPO)[1666]. Davon darf selbst dann nicht abgesehen werden, wenn das Gericht die Einholung eines Sachverständigengutachtens infolge eigener Sachkunde nicht für erforderlich erachtet.[1667] Zusätzlich zu der Anhörung des Sachverständigen in der Hauptverhandlung muss dieser den Angeklagten im Regelfall vor der Hauptver-

---

1666 Die Verlesung eines schriftlichen Gutachtens eines Arztes reicht nicht aus: KK-*Krehl*[7] § 246a Rn. 4.

1667 *BGH* StV 2001, 665; *BGH* v. 17.7.2013 – 2 StR 255/13 = *BGHSt* 59, 1 = StV 2014, 125.

handlung untersucht haben (§ 246a Abs. 3 StPO).[1668] Weder aus §§ 80a, 246a StPO noch aus verfassungsrechtlichen Grundsätzen soll sich nach Auffassung des 2. Strafsenats des *BGH* eine selbstständige Verpflichtung des Gerichts ergeben, in Fällen der möglichen Anordnung einer Maßregel (hier gem. § 66 StGB) von dem zu vernehmenden Sachverständigen stets die Vorlage eines vorbereitenden schriftlichen Gutachtens zu verlangen.[1669] Die Untersuchung kann auch schon früher stattgefunden haben (§ 246a Abs. 3 StPO) und ohne die spezifische Fragestellung der Notwendigkeit einer Unterbringung erfolgt sein, wenn der Angeklagte von einem Psychiater auf seinen geistig-seelischen Zustand untersucht worden ist.[1670] Die Untersuchung muss von dem in der Hauptverhandlung vernommenen gerichtlich bestellten Sachverständigen durchgeführt worden sein; es besteht ein Delegationsverbot, soweit durch Heranziehung anderer Personen die Verantwortung des Sachverständigen für das Gutachten in Frage gestellt wird.[1671] Das Gericht muss es dem Sachverständigen ermöglichen, von ihm für erforderlich gehaltene Erkenntnisquellen – insbesondere frühere Gutachten – zu verarbeiten.[1672] Durch die in der Hauptverhandlung unterbliebene Gutachtenerstattung wird § 246a Abs. 1 StPO, durch das Unterlassen der Untersuchung § 246a Abs. 3 StPO verletzt.[1673] An dieser von der ständigen Rspr. geprägten Rechtslage hat sich durch die Neuregelung des § 246a StPO durch das Gesetz zur Sicherung der Unterbringung in einem psychiatrischen Krankenhaus und in einer Entziehungsanstalt vom 16.7.2007[1674] und auch durch das

---

1668   *BGH* StV 2002, 234 = NStZ 2002, 384; eine Ausnahme von der Pflicht zur vorherigen Untersuchung – nicht aber von der Gutachtenerstattung in der Hauptverhandlung (*BGH* StV 2004, 207 = NStZ 2004, 263) – wird nur dann gemacht, wenn die Untersuchung wegen des Widerstands des Angeklagten ohne seine Mitwirkung kein verwertbares Ergebnis erwarten lässt (vgl. *BGHR* StPO § 246a S. 1 – Sachverständiger 1; LR-*J.-P. Becker*[26] § 246a Rn. 12). Geht es um die Unterbringung des Angeklagten in einer Entziehungsanstalt darf die Einholung eines Sachverständigengutachtens nur unterbleiben, wenn die Maßregel in Ausübung des gem. § 64 S. 2 StGB eingeräumten Ermessens nicht angeordnet wird: *BGH* v. 17.7.2013 – 2 StR 255/13 = *BGHSt* 59, 1 = StV 2014, 125.

1669   *BGH* v. 14.10.2009 – 2 StR 205/09 = *BGHSt* 54, 177 = StV 2011, 197 m. abl. Anm. *Ziegert* = JR 2010, 302 m. Anm. *Peglau* = NStZ 2010, 156; hierzu krit. auch *Deckers, Schöch, Nedopil, Dittmann, Müller, Nowara, Saimeh, Boetticher, Wolf* NStZ 2011, 69.

1670   *BGHR* StPO § 246a S. 2 Sachverständiger 1. Das Gutachten eines psychiatrischen Sachverständigen muss – sofern möglich – eine Exploration des Probanden einschließen, die der gerichtliche Sachverständige selbst durchgeführt oder an der er teilgenommen haben muss: *BGH* v. 25.5.2011 – 2 StR 585/10 = StV 2011, 709 = StraFo 2011, 359 = NStZ 2012, 103.

1671   *BGH* v. 25.5.2011 – 2 StR 585/10 = StV 2011, 709 = StraFo 2011, 359 = NStZ 2012, 103.

1672   *BGH* v. 17.7.2013 – 2 StR 255/13 = *BGHSt* 59, 1 = StV 2014, 125.

1673   Zusätzlich zur Rüge der Verletzung des § 246a S. 3 StPO kann die Aufklärungsrüge (s. Rüge 190 Rn. 1707) erhoben werden: *Meyer-Goßner*[55] § 246a Rn. 6.

1674   BGBl. I 2007, 1327 dazu *Spiess* Das Gesetz zur Sicherung der Unterbringung, StV 2008, 160.

Gesetz zur Stärkung der Rechte von Opfern sexuellen Missbrauchs vom 26.6.2013[1675] nichts geändert.[1676]

1122   2.   Die Erstattung eines Gutachtens in der Hauptverhandlung zur Frage des Zustands des Angeklagten und seiner Behandlungsaussichten betrifft eine wesentliche Förmlichkeit des Verfahrens und wird durch das Protokoll bewiesen.[1677] Das Schweigen des Protokolls beweist, dass eine Gutachtenerstattung unterblieben ist. Der Umstand, dass eine Untersuchung des Angeklagten durch den Sachverständigen unterblieben ist, betrifft demgegenüber keine wesentliche Förmlichkeit, sondern muss im Wege des Freibeweisverfahrens festgestellt werden.

1123   3.   Es handelt sich nach h.M. um einen relativen Revisionsgrund.[1678] Es kann in aller Regel aber nicht ausgeschlossen werden, dass die Heranziehung eines Sachverständigen bzw. die Untersuchung des Angeklagten dazu beigetragen haben könnte, von einer Unterbringung des Angeklagten bzw. der Anordnung des Vorbehalts der Unterbringung in der Sicherungsverwahrung abzusehen.[1679]

II. Anforderungen an den Vortrag

1. Rüge der unterbliebenen Anhörung eines Sachverständigen gem. § 246a Abs. 1 StPO

1124   • Gegen den Angeklagten wurde die Unterbringung in einem psychiatrischen Krankenhaus, in einer Entziehungsanstalt bzw. in der Sicherungsverwahrung angeordnet bzw. die Anordnung letzterer wurde vorbehalten,

   • in der Hauptverhandlung hat kein (psychiatrischer) Sachverständiger ein Gutachten zum Zustand des Angeklagten und zu seinen Behandlungsaussichten erstattet.

1675   BGBl. I 2013, 1805.

1676   Für die Revision bei Verstößen gegen § 246a Abs. 2 StPO (Anhörung eines Sachverständigen in der Hauptverhandlung wegen einer in § 181b StGB genannten Katalogtat) soll sich gegenüber einer Verletzung des § 246a Abs. 1 StPO keine Besonderheiten ergeben: LR-*J.-P. Becker*[26] § 246a Nachtr. Rn. 14.

1677   Hat sich ein Sachverständiger in der Hauptverhandlung nur zur Schuldfähigkeit des Angeklagten, nicht aber zu seinen Behandlungsaussichten und der Wahrscheinlichkeit weiterer Straftaten geäußert, muss dies im Wege des Freibeweises geklärt werden.

1678   LR-*J.-P. Becker*[26] § 246a Rn. 14.

1679   *BGHR* StPO § 246a S. 1 Sicherungsverwahrung 1 und 2. Will der Angeklagte die Nichtanordnung der Unterbringung in einer Entziehungsanstalt (ggf. in einem psychiatrischen Krankenhaus) beanstanden, kann dies auch auf die Verletzung des § 246a StPO bzw. des § 244 Abs. 2 StPO gestützt werden, wenn diese Maßnahme in Betracht kam und trotzdem kein Sachverständiger in der Hauptverhandlung vernommen worden ist: *BGH* v. 17.7.2013 – 2 StR 255/13 = *BGHSt* 59, 1 = StV 2014, 125.

2. Rüge der unterbliebenen Untersuchung des Angeklagten durch einen Sachverständigen gem. § 246a Abs. 3 StPO

- Gegen den Angeklagten wurde die Unterbringung nach §§ 63, 64 oder 66 StGB **1125** angeordnet bzw. es wurde die Anordnung der Unterbringung in der Sicherungsverwahrung vorbehalten.

- Der Angeklagte wurde nicht von dem in der Hauptverhandlung vernommenen Sachverständigen untersucht, wobei die unterbliebene Untersuchung nicht auf dem Widerstand des Angeklagten bzw. auf der Tatsache beruhte, dass ohne seine Mitwirkung (psychiatrische Exploration) ein verwertbares Ergebnis nicht zu erwarten war, vielmehr der Kontakt zwischen dem Sachverständigen und dem Angeklagten sich darauf beschränkte, dass der Sachverständige während der Hauptverhandlung zugegen war und dort den Angeklagten beobachtete.[1680]

3. Rüge der unterlassenen bzw. unzureichenden Unterrichtung des Sachverständigen durch das Gericht zwecks Erstattung seines Gutachtens (§ 246a Abs. 3 StPO)

- Das Gericht hat zur Hauptverhandlung einen Sachverständigen im Hinblick darauf hinzugezogen, dass die Anordnung einer Maßregel i.S.d. § 246a Abs. 1 StPO erwogen werde. **1126**

- Das Gericht hat es unterlassen, der Forderung des Sachverständigen zu entsprechen, für die Gutachtenerstattung erforderliche Behandlungsunterlagen beizuziehen.

- Der Sachverständige hat kein Gutachten erstattet oder ein Gutachten erstattet, das unter Vorbehalt einer unzureichenden Informationslage gestellt wurde (ein schriftliches vorbereitendes Gutachten ist im Wortlaut mitzuteilen).

- Die Maßregel i.S.d. § 246a Abs. 1 StPO wurde angeordnet bzw. es wurde von der Anordnung abgesehen.

III. Im Zusammenhang mit der Verletzung des § 246a StPO stehende Rügen

1. Ist die Anordnung der Unterbringung bzw. deren Vorbehalt gem. §§ 63, 64, 66, **1127** 66a StGB unterblieben, obwohl dies von der Staatsanwaltschaft oder der Verteidigung beantragt, angeregt oder zumindest als naheliegend bezeichnet worden war und wurde in der Hauptverhandlung hierzu kein (psychiatrischer) Sachver-

---

1680 Auch eine solche Beobachtung stellt keine Untersuchung i.S.d. § 246a Abs. 3 StPO dar: *BGHR* StPO § 246a S. 1 Untersuchung 1; dasselbe dürfte auch für die Fälle gelten, in denen der Sachverständige zusätzlich zu seiner Beobachtung Fragen an den Angeklagten in der Hauptverhandlung gerichtet hat und diese beantwortet wurden.

ständiger vernommen, kann dadurch neben dem § 246a StPO[1681] die Aufklärungspflicht (§ 244 Abs. 2 StPO) verletzt sein und zum Gegenstand einer Aufklärungsrüge gemacht werden.[1682]

1128 2. Soll beanstandet werden, dass der in der Hauptverhandlung vernommene Sachverständige einem wesentlichen Teil der Hauptverhandlung nicht beigewohnt hat, was ihm ein zutreffendes Bild von der Persönlichkeit des Beschuldigten und dessen Zustand vermittelt hätte, kann dies ebenfalls als Verletzung der Aufklärungspflicht mit der Aufklärungsrüge angegriffen werden.[1683]

1129 3. Kommt es zur Anordnung der Unterbringung, ohne dass dies in der zugelassenen Anklage – zumindest aus der dem Anklagesatz folgenden Liste der anzuwendenden Vorschriften – zum Ausdruck gekommen ist, stellt der unterbliebene Hinweis auf die möglicherweise in Betracht kommende Unterbringung eine Verletzung des § 265 Abs. 2 StPO dar.[1684]

Rüge 124

1130 Hat ein in der Hauptverhandlung vernommener Sachverständiger daran in erforderlichem Umfang teilgenommen und konnte er sein Gutachten auf den relevanten Prozessstoff stützen?

I. Rechtsgrundlagen

1131 Ein in der Hauptverhandlung zu vernehmender Sachverständiger braucht nicht während der gesamten Hauptverhandlungsdauer anwesend zu sein. In welchem Umfang er über die Dauer seiner Vernehmung hinaus an der Hauptverhandlung teilnehmen muss, hängt von dem Gegenstand seines Sachverständigenauftrags und der Frage

---

1681 Dabei ist bzgl. der Nichtanordnung der Unterbringung in einer Entziehungsanstalt (§ 64 StGB) zu beachten, dass § 246a Abs. 1 S. 2 StPO die Vernehmung eines Sachverständigen nur noch als „Soll-Vorschrift" ausgestaltet hat, deren Unterbleiben allerdings nur dann nicht die Revision begründen kann, wenn die Maßregel nach dem dem Gericht nunmehr gem. § 64 StGB eingeräumten Ermessen offensichtlich nicht angeordnet werden wird: LR-*J.-P. Becker*[26] § 246a Rn. 8. Siehe auch *BGH* v. 17.7.2013 – 2 StR 255/13 = *BGHSt* 59, 1 = StV 2014, 125. Im Übrigen sind für die Verletzung des § 246a Abs. 1 S. 1 StPO die Umstände darzulegen, warum die Unterbringung nach § 63 StGB in Betracht kam (dass der Angeklagte die Revision auf die unterlassene Anordnung der Sicherungsverwahrung stützt, ist auszuschließen).
1682 Dazu unten Rüge 190 Rn. 1707.
1683 *BGH* StV 1999, 470. Zur Dauer der Anwesenheit eines Sachverständigen in der Hauptverhandlung s. auch Rüge 126 Rn. 1140.
1684 Dazu Rüge 192 Rn. 1723.

ab, welche Anknüpfungstatsachen er für sein Gutachten benötigt und ob er diese ganz oder zumindest teilweise erst in der Hauptverhandlung zur Kenntnis nehmen kann.

Wohnt der Sachverständige einem für seine Gutachtenerstattung wesentlichen Teil der Hauptverhandlung nicht bei, kann dies die Aufklärungsrüge begründen. Es kann aber auch im Falle der Anordnung der Unterbringung oder deren Vorbehalt gem. §§ 63, 64, 66 und 66a StGB die Verletzung des § 246a Abs. 1 S. 1 StPO gerügt werden, wenn der Sachverständige nicht umfassend auf der Grundlage des insoweit erheblichen Sachverhalts vom Gericht gehört worden ist.[1685]

Auf welche Weise sich der Sachverständige Kenntnis von den für ihn maßgeblichen **1132** Anknüpfungstatsachen verschaffen muss, ist ebenfalls von dem Gegenstand seines Gutachtens abhängig. Bedarf es bereits zur Ermittlung und Wahrnehmung der erforderlichen Anknüpfungstatsachen einer nur einem Sachverständigen zur Verfügung stehenden Sachkunde, reicht es nicht aus, dass ihm die Ergebnisse der in seiner Abwesenheit durchgeführten Beweiserhebungen von dem Vorsitzenden – ggf. mit Unterstützung der anderen Verfahrensbeteiligten – bekanntgegeben werden, da diesen i.d.R. die erforderliche Sachkunde dafür fehlt,[1686] um in der Beweisaufnahme gewonnene Erkenntnisse zutreffend zu bewerten und die zur Verfügung stehenden Beweismittel im Lichte der sachverständig zu beantwortenden Frage auszuschöpfen. Nur der Sachverständige kann beurteilen, ob die Anknüpfungstatsachen zutreffend und umfassend ermittelt sind.

Auch insoweit kann die unzureichende Ermittlung der maßgeblichen Anknüpfungstatsachen die Verletzung der Aufklärungspflicht begründen.

Es kann deshalb bspw. zur Feststellung der Schuldfähigkeit des Angeklagten die Anwesenheit des Sachverständigen während der gesamten Dauer der Beweisaufnahme geboten sein, wenn Äußerungen und Verhaltensweisen des Angeklagten in der Hauptverhandlung für die Gutachtenerstattung erforderlich sind. Ebenso kann die Beurteilung der Glaubwürdigkeit eines Zeugen nicht nur die Anwesenheit des Sachverständigen während der Vernehmung dieses Zeugen gebieten, sondern auch während sonstiger Teile der Beweisaufnahme, die möglicherweise Anhaltspunkte für die Beurteilung der Glaubwürdigkeit liefern.[1687]

Eine Verletzung der Aufklärungspflicht kann insbesondere dann in Betracht kom- **1133** men, wenn nach Vernehmung und Entlassung des Sachverständigen weitere Beweise erhoben worden sind, die für die Begutachtung bedeutsame Gesichtspunkte erbracht haben können, ohne dass diese dem Sachverständigen nachträglich zur Kenntnis gebracht wurden, wodurch ihm die Möglichkeit genommen wurde, dem

---

1685 *BGHSt* 27, 166.
1686 Zu der für eine Entscheidung gem. § 246a StPO erforderlichen Sachkunde s. *BGHSt* 27, 166.
1687 *BGHSt* 19, 367.

Gericht eine ergänzende Beurteilung zu unterbreiten.[1688] Im Falle der Anordnung der Unterbringung des Angeklagten gem. §§ 63, 64 und 66 StGB sowie des Vorbehalts gem. § 66a StGB kann zusätzlich die Verletzung des § 246a Abs. 1 S. 1 StPO gerügt werden.[1689]

II. Anforderungen an den Vortrag der Rüge der Verletzung der Aufklärungspflicht (§§ 244 Abs. 2, 337 StPO)

1134
- Es müssen die Tatsachen, Zustände oder Vorgänge benannt werden, die Gegenstand des von dem Sachverständigen in der Hauptverhandlung erstatteten Gutachtens waren.[1690]
- Es sind die Beweiserhebungen und deren Inhalt mitzuteilen, die in Abwesenheit des Sachverständigen Gegenstand der Hauptverhandlung waren sowie die Tatsache seiner Abwesenheit während dieser Beweiserhebung. Ergänzend ist vorzutragen, dass der Sachverständige auch nachträglich nicht über die Ergebnisse dieser Beweiserhebungen durch das Gericht in Kenntnis gesetzt worden ist bzw. dass und warum ihre Bekanntmachung nicht ausreichte, um dem Sachverständigen die für seine Gutachtenerstattung erforderlichen Anknüpfungstatsachen zu vermitteln.
- Es ist vorzutragen, dass der Sachverständige kein ergänzendes Gutachten erstattet hat, nachdem nach seiner Entlassung eine weitere für ihn erhebliche Beweisaufnahme stattgefunden hat bzw. die in seiner Abwesenheit durchgeführte Beweisaufnahme nicht noch einmal in seiner Anwesenheit wiederholt wurde.
- Es ist darzulegen, inwieweit die ergänzende Vernehmung des Sachverständigen bzw. die Wiederholung der in seiner Abwesenheit durchgeführten Beweiserhebung in seiner Anwesenheit ein dem Angeklagten günstiges Ergebnis gehabt hätte, und in welcher Hinsicht er durch den Aufklärungsmangel beschwert ist.
- Es ist darzulegen, dass insbesondere infolge der erforderlichen Sachkunde für die Beurteilung einer entscheidungserheblichen Tatsache das Gericht sich zu der weiteren Aufklärung gedrängt sehen musste und warum dies für das Gericht zumindest erkennbar war.

III. Anforderungen an den Vortrag der Rüge der Verletzung des § 246a Abs. 1 S. 1 StPO

1135
- Es ist darzulegen, dass das Gericht die Unterbringung des Angeklagten bzw. den Vorbehalt der Anordnung gem. § 66a StGB angeordnet hat.
- Es ist darzulegen, dass hierzu in der Hauptverhandlung ein Sachverständiger vernommen worden ist und ein Gutachten erstattet hat.

1688   Vgl. *BGHSt* 19, 367 ff.; *BGH* StV 1995, 114 = NStZ 1995, 201.
1689   *BGHSt* 27, 166.
1690   Der Inhalt eines (auch vorbereitenden) schriftlichen Sachverständigengutachtens ist vollständig innerhalb der Revisionsbegründung mitzuteilen.

• Es ist darzulegen, dass der Sachverständige an einem für seine Gutachtenerstattung wesentlichen Teil der Hauptverhandlung nicht teilgenommen hat und ggf. dass und warum seine spätere Unterrichtung über den Inhalt des in seiner Abwesenheit durchgeführten Teils der Beweisaufnahme durch das Gericht nicht ausreichend war bzw. eine Unterrichtung überhaupt nicht erfolgt ist.

• Es ist mitzuteilen, dass der Sachverständige sein Gutachten nicht auf konkret zu benennende Beweiserhebungen, die in seiner Abwesenheit stattgefunden hatten, erstreckt hat. Hat der Sachverständige ein schriftliches Gutachten zur Vorbereitung seiner Vernehmung in der Hauptverhandlung erstattet, ist dessen Inhalt vollständig mitzuteilen.

IV. Im Zusammenhang mit der Ermittlung der Anknüpfungstatsachen stehende Rügen

1. Verwertet das Gutachten Anknüpfungstatsachen, die keine sog. Befundtatsachen **1136** sind, und sind diese Anknüpfungstatsachen nicht durch Vernehmung des Sachverständigen als Zeuge bzw. durch ein anderes Beweismittel zum Gegenstand der Hauptverhandlung gemacht worden, kommt eine Verfahrensrüge der Verletzung des § 261 StPO in Betracht sowie einer Verletzung der §§ 57 und 59 StPO, weil der Sachverständige nicht als Zeuge belehrt und über seine Vereidigung nicht nach den Vorschriften für Zeugen entschieden worden ist.[1691]

2. Ist der Antrag, den in der Hauptverhandlung vernommenen Sachverständigen er- **1137** gänzend zu Beweisergebnissen zu vernehmen, die nach seiner Entlassung Gegenstand der Beweisaufnahme waren, abgelehnt oder übergangen worden, kommt die Rüge der Verletzung des Beweisantragsrechts[1692] in Betracht. War der Sachverständige zu diesem Zeitpunkt noch nicht förmlich i.S.d. § 248 StPO entlassen worden, kann die Zurückweisung des Antrags und die anschließend vom Gericht bestätigte Entlassung des Sachverständigen als Verletzung des § 248 StPO gerügt werden.[1693]

3. Hat das Gericht Beweisanträge abgelehnt oder übergangen, die für ein in der **1138** Hauptverhandlung erstattetes oder zu erstattendes Gutachten eines Sachverständigen bedeutsame Anknüpfungstatsachen zum Gegenstand hatten, kommt eine Verletzung des § 244 Abs. 3, Abs. 6 StPO in Betracht.[1694]

1691 Siehe dazu Rüge 226 Rn. 1930 und Rüge 104 Rn. 1050.
1692 Siehe Kap. 21 Rn. 1417 ff.
1693 Siehe Rüge 107 Rn. 1059.
1694 Siehe Kap. 21 Rn. 1417 ff.

Abschnitt 2
Tätigkeit des Sachverständigen in der Hauptverhandlung

Rüge 125

1139 Ist es unterblieben, einen in der Hauptverhandlung vernommenen Sachverständigen gem. §§ 52 Abs. 3 S. 1, 55 Abs. 2 StPO zu belehren?

1. Die Belehrungspflichten nach §§ 52 Abs. 3 S. 1, 55 Abs. 2 StPO gelten nach § 72 StPO auch für den Sachverständigen.[1695]
2. Im Falle der Nichtbelehrung gelten dieselben Grundsätze wie im Falle unterbliebener Belehrungen nach §§ 52 Abs. 3 S. 1, 55 Abs. 2 StPO bei Zeugen.[1696]

Rüge 126

1140 Hatte der Sachverständige Gelegenheit, Fragen an den Angeklagten, Zeugen oder andere Sachverständige zu stellen?

I. Rechtsgrundlagen

1141 Nach § 80 Abs. 2 StPO, der auch für die Hauptverhandlung gilt,[1697] ist einem Sachverständigen zum Zwecke weiterer Aufklärung zu gestatten, Zeugen oder Beschuldigten unmittelbar Fragen zu stellen.[1698] Die Entscheidung hierüber steht im Ermessen des Gerichts.[1699] Zwar soll es sich bei § 80 Abs. 2 StPO nach verbreiteter Auffassung um eine Ordnungsvorschrift handeln.[1700] Daraus darf aber nicht der Schluss gezogen werden, dass eine Verletzung des § 80 Abs. 2 StPO nicht revisibel wäre.[1701] Wird es einem Sachverständigen nicht gestattet, an Zeugen und Sachverständige oder Beschuldigte unmittelbar Fragen zu stellen, kann darin eine Verletzung der gerichtlichen Aufklärungspflicht liegen, die Einfluss auf das Urteil genommen haben kann, wenn der Sachverständige dadurch sein Gutachten auf fehlerhafter Grundlage erstattet hat.[1702] Die Rüge setzt nicht voraus, dass der Sachverständige

---

1695   LR-*Krause*[26] § 76 Rn. 1.
1696   Siehe hierzu Rüge 76 Rn. 891 und Rüge 87 Rn. 944 sowie Rüge 240 Rn. 2038.
1697   LR-*Krause*[26] § 80 Rn. 12.
1698   Dies muss entspr. auch für die Befragung anderer Sachverständiger gelten.
1699   KK-*Senge*[7] § 80 Rn. 5.
1700   KK-*Senge*[7] § 80 Rn. 6; LR-*Krause*[26] § 80 Rn. 13.
1701   So aber LR-*Krause*[26] § 80 Rn. 13; KK-*Senge*[7] § 80 Rn. 6; HK-*Brauer*[5] § 80 Rn. 6.
1702   SK-StPO-*Rogall*[4] § 80 Rn. 22; *Eisenberg* Beweisrecht der StPO[9], Rn. 1593.

die Zurückweisung seiner Frage durch den Vorsitzenden gem. § 238 Abs. 2 StPO beanstandet hat.[1703] Allerdings soll die Zurückweisung von Fragen nur dann in der Sitzungsniederschrift beurkundet werden müssen, wenn diese beanstandet worden ist.[1704] Für die Begründung der Revision ist eine etwaige Aktivität des in der Hauptverhandlung anwesenden Verteidigers deshalb hilfreich, was vorzutragen ist.

II. Anforderungen an den Vortrag der Rüge der Verletzung der Aufklärungspflicht (§§ 244 Abs. 2, 337 StPO)

- Als vom Gericht aufzuklärende Tatsache ist der Inhalt der von dem Sachverständigen an den Angeklagten, Zeugen oder andere Sachverständige in der Hauptverhandlung gestellten Frage mitzuteilen.   **1142**

- Es ist weiterhin vorzutragen, dass durch den Vorsitzenden bzw. das Gericht die Frage des Sachverständigen zurückgewiesen wurde. Eine etwaige Begründung sowie ein etwa dazu ergangener Beschluss des Gerichts sowie eine ggf. diesem vorausgegangene Beanstandung durch den Sachverständigen oder einen anderen Verfahrensbeteiligten sind im Wortlaut mitzuteilen.

- Es ist mitzuteilen, dass die von dem Sachverständigen gestellte Frage nicht beantwortet worden ist.

- Es ist mitzuteilen, dass der Sachverständige die zurückgewiesene Frage in Anwesenheit des Angeklagten, Zeugen oder anderen Sachverständigen gestellt hat, an die diese gerichtet war.

- Es ist ggf. mitzuteilen, dass bzgl. der Beantwortung der von dem Sachverständigen gestellten Frage kein Aussage- oder Zeugnisverweigerungsrecht bestand bzw. dass hiervon kein Gebrauch gemacht worden wäre.

- Es ist darzulegen, inwiefern die Beantwortung der zurückgewiesenen Frage ein dem Angeklagten günstiges Ergebnis gehabt hätte und in welcher Hinsicht er durch den Aufklärungsmangel beschwert ist.

- Es sollte dargelegt werden, aus welchen Gründen sich das Gericht gedrängt sehen musste, die Beantwortung der von dem Sachverständigen gestellten Frage zuzulassen.

1703   Zur Zulässigkeit einer solchen Beanstandung s. *Meyer-Goßner/Schmitt*[60] § 238 Rn. 14.
1704   KK-*Schneider*[7] § 241 Rn. 14; **a.A.** SK-StPO-*Frister*[5] § 241 Rn. 28.

Rüge 126a

1143   Ist in der Hauptverhandlung ein Sachverständiger angehört worden, der nicht eigenverantwortlich die Untersuchung des Angeklagten im Hinblick auf Schuldfähigkeit oder Prognose oder eines Zeugen im Hinblick auf seine Glaubwürdigkeit durchgeführt oder daran zumindest teilgenommen hat?

I. Rechtsgrundlagen

1144   Ein gerichtlich bestellter Sachverständiger hat die Pflicht zur persönlichen Gutachtenerstattung. Es besteht daher ein Delegationsverbot, soweit durch Heranziehung anderer Personen die Verantwortung des Sachverständigen für das Gutachten in Frage gestellt wird. Das Gutachten eines psychiatrischen Sachverständigen muss eine Exploration des Probanden durch den Sachverständigen einschließen. Dabei handelt es sich um die zentrale Untersuchungsmethode. Deren Ergebnisse kann der gerichtliche Sachverständige nur dann eigenverantwortlich bewerten, wenn er sie selbst durchgeführt oder zumindest insgesamt daran teilgenommen hat.[1705] Eine nicht ordnungsgemäß durchgeführte Untersuchung[1706] oder die Begutachtung durch einen nicht ausreichend kompetenten Sachverständigen kann die Aufklärungsrüge begründen.[1707]

II. Anforderungen an den Vortrag der Rüge der Verletzung der Aufklärungspflicht (§§ 244 Abs. 2, 337 StPO)

1145
- In der Hauptverhandlung wurde ein Sachverständiger vernommen, der sich zur Schuldfähigkeit oder Prognose des Angeklagten oder zur Glaubwürdigkeit eines Zeugen äußern sollte. Der Inhalt des diesem Sachverständigen erteilten Gutachtenauftrags oder der Inhalt der gerichtlichen Ladungsverfügung sind mitzuteilen.
- Der Angeklagte bzw. der begutachtete Zeuge wurde nicht von dem in der Hauptverhandlung vernommenen Sachverständigen untersucht, sondern die Untersuchung war von dem gerichtlich beauftragten Sachverständigen an eine zu benennende Hilfskraft delegiert worden.[1708]
- Vorsorglich sollte als Negativtatsache vorgetragen werden, dass die von dem gerichtlich beauftragten Sachverständigen eingeschaltete Hilfskraft in der

---

1705   *BGH* v. 25.5.2011 – 2 StR 585/10 = StV 2011, 709 = StraFo 2011, 359 = NStZ 2012, 103.

1706   Die Anwesenheit eines psychiatrischen Sachverständigen in der Hauptverhandlung vermag die eigene Exploration nicht zu ersetzen: *BGH* v. 25.5.2011 – 2 StR 585/10 = StV 2011, 709 = StraFo 2011, 359 = NStZ 2012, 103.

1707   Für die Untersuchung durch einen ärztlichen Sachverständigen nach § 246a StPO LR-*J.-P. Becker*[26] § 246a Rn. 15.

1708   Die Anwesenheit des Sachverständigen in der Hauptverhandlung vermag die eigene Exploration nicht zu ersetzen: *BGH* v. 25.5.2011 – 2 StR 585/10 = StV 2011, 709 = StraFo 2011, 359 = NStZ 2012, 103.

Hauptverhandlung nicht vernommen und ggf. nicht von dem Gericht mit der Erstattung eines (zusätzlichen) Gutachtens beauftragt wurde.

Das Urteil beruht auf dem Verfahrensfehler, wenn es sich ausschließlich auf die Bekundungen des gerichtlich beauftragten Sachverständigen stützt, der nicht selbst die Untersuchung durchgeführt oder sich zumindest an dieser beteiligt hat.

Rüge 127

Ist von einem vom Gericht geladenen und in der Hauptverhandlung erschienenen Sachverständigen kein Gutachten erstattet worden? **1146**

I. Rechtsgrundlagen

Nach § 245 Abs. 1 StPO muss sich die Beweisaufnahme auf die vom Gericht vorgeladenen und auch erschienenen Sachverständigen erstrecken, soweit die Beweiserhebung nicht unzulässig ist. Ansonsten darf von der Beweiserhebung nur abgesehen werden, wenn Staatsanwaltschaft, Verteidiger und Angeklagter damit einverstanden sind. **1147**

Die Anwesenheit eines Sachverständigen in der Hauptverhandlung ist eine wesentliche Förmlichkeit des Verfahrens, die durch das Hauptverhandlungsprotokoll bewiesen wird. Ebenso ist die Erstattung eines Gutachtens eine wesentliche Förmlichkeit des Verfahrens. Das Schweigen des Hauptverhandlungsprotokolls insoweit beweist, dass ein Sachverständigengutachten nicht erstattet worden ist.

II. Anforderungen an den Vortrag der Rüge der Verletzung des § 245 Abs. 1 StPO

- An der Hauptverhandlung hat ein namentlich zu bezeichnender Sachverständiger teilgenommen. **1148**
- Dieser ist vom Gericht oder durch den Angeklagten gem. §§ 220 Abs. 1, 38 StPO zur Hauptverhandlung geladen worden. Der Gutachtenauftrag sowie die Ladung sind wörtlich mitzuteilen.
- Der Sachverständige hat in der Hauptverhandlung kein Gutachten erstattet.
- Staatsanwaltschaft, Verteidigung und Angeklagter haben auf die Erstattung eines Sachverständigengutachtens nicht verzichtet.
- Der Vorsitzende hat keine Verfügung getroffen, das Gericht keinen Beschluss erlassen des Inhalts, dass die von dem Sachverständigen erwartete Gutachtenerstattung unzulässig wäre.
- Ein Grund, der die Erstattung eines Sachverständigengutachtens unzulässig gemacht hätte (z.B. Geltendmachung eines Gutachtenverweigerungsrechts gem.

§ 76 Abs. 1 StPO), lag nicht vor.[1709] Es ist weiterhin vorzutragen, dass der Sachverständige bereit und in der Lage war, ohne zeitlichen Aufschub ein Sachverständigengutachten zu erstatten.[1710]

- Es ist das Beweisthema anzugeben, zu dem der Sachverständige gem. dem ihm erteilten Gutachtenauftrag bzw. seiner Ladung in der Hauptverhandlung Erkenntnisse liefern sollte und inwieweit diese für die Entscheidung Bedeutung gehabt hätten.[1711] Ein die Erstattung des Gutachtens vorbereitendes schriftliches Gutachten ist im Wortlaut mitzuteilen.

Rüge 127a

1149 Ist ein in der Hauptverhandlung vernommener Sachverständiger erschöpfend vernommen worden?

I. Rechtsgrundlagen

1150 Ob mit der Aufklärungsrüge (§ 244 Abs. 2 StPO) beanstandet werden kann, dass ein in der Hauptverhandlung zur Frage der Schuldfähigkeit des Angeklagten vernommener Sachverständiger nicht auch zur Frage der sittlichen und geistigen Reife des Angeklagten (§ 3 S. 1 JGG) vernommen wurde, ist fraglich, weil Inhalt und Ergebnis der den Sachverständigen betreffenden Beweisaufnahme nicht mit den Mitteln des Revisionsrechts feststellbar sind.[1712] Verhalten sich die schriftlichen Urteilsgründe nicht zu dieser Frage, hat sich der Sachverständige aber im Rahmen eines vorbereitenden schriftlichen Gutachtens dazu geäußert, könnte im Einzelfall die Rüge der Verletzung der gerichtlichen Aufklärungspflicht (§ 244 Abs. 2 StPO) erfolgreich sein.[1713]

1709 Hier müssen ggf. je nach Sachlage – Stichwort: Vortrag von Negativtatsachen – weitere Ausführungen gemacht werden. Ein Grund für die Nichterstattung eines Sachverständigengutachtens könnte bspw. darin liegen, dass sich in der Hauptverhandlung herausstellt, dass dem anwesenden Sachverständigen zur Beantwortung der Fragen, die zu seiner Zuziehung führten, die erforderliche Sachkunde fehlte oder er sein Gutachten nicht ohne Vornahme von Untersuchungen oder erst nach weiterer Vorbereitung erstatten könnte (LR-*J.-P. Becker*[26] § 245 Rn. 18). In letzterem Fall würde aber die Weigerung des Gerichts, dem Sachverständigen Gelegenheit zur Vorbereitung seines Gutachtens zu geben, möglicherweise eine Verletzung der Aufklärungspflicht darstellen (für Gutachten gem. § 246a Abs. 1 StPO und zur Verletzung des § 246a Abs. 3 StPO s. *BGH* v. 17.7.2013 – 2 StR 255/13 = BGHSt 59, 1 = StV 2014, 125; ferner Rüge 123 Rn. 1120).

1710 Anderenfalls wäre er kein „präsentes" Beweismittel.

1711 Vgl. LR-*J.-P. Becker*[26] § 245 Rn. 76 m.w.N. in Fn. 216.

1712 Siehe *BGHSt* 17, 351, 352 f.; LR-*J.-P. Becker*[26] § 244 Rn. 364.

1713 *BGH* v. 28.6.2016 – 1 StR 5/16 Tz. 22 f.

II. Anforderungen an den Vortrag der Rüge der Verletzung des § 244 Abs. 2 StPO

- An der Hauptverhandlung hat ein namentlich zu bezeichnender Sachverständiger teilgenommen. **1151**
- Dieser hat in der Hauptverhandlung ein Gutachten erstattet.
- Es ist von dem Sachverständigen ein seine Vernehmung in der Hauptverhandlung vorbereitendes schriftlichen Gutachten vorgelegt worden, dessen Inhalt vollständig vorzutragen ist.
- Der Sachverständige ist in der Hauptverhandlung zu Aussagen, die Gegenstand des vorbereitenden schriftlichen Gutachtens waren, nicht befragt worden. Hierzu sind zumindest die schriftlichen Urteilsgründe vorzutragen, wenn das Urteil nicht bereits Gegenstand der allgemeinen Sachrüge ist. Nur durch den Vergleich zwischen dem vorbereitenden schriftlichen Gutachten und den Urteilsgründen kann das Revisionsgericht beurteilen, ob sich das Tatgericht angesichts des vorbereitenden Gutachtens zur Vernehmung des Sachverständigen zu der in dem vorbereitenden Gutachten behandelten Frage gedrängt sehen musste.[1714]

Rüge 128

Hat sich der Sachverständige geweigert, sein Gutachten zu erstatten oder bestimmte Fragen zu beantworten, die Gegenstand seines Gutachtenauftrags sind oder zumindest seiner Sachkunde unterliegen? **1152**

Weigert sich der in der Hauptverhandlung anwesende Sachverständige, sein Gutachten zu erstatten, ohne dass ihm ein Gutachtenverweigerungsrecht (§ 76 StPO) zur Seite steht, kann der Ungehorsam – abweichend von §§ 51, 70 StPO – nach § 77 StPO sanktioniert werden. Dasselbe gilt im Falle der Weigerung, einzelne Fragen zu beantworten.[1715] Mit der Revision kann das Verhalten des Sachverständigen nur als Verstoß gegen § 244 Abs. 2 StPO gerügt werden, wenn das Gericht es unterlassen hat, gegen den Sachverständigen die Zwangsbefugnisse des § 77 StPO zur Anwendung zu bringen. **1153**

Es kann insoweit auf die identische Problematik bei der Vernehmung von Zeugen verwiesen werden.[1716] **1154**

1714 *BGH* v. 28.6.2016 – 1 StR 5/16 6 Tz. 23.
1715 *Meyer-Goßner/Schmitt*[60] § 77 Rn. 4.
1716 S. Rüge 189 Rn. 1692.

Rüge 129

1155   Wurde der Sachverständige vereidigt bzw. von einer Vereidigung abgesehen?

A. Der Sachverständige ist nicht vereidigt worden

I. Ermessen des Tatrichters

1156   Das Gericht hat nach seinem Ermessen von einer Vereidigung des Sachverständigen abgesehen (§ 79 Abs. 1 StPO).

Mit der Revision kann nicht gerügt werden, dass der Tatrichter sein Ermessen unrichtig ausgeübt habe.[1717]

II. Nichtvereidigung nach §§ 60, 61 StPO

1157   Das Gericht hat von einer Vereidigung nach § 60 StPO bzw. § 61 StPO abgesehen, weil es ansonsten nach seinem Ermessen den Sachverständigen vereidigt hätte.

Die fehlerhafte Anwendung der §§ 60, 61 StPO (die Voraussetzungen des Vereidigungsverbots des § 60 StPO waren nicht gegeben bzw. es lag kein ein Eidesverweigerungsrecht begründendes Verhältnis zwischen dem Zeugen und einem Beschuldigten vor[1718]) kann die Revision begründen, wenn die Nichtvereidigung auf einem Gerichtsbeschluss beruht.

III. Fehlende Entscheidung über Vereidigung

1158   Es ist eine Entscheidung darüber, ob der Sachverständige zu vereidigen ist bzw. unvereidigt bleibt, völlig unterlassen worden.

Es stellt einen Verfahrensfehler dar, wenn der Tatrichter über die Frage der Vereidigung keinerlei Entscheidung getroffen hat.[1719]

Das Urteil beruht nur dann nicht auf diesem Fehler, wenn ausgeschlossen werden kann, dass der Sachverständige seine Gutachtenerstattung geändert hätte.[1720]

1717   *Meyer-Goßner/Schmitt*[60] § 79 Rn. 13; LR-*Krause*[26] § 79 Rn. 22; schon für das frühere Recht *BGHSt* 21, 227.

1718   Zur fehlerhaften Anwendung der §§ 60 und 61 StPO vgl. Rügen 102 Rn. 1041, 103 Rn. 1046 u. 106 Rn. 1056.

1719   *Dahs* Die Revision im Strafprozess[9], Rn. 297; LR-*Krause*[26] § 79 Rn. 3 f. (dazu Rüge 104 Rn. 1050); *BGH* NStZ 1998, 158 f. gegen *BGHSt* 21, 227, 228 für den Fall, dass das Gericht möglicherweise verkannt habe, dass ein Dolmetscher, der in der Hauptverhandlung fremdsprachige Urkunden übersetzt hatte, als Sachverständiger vernommen worden sei; zu Einzelheiten vgl. Rüge 33 Rn. 575.

1720   *Meyer-Goßner/Schmitt*[60] § 79 Rn. 13; allerdings für den Fall des fehlerhaft nicht als Zeuge vernommenen Sachverständigen: **a.A.** LR-*Krause*[26] § 79 Rn. 3.

B. Der Sachverständige ist vereidigt worden

- Es lagen die Gründe für ein Vereidigungsverbot (§ 60 StPO) vor;[1721]   **1159**

- es lagen die Voraussetzungen für das Eidesverweigerungsrecht des § 61 StPO   **1160**
  vor und der Sachverständige wurde nicht über dieses Recht belehrt.[1722]

C. Die nach dem Ermessen des Gerichts erforderliche Vereidigung erfolgte unter Berufung auf den allgemein geleisteten Eid (§ 79 Abs. 3 StPO)

I. Rechtsgrundlagen

Hat der Sachverständige diesen Eid nicht oder nicht in zulässiger Weise geleistet   **1161**
oder war das Gutachten aus welchen Gründen auch immer nicht von dem Eid gedeckt, begründet dies die Verletzung des § 79 Abs. 3 StPO[1723].

Die Anordnung der Vereidigung und die Berufung auf den allgemein geleisteten
Eid sind als wesentliche Förmlichkeit des Verfahrens (§ 273 Abs. 1 StPO) aus dem
Hauptverhandlungsprotokoll ersichtlich.

II. Anforderungen an die Rüge der Verletzung des § 79 Abs. 3 StPO

- Der Vorsitzende ordnete die Vereidigung des Sachverständigen an.   **1162**
- Der Sachverständige berief sich auf seinen Diensteid (vgl. § 58 Abs. 1 BBG),
  wenn er als Beamter geschworen hatte, seine Amtspflichten gewissenhaft zu erfüllen oder er berief sich auf den im Hinblick auf seine allgemeine Vereidigung
  als Sachverständiger für die Erstattung von Gutachten der betreffenden Art geleisteten Eid.
- Ein wirksamer Diensteid bzw. eine wirksame allgemeine Vereidigung für das
  Fachgebiet, auf dem das Gutachten erstattet wurde, lag nicht vor.[1724]
- Der Sachverständige wurde (auch im weiteren Verlauf der Hauptverhandlung)
  nicht vereidigt.[1725]
- Im weiteren Verlauf der Hauptverhandlung wurde nicht im allgemeinen Einverständnis auf eine Vereidigung des Sachverständigen verzichtet und das Gericht

---

1721   Zu weiteren Einzelheiten und dem notwendigen Revisionsvorbringen s. Rüge 102
       Rn. 1041.
1722   S. Rüge 106 Rn. 1056.
1723   *Meyer-Goßner/Schmitt*[60] § 79 Rn. 13; LR-*Krause*[26] § 79 Rn. 23, dort auch zur Beru-
       hensfrage.
1724   Dies muss ebenso im Wege des Freibeweises festgestellt werden wie die Behauptung,
       ein tatsächlich geleisteter Eid würde das in der Hauptverhandlung erstattete Gutachten
       nicht abdecken.
1725   Die Berufung auf den Eid ersetzt die Vereidigung, schließt aber nicht aus, dass der
       Sachverständige gleichwohl vereidigt werden kann.

wies die Verfahrensbeteiligten nicht darauf hin, dass das von dem Sachverständigen erstattete Gutachten nicht als ein eidliches bei der Beweiswürdigung bewertet werde.

D. Der Sachverständige blieb unvereidigt, obwohl er nicht nur als Sachverständiger, sondern auch als Zeuge über Zusatztatsachen vernommen wurde

1163 Beruht die Nichtvereidigung auf der Ermessensentscheidung des Gerichts, begründet dies die Revision nicht, nachdem die Vereidigungsvorschriften für Zeugen (§ 58 StPO) durch das 1. JuMoG denjenigen für Sachverständige (§ 79 Abs. 1 StPO) inhaltlich angeglichen worden sind.

Rüge 130

1164 Ist der Sachverständige nach Anhörung des Angeklagten/Verteidigers auf Anordnung des Vorsitzenden entlassen worden (§ 248 StPO)?

1165 Es kann insoweit auf die identische Problematik bei der Zeugenvernehmung verwiesen werden.[1726]

Abschnitt 3
Kontrolle der Tätigkeit des Sachverständigen (durch den Verteidiger)

Rüge 131

1166 Wurden Fragen oder Vorhalte des Verteidigers/Angeklagten an den Sachverständigen beanstandet/zurückgewiesen?

I. Rechtsgrundlagen

1167 Nach § 240 StPO hat der Vorsitzende dem Angeklagten und dem Verteidiger zu gestatten, Fragen an anwesende Sachverständige zu stellen. Dies umfasst auch das Recht, formfreie Vorhalte zu machen bzw. gem. § 253 StPO die Verlesung eines

---

1726 Siehe Rüge 107 Rn. 1059.

Protokolls über eine frühere Vernehmung des Sachverständigen zu beantragen. Ist bei der früheren Vernehmung des Sachverständigen auf ein schriftliches Gutachten Bezug genommen worden, darf es nach § 253 StPO mit verlesen werden.[1727] Ansonsten darf ein schriftliches Gutachten des Sachverständigen diesem in der Hauptverhandlung vorgehalten oder zur Einsicht vorgelegt werden.[1728] Auch eine die Vernehmung ergänzende Verlesung ist nach h.M. zulässig, wenn sie weder ganz noch teilweise an die Stelle der Vernehmung treten soll.[1729]

Dem Sachverständigen können auch solche in seinem Fachgebiet liegende Fragen gestellt werden, die über seinen Gutachterauftrag hinausgehen.[1730]

II. Anforderungen an den Vortrag

Hat der Vorsitzende Fragen an den Sachverständigen als ungeeignet oder nicht zur **1168** Sache gehörig (§ 241 Abs. 2 StPO) oder als missbräuchlich (§ 241 Abs. 1 StPO) zurückgewiesen und ist die Zurückweisung der Frage durch das Gericht gem. § 238 Abs. 2 StPO bestätigt worden, gelten für den Inhalt und die Anforderungen an die Rüge der Verletzung des Fragerechts dieselben Grundsätze wie bei der Zurückweisung von Fragen und Vorhalten an einen Zeugen.[1731]

III. Im Zusammenhang mit der Befragung von Sachverständigen stehende Rügen

1. Hat der Sachverständige in der Hauptverhandlung ein Gutachten erstattet, ohne **1169** zuvor ein schriftliches (vorläufiges) Gutachten zwecks Vorbereitung abgeliefert zu haben, und wurde ein im Anschluss an die Gutachtenerstattung zum Zweck der Vorbereitung der Befragung durch den Verteidiger gestellter Aussetzungsantrag abgelehnt?[1732]
2. Ist die nach § 253 StPO zulässige Verlesung eines schriftlichen Gutachtens oder einer früheren Vernehmungsniederschrift eines in der Hauptverhandlung vernommenen Sachverständigen zur Auffrischung seiner Erinnerung oder zur Behebung eines Widerspruchs unterblieben?[1733]

1727 *Meyer-Goßner/Schmitt*[60] § 253 Rn. 7.
1728 *Eisenberg* Beweisrecht der StPO[9], Rn. 1582.
1729 *Meyer-Goßner/Schmitt*[60] § 250 Rn. 12.
1730 *BGH* StV 1984, 60 (5. StS); KMR-*Paulus*[8] – Stand Oktober 1989 – § 241 Rn. 13; **a.A.** *BGH* GA 1983, 361; *BGH* NStZ 1984, 16 (3. StS) unter Hinweis auf die Möglichkeit, nach § 245 StPO zu beantragen, den Sachverständigen zu einem anderen Gegenstand als ursprünglich vorgesehen zu hören; *Meyer-Goßner/Schmitt*[60] § 241 Rn. 15 und KK-*Schneider*[7] § 241 Rn. 10.
1731 Siehe Rüge 96 Rn. 996.
1732 Siehe Rüge 199 Rn. 1790.
1733 Dadurch kann die Aufklärungspflicht verletzt sein. Zur Aufklärungsrüge Rn. 1707 ff.

Rüge 132

1170   Hat sich der Sachverständige geweigert, der Vorbereitung seines Gutachtens dienende Arbeitsunterlagen in der Hauptverhandlung vorzulegen?

I. Rechtsgrundlagen

1171   1.   Angesichts der vielfältigen Fehlerquellen im Bereich der Befunderhebung wie auch der Interpretation der Befundtatsachen durch den Sachverständigen kann es geboten sein, dass sich das Gericht selbst sowie den Verfahrensbeteiligten Kenntnis vom Inhalt von Arbeitsunterlagen des Sachverständigen (Laborwerte, Tonbandaufzeichnungen und Mitschriften von Explorationsgesprächen, Test und Fragebögen etc.) verschafft, um das Gutachten kritisch würdigen zu können.[1734] Kommt es dazu nicht, weil das Gericht dies nicht für erforderlich hält bzw. der Sachverständige sich weigert, entspr. Unterlagen vorzulegen oder aber eine Vorlage solcher Unterlagen ausscheidet, weil sie nicht mehr auffindbar oder bereits vernichtet worden sind, kommt eine Verletzung der Aufklärungspflicht bzw. eine Verletzung der Beweisantragspflicht in Betracht.

1172   2.   Hat es das Gericht unterlassen, sich von Amts wegen um die Arbeitsunterlagen des Sachverständigen zu bemühen bzw. einen Antrag der Verteidigung auf Vorlage dieser Unterlagen zurückgewiesen, ist dies nach Auffassung des BGH anhand des Maßstabs der tatrichterlichen Aufklärungspflicht zu beurteilen.[1735] Nach Auffassung des BGH besteht kein unbedingter, keinen Beschränkungen unterliegender Anspruch der Verfahrensbeteiligten auf Vorlage und Zugänglichmachung sämtlicher zur Vorbereitung des Gutachtens dienender Arbeitsunterlagen eines Sachverständigen.[1736] Ob der Tatrichter gehalten sei, auf die Offenlegung einzelner oder sämtlicher vorbereitender Arbeitsunterlagen des Sachverständigen zu dringen, bestimme sich vielmehr nach der gerichtlichen Verpflichtung, das Sachverständigengutachten in seinen Grundlagen (Befund und Zusatztatsachen) und in seinen Schlussfolgerungen auf seine Richtigkeit in einer für die Verfahrensbeteiligten nachvollziehbaren Weise zu überprüfen. Danach kann die unterbliebene Beiziehung der Arbeitsunterlagen des Sachverständigen ggf. zum Gegenstand einer Aufklärungsrüge gemacht werden.

1173   3.   Ist ein Beweisantrag auf Beiziehung der Arbeitsunterlagen des Sachverständigen mit der Behauptung, aus diesen Materialien würden sich die falschen Schlussfolgerungen des Sachverständigen ergeben, mit der Begründung abgelehnt worden,

---

1734   *Eisenberg* Beweisrecht der StPO⁹, Rn. 1582a.
1735   *BGH* StV 1995, 565.
1736   Die Frage der Vorlage von (vorhandenen) Arbeitsunterlagen ist von derjenigen zu trennen, ob ein Sachverständiger verpflichtet ist, ein vorbereitendes schriftliches Gutachten zu erstellen und an die Verfahrensbeteiligten auszuhändigen. Zu Letzterem Rn. 1121 u. Rn. 1182.

der Sachverständige sei nicht verpflichtet, die Unterlagen vorzulegen, ist diese Entscheidung rechtsfehlerhaft.[1737] Denn die Untersuchungsergebnisse des Sachverständigen können nur dann Anerkennung finden, wenn die Methoden, mit denen sie gewonnen worden sind, nachprüfbar sind.

Zu rügen ist in diesem Fall die rechtsfehlerhafte Ablehnung des Beweisantrags gem. § 244 Abs. 3 StPO[1738].

4. Können Arbeitsunterlagen des Sachverständigen deshalb nicht vorgelegt werden, weil sie nicht mehr auffindbar oder vernichtet worden sind, obwohl ihre Beiziehung zur Überprüfung des Sachverständigengutachtens unter Aufklärungsgesichtspunkten oder im Hinblick auf einen Beweisantrag mit der Behauptung, aus den Arbeitsunterlagen würden sich die falschen Schlussfolgerungen des Sachverständigen ergeben, geboten gewesen wäre, kommt eine Verwertung zumindest der diesbezüglichen Teile des in der Hauptverhandlung erstatteten Sachverständigengutachtens nicht mehr in Betracht.[1739] Es wäre ggf. ein weiterer Sachverständiger mit einer erneuten Untersuchung zu beauftragen gewesen.[1740]   **1174**

Hat in einem solchen Fall in der Hauptverhandlung kein weiterer Sachverständiger ein Gutachten erstattet und ist das Gutachten des in der Hauptverhandlung vernommenen Sachverständigen nicht verwertet worden, weil seine Arbeitsunterlagen nicht vorgelegt worden sind, kann dies ggf. die Aufklärungsrüge begründen, wenn infolge des unverwerteten Gutachtens eine möglicherweise der Entlastung des Angeklagten dienende Tatsache nicht aufgeklärt worden ist.

II. Anforderungen an den Vortrag der Rüge der Nichtvorlage von Arbeitsunterlagen

Hat das in der Hauptverhandlung erstattete Gutachten bei der Urteilsfindung Berücksichtigung gefunden, für dessen Erstellung Arbeitsunterlagen Verwendung gefunden haben, die dem Gericht und den Verfahrensbeteiligten nicht vorgelegt wurden, obwohl das Gericht dieses für erforderlich erachtet hatte, ist Folgendes vorzutragen: **1175**

- Der Sachverständige hat zur Erstattung seines Gutachtens Befunde verwertet, die in Form von Aufzeichnungen von ihm dokumentiert worden sind.

- Es ist darzulegen, dass und warum das Gericht Anlass hatte, das Gutachten anhand der Arbeitsunterlagen des Sachverständigen zu überprüfen bzw. aufgrund welcher Anhaltspunkte der Verteidiger in der Hauptverhandlung die Beweisbehauptung aufgestellt hat, aus den Unterlagen würde sich ergeben, dass die von dem Sachverständigen gezogenen Schlussfolgerungen unzutreffend seien.

1737   *BGH* StV 1989, 141; dazu *Hartmann/Rubach* StV 1990, 425 und *Jungfer* R & P 1995, 29.

1738   Siehe dazu Kap. 21 Rn. 1417 ff.

1739   *Eisenberg* Beweisrecht der StPO[9], Rn. 1582a.

1740   *BGH* StV 1989, 141; KK-*Krehl*[7] § 244 Rn. 58.

- Die Arbeitsunterlagen sind von dem Sachverständigen nicht vorgelegt worden.
- Ein vorbereitendes schriftliches Gutachten ist im Wortlaut mitzuteilen.
- Ein gestellter Beweisantrag und ein darauf ergangener Gerichtsbeschluss sind vollständig im Wortlaut mitzuteilen.

Rüge 133

1176 Ist dem Angeklagten bzw. seinem Verteidiger Gelegenheit gegeben worden, einem vernommenen, aber noch nicht entlassenen Sachverständigen, der sich mit Zustimmung des Gerichts aus der Hauptverhandlung entfernt hat, weitere Fragen zu stellen?

I. Rechtsgrundlagen

1177 Die Vorschrift über die Entlassung vernommener Zeugen und Sachverständigen (§ 248 StPO) gilt nicht für die Entfernung bereits vernommener Zeugen und Sachverständigen infolge vorläufiger Beurlaubung im Hinblick auf die Möglichkeit einer nochmaligen Vernehmung.[1741] Solange ein Zeuge oder Sachverständiger aber noch nicht entlassen worden ist, dauert das Fragerecht der Prozessbeteiligten gem. § 240 Abs. 1 StPO an.[1742] Hat der Angeklagte bzw. sein Verteidiger erfolglos darum gebeten, den beurlaubten Zeugen oder Sachverständigen in die Hauptverhandlung zurückzurufen, um ihn weiter befragen zu können, hängt die Frage, wie dieser Vorgang zu rügen ist, vom Vorgehen der betroffenen Verfahrensbeteiligten in der Hauptverhandlung ab:

1178 1. Wurde der förmliche Antrag, den beurlaubten Zeugen oder Sachverständigen zum Zwecke der weiteren Befragung durch den Angeklagten bzw. den Verteidiger durch den Vorsitzenden zurückgewiesen und dagegen erfolglos eine Entscheidung des Gerichts gem. § 238 Abs. 2 StPO herbeigeführt, kann dies als Verletzung des Fragerechts (§§ 240 Abs. 1, 241 StPO) und als Behinderung der Verteidigung (§ 338 Nr. 8 StPO) gerügt werden.

1179 2. Haben der Angeklagte bzw. der Verteidiger lediglich erfolglos die erneute Hervorrufung des Zeugen bzw. Sachverständigen zum Zwecke der weiteren Befragung verlangt, ohne gegen die ablehnende Verfügung oder Untätigkeit des Vorsitzenden gem. § 238 Abs. 2 StPO eine Entscheidung des Gerichts herbeigeführt zu haben, besteht nur die Möglichkeit, die Rüge der Verletzung der gerichtlichen Aufklärungspflicht (§ 244 Abs. 2 StPO) zu erheben.[1743]

1741 LR-*J.-P. Becker*[26] § 248 Rn. 6; SK-StPO-*Frister*[5] § 248 Rn. 5.
1742 LR-*J.-P. Becker*[26] § 240 Rn. 13.
1743 Zu den Anforderungen an die entspr. Verfahrensrüge s. Rüge 190 Rn. 1707.

II. Anforderungen an den Vortrag der Rüge der Verletzung des Fragerechts

Es ist darzulegen,   **1180**

- dass der betreffende Zeuge oder Sachverständige in der Hauptverhandlung vernommen wurde und ohne gem. § 248 StPO entlassen worden zu sein von dem Vorsitzenden von der Anwesenheit in der Hauptverhandlung vorläufig beurlaubt wurde,
- dass der Verteidiger bzw. der Angeklagte den Antrag gestellt hat, den beurlaubten Zeugen oder Sachverständigen in die Hauptverhandlung zurückzurufen, um ihn weiter befragen zu können,
- dass dies durch (ggf. gem. § 238 Abs. 2 StPO herbeigeführten) Gerichtsbeschluss abgelehnt worden ist.
- Zweckmäßigerweise sollte auch das Beweisthema angegeben werden, zu dem der Zeuge oder Sachverständige aufgrund der mitzuteilenden Fragen oder Vorhalte hätte Erkenntnisse liefern sollen und welche Bedeutung dies für die Entscheidung gehabt hätte.[1744]

Rüge 134

Hat der in der Hauptverhandlung vernommene Sachverständige bereits vor der Hauptverhandlung ein schriftliches Gutachten angefertigt, das sich bei der Akte befindet, oder ist er vor Beginn der Hauptverhandlung schon vernommen worden oder hat er sich sonstwie zum Vernehmungsgegenstand erklärt und ergibt sich daraus ein Widerspruch zu den im Urteil wiedergegebenen Ausführungen des Sachverständigen in der Hauptverhandlung?   **1181**

I. Rechtsgrundlagen

Will der Beschwerdeführer beanstanden, dass in einem wesentlichen Punkt zwischen den im vorbereitenden schriftlichen Gutachten bzw. in früheren Äußerungen enthaltenen Aussagen und dem Inhalt der im Urteil wiedergegebenen Gutachtenerstattung in der Hauptverhandlung ein Widerspruch oder eine Abweichung besteht und sich hierzu im Urteil keine nachvollziehbare Auflösung bzw. Begründung findet,[1745] kommt eine Verletzung der gerichtlichen Aufklärungspflicht oder die mit   **1182**

1744 LR-*J.-P. Becker*[26] § 245 Rn. 76, der wegen der strengen Anforderung der Rspr. zu § 344 Abs. 2 StPO empfiehlt, eher zu viele als zu wenige Tatsachen zur Begründung anzugeben, zumal diese auch für die Prüfung des Beruhens von Bedeutung seien. Siehe auch Rüge 181 Rn. 1648.

1745 Vgl. *BGH* StV 2005, 653 = NStZ 2005, 683.

einer Verfahrensrüge zu beanstandende Verletzung der Pflicht zur erschöpfenden Beweiswürdigung (§ 261 StPO) in Betracht.[1746]

II. Anforderungen an den Vortrag

1. Rüge der Verletzung der Aufklärungspflicht

1183 Sind der Inhalt des früheren schriftlichen Gutachtens bzw. sonstige frühere Äußerungen des Sachverständigen nicht in die Hauptverhandlung eingeführt worden, muss dies mit der Aufklärungsrüge beanstandet werden (§ 244 Abs. 2 StPO)[1747].

In der Revisionsbegründung muss der vollständige Inhalt des vorbereitenden Gutachtens, sonstiger Erklärungen bzw. der Niederschrift über die frühere Vernehmung des Sachverständigen mitgeteilt werden. Dabei darf sich der Beschwerdeführer nicht auf die Wiedergabe solcher in den Akten befindlicher Schriftstücke beschränken, die den aus seiner Sicht unaufgelösten Widerspruch zu den Urteilsgründen begründen. Es müssen vielmehr sämtliche von dem Sachverständigen stammenden schriftlichen Äußerungen mitgeteilt werden, weil das Revisionsgericht nur so ausschließen kann, dass sich der Widerspruch nicht schon vor der Hauptverhandlung aufgelöst oder anderweitig eine Erklärung gefunden hat.

2. Rüge der Verletzung des § 261 StPO

1184 Dieselbe Mitteilungspflicht trifft den Beschwerdeführer, der beanstanden will, dass zwar die früheren Äußerungen des Sachverständigen durch Verlesung oder Vorhalt gem. § 253 StPO zum Gegenstand der Hauptverhandlung gemacht worden sind, das Urteil sich aber mit den davon abweichenden Angaben in der Hauptverhandlung im Rahmen der erfolgten Gutachtenerstattung nicht auseinandersetzt (Rüge der Verletzung des § 261 StPO[1748]). Voraussetzung für die Zulässigkeit dieser Rüge ist, dass dargelegt wird, dass das vorbereitende Gutachten Gegenstand der Hauptverhandlung geworden ist, wenn sich dies nicht schon aus dem mit der Sachrüge angefochtenen Urteil ergibt.[1749]

Ergibt sich der Widerspruch zwischen den früheren Angaben des Sachverständigen und denjenigen in der Hauptverhandlung nicht schon aus den Urteilsgründen, stellt sich die Frage der Zulässigkeit einer sogenannten Alternativrüge.[1750]

1746 Der 2. StS des *BGH* v. 14.10.2009 – 2 StR 205/09 = StV 2011, 197 m. abl. Anm. *Ziegert* = NStZ 2010, 156 = JR 2010, 544 m. Anm. *Peglau* verneint einen selbstständigen verfahrensrechtlichen Anspruch von Verfahrensbeteiligten auf Anfertigung und Aushändigung vorbereitender schriftlicher Gutachten.

1747 Hierzu allgemein Rüge 190 Rn. 1707.

1748 Dazu Rüge 227 Rn. 1946.

1749 *BGH* v. 7.7.2016 – 4 StR 131/16 = StV 2016, 778.

1750 Dazu Rüge 230 Rn. 1970.

Rüge 135

Bestand die Möglichkeit der Abgabe einer Erklärung zu dem Gutachten des Sachverständigen (§ 257 StPO)?

1185

Es kann insoweit auf die identische Problematik bei der Vernehmung des Angeklagten oder eines Mitangeklagten zur Sache sowie bei der Zeugenvernehmung verwiesen werden.[1751]

1186

Rüge 136

Ist nach Vernehmung und Entlassung des Sachverständigen einem Antrag auf nochmalige Vernehmung dieses Sachverständigen nicht entsprochen worden?

1187

I. Rechtsgrundlagen

Einem Antrag, einen bereits vernommenen Sachverständigen zum selben Beweisthema nochmals zu vernehmen, braucht das Gericht vorbehaltlich seiner Aufklärungspflicht nicht zu entsprechen, weil ein derartiges Verlangen lediglich auf eine Wiederholung der bereits durchgeführten Beweisaufnahme abzielen würde. Das gilt auch dann, wenn das Verlangen auf wiederholte Vernehmung des Sachverständigen in Form eines Beweisantrages geltend gemacht wird. Anders liegt der Fall aber dann, wenn der Sachverständige zwar vernommen, aber noch nicht entlassen worden ist[1752] bzw. der Verteidiger der Entlassung ausdrücklich widersprochen und er das Gericht gegen die Entlassung des Sachverständigen erfolglos nach § 238 Abs. 2 StPO angerufen hat.[1753] Etwas anderes gilt ferner dann, wenn der Sachverständige zu einem Beweisthema befragt werden soll, das nicht Gegenstand seiner früheren Gutachtenerstattung und Befragung war. Dies kommt insbesondere in Betracht, wenn nach der Entlassung neue, für die Begutachtung bedeutsame Tatsachen hervorgetreten sind, die der Sachverständige bei seiner bisherigen Gutachtenerstattung nicht berücksichtigen konnte.[1754]

1188

1751   Siehe Rüge 75 Rn. 872.
1752   Siehe hierzu Rüge 98 Rn. 1005.
1753   *BGH* StV 1985, 355; *BGH* StV 1996, 248. Siehe Rüge 107 Rn. 1059.
1754   Siehe auch Rüge 181 Rn. 1648.

II. Anforderungen an den Vortrag

1. Rüge der unzulässigen Beschränkung der Verteidigung durch Entlassung eines Sachverständigen gegen den Widerspruch der Verteidigung

1189
- Gegen die Anordnung des Vorsitzenden, den Sachverständigen zu entlassen (§ 248 StPO) hat der Verteidiger gem. § 238 Abs. 2 StPO einen Gerichtsbeschluss herbeigeführt.
- Durch den Gerichtsbeschluss ist die Anordnung des Vorsitzenden bestätigt worden. Dieser ist im Wortlaut mitzuteilen.
- Der Verteidiger bzw. der Angeklagte haben nach der Entlassung des Sachverständigen beantragt, diesen erneut zu vernehmen. Es muss die beabsichtigte Frage oder der beabsichtigte Vorhalt mitgeteilt werden. Der Antrag ist durch das (gem. § 238 Abs. 2 StPO angerufene) Gericht abgelehnt worden. Antrag und Beschluss sind im Wortlaut mitzuteilen.
- Der Sachverständige wurde bis zum Schluss der Hauptverhandlung nicht nochmals wieder vernommen.

Auf der Verletzung der Vorschrift des § 248 S. 2 StPO kann das Urteil beruhen, wenn dadurch die Stellung von Fragen oder der Vorhalt bestimmter Umstände an den Sachverständigen verhindert und der Angeklagte dadurch in seiner Verteidigung behindert wurde. Der Beschwerdeführer sollte deshalb im Einzelnen vortragen, welche entscheidungsrelevanten Fragen und Vorhalte er wegen der vorzeitigen Entlassung nicht stellen konnte.[1755]

2. Rüge der Verletzung des § 244 Abs. 3 StPO, wenn ein Beweisantrag auf erneute Vernehmung des bereits entlassenen Sachverständigen nach § 244 Abs. 3 bzw. Abs. 4 StPO zu Unrecht zurückgewiesen worden ist und der Sachverständige zu einer Tatsache befragt werden sollte, die noch nicht Gegenstand seiner früheren Vernehmung war

1190
- Der von dem Verteidiger gestellte Beweisantrag ist im Wortlaut mitzuteilen.
- Unter Darlegung des von dem Sachverständigen mündlich erstatteten Gutachtens[1756] ist auszuführen, dass es sich bei der Beweistatsache um ein neues Beweisthema handelte, zu dem der Sachverständige noch nicht befragt worden ist. Ist das Beweisthema aufgrund von Beweiserhebungen bedeutsam geworden, die nach Entlassung des Sachverständigen erfolgt sind, ist auch dies vorzutragen.
- Der Beschluss, durch den der Beweisantrag zurückgewiesen worden ist, ist vollständig mitzuteilen.[1757]

1755 *OLG Stuttgart* NStZ 1994, 600; LR-*J.-P. Becker*[26] § 248 Rn. 14.
1756 Hat der Sachverständige zur Vorbereitung seiner Gutachtenerstattung ein schriftliches Gutachten zur Akte gereicht, sollte dies ebenfalls im Wortlaut mitgeteilt werden.
1757 Zur Rüge der fehlerhaften Behandlung eines Beweisantrages s. Kap. 21 Rn. 1417.

- Es ist vorzutragen, dass der Sachverständige bis zum Ende der Hauptverhandlung nicht erneut vernommen oder darauf verzichtet worden ist.

3. Rüge der Verletzung der Aufklärungspflicht (§ 244 Abs. 2 StPO) infolge Ablehnung eines Antrages auf nochmalige Vernehmung des bereits vernommenen und entlassenen Sachverständigen

- Es ist der Antrag auf nochmalige Vernehmung des bereits entlassenen Sachverständigen im Wortlaut mitzuteilen.   **1191**

- Es ist mitzuteilen, dass das Gericht dem Antrag nicht nachgegangen ist und den Sachverständigen nicht nochmals vernommen hat. Ein etwaiger (ggf. nach § 238 Abs. 2 StPO herbeigeführter) Gerichtsbeschluss ist mitzuteilen.

- Es ist der Inhalt des von dem Sachverständigen in der Hauptverhandlung erstatteten Gutachtens mitzuteilen.[1758]

- Es ist vorzutragen, dass sich der Sachverständige in dem Zusammenhang nicht zu den Umständen geäußert hat, die Anlass gaben, seine nochmalige Vernehmung zu beantragen. In dem Zusammenhang ist die Darlegung hilfreich, dass im Zeitpunkt der erstmaligen Vernehmung des Sachverständigen die betreffenden Anknüpfungstatsachen für seine nochmalige Vernehmung noch nicht bekannt waren, sondern diese erst nach seiner Entlassung in der Hauptverhandlung zur Sprache kamen. Es ist darzulegen, welche Bekundungen von dem Sachverständigen im Falle erneuter Vernehmung zu erwarten gewesen wären.[1759]

Rüge 137

Ist der Sachverständige wegen Besorgnis der Befangenheit abgelehnt worden (§ 74 StPO)?   **1192**

A. Vorbemerkung

Die Revision kann zunächst darauf gestützt werden, dass ein Ablehnungsgesuch **1193** nicht beschieden oder zu Unrecht zurückgewiesen worden ist. In diesem Fall wäre § 74 Abs. 1 StPO verletzt. Die Revision kann aber auch dann auf eine Verletzung des § 74 Abs. 1 StPO gestützt werden, wenn einem Ablehnungsgesuch zu Unrecht stattgegeben worden ist. In letzterem Falle beruht das Urteil allerdings dann nicht auf dem Verfahrensverstoß, wenn statt des ausgeschiedenen ein anderer Sachverständiger mit gleichwertigen Sachkenntnissen vernommen worden ist; dies gilt ins-

---

1758   Hat der Sachverständige zur Vorbereitung seiner Gutachtenerstattung ein schriftliches Gutachten zur Akte gereicht, sollte dies ebenfalls im Wortlaut mitgeteilt werden.

1759   Zu den allgemeinen Anforderungen an die Rüge der Verletzung der richterlichen Aufklärungspflicht s. Rüge 190 Rn. 1707.

besondere dann, wenn dieser zu demselben Ergebnis gelangt ist wie der abgelehnte Sachverständige ausweislich dessen zur Vorbereitung der Hauptverhandlung erstatteten schriftlichen Gutachtens oder – soweit rekonstruierbar – mündlicher Gutachtenerstattung in der Hauptverhandlung.[1760] Anders verhält es sich in den Fällen, in denen der zu Unrecht abgelehnte Sachverständige vor seiner Ablehnung bereits mündlich oder schriftlich ein Gutachten abgegeben hatte, das von dem des neuen Sachverständigen abweicht und das Gericht letzterem folgt.[1761] Der erfolgreich abgelehnte Sachverständige darf in dem weiteren Verfahren nicht mehr als Sachverständiger tätig werden. Sein bereits erstattetes Gutachten darf – soweit es seine Schlussfolgerungen betrifft – bei der Urteilsfindung nicht berücksichtigt werden.

B. Zurückweisung eines Ablehnungsgesuchs

I. Rechtsgrundlagen

1194 Die Zurückweisung eines gegen einen Sachverständigen gerichteten Ablehnungsgesuchs kann unter folgenden Voraussetzungen zum Gegenstand einer Verfahrensrüge gemacht werden:

1. Das Ablehnungsgesuch muss in der Hauptverhandlung angebracht worden sein.[1762]
2. Der Antrag muss sich gegen einen Sachverständigen richten, der in der Hauptverhandlung vernommen worden ist.[1763]
3. Der Antrag muss vor Schluss der (eventuell wieder eröffneten) Beweisaufnahme gestellt worden sein.
4. Es begründet einen revisiblen Verfahrensfehler, wenn
   a) der Antrag in der Hauptverhandlung nicht beschieden worden ist[1764] oder
   b) der Antrag zu Unrecht zurückgewiesen worden ist.

1195 Anders als bei Richterablehnungen gem. §§ 24 ff. StPO behandelt das Revisionsgericht die Rüge der unberechtigten Zurückweisung eines Ablehnungsgesuchs gegen Sachverständige nicht nach Beschwerdegesichtspunkten.[1765] Es ist mithin an die Tatsachen gebunden, die der Tatrichter seiner Entscheidung zugrunde gelegt hat, und darf keine neuen Tatsachen oder Beweismittel berücksichtigen, geschweige

---

1760   Vgl. LR-*Krause*[26] § 74 Rn. 43.
1761   LR-*Krause*[26] § 74 Rn. 43.
1762   *BGH* NStZ-RR 2002, 110.
1763   Ein Ablehnungsgrund kann sich zwar auch schon gegen einen Sachverständigen richten, dessen gerichtliche Vernehmung nur beabsichtigt ist; kommt es aber trotz der Ablehnung des Gesuchs aus welchen Gründen auch immer nicht zu der Vernehmung des abgelehnten Sachverständigen, kann das Urteil auf der fehlerhaften Zurückweisung des Ablehnungsgesuchs nicht beruhen.
1764   *OLG Hamm* NJW 1966, 1880.
1765   S. hierzu Rüge 16 Rn. 355.

denn eigene Ermittlungen anstellen.[1766] Ebenso ist es dem Revisionsgericht verwehrt, sein eigenes Ermessen an die Stelle des tatrichterlichen zu setzen.

Die Frage, ob eine Besorgnis der Befangenheit des Sachverständigen bestanden hat, wird vielmehr als Rechtsfrage behandelt. Dementspr. wird nur geprüft, ob der Tatrichter über Rechtsfragen geirrt hat.

Ein Rechtsfehler liegt bspw. darin, dass der Tatrichter im Falle der Ablehnung des Sachverständigen im Hinblick auf einen sich aus § 22 StPO ergebenden Sachverhalt den Begriff des Verletzten (§ 22 Nr. 1 StPO) oder den des Polizeibeamten (§ 22 Nr. 4 StPO) verkannt hat.[1767]

Es stellt ebenfalls einen Rechtsfehler dar, wenn der Ablehnungsbeschluss keine zureichende Begründung enthält, insbesondere den in dem Ablehnungsgesuch vorgebrachten Sachverhalt sachlich nicht oder unvollständig würdigt.[1768] Denn in diesem Fall ist dem Revisionsgericht keine sachliche Überprüfung der Entscheidung möglich.[1769]

Darüber hinaus prüft das Revisionsgericht, ob das Ablehnungsgesuch ohne Verfahrensfehler beschieden worden ist.[1770]

II. Anforderungen an den Vortrag der Rüge der Verletzung des § 74 StPO

- In der Hauptverhandlung ist ein dort vernommener Sachverständiger wegen Besorgnis der Befangenheit abgelehnt worden. Der Ablehnungsantrag muss voll inhaltlich wörtlich mitgeteilt werden. Ist in dem Ablehnungsantrag Bezug genommen worden auf bestimmte Stellen des vorbereitenden schriftlichen Gutachtens genügt es nicht, diese summarisch und ohne den Kontext, in den sie gehören, mitzuteilen.[1771] Es sollte vorsichtshalber das gesamte vorbereitende schriftliche Gutachten im Wortlaut mitgeteilt werden. Auch sonstige in Bezug genommene Aktenteile sind wörtlich mitzuteilen. **1196**
- Der Antrag wurde vor Schluss der Beweisaufnahme gestellt.
- Der Antrag ist in der Hauptverhandlung nicht beschieden worden bzw. der Ablehnungsantrag ist zurückgewiesen worden. Letzterenfalls muss der Gerichtsbeschluss vollinhaltlich wörtlich mitgeteilt werden einschließlich etwaiger Aktenteile, auf die Bezug genommen worden ist.

1766 *BGH* v. 22.7.2014 – 3 StR 302/14 = StV 2015, 78 = NStZ 2014, 663 = StraFo 2014, 420.

1767 LR-*Krause*[26] § 74 Rn. 44; s. auch *BGH* StV 2002, 4 = NStZ 2002, 215; weiteres Beispiel bei *OLG Rostock* v. 6.1.2015 – 20 RR 108/14 = NStZ 2015, 359.

1768 Vgl. *BGH* StV 1981, 55 f.; *BGH* StV 1990, 389 f.

1769 *BGH* v. 22.7.2014 – 3 StR 302/14 = StV 2015, 78 = NStZ 2014, 663 = StraFo 2014, 420.

1770 *BGH* StV 1990, 389.

1771 *BGHR* StPO § 74 Abs. 1 S. 1 Befangenheit 1; *BGH* StV 1988, 168.

1197 Die Antragstellung, der Inhalt des Antrags sowie der ablehnende Gerichtsbeschluss sind wesentliche Förmlichkeiten der Hauptverhandlung i.S.d. § 273 Abs. 1 StPO. Das Schweigen des Protokolls beweist insoweit, dass kein Gerichtsbeschluss auf das Ablehnungsgesuch hin ergangen ist. Da es sich um einen relativen Revisionsgrund (§ 337 StPO) handelt, muss das Urteil auf der fehlerhaften Zurückweisung des Ablehnungsantrags beruhen. Das ist der Fall, wenn das Urteil zum Schuld- oder Rechtsfolgenausspruch auf die Ausführungen des abgelehnten Sachverständigen Bezug nimmt.

C. Dem Ablehnungsgesuch ist (ggf. auch zu Unrecht) stattgegeben worden

I. Rechtsgrundlagen

1198 1. Die **begründete Ablehnung** eines Sachverständigen wegen Besorgnis der Befangenheit macht diesen zu einem völlig ungeeigneten Beweismittel mit der Folge, dass der Sachverständige als Sachverständiger[1772] nicht (mehr) vernommen werden darf (§ 245 Abs. 1 StPO). Ein bereits erstattetes Gutachten darf nicht verwertet werden.[1773] Das Gutachten darf auch nicht von dem begründet abgelehnten Sachverständigen in der Verfahrensrolle eines sachverständigen Zeugen erstattet werden.[1774] Es ist ein anderer Sachverständiger zur Hauptverhandlung zu laden, um dem Gericht aufgrund eigener Beurteilung die erforderliche Sachkunde zu vermitteln.

1199 2. Wurde dem **Ablehnungsgesuch zu Unrecht stattgegeben** und unterblieb die (Fortsetzung der) Vernehmung des Sachverständigen, beruht das Urteil auf der fehlerhaften Ablehnung.[1775] Ist ein anderer Sachverständiger im Anschluss an die Ablehnung in der Hauptverhandlung gehört worden, beruht das Urteil auf dem Verfahrensfehler, wenn nicht ausgeschlossen werden kann, dass der zu Unrecht abgelehnte Sachverständige besser als der nunmehr vernommene Sachverständige qualifiziert war.[1776] Schließlich beruht das Urteil auf der zu Unrecht

---

1772 Auch die erfolgreiche Ablehnung des Sachverständigen hindert nicht, dass dieser als Zeuge über solche Wahrnehmungen vernommen wird, die er über Zufallsbeobachtungen und Zusatztatsachen, aber auch (als sachverständiger Zeuge) über die bei der Vorbereitung seines Gutachtens ermittelten Befundtatsachen gemacht hat: *BGH* StV 2002, 8; *Meyer-Goßner/Schmitt*[60] § 74 Rn. 19.

1773 In der Revisionsbegründung ist der Beschluss über die Ablehnung des Sachverständigen mitzuteilen, ggf. die Tatsache der anschließenden Vernehmung als sachverständiger Zeuge. Die unzulässige Verwertung der Schlussfolgerung des abgelehnten Sachverständigen ergibt sich aus dem mit der Sachrüge angefochtenen Urteil.

1774 *BGHSt* 20, 222, 224 = JR 1966, 424 m. Anm. *Hanack*.

1775 Bei dieser Fallgestaltung kann der Vorgang zusätzlich zum Gegenstand einer Rüge der Verletzung des § 245 Abs. 1 StPO gemacht werden.

1776 *RGRspr.* 10, 355. Ist nach der Ablehnung auch kein anderer Sachverständiger vernommen worden, kann dies ggf. mit der Rüge der Verletzung der Aufklärungspflicht (§ 244 Abs. 2 StPO) geltend gemacht werden.

vorgenommenen Ablehnung, wenn der abgelehnte Sachverständige in seinem bereits vorher mündlich oder schriftlich erstatteten Gutachten eine von dem neuen Sachverständigen abweichende Auffassung vertreten hat, das Gericht aber letzterem gefolgt ist.[1777]

II. Anforderungen an den Vortrag

- In der Hauptverhandlung ist gegen einen bereits vernommenen oder noch zu **1200** vernehmenden Sachverständigen ein Ablehnungsgesuch angebracht worden. Dessen Inhalt muss vollständig wörtlich mitgeteilt werden.
- Das Gericht hat durch Beschluss dem Ablehnungsantrag stattgegeben. Der Gerichtsbeschluss muss vollständig wörtlich mitgeteilt werden.
- Ggf.: In der Hauptverhandlung ist ein anderer Sachverständiger vernommen worden. Dieser war – nicht ausschließbar – weniger qualifiziert als der zu Unrecht abgelehnte Sachverständige und/oder
- das Gericht hat sich der Auffassung des anderen Sachverständigen angeschlossen und ist damit von dem bereits vorher mündlich oder schriftlich erstatteten Gutachten des abgelehnten Sachverständigen abgewichen (der Inhalt eines vorbereitenden schriftlichen Gutachtens ist vollständig wörtlich mitzuteilen) oder
- in der Hauptverhandlung ist kein anderer Sachverständiger vernommen worden. Im Falle einer begründeten Ablehnung ist eine Aufklärungsrüge zu erheben, weil das Gericht es unterlassen hat, sich die erforderliche Sachkunde vermitteln zu lassen.
- Der zu Unrecht abgelehnte Sachverständige ist in der Hauptverhandlung nicht (mehr) vernommen worden bzw. das bereits mündlich erstattete Gutachten des zu Unrecht abgelehnten Sachverständigen ist im Urteil nicht verwertet worden[1778]. Hat der zu Unrecht abgelehnte Sachverständige zur Vorbereitung seiner Vernehmung ein schriftliches Gutachten erstattet, ist dieses vollständig im Wortlaut mitzuteilen. Ist der zu Unrecht abgelehnte Sachverständige in der Hauptverhandlung vernommen worden, ist mitzuteilen, zu welchen Tatsachen er Angaben gemacht hat.[1779]

1777 LR-*Krause*[26] § 74 Rn. 43; *BGH* v. 6.4.2011 – 2 StR 73/11 = StV 2011, 709 = StraFo 2011, 274.

1778 Letzteres müsste nicht zwingend vorgetragen werden, wenn gegen das Urteil auch die Sachrüge erhoben worden ist.

1779 Zur vergleichbaren Problematik bei der Rüge der Verletzung des § 245 Abs. 1 StPO s. *Meyer-Goßner/Schmitt*[60] § 245 Rn. 30; *BGH* NJW 1996, 1685 = NStZ 1996, 400.

Kapitel 19
Wurde in der Hauptverhandlung Beweis im Wege einer Augenscheinseinnahme erhoben?

Rüge 138

1201   Ist in der Hauptverhandlung eine Augenscheinseinnahme erfolgt, an der ein blinder Richter oder Schöffe mitgewirkt hat?

I. Rechtsgrundlagen

1202   Hat ein blinder Richter[1780] oder Schöffe an einer tatrichterlichen Hauptverhandlung mitgewirkt, bei der eine Augenscheinseinnahme stattgefunden hat, ist das Gericht in seiner Person nicht vorschriftsgemäß besetzt[1781] (§ 338 Nr. 1 StPO). Da sich der Fehler aus Mängeln in der Person des Richters bzw. Schöffen ergibt, bedarf es der Erhebung eines Besetzungseinwandes zu Beginn der Hauptverhandlung nicht.[1782]

II. Anforderungen an den Vortrag der Rüge der vorschriftswidrigen Besetzung des Gerichts in Person eines blinden Richters oder Schöffen (§ 338 Nr. 1 StPO)

1203   1.   Es bedarf des Vortrags, dass der Richter oder Schöffe tatsächlich blind gewesen sei,[1783] eine starke Sehbehinderung bis an die Grenze der Blindheit reicht nicht.

1204   2.   Es muss eine förmliche (nicht nur kommissarische) Augenscheinseinnahme stattgefunden haben. Der Augenscheinsgegenstand muss konkret bezeichnet werden. Augenscheinsobjekte in Form von Lichtbildern, Skizzen oder Plänen sind im Rahmen der Revisionsbegründung vorzulegen. Der Vortrag muss deutlich machen, dass es sich nicht um eine informatorische Besichtigung[1784] handelte.

1780   Unabhängig davon, ob eine Augenscheinseinnahme in der Hauptverhandlung stattfindet oder nicht, ist das Gericht in der Person des Vorsitzenden fehlerhaft besetzt, wenn dieser blind ist (s. oben Rüge 12 Rn. 285). Ob dies auch in Bezug auf beisitzende Richter und Schöffen gilt, ist str.: *Meyer-Goßner/Schmitt*[60] § 338 Rn. 11.

1781   *BGHSt* 34, 236 = StV 1987, 90 = NStZ 1987, 335 m. Anm. *Fezer*; KK-*Gericke*[7] § 338 Rn. 50.

1782   *BGHSt* 34, 236 = StV 1987, 90 = NStZ 1987, 335 m. Anm. *Fezer*.

1783   *BGHR* StPO § 338 Nr. 1 Richter, blinder 6.

1784   Die Ergebnisse einer lediglich informatorischen Besichtigung eines Augenscheinsobjekts dürfen bei der Urteilsfindung nicht verwertet werden (§ 261 StPO). Siehe hierzu Rn. 1207 und unten Rüge 226 Rn. 1933.

III. Nachweis der Verfahrenstatsachen

Die Tatsache der Augenscheinseinnahme wird durch das Hauptverhandlungsproto- **1205**
koll bewiesen. Dass ein Augenscheinsobjekt zum „Gegenstand der Hauptverhandlung" gemacht wurde, beweist die Einnahme eines Augenscheins nicht.

Dass der betreffende Richter bzw. Schöffe blind war, ist im Freibeweisverfahren
festzustellen.

Rüge 139

Haben an einer Augenscheinseinnahme während der Hauptverhandlung alle Mitglieder **1206**
des erkennenden Gerichts teilgenommen und hatten die übrigen Verfahrensbeteiligten Gelegenheit zur Teilnahme?

I. Rechtsgrundlagen

Die Beweisaufnahme durch Augenschein ist Teil der Hauptverhandlung unabhän- **1207**
gig davon, ob sie innerhalb oder außerhalb des Sitzungssaals erfolgt.

Als wesentlicher Teil der Hauptverhandlung wird sie durch die entspr. Feststellung
im Hauptverhandlungsprotokoll bewiesen. Da § 86 StPO auf die Protokollierung
einer Augenscheinseinnahme in der Hauptverhandlung keine Anwendung findet,[1785] kann sich die Sitzungsniederschrift auf die Bezeichnung des Gegenstandes
und die Tatsache seiner Inaugenscheinnahme beschränken;[1786] im Falle der Augenscheinseinnahme außerhalb des Sitzungssaales ist zusätzlich der Ort der Durchführung des Augenscheins anzugeben.[1787] Die Ergebnisse des Augenscheins sind also
nicht mitzuteilen, wenn dies nicht ausnahmsweise gem. § 273 Abs. 3 StPO angeordnet wird.[1788] Eine „informatorische Besichtigung" ist der StPO fremd und kann
einen förmlichen Augenschein zu Beweiszwecken nicht ersetzen.[1789]

Die Feststellung, dass sämtliche Mitglieder des Gerichts den Gegenstand in Augen- **1208**
schein genommen haben und die übrigen Prozessbeteiligten hierzu Gelegenheit hatten,[1790] wird nicht in das Hauptverhandlungsprotokoll aufgenommen und partizi-
piert deshalb nicht an seiner positiven bzw. negativen absoluten Beweiskraft.

1785 SK-StPO-*Rogall*[4] § 86 Rn. 24; LR-*Krause*[26] § 86 Rn. 48.
1786 SK-StPO-*Rogall*[4] § 86 Rn. 24.
1787 LR-*Stuckenberg*[26] § 273 Rn. 15.
1788 LR-*Stuckenberg*[26] § 273 Rn. 49.
1789 *OLG Bamberg* v. 23.2.2015 – 2 OLG 6 Ss 5/15 = StV 2015, 760. Wird im Urteil eine
      bloße „informatorische Besichtigung" verwertet, begründet dies eine Verletzung des
      § 261 StPO (s. Rüge 226 Rn. 1933).
1790 Vgl. zu dieser Voraussetzung *BGH* StV 1989, 192.

Ist die gleichzeitige Durchführung der Augenscheinseinnahme durch alle Verfahrensbeteiligten wegen der Beschaffenheit des Augenscheinsobjekts nicht möglich (bspw. Augenscheinseinnahme im Fahrgastraum eines Kraftfahrzeugs oder Blick auf ein Objekt durch ein Mikroskop), ist auch die sequentielle Augenscheinseinnahme zulässig.

1209 Steht der Anwesenheit des Angeklagten und/oder seines Verteidigers ein rechtliches Hindernis entgegen, bspw. weil bei einer Augenscheinseinnahme außerhalb des Sitzungssaals der Inhaber des Hausrechts eine Besichtigung des Augenscheinsobjekts nur den Mitgliedern des Gerichts gestattet, soll eine Beweiserhebung durch Augenscheinseinnahme gleichwohl zulässig sein.[1791] Diese Auffassung ist abzulehnen: Der Hausrechtsinhaber ist nach §§ 86, 94, 95 StPO verpflichtet, allen Prozessbeteiligten Zutritt zu gewähren.[1792]

Erst recht ist eine Augenscheinseinnahme im Falle des nach § 247 StPO aus der Hauptverhandlung entfernten Angeklagten in seiner Anwesenheit durchzuführen. Sie muss zumindest in seiner Anwesenheit nachgeholt werden, wenn die Augenscheinseinnahme in Anwesenheit eines Zeugen erfolgt und der Angeklagte im Hinblick auf die Vernehmung dieses Zeugen aus der Hauptverhandlung entfernt wurde.[1793]

1210 Wird bei der Urteilsfindung das Ergebnis einer prozessordnungswidrig durchgeführten Augenscheinseinnahme berücksichtigt, ist § 261 StPO („Inbegriff der Hauptverhandlung") verletzt. Es kommen aber auch die absoluten Revisionsgründe des § 338 Nr. 1 bzw. Nr. 5 StPO in Betracht.

II. Anforderungen an den Vortrag

1211 Während der Hauptverhandlung (es ist der fragliche Verhandlungstag mitzuteilen) – und nicht gem. § 225 StPO kommissarisch – hat eine Augenscheinseinnahme stattgefunden. Der Gegenstand der Augenscheinseinnahme ist genau zu bezeichnen. Augenscheinsobjekte in Form von Lichtbildern, Skizzen oder Plänen sind im Rahmen der Revisionsbegründung vorzulegen.

1. Alternative a)

1212 • Der Gegenstand der Augenscheinseinnahme wurde von zumindest einem namentlich zu bezeichnenden Mitglied des Gerichts nicht in Augenschein genommen. Dies ist konkret darzulegen.[1794]

1791 LR-*Krause*[26] § 86 Rn. 50 unter unzutreffender Bezugnahme auf *BGHSt* 40, 191 = StV 1994, 470 u. *BGH* NStZ-RR 2000, 366, die sich lediglich zur Frage der **Zulässigkeit des Ausschlusses der Öffentlichkeit** bei einer Augenscheinseinnahme außerhalb des Sitzungssaales verhalten – s. hierzu Rüge 38 Rn. 612 u. 613 und Rüge 140 Rn. 1216.
1792 Offengelassen in *BGHSt* 40, 191 = StV 1994, 470.
1793 Siehe hierzu Rüge 31 Rn. 536 u. 542.
1794 Bspw., dass der Richter abgelenkt war oder sich für die Augenscheinseinnahme nicht interessiert und deshalb nicht an ihr beteiligt hat.

- Die Augenscheinseinnahme ist unter Beteiligung des betreffenden Richters bis zur Urteilsverkündung nicht nochmals nachgeholt worden.

Bei diesem Verfahrensgeschehen wäre der absolute Revisionsgrund des § 338 Nr. 1 i.V.m. § 226 Abs. 1 StPO gegeben.[1795] Zusätzlich wäre der Gegenstand der Augenscheinseinnahme nicht ordnungsgemäß in die Hauptverhandlung eingeführt worden, so dass seine Berücksichtigung bei der Urteilsfindung den relativen Revisionsgrund des § 261 StPO begründen würde.[1796]

2. Alternative b)

- Der Angeklagte bzw. sein Verteidiger hatten keine Gelegenheit, an der Augenscheinseinnahme teilzunehmen. Dies ist näher auszuführen, bspw. in der Form, dass der Angeklagte aus der Hauptverhandlung entfernt worden war oder im Falle einer Augenscheinseinnahme außerhalb des Sitzungssaales, dass der Hausrechtsinhaber dem Angeklagten bzw. seinem Verteidiger den Zutritt zum Augenscheinsobjekt verwehrt hat oder der Angeklagte aus anderen Gründen nicht anwesend war. **1213**

- Die Abwesenheit beruhte nicht auf einem Beschluss gem. §§ 231a oder 231b StPO oder darauf, dass die Voraussetzungen des § 231 Abs. 2 StPO vorlagen, was im Einzelnen darzulegen ist. Vorsorglich ist auch darauf hinzuweisen, dass die Hauptverhandlung nicht gem. §§ 232 oder 233 bzw. 329 Abs. 2 StPO durchgeführt wurde.

- Der Augenschein wurde bis zur Urteilsverkündung nicht wiederholt, und zwar nunmehr unter Ermöglichung der Teilnahme durch den Angeklagten und/oder seinen Verteidiger.

War der Angeklagte bzw. sein (notwendiger) Verteidiger oder ein sonstiger notwendiger Verfahrensbeteiligter während der Durchführung der Augenscheinseinnahme überhaupt nicht anwesend, ohne dass ein gesetzlich normierter Ausnahmetatbestand vorlag (z.B. § 231 Abs. 2 StPO), ist der absolute Revisionsgrund des § 338 Nr. 5 StPO gegeben.[1797] Wurde dem Angeklagten bzw. seinem Verteidiger trotz Anwesenheit keine Gelegenheit gegeben, das Augenscheinsobjekt zu besichtigen, begründet dessen Verwertung bei der Urteilsfindung allein den relativen Revisionsgrund der Verletzung des § 261 StPO. **1214**

1795 Siehe hierzu auch Rüge 18 Rn. 388.
1796 Siehe Rüge 226 Rn. 1933.
1797 *BGH* StV 1989, 187: Das Gericht kann eine bspw. in Abwesenheit des Angeklagten durchgeführte Augenscheinseinnahme auch nicht in eine kommissarische umdeuten, weil es sich nicht selbst in voller Besetzung mit einer Beweisaufnahme außerhalb der Hauptverhandlung beauftragen darf. Siehe auch *BGHSt* 31, 236, 238 = StV 1983, 138. Zum Revisionsgrund des § 338 Nr. 5 StPO s. Rüge 23 Rn. 419 für die Verhandlung in Abwesenheit des Angeklagten.

III. Beweis der vorzutragenden Verfahrenstatsachen

1215
- Die Tatsache der Durchführung einer Augenscheinseinnahme sowie das in Augenschein genommene Augenscheinsobjekt werden durch das Hauptverhandlungsprotokoll bewiesen.
- Bei Entfernung des Angeklagten aus der Hauptverhandlung während der Augenscheinseinnahme wird seine Abwesenheit ebenfalls durch das Hauptverhandlungsprotokoll bewiesen. Dies gilt auch für seine Abwesenheit während der Augenscheinseinnahme bzw. für die Abwesenheit seines Verteidigers.
- Die unterbliebene Augenscheinseinnahme durch ein bestimmtes Mitglied des Gerichts wird im Freibeweis bewiesen.
- Die Nichtermöglichung der Teilnahme des Angeklagten bzw. seines Verteidigers an der Augenscheinseinnahme wird durch den Freibeweis bewiesen.
- Die unterbliebene Wiederholung der Augenscheinseinnahme wird durch das Schweigen des Hauptverhandlungsprotokolls bewiesen.

Rüge 140

1216 Wurde anlässlich einer Augenscheinseinnahme außerhalb des Sitzungszimmers der Grundsatz der Öffentlichkeit gewahrt und waren alle notwendigen Verfahrensbeteiligten anwesend?

I. Rechtsgrundlagen

1217 Findet eine Augenscheinseinnahme als Teil der Hauptverhandlung statt, gelten die Vorschriften über die Wahrung des Öffentlichkeitsgrundsatzes (§§ 169 ff. GVG, § 338 Nr. 6 StPO) sowie über die Anwesenheit der notwendigen Verfahrensbeteiligten (§§ 226, 140, 338 Nr. 5 StPO, ggf. § 185 GVG) auch dann, wenn diese außerhalb des Sitzungszimmers bzw. des Gerichts stattfindet.[1798] Scheitert allerdings die Herstellung der Öffentlichkeit an objektiven Umständen tatsächlicher Art (Beschaffenheit der Örtlichkeit, die eine Teilnahme der Öffentlichkeit nicht ermöglicht etc.) oder daran, dass der Inhaber des Hausrechts den Zutritt für Zuhörer oder Zuschauer verweigert, darf der Wahrheitsfindung Vorrang gegenüber dem Bemühen um öffentliche Verhandlung eingeräumt werden.[1799] Allerdings kann ein mit der Verfah-

---

[1798] Zur Verletzung des Öffentlichkeitsgrundsatzes bei außerhalb des Gerichtsgebäudes stattfindenden Hauptverhandlungen s. Rüge 38 Rn. 596 und – speziell – die Durchführung einer Augenscheinseinnahme betreffend, Rn. 603 u. Rn. 612. Zur Durchführung der Hauptverhandlung in Abwesenheit notwendiger Verfahrensbeteiligter s. insbesondere Rügen 23 Rn. 419 (Angeklagter), Rüge 32 Rn. 560, Rüge 40 Rn. 653 u. Rüge 42 Rn. 659 (Verteidiger).

[1799] *BGHSt* 40, 191 = StV 1994, 470; *BGH* NStZ-RR 2000, 366.

rensrüge beanstandbarer Rechtsfehler darin liegen, dass das Gericht keine möglichen Maßnahmen trifft, um die Gewährleistung der Öffentlichkeit der Hauptverhandlung zu ermöglichen.[1800] Dazu kann bspw. gehören, dass sich das Gericht zumindest um die Erlaubnis des Hausrechtsinhabers zum Betreten seines Anwesens durch Zuschauer bemüht.[1801] Da die Durchführung der Augenscheinseinnahme durch das vollzählig versammelte Gericht unter Teilnahme des Sitzungsvertreters der Staatsanwaltschaft, des Angeklagten und anderer Verfahrensbeteiligter eine Beweisaufnahme vor dem erkennenden Gericht und somit ein Teil der Hauptverhandlung ist,[1802] kann sie, um nicht der Verletzung des Öffentlichkeitsgrundsatzes zu verfallen, nicht nachträglich in eine kommissarische Augenscheinseinnahme (§ 225 StPO) umgedeutet werden.[1803]

II. Anforderungen an den Vortrag

1. Im Rahmen des Revisionsvortrags bzgl. der Verletzung des Öffentlichkeits- **1218**
grundsatzes[1804] ist als Negativtatsache mit vorzutragen, dass es sich nicht um eine kommissarische Augenscheinseinnahme handelte, sondern dass (und warum) diese Teil der Hauptverhandlung war. Der Gegenstand des Augenscheins ist konkret zu bezeichnen.

2. Fand die im Rahmen der Hauptverhandlung durchgeführte Augenscheinseinnah- **1219**
me nicht in Anwesenheit aller notwendigen Verfahrensbeteiligten statt,[1805] kann auf die Ausführungen zu Rüge 139 Rn. 1206 verwiesen werden.

Rüge 141

Bestand die Möglichkeit der Abgabe einer Erklärung zu der durchgeführten Augen- **1220**
scheinseinnahme (§ 257 StPO)?

Es kann insoweit auf die identische Problematik im Anschluss an die Vernehmung des Angeklagten oder eines Mitangeklagten zur Sache sowie nach einer Zeugenvernehmung verwiesen werden (s.o. Rüge 75 Rn. 872).

1800 *Foth* JR 1979, 262.
1801 Vgl. *BGH* wistra 2006, 235 = JR 2006, 369 m. Anm. *Humberg.*
1802 Vgl. *BGH* StV 1989, 187.
1803 Vgl. auch *BGHSt* 31, 236, 238 = StV 1983, 138, 139.
1804 Siehe hierzu Rüge 38 Rn. 616 ff.
1805 Zu den Rechtsgrundlagen und den Rügevoraussetzungen s. Kap. 5 Rn. 388 ff.

Rüge 141a

1221 Was durfte als Gegenstand einer Augenscheinseinnahme bei der Urteilsfindung verwertet werden?

I. Urkunden

1222 Wurde in der Hauptverhandlung eine Urkunde in richterlichen Augenschein genommen, kann dadurch nur Beweis über ihr Vorhandensein oder ihre Beschaffenheit erbracht werden. Der Inhalt der Urkunde kann auf diese Weise nicht zum Gegenstand der Hauptverhandlung gemacht werden.[1806] Etwas anderes gilt nur dann, wenn sich der gedankliche Inhalt der Urkunde durch einen Blick erfassen lässt.[1807]

Wird der Inhalt der Urkunde bei der Urteilsfindung verwertet, ohne dass er auf andere Weise prozessordnungsgemäß in die Hauptverhandlung eingeführt wurde, begründet dies die Verletzung des § 261 StPO[1808].

II. Sonstige Augenscheinsobjekte

1223 Ist im Rahmen der Vernehmung eines zeugnisverweigerungsberechtigten Zeugen ein Augenscheinsobjekt übergeben worden, auf das sich die Aussage des Zeugen bezieht, und macht der Zeuge in der Hauptverhandlung von dem ihm zustehenden Zeugnisverweigerungsrecht Gebrauch, unterliegt auch das Augenscheinsobjekt als Bestandteil der Vernehmung dem Verwertungsverbot des § 252 StPO.[1809]

Die Rüge der unzulässigen Verwertung des Augenscheinsobjekts setzt den Vortrag voraus, dass dieses anlässlich einer Vernehmung von einem Zeugen übergeben wurde und sich dessen Aussage hierauf bezog, dem Zeugen zum Zeitpunkt der Hauptverhandlung ein Zeugnisverweigerungsrecht zustand und er unter Berufung darauf in der Hauptverhandlung das Zeugnis verweigert und keine Angaben in der Hauptverhandlung gemacht hat. Als Negativtatsache ist vorzutragen, dass der Zeuge trotz seiner Zeugnisverweigerung nicht seine Einwilligung zur Verwertung des Augenscheinsobjekts erteilt hat.[1810]

1806   *BGH* v. 30.8.2011 – 2 StR 652/10 = wistra 2012, 73 = StV 2012, 584.
1807   *BGH* v. 12.12.2013 – 3 StR 267/13 = StV 2015, 78 = NStZ 2014, 606. Dies ist bspw. zu verneinen bei auf zwei eng bedruckten Seiten wiedergegebenen Telefonverbindungsdaten mit Datum, Uhrzeit, Verbindungsdauer, Rufnummern und Kosten: *OLG Hamburg* v. 31.5.2016 – 3 REV 90/15.
1808   S. Rüge 226 Rn. 1937 ff. Zur Verwertung des Ergebnisses einer Augenscheinseinnahme, die während der Hauptverhandlung überhaupt nicht stattgefunden hat, s. Rüge 226 Rn. 1933 ff.
1809   *BGH* v. 8.8.2013 – 1 StR 306/13 = NStZ 2013, 725 m. Anm. *Britz*.
1810   Siehe hierzu Rüge 78 Rn. 899 ff.

Kapitel 20
Wurde in der Hauptverhandlung Beweis im Wege der Verlesung von Urkunden, Vernehmungsniederschriften oder sonstigen Schriftstücken oder der Vorführung einer Bild-Ton-Aufzeichnung einer Vernehmung erhoben?

Überblick zu den in Betracht kommenden Rügen bei Rn. 1228 ff.

Vorbemerkung

1. Die Einführung des Inhalts schriftlicher Erkenntnisquellen in Form des Urkun- **1224** denbeweises in die Hauptverhandlung durch Verlesung (§ 249 Abs. 1 StPO) oder im sog. Selbstleseverfahren nach § 249 Abs. 2 StPO ist zulässig, soweit das Gesetz den Urkundenbeweis nicht ausdrücklich untersagt.[1811]

Kommt es nicht auf den Inhalt eines Schriftstücks, sondern auf seine schriftliche **1225** Beschaffenheit an, kann es durch Augenscheinseinnahme in die Hauptverhandlung eingeführt werden.[1812] Durch Augenscheinseinnahme soll auch der auf einen Blick zu erfassende gedankliche Inhalt einer Urkunde Bestandteil der Beweisaufnahme werden können.[1813] Ebenfalls im Wege der Augenscheinseinnahme können Ton- oder Videoaufnahmen in die Hauptverhandlung eingeführt werden.[1814] Im Übrigen kommt die Vernehmung von Augenscheinsgehilfen, Zeugen oder Sachverständigen in Betracht, die Gegenstand oder Inhalt der Aufzeichnungen zur Kenntnis genommen haben. Die Verlesung einer Urkunde ersetzt nicht deren Inaugenscheinnahme, wenn es um das äußere Erscheinungsbild und die Beschaffenheit der Urkunde geht.[1815]

Der Inhalt von Datenträgern ist Gegenstand des Urkundenbeweises, wenn er mittels **1226** Drucker oder Bildschirm bzw. „display" **lesbar** gemacht wurde.[1816]

2. Im Zusammenhang mit der Einführung des Inhalts schriftlicher Erkenntnisquel- **1227** len können Beweisverbote der Beweiserhebung bzw. der Beweisverwertung entge-

---

1811 *BGHSt* 39, 305, 306 = StV 1993, 623 (st. Rspr.); *OLG Celle* v. 15.7.2013 – 31 Ss 24/13 = StV 2013, 742; KK-*Diemer*[7] § 249 Rn. 5.

1812 *BGH* v. 12.12.2013 – 3 StR 267/13 = StV 2015, 78 = NStZ 2014, 606. Der Beweis der Existenz einer Urkunde soll allerdings auch durch Verlesung der Urkunde geführt werden können: *Meyer-Goßner/Schmitt*[60] § 250 Rn. 13.

1813 Siehe Rüge 141a Rn. 1222.

1814 Enthalten sie Aufzeichnungen von Vernehmungen, müssen die Voraussetzungen des § 255a StPO erfüllt sein.

1815 *BGH* v. 22.9.2016 – 1 StR 316/16 = NStZ-RR 2017, 74.

1816 Nicht lesbare (weil nicht verschriftete) Inhalte können nach Ausdruck oder mittels Bildschirm zum Gegenstand des Augenscheins oder des Sachverständigenbeweises gemacht werden.

genstehen. Entsprechende Verfahrensfehler resultieren nicht unmittelbar aus § 249 StPO, sondern sind im Zusammenhang mit dem verletzten Beweisverbot zum Gegenstand einer Verfahrensrüge zu machen.[1817] Darüber hinaus kann der Verlesung von Schriftstücken das in § 250 StPO normierte Unmittelbarkeitsprinzip entgegenstehen,[1818] insbesondere im Falle der fehlerhaften Anwendung der Rückausnahmen der §§ 251, 253, 254 und 256 StPO. Dem Tatrichter hier unterlaufende Fehler sind ebenfalls nicht als Verletzung des § 249 StPO, sondern als Verstoß gegen §§ 250 ff. StPO geltend zu machen. Zum Verlesungs- und Verwertungsverbot in dem Fall, dass ein zeugnisverweigerungsberechtigter Zeuge in der Hauptverhandlung von seinem Zeugnisverweigerungsrecht Gebrauch macht (§ 252 StPO) siehe Rügen 251-254 (Rn. 2126 ff.) sowie in dem Fall, dass ein zeugnisverweigerungsberechtigter Zeuge in der Hauptverhandlung keine Gelegenheit hatte, von seinem Zeugnisverweigerungsrecht Gebrauch zu machen, siehe Rüge 255 (Rn. 2147).

Überblick:

1228   a) Geht es um Schriftstücke, die Tatsachen betreffende Wahrnehmungen von Personen beinhalten und die zu Beweiszwecken verfasst worden sind, nämlich Niederschriften ihrer Vernehmungen oder von ihnen stammende Erklärungen, darf durch deren Verlesung ihre persönliche Vernehmung nur dann **ersetzt** werden, wenn die Voraussetzungen des § 251 StPO vorliegen.[1819] Dies betrifft aber nur Aussagen und schriftliche Erklärungen von Zeugen, Sachverständigen und Mitbeschuldigten. Schriftliche Erklärungen von Angeklagten und Mitangeklagten, auch eidesstattliche Versicherungen, dürfen auch ohne ihr Einverständnis nach § 249 Abs. 1 StPO verlesen werden[1820]; Vernehmungsniederschriften nur nach Maßgabe von § 254 StPO.[1821]

1229   b) Unzulässig ist die Verlesung von früheren Aussagen von Zeugen, die erst in der Hauptverhandlung von ihrem Recht Gebrauch machen, das Zeugnis zu verweigern (§ 252 StPO).[1822] Allerdings darf sowohl eine nichtrichterliche wie auch eine richterliche Vernehmungsniederschrift – allerdings nur unter den Voraussetzungen des § 251 Abs. 1 Nr. 1 bzw. Abs. 2 Nr. 3 StPO[1823] – verlesen werden, wenn der Zeuge nach „qualifizierter" Belehrung der Verwertung seiner früheren Aussage zugestimmt hat.[1824]

1817   Siehe insbesondere Kap. 28 Rn. 2031.
1818   Siehe Rüge 144 Rn. 1270 u. Rüge 147 Rn. 1333.
1819   Siehe Rüge 145 Rn. 1279 u. Rüge 146 Rn. 1296.
1820   *BGH* v. 20.12.2011 – 4 StR 491/11 = StraFo 2012, 102, 103 = StV 2012, 406; *OLG Koblenz* v. 12.5.2016 – 2 OLG 4 Ss 54/16 = StV 2017, 166.
1821   Siehe Rüge 149 Rn. 1347.
1822   Siehe Rüge 251 Rn. 2126 und Rüge 252 Rn. 2134.
1823   *BGH* v. 29.1.2008 – 4 StR 449/07 = *BGHSt* 52, 148 = StV 2008, 170.
1824   *BGH* v. 13.6.2012 – 2 StR 112/12 = *BGHSt* 57, 254 = StV 2012, 705; s. Rüge 78 Rn. 899.

c) Geht es um Berufsgeheimnisträger i.S.d. §§ 53 Abs. 1 Nr. 3, 3a und 3b, 53a **1230**
StPO, die in der Hauptverhandlung von ihrem Zeugnisverweigerungsrecht Gebrauch machen, dürfen von ihnen stammende dem Zeugnisverweigerungsrecht
unterfallende Schriftstücke auch dann nicht verlesen werden, wenn es sich nicht
um zu Beweiszwecken verfasste Erklärungen handelt, weil dies zu einer Umgehung des durch §§ 53 Abs. 1 Nr. 3, 3a und 3b, 53a StPO bezweckten Schutzes
des Vertrauensverhältnisses zwischen den dort genannten Berufsgeheimnisträgern und einem Angeklagten führen würde.[1825] Die Verlesung liefe auf eine nach
§ 250 S. 2 StPO unzulässige Ersetzung des Zeugenbeweises hinaus.

d) Unzulässig ist die Verlesung von Vernehmungsniederschriften und schriftlichen **1231**
Erklärungen eines vollständig die Aussage nach § 55 Abs. 1 StPO verweigernden Zeugen.[1826]

e) Auch darf die Vernehmung speziell von Angehörigen öffentlicher Behörden, **1232**
Sachverständigen bzw. Ärzten durch die Verlesung von Attesten und Berichten,
Zeugnissen und Gutachten sowie Protokollen und Erklärungen (ergänzend zu
§ 251 StPO) nur unter den Voraussetzungen des § 256 Abs. 1 StPO **ersetzt** werden.[1827] Dabei handelt es sich im Einzelnen um ein Zeugnis oder ein Gutachten
enthaltende Erklärungen öffentlicher Behörden, allgemein vereidigter Sachverständiger oder von Ärzten eines gerichtsärztlichen Dienstes (§ 256 Abs. 1 Nr. 1
StPO), um ärztliche Atteste (§ 256 Abs. 1 Nr. 2 StPO), von ärztlichen Berichten
zur Entnahme von Blutproben (§ 256 Abs. 1 Nr. 3 StPO), um Gutachten über die
Auswertung eines Fahrtschreibers, die Bestimmung der Blutgruppe oder des
Blutalkoholgehalts (§ 256 Abs. 1 Nr. 4 StPO) oder um Protokolle sowie in einer
Urkunde enthaltene Erklärungen der Strafverfolgungsbehörden über Ermitt-
lungshandlungen (§ 256 Abs. 1 Nr. 5 StPO).

f) Ferner darf die Vernehmung einer Verhörsperson über den Inhalt einer von ihr **1233**
durchgeführten oder wahrgenommenen Vernehmung eines Beschuldigten, Zeugen oder Sachverständigen nicht durch die Verlesung der betreffenden Vernehmungsniederschrift **ersetzt** werden (§ 250 StPO).[1828] Eine Ausnahme gilt im Falle
einer Vernehmung des (jetzigen) Angeklagten durch einen Richter (§ 254 StPO).

1825   *BGH* v. 11.11.2015 – 2 StR 180/15 = NStZ 2016, 428. In dieser Sache war § 252 StPO
nicht einschlägig, weil es nicht um eine Aussage ging. Siehe auch *Meyer-Goßner/
Schmitt*[60] § 250 Rn. 12. Dazu Rüge 144a Rn. 1273.
1826   Siehe Rüge 144b Rn. 1274.
1827   Siehe Rüge 151 Rn. 1379, Rüge 152 Rn. 1395 u. Rüge 153 Rn. 1409.
1828   Auch § 253 StPO ist auf Verhörspersonen selbst im Falle ihrer Vernehmung in der
Hauptverhandlung nicht anwendbar; s. Rüge 147 Rn. 1333. Liegen bzgl. der vernommenen Zeugen, Sachverständigen oder Mitbeschuldigten die Voraussetzungen für
eine Verlesung nach § 251 Abs. 1 oder 2 StPO vor, ist es allerdings keine Frage der Ersetzung der Vernehmung der Verhörsperson durch die Verlesung der von ihr aufgenommenen Vernehmungsniederschrift. Es ist dann nur unter Aufklärungsgesichtspunkten
zu prüfen, ob zusätzlich zur Verlesung der Niederschrift die Vernehmung der Verhörsperson geboten war.

Die Vernehmung einer nichtrichterlichen Verhörsperson darf deshalb nicht durch die Verlesung eines nichtrichterlichen Protokolls über die Vernehmung des jetzigen Angeklagten **ersetzt** werden[1829]. Etwas anderes gilt allenfalls im Falle eines ausdrücklichen Einverständnisses des Angeklagten.[1830] Schriftliche Erklärungen des Angeklagten dürfen nach § 249 StPO verlesen werden (Rn. 1228).

1234 g) Demgegenüber darf nach § 255a StPO die Vernehmung eines Zeugen durch das Vorführen der Bild-Ton-Aufzeichnung seiner früheren Vernehmung ersetzt werden.[1831]

1235 h) Ansonsten dürfen Protokolle von Vernehmungen und schriftliche Erklärungen von Zeugen und Sachverständigen **ergänzend** zu ihrer Vernehmung verlesen werden.[1832] Gleichermaßen dürfen Gutachten und Erklärungen **ergänzend** zur Vernehmung der Behördenangehörigen, Sachverständigen und Ärzte i.S.d. § 256 Abs. 1 StPO verlesen werden. Zulässig ist auch die ergänzende Verlesung von schriftlichen Erklärungen von Zeugen, die teilweise die Auskunft gem. § 55 Abs. 1 StPO verweigern.[1833] Strittig ist demgegenüber die Zulässigkeit einer ergänzenden Verlesung einer Vernehmungsniederschrift, wenn ein Zeuge teilweise die Auskunft gem. § 55 Abs. 1 StPO verweigert.[1834]

1236 i) Ob **ergänzend** zur Vernehmung von Verhörspersonen Protokolle der von ihnen vernommenen Beschuldigten, Zeugen oder Sachverständigen verlesen werden dürfen, ist strittig:

- Protokolle nichtrichterlicher Vernehmungen des jetzigen Angeklagten oder Mitangeklagten (gleichgültig, ob sie als Beschuldigten- oder Zeugenvernehmung durchgeführt worden sind) sind auch in Ergänzung der Vernehmung der Verhörsperson nicht verlesbar.[1835]
- Auch die Niederschrift der Vernehmung eines in der Hauptverhandlung vernommenen Zeugen oder Sachverständigen darf nicht ergänzend zur Vernehmung des Verhörsbeamten als Zeuge verlesen werden (**str.**).[1836]

1829 LR-*Mosbacher*[26] § 254 Rn. 9; *Meyer-Goßner/Schmitt*[60] § 254 Rn. 6.

1830 *Bohlander* NStZ 1998, 396; zurückhaltend *BGH* v. 25.4.2001 – 5 StR 12/01 u. *BGH* v. 29.8.2007 – 1 StR 387/07.

1831 Siehe Rüge 150 Rn. 1350.

1832 *BGH* v. 14.5.2014 – 2 StR 475/13 = NStZ 2014, 607 = StV 2015, 205.

1833 *BGH* v. 23.12.1986 – 1 StR 514/86 = StV 1987, 140 = NStZ 1988, 36; zustimmend *Dölling* NStZ 1988, 6, 8; **a.A.** *Dahs* StV 1988, 169.

1834 Bejahend *BGH* v. 26.7.1983 – 5 StR 310/83 = NStZ 1984, 211; zustimmend *Dölling* NStZ 1988, 6, 9; zweifelnd *BGH* v. 23.12.1986 – 1 StR 514/86 = StV 1987, 140 = NStZ 1988, 36; **a.A.** *Dahs* StV 1988, 169.

1835 *Meyer-Goßner/Schmitt*[60] § 254 Rn. 8; *BGHSt* 23, 213; *BGH* v. 23.8.1994 – 5 StR 447/ 94 = StV 1994, 637; ferner *Langkeit/Cramer* StV 1996, 230; LR-*Gollwitzer*[25] § 254 Rn. 9 m.w.N. (von LR-*Mosbacher*[26] § 254 Rn. 10 nicht übernommen).

1836 KK-*Diemer*[7] § 249 Rn. 47; SK-StPO-*Velten*[5] § 253 Rn. 13; *BGHSt* 11, 338, 341; *BGH* v. 2.3.1983 – 2 StR 744/82 = NStZ 1984, 17; **a.A.** *Mosbacher* NStZ 2014, 1, 4 f.; LR-*Mosbacher*[26] § 253 Rn. 10; LR-*Sander/Cirener*[26] § 250 Rn. 17; s. auch *BGH* v. 19.3.2013 – 3 StR 26/13 = StV 2013, 545 = NStZ 2013, 479; dazu Rüge 147 Rn. 1333.

- Eine „entsprechende" Anwendung des § 253 Abs. 1 StPO auf Verhörspersonen ist unzulässig.[1837]

3. Für eine unmittelbare Verletzung des § 249 StPO, auf die eine Verfahrensrüge **1237** gestützt werden könnte, kommen deshalb nur Vorgänge im Zusammenhang mit dem Selbstleseverfahren (nachstehend unter Rüge 142 Rn. 1247) in Betracht. In Verbindung mit § 261 StPO kann gerügt werden, dass sich die Urteilsgründe unmittelbar auf eine Urkunde und deren Inhalt stützen, die nicht in zulässiger Weise durch Verlesung in die Hauptverhandlung eingeführt worden ist (nachstehend Rüge 142 Rn. 1246).

4. Darüber hinaus können im Zusammenhang mit der Verlesung von Urkunden **1238** folgende Konstellationen eine Rolle spielen:

a) Ist ein Schriftstück Urteilsgrundlage geworden, das nicht verlesen und auch **1239** nicht sonst in prozessordnungsgemäßer Weise zum Gegenstand der Beweisaufnahme gemacht worden ist, begründet dies eine Verletzung des § 261 StPO[1838].

b) Wird der Inhalt einer in der Hauptverhandlung verlesenen Urkunde im Urteil un- **1240** zutreffend wiedergegeben, kann dies ebenfalls als Verletzung des § 261 StPO zum Gegenstand einer Verfahrensrüge gemacht werden.[1839]

c) Hat sich der Tatrichter mit einem in der Hauptverhandlung verlesenen Schrift- **1241** stück in den Urteilsgründen nicht auseinandergesetzt, obwohl eine Würdigung seines Inhalts geboten war, weist die Beweiswürdigung eine Lücke auf, die zum Gegenstand der Verfahrensrüge der Verletzung des § 261 StPO gemacht werden kann.[1840]

d) Hat sich der Tatrichter mit der Verlesung einer Urkunde begnügt, anstelle ein **1242** verfügbares sachnäheres Beweismittel (insbesondere in Form des Verfassers des Schriftstücks) heranzuziehen, kann dies zum Gegenstand einer Aufklärungsrüge gemacht werden.[1841]

e) Nehmen die schriftlichen Urteilsgründe gem. § 267 Abs. 1 S. 3 StPO auf im Selbstleseverfahren eingeführte Urkunden Bezug, kann dies zu deren Lückenhaftigkeit führen.[1842]

1837 KK-*Diemer*[7] § 253 Rn. 3; *Meyer-Goßner/Schmitt*[60] § 253 Rn. 7; SK-StPO-*Velten*[5] § 253 Rn. 13; näher Rüge 147 Rn. 1333.
1838 Siehe hierzu Rüge 226 Rn. 1937.
1839 Siehe Rüge 227 Rn. 1946.
1840 Siehe Rüge 228 Rn. 1956.
1841 Differenzierend SK-StPO-*Velten*[5] Vor §§ 250 ff. Rn. 11 ff. u. § 250 Rn. 14 m.w.N.; s. hierzu Rüge 190 Rn. 1707.
1842 Siehe dazu Rüge 238b Rn. 2028.

Rüge 142

1243   Ist der Inhalt einer Urkunde etc. (nicht) in zulässiger Weise durch Verlesung (§ 249 StPO) in die Hauptverhandlung eingeführt worden?

I. Rechtsgrundlagen

1. Einführung des Inhalts einer Urkunde in die Hauptverhandlung durch Verlesen

1244   Eine **Verlesung** nach § 249 Abs. 1 StPO kann durch den Vorsitzenden sowie auf dessen Anordnung durch ein anderes Gerichtsmitglied – einschließlich eines etwaigen Ergänzungsrichters – oder durch den Urkundsbeamten der Geschäftsstelle als Protokollführer erfolgen. Die Verlesung ist ein nach § 273 Abs. 1 StPO protokollierungspflichtiger Vorgang.[1843] Dass in der Sitzungsniederschrift vermerkt ist, die Urkunde sei zum Gegenstand der Hauptverhandlung gemacht und/oder in richterlichen Augenschein genommen worden, reicht zum Nachweis ihrer Verlesung nicht aus.[1844]

1245   Wird ein Schriftstück durch einen anderen Verfahrensbeteiligten verlesen (bspw. die Verlesung der schriftlichen Einlassung des Angeklagten durch den Verteidiger[1845]), ist dieses nicht im Wege des Urkundenbeweises gem. § 249 StPO in die Hauptverhandlung eingeführt worden.[1846]

1246   Ist der Inhalt eines nach § 249 Abs. 1 StPO verlesbaren Schriftstückes durch **Bericht des Vorsitzenden** in die Hauptverhandlung eingeführt worden, muss dies nach Einführung des Selbstleseverfahrens (§ 249 Abs. 2 StPO) als unzulässig erachtet werden.[1847] Die gegenteilige Auffassung[1848] will den Bericht des Vorsitzenden als Ersatz der Verlesung nur unter folgenden Voraussetzungen nicht genügen lassen:

- Zumindest ein Prozessbeteiligter hat der Verfahrensweise in der Hauptverhandlung ausdrücklich widersprochen,[1849]

1843   Bei einer nur ausschnittsweisen Verlesung eines Schriftstücks ist eine genaue Bezeichnung der verlesenen Abschnitte in der Sitzungsniederschrift erforderlich: *BGH* v. 8.6.2010 – 1 StR 181/10 = NStZ 2011, 110.

1844   *BGH* v. 30.8.2011 – 2 StR 652/10 = wistra 2012, 73 = StV 2012, 584. Daran kann ggf. eine Verfahrensrüge der Verletzung des § 261 StPO anknüpfen, wenn der Inhalt des betreffenden Schriftstücks zur Urteilsgrundlage gemacht worden ist und das Schriftstück auch nicht auf andere prozessordnungsgemäße Weise in die Hauptverhandlung eingeführt worden ist: Siehe Rüge 226 Rn. 1937 u. 1941.

1845   *BGHSt* 38, 14, 16 f = StV 1991, 548.

1846   Auch hieran kann die Verfahrensrüge der Verletzung des § 261 StPO anknüpfen.

1847   SK-StPO-*Velten*[5] § 249 Rn. 84, AK-StPO-*Meier* § 249 Rn. 34; *Wagner* StV 1981, 219; LR-*Mosbacher*[26] § 249 Rn. 45.

1848   *BGHSt* 30, 10 = StV 1981, 217 = JR 1982, 83 m. abl. Anm. *Gollwitzer*; KK-*Diemer*[7] § 249 Rn. 29; *Meyer-Goßner/Schmitt*[60] § 249 Rn. 26, 27.

1849   Der *BGH* hält eine stillschweigende Einverständniserklärung für ausreichend.

- es wurde der Inhalt eines längeren Schriftstückes referiert, dessen Inhalt wörtlich in die Urteilsgründe aufgenommen wurde,
- es wurde über sonstige ausführliche Vorgänge, bspw. über den Inhalt ganzer Akten referiert,
- anstelle einer streng sachlichen Schilderung des Urkundeninhalts kam es zu einer unsachlichen, beweiswürdigenden Wiedergabe des Urkundeninhalts durch den Vorsitzenden.

Da diese Auffassung den Bericht des Vorsitzenden als Akt der Beweisaufnahme wertet, stellt diese Form der Einführung einer Urkunde eine wesentliche Förmlichkeit des Verfahrens dar, die in der Sitzungsniederschrift beurkundet werden muss.[1850] Das Schweigen des Protokolls beweist, dass die Urkunde nicht verlesen wurde.[1851]

Ist den obigen Anforderungen nicht entsprochen worden oder wird mit der hier vertretenen Auffassung die Zulässigkeit dieses Verfahrens generell abgelehnt, ist – jedenfalls auf diese Weise – der Inhalt des Schriftstücks nicht zum Gegenstand der Hauptverhandlung gemacht worden. Wird er gleichwohl zur Urteilsgrundlage gemacht, stellt dies eine Verletzung des § 261 StPO dar.[1852] Andererseits kommt aber auch eine Verletzung des § 245 Abs. 1 StPO in Betracht,[1853] wenn zur Aufklärung des für den Schuld oder Strafausspruchs maßgeblichen Sachverhalts der Inhalt der Urkunde in die Hauptverhandlung hätte eingeführt werden müssen.

2. Selbstleseverfahren

Ist der Inhalt einer Urkunde im **Selbstleseverfahren** (§ 249 Abs. 2 StPO) eingeführt worden?[1854] **1247**

Es kommen folgende Fehlermöglichkeiten bei der **Anordnung** und **Durchführung** in Betracht, die aber nur dann die Revision begründen, wenn zuvor ein Gerichtsbeschluss herbeigeführt wurde.[1855] Demgegenüber bedarf es keiner Anrufung des Gerichts, wenn die Ausführungen des Vorsitzenden zur Feststellung der Durchführung des Selbstleseverfahrens einen Rechtsfehler beinhalten.[1856]

1850 *Meyer-Goßner/Schmitt*[60] § 249 Rn. 27, § 273 Rn. 9; *OLG Köln* v. 20.3.2015 – 1 RVs 232/14 = StV 2015, 760.
1851 Nach § 273 Abs. 1 S. 1 StPO sind im Protokoll diejenigen Schriftstücke zu bezeichnen, von deren Verlesung nach § 249 Abs. 2 StPO abgesehen worden ist.
1852 Siehe Rüge 226 Rn. 1937.
1853 Siehe Rüge 189 Rn. 1692.
1854 *OLG Köln* v. 20.3.2015 – 1 RVs 232/14 = StV 2015, 760.
1855 *BGH* v. 14.12.2010 – 1 StR 422/10 = StV 2011, 458 m. abl. Anm. *Lindemann* = NStZ 2011, 300. Der *BGH* bezieht sich bzgl. des Erfordernisses eines Beschlusses bei der Anordnung auf § 249 Abs. 2 S. 2 StPO und bzgl. seiner Durchführung auf § 238 Abs. 2 StPO. Zu letzterem auch *BGH* v. 23.5.2012 – 1 StR 208/12 = NStZ 2012, 584.
1856 *BGH* v. 15.3.2011 – 1 StR 33/11 = StV 2011, 462 = NStZ 2011, 533 = StraFo 2011, 277.

a) Fehlender Gerichtsbeschluss trotz Widerspruchs

1248 Ist der Anordnung des Selbstleseverfahrens durch den Vorsitzenden widersprochen worden und ist das Selbstleseverfahren dennoch durchgeführt worden, ohne dass die Anordnung durch einen Gerichtsbeschluss bestätigt wurde, ist dies ein Verfahrensfehler, auf dem das Urteil auch dann beruhen kann, wenn die betreffenden Urkunden in der Hauptverhandlung hätten verlesen werden können.[1857] Ob auch eine konkludente Anordnung ausreicht und dieser widersprochen werden müsste, ist zu bezweifeln.[1858] Eine Entscheidung nach § 249 Abs. 2 S. 2 StPO ist allerdings nicht herbeizuführen, wenn es nicht um die Unzulässigkeit der Anordnung, sondern um den Ablauf des Selbstleseverfahrens geht.[1859] Wird die Art und Weise der Durchführung des Selbstleseverfahrens gerügt, ist die Herbeiführung eines Gerichtsbeschlusses nach § 238 Abs. 2 StPO Voraussetzung.[1860]

b) Vom Selbstleseverfahren ausgeschlossene Urkunden

1249 Es wurden Vernehmungsniederschriften in den Fällen der §§ 253 und 254 StPO **(ausschließlich)** im Wege des Selbstleseverfahrens in die Hauptverhandlung eingeführt (Verletzung des § 249 Abs. 2 S. 1 StPO). Das Urteil kann auf dem Verfahrensfehler beruhen,[1861] wenn die betreffende Vernehmungsniederschrift gleichwohl zur Urteilsgrundlage gemacht wurde oder aber der Angeklagte durch die Nichtverlesung nach § 249 Abs. 1 StPO beschwert ist, was voraussetzt, dass die betreffende Vernehmungsniederschrift in den Urteilsgründen übergangen worden ist.

c) Kenntnisnahme vom Wortlaut durch alle Richter und Schöffen

1250 Es haben nicht alle Richter und Schöffen vom Wortlaut der Urkunde oder des Schriftstücks Kenntnis genommen:

Erforderlich ist, dass Richter und Schöffen **vom Wortlaut der Urkunden** Kenntnis genommen haben und nicht nur „von den Urkunden". Bei der Feststellung, dass Richter und Schöffen vom Wortlaut der Urkunden Kenntnis genommen haben, handelt es sich um eine wesentliche Förmlichkeit der Hauptverhandlung. Zwar schreibt das Gesetz eine exakte Formulierung dieser Feststellung im Protokoll nicht vor. Es wird deshalb die Feststellung als ausreichend angesehen, Richter und Schöffen hätten vom „Inhalt" der Urkunde Kenntnis genommen.[1862] Auch aus einem mehrdeuti-

---

1857 *BGH* v. 28.8.2012 – 5 StR 251/12 = NJW 2012, 503 = StraFo 2012, 503 = StV 2013, 71 = *BGHSt* 57, 306 mit ausführlicher Auseinandersetzung mit der Beruhensfrage (dazu Rn. 1256).

1858 *BGH* 5 StR 412/12 v. 28.11.2012 = StraFo 2013, 25 = wistra 2013, 114.

1859 *OLG Celle* v. 3.2.2016 – 2 Ss 211/15 = StV 2016, 794.

1860 *BGH* v. 14.12.2010 – 1 StR 422/10 = NStZ 2011, 300 = StV 2011, 458 m. Anm. *Lindemann*.

1861 Siehe auch Rn. 1256.

1862 *BGH* Beschl. v. 24.6.2003 – 1 StR 25/03 = NStZ-RR 2004, 227; *BGH* v. 28.1.2010 – 5 StR 169/09 = StV 2010, 226 = StraFo 2010, 157.

gen Vermerk des Inhalts, die Richter und Schöffen hätten nach Anordnung des Selbstleseverfahrens die betreffenden Urkunde „zur Kenntnis genommen", kann kein – i.S.d. § 274 S. 1 StPO beweiskräftiger – Schluss auf die nicht ordnungsgemäße Durchführung des Selbstleseverfahrens gezogen werden.[1863] Demgegenüber reicht aber die protokollierte Feststellung, die Richter und/oder Schöffen hätten Gelegenheit gehabt, von den im Selbstleseverfahren eingeführten Urkunden Kenntnis zu nehmen, nicht aus.[1864]

Ebenfalls unzureichend ist es, wenn die Sitzungsniederschrift lediglich ausweist, die Schöffen und die richterlichen Beisitzer hätten vom Wortlaut der Urkunden Kenntnis genommen. Auch wenn der Vorsitzende im Rahmen der Vorbereitung der Hauptverhandlung und zwecks Anordnung des Selbstleseverfahrens von den Urkunden Kenntnis genommen haben wird, macht dies die Kenntnisnahme in der Hauptverhandlung und die Protokollierung dieses Umstandes nicht entbehrlich.[1865] Generell darf in Bezug auf die Kenntnisnahme vom Wortlaut der Urkunde nicht zwischen Berufsrichtern und Schöffen differenziert werden.[1866]

Die Anordnung des Selbstleseverfahrens lässt keinen Schluss auf die weitere Beachtung des Verfahrens nach § 249 Abs. 2 StPO zu. Wurde die Feststellung der Kenntnisnahme vom Wortlaut der Urkunden durch Berufsrichter und Schöffen nicht protokolliert, ist aufgrund der negativen Beweiskraft des Protokolls davon auszugehen, dass das Beweismittel nicht zur Kenntnis gelangt ist.[1867] Da das entspr. Protokoll nicht an offenkundiger Fehler- oder Lückenhaftigkeit leidet, entfällt auch nicht seine Beweiskraft, weshalb es dem Revisionsgericht verwehrt ist, freibeweisliche Ermittlungen anzustellen.[1868] Zulässig ist aber ein Protokollberichtigungsverfahren dann, wenn der Vorsitzende in der Hauptverhandlung die entspr. Feststellung getroffen hat. Ein Protokollberichtigungsverfahren ist deshalb nur insoweit zulässig, als es um die Frage geht, ob der Vorsitzende in der Hauptverhandlung festgestellt hat, dass die Richter und Schöffen vom Wortlaut der Urkunden Kenntnis genommen haben.[1869] Ist diese Feststellung nicht getroffen worden, ist ein Protokoll-

1251

1863 *BGH* v. 20.7.2010 – 3 StR 76/10 = StV 2011, 266 = NStZ 2010, 712; *BGH* v. 14.9.2010 – 3 StR 131/10 = wistra 2011, 66; s. auch *BVerfG* v. 2.4.2009 – 2 BvR 1468/08 = wistra 2009, 269; s. auch *BGH* v. 9.1.2013 – 5 StR 461/12 = StV 2014, 68; hierzu krit. *Ventzke* StV 2014, 114.

1864 *BGH* v. 15.3.2011 – 1 StR 33/11 = StV 2011, 462 = NStZ 2011, 533 = StraFo 2011, 277; *BGH* v. 10.1.2012 – 1 StR 587/11 = StV 2012, 585 = StraFo 2012, 101 = NStZ 2012, 346; *BGH* v. 5.2.2014 – 1 StR 706/13 = StV 2015, 91 = wistra 2014, 283.

1865 *BGH* NStZ 2006, 512 = StraFo 2006, 291; s. auch *BGH* StV 2004, 521.

1866 *ThürOLG* v. 27.3.2015 – 1 OLG 101 Ss 111/14 = StV 2016, 795.

1867 *BGH* v. 4.9.2013 – 5 StR 306/13 = NStZ 2014, 224 m. Anm. *Hoffmann*; *ThürOLG* v. 27.3.2015 – 1 OLG 101 Ss 111/14 = StV 2016, 795; *BGH* v. 9.3.2017 – 3 StR 424/16 = StraFo 2017, 206.

1868 *BGH* v. 30.9.2009 – 2 StR 280/09 = StV 2010, 225 = StraFo 2010, 27; *ThürOLG* v. 27.3.2015 – 1 OLG 101 Ss 111/14 = StV 2016, 795.

1869 *BGH* v. 28.1.2010 – 5 StR 169/09 = BGHSt 55, 31 = StV 2010, 171 = JR 2010, 538 m. Anm. *Güntge* = StraFo 2010, 156 = NStZ 2010, 291.

berichtigungsverfahren auch dann unzulässig, wenn die Richter und Schöffen ausweislich ihrer dienstlichen Äußerungen tatsächlich vom Inhalt der einzuführenden Urkunden Kenntnis genommen haben sollten.[1870] Wird – nach einem gescheiterten Protokollberichtigungsverfahren – nicht durch die Sitzungsniederschrift bewiesen, dass der Vorsitzende in der Hauptverhandlung festgestellt hat, das von ihm angeordnete Selbstleseverfahren sei durchgeführt worden, indem Richter und Schöffen vom Wortlaut der Urkunden Kenntnis genommen hätten und die übrigen Beteiligten hierzu Gelegenheit hatten, begründet es einen Verstoß gegen § 261 StPO, wenn dem Urteil Feststellungen zugrunde gelegt werden, die wegen fehlerhafter Durchführung des Selbstleseverfahrens nicht Gegenstand der Hauptverhandlung geworden sind.[1871] Bleibt das Protokollberichtigungsverfahren ohne Ergebnis, ist es unzulässig, abweichende Feststellungen im Freibeweisverfahren zu treffen.[1872] Auch darf ein ohne Ergebnis durchgeführtes ordnungsgemäßes Protokollberichtigungsverfahren nicht wiederholt werden.[1873]

d) Gelegenheit zur Kenntnisnahme durch Angeklagten und Verteidiger

1252 Wurde dem Angeklagten und seinem Verteidiger keine Gelegenheit gegeben, vom Wortlaut der Urkunden Kenntnis zu nehmen, weil ihnen die betreffenden Schriftstücke nicht ausgehändigt wurden und sie ihnen auch sonst nicht zur Verfügung standen, stellt dies einen Verfahrensfehler dar. Dieser Fehler wird aber in der Regel nur dann mit der Revision gerügt werden können, wenn im Falle der in der Hauptverhandlung durch den Vorsitzenden getroffenen Feststellung, die Verfahrensbeteiligten hätten Gelegenheit zur Kenntnisnahme gehabt, dieser ausdrücklich widersprochen worden ist.[1874] Eines Widerspruchs bedarf es auch in den Fällen, in denen die zur Verfügung gestellte Zeit angesichts des Umfangs der Schriftstücke zur Kenntnisnahme ihres Inhalts nicht ausreichte, was konkret darzulegen ist (einschließlich der Mitteilung des Inhalts sämtlicher Urkunden, die Gegenstand des Selbstleseverfahrens waren). Handelte es sich um einen der deutschen Sprache nicht mächtigen Angeklagten, darf das Selbstleseverfahren nur angeordnet werden, wenn das Gericht gleichzeitig dafür gesorgt hat, dass ihm durch einen Dolmetscher der Inhalt der zu lesenden Schriften vollständig in einer ihm geläufigen Sprache zur Kenntnis gebracht wurde (§ 185 GVG)[1875]. Handelt es sich um einen leseunkundigen oder gar

---

1870 *BGH* v. 8.7.2009 – 2 StR 54/09 = *BGHSt* 54, 37 = StV 2010, 118 = NStZ 2009, 582 = StraFo 2009, 385 = JR 2010, 135 m. Anm. *F.-C. Schroeder.*
1871 *BGH* v. 22.12.2010 – 2 StR 386/10 = StV 2011, 267.
1872 Einschränkend nur für Fälle „krasser Widersprüchlichkeit des Protokollinhalts" *BGH* v. 28.1.2010 – 5 StR 169/09 = *BGHSt* 55, 31 = StV 2010, 171 = JR 2010, 538 m. Anm. *Güntge* = StraFo 2010, 156 = NStZ 2010, 291.
1873 *BGH* v. 22.12.2010 . 2 StR 386/10 = StV 2011, 267.
1874 LR-*Mosbacher*[26] § 249 Rn. 81.
1875 LR-*Mosbacher*[26] § 249 Rn. 80. Der Auffassung des *BGH* v. 14.12.2010 – 1 StR 422/10 = StV 2011, 458 = NStZ 2011, 300 ist zumindest insoweit zu widersprechen, als es danach ausreichen soll, dass dem Angeklagten der Inhalt „durch einen hierzu bereiten

blinden Angeklagten (oder Verteidiger) sind diesem die Schriftstücke gem. § 191a GVG zugänglich zu machen.

Mit der Rüge muss ausdrücklich vorgetragen werden, dass der Angeklagte bzw. der **1253** Verteidiger auf die Kenntnisnahme des Wortlauts der Urkunde nicht verzichtet haben und bis zum Ende der Beweisaufnahme keine Heilung des Fehlers durch rechtsfehlerfreie Verlesung oder ordnungsgemäße Wiederholung des Selbstleseverfahrens erfolgt ist.

Fehlt es an der – nur durch das Protokoll zu beweisenden – Feststellung, dass die **1254** Verfahrensbeteiligten Gelegenheit hatten, vom Wortlaut der Urkunde Kenntnis zu nehmen, ist das Selbstleseverfahren nicht ordnungsgemäß abgeschlossen, so dass die betreffende Urkunde auf diese Weise nicht zum Gegenstand der Urteilsfindung gemacht werden durfte, was die Rüge der Verletzung des § 261 StPO eröffnet.[1876]

e) Zeitpunkt der Kenntnisnahme und der Gelegenheit hierzu

Ein Selbstleseverfahren ist nach Auffassung des 1. Strafsenats des BGH auch in der **1255** Weise zulässig, dass Richter und Schöffen bereits vor seiner Anordnung vom Wortlaut der betreffenden Urkunde Kenntnis genommen haben und die anderen Verfahrensbeteiligten Gelegenheit zur Kenntnisnahme hatten. In einem solchen Fall kann die Anordnung des Selbstleseverfahrens mit der zugleich erfolgenden Feststellung seiner Durchführung verbunden werden.[1877]

f) Beruhen

Das Urteil beruht auf einem rechtsfehlerhaft durchgeführten Selbstleseverfahren, **1256** wenn nicht auszuschließen ist, dass wesentliche Urteilsfeststellungen durch die nicht in dem ordnungsgemäß durchgeführten Selbstleseverfahren in die Hauptverhandlung eingeführten Urkunden und/oder Schriftstücke beeinflusst worden sind. Allein der Umstand, dass das Selbstleseverfahren durchgeführt wurde, belegt die Bedeutung der Urkunden und/oder Schriftstücke für die Urteilsfeststellung allerdings nicht, selbst wenn diese in den Urteilsgründen floskelhaft im Rahmen der Aufzählung der Beweismittel erwähnt werden.[1878] Es ist allerdings der Tatsache Rechnung zu tragen, dass die vom rechtsfehlerhaft durchgeführten Selbstleseverfahren betroffenen Urkunden auch durch Verlesung gem. § 249 Abs. 1 StPO in der Hauptverhandlung hätten eingeführt werden können. Es empfehlen sich deshalb

---

Verteidiger" oder „sonst auf andere Weise" zur Kenntnis gebracht worden ist. Weitergehend *Lindemann* StV 2011, 459, der in einem solchen Fall das Selbstleseverfahren gem. § 249 Abs. 2 StPO generell für unzulässig hält.

1876 *BGH* v. 9.3.2017 – 3 StR 424/16 = StraFo 2017, 206.

1877 *BGH* v. 10.1.2012 – 1 StR 587/11 = StV 2012, 585 = StraFo 2012, 101 = NStZ 2012, 346. Hierzu mit berechtigter Kritik *Albrecht* ZJS 2012, 163.

1878 *BGH* v. 10.1.2012 – 1 StR 587/11 = StV 2012, 585 = StraFo 2012, 101 = NStZ 2012, 346.

Ausführungen dazu, ob auf diese Weise ein abweichendes Beweisergebnis denkbar gewesen wäre.[1879]

g) Bezugnahme der Urteilsgründe auf im Selbstleseverfahren eingeführte Urkunden

1257 Die Verweisung in den Urteilsgründen auf im Selbstleseverfahren eingeführte Urkunden ist unzulässig.[1880] § 267 Abs. 1 S. 3 StPO gestattet eine Bezugnahme nur auf Abbildungen.[1881]

II. Anforderungen an den Vortrag der Rüge der Verletzung der §§ 249, 261 StPO

1258 1. In die Hauptverhandlung ist der Inhalt einer Urkunde bzw. eines als Beweismittel dienenden Schriftstücks **nicht durch Verlesung** durch eine dazu berufene Gerichtsperson mündlich eingeführt worden.

1259 2. Der Inhalt der fraglichen Urkunde muss vollständig und im Wortlaut mitgeteilt werden.

1260 3. Der Inhalt der Urkunde ist auch nicht durch Bericht des Vorsitzenden in die Hauptverhandlung eingeführt worden (Negativtatsache)[1882]

oder

wenn die Urkunde nicht mündlich im Wortlaut verlesen worden, sondern die Einführung ihres Inhalts durch Bericht des Vorsitzenden erfolgt ist (das muss sich aus dem Hauptverhandlungsprotokoll ergeben), ist vorzutragen, dass

a) dieses ggf. geschehen ist,[1883]

b) dieser Verfahrensweise von einem Verfahrensbeteiligten widersprochen worden ist,

c) jedenfalls kein ausdrückliches oder konkludentes Einverständnis zugrunde lag.[1884]

d) Der Inhalt der fraglichen Urkunde muss vollständig und im Wortlaut mitgeteilt werden.

1261 4. Bezüglich der fraglichen Urkunden war auch nicht das Selbstleseverfahren angeordnet,

---

1879 Siehe ausführlich *BGH* v. 28.8.2012 – 5 StR 251/12 = NJW 2012, 3319 = StV 2013, 71 = StraFo 2012, 503 = *BGHSt* 57, 306.

1880 *BGH* v. 12.6.2013 – 5 StR 581/12 = StV 2014, 78.

1881 Siehe näher Rüge 238b Rn. 2028.

1882 *BGH* v. 21.7.2009 – 5 StR 255/09 = StraFo 2009, 425.

1883 Nach Auffassung der Literatur (s.o. Rn. 1246) ist dieses bereits unzulässig.

1884 Fehlender Widerspruch kann nicht in ein stillschweigendes Einverständnis umgedeutet werden: strittig.

a) **anderenfalls**: der Anordnung des Selbstleseverfahrens durch den Vorsitzenden wurde widersprochen, das Selbstleseverfahren gleichwohl durchgeführt, *ohne* dass die Anordnung durch einen Gerichtsbeschluss bestätigt wurde;

b) **anderenfalls** bei wirksamer Anordnung des Selbstleseverfahrens:

- Die Anordnung, ein etwaiger Widerspruch und der daraufhin ergangene Beschluss müssen vollständig im Wortlaut mitgeteilt werden.

- Es fehlt die Feststellung des Vorsitzenden, dass die Richter und Schöffen die von der Anordnung bezeichneten Schriftstücke gelesen und die anderen Verfahrensbeteiligten hierzu Gelegenheit gehabt haben[1885],

- alternativ: trotz entgegenstehender Feststellung haben nicht alle Mitglieder des Gerichts den Inhalt der fraglichen Urkunde durch eigenes Lesen zur Kenntnis genommen. Dies wird einerseits nicht durch das Schweigen des Protokolls über eine entspr. Feststellung des Vorsitzenden in der Hauptverhandlung bewiesen, andererseits steht der Rüge auch nicht entgegen, dass der Vorsitzende Gegenteiliges zu Protokoll festgestellt hat.[1886]

c) **Oder**

- Die anderen Prozessbeteiligten hatten keine oder keine ausreichende Gelegenheit zur Kenntnisnahme.[1887] Eine im Hauptverhandlungsprotokoll dokumentierte gegenteilige Feststellung des Vorsitzenden steht der Rüge nicht entgegen.[1888] Ist einer solchen Feststellung in der Hauptverhandlung von dem betroffenen Verfahrensbeteiligten widersprochen worden (§ 238 Abs. 2 StPO), ist auch das und die Reaktion des Gerichts darauf vorzutragen. Der Beschwerdeführer muss die für die unzureichende Gelegenheit zur Kenntnisnahme sprechenden Tatsachen vortragen (z.B. für die Lektüre eines vollständig inhaltlich mitzuteilenden Leitzordners habe nur eine Stunde zur Verfügung gestanden und bis zum Ende der Beweisaufnahme habe der Beschwerdeführer keine Gelegenheit gehabt, den Urkundeninhalt vollständig zur Kenntnis zu nehmen; oder es seien nicht alle Urkunden zur Verfügung gestellt worden), was im Freibeweisverfahren überprüft wird.

1885 *BGH* v. 9.3.2017 – 3 StR 424/16 = StraFo 2017, 206.

1886 Die Rüge kann allerdings nur in den seltenen Fällen Erfolg haben, in denen sich die Richtigkeit dieses Vortrages schon aus den äußeren Umständen ergibt (LR-*Mosbacher*[26] § 249 Rn. 111). Beispiel: In einer Hauptverhandlung von einer Gesamtdauer von wenigen Stunden sollen mehrere Leitzordner mit Konto-/oder Buchhaltungsunterlagen im Selbstleseverfahren eingeführt worden sein. Deren Inhalt muss vollständig mitgeteilt werden einschließlich der genauen Zeitangaben. Ansonsten steht im Rahmen des zulässigen Freibeweisverfahrens einer denkbaren Befragung der Richter und Schöffen das Beratungsgeheimnis (§§ 43, 45 DRiG) entgegen. Siehe auch *BGH* v. 23.5.2012 – 1 StR 208/12 = NStZ 2012, 584; zu dieser Entscheidung s. *Ventzke* StV 2014, 114, 116.

1887 Ob sie die Gelegenheit genutzt haben, steht der Zulässigkeit der Verwertung der im Selbstleseverfahren eingeführten Urkunden nicht entgegen.

1888 LR-*Mosbacher*[26] § 249 Rn. 111.

d) **Oder**

- Im Selbstleseverfahren sind Urkunden gem. §§ 253, 254 StPO in die Hauptverhandlung eingeführt worden. Der Inhalt der im Selbstleseverfahren eingeführten Urkunden muss vollständig im Wortlaut mitgeteilt werden. Ebenso der gegen die entspr. Anordnung erhobene Widerspruch und ein daraufhin ergangener Gerichtsbeschluss.

1262 5. Eine andere zulässige Einführung des Inhalts der Urkunde in die Hauptverhandlung scheidet – wie auszuführen ist – aus.[1889] Dass das Gericht seine Überzeugung auf Urkunden gestützt hat, die es tatsächlich nicht aufgrund des Selbstleseverfahrens in die Hauptverhandlung eingeführt hat, kann sich auch ausschließlich aus dem Inhalt des Urteils ergeben, wenn dort ausdrücklich auf den Inhalt „von im Wege der Selbstlesung eingeführten Urkunden" Bezug genommen wird.[1890]

1263 6. Eine rechtsfehlerhafte Verlesung ist nicht bis zum Ende der Beweisaufnahme durch rechtsfehlerfreie Wiederholung geheilt worden.

Rüge 143

1264 Wurde in der Hauptverhandlung ein Protokoll über die Einnahme eines richterlichen Augenscheins verlesen?

I. Rechtsgrundlagen

1265 Nach § 249 Abs. 1 S. 2 StPO kann in der Hauptverhandlung ein Protokoll über die Einnahme eines richterlichen Augenscheins verlesen werden. Es kann sich hierbei um die Ergebnisse einer richterlichen Augenscheinseinnahme im Ermittlungsverfahren (§§ 86, 168 d StPO) oder um eine solche durch einen beauftragten oder ersuchten Richter im Zeitraum nach Anklageerhebung (sog. kommissarischer Augenschein: §§ 86, 225 StPO) handeln. Die Ersetzung persönlicher Wahrnehmungen durch die Verlesung des Augenschein-Protokolls ist eine zulässige Ausnahme von § 250 StPO.

1266 Mit der Revision kann gerügt werden, dass Niederschriften verlesen wurden, denen die Eigenschaft als richterliches Augenscheinsprotokoll deshalb nicht beigelegt werden durfte, weil bei der Errichtung gegen wesentliche Förmlichkeiten i.S.d. § 86 StPO verstoßen wurde.[1891] Wurde ein richterliches Protokoll verlesen, bei dessen

---

1889   *BGH* v. 9.3.2107 – 3 StR 424/16 = StraFo 2017, 206. Siehe Rüge 226 Rn. 1937.
1890   *BGH* v. 28.1.2010 – 5 StR 169/09 = StV 2010, 171.
1891   SK-StPO-*Rogall*[4] § 86 Rn. 28 ff.

Erstellung gegen Anwesenheitsrechte oder gegen eine Benachrichtigungspflicht verstoßen worden ist, begründet dies ebenfalls die Revision, was allerdings zusätzlich die Erhebung eines Widerspruchs vor der Verlesung (bzw. der Vernehmung des Richters am Amtsgericht bzw. des ersuchten oder beauftragten Richters erfordert)[1892].

II. Anforderungen an den Vortrag der Rüge

1. Verlesung eines Protokolls, bei dessen Errichtung gegen wesentliche Förmlichkeiten verstoßen wurde

- Es wurde ein polizeiliches oder staatsanwaltschaftliches und nicht ein richterliches Protokoll verlesen (da die Verlesung aber nach § 256 Abs. 1 Nr. 5 StPO zulässig gewesen sein kann, muss – soweit dies in Betracht kommt – diese Möglichkeit durch einen entspr. Vortrag ausgeschlossen werden); eine entspr. Verfügung des Vorsitzenden oder ein Gerichtsbeschluss ist vollständig mitzuteilen;

- dem Protokoll fehlte ein nach § 86 StPO notwendiger sachlicher Inhalt in Form positiver bzw. negativer Feststellungen; der Inhalt des verlesenen Protokolls ist deshalb vollständig im Wortlaut mitzuteilen;

- für die Erstellung des Protokolls ist kein Protokollführer hinzugezogen worden, ohne dass zugleich eine richterliche Entscheidung über das Absehen von seiner Hinzuziehung getroffen wurde (§ 168 S. 2 StPO);

- das Protokoll ist von einem Protokollführer gefertigt worden, der weder Urkundsbeamter der Geschäftsstelle war noch als vom Richter vereidigte Hilfsperson hinzugezogen worden war;[1893]

- es wurde das Protokoll auch bzgl. solcher Ergebnisse der Augenscheinseinnahme verlesen, bzgl. derer zwischen dem Richter und dem Protokollführer Meinungsverschiedenheiten bestanden;[1894]

- das Protokoll ist nicht von dem Richter und bei Hinzuziehung eines Protokollführers nicht auch von diesem unterschrieben worden (§ 168a Abs. 4 S. 1 StPO).

1267

Die Verlesbarkeit eines von einem Richter nicht ordnungsgemäß aufgenommenen Protokolls als nichtrichterliches Protokoll ist bei Augenscheinsprotokollen ausgeschlossen, wenn dazu kein Hinweis nach § 265 StPO erteilt worden ist.[1895] Der Richter ist keine Strafverfolgungsbehörde i.S.d. § 256 Abs. 1 Nr. 5 StPO. Ist allerdings zusätzlich der Richter bzw. der Verfasser des Protokolls als Zeuge vernommen worden, beruht das Urteil nicht auf der Verlesung des mangelhaften Protokolls,

1268

1892 LR-*Mosbacher*[26] § 249 Rn. 27; SK-StPO-*Frister*[5] § 249 Rn. 28 ff.
1893 Siehe hierzu im Einzelnen Rüge 146 Rn. 1304.
1894 Die Verlesung dieser Teile des Protokolls scheidet nach § 249 Abs. 1 S. 2 StPO aus: LR-*Krause*[26] § 86 Rn. 43; *Schlothauer* StV 2009, 228, 230 m.w.N.
1895 SK-StPO-*Rogall*[4] § 86 Rn. 33.

es sei denn, dass das Urteil unmittelbar darauf und nicht nur auf das Ergebnis der Augenscheinseinnahme verweisen würde.

2. Verlesung eines unter Verstoß gegen das Anwesenheitsrecht bzw. die Benachrichtigungspflicht zustandegekommenen richterlichen Protokolls

1269 • Der Angeklagte bzw. der Verteidiger haben an der Augenscheinnahme nicht teilgenommen, weil sie entgegen § 168d Abs. 1 StPO zurückgewiesen worden sind bzw. der Beschuldigte von der Anwesenheit ausgeschlossen wurde, obwohl eine Gefährdung des Untersuchungszwecks durch seine Anwesenheit nicht festgestellt wurde bzw. diese zu Unrecht angenommen wurde bzw. der nicht in Freiheit befindliche Beschuldigte nicht anwesend war, obwohl der Augenschein an der Gerichtsstelle des Ortes abgehalten wurde, an dem er in Haft war oder die Augenscheinseinnahme an einer anderen Gerichtsstelle oder Örtlichkeit als derjenigen des Haftortes durchgeführt wurde und er keinen Verteidiger hatte und eine Gefährdung des Untersuchungszwecks nicht festgestellt wurde (§§ 168d Abs. 1, 168c Abs. 3 S. 1, Abs. 4 StPO, §§ 225, 224 StPO).

• Der abwesende Beschuldigte bzw. dessen Verteidiger sind entgegen §§ 168d Abs. 1, 168c Abs. 5 StPO bzw. §§ 225, 224 Abs. 1 StPO nicht benachrichtigt worden.

• In Fällen der Verletzung des Anwesenheitsrechts bzw. der Benachrichtigungspflicht muss der (beabsichtigten) Verlesung des Protokolls (und nicht erst dessen Verwertung) widersprochen worden sein,[1896] was – auch bzgl. des Zeitpunktes und der Angriffsrichtung (Begründung)[1897] des Widerspruchs – ausdrücklich vorgetragen werden muss.

• Der Inhalt des verlesenen Augenscheinsprotokolls muss vollständig in der Revisionsbegründung mitgeteilt werden ebenso wie die Tatsache, dass das Protokoll in der Hauptverhandlung verlesen wurde.

1896   *BGHSt* 9, 24, 28; *BGHSt* 26, 332, 333.
1897   *BGH* StV 2008, 8.

Rüge 144

Ist in der Hauptverhandlung eine von vornherein zu Beweiszwecken verfasste schriftliche Erklärung verlesen worden anstelle ihren Verfasser (ggf. ihren Adressaten) in der Hauptverhandlung als Zeugen zu vernehmen (§ 250 S. 2 StPO)?

1270

I. Rechtsgrundlagen

Durch die Verlesung schriftlicher Erklärungen, die von vornherein zu Beweiszwecken verfasst worden sind[1898], darf die persönliche Vernehmung des Verfassers, dessen Wahrnehmungen Inhalt der Erklärung sind, nicht ersetzt werden (§ 250 S. 2 StPO)[1899]. Vielmehr ist diese Person über ihre Wahrnehmungen in der Hauptverhandlung zu vernehmen.[1900] Eine Ersetzung wäre nur unter den Verlesungsvoraussetzungen der §§ 251 Abs. 1, 256 Abs. 1 StPO zulässig.[1901] Die Vernehmung des Empfängers einer solchen Erklärung widerspricht dem § 250 StPO demgegenüber nicht.[1902] Ist in der Hauptverhandlung der Verlesung einer schriftlichen Erklärung nicht widersprochen bzw. bei ihrer Anordnung durch den Vorsitzenden kein Antrag auf gerichtliche Entscheidung gem. § 238 Abs. 2 StPO gestellt worden, steht dies der Rüge der Verletzung des § 250 StPO nicht entgegen.[1903]

1271

1898 Noch nicht abschließend geklärt ist, ob das Verlesungsverbot sich nur auf die Erklärungen bezieht, die dazu bestimmt sind, im vorliegenden Strafverfahren Beweis zu erbringen oder ob sie überhaupt für ein Strafverfahren zu Beweiszwecken angefertigt worden sind; vgl. zum Streitstand die Nachw. bei *Meyer-Goßner/Schmitt*[60] § 250 Rn. 8.

1899 Für die Anwendung des § 250 StPO ist entscheidend, dass es sich um den Beweis eines Vorgangs handelt, dessen wahrheitsgemäße Wiedergabe nur durch eine Person möglich ist, welche ihn mit einem oder mehreren ihrer fünf Sinne wahrgenommen hat. Daran fehlt es nach der Rspr. des *BGH* z.B. bei der maschinellen Herstellung von kaufmännischen Buchungsstreifen (*BGHSt* 15, 253, 255), bei den Niederschriften über Tonbandaufzeichnungen (*BGHSt* 27, 135, 137) und bei EDV-Ausdrucken (vgl. *BGH* v. 30.1.2001 – 1 StR 454/00). Dasselbe gilt von einem Testgerät ausgedruckte Protokoll über das Ergebnis einer Atemalkoholmessung, wenn es allein um das Ergebnis des Tests geht: *BGH* StV 2004, 638. Auch die Verlesung von Aufzeichnungen von Wahrnehmungen bei Verrichtung mechanischer Tätigkeiten verstößt nicht gegen den Unmittelbarkeitsgrundsatz (§ 250 StPO): *Meyer-Goßner/Schmitt*[60] § 250 Rn. 10; vgl. *BGH* v. 29.6.2016 – 2 StR 492/15 für einen die Datengewinnung aus einer SIM-Karte dokumentierenden Extraktionsbericht.

1900 Dies gilt auch für den Fall, dass ein Verteidiger Angaben des Angeklagten schriftlich festgehalten hat. Statt der Verlesung wäre der Verteidiger darüber zu vernehmen gewesen, was ihm sein Mandant berichtet hat: *OLG Koblenz* v. 12.5.2016 – 2 OLG 4 Ss 54/16 = StV 2017, 166.

1901 *BGH* StV 2002, 182 = NStZ 2002, 555; *BGH* v. 22.1.2015 – 3 StR 528/14 = StV 2015, 533 = NStZ 2015, 476.

1902 Der geringere Beweiswert dieser Aussage muss bei der Beweiswürdigung berücksichtigt werden.

1903 *BGH* v. 25.10.2011 – 3 StR 315/11 = StV 2012, 202 (m. Anm. *Ventzke* StV 2012, 198) = StraFo 2012, 64 = NStZ 2012, 585.

II. Anforderungen an den Vortrag der Rüge der Verletzung des § 250 S. 2 StPO

1272
- Es muss die Tatsache der Verlesung und der Inhalt des verlesenen Schriftstücks vollständig im Wortlaut mitgeteilt werden.
- Es muss vorgetragen werden, ob das Schriftstück im Rahmen des vorliegenden oder für ein anderes Strafverfahren zu Beweiszwecken angefertigt wurde.
- Es muss vorgetragen werden, wer der Verfasser des Schriftstücks ist.
- Es muss vorgetragen werden, dass der Verfasser in der Hauptverhandlung nicht als Zeuge (oder Sachverständiger) vernommen worden ist.
- Es ist vorzutragen, dass der Verfasser in der Hauptverhandlung als Zeuge hätte vernommen werden können.
- Es ist insbesondere vorzutragen, dass die Voraussetzungen einer Verlesung nach § 251 Abs. 1 und Abs. 4 StPO nicht vorgelegen haben.[1904]
- Es ist darzulegen, dass der Verfasser der Erklärung kein Angehöriger einer öffentlichen Behörde, insbesondere einer Strafverfolgungsbehörde (§ 256 Abs. 1 Nr. 1 a und Nr. 5 StPO) und kein allgemein vereidigter Sachverständiger und kein Arzt eines gerichtsärztlichen Dienstes war,[1905] also die Voraussetzungen des § 256 Abs. 1 StPO nicht vorgelegen haben.[1906]
- Es ist darzulegen, dass der Inhalt der verlesenen Erklärung im Urteil verwertet worden ist.[1907] Wird in den Urteilsgründen nicht unmittelbar auf die verlesene Erklärung, sondern lediglich auf ihren Inhalt Bezug genommen, ist zusätzlich darzulegen, dass auch nicht ein etwaiger Empfänger der Erklärung hierzu als Zeuge vernommen worden ist.

Das Urteil beruht auf dem Verfahrensfehler, wenn eine Berücksichtigung der verlesenen Erklärung im Rahmen der Beweiswürdigung nicht mit Sicherheit ausgeschlossen werden kann.[1908]

1904 Aus der Mitteilung des Inhalts des verlesenen Schriftstücks ergibt sich, ob die Voraussetzungen des § 251 Abs. 1 Nr. 3 StPO erfüllt sind.
1905 Durch die Mitteilung des Inhalts der Urkunde wird dargelegt, ob eine Verlesung unter der Voraussetzung des § 256 Abs. 1 Nr. 2, 3 und 4 StPO in Betracht kam.
1906 *BGH* v. 9.8.2016 – 1 StR 334/16 = StraFo 2017, 24 = NStZ 2017, 299.
1907 Zu den vorstehenden Rügeanforderungen s. *OLG Düsseldorf* StV 1995, 458; KK-*Diemer*[7] § 250 Rn. 19.
1908 *BGH* StV 2002, 182 = NStZ 2002, 555.

Rüge 144a

Ist anstelle der persönlichen Vernehmung eines Zeugen oder ergänzend hierzu eine von ihm stammende schriftliche Erklärung, die nicht zu Beweiszwecken verfasst worden war, verlesen worden, obwohl sich der Zeuge auf ein ihm als Berufsgeheimnisträger (§§ 53 Abs. 1 Nr. 3, 3a, 3b, 53a Abs. 1 StPO) zustehendes Zeugnisverweigerungsrecht berufen hat (Verletzung der §§ 250 S. 2, 53 Abs. 1 Nr. 3, 3a oder 3b, 53a Abs. 1 StPO)?

1273

I. Rechtsgrundlagen

Macht ein als Zeuge in der Hauptverhandlung vernommener Berufsgeheimnisträ- **1274** ger, ohne von der Schweigepflicht entbunden worden zu sein, von dem ihm nach §§ 53 Abs. 1 Nr. 3, 3a oder 3b, 53a Abs. 1 StPO Gebrauch, darf ein von ihm stammender Bericht oder eine schriftliche Erklärung, die nicht zu Beweiszwecken verfasst worden ist, nicht verlesen werden, weil dies auf eine nach § 250 S. 2 StPO unzulässige Ersetzung des Zeugenbeweises hinausliefe.[1909] Dabei muss das Gebrauchmachen des Zeugnisverweigerungsrechts sich auf den Sachverhaltskomplex erstrecken, der Gegenstand des Berichts oder der schriftlichen Erklärung ist. Auch wenn es zu einer Teilaussage kommt, die nicht den Gegenstand des schriftlichen Berichts oder der Erklärung betrifft, darf es durch dessen Verlesung nicht zu einer Umgehung des durch § 53 StPO bezweckten Schutzes des Vertrauensverhältnisses zwischen dem Berufsgeheimnisträger und einem Angeklagten kommen.[1910]

II. Anforderungen an den Vortrag der Verletzung des § 250 S. 2 StPO

- Es muss die Tatsache der Verlesung und der Inhalt des verlesenen schriftlichen **1275** Berichts oder der schriftlichen Erklärung vollständig im Wortlaut mitgeteilt werden.
- Es muss vorgetragen werden, dass der Verfasser oder ein ihm gleichgestellter Berufshelfer in der Hauptverhandlung als Zeuge vernommen wurde.
- Es ist vorzutragen, dass sich der Verfasser oder ein ihm gleichgestellter Berufshelfer vollständig auf ein ihm gem. §§ 53 Abs. 1 Nr. 3, 3a oder 3b, 53a Abs. 1 StPO zustehendes Zeugnisverweigerungsrecht berufen hat.
- Sollte der Zeuge nur zu einem bestimmten Sachverhaltskomplex von seinem Zeugnisverweigerungsrecht Gebrauch gemacht haben, ist dies vorzutragen und darzulegen, dass der verlesene Bericht insoweit die mündliche Vernehmung des Zeugen ersetzt hat.
- Es muss vorgetragen werden, dass der Zeuge nicht von seiner Schweigepflicht entbunden war.

1909 *BGH* v. 11.11.2015 – 2 StR 180/15 = NStZ 2016, 428.
1910 *BGH* v. 11.11.2015 – 2 StR 180/15 = NStZ 2016, 428.

• Es ist darzulegen, dass der Inhalt der verlesenen Erklärung im Urteil verwertet worden ist. Wird in den Urteilsgründen nicht unmittelbar auf die verlesene Erklärung, sondern lediglich auf ihren Inhalt Bezug genommen, ist zusätzlich darzulegen, dass nicht auch ein etwaiger Empfänger der Erklärung hierzu als Zeuge vernommen worden ist.

Rüge 144b

1276 Ist eine Vernehmungsniederschrift oder schriftliche Erklärung eines Zeugen verlesen worden, obwohl dieser sich vollständig oder teilweise auf ein ihm gem. § 55 Abs. 1 StPO zustehendes Auskunftsverweigerungsrecht berufen hat (Verletzung des § 250 S. 2 StPO)?

I. Rechtsgrundlagen

1277 Macht ein Zeuge in der Hauptverhandlung vollständig von einem ihm zustehenden Auskunftsverweigerungsrecht nach § 55 Abs. 1 StPO Gebrauch, stellt die Verlesung des Protokolls über seine frühere Vernehmung oder einer zu Beweiszwecken von ihm verfassten schriftlichen Erklärung eine Verletzung des § 250 S. 2 StPO dar.[1911] Auch bei einer teilweisen Auskunftsverweigerung ist die Verlesung einer früheren Vernehmungsniederschrift unzulässig.[1912] Demgegenüber soll die Verlesung einer schriftlichen Erklärung zulässig sein.[1913] Die Unzulässigkeit der Verlesung entfällt auch nicht bei Zustimmung aller Verfahrensbeteiligten zu der Verlesung.[1914]

II. Anforderungen an den Vortrag der Rüge der Verletzung der §§ 250 S. 2, 55 Abs. 1 StPO

1278 • Es muss die Tatsache der Verlesung und der Inhalt der verlesenen Vernehmungsniederschrift oder schriftlichen Erklärung des Zeugen vollständig im Wortlaut mitgeteilt werden.

• Es muss mitgeteilt werden, dass der Inhalt der verlesenen Vernehmungsniederschrift oder schriftlichen Erklärung von dem in der Hauptverhandlung vernom-

---

1911 Zur Unzulässigkeit der Verlesung einer (auch richterlichen) Vernehmungsniederschrift *BGH* v. 11.5.1982 – 5 StR 92/82 = NStZ 1982, 342. Zur Unzulässigkeit der Verlesung einer schriftlichen Erklärung *BGH* v. 27.4.2007 – 2 StR 490/06 = *BGHSt* 51, 325 = StV 2007, 564; ebenso *Dölling* NStZ 1988, 6, 9.

1912 *BGH* v. 26.7.1983 – 5 StR 310/83 = NStZ 1984, 211 Nr. 19; **a.A.** *Dölling* NStZ 1988, 6, 9.

1913 *BGH* v. 23.12.1986 – 1 StR 514/86 = NStZ 1988, 36 sowie *Dölling* NStZ 1988, 6, 8; **a.A.** *Dahs* StV 1988, 169.

1914 *BGH* v. 27.4.2007 – 2 StR 490/06 = *BGHSt* 51, 325 = StV 2007, 564.

menen Zeugen stammt und dieser vollständig oder teilweise von dem ihm zustehenden Auskunftsverweigerungsrecht nach § 55 Abs. 1 StPO Gebrauch gemacht hat.

- Es ist darzulegen, dass der Inhalt der verlesenen Vernehmungsniederschrift oder schriftlichen Erklärung im Urteil verwertet worden ist. Wird in den Urteilsgründen nicht unmittelbar auf die verlesene Vernehmungsniederschrift oder schriftliche Erklärung, sondern lediglich auf deren Inhalt Bezug genommen, ist zusätzlich darzulegen, dass auch nicht eine Vernehmungsperson oder ein Empfänger der Erklärung hierzu als Zeuge vernommen worden ist.
- Es ist darzulegen, aus welchen Gründen dem Zeugen ein Auskunftsverweigerungsrecht gem. § 55 Abs. 1 StPO zustand.

Rüge 145

Ist anstelle der persönlichen Vernehmung eines Zeugen oder Sachverständigen in der Hauptverhandlung die Niederschrift seiner *nicht-richterlichen* Vernehmung als Zeuge, Mitbeschuldigter oder Sachverständiger oder eine von ihm stammende schriftliche Erklärung verlesen worden (§ 251 Abs. 1 StPO)? **1279**

I. Rechtsgrundlagen

1. Ist nach § 251 Abs. 1 StPO ein tatsächlich nach dieser Vorschrift verlesbares Schriftstück verlesen worden?

§ 251 Abs. 1 StPO erfasst nur Vernehmungsniederschriften und sonstige schriftliche Erklärungen von Zeugen, Sachverständigen oder Mitbeschuldigten. **1280**

a) Bestimmte Formerfordernisse, wie z.B. Unterschriften, müssen Vernehmungsniederschriften nicht erfüllen. Es muss sich aber um eine Vernehmungsniederschrift und nicht um den Vermerk bspw. eines Polizeibeamten etc. über ihm gegenüber abgegebene Erklärungen des Zeugen, Sachverständigen oder Mitbeschuldigten handeln.[1915] **1281**

Auch Vernehmungsprotokolle ausländischer Polizeibehörden, Staatsanwaltschaften etc. dürfen verlesen werden.

Die Nichtbelehrung eines Zeugen gem. §§ 52 Abs. 3, 161a Abs. 1 S. 2, 163 Abs. 3 S. 1 StPO steht der Verlesung entgegen. Das gilt im Hinblick auf das Verbot, § 252 **1282**

1915 *OLG Düsseldorf* StV 1984, 107; *BGH* NJW 1992, 326. Vermerke der Ermittlungsbehörden dürfen nach § 256 Abs. 1 Nr. 5 StPO nur dann verlesen werden, wenn sie nicht eine Vernehmung zum Gegenstand haben (s. Rüge 153 Rn. 1409).

StPO zu umgehen, jedenfalls für lebende Zeugen. Das Verlesungsverbot muss aber auch dann gelten, wenn der Zeuge vor der Hauptverhandlung verstorben ist.[1916]

Auch wenn es sich bei der zu verlesenden Niederschrift um die einer (Mit-)Beschuldigtenvernehmung handelte, ist die Verlesung unzulässig, wenn der Betreffende in dem gegenständlichen Verfahren Zeuge wäre und ihm ein Zeugnisverweigerungsrecht gem. § 52 Abs. 1 StPO zustünde.[1917]

Nach der hier vertretenen Auffassung verbietet auch eine unterbliebene Belehrung nach § 55 Abs. 2 StPO die Verlesung, wenn die Voraussetzungen des § 55 Abs. 1 StPO vorlagen. Entsprechendes gilt für die unterbliebene Belehrung eines Mitbeschuldigten gem. §§ 163a Abs. 3 u. 4, 136 Abs. 1 S. 2 StPO[1918].

Schließlich darf die Vernehmungsniederschrift dann nicht verlesen werden, wenn sie unter den Voraussetzungen des § 136a Abs. 1 StPO zustande gekommen ist (vgl. § 69 Abs. 3 StPO)[1919].

1283 Ob Belehrungen gem. §§ 52 Abs. 3, 55 Abs. 2, 136 Abs. 1 S. 2 StPO erfolgt sind, ob die Vorschrift des § 136a Abs. 1 StPO ggf. verletzt worden ist, wird im Revisionsverfahren im Freibeweisverfahren ermittelt, wenn entspr. Tatsachen vorgetragen worden sind (s. Rn. 1295).

1284 **b)** Als sonstige Schriftstücke verlesbar sind von Zeugen, Mitbeschuldigten oder Sachverständigen verfasste Urkunden oder schriftliche Äußerungen (es muss nur die Urheberschaft feststehen), die unter das Beweisverbot des § 250 StPO fallen, weil sie von vorherein zu Beweiszwecken (nicht unbedingt allerdings für das gegenständliche Strafverfahren – str.) verfasst worden sind. Aber auch aktuell vom Gericht eingeholte schriftliche Äußerungen eines Zeugen oder Sachverständigen für das anhängige Verfahren sind verlesbar, wenn die weiteren Voraussetzungen des § 251 Abs. 1 StPO vorliegen.

2. Sind die von § 251 Abs. 1 StPO genannten Verlesungsvoraussetzungen erfüllt?

a) Verlesung im allgemeinen Einverständnis

1285 Vernehmungsniederschriften und Erklärungen von Zeugen, Sachverständigen oder Mitbeschuldigten können nach § 251 Abs. 1 Nr. 1 StPO zunächst immer dann verle-

---

1916   *Peters* JR 1968, 430; *Eb. Schmidt* NJW 1968, 1218; **a.A.** *BGHSt* 22, 35. Siehe auch Rüge 146 Rn. 1313.

1917   *BayObLG* StV 1981, 12.

1918   Vom Standpunkt der vom *BGH* vertretenen sog. Rechtskreistheorie soll der Angeklagte von der unterlassenen Belehrung eines Zeugen gem. § 55 Abs. 2 StPO oder Mitbeschuldigten gem. §§ 136 Abs. 1 S. 2, 163a Abs. 3 u. 4 StPO nicht betroffen sein (hierzu Rüge 247 Rn. 2108).

1919   Zur Verlesbarkeit der Vernehmungsschriften anonymer Zeugen s. *BGHSt* 33, 83 = StV 1985, 5 m. abl. Anm. *Taschke* StV 1985, 269. Es müssen allerdings die Voraussetzungen des § 68 Abs. 3 StPO festgestellt sein.

sen werden, wenn der in der Hauptverhandlung **verteidigte** Angeklagte, sein Verteidiger und der Vertreter der Staatsanwaltschaft damit einverstanden sind. Das Einverständnis muss ausdrücklich erklärt werden.[1920] Schweigen kann nicht als konkludentes Einverständnis gewertet werden,[1921] wenn nicht aufgrund der vorausgegangenen Verfahrensgestaltung davon ausgegangen werden darf, dass sich alle Verfahrensbeteiligten der Tragweite ihres Schweigens bewusst waren.[1922] Dies gilt jedenfalls dann, wenn der die Verlesung anordnende Beschluss den Grund der Verlesung nicht angibt.[1923]

Hat ein Angeklagter mehrere Verteidiger, müssen alle in der Hauptverhandlung anwesenden zustimmen. Die Zustimmung des Verteidigers ersetzt die Zustimmung des anwesenden Angeklagten nicht.

Die wegen Fehlens einer notwendigen Zustimmungserklärung eines Verfahrensbeteiligten unstatthafte Verlesung kann auch von einem Angeklagten gerügt werden, der selbst der Verlesung zugestimmt hat. Wenn bei Verfahren gegen mehrere Angeklagte die Zustimmungserklärung eines Mitangeklagten fehlt, ist dies nur dann unschädlich, wenn die trotzdem verlesene Urkunde eine andere Tat i.S.d. § 264 StPO betrifft, die dem Beschwerdeführer nicht vorgeworfen worden ist.

Auch bei entspr. Einverständniserklärung aller notwendigen Verfahrensbeteiligten **1286** soll die Verlesung einer Vernehmungsniederschrift oder einer von dem Zeugen stammenden Erklärung unzulässig sein, wenn der vernommene Zeuge in der Hauptverhandlung anwesend ist, hier aber von seinem Auskunftsverweigerungsrecht nach § 55 StPO umfassend Gebrauch macht oder sich schon vorab auf ein umfassendes Auskunftsverweigerungsrecht beruft und deshalb in der Hauptverhandlung nicht vernommen wird.[1924] Es handele sich auch dann um einen Fall der die Zeugenvernehmung ersetzenden und nicht diese ergänzende Verlesung. Macht der Zeuge in der Hauptverhandlung nur teilweise von seinem Recht auf Auskunftsverweigerung nach § 55 StPO Gebrauch, darf ergänzend eine von ihm stammende schriftliche Er-

---

1920 Das Einverständnis kann widerrufen werden, allerdings nicht mehr nach Beginn der Verlesung, möglicherweise schon nicht mehr nach der Anordnung der Beweisverwendung gem. § 251 Abs. 4 StPO: *BGH* v. 23.11.2011 – 2 StR 112/11.
1921 **A.A.** zu § 251 Abs. 2 Nr. 3 StPO: *BGH* StV 1983, 319 m. abl. Anm. *Schlothauer*.
1922 *BGH* v. 9.8.2016 – 1 StR 334/16 Tz. 8 = StraFo 2017, 24; *BGH* v. 12.7.1983 – 1 StR 174/83 = StV 1983 354; *OLG Köln* StV 1987, 525; s. auch *BGH* v. 22.1.2015 – 3 StR 528/14 = StV 2015, 533.
1923 *BGH* v. 19.11.2009 – 4 StR 276/09 = StV 2010, 289 = NStZ 2010, 585 = StraFo 2010, 158.
1924 *BGH* v. 27.9.1995 – 4 StR 488/95 = NStZ 1996, 96 = StV 1996, 191; s. auch *BGH* v. 27.4.2007 – 2 StR 490/06 = BGHSt 51, 325 = StV 2007, 564 = NStZ 2007, 718. Zu der Entscheidung desselben *Senats*: *BGH* StV 2002, 120 = NStZ 2002, 217 m.w.N. geht das Urteil v. 27.4.2007 vorsichtig auf Distanz. Nach dieser Entscheidung ist aber ggf. unter Aufklärungsgesichtspunkten die unterlassene Vernehmung der Verhörsperson mit der Aufklärungsrüge zu beanstanden; s. auch Rüge 114 Rn. 1082; für die Unzulässigkeit der Verlesung *Dölling* NStZ 1988, 6, 9.

klärung[1925] verlesen werden. Ob auch die Niederschrift über eine frühere Vernehmung[1926] verlesen werden darf, ist strittig.[1927]

1287 Liegt bei Anordnung und Ausführung der Verlesung der Urkunde eine erforderliche Zustimmung nicht vor, kann dies bis zum Ende der Hauptverhandlung durch eine nachträgliche Genehmigung desjenigen Verfahrensbeteiligten geheilt werden, dessen Einverständnis ursprünglich nicht vorlag.

b) Bestätigung eines Geständnisses des Angeklagten

1288 Nach § 251 Abs. 1 Nr. 2 StPO darf die Vernehmung eines Zeugen, Sachverständigen oder Mitbeschuldigten durch die Verlesung einer nicht-richterlichen Vernehmungsniederschrift ersetzt werden, wenn dies der Bestätigung eines Geständnisses des Angeklagten dient und der unverteidigte Angeklagte und die Staatsanwaltschaft der Verlesung zustimmen. Im Hinblick auf die Bedeutung der Verlesung für die richterliche Überzeugung von der Glaubhaftigkeit eines in der Hauptverhandlung von dem Angeklagten abgelegten Geständnisses bedarf es der ausdrücklichen Zustimmung des Angeklagten zu der Verlesung. Fehlt es daran, begründet dies einen Verfahrensfehler. Der Zustimmungserklärung muss der Hinweis des Gerichts vorausgehen, welche Teile der Vernehmungsniederschrift verlesen werden sollen. Nur unter dieser Voraussetzung kann von einer wirksamen Zustimmung ausgegangen werden. Die Verlesung muss sich auf die Teile der Vernehmungsniederschrift beschränken, durch die die Richtigkeit des in der Hauptverhandlung abgelegten Geständnisses bestätigt wird.[1928] Es wäre rechtsfehlerhaft, wenn damit nicht in Zusammenhang stehende Passagen verlesen und bei der Urteilsfindung, insbesondere bei der Strafzumessung, verwertet würden.

c) Unmöglichkeit der Vernehmung durch das Tatgericht

1289 Nach § 251 Abs. 1 Nr. 3 StPO ist die Verlesung auch dann zulässig, wenn der Zeuge, Sachverständige oder Mitbeschuldigte verstorben ist oder aus einem anderen Grund in absehbarer Zeit gerichtlich nicht vernommen werden kann. Das gilt aber nicht für die Angaben eines zeugnisverweigerungsberechtigten Zeugen, die dieser in demselben oder einem anderen Verfahren als Mitbeschuldigter gemacht hat und zwar unabhängig davon, ob sich der Zeuge auf sein Zeugnisverweigerungsrecht be-

---

1925 *BGH* v. 23.12.1986 – 1 StR 514/86 = StV 1987, 140 = NStZ 1988, 36; zustimmend *Dölling* NStZ 1988, 6, 10; abl. *Dahs* StV 1988, 169; krit. auch *BGH* v. 11.11.2015 – 2 StR 180/15 = NStZ 2016, 428.

1926 *BGH* StV 2007, 567 (4. StS) Insgesamt zur Problematik s. auch *Dahs* StV 1988, 169, *Dölling* NStZ 1988, 6 und *Mitsch* JZ 1992, 174.

1927 Verneinend *BGH* v. 26.7.1983 – 5 StR 310/83 = NStZ 1984, 211; zweifelnd *BGH* v. 23.12.1986 – 1 StR 514/86 = StV 1987, 140 = NStZ 1988, 36; demgegenüber *BGH* v. 4.4.2007 – 4 StR 345/06 = StV 2007, 567 u. KK-*Diemer*[7] § 251 Rn. 12.

1928 Stellungnahme Nr. 24/2016 der *Bundesrechtsanwaltskammer* aus August 2016, S. 4.

ruft oder ob wegen Unerreichbarkeit noch nicht feststeht, ob dies im Falle seiner Vernehmung geschehen würde.[1929]

Dass ein Polizeibeamter etc., der die Vernehmung des jetzigen Angeklagten durchgeführt hat, verstorben ist, rechtfertigt die Verlesung der Vernehmungsniederschrift nicht, auch wenn der Angeklagte keine Angaben zur Sache macht.[1930]

Eine sonstige Unmöglichkeit der gerichtlichen Vernehmung eines Zeugen, Sachverständigen oder Mitbeschuldigten kommt nur bei tatsächlichen Hindernissen in Betracht.[1931] Macht ein Zeuge von seinem Zeugnisverweigerungsrecht (§§ 52, 53 oder 53a StPO) Gebrauch, steht einer Verlesung § 252 StPO entgegen. Macht er teilweise von seinem Auskunftsverweigerungsrecht Gebrauch, ist die Zulässigkeit der Verlesung einer Vernehmungsniederschrift nach § 251 Abs. 1 Nr. 3 StPO strittig.[1932] Demgegenüber darf in diesem Fall eine frühere schriftliche Erklärung des Zeugen nach § 249 StPO verlesen werden.[1933] Dies gilt wiederum nicht, wenn er sich auf ein umfassendes Auskunftsverweigerungsrecht beruft.[1934] Das gilt nicht, wenn der sich im Ausland aufhaltende Zeuge zusätzlich erklärt, auf absehbare Zeit nicht nach Deutschland zu kommen.[1935] **1290**

Die tatsächliche Unmöglichkeit der Vernehmung auf absehbare Zeit muss sich auf eine Vernehmung vor dem erkennenden Gericht beziehen, so dass die Möglichkeit einer kommissarischen Vernehmung nach § 223 StPO die Verlesbarkeit nicht ausschließen soll.[1936] Dieser Auffassung kann jedenfalls dann nicht gefolgt werden, wenn entspr. § 58a StPO eine Videoaufzeichnung der kommissarischen Vernehmung möglich ist, die in der Hauptverhandlung vorgeführt werden kann.[1937] **1291**

Für welche Zeitspanne die Hauptverhandlung aufgeschoben werden muss, bevor eine Verlesung nach § 251 Abs. 1 Nr. 3 StPO zulässig ist, ist Ergebnis einer Abwägung aller Umstände, nämlich Schwere der vorgeworfenen Straftat, Bedeutung der Aussage des Zeugen, Sachverständigen oder Mitbeschuldigten für die Beweisfrage

---

1929 *OLG Koblenz* v. 29.1.2014 – 1 Ss 125/13 = StV 2014, 330; s. auch *BayObLG* StV 1981, 12 u. *OLG Koblenz* StV 1983, 325.

1930 *OLG Köln* StV 1983, 97; s. Rüge 153 Rn. 1409.

1931 Siehe *Meyer-Goßner/Schmitt*[60] § 251 Rn. 9 u. 11.

1932 Verneinend *BGH* v. 26.7.1983 – 5 StR 310/83 = NStZ 1984, 211; zweifelnd *BGH* v. 23.12.1986 – 1 StR 514/86 = StV 1987, 140 = NStZ 1988, 36; demgegenüber *BGH* v. 4.4.2007 – 4 StR 345/06 = StV 2007, 567 u. *KK-Diemer*[7] § 251 Rn. 12.

1933 *BGH* v. 23.12.1986 – 1 StR 514/86 = StV 1987, 140 = NStZ 1988, 36; zustimmend *Dölling* NStZ 1988, 6, 10; abl. *Dahs* StV 1988, 169; krit. auch *BGH* v. 11.11.2015 – 2 StR 180/15 = NStZ 2016, 428.

1934 *BGH* v. 27.4.2007 – 2 StR 490/06 = BGHSt 51, 325 = StV 2007, 564 = NStZ 2007, 718.

1935 *BGH* v. 2.3.2010 – 4 StR 619/09 = NStZ 2010, 466 = wistra 2010, 232.

1936 *BGH* NStZ 1985, 561; NStZ 1986, 470.

1937 Siehe zum Ablehnungsgrund der Unerreichbarkeit i.S.d. § 244 Abs. 3 StPO *BGHSt* 45, 188 = StV 1999, 580 m. Anm. *Schlothauer* StV 2000, 180.

und der Beschleunigungsgrundsatz.[1938] Diese ist im Revisionsverfahren nur auf Rechtsfehler überprüfbar.

1292 Kommt eine Videovernehmung nach § 247a StPO in Betracht, ist deren Ersetzung durch Verlesung einer Vernehmungsniederschrift unzulässig.[1939]

d) Verlesung betr. Vorliegen bzw. Höhe eines Vermögensschadens

1293 Verlesen von Niederschriften oder Urkunden über Vorliegen bzw. Höhe eines Vermögensschadens (§ 251 Abs. 1 Nr. 4 StPO): Eine revisionsrechtliche Beanstandung kommt nur im Falle der Verletzung der Aufklärungspflicht in Betracht (§ 244 Abs. 2 StPO).

3. Beruht die Verlesung auf einer Anordnung in Form eines Gerichtsbeschlusses?

1294 Die Verlesung muss durch einen Beschluss angeordnet worden sein (§ 251 Abs. 4 S. 1 StPO), der gem. § 251 Abs. 4 S. 2 StPO die Gründe für die Verlesung i.S.d. § 251 Abs. 2 StPO dargelegt hat.[1940] Das gilt auch dann, wenn die Verlesung im allseitigen Einverständnis mit allen Verfahrensbeteiligten gem. § 251 Abs. 1 Nr. 1 StPO erfolgt.[1941] Nur eine Beschlussfassung stellt bei einem Kollegialgericht sicher, dass auch den Schöffen der Ausnahmecharakter der Verlesung im Hinblick auf den Grundsatz der Unmittelbarkeit verdeutlicht wird. Das Beruhen des Urteils auf einem nicht ergangenen oder nicht begründeten Gerichtsbeschluss soll allerdings ausscheiden können, wenn den Verfahrensbeteiligten Grund und Umfang der Verlesung bekannt und damit die der Anordnung der Verlesung zugrundeliegenden Erwägungen rechtlich überprüfbar seien.[1942]

II. Anforderungen an den Vortrag der Rüge der Verletzung der §§ 251 Abs. 1, Abs. 4, 250 StPO

1295 Gerügt wird die Verletzung des § 251 Abs. 1 (ggf. i.V.m. § 250) StPO, weil in der Hauptverhandlung unzulässigerweise gem. § 251 Abs. 1 StPO folgendes Schriftstück verlesen worden ist:

1. Es muss der Inhalt der verlesenen Vernehmungsniederschrift bzw. des verlesenen Schriftstücks wörtlich vollständig unter Angabe des Vernommenen bzw. des Urhebers des Schriftstücks mitgeteilt werden.

1938 *OLG Naumburg* v. 7.6.2016 – 1 Rv 9/16 = StV 2017, 167.
1939 **A.A.** *BGHSt* 46, 73, 76 = StV 2000, 345; dagegen *Albrecht* StV 2001, 364.
1940 *BGH* v. 14.1.2010 – 1 StR 620/09 = NStZ 2010, 403 = StraFo 2010, 150; *BGH* v. 10.6.2010 – 2 StR 78/10 = StV 2010, 617 = NStZ 2010, 649 (m. Anm. *Krüger* NStZ 2011, 594) = StraFo 2010, 342; *BGH* v. 8.2.2011 – 4 StR 583/10 = NStZ 2011, 356. Vgl. hierzu die Ausführungen bei Rüge 146 Rn. 1321.
1941 *OLG Hamburg* v. 23.2.2016 – 2 Rev 70/15 = StV 2016, 796.
1942 *BGH* v. 9.6.2015 – 3 StR 113/15 Tz. 10 f.; *OLG Hamburg* v. 23.2.2016 – 2 Rev 70/15 = StV 2016, 796.

2. Es muss mitgeteilt werden, dass die vernommene Person bzw. der Verfasser des verlesenen Schriftstücks nicht in der Hauptverhandlung vernommen worden ist.

3. Es ist mitzuteilen, dass ein die Verlesung anordnender Beschluss nicht gefasst wurde oder ein die Verlesung anordnender Beschluss ist vollständig wörtlich mitzuteilen.

4. Die betreffende Urkunde ist tatsächlich verlesen worden.

5. Es lag kein die Verlesung rechtfertigender Grund vor.

   a) Bei Verlesung nach § 251 Abs. 1 Nr. 1 StPO: Die für eine Verlesung erforderliche Einwilligung der Staatsanwaltschaft und/oder des verteidigten Angeklagten und/oder des/der Verteidiger ist nicht vor der Verlesung erklärt worden. Bis zum Schluss der Hauptverhandlung ist die Verlesung auch nicht nachträglich durch die betreffenden Verfahrensbeteiligten genehmigt worden.

   b) Bei Verlesung nach § 251 Abs. 1 Nr. 2 StPO: Es sind Ausführungen dazu zu machen, ob bzw. inwieweit der Angeklagte darauf hingewiesen wurde, welche Teile der Niederschrift der Vernehmung eines Zeugen, Sachverständigen oder Mitbeschuldigten zur Bestätigung der Richtigkeit seines Geständnisses verlesen werden sollen. Es ist ggf. mitzuteilen, dass der Angeklagte der Verlesung nicht ausdrücklich zugestimmt hat. Es müssen die Teile der Vernehmungsniederschrift wiedergegeben werden, die zur Verlesung gebracht worden sind. Nur dann kann gerügt werden, dass nicht der Bestätigung der Richtigkeit des Geständnisses dienende Teile der Vernehmungsniederschrift verlesen und bei der Urteilsfindung verwertet worden sind.

   c) Bei Verlesung nach § 251 Abs. 1 Nr. 3 StPO: Es sind die für die Abwägung maßgeblichen Umstände, nämlich die Schwere des Strafvorwurfs, die Bedeutung der Aussage des Zeugen, Sachverständigen oder Mitbeschuldigten für die Beweisfrage und die Bemühungen des Gericht mitzuteilen, den Zeugen oder Sachverständigen doch noch in der Hauptverhandlung persönlich zu vernehmen. Im Hinblick auf das ebenfalls maßgebliche Kriterium des Beschleunigungsgrundsatzes sind die maßgeblichen Verfahrensdaten (Zeitpunkt der Tat, Verfahrensdauer, ggf. Dauer einer Untersuchungshaft etc.) mitzuteilen.

6. Ferner ist vorzutragen, dass das verlesene Schriftstück kein Zeugnis oder Gutachten einer öffentlichen Behörde (§ 256 Abs. 1 Nr. 1a StPO), eines allgemein vereidigten Sachverständigen (§ 256 Abs. 1 Nr. 1b StPO) oder eines Arztes (§ 256 Abs. 1 Nr. 1c, Nr. 2 StPO) enthielt.[1943] Bei einem Sachverständigen muss es sich um einen solchen handeln, der auf dem Gebiet, das Gegenstand des Gutachtens ist, allgemein vereidigt ist, was ggf. ausgeschlossen werden muss (Negativtatsache).

1943 *BGH* v. 9.8.2016 – 1 StR 334/16 Tz. 9 = StraFo 2017, 24 = NStZ 2017, 299.

II 20 *Verlesung von Urkunden, Vernehmungsniederschriften etc.*

7. Es lag kein nach § 251 Abs. 1 StPO verlesbares Schriftstück (bspw. ein polizeilicher Vermerk) vor.

8. Es ist u.a. vorzutragen, dass Belehrungen nach §§ 52 Abs. 3, 55 Abs. 2, 136 Abs. 1 S. 2 StPO nicht erfolgt sind, obwohl die darzulegenden Voraussetzungen für ein Zeugnisverweigerungsrecht bzw. ein Auskunfts- oder Aussageverweigerungsrecht erfüllt waren. Es ist ggf. vorzutragen, dass die verlesene Vernehmungsniederschrift unter den Voraussetzungen des § 136a StPO zustande gekommen ist. Es ist ggf. darzulegen, dass es sich nicht um die Niederschrift einer Vernehmung eines Zeugen, Sachverständigen oder Mitbeschuldigten handelte bzw. diese nicht Verfasser entspr. schriftlicher Erklärungen waren.

9. Die Verlesung beruhte nicht auf einer Anordnung des Gerichts in Form eines Beschlusses (§ 251 Abs. 4 S. 1 StPO), der die Gründe für die Verlesung dargelegt hat (§ 251 Abs. 4 S. 2 StPO).

10. Wird in dem angefochten Urteil nicht darauf Bezug genommen, die betreffende Vernehmungsniederschrift bzw. das betreffende Schriftstück seien verlesen worden, ist vorzutragen, dass ihr Inhalt auch nicht auf andere Weise prozessordnungsgemäß in die Hauptverhandlung eingeführt wurde.[1944]

Rüge 146

1296 Ist anstelle der persönlichen Vernehmung eines Zeugen oder Sachverständigen in der Hauptverhandlung die Niederschrift seiner *richterlichen* Vernehmung als Zeuge, Mitbeschuldigter oder Sachverständiger verlesen worden (§ 251 Abs. 2 StPO)?

I. Rechtsgrundlagen

1. Rügevoraussetzungen

1297 Die Verlesung einer richterlichen Vernehmungsniederschrift, die nicht durch die Vorschrift des § 251 Abs. 2, Abs. 4 StPO gedeckt ist, begründet, wenn ihr Inhalt im Urteil verwertet wird, einen relativen Revisionsgrund (§ 337 StPO).[1945] Zugleich kann darin eine Verletzung des § 250 StPO liegen, wenn die persönliche Vernehmung des Zeugen oder Sachverständigen in der Hauptverhandlung möglich gewesen wäre. Allerdings ist zu beachten, dass nach Auffassung der Rspr. eine richterliche Vernehmungsniederschrift, die nach § 251 Abs. 2 StPO nicht verlesen werden durfte, ggf. durch Verlesung gem. § 251 Abs. 1 StPO prozessordnungsgemäß in die Hauptverhandlung eingeführt worden sein kann.[1946]

1944 Siehe Rüge 226 Rn. 1937.
1945 Zur Verletzung von § 251 Abs. 4 StPO s. Rn. 1321–1325.
1946 Siehe Rn. 1326.

2. Grenzen revisionsrechtlicher Prüfung

Die Voraussetzungen i.S.d. § 251 Abs. 2 Nr. 1–3 StPO, unter denen eine Verlesung **1298** stattfinden darf, prüft das Revisionsgericht auf entspr. Rüge nur auf Rechtsfehler. Diese können sich aus einer Verkennung von Rechtsbegriffen ergeben oder daraus, dass zu den tatsächlichen Umständen i.S.d. § 251 Abs. 2 Nr. 1 und Nr. 2 StPO unzureichende Feststellungen getroffen worden sind (Rn. 1323 f.). Zu § 251 Abs. 2 Nr. 3 StPO kann auf die Ausführungen zu § 251 Abs. 1 Nr. 1 StPO (Rn. 1285– 1287) verwiesen werden.

3. Richterliche Vernehmungsniederschrift

Es muss sich bei der in der Hauptverhandlung verlesenen Vernehmungsnieder- **1299** schrift um die Niederschrift einer **richterlichen** Vernehmung i.S.d. § 251 Abs. 2 StPO gehandelt haben. Die Tatsache bspw., dass Staatsanwaltschaft, Verteidiger und Angeklagter in der Hauptverhandlung mit der Verlesung einer richterlichen Vernehmungsniederschrift einverstanden waren (§ 251 Abs. 2 Nr. 3 StPO), ersetzt die fehlenden Anforderungen an die Annahme einer **richterlichen Vernehmungsniederschrift** nicht. Die Verfahrensbeteiligten können auf die Beachtung der jeweiligen gesetzlichen Bestimmungen – abgesehen von der Nichtgeltendmachung eines Widerspruchs bei Nichtbenachrichtigung – nicht verzichten.

Die Vernehmungsniederschrift muss danach folgende Kriterien erfüllen, um sie, auch wenn die Vernehmung durch einen Richter erfolgte, zu einer richterlichen Vernehmungsniederschrift zu machen:

a) Die Vernehmung muss durch einen deutschen Richter oder eine ihm gleichgestellte Person erfolgt sein[1947]

In Betracht kommen zunächst strafverfahrensrechtliche Vernehmungen von Perso- **1300** nen, die in der anhängigen Hauptverhandlung die Verfahrensrolle eines Zeugen oder Sachverständigen hätten. Es kommt deshalb auch die Verlesung der Niederschrift von Personen in Betracht, die im Zeitpunkt der Vernehmung Beschuldigtenstatus hatten. Zulässig ist aber auch die Verlesung von Vernehmungsniederschriften von Personen, die im Falle ihrer Anwesenheit zum Zeitpunkt der Hauptverhandlung in dieser die Verfahrensrolle eines Mitangeklagten hätten, unabhängig davon, ob die verlesene Vernehmungsniederschrift zu einem Zeitpunkt aufgenommen wurde, als die vernommene Person noch Zeuge oder schon Beschuldigter war. Nur die Verlesung von Niederschriften früherer Vernehmungen des jetzigen Angeklagten, gleichgültig, ob diese seinerzeit als Zeugen- oder Beschuldigtenvernehmung durchgeführt wurden, darf allein unter den Voraussetzungen des § 254 StPO erfolgen.[1948]

1947 Zu ausländischen Vernehmungen s. lit. c, Rn. 1318.
1948 Siehe Rüge 148 Rn. 1336 u. Rüge 149 Rn. 1347.

1301 Richterliche Vernehmungsniederschriften können aus Vernehmungen im Zusammenhang mit einer Haftentscheidung (§§ 115 Abs. 3, 115a Abs. 2, 118 Abs. 2, 118a Abs. 3, 122 Abs. 2 S. 1, 128, 129 StPO), bzw. im Rahmen des sonstigen Ermittlungs- sowie des Zwischen- oder Hauptverfahrens resultieren (§§ 162, 168c, 202, 223 StPO). Ebenfalls sind Niederschriften früherer Hauptverhandlungen (§ 273 Abs. 2, Abs. 3 StPO) verlesbar. Es kommt nicht darauf an, ob die Vernehmungen das anhängige oder ein anderes Strafverfahren betrafen.

1302 Verlesbar sind auch die Niederschriften von richterlichen Vernehmungen im Rahmen von Zivil- oder Verwaltungsgerichtsverfahren oder im Rahmen anderer Verfahrensordnungen, wenn die dabei zu beachtenden Förmlichkeiten eingehalten wurden und die Voraussetzungen für eine Verwertung im Strafverfahren erfüllt sind.[1949]

1303 Dem Richter gleich stehen deutsche Konsularbeamte einschließlich Honorarkonsuln bei Vernehmungen gem. § 15 Abs. 4 KonsularG. Zu Referendaren siehe § 10 GVG.

In der Person des Richters dürfen keine Ausschlussgründe gem. §§ 22, 23 StPO, § 41 ZPO etc. vorgelegen haben.

b) Insbesondere: Anforderungen an richterliche Vernehmungen im Strafverfahren

1304 • Erfolgte die Vernehmung in Anwesenheit einer mit den Aufgaben eines Urkundsbeamten der Geschäftsstelle gem. § 153 Abs. 2, Abs. 3 oder Abs. 5 GVG betrauten Person **oder** hat der Richter eine von ihm vereidigte Person als Protokollführer hinzugezogen **oder** hat er die Niederschrift selbst angefertigt, weil er die Zuziehung eines Protokollführers nicht für erforderlich hielt (§§ 168, 226 Abs. 2 S. 1 StPO)?[1950]
Achtung: Die Anwesenheit eines Protokollführers, seine ggf. vorgenommene Vereidigung können im Freibeweisverfahren festgestellt werden. Die Vernehmungsniederschriften außerhalb einer Hauptverhandlung unterliegen nicht der absoluten Beweiskraft des § 274 StPO.

1305 • Ist die Vernehmungsniederschrift mit der Unterschrift des Richters und, sofern ein Protokollführer mitgewirkt hat, auch dessen Unterschrift versehen?[1951]

1306 • War in dem Fall, dass die vernommene Person nicht der deutschen Sprache mächtig war, ein Dolmetscher anwesend, der vor Beginn seiner Tätigkeit gem. § 189 Abs. 1 GVG vereidigt worden ist oder sich gem. § 189 Abs. 2 GVG auf einen allgemeinen Eid berufen hat?
Achtung: Keine absolute Beweiskraft von Protokollen, die außerhalb einer Hauptverhandlung entstanden sind.

1949 *BGH* NStZ 1996, 612.
1950 Vgl. *BGH* StV 1984, 409 = NStZ 1984, 564.
1951 *BGH* StV 1994, 58.

- Sind Anwesenheitsrechte (§§ 168c Abs. 2, 223, 224 StPO) eines im Zeitpunkt **1307** der Vernehmung bereits bestellten (§ 141 Abs. 3 S. 4 StPO!) oder zur Akte gemeldeten Verteidigers des Angeklagten beachtet worden?

  Ein Ausschluss des Verteidigers von der Vernehmung wäre unzulässig gewesen. In diesem Fall durfte die Vernehmungsniederschrift in der Hauptverhandlung nach § 251 Abs. 2 StPO unbeschadet davon nicht verlesen werden, ob ihr widersprochen worden war oder nicht. Die Abwesenheit eines Verteidigers kann im Freibeweisverfahren festgestellt werden.

  Ob der Verteidiger aus anderen Gründen nicht an der Vernehmung teilgenommen hat bzw. teilnehmen konnte, ist nicht Gegenstand des Revisionsverfahrens. Etwas anderes muss im Hinblick auf § 141 Abs. 3 S. 4 StPO[1952] bei Vernehmung eines wesentlichen Belastungszeugen in einem Falle notwendiger Verteidigung (§ 140 StPO) gelten, wenn abzusehen war, dass im gesamten weiteren Verfahren keine Möglichkeit bestehen würde, den Zeugen durch den Angeklagten oder seinen Verteidiger unmittelbar befragen zu können.[1953]

- Lagen bei einem Beschuldigten, der noch keinen Verteidiger hatte, im Zeitpunkt **1308** der Vernehmung die Voraussetzungen einer notwendigen Verteidigung (§ 140 StPO) vor und erfolgte die Vernehmung, ohne dass dem Beschuldigten zunächst ein Verteidiger bestellt wurde, darf die Niederschrift der Vernehmung eines wesentlichen Belastungszeugen gegen den Widerspruch des Angeklagten weder durch Verlesung noch durch Vernehmung des Vernehmungsrichters in die Hauptverhandlung eingeführt werden.[1954]

- Sind Anwesenheitsrechte des jetzigen Angeklagten gem. §§ 168c Abs. 2, 224 **1309** Abs. 1, Abs. 2 StPO beachtet worden, wenn dieser im Zeitpunkt der Vernehmung bereits Beschuldigter in dem anhängigen Verfahren war?

  Der Beschuldigte/Angeklagte darf unter den Voraussetzungen, unter denen eine Benachrichtigung von dem Vernehmungstermin hätte unterbleiben dürfen (§§ 168c Abs. 3, Abs. 5, 224 Abs. 1 S. 2 StPO), von der Vernehmung ganz oder teilweise ausgeschlossen werden. Die tatsächlichen Grundlagen der Entscheidung sind im Revisionsverfahren nicht überprüfbar. Der revisionsrechtlichen Überprüfung unterliegt aber die Frage, ob der Tatrichter rechtsfehlerfrei die Voraussetzungen, unter denen ein Ausschluss des Beschuldigten erfolgen durfte, angenommen hat. Hat der Tatrichter diese Prüfung unterlassen, durfte die Vernehmungsniederschrift nicht verlesen werden. Das Revisionsgericht darf nicht

---

1952   S. hierzu *Schlothauer* StV 2017, 557.

1953   Zur Verletzung des Konfrontationsrechts des Art. 6 Abs. 3 lit. d EMRK s. Rüge 101
       Rn. 1032.

1954   *Endriß* in: FS für Rieß, S. 74; *Ignor* in: FS für Rieß, S. 189; *Fezer* JZ 2001, 363;
       Schlothauer StV 2001, 127; **a.A.** *BGHSt* 46, 93 = StV 2000, 593: verwertbar, aber besonders vorsichtige Beweiswürdigung.

seinerseits prüfen, ob die Voraussetzungen für den Ausschluss des Beschuldigten tatsächlich vorlagen.[1955]

Ein Angeklagter kann den einen Mitangeklagten betreffenden Verfahrensfehler nicht rügen (Beispiel: Die Verletzung des Anwesenheitsrechts des Verteidigers eines Mitangeklagten kann von einem Angeklagten nicht beanstandet werden, der selbst im Zeitpunkt der Vernehmung noch nicht beschuldigt war und mithin noch keine eigenen Verfahrensrechte hatte).

1310 • Ist die Benachrichtigung des Angeklagten und seines Verteidigers unterblieben, obwohl diese im Zeitpunkt der Vernehmung bereits ein Anwesenheitsrecht hatten?

Ihre Benachrichtigung durfte nach §§ 168c Abs. 5 S. 2, 224 Abs. 1 S. 2 StPO nur unterbleiben, wenn dadurch der Untersuchungserfolg gefährdet worden wäre[1956], wobei die Benachrichtigung des Verteidigers nicht aus Gründen unterbleiben durfte, die allein in der Person des Beschuldigten lagen.[1957] Die unterbliebene Benachrichtigung des Beschuldigten bzw. Angeklagten könnte folgenlos bleiben, wenn dieser durch seinen Verteidiger Kenntnis von der bevorstehenden Vernehmung erhalten hat.[1958]

Der Verwertung der Niederschrift muss spätestens in der Hauptverhandlung im Anschluss an ihre Verlesung (§ 257 StPO)[1959] widersprochen worden sein, wobei nur ein unverteidigter Angeklagter auf das Widerspruchserfordernis hingewiesen worden sein muss.[1960] Der Widerspruch muss mit der unterbliebenen Benachrichtigung begründet worden sein.[1961]

Im Falle eines Widerspruchs beschränkt sich die revisionsgerichtliche Überprüfung auf die Frage, ob der Tatrichter rechtsfehlerfrei die Benachrichtigung unterlassen hat. Hat der Tatrichter diese Prüfung nicht vorgenommen, was bei einer fehlenden Aktendokumentation ersichtlich ist, darf das Revisionsgericht nicht selbst das Vorliegen der Voraussetzungen der §§ 168c Abs. 5, 224 Abs. 1 StPO überprüfen.

1311 • Hat der Vernommene gem. § 68 StPO Angaben zu seinen Personalien gemacht?

Ein Verstoß gegen § 68 StPO macht die Verlesung unzulässig.[1962] Nur unter den

---

1955 *BGHSt* 31, 140 = StV 1983, 51= JZ 1983, 354 m. Anm. *Fezer.*

1956 Unterbleibt die Benachrichtigung, kann darin keine konkludente Entscheidung des Inhalts gesehen werden, durch die Benachrichtigung werde der Untersuchungserfolg gefährdet: *SchlHOLG* StV 2008, 401 = StraFo 2008, 337.

1957 *BGHSt* 29, 1, 4.

1958 Offengelassen von *BGH* v. 7.10.2014 – 1 StR 381/14 = NStZ 2015, 98. Deshalb sollte vorsorglich vorgetragen werden, falls der Beschuldigte keine Kenntnis von dem Termin durch seinen Verteidiger erhalten hat (Negativtatsache!).

1959 Die Rspr. vor *BGHSt* 38, 214 machte die Unverwertbarkeit von einem Widerspruch *vor* der Verlesung abhängig!

1960 *BGH* NJW 1996, 2239/2241; *BGH* NStZ-RR 2002, 110.

1961 Vgl. zu dem Begründungserfordernis *BGH* StV 2008, 8.

1962 *BGH* StV 1984, 231.

Voraussetzungen des § 68 Abs. 2, Abs. 3 StPO dürfen die gegenwärtige und frühere Identität sowie weitere Personalangaben verheimlicht werden.

- Ist bei der Vernehmung eines (Mit-)Beschuldigten dieser über sein Schweige-**1312** recht belehrt worden (§§ 136 Abs. 1, 243 Abs. 5 StPO)?

Die Vernehmungsniederschrift ist nach zutreffender Auffassung unverwertbar, wenn nicht auszuschließen ist, dass der Mitbeschuldigte in Unkenntnis seiner Rechte glaubte, aussagen zu müssen und er dadurch versucht sein konnte, sich auf Kosten des Angeklagten wahrheitswidrig zu entlasten.[1963] Das muss auch dann gelten, wenn der Mitbeschuldigte zwischenzeitlich verstorben oder unbekannten Aufenthalts ist.[1964]

- Ist bei der Vernehmung eines zeugnisverweigerungsberechtigten Zeugen die Be-**1313** lehrung nach § 52 Abs. 3 StPO unterblieben?

In einem solchen Fall darf die Vernehmungsniederschrift nicht verlesen werden.[1965] Eine Ausnahme macht die Rspr., wenn der Zeuge verstorben ist[1966] oder er im Falle seiner Anwesenheit in der Hauptverhandlung Mitangeklagter wäre, ihm also ein Zeugnisverweigerungsrecht nur deshalb zusteht, weil er wegen Unerreichbarkeit die Rolle eines Zeugen eingenommen hat.[1967]

Bei der Frage einer unterbliebenen Belehrung über das Zeugnisverweigerungsrecht kommt es allein darauf an, ob ein Angehörigenverhältnis bestand, was ggf. im Freibeweisverfahren zu klären ist. Auf das Wissen des vernehmenden Richters von dem Angehörigenverhältnis kommt es nicht an.

- Ist der vernommene Zeuge nach § 55 Abs. 2 StPO belehrt worden? **1314**

Nach Auffassung der Rspr. soll eine unterbliebene Belehrung über das Auskunftsverweigerungsrecht der Verlesbarkeit einer richterlichen Vernehmungsniederschrift nicht entgegenstehen.[1968] Dem ist nicht zuzustimmen. § 55 StPO schützt nicht nur den Rechtskreis des Zeugen, sondern auch die Wahrheitsfindung. Ein Zeuge, der sich der Gefahr strafrechtlicher Verfolgung i.S.d. § 55 Abs. 1 StPO ausgesetzt sieht, ist im Falle der Annahme, zur Aussage verpflichtet zu sein, der Versuchung ausgesetzt, wahrheitswidrig andere, ggf. also auch den Angeklagten, zu belasten.

Eine revisionsrechtliche Überprüfung ist allerdings darauf beschränkt, ob sich aus dem festgestellten Sachverhalt die Gefahr für den Zeugen ergibt, im Zeitpunkt seiner Vernehmung strafrechtlich verfolgt werden zu können.

- Ist der Niederschrift der Vernehmung zu entnehmen, dass § 69 StPO beachtet **1315** wurde?

1963   Strittig LR-*Mosbacher*[26] § 251 Rn. 15; *BGH* NStZ 1994, 595 („Rechtskreistheorie").
1964   Strittig LR-*Mosbacher*[26] § 251 Rn. 15.
1965   LR-*Mosbacher*[26] § 251 Rn. 14 m.w.N.
1966   *BGHSt* 22, 35; LR-*Mosbacher*[26] § 251 Rn. 14 m.w.N.
1967   LR-*Mosbacher*[26] § 251 Rn. 15.
1968   LR-*Mosbacher*[26] § 251 Rn. 14 m.w.N.

Die Verlesung wäre unzulässig, wenn eine zusammenhängende Äußerung durch einen Vorhalt oder eine bloße Bezugnahme auf eine frühere Vernehmung ersetzt worden wäre.[1969] Es wäre deshalb unzulässig, wenn der Vernommene unter sofortiger Bezugnahme auf eine frühere Vernehmung (ggf. nach deren Verlesung) nur noch die Richtigkeit seiner dort gemachten Angaben bestätigt hätte.

1316 • Sind dem Zeugen Schriftstücke vorgehalten worden, an die er sich trotz Vorhalts nicht erinnert hat?
Das betreffende Schriftstück muss im Zusammenhang mit der Verlesung der Vernehmungsniederschrift in der Hauptverhandlung mitverlesen worden sein, falls eine solche Verlesung zulässig war.[1970]

1317 • Ist der Zeuge, Mitbeschuldigte oder Sachverständige anlässlich der richterlichen Vernehmung vereidigt worden?[1971]

c) Ist eine Niederschrift über eine im Ausland durchgeführte Vernehmung verlesen worden?

1318 Die Verlesbarkeit von Niederschriften von im Ausland durchgeführten richterlichen Vernehmungen erfordert nach ständiger Rspr. des *BGH* lediglich die Einhaltung der im Vernehmungsstaat geltenden Verfahrensvorschriften.[1972] Diese – in der Literatur vielfach kritisierte[1973] – Rspr. gilt allerdings nicht lückenlos. So kann mit der Verfahrensrüge die Verwertung der Niederschrift einer Rechtshilfevernehmung durch ein ausländisches Gericht auch dann beanstandet werden, wenn eine nach deutschem Recht erforderliche Belehrung über ein Zeugnisverweigerungsrecht unterblieben ist, die das ausländische Recht nicht vorsieht, wenn der Verlesung in der Hauptverhandlung widersprochen worden ist.[1974]

1319 Diese Rspr. des *BGH* gilt ferner nicht für Vernehmungen in denjenigen Mitgliedstaaten der Europäischen Union, für die das am 2.2.2006 in Kraft getretene Übereinkommen vom 29.5.2000 über die Rechtshilfe in Strafsachen zwischen den Mitgliedstaaten der Europäischen Union (EU-RhÜbK) Anwendung findet. Nach Art. 4 Abs. 1 des Übereinkommens sind Rechtshilfeersuchen nach dem Recht des **ersuchenden Staates** zu erledigen,[1975] so dass bspw. das Unterlassen der nach § 168c

---

1969 *BGH* StV 1982, 3 = NStZ 1982, 41.
1970 *BGH* StV 1982, 3; *BGH* StV 1990, 533.
1971 Siehe Ziff. V. Rn. 1325.
1972 *BGH* NStZ 1983, 181; *BGH* StV 1992, 403, KK-*Diemer*[7] § 251 Rn. 20.
1973 Vgl. *Böse* ZStW 114 (2002) S. 148 ff. sowie die umfassende Darstellung bei *Schuster* Die Verwertbarkeit im Ausland gewonnener Beweise im deutschen Strafprozess, 2006, m.w.N.; *Gleß* in: FS Grünwald, 1999, S. 197 ff.
1974 *BGH* StV 1992, 403 = NStZ 1992, 394. Offengelassen für die Verwertbarkeit einer Beschuldigtenvernehmung, bei der – nach dem Recht des Vernehmungsortes zulässigerweise – eine Belehrung über die Aussagefreiheit unterblieben ist: *BGH* StV 1995, 231 = NStZ 1994, 595 m. abl. Anm. *Wohlers* NStZ 1995, 45.
1975 KK-*Diemer*[7] § 251 Rn. 20.

StPO gebotenen Benachrichtigung des Verteidigers über Ort und Zeit einer richterlichen Zeugenvernehmung in Frankreich zu einem Verwertungsverbot der Vernehmungsniederschrift führt, auch wenn gem. französischem Verfahrensrecht die richterliche Zeugenvernehmung ohne Benachrichtigung des Verteidigers erfolgen durfte.[1976] Zusätzlich zu dem für die Rüge der Verletzung des § 251 Abs. 2 StPO erforderlichen Verfahrensvortrag sind das Rechtshilfeersuchen und die die Durchführung der Rechtshilfevernehmung betreffende weitere Korrespondenz zwischen der Bundesrepublik Deutschland und dem ersuchten Staat mitzuteilen.

II. Anforderungen an den Vortrag der Rüge der Verletzung des § 251 Abs. 2 StPO

Gerügt wird die Verletzung des § 251 Abs. 2 StPO, weil ein richterliches Protokoll **1320** verlesen wurde, obwohl dieses wegen Mängeln seiner Form oder seines Zustandekommens nicht nach § 251 Abs. 2 StPO verlesen werden durfte:

1. Es muss der Inhalt der Vernehmungsniederschrift wörtlich vollständig mitgeteilt werden.
2. Es muss mitgeteilt werden, dass diese Vernehmungsniederschrift verlesen wurde.
3. Es muss die Tatsachengrundlage für die Unzulässigkeit der Vernehmung mitgeteilt werden, die folgende Ursache haben kann:
   a) Es ist ggf. mitzuteilen, dass die Vernehmung nicht durch einen Richter oder eine gleichgestellte Person bzw. zwar durch einen Richter, aber trotz Vorliegens eines Ausschlusstatbestands gem. §§ 22, 23 StPO etc. durchgeführt wurde. Letzteres ist konkret darzulegen.
   b) Es ist ggf. mitzuteilen, dass an der Vernehmung kein dazu qualifizierter Protokollführer mitgewirkt hat oder dass trotz fehlender Feststellung der Nichterforderlichkeit der Zuziehung eines Protokollführers kein Protokollführer anwesend war.
   c) Es muss ggf. mitgeteilt werden, dass die Vernehmungsniederschrift nicht mit der Unterschrift des Richters und ggf. eines anwesenden Protokollführers versehen war.
   d) Es ist ggf. mitzuteilen, dass die vernommene Person der deutschen Sprache nicht mächtig war, jedoch kein Dolmetscher anwesend war bzw. ein anwesender Dolmetscher nicht vereidigt wurde bzw. sich nicht auf einen allgemein geleisteten Eid berufen hat.
   e) Es ist ggf. mitzuteilen, dass ein an Vernehmungsstelle anwesender Verteidiger des Angeklagten von der Vernehmung ausgeschlossen wurde.
   f) Es ist ggf. mitzuteilen, dass ein im Zeitpunkt der Vernehmung bereits beauftragter und zur Akte gemeldeter Verteidiger an der Vernehmung eines wesentlichen Belastungszeugen trotz Vorliegens der Voraussetzung einer not-

---

1976 *BGH* NStZ 2007, 417 = StV 2007, 627.

wendigen Verteidigung nicht mitgewirkt hat und auch im weiteren Verlauf des Verfahrens keine Möglichkeit bestand, den Zeugen durch den Angeklagten oder seinen Verteidiger unmittelbar befragen zu können.

g) Es ist ggf. vorzutragen, dass vor Vernehmung eines wesentlichen Belastungszeugen kein Verteidiger bestellt wurde, obwohl die Voraussetzungen einer notwendigen Verteidigung oder des § 141 Abs. 3 S. 4 StPO vorlagen.

h) Es ist ggf. vorzutragen, dass der jetzige Angeklagte trotz seines Rechts auf Anwesenheit bei der Vernehmung gem. §§ 168c Abs. 2, Abs. 4, 224 Abs. 1, Abs. 2 StPO von der Vernehmung ausgeschlossen wurde und der Tatrichter die Prüfung der Rechtmäßigkeit dieses Ausschlusses unterlassen oder rechtsfehlerhaft vorgenommen hat.

i) Es ist ggf. vorzutragen, dass der Verwertung einer verlesenen Vernehmungsniederschrift spätestens unmittelbar nach deren Verlesung in der Hauptverhandlung widersprochen worden ist und die Benachrichtigung des Angeklagten und/oder seines Verteidigers trotz bestehenden Anwesenheitsrechts unterblieben ist und das erkennende Gericht nicht oder nicht rechtsfehlerfrei festgestellt hat, dass die Benachrichtigung unterbleiben durfte. Bei dem nicht benachrichtigten Beschuldigten/Angeklagten ist als Negativtatsache vorzutragen, dass er auch durch seinen Verteidiger keine Kenntnis von dem Termin erhalten hat.[1977]

j) Es ist ggf. vorzutragen, dass bei der Vernehmung eines Beschuldigten dieser über sein Schweigerecht nicht belehrt worden ist.

k) Es ist ggf. vorzutragen, dass bei der Vernehmung eines Zeugen dieser über ein bestehendes Zeugnisverweigerungsrecht bzw. ein bestehendes Auskunftsverweigerungsrecht nicht belehrt wurde, obwohl die auszuführenden Voraussetzungen für ein Zeugnisverweigerungsrecht bzw. Auskunftsverweigerungsrecht vorlagen.

l) Es ist ggf. vorzutragen, dass Angaben des Vernommenen zu seinen Personalien nicht gemacht wurden und auch die Voraussetzungen des § 68 Abs. 2 bzw. Abs. 3 StPO nicht vorlagen.

m) Es ist ggf. vorzutragen, dass der Vernommene keine zusammenhängende Äußerung gemacht hat, sondern diese durch einen Vorhalt oder eine bloße Bezugnahme auf eine frühere Vernehmung ersetzt wurde.

n) Es ist ggf. vorzutragen, dass dem Vernommenen während der Vernehmung vorgehaltene Schriftstücke, an die er sich ausweislich der Vernehmungsniederschrift trotz Vorhalts nicht erinnern konnte, in der Hauptverhandlung nicht verlesen worden sind.

1977 *BGH* v. 7.10.2014 – 1 StR 381/14 = NStZ 2015, 98.

III. Ist die Verlesung durch einen Gerichtsbeschluss angeordnet worden (§ 251 Abs. 4 StPO)?

1. Rechtsgrundlagen

Fehlt ein Gerichtsbeschluss, ist die Verlesung unzulässig. Das Urteil soll nicht auf **1321** dem fehlenden Beschluss beruhen, wenn allen Verfahrensbeteiligten der Grund der Verlesung klar gewesen sei.[1978] Die Angabe der Gesetzesbestimmung genügt dem Begründungserfordernis des § 251 Abs. 4 S. 2 StPO nicht.[1979] Die Begründung für die Verlesung darf auch nicht durch die Begründung der Anordnung der richterlichen Vernehmung durch einen ersuchten Richter ersetzt werden.[1980]

2. Anforderungen an den Vortrag der Rüge der Verletzung des § 251 Abs. 4 S. 1 StPO)

* In der Hauptverhandlung ist die Niederschrift über eine richterliche Verneh- **1322** mung einer in der Hauptverhandlung nicht vernommenen Person verlesen worden.

* Die Vernehmungsniederschrift ist vollständig mitzuteilen und ihr Verfasser zu bezeichnen.

* Ein die Verlesung anordnender Beschluss ist nicht gefasst worden. Die Vernehmungsniederschrift ist gleichwohl verlesen worden. Oder: Der Verlesungsbeschluss ist nicht mit Gründen versehen, was ausdrücklich als Verfahrensverstoß zu benennen ist.[1981]

* Wird in dem angefochtenen Urteil **nicht** darauf Bezug genommen, die betreffende Vernehmungsniederschrift sei **verlesen** worden, ist vorzutragen, dass ihr Inhalt auch nicht auf andere Weise prozessordnungsgemäß in die Hauptverhandlung eingeführt worden ist.[1982]

1978 *BGH* StV 1983, 319 m. Anm. *Schlothauer;* w.N. bei Rn. 1294; *Meyer-Goßner/ Schmitt*[60] § 251 Rn. 45 m.w.N.

1979 *BGH* v. 14.1.2010 – 1 StR 620/09 = NStZ 2010, 403 = StraFo 2010, 150. Zur Bedeutung des Beschlusserfordernisses s. *BGH* v. 10.6.2010 – 2 StR 78/10 = StV 2010, 617 = NStZ 2010, 649 (m. Anm. *Krüger* NStZ 2011, 594) = StraFo 2010, 342; sowie *BGH* v. 8.2.2011 – 4 StR 583/10 = NStZ 2011, 356.

1980 *OLG Hamm* v. 23.4.2013 – 1 RVs 20/13 = StV 2014, 329.

1981 *BGH* v. 14.1.2010 – 1 StR 620/09 = NStZ 2010, 403 = StraFo 2010, 150.

1982 Siehe Rüge 226 Rn. 1937.

IV. Lagen die Voraussetzungen für eine Verlesung gem. § 251 Abs. 2 Nr. 1–3 StPO vor und hat der Beschluss zur Anordnung der Verlesung den Grund der Verlesung ausreichend bekanntgegeben (§ 251 Abs. 4 S. 2 StPO)?

1. Rechtsgrundlagen

1323 Das Revisionsgericht prüft auf entspr. Rüge die Gründe des Verlesungsbeschlusses beschränkt auf Rechtsfehler. Dazu gehört bei den Verlesungsgründen des § 251 Abs. 2 Nr. 1 und 2 StPO die Frage, ob das anordnende Gericht unter Abwägung der Bedeutung der Aussage und der dem Erscheinen des Zeugen oder Sachverständigen in der Hauptverhandlung entgegenstehenden Hindernisses sich ausreichend bemüht hat, eine Vernehmung in der Hauptverhandlung zu ermöglichen und seine Entscheidung auf der Grundlage einer Abwägung der maßgebenden Umstände getroffen hat.[1983]

Eine Verlesung nach § 251 Abs. 2 Nr. 3 StPO wäre rechtsfehlerhaft, wenn es an dem erforderlichen Einverständnis des Sitzungsvertreters der Staatsanwaltschaft, des Verteidigers und des Angeklagten gefehlt hat.[1984]

2. Anforderungen an den Vortrag der Rüge der Verletzung des § 251 Abs. 2 Nr. 1–3 StPO

1324 **a)** Es sind der anordnende Gerichtsbeschluss, der Inhalt der Vernehmungsniederschrift im Wortlaut und die Tatsache ihrer Verlesung mitzuteilen.

b) Im Falle des § 251 Abs. 2 Nr. 1 StPO muss die Art und die konkret damit verbundene Auswirkung des Hindernisses dargelegt werden, das dem Erscheinen des Zeugen, Sachverständigen oder Mitbeschuldigten in der Hauptverhandlung entgegenstand. Es müssen sämtliche Bemühungen des Gerichts dargelegt werden, diese Hindernisse zu beseitigen und eine Vernehmung in der Hauptverhandlung zu ermöglichen. Entsprechende Korrespondenz, Aktenvermerke etc. sind vollständig und im Wortlaut mitzuteilen.

c) Im Falle des § 251 Abs. 2 Nr. 2 StPO ist die Entfernung zwischen Wohnort des Zeugen und Ort der Hauptverhandlung mitzuteilen.

d) Im Falle des § 251 Abs. 2 Nr. 3 StPO ist vorzutragen, dass der Sitzungsvertreter der Staatsanwaltschaft oder der bzw. ein Verteidiger oder der Angeklagte zu der Verlesung ihr Einverständnis nicht erteilt haben.

1983 *OLG Hamm* v. 23.4.2013 – 1 RVs 20/13 = StV 2014, 329.
1984 Nach Auffassung des *BGH* StV 1983, 319 m. abl. Anm. *Schlothauer* soll das Einverständnis auch stillschweigend erklärt werden können, indem einer angekündigten Verlesung nicht widersprochen worden sei. Das kann dann nicht gelten, wenn der Beschluss keine Begründung für die Verlesung angibt: *BGH* v. 9.11.2009 – 4 StR 276/09 = StV 2010, 289 = NStZ 2010, 585 = StraFo 2010, 158.

V. Ist festgestellt worden, ob der Vernommene vereidigt worden ist (§ 251 Abs. 4 S. 2 StPO)?

Ist ein Zeuge vereidigt worden (vgl. z.b. § 223 Abs. 3 StPO), ist zu prüfen, ob der **1325** Vereidigung ein Vereidigungsverbot (§ 60 Nr. 1 oder Nr. 2 StPO) entgegenstand. Ist die Vereidigung unzulässigerweise erfolgt, muss die Aussage des Vernommenen bei der Urteilsberatung als unvereidigte gewürdigt werden. Außerdem sind die Verfahrensbeteiligten vor Schluss der Beweisaufnahme darauf hinzuweisen, dass das Gericht die Vereidigung für unzulässig hielt.[1985]

Ist die Vereidigung unterblieben (vgl. z.b. § 63 StPO), ist die Vereidigung nachzuholen, wenn sie dem Gericht notwendig erscheint und noch ausführbar ist (§ 251 Abs. 4 S. 3 StPO). Die Notwendigkeit bestimmt sich nach den §§ 59 ff. bei Zeugen bzw. 79 Abs. 1 StPO bei Sachverständigen.[1986]

VI. Ist eine nicht ordnungsgemäß errichtete richterliche Vernehmungsniederschrift i.S.d. § 251 Abs. 2 StPO nach § 251 Abs. 1 StPO verlesen worden?

Nach Auffassung der Rspr. dürfen auch nicht ordnungsgemäß errichtete richterliche **1326** Vernehmungsniederschriften dann verlesen werden, wenn die Voraussetzungen des § 251 Abs. 1 StPO[1987] vorlagen und das Gericht durch einen Beschluss (§ 251 Abs. 4 StPO) die Verlesung ausdrücklich auf § 251 Abs. 1 StPO gestützt hat.[1988]

Dem kann nicht zugestimmt werden. Ein richterliches Protokoll ist keine Nieder- **1327** schrift über eine andere Vernehmung, sondern bleibt auch dann ein solches über eine richterliche Vernehmung, wenn die Voraussetzungen der Verlesbarkeit nach § 251 Abs. 2 StPO nicht erfüllt sind.[1989] Die vom *BGH* zugelassene Möglichkeit, Fehler einer richterlichen Vernehmungsniederschrift durch deren Verlesung statt nach § 251 Abs. 2 nach § 251 Abs. 1 StPO zu „heilen", scheitert ohnehin im Falle von Zeugen oder Sachverständigen, die nach ihrer richterlichen Vernehmung verstorben sind. In diesem Fall ist eine Verlesung nur nach § 251 Abs. 1 Nr. 2 StPO möglich, weil der für richterliche Vernehmungen geltende § 251 Abs. 2 Nr. 1 StPO a.F. ersatzlos durch das 1. JuMoG gestrichen worden ist. Es stellt sich dann im Falle einer Verlesung der richterlichen Vernehmungsniederschrift nach § 251 Abs. 1 StPO die Frage, wie die einer richterlichen Vernehmung beigemessene besondere Zuverlässigkeit und gesteigerte Richtigkeitsgewähr (Zeugen und Sachverständige stehen hier unter einer strafbewehrten Wahrheitspflicht) in Fällen relativiert werden

---

1985   Zu den Anforderungen an den Vortrag s. Rüge 102 Rn. 1041.
1986   Zu den Anforderungen an den Vortrag s. Rüge 104 Rn. 1050.
1987   Siehe Rüge Nr. 145 Rn. 1279.
1988   *BGH* StV 2005, 255 m.w.N.
1989   Siehe zum Streitstand *Meyer-Goßner/Schmitt*[60] § 251 Rn. 15.

kann, in denen bspw. durch die fehlerhafte Nichtbenachrichtigung des Verteidigers eine wesentliche und deshalb gesetzlich vorgeschriebene Voraussetzung für diese Zuverlässigkeit und Richtigkeit gefehlt hat.

VII. Verwandte Rügemöglichkeiten

1328 1. Wurden im Urteil Vernehmungsniederschriften verwertet, die nicht Inbegriff der Hauptverhandlung waren? Das gilt auch für die Fälle, in denen zwar die Verlesung durch Beschluss gem. § 251 Abs. 4 StPO angeordnet, die Verlesung aber nicht durchgeführt worden ist.[1990]

1329 2. Wurden im Urteil Vernehmungsniederschriften inhaltlich unzutreffend wiedergegeben?[1991]

1330 3. Sind in der Hauptverhandlung verlesene Vernehmungsniederschriften bei der Beweiswürdigung unberücksichtigt geblieben?[1992]

1331 4. Ist es unterlassen worden, Vernehmungsniederschriften zu verlesen, insbesondere wenn dies durch Beschluss gem. § 251 Abs. 4 StPO angeordnet worden ist?[1993]

1332 5. Sind einem Angeklagten, Mitangeklagten, Zeugen oder Sachverständigen Vorhalte aus einer Vernehmungsniederschrift gemacht worden, die unter Verletzung der Benachrichtigungspflicht des Angeklagten bzw. seines Verteidigers zustandegekommen ist[1994] oder wurde der Inhalt einer solchen Vernehmung anderweitig bei der Urteilsfindung verwertet.[1995]

1990 *BGH* wistra 1992, 30. S. allerdings die entgegengesetzte Entscheidung desselben Senats: *BGH* v. 11.4.2007 – 3 StR 383/06 = wistra 2007, 271.
1991 Siehe Rüge 227 Rn. 1946.
1992 Siehe Rüge 228 Rn. 1954.
1993 Zur Verletzung des § 245 Abs. 1 StPO s. Rüge 189 Rn. 1692.
1994 Siehe zum Streitstand zu dieser Frage die Nachw. bei *Meyer-Goßner/Schmitt*[60] § 168c Rn. 6.
1995 Siehe Rüge 249 Rn. 2115.

Rüge 147

Ist der Inhalt einer Vernehmungsniederschrift im Zusammenhang mit der Vernehmung der **1333**
Verhörsperson in der Hauptverhandlung verlesen und im Urteil verwertet worden, ohne
dass die Verlesungsvoraussetzungen der §§ 251 u. 254 StPO vorlagen?

I. Rechtsgrundlagen

Liegen die Verlesungsvoraussetzungen der §§ 251, 254 StPO nicht vor, darf die **1334**
Vernehmungsniederschrift eines Zeugen, Sachverständigen oder Angeklagten nicht
deshalb verlesen werden, weil sich die zu deren Inhalt vernommene Verhörsperson
– auch nach Vorhalt – nicht mehr an den Inhalt der Aussage erinnern kann. Eine
entspr. Anwendung des § 253 Abs. 1 StPO ist in einem solchen Fall ausgeschlossen.[1996] Dies gilt sowohl für die Einführung der Aussage eines Zeugen oder Sachverständigen[1997] als auch für die nicht-richterliche Aussage eines Angeklagten.[1998]

II. Anforderungen an die Rüge der Verletzung der §§ 250, 253 StPO durch Verlesung der Niederschrift über die frühere Vernehmung eines nicht in der Hauptverhandlung vernommenen Zeugen, Sachverständigen oder Angeklagten

1. In der Hauptverhandlung ist in Anwesenheit der Verhörsperson die Niederschrift **1335**
   über die frühere Vernehmung eines Zeugen, Sachverständigen oder der nicht-
   richterlichen Vernehmung des Beschuldigten/Angeklagten verlesen bzw. vorgelesen worden. Die Tatsache der Verlesung, eine entspr. Anordnung des Vorsitzenden sowie der vollständige Inhalt der Vernehmungsniederschrift müssen mitgeteilt werden. Der Beweis der Verlesung ist als wesentliche Förmlichkeit des
   Verfahrens durch das Hauptverhandlungsprotokoll zu erbringen.
2. Der vernommene Zeuge oder Sachverständige ist in der Hauptverhandlung nicht
   vernommen worden. Der Angeklagte hat geschwiegen bzw. sich abweichend
   von der verlesenen Aussage eingelassen.[1999]
3. Die Vernehmungsniederschrift wurde nicht nach §§ 251, 254 StPO verlesen
   bzw. die Voraussetzungen dieser Vorschriften lagen – wie im Einzelnen darzulegen ist[2000] – nicht vor.

1996 SK-StPO-*Velten*[5] § 253 Rn. 13; krit. *Mosbacher* NStZ 2014, 1, 4 f.
1997 *BGHSt* 11, 338, 340; *BGH* v. 2.3.1983 – 2 StR 744/82 = NStZ 1984, 17 Nr. 17; *BGH*
     v. 19.3.2013 – 3 StR 26/13 = StV 2013, 545 = NStZ 2013, 479.
1998 *BGH* v. 23.8.1994 – 5 StR 447/94 = StV 1994, 637.
1999 Dies kann den – nach Erhebung der allgemeinen Sachrüge – zugänglichen Urteilsgrün-
     den entnommen werden.
2000 Siehe Rügen 145 (Rn. 1279), 146 (Rn. 1296) und 148 (Rn. 1336).

4. Die Verhörsperson hat erklärt, sich an den Inhalt der Aussage – auch nach Vorhalt – nicht erinnern zu können.[2001]

Rüge 148

1336 Wurden in der Hauptverhandlung in einem richterlichen Protokoll oder in einer Bild-Ton-Aufzeichnung einer richterlichen Vernehmung enthaltene Erklärungen des Angeklagten verlesen bzw. vorgeführt (§ 254 StPO)?

I. Rechtsgrundlagen

1337 1. Bei den nach § 254 StPO verlesbaren bzw. als Bild-Ton-Aufzeichnung (§ 136 Abs. 4 StPO) vorführbaren Erklärungen muss es sich um solche des jetzigen Angeklagten handeln, die dieser einem Gericht oder einem einzelnen Richter gegenüber als Beschuldigter gemacht hat, gleichgültig ob im anhängigen oder in einem anderen Strafverfahren. Der Auffassung, dass auch eine Vernehmung als **Zeuge** im Strafverfahren oder als **Verfahrensbeteiligter** anlässlich einer gerichtlichen Vernehmung in einem Verfahren einer anderen Verfahrensordnung zulässig sein soll, wenn sie ein Geständnis enthält,[2002] kann nicht zugestimmt werden. Verlesungsvoraussetzung ist die Belehrung als Beschuldigter gem. § 136 Abs. 1 StPO vor Abgabe eines Geständnisses.[2003] Diese kann nicht durch die Belehrung gem. § 55 Abs. 1 StPO oder einer vergleichbaren Vorschrift einer anderen Verfahrensordnung ersetzt werden.[2004]

1338 Der Gegenstand der seinerzeitigen richterlichen Vernehmung und der jetzige Verfahrensgegenstand müssen immer identisch sein.[2005]

1339 2. Nach § 254 Abs. 1 StPO verlesbar bzw. aufführbar sind nur nach der StPO ordnungsgemäß zustande gekommene Niederschriften bzw. Aufzeichnungen über vor einem Richter (auch in Form einer Sitzungsniederschrift[2006]) abgegebene Erklärun-

---

2001 Die Angabe der Verhörsperson, engegengenommene Erklärungen zutreffend protokolliert zu haben, macht den Protokollinhalt nicht verwertbar: *BGH* NStZ 1995, 47; *OLG Köln* v. 25.10.2016 – 1 RVs 227/16 = StraFo 2017, 156; *Meyer-Goßner/Schmitt*[60] § 254 Rn. 8.

2002 *Meyer-Goßner/Schmitt*[60] § 254 Rn. 4 m.w.N.; differenzierend LR-*Mosbacher*[26] § 254 Rn. 7 m.w.N.

2003 KK-*Diemer*[7] § 254 Rn. 3.

2004 Dies würde nur dann kompensiert, wenn die Voraussetzungen für eine Verwertung im Strafverfahren i.S.v. *BGHSt* 38, 214 erfüllt sind: *BGH* NStZ 1996, 612.

2005 *OLG Hamburg* StV 1997, 11.

2006 Siehe zu den Anforderungen an eine richterliche Vernehmungsniederschrift oben Rüge 146 Rn. 1304.

gen des Beschuldigten.[2007] An der Vernehmung muss ggf. ein nach § 141 Abs. 3 S. 4 StPO beigeordneter Verteidiger mitgewirkt haben.[2008]

3. Die Verlesung bzw. Aufführung muss zum Zwecke der Beweisaufnahme über   **1340** ein Geständnis, also das Zugestehen der Tat oder einzelner Tatsachen, die für die Entscheidung zur Schuld- oder Rechtsfolgenfrage erheblich sein können, sowie zur Aufklärung von Widersprüchen erfolgen, wobei die Revision die dieser Beurteilung zugrundeliegenden Tatsachen nicht beanstanden, sondern eine Rüge nur auf Rechtsfehler stützen kann.

II. Anforderungen an den Vortrag der Rüge der Verletzung des § 254 StPO

1. Gerügt wird die Verletzung des § 254 StPO, weil ein richterliches Protokoll ver-   **1341** lesen bzw. eine Bild-Ton-Aufzeichnung einer richterlichen Vernehmung vorgeführt wurde, obwohl dieses wegen mangelhafter Form oder wegen Mängeln seines Zustandekommens nicht nach § 254 StPO hätte verlesen werden dürfen.

a) Es ist die Anordnung der Verlesung gem. § 254 StPO durch den Vorsitzenden[2009] mitzuteilen.[2010]

b) Es muss der Inhalt der Vernehmungsniederschrift bzw. Aufzeichnung wörtlich vollständig mitgeteilt werden.

c) Es muss mitgeteilt werden, dass diese Vernehmungsniederschrift verlesen bzw. die Aufzeichnung vorgeführt wurde.[2011]

d) Es muss die Tatsachengrundlage für die prozessualen Mängel der Vernehmung und aufgenommenen Vernehmungsniederschrift bzw. Aufzeichnung mitgeteilt werden.[2012]

e) Beruht der Mangel der richterlichen Vernehmungsniederschrift bzw. Aufzeichnung darauf, dass der Angeklagte nicht über sein Schweigerecht belehrt wurde, ist ein ergänzender Vortrag erforderlich.[2013] Dies gilt auch für den Fall der Nichtmitwirkung eines dem Angeklagten nach § 141 Abs. 3 S. 4 StPO beizuordnenden/beigeordneten Verteidigers. Hier sind Tatsache, Inhalt und

---

2007   Die mit dem Einverständnis des Angeklagten von seinem Verteidiger in einer früheren Hauptverhandlung abgegebene schriftlich vorbereitete und als Anlage zum Protokoll genommene Erklärung stellt kein „Geständnis" des Angeklagten dar, über das in einem anderen Strafverfahren nach § 254 StPO Beweis erhoben werden dürfte: *BGH* v. 10.11.2008 – 3 StR 390/08 = StV 2009, 454 = NStZ 2009, 173.

2008   Siehe dazu *Schlothauer* StV 2017, 557.

2009   Eines Gerichtsbeschlusses bedarf es nicht; **a.A.** SK-StPO-*Velten*[5] § 254 Rn. 19.

2010   Zum Protokollierungserfordernis des Grundes der Verlesung s. § 255 StPO.

2011   Die Tatsache der Verlesung ist eine wesentliche Förmlichkeit i.S.d. § 273 Abs. 1 StPO: LR-*Mosbacher*[26] § 254 Rn. 25.

2012   Zu Einzelheiten s. Rüge 146 Ziff. II. 3. Rn. 1320. Ist ein beauftragter Verteidiger entgegen § 168c StPO nicht benachrichtigt worden, bedarf es des Vortrags des rechtzeitigen Widerspruchs.

2013   Siehe Rüge 240 Rn. 2038.

Zeitpunkt eines in der Hauptverhandlung geltend gemachten Verwertungswiderspruchs mitzuteilen.

1342 2. Gerügt wird die Verletzung des § 254 StPO, weil in der Hauptverhandlung eine richterliche Vernehmungsniederschrift des Angeklagten verlesen bzw. eine Aufzeichnung vorgeführt worden ist, deren Gegenstand mit dem jetzigen Verfahrensgegenstand nicht identisch ist:

a) Es ist die Anordnung der Verlesung bzw. Vorführung gem. § 254 StPO durch den Vorsitzenden[2014] mitzuteilen.[2015]

b) Es muss der Inhalt der verlesenen Niederschrift bzw. vorgeführten Aufzeichnung vollständig wörtlich mitgeteilt werden.

c) Es muss die Tatsache der Verlesung der Niederschrift bzw. Vorführung der Aufzeichnung mitgeteilt werden.

d) Bei gleichzeitiger Erhebung der Sachrüge ist die Mitteilung des den jetzigen Verfahrensgegenstand bildenden Tatvorwurfs nicht erforderlich. Anderenfalls müssen die Anklageschrift, der Eröffnungsbeschluss und ggf. dem Angeklagten gegebene rechtliche Hinweise i.S.d. § 265 StPO wörtlich mitgeteilt werden.

III. Im Zusammenhang mit der Verlesung von Geständnisprotokollen stehende Verfahrensrügen

1343 1. Es ist in der Hauptverhandlung ein nicht-richterliches Protokoll über ein Geständnis verlesen worden.

Dies ist auch dann unzulässig, wenn der nicht-richterliche Vernehmungsbeamte verstorben oder sonst unerreichbar ist.[2016]

1344 2. Gerügt werden kann die fehlende Übereinstimmung der Urteilsfeststellungen mit dem Inhalt des verlesenen richterlichen Geständnisprotokolls.[2017]

1345 3. Die unterbliebene Verlesung eines richterlichen Geständnisprotokolls nach § 254 StPO kann die Rüge der Verletzung der Aufklärungspflicht (§ 244 Abs. 2 StPO), ggf. auch des § 245 Abs. 1 StPO begründen.[2018]

1346 4. Gerügt werden kann die fehlende Berücksichtigung des Inhalts eines in der Hauptverhandlung verlesenen richterlichen Geständnisprotokolls bei der Beweiswürdigung, wenn diese vor dem Hintergrund des Inhalts des Geständnisprotokolls sich in wesentlichen Punkten als lückenhaft erweist.[2019]

2014 Eines Gerichtsbeschlusses bedarf es nicht; **a.A.** SK-StPO-*Velten*[5] § 254 Rn. 19.
2015 Zum Protokollierungserfordernis des Grundes der Verlesung s. § 255 StPO.
2016 Siehe Rüge 149 Rn. 1347.
2017 Siehe Rüge 227 Rn. 1946.
2018 Siehe hierzu Rüge 190 Rn. 1707 u. Rüge 189 Rn. 1692.
2019 Siehe Rüge 228 Rn. 1956.

Rüge 149

Wurde in der Hauptverhandlung die Niederschrift über eine nicht-richterliche Verneh-mung des Angeklagten verlesen? **1347**

I. Rechtsgrundlagen

Nichtrichterliche Niederschriften über eine frühere Vernehmung des jetzigen Ange-klagten dürfen zum Zweck der Beweisaufnahme über ihren Inhalt unabhängig da-von nicht verlesen werden, ob der Angeklagte seinerzeit als Beschuldigter im an-hängigen oder einem anderen Strafverfahren oder als Zeuge in einem Strafverfahren oder einem anderen Verfahren vernommen wurde. Insoweit begründet § 254 StPO ein Verwertungsverbot[2020]. Auch die ergänzende Verlesung anlässlich der Verneh-mung einer nicht-richterlichen Verhörsperson, die – auch nach Vorhalt – keine Er-innerung an den Inhalt der Aussage hat, ist unzulässig.[2021] Zulässig ist eine solche Verlesung nur dann, wenn sie darüber Beweis erbringen soll, dass eine solche Nie-derschrift überhaupt vorhanden ist.[2022] Findet eine Verlesung zum Zwecke der Be-weisaufnahme über ihren Inhalt gleichwohl statt, bedarf es weder hiergegen noch gegen die Verwertung des Inhalts der Urkunde eines Widerspruchs des Angeklag-ten. Der Auffassung, dass die Verlesung auch mit Einverständnis des Angeklagten zulässig wäre,[2023] steht der BGH zurückhaltend gegenüber.[2024]

1348

Es handelt sich um einen relativen Revisionsgrund. Das Urteil muss den Schluss da-rauf zulassen, dass der Inhalt der verlesenen Niederschrift bei der Urteilsfindung Berücksichtigung gefunden hat.

II. Anforderungen an den Vortrag der Rüge der Verletzung der §§ 250, 254 StPO

1. Es ist mitzuteilen, dass in der Hauptverhandlung eine nichtrichterliche Verneh-mungsniederschrift des Angeklagten verlesen worden ist. Darüber erbringt das Hauptverhandlungsprotokoll Beweis.

1349

2. Der Inhalt der Niederschrift ist vollständig im Wortlaut mitzuteilen.

3. Es ist mitzuteilen, dass an der betreffenden Vernehmung kein Richter, sondern ein Polizeibeamter oder Staatsanwalt etc. mitgewirkt hat.

4. Es sollte – zumindest im Zusammenhang mit der Beruhensfrage – auch dargelegt werden, dass das Gericht vom Inhalt der Niederschrift nicht zulässigerweise auf anderem Wege (bspw. Vernehmung der nichtrichterlichen Verhörsperson) Kenntnis erlangt hat.

2020   *Meyer-Goßner/Schmitt*[60] § 254 Rn. 6.
2021   Siehe Rüge 147 Rn. 1333.
2022   *BGHSt* 3, 149, 150; *Wömpner* NStZ 1983, 298.
2023   *Bohlander* NStZ 1998, 396.
2024   *BGH* Beschl. v. 25.4.2001 – 5 StR 12/01 u. *BGH* Beschl. v. 29.8.2007 – 1 StR 387/07.

Rüge 150

1350 Wurde die Vernehmung eines Zeugen, Sachverständigen oder Mitbeschuldigten in der Hauptverhandlung durch Vorführung der Bild-Ton-Aufzeichnung seiner früheren Vernehmung ersetzt (§ 255a StPO)?

I. Vorbemerkung

1351 Die unzulässige **Ersetzung** der persönlichen Vernehmung eines Zeugen, Sachverständigen oder Mitbeschuldigten durch die Vorführung einer Bild-Ton-Aufzeichnung seiner früheren Vernehmung begründet einen Verstoß gegen § 250 StPO[2025]. Dies führt zur Unverwertbarkeit der Aussage.[2026] Der Verfahrensverstoß begründet die Revision, wenn bei der Urteilsfindung die Aufführung verwertet worden ist und auf diesem Fehler das Urteil beruht.

1352 Wäre die Vernehmung des Zeugen, Sachverständigen oder Mitbeschuldigten in der Hauptverhandlung möglich gewesen, kann zudem die Aufklärungspflicht (§ 244 Abs. 2 StPO) verletzt sein. Für den Fall, dass ein Zeuge, dessen Vernehmung durch Vorführung einer Bild-Ton-Aufzeichnung ersetzt wurde, zu keinem Zeitpunkt des Verfahrens von dem Angeklagten oder für diesen durch einen Verteidiger befragt werden konnte, kann wegen der Bedeutung des Fragerechts des Art. 6 Abs. 3 lit. d EMRK zudem der Grundsatz des fairen Verfahrens (Art. 6 Abs. 1 EMRK) verletzt sein.[2027]

II. Unzulässigkeit der Ersetzung der persönlichen Vernehmung in den Fällen des § 255a Abs. 2 S. 1 StPO

1353 1. Der Zeuge war im Zeitpunkt der Urteilsfindung bereits 16 Jahre alt oder älter.

1354 2. Die Verurteilung des Angeklagten erfolgte wegen einer anderen Straftat als einer solchen gegen die sexuelle Selbstbestimmung (§§ 174–184c StGB), gegen das Leben (§§ 211–222 StGB) oder wegen Misshandlung von Schutzbefohlenen (§ 225 StGB), sofern sie nicht mit einer ebenfalls abgeurteilten Katalogtat zusammenfiel (Konkurrenzfall)[2028]. Dies ergibt sich aus den Urteilsgründen, wenn das Urteil mit der allgemeinen Sachrüge angefochten wurde. Dass im Zeitpunkt der aufgezeichneten Vernehmung wegen einer Katalogtat ermittelt wurde, reicht jedenfalls nicht aus.

2025 Demgegenüber ist die Vorführung in Ergänzung zur Vernehmung des Zeugen in der Hauptverhandlung zulässig: *BGHSt* 49, 68 = StV 2004, 246.

2026 KK-*Diemer*[7] § 255a Rn. 15.

2027 Siehe Rüge 101 Rn. 1032.

2028 KK-*Diemer*[7] § 255a Rn. 8; *Meyer-Goßner/Schmitt*[60] § 255a Rn. 8.

3. Der Zeuge war nicht selbst Opfer einer Katalogtat oder durch seine Wahrneh- **1355**
mung einer solchen Straftat und die spätere Bekundung derselben nicht in einer dem
kindlichen Opfer vergleichbaren Weise gefährdet und schutzbedürftig.[2029]

4. Bei der vorgeführten Aufzeichnung handelte es sich nicht um eine solche einer **1356**
richterlichen Vernehmung. Die Vorführung der Aufzeichnung einer nichtrichterlichen Vernehmung wäre nur unter den zusätzlichen Voraussetzungen des § 255a
Abs. 1 i.V.m. § 251 Abs. 1 StPO bzw. – dann aber nicht zum Beweis über den Aussageinhalt – als Augenscheinsobjekt oder zu Zwecken des Vorhalts zulässig.[2030]

Es ist deshalb vorzutragen, dass die Vernehmung nicht durch einen Richter durchgeführt wurde. Dass der Aussageinhalt im Urteil verwertet wurde, ergibt sich aus
den schriftlichen Urteilsgründen.

Auch die Aufzeichnung einer durch einen Richter durchgeführten Vernehmung ist **1357**
nur dann die einer „richterlichen Vernehmung", wenn sie ordnungsgemäß durchgeführt worden ist.[2031] Es können hier – soweit vergleichbar – dieselben Kriterien wie
an eine richterliche Vernehmung angelegt werden, deren Niederschrift nach § 251
Abs. 2 StPO verlesbar ist:

a) Es darf in der Person des vernehmenden Richters kein Ausschließungsgrund
   i.S.d. § 22 StPO vorgelegen haben.[2032]
b) Erfolgte die Vernehmung nach § 223 StPO durch einen beauftragten Richter,
   dessen Ablehnung wegen Besorgnis der Befangenheit als unzulässig oder unbegründet zurückgewiesen wurde und führt die zusammen mit dem angefochtenen
   Urteil auf entspr. Verfahrensrüge[2033] nach Beschwerdegrundsätzen vorgenommene Überprüfung zu dem Ergebnis, dass das Ablehnungsgesuch zu Unrecht
   verworfen worden war, hat dies zur Folge, dass die Aufzeichnung in der Hauptverhandlung nicht vorgeführt werden durfte.[2034] Es muss zusätzlich mitgeteilt
   werden, dass es sich bei dem Vernehmungsrichter um einen vom erkennenden
   Gericht beauftragten Richter gehandelt hat. Der Gerichtsbeschluss ist ebenso
   mitzuteilen wie der Zeitpunkt und der Inhalt des Ablehnungsgesuchs, die dienstliche Stellungnahme des abgelehnten Richters und die darauf ergangene Entscheidung.[2035]

2029 KK-*Diemer*[7] § 255a Rn. 7; LR-*Gollwitzer*[25] § 255a Rn. 8; SK-StPO-*Velten*[5] § 255a
Rn. 16; **a.A.** LR-*Mosbacher*[26] § 255a Rn. 8: Anwendbarkeit bei allen Zeugen unter 16
Jahren.
2030 KK-*Diemer*[7] § 255a Rn. 9.
2031 *Meyer-Goßner/Schmitt*[60] § 255a Rn. 8.
2032 *Meyer-Goßner/Schmitt*[60] § 251 Rn. 32. Zum Vortrag s. Rüge 15 Rn. 346.
2033 *Meyer-Goßner/Schmitt*[60] § 338 Rn. 29.
2034 Dies ist für die Revision dann von Bedeutung, wenn der mit der Durchführung der
Vernehmung **beauftragte** – und damit erkennende – Richter nicht an der Hauptverhandlung mitgewirkt hat und dadurch der absolute Revisionsgrund des § 338 Nr. 3
StPO nicht zum Tragen kommt.
2035 Siehe Rüge 16 Rn. 355.

c) Die Vernehmung muss unter Beachtung der Vorschriften des § 68 StPO[2036] und § 69 Abs. 1 S. 1 StPO[2037] durchgeführt worden sein.

d) Zeugen, die nach § 52 Abs. 1 StPO ein Zeugnisverweigerungsrecht haben, müssen nach § 52 Abs. 3 StPO belehrt worden sein.[2038] Bei Minderjährigen ohne die erforderliche Verstandesreife muss § 52 Abs. 2 StPO beachtet worden sein.[2039]

e) Hat bei einem der deutschen Sprache nicht mächtigen Zeugen ein Dolmetscher mitgewirkt, darf nicht dessen nach § 189 GVG erforderliche Vereidigung bzw. das Berufen auf einen allgemein geleisteten Eid unterblieben sein.[2040]

1358 Die wegen Fehlens dieser Voraussetzungen unzulässige Vorführung einer Aufzeichnung begründet die Revision und setzt nicht voraus, dass der Vorführung bzw. Verwertung widersprochen worden ist.[2041]

1359 5. Die Vorführung ist unzulässig, wenn der Angeklagte und sein Verteidiger keine Gelegenheit hatten, an der Vernehmung mitzuwirken.

a) Es ist mitzuteilen, dass der Angeklagte und auch kein Verteidiger an der Vernehmung mitgewirkt haben.

b) Es ist die Art der Vernehmung (Vernehmung durch den Ermittlungsrichter, kommissarische Vernehmung nach §§ 202 oder 223 StPO) mitzuteilen.

c) Der Angeklagte hatte **keine Gelegenheit zur Mitwirkung**, wenn er von dem Vernehmungstermin nicht benachrichtigt wurde (selbst wenn dies nach § 168c Abs. 5, 224 Abs. 1 StPO zulässig war)[2042], wenn er von der Anwesenheit ausgeschlossen wurde[2043] (obwohl eine getrennte Durchführung der Zeugenvernehmung gem. § 168e StPO erfolgte bzw. hätte erfolgen können), wenn ihm die Anwesenheit im Hinblick auf seine Inhaftierung (§§ 168c Abs. 4, 224 Abs. 2 StPO) nicht ermöglicht wurde[2044] oder wenn die Vernehmung auf dem Gebiet einer anderen Rechtsordnung durchgeführt wurde, die kein Anwesenheitsrecht vorsieht.[2045]

d) Der Angeklagte hatte ferner keine Gelegenheit zur Mitwirkung, wenn die Benachrichtigung so kurzfristig erfolgte, dass schon aus tatsächlichen Gründen sei-

---

2036 *BGH* StV 1984, 231: Verwertungsverbot bei Nichtaufdeckung der Identität, sofern nicht die Voraussetzungen des § 68 Abs. 3 StPO festgestellt worden sind.

2037 *BGH* NJW 1953, 35 = JR 1953, 121 m. Anm. *Ley*; *BGH* MDR 1981, 632 = StV 1981, 269.

2038 *Meyer-Goßner/Schmitt*[60] § 255a Rn. 8.

2039 Siehe Rüge 80 Rn. 910.

2040 *BGHSt* 22, 118; *BayObLG* JR 1977, 475 m. abl. Anm. *Peters*; s. hierzu Rüge 34 Rn. 579.

2041 So für § 251 Abs. 2 StPO *Meyer-Goßner/Schmitt*[60] § 251 Rn. 32.

2042 LR-*Mosbacher*[26] § 255a Rn. 13.

2043 *BGHSt* 49, 72 = StV 2004, 247 m. Anm. *Degener* StV 2006, 514.

2044 LR-*Mosbacher*[26] § 255a Rn. 13; *Meyer-Goßner/Schmitt*[60] § 255a Rn. 8a.

2045 KK-*Diemer*[7] § 255a Rn. 10.

ne Anwesenheit nicht möglich war oder einer begründeten Verhinderung nicht durch eine mögliche Terminsverlegung Rechnung getragen wurde.[2046]

e) Ein Verteidiger des Angeklagten hatte ebenfalls keine Gelegenheit zur Mitwirkung, wenn er von der Anwesenheit ausgeschlossen, nicht oder so kurzfristig benachrichtigt wurde, dass schon tatsächlich seine Anwesenheit bei der Vernehmung nicht zu realisieren war. Verhinderungen, die zu berechtigten Terminsverlegungsanträgen führen, muss Rechnung getragen worden sein, solange nicht die Gefahr eines Beweismittelverlustes droht.[2047] Von Gelegenheit zur Mitwirkung kann ferner nur dann gesprochen werden, wenn dem Verteidiger die vollständige Akte zur Einsichtnahme im Zeitpunkt der Vernehmung zur Verfügung stand.[2048]

f) Keine Gelegenheit zur Mitwirkung hatten Angeklagter bzw. Verteidiger, wenn ihnen die Möglichkeit verwehrt wurde, Fragen an den vernommenen Zeugen zu stellen bzw. stellen zu lassen.

Bestand in diesem Sinne keine Gelegenheit zur Mitwirkung, ist die Vorführung der Videoaufzeichnung unzulässig, was die Revision aber nur begründet, wenn ihr spätestens bis zu dem nach § 257 StPO maßgeblichen Zeitpunkt widersprochen worden ist,[2049] was vorgetragen werden muss.   **1360**

Vorsorglich sollte als Negativtatsache mitgeteilt werden, dass der Angeklagte bzw. sein Verteidiger weder auf ihre Mitwirkungsrechte nachträglich verzichtet[2050] noch sie sich mit der Verlesung einverstanden erklärt haben.[2051] Die Teilnahme eines Verteidigers an der Vernehmung, dem entgegen seinem Antrag keine vollständige Akteneinsicht gewährt worden war, lässt sich nicht als konkludenten Verzicht auf sein Mitwirkungsrecht werten.   **1361**

6. Die Zulässigkeit der Vorführung ist weiterhin davon abhängig, dass der Angeklagte zur Zeit der Vernehmung einen Verteidiger als Beistand hatte. Das gilt nicht nur im Hinblick darauf, dass es sich bei vielen Katalogtaten des § 255a Abs. 2 StPO um Fälle notwendiger Verteidigung i.S.d. § 140 Abs. 1 Nr. 2 StPO bzw. im Falle der Anklageerhebung um solche nach § 140 Abs. 1 Nr. 1 StPO handelt. Der Umstand, dass nur ein Verteidiger ein umfassendes Akteneinsichtsrecht und nicht nur ein beschränktes Auskunftsrecht nach § 147 Abs. 7 StPO hat, und die dem Ange-   **1362**

2046   Dies muss insbesondere dann gelten, wenn der Beschuldigte keinen Verteidiger hatte und man die Zulässigkeit der Vorführung nach § 255a Abs. 2 StPO nicht ohnehin davon abhängig macht, dass es sich im Zeitpunkt der Durchführung der Vernehmung um einen verteidigten Beschuldigten handelt (s. dazu unten Rn. 1362).

2047   *OLG München* StV 2000, 352; KK-*Diemer*[7] § 255a Rn. 11.

2048   *Schünemann* StV 1998, 391, 399; *Schlothauer* StV 1999, 47, 49; *Beulke* ZStW 113 (2001) 709, 713 f.; SK-StPO-*Velten*[5] § 255a Rn. 24; **a.A.** *BGHSt* 48, 268 = StV 2003, 650 m. abl. Anm. *Schlothauer* = JR 2004, 212 m. abl. Anm. *Vogel/Norouzi*; KK-*Diemer*[7] § 255a Rn. 10.

2049   KK-*Diemer*[7] § 255a Rn. 15: *Meyer-Goßner/Schmitt*[60] § 251 Rn. 32 a.E.

2050   KK-*Diemer*[7] § 255a Rn. 11.

2051   *Meyer-Goßner/Schmitt*[60] § 255a Rn. 8a.

klagten als juristischem Laien fremde Situation einer Zeugenbefragung begründen wegen der damit verbundenen Schwierigkeit der Sachlage und der Verteidigungsunfähigkeit einen Fall der notwendigen Verteidigung i.S.d. § 140 Abs. 2 StPO. Wird dem nicht ggf. durch Beiordnung eines Verteidigers Rechnung getragen, ist die Vorführung einer Aufzeichnung über die gleichwohl durchgeführte Vernehmung unzulässig.[2052]

1363 7. Handelt es sich um die Vorführung der Aufzeichnung eines Zeugen, dem im Zeitpunkt der Hauptverhandlung ein Zeugnisverweigerungsrecht i.S.d. § 52 Abs. 1 StPO zusteht, muss sich das Gericht vor der Vorführung, da der kindliche Zeuge in der Regel nicht anwesend ist, anderweitig davon überzeugen, ob dieser von § 52 StPO Gebrauch macht.[2053] Ist der Zeuge im Zeitpunkt seiner Vernehmung durch den vernehmenden Richter gem. § 52 Abs. 3 StPO belehrt worden, ist nach Auffassung der Rspr. trotz der nunmehrigen Wahrnehmung des Zeugnisverweigerungsrechts die Vernehmung des seinerzeitigen Vernehmungsrichters zulässig; auch wenn dessen Vernehmung das weniger zuverlässige Beweismittel ist, darf die Bild-Ton-Aufzeichnung nicht zu Beweiszwecken vorgeführt werden.[2054]

Kann ein zurzeit der Hauptverhandlung mangels Kenntnis seines Aufenthalts unerreichbarer kindlicher Zeuge nicht befragt werden, ob er von seinem Zeugnisverweigerungsrecht Gebrauch macht, steht dies der Vorführung seiner früheren richterlichen Vernehmung entgegen.[2055]

1364 8. Der in der Regel transkribierte Inhalt der aufgezeichneten und vorgeführten Vernehmung ist wörtlich mitzuteilen.

1365 9. Die Anordnung der Vorführung in Form einer Verfügung des Vorsitzenden[2056] bzw. eines (ggf. nach § 238 Abs. 2 StPO herbeigeführten) Gerichtsbeschlusses ist

---

2052 *Schlothauer* StV 1999, 47, 49; SK-StPO-*Velten*[5] § 255a Rn. 25; nur für Fälle notwendiger Verteidigung: KK-*Diemer*[7] § 255a Rn. 10.

2053 KK-*Diemer*[7] § 255a Rn. 9a. Ggf. müssen die zusätzlichen Voraussetzungen des § 52 Abs. 2 StPO erfüllt sein.

2054 So aber – obiter dicta – *BGHSt* 49, 72 = StV 2004, 247 m. Anm. *Degener* StV 2006, 514; ebenso zur Unzulässigkeit der Vorführung: KK-*Diemer*[7] § 255a Rn. 9a; *Meyer-Goßner/Schmitt*[60] § 255a Rn. 8.

2055 KK-*Diemer*[7] § 255a Rn. 9a.

2056 Für die Anordnung der Vorführung einer auf Video aufgezeichneten Vernehmung soll kein förmlicher Gerichtsbeschluss erforderlich sein, sondern die Anordnung des Vorsitzenden genügen: *BGH* v. 26.8.2011 – 1 StR 327/11 = NStZ 2011, 712 = StV 2012, 451 (m. abl. Anm. *Krüger/Wengenroth*, nach deren Auffassung ohne Anordnung in Form eines Gerichtsbeschlusses ein Verfahrensfehler vorliegt, auf dem das Urteil i.d.R. beruhe) = StraFo 2011, 397 m. abl. Anm. *Eisenberg*. Für Beschlusserfordernis auch KK-*Diemer*[6] § 255a Rn. 14; SK-StPO-*Velten*[5] § 255a Rn. 32. Die Begründung für das Beschlusserfordernis, § 255a Abs. 2 StPO tangiere wie § 251 StPO den Unmittelbarkeitsgrundsatz, überzeugt im Hinblick auf die Vorschriften der §§ 253, 254 u. 256 StPO nicht, die ebenfalls den Unmittelbarkeitsgrundsatz betreffen und trotzdem keinen Gerichtsbeschluss erfordern. Wie der BGH *Meyer-Goßner/Schmitt*[60] § 255a Rn. 11; LR-*Mosbacher*[26] § 255a Rn. 17; *Schlothauer* StV 1999, 47, 49.

im Wortlaut (ebenso wie eine Beanstandung nach § 238 Abs. 2 StPO) mitzuteilen. Ferner, dass die Aufzeichnung vorgeführt worden ist. Zusätzlich ist vorzutragen, dass der Zeuge in der Hauptverhandlung nicht persönlich, auch nicht im ggf. darzulegenden Umfang ergänzend vernommen worden ist.

III. Unzulässigkeit der Vorführung der Bild-Ton-Aufzeichnung eines Zeugen in den Fällen des § 255a Abs. 1 StPO

1. Es handelt sich nicht um die Aufzeichnung der Vernehmung eines **Zeugen.**[2057] **1366**

2. Es lagen nicht die Voraussetzungen des § 251 StPO vor, unter denen eine die   **1367** persönliche Vernehmung des Zeugen in der Hauptverhandlung ersetzende Verlesung einer Vernehmungsniederschrift hätte erfolgen dürfen.

3. Die Vorführung einer durch einen Richter durchgeführten Vernehmung nach   **1368** § 251 Abs. 2 StPO genügte nicht den an eine ordnungsgemäße richterliche Vernehmung zu stellenden Anforderungen.[2058]

4. Der (auch von einem Richter) vernommene Zeuge hat in der Hauptverhandlung   **1369** von seinem Zeugnisverweigerungsrecht nach § 52 StPO Gebrauch gemacht.[2059] Macht der Zeuge von seinem Zeugnisverweigerungsrecht keinen Gebrauch, kann statt seiner Vernehmung die Aufzeichnung abgespielt werden.[2060] Gestattet er unter Verweigerung im Übrigen die Verwertung seiner früheren Aussage, darf die Verhörsperson vernommen und dieser als Vorhalt die Aufzeichnung vorgespielt werden.[2061] Demgegenüber ist die unmittelbare Verwertung der Aufzeichnung, durch die die Vernehmung der Verhörsperson ersetzt wird, unzulässig.[2062]

Hatte der Zeuge im Zeitpunkt seiner Vernehmung ein Zeugnisverweigerungsrecht   **1370** nach § 52 StPO und ist er darüber bei seiner früheren Aussage nicht belehrt worden, so ist diese grundsätzlich unverwertbar.[2063]

Ist der Zeuge seinerzeit belehrt worden, ist im Falle seiner Erreichbarkeit zunächst zu klären, ob er in der Hauptverhandlung (mit der Folge des § 252 StPO) von seinem Zeugnisverweigerungsrecht Gebrauch machen würde. Ist er in der Hauptverhandlung unerreichbar, weil sein Aufenthalt nicht ermittelt werden kann, darf seine frühere Aussage vorgespielt werden.[2064]

2057 KK-*Diemer*[7] § 255a Rn. 6 unter Hinweis auf die Sondersituation eines ehemaligen Mitbeschuldigten. Zur Beweisaufnahme über ein Geständnis nach § 254 StPO ist die Vorführung unzulässig: KK-*Diemer*[7] § 255a Rn. 5.
2058 Siehe dazu oben Rn. 1357.
2059 *BGHSt* 49, 72 = StV 2004, 247 m. Anm. *Degener* StV 2006, 509.
2060 *KK-Diemer*[7] § 255a Rn. 4, 4b; *Meyer-Goßner/Schmitt*[60] § 255a Rn. 3.
2061 *Meyer-Goßner/Schmitt*[60] § 255a Rn. 3.
2062 *BGH* StV 2008, 170.
2063 *Meyer-Goßner/Schmitt*[60] § 255a Rn. 3.
2064 *Meyer-Goßner/Schmitt*[60] § 255a Rn. 3.

1371 5. Macht ein Zeuge in der Hauptverhandlung umfassend von einem ihm zustehenden Auskunftsverweigerungsrecht nach § 55 StPO Gebrauch, soll dies der Vorführung seiner Aussage als früherer Mitbeschuldigter nicht entgegenstehen, es sei denn, er wäre damals nicht nach § 136 Abs. 1 S. 2 StPO belehrt worden.[2065] Dies steht der Rspr. zu § 251 Abs. 2 S. 2 StPO a.F. bzw. zu § 251 Abs. 1 Nr. 1 StPO n.F. sowie zu § 251 Abs. 1 Nr. 1 und 2 StPO a.F. bzw. § 251 Abs. 1 Nr. 2 StPO n.F. entgegen.[2066] Anders dürfte es sich verhalten in dem Fall, dass der Zeuge in der Hauptverhandlung nur teilweise die Auskunft verweigert. In diesem Fall darf auch die Niederschrift über eine frühere Vernehmung verlesen werden.[2067]

1372 6. Es fehlt ein Gerichtsbeschluss gem. § 251 Abs. 4 StPO, soweit die Vorführung auf der Vernehmungsersetzung nach § 251 Abs. 1 u. Abs. 2 StPO beruht.[2068]

IV. Anforderungen an den Vortrag der Rüge der Verletzung der §§ 255a, 250 StPO

1373 In Anbetracht der Vielzahl der in Betracht kommenden Rügen können hier nur einige Grundsätze erörtert werden.

1374 1. Vorzutragen ist in jedem Fall

a) die Verfügung des Vorsitzenden bzw. der Beschluss, mit dem die Vorführung der früheren Videovernehmung angeordnet wurde,

b) gegebenenfalls das Fehlen eines Beschlusses bei einer Vernehmungsersetzung gem. § 255a Abs. 1 i.V.m. § 251 Abs. 1 u. Abs. 2 StPO[2069],

c) gegebenenfalls der Antrag gem. § 238 Abs. 2 StPO und der Widerspruch der Verteidigung gegen die Einführung, insbesondere bei Rügen der Verletzung der Mitwirkungsrechte und eine darauf ergangene Entscheidung, beides vollständig im Wortlaut,

d) bei Verletzung der Mitwirkungsrechte:

e) Ausschluss des Beschuldigten von der richterlichen Vernehmung unter Mitteilung des entspr. Beschlusses,

f) unterbliebene Benachrichtigung des Verteidigers,

g) Vernehmung ohne Beschuldigten und Verteidiger (ggf. ohne zuvorige Gewährung von Akteneinsicht),

---

2065 *Meyer-Goßner/Schmitt*[60] § 255a Rn. 3.

2066 Vgl. *BGH* NJW 1984, 136 = StV 1983, 353; *BGH* StV 1993, 233 = NStZ 1993, 350; *BGH* StV 1996, 191 = NStZ 1996, 96 sowie *BGH* StV 2007, 564 = NStZ 2007, 718 (2. Senat).

2067 Nach *BGH* StV 2007, 567 (4. Senat) darf eine Aufzeichnung über diese Vernehmung auch nach § 255a Abs. 1 StPO vorgeführt werden.

2068 LR-*Mosbacher*[26] § 255a Rn. 17.

2069 Das Fehlen eines Gerichtsbeschlusses bei Vernehmungsersetzung gem. § 255a Abs. 2 StPO, wenn der h.M. in der Lit. gefolgt wird (s. dazu Rn. 1365).

h) sofern eine Verschriftung der Vernehmung vorliegt, ist diese vollständig mitzuteilen.

i) Einführung der Videovernehmung in die Hauptverhandlung.

Soweit sonstige Mängel der richterlichen Vernehmung geltend gemacht werden sollen, wird auf die Ausführungen zu Rüge 146 Rn. 1296 verwiesen.

2. Soll gerügt werden, dass das Gericht von einer ergänzenden Vernehmung des **1375** Zeugen in der Hauptverhandlung abgesehen hat bzw. ein entspr. Antrag der Verteidigung zurückgewiesen wurde,[2070] ist vorzutragen

a) die nach der Vernehmung hervorgetretenen Tatsachen, zu denen der Zeuge nicht befragt werden konnte,

b) dass sich dem Gericht die ergänzende Befragung des Zeugen zu diesen Tatsachen aufdrängen musste,

c) im Falle eines Antrages der Verteidigung der Antrag der Verteidigung in vollem Wortlaut und der ablehnende Gerichtsbeschluss.

V. Weitere Rügemöglichkeiten[2071]

1. Sofern Anträge der Verteidigung auf ergänzende Vernehmung in der Hauptver- **1376** handlung abgelehnt wurden, ist, sofern ein Beweisantrag abgelehnt wurde, die Verletzung von § 244 Abs. 3 StPO zu rügen, ansonsten die Verletzung der Aufklärungspflicht[2072] bzw. die Behinderung der Verteidigung, gegebenenfalls auch die Verletzung des Grundsatzes des fairen Verfahrens, die dann in Betracht kommen kann, wenn der Verteidiger nach der Videovernehmung im Ermittlungsverfahren Informationen erlangt hat, die zu einer ergänzenden Befragung des Zeugen Anlass gaben.

2. Weiterhin ist eine Rüge möglich, dass die durch die Videovernehmung in die **1377** Hauptverhandlung eingeführte Aussage im Urteil unrichtig wiedergegeben wurde. Dies ist dann der Fall, wenn sich die fehlende Übereinstimmung – ohne Rekonstruktion der Hauptverhandlung – ohne Weiteres aus den Akten, nämlich der Videoaufzeichnung, die Aktenbestandteil ist, ergibt.[2073] Das gleiche gilt auch, wenn das Urteil die Aussage nur unvollständig verwertet und sich die Beweis-

---

2070 Wird ein Zeuge zum Beweis neuer Tatsachen benannt, zu denen er bei seiner richterlichen Vernehmung noch gar nicht gehört werden konnte, ist über den Antrag nach Beweisantragsgrundsätzen zu entscheiden, weil hier auch nach Vorführung der aufgezeichneten richterlichen Vernehmung in der Hauptverhandlung als Vernehmungsersatz nicht dieselben Grundsätze wie bei einem Antrag auf wiederholte Vernehmung gelten: *OLG Karlsruhe* StraFo 2010, 71; s. auch *Schlothauer* StV 1999, 47, 49; *ders.* StV 2003, 652, 655. Zu den allg. Vortragserfordernissen s. Rüge 181 Rn. 1650.

2071 Siehe auch oben Ziff. I. Rn. 1352.

2072 *BGHSt* 48, 268 = StV 2003, 650.

2073 *Meyer-Goßner/Schmitt*[60] § 255a Rn. 13; KK-*Diemer*[7] § 255a Rn. 15; LR-*Mosbacher*[26] § 255a Rn. 26; ferner *Diemer* NStZ 2002, 16; **a.A.** *Hofmann* NStZ 2002, 569; *BGHSt* 48, 268 = StV 2003, 650 m. abl. Anm. *Schlothauer*.

würdigung daher nicht mit allen in die Hauptverhandlung eingeführten für den Schuld oder Rechtsfolgenausspruch relevanten Tatsachen auseinandersetzt.[2074]

1378 3. Streitig ist, ob die Vorführung einer früheren Videovernehmung wegen eines möglicherweise höheren Beweiswerts der Verlesung der Vernehmungsniederschrift vorgeht.[2075] Im Hinblick auf den naheliegenden höheren Beweiswert der Videovernehmung, bei deren Vorführung die Prozessbeteiligten auch einen optischen und akustischen Eindruck vom Aussageverhalten des Zeugen erlangen können,[2076] wird die Aufklärungsrüge möglich sein, das Gericht habe anstelle der Vorführung der früheren Videovernehmung lediglich die Vernehmungsniederschrift verlesen.

Rüge 151

1379 Wurden in der Hauptverhandlung ein Zeugnis oder ein Gutachten enthaltende Erklärungen öffentlicher Behörden, vereidigter Sachverständiger sowie der Ärzte eines gerichtsärztlichen Dienstes (§ 256 Abs. 1 Nr. 1 StPO) verlesen?

I. Rechtsgrundlagen

1380 1. Es muss sich um Zeugnisse oder Gutachten **öffentlicher Behörden** (§ 256 Abs. 1 Nr. 1a StPO) handeln:

1381 a) Öffentliche Behörde, d.h. jede nach öffentlichem Recht errichtete, mit der Erfüllung öffentlicher Aufgaben beauftragte Stelle des Staates oder Körperschaften, Anstalten, Stiftungen oder einer sonstigen Organisationsform des öffentlichen Rechts, die in ihrem Bestand von den sie vertretenden Personen unabhängig ist.

Dies wird verneint

- bei als GmbH betriebenem Krankenhaus,[2077] auch wenn die Gesellschaftsanteile mehrheitlich von der öffentlichen Hand gehalten werden,

---

2074 *Schlothauer* StV 2003, 650, 655 f.; KK-*Diemer*[5] § 255a Rn. 15 (diese Auffassung hat KK-*Diemer*[7] § 255a Rn. 15 seit der 6. Auflage aufgegeben). Siehe Rüge 228 Rn. 1954.

2075 Bejahend: *Meyer-Goßner/Schmitt*[60] § 255a Rn. 5; *Rieß* StraFo 1999,4; *Weider/Staechelin* StV 1999,53; ablehnend KK-*Diemer*[7] § 255a Rn. 4; vgl. auch *BGHSt* 46, 73.

2076 Überzeugend *Meyer-Goßner/Schmitt*[60] § 255a Rn. 5 m.w.N.; so auch *BGHSt* 49, 72, 78 = StV 2004, 247 m. Anm. *Degener* StV 2006, 514: die Vernehmung des vernehmenden Richters ist gegenüber der Vorführung der Videoaufzeichnung das weniger zuverlässige Beweismittel.

2077 *BGH* v. 3.6.1987 – 2 StR 180/87 = NStZ 1988, 19; *BGH* v. 3.2.2015 – 3 StR 557/14 = StV 2015, 533.

- in der Trägerschaft eines Ordens geführtes konfessionelles Krankenhaus,[2078]
- beim Technischen Überwachungsverein,
- bei Berufsgenossenschaften,
- bei (nichtstaatlichen) Notaren,
- bei der Deutsche Post AG, der Deutsche Postbank AG und der Deutsche Telekom AG,
- bei Gerichtshilfe und Jugendgerichtshilfe,
- bei der DEKRA.[2079]

b) Es muss sich um eine Erklärung eines zur Vertretung einer öffentlichen Behörde berechtigten individuellen Angehörigen[2080] handeln, die in deren und nicht im eigenen Namen abgegeben worden ist. Lässt sich dies nicht klären, kommt eine Verlesung nach § 256 Abs. 1 Nr. 1a StPO nicht in Betracht.[2081]   **1382**

Ob der Behördenangehörige zur Abgabe der Erklärung berechtigt war und diese im fremden Namen erfolgte, ist im Einzelfall zu prüfen. Dazu muss auch vorgetragen werden, an wen der Gutachtenauftrag erteilt worden ist. Sollte das der Akte nicht zu entnehmen sein, ist das mitzuteilen.[2082] Für die Abgabe einer Erklärung im Namen der Behörde spricht der Zusatz zur Unterschrift „im Auftrag", „in Vertretung" oder „auf Anordnung"[2083]. Die Forderung, Entschädigung für die Anfertigung der Erklärung auf das Privatkonto des Erklärenden zu überweisen, spricht für eine Erklärung im eigenen Namen. Ggf. muss eine Auskunft der Behörde zu dieser Frage ebenso wie zu derjenigen eingeholt werden, ob der Erklärende befugt war, die Erklärung für die Behörde abzugeben.

c) Die Erklärung muss nach außen – allerdings nicht notwendigerweise an die Strafverfolgungsbehören – gerichtet sein. Stellungnahmen oder Berichte für den innerdienstlichen Gebrauch sind nicht verlesbar.   **1383**

d) Der Gegenstand der Erklärung muss in den Aufgabenbereich der jeweiligen Behörde fallen.   **1384**

e) Gegenstand der Erklärung können Zeugnisse über amtlich festgestellte Tatsachen oder andere Wahrnehmungen von Behördenangehörigen sein, nicht aber solche der Strafverfolgungsbehörden, die das anhängige Strafverfahren betreffen (s. dazu aber § 256 Abs. 1 Nr. 5 StPO). Ebenfalls dürfen sogenannte Leumundszeugnisse nicht verlesen werden.   **1385**

2078   *BGH* v. 19.11.2009 – 4 StR 276/09 = StV 2010, 289 = NStZ 2010, 585 = StraFo 2010, 158.

2079   Vgl. Nachw. bei *Meyer-Goßner/Schmitt*[60] § 256 Rn. 13 u. 14 u. KK-*Diemer*[7] § 256 Rn. 4 u. 5.

2080   *BayObLG* StV 1989, 6.

2081   *OLG Schleswig* v. 28.4.2015 – 1 Ss 39/15 = StV 2015, 541.

2082   *OLG Köln* Beschl. v. 27.2.2004 – Ss 567/03.

2083   Der Bericht eines Arztes einer öffentlichen Klinik stellt mangels Vertretungszusatzes kein Behördengutachten dar: *BGH* v. 19.11.2009 – 4 StR 276/09 = StV 2010, 289 = NStZ 2010, 585 = StraFo 2010, 158.

1386 f) Gegenstand der Erklärungen können ferner Gutachten sein, d.h. sachverständige Äußerungen der Behörde. Enthält das Gutachten Zusatztatsachen, die nicht selbst wieder als Behördenzeugnis anzusehen sind, darf es nicht verlesen werden; der Verfasser des Gutachtens ist als Zeuge zu vernehmen.

1387 2. Verlesbar sind **Zeugnisse oder Gutachten** enthaltende Erklärungen **von Sachverständigen**, die für die Erstellung von Gutachten der betreffenden Art allgemein vereidigt sind (§ 256 Abs. 1 Nr. 1b StPO).

Das Zeugnis oder Gutachten muss sich auf einen Gegenstand des Fachgebiets beziehen, für das der Sachverständige allgemein vereidigt ist (vgl. z.B. allgemeine Vereidigung nach § 36 GewO). Die Verlesung ist gerechtfertigt aufgrund der Sachautorität, die Voraussetzung für die allgemeine Vereidigung ist, weshalb anders als bei den sonstigen Sachverständigen deren Sachkunde nicht zwingend im Rahmen ihrer persönlichen Vernehmung in der Hauptverhandlung überprüft werden muss.[2084] Gutachten, die von Sachverständigen erstattet werden, die für das betreffende Fachgebiet nicht allgemein vereidigt sind, können deshalb nur ergänzend in ihrer Anwesenheit verlesen werden.

1388 3. Verlesbar sind schließlich die Erklärungen eines einem **gerichtsärztlichen Dienst** angehörenden Arztes, soweit sein Zeugnis oder Gutachten nicht sogenannte Leumundszeugnisse zum Gegenstand hat (§ 256 Abs. 1 Nr. 1c StPO). Auch hier muss allerdings das Gutachten in den gerichtsärztlichen Aufgabenbereich fallen, darf aber über den Bereich der Atteste i.S.d. § 256 Abs. 1 Nr. 2 StPO hinausgehen.

Für die Verlesbarkeit ist nicht entscheidend, dass der Gerichtsarzt Beamtenstatus hat. Er muss nur organisatorisch der Gesundheitsverwaltung oder der Justizverwaltung eingegliedert sein.[2085]

Gutachten anderer beamteter Ärzte sind nur verlesbar, wenn sie als Behördengutachten erstattet worden sind.

1389 4. Die Verletzung des § 256 Abs. 1 Nr. 1 StPO i.V.m. § 250 StPO ist ein relativer Revisionsgrund (§ 337 StPO).

2084   Auch bei den allgemein vereidigten Sachverständigen kann es die Aufklärungspflicht des Gerichts gebieten oder Folge eines Beweisantrages sein, dass der Sachverständige im Rahmen seiner persönlichen Vernehmung nähere Erläuterungen zu seinem Gutachten abgibt oder zur Behebung von Unklarheiten, Mängeln oder Auslassungen beiträgt: *Meyer-Goßner/Schmitt*[60] § 256 Rn. 16.
2085   KK-*Diemer*[7] § 256 Rn. 6.

II. Anforderungen an das Vorbringen der Rüge der Verletzung des Grundsatzes der persönlichen Vernehmung (§ 250 StPO) infolge unzulässiger Verlesung einer ein Zeugnis oder Gutachten enthaltenden Erklärung einer Behörde, eines Sachverständigen oder Arztes, wodurch die persönliche Vernehmung des Verfassers als Zeuge oder Sachverständiger ersetzt wurde (§ 256 Abs. 1 Nr. 1 StPO)

1. Das Zeugnis oder Gutachten muss vollständig wörtlich mitgeteilt werden.　**1390**
2. Es muss die Tatsache der Verlesung mitgeteilt werden.
3. Es muss ausgeschlossen werden, dass die Verlesung der Erklärung – zulässigerweise – nach einer anderen Vorschrift als § 256 Abs. 1 Nr. 1 StPO erfolgte.
4. Es muss ausgeschlossen werden, dass der Inhalt der Erklärung durch Vorhalt in die Hauptverhandlung eingeführt wurde.
5. Es muss behauptet werden, dass das Zeugnis oder Gutachten nicht von einer Behörde stammt oder

   nicht von einem zur Abgabe mit Außenwirkung befugten Behördenangehörigen verfasst wurde oder

   der Gegenstand der Erklärung nicht in den Zuständigkeitsbereich der betreffenden Behörde fällt (§ 256 Abs. 1 Nr. 1a StPO),

   bzw. es von einem Sachverständigen stammt, der für das betreffende Sachgebiet nicht allgemein vereidigt war (§ 256 Abs. 1 Nr. 1 StPO),

   bzw. der Arzt nicht dem gerichtsärztlichen Dienst angehörte oder das Gutachten nicht in seinen Aufgabenbereich fiel oder ein Leumundszeugnis zum Gegenstand hatte (§ 256 Abs. 1 Nr. 1c StPO).
6. Es muss vorgetragen werden, dass der Urheber des Zeugnisses bzw. Verfasser des Gutachtens nicht persönlich in der Hauptverhandlung vernommen wurde.
7. Da weder ein Widerspruch gegen die Verlesung erhoben noch gegen eine entspr. Verfügung des Vorsitzenden ein Gerichtsbeschluss herbeigeführt werden muss, bedarf es insoweit keines entspr. Vortrages.[2086] Der 5. Strafsenat des *BGH* hat allerdings offengelassen, ob nicht die Zulässigkeit einer Rüge der Verletzung des § 256 Abs. 1 Nr. 1 StPO an einem fehlenden Antrag nach § 238 Abs. 2 StPO scheitern müsse.[2087] Ist ein solcher Antrag gestellt worden, ist dessen Mitteilung und des daraufhin ergangenen Gerichtsbeschlusses anzuraten.

2086　*BGH* v. 25.10.2011 – 3 StR 315/11 = StV 2012, 202 = NStZ 2012, 585.
2087　*BGH* v. 13.8.2014 – 5 StR 336/14 = StV 2015, 534.

III. Im Zusammenhang mit der Verlesung von Behördenzeugnissen und -gutachten stehende Verfahrensrügen

1391 1. Mit der Aufklärungsrüge kann beanstandet werden, dass aufgrund der Umstände des Falles bzw. des Gegenstands der Erklärung das Gericht zu einer persönlichen Vernehmung des Zeugen oder Sachverständigen gedrängt war (siehe auch § 256 Abs. 2 StPO).

1392 2. § 261 StPO ist verletzt, wenn das Urteil eine Behördenerklärung verwertet, obwohl diese ausweislich des Hauptverhandlungsprotokolls nicht zu Beweiszwecken in die Hauptverhandlung eingeführt worden ist, was mit der Verfahrensrüge zu beanstanden ist.[2088]

1393 3. Gegenstand einer Verfahrensrüge kann ferner der Umstand sein, dass das ausweislich der Urteilsgründe verwertete Zeugnis oder Gutachten einen anderen Inhalt als den in den Urteilsgründen festgestellten hatte.[2089]

1394 4. Es begründet die Verfahrensrüge der Verletzung des § 261 StPO, wenn in der Hauptverhandlung ein Zeugnis oder Gutachten gem. § 256 Abs. 1 Nr. 1 StPO verlesen wurde, dessen Inhalt in den Urteilsgründen nicht gewürdigt wurde und dies zur Lückenhaftigkeit der Beweiswürdigung führt.[2090]

Rüge 152

1395 Wurden in der Hauptverhandlung ärztliche Atteste, ärztliche Blutentnahmeprotokolle oder Routinegutachten verlesen?

I. Rechtsgrundlagen

1. Ärztliche Atteste über Körperverletzungen

1396 a) Urheber muss ein ordnungsgemäß nach dem für ihn geltenden Berufsrecht bestallter Arzt sein, der über seine eigenen Wahrnehmungen bei dem von ihm behandelten Patienten berichtet. Bleibt unklar, auf wessen Erkenntnisse die in dem Attest niedergelegten Befundtatsachen zurückgehen, darf es nicht gem. § 256 Abs. 1 Nr. 2 StPO verlesen werden.[2091]

1397 b) Gegenstand des Attestes dürfen Körperverletzungen jeglicher Art sein. Die Beschränkung der Verlesbarkeit von Attesten über Körperverletzungen, die nicht zu

---

2088 Siehe Rüge 226 Rn. 1922 u. 1937.
2089 Siehe hierzu Rüge 227 Rn. 1946.
2090 Siehe hierzu Rüge 228 Rn. 1954.
2091 *OLG Düsseldorf* v. 23.1.2015 – 2 RVs 11/15 = StV 2015, 542.

den schweren gehören, d.h. fahrlässige Körperverletzung (§ 229 StGB), vorsätzliche einfache und gefährliche Körperverletzung (§§ 223, 224 StGB) ist entfallen.

c) Zulässiger Umfang der Verlesung ärztlicher Atteste: **1398**

Die Verlesung muss sich auf die Teile des Attestes beschränken, die diagnostische Feststellungen zu den in Betracht kommenden Delikten enthalten und die der Arzt aufgrund seiner besonderen Sachkunde treffen konnte.[2092] Dazu gehören nicht mehr Ausführungen zur Herkunft und den Auswirkungen der erlittenen Körperverletzung[2093] und zu ihren Heilungsaussichten. Nicht verlesbar sind auch Ausführungen zu einem gynäkologischen Befund oder zum zeitlichen Abstand zwischen dem Verletzungsgeschehen und der ärztlichen Behandlung.[2094]

Zusätzliche Angaben, die der attestierende Arzt nicht aufgrund seiner Sachkunde, **1399** sondern anderweitig wahrgenommen hat, dürfen ebenfalls nicht verlesen werden. Sie können nur durch Vernehmung des Arztes als Zeuge in die Hauptverhandlung eingeführt werden. Dies gilt bspw. für die Angaben des Verletzten oder Dritter, auch zur Vorgeschichte und zum konkreten Geschehensablauf der Verletzungshandlung, oder für Wahrnehmungen des Arztes über den Zustand der Kleidung des Verletzten.

2. Ärztliche Blutentnahmeprotokolle und Routinegutachten

a) Blutentnahmeprotokolle dürfen verlesen werden, wenn sie unmittelbare Wahr- **1400** nehmungen eines approbierten Arztes[2095] zu Ort und Zeitpunkt der Blutentnahme bei dem Beschuldigten oder einem Dritten, Erscheinungsbild und Verhalten des Untersuchten, dabei erfolgte etwaige Äußerungen[2096] sowie Ergebnisse durchgeführter klinischer Tests enthalten.

Ergebnisse von Tests, die eine aktive Mitwirkung des Beschuldigten erfordern, sind **1401** unverwertbar und damit die diesbezüglichen Teile des Blutentnahmeprotokolls unverlesbar, wenn der Beschuldigte nicht darüber belehrt wurde, dass er zu einer aktiven Mitwirkung nicht verpflichtet sei.[2097] In der Konsequenz der Rspr. des BGH würde es liegen, dass der Verlesung des Protokolls in der Hauptverhandlung widersprochen worden sein muss, um das Verwertungsverbot zu aktivieren.

Ob Verfasser des Berichts zur Blutentnahme tatsächlich ein Arzt war, kann sich auch aus der dem Bericht beigefügten Liquidation ergeben.[2098]

2092 Zur Frage, unter welchen Voraussetzungen die Verlesung eines ärztlichen Berichts über die Aufnahme des Tatopfers in ein Krankenhaus gem. § 256 Abs. 1 Nr. 2 StPO verstößt, *BGH* v. 27.1.2010 – 2 StR 444/09 = NStZ 2010, 466.

2093 *BGH* StV 1984, 142 f. = NStZ 1984, 211 Nr. 22; *Meyer-Goßner/Schmitt*[60] § 256 Rn. 19.

2094 *OLG Hamburg* StV 2000, 9.

2095 Siehe aber *BGHSt* 24, 125.

2096 LR-*Stuckenberg*[26] § 256 Rn. 52.

2097 SK-StPO-*Rogall*[4] § 81a Rn. 16 u. 131.

2098 *BGH* StraFo 2007, 331.

1402   b)   Routinegutachten über die Auswertung eines Fahrtschreibers (nicht aber, ob das Gerät oder die Aufzeichnung manipuliert wurden[2099]), Bestimmung der Blutgruppe und des Blutalkoholgehalts einschließlich der Rückrechnung sind nach § 256 Abs. 1 Nr. 4 StPO verlesbar.

II. Durchführung der Verlesung

1403   Die Verlesung erfolgt auf Anordnung des Vorsitzenden. Die Rüge eines Verfahrensfehlers wird nicht dadurch ausgeschlossen, dass der Angeklagte/Verteidiger nicht widersprochen und keinen Gerichtsbeschluss (§ 238 Abs. 2 StPO) herbeigeführt hat.

Die Verlesung erfolgt durch ein Mitglied des Gerichts (§ 249 Abs. 1 StPO) oder im Selbstleseverfahren (§ 249 Abs. 2 StPO) und ist eine wesentliche Förmlichkeit, die nur durch das Protokoll bewiesen werden kann.

Bezieht sich die Anordnung des Selbstleseverfahrens nicht nur auf bestimmte Teile des Attestes,[2100] ist das gesamte Attest Gegenstand des Selbstleseverfahrens, was bei Attesten, die nur teilweise verlesbar sind (s. oben Rn. 1398 und 1399) die Rüge der Verletzung des § 250 StPO begründet, wenn das Urteil auf die nicht verlesbaren Teile Bezug nimmt.

Die Bekanntgabe des wesentlichen Inhalts des Attestes etc. durch den Vorsitzenden anstelle der Verlesung der Urkunde ist unzulässig.[2101]

III. Anforderungen an den Vortrag der Rüge der Verletzung des § 250 StPO wegen Verlesung eines nach § 256 Abs. 1 Nr. 2, 3 oder 4 StPO ganz oder teilweise nicht verlesbaren ärztlichen Attestes, Blutprobenentnahmeberichts oder Routinegutachtens

1404   1.   Der Inhalt des Attestes, des Blutprobenentnahmeberichtes oder des Gutachtens muss vollständig wörtlich mitgeteilt werden, soweit er verlesen worden ist.
2.   Es muss die Tatsache der Verlesung mitgeteilt werden.
3.   Es muss mitgeteilt werden, dass der Angeklagte nicht verteidigt war oder bei einem verteidigten Angeklagten nicht alle Verfahrensbeteiligten mit einer Verlesung einverstanden waren (ansonsten würde sich die Zulässigkeit der Verlesung aus § 251 Abs. 1 Nr. 1 StPO ergeben können). Es ist mitzuteilen, dass die Verlesung nicht der Bestätigung der Richtigkeit eines Geständnisses des Angeklagten diente (ansonsten käme die Zulässigkeit der Verlesung nach § 251 Abs. 1 Nr. 2 StPO in Betracht).

2099   KK-*Diemer*[7] § 256 Rn. 9.
2100   Vgl. SK-StPO-*Frister*[5] § 249 Rn. 64.
2101   LR-*Stuckenberg*[26] § 256 Rn. 61; **a.A.** *BGHSt* 1, 94.

4. Der Urheber des Attestes bzw. Blutprobenentnahmeberichts bzw. Routinegutachtens wurde nicht persönlich in der Hauptverhandlung vernommen.
5. Ggf. ist mitzuteilen, dass der Urheber kein Arzt war bzw. dass dem Attest bzw. Blutprobenentnahmebericht keine eigenen Wahrnehmungen des Arztes zugrunde lagen.
6. Im Falle der Verwertung eines Testergebnisses im Zusammenhang mit einer Blutprobenentnahme ohne zuvorige Belehrung des Beschuldigten darüber, dass er zu einer aktiven Mitwirkung nicht verpflichtet sei, ist mitzuteilen, dass der Verlesung widersprochen wurde.
7. Die Anordnung der Verlesung durch den Vorsitzenden und deren Inhalt.[2102] Sollte gegen die Anordnung der Verlesung durch den Vorsitzenden Antrag auf gerichtliche Entscheidung (§ 238 Abs. 2 StPO) gestellt worden sein, ist dieses und die Reaktion des Gerichts mitzuteilen.

IV. Im Zusammenhang mit der Verwertung ärztlicher Atteste, Blutprobenentnahmeberichte oder Routinegutachten stehende Verfahrensrügen

1. Nach § 256 Abs. 1 Nr. 2 StPO unverlesbare ärztliche Atteste dürfen auch nicht in Form der Bekanntgabe ihres Inhalts oder eines Vorhalts an den Angeklagten oder – mit Ausnahme des in der Hauptverhandlung vernommenen Arztes – eine andere Beweisperson verwertet werden.[2103]   **1405**

2. Die Inaugenscheinsnahme eines Fahrtenschreiberblattes anstelle der Verlesung eines Gutachtens i.S.d. § 256 Abs. 1 Nr. 4 StPO bzw. anstelle der Vernehmung eines Sachverständigen ist ungeeignet, weil die Auswertung besondere Sachkunde erfordert,[2104] über die das Gericht in der Regel nicht verfügt.   **1406**

3. Verwertung des Inhalts eines nicht zum Gegenstand der Hauptverhandlung gemachten ärztlichen Attestes etc. (Verfahrensrüge der Verletzung des § 261 StPO)[2105].   **1407**
   Anforderungen an den Vortrag:
   a) Der vollständige Wortlaut des Attestes etc. ist mitzuteilen.
   b) Es ist mitzuteilen, dass das Attest etc. nicht in der Hauptverhandlung verlesen wurde. Ggf. ist vorzutragen, dass der Inhalt des Attestes etc. mündlich durch den Vorsitzenden bekanntgegeben wurde, was aber nicht ausreicht, um das Attest selbst prozessordnungsgemäß in die Hauptverhandlung einzuführen.[2106]

2102   Für die Verlesung bedarf es keines Gerichtsbeschlusses; **a.A.** SK-StPO-*Velten*[5] § 256 Rn. 35.
2103   *Meyer-Goßner/Schmitt*[60] § 256 Rn. 21; LR-*Stuckenberg*[26] § 256 Rn. 50; für unbegrenzte Verwertbarkeit in Form eines Vorhalts *BGH* MDR 1993, 9 (H); LR-*Gollwitzer*[25] § 256 Rn. 44.
2104   KK-*Diemer*[7] § 256 Rn. 9.
2105   S. *BGH* v. 27.1.2010 – 2 StR 444/09 = StraFo 2010, 200.
2106   Siehe dazu Rüge 142 Rn. 1246.

c) Es ist mitzuteilen, dass der Verfasser des Attestes etc. in der Hauptverhandlung nicht vernommen wurde.

d) Es ist mitzuteilen, dass der Inhalt des Attestes auch nicht durch Vorhalt an den Angeklagten bzw. eine andere Beweisperson in die Hauptverhandlung eingeführt wurde bzw. infolge seines Sachkunde erfordernden Inhalts eingeführt werden konnte.

e) Die Verfügung des Vorsitzenden oder ein etwaiger Gerichtsbeschluss, wodurch die Verlesung angeordnet wurde; im Falle eines Antrags auf gerichtliche Entscheidung gegen die Verfügung des Vorsitzenden (§ 238 Abs. 2 StPO) diese Tatsache sowie die daraufhin erfolgte Reaktion des Gerichts.

1408   4. Weitere im Zusammenhang stehende Verfahrensrügen siehe Rüge 151 Rn. 1391.

Rüge 153

1409   Sind in der Hauptverhandlung anstelle der persönlichen Vernehmung eines Zeugen ein Protokoll sowie in einer Urkunde enthaltene Erklärungen der Strafverfolgungsbehörden über Ermittlungshandlungen verlesen worden (§ 256 Abs. 1 Nr. 5 StPO)?

I. Rechtsgrundlagen

1410   Nach § 256 Abs. 1 Nr. 5 StPO dürfen Protokolle sowie in einer Urkunde enthaltene Erklärungen der Strafverfolgungsbehörden über Ermittlungshandlungen verlesen und dadurch die Vernehmung der Verfasser der Erklärungen als Zeuge ersetzt werden.[2107] Die betreffenden Erklärungen dürfen aber nicht eine Vernehmung zum Gegenstand haben. Der Begriff der „Vernehmung" ist weit zu fassen.[2108] Hierzu gehören auch informatorische Befragungen von Zeugen, Sachverständigen oder Beschuldigten, auch wenn diese sich zunächst aus eigener Initiative an die Ermittlungsbehörden gewandt haben.[2109] E-Mail-Korrespondenz, in der seitens der Polizei gezielte Rückfragen gestellt werden, ist ebenfalls als Vernehmung zu werten.[2110] Auch von den Ermittlungsbehörden eingeholte Stellungnahmen von Vertrauenspersonen etc. sind nicht nach dieser Vorschrift verlesbar. Berichte, in denen Vernehmungsergebnisse wiedergegeben werden, dürfen bzgl. dieser Teile ebenfalls nicht verlesen werden.[2111]

1411   Ansonsten unterliegt die Zulässigkeit der Verlesbarkeit den Anforderungen, die die gerichtliche Aufklärungspflicht an die Beweiserhebung stellt. Verlesbar sind des-

---

2107   *OLG Celle* v. 15.7.2013 – 31 Ss 24/13 = StV 2013, 742 = NStZ 2014, 175.
2108   *Meyer-Goßner/Schmitt*[60] § 256 Rn. 27.
2109   HK-*Julius*[5] § 256 Rn. 10.
2110   *OLG Schleswig* v. 28.4.2015 – 1 Ss 39/15 = StV 2015, 541.
2111   *Meyer-Goßner/Schmitt*[60] § 256 Rn. 27.

halb nur Routinevorgänge,[2112] bei denen ein Polizeibeamter in der Hauptverhandlung ohnehin kaum mehr als das bekunden könnte, was in Protokoll oder Vermerk schon schriftlich festgelegt ist.[2113] Es ist zulässig, Erkenntnisse aus der Telekommunikationsüberwachung zum Aufenthalt des Angeklagten zu einem bestimmten Zeitpunkt durch Verlesen der durch die Kriminalpolizei von dem Inhalt der Tonträger hergestellten Niederschrift in die Hauptverhandlung einzuführen.[2114]

Nicht um einen Routinevorgang handelt es sich in einem Fall, in dem die in einer Urkunde enthaltene Erklärung der Strafverfolgungsbehörden die Auswertung einer Videoaufzeichnung beinhaltet, die das Gericht in der Hauptverhandlung durch Abspielen selbst in Augenschein nehmen könnte.[2115]

Verlesbar nach § 256 Abs. 1 Nr. 5 StPO sind schließlich nur Erklärungen der Strafverfolgungsbehörden.[2116] Erklärungen anderer Behörden sind nicht verlesbar.

II. Anforderungen an den Vortrag der Rüge der Verletzung des § 256 Abs. 1 Nr. 5 StPO

1. Es sind die in der Hauptverhandlung verlesenen Protokolle bzw. in einer Urkunde enthaltenen Erklärungen im Wortlaut im Umfange ihrer Verlesung mitzuteilen. **1412**
2. Es ist die Tatsache der Verlesung mitzuteilen.
3. Es muss ausgeschlossen werden, dass der Verfasser des Protokolls bzw. der Erklärung persönlich als Zeuge in der Hauptverhandlung vernommen wurde.[2117]
4. Es ist darzulegen, dass der Verfasser der Erklärungen nicht einer Strafverfolgungsbehörde angehörte.[2118]
5. Es sind die Voraussetzungen auszuschließen, unter denen eine Verlesung nach § 251 Abs. 1 StPO zulässig wäre bzw. der Inhalt der Urkunde durch Vorhalt in die Hauptverhandlung eingeführt worden sein kann.

2112 Beschlagnahme, Spurensicherung, Tatortberichte, Hausdurchsuchungen etc. Zu Observationsberichten *Meyer-Goßner/Schmitt*[60] § 256 Rn. 26; *BGH* v. 8.3.2016 – 3 StR 484/15 = NStZ 2016, 301; *LG Berlin* StV 2015, 544 m. **abl.** Anm. *Krüger*; **a.A.** ebenso SK-StPO-*Velten*[5] § 256 Rn. 33.

2113 *OLG Düsseldorf* StV 2007, 518; *Meyer-Goßner/Schmitt*[60] § 256 Rn. 26. Ergänzend zur Rüge der Verletzung des § 256 Abs. 1 Nr. 5 StPO kommt in diesen Fällen die Aufklärungsrüge in Betracht.

2114 *BGH* v. 7.10.2008 – 4 StR 272/08 = StV 2009, 359 = NStZ 2009, 280.

2115 *OLG Düsseldorf* StV 2007, 518.

2116 Es kann sich auch um Erklärungen handeln, die für ein anderes Strafverfahren erstellt worden sind: *BGH* v. 13.4.2015 – 5 StR 110/15 = NStZ 2015, 539 = StV 2015, 535 (Ls) = StraFo 2015, 246 = JR 2016, 261 m. Anm. *Braun*.

2117 *OLG Celle* v. 15.7.2013 – 31 Ss 24/13 = StV 2013, 742 = NStZ 2014, 175.

2118 Die Unzulässigkeit der Verlesung infolge ihres Inhaltes muss sich aus dem in der Revisionsbegründung mitgeteilten Wortlaut der verlesenen Erklärung ergeben.

III. Im Zusammenhang mit der Verlesung von Protokollen und Erklärungen gem. § 256 Abs. 1 Nr. 5 StPO stehende Rügemöglichkeiten

1413 Es kommt die Rüge der Verletzung der Aufklärungspflicht nach § 244 Abs. 2 StPO in Betracht, wenn der Inhalt und die Bedeutung der verlesenen Erklärung die persönliche Vernehmung ihres Verfassers erforderte, was insbesondere der Fall ist, wenn zweifelhaft ist, ob die schriftlich niedergelegten Bekundungen eigene Wahrnehmungen des Verfassers darstellen oder lediglich Wahrnehmungen anderer Personen wiedergegeben werden.

1414 Ist in der Hauptverhandlung ein Beweisantrag auf Vernehmung des Verfassers des Protokolls oder der Erklärungen gestellt worden, darf der Beweisantrag nicht mit der Begründung als unzulässig zurückgewiesen werden, dass über das betreffende Beweisthema durch Verlesung der Protokolle bzw. Erklärungen bereits Beweis erhoben worden sei.[2119]

Rüge 154

1415 Hatte der Angeklagte/Verteidiger nach jeder Verlesung bzw. Vorführung einer Bild-Ton-Aufzeichnung die Möglichkeit der Abgabe einer Erklärung (§ 257 StPO)?

Es kann insoweit auf die identische Problematik im Anschluss an die Vernehmung des Angeklagten oder eines Mitangeklagten zur Sache sowie nach einer Zeugenvernehmung verwiesen werden (siehe Rüge 75 Rn. 872).

2119 Siehe Rüge 162 Rn. 1468 u. Rüge 183 Rn. 1660.

Kapitel 21
Hat das Gericht in der Hauptverhandlung einen Antrag auf Erhebung von Beweisen zurückgewiesen oder übergangen oder sind Beweismittel nicht herangezogen worden?

1416

A. Vorbemerkung

I. Allgemeine Rechtsgrundlagen

Bei den Anträgen auf Beweiserhebung kann man grob unterscheiden zwischen Beweis*anregungen*, Beweis*ermittlungsanträgen* sowie förmlichen Beweisanträgen. **1417**

Mit einer bloßen Beweisanregung wird die Erhebung des Beweises in das an der gerichtlichen Aufklärungspflicht orientierte Ermessen des Gerichts gestellt. Das Gericht soll die Anregung unter dem Gesichtspunkt der Amtsaufklärungspflicht prüfen,[2120] also ob der Beweis nach Auffassung des Gerichts zur Erforschung des Sachverhalts erforderlich ist (dazu unten Rüge 155 Rn. 1422 ff.).

Beweisermittlungsanträge dienen der Auffindung von Beweisstoff für die Verteidigung und können oder sollen die Stellung eines förmlichen Beweisantrags erst ermöglichen. Ermittlungsanträge können der Vorklärung einer Beweisfrage (z.B. **1418**

2120 *BGHSt* 6, 128; 30, 131, 142; *BGH* NStZ 1981, 309; vgl. dazu *Meyer-Goßner/Schmitt*[60] § 244 Rn. 23, 26; KK-*Krehl*[7] § 244 Rn. 103; LR-*Becker*[26] § 244 Rn. 168 ff.

„ob" ein bestimmtes Geschehen stattgefunden hat) oder dem Auffinden des konkreten Beweismittels dienen[2121] (z.b. aus einer Vielzahl von Personen diejenige zu ermitteln, die konkrete Wahrnehmungen gemacht hat; dazu unten Rüge 156 Rn. 1427 ff.).

1419 Ein (förmlicher) Beweisantrag liegt dann vor, wenn eine konkrete Beweis*tatsache*[2122] durch ein konkretes, genau bezeichnetes Beweismittel[2123] bewiesen werden soll.[2124] Der Angabe eines Beweisziels bedarf es nicht.[2125] Beim Zeugenbeweis kann als Beweistatsache z.b. nur behauptet werden, was der Zeuge mit einem oder mehreren seiner 5 Sinne wahrgenommen hat,[2126] nicht jedoch Schlussfolgerungen oder Wertungen, die der Zeuge vorgenommen hat. Grundsätzlich ist beim Zeugenbeweis der Zeuge mit Name und Anschrift (Straße und Wohnort) zu benennen[2127] (vgl. dazu unten Rügen 163 Rn. 1473 ff.; 164 Rn. 1492 ff.).

Dem Verteidiger steht ein selbstständiges und vom Willen des Angeklagten unabhängiges Beweisantragsrecht zu. Ein Beweisantrag darf daher nicht deshalb abgelehnt werden, weil eine sich mit dem Vorbringen des Angeklagten nicht notwendigerweise deckende Behauptung unter Beweis gestellt ist.[2128]

II. Grundsätzliche Anforderungen an den Vortrag

1420 Soll mit der Revision die Zurückweisung einer Anregung oder eines Antrags auf eine Beweiserhebung gerügt werden, so gelten die folgenden allgemeinen Voraussetzungen für den Vortrag nach § 344 Abs. 2 S. 2 StPO.[2129] Diese sind, je nach Rüge, durch weitere Einzelheiten zu ergänzen.

- Mitteilung des genauen und vollständigen Wortlauts des Antrags einschließlich der Antragsbegründung[2130];
- Umstand, dass der Beweisantrag in der Hauptverhandlung gestellt wurde;[2131]

2121 *BGH* NStZ 1983, 210; *BGH* StV 1996, 581; *Meyer-Goßner/Schmitt*[60] § 244 Rn. 25; KK-*Krehl*[7] § 244 Rn. 100; LR-*Becker*[26] § 244 Rn. 162.

2122 *BGHSt* 39, 251; *Meyer-Goßner/Schmitt*[60] § 244 Rn. 20; KK-*Krehl*[7] § 244 Rn. 69; LR-*Becker*[26] § 244 Rn. 95 f.

2123 *BGH* NStZ 1999, 522; 2000, 437; *Meyer-Goßner/Schmitt*[60] § 244 Rn. 21; KK-*Krehl*[7] § 244 Rn. 79; LR-*Becker*[26] § 244 Rn. 104 f.

2124 Insgesamt *Meyer-Goßner/Schmitt*[60] § 244 Rn. 18; LR-*Becker*[26] § 244 Rn. 95 ff.

2125 *OLG Naumburg* v. 27.2.2012 – 2 Ss 28/12 = StV 2012, 589.

2126 *BGH* StV 2004, 638.

2127 *BGHSt* 40, 3 = StV 1994, 169 m. Anm. *Strate* und Anm. *Widmaier* NStZ 1994, 248; vgl. auch *BGH* NStZ 1981, 309; 1995, 246; 1999, 152; *OLG Köln* StV 1996, 368; 2002, 355; insgesamt KK-*Krehl*[7] § 244 Rn. 67, 79; auch *Meyer-Goßner/Schmitt*[60] § 244 Rn. 21; LR-*Becker*[26] § 244 Rn. 108.

2128 *BGH* StV 2009, 588; *Meyer-Goßner/Schmitt*[60] § 244 Rn. 30; LR-*Becker*[26] § 244 Rn. 118.

2129 Vgl. insg. KK-*Krehl*[7] § 244 Rn. 224; LR-*Becker*[26] § 244 Rn. 372 ff.

2130 *BGH* v. 22.2.2012 – 1 StR 647/11 = StV 2013, 73, 74.

2131 *OLG Hamm* v. 24.1.2017 – III-4 RBs 7/17.

- ist in einem Antrag, etwa bei der Beweisbehauptung oder dem Beweismittel, z.b. auf eine Aktenstelle Bezug genommen, ist auch diese vollständig im Wortlaut mitzuteilen;[2132]
- ggf. ergänzende Erklärungen des Antragstellers zu dem Antrag;
- die Stellungnahme von Staatsanwaltschaft bzw. Nebenkläger (nicht im Wortlaut, nur sofern im Protokoll inhaltliche Angaben enthalten sind);
- die Entscheidung des Gerichts im vollen Wortlaut;
- die Mitteilung, ob es bei dieser Entscheidung geblieben ist, ggf. die Mitteilung, was nach der Entscheidung geschehen ist, und insbesondere die Mitteilung, dass der Beweis nicht erhoben wurde und auf die Beweiserhebung nicht verzichtet wurde und das Gericht den Beschluss nicht geändert oder ergänzt hat;
- Vortrag aller Tatsachen, die neben dem abgelehnten Beweisantrag und dem Ablehnungsbeschluss für die Prüfung der Rüge notwendig sind und/oder die der Rüge entgegenstehen und/oder dieser den Boden entziehen könnten[2133] (z.B. spätere Bemühungen des Gerichts um Vernehmung eines Zeugen);
- dass bzw. warum das Urteil auf der unterlassenen Beweiserhebung beruht.

Eine zulässige Verfahrensrüge der Verletzung des Beweisantragsrechts setzt voraus, dass der behauptete Verstoß gegen formelles Recht so konkret und bestimmt vorgetragen wird, dass keine Zweifel verbleiben, welche Verfahrensvorschrift verletzt sei und anhand welcher Norm der gerügte Verstoß geprüft werden soll, z.B. Verstoß gegen § 245 Abs. 2 S. 3 StPO oder § 244 Abs. 3 S. 2 StPO.[2134]

Soweit durch die Besonderheiten der jeweiligen Rüge ein weiterer Vortrag erforderlich ist, ist dieser bei der Erörterung der jeweiligen Rüge dargestellt.

B. Beweisanregungen und Beweisermittlungsanträge

Überblick		Rn.	**1421**
Rüge 155:	Hat das Gericht eine Beweis*anregung* zurückgewiesen oder ist es einer solchen nicht gefolgt?	1422	
Rüge 156:	Hat das Gericht einen Beweis*ermittlungs*antrag zurückgewiesen?	1427	
Rüge 156a:	Hat das Gericht einen Beweisermittlungsantrag als Beweisantrag behandelt und als solchen zurückgewiesen?	1436	
Rüge 157:	Hat das Gericht einen Antrag auf Aktenbeiziehung zurückgewiesen?	1439	

2132 *BGHSt* 40, 3, 5 = StV 1994, 169; *BGH* StV 1994, 470.
2133 *BGH* v. 22.2.2012 – 1 StR 647/11 = StV 2013, 73: Vortrag, dass der abgelehnte Beweisantrag mit identischem Inhalt bereits schon einmal gestellt und abgelehnt wurde; *BGH* v. 10.7.2014 – 3 StR 140/14 = StV 2015, 85, 86: Darstellung der Verfahrenstatsachen, die die Prüfung eines Beweisverwertungsverbotes bzgl. der Ergebnisse einer Wohnungsdurchsuchung ermöglichen.
2134 *BGH* v. 8.12.2011 – 4 StR 430/11 = StV 2013, 71 = StraFo 2012, 145; vgl. auch *BGH* v. 17.11.2015 – 4 StR 421/15.

Rüge 155

1422 Hat das Gericht eine Beweis*anregung* zurückgewiesen oder ist es einer solchen nicht gefolgt?

I. Rechtsgrundlagen

1423 Mit einer Beweisanregung, die einen Beweisgegenstand oder ein Beweismittel bezeichnen kann, wird es in das im Rahmen der Aufklärungspflicht dem Gericht eingeräumte Ermessen gestellt, dem Begehren nachzugehen.[2135] Beweisanregungen sind solche „Anträge", die die formellen Voraussetzungen eines Beweisantrages nicht erfüllen. Unter Beweisanregungen fallen z.b. Anträge auf Sicherstellung von Beweismitteln, auf Durchführung bestimmter Untersuchungen (z.b. Anregung auf Untersuchung des Angeklagten auf seine erheblich verminderte Schuldfähigkeit)[2136], Anträge auf Gegenüberstellung bzw. eine Konfrontation von Zeugen,[2137] die widersprüchliche Angaben gemacht haben, sowie Anträge auf Wiederholung einer Beweiserhebung zu derselben Beweisfrage[2138] (vgl. dazu aber unten: Beweisantrag auf wiederholte Zeugenvernehmung; Rüge 181 Rn. 1648 ff.).

1424 Beweisanregungen sind in das Hauptverhandlungsprotokoll aufzunehmen.[2139] Eine Beweisanregung braucht jedoch nicht durch einen Gerichtsbeschluss nach § 244 Abs. 6 StPO beschieden zu werden.[2140] Ausreichend ist die aber stets erforderliche Ablehnung durch den Vorsitzenden.[2141] Gegen die Ablehnung der Anregung durch den Vorsitzenden ist die Anrufung des Gerichts nach § 238 Abs. 2 StPO möglich.[2142]

II. Anforderungen an den Vortrag

1425 Die Ablehnung einer Beweisanregung kann in der Revision nur mit der Aufklärungsrüge (Verletzung des § 244 Abs. 2 StPO) gerügt werden[2143] (vgl. dazu unten Rüge 190 Rn. 1708 ff.). Bei Zurückweisung des Antrags durch den Vorsitzenden empfiehlt es sich, einen Gerichtsbeschluss zu beantragen, da sich anderenfalls bei der Erhebung der Aufklärungsrüge die Frage stellt, warum der Antragsteller nicht

---

2135 *BGHSt* 6, 128; 30, 131, 142; *BGH* NStZ 1981, 309; vgl. dazu *Meyer-Goßner/Schmitt*[60] § 244 Rn. 23, 26; KK-*Krehl*[7] § 244 Rn. 103; LR-*Becker*[26] § 244 Rn. 168 ff.

2136 *BGHR* StPO § 244 Abs. 6 Beweisantrag 20.

2137 *BGHR* StPO § 244 Abs. 6 Beweisantrag 6.

2138 *BGHR* StPO § 244 Abs. 6 Beweisantrag 16.

2139 *Meyer-Goßner/Schmitt*[60] § 244 Rn. 27.

2140 *BGHSt* 6, 128; *BGH* NStZ 1982, 296, 477.

2141 *Meyer-Goßner/Schmitt*[60] § 244 Rn. 27; LR-*Becker*[26] § 244 Rn. 170.

2142 *Meyer-Goßner/Schmitt*[60] § 244 Rn. 27.

2143 *BGHSt* 30, 131, 142; auch *Meyer-Goßner/Schmitt*[60] § 244 Rn. 23; KK-*Krehl*[7] § 244 Rn. 103.

versucht hat, sein Aufklärungsinteresse mit den ihm nach der StPO zur Verfügung stehenden Möglichkeiten – § 238 Abs. 2 StPO – durchzusetzen.

Bei einer Aufklärungsrüge im Hinblick auf die Ablehnung einer Beweisanregung stellt sich – jedenfalls aus der Sicht des Revisionsgerichts – auch die Frage, warum, wenn der Antragsteller ein Interesse an der Beweiserhebung hatte, er keinen förmlichen Beweisantrag gestellt hat.[2144]

Die Aufklärungsrüge ist auch zu erheben, wenn eine Beweisanregung übergangen wurde.

Es ist vorzutragen,   **1426**

- der volle Wortlaut der Beweisanregung,
- die Entscheidung des Gerichts bzw. des Vorsitzenden, – ggf. die Beantragung eines Gerichtsbeschlusses und die Entscheidung des Gerichts darüber (in vollem Wortlaut),
- warum sich dem Gericht – entgegen seiner zurückweisenden Entscheidung – die Erhebung des Beweises zu einer bestimmten Tatsache aufdrängen musste,
- die Bezeichnung des Beweismittels, durch das die Aufklärung hätte erfolgen können;
- stützt sich die Anregung auf bestimmte Ermittlungsergebnisse, so sind diese bzw. die entspr. Aktenstellen vollständig mitzuteilen;
- die *Behauptung*, was das Ergebnis der Beweiserhebung zugunsten des Angeklagten erbracht hätte.
- ggf. aus welchen Gründen kein förmlicher Beweisantrag gestellt bzw. kein Gerichtsbeschluss nach 238 Abs. 2 StPO beantragt wurde.

Im Übrigen wird ergänzend auf die Ausführungen zur Aufklärungsrüge verwiesen.[2145]

Rüge 156

Hat das Gericht einen Beweis*ermittlungs*antrag zurückgewiesen?   **1427**

I. Rechtsgrundlagen

Als Beweisermittlungsanträge versteht man solche Anträge, die der Auffindung von   **1428**
Verteidigungsmaterial (Beweistatsachen oder -mittel) dienen und einen konkreten
Beweisantrag vorbereiten sollen.

2144   *BGHSt* 2, 168; *BGH* NStZ 1999, 45 m.w.N. = NStZ-RR 1996, 145; *Meyer-Goßner/ Schmitt*[60] § 244 Rn. 81.
2145   Rüge 190 Rn. 1708 ff.

Kennzeichen eines Beweisermittlungsantrages ist es, dass es entweder an einer bestimmten Tatsachenbehauptung, die bewiesen werden soll, fehlt oder an der konkreten Bezeichnung des Beweismittels, mit dem eine Beweisbehauptung bewiesen werden soll.[2146]

1429 Die fehlende Behauptung einer konkreten Beweistatsache kommt oftmals darin zum Ausdruck, dass die Heranziehung eines Beweismittels zur Klärung einer bestimmten Frage beantragt wird (z.b. *ob* der Angeklagte erheblich vermindert schuldfähig war, *ob* der Angeklagte am Tatort war…).[2147]

1430 An der notwendigen Bestimmtheit der Beweisbehauptung fehlt es aber *nicht* deshalb, weil die behauptete Tatsache durch eine frühere polizeiliche Vernehmung des als Beweismittel benannten Zeugen nicht bestätigt wird.[2148] Auch eine bloße unter Beweis gestellte Vermutung, die der Antragsteller für möglich hält, darf selbst dann nicht als Beweisermittlungsantrag behandelt werden, wenn nach dem Ergebnis der bisherigen Beweisaufnahme eher das Gegenteil der Beweistatsache wahrscheinlich ist[2149] (vgl. zur Beweisbehauptung auch Rüge 163 Rn. 1473 ff.). Behandelt das Gericht einen solchen Antrag nur als Beweisermittlungsantrag, liegt eine unzulässige Herabstufung eines ordnungsgemäßen Beweisantrages vor (vgl. dazu unten Rüge 163 Rn. 1473 ff.).

1431 Die mangelnde Bezeichnung eines konkreten Beweismittels kommt dann vor, wenn erst aus einer ganzen Anzahl von Zeugen derjenige herausgefunden werden soll, der zu einem Beweisthema bestimmte Angaben machen kann, oder wenn sich aus beizuziehenden Akten bestimmte Tatsachen ergeben sollen.[2150] Ein bloßer Antrag auf Aktenbeiziehung stellt daher in der Regel nur eine Beweisanregung bzw. einen Beweisermittlungsantrag dar[2151] (zur Bezeichnung des Beweismittels vgl. auch Rüge 164 Rn. 1473; zum Antrag auf Aktenbeiziehung vgl. Rüge 157 Rn. 1439 ff.).

Auch Anträge auf experimentelle Versuche (z.B. akustische Wahrnehmung am Tatort im Rahmen eines Augenscheins) sind in der Regel Beweisermittlungsanträge.[2152]

1432 Bei einem Beweisermittlungsantrag handelt es sich um einen in der Hauptverhandlung gestellten und zu protokollierenden Antrag, den das Gericht nicht einfach über-

---

2146 *BGHSt* 30, 131; 37, 162; *BGH* StV 1983, 185; *Meyer-Goßner/Schmitt*[60] § 244 Rn. 25; KK-*Krehl*[7] § 244 Rn. 100; LR-*Becker*[26] § 244 Rn. 162.

2147 *BGHR* StPO § 244 Abs. 6 Beweisantrag 17, 20.

2148 *BGH* StV 1982, 155.

2149 *BGH* StV 1989, 237 (2 StR 622/88) und 1989, 237 (2 StR 677/88).

2150 *BGHR* StPO § 244 Abs. 6 Ermittlungsantrag 1; *BGH* NStZ 1982, 296; *Meyer-Goßner/Schmitt*[60] § 244 Rn. 25.

2151 Etwas anderes gilt nur dann, wenn beantragt ist, bestimmte Akten beizuziehen und aus dieser Akte eine bestimmte Urkunde zu einem bestimmten Beweisthema zu verlesen. In diesem Falle ist Beweistatsache und Beweismittel angegeben, so dass es sich dann um einen Beweisantrag handelt, der nach § 244 Abs. 3 StPO zu bescheiden ist.

2152 *BGH* StV 1987, 5.

gehen darf. Der Antrag muss beschieden werden. Das Gericht muss sich sachlich damit auseinandersetzen und dem Angeklagten eröffnen, warum dem Antrag nicht nachgegangen werden soll.[2153] Dazu bedarf es jedoch keines Gerichtsbeschlusses nach § 244 Abs. 6 StPO. Es reicht, wenn der Vorsitzende mitteilt, dass er dem Antrag stattgibt oder ihn zurückweist. Letzterenfalls ist die ablehnende Entscheidung zu begründen. Denn der Antragsteller darf nicht im Unklaren gelassen werden, weshalb seinem Antrag nicht nachgegangen wurde. Nur bei Mitteilung der Ablehnungsgründe wird er in die Lage versetzt, sein weiteres Prozessverhalten auf die der Ablehnung zugrunde liegende Auffassung einzustellen, und insbesondere darüber zu entscheiden, ob er gem. § 238 Abs. 2 StPO einen Gerichtsbeschluss beantragen oder andere Anträge in Richtung auf das von ihm verfolgte Beweisziel stellen will.[2154]

II. Anforderungen an den Vortrag

1. Die Ablehnung eines Beweisermittlungsantrages kann nur mit der Aufklä- **1433** rungsrüge gerügt werden unabhängig davon, ob der Antrag durch Beschluss oder Verfügung des Vorsitzenden beschieden oder übergangen wurde.

Für den Fall, dass nur der Vorsitzende den Antrag abgelehnt hat, gilt auch hier, dass es **1434** sich zur Vorbereitung der Aufklärungsrüge empfiehlt, das Gericht gem. § 238 Abs. 2 StPO anzurufen. Ist dies nicht geschehen, muss sich der Beschwerdeführer bei der Erhebung der Aufklärungsrüge die Frage gefallen lassen, warum er keinen Gerichtsbeschluss herbeigeführt hat bzw. keinen förmlichen Beweisantrag gestellt hat.

2. Neben dem oben unter Rn. 1426 beschriebenen Vortrag ist erforderlich die Mit- **1435** teilung,

- warum sich dem Gericht – entgegen seiner zurückweisenden Entscheidung – die Aufklärung einer bestimmten Tatsache *aufdrängen* musste;
- ggf. warum das Gericht verpflichtet war, das im Antrag nicht konkretisierte Beweismittel zu ermitteln, wie dies hätte geschehen können und dass das Gericht verpflichtet war, das ermittelte Beweismittel in der Hauptverhandlung heranzuziehen;
- ggf. der Anknüpfungstatsachen für das Beweisziel und -mittel, die sich aus den Akten ergeben, wobei die entspr. Aktenstellen vollständig im Wortlaut mitzuteilen sind;
- der *Behauptung*, was das Ergebnis der Beweiserhebung zugunsten des Angeklagten erbracht hätte;
- ggf. aus welchen Gründen kein Gerichtsbeschluss beantragt wurde bzw. kein förmlicher Beweisantrag gestellt wurde bzw. nicht gestellt werden konnte, z.B. weil die Verteidigung trotz Bemühungen nicht in der Lage war, das Beweismittel genau zu bezeichnen, die Individualisierung dem Gericht aber möglich war.

2153   *OLG Frankfurt/M.* StV 1988, 243; KK-*Krehl*[7] § 244 Rn. 100.
2154   *BGH* StV 2008, 59; vgl. ferner zu allem LR-*Becker*[26] § 244 Rn. 165; *Meyer-Goßner/Schmitt*[60] § 244 Rn. 27; KK-*Krehl*[7] § 244 Rn. 101 f.

Rüge 156a

1436 Hat das Gericht einen Beweisermittlungsantrag als Beweisantrag behandelt und als solchen zurückgewiesen?

I. Rechtsgrundlagen

1437 In Fällen, in denen der Tatrichter einen Beweisermittlungsantrag als Beweisantrag behandelt und zurückgewiesen hat, kann grundsätzlich nur die Aufklärungsrüge erhoben werden.[2155] Hat das Gericht jedoch durch die Behandlung als Beweisantrag und eine unzutreffende Begründung hinsichtlich der Bedeutung der Behauptung eine „irreführende Prozesslage" geschaffen, führt dies ausnahmsweise dann zum Erfolg der Revision, wenn eine rechtsfehlerfreie Ablehnung des Antrags möglich gewesen wäre.

Hat das Gericht die in dem Antrag aufgestellte Behauptung inhaltlich als wahr unterstellt, ist es an diese Zusage gebunden. Ob es sich bei dem Beweisbegehren um einen Beweisantrag handelte, ist dabei irrelevant.[2156]

II. Anforderungen an den Vortrag

1438 Es kann auf die Ausführungen zu Rn. 1420 verwiesen werden. Gleichzeitig sollte die Verletzung der Aufklärungspflicht gerügt werden.

Rüge 157

1439 Hat das Gericht einen Antrag auf Aktenbeiziehung zurückgewiesen?

I. Rechtsgrundlagen

1440 So häufig Anträge auf Aktenbeiziehung gestellt werden, so gering sind die Chancen, die Ablehnung eines solchen Antrags mit der Revision erfolgreich zu rügen.

Die Frage, wie ein Aktenbeiziehungsantrag (verbunden mit dem Antrag auf Einsichtnahme) revisionsrechtlich zu behandeln ist, hängt zunächst vom Inhalt des gestellten Antrags ab.

2155 *BGH* StV 1996, 581; *BGH* v. 6.9.2011 – 1 StR 633/10 = StV 2012, 577; *KG* v. 2.9.2015 – 3 Ws (B) 447/15.
2156 *BGH* v. 14.7.2011 – 3 StR 106/11 = StV 2012, 581; *BGHSt* 32, 44 = StV 1983, 357.

Drei Fallkonstellationen sind denkbar:

1. Der schlichte Antrag, eine bestimmte Akte beizuziehen und Akteneinsicht zu gewähren.
2. Der Beiziehungsantrag mit der Begründung, darin befänden sich beweisrelevante Schriftstücke bzw. daraus ergäben sich Hinweise auf weitere für den Schuld oder Rechtsfolgenausspruch relevante Tatsachen, die dann festgestellt werden müssten.
3. Ein förmlicher Beweisantrag, der etwa dergestalt lauten kann, eine genau zu bezeichnende Akte beizuziehen und eine darin befindliche Urkunde, z.B. ein Urteil zum Beweis der Tatsache zu verlesen, dass der dortige Angeklagte, der Zeuge im gegenständlichen Verfahren ist, im Hinblick auf die Belastung des Angeklagten eine Strafmilderung nach § 31 BtMG erhalten habe oder sich aus dem zu verlesenden Urteil ergebe, das ein auch im gegenständlichen Verfahren gehörter Zeuge falsch ausgesagt oder den dortigen Angeklagten zu Unrecht belastet habe.

1. Ist ein förmlicher Beweisantrag gestellt, also eine Beweistatsache und das Beweismittel (z.B. das zu verlesende Urteil oder Schriftstück) benannt und der Weg aufgezeigt worden, wie das Beweismittel beschafft werden kann, nämlich durch Beiziehung genau zu bezeichnender Akten, kann die Ablehnung eines solchen Antrags nur aus den in § 244 Abs. 3 StPO genannten Gründen erfolgen. Im Falle eines förmlichen Beweisantrages muss also die Verletzung des § 244 Abs. 3 StPO gerügt werden. Auf die diesbezüglichen Ausführungen kann verwiesen werden. **1441**

Insoweit ist lediglich auf die Besonderheit hinzuweisen, dass die Staatsanwaltschaft bis zum Abschluss der Ermittlungen die Akten gem. § 147 Abs. 2 StPO „sperren" kann.[2157] Daran ist auch das Gericht, das die Beiziehung begehrt, gebunden, so dass in diesem Fall die Ablehnung z.B. wegen Unzulässigkeit oder Unerreichbarkeit in Betracht käme.[2158]

2. Ist nur ein „schlichter" Beiziehungsantrag gestellt worden, ist bereits fraglich, ob insoweit überhaupt eine Beweisanregung oder ein Beweisermittlungsantrag vorliegt.[2159] Denn in dem bloßen Antrag, Akten beizuziehen, liegt noch nicht einmal die Anregung, ein bestimmtes Beweismittel für die Aufklärung einer Tatsache zu benutzen. Die Beiziehung wird lediglich begehrt, um den Inhalt der Akten daraufhin zu „durchforsten", ob sich daraus Ansatzpunkte für Anträge auf (weitere) Beweiserhebungen ergeben. Über einen solchen Antrag entscheidet der Vorsitzende allein. Das Unterlassen einer Entscheidung des Vorsitzenden kann die Rüge der Be- **1442**

2157 Vgl. nur *BGHSt* 50, 224 = StV 2005, 594; *BGHSt* 49, 317 = StV 2005, 423.
2158 Zum Rechtsweg und zu den Anforderungen an die Begründung der Ablehnung eines vom Strafgericht an das Familiengericht gerichteten Antrags auf Beiziehung der familiengerichtlichen Akten, *OLG Hamm* v. 7.10.2008 – 15 VAs 7-9/08.
2159 Vgl. *BGH* StV 2000, 248.

hinderung der Verteidigung nicht begründen, da diese voraussetzt, dass die Verteidigung durch einen Gerichtsbeschluss unzulässig beschränkt wurde.[2160]

Die Ablehnung eines „schlichten" Beiziehungsantrags kann, wenn überhaupt, nur mit der Aufklärungsrüge bzw. der Rüge der Behinderung der Verteidigung beanstandet werden. Die trotz eines entspr. Antrags unterbliebene Beiziehung von Akten kann nur dann Gegenstand der Verfahrensrüge der Behinderung der Verteidigung in einem wesentlichen Punkt sein, wenn nach Ablehnung durch den Vorsitzenden oder im Falle der Nichtbescheidung ein Gerichtsbeschluss herbeigeführt worden ist.[2161]

Es müsste vorgetragen werden, welche konkreten Tatsachen in den beizuziehenden Akten enthalten sind und welche konkreten Beweiserhebungen das Gericht mit welchem konkreten Ergebnis hätte veranlassen müssen, wenn es die Akten beigezogen hätte. Und schließlich müsste dargetan werden, dass sich dem Gericht die Beiziehung und die Erhebung der Beweise hätte aufdrängen müssen. Im Falle der Rüge der Behinderung der Verteidigung muss die Revisionsbegründung die Tatsache der Herbeiführung eines Gerichtsbeschlusses und diesen selbst mitteilen, außerdem, aufgrund welcher Tatsachen, die sich aus den beizuziehenden Akten ergeben sollen, die Verteidigung in einem wesentlichen Punkt behindert war.

Dies alles dürfte bei einem „schlichten" Beiziehungsantrag kaum möglich sein.

1443   **3.**   Bei einem Beiziehungsantrag, der mit einer Begründung versehen ist und bei dem zudem der Sachzusammenhang zum gegenständlichen Verfahren evident ist, handelt es sich um einen Beweisermittlungsantrag.[2162] Eine solche Fallkonstellation ist z.B. dann gegeben, wenn die Beiziehung der Akten eines Strafverfahrens gegen einen Zeugen im hiesigen Verfahren oder der gegen einen ehemals Mitbeschuldigten und jetzigen Zeugen begehrt wird und als Begründung (zusätzlich) angegeben wird, anhand der Akten seien z.B. Aussageentstehung, -entwicklung sowie -konstanz zu überprüfen bzw. es solle geklärt werden, ob z.B. einem Urteil gegen den Zeugen eine (unzulässige) Absprache zu Lasten des Angeklagten im gegenständlichen Verfahren zugrunde liegt.

Auf dem Computer eines LKA gespeicherte Dateien mit inhaltlichen Zusammenfassungen von ins Deutsche übersetzten abgehörten Telefonaten, die seitens der Ermittlungsbehörden als nicht beweiserheblich eingeschätzt werden, sind Aktenbestandteil und gehören daher nach § 199 Abs. 2 S. 2 StPO zu den dem Gericht vorzulegenden Akten, in die die Verteidigung ein Einsichtsrecht hat.[2163] Wurde ein Antrag auf Beiziehung und Akteneinsicht gestellt, setzt die Rüge der Behinderung der Verteidigung durch Versagung der beantragten Akteneinsicht wegen unterbliebener Beiziehung der gespeicherten Dateien einen Gerichtsbeschluss gegen die die Bei-

---

2160   *BGH* v. 17.7.2008 – 3 StR 250/08 = StV 2008, 567.
2161   *BGH* StV 2008, 567.
2162   *BGH* StV 2000, 248.
2163   *BGH* StV 2010, 228 m. Anm. *Stuckenberg* StV 2010, 231.

ziehung ablehnende oder gänzlich unterbliebene Entscheidung des Vorsitzenden voraus.

Ein solcher Beweisermittlungsantrag wird vom Gericht unter Aufklärungsgesichtspunkten beschieden. Die Ablehnung kann nur mit der Aufklärungsrüge bzw. mit der gleichzeitig zu erhebenden Rüge der Behinderung der Verteidigung angegriffen werden.[2164]

Die Schwierigkeit bei beiden Rügen besteht darin, dass ein konkreter Vortrag erfor- **1444**
derlich ist, welche entscheidungserheblichen Tatsachen im Falle der Aktenbeiziehung hätten aufgeklärt werden können bzw. welcher konkrete Zusammenhang zwischen der Nichtbeiziehung und der Behinderung der Verteidigung in einem wesentlichen Punkt besteht, d.h. durch welche konkrete vorenthaltene Information die Verteidigung wesentlich behindert war. Eine Aufklärungsrüge wegen unterlassener Aktenbeiziehung ist unzulässig, wenn nicht mitgeteilt wird, zu welchen konkreten verfahrensrelevanten Erkenntnissen die Aktenbeiziehung geführt hätte.[2165] Die bloße Möglichkeit eine Behinderung der Verteidigung durch das Vorenthalten der Akten reicht nicht.[2166] Diesen Anforderungen an die Rügen wird die Revision schon deswegen nur selten genügen können, da ihr der Akteninhalt gerade vorenthalten wurde.

Dies sieht auch der BGH und fordert als Zulässigkeitsvoraussetzung für beide Rü- **1445**
gen, dass die Verteidigung sich nach Ablehnung des Antrags weiterhin um Akteneinsicht bis zum Ablauf der Revisionsbegründungsfrist (!) bemühen muss, diese Anstrengungen in der Revisionsbegründung vollständig dokumentiert werden und, sollte (teilweise) Akteneinsicht (auch nach der Hauptverhandlung) gewährt werden, die konkreten Ergebnisse bzw. die sich daraus ergebenden Tatsachen mitgeteilt werden, die das Gericht hätte aufklären können und müssen bzw. deren Vorenthaltung zu einer Behinderung der Verteidigung in einem wesentlichen Punkt geführt haben.[2167] Die Nichtbeiziehung der Akten hindert die Verteidigung nicht, gem. § 475 Abs. 1 StPO in diese Einsicht zu nehmen und daraus die Tatsachen für den entscheidungserheblichen Beweisertrag vorzutragen. Die Notwendigkeit eines solchen Vortrags begründet regelmäßig ein berechtigtes Interesse an der Akteneinsicht.[2168]

Erfährt der Verteidiger aus anderen Quellen vom (teilweisen) Inhalt der Akten (z.B. aus Flurgesprächen, dass eine Absprache zu Lasten des Angeklagten vorgelegen hat), sind diese Tatsachen ebenfalls mitzuteilen, sofern sich daraus die Pflicht des Gerichts zur Aufklärung bzw. die Behinderung der Verteidigung ergibt.

2164   Vgl. *BGHSt* 49, 317, 327 = StV 2005, 423.
2165   *BGH* v. 17.7.2008 – 3 StR 250/08 = StV 2008, 567.
2166   *BGHSt* 49, 317, 328.
2167   *BGHSt* 49, 317, 328; *BGH* StraFo 2006, 459, 460; *BGH* StV 2010, 615.
2168   *BGH* v. 17.7.2008 – 3 StR 250/08 = StV 2008, 567.

II. Anforderungen an den Vortrag der Rüge der Verletzung der Aufklärungspflicht bzw. der Behinderung der Verteidigung in einem wesentlichen Punkt

1446 Vorzutragen sind

- der Antrag in vollem Wortlaut,
- die daraufhin ergangene Entscheidung des Gerichts,
- der Antrag auf Gerichtsbeschluss und dieser im Wortlaut,
- die weiteren Bemühungen zur Erlangung von Akteneinsicht,
- die Tatsachen, die sich aus den vorenthaltenen Akten ergeben hätten,
- welche weiteren Beweiserhebungen sich dem Gericht bei Bekanntsein dieser Tatsachen hätten aufdrängen müssen,
- welches Ergebnis diese Beweiserhebung gehabt hätte, bzw. im Falle der Rüge der Behinderung der Verteidigung in einem wesentlichen Punkt,
- welche für den Schuld oder Rechtsfolgenausspruch wesentlichen Verteidigungsaktivitäten bei Bekanntsein der Tatsachen ergriffen worden wären, die infolge Unkenntnis nicht unternommen werden konnten.

In beiden Fällen empfehlen sich Ausführungen zur Beruhensfrage.

C. Hat das Gericht einen (förmlichen) Beweisantrag zurückgewiesen?

1447

I. Allgemeine Zurückweisungsgründe

1448 Ein förmlicher Beweisantrag ist das Verlangen, das Gericht möge zum Nachweis *bestimmt behaupteter konkreter Tatsachen*, die die Schuld oder Rechtsfolgenfrage betreffen, durch Heranziehung eines *bestimmt und genau bezeichneten Beweismittels* Beweis erheben.[2169] Dem Verteidiger steht ein vom Willen des Angeklagten unabhängiges Beweisantragsrecht zu. Eine vom Verteidiger aufgestellte Beweisbehauptung darf daher nicht wegen fehlender Deckung mit der Einlassung des Angeklagten anders gedeutet werden.[2170]

Bei der Zurückweisung eines förmlich korrekten Beweisantrags kann es zu mannigfaltigen, rügefähigen Rechtsfehlern kommen, z.B.:

1449 • Das Gericht kann einen Beweisantrag rechtsfehlerhaft zum Beweisermittlungsantrag herabgestuft und nicht nach dem Katalog des § 244 Abs. 3, 4 oder 5 StPO, sondern unter Aufklärungsgesichtspunkten zurückgewiesen haben (vgl. dazu Rüge 158, Rn. 1451 ff.).

• Das Gericht kann den Sinngehalt des Antrags verkürzt und den Antrag in der unzulässiger Weise eingeschränkten Form zurückgewiesen haben (dazu Rüge 160, Rn. 1461 ff.).

• Das Gericht kann eine Beweisbehauptung als „aus der Luft gegriffen" behandelt und den Antrag deswegen als Beweisermittlungsantrag zurückgewiesen haben (dazu Rüge 159, Rn. 1457 ff.).

• Das Gericht kann nur einzelne, aber nicht alle Beweisbehauptungen abgehandelt bzw. nur über die Verwendung von einzelnen, nicht aber von allen benannten Beweismitteln entschieden haben (dazu Rügen 161, 162, Rn. 1465 ff.).

• Das Gericht kann dem Beweisantrag stattgegeben, den Beweis jedoch nicht erhoben haben (dazu Rüge 182, Rn. 1656 ff.).

• Das Gericht kann ein anderes als das benannte Beweismittel herangezogen haben (dazu Rüge 183, Rn. 1660 ff.).

• Das Gericht kann über den Beweisantrag nicht (durch Beschluss nach § 244 Abs. 6 StPO) entschieden und die beantragte Beweiserhebung unterlassen haben (dazu Rüge 185, Rn. 1667 ff.).

• Das Gericht kann den Beweisantrag unter fehlerhafter Annahme einer Zurückweisungsvoraussetzung nach § 244 Abs. 3, 4 oder 5 StPO abgelehnt haben (dazu Rügen 166 ff., Rn. 1503 ff.).

• Das Gericht kann die Ablehnungsbegründung im Urteil abgeändert oder ausgetauscht haben (dazu Rüge 184, Rn. 1663 ff.).

1450 Der 5. Strafsenat hat entschieden, dass das Revisionsgericht selbst dem vom Tatrichter abgelehnten Beweisantrag im Freibeweis nachgehen kann, wenn der Verdacht besteht, dass der Beweisantrag eine bewusst wahrheitswidrige Beweisbehaup-

---

2169 *BGHSt* 1, 29, 31; 6, 128, 129; *BGH* NStZ 1981, 361; *BGH* StV 1982, 55; KK-*Krehl*[7] § 244 Rn. 67; *Meyer-Goßner/Schmitt*[60] § 244 Rn. 18; LR-*Becker*[26] § 244 Rn. 95 f.
2170 *BGH* StV 2009, 588.

tung enthält. Bestätigt sich dies durch die Erhebung des Beweises, soll es sich bei dem Antrag, dessen Bescheidung mit der Revision beanstandet wird, nicht um einen nach Maßgabe des § 244 Abs. 3, 4 und 6 StPO zu behandelnden Beweisantrag handeln, sondern um einen tatsächlich nicht zum Zwecke der Wahrheitsermittlung, sondern aus sachwidriger Prozesstaktik gestellten missbräuchlichen Scheinbeweisantrag. Es soll daher an einer Verletzung des Beweisantragsrechts fehlen.[2171]

Rüge 158
Hat das Gericht einen Beweisantrag als Beweisermittlungsantrag behandelt?   **1451**

I. Rechtsgrundlagen

Ein Beweisantrag setzt die *bestimmte Behauptung* einer *konkreten* Beweis*tatsache* **1452** voraus, die durch ein bestimmtes und nach der StPO zugelassenes Beweismittel bewiesen werden soll. Behandelt das Gericht einen Antrag, der diese Voraussetzungen erfüllt, als Beweisermittlungsantrag und weist ihn als solchen unter Aufklärungsgesichtspunkten ohne Ablehnungsgrund nach § 244 Abs. 3, 4 oder 5 StPO zurück, liegt darin eine fehlerhafte Bescheidung des Beweisantrags, was in der Regel zur Urteilsaufhebung führt.[2172]

Die fehlerhafte Interpretation eines Beweisantrages als Beweisermittlungsantrag **1453** kommt u.a. in den Fällen in Betracht, in denen der Antragsteller (erkennbar oder erklärtermaßen) eine bloße Vermutung in die Form der Behauptung einer Beweistatsache kleidet. Da der Angeklagte bzw. der Verteidiger aber auch solche Tatsachen unter Beweis stellen darf, die er nur vermutet, von denen er sich aber die Bestätigung durch die Beweiserhebung erhofft,[2173] darf der Beweisantrag nicht als Beweisermittlungsantrag unter Aufklärungsgesichtspunkten zurückgewiesen werden. Auch eine in Form einer bestimmten Beweisbehauptung gekleidete Vermutung darf daher nur nach dem Katalog der Ablehnungsgründe des § 244 Abs. 3, 4, 5 StPO zurückgewiesen werden.[2174]

2171   *BGH* v. 25.4.2012 – 5 StR 444/11 = StV 2013, 65 m. Anm. *Trüg.*

2172   *BGH* StV 2007, 563; *OLG Naumburg* v. 27.2.2012 – 2 Ss 28/12 = StV 2012, 589.

2173   *BGHSt* 21, 118, 125; *BGH* v. 11.4.2013 – 2 StR 504/12 = StV 2014, 264 f.; ferner *BGH* StV 1989, 237; 1992, 55 f.; 2003, 369; 2006, 458; 2008, 287; *BGH* NStZ 2009, 226; *Meyer-Goßner/Schmitt*[60] § 244 Rn. 20; KK-*Krehl*[7] § 244 Rn. 72 f.

2174   *BGHR* StPO § 244 Abs. 6 Beweisantrag 2, 7, 8, 24, 25; zum Problem der Behandlung eines Beweisantrages als Beweisermittlungsantrag bei einer „ins Blaue" aufgestellten Beweisbehauptung vgl. Rüge 159 Rn. 1456 ff.

Die Zweifelhaftigkeit, ob ein benannter Zeuge sich noch an den in sein Wissen gestellten Vorgang erinnert, macht einen Beweisantrag nicht zu einem Beweisermittlungsantrag.[2175]

Auch der Umstand, dass die Beweisbehauptung in Widerspruch zum bisherigen Beweisergebnis steht oder es keine Anhaltspunkte für die Richtigkeit der Behauptung gibt oder das Gegenteil bereits erwiesen sei, rechtfertigt die Herabstufung zum Beweisermittlungsantrag nicht.[2176]

1454 Auch die Tatsache, dass kein konkretes Beweismittel, sondern nur der Weg aufgezeigt wurde, auf dem das Gericht das Beweismittel individualisieren kann, vermag nicht immer die Behandlung als Beweisermittlungsantrag zu rechtfertigen.[2177]

II. Anforderungen an den Vortrag

1455 Zunächst wird auf die allgemeinen Anforderungen an den Vortrag oben Rn. 1420 verwiesen.

Soll die fehlerhafte Behandlung eines förmlichen Beweisantrages als Beweisermittlungsantrag und demzufolge die unterlassene Bescheidung nach dem Katalog des § 244 Abs. 3, 4 oder 5 StPO gerügt werden, muss die Revisionsbegründung die Mitteilung enthalten

- des Beweisantrages im vollen Wortlaut; bei Bezugnahmen im Beweisantrag auf Fundstellen in den Akten auch der diesbezügliche Inhalt,
- des weiteren Geschehens nach Antragstellung, ggf. ergänzende Erklärungen des Antragstellers; die Tatsache, dass die Staatsanwaltschaft und ggf. Nebenklage Stellung genommen haben bzw. Gelegenheit dazu hatten (nicht im Wortlaut, soweit dieser nicht aus dem Protokoll ersichtlich ist),
- des vollständigen Gerichtsbeschlusses, wobei der Inhalt in Bezug genommener Fundstellen oder früherer Gerichtsbeschlüsse (z.B. auf deren Begründung ergänzend verwiesen wird) ebenfalls vollständig mitzuteilen sind;
- ob und ggf. was nach der Bescheidung des Beweisantrages bezüglich des Antrags noch geschehen ist (z.B. Ergänzungen durch Antragsteller; Gegenvorstellungen, *aber auch* ggf. ein den ursprünglichen Beschluss korrigierender Beschluss),

---

2175 *BGH* StV 1985, 185; *BGH* NJW 1988, 1859; *BGH* NStZ 1988, 468 und 1993, 247; *Meyer-Goßner/Schmitt*[60] § 244 Rn. 20.
2176 *BGH* StV 1993, 3; *BGH* NStZ 2002, 383; *BGHR* StPO § 244 Abs. 6 Beweisantrag 9; *Meyer-Goßner/Schmitt*[60] § 244 Rn. 20; vgl. auch *KG* v. 17.9.2013 – (4) 121 Ss 141/13 = StV 2015, 103, 106, wonach eine Beweisbehauptung aufgrund freibeweislich getroffener Feststellungen die Vermutung ihrer Richtigkeit verlieren können soll; dagegen zu Recht *Trüg* StV 2015, 106 ff.; *Meyer-Goßner/Schmitt*[60] § 244 Rn. 20.
2177 Vgl. dazu Rügen 158 Rn. 1451 ff., 183 Rn. 1492 ff.

- dass der beantragte Beweis nicht erhoben wurde,
- dass auf die Beweiserhebung nicht verzichtet wurde.

Die Begründung der Rüge muss darlegen, warum es sich um einen echten Beweisantrag handelt, den das Gericht rechtsfehlerhaft nicht nach § 244 Abs. 3, 4 oder 5 StPO beschieden hat.

Da nicht vorherzusehen ist, ob das Revisionsgericht den Antrag als förmlichen Beweisantrag oder – wie der Tatrichter – als Beweisermittlungsantrag ansieht, ist gleichzeitig eine Aufklärungsrüge zu erheben.[2178]

Rüge 159

Hat das Gericht einen Beweisantrag wegen einer „ins Blaue" aufgestellten Beweisbehauptung als Beweisermittlungsantrag behandelt?   **1456**

I. Rechtsgrundlagen

Nach der Rspr. des BGH kann das Gericht solche Anträge, die zwar die förmlichen Voraussetzungen eines Beweisantrages erfüllen (Beweistatsache und Beweismittel), als Beweisermittlungsantrag behandeln, wenn die Beweisbehauptung aus der Luft gegriffen, ohne faktische Basis ist und es für die Behauptung keine tatsächliche oder argumentative Grundlage gibt.[2179] Allerdings erfordert die Ablehnung eines Antrags als „ins Blaue hinein" gestellt eine genaue Darlegung, warum aus der Sicht des Gerichts auch für den Antragsteller noch nicht einmal eine bloße – vage – Vermutung für die Bestätigung des Beweisthemas besteht. Denn der Angeklagte kann auch solche Umstände als Beweistatsache sicher behaupten, die er lediglich *vermutet* oder *für nur möglich hält*.[2180] Dies gilt selbst dann, wenn eine Bestätigung der Beweistatsache im Hinblick auf das bisherige Beweisergebnis in hohem Maße unwahrscheinlich ist.[2181] Die bloße Behauptung, das Gericht sei davon überzeugt, dass   **1457**

2178   Rüge 190 Rn. 1708 ff.
2179   *BGHR* StPO § 244 Abs. 6 Beweisantrag 21, 24; *BGH* StV 2003, 150; 1987, 49; 1993, 3 und 1997, 567 m. Anm. *Wohlers*; *BGH* NStZ 1992, 397; vgl. aber die Entscheidungen des 3. Strafsenats des BGH zur Abgrenzung der Zurückweisung des Beweisantrags wegen ins Blaue hinein aufgestellter Beweisbehauptung und Prozessverschleppung: *BGH* StV 2008, 9; StraFo 2010, 466; KK-*Krehl*[7] § 244 Rn. 73, 108; *Meyer-Goßner/Schmitt*[60] § 244 Rn. 20a; insgesamt LR-*Becker*[26] § 244 Rn. 110 ff.
2180   *BGH* v. 11.4.2013 – 2 StR 504/12 = StV 2014, 264, 265; *BGHSt* 21, 118, 125; *BGH* StV 1981, 166; 1989, 237; 1999, 3; 2003, 369; *Meyer-Goßner/Schmitt*[60] § 244 Rn. 20; KK-*Krehl*[7] § 244 Rn. 72; LR-*Becker*[26] § 244 Rn. 103.
2181   *BGH* StV 2008, 287; StV 2006, 458; *BGH* StV 2002, 233; *KG* StV 1993, 95.

die Beweisbehauptung aus der Luft gegriffen sei, reicht nicht aus.[2182] Dem Verteidiger steht ein vom Willen des Angeklagten unabhängiges Beweisantragsrecht zu. Eine vom Verteidiger aufgestellte Beweisbehauptung darf daher nicht wegen fehlender Deckung mit der Einlassung des Angeklagten anders gedeutet werden.[2183]

Ist erwiesener Maßen in einem Beweisantrag eine bewusst wahrheitswidrige Beweisbehauptung aufgestellt, soll es sich nicht um einen nach § 244 Abs. 3, 4, 6 StPO zu behandelnden Beweiseisantrag sondern um einen aus sachwidriger Prozesstaktik missbräuchlichen gestellten Scheinbeweisantrag handeln.[2184]

1458 Die Rüge, das Gericht habe zu Unrecht den Antrag mit der Begründung zurückgewiesen, dass er ins Blaue hinein gestellt sei, erfordert die Darlegung, auf welchen tatsächlichen oder argumentativen Gründen der Antragsteller eine Bestätigung der Beweistatsache vermuten oder erhoffen konnte.

1459 Eine zusätzliche Schwierigkeit liegt dann vor, wenn es der Antragssteller nach der Entscheidung des Gerichts unterlassen hat, den Antrag „nachzubessern" bzw. ggf. zu Protokoll darzulegen, was die Grundlage seiner Beweisbehauptung war. Zwar ist der Antragsteller grundsätzlich nicht verpflichtet, dem Gericht gegenüber zu begründen, warum er eine bestimmte Beweisbehauptung aufstellt oder ein benannter Zeuge zum Beweisthema etwas bekunden kann.[2185] In dem Moment aber, in dem das Gericht durch den Beschluss deutlich macht, dass es aus seiner Sicht keinerlei Anhaltspunkt für die Beweistatsache oder deren Bestätigung durch das benannte Beweismittel gibt, ist es erforderlich, in der Hauptverhandlung die tatsächlichen oder argumentativen Anhaltspunkte darzulegen, warum die Vermutung für die Bestätigung der Beweistatsache besteht.

II. Anforderungen an den Vortrag

1460 Neben dem grundsätzlich erforderlichen Vortrag (dazu oben Rn. 1420) muss angegeben werden,

- welche Erklärungen ggf. auf den Gerichtsbeschluss hin abgegeben worden sind, die Reaktion des Gerichts darauf, im Falle eines Gerichtsbeschlusses dieser im vollen Wortlaut,
- die Tatsachen und Argumente, aufgrund derer der Antragsteller berechtigterweise vermuten konnte, dass das Beweisziel hätte erreicht werden können;
- die Anhaltspunkte aus den Akten oder sonstigen Unterlagen in vollem Wortlaut, aus denen sich Anhaltspunkte für die Erreichung des Beweisziels ergeben.

2182 *KG* v. 27.1.2015 – (4) 161 Ss 186/14 (285/14) = StV 2016, 345, 346; *BGH* StV 2003, 150.
2183 *BGH* StV 2009, 588.
2184 *BGH* v. 25.4.2012 – 5 StR 444/11 = StV 2013, 65 m. Anm. *Trüg*; zu weitgehend: *KG* v. 17.9.2013 – (4) 121 Ss 141/13 = StV 2015, 103, 106 m. abl. Anm. *Trüg*.
2185 *BGH* StV 1981, 167; *BGH* NStZ 1993, 247.

- Wurde der Antrag nicht nachgebessert oder erläutert, muss die Revisionsbegründung die Tatsachen und Argumente anführen, aufgrund derer der Antragsteller berechtigterweise vermuten konnte, dass das Beweisziel hätte erreicht werden können.

Rüge 160

Hat das Gericht den Beweisantrag nicht in seinem vollen Sinngehalt beschieden oder die Beweistatsache verkürzt? **1461**

I. Rechtsgrundlagen

Das Gericht ist verpflichtet, den Beweisantrag nach seinem wirklichen Inhalt und **1462** Sinn ohne Umdeutung oder Verkürzung in seiner vollen Tragweite zu bescheiden.[2186] Ist dies nicht der Fall und hat das Gericht den Beweisantrag zurückgewiesen, ist die Zurückweisung fehlerhaft. Eine Ergänzung oder Modifizierung des Ablehnungsbeschlusses in den Urteilsgründen ist nicht zulässig[2187] (vgl. dazu Rüge 184, Rn. 1663 ff.). Da dem Verteidiger ein vom Willen des Angeklagten unabhängiges Beweisantragsrecht zusteht, darf eine vom Verteidiger aufgestellte Beweisbehauptung daher nicht wegen fehlender Deckung mit der Einlassung des Angeklagten anders gedeutet werden.[2188]

Auf für das Gericht offensichtliche Fehler oder Missverständnisse bei der Formulie- **1463** rung der Beweisbehauptung (z.B. falsches Datum, falsche Zahlenangabe) muss es den Antragsteller hinweisen. Ist dies nicht der Fall, darf die missverständliche oder falsche Tatsache nicht (auch) zur Begründung der Ablehnung herangezogen werden.[2189]

II. Anforderungen an den Vortrag

Es gelten die allgemeinen Anforderungen, vgl. Rn. 1420. **1464**

Allerdings besteht die Besonderheit, dass der Antragsteller nach der Rspr. des BGH bei einer für ihn aus der Ablehnungsbegründung ersichtlichen offensichtlichen Fehlinterpretation des Antrags durch das Gericht verpflichtet ist, auf das Missverständnis hinzuweisen und dem Gericht so die Möglichkeit zu geben, den Antrag un-

---

2186 *BGH* StV 1981, 603; 1983, 90; 1989, 140; *Meyer-Goßner/Schmitt*[60] § 244 Rn. 42; KK-*Krehl*[7] § 244 Rn. 78.
2187 *BGHSt* 19, 24, 26; 29, 149, 152; *BGH* NStZ 1982, 213 und 1984, 16; *Meyer-Goßner/Schmitt*[60] § 244 Rn. 42.
2188 *BGH* StV 2009, 588.
2189 *BGH* StV 2008, 121; KK-*Krehl*[7] § 244 Rn. 77 f.

ter Vermeidung der Fehlinterpretation neu zu bescheiden.[2190] Jedenfalls dann, wenn die unzutreffende Auslegung eines Beweisantrags durch das Gericht auf der missverständlichen Formulierung des Antrags durch den Antragsteller beruht, muss dieser das Missverständnis des Gerichts in der Hauptverhandlung ausräumen. Unterlässt er dies, so ist es ihm verwehrt, die unzutreffende Auslegung des Antrags und dessen darauf beruhende fehlerhafte Ablehnung mit der Revision zu beanstanden.[2191]

Ist dies nicht geschehen, so sollte die Revisionsbegründung vortragen, warum ein Hinweis auf die Fehlinterpretation unterblieben ist bzw. warum ggf. der Instanzverteidiger die Fehlinterpretation des Antrags nicht bemerkt hat.

Hat es einen Hinweis der Verteidigung gegeben und ist ein neuer zurückweisender Beschluss ergangen, so kann nur gerügt werden, dass dieser Beschluss rechtsfehlerhaft war. Gleichwohl sollte der gesamte Verfahrensvorgang mitgeteilt werden, also

- ursprünglicher Antrag,
- erster Gerichtsbeschluss,
- ggf. Wortlaut bzw. Tatsache des Hinweises der Verteidigung auf das gerichtliche Missverständnis,
- erneuter Gerichtsbeschluss.

Rüge 161

1465   Hat das Gericht nur einige von mehreren in einem Beweisantrag behaupteten Beweistatsachen beschieden?

I. Rechtsgrundlagen

1466   Grundsätzlich ist das Gericht verpflichtet, über jede Beweistatsache, für die ein Beweismittel benannt ist, zu entscheiden.[2192] Jede Beweistatsache mit einem dafür benannten Beweismittel stellt einen eigenständigen Beweisantrag dar, auch wenn in einem einzigen Antrag mehrere Beweistatsachen mit Beweismitteln angegeben sind. Jeder Antrag ist daher eigenständig zu bescheiden. Ist die Bescheidung eines Antrags unterblieben, kann die Nichtbescheidung, d.h. das Fehlen eines Ablehnungsbeschlusses gem. § 244 Abs. 6 StPO, gerügt werden (vgl. dazu auch Rüge 185 Rn. 1667 ff.).

2190   *BGHR* StPO § 244 Abs. 6 Beweisantrag 3, 30, 38; *BGH* StV 2001, 436 und 504; StV 1989, 465 m. abl. Anm. *Schlothauer*; einschränkend *BGH* StV 2008, 227; *Meyer-Goßner/Schmitt*[60] § 244 Rn. 42; *Basdorf* StV 1995, 310, 319.

2191   *BGH* StV 2009, 62.

2192   *BGH* StV 1987, 236; *Meyer-Goßner/Schmitt*[60] § 244 Rn. 42.

Ist für den Antragsteller das Fehlen einer Entscheidung offensichtlich, ist er nach der Rspr. des BGH gehalten, das Gericht auf die unvollständige Bescheidung hinzuweisen. Der Hinweis sollte stets im Protokoll festgehalten werden. Auf die Ausführungen oben Rn. 1464 zur Hinweispflicht bei Fehlinterpretation der Beweistatsache durch das Gericht kann verwiesen werden.

II. Anforderungen an den Vortrag

Es sind vorzutragen: **1467**

- der vollständige Beweisantrag,
- der vollständige Inhalt des Zurückweisungsbeschlusses,
- diejenigen Beweistatsachen, über die nicht entschieden wurde,
- die Gründe, weshalb ggf. ein Hinweis der Verteidigung auf die Unvollständigkeit des Beschlusses unterblieben ist,
- ggf. ein Hinweis der Verteidigung auf das Unterbleiben einer Entscheidung, auch wenn der Vorgang nicht im Protokoll festgehalten ist,
- die Reaktion des Gerichts auf den Hinweis, ggf. bestätigender oder modifizierter Beschluss.

Ergänzend wird auf die allgemeinen Anforderungen (Rn. 1420) hingewiesen.

Rüge 162

Hat das Gericht den Antrag nicht hinsichtlich aller benannten Beweismittel beschieden? **1468**

I. Rechtsgrundlagen

Sind für eine Beweistatsache mehrere Beweismittel angegeben, so muss das Gericht **1469** den Antrag unter Berücksichtigung aller Beweismittel bescheiden bzw. es muss über die Verwendung jedes einzelnen benannten Beweismittels entscheiden.[2193] Für jedes Beweismittel muss der Ablehnungsgrund mitgeteilt werden.

Hat das Gericht in einem den Antrag zurückweisenden Beschluss nicht über alle Beweismittel entschieden, fehlt es an der Bescheidung eines Beweisantrags, soweit es das nicht genutzte Beweismittel anbelangt.

Insoweit gelten die gleichen Grundsätze wie bei der nur teilweisen Bescheidung der behaupteten Beweistatsachen einschließlich der Hinweispflicht auf das Unterlassen der vollständigen Bescheidung, siehe oben Rn. 1464, 1466.

2193   *BGH* StV 1987, 236; *Meyer-Goßner/Schmitt*[60] § 244 Rn. 42.

1470 Sind von mehreren für dieselbe Beweistatsache benannten Beweismitteln eines oder mehrere in der Hauptverhandlung herangezogen worden, weitere benannte Beweismittel jedoch nicht, ist zu differenzieren:

Wurde die Beweisbehauptung durch die verwendeten Beweismittel bestätigt, wird das Unterlassen der Entscheidung über die Verwendung der weiteren Beweismittel kaum erfolgreich gerügt werden können, da wegen der Bestätigung des Beweisthemas durch die herangezogenen Beweismittel das Urteil auf der fehlenden Entscheidung hinsichtlich der weiteren Beweismittel regelmäßig nicht beruhen wird.

1471 Etwas anderes gilt jedoch dann, wenn das Beweisthema durch die verwendeten Beweismittel nicht in *vollem Umfang* bestätigt worden ist, quasi ein noch aufzuklärender Überhang besteht. Wird nach der teilweisen Heranziehung der benannten Beweismittel über die Verwendung des Restes nicht entschieden, kann die unterlassene Entscheidung gerügt werden. Allerdings ist auch hier auf die Hinweispflicht der Verteidigung zu achten, wenn das Beweisthema noch nicht erschöpft ist, aber vollständig durch die Heranziehung der weiter benannten Beweismittel hätte bestätigt werden können.

II. Anforderungen an den Vortrag

1472 Es gelten zunächst die allgemeinen Anforderungen (oben Rn. 1420). Darüber hinaus ist vorzutragen,

- welche benannten Beweismittel verwendet worden sind (Angabe der Beweiserhebung in der Hauptverhandlung),
- welche benannten Beweismittel nicht verwendet worden sind,
- dass eine Entscheidung über die nicht verwendeten Beweismittel nicht ergangen ist,
- der Vergleich des Ergebnisses der herangezogenen Beweismittel (nach den Urteilsgründen) mit der Beweisbehauptung und des sich daraus ergebenden Überhangs oder Defizits,
- ggf. warum kein Hinweis auf die nicht vollständige Bescheidung des Antrags erfolgt ist.

Rüge 163

Hat das Gericht einen Beweisantrag mit der Begründung zurückgewiesen, es sei keine **1473**
konkrete Beweistatsache angegeben?

I. Rechtsgrundlagen

Der Beweisantrag muss eine konkrete Beweis*tatsache* bestimmt behaupten („Zum **1474**
Beweis, *dass* …".).[2194] Das Gericht ist insoweit verpflichtet, den Beweisantrag auszulegen und zur Prüfung verpflichtet, ob der Antrag die erforderliche Beweisbehauptung enthält.[2195]

Da ein Zeuge nur über seine Wahrnehmungen berichten soll, ist dem Zeugenbeweis
nur das zugänglich, was der Zeuge mit einem oder mehreren seiner 5 Sinne *wahrgenommen* hat.[2196]

1. Schlussfolgerungen und Wertungen

Unter Beweis*tatsachen* fallen *keine* Schlussfolgerungen oder Wertungen. Um sol- **1475**
che handelt es sich, wenn z.b. Zeugenbeweis dafür angeboten wird, dass der Angeklagte betrunken gewesen sei, ein Belastungszeuge gelogen habe oder unglaubwür-
dig sei, der Angeklagte „planmäßig, zielstrebig und situationsangepasst" gehandelt
habe etc.[2197] Durch Zeugenbeweis kann z.b. die Alkoholisierung nur dadurch unter
Beweis gestellt werden, dass der Zeuge bekunden wird, der Angeklagte habe gerö-
tete Augen gehabt, habe geschwankt und verschwommen gesprochen etc. (vgl. dazu unten Rn. 1481). In Ausnahmefällen kann die schlagwortartige Verkürzung der
Beweisbehauptung ausreichen („krankheitswertige Alkoholabhängigkeit mit Per-
sönlichkeitsdeformation").[2198] Die Beweisbehauptung, „deutlich erhebliche moto-
rische Ausfallerscheinungen" des Angeklagten ergäben sich durch Augenschein
eines in der Akte vorhandenen Videos, erfüllt das beweisantragsrechtliche Be-
stimmtheitsgebot, weil sie eine schlagwortartig verkürzte Bezeichnung weit ver-

---

2194 Zur Auslegung einer Beweisbehauptung zur Konkretisierung der Beweistatsache s.
BGH v. 9.7.2015 – 3 StR 516/14 = StV 2016, 337 m. Anm. *Ventzke*; *BGH* v. 26.9.2013
– 2 StR 306/13 = StV 2014, 259, 260; *OLG Hamburg* v. 7.2.2011 – 1 – 38/10 (REV)
= StV 2012, 589.

2195 *BGH* v. 6.3.2014 – 3 StR 363/13 = NStZ 2014, 419; *OLG Hamburg* v. 7.2.2011 – 1 –
38/10 (REV) = StV 2012, 589; *Meyer-Goßner/Schmitt*[60] § 244 Rn. 39.

2196 *BGHSt* 39, 251; *BGHR* StPO § 244 Abs. 3 S. 2 Bedeutungslosigkeit 16; KK-*Krehl*[7]
§ 244 Rn. 69.

2197 *BGHSt* 37, 162; *BGHSt* 39, 251; *BGHR* StPO § 244 Abs. 6 Beweisantrag 4; *BGH* StV
1995, 58; KK-*Krehl*[7] § 244 Rn. 74.

2198 *BGH* StV 2007, 563; *BGH* StV 2010, 287; *Meyer-Goßner/Schmitt*[60] § 244 Rn. 20; LR-
Becker[26] § 244 Rn. 98 ff.

breiteter und bekannter körperlicher Zustände unter Alkoholeinwirkung dar-stellt.[2199]

Ein auf Vorgänge im Inneren eines anderen Menschen gerichteter Beweisantrag ist ein förmlicher Beweisantrag, wenn dem Beweismittel äußere Umstände zu entneh-men sind, die einen Schluss auf die innere Tatseite ermöglichen. In diesem Fall ist ein benannter Zeuge kein ungeeignetes Beweismittel.[2200]

Bei Anträgen auf Einholung eines Sachverständigengutachtens fehlt es an einer konkreten Beweisbehauptung, wenn in einem Antrag lediglich die vom Sachver-ständigen erwarteten Schlussfolgerungen, nicht aber die konkreten Tatsachen be-zeichnet werden, an die die Bewertung anknüpfen soll.[2201] Die erheblich einge-schränkte Schuldfähigkeit des Angeklagten zur Tatzeit ist keine bestimmte Beweis-tatsache, die zum tauglichen Gegenstand eines Beweisantrags gemacht werden könnte.[2202] In diesen Fällen handelt es sich um einen Beweisermittlungsantrag, über den nicht nach § 244 Abs. 3 S. 2 StPO sondern allein unter Aufklärungsgesichts-punkten zu entscheiden ist.[2203]

Bei dem „Hang" im Sinne des § 66 StGB handelt es sich um einen Rechtsbegriff, der als solcher dem Sachverständigenbeweis nicht zugänglich ist. Insofern muss das Bestehen oder das Fehlen bestimmter tatsächlicher Umstände in der Persönlichkeit des Angeklagten oder in den Taten behauptet werden.[2204]

Eine Beweistatsache enthält auch nicht ein Antrag auf Vernehmung eines „Profi-lers", also eines Kriminalbeamten, der aus gesicherten Beweisen Hypothesen zum Täterprofil, Tathergang etc. bekunden soll. Es ist Aufgabe des Gerichts, Schlüsse aus festgestellten Tatsachen zu ziehen, so dass derartige Schlussfolgerungen nicht Gegenstand eines Beweisantrags sein können.[2205]

2. Negativtatsachen

1476 An einer bestimmten Beweistatsache kann es ferner in bestimmtem Umfang bei sog. Negativtatsachen fehlen, z.B. bei einem Zeugenbeweis dafür, dass der Ange-klagte an einem bestimmten Ort *nicht* anwesend war, *keine* Waffe bei sich geführt hat etc. Bei einer sog. Negativtatsache kann durch Zeugenbeweis z.B. die Ortsab-wesenheit nur bewiesen werden durch die Behauptung, der Zeuge habe den Ange-

---

2199 *BGH* StV 2011, 209.

2200 *BGH* v. 3.12.2015 – 2 StR 177/15 = NStZ 2016, 365 m. Anm. *Ventzke*; *BGH* StV 2008, 449.

2201 *BGH* v. 15.12.2011 – 3 StR 365/11 = StV 2013, 481; *BGH* StV 2007, 563 und StV 2011, 209; *KG* v. 16.5.2013 – (4) 161 Ss 52/13 (66/13) Rn. 27.

2202 *BGH* StV 2011, 209.

2203 *BGHSt* 43, 321; *BGH* v. 15.12.2011 – 3 StR 365/11 = StV 2013, 481.

2204 *BGH* StV 2010, 508.

2205 *BGH* StV 2007, 17; zum Sachverständigengutachten zur Täteranalyse vgl. auch *BGH* StV 2009, 231.

klagten nicht *gesehen*. Aus der Nichtwahrnehmung kann die *Schlussfolgerung* gezogen werden, dass der Angeklagte nicht anwesend war.[2206] Diese Schlussfolgerung ist jedoch keine Beweis*tatsache,* sondern das Beweisziel. Eine hinreichend bestimmte Beweistatsache liegt allerdings in der Behauptung, eine Person habe ein in ihrer Anwesenheit angeblich geschehenes Ereignis *nicht* wahrgenommen und das Ereignis habe daher nicht stattgefunden, wenn die Beweisperson es nach den konkreten Umständen hätte bemerken müssen.[2207]

Die Beweisbehauptung, ein von einem Zeugen geschilderter Handlungsablauf sei mit den geschilderten Verletzungen nicht vereinbar, ist als Beweistatsache einem Sachverständigengutachten zugänglich, da die Beweistatsache unmittelbar durch das Gutachten bewiesen werden kann.[2208]

Bei der Beweisbehauptung, die (sachverständige) Auswertung der SIM-Karten von Handys zweier Personen werde ergeben, dass in einem bestimmten Zeitraum über diese Handys kein telefonischer oder SMS-Kontakt stattgefunden hat, handelt es sich trotz der Negativtatsache um eine konkrete Beweistatsache.[2209]

Verteidigungsfehler in der Tatsacheninstanz durch unzureichende Formulierung von Beweisanträgen sind in der Revision, wenn überhaupt, nur schwer zu heilen, u.a. deshalb, weil der Beweisantrag selbst in der Revision nicht nachgebessert werden kann.[2210] Insoweit bleibt ggf. nur die Aufklärungsrüge.[2211]

3. Fallkonstellationen

Bei der Behandlung von Anträgen mit unzureichender Beweistatsache gibt es zwei Alternativen: **1477**

1.   Das Gericht kann trotz unzureichender Beweistatsache den Antrag als Beweisantrag behandelt haben und ihn nach § 244 Abs. 3, 4 oder 5 StPO, etwa wegen Ungeeignetheit des Beweismittels, zurückgewiesen haben. Wird jedoch mit der Revision die fehlerhafte Bescheidung des Beweisantrags gerügt und kommt das Revisionsgericht zu dem Ergebnis, es liege im Hinblick auf die unzureichende Beweistatsache gar kein förmlicher Beweisantrag vor, geht die Rüge der Verletzung des Beweisantragsrechts ins Leere. Fehlt es nach Auffassung des Revisionsgerichts an einer Beweistatsache, prüft es den Antrag nur unter dem Gesichtspunkt der Verletzung der Aufklärungspflicht, da der Antrag infolge unzureichender Beweistatsache **1478**

2206   Einschränkend zur Behauptung, der Angeklagte sei an einem bestimmten Ort nicht anwesend gewesen: *BGH* v. 9.10.2007 – 5 StR 344/07 = StV 2009, 454, 455 f.; vgl. zu allem *Meyer-Goßner/Schmitt*[60] § 244 Rn. 20b; KK-*Krehl*[7] § 244 Rn. 75 f.; LR-*Becker*[26] § 244 Rn. 101.
2207   *BGH* StV 2008, 564.
2208   *OLG Hamm* StV 2009, 348.
2209   *BGH* StV 2010, 560.
2210   Eindrucksvoll *BGHSt* 39, 251, 256.
2211   Rüge 190 Rn. 1708 ff.

vom Tatrichter bereits nur unter Aufklärungsgesichtspunkten hätte beschieden werden müssen.[2212] Deshalb ist (zusätzlich) eine entspr. Aufklärungsrüge zu erheben.

1479 2. Der Tatrichter kann den Antrag wegen (vermeintlich) unzureichender Beweistatsache als Beweisermittlungsantrag behandelt und unter Aufklärungsgesichtspunkten nach § 244 Abs. 2 StPO zurückgewiesen haben. In diesem Fall kommen
zwei Rügemöglichkeiten in Betracht: die Aufklärungsrüge und/oder die fehlerhafte
Behandlung als Beweisermittlungsantrag, so dass der Beweisantrag nur nach dem
Katalog des § 244 Abs. 3, 4 oder 5 StPO hätte zurückgewiesen werden dürfen.

II. Anforderungen an den Vortrag

1. Zurückweisung eines auf eine Wertung oder Schlussfolgerung zielenden Beweisantrages

a) Das Gericht hat trotz möglicherweise unzureichender Beweistatsache den Antrag als Beweisantrag nach dem Katalog des § 244 Abs. 3, 4 oder 5 StPO zurückgewiesen

1480 • Zunächst ist die fehlerhafte Zurückweisung des Beweisantrags zu rügen, da das
Gericht den Antrag als Beweisantrag behandelt hat. Es gelten die allgemeinen
Rügeanforderungen, Rn. 1420.

1481 • Da bei zweifelhafter Beweistatsache die Gefahr besteht, dass das Revisionsgericht entgegen der Auffassung des Tatrichters dem Antrag die Qualität eines Beweisantrags abspricht und die Bescheidung nur unter dem Gesichtspunkt der
Aufklärungspflicht prüft, ist ferner darzulegen, warum es sich trotz zweifelhaft
formulierter Beweistatsache gleichwohl um einen förmlichen Beweisantrag
handelt. Denn an die Bestimmtheit der Beweistatsache sollen keine überspannten Anforderungen gestellt werden. Es soll ausreichend sein, wenn genügend erkennbar ist, welche tatsächlichen Vorkommnisse unter Beweis gestellt werden
sollen bzw. wenn der konkrete Tatsachenkern zumindest in seinen Umrissen
hinreichend deutlich wird. Auch die schlagwortartige Bezeichnung des Beweisthemas („sinnlos betrunken") kann ausreichend sein. Die Grenzziehung zwischen schlagwortartiger Bezeichnung des Beweisthemas und der Einstufung als
Wertung oder Vermutung ist schwierig und erfolgt in der Rspr. nicht immer einheitlich.[2213] Kann das Gericht das in Wirklichkeit unter Beweis gestellte konkrete tatsächliche Geschehen bei Würdigung aller Umstände erkennen, soll ein Beweisantrag vorliegen, der nur nach dem Katalog des § 244 Abs. 3, 4 oder 5 StPO
zurückgewiesen werden darf.[2214]

2212 *BGHSt* 39, 251 ff. m. Anm. *Hamm* StV 1993, 455 und *Widmaier* NStZ 1993, 602.
2213 Vgl. dazu LR-*Gollwitzer*[25] § 244 Rn. 105.
2214 *BGHSt* 37, 162; *BGH* StV 1982, 55; *BGH* NStZ 1995, 566; vgl. ferner *Meyer-Goßner/
Schmitt*[60] § 244 Rn. 20.

- Da nicht vorauszusehen ist, wie das Revisionsgericht den Beweisantrag bewertet, ist ferner eine Aufklärungsrüge zu erheben (vgl. dazu Rüge 190 Rn. 1708 ff.)
1482

Dazu muss vorgetragen werden,

- welche konkreten Beweistatsachen hinter dem unzulänglich formulierten Beweisthema stehen,
- dass dies auch für das Gericht ersichtlich war,
- dass sich dem Gericht die Erhebung des Beweises durch welches Beweismittel aufdrängen musste und
- welche konkreten *Tatsachen* (nicht Schlussfolgerungen oder Wertungen!) die Erhebung des Beweises zugunsten des Angeklagten erbracht hätte.

b) Das Gericht hat den Antrag als Beweisermittlungsantrag zurückgewiesen

Zunächst ist die fehlerhafte Behandlung als Beweisermittlungsantrag zu rügen.
1483

Auch schlagwortartig beschriebene Schlussfolgerungen oder Wertungen können ausreichende Beweistatsachen sein (siehe oben Rn. 1475, 1481). Es gelten die unter Rn. 1451 ff. dargestellten Rügeanforderungen.

Da nicht vorhersehbar ist, ob das Revisionsgericht der vom Beschwerdeführer vorgenommenen Einstufung als Beweisantrag folgt, ist gleichzeitig eine Aufklärungsrüge zu erheben.
1484

Hat das Gericht den Antrag zum Beweisermittlungsantrag herabgestuft, sollte, sofern möglich, auch vorgetragen werden, warum der Antragsteller nach durch den Zurückweisungsbeschluss erlangten Kenntnis der Annahme einer unzureichenden Beweistatsache durch den Tatrichter den Antrag nicht nachgebessert hat.[2215]
1485

2. Zurückweisung eines auf eine sog. Negativtatsache gerichteten Beweisantrags

Nach der Rspr. des BGH können Gegenstand eines Beweisantrages auf Vernehmung eines Zeugen nur solche Umstände oder Geschehnisse sein, die mit dem benannten Beweismittel *unmittelbar* bewiesen werden können. Soll aus der Wahrnehmung eines Zeugen auf ein bestimmtes weiteres Geschehen geschlossen werden (Beweisziel), ist nicht dieses weitere Geschehen, sondern nur die Wahrnehmung des Zeugen möglicher Gegenstand des Zeugenbeweises.[2216]
1486

Dies gilt insbesondere bei sog. Negativtatsachen, z.B. dass der Angeklagte nicht an einem bestimmten Ort war oder keine Waffe bei sich geführt hat.

2215 Vgl. *BGHSt* 39, 251, 256.
2216 *BGHSt* 39, 251 ff. m. krit. Anm. *Hamm* StV 1993, 455 und *Widmaier* NStZ 1993, 602; KK-*Krehl*[7] § 244 Rn. 75; LR-*Becker*[26] § 244 Rn. 101.

1487 Ob es sich bei einer unter Beweis gestellten Negativtatsache nur um das dem Zeugenbeweis nicht zugängliche Beweisziel oder um eine tatsächlich mögliche Beweistatsache handelt, hängt von dem Umständen des Einzelfalles und dem benannten Beweismittel ab.

Wird z.b. die Kellnerin eines Lokals dafür benannt, dass der Angeklagte zu einem bestimmten Zeitpunkt nicht im Lokal war, kann dies nur das Beweisziel sein. Die Kellnerin wird nur bekunden können, dass sie den Angeklagten im Lokal *nicht wahrgenommen* hat. Gleichwohl kann sie ihn übersehen haben. Etwas anderes kann dann gelten, wenn der Angeklagte etwa der alleinige Gast im Lokal gewesen sein soll. Hier ist das Beweisziel identisch mit der Wahrnehmung. Das gleiche gilt, wenn ein Zeuge bei einem Geschehen anwesend oder aktiv beteiligt war und z.B. unter Beweis gestellt wird, der Angeklagte habe bei dem Geschehen eine bestimmte Äußerung nicht gemacht.[2217] Auch hier sind Wahrnehmung und Beweisziel identisch. In diesem Fall liegt eine konkrete, dem Zeugenbeweis zugängliche Beweistatsache und damit ein ordnungsgemäßer Beweisantrag vor, der nur nach dem Katalog des § 244 Abs. 3, 4 und 5 StPO zurückgewiesen werden kann.[2218]

1488 Es kommen zwei Möglichkeiten der Behandlung des Antrags durch den Tatrichter in Betracht: Der Antrag wurde als Beweisantrag behandelt und zurückgewiesen oder der Beweisantrag wurde als Beweisermittlungsantrag zurückgewiesen. Dementspr. sind unterschiedliche Rügen zu erheben:

a) Das Gericht hat trotz negativer Beweistatsache den Antrag als Beweisantrag nach dem Katalog des § 244 Abs. 3, 4 oder 5 StPO zurückgewiesen

1489 • Zunächst ist die fehlerhafte Zurückweisung des Beweisantrags zu rügen;
• da bei negativer Beweistatsache die Gefahr besteht, dass das Revisionsgericht entgegen der Auffassung des Tatrichters dem Antrag die Qualität eines Beweisantrags abspricht und die Bescheidung nur unter dem Gesichtspunkt der Aufklärungspflicht prüft, ist ferner darzulegen, warum es sich trotz negativ formulierter Beweistatsache gleichwohl um einen förmlichen Beweisantrag handelt.

1490 Da nicht vorauszusehen ist, wie das Revisionsgericht den Beweisantrag bewertet, ist ferner eine Aufklärungsrüge zu erheben (vgl. dazu Rüge 190 Rn. 1708 ff.).

• Dazu muss vorgetragen werden, welche konkreten Beweistatsachen hinter dem negativ formulierten Beweisthema stehen,
• dass dies auch für das Gericht ersichtlich war,
• dass sich dem Gericht die Erhebung des Beweises aufdrängen musste und

---

2217 *ThürOLG* StV 2005, 11.
2218 *BGH* NStZ 1999, 362 und 2000, 267; *BGH* v. 28.4.1997 – 5 StR 629/96 = NStZ-RR 1997, 302; *BGHR* StPO § 244 Abs. 6 Beweisantrag 35, 41; *BGHSt* 48, 268; *ThürOLG* StV 2005, 11; KK-*Krehl*[7] § 244 Rn. 76; *Niemöller* StV 2003, 687, 696.

- welche konkreten *Tatsachen* (Wahrnehmungen!) zugunsten des Beschwerdeführers die Erhebung des Beweises erbracht hätte.

b) Das Gericht hat den Antrag als Beweisermittlungsantrag zurückgewiesen

Zunächst ist die fehlerhafte Behandlung als Beweisermittlungsantrag zu rügen. **1491**

Auch Negativtatsachen können ausreichende Beweistatsachen sein (siehe oben Rn. 1487). Es gelten die allgemeinen Rügeanforderungen.

Da nicht vorhersehbar ist, ob das Revisionsgericht der Einstufung als Beweisantrag folgt, ist gleichzeitig eine Aufklärungsrüge zu erheben. Es gelten die oben unter Rn. 1490 genannten Grundsätze.

Hat das Gericht den Antrag zum Beweisermittlungsantrag herabgestuft, sollte, sofern möglich, auch vorgetragen werden, warum der Antragsteller, nachdem er von der Annahme einer unzureichenden Beweistatsache durch den Zurückweisungsbeschluss Kenntnis erlangt hat, den Antrag nicht nachgebessert hat.[2219]

Rüge 164

Hat das Gericht einen Beweisantrag wegen unzureichender Bezeichnung des Beweismittels zurückgewiesen? **1492**

I. Rechtsgrundlagen

Grundsätzlich soll das Beweismittel, mit dem die Beweistatsache bewiesen werden soll, so genau bezeichnet werden, dass das Gericht ohne weitere eigene Nachforschungen das Beweismittel zur Hauptverhandlung heranziehen kann. Dies kann sich auch durch Auslegung des Antrags ergeben.[2220] **1493**

Beim Zeugenbeweis soll der Zeuge grundsätzlich mit genauem Namen und Anschrift, d.h. Straße, Hausnummer und Wohnort angegeben werden.[2221] Die bloße Angabe von Vor- und Nachnamen eines Zeugen in einem Beweisantrag ist für die Individualisierung des Zeugen als Beweismittel grundsätzlich nicht ausreichend; es bedarf vielmehr der Angabe der genauen ladungsfähigen Anschrift des Zeugen. Sollen andere Arten der Individualisierung des Zeugen zur formgerechten Beweismit-

2219 Vgl. *BGHSt* 39, 251, 256.
2220 *BGH* v. 29.12.2014 – 2 StR 211/14 = NStZ 2015, 354; *Meyer-Goßner/Schmitt*[60] § 244 Rn. 39.
2221 *BGHSt* 40, 3, 7 m. Anm. *Strate* StV 1993, 169 und *Widmaier* NStZ 1994, 251; anders *BGH* StV 1995, 59; KK-*Krehl*[7] § 244 Rn. 79.

telbezeichnung ausreichen, sind alle Individualisierungsfakten zur Beweismittelbezeichnung grundsätzlich in dem in der Hauptverhandlung zu stellenden Beweisantrag mitzuteilen. Es ist der Weg konkret aufzuzeigen, auf dem das Gericht den Zeugen identifizieren und die ladungsfähige Anschrift ermitteln kann.[2222] Dies kann im Einzelfall dann entbehrlich sein, wenn sie dem Tatgericht eindeutig bekannt sind, bspw. wenn der benannte Zeuge mit ladungsfähiger Anschrift in der Anklageschrift bezeichnet ist, wenn das Gericht ihn in dem Verfahren zuvor bereits geladen hatte oder wenn es sich um eine Person handelt, die sich, wie prozessbekannt ist, unter derselben Adresse eines Prozessbeteiligten oder eines bereits vernommenen bzw. geladenen Zeugen aufhält. Dazu, dass es sich so verhält, muss dies aber gem. § 344 Abs. 2 S. 2 StPO bei einer Rüge der Verletzung des Beweisantragsrechts vollständig vorgetragen werden zum Beleg, dass überhaupt ein formgerechter Beweisantrag gestellt worden ist.[2223]

Zur Konkretisierung des Beweismittels in einem Beweisantrag genügt es allerdings, wenn die zu vernehmende Person derart individualisiert ist, dass eine Verwechselung mit anderen nicht in Betracht kommt. Die Nennung eines Namens ist in diesem Zusammenhang dann entbehrlich, wenn der Zeuge unter Berücksichtigung des Beweisthemas über seine Tätigkeit insbesondere in einer Behörde zu individualisieren ist.[2224]

An der erforderlichen Individualisierung kann es auch bei der Benennung einer unbestimmten Vielzahl von Zeugen fehlen (z.B. mehreren Mitarbeiten etc.).[2225] Die höchstrichterliche Rspr. ist nicht völlig einheitlich.

Ist das Beweismittel nur unzureichend bezeichnet, liegt kein förmlicher, nach § 244 Abs. 3, 4, 5 StPO zu bescheidender Beweisantrag vor, sondern nur ein Beweisermittlungsantrag.

II. Anforderungen an den Vortrag

1494 Es kommen u.a. die Fallkonstellationen in Betracht, dass der Tatrichter trotz möglicherweise unzureichender Bezeichnung des Beweismittels den Antrag als Beweisantrag behandelt hat (1.) oder dass der Tatrichter wegen zweifelhafter ausreichender Bezeichnung des Beweismittels den Antrag nur nach Aufklärungsgrundsätzen beschieden hat (2.).

1495 1. Wenn der Tatrichter trotz möglicherweise ungenügender Individualisierung des Beweismittels den Antrag als Beweisantrag behandelt und nach § 244 Abs. 3, 4 oder 5 StPO zurückgewiesen hat, besteht – gerade im Hinblick auf die uneinheitli-

---

2222 *BGHSt* 40, 3, 7 = StV 1994, 169; *BGH* v. 28.5.2009 – 5 StR 191/09 m.w.N. = NStZ 2009, 649; insgesamt LR-*Becker*[26] § 244 Rn. 110.
2223 *BGH* v. 28.5.2009 – 5 StR 191/09 m.w.N. = NStZ 2009, 649.
2224 *BGH* StV 2010, 556.
2225 *BGHR* StPO § 244 Abs. 6 Beweisantrag 36.

che Rspr. des BGH – die Gefahr, dass das Revisionsgericht dem Antrag mangels Konkretisierung des Beweismittels die Qualität des Beweisantrags abspricht und die Zurückweisung nur nach Amtsaufklärungspflichtgrundsätzen prüft.

Deshalb ist neben dem grundsätzlich erforderlichen Vortrag (Rn. 1420) ergänzend auszuführen,

- dass trotz zweifelhafter Konkretisierung des Beweismittels ein ordnungsgemäßer Beweisantrag vorliegt (z.B. weil der Weg zur Individualisierung ausreichend aufgezeigt wurde). Dies ist erforderlich, um dem Revisionsgericht die Herabstufung zum Beweisermittlungsantrag zu erschweren;
- warum der Beweisantrag rechtsfehlerhaft abgelehnt wurde.

Ferner ist vorsorglich eine Aufklärungsrüge zu erheben mit dem Vortrag,[2226]

- dass sich dem Gericht die Beweiserhebung aufdrängen musste,
- dass das Gericht in der Lage war, das Beweismittel zu identifizieren, herbeizuschaffen und den Beweis in der Hauptverhandlung zu erheben[2227],
- welches für den Angeklagten günstige Ergebnis die unterlassene Beweiserhebung gehabt hätte.[2228]

2. Hat der Tatrichter den Antrag als Beweisermittlungsantrag behandelt und zurückgewiesen, ist Folgendes neben dem „Standardvortrag" (Rn. 1420) ergänzend auszuführen: **1496**

- warum eine fehlerhafte Behandlung des Antrags als Beweisermittlungsantrag vorliegt, z.B. weil der Antragsteller den Weg aufgezeigt hatte, das Beweismittel zu individualisieren, und ggf. warum er nicht in der Lage war, dies selbst zu tun,[2229] mithin ein förmlicher Beweisantrag vorlag, der nur nach dem Katalog der § 244 Abs. 3-5 StPO hätte abgelehnt werden dürfen.

Gleichzeitig ist die Aufklärungsrüge (dazu Rüge 190 Rn. 1707) zu erheben mit dem Vortrag,

- dass sich dem Gericht die Beweiserhebung aufdrängen musste,
- dass das Beweismittel auf dem im Antrag beschriebenen Weg oder von Amts wegen hätte ermittelt und herangezogen werden können,
- welches für den Angeklagten günstige Ergebnis die unterlassene Beweiserhebung gehabt hätte.

2226   Vgl. dazu *Basdorf* StV 1995, 310, 316.
2227   *BGH* v. 25.2.2015 – 4 StR 16/14 = NStZ 2015, 346.
2228   *BGH* v. 25.2.2015 – 4 StR 16/14 = NStZ 2015, 346.
2229   *BGH* v. 17.7.2014 – 4 StR 78/14 = StV 2015, 92; vgl. auch *BGHSt* 40, 3, 7.

Rüge 165

1497   Hat das Gericht einen Beweisantrag wegen fehlender Konnexität zwischen Beweisthema und Beweismittel zurückgewiesen?

I. Rechtsgrundlagen

1498   Eine unzureichende Bezeichnung des Beweismittels soll auch dann vorliegen und damit kein ordnungsgemäßer Beweisantrag, wenn nicht ersichtlich ist, warum die Beweistatsache gerade durch das benannte Beweismittel bewiesen werden kann (fehlende sog. Konnexität).[2230] Es muss ersichtlich sein, warum z.b. ein Zeuge überhaupt etwas zu dem Beweisthema bekunden können soll. Dies wird sich in vielen Fällen von selbst verstehen, weil sich aus dem Beweisantrag selbst der Zusammenhang zwischen dem Wissen des Zeugen und der Beweistatsache ergibt, etwa weil der Zeuge bei einem Vorfall anwesend gewesen sein soll. Liegt eine solche Konnexität zwischen Beweisthema und Beweismittel nicht nahe, so soll der Antragsteller mitteilen müssen, warum der benannte Zeuge überhaupt etwas zu dem Beweisthema sagen kann.[2231] Neben der konkreten Beweistatsache und dem individualisierten Beweismittel soll die Konnexität zwischen Beweistatsache und -mittel die dritte Voraussetzung eines förmlichen Beweisantrages sein.[2232] Die Anforderungen an die Darlegung der Konnexität zwischen Beweisbehauptung und Beweismittel hat der 5. Senat des *BGH* im Falle der Antragstellung bei fortgeschrittener Beweisaufnahme erhöht. Ggf. muss im Beweisantrag dargelegt werden, warum der Zeuge die behauptete Beweistatsache überhaupt wahrnehmen konnte.[2233]

Einem Beweisantrag kann zwar abverlangt werden kann, dass darin ein verbindender Zusammenhang zwischen Beweismittel und Beweisbehauptung dargelegt wird. Dies erfordert jedoch nicht die Darlegung, ein benannter Zeuge werde die Beweisbehauptung mit Sicherheit bekunden. Erforderlich – aber auch ausreichend – ist die Darlegung der Umstände, warum es dem Zeugen möglich sein kann, die Beweistatsache zu bekunden.[2234] Ist der Zeuge Teilnehmer eines Telefonats, dessen Verlauf, Inhalt oder Ergebnis unter Beweis gestellt werden soll, handelt es sich um einen unmittelbaren Zeugen, bei dem es regelmäßig nicht der Darlegung noch weiter ins Detail gehender Umstände bedarf.[2235]

2230   *BGHSt* 43, 321, 329; vgl. auch *BGH* v. 8.7.2014 – 3 StR 240/14 = StV 2015, 82; *BGHSt* 39, 251, 253; *Meyer-Goßner/Schmitt*[60] § 244 Rn. 21a; KK-*Krehl*[7] § 244 Rn. 82; LR-*Becker*[26] § 244 Rn. 113.
2231   *BGH* v. 15.1.2014 – 1 StR 379/13 = StV 2014, 257, 258 f.; *BGH* StV 2000, 652.
2232   *BGHSt* 43, 321, 329; *BGH* NStZ 1999, 522; StV 2000, 349 und 652; krit. LR-*Becker*[26] § 244 Rn. 113.
2233   *BGH* StV 2009, 57 m. krit. Anm. *Beulke/Witzigmann*; vgl. dazu ferner die Entscheidungen des *3. Senats* StV 2009, 62 sowie StV 2015, 82.
2234   *BGH* v. 24.3.2014 – 5 StR 2/14 = NStZ 2014, 351, 353 f. m. Anm. *Ferber*.
2235   *BGH* v. 14.12.2010 – 1 StR 275/10 = StV 2011, 619.

Fehlt es an dem Zusammenhang zwischen Beweistatsache und -mittel, liegt kein Beweisantrag, sondern nur ein nach § 244 Abs. 2 StPO zu bescheidender Ermittlungsantrag vor.

II. Anforderungen an den Vortrag

Es kommen u.a. die Fallkonstellationen in Betracht, dass der Tatrichter trotz zweifelhafter Konnexität den Antrag als Beweisantrag behandelt und nach dem Katalog des § 244 Abs. 3, 4 oder 5 StPO zurückgewiesen hat, z.b. wegen Ungeeignetheit des Beweismittels[2236] (1.) oder den Antrag wegen fehlender Konnexität als Ermittlungsantrag behandelt und unter Aufklärungsgesichtspunkten beschieden hat[2237] (2.). **1499**

1. Hat das Gericht den Antrag trotz zweifelhafter Konnexität als Beweisantrag zurückgewiesen, ist neben dem grundsätzlichen Vortrag (Rn. 1420) ergänzend vorzutragen, **1500**

- dass es sich – wie vom Tatrichter angenommen – um einen förmlichen Beweisantrag handelt; es ist darzulegen, warum der Zeuge etwas zum Thema hätte bekunden können und woraus sich dies ergibt; diese Tatsachen sind bestimmt zu behaupten,[2238] dieser Vortrag erscheint erforderlich, um dem Revisionsgericht die Herabstufung zum Beweisermittlungsantrag wegen fehlender Konnexität zu erschweren;
- alle Aktenteile, Urkunden etc., aus denen sich Anhaltspunkte für den Zusammenhang zwischen Beweisthema und -mittel ergeben, sind vollständig im Wortlaut mitzuteilen;
- warum der Antrag rechtsfehlerhaft beschieden wurde.

Gleichzeitig ist vorsorglich eine Aufklärungsrüge (vgl. Rüge 190 Rn. 1708) zu erheben mit dem Vortrag, **1501**

- warum sich dem Tatrichter die Beweiserhebung aufdrängen musste,
- woraus sich der Zusammenhang zwischen Beweismittel und Beweisziel ergibt,
- warum der Tatrichter sich zur Verwendung des benannten Beweismittels gedrängt sehen musste,
- welches für den Angeklagten günstige Ergebnis die unterlassene Beweiserhebung erbracht hätte.

2. Hat der Tatrichter den Antrag mangels Konnexität als Beweisermittlungsantrag zurückgewiesen, ist zunächst die fehlerhafte Behandlung als Beweisermittlungsantrag zu rügen. Es ist vorzutragen, **1502**

2236 Krit. zur „Vermengung" des Kriteriums der Konnexität mit dem Ablehnungsgrund der völligen Ungeeignetheit eines Beweismittels *SchlHOLG* v. 6.11.2013 – 1 Ss 124/13 = StV 2014, 276, 277.

2237 Vgl. *BGH* v. 6.2.2013 – 1 StR 506/12 = NStZ 2013, 476.

2238 *BGH* StV 2011, 207.

- warum es sich um einen förmlichen Beweisantrag gehandelt hat, indem dargelegt wird, warum z.b. der Zeuge etwas zu dem Beweisthema bekunden konnte, woraus sich dies ergibt und dies für den Tatrichter ersichtlich war. Dazu sind alle Aktenteile, Urkunden etc., aus denen sich Anhaltspunkte für den Zusammenhang zwischen Beweisthema und -mittel ergeben, vollständig im Wortlaut mitzuteilen,

- dass der Antrag nicht nach dem Katalog des § 244 Abs. 3-5 StPO bis zurückgewiesen wurde.

- Ggf. ist der Vortrag erforderlich, warum der Antragsteller, nachdem er auf den vermeintlich fehlenden Zusammenhang zwischen Beweistatsache und -mittel durch den Ablehnungsbeschluss aufmerksam gemacht wurde, den Antrag nicht durch Darlegung der Konnexität „nachgebessert" hat.[2239]

Ferner ist die Aufklärungsrüge zu erheben. Dafür gelten die oben dargestellten Grundsätze.

II. Ablehnungsgründe des § 244 Abs. 3 StPO

Rüge 166

1503 Hat das Gericht einen Beweisantrag nach § 244 Abs. 3 S. 1 StPO wegen Unzulässigkeit zurückgewiesen?

I. Rechtsgrundlagen

1504 Zu unterscheiden sind die Unzulässigkeit des Beweisantrages selbst und die Unzulässigkeit der Beweis*erhebung*.[2240] Die Unzulässigkeit des Beweisantrages liegt nur dann vor, wenn der Antragsteller keine Berechtigung zur Antragstellung hatte. Da die Verfahrensbeteiligten, insbesondere der Angeklagte immer antragsberechtigt sind, braucht auf diese Variante der Unzulässigkeit nicht eingegangen zu werden.

1505 Unzulässigkeit der Beweis*erhebung* liegt z.B. dann vor, wenn der Nachweis nicht mit den in der StPO vorgesehenen Beweismitteln geführt werden kann. Dazu gehören z.B. die Vernehmung des Mitangeklagten als Zeuge, solange er nicht aus dem Verfahren ausgeschieden ist (keine prozessuale Gemeinsamkeit)[2241], oder die Gutachtenerstattung durch einen erfolgreich wegen Besorgnis der Befangenheit abgelehnten Sachverständigen.[2242]

2239 Vgl. *BGHSt* 39, 251, 256.
2240 Vgl. zur Unzulässigkeit insgesamt *Meyer-Goßner/Schmitt*[60] § 244 Rn. 48 f.; LR-*Becker*[26] § 244 Rn. 185; KK-*Krehl*[7] § 244 Rn. 106 ff.
2241 *BGH* StV 1990, 394; *OLG Bamberg* v. 23.2.2015 – 3 OLG 8 Ss 126/14 = StraFo 2015, 155.
2242 *Meyer-Goßner/Schmitt*[60] § 244 Rn. 49; LR- *Becker*[26] § 244 Rn. 188 ff.

Unzulässig kann die Beweiserhebung auch dann sein, wenn ein Beweisthema behauptet wird, das nicht Gegenstand der Beweisaufnahme sein darf. Dazu gehören, um nur einige Beispiele zu nennen, **1506**

- die Beweisaufnahme über die erfolgte Beweisaufnahme;[2243]
- die Auslegung des Rechts,[2244]
- Wertungen, die das Gericht vorzunehmen hat, z.b. „günstige Sozialprognose" i.S.d. § 56 Abs. 1 StGB[2245], die Höhe der schuldangemessenen Strafe.[2246] Werden jedoch Wertungen mit Tatsachenbehauptungen verknüpft, etwa dass der Angeklagte seit der Tat in einem ununterbrochenen Beschäftigungsverhältnis steht, geheiratet hat, er für sein zwischenzeitlich geborenes Kind zu sorgen hat, und deshalb eine günstige Prognose bestehe, ist der Beweisantrag nur hinsichtlich der Wertung bzw. Schlussfolgerung unzulässig.

Im Übrigen handelt es sich, da *Tatsachen* unter Beweis gestellt sind, um einen Beweisantrag, der nur nach den übrigen Ablehnungsgründen zurückgewiesen werden kann.

Unzulässigkeit liegt ferner vor bei Beweistatsachen, die einem Beweiserhebungs- oder -verwertungsverbot unterliegen, z.B. **1507**

- Vernehmung eines Zeugen, der sich auf sein Zeugnisverweigerungsrecht nach § 52 StPO berufen hat,[2247]
- Vernehmung des polizeilichen Vernehmungsbeamten bei Zeugnisverweigerung eines Angehörigen,
- Beweisanträge auf Untersuchung durch einen Sachverständigen, wenn der zu Untersuchende die Exploration verweigert,[2248] nicht aber, wenn dem Sachverständigen andere Erkenntnisquellen zur Verfügung stehen und eine Begutachtung auch durch eine Teilnahme an der Hauptverhandlung möglich ist,[2249]
- Hilfsbeweisanträge, die sich gegen den Schuldspruch richten, aber nur für den Fall einer bestimmten Rechtsfolgenentscheidung gestellt sind,[2250]
- Tatsachen, die dem gerichtlichen Beratungsgeheimnis unterliegen,[2251]
- Beweisthemen, die sich gegen bindend gewordene Feststellungen richten,[2252]

2243 *BGH* StV 2004, 355; *BGHR* StPO § 244 Abs. 3 S. 1 Unzulässigkeit 4, 7, 9, 10, 12.
2244 *BGH* NJW 1968, 1293.
2245 *BayObLGSt* 2002, 107.
2246 *BGHSt* 25, 207.
2247 *BGHR* StPO § 244 Abs. 3 S. 1 Unzulässigkeit 2, 15; *BGHSt* 21, 12,13; *BGH* NStZ 1982, 126 ungeeignetes Beweismittel.
2248 *BGHR* StPO § 244 Abs. 3 S. 1 Unzulässigkeit 5.
2249 *BGH* v. 21.8.2014 – 3 StR 208/14 = StV 2015, 473; *BGHR* StPO § 244 Abs. 3 S. 1 Unzulässigkeit 6.
2250 *BGHSt* 40, 287 = StV 1995, 1; *BGH* NStZ 1995, 246.
2251 *BGHR* StPO § 244 Abs. 3 S. 1 Unzulässigkeit 10.
2252 *BGHR* StPO § 244 Abs. 3 S. 1 Unzulässigkeit 1; *BGH* NStZ 1981, 448.

- Beweisanträge, die auf die Feststellung der Schuldunfähigkeit gerichtet sind, wenn der Schuldspruch bereits in Rechtskraft erwachsen ist.[2253]

Nach Auffassung des 5. Senat des *BGH* können Mitteilungen des Angeklagten an seinen amtierenden Verteidiger vor der Hauptverhandlung grundsätzlich nicht zum Gegenstand der Beweisaufnahme gemacht werden. Der Inhalt solcher Besprechungen zwischen einem Angeklagten und seinem Verteidiger diene der Vorbereitung der Verteidigung, die der Angeklagte durch Sacheinlassung oder Schweigen gestalte (§ 243 Abs. 5 S. 1 StPO). Die Umstände, die zur Entscheidung über Art und Inhalt der Verteidigungsstrategie geführt hätten, seien aber regelmäßig einer Kognition durch das Gericht entzogen. Sie gehörten zum Kernbereich der Verteidigung.[2254] Diese Auffassung wird vom 1. Senat des *BGH nicht* geteilt. Er hält einen Beweisantrag auf Vernehmung des Verteidigers zum Inhalt von Besprechungen mit dem Mandanten *nicht* für unzulässig. Schon das dem Verteidiger nach § 53 Abs. 1 S. 1 Nr. 2 StPO zustehende Zeugnisverweigerungsrecht zeige, dass ein Verteidiger sehr wohl zu Tatsachen aus dem Innenverhältnis vernommen werden könne.[2255] Da die jeweiligen Rechtsauffassungen der Senate für die Entscheidungen jedoch nicht tragend waren, konnte die Divergenz (bisher) nicht durch eine Entscheidung des Großen Senats beseitigt werden.

Keine Unzulässigkeit der Beweiserhebung liegt vor bei Beweisanträgen zu nach § 154 StPO eingestellten Taten, wenn diese indizielle Bedeutung für die Beweiswürdigung oder Strafzumessung haben.[2256] Ebenfalls *nicht* unzulässig ist die Verlesung eines Vernehmungsprotokolls zur *Ergänzung* (nicht Ersetzung) des Zeugenbeweises.[2257]

II. Anforderungen an den Vortrag

1508 Es gelten die oben Rn. 1420 aufgestellten Grundsätze. Es bedarf also u.a. des Vortrags aller Tatsachen, die neben dem abgelehnten Beweisantrag und dem Ablehnungsbeschluss notwendig sind, um die Fehlerhaftigkeit der Ablehnung beurteilen zu können. Bei der Annahme eines Beweisverwertungsverbots müssen dementsprechend alle Tatsachen vorgetragen werden, die für die Prüfung dieser Annahme von Bedeutung sind.[2258] Bei Beweisanträgen gerichtet auf Untersuchung durch einen Sachverständigen ist mitzuteilen, ob der zu Untersuchende die Exploration verweigert hat (vgl. Rn. 1507).[2259]

2253 *BGHSt* 44, 119.
2254 *BGH* StV 2008, 284 m. abl. Anm. *Beulke/Ruhmannseder*.
2255 *BGH* StV 2010, 287.
2256 *BGH* StV 2004, 415; vgl. dazu auch Rüge 194 Rn. 1742.
2257 *BGH* v. 14.5.2014 – 2 StR 475/13 = StV 2015, 205.
2258 *BGH* v. 10.7.2014 – 3 StR 140/14 = StV 2015, 85, 86.
2259 *BGH* v. 22.2.2012 – 1 StR 647/11 = StV 2013, 73, 74.

Rüge 167

Hat das Gericht einen Beweisantrag wegen Offenkundigkeit der Beweistatsache zurückgewiesen, § 244 Abs. 3 S. 2 StPO?   **1509**

I. Rechtsgrundlagen

Die Ablehnung einer Beweisantrags wegen Offenkundigkeit umfasst sowohl die   **1510**
Allgemein- als auch die Gerichtskundigkeit.

Allgemeinkundig sind z.b. solche Tatsachen, über die jedermann ohne weiteres aus
allgemein zugänglichen Quellen ohne besonderes Fachwissen Kenntnis erlangen
kann.[2260] Quellen der Allgemeinkundigkeit, auf die sich das Gericht stützen kann,
sind die Medien, Land- oder Straßenkarten,[2261] Geschichtsbücher o.ä. Auch Natur-
ereignisse, geographische Verhältnisse und geschichtlich erwiesene Tatsachen können als allgemeinkundig behandelt werden.[2262] Die Allgemeinkundigkeit kann örtlich, zeitlich oder auf einen bestimmten Personenkreis beschränkt sein, sofern das
Wissen nur aus allgemein zugänglichen Quellen zu beschaffen ist.[2263]

Über allgemeinkundige Tatsachen braucht kein Beweis erhoben zu werden.[2264]
Nach *BGHSt* 6, 292, 296 soll ein Beweisantrag auch dann zurückgewiesen werden
dürfen, wenn das Gegenteil der Beweistatsache offenkundig ist.[2265]

Gerichtskundig sind solche Tatsachen, die ein Richter im Zusammenhang mit seiner   **1511**
beruflichen Tätigkeit in Erfahrung gebracht hat, gleichgültig, in welchem Verfahren
und bei welcher amtlichen Tätigkeit dies geschehen ist.[2266]

Bei Kollegialgerichten reicht die Kenntnis der unter Beweis gestellten Tatsache
eines Gerichtsmitgliedes aus, das diese den anderen Mitgliedern zu deren Überzeugung vermitteln kann.[2267]

Ob einzelfallbezogene Beweisergebnisse, die der erkennende Richter außerhalb der   **1512**
Hauptverhandlung gewonnen hat, als gerichtskundig behandelt werden dürfen, ist

---

2260 *BVerfG* NJW 1960, 31; *BGHSt* 6, 292; KK-*Krehl*[7] § 244 Rn. 132; LR-*Becker*[26] § 244
      Rn. 204.
2261 *OLG Brandenburg* StraFo 1997, 205.
2262 *BGHSt* 48, 28; *BGHSt* 40, 97, 99; *BGH* NJW 2002, 2115; *Meyer-Goßner/Schmitt*[60]
      § 244 Rn. 51; LR-*Becker*[26] § 244 Rn. 204 ff.; KK-*Krehl*[7] § 244 Rn. 132 ff.
2263 *Meyer-Goßner/Schmitt*[60] § 244 Rn. 51; LR-*Becker*[26] § 244 Rn. 204.
2264 *BGHSt* 6, 292; *Meyer-Goßner/Schmitt*[60] § 244 Rn. 50.
2265 So auch *OLG Bamberg* v. 25.9.2014 – 3 Ss 96/14 = NStZ 2015, 235, 236; KK-*Krehl*[7]
      § 244 Rn. 130 f.
2266 *Meyer-Goßner/Schmitt*[60] § 244 Rn. 52; KK-*Krehl*[7] § 244 Rn. 137 f.; LR-*Becker*[26]
      § 244 Rn. 208 ff.
2267 *Meyer-Goßner/Schmitt*[60] § 244 Rn. 53; *BGHSt* 34, 209, 210; **a.A.** KK-*Krehl*[7] § 244
      Rn. 140.

streitig.[2268] Aussageinhalte von in einer früheren Hauptverhandlung vernommenen Personen können jedoch nicht als gerichtskundig behandelt werden, da es sich um Vorgänge handelt, die auf komplexen, ausschließlich auf den Einzelfall bezogenen Wahrnehmungen beruhen.[2269] Auch Tatsachen, die unmittelbar das Vorliegen oder Nichtvorliegen von Merkmalen des äußeren oder inneren Tatbestandes ergeben, dürfen nicht als gerichtskundig behandelt werden.[2270]

II. Anforderungen an den Vortrag

1513 Bei der Zurückweisung eines Beweisantrages wegen Allgemeinkundigkeit kommen zwei Möglichkeiten in Betracht: die Beweistatsache oder ihr Gegenteil ist allgemeinkundig.

1514 1. Wird der Antrag zurückgewiesen, weil die behauptete Beweistatsache allgemeinkundig sei, ist das Ziel des Beweisantrages erreicht. Auf einer fehlerhaften Bescheidung des Beweisantrages (z.B. Tatsache ist tatsächlich nicht allgemeinkundig) kann das Urteil nicht beruhen, weil der Beschwerdeführer durch die Behandlung seines Beweisbegehrens als allgemeinkundig nicht beschwert ist.

Gerügt werden kann in diesem Falle nur, dass sich das Gericht in den Urteilsgründen zu einer als allgemeinkundig behandelten Tatsache in Widerspruch setzt oder sich mit der Tatsache in den Urteilsgründen nicht auseinandersetzt, obwohl dies zum Zwecke einer lückenlosen Beweiswürdigung erforderlich gewesen wäre.[2271] Insoweit gelten weitgehend die Grundsätze und Rügeanforderungen wie bei der Zurückweisung eines Beweisantrags durch Wahrunterstellung. Auf die dortigen Ausführungen kann verwiesen werden (siehe Rüge 173, Rn. 1574 ff.).

1515 2. Wird der Antrag zurückgewiesen, weil das *Gegenteil* der behaupteten Tatsache allgemeinkundig sei, wird auch hier eine Rüge aussichtslos sein, da das Gericht durch die Behandlung der gegenteiligen Beweistatsache zum Ausdruck gebracht hat, dass die vom Antragsteller vorgetragene Beweisbehauptung nicht erwiesen werden *könne*, weil sie unrichtig sei und sowohl das genannte als auch jedes andere Beweismittel ungeeignet sei, die Behauptung zu beweisen.[2272] Kein Strafrichter kann verpflichtet sein, Beweis darüber zu erheben, dass Pferde fünf Beine haben oder Kraftfahrzeuge mit Leitungswasser betrieben werden können.[2273]

2268 Bejahend *BGHSt* 39, 239, 241; *BGHSt* 44, 4, 9; verneinend für Beweisergebnisse aus einer früheren ausgesetzten Hauptverhandlung *BGHSt* 47, 270; LR-*Becker*[26] § 244 Rn. 209; *Meyer-Goßner/Schmitt*[60] § 244 Rn. 52; verneinend für den Eindruck von einem Zeugen bei einer kommissarischen Vernehmung *BGHSt* 45, 312 m.w.N.

2269 *BGHSt* 47, 270, 274; 45, 354, 359; aber *BGHSt* 44, 4.

2270 *BGH* v. 24.9.2015 – 2 StR 126/15 = NStZ 2016, 123; *BGHSt* 45, 354, 359; 47, 270, 274.

2271 *OLG Hamm* v. 29.4.2014 – III-1 RVs 32/14 = NStZ-RR 2014, 253 f.; *Meyer-Goßner/ Schmitt*[60] § 244 Rn. 50.

2272 *Alsberg/Nüse/Meyer*[5] S. 532.

2273 *Alsberg/Nüse/Meyer*[5] S. 532.

Dieselben Grundsätze gelten bei der Zurückweisung wegen Gerichtskundigkeit. **1516**

Hier kommt allerdings die Möglichkeit in Betracht, dass das Gericht den Begriff der Gerichtskundigkeit verkannt und den Beweisantrag deshalb fehlerhaft zurückgewiesen hat. Im Falle der Bestätigung der Beweistatsache durch Gerichtskundigkeit beruht das Urteil allerdings regelmäßig nicht auf diesem Fehler, da das Beweisziel erreicht ist.

Ist allerdings der Antrag zurückgewiesen worden, weil *das Gegenteil* der Beweistat- **1517** sache gerichtskundig sei, kann die fehlerhafte Zurückweisung des Beweisantrages gerügt werden. Denn war das Gegenteil nicht gerichtskundig, hätte der Beweis erhoben werden müssen. Eine fehlerhafte Behandlung als gerichtskundig kommt insbesondere bei Kenntnis aus früheren Beweiserhebungen außerhalb der laufenden Hauptverhandlung in Betracht. Dies ist anhand der jeweiligen Fallkonstellation zu prüfen.

Es gelten die allgemeinen Rügeanforderungen (vgl. oben Rn. 1420).

Je nachdem, wie die Gerichtskundigkeit begründet wird, sind die Quellen im Wortlaut mitzuteilen, aus denen sich die Gerichtskundigkeit nach Auffassung des Gerichts ergeben soll.

Rüge 168

Hat das Gericht einen Beweisantrag wegen Bedeutungslosigkeit der Beweistatsache zu- **1518** rückgewiesen, § 244 Abs. 3 S. 2 StPO?

I. Rechtsgrundlagen

Bedeutungslosigkeit i.S.d. § 244 Abs. 3 S. 2 StPO bedeutet zunächst, dass ein Zusam- **1519** menhang zwischen der Beweistatsache und der abzuurteilenden Tat hinsichtlich des Schuld- oder Rechtsfolgenausspruchs nicht besteht. Bedeutungslosigkeit kann auch dann vorliegen, wenn die Tatsache trotz eines bestehenden Zusammenhanges mit der Urteilsfindung nicht geeignet ist, die Entscheidung irgendwie zu beeinflussen.[2274]

Grundsätzlich ist zu unterscheiden zwischen rechtlicher und tatsächlicher Bedeutungslosigkeit.

1. Bedeutungslosigkeit *aus Rechtsgründen* kommt dann in Frage, wenn die Be- **1520** weistatsache für die Konkretisierung der dem Angeklagten zur Last gelegten Tatbestandsmerkmale oder für die Bestimmung der Rechtsfolgen nicht relevant ist oder weil Rechtsgründe eine Beweiserhebung über ihr Vorliegen entbehrlich machen,

---

2274 *Meyer-Goßner/Schmitt*[60] § 244 Rn. 54; KK-*Krehl*[7] § 244 Rn. 141 ff.; LR-*Becker*[26] § 244 Rn. 216 f.

z.B. eine Beweiserhebung zu Strafzumessungstatsachen bei einem freizusprechenden Angeklagten.[2275]

1521 2. Aus *tatsächlichen Gründen* ist die Beweistatsache bedeutungslos, wenn sie in keinem Zusammenhang mit der Urteilsfindung steht oder wenn trotz eines solchen Zusammenhangs ihre Bestätigung keinen Einfluss auf die richterliche Überzeugung ausüben kann. Dies ist z.B. dann der Fall, wenn im Falle des Erwiesenseins der Tatsache diese nur mögliche, nicht aber zwingende Schlüsse zulässt und das Gericht den nur möglichen Schluss nicht ziehen will.[2276] Dies kommt insbesondere bei Indiztatsachen häufig vor. Der Tatrichter darf eine Tatsache nur dann als (aus tatsächlichen Gründen) bedeutungslos ansehen, wenn zwischen ihr und dem Gegenstand der Urteilsfindung keinerlei Sachzusammenhang besteht oder wenn sie trotz eines solchen Zusammenhangs selbst im Fall ihres Erwiesenseins die Entscheidung nicht beeinflussen kann. Der Zusammenhang muss nach allgemeiner – oder jedenfalls richterlicher – Erfahrung erkennbar ohne Weiteres sicher zu verneinen sein.[2277] Allerdings darf das Gericht dabei die unter Beweis gestellte Tatsache nicht in Zweifel ziehen oder Abstriche an ihr vornehmen; es hat diese vielmehr so, als sei sie voll erwiesen, seiner antizipierenden Würdigung zu Grunde zu legen.[2278]

1522 3. Bei der Prüfung der Erheblichkeit hat das Gericht die Tatsache so zu behandeln, als sei sie erwiesen und hat sie mit ihrem vollen Sinngehalt in den bisherigen Beweisstoff einzufügen und zu prüfen, ob die Beweiswürdigung durch die Beweistatsache in relevanter Weise beeinflusst werden kann.[2279] Ist dies der Fall, ist die Beweistatsache nicht bedeutungslos.[2280]

Je unsicherer und schwieriger die Beweislage ist, desto höhere Anforderungen sind an den Ablehnungsgrund der Bedeutungslosigkeit zu stellen.[2281]

2275 *Meyer-Goßner/Schmitt*[60] § 244 Rn. 55; KK-*Krehl*[7] § 244 Rn. 142; LR-*Becker*[26] § 244 Rn. 219.
2276 *BGH* v. 26.2.2015 – 4 StR 293/14 = NStZ 2015, 355, 356; *BGH* NStZ 1982, 126; StV 1981; 271; 1992, 259; 1993, 173; 1994, 62; 2001, 95, 96; 2002, 350, 352; *Meyer-Goßner/Schmitt*[60] § 244 Rn. 56; KK-*Krehl*[7] § 244 Rn. 143; LR-*Becker*[26] § 244 Rn. 220 ff.
2277 *BGH* v. 17.12.2013 – 4 StR 374/13 = StV 2014, 263; *BGH* v. 5.2.2013 – 1 StR 553/12 = NStZ 2013, 352, 353.
2278 *BGH* StV 2010, 558.
2279 *BGH* v. 3.12.2015 – 2 StR 177/15 = NStZ 2016, 365, 366; *BGH* v. 5.8.2015 – 1 StR 300/15 = NStZ-RR 2015, 315 (Ls); *BGH* v. 18.3.2015 – 2 StR 462/14 = NStZ 2015, 599 f.; *BGH* v. 3.2.2015 – 3 StR 544/14 = NStZ 2015, 296 f. m. Anm. *Venn*; *BGH* v. 29.12.2014 – 2 StR 211/14 = NStZ 2015, 354 f.; *BGH* v. 3.12.2013 – 2 StR 283/13 = StV 2014, 586; *BGH* v. 15.10.2013 – 3 StR 154/13 = NStZ 2014, 111, 112 m. Anm. *Allgayer*; *Meyer-Goßner/Schmitt*[60] § 244 Rn. 56; LR-*Becker*[26] § 244 Rn. 220 ff.
2280 *BGH* StV 2008, 288.
2281 *BGH* StV 2005, 113; *BGH* StV 2005, 254; auch *BGH* StV 1996, 249 m.w.N. *OLG Hamburg* StV 2010, 122 – Glaubwürdigkeit des einzigen Belastungszeugen, der in der Hauptverhandlung nicht vernommen werden konnte, Antrag auf Einführung einer von den Urteilsfeststellungen abweichenden Aussage des Zeugen zum Randgeschehen in einer früheren Vernehmung.

Die Rspr. zur Bedeutungslosigkeit der Beweistatsache ist unübersichtlich und nicht immer einheitlich. Stets ist eine Einarbeitung anhand der konkreten Fallkonstellation erforderlich.

Folgende Eckpunkte lassen sich jedoch herauskristallisieren: **1523**

Die Ablehnung eines Beweisantrages wegen Unerheblichkeit ist nur dann rechtsfehlerfrei, wenn der Tatrichter bei seiner Entscheidung die unter Beweis gestellte Tatsache *in ihrem vollen Sinn*, wie sie der Antragsteller erkennbar verstanden wissen wollte, zugrunde gelegt hat.[2282] Das Gericht darf den erkennbaren Sinngehalt des Antrags nicht verkürzen, um ihn wegen Bedeutungslosigkeit ablehnen zu können.[2283]

In einem Fall, in dem in verschiedenen Beweisanträgen das gemeinsame Ziel verfolgt wird, die Glaubhaftigkeit der Angaben eines Belastungszeugen und dessen Glaubwürdigkeit in Zweifel zu ziehen und die Mehrzahl der unter Beweis gestellten Tatsachen gegen die Glaubwürdigkeit des Belastungszeugen sprechen könnte, bedarf es in dem ablehnenden Beschluss einer über die einzelne Beweistatsache hinausgehenden Gesamtwürdigung, warum die zu beweisende Tatsache das Gericht auch im Falle des Nachweises unbeeinflusst gelassen hätte; denn die Ablehnung von Beweisanträgen wegen Bedeutungslosigkeit der Beweisbehauptung darf nicht dazu führen, zugunsten des Angeklagten sprechende Umstände der gebotenen Gesamtabwägung im Rahmen der Beweiswürdigung zu entziehen.[2284]

Zweifel daran, ob ein Zeuge die Beweistatsache bestätigen kann, der Zeuge zuverlässig oder glaubwürdig ist, berechtigen nicht zur Ablehnung wegen Bedeutungslosigkeit, da darin eine unzulässige Beweisantizipation liegt.[2285] Bei der Prüfung der Erheblichkeit der Beweistatsache ist von ihrem Erwiesensein auszugehen.

Dem Gericht ist es ferner verwehrt, den Antrag wegen Bedeutungslosigkeit mit der **1524** Begründung abzulehnen, das Gegenteil der unter Beweis gestellten Tatsache sei durch die bisherige Beweisaufnahme erwiesen.[2286]

Im Urteil darf sich das Gericht mit der als bedeutungslos zurückgewiesenen Beweistatsache nicht in Widerspruch setzen und etwa vom Gegenteil der als bedeu-

---

2282 *BGH* StV 1981, 167; 1983, 90; 1996, 411.
2283 KK-*Krehl*[7] § 244 Rn. 144; LR-*Becker*[26] § 244 Rn. 220.
2284 *BGH* v. 23.4.2013 – 5 StR 145/13 = StraFo 2013, 249; *BGH* v. 21.7.2011 – 3 StR 44/11 = StV 2011, 646; auch LR-*Becker*[26] § 244 Rn. 225.
2285 *BGH* v. 3.12.2015 – 2 StR 177/15 = NStZ 2016, 365, 366; *BGH* v. 15.1.2014 – 1 StR 379/13 = StV 2014, 257, 259; *BGH* v. 27.8.2013 – 4 StR 274/13 = NStZ-RR 2013, 383, 384; *BGH* StV 2008, 288; *BGH* StV 1997, 567; *BGH* StV 2001, 95; *BGHR* StPO § 244 Abs. 3 S. 2 Bedeutungslosigkeit 6, 20; *Meyer-Goßner/Schmitt*[60] § 244 Rn. 46, 56.
2286 *BGH* v. 18.3.2014 – 2 StR 448/13 = NStZ-RR 2014, 252, 253; *BGH* StV 1992, 147 m. Anm. *Deckers*; *BGH* StV 1993, 173; 1994, 62; wistra 1983, 33; *BGHR* StPO § 244 Abs. 3 S. 2 Bedeutungslosigkeit 6.

tungslos zurückgewiesenen Beweistatsache ausgehen.[2287] Ebenso wenig darf der Beweistatsache in den Urteilsgründen doch Bedeutung beigemessen werden, wenn das Gericht es unterlassen hat, den Antragsteller auf den Auffassungswandel hinzuweisen und den Antrag mit anderer Begründung zurückzuweisen.[2288] Zulässig ist es jedoch, die als bedeutungslos erachteten Indizien auch in die Beweiswürdigung des Urteils einzustellen, sofern sie im Ergebnis weiterhin – ebenso wie in dem ablehnenden Beweisbeschluss – als bedeutungslos gewürdigt und die vom Beschwerdeführer intendierten Schlüsse auch hier nicht gezogen werden.[2289] Im Falle einer unzureichend begründeten Ablehnung des Beweisantrags kann die Einstellung der bedeutungslosen Tatsache in die Beweiswürdigung des Urteils dazu führen, dass ein Beruhen des Urteils auf der fehlerhaften Ablehnung ausgeschlossen werden kann.[2290]

1525 Die Rspr. zur Erheblichkeit von Indiztatsachen, insbesondere soweit sie die Glaubwürdigkeit von Belastungszeugen betrifft, ist umfangreich und uneinheitlich. Dies mag daran liegen, dass es letztlich eine Frage der subjektiven Überzeugung ist, ob eine Hilfstatsache geeignet ist, die Entscheidung zu beeinflussen.

Hier gilt grundsätzlich, dass die Ablehnung wegen Bedeutungslosigkeit nicht dazu führen darf, dass aufklärbare, zugunsten des Angeklagten sprechende Umstände durch die Ablehnung der Beweiserhebung der gebotenen Gesamtwürdigung in der Beweiswürdigung entzogen werden.[2291]

1526 Auch wenn das Gericht seine Überzeugung auf eine Kette von Indizien stützt, von denen jedes einzelne Indiz für sich gesehen keine zwingenden Schlüsse zulässt, darf die Bedeutungslosigkeit einer gegen ein einzelnes Indiz gerichteten Tatsachenbehauptung nicht mit dem Argument angenommen werden, die Beweistatsache lasse keinen zwingenden Schluss zu und den nur möglichen wolle das Gericht nicht ziehen.[2292]

1527 Der Beschluss, mit dem ein Beweisantrag wegen Bedeutungslosigkeit zurückgewiesen wird, erfordert eine eingehende Begründung.[2293]

Zunächst ist anzugeben, ob die Beweistatsache aus rechtlichen oder tatsächlichen Gründen für die Entscheidung von Bedeutung ist.

2287 *BGH* v. 29.4.2014 – 3 StR 436/13 = NStZ 2015, 179; *BGH* v. 14.5.2013 – 5 StR 143/13 = StV 2014, 260, 261; *BGH* StV 1996, 648; *BGH* StV 2009, 414.

2288 KK-*Krehl*[7] § 244 Rn. 146; LR-*Becker*[26] § 244 Rn. 227.

2289 *BGH* v. 17.4.2014 – 3 StR 27/14 = StraFo 2014, 335.

2290 *BGH* v. 26.2.2015 – 4 StR 293/14 = NStZ 2015, 355, 357.

2291 *BGH* StV 2003, 369 f.; StV 1990, 291; *OLG Hamburg* StV 2010, 122 – Glaubwürdigkeit des einzigen Belastungszeugen, der in der Hauptverhandlung nicht vernommen werden konnte, Antrag auf Einführung einer von den Urteilsfeststellungen abweichenden Aussage des Zeugen zum Randgeschehen in einer früheren Vernehmung.

2292 *BGH* StV 1992, 259.

2293 Vgl. insgesamt dazu *Meyer-Goßner/Schmitt*[60] § 244 Rn. 43a; LR-*Becker*[26] § 244 Rn. 225.

Bei Zurückweisung wegen tatsächlicher Bedeutungslosigkeit müssen die Gründe **1528** angegeben werden, aus denen die Bedeutungslosigkeit hergeleitet wird.[2294] Geht es um die Glaubwürdigkeit eines Zeugen, muss begründet werden, warum die Tatsache im Falle ihres Erwiesenseins keinen Einfluss auf die Glaubwürdigkeitsbeurteilung hat.[2295]

Das strenge Begründungserfordernis soll sicherstellen, dass sich der Angeklagte auf die durch den Zurückweisungsbeschluss geschaffene neue Verfahrenslage einstellen kann und das Revisionsgericht prüfen kann, ob der Ablehnungsbeschluss auf rechtsfehlerfreien Erwägungen beruht.[2296] Die bloße Wiederholung des Gesetzeswortlauts reicht nicht. Ebenso wenig genügt der bloße Hinweis, den aus der als bedeutungslos erachteten Tatsache möglichen Schluss nicht ziehen zu wollen, ohne dies substantiiert zu begründen.[2297] Die erforderliche Begründung entspricht grundsätzlich den Begründungserfordernissen bei der Würdigung von durch eine Beweisaufnahme gewonnenen Indiztatsachen in den Urteilsgründen.[2298] Eine ungenügende Begründung des Beschlusses kann nicht in den Urteilsgründen geheilt werden.[2299]

Es ist auch nicht zulässig, im Urteil andere Ablehnungsgründe nachzuschieben[2300] (vgl. dazu auch Rüge 184, Rn. 1663 ff.).

Die Rüge der fehlerhaften Ablehnung eines Beweisantrages kann daher unter- **1529** schiedliche Stoßrichtungen haben. Dazu gehören u.a.

- die Rüge, der Ablehnungsbeschluss sei zwar ausreichend begründet, die Begründung trage jedoch den Ablehnungsgrund der Bedeutungslosigkeit nicht. Gerügt wird in diesem Fall die fehlerhafte Annahme der Bedeutungslosigkeit.
- die Rüge, die Ablehnung sei deshalb rechtsfehlerhaft, weil die Ablehnungsbegründung unzureichend sei, z.B. nur den Gesetzeswortlaut wiederholt.

Hier liegt der Verfahrensfehler in der unzureichenden oder unvollständigen Begründung. Die erforderliche Begründung hat grundsätzlich den Begründungsanforderungen bei der Würdigung von durch eine Beweisaufnahme gewonnenen Indiztatsa-

---

2294 *BGH* wistra 1995, 30.
2295 *BGH* StV 2008, 288; *BGH* StV 1990, 340; *OLG Frankfurt* StV 1995, 346.
2296 *BGH* v. 1.10.2013 – 3 StR 135/13 = StV 2014, 262; *BGH* v. 5.2.2013 – 1 StR 553/12 = NStZ 2013, 352, 353; *BGH* StV 1990, 246; 1991, 408; 1993, 3; *BGH* StV 2010, 557 jew. m. Nachw.; *Meyer-Goßner/Schmitt*[60] § 244 Rn. 43a.
2297 *BGH* v. 3.12.2015 – 2 StR 177/15 = NStZ 2016, 365, 366; *BGH* v. 10.11.2015 – 3 Str 322/15 = StV 2016, 341, 342; *BGH* v. 1.10.2013 – 3 StR 135/13 = StV 2014, 262.
2298 *BGH* v. 9.7.2015 – 1 StR 141/15 = BGHR StPO § 244 Abs. 3 S. 2 Bedeutungslosigkeit 29; *BGH* v. 29.12.2014 – 2 StR 211/14 = NStZ 2015, 35 f.
2299 *BGH* StV 2010, 557; vgl. aber *BGH* v. 26.2.2015 – 4 StR 293/14 = NStZ 2015, 355, 357, wonach die Würdigung der als bedeutungslos erachteten Tatsache im Urteil zu einem Ausschluss des Beruhens führen kann.
2300 *BGHSt* 29, 152; *BGH* StV 1990, 24; KK-*Krehl*[7] § 244 Rn. 146; LR-*Becker*[26] § 244 Rn. 227.

chen in den Urteilsgründen zu entsprechen.[2301] In diesem Fall wird ein Beruhen des Urteils auf der unzureichenden Begründung nur dann – ausnahmsweise – auszuschließen sein, wenn die Bedeutungslosigkeit „klar zu Tage" oder „auf der Hand" liegt.[2302]

1530   Und schließlich kann gerügt werden, dass sich die Urteilsgründe mit dem Ablehnungsbeschluss in Widerspruch setzen, weil z.B. im Urteil vom Gegenteil der als unerheblich angesehenen Tatsache ausgegangen wird oder dieser zumindest eine andere Bedeutung beigemessen wird.

II. Anforderungen an den Vortrag

1531   Es gelten die allgemeinen Grundsätze (vgl. oben Rn. 1420).

Wird gerügt, die Beweistatsache sei entgegen der Begründung des Ablehnungsbeschlusses doch für die Entscheidung von Bedeutung, muss sorgfältig herausgearbeitet werden, warum bei Zugrundelegung der Beweiswürdigung im Urteil die Tatsache Einfluss auf die Entscheidung gehabt haben könnte. Dies hat gerade bei schwieriger Beweissituation, z.B. in Fällen von Aussage gegen Aussage, besondere Bedeutung.

Rüge 169

1532   Hat das Gericht einen Beweisantrag wegen Erwiesenseins der Beweistatsache zurückgewiesen, § 244 Abs. 3 S. 2 StPO?

I. Rechtsgrundlagen

1533   Die Ablehnung eines Beweisantrags wegen Erwiesenseins der Beweistatsache kann erfolgen, wenn das Gericht aufgrund des bisherigen Ergebnisses der Beweisaufnahme von der Richtigkeit der Tatsache schon so überzeugt ist, dass es sie dem Urteil ohne weitere Beweisaufnahme zugrunde legen will.[2303] Dabei kommt es nicht darauf an, ob die Tatsache zugunsten oder zuungunsten des Angeklagten wirkt.[2304]

2301   *BGH* v. 27.8.2013 – 4 StR 274/13 = NStZ-RR 2013, 383, 384; *BGH* v. 21.5.2013 – 2 StR 29/13 = NStZ-RR 2014, 54; *BGHR* StPO § 244 Abs. 3 S. 2 Bedeutungslosigkeit 26; *BGH* v. 3.7.2007 – 5 StR 272/07.

2302   *BGH* v. 10.11.2015 – 3 StR 322/15 = StV 2016, 341, 342; *BGH* v. 21.5.2013 – 2 StR 29/13 = NStZ-RR 2014, 54; *BGH* v. 5.2.2013 – 1 StR 553/12 = NStZ 2013, 352, 353; *BGH* StV 1981, 166; NStZ 1982, 170; KK-*Krehl*[7] § 244 Rn. 147.

2303   *Meyer-Goßner/Schmitt*[60] § 244 Rn. 57.

2304   *BGH* StV 1983, 319; *Meyer-Goßner/Schmitt*[60] § 244 Rn. 57; KK-*Krehl*[7] § 244 Rn. 148; LR-*Becker*[26] § 244 Rn. 228.

Auch auf die Beweiserheblichkeit kommt es nicht an, so dass auch bedeutungslose Tatsachen als erwiesen behandelt werden können.[2305]

Der Unterschied zur Wahrunterstellung (vgl. dazu Rüge 173, Rn. 1574 ff.) liegt darin, dass die Ablehnung wegen Erwiesenseins eine *Wissens*erklärung des Gerichts ist, die Wahrunterstellung eine Fiktion bzw. eine *Willens*erklärung ist, die Tatsache als wahr zu behandeln. Ein weiterer Unterschied besteht darin, dass nur Tatsachen *zugunsten* des Angeklagten als wahr unterstellt werden dürfen, erwiesen sein können jedoch auch belastende Tatsachen.[2306] Und schließlich können nur Tatsachen, die erheblich sind, als wahr unterstellt werden, erwiesen sein können auch unerhebliche Tatsachen.[2307] **1534**

Als erwiesen hat das zu gelten, was die nach ihrem Sinn und Zweck ausgelegte Beweisbehauptung besagt.[2308] **1535**

Es kommen u.a. folgende Rügemöglichkeiten in Betracht:

- Die Urteilsgründe widersprechen der als erwiesen bezeichneten Tatsache,[2309]
- das Urteil verkürzt den Sinngehalt der als erwiesen angesehenen Beweistatsache,[2310]
- das Urteil setzt sich mit einer als erwiesen angesehenen Tatsache nicht auseinander, obwohl dies erforderlich gewesen wäre. Mit erwiesenen und damit feststehenden Tatsachen hat sich das Gericht – ebenso wie mit als wahr unterstellten Tatsachen – im Urteil auseinander zu setzen, wenn die Beweistatsache für die Beurteilung der objektiven oder subjektiven Tatseite oder für den Rechtsfolgenausspruch von Bedeutung ist.[2311]

II. Anforderungen an den Vortrag

Es gelten die allgemeinen Rügeanforderungen (siehe oben Rn. 1420). **1536**

2305 *Meyer-Goßner/Schmitt*[60] § 244 Rn. 57.
2306 *Meyer-Goßner/Schmitt*[60] § 244 Rn. 70.
2307 *BGH* v. 27.8.2010 – 2 StR 111/09 Rn. 58.
2308 *BGH* NJW 1989, 845; *BGHR* StPO § 244 Abs. 3 S. 2 erwiesenen Tatsache 2.
2309 *BGH* StV 1989, 47.
2310 *BGHR* StPO § 244 Abs. 3 S. 2 erwiesenen Tatsache 2.
2311 *BGH* v. 13.4.2011 – 5 StR 86/11 = StV 2012, 581; *BGH* StV 1993, 234 (4 StR 588/92); *OLG Frankfurt/M.* StV 1995, 346; LR-*Becker*[26] § 244 Rn. 223; einschränkend KK-*Krehl*[7] § 244 Rn. 148; *Meyer-Goßner/Schmitt*[60] § 244 Rn. 71a.

Rüge 170

1537 Hat das Gericht einen Beweisantrag wegen völliger Ungeeignetheit des Beweismittels zurückgewiesen, § 244 Abs. 3 S. 2 StPO?

I. Rechtsgrundlagen

1538 Völlige Ungeeignetheit des Beweismittels setzt voraus, dass ohne jede Rücksicht auf das bisher gefundene Beweisergebnis ggf. im Freibeweis festgestellt werden kann, dass sich mit dem angebotenen Beweismittel nach sicherer Lebenserfahrung die Beweisbehauptung nicht bestätigen lässt.[2312] Ein Beweismittel ist nur dann völlig ungeeignet, wenn dessen Inanspruchnahme von vornherein gänzlich aussichtslos wäre, so dass sich die Erhebung des Beweises in einer reinen Förmlichkeit erschöpfen müsste.[2313] Der den Beweisantrag ablehnende Beschluss bedarf einer Begründung, die ohne jede Verkürzung oder sinnverfehlende Interpretation der Beweisthematik alle tatsächlichen Umstände dartun muss, aus denen das Gericht auf die völlige Wertlosigkeit des angebotenen Beweismittels schließt.[2314]

Eine schlichte Nichteignung reicht für die Annahme *völliger* Ungeeignetheit nicht aus.[2315]

Die Beurteilung der Geeignetheit richtet sich nach der Art des Beweismittels.

1539 **1.** Für *Zeugen* gelten folgende Grundsätze[2316]:

Die absolute Untauglichkeit des Beweismittels muss sich aus diesem im Zusammenhang mit der Beweisbehauptung selbst ergeben. Bei der Annahme, die Erhebung eines Beweises erscheine von vornherein gänzlich nutzlos, ist ein strenger Maßstab anzulegen.

Dies gilt vor allem für die Annahme, ein Zeuge sei deswegen ein völlig ungeeignetes Beweismittel, weil er sich wegen des Zeitablaufs voraussichtlich an die Beweistatsache nicht mehr erinnern könne. Insofern kommt es darauf an, ob Umstände vorliegen, die eindeutig dagegen sprechen, er könne im Falle einer Aussage vor Gericht etwas zur Sachaufklärung beitragen, oder ob der Vorgang, zu dem er aussagen soll, für ihn bedeutsam gewesen ist, sein Interesse geweckt hat und er sich auf Erinnerungshilfen stützen kann.[2317]

2312 *BGH* v. 20.5.2015 – 2 StR 46/14 = StV 2016, 342; *BGH* v. 30.1.2013 – 2 StR 468/12 = NStZ-RR 2013, 185, 186; *BGH* StV 1995, 5; 1993, 508; 1981, 394; 1982, 101; 1990, 98; *Meyer-Goßner/Schmitt*[60] § 244 Rn. 58; KK-*Krehl*[7] § 244 Rn. 149 ff.; LR-*Becker*[26] § 244 Rn. 230.

2313 *BGH* v. 30.1.2013 – 2 StR 468/12 = NStZ-RR 2013, 185, 186.

2314 *BGH* v. 21.8.2014 – 1 StR 13/14 = StV 2015, 83 f.; *BGH* StV 2010, 558.

2315 *BGH* StV 1981, 113.

2316 Vgl. insgesamt KK-*Krehl*[7] § 244 Rn. 151ff.; LR-*Becker*[26] § 244 Rn. 233.

2317 *BGH* v. 5.10.2011 – 4 StR 465/11 = StV 2013, 70; *BGH* StV 2010, 117; StV 2005, 115; LR-*Becker*[26] § 244 Rn. 233 f.

Ein Zeuge kann dann ein völlig ungeeignetes Beweismittel sein, wenn er aufgrund körperlicher oder geistiger Gebrechen oder vorübergehender Störungen (z.B. Ohnmacht) nicht in der Lage war, die in sein Wissen gestellte Wahrnehmung zu machen.[2318]

Völlige Ungeeignetheit kann auch dann vorliegen, wenn ein Zeuge zu inneren Vorgängen vernommen werden soll, bezüglich derer er keine *Wahrnehmungen* machen konnte.[2319] Eine völlige Ungeeignetheit soll aber dann nicht vorliegen, wenn der Zeuge äußere Tatsachen bekunden kann, die die Schlussfolgerung auf die behauptete innere Tatsache erlauben.[2320] Völlige Ungeeignetheit kann auch dann gegeben sein, wenn ein Zeuge zu einer Frage aussagen soll, die nur ein Sachverständiger zuverlässig beantworten kann[2321] oder ein Zeuge, dem ein umfassendes Auskunftsverweigerungsrecht nach § 55 StPO zusteht, sich darauf berufen hat.[2322] Dies gilt *nicht*, wenn sich die Sachlage seit der Erklärung, von dem Recht auf Auskunftsverweigerung Gebrauch zu machen, verändert hat oder Anzeichen dafür bestehen, dass der Zeuge nunmehr doch (umfassend) aussagen wird[2323] oder dem Zeugen zwar ein umfassendes Auskunftsverweigerungsrecht zusteht, er sich darauf aber noch nicht definitiv berufen hat. Die gleichen Grundsätze gelten auch bei einer Berufung des Zeugen auf sein Zeugnisverweigerungsrecht nach § 52 StPO.[2324]

Ein Beweisantrag darf nicht mit der Begründung der Ungeeignetheit des Beweismittels zurückgewiesen werden, indem das Gericht die Glaubwürdigkeit des Zeugen in Frage stellt. Dies stellt einen Verstoß gegen das Verbot der Beweisantizipation dar, da über den Wert eines Beweismittels erst nach der Beweiserhebung entschieden werden kann. Deshalb geht es nicht an, dem Zeugen im Hinblick auf seine fragliche Glaubwürdigkeit von vornherein jeden Beweiswert abzusprechen und *völlige* Ungeeignetheit des Beweismittels anzunehmen.[2325] **1540**

Bei lange zurückliegenden Vorgängen, die in das Wissen eines Zeugen gestellt werden, ist die Rspr. uneinheitlich. Grundsätzlich ist unter Anlegung eines strengen Maßstabes eine Einzelfallentscheidung vorzunehmen.[2326] Dabei sind der Gegenstand der Beweisbehauptung, die Persönlichkeit des Zeugen, die Bedeutung des Vorgangs für ihn sowie der Zeitablauf zu berücksichtigen.[2327]

2318 *Meyer-Goßner/Schmitt*[60] § 244 Rn. 59; LR-*Becker*[26] § 244 Rn. 233.
2319 *Meyer-Goßner/Schmitt*[60] § 244 Rn. 59.
2320 *BGH* StV 1984, 61; 1987, 236.
2321 *Meyer-Goßner/Schmitt*[60] § 244 Rn. 59.
2322 *BGH* StV 1986, 282; *BGH* NStZ 1999, 46.
2323 LR-*Becker*[26] § 244 Rn. 236.
2324 *BGH* StV 1982, 209.
2325 *OLG Zweibrücken* StV 2005, 117.
2326 *BGH* StV 2004, 465; *BGH* NStZ 1993, 295; *Meyer-Goßner/Schmitt*[60] § 244 Rn. 60; LR-*Becker*[26] § 244 Rn. 234.
2327 *BGH* v. 5.10.2011 – 4 StR 465/11 = StV 2013, 70; *Meyer-Goßner/Schmitt*[60] § 244 Rn. 60; LR-*Becker*[26] § 244 Rn. 234.

1541 Ein Beweisantrag auf audiovisuelle oder kommissarische Zeugenvernehmung kann auch wegen völliger Ungeeignetheit des Beweismittels abgelehnt werden, wenn das Gericht zu der Überzeugung gelangt, dass eine aus einer solchen Vernehmung gewonnene Aussage mangels persönlichen Eindrucks völlig untauglich ist, zur Sachaufklärung beizutragen und die Beweiswürdigung zu beeinflussen.[2328] Lehnt der Tatrichter jedoch einen Beweisantrag wegen Ungeeignetheit des Beweismittels mangels unmittelbaren Eindrucks von dem Zeugen ab, darf er frühere belastende Aussagen, die gleichermaßen außerhalb der Hauptverhandlung ohne Gerichtsbeteiligung zustande gekommen sind, nicht ohne weiteres für hinreichend beweiskräftig halten.[2329]

1542 **2.** Für *Sachverständige* gelten folgende Grundsätze[2330]:

Völlige Ungeeignetheit kann dann angenommen werden, wenn dem Sachverständigen für sein Gutachten die erforderlichen Anknüpfungstatsachen nicht zur Verfügung gestellt werden können (z.B. nicht rekonstruierbare Vorgänge oder auch Tatsachen, die das Gericht als Anknüpfungstatsache ausgeschlossen hat).[2331] Kann ein qualifizierter Sachverständiger aufgrund der Beweisbehauptung in Verbindung mit weiteren tatrichterlichen Feststellungen weitere indizielle Anknüpfungstatsachen ermitteln und so etwas zum Beweisthema aussagen, liegt nur relative Ungeeignetheit vor, die die Ablehnung wegen *völliger* Ungeeignetheit nicht rechtfertigt.[2332]

Dass ein psychiatrischer Sachverständiger nur wenige oder nur solche Anknüpfungstatsachen vorfindet, welche eine Beweisbehauptung nicht stützen, macht ihn noch nicht zu einem *völlig* ungeeigneten Beweismittel.[2333]

Auch wenn ohne notwendige Mitwirkung des Angeklagten notwendiges Vergleichsmaterial für die Erstellung eines anthropologischen Sachverständigengutachtens nicht beschafft werden kann, ist ein Sachverständiger kein völlig ungeeignetes Beweismittel, wenn er in der Lage ist, aus einem Vergleich des vorhandenen Bildmaterials sowie mit Lichtbildern und Messungen, deren Herstellung der Angeklagte nach § 81b StPO dulden muss, zumindest eine Wahrscheinlichkeitsaussage machen kann.[2334]

Ungeeignetheit liegt aber bei unausgereiften oder wissenschaftlich nicht anerkannten Untersuchungsmethoden vor (z.B. Lügendetektor).[2335]

2328 *BGHSt* 55, 11 = StV 2010, 560; *BGH* NStZ 2004, 347, 348 = StV 2004, 465 m. Anm. *Julius*; *BGH* StV 1992, 548.

2329 *BGH* v. 30.11.2010 – 3 StR 418/10 = NStZ 2011, 422; *BGH* StV 1993, 232.

2330 Vgl. insgesamt KK-*Krehl*[7] § 244 Rn. 154; LR-*Becker*[26] § 244 Rn. 238 ff.

2331 *Meyer-Goßner/Schmitt*[60] § 244 Rn. 59a; LR-*Becker*[26] § 244 Rn. 238.

2332 *BGH* v. 9.7.2015 – 3 StR 516/14 = StV 2016, 337, 339 m. Anm. *Ventzke*; *BGH* v. 30.9.2014 – 3 StR 351/14 = StV 2015, 206; *BGH* v. 5.6.2014 – 2 StR 624/12 = *BGHR* StPO § 261 Zeuge 22; *BayObLG* StV 2004, 6.

2333 *BGH* StV 2007, 513.

2334 *BGH* v. 31.7.2013 – 4 StR 270/13 = StV 2014, 588; *BGH* v. 1.12.2011 – 3 StR 284/11 = StV 2013, 481, 482.

2335 *BGHSt* 44, 308 = StV 1999, 76; *BGH* NStZ 1985, 515; *Meyer-Goßner/Schmitt*[60] § 244 Rn. 59a.

Ein Sachverständiger ist *nicht* schon dann ein völlig ungeeignetes Beweismittel, wenn das Gutachten zwar nicht zu einem sicheren oder eindeutigen Ergebnis kommen kann, aber eine Wahrscheinlichkeitsaussage zu der Beweistatsache möglich ist.[2336] Bei der Prüfung, ob der Sachverständige Ausführungen dazu machen kann, ob die behauptete Tatsache mehr oder weniger wahrscheinlich ist, können im Wege des Freibeweises Erkundigungen eingeholt werden; unzulässig ist allerdings der Rückgriff auf das bisherige Beweisergebnis.[2337] Die bloße Annahme, der Sachverständige werde die Beweisbehauptung nicht bestätigen, reicht zur Ablehnung eines Beweisantrags wegen Ungeeignetheit des Beweismittels nicht. Vielmehr muss feststehen, dass das Gutachten zu keinem verwertbaren Ergebnis führen kann.[2338]

Ein Beweisantrag auf Einholung eines Sachverständigengutachtens kann nicht mit der Begründung als „ungeeignet" zurückgewiesen werden, der im Antrag benannte Sachverständige sei für die erforderliche Begutachtung ungeeignet. Es obliegt vielmehr allein dem Gericht, selbst einen geeigneten Sachverständigen zu bestimmen.[2339]

Bei **Glaubwürdigkeits- oder Schuldfähigkeitsgutachten** liegt eine völlige Ungeeignetheit nicht schon deswegen vor, weil die zu untersuchende Person die Exploration verweigert, sofern der Sachverständige aus anderen Erkenntnisquellen (Akten, früheren Gutachten, Erkenntnissen in der Hauptverhandlung) zu einer Wahrscheinlichkeitsaussage zum Beweisthema gelangen kann.[2340] Diese Möglichkeit muss in der Beschlussbegründung nachvollziehbar ausgeschlossen werden. Ein aussagepsychologischer Sachverständiger ist nicht schon deshalb ein völlig ungeeignetes Beweismittel im Sinne von § 245 Abs. 2 StPO, weil er während der Vernehmung des zu explorierenden Zeugen in der Hauptverhandlung nicht anwesend war.[2341] **1543**

3. Ein *Augenschein* ist ein völlig ungeeignetes Beweismittel, wenn sich wegen der Veränderungen der Örtlichkeiten keine sicheren Schlüsse auf die frühere Beschaffenheit ziehen oder sich die Lichtverhältnisse zu einem bestimmten Zeitpunkt nicht mehr verlässlich rekonstruieren lassen.[2342] **1544**

2336 *BGH* v. 9.7.2015 – 3 StR 516/14 = StV 2016, 337, 339 m. Anm. *Ventzke*; *BGH* v. 30.9.2014 – 3 StR 351/14 = StV 2015, 206; *BGH* StV 1983, 7; *BGH* NStZ 1984, 564; 1985, 562; 1995, 97; *Meyer-Goßner/Schmitt*[60] § 244 Rn. 59b; LR-*Becker*[26] § 244 Rn. 239; KK-*Krehl*[7] § 244 Rn. 154.

2337 *BGH* v. 20.5.2015 – 2 StR 46/14 = StV 2016, 342.

2338 *BGH* StV 2008, 337.

2339 *BGH* v. 14.4.2011 – 1 StR 458/11 = StV 2011, 728.

2340 *BGH* StV 1981, 216; 1982, 458; 1991, 405 m. Anm. *Blau*; *Meyer-Goßner/Schmitt*[60] § 244 Rn. 59b.

2341 *BGH* v. 6.7.2011 – 2 StR 124/11 = StV 2011, 711.

2342 *Meyer-Goßner/Schmitt*[60] § 244 Rn. 59c; LR-*Becker*[26] § 244 Rn. 242.

II. Anforderungen an den Vortrag

1545   Es gelten zunächst die allgemeinen Grundsätze (Rn. 1420).

1546   1.   Wird die völlige Ungeeignetheit eines *Zeugen* als Beweismittel gerügt, muss die Revision, sofern nicht schon im Beweisantrag dazu Angaben gemacht wurden, bspw. vortragen,

a) bei unter Beweis gestellten inneren Vorgängen, welche äußeren *Tatsachen* der Zeuge bekunden kann, aus denen der Schluss auf den inneren Vorgang möglich ist oder sich aufdrängt,

b) bei Berufung des Zeugen auf § 55 oder § 52 StPO, dass noch gar keine definitive Zeugnis- bzw. umfassende Auskunftsverweigerung vorliegt, bzw. welche konkreten Anhaltspunkte dafür bestehen, dass der Zeuge doch aussagen werde, bzw. inwieweit sich die Sachlage seit der Erklärung der beabsichtigten Aussageverweigerung geändert hat, so dass Anhaltspunkte für einen Sinneswandel des Zeugen bestehen,

c) bei unter Beweis gestellten lange zurückliegenden Vorgängen, welche Anhaltspunkte dafür bestehen, dass sich der Zeuge trotz des verstrichenen Zeitraums noch an den Vorgang erinnern kann.

d) Aktenteile, Dokumente etc., aus denen sich Anhaltspunkte für das Vorgenannte ergeben, sind vollständig im Wortlaut mitzuteilen.

e) Hat der Antragsteller auf die Ablehnung seines Beweisantrags Gegenvorstellung erhoben, ist diese im Wortlaut ebenso mitzuteilen wie die Reaktion des Gerichts darauf.

1547   2.   Wird die völlige Ungeeignetheit eines *Sachverständigen* als Beweismittel gerügt, so muss der Vortrag z.B. Angaben dazu enthalten

a) bei Ungeeignetheit, weil der Sachverständige nicht zu einem eindeutigen Ergebnis kommen könne, die Gründe, weshalb der Sachverständige zumindest zu einem Wahrscheinlichkeitsurteil gelangen könne,

b) bei Verweigerung der Exploration durch die zu untersuchende Person, aus welchen dem Sachverständigen zugänglichen Quellen er genügend Anknüpfungstatsachen für sein Gutachten hätte entnehmen können. Handelt es dabei um Aktenteile, z.B. frühere Gutachten, polizeiliche Vermerke o.Ä., sind diese in der Rüge im Wortlaut und vollständig mitzuteilen.

1548   3.   Wird die völlige Ungeeignetheit des Augenscheins als Beweismittel gerügt, ist vorzutragen,

a) aus welchen tatsächlichen Gründen die Augenscheinseinnahme geeignet war, ein Beweisergebnis zu erzielen.

b) Sofern es möglich ist, sollte dies anhand etwa von Fotos dokumentiert werden.

Rüge 171

Hat das Gericht einen Beweisantrag wegen Unerreichbarkeit des Beweismittels nach § 244 Abs. 3 S. 2 StPO zurückgewiesen?

1549

I. Rechtsgrundlagen

1. Vorbemerkung

Unerreichbarkeit liegt dann vor, wenn trotz aller Bemühungen des Gerichts, die der Bedeutung der Beweisbehauptung und dem Wert des Beweismittels entsprechen, das Beweismittel nicht aufgefunden werden kann und auch keine begründete Aussicht besteht, es in absehbarer Zeit herbeizuschaffen.[2343] Je größer die Bedeutung des Beweismittels für die Sachverhaltsaufklärung ist, umso stärker sind die Anforderungen an die Verpflichtung des Gerichts, Nachforschungen nach dem Beweismittel anzustellen.[2344] Bei möglichen Verzögerungen durch die gerichtlichen Nachforschungen ist auch abzuwägen zwischen der beschleunigten Durchführung des Verfahrens und der Pflicht zur erschöpfenden Sachaufklärung unter Berücksichtigung der Bedeutung und des Werts des Beweismittels.[2345]

1550

Die Unerreichbarkeit des Beweismittels kommt in erster Linie bei der Benennung von Zeugen in Betracht.

Die dabei vorkommenden Fallkonstellationen der Unerreichbarkeit sind äußerst vielfältig. Entsprechend variantenreich sind auch die an das Gericht zu stellenden Anforderungen an die Bemühungen zur Beibringung des Zeugen.[2346] Die Rspr. dazu ist äußerst umfangreich und unübersichtlich. An dieser Stelle können nur einige wenige Aspekte erörtert werden.

1551

Es ist zu unterscheiden zwischen Unerreichbarkeit aus tatsächlichen (1.) und rechtlichen (2.) Gründen. Tatsächliche Unerreichbarkeit liegt z.B. bei unbekanntem Aufenthalt des Zeuge vor, rechtliche Unerreichbarkeit z.B. bei Sperrung des Beweismittels, z.B. einer Vertrauensperson analog § 96 StPO.

1552

Ganz grob kann unterschieden werden zwischen

- im Inland lebenden Zeugen,
- Auslandszeugen und
- gesperrten Zeugen wie Vertrauenspersonen, verdeckten Ermittlern o.Ä.

2343 *BGHSt* 29, 390; *BGH* StV 1982, 58; 1983, 496; 1985, 268; 1986, 418, 419; *Meyer-Goßner/Schmitt*[60] § 244 Rn. 62a; insgesamt KK-*Krehl*[7] § 244 Rn. 156 ff.; LR-*Becker*[26] § 24 Rn. 246 ff.

2344 *BGH* v. 2.11.2016 – 2 StR 556/15; vgl. auch *BGH* v. 2.2.2017 – 4 StR 593/16.

2345 *BGH* StV 1982, 51; KK-*Krehl*[7] § 244 Rn. 160; LR-*Becker*[26] § 244 Rn. 248.

2346 Zu den Bemühungen des Gerichts zur Beibringung des Zeugen vor Annahme der Unerreichbarkeit vgl. etwa *OLG Hamburg* StV 2009, 9; *OLG München* StV 2009, 9.

2. Unerreichbarkeit aus tatsächlichen Gründen

1553 Dazu lassen sich folgende Grundsätze aufstellen:

a) Im Inland lebende Zeugen

1554 Dass ein Zeuge nach Auskunft des Einwohnermeldeamts unbekannt verzogen ist, macht ihn nicht schon in jedem Fall unerreichbar, wenn es weitere Möglichkeiten gibt, den Aufenthalt zu ermitteln.[2347] Auch der Umstand, dass ein Polizeibeamter trotz mehrfacher Bemühungen den Zeugen nicht angetroffen hat, rechtfertigt nicht für sich die Annahme der Unerreichbarkeit.[2348] Allein einmaliges Nichterscheinen bei Erfolglosigkeit einer Vorführung genügt ebenfalls nicht.[2349] Gleiches gilt, wenn nur nach Auskunft Dritter der Zeuge „unbekannten Aufenthalts" ist, aber die Möglichkeit weiterer Nachforschungen besteht.[2350] Auch können länger zurückliegende Auskünfte nicht ausreichend sein, wenn weitere oder andere aktuelle Erkenntnisse von Behörden etc. erlangt werden können.[2351]

Unter Umständen sind auch Nachfragen bei der Ausländerbehörde, dem Ausländerzentralregister, Auskünfte von Behörden, insbesondere von Versicherungsgesellschaften und einem in Betracht kommenden Rentenversicherungträger, die Befragung von Arbeitgebern, Arbeitskollegen, Verwandten, Bekannten oder Nachbarn etc. erforderlich.[2352]

b) Im Ausland lebende Zeugen

1555 Auch wenn der für im Ausland zu ladende Zeugen geltende Ablehnungsgrund des § 244 Abs. 5 S. 2 StPO (vgl. dazu Rüge 177, Rn. 1620 ff.) nicht zum Tragen kommt, bleibt der Ablehnungskatalog des § 244 Abs. 3 StPO von Bedeutung. Denn wenn der Zeuge bereits unerreichbar ist, bedarf es keiner Entscheidung nach § 244 Abs. 5 StPO.

1556 Die oben beschriebene generelle Verpflichtung des Gerichts zur Nachforschung nach dem Aufenthalt des Zeugen gilt uneingeschränkt auch für im Ausland lebende Zeugen.[2353]

Hat der Zeuge früher in der Bundesrepublik gelebt und ist hier einer versicherungspflichtigen Tätigkeit nachgegangen, jetzt aber nicht auffindbar, weil er z.B. in sein

---

2347   *KG* StV 2005, 13; *OLG Köln* StV 2002, 355; *Meyer-Goßner/Schmitt*[60] § 244 Rn. 62a; LR-*Becker*[26] § 244 Rn. 249.

2348   *BGH* StV 1984, 5.

2349   *BGH* v. 2.11.2016 – 2 StR 556/15.

2350   *BGHR* StPO § 244 Abs. 3 S. 2 Unerreichbarkeit 1.

2351   *KG* StV 2005, 13.

2352   *BGH* StV 1983, 319; 1996, 581; *OLG Frankfurt* StV 1986, 468; *BGH* StV 1996, 581; *Meyer-Goßner/Schmitt*[60] § 244 Rn. 62a; LR-*Becker*[26] § 244 Rn. 252 ff.

2353   *BGH* StV 1981, 602; *BGH* wistra 1984, 77; *BGHR* StPO § 244 Abs. 3 S. 2 Unerreichbarkeit 9; vgl. auch KK-*Krehl*[7] § 244 Rn. 166 f.

Heimatland zurückgekehrt ist, kann das Gericht verpflichtet sein, über den früheren Arbeitgeber oder die Versicherungsgesellschaft bzw. den Rentenversicherungsträger Nachforschungen nach der Anschrift des Zeugen in seinem Heimatland anzustellen. Denn es ist kaum anzunehmen, dass ein Zeuge bspw. auf seine Rente verzichtet, er sie sich vielmehr in sein Heimatland überweisen lassen wird. Die sich daraus ergebenden Möglichkeiten der Nachforschung müssen, gemessen an der Bedeutung der Zeugenaussage, ausgeschöpft werden.[2354]

Es kann auch erforderlich sein, Ermittlungen über die Botschaft oder Interpol zu tätigen, wenn Anhaltspunkte dafür ersichtlich sind, dass diesen Institutionen die ladungsfähige Anschrift des Zeugen bekannt ist oder von diesen ermittelt werden kann.[2355]

Die Tatsache, dass gegebenenfalls eine im Rechtshilfeweg zu bewirkende Ladung des Zeugen zu Verfahrensverzögerungen führt, macht den Zeugen nicht unerreichbar.[2356] Auch der Umstand, dass der Zeuge nur vorübergehend in sein Heimatland zurückgekehrt ist, macht ihn nicht grundsätzlich unerreichbar.[2357] Auch hier ist immer abzuwägen zwischen der Bedeutung der Zeugenaussage einerseits und dem Interesse an der beschleunigten Verfahrensdurchführung andererseits.

c) Möglichkeit der Videovernehmung oder der kommissarischen Vernehmung

Ist die Ladung eines im Ausland zu ladenden Zeugen beantragt, beinhaltet dieser Antrag nach dem sog. erweiterten Erreichbarkeitsbegriff zugleich den Antrag auf Vernehmung des Zeugen per Videokonferenz gem. § 247a StPO oder im Wege der kommissarischen Vernehmung nach § 223 StPO.[2358] Allerdings ist der 5. Strafsenat des BGH in einem obiter dictum dieser Ansicht entgegengetreten und neigt zu der Auffassung, dass der Antragsteller ausdrücklich erklären müsse, ob er gegenüber einer unmittelbaren Vernehmung in der Hauptverhandlung eine solche von geringerem Beweiswert per Videokonferenz oder im Wege der kommissarischen Vernehmung hilfsweise begehre.[2359]

1557

Jedenfalls ist ein Zeuge daher auch dann erreichbar, wenn er an einem anderen Ort (auch im Ausland) mittels Videokonferenz oder kommissarisch vernommen werden kann[2360] und der Antragsteller dieses wünscht.

2354 Vgl. insgesamt LR-*Becker*[26] § 244 Rn. 252 ff.
2355 *BayObLG* StV 1988, 56; *Meyer-Goßner/Schmitt*[60] § 244 Rn. 63.
2356 *BGH* StV 1986, 418; *BGH* NStZ 1985, 282; *Meyer-Goßner/Schmitt*[60] § 244 Rn. 62a.
2357 *BGH* StV 1989, 190; LR-*Becker*[26] § 244 Rn. 255.
2358 *BGHSt* 45, 188; *BGH* StV 2000, 345; KK-*Krehl*[7] § 244 Rn. 169; LR-*Becker*[26] § 244 Rn. 259 ff.; *Schlothauer* StV 2000, 180.
2359 *BGH* v. 9.10.2007 – 5 StR 344/07 – Rn. 15 = StV 2009, 454 m. Anm. *Sättele*.
2360 *BGHSt* 45, 188, 190; *Meyer-Goßner/Schmitt*[60] § 244 Rn. 63.

Diese Fallkonstellation kann sich z.b. dann ergeben, wenn der Zeuge nicht in der Lage ist, in der Hauptverhandlung zu erscheinen oder – bei Auslandszeugen – nicht bereit ist, sich vor dem erkennenden Gericht vernehmen zu lassen.

Unterlässt es das Gericht in den Fällen, in denen der Antrag auf Vernehmung des Zeugen auch dessen Video- oder kommissarische Vernehmung umfasste, diese Möglichkeiten zu prüfen, kann diese Unterlassung insoweit gerügt werden, als das Gericht die Unerreichbarkeit zu Unrecht angenommen hat.[2361]

1558 Bei der Möglichkeit der Videovernehmung oder der kommissarischen Vernehmung kann jedoch der Ablehnungsgrund der Ungeeignetheit des Beweismittels in Betracht kommen, wenn der Tatrichter auf Grund des minderen Beweiswerts dieser Vernehmungen gegenüber einer Vernehmung in der Hauptverhandlung diese Vernehmungsalternativen für wertlos erachtet.[2362] In diesem Fall liegt keine Unerreichbarkeit vor, sondern das Beweismittel ist wegen der Wertlosigkeit ungeeignet.[2363]

Nach § 244 Abs. 3 S. 2 StPO kann ein Beweisantrag auf Vernehmung eines im Ausland lebenden und für eine Vernehmung in der Hauptverhandlung unerreichbaren Zeugen auch dann zurückgewiesen werden, wenn der Zeuge zwar für eine im Wege der Rechtshilfe zu bewirkende und grundsätzlich mögliche kommissarische oder audiovisuelle Vernehmung zur Verfügung steht, das Gericht aber aufgrund der besonderen Beweislage schon vorweg zu der Überzeugung gelangt, dass eine aus einer solchen Vernehmung gewonnene Aussage völlig untauglich ist, zur Sachaufklärung beizutragen und die Beweiswürdigung zu beeinflussen. In einem solchen Fall bleibt der Zeuge für die persönliche Vernehmung in der Hauptverhandlung unerreichbar; als nur kommissarisch oder audiovisuell vernehmbarer Zeuge ist er ein völlig ungeeignetes Beweismittel i.S.d. § 244 Abs. 3 S. 2 StPO.[2364] Lehnt der Tatrichter jedoch einen Beweisantrag wegen Ungeeignetheit des Beweismittels mangels unmittelbaren Eindrucks von dem Zeugen ab, darf er frühere belastende Aussagen, die gleichermaßen außerhalb der Hauptverhandlung ohne Gerichtsbeteiligung zustande gekommen sind, nicht ohne weiteres für hinreichend beweiskräftig halten.[2365]

3. Unerreichbarkeit aus rechtlichen Gründen

1559 Von besonderer Bedeutung sind in diesem Zusammenhang verdeckt für die Polizei arbeitende Zeugen.[2366]

2361 *BGH* v. 7.5.2014 – 2 StR 506/13 = NStZ 2015, 102 f.; *BGHSt* 45, 188; *BGH* StV 2000, 345; LR-*Becker*[26] § 244 Rn. 260.

2362 *BGHSt* 45, 188, 196 f.; *BGH* StV 2004, 465; LR-*Becker*[26] § 244 Rn. 260; *Meyer-Goßner/Schmitt*[60] § 244 Rn. 65.

2363 *BGH* StV 2004, 465; unklar: *Meyer-Goßner/Schmitt*[60] § 244 Rn. 65; auch LR-*Becker*[26] § 244 Rn. 260.

2364 *BGHSt* 55, 11 = StV 2010, 560; *BGH* NStZ 2004, 347, 348 = StV 2004, 465 m. Anm. *Julius*; *BGH* StV 1992, 548.

2365 *BGH* v. 30.11.2010 – 3 StR 418/10 = NStZ 2011, 422.

2366 KK-*Krehl*[7] § 244 Rn. 172 ff.; LR-*Becker*[26] § 244 Rn. 257.

Das Gericht darf allerdings nicht bereits deswegen den Ablehnungsgrund der Unerreichbarkeit annehmen, weil sich der Name und die ladungsfähige Anschrift nicht aus den Akten ergeben.

Es ist vielmehr verpflichtet, sich bei der zuständigen Behörde um die ladungsfähige Anschrift und ggf. um die Freigabe des Zeugen zu bemühen.[2367] Das Gericht muss die oberste Dienstbehörde zu einer Freigabe unter Aufzeigen der strafprozessualen Möglichkeiten zum Schutz des Zeugen (z.B. §§ 68 Abs. 2, 3, 247 StPO, § 172 GVG) bewegen.[2368] Es muss ggf. auch die Möglichkeit einer kommissarischen Vernehmung und/oder die audiovisuelle Vernehmung ggf. unter optischer und/oder akustischer Überwachung anbieten.[2369]

Ausschlaggebend für eine Annahme der Unerreichbarkeit ist allein eine Sperrerklärung analog § 96 StPO der obersten Dienstbehörde[2370] bzw. des Innenministers[2371]; Auskünfte anderer Stellen oder von Kriminalbeamten reichen nicht.[2372]

Ergeben sich aus den Akten etwa Hinweise auf den Namen und/oder eine ladungsfähige Anschrift, ist das Gericht trotz Sperrerklärung verpflichtet, den Zeugen auf diesem Wege selbst zu laden.[2373]

Eine gebotene Beweiserhebung darf nicht deshalb abgelehnt werden, weil Staatsanwaltschaft oder Polizei einer Beweisperson Geheimhaltung zugesagt hat. Eine solche Zusicherung der Vertraulichkeit bindet zwar – mit Einschränkungen – die Staatsanwaltschaft und die Polizei. Für das gerichtliche Verfahren hat sie aber keine Bedeutung.[2374]

In all diesen Fällen kann die fehlerhafte Annahme der Unerreichbarkeit gerügt werden.

1560 Liegt eine unzureichende Sperrerklärung der obersten Dienstbehörde vor, ist das Gericht verpflichtet, unter Aufzeigen der in der Sperrerklärung nicht erörterten Möglichkeiten zum Schutz des Zeugen Gegenvorstellung zu erheben.[2375]

Ist die Sperrerklärung trotz Gegenvorstellung offensichtlich rechtsfehlerhaft oder willkürlich, ist der Zeuge gleichwohl unerreichbar, weil das Gericht keine Möglich-

2367 *BGHSt* 29, 390; *BGHSt* 30, 34; *BGH* StV 1982, 2.
2368 *BGHSt* 29, 109, 113.
2369 *BGH* StV 2002, 639; StV 2004, 577; *Meyer-Goßner/Schmitt*[60] § 244 Rn. 66 m.w.N.; KK-*Krehl*[7] § 244 Rn. 174; LR-*Becker*[26] § 244 Rn. 257.
2370 *BGHSt* 35, 82; 29, 393; 32, 123.
2371 *BGHSt* 41, 36.
2372 *BGHSt* 30, 34; *BGH* StV 1982, 2; *BGH* StV 1988, 5.
2373 *BGHSt* 35, 82; *BGH* StV 1993, 113.
2374 *BGH* v. 26.7.2011 – 1 StR 297/11 = StV 2012, 5.
2375 KK-*Krehl*[7] § 244 Rn. 173; zu den Anforderungen an eine Sperrerklärung für eine audio-visuelle Vernehmung unter optischer und akustischer Abschirmung *BGH* StV 2004, 577; *Meyer-Goßner/Schmitt*[60] § 244 Rn. 66; LR-*Becker*[26] § 244 Rn. 257.

keit hat, die Freigabe zu erzwingen. Konsequenzen ergeben sich allein für die Beweiswürdigung.[2376]

II. Anforderungen an den Vortrag

1561 Neben den allgemeinen Grundsätzen (siehe oben Rn. 1420) gelten folgende Besonderheiten.

Grundlage der revisionsgerichtlichen Überprüfung ist der die Beweiserhebung ablehnende Beschluss, in dem die Voraussetzungen der Unerreichbarkeit des Zeugen darzulegen sind. Umstände, die gegebenenfalls den von der Revision behaupteten Rechtsfehler widerlegen könnten, muss der Beschwerdeführer im Rahmen der Rüge einer Verletzung des Beweisantragsrechts nicht vortragen.[2377]

Da das Revisionsgericht *allein* anhand der Revisionsbegründung die mögliche fehlerhafte Annahme der Unerreichbarkeit prüft, sind *alle Umstände* mitzuteilen, die im Zusammenhang mit den Bemühungen des Gerichts zur Ermittlung der ladungsfähigen Anschrift, der Herbeiführung einer kommissarischen oder audio-visuellen Vernehmung oder der Freigabe eines gesperrten Zeugen stehen.[2378]

Dazu gehören

- die Mitteilungen und/oder die in der Hauptverhandlung verlesenen Urkunden,
- *alle* Vermerke, Schreiben etc. aus den Akten, die im Zusammenhang mit den Bemühungen zur Auffindung des Zeugen bzw. Herbeiführung der Aussage stehen,
- alle Vorgänge, die *nach* der Bescheidung des Beweisantrags angefallen sind und damit in Zusammenhang stehen.

Grundsätzlich sind Vermerke, Schreiben etc. *in vollem Wortlaut* in der Revisionsbegründung mitzuteilen. Nur wenn in der Revisionsbegründung wirklich alles aus den Akten Ersichtliche und in der Hauptverhandlung Mitgeteilte vollständig enthalten ist, kann das Revisionsgericht allein anhand der Revisionsbegründung die mögliche fehlerhafte Annahme der Unerreichbarkeit prüfen.

Ggf. ist auch darzulegen, welche Möglichkeiten das Gericht ungenutzt gelassen hat, die Anschrift zu ermitteln bzw. eine Aussage des Zeugen herbeizuführen.

1562 Weiterhin ist die Bedeutung der Aussage des wegen angeblicher Unerreichbarkeit in der Hauptverhandlung nicht vernommenen Zeugen darzulegen. Dazu kann die vollständige wörtliche Mitteilung in den Akten befindlicher Vernehmungsniederschriften oder schriftlicher Erklärungen des Zeugen gehören. Ebenso kann die Mitteilung des Inhalts in der Akte befindlicher Urkunden oder Vernehmungsniederschriften anderer Zeugen oder des Beschuldigten oder von polizeilichen Vermerken

---

2376 Grundlegend *BGHSt* 49, 112 ff.
2377 *BGH* v. 21.12.2010 – 3 StR 462/10 = StV 2012, 73.
2378 *BGHR* StPO § 247a Audiovisuelle Vernehmung 5.

erforderlich sein, aus denen sich die Bedeutung der möglichen Aussage des als unerreichbar behandelten Zeugen entnehmen lässt.

Rüge 172

Hat das Gericht einen Beweisantrag wegen Prozessverschleppung zurückgewiesen, § 244 Abs. 3 S. 2 StPO? **1563**

I. Rechtsgrundlagen

1. Die Zurückweisung eines Beweisantrages wegen Prozessverschleppung hat eine objektive und eine subjektive Komponente, die beide im Ablehnungsbeschluss darzulegen sind. In objektiver Hinsicht ist Voraussetzung für die Ablehnung des Antrags, dass **1564**

- nach der gerichtlichen Überzeugung die beantragte Beweiserhebung nichts zu Gunsten des Angeklagten erbringen wird, also aussichtslos ist[2379] und
- die Beweiserhebung geeignet ist, den Abschluss des Verfahrens (wesentlich) zu verzögern.

In subjektiver Hinsicht wird verlangt, dass

- dem Antragsteller die Nutzlosigkeit der Beweiserhebung bewusst ist und
- der Antrag ausschließlich zum Zwecke der Verfahrensverzögerung gestellt wird.[2380]

Die Verschleppungsabsicht ist dem *Antragsteller* nachzuweisen. Hat der Verteidiger den Antrag gestellt, ist diesem Verschleppungsabsicht nachzuweisen.[2381] Dies kann dann der Fall sein, wenn der Verteidiger die Absichten des Angeklagten durch Antragstellung in die Tat umsetzt und sich so zum „Werkzeug" des Angeklagten macht.[2382] **1565**

Der Nachweis der Verschleppungsabsicht setzt voraus, dass diese aufgrund der äußeren Umstände und des bisherigen Prozessverhaltens sicher festgestellt werden kann. Das Verbot der Beweisantizipation gilt nicht. Die für und gegen die Absicht sprechenden Gesichtspunkte sind gegeneinander abzuwägen.[2383] Dies alles erfordert **1566**

2379   *BGH* v. 28.6.2016 – 3 StR 46/16 = StraFo 2016, 384.

2380   *BGH* StV 2007, 454; *BGH* NJW 2001, 1956; *BGH* StV 1982, 339; *BGH* StV 2011, 397; *Meyer-Goßner/Schmitt*[60] § 244 Rn. 68; KK-*Krehl*[7] § 244 Rn. 175 ff.; LR-*Becker*[26] § 244 Rn. 268 ff. jew. m. zahlr. Rspr.-Nachw.

2381   *Meyer-Goßner/Schmitt*[60] § 244 Rn. 69; KK-*Krehl*[7] § 244 Rn. 179; LR-*Becker*[26] § 244 Rn. 270.

2382   *BGHR* StPO § 244 Abs. 3 S. 2 Prozessverschleppung 8; *BGH* StV 1984, 494.

2383   Vgl. nur *BGH* StV 2007, 454; *Meyer-Goßner/Schmitt*[60] § 244 Rn. 68; KK-*Krehl*[7] § 244 Rn. 180 f.

einen hohen argumentativen Aufwand und eine ausführliche Beschlussbegründung.[2384] Der bloße Verdacht, der Antrag sei in Verschleppungsabsicht gestellt, reicht nicht.[2385]

1567 Weder die Neuheit des Beweismittels noch der späte Zeitpunkt der Antragstellung reichen für sich genommen für die Annahme der Verschleppungsabsicht aus. Dies gilt selbst dann, wenn der Antrag aus grober Nachlässigkeit erst zu einem sehr späten Zeitpunkt gestellt wurde.[2386] Der Zeitpunkt der Antragstellung allein kann schon deswegen keine Rolle spielen, weil der Gesetzgeber ungeachtet der grundlegenden Bedeutung des Beschleunigungsgebots die Vorschrift des § 246 Abs. 1 StPO, nach der eine Beweiserhebung nicht deshalb abgelehnt werden darf, weil Beweismittel oder -tatsache zu spät vorgebracht wurden, nicht geändert hat[2387] und weil nicht der Verteidiger verpflichtet ist, Beweisanträge zu einem vom Gericht gewünschten Zeitpunkt zu stellen, sondern das Gericht verpflichtet ist, Beweisanträge bis zum Beginn der Urteilsverkündung entgegen zu nehmen (§ 246 Abs. 1 StPO).[2388]

1568 Nach der älteren Rspr. war es erforderlich, dass die Beweiserhebung zu einer *wesentlichen* Verfahrensverzögerung führen würde.[2389] Dem ist der 1. Strafsenat des BGH mit der (nicht tragenden) Erwägung entgegen getreten, dass auch ein Beweisantrag auf Verwendung präsenter Beweismittel wegen Prozessverschleppung abgelehnt werden könne, § 245 Abs. 2 S. 3 StPO. Deshalb könne es auf die Frage, wie schnell ein Beweismittel herbeigeschafft werden könne, nicht ankommen. Daher sei das Kriterium der Wesentlichkeit der Verfahrensverzögerung deutlich restriktiver auszulegen.[2390] Obwohl sich noch nicht alle Senate[2391] dazu geäußert haben, ist zu erwarten, dass die übrige Rspr. der Linie des 1. Senats folgt.[2392]

1569 Die Rspr. des *BGH* zur Fristsetzung für Beweisanträge[2393] ist vom *BVerfG* nicht beanstandet worden.[2394]

2384 KK-*Krehl*[7] § 244 Rn. 182; LR-*Becker*[26] § 244 Rn. 271 ff.

2385 *BGH* StV 2007, 454.

2386 *BGH* StV 2007, 454; *BGH* StV 1982, 405; *BGH* NStZ 1990, 350; auch KK-*Krehl*[7] § 244 Rn. 176 und 175; LR-*Becker*[26] § 244 Rn. 271.

2387 *BGH* (4. StS), StV 2009, 5; vgl. dazu aber die Entscheidung des 1. Senats StV 2009, 64; vgl. auch LR-*Becker*[26] § 244 Rn. 271.

2388 *BGH* StV 2005, 420; 1982, 405; StV 1984, 144.

2389 Vgl. die Nachw. bei *Meyer-Goßner/Schmitt*[60] § 244 Rn. 67.

2390 *BGHSt* 51, 333 = StV 2007, 454 m. Anm. *Michalke* StV 2008, 228 und *Beulke/Ruhmannseder* NStZ 2008, 300; so auch LR-*Becker*[26] § 244 Rn. 274; vgl. auch KK-*Krehl*[7] § 244 Rn. 178.

2391 Zustimmend der 3. StS des *BGH* v. 19.9.2007 – 3 StR 345/07 = StV 2007, 563.

2392 Zur berechtigten Kritik an der Auffassung des 1. Strafsenats *Michalke* StV 2008, 228.

2393 *BGHSt* 52, 355 = StV 2009, 64; *BGHSt* 54, 39 = StV 2009, 581; *BGH* StV 2007, 454; StV 2007, 563; StV 2010, 116; der 5. StS hat eine restriktive Handhabung angemahnt, *BGH* StV 2009, 581; vgl. auch *Meyer-Goßner/Schmitt*[60] § 244 Rn. 69b, c; zustimmend zur Fristenlösung auch LR-*Becker*[26] § 244 Rn. 273.

2394 *BVerfG* StV 2010, 113.

Danach kann der Vorsitzende nach Abschluss der vom Gericht für notwendig gehaltenen Beweisaufnahme die Verfahrensbeteiligten auffordern, innerhalb einer bestimmten Frist Beweisanträge zu stellen. Werden Anträge nach Fristablauf gestellt, hat der Antragsteller substantiiert darzulegen, warum eine fristgerechte Antragstellung nicht möglich gewesen sei. Besteht nach Überzeugung des Gerichts kein nachvollziehbarer Grund für die verfristete Antragstellung, so darf das Gericht grundsätzlich von Verschleppungsabsicht ausgehen.[2395] Eine Fristsetzung ist nach § 273 Abs. 3 S. 1 StPO zu protokollieren verbunden mit dem Hinweis, dass bei Antragstellung nach Fristablauf eine Zurückweisung des Antrags wegen Prozessverschleppung in Betracht kommt, wenn die weiteren Voraussetzungen vorliegen. Wurde der Hinweispflicht entsprochen, können Hilfsbeweisanträge auch erst im Urteil wegen Prozessverschleppung abgelehnt werden.[2396]

Der 5. Strafsenat des *BGH* hat eine vorsichtige und zurückhaltende Handhabung der Fristsetzung angemahnt. Sie wird regelmäßig erst nach zehn Hauptverhandlungstagen und nicht vor Erledigung des gerichtlichen Beweisprogramms in Betracht kommen. Ferner müssen bestimmte Anzeichen für eine Verschleppungsabsicht im bisherigen Verteidigungsverhalten gegeben sein.[2397]

Hat der Vorsitzende nach Abschluss der vom Gericht nach Maßgabe der Aufklärungspflicht für geboten gehaltenen Beweiserhebungen die übrigen Verfahrensbeteiligten unter Fristsetzung aufgefordert, etwaige Beweisanträge zu stellen, führt das Verstreichen der Frist nicht dazu, dass hiernach gestellte Beweisanträge vom Gericht als verspätet abgelehnt werden dürfen oder überhaupt nicht mehr zu bescheiden wären. Denn die Frist stellt keine Ausschlussfrist dar. Es ist deshalb unzulässig, einen Beweisantrag allein aufgrund eines zeitlich verzögerten Vorbringens abzulehnen. Auch eine verspätete Antragstellung enthebt das Gericht nicht von der Pflicht, über diese in der gesetzlich vorgesehenen Weise zu entscheiden. [2398]

2. Als Unterfall der Prozessverschleppung können die Fälle angesehen werden, in denen zur Verhinderung oder zur Verzögerung des Verfahrensabschlusses eine Vielzahl von Beweisanträgen – sukzessive – gestellt wird. Nach der Rspr. des BGH ist es in diesen Fällen zulässig, dass bei Antragstellung durch den Angeklagten angeordnet wird, dass Anträge nur noch über den Verteidiger gestellt werden können[2399] und/oder den Verfahrensbeteiligten eine Frist gesetzt wird und die nach deren Ablauf gestellten Anträge nicht mehr durch Beschluss in der Hauptverhandlung, sondern erst in den Urteilsgründen beschieden werden.[2400] **1570**

2395 *BGH* StV 2007, 454.
2396 *BGH* v. 12.3.2014 – 1 StR 605/13 = NStZ-RR 2014, 251.
2397 *BGH* StV 2009, 581.
2398 *BGH* StV 2010, 116; *BGH* StV 2011, 646.
2399 *BGHSt* 38, 111; *BayObLG* StV 2005, 12; vgl. insgesamt auch KK-*Krehl*[7] § 244 Rn. 113; krit. LR-*Becker*[26] § 244 Rn. 282.
2400 *BGH* StV 2006, 113 m. Anm. *Dahs*.

Da die jeweiligen Fallkonstellationen stark differieren und es sich insoweit um Einzelfälle handeln dürfte, kann darauf nicht näher eingegangen werden. Hat ein Gericht die Beweisantragstellung durch einen Beschluss im vorgenannten Sinn verhindert oder die Bescheidung abgelehnt, ist anhand der Ausführungen des BGH zu den Extremfällen in *BGHSt* 38, 111 und *BGH* StV 2006, 113 zu prüfen, ob die dort aufgestellten Kriterien eine solche Beschränkung des Beweisantragsrechts im konkreten Fall zulassen.

Nach der Neuregelung des § 244 Abs. 6 S. 2-4 StPO ist nunmehr ausdrücklich die Möglichkeit vorgesehen, dass der Vorsitzende nach Abschluss der von Amts wegen durchgeführten Beweisaufnahme eine angemessene Frist zum Stellen von Beweisanträgen bestimmen kann. Nach Fristablauf gestellte Beweisanträge können im Urteil beschieden werden, es sei denn, die Stellung des Beweisantrags vor Fristablauf war nicht möglich. Nach der Gesetzesbegründung[2401] ist dies dem Gericht für die Fälle an die Hand gegeben, in denen sich der Verdacht aufdrängt, dass Beweisanträge zu einem späten Zeitpunkt mit dem Ziel der Verfahrensverzögerung gestellt werden und diese Anträge aufgrund der erforderlichen Bescheidung durch begründeten Beschluss das Verfahren lediglich verzögern, ohne es weiter zu fördern.

1571 Die Annahme der Prozessverschleppung i.S.d. § 244 Abs. 3 S. 2 StPO umfasst die Ablehnung eines Antrags auf Vernehmung eines Auslandszeugen nach § 244 Abs. 5 S. 2 StPO, ohne dass es insoweit entscheidungserheblich darauf ankommt, ob der Antragsteller subjektiv das Verfahren ausschließlich bewusst verzögern wollte und die begehrte Beweiserhebung zu einer wesentlichen Verfahrensverzögerung führen könnte.[2402]

II. Anforderungen an den Vortrag

1572 Zu beachten sind – neben den allgemeinen Anforderungen an den Vortrag (Rn. 1420) – folgende Besonderheiten:

Die Begründung, warum die Ablehnung rechtsfehlerhaft war, muss sich mit allen objektiven und subjektiven Komponenten der Prozessverschleppung befassen, nämlich u.a.

- warum und aufgrund welcher Anknüpfungstatsachen die Beweiserhebung trotz der gegenteiligen Annahme im Beschluss etwas zu Gunsten des Angeklagten erbracht hätte; die Bedeutung der Beweistatsache ist vor dem Hintergrund der darzulegenden Beweislage zu verdeutlichen;
- warum und aufgrund welcher Anknüpfungstatsachen der Antragsteller davon ausgehen konnte, die Beweiserhebung werde ein günstiges Ergebnis erbringen;
- dass der Antrag nicht zum Zwecke der Verschleppung gestellt wurde und welche Anknüpfungstatsachen gegen die entspr. Absicht sprechen und ggf., warum

---

2401 BT-Drucks. 18/11277, S. 34 f.
2402 *BGH* v. 8.6.2011 – 3 StR 49/11 = StV 2013, 70; *BGH* StV 1994, 635.

der Antrag nicht zu einem früheren Zeitpunkt gestellt wurde bzw. gestellt werden konnte;

• bei mehrtägiger Hauptverhandlung, zu welchem Zeitpunkt der Antrag gestellt wurde, sowie die zu diesem Zeitpunkt zu erwartende weitere Dauer der Hauptverhandlung einschließlich des noch anstehenden „Beweisaufnahmeprogramms" ggf. unter Mitteilung des Ladungsplans bzw. des Beweisplans des Vorsitzenden.

Aktenteile und/oder Urkunden, aus denen sich Anhaltspunkte für den Vortrag ergeben, sind vollständig mitzuteilen.

Ist die Zurückweisung wegen Prozessverschleppung auch damit begründet, dass der Beweisantrag nach Ablauf der vom Vorsitzenden gesetzten Frist gestellt wurde, ist Folgendes zu beachten: Vorzutragen ist die Verfügung des Vorsitzenden mit der Fristsetzung in vollem Wortlaut, ggf. ein dagegen beantragter Gerichtsbeschluss mit Antragsbegründung sowie der Gerichtsbeschluss (in vollem Wortlaut).[2403] Ferner ist mitzuteilen der Zeitpunkt und der Inhalt des Antrags sowie der des ablehnenden Gerichtsbeschlusses. **1573**

Hat der Antragsteller keine Begründung für die Verfristung vorgetragen, muss die Begründung, warum eine frühere Antragstellung nicht möglich war, in der Revisionsbegründung nachgeholt werden. Der Revisionsführer wird sich aber fragen lassen müssen, warum diese Begründung nicht schon vor dem Tatrichter abgegeben wurde. Sofern möglich, muss auch dies dargetan werden.

Ist eine Begründung für die Verfristung vorgetragen worden, ist diese selbstverständlich mitzuteilen. Hat das Gericht diese als nicht stichhaltig qualifiziert und den Antrag zurückgewiesen, ist diese Begründung argumentativ anzugreifen.

In Betracht kommt auch, die Fristsetzung selbst als rechtsfehlerhaft zu rügen. Denn war die Fristsetzung rechtsfehlerhaft, ist der Zurückweisung des Beweisantrages wegen Prozessverschleppung, für die als Indiz die verfristete Antragstellung herangezogen wurde, der Boden entzogen. Die Rüge der rechtsfehlerhaften Fristsetzung setzt jedoch voraus, dass der Fristsetzung in der Hauptverhandlung widersprochen wurde und nach § 238 Abs. 2 StPO ein Gerichtsbeschluss herbeigeführt wurde.[2404] Eine Fristsetzung kann dann rechtsfehlerhaft sein, wenn sie vor Ablauf von zehn Hauptverhandlungstagen und vor Erledigung des gerichtlichen Beweisprogramms erfolgte und im bisherigen Verteidigungsverhalten keine Anzeichen für eine Verschleppungsabsicht hervorgetreten sind oder die Frist unverhältnismäßig kurz gewesen ist.[2405]

2403 *BGH* v. 12.3.2014 – 1 StR 605/13 = NStZ-RR 2014, 251.
2404 *BGH* StV 2011, 646.
2405 *BGH* StV 2009, 581.

Rüge 173

1574 Hat das Gericht einen Beweisantrag zurückgewiesen, weil die Beweistatsache so behandelt werden kann, als sei sie wahr, § 244 Abs. 3 S. 2 StPO?

I. Rechtsgrundlagen

1575 Bei der Ablehnung eines Beweisantrages durch Wahrunterstellung gelten u.a. folgende Grundsätze:

1576 • Die Ablehnung eines Beweisantrages durch Wahrunterstellung kommt – anders als bei dem Ablehnungsgrund des Erwiesenseins der Beweistatsache[2406] – nur für – im Zeitpunkt der Beschlussfassung – *erhebliche* Tatsachen in Betracht[2407]; der Ablehnungsgrund der Wahrunterstellung und der Ablehnungsgrund der Bedeutungslosigkeit schließen daher einander aus.[2408] Sowohl unmittelbar beweiserhebliche Tatsachen als auch Indiztatsachen können als wahr behandelt werden.[2409]

1577 • Nur Tatsachen zu Gunsten des Angeklagten können als wahr unterstellt werden.[2410]
Schlüsse aus der als wahr unterstellten Tatsache zum Nachteil des Angeklagten sind unzulässig.[2411] Das Gericht ist allerdings nicht verpflichtet, die vom Antragsteller gewünschte Schlussfolgerung zu ziehen.

1578 • Das Gericht muss grundsätzlich die Beweisbehauptung in ihrer vollen aus Sinn und Zweck sich ergebenden Bedeutung als wahr behandeln und darf die Behauptung nicht einengen oder abändern.[2412]

1579 • Die Wahrunterstellung muss sich, um die Ablehnung des Antrags zu rechtfertigen, auf die behauptete Beweistatsache selber beziehen, sie also als zutreffend behandeln. Dem ist nicht genügt, wenn das Gericht z.B. lediglich unterstellt, dass die als Beweismittel benannten Zeugen im Sinne der Beweisbehauptung aussagen werden, um dann den erwarteten Aussagen im Wege einer vorweggenommenen Beweiswürdigung die Glaubhaftigkeit abzusprechen.[2413] Auch darf

---

2406 Siehe oben Rn. 1532 ff.
2407 *BGH* StV 1981, 270; *Meyer-Goßner/Schmitt*[60] § 244 Rn. 70; KK-*Krehl*[7] § 244 Rn. 185; LR-*Becker*[26] § 244 Rn. 289, 297.
2408 *BGH* v. 2.6.2015 – 4 StR 111/15 = NZV 2015, 562.
2409 *Meyer-Goßner/Schmitt*[60] § 244 Rn. 70; aber *BGH* StV 1990, 307: keine Wahrunterstellung von Tatsachen zum Kerngeschehen.
2410 *BGH* StV 1981, 270.
2411 *BGH* StV 1994, 115 und 633; *BGHR* StPO § 244 Abs. 3 S. 2 Wahrunterstellung 16; *Meyer-Goßner/Schmitt*[60] § 244 Rn. 70.
2412 *BGHR* StPO § 244 Abs. 3 S. 2 Wahrunterstellung 6, 8, 17, 18, 19, 23, 27; *BGH* StV 1994, 357; 1989, 238; KK-*Krehl*[7] § 244 Rn. 188; LR-*Becker*[26] § 244 Rn. 306.
2413 *BGH* StV 1995, 172; 1984, 61; *BGHR* StPO § 244 Abs. 3 S. 2 Wahrunterstellung 10, 19, 20; *Meyer-Goßner/Schmitt*[60] § 244 Rn. 71.

das Gericht nicht argumentieren, der Zeuge habe die als wahr unterstellte Tatsache missverstanden.

- Das Gericht muss sich im Urteil an die als wahr unterstellte Tatsache halten und zwar unabhängig davon, ob es sich bei dem Beweisbegehren tatsächlich um einen Beweisantrag gehandelt hat.[2414] Es darf nicht etwa vom Gegenteil der als wahr unterstellten Tatsache ausgehen.[2415] Es muss die Wahrunterstellung „einhalten". Jedoch ist das Gericht nicht gehalten, den aus der als wahr unterstellten Tatsache vom Antragsteller gewünschten Schluss zu ziehen.[2416] **1580**

- Eine Wahrunterstellung kommt dann nicht in Betracht, wenn die Sachaufklärung wegen ungeklärter Umstände erschöpfendere Erkenntnismöglichkeiten verspricht.[2417] **1581**
  Dies ist insbesondere der Fall, wenn sich die Beweisbehauptung gegen die Glaubwürdigkeit eines Belastungszeugen oder Mitangeklagten richtet. Eine Wahrunterstellung ist grundsätzlich nur zulässig, wenn dies ohne Verletzung der Aufklärungspflicht geschehen kann. Von der Glaubwürdigkeit eines Zeugen oder Mitangeklagten und der Glaubhaftigkeit ihrer Angaben, durch die der Angeklagte belastet wird, hat sich das Gericht jedoch in aller Regel durch Klärung von behaupteten Hilfstatsachen einen umfassenden Eindruck zu verschaffen. In solchen Fällen lässt sich ein zutreffendes Bild von der Beweisperson meist nur dadurch gewinnen, dass über diese Tatsachen Beweis erhoben wird, es sei denn, sie sind für die Entscheidung ohne Bedeutung.[2418]

- Das Gericht muss sich im Urteil mit einer als wahr unterstellten Tatsache auseinander setzen, wenn nicht ohne weiteres zu ersehen ist, wie Beweiswürdigung und Wahrunterstellung in Einklang gebracht werden können oder wenn ohne ausdrückliche Erörterung der als wahr unterstellten Tatsache die Beweiswürdigung lückenhaft bleibt.[2419] **1582**

- Ob das Gericht auf die nachträgliche Bewertung einer ursprünglich als wahr unterstellten Tatsache als unerheblich den Angeklagten hinweisen muss, ist strei- **1583**

2414   *BGH* v. 14.7.2011 – 3 StR 106/11 = StV 2012, 581; *BGHSt* 32, 44 = StV 1983, 357; vgl. auch LR-*Becker*[26] § 244 Rn. 306.

2415   *BGHSt* 32, 44, 47; *BGH* StV 1988, 91; *BGHR* StPO § 244 Abs. 3 S. 2 Wahrunterstellung 14; *Meyer-Goßner/Schmitt*[60] § 244 Rn. 71; KK-*Krehl*[7] § 244 Rn. 189 f.

2416   BGH v. 28.2.2013 – 4 StR 357/12 = NStZ 2013, 538; *BGH* StV 1990, 7; 1986, 467; LR-*Becker*[26] § 244 Rn. 306; *Meyer-Goßner/Schmitt*[60] § 244 Rn. 71; KK-*Krehl*[7] § 244 Rn. 192.

2417   *BGH* StV 2011, 209; *BGH* StV 1996, 648; *BGHR* StPO § 244 Abs. 3 S. 2 Wahrunterstellung 10; KK-*Krehl*[7] § 244 Rn. 194; LR-*Becker*[26] § 244 Rn. 291.

2418   *BGH* StV 2005, 653; *BGH* StV 1996, 647; StV 1990, 293; NStZ 1992, 28; *Meyer-Goßner/Schmitt*[60] § 244 Rn. 70; KK-*Krehl*[7] § 244 Rn. 194; LR-*Becker*[26] § 244 Rn. 291 jew. m. Rspr.-Nachw.

2419   *BGH* StV 1984, 142; *BGH* StV 1988, 91; *BGHR* StPO § 244 Abs. 3 S. 2 Wahrunterstellung 12; *BayObLG* StV 2005, 14; *Meyer-Goßner/Schmitt*[60] § 244 Rn. 71.

tig.[2420] Die Hinweispflicht soll in jeden Fall bestehen, wenn es nahe liegt, dass der Angeklagte wegen der Wahrunterstellung von der Stellung weiterer Beweisanträge abgesehen hat.[2421]

1584 • Nach der Wahrunterstellung einer Beweistatsache darf diese nicht im Urteil als bereits erwiesene Tatsache behandelt und als solche zum Nachteil des Angeklagten verwertet werden.[2422] Denn während aus als erwiesen behandelten Tatsachen sowohl Schlüsse zugunsten als auch zu Lasten des Angeklagten gezogen werden können, dürfen als wahr unterstellte Tatsachen nicht zum Nachteil des Angeklagten verwertet werden. Will das Gericht den Ablehnungsgrund der Wahrunterstellung nachträglich in den des Erwiesenseins der Tatsache ändern, ist der Angeklagte ausdrücklich darauf hinzuweisen. Bei einer Änderung des Ablehnungsgrundes begründet das Unterlassen des Hinweises die Revision.[2423]

1585 • Aufgrund einer zugunsten des Antragstellers als wahr unterstellten Tatsache dürfen bei der Beweiswürdigung keine für einen Mitangeklagten nachteiligen Schlüsse gezogen oder Feststellungen getroffen werden.

II. Anforderungen an den Vortrag

1586 Welche Rüge bei den aufgezeigten möglichen Fehlern zu erheben ist, richtet sich nach der Fallkonstellation. Die Rspr. des BGH zur Art der Rüge und den Rügeanforderungen ist nicht klar und uneinheitlich. Es wird daher empfohlen, alle in Betracht kommenden Rügen einschließlich der materiell-rechtlichen Beweiswürdigungsrüge zu erheben.

In jedem Fall muss aber die Rüge der Verletzung des § 244 Abs. 3 S. 2 StPO wegen fehlerhafter Behandlung der Beweistatsache durch Wahrunterstellung gerügt werden. Es gelten die oben dargelegten allgemeinen Grundsätze (Rn. 1420 ff.), also die Mitteilung des vollständigen Wortlauts von Antrag und Ablehnungsbeschluss sowie ggf. aller weiteren Vorgänge, die sich nach dem Beschluss ergeben haben.

2420 Zum Streitstand vgl. *Meyer-Goßner/Schmitt*[60] § 244 Rn. 70; KK-*Krehl*[7] § 244 Rn. 185 f. m. Nachw. aus Rspr. und Lit.; KK-*Krehl*[7] § 244 Rn. 187; LR-*Becker*[26] § 244 Rn. 310, die beide zutreffenderweise eine Hinweispflicht annehmen.

2421 *BGH* v. 27.3.2012 – 3 StR 31/12 = StV 2012, 580; *BGH* v. 18.2.1982 – 2 StR 798/81 = NStZ 1982, 341; *BGHSt* 30, 383; *BGHSt* 32, 44, 47; *OLG Hamm* NStZ 1983, 522; KK-*Krehl*[7] § 244 Rn. 187; LR-*Becker*[26] § 244 Rn. 310 jew. m.w.N.; *Schlothauer* StV 1986, 227.

2422 *BGH* StV 2007, 512 m. Anm. *Niemöller* 626.

2423 *BGH* StV 2007, 512 m. Anm. *Niemöller* 626; *BGHSt* 19, 24; LR-*Becker*[26] § 244 Rn. 310.

1. Verwertung der als wahr unterstellten Tatsache zu Lasten des Angeklagten

Neben der Erhebung der Rüge nach § 244 Abs. 3 S. 2 StPO und den dafür darzulegenden Anforderungen muss anhand der Urteilsgründe nachgewiesen werden, welchen Schluss zum Nachteil des Angeklagten das Gericht aus der als wahr unterstellten Tatsache gezogen hat. Da ein Schluss zum Nachteil des Angeklagten aus einer als wahr unterstellten Tatsache den Zweifelsgrundsatz verletzt, ist auch dies zu rügen. Es muss also ausgeführt werden, dass nicht nur ein Verstoß gegen § 244 Abs. 3 S. 2 StPO wegen fehlerhafter Behandlung des Beweisantrages durch Wahrunterstellung vorliegt, sondern auch ein Verstoß gegen den Grundsatz in dubio pro reo bei der Beweiswürdigung.[2424] Denn der Schluss aus der als wahr unterstellten Tatsache zum Nachteil des Angeklagten macht die Beweiswürdigung materiell-rechtlich rechtsfehlerhaft. Vorsorglich ist mitzuteilen, dass das Gericht den Angeklagten in der Hauptverhandlung nicht darauf hingewiesen hat, dass es eine Bewertungsänderung vornehmen könnte.

1587

2. Unzulässige Einengung oder Verkürzung der Beweisbehauptung

Nach der Rspr. des BGH liegt in diesen Fällen eine „gesetzeswidrige Behandlung" des Beweisantrages vor.[2425]

1588

Hier kann nicht die Nichteinhaltung der Wahrunterstellung gerügt werden, da ja gerade die Beweistatsache nicht in ihrem vollen Sinngehalt als wahr unterstellt wurde. Gerügt werden muss schlicht die fehlerhafte Wahrunterstellung nach § 244 Abs. 3 S. 2 StPO, weil das Gericht die Beweisbehauptung unzulässig verkürzt hat. Neben den allgemeinen Grundsätzen (Rn. 1420) ist die Divergenz zwischen Beweistatsache und Gegenstand der Wahrunterstellung darzulegen.

3. Nichteinhaltung der Wahrunterstellung

Nach *BGHSt* 32, 44 kann bei der Nichteinhaltung einer Wahrunterstellung ein doppelter Verfahrensverstoß vorliegen: Verstoß gegen § 244 Abs. 3 S. 2 StPO und/oder ein Verstoß gegen den Grundsatz des fairen Verfahrens.

1589

a) Nichteinhaltung der Wahrunterstellung

Neben dem allgemeinen Vortrag (u.a. Wortlaut von Antrag und Beschluss) muss vorgetragen werden, warum das Urteil von der als wahr unterstellten Tatsache abweicht. Diese Fallkonstellation ähnelt der, in der das Gericht bei einer durch Verlesung eingeführten Urkunde im Urteil von einem (teilweise) anderen Wortlaut ausgeht. Die Rüge enthält daher auch Elemente einer Verfahrensrüge nach § 261 StPO (vgl. dazu Rüge 227 Rn. 1946 ff.).

1590

2424   *BGH* StV 1994, 115 und 633; *BGH* StV 1983, 140.
2425   Vgl. Nachw. Rn. 1462.

b) Abweichen von der Wahrunterstellung

1591 Ein Abweichen von der Wahrunterstellung kann auch dann vorliegen, wenn das Gericht im Laufe der Hauptverhandlung von der Wahrunterstellung abrücken will und ggf. den Ablehnungsgrund durch einen anderen ersetzen will. Nach *BGHSt* 32, 44, 47 ist das Gericht in diesem Fall zu einem Hinweis an den Angeklagten verpflichtet.

Denn die Wahrunterstellung beinhaltet eine Zusage, auf deren Einhaltung der Angeklagte vertrauen darf und folglich seine Verteidigung daran orientiert. Hält sich das Gericht nicht an die Wahrunterstellung, weil es die Beweistatsache nunmehr für bedeutungslos oder das Beweismittel für unerreichbar hält oder die Beweistatsache nunmehr als erwiesen behandelt, ist es unter dem Gesichtspunkt des fairen Verfahrens verpflichtet, den Angeklagten darauf hinzuweisen, damit dieser seine Verteidigung danach einrichten kann.[2426]

1592 Neben der Mitteilung des Wortlauts von Antrag und Ablehnungsbeschluss muss weiter vorgetragen werden,

- woraus sich die Abweichung von der Wahrunterstellung ergibt,
- ggf. welchen Ablehnungsgrund das Gericht angenommen hat,
- dass kein Hinweis erfolgt ist,
- dass der Angeklagte dem Gang der Hauptverhandlung das Abweichen von dem Ablehnungsgrund der Wahrunterstellung nicht entnehmen konnte,
- sämtliche Verfahrensvorgänge, die nach dem ablehnenden Beschluss angefallen sind. Hat das Gericht z.B. nach der Ablehnung Bemühungen entfaltet, die benannten Zeugen doch zu laden, blieb dies jedoch wegen Unauffindbarkeit der Zeugen ergebnislos, sind diese Bemühungen einschließlich der Vermerke, Schreiben etc. vollständig mitzuteilen,[2427]
- ggf. welche Verteidigungsaktivitäten entfaltet worden wären, wenn der Hinweis auf eine Abweichung von dem Ablehnungsgrund der Wahrunterstellung erfolgt wäre.

4. Vorrang der Sachaufklärung

1593 Gerügt werden muss die fehlerhafte Behandlung des Beweisantrages durch Wahrunterstellung, also Verstoß gegen § 244 Abs. 3 S. 2 StPO, und zugleich die Verletzung der Aufklärungspflicht § 244 Abs. 2 StPO.[2428]

Insoweit muss dargetan werden, warum sich dem Gericht die Benutzung des Beweismittels aufdrängen musste. Dies gilt insbesondere bei Beweistatsachen, die sich gegen die Glaubwürdigkeit von Belastungszeugen oder Mitangeklagten richten. Hier kann es geboten sein, die besseren Aufklärungsmöglichkeiten durch Benutzung des Beweismittels aufzuzeigen und darzulegen, warum sich dem Gericht z.B.

2426   *BGH* StV 2007, 512 m. Anm. *Niemöller* StV 2007, 626.
2427   Anschaulich *BGH* StV 1994, 5.
2428   *BGH* StV 1986, 467.

die Vernehmung des benannten Zeugen zur Erlangung von Anhaltspunkten für seine Glaubwürdigkeit aufdrängen musste.

5. Fehlende Auseinandersetzung mit der als wahr unterstellten Tatsache im Urteil

Neben der Mitteilung von Antrag und Beschluss im Wortlaut ist darzulegen, aus welchen Gründen sich die Beweiswürdigung mit der Wahrunterstellung nicht in Einklang bringen lässt bzw. die Beweiswürdigung ohne Auseinandersetzung mit der als wahr unterstellten Tatsache lückenhaft ist. Zwar behandelt der BGH die Rüge der Nichteinhaltung der Wahrunterstellung als eine Verfahrensrüge nach § 244 Abs. 3 S. 2 StPO.[2429] Diese Rüge weist jedoch Elemente der materiell-rechtlichen Rüge fehlerhafter Beweiswürdigung und der verfahrensfehlerhaften Verletzung des § 261 StPO auf. Denn wenn sich das Gericht nicht mit der als wahr unterstellten Tatsache auseinandersetzt, obwohl dies geboten gewesen wäre, ist die Beweiswürdigung rechtsfehlerhaft. Es handelt sich quasi um eine kombinierte verfahrensrechtlich-materiell-rechtliche Rüge. Durch Mitteilung von Antrag und Ablehnungsbeschluss steht die Tatsache fest, die Gegenstand der Beweiswürdigung hätte sein müssen. Setzt sich damit das Gericht im Urteil nicht auseinander, obwohl dies geboten war, ist (auch) die Beweiswürdigung rechtsfehlerhaft.[2430]

1594

6. Nichteinhaltung der Wahrunterstellung durch späteres Auswechseln des Ablehnungsgrundes

Ob das Gericht in diesen Fällen zu einem Hinweis verpflichtet ist, ist streitig (siehe oben Rn. 1583). Jedoch ist die Auffassung des 2. Strafsenats in *BGHSt* 32, 44 nicht von der Hand zu weisen, dass mindestens ein Verstoß gegen das faire Verfahren vorliegt, wenn der Angeklagte im Vertrauen auf die Einhaltung der Wahrunterstellung der als *erheblich* angesehenen Tatsache weitere Verteidigungsaktivitäten unterlassen hat.

1595

In diesen Konstellationen muss zwar auch die fehlerhafte Behandlung der Wahrunterstellung als Verstoß gegen § 244 Abs. 3 S. 2 StPO gerügt werden. Dies ist schon deswegen erforderlich, um den gesamten Verfahrensvorgang darzustellen. Der Schwerpunkt muss jedoch auf der Rüge der Verletzung des fairen Verfahrens liegen.

Hier muss besonders deutlich herausgearbeitet werden,

1596

- dass und warum der Angeklagte auf die Behandlung der als wahr unterstellten Tatsache als *erheblich* vertraute,
- dass es für ihn keinerlei Hinweis auf die Behandlung der Tatsache als unerheblich gab, ggf. einschließlich der Mitteilung weiterer Verfahrensvorgänge, die im Zusammenhang mit dem Beweisantrag stehen,

---

2429 *BGHR* StPO § 244 Abs. 3 S. 2 Wahrunterstellung 14, 26, 36.
2430 Vgl. etwa *BGHR* StPO § 244 Abs. 3 S. 2 Wahrunterstellung 12, 13, 14.

- dass das Gericht unter Fairnessgesichtspunkten zu einem Hinweis verpflichtet war,
- welche konkreten Verteidigungsaktivitäten entfaltet worden wären, wenn der Hinweis erfolgt wäre (z.b. präzisere Formulierung des Beweisthemas).

III. Ablehnungsgründe des § 244 Abs. 4 StPO

Rüge 174

1597 Hat das Gericht einen Beweisantrag auf Vernehmung eines Sachverständigen nach § 244 Abs. 4 StPO zurückgewiesen?

1598 § 244 Abs. 4 StPO stellt eine Ergänzung des Ablehnungskatalogs des § 244 Abs. 3 StPO dar. Das Gericht hat mithin die Möglichkeit, einen Beweisantrag auf Vernehmung eines Sachverständigen nach dem Katalog des Abs. 3 (z.b. wegen Ungeeignetheit des Beweismittels) oder nach Abs. 4 zu bescheiden.[2431]

Auch bei Anträgen auf Vernehmung eines Sachverständigen gelten die allgemeinen Voraussetzungen für die Annahme eines Beweisermittlungs- oder eines Beweisantrages (vgl. oben Rn. 1417 ff., 1427 ff., 1451 ff.). Dies gilt insbesondere für die Behauptung einer konkreten Beweistatsache in Abgrenzung zu einer Schlussfolgerung oder Wertung.[2432]

1599 Da bei einem Sachverständigengutachten – anders als bei dem Zeugenbeweis – keine Wahrnehmungen, sondern das Ergebnis einer Untersuchung durch den Sachverständigen behauptet werden muss, können auch solche Wertungen und Schlussfolgerungen unter Beweis gestellt werden, die der Sachverständige als Ergebnis seiner Begutachtung zieht.[2433] Rechtsfragen sind dem Sachverständigenbeweis allerdings nicht zugänglich, soweit sie das deutsche Recht betreffen. Doch bereitet die Unterscheidung zwischen Rechts- und Sachverständigenfragen oft Schwierigkeiten.

1600 Ist z.b. eine *erhebliche* Verminderung der Steuerungsfähigkeit etwa infolge Alkoholgenusses unter Beweis gestellt, können schon Zweifel an dem Vorliegen eines (ordnungsgemäßen) Beweisantrages bestehen. Denn die „Erheblichkeit" ist nach der Rspr. des BGH ein Rechtsbegriff; die Entscheidung über das Vorliegen *erheblicher* Minderung der Steuerungsfähigkeit betrifft daher eine allein dem Gericht ob-

---

2431 KK-*Krehl*[7] § 244 Rn. 195.

2432 *Hamm/Hassemer/Pauly* Rn. 360; vgl. zu einem Beweisantrag auf Einholung eines Sachverständigengutachtens zum Beweis dafür, dass die Schuldeinsichts- und Steuerungsfähigkeit des Angeklagten aufgehoben war *OLG Hamm* v. 22.10.2013 – III-2 RVs 46/13 Rn. 37.

2433 *Hamm/Hassemer/Pauly* Rn. 360.

liegende Rechtsfrage.[2434] Da aber Rechtsfragen dem Beweis nicht zugänglich sind, könnte es an einem ordnungsgemäßen Beweisantrag fehlen. Auch bei dem „Hang" i.S.d. § 66 StGB handelt es sich um einen Rechtsbegriff, der als solcher dem Sachverständigenbeweis nicht zugänglich ist. Insofern muss das Bestehen oder das Fehlen bestimmter tatsächlicher Umstände in der Persönlichkeit des Angeklagten oder in den Taten behauptet werden.[2435]

Die Rspr. zur Frage der allein vom Gericht zu entscheidenden Rechtsfrage der Er- **1601**
heblichkeit i.S.d. § 21 StGB ist allerdings nicht eindeutig. Ist z.b. eine *schwere* seelische Abartigkeit als Eingangsvoraussetzung der §§ 20, 21 StGB unter Beweis gestellt, nimmt die Rspr. – sofern nicht § 20 StGB vorliegt – *regelmäßig* auch eine *erhebliche* Verminderung der Steuerungsfähigkeit an,[2436] so dass sich Rechts- und Sachverständigenfrage überschneiden bzw. decken.

Ähnlich verhält es sich bei Glaubwürdigkeitsgutachten. Denn die Beurteilung der **1602**
Glaubwürdigkeit eines Zeugen, der Glaubhaftigkeit seiner Angaben sowie seiner Aussagetüchtigkeit ist ureigenste Aufgabe des Tatrichters, so dass nur in Ausnahmefällen die Hinzuziehung eines Sachverständigen geboten sein kann bzw. einem entspr. Beweisantrag stattzugeben ist.[2437]

Mängel des Beweisantrages können in der Revision kaum geheilt werden. **1603**

Empfehlenswert ist es, die Begründung der fehlerhaften Zurückweisung eines Antrags auf Einholung eines Sachverständigengutachtens immer mit Elementen der Aufklärungsrüge zu verbinden, da auf diese Weise eine unzureichende Beweisbehauptung „umschifft" werden kann. Fehlt es an ausreichenden Anknüpfungstatsachen im Antrag, empfiehlt es sich, diese in der Revisionsbegründung „nachzuschieben", wobei die Akteile, aus denen sich die Anknüpfungstatsachen ergeben, im vollen Wortlaut mitzuteilen sind.

Wegen der Fülle der in Frage kommenden Sachverständigengutachten (der gesamte Bereich der Kriminaltechnik, daktyloskopische Gutachten, DNA-Gutachten, Fasergutachten, Gutachten zur Schuldfähigkeit oder zur Glaubwürdigkeit etc.), ist es nicht möglich, alle in Betracht kommenden Gutachtenkategorien zu behandeln. Es erfolgt eine Beschränkung auf den Ablehnungskatalog des § 244 Abs. 4 StPO und die dabei generell geltenden Grundsätze.

2434   St. Rspr. *BGHSt* 43, 66, 77; *BGH* StV 2011, 209; *Fischer*[64] § 21 Rn. 6 ff. mit zahlr. Rspr.-Nachw.
2435   *BGH* StV 2010, 508.
2436   *BGH* StV 1991, 511; *BGH* NStZ 1997, 485 f.; bei Abweichen von der Regelvermutung ist dies im Urteil ausführlich zu begründen; *Fischer*[64] § 21 Rn. 6 ff.
2437   *BGH* v. 5.3.2014 – 2 StR 503/13 = NStZ-RR 2014, 185; *BGH* v. 8.1.2013 – 1 StR 602/12 = StV 2013, 552, 553; *Meyer-Goßner/Schmitt*[60] § 244 Rn. 74 m.w.N.

Rüge 175

1604 Hat das Gericht einen Beweisantrag auf ein Sachverständigengutachten wegen eigener Sachkunde abgelehnt, § 244 Abs. 4 S. 1 StPO?

I. Rechtsgrundlagen

1605 Das Gericht kann die eigene Sachkunde aufgrund beruflicher oder privater Tätigkeit erworben haben, insbesondere aus Gutachtenerstattungen in vorangegangenen Verfahren,[2438] aber auch im zu entscheidenden Verfahren.[2439] Dies gilt selbst dann, wenn das Gericht dem Gutachter nicht folgen will.[2440] Anders jedoch, wenn sich das Tatgericht die Sachkunde gezielt durch Befragung eines Sachverständigen verschafft, um einen erwarteten Beweisantrag ablehnen zu können.[2441]

Bei Kollegialgerichten genügt es, wenn einer der mitwirkenden Richter die erforderliche Sachkunde besitzt und sie den anderen vermitteln kann.[2442]

Einer Erörterung der Sachkunde in der Hauptverhandlung bedarf es nicht,[2443] auch findet keine Beweisaufnahme über die gerichtliche Sachkunde statt.[2444]

1606 Die Beweisbehauptung muss in ihrem vollen Sinn der Prüfung der eigenen Sachkunde zu Grunde gelegt werden. Die Beweistatsache darf nicht abgeändert werden, um den Beweisantrag sodann wegen eigener Sachkunde zurückweisen zu können.[2445] Dabei hat das Gericht auch von den genannten Anknüpfungstatsachen auszugehen.[2446]

1607 Bei allen Gutachten, bei denen vergleichende Untersuchungen vorgenommen werden müssen (z.B. daktyloskopische oder Schriftvergleichsgutachten, anthropologische Vergleichsgutachten,[2447] Schusswaffenvergleichsgutachten), scheidet die eigene Sachkunde des Gerichts aus.

1608 Die Rspr. zur Frage der eigenen Sachkunde zur Beurteilung einer (eingeschränkten) Schuldfähigkeit ist äußerst umfangreich.[2448] Dazu nur einige Beispiele:

2438 *Meyer-Goßner/Schmitt*[60] § 244 Rn. 73; KK-*Krehl*[7] § 244 Rn. 196 ff.; LR-*Becker*[26] § 244 Rn. 322, 326.
2439 *BGH* NStZ 1983, 325.
2440 *BGH* StV 2010, 508.
2441 *BGH* v. 26.3.2014 – 2 StR 274/13 = StV 2015, 84 m. abl. Anm. *Niemöller* NStZ 2015, 16.
2442 *BGH* NStZ 1983, 325.
2443 *BGH* StV 1998, 248.
2444 *BGH* NStZ 2000, 156.
2445 *BGHR* StPO § 244 Abs. 4 S. 1 Sachkunde 2.
2446 *BGHR* StPO § 244 Abs. 4 S. 1 Sachkunde 2.
2447 Anders aber *BGHR* StPO § 244 Abs. 4 S. 1 Sachkunde 10.
2448 Vgl. etwa die Nachw. bei KK-*Krehl*[7] § 244 Rn. 198.

- Zweifel an der eigenen Sachkunde können bei der Beurteilung eines hochgradigen Affekts bestehen.[2449]
- Bei der Beurteilung der Schuldfähigkeit wegen Hirnschädigung reicht in der Regel die eigene Sachkunde des Gerichts nicht aus.[2450]
- Die Berufung auf eigene Sachkunde kann auch dann rechtsfehlerhaft sein, wenn das Gericht zunächst einen Sachverständigen hinzugezogen hat, nach Änderung der Anknüpfungstatsachen für das Gutachten die Einholung eines weiteren Gutachtens unter Berufung auf eigene Sachkunde abgelehnt, und das Urteil auf Umstände gestützt hat, die dem zunächst gehörten Sachverständigen unbekannt waren.[2451]
- Die Berufung auf eigene Sachkunde kann auch dann problematisch sein, wenn das Gericht von dem Gutachten eines bereits gehörten Sachverständigen abweichen will, und die eigene Sachkunde aus dem gehörten Gutachten ableitet.[2452]
- An der eigenen Sachkunde des Gerichts kann es auch in den Fällen fehlen, in denen eine eingeschränkte *Wahrnehmungsfähigkeit* eines langjährigen Drogenabhängigen bei akuter Intoxikation zur Tatzeit unter Beweis gestellt ist.[2453]
- Auch bei der Diagnose einer Persönlichkeitsstörung und deren Auswirkungen auf die Aussagetüchtigkeit, die spezifisches Fachwissen erfordert, das nicht Allgemeingut von Richtern ist, kann es an der eigenen Sachkunde fehlen. Jedenfalls bedarf bei Ablehnung eines Beweisantrages wegen eigener Sachkunde diese näherer Darlegung.[2454]

Die Rspr. zur Einholung eines Glaubwürdigkeitsgutachtens[2455] ist umfangreich, unübersichtlich und uneinheitlich. Allgemein soll die eigene Sachkunde nicht ausreichen, wenn besondere Umstände in der Person oder sonst vorliegen.[2456] So kann z.B. bei Anhaltspunkten für eine Geisteskrankheit oder psychische Auffälligkeiten eines Zeugen die eigene Sachkunde zur Beurteilung der Aussagetüchtigkeit oder Glaubwürdigkeit nicht ausreichen.[2457]

Dies gilt auch bei hochgradiger Medikamentenabhängigkeit[2458] oder bei Epilepsie.[2459]

2449 *BGHR* StPO § 244 Abs. 4 S. 1 Sachkunde 1.
2450 *BGH* StV 1994, 634; NJW 1993, 1540; *BGH* StV 1988, 52, 56; *BGHR* StPO § 244 Abs. Satz 1 Sachkunde 3; *Meyer-Goßner/Schmitt*[60] § 244 Rn. 74b.
2451 *BGHR* StPO § 244 Abs. 4 S. 1 Sachkunde 7.
2452 *BGH* StV 2007, 19.
2453 *BGH* StV 2009, 116.
2454 *BGH* v. 28.10.2009 – 5 StR 419/09 = StV 2011, 712; *BGH* v. 23.5.2012 – 5 StR 174/12 = StV 2012, 582; *BGH* StV 1984, 232.
2455 Grundlegend zu den wissenschaftlichen Anforderungen an ein Glaubwürdigkeitsgutachten *BGHSt* 45, 164; auch *BGH* StV 1998, 116; 2003, 61.
2456 *Meyer-Goßner/Schmitt*[60] § 244 Rn. 74 m.w. Rspr.-Nachw.
2457 *BGH* v. 5.3.2014 – 2 StR 503/13 = NStZ-RR 2014, 185; *BGH* StV 1981, 113; 1986, 466; 1990, 8; 1993, 567; *BGHR* StPO § 244 Abs. 4 S. 1 Sachkunde 12.
2458 *BGH* StV 1991, 405.
2459 *BGH* StV 1991, 245.

Bei jugendlichen oder kindlichen Zeugen kann die eigene Sachkunde nicht ausreichen, wenn neben dem Alter weitere Besonderheiten in der Person[2460] hinzukommen z.b. auffälliges Aussageverhalten.[2461] Bei Kindern unter 5 Jahren reicht die eigene Sachkunde in der Regel nicht aus.[2462]

Das Gericht hat, wenn die eigene Sachkunde nicht offensichtlich ist, diese sowie ihre Grundlagen darzulegen,[2463] in erster Linie im Ablehnungsbeschluss, u.U. genügt aber auch eine Darstellung in den Urteilsgründen.[2464]

II. Anforderungen an den Vortrag

1609 Hinsichtlich des erforderlichen Vortrags nach § 344 Abs. 2 S. 2 StPO bestehen gegenüber einem „normalen" Beweisantrag keine Besonderheiten, so dass zunächst auf die dortigen Ausführungen (Rn. 1420) verwiesen werden kann.

Besonders eingehend und detailliert muss dargelegt werden, warum dem Gericht entgegen dem ablehnenden Beschluss die eigene Sachkunde fehlte. Hat das Gericht beurteilungsrelevante Aspekte nicht erwähnt, sind diese herauszuarbeiten und ggf. die Aktenteile (in vollem Wortlaut) mitzuteilen, aus denen sich diese ergeben (z.B. frühere Gutachten, Arztberichte oder stationäre Krankenhausaufenthalte). Die mangelnde Sachkunde kann sich auch aus den Ausführungen zur eigenen Sachkunde selbst ergeben.[2465] Dies alles ist Sache des Einzelfalles.

Wird die Einholung eines aussagepsychologischen Gutachtens für einen Zeugen beantragt, muss nach der Rspr. des 3. Strafsenats nicht vorgetragen werden, dass der Zeuge die Zustimmung zur Untersuchung erteilt hat;[2466] nach der Rspr. des 1. Strafsenats muss das Vorliegen einer entspr. Zustimmung bei Erhebung der Aufklärungsrüge hingegen dargetan sein.[2467] Es empfiehlt sich daher, in der Revisionsbegründung Ausführungen hierzu zu machen.

2460 *BGH* StV 2002, 637; 2004, 241.
2461 *BGH* StV 2005, 419; StV 2004, 241; StV 1991, 547; StV 1999, 470.
2462 *OLG Zweibrücken* StV 1995, 293.
2463 *BGH* v. 11.4.2013 – 2 StR 504/12 = StV 2014, 264, 265; *BGH* v. 5.3.2013 – 5 StR 39/13 = StV 2013, 483; *BGH* StV 1981, 271; 1988, 52; StV 1991, 405.
2464 *BGH* v. 24.1.2017 – 2 StR 509/16.
2465 Vgl. z.B. *BGH* StV 1988, 52.
2466 *BGH* v. 21.8.2014 – 3 StR 208/14 = NStZ-RR 2015, 17, der darauf hinweist, dass es regelmäßig möglich ist, dem Sachverständigen auf anderem Wege die erforderlichen Anknüpfungstatsachen für die Beurteilung der Glaubhaftigkeit der Angaben des Zeugen zu verschaffen.
2467 *BGH* v. 8.1.2013 – 1 StR 602/12 = NStZ 2013, 672; *BGH* v. 5.3.2013 – 1 StR 602/12 = NStZ-RR 2013, 218.

Rüge 176

Hat das Gericht einen Antrag auf Anhörung eines weiteren Sachverständigen gem. § 244 Abs. 4 S. 2 StPO abgelehnt? **1610**

I. Rechtsgrundlagen

1. Vorbemerkung

Nach § 244 Abs. 4 S. 2 StPO kann der Antrag abgelehnt werden, wenn das Gegenteil der Beweistatsache bereits durch das frühere Gutachten bewiesen ist.[2468] **1611**

Das Erwiesensein des Gegenteils muss sich jedoch *allein* aus dem früheren Gutachten ergeben. Kommt der Tatrichter zu einem vom früheren Gutachten abweichenden Ergebnis, so kann damit die Erwiesenheit des Gegenteils nicht begründet werden.[2469]

Bei dem Ablehnungsgrund des Erwiesenseins des Gegenteils sieht das Gesetz vier Ausnahmen vor, nämlich **1612**

- bei zweifelhafter Sachkunde des bisherigen Gutachters (1.),
- wenn das Erstgutachten von unzutreffenden tatsächlichen Voraussetzungen ausgeht (2.),
- wenn das Gutachten Widersprüche enthält (3.)
- wenn der benannte weitere Gutachter über überlegene Forschungsmittel verfügt (4.).

Diese Ausnahmen lassen sich nicht voneinander trennen, sondern sie überschneiden sich, wie z.B. zweifelhafte Sachkunde des Gutachters und Widersprüchlichkeit des Gutachtens.

Die zu diesen Problemkreisen ergangene Rspr. ist vielseitig und einzelfallbezogen. Die Besonderheiten hängen auch von der Art des Gutachtens ab. Allgemeine Grundsätze lassen sich daher nicht aufstellen. Im Folgenden können daher nur einige (willkürlich) ausgewählte Beispiele genannt werden.[2470]

2. Zweifelhafte Sachkunde[2471]

Zweifel an der Sachkunde sind nicht schon dann berechtigt, wenn der Sachverständige bestimmte Untersuchungsmethoden nicht angewendet hat[2472] oder wenn er Schwierigkeiten bei der Auslegung von Gerichtsentscheidungen hat.[2473] Auch ein **1613**

2468 *BGH* v. 9.7.2013 – 3 StR 132/13 = StV 2014, 265 f.; vgl. dazu insgesamt KK-*Krehl*[7] § 244 Rn. 199 ff.
2469 *BGH* StV 2005, 6.
2470 Vgl. dazu insgesamt *Meyer-Goßner/Schmitt*[60] § 244 Rn. 76 und KK-*Krehl*[7] § 244 Rn. 199 ff.
2471 Vgl. dazu allgemein *BGHR* StPO § 244 Abs. 4 S. 2 Sachkunde 1; insgesamt auch KK-*Krehl*[7] § 244 Rn. 203.
2472 *Meyer-Goßner/Schmitt*[60] § 244 Rn. 76.
2473 *BGHSt* 23, 176, 185.

Abweichen des in der Hauptverhandlung erstatteten Gutachtens vom vorbereitenden Gutachten reicht für sich genommen für die Annahme zweifelhafter Sachkunde nicht aus,[2474] es sei denn, es offenbart sich ein unerklärlicher Widerspruch.[2475]

Zweifel können bestehen, wenn sich der Gutachter weigert, seine Methoden offen zu legen, oder er von anerkannten oder von der Rspr. gebilligten wissenschaftlichen Kriterien abweicht.[2476]

Wenn der Tatrichter einen Beweisantrag auf Einholung eines weiteren Sachverständigengutachtens, der auf substantiiert dargelegte methodische Mängel des (vorbereitenden) Erstgutachtens gestützt ist, allein mit der Begründung zurückweist, er verfüge selbst über die erforderliche Sachkunde, darf er sich in den Urteilsgründen hierzu nicht dadurch in Widerspruch setzen, dass er seiner Entscheidung das Erstgutachten ohne Erörterung der geltend gemachten Mängel zugrunde legt.[2477]

Bei einem Schriftsachverständigen können dann Zweifel an der Sachkunde bestehen, wenn er den Schriftvergleich anhand von Kopien anstatt Originalen vornimmt.[2478] Auch ein Widerspruch zwischen schriftlichen und in der Hauptverhandlung erstatteten Gutachten kann Zweifel an der Sachkunde des Schriftgutachters wecken.[2479]

3. Unzutreffende Anknüpfungstatsachen

1614 Gemäß § 78 StPO hat das Gericht dem Sachverständigen die Anknüpfungstatsachen für die Gutachtenerstattung mitzuteilen, bei Änderung der Anknüpfungstatsachen oder einem Abweichen davon muss das Gericht den Sachverständigen darauf hinweisen.[2480] Das Gericht darf den Sachverständigen nicht „leer laufen lassen" und sich z.B. auf eigene Sachkunde berufen unter Zugrundelegung von dem Sachverständigen nicht bekannten Anknüpfungstatsachen.[2481]

Im Hinblick auf die Verpflichtung des Gerichts zur Unterrichtung des Sachverständigen über die Anknüpfungstatsachen ist die Möglichkeit der Einholung eines wei-

---

2474 *BGHSt* 8, 113, 116.
2475 *BGH* NStZ 1990, 244: sicherer Ausschluss einer Psychose im vorbereitenden Gutachten und Annahme einer die Schuldfähigkeit ausschließenden Psychose im mündlichen Gutachten; *BGH* NStZ 1991, 448: Schusskanal von oben nach unten und horizontal; *OLG Karlsruhe* StV 2004, 477: Erregungszustände in manischen Phasen und keine Anzeichen für eine akute manische Phase; *Meyer-Goßner/Schmitt*[60] § 244 Rn. 76.
2476 *BGH* StV 1989, 335 f. m. Anm. *Schlothauer*; *BGHR* StPO § 244 Abs. 4 S. 2 Sachkunde 2; insgesamt auch *Meyer-Goßner/Schmitt*[60] § 244 Rn. 76.
2477 *BGH* v. 27.1.2010 = *BGHSt* 55, 5 = StV 2011, 713 = NJW 2010, 1214 = NStZ 2010, 405.
2478 *OLG Celle* StV 1981, 608 m. Anm. *Barton*.
2479 *OLG Düsseldorf* StV 1986, 376.
2480 *BGH* StV 1986, 138 m. Anm. *Deckers; BGH* StV 1995, 113; *BGH* StV 1984, 231; *BGH* NStZ 1985, 421; *Meyer-Goßner/Schmitt*[60] § 78 Rn. 4 und § 79 Rn. 10, 11; KK-*Krehl*[7] § 244 Rn. 204; auch LR-*Becker*[26] § 244 Rn. 332 f.
2481 *BGHR* StPO § 244 Abs. 4 S. 1 Sachkunde 2.

teren Gutachtens wegen unzutreffender tatsächlicher Voraussetzungen wohl eher theoretischer Natur.

4. Widersprüche im Gutachten oder zwischen Gutachten und vorbereitenden Gutachten

Hierunter fallen nicht auflösbare Widersprüche in dem in der Hauptverhandlung **1615** mündlich erstatteten Gutachten. Da nicht erklärbare oder unauflösbare Widersprüche zugleich Zweifel an der Sachkunde begründen, kann auf die Ausführungen oben (Rn. 1613) verwiesen werden.

Widersprüche zwischen vorbereitenden und in der Hauptverhandlung erstatteten Gutachten stellen keinen Widerspruch „des Gutachtens" i.S.d. § 244 Abs. 4 S. 2 StPO dar, weil allein das in der Hauptverhandlung mündlich erstattete Gutachten maßgeblich ist.[2482] Widerspricht das mündlich erstattete Gutachten dem vorbereitenden Gutachten in einem entscheidenden Punkt, muss das Gericht im Urteil nachvollziehbar darlegen, warum es das eine für zutreffend, das andere für unzutreffend hält. Der Widerspruch muss eine Erklärung und Lösung finden, die Zweifel an der Richtigkeit des angenommenen Ergebnisses beseitigt.[2483] Ist dies unterblieben, muss eine Aufklärungsrüge erhoben werden. Das dem mündlich erstatteten und dem Urteil zugrundegelegten widersprechende, vorbereitende Gutachten ist vollständig mitzuteilen.

5. Überlegene Forschungsmittel

Nach der Rspr. sind Forschungsmittel Hilfsmittel und Verfahren, die der Sachver- **1616** ständige bei der Begutachtung verwendet; überlegen sind sie, wenn ihre Anwendung möglicherweise zu einem anderen und besser begründeten Ergebnis führen kann.[2484]

Ein Sachverständiger verfügt nicht deshalb über überlegene Forschungsmittel, weil sich der Angeklagte nur von dem von ihm benannten Gutachter explorieren lassen will.[2485] Auch wissenschaftliche Veröffentlichungen und größere Berufserfahrung begründen keine „überlegenen" Forschungsmittel.[2486] Auch kann es einem Sachverständigen eines anderen Fachgebiets an besseren Forschungsmitteln fehlen (z.B. Psychiater-Psychologe).[2487] Auch die Anstaltsbeobachtung nach § 81 StPO als

---

2482 *BGHSt* 23, 176; *BGH* NStZ 1990, 244.
2483 *BGH* NStZ 1990, 244 und 1991, 448.
2484 KK-*Krehl*[7] § 244 Rn. 205; LR-*Becker*[26] § 244 Rn. 336.
2485 *BGHSt* 44, 26 = StV 1999, 463 m. Anm. *Zieschang*.
2486 *BGHSt* 43, 355, 358.
2487 Psychiater-Psychologe *BGHSt* 34, 355; vgl. auch *BGHSt* 39, 49, 52; *BGHR* StPO § 244 Abs. 2 S. 2 Zweitgutachter 4; aber: bei widersprüchlichen Ergebnissen *BGH* StV 1990, 545.

solche ist gegenüber einem psychiatrischen Gutachten kein überlegenes Forschungsmittel.[2488]

6. Erwiesenheit des Gegenteils

1617 Die Ablehnung eines Beweisantrags wegen Erwiesenheit des Gegenteils der behaupteten Tatsache (§ 244 Abs. 4 S. 2 StPO) ist nur ein weiterer, allein für den Sonderfall eines Antrags auf Anhörung eines weiteren Sachverständigen geltender Zurückweisungsgrund, der die übrigen Gründe des § 244 Abs. 3 und Abs. 4 S. 1 StPO nicht ausschließt. Die Ablehnung des Antrags unter Berufung auf die eigene Sachkunde ist dem Tatrichter deshalb möglich, auch wenn ihm diese erst durch den zunächst vernommenen Sachverständigen vermittelt worden ist und selbst dann, wenn er diesem Gutachter nicht folgen will.[2489]

II. Anforderungen an den Vortrag

1618 Wie bei jedem Beweisantrag gelten auch bei der Ablehnung eines Antrags auf Anhörung eines weiteren Sachverständigen die allgemeinen Grundsätze (oben Rn. 1420).

Der gerichtliche Auftrag an den Sachverständigen ist ebenso mitzuteilen wie das (gesamte) vorbereitende Gutachten des zunächst gehörten Sachverständigen.[2490] Dies versteht sich bei der Geltendmachung von Widersprüchen von selbst, ist aber auch bei dem Vortrag überlegener Forschungsmittel oder zweifelhafter Sachkunde notwendig. Auch sonstige zu den Akten gelangte Äußerungen des Sachverständigen sind mitzuteilen.

Nur durch die lückenlose Dokumentation der Arbeit des Sachverständigen in der Revisionsbegründung wird das Revisionsgericht in die Lage versetzt, allein anhand der Revisionsbegründung zu prüfen, ob der Antrag rechtsfehlerhaft zurückgewiesen wurde.

1619 Parallel zur Rüge der fehlerhaften Ablehnung des Beweisantrages sollte auch eine Aufklärungsrüge erhoben werden. Es muss dargetan werden, warum sich dem Gericht – ungeachtet des Antrags – die Einholung eines weiteren Gutachtens aufdrängen musste. Denn nach *BGHSt* 23, 176, 187 kann die Aufklärungspflicht die Einholung eines weiteren Sachverständigengutachtens selbst dann gebieten, wenn ein darauf gerichteter Beweisantrag nach § 244 Abs. 4 S. 2 StPO abgelehnt werden konnte![2491]

2488 *Meyer-Goßner/Schmitt*[60] § 244 Rn. 76.
2489 *BGH* StV 2010, 508.
2490 *BGH* StV 1996, 529.
2491 *Meyer-Goßner/Schmitt*[60] § 244 Rn. 43 f., 63, 77.

IV. Ablehnungsgründe des § 244 Abs. 5 StPO

Rüge 177

Hat das Gericht einen Beweisantrag auf Vernehmung eines im Ausland zu ladenden Zeugen zurückgewiesen, § 244 Abs. 5 S. 2 StPO?   **1620**

I. Rechtsgrundlagen

Die Vorschrift des § 244 Abs. 5 S. 2 StPO stellt eine Ergänzung des sonst abschließenden Katalogs des Abs. 3 für die Zurückweisung von Beweisanträgen dar, so dass ein Beweisantrag sowohl unter den Voraussetzungen des Abs. 3 als auch denen des Abs. 5 S. 2 abgelehnt werden kann.[2492] Hier gelten die gleichen Grundsätze wie für die Ablehnung eines Antrags auf Augenscheinseinnahme. Die Besonderheit des Ablehnungsgrundes des Abs. 5 besteht darin, dass hier das ansonsten geltende Verbot der Beweisantizipation nicht greift.[2493] Der Antrag ist allein unter dem Gesichtspunkt der Sachaufklärungspflicht zu bescheiden.[2494] Das Gericht muss bei der Prüfung zum Ergebnis kommen, dass auch unter Berücksichtigung des bisherigen Ergebnisses der Beweisaufnahme die Beweiserhebung keinen Einfluss auf die Überzeugungsbildung haben wird.[2495] Diese vorweggenommene Beweiswürdigung ist von ihm in dem Ablehnungsbeschluss auch darzustellen.[2496] Dabei kann das Gericht im Freibeweisverfahren durch unmittelbare (etwa telefonische) Kontaktaufnahme mit dem Zeugen klären, ob dieser etwas zur Sachaufklärung beitragen kann.[2497] Bei schwieriger Beweislage kann es geboten sein, vor der Bescheidung im Freibeweisverfahren u.a. die Aussagebereitschaft des Zeugen in der Hauptverhandlung und die Frage zu klären, ob der Zeuge etwas zum Beweisthema bekunden kann.[2498] Bei der Entscheidung können auch Gesichtspunkte des Gewichts der vorgeworfenen Tat, der Relevanz des zu erwartenden Beweisergebnisses und der Verfahrensbeschleunigung eine Rolle spielen.[2499] Je ungesicherter das bisherige Beweisergebnis ist, um so eher ist die Vernehmung eines Auslandszeugen erforderlich; dies gilt insbesondere dann, wenn es um die Bekundung von Vorgängen geht, die für den Schuldvorwurf von zentraler Bedeu-

---

2492 Nur LR-*Becker*[26] § 244 Rn. 353.
2493 *BGH* v. 13.2.2014 – 1 StR 336/13 = NStZ 2014, 469, 471 ff.; *BGHSt* 40, 60 = StV 1994, 229; *BGH* StV 1994, 283; *BGH* NStZ 1994, 554 und 593; *Meyer-Goßner/Schmitt*[60] § 244 Rn. 43g, 78; KK-*Krehl*[7] § 244 Rn. 210; LR-*Becker*[26] § 244 Rn. 386.
2494 *BGHSt* 40, 60 = StV 1994, 229; *BGH* StV 2001, 93.
2495 *BGH* v. 13.2.2014 – 1 StR 336/13 = NStZ 2014, 469, 471 ff.; *BGHSt* 40, 60 = StV 1994, 229; *BGH* StV 2001, 93; *Meyer-Goßner/Schmitt*[60] § 244 Rn. 43h.
2496 *BGH* v. 10.2.2016 – 2 StR 533/14 = StraFo 2016, 289.
2497 *BGH* StV 1995, 173; 1997, 511; 2003, 317; *Meyer-Goßner/Schmitt*[60] § 244 Rn 43i; KK-*Krehl*[7] § 244 Rn. 212; LR-*Becker*[26] § 244 Rn. 358.
2498 *BGH* StV 1993, 317.
2499 *BGH* StV 2001, 93; 2002, 407.

tung sind.[2500] Es darf einem Angeklagten nicht zum Nachteil gereichen, dass dem Verfahren eine Auslandstat zugrunde liegt oder die Tat jedenfalls einen starken Auslandsbezug aufweist und die Beweisführung infolge dessen im Wesentlichen auf ausländische Beweismittel zurückgreifen muss. In einem solchen Fall ist dem legitimen Anliegen eines Angeklagten, sich gegen die aus dem Ausland stammenden und ihn belastenden Beweismittel durch die Benennung von im Ausland ansässigen Entlastungszeugen zu verteidigen, in der Weise Rechnung zu tragen, dass an die Ablehnung eines solchen Beweisantrags strengere Maßstäbe anzulegen sind.[2501]

Bei der Entscheidung, ob die Vernehmung des Auslandszeugen zur Erforschung der Wahrheit erforderlich ist, darf das Gericht nur solche Erwägungen anstellen, die auch im Rahmen der Würdigung erhobener Beweise rechtlich zulässig gewesen wären. Es ist daher rechtsfehlerhaft, das Schweigen des Angeklagten oder eine erst in der Hauptverhandlung vorgebrachte Alibibehauptung bei der Ablehnungsentscheidung zu verwerten.[2502]

Die Annahme des Gerichts, dass der benannte Zeuge die in sein Wissen gestellten Behauptungen zwar bestätigen werde, diese Angaben jedoch wahrheitswidrig seien und die darin liegende Prognose hinsichtlich des Inhalts der zu erwartenden Aussage und dessen Bewertung als unwahr, kann Grundlage der Ablehnung eines Beweisantrags gem. § 244 Abs. 5 S. 2 StPO sein. Der hierfür erforderliche Gerichtsbeschluss muss jedoch die für die Ablehnung wesentlichen Gesichtspunkte, wenn auch nicht in allen Einzelheiten, so doch in ihrem tatsächlichen Kern verdeutlichen. Die Begründung der Ablehnung eines Beweisantrages ist nicht nur gegebenenfalls Grundlage einer revisionsrechtlichen Überprüfung der Ablehnung, sondern sie hat auch die Funktion, den Antragsteller davon zu unterrichten, wie das Gericht den Antrag sieht, damit er sich in seiner Verteidigung auf die Verfahrenslage einstellen kann, die durch die Antragsablehnung entstanden ist.[2503]

1622 Auch wenn das Gericht den Antrag nach seinem Ermessen unter Aufklärungsgesichtspunkten zu bescheiden hat, so ist es doch verpflichtet, sich in den Urteilsgründen an die Beschlussbegründung zu halten. Das Urteil darf sich damit nicht in Widerspruch setzen.[2504] Insoweit gelten die gleichen Grundsätze wie bei der Zurückweisung des Antrags wegen Bedeutungslosigkeit,[2505] Erwiesenseins[2506] oder Wahrunterstellung[2507] der Beweistatsache.[2508]

2500 *BGH* v. 21.7.2016 – 2 StR 383/15 = StraFo 2017, 20; *BGH* StV 2007, 174; LR-*Becker*[26] § 244 Rn. 357.
2501 *BGH* StV 2010, 560.
2502 *BGH* v. 28.7.2009 – 3 StR 80/09 = StV 2010, 561.
2503 *BGH* StV 2010, 556; vgl. auch *BGHSt* 40, 60, 63 m.w.N.
2504 *BGH* StV 1997, 511.
2505 Z.B. *BGH* StV 1996, 648; *BGHR* StPO § 244 Abs. 3 S. 2 Bedeutungslosigkeit 22.
2506 Z.B. *BGH* StV 1993, 234.
2507 Z.B. *BGHSt* 40, 169, 185.
2508 Zu den Anforderungen an die Begründung eines den Beweisantrag zurückweisenden Beschlusses s. *BGH* StV 2011, 398.

Dem gerichtlichen Ermessen bei der Ablehnung des Antrags sind dort Grenzen gesetzt, wo es um die Aufklärung widersprüchlicher Zeugenaussagen oder die Widerlegung einer (belastenden) Aussage geht.[2509] Dies gilt auch, wenn die Verurteilung auf den Angaben eines Mitangeklagten beruht, der sich lediglich über eine vom Verteidiger verlesene schriftliche Erklärung geäußert hat, und objektive Indizien fehlen.[2510]

Nach § 244 Abs. 5 S. 2 StPO kann ein Beweisantrag auf Vernehmung eines im Ausland lebenden und für eine Vernehmung in der Hauptverhandlung unerreichbaren Zeugen auch dann zurückgewiesen werden, wenn der Zeuge zwar für eine im Wege der Rechtshilfe zu bewirkende und grundsätzlich mögliche kommissarische oder audiovisuelle Vernehmung zur Verfügung steht, das Gericht aber aufgrund der besonderen Beweislage schon vorweg zu der Überzeugung gelangt, dass eine aus einer solchen Vernehmung gewonnene Aussage völlig untauglich ist, zur Sachaufklärung beizutragen und die Beweiswürdigung zu beeinflussen. **1623**

Hat das Gericht den Antrag auf Ladung und Vernehmung in der Hauptverhandlung abgelehnt, weil nach seinem pflichtgemäßen Ermessen die Vernehmung zur weiteren Sachaufklärung nichts beitragen kann, wird diese Begründung erst recht für die Vernehmungen nach § 247a StPO oder 223 StPO gelten, da diese gegenüber der unmittelbaren Vernehmung wegen des fehlenden unmittelbaren Eindrucks einen minderen Beweiswert haben.[2511] In diesem Fall ist daher auch nicht mehr zu prüfen, ob eine Vernehmung im Ausland auf diese Weise erfolgen kann.[2512] **1624**

II. Anforderungen an den Vortrag

Es gelten zunächst die allgemeinen Grundsätze (oben Rn. 1420). **1625**

Da das Gericht nach Aufklärungsgrundsätzen entschieden hat, enthält die Rüge auch Elemente der Aufklärungsrüge, so dass auch darzustellen ist, weshalb sich das Gericht zu der Beweiserhebung gedrängt sehen musste.[2513]

Je nach Fall ist weiter vorzutragen,

• wie der Zeuge zu laden gewesen wäre; dies gilt insbesondere bei der Möglichkeit vereinfachter Ladung per Brief und/oder Einschreiben/Rückschein gem. § 183 ZPO, sofern entspr. völkerrechtliche Vereinbarungen bestehen.[2514] Denn gegenüber der Ladung im Rechtshilfeweg beansprucht die vereinfachte Ladung

---

2509 *BGH* StV 1994, 411; *BGH* NStZ 1995, 565; *BGHR* StPO § 244 Abs. 5 Augenschein 2; *Meyer-Goßner/Schmitt*[60] § 244 Rn. 78.
2510 *BGH* v. 23.10.2013 – 5 StR 401/13 = StV 2014, 266.
2511 Vgl. auch *BGH* StV 2004, 465 m. Anm. *Julius*; KK-*Krehl*[7] § 244 Rn. 214.
2512 *BGH* v. 29.4.2015 – 1 StR 235/14 = NStZ-RR 2015, 278, 280; *BGH* v. 13.3.2014 – 4 StR 445/13 = NStZ 2014, 531, 532; etwas anderes gilt, sofern es um die Frage der Unerreichbarkeit eines Zeugen geht, s.o. Rn. 1557.
2513 *BGH* v. 13.12.2016 – 3 StR 193/16.
2514 Vgl. dazu *Meyer-Goßner/Schmitt*[60] § 244 Rn. 43i und § 37 Rn. 25.

im Ausland keinen größeren Zeitaufwand als die Ladung innerhalb Deutschlands;

- alle Vorgänge, die sich auf den Beweisantrag beziehen; im Falle der Einholung von Erkundigungen des Gerichts im Freibeweisverfahren alle damit in Zusammenhang stehenden Vorgänge wie Vermerke, Schreiben etc.; ggf. auch (schriftliche) Mitteilungen der Verteidigung, die sich auf den Beweisantrag beziehen, z.b. Auskünfte über Aussagebereitschaft und -inhalt.

Rüge 178

1626 Hat das Gericht einen Antrag auf Einnahme eines Augenscheins zurückgewiesen, § 244 Abs. 5 S. 1 StPO?

I. Rechtsgrundlagen

1627 Für die Bescheidung eines Antrags auf Einnahme eines Augenscheins gelten dieselben Grundsätze wie für einen Antrag auf Vernehmung eines im Ausland zu ladenden Zeugen. Insoweit kann auf die dortigen Ausführungen Bezug genommen werden (Rüge 177, Rn. 1620 ff.).

Da der Antrag nach Aufklärungsgesichtspunkten zu bescheiden ist und das Verbot der Beweisantizipation nicht gilt, kann der Antrag auch mit der Begründung zurückgewiesen werden, dass die Beschaffenheit des Augenscheinsgegenstands aufgrund der bisherigen Beweisaufnahme bereits feststehe (Zeugenaussagen, Lichtbilder etc.).[2515] Dies gilt aber dann nicht, wenn die Augenscheinseinnahme der Widerlegung der Aussage des betreffenden Zeugen dienen soll. Das Gericht kann sich auch zunächst eines „Augenscheinsgehilfen" bedienen, etwa einen Zeugen mit der Augenscheinseinnahme und ggf. Fertigung von Lichtbildern beauftragen und ihn sodann in der Hauptverhandlung vernehmen und die Lichtbilder oder Videoaufnahmen in Augenschein nehmen. Danach kann der Antrag auf die Augenscheinseinnahme (durch das Gericht) abgelehnt werden.[2516]

Das Beweismittel des richterlichen Augenscheins ist aufgrund der Objektivität für die Beantwortung der Beweisfrage, ob die Richtigkeit der Bekundungen eines Zeugen zu erheblichen räumlichen Gegebenheiten widerlegt werden kann, insoweit als überlegenes Beweismittel zu werten. Zeugenaussagen und Inaugenscheinnahme von Lichtbildern reichen zur Ablehnung eines Beweisantrages auf richterliche Inau-

---

2515 *BGH* NStZ 1985, 206; *Meyer-Goßner/Schmitt*[60] § 244 Rn. 78; KK-*Krehl*[7] § 244 Rn. 210; LR-*Becker*[26] § 244 Rn. 342 jew. m. weit. Rspr.-Nachw.

2516 KK-*Krehl*[7] § 244 Rn. 211.

genscheineinnahme der Tatörtlichkeiten nicht aus, wenn der Beweisantrag zum Nachweis der Unmöglichkeit der bekundeten Beobachtungen und damit der Unglaubhaftigkeit der belastenden Zeugenaussage gestellt wurde. In einem solchen Fall muss der Beweis regelmäßig erhoben werden, und zwar auch dann, wenn mehrere Zeugen mit gleichartigem Erlebnis- und Interessenkreis übereinstimmend ausgesagt haben.[2517]

II. Anforderungen an den Vortrag

Es kann auf die allgemeinen Grundsätze verwiesen werden.   **1628**

Soll allerdings geltend gemacht werden, die Augenscheinseinnahme von Lichtbildern oder Videoaufzeichnungen sei nicht ausreichend gewesen bzw. die Beweiserhebung habe ergänzenden Feststellungen gegolten, so sind die in der Hauptverhandlung in Augenschein genommenen Lichtbilder in die Revisionsbegründung einzufügen. Dies ist bei Videoaufzeichnungen nicht möglich. Sofern möglich, sollten in diesem Falle Standbilder eingefügt werden, um die Unvollständigkeit der Aufzeichnung gegenüber dem konkreten Beweisthema zu dokumentieren. Sofern möglich, sollten selbst gefertigte Lichtbilder eingefügt werden, um die Divergenz bzw. Unvollständigkeit des bisherigen Beweisergebnisses nachzuweisen.

Dies gilt auch bei bloßer verbaler Schilderung des Augenscheinobjekts durch einen „Augenscheinsgehilfen". Nur durch Einfügen (selbst gefertigter) Lichtbilder in die Revisionsbegründung kann die Unvollständigkeit, Ungenauigkeit oder Widersprüchlichkeit zwischen tatsächlichen Gegebenheiten und der Zeugenschilderung dokumentiert werden.

V. Besondere Beweisanträge und Zurückweisungsgründe

Rüge 179

Hat das Gericht einen Beweisantrag eines Mitangeklagten zurückgewiesen?   **1629**

I. Rechtsgrundlagen

Bei einer Antragstellung durch einen Mitangeklagten ist zu unterscheiden, ob sich   **1630** der Angeklagte dem Antrag angeschlossen oder sich dazu nicht geäußert hat.

In Betracht kommen auch die Fälle des Anschlusses an einen zunächst gestellten Beweisantrag, der jedoch später vom Antragsteller zurückgenommen wurde.[2518]

2517 *OLG Koblenz* v. 13.8.2010 – 1 Ss 141/10 = StV 2013, 553, 554; vgl. auch *BGH* StV 1994, 411.

2518 Vgl. dazu insg. KK-*Krehl*[7] § 244 Rn. 99; *Meyer-Goßner/Schmitt*[60] Rn. 31.

1. Anschluss an den Beweisantrag

1631 Im Falle des Anschlusses handelt es sich um einen eigenständigen Beweisantrag, den das Gericht zu bescheiden hat.

Ist nur der Antrag des Hauptantragstellers beschieden worden, fehlt es an einer Entscheidung über den Beweisantrag desjenigen, der sich angeschlossen hat.

Zwei Möglichkeiten kommen in Betracht: der Beweisantrag des Mitangeklagten wurde rechtsfehlerhaft oder rechtsfehlerfrei zurückgewiesen.

1632 **a)** Liegt eine fehlerhafte Bescheidung des Beweisantrages (des Mitangeklagten) vor, kann derjenige, der sich angeschlossen hat, die fehlerhafte Behandlung des Beweisantrages rügen. Auf den Umstand, dass über seinen eigenen Antrag nicht entschieden wurde, kommt es nicht an. Denn im Hinblick auf die durch den Anschluss zum Ausdruck gekommene gemeinsame Antragstellung betrifft der Rechtsfehler auch ihn.

1633 **b)** Hat das Gericht den Beweisantrag des Hauptantragstellers rechtsfehlerfrei zurückgewiesen, den in dem Anschluss liegenden eigenen Antrag des Anschließenden jedoch nicht beschieden, liegt eine Nichtbescheidung des Antrags vor. Insoweit kommen die Grundsätze der Nichtbescheidung eines Beweisantrags zur Anwendung (vgl. Rüge 185, Rn. 1667 ff.).

In diesem Fall liegen die Schwierigkeiten jedoch in der Beruhensfrage. Die Bescheidung eines Beweisantrages soll den Antragsteller über die Auffassung des Gerichts informieren und ihm die Möglichkeit geben, seine Verteidigung darauf einzurichten. Ist jedoch über den Antrag des Mitangeklagten (rechtsfehlerfrei) entschieden worden, ist der Mitangeklagte, der sich dem Beweisantrag angeschlossen hat, in der Lage, seine weitere Verteidigungsstrategie daran zu orientieren. Seine Situation ist nicht anders, als wenn das Gericht beide Anträge in demselben Beschluss beschieden hätte. Ein Beruhen dürfte daher in der Regel ausgeschlossen sein.

1634 Etwas anderes könnte sich nur dann ergeben, wenn die Interessen beider Angeklagter unterschiedlich sind und das Beweisthema für die Mitangeklagten von unterschiedlicher Bedeutung ist. In diesem Fall wäre herauszuarbeiten, warum die Zurückweisung des Antrags des Mitangeklagten den speziellen Interessen des Anschließenden nicht gerecht wird und es hinsichtlich seines Antrags einer modifizierten Begründung bedurft hätte. In einer solchen Fallkonstellation wird ein Beruhen auf der Unterlassung der Bescheidung nicht auszuschließen sein.

1635 **c)** Hat der „Hauptantragsteller" seinen Beweisantrag zurückgenommen, der Anschließende jedoch nicht, ist über dessen Antrag zu entscheiden. Fehlt es daran, liegt eine fehlerhafte Nichtbescheidung des Beweisantrags vor. Auf die Ausführungen zur Nichtbescheidung von Beweisanträgen kann verwiesen werden (Rüge 185, Rn. 1667 ff.).

In einem solchen Fall muss die Revision dartun, dass der Beweisantrag des Anschließenden nicht konkludent zurückgenommen wurde, etwa durch Hinweis auf die Bedeutung des Beweisthemas für diesen Angeklagten.

2. Kein Anschluss an den Beweisantrag

Auch in den Fällen, in denen sich ein Angeklagter einem Beweisantrag des Mitan- **1636**
geklagten *nicht* angeschlossen hat, kann er die fehlerhafte Behandlung des Beweisantrags des Antragstellers rügen. Dies ist dann der Fall, wenn die Interessen der
Mitangeklagten so erkennbar übereinstimmen, dass das Gericht allen gegenüber zur
rechtlich fehlerfreien Behandlung des Beweisantrags verpflichtet ist.[2519]

Damit steht bei Interessenkonformität das gesamte Instrumentarium der Rügen der
Verletzung des Beweisantragsrechts auch dem Angeklagten zu, der sich einem Beweisantrag eines Mitangeklagten nicht angeschlossen hat.

Allerdings hat der 5. Senat des *BGH* offen gelassen, ob er der in der Rspr. vertretenen Auffassung folgen könnte, wonach allein schon bei übereinstimmender Interessenlage einem die Beweiserhebung nicht selbst beantragenden Mitangeklagten
gleichwohl eine umfassende Rügeberechtigung zugebilligt wird. Nach Auffassung
des 5. Senats, der sich der 3. Senat angeschlossen hat, liege es näher, ihn in diesem
Fall auf die Möglichkeit der Aufklärungsrüge zu verweisen, die je nach Fallgestaltung weitergehenden Vortrags i.S.v. § 344 Abs. 2 S. 2 StPO bedarf und nicht notwendig aufgrund einer Verletzung der Regeln aus § 244 Abs. 3–6 StPO zum Erfolg
führt.[2520]

Es ist daher empfehlenswert, neben der Verletzung des Beweisantragsrechts auch
die Verletzung der Aufklärungspflicht zu rügen.

Rüge 180

Hat das Gericht einen Beweisantrag auf Vernehmung eines erkennenden Richters zurück- **1637**
gewiesen?

I. Rechtsgrundlagen

1. Da eine Beweisaufnahme über vorausgegangene Beweiserhebungen oder -er- **1638**
gebnisse unzulässig ist, können auch die erkennenden Richter darüber nicht vernommen werden. Ein darauf gerichteter Beweisantrag muss wegen Unzulässigkeit
abgelehnt werden.[2521]

2519   *BGHSt* 32, 12; *BGH* StV 1998, 523, 524; 2003, 317; *OLG Koblenz* v. 13.8.2010 – 1 Ss
       141/10 = StV 2013, 553, 554; *Meyer-Goßner/Schmitt*[60] § 244 Rn. 84; KK-*Krehl*[7]
       § 244 Rn. 98.
2520   *BGH* v. 4.5.2011 – 5 StR 124/11 = StV 2011, 458 (Ls); *BGH* v. 2.8.2011 – 3 StR 217/
       11 = StV 2011, 711 (Ls).
2521   *BGHSt* 39, 239, 241; *BGH* StV 1993, 507; 2004, 335.

1639 **2.** Außerhalb der Hauptverhandlung gemachte Wahrnehmungen, insbesondere in einer anderen oder ausgesetzten Hauptverhandlung, können jedoch Gegenstand des Beweisantrages sein. Insoweit gelten zunächst die Ablehnungsgründe des § 244 Abs. 3 S. 2 StPO.

1640 Wird der Beweisantrag nicht bereits nach dem Katalog des § 244 Abs. 3 S. 2 StPO z.b. wegen Bedeutungslosigkeit abgelehnt, wird der als Zeuge benannte Richter eine dienstliche Erklärung zur Beweisbehauptung dahingehend abgeben, z.b. ob und in welchem Umfang er sich ggf. an die betreffenden Vorgänge erinnert (ggf. anhand seiner Aufzeichnungen). Die dienstliche Erklärung ist als Ergebnis eines Freibeweisverfahrens in der Hauptverhandlung bekannt zu geben. Dies dient dazu, die Verfahrensbeteiligten über die Aussagemöglichkeiten des Richters in Kenntnis zu setzen, um ggf. den Antrag zurücknehmen zu können oder im Falle der Aufrechterhaltung die Voraussetzungen für eine Ablehnung des Antrags zu schaffen.[2522]

1641 Äußert sich der Richter in der dienstlichen Erklärung inhaltlich zum Beweisantrag, kann die Aussage des Richters nicht durch Verlesung der dienstlichen Erklärung ordnungsgemäß als Beweisstoff in die Hauptverhandlung eingeführt werden. Geschieht dies gleichwohl und wird der Inhalt der Erklärung im Urteil verwertet, liegt ein Verstoß gegen §§ 261, 250 StPO vor, da Beweismaterial verwertet wurde, das nicht (ordnungsgemäß) in die Hauptverhandlung eingeführt wurde[2523] (vgl. Rn. 1922 ff.).

1642 Je nach Inhalt der dienstlichen Erklärung kommen verschiedene Fallkonstellationen in Betracht:

- Erklärt der Richter, sich – ggf. auch auf Vorhalt – an die unter Beweis gestellten Tatsachen nicht mehr zu erinnern, und wird der Antrag auf seine Vernehmung aufrecht erhalten, kann er wegen Unzulässigkeit (oder Prozessverschleppung) abgelehnt werden.[2524] Denn aufgrund der dienstlichen Erklärung ist dem Antragsteller bekannt, dass das Beweisziel mit dem benannten Beweismittel nicht erreicht werden kann. Dies begründet die Annahme, dass an dem Antrag nur deshalb festgehalten werde, um den Richter auszuschalten und damit die Hauptverhandlung zum „Platzen" zu bringen. Die darin liegende Verfolgung sachfremder Ziele macht den Antrag missbräuchlich und damit unzulässig i.S.d. § 244 Abs. 3 S. 1 StPO.[2525]

Eine dagegen erhobene Rüge der fehlerhaften Zurückweisung des Beweisantrags würde voraussetzen, dass der Nachweis geführt werden kann, dass der Richter entgegen seiner dienstlichen Erklärung doch inhaltlich etwas zum Beweisthema bekunden kann. Nur in diesem Fall könnte die Rüge mit Aussicht auf Erfolg erhoben

---

2522 *BGHSt* 47, 270, 273; vgl. auch insgesamt LR-*Becker*[26] § 244 Rn. 279 ff.
2523 *BGHSt* 47, 270, 272; 45, 354.
2524 *BGH* StV 1991, 99; 2003, 315.
2525 *BGH* StV 1991, 99; *BGHSt* 47, 270, 272; *BGHSt* 45, 354, 362.

werden, wobei der Beweis einer möglichen sachdienlichen Aussage in der Revisionsbegründung geführt werden müsste.

- Bestätigt der Richter in der Erklärung die Beweistatsache, so kann der Antrag mit der Begründung zurückgewiesen werden, die Tatsachen könnten so behandelt werden als seien sie wahr. **1643**

Der Vorrang der Sachaufklärung (vgl. dazu oben Rn. 1581) kommt jedoch dann in Betracht, wenn bei einer Zeugenvernehmung Erkenntnisse zu erwarten sind, die über den Inhalt der dienstlichen Erklärung bzw. des Beweisthemas hinausgehen. Dies kann z.b. dann der Fall sein, wenn der Richter nicht nur die von einem Angeklagten oder Zeugen in einem anderen Verfahren gemachten Aussagen wiedergeben soll, sondern auch etwas zu deren Aussageverhalten bekunden kann (widersprüchlich, zögernd, feindlich etc).[2526] Wird in einem solchen Fall die Hauptverhandlung nicht ausgesetzt, sondern durch Ablehnung der Beweisanträge durch Wahrunterstellung fortgesetzt, kommt nicht die Verletzung des § 244 Abs. 3 StPO, sondern die Aufklärungsrüge zum Zuge, bei der insbesondere vorzutragen ist, welche „überschießenden" Beweisergebnisse im Falle der Vernehmung zu erwarten gewesen wären.

II. Anforderungen an den Vortrag

Neben den oben (Rn. 1420) angeführten mitzuteilenden Tatsachen sind ferner die dienstliche Erklärung vollständig im Wortlaut mitzuteilen sowie alle sonstigen, ggf. zu Protokoll gegebenen Erklärungen sowie alle weiteren Vorgänge, die in Zusammenhang mit der Ablehnung des Beweisantrags stehen. **1644**

Rüge 180a

Hat das Gericht einen Beweisantrag auf Vernehmung des amtierenden Verteidigers zum Inhalt von Verteidigerbesprechungen zurückgewiesen? **1645**

I. Rechtsgrundlagen

Nach Auffassung des 5. Senats des *BGH* können Mitteilungen des Angeklagten an seinen amtierenden Verteidiger vor der Hauptverhandlung grundsätzlich nicht zum Gegenstand der Beweisaufnahme gemacht werden. Der Inhalt solcher Besprechungen zwischen einem Angeklagten und seinem Verteidiger diene der Vorbereitung der Verteidigung, die der Angeklagte durch Sacheinlassung oder Schweigen gestal- **1646**

2526 Vgl. zum persönlichen Eindruck *BGHSt* 45, 354 ff.

tet (§ 243 Abs. 5 S. 1 StPO). Die Umstände, die zur Entscheidung über Art und Inhalt der Verteidigungsstrategie geführt haben, seien aber regelmäßig einer Kognition durch das Gericht entzogen. Sie gehörten zum Kernbereich der Verteidigung.[2527] Diese Auffassung wird vom 1. Senat *nicht* geteilt. Er hält einen Beweisantrag auf Vernehmung des Verteidigers zum Inhalt von Besprechungen mit dem Mandanten für zulässig. Schon das dem Verteidiger nach § 53 Abs. 1 S. 1 Nr. 2 StPO zustehende Zeugnisverweigerungsrecht zeige, dass ein Verteidiger sehr wohl zu Tatsachen aus dem Innenverhältnis vernommen werden könne.[2528] Da die jeweiligen Rechtsauffassungen der Senate für die Entscheidungen jedoch nicht tragend waren, konnte die Divergenz (bisher) nicht durch eine Entscheidung des Großen Senats beseitigt werden.

Die Argumentation des 1. Senats ist überzeugend. Er hebt hervor, dass das gesamte Verhältnis zwischen Verteidiger und Mandant durch § 53 Abs. 1 S. 1 Nr. 2 StPO, flankiert durch § 203 Abs. 1 Nr. 3 StGB, davor geschützt ist, dass der Verteidiger gegen den Willen des Mandanten über in diesem Zusammenhang von ihm gewonnene Erkenntnisse als Zeuge aussagen muss. Daraus folge aber nicht, dass der Angeklagte, der sich von einer solchen Aussage Wesentliches für seine Verteidigung verspricht, nicht wirksam auf diesen Schutz verzichten darf, indem er den Verteidiger von seiner Schweigepflicht befreit. An diesen Maßstäben gemessen kann die vom Angeklagten mit dem Ziel seiner Entlastung gewünschte Zeugenvernehmung seines Verteidigers, deren Grundlage – Befreiung von der Schweigepflicht – im Gesetz vorgesehen ist (§ 53 Abs. 2 S. 1 StPO) und die er nach seinem Belieben herbeiführen kann, schwerlich wegen des gebotenen Schutzes der Verteidigungsinteressen unzulässig sein.[2529]

II. Anforderungen an den Vortrag

1647 Neben der vollständigen Mitteilung des Beweisantrags und des diesen ablehnenden Gerichtsbeschlusses ist die Entbindung von der Schweigepflicht genau zu dokumentieren, z.B. wenn sie zu Protokoll in der Hauptverhandlung erklärt wurde oder schriftlich erfolgte. In letzterem Fall ist das Schriftstück in die Rüge einzukopieren oder in vollem Wortlaut mitzuteilen. Schließlich ist der Vortrag erforderlich, dass die Entbindung von der Schweigepflicht nicht widerrufen worden und der Verteidiger nicht vernommen worden ist.

2527 *BGH* StV 2008, 284 m. abl. Anm. *Beulke/Ruhmannseder.*

2528 *BGH* StV 2010, 287.

2529 Vgl. dazu auch *Nack* StraFo 2012, 341 und *Leitner* StraFo 2012, 344 jew. mit dem Schwerpunkt eines eigenständigen Schweigerechts des Verteidigers.

Rüge 181

Hat das Gericht einen Antrag auf erneute Vernehmung eines bereits vernommenen Zeugen oder Sachverständigen zurückgewiesen? **1648**

I. Rechtsgrundlagen

Die Rüge hängt davon ab, welcher konkrete Antrag gestellt wurde bzw. wie dieser **1649** begründet wurde.

Das bloße Begehren, einen Zeugen erneut zu vernehmen, kann das Gericht, ohne an § 244 Abs. 3 StPO gebunden zu sein, unter Aufklärungsgesichtspunkten bescheiden.[2530]

Auch Anträge auf Vernehmung zu Beweisthemen, für die es Anhaltspunkte in den Akten oder aus vorangegangenen Zeugenvernehmungen gab, zu denen der Zeuge jedoch – aus welchen Gründen auch immer – lediglich nicht befragt wurde, werden nur unter Aufklärungsgesichtspunkten beschieden.

Anders verhält es sich, wenn der Zeuge zu einem Beweisthema gehört werden soll, **1650** zu dem er noch nicht gehört werden *konnte*, weil z.B. im Laufe der Beweisaufnahme neue Tatsachen bekannt wurden, die im Zeitpunkt der Vernehmung noch nicht bekannt waren, und der Zeuge daher dazu auch nicht vernommen werden konnte.[2531] Ist insoweit ein *Beweisantrag* gestellt worden, kann dieser nur nach § 244 Abs. 6 StPO durch Beschluss unter Heranziehung der Ablehnungsgründe des § 244 Abs. 3, 4 bzw. 5 StPO zurückgewiesen werden.

Ein Beweisantrag auf erneute Vernehmung wegen neu bekannt gewordener Um- **1651** stände setzt – neben der Angabe von Beweistatsache und Beweismittel – voraus, dass genau dargelegt wird, welche neuen Tatsachen ggf. durch welche Beweismittel wann genau nach Abschluss der Vernehmung des Zeugen (Reihenfolge der Zeugenvernehmungen bzw. Gang der Beweisaufnahme) bekannt geworden sind, zu denen der Zeuge nicht befragt werden konnte.[2532] Diese Angaben im Beweisantrag sind erforderlich, um dem Revisionsgericht die Neuheit der Tatsachen und damit die Qualität des Antrags als Beweisantrag nachzuweisen.

Hat das Gericht einen solchen Antrag unter Aufklärungsgesichtspunkten zurückge- **1652** wiesen, liegt der Verfahrensfehler in der fehlenden Gerichtsentscheidung nach § 244 Abs. 6 StPO, da der Antrag nur nach dem Katalog der Ablehnungsgründe des § 244 Abs. 3, 4 oder 5 StPO hätte abgelehnt werden können.[2533]

2530 *BGHR* StPO § 244 Abs. 6 Beweisantrag 16 und 27; *Meyer-Goßner/Schmitt*[60] § 244 Rn. 26; KK-*Krehl*[7] § 244 Rn. 70.
2531 *BGH* StV 1995, 556; *OLG Hamburg* v. 7.2.2011 – 1-38/10 (REV) = StV 2012, 589.
2532 *BGH* v. 1.6.2015 – 4 StR 21/15 = NStZ 2015, 540, 541.
2533 *BGH* StV 1995, 556.

Ein Antrag auf Wiederholung einer bereits durchgeführten Beweisaufnahme liegt auch dann nicht vor, wenn es an der Identität der verwendeten bzw. der zu verwendenden Beweismittel fehlt.[2534]

1653 Liegen dagegen keine neuen *Tatsachen* vor, zu denen der Zeuge vernommen werden soll, sondern soll er nur z.B. zu neuen Aspekten oder anderen Schwerpunkten bereits gewonnener Beweisergebnisse vernommen werden, kann nur die Aufklärungsrüge erhoben werden.

II. Anforderungen an den Vortrag

1654 Liegt ein förmlicher Beweisantrag im oben beschriebenen Sinn vor, gelten die allgemeinen Grundsätze (Rn. 1420). Es ist darzulegen, dass es sich wegen der „Neuheit" der Beweistatsache um einen Beweisantrag handelt,[2535] der nach § 244 Abs. 6 StPO zu bescheiden gewesen wäre, was unterblieben ist. Ggf. empfiehlt es sich, auch anhand der Urteilsgründe zu versuchen, den Nachweis der Neuheit der Beweistatsache zu führen.[2536] Rein vorsorglich muss gleichzeitig die Verletzung der Aufklärungspflicht gerügt werden.

Kann nur eine Aufklärungsrüge z.B. wegen Fehlens der Neuheit der Beweistatsache erhoben werden, ist der Antrag auf erneute Vernehmung und die Entscheidung des Gerichts mitzuteilen. Auch hier muss herausgearbeitet werden, warum die erneute Vernehmung Erkenntnisse geliefert hätte, die für den Schuld oder Rechtsfolgenausspruch relevant gewesen wären und warum sich dem Gericht die Aufklärung durch die erneute Vernehmung hätte aufdrängen müssen. Insoweit wird auf die allgemeinen Hinweise zur Aufklärungsrüge verwiesen (Rüge 190, Rn. 1708 ff.).

D. Hat das Gericht einen Beweisantrag übergangen oder ist es sonst von diesem abgewichen?

1655

Überblick		Rn.
Rüge 182:	Hat das Gericht einem Beweisantrag stattgegeben, den Beweis aber nicht erhoben?	1656
Rüge 183:	Hat das Gericht ein anderes als das beantragte Beweismittel herangezogen?	1660
Rüge 184:	Hat das Gericht im Urteil die Begründung für die Zurückweisung eines Beweisantrages abgeändert oder ausgewechselt?	1663
Rüge 185:	Hat das Gericht einen Beweisantrag in der Hauptverhandlung nicht durch einen Beschluss gem. § 244 Abs. 6 StPO zurückgewiesen?	1667

2534 *BGH* StV 2007, 172.
2535 *BGH* v. 1.6.2015 – 4 StR 21/15 = NStZ 2015, 540, 541.
2536 Vgl. dazu *BGH* StV 1995, 556.

Rüge 186:	Hat das Gericht einen Eventual- oder Hilfsbeweisantrag abgelehnt?	1674
Rüge 187:	Hat das Gericht einen Beweis nicht erhoben, obwohl außerhalb der Hauptverhandlung ein Beweisantrag gestellt wurde?	1681
Rüge 188:	Hat das Gericht abgelehnt, einen Beweisantrag oder Beweisanträge entgegen zu nehmen?	1687

Rüge 182

Hat das Gericht einem Beweisantrag stattgegeben, den Beweis aber nicht erhoben? **1656**

I. Rechtsgrundlagen

Wird einem Beweisantrag stattgegeben, bedarf es keines Gerichtsbeschlusses; der Vorsitzende ordnet die Beweisaufnahme an.[2537] **1657**

Durch die Anordnung der Beweiserhebung ist die Berechtigung des Beweiserhebungsanspruchs des Antragstellers anerkannt worden. Will (oder kann) das Gericht den Beweis (später) doch nicht erheben, muss der Beweisantrag nach § 244 Abs. 3, 4 oder 5 StPO durch einen Beschluss nach Abs. 6 zurückgewiesen werden.[2538] Die Entscheidung des Vorsitzenden allein reicht nicht. Dies gilt auch dann, wenn das Gericht zunächst Bemühungen zur Ermöglichung einer Vernehmung in der Hauptverhandlung entfaltet hat, es sich jedoch herausstellte, dass der Zeuge unerreichbar ist und dies in der Hauptverhandlung mitgeteilt wurde. Auch hier ist ein Gerichtsbeschluss nach § 244 Abs. 6 StPO erforderlich.[2539]

Liegt kein Ablehnungsbeschluss oder nur eine Entscheidung des Vorsitzenden vor, liegt ein Fall der Nichtbescheidung eines Beweisantrages vor. Auf die Ausführungen zur Nichtbescheidung (Rüge 185, Rn. 1667 ff.) kann verwiesen werden. Für den „präsenten", also den geladenen und erschienen Zeugen, der nicht vernommen wird, gelten die Ausführungen zu Rüge 189, Rn. 1692 ff. **1658**

II. Anforderungen an den Vortrag

Neben der Mitteilung des Beweisantrags im Wortlaut ist zu dokumentieren, dass dem Beweisantrag stattgegeben wurde. **1659**

Die Ladungsbemühungen sind vollständig im Wortlaut mitzuteilen (u.a. Ladungsverfügung, Ausführung der Ladung; Rücklauf der Ladung; ggf. Mitteilungen der

---

2537 Vgl. nur KK-*Krehl*[7] § 244 Rn. 114.
2538 *BGH* StV 1997, 189; 1985, 488; *BGHSt* 32, 10,12; KK-*Krehl*[7] § 244 Rn. 115.
2539 *BGH* StV 1983, 318 (1 StR 215/83) und 319 (5 StR 221/83); *BGH* NStZ 1999, 419.

Polizei über den Aufenthalt, Erklärungen des Vorsitzenden in der Hauptverhandlung etc.).

Vorzutragen ist auch der weitere Verfahrensgang, neben der Tatsache der Nichterhebung des Beweises insbesondere auch die Tatsache, dass auch nicht konkludent auf die Beweiserhebung verzichtet wurde.

Vorzutragen ist – selbstverständlich –, dass der Beweisantrag nicht durch Beschluss gem. § 244 Abs. 6 StPO zurückgewiesen wurde.

Rüge 183

1660 Hat das Gericht ein anderes als das beantragte Beweismittel herangezogen?

I. Rechtsgrundlagen

1661 Grundsätzlich ist das Gericht verpflichtet, das beantragte Beweismittel heranzuziehen.[2540] Denn im Rahmen des Beweisantragsrechts ist es Sache des Antragstellers, nicht nur das Beweisthema, sondern auch das zu benutzende Beweismittel selbst zu bestimmen.

Davon soll nach der Rspr. dann abgewichen werden dürfen, wenn das Gericht statt des beantragten ein „zweifellos gleichwertiges" Beweismittel heranzieht (z.B. Verlesung der Urkunde statt Vernehmung des Verfassers).[2541] An der Gleichwertigkeit des Beweismittels fehlt es dann, wenn die Beweismittel qualitativ verschieden sind und es auf persönliche Eigenschaften, Fähigkeiten und Einstellungen ankommt.[2542] An dieser Gleichwertigkeit fehlt es regelmäßig, wenn nur der Zeuge, dessen bisherige Aussage widerlegt werden soll, erneut vernommen wird, nicht aber die anderen zur Widerlegung benannten Zeugen.[2543] Der Erfolg oder Misserfolg einer Rüge wird letztlich jedoch eine Frage des Beruhens sein. Denn wenn die Beweisbehauptung durch das andere Beweismittel in vollem Umfang bestätigt worden ist, kann das Urteil auf dem Beweismittelaustausch nicht beruhen. Die Rüge kann also nur dann erhoben werden, wenn das Beweisthema durch die Beweisaufnahme nicht bestätigt worden bzw. zumindest nicht erschöpfend „abgearbeitet" ist und ein noch nicht aufgeklärter „Überhang" verbleibt.

2540 KK-*Krehl*[7] § 244 Rn. 116; vgl. auch *Meyer-Goßner/Schmitt*[60] § 244 Rn. 41a; LR-*Becker*[26] § 244 Rn. 145 ff. jew. m. Rspr.-Nachw.
2541 *BGH* StV 1983, 4; dagegen *BGH* StV 1996, 411; einschränkend KK-*Krehl*[7] § 244 Rn. 117; LR-*Becker*[26] § 244 Rn. 145.
2542 *BGH* NJW 1983, 126, 127; KK-*Krehl*[7] § 244 Rn. 116 f.
2543 *BGH* v. 14.12.2010 – 1 StR 275/10 = StV 2011, 619.

Ist dem Beweisbegehren durch eine Verfügung des Vorsitzenden stattgegeben, jedoch ein anderes Beweismittel herangezogen worden, so kann unter bestimmten Voraussetzungen die Anrufung des Gericht nach § 238 Abs. 2 StPO Voraussetzung für die Zulässigkeit einer Rüge sein.[2544]

II. Anforderungen an den Vortrag

Es gelten die allgemeinen Grundsätze.   **1662**

Es ist darzulegen, welches Beweismittel das Gericht zur Erledigung des Beweisantrags herangezogen hat und was das Ergebnis dieser Beweiserhebung war. Eine etwaige Verfügung des Vorsitzenden bzw. ein Gerichtsbeschluss, durch den die betreffende Beweiserhebung angeordnet wurde, ist im Wortlaut mitzuteilen.

Auch hier muss vorgetragen werden, was sich in Bezug auf den Beweisantrag nach der Verwendung des ausgetauschten Beweismittels noch ergeben hat, dass nicht doch noch das beantragte Beweismittel herangezogen wurde, dass der Verteidiger ggf. einen Gerichtsbeschluss wegen des Beweismittelaustauschs beantragt hat[2545] und dass der Antrag auf Verwendung des benannten Beweismittels nicht (konkludent) zurückgenommen wurde.[2546]

Zur Beruhensfrage muss ausgeführt werden, warum durch die Heranziehung des anderen Beweismittels das Beweisbegehren, dem das Gericht ja grundsätzlich stattgegeben hat, nicht (in vollem Umfang) erledigt ist bzw. welche Abweichungen zwischen dem Ergebnis der Beweiserhebung (nach den Urteilsfeststellungen) und der Beweisbehauptung bestehen.

Rüge 184

Hat das Gericht im Urteil die Begründung für die Zurückweisung eines Beweisantrages   **1663**
abgeändert oder ausgewechselt?

I. Rechtsgrundlagen

Da ein Beweisantrag *in der Hauptverhandlung* gem. § 244 Abs. 6 StPO zu bescheiden ist, darf das Gericht die Ablehnungsbegründung im Urteil nicht abändern, auswechseln oder eine als fehlerhaft erkannte Ablehnungsbegründung durch eine   **1664**

2544 *BGH* StV 1983, 6 m. Anm. *Schlothauer.*
2545 *BGH* StV 1983, 6 m. Anm. *Schlothauer.*
2546 *BGH* StV 1992, 454.

rechtsfehlerfreie ersetzen.[2547] Denn durch den in der Hauptverhandlung zu verkündenden Ablehnungsbeschluss soll der Antragsteller in die Lage versetzt werden, seine Verteidigungsstrategie auf die Auffassung des Gerichts einzustellen. Diese Verteidigungsmöglichkeiten werden ihm genommen, wenn er erst im Urteil von den Gründen erfährt, aus denen das Gericht dem Beweisantrag nicht nachgegangen ist.[2548]

Der Verfahrensverstoß liegt daher in der fehlerhaften Zurückweisung des Beweisantrags durch den in der Hauptverhandlung verkündeten Beschluss. Dieser ist zum Gegenstand der Rüge zu machen.

II. Anforderungen an den Vortrag

1665 Neben Mitteilung von Antrags- und Beschlusswortlaut müssen ggf. solche Tatsachen mitgeteilt werden, die sich in der Hauptverhandlung nach der Zurückweisung des Antrags diesbezüglich ergeben haben.

1666 Besonderer Begründung bedarf die Beruhensfrage. Denn wenn der Antrag zwar im Beschluss rechtsfehlerhaft, im Urteil jedoch rechtsfehlerfrei zurückgewiesen wurde, liegt jedenfalls im Ergebnis kein Rechtsfehler in der Zurückweisung des Beweisantrags. Der Rechtsfehler liegt jedoch darin, dass das Gericht den Antragsteller nicht in der Hauptverhandlung über die wirklichen Ablehnungsgründe informiert hat und er seine Verteidigung dementsprechend nicht darauf einstellen konnte. Das Urteil wird daher (nur) dann auf der rechtsfehlerhaften Begründung in der Hauptverhandlung beruhen, wenn konkret dargelegt wird, inwieweit der Antragsteller durch die Beschlussbegründung in die Irre geführt wurde und welche anderen oder weiteren Verteidigungsmöglichkeiten er ergriffen hätte, wäre er über die erst im Urteil mitgeteilten Ablehnungsgründe bereits in der Hauptverhandlung unterrichtet worden.[2549]

2547   *BGHSt* 19, 24, 26; *BGH* StV 1990, 246 (1 StR 676/89) und 340; 1982, 253; *BGH* NStZ 1984, 565; KK-*Krehl*[7] § 244 Rn. 121 f. und 228; LR-*Becker*[26] § 244 Rn. 138.

2548   *BGH* StV 2007, 176; vgl. zum Austausch einer Wahrunterstellung durch Erwiesensein *BGH* v. 21.6.2007 – 5 StR 189/07 = StV 2007, 512 m. Anm. *Niemöller* 626.

2549   *BGH* StV 1996, 581; *BGH* NStZ 1997, 286; 1985, 324, 325; vgl. auch *Meyer-Goßner/ Schmitt*[60] § 244 Rn. 41a.

Rüge 185

Hat das Gericht einen Beweisantrag in der Hauptverhandlung nicht durch einen Beschluss   **1667**
gem. § 244 Abs. 6 StPO zurückgewiesen?

I. Rechtsgrundlagen

Ein Beweisantrag darf nur durch einen in der Hauptverhandlung zu verkündenden   **1668**
Gerichtsbeschluss (§ 244 Abs. 6 StPO) zurückgewiesen werden, der zu begründen
ist (§§ 34, 35 Abs. 1 StPO).[2550] Der Beschluss mit Begründung ist zu Protokoll zu
nehmen. Eine Entscheidung des Vorsitzenden allein reicht nicht.[2551]

Der Beschluss und seine Begründung haben die Funktion, den Antragsteller über
die Auffassung des Gerichts zu informieren, so dass er seine Prozessstrategie darauf
einstellen kann. Denn aus der Ablehnungsbegründung können Rückschlüsse auf die
Beurteilung des Sachverhalts durch das Gericht gezogen werden. Die Begründung
(und ihre Aufnahme in das Hauptverhandlungsprotokoll) dient ferner der Nachprüfung der Gesetzmäßigkeit der Ablehnung des Beweisantrags durch das Revisionsgericht.[2552]

Ist über einen Beweisantrag gar nicht entschieden worden, stellt dies – selbstver-   **1669**
ständlich – einen revisiblen Verfahrensfehler dar. *In der Regel* wird auch ein Beruhen des Urteils auf der fehlerhaften Nichtbescheidung nicht auszuschließen sein,[2553]
auch dann nicht, wenn der Antrag mit fehlerfreier Begründung hätte abgelehnt werden können.[2554] Denn wäre der Beweisantrag (mit rechtsfehlerfreier) Begründung
zurückgewiesen worden, hätte der Angeklagte seine Verteidigung darauf einrichten
und weitere Anträge stellen oder Erklärungen abgeben können.[2555]

Auch im Falle einer Fristsetzung für die Stellung von Beweisanträgen[2556] kann die
Nichtbescheidung eines nach Fristablauf gestellten Beweisantrags gerügt werden.
Denn die Fristsetzung enthebt das Gericht nicht von der Pflicht, über den Beweisantrag in der gesetzlich vorgesehenen Weise zu entscheiden.[2557] Rügevoraussetzung
ist nicht, dass der Fristsetzung widersprochen worden ist. Denn Gegenstand der Rüge ist nicht die Fristsetzung zur Stellung von Beweisanträgen durch den Vorsitzenden als solche, sondern die unterbliebene Bescheidung des Antrags in der Hauptverhandlung.[2558]

2550 *BGH* StV 1994, 635; *BGHR* StPO § 244 Abs. 6 Entscheidung 3.
2551 *BGH* StV 1994, 172; 1983, 441.
2552 *BGH* StV 1991, 500; 1996, 581; KK-*Krehl*[7] § 244 Rn. 119.
2553 KK-*Krehl*[7] § 244 Rn. 123.
2554 *BGH* NStZ 1997, 286; *OLG Frankfurt/M.* StV 1981, 172; KK-*Krehl*[7] § 244 Rn. 123.
2555 *BGH* StV 1992, 147 m. Anm. *Deckers*; StV 1991, 500.
2556 Siehe dazu Rn. 1569.
2557 *BGH* StV 2011, 646; *BGH* v. 10.11.2009 – 1 StR 162/09 = StV 2010, 116.
2558 *BGH* StV 2011, 646.

1670 Nach der Rspr. kann jedoch in Einzelfällen ein Beruhen ausgeschlossen sein, z.B. dann, wenn die Bedeutungslosigkeit der Beweistatsache auf der Hand lag,[2559] oder der Beweisantrag die Einlassung des Angeklagten bestätigen sollte, das Urteil jedoch die Einlassung den Feststellungen zu Grunde legt.[2560] Die Beruhensfrage ist somit Sache des Einzelfalles.[2561]

1671 Bei der Nichtbescheidung von Beweisanträgen stellt sich das Problem der Mitwirkungspflicht des Verteidigers zur Verhinderung des Verfahrensfehlers. In dem Unterlassen eines Hinweises auf den noch nicht beschiedenen Beweisantrag soll in besonderen Einzelfällen eine konkludente Rücknahme zu sehen sein.[2562] Ein solcher Fall soll bspw. vorliegen, wenn eine Vielzahl von Beweisanträgen abgelehnt wurde, und der Vorsitzende erklärt, damit seien alle Anträge beschieden worden, die Verteidigung dem jedoch nicht widersprochen hat.[2563] Andererseits soll in dem Schweigen auf die Feststellung des Vorsitzenden, dass keine weiteren Anträge gestellt wurden und die Beweisaufnahme im allseitigen Einverständnis geschlossen wurde, *keine* konkludente Rücknahme des Antrags bzw. ein Verzicht auf die Beweiserhebung liegen.[2564]

Das Revisionsgericht darf *in der Regel*[2565] einen fehlenden Beschluss nicht durch eigene Erwägungen ersetzen oder bei fehlerhafter Beschlussbegründung diese auswechseln.[2566]

II. Anforderungen an den Vortrag

1672 Es gelten die allgemeinen Grundsätze (vgl. oben Rn. 1420).

In einem Fall der Nichtbescheidung ist jedoch besonderer Wert auf den weiteren Verlauf der Hauptverhandlung nach Antragstellung zu legen. Es ist alles vorzutragen, was in Zusammenhang mit dem Beweisantrag steht, insbesondere dass der beantragte Beweis nicht erhoben wurde und was auf einen Verzicht auf die Beweiserhebung hindeuten könnte. Dass auf die Beweiserhebung nicht verzichtet wurde, sollte nochmals ausdrücklich mitgeteilt werden.

Ggf. sollte auch vorgetragen werden, warum der Verteidiger nicht verpflichtet war, das Gericht auf die Unterlassung der Bescheidung hinzuweisen, oder warum ein

---

2559 *BGH* NStZ 1981, 401; *BGH* StV 1991, 408.
2560 *BGH* NStZ 1991, 547.
2561 Vgl. weitere Beispiele in KK-*Herdegen*[5] § 244 Rn. 61.
2562 *BGH* StV 2005, 240; 1992, 454; KK-*Krehl*[7] § 244 Rn. 123; zur ähnlichen Problematik der Mitwirkungspflicht des Verteidigers bei Fehlinterpretation des Beweisantrages durch das Gericht vgl. oben Rn. 1461, 1464.
2563 *BGH* StV 2005, 420.
2564 *BGHR* StPO § 244 Abs. 6 Beweiserhebung, beschlossene 1.
2565 Zur Möglichkeit des Auswechselns der Begründung vgl. die Beispiele bei *Meyer-Goßner/Schmitt*[60] § 244 Rn. 86.
2566 *BGH* StV 2000, 652; *Meyer-Goßner/Schmitt*[60] § 244 Rn. 86.

Hinweis unterlassen wurde, bspw., weil der Verteidiger selbst die Nichtbescheidung übersehen hat.

Auch sollten Ausführungen zur Beruhensfrage gemacht werden, insbesondere in den Fällen, in denen eine Ablehnung des Beweisantrags auf der Hand lag. **1673**

Hier ist ggf. darzulegen, welche Verteidigungsaktivitäten entwickelt worden wären, wenn das Gericht den Antrag abgelehnt hätte (ggf. weitere Antragstellungen, ergänzende Einlassung).

Rüge 186

Hat das Gericht einen Eventual- oder Hilfsbeweisantrag abgelehnt?	**1674**

I. Rechtsgrundlagen

Unter bedingten Beweisanträgen, Hilfs- oder Eventualbeweisanträgen werden solche Anträge verstanden, die entweder von einer verfahrensabschließenden Entscheidung abhängig gemacht werden, z.B. von einer Verurteilung oder von einem bestimmten Strafmaß oder die an die Bedingung einer bestimmten Prozesslage geknüpft sind, z.B. an die Annahme der Glaubwürdigkeit eines Zeugen.[2567] **1675**

Unzulässig ist ein bedingter Antrag, wenn die Beweistatsache den Schuldspruch betrifft, die Beweiserhebung jedoch an die Bedingung eines bestimmten Strafmaßes geknüpft wird.[2568]

Bedingte Beweisanträge brauchen erst in den Urteilsgründen beschieden zu werden. Denn welches Strafmaß das Gericht verhängt oder ob es einen Zeugen für glaubwürdig hält, kann nur in der Urteilsberatung entschieden werden, so dass der Eintritt der Bedingung erst mit dem Urteil festgestellt werden kann. Daher ist eine Entscheidung nur zusammen mit dem Urteil möglich.[2569] **1676**

Dies gilt *nicht* bei Ablehnung des Antrags wegen Prozessverschleppung. In diesem Fall muss das Gericht erneut in die Beweisaufnahme eintreten und den Hilfsantrag in der Hauptverhandlung durch Beschluss nach § 244 Abs. 6 StPO zurückweisen. Denn der Antragsteller muss in der Hauptverhandlung in die Lage versetzt werden, den Vorwurf der Verschleppungsabsicht zu entkräften.[2570] **1677**

2567 *Meyer-Goßner/Schmitt*[60] § 244 Rn. 22 ff.; KK-*Krehl*[7] § 244 Rn. 88 ff.; *Schlothauer* StV 1988, 548.

2568 *BGHSt* 40, 287; KK-*Krehl*[7] § 244 Rn. 92.

2569 *BGH* StV 1990, 149; KK-*Krehl*[7] § 244 Rn. 93.

2570 *BGHSt* 22, 124; *BGH* StV 1986, 418; 1990, 394; einschränkend KK-*Krehl*[7] § 244 Rn. 94.

Dies gilt *nicht*, wenn eine Fristsetzung zur Stellung von Beweisanträgen erfolgte mit dem Hinweis, dass nach Fristablauf gestellte Beweisanträge wegen Prozessverschleppung abgelehnt werden können. In diesem Fall können Hilfsbeweisanträge erst im Urteil wegen Prozessverschleppung zurückgewiesen werden.[2571]

1678 Streitig ist, ob der Antrag, über den bedingten Beweisantrag in der Hauptverhandlung zu entscheiden, unbeachtlich ist, da der Antragsteller keinen Anspruch darauf hat, im Wege der Bescheidung des Antrags schon in der Hauptverhandlung quasi das Ergebnis des Urteils vor der Urteilsverkündung zu erfahren.[2572]

Bei der Ablehnung des bedingten Beweisantrages in den Urteilsgründen kommen je nach Ablehnungsgrund alle Rügen der Verletzung des § 244 Abs. 3, 4 oder 5 StPO in Betracht. Gleiches gilt, wenn ein bedingter Antrag im Urteil nicht entschieden wurde.

II. Anforderungen an den Vortrag

1679 Mitzuteilen ist der vollständige Wortlaut des Antrags. Wenn sich diese nicht aus dem Antrag selbst ergibt, ist insbesondere noch die Bedingung mitzuteilen, unter der der Antrag gestellt wurde.[2573]

Sofern das Gericht auf den Antrag reagiert hat, z.B. die Ladung des Zeugen versucht hat, sind diese Bemühungen zu dokumentieren sowie alle Vorgänge, die sich mit dem bedingten Beweisantrag befassen.

Da das Gericht auf die grundsätzlich zu erhebende allgemeine Sachrüge das Urteil ohnehin zur Kenntnis nehmen muss, kann auf die Ablehnungsgründe im Urteil verwiesen werden. Dies gilt allerdings nur, wenn auch die Sachrüge erhoben ist.

Denn anderenfalls könnte das Revisionsgericht von der Ablehnungsbegründung mangels Darlegung in der Revisionsbegründung keine Kenntnis nehmen.

1680 Ist der bedingte Beweisantrag erst in den Urteilsgründen wegen Prozessverschleppung zurückgewiesen, ist neben der wörtlichen Mitteilung des in der Hauptverhandlung gestellten Antrags mitzuteilen, dass über den Antrag weder in der Hauptverhandlung entschieden wurde noch sonst ein Hinweis auf die Möglichkeit der Zurückweisung wegen Prozessverschleppung erfolgte.

2571 *BGH* StV 2009, 64.

2572 *BGH* StV 1991, 349 m. Anm. *Schlothauer*; *BGH* StV 1996, 529; *Meyer-Goßner/Schmitt*[60] § 244 Rn. 44a; KK-*Krehl*[7] § 244 Rn. 93 ff.; LR-*Becker*[26] § 244 Rn. 157 f. m. Nachw.

2573 *BGH* v. 23.7.2013 – 3 StR 118/13 = NStZ-RR 2013, 349, 350.

Rüge 187

Hat das Gericht einen Beweis nicht erhoben, obwohl außerhalb der Hauptverhandlung ein Beweisantrag gestellt wurde? **1681**

I. Rechtsgrundlagen

Beweisanträge können auch, etwa in vorbereitenden Schriftsätzen, außerhalb der Hauptverhandlung angebracht werden, vgl. § 219 Abs. 1 StPO. Zuständig für die Bescheidung ist allein der Vorsitzende, der über die Anträge entscheiden muss.[2574] **1682**

Außerhalb der Hauptverhandlung gestellte Beweisanträge werden jedoch nur dann zu einem förmlichen, nach § 244 Abs. 6 StPO zu bescheidenden Beweisantrag, wenn sie in der Hauptverhandlung wiederholt werden.[2575] Auch ein vom Vorsitzenden zunächst abgelehnter Beweisantrag ist in der Hauptverhandlung zu wiederholen, um die Bescheidungspflicht nach § 244 Abs. 6 StPO auszulösen und ggf. die Rüge der Verletzung des Beweisantragsrechts zu eröffnen.[2576] Gleiches gilt für Beweisanträge, die in einer ausgesetzten Hauptverhandlung oder nach Zurückverweisung durch das Revisionsgericht gestellt wurden.[2577]

Fehlt es an einer Antragstellung in der Hauptverhandlung, ist die Aufklärungsrüge zu erheben (vgl. dazu Rüge 190, Rn. 1708 ff.).

Die Zusage des Vorsitzenden, die Beweistatsache eines außerhalb der Hauptverhandlung gestellten Beweisantrags so zu behandeln, als sei sie wahr, ist unzulässig.[2578] Ist dies gleichwohl geschehen, und hat der Antragsteller im Vertrauen auf die Einhaltung der Zusage die Stellung des Beweisantrags in der Hauptverhandlung unterlassen, ist ebenfalls die Aufklärungsrüge zu erheben. Gleichzeitig sollte die Verletzung des Grundsatzes des fairen Verfahrens gerügt werden.[2579] Allerdings könnte in der unterlassenen Stellung des Beweisantrags in der Hauptverhandlung eine konkludente Rücknahme des Antrags gesehen werden![2580] **1683**

Ist eine Entscheidung des Vorsitzenden über einen außerhalb der Hauptverhandlung gestellten Beweisantrags (gänzlich) unterblieben und hat der Vorsitzende es unterlassen, den Antragsteller (in der Hauptverhandlung) zu befragen, ob der Antrag aufrecht erhalten wird, ist ebenfalls die Aufklärungsrüge zu erheben. Auch in diesen Fällen stellt sich die Frage, warum der Antragsteller den Beweisantrag nicht in der **1684**

2574 *OLG München* v. 21.9.2010 – 5 St RR (II) 246/10 = StV 2011, 401 (Ls); *Meyer-Goßner/Schmitt*[60] § 219 Rn. 2.
2575 *OLG Koblenz* v. 7.4.2014 – 2 Ss 2/14 Rn. 13; *Meyer-Goßner/Schmitt*[60] § 244 Rn. 34.
2576 *OLG München* v. 21.9.2010 – 5 St RR (II) 246/10 = StV 2011, 401 (Ls).
2577 *Meyer-Goßner/Schmitt*[60] § 244 Rn. 34.
2578 *Meyer-Goßner/Schmitt*[60] § 219 Rn. 3.
2579 *Meyer-Goßner/Schmitt*[60] § 219 Rn. 7.
2580 *Meyer-Goßner/Schmitt*[60] § 219 Rn. 7.

Hauptverhandlung gestellt hat und ob in diesem Unterlassen nicht eine konkludente Rücknahme des Antrags oder ein Verzicht auf die Beweiserhebung zu sehen ist. Das *OLG München* sieht jedenfalls bei einem verteidigten Angeklagten in der unterlassenen Antragstellung in der Hauptverhandlung einen Verzicht auf die Beweiserhebung.[2581]

II. Anforderungen an den Vortrag

1685 Mitzuteilen sind[2582]

- der außerhalb der Hauptverhandlung gestellte Antrag im Wortlaut,
- die Entscheidung des Vorsitzenden (ggf. Aktenvermerk im Wortlaut), ggf. dass keine Entscheidung ergangen ist,
- dass keine Antragstellung in der Hauptverhandlung erfolgte,
- dass der Antrag nicht zurückgenommen oder für erledigt erklärt wurde,
- dass sich der Antrag aus Sicht des Antragstellers nicht durch die Verwendung anderer Beweismittel in der Hauptverhandlung erledigt hat,
- die Tatsachen, aus denen sich dem Gericht die Beweiserhebung hätte aufdrängen müssen,
- welches Ergebnis zugunsten des Angeklagten die unterbliebene Beweiserhebung erbracht hätte.

Dringend empfehlenswert sind Ausführungen dazu, warum eine Antragstellung in der Hauptverhandlung unterblieben ist.

1686 Hat der Vorsitzende die Wahrunterstellung der Beweistatsache (außerhalb der Hauptverhandlung) zugesagt, ist dies zu dokumentieren. Ggf. sind Aktenvermerke im Wortlaut mitzuteilen, mündliche Zusagen möglichst detailliert wiederzugeben.

Ferner ist vorzutragen, dass im Vertrauen auf die Einhaltung der Zusage des Vorsitzenden die Antragstellung in der Hauptverhandlung unterlassen wurde.

2581   *OLG München* v. 21.9.2010 – 5 St RR (II) 246/10 = StV 2011, 401 (Ls).
2582   Vgl. dazu *OLG München* v. 21.9.2010 – 5 St RR (II) 246/10 = StV 2011, 401 (Ls).

Rüge 188
Hat es das Gericht abgelehnt, einen Beweisantrag oder Beweisanträge entgegen zu nehmen?

1687

I. Ablehnung der Entgegennahme einer Vielzahl von Beweisanträgen

Zu einer Beschränkung der Möglichkeit zur Beweisantragsstellung kann es kommen, wenn bereits zahlreiche Beweisanträge gestellt und beschieden wurden und eine Vielzahl weiterer Beweisanträge gestellt werden soll, denen aus der Sicht des Gerichts kein Beweiswert zukommt. In diesen extremen Ausnahmefällen kann es dazu kommen, dass das Gericht der Flut neuer Beweisanträge dadurch Herr zu werden versucht, dass es die Antragstellung einschränkt.[2583] Dabei handelt es sich um absolute Ausnahmefälle. Soweit ersichtlich, gibt es zu diesen Fallkonstellationen nur zwei Entscheidungen des BGH.

1688

In *BGHSt* 38, 111 hat es der BGH unbeanstandet gelassen, dass das Gericht nach der Stellung einer Vielzahl von Beweisanträgen und deren Bescheidung sowie der Ankündigung des Angeklagten, weitere ca. 9.000 (vorbereitete) und z.T. schriftlich eingereichte Beweisanträge stellen zu wollen, nach deren Prüfung entschieden hat, dass der Angeklagte Beweisanträge nur noch über seinen Verteidiger stellen darf.[2584]

1689

Voraussetzung für eine derartige Beschränkung des Antragsrechts ist jedoch der Nachweis im Beschluss, dass der Angeklagte durch die exzessive Antragstellung versucht, den Verfahrensabschluss zu verhindern bzw. der Angeklagte sein Antragsrecht missbraucht.

Nach der Entscheidung des 5. Senats des *BGH* in StV 2006, 113[2585] kann das Gericht den Verfahrensbeteiligten eine Frist zur Stellung von Beweisanträgen setzen, nach deren Ablauf gestellte Anträge nicht mehr durch Beschluss, sondern erst in den Urteilsgründen beschieden werden, wenn die Hauptverhandlung insbesondere durch zum Zweck der Prozessverschleppung gestellte Beweisanträge extrem verzögert würde.

Die Entscheidungen betonen jedoch den Grundsatz, dass Beweisanträge nicht (allein) wegen verspäteter Antragstellung zurückgewiesen werden dürfen, den Verfahrensbeteiligten nicht vorgeschrieben werden kann, zu welchem Zeitpunkt sie Beweisanträge zu stellen haben und dass die Bescheidung grundsätzlich durch in der

---

2583 Vgl. dazu KK-*Krehl*[7] § 244 Rn. 113; krit. LR-*Becker*[26] § 244 Rn. 283.
2584 Vgl. dazu auch *BayObLG* NStZ 2004, 647; ferner *Meyer-Goßner/Schmitt*[60] § 244 Rn. 69b m. Nachw. zu den Stellungnahmen in der Lit.
2585 Mit Anm. *Dahs.*

Hauptverhandlung zu verkündenden Gerichtsbeschluss erfolgen muss.[2586] Alle Entscheidungen betonen den Ausnahmecharakter der entschiedenen Fälle.

Da es auf die Besonderheiten des jeweiligen Falles ankommt und derartige Konstellationen nur äußerst selten vorkommen, kann im Rahmen dieser Abhandlung darauf nicht näher eingegangen werden.

II. Ablehnung der Entgegennahme unmittelbar vor Urteilsverkündung oder nach deren Unterbrechung und sonstige Fälle

1. Vorbemerkung

1690 Zu Problemen mit der Entgegennahme von Beweisanträgen kann es insbesondere kommen, wenn diese unmittelbar vor oder gar während der Urteilsverkündung oder nach deren Unterbrechung und Neubeginn gestellt werden sollen.[2587]

Grundsätzlich ist es nicht zulässig, einen Verteidiger, der nach der Urteilsberatung, aber vor Urteilsverkündung einen Beweisantrag stellen will, nicht zu Wort kommen zulassen und ihn dadurch an der Stellung des Antrags zu hindern.[2588]

Das Gleiche gilt, wenn die Urteilsverkündung unterbrochen wird, der Verteidiger während der Unterbrechung die Beweisantragstellung dem Vorsitzenden ankündigt und die Entgegennahme des Antrags vor der erneuten (vollständigen) Urteilsverkündung abgelehnt wird.[2589]

In beiden Fällen sollte der Versuch unternommen werden, nach § 238 Abs. 2 StPO einen Gerichtsbeschluss herbeizuführen.

Die vorstehenden Grundsätze gelten allerdings nur für eine Antragstellung *vor* Urteilsverkündung. Sollen während der Urteilsverkündung Beweisanträge gestellt werden, liegt es im Ermessen des Vorsitzenden, ob er den Antrag entgegen nimmt. Seine Entscheidung bedarf keiner Begründung, die Anrufung des Gerichts nach § 238 Abs. 2 StPO ist ausgeschlossen.

Wird die Entgegennahme abgelehnt, kann dies nur mit der Aufklärungsrüge beanstandet werden.[2590] Wird der Antrag entgegen genommen, muss er nach § 244 Abs. 3-5 StPO beschieden werden.

2586 *BGH* StV 2006, 113, 114.
2587 Zu einem Fall, in dem es wohl bereits in der Beweisaufnahme zu einer Verweigerung der Antragstellung gekommen sein soll: *OLG Bamberg* v. 19.3.2013 – 2 Ss OWi 199/ 13 = StV 2013, 689, 690.
2588 *BGH* StV 2007, 17.
2589 *BGH* StV 2007, 17; StV 1992, 218; vgl. ferner *Meyer-Goßner/Schmitt*[60] § 244 Rn. 33 m.w.N.
2590 *Meyer-Goßner/Schmitt*[60] § 244 Rn. 33.

2. Anforderungen an den Vortrag

Der Verfahrensgang muss *detailliert* geschildert werden, also **1691**

- welcher Antrag (im Wortlaut) gestellt werden sollte,
- das Verfahrensstadium, in dem sich die Hauptverhandlung zum Zeitpunkt der Antragstellung befand, also vor Schluss der Beweisaufnahme, vor oder nach der Stellung der Schlussanträge durch die Staatsanwaltschaft und Verteidigung, vor oder nach dem letzten Wort des Angeklagten, vor oder nach der Urteilberatung, vor oder nach der Verkündung der Urteilsformel („Im Namen des Volkes").
- wann und wie der Vorsitzende von der beabsichtigten Antragstellung und ggf. vom Inhalt des Antrags vor oder während deren Unterbrechung erfahren hat;
- welche Aktivitäten der Verteidiger unternommen hat, den Antrag in der Hauptverhandlung zu stellen;
- ggf. der Versuch, einen Gerichtsbeschluss herbeizuführen;
- wie das Gericht darauf reagiert hat.

Sofern es möglich ist, sollten auch Ausführungen dazu gemacht werden, warum die Antragstellung erst jetzt erfolgte (z.B. Beweismittel oder Anschrift eines Zeugen erst jetzt ermittelt).

Enthält das Protokoll keine Ausführungen zu der Verweigerung der Antragstellung, sind Darlegungen zum Wegfall der Beweiskraft des Protokolls erforderlich, aus denen sich entweder die offenkundige Fehlerhaftigkeit des Protokolls oder aber der Nachweis einer bewussten gerichtlichen Falschprotokollierung ergibt.[2591]

E. Beweisanträge auf präsente Beweismittel (§ 245 StPO)

Rüge 189

Hat das Gericht einen geladenen und erschienenen Zeugen oder Sachverständigen nicht **1692** vernommen oder ein herbeigeschafftes Beweismittel nicht verwertet, § 245 StPO?

I. Rechtsgrundlagen

§ 245 StPO regelt die Beweiserhebungspflicht von präsenten Beweismitteln sowie **1693** die Ausnahmen davon.

Dabei ist zu unterscheiden zwischen den vom Gericht (§ 245 Abs. 1 StPO) und den von Staatsanwaltschaft oder Verteidigung (§ 245 Abs. 2 StPO) herbeigeschafften Beweismitteln.

2591   *OLG Bamberg* v. 19.3.2013 – 2 Ss OWi 199/13 = StV 2013, 689, 690.

1. Vom Gericht herbeigeschaffte Beweismittel

1694 Es ist zu unterscheiden zwischen Beweispersonen und sonstigen Beweismitteln.

1695 a) Erschienene **Beweispersonen**, also Zeugen und Sachverständige, die vom Gericht geladen wurden (und nicht wieder abgeladen wurden), sind zu vernehmen.[2592] Eine Ausnahme gilt nur bei Unzulässigkeit der Beweiserhebung (§ 245 Abs. 1 S. 1 StPO) oder bei allseitigem Verzicht (§ 245 Abs. 1 S. 2 StPO).[2593]

Beruft sich ein geladener und erschienener Zeuge (oder ein Sachverständiger, §§ 72, 76 StPO) auf ein Zeugnisverweigerungsrecht nach § 52 StPO oder ein umfassendes oder teilweises Auskunftsverweigerungsrecht nach § 55 StPO, das ihm das Gericht *zu Unrecht* zugebilligt hat, liegt eine Verletzung des § 245 Abs. 1 StPO vor, wenn der Zeuge (oder Sachverständige) entspr. das Zeugnis oder die Auskunft (bzw. die Gutachtenerstattung) verweigert.[2594]

1696 b) **Sonstige Beweismittel**, zu deren Verwendung das Gericht verpflichtet ist, sind nur solche, von denen das Gericht zu erkennen gegeben hat, dass es sie verwenden will. Neben dem Vorhandensein ist eine Erklärung oder Handlung des Gerichts erforderlich, ein bestimmtes Beweismittel auch benutzen zu wollen. Das bloße Vorhandensein an Gerichtsstelle, etwa bei den Akten oder den Asservaten, macht diese Beweismittel noch nicht zu „vom Gericht herbeigeschafften" Beweismitteln.[2595]

Liegt eine solche Willenserklärung des Gerichts nicht vor, muss ein Beweisantrag gestellt werden, der nur nach § 245 Abs. 2 StPO abgelehnt werden kann. Das zu verwendende Beweismittel muss dann herbeigeschafft sein, d.h. es muss zur Hauptverhandlung mitgebracht und dort dem Gericht überreicht werden oder sonst in geeigneter Weise der sofortigen Verwendung zugänglich gemacht werden.[2596] Dass sich z.B. Urkunden bei den Akten befinden, die Staatsanwaltschaft sie in der Anklage als Beweismittel benannt hat oder sie beschlagnahmt worden sind, macht die Stellung eines förmlichen Beweisantrages nicht entbehrlich.

2. Von der Verteidigung herbeigeschaffte Beweismittel

1697 Hier ist zu unterscheiden, ob die Beweismittel förmlich herbeigeschafft (z.B. durch offizielle Ladung) oder z.B. nur „gestellt" sind.

Bei bloß „gestellten" Beweispersonen gilt § 245 Abs. 2 StPO *nicht*.

2592 *Meyer-Goßner/Schmitt*[60] § 245 Rn. 3; KK-*Krehl*[7] § 245 Rn. 5; LR-*Becker*[26] § 245 Rn. 10.

2593 *Meyer-Goßner/Schmitt*[60] § 245 Rn. 7 ff.

2594 *BGH* StV 1996, 129; 1997, 170; *Meyer-Goßner/Schmitt*[60] § 245 Rn. 3.

2595 *BGHSt* 37, 168; KK-*Krehl*[7] § 245 Rn. 3, 9; LR-*Becker*[26] § 245 Rn. 19 ff.

2596 LR-*Becker*[26] § 245 Rn. 47 ff.

Ist ein Beweisantrag auf Vernehmung der anwesenden Beweisperson gestellt, gilt § 244 Abs. 3 StPO.[2597] Ansonsten entscheidet das Gericht unter Aufklärungsgesichtspunkten.

Der Unterschied zwischen § 245 Abs. 2 StPO und § 244 Abs. 3 StPO besteht darin, **1698** dass die Ablehnungsmöglichkeiten eines Beweisantrages nach § 245 Abs. 2 S. 2 und 3 StPO enger sind als nach dem Ablehnungskatalog des § 244 Abs. 3 StPO.

Nach § 244 Abs. 3 StPO können Beweisanträge wegen Offenkundigkeit oder Erwiesensein auch abgelehnt werden, wenn das Gegenteil der Beweistatsache erwiesen oder offenkundig ist. Dies gilt *nicht* bei § 245 Abs. 2 S. 3 StPO.[2598] Der Ablehnungsgrund der Unerreichbarkeit entfällt logischerweise bei präsenten Beweismitteln.

Die Ablehnung wegen Bedeutungslosigkeit ist nur sehr eingeschränkt möglich.[2599] Eine fehlende objektive Sachbezogenheit ist wesentlich enger als die Bedeutungslosigkeit einer Beweistatsache. Besteht ein irgendwie gearteter Zusammenhang zwischen Beweisthema und Urteilsfindung, ist dem Antragsteller die Möglichkeit einzuräumen, mit dem präsenten Beweismittel die Auffassung des Gerichts von der Bedeutungslosigkeit der Beweistatsache zu erschüttern und einer gefestigten Meinung entgegen zu wirken.[2600]

Auch der Ablehnungsgrund der völligen Ungeeignetheit des Beweismittels ist enger als in § 244 Abs. 3 StPO. Die völlige Ungeeignetheit muss sich aus dem Beweismittel selbst ohne Rückgriff auf das bisherige Beweisergebnis ergeben. Bei präsenten Zeugen ist die Geeignetheit durch die Vernehmung festzustellen.[2601]

Der Ablehnungsgrund der Prozessverschleppung wird nur in außergewöhnlichen Fällen in Betracht kommen, da eine nennenswerte Verfahrensverzögerung durch die Verwendung des präsenten Beweismittels kaum entstehen kann.[2602] Nach der Entscheidung des 1. Strafsenats des *BGH* in StV 2007, 454 ist jedoch das Merkmal der wesentlichen Verzögerung deutlich restriktiver auszulegen, so dass selbst bei der Vernehmung von präsenten Zeugen Prozessverschleppung anzunehmen sein könnte, wenn allein die Dauer der Vernehmung nicht unerhebliche Zeit in Anspruch nimmt.[2603]

2597   *BGH* StV 1981, 507; KK-*Krehl*[7] § 245 Rn. 26.
2598   *Meyer-Goßner/Schmitt*[60] § 245 Rn. 24; LR-*Becker*[26] § 245 Rn. 60; KK-*Krehl*[7] § 245 Rn. 30.
2599   *BGH* v. 24.3.2014 – 5 StR 2/14 = NStZ 2014, 351, 353; *BGH* StV 1993, 287; *Meyer-Goßner/Schmitt*[60] § 245 Rn. 25; LR-*Becker*[26] § 245 Rn. 63.
2600   LR-*Becker*[26] § 245 Rn. 65.
2601   *Meyer-Goßner/Schmitt*[60] § 245 Rn. 26; LR-*Becker*[26] § 245 Rn. 64 f.; KK-*Krehl*[7] § 245 Rn. 32.
2602   *Meyer-Goßner/Schmitt*[60] § 245 Rn. 27; LR-*Becker*[26] § 245 Rn. 66.
2603   Vgl. auch KK-*Krehl*[7] § 245 Rn. 33.

Eine Wahrunterstellung ist nicht zulässig, da § 245 Abs. 2 StPO diesen Ablehnungsgrund nicht vorsieht. Bei der Ablehnung eines Beweisantrags auf Verwendung eines präsenten Beweismittels durch Wahrunterstellung ist vorzutragen, welche gegenüber der unter Beweis gestellten Tatsache „überschießenden" Erkenntnisse zugunsten des Angeklagten die Verwendung des Beweismittels erbracht hätte.

Bei Sachverständigen kommt eine Ablehnung wegen eigener Sachkunde nicht in Betracht, da § 245 Abs. 2 StPO diesen Ablehnungsgrund nicht enthält.[2604]

1699 Nach § 245 StPO ist Voraussetzung für die Beweiserhebungspflicht im Hinblick auf Zeugen oder Sachverständige, die von der Verteidigung (oder Staatsanwaltschaft) geladen wurden,[2605] dass

- die Beweispersonen *förmlich* nach §§ 220, 38 StPO über den Gerichtsvollzieher geladen wurden (Ladungsnachweis!)
- sie erschienen sind und
- ein förmlicher Beweisantrag auf deren Vernehmung gestellt wurde.[2606]

Das Gericht ist zur Vernehmung der Beweisperson verpflichtet, wenn der Beweisantrag nicht nach dem Katalog des § 245 Abs. 2 S. 2 und 3 StPO abgelehnt wird.

Sonstige von der Verteidigung (oder Staatsanwaltschaft) herbeigeschaffte Beweismittel sind z.B. Urkunden[2607] oder Augenscheinsobjekte, die dem Gericht überreicht wurden.[2608] Voraussetzung für die Erstreckung der Beweisaufnahme auf diese Beweismittel ist ebenfalls ein Beweisantrag.

II. Anforderungen an den Vortrag

1700 Die Anforderungen an den Vortrag sind umfangreich und streng. Sie richten sich nach der jeweiligen Fallkonstellation. Auch die Ausführungen zur Beruhensfrage müssen sehr ausführlich sein. Auch dazu ist ein Tatsachenvortrag erforderlich.[2609]

In allen Fallkonstellationen empfiehlt es sich, neben der Verletzung von § 245 Abs. 1 oder Abs. 2 StPO gleichzeitig die Aufklärungsrüge zu erheben (etwa: „Gerügt wird die Verletzung von § 245 Abs. 1 StPO sowie die Verletzung der Aufklärungspflicht, § 244 Abs. 2 StPO"). Beide Rügen erfordern einen fast identischen Vortrag und der Prüfungsumfang durch das Revisionsgericht ist ähnlich.[2610] In Er-

---

2604 *BGH* StV 1994, 358.
2605 KK-*Krehl*[7] § 245 Rn. 24.
2606 *Meyer-Goßner/Schmitt*[60] § 245 Rn. 16 ff.
2607 Kopien sind zum Nachweis der Existenz und des Inhalts des Originals keine Urkunden i.S.d. § 245 StPO: *BGH* StV 1994, 525; vgl. auch *BGH* v. 6.9.2011 – 1 StR 633/10 = wistra 2012, 29, 33; zum Ausdruck einer E-Mail offengelassen: *BGH* v. 22.9.2015 – 4 StR 355/15 = StV 2016, 343 m. Anm. *Trüg.*
2608 *Meyer-Goßner/Schmitt*[60] § 245 Rn. 17; KK-*Krehl*[7] § 245 Rn. 25; LR-*Becker*[26] § 24 Rn. 47 ff.
2609 *BGH* StV 1997, 170; *Meyer-Goßner/Schmitt*[60] § 245 Rn. 30.
2610 *OLG Celle* StV 1989, 243.

gänzung zu den Vortragserfordernissen bei der Rüge der Verletzung von § 245 StPO ist bei der gleichzeitig erhobenen Aufklärungsrüge nur noch darzulegen, warum sich dem Gericht die Beweiserhebung aufdrängen musste und welche zugunsten des Angeklagten wirkenden Beweisergebnisse die unterlassene Beweiserhebung ergeben hätte.

1. Vom Gericht geladene und erschienene Beweispersonen und herbeigeschaffte Beweismittel

Bei Beweispersonen ist mindestens vorzutragen,[2611]   **1701**

- dass das Gericht die Beweisperson geladen hat, die Ladungsverfügung ist in vollem Umfang ebenso mitzuteilen wie der Vermerk über deren Ausführung;
- dass die Beweisperson zum Ladungszeitpunkt erschienen war;
- dass dem Gericht die Anwesenheit bekannt war;
- dass die Beweisperson nicht oder nur teilweise vernommen wurde, was im Einzelnen darzulegen ist;
- dass auf deren Vernehmung nicht (auch nicht später) verzichtet wurde;
- dass der Beweis später nicht (vollständig) erhoben wurde;
- alle Vorgänge, die sich auf die Beweisperson beziehen und nach der Nichtvernehmung angefallen sind.

Für die Beruhensfrage:

- welches *konkrete* Ergebnis die unterbliebene Beweiserhebung gehabt hätte, dazu sind vorzutragen
- alle Angaben der Beweisperson, die in den Akten enthalten sind,

bei **Zeugen** etwa

- Vernehmungen, polizeiliche Vermerke über Angaben des Zeugen; schriftliche Eingaben oder Erklärungen des Zeugen etc.,
- bei unberechtigter Zubilligung eines Zeugnis- oder Auskunftsverweigerungsrechts die Tatsachen, aus denen sich das Nichtbestehen eines Zeugnis oder Auskunftsverweigerungsrechts ergibt,
- dass das Gericht den Zeugen entspr. belehrt hat,
- dass der Zeuge Angaben unter Berufung auf § 52 StPO oder ein sonstiges Aussage oder Auskunftsverweigerungsrecht verweigert hat;
- etwaige Maßnahmen (oder deren Unterlassung) nach § 70 StPO im Falle ungesetzlicher Zeugnisverweigerung;

bei *Sachverständigen*

- der gerichtliche Auftrag,
- das vorbereitende Gutachten sowie sonstige Stellungnahmen des Sachverständigen.

2611   Vgl. insgesamt KK-*Krehl*[7] § 245 Rn. 24.

2. Sonstige vom Gericht herbeigeschaffte Beweismittel

1702 Hier muss angegeben werden[2612]

- das Beweismittel mit genauer Fundstelle,
- bei Urkunden oder Lichtbildern sind diese vollständig mitzuteilen; bei Videoaufnahmen oder Asservaten ist der Inhalt/das Aussehen etc. zu beschreiben,
- die Tatsachen, mit denen der Nachweis geführt werden kann, dass das Gericht von dem Beweismittel Gebrauch machen wollte,[2613]
- dass das Beweismittel nicht verwendet wurde,
- dass auf die Verwendung (auch später) nicht verzichtet wurde,
- dass der Beweis auch später nicht erhoben wurde,
- welches Ergebnis die unterbliebene Beweiserhebung gehabt hätte.[2614]

Da nicht vorhersehbar ist, ob der Nachweis der „Benutzungsabsicht" durch das Gericht gelingt, sollte gleichzeitig eine Aufklärungsrüge erhoben werden, mit der die unterbliebene Verwendung des an Gerichtsstelle vorhandenen Beweismittels gerügt wird.

3. Von der Verteidigung herbeigeschaffte Beweismittel

1703 Hier ist zu differenzieren zwischen „gestellten" und förmlich geladenen Beweispersonen.

a) „Gestellte" Beweispersonen

1704 Bei lediglich am Gerichtsort anwesenden Personen handelt es sich nicht um präsente Beweismittel i.S.d. § 245 StPO. Ist kein Beweisantrag gestellt und unterbleibt eine Vernehmung, kann nur die Aufklärungsrüge erhoben werden (vgl. dazu Rüge 190, Rn. 1708 ff.).

Ist ein Beweisantrag gestellt, kann dieser nach dem Katalog des § 244 Abs. 3, 4 StPO durch Beschluss nach Abs. 6 abgelehnt werden. In diesem Fall ist die Verletzung des Beweisantragsrechts zu rügen. Auf die entspr. Ausführungen kann verwiesen werden.[2615]

b) Förmlich geladene Beweispersonen

1705 Hier ist vorzutragen

- die Tatsache der Ladung durch die Verteidigung einschließlich Ladungsunterlagen und Ladungsnachweis (im Wortlaut) sowie der Angaben zur Entschädigung des Zeugen oder Sachverständigen;[2616]

2612 Vgl. dazu auch *OLG Celle* StV 1989, 243.
2613 *BGHSt* 37, 168.
2614 Einschränkend *OLG Celle* StV 1989, 243.
2615 *Meyer-Goßner/Schmitt*[60] § 245 Rn. 5.
2616 *BGH* v. 8.12.2011 – 4 StR 430/11 = StV 2013, 71 = StraFo 2012, 145.

- das Erschienensein der Beweisperson;
- der Beweisantrag in vollem Wortlaut;
- der ablehnende Gerichtsbeschluss in vollem Wortlaut;
- dass der Beweis (auch später) nicht erhoben wurde;
- alle nach Zurückweisung des Antrag angefallenen Vorgänge, die sich auf die Beweisperson und den Antrag beziehen;
- dass auf die Beweiserhebung nicht nachträglich verzichtet wurde.

Zur Beruhensfrage:

- welches Ergebnis die unterbliebene Beweiserhebung gehabt hätte, dazu sind vorzutragen:
- alle Angaben der Beweisperson, die in den Akten enthalten sind,
- bei **Zeugen** etwa Vernehmungen, polizeiliche Vermerke über Angaben des Zeugen; schriftliche Eingaben oder Erklärungen des Zeugen etc.,
- bei **Sachverständigen** der Auftrag der Verteidigung,
- das vorbereitende Gutachten sowie sonstige Stellungnahmen des Sachverständigen.

c) Von der Verteidigung herbeigeschaffte sonstige Beweismittel

Hier ist vorzutragen: **1706**

- die genaue Bezeichnung des Beweismittels; bei Urkunden der genaue und vollständige Wortlaut; bei Lichtbildern diese selbst (in Kopie) mit Fundstelle,
- die Tatsache, dass diese Beweismittel von der Staatsanwaltschaft oder der Verteidigung dem Gericht übergeben und zu den Akten genommen wurden oder sich bereits bei den dem Gericht vorliegenden Akten/Asservaten befanden,
- der Beweisantrag,
- der ablehnende Gerichtsbeschluss,
- dass der Beweis nicht erhoben wurde,
- dass der Beweisantrag nicht zurückgenommen wurde oder auf die Beweiserhebung verzichtet wurde,
- welches Ergebnis die unterbliebene Beweiserhebung gehabt hätte;

Dazu sind anzugeben (sofern nicht schon geschehen):

- die genaue Bezeichnung und der Inhalt des Beweismittels mit Fundstelle.

F. Aufklärungsrüge

Rüge 190

1707   Hat das Gericht eine Beweiserhebung unterlassen, die für den Schuld- oder Rechtsfolgenausspruch von Bedeutung war (Aufklärungsrüge)?

I. Rechtsgrundlagen

1708   Soll mit der Revision geltend gemacht werden, das Gericht habe – ohne dass ein
entspr. Antrag gestellt worden war – bedeutenden Beweisstoff nicht in die Hauptverhandlung eingeführt, offenbart dies meistens einen Verteidigungsfehler in der
Tatsacheninstanz. Insbesondere dann, wenn der Instanzverteidiger die Revisionsbegründung fertigt und mit der Aufklärungsrüge das rechtsfehlerhafte Unterlassen be-
deutsamer Beweiserhebungen rügt, stellt sich dem Revisionsgericht die Frage, warum, wenn denn der Beweisstoff so erheblich war, kein entspr. Antrag gestellt wurde. Gleichwohl kann eine Aufklärungsrüge nicht an dem Unterlassen eines entspr.
Beweisbegehrens in der Hauptverhandlung scheitern.[2617]

1709   Gleichwohl: Das Gericht ist verpflichtet, von Amts wegen auch ohne Anregungen
oder Anträge der Verfahrensbeteiligten die Beweisaufnahme auf alle Tatsachen zu
erstrecken, die für die Urteilsfindung von Bedeutung sind.[2618] Dies gilt selbst dann,
wenn die Verfahrensbeteiligten auf die Beweiserhebung verzichtet haben.[2619] Das
Gericht hat auch solche Beweiserhebungen vorzunehmen, durch die das bisher gefundene Beweisergebnis in Frage gestellt werden kann.[2620] Die Frage, ob das Gericht alle Beweismittel erschöpfen muss, wenn auch nur eine mehr oder weniger
entfernte Möglichkeit der Änderung des bisher gefundenen Beweisergebnisses besteht, ist umstritten.[2621] Je weniger gesichert ein bisher gefundenes Beweisergebnis
ist, je schwieriger die Beweislage und die Beweiswürdigung ist (etwa Fälle von
Aussage gegen Aussage), desto höher sind die Anforderungen an die Aufklärungs-
bemühungen des Gerichts.[2622] Das Gericht muss sich um den sachnächsten und
bestmöglichen Beweis bemühen.[2623]

2617   KK-*Krehl*[7] § 244 Rn. 32; LR-*Becker*[26] § 244 Rn. 362.
2618   Nur KK-*Krehl*[7] § 244 Rn. 27 ff.; *Meyer-Goßner/Schmitt*[60] § 244 Rn. 11; LR-*Becker*[26]
§ 244 Rn. 50.
2619   Etwa *BGH* StV 1993, 495; 1991, 164.
2620   *BGH* StV 2005, 253; *BGHR* StPO § 244 Abs. 2 Aufdrängen 1.
2621   Vgl. *Meyer-Goßner/Schmitt*[60] § 244 Rn. 12; krit. KK-*Krehl*[7] § 244 Rn. 33 jew. mit
weit. Rspr.-Nachw.
2622   *BGH* v. 19.3.2013 – 5 StR 79/13 = NStZ 2013, 725; *BGH* StV 1996, 249; 1990, 99;
Meyer-Goßner/Schmitt[60] § 244 Rn. 12.
2623   *BVerfG* v. 20.12.2012 – 2 BvR 659/12 = StV 2013, 574, 575 f.

Die Verletzung der Aufklärungspflicht kann die Nichtberücksichtigung aller Be- **1710**
weismittel betreffen,[2624] also Zeugen, auch in Form einer unterlassenen wiederholten Vernehmung, Urkunden, alle Arten von Sachverständigengutachten, u.U. Tatre-
konstruktionen oder Experimente. Hierunter fallen z.b. auch die Rügen, das Gericht
habe einem Zeugen zu Unrecht ein Auskunfts- oder Zeugnisverweigerungsrecht zugebilligt und der Zeuge habe unter Berufung darauf die Aussage verweigert. War
der betreffende Zeuge allerdings in der Hauptverhandlung anwesend, kommt vorrangig die Verletzung des § 245 Abs. 1 StPO in Betracht (vgl. dazu Rüge 189,
Rn. 1692 ff.)

Sind außerhalb der Hauptverhandlung oder in einer ausgesetzten Verhandlung Be- **1711**
weisanträge gestellt worden, die in der Hauptverhandlung nicht wiederholt worden
sind, können auch diese Anträge Gegenstand der Aufklärungsrüge sein.[2625]

Es ist ausgeschlossen, auch nur annähernd die Fallvarianten möglicher Aufklärungsrügen darzustellen. Die Rspr. dazu ist äußerst umfangreich und einzelfallbezogen.

Ob eine den Formerfordernissen des § 344 Abs. 2 S. 2 StPO genügende Aufklärungsrüge begründet ist, entscheidet das Revisionsgericht „aus seiner Sicht der Din-
ge" unter Zugrundelegung der tatrichterlichen Feststellungen und Beweiswürdigung.[2626] Dies eröffnet einen weiten Entscheidungsspielraum.

II. Anforderungen an den Vortrag

Zahlreiche Aufklärungsrügen scheitern an der Hürde des § 344 Abs. 2 S. 2 StPO. **1712**
Wegen der Fülle der Fallvarianten können hier nur allgemeine und im Einzelfall
möglicherweise unvollständige Hinweise gegeben werden.[2627]

Grundsätzlich ist Folgendes vorzutragen:

- die *Tatsache* (*nicht* eine Frage, ob…), die das Gericht unterlassen hat[2628] aufzuklären; das Fehlen der Angabe der Fundstellen für die behaupteten Tatsachen
  macht die Aufklärungsrüge nicht unzulässig,[2629] es ist jedoch sehr empfehlenswert, diese nicht nur mitzuteilen, sondern, wenn sich die Tatsachen aus einem
  Schriftstück ergeben, dieses selbst in der Revisionsbegründung mitzuteilen,

---

2624 Zu den Anforderungen an die Aufklärungsrüge im Falle der Nichtausschöpfung eines
      in der Hauptverhandlung präsenten Beweismittels s. KK-*Gericke*[7] § 344 Rn. 53
      m.w.N.
2625 *BGHR* StPO § 244 Abs. 2 Aufdrängen 1.
2626 KK-*Krehl*[7] § 244 Rn. 220.
2627 Vgl. insgesamt KK-*Krehl*[7] § 244 Rn. 215 ff.; zu den Formerfordernissen KK-*Gericke*[7]
      § 344 Rn. 51 f.; *Meyer-Goßner/Schmitt*[60] § 244 Rn. 81.
2628 Allein aus dem Schweigen der Urteilsgründe kann nicht auf das Unterlassen geschlos-
      sen werden: *BGH* v. 12.5.2016 – 4 StR 569/15 = StraFo 2016, 347.
2629 *BGH* v. 21.5.2003 – 4 StR 157/02 = StV 2004, 302; *BGH* v. 24.7.2012 – StR 302/12 =
      StraFo 2012, 467.

- die genaue Bezeichnung des Beweismittels, das das Gericht zur Feststellung der Tatsache hätte heranziehen müssen; bei der Aufklärungsrüge einer unterlassenen Zeugenvernehmung ist grundsätzlich die Mitteilung der ladungsfähigen Anschrift erforderlich. Jedoch kann ausnahmsweise die Mitteilung der Fundstelle der in den Akten befindlichen polizeilichen Vernehmung des Zeugen und des Datums der Vernehmung ausreichend sein,[2630]
- die Mitteilung, dass dieses Beweismittel geeignet war, die Tatsache zu bestätigen, im Falle der unterlassenen Einholung eines Glaubwürdigkeitsgutachtens gehört hierzu auch der Umstand, dass die zu begutachtende Person der Begutachtung zugestimmt hat.[2631]
- aus welchen Gründen sich dem Gericht die Beweiserhebung hätte aufdrängen müssen;[2632] etwaige Bemühungen des Gerichts zur Erhebung des Beweises, ggf. mit der Mitteilung des vollständigen Wortlauts entspr. Vorgänge wie Vermerke etc. sind vorzutragen, wobei nicht nur die Beweiserheblichkeit, sondern auch die dem Gericht erkennbaren Beweismöglichkeiten darzulegen sind.
- Sind zu der aufzuklärenden Tatsache Anregungen gegeben oder Beweisermittlungs- oder Beweisanträge gestellt worden, sind diese sowie die Entscheidung des Gerichts in vollem Wortlaut mitzuteilen; insoweit gelten die Grundsätze wie bei der Zurückweisung eines Beweis oder Beweisermittlungsantrags,
- welches konkrete und bestimmte Ergebnis die Beweiserhebung zugunsten des Angeklagten erbracht hätte (Angabe einer *Tatsache* wie bei einem Beweisantrag, *nicht* „ob"!),
- ggf. eine Begründung für die Unterlassung einer entspr. Beweisanregung oder eines Antrags der Verteidigung in der Hauptverhandlung,[2633]
- alle Aktenteile, Unterlagen, Urkunden etc. (mit Fundstelle) vollständig und im Wortlaut, aus denen sich ergeben
- die Tatsache, die aufklärungsbedürftig war,
- das Beweismittel, das hätte herangezogen werden müssen,
- die Gründe, warum sich dem Gericht die Beweiserhebung aufdrängen musste und das Beweisergebnis, das die Beweiserhebung aus den darzulegenden Gründen zugunsten des Angeklagten ergeben hätte.

Geht es z.B. um Ergebnisse einer Telefonüberwachung, sind die Gespräche, deren Nichteinführung beanstandet wird, mit Fundstelle und im Wortlaut mitzuteilen. Im Falle der Nichteinführung von Videoaufnahmen müsste deren Inhalt beschrieben werden.

2630 *OLG Hamm* StV 2008, 570.
2631 *BGH* v. 8.1.2013 – 1 StR 602/12 = StV 2013, 552, 553.
2632 Dazu gehört auch die Mitteilung des Inhalts etwaiger darauf gerichteter Beweisanträge und der Entscheidungen des Tatgerichts über diese Anträge: *BGH* v. 8.1.2013 – 1 StR 602/12 = StV 2013, 552, 553.
2633 Vgl. aber KK-*Krehl*[7] § 244 Rn. 32; *Widmaier* NStZ 1994, 418; vgl. auch *BGH* v. 7.1.1992 – 1 StR 596/91.

Kapitel 22
Übereinstimmung Anklagevorwurf/Urteil
(Hinweispflicht/Urteilsfeststellungen/Beweiswürdigung)

Rüge 191

Beruht die Verurteilung des Angeklagten auf einem anderen als dem in der gerichtlich zugelassenen Anklage angeführten Strafgesetz, und wurde er zuvor ausreichend auf die Veränderung des rechtlichen Gesichtspunktes hingewiesen und ihm Gelegenheit zur Verteidigung gegeben (§ 265 Abs. 1 StPO)?

1713

I. Rechtsgrundlagen

1. Gegenstand der Hinweispflicht nach § 265 Abs. 1 StPO

Nach § 265 Abs. 1 StPO muss der Angeklagte auf rechtliche Änderungen im Bereich des Schuldspruchs hingewiesen werden, die zu einer Verurteilung aufgrund eines anderen als des in der gerichtlich zugelassenen Anklage[2634] angeführten Strafgesetzes führen. Sind die zugelassene Anklage und der Schuldspruch des Urteils hinsichtlich der anzuwendenden Strafvorschrift(en) nicht kongruent, begründet es die Revision (relativer Revisionsgrund gem. § 337 StPO)[2635], wenn der Vorsitzende es unterlassen hat, vor Schluss der Beweisaufnahme oder nach erneutem Wiedereintritt in diese dem Angeklagten einen ausreichenden Hinweis auf die veränderte Rechtslage zu erteilen.[2636] Hat der Vorsitzende erst nach dem Plädoyer der Staatsanwaltschaft einen Hinweis erteilt, ohne erneut in die Beweisaufnahme eingetreten zu sein, kann die Frage, ob dieser Hinweis verspätet war und die Verurteilung des Angeklagten auf der Grundlage des veränderten rechtlichen Gesichtspunktes einen Fairness-Verstoß darstellte, nur dann zum Gegenstand der Revision gemacht wer-

1714

2634   Dieser stehen ein Strafbefehl, eine Nachtragsanklage und Einbeziehungsbeschluss nach § 266 StPO, der Hinweis nach § 81 Abs. 2 OWiG, durch den das gerichtliche Bußgeldverfahren in ein Strafverfahren übergeleitet wurde, und ein Verweisungsbeschluss nach § 270 StPO gleich.

2635   Dass dem Urteil eine Verständigung nach § 257c StPO vorausgegangen ist und das Gericht die Strafe dem Verständigungsstrafrahmen entnommen hat, führt nicht dazu, die Hinweispflichten des § 265 StPO zu relativieren oder gar zu verdrängen: *BGH* v. 11.5.2011 – 2 StR 590/10 = StV 2011, 607 = StraFo 2011, 400 = NStZ 2012, 46 m. Anm. *Jahn/Rückert.*

2636   Die Nichterteilung eines gebotenen Hinweises und die Nichteinhaltung der an einen solchen Hinweis zu stellenden Anforderungen erfordern unterschiedliche Rügen, die die jeweilige Angriffsrichtung erkennen lassen müssen: *BGH* Beschl. v. 13.12.2007 – 3 StR 347/07.

den, wenn das Vorgehen des Vorsitzenden gem. § 238 Abs. 2 StPO beanstandet wurde.[2637]

a) Hinweispflichten im Bereich des Besonderen Teils des StGB bzw. des Nebenstrafrechts

1715 • Es kommt ein anderer Straftatbestand im Urteil zur Anwendung,
 • es kommt zwar derselbe Straftatbestand wie in der zugelassenen Anklage zur Anwendung, abweichend von dieser erfolgt die Verurteilung aber nach einer anderen Alternative oder anderen Tatmodalität.[2638] Auch der Austausch einer Bezugstat, auf die der Straftatbestand verweist, erfordert einen Hinweis.[2639]

b) Hinweispflichten im Bereich des Allgemeinen Teils des Strafrechts

1716 • Änderung der strafrechtlich wesentlichen Handlungsform (Tatbegehung durch ein Tun anstelle einer Tatbestandsverwirklichung durch Unterlassen bzw. umgekehrt),
 • Änderung der Schuldform (Vorsatz statt Fahrlässigkeit bzw. umgekehrt),
 • Wechsel von Versuch zu Vollendung bzw. umgekehrt,
 • Änderungen im Bereich von Täterschaft und Teilnahme,
 • Änderungen im Zusammenhang mit Fragen des Konkurrenzverhältnisses,
 • wahldeutige Verurteilung,
 • Anwendung von Jugendrecht.[2640]

2. Form und Inhalt des erforderlichen Hinweises

1717 Die Änderung des Anklagevorwurfs muss gegenüber dem Angeklagten durch einen ausdrücklichen und förmlichen Hinweis erklärt werden. Dies kann durch eine Erklärung des Vorsitzenden, aber auch durch Verkündung eines entspr. Gerichtsbeschlusses erfolgen. Es muss sich um eine an den von der Veränderung betroffenen Angeklagten gerichtete Erklärung handeln. Sie kann auch schon vor oder außerhalb der Hauptverhandlung erfolgen, wenn dem Angeklagten nur deutlich wird, dass das Gericht von der in der zugelassenen Anklage vertretenen rechtlichen Beurteilung abweichen könnte (z.B. schriftlicher Hinweis im Rahmen der Ladung zur Hauptverhandlung, mündliche Hinweiserteilung durch einen beauftragten Richter, Hinweis-

---

2637 *BGH* v. 10.1.2012 – 5 StR 508/11 = NStZ 2012, 344 = StraFo 2012, 101.
2638 Vgl. die Beispiele aus der Rspr. bei LR-*Stuckenberg*[26] § 265 Rn. 37 ff; SK-StPO-*Velten*[5] § 265 Rn. 16; ferner *Schlothauer* StV 1986, 213, 217, Fn. 53.
2639 *BGH* v. 12.1.2011 – 1 StR 582/10 = BGHSt 56, 121 = StV 2012, 68 = JR 2012, 86 m. Anm. *Niemöller*: Austausch der Bezugstat bei Verdeckungsmord; *OLG Oldenburg* NJW 2009, 3669 = StraFo 2010, 116 Austausch der Bezugstat bei Vollrausch.
2640 Vgl. mit zahlreichen weiteren Nachweisen LR-*Stuckenberg*[26] § 265 Rn. 23 ff.; SK-StPO-*Velten*[5] § 265 Rn. 17; *Meyer-Goßner/Schmitt*[60] § 265 Rn. 8 ff.; *Schlothauer* StV 1986, 213, 216 f.

erteilung gegenüber dem Verteidiger im Falle einer zulässigen Hauptverhandlungsdurchführung ohne Anwesenheit des Angeklagten: § 234a StPO[2641]).

Inhaltlich muss der Hinweis den Angeklagten in die Lage versetzen, die Verteidigung auf den neuen Gesichtspunkt einzurichten. Es muss für den Angeklagten eindeutig erkennbar sein, welches Strafgesetz, ggf. welche Begehungsform etc., das Gericht bei einem bestimmten Sachverhalt in Betracht zieht und in welchen Tatsachen die gesetzlichen Tatbestandsmerkmale gesehen werden.[2642] Es müssen also u.U. auch die Tatsachen mitgeteilt werden, auf die sich die Veränderung des rechtlichen Gesichtspunktes stützt.[2643] **1718**

3. Gewährung ausreichender Gelegenheit zur Verteidigung

Wird der Hinweis unmittelbar vor der Urteilsverkündung, möglicherweise sogar erst nach der Beratung erteilt, muss dem Angeklagten durch Wiedereintritt in die Beweisaufnahme die Möglichkeit gegeben werden, sich mit Erklärungen und Anträgen gegen die Veränderung zu verteidigen.[2644] Hat der Angeklagte bislang keine Angaben zur Sache gemacht, muss der Vorsitzende durch sein Verhalten unzweideutig zum Ausdruck bringen, dass das Gericht bereit ist, mit Rücksicht auf die eingetretene Veränderung Erklärungen und Anträge des Angeklagten entgegenzunehmen, wobei in dieser Situation der Angeklagte ausdrücklich (nochmals) darauf hingewiesen werden sollte, dass es ihm freistehe, sich zu dem veränderten Vorwurf zu äußern.[2645] Ansonsten kann die Beeinträchtigung der Verteidigung im Hinblick auf den Zeitpunkt der Erteilung des Hinweises bzw. der Fortführung der Verhandlung nur in Verbindung mit einem darauf gestützten – zurückgewiesenen – Aussetzungsantrag unter dem Blickwinkel eines Verstoßes gegen § 265 Abs. 3 StPO gerügt werden.[2646] Zumindest bedarf es einer Beanstandung gem. § 238 Abs. 2 StPO[2647]. **1719**

2641 Nach Auffassung des BGH kann ein Hinweis auch in der ein Urteil aufhebenden Entscheidung des Rechtsmittelgerichts liegen, in der einem verteidigten Angeklagten die abweichende Beurteilung verdeutlicht werde: *BGH* StV 2008, 342 m. Anm. *Wachsmuth*; einschränkend auch LR-*Stuckenberg*[26] § 265 Rn. 15.

2642 LR-*Stuckenberg*[26] § 265 Rn. 61; *Meyer-Goßner/Schmitt*[60] § 265 Rn. 31; KK-*Kuckein*[7] § 265 Rn. 17 jeweils m.w.N.

2643 *BGH* v. 23.3.2011 – 2 StR 584/11 = StV 2012, 70 = NStZ 2011, 475 = StraFo 2011, 231; *BGH* v. 25.10.2016 – 2 StR 84/16 = NJW 2017, 1253 m. Anm. *Schlund*

2644 *BGH* v. 9.8.2012 – 1 StR 323/12 = NStZ 2013, 58; KMR-*Stuckenberg* (Okt. 2002), § 265 Rn. 48; KK- *Kuckein*[7] § 265 Rn. 22.

2645 LR-*Stuckenberg*[26] § 265 Rn. 65.

2646 LR-*Stuckenberg*[26] § 265 Rn. 115. Siehe dazu auch unten Rüge 200 Rn. 1794.

2647 *BGH* v. 10.1.2012 – 5 StR 508/11 = NStZ 2012, 344.

II. Anforderungen an den Vortrag der Rüge der Verletzung des § 265 Abs. 1 StPO

1720 • Die Revision muss den Schuldspruch einschließlich der angewendeten Strafvorschriften des verkündeten Urteils mitteilen, was nur unterbleiben kann, wenn zugleich die allgemeine Sachrüge erhoben wird.[2648]

• Es muss der Anklagesatz einschließlich der anzuwendenden Strafvorschriften mitgeteilt werden. Dessen bedarf es dann nicht, wenn das Urteil auch mit der allgemeinen Sachrüge angegriffen wird. Dann muss die Rüge allerdings die für die Verletzung des § 265 StPO bedeutsamen Umstände mitteilen, um den Revisionsvortrag aus sich heraus verständlich zu machen.[2649]

• Es muss der Inhalt des Eröffnungsbeschlusses, durch den die Anklage zur Hauptverhandlung zugelassen wurde,[2650] einschließlich etwaiger Änderungen (§ 207 Abs. 2 StPO) wörtlich mitgeteilt werden.[2651]

• Es ist, wenn die Sache nicht nach § 270 StPO an das erkennende Gericht verwiesen wurde, dieser Umstand mitzuteilen, weil der Verweisungsbeschluss an die Stelle der zugelassenen Anklage tritt.[2652]

• Es muss mitgeteilt werden, dass dem Angeklagten kein Hinweis auf die Veränderung der Rechtslage erteilt wurde, und zwar weder vor noch in der Hauptverhandlung und im Falle einer Abwesenheitsverhandlung auch nicht gegenüber seinem Verteidiger.

2648   Zur Verdeutlichung des Verfahrensfehlers empfiehlt es sich allerdings, den Urteilstenor nochmals mitzuteilen.

2649   *BGH* v. 2.12.2008 – 3 StR 441/08 = StraFo 2009, 115. Siehe aber *BGH* v. 9.8.2012 – 1 StR 323/12 = NStZ 2013, 58 für die Rüge, dass ein gebotener Hinweis unterblieben sei.

2650   Bzw. Strafbefehl, Nachtragsanklage und Einbeziehungsbeschluss, Hinweis nach § 81 Abs. 2 OWiG oder Verweisungsbeschluss nach § 270 StPO.

2651   In den Fällen des § 207 Abs. 3 StPO muss auch die neue Anklageschrift (Anklagesatz) mitgeteilt werden.

2652   LR-*Stuckenberg*[26] § 265 Rn. 12. Es handelt sich um eine sog. Negativtatsache, deren Vortrag in Konsequenz der rigiden Rspr. des BGH zu § 344 Abs. 2 S. 2 StPO geboten ist: Denn ohne Hinweis auf das Fehlen eines Verweisungsbeschlusses gem. § 270 StPO könnte der Revisionsbegründungsschrift allein nicht entnommen werden, ob die Erteilung eines gerichtlichen Hinweises tatsächlich erforderlich war. Beschränkt sich der Vortrag auf die Abweichung zwischen dem Inhalt der zugelassenen Anklageschrift und dem Urteil, ließe sich nicht ausschließen, dass der Angeklagte im Falle eines Verweisungsbeschlusses nach § 270 StPO bereits dort den erforderlichen Hinweis erhielt. Entscheidungen des *BGH* zu § 265 StPO, in denen die Unzulässigkeit der Verfahrensrüge mit einem insoweit unzureichenden Tatsachenvortrag begründet wurde, liegen allerdings soweit ersichtlich nicht vor. In seinem Beschluss vom 19.12.2007 – 1 StR 581/07 weist der *BGH* – ohne darauf seine Entscheidung zu stützen – auf unzureichenden Revisionsvortrag im Hinblick auf die ein Urteil aufhebende Entscheidung des Rechtsmittelgerichts und eine anschließende Haftentscheidung des neu erkennenden Gerichts hin (*BGH* StV 2008, 342). Es empfiehlt sich deshalb, zusätzlich als Negativtatsache vorzutragen, dass es sich bei dem angefochtenen Urteil nicht um eine vom Revisionsgericht zurückverwiesene Sache handelte.

- Im Falle der Erteilung eines ungenügenden rechtlichen Hinweises ist dieser im vollständigen Wortlaut mitzuteilen. Ggf. ist mitzuteilen, dass der Vorsitzende auch keine – ggf. welche – weiteren mündlichen Erläuterungen gegeben hat. Bei mehreren Vorwürfen muss dargelegt werden, in welchem Einzelfall ohne Hinweis von der Würdigung der Anklage abgewichen wurde bzw. warum ein erteilter Hinweis unrichtig oder unvollständig gewesen sei.

III. Nachweis der Verfahrenstatsachen

Die Nichterteilung eines Hinweises in der Hauptverhandlung wird durch das Schweigen des Hauptverhandlungsprotokolls bewiesen. Ob und in welcher Form dem Angeklagten außerhalb der Hauptverhandlung ein Hinweis erteilt wurde, wird im Wege des Freibeweises festgestellt. Der Inhalt des Anklagesatzes sowie des Eröffnungsbeschlusses[2653] wird ebenfalls im Freibeweisverfahren festgestellt. Der Inhalt eines dem Angeklagten in der Hauptverhandlung erteilten Hinweises gehört zu den wesentlichen Förmlichkeiten, die durch die Sitzungsniederschrift bewiesen werden. Das schließt es nicht aus, dass dem Angeklagten durch den Vorsitzenden weitere Erläuterungen gegeben werden, deren Inhalt ggf. im Wege des Freibeweises festzustellen ist. **1721**

IV. Beruhen des Urteils auf fehlendem bzw. ungenügendem rechtlichen Hinweis

Das Beruhen des Urteils auf einer Verletzung des § 265 Abs. 1 StPO kann auch dann nicht mit Sicherheit ausgeschlossen werden, wenn ein Angeklagter bei rechtzeitigem Hinweis auf den veränderten Vorwurf sein bisheriges Verteidigungsverhalten geändert und dadurch eröffnete andere Möglichkeiten der Verteidigung mit besserem Erfolg genutzt und er so ein ihm günstigeres Ergebnis erzielt haben könnte.[2654] Zwar braucht eine Revisionsbegründung den ursächlichen Zusammenhang zwischen dem behaupteten Rechtsfehler und dem angefochtenen Urteil nicht ausdrücklich darzulegen, weil die Prüfung der Beruhensfrage grundsätzlich Sache des Revisionsgerichts ist; es empfehlen sich jedoch entspr. Darlegungen, wenn die Möglichkeit eines Beruhens nicht leicht zu erkennen ist.[2655] **1722**

2653 Entsprechendes gilt für den Strafbefehl.
2654 *OLG Stuttgart* StV 2008, 626.
2655 *BGH* v. 14.1.2010 – 1 StR 587/09 = StV 2012, 74; KK-*Gericke*[7] § 344 Rn. 65.

Rüge 192

1723   Haben sich in der Hauptverhandlung vom Strafgesetz besonders vorgesehene Umstände ergeben, die die Strafbarkeit erhöhen oder die Anordnung einer Maßregel der Besserung und Sicherung oder einer sonstigen Maßnahme i.S.d. § 11 Nr. 8 StGB oder die Verhängung einer Nebenstrafe oder Nebenfolge rechtfertigen, ohne dass der Angeklagte ausreichend hierauf hingewiesen und ihm Gelegenheit zur Verteidigung gegeben wurde (§ 265 Abs. 2 Nr. 1 StPO)?

I. Rechtsgrundlagen

1. Gegenstand der Hinweispflicht nach § 265 Abs. 2 Nr. 1 StPO

1724   Eine Hinweispflicht besteht bei sich erst in der Hauptverhandlung ergebenden vom Strafgesetz besonders vorgesehenen Umständen, die zu einer Erhöhung bei der Zumessung der zu verhängenden Hauptstrafen, Nebenstrafen und sonstigen Nebenfolgen führen. Ebenso bedarf es eines Hinweises vor der Anordnung einer Maßregel der Besserung und Sicherung, einer sonstigen Maßnahme i.S.d. § 11 Nr. 8 StGB oder der Verhängung einer Nebenstrafe oder Nebenfolge, wenn diese Möglichkeit in der zugelassenen Anklage[2656] nicht erwähnt worden ist.

In der Hauptverhandlung „hervorgetreten" sind auch solche Umstände, die zwar schon vorher vorlagen, in ihrer Relevanz für die schärfere Rechtsfolge aber erst in der Hauptverhandlung erkannt worden sind.[2657]

Die Hinweispflicht sollte im Lichte der Ermöglichung einer umfassenden effektiven Verteidigung großzügig gehandhabt werden.[2658]

1725   Die Strafbarkeit erhöhende Umstände sind insbesondere Folgende:

a) Gerichtliche Hinweispflichten bei Änderungen im Bereich der Hauptstrafe

1726   • Alle Qualifikationstatbestände, deren Charakteristikum darin besteht, dass der Grundtatbestand um spezielle „vom Gesetz besonders vorgesehene" Merkmale erweitert wird mit der Folge, dass praktisch ein neuer gesetzlicher Tatbestand gebildet wird.[2659]

2656   Dieser stehen ein Strafbefehl, eine Nachtragsanklage mit Einbeziehungsbeschluss nach § 266 StPO, ein Hinweis nach § 81 Abs. 2 OWiG, durch den das gerichtliche Bußgeldverfahren in ein Strafverfahren übergeleitet wurde, und ein Verweisungsbeschluss nach § 270 StPO gleich.

2657   *Schlothauer* StV 1986, 222; AK-StPO-*Loos* § 265 Rn. 7; SK-StPO-*Velten*[5] § 265 Rn. 24.

2658   Bei der Einschätzung der Erfolgsaussichten einer Rüge wegen eines unterbliebenen Hinweises muss allerdings der restriktiveren Rspr. Rechnung getragen werden. Siehe hierzu im Einzelnen LR-*Stuckenberg*[26] § 265 Rn. 40 ff.; *Schlothauer* StV 1986, 219 ff.

2659   Hier lässt sich der Nachweis, dass die zur Anwendung dieses Tatbestandes führenden „vom Strafgesetz besonders vorgesehenen Umstände" sich erst nach der Anklageerhebung etc. ergeben haben, durch Vergleich zwischen dem Urteilstenor und dem zur Hauptverhandlung zugelassenen Anklagesatz etc. führen.

- Strafverschärfungsvorschriften, die zusätzliche Strafschärfungsgründe abschließend oder in Form von Regelbeispielen enthalten (z.b. §§ 129 Abs. 4, 125a, 243 Abs. 1, 263 Abs. 3 StGB)[2660].

- Verhängung einer Geld neben einer Freiheitsstrafe (§ 41 StGB), weil die kumulative Verhängung zweier Strafarten davon abhängt, dass der Täter sich durch die Tat bereichert oder zu bereichern versucht hat, was nicht notwendige Voraussetzung für die Erfüllung des verwirkten Straftatbestandes ist (z.b. § 266 StGB)[2661].

b) Gerichtliche Hinweispflichten bei Verhängung von Nebenstrafen und Nebenfolgen

- Verhängung von Nebenstrafen/Nebenfolgen, die vom Vorliegen zusätzlicher Tatsachen abhängig sind unabhängig davon, ob diese Sanktionen fakultativ oder obligatorisch zu verhängen waren.[2662] **1727**

- Aberkennung der Fähigkeit, öffentliche Ämter zu bekleiden und Rechte aus öffentlichen Wahlen zu erlangen (§ 45 Abs. 2 StGB)[2663].

- Hinweis auf § 57a StGB, wenn die besondere Schwere der Schuld bei Verurteilung zu lebenslanger Freiheitsstrafe bejaht wird.[2664]

2660 Auch hier lässt sich der Nachweis, dass sich vom Strafgesetz besonders vorgesehene Umstände erst nach der Anklageerhebung etc. ergeben haben, durch einen Vergleich mit der zur Hauptverhandlung zugelassenen Anklageschrift etc. führen, da Rechtsfolgen, die außer der Tat besondere tatsächliche Umstände voraussetzen, entspr. § 265 Abs. 2 StPO mit der Gesetzesbezeichnung im Anklagesatz zu bezeichnen sind: *Meyer-Goßner/Schmitt*[60] § 200 Rn. 14. Ein gerichtlicher Hinweis ist aber auch dann geboten, wenn das Gericht zur Annahme eines besonders schweren Falles außerhalb eines der Regelbeispiele kommt, weil dann zumindest Umstände vorliegen müssen, die in ihrer Gewichtigkeit den Regelbeispielen vergleichbar sind: *Schlothauer* StV 1986, 221; HK-*Julius*[5] § 265 Rn. 7; LR-*Stuckenberg*[26] § 265 Rn. 43, Fn. 210 und Rn. 44.

2661 Vgl. *BGHSt* 3, 30 f.; *Schlothauer* StV 1986, 221. Nach Auffassung von LR-*Stuckenberg*[26] § 200 Rn. 35 soll die Vorschrift des § 41 StGB nicht in die Liste der anzuwendenden Strafvorschriften aufzunehmen sein. Trotzdem sollte bei der Erhebung der Verfahrensrüge der Verletzung des § 265 Abs. 2 Nr. 1 StPO im Falle einer kumulativen Verhängung von Geld- und Freiheitsstrafe darauf hingewiesen werden, dass in der Anklageschrift die Vorschrift des § 41 StGB keine Erwähnung fand.

2662 Bspw. Verhängung eines Fahrverbots nach § 25 StVG: *BGHSt* 9, 224 oder nach § 44 StGB.

2663 Zur Notwendigkeit der Aufnahme der Vorschrift in die Liste der anzuwendenden gesetzlichen Bestimmungen ablehnend *Meyer-Goßner/Schmitt*[60] § 200 Rn. 14 sowie KK-*Schneider*[7] § 200 Rn. 19.

2664 § 57a StGB ist auch in die Liste der anzuwendenden Strafvorschriften aufzunehmen: *Meyer-Goßner/Schmitt*[60] § 200 Rn. 14; KK-*Schneider*[7] § 200 Rn. 19. Damit nicht im Einklang stehen die Entscheidungen des *BGH* StV 1996, 650 und *BGH* StV 2006, 60 m. abl. Anm. *Lüderssen*, wonach § 265 StPO keine Verpflichtung des Gerichts begründe, darauf hinzuweisen, dass neben der Verhängung lebenslanger Freiheitsstrafe die Feststellung der „besonderen Schwere der Schuld" in Betracht komme.

- Hinweispflicht vor Anordnung des Verfalls (§§ 73–73d StGB), der Einziehung (§§ 74 ff. StGB), weil die durch § 74 StGB eröffnete Möglichkeit der Einziehung ein vom Gesetz vorgesehener Umstand ist, durch den sich die Strafbarkeit insgesamt erhöht[2665] und auf den der Angeklagte mit seiner Verteidigung Einfluss nehmen können muss, sei es, um die Verhängung der Nebenfolge abzuwenden, sei es, um eine angemessene Berücksichtigung der Einziehung bei der Bemessung der Hauptstrafe zu erreichen, oder der Unbrauchbarmachung (§ 74d StGB).– Hinweispflicht vor Anordnung einer Maßregel der Besserung und Sicherung (§ 61 StGB)[2666].

2. Form und Inhalt des erforderlichen Hinweises

1728 Die Möglichkeit der Erhöhung der Strafbarkeit infolge eines vom Strafgesetz besonders vorgesehenen Umstandes oder der Anordnung einer Nebenstrafe/Nebenfolge bzw. einer Maßregel der Besserung und Sicherung bedarf eines ausdrücklichen und förmlichen Hinweises in der Hauptverhandlung. Dieser kann durch eine Erklärung des Vorsitzenden, aber auch durch Verkündung eines entspr. Gerichtsbeschlusses erfolgen. Es muss sich um eine an den betroffenen Angeklagten richtende Erklärung handeln. Sie kann auch schon vor oder außerhalb der Hauptverhandlung erfolgen, wenn dem Angeklagten nur deutlich wird, dass das Gericht die Erhöhung der Strafbarkeit bzw. die Anordnung einer Maßregel erwägt.[2667]

Der Hinweis muss neben den in Betracht kommenden Gesetzesvorschriften[2668] auch Angaben zu den Tatsachen enthalten, aufgrund derer das Gericht eine Erhöhung der Strafbarkeit bzw. Anordnung einer Maßregel erwägt.[2669]

3. Gewährung ausreichender Gelegenheit zur Verteidigung auf Grund eines Hinweises

1729 Siehe hierzu Rüge 191 Rn. 1719 und Rüge 200 Rn. 1794.

2665 *BGH* StV 1984, 453 m. Anm. *Schlothauer.*
2666 Da die Liste der anzuwendenden Strafvorschriften die in Betracht kommende Anordnung einer Maßregel enthalten muss (LR-*Rieß*[25] § 200 Rn. 22 u. LR-*Stuckenberg*[26] § 200 Rn. 35), kann die Notwendigkeit der Erteilung eines Hinweises nach § 265 Abs. 2 Nr. 1 StPO durch die Gegenüberstellung der Anklageschrift etc. und des Urteilstenors nachgewiesen werden. Zur Notwendigkeit eines Hinweises vor der Anordnung der Unterbringung in der Sicherungsverwahrung s. *BGH* StV 2004, 580, *BGH* StV 2009, 118 = NStZ 2009, 227 = StraFo 2009, 72, *BGH* v. 8.1.2009 – 4 StR 568/08 = StV 2010, 179; *BGH* v. 2.9.2009 – 5 StR 311/09 = StV 2010, 178, in einer Entziehungsanstalt s. *BGH* StV 2008, 344; *BGH* v. 26.2.2014 – 4 StR 27/14 = StV 2015, 206 und bei Anordnung von Führungsaufsicht s. *BGH* v. 6.5.2014 – 3 StR 131/14 = StV 2015, 207.
2667 Siehe näher Rüge 191 Rn. 1718.
2668 Dies soll nicht zwingend sein: LR-*Stuckenberg*[26] § 265 Rn. 63.
2669 Vgl. LR-*Stuckenberg*[26] § 265 Rn. 46 und 64.

II. Anforderungen an den Vortrag der Rüge der Verletzung des § 265 Abs. 2 Nr. 1 (§ 337) StPO

- Die Revision muss den Urteilstenor einschließlich der angewendeten Strafvor- **1730** schriften mitteilen, was nur unterbleiben kann, wenn zugleich die allgemeine Sachrüge erhoben wird.[2670]
- Da nach herrschender Meinung nicht alle Vorschriften des materiellen Rechts, die für den Rechtsfolgenausspruch Bedeutung haben, Gegenstand des Anklagesatzes sein müssen, empfiehlt es sich, den gesamten Inhalt der Anklageschrift mitzuteilen, wenn daraus weder die vom Gericht für den Rechtsfolgenausspruch herangezogene Vorschrift, noch die Tatsachen und ihre rechtliche Bedeutung enthalten sind, die nach Auffassung des Gerichts die Strafbarkeit erhöhen oder die Anordnung einer Maßregel der Besserung und Sicherung rechtfertigen.
- Es muss der Inhalt des Eröffnungsbeschlusses, durch den die Anklage zur Hauptverhandlung zugelassen wurde,[2671] einschließlich etwaiger Änderungen (§ 207 Abs. 2 StPO) wörtlich mitgeteilt werden.
- Es ist mitzuteilen, dass kein Verweisungsbeschluss nach § 270 StPO ergangen oder auch einem solchen kein Hinweis auf die Strafbarkeit erhöhende bzw. die Anordnung einer Maßregel rechtfertigende Umstände zu entnehmen ist.[2672]
- Es ist vorzutragen, dass dem Angeklagten kein Hinweis darauf erteilt wurde, dass die Strafbarkeit erhöhende oder die Anordnung einer Maßregel rechtfertigende vom Strafgesetz besonders vorgesehene Umstände seitens des Gerichts in Erwägung gezogen würden, und zwar weder vor noch in der Hauptverhandlung und im Falle einer Abwesenheitsverhandlung auch nicht gegenüber dem Verteidiger des Angeklagten.
- Im Falle der Erteilung eines ungenügenden rechtlichen Hinweises ist dieser im vollständigen Wortlaut mitzuteilen: Ggf. ist anzuführen, dass der Vorsitzende auch keine – ggf. welche – weiteren mündlichen Erläuterungen gegeben hat. Bei mehreren Vorwürfen muss dargelegt werden, in welchem Einzelfall ohne Hinweiserteilung das Gericht einen die Strafbarkeit erhöhenden oder die Anordnung einer Maßregel rechtfertigenden Umstand angenommen hat.

III. Nachweis der Verfahrenstatsachen

Die Nichterteilung eines Hinweises in der Hauptverhandlung wird durch das **1731** Schweigen des Hauptverhandlungsprotokolls bewiesen. Der Inhalt eines nach Auffassung des Beschwerdeführers ungenügenden rechtlichen Hinweises wird durch

---

2670 Zur Verdeutlichung des Verfahrens empfiehlt es sich allerdings, den Urteilstenor nochmals mitzuteilen.

2671 Bzw. der Strafbefehl, die Nachtragsanklage und der Einbeziehungsbeschluss, der Hinweis nach § 81 Abs. 2 OWiG oder der Verweisungsbeschluss nach § 270 StPO.

2672 In letzterem Fall ist der Verweisungsbeschluss wörtlich mitzuteilen. Siehe ergänzend Rüge 191 Rn. 1720.

das Hauptverhandlungsprotokoll bewiesen. Der Inhalt etwaiger weiterer mündlicher Erläuterungen oder die Tatsache, dass es zu solchen nicht gekommen ist, ist Gegenstand des Freibeweisverfahrens. Ob und in welcher Form dem Angeklagten außerhalb der Hauptverhandlung ein Hinweis erteilt wurde, wird ebenfalls im Wege des Freibeweises festgestellt. Das gilt auch für den Inhalt des Anklagesatzes bzw. der Anklageschrift sowie des Eröffnungsbeschlusses etc.

Rüge 193

1732   Ist der Angeklagte auf der Grundlage eines anderen als dem der zugelassenen Anklage zu entnehmenden Sachverhalts verurteilt worden, ohne dass er auf die veränderte Sachlage zur genügenden Verteidigung ausreichend hingewiesen worden ist (§ 265 Abs. 2 Nr. 3 StPO)?

I. Rechtsgrundlagen

1733   Eine effektive Verteidigung setzt voraus, dass dem Angeklagten alle Verdachtsgründe bekannt sind, die das Gericht für seine Überzeugungsbildung für erheblich ansieht. Ergeben sich solche Umstände erst im Verlauf der Hauptverhandlung, kann der Angeklagte diese infolge seiner Anwesenheit zwar wahrnehmen; er kann aber – anders als bei dem der zugelassenen Anklage zugrunde liegenden Sachverhalt – nicht erkennen, ob und welchen Verdacht das Gericht aus diesen Tatsachen gegen ihn ableitet, inwieweit also diese Tatsachen aus der Sicht des Gerichts für die Beurteilung des strafrechtlichen Vorwurfs von Bedeutung sind. Der Angeklagte bedarf deshalb einer Unterrichtung über diejenigen neu in der Hauptverhandlung in Erscheinung getretenen Umstände, die als Verdachtsgründe gewürdigt und vom Gericht im Urteil mit zur tatsächlichen Grundlage seiner Entscheidung gemacht werden können und gemacht worden sind.[2673]

1734   Durch die Gleichstellung des § 265 Abs. 2 Nr. 3 StPO mit dem nunmehr als § 265 Abs. 2 Nr. 1 StPO gefassten § 265 Abs. 2 StPO a.F. ist klargestellt, dass es eines nur durch das Protokoll beweisbaren – förmlichen – Hinweises an den Angeklagten bedarf.[2674] Das Schweigen des Hauptverhandlungsprotokolls belegt deshalb zwingend, dass eine gebotene Unterrichtung des Angeklagten nicht stattgefunden hat.

1735   Eine wesentliche Veränderung der Sachlage[2675] liegt insbesondere in folgenden Fällen vor:

2673   Zu den rechtlichen Grundlagen einer Hinweispflicht bei Veränderung der Sachlage s. *Schlothauer* StV 1986, 213, 222 m.w.N.; LR-*Stuckenberg*[26] § 265 Rn. 73 ff.
2674   Vgl. LR-*Stuckenberg*[26] § 265 Rn. 80.
2675   Siehe auch Rn. 1800.

- Auswechslung der Tatzeit oder Erweiterung des Tatzeitraums, wenn dies für die Verteidigung gegen den Schuldvorwurf von wesentlicher Bedeutung ist;[2676]
- Austausch oder Veränderung des Tatopfers/Tatgegenstandes, wenn dies – auch ohne Änderung der rechtlichen Einordnung – für den Schuldspruch von Bedeutung ist;[2677]
- Auswechslung der Tatbeteiligten;[2678]
- Austausch der Tathandlung, auch wenn dies ohne Auswirkung auf die rechtliche Einordnung des Schuldspruchs ist;[2679]
- Austausch wesentlicher den Schuldspruch stützender Indizien.[2680]

Zur Gewährung ausreichender Gelegenheit zur Verteidigung nach Erteilung eines Hinweises (§ 265 Abs. 4 StPO) siehe Rüge 201 Rn. 1799. **1736**

II. Anforderungen an den Vortrag der Rüge der Verletzung der gerichtlichen Hinweispflicht wegen Veränderung des maßgeblichen Sachverhalts (§ 265 Abs. 4 Nr. 3 StPO)

- Die Revisionsbegründung muss die Anklage einschließlich des wesentlichen Ermittlungsergebnisses, die Tatsache ihrer Zulassung zur Hauptverhandlung mitteilen sowie nötigenfalls den abweichenden Eröffnungsbeschluss und etwaige Verweisungsbeschlüsse etc. bzw. deren Fehlen anführen. **1737**
- Es ist vorzutragen, in welchen konkreten Tatsachen das Gericht in Abweichung von dem der zugelassenen Anklage zugrunde liegenden Sachverhalt die Merkmale des gesetzlichen Tatbestandes sowie anderer Modalitäten des Schuldspruchs gefunden hat.
- Es ist mitzuteilen, dass in der Hauptverhandlung ein förmlicher Hinweis auf die veränderte Sachlage unterblieben ist.[2681] Für den Fall, dass gerügt wird, dass der Hinweis nicht sämtliche für eine umfassende Unterrichtung erforderlichen Tatsachen beinhaltete, muss dargelegt werden, welche Tatsachen der Vorsitzende erläutert hat.[2682]
- Es ist darzulegen, inwieweit die Veränderungen für das Verteidigungsverhalten bedeutsam waren.

2676 Vgl. die Nachweise bei *Schlothauer* StV 1986, 224; KMR-*Stuckenberg* (Okt. 2002), § 265 Rn. 59; SK-StPO-*Velten*[5] § 265 Rn. 43.
2677 *BGHSt* 19, 141; *BGH* StV 1990, 249; *BGH* StV 1991, 502; weitere Nachw. bei KMR-*Stuckenberg* (Okt. 2002) § 265 Rn. 59.
2678 *BGH* MDR 1977, 108; *BGH* MDR 1980, 107; *BGH* NStZ 1989, 220; *BGH* NStZ-RR 2002, 98.
2679 *BGHSt* 2, 371, 374; *BGHSt* 28, 196; weitere Nachweise bei KMR-*Stuckenberg* (Okt. 2002) § 265 Rn. 59; ferner SK-StPO-*Velten*[5] § 265 Rn. 44.
2680 *BGHSt* 11, 88, 91.
2681 Dieser kann auch in Form eines in der Hauptverhandlung verkündeten Haftfortdauerbeschlusses erteilt worden sein (*BGH* v. 21.10.2015 – 4 StR 332/15), was ggf. – Negativtatsache! – ausdrücklich ausgeschlossen werden sollte.
2682 *BGHR* StPO § 344 Abs. 2 S. 2 Hinweispflicht 1.

III. Nachweis der Verfahrenstatsachen

1738 Die Nichterteilung eines förmlichen Hinweises wird durch das Schweigen des Hauptverhandlungsprotokolls bewiesen (§ 274 StPO).

Rüge 193a

1739 Hat es das Gericht unterlassen, den Angeklagten darauf hinzuweisen, dass es von einer in der Verhandlung mitgeteilten vorläufigen Bewertung der Sach- oder Rechtslage abweichen werde (§ 265 Abs. 2 Nr. 2 StPO)?

I. Rechtsgrundlagen

1740 Nach § 265 Abs. 2 Nr. 2 StPO hat das Gericht den Angeklagten darauf hinzuweisen, wenn es von einer in der Verhandlung mitgeteilten vorläufigen Bewertung der Sach- oder Rechtslage abzuweichen beabsichtigt. Gemeint sind insbesondere vorläufige Bewertungen, die das Gericht im Rahmen einer Erörterung nach § 257b StPO kundtut. Gegenstand können aber auch sonstige Erklärungen sein, die bei den Verfahrensbeteiligten einen Vertrauenstatbestand schaffen. Zu denken ist bspw. an die Bekundung, es bedürfe keines Beweisantrages, weil das Gericht ohnehin von dem unter Beweis zu stellenden Sachverhalt ausgehe. Wird das erzeugte Vertrauen enttäuscht, weil das Gericht von seiner Bewertung abweicht, ohne darauf hingewiesen zu haben, begründet dies einen Verfahrensfehler. Das Schweigen des Protokolls beweist, dass ein entspr. Hinweis unterblieben ist.

Zur Gewährung ausreichender Gelegenheit zur Verteidigung im Falle eines Hinweises (§ 265 Abs. 4 StPO) siehe Rüge 201 Rn. 1799.

II. Anforderungen an den Vortrag

1741 • Es ist mitzuteilen, dass das Gericht in der Verhandlung eine vorläufige Bewertung der Sach- oder Rechtslage mitgeteilt hat. Hierzu muss ausführlich dargestellt werden, dass und welcher Vertrauenstatbestand dadurch bei dem Angeklagten erzeugt worden ist.

• Es ist darzulegen, wodurch oder in welcher Form das Gericht von dieser Bewertung abgewichen ist.

• Es ist vorzutragen, dass ein Hinweis auf diese Abweichung unterblieben oder nur unzureichend erfolgt ist.

Rüge 194

Wurde in der Hauptverhandlung das Verfahren bzgl. einer angeklagten Tat eingestellt (§ 154 Abs. 2 StPO) bzw. das Verfahren auf einzelne abtrennbare Teile einer Tat oder einzelne von mehreren Gesetzesverletzungen, die durch dieselbe Tat begangen worden sind, beschränkt (§ 154a StPO), ohne dass erforderliche Hinweise erteilt, Tatsachenfeststellungen im Falle der Verwertung bei der Beweiswürdigung oder Strafzumessung getroffen oder aus der Einstellung/Beschränkung Konsequenzen bei der Beweiswürdigung gezogen wurden?

1742

A. Berücksichtigung eingestellter Taten oder ausgeschiedener Tatteile bei der Beweiswürdigung oder Strafzumessung ohne entsprechenden Hinweis an den Angeklagten

I. Rechtsgrundlagen

Hat das Gericht bei der Beweiswürdigung oder bei der Strafzumessung nach § 154 Abs. 2 StPO eingestellte Taten bzw. nach § 154a Abs. 2 StPO ausgeschiedenen Verfahrensstoff berücksichtigt, ohne den Angeklagten zuvor auf diese Möglichkeit hingewiesen zu haben, begründet dies einen Verfahrensfehler wegen Verletzung des Grundsatzes des fairen Verfahrens.[2683]

1743

II. Anforderungen an den Vortrag der Rüge der Verletzung des Grundsatzes des fairen Verfahrens durch fehlende Erteilung eines Hinweises auf die Berücksichtigung eingestellter Taten oder ausgeschiedener Tatteile bei Beweiswürdigung oder Strafzumessung

Die zu erhebende Verfahrensrüge setzt voraus, dass

1744

- die zur Hauptverhandlung zugelassene Anklageschrift einschließlich des Eröffnungsbeschlusses[2684] vollständig wörtlich mitgeteilt wird,
- der Teileinstellungsbeschluss nach § 154 Abs. 2 StPO bzw. der Beschränkungsbeschluss nach § 154a Abs. 2 StPO vollständig wörtlich mitgeteilt wird,
- mitgeteilt wird, in welcher Verfahrenslage (insbesondere vor Schluss der Beweisaufnahme) der Teileinstellungs- bzw. Beschränkungsbeschluss erfolgte und
- mitgeteilt wird, dass das Gericht es unterlassen hat, den Angeklagten darauf hinzuweisen, dass ausgeschiedene Taten bzw. ausgeschiedener Verfahrensstoff bei

---

2683 *BGH* StV 1981, 236; *BGH* NStZ 1981, 100; *BGHSt* 30, 197 = StV 1982, 19; *BGH* StV 1984, 364; *BGH* StV 1988, 191; *BGHSt* 30, 147 = StV 1981, 398; *BGH* StV 1982, 523; *BGHSt* 31, 302 = StV 1983, 184; *BGH* v. 27.11.2008 – 5 StR 526/08 = StV 2009, 117; *BGH* v. 20.11.2013 – 1 StR 476/13 = StV 2014, 478.

2684 Diesem stehen gleich ein Strafbefehl, eine Nachtragsanklage und Einbeziehungsbeschluss nach § 266 StPO, der Hinweis nach § 81 Abs. 2 OWiG und ein Vereisungsbeschluss nach § 270 StPO.

der Beweiswürdigung bzw. der Strafzumessung der verbliebenen Tat(en) zu Lasten des Angeklagten verwendet werden könnten.[2685]

- Nach Auffassung der Rspr. schafft nur eine vor Schluss der Beweisaufnahme erfolgte (Teil-) Einstellung bzw. Beschränkung einen Vertrauenstatbestand, der einen Hinweis nach § 265 StPO erforderlich machen würde.[2686] Vorsorglich ist durch Darlegung des Ablaufs der Hauptverhandlung auszuschließen, dass der Angeklagte nach dem Gang der Hauptverhandlung auf die beabsichtigte Heranziehung der eingestellten Taten bzw. ausgeschiedenen Tatteile aufmerksam geworden ist, so dass sein Verteidigungsverhalten durch den unterbliebenen Hinweis beeinflusst worden sein kann.

III. Nachweis der Verfahrenstatsachen

1745 Ob die Erteilung eines Hinweises eine wesentliche Förmlichkeit gem. § 274 StPO darstellt, die nur durch das Hauptverhandlungsprotokoll beweisbar ist, das Schweigen des Protokolls deshalb den Nachweis für die Nichterteilung des Hinweises liefert, ist umstritten.[2687] Schweigt das Protokoll, muss deshalb gegebenenfalls damit gerechnet werden, dass im Wege des Freibeweisverfahrens geklärt wird, ob der gebotene Hinweis erteilt wurde.

B. Hat das Gericht bei der Beweiswürdigung oder Strafzumessung nach § 154 Abs. 2 StPO eingestellte Taten oder nach § 154a Abs. 2 StPO ausgeschiedene Verfahrensteile bei der Beweiswürdigung oder bei der Strafzumessung berücksichtigt, ohne prozessordnungsgemäß entsprechende Feststellungen getroffen zu haben?

I. Rechtsgrundlagen

1746 Auch wenn ein Hinweis auf die Berücksichtigung eingestellter Taten bzw. ausgeschiedenen Verfahrensstoffes bei der Beweiswürdigung bzw. Strafzumessung vor Schluss der Beweisaufnahme erteilt wurde oder ein solcher im Hinblick auf den Gang der Hauptverhandlung entbehrlich war, darf eingestellter oder ausgeschiedener Verfahrensstoff nur dann zu Lasten des Angeklagten berücksichtigt werden, wenn er in der Beweisaufnahme prozessordnungsgemäß festgestellt worden ist.[2688]

2685 *BGH* StV 1993, 395 = NStZ 1993, 501.
2686 *BGH* StV 1985, 221 = JR 1986, 165 m. Anm. *Pelchen*; *OLG Hamm* StV 2004, 313.
2687 Für eine protokollierungspflichtige wesentliche Förmlichkeit: *OLG Hamm* StV 2004, 313; *OLG München* NJW 2010, 1826, 1827; LR-*Beulke*[26] § 154 Rn. 59; *Beulke/Stoffer* StV 2011, 442, 446; **a.A.** *BGH* v. 29.6.2010 – 1 StR 157/10 = StV 2011, 399 und *BGH* v. 20.11.2013 – 1 StR 476/13 = StV 2014, 478.
2688 LR-*Beulke*[26] § 154 Rn. 59, § 154a Rn. 29 m.w.N.

Mit der Verfahrensrüge der Verletzung des § 261 StPO kann beanstandet werden, dass im Urteil getroffene Feststellungen nicht aus dem Inbegriff der Hauptverhandlung gewonnen worden sind bzw. der berücksichtigte Sachverhalt nicht ausreichend aufgeklärt worden ist (Verletzung des § 244 Abs. 2 StPO).

II. Anforderungen an den Vortrag der Rüge der Verletzung des § 261 StPO bzw. § 244 Abs. 2 StPO durch Berücksichtigung nicht in der Hauptverhandlung getroffener bzw. nicht ausreichend aufgeklärter Sachverhaltsfeststellungen

- Zur Verletzung des § 261 StPO siehe Rüge 226 Rn. 1922.
- Zur Verletzung des § 244 Abs. 2 StPO siehe Rüge 190 Rn. 1707.

1747

C. Werden im Urteil die Gründe für eine Verfahrenseinstellung gem. § 154 Abs. 2 StPO bzw. Verfahrensbeschränkung gem. § 154 a Abs. 2 StPO nicht mitgeteilt, obwohl sich daraus Rückschlüsse auf die Glaubwürdigkeit eines wesentlichen Belastungszeugen bzw. Glaubhaftigkeit seiner Aussage im Hinblick auf die zu einer Verurteilung führenden Taten ergeben konnten?

I. Rechtsgrundlagen

Nach der st. Rspr. des BGH gilt der Grundsatz, dass in Fällen von „Aussage gegen Aussage" bei Widerlegung der Angaben des einzigen Belastungszeugen hinsichtlich einzelner Taten oder Tatmodalitäten seinen übrigen Angaben nur gefolgt werden kann, wenn außerhalb der Aussage Gründe von Gewicht für ihre Glaubhaftigkeit vorliegen. Denn durch die teilweise Widerlegung seiner Angaben wird seine Glaubwürdigkeit insgesamt in schwerwiegender Weise in Frage gestellt.[2689]

1748

In Fällen, in denen eine zumindest teilweise Widerlegung der Aussagen des wesentlichen Belastungszeugen zu einzelnen Taten „droht", greifen Gericht und Staatsanwaltschaft gelegentlich zu der Möglichkeit der Einstellung der diesbezüglichen Anklagevorwürfe nach § 154 StPO oder zur Verfahrensbeschränkung nach § 154a StPO, um nicht bei ansonsten notwendigem Teilfreispruch oder einer Beschränkung des Schuldvorwurfs die eingeschränkte Glaubwürdigkeit des Hauptbelastungszeugen und der Glaubhaftigkeit seiner Aussage im Urteil dokumentieren zu müssen. Gleichwohl aber bleibt die Erschütterung der Glaubhaftigkeit des Belastungszeugen hinsichtlich seiner Angaben zu einzelnen Taten oder Tatteilen für die Beweiswürdigung zu seiner Glaubwürdigkeit insgesamt von erheblicher Bedeutung.

2689   Vgl. nur *BGHSt* 44, 153 = StV 1998, 580.

Beruht ein Anklagevorwurf wegen mehrerer Taten oder mit mehreren abtrennbaren Teilen im Wesentlichen auf der Aussage eines Belastungszeugen und kommt es zu einer teilweisen Einstellung bzw. Verfahrensbeschränkung, weil sich in der Beweisaufnahme insoweit die Angaben des Belastungszeugen nicht bestätigten, hat dies für die Beweiswürdigung seiner Aussage im Übrigen Bedeutung, wenn diese Grundlage der Verurteilung des Angeklagten wegen der verbliebenen Taten bzw. Tatteile war. Blendet das Gericht den Aspekt der möglicherweise eingeschränkten Glaubwürdigkeit des Belastungszeugen dadurch aus seinem Urteil aus, dass es auf die eingestellten Taten überhaupt nicht mehr eingeht, ist die Pflicht zur umfassenden Beweiswürdigung der Glaubwürdigkeit des Belastungszeugen und der Glaubhaftigkeit seiner Aussage verletzt.[2690] Diese Grundsätze gelten auch dann, wenn in erstinstanzlichen Verfahren vor dem AG bereits dort die Verfahrenseinstellung bzw. -beschränkung erfolgte.[2691]

1749 Nach einer Entscheidung des 1. Strafsenats des BGH[2692] muss(te) das Revisionsgericht in bestimmten Fallkonstellationen diese Umstände bereits auf die Erhebung der allgemeinen Sachrüge berücksichtigen. Wurde im Urteil nicht erörtert, warum Taten von gleichem Gewicht eingestellt worden sind, sollte die Beweiswürdigung lückenhaft sein. Denn wenn ein Anklagevorwurf von mehreren Taten allein auf der Aussage des einzigen Belastungszeugen aufbaue, der Angeklagte aber z.B. in einem Fall freigesprochen und nur in einigen der angeklagten Fällen verurteilt wurde, sowie weitere Fälle nach § 154 StPO eingestellt worden seien, könne den Gründen dafür, dass das Gericht bzgl. dieser Fälle von einer Verurteilung wegen der Einstellung abgesehen habe, durchaus Bedeutung für die allein entscheidende Frage der Glaubwürdigkeit des einzigen Belastungszeugen zukommen. Nach dieser Entscheidung würde dieser Beweiswürdigungsmangel auf die Sachrüge zur Aufhebung des Urteils führen.[2693]

Derselbe Senat hat seine Rspr. zur Bedeutung der Angaben eines Belastungszeugen zu eingestellten Taten bei der Beweiswürdigung in seinem Beschluss vom 30.5.2000 zwar bekräftigt.[2694] Er betont, dass in einem Fall, in dem der Anklagevorwurf wegen mehrerer Taten allein auf der Aussage eines einzigen Belastungszeugen aufbaue, wegen einer dieser Taten das Verfahren aber nach § 154 StPO eingestellt worden sei, den Gründen dafür Beweisbedeutung für die entscheidende Frage der Glaubwürdigkeit des einzigen Belastungszeugen zukomme. Der Grund für die Ein-

---

2690 *BGH* StV 2001, 552; *BGH* StV 2008, 238; *OLG Karlsruhe* StV 1999, 139; *OLG Hamm* StV 2008, 130.
2691 Vgl. *OLG Karlsruhe* StV 1999, 139 u. *OLG Hamm* StV 2008, 130.
2692 *BGHSt* 44, 153 = StV 1998, 580.
2693 So auch *OLG Hamm* StV 2008, 130. Die Erhebung der Sachrüge ist unabhängig davon in solchen Fällen ausreichend, in denen sich die Tatsache der Einstellung einzelner Tatvorwürfe aus den Urteilsgründen ergibt: s. *BGH* StV 2008, 238.
2694 *BGH* StV 2001, 552.

stellung sei im Urteil mitzuteilen, bei Fehlen liege ein Erörterungsmangel vor.[2695] Gleichzeitig nimmt der Senat jedoch eine Wende hinsichtlich der Rügemöglichkeit vor, indem er ausdrücklich hervorhebt, dass dieser Mangel als **Verfahrensfehler** zu beanstanden sei.[2696]

Nach dieser Entscheidung des 1. Strafsenats des BGH gehört zur Zulässigkeit einer solchen Verfahrensrüge die Mitteilung, ob und gegebenenfalls welche Gründe für die Einstellung in der Hauptverhandlung erörtert wurden. Denn die mangelnde Begründung der Einstellung könnte im Ergebnis nur dann einen Verfahrensfehler darstellen, wenn es sich um Gründe handelte, die auf die abschließend getroffene Sachentscheidung Einfluss nehmen könnten, wie etwa zweifelhafte Glaubhaftigkeit der Angaben des einzigen Belastungszeugen zu dem eingestellten Vorfall. Sollte die Einstellung in der Hauptverhandlung kommentarlos erfolgt sein, müsse der Beschwerdeführer zumindest vorbringen, dass für die Einstellung keine Gründe angeführt worden seien, die für die Beweiswürdigung von Bedeutung waren, sondern etwa Verfahrensbeschränkung aus prozessökonomischen Gründen.

Diese Anforderungen des Senats an die Zulässigkeit einer Verfahrensrüge verwirren. Es bleibt schon offen, welche Verfahrensrüge erhoben bzw. welcher Verstoß gegen welche Vorschrift gerügt werden muss.[2697] Soweit die gegebenenfalls in der Hauptverhandlung **mündlich** erörterten Gründe für die Einstellung vorgetragen werden müssen, verlangt der Senat eine dem Revisionsgericht ansonsten angeblich verwehrte Rekonstruktion der Hauptverhandlung. **1750**

Ist der Verteidiger nur mit der Revision beauftragt, kommt die Schwierigkeit hinzu, dass er zunächst bei dem Angeklagten bzw. dem Instanzverteidiger ermitteln muss, was Hintergrund der Einstellung war und was gegebenenfalls in der Hauptverhandlung in diesem Zusammenhang erörtert wurde.

Trotz der großen Bedeutung gerade der Fallkonstellationen von „Aussage gegen Aussage" sind die Anforderungen an eine Verfahrensrüge in diesen Fällen noch weitgehend ungeklärt.

2695 Ferner *BGH* v. 24.10.2002 – 1 StR 314/02 = StV 2004, 59 f. = NStZ 2003, 164; *BGH* v. 10.6.2008 – 5 StR 143/08 = StV 2008, 449 = NStZ 2008, 581.

2696 So auch *BGH* v. 10.6.2008 – 5 StR 143/08 = StV 2008, 449 = NStZ 2008, 581; ebenso hat das *OLG Karlsruhe* StV 1999, 139 die fehlende Erörterung der Gründe für eine teilweise Verfahrenseinstellung bzw. –beschränkung als Verletzung des § 261 StPO auf eine entspr. Verfahrensrüge hin überprüft.

2697 Dies erschließt sich auch nicht der Entscheidung *BGH* v. 10.6.2008 – 5 StR 143/08 = StV 2008, 449 = NStZ 2008, 581, in der ebenfalls nur von einem Erörterungsmangel gesprochen wird.

II. Anforderungen an den Vortrag der Rüge der Verletzung des § 261 StPO durch Nichterörterung der Gründe für eine teilweise Verfahrenseinstellung bzw. -beschränkung

1751 Vorzutragen sind

- die vollständige Anklageschrift im Wortlaut und der Eröffnungsbeschluss, bei Revisionen gegen Berufungsurteile das in der Berufungshauptverhandlung verlesene erstinstanzliche amtsgerichtliche Urteil, wenn schon im erstinstanzlichen Verfahren eine Teileinstellung bzw. Verfahrensbeschränkung erfolgte,
- die Tatsache der Verfahrenseinstellung bzw. Verfahrensbeschränkung,
- der Wortlaut des betreffenden Beschlusses, insbesondere bzgl. dort mitgeteilter Gründe für die Einstellung, sowie – falls rekonstruierbar – der Antrag der Staatsanwaltschaft.
- ein etwaiger Widerspruch der Verteidigung gegen die Einstellung nebst Begründung oder zumindest die fehlende Zustimmung.
- Erfolgte die Einstellung bzw. Beschränkung ohne Begründung (auch dies ist als Negativtatsache mitzuteilen) und ergeben sich die Gründe hierfür auch nicht aus den – mit der Sachrüge angefochtenen – Urteilsgründen, ist mitzuteilen, ob und ggf. welche Gründe für die Einstellung in der Hauptverhandlung erörtert wurden bzw. dass für die Einstellung keine Gründe angeführt wurden, die für die Beweiswürdigung von Bedeutung waren, also etwa Verfahrensbeschränkung aus prozessökonomischen Gründen.[2698]
- Es ist – zumindest in summarischer Form – der Sachverhalt mitzuteilen, auf den sich die Einstellung bezogen hat und was der Belastungszeuge, auf dessen Aussage die Verurteilung des Angeklagten beruht, zu den eingestellten Taten vor und innerhalb der Hauptverhandlung ausgesagt hat und inwiefern und wodurch diese Aussage widerlegt worden ist oder warum das Gericht zwecks Überprüfung der Glaubwürdigkeit des Belastungszeugen verpflichtet war, über die Taten bzw. Tatteile zu verhandeln, anstatt sie einzustellen oder auszuscheiden.

D. Übergeht das Urteil Erkenntnisse, die einen Vorwurf betreffen, bzgl. dessen es zu einer Verfahrenseinstellung (§ 154 StPO) oder -beschränkung (§ 154a Abs. 2 StPO) gekommen ist und der für die abgeurteilte Tat von Bedeutung war?

I. Rechtsgrundlagen

1752 Hängt wie bei seriellen Fällen aus dem Bereich des Sexualstrafrechts oder des Betäubungsmittelhandels, in denen Aussage gegen Aussage steht, die Überzeugungsbildung des Gerichts allein von der Einschätzung der Wertigkeit der Angaben des einzigen Belastungszeugen ab, besteht die Möglichkeit, dass Umstände von nach

---

2698   *BGH* StV 2001, 552.

§§ 154 Abs. 2, 154a Abs. 2 StPO aus dem Verfahren ausgeschiedenen Straftaten Einfluss auf die Überzeugungsbildung in den abgeurteilten Fällen haben können, weshalb sich das Gericht gedrängt sehen muss, hierauf im Urteil näher einzugehen.[2699] Waren diese ausgeschiedenen Tatteile Gegenstand von Beweiserhebungen in der Hauptverhandlung, deren Ergebnis der unmittelbaren Kenntnisnahme durch das Revisionsgericht offensteht (Wortlaut von verlesenen Urkunden, Vernehmungsniederschriften oder schriftlichen Sachverständigengutachten), kann die fehlende Auseinandersetzung hiermit einen Erörterungsmangel begründen, wenn die betreffenden Erkenntnisse die Glaubwürdigkeit des Belastungszeugen erschüttern oder mit dessen in den Urteilsgründen wiedergegebenen Aussage nicht in Einklang gebracht werden können.[2700] Der betreffende Mangel ist mit einer Verfahrensrüge zu beanstanden.[2701]

II. Anforderungen an den Vortrag der Rüge der Verletzung der §§ 261, 154 Abs. 2, 154a Abs. 2 StPO durch Nichtberücksichtigung ausgeschiedenen Verfahrensstoffs

Vorzutragen sind: **1753**

- die vollständige Anklageschrift im Wortlaut und der Eröffnungsbeschluss, bei Revisionen gegen Berufungsurteile das in der Berufungshauptverhandlung verlesene erstinstanzliche amtsgerichtliche Urteil, wenn schon im erstinstanzlichen Verfahren eine Teileinstellung bzw. Verfahrensbeschränkung erfolgte,
- die Tatsache der Verfahrenseinstellung bzw. Verfahrensbeschränkung,
- der Wortlaut des betreffenden Beschlusses, insbesondere bzgl. dort mitgeteilter Gründe für die Einstellung, sowie – falls rekonstruierbar – der Antrag der Staatsanwaltschaft,
- ein etwaiger Widerspruch der Verteidigung gegen die Einstellung nebst Begründung oder zumindest die fehlende Zustimmung,
- es sind im Wortlaut die Urkunden, Vernehmungsniederschriften oder Sachverständigengutachten wiederzugeben, die durch Verlesung vor Einstellung bzw. Beschränkung des Verfahrens zum Gegenstand der Hauptverhandlung gemacht worden sind.

2699   *BGH* v. 9.12.2008 – 5 StR 511/08 = StV 2009, 116 = NStZ 2009, 228 = StraFo 2009, 112; *BGH* v. 27.3.2012 – 3 StR 49/12 = StraFo 2012, 231.

2700   *BGH* v. 9.12.2008 – 5 StR 511/08 = StV 2009, 116 = NStZ 2009, 228 = StraFo 2009, 112; *BGH* v. 27.3.2012 – 3 StR 49/12 = StraFo 2012, 231.

2701   Ergibt sich die Tatsache der Einstellung angeklagter Vorwürfe nach § 154 Abs. 2 StPO aus dem Urteil und weist dieses dadurch nicht nachvollziehbare Beweiswürdigungslücken auf, kann dies auch Gegenstand einer Sachrüge sein: *OLG Braunschweig* StV 2009, 120.

Kapitel 23
Einhaltung der Unterbrechungsfristen

Rüge 195

1754   Wurden bei einer mehrtägigen Hauptverhandlung die Höchstfristen für die Dauer der Unterbrechung (§ 229 StPO) überschritten und wurde die Hauptverhandlung entgegen § 229 Abs. 4 S. 1 StPO gleichwohl fortgesetzt?

I. Rechtsgrundlagen

1755   Das Überschreiten der nach § 229 Abs. 1, Abs. 2 StPO jeweils maßgeblichen Höchstfrist für die Dauer einer Unterbrechung der Hauptverhandlung,[2702] ohne dass nach § 229 Abs. 4 S. 1 StPO das Verfahren ausgesetzt wird, begründet die Revision (§§ 229, 337 StPO). Hat der Tatrichter gegen § 229 Abs. 1 bzw. Abs. 2 und Abs. 4 S. 1 StPO verstoßen, so beruht das Urteil regelmäßig auf diesem Verfahrensmangel.[2703] Nach Abs. 1 darf jede Hauptverhandlung drei Wochen unterbrochen werden; wie lange sie vorher gedauert hat, spielt keine Rolle. Nach Abs. 2 dürfen Hauptverhandlungen von bisher mindestens zehn Verhandlungstagen auch bis zu einem Monat unterbrochen werden. Diese Möglichkeit besteht – über die regelmäßige Frist des Abs. 1 hinaus – nach jedem Block von zehn Verhandlungstagen[2704] neu. Nach § 228 Abs. 1 S. 1 StPO ist über die Unterbrechung nach § 229 Abs. 2 StPO durch Beschluss zu entscheiden. Entscheidet dennoch der Vorsitzende allein, kann dies mit der Revision nur dann erfolgreich beanstandet werden, wenn diesem Vorgehen zuvor widersprochen wurde (§ 238 Abs. 2 StPO); andernfalls beruht das Urteil nicht auf dem Mangel.[2705] Die Fristen des § 229 StPO stellen keine Fristen i.S.d. §§ 42, 43 StPO dar, so dass weder der Tag, an dem die Unterbrechung angeordnet wird, noch derjenige, an dem die Verhandlung wieder aufgenommen wird, in die Frist einzurechnen ist.[2706] Besondere Unterbrechungsregeln finden sich in den §§ 138c Abs. 4 S. 2[2707] und 231a Abs. 3 S. 4 StPO sowie § 34 Abs. 3 Nr. 6 EGGVG.

2702   Zur Einhaltung der nach § 268 Abs. 3 StPO zulässigen Höchstfrist vor Verkündung des Urteils s. Rüge 217 Rn. 1874.

2703   *BGH* StV 2008, 58; *BGH* NStZ 1992, 550, 551; *BGH* StV 1995, 623, 624; *Meyer-Goßner/Schmitt*[60] § 229 Rn. 15; LR-*Becker*[26] § 229 Rn. 3, 4.

2704   Vgl. *BGH* v. 22.5.2013 – 4 StR 106/13 = StV 2014, 2, 3 zu einem Fall, bei dem vor weiterer Unterbrechung gem. § 229 Abs. 2 StPO lediglich sechs Verhandlungstage stattgefunden hatten.

2705   *BGH* v. 9.5.1985 – 1 StR 63/85 = BGHSt 33, 217, 218 ff.; *Meyer-Goßner/Schmitt*[60] § 228 Rn. 17.

2706   *BGH* v. 29.11.2016 – 3 StR 235/16 = StraFo 2017, 69; *BGH* v. 18.2.2016 – 1 StR 590/15 = StraFo 2016, 209; *BGH* v. 20.3.2014 – 3 StR 408/13 = NStZ 2014, 469.

2707   Siehe Rüge 210 Rn. 1839 ff.

1. Fortsetzung der Hauptverhandlung oder „Schiebetermin"

Das Revisionsgericht prüft auch, ob bei Fortsetzung der Hauptverhandlung inner- **1756** halb der zulässigen Höchstfristen die Hauptverhandlung tatsächlich weitergeführt, d.h. zur Sache und nicht nur formal verhandelt worden ist.[2708]

Der 2. Strafsenat des BGH[2709] weist zutreffend darauf hin, dass allein die Verlängerung der Unterbrechungsfrist des § 229 Abs. 1 StPO von 10 Tagen auf 3 Wochen durch das 1. JuMoG dazu führen kann, dass den Verfahrensbeteiligten infolge Zeitablaufs die Beweisaufnahme nicht mehr in allen Einzelheiten vor Augen steht. Dies gilt erst recht dann, wenn die Hauptverhandlung durch Kurztermine zusätzlich gestreckt wird.

Die Rspr. ist allerdings hinsichtlich der Annahme einer fristwahrenden Sachver- **1757** handlung großzügig. Die Annahme einer „Scheinverhandlung" kommt nur in Ausnahmefällen in Betracht. Es muss bewiesen sein, dass die kurze Verhandlung nur zu dem Zweck erfolgte, die fristwahrende Wirkung herbeizuführen, hinter dem der Gesichtspunkt der Verfahrensförderung durch eine inhaltliche Beweisaufnahme als völlig bedeutungslos zurücktritt.[2710] Auch wenn in einem Termin Verfahrensvorgänge stattfinden, die grundsätzlich zur Unterbrechung der Fristen des § 229 StPO geeignet sind, liegt ein Verhandeln zur Sache dann nicht vor, wenn das Gericht dabei nur formal zum Zwecke der Umgehung dieser Vorschrift tätig wird und der Gesichtspunkt der Verfahrensförderung dahinter zurücktritt. Es muss ein offensichtlich erkennbarer Verfahrensgang vorliegen, an dem deutlich wird, dass das Gericht mit der Verhandlung nicht die substantielle Förderung des Verfahrens bezweckte, sondern allein die Wahrung der Unterbrechungsfrist im Auge hatte.[2711] Eine solche Konstellation wurde z.B. dann angenommen, wenn die Verlesung eines kurzen Briefes oder des Bundeszentralregisterauszuges ohne nachvollziehbaren Grund auf mehrere Termine aufgeteilt wurde.[2712] Nicht fristwahrende Schiebetermine liegen darüber hinaus auch dann vor, wenn einheitliche Verfahrensvorgänge, insbesondere Beweisaufnahmen, willkürlich in mehrerer kurze Verfahrensabschnitte zerstückelt und diese auf mehrere Verhandlungstage verteilt werden, nur um hierdurch die zulässigen Unterbrechungsfristen einzuhalten.[2713] Erst recht gilt dies, wenn sich ein „Fortsetzungstermin" in der Abwicklung solcher Formalien erschöpft, die weder für

---

2708 Zur Abgrenzung und Beispielen vgl. *Meyer-Goßner/Schmitt*[60] § 229 Rn. 11.
2709 *BGH* StV 2007, 458 = StraFo 2007, 351; *BGH* v. 11.7.2008 – 5 StR 74/08 = NStZ 2009, 225.
2710 *BGH* StV 1998, 359 und 1996, 528; *BGH* v. 7.4.2011 – 3 StR 61/11 = StV 2011, 517.
2711 *BGH* v. 2.2.2012 – 3 StR 401/11 = StV 2014, 1 f.
2712 Vgl. etwa *BGH* NJW 1996, 3019; *BGH* StV 1996, 528; *Meyer-Goßner/Schmitt*[60] § 229 Rn. 11; KK- *Gmel*[7] § 229 Rn. 6, 6a; LR-*Becker*[26] § 229 Rn. 12; trotz ausdrücklicher Bezeichnung als „Schiebetermin" stellt die Verlesung des keine Eintragung enthaltenden Bundeszentralregisterauszugs in einer dreiminütigen Hauptverhandlung eine Sachverhandlung dar. *BGH* v. 22.6.2011 – 5 StR 190/11 = StraFo 2011, 395.
2713 *BGH* v. 2.2.2012 – 3 StR 401/11; StV 2008, 58; *BGH* NJW 1996, 3019, 3020; 2006, 3077; NStZ-RR 1998, 335.

die Urteilsfindung noch für den dorthin führenden Verfahrensgang eigenständiges Gewicht haben.[2714] Die Bestellung des Pflichtverteidigers für einen bestimmten Hauptverhandlungstermin sowie die Anordnung des Vorsitzenden nach § 29 Abs. 2 S. 1 Hs. 1 StPO oder die Unterbrechung der Hauptverhandlung stellen keine Sachverhandlung dar, da sie vielmehr erst die notwendigen Voraussetzungen dafür schaffen, dass an diesem Termin die Verhandlung überhaupt fortgesetzt werden kann.[2715]

Auch die bloße Feststellung nach § 249 Abs. 2 S. 3 StPO beinhaltet keine Sachverhandlung; sie erschöpft sich in der Protokollierung, dass ein Teil der Beweiserhebung, der Urkundsbeweis im Selbstleseverfahren, stattgefunden hatte.[2716] Nur die Beweisaufnahme als solche, nicht jedoch ihre Aufnahme in die Sitzungsniederschrift befördert die Wahrheitsermittlung in der Sache und damit die Urteilsfindung.[2717] Zur Fristwahrung kann es aber ausreichend sein, wenn ein bereits verlesenes Schriftstück erneut verlesen wird.[2718] Kann die Hauptverhandlung infolge unvorhergesehener Umstände nicht in dem geplanten Umfang durchgeführt werden (z.B. Erkrankung, Nichterscheinen eines Zeugen), genügt die bloße Verhandlung über die Frage, ob weitere Unterbrechungen der Hauptverhandlung erforderlich werden bzw. wann fortgesetzt werden kann, zur Fortsetzung der Verhandlung i.S.d. § 229 StPO nicht.[2719] Bleibt der Angeklagte aus, soll es für eine fristwahrende Sachverhandlung allerdings ausreichen, wenn erörtert wird, ob ggf. nach § 231 Abs. 2 StPO in Abwesenheit des Angeklagten weiterverhandelt werden kann.[2720]

1758 Wegen der durch die Verlängerung der Unterbrechungsfrist ohnehin zu erwartenden längeren Hauptverhandlungsdauer ist daher in der Literatur ein strengerer Umgang mit sog. Schiebeterminen gefordert worden.[2721] Dem hat der 3. Senat des BGH in seinem Urteil vom 3.8.2006[2722] widersprochen. Zwar sei durch die Verlängerung der Unterbrechungsfrist die Konzentrationsmaxime und das Beschleunigungsgebot tangiert, grundsätzlich bestehe jedoch keine Veranlassung, die bisherige Rspr. aufzugeben und die Anforderungen an eine fristwahrende Verhandlung zu verschärfen.

2714 *BGH* StV 2008, 58, 59 mit einschlägigen Beispielen.
2715 *BGH* StV 2008, 58, 59 und StV 1999, 635.
2716 *BGH* StV 2008, 58, 59; **a.A.** *BGH* v. 28.11.2012 – 5 StR 412/12 = StV 2014, 65 f. jedenfalls für den Fall, dass in der Verhandlung auch die Anordnung des Selbstleseverfahrens durch den Vorsitzenden erfolgt.
2717 *BGH* StV 2008, 58, 59; **a.A.** *BGH* v. 28.11.2012 – 5 StR 412/12 = StV 2014, 65 f.
2718 *BGH* v. 11.7.2008 – 5 StR 74/08 = NStZ 2009, 225.
2719 *BGH* v. 30.6.2015 – 3 StR 202/15 = StV 2016, 540 f.; vgl. aber auch *BGH* v. 5.11.2008 – 1 StR 583/08 = NStZ 2008, 168: Die Förderung des Verfahrens wurde hier in einer ähnlichen Konstellation als ausreichend erachtet, wobei zusätzlich allerdings über einen Unterbrechungsantrag der Verteidigung zu entscheiden war.
2720 *BGH* v. 16.1.2014 – 4 StR 370/13 = StV 2015, 471, 472.
2721 *Meyer-Goßner/Schmitt*[60] § 229 Rn. 11; LR-*Becker*[26] § 229 Rn 3, 4; *Knauer/Wolf* NJW 2004, 2932, 2934.
2722 *BGH* StV 2006, 680.

Die entspr. Ausführungen des Senats sind allerdings nicht tragend, so dass eine bindende Entscheidung über diese Frage – soweit ersichtlich – noch nicht vorliegt.

Die Auffassung des 3. Senats ist kaum nachvollziehbar.[2723] Der Verstoß gegen die Konzentrationsmaxime und das Beschleunigungsgebot bei der Möglichkeit der (mehrmaligen) Unterbrechung der Hauptverhandlung um bis zu 3 Wochen ist evident. Kommen dann noch (unnötige) Kurztermine hinzu, verschärft sich die Situation noch mehr.

Von daher liegt es nach Auffassung der Verfasser auf der Hand, strengere Anforderungen an eine fristwahrende Unterbrechungsverhandlung zu stellen. **1759**

Dabei steht außer Zweifel, dass unvorhergesehene Ereignisse, wie das Ausbleiben eines Zeugen, die Erkrankung eines Verfahrensbeteiligten etc. ausreichender Grund sein kann, lediglich eine kurze Verhandlung durchzuführen, bei der z.B. nur ein Schriftstück verlesen wird.

Dies kann allerdings dann nicht gelten, wenn von vornherein für bestimmte Verhandlungstage nur eine kurze Verhandlungszeit vorgesehen ist, d.h. von vornherein ein Kurztermin terminiert wurde. Entfällt ein sachlicher Grund für einen solchen Kurztermin, kann dies bei marginaler Beweisaufnahme keine ausreichende Sachverhandlung zur Fristunterbrechung darstellen. Dies gilt auch, wenn bei dem Ausbleiben eines Zeugen allein erörtert wird, ob und bis wann die Verhandlung unterbrochen werden soll.[2724]

2. Hemmung der Unterbrechungsfrist

Der Beschluss über den Eintritt und die Dauer einer Hemmung der Unterbrechungs- **1760**
frist gem. § 229 Abs. 3 StPO infolge Erkrankung des Angeklagten bzw. einer zur Urteilsfindung berufenen Person ist der Nachprüfung durch das Revisionsgericht entzogen (§ 336 S. 2 StPO); eine Richtigkeitsprüfung über den Willkürmaßstab hinaus kommt daher nicht in Betracht.[2725] Ebenso wenig kann das Vorliegen der tatsächlichen Voraussetzungen für den Grund der Hemmung vom Revisionsgericht überprüft werden.[2726] Gerügt werden kann nur, dass die rechtlichen Voraussetzungen für die Hemmung nicht vorlagen, der Angeklagte bspw. verreist, aber nicht erkrankt war.[2727] Ist ein Beschluss über Eintritt und Dauer der Hemmung unterblieben, begründet das die Revision nur dann, wenn das Revisionsgericht im Freibeweisverfahren feststellt, dass die Voraussetzungen für die Hemmung nicht vorlagen.[2728]

2723 Zurückhaltender derselbe StS *BGH* StV 2008, 58.
2724 *BGH* v. 30.6.2015 – 3 StR 202/15 = StV 2016, 540 f.
2725 *BGH* v. 20.4.2016 – 5 StR 71/16 = StraFo 2016, 416.
2726 Zur Rüge des Nichteintritts eines der Verhandlung beiwohnenden Ergänzungsrichters oder -schöffen nach Feststellung der krankheitsbedingten Verhinderung s. Rüge 14 Rn. 339.
2727 *Meyer-Goßner/Schmitt*[60] § 229 Rn. 15; KK-*Gmel*[7] § 229 Rn. 15.
2728 KK-*Gmel*[7] § 229 Rn. 15.

3. Beruhen

1761   Das Beruhen des Urteils auf der Überschreitung der jeweils höchstzulässigen Unterbrechungsfrist kann in der Regel nicht ausgeschlossen werden.[2729] Das Tatgericht kann die – erkannte – Fristüberschreitung nicht als für seine Überzeugungsbildung unbehilflich erklären.[2730] Ob ausgeschlossen werden kann, dass die Fristüberschreitung den Eindruck von der Hauptverhandlung abgeschwächt oder die Zuverlässigkeit der Erinnerung beeinträchtigt hat,[2731] erscheint zweifelhaft, insbesondere nachdem durch die Verlängerung der Unterbrechungsfrist des § 229 Abs. 1 StPO von 10 Tagen auf 3 Wochen im Zuge des 1. JuMoG der Grundsatz der Konzentration der Hauptverhandlung erheblich aufgeweicht worden ist.

II. Anforderungen an den Vortrag der Rüge der Verletzung des § 229 StPO

1. Überschreiten der zulässigen Höchstfrist für die Unterbrechung der Hauptverhandlung

1762   • Es müssen die Hauptverhandlungstage nach Datum und Wochentag mitgeteilt werden, woraus sich ergibt, dass die Höchstdauer der Unterbrechung nach § 229 Abs. 1 oder Abs. 2 StPO überschritten wurde.

   • Es muss mitgeteilt werden, dass das Ende der Dreiwochen- bzw. Einmonatsfrist nicht auf einen Samstag, Sonntag oder einen gesetzlichen Feiertag fiel und die Hauptverhandlung nicht an dem darauffolgenden Werktag fortgesetzt wurde (§ 229 Abs. 4 S. 2 StPO).

   • Im Falle der Nichteinhaltung der Frist des § 229 Abs. 1 StPO ist mitzuteilen, dass die Hauptverhandlung nicht bereits mehr als 10 Tage angedauert bzw. die Möglichkeit einer Unterbrechung um 30 Tage verbraucht war (§ 229 Abs. 2 u. 3 StPO).

   • Im Falle der Unterbrechung nach § 229 Abs. 2 StPO ist mitzuteilen, dass die Hauptverhandlung seit ihrem Beginn bzw. seit der letzten Unterbrechung nach § 229 Abs. 2 StPO bis zum Tage der (erneuten) Unterbrechung nicht bereits an 10 Tagen stattgefunden hat.

   • Es ist mitzuteilen, dass während der Unterbrechung die Frist **nicht** nach § 229 Abs. 3 StPO gehemmt war (Negativtatsache).

2729   *Meyer-Goßner/Schmitt*[60] § 229 Rn. 15; *BGH* StV 2008, 58, 59; StV 1995, 623, 624; StV 1997, 282 jew. m.w.N.

2730   *BGH* StV 1996, 367.

2731   *Meyer-Goßner/Schmitt*[60] § 229 Rn. 1.

2. Im Fall der Hemmung der Unterbrechungsfristen ist zusätzlich mitzuteilen

- Vortrag der Beschlüsse, durch die Eintritt und Dauer der Hemmung festgestellt **1763** wurden und dass der Grund der Verhinderung des Angeklagten oder einer zur Urteilsfindung berufenen Person nicht Krankheit, sondern ein anderer war, bzw.
- dass auch unter Berücksichtigung der Hemmung des Fristablaufs und der Fristverlängerung gem. § 229 Abs. 3 letzter Halbsatz StPO die Höchstfristen des § 229 Abs. 1 bzw. Abs. 2 StPO überschritten worden sind.

3. Im Fall der Rüge der formalen Einhaltung der Fristen des § 229 Abs. 1 StPO infolge der Durchführung sog. „Scheinverhandlungen" ist vorzutragen

- die Ladungsverfügung des Vorsitzenden, **1764**
- die dem Verteidiger zugestellte Ladung,
- gegebenenfalls die Bekanntgabe weiterer Termine und der Ladung zu diesen in der Hauptverhandlung,
- der Hauptverhandlungstag, an dem der Kurztermin stattgefunden hat,
- die Dauer dieser Hauptverhandlung,
- der Grund, warum an diesem Hauptverhandlungstag nur kurz verhandelt wurde,
- der exakte Ablauf und Inhalt der an diesem Tag durchgeführten Beweisaufnahme,
- für den Fall, dass Urkunden verlesen wurden, deren vollständiger Inhalt im Wortlaut sowie die Teile der Urkunde im Wortlaut, die verlesen wurden,
- anhand der Daten der durchgeführten Hauptverhandlungen, dass die Fristen des § 229 Abs. 1, Abs. 2 StPO ohne Berücksichtigung der Kurztermine nicht gewahrt worden wären,
- die Mitteilung aller Vorgänge, die für die Beurteilung der Frage von Bedeutung sein können, ob eine Sachverhandlung stattgefunden hat.[2732]
- In der Begründung sollte ergänzend darauf hingewiesen werden, dass eine sach- **1765** liche Rechtfertigung für nur eine kurze Verhandlung nicht gegeben war. In Anlehnung an die Rspr. zum Beschleunigungsgebot in Haftsachen könnte vorgetragen werden, dass Gründe, die in den Verantwortungsbereich der Justiz fallen und denen mit gerichtsorganisatorischen Maßnahmen hätte begegnet werden können, den Kurztermin nicht rechtfertigen. Es muss dargelegt werden, dass die kurze Verhandlung nur zu dem Zweck erfolgte, die fristwahrende Wirkung herbeizuführen, hinter dem der Gesichtspunkt der Verfahrensförderung durch eine inhaltliche Beweisaufnahme als völlig bedeutungslos zurückgetreten ist.[2733]

2732 *BGH* v. 4.6.2009 – 3 StR 61/09 = NStZ-RR 2009, 288.
2733 Vgl. zu den Anforderungen an den Vortrag auch *BGH* StV 1998, 359.

Kapitel 24
Behinderung der Verteidigung durch Vorenthalten von Informationen, Unterlassen von Hinweisen und Zurückweisung von Unterbrechungs- bzw. Aussetzungsanträgen sowie von Anträgen zur Sitzordnung zwecks Wahrnehmung von Verfahrensrechten

Abschnitt 1
Nach Beginn der Hauptverhandlung zur Akte gelangte neue Ermittlungsergebnisse

Rüge 196

1766   Sind während, aber außerhalb der Hauptverhandlung Ermittlungen angestellt worden, von denen der Angeklagte keine Kenntnis hatte und hat der Vorsitzende dem Angeklagten und seinem Verteidiger davon Kenntnis gegeben, um ihnen die Möglichkeit ergänzender Akteneinsicht zu eröffnen (Art. 6 Abs. 1 EMRK, § 147 Abs. 1 StPO)? Ist ein nach Beginn der Hauptverhandlung diesbezüglich gestellter Akteneinsichtsantrag abgelehnt oder nicht verbeschieden worden? Ist im Falle der Gewährung ergänzender Akteneinsicht eine von Amts wegen gebotene Aussetzung oder Unterbrechung der Hauptverhandlung unterblieben oder ist einem diesbezüglichen Antrag nicht stattgegeben worden (§§ 147 Abs. 1, 228 Abs. 1, 338 Nr. 8 StPO)?

I. Rechtsgrundlagen

1767   Das Akteneinsichtsrecht des Verteidigers gem. § 147 Abs. 1 StPO bezieht sich nicht nur auf die Akten, die dem Gericht mit Anklageerhebung vorzulegen sind (§ 199 Abs. 2 S. 2 StPO), sondern auf alle auch nach diesem Zeitpunkt zur Akte gelangten Vorgänge. Das gilt auch für solche Unterlagen und Ermittlungsergebnisse, die erst nach Beginn der Hauptverhandlung zur Akte gelangt sind.[2734] Aktenbestandteil sind auch die Unterlagen und Daten, die in dem gegen den Angeklagten gerichteten Ermittlungsverfahren angefallen, aber noch bei der Polizei verblieben oder gespeichert sind[2735] und von deren Existenz die Verfahrensbeteiligten erst während der

---

2734   *BGHSt* 36, 305 = StV 1990, 49 = NStZ 1990, 193; *BGH* StV 2001, 4; *BGH* StV 2005, 652. Zum Akteneinsichtsrecht in Akten aus abgetrennten Verfahren, die dem Gericht *nicht* vorliegen, s. *BGH* v. 23.2.2010 – 4 StR 599/09 = StV 2010, 615 und zur insoweit in Betracht kommenden Rüge 157 Rn. 1439.

2735   *BGH* v. 18.6.2009 – 3 StR 89/09 = StV 2010, 228 m. Anm. *Stuckenberg* = StraFo 2009, 338.

676

Hauptverhandlung Kenntnis erhielten. Der Grundsatz des fairen Verfahrens verpflichtet das Tatgericht, dem Angeklagten und seinem Verteidiger Gelegenheit zur Kenntnisnahme vom Ergebnis verfahrensbezogener Ermittlungen zu geben, die während, aber außerhalb der Hauptverhandlung angestellt worden sind.[2736] Das gilt auch dann, wenn das Tatgericht dieses Ergebnis nicht für entscheidungserheblich gehalten hat.[2737] Entsprechendes gilt auch dann, wenn während der Hauptverhandlung Urkunden oder andere Beweismittel, deren Erheblichkeit nicht ausgeschlossen ist, ohne Veranlassung durch das Gericht zu den Akten gelangt sind.[2738] Unterbleibt die Unterrichtung oder der Hinweis auf neu zur Akte gelangte Ermittlungsergebnisse etc., stellt dies eine Verletzung des Anspruchs auf ein faires Verfahren (Art. 6 Abs. 1 EMRK) in Verbindung mit § 147 StPO dar.

Hat der Verteidiger nach Kenntniserlangung trotz entspr. Antrags keine Akteneinsicht erhalten, begründet dies einen Verstoß gegen § 147 StPO. In Betracht kommt auch der Revisionsgrund der unzulässigen Beschränkung der Verteidigung (§ 338 Nr. 8 StPO), was allerdings voraussetzt, dass gegen die ablehnende Verfügung des Vorsitzenden gem. § 238 Abs. 2 StPO die Entscheidung des Gerichts beantragt worden ist.[2739] Der Beschränkung der Verteidigung durch einen Gerichtsbeschluss steht es gleich, wenn das Gericht den Antrag überhaupt nicht verbeschieden hat.[2740] **1768**

Hat der Verteidiger aufgrund eines Hinweises ergänzende Akteneinsicht erhalten, kann die Aussetzung bzw. Unterbrechung der Hauptverhandlung von Amts wegen oder auf einen diesbezüglichen Antrag geboten sein, wenn dies zur weiteren Vorbereitung der Verteidigung erforderlich ist. Unterbleibt die Unterbrechung bzw. Aussetzung der Hauptverhandlung, kann darin eine unzulässige Beschränkung der Verteidigung (§§ 228 Abs. 1, 338 Nr. 8 StPO) liegen. Der absolute Revisionsgrund des § 338 Nr. 8 StPO ist aber nur dann gegeben, wenn die Möglichkeit eines kausalen **1769**

2736 Es widerstreitet der Struktur des Strafverfahrens grundlegend, wenn das Gericht während laufender Hauptverhandlung wesentliche, ihrer Natur nach nicht geheimhaltungsbedürftige, ergänzende polizeiliche Ermittlungen (z.B. Durchführung einer Wahlgegenüberstellung), deren Ergebnis dann in der Hauptverhandlung möglicherweise verwertet werden soll, in Auftrag gibt, ohne die Verteidigung hierüber zuvor ausreichend zu informieren und ohne den Versuch zu unternehmen, eine effektive Teilhabe der Verteidigung an den vorgesehenen Ermittlungen zu gewährleisten: *BGH* v. 21.7.2009 – 5 StR 235/09 = StV 2010, 170 (Ls) = NStZ 2010, 53 m. Anm. *Schneider.* Dies gilt entspr. für außerhalb der Hauptverhandlung veranlasste „private Beweisaufnahmen" des Gerichts, um sie sodann als „gerichtskundig" zum Nachteil des Angeklagten zu verwerten: *BGH* v. 13.2.2013 – 2 StR 556/12 = StV 2013, 548 = NStZ 2013, 357.
2737 *BGHSt* 36, 305 = StV 1990, 49 = NStZ 1990, 193; *BGH* StV 2001, 4; *BGH* v. 10.5.2017 – 1 StR 145/17 = NStZ 2017, 549.
2738 *BGH* StV 2001, 4; *BGH* StV 2005, 652.
2739 Die Rüge der Verletzung des § 147 StPO erfordert keinen Gerichtsbeschluss, da die Akteneinsicht durch den Vorsitzenden gewährt wird: LR-*Lüderssen/Jahn*[26] § 147 Rn. 172.
2740 *OLG Bamberg* NStZ 2016, 375.

Zusammenhangs zwischen dem Verfahrensverstoß und dem Urteil konkret besteht.[2741]

1770 Die Verteidigung kann auch dadurch unzulässig beschränkt sein, dass ein Antrag auf Wiederholung des Teils der Hauptverhandlung durch Gerichtsbeschluss zurückgewiesen worden ist, bzgl. dessen eine effektive Wahrnehmung der Verteidigungsrechte erst auf der Grundlage der nunmehr vollständig gewährten Akteneinsicht möglich gewesen wäre.

II. Anforderungen an den Vortrag der Rüge der Verletzung des Grundsatzes des fairen Verfahrens (Art. 6 Abs. 1 EMRK) i.V.m. § 147 Abs. 1 StPO bzw. der unterbliebenen Aussetzung oder Unterbrechung der Hauptverhandlung bzw. der Nichtwiederholung von vor ergänzender Akteneinsicht durchgeführter Teile der Hauptverhandlung (§§ 228 Abs. 1, 265 Abs. 4, 338 Nr. 8 StPO)

1. Unterlassener Hinweis auf nach Beginn der Hauptverhandlung zur Akte gelangte Vorgänge

1771 • Es ist mitzuteilen, dass nach Beginn der Hauptverhandlung neue Ermittlungsergebnisse zur Akte gelangt sind. Der Inhalt der zur Akte gelangten neuen Ermittlungsergebnisse ist wörtlich oder einkopiert bzw. gescanned im Rahmen der Revisionsbegründung vorzutragen.

1772 • Dem Angeklagten bzw. seinem Verteidiger ist vor Urteilsverkündung seitens des Gerichts hiervon keine Kenntnis gegeben worden.

2. Keine Akteneinsichtsgewährung

1773 • Es ist mitzuteilen, dass nach Beginn der Hauptverhandlung neue Ermittlungsergebnisse zur Akte gelangt sind und der Verteidiger hiervon Kenntnis erlangt hat. Der Inhalt der zur Akte gelangten neuen Ermittlungsergebnisse ist wörtlich oder einkopiert bzw. gescanned im Rahmen der Revisionsbegründung vorzutragen.

• Der Verteidiger hat einen Antrag auf Akteneinsichtsgewährung gestellt, den der Vorsitzende abgelehnt oder übergangen hat. Soll (zusätzlich) die unzulässige Behinderung der Verteidigung gerügt werden (§ 338 Nr. 8 StPO), ist vorzutragen, dass der Verteidiger gem. § 238 Abs. 2 StPO einen Antrag auf gerichtliche Entscheidung gestellt hat, den das Gericht durch wörtlich mitzuteilenden Beschluss zurückgewiesen hat.

• Dem Verteidiger ist bis zur Urteilsverkündung keine Akteneinsicht gewährt worden.

2741 *BGH* v. 11.2.2014 – 1 StR 335/13 = StV 2015, 10 m. Anm. *Gercke* = NStZ 2014, 347.

3. Ablehnung eines Aussetzungs- oder Unterbrechungsantrags

- Wurden der Angeklagte bzw. sein Verteidiger darauf hingewiesen, dass nach **1774** Beginn der Hauptverhandlung neue Ermittlungsergebnisse zur Akte gelangt sind und hat der Verteidiger von seinem Recht auf Akteneinsicht Gebrauch gemacht und im Anschluss daran einen Antrag auf Aussetzung oder Unterbrechung der Hauptverhandlung gestellt, der (nach vorangegangener negativer Entscheidung durch den Vorsitzenden) durch Gerichtsbeschluss abgelehnt worden ist, ist dieser Vorgang vollständig[2742] und soweit es um Anträge und Beschlüsse geht, wörtlich mitzuteilen. Zusätzlich ist darzulegen, dass die Verteidigung durchgehend im Rahmen der Zumutbarkeit von den ihr eröffneten Möglichkeiten zur Akteneinsicht (bzw. zur Besichtigung von Beweismitteln) Gebrauch gemacht hat.[2743]
  Es ist darzulegen, dass die Verteidigung durch die Ablehnung des Unterbrechungs- oder Aussetzungsantrags in einem für die Entscheidung wesentlichen Punkt beschränkt worden ist.[2744] Dies erfordert den substantiierten Vortrag, welche Tatsachen sich aus welchen genau bezeichneten Stellen der Akten ergeben hätten und welche Konsequenzen für die Verteidigung daraus gefolgt wären.[2745]

4. Keine Wiederholung der Hauptverhandlung

- Hat der Verteidiger einen Antrag auf Wiederholung des Teils der Hauptver- **1775** handlung gestellt, der vor ergänzender Akteneinsichtsgewährung stattgefunden hat, ist dieser Antrag im Wortlaut sowie die dazu Anlass gebenden Vorgänge, der Inhalt des zu wiederholenden Teils der Hauptverhandlung und der (ggf. nach negativer Vorentscheidung durch den Vorsitzenden) dies ablehnende Gerichtsbeschluss mitzuteilen. Auch hier muss der zu wiederholende Teil der Hauptverhandlung einen darzulegenden für die Entscheidung wesentlichen Punkt betroffen haben.

2742 Auch insoweit müssen Umfang und Inhalt der neuen Aktenteile detailliert mitgeteilt werden.

2743 *BGH* v. 11.2.2014 – 1 StR 335/13 = StV 2015, 10 m. Anm. *Gercke* = NStZ 2014, 347.

2744 *BGH* StV 2000, 248; *Meyer-Goßner/Schmitt*[60] § 338 Rn. 59.

2745 *BGH* v. 11.2.2014 – 1 StR 335/13 = StV 2015, 10 m. Anm. *Gercke* = NStZ 2014, 347.

Abschnitt 2
Behinderung der Verteidigung durch Beschneidung von Informationsmöglichkeiten

Rüge 197

1776 Hätte eine Aussetzung oder Unterbrechung der Hauptverhandlung von Amts wegen erfolgen müssen bzw. ist einem diesbezüglichen Antrag nicht stattgegeben worden, obwohl bis zum Beginn der Hauptverhandlung entgegen einem entsprechenden Antrag keine (vollständige) Akteneinsicht gewährt worden war?

I. Rechtsgrundlagen

1777 Wurde trotz eines rechtzeitig vor Beginn der Hauptverhandlung gestellten Akteneinsichtsantrags Akteneinsicht so spät gewährt, dass dadurch die Verteidigung des Angeklagten behindert wurde, kann die Verletzung des § 147 StPO die Revision nur begründen, wenn das Gericht gem. § 238 Abs. 2 StPO einen Antrag auf Aussetzung oder Unterbrechung der Hauptverhandlung bis zur Gewährung der Akteneinsicht bzw. für die Dauer eines zur Vorbereitung erforderlichen Zeitraums abgelehnt hat.[2746] In diesem Fall ist die Verteidigung unzulässig beschränkt (§ 338 Nr. 8 StPO)[2747].

Auf die Art der Ausgestaltung des Rechts auf Akteneinsicht (z.B. Gewährung von Akteneinsicht nur auf der Geschäftsstelle) kann im Hinblick auf § 336 S. 2 i.V.m. § 147 Abs. 4 S. 2 StPO eine Verfahrensrüge nicht gestützt werden.[2748]

II. Anforderungen an den Vortrag der Rüge der Nichtaussetzung bzw. -unterbrechung der Hauptverhandlung aufgrund verspäteter oder unvollständiger Akteneinsichtsgewährung (§§ 147 Abs. 1, 228 Abs. 1, 338 Nr. 8 StPO)

1778 • Mitteilung des Zeitpunktes und des Inhaltes des Akteneinsichtsantrages im Wortlaut.

• Mitteilung, dass Akteneinsicht bis zum Beginn der Hauptverhandlung nicht gewährt wurde[2749] oder Mitteilung des Zeitpunktes, zu dem Akteneinsicht gewährt wurde. Letzterenfalls ist der Zeitpunkt des Beginns der Hauptverhandlung und

---

2746 *Meyer-Goßner/Schmitt*[60] § 147 Rn. 42 m.w.N.
2747 *BGH* StV 1985, 4 = NStZ 1985, 87; *KG* StV 1982, 10.
2748 *BGH* NStZ 2000, 46.
2749 Es muss vorgetragen werden, dass auch keine Möglichkeit der Einsichtnahme an Gerichtsstelle bestand.

der Umfang der Akten vorzutragen sowie die Gründe, warum die zur Verfügung stehende Zeit zur Vorbereitung der Verteidigung nicht ausreichte.[2750]

- Soll beanstandet werden, dass die Akte zum Zeitpunkt der Einsichtnahme nicht vollständig gewesen sei, ist vorzutragen, welche Bestandteile gefehlt haben und welche Gründe einer erneuten und dann vollständigen Akteneinsicht entgegengestanden haben.[2751] Außerdem ist die konkret-kausale Beziehung zwischen diesem geltend gemachten Verfahrensfehler und einem für die Entscheidung wesentlichen Punkt darzutun.[2752]

- Inhalt des Aussetzungs bzw. Unterbrechungsantrags im Wortlaut.

- Inhalt der diesen Antrag ablehnenden Verfügung des Vorsitzenden und des diese bestätigenden Gerichtsbeschlusses (§ 238 Abs. 2 StPO).

- Der Beschwerdeführer hat vorzutragen, ob dem Verteidiger – insbesondere bei einer mehrtägigen Hauptverhandlung – Akteneinsicht zu einem späteren Zeitpunkt gewährt wurde und ob die danach zur Verfügung stehende Zeit zu einer ordnungsgemäßen Vorbereitung der Verteidigung ausreichte bzw. welchen Zeitraum der Verteidiger benötigt hätte.[2753] Ggf. sind Inhalt und Zeitpunkt eines nochmaligen Unterbrechungsantrags und der daraufhin ergangene Gerichtsbeschluss vorzutragen. Inhalt und Umfang der nachträglich zur Einsicht zur Verfügung gestellten Unterlagen ist in diesem Zusammenhang ebenfalls mitzuteilen.[2754] Das gilt insbesondere dann, wenn Einsicht in erst während der Hauptverhandlung zur Akte gelangte Unterlagen gewährt wurde.

- Hat vor der Gewährung der Akteneinsicht ein Teil der Hauptverhandlung stattgefunden, bei dem der Verteidiger infolge nicht gewährter Akteneinsicht nicht effektiv verteidigen konnte, ist dies im Einzelnen darzulegen; letzterenfalls, dass ein Antrag auf Wiederholung dieses Teils der Hauptverhandlung nach gewährter Akteneinsicht durch Gerichtsbeschluss zurückgewiesen wurde, falls nicht die Aussetzung der Hauptverhandlung geboten war.[2755]

2750 Vgl. z.B. *OLG München* StV 2005, 430.
2751 *OLG Hamm* StV 2004, 310.
2752 *OLG Hamm* StraFo 2005, 468.
2753 *BGH* StV 1990, 532.
2754 Bei der Überlassung von Daten-CDs ist deren Inhalt mitzuteilen: *BGH* v. 21.12.2016 – 4 StR 490/16.
2755 Bspw. weil dem Angeklagten Gelegenheit zu geben war, seine Einlassung vor dem Hintergrund umfassender Akteneinsicht neu zu formulieren.

Rüge 198

1779   Ist ein Antrag auf Aussetzung oder Unterbrechung der Hauptverhandlung abgelehnt bzw. nicht beschieden worden oder eine Aussetzung oder Unterbrechung der Hauptverhandlung von Amts wegen nicht erfolgt, obwohl ein vom Gericht bzw. von der Staatsanwaltschaft nach § 214 Abs. 3 StPO geladener Zeuge oder Sachverständiger bzw. ein herbeigeschafftes nach § 256 StPO verlesbares Schriftstück dem Angeklagten nicht rechtzeitig namhaft gemacht worden ist? Wurde der Angeklagte auf die Möglichkeit einer entsprechenden Antragstellung nicht hingewiesen?

I. Rechtsgrundlagen

1780   Die rechtzeitige Namhaftmachung der geladenen Zeugen und Sachverständigen[2756] sowie – im Rahmen des § 68 StPO (siehe § 222 Abs. 1 S. 3 StPO) – ihres Wohn- und Aufenthaltsortes (§ 222 Abs. 1 S. 1 StPO) dient der Vorbereitung der Hauptverhandlung und gewährleistet aus der Sicht des Angeklagten damit ein faires Verfahren.[2757] Die Mitteilungspflicht obliegt deshalb nicht nur dem Gericht, sondern auch der Staatsanwaltschaft (§ 222 Abs. 1 S. 2 StPO), ihr gleichgestellte Behörden und denjenigen weiteren Verfahrensbeteiligten, die das Recht der unmittelbaren Ladung haben (Nebenkläger, Einziehungsbeteiligte etc.)[2758], wenn Zeugen oder Sachverständige unmittelbar zur Hauptverhandlung geladen worden sind (§§ 214 Abs. 3, 433 Abs. 1 i.V.m. § 220 Abs. 1 S. 1 StPO).

1781   Eine Verletzung dieser sich aus § 222 StPO ergebenden Pflicht kann unmittelbar nur im Falle einer zulässigerweise in Abwesenheit des Angeklagten durchgeführten Hauptverhandlung, in der auch kein Verteidiger anwesend ist, die Revision begründen,[2759] wenn dadurch erfolgversprechende Nachforschungen über die Person des Zeugen oder Sachverständigen (oder des Urhebers von nach § 256 StPO verlesbaren Erklärungen) unmöglich waren bzw. der Angeklagte von seinem Recht auf Teilnahme an der Hauptverhandlung Gebrauch gemacht hätte, wenn er von der Erstreckung der Beweisaufnahme auf die nicht namhaft gemachten Zeugen bzw. Sachverständigen etc. Kenntnis gehabt hätte (§§ 222 Abs. 1, 337 StPO)[2760].

2756   § 222 StPO wird zumindest entspr. auf die Herbeischaffung verlesbarer Gutachten (so *BayObLGSt* 1954, 156; *LR-C. Jäger*[26] § 222 Rn. 3) und anderer nach § 256 StPO verlesbarer Erklärungen anzuwenden sein. Dies gilt erst recht, seitdem durch das 1. JuMoG die Möglichkeit zur Ersetzung der persönlichen Vernehmung von Zeugen und Sachverständigen durch Verlesung von ihnen stammender Erklärungen gem. § 256 StPO erheblich erweitert worden ist.

2757   Der unterbliebenen rechtzeitigen Namhaftmachung eines Sachverständigen ist der Fall gleichzustellen, dass in Fällen eines Schuldfähigkeits-, Prognose- oder Glaubwürdigkeitsgutachtens der Sachverständige kein schriftliches vorläufiges Gutachten vorgelegt hat: *Deckers u.a.* NStZ 2011, 69, 72 f. (s. hierzu auch Rüge 134 Rn. 1181).

2758   *Meyer-Goßner/Schmitt*[60] § 222 Rn. 5 i.V.m. § 220 Rn. 2.

2759   *Meyer-Goßner/Schmitt*[60] § 222 Rn. 10.

2760   Das Gericht hätte in diesem Fall die Verhandlung von Amts wegen aussetzen müssen: *LR-C. Jäger*[26] § 222 Rn. 20.

Im Falle eines in der Hauptverhandlung anwesenden Angeklagten oder zumindest **1782** eines Verteidigers soll nach h.m. erst die einen Aussetzungsantrag nach § 246 Abs. 2, 3 StPO ablehnende Entscheidung bzw. dessen Nichtbescheidung revisibel sein.[2761] Im Falle eines an der Hauptverhandlung ohne Verteidiger teilnehmenden Angeklagten kann mit der Revision beanstandet werden, dass er nicht auf die Möglichkeit, die Aussetzung wegen nicht rechtzeitiger Namhaftmachung zu beantragen, hingewiesen wurde.[2762]

Wurde ein Aussetzungsantrag gestellt, über den das Gericht nach freiem Ermessen **1783** zu entscheiden hat (§ 246 Abs. 4 StPO), ist die Revision begründet, wenn der Antrag in der Hauptverhandlung nicht beschieden wurde und das Urteil auf dem Verfahrensverstoß beruhen kann. Letzteres kann ausnahmsweise nur dann ausgeschlossen werden, wenn das Gericht auf die Verwertung des Beweismittels völlig verzichtet, die Beweiserhebung für die Urteilsfindung völlig unerheblich war, wenn offensichtlich ist, dass Nachforschungen nicht erfolgversprechend oder deshalb unnötig waren, weil die Beweisperson dem Angeklagten bereits ausreichend bekannt war.[2763]

Im Falle der Ablehnung des Antrages prüft das Revisionsgericht, ob ein Verstoß gegen § 222 StPO vorlag, wozu auch die zutreffende Auslegung des unbestimmten Rechtbegriffs der „rechtzeitigen Namhaftmachung" gehört[2764] und ob das Gericht den Aussetzungsantrag rechtsirrig oder unter Fehlgebrauch seines Ermessens zu Unrecht abgelehnt hat.[2765] Deshalb ist die Ablehnung des Antrages nach Maßgabe des § 34 StPO zu begründen. Die Entscheidung muss zumindest zum Ausdruck bringen, dass das Gericht sie unter Berücksichtigung der Aufklärungspflicht, der berechtigten Belange des von dem Beweismittel überraschten Angeklagten und damit „pflichtgemäß" getroffen hat.[2766]

Im Falle der rechtsfehlerhaften Ablehnung gilt für die Beruhensfrage das zum Fall der Nichtbescheidung Ausgeführte.

Auch ohne Stellung eines Aussetzungsantrages kann das Gericht von Amts wegen **1784** gehalten sein, die Hauptverhandlung auszusetzen oder zu unterbrechen, wenn dies aus Aufklärungsgründen bzw. zur ausreichenden Vorbereitung der Verteidigung oder nach § 265 Abs. 4 StPO geboten war.[2767]

2761   LR-*C. Jäger*[26] § 222 Rn. 22 u. 26 und LR-*J.-P. Becker*[26] § 246 Rn. 24; *Meyer-Goßner/ Schmitt*[60] § 222 Rn. 10.
2762   § *Meyer-Goßner/Schmitt*[60] 222 Rn. 10.
2763   LR-*C. Jäger*[26] § 222 Rn. 24.
2764   LR-*C. Jäger*[26] § 222 Rn. 26.
2765   LR-*J.-P. Becker*[26] § 246 Rn. 24.
2766   LR- *J.-P. Becker*[26] § 246 Rn. 15.
2767   LR- *J.-P. Becker*[26] § 246 Rn. 20 (s. dazu Rüge 201 Rn. 1799).

II. Anforderungen an den Vortrag der Rüge der Verletzung des § 222 StPO

1. Notwendiger Revisionsvortrag bei abwesenden und in der Hauptverhandlung unverteidigten Angeklagten

1785 • Nicht rechtzeitige Namhaftmachung von vom Gericht bzw. der Staatsanwalt-schaft nach § 214 Abs. 3 StPO oder anderen Verfahrensbeteiligten geladenen Zeugen, Sachverständigen oder Urhebern von nach § 256 StPO verlesbaren Er-klärungen. Der Zeitpunkt der Namhaftmachung und derjenige der Hauptver-handlung sind mitzuteilen.

• Abwesenheit des Angeklagten und eines Verteidigers in der Hauptverhandlung.

• Vernehmung der nicht rechtzeitig namhaft gemachten Beweisperson in der Hauptverhandlung bzw. Verlesung einer Erklärung nach § 256 StPO (letzteren-falls Mitteilung von deren vollständigem Wortlaut).

• Der Angeklagte hätte ansonsten Nachforschungen zu der betreffenden Beweis-person angestellt bzw. von seinem Recht, an der Hauptverhandlung persönlich teilzunehmen, Gebrauch gemacht.

2. Vortrag bei unverteidigtem Angeklagten, der keinen Aussetzungsantrag gestellt hat

1786 • Nicht rechtzeitige Namhaftmachung von vom Gericht bzw. von der Staatsan-waltschaft nach § 214 Abs. 3 StPO oder anderen Verfahrensbeteiligten gelade-nen Zeugen, Sachverständigen oder Urhebern von nach § 256 StPO verlesbaren Erklärungen. Der Zeitpunkt der Namhaftmachung und derjenige der Hauptver-handlung sind mitzuteilen.

• Abwesenheit eines Verteidigers.

• Angeklagter hatte von der Möglichkeit, einen Aussetzungsantrag wegen Verlet-zung des § 222 Abs. 1 StPO zu stellen, keine Kenntnis.

• Der Vorsitzende hat den Angeklagten nicht auf die Möglichkeit hingewiesen, einen Aussetzungsantrag wegen Verletzung des § 222 Abs. 1 StPO zu stellen.

• Der Angeklagte hat (deshalb) keinen Aussetzungsantrag gestellt.

• Vernehmung der nicht rechtzeitig namhaft gemachten Beweisperson in der Hauptverhandlung bzw. Verlesung einer Erklärung nach § 256 StPO (letzteren-falls Mitteilung von deren vollständigen Wortlaut).

• Der Angeklagte hätte ansonsten Nachforschungen über die Beweisperson ange-stellt.

3. Vortrag bei verteidigtem bzw. unverteidigtem Angeklagten im Falle der Stellung eines Aussetzungsantrages

1787 • Nicht rechtzeitige Namhaftmachung von vom Gericht bzw. der Staatsanwalt-schaft nach § 214 Abs. 3 StPO oder anderen Verfahrensbeteiligten geladenen Zeugen, Sachverständigen oder Urhebern von nach § 256 StPO verlesbaren Erklärungen. Der Zeitpunkt der Namhaftmachung und derjenige der Hauptverhandlung sind mitzuteilen.

• Stellung eines Aussetzungsantrags (wörtliche Wiedergabe).

• Nichtbescheidung bzw. Ablehnung des Antrags, letzterenfalls unter vollständiger Mitteilung des Beschlusses mit seiner Begründung.

• Vernehmung der nicht rechtzeitig namhaft gemachten Beweisperson in der Hauptverhandlung bzw. Verlesung einer Erklärung nach § 256 StPO (letzterenfalls Mitteilung von deren vollständigem Wortlaut).

4. Unterbrechung statt Aussetzung der Hauptverhandlung

Ist statt einer Aussetzung der Hauptverhandlung diese nur unterbrochen worden, **1788** muss gegen eine diesbezügliche Verfügung des Vorsitzenden eine Entscheidung des Gerichts herbeigeführt worden sein (§ 238 Abs. 2 StPO). Der die Unterbrechung bestätigende Beschluss muss mit der Revisionsbegründung vollständig vorgetragen und es muss dargelegt werden, dass und warum die Unterbrechung nicht ausreichte, um die Beschränkung der Verteidigung auszugleichen.

III. Nachweis der die Rüge begründenden Verfahrenstatsachen

Die Abwesenheit des Angeklagten bzw. eines Verteidigers in der Hauptverhand- **1789** lung, die Vernehmung der nicht rechtzeitig namhaft gemachten Beweisperson bzw. die Verlesung einer Erklärung nach § 256 StPO, die Belehrung über die Möglichkeit der Stellung eines Aussetzungsantrages, die Tatsache der Stellung und der Inhalt eines Aussetzungsantrages, die Nichtbescheidung bzw. Ablehnung des Aussetzungsantrages werden als wesentliche Förmlichkeit der Hauptverhandlung durch das Hauptverhandlungsprotokoll bzw. dessen Schweigen bewiesen.

Rüge 199

Ist ein zu vernehmender Zeuge oder Sachverständiger dem Angeklagten so spät namhaft **1790** gemacht oder eine zu beweisende Tatsache so spät vorgebracht worden, dass es dem Angeklagten an der zur Einziehung von Erkundigungen erforderlichen Zeit gefehlt hat und wurde die Hauptverhandlung nicht zum Zwecke der Einziehung von Erkundigungen ausgesetzt bzw. unterbrochen?

I. Rechtsgrundlagen

Die Vorschrift des § 222 Abs. 1 StPO dient der Vorbereitung der Hauptverhandlung **1791** durch den Angeklagten. Demgegenüber soll die Vorschrift des § 246 Abs. 2 und Abs. 3 StPO den Angeklagten davor schützen, dass er insbesondere bei mehrtägigen

Hauptverhandlungen nicht durch Vernehmung eines vorher nicht namhaft gemachten Zeugen oder Sachverständigen oder durch Einbeziehung einer neuen Beweistatsache in die Beweisaufnahme überrumpelt wird. Er soll vielmehr Gelegenheit haben, sich mit den neuen Beweisen kritisch auseinanderzusetzen und über Wert oder Unwert der Beweismittel Erkundigungen einzuziehen und ggf. Gegenbeweise anzubieten.[2768]

Eine zu beweisende Tatsache i.S.d. § 246 Abs. 2 StPO ist zu spät vorgebracht, wenn ihre Verfahrenserheblichkeit erst nachträglich ersichtlich wird, die Verteidigung also nicht damit rechnen musste, dass diese Tatsache in der Hauptverhandlung Bedeutung erlangen könnte.[2769]

Revisionsrechtlich ist die Verletzung der Pflicht zur Aussetzung oder Unterbrechung der Hauptverhandlung bzw. der Pflicht, den unverteidigten Angeklagten auf die Möglichkeit der Stellung eines Aussetzungsantrages hinzuweisen, entspr. den Ausführungen zu § 222 StPO zu behandeln.[2770]

II. Anforderungen an den Vortrag der Rüge der Verletzung von § 246 Abs. 2 und 3 StPO

1792 Die Rügeanforderungen decken sich weitgehend mit denjenigen der Beanstandung der Verletzung der Pflicht zur Aussetzung der Hauptverhandlung nach § 265 Abs. 4 StPO (Rüge 201, Rn. 1799) bzw. derjenigen, den Angeklagten auf sein Antragsrecht hinzuweisen (Rüge 202, Rn. 1805).

1793 **Zusätzlich** ist folgender Revisionsvortrag erforderlich:

- Vorbringen, an welchem Hauptverhandlungstag ein Zeuge oder Sachverständiger vernommen wurde bzw. eine Tatsache zum Gegenstand der Hauptverhandlung gemacht wurde, die dem Angeklagten im Sinne des § 246 Abs. 2 StPO zu spät namhaft bzw. zu spät vorgebracht worden war.
- Mitteilung des Zeitpunktes, zu dem die betreffende Beweisperson bzw. die betreffende Beweistatsache dem Angeklagten gegenüber namhaft gemacht bzw. vorgebracht worden ist.
- Darlegung der Gründe, warum die zur Einziehung von Erkundigungen erforderliche Zeit gefehlt hat, insbesondere also welche Erkundigungen erforderlich waren.

2768 LR-*J.-P. Becker*[26] § 246 Rn. 3.
2769 LR-*J.-P. Becker*[26] § 246 Rn. 7, auch zu Ausnahmen.
2770 Vgl. Rüge 198 Rn. 1779.

Abschnitt 3
Unterbrechung bzw. Aussetzung der Hauptverhandlung wegen Veränderungen des Sachverhalts bzw. der Verfahrenslage

Rüge 200

Ist nach Erteilung eines rechtlichen Hinweises nach § 265 Abs. 1 oder Abs. 2 Nr. 1 StPO **1794**
die Hauptverhandlung nicht ausgesetzt oder unterbrochen bzw. ein unverteidigter Angeklagter nicht auf sein Recht, die Aussetzung zu beantragen, hingewiesen worden?

I. Rechtsgrundlagen

Ist nach § 265 Abs. 1 oder Abs. 2 Nr. 1 StPO ein rechtlicher Hinweis erteilt wor- **1795**
den, kann der Angeklagte einen Antrag auf Aussetzung der Hauptverhandlung stellen, wenn er infolge damit zusammenhängender neu hervorgetretener Umstände
auf die Verteidigung nicht genügend vorbereitet war. Das Gericht ist verpflichtet,
die Hauptverhandlung auszusetzen, wenn die Voraussetzungen des § 265 Abs. 3
StPO vorliegen.[2771] Eine Unterbrechung reicht nur dann aus, wenn der Angeklagte
seinen Antrag darauf beschränkt hat. Von Amts wegen muss das Gericht die
Hauptverhandlung nur unter den Voraussetzungen des § 265 Abs. 4 StPO aussetzen.[2772]

Eine Belehrung des Angeklagten über das Recht, die Aussetzung der Hauptver- **1796**
handlung nach § 265 Abs. 3 StPO zu beantragen, hat jedenfalls im Falle eines unverteidigten Angeklagten zu erfolgen.[2773]

Die Voraussetzungen für den Anspruch auf Aussetzung der Hauptverhandlung lie- **1797**
gen nur vor, wenn der Angeklagte die Richtigkeit der in der Hauptverhandlung neu
hervorgetretenen Tatsachen bestreitet[2774] (das Gericht darf also die Aussetzung nur
dann verweigern, wenn der Angeklagte diese Tatsachen eingeräumt hat) und der
Angeklagte behauptet, auf die Verteidigung nicht genügend vorbereitet zu sein, was
nicht der Nachprüfung des Gerichts unterliegt. Der Angeklagte muss sich deshalb
nicht vorhalten lassen, den Inhalt des Hinweises nicht vorausgesehen und sich hierauf nicht entspr. vorbereitet zu haben.[2775]

2771 *BGHSt* 48, 183 = StV 2003, 269 = NStZ 2004, 396 m. zustimmender Anm. *Mitsch.*
2772 Siehe Rüge 201 Rn. 1799.
2773 Nachweise und Meinungsstand bei LR-*Stuckenberg*[26] § 265 Rn. 89.
2774 *BGH* wistra 2006, 191; *BGH* v. 30.6.2015 – 3 StR 183/15 = StV 2016, 273 (Ls) =
      NStZ 2016, 61 m. Anm. *Ventzke.*
2775 *BGH* v. 6.3.2013 – 1 StR 623/11 = StV 2013, 485 = NStZ 2012, 581.

Allein die Veränderung eines **rechtlichen** Gesichtspunktes begründet den Anspruch auf Aussetzung nicht.[2776]

II. Anforderungen an den Vortrag der Rüge der Verletzung des § 265 Abs. 3 StPO

1798 • Der Inhalt eines nach § 265 Abs. 1 oder Abs. 2 Nr. 1 StPO erteilten Hinweises muss vollständig im Wortlaut mitgeteilt werden.

• Es ist darzulegen, dass diesem Hinweis konkret zu bezeichnende Tatsachen zugrunde liegen, die erst in der Hauptverhandlung (wann und durch welche Beweismittel) neu hervorgetreten sind, insbesondere also nicht schon Gegenstand der Anklage, des Eröffnungsbeschlusses oder eines vor Beginn der Hauptverhandlung erteilten gerichtlichen Hinweises waren.

• Mitteilung, dass der Angeklagte die Richtigkeit dieser Tatsachen ausdrücklich bestritten hat.[2777]

• Mitteilung, dass der Angeklagte behauptet hat, auf die Verteidigung nicht genügend vorbereitet gewesen zu sein.

• Mitteilung des vollständigen Wortlauts des Antrags auf Aussetzung (ggf. Unterbrechung) der Hauptverhandlung.

• Mitteilung des vollständigen Wortlauts des (ggf. nach § 238 Abs. 2 StPO herbeigeführten) Beschlusses, durch den der Antrag abgelehnt wurde.

• Ggf. Mitteilung, dass der Angeklagte unverteidigt war und nicht auf sein Recht hingewiesen wurde, die Aussetzung der Hauptverhandlung zu beantragen, dass er deshalb keinen Antrag gestellt hat, obwohl die Voraussetzungen, was darzulegen ist, des § 265 Abs. 3 StPO gegeben waren.

• Für den Fall der Unterbrechung statt Aussetzung der Hauptverhandlung Mitteilung, dass und warum die Unterbrechungsdauer nicht ausreichend war.[2778]

2776 *BGH* v. 27.2.2013 – 2 StR 517/12 = NStZ 2013, 358 = StV 2013, 612 (Ls) für den Fall des Übergangs vom Vorwurf der versuchten zur vollendeten Vergewaltigung (bloßer Wegfall eines fakultativen Strafmilderungsgrundes).

2777 Zu den sich für Angeklagte stellenden Problemen, die sich schweigend verteidigen, *Ventzke* Anm. zu *BGH* NStZ 2016, 61.

2778 *Meyer-Goßner/Schmitt*[60] § 265 Rn. 47.

Rüge 201

Ist nach Erteilung eines rechtlichen Hinweises nach § 265 Abs. 2 Nr. 2 bzw. 3 StPO ein Antrag auf Aussetzung oder Unterbrechung der Hauptverhandlung abgelehnt bzw. nicht beschieden worden oder eine Aussetzung oder Unterbrechung von Amts wegen nicht erfolgt, obwohl dies infolge des Abweichens von einer in der Verhandlung mitgeteilten vorläufigen gerichtlichen Bewertung der Sach- oder Rechtslage (§ 265 Abs. 2 Nr. 2 StPO) oder einer Veränderung des Sachverhalts oder der Verfahrenslage (§ 265 Abs. 2 Nr. 3 StPO) für eine genügende Vorbereitung der Verteidigung erforderlich gewesen wäre (§ 265 Abs. 4 StPO)? **1799**

I. Rechtsgrundlagen

1. Eine veränderte Sachlage (§ 265 Abs. 2 Nr. 3 StPO) liegt vor, wenn im Rahmen **1800** des § 264 StPO Handlungen oder sonstige Tatsachen zum Gegenstand der Urteilsfindung gemacht werden sollen, die in der zugelassenen Anklage nicht erwähnt worden und die entscheidungserheblich sind. Sie können den Umfang der Schuld betreffen, sie können aber auch für den Strafausspruch oder die Anordnung einer Maßregel der Besserung oder Sicherung von Bedeutung sein, wenn der Angeklagte mit ihrer Verwertung nicht zu rechnen brauchte und zu denen er sich daher in der Hauptverhandlung nicht abschließend äußern konnte.[2779]

Die Veränderung der Sachlage kann aber auch in Veränderungen der Verfahrens- **1801** lage liegen, sofern diese eine weitere Vorbereitung des Angeklagten oder der Verteidigung notwendig machten. Dies gilt insbesondere dann, wenn der Angeklagte oder der Verteidiger keine Gelegenheit hatten, die Stichhaltigkeit eines Gutachtens eines erst in der Hauptverhandlung zugezogenen Sachverständigen nachzuprüfen[2780] oder wenn erst in der Hauptverhandlung möglicherweise zur Entlastung geeignete Akten oder Beweismittel (z.B. Lichtbilder) vorgelegt wurden[2781] oder wenn dem Verteidiger keine oder nur unzureichende Akteneinsicht gewährt wurde.[2782] Eine wesentliche Veränderung der Verfahrenslage kann auch dadurch eintreten, dass das Gericht darauf hinweist, dass es an einer in der Verhandlung mitgeteilten vorläufigen Bewertung der Sach- oder Rechtslage nicht mehr festhalten will (§ 265 Abs. 2 Nr. 2 StPO), sofern diese Zusage das Prozessverhalten der Verfahrensbeteiligten wesentlich bestimmt hat. Dies gilt bspw. für das Inaussichtstellen einer bestimmten Strafobergrenze im Rahmen einer Verständigung.[2783]

2. Ob das Verfahren nach einem entspr. Hinweis auszusetzen oder zumindest zu **1802** unterbrechen ist, entscheidet das Gericht nach pflichtgemäßem Ermessen durch

---

2779 LR-*Stuckenberg*[26] § 265 Rn. 102. und Rn. 1735.
2780 *OLG Koblenz*, VRS 60 (1981), 119.
2781 LR-*Stuckenberg*[26] § 265 Rn. 104 m.w.N. in Fn. 398.
2782 *BGH* StV 1985, 4; 1996, 268; 1998, 415; *OLG Hamburg* NJW 1966, 343; weitere Beispiele bei *Schlothauer* StV 1986, 226 u. *Meyer-Goßner/Schmitt*[60] § 265 Rn. 39 ff.
2783 LR-*Stuckenberg*[26] § 265 Rn. 105 m.w.N. in Fn. 403.

Beschluss[2784]. Gegebenenfalls muss gegen eine negative Verfügung des Vorsitzenden die Entscheidung des Gerichts herbeigeführt worden sein (§ 238 Abs. 2 StPO).

Der die Aussetzung ablehnende Beschlusswird vom Revisionsgericht darauf überprüft, ob die Entscheidung Rechtsfehler in Form einer der Bedeutung der Vorschrift nicht gerecht werdenden zu engen Auslegung oder einen Fehlgebrauch des Ermessens erkennen lässt.[2785]

Ist die Hauptverhandlung nur, ggf. zu kurz, unterbrochen worden, muss dargelegt werden, dass die zur Verfügung stehende Zeit nicht ausreichte, um sich auf die Veränderung der Sach oder Verfahrenslage einzustellen und auch Sachgründe bzw. der Beschleunigungsgrundsatz nicht einer längeren Unterbrechung bzw. sogar einer Aussetzung des Verfahrens entgegenstanden.

1803   3. Der Verstoß gegen § 265 Abs. 4 StPO eröffnet die Revision nach §§ 337 und 338 Nr. 8 StPO[2786].

II. Anforderungen an den Vortrag der Rüge der Verletzung des § 265 Abs. 4 StPO

1804   • Antrag auf Aussetzung bzw. Unterbrechung der Hauptverhandlung im vollständigen Wortlaut.

• Wörtlich mitzuteilender Beschluss, mit dem die Aussetzung bzw. Unterbrechung der Hauptverhandlung abgelehnt wurde bzw. die Hauptverhandlung nicht für einen genügenden Zeitraum unterbrochen wurde (ggf. Mitteilung der Beanstandung der zu kurzen Unterbrechung durch Gegenvorstellung und etwaige Reaktion des Gerichts).

• Mitteilung, worin die Veränderung des Sachverhalts oder der Verfahrenslage bestand. Dazu muss der nach § 265 Abs. 2 Nr. 2 oder 3 StPO erfolgte Hinweis mitgeteilt werden. Ferner muss die von dem Gericht in der Verhandlung mitgeteilte vorläufige Bewertung der Sach- und Rechtslage (§ 265 Abs. 2 Nr. 2 StPO) bzw. umfassend der Sachverhalt dargelegt werden, von dem der Angeklagte aufgrund der zugelassenen Anklage zunächst ausgegangen ist bzw. ausgehen durfte (§ 265 Abs. 2 Nr. 3 StPO). Entsprechendes gilt für eine Veränderung der Verfahrenslage.

• Mitteilung, zu welchem Zeitpunkt und in welcher Verfahrenslage der Hinweis erteilt wurde.

2784   Durch die Änderung des § 265 Abs. 3 StPO ist klargestellt, dass sich die dort geregelte Pflicht zur Aussetzung des Verfahrens auf Antrag des Angeklagten auf die Hinweise nach § 265 Abs. 1 und Abs. 2 Nr. 1 StPO beschränkt.
2785   Beispiele bei LR-*Stuckenberg*[26] § 265 Rn. 116.
2786   LR-*Stuckenberg*[26] § 265 Rn. 115.

- Darzulegen ist, warum die ablehnende Entscheidung bzw. die Nichtaussetzung rechts-, insbesondere ermessensfehlerhaft war.[2787]
- Die Bedeutung der Veränderung des Sachverhalts bzw. der Verfahrenslage für die Verteidigung des Angeklagten in einem wesentlichen Punkt sind herauszustellen.

Rüge 202

Ist der Angeklagte im Falle der Veränderung des Sachverhalts oder der Verfahrenslage darauf hingewiesen worden, dass er einen Aussetzungs- bzw. Unterbrechungsantrag stellen könne?   **1805**

I. Rechtsgrundlagen

Eine Belehrung über das Recht, die Aussetzung oder Unterbrechung der Hauptver- **1806** handlung infolge Veränderung des Sachverhalts bzw. der Verfahrenslage stellen zu können, hat jedenfalls bei unverteidigten Angeklagten im Hinblick auf die gerichtliche Verpflichtung zur fairen Verfahrensgestaltung zu erfolgen.[2788]

II. Anforderungen an den Vortrag

- Mitteilung, worin die Veränderung des Sachverhalts oder der Verfahrenslage **1807** bestand. Dazu muss vollständig der Sachverhalt dargelegt werden, von dem der Angeklagte aufgrund der zugelassenen Anklage zunächst ausgegangen ist bzw. ausgehen durfte. Entsprechendes gilt für eine Veränderung der Verfahrenslage.
- Mitteilung, zu welchem Zeitpunkt und wodurch die Veränderung des Sachverhalts oder der Verfahrenslage eingetreten ist.
- Darzulegen ist, warum im Falle einer Antragstellung die ablehnende Entscheidung bzw. die Nichtaussetzung rechts-, insbesondere ermessensfehlerhaft gewesen wäre.[2789]
- Die Bedeutung der Veränderung des Sachverhalts bzw. der Verfahrenslage für die Verteidigung des Angeklagten in einem wesentlichen Punkt sind herauszustellen.
- Ggf.: Der Angeklagte befand sich in der Hauptverhandlung nicht im Beistand eines Verteidigers.
- Der Angeklagte wurde nicht auf sein Recht hingewiesen, die Aussetzung oder Unterbrechung der Hauptverhandlung beantragen zu können.

2787   Siehe dazu Nachweise bei LR-*Stuckenberg*[26] § 265 Rn. 119, Fn. 475.
2788   LR-*Stuckenberg*[26] § 265 Rn. 99.
2789   Siehe dazu Nachweise bei LR-*Stuckenberg*[26] § 265 Rn. 119, Fn. 475.

- Der Angeklagte stellte keinen Aussetzungs bzw. Unterbrechungsantrag.
- Die Hauptverhandlung wurde weder ausgesetzt noch (langfristig) unterbrochen.

Rüge 203

1808 Ist ein Antrag auf Aussetzung bzw. Unterbrechung der Hauptverhandlung abgelehnt oder eine solche von Amts wegen nicht vorgenommen worden, obwohl das Gericht gem. § 154a Abs. 3 S. 1 StPO einen ausgeschiedenen Teil einer Tat oder Gesetzesverletzung oder Elemente von nach § 154 StPO ausgeschiedenen Taten wieder in das Verfahren einbezogen hat, um diese bei der Beweiswürdigung oder Strafzumessung mit zu verwerten?

I. Rechtsgrundlagen

1809 Nach § 154a Abs. 3 S. 3 StPO ist § 265 Abs. 4 StPO entspr. anzuwenden, wenn Teile einer Tat, die nach §§ 154a, 207 Abs. 2 StPO ausgeschieden worden sind, wieder in das Verfahren einbezogen und zum Nachteil des Angeklagten verwertet werden sollen. Entsprechendes muss aber auch in den Fällen gelten, in denen das Gericht Elemente der nach §§ 154, 154a StPO ausgeschiedenen Taten oder Tatteile bei der Beweiswürdigung oder der Rechtsfolgenentscheidung mit verwerten will. In einem solchen Fall kann das Gericht nach pflichtgemäßem Ermessen, insbesondere bei einem entspr. Antrag, gehalten sein, die Hauptverhandlung zur genügenden Vorbereitung der Verteidigung zu unterbrechen oder auszusetzen.[2790]

1810 Ein die Aussetzung bzw. die Unterbrechung ablehnender Beschluss ist im Revisionsverfahren nur auf Rechts und insbesondere Ermessensfehler überprüfbar. Es kann insoweit auf die Ausführungen zu Rüge 201 Rn. 1802 verwiesen werden.

1811 Erfolgt der Wiedereinziehungsbeschluss bzw. der Hinweis in Abwesenheit des unverteidigten Angeklagten, ist die Hauptverhandlung von Amts wegen auszusetzen bzw. zu unterbrechen und der Angeklagte über die Wiedereinbeziehung bzw. die beabsichtigte Einführung nach §§ 154, 154a StPO ausgeschiedener Taten oder Tatteile zwecks Berücksichtigung bei der Beweiswürdigung oder der Strafzumessung zu unterrichten.

II. Anforderungen an den Vortrag der Rüge der Verletzung der §§ 265 Abs. 4 (154, 154a Abs. 3 S. 3) StPO

1812 • Beschluss über die Wiedereinbeziehung von nach §§ 154a, 207 Abs. 2 StPO ausgeschiedenen Teilen einer Tat bzw. Mitteilung des Hinweises über die beabsichtigte Verwertung von Elementen von nach § 154 StPO ausgeschiedenen Taten oder Tatteilen (vollständiger Wortlaut).

2790   LR-*Beulke*[26] § 154a Rn. 38.

- Gegebenenfalls Antrag auf Aussetzung bzw. Unterbrechung der Hauptverhandlung.
- Vollständiger Wortlaut des Beschlusses, durch den der Antrag auf Aussetzung bzw. Unterbrechung der Hauptverhandlung abgelehnt wurde.
- Konkrete Darlegung derjenigen Beweiserhebungen, durch die Teile einer nach §§ 154a, 207 Abs. 2 StPO ausgeschiedenen Tat bzw. nach § 154 StPO ausgeschiedener Taten oder Tatteile zum Gegenstand der Hauptverhandlung gemacht wurden.
- Ggf.: Verkündung des Wiedereinbeziehungsbeschlusses bzw. Erteilung des Hinweises in Abwesenheit des unverteidigten Angeklagten.

Rüge 204

Ist der Angeklagte im Falle der Einbeziehung eines nach § 154a Abs. 3 S. 1 StPO ausgeschiedenen Teils einer Tat oder Gesetzesverletzung oder von Elementen von nach § 154 StPO ausgeschiedenen Taten darauf hingewiesen worden, dass er einen Aussetzungsantrag stellen könne? **1813**

I. Rechtsgrundlagen

Eine Belehrung über das Recht, die Aussetzung der Hauptverhandlung zu beantragen, hat jedenfalls bei unverteidigten Angeklagten zu erfolgen.[2791] **1814**

II. Anforderungen an den Vortrag der Rüge des unterbliebenen Hinweises auf die Möglichkeit der Stellung eines Aussetzungsantrages

- Beschluss über die Wiedereinbeziehung von nach §§ 154a, 207 Abs. 2 StPO ausgeschiedenen Teilen einer Tat bzw. Mitteilung des Hinweises über die beabsichtigte Verwertung von Elementen von nach § 154 StPO ausgeschiedenen Taten oder Tatteilen (vollständiger Wortlaut). **1815**
- Konkrete Darlegung derjenigen Beweiserhebungen, durch die Teile einer nach §§ 154a, 207 Abs. 2 StPO ausgeschiedenen Tat bzw. nach § 154 StPO ausgeschiedener Taten oder Tatteile zum Gegenstand der Hauptverhandlung gemacht worden sind.
- Gegebenenfalls: Der Angeklagte befand sich ohne Beistand eines Verteidigers in der Hauptverhandlung.
- Der Angeklagte wurde nicht auf sein Recht hingewiesen, die Aussetzung der Hauptverhandlung zu beantragen.

2791 LR-*Stuckenberg*[26] § 265 Rn. 99.

- Der Angeklagte stellte keinen Aussetzungsantrag.
- Die Hauptverhandlung wurde weder ausgesetzt noch (längerfristig) unterbrochen.

Rüge 205

1816 Ist ein Antrag auf Unterbrechung der Hauptverhandlung nach Erhebung einer Nachtragsanklage zurückgewiesen worden (§ 266 Abs. 3 S. 1 StPO)?

I. Rechtsgrundlagen

1817 Nach § 266 Abs. 3 S. 1 StPO ist auf Antrag des Angeklagten die Hauptverhandlung nach Erhebung einer Nachtragsanklage und deren Einbeziehung in das Verfahren innerhalb der nach § 229 Abs. 1 bzw. Abs. 2 StPO zulässigen Höchstfristen zu unterbrechen.[2792] Eine Pflicht zur Unterbrechung besteht nur dann nicht, wenn der Antrag offenbar mutwillig oder nur zur Verzögerung des Verfahrens gestellt wurde. Es reicht für die Begründung der Unterbrechungspflicht aus, dass der Angeklagte ein nachvollziehbares Verteidigungsinteresse anführt.[2793] Über die Dauer der Unterbrechung wird nach pflichtgemäßem Ermessen entschieden.[2794]

II. Anforderungen an den Vortrag der Rüge der Verletzung des § 266 Abs. 2 S. 1 StPO

1818 Eine von der Staatsanwaltschaft in der Hauptverhandlung erhobene Nachtragsanklage wurde mit Zustimmung des Angeklagten in das Verfahren einbezogen. Die Nachtragsanklage und der Einbeziehungsbeschluss sind wörtlich wiederzugeben.

Der vom Angeklagten gestellte Unterbrechungsantrag ist vollständig im Wortlaut mitzuteilen.

Der vollständige Inhalt des (ggf. nach § 238 Abs. 2 StPO herbeigeführten) ablehnenden Beschlusses bzw. die Tatsache der Nichtbescheidung des Antrages ist mitzuteilen.

Im Falle der Unterschreitung der vom Angeklagten beantragten Unterbrechungsdauer die Umstände, aus denen sich ergibt, dass das Gericht sein Ermessen nicht

---

2792 Zu den Anforderungen an den Revisionsvortrag im Falle der Ablehnung eines von dem Angeklagten gestellten Unterbrechungs- oder Aussetzungsantrages, um der Staatsanwaltschaft Gelegenheit zur Stellung einer Nachtragsanklage zu geben, s. *BGH* JR 1996, 473 m. Anm. *Gollwitzer*.

2793 LR-*Stuckenberg*[26] § 266 Rn. 36.

2794 LR-*Stuckenberg*[26] § 266 Rn. 35.

oder nicht pflichtgemäß ausgeübt, insbesondere die Verteidigungsinteressen des Angeklagten nicht ausreichend berücksichtigt hat und eine Gegenvorstellung erfolglos geblieben ist (der Inhalt eines die Gegenvorstellung zurückweisenden Beschlusses ist im Wortlaut wiederzugeben).

Rüge 206

Ist es nach Einbeziehung einer Nachtragsanklage in das Verfahren unterblieben, den Angeklagten auf sein Recht hinzuweisen, die Unterbrechung der Hauptverhandlung zu beantragen (§ 266 Abs. 3 S. 2 StPO)?   **1819**

I. Rechtsgrundlagen

Nach § 266 Abs. 3 S. 2 StPO ist der ausdrückliche Hinweis an den Angeklagten, **1820** dass er das Recht habe, die Unterbrechung der Hauptverhandlung zu beantragen, spätestens nach Erlass des Einbeziehungsbeschlusses und vor Vernehmung zu der Nachtragsanklage zu erteilen.[2795] Der Hinweis muss auch bei Anwesenheit eines Verteidigers erfolgen. Unterbleibt er, kann dies nach § 337 StPO beanstandet werden.[2796]

II. Anforderungen an den Vortrag der Rüge der Verletzung des § 266 Abs. 3 S. 2 StPO

- Es ist mit Zustimmung des Angeklagten eine in der Hauptverhandlung erhobene **1821** Nachtragsanklage in das Verfahren einbezogen worden. Die Nachtragsanklage und der Einbeziehungsbeschluss sind wörtlich wiederzugeben.
- Der Angeklagte wurde nicht vor seiner Vernehmung zur Nachtragsanklage darauf hingewiesen, dass er das Recht habe, die Unterbrechung der Hauptverhandlung zu beantragen.
- Der Angeklagte hat eine Unterbrechung der Hauptverhandlung nicht beantragt.
- Die Hauptverhandlung wurde vor der Vernehmung des Angeklagten nicht unterbrochen.

III. Zum Beruhen des Urteils auf dem Verfahrensfehler

Es ist vorzutragen, dass der Angeklagte in Kenntnis seines Rechts die Unterbre- **1822** chung der Hauptverhandlung beantragt hätte im Hinblick auf darzulegende nachvollziehbare Verteidigungsinteressen.

2795 LR-*Stuckenberg*[26] § 266 Rn. 32.
2796 LR-*Stueckenberg*[26] § 266 Rn. 43.

Rüge 206a

1823 Hat das Gericht einen Antrag auf Aussetzung der Hauptverhandlung abgelehnt, um eine Änderung der Prozesslage abzuwarten, in der weitere Beweiserhebungen zugunsten des Angeklagten möglich wären und wurde er dadurch in seiner Verteidigung beschränkt (§§ 228 Abs. 1, 338 Nr. 8 StPO)?

I. Rechtsgrundlagen

1824 Ist die Aufklärung des entscheidungserheblichen Sachverhalts in einem wesentlichen Punkt aufgrund tatsächlicher Umstände während der stattfindenden Hauptverhandlung nicht möglich und ist ein Antrag auf Aussetzung der Hauptverhandlung von dem Gericht abgelehnt worden, eröffnet dies nicht nur die Möglichkeit der Erhebung einer Aufklärungsrüge[2797], sondern auch die Rüge der ermessensfehlerhaften Ablehnung des Aussetzungsantrags.[2798]

1825 Eine Aussetzung der Hauptverhandlung kann insbesondere dann geboten sein, wenn Zeugen, mit deren Aussage eine Verurteilung steht oder fällt, aus gesundheitlichen oder sonstigen tatsächlichen oder rechtlichen Gründen nicht vernommen werden können. Ist eine Besserung der Gesundheit zu erwarten oder entfallen sonstige tatsächliche Gründe, die einer Vernehmung entgegenstehen, ist absehbar, dass eine behördliche Sperrerklärung aufgehoben wird oder die Gründe entfallen, aufgrund derer ein Zeuge ein Auskunftsverweigerungsrecht gem. § 55 Abs. 1 StPO für sich in Anspruch nimmt, steht es im an der Aufklärungspflicht orientierten Ermessen des Gerichts, ob einem Aussetzungsantrag zu entsprechen ist oder nicht.

1826 Die Ablehnung eines solchen Aussetzungsantrages ist auf Ermessensfehler überprüfbar[2799] und begründet die Revision, wenn dadurch die Verteidigung des Angeklagten in einem wesentlichen Punkt beschränkt wurde.

II. Anforderungen an den Vortrag der rechtsfehlerhaften Ablehnung eines Aussetzungsantrages (§§ 228 Abs. 1 S. 1, 338 Nr. 8 StPO)

1827 Mitzuteilen sind

- der Inhalt des Aussetzungsantrages,
- ein ablehnender Gerichtsbeschluss,
- die Beeinträchtigung der Verteidigung in einem wesentlichen Punkt. Hier ist darzulegen, was die Beweiserhebung nach Aussetzung in der erneuten Hauptverhandlung zugunsten des Angeklagten ergeben hätte.
- Gründe für den absehbaren Wegfall der Hindernisse, die der Beweiserhebung in der Hauptverhandlung entgegenstehen.

2797 Siehe Rüge 190 Rn. 1707.
2798 *BGH* v. 8.6.2016 – 2 StR 539/15 = StV 2016, 774.
2799 Radtke/Hohmann-*Britz* StPO, § 228 Rn. 18.

- Im Fall der Berufung eines Zeugen auf ein Auskunftsverweigerungsrecht bedarf es bspw. der Darstellung des Standes des Strafverfahrens gegen den Zeugen, aus dem das Auskunftsverweigerungsrecht resultiert. Dazu gehören Angaben, die die Beurteilung des Zeitpunktes eines rechtskräftigen Verfahrensabschlusses ermöglichen, durch den das Auskunftsverweigerungsrecht in Wegfall geriete.[2800]

Abschnitt 4
Ungenügender Beistand oder Wegfall eines Verteidigers[2801]

Rüge 207

Unterblieb die von Amts wegen gebotene Aussetzung bzw. Unterbrechung der Hauptverhandlung, obwohl der Angeklagte durch einen nicht von ihm zu vertretenden Umstand den Beistand des Verteidigers seines Vertrauens verloren hat oder wurde er neu durch einen neu beauftragten Verteidiger verteidigt, der wegen unzureichender Vorbereitung zu einer sachgerechten Verteidigung nicht in der Lage war (Verletzung des § 265 Abs. 4 StPO)? | **1828**

I. Rechtsgrundlagen

Ob der vom Angeklagten nicht zu vertretende Verlust seines bisherigen Wahlverteidigers die Aussetzung oder zumindest Unterbrechung der Hauptverhandlung gebietet,[2802] hängt von den Umständen des Einzelfalles ab, insbesondere Anlass, Vorhersehbarkeit und Dauer der Verhinderung, der Bedeutung der Sache sowie Schwierigkeit der Sach und Rechtslage, Fähigkeit des Angeklagten, sich selbst zu verteidigen, aber auch Lage des Verfahrens bei Eintritt der Verhinderung und Beachtung des Beschleunigungsgebots.[2803] | **1829**

Die Ursachen für den Verlust des bzw. eines Verteidigers können verschiedenartig sein.[2804]

Zur Revisibilität der Nichtaussetzung bzw. Unterbrechung der Hauptverhandlung siehe die Ausführungen zu Rüge 201 Rn. 1799. | **1830**

2800 Vgl. *BGH* v. 8.6.2016 – 2 StR 539/15 = StV 2016, 774.
2801 Zu den Rügemöglichkeiten bei Verteidigung durch einen unqualifizierten Verteidiger s. auch Rüge 46 Rn. 689 ff.und Rüge 47 Rn. 692.
2802 Zu den Folgen des Wegfalls des Verteidigers im Falle einer notwendigen Verteidigung s. Rüge 32 Rn. 560, Rüge 47 Rn. 692, Rüge 47a Rn. 700 und Rüge 48 Rn. 704.
2803 LR-*Stuckenberg*[26] § 265 Rn. 106.
2804 Beispiele bei LR-*Stuckenberg*[26] § 265 Rn. 107 sowie LR-*J.-P. Becker*[26] bei § 228 Rn. 18 ff.

1831 Wird von einem neuen Verteidiger kein Aussetzungs- oder Unterbrechungsantrag gestellt,[2805] ist bei fehlender oder unvollständiger Einarbeitung in den Fall der Anwendungsbereich des § 265 Abs. 4 StPO eröffnet. Das Gericht muss dann von Amts wegen über eine Aussetzung oder Unterbrechung des Verfahrens entscheiden.[2806] Dies gilt sowohl für Fälle notwendiger Verteidigung als auch für solche, in denen der Angeklagte seines bisherigen Wahlverteidigers verlustig ging.

II. Anforderungen an den Vortrag der Rüge der Verletzung des § 265 Abs. 4 StPO durch Nichtaussetzung bzw. Nichtunterbrechung der Hauptverhandlung bei Verlust des bisherigen Wahlverteidigers bzw. Ablehnung eines Aussetzungs- bzw. Unterbrechungsantrages des nicht ausreichend vorbereiteten neuen Verteidigers

1832
- Grund für die Verhinderung des Verteidigers.
- Dauer der Verhinderung des Verteidigers.
- Zeitpunkt der Kenntniserlangung von der Verhinderung des Verteidigers durch den Angeklagten.
- Zeitpunkt des Beginns der Hauptverhandlung.
- Unmöglichkeit, einen neuen Verteidiger zu bestellen und Abwesenheit des/ eines Verteidigers in der Hauptverhandlung bzw. Unmöglichkeit des in der Hauptverhandlung anwesenden neuen Verteidigers, sich ausreichend vorzubereiten.[2807]
- Umfang und rechtlich/tatsächliche Komplexität des Verfahrensstoffes, in den sich ein neuer Verteidiger einzuarbeiten hatte, Zeitbedarf für Besprechung und Beratung des Angeklagten und zur Entwicklung eines Verteidigungskonzepts.
- Gegebenenfalls Mitteilung des Standes des Verfahrens einschließlich der Dauer der Hauptverhandlung zum Zeitpunkt der während einer laufenden Hauptverhandlung eingetretenen Verhinderung des Verteidigers und Inhalt der bisher stattgefundenen Beweisaufnahme. Für diesen Fall muss zusätzlich mitgeteilt werden, welche Informationen dem neuen Verteidiger über den bisherigen Verfahrensgang zur Verfügung standen.[2808]

2805   Siehe Rüge 48 Rn. 704 für den Fall notwendiger Verteidigung (§ 145 Abs. 3 StPO) und Rüge 209 Rn. 1836 für sonstige Verfahren.

2806   *BGH* v. 30.8.2012 – 4 StR 108/12 = NStZ 2013, 122 = JR 2013, 373 m. Anm. *Wohlers*.

2807   Soweit es diesbezüglich zwischen dem Verteidiger und dem Gericht schriftlichen oder telefonischen Meinungsaustausch außerhalb der Hauptverhandlung gegeben hat, ist dieser vollständig in die Revisionsbegründung aufzunehmen: Vgl. *BGH* StV 2007, 169, 170 für den Fall einer zu einem Terminsverlegungsantrag führenden Verhinderung.

2808   *BGH* v. 30.8.2012 – 4 StR 108/12 = NStZ 2013, 122 = JR 2013, 373 m. Anm. *Wohlers*.

- Bedeutung der Sache für den Angeklagten, Schwierigkeit der Sach- und Rechtslage und Unfähigkeit des Angeklagten, sich ausreichend selbst zu verteidigen.
- Bei Verhinderung eines von mehreren Verteidigern Mitteilung einer Aufgabenteilung zwischen ihnen und Tatsache, dass das Gericht darüber informiert wurde.
- Tatsache, dass die Hauptverhandlung nicht ausgesetzt wurde.
- Für den Fall einer Unterbrechung der Hauptverhandlung statt ihrer Aussetzung Mitteilung, dass Unterbrechung bzw. deren Dauer nicht ausreichte, Gründe hierfür und ggf. dass erfolglos Gegenvorstellung erhoben wurde. Ein etwaiger Beschluss ist im Wortlaut wiederzugeben.

Rüge 208

Ist der Angeklagte im Falle des Wegfalls des Beistands des Verteidigers seines Vertrauens darauf hingewiesen worden, dass er einen Aussetzungsantrag stellen könne? **1833**

I. Rechtsgrundlagen

Eine Belehrung über das Recht, die Aussetzung der Hauptverhandlung zu beantragen, hat bei Angeklagten zu erfolgen, die durch von ihnen nicht zu vertretende Umstände in der Hauptverhandlung unerwartet ohne Beistand eines Verteidigers sind.[2809] **1834**

II. Anforderungen an den Vortrag des unterbliebenen Hinweises auf die Möglichkeit der Stellung eines Aussetzungsantrages im Hinblick auf den Verlust des bisherigen Wahlverteidigers

- Grund für die Verhinderung des Verteidigers. **1835**
- Dauer der Verhinderung des Verteidigers.
- Zeitpunkt der Kenntniserlangung von der Verhinderung des Verteidigers durch den Angeklagten.
- Unmöglichkeit, einen neuen Verteidiger zu bestellen und Abwesenheit eines Verteidigers in der Hauptverhandlung.
- Bedeutung der Sache für den Angeklagten, Schwierigkeit der Sach- und Rechtslage und Unfähigkeit des Angeklagten, sich ausreichend selbst zu verteidigen.
- Mitteilung des Standes des Verfahrens einschließlich der Dauer der Hauptverhandlung zum Zeitpunkt der Verhinderung des Verteidigers.

[2809] Zur gerichtlichen Verpflichtung, eine faire Verfahrensgestaltung zu ermöglichen, LR-*Gollwitzer*[25] § 265 Rn. 96.

- Der Angeklagte wurde nicht auf sein Recht hingewiesen, die Aussetzung der Hauptverhandlung zu beantragen.
- Der Angeklagte stellte keinen Aussetzungsantrag.
- Die Hauptverhandlung wurde weder ausgesetzt noch (längerfristig) unterbrochen, sondern in Abwesenheit eines Verteidigers zu Ende geführt.

Rüge 209

1836 Ist ein Antrag des Verteidigers abgelehnt worden, die Hauptverhandlung auszusetzen oder zu unterbrechen im Hinblick darauf, dass er infolge seiner kurzfristigen Beauftragung/Beiordnung zur Verteidigung nicht genügend vorbereitet sei (§§ 265 Abs. 4, 338 Nr. 8 StPO)?

I. Rechtsgrundlagen

1837 Ist ein Verteidiger so kurzfristig vor Beginn der Hauptverhandlung beauftragt oder dem Angeklagten beigeordnet worden, dass er zu einer angemessenen Vorbereitung der Verteidigung nicht in der Lage war, kann dies die Aussetzung oder Unterbrechung der Hauptverhandlung gebieten. Zum Gegenstand der Revision kann in einem solchen Fall aber nur die Ablehnung eines Aussetzungs- oder Unterbrechungsantrags gemacht werden (§ 265 Abs. 4 StPO)[2810]. Der Ablehnung eines Unterbrechungsantrages steht der Fall gleich, dass die angeordnete Unterbrechung nicht zu einer angemessenen Vorbereitung der Verteidigung ausreichte,[2811] was die Verteidigung nach Fortsetzung der Hauptverhandlung – erfolglos – beanstandet haben muss. Der Tatrichter ist grundsätzlich nicht dazu berufen, aus seiner Sicht anstelle des Verteidigers entspr. seiner Auffassung von den Schwierigkeiten der Verteidigungsaufgabe eine angemessene Vorbereitungszeit festzusetzen. Ob der (Pflicht-)Verteidiger für die Erfüllung seiner Aufgabe hinreichend vorbereitet ist, hat dieser in erster Linie selbst zu beurteilen.[2812]

II. Anforderungen an den Vortrag der Rüge der Verletzung des § 265 Abs. 4 StPO (§ 338 Nr. 8 StPO)

1838
- Es ist unter Mitteilung der betreffenden Daten darzulegen, dass der Verteidiger erst kurz vor Beginn der Hauptverhandlung von dem Angeklagten beauftragt bzw. diesem beigeordnet worden war. Das Bestellungsschreiben bzw. der Beiordnungsbeschluss sind im Wortlaut mitzuteilen.

2810 *BGH* v. 24.6.2009 – 5 StR 181/09 = StV 2009, 565 = NStZ 2009, 649 = StraFo 2009, 385 = JR 2010, 456 m. Anm. *Popp.*
2811 *BGH* NStZ 1983, 281.
2812 *BGH* v. 24.6.2009 – 5 StR 181/09 = StV 2009, 565 = NStZ 2009, 649 = StraFo 2009, 385 = JR 2010, 456 m. Anm. *Popp.*

- Der Antrag auf Vertagung, Unterbrechung oder Aussetzung der Hauptverhandlung ist wörtlich mitzuteilen.
- Der diesen Antrag zurückweisende Gerichtsbeschluss ist im Wortlaut vollständig mitzuteilen.
- Unter konkreter Darlegung des Anklagevorwurfs (die Anklageschrift sollte vollständig mitgeteilt werden), des Aktenumfangs, der Schwierigkeit der Sach und Rechtslage, der Bedeutung der Sache für den Angeklagten und in dessen Person liegender möglicher zusätzlicher Schwierigkeiten ist konkret auszuführen, dass die dem Verteidiger zur Verfügung stehende Zeit zur Vorbereitung der Hauptverhandlung nicht ausreichte.[2813] Sofern andere Verpflichtungen des Verteidigers, z.B. andere Hauptverhandlungen, dazu beigetragen haben, dass die Vorbereitungszeit nicht ausreichte, ist dies ebenfalls unter Mitteilung der anderweitigen Inanspruchnahme darzulegen. Ladungen in anderen Verfahren sowie sonstige Unterlagen, aus denen sich die zeitliche Inanspruchnahme entnehmen lässt, sind mitzuteilen. Im Falle einer Unterbrechung der Hauptverhandlung ist darzulegen, dass diese nicht ausreichte und dieser Umstand nach Fortsetzung der Hauptverhandlung erfolglos beanstandet wurde. Ein etwaiger weiterer Gerichtsbeschluss muss wörtlich mitgeteilt werden. Es ist darzulegen, dass die Hauptverhandlung nicht (erneut) ausgesetzt oder unterbrochen wurde.

Rüge 210

Ist es unterblieben, die Hauptverhandlung zu unterbrechen oder auszusetzen, nachdem das erkennende Gericht dem OLG bzw. dem BGH die Frage des Ausschlusses eines Verteidigers des Angeklagten gem. §§ 138a und 138b StPO zur Entscheidung vorgelegt hat (§ 138c Abs. 4 StPO)?   **1839**

I. Rechtsgrundlagen

Die Hauptverhandlung ist nach § 138c Abs. 4 StPO auszusetzen oder zu unterbrechen, bis das OLG bzw. der BGH über den Ausschluss eines Verteidigers nach § 138a oder § 138b StPO entschieden hat. Dies gilt auch dann, wenn nur einer von mehreren Verteidigern des Angeklagten ausgeschlossen werden soll.[2814] Die Höchstfrist einer Unterbrechung beträgt 30 Tage (§ 138c Abs. 4 StPO). Liegt bis   **1840**

2813   Der 5. StS des *BGH* v. 24.6.2009 – 5 StR 181/09 = StV 2009, 565 = NStZ 2009, 649 = StraFo 2009, 385 = JR 2010, 456 m. Anm. *Popp* verlangt keine genauere Darlegung des Umfangs und des Inhalts der Akten, um die vom Tatgericht abweichende Bewertung des Aktenmaterials nachvollziehbar zu machen. Auch bedarf es – bei erhobener Sachrüge – nicht der Mitteilung der Anklageschrift.

2814   LR-*Lüderssen/Jahn*[26] § 138c Rn. 20.

dahin eine Entscheidung über den Ausschluss nicht vor, muss die Hauptverhandlung ausgesetzt werden.[2815]

1841 Die Fortsetzung der Hauptverhandlung bis zur Entscheidung des nach § 138c Abs. 1 StPO zuständigen Gerichts (auch mit sonstigen Verteidigern des Angeklagten oder mit einem neu bestellten Pflichtverteidiger) begründet die Revision. Dies gilt auch dann, wenn das Gericht nicht von der Möglichkeit Gebrauch gemacht hat, die Rechte des auszuschließenden Verteidigers gem. § 138c Abs. 3 StPO ruhen zu lassen.

II. Anforderungen an den Vortrag der Rüge der Verletzung des § 138c Abs. 4 (ggf. i.V.m. § 229 Abs. 4) StPO

1842 • Das Gericht hat dem OLG bzw. dem BGH die Frage des Ausschlusses eines Verteidigers des Angeklagten zur Entscheidung vorgelegt (vollständige wörtliche Mitteilung). Das Datum der Vorlage ist mitzuteilen und dass dies nach Beginn der Hauptverhandlung erfolgte.

• Die Hauptverhandlung ist fortgesetzt worden, bevor über den Ausschluss entschieden worden ist. Es ist mitzuteilen, wann die Entscheidung des nach § 138c Abs. 1 StPO zuständigen Gerichts ergangen ist bzw. dass innerhalb von 30 Tagen nach Vorlage keine Entscheidung getroffen wurde und in diesem Fall die Hauptverhandlung auch danach fortgesetzt worden ist.

• Der Verfahrensfehler ist nicht durch Wiederholung dieses Teils der Hauptverhandlung geheilt worden, nachdem über den Ausschluss entschieden worden ist.

Abschnitt 5
Sitzordnung zwecks Wahrnehmung von Verfahrensrechten

Rüge 210a

1843 Wurden Anträge des Angeklagten/Verteidigers zur Sitzordnung in der Hauptverhandlung zurückgewiesen und kam es durch eine unzureichende Sitzordnung zu einer Behinderung der Kommunikation zwischen Angeklagtem und Verteidiger?

I. Rechtsgrundlagen

1844 Eine für die Zwecke der Verteidigung sachgerechte Sitzordnung in der Hauptverhandlung setzt voraus, dass jederzeit die Möglichkeit der durch andere Personen nicht vernehmbaren Kontaktaufnahme zwischen Angeklagtem und Verteidiger besteht (§ 148 Abs. 1 StPO). Dies lässt sich in aller Regel nur dadurch gewährleisten,

---

2815   LR-*Lüderssen/Jahn*[26] § 138c Rn. 21.

dass Angeklagter und Verteidiger in unmittelbarer Nähe zueinander sitzen. Wird dies verweigert, muss der Verteidiger zunächst einen Antrag auf Änderung der Sitzordnung stellen. Im Falle der Ablehnung ist eine Entscheidung des Gerichts durch Beschluss herbeizuführen (§ 238 Abs. 2 StPO)[2816]. Wird dadurch die Verfügung des Vorsitzenden bestätigt und verbleibt es bei der beanstandeten Sitzordnung, liegt darin eine unzulässige Beschränkung der Verteidigung (§ 338 Nr. 8 StPO).

II. Anforderungen an den Vortrag der Rüge der Beschränkung der Verteidigung infolge unzureichender Sitzordnung

- Die die Verteidigung behindernde unzureichende Sitzordnung ist darzulegen, insbesondere, dass eine Verständigung zwischen dem anwesenden Verteidiger und dem Angeklagten dadurch nicht oder nur unter nicht zumutbaren Bedingungen möglich war. **1845**
- Der Antrag auf Änderung der Sitzordnung ist im Wortlaut mitzuteilen.
- Die Ablehnung dieses Antrages durch den Vorsitzenden und die Beanstandung dieser Entscheidung durch den Verteidiger sind mitzuteilen.
- Der nach § 238 Abs. 2 StPO herbeigeführte Beschluss des Gerichts ist im Wortlaut mitzuteilen.
- Es ist schließlich mitzuteilen, dass für die gesamte Dauer oder einen konkret zu bezeichnenden wesentlichen Teil der Hauptverhandlung die beanstandete Sitzordnung beibehalten wurde.

Rüge 210b

Wurden Anträge des Angeklagten/Verteidigers zur Sitzordnung in der Hauptverhandlung zurückgewiesen und kam es durch eine unzureichende Sitzordnung zu einer Behinderung der Verteidigung bei der Wahrnehmung von Gesicht, Mimik und Gestik von Zeugen? **1846**

I. Rechtsgrundlagen

Werden Zeugen während ihrer Vernehmung im Sitzungssaal so platziert, dass es dem Angeklagten und seinen Verteidigern nicht möglich war, diesen ins Gesicht zu sehen und ihre Mimik und Gestik zu verfolgen, kann darin eine unzulässige Beschränkung der Verteidigung liegen, wenn das Gericht die Sitzausrichtung der Zeugen entgegen einem hierauf gerichteten Antrag nicht geändert hat (§ 338 Nr. 8 StPO).[2817] **1847**

2816   Vgl. *OLG Köln* NJW 1961, 1127; NJW 1980, 302.
2817   Zu den Rügeanforderungen s. *BGH* v. 16.04.2015 – 1 StR 490/14 = StV 2015, 754 m. krit. Anm. *Wollschläger.*

II. Anforderungen an den Vortrag der Rüge der Beschränkung der Verteidigung infolge unzureichender Sitzordnung

1848
- Darlegung der die Verteidigung behindernden unzureichenden Sitzordnung, insbesondere die daraus resultierenden Umstände, die einen Verstoß gegen den Grundsatz des fairen Verfahrens begründen;
- der Antrag auf Änderung der Sitzordnung im Wortlaut; ggf. ist eine von dem Angeklagten bzw. der Verteidigung angefertigte und in der Hauptverhandlung vorgelegte Skizze, welche die räumlichen Gegebenheiten abbildet, in der Revisionsbegründungsschrift wiederzugeben,[2818]
- die Ablehnung des Antrags durch den Vorsitzenden, die Beanstandung dieser Entscheidung und der darauf ergangene Gerichtsbeschluss, alles im Wortlaut;
- die Mitteilung, dass die beanstandete Sitzordnung jedenfalls in einem konkret zu bezeichnenden wesentlichen Teil der Hauptverhandlung beibehalten wurde.

[2818] *BGH* v. 16.04.2015 – 1 StR 490/14 = StV 2015, 754 m. krit. Anm. *Wollschläger.*

Kapitel 25
Schlussvorträge, letztes Wort, Urteilsberatung und -verkündung

Rüge 211

Hat der Vertreter der Staatsanwaltschaft keinen Schlussvortrag gehalten und keinen Schlussantrag gestellt?	**1849**

I. Rechtsgrundlagen

Die Staatsanwaltschaft ist verpflichtet, das Verhandlungsergebnis in tatsächlicher **1850** und rechtlicher Hinsicht zusammenfassend zu würdigen und bestimmte Anträge zu stellen.[2819] Ohne Schlussvortrag der Staatsanwaltschaft darf die Verhandlung nicht fortgesetzt werden.[2820]

Das Fehlen eines Schlussvortrages und -antrages durch die Staatsanwaltschaft kann der Angeklagte rügen.[2821]

II. Anforderungen an den Vortrag

Es muss vorgetragen werden, **1851**

*   dass die Beweisaufnahme geschlossen wurde,
*   dass der Vorsitzende dem Vertreter der Staatsanwaltschaft das Wort zu den Schlussausführungen erteilte oder nicht erteilte,
*   dass der Vertreter der Staatsanwaltschaft keinen Schlussvortrag hielt und keinen Schlussantrag stellte,
*   dass der Verteidiger plädierte und einen Antrag stellte,
*   dass der Angeklagte das letzte Wort hatte,
*   dass danach, ohne dass der Sitzungsvertreter der Staatsanwaltschaft Ausführungen gemacht hatte, das Urteil verkündet wurde.

In diesen sicherlich seltenen Fällen sind Ausführungen zur Beruhensfrage erforderlich. Es muss ausgeführt werden, warum nicht auszuschließen ist, dass der Staatsanwalt, hätte er plädiert, die (teilweise) Freisprechung des Angeklagten oder eine mildere Strafe gefordert hätte.

2819   *BGH* NStZ 1984, 468.
2820   *OLG Düsseldorf* NJW 1963, 1167; *OLG Zweibrücken* StV 1986, 51; insgesamt *Meyer-Goßner/Schmitt*[60] § 258 Rn. 10.
2821   *OLG Zweibrücken* StV 1986, 51.

Rüge 212

1852 Hatte der Verteidiger ausreichend Vorbereitungszeit für den Schlussvortrag und die Gelegenheit zum Plädoyer?

I. Rechtsgrundlagen

1853 Grundsätzlich ist dem Verteidiger Gelegenheit zum Schlussvortrag zu geben. Problematisch ist die Situation dann, wenn der Verteidiger vorträgt, keine ausreichende Vorbereitungszeit gehabt und einen Antrag auf Unterbrechung der Hauptverhandlung gestellt zu haben, der abgelehnt wurde.

Grundsätzlich muss der Verteidiger ausreichend Zeit haben, sich auf den Schlussvortrag vorzubereiten, um das Ziel zu erreichen, mit seinen Ausführungen und Anträgen auf den Ausgang des Verfahrens den größtmöglichen Einfluss zu nehmen.[2822]

Lässt sich der Verteidiger ohne Unterbrechungsantrag auf das Plädoyer ein, kann in der Revision eine unzureichende Vorbereitung des Verteidigers für die Schlussausführungen nicht gerügt werden.[2823]

Die Ablehnung des Antrags auf Unterbrechung der Hauptverhandlung zur Vorbereitung des Plädoyers kann mit der Revision gerügt werden.[2824] Voraussetzung ist allerdings, dass gegen die den Unterbrechungsantrag ablehnende Verfügung des Vorsitzenden ein Gerichtsbeschluss nach § 238 Abs. 2 StPO beantragt worden ist.[2825]

Selbstverständlich kann auch gerügt werden, dass dem Verteidiger überhaupt keine Gelegenheit zum Schlussvortrag gegeben wurde.

II. Anforderungen an den Vortrag

1854 Ist ein Antrag des Verteidigers auf Unterbrechung zur Vorbereitung des Plädoyers abgelehnt worden, muss vorgetragen werden,

- dass die Beweisaufnahme geschlossen wurde,
- dass die Staatsanwaltschaft ihr Plädoyer hielt und welchen Schlussantrag sie stellte,
- dass der Verteidiger einen Antrag auf Unterbrechung der Hauptverhandlung zur Vorbereitung der Schlussausführungen stellte,
- dass der Vorsitzende den Antrag ablehnte,
- dass der Verteidiger einen Gerichtsbeschluss beantragte,

2822 *KG* NStZ 1984, 523.
2823 *BGH* NStZ 2005, 650 = StraFo 2005, 343.
2824 *Meyer-Goßner/Schmitt*[60] § 258 Rn. 33.
2825 *KG* NStZ 1984, 523; KK-*Ott*[7] § 258 Rn. 33.

- dass das Gericht die Verfügung des Vorsitzenden bestätigte (Mitteilung des vollen Wortlauts des Beschlusses),
- dass der Verteidiger unter Hinweis auf die ungenügende Vorbereitungszeit unter Aufrechterhaltung seines Unterbrechungsantrags plädierte und einen Schlussantrag stellte bzw. er sich wegen mangelnder Vorbereitungszeit geweigert hat, ein Plädoyer zu halten,
- dass dem Angeklagten das letzte Wort erteilt wurde und er das letzte Wort hatte,
- dass das Urteil verkündet wurde, ohne dass dem Verteidiger ausreichend Gelegenheit zur Vorbereitung des Plädoyers gegeben worden war.

Ausführliche Ausführungen zur Beruhensfrage sind erforderlich. Es muss dargetan **1855** werden, aus welchen Gründen sich der Verteidiger innerhalb der zur Verfügung stehenden Zeit nicht sorgfältig auf das Plädoyer vorbereiten konnte. Dies kann z.B. dann der Fall sein, wenn die Staatsanwaltschaft sowohl zur Beweiswürdigung, zum Schuldspruch und/oder zum Rechtsfolgenaussspruch umfangreiche und möglicherweise überraschende Ausführungen gemacht hat, auf die der Verteidiger hätte erwidern müssen. Denkbar ist auch, dass der Verteidiger unter Berücksichtigung der Ausführungen der Staatsanwaltschaft Rspr.- und Literaturrecherchen durchführen musste, um adäquat erwidern zu können.

Rüge 213
Hatte der Angeklagte das letzte Wort? **1856**

I. Rechtsgrundlagen

Der Angeklagte hat nach § 258 Abs. 2 Hs. 2 StPO das Recht, selbst vor der Urteils- **1857** verkündung als Letzter zu sprechen. Es reicht nicht aus, wenn er nur Gelegenheit hatte, nach § 258 Abs. 1 StPO nach dem Sitzungsvertreter der Staatsanwaltschaft und neben dem Verteidiger Ausführungen zu machen und Anträge zu stellen. Vielmehr ist ihm ausdrücklich danach das letzte Wort zu erteilen. Er hat das Recht, selbst als Letzter vor der Urteilsberatung zu sprechen.[2826] Die Nichterteilung des letzten Wortes begründet die Revision, da ein Beruhen auf einem Verstoß gegen § 258 Abs. 2 StPO in aller Regel nicht ausgeschlossen werden kann.[2827] Dies gilt auch dann, wenn das letzte Wort gewährt wurde, die Verteidiger der Mitangeklag-

---

[2826] *BGH* StV 1999, 5; *Meyer-Goßner/Schmitt*[60] § 258 Rn. 20; KK-*Ott*[7] § 258 Rn. 14.
[2827] Zum Beruhen vgl. *Meyer-Goßner/Schmitt*[60] § 258 Rn. 34; KK-*Ott*[7] § 258 Rn. 36; *BGHSt* 21, 288, 290.

ten im Anschluss aber noch Ausführungen machen.[2828] Ist der Angeklagte geständig, kann dies dazu führen, dass bei Nichtgewährung des letzten Wortes allein der Strafausspruch aufzuheben ist, während ein Beruhen des Schuldspruchs auf dem Verfahrensfehler zu verneinen ist;[2829] dies gilt allerdings jedenfalls dann nicht, wenn der Umfang des Geständnisses unklar ist.[2830]

Dem Angeklagten ist auch dann (erneut) das letzte Wort zu erteilen, wenn bereits die Plädoyers von Staatsanwaltschaft und Verteidiger gehalten waren und ihm das letzte Wort bereits einmal erteilt war, das Gericht aber vor der Urteilsverkündung erneut in die Sachverhandlung eingetreten ist.[2831] Ein solcher Wiedereintritt setzt keinen Gerichtsbeschluss oder eine sonstige ausdrückliche Anordnung voraus, sondern kann auch stillschweigend geschehen.[2832] Er liegt nicht nur in jeder Prozesshandlung, die ihrer Natur nach in den Bereich der Beweisaufnahme fällt, sondern schon in jeder Handlung, in der der Wille des Gerichts zum Weiterverhandeln in der Sache in Erscheinung tritt.[2833]

Ob ein Wiedereintritt in die Verhandlung vorliegt, beurteilt sich danach, was nach der Erteilung des letzten Wortes geschehen ist.[2834]

1858   Ein Wiedereintritt in die Verhandlung liegt z.b. vor, wenn nach dem letzten Wort ein Gerichtsbeschluss über die Abtrennung eines Anklagepunktes und/oder über die vorläufige Einstellung desselben nach § 154 Abs. 2 StPO verkündet wurde.[2835] Auch die Abtrennung des Verfahrens gegen einen Mitangeklagten nach dem letzten Wort kann einen Wiedereintritt darstellen.[2836] Ein Wiedereintritt kann auch dann vorliegen, wenn nach dem letzten Wort der Verteidiger vom Vorsitzenden informatorisch zu einem gestellten Hilfsbeweisantrag befragt wurde.[2837] Das Gleiche gilt, wenn allgemein die „Sach- und Rechtslage" gegebenenfalls in Zusammenhang mit der Haftfrage erörtert, ein Haftbefehl erlassen, ein Beschluss über den Wegfall der Meldeauflage oder über eine Haftentlassung verkündet wurde.[2838] Ein Wiederein-

---

2828   *BGH* v. 30.3.2016 – 4 StR 63/16; vgl. aber auch *BGH* v. 16.9.2015 – 5 StR 289/15, wonach es an einem Beruhen fehlen soll, wenn keine Anhaltspunkte dafür vorhanden sind, dass die Verteidigungsposition des Beschwerdeführers durch die Ausführungen in irgendeiner Weise berührt wurde, weil den Mitangeklagten völlig unterschiedliche Beiträge zu einem Geschehenskomplex zur Last liegen.

2829   *BGH* v. 17.7.2012 – 5 StR 253/12 = NStZ 2012, 587; *OLG Celle* v. 9.2.2015 – 32 Ss 167/14.

2830   *OLG Braunschweig* v. 17.2.2009 – SS 17/09 = StV 2011, 595.

2831   Vgl. *Meyer-Goßner/Schmitt*[60] § 258 Rn. 27 ff.; KK-*Ott*[7] § 258 Rn. 23 ff..

2832   *BGH* v. 24.6.2014 – 3 StR 185/14 = StV 2015, 474.

2833   *Meyer-Goßner/Schmitt*[60] § 258 Rn. 28.

2834   Vgl. dazu die Fallübersicht bei *Schlothauer* StV 1984, 134.

2835   *BGH* StV 1982, 4; 1983, 232; 1984, 104; 1985, 221; *BGH* v. 11.5.2017 – 1 StR 35/17.

2836   *BGH* StV 1985, 233; 1988, 512.

2837   *BGH* StV 1987, 284.

2838   *BGH* StV 1992, 551; 1988, 93; 1997, 339; 2001, 438; *BGH* NStZ 84, 376; s. auch *Schlothauer* StV 1984, 134.

tritt in die Beweisaufnahme mit der Folge der Neuerteilung des letzten Wortes an den Angeklagten liegt auch dann vor, wenn lediglich auf die rechtliche Möglichkeit einer Nebenfolge hingewiesen wird, eine Erklärung des Angeklagten entgegen genommen wird, dass er mit der Einziehung sichergestellter Gegenstände einverstanden sei[2839] oder die Einziehung sichergestellter Gegenstände erörtert wird.[2840] Gleiches gilt, wenn bei einem Mitangeklagten vor der Urteilsverkündung der Haftbefehl aufgehoben wird, nachdem nur dieser einem gerichtlichen Verständigungsvorschlag zugestimmt hat.[2841] Weitere Fälle: Wiedergutmachungszahlung;[2842] Gewährung von Prozesskostenhilfe für das Adhäsionsverfahren;[2843] Entgegennahme von Beweisanträgen, Gelegenheit zur Stellungnahme hierzu und deren Ablehnung;[2844] Erteilung eines Hinweises;[2845] Verkündung eines Beschlusses gem. § 111a StPO.[2846] Ein Wiedereintritt soll dagegen nicht vorliegen, wenn nach dem letzten Wort des Angeklagten mitgeteilt wird, dass eine Verständigung gem. § 257c StPO in der Hauptverhandlung nicht stattgefunden habe.[2847]

Weitere Einzelheiten zum Wiedereintritt ergeben sich aus der Kommentarliteratur und der dort zitierten Rspr.[2848]

Ist die Hauptverhandlung nach § 231 Abs. 2 StPO ohne den Angeklagten fortgesetzt worden, ist ihm das Wort zu erteilen, wenn er vor der Urteilsverkündung wieder anwesend ist, auch wenn nur noch das Urteil zu verkünden ist.[2849] Anderenfalls darf die Hauptverhandlung ohne letztes Wort des Angeklagten zu Ende geführt werden. Dies setzt aber voraus, dass die Voraussetzungen des § 231 Abs. 2 StPO – entspr. gilt für die vorsätzlich herbeigeführte Verhandlungsunfähigkeit (§ 231a StPO) – gegeben war.

War der Angeklagte wegen „Ungehorsam" nach § 231b StPO ausgeschlossen, ist in jedem Fall der Versuch zu unternehmen, ihn zur Erteilung des letzten Wortes zur Hauptverhandlung wieder zuzulassen. Davon darf nur dann abgesehen werden, wenn wegen vorangegangener Ausschreitungen des Angeklagten der Versuch aussichtslos wäre.[2850]

2839   *OLG Brandenburg* NStZ 2008, 586.
2840   *BGH* StV 2010, 227.
2841   *BGH* StV 2011, 339.
2842   *BGH* v. 24.6.2014 – 3 StR 185/14 = StV 2015, 474.
2843   *BGH* v. 18.9.2013 – 1 StR 380/13 = StV 2015, 473.
2844   *BGH* v. 11.3.2015 – 5 StR 70/14 = StraFo 2014, 251 f.
2845   *BGH* v. 4.6.2013 – 1 StR 193/13 = NStZ 2013, 612 m. Anm. *Ferber*.
2846   *OLG Düsseldorf* v. 7.10.2013 – III-1 RVs 51/13 = NStZ-RR 2014, 16.
2847   *BGH* v. 12.11.2015 – 5 StR 467/15 = NStZ 2016, 118 f. m. Anm. *Bittmann*; *BGH* v. 9.6.2015 – 1 StR 198/15 = NStZ 2015, 658.
2848   Vgl. *Meyer-Goßner/Schmitt*[60] § 258 Rn. 29 ff.; KK-*Ott*[7] § 258 Rn. 24a f.
2849   *OLG Stuttgart* v. 2.2.2015 – 1 Ss 6/15 = NStZ-RR 2015, 285 f.; *Meyer-Goßner/ Schmitt*[60] § 258 Rn. 20 m.w.N.
2850   Vgl. *Meyer-Goßner/Schmitt*[60] § 258 Rn. 20 m.w.N.

II. Anforderungen an den Vortrag

1859 Bei Nichterteilung des letzten Wortes ist vorzutragen,

- dass die Beweisaufnahme geschlossen wurde,
- dass der Vertreter der Staatsanwaltschaft und der Verteidiger plädierten und Schlussanträge stellten,
- dass der Angeklagte nicht gem. § 258 Abs. 3 StPO befragt wurde,
- dass dem Angeklagten das letzte Wort nicht erteilt wurde und er das letzte Wort nicht hatte,
- dass das Urteil ohne letztes Wort verkündet wurde.

Besonderer Sorgfalt bedarf es, wenn ein Wiedereintritt in die Hauptverhandlung vorliegt.[2851] Vorzutragen ist der gesamte Verfahrensablauf nach dem ersten Schluss der Beweisaufnahme, also

- dass die Beweisaufnahme geschlossen wurde,
- dass der Vertreter der Staatsanwaltschaft und der Verteidiger plädierten und einen Schlussantrag stellten,
- dass der Angeklagte das letzte Wort hatte,
- dass das Gericht wieder in die Beweisaufnahme eingetreten ist; es ist vollständig darzulegen, was geschehen ist, ergangene Gerichtsbeschlüsse sind in vollem Wortlaut mitzuteilen ebenso wie die Tatsache, dass Erörterungen oder Rechtsgespräche stattgefunden haben, gegebenenfalls mit welchem Inhalt (nicht wörtlich, aber die Themen; dies kann zur Beurteilung der Frage, ob ein Wiedereintritt vorliegt, erforderlich sein),
- dass Staatsanwalt und Verteidiger erneut Gelegenheit zu den Schlussausführungen hatten (oder auch nicht) und sich gegebenenfalls auf die gemachten Ausführungen und die gestellten Anträge bezogen,
- dass dem Angeklagten nicht erneut das letzte Wort erteilt wurde und er dieses nicht hatte,
- dass das Urteil ohne letztes Wort verkündet wurde[2852].

Gleichwohl das Urteil in der Regel auf dem Verfahrensfehler beruhen wird, sollten Ausführungen hierzu in jedem Fall erfolgen.[2853]

2851 Vgl. dazu *BGH* StV 1995, 176 m. Anm. *Ventzke*.
2852 Die Gewährung des letzten Wortes gehört zu den in §§ 273 Abs. 1, 274 StPO angesprochenen Förmlichkeiten, so dass insoweit die negative Beweiswertung des Protokolls gilt: KK-*Greger*[7] § 273 Rn. 6; *Meyer-Goßner/Schmitt*[60] § 258 Rn. 31 f. und § 274 Rn. 14.
2853 Vgl. *BGH* v. 16.9.2015 – 5 StR 289/15; *BGH* v. 11.5.2017 – 1 StR 35/17.

Rüge 213a

Ist einem jugendlichen Angeklagten nach Erteilung des letzten Wortes an seine gesetzlichen Vertreter bzw. Erziehungsberechtigten noch einmal das „allerletzte Wort" gewährt worden?   **1860**

I. Rechtsgrundlagen

Nach § 258 Abs. 2 Hs 2 StPO gebührt dem Angeklagten das letzte Wort. Ob einem **1861** Angeklagten bei mehreren Prozessbeteiligten auch das „allerletzte" Wort gebührt, wird uneinheitlich beantwortet:

Bei mehreren Angeklagten, denen naturgemäß nicht gleichzeitig das letzte Wort erteilt werden kann, bestimmt der Vorsitzende die Reihenfolge.[2854]

In der Fallkonstellation, in der dem gesetzlichen Vertreter eines minderjährigen *Mit*angeklagten das letzte Wort erteilt wurde, wird die erneute Erteilung des letzten Wortes an den (anderen) Angeklagten von der Rspr. nicht als erforderlich erachtet, weil das letzte Wort des Erziehungsberechtigten bzw. des gesetzlichen Vertreters eines minderjährigen Mitangeklagten dessen letztem Wort entspreche.[2855]

Etwas anderes muss dagegen in der Konstellation zwischen einem jugendlichen Angeklagten und *seinem* gesetzlichen Vertreter gelten: Zwar haben die Erziehungsberechtigten und gesetzlichen Vertreter nach § 67 Abs. 1 JGG die gleichen Rechte wie jugendliche Beschuldigte. Dies rechtfertigt aber nicht den Schluss, dass die Reihenfolge der Äußerungen von Angeklagtem und gesetzlichem Vertreter unerheblich sei. Denn Erziehungsberechtigte und gesetzliche Vertreter handeln nach § 67 Abs. 1 JGG nur aus abgeleiteten Rechten des Angeklagten; für die Rechte der Erziehungsberechtigten und gesetzlichen Vertreter sind die Rechte der Jugendlichen maßgeblich.[2856] Das dem Angeklagten durch § 258 Abs. 2 StPO eingeräumte höchstpersönliche Recht soll ihm „*in jedem Fall die Möglichkeit einräumen, sich als Letzter persönlich zu äußern*".[2857] Denn er ist von dem sodann zu beratenden und zu verkündenden Urteil unmittelbar betroffen, die gesetzlichen Vertreter und Erziehungsberechtigten nur mittelbar. Deshalb muss er auch dann, wenn ihm das letzte Wort bereits gewährt worden war, das „allerletzte Wort" haben, wenn nach dem Angeklagten den Erziehungsberechtigten oder gesetzlichen Vertretern das letzte Wort erteilt worden ist.[2858]

2854 *Meyer-Goßner/Schmitt*[60] § 258 Rn. 22.

2855 *BGH* v. 17.1.2003 – 2 StR 443/02 = NStZ 2003, 382 (obiter dictum); *RGSt* 57, 265, 266.

2856 Vgl. *Eisenberg* JGG[18], § 67 Rn. 4.

2857 KK-*Ott*[7] § 258 Rn. 14.

2858 *Meyer-Goßner/Schmitt*[60] § 258 Rn. 23; KK-*Ott*[7] § 258 Rn. 20; *Eisenberg* JGG[18], § 67 Rn. 4; **a.A.** nun aber *BGH* v. 11.7.2017 – 3 StR 510/16.

II. Anforderungen an den Vortrag

1862 Bei Nichterteilung des „allerletzten Wortes" an den jugendlichen Angeklagten nach Erteilung des letzten Wortes an seine gesetzlichen Vertreter bzw. Erziehungsberechtigten ist vorzutragen,

- dass die Beweisaufnahme geschlossen wurde,
- dass der Vertreter der Staatsanwaltschaft und der Verteidiger plädierten und Schlussanträge stellten,
- dass der Angeklagte das letzte Wort hatte,
- dass sodann seinen (anwesenden) gesetzlichen Vertretern bzw. Erziehungsberechtigten das letzte Wort erteilte wurde und sie hiervon Gebrauch machten,
- dass dem Angeklagten nicht erneut das letzte Wort erteilt wurde und er dieses nicht hatte,
- dass das Urteil ohne sein „allerletztes Wort" verkündet wurde.

Bei den Ausführungen zur Beruhensfrage sollte darauf hingewiesen werden, dass sich der jugendliche Angeklagte nicht ausschließbar zu den Ausführungen seines Erziehungsberechtigten bzw. gesetzlichen Vertreters geäußert hätte und inwiefern sich dies auf das Urteil hätte auswirken können.

Rüge 214

1863 Hatten die Erziehungsberechtigten bzw. die gesetzlichen Vertreter eines jugendlichen Angeklagten Gelegenheit zum letzten Wort?

I. Rechtsgrundlagen

1864 Nach § 67 Abs. 1 JGG i.V.m. § 258 Abs. 2 u. 3 StPO ist dem Erziehungsberechtigten oder gesetzlichen Vertreter eines jugendlichen Angeklagten von Amts wegen – und nicht nur auf Verlangen – das letzte Wort zu erteilen.[2859] Voraussetzung ist allerdings, dass der Erziehungsberechtigte bzw. der gesetzliche Vertreter in der Hauptverhandlung anwesend und der Angeklagte im Zeitpunkt der erforderlichen Worterteilung noch Jugendlicher war. Dem erziehungsberechtigten Angehörigen eines Jugendlichen ist auch dann das letzte Wort zu erteilen, wenn er zuvor von seinem Zeugnisverweigerungsrecht Gebrauch gemacht hat. Auf dem Unterlassen der Worterteilung beruht das Urteil auch bei vorangegangener Zeugnisverweigerung.[2860]

2859 *BGH* NStZ 1996, 216; *BGH* StV 2001, 172; *OLG Köln* StV 2008, 119; *Meyer-Goßner/ Schmitt*[60] § 258 Rn. 23 m.w.N.
2860 *BGH* StV 2009, 88.

Die Nichterteilung des letzten Wortes an den Erziehungsberechtigten bzw. gesetzlichen Vertreter begründet die Revision. Zu beachten ist, dass der jugendliche Angeklagte, auch wenn der Erziehungsberechtigte das letzte Wort hatte, das „allerletzte" Wort haben muss (vgl. Rüge 213a Rn. 1860 ff.).[2861]

II. Anforderungen an den Vortrag

Die Schwierigkeiten der Rüge der Nichterteilung des letzten Wortes an den Erziehungsberechtigten bzw. gesetzlichen Vertreter bestehen darin, dass dessen Anwesenheit in der Hauptverhandlung im Hauptverhandlungsprotokoll nicht beurkundet werden muss, da der gesetzliche Vertreter kein notwendiger Verfahrensbeteiligter ist.[2862] Es empfiehlt sich daher, neben der Behauptung der Anwesenheit des gesetzlichen Vertreters Ausführungen dazu zu machen, aus welchen Umständen sich diese ergibt. Gegebenenfalls kann eine Erklärung des Erziehungsberechtigten über die Anwesenheit im Termin vorgelegt werden. In Zweifelsfällen klärt das Revisionsgericht die Frage im Freibeweisverfahren. Es ist auch vorzutragen, dass und wann dem Gericht die Anwesenheit des Erziehungsberechtigten im Sitzungssaal bekannt war.

1865

Ergänzend zu den oben genannten vorzutragenden Verfahrenstatsachen ist bei der Nichterteilung des letzten Wortes an den Erziehungsberechtigten auszuführen,

1866

- dass der Angeklagte am letzten Hauptverhandlungstag, an dem das Wort dem Erziehungsberechtigten hätte erteilt werden müssen, noch Jugendlicher war,
- dass der Erziehungsberechtigte oder gesetzliche Vertreter (die dafür maßgeblichen Tatsachen sind mitzuteilen, z.B. eine Vormundschaftsübertragung) im Termin anwesend war unter Darlegung der Umstände, aus denen sich dies ergibt,
- dass dem Erziehungsberechtigten das letzte Wort nicht erteilt wurde.

Für die Beruhensfrage gilt Ähnliches wie bei der Nichterteilung des letzten Wortes an den Angeklagten, so dass ein Beruhen des Urteils auf dem Verfahrensfehler nur in Ausnahmefällen ausgeschlossen werden kann.

2861   *Meyer-Goßner/Schmitt*[60] § 258 Rn. 23; KK-*Ott*[7] § 258 Rn. 20; **a.A.** nun aber *BGH* v. 11.7.2017 – 3 StR 510/16.

2862   Zum Nachweis der Anwesenheit des Erziehungsberechtigten des Angeklagten in der Hauptverhandlung bei der Verfahrensrüge der Nichterteilung des letztes Wortes vgl. *OLG Braunschweig* v. 17.2.2009 – Ss 17/09 = StV 2011, 595.

Rüge 215

1867 Sind einem der deutschen Sprache nicht mächtigen Angeklagten die erforderlichen Teile der Schlussvorträge übersetzt worden, § 259 Abs. 1 StPO?

I. Rechtsgrundlagen

1868 Hinsichtlich der Frage, ob überhaupt und wenn ja, in welchem Umfang die Anwesenheit eines Dolmetschers in der Hauptverhandlung gegen einen der deutschen Sprache nicht voll umfänglich mächtigen Angeklagten erforderlich ist, bestehen im Hinblick auf die Übersetzung von Teilen der Schlussvorträge keine Besonderheiten. Es kann daher auf die Ausführungen zur Notwendigkeit der Hinzuziehung eines Dolmetschers und die dort erörterten Rügemöglichkeiten verwiesen werden (Rüge 33 Rn. 570).

Nach dem Gesetzeswortlaut des § 259 Abs. 1 StPO müssen dem sprachunkundigen Angeklagten nicht der Inhalt der Schlussvorträge, sondern nur die Anträge von Staatsanwalt und Verteidiger übersetzt werden. In welchem Umfang auch die übrigen Ausführungen zu übersetzen sind, steht im Ermessen des Vorsitzenden.

Gegenstand einer Rüge wegen Verstoßes gegen § 259 StPO kann daher nur sein, dass nicht zumindest die Anträge übersetzt worden sind. Da die Übersetzung keine wesentliche Förmlichkeit ist, muss das Revisionsgericht bei einer entspr. Rüge im Freibeweisverfahren klären, ob der behauptete Verfahrensverstoß des Unterlassens der Übersetzung der Schlussanträge bewiesen ist.[2863]

II. Anforderungen an den Vortrag

1869 Bei dieser Rüge ist vorzutragen, dass der Angeklagte der deutschen Sprache nicht ausreichend mächtig war und deswegen während der gesamten Hauptverhandlung ein Dolmetscher beigezogen worden und tätig geworden war. Der Vortrag muss ferner die Behauptung enthalten, dass die Schlussanträge nicht übersetzt worden sind.

Es empfehlen sich Ausführungen dazu, warum die fehlende Übersetzung nicht bereits in der Hauptverhandlung beanstandet worden ist und die entspr. Rüge erst mit der Revision erhoben wird. Denn es ist nicht ohne Weiteres ersichtlich, dass insbesondere bei einem verteidigten Angeklagten der Verteidiger es rügelos hingenommen haben soll, dass z.B. während der Schlussausführungen und des Antrags der Staatsanwaltschaft der Dolmetscher schweigend neben seinem Mandanten gesessen hat.

2863   *Meyer-Goßner/Schmitt*[60] § 259 Rn. 3.

Rüge 216
Hat vor Verkündung des Urteils eine Beratung des Gerichts stattgefunden? **1870**

I. Rechtsgrundlagen

Fälle, in denen nach den Schlussvorträgen und dem letzten Wort des Angeklagten **1871** das Urteil ohne Beratung verkündet wird, dürften wohl kaum vorkommen, so dass sich Ausführungen hierzu erübrigen.

Häufig sind aber die Fälle, in denen das Gericht nach einer Urteilsberatung erneut in die Verhandlung eintritt und in unmittelbarem Anschluss das Urteil verkündet wird, ohne dass es sich nochmals zur Beratung zurückgezogen hätte. Nach der ständigen Rspr. des BGH muss das Gericht nach einem erneuten Eintritt in die Verhandlung vor der Urteilsverkündung erneut eine Beratung durchführen.[2864] Fraglich ist, ob eine sog. Tischberatung nach erfolgtem Wiedereintritt in die Verhandlung ausreichend ist.

Jedenfalls dann, wenn sich nach dem Wiedereintritt in die Hauptverhandlung kein **1872** wesentlicher neuer Prozessstoff ergeben hat, soll eine Tischberatung in Form einer raschen Verständigung aller Mitglieder des Gerichts ausreichend sein.[2865] Diese Beratung zwischen allen Mitgliedern des Gerichts, also einschließlich der Schöffen, muss so erfolgt sein, dass die Beratung für alle Verfahrensbeteiligten erkennbar war.[2866] Fehlt es daran, kann dies die Revision mangels erforderlicher Urteilsberatung vor der Urteilsverkündung begründen.[2867] Da die Nachberatung nicht protokollierungspflichtig ist und daher § 274 StPO keine Anwendung findet, muss das Revisionsgericht im Freibeweis klären, ob eine erkennbare Tischberatung stattgefunden hat oder nicht.[2868]

Ein Beruhen des Urteils auf der unterbliebenen Beratung wird nur in Ausnahmefällen auszuschließen sein.[2869]

II. Anforderungen an den Vortrag

Bei der Rüge fehlender Urteilsberatung nach Wiedereintritt in die Verhandlung ist **1873** vorzutragen,

- dass die Beweisaufnahme geschlossen wurde,
- dass Staatsanwalt und Verteidiger plädierten und die Schlussanträge stellten sowie der Angeklagte das letzte Wort hatte,

---

2864 Vgl. nur *BGHSt* 24, 170; *BGH* NJW 1987, 3210; *BGH* NStZ 1988, 470 und 2001, 106; StV 1998, 530.

2865 *BGHSt* 24, 170; einschränkend *BGH* StV 1992, 552; vgl. auch *BGH* NJW 1992, 3181; *BGH* NStZ 2001, 106.

2866 *BGHSt* 24, 170 f.; *BGHR* StPO § 260 Abs. 1 Beratung 1 u. 4.

2867 *BGH* StV 1998, 530; *BGHR* StPO § 206 Abs. 1 Beratung 6.

2868 *BGH* StV 2006, 399; *BGH* v. 14.10.2008 – 4 StR 260/08 = NStZ 2009, 105.

2869 Vgl. etwa *BGH* NStZ 2001, 106.

- dass das Gericht sich zur Urteilsberatung zurückzog,
- dass das Gericht erneut in die Verhandlung eingetreten ist,
- was nach Wiedereintritt in die Verhandlung verhandelt wurde, wobei dies so genau wie möglich dargelegt werden sollte,
- dass Staatsanwalt und Verteidiger erneut plädierten und ihre Anträge stellten (oder darauf Bezug nahmen), wobei ggf. auch hier vorgetragen werden sollte, ob und gegebenenfalls welche Ergänzungen und Änderungen gegenüber dem ersten Schlussvortrag sich ergeben haben,
- dass der Angeklagte (erneut) das letzte Wort hatte,
- dass die Hauptverhandlung zur Urteilsberatung nicht unterbrochen wurde und das Gericht sich zur Beratung nicht zurückgezogen hat,
- dass eine Verständigung unter allen Richtern, einschließlich der Schöffen nicht erkennbar war und nicht stattgefunden hat.

Rüge 217

1874 Ist das Urteil nicht innerhalb der 11-Tages-Frist des § 268 Abs. 3 S. 2 StPO verkündet worden?

I. Rechtsgrundlagen

1875 Zwar kann nach § 229 Abs. 2 StPO die Hauptverhandlung bis zu 3 Wochen unterbrochen werden. Für die Urteilsverkündung stellt § 268 Abs. 3 S. 3 StPO jedoch die lex specialis dar.[2870]

Entgegen der (nicht tragenden) Auffassung des 5. Strafsenats[2871] ist diese Norm keine bloße Ordnungsvorschrift, sondern zwingendes Recht, wie sich aus der Formulierung ergibt, wonach es spätestens 11 Tage nach Schluss der Verhandlung verkündet werden „muss". Im Übrigen hat der Gesetzgeber bei der Änderung des § 229 Abs. 1 StPO durch das 1. Justizmodernisierungsgesetz von 2004 § 268 Abs. 3 StPO unberührt gelassen. Daher muss das Urteil spätestens am 11. Tag nach Schluss der Verhandlung verkündet werden.[2872]

1876 Ein Beruhen des Urteils auf der Fristüberschreitung ist wohl in jedem Fall anzunehmen. Denn schon die Unterbrechung der Hauptverhandlung kann dazu führen, dass den Verfahrensbeteiligten und insbesondere dem Gericht infolge Zeitablaufs die Beweisaufnahme nicht mehr in allen Einzelheiten vor Augen steht. Gerade deshalb

---

2870 *BGH* v. 14.5.2014 – 3 StR 130/14 = StV 2015, 280.
2871 *BGH* StV 2007, 340 m. Anm. *Knauer* = NStZ 2007, 163.
2872 *BGH* StV 2006, 516 (5. StS); *BGH* StV 2007, 458 (2. StS); *BGH* StV 2007, 457 (1. StS); *BGH* StV 2007, 229 m. Anm. *Knauer* S. 340 = NStZ 2007, 235 (4. StS); *Meyer-Goßner/Schmitt*[60] § 268 Rn. 16.

ist die Frist bis zur Urteilsverkündung kurz zu bemessen, um zu gewährleisten, dass die Schlussvorträge und ggf. die Ausführungen im letzten Wort „allen Richtern noch lebendig in Erinnerung sind. (…) Auch ein sorgfältig abgefasstes Urteil, das keine sachlich-rechtlichen Fehler aufweist, bietet keine Gewähr dafür, dass bei der Urteilsberatung keine wesentlichen Aspekte übersehen wurden, welche deshalb im Urteil gerade nicht wiedergegeben worden sind".[2873] Eine Ausnahme soll nach einer Entscheidung des 1. Strafsenats des BGH jedoch dann gelten, wenn über das Urteil noch innerhalb der Frist des § 268 Abs. 3 S. 2 StPO befunden wurde, was durch die Einholung dienstlicher Äußerungen geklärt werden könne.[2874]

II. Anforderungen an den Vortrag

Vorzutragen sind **1877**

- das Datum und der Wochentag des Endes der Verhandlung (Schlussvorträge, letztes Wort),
- die Verfügung des Vorsitzenden über die Unterbrechung der Verhandlung und das Datum der Fortsetzung,
- das Datum der Urteilsverkündung und des betreffende Wochentags;
- dass kein Wiedereintritt in die Verhandlung vor Urteilsverkündung stattgefunden hat (Negativtatsache!),
- dass die Voraussetzungen von §§ 268 Abs. 3 S. 3, 229 Abs. 3 StPO nicht vorlagen[2875] (Negativtatsache!),
- Ausführungen zur Beruhensfrage (empfehlenswert, siehe oben).

Rüge 217a

Ist nach vollständiger mündlicher Urteilsverkündung in demselben Verfahren wegen des abgeurteilten Vorwurfs ein weiteres Urteil ergangen, ohne dass durch einen Gerichtsbeschluss die Voraussetzungen eines offensichtlichen Schreibversehens oder einer offensichtlichen Unrichtigkeit festgestellt worden sind? **1878**

I. Rechtsgrundlagen

Nach vollständiger Verkündung ist das Urteil für das erkennende Gericht nicht mehr abänderbar oder ergänzbar.[2876] Etwas anderes gilt nur bei offensichtlichen Schreibversehen und offensichtlichen Unrichtigkeiten, die durch Gerichtsbeschluss **1879**

2873 *BGH* StV 2007, 458.
2874 *BGH* v. 12.3.2014 – 1 StR 605/13 = wistra 2014, 361, 362.
2875 *BGH* StV 2006, 516.
2876 *BGH* v. 23.10.2013 – 2 StR 285/12 = StV 2013, 378; *BGH* v. 24.1.1984 – 1 StR 874/83 = NStZ 1984, 279; *Meyer-Goßner/Schmitt*[60] § 260 Rn. 5.

berichtigt werden können.[2877] Abgeschlossen ist die Urteilsverkündung mit dem letzten Wort der mündlichen Bekanntgabe der Urteilsgründe; die Bekanntgabe der Beschlüsse nach §§ 268a und 268b StPO sowie der Rechtsmittelbelehrung nach § 35a StPO gehört nicht mehr hierzu.[2878] Ergeht in derselben Sache – ansonsten führt dies zu einem Verstoß gegen den Grundsatz „ne bis in idem" – nach diesem Zeitpunkt ein weiteres Urteil, leidet dies an einem Rechtsfehler, der aufgrund der Revision zur förmlichen Aufhebung zwingt; der Verfahrensmangel führt jedoch nicht dazu, dass das Urteil von vornherein unwirksam ist, so dass es wegen Nichtigkeit nur in deklaratorischer Weise aufzuheben wäre.[2879] Ein Verfahrensfehler liegt auch dann vor, wenn ein Wiedereintritt in die Hauptverhandlung und die erneute Urteilsberatung und -verkündung dazu dienen sollen, nachträglich einen Verfahrensfehler formal zu „heilen".[2880] Weil das weitere Urteil nicht nichtig ist, ist der Fehler mit einer ausgeführten Verfahrensrüge zu beanstanden. Hinsichtlich des *zuerst* verkündeten Urteils wird es i.d.R. an der erforderlichen Verschriftung fehlen (vgl. Rüge 220 Rn. 1892).

II. Anforderungen an den Vortrag

1880 Vorzutragen sind die folgenden Verfahrenstatsachen:

- Verkündung eines Urteils durch vollständige Bekanntgabe von Urteilsformel und Urteilsgründen mit Darstellung dessen Inhalts;
- Ergehen eines weiteren Urteils in demselben Verfahren wegen des bereits abgeurteilten Vorwurfs mit Darstellung dessen Inhalts;
- Verfahrensgeschehen zwischen dem Ergehen der beiden Urteile;
- Fehlen eines Gerichtsbeschlusses, durch den die Voraussetzungen eines offensichtlichen Schreibversehens oder einer offensichtlichen Unrichtigkeit festgestellt worden sind (Negativtatsache).

2877 *BGH* v. 24.1.1984 – 1 StR 874/83 = NStZ 1984, 279; *Meyer-Goßner/Schmitt*[60] § 268 Rn. 10 ff.
2878 *Meyer-Goßner/Schmitt*[60] § 268 Rn. 8 m.w.N.
2879 *BGH* v. 24.1.1984 – 1 StR 874/83 = NStZ 1984, 279.
2880 *BGH* v. 23.10.2013 – 2 StR 285/12 = StV 2013, 378 f. (Nichtgewährung des letzten Wortes).

Kapitel 26
Ist das Urteil nicht innerhalb der Absetzungsfrist vollständig zu den Akten gebracht worden?

I. Rügemöglichkeiten

In Betracht kommen mehrere Möglichkeiten der verfristeten Urteilsabsetzung, die **1881** gerügt werden können, nämlich

- ein (vollständiges) Urteil ist nicht *fristgerecht* zu den Akten gebracht worden (dazu Rüge 218, Rn. 1882 ff.),
- das Urteil ist nicht fristgerecht *zu den Akten gebracht* worden (dazu Rüge 219, Rn. 1889 ff.),
- das Urteil ist innerhalb der Frist nicht *vollständig* einschließlich der Unterschriften der beteiligten Berufsrichter zu den Akten gebracht worden (dazu Rüge 220, Rn. 1891 ff.),
- das Urteil ist wegen angeblicher Verhinderung eines der beteiligten Berufsrichter nicht von diesem unterschrieben worden (dazu Rüge 221, Rn. 1896 ff.),
- das Urteil ist nach Wegfall des die Absetzungsfrist rechtfertigenden Grundes nicht mit größtmöglicher Beschleunigung zu den Akten gebracht worden (dazu Rüge 222; Rn. 1903 ff.).

Grundsätzlich ist nochmals Akteneinsicht zu nehmen, um anhand des Originalurteils zu überprüfen,

- ob es den Eingangsstempel der Geschäftsstelle trägt und die Urteilsabsetzungsfrist eingehalten ist,
- ob das Urteil die Unterschriften der beteiligten Richter bzw. ggf. einen unterschriebenen Verhinderungsvermerk enthält,
- ob alle in der Urschrift vorgenommenen Änderungen innerhalb der Absetzungsfrist erfolgten und alle Änderungen in die Urteilsabschrift übernommen wurden, die zugestellt wurde.

Rüge 218

Ist das Urteil nicht *fristgerecht* zu den Akten gebracht? **1882**

I. Rechtsgrundlagen

Die Dauer der Absetzungsfrist, innerhalb derer das Urteil vollständig zu den Akten **1883** gebracht werden muss, bestimmt sich nach § 275 Abs. 1 S. 2 StPO.

Danach beträgt die Absetzungsfrist bei einer Hauptverhandlung z.b. von

- bis zu 3 Verhandlungstagen 5 Wochen,
- von 4–10 Tagen 7 Wochen,
- von 11–20 Tagen 9 Wochen,
- und von 21–30 Tagen 11 Wochen.[2881]

Danach verlängert sich die Absetzungsfrist für jeden begonnenen Abschnitt von 10 Hauptverhandlungstagen um weitere 2 Wochen, § 275 Abs. 1 S. 2 StPO.

Für die Fristberechnung gilt § 43 StPO.

Prüfungsgrundlage für das fristgerechte Zu-den-Akten-Bringen ist der Eingangsvermerk der Geschäftsstelle, § 275 Abs. 1 S. 5 StPO; der Nachweis der Fristwahrung kann jedoch auch auf andere Weise erbracht werden, z.b. durch dienstliche Erklärungen.[2882]

1884 Eine „Fristhemmung" sieht das Gesetz nicht vor. Nach § 275 Abs. 1 S. 4 StPO ist die Überschreitung der Absetzungsfrist in Ausnahmefällen zulässig, wenn das Gericht durch einen nicht vorhersehbaren unabwendbaren Umstand an der Einhaltung der Frist gehindert ist. Auch wenn keine Höchstdauer für die Überschreitung der Urteilsabsetzungsfrist vorgesehen ist, sprechen die Gründe der Rechtssicherheit und Rechtsklarheit dafür, die Vorschrift lediglich bei Fristüberschreitungen in überschaubarem Maß anzuwenden, nicht aber bei Verzögerungen von nahezu einem Jahr.[2883] Liegt eine zulässige Fristüberschreitung vor, ist nach Wegfall des Hindernisses das Urteil mit größtmöglicher Beschleunigung zu den Akten zu bringen.[2884]

Die Rspr. zur zulässigen Fristüberschreitung ist vielfältig und kann an dieser Stelle nicht vollständig wiedergegeben werden. Nicht nur der Berichterstatter, sondern alle berufsrichterlichen Mitglieder des Spruchkörpers sind für eine Einhaltung der Frist nach § 275 Abs. 1 StPO verantwortlich; das Urteil muss deshalb notfalls durch den zweiten beisitzenden Richter abgefasst und fertig gestellt werden.[2885] Andere Dienstgeschäfte des Berichterstatters, etwa auch die Teilnahme an einer Hauptverhandlung, müssen zur rechtzeitigen Abfassung des Urteils zurücktreten.[2886] Als zulässige Gründe für die Fristüberschreitung wurden anerkannt:

- die Erkrankung des einzigen Berufsrichters (Einzelrichter oder Schöffenrichter); Entsprechendes gilt für das individuelle Beschäftigungsverbot und die Mutterschutzfristen[2887]

2881 Vgl. *Meyer-Goßner/Schmitt*[60] § 275 Rn. 8.
2882 *BGH* v. 21.4.2015 – 1 StR 555/14 = StraFo 2015, 326, 327.
2883 *Thüringer OLG* v. 8.4.2013 – 1 Ss Bs 8/13 (42) = StraFo 2013, 475; *Meyer-Goßner/ Schmitt*[60] § 275 Rn. 12; **a.A.** *OLG Hamm* v. 10.3.2016 – III-3 RVs 19/16.
2884 *BGH* StV 1995, 514; *OLG Düsseldorf* StV 2008, 131; *Meyer-Goßner/Schmitt*[60] § 275 Rn. 16.
2885 *BGH* v. 18.12.2013 – 4 StR 390/13 = StV 2015, 96 m.w.N.
2886 *BGH* StV 2011, 211.
2887 *OLG Hamm* v. 10.3.2016 – III-3 RVs 19/16 m.w.N.

- der Ausfall des Berichterstatters kurz vor Ablauf der Absetzungsfrist, sofern es den verbleibenden Richtern unmöglich ist, das Urteil innerhalb der Frist zu den Akten zu bringen.

Kein Grund für die Fristüberschreitung stellt dar:

- Arbeitsüberlastung des Richters,[2888]
- Organisationsmängel der Justiz[2889], z.b. Außerkontrolle-Geraten der Akten,[2890]
- geplanter Urlaubsantritt,
- fehlerhafte Fristberechnung,[2891]
- Ausfall des Berichterstatters, sofern den verbleibenden Richtern die Absetzung noch fristgerecht möglich war,[2892]
- Verbleib der Akten bei dem Kostenbeamten,[2893]
- Antritt eines Erholungsurlaubs des Vorsitzenden während noch laufender Urteilsabsetzungsfrist.[2894]

Ein Aktenvermerk, dass nach Auffassung des Vorsitzenden ausnahmsweise ein **1885** Grund für die Fristüberschreitung gegeben war, ist zwar zweckmäßig, aber nicht erforderlich. Fehlt ein Aktenvermerk, entzieht es sich in aller Regel der Kenntnis des Verteidigers, ob eine Fristüberschreitung nach § 275 Abs. 1 S. 4 StPO zulässig war. Seine Prüfung kann sich daher in diesem Fall nur auf die ihm bekannten Umstände stützen, nämlich auf die Berechnung der Frist anhand des Datums der Urteilsverkündung, der Anzahl der Hauptverhandlungstage und des Datums des Eingangsvermerks des Urteils auf der Geschäftsstelle. Ist die Frist überschritten, ist die Rüge zu erheben.

Ist das Urteil abgekürzt abgefasst worden, weil nicht fristgerecht Revision eingelegt **1886** worden ist und wird später gegen die Versäumung der Frist Wiedereinsetzung gewährt, beginnt die Frist zur Ergänzung der abgekürzten Urteilsgründe mit dem Eingang der Akten bei dem für die Ergänzung zuständigen Gericht. Die Frist für die Ergänzung berechnet sich nach § 267 Abs. 4 S. 4 StPO.[2895]

2888 *BGH* StV 2012, 5; StV 2007, 627 (Ls) = StraFo 2007, 415; *BGH* v. 13.7.2011 – 2 StR 88/11; *BGH* NStZ 2003, 564.
2889 Etwa *BayObLG* StV 1986, 145.
2890 *BGH* v. 22.5.2012 – 5 StR 229/12 = StraFo 2012, 271; *OLG Saarbrücken* v. 23.4.2014 – Ss (B) 22/14 (16/14 OWi).
2891 *BGH* StV 1984, 143 (Ls); 1988, 193; *BGH* v. 5.8.2010 – 3 StR 190/10.
2892 Etwa *BGH* v. 18.12.2013 – 4 StR 390/13 = StV 2015, 96; *BGH* StV 2008, 232; StV 1988, 465; StV 1982, 105; ferner dazu insgesamt *Meyer-Goßner/Schmitt*[60] § 275 Rn. 12 ff.; KK-*Greger*[7] § 275 Rn. 47 ff.
2893 *OLG Koblenz* StV 2009, 11.
2894 *OLG Koblenz* StV 2009, 11.
2895 *BGHSt* 52, 349 = StV 2009, 8.

II. Anforderungen an den Vortrag

1887 Zunächst sollte eine Berechnung der Absetzungsfrist erfolgen. Dazu ist mitzuteilen:

- das Datum der Urteilsverkündung unter Benennung des betreffenden Wochentages (obwohl bei gleichzeitiger Erhebung der allgemeinen Sachrüge das Revisionsgericht das Datum der Urteilsverkündung der Urteilsausfertigung entnehmen kann),
- die Anzahl der Hauptverhandlungstage einschließlich des Tages der Urteilsverkündung, wobei es sich empfiehlt, die Daten der jeweiligen Hauptverhandlungstage mitzuteilen,
- das Datum des Endes der errechneten Absetzungsfrist unter Benennung des betreffenden Wochentages,
- das Datum des Eingangs des Urteils auf der Geschäftsstelle bzw. wann das Urteil zu den Akten gebracht wurde einschließlich der Angabe des betreffenden Wochentages.[2896]

Wird nach Erhebung der Rüge ein Ausnahmefall des § 275 Abs. 1 S. 4 StPO geltend gemacht, der der Überprüfung durch den Verteidiger standhält, sollte die Rüge zurückgenommen werden. Das Gleiche gilt selbstverständlich für den Fall, dass der Ausnahmefall bereits aktenkundig gemacht war, so dass die Rüge gar nicht zu erheben ist.

1888 Soll geltend gemacht werden, die Voraussetzungen des § 275 Abs. 1 S. 4 StPO hätten nicht vorgelegen, müssen diejenigen Schriftstücke und Aktenteile (vollständig) mitgeteilt werden, aus denen sich die Voraussetzungen des § 275 Abs. 1 S. 4 StPO ergeben sollen (z.B. dienstliche Erklärungen der Richter, Atteste und sonstige Urkunden).

Selbstverständlich muss die Revision dann auch Ausführungen dazu enthalten, warum die vorgebrachten Hinderungsgründe die Fristüberschreitung nach § 275 Abs. 1 S. 4 StPO nicht rechtfertigten.

Da es sich bei der Überschreitung der Urteilsabsetzungsfrist um einen absoluten Revisionsgrund (§ 338 Nr. 7 StPO) handelt, sind Ausführungen zu Beruhensfrage nicht erforderlich.[2897]

2896 Die unterbliebene Mitteilung des Datums des Urteilseingangs auf der Geschäftsstelle kann die Rüge unzulässig machen: *BGH* v. 28.8.2007 – 1 StR 402/07.
2897 KK-*Gericke*[7] § 338 Rn. 95 ff.

Rüge 219

Ist das Urteil nicht fristgemäß *zu den Akten* gebracht worden? **1889**

Das Urteil muss nicht innerhalb der Frist (mit den Akten) zur Geschäftsstelle ge- **1890**
langt sein. Es reicht aus, wenn das vollständige Urteil im Dienstzimmer des Richters zum Abtrag bereit gelegt ist.[2898] Ist das Urteil erst nach Fristablauf auf der Geschäftsstelle eingegangen, § 275 Abs. 1 S. 5 StPO, ist im Freibeweisverfahren zu
klären, ob das Urteil vollständig „auf den Weg zur Geschäftsstelle gebracht wurde".
Dies geschieht in der Regel durch die Einholung einer dienstlichen Erklärung des
Vorsitzenden.

Da der Verteidiger nur durch den Eingangsvermerk der Geschäftsstelle[2899] die Frist-
einhaltung prüfen kann, hat er bei Fristüberschreitung dies zum Gegenstand einer
Rüge der Verletzung der Absetzungsfrist zu machen. Sofern nach Rügeerhebung
durch eine dienstliche Erklärung nachgewiesen wird, dass das Urteil rechtzeitig auf
den Weg zur Geschäftsstelle gebracht wurde, wovon der Verteidiger naturgemäß
erst durch die dienstliche Erklärung erfährt, sollte die nunmehr aussichtslose Rüge
zurückgenommen werden, es sei denn, die Richtigkeit der dienstlichen Erklärung
kann durch valide Beweismittel erschüttert werden. Verbleiben Zweifel an der
Rechtzeitigkeit, so ist davon auszugehen, dass die Frist versäumt wurde.[2900]

Rüge 220

Ist das Urteil innerhalb der Frist nicht *vollständig* zu den Akten gebracht worden? **1891**

I. Rechtsgrundlagen

Das Urteil muss *schriftlich* vorliegen, ein Diktat auf Tonträger reicht nicht. Zur **1892**
Vollständigkeit gehören *Rubrum, Tenor und vollständige Entscheidungsgründe.*
Auf die Art der Verschriftung kommt es nicht an, eine handschriftliche Abfassung
genügt. Der spätere Verlust des Urteilsoriginals ist bedeutungslos, wenn feststeht,
dass es innerhalb der Absetzungsfrist auf den Weg zur Geschäftsstelle gebracht
wurde.[2901] Wird ein Urteil nach vollständiger Verkündung und zwischenzeitlich er-

---

2898   *BGH* StV 1985, 135 (Ls); *Meyer-Goßner/Schmitt*[60] § 275 Rn. 7; KK-*Greger*[7] § 275
       Rn. 40; KK-*Gericke*[7] § 338 Rn. 96 jew. m. Rspr.-Nachw.
2899   *Meyer-Goßner/Schmitt*[60] § 275 Rn. 18.
2900   *OLG Saarbrücken* v. 23.4.2014 – Ss (B) 22/14 (16/14 OWi); *Meyer-Goßner/Schmitt*[60]
       § 275 Rn. 7.
2901   *BGH* v. 21.4.2015 – 1 StR 555/14 = StraFo 2015, 326 f.

folgtem Wiedereintritt in die Hauptverhandlung erneut verkündet, wird es hinsichtlich des *zuerst* verkündeten Urteils mit der Folge eines Verstoßes gegen § 275 Abs. 1 S. 1 StPO an einer Verschriftung fehlen (vgl. auch Rüge 217a Rn. 1878 ff. zum weiteren Urteil).[2902]

Ein vollständiges Urteil liegt erst dann vor, wenn alle an ihm beteiligten Berufsrichter das Urteil unterschrieben haben. Auch wenn an die Unterschriftsleistung keine allzu großen Anforderungen gestellt werden, muss die Unterschrift doch wenigstens aus einem ausreichend gekennzeichneten individuellen Schriftzug bestehen, der die charakteristischen Merkmale einer Unterschrift mit vollem Namen enthält.[2903] Das in § 275 Abs. 2 S. 1 StPO formulierte Gebot, dass das Urteil von den mitwirkenden Berufsrichtern zu unterschreiben ist, lässt es nicht zu, dass die den Urteilstext abschließende Unterschrift durch eine an anderer Stelle der Akte befindliche Unterschrift des mitwirkenden Richters ersetzt wird.[2904] Die Nachholung einer Unterschrift nach Fristablauf heilt den Mangel nicht.[2905]

(Zur Verhinderung an der Unterschriftsleistung und dem Verhinderungsvermerk vgl. unten Rn. 1897 ff.).

Eine *Urteilsänderung oder -ergänzung* nach Fristablauf ist nicht zulässig, § 275 Abs. 1 S. 3 StPO.[2906] Eine solche muss innerhalb der Frist erfolgen und von allen Richtern unterschrieben werden.[2907] Insoweit ist die Urschrift des Urteils mit der (dem Verteidiger zugestellten) Leseabschrift zu vergleichen und zu prüfen, ob die Änderungen von den Unterschriften aller Richter gedeckt sind. Die Berichtigung bloßer Schreibversehen ist demgegenüber aber auch nach Fristablauf möglich.

1893 Ist das Urteil – unzulässigerweise – lediglich in abgekürzter Form (§ 267 Abs. 4 StPO) abgesetzt worden, begründet auch dies die Revision, wenn es nicht *vor* Fristablauf ergänzt wurde.[2908] Ein solcher Fall liegt nicht vor, wenn das Gericht bei Abfassung des abgekürzten Urteils nach der ihm vorliegenden Aktenlage von der Anwendbarkeit des § 267 Abs. 4 S. 1 StPO deshalb ausgehen durfte, weil die Revision – allerdings nicht erkennbar – nur unwirksam zurückgenommen worden war oder gegen die Versäumung der Revisionseinlegungsfrist Wiedereinsetzung in den vorigen Stand gewährt wurde.[2909] In diesem Fall können die Urteilsgründe innerhalb der

---

2902 *BGH* v. 23.10.2012 – 2 StR 285/12 = StV 2013, 378, 379.
2903 *KG* v. 2.2.2016 – 3 Ws (B) 60/16; *KG* v. 27.11.2013 – 3 Ws (B) 535/13; *OLG Köln* v. 11.1.2013 – III-1 RVs 1/13.
2904 *BGH* StV 1995, 454 und StV 2010, 618.
2905 Vgl. insges. *Meyer-Goßner/Schmitt*[60] § 275 Rn. 3-6; *BGH* StV 1994, 275.
2906 Vgl. etwa *BGH* StV 1984, 144 und 274.
2907 *BGH* v. 24.10.2013 – 5 StR 333/13 = NStZ-RR 2014, 17 (Ls); *BGH* StV 1995, 454; *Meyer-Goßner/Schmitt*[60] § 275 Rn. 5, 6; KK-*Greger*[7] § 275 Rn. 27.
2908 *SchlHOLG* v. 8.2.2006 – 1 Ss 6/06 (16/06); für den Fall der Wiedereinsetzung in den vorigen Stand zur Einlegung eines versäumten Rechtsmittels s. aber *OLG München* NJW 2007, 96.
2909 *BGH* NStZ 2008, 646.

in § 275 Abs. 1 S. 2 StPO vorgesehenen Frist ergänzt werden. Die Frist zur Ergänzung abgekürzter Urteilsgründe beginnt in diesen Fällen mit dem Eingang der Akten bei dem für die Ergänzung zuständigen Gericht.[2910]

II. Anforderungen an den Vortrag

Neben den oben Rn. 1887 dargestellten vorzutragenden Tatsachen zur Fristberech- **1894**
nung und zum Datum des Fristablaufs ist vorzutragen, dass das Urteil zwar innerhalb der Frist zu den Akten gelangt ist, das Urteil aber *unvollständig* war und innerhalb der Frist keine Heilung des Mangels erfolgte.

Im Falle des Fehlens der Unterschriften der beteiligten Richter ist vorzutragen, dass das Urteil nicht von allen beteiligten Richtern unterschrieben wurde, wobei es sich empfiehlt, mitzuteilen, welche Richter unterschrieben haben und welche nicht. Es ist mitzuteilen, welche Richter an der Hauptverhandlung teilgenommen haben. Trägt die Urteilsbegründung keine einzige Unterschrift, steht dies zwar dem völligen Fehlen von Urteilsgründen gleich, so dass das Urteil auf die Sachrüge aufzuheben ist; kann dem Urteilstext aber nicht bereits aus sich heraus jegliche Legitimation abgesprochen werden, ist die Verfahrensrüge zu erheben.[2911] Hierzu ist aus Vorsichtsgründen in jedem Fall zu raten.

Hat ein Richter unterschrieben, der an der Hauptverhandlung nicht beteiligt war, **1895**
steht das dem Fehlen der notwendigen Unterschriften der beteiligten Richter gleich.[2912] In diesem Falle muss vorgetragen werden, welche Richter an der Hauptverhandlung mitgewirkt haben und welcher Richter, der an der Hauptverhandlung teilgenommen hat, nicht und welcher Richter an seiner Stelle unterschrieben hat. Zwar ist der Revisionsführer zum Nachweis der von ihm aufgestellten Tatsachenbehauptungen nicht verpflichtet[2913] (das Revisionsgericht selbst prüft im Falle der zulässigen Erhebung der Verfahrensrüge, ob der Vortrag bewiesen ist), gleichwohl aber empfiehlt es sich, die Urschrift des Urteils, aus der die fehlende oder falsche Unterschrift ersichtlich ist, in der Revisionsbegründung z.B. durch Einkopieren mitzuteilen.

2910 *BGH* NStZ 2008, 646; StV 2009, 8.
2911 *OLG Frankfurt* v. 18.12.2015 – 1 Ss 318/14 = NStZ-RR 2016, 287 f. m.w.N.
2912 *BGH* StV 1989, 5.
2913 Vgl. *BGH* StV 2007, 569 = NStZ 2007, 235.

Rüge 221

1896 Ist das Urteil von einem beteiligten Richter nicht unterschrieben worden, weil er angeblich an der Unterschriftsleistung verhindert war?

I. Rechtsgrundlagen

1897 Grundsätzlich ist der Vorsitzende im Falle zulässiger Ausschöpfung der Frist des § 275 Abs. 1 StPO verpflichtet, rechtzeitig organisatorische Maßnahmen zu ergreifen, welche die Unterzeichnung des Urteils durch den Beisitzer sicherstellen.[2914] Nach Fertigstellung des Urteilsentwurfs durch den Berichterstatter darf der Vorsitzende in bestimmten Fällen die von einem Beisitzer behauptete überlastungsbedingte Verhinderung nicht ohne weiteres hinnehmen, sondern hat die behauptete dienstliche Belastung oder Tätigkeit des Beisitzers im Hinblick darauf zu bewerten und gewichten, dass es sich bei der Mitwirkung an der Fertigstellung des Urteils um ein unaufschiebbares Dienstgeschäft handelt.[2915] Notfalls ist dem Beisitzer der Urteilsentwurf per E-Mail zuzuleiten, damit diesem für die Lektüre ein größerer Zeitraum zur Verfügung steht. Bei angenommener permanenter Überlastung des Beisitzers hat der Vorsitzende bei der Justizverwaltung auf eine Entlastung des Richters hinzuwirken, die diesem eine Mitwirkung an der Urteilsabfassung ermöglicht. Fehlt es an derartigen Bemühungen des Vorsitzenden, ist bei Fehlen der Unterschrift des vermeintlich verhinderten Beisitzers das Urteil nicht fristgerecht zu den Akten gebracht.[2916] Dies kann auch umgekehrt gelten, wenn eine Verhinderung des Vorsitzenden von dem beisitzenden Richter, der das Urteil unterschreibt, nicht hinreichend dargetan ist.[2917]

Ist ein beteiligter Richter an der Unterschriftsleistung aus tatsächlichen oder rechtlichen Gründen gehindert, so muss das Urteil anstelle der Unterschrift einen entspr. Verhinderungsvermerk enthalten, § 275 Abs. 2 S. 2 StPO, der innerhalb der Urteilsabsetzungsfrist anzubringen ist. Eine Unterschrift „in Vertretung" ist nicht zulässig. Erforderlich ist ein Vermerk, der den Grund der Verhinderung an der Unterschriftsleistung enthält.[2918] Auch dieser Vermerk ist zu unterschreiben und zwar von einem Richter, der an dem Urteil mitgewirkt hat.[2919]

Hinsichtlich des Verhinderungsgrundes ist zu unterscheiden zwischen tatsächlicher und rechtlicher Verhinderung.

2914 *BGH* v. 8.7.2011 – 3 StR 95/11.
2915 Vgl. *BGH* v. 26.9.2013 – 2 StR 271/13 = StV 2015, 97.
2916 *BGH* StV 2011, 210; StV 2006, 683; StV 1991, 247.
2917 *BGH* v. 26.9.2013 – 2 StR 271/13 = StV 2015, 97.
2918 Vgl. insges. *Meyer-Goßner/Schmitt*[60] § 275 Rn. 20; KK-*Greger*[7] § 275 Rn. 35.
2919 *BGH* NStZ 1993, 448; insges. *Meyer-Goßner/Schmitt*[60] § 275 Rn. 20.

Als tatsächlicher Verhinderungsgrund wird z.b. angesehen **1898**

- Krankheit,[2920]
- Urlaub,
- Teilnahme an Tagungen,
- sonstige Ortsabwesenheit.

Kein tatsächlicher Verhinderungsgrund liegt z.b. vor **1899**

- bei Nichterreichbarkeit im Gerichtsgebäude (obwohl kein Urlaub o.ä. vorlag),[2921]
- oder in der Weigerung, das Urteil zu unterschreiben.[2922]

Schwieriger ist die Beurteilung der rechtlichen Verhinderung.

Diese wird z.b. angenommen, wenn der Richter aus dem Justizdienst ausgeschieden oder jetzt bei der Staatsanwaltschaft eingesetzt ist.[2923]

Keine Verhinderung aus Rechtsgründen liegt vor, wenn der Richter aus dem Spruchkörper ausgeschieden ist, aber weiterhin bei demselben Gericht, bei einem anderen Gericht (z.b. Abordnung zum OLG) oder im Falle der Abordnung als abgeordneter Richter bei einer JVA, der Staatsanwaltschaft oder dem Justizministerium tätig ist,[2924] sofern nicht etwa wegen Ortsverschiedenheit eine Verhinderung aus tatsächlichen Gründen vorliegt.[2925] Ein Richter auf Probe, der zur Staatsanwaltschaft versetzt wird, bleibt Richter und ist daher an der Unterschriftsleistung nicht gehindert.[2926]

Grundsätzlich trifft den Vorsitzenden die Pflicht, besondere Bemühungen zur Erlangung der Unterschrift eines an ein anderes Gericht versetzten Richters zu erlangen. Bei der Unterzeichnung eines Strafurteils handelt es sich um ein dringliches unaufschiebbares Dienstgeschäft, weshalb der Vorsitzende verpflichtet ist, rechtzeitig organisatorische Vorsorge für die Erfüllung dieser Pflicht zu treffen. Werden die erforderlichen Bemühungen unterlassen und wird anstelle des versetzten Richters nur ein Verhinderungsvermerk angebracht, kann dies die Rüge begründen, das vollständige mit allen Unterschriften versehene Urteil sei nicht fristgerecht zu den Akten gebracht worden.[2927] Zwar besteht bei Feststellung der Verhinderung ein – der revisionsrechtlichen Kontrolle entzogener – Beurteilungsspielraum[2928], wird mit der

---

2920 *BGH* StV 1998, 477.
2921 *BGHSt* 28, 194; *KG* StV 1986, 144.
2922 Vgl. *Meyer-Goßner/Schmitt*[60] § 275 Rn. 22.
2923 Vgl. *Meyer-Goßner/Schmitt*[60] § 275 Rn. 22.
2924 Etwa *BGH* v. 26.9.2013 – 2 StR 271/13 = StV 2015, 97; *BGH* NStZ 1993, 96; 2006, 586; *BGH* StraFo 2007, 66.
2925 Vgl. insges. *Meyer-Goßner/Schmitt*[60] § 275 Rn. 23; KK-*Greger*[7] § 275 Rn. 29 ff.
2926 *BGH* StV 1992, 557 und 2006, 459.
2927 *BGH* v. 26.9.2013 – 2 StR 271/13 = StV 2015, 97; *BGH* StV 2011, 210; StV 2006, 683.
2928 *BGH* v. 11.5.2016 – 1 StR 352/15 = NStZ 2016, 623 f. m. Anm. *Ventzke*.

Revision jedoch substantiiert geltend gemacht, der Verhinderungsvermerk beruhe auf willkürlichen, sachfremden Erwägungen[2929], oder wird beanstandet, es sei zu Unrecht eine Verhinderung aus rechtlichen Gründen angenommen worden, bedarf das Vorliegen der Verhinderung einer näheren Darlegung.[2930]

II. Anforderungen an den Vortrag

1900 In diesen Fällen ist zu rügen, dass das Urteil nicht innerhalb der Frist vollständig, d.h. mit allen erforderlichen Unterschriften zu den Akten gelangt ist.

Es ist zunächst vorzutragen, welche Richter an der Hauptverhandlung mitgewirkt haben.

Für den Fall des Fehlens eines Verhinderungsvermerks ist vorzutragen, welcher Richter nicht unterschrieben hat, und dass eine Verhinderung an der Unterschriftsleistung unter dem Urteil nicht festgestellt ist bzw. nicht innerhalb der Absetzungsfrist festgestellt wurde. Auch hier empfiehlt es sich, eine Kopie der Urteilsurschrift in der Revisionsbegründung mitzuteilen.

1901 Soll gerügt werden, dass kein Verhinderungsgrund gegeben war, ist neben der Mitteilung der an der Hauptverhandlung mitwirkenden Richter auszuführen, welcher Richter nicht unterschrieben hat sowie der Wortlaut des Verhinderungsvermerks. Der Verteidiger ist gehalten, den im Vermerk angegebenen Verhinderungsgrund zu überprüfen.

Sodann sind die Tatsachen vorzutragen, aus denen sich ergibt, dass keine Verhinderung vorgelegen hat.

Wird z.B. Erkrankung geltend gemacht, kann vorgetragen werden, dass der Richter vor Ablauf der Absetzungsfrist wieder im Dienst war, an Hauptverhandlungen teilgenommen oder andere Dienstgeschäfte vorgenommen hat.

Wird Ortsabwesenheit (z.B. wegen Tagung) geltend gemacht, kann vorgetragen werden, dass der Richter die Tagung vorzeitig abgebrochen hat und wieder im Dienst war.

Bei rechtlicher Verhinderung, z.B. im Falle des Ausscheidens aus dem Spruchkörper, ist, sofern der Verhinderungsvermerk keine weitergehenden Angaben enthält, vorzutragen, welche Tätigkeit der ausgeschiedene Richter wahrnimmt (z.B. Abordnung zum OLG oder als abgeordneter Richter bei einer JVA). Eines Nachweises der behaupteten Tatsachen bedarf es nicht, da das Revisionsgericht im Falle der Zulässigkeit der Rüge das Erwiesensein des Vortrags selbst zu prüfen hat. Dies geschieht im Freibeweisverfahren.

2929 *BGH* v. 26.9.2013 – 2 StR 271/13 = StV 2015, 97.
2930 *Meyer-Goßner/Schmitt*[60] § 338 Rn. 57.

Selbstverständlich sind Rechtsausführungen dazu zu machen, warum nach Auffassung der Revision keine (rechtliche) Verhinderung vorlag.

Bei dieser Rüge besteht die Besonderheit, dass das Revisionsgericht bei Erhebung der allgemeinen Sachrüge die erforderlichen Tatsachen, aus denen sich der Verstoß gegen § 275 StPO ergibt, dem Urteil selbst entnehmen kann, wie z.b. das Fehlen einer Unterschrift oder des Verhinderungsvermerks sowie die im Vermerk angeführten Verhinderungsgründe, die eine Verhinderung im Sinne des § 275 Abs. 2 S. 2 StPO nicht tragen. **1902**

Gleichwohl ist eine Verfahrensrüge mit dem notwendigen Tatsachenvortrag zu erheben, da der Revisionsführer verpflichtet ist, einen ganz bestimmten Verfahrensmangel unter Angabe der maßgeblichen Tatsachen zu behaupten. Deshalb darf auf den oben dargelegten (Tatsachen-) Vortrag nicht verzichtet werden.

Rüge 222

Ist das Urteil nach Wegfall des die Überschreitung der Absetzungsfrist rechtfertigenden Grundes nicht mit größtmöglicher Beschleunigung zu den Akten gebracht worden? **1903**

I. Rechtsgrundlagen

Liegt eine zulässige Fristüberschreitung vor, ist nach Wegfall des Hindernisses das Urteil mit größtmöglicher Beschleunigung zu den Akten zu bringen.[2931] **1904**

Ist auch nach Auffassung der Verteidigung die Fristüberschreitung gerechtfertigt, ist zu prüfen, ob nach dessen Wegfall das Urteil mit größtmöglicher Beschleunigung zu den Akten gebracht wurde.

Insoweit einzuhaltende Fristen kann es naturgemäß nicht geben, da die Absetzung von der Dauer der Hauptverhandlung und dem Schwierigkeitsgrad des abzufassenden Urteils abhängt. Allerdings ist ein strenger Maßstab anzulegen; alle aufschiebbaren Dienstpflichten müssen gegenüber der Fertigstellung des Urteils zurückstehen.[2932] Gegebenenfalls ist trotz zulässiger Fristüberschreitung die Rüge der Verletzung des § 275 Abs. 1 StPO zu erheben mit der Begründung, das Urteil sei nach Wegfall des Hindernisses nicht mit größtmöglicher Beschleunigung zu den Akten gebracht worden.

2931 *BGH* StV 1995, 514; *OLG Düsseldorf* StV 2008, 131; *Meyer-Goßner/Schmitt*[60] § 275 Rn. 16.
2932 *KG* v. 10.6.2016 – (4) 121 Ss 75/16 (99/16) = StraFo 2016, 386 f.

II. Anforderungen an den Vortrag

1905 Neben der Fristberechnung und der Mitteilung der Verhinderung und deren Gründe ist vorzutragen,

- wann der verhinderte Richter seinen Dienst wieder angetreten hat,
- wann das Urteil auf der Geschäftsstelle eingegangen ist,
- wie viele Arbeitstage zwischen erneutem Dienstantritt und Eingang des Urteils auf der Geschäftsstelle lagen.

1906 Es empfiehlt sich auch mitzuteilen, wann der Verhinderungsgrund eingetreten ist und wie viele Tage zwischen Urteilsverkündung und dem die Einhaltung der Frist entgegenstehenden Umstand lagen, um sodann eine „Netto"-Gesamtberechnung dahingehend vorzunehmen, wie viele Tage bzw. Wochen unter Abzug der „Verhinderungszeit" die Urteilsabsetzung gedauert hat. Dieser Zeitraum sollte mit der gesetzlichen Absetzungsfrist des § 275 Abs. 1 S. 2 StPO verglichen werden.

In jedem Fall muss vorgetragen werden, dass auch in Anbetracht der Schwierigkeit des abzufassenden Urteils dieses nicht mit der größtmöglichen Beschleunigung zu den Akten gebracht wurde. Dies gilt auch dann, wenn der betreffende Richter meinte, anderen Dienstgeschäften den Vorzug geben zu müssen.

Kapitel 27
Durchsicht der schriftlichen Urteilsgründe im Hinblick auf Hinweise auf Verfahrensfehler

Abschnitt 1
Bescheidung nicht erledigter Anträge etc. in den schriftlichen Urteilsgründen

Rüge 223
Wurden in den Urteilsgründen Anträge nach § 267 Abs. 3 StPO beschieden?　　　　1907

I. Rechtsgrundlagen

Nach § 267 Abs. 3 StPO muss in den Urteilsgründen dargelegt werden, warum das **1908** Vorliegen eines minder schweren Falles verneint, warum die verhängte Freiheitsstrafe nicht zur Bewährung ausgesetzt bzw. nicht auf eine Verwarnung mit Strafvorbehalt oder auf Absehen von Strafe erkannt wurde, obwohl dies von dem bzw. für den Angeklagten in der Hauptverhandlung ausdrücklich beantragt worden war.[2933] Dies setzt allerdings voraus, dass ein Gesetz zur Anwendung gekommen ist, das einen fakultativen gemilderten Strafrahmen für minder schwere Fälle vorsieht, bzw. dass das Urteil auf eine Freiheitstrafe erkannt hat, deren Vollstreckung zur Bewährung ausgesetzt werden kann (§§ 56, 58 StGB)[2934], bzw. zu einer Geldstrafe verurteilt wurde, bei der die Verurteilung vorbehalten bleiben (§§ 59 StGB) oder die Voraussetzungen vorliegen, unter denen von Strafe abgesehen werden kann (§ 60 StGB).

Ist in der Hauptverhandlung ein derartiger Antrag gestellt worden, dem das Urteil nicht entsprochen hat, begründet es einen Verfahrensfehler, wenn die schriftlichen Urteilsgründe sich nicht dazu verhalten, warum das Gericht nicht im Sinne der beantragten Rechtsfolgen entschieden hat.

2933　Eine entspr. Darlegungspflicht muss auch für in der Hauptverhandlung gestellte Anträge gelten, von der Möglichkeit der Annahme eines besonders schweren Falles und der Anwendung des erhöhten Strafrahmens abzusehen.
2934　*BGH* v. 13.3.2008 – 4 StR 534/07 = StV 2008, 345; *BGH* v. 9.2.2012 – 1 StR 438/11 Rn. 18 = StV 2012, 393.

II. Anforderungen an den Vortrag der Rüge der Verletzung des § 267 Abs. 3 StPO

1909 Der Antrag muss im Wortlaut mitgeteilt werden.

Es muss mitgeteilt werden, dass der Antrag in der Hauptverhandlung mündlich gestellt und bis zur Urteilsverkündung nicht zurückgenommen worden ist.

Ist die allgemeine Sachrüge erhoben worden, bedarf es nicht der Mitteilung des schriftlichen Urteils, aus dem sich ergibt, dass das Gericht entgegen dem Antrag nicht auf einen minder schweren Fall, eine Strafaussetzung zur Bewährung, eine Verwarnung mit Strafvorbehalt oder ein Absehen von Strafe erkannt hat und dessen Gründen keine ausdrückliche Auseinandersetzung mit dem Antrag zu entnehmen ist.

III. Nachweis der den Verfahrensfehler begründenden Tatsachen

1910 Der Antrag ist eine wesentliche Förmlichkeit, die nur durch das Sitzungsprotokoll bewiesen werden kann.[2935]

IV. Beruhen des Urteils auf dem Verfahrensfehler

1911 Es handelt sich um einen relativen Revisionsgrund (§ 337 StPO). Das Urteil beruht auf dem Verfahrensfehler, wenn nicht auszuschließen ist, dass der Richter zu einer anderen Entscheidung gekommen wäre, wenn er die Begründungspflicht erwogen hätte. Dies wird nur in seltenen Ausnahmefällen ausgeschlossen werden können.[2936]

Rüge 224

1912 Sind in der Hauptverhandlung vom Strafgesetz besonders vorgesehene Umstände behauptet worden, welche die Strafbarkeit ausschließen, vermindern oder erhöhen und verhalten sich die Urteilsgründe nicht darüber, ob diese Umstände für festgestellt oder für nicht festgestellt erachtet wurden (§ 267 Abs. 2 StPO)?

I. Rechtsgrundlagen

1913 Nach § 267 Abs. 2 StPO müssen die schriftlichen Urteilsgründe Feststellungen dazu enthalten, ob Umstände, die die Strafbarkeit ausschließen, vermindern oder erhöhen, in der Hauptverhandlung festgestellt worden sind oder nicht, wenn solche Um-

---

2935 LR-*Stuckenberg*[26] § 267 Rn. 103, 108, 184.
2936 Vgl. *BGH* StV 1990, 100 m. Anm. *Schlothauer*; *BGH* StV 1999, 137; *BGH* StV 1982, 61 m. Anm. *Schlothauer* (Nichtanwendung des Strafrahmens eines minder schweren Falles); *BGH* StV 2008, 345 (Nichtaussetzung einer Freiheitsstrafe zur Bewährung).

stände in der Hauptverhandlung behauptet worden waren. Hierzu gehören die Rechtfertigungs-, Schuld und Strafausschließungsgründe sowie diejenigen Strafmilderungs oder -erhöhungsgründe, die gesetzlich nach Art einer Tatbestandsschilderung konkretisiert sind.[2937] Unter die Voraussetzungen des § 267 Abs. 2 StPO fallen bspw. die erheblich verminderte Schuldfähigkeit (§ 21 StGB), die Voraussetzungen des Versuchs (§ 23 Abs. 2 StGB), des Rücktritts vom Versuch (§ 24 Abs. 1 StGB) sowie diejenigen Straftatbestände des Besonderen Teils des StGB sowie in Nebengesetzen (z.b. § 31 BtMG), die auf § 49 StGB verweisen. Nicht unter § 267 Abs. 2 StPO fallen Regelbeispiele für besonders schwere Fälle sowie unbenannte Strafmilderungs oder Strafschärfungsgründe, die von § 267 Abs. 3 StPO erfasst werden.[2938]

Die Pflicht, das Vorliegen bzw. Nichtvorliegen besonderer Umstände i.s.d. § 267 Abs. 2 StPO in den Urteilsgründen festzustellen, wird durch die bloße Behauptung solcher Umstände ausgelöst, wobei unerheblich ist, ob dies durch den Angeklagten bspw. im Rahmen seiner Einlassung, seinen Verteidiger, die Staatsanwaltschaft oder einen Nebenkläger geschieht.[2939] Das Gericht ist bei der Behauptung von Umständen dieser Art verpflichtet, in den Urteilsgründen sachlich und rechtlich erschöpfend darzulegen, ob sie festgestellt worden sind oder nicht, was zu begründen ist. **1914**

Ob in der Hauptverhandlung besondere Umstände i.s.d. § 267 Abs. 2 StPO behauptet worden sind, kann nach Auffassung des BGH durch das Revisionsgericht nicht durch eine eigene Beweiserhebung überprüft werden.[2940] Weil das Behaupten solcher Umstände nicht zu den wesentlichen Förmlichkeiten i.s.d. §§ 273 Abs. 1, 274 StPO gehöre, müsste das Revisionsgericht bei Erhebung einer entspr. Verfahrensrüge eigene Beweise erheben. Dies laufe auf eine (teilweise) Wiederholung der tatrichterlichen Verhandlung hinaus, was der Ordnung des Revisionsverfahrens widerspräche. Demgegenüber ist die Literatur[2941] im Einklang mit der früheren Rspr.[2942] der Auffassung, dass das Revisionsgericht im Wege des Freibeweises die Behauptung von Umständen i.s.d. § 267 Abs. 2 StPO nachprüfen dürfe. Die Feststellung erfordere in der Regel keine inhaltliche Bewertung des betreffenden Vorbringens, sondern habe ausschließlich einen äußeren Vorgang in der Hauptverhandlung zum Gegenstand. Letztere Auffassung ist vorzugswürdig. Mit der Sachrüge allein könnte nur die fehlende oder unzureichende Auseinandersetzung mit der Feststellung von Umständen i.s.d. § 267 Abs. 2 StPO in solchen Fällen beanstandet werden, in denen **1915**

2937 LR-*Stuckenberg*[26] § 267 Rn. 69.

2938 Siehe hierzu Rüge 223 Rn. 1907.

2939 LR- *Stuckenberg*[26] § 267 Rn. 72 m.w.N.

2940 *BGHSt* 31, 139 = StV 1983, 9 = NStZ 1983, 278 m. abl. Anm. *Fezer*.

2941 *Meyer-Goßner/Schmitt*[60] § 267 Rn. 15; *Fezer* Grenzen der Beweisaufnahme durch das Revisionsgericht, in: Ebert (Hrsg.), Aktuelle Probleme der Strafrechtspflege, 1991, S. 89; *Herdegen* in: FS Salger, 1995, S. 301, 316; *Sieg* NJW 1983, 2014; LR- *Stuckenberg*[26] § 267 Rn. 179; AK-StPO-*Wassermann* § 267 Rn. 13; KMR-*Paulus*[8] § 267 Rn. 28; SK-StPO-*Velten*[5] § 267 Rn. 41; **a.A.** KK-*Kuckein*[7] § 267 Rn. 20.

2942 *RG* JW 1922, 495; 1927, 2628; 1930, 1601 m. Anm. *Alsberg*; *BayObLGSt* 1960, 300 = JR 1961, 151.

sich aus den Urteilsgründen die Möglichkeit erschließt, dass Umstände i.S.d. § 267 Abs. 2 StPO vorgelegen haben könnten, ohne dass sich die Urteilsgründe definitiv dazu verhalten, ob sie festgestellt werden konnten oder nicht.

II. Anforderungen an den Vortrag der Rüge der Verletzung des § 267 Abs. 2 StPO

1916 Es muss behauptet werden, dass in der Hauptverhandlung durch den Angeklagten bzw. seinen Verteidiger bzw. einen anderen Verfahrensbeteiligten Umstände behauptet worden sind, die die Annahme eines Rechtfertigungs-, Schuld- oder Strafausschließungsgrundes sowie sonstige tatbestandsmäßig konkretisierte Strafmilderungsmöglichkeiten erfüllen können. Sowohl die betreffenden Umstände als auch die Art und Weise, wie sie in der Hauptverhandlung behauptet worden sind, sind näher darzulegen.

Wenn nicht ohnehin die allgemeine Sachrüge erhoben worden ist, müssen die schriftlichen Urteilsgründe vollständig mitgeteilt werden zum Nachweis dafür, dass es das Gericht versäumt hat, in den Urteilsgründen darzulegen, ob sich in der Hauptverhandlung die behaupteten Umstände haben feststellen lassen oder nicht.

III. Anderweitige Rügemöglichkeiten

1917 Ergibt sich bereits aus den Urteilsgründen, dass in der Hauptverhandlung besondere Umstände i.S.d. § 267 Abs. 2 StPO erörtert wurden, kann die Tatsache, dass das Urteil keine Feststellungen über deren Bestehen enthält, zum Gegenstand der Sachrüge gemacht werden. Es kann auch die Aufklärungsrüge begründen, wenn das Gericht es unterlassen hat, die Beweisaufnahme darauf zu erstrecken, ob solche besonderen Umstände vorlagen.[2943]

Rüge 225

1918 Sind in den Urteilsgründen in der Hauptverhandlung nicht erledigte Hilfs- oder andere bedingte Beweisanträge beschieden worden?

1919 In der Hauptverhandlung gestellte Hilfs-, Eventual- oder sonstige bedingte Beweisanträge, über deren Entscheidung der Antragsteller vor Verkündung des Urteils verzichten kann, eröffnen dem Gericht gleichwohl die Möglichkeit, solche Anträge (ggf. nach Wiedereintritt in die Beweisaufnahme, wenn sie im Schlussvortrag ge-

---

2943 LR-*Stuckenberg*[26] § 267 Rn. 180. Zu den Anforderungen an die Aufklärungsrüge s. Rüge 190 Rn. 1707.

stellt wurden) in der Hauptverhandlung gem. § 244 Abs. 3–6 StPO zu bescheiden, sofern das Gericht die Erhebung der Beweise nicht für geboten hält.[2944] Werden derartige Anträge nicht in der Hauptverhandlung durch Beweiserhebung oder Bescheidung gem. § 244 Abs. 6 StPO erledigt, muss letzteres in den schriftlichen Urteilsgründen erfolgen. Werden sie auch in den Urteilsgründen übergangen und unterbleibt ihre Bescheidung, stellt dies einen Verfahrensfehler dar.[2945]

Die Anforderungen an den Vortrag der Rüge entsprechen denjenigen, die für den Fall der Nichtbescheidung eines in der Hauptverhandlung gestellten Hauptantrages gelten, wenn der beantragte Beweis nicht erhoben worden ist.[2946] **1920**

Ist der Beweisantrag in den Urteilsgründen abgelehnt worden und soll dies als verfahrensfehlerhaft beanstandet werden, kommen je nach Ablehnungsgrund alle Rügen der Verletzung des § 244 Abs. 3, 4 oder 5 StPO in Betracht.[2947] **1921**

Abschnitt 2
Beweiswürdigung und Inbegriff der Hauptverhandlung[2948]

Rüge 226

Stützt sich das Urteil auf Sachverhaltsfeststellungen oder sonstige Vorgänge, die nicht Inbegriff der Hauptverhandlung waren? **1922**

A. Vorbemerkung

Verwertet das Urteil Tatsachen[2949] oder Vorgänge, die nicht Inbegriff der Hauptverhandlung waren, begründet dies eine Verletzung des § 261 StPO, die zum Gegenstand einer Verfahrensrüge gemacht werden kann.[2950] **1923**

2944 Vgl. *Schlothauer* StV 1988, 542 m.w.N.; *Meyer-Goßner/Schmitt*[60] § 244 Rn. 22, 22a und 22b.
2945 Vgl. nur *BGH* NStZ 1982, 477; *Alsberg/Güntge* Der Beweisantrag im Strafprozess, 6. Aufl., Rn. 1456.
2946 Vgl. hierzu Rüge 185 Rn. 1667.
2947 Vgl. hierzu Rüge 186 Rn. 1674.
2948 Zur Berücksichtigung von Beweisverwertungsverboten s. Kap. 28 Rn. 2031 ff.
2949 Die Verwertung gerichtskundiger Tatsachen setzt i.d.R. einen Hinweis voraus, durch den das Tatgericht zu erkennen gibt, dass es die Tatsache seiner Entscheidung als offenkundig zu Grunde legen wolle. Anderenfalls kommt die Verletzung des rechtlichen Gehörs in Betracht: *BGH* v. 27.6.2012 – 1 StR 68/12 = StV 2012, 710.
2950 Gegenstand einer Verfahrensrüge kann auch sein, dass das Gericht es unterlässt, Vorgänge, die Gegenstand der Hauptverhandlung waren, im Urteil zu würdigen: s. Rüge 228 Rn. 1954.

B. In Betracht kommende Verfahrensfehler

I. Verwertet das Urteil eine in der Hauptverhandlung abgegebene Einlassung des Angeklagten, obwohl sich dieser in der Hauptverhandlung nicht zur Sache geäußert hat?[2951]

1. Rechtsgrundlagen[2952]

1924 **a)** Dass sich der Angeklagte in der Hauptverhandlung nicht zur Sache geäußert hat, wird durch das Schweigen des Hauptverhandlungsprotokolls bewiesen.[2953] Dass ein Angeklagter Angaben zur Sache gemacht hat, ist als wesentliche Förmlichkeit i.S.d. § 273 Abs. 1 StPO in die Sitzungsniederschrift aufzunehmen. Dies gilt nicht nur für eine Äußerung nach § 243 Abs. 5 S. 2 StPO, sondern auch für die erstmalige Äußerung im Laufe der Hauptverhandlung. Auch wenn die Einlassung im Rahmen einer Äußerung nach § 257 oder nach § 258 StPO erfolgt ist, ist diese Tatsache als wesentliche Förmlichkeit i.S.d. § 273 Abs. 1 StPO in die Sitzungsniederschrift aufzunehmen.[2954] Schweigt das Protokoll, ist durch das Protokoll jedenfalls in den Fällen bewiesen, dass der Angeklagte sich in der Hauptverhandlung nicht eingelassen hat, wenn er zunächst nach Belehrung gem. § 243 Abs. 5 S. 1 StPO erklärt hat, sich zur Anklage nicht zu äußern.[2955]

1925 **b)** Da sich der Angeklagte nicht nur persönlich zur Sache äußern kann, sondern dies auch durch eine Erklärung seines Verteidigers oder in Form einer nach § 249 StPO verlesenen schriftlichen Erklärung[2956] möglich ist,[2957] erfordert die Rüge, der Tatrichter habe seiner Entscheidung eine Einlassung des Angeklagten zugrunde gelegt, obwohl dieser keine Angaben zur Sache gemacht habe, den Vortrag, dass auch der in der Hauptverhandlung anwesende Verteidiger für seinen Mandanten keine diesem zurechenbare Erklärung zur Sache abgegeben habe[2958] und keine als Einlassung gewertete schriftliche Erklärungen des Angeklagten verlesen wurde.[2959]

2951 Zum umgekehrten Fall, dass das Urteil davon ausgeht, der Angeklagte habe in der Hauptverhandlung geschwiegen, obwohl er tatsächlich Angaben zur Sache gemacht hat, s. Rüge 227 Rn. 1946.

2952 S. auch Rüge 71 Rn. 853 ff.

2953 *BGH* v. 14.2.1990 – 3 StR 426/89 = StV 1990, 245; *BGH* v. 14.5.2002 – 3 StR 35/02 = StV 2002, 531; *BGH* v. 28.7.2016 – 3 StR 149/16 = wistra 2017, 114.

2954 *BGH* StV 2000, 123. Speziell zu Erklärungen im Rahmen des letzten Wortes: *BGH* v. 29.10.2009 – 4 StR 97/09 = StraFo 2010, 71.

2955 *BGH* v. 28.10.1999 – 4 StR 370/99 = StV 2000, 123 u. *BGH* v. 14.5.2002 – 3 StR 35/02 = StV 2002, 531; s. aber auch *BGH* v. 22.10.1993 – 3 StR 337/93 = StV 1994, 468 m. abl. Anm. *Schlothauer*.

2956 *BGH* v. 29.3.2011 – 3 StR 9/11 = StV 2011, 607.

2957 Zur Zulässigkeit und Grenzen s. Rüge 69 Rn. 842 ff.

2958 *BayObLG* StV 2003, 320.

2959 Zur Rechtsmissbräuchlichkeit einer diesbezüglichen Revisionsrüge, wenn eine schriftliche Erklärung des Angeklagten als Anlage zum Hauptverhandlungsprotokoll genommen wurde, dieser Vorgang dann aber darin keine Erwähnung findet, *BGH* v. 25.2.2000 – 2 StR 514/99 = StV 2001, 101 m. abl. Anm. *Ventzke*.

c) Ergibt sich aus dem Hauptverhandlungsprotokoll, dass ein in der Hauptver- **1926** handlung anwesender Verteidiger des Angeklagten eine Erklärung abgegeben hat, kann diese, wenn der Angeklagte selbst während der gesamten Dauer der Hauptverhandlung geschwiegen hat, nur dann bei der Urteilsfindung berücksichtigt werden, wenn der Verteidiger erklärt hat, dass die von ihm abgegebene Erklärung als Einlassung des Angeklagten anzusehen sei, der Vorsitzende darauf hingewiesen hat, dass in diesem Falle die Erklärung zum Gegenstand der Beweiswürdigung gemacht werde und der Verteidiger oder der Angeklagte dem nicht widersprochen hat.[2960] Der Nachweis der Beobachtung dieser Förmlichkeiten kann nur durch das Sitzungsprotokoll erfolgen.[2961]

2. Anforderungen an den Vortrag der Rüge der Verletzung des § 261 StPO

- Das Urteil trifft Feststellungen unter Bezugnahme auf eine Einlassung des An- **1927** geklagten in der Hauptverhandlung.
- Der Angeklagte hat sich im Laufe der Hauptverhandlung zu keinem Zeitpunkt zur Sache geäußert, auch nicht in Form einer gem. § 257 StPO abgegebenen Erklärung zu einer vorangegangenen Beweiserhebung oder im Rahmen seines letzten Wortes.
- Gegebenenfalls: Der Angeklagte hat nach Belehrung gem. § 243 Abs. 5 S. 1 StPO ausdrücklich erklärt, sich zur Sache nicht zu äußern.
- Der in der Hauptverhandlung anwesende Verteidiger hat für seinen Mandanten keine diesem zurechenbare Erklärung zur Sache abgegeben.
- Findet sich im Hauptverhandlungsprotokoll ein Hinweis auf eine Erklärung des Verteidigers zur Sache, ist vorzutragen, dass der Verteidiger nicht befragt wurde, ob die von ihm abgegebene Erklärung als Einlassung des Angeklagten anzusehen sei, er ggf. nicht darauf hingewiesen wurde, dass im Fall einer Bejahung dieser Frage die Erklärung zum Gegenstand der Beweiswürdigung gemacht werde und auch der Angeklagte sich die Erklärung des Verteidigers nicht zu eigen gemacht hat.
- Es wurde in der Hauptverhandlung keine als Einlassung zu wertende schriftliche Erklärung des Angeklagten gem. § 249 StPO verlesen.

3. Erweiterter Vortrag bei der Rüge der Verletzung des § 261 StPO

a) Machen die Urteilsgründe nicht deutlich, dass die verwertete Aussage des An- **1928** geklagten im Rahmen einer Einlassung in der Hauptverhandlung erfolgt ist, sondern teilt das Urteil lediglich mit, wie sich der Angeklagte zu dem ihm vorgeworfenen Sachverhalt geäußert habe, reicht der Vortrag, der Angeklagte habe in der Haupt-

---

2960   *OLG Hamm* StV 2002, 187; *OLG Düsseldorf* StV 2002, 411; s. auch *BGH* StV 1990, 394 = NStZ 1990, 447, *BGH* StV 2002, 182 = NStZ 2002, 555 und *BGH* StV 2007, 620 m. Anm. *Schlothauer*.
2961   *OLG Hamm* StV 2002, 187; *OLG Düsseldorf* StV 2002, 411.

verhandlung keine Einlassung abgegeben, zur Begründung der Verletzung des § 261 StPO nicht aus:

In diesem Fall muss entweder vorgetragen werden, dass sich der Angeklagte weder als Beschuldigter noch als Zeuge jemals zu dem Sachverhalt, der Gegenstand der jetzigen Anklage ist, geäußert hat oder, wenn eine solche Äußerung erfolgt ist, diese nicht in zulässiger Weise in die Hauptverhandlung eingeführt worden ist.

Beispiel: Das Urteil verwertet eine Äußerung des Angeklagten zur Sache, der in der Hauptverhandlung geschwiegen, aber im Rahmen einer Beschuldigten oder Zeugenvernehmung im Ermittlungsverfahren oder als Angeklagter in einer erstinstanzlichen Hauptverhandlung oder als Zeuge in einem anderweitigen Verfahren tatsächlich verfahrensgegenständliche Angaben gemacht hat. Es begründet auch dann die Rüge der Verletzung des § 261 StPO, wenn in der Hauptverhandlung – soweit dies zulässig wäre – die frühere Vernehmungsniederschrift nicht verlesen wurde oder an der Vernehmung beteiligte Personen, insbesondere Vernehmungsbeamte, als Zeugen in der Hauptverhandlung nicht vernommen worden sind.

b) Vortrag im Einzelnen:

1929 • Das Urteil trifft Feststellungen unter Bezugnahme auf eine Sachäußerung des Angeklagten zu dem verfahrensgegenständlichen Vorwurf.

• Der Angeklagte hat sich im Laufe der Hauptverhandlung zu keinem Zeitpunkt zur Sache geäußert.

• Ein in der Hauptverhandlung anwesender Verteidiger hat für seinen Mandanten keine diesem zurechenbare Erklärung zur Sache abgegeben.

• Der Angeklagte hat sich

– weder als Beschuldigter noch als Zeuge im anhängigen oder einem anderen Verfahren jemals zu der verfahrensgegenständlichen Tat geäußert

oder

– der Angeklagte hat sich als Beschuldigter oder Zeuge im anhängigen oder einem anderweitigen Verfahren zu der verfahrensgegenständlichen Tat geäußert, wobei der Inhalt im Wortlaut mitzuteilen ist. Die Äußerung ist aber weder durch Verlesung einer diesbezüglichen Vernehmungsniederschrift oder schriftlichen Erklärung des Angeklagten noch durch Vernehmung einer bei dieser Sachäußerung anwesenden Person (insbesondere Verhörsperson) in die Hauptverhandlung eingeführt worden.

II. Trifft das Urteil Feststellungen unter Bezugnahme auf die Aussage eines in der Hauptverhandlung nicht vernommenen Zeugen oder ein in der Hauptverhandlung nicht erstattetes Gutachten eines dort nicht vernommenen Sachverständigen?

• **Rechtsgrundlagen und Anforderungen an den Vortrag**

1930 Der betreffende Zeuge oder Sachverständige darf in der Hauptverhandlung nicht vernommen worden sein, was in der Revisionsbegründung mitzuteilen ist (durch das Schweigen des Protokolls ist dieser Vortrag bewiesen).

Im Falle der Verwertung eines Sachverständigengutachtens im Urteil ist zusätzlich vorzutragen, dass dieses Gutachten in der Hauptverhandlung nicht verlesen wurde, wobei es nach Auffassung des BGH der Mitteilung des Inhalts des schriftlichen Vorgutachtens nicht bedarf.[2962] Es ist gleichwohl empfehlenswert, das schriftliche Gutachten im Wortlaut mitzuteilen.

• **Alternativ**

Der im Urteil zitierte Zeuge oder Sachverständige hat **vollständig** das Zeugnis   **1931** (§§ 52, 53, 53a, 54 StPO), die Auskunft (§ 55 Abs. 1 StPO), ggf. auch grundlos (§ 70 Abs. 1 StPO), oder die Erstattung des Gutachtens (§§ 76, 77 Abs. 1 S. 1 StPO) verweigert, was in der Revisionsbegründung mitzuteilen ist. Im Falle der Verwertung eines Sachverständigengutachtens im Urteil ist zusätzlich vorzutragen, dass dieses Gutachten in der Hauptverhandlung nicht verlesen wurde, wobei es nach Auffassung des BGH der Mitteilung des Inhalts des schriftlichen Vorgutachtens nicht bedarf.[2963] Auch hier empfiehlt es sich, das schriftliche Gutachten im Wortlaut wiederzugeben.

Stützt sich das Urteil ausdrücklich auf Bekundungen eines Zeugen, obschon dieser   **1932** in der Hauptverhandlung nicht vernommen worden ist, kann einer hierauf bezogenen Verfahrensrüge der Verletzung des § 261 StPO nicht der Boden unter Hinweis darauf entzogen werden, dass die Angaben des Zeugen möglicherweise auf anderem Wege – etwa durch Vorhalt an Dritte – Eingang in die Hauptverhandlung gefunden haben könnten.[2964]

III. Wurde im Urteil das Ergebnis einer Augenscheinseinnahme verwertet, die während der Hauptverhandlung nicht stattgefunden hat?

1. Rechtsgrundlagen

a) Die Einnahme eines Augenscheins ist eine wesentliche Förmlichkeit, deren Be-   **1933** urkundung durch § 273 Abs. 1 StPO vorgeschrieben ist.[2965] Eine „informatorische Besichtigung" ist der StPO fremd und kann einen förmlichen Augenschein zu Beweiszwecken in der Hauptverhandlung nicht ersetzen.[2966] Schweigt das Protokoll über die Einnahme eines Augenscheins, so gilt diese wegen der Beweiskraft des Protokolls nach § 274 StPO als nicht erfolgt.[2967] Insbesondere der Inhalt von Gedankenäußerungen auf Tonaufnahmen kann allerdings nicht nur

---

2962 *BGH* StV 2002, 524.

2963 *BGH* StV 2002, 524.

2964 *BGH* v. 9.2.2010 – 4 StR 355/09 = NStZ 2010, 409. S. auch *BGH* v. 21.1.2016 – 2 StR 433/15 = NStZ 2017, 375.

2965 *OLG Bremen* v. 20.2.2014 – 1 Ss 95/13 = StV 2015, 109; *OLG Bamberg* v. 23.2.2015 – 2 OLG 6 Ss 5/15 = StV 2015, 760; *BGH* NStZ 1993, 51.

2966 *OLG Bamberg* v. 23.2.2015 – 2 OLG 6 Ss 5/15 = StV 2015, 760.

2967 *BGH* StV 2002, 531.

durch Abspielen, sondern auch durch Verlesen einer verschrifteten Aufzeichnung oder durch Vernehmung der Ermittlungsperson in die Hauptverhandlung eingeführt werden, die mit der Erstellung oder Auswertung der Aufzeichnung befasst war. Für andere Augenscheinobjekte wie Landkarten oder Fotoaufnahmen gilt dies nicht; hier bedarf es nicht des Vorbringens, dass von Beweissurrogaten kein Gebrauch gemacht wurde.[2968]

1934 b) Nimmt das Urteil unmittelbar auf eine Augenscheinseinnahme Bezug[2969] (Beispiel: Eine Videoaufzeichnung zeige eindeutig den Angeklagten[2970] oder „die Fotos zeigen den Angeklagten"[2971]), begründet dies einen Verstoß gegen § 261 StPO, wenn die Videoaufzeichnung oder die Fotos nicht durch Augenscheinseinnahme in die Hauptverhandlung eingeführt wurden. Letzteres muss im Rahmen der Revisionsbegründung vorgetragen werden. In einem solchen Fall ist schon nach den Urteilsgründen ausgeschlossen, dass die Lichtbilder etc. auf andere Weise als durch Augenscheinseinnahme, etwa auf einen Vorhalt hin, in die Hauptverhandlung eingeführt wurden. Der Gegenstand des Augenscheins ist in der Revisionsbegründung detailliert – soweit möglich in Form eines einkopierten Lichtbildes – darzulegen.

1935 c) Nimmt das Urteil nur inhaltlich auf den Gegenstand oder den Inhalt einer Augenscheinseinnahme Bezug und ist durch das Hauptverhandlungsprotokoll bewiesen, dass keine Augenscheinseinnahme stattgefunden hat, begründet dies die Verletzung des § 261 StPO nur dann, wenn ausgeschlossen ist, dass in der Hauptverhandlung eine über Art oder Inhalt des Augenscheinsobjekts gefertigte Niederschrift verlesen wurde oder – ggf. auf Vorhalt – sich hierzu der Angeklagte oder ein in der Hauptverhandlung vernommener Zeuge oder Sachverständiger geäußert hat.[2972] Es muss in diesen Fällen vorgetragen werden, dass weder eine Augenscheinseinnahme erfolgte, noch eine über Art oder Inhalt des Augenscheinsobjekts gefertigte Niederschrift verlesen, noch Art und Gegenstand des Augenscheinsobjekts durch den Angeklagten oder Zeugen oder Sachverständige in die Hauptverhandlung eingeführt wurden. Eines solchen Vortrags bedarf es nur dann nicht, wenn eine Videoaufzeichnung nur durch Augenscheinseinnahme in die Hauptverhandlung eingeführt worden sein kann, was konkret darzulegen ist.[2973]

2968 *OLG Köln* v. 7.8.2015 – 1 RBs 250/15 = StV 2015, 761.
2969 Eine möglicherweise unwirksame Bezugnahme i.S.v. § 267 Abs. 1 S. 3 StPO ist auf die Sachrüge hin zu prüfen: *BGH* v. 2.11.2011 – 2 StR 332/11 = NStZ 2012, 228; *OLG Köln* NStZ 2011, 476; s. hierzu Rüge 238b Rn. 2028.
2970 *OLG Hamm* StV 2002, 187.
2971 *OLG Hamm* Beschl. v. 4.6.2003 – 2 Ss 369/2003.
2972 *BGH* NStZ 2002, 493.
2973 *OLG Köln* Beschl. v. 27.11.2006 – 81 Ss OWi 89/06: Feststellung einer Geschwindigkeitsüberschreitung mittels einer Videosequenz.

2. Anforderungen an den Vortrag

- Es ist der Inhalt/Gegenstand des im Urteil verwerteten Beweismittels mitzuteilen. Handelt es sich um Lichtbilder, Skizzen oder Landkarten, sollten diese in die Revisionsbegründung mit aufgenommen werden.[2974]   **1936**

- Auch wenn die allgemeine Sachrüge erhoben wurde, empfiehlt es sich, diejenigen Passagen der Urteilsgründe wiederzugeben, in denen auf das betreffende Beweismittel Bezug genommen wird.

- Es ist weiterhin darzutun, dass eine förmliche Augenscheinseinnahme nicht stattgefunden hat.[2975]

- Sind ausweislich der Sitzungsniederschrift andere Lichtbilder oder Skizzen im Wege eines Augenscheins in die Hauptverhandlung eingeführt worden als diejenigen, auf die das Urteil Bezug nimmt, soll ein vollständiges Rügevorbringen die Bezeichnung aller Beweiserhebungsvorgänge erfordern, bei denen die betreffenden Gegenstände in Augenschein genommen wurden, sowie den Vortrag, dass das Sitzungsprotokoll weitere Inaugenscheinnahmen nicht dokumentiere.[2976]

- Vorzutragen sei auch, dass der im Urteil verwertete Beweisgegenstand nicht in sonst zulässiger Weise in die Hauptverhandlung eingeführt wurde.[2977] Auch soweit in der Rspr. zu bestimmten Augenscheinsobjekten die Auffassung vertreten wird, die Zulässigkeit der Rüge der Verletzung des § 261 StPO scheitere nicht daran, dass nicht auf das Nichtgebrauchmachen von Beweissurrogaten eingegangen wurde,[2978] dürfte es sich empfehlen, diese Möglichkeit durch einen entspr. Vortrag auszuschließen.[2979] Deshalb sollte auch ausgeschlossen werden, dass eine kommissarische Augenscheinseinnahme gem. § 225 StPO oder im Ermittlungsverfahren eine richterliche Augenscheinseinnahme (§ 168d Abs. 1 StPO) stattgefunden hat und deren Ergebnisse durch Verlesung gem. § 249 Abs. 1 StPO in die Hauptverhandlung eingeführt worden sind.

2974   *Gercke/Wollschläger* StV 2013, 106, 113 unter Bezugnahme auf *BGH* StV 2004, 304 (dort aber im Rahmen einer Aufklärungsrüge).

2975   Schweigt das Protokoll über die Einnahme eines Augenscheins, so gilt dieser wegen der negativen Beweiskraft des Hauptverhandlungsprotokolls als nicht erfolgt: *BGH* v. 23.10.2001 – 4 StR 249/01 = StV 2002, 531 = NStZ 2002, 219; *OLG Bamberg* v. 23.2.2015 – 2 OLG 6 Ss 5/15 = StV 2015, 760, auch zur Frage, ob im Falle einer „informatorischen Besichtigung" ein dem Freibeweis zugängliches lückenhaftes Protokoll vorliegt.

2976   *OLG Bremen* v. 20.2.2014 – 1 Ss 95/13 = StV 2015, 109.

2977   *OLG Bremen* v. 20.2.2014 – 1 Ss 95/13 = StV 2015, 109.

2978   *OLG Köln* v. 7.8.2015 – 1 RBs 250/15 = StV 2015, 761.

2979   Siehe *Schlothauer* StV 1992, 134, 137; *Gercke/Wollschläger* StV 2013, 106, 112.

IV. Verwertet das Urteil den Inhalt von Urkunden, Vernehmungsniederschriften, schriftlichen Erklärungen von Zeugen, Sachverständigen oder Mitbeschuldigten, von behördlichen Zeugnissen, Erklärungen oder Gutachten oder von ärztlichen Attesten, die nicht Gegenstand der Beweisaufnahme waren?

1. Rechtsgrundlagen

1937 Die Beweiswürdigung ist fehlerhaft, wenn sie auf eine Urkunde Bezug nimmt, die nicht Gegenstand der Hauptverhandlung war.[2980] Die Zulässigkeit einer entspr. Verfahrensrüge der Verletzung des § 261 StPO setzt grundsätzlich voraus, dass der Inhalt der unzulässigerweise verwerteten Urkunde, Vernehmungsniederschrift, schriftlichen Erklärung etc. wörtlich mitgeteilt wird.[2981] Ferner ist vorzutragen, wer Aussteller der Urkunde bzw. Verfasser der schriftlichen Erklärung etc. ist[2982]. Ist eine Urkunde, Vernehmungsniederschrift, schriftliche Erklärung etc. nur teilweise verlesen worden, sind diese Teile wörtlich mitzuteilen.[2983] Im Hinblick darauf fordert der *BGH*, dass in der Sitzungsniederschrift der verlesene Abschnitt genau zu bezeichnen ist.[2984] Ferner ist vorzutragen, dass der Urkundeninhalt im Urteil verwertet worden ist. Dies ist bei gleichzeitiger Erhebung der allgemeinen Sachrüge zwar nicht zwingend, im Hinblick auf die Beruhensprüfung aber empfehlenswert. Das Beruhen des Urteils auf einer in der Hauptverhandlung nicht verlesenen Urkunde soll allerdings ausgeschlossen sein, wenn deren Inhalt in der Hauptverhandlung erörtert und nicht bestritten wurde, dass sie diesen Inhalt habe.[2985]

2. Anforderungen an den Vortrag[2986]

1938 • Es muss vorgetragen werden, dass die Urkunde, Vernehmungsniederschrift, schriftliche Erklärung etc. in der Hauptverhandlung nicht verlesen bzw. ihr Inhalt nicht durch Vortrag durch den Vorsitzenden eingeführt worden ist (§ 249 Abs. 1 StPO)[2987]. Es ist ferner mitzuteilen, dass die Urkunde etc. nicht Gegen-

---

2980 *BGH* v. 10.7.2013 – 1 StR 532/12 = StV 2014, 73 = StraFo 2014, 23.
2981 *BGH* StV 1999, 197; *OLG Köln* StV 1998, 364.
2982 *OLG Düsseldorf* StV 1995, 458.
2983 *BGHR* § 344 Abs. 2 S. 2 StPO – Inbegriff 1; *BGH* StV 2004, 3. S. auch *OLG Hamburg* StV 2012, 74 m. Anm. *Wilhelm.*
2984 *BGH* v. 8.6.2010 – 1 StR 181/10 = NStZ 2011, 110.
2985 *BGH* v. 25.5.2016 – 4 StR 458/15 = NStZ 2016, 691 m. abl. Anm. *Arnoldi.*
2986 S. auch Rüge 142 Rn. 1258 ff.
2987 *BGH* NStZ 2007, 235 = StV 2007, 569. Dass schriftliche Unterlagen „zum Gegenstand der Hauptverhandlung" gemacht bzw. in richterlichen Augenschein genommen wurden, beweist keine förmliche Verlesung der Urkunde: *BGH* v. 30.8.2011 – 2 StR 652/10 = wistra 2012, 73 = StV 2012, 584 = StraFo 2011, 511.

stand einer Augenscheinseinnahme war.[2988] Die Verlesung einer Urkunde in der Hauptverhandlung ist eine wesentliche Förmlichkeit. Schweigt das Hauptverhandlungsprotokoll über die Verlesung gilt diese als nicht erfolgt.[2989] Dies gilt auch für die Einführung des Urkundeninhalts durch Bericht des Vorsitzenden.[2990]

- Der Inhalt der im Urteil verwerteten Urkunde etc. ist vollständig im Wortlaut **1939** mitzuteilen. Bei einer Teilverlesung sind diejenigen Passagen kenntlich zu machen, die nicht verlesen worden sind.
Es sollte, auch bei Erhebung der allgemeinen Sachrüge, vorgetragen werden, inwiefern im Urteil die nicht in die Hauptverhandlung eingeführte Urkunde etc. bei dem Schuld- oder Rechtsfolgenausspruch Berücksichtigung gefunden hat.

- Es muss ferner konkret dargelegt werden, dass der Inhalt der im Urteil verwerte- **1940** ten Urkunde etc. auch nicht auf andere prozessual zulässige Weise in die Hauptverhandlung eingeführt worden ist.[2991] Die bloße pauschale Behauptung, der Inhalt der Urkunde sei weder durch Verlesung noch auf „sonst prozessordnungsgemäße Weise" eingeführt worden, ist in der Regel unzulässig.[2992] Die Revision muss dazu mitteilen, dass eine Urkunde, schriftliche Erklärung, Vernehmungsniederschrift i.S.d. § 251 StPO, ein Behördengutachten oder -zeugnis oder ein ärztliches Attest nicht im Wege des Selbstleseverfahrens (§ 249 Abs. 2 S. 1

2988　Urkunden und Urkundenteile, deren gedanklicher Inhalt auf einen Blick zu erfassen ist, sollen auch im Wege des Augenscheins Bestandteil der Beweisaufnahme werden können: *BGH* v. 12.12.2013 – 3 StR 267/13 = NStZ 2014, 606 = StV 2015, 78; s. Rüge 141a Rn. 1222.

2989　*BGH* v. 2.7.1991 – 5 StR 151/91 = wistra 1992, 30; **a.A.** *BGH* v. 11.4.2007 – 3 StR 383/06 = wistra 2007, 271: Ergäbe sich aus dem Hauptverhandlungsprotokoll, dass nach Widerspruch des Verteidigers gegen eine Anordnung des Vorsitzenden durch Kammerbeschluss die Verlesung von Telefonverbindungsdaten bestätigt worden sei und lasse sich dem Protokoll weder entnehmen, dass der Kammerbeschluss tatsächlich umgesetzt noch wieder aufgehoben worden sei, enthalte das Protokoll eine offensichtliche Lücke, die im Wege des Freibeweisverfahrens geschlossen werden dürfe. Zur nunmehr vorrangigen Möglichkeit eines Protokollberichtigungsverfahrens in Fällen dieser Art und seinen Grenzen: *OLG Hamm* StV 2011, 272. Zur Wiederholbarkeit eines fehlerhaft durchgeführten Protokollberichtigungsverfahrens s. auch *BGH* v. 28.6.2011 – 3 StR 485/10 = StV 2012, 523 = StraFo 2011, 356. Zur Protokollberichtigung vgl. auch Rn. 46 ff.

2990　*OLG Köln* v. 7.8.2015 – 1 RBs 250/15 = StV 2015, 760.

2991　*BGHR* StPO § 261 Inbegriff der Verhandlung 4; *BGH* v. 17.7.2014 – 4 StR 78/14 = StV 2015, 92 m. Anm. *Eisenberg*; *OLG Köln* StV 1998, 364. Diese Rügeanforderung ist von Verfassungs wegen nicht zu beanstanden: *BVerfG* StV 2005, 369 = NJW 2005, 1999.

2992　*BGH* v. 17.3.2015 – 2 StR 281/14 = StV 2015, 758. Dies gilt dann nicht, wenn sich aus dem Gesamtzusammenhang der Urteilsgründe ergibt, dass der Inhalt auch nicht durch Vorhalt eingeführt worden ist: *OLG Düsseldorf* v. 22.3.2017 – 3 RVs 4/17 = StraFo 2017, 234.

StPO)[2993] in die Hauptverhandlung eingeführt wurde[2994] oder dies, wenn Urkunden i.S.d. §§ 253 und 254 StPO unzulässig verwertet wurden, unzulässig war (§ 249 Abs. 2 S. 1 StPO)[2995].

Die Revisionsbegründung muss weiterhin darlegen, dass die Verlesung einer Vernehmungsniederschrift weder nach §§ 251, 253 noch 254 StPO erfolgt ist, eine schriftliche Erklärung auch nicht nach § 251 Abs. 1 StPO verlesen wurde oder bei behördlichen Gutachten und Zeugnissen, Gutachten eines allgemein vereidigten Sachverständigen, ärztlichen Attesten oder Protokollen und Erklärungen der Strafverfolgungsbehörden eine Verlesung weder nach § 256 noch nach § 251 Abs. 1 StPO erfolgte.[2996]

Es muss schließlich vorgetragen werden, dass der Inhalt einer Urkunde, Vernehmungsniederschrift, schriftlichen Erklärung etc. nicht im Wege des Vorhalts[2997] in die Hauptverhandlung eingeführt worden ist.[2998] Weder der Verfasser der Urkunde oder der Erklärung noch deren Adressat, weder der Vernommene noch der Vernehmungsbeamte dürfen in der Hauptverhandlung vernommen worden sein, was konkret vorzutragen ist,[2999] noch darf ihnen gegenüber im Falle ihrer Vernehmung bzw. einer dritten Person ein entspr. Vorhalt gemacht worden sein bzw. dürfen diese von sich aus Erklärungen zum Inhalt der Urkunde etc. gemacht haben, was ebenfalls vorzutragen ist. Dies ist kein Fall der nach Auffassung des BGH unzulässigen Rekonstruktion des Inhalts der Beweisaufnahme,[3000] weshalb insoweit Feststellungen im Wege des Freibeweises getroffen werden dürfen.[3001]

2993 Schriftstücke, von deren Verlesung nach § 249 Abs. 2 StPO abgesehen wurde, sind nach § 273 Abs. 1 S. 1 StPO im Hauptverhandlungsprotokoll zu bezeichnen.

2994 *BGHR* StPO § 344 Abs. 2 Urkunden 1.

2995 Die Verlesung einer solchen Urkunde würde § 249 Abs. 2 S. 1 StPO, ihre Verwertung im Urteil § 261 StPO verletzen.

2996 *BGH* v. 12.8.1999 - 3 StR 277/99 = StV 2000, 185 = NStZ 2000, 49; s. aber auch *BGH* v. 14.3.2012 – 5 StR 28/12 = StV 2013, 5 m. Anm. *Ventzke.*

2997 Da das Tatgericht seine Überzeugung auf im Wege des Vorhalts eingeführte Aussagen eines Zeugen etc. anlässlich einer früheren Vernehmung nur darauf stützen darf, was auf Vorhalt in die Erinnerung des Zeugen zurückkehrt und nunmehr von ihm bekundet wird, nicht dagegen auf den Inhalt des Vorhalts selbst, begründet es einen sachlich rechtlichen Fehler, wenn Angaben verwertet werden, zu denen ausweislich der Urteilsgründe der Zeuge auf Vorhalt lediglich erklärt hat, „er wisse dieses heute nicht mehr" (*OLG Oldenburg* StV 2012, 330) oder „er müsse das gesagt haben" bzw. „es müsse richtig sein, wenn das dort so stehe" (*OLG Hamm* StV 2004, 643; *OLG Karlsruhe* StV 2007, 630).

2998 *OLG Köln* StV 1998, 364; *OLG Hamm* StV 2004, 310.

2999 *OLG Celle* v. 15.7.2013 – 31 Ss 24/13 = StV 2013, 742 = NStZ 2014, 175.

3000 Vgl. *BGHSt* 22, 26, 28, wo neben der Verletzung des § 261 StPO diejenige des Grundsatzes des rechtlichen Gehörs angenommen wurde. Vgl. ähnlich *BGH* Beschl. v. 15.3.2007 – 1 StR 27/07.

3001 S. bspw. *BGH* v. 25.4.2012 – 4 StR 30/12 Rn. 8 = StV 2012, 706; *BGH* v. 20.11.2012 – 1 StR 530/12 = StV 2013, 548; *BGH* v. 10.7.2013 – 1 StR 532/12 = StV 2014, 73 Tz. 23 = StraFo 2014, 23.

Die Einführung des Inhalts einer Urkunde etc. im Wege des **Vorhalts** ist **ausge-** **1941** **schlossen** in folgenden Fällen:

- Aus den Urteilsgründen ergibt sich eindeutig, dass das Gericht seine Entscheidung auf eine angebliche Verlesung des Schriftstücks gestützt hat, obwohl eine solche Verlesung nicht erfolgt ist,[3002] oder:
- Es handelt sich um ein längeres oder sprachlich oder inhaltlich schwer zuverstehendes Schriftstück[3003] oder um eine solches, bei dem es zum Zwecke der Verwertung als Beweis auf den genauen Wortlaut ankommt,[3004] was eine Einführung des Inhalts des Schriftstücks im Wege des Vorhalts ausschließt, oder:
- Der Inhalt eines im Urteil verwerteten Gutachtens oder einer schriftlichen Erklärung setzt eine Sachkunde voraus, über die diejenigen, denen in der Hauptverhandlung das betreffende Schriftstück vorgehalten worden sein könnte, nicht verfügen.[3005]
- In der Hauptverhandlung ist niemand vernommen worden, dem das Schriftstück hätte vorgehalten werden können oder es fehlt an einer dessen Inhalt bestätigenden Erklärung einer in der Hauptverhandlung vernommenen Auskunftsperson. Auch dies ist konkret darzulegen.

Kommt die Einführung des Inhalts einer im Urteil verwerteten Urkunde, schriftlichen Erklärung, Vernehmungsniederschrift etc. in die Hauptverhandlung im Wege des Vorhalts in Betracht, ist § 261 StPO gleichwohl verletzt, wenn ausweislich der Urteilsfeststellungen derjenige, dem gegenüber der Vorhalt erfolgte, trotz des Vorhalts keine Erinnerung an das ihm in dem vorgehaltenen Schriftstück festgestellte Geschehnis mehr hat.[3006] Dass der Zeuge bei einer von ihm stammenden Niederschrift erklärt, der Inhalt müsse stimmen, wenn es so von ihm vermerkt worden sei, reicht nicht aus.[3007]

1942

3002 *BGH* NStE Nr. 3 zu § 344 StPO; *BGH* StV 2004, 3, *OLG Hamm* StV 2004, 312.

3003 *BGH* StV 2002, 542; *BGH* v. 30.8.2011 – 2 StR 652/10 = wistra 2012, 73 = StraFo 2011, 511 = StV 2012, 584; *BGH* v. 11.4.2012 – 3 StR 108/12 = StV 2012, 706; *BGH* v. 25.4.2012 – 4 StR 30/12 Rn. 8 = StV 2012, 706; *BGH* v. 28.7.2015 – 2 StR 38/15 = StV 2016, 777 = NStZ 2016, 430; s. aber auch zu polizeilichen Vernehmungsbeamten *BGH* v. 17.7.2014 – 4 StR 78/14 = StV 2015, 92 m. abl. Anm. *Eisenberg* (13-seitige Vernehmungsniederschrift).

3004 *BGH* StV 2000, 655.

3005 Zu Feststellungen zum Wirkstoffgehalt von Betäubungsmitteln *OLG Köln* StV 1998, 364; für Feststellungen zur Blutalkoholkonzentration *OLG Celle* StV 1984, 107, *BayObLG* StV 2003, 152. Es sollte in Fällen dieser Art ausdrücklich vorgetragen werden, dass eine über die erforderliche Sachkunde verfügende Person und insbesondere ein Sachverständiger in der Hauptverhandlung nicht vernommen bzw. kein diesbezügliches Gutachten verlesen worden ist.

3006 *OLG Düsseldorf* StV 2002, 131; *BGH* StV 2001, 386.

3007 *BGH* StV 1994, 413; *BGHSt* 11, 159; *BGHSt* 11, 338; *OLG Düsseldorf* StV 2002, 131; *OLG Karlsruhe* StV 2007, 630.

V. Verwertet das Urteil ohne Erörterung „gerichtskundige" Tatsachen oder außerhalb der Hauptverhandlung erlangtes „privates" Wissen des Richters?

1. Rechtsgrundlagen

1943 Über „gerichtskundige Tatsachen" braucht kein Beweis erhoben zu werden. Gerichtskundig sind Tatsachen und Erfahrungssätze, die der/ein Richter im Zusammenhang mit seiner amtlichen Tätigkeit zuverlässig in Erfahrung gebracht hat.[3008] Dazu gehört bspw. aber nicht der aus einem anderen Strafverfahren bekanntgewordene Wirkstoffgehalt von Betäubungsmitteln.[3009] Nicht „gerichtskundig" sind Tatsachen, die der Richter/das Gericht aus Anlass des gegenständlichen Verfahrens erst im Rahmen einer dadurch veranlassten „privaten Beweisaufnahme" außerhalb der Hauptverhandlung ermittelt hat.[3010] „Gerichtskundige" Tatsachen dürfen der Entscheidung zur Schuld- oder Straffrage nur dann zugrundegelegt werden, wenn sie, auch in ihrer Wertung als „gerichtskundig", in der Hauptverhandlung erörtert worden sind.[3011] Sie müssen deshalb durch einen entspr. Hinweis, dass sie der Entscheidung zugrunde gelegt werden sollen, zum Gegenstand der Hauptverhandlung gemacht und dem Beschuldigten Gelegenheit gegeben worden sein, zu diesen Tatsachen Stellung zu nehmen.[3012] Die Erörterung gerichtskundiger Tatsachen in der Hauptverhandlung gehört zu den „wesentlichen Förmlichkeiten" gem. § 273 Abs. 1 StPO und ist im Protokoll über den Gang der Hauptverhandlung zu vermerken.[3013] Das Schweigen des Protokolls belegt die Nichterörterung von dem Urteil als „gerichtskundig" zugrundegelegten Tatsachen. Wahrnehmungen über Tatsachen, die unmittelbar für Merkmale des äußeren und inneren Tatbestands erheblich oder mittelbar für die Überführung des Angeklagten von wesentlicher Bedeutung sind, dürfen nicht als gerichtskundig behandelt werden.[3014]

2. Anforderungen an den Vortrag

1944 • Es sind die Teile der Urteilsgründe wiederzugeben, in denen auf „gerichtsbekannte" Tatsachen Bezug genommen wird. Dies ist zum Verständnis der Rüge, aber für die Beruhensfrage auch dann sinnvoll, wenn das Urteil mit der allgemeinen Sachrüge angegriffen wird.

3008 *Meyer-Goßner/Schmitt*[60] § 244 Rn. 52 m.w.N.
3009 *BGH* v. 24.9.2015 – 2 StR 126/15 = NStZ 2016, 123.
3010 *BGH* v. 13.02.2013 – 2 StR 556/12 = StV 2013, 548.
3011 *BGH* v. 13.02.2013 – 2 StR 556/12 = StV 2013, 548.
3012 *BGH* v. 24.9.2015 – 2 StR 126/15 = NStZ 2016, 123; *OLG Frankfurt/M.* v. 22.12.1988 – 3 Ss 211/88 = StV 1989, 97; *OLG Frankfurt/M.* v. 18.8.1998 – 3 Ss 188/98 = StV 1999, 138.
3013 *OLG Frankfurt/M.* v. 22.12.1988 – 3 Ss 211/88 = StV 1989, 97; *Meyer-Goßner/ Schmitt*[60] § 273 Rn. 7; a.M. *BGHSt* 36, 354 u. *OLG Frankfurt/M.* v. 18.8.1998 – 3 Ss 188/98 = StV 1999, 138 ohne Auseinandersetzung mit der Entscheidung desselben Senats v. 22.12.1988; offen gelassen von *BGH* StV 1988, 514.
3014 *BGH* v. 24.9.2015 – 2 StR 126/15 = NStZ 2016, 123.

- Es ist darzulegen, dass die betreffenden Tatsachen nicht im Wege des Strengbeweises zum Gegenstand der Hauptverhandlung gemacht wurden.
- Es ist nach Möglichkeit darzulegen, auf welche Weise der Richter/das Gericht die im Urteil verwerteten Tatsachen außerhalb der Hauptverhandlung ermittelt hat.
- Bei der Bezugnahme auf „gerichtskundige" Tatsachen ist darzulegen, dass ihre Wertung als „gerichtskundig" nicht zum Gegenstand der Hauptverhandlung gemacht worden ist, also seitens des Gerichts kein Hinweis darauf erfolgte, es werde die Tatsache möglicherweise seiner Entscheidung als gerichtskundig zugrundelegen. Es sollte ergänzend darauf hingewiesen werden, dass der Angeklagte zu den betreffenden Tatsachen und der Annahme ihrer Gerichtskundigkeit keine Stellung genommen und ggf. durch geeigneten Beweisantrag den Beweis des Gegenteils angetreten hat.

VI. Verwertet das Urteil sonstige Verfahrensvorgänge, die in der Hauptverhandlung nicht stattgefunden haben?

- Das Urteil verwertet den Umstand bei der Beweiswürdigung, ein Zeuge habe **1945** trotz Belehrung nach § 55 Abs. 2 StPO von seinem Auskunftsverweigerungsrecht gem. § 55 StPO keinen Gebrauch gemacht. Tatsächlich ist in der Hauptverhandlung keine Belehrung nach § 55 Abs. 2 StPO erfolgt,[3015] was durch das Schweigen des Hauptverhandlungsprotokolls bewiesen wird.
- Das Urteil verwertet bei der Beweiswürdigung den Umstand, dass ein Zeuge vereidigt worden sei. Tatsächlich ist eine Vereidigung nicht erfolgt,[3016] was durch das Schweigen des Hauptverhandlungsprotokolls bewiesen wird.
- Das Gericht geht von einer vereidigten Aussage aus. Tatsächlich hat nur eine Teilvereidigung stattgefunden. Die Beweiswürdigung des Urteils bezieht sich auf einen Aussageteil, bzgl. dessen keine Vereidigung stattgefunden hat.[3017]
- Im Zusammenhang mit der Beweiswürdigung einer Zeugenaussage bewertet das Urteil die nonverbale Kommunikation zwischen dem Zeugen und dem Angeklagten. Während der gesamten Dauer der Vernehmung des Zeugen war der Angeklagte – wie durch das Protokoll bewiesen wird – tatsächlich aus der Hauptverhandlung gem. § 247 StPO entfernt worden.
- Das Urteil stellt fest, der Angeklagte bzw. ein Zeuge habe sich im Anschluss an eine bestimmte Beweiserhebung in einem bestimmten Sinne geäußert. Weder während noch nach der Beweiserhebung haben die Angeklagte oder der betreffende Zeuge Angaben gemacht.[3018]

3015 *BayObLG* JZ 1965, 291.
3016 *BayObLG* StV 1988, 145.
3017 *BGH* StV 1999, 137.
3018 *BGH* StV 2004, 470.

Soweit es darauf ankommt, ob ein bestimmter Vorgang in der Hauptverhandlung stattgefunden hat oder nicht, kann das Verbot der „Rekonstruktion der Hauptverhandlung" nicht zum Zuge kommen.[3019]

Rüge 227

1946 Kommt das Urteil zu Feststellungen, die mit dem Inhalt der in der Hauptverhandlung erfolgten Beweiserhebungen nicht übereinstimmen?

I. Rechtsgrundlagen

1947 Ob Urteilsfeststellungen das Ergebnis der Hauptverhandlung zutreffend wiedergeben oder nicht, kann nur durch eine inhaltliche Rekonstruktion der Verhandlung und insbesondere der Beweisaufnahme ermittelt werden. Eine solche inhaltliche Rekonstruktion der Hauptverhandlung wird von der Rspr. und Teilen der Literatur als dem „Wesen des Rechtsmittels der Revision" widersprechend für unzulässig gehalten: „Das Ergebnis der Aussage eines Zeugen, wie überhaupt das Ergebnis der Hauptverhandlung, festzustellen und zu würdigen, ist allein Sache des Tatrichters; der dafür bestimmte Ort ist das Urteil. Was in ihm über das Ergebnis der Verhandlung zur Schuld und Straffrage festgehalten ist, bindet das Revisionsgericht. Darüber ist kein Gegenbeweis zulässig"[3020].

1948 In der Literatur wird die Berechtigung für eine derartige Beschränkung der Überprüfungsmöglichkeiten des Revisionsgerichts teilweise grundsätzlich in Frage gestellt.[3021]

1949 Von diesen Grundsätzen macht die höchstrichterliche und obergerichtliche Rspr. sowie das einschlägige Schrifttum eine – an sich inkonsequente – Ausnahme: Danach ist es dem Revisionsgericht gestattet, einen Vergleich zwischen dem Urteilsinhalt und solchen Teilen der Beweisaufnahme durchzuführen, deren Inhalt schriftlich

---

3019 S. *BGH* v. 29.11.2011 – 3 StR 281/11 = NStZ 2012, 344 = StV 2012, 587. S. ferner die Nachw. bei *Meyer-Goßner/Schmitt*[60] § 337 Rn. 13 sowie *OLG Hamburg* StV 2012, 74 m. Anm. *Wilhelm.*

3020 *BGHSt* 21, 149, 151, st. Rspr.; vgl. w. Nachw. bei *Meyer-Goßner/Schmitt*[60] § 337 Rn. 13 und 7; ausführlich *Bartel* Das Verbot der Rekonstruktion der Hauptverhandlung, 2014.

3021 Vgl. *Fezer* in: Aktuelle Probleme der Strafrechtspflege, 1991, S. 89 ff.; *ders.* JZ 1992, 107; *Wilhelm* ZStW 117, 144; vgl. ferner *Herdegen* in: FS Salger, S. 315; *Schlothauer* StV 1992, 134 ff. Dass hier auch in der Rspr. das letzte Wort noch nicht gesprochen ist, zeigt die Entscheidung *BGH* StV 2008, 123 m. Anm. *Ventzke*, wonach der Vortrag mit einer „pauschalen Bezeichnung des Vernehmungsgegenstands" einer Zeugenvernehmung nicht mit dem Rekonstruktionsverbot kollidiere.

fixiert und Teil der Verfahrensakten ist. Ergibt sich bei diesem Vergleich die Akten-widrigkeit der Urteilsgründe, ist § 261 StPO verletzt.[3022] Ein nicht aufgelöster Wi-derspruch zwischen dem Inhalt eines in der Hauptverhandlung verlesenen Schrift-stücks und den Urteilsgründen kann bei Erheblichkeit sowohl zur Rechtswidrigkeit des Schuldspruchs als auch der Rechtsfolgenentscheidung führen.[3023]

In Betracht kommt nach dieser Rspr. der Vergleich der Urteilsgründe zunächst mit **1950** solchen Urkunden, mit denen der Beweis bestimmter Feststellungen geführt werden soll (verlesene Vernehmungsniederschriften, Gutachten, Erklärungen und sonstige Urkunden)[3024]. Revisionsrechtlich angreifbar ist aber nur ein Urteil, das den Wort-laut einer in der Hauptverhandlung verlesenen Vernehmungsniederschrift, eines Gutachtens, einer Erklärung oder einer sonstigen verlesenen Urkunde falsch wie-dergibt oder bei dem die Urkunde entgegen den Urteilsfeststellungen einen eindeu-tig anderen Inhalt hat. Revisionsrechtlich angreifbar ist weiterhin, dass der Inhalt einer verlesenen Niederschrift oder Urkunde in einer Weise in den Urteilsgründen interpretiert wird, die mit deren Wortlaut nicht mehr zu vereinbaren ist.[3025] Unzuläs-sig ist nach dieser Rspr. jedoch die Rüge, der Tatrichter habe aus dem Inhalt einer verlesenen Niederschrift oder Urkunde einen möglichen, aber falschen Schluss ge-zogen, die verlesene richterliche Vernehmungsniederschrift habe tatsächlich kein Geständnis enthalten oder der Wortlaut einer Urkunde sei falsch ausgelegt worden.

Den verlesenen Urkunden werden die nach § 273 Abs. 3 StPO wörtlich protokol-lierten Aussagen oder Äußerungen gleichgestellt.[3026] Ebenfalls einem Abgleich mit den Urteilsgründen zugänglich sind in der Hauptverhandlung nach §§ 255a und 247a S. 4 StPO vorgeführte Videoaufzeichnungen[3027] und Lichtbilder, wenn diese für die im Rahmen der Beweiswürdigung gezogenen Schlussfolgerungen völlig un-ergiebig sind.[3028] Es fehlt dann dem inneren Vorgang der Überzeugungsbildung die notwendige äußere Grundlage.

3022　*OLG Bremen* StV 1990, 536.

3023　*BGH* StV 2008, 566 = NStZ 2009, 404.

3024　*BGH* StV 1983, 321; *BGH* NStZ 1987, 18; *BGHSt* 29, 18, 21; *OLG Köln* NJW 1974, 1150; *OLG Hamm* MDR 1975, 245; *BayObLG* StV 1985, 226; *BGH* StV 2003, 319.

3025　*OLG Bremen* StV 1990, 536.

3026　*BGHSt* 38, 14 = StV 1991, 548 = JZ 1992, 106 m. Anm. *Fezer*; *BGH* v. 10.12.2014 – 3 StR 489/14 = NStZ 2015, 473.

3027　Vgl. *Diemer* NStZ 2002, 16, 19; *Leitner* StraFo 2004, 306; *Schlothauer* StV 1999, 47; **a.A.** *BGHSt* 48, 268 = StV 2003, 650 m. abl. Anm. *Schlothauer*; differenzierend *Mey-er-Goßner/Schmitt*[60] § 337 Rn. 14. Zur revisionsrechtlichen Kontrolle und den Gren-zen des Rekonstruktionsverbots bei Videoaufzeichnungen und digitalen Daten s. *Ger-cke/Wollschläger* StV 2013, 106.

3028　*BGHSt* 41, 376, 381 = StV 1996, 413, 415; *Herdegen* StV 1992, 594; *Maul* in: FS Pfeiffer, 1988, S. 418 u. 424; LR-*Sander*[26] § 261 Rn. 174.

II. Anforderungen an den Vortrag der Rüge der Verletzung des § 261 StPO

1. Den Urteilsfeststellungen widersprechender Inhalt einer wörtlichen Protokollierung

1951 Gibt das Urteil eine nach § 273 Abs. 3 StPO im Wortlaut in das Protokoll aufgenommene Aussage anders wieder, ohne den Widerspruch zu erklären?

- Zur Begründung der Verfahrensrüge muss der Beschwerdeführer anführen, dass die Niederschrift in der Hauptverhandlung vorgelesen und vom Aussagenden inhaltlich genehmigt worden ist oder dass keine Einwendungen gegen sie erhoben wurden.[3029]
- Die Niederschrift muss in der Revisionsbegründung vollständig wörtlich mitgeteilt werden.
- Bei einem Widerspruch zwischen der Niederschrift und den Urteilsgründen muss der weitere Gang der Hauptverhandlung mitgeteilt und klargestellt werden, dass sich der Widerspruch bis zum Ende der Beweisaufnahme nicht aufgelöst hat, insbesondere der Zeuge im Anschluss an die Protokollierung seine Aussage nicht korrigiert hat und dass die protokollierte Aussage im Zeitpunkt der Urteilsberatung noch beweiserheblich war.[3030]

2. Den Urteilsfeststellungen widersprechender Inhalt verlesener Urkunden etc.

1952 Geben die Urteilsfeststellungen den Inhalt einer in der Hauptverhandlung verlesenen Urkunde, schriftlichen Erklärung, Vernehmungsniederschrift, eines Gutachtens, Zeugnisses oder Attestes etc. unzutreffend wieder?

In diesem Falle begründet die Verletzung des § 261 StPO die Revision, wenn auf der Überzeugungsbildung des Gerichts in dem fraglichen Punkt das Urteil beruht.

Die Tatsache der Verlesung und der Inhalt der verlesenen und fehlerhaft wiedergegebenen Urkunde im vollständigen Wortlaut müssen mitgeteilt werden.[3031]

3. Den Urteilsfesellungen widersprechender Inhalt von Video- oder Audioaufzeichnungen

1953 Zur unzutreffenden Wiedergabe von Vorgängen im Urteil, die Gegenstand einer in der Hauptverhandlung vorgeführten Videoaufzeichnung oder abgespielten Audioaufzeichnung waren: Siehe Rüge 150 Rn. 1350.[3032]

3029 *BayObLG* StV 1990, 488.
3030 *BGH* StV 2002, 354; ferner *Schäfer* StV 1995, 147.
3031 *BGH* StV 2003, 319.
3032 Siehe auch ergänzend Rn. 1957.

Rüge 228

Werden in den Urteilsgründen alle Beweise und Beweisergebnisse, die Gegenstand der Hauptverhandlung waren, gewürdigt? **1954**

I. Rechtsgrundlagen

Nach § 261 StPO ist das Gericht verpflichtet, die in der Hauptverhandlung erhobe- **1955** nen Beweise zu würdigen und dem Urteil zugrunde zu legen, sofern nicht im Einzelfall ausnahmsweise ein Beweisverwertungsverbot entgegensteht.[3033] Ergibt sich aus den Urteilsgründen, dass der Tatrichter die Beweise nicht erschöpfend gewürdigt hat und seine Beweiswürdigung lückenhaft ist, kann dies als Rechtsfehler mit der Sachrüge geltend gemacht werden. Kann ohne Rekonstruktion des Inhalts der tatrichterlichen Beweisaufnahme der Nachweis geführt werden, dass sich das Urteil mit **erheblichen** Ergebnissen der Beweisaufnahme nicht auseinandersetzt, kann dies zum Gegenstand einer Verfahrensrüge der Verletzung des § 261 StPO gemacht werden.[3034]

II. Anforderungen an den Vortrag der Rüge der Verletzung des § 261 StPO

1. Sind in der Hauptverhandlung Urkunden, schriftliche Erklärungen, Vernehmungsniederschriften, Zeugnisse und Gutachten von Behörden oder ärztliche Atteste verlesen, Lichtbilder etc. zum Gegenstand einer Augenscheinseinnahme gemacht, im Urteil aber übergangen worden?

a) Die entspr. Verfahrensrüge setzt zunächst voraus, dass in der Hauptverhandlung **1956** eine Urkunde,[3035] eine schriftliche Erklärung (des Angeklagten,[3036] eines Mitangeklagten, eines Zeugen oder Sachverständigen), eine Niederschrift über die Vernehmung eines Angeklagten,[3037] eines Zeugen[3038] oder eines Sachverständigen oder eines Mitbeschuldigten[3039] oder Gutachten, Zeugnisse und Erklärungen etc. i.S.d. § 256

3033 Dabei kann es sich auch um Beweisergebnisse handeln, die Gegenstand von Tatvorwürfen waren, bzgl. derer das Verfahren gem. §§ 154 Abs. 2, 154a Abs. 2 StPO eingestellt oder beschränkt wurde; s. hierzu Rüge 194 Rn. 1752 ff.
3034 *BGH* v. 26.4.2017 – 5 StR 445/16 – juris. S. auch MAH Strafverteidigung[2]-*Widmaier/ Norouzi* § 9 Rn. 126 u. 128.
3035 *BGH* StV 2003, 318; *BGH* NStZ 2007, 115 = NJW 2007, 92.
3036 *BGH* v. 29.3.2011 – 3 StR 9/11 = StV 2011, 607; *KG* StV 2003, 320; LR-*J.-P. Becker*[26] § 243 Rn. 80. Zur Frage, wann eine schriftliche Erklärung des Angeklagten im Wege des Urkundenbeweises zum Gegenstand der Hauptverhandlung gemacht worden ist, s. *BGH* NStZ 2004, 163 sowie *BGH* StV 2007, 621, 622 m. Anm. *Schlothauer*.
3037 *BGH* StV 2002, 12; *OLG Hamm* StV 2007, 630.
3038 *BGH* StV 1988, 138 m. Anm. *Schlothauer*; s. auch *BGH* StV 2002, 11 für nach § 253 StPO verlesene Teile der Vernehmungsniederschrift eines Zeugen.
3039 *OLG Karlsruhe* StV 2000, 658.

StPO zu Beweiszwecken[3040] verlesen oder Lichtbilder etc. zum Gegenstand einer Augenscheinseinnahme gemacht worden sind.[3041] Dies ist konkret vorzutragen. So ist bspw. die Rüge eines in den Urteilsgründen nicht erörterten Widerspruchs zwischen dem in der Hauptverhandlung erstatteten und im Urteil wiedergegebenen Gutachten eines Sachverständigen und einem vorbereitenden Gutachten dieses Sachverständigen unzulässig, wenn die Revision nicht mitteilt, ob das vorbereitende Gutachten überhaupt zum Gegenstand der Hauptverhandlung gemacht worden ist.[3042] Ferner erfordert ein inhaltlicher Vergleich zwischen beiden Gutachten den Vortrag des wesentlichen Kerns des ursprünglichen Gutachtens.[3043] Sinnvollerweise ist dieses vollständig im Wortlaut im Rahmen der Revisionsbegründung wiederzugeben.

Die Rüge kommt auch in Betracht, wenn in der Hauptverhandlung eine Aussage wörtlich protokolliert, vorgelesen und genehmigt worden ist.[3044] Der Inhalt der Niederschrift muss vollständig wiedergegeben werden sowie die Tatsache ihrer Protokollierung, Verlesung und Genehmigung.

Bei Revisionen gegen Berufungsurteile kommt auch der Verlesung des erstinstanzlichen Urteils sowie der nach § 325 StPO in die Hauptverhandlung eingeführten erstinstanzlichen Aussagen von Zeugen oder Sachverständigen[3045] Bedeutung zu.

Ist in der Hauptverhandlung eine Urkunde nur auszugsweise verlesen worden, kann gerügt werden, dass die verlesenen Teile in den Urteilsgründen ungewürdigt geblieben sind, wenn ein nicht aufgelöster Widerspruch zwischen dem Inhalt des verlesenen Ausschnitts und den Urteilsgründen verbleibt. Der Grundsatz des Rekonstruktionsverbots kann insoweit keine Anwendung finden.[3046]

Die Rüge der Verletzung des § 261 StPO kann auch darauf gestützt werden, dass ein Beweisergebnis, das durch Augenscheinseinnahme und Erörterung mit einem Zeugen in die Hauptverhandlung eingeführt worden ist, in den Urteilsgründen unberücksichtigt geblieben ist, obwohl ihm für die Beurteilung der Glaubhaftigkeit der Aussage des wesentlichen Belastungszeugen erhebliches Gewicht beizumessen war.[3047]

1957 **b)** Im Rahmen der Revisionsbegründung muss der gesamte Inhalt der verlesenen Urkunde etc. wörtlich mitgeteilt werden[3048] sowie die Tatsache der Verlesung. Zu-

---

3040 *BGH* v. 7.12.2010 – 4 StR 401/10 = StV 2012, 67 = StraFo 2011, 151.
3041 Eine Verlesung bspw. nach § 251 Abs. 3 StPO reicht dafür nicht aus.
3042 *BGH* v. 7.7.2016 – 4 StR 131/16 = StV 2016, 778.
3043 *BGH* v. 12.5.2016 – 4 StR 487/15 = StV 2016, 776 = NStZ 2016, 605.
3044 *BGH* StV 1991, 548.
3045 *OLG Oldenburg* StV 2002, 524; *KG* StV 2013, 433.
3046 Zur Problematik s. *OLG Hamburg* StV 2012, 74 m. Anm. *Wilhelm;* des Übergangs in das Freibeweisverfahren bedarf es dann nicht, wenn die Sitzungsniederschrift entspr. der Forderung des *BGH* (v. 8.6.2010 – 1 StR 181/10 = NStZ 2011, 110) die verlesenen Abschnitte genau bezeichnet.
3047 *BGH* v. 18.6.2008 – 2 StR 485/07 = StV 2008, 568 = StraFo 2008, 329 = NStZ 2008, 705.
3048 *BGH* StV 1992, 360.

sätzlich muss dargelegt werden, dass die Verlesung der betreffenden Urkunden etc. erfolgen durfte und ihr Inhalt insoweit verwertbar war und die Verlesung zu Beweiszwecken erfolgte.[3049] Geht es um das Ergebnis der Inaugenscheinnahme von Lichtbildern in der Hauptverhandlung müssen diese Tatsache und das in Augenschein genommene Lichtbild mitgeteilt bzw. wiedergegeben werden, wenn die Urteilsgründe darauf nicht gem. § 267 Abs. 1 S. 3 StPO Bezug nehmen.[3050] War Gegenstand der Hauptverhandlung ein auf einem Mobiltelefon nachvollzogener „Chat", bedarf es der Mitteilung der Verschriftung dieses „Chatverlaufs".[3051]

c) Der Erfolg der Rüge ist davon abhängig, dass sich aus der verlesenen Urkunde **1958** etc. bzw. dem Augenscheinsobjekt wesentliche entscheidungserhebliche Einzelheiten ergeben, deren Erörterung im Hinblick auf die vollständige Erfassung des relevanten Beweisstoffes und die inhaltliche Richtigkeit der Urteilsfeststellungen geboten war. Die Verletzung des § 261 StPO kann sowohl den Schuld als auch den Strafausspruch[3052] oder einen Maßregelausspruch oder eine sonstige Nebenfolge der Verurteilung betreffen.[3053]

Bei einem Widerspruch zwischen den Urteilsgründen und dem Inhalt einer verlesenen, im Urteil aber nicht gewürdigten Urkunde etc. sollte ebenfalls (siehe Rüge 227 Rn. 1946) der weitere Gang der Hauptverhandlung nach der Verlesung bzw. Inaugenscheinnahme mitgeteilt und klargestellt werden, dass sich der Widerspruch bis zum Ende der Beweisaufnahme nicht aufgelöst hat.[3054]

2. Übergeht das Urteil sonstige für die Entscheidung wesentliche Verfahrensvorgänge?

a) In Betracht kommen insbesondere die vollständige oder teilweise Inanspruch- **1959** nahme von Aussage-[3055], Zeugnis- oder Eidesverweigerungsrechten sowie Entscheidungen über die Vereidigung.[3056]

Es muss das den wesentlichen Verfahrensvorgang betreffende Geschehen in der Hauptverhandlung vollständig im Rahmen der Revisionsbegründungsschrift mitgeteilt werden.[3057]

3049 Als Negativtatsache muss zumindest vorgetragen werden, dass die Verlesung nicht auf § 251 Abs. 3 StPO gestützt wurde.
3050 *BGH* v. 30.7.2015 – 4 StR 561/14 = StV 2015, 758.
3051 *BGH* v. 23.6.2016 – 5 StR 210/16 Tz. 3.
3052 Vgl. *BGH* StV 2002, 12.
3053 Beispielhaft *BGH* v. 18.6.2008 – 2 StR 485/07 = StV 2008, 568 = StraFo 2008, 329 = NStZ 2008, 705; *BGH* v. 13.2.2008 – 3 StR 481/07 = StV 2008, 288 = NStZ 2008, 475; *BGH* v. 19.8.2008 – 3 StR 252/08 = StV 2008, 566 = NStZ 2009, 404.
3054 Siehe *BGH* StV 2002, 354.
3055 *BGH* NStZ 2001, 440.
3056 Siehe Rüge 226 Rn. 1945 mit Beispielen für die in Betracht kommenden Vorgänge.
3057 Für die in den Urteilsgründen nicht erörterte Tatsache einer (teilweisen oder vollständigen) Auskunftverweigerung eines Zeugen gem. § 55 Abs. 1 StPO s. Rüge 90 Rn. 957.

1960 **b)** Ein Widerspruch zwischen den Urteilsgründen und dem Geschehen in der Hauptverhandlung kann auch darin liegen, dass die Urteilsgründe unzutreffenderweise davon ausgehen, der Angeklagte habe in der Hauptverhandlung **keine** Angaben zur Sache gemacht. Ist durch das Hauptverhandlungsprotokoll bewiesen, dass sich der Angeklagte zur Sache eingelassen hat, begründet auch dies eine Verletzung des § 261 StPO, weil eine Sachäußerung des Angeklagten für die Beweiswürdigung immer von Bedeutung ist und das Urteil deshalb auch auf diesem Verfahrensfehler beruht.[3058]

1961 **c)** Haben in der Hauptverhandlung Mitangeklagte, Zeugen oder Sachverständige Angaben gemacht und setzt sich das Urteil damit nicht auseinander, kann dadurch § 261 StPO verletzt und eine Verfahrensrüge zulässig sein, wenn sich auch ohne Rekonstruktion des Inhalts der Angaben durch das Revisionsgericht die Beweiswürdigung als lückenhaft erweist: Dies kommt bspw. in Betracht, wenn im Urteil Sachverhalte angesprochen werden, die einen Bezug haben zu Mitangeklagten, Zeugen oder Sachverständigen, die sich in der Hauptverhandlung geäußert haben.

Beispiel: Das Urteil stützt sich auf die Aussage des einzigen Belastungszeugen, wonach eine andere Person den betreffenden Sachverhalt miterlebt habe oder bestätigen könne. Das Urteil schweigt dazu, ob dieser Sachverhalt durch diese Person bestätigt wurde oder nicht, obwohl sie in der Hauptverhandlung als Zeuge, Mitangeklagter, ggf. auch als Sachverständiger vernommen wurde.[3059]

Mit der Rüge der Verletzung des § 261 StPO muss vorgetragen werden, dass die betreffende Person (Mitangeklagter, Zeuge oder Sachverständiger) in der Hauptverhandlung anwesend war und dort Angaben zur Sache gemacht hat, insbesondere nicht ein Aussage- oder Zeugnisverweigerungsrecht in Anspruch genommen hat und die Beweiswürdigung deshalb lückenhaft ist, weil sie sich mit diesen Angaben nicht auseinandergesetzt hat, obwohl dies nach der Beweislage geboten war.

Eine bloße Sachrüge wäre in diesem Fall nicht ausreichend,[3060] wenn sich aus dem Urteil selbst nicht ergäbe, dass überhaupt die betreffende Person in der Hauptverhandlung Angaben zur Sache gemacht hat.[3061]

3058   Siehe *OLG Köln* StV 2004, 7.

3059   Vgl. *BGH* StV 1993, 176 m. Anm. *Schlothauer* und die Darstellung des dieser Entscheidung vorangegangenen Revisionsverfahrens bei *Dahs/Dahs* Die Revision im Strafprozess[6], S. 338 ff.; s. auch *BayObLG* StraFo 2001, 384.

3060   Die Bezeichnung der der Entscheidung *BGH* StV 1993, 176 zugrundeliegenden Revisionsbegründung als Sachrüge bei *Dahs/Dahs* Die Revision im Strafprozess[6], S. 338 ff. (die Folgeauflagen verzichten leider auf die betreffenden Praxisbeispiele) ist insofern irreführend, als in der bei *Dahs/Dahs* wiedergegebenen Revisionsbegründung die Verfahrenstatsachen der Vernehmung des betreffenden Zeugen und die Nichtausübung des Zeugnisverweigerungsrechts mitgeteilt werden, was zur Begründung der Rüge erforderlich war.

3061   Wäre im Beispielsfall ein etwaiger Zeuge nicht in der Hauptverhandlung vernommen worden, könnte dies eine Verletzung der Aufklärungspflicht begründen. Die Verfahrensrüge der Verletzung des § 261 StPO ist in Fällen dieser Art sozusagen die Kehrseite der Aufklärungsrüge; zur sog. Alternativrüge s. Rüge 230 Rn. 1970.

III. Verwandte Verfahrensrügen

Übergeht das Urteil ein ursprünglich dem Angeklagten vorgeworfenes Geschehen, **1962** bzgl. dessen das Verfahren in der Hauptverhandlung eingestellt (§ 154 Abs. 2 StPO) oder beschränkt (§ 154a Abs. 2 StPO) worden ist und erfolgte die Einstellung bzw. Verfahrensbeschränkung aus Gründen, die für die Beweiswürdigung Bedeutung haben könnte?[3062]

Übergeht das Urteil Erkenntnisse, die einen Verfahrensvorwurf betrafen, bzgl. des- **1963** sen es zu einer Verfahrenseinstellung (§ 154 StPO) oder -beschränkung (§ 154a Abs. 2 StPO) gekommen ist, und waren diese für die abgeurteilte Tat von Bedeutung?[3063]

Wird aus dem Urteil ersichtlich, dass vom Gericht ein in der Hauptverhandlung ver- **1964** wendetes persönliches Beweismittel (Zeuge, Sachverständiger, evtl. auch Mitangeklagter) nicht ausgeschöpft worden ist, kann die Verletzung der Aufklärungspflicht in Betracht kommen.[3064]

Rüge 229

Hat das Gericht den Inhalt der Beweisaufnahme betreffende Zusagen bei der Beweiswür- **1965** digung eingehalten?

I. Rechtsgrundlagen

Unterlassen es die Urteilsgründe, sich mit wesentlichen Tatsachen auseinanderzu- **1966** setzen, die das Gericht als wahr unterstellt oder als erwiesen bezeichnet hat, begründet dies die Revision, wenn die Beweiswürdigung ohne deren Erörterung lückenhaft bleibt.[3065] Zu entspr. „Zusagen" kommt es insbesondere – aber nicht zwingend – im Zusammenhang mit der Ablehnung von Beweisanträgen.[3066] Setzt sich das Urteil mit wesentlichen Tatsachen, die im Rahmen eines Beweisantragsablehnungsbeschlusses als wahr unterstellt bzw. als bereits erwiesen bezeichnet wurden, nicht auseinander, ist dies als Verletzung der §§ 244 Abs. 3, 261 StPO zu rügen, wobei der Schwerpunkt der Rüge auf der lückenhaften Beweiswürdigung liegt. Die Rüge

---

3062   Siehe dazu Rüge 194 Rn. 1742 ff., Rn. 1748.
3063   Siehe Rüge 194 Rn. 1742, Rn. 1752.
3064   Dazu Rüge 190 Rn. 1707.
3065   Für die Wahrunterstellung s. z.B. *BGH* v. 16.11.2010 – 4 StR 530/10 = NStZ 2011, 231 m.w.N.; für als erwiesen angesehene Beweistatsachen: *BGH* v. 13.4.2011 – 5 StR 86/11 = StV 2012, 581 = NStZ 2011, 472.
3066   Siehe dazu Rüge 173 Rn. 1594 und Rüge 169 Rn. 1532.

kann auch dann erhoben werden, wenn es sich bei dem Beweisbegehren tatsächlich nicht um einen Beweisantrag gehandelt hat.[3067]

1967 Das Gericht kann aber auch unabhängig von einer Beweisbehauptung in Form eines Hinweises dem Angeklagten zusichern, eine bestimmte Tatsache als wahr zu unterstellen bzw. als erwiesen anzusehen. Setzt sich das Urteil mit solchen Tatsachen nicht auseinander, begründet dies die Verletzung des § 261 StPO, wenn die übrigen Urteilsfeststellungen zu einer solchen Auseinandersetzung drängten. Dies ist der Fall, wenn ohne eine solche Erörterung nicht zu ersehen ist, wie Beweiswürdigung und als wahr unterstellte oder als erwiesen bezeichnete Tatsachen in Einklang gebracht werden können oder wenn ohne deren ausdrückliche Erörterung die Überlegungen des Gerichts zum Beweisergebnis lückenhaft bleiben.[3068] Es ist hier entspr. der Nichtberücksichtigung von in der Hauptverhandlung erhobenen Beweisen die Verfahrensrüge der Verletzung des § 261 StPO zu erheben.[3069]

1968 Weichen die Urteilsgründe von der Zusage der Wahrunterstellung bzw. des Erwiesenseins einer bestimmten Tatsache ab, ohne dass der Angeklagte noch vor Urteilsverkündung auf die Auffassungsänderung des Gerichts hingewiesen wurde, stellt dies eine Verletzung des Grundsatzes des fairen Verfahrens dar.[3070] Entsprechendes gilt in Fällen, in denen das Gericht in der Hauptverhandlung zugesichert hat, in der Hauptverhandlung erlangte Beweisergebnisse bei der Urteilsfindung nicht zu berücksichtigen.[3071] Es wäre auch in einem solchen Fall eine Verletzung des Grundsatzes des fairen Verfahrens, wenn sich die Urteilsgründe entgegen der Zusage doch auf solche Ergebnisse der Beweisaufnahme stützen würden, deren Nichtberücksichtigung zugesagt worden war, ohne dass die Verfahrensbeteiligten vor der Urteilsverkündung über den Auffassungswandel des Gerichts unterrichtet worden wären. Schließlich bedarf es eines Hinweises, wenn eine als wahr unterstellte Tatsache als bedeutungslos behandelt werden soll und es naheliegt, dass der Angeklagte wegen der Wahrunterstellung davon absieht, Beweisanträge zu einem Thema zu stellen, das mit der als wahr unterstellten Tatsache im Zusammenhang steht und das – im Gegensatz zu dieser Tatsache – für die Entscheidung möglicherweise von Bedeutung ist.[3072]

3067 *BGH* v. 14.7.2011 – 3 StR 106/11 = StV 2012, 581.

3068 Vgl. *BGH* StV 1988, 91; *BGH* StV 1984, 142 sowie *BGHR* StPO § 244 Abs. 3 S. 2 Wahrunterstellung 3 und 30.

3069 Siehe Rüge 228 Rn. 1954.

3070 Zu den Rügemöglichkeiten, wenn sich das Urteil zu als wahr unterstellten oder als erwiesen angesehenen Beweistatsachen in Widerspruch setzt und ein entspr. Beweisantrag gem. § 244 Abs. 3 StPO abgelehnt worden war, s. Rüge 169 Rn. 1535 u. Rüge 173 Rn. 1590.

3071 Dies gilt bspw. für den Fall, dass das Gericht einen Sachverständigen, der bereits sein Gutachten erstattet hat, ohne ihn zu Ende vernommen zu haben, entlässt, weil unter dieser Voraussetzung ein gegen den Sachverständigen gestellter Antrag, ihn als befangen abzulehnen, zurückgenommen oder unter dieser Voraussetzung von der Stellung eines solchen Antrags abgesehen worden ist.

3072 *BGH* v. 27.3.2012 – 3 StR 31/12 = StV 2012, 580.

II. Anforderungen an den Vortrag der Rüge der Verletzung des § 261 StPO bzw. des Grundsatzes des fairen Verfahrens (Art. 6 Abs. 1, Abs. 3 EMRK)

Mitzuteilen sind:

- Zeitpunkt und Inhalt der vom Gericht gemachten Zusage, Beweistatsachen als wahr zu unterstellen bzw. als bereits erwiesen anzusehen oder bestimmte Beweisergebnisse bei der Urteilsfindung nicht zu berücksichtigen, vollständig im Wortlaut,
- dass vor der Urteilsverkündung kein Hinweis des Gerichts erteilt wurde, dass an der betreffenden Zusage nicht festgehalten werde (Negativtatsache),
- Urteilsgründe, aus denen sich ergibt, dass das Gericht von der Zusage in der Form abgewichen ist, dass sich die Urteilsgründe zu als erwiesen angesehenen bzw. als wahr unterstellten Tatsachen nicht verhalten, obwohl die übrigen Urteilsfeststellungen zu einer Auseinandersetzung Anlass gaben oder aber sich die Urteilsgründe zu der gegebenen Zusage in Widerspruch setzen.[3073]

1969

Rüge 230

Hat es das Gericht unterlassen, bestimmte erhebliche Tatsachen in der Hauptverhandlung aufzuklären oder unterlassen es die Urteilsgründe, sich mit in der Hauptverhandlung erhobenen Beweisen auseinanderzusetzen (Alternativrüge der Verletzung der Aufklärungspflicht: § 244 Abs. 2 StPO und der Verletzung des § 261 StPO)?

1970

I. Rechtsgrundlagen

Nicht immer lässt sich erkennen, ob in der Akte vorhandene Vernehmungsniederschriften, schriftliche Erklärungen, Gutachten oder Urkunden Gegenstand der Hauptverhandlung waren oder lediglich nicht in den Urteilsgründen gewürdigt worden sind. Dies kann bspw. darauf beruhen, dass die betreffende Vernehmungsniederschrift etc. nur Gegenstand eines (formfreien) Vorhalts im Rahmen der Vernehmung des Angeklagten, eines Zeugen oder Sachverständigen war. Steht der Inhalt der Vernehmungsniederschriften etc. im Widerspruch zu den Urteilsgründen oder stellt sich die Beweiswürdigung ohne ausdrückliche Erörterung als lückenhaft dar, ist fraglich, ob die „Aktenwidrigkeit" der Urteilsgründe[3074] darauf beruht, dass das

1971

3073 Im Falle der Erhebung der allgemeinen Sachrüge bedarf es entspr. Ausführungen nur zur Erläuterung der Rüge und zum Beruhen des Urteils auf dem Verfahrensfehler.

3074 Zur Rüge der im Urteil nicht nachvollziehbar begründeten Abweichung des in der Hauptverhandlung erstatteten Gutachtens eines Sachverständigen von einem bei der Akte befindlichen vorläufigen Gutachten s. *BGH* StV 2005, 653; zu den Anforderungen an den Vortrag einer Verfahrensrüge s. *BGH* v. 7.7.2016 – 4 StR 131/16 = StV 2016, 778.

Urteil sich nicht mit in der Hauptverhandlung verlesenen Urkunden auseinandersetzt oder diese unter Verletzung der Aufklärungspflicht nicht in die Hauptverhandlung eingeführt worden sind.

1972 In diesen Fällen muss die Verletzung des Verfahrensrechts alternativ auf eine Rüge nach § 244 Abs. 2 StPO bzw. nach § 261 StPO gestützt werden dürfen.[3075] Dem ist die Rspr. nicht gefolgt.[3076] Auch insoweit ist die Rspr. des BGH allerdings nicht immer konsequent.[3077] Eine Alternativrüge sollte jedenfalls in solchen Fällen nicht von vornherein als aussichtslos verworfen werden, in denen sich in einem wesentlichen Punkt ein Widerspruch zwischen dem Inhalt der Akten und dem sich dazu nicht verhaltenden Inhalt des Urteils nicht im Zuge der Hauptverhandlung in einer Weise aufgelöst haben kann, die ausschließt, dass dem erkennenden Gericht unter keinem rechtlichen Gesichtspunkt ein Fehler unterlaufen ist.[3078]

II. Anforderungen an den Vortrag der („Alternativ-")Rüge

1973 Es ist darzulegen, dass sich die Urteilsgründe in einem wesentlichen Punkt nicht mit einer dazu in Widerspruch stehenden in der Akte befindlichen Urkunde oder Vernehmungsniederschrift etc. auseinandersetzen. Der Wortlaut des Schriftstücks und seine Fundstelle in den Akten sind mitzuteilen.

Es ist (zur Begründung der Aufklärungsrüge) mitzuteilen, dass der Inhalt des betreffenden Schriftstücks in der Hauptverhandlung nicht durch Verlesung eingeführt wurde, wobei alle prozessual zulässigen Möglichkeiten (§ 249 Abs. 1 StPO, einschließlich in Form eines Berichts durch den Vorsitzenden, Selbstleseverfahren gem. § 249 Abs. 2 StPO, die persönliche Vernehmung ersetzende oder ergänzende Verlesung gem. §§ 251, 253, 254 und 256 StPO) ausgeschlossen werden müssen.

Kann der Inhalt des betreffenden Schriftstücks durch die Aussage des Angeklagten, des Verfassers einer Erklärung, des vernommenen Zeugen oder einer Verhörsperson (auch auf Vorhalt) zum Gegenstand der Hauptverhandlung gemacht worden sein, ist darzulegen, dass die damit dann gebotene Auseinandersetzung und die Auf-

---

3075　So *Ziegert* StV 1996, 279 („Prozessuale Wahlfeststellung"); ferner schon *Schlothauer* StV 1992, 134, 139; *Fezer* JZ 1996, 665; *Herdegen* in: FS-Salger, S. 318.

3076　Vgl. *BGH* NJW 1992, 2840; *BGH* NStZ 1997, 294; *BGH* NStZ 1999, 423 und *BGH* NStZ 2007, 115. Der 3. StS des *BGH* hat durch Beschl. v. 5.5.2009 – 3 StR 57/09 – die Zulässigkeit einer sog. Alternativrüge im entschiedenen Fall dahinstehen lassen.

3077　Vgl. bspw. *BGH* v. 19.1.2000 – 3 StR 531/99 = StV 2000, 293 = NJW 2000, 1962. Weitere Nachw. bei *Bartel* Das Verbot der Rekonstruktion der Hauptverhandlung, S. 76 ff.; zu deren eigenem Standpunkt S. 346 ff., insbesondere S. 350.

3078　Vgl. als Beispiel einer solchen Fallkonstellation den der Entscheidung *BGH* StV 1986, 16 zugrundeliegenden Sachverhalt, der dort allerdings nur unter dem Gesichtspunkt der Aufklärungsrüge behandelt wurde, obwohl es mit derselben Wahrscheinlichkeit nahe gelegen hätte, dass die in den Urteilsgründen nicht erörterte Frage Gegenstand der Hauptverhandlung war (vgl. hierzu *Schlothauer* StV 2007, 416).

lösung eines Widerspruchs zu wesentlichen Feststellungen in den Urteilsgründen unterblieben ist.

Falls möglich, sollte dargelegt werden, dass sich der betreffende Widerspruch bis zum Ende der Beweisaufnahme nicht durch weitere Beweiserhebungen aufgelöst hat.[3079]

Rüge 231

Wird in den schriftlichen Urteilsgründen zum Nachteil des Angeklagten im Zusammenhang mit der Beweiswürdigung bzw. der Strafzumessung der Umstand berücksichtigt, dass der Angeklagte zu der ihm angelasteten Tat ganz oder teilweise geschwiegen habe?   **1974**

I. Rechtsgrundlagen

Nach st. Rspr. darf der Tatrichter den Umstand, dass der Angeklagte zum Tatvorwurf vor oder in der Hauptverhandlung geschwiegen hat, weder bei der Beweiswürdigung noch bei der Rechtsfolgenbemessung als belastendes Indiz verwenden.[3080] Es handelt sich um ein dem Schutz des Schweigerechts dienendes Verwertungsverbot.[3081] Das Revisionsgericht prüft auf die Sachrüge, ob der Richter die Tatsache des Schweigens verwerten durfte.[3082]   **1975**

Diese Überprüfungsmöglichkeit kann im Einzelfall ihre Grenze dort finden, wo beim Vorwurf mehrerer Taten i.S.d. § 264 StPO unklar ist, ob ein nach Auffassung der Rspr. bei der Beweiswürdigung bzw. Strafzumessung **verwertbares** Teilschweigen vorlag, weil der Angeklagte **innerhalb eines Prozessgegenstandes** zur Sache teilweise Angaben gemacht und teilweise geschwiegen hat, oder ob ein **unverwertbares** Schweigen vorlag, weil der Angeklagte sich zu **einer Tat im prozessualen Sinn** zur Sache eingelassen, zu einer **anderen** jedoch geschwiegen hat. Dieser die Reichweite des Verwertungsverbots betreffende Vorgang gehört zum Verfahrensrecht und kann deshalb nur mittels einer Verfahrensrüge zur Überprüfung durch das Revisionsgericht gestellt werden.[3083]   **1976**

3079   Zu den Anforderungen an eine Aufklärungsrüge im übrigen und an die Rüge der Verletzung des § 261 StPO s. Rüge 190 Rn. 1707 und Rüge 228 Rn. 1954.

3080   *BGHSt* 20, 281; *BGHSt* 38, 300, 305; *BGH* v. 17.9.2015 – 3 StR 11/15 = StV 2016, 132 = NStZ 2016, 59 m. Anm. *Miebach.*

3081   *G. Schäfer* in: FS Rieß, 2002, S. 477, 485.

3082   Vgl. *BGH* StV 2000, 598.

3083   *Jähnke* in: FS Meyer-Goßner, 2001, S. 559, 561 f; *G. Schäfer* in: FS Rieß, 2002, S. 477, 485 f. Siehe allg. zur Frage, ob die unzulässige Verwertung des Schweigens des Angeklagten mit der Sach- oder der Verfahrensrüge zu beanstanden ist, auch *Eisenberg* Beweisrecht der StPO⁹, Rn. 911 u. 912 m.w.N.

II. Anforderungen an den Vortrag der Rüge der unzulässigen Verwertung des vollständigen Schweigens des Angeklagten zu einer Tat im prozessualen Sinn

1977 Es ist zunächst darzulegen, dass dem Angeklagten der Vorwurf mehrerer Taten im prozessualen Sinn gem. § 264 StPO gemacht wurde. Die einzelnen Tatvorwürfe sind darzustellen.

Es ist das gesamte Aussageverhalten des Angeklagten darzulegen (durch wörtliche Wiedergabe seiner in Vernehmungsniederschriften bzw. in Vermerken oder Urteilen niedergelegten Äußerungen), wozu auch der Vortrag gehört, dass der Angeklagte bzgl. des Vorwurfs einer oder mehrerer anderer Taten im prozessualen Sinn jeweils vollständig geschwiegen hat.[3084]

III. Im Zusammenhang stehende Verfahrensrügen

1978 Wird im Zusammenhang mit der Beweiswürdigung bzw. der Strafzumessung zum Nachteil des Angeklagten der Umstand berücksichtigt, er habe in der Hauptverhandlung (teilweise) geschwiegen, hat der Angeklagte dort jedoch tatsächlich von seinem Schweigerecht vollständig Gebrauch gemacht, ist dies mit der Rüge der Verletzung des § 261 StPO zu beanstanden, wenn das Urteil feststellt, der Angeklagte habe sich in der Hauptverhandlung zur Sache (teilweise) geäußert bzw. teilweise geschwiegen.[3085]

Wird demgegenüber zum Nachteil des Angeklagten berücksichtigt, er habe in einem Verfahrensabschnitt vollständig geschwiegen, sich in einem anderen Verfahrensabschnitt zur Sache geäußert und darin ein verwertbares Teilschweigen gesehen, handelt es sich um einen auf die Sachrüge hin zu beachtenden Fehler, wenn das tatrichterliche Urteil die für die Beurteilung erforderlichen Verfahrenstatsachen feststellt.[3086] Ansonsten ist eine Verfahrensrüge zu erheben, in der Zeitpunkt und Inhalt einer Einlassung in einem Verfahrensabschnitt, das vollständige Schweigen in einem anderen Verfahrensabschnitt darzulegen sind.

3084   *Jähnke* in: FS Meyer-Goßner, 2001, S. 559, 562.
3085   Siehe Rüge 226 Rn. 1924.
3086   *BGH* v. 28.5.2014 – 3 StR 196/14; *BGH* v. 17.7.1996 – 3 StR 248/96 = StV 1997, 6.

Rüge 232

Wurden in den schriftlichen Urteilsgründen Schlüsse zum Nachteil des Angeklagten da- **1979**
raus gezogen, dass sich dieser als Zeuge in einem anderen, den gleichen Tatkomplex betreffenden Strafverfahren auf das Auskunftsverweigerungsrecht nach § 55 Abs. 1 StPO berufen hat?

I. Rechtsgrundlagen

Nach der Rspr. des BGH ist es unzulässig, Schlüsse zum Nachteil des Angeklagten **1980**
daraus zu ziehen, dass dieser sich als Zeuge in einem anderen, den selben Tatkomplex betreffenden Strafverfahren auf das Auskunftsverweigerungsrecht nach § 55
StPO berufen hat. Dies gelte jedenfalls dann, wenn der Angeklagte sich bis dahin
nicht – über ein generelles Bestreiten des Tatvorwurfs hinaus – zur Sache geäußert
hätte.[3087] Nach Auffassung des BGH ist der Fehler mit einer auf § 261 StPO zu stützende Verfahrensrüge zu beanstanden.[3088]

II. Anforderungen an den Vortrag der Rüge der Verletzung der §§ 261, 55 Abs. 1 StPO

- Es ist zunächst vorzutragen, was Tatvorwurf des Strafverfahrens war, in dem **1981**
  sich der jetzige Angeklagte als Zeuge auf sein Auskunftsverweigerungsrecht
  nach § 55 Abs. 1 StPO berufen hat und dass diese Tat auch Gegenstand der vorliegenden Verurteilung ist.
- Es ist mitzuteilen, dass der Angeklagte als Zeuge in jenem Verfahren von seinem Auskunftsverweigerungsrecht nach § 55 StPO Gebrauch gemacht hat.
- Die Zulässigkeit der Rüge setzt weiter voraus,[3089] dass vorgetragen wird, wie
  sich das Einlassungsverhalten des Angeklagten im anhängigen Verfahren sowie
  demjenigen, in dem er seinerzeit als Zeuge vernommen wurde, entwickelt hat.
  Daraus muss ersichtlich werden, dass er keine Angaben zur Sache gemacht hat,
  bevor es zu seiner zeugenschaftlichen Vernehmung kam, anlässlich derer er von
  seinem Auskunftsverweigerungsrecht Gebrauch gemacht hat.[3090]
- Die zum Nachteil des Angeklagten aus seiner Auskunftsverweigerung gezogenen Schlüsse ergeben sich aus dem angefochtenen Urteil, dessen Inhalt im Falle
  der Erhebung der allgemeinen Sachrüge vom Revisionsgericht zur Kenntnis genommen wird.

3087 *BGHSt* 38, 302 = StV 1992, 357; s. hierzu *Dahs/Langkeit* NStZ 1993, 213.
3088 Insoweit nur in *BGHSt* 38, 302 veröffentlicht. Hierzu **krit.** *Dahs/Langkeit* NStZ 1993,
      213, 215.
3089 *BGH* Urt. v. 26.5.1992 – 5 StR 122/92 (insoweit nur bei BGH-Nack –alle Entschei-
      dungen der Strafsenate des BGH seit Herbst 1991 – auf CD Rom veröffentlicht).
3090 Geht seine Aussage über ein generelles Bestreiten des Tatvorwurfs nicht hinaus, ist
      auch dieses unerheblich: *BGHSt* 38, 302 = StV 1992, 355.

Abschnitt 3
Strafzumessung/Rechtsfolgen

Rüge 233

1982 Fehlen in den Urteilsgründen Ausführungen zu den persönlichen Verhältnissen des Angeklagten?

I. Rechtsgrundlagen

1983 Fehlende Ausführungen zu persönlichen Verhältnissen eines Angeklagten können zur Aufhebung des Strafausspruchs, unter Umständen sogar zur Aufhebung des Schuldspruchs führen.[3091] Hatte sich der Angeklagte zu seinen persönlichen und wirtschaftlichen Verhältnissen und zu seinem Lebenslauf nicht geäußert, müssen die Urteilsgründe erkennen lassen, dass der Tatrichter sich anderweitig um die Aufklärung des Lebens des Angeklagten bemüht hat.[3092] Zu diesem Zweck sind ggf. Vorstrafenakten beizuziehen und ihr Inhalt in die Hauptverhandlung einzuführen oder geeignete Zeugen zu vernehmen.

1984 Der 5. Strafsenat des BGH hat in einer Entscheidung vom 29.9.1998[3093] zum Ausdruck gebracht, dass er die diesbezüglichen Rechtsfehler künftig allein auf eine entspr. Verfahrensrüge beachten werde, wenn sich nicht schon aus dem angefochtenen Urteil eindeutig ergebe, dass der Tatrichter seiner Rechtsfolgenentscheidung einen lückenhaft gebliebenen Sachverhalt zugrunde gelegt habe. Namentlich sei in diesem Zusammenhang die Rüge der Verletzung der Aufklärungspflicht (§ 244 Abs. 2 StPO) zu erheben.[3094] Dem sollte vorsorglich bei entspr. Urteilsmängeln Rechnung getragen werden.

II. Anforderungen an den Vortrag der Rüge der Verletzung der gerichtlichen Aufklärungspflicht im Zusammenhang mit fehlenden Urteilsfeststellungen zu den persönlichen Verhältnissen des Angeklagten

1985 • Voraussetzung für die Rüge ist das Schweigen der Urteilsgründe zu den persönlichen und wirtschaftlichen Verhältnissen des Angeklagten.

• Es ist ggf. vorzutragen, dass der Angeklagte zu seinen persönlichen Verhältnissen keine Angaben gemacht hat (dieses Vortrags bedarf es nicht, wenn die mit der Sachrüge angefochtenen Urteilsgründe darauf verweisen, dass keine Fest-

---

3091   Vgl. *BGHR* StPO § 267 Abs. 3 S. 1 Strafzumessung 8, 9, 17; *BGH* NStZ-RR 1998, 17, NStZ-RR 1999, 46; *OLG Stuttgart* StV 1991, 340 zur Strafzumessung; *BGH* StV 1990, 438 zum Schuldspruch; vgl. auch *BGH* Beschl. v. 30.5.2012 – 2 StR 98/12.
3092   *BGH* NStZ 1991, 231; StV 1992, 463 m.w.N.
3093   *BGH* StV 1998, 636.
3094   Zustimmend *G. Schäfer* in: FS Rieß, 2002, S. 477, 483.

stellungen zu den persönlichen Verhältnissen des Angeklagten getroffen werden
konnten, weil dieser geschwiegen oder Angaben gemacht habe, denen das Gericht nicht gefolgt sei).

- Es sind die sonstigen Anforderungen an die Rüge der Verletzung der gerichtlichen Aufklärungspflicht zu erfüllen.[3095] Dazu gehört insbesondere die Bezeichnung von dem Gericht bekannten und zugänglichen Beweismitteln bspw. in Form von Vorstrafenakten, die nach Aktenzeichen und Gericht oder Staatsanwaltschaft zu bezeichnen sind oder die Benennung von dem Gericht aufgrund des Akteninhalts oder der Beweisaufnahme bekannten Zeugen, die in der Lage wären, zum Lebenslauf und zu den Lebensverhältnissen des Angeklagten Angaben zu machen.

Rüge 234

Hat das Gericht die Anstiftung durch einen polizeilichen Lockspitzel (nicht) ausreichend berücksichtigt? 1986

I. Rechtsgrundlagen

Eine unzulässige Anstiftung durch einen polizeilichen Lockspitzel liegt dann vor, wenn dieser einen bisher unbescholtenen, nicht in Verdacht stehenden und nicht tatgeneigten Bürger dazu anstiftet, Straftaten zu begehen.[3096] Der EGMR hat im Falle Teixeira de Castro gegen Portugal entschieden, dass bei unzulässiger Anstiftung durch einen polizeilichen Lockspitzel der Angestiftete „von Anfang an und endgültig kein faires Verfahren" hatte, weshalb Art. 6 Abs. 1 EMRK, der Grundsatz des fairen Verfahrens verletzt sei.[3097] Wenn aber in einem solchen Fall die Durchführung eines fairen Verfahrens nicht möglich ist, hat dies die Annahme eines Verfahrenshindernisses, mindestens jedoch eines Beweiserhebungs- bzw. Verwertungsverbots zur Konsequenz.[3098] Denn ein unfaires Strafverfahren darf von Anfang an nicht betrieben werden. 1987

3095 Siehe Rüge 190 Rn. 1712.
3096 Vgl. dazu *Fischer*[64] § 46 Rn. 66 ff.; LK[12]-*Theune* § 46 Rn. 253 ff. jew. m. zahlr. Rspr.-Nachw.
3097 *EGMR* StV 1999, 128; für die Annahme eines Verfahrenshindernisses *Endriß/Kinzig* StraFo 1998, 299; *Kempf* StV 1999, 128; *Taschke* StV 1999, 632; für ein Beweiserhebungsverbot *Fischer/Maul* NStZ 1992, 7, 13
3098 In der Entscheidung *EGMR* v. 23.10.2014 – 54648/09 (Furcht ./. Deutschland) = StV 2015, 405 m. Anm. *Pauly* = StraFo 2014 – 504 m. Anm. *Sommer* = NStZ 2015, 412 heißt es, dass „alle als Ergebnis der polizeilichen Tatprovokation erlangten Beweise ausgeschlossen werden [müssen] oder es muss ein Verfahren mit ähnlichen Konsequenzen angewandt werden" (Tz. 64 u. 68).

1988 Dieser Rspr. des EGMR ist der BGH mit Ausnahme des 2. Strafsenats[3099] nicht gefolgt, sondern hat sich für die Strafzumessungslösung entschieden.[3100] Danach soll der Verstoß gegen den Grundsatz des fairen Verfahrens nach Art. 6 Abs. 1 S. 1 EMRK[3101] dadurch kompensiert werden, dass gegebenenfalls die schuldangemessene Strafe unterschritten wird, ein minder schwerer Fall angenommen wird oder nur eine Verwarnung mit Strafvorbehalt nach § 59 StGB ausgesprochen, von Strafe gem. § 60 StGB abgesehen wird oder das Verfahren nach §§ 153a, 153 StPO eingestellt wird.[3102]

Die offensichtliche Divergenz zwischen der Rspr. des EGMR, des BVerfG und der Strafsenate des BGH ist bisher nicht geklärt.[3103]

Auch die zulässige Tatprovokation ist als schuldunabhängiger Strafzumessungsgrund im Rahmen der erforderlichen Gesamtwürdigung zugunsten des Angeklagten zu berücksichtigen und i.d.R. im Urteil zu erörtern[3104].

1989 Die Frage, welche Rüge zu erheben ist, wenn der Tatrichter die (insbesondere unzulässige) Anstiftung durch einen Lockspitzel nicht oder nur unzureichend berücksichtigt hat, hängt zunächst von der Angriffsrichtung ab. Für die Geltendmachung eines Verfahrenshindernisses ist die (allgemeine) Sachrüge ausreichend. Die Verletzung eines Beweisverwertungsverbots muss mit einer ausgeführten Verfahrensrüge beanstandet werden.[3105] Ist Gegenstand des Revisionsangriffs der Rechtsfolgenaus-

---

3099   *BGH* v. 10.6.2015 – 2 StR 97/14 = *BGHSt* 60, 276 = StV 2016, 70 m. Anm. *Eidam* StV 2016, 129 = NStZ 2016, 52 m. Anm. *Mitsch.*

3100   *BGHSt* 45, 321 m. abl. Anm. *Kreuzer/Sinner* in StV 2000, 114; *BGHSt* 47, 44 = StV 2001, 492; *BGH* v. 11.12.2013 – 5 StR 240/13 = StV 2014, 321 = NStZ 2014, 277 (bestätigt durch *BVerfG* v. 18.12.2014 – 2 BvR 209, 240, 262/14 = StV 2015, 413 = NJW 2015, 1083); *BGH* v. 19.5.2015 – 1 StR 128/15 = StV 2016, 78 = NStZ 2015, 541. Für ein Verfahrenshindernis in Ausnahmefällen *BVerfG* NStZ 1995, 95; *BVerfG* 2 BvR 693/01 v. 18.5.2001.

3101   Eine strafzumessungsrelevante Tatprovokation nimmt der BGH nicht nur in den Fällen der Anstiftung eines bisher unbescholtenen, nicht in Verdacht stehenden Bürgers, sondern auch eines solchen an, dem von der Polizei ein Drogengeschäft angesonnen wird, das nicht mehr in einem angemessenen, deliktsspezifischen Verhältnis zu dem individuell gegen den Provozierten bestehenden Tatverdacht steht („Quantensprung"): *BGHSt* 47, 44 = StV 2001, 492. Zur Unzulässigkeit der Tatprovokation eines Strafgefangenen ohne Wissen der Vollzugsanstalt *BGH* StV 2008, 21.

3102   Nach der Entscheidung des *BGH* (Großer Senat) v. 17.1.2008 (= StV 2008, 133) ist nicht auszuschließen, dass künftig die Kompensation nicht durch Herabsetzung der verhängten Strafe oder nach §§ 59, 60 StGB bzw. §§ 153, 153a StPO, sondern durch Anrechnung eines Teils der verhängten Strafe auf die Vollstreckung erfolgt (s. schon die Andeutung bei *BGH* StV 2008, 5, 7; ferner *OLG Bamberg* NStZ 2015, 55).

3103   *Dölp* StraFo 2016, 265.

3104   KK-*Bruns*[7] § 110c Rn. 13; *OLG Bamberg* NStZ 2015, 55.

3105   Diese neben der (allgemeinen) Sachrüge zu erheben, empfiehlt sich auch dann, wenn vorrangig die Verfahrenseinstellung wegen Vorliegens eines Verfahrenshindernisses angestrebt wird. Allgemein zur Rüge der Verletzung eines Beweisverwertungsverbots s. Kap. 28 Rn. 2031 ff.; konkret s. Rn. 1991.

spruch, hängt die Rügeart davon ab, welche Feststellungen im Urteil getroffen worden sind. Enthält das Urteil *alle* für die Beurteilung der (unzulässigen) Anstiftung erforderlichen Tatsachen, hat das Revisionsgericht bereits durch die Erhebung der (allgemeinen) Sachrüge die notwendige Tatsachengrundlage, das Urteil daraufhin zu untersuchen, ob die (unzulässige) Tatprovokation rechtsfehlerhaft unberücksichtigt geblieben ist oder „unterbewertet" wurde.

Häufig wird das Urteil jedenfalls aus der Sicht des Beschwerdeführers lückenhaft **1990** sein, weil nicht alle Umstände erörtert worden sind, die im Zusammenhang mit der Anstiftung durch den Lockspitzel relevant waren. In diesem Fall ist die Erhebung einer Verfahrensrüge erforderlich.[3106]

Zu erheben ist die Rüge der Verletzung des Grundsatzes des fairen Verfahrens nach Art. 6 Abs. 1 EMRK sowie Art. 2 Abs. 1 und Art. 20 Abs. 3 GG.[3107]

II. Anforderungen an den Vortrag

Bei der Unvollständigkeit des Urteils hinsichtlich der Umstände der Tatprovokation **1991** gestaltet sich der notwendige Vortrag schwierig. Denn die Revision muss *alle* (!!!) sich aus den Akten ergebenden Tatsachen für das Vorliegen und die Beurteilung der (unzulässigen) Tatprovokation mitteilen.[3108] Es ist daher insbesondere erforderlich,

* alle Aktenstellen in vollem Wortlaut vollständig mitzuteilen, aus denen sich Tatsachen ergeben, die für die Anstiftung von Bedeutung sind, wozu u.a. gehören:
* alle Umstände, aus denen sich ergibt, dass gegen den Angeklagten vor Beginn der Kontaktaufnahme durch eine polizeiliche Vertrauensperson kein Verdacht bestand und er nicht tatgeneigt war (Achtung!: Ergeben sich Hinweise auf einen Tatverdacht und/oder eine Tatgeneigtheit, sind auch diese vollständig mitzuteilen. Denn der Revisionsführer ist verpflichtet, auch solche Umstände mitzuteilen, die seiner Rüge entgegenstehen oder ihr den Boden entziehen);
* die Tatprovokation durch einen dem Staat zuzurechnenden Lockspitzeleinsatz erfolgte;
* die Entstehungsgeschichte der Anstiftung (Wecken der Tatbereitschaft oder Intensivierung der Tatplanung) und ihre Entwicklung bis zur Tat ist im Einzelnen einschließlich des jeweiligen Verhaltens von Lockspitzel und Angestiftetem darzulegen;

3106 *BGH* StV 2000, 604; *BGHSt* 45, 312 = StV 2000, 57; *BGH* v. 19.5.2015 – 1 StR 128/15 = StV 2016, 78 = NStZ 2015, 541; *Schäfer* in: FS Rieß, 2002, S. 477, 488; *Meyer-Goßner/Schmitt*[60] Einl. Rn. 148a am Ende.

3107 *BGH* v. 19.5.2015 – 1 StR 128/15 = StV 2016, 78 = NStZ 2015, 541 Tz. 20 ff.; ggf. ist die Aufklärungsrüge zu erheben, wenn in der Hauptverhandlung mögliche Beweiserhebungen zu Qualität und Quantität insbesondere unzulässiger Tatprovokation unterblieben sind (dazu Rüge 190 Rn. 1707).

3108 *BGH* v. 19.5.2015 – 1 StR 128/15 = StV 2016, 78 = NStZ 2015, 541 Tz. 20 ff.

- es sollte ausgeschlossen werden, dass der Angeklagte lediglich ohne besondere Einwirkung auf die Tatbegehung angesprochen wurde oder nur die offen erkennbare Bereitschaft zur Begehung der Fortsetzung von Straftaten ausgenutzt wurde;
- die Tat, zu der der Angeklagte angestiftet wurde/werden sollte, ist einschließlich ihres Unrechtsgehalts zu schildern.[3109]

1992
- Gegebenenfalls muss auch dargetan werden, dass diese, sich aus den Akten ergebenden Umstände nicht in die Hauptverhandlung eingeführt wurden, so dass insoweit diese Rüge auch Elemente einer Aufklärungsrüge enthält. Es sollte dargelegt werden, dass dem Gericht sich die Erhebung der entspr. Beweise hätte aufdrängen müssen;
- und schließlich hat eine Gegenüberstellung zu erfolgen zwischen den im Urteil erwähnten Tatsachen zur (unzulässigen) Anstiftung und den Umständen, die im Urteil nicht (ausreichend) erörtert wurden.

Rüge 235

1993 Hat das Gericht eine rechtsstaatswidrige Verfahrensverzögerung oder eine lange Verfahrensdauer im Urteil nicht (ausreichend) berücksichtigt?

I. Rechtsgrundlagen

1. Überblick

1994 Nach der Rspr. des BGH sind u.a. folgende selbstständige Strafmilderungsgründe zu unterscheiden:

- langer Zeitraum zwischen Tat und Urteil,
- lange Verfahrensdauer (Zeitraum zwischen Einleitung des Ermittlungsverfahrens und Kenntnis des Angeklagten davon bis zum Urteil)[3110] und
- rechtsstaatswidrige Verfahrensverzögerung.[3111]

1995 Die lange Zeit zwischen Tat und Urteil ergibt sich aus dem Urteil selbst, so dass es einer Verfahrensrüge zur Beanstandung der unterbliebenen strafmildernden Berücksichtigung nicht bedarf.

3109 Hierzu wird i.d.R. das mit der Sachrüge angefochtene Urteil ausreichende Feststellungen enthalten. Sie sind gleichwohl als Anknüpfungspunkt für die Rüge der unzulässigen Tatprovokation in Fällen des sog. Quantensprungs darzulegen, um zu zeigen, dass ein bestehender Tatverdacht eine Anstiftung zu einem besonders schweren Delikt nicht rechtfertigte.
3110 *BGH* StV 2002, 598; StV 1992, 452; StV 1994, 652; StV 1998, 377.
3111 *BGH* (Großer Senat) *BGHSt* 52, 124 = StV 2008,133; *Fischer*[64] § 46 Rn. 61 f. m. zahlr. Rspr.-Nachw.

Anderes kann gelten bei Vorliegen einer rechtsstaatswidrigen Verfahrensverzöge- **1996**
rung oder der langen Verfahrensdauer zwischen Einleitung des Ermittlungsverfahrens bis zum Urteil, auch wenn keine konventionswidrige Verletzung des Beschleunigungsgebots vorliegt.

2. Überlange Verfahrensdauer

Der Große Senat hat die eigenständige Bedeutung der (über-)langen Verfahrensdau- **1997**
er jenseits der rechtsstaatswidrigen Verfahrensverzögerung als bestimmenden, also
in den Urteilsgründen abzuhandelnden Strafmilderungsgrund i.S.d. § 267 Abs. 3
S. 1 StPO nochmals ausdrücklich hervorgehoben: Die (über-)lange Verfahrensdauer behalte

> *„ihre Relevanz aber gerade auch wegen der konkreten Belastungen, die für den An-*
> *geklagten mit dem gegen ihn geführten Verfahren verbunden sind und die sich gene-*
> *rell um so stärker mildernd auswirken, je mehr Zeit zwischen dem Zeitpunkt, in dem*
> *er von den gegen ihn laufenden Ermittlungen erfährt, und dem Verfahrensabschluss*
> *verstreicht; diese sind bei der Straffindung unabhängig davon zu berücksichtigen, ob*
> *die Verfahrensdauer durch eine rechtsstaatswidrige Verzögerung mitbedingt ist ...*[3112]*
> *... Der Tatrichter hat insofern in wertender Betrachtung zu entscheiden, ob und in*
> *welchem Umfang der zeitliche Abstand zwischen Tat und Urteil sowie die besonderen*
> *Belastungen, denen der Angeklagte wegen der überlangen Verfahrensdauer ausge-*
> *setzt war, bei der Straffestsetzung in den Grenzen des gesetzlich eröffneten Strafrah-*
> *mens mildernd zu berücksichtigen sind. Die entsprechenden Erörterungen sind als*
> *bestimmende Zumessungsfaktoren in den Urteilsgründen kenntlich zu machen (§ 267*
> *Abs. 3 S. 1 StPO) ...".*[3113]

Revisionsrechtlich bedeutet dies bei der Prüfung einer Rüge der unzureichenden **1998**
oder gänzlich unterbliebenen Berücksichtigung der langen Verfahrensdauer ungeachtet eines Verstoßes gegen das Beschleunigungsgebot Folgendes:

Ergibt sich die Dauer des Ermittlungsverfahrens, d.h. der Zeitpunkt der Einleitung
des Ermittlungsverfahrens und die Kenntnis des Angeklagten davon nicht aus dem
Urteil, fehlt dem Revisionsgericht die Grundlage zur Prüfung der Verfahrensdauer.
In diesem Fall müssen dem Revisionsgericht die erforderlichen Tatsachen im Rahmen einer Verfahrensrüge der Nichtberücksichtigung der langen Verfahrendauer
vorgetragen werden. Die folgenden Ausführungen zur rechtsstaatswidrigen Verfahrensverzögerung einschl. der Anforderungen an den Vortrag gelten dann entspr..

3. Rechtsstaatswidrige Verfahrensverzögerung

Bei einer rechtsstaatswidrigen Verfahrenverzögerung wird nach der sog. Vollstre- **1999**
ckungslösung im Urteil ausgesprochen, dass ein zu beziffernder Teil der verhängten

---

3112   *BGH* (Großer Senat) StV 2008, 133 Rn. 45.
3113   *BGH* (Großer Senat) StV 2008, 133 Rn. 55.

Strafe als vollstreckt gilt.[3114] In Betracht kommt aber weiterhin auch eine Kompensation in Form einer Verfahrenseinstellung nach §§ 153, 153a StPO.[3115]

In außergewöhnlichen Einzelfällen kann ein Verfahrenshindernis angenommen werden.[3116]

2000 Ob eine mit dem Rechtsstaatsprinzip des Grundgesetzes bzw. mit Art. 6 Abs. 1 EMRK nicht im Einklang stehende Verfahrensverzögerung vorliegt, richtet sich nach den besonderen Umständen des Einzelfalls, die in einer umfassenden Gesamtwürdigung gegeneinander abgewogen werden müssen. Zu berücksichtigen sind dabei insbesondere der durch die Verzögerungen der Justizorgane verursachte Zeitraum der Verfahrensverlängerung, die Gesamtdauer des Verfahrens, die Schwere des Tatvorwurfs, der Umfang und die Schwierigkeit des Verfahrensgegenstands sowie das Ausmaß der mit dem Andauern des schwebenden Verfahrens für den Betroffenen verbundenen besonderen Belastungen.[3117]

a) Sachrüge

2001 Soll gerügt werden, dass die Verletzung des Beschleunigungsgebots nicht oder nicht ausreichend im Urteil berücksichtigt wurde, ist anhand der Urteilsgründe[3118] zu prüfen, welche Rüge zu erheben ist. Enthält das Urteil *vollständig* alle Tatsachen zur Beurteilung der Verfahrensverzögerung, hat das Revisionsgericht bereits auf die (allgemeine) Sachrüge eine Überprüfung dahin vorzunehmen, ob eine konventions- bzw. rechtsstaatswidrige Verfahrensverzögerung vorliegt und ob dieser im Urteil durch Einstellung oder Anrechnung eines Teils der verhängten Strafe auf die Vollstreckung ausreichend Rechnung getragen wurde.[3119]

Ein sachlich rechtlicher Mangel kann auch bereits dann vorliegen, wenn sich aus dem Urteil ausreichende Anhaltspunkte für eine rechtsstaatswidrige Verfahrensver-

---

3114 *BGH (Großer Senat)* StV 2008,133; vgl. auch den Vorlagebeschluss des *3. Strafsenats* v. 23.8.2007 – 3 StR 50/07 = StV 2008, 14 m. Anm. *I. Roxin*.
3115 *BGH* StV 2008, 356.
3116 *BVerfG* NStZ 2006, 680, 681; *BGHSt* 46, 160; *Saarl. OLG* StV 2007, 178; *OLG Schleswig* StV 2003, 379; *OLG Rostock* StV 2011, 220; *LG Bremen* StV 2011, 531 für den Fall, dass nach Aufhebung und Zurückverweisung durch das Revisionsgericht mit den vorhandenen Beweismitteln eine Verurteilung im Hinblick auf die neue rechtliche Bewertung nicht mehr wahrscheinlich ist; *Fischer*[64] § 46 Rn. 130. Das Geltendmachen eines Verfahrenshindernisses ersetzt die Verfahrensrüge der rechtsstaatswidrigen Verfahrensverzögerung nicht: *BGH* StV 2008, 356. Zur Geltendmachung eines Verfahrenshindernisses s. Rn. 2004.
3117 *BGH* StV 2002, 598; zu den Voraussetzungen und zum Maß der Kompensation einer rechtsstaatswidrigen Verfahrensverzögerung vgl. auch *BGH* StV 2010, 228.
3118 Zu den Urteilsanforderungen bei rechtsstaatswidriger Verfahrensverzögerung vgl. *BGH* StV 2008, 633.
3119 *BGH* NStZ 2007, 71; *Meyer-Goßner/Schmitt*[60] MRK Art. 6 Rn. 9g m. zahlr. Rspr.-Nachw.

zögerung ergeben, die den Tatrichter zur Prüfung eines Verstoßes gegen Art. 6 Abs. 1 S. 1 EMRK drängen mussten.[3120]

b) Verfahrensrüge

Da sich Verfahrensverzögerungen sowohl im Ermittlungsverfahren, im Zwischen- **2002** verfahren, in der Hauptverhandlung als auch in der Zeit zwischen Urteilsverkündung und –zustellung ergeben können, enthält das Urteil häufig nicht alle für die Beurteilung der Verfahrensverzögerung relevanten Tatsachen. Im Falle einer solchen Unvollständigkeit der Urteilsgründe ist eine Verfahrensrüge der Verletzung des Beschleunigungsgebots zu erheben.[3121] Dies gilt auch dann, wenn beanstandet werden soll, dass Art, Ausmaß und Umstände einer angenommenen Verzögerung zu Lasten des Angeklagten nicht oder nicht genügend festgestellt worden seien.[3122]

Ggf. ist gleichzeitig eine Aufklärungsrüge dahingehend zu erheben, dass das Gericht es unterlassen hat, die dem Staat zuzurechnende verfahrensverzögernde Sachbehandlung aufzuklären.[3123] Das BVerfG hat insoweit ausgeführt:

„Ein Revisionsführer, der das Vorliegen einer rechtsstaats- (Art. 2 Abs. 1 i.V m. Art. 20 Abs. 3 GG) beziehungsweise konventionswidrigen (Art. 6 Abs. 1 S. 1 MRK) Verfahrensverzögerung geltend machen will, muss grundsätzlich eine Verfahrensrüge erheben. Nur wenn sich bereits aus den Urteilsgründen die Voraussetzungen einer solchen rechtsstaatswidrigen Verzögerung ergeben, hat das Revisionsgericht auch auf die Sachrüge hin einzugreifen. Gleiches gilt, wenn sich bei der auf die Sachrüge veranlassten Prüfung, namentlich anhand der Urteilsgründe, ausreichende Anhaltspunkte ergeben, die das Tatgericht zur Prüfung einer rechtsstaatswidrigen Verfahrensverzögerung drängen mussten, so dass ein sachlichrechtlich zu beanstandender Erörterungsmangel vorliegt, wenn der Tatrichter eine rechtsstaatswidrige Verfahrensverzögerung überhaupt nicht thematisiert oder sie lediglich als Umstand in der Reihe der Strafmilderungsgründe erwähnt, ohne zugleich das Ausmaß der Berücksichtigung dieses Verstoßes näher zu bestimmen …"[3124]

Eine Verfahrensrüge ist auch dann zu erheben, wenn sich die Verzögerung erst nach **2003** dem erstinstanzlichen Urteil ergibt und es dem Beschwerdeführer möglich war, die Rüge einschließlich des erforderlichen Tatsachenvortrags innerhalb der Begründungsfrist zu erheben.[3125] Dies ist z.B. dann der Fall, wenn das Urteil wegen Mängeln der ersten Zustellung erneut zugestellt werden muss und damit der Beginn der

---

3120 *BGH* StV 2007, 517.

3121 *BGH* StV 1999, 205; *BGH* NStZ 2000, 418; *BGH* StV 2005, 73; *BGH* StV 2007, 454; *BGH* StV 2007, 516; *BGH* StV 2008, 356; *OLG Nürnberg* Beschl. v. 4.10.2007 – 2 St OLG 161/07.

3122 *BGH* v. 17.12.2003 – 1 StR 445/03 = NStZ 2004, 504 = StV 2004, 308 (Ls).

3123 *BGH* StV 1992, 452 und 1994, 652; *Meyer-Goßner/Schmitt*[60] MRK Art. 6 Rn. 9g.

3124 *BVerfG*, Beschl. v. 14.8.2007 – 2 BvR 1305/07 und Beschl. v. 9.8.2007 – 2 BvR 1277/07 = NJW 2007, 3563.

3125 *BGH* StV 2009, 118; dies ist verfassungsrechtlich nicht zu beanstanden, *BVerfG* StV 2009, 673; vgl. auch *BGH* StV 2007, 516.

Revisionsbegründungsfrist erneut in Gang gesetzt wird. In diesem Fall kann und muss der Beschwerdeführer eine Verfahrensrüge unter Darstellung des Ablaufs des Verfahrens nach Verkündung des Urteils erheben.[3126] Einer Verfahrensrüge bedarf es allerdings nicht, wenn die Verzögerung nach Ablauf der Revisionsbegründungsfrist eingetreten ist (etwa bei verzögerter Aktenübermittlung an die Revisionsstaatsanwaltschaft bzw. das Revisionsgericht). Eine in diesem Verfahrensstadium eingetretene Verfahrensverzögerung hat das Revisionsgericht von Amts wegen zu berücksichtigen.[3127] Gleichwohl empfiehlt es sich, etwa in der Gegenerklärung zum Antrag der Revisionsstaatsanwaltschaft auf die Verfahrensverzögerung hinzuweisen. Stellt das Revisionsgericht eine rechtsstaatswidrige Verzögerung fest, kann es selbst das Maß des als verbüßt geltenden Teils der Strafe bestimmen und im Tenor der Entscheidung aussprechen.

2004 Soll wegen einer außergewöhnlichen Verfahrensverzögerung ein **Verfahrenshindernis** geltend gemacht werden, so sollte ebenfalls eine Verfahrensrüge erhoben werden,[3128] auch wenn „normalerweise" Verfahrenshindernisse von Amts wegen zu prüfen sind.

2005 Wird die Revision des Angeklagten gem. § 349 Abs. 2 StPO als offensichtlich unbegründet verworfen, ohne dass das Revisionsgericht berücksichtigt hat, dass während des Revisionsverfahrens eine konventionswidrige Verfahrensverzögerung eingetreten ist, ist dies auf die Gegenvorstellung des Angeklagten durch Abänderung der Entscheidung (Festlegung eines Vollstreckungsabschlags) zu korrigieren.[3129]

2006 Ob die Erhebung einer Verzögerungsrüge i.S.d. §§ 198 Abs. 4, 199 Abs. 3 GVG Voraussetzung für eine Kompensation im Sinne der Vollstreckungslösung ist, ist noch ungeklärt.[3130]

II. Anforderungen an den Vortrag

2007 Welche Tatsachen in welchem Umfang vorgetragen werden müssen, ist noch weitgehend ungeklärt.[3131]

3126 *BGH* StV 2007, 516.

3127 *BGH* NStZ 2001, 52.

3128 Das *OLG Nürnberg* fordert ausdrücklich die Erhebung einer Verfahrensrüge, sofern sich nicht alle notwendigen Tatsachen aus dem Urteil ergeben, *OLG Nürnberg* Beschl. v. 4.10.2007 – 2 St Ss 161/07.

3129 *OLG Nürnberg* Beschl. v. 27.4.2009 – 1 St OLG Ss 78/08 = StV 2009, 519.

3130 Offen gelassen von *BGH* v. 23.9.2014 – 5 StR 410/14 = StV 2015, 154. Str. zwischen *Schäfer/Sander/van Gemmeren*, Praxis der Strafzumessung, 5. Aufl., Rn. 792 ff. einerseits und Graf/*Graf* StPO, 2. Aufl., § 199 GVG Rn. 11 ff. andererseits.

3131 *BGH* StV 2009, 118; *BGH* StV 2004, 308; *BGH* NJW 2006, 1073; zu den Anforderungen an die Vollständigkeit des Vortrags vgl. *Brand.OLG* Beschl. v. 24.3.2010 – (1) 53 Ss 42/10 = StV 2012, 78 (unterlassene Mitteilung u.a. über Umfang und Schwierigkeit des Verfahrens, Art und Weise der Ermittlungen, Zeiten der Untätigkeit der Strafverfolgungsorgane).

Bei einer rechtsstaatswidrigen Verletzung des Beschleunigungsgebots kommt es darauf an, wem die Verfahrensverzögerung zuzurechnen ist, also dem Staat oder dem Angeklagten. Da der Revisionsführer verpflichtet ist, auch solche Tatsachen vorzutragen, die seiner Rüge entgegenstehen, muss der Vortrag auch solche Umstände beinhalten, die für eine Verfahrensverzögerung durch den Angeklagten sprechen.

Um nicht Gefahr zu laufen, dass nicht alle zur Beurteilung der Rüge erforderlichen Tatsachen vorgetragen sind und die Rüge deswegen wegen Unvollständigkeit des Vortrags unzulässig ist, wäre es eigentlich erforderlich, den gesamten Akteninhalt in der Revisionsbegründung mitzuteilen. Denn nur daraus erschließt sich der Verfahrensgang und die Ursachen der Verfahrensverzögerung minutiös. Dies kann jedoch weder dem Revisionsführer, noch dem Revisionsgericht zugemutet werden.

Bei der Rüge rechtsstaatswidriger Verfahrensverzögerung sind in jedem Fall die Tatsachen vorzutragen, aus denen sich der Verfahrensfehler ergeben soll, was so umfassend zu geschehen hat, dass dem Revisionsgericht eine Gesamtbeurteilung einer rechtsstaatswidrigen Verfahrensverzögerung ermöglicht wird.[3132] Soll gerügt werden, dass die Verfahrensverzögerung im Zeitraum zwischen Verkündung und Zustellung des Urteils vorliegt, hat der Beschwerdeführer einen realistischen Überblick über den tatsächlichen Ablauf des *gesamten* Strafverfahrens ab Einleitung des Ermittlungsverfahrens vorzutragen. Dies ist deswegen erforderlich, weil für die Frage der Konventionswidrigkeit das gesamte Verfahren zu beurteilen ist.[3133] Dies ist verfassungsrechtlich nicht zu beanstanden.[3134]

Folgender Vortrag scheint ausreichend (Vorsicht!): **2008**

- wann das Ermittlungsverfahren gegen den Angeklagten begonnen hat,
- wann dem Angeklagten die Einleitung des Ermittlungsverfahrens bekanntgegeben wurde,
- wann Anklage erhoben wurde und was Gegenstand der Anklage war,
- wann das Hauptverfahren eröffnet wurde,
- wann mit der Hauptverhandlung begonnen wurde,
- wie viele Tage diese gedauert hat und über welchen Zeitraum sie sich erstreckte,
- in welchen Verfahrensstadien in welchen exakt anzuführenden Zeiten das Verfahren nicht gefördert wurde,
- was genau die Ursache für die fehlende Verfahrensförderung war, und warum diese der Justiz und nicht dem Angeklagten zuzurechnen ist,
- die aus den Verzögerungen erwachsenen individuellen Belastungen bei dem Angeklagten,[3135]

3132 *BGH* StV 2008, 345; *BGH* v. 10.1.2017 – 3 StR 216/16 Tz. 28 f., juris.
3133 *BGH* StV 2009, 118 = wistra 2009, 121.
3134 *BVerfG* v. 10.3.2009 – 2 BvR 49/09 = StV 2009, 673.
3135 *BGH* v. 29.10.2008 – 2 StR 467/07 = NStZ 2009, 287; *KG* v. 24.9.2013 – (4) 121 Ss 136/13.

- ggf. die Zeiten, in denen das Verfahren aus Gründen, die in der Sphäre des Angeklagten liegen, nicht betrieben werden konnte (z.b. Erkrankung, Flucht) bzw. die Zeiten, die ggf. für das Abarbeiten von Verteidigungsaktivitäten benötigt wurden. Hierauf ist besonders Bedacht zu nehmen, weil der Revisionsführer auch solche Tatsachen vorzutragen hat, die seiner Rüge entgegenstehen bzw. ihr den Boden entziehen können,
- die Gesamtdauer des Verfahrens bis zum Urteil,
- bei in Untersuchungshaft befindlichen Angeklagten sollten auch die Haftdaten mitgeteilt werden,
- ist während des Verfahrens eine Verzögerungsrüge gem. §§ 198 Abs. 4 S. 1, 199 Abs. 3 GVG erhoben worden, sollte dieser Umstand, der vollständige Wortlaut und das weitere Schicksal der Rüge einschließlich etwaiger Reaktionen der Justiz darauf mitgeteilt werden.
- Die Rüge einer rechtsstaatswidrigen Verfahrensverzögerung muss auch dann erhoben werden, wenn lediglich eine Verfahrensverzögerung in dem Zeitraum zwischen der Verkündung und der Zustellung des Urteils gerügt werden soll. Die Rüge muss einen realistischen Überblick über den tatsächlichen Ablauf des Strafverfahrens *ab der Einleitung des Ermittlungsverfahrens* geben.[3136]

2009 Sofern Maßnahmen zur Verfahrensförderung zunächst getroffen wurden, deren Umsetzung aber nicht überwacht wurde oder keine Maßnahmen zur „Gegensteuerung" ergriffen wurden, so ist auch dies im Einzelnen darzulegen (z.b. Mahnung eines beauftragten Sachverständigen zur Gutachtenabgabe; Fristsetzung, Ersetzung des beauftragten, aber säumigen Sachverständigen durch einen anderen Gutachter bzw. deren Androhung).

Da es auf eine Beurteilung der Gesamtverfahrensdauer ankommt, sind alle Verfahrensverzögerungen in allen Verfahrensabschnitten und ihre Ursachen im Einzelnen vorzutragen.

3136   *BGH* v. 18.11.2008 – 1 StR 568/08 = StV 2009, 118.

Rüge 237

Hat das Gericht rechtsfehlerhaft die Bildung einer Gesamtstrafe mit einer noch nicht voll-
streckten, verjährten oder erlassenen Strafe unterlassen, obwohl die nunmehr abgeurteilte
Tat und ggf. weitere rechtskräftig abgeurteilte Taten vor der früheren Verurteilung begangen wurden?

2010

A. Unterlassene Gesamtstrafenbildung im Hinblick auf nachträgliches Beschlussverfahren

Nach § 55 StGB ist dem erkennenden Gericht eine nachträgliche Gesamtstrafenbildung zwingend vorgeschrieben, wenn die dafür erforderlichen Voraussetzungen
vorliegen.[3137]

2011

I. Rechtsgrundlagen

Von einer nach § 55 StGB gebotenen Gesamtstrafenbildung darf das erkennende
Gericht u.a. nur absehen und diese Entscheidung dem nachträglichen Beschlussverfahren nach § 460 StPO überlassen, wenn es trotz ordnungsgemäßer Terminsvorbe-
reitung aufgrund der ihm zugänglichen Unterlagen keine zuverlässige Entscheidung
treffen konnte, sondern weitere zeitraubende Ermittlungen erforderlich gewesen
wären.[3138]

2012

Beruht die unterlassene Gesamtstrafenbildung auf mangelnder Terminsvorberei-
tung, betrifft dies keine materiell-rechtliche Frage, nämlich ob der maßgebliche
Sachverhalt zutreffend oder unzutreffend i.S.d. § 55 StGB beurteilt worden ist. Es
geht vielmehr darum, ob das erkennende Gericht alles Zumutbare getan hat, um die
Voraussetzungen für eine Gesamtstrafenbildung durch Urteil zu schaffen, ob also
richtig verfahren worden ist.[3139]

II. Anforderungen an den Vortrag

Es bedarf einer Verfahrensrüge, wenn das Vorgehen des Gerichts in dieser Hinsicht
im Wege der Revision nachgeprüft werden soll.[3140]

2013

Diese muss in Form der Aufklärungsrüge erhoben werden.[3141] Die Rüge muss geltend machen, dass der mit den für eine Entscheidung nach § 55 StGB gebotenen Ermittlungen verbundene Aufwand nicht zu erheblichen Verfahrensverzögerungen
geführt hätte. Neben der Mitteilung der – anhand der Akten nachzuvollziehenden –

3137 *BGHSt* 12, 1; *Fischer*[64] § 55 Rn. 34 m.w.N.
3138 *BGHSt* 12, 1; zu weiteren Ausnahmen *Fischer*[64] § 55 Rn. 35 m.w.N.
3139 *OLG Hamm* NJW 1970, 1200 f.
3140 *OLG Hamm* NJW 1970, 1200; *Küper* in seiner Anm. zu dieser Entscheidung NJW
      1970, 1559.
3141 LR-*Hanack*[25] § 337 Rn. 233.

Bemühungen des Vorsitzenden, die für die ihm ersichtlich notwendige Gesamtstrafenbildung erforderlichen Unterlagen herbeizuschaffen, muss mit dem Tatsachenvortrag die Behauptung aufgestellt werden, dass diese nicht ausreichten, wobei nach Aktenlage naheliegende, aber ungenutzte Möglichkeiten aufzuzeigen sind.[3142]

B. Unterlassene Gesamtstrafenbildung im Hinblick auf mögliche Zäsurwirkung einer früheren Verurteilung

I. Rechtsgrundlagen

2014 Es entspricht einem sich aus § 55 StGB ergebenden sachlich-rechtlichen Gebot, dass in den Urteilsgründen die für die Entscheidung maßgeblichen Umstände darzulegen sind, wenn eine nachträgliche Gesamtstrafenbildung in Betracht kommt.[3143] Mängel der Darstellung führen auf die Sachrüge zur Urteilsaufhebung, wenn nicht das Beruhen i.S.v. § 337 StPO ausgeschlossen werden kann.[3144]

II. Anforderungen an den Vortrag

2015 Der 3. Strafsenat des BGH hat allerdings erwogen, dass die Notwendigkeit der nachträglichen Gesamtstrafenbildung vom Revisionsgericht nur auf die Verfahrensrüge hin geprüft werden könne, wenn diese davon abhinge, ob einer früheren Verurteilung Zäsurwirkung beizumessen sei, was die Kenntnis der Tatzeiten der den einzubeziehenden Urteilen zugrunde liegenden Straftaten voraussetze.[3145]

2016 Es ist deshalb anzuraten, in Fällen, in denen sich die Urteilsgründe zu einer in Betracht kommenden Gesamtstrafenbildung nach § 55 StGB nicht verhalten, die Aufklärungsrüge zu erheben und darin die für die Gesamtstrafenbildung maßgeblichen Umstände darzulegen, deren mögliche und nach § 55 StGB gebotene Aufklärung das Gericht unterlassen hat. Ob dabei auch die Umstände ausgeschlossen werden müssen, die der Anwendung des § 55 StGB entgegenstehen könnten, hängt davon ab, ob sie aus den dem Beschwerdeführer zur Verfügung stehenden Erkenntnisquellen ersichtlich sind oder nicht.

3142 Zu den Anforderungen an die Aufklärungsrüge s. Rüge 190 Rn. 1707.
3143 *Fischer*[64] § 55 Rn. 34.
3144 *Fischer*[64] § 55 Rn. 34.
3145 *BGH* v. 9.11.1988 – 3 StR 332/88 = NStE Nr. 12 zu § 55 StGB; s. auch LK[12]-*Rissing van Saan* § 55 Fn. 38.

Rüge 238

Ist der Angeklagte durch Einbeziehung einer zur Bewährung ausgesetzten Freiheitsstrafe zu einer nicht zur Bewährung ausgesetzten Gesamtstrafe verurteilt worden, ohne dass aus dem Urteil hervorgeht, ob und wie erbrachte Bewährungsleistungen bei der Gesamtstrafenbildung berücksichtigt worden sind (§ 58 Abs. 2 S. 2 StGB)?

2017

I. Rechtsgrundlagen

1. Anrechnung erbrachter Bewährungsleistungen

Wird der Angeklagte durch Einbeziehung einer zur Bewährung ausgesetzten Freiheitsstrafe zu einer nicht zur Bewährung ausgesetzten Gesamtstrafe verurteilt, gilt nach §§ 58 Abs. 2 S. 2, 56f Abs. 3 StGB entspr. War dem Angeklagten eine Auflage in Form der Erbringung von Leistungen gem. § 56b Abs. 2 S. 1 Nr. 2–4 StGB erteilt worden, besteht nach § 56f Abs. 3 S. 2 StGB die Möglichkeit, erbrachte Leistungen auf die Strafe anzurechnen. Im Falle einer nachträglichen Gesamtstrafenbildung nach § 58 Abs. 2 S. 2 StGB muss die Anrechnung in aller Regel erfolgen.[3146] Nur ausnahmsweise darf die Anrechnung unterbleiben, bspw. wenn der Verurteilte sich die Mittel für die erbrachten Leistungen erst durch strafbare Handlungen verschafft hat.[3147]

2018

Die die Strafvollstreckung verkürzende Anrechnung ist zugleich mit der Bildung der Gesamtstrafe auszusprechen.[3148] Die Berücksichtigung der erfüllten Auflage bei der Bemessung der Gesamtfreiheitsstrafe genügt regelmäßig nicht.[3149]

2. Verfahrens oder Sachrüge bei unzulänglichen Urteilsfeststellungen

Enthält das Urteil keine Feststellungen zu der Frage, ob dem Angeklagten in der einbezogenen Sache Leistungen i.S.d. § 56b Abs. 2 S. 1 Nr. 2–4 StGB auferlegt und von ihm erbracht worden waren und ob und wie diese anzurechnen sind, kann eine etwaige Verletzung des § 58 Abs. 2 S. 2 StGB nur mit einer Verfahrensrüge geltend gemacht werden. Nach § 267 StPO müssen die Urteilsgründe nicht erkennen lassen, ob Leistungen auferlegt und erbracht wurden und über ihre Anrechnung entschieden wurde,[3150] so dass fehlende Feststellungen bereits einen auf die allgemeine Sachrüge zu beachtenden Rechtsfehler begründen würden.[3151] Denn im Falle der Strafaussetzung zur Bewährung ist die Erteilung von Auflagen gem. § 56b Abs. 2 S. 1 Nr. 2–4 StGB weder zwingend noch besteht ein dahingehender Erfahrungs-

2019

3146   Zu den Gründen s. *BGHSt* 33, 326; *Fischer*[64] § 58 Rn. 6 jeweils m.w.N.
3147   *BGHSt* 33, 326 m.w.N.
3148   *BGHSt* 36, 378, 382.
3149   *BGHSt* 36, 378, 381 ff.; *BGH* v. 22.2.2017 – 1 StR 555/16 m.w.N.
3150   So aber *BayObLG* MDR 1985, 70; *OLG Nürnberg* StV 2007, 415 m. abl. Anm. *Schlothauer*; *Tröndle/Fischer*[54] § 58 Rn. 6; wie hier *Fischer*[64] § 58 Rn. 6a.
3151   So aber *OLG Nürnberg* StV 2007, 415 m. abl. Anm. *Schlothauer*.

satz.[3152] Sind derartige Auflagen aber nicht erteilt oder jedenfalls vom Angeklagten nicht erbracht worden, ist für eine Entscheidung nach § 58 Abs. 2 S. 2 StGB kein Raum, weshalb ein Urteil nicht deshalb als lückenhaft bezeichnet werden kann, wenn es auf die Feststellung verzichtet, dass die Voraussetzungen für eine Entscheidung nach § 58 Abs. 2 S. 2 StGB im konkreten Fall fehlten. Sind aber die Anknüpfungstatsachen für eine Verletzung des § 58 Abs. 2 S. 2 StGB dem Urteil selbst nicht zu entnehmen, kann dies nur auf die Verfahrensrüge hin zur Nachprüfung durch das Revisionsgericht führen.[3153]

3. In Betracht kommende Verfahrensrügen

2020 Der 4. Strafsenat hat in seinem Urteil vom 10.10.1985 die Auffassung vertreten, dass fehlende Feststellungen im Urteil darüber, dass dem Angeklagten Bewährungsauflagen i.S.d. § 56b Abs. 2 S. 1 Nr. 2–4 StGB erteilt und von diesem auch erbracht worden seien, mit der Aufklärungsrüge anzugreifen seien.[3154] Das Gericht hätte die erforderliche Aufklärung durch Befragung des Angeklagten und Beiziehung des Bewährungsheftes erreichen können. Der 4. Strafsenat hat die Aufklärungsrüge für begründet erachtet, ohne sich mit der Frage des angeblich im Revisionsverfahren geltenden Verbots der Rekonstruktion der Hauptverhandlung auseinanderzusetzen. Denn weder die Beiziehung des Bewährungsheftes noch die – ggf. unter Vorhalt erfolgende – Befragung des Angeklagten sind nach § 273 StPO protokollierungspflichtige Förmlichkeiten, so dass jedenfalls ohne Rekonstruktion der Hauptverhandlung nicht ausgeschlossen werden könnte, dass der Tatrichter zwar die gebotene Aufklärung betrieben, allerdings die dann nach § 58 Abs. 2 S. 2 StGB gebotene Entscheidung unterlassen hat. Letzterenfalls wäre dies – ebenfalls mit der Verfahrensrüge – als Verletzung des § 261 StPO zu beanstanden, weil der Tatrichter nicht das gesamte Ergebnis der Hauptverhandlung seiner Entscheidung zugrunde gelegt hat. Es dürfte sich deshalb empfehlen, alternativ die Verfahrensrüge der Verletzung des § 244 Abs. 2 StPO sowie des § 261 StPO zu erheben,[3155] solange der BGH an seiner Rspr. zum sog. Rekonstruktionsverbot festhält.

II. Anforderungen an den Vortrag

1. Rüge der Verletzung der Aufklärungspflicht (§ 244 Abs. 2 StPO)

2021 • Es ist mitzuteilen, dass in die nicht zur Bewährung ausgesetzte Gesamtstrafe eine zur Bewährung ausgesetzte Freiheitsstrafe einbezogen worden ist.

3152   So *BGHSt* 35, 238, 242 = StV 1988, 342.
3153   So *BGHSt* 33, 326 = StV 1986, 16 (4. StS), *BGHSt* 35, 238 = StV 1988, 342 (1. StS) u. *BGH* StraFo 2007, 249 (4. StS).
3154   *BGH* StV 1986, 16, insoweit in *BGHSt* 33, 326 nicht veröffentlicht.
3155   Vgl. *BGH* StV 2000, 293; *Schlothauer* StV 2007, 416; zur Zulässigkeit s. auch Rüge 230 Rn. 1970.

- Es ist vorzutragen, dass dem Verurteilten im Rahmen des Bewährungsbeschlusses Leistungen nach § 56b Abs. 2 S. 1 Nr. 2–4 StGB auferlegt worden waren. Der Bewährungsbeschluss ist wörtlich mitzuteilen.
- Es ist vorzutragen, dass der Angeklagte die ihm auferlegten Leistungen ganz oder teilweise erbracht hat. Dies ist ggf. durch Urkunden zu belegen, deren Inhalt im Rahmen der Revisionsbegründung vorzutragen ist.
- Es ist vorzutragen, dass der Tatrichter diese Tatsachen in der Hauptverhandlung nicht aufgeklärt hat, ihm dies aber durch Beiziehung des Bewährungsheftes möglich gewesen wäre.
- Es ist vorzutragen, dass der Tatrichter zu dieser möglichen Aufklärung im Hinblick auf die nach § 58 Abs. 2 S. 2 StGB zu treffende Entscheidung verpflichtet war.
- Es ist vorzutragen, dass durch die unterlassene Aufklärung der Angeklagte beschwert ist, weil die erforderliche Anrechnung der erbrachten Leistung unterblieben ist.

2. Rüge der Verletzung des § 261 StPO

- Es ist vorzutragen, dass das Gericht Feststellungen getroffen hat, wonach dem **2022** Angeklagten im Zuge der in die nicht zur Bewährung ausgesetzten Gesamtstrafe einbezogenen zur Bewährung ausgesetzten Freiheitsstrafe Bewährungsauflagen i.S.d. § 56b Abs. 2 S. 1 Nr. 2–4 StGB erteilt worden sind. Der Bewährungsbeschluss ist mitzuteilen.
- Es ist vorzutragen, dass der Angeklagte die ihm auferlegten Leistungen ganz oder teilweise erbracht hat, was durch im Rahmen der Revisionsbegründung mitzuteilende Urkunden belegt werden sollte.
- Es ist vorzutragen, dass das Gericht zu diesen Feststellungen in der Hauptverhandlung durch Verlesung des Bewährungsbeschlusses sowie weiterer Schriftstücke aus dem Bewährungsheft bzw. durch Befragung des Angeklagten gekommen ist.
- Es ist vorzutragen, dass das Gericht diese Feststellungen nicht für die nach § 58 Abs. 2 S. 2 StGB gebotene Entscheidung verwertet hat.
- Es ist vorzutragen, dass dadurch der Angeklagte beschwert ist, weil die erforderliche Anrechnung der erbrachten Leistungen unterblieben ist.

Rüge 238a

2023   Ist die Anrechnung einer anderweitigen Freiheitsentziehung gem. § 51 Abs. 1, Abs. 3 StGB unterblieben?

2024   Nach § 51 Abs. 1 S. 1, Abs. 3 StGB wird i.d.R. (Ausnahme § 51 Abs. 1 S. 2 StGB) Untersuchungshaft oder eine andere (auch im Ausland erlittene) Freiheitsentziehung auf eine zeitige Freiheitsstrafe und auf Geldstrafe angerechnet. Zwar richtet sich § 51 StGB im Falle des § 51 Abs. 1 S. 1 StGB unmittelbar an die Vollstreckungsbehörden. Urteilsausführungen bedarf es aber, wenn die Voraussetzungen anrechenbarer Untersuchungshaft oder (insbesondere ausländischer: Anrechnungsmaßstab![3156]) Freiheitsentziehung in Rede stehen. In Betracht kommen Ausführungen dazu, ob die Untersuchungshaft/andere Freiheitsentziehung aus Anlass der Tat erlitten wurde, die Gegenstand des anhängigen Verfahrens war: Unterbleiben bspw. Ausführungen zu einer Anrechnung einer Freiheitsentziehung in einem Verfahren, das wegen der abgeurteilten Tat gem. § 154 StPO eingestellt wurde[3157] oder geht es um die Frage, ob Haftverschonungsauflagen einer anrechenbaren Freiheitsentziehung gleichzusetzen sind, bedarf es einer Verfahrensrüge, mit der die sich nicht aus den Urteilsgründen ergebenden Anknüpfungstatsachen vorgetragen werden müssen.[3158]

Rüge 238b

2025   Besteht hinsichtlich des Strafausspruchs ein Widerspruch zwischen der Urteilsformel und den Urteilsgründen/§ 267 Abs. 1 S. 3 StPO?

I. Rechtsgrundlagen

2026   Besteht hinsichtlich des Strafausspruchs eine Divergenz zwischen der Urteilsformel in dem allein maßgeblichen Sitzungsprotokoll (§ 274 StPO)[3159] und den Urteilsgründen stellt dies einen Rechtsfehler dar, wenn nicht die Divergenz durch einen

---

3156   Für auf die Tatsachengrundlage für die Festsetzung des Anrechnungsmaßstabes gem. § 51 Abs. 4 S. 2 StGB bezogene Beanstandungen (Feststellungen im Strengbeweisverfahren, Beachtung der Aufklärungspflicht, Bescheidung von Beweisanträgen) gelten keine Besonderheiten.

3157   *BGH* v. 3.5.2000 – 2 StR 69/00 = NStZ 2001, 138 f.

3158   *BGH* v. 28.7.2015 – 1 StR 602/14 hat dies offengelassen, weil die Urteilsgründe hinreichende Feststellungen zur Ausgestaltung der den Angeklagten beschwerenden Maßnahmen enthielten.

3159   *Meyer-Goßner/Schmitt*[60] § 268 Rn. 18.

wirksamen Berichtigungsbeschluss aufgelöst worden ist. Allerdings ist der Angeklagte nur dann beschwert, wenn die Strafe in der Urteilsformel höher ist als die in den Gründen als angemessen Bezeichnete.[3160] Die Divergenz kann nicht nur zwischen den Urteilsgründen und einer in der Urteilsformel ausgesprochenen Einzelstrafe, sondern auch in Bezug auf die in der verkündeten Urteilsformel genannte Gesamtstrafe bestehen.[3161] Es handelt sich um einen Verfahrensfehler, der nur aufgrund einer zulässig erhobenen Verfahrensrüge zur Urteilsaufhebung führen kann.

II. Anforderungen an den Vortrag der Rüge der Verletzung der §§ 268, 267 StPO

- Es ist die in der Hauptverhandlung verkündete Urteilsformel vollständig und wörtlich mitzuteilen. Vorbehaltlich einer Protokollberichtigung ist das Sitzungsprotokoll für den Beweis der dem Fehler zugrundeliegenden Tatsache maßgeblich. **2027**

- Es müssen die schriftlichen Urteilsgründe vollständig wiedergegeben werden, was unterbleiben kann, wenn neben der Verfahrensrüge die allgemeine Sachrüge erhoben worden ist.

Abschnitt 4
Unzulässige Bezugnahme auf Akteninhalt

Rüge 238c
Verweisen die Urteilsgründe auf den Akteninhalt (§ 267 Abs. 1 S. 3 StPO)? **2028**

I. Rechtsgrundlagen

Nach § 267 Abs. 1 S. 1 StPO müssen die Urteilsgründe eine geschlossene Tatsachendarstellung enthalten, die eine Rechtsprüfung ermöglicht. Nach § 267 Abs. 1 S. 3 StPO darf hierbei wegen der Einzelheiten auf Abbildungen verwiesen werden, die sich bei den Akten befinden. Diese Bezugnahme muss deutlich und zweifelsfrei zum Ausdruck bringen, welche Abbildung zum Gegenstand eines Beweiserhebungsvorganges gemacht wurde.[3162] Wird in unzulässiger Weise von der Verweisungsmöglichkeit Gebrauch gemacht, sind die in Bezug genommenen Vorgänge nicht Bestandteil des Urteils und machen dieses lückenhaft, was mit der Sachrüge **2029**

3160 *BGHSt* 34, 11, 12.
3161 *BGH* v. 19.10.2011 – 1 StR 336/11 = StraFo 2012, 145.
3162 *OLG Hamm* v. 23.3.2017 – 4 RVs 30/17.

zu beanstanden ist.[3163] Zulässig ist ausschließlich die Bezugnahme auf Abbildungen.[3164] Unzulässig ist demnach der Verweis auf den Akteninhalt, wie z.b. in Form von im Selbstleseverfahren eingeführten Urkunden[3165] oder elektronischen Speichermedien wie auf einer CD-ROM gespeicherte Bilddateien (Videoaufzeichnungen)[3166]. Es empfiehlt sich, einen derartigen Fehler wie eine Verfahrensrüge zu beanstanden.

II. Anforderungen an den Vortrag der Verletzung des § 267 Abs. 1 S. 3 StPO

2030   • Wiedergabe der Passage der Urteilsgründe, in der eine Bezugnahme auf bei den Akten befindliche Vorgänge erfolgt;

• Wiedergabe der betreffenden Aktenstelle zum Nachweis dafür, dass es sich nicht um eine Abbildung handelt bzw. die Bezugnahme nicht eindeutig erkennen lässt, welche von mehreren Abbildungen Gegenstand der Urteilsgründe sein sollen.

3163   *BGH* v. 2.11.2011 – 2 StR 332/11 = NStZ 2012, 228; *OLG Köln* NStZ 2011, 476; SSW-StPO-*Güntge* 2. Aufl., § 267 Rn. 55. Es empfiehlt sich aber, den Vorgang in vergleichbarer Weise wie bei einer Verfahrensrüge auszuführen.

3164   Dabei muss die Bezugnahme so eindeutig sein, dass keine Zweifel verbleiben dürfen, auf welche von mehreren Abbildungen verwiesen wird: *KG* v. 15.12.2015 – 121 Ss 216/15 = StV 2016, 798; s. auch *BGH* v. 28.1.2016 – 3 StR 425/15 = StV 2016, 778.

3165   *BGH* v. 12.6.2013 – 5 StR 581/12 = StV 2014, 78; s. ferner *BGH* v. 26.2.2013 – KRB 20/12 Rn. 41, juris.

3166   *BGH* v. 2.11.2011 – 2 StR 332/11 = StV 2012, 272; dazu *Gercke/Wollschläger* StV 2013, 106.

Kapitel 28
Beweisverwertungsverbote

Rüge 239

Hat das Gericht bei der Urteilsfindung Beweise verwertet, die einem Verwertungsverbot **2031**
unterliegen bzw. in der irrigen Annahme eines solchen Verbotes in der Hauptverhandlung
gewonnene Erkenntnisse unberücksichtigt gelassen oder gar nicht erst darüber Beweis erhoben?

Nach § 261 StPO ist das Gericht verpflichtet, alles was in verfahrensrechtlich ord- **2032**
nungsgemäßer Weise in die Hauptverhandlung eingeführt worden ist, bei der Urteilsfindung zu berücksichtigen.[3167] Dies gilt allerdings nicht für solche Erkenntnisse, deren Verwertung ein Beweisverbot[3168] entgegensteht. Kommt es gleichwohl zur
Verwertung solcher einem Beweisverbot unterliegenden Erkenntnisse, stellt dies
eine mit der Verfahrensrüge zu beanstandende Verletzung des jeweiligen Verbots
dar und begründet die Revision, wenn das Urteil auf den unzulässigerweise verwerteten Erkenntnissen beruht.[3169] Jedoch kann die Beweisverwertung in der Revisionsinstanz nicht mehr gerügt werden, wenn der Angeklagte in der Hauptverhandlung wirksam auf ein Beweisverwertungsverbot verzichtet hat.[3170] Der Vortrag
muss sämtliche Verfahrenstatsachen enthalten, aus denen sich der Verstoß ergibt.
Die Beschränkung des Vortrags auf die Wiedergabe von in einem Gerichtsbeschluss als wahr unterstellten oder als erwiesen zu behandelnden Sachverhalten, aus
denen sich ein Beweisverbot ableiten soll, reicht dafür nicht aus.[3171]

Hat das Gericht demgegenüber infolge irrtümlicher Annahme eines Beweisverbotes **2033**
in der Hauptverhandlung erhobene Beweise unberücksichtigt gelassen, liegt darin
eine mit der Verfahrensrüge zu beanstandende Verletzung des § 261 StPO.[3172]

Ist die Beweisaufnahme infolge irrtümlicher Annahme eines Beweiserhebungsver- **2034**
botes gar nicht erst auf für die Urteilsfindung wesentliche Tatsachen erstreckt bzw.
ein dafür geeignetes präsentes Beweismittel nicht herangezogen bzw. genutzt wor-

---

3167 Siehe nur *BVerfG* v. 7.12.2011 – 2 BvR 2500/09 u.a. Tz. 120 ff. m. zahlr. Nachw. =
StV 2012, 641= EuGRZ 2012, 68.
3168 Die nachfolgenden Rügen können die Problematik der Beweisverwertungsverbote
nicht erschöpfend behandeln. Die Darstellung muss sich auf eine Auswahl solcher Beweisverwertungsverbote beschränken, die in der Verfahrenswirklichkeit häufig eine
Rolle spielen bzw. besondere Anforderungen an das Rügevorbringen stellen.
3169 Vgl. LR-*Sander*[26] § 261 Rn. 14; *Meyer-Goßner/Schmitt*[60] § 261 Rn. 6; KK-*Ott*[7] § 261
Rn. 34 m.w.N.
3170 *BGH* v. 16.9.2013 – 1 StR 264/13 = StraFo 2014, 20.
3171 *OLG Hamburg* StraFo 2008, 158.
3172 LR-*Sander*[26] § 261 Rn. 176.

den, kann dies die Aufklärungsrüge (Verletzung des § 244 Abs. 2 StPO)[3173] oder die Rüge der Nichterstreckung der Beweisaufnahme auf vom Gericht oder von der Staatsanwaltschaft bzw. dem Angeklagten herbeigeschaffte (präsente) Beweismittel (§ 245 StPO)[3174] begründen. Ist ein diesbezüglicher Beweisantrag als unzulässig abgelehnt worden, kann dies als Verletzung des § 244 Abs. 3 S. 1 StPO gerügt werden.[3175]

2035 Die für die Feststellung der tatsächlichen Voraussetzungen von Beweiserhebungs- oder Beweisverwertungsverboten erforderlichen Beweiserhebungen richten sich nach dem Grundsatz des Freibeweises; dies ändert allerdings nichts an der Aufklärungspflicht des Gerichts, weshalb mit der Rüge der Verletzung der Aufklärungspflicht beanstandet werden kann, dass der Tatrichter die gebotene Aufklärung über die tatsächlichen Voraussetzungen eines Beweisverbots unterlassen hat.[3176]

2036 Nachfolgend werden anhand einzelner Beweisverwertungsverbote Rügemöglichkeiten aufgezeigt. Die Auswahl kann im vorliegenden Zusammenhang nicht erschöpfend sein, deckt aber einen weiten Bereich sowohl typischer als auch eher versteckter Beweisverwertungsverbotsmöglichkeiten ab.[3177]

2037	**Überblick**		**Rn.**
	Abschnitt 1:	Hat das Urteil (frühere) Angaben des Angeklagten oder eines Mitangeklagten verwertet?	2038
	Abschnitt 2:	Hat das Urteil Aussagen von – insbesondere auskunftsverweigerungsberechtigten – Zeugen oder früheren Mitbeschuldigten verwertet?	2107
	Abschnitt 3:	Hat das Gericht die frühere Aussage eines zeugnisverweigerungsberechtigten Zeugen verwertet?	2123
	Abschnitt 4:	Hat das Urteil Erkenntnisse verwertet, die insbesondere mit verbotenen Vernehmungsmethoden erlangt wurden?	2151
	Abschnitt 5:	Hat das Urteil Erkenntnisse aus einer Durchsuchung bzw. einer Beschlagnahme oder Sicherstellung von Beweismitteln verwertet?	2165
	Abschnitt 6:	Hat das Urteil Erkenntnisse aus einer verdeckten Ermittlungsmaßnahme verwertet?	2203

3173 Siehe Rüge 190 Rn. 1707.
3174 Siehe Rüge 189 Rn. 1692.
3175 Siehe Rüge 166 Rn. 1507.
3176 *BGH* v. 3.5.2011 – 3 StR 277/10 = StV 2012, 3; *Meyer-Goßner/Schmitt*[60] § 244 Rn. 7 u. 9.
3177 Zu bereichsspezifischen Verwendungsverboten schutzwürdiger Daten außerhalb der StPO s. bspw. § 39 Abs. 3 u. 4 PostG oder § 4 Abs. 2 S. 4 u. 5 ABMG. Zu den Daten aus Mauterfassungssystemen s. *LG Magdeburg* StV 2006, 232 (zur Verfassungsmäßigkeit der automatisierten Erfassung von amtlichen Kfz-Kennzeichen s. *BVerfG* StV 2008, 169 (Ls) = NJW 2008, 1505).

Abschnitt 1
Hat das Urteil (frühere) Angaben des Angeklagten oder eines Mitangeklagten verwertet?

Rüge 240

Wurde im Urteil der Inhalt einer (auch früheren) Vernehmung des Angeklagten oder eines Mitangeklagten verwertet, der keine (verständliche) Belehrung über ein ihm zustehendes Aussage-, Auskunfts- oder Zeugnisverweigerungsrecht vorausgegangen war? **2038**

I. Rechtsgrundlagen und Anforderungen an den Vortrag der Rüge der Verletzung insbesondere der §§ 136 Abs. 1 S. 2, 163a Abs. 3 u. 4, 243 Abs. 5 S. 1, ggf. 55 Abs. 2, 52 Abs. 3 StPO

1. Verwertung der (früheren) Vernehmung/Einlassung des Angeklagten oder Mitangeklagten

Es ist mitzuteilen, dass der Inhalt einer früheren Vernehmung des Angeklagten **2039** durch Verlesung einer richterlichen Niederschrift gem. § 254 StPO[3178] oder durch eine Verhörsperson (das ist jeder, der an der Vernehmung teilgenommen hat) in die Hauptverhandlung eingeführt worden ist. Die als Zeuge in der Hauptverhandlung vernommene Verhörsperson ist konkret zu bezeichnen. Der Inhalt der verwerteten Vernehmungsniederschrift ist im Wortlaut wiederzugeben.[3179] Handelte es sich um Aussagen, Auskünfte oder sonstige Angaben, zu denen der Angeklagte nach außer-

---

3178   Zu den Rügeanforderungen im Falle der unzulässigen Verlesung nach § 254 StPO s. Rüge 148 Rn. 1336. Ist der Inhalt einer früheren Vernehmung des Angeklagten durch Verlesung einer nichtrichterlichen Niederschrift in die Hauptverhandlung eingeführt worden, ist dies schon generell unzulässig: s. dazu Rüge 149 Rn. 1347.

3179   *Meyer-Goßner/Schmitt*[60] § 136 Rn. 28.

strafprozessualen Vorschriften in einem gerichtlichen oder Verwaltungsverfahren verpflichtet war,[3180] ist auch deren Inhalt vollständig mitzuteilen.

Ist die in der gegenständlichen Hauptverhandlung vom Angeklagten ohne Belehrung (§ 243 Abs. 5 S. 1 StPO) erfolgte Einlassung verwertet worden, ist auch mitzuteilen, dass er sich zur Sache eingelassen hat.[3181] Der Inhalt der Einlassung ergibt sich aus den schriftlichen Urteilsgründen.[3182]

2. Belehrung

2040 Es ist mitzuteilen, dass der Angeklagte vor der Vernehmung, deren Inhalt in die Hauptverhandlung eingeführt bzw. im Urteil verwertet worden ist, nicht über sein Schweigerecht belehrt worden war. Zu diesem Zweck ist die Art der Vernehmung ebenso zu schildern wie die Verfahrensordnung, nach der die Vernehmung durchgeführt worden ist und dass danach aufgrund der näher darzulegenden Umstände eine Pflicht zur Belehrung über das Schweigerecht bestand.[3183] Dazu gehört bei der Verwertung von im Strafverfahren erhobenen Aussagen die Mitteilung des seinerzeitigen Sachverhalts, aus dem sich die Verfahrensrolle des jetzigen Angeklagten und das daraus resultierende Schweigerecht und die korrespondierende Belehrungspflicht ergeben.

2041 Im Strafverfahren folgt die Belehrungsverpflichtung für Vernehmungen als Beschuldigter[3184] im Zeitraum vor Beginn der Hauptverhandlung aus § 136 Abs. 1 S. 2 StPO für richterliche, § 163a Abs. 3 S. 2 StPO für staatsanwaltschaftliche und § 163a Abs. 4 StPO für polizeiliche Vernehmungen. Bei verhafteten Beschuldigten ist den besonderen Belehrungspflichten gem. § 114b StPO Rechnung zu tragen. Im Falle der Untersuchung bzw. Begutachtung des Beschuldigten durch einen medizinisch/psychologischen Sachverständigen soll für diesen nach höchstrichterlicher Rspr. keine Belehrungspflicht bestehen.[3185] Die Auffassung der höchstrichterlichen Rspr. ist im Hinblick darauf, dass der Sachverständige in diesen Fällen als „Gehilfe

---

3180 Hierbei kann es sich sowohl um Aussagen des Angeklagten handeln, die dieser als Zeuge in einem Verfahren einer anderen Verfahrensordnung gemacht hat, als auch um Auskünfte, die der Angeklagte als Auskunftspflichtiger im Verwaltungsverfahren gegeben hat (vgl. dazu m.w.N. *Schlothauer* Strafprozessuale Verwertung selbstbelastender Angaben im Verwaltungsverfahren, in: FS Fezer, 2008, S. 267 ff.).

3181 Siehe ergänzend Rüge 68 Rn. 827.

3182 Diese muss nicht mitgeteilt werden, wenn das Urteil mit der allgemeinen Sachrüge angegriffen wird.

3183 Vgl. neben den strafprozessualen Belehrungspflichten bspw. § 22 Abs. 1 S. 3 ArbSchG, § 11 ProdSG, § 18 Abs. 2 S. 2 GÜG, § 4 Abs. 9 S. 2 WpHG.

3184 Ggf. ist der Sachverhalt vorzutragen, aus dem sich ergibt, dass der nicht als Beschuldigter vernommene jetzige Angeklagte tatsächlich Beschuldigtenstatus hatte und so zu behandeln war: Vgl. hierzu m. zahlr. N. *BGH* StV 2007, 450 = *BGHSt* 51, 367.

3185 *BGH* StV 1995, 564; *BGH* StV 1996, 192 m. Anm. *Wohlers* = NStZ 1997, 296 m. Anm. *Eisenberg/Kopatsch*; **a.M.** *LG Oldenburg* StV 1994, 646; LR-*Gleß*[26] § 136 Rn. 3; LR-*Krause*[26] § 80 Rn. 5 jew. m.w.N.

des Gerichts" tätig wird, abzulehnen und steht auch im Widerspruch dazu, dass ein Gerichtshelfer (§ 160 Abs. 3 StPO) den Beschuldigten nach § 136 Abs. 1 S. 2 StPO zu belehren hat.[3186] Zumindest obliegt die Belehrungspflicht dem die Begutachtung anordnenden Richter oder Staatsanwalt,[3187] so dass ggf. als Negativtatsache vorzutragen ist, dass auch diese die Belehrung unterlassen haben. Für die Hauptverhandlung ergibt sich die Belehrungspflicht aus § 243 Abs. 5 S. 1 StPO. Teil der Belehrung muss die Mitteilung des dem Beschuldigten vorgeworfenen Sachverhalts sein, der dem Beschuldigten deutlich macht, um welche „Tat" es geht. Defizite bei dieser Belehrung können ein Beweisverwertungsverbot zur Folge haben.[3188]

Bei Jugendlichen und Heranwachsenden muss die Belehrung zusätzlich in einer **2042** Weise erfolgen, die ihrem Entwicklungs- und Bildungsstand entspricht (§§ 70a Abs. 1 S. 1, 109 Abs. 1 S. 1 JGG). Hat der Beschuldigte die Belehrung nicht verstanden, kommt ein Verwertungsverbot in Betracht.[3189]

3. Vernehmung

Vernehmung i.S.d. § 136 Abs. 1 S. 2 StPO ist auch schon die „informatorische Vor- **2043** besprechung" mit dem Beschuldigten.[3190] Ist die Belehrung über das Schweigerecht nicht vor Beginn der Sachvernehmung sondern erst im Verlauf der Vernehmung erfolgt, ist jedenfalls die bis zu diesem Zeitpunkt gemachte Aussage unverwertbar. Zur Klarstellung sollte ausgeschlossen werden, dass es sich bei der in die Hauptverhandlung eingeführten Äußerung um eine sog. „Spontanäußerung" handelte, die nach Auffassung der Rspr.[3191] i.d.R. auch ohne vorangegangene Belehrung verwertet werden darf.[3192] Jedoch gebietet es der hohe Rang der Selbstbelastungsfreiheit, dass auch Spontanäußerungen, insbesondere wenn diese zum Randgeschehen gemacht werden, nicht zum Anlass für sachaufklärende Nachfragen genommen werden, wenn der Beschuldigte nach erfolgter Belehrung die Konsultation durch einen benannten Verteidiger begehrt und erklärt, von seinem Schweigerecht Gebrauch zu

---

3186 *Meyer-Goßner/Schmitt*[60] § 160 Rn. 25.
3187 LR-*Gleß*[26] § 136 Rn. 3.
3188 *BGH* v. 6.3.2012 – 1 StR 623/11 = StV 2013, 486 m. Anm. *Neuhaus* = NStZ 2012, 581.
3189 *Zieger*[6] Rn. 117; MAH Strafverteidigung[2]-*Böttcher/Schütrumpf* § 53 Rn. 105.
3190 LR-*Gleß*[26] § 136 Rn. 9.
3191 *BGH* StV 1990, 194 m. abl. Anm. *Fezer*; ferner KK-*Bruns*[7] § 110c Rn. 19.
3192 Lassen sich Polizeibeamte von einem Tatverdächtigen nach spontanem pauschalen Geständnis einer schweren Straftat und der unmittelbar darauf erfolgten Festnahme über eine beträchtliche Zeitspanne Einzelheiten der Tat berichten, ohne den von ihnen ersichtlich als Beschuldigten behandelten Täter auf sein Aussageverweigerungsrecht hinzuweisen, kommt ein solches Verhalten einer gezielten Umgehung zumindest äußerst nahe mit der Folge, dass diese Aussagen unverwertbar sind: *BGH* v. 9.6.2009 – 4 StR 170/09 = StV 2010, 4 = NStZ 2010, 464 m. Anm. *Ellbogen* = NJW 2009, 3589 m. Anm. *Meyer-Mews*. Zu dieser Entscheidung auch *Neuhaus* StV 2010, 45.

machen.[3193] Keine Vernehmung i.S.d. § 136 Abs. 1 S. 1 StPO stellt nach Auffassung der Rspr. demgegenüber die Befragung durch einen nicht offen auftretenden Polizeibeamten oder V-Mann dar.[3194] Gleichwohl kann unter bestimmten Voraussetzungen in diesem Vorgehen ein Verstoß gegen den Grundsatz der Selbstbelastungsfreiheit mit der Folge eines Beweisverwertungsverbots liegen.[3195] Keine Vernehmung ist das Gespräch, das ein Konsularbeamter in Erfüllung seiner Hilfspflicht nach § 7 KonsG mit einem in ausländischer Haft befindlichen deutschen Beschuldigten führt.[3196]

4. Heilung der Nichtbelehrung

2044 Der Fehler der Nichtbelehrung kann geheilt werden. Dass eine solche Heilung nicht erfolgt ist, ist konkret darzulegen (Negativtatsache!):

Die unterbliebene Belehrung kann durch die Wiederholung der Vernehmung geheilt werden. Dies setzt allerdings voraus, dass die Belehrung zusätzlich den Hinweis auf die Unverwertbarkeit der vor der Belehrung gemachten Angaben enthielt (sog. qualifizierte Belehrung).[3197]

2045 Wurde ein Beschuldigter zunächst nicht nach § 136 Abs. 1 StPO belehrt oder zunächst zu Unrecht als Zeuge vernommen und erfolgte erst bei der folgenden Beschuldigtenvernehmung eine Belehrung nach § 136 Abs. 1 StPO, ohne dass der Beschuldigte dabei „qualifiziert" über die Unverwertbarkeit seiner bisher gemachten Angaben belehrt wurde, sollen diese Angaben nach Auffassung der Rspr. keinem generellen Verwertungsverbot unterliegen; die Verwertbarkeit sei vielmehr nach Maßgabe einer Abwägung im Einzelfall zu ermitteln. Dabei seien das Interesse an der Sachaufklärung einerseits sowie das Gewicht des Verfahrensverstoßes andererseits zu berücksichtigen.[3198] Als bei der Abwägung zu berücksichtigende weitere Umstände führt die Rspr. intellektuelle Defizite des Beschuldigten, Täuschung oder

---

3193   *BGH* v. 27.6.2013 – 3 StR 435/12 = BGHSt 58, 301 = StV 2013, 737 m. Anm. *Britz* NStZ 2013, 607 u. *Wohlers* JR 2014, 131.

3194   *BGHSt* 42, 139 (GS) = StV 1996, 465 m. abl. Anm. *Bernsmann* StV 1997, 116; *BGHSt* 52, 11 = StV 2007, 509 = NJW 2007, 3138 m.w.N.; auch *BGH* v. 31.3.2011 – 3 StR 400/10 = StV 2012, 129; ferner zur Rspr. KK-*Bruns*[7] § 110c Rn. 19 ff.; **a.A.** *Hilger* in: FS Hanack, 1999, S. 213 ff.

3195   *BGHSt* 52, 11 = StV 2007, 509, 510 = NJW 2007, 3138; *BGH* v. 27.1.2009 – 4 StR 296/08 = StV 2009, 225 = NStZ 2009, 343 = StraFo 2009, 205. Siehe auch unten Rn. 2047.

3196   *BGH* v. 14.9.2010 – 3 StR 573/09 = StV 2011, 334 = StraFo 2011, 92 = NJW 2011, 1523 m. zust. Anm. *Norouzi*; abl. *Heghmanns* ZJS 2011, 98.

3197   *Meyer-Goßner/Schmitt*[60] § 136 Rn. 9 m.w.N.

3198   *BGH* v. 18.12.2008 – 4 StR 455/08 = *BGHSt* 53, 112 = StV 2010, 1 = NStZ 2009, 281 = StraFo 2009, 150; *BGH* v. 9.6.2009 – 4 StR 170/09 = StV 2010, 4 = NStZ 2010, 464 m. Anm. *Ellbogen* = NJW 2009, 3589 m. Anm. *Meyer-Mews*; *OLG Hamm* StV 2010, 5 (zu diesen Entscheidungen *Neuhaus* StV 2010, 45); vgl. auch *BGH* v. 30.12.2014 – 2 StR 439/13 = NStZ 2015, 291.

Zwang, Fehlinformation des Beschuldigten über die Verwertbarkeit früherer Angaben und das Gewicht des vorangegangenen Verfahrensfehlers (z.B. Belehrung des Beschuldigten als Zeuge) und den in der Verfahrenssituation auf den Betroffenen wirkenden situativen Druck, nur noch durch eine selbstbelastende Aussage Schlimmeres verhindern zu können, an.[3199] Ein weiterer bei der Abwägung zu berücksichtigender Umstand dürfte sein, ob die Staatsanwaltschaft ihrer Verpflichtung nachgekommen ist, darauf hinzuwirken, dass der Beschuldigte bei Beginn der nachfolgenden Vernehmung auf die Nichtverwertbarkeit der früheren Angaben hingewiesen wurde.[3200]

Das Revisionsvorbringen muss deshalb entspr. differenzieren:　　　　　　　　　　**2046**

1. Es ist vorzutragen, dass der Angeklagte vor und während der gesamten Dauer der Vernehmung nicht belehrt wurde.

2. Ansonsten

   a) sind der Gang der Vernehmung und der Inhalt der bis zum Zeitpunkt der Belehrung gemachten Aussage mitzuteilen.

   b) Es ist darzulegen, dass das Urteil den Inhalt des Teils der Vernehmung, der vor der Belehrung stattgefunden hat, verwertet hat

   c) **oder:** dass die im Urteil verwertete Aussage nicht nach der Belehrung wiederholt worden ist, anderenfalls der Wiederholung keine *qualifizierte Belehrung* vorausgegangen ist. Letzterenfalls sind die Vernehmungssituation und ihre Bedeutung für die Entschließungsfreiheit des Vernommenen im Einzelnen vorzutragen, um deutlich zu machen, dass der Angeklagte im Zeitpunkt seiner weiteren Aussage glaubte, von seinen früheren Angaben nicht mehr abrücken zu können, ohne seine Situation weiter zu verschlechtern.[3201] Auch sind die Umstände darzustellen, die nach Auffassung der Rspr. im Rahmen der Abwägung darüber entscheiden sollen, ob die Angaben des Beschuldigten einem Verwertungsverbot unterliegen oder nicht.[3202]

5. „Verdeckte" Befragung

Entgegen der Auffassung der Rspr. ist Vernehmung auch jede Form der „verdeck-　**2047**
ten" Befragung des Beschuldigten zum Tatvorwurf, bei der ihm deren amtlicher Charakter nicht bewusst war, dieser ihm also verschleiert wurde.[3203] Dies gilt nicht

---

3199　*OLG Hamm* StV 2010, 6.

3200　*BGH* v. 27.5.2009 – 1 StR 99/09 = StV 2010, 3 = NStZ 2009, 648 = NJW 2009, 2612.

3201　*OLG Hamm* StV 2010, 6.

3202　Siehe dazu Rn. 2045.

3203　Siehe den Überblick über den Meinungsstand sowie zur möglichen Ausnahme im Zusammenhang mit der Befragung durch einen Verdeckten Ermittler i.S.d. § 110a StPO bei LR-*Gleß*[26] § 136 Rn. 91 ff. sowie KK-*Bruns*[7] § 110c Rn. 20. Siehe auch *BGHSt* 52, 11 = StV 2007, 509 = NJW 2007, 3138; *BGH* v. 27.1.2009 – 4 StR 296/08 = StV 2009, 225 = NStZ 2009, 343 = StraFo 2009, 205.

nur für Befragungen durch verdeckt auftretende Polizeibeamte,[3204] oder nicht offen ermittelnde Polizeibeamte (Noep),[3205] sondern auch durch staatliche beauftragte V-Leute oder sonstige Dritte (z.b. Mitinsassen der JVA, in der der Beschuldigte inhaftiert war) sowie im Rahmen gezielt veranlasster Privatgespräche,[3206] die heimlich mitgehört wurden („Hörfalle").

Unabhängig von der sonstigen Zulässigkeit solcher Ermittlungsmethoden müssen Angaben des Beschuldigten, die ohne Belehrung über das Schweigerecht im Rahmen solcher „verdeckter" Befragungen gemacht wurden, einem Beweisverwertungsverbot unterliegen. Der Vortrag der unzulässigen Verwertung muss alle Umstände des Einsatzes des Verdeckten Ermittlers etc., Rechtsgrundlagen und Vorgehensweise, sowie das Aussageverhalten des Beschuldigten bis zum Zeitpunkt der verdeckten Befragung wiedergeben, soweit sich dies nicht schon aus den Urteilsgründen ergibt.

6. Vernehmung als verdächtiger Zeuge

2048 Wurde der Angeklagte im gegenständlichen oder einem anderen Strafverfahren als Zeuge vernommen, ist im Hinblick auf eine unterlassene Belehrung nach § 55 Abs. 2 StPO darzulegen, dass und warum die Verhörsperson Grund zu der Annahme haben musste, der Zeuge könne sich der Gefahr aussetzen, wegen einer Straftat oder Ordnungswidrigkeit verfolgt zu werden, so dass die Belehrung zu Unrecht unterblieben[3207] ist oder zu spät erfolgte (in letzterem Fall ist der Gang der Vernehmung im Einzelnen zu schildern[3208]).

3204 *BGH* v. 27.1.2009 – 4 StR 296/08 = StV 2009, 225 = NStZ 2009, 343 = StraFo 2009, 205, allerdings unter der Voraussetzung, dass sich der Beschuldigte bei vorangegangenen polizeilichen Vernehmungen auf sein Schweigerecht berufen hatte und der Verdeckte Ermittler ihm unter Ausnutzung eines von ihm geschaffenen Vertrauensverhältnisses selbstbelastende Äußerungen entlocken konnte.

3205 *BGH* v. 18.5.2010 – 5 StR 51/10 = *BGHSt* 55, 138 = StV 2010, 465 = NStZ 2010, 527 = StraFo 2010, 288: Annahme eines Verwertungsverbots für Aussagen eines inhaftierten Beschuldigten im Rahmen eines verdeckten Verhörs durch einen als Besucher getarnten, nicht offen ermittelnden Polizeibeamten unter Ausnutzung einer vorgetäuschten Notsituation für die Ehefrau des Beschuldigten.

3206 **A.A.** *BGH* v. 31.3.2011 – 3 StR 400/10 = StV 2012, 129 m. abl. Anm. *Roxin* = NStZ 2011, 596 = JR 2011, 409 m. abl. Anm. *Eisenberg*.

3207 Ausführlich LR-*Ignor/Bertheau*[26] § 55 Rn. 36. Vergleichbares gilt für die Vernehmung des jetzigen Angeklagten als Zeuge im Rahmen einer anderen Verfahrensordnung, wenn nach dieser eine dem § 55 StPO entspr. Vorschrift existiert. Vgl. dazu *Schlothauer* Strafprozessuale Verwertung selbstbelastender Angaben im Verwaltungsverfahren, in: FS Fezer, 2008, S. 267.

3208 Ob sich das Verwertungsverbot auf alle Äußerungen bezieht, die gemacht wurden, bevor die Belehrung erfolgte, ist – soweit ersichtlich – von der Rspr. noch nicht behandelt worden. Zur Verwertung von Angaben im Anschluss an eine Belehrung, die nicht den Anforderungen einer qualifizierten Belehrung genügte, s. Rn. 2045.

7. „Beschuldigten"-Begriff

Hätte bei einer früheren Vernehmung des Angeklagten im gegenständlichen Verfahren als Zeuge bereits eine Belehrung nach §§ 136 Abs. 1 S. 2, 163a Abs. 3, 163a Abs. 4 StPO als Beschuldigter erfolgen müssen, ist im Einzelnen darzulegen, woraus sich die Beschuldigteneigenschaft ergab bzw. dass die Behandlung als Beschuldigter willkürlich unterblieb.[3209] Zwar ist Beschuldigter i.S.d. § 136 Abs. 1 StPO nur derjenige, auf den sich der Verfolgungswille der Strafverfolgungsbehörden bezieht, was sich objektiv in einem entspr. Willensakt manifestieren muss; gleichwohl kann sich – abhängig von der objektiven Stärke des Tatverdachts – unter dem Gesichtspunkt der Umgehung der Beschuldigtenrechte ein Verstoß gegen die Belehrungspflicht ergeben.[3210] Dabei soll es im Rahmen der gebotenen Abwägung darauf ankommen, inwieweit der Tatverdacht auf hinreichend gesicherten Erkenntnissen hinsichtlich der Tat und des Täters oder lediglich auf kriminalistischer Erfahrung beruhe.[3211]

2049

Die zum Schutz eines Beschuldigten bestehenden Sicherungen des § 136 StPO dürfen auch nicht dadurch umgangen werden, dass anstelle einer Vernehmung lediglich eine „informatorische Befragung" stattfindet.[3212]

8. Vernehmung als zeugnisverweigerungsberechtigter Zeuge

Ist bei einer früheren Vernehmung des Angeklagten als Zeuge im gegenständlichen oder einem anderen Strafverfahren eine Belehrung nach § 52 Abs. 3 StPO unterblieben, obwohl zu dem Beschuldigten des Verfahrens, in dem die Vernehmung stattfand, ein Angehörigenverhältnis i.S.d. § 52 Abs. 1 StPO bestand,[3213] ist dies im Einzelnen darzulegen. Die Unverwertbarkeit der ohne Belehrung gemachten Aussage gilt unabhängig davon, ob der seinerzeitige Vernehmungsgegenstand die Tat im prozessualen Sinn betraf, um die es im gegenständlichen Verfahren gegen den Angeklagten geht, oder nicht.

2050

9. Vernehmung im Ausland

Ist der Inhalt einer im Ausland durchgeführten Vernehmung in die Hauptverhandlung eingeführt worden, ist neben der fehlenden Belehrung zunächst darzulegen,

2051

3209 Vgl. Nachweise und Einzelheiten zu dieser umstrittenen Frage bei LR-*Gleß*[26] § 136 Rn. 4 ff. Ausführlich zur Begründung der Beschuldigteneigenschaft durch die Art und Weise der Vernehmung: *BGH* StV 2007, 450 = *BGHSt* 51, 367.

3210 Zum Beginn des Beschuldigtenstatus vgl. auch *OLG Nürnberg* v. 6.8.2013 – 2 OLG Ss 113/13 = StV 2015, 155 und *BGH* v. 30.12.2014 – 2 StR 439/13 = StV 2015, 291.

3211 *OLG Hamm* StV 2010, 6.

3212 LR-*Gleß*[26] § 136 Rn. 9.

3213 Entsprechendes gilt für die Vernehmung des Angeklagten als Zeuge in einer Verfahrensordnung, die dem § 52 StPO entspr. Verweigerungsrechte und Belehrungspflichten vorsieht.

dass auch nach dem Recht des Vernehmungsortes eine Belehrung vorgeschrieben war.[3214]

10. Nachweis der unterbliebenen Belehrung

2052 Lässt sich nicht klären, ob die erforderliche Belehrung erfolgt ist, scheidet nach Auffassung der höchstrichterlichen Rspr. ein Beweisverwertungsverbot aus.[3215]

Richtigerweise ist von Folgendem auszugehen:

Ist die Belehrung bei einer richterlichen Vernehmung nicht gem. § 168a Abs. 1 StPO protokolliert oder bei einer staatsanwaltschaftlichen oder polizeilichen Vernehmung nicht gem. Nr. 45 Abs. 1 RiStBV aktenkundig gemacht worden, ist davon auszugehen, dass die Belehrung nicht stattgefunden hat.[3216] Ob ein „Gegenbeweis" in Form der Aussage der Vernehmungsperson zulässig ist,[3217] erscheint zweifelhaft. Denn schon aus der Tatsache der unterlassenen Dokumentation der nach Aussage der Verhörspersonen tatsächlich stattgefundenen Belehrung lassen sich Rückschlüsse auf den sorgfaltswidrigen Umgang mit der Belehrungsverpflichtung ziehen.

2053 In der Revisionsbegründung sollte nicht nur das Unterbleiben der Belehrung, sondern ggf. auch die fehlende Dokumentation gem. § 168a Abs. 1 StPO/Nr. 45 Abs. 1 RiStBV vorgetragen werden.[3218] Zu diesem Zweck ist die gesamte Vernehmungsniederschrift einschließlich Personalbogen und Belehrungsformular im Wortlaut mitzuteilen. Ebenfalls sollten alle vernehmungsbezogenen Vermerke im Wortlaut wiedergegeben werden.

3214 Für Rechtshilfevernehmungen in EU-Staaten kommt es nach Art. 4 Abs. 1 EU-RhÜbK für die Frage des Verwertungsverbots auf das inländische Verfahrensrecht an, so dass eine unterbliebene Belehrung auch dann zum Verwertungsverbot führt, wenn sie im Rechtshilfe leistenden Staat nicht vorgeschrieben war (vgl. zu Art. 4 Abs. 1 EU-RhÜbK *BGH* StV 2007, 627). Im Übrigen vgl. *BGH* StV 1995, 231 = NStZ 1994, 595 zu der Frage der Verwertbarkeit einer Vernehmung, der nur nach deutschem Recht, nicht nach dem Recht des Vernehmungsortes eine Belehrung hätte vorausgehen müssen. Hiergegen zutreffend *Wohlers* NStZ 1995, 45; LR-*Gleß*[26] § 136 Rn. 88.

3215 *BGHSt* 38, 214, 224 = StV 1992, 212; *BGH* StV 1999, 354 m. **abl.** Anm. *Wollweber*; **a.A.** *Meyer-Goßner/Schmitt*[60] § 136 Rn. 20; LR-*Gleß*[26] § 136 Rn. 78; *BGH* v. 8.11.2006 – 1 StR 454/06 = StV 2007, 65 = StraFo 2007, 230 = JR 2007, 125 m. zust. Anm. *Wohlers* unter Betonung besonderer Umstände des Einzelfalls; einschr. *BGH* v. 1.12.2011 – 3 StR 284/11, StV 2013, 481.

3216 *AG Offenburg* StV 1993, 123; *BGH* StV 2007, 65 = StraFo 2007, 230 = JR 2007, 125 m. Anm. *Wohlers* allerdings nur für den Fall, dass die Vernehmungsbeamten keine eindeutige Erinnerung hatten, ob der Beschuldigte seinerzeit belehrt worden war.

3217 So LR-*Gleß*[26] § 136 Rn. 78; ebenso *BGH* ibid.

3218 Zur Bedeutung der unterbliebenen Fertigung eines Aktenvermerks i.S.v. Nr. 45 Abs. 1 RiStBV s. *BGH* v. 8.11.2006 – 1 StR 454/06 = StV 2007, 65 = NStZ-RR 2007, 80.

11. Nicht-Verstehen der Belehrung

Hat der Beschuldigte die Belehrung aufgrund seines geistig-seelischen Zustandes nicht verstanden,[3219] ist dies unter näherer Erläuterung dieses Zustandes vorzutragen. Ein Beweisverwertungsverbot setzt nach Auffassung des BGH[3220] voraus, dass der Tatrichter sich hiervon überzeugt hat. Auch insoweit sollen Zweifel nicht ausreichen.[3221] Dem ist zu widersprechen, wenn der feststellbare seelisch-geistige Zustand Anhaltspunkte für das Nicht-Verstehen der Belehrung liefert. Verhaftete Beschuldigte sind unverzüglich in einer für sie verständlichen Sprache schriftlich nach Maßgabe des § 114b Abs. 2 StPO zu belehren (§ 114b Abs. 1 StPO). Ansonsten der deutschen Sprache nicht mächtige Beschuldigte sind darauf hinzuweisen, dass sie die unentgeltliche Zuziehung eines Dolmetschers beanspruchen können. **2054**

12. Unkenntnis der Aussagefreiheit

Es ist vorzutragen, dass der Angeklagte im Zeitpunkt der Vernehmung sein Recht zu schweigen nicht gekannt hat. Daran verbleibende Zweifel stehen der Annahme eines Beweisverwertungsverbotes nicht entgegen.[3222] **2055**

13. Widerspruchserfordernis

Es ist vorzutragen, dass der Angeklagte der Verwertung der ohne Belehrung erfolgten früheren Vernehmung rechtzeitig widersprochen hat.[3223] Der Inhalt des Widerspruchs bzw. eine dazu gegebene Begründung sind mitzuteilen.[3224] **2056**

In einer Hauptverhandlung, die sich gegen mehrere Mitangeklagte richtet, ist zum Widerspruch nur derjenige berechtigt, dessen Vernehmung unter Verletzung der Belehrungspflicht verwertet werden soll. Dessen rechtzeitig geltend gemachter Widerspruch führt aber zur Unverwertbarkeit der Aussage bezüglich aller derselben Tat im prozessualen Sinn beschuldigten Mitangeklagten, die deshalb ihre Revision

---

3219   Zur Belehrung und deren Verständnis bei jugendlichen Beschuldigten s. Rn. 2042.
3220   *BGHSt* 39, 349 = StV 1994, 4.
3221   Hiergegen LR-*Gleß*[26] § 136 Rn. 86.
3222   *BGHSt* 38, 214 = StV 1992, 212.
3223   *BGHSt* 38, 214; *BVerfG* v. 7.12.2011 – 2 BvR 2500/09 u.a. Rn. 124 = StV 2012, 641=
        EuGRZ 2012, 68. Die an der Widerspruchslösung geübte Kritik (Nachweise bei *Meyer-Goßner/Schmitt*[60] § 136 Rn. 25a) dürfte den BGH auf absehbare Zeit nicht zu einer
        Änderung seiner Rspr. bewegen. S. deshalb den Gesetzentwurf der BRAK für die Einführung einer Zustimmungslösung als Alternative zur Widerspruchslösung der Rspr.:
        BRAK-Stellungnahme Nr. 17 v. 24.4.2012 (www.brak.de/zur-rechtspolitik/); dazu
        Schlothauer/Jahn RuP 2012, 222.
3224   Dies im Hinblick darauf, dass der 1. StS des *BGH* (*BGHSt* 52, 38 = StV 2008, 8) eine
        Begründung des Widerspruchs verlangt, die die „Angriffsrichtung" erkennen lasse;
        ebenso – für das Beweisverwertungsverbot bei Verletzung des Richtervorbehalts in
        Fällen der Blutprobenentnahme – *OLG Hamm* StV 2009, 462; *OLG Frankfurt/M.* StV
        2011, 611. Zur Entscheidung des 1. Strafsenats (*BGHSt* 52, 38 = StV 2008, 5) s. krit.
        Weigend StV 2008, 39 u. *Paulus/J. Müller* StV 2009, 495.

auf die Missachtung des Beweisverwertungsverbotes stützen können.[3225] Es ist in diesem Fall aber vorzutragen, welcher Mitangeklagte den Widerspruch erhoben hat und dass es bei der verwerteten Aussage um diejenige geht, zu der es unter Verletzung der Belehrungspflicht gekommen ist.

2057 Bei in der Hauptverhandlung unverteidigten Angeklagten ist die Geltendmachung des Widerspruchs nur erforderlich, wenn diese von dem Vorsitzenden über diese Möglichkeit unterrichtet (wesentliche Förmlichkeit!) worden sind.[3226] Das Unterlassen der Unterrichtung muss deshalb in Fällen fehlenden Widerspruchs vorgetragen werden.

2058 Es ist weiterhin darzulegen, dass der Angeklagte der **Verwertung des Inhalts der Vernehmung** (und nicht nur eines von mehreren Beweismitteln, mit deren Hilfe der Vernehmungsinhalt in die Hauptverhandlung eingeführt worden ist[3227]), und zwar **rechtzeitig widersprochen** und er den Widerspruch bis zur Urteilsverkündung nicht zurückgenommen (Negativtatsache!) hat. Nach der höchstrichterlichen Rspr. ist der Widerspruch nur bis zu dem in § 257 StPO genannten Zeitpunkt zulässig.[3228] Dies ist unter Schilderung des Verfahrensablaufs konkret darzutun. Der einmalige rechtzeitige Widerspruch gegen die Verwertung des Inhalts der Vernehmung reicht auch dann aus, wenn dieser mehrfach in die Hauptverhandlung eingeführt worden ist. Ist allerdings jedes Mal rechtzeitig widersprochen worden, sollte auch dies vorsorglich vorgetragen werden.

2059 Der Verwertungswiderspruch kann grundsätzlich vorab erklärt werden, ohne nach Abschluss der Vernehmung wiederholt werden zu müssen.[3229] Ist bereits vor Beginn der Hauptverhandlung der Verwertung des Vernehmungsinhalts widersprochen worden und wurde der Widerspruch in der Hauptverhandlung nicht wiederholt, soll dies nach Auffassung des BGH[3230] allerdings nicht genügen. Dieser Auffassung ist zu widersprechen, weshalb die Erhebung der Verfahrensrüge auch dann zu empfehlen ist, wenn der Verwertung des Vernehmungsinhalts jedenfalls vor Beginn der Hauptverhandlung (auch im Ermittlungs- oder Zwischenverfahren) widersprochen worden ist, was konkret vorzutragen ist.

2060 Zusätzlich zum Vortrag des rechtzeitigen Widerspruchs ist bei einer **Revision gegen ein Berufungsurteil** mitzuteilen, dass der Verwertung des Vernehmungsinhalts rechtzeitig auch schon im amtsgerichtlichen Verfahren widersprochen worden

---

3225 Zu dieser strittigen Frage LR-*Gleß*²⁶ § 136 Rn. 90 m.w.N.
3226 *BGHSt* 38, 214 = StV 1992, 212.
3227 *BGH* StV 2004, 57 = NStZ 2004, 389.
3228 *BGHSt* 38, 214 = StV 1992, 212; vgl. auch *OLG Celle* v. 11.7.2013 – 32 Ss 91/13 = NStZ 2014, 118; vert. *El-Ghazi/Merold* HRRS 2013, 412.
3229 *BGH* v. 20.10.2014 – 5 StR 176/14 = NStZ 2014, 722 und *BGH* v. 21.10.2014 – 5 StR 296/14 = NStZ 2015, 46, 47 m. w. Rspr.-Nachw.
3230 *BGH* NStZ 1997, 502 und *BGH* StV 2006, 396 m. **abl.** Anm. *Schlothauer*.

war[3231] bzw. dass es sich nicht um eine **vom Revisionsgericht zurückverwiesene Sache** handelt (Negativtatsache!) oder letzterenfalls auch schon im erstinstanzlichen Verfahren der Widerspruch rechtzeitig geltend gemacht worden war.[3232] Lediglich ein rechtzeitig in einer später ausgesetzten Hauptverhandlung erhobener Widerspruch soll in der erneuten Hauptverhandlung nicht wiederholt werden müssen.[3233]

Ist die Belehrung gem. § 243 Abs. 5 S. 1 StPO in der Hauptverhandlung unterlassen worden, bedarf es eines Widerspruchs nicht.[3234]   **2061**

14. Fernwirkung des Beweisverwertungsverbots

Dem Beweisverwertungsverbot aufgrund der Verletzung der Belehrungspflicht   **2062**
kann Fernwirkung mit der Folge zukommen, dass auch die Ergebnisse der durch die unverwertbare Aussage des Beschuldigten ermöglichten Ermittlungen nicht verwertet werden dürfen.[3235] Der Kausalzusammenhang und das Fehlen alternativer – verwertbarer – Ermittlungsansätze sind darzulegen.

Rüge 240a

Wurde im Urteil der Inhalt einer früheren Vernehmung eines festgenommenen ausländi-   **2063**
schen Staatsangehörigen verwertet, bei der die Belehrung über das Recht auf unverzügliche Benachrichtigung seiner konsularischen Vertretung (Art. 36 Abs. 1 lit. b S. 3 WÜK, § 114b Abs. 2 S. 4 StPO) unterlassen wurde?

I. Rechtsgrundlagen

Nach Art. 36 Abs. 1 lit. b S. 3 WÜK, § 114b Abs. 2 S. 4 StPO ist ein festgenomme-   **2064**
ner ausländischer Staatsangehöriger vor seiner Vernehmung darüber zu belehren, dass er das Recht auf unverzügliche Benachrichtigung einer konsularischen Vertretung seines Heimatstaates hat.[3236] Zwar hat der 5. Strafsenat des BGH[3237] die Auffassung vertreten, dass die Verletzung dieser Pflicht kein Beweisverwertungsverbot

---

3231 *OLG Stuttgart* NStZ 1997, 405 = StV 1997, 341. Dies soll auch im Falle eines erstinstanzlichen Freispruchs gelten: *OLG Frankfurt/M.* NStZ-RR 2011, 46.
3232 *BGH* StV 2006, 396 m. **abl.** Anm. *Schlothauer* m.w.N.
3233 *OLG Stuttgart* StV 2001, 388.
3234 Siehe zu den Anforderungen an den Vortrag Rüge 68 Rn. 827.
3235 *OLG Oldenburg* StV 1995, 178; ausführlich zu dieser str. Frage LR-*Gleß*[26] § 136a Rn. 75.
3236 Vertiefend *Pest* JR 2015, 359.
3237 *BGH* v. 25.9.2007 – 5 StR 116/01 = *BGHSt* 52, 48 = StV 2008, 5; hierzu *Weigend* StV 2008, 39 u. *Paulus/J. Müller* StV 2009, 495.

der Aussage des Beschuldigten zur Folge habe. Diese Rspr. ist allerdings durch das BVerfG[3238] in Frage gestellt worden. Im Anschluss daran hat der 4. Strafsenat des BGH[3239] erkannt, dass die Entstehung eines Beweisverwertungsverbotes aus einem Verstoß gegen die Belehrungspflicht nach Art. 36 Abs. 1 lit. b S. 3 WÜK nicht von vornherein ausgeschlossen sei; es müsse deshalb im Einzelfall unter Anwendung der vom BGH für nicht speziell geregelte Beweisverwertungsverbote entwickelten Abwägungslehre geprüft werden, ob dem durch den Verfahrensverstoß bewirkten Eingriff in die Rechtsstellung des Beschuldigten oder den Strafverfolgungsinteressen des Staates der Vorrang einzuräumen sei.[3240]

II. Anforderungen an den Vortrag der Verletzung des Art. 36 Abs. 1 lit. b S. 3 WÜK, § 114b Abs. 2 S. 4 StPO

2065 Vorzutragen sind:

- Der Umstand der Vernehmung eines Beschuldigten mit ausländischer Staatsangehörigkeit,
- im Falle der Verschriftung der Vernehmung die vollständige wörtliche Wiedergabe der Vernehmungsniederschrift,
- die Tatsache, dass der Beschuldigte nicht über sein Recht belehrt wurde, unverzüglich die konsularische Vertretung seines Heimatstaats benachrichtigen zu können,
- Inhalt und Zeitpunkt des in der Hauptverhandlung gegen die Verwertung der Aussage des Beschuldigten geltend gemachten Widerspruchs, wobei der Widerspruch mit der Verletzung von Art. 36 Abs. 1 lit. b S. 3 WÜK, § 114b Abs. 2 S. 4 StPO begründet worden sein muss,[3241]
- vorsorglich, dass dem Beschuldigten sein Recht auf unverzügliche Benachrichtigung der konsularischen Vertretung seines Heimatstaats unbekannt war und der Widerspruch bis zum Ende der Hauptverhandlung aufrechterhalten blieb.

3238 *BVerfG* v. 8.7.2010 – 2 BvR 2485/07, 2513/07, 2548/07 = StV 2011, 329; hierzu *Gleß/ Peters* StV 2011, 369; s. auch schon *BVerfG* StV 2008, 1.
3239 *BGH* v. 7.6.2011 – 4 StR 643/10 = StV 2011, 603 = StraFo 2011, 319.
3240 In der Entscheidung *BGH* v. 7.6.2011 – 4 StR 643/10 = StV 2011, 603 = StraFo 2011, 319 kommt der 4. StS zu dem Ergebnis, dass in dem entschiedenen Fall die unterbliebene Belehrung nicht zu einem Verwertungsverbot führe.
3241 *BGH* v. 7.6.2011 – 4 StR 643/10 = StV 2011, 603 = StraFo 2011, 319; vgl. hierzu auch *BVerfG* v. 5.11.2013 – 2 BvR 1579/11 = NJW 2014, 532.

Rüge 241

Wurde im Urteil der Inhalt einer früheren Vernehmung des Angeklagten oder eines Mitangeklagten verwertet, anlässlich derer dem Beschuldigten die Verteidigerkonsultation verwehrt oder aber die Belehrung über das Recht zur Verteidigerkonsultation und ggf. die Pflicht zur Unterstützung des Beschuldigten bei der Wahrnehmung dieses Rechts verletzt wurde (§ 136 Abs. 1 S. 2-4 StPO)?   **2066**

I. Rechtsgrundlagen und Anforderungen an den Vortrag der Rüge der Verletzung des § 136 Abs. 1 S. 2 StPO (Verteidigerkonsultationsrecht)[3242]

1. Verwertung der früheren Vernehmung des Angeklagten oder Mitangeklagten

Es ist mitzuteilen, dass der Inhalt einer früheren Vernehmung des Angeklagten bzw. **2067** eines Mitangeklagten durch Verlesung einer richterlichen Niederschrift gem. § 254 StPO[3243] oder durch Vernehmung einer Verhörsperson (das ist jeder, der an der Vernehmung teilgenommen hat) in die Hauptverhandlung eingeführt worden ist. Der Inhalt der verwerteten Aussage ist wiederzugeben.[3244] Der Inhalt einer Vernehmungsniederschrift ist im Wortlaut mitzuteilen.

2. Vernehmung als Beschuldigter

Es ist mitzuteilen, dass der Angeklagte bzw. Mitangeklagte in seiner Eigenschaft als **2068** Beschuldigter vernommen wurde.[3245] Vernehmungen i.S.d. § 136 Abs. 1 S. 2-4 StPO sind auch schon „informatorische Vorbesprechungen" mit dem Beschuldigten.[3246] Handelt es sich um eine Zeugenvernehmung, obwohl die Vernehmung nach den Grundsätzen der §§ 136 Abs. 1 S. 2-4, 163a Abs. 3, 163a Abs. 4 StPO als Beschuldigtenvernehmung hätte erfolgen müssen, ist im Einzelnen darzulegen, woraus sich die Beschuldigteneigenschaft ergab bzw. dass die Behandlung als Beschuldigter willkürlich unterblieb.[3247] Die zum Schutz eines Beschuldigten bestehenden Si-

---

3242 Zur Verletzung des Rechts eines festgenommenen ausländischen Staatsangehörigen auf unverzügliche Benachrichtigung seiner konsularischen Vertretung (Art. 36 Abs. 1 lit. b S. 3 WÜK) s. Rüge 240a Rn. 2063.
3243 Zu den Rügeanforderungen im Falle der unzulässigen Vernehmung nach § 254 StPO s. Rüge 148 Rn. 1336. Ist der Inhalt einer früheren Vernehmung durch Verlesung einer nicht-richterlichen Niederschrift in die Hauptverhandlung eingeführt worden, ist dies bereits generell unzulässig (s. Rüge 149 Rn. 1347).
3244 *Meyer-Goßner/Schmitt*[60] § 136 Rn. 27.
3245 Zur Beschuldigtenbelehrung im Zollordnungswidrigkeitenverfahren vgl. *LG Hamburg* v. 23.10.2015 – 601 Qs 20/15.
3246 LR-*Gleß*[26] § 136 Rn. 9.
3247 Vgl. Nachweise und Einzelheiten zu dieser strittigen Frage bei LR-*Gleß*[26] § 136 Rn. 4 ff.; insbesondere *BGH* StV 2007, 450 = *BGHSt* 51, 367.

cherungen des § 136 StPO dürfen auch nicht dadurch umgangen werden, dass anstelle einer Vernehmung eine „informatorische Befragung" durchgeführt wurde.[3248]

3. Vernehmung ohne Verteidiger trotz erwünschter Verteidigerkonsultation

2069 Hat der Beschuldigte den Wunsch geäußert, vor seiner Vernehmung bzw. bei deren Unterbrechung vor deren Fortsetzung einen Verteidiger zu konsultieren, ist dies ebenso mitzuteilen wie die Umstände, aus denen sich ergibt, dass ihm diese Möglichkeit ggf. verwehrt wurde[3249] und dass der Beschuldigte auf die zunächst gewünschte Einschaltung eines Verteidigers nicht wieder verzichtet[3250] hat (Negativtatsache!). Ob der Beschuldigte die Bitte, eine Rücksprache mit einem Verteidiger zu ermöglichen, geäußert und ihm dieses Recht verweigert wurde, unterliegt dem Freibeweis. Der Revision ist der Erfolg versagt, wenn das Revisionsgericht das tatsächliche Vorbringen der Revision hinsichtlich der verwehrten Kontaktaufnahme nicht für bewiesen hält.[3251]

Es ist weiterhin vorzutragen, dass der Beschuldigte trotz seiner entspr. Bitte in Abwesenheit eines Verteidigers zur Sache vernommen wurde.[3252] Wird die unzulässige Fortsetzung der Vernehmung des Beschuldigten nach Inanspruchnahme seines Rechts auf Anwaltskonsultation gerügt und hatte die Polizei den Beschuldigten gefragt, ob nach Rücksprache mit dem von ihm benannten Anwalt Bereitschaft bestünde, weitere Angaben zu machen, ist den Begründungsanforderungen des § 344 Abs. 2 S. 2 StPO nur genügt, wenn der Fortgang der polizeilichen Vernehmung, die sich unmittelbar an diese Frage anschloss, dargestellt wird.[3253] Die Revisionsbegründung muss schließlich ausschließen, dass der Verfahrensfehler in der Form geheilt wurde, dass die Vernehmung nach qualifizierter Belehrung über die Unverwertbarkeit der ursprünglichen Angaben wiederholt wurde.[3254]

Es stellt nicht nur einen Verfahrensfehler dar, wenn dem Beschuldigten die gewünschte Verteidigerkonsultation verwehrt und die Vernehmung fortgesetzt wird. Unzulässig ist es auch, die Vernehmung ohne Verteidiger fortzusetzen, ohne dass dem ernsthafte Bemühungen vorausgegangen wären, dem Beschuldigten bei der Herstellung des Kontakts zu einem Verteidiger zu helfen. Dazu gehört nicht nur, dass ihm die Gelegenheit gegeben wird, sich telefonisch mit einem Verteidiger in Verbindung zu setzen; er ist auch auf einen anwaltlichen Notdienst hinzuweisen

3248   LR-*Gleß*[26] § 136 Rn. 9.
3249   *BGHSt* 38, 372 = StV 1993, 1.
3250   Zu den Voraussetzungen *BGHSt* 38, 372 = StV 1993, 1; *BGH* StV 1996, 410; *Beulke* NStZ 1996, 261; für ein grundsätzliches Verwertungsverbot im Falle des „Verwehrens" der Verteidigerkonsultation *Strate/Ventzke* StV 1986, 31; *Ransiek* StV 1994, 344.
3251   *BGH* v. 23.8.2011 – 1 StR 153/11 = JR 2011, 254 m. Anm. *Stiebig.*
3252   Ggf. indem er zu weiteren Angaben gedrängt wurde: *BGH* NStZ 2004, 450; *BGH* NJW 2006, 1008.
3253   *BGH* v. 16.9.2009 – 2 StR 299/09 = NStZ 2010, 97.
3254   Siehe Rüge 240 Rn. 2044.

(vgl. § 136 Abs. 1 S. 4 StPO n.F.) sowie die etwaige Fehlvorstellung zu korrigieren, dass er wegen Mittellosigkeit keinen Verteidiger zuziehen könne.[3255] In diesem Fall ist nicht nur § 136 Abs. 1 S. 2-4 (ggf. in Verbindung mit § 163a Abs. 3 bzw. Abs. 4) StPO, sondern auch Art. 6 Abs. 3 lit. c EMRK verletzt.[3256] Nach Auffassung des BGH[3257] (zur alten Rechtslage) führt diese aber nicht zwingend zu einem Verwertungsverbot, da die unterlassene Hilfestellung von geringerem Gewicht sei als der immer zu einem Verwertungsverbot führende Verstoß gegen die Belehrungspflicht. Die ausdrückliche Erwähnung in den § 136 Abs. 1 S. 3 und 4 StPO n.F. spricht nunmehr hingegen für die Annahme eines Verwertungsverbots im Falle eines Verstoßes. In der Revisionsbegründung müssen jedenfalls die Vernehmungssituation, der Tatvorwurf und die Verdachtslage sowie das Verhalten des Beschuldigten sowie aller anwesenden Ermittlungspersonen genauestens geschildert werden.

4. Nichtbelehrung über Verteidigerkonsultationsrecht

Hat der Beschuldigte **nicht** von sich aus bereits geäußert, vor Beginn oder in Unterbrechung seiner Vernehmung zunächst mit einem Verteidiger Rücksprache nehmen zu wollen, ist vorzutragen, dass die Belehrung über das Recht, einen Verteidiger zuzuziehen und sich von ihm beraten zu lassen, unterblieben ist.[3258] Auch hier soll ein non liquet bei der Frage, ob die Belehrung erfolgt war oder nicht, selbst dann zum Nachteil des Beschwerdeführers gehen, wenn entgegen Nr. 45 Abs. 1 RiStBV die Protokollierung einer Belehrung unterblieben sei.[3259] Weiterhin ist vorzutragen, dass der Beschuldigte im Zeitpunkt der Vernehmung keine Kenntnis von seinem Verteidigerkonsultationsrecht hatte.[3260]

2070

Hat der Beschuldigte die Belehrung aufgrund seines geistig-seelischen Zustandes nicht verstanden, ist dies unter näherer Erläuterung dieses Zustandes darzulegen.[3261]

3255   Vgl. *BGHSt* 42, 15 m. Anm. *E. Müller* StV 1996, 358; vgl. auch *BGHSt* 42, 170 m. **abl.** Anm. *Ventzke* StV 1996, 524 und *Roxin* JZ 1997, 343; *BGHSt* 47, 233 = JZ 2002, 897 m. Anm. *Roxin*; *BGH* StV 2006, 515; *BGH* StV 2006, 566 u. *BGH* StV 2006, 567 m. zusammenfassender Anm. *Beulke/Barisch* sowie *Klein* (Anm. zu *BGH* StV 2006, 515) StV 2007, 282.

3256   Zur Rüge der Verletzung des Konfrontationsrechts des Art. 6 Abs. 3 lit. d EMRK während der gesamten Dauer des Verfahrens s. Rüge 101 Rn. 1032.

3257   *BGH* StV 2006, 566.

3258   Zur Frage des Nachweises, ob die Belehrung unterblieben ist und zur Verwertbarkeit bei nicht möglicher Klärung s. Rüge 240 Rn. 2052.

3259   *BGH* v. 23.8.2011 – 1 StR 153/11 = JR 2012, 254 m. abl. Anm. *Stiebig*. Der Sachverhalt liegt insoweit anders als in der ebenfalls vom *1. StS* entschiedenen Sache *BGH* v. 8.11.2006 – 1 StR 454/06 = StV 2007, 65, wo sich der ermittelnde Polizeibeamte zusätzlich nicht konkret erinnern konnte, ob die Belehrung erfolgt war.

3260   In diesem Punkt verbleibende Zweifel stehen einem Beweisverwertungsverbot nicht entgegen.

3261   Rüge 240 Rn. 2054. Zur Belehrung Jugendlicher und Heranwachsender s. §§ 70a Abs. 1 S. 1, 109 Abs. 1 S. 1 JGG (hierzu Rn. 2042). Zur Belehrung verhafteter Beschuldigter s. § 114b Abs. 2 Nr. 4 StPO.

Es ist auch im Falle einer unterbliebenen Belehrung darzulegen (Negativtatsache!), dass der Verfahrensfehler nicht durch Wiederholung der Vernehmung nach qualifizierter Belehrung geheilt worden ist.[3262]

5. Unterrichtung des Beschuldigten über bereitstehenden Verteidiger

2071 Hat sich vor oder während der Vernehmung ein (ggf. von dritter Seite) beauftragter Verteidiger mit den Ermittlungspersonen in Verbindung gesetzt, ist dieses mitzuteilen sowie der Umstand, dass der Beschuldigte nicht unverzüglich davon unterrichtet worden ist, dass ein Verteidiger bereitstehe, der bei einem entspr. Wunsch des Beschuldigten von diesem befragt werden könne.[3263] Es ist weiter vorzutragen, dass die Vernehmung ohne Unterbrechung fortgesetzt wurde und was ihr Inhalt ab diesem Zeitpunkt war, weil nur dieser einem Verwertungsverbot unterfällt.

6. Widerspruch

2072 Es ist vorzutragen, dass der Angeklagte der Verwertung des Inhalts seiner Aussage rechtzeitig widersprochen hat, die er gemacht hat, obwohl ihm eine gewünschte Verteidigerkonsultation verwehrt, ihm keine Hilfestellung geleistet bzw. er nicht auf das Recht zur Verteidigerkonsultation hingewiesen worden war bzw. dass im Falle eines in der Hauptverhandlung unverteidigten Angeklagten dieser vom Vorsitzenden nicht über die Möglichkeit des Widerspruchs unterrichtet worden ist.[3264]

Bei mehreren Mitangeklagten ist zum Widerspruch nur derjenige berechtigt, dessen Vernehmung unter Verletzung des Verteidigerkonsultationsrechts bzw. der diesbezüglichen Belehrungspflicht verwertet werden soll. Der rechtzeitig geltend gemachte Widerspruch führt zur Unverwertbarkeit der Aussage auch bezüglich aller derselben Tat im prozessualen Sinn beschuldigter Mitangeklagter, die ihre Revision auf die Missachtung des Beweisverwertungsverbotes stützen können.

7. Belehrung über die Möglichkeit einer Pflichtverteidigerbestellung

2073 Ein Verstoß gegen die Belehrungspflicht nach § 136 Abs. 1 S. 3 StPO[3265] über die Möglichkeit einer Pflichtverteidigerbestellung soll nicht zur Unverwertbarkeit der Aussage führen.[3266] Dies wird damit begründet, dass dieser Bestimmung erheblich geringere Bedeutung als der Belehrung über das Recht zur Verteidigerkonsultation gem. § 136 Abs. 1 S. 2 StPO zukommt, „weil die Bestellung eines Pflichtverteidi-

---

3262 Siehe dazu und zu dem erforderlichen Rügevortrag Rüge 240 Rn. 2044.
3263 *BGH* StV 1997, 511; s. hierzu *Schlothauer/Weider/Nobis* Untersuchungshaft[5], Rn. 66 m.w.N.
3264 Siehe im Einzelnen Rüge 240 Rn. 2056.
3265 Die Belehrungspflicht nach S. 3 wurde durch das Gesetz zur Stärkung der Verfahrensrechte von Beschuldigten im Strafverfahren v. 2.7.2013 eingefügt, BGBl. I, 1938, 1939.
3266 *OLG Köln* v. 12.6.2015 – 2 Ws 127/15 = JR 2016, 264; *Meyer-Goßner/Schmitt*[60] § 136 Rn. 21.

gers während des Vorverfahrens bis zum Abschluss der Ermittlungen grundsätzlich nur auf Antrag der StA erfolgt, so dass ein Antrag des Beschuldigten in diesem Verfahrensstadium lediglich als Anregung an die StA, einen solchen Antrag zu stellen, zu behandeln ist".[3267]

Rüge 241a

Werden im Urteil frühere Angaben des Angeklagten im Rahmen einer polizeilichen, staatsanwaltschaftlichen oder richterlichen Vernehmung verwertet, die er zu einem Zeitpunkt gemacht hat, als gegen ihn Untersuchungshaft nach den §§ 112, 112a StPO oder einstweilige Unterbringung nach § 126a StPO oder § 275a Abs. 6 StPO vollstreckt wurde, ohne dass ihm ein Verteidiger beigeordnet worden war (§ 140 Abs. 1 Nr. 4 StPO)? | **2074**

I. Rechtsgrundlagen

Kommt es zur Vernehmung eines Beschuldigten, gegen den Untersuchungshaft etc. **2075** vollstreckt wird, und dem entgegen §§ 140 Abs. 1 Nr. 4, 141 Abs. 3 S. 5 StPO noch kein Verteidiger beigeordnet war, unterliegt die Aussage selbst dann einem Verwertungsverbot, wenn der Beschuldigte auf die Anwesenheit eines Verteidigers verzichtet hat.[3268]

II. Anforderungen an den Vortrag der Rüge der Verletzung der §§ 140 Abs. 1 Nr. 4, 5, 136 Abs. 1 S. 2 StPO

- Handelt es sich um die Vernehmung eines Beschuldigten, gegen den Untersu- **2076** chungshaft nach den §§ 112, 112a StPO oder einstweilige Unterbringung nach § 126a oder § 275a Abs. 6 StPO vollstreckt wird, sind die Grundlagen der Vollstreckung, der Zeitpunkt ihres Beginns und die Tatsache, dass dem Beschuldigten im mitzuteilenden Zeitpunkt der Vernehmung noch kein Verteidiger beigeordnet worden war und er nicht selbst einen Verteidiger bestellt hatte, vorzutragen.
- Der Inhalt der Vernehmungsniederschrift ist vollständig im Wortlaut mitzuteilen.
- Es ist vorzutragen, wie deren Inhalt zum Gegenstand der Hauptverhandlung gemacht wurde, also durch Verlesung gem. § 254 StPO oder durch Vernehmung der Verhörsperson.
- Es ist vorzutragen, dass der Verwertung rechtzeitig (s. Rn. 2058 ff.) unter Hinweis darauf (Angriffsrichtung!) widersprochen wurde, dass dem Beschuldigten

---

3267 *OLG Köln* v. 12.6.2015 – 2 Ws 127/15 = JR 2016, 264 mit Hinweis auf die Empfehlungen des Rechtsausschusses, BR-Drucks. 816/1/12, S. 3.
3268 *Schlothauer* in: FS Samson, 2010, S. 709, 714 f.; *Schlothauer/Weider/Nobis* Untersuchungshaft[5], Rn. 320 ff. u. 353 ff.

entgegen § 140 Abs. 1 Nr. 4 StPO im Zeitpunkt der Vernehmung kein Verteidiger beigeordnet worden war. Der Widerspruch und eine etwaige Reaktion des Gerichts sind vollständig und im Wortlaut wiederzugeben.

- Im Falle der Rüge der Verletzung des sachlichen Rechts reicht auch zur Darlegung des Beruhens der Hinweis aus, in welchem Zusammenhang die schriftlichen Urteilsgründe auf die unverwertbaren Angaben des Beschuldigten Bezug nehmen.

Rüge 241b

2077 Verwertet das Urteil Angaben des Angeklagten, die dieser im Rahmen einer richterlichen Vernehmung gemacht hat, bzgl. derer es unterblieben ist, ihm einen Verteidiger vor Erklärung seiner Rechte beizuordnen (§ 141 Abs. 3 S. 4 StPO n.F.)?

I. Rechtsgrundlagen

2078 Nach der Neuregelung des § 141 Abs. 3 S. 4 StPO bestellt das Gericht, bei dem eine richterliche Vernehmung durchzuführen ist, dem Beschuldigten einen Verteidiger, wenn die Staatsanwaltschaft dies beantragt oder wenn die Mitwirkung eines Verteidigers aufgrund der Beung der Vernehmung zur Wahrnehmung der Rechte des Beschuldigten geboten erscheint.[3269] Die Verpflichtung, die Beiordnung (auch) von Amts wegen vorzunehmen besteht unabhängig von den Voraussetzungen des § 140 Abs. 1 und Abs. 2 StPO. Erfasst sind *alle* richterlichen Vernehmungen vor und nach Anklageerhebung, also richterliche Zeugen- und Sachverständigenvernehmungen ebenso wie richterliche Beschuldigtenvernehmungen.[3270] Die Beiordnung ist zeitlich auf die Situation der Vernehmung beschränkt.

Ob die Vernehmung eine Bedeutung hat, die die Beiordnung erforderlich macht, hängt von den Umständen des Einzelfalls ab. In Betracht kommt insbesondere die Vernehmung eines wesentlichen Belastungszeugen im Ermittlungsverfahren, bei dem die Möglichkeit naheliegt, dass der Zeuge in einer späteren Hauptverhandlung für eine (insbesondere kontradiktorische) Vernehmung nicht mehr zur Verfügung steht.[3271] Eine entspr. Bedeutung der Vernehmung wird auch dann anzunehmen sein, wenn die Eröffnung des Hauptverfahrens allein von der Aussage eines Zeugen oder dem Gutachten eines Sachverständigen abhängt.[3272] Im Falle der Beschuldig-

---

3269 BT-Drucks. 18/11277, S. 9.
3270 *Schlothauer* StV 2017, 557.
3271 BT-Druckss. 18/11277, S. 27; vgl. auch *BGH* v. 25.7.2000 – 1 StR 169/00 = StV 2000, 593; *EGMR* v. 15.12.2015 – 9154/10 = StV 2017, 213.
3272 *Schlothauer* StV 2017, 557, 558.

tenvernehmung ist § 141 Abs. 3 S. 4 StPO n.F. anzuwenden, wenn ein Beschuldigter nach vorläufiger Festnahme oder nach seinem Ergreifen aufgrund eines Haftbefehls zwecks Entscheidung über den Erlass eines Haftbefehls bzw. dessen Aufrechterhaltung richterlich zu vernehmen ist.[3273]

Die gesetzliche Regelung verlangt nicht allein die Gewährung einer Mitwirkungs*möglichkeit*, sondern sie setzt die tatsächliche Mitwirkung des Verteidigers voraus.[3274] Dies wiederum setzt die Anwesenheit des Verteidigers bei der Vernehmung und die Gewährleistung einer sachgerechten Mitwirkung (z.b. Akteneinsicht, Besprechung mit dem Beschuldigten) voraus.[3275]

II. Anforderungen an den Vortrag der Rüge der Verletzung der § 141 Abs. 3 S. 4 StPO n.F.

- Darzustellen sind die Hintergründe der Vernehmung, insbesondere die Umstände, aus denen sich ergibt, dass sie eine Bedeutung hatte, die die Beiordnung erforderlich machte. **2079**
- Vorzutragen ist auch die Tatsache, dass dem Beschuldigten im mitzuteilenden Zeitpunkt der Vernehmung noch kein Verteidiger beigeordnet worden war und er nicht selbst einen Verteidiger bestellt hatte, ebenso – sofern relevant – die fehlende Anwesenheit des Verteidigers sowie das Fehlen der Voraussetzungen für eine sachgerechte Mitwirkung.
- Der Inhalt der Vernehmungsniederschrift ist vollständig im Wortlaut mitzuteilen. Dies gilt auch für diejenigen Dokumente, die im Rahmen der Vernehmung erörtert wurden (z.b. schriftliches Sachverständigengutachten) oder sonst einen Bezug hierzu aufweisen (z.b. Protokoll einer vorausgegangenen nichtrichterlichen Vernehmung).
- Es ist vorzutragen, wie deren Inhalt zum Gegenstand der Hauptverhandlung gemacht wurde, also durch Verlesung gem. § 254 StPO oder durch Vernehmung der Verhörsperson.
- Es ist vorzutragen, dass der Verwertung rechtzeitig (s. Rn. 2058 ff.) unter Hinweis darauf (Angriffsrichtung!) widersprochen wurde, dass dem Beschuldigten entgegen § 141 Abs. 3 S. 4 StPO im Zeitpunkt der Vernehmung kein Verteidiger beigeordnet worden war. Der Widerspruch und eine etwaige Reaktion des Gerichts sind vollständig und im Wortlaut wiederzugeben.
- Im Falle der Rüge der Verletzung des sachlichen Rechts reicht auch zur Darlegung des Beruhens der Hinweis aus, in welchem Zusammenhang die schriftlichen Urteilsgründe auf die unverwertbaren Angaben des Beschuldigten Bezug nehmen.

3273 *Schlothauer* StV 2017, 557, 558.
3274 *Schlothauer* StV 2017, 557, 559.
3275 Vgl. *BGH* v. 25.7.2000 – 1 StR 169/00 = StV 2000, 593, 596.

Rüge 242

2080 Wurde im Urteil der Inhalt einer früheren Aussage des Angeklagten im Rahmen einer anderen Verfahrensordnung verwertet, zu der er nach dieser Verfahrensordnung verpflichtet war?

I. Rechtsgrundlagen

1. Selbstbelastungsfreiheit

2081 Das BVerfG[3276] hält es für zulässig, dass der Schutz gegen Selbstbezichtigungen vom Gesetzgeber nicht in der Weise sichergestellt wird, dass einem Aussage-, Auskunfts- oder Zeugnispflichtigen ein Schweige- oder Aussageverweigerungsrecht zugestanden wird, um ihn vor der Gefahr der Verfolgung in einem Straf- oder Ordnungswidrigkeitenverfahren zu schützen. Insbesondere zur Erfüllung eines berechtigten Informationsbedürfnisses privater Dritter sei auch eine uneingeschränkte Auskunftspflicht zulässig. Allerdings dürfe eine solche unter Zwang herbeigeführte Selbstbezichtigung gegen den Willen des Betroffenen nicht zweckentfremdet und der Verwertung für eine Strafverfolgung zugeführt werden.

2. Verwertungsverbot bei Pflicht zur Selbstbelastung

2082 Von dieser Möglichkeit hat der Gesetzgeber u.a. im Falle der Auskunftspflicht des Gemeinschuldners im Insolvenzverfahren (§ 97 Abs. 1 S. 3 InsO), des Verletzten eines Urheberrechts (§ 101 Abs. 8 UrhG) sowie einer Marke oder geschäftlichen Bezeichnung (§ 19 Abs. 8 MarkenG) Gebrauch gemacht.[3277] Eine solche Aussage darf danach in einem Strafverfahren oder einem Ordnungswidrigkeitenverfahren nur mit Zustimmung des Aussage- bzw. Auskunftspflichtigen verwendet bzw. verwertet werden. Soweit vorkonstitutionelles Recht eine mit der Möglichkeit der Selbstbelastung verbundene Auskunftspflicht begründet, hat die Rspr. der Auffassung des BVerfG dadurch Rechnung getragen, dass durch eine verfassungskonforme Auslegung der die Auskunftspflicht begründenden Vorschrift eine erzwungene Selbstbelastung im Straf- oder Ordnungswidrigkeitenverfahren nur mit Zustimmung des Auskunftspflichtigen verwertet werden darf.[3278]

Wird in einem solchen Fall im Strafverfahren eine frühere Angabe des jetzigen Angeklagten verwertet, ohne dass er der Verwertung zugestimmt hat, hat das Gericht

---

3276 *BVerfGE* 56, 37 = StV 1981, 213.

3277 Vgl. auch den durch das Gesetz zur Verbesserung der Rechte von Patientinnen und Patienten v. 20.2.2013 (BGBl. I, 277) neu eingeführten § 630c BGB, der ein Verwendungsverbot in Abs. 2 S. 3 enthält; vert. hierzu *Spickhoff* JZ 2015, 15.

3278 Vgl. *BGHSt* 37, 340 = StV 1991, 344 zur Offenbarungspflicht des Schuldners im Zwangsvollstreckungsverfahren (§ 807 ZPO); vgl. aber zu § 807 ZPO n.F. BT-Drucks. 16/10069, S. 30 und *Stam* StV 2015, 130.

das gesetzliche bzw. in verfassungskonformer Auslegung begründete Beweisverwertungsverbot verletzt.

3. Beweisverwertungsverbote dieser Art am Beispiel des § 97 Abs. 1 S. 1 InsO

Nach § 97 Abs. 1 S. 1 InsO ist ein Schuldner verpflichtet, dem Insolvenzgericht, **2083** dem Insolvenzverwalter, dem Gläubigerausschuss und auf Anordnung des Gerichts der Gläubigerversammlung über alle das Verfahren betreffenden Verhältnisse Auskunft zu geben. In diesem Rahmen hat er auch Tatsachen zu offenbaren, die geeignet sind, eine Verfolgung wegen einer Straftat oder einer Ordnungswidrigkeit herbeizuführen. Nach § 97 Abs. 1 S. 3 InsO darf eine solche Auskunft in einem Strafverfahren gegen ihn oder einen in § 52 Abs. 1 StPO bezeichneten Angehörigen des Schuldners nur mit Zustimmung des Schuldners verwendet werden.

Das Beweisverwertungsverbot bezieht sich zunächst auf mündliche oder schriftliche Auskünfte des Schuldners gegenüber den in § 97 Abs. 1 S. 1 InsO aufgeführten Adressaten. Es bezieht sich aber auch auf die Verwendung solcher Unterlagen, bezüglich deren Führung und Vorlage es keine rechtliche Verpflichtung gibt, in denen aber Informationen i.S.d. § 97 Abs. 1 S. 1 InsO festgehalten sind. Derartige Unterlagen dürfen nach Vorlage durch den Gemeinschuldner weder unmittelbar noch mittelbar im Strafverfahren verwendet werden.[3279] Zu beachten ist weiterhin, dass dem Verwertungsverbot des § 97 Abs. 1 S. 3 InsO Fernwirkung zukommt mit der Folge, dass auch mittelbar allein aufgrund der Aussage des Schuldners gewonnene Erkenntnisse nicht zum Nachteil des Angeklagten verwendet werden dürfen.[3280] Informationen, die der Insolvenzschuldner im Rahmen seiner allgemeinen Mitwirkungspflicht nach § 97 Abs. 2 InsO in Form der Übergabe von Geschäftsunterlagen, Handelsbüchern, Bilanzen und sonstigen Unterlagen des Rechnungswesens gibt, können demgegenüber im Strafverfahren Verwendung finden.[3281]

II. Anforderungen an den Vortrag der Rüge der Verletzung des § 97 Abs. 1 S. 3 InsO

• Es muss mitgeteilt werden, dass der Angeklagte bzw. ein Angehöriger des Ange- **2084** klagten i.S.d. § 52 Abs. 1 StPO[3282] Schuldner im Rahmen eines Insolvenzverfahrens ist, das nach Gericht, Aktenzeichen und Beginn konkret zu bezeichnen ist.

• Es ist mitzuteilen, dass der Schuldner dem Insolvenzgericht, dem Insolvenzverwalter, dem Gläubigerausschuss oder auf Anordnung des Gerichts der Gläubi-

---

3279   *Hefendehl* wistra 2003, 1, 9.
3280   *Hefendehl* wistra 2003, 1, 6 f.; ebenso *Dencker* in: FS Meyer-Goßner, 2001, S. 237, 253.
3281   *OLG Celle* v. 19.12.2012 – 32 Ss 164/12 = StV 2013, 555; *ThürOLG* v. 12.8.2010 – 1 Ss 45/10 = NStZ 2011, 172.
3282   Das Angehörigenverhältnis muss konkret dargelegt werden.

gerversammlung Auskunft erteilt hat über die das Verfahren betreffenden Verhältnisse. Deren Inhalt ist wörtlich vorzutragen.

- Es ist weiterhin mitzuteilen, dass der Schuldner diese Auskünfte in Erfüllung seiner Verpflichtung gem. § 97 Abs. 1 S. 1 InsO erteilt hat.
- Nimmt das Urteil Bezug auf verkörperte Unterlagen, zu deren Führung keine Verpflichtung des Schuldners bestand, sind diese im Wortlaut mitzuteilen. Es ist außerdem darzulegen, dass und warum zu deren Führung keine Verpflichtung bestand.
- Es ist weiterhin vorzutragen, dass der Schuldner diese Unterlagen in Erfüllung seiner Verpflichtung nach § 97 Abs. 1 S. 1 InsO vorgelegt hat.
- Es ist vorzutragen, dass der Angeklagte der Verwertung seiner Auskünfte etc. nicht zugestimmt hat. Im Falle der Verwendung von Auskünften des Schuldners in einem Strafverfahren gegen einen Angehörigen i.s.d. § 52 Abs. 1 StPO ist mitzuteilen, dass der Schuldner der Verwendung des Inhalts der Auskünfte nicht zugestimmt hat.
- Verwertet das Urteil Erkenntnisse, die mittelbar aus Auskünften i.s.d. § 97 Abs. 1 S. 1 InsO gewonnen worden sind, ist darzulegen, dass diese ausschließlich aus Auskünften i.s.d. § 97 Abs. 1 S. 1 InsO resultierten.

Sollte der Angeklagte in der Hauptverhandlung zusätzlich der Verwertung widersprochen haben, sind diese Tatsache, der Inhalt des Widerspruchs sowie sein Zeitpunkt und ein daraufhin ggf. ergangener Gerichtsbeschluss mitzuteilen.

Rüge 243

2085   Wurde im Urteil der Inhalt einer früheren Aussage des Angeklagten im Rahmen einer anderen Verfahrensordnung verwertet, die er in Unkenntnis eines ihm nach der einschlägigen gesetzlichen Vorschrift zustehenden Auskunftsverweigerungsrechts gemacht hat?

I. Rechtsgrundlagen

2086   Insbesondere auf dem Gebiet des Arbeits- und Wirtschaftslebens hat der Gesetzgeber zur Durchsetzung staatlicher Überwachungs- und Kontrollrechte Auskunftspflichten normiert, deren Missachtung eine Ordnungswidrigkeit darstellt.[3283] Hier hat der Gesetzgeber zum Schutz gegen Selbstbezichtigungen des Auskunftspflichtigen an der Vorschrift des § 55 Abs. 1 StPO orientierte Auskunftsverweigerungs-

---

3283   Vgl. den Überblick insbesondere bei *H. A. Wolff* Selbstbelastung und Verfahrenstrennung, 1997, S. 149 Fn. 184 und bei *Böse* Wirtschaftsaufsicht und Strafverfolgung, 2005, S. 204 Fn. 27.

rechte normiert.[3284] Nur in wenigen Gesetzen wird dieses Auskunftsverweigerungsrecht um die Pflicht der jeweiligen Aufsichtsbehörde ergänzt, den Auskunftspflichtigen wie nach § 55 Abs. 2 StPO über die Existenz dieses Auskunftsverweigerungsrechts zu belehren. Gleichwohl darf eine solche Aussage im Strafverfahren nicht verwertet werden, wenn dem Auskunftspflichtigen die Existenz eines ihm zustehenden Auskunftsverweigerungsrechts unbekannt war, es sei denn, dass er der Verwertung dieser Aussage im Strafverfahren zustimmt.[3285]

II. Anforderungen an den Vortrag der Rüge des Verstoßes gegen ein Beweisverwertungsverbot selbstbelastender Angaben im Rahmen einer nicht strafprozessualen Verfahrensordnung

Hat der Angeklagte im Rahmen einer eine Auskunftspflicht beinhaltenden Verfahrensordnung als Auskunftspflichtiger Angaben und von einem ihm zustehenden Auskunftsverweigerungsrecht keinen Gebrauch gemacht, ist mitzuteilen, **2087**

- der Inhalt der in dem betreffenden Verfahren von dem jetzigen Angeklagten gemachten Angaben vollständig im Wortlaut,
- dass dem Angeklagten in diesem Verfahren ein Auskunftsverweigerungsrecht zustand und die Voraussetzungen für eine solche Auskunftsverweigerung vorlagen,
- dass der Auskunftspflichtige von der Existenz dieses Auskunftsverweigerungsrechts keine Kenntnis hatte,[3286] bei Vorschriften, die eine Belehrungspflicht bzgl. des Auskunftsverweigerungsrechts vorsehen, insbes. keine Belehrung erfolgte,
- dass die betreffenden Angaben in die Hauptverhandlung eingeführt worden sind einschließlich der Art und Weise, wie dies geschehen ist und
- der Angeklagte der Verwertung dieser Angaben im Rahmen des Strafverfahrens nicht zugestimmt hat.

3284 Vgl. nur § 17 Abs. 3 HwO, § 29 Abs. 3 GewO, § 44 Abs. 2 LFGB, § 13 Abs. 1 ASiG.
3285 *Schlothauer* in: FS Fezer, 2008, S. 267.
3286 Im Strafverfahren ist hiervon auszugehen, wenn dem Angeklagten das Gegenteil nicht nachgewiesen werden kann.

Rüge 244

2088 Wurden im Urteil Tatsachen oder Beweismittel zum Nachweis einer Straftat verwendet, die keine Steuerstraftat ist, die der Steuerpflichtige der Finanzbehörde vor Einleitung des Strafverfahrens oder in Unkenntnis der Einleitung des Strafverfahrens in Erfüllung steuerrechtlicher Pflichten offenbart hat (§ 393 Abs. 2 AO)?

I. Rechtsgrundlagen

2089 Wird durch ein Steuerstraf- oder Bußgeldverfahren ein Nichtsteuerdelikt entdeckt, steht seiner Mitteilung an die Strafverfolgungsbehörden nichts entgegen (§ 30 Abs. 4 Nr. 4a AO). Im Besteuerungsverfahren wird auch dem beschuldigten/angeklagten Steuerpflichtigen kein Schweigerecht zugestanden.[3287] Dementspr. umfasst die dort bestehende Offenbarungspflicht nicht nur Angaben zu Steuerstraftaten oder -ordnungswidrigkeiten, sondern auch die Bekanntgabe anderen strafbaren Verhaltens, wenn es für die Besteuerung von Bedeutung ist (§§ 40, 90, 200 AO).[3288] Jedoch verhindert das Steuergeheimnis die Weitergabe solcher Informationen, die auf von dem Steuerpflichtigen selbst mitgeteilten Tatsachen beruhen. Der Absicherung des Steuergeheimnisses dient § 393 Abs. 2 S. 1 AO, wonach für die Verfolgung einer Straftat, die keine Steuerstraftat ist, ein Verwertungsverbot bezüglich solcher Tatsachen oder Beweismittel besteht, die die Staatsanwaltschaft oder das Gericht aus Mitteilungen des Steuerpflichtigen gewonnen haben, die dieser in Erfüllung steuerlicher Pflichten in Unkenntnis eines Steuerverfahrens dem Finanzamt mitgeteilt hat. Eine Ausnahme besteht lediglich bezüglich solcher Straftaten, an deren Verfolgung ein zwingendes öffentliches Interesse i.S.d. § 30 Abs. 4 Nr. 5 AO besteht (§ 393 Abs. 2 S. 2 AO).

Wird gegen dieses Beweisverwertungsverbot verstoßen, ist dies grundsätzlich mit der Verfahrensrüge zu beanstanden.

II. Anforderungen an den Vortrag der Rüge der Verletzung des § 393 Abs. 2 AO[3289]

2090 Es muss vorgetragen werden, dass der Angeklagte als Steuerpflichtiger Angaben gegenüber dem betreffenden Finanzamt u.a. zu einer Nicht-Steuerstraftat gemacht hat. Die betreffende Steuererklärung nebst Anlagen sowie sonstige schriftliche Eingaben

---

3287   *BGHSt* 47, 8, 13 = StV 2001, 573; *BGH* StV 2005, 316; vgl. auch *BFH* v. 15.4.2015 – VIII R 1/13 = wistra 2015, 479. Allerdings ist nach § 393 Abs. 1 AO der Einsatz von Zwangsmitteln untersagt, soweit der Steuerpflichtige Steuerstraftaten offenbaren müßte, nachdem gegen ihn wegen einer solchen Tat ein Strafverfahren eingeleitet worden ist. Unterbleibt hierüber die nach § 393 Abs. 1 S. 2 AO gebotene Belehrung, hat das für das Steuerstrafverfahren ein Verwendungsverbot zur Folge: *BGH* StV 2005, 316, 318 u. *BGH* StV 2005, 500.

3288   Vgl. *BVerfG* v. 27.4.2010 – 2 BvL 13/07 = wistra 2010, 341; *BGH* v. 16.4.2014 – 1 StR 516/13 = NJW 2014, 1975 m. abl. Anm. *Reichling* HRRS 2014, 473; vert. *Neuhaus* ZAP F. 22, S. 323.

3289   Im Anschluss an *Neuhaus* ZAP F. 22, S. 339, 344.

sind wörtlich unter Angabe des Aktenzeichens des Veranlagungsfinanzamts, der Steuerart und des Veranlagungszeitraums in der Revisionsbegründung mitzuteilen.

Es ist darzulegen, dass der Angeklagte diese Angaben in Erfüllung steuerlicher Pflichten machte. Dazu können auch Angaben gehören, die im Rahmen einer Selbstanzeige nach § 371 AO gemacht werden.[3290]

Die Angaben müssen vor Einleitung oder in Unkenntnis der Einleitung eines Strafverfahrens gemacht worden sein. Es ist dazu zum einen der Zeitpunkt mitzuteilen, zu dem der Angeklagte die betreffenden Angaben gegenüber der Finanzbehörde gemacht hat, zum anderen der Zeitpunkt der Einleitung eines Strafvahrens bzw. deren Mitteilung an den Angeklagten.

Dass Angaben des Angeklagten zu dessen Nachteil bei der Verurteilung wegen einer Straftat verwendet wurden, die keine Steuerstraftat ist, kann den Urteilsgründen entnommen werden, auf deren Inhalt das Revisionsgericht zugreifen kann, wenn das Urteil mit der allgemeinen Sachrüge angegriffen worden ist.

Es ist im Einzelnen darzulegen (Negativtatsache), dass nach § 30 Abs. 4 Nr. 5 AO kein zwingendes öffentliches Interesse an der Verfolgung der Nicht-Steuerstraftat bestand.[3291]

Für den Fall, dass der Verwertung der Angaben des steuerpflichtigen Angeklagten in der Hauptverhandlung widersprochen worden ist, ist die Tatsache und der Zeitpunkt sowie der Inhalt des betreffenden Widerspruchs mitzuteilen. Dies gilt auch für den Inhalt einer gerichtlichen Entscheidung, falls der Widerspruch vor oder in der Hauptverhandlung zurückgewiesen worden ist.

Rüge 245

Verwertet das Urteil Angaben des Angeklagten, die dieser im Rahmen einer richterlichen **2091**
Vernehmung (§§ 168c Abs. 1, 233 Abs. 2 StPO) gemacht hat, bezüglich derer es unterblieben ist, den Verteidiger (§§ 168c Abs. 5, 233 Abs. 3 StPO) bzw. im Falle eines jugendlichen Beschuldigten dessen Erziehungsberechtigten oder gesetzlichen Vertreter (§ 67 Abs. 1 JGG) zu benachrichtigen, oder ist dessen Erklärungs- bzw. Fragerecht missachtet worden (§ 168c Abs. 1 S. 2 StPO)?

I. Rechtsgrundlagen

Wird ein Beschuldigter richterlich vernommen (vgl. §§ 168c Abs. 1, 233 Abs. 2 **2092**
StPO), ist von dem Termin der Vernehmung vorher der zu diesem Zeitpunkt bereits beauftragte bzw. beigeordnete Verteidiger zu benachrichtigen (§§ 168c Abs. 1 S. 1,

---

3290   Siehe dazu im Einzelnen *Neuhaus* ZAP F. 22, S. 325.
3291   Zu Einzelheiten s. *Joecks/Jäger/Randt* Steuerstrafrecht[8] § 393 Rn. 70 ff.

Abs. 5, 233 Abs. 3 StPO); im Falle eines jugendlichen Beschuldigten dessen Erziehungsberechtigter oder gesetzlicher Vertreter (§ 67 Abs. 1 JGG).[3292] Dem Verteidiger ist Gelegenheit zu geben, sich zu erklären oder Fragen an den Beschuldigten zu stellen, § 168c Abs. 1 S. 2 StPO. Hierzu gehört auch, dass die Möglichkeit der Akteneinsicht und einer sich daran anschließenden Besprechung mit dem Beschuldigten besteht.[3293]

Auch wenn es sich bei der Anhörung im Vollstreckungsverfahren nach § 454 Abs. 1 S. 3 StPO, der nach § 463 Abs. 3 StPO auch bei Aussetzungsentscheidungen über die Vollstreckung von Maßregeln gilt, nicht um eine förmliche Vernehmung i.S.d. §§ 163a (vgl. hierzu Rüge 246), 168c StPO handelt, gebietet es der im Rechtsstaatsprinzip verwurzelte Grundsatz des fairen Verfahrens, dem Verteidiger in entspr. Anwendung der §§ 163a, 168c StPO auch hier die Teilnahme zu gestatten.[3294]

Eine Gefährdung des Untersuchungserfolges gem. § 168c Abs. 5 StPO als Grund für die Nichtbenachrichtigung des Verteidigers scheidet im Falle der richterlichen Vernehmung des Beschuldigten praktisch aus; bei der richterlichen Vernehmung des Beschuldigten nach § 233 Abs. 2 StPO sieht § 233 Abs. 3 StPO eine entspr. Klausel ohnehin nicht vor. Bei Erziehungsberechtigten bzw. gesetzlichen Vertretern eines jugendlichen Beschuldigten darf die Benachrichtigung unterbleiben, soweit diese verdächtig sind, an der Verfehlung des Beschuldigten beteiligt zu sein oder soweit sie wegen einer Beteiligung bereits verurteilt worden sind (§ 67 Abs. 4 JGG).[3295]

2093 Ist die Benachrichtigung unterblieben, obwohl kein Ausnahmetatbestand vorlag und nahm der Verteidiger bzw. Erziehungsberechtigte oder gesetzliche Vertreter infolge Unkenntnis von dem Termin an der Vernehmung nicht teil, begründet die Verletzung der §§ 168c Abs. 5, 233 Abs. 3 StPO, § 67 Abs. 1 JGG ein Beweisverwertungsverbot. Entsprechendes gilt, wenn das Erklärungs- bzw. Fragerecht des Verteidigers missachtet wurde. Die richterliche Vernehmungsniederschrift ist (auch in den Grenzen des § 254 StPO) nicht verwertbar, wenn in der Hauptverhandlung rechtzeitig Widerspruch erhoben wurde.[3296] Auch die Vernehmung des Richters kommt unter diesen Voraussetzungen nicht in Betracht.[3297] Demgegenüber gestattet die Rspr. eine Verwertung der Vernehmungsniederschrift als nichtrichterliches Protokoll mit geringerem Beweiswert unter der Voraussetzung, dass die Verfahrensbeteiligten auf diese Form der beabsichtigten Verwertung hingewiesen wurden.[3298]

3292 LR-*Erb*[26] § 168c Rn. 21.
3293 *BGH* v. 25.7.2000 – 1 StR 169/00 = StV 2000, 593, 596.
3294 *OLG Hamm* v. 16.6.2015 – III – 4 Ws 200/15 = StV 2016, 177.
3295 In diesen Fällen ist nach § 67 Abs. 4 S. 3 JGG dem jugendlichen Beschuldigten ein Pfleger zur Wahrnehmung seiner Interessen im anhängigen Strafverfahren beizuordnen.
3296 LR-*Erb*[26] § 168c Rn. 56.
3297 LR-*Erb*[26] § 168c Rn. 56a, 58.
3298 Nähere Nachweise bei LR-*Erb*[26] § 168c Rn. 58.

II. Anforderungen an den Vortrag der Rüge der Verletzung der §§ 168c Abs. 1, 233 Abs. 2 StPO, § 67 Abs. 1 JGG

- Im Ermittlungsverfahren ist durch den Ermittlungsrichter nach § 168c Abs. 2 StPO bzw. nach Anklageerhebung nach § 233 Abs. 2 StPO durch den zuständigen Richter die Vernehmung des Beschuldigten/Angeklagten durchgeführt worden. **2094**

- Von diesem Vernehmungstermin (Zeitangabe erforderlich) ist der Verteidiger des Beschuldigten (die Begründung des Verteidigungsverhältnisses und der Zeitpunkt sind darzulegen[3299]), der **vor** der Vernehmung gegenüber den Ermittlungsbehörden bzw. dem Gericht die Übernahme der Verteidigung bereits angezeigt hatte bzw. der als Pflichtverteidiger zu diesem Zeitpunkt bereits beigeordnet worden war (die betreffenden Zeitpunkte sind mitzuteilen), nicht benachrichtigt worden.[3300] Bei einem jugendlichen Beschuldigten sind dessen Erziehungsberechtigte bzw. gesetzlichen Vertreter (§ 67 Abs. 3 JGG) nicht benachrichtigt worden.

- Es ist (Negativtatsache) mitzuteilen, dass die zu benachrichtigenden Personen nicht auf ihre Anwesenheit verzichtet haben.

- Entsprechendes ist mitzuteilen, wenn ein Verstoß gegen das Erklärungs- bzw. Fragerecht gerügt wird. Vorzutragen ist u.U. auch, dass Akteneinsicht und/oder eine nachfolgende Besprechung mit dem Beschuldigten nicht ermöglicht wurden.

- Es ist mitzuteilen, dass der Vernehmung des Ermittlungsrichters bzw. desjenigen Richters, der gem. § 233 Abs. 2 StPO die Vernehmung des Beschuldigten bzw. Angeklagten durchgeführt hat, rechtzeitig in der Hauptverhandlung widersprochen worden ist. Zeitpunkt und Inhalt des Widerspruchs sowie eine ggf. daraufhin ergangene gerichtliche Entscheidung sind mitzuteilen.

- Ist die richterliche Vernehmung in der Hauptverhandlung verlesen worden, ist mitzuteilen, dass der Verlesung widersprochen worden ist. Zeitpunkt und Inhalt des Widerspruchs sowie eine ggf. daraufhin ergangene gerichtliche Entscheidung sind mitzuteilen.

- Es bedarf der vollständigen wörtlichen Mitteilung des Inhalts der richterlichen Vernehmungsniederschrift.[3301]

- Vorsorglich sollte vorgetragen werden, dass im Falle der Verlesung der Niederschrift kein Hinweis darauf erfolgte, dass diese nur als nichtrichterliches Protokoll verwertet werden solle.

3299 Das Datum des Eingangs des Bestellungsschreibens bei der Staatsanwaltschaft bzw. dem Gericht bzw. des Beiordnungsbeschlusses ist mitzuteilen.

3300 Der *BGH* (StV 2006, 228 m. **abl.** Anm. *Wohlers*) hat offengelassen, ob eine Benachrichtigungspflicht auch dann besteht, wenn erst im Verlauf der richterlichen Vernehmung ein Pflichtverteidiger bestellt wird. Sollte eine Benachrichtigungspflicht in einem solchen Fall verneint werden, würde die mit der Bestellung eines Verteidigers bezweckte Effektivierung von Beschuldigtenrechten in einem wesentlichen Punkt faktisch leerlaufen.

3301 Vgl. *BGH* StV 2006, 228 m. *abl.* Anm. *Wohlers*.

- Es muss ausdrücklich vorgetragen werden (Negativtatsache), dass der Verfahrensfehler nicht dadurch geheilt worden ist, dass die Vernehmung des Beschuldigten/Angeklagten nach vorheriger Benachrichtigung des Verteidigers (im Falle eines jugendlichen Beschuldigten der Erziehungsberechtigten bzw. des gesetzlichen Vertreters) nach qualifizierter Belehrung über die Unverwertbarkeit des Inhalts der vorangegangenen Vernehmung wiederholt und der Inhalt der neuen Vernehmung in die Hauptverhandlung eingeführt und bei der Urteilsfindung verwertet worden ist.

- Bei Nichtbenachrichtigung der Erziehungsberechtigten und des gesetzlichen Vertreters muss vorgetragen werden (Negativtatsache), dass dem Erziehungsberechtigten bzw. gesetzlichen Vertreter nicht das Anwesenheitsrecht gem. § 67 Abs. 4 JGG entzogen worden ist bzw. im Falle der Entziehung die Bestellung und/oder Benachrichtigung eines Pflegers zur Wahrnehmung der Interessen des Beschuldigten im Strafverfahren unterblieben ist.

Rüge 246

2095 Verwendet das Urteil Angaben des Beschuldigten im Rahmen einer staatsanwaltschaftlichen Vernehmung, bei der die Benachrichtigung eines zu diesem Zeitpunkt beauftragten bzw. beigeordneten Verteidigers bzw. bei einem jugendlichen Angeklagten die Benachrichtigung der Erziehungsberechtigten oder des gesetzlichen Vertreters unterblieben ist (§§ 163a Abs. 3, 168c Abs. 1 und 5 StPO, § 67 Abs. 1 JGG)?

I. Rechtsgrundlagen

2096 Angaben des Beschuldigten, die dieser im Rahmen einer staatsanwaltschaftlichen Vernehmung gemacht hat, können nicht durch Verlesung in die Hauptverhandlung eingeführt werden. Dies würde einen Verfahrensfehler begründen.[3302] Die Aussage darf auch nicht durch Vernehmung des seinerzeit mit der Durchführung der Vernehmung des Beschuldigten befassten Staatsanwalts bzw. einer anderen bei der Vernehmung anwesenden Person in die Hauptverhandlung eingeführt werden.[3303]

[3302] Siehe Rüge 149 Rn. 1347. Die Ausführungen zur Verlesbarkeit nach § 251 Abs. 2 S. 1 StPO a.F. bei LR-*Rieß*[25] § 163a Rn. 125 bzw. nach § 251 Abs. 1 StPO bei LR-*Erb*[26] § 163a Rn. 121 können sich nur auf die Angaben eines Mitbeschuldigten beziehen. Eine Verletzung des § 163a Abs. 3 S. 2 i.V.m. § 168c Abs. 1, Abs. 5 StPO durch Nichtbenachrichtigung des Verteidigers eines Mitbeschuldigten dürfte aber in Konsequenz der Rechtskreistheorie des *BGH* eine Verfahrensrüge des verurteilten Angeklagten nicht begründen können.

[3303] LR-*Erb*[26] § 163a Rn. 121 i.V.m. § 168c Rn. 58. Der *BGH* hat sich – soweit ersichtlich – mit dieser Fallgestaltung bislang nicht befassen müssen.

II. Anforderungen an den Vortrag der Rüge der Verletzung der §§ 163a Abs. 3 S. 2 i.V.m. 168c Abs. 1 und 5 StPO durch Nichtbenachrichtigung des Verteidigers bzw. der Erziehungsberechtigten oder des gesetzlichen Vertreters eines jugendlichen Beschuldigten (§ 67 Abs. 1 JGG)

- Im Ermittlungsverfahren ist durch einen Staatsanwalt nach § 163a Abs. 3 StPO die Vernehmung des Beschuldigten durchgeführt worden. **2097**

- Von diesem Vernehmungstermin ist der Verteidiger des Beschuldigten, der vor der Vernehmung gegenüber den Ermittlungsbehörden die Übernahme der Verteidigung bereits angezeigt hatte (die Begründung des Verteidigungsverhältnisses und der Zeitpunkt sind konkret darzulegen[3304]) bzw. der als Pflichtverteidiger zu diesem Zeitpunkt bereits beigeordnet worden war, nicht benachrichtigt worden. Bei einem jugendlichen Beschuldigten sind dessen Erziehungsberechtigte bzw. der gesetzliche Vertreter (§ 67 Abs. 3 JGG) nicht benachrichtigt worden.[3305]

- Es ist (Negativtatsache) mitzuteilen, dass die zu benachrichtigenden Personen nicht auf ihre Anwesenheit verzichtet haben.

- Es ist mitzuteilen, dass die Aussage des Beschuldigten gegenüber der Staatsanwaltschaft durch Vernehmung des seinerzeitigen Staatsanwalts bzw. eines sonstigen der Vernehmung beiwohnenden Teilnehmers in die Hauptverhandlung eingeführt und dieser rechtzeitig widersprochen worden ist. Zeitpunkt und Inhalt des Widerspruchs sowie eine ggf. daraufhin ergangene gerichtliche Entscheidung sind mitzuteilen.

- Der Inhalt der staatsanwaltschaftlichen Vernehmung ist durch wörtliche Wiedergabe der betreffenden Vernehmungsniederschrift mitzuteilen.

- Es muss ausdrücklich vorgetragen werden (Negativtatsache), dass der Verfahrensfehler nicht dadurch geheilt worden ist, dass die Vernehmung des Beschuldigten nach vorheriger Benachrichtigung des Verteidigers (im Falle eines jugendlichen Beschuldigten der Erziehungsberechtigten bzw. des gesetzlichen Vertreters) und nach qualifizierter Belehrung über die Unverwertbarkeit des Inhalts der ursprünglichen Vernehmung wiederholt und der Inhalt dieser Vernehmung in die Hauptverhandlung eingeführt und bei der Urteilsfindung verwertet worden ist.

- Bei Nichtbenachrichtigung der Erziehungsberechtigten und des gesetzlichen Vertreters muss vorgetragen werden (Negativtatsache), dass dem Erziehungsberechtigten bzw. gesetzlichen Vertreter nicht das Anwesenheitsrecht gem. § 67 Abs. 4 JGG entzogen worden ist bzw. im Falle der Entziehung die Bestellung und/oder Benachrichtigung eines Pflegers zur Wahrnehmung der Interessen des Beschuldigten im Strafverfahren unterblieben ist.

3304   Das Datum des Eingangs des Bestellungsschreibens bei der Staatsanwaltschaft bzw. dem Gericht bzw. des Beiordnungsbeschlusses ist mitzuteilen.

3305   Zum Anwesenheitsrecht der Erziehungsberechtigten und des gesetzlichen Vertreters bei einer staatsanwaltschaftlichen Vernehmung s. LR-*Erb*[26] § 163a Rn. 65.

Rüge 246a

2098 Verwendet das Urteil Angaben eines jugendlichen Beschuldigten im Rahmen einer polizeilichen, staatsanwaltschaftlichen oder richterlichen Vernehmung, bei der die Benachrichtigung seiner Erziehungsberechtigten oder seines gesetzlichen Vertreters unterblieben ist (§§ 163a Abs. 1 und 4, 168c Abs. 1 StPO, § 67 Abs. 1 JGG)?

I. Rechtsgrundlagen

2099 Nach § 67 Abs. 1 JGG haben die Erziehungsberechtigten und gesetzlichen Vertreter nicht nur ein Anwesenheitsrecht bei jeder Vernehmung eines jugendlichen Beschuldigten,[3306] wenn ihnen nicht bei Teilnahmeverdacht und Missbrauch die Rechte nach Maßgabe des § 67 Abs. 4 JGG entzogen werden.[3307] Dem Anwesenheitsrecht korrespondiert die Pflicht, Erziehungsberechtigte und gesetzliche Vertreter über den Vernehmungstermin zu benachrichtigen, da ansonsten das Anwesenheitsrecht leerliefe.[3308] Ein Verstoß gegen die Verpflichtung, Erziehungsberechtigte und gesetzliche Vertreter über den Termin der Vernehmung des jugendlichen Beschuldigten zu benachrichtigen, begründet ein Verwertungsverbot für die im Rahmen dieser Vernehmung getätigte Aussage.[3309]

II. Anforderungen an den Vortrag der Rüge der Verletzung des § 163a Abs. 4 StPO, § 67 Abs. 1 JGG durch Nichtbenachrichtigung der Erziehungsberechtigten oder des gesetzlichen Vertreters eines jugendlichen Beschuldigten

2100 • Im Ermittlungsverfahren ist durch einen Polizeibeamten, Staatsanwalt oder Richter nach §§ 163a Abs. 1 und 4, 168c Abs. 1 StPO die Vernehmung des jugendlichen Beschuldigten durchgeführt worden. Es ist das Alter des Beschuldigten im Zeitpunkt seiner Vernehmung anzugeben.

• Von diesem Vernehmungstermin sind die Erziehungsberechtigten bzw. der gesetzliche Vertreter des jugendlichen Beschuldigten nicht benachrichtigt worden.

• Es ist mitzuteilen, dass die Aussage des Beschuldigten durch Vernehmung des betreffenden Beamten, Staatsanwalts oder Richters bzw. eines sonstigen der Vernehmung beiwohnenden Teilnehmers in die Hauptverhandlung eingeführt[3310] und diesem Vorgang rechtzeitig widersprochen worden ist. Zeitpunkt

---

3306 *Ostendorf* JGG[10], § 67 Rn. 10; LR-*Erb*[26] § 163a Rn. 99.

3307 Nach § 67 Abs. 4 S. 3 JGG ist dem Beschuldigten in diesem Fall durch das Familiengericht ein Pfleger zur Wahrnehmung seiner Interessen im anhängigen Strafverfahren zu bestellen.

3308 *Ostendorf* JGG[10], § 67 Rn. 10; *Möller* NStZ 2012, 113, 116 m.w.N.

3309 *LG Saarbrücken* NStZ 2012, 167; *Möller* NStZ 2012, 113, 119; wohl auch *Ostendorf* JGG[10], § 67 Rn. 19.

3310 Ist die Aussage gegenüber einem Richter durch Verlesung nach § 254 StPO in die Hauptverhandlung eingeführt worden, ist dieses vorzutragen.

und Inhalt des Widerspruchs sowie eine ggf. daraufhin ergangene gerichtliche Entscheidung sind mitzuteilen.

- Es ist vorzutragen (Negativtatsache), dass dem Erziehungsberechtigten bzw. dem gesetzlichen Vertreter nicht das Anwesenheitsrecht gem. § 67 Abs. 4 JGG entzogen worden ist bzw. im Falle der Entziehung die Bestellung und Benachrichtigung eines Pflegers zur Wahrnehmung der Interessen des Beschuldigten im Strafverfahren unterblieben ist.

- Es ist vorsorglich vorzutragen (Negativtatsache), dass der Verfahrensfehler nicht dadurch geheilt worden ist, dass die Vernehmung des Beschuldigten nach vorheriger Benachrichtigung der Erziehungsberechtigten bzw. des gesetzlichen Vertreters und nach qualifizierter Belehrung über die Unverwertbarkeit des Inhalts der ursprünglichen Vernehmung wiederholt und der Inhalt dieser Vernehmung in der Hauptverhandlung eingeführt und bei der Urteilsfindung verwertet worden ist.

Rüge 246b

Verwertet das Urteil Angaben des Angeklagten, die dieser nach vorläufiger Festnahme nach den §§ 127, 127b StPO, nach Inhaftierung aufgrund eines Haftbefehls (§§ 114, 230 Abs. 2, 236, 329 Abs. 3, 412 StPO) bzw. nach Festhalten zum Zwecke der Identitätsfeststellung nach §§ 163b, 163c StPO gemacht hat, ohne dass er zuvor darüber ordnungsgemäß belehrt wurde, dass er das Recht hat, sich zur Beschuldigung zu äußern oder nicht zur Sache auszusagen und jederzeit, auch schon vor seiner Vernehmung, einen von ihm zu wählenden Verteidiger zu befragen (§ 114b Abs. 1, Abs. 2 Nr. 2, Nr. 4 StPO)? **2101**

Die Belehrungspflichten korrespondieren zunächst mit denjenigen, die bei jeder Vernehmung eines Beschuldigten durch einen Richter (§ 136 Abs. 1 StPO), einen Staatsanwalt (§ 163a Abs. 3 S. 2 StPO) und einen Beamten des Polizeidienstes (§ 163a Abs. 4 StPO) zu beachten sind.[3311] Ihre Verletzung führt mithin zur Unverwertbarkeit von allen Äußerungen des Beschuldigten, die ohne Belehrung erfolgten.[3312] Für die Rügevoraussetzungen gelten die Ausführungen bei Rüge 240, Rn. 2038 ff. und Rüge 241, Rn. 2066 ff. **2102**

Da der verhaftete, vorläufig festgenommene bzw. festgehaltene Beschuldigte unverzüglich (§ 114b Abs. 1 S. 1 StPO) über seine Rechte zu belehren ist,[3313] stellt **2103**

3311   Zur besonderen Belehrung bei Jugendlichen und Heranwachsenden s. §§ 70a Abs. 1, 109 Abs. 1 S. 1 JGG (hierzu Rn. 2042).

3312   *Schlothauer/Weider/Nobis* Untersuchungshaft[5] Rn. 145.

3313   Für die vorläufige Festnahme und für das Festhalten zum Zwecke der Identitätsfeststellung verweisen die §§ 127 Abs. 4, 127b Abs. 1 S. 2 u. 163c Abs. 1 S. 3 StPO auf die entspr. Anwendbarkeit des § 114b StPO.

sich in diesen Fällen nicht mehr die häufig schwer zu klärende Frage, ob der Beschuldigte vor informatorischen Vorgesprächen oder im Zusammenhang mit der Festnahme bzw. Inhaftierung stehenden Spontanäußerungen ordnungsgemäß zu belehren war.[3314] In den Fällen einer Inhaftierung i.S.d. § 140 Abs. 1 Nr. 4 StPO muss dem Beschuldigten unverzüglich (§ 141 Abs. 3 S. 4 StPO) ein Verteidiger beigeordnet werden, anderenfalls seine Aussagen aus diesem Grund einem Verwertungsverbot unterliegen.[3315]

Rüge 246c

2104 Verwendet das Urteil Angaben eines verhafteten, vorläufig festgenommenen oder zum Zwecke der Identitätsfeststellung festgehaltenen jugendlichen Beschuldigten im Rahmen einer richterlichen, staatsanwaltschaftlichen oder polizeilichen Vernehmung, bei der es unterblieben ist, ihn darüber zu belehren, dass er das Recht hat, seine Erziehungsberechtigten oder seine gesetzlichen Vertreter (§ 67 Abs. 1 JGG) zu benachrichtigen, soweit der Zweck der Untersuchung dadurch nicht gefährdet worden wäre (§ 114b Abs. 2 S. 1 Nr. 6 StPO) oder wurde es ihm verwehrt, seine Erziehungsberechtigten oder gesetzlichen Vertreter (§ 67 Abs. 1 JGG) zu benachrichtigen, sofern der Zweck der Untersuchung dadurch nicht gefährdet worden wäre (§ 114c Abs. 1 StPO)?

I. Rechtsgrundlagen

2105 Nach § 114b Abs. 2 S. 1 Nr. 6 StPO ist ein verhafteter Beschuldigter[3316] unverzüglich darüber zu belehren, dass er das Recht hat, einen Angehörigen oder eine Person seines Vertrauens zu benachrichtigen, soweit der Zweck der Untersuchung dadurch nicht gefährdet wird. Nach § 114c Abs. 1 StPO muss ihm unverzüglich Gelegenheit gegeben werden, einen Angehörigen oder eine Person seines Vertrauens zu benachrichtigen, sofern der Zweck der Untersuchung dadurch nicht gefährdet wird. Bei jugendlichen Beschuldigten konkretisiert sich die Verpflichtung auf Erziehungsberechtigte und gesetzliche Vertreter (§ 67 Abs. 1 JGG).[3317] Dieses Recht auf „Elternkonsultation" entspricht dem Recht auf Verteidigerkonsultation.[3318] Angesichts die-

---

3314 *Schlothauer/Weider/Nobis* Untersuchungshaft[5], Rn. 145.
3315 Siehe Rüge 245 Rn. 2092 für richterliche Vernehmungen und Rüge 241a Rn. 2074.
3316 Die Norm gilt gleichermaßen für Verhaftungen aufgrund von Haftbefehlen nach den Bestimmungen der §§ 230 Abs. 2, 236, 329 Abs. 3 u. 412 StPO sowie für eine vorläufige Festnahme sowie das Festhalten zum Zwecke der Identitätsfeststellung (Verweise in §§ 127 Abs. 4, 127b Abs. 1 S. 2 u. 163c Abs. 1 S. 3 StPO).
3317 Zu den besonderen Belehrungsanforderungen bei jugendlichen Beschuldigten s. § 70a Abs. 1 S. 1 JGG (hierzu Rn. 2042).
3318 *Möller* NStZ 2012, 113, 116 m.w.N. auf die h.M. im jugendstrafrechtlichen Schrifttum (Fn. 31).

ses Gewichts eines Verstoßes gegen das „Elternkonsultationsrecht" unterliegen alle Angaben und Aussagen des jugendlichen Beschuldigten in dieser Situation einem Beweisverwertungsverbot.[3319] Das Beweisverwertungsverbot wird im Falle eines Verstoßes gegen § 114b Abs. 2 S. 1 Nr. 6 StPO nicht dadurch hinfällig, dass der jugendliche Beschuldigte auf eine Benachrichtigung seiner Erziehungsberechtigten oder gesetzlichen Vertreter verzichtet hat.[3320]

II. Anforderungen an den Vortrag der Rüge der Verletzung der §§ 114b Abs. 2 S. 1 Nr. 6, 114c Abs. 1 StPO, § 67 Abs. 1 JGG wegen Verletzung des „Elternkonsultationsrechts"

- Das Urteil verwertet eine Aussage des jugendlichen Beschuldigten, die dieser **2106** nach Verhaftung, vorläufiger Festnahme oder Festhalten zum Zwecke der Identitätsfeststellung gemacht hat. Das Alter des Beschuldigten im Zeitpunkt seiner Vernehmung ist mitzuteilen.

- Der jugendliche Beschuldigte wurde nicht unverzüglich nach seiner Verhaftung, vorläufigen Festnahme oder Festhalten darüber belehrt, dass er das Recht habe, seine Erziehungsberechtigten oder gesetzlichen Vertreter zu benachrichtigen.

- Alternativ: Dem Beschuldigten wurde nicht unverzüglich Gelegenheit gegeben, seine Erziehungsberechtigten oder gesetzlichen Vertreter über die Tatsache seiner Verhaftung, vorläufigen Festnahme oder Festhalten zum Zwecke der Identitätsfeststellung zu benachrichtigen.

- Es ist vorzutragen (Negativtatsache), dass durch die Benachrichtigung nicht der Zweck der Untersuchung gefährdet worden wäre bzw. Umstände vorlagen, wonach dem Erziehungsberechtigten bzw. gesetzlichen Vertreter gem. § 67 Abs. 4 JGG seine Rechte entzogen worden sind oder hätten entzogen werden dürfen.

- Der Inhalt der richterlichen, staatsanwaltschaftlichen oder polizeilichen Vernehmung ist durch wörtliche Wiedergabe der betreffenden Vernehmungsniederschrift mitzuteilen.

- Es ist mitzuteilen, dass der Verlesung der Vernehmungsniederschrift bzw. Vernehmung der Verhörsperson rechtzeitig widersprochen worden ist. Zeitpunkt und Inhalt des Widerspruchs sowie eine ggf. daraufhin ergangene gerichtliche Entscheidung sind mitzuteilen.

- Es ist vorzutragen (Negativtatsache), dass der Verfahrensfehler nicht dadurch geheilt worden ist, dass die Vernehmung des Beschuldigten nach vorheriger Belehrung gem. § 114b Abs. 2 S. 1 Nr. 6 StPO bzw. Benachrichtigung gem.

3319 *OLG Celle* StraFo 2010, 114; *LG Saarbrücken* NStZ 2012, 167; *Möller* NStZ 2012, 113, 118 f.

3320 Ein Jugendlicher kann erst dann wirksam auf eine Unterstützung der Eltern in Form ihrer Anwesenheit und der damit einhergehenden Beistands- und Beratungsleistung verzichten, wenn zuvor eine Besprechung mit diesen über seine Verteidigung stattgefunden hat: *Möller* NStZ 2012, 113, 117 m.w.N.

§ 114c Abs. 1 StPO und nach qualifizierter Belehrung über die Unverwertbarkeit des Inhalts der ursprünglichen Vernehmung wiederholt und der Inhalt dieser Vernehmung in die Hauptverhandlung eingeführt und bei der Urteilsfindung verwertet worden ist.

Abschnitt 2
Hat das Urteil Aussagen von – insbesondere auskunftsverweigerungsberechtigten – Zeugen oder früheren Mitbeschuldigten verwertet?

Rüge 247

2107   Ist der Inhalt einer (auch früheren) Vernehmung eines Zeugen oder Mitbeschuldigten bei der Urteilsfindung verwertet worden, der keine Belehrung über ein ihm zustehendes Auskunfts- bzw. Aussageverweigerungsrecht vorausgegangen ist (§§ 55 Abs. 2, 136 Abs. 1 StPO)?

I. Rechtsgrundlagen

2108   Unterbleibt die Belehrung eines Zeugen über ein ihm zustehendes Auskunftsverweigerungsrecht gem. § 55 Abs. 1 StPO bzw. eines Mitbeschuldigten über das diesem nach §§ 136 Abs. 1 S. 2, 163a Abs. 3, Abs. 4 StPO bestehende Aussageverweigerungsrecht, soll der Verwertung des Inhalts der ohne Belehrung durchgeführten Vernehmung nach höchstrichterlicher Rspr. kein Beweisverwertungsverbot entgegenstehen. Die entspr. Belehrungsrechte dienten lediglich dem Schutz des vernommenen Zeugen oder Beschuldigten und berührten nicht den Rechtskreis des Angeklagten, auch wenn seine Verurteilung auf der Verwertung des Inhalts der ohne Belehrung durchgeführten Vernehmung beruhe.[3321] Der von der höchstrichterlichen Rspr. vertretenen sog. „Rechtskreistheorie" kann nicht gefolgt werden.[3322] Die Belehrung über die Aussagefreiheit dient nicht nur dem Schutz eines fairen Verfahrens, weshalb bereits auf der Grundlage der Rechtskreistheorie kein (Mit-) Beschuldigter die Folgen eines Verfahrensverstoßes hinnehmen muss,[3323] es ist konkret zu befürchten, dass es infolge Unkenntnis des Auskunfts- bzw. Aussageverweige-

---

3321   *BGHSt* 11, 213 für § 55 StPO; *BGH* NStZ 1994, 595, 596 = StV 1995, 231 und *BayObLG* NJW 1994, 1296 = StV 1995, 237 (dagegen *Dencker* StV 1995, 232) für die Belehrung nach §§ 136 Abs. 1 S. 2, 163a Abs. 3 und Abs. 4 StPO.
3322   Vgl. LR-*Gleß*[26] § 136 Rn. 90; LR-*Ignor/Bertheau*[26] § 55 Rn. 37 u. 39; *Schlothauer* in: AG Strafrecht, „Wahrheitsfindung und ihre Schranken", 1988, S. 80 ff. m.w.N.
3323   *Dencker* StV 1995, 233.

rungsrechts zu Aussagen kommt, durch die der Angeklagte des gegenständlichen Verfahrens zu Unrecht belastet wird.[3324]

II. Anforderungen an den Vortrag der Rüge der Verletzung der §§ 136 Abs. 1 S. 2, 55 Abs. 2 StPO[3325]

- Es ist mitzuteilen, dass der Inhalt einer früheren Vernehmung eines Zeugen oder **2109** Mitbeschuldigten durch Verlesung nach § 251 Abs. 1 oder Abs. 2 StPO oder durch eine Verhörsperson (das ist jeder, der an der Vernehmung teilgenommen hat) in die Hauptverhandlung eingeführt worden ist.
- Es ist mitzuteilen, dass der Zeuge bzw. Mitbeschuldigte vor seiner Vernehmung, deren Inhalt in die Hauptverhandlung eingeführt worden ist, nicht über sein Auskunftsverweigerungsrecht nach § 55 Abs. 1 StPO bzw. §§ 136 Abs. 1 S. 2, 163a Abs. 3 bzw. Abs. 4 StPO belehrt worden ist. Die Umstände, aus denen sich die Beschuldigteneigenschaft bzw. die Pflicht zur Belehrung gem. § 55 Abs. 2 StPO im Zeitpunkt der Vernehmung ergeben haben, sind konkret vorzutragen.[3326]
- Wurde der Einführung des Inhalts der Vernehmung, die unter Verletzung der Belehrungspflichten gem. §§ 55 Abs. 2 bzw. 136 Abs. 1 S. 2, 163a Abs. 3 bzw. 4 StPO in die Hauptverhandlung eingeführt wurde, rechtzeitig widersprochen, ist auch dies vorzutragen.[3327]
- Wird die unter Verletzung der Belehrungspflichten des §§ 55 Abs. 2 bzw. 136 Abs. 1 S. 2 StPO zustande gekommene Vernehmung eines in der anhängigen Hauptverhandlung mit abgeurteilten Mitangeklagten eingeführt, hängt die Unverwertbarkeit des Inhalts dieser Vernehmung davon ab, dass dieser der Verwertung rechtzeitig widersprochen hat. Dies ist vorzutragen.[3328]
- Der Inhalt der früheren Vernehmung ist im Wortlaut mitzuteilen.

3324 *Schlothauer* in: AG Strafrecht, ibid., S. 100 f.; zu weiteren Folgen der „Rechtskreistheorie" in Fällen der sog. „Überkreuzverwertung" *Dencker* StV 1995, 233, 235.

3325 Zu den Anforderungen an den Vortrag der unzulässigen Verwertung der Aussage eines in der Hauptverhandlung vernommenen Zeugen, der nicht gem. § 55 Abs. 2 StPO belehrt wurde, s. Rüge 247 Rn. 2107.

3326 Zu den Einzelheiten s. Rüge 240 Rn. 2047 u. 2048.

3327 Zu diesem Erfordernis verhält sich die höchstrichterliche Rspr. im Hinblick darauf nicht, dass der betreffende Verfahrensverstoß nicht revisibel sei. Im Falle einer Änderung dieser Rspr. ist allerdings zu erwarten, dass das Erfordernis eines rechtzeitigen Widerspruchs auch auf diesen Fall der Verletzung von Belehrungspflichten ausgeweitet wird.

3328 Siehe dazu oben Rüge 240 Rn. 2056.

Rüge 248

2110 Wurde im Urteil der Inhalt der Vernehmung eines (Mit-)Beschuldigten verwertet, bei der diesem die Verteidigerkonsultation verwehrt oder er nicht auf sein Recht auf Verteidigerkonsultation hingewiesen und ggf. bei der Wahrnehmung dieses Rechts unterstützt wurde?

I. Rechtsgrundlagen

2111 Unterbleibt die Belehrung eines Mitbeschuldigten über das diesem nach §§ 136 Abs. 1 S. 2, 163a Abs. 3, Abs. 4 StPO bestehende Verteidigerkonsultationsrecht oder wurde ihm die Verteidigerkonsultation verwehrt oder er insoweit nicht ausreichend unterstützt, soll der Verwertung des Inhalts der rechtswidrig durchgeführten Vernehmung nach höchstrichterlicher Rspr. kein Beweisverwertungsverbot entgegenstehen. Die entspr. Rechte dienten lediglich dem Schutz des vernommenen Beschuldigten und berührten nicht den Rechtskreis des Angeklagten, auch wenn seine Verurteilung auf der Verwertung des Inhalts der fehlerhaft durchgeführten Vernehmung beruhe.[3329] Der von der höchstrichterlichen Rspr. vertretenen sog. „Rechtskreistheorie" kann nicht gefolgt werden.[3330] Die Belehrung über das Verteidigerkonsultationsrecht und die Gewährleistung der Konsultationsmöglichkeit dienen nicht nur dem Schutz eines fairen Verfahrens, weshalb bereits auf der Grundlage der Rechtskreistheorie kein Mitbeschuldigter die Folgen eines Verfahrensverstoßes hinnehmen muss;[3331] es ist konkret zu befürchten, dass es infolge Unkenntnis oder Vereitelung der Verteidigerkonsultationsmöglichkeit zu Aussagen kommt, durch die der Angeklagte des gegenständlichen Verfahrens zu Unrecht belastet wird.[3332]

II. Anforderungen an den Vortrag der Rüge der Verletzung des § 136 Abs. 1 S. 2 StPO

2112 • Es ist mitzuteilen, dass der Inhalt einer früheren Vernehmung eines Mitbeschuldigten durch Verlesung nach § 251 Abs. 1 oder Abs. 2 StPO oder durch Vernehmung einer Verhörsperson (das ist jeder, der an der Vernehmung teilgenommen hat) in die Hauptverhandlung eingeführt worden ist. Der Inhalt der verwerteten Aussage ist wiederzugeben.[3333] Der Inhalt einer Vernehmungsniederschrift ist vollständig im Wortlaut mitzuteilen.

2113 • Es ist mitzuteilen, dass der Mitbeschuldigte vor seiner Vernehmung, deren Inhalt in die Hauptverhandlung eingeführt worden ist, nicht über sein Recht, einen

---

3329 *BGHSt* 11, 213 für § 55 StPO; *BGH* NStZ 1994, 595, 596 = StV 1995, 231 und *BayObLG* NJW 1994, 1296 = StV 1995, 237 (dagegen *Dencker* StV 1995, 232) für die Belehrung nach §§ 136 Abs. 1 S. 2, 163a Abs. 3 und Abs. 4 StPO.
3330 Vgl. Nachweise bei Rüge 247 Rn. 2108.
3331 *Dencker* StV 1995, 233.
3332 Zu weiteren Folgen der „Rechtskreistheorie" in Fällen der sog. „Überkreuzverwertung" *Dencker* StV 1995, 233, 235.
3333 *Meyer-Goßner/Schmitt*[60] § 136 Rn. 28; s. ferner Rüge 241 Rn. 2066.

Verteidiger zuzuziehen und sich von diesem beraten zu lassen, nach §§ 136 Abs. 1 S. 2, 163a Abs. 3 bzw. Abs. 4 StPO belehrt worden ist. Die Umstände, aus denen sich die Beschuldigteneigenschaft im Zeitpunkt der Vernehmung ergeben hat, sind konkret vorzutragen.[3334] Ebenfalls sind ggf. solche Umstände vorzutragen, aus denen sich ergibt, dass der Wunsch des Beschuldigten, sich durch einen Verteidiger beraten zu lassen, sabotiert bzw. übergangen oder ihm nicht die gebotene Hilfe zur Realisierung seines Wunsches zuteilwurde.[3335]

- Wurde der Einführung des Inhalts der Vernehmung, die unter Verletzung der **2114** §§ 136 Abs. 1 S. 2, 163a Abs. 3 bzw. 4 StPO zum Gegenstand der Hauptverhandlung gemacht worden ist, rechtzeitig widersprochen, ist auch dies vorzutragen.[3336] Wurde die Vernehmung eines in der anhängigen Hauptverhandlung mit abgeurteilten Mitangeklagten eingeführt, hängt die Unverwertbarkeit des Inhalts dieser Vernehmung davon ab, dass jedenfalls dieser der Verwertung rechtzeitig widersprochen hat:[3337]

Rüge 249

Ist der Inhalt einer Mitbeschuldigten- oder Zeugenvernehmung durch Vernehmung des **2115** Richters oder einer sonstigen bei der richterlichen Vernehmung anwesenden Person in die Hauptverhandlung eingeführt worden, obwohl der Beschuldigte bzw. ein im Zeitpunkt der Vernehmung beauftragter oder beigeordneter Verteidiger unzulässigerweise von dem Vernehmungstermin nicht benachrichtigt worden ist (§§ 168c Abs. 5, 224 StPO), oder ist deren Erklärungs- bzw. Fragerecht missachtet worden (§ 168c Abs. 2 S. 2 StPO)?

I. Rechtsgrundlagen

§§ 168c Abs. 2, 223, 224 StPO regeln das Verfahren anlässlich einer richterlichen **2116** Zeugen oder Sachverständigenvernehmung. Für den Fall einer richterlichen Vernehmung eines Mitbeschuldigten hat der BGH erkannt, dass der Verstoß gegen die Benachrichtigungspflicht gem. § 168c Abs. 5 S. 1 i.V.m. Abs. 1 StPO kein Beweisverwertungsverbot begründe, das sich in einem gegen mehrere Personen gemein-

---

3334 Zu den Einzelheiten s. Rüge 240 Rn. 2049 und 241 Rn. 2068.
3335 Zu den Einzelheiten s. Rüge 241 Rn. 2069.
3336 Zu diesem Erfordernis verhält sich die höchstrichterliche Rspr. im Hinblick darauf nicht, dass der betreffende Verfahrensverstoß nicht revisibel sei. Im Falle einer Änderung dieser Rspr. ist allerdings zu erwarten, dass das Erfordernis eines rechtzeitigen Widerspruchs auch auf diesen Fall der Verletzung von Belehrungspflichten ausgeweitet wird.
3337 Siehe dazu oben Rüge 240 Rn. 2056.

sam geführten Strafverfahren auf alle Mitangeklagte erstrecke.[3338] Diese Auffassung stößt auf begründeten Widerspruch in der Literatur.[3339] Angesichts der überzeugenderen Argumente der Literatur ist es nicht ausgeschlossen, dass der BGH seine ablehnende Auffassung revidiert.

2117 Nach §§ 168c Abs. 5, 224 StPO sind der Beschuldigte und ein zu diesem Zeitpunkt gewählter oder beigeordneter Verteidiger vorher zu benachrichtigen, wenn durch die Benachrichtigung der Untersuchungserfolg nicht gefährdet würde.[3340] Dabei ist bzgl. der Annahme einer Gefährdung und ihres Grades zwischen dem Beschuldigten und dem Verteidiger zu differenzieren.[3341] Der Inhalt der gleichwohl durchgeführten Vernehmung darf gegen den Widerspruch des Angeklagten nicht durch Vernehmung des Richters (oder einer anderen bei der Vernehmung anwesenden Person) in die Hauptverhandlung eingeführt werden.[3342] Nach § 168c Abs. 2 S. 2 StPO ist dem Beschuldigten und dem Verteidiger die Gelegenheit zu geben, sich zu der Vernehmung zu erklären oder Fragen an die vernommene Person zu stellen. Hierzu gehört auch, dass die Möglichkeit der Akteneinsicht und einer sich daran anschließenden Besprechung mit dem Beschuldigten besteht.[3343]

2118 Kommt es zu einer richterlichen Mitbeschuldigten- oder Zeugenvernehmung zu einem Zeitpunkt, zu dem gegen den Beschuldigten Untersuchungshaft etc. vollstreckt wird und ist ihm zu diesem Zeitpunkt entgegen §§ 140 Abs. 1 Nr. 4, 141 Abs. 3 S. 4 StPO noch kein Verteidiger beigeordnet worden, unterliegt die Aussage des Vernommenen einem Beweisverwertungsverbot.[3344]

3338 *BGH* v. 17.2.2009 – 1 StR 691/08 = *BGHSt* 53, 191 = StV 2010, 9 = NStZ 2009, 345 = JR 2009, 300 m. Anm. *Kudlich.*

3339 *Weßlau* StV 2010, 41; *Fezer* NStZ 2009, 524; *Gleß* NStZ 2010, 98; *Mosbacher* NStZ 2015, 303; w.N. bei *Meyer-Goßner/Schmitt*[60] § 168c Rn. 6a.

3340 Die Benachrichtigungspflicht besteht auch in den Fällen, in denen der nicht in Freiheit befindliche Beschuldigte nach § 168c Abs. 4 StPO keinen Anspruch auf Anwesenheit hat: *BGH* v. 12.9.2012 – 5 StR 401/12 = StV 2013, 3. Auch bei Vorliegen eines Ausschließungsgrundes gem. § 168c Abs. 3 StPO darf die Benachrichtigung nicht unterbleiben, solange dadurch nicht der Untersuchungserfolg gefährdet wird: *BGH* v. 3.3.2011 – 3 StR 34/11 = StV 2011, 336. Die unterbliebene Benachrichtigung eines Beschuldigten führt jedoch nicht zu einem Beweisverwertungsverbot, wenn sich diese nicht auf das von § 168c Abs. 2-5 geschützte Mitwirkungsrecht ausgewirkt hat: *BGH* v. 7.10.2014 – 1 StR 381/14 = NStZ 2015, 98; *OLG München* v. 16.4.2014 – 2 Ws 352/14 = NStZ 2015, 300 m. Anm. *Mosbacher*; *Meyer-Goßner/Schmitt*[60] § 168c Rn. 6.

3341 *Meyer-Goßner/Schmitt*[60] § 168c Rn. 5a; *LR-Erb*[26] § 168c Rn. 43; *LR-C. Jäger*[26] § 224 Rn. 19.

3342 Vgl. für § 168c StPO *BGHSt* 26, 332, 335; *BGH* NStZ 1986, 207; *KG* StV 1984, 68; zur Unzulässigkeit der Verlesung nach § 251 StPO s. Rüge 146 Rn. 1310.

3343 *BGH* v. 25.7.2000 – 1 StR 169/00 = StV 2000, 593, 596.

3344 *Schlothauer/Weider/Nobis* Untersuchungshaft[5] Rn. 321; vgl. hierzu auch *EGMR* v. 19.7.2012 – 26171/07 = StV 2014, 452 m. Anm. *Pauly* u. *EGMR* v. 15.12.2015 – 9154/10 zum Verstoß gegen Art. 6 Abs. 3 lit. d) EMRK (hierzu Rüge 101 Rn. 1037).

II. Anforderungen an den Vortrag der Rüge der Verletzung von §§ 168c Abs. 5 bzw. 224 StPO

- Im Ermittlungsverfahren ist durch den Ermittlungsrichter nach § 168c Abs. 2 **2119** StPO bzw. nach Anklageerhebung durch einen beauftragten oder ersuchten Richter (§ 223 StPO) die Vernehmung eines Mitbeschuldigten, Zeugen oder Sachverständigen durchgeführt worden. Dabei war der Beschuldigte bzw. Angeklagte bzw. ein beigeordneter oder gewählter Verteidiger nicht anwesend. Dies beruhte bzgl. des Beschuldigten bzw. Angeklagten nicht darauf, dass er von der Vernehmung ausgeschlossen worden war.

- Findet der Vernehmungstermin zu einem Zeitpunkt statt, zu dem gegen den Beschuldigten Untersuchungshaft nach den §§ 112, 112a StPO oder einstweilige Unterbringung nach § 126a StPO oder § 275a StPO vollstreckt wird, sind die Grundlagen der Vollstreckung, Zeitpunkt ihres Beginns, Zeitpunkt der Vernehmung und die Tatsache vorzutragen, dass dem Beschuldigten noch kein Verteidiger beigeordnet war und er keinen Wahlverteidiger beauftragt hatte.

- Von dem Vernehmungstermin ist der namentlich bekannte und erreichbare Beschuldigte bzw. Angeklagte nicht vorher benachrichtigt worden.

- Sofern der Beschuldigte von dem Termin ausgeschlossen und nicht benachrichtigt wurde, sein Verteidiger jedoch schon lange vorher von dem Termin in Kenntnis gesetzt wurde, ist vorzutragen, inwiefern die Rechte des Beschuldigten, auf die Beweisgewinnung Einfluss nehmen zu können, tatsächlich beeinträchtigt wurden.[3345]

- Bei Nichtbenachrichtigung des Verteidigers ist neben dieser Tatsache zusätzlich mitzuteilen, dass dieser vor der Vernehmung gegenüber den Ermittlungsbehörden bzw. dem Gericht seine Übernahme der Verteidigung bereits angezeigt hatte bzw. er als Pflichtverteidiger zu diesem Zeitpunkt bereits beigeordnet worden war. Das Datum des Eingangs des Bestellungsschreibens bei der Staatsanwaltschaft bzw. dem Gericht oder des Beiordnungsbeschlusses ist mitzuteilen.

- Es ist (Negativtatsache) mitzuteilen, dass weder der Beschuldigte noch der Verteidiger auf ihre Anwesenheit verzichtet haben.

- Es ist (Negativtatsache) mitzuteilen, dass die unterbliebene Benachrichtigung nicht damit begründet wurde, dass der Untersuchungserfolg gefährdet sei bzw. dass die auf § 168c Abs. 5 S. 2 bzw. § 224 Abs. 1 S. 2 StPO gestützte Entscheidung über die Nichtbenachrichtigung ohne Begründung erfolgte bzw. dem Richter bei dieser Entscheidung ein Rechtsfehler, insbesondere in Form der Überschreitung der dem richterlichen Ermessen gesetzten Schranken, unterlaufen ist[3346] (eine fehlende oder nicht begründete Entscheidung des Ermittlungs-

---

3345 *BGH* v. 7.10.2014 – 1 StR 381/14 = NStZ 2015, 98; *Meyer-Goßner/Schmitt*[60] § 168c Rn. 9.

3346 *BGHSt* 29, 1, 3; *BGHSt* 42, 86, 91 f.; KK-*Gmel*[7] § 224 Rn. 13; weitergehend *Wohlers* GA 2003, 898 u. LR-*Erb*[26] § 168c Rn. 46.

bzw. beauftragten oder ersuchten Richters darf das Revisionsgericht nicht durch seine eigene Entscheidung ersetzen).

• Entsprechendes ist vorzutragen, wenn dem Beschuldigten bzw. dem Verteidiger keine Gelegenheit gegeben wurde, sich zu erklären oder Fragen zu stellen. Vorzutragen ist u.U. auch, dass Akteneinsicht und/oder eine nachfolgende Besprechung mit dem Beschuldigten nicht ermöglicht wurden.– Der Vernehmung des Ermittlungs- bzw. beauftragten oder ersuchten Richters muss in der Hauptverhandlung widersprochen worden sein.[3347] Zeitpunkt und Inhalt des Widerspruchs, der eine die Angriffsrichtung erkennenlassende Begründung enthalten muss,[3348] sind ebenso mitzuteilen, wie der Inhalt einer etwaigen, den Widerspruch zurückweisenden Entscheidung.

• Es bedarf der vollständigen wörtlichen Mitteilung des Inhalts der richterlichen Vernehmungsniederschrift.[3349]

• Es muss ausdrücklich vorgetragen werden (Negativtatsache), dass der Verfahrensfehler nicht dadurch geheilt worden ist, dass der als Zeuge vernomme Ermittlungs- bzw. beauftragte oder ersuchte Richter die Vernehmung des betreffenden Mitbeschuldigten, Zeugen oder Sachverständigen nach vorheriger Benachrichtigung des Beschuldigten und seines gewählten bzw. beigeordneten Verteidigers wiederholt hat.

III. Mit dem Verfahrensfehler im Zusammenhang stehende weitere Rügemöglichkeiten

2120 • Zur Unzulässigkeit der Verlesung einer Vernehmungsniederschrift bei Verletzung der Benachrichtigungspflicht gem. §§ 168c Abs. 5 bzw. 224 StPO als richterliche Vernehmungsniederschrift i.S.d. § 251 Abs. 2 StPO siehe Rüge 146 Rn. 1310.

2121 • Zur Unzulässigkeit der Vorführung einer Bild-Ton-Aufzeichnung einer richterlichen Zeugenvernehmung gem. § 255a Abs. 1 StPO, die unter Verletzung der Benachrichtigungspflicht der §§ 168c Abs. 5 bzw. 224 StPO stattgefunden hat, siehe Rüge 150 Rn. 1366, 1368 unter Verweis auf Rn. 1359.

2122 • Die Verwertung der Niederschrift einer richterlichen Vernehmung eines wesentlichen Belastungszeugen, die in Abwesenheit des Angeklagten durchgeführt wurde, ohne dass ihm ein Pflichtverteidiger beigeordnet worden war, wenn zu keinem späteren Zeitpunkt des Verfahrens Gelegenheit bestand, den Zeugen durch den Angeklagten zu befragen oder befragen zu lassen, ist nach Auffassung des BGH dann nicht zu beanstanden, wenn diesem Umstand bei der Urteilsfindung in Form einer besonders vorsichtigen Beweiswürdigung Rechnung

---

3347 *Meyer-Goßner/Schmitt*[60] § 168c Rn. 9; KK-*Gmel*[7] § 224 Rn. 11.
3348 *BGH* StV 2008, 8.
3349 Vgl. *BGH* StV 2006, 228 m. **abl.** Anm. *Wohlers*.

getragen wurde.[3350] Dem ist mit der ganz h.M. im Schrifttum[3351] und einer vom OLG Hamburg gebilligten[3352] Entscheidung des AG Hamburg[3353] zu widersprechen.[3354]

Abschnitt 3
Hat das Gericht die frühere Aussage eines zeugnisverweigerungsberechtigten Zeugen verwertet?

Rüge 250

Ist im Urteil die frühere Aussage eines Zeugen verwertet worden, der im Zeitpunkt der Aussage ein Angehöriger des Angeklagten bzw. eines wegen derselben Tat verfolgten Mitbeschuldigten war (§ 52 Abs. 1 StPO) und nicht gem. § 52 Abs. 3 StPO über das ihm zustehende Zeugnisverweigerungsrecht belehrt wurde?   **2123**

I. Rechtsgrundlagen

Ist bei einem zeugnisverweigerungsberechtigten Zeugen i.S.d. § 52 Abs. 1 StPO im **2124** Rahmen einer im Ermittlungs-, Zwischenverfahren oder außerhalb der Hauptverhandlung durchgeführten Vernehmung die Belehrung nach § 52 Abs. 3 S. 1 StPO oder die Einholung einer nach § 52 Abs. 2 StPO erforderlichen Zustimmung unterblieben, darf die Aussage nicht verwertet werden. Es besteht insoweit ein umfassendes Verlesungs- und Verwertungsverbot.[3355] Die betreffende Aussage darf deshalb auch nicht durch Vernehmung einer Verhörsperson in die Hauptverhandlung eingeführt und bei der Urteilsfindung verwertet werden. Dies gilt auch dann, wenn die Vernehmungsperson – Polizeibeamter, Staatsanwalt oder Richter – keine Kenntnis von dem das Zeugnisverweigerungsrecht begründenden Angehörigenverhältnis hatte.

Das Verwertungsverbot entfällt jedoch nach Auffassung des BGH, wenn feststeht, dass der Zeuge seine Rechte gekannt hat und auch nach Belehrung ausgesagt hätte.[3356] Die Aussage ist auch verwertbar, wenn der Zeuge in der Hauptverhandlung

---

3350 *BGHSt* 46, 93 = StV 2000, 593.
3351 *Meyer-Goßner/Schmitt*[60] § 168 Rn. 9; *Gleß* NJW 2001, 3606; *Schlothauer* StV 2001, 127; *Fezer* in: FS Gössel, 2002, S. 627; LR-*Erb*[26] § 168c Rn. 56b, 56c m.w.N.
3352 *OLG Hamburg* StV 2004, 370.
3353 *AG Hamburg* StV 2004, 11 m. Anm. *Meyer-Lohkamp*.
3354 Zu den Rügeanforderungen bei Verlesung der Vernehmungsniederschrift einer richterlichen Vernehmung eines wesentlichen Belastungszeugen kann auf Rüge 146 Rn. 1296 verwiesen werden.
3355 Vgl. Nachweise bei *Meyer-Goßner/Schmitt*[60] § 52 Rn. 32.
3356 *BGHSt* 40, 336, 339 = StV 1995, 171 m. **abl.** Anm. *Eisenberg* StV 1995, 625; vgl. auch *BGH* v. 12.1.2011 – 1 StR 672/10.

erscheint und dort nach Belehrung auf sein Zeugnisverweigerungsrecht verzichtet oder er in oder außerhalb der Hauptverhandlung der Verwertung zustimmt.[3357]

Auf den Verfahrensfehler der unterbliebenen Belehrung kann sich auch ein derselben Tat beschuldigter Mitangeklagter stützen, wenn die Aussage zu seinen Ungunsten verwertet worden ist.[3358]

Ferner begründet es – auch nach Auffassung des BGH – die Revision, wenn es sich bei dem nicht nach § 52 Abs. 3 StPO belehrten Zeugen um einen Angehörigen eines derselben Tat beschuldigten **ehemaligen** Mitbeschuldigten handelt, sofern zwischen den Verfahren zu irgendeinem Zeitpunkt eine Verfahrensverbindung bestanden hatte und das Verfahren gegen den Mitbeschuldigten im Zeitpunkt der Hauptverhandlung nicht durch Tod, rechtskräftige Verurteilung, rechtskräftigen Freispruch oder Verfahrenseinstellung gem. § 154 StPO mit Blick auf eine rechtskräftige Verurteilung im Bezugsverfahren abgeschlossen war.[3359] Dies gilt auch dann, wenn der als Zeuge vernommene Angehörige eines früheren Mitbeschuldigten damals ebenfalls Mitbeschuldigter war.[3360]

Kann der Zeuge in der Hauptverhandlung deshalb nicht vernommen werden, weil er verstorben ist, darf nach umstrittener Auffassung der Rspr. die Niederschrift über die frühere Vernehmung nach § 251 Abs. 1 Nr. 2 StPO verlesen werden, auch wenn die Belehrung nach § 52 Abs. 3 S. 1 StPO unterblieben war.[3361]

II. Anforderungen an den Vortrag der Rüge der Verwertung der Aussage eines zeugnisverweigerungsberechtigten Zeugen wegen unterbliebener Belehrung nach § 52 Abs. 3 StPO

2125 Es muss vorgetragen werden, dass

- der Zeuge im Rahmen eines Strafverfahrens außerhalb der Hauptverhandlung vernommen worden ist,
- der Zeuge zu diesem Zeitpunkt Angehöriger i.S.d. § 52 Abs. 1 StPO des Angeklagten, eines derselben Tat beschuldigten Mitangeklagten oder ehemaligen Mitbeschuldigten war, was ausführlich und detailliert darzulegen ist,
- der Zeuge von der Vernehmungsperson – Polizeibeamter, Staatsanwalt oder Richter – nicht nach § 52 Abs. 3 StPO belehrt worden ist und der Zeuge zur Sa-

---

3357 Im Falle des § 52 Abs. 2 StPO muss zusätzlich der gesetzliche Vertreter zustimmen. Zur Zustimmung vgl. Rn. 899 ff., 1073.
3358 *BGH* StV 1988, 89.
3359 Siehe die entspr. Ausführungen (auch zum Rügevortrag) bei Rüge 79 Rn. 907 u. Rüge 146 Rn. 1313. Zweifelnd jetzt *BGH* v. 14.12.2011 – 5 StR 434/11 = StV 2012, 194 = NStZ 2012, 221.
3360 *BGH* v. 8.12.2011 – 4 StR 500/11 = StV 2012, 193 = NStZ 2012, 340.
3361 Vgl. *BGHSt* 22, 35 = JR 1968, 429 m. **abl.** Anm. *Peters*; **a. M.** auch *Fezer* JuS 1978, 330; *Roxin/Schünemann* Strafverfahrensrecht[29] § 24 Rn. 43.

che ausgesagt hat, wobei der Inhalt der Vernehmungsniederschrift vollständig im Wortlaut mitzuteilen ist,

- der Zeuge sein Recht auf Zeugnisverweigerung nicht gekannt hat und deshalb nach Belehrung nicht ausgesagt hätte,
- der Zeuge in der Hauptverhandlung nicht erschienen ist und dies nicht darauf beruhte, dass der Zeuge im Zeitpunkt der Hauptverhandlung verstorben war
- **oder** der in der Hauptverhandlung erschienene Zeuge von seinem Zeugnisverweigerungsrecht Gebrauch gemacht hat,
- auf welche Weise die Aussage des Zeugen in die Hauptverhandlung eingeführt worden und im Urteil verwertet worden ist.[3362]

Rüge 251

Hat das Gericht die frühere Aussage eines Zeugen i.S.d. § 52 Abs. 1 StPO vor der Polizei oder Staatsanwaltschaft verwertet, obwohl der Zeuge in der Hauptverhandlung von seinem Zeugnisverweigerungsrecht Gebrauch gemacht hat oder er im Hinblick auf die angekündigte Zeugnisverweigerung nicht zur Hauptverhandlung geladen worden ist[3363]?

2126

I. Rechtsgrundlagen

Macht ein Zeuge vor oder in der Hauptverhandlung von seinem Zeugnisverweigerungsrecht Gebrauch, unterliegen seine früheren Angaben grundsätzlich einem Beweisverbot.[3364] Wann das Angehörigenverhältnis entstanden ist (vor oder nach der früheren Vernehmung), spielt keine Rolle.[3365] Durch die Verwertung wird § 252 StPO verletzt, sofern keine Zustimmung des Zeugen vorlag.[3366]

2127

Dies gilt auch für Angaben, die ein Zeuge in einem gegen ihn selbst gerichteten Verfahren als Beschuldigter oder Angeklagter gemacht hat, wenn er jetzt als Zeuge in dem Verfahren gegen einen Angehörigen das Zeugnis verweigert.

3362   Zur Beruhensfrage vgl. Rüge 76 Rn. 891.
3363   Siehe dazu Rüge 108 Rn. 1064.
3364   *Meyer-Goßner/Schmitt*[60] § 252 Rn. 1. Zur fehlerhaften Verwertung von Aussagen eines nicht in der Hauptverhandlung vernommenen Angehörigen s. Rüge 255 Rn. 2147.
3365   *BGH* NStZ 1995, 95; *Meyer-Goßner/Schmitt*[60] § 252 Rn. 2.
3366   Zu den Rügemöglichkeiten im Falle der Verwertung früherer Aussagen mit Zustimmung des in der Hauptverhandlung das Zeugnis verweigernden Zeugen s. Rüge 78 Rn. 899 u. Rn. 1073.

2128 § 252 StPO verbietet zwar nur die Verlesung der früheren Aussage.[3367] Das Beweisverbot hat die Rspr. jedoch auf alle Formen der Verwertung ausgedehnt. Danach ist u.a. die Einführung durch den Vernehmungsbeamten oder durch sonstige bei der Vernehmung anwesende Personen im Falle einer polizeilichen oder staatsanwaltlichen Vernehmung untersagt.[3368] Das gilt auch für die unmittelbare Verwertung einer Bild-Ton-Aufzeichnung über die frühere Vernehmung.[3369] Auch Vorhalte aus der Aussage an den Angeklagten oder andere Zeugen sind unzulässig.[3370]

Von dem Beweisverbot werden auch Schriftstücke umfasst, die der Zeuge im Rahmen seiner Vernehmung übergeben hatte und die Bestandteil der Aussage sind.[3371] Nicht erfasst werden Spontanäußerungen gegenüber polizeilichen Einsatzbeamten, die im Rahmen eines polizeilichen Notrufs kontaktiert wurden.[3372]

2129 Ein Widerspruch gegen die Verwertung ist zur „Aktivierung" des Beweisverbots nicht erforderlich,[3373] ebenso wenig ein Gerichtsbeschluss nach § 238 Abs. 2 StPO[3374] (Zu Ausnahmen (!) vom Verwertungsverbot vgl. Rüge 252 Rn. 2134).

II. Anforderungen an den Vortrag der Rüge der Verletzung des § 252 StPO

2130 Vorzutragen ist, dass

- der Zeuge zur Hauptverhandlung vom Gericht geladen wurde und erschienen ist,
- er nach § 57 StPO belehrt wurde und seine Personalien angegeben hat,
- er nach dem Verwandtschaftsverhältnis gefragt wurde und was er angegeben hat,

---

3367 Hat allerdings der Zeuge, der in der Hauptverhandlung das Zeugnis verweigert hat, der Verwertung seiner früheren Angaben wirksam zugestimmt, sollen diese auch durch Verlesung der Vernehmungsniederschriften gem. § 251 Abs. 2 Nr. 3 StPO in die Hauptverhandlung eingeführt werden dürfen. *BGH* v. 13.6.2012 – 2 StR 112/12 Tz. 8 = *BGHSt* 57, 254 = StV 2012, 705.

3368 *Meyer-Goßner/Schmitt*[60] § 252 Rn. 13.

3369 *BGH* StV 2008, 170 = NJW 2008, 1010.

3370 *BGHSt* 45, 203; 46, 189; vgl. dazu insgesamt *Meyer-Goßner/Schmitt*[60] § 252 Rn. 12a.

3371 *BGH* StV 1996, 196; *BGH* StV 2001, 108; *Meyer-Goßner/Schmitt*[60] § 252 Rn. 12a. Von dem Verwertungsverbot wird auch eine Tonbandaufzeichnung über ein von dem Zeugen mitgehörtes Gespräch erfasst, die dieser anlässlich seiner Vernehmung übergeben und zum Gegenstand seiner Aussage gemacht hat: *BGH* v. 23.10.2012 – 1 StR 137/12 = StV 2013, 135. Das gilt ebenfalls für entspr. Handy-Videoaufzeichnungen: *BGH* v. 8.8.2013 – 1 StR 306/13 = NStZ 2013, 725.

3372 *OLG Hamm* NStZ 2012, 53; vgl. auch *LG Stuttgart* v. 20.10.2014 – 7 Qs 52/14 = Justiz 2015, 65.

3373 *BGH* StV 1998, 470; *BGH* StV 2007, 68 = NStZ 2007, 353 = StraFo 2007, 63.

3374 *BGH* StV 2007, 68 = NStZ 2007, 353; *BGH* v. 11.4.2012 – 3 StR 108/12 = StV 2012, 706.

- die Feststellung, dass ein Angehörigenverhältnis i.S.d. § 52 Abs. 1 StPO zu dem Angeklagten, einem derselben Tat beschuldigten Mitangeklagten oder einem ehemaligen Mitbeschuldigten[3375] besteht,
- dass der Zeuge nach § 52 Abs. 3 StPO belehrt wurde,
- dass er von seinem Zeugnisverweigerungsrecht Gebrauch gemacht hat,
- er der Verwertung seiner früheren Angaben nicht zugestimmt hat (Negativtatsache!),[3376]
- wie, d.h. durch welches Beweismittel die früheren Angaben in die Hauptverhandlung eingeführt wurden (Verlesung von Urkunden; Vernehmung von Verhörspersonen),[3377] – die vollständige Mitteilung des Inhalts der früheren Vernehmung und/oder Urkunde in vollem Wortlaut,
- es sich bei der verwerteten Angabe nicht um eine Spontanäußerung handelte.

Schwierig ist die Situation bei der Verwertung von Angaben aufgrund unzulässiger **2131** Vorhalte aus der unverwertbaren Vernehmung. Der Vorhalt als Vernehmungsbehelf ist nicht protokollierungspflichtig. Daher nimmt eine Angabe im Protokoll etwa dergestalt „Dem Angeklagten wurden aus Bl. ... Vorhalte gemacht" nicht an der Beweiskraft des § 274 StPO teil. Gleichwohl kann sich der Verteidiger auf diese Protokollstelle stützen, wenn er die Unverwertbarkeit von Angaben, die auf den unzulässigen Vorhalt hin erfolgt sind, geltend machen will. Wegen der Nachweisschwierigkeiten bei unzulässigem Vorhalt ist daher dringend anzuraten, dass der Verteidiger in der Hauptverhandlung dem Vorhalt widerspricht und ggf. einen Gerichtsbeschluss darüber herbeiführt. Denn bei einem den Vorhalt zulassenden Gerichtsbeschluss wäre der Verfahrensfehler festgeschrieben.

Ergänzend zu dem zum notwendigen Vortrag Gesagten muss im Falle des unzuläs- **2132** sigen Vorhalts vorgetragen werden,

---

3375 Zu den ergänzenden Rügeanforderungen in diesem Fall s. Rüge 79 Rn. 907.

3376 Nach Auffassung des *2. Strafsenats* des *BGH* v. 13.6.2012 – 2 StR 112/12 Tz. 7 = *BGHSt* 57, 254 = StV 2012, 705 = NJW 2012, 3192 kann für die Zulässigkeit der Geltendmachung einer Verletzung des § 252 StPO der Vortrag dieser Negativtatsache nicht verlangt werden. Da der GBA die entgegengesetzte Meinung vertrat, empfiehlt es sich, bei der Rüge die Negativtatsache vorzutragen, dass der Zeuge der Verwertung seiner Aussage nicht zugestimmt hat, solange nicht sicher ist, dass die anderen *Senate* der Auffassung des *2. Senats* folgen. Zu Verfahrensfehlern im Zusammenhang mit der Verwertung einer früheren Aussage oder Erklärung eines zeugnisverweigerungsberechtigten Zeugen, der hierzu in der Hauptverhandlung seine Zustimmung erteilt hat bei gleichzeitiger berechtigter Ausübung seines Zeugnisverweigerungsrechts s. Rüge 78 Rn. 899.

3377 Sofern ein Verstoß gegen § 252 StPO im Hinblick auf die Verwertung einer Handy-Videoaufnahme (hier der zeugnisverweigerungsberechtigten Tochter) gerügt wird, muss zudem vorgetragen werden, wie die Handy-Videoaufnahme in den Besitz der Strafverfolgungsbehörden gelangt ist, damit sich das Beweisverwertungsverbot auch auf die Handy-Videoaufnahme erstreckt, vgl. *BGH* v. 8.8.2013 – 1 StR 306/13 = NStZ 2013, 725; vgl. auch *BGH* v. 23.10.2012 – 1 StR 137/12 = StV 2013, 135.

- welcher konkrete Vorhalt einem Zeugen oder dem Angeklagten aus der früheren Vernehmung gemacht wurde,
- was der Zeuge oder der Angeklagte daraufhin erklärt hat.

2133 Wie immer empfiehlt es sich, unter Berufung auf die einschlägige Rspr. und Kommentarliteratur Rechtsausführungen zur Unverwertbarkeit der durch die Zeugnisverweigerung „gesperrten" früheren Vernehmung zu machen.

Rüge 252

2134 Hat das Gericht bei der Urteilsfindung den Inhalt einer früheren Aussage eines nach § 52 Abs. 1 StPO zeugnisverweigerungsberechtigten Zeugen gegenüber einem Richter verwertet, nachdem jener in der Hauptverhandlung berechtigt von seinem Zeugnisverweigerungsrecht Gebrauch gemacht hat?

I. Rechtsgrundlagen

2135 Ist der angehörige Zeuge im Ermittlungs-, Zwischen- oder im Hauptverfahren außerhalb der Hauptverhandlung *richterlich* vernommen worden, so darf nach Auffassung der Rspr. der Richter, sofern dem Zeugen bereits im Zeitpunkt dieser Vernehmung ein Zeugnisverweigerungsrecht zustand und er ordnungsgemäß nach § 52 Abs. 3 StPO belehrt wurde, über den Inhalt der Vernehmung als Verhörsperson vernommen werden.[3378] Aus der Vernehmungsniederschrift dürfen ihm Vorhalte gemacht werden.[3379] Erinnert sich der Richter auch auf Vorhalt nicht an den Inhalt der Aussage, ist der Vorhalt gescheitert und die Aussage nicht in die Hauptverhandlung eingeführt.[3380] Dies gilt auch dann, wenn der Richter erklärt, er habe seinerzeit die Aussage richtig und vollständig aufgenommen.[3381] Denn auf Vorhalt ist nur das in die Hauptverhandlung eingeführt, was der Zeuge auf den Vorhalt erklärt. In diesem Fall enthält die Aussage nicht die inhaltlich Wiedergabe des damals von dem Vernommenen Gesagten, sondern nur die Tatsache, dass das Gesagte richtig aufgenommen wurde.[3382]

3378 *BGH* v. 9.2.2010 – 4 StR 660/09 = StV 2010, 613 = NStZ 2010, 406 = StraFo 2010, 199.
3379 *Meyer-Goßner/Schmitt*[60] § 252 Rn. 15 m. zahlr. Rspr.-Nachw.
3380 Vgl. dazu Rüge 100 Rn. 1023.
3381 Zu dieser nach wie vor zwischen der Rspr. und Teilen der Lit. bestehenden Kontroverse *El-Ghazi/Merold* StV 2012, 250.
3382 *BGH* StV 2001, 386; *BGH* v. 21.3.2012 – 1 StR 43/12 = NStZ 2012, 521; *BGH* v. 11.4.2012 – 3 StR 108/12 = StV 2012, 706; KK-*Diemer*[7] § 252 Rn. 25; *Meyer-Goßner/Schmitt*[60] § 252 Rn. 15 m.w.N.

Eine Vernehmung des Staatsanwalts, des Protokollführers oder anderer anwesender **2136** Personen über den Inhalt der richterlichen Vernehmung ist ohne Zustimmung des Zeugen ebenso unzulässig wie die Verlesung des Vernehmungsprotokolls,[3383] das Vorspielen einer Bild-Ton-Aufzeichnung der früheren richterlichen Vernehmung (z.B. § 168e StPO) gem. § 255a Abs. 1 StPO[3384] oder das Verlesen eines Urteils, in dem die Aussage wiedergegeben worden ist. Eine Verlesung der richterlichen Vernehmungsniederschrift soll nach § 251 Abs. 2 Nr. 3 StPO allerdings dann ausnahmsweise zulässig sein, wenn der Zeuge trotz Zeugnisverweigerung ausdrücklich auf das Verwertungsverbot nach § 252 StPO verzichtet hat.[3385]

Für die Belehrungspflicht spielt es keine Rolle, ob dem vernehmenden Richter das **2137** Verwandtschaftsverhältnis bekannt war.

Ist der Zeuge nicht nach § 52 StPO belehrt worden, macht dies auch die Zeugenvernehmung des Richters ohne Zustimmung des Zeugen unverwertbar. Es gelten die gleichen Grundsätze wie bei der unterbliebenen Belehrung in der Hauptverhandlung. Allerdings gilt für das Protokoll einer richterlichen Vernehmung nicht die absolute Beweiskraft des § 274 StPO. Wird daher eine unterbliebene Belehrung bei der richterlichen Vernehmung ggf. unter Verweis auf den fehlenden Eintrag im Protokoll geltend gemacht, kann die Frage der ordnungsgemäßen Belehrung im Freibeweisverfahren geprüft werden.

Nach Auffassung von Meyer-Goßner/Schmitt[3386] stellt es einen Revisionsgrund dar, wenn das Urteil nicht mitteilt, ob und wie sich das Gericht von der ordnungsgemäßen Belehrung des Zeugen durch den vernehmenden Richter überzeugt hat. Diemer[3387] schränkt dies dahingehend ein, dass eine solche Mitteilungs- und Prüfungspflicht nur dann besteht, wenn das richterliche Protokoll die Belehrung nicht ausweist.

Der 2. Strafsenat des BGH ist der Auffassung, dass die Verwertung einer früheren richterlichen Vernehmung eines Zeugen, der erst in der Hauptverhandlung von seinem Zeugnisverweigerungsrecht Gebrauch macht, durch Vernehmung der richterlichen Vernehmungsperson nur dann zulässig ist, wenn dieser Richter den Zeugen nicht nur über sein Zeugnisverweigerungsrecht, sondern auch qualifiziert über die Möglichkeit der Einführung und Verwertung seiner Aussage im weiteren Verfahren

---

3383 *BGH* StV 1993, 458; KK-*Diemer*[7] § 252 Rn. 25, 26; *Meyer-Goßner/Schmitt*[60] § 252 Rn. 1, 14; *BGH* NStZ 1997, 95. Nach *BGH* v. 11.4.2012 – 3 StR 108/12 = StV 2012, 706 bedarf es für die Zulässigkeit der Rüge der Verletzung des § 252 StPO durch Verlesung der richterlichen Vernehmungsniederschrift keines Widerspruchs oder der Herbeiführung eines Gerichtsbeschlusses.

3384 *BGH* StV 2008, 170 = NJW 2008, 1010 (auch nicht i.V.m. § 253 StPO). So auch schon *BGHSt* 49, 72, 77 = StV 2004, 247 m. Anm. *Degener* StV 2006, 509.

3385 *BGH* v. 13.6.2012 – 2 StR 112/12 Ls 3 u. Tz. 10 = *BGHSt* 57, 254 = StV 2012, 705 = NJW 2012, 3192.

3386 *Meyer-Goßner/Schmitt*[60] § 252 Rn. 18.

3387 KK-*Diemer*[7] § 252 Rn. 32.

belehrt hat. Mit Anfragebeschluss vom 4.6.2014 hatte der 2. Senat seine Absicht erklärt, seine alte Rspr. aufzugeben und bei den übrigen Strafsenaten des BGH angefragt, ob diese der beabsichtigten Änderung der bisherigen Rspr. zustimmen.[3388] Jedoch hatten der 1., 4. und 5. Strafsenat mitgeteilt, dass sie an ihrer alten Rspr. festhielten.[3389] Auch der 3. Strafsenat hatte erklärt, dass er in der Sache dazu neige, an der bisherigen Rspr., wie sie bereits seit Jahrzehnten praktiziert werde, festzuhalten.[3390] Daraufhin legte der 2. Strafsenat die Sache dem Großen Senat für Strafsachen gem. § 132 Abs. 2 GVG zur Entscheidung vor.[3391] Inzwischen hat dieser entschieden, dass der Richter den Zeugen lediglich gem. § 52 Abs. 3 S. 1 StPO über sein Zeugnisverweigerungsrecht zu belehren hat; einer weitergehenden Belehrung bedürfe es nicht.[3392]

2138 Ist das Verwandtschaftsverhältnis erst nach der richterlichen Vernehmung entstanden und ist der Zeuge (naturgemäß) nicht nach § 52 Abs. 3 StPO belehrt worden, so darf der Richter im Falle der Zeugnisverweigerung in der Hauptverhandlung nicht über den Inhalt der damaligen Vernehmung vernommen werden.[3393]

2139 Unverwertbar ist auch eine Aussage, wenn der Richter den angehörigen Zeugen seinerzeit als Beschuldigten im Rahmen eines gegen ihn anhängigen Strafverfahrens vernommen hat, selbst wenn er ihn damals im Hinblick auf das zu diesem Zeitpunkt schon bestehende Angehörigenverhältnis – überflüssigerweise – nach § 52 oder § 55 StPO belehrt haben sollte.[3394] Der Entscheidung des 4. Strafsenats des BGH vom 20.2.1997[3395] könnte entnommen werden, dass der Angeklagte in diesem Fall der Verwertung in der Hauptverhandlung widersprochen haben muss, um die Verletzung des Verwertungsverbots des § 252 StPO rügen zu können.

Unzulässig ist schließlich – bei rechtzeitigem Widerspruch – die Verwertung der Aussage des Richters, der anlässlich seiner Vernehmung des zeugnisverweigerungsberechtigten Zeugen gegen die Benachrichtigungspflicht gem. § 168c Abs. 5 StPO verstoßen hat.[3396]

3388 *BGH* v. 4.6.2014 – 2 StR 656/13 = StV 2014, 1.
3389 *BGH* v. 14.1.2015 – 1 ARs 21/14; *BGH* v. 16.12.2014 – 4 ARs 21/14 = NStZ-RR 2015, 48; *BGH* v. 27.1.2015 – 5 ARs 64/14 = NStZ-RR 2015, 118.
3390 *BGH* v. 18.1.2015 – 3 ARs 20/14.
3391 Vgl. den Beschluss des *BGH* v. 18.3.2015 – 2 StR 656/13 = NStZ 2015, 710 und zwei weitere Beschlüsse v. 24.2.2016 – 2 StR 656/13.
3392 *BGH* v. 15.7.2016 – GSSt 1/16 = NJW 2017, 94 m. Anm. *Brand.*
3393 BGHSt 27, 231; *Meyer-Goßner/Schmitt*[60] § 52 Rn. 10.
3394 *Meyer-Goßner/Schmitt*[60] § 252 Rn. 11; KK-*Diemer*[7] § 252 Rn. 15.
3395 BGHSt 42, 391 = StV 1997, 234, 236.
3396 *BGH* v. 3.3.2011 – 3 StR 34/11 = StV 2011, 336; *Meyer-Goßner/Schmitt*[60] § 252 Rn. 14.

II. Anforderungen an den Vortrag der Rüge der Verletzung des § 252 StPO

Vorzutragen ist, **2140**

- dass der angehörige Zeuge zur Hauptverhandlung vom Gericht geladen wurde und erschienen ist,
- dass er nach § 57 StPO belehrt wurde und seine Personalien angegeben hat,
- dass er nach dem Verwandtschaftsverhältnis gefragt wurde und was er angegeben hat;
- dass zu diesem Zeitpunkt ein Verwandtschaftsverhältnis i.S.d. § 52 Abs. 1 StPO bestand,
- dass der Zeuge nach § 52 Abs. 3 StPO belehrt wurde,
- dass er von seinem Zeugnisverweigerungsrecht Gebrauch gemacht und er während der gesamten Hauptverhandlung nicht ausgesagt hat,
- dass er außerhalb der Hauptverhandlung als Zeuge oder Beschuldigter bzw. Angeklagter richterlich vernommen worden war,
- dass zum Zeitpunkt dieser Vernehmung bereits ein ein Zeugnisverweigerungsrecht begründendes Angehörigenverhältnis, und zwar welches, bestanden hat,
- dass der Zeuge bei dieser richterlichen Vernehmung *nicht* nach § 52 Abs. 3 StPO belehrt wurde bzw. es sich nicht um eine Zeugen-, sondern um eine Beschuldigtenvernehmung handelte,
- alternativ: dass im Zeitpunkt der richterlichen Vernehmung noch kein ein Zeugnisverweigerungsrecht begründendes Angehörigenverhältnis i.S.d. § 52 Abs. 1 StPO bestand,
- dass es sich um eine Vernehmung nach § 168c StPO handelte, bei der gegen die im Einzelnen darzulegende Benachrichtigungspflicht gem. § 168c Abs. 5 StPO verstoßen wurde, weshalb der Angeklagte der Verwertung rechtzeitig widersprochen hat,
- die richterliche Vernehmung im vollen Wortlaut,
- dass der vernehmende Richter als Zeuge über den Inhalt der früheren Vernehmung vernommen wurde,
- alternativ: dass der Inhalt der richterlichen Vernehmung durch eine nichtrichterliche Verhörsperson, durch Verlesung oder durch Vorspielen einer Bild-Ton-Aufzeichnung in die Hauptverhandlung eingeführt wurde,[3397]
- der Zeuge der Verwertung der früheren Angaben nicht zugestimmt hat,[3398]
- und der Angeklagte in der Hauptverhandlung der Verwertung der durch den Richter eingeführten Aussage rechtzeitig in dem Fall mit einer die Angriffsrich-

---

3397 Dies begründet die Verletzung des § 252 StPO auch dann, wenn der Richter den Zeugen ordnungsgemäß nach § 52 Abs. 3 StPO belehrt hatte.

3398 Hat er der Verwertung zugestimmt, ist alternativ zur Vernehmung des Richters auch die Verlesung der Vernehmungsniederschrift nach § 251 Abs. 2 Nr. 3 StPO zulässig: *BGH* v. 13.6.2012 – 2 StR 112/12 = *BGHSt* 57, 254 = StV 2012, 705 = NJW 2012, 3192 Ls 3 u. Tz. 10.

tung erkennen lassenden Begründung[3399] widersprochen hat, dass der Angehörige seinerzeit nicht als Zeuge, sondern als Beschuldigter vernommen worden war.

Rüge 253

2141   Hat das Gericht die Angaben eines Sachverständigen über die Aussagen eines Angehörigen ihm gegenüber verwertet, nachdem der Zeuge vor oder in der Hauptverhandlung das Zeugnis verweigert hat?

I. Rechtsgrundlagen

2142   Mitteilungen eines gem. § 52 Abs. 1 StPO zur Zeugnisverweigerung berechtigten Zeugen gegenüber einem Sachverständigen etwa im Rahmen eines Explorationsgesprächs, die zu den Zusatztatsachen[3400] gehören (z.B. Tatschilderung), stehen einer Aussage i.S.d. § 252 StPO gleich.[3401] Dies gilt auch für Angaben des Angehörigen gegenüber dem Sachverständigen, die er in einem anderen Verfahren außerhalb des Strafverfahrens (z.B. Zivilverfahren, Sorgerechtsverfahren) gemacht hat. Die ausnahmsweise Zulässigkeit der Vernehmung des Richters über den Inhalt einer richterlichen Vernehmung kann der Befragung durch den Sachverständigen nicht gleichgesetzt werden. Macht der Angehörige in der Hauptverhandlung von seinem Zeugnisverweigerungsrecht Gebrauch, dürfen seine Angaben ohne seine Zustimmung weder durch Verlesung des Sachverständigengutachtens noch durch die Vernehmung des Sachverständigen als Zeugen in die Hauptverhandlung eingeführt werden.[3402] Dies gilt nach Auffassung des BGH allerdings dann nicht, wenn der Zeuge vor Befragung durch den Sachverständigen durch einen Richter vernommen und dabei über das ihm nach § 52 Abs. 1 StPO zustehende Zeugnisverweigerungsrecht belehrt worden ist.[3403]

II. Anforderungen an den Vortrag

2143   Es muss vorgetragen werden, dass

- der angehörige Zeuge zur Hauptverhandlung vom Gericht geladen wurde und erschienen ist,
- er nach § 57 StPO belehrt wurde und seiner Personalien angegeben hat,

---

3399   *BGH* StV 2008, 8.
3400   Siehe dazu KK-*Diemer*[7] § 252 Rn. 18.
3401   *BGH* StV 2007, 68 = NStZ 2007, 353 = StraFo 2007, 63.
3402   *BGHSt* 46, 189; *BGH* StV 2007, 68 = NStZ 2007, 353 = StraFo 2007, 63; insgesamt KK-*Diemer*[7] § 252 Rn. 18.
3403   *BGH* StV 1995, 564 m. **abl.** Anm. *Wohlers* StV 1996, 192.

- er nach dem Verwandtschaftsverhältnis gefragt wurde und was er angegeben hat,
- ein Angehörigenverhältnis i.S.d. § 52 Abs. 1 StPO besteht,
- der Zeuge nach § 52 Abs. 3 StPO belehrt wurde,
- er von seinem Zeugnisverweigerungsrecht Gebrauch gemacht hat,
- er keine Zustimmung zur Verwertung seiner früheren Angaben gegenüber dem Sachverständigen erteilt hat,
- der Sachverständige den Zeugen exploriert und befragt hat, ggf. in welchem Verfahren und mit welchem Auftrag und durch wen,
- der Zeuge nicht vor der Befragung durch den Sachverständigen bereits richterlich über sein Zeugnisverweigerungsrecht belehrt worden war (Negativtatsache!),[3404]
- der Sachverständige sein auf den Angaben des Zeugen beruhendes Gutachten erstattet hat bzw. er als Zeuge vernommen oder sein schriftliches Gutachten in der Hauptverhandlung verlesen worden ist,
- die Angaben des Sachverständigen im Urteil verwertet wurden (was sich aus dem Urteil selbst ergibt).

Rüge 254

Hat das Gericht die frühere Aussage eines Berufsgeheimnisträgers oder Berufshelfers (§§ 53, 53a StPO) verwertet, nachdem dieser in der Hauptverhandlung von seinem Recht, das Zeugnis zu verweigern, Gebrauch gemacht hat (§ 252 StPO)?[3405] **2144**

I. Rechtsgrundlagen

Eine frühere Aussage eines Berufsgeheimnisträgers bzw. seines Helfers darf bei der   **2145**
Urteilsfindung weder nach Verlesung noch nach Vernehmung einer Verhörsperson (auch nicht eines Richters) bei der Urteilsfindung verwertet werden, wenn der Zeuge in der Hauptverhandlung von seinem Zeugnisverweigerungsrecht Gebrauch macht. § 252 StPO gilt aber nur dann, wenn im Zeitpunkt der früheren Vernehmung schon ein Zeugnisverweigerungsrecht bestand und der Zeuge seinerzeit nicht von der Schweigepflicht entbunden war.[3406]

3404   *BGH* StV 1995, 564 m. **abl.** Anm. *Wohlers* StV 1996, 192.
3405   Zur Verlesung eines ärztlichen Berichts eines in der Hauptverhandlung nicht vernommenen Zeugen wegen Berufung auf sein umfassendes Zeugnisverweigerungsrecht vgl. Rüge 144a Rn. 1273.
3406   *Meyer-Goßner/Schmitt*[60] § 252 Rn. 3; *BGHSt* 18, 146; *BGH* StV 1997, 233; *BGH* v. 20.12.2011 – 1 StR 547/11 = StV 2012, 195 = NStZ 2012, 281 m. abl. Anm. *Geppert* soweit es um das ärztliche Zeugnisverweigerungsrecht und den Vertrauensschutz von Patienten geht.

II. Anforderungen an den Vortrag der Rüge der Verletzung des § 252 StPO

2146 Vorzutragen ist,

- dass in der Hauptverhandlung ein Zeuge vernommen worden ist, der aus darzulegenden Gründen ein Recht zur Zeugnisverweigerung aus beruflichen Gründen (§§ 53, 53a StPO) hatte,
- dass der Zeuge nicht von der Schweigepflicht entbunden war,
- dass er das Zeugnis verweigert hat und nicht der Verwertung seiner früheren Aussage zugestimmt hat,
- dass im Zeitpunkt seiner früheren Vernehmung bereits ein Zeugnisverweigerungsrecht gem. §§ 53, 53a StPO bestand und
- dass er seinerzeit nicht von der Schweigepflicht entbunden war.
- Es ist der Inhalt der früheren Aussage vollständig und im Wortlaut mitzuteilen sowie die Art und Weise, auf die der Inhalt der Aussage in die Hauptverhandlung eingeführt worden ist (Verlesung, Vernehmung einer Verhörsperson).

Rüge 255

2147 Hat das Gericht die frühere Aussage eines nach §§ 52, 53, 53a StPO zeugnisverweigerungsberechtigten Zeugen verwertet, ohne dass dieser in der Hauptverhandlung Gelegenheit hatte, von seinem Recht, das Zeugnis zu verweigern, Gebrauch zu machen (§ 252 StPO)?

I. Rechtsgrundlagen

2148 Nach seinem Wortlaut besteht das aus dem Sinn des § 252 StPO abzuleitende Beweisverwertungsverbot nur unter der Voraussetzung, dass eine nach §§ 52 Abs. 1, 53, 53a StPO zur Zeugnisverweigerung berechtigte Person in der Hauptverhandlung von diesem Recht Gebrauch macht. Jedoch dürfen Vernehmungspersonen[3407] in der Hauptverhandlung so lange nicht über den Inhalt früherer Angaben eines zur Zeugnisverweigerung berechtigten Zeugen gehört werden, wie Ungewissheit darüber besteht, ob der Zeuge von seinem Verweigerungsrecht Gebrauch macht oder nicht.[3408]

Erst recht darf die Ausübung des Zeugnisverweigerungsrechts mit der Folge eines Verwertungsverbots nicht dadurch umgangen werden, dass der zeugnisverweigerungsberechtigte Zeuge bewusst nicht zur Hauptverhandlung geladen wird.[3409] Wird

---

3407 Das gilt nicht für einen Richter, der einen Zeugen i.S.d. § 52 Abs. 1 StPO anlässlich seiner Vernehmung nach § 52 Abs. 3 StPO belehrt hat, weil schon zu diesem Zeitpunkt ein das Zeugnisverweigerungsrecht begründendes Verhältnis bestand.

3408 *BGH* NStZ-RR 2017, 23; StV 2000, 236; *BayObLG* StV 2005, 543 jew. m.w.N.

3409 *BGH* StV 1992, 500; *OLG Braunschweig* OLGSt § 244 StPO Nr. 3.

deshalb die Aussage eines zeugnisverweigerungsberechtigten Zeugen durch Vernehmung einer Verhörsperson, aber auch durch Verlesung einer Vernehmungsniederschrift oder eines Urteils, in dem die Aussage des Zeugen wiedergegeben wird, in die Hauptverhandlung eingeführt und im Urteil verwertet, ohne dass der Zeuge die Möglichkeit hatte, über die Ausübung des Verweigerungsrechts zu entscheiden, ist § 252 StPO verletzt.

Eine Ausnahme macht die Rspr. des BGH in Fällen, in denen der betreffende Zeuge im Zeitpunkt der Hauptverhandlung verstorben[3410] oder unerreichbar ist, weil sein Aufenthalt nicht ermittelt werden konnte[3411] oder er sich als Mitangeklagter pflichtwidrig der Hauptverhandlung entzogen hat und nur deshalb die Rolle eines Zeugen einnehmen würde.[3412] Im Falle der Unerreichbarkeit ist allerdings für eine Verwertbarkeit der früheren Aussage eines nach § 52 Abs. 1 StPO zur Verweigerung berechtigten Zeugen zu fordern, dass dieser anlässlich seiner seinerzeitigen Vernehmung gem. § 52 Abs. 3 StPO belehrt worden ist.[3413] Konnte der unerreichbare Zeuge von seinem Zeugnisverweigerungsrecht aufgrund seiner anderweitigen früheren Verfahrensstellung als Beschuldigter keinen Gebrauch machen, sind seine Angaben unverwertbar.[3414] **2149**

II. Anforderungen an den Vortrag der Rüge der Verletzung des § 252 StPO

- In die Hauptverhandlung ist die Aussage eines Zeugen eingeführt und ihr Inhalt **2150** bei der Urteilsfindung verwertet worden, der zu dem Angeklagten, einem Mitangeklagten oder einem früheren Mitbeschuldigten[3415] in einem das Zeugnisverweigerungsrecht i.s.d. §§ 52 Abs. 1, 53 Abs. 1, 53a Abs. 1 StPO begründenden Verhältnis steht; die Art und Weise der Einführung (Vernehmung einer Verhörsperson, Verlesung einer im Wortlaut mitzuteilenden Vernehmungsniederschrift etc.) ist mitzuteilen.

- Der betreffende Zeuge ist in der Hauptverhandlung nicht vernommen worden und hat auch nicht außerhalb der Hauptverhandlung auf die Ausübung seines Zeugnisverweigerungsrechts verzichtet;

3410 *BGHSt* 22, 35. Dann soll die Aussage auch dann verwertbar sein, wenn seinerzeit die Belehrung nach § 52 Abs. 3 StPO unterblieben ist: KK-*Diemer*[7] § 252 Rn. 13.

3411 *BGHSt* 25, 176, 177.

3412 *BGHSt* 27, 139.

3413 *BGHSt* 25, 176; *Meyer-Goßner/Schmitt*[60] § 252 Rn. 17.

3414 *OLG Koblenz* v. 29.1.2014 – 1 Ss 125/13 = StV 2014, 330.

3415 Voraussetzung einer Rüge ist, dass die Aussage dieses Zeugen, der nur zu einem Mitangeklagten in einem ein Zeugnisverweigerungsrecht begründenden Verhältnis steht, dieselbe Tat i.s.d. § 264 StPO betrifft, die Gegenstand der Verurteilung des Beschwerdeführers ist (bei einem früheren Mitbeschuldigten kommt noch als Voraussetzung hinzu das – frühere – Bestehen einer prozessualen Gemeinsamkeit der Verfahren und dass das Verfahren gegen den Mitbeschuldigten nicht durch Tod oder durch Freispruch oder Verurteilung oder durch eine Verfahrenseinstellung gem. § 154 StPO rechtskräftig abgeschlossen ist: s. Rüge 79 Rn. 907).

- bei Zeugen i.S.d. § 52 Abs. 1 StPO ist vorzutragen, dass diese im Zeitpunkt der Hauptverhandlung nicht verstorben waren, sie nicht wegen nicht zu ermittelnden Aufenthalts unerreichbar waren (letzterenfalls wäre ggf. vorzutragen, dass sie im Zeitpunkt ihrer Vernehmung nicht nach § 52 Abs. 3 StPO belehrt worden waren) und es sich auch nicht um einen pflichtwidrig abwesenden Mitangeklagten handelte.
- Bei Zeugen i.S.d. §§ 53, 53a StPO ist vorzutragen, dass im Zeitpunkt ihrer Vernehmung keine Entbindung von der Schweigepflicht vorlag und der Träger des Geheimhaltungsinteresses auch nachträglich keine Entbindung von der Schweigepflicht oder die Zustimmung zur Verwertung erklärt hat.

Abschnitt 4
Hat das Urteil Erkenntnisse verwertet, die insbesondere mit verbotenen Vernehmungsmethoden erlangt wurden?

Rüge 256

2151   Wurde im Urteil der Inhalt einer (früheren) Vernehmung des Angeklagten, eines Mitangeklagten, eines Mitbeschuldigten, eines Zeugen oder eines Sachverständigen verwertet, die unter Verletzung des Verbots der in § 136a Abs. 1 und Abs. 2 StPO bezeichneten Vernehmungsmethoden durchgeführt worden ist?

I. Rechtsgrundlagen

2152   Mittels verbotener Vernehmungsmethoden i.S.d. § 136a Abs. 1 und Abs. 2 StPO herbeigeführte Aussagen unterliegen einem generellen Beweisverwertungsverbot.[3416] Ob der Inhalt der Aussage für den Angeklagten im Zusammenhang mit dem Schuld- oder Rechtsfolgenausspruch belastend oder entlastend, richtig oder unrichtig ist, ist gleichgültig. § 136a StPO bezieht sich allerdings nur auf Vernehmungen.[3417]

2153   Ihre unzulässige Verwertung bei der Urteilsfindung wird im Revisionsverfahren nicht von Amts wegen berücksichtigt, sondern ist mit einer Verfahrensrüge zu beanstanden, die der Revision zum Erfolg verhilft, wenn das Urteil auf dem Verfahrens-

---

3416   Vgl. z.B. *BGH* v. 21.10.2014 – 5 StR 296/14 = NStZ 2015, 46 zur Ermüdung; *OLG Köln* v. 24.6.2013 – 2 Ws 264/13 = StV 2014, 272 durch Versprechen eines gesetzlich nicht vorgesehenen Vorteils; *BGH* v. 25.10.2016 – 2 StR 84/16 = NJW 2017, 1253 durch Täuschung über die Verdachtslage.

3417   *Meyer-Goßner/Schmitt*[60] § 136a Rn. 4. Keine Vernehmung ist das Gespräch, das ein Konsularbeamter mit einem in ausländischer Haft befindlichen deutschen Beschuldigten in Erfüllung seiner Hilfspflicht nach § 7 KonsG führt: *BGH* v. 14.9.2010 – 3 StR 573/09 = BGHSt 55, 314 = StV 2011, 334 = StraFo 2011, 92 = NJW 2011, 1523 m. zust. Anm. *Norouzi*; **a.A.** *Heghmanns* ZJS 2011, 98.

fehler beruht. Die unzulässigen Vernehmungsmethoden müssen also die Angaben des Betroffenen beeinflusst haben.[3418] Der Angeklagte kann die Revision auf die Verletzung des § 136a StPO unabhängig davon stützen, ob das Urteil seine eigene Aussage, die eines Mitangeklagten,[3419] die eines Mitbeschuldigten,[3420] die eines Zeugen (§ 69 Abs. 3 StPO) oder die eines Sachverständigen (§ 72 StPO)[3421] verwertet,[3422] solange nur die Möglichkeit eines ursächlichen Zusammenhangs zwischen der verbotenen Einwirkung und der verwerteten Aussage besteht.[3423]

Dabei kann nicht nur die unmittelbare, sondern auch die mittelbare Verwertung gerügt werden, also bspw. auch die Verwertung eines Sachverständigengutachtens, das auf Anknüpfungstatsachen beruht, die durch verbotene Vernehmungsmethoden zu Tage gefördert worden sind.

Gleichgültig ist, wie der Inhalt einer mittels einer nach § 136a Abs. 1 oder Abs. 2 StPO unzulässig durchgeführten Vernehmung in die Hauptverhandlung eingeführt worden ist, also durch Verlesung einer Vernehmungsniederschrift, durch Vernehmung der Verhörsperson oder sonstiger bei der Vernehmung anwesender Dritter als Zeugen oder durch Vorhalt bspw. gegenüber dem Angeklagten.[3424] **2154**

Da das Verbot des § 136a Abs. 1 und Abs. 2 StPO ohne Rücksicht auf die Einwilligung des unzulässig vernommenen Beschuldigten, Mitbeschuldigten, Zeugen oder Sachverständigen gilt (§§ 136a Abs. 3 S. 1, 69 Abs. 3 StPO), und selbst mit Zustimmung des in unzulässiger Weise Vernommenen die Verwertung unzulässig ist (§§ 136a Abs. 3 S. 2, 69 Abs. 3 StPO), muss der Verwertung in der Hauptverhandlung nicht widersprochen worden sein.[3425] **2155**

Ist es zu dem Einsatz einer verbotenen Vernehmungsmethode gegenüber einem Angeklagten gekommen, kann sich im Falle ihrer Verwertung im Urteil darauf auch ein Mitangeklagter berufen, wenn auch seine Verurteilung auf der betreffenden Aussage beruht.[3426]

3418 *BGH* v. 14.9.2010 – 3 StR 573/09 = *BGHSt* 55, 314 = StV 2011, 334 = StraFo 2011, 92 = NJW 2011, 1523.
3419 *BGH* MDR 1971, 18 (D).
3420 § 136a StPO gilt nicht nur für richterliche Beschuldigtenvernehmungen, sondern nach § 163a Abs. 3 bzw. Abs. 4 StPO auch für staatsanwaltschaftliche und polizeiliche Vernehmungen.
3421 Auch hier finden §§ 136a, 69 Abs. 3 und 72 StPO über §§ 161a Abs. 1 S. 2 bzw. 163 Abs. 3 StPO über richterliche Vernehmungen hinaus bei staatsanwaltschaftlichen und polizeilichen Vernehmungen Anwendung.
3422 *Meyer-Goßner/Schmitt*[60] § 136a Rn. 33 sowie LR-*Gleß*[26] § 136a Rn. 14 m.w.N.
3423 LR-*Gleß*[26] § 136a Rn. 80.
3424 *BGH* MDR 1973, 371 (D); LR-*Gleß*[26] § 136a Rn. 73.
3425 *Meyer-Goßner/Schmitt*[60] § 136a Rn. 33; *BGH* v. 3.2.2016 – 4 StR 561/15; s. aber *BGH* StV 1996, 360 m. **abl.** Anm. *Fezer* StV 1997, 57, wo eine Pflicht zum Widerspruch in Fällen erwogen wird, in denen sich der Betroffene auf „Fortwirkungen eines Verstoßes gegen § 136a Abs. 1 StPO beruft".
3426 LR-*Gleß*[26] § 136a Rn. 71 m.w.N.

II. Anforderungen an den Vortrag der Rüge der Verletzung der §§ 136a, 261 StPO

2156 1. Es muss derjenige Angeklagte, Mitangeklagte, Zeuge oder Sachverständige bezeichnet werden, dessen Aussage in der Hauptverhandlung mittels einer unzulässigen Vernehmungsmethode herbeigeführt worden ist. Dazu muss ggf. unter Auswertung der Sitzungsniederschrift mitgeteilt werden, in welcher Phase der Hauptverhandlung durch welches Justiz- oder Strafverfolgungsorgan (Richter, Schöffen, Vertreter der Staatsanwaltschaft),[3427] aber auch durch Sachverständige oder Augenscheinsgehilfen (nicht aber durch Zeugen), welche verbotene Vernehmungsmethode[3428] zur Anwendung gekommen sind. Dabei sind die Tatsachen, aus denen sich die Unzulässigkeit der Vernehmungsmethode ergibt, konkret mitzuteilen.

2157 2. Geht es um eine außerhalb der Hauptverhandlung gewonnene Aussage, ist ebenfalls konkret mitzuteilen, dass sich anlässlich ihrer Entstehung ein mit der Strafverfolgung beauftragtes Organ des Staates[3429] eines unzulässigen Mittels bedient hat. Auch im Auftrag der Strafverfolgungsbehörden eingesetzte private Dritte (z.B. V-Leute, Mitinsassen der JVA, polizeiliche Lockspitzel) dürfen sich in vernehmungsähnlichen Situationen der verbotenen Methoden des § 136a StPO nicht bedienen.[3430]

Da der Verfahrensfehler in der Hauptverhandlung fortgewirkt haben muss, um die Revision zu begründen (§ 337 StPO), ist vorzutragen, dass und wie der Inhalt der betreffenden Vernehmung in die Hauptverhandlung eingeführt worden ist. Der Inhalt einer Vernehmungsniederschrift (insbesondere im Falle ihrer Verlesung: für Aussagen des/der Angeklagten kommt nur eine solche nach § 254 StPO in Betracht, für Aussagen von Zeugen, Sachverständigen und Mitbeschuldigten eine solche gem. §§ 251, 253 StPO oder ergänzend zu ihrer Vernehmung[3431]), ist vollständig im Wortlaut,[3432] ansonsten der wesentliche Inhalt der Vernehmung oder des Vorhalts mitzuteilen.

2158 3. Es ist vorzutragen, dass der Verstoß in der Weise fortgewirkt hat, dass die Möglichkeit eines ursächlichen Zusammenhangs zwischen der verbotenen Einwirkung und der verwerteten Aussage besteht. Im Falle der Vornahme einer Täuschung ist auszuschließen, dass der Beschuldigte, Zeuge oder Sachverständige diese durchschaut, aber trotzdem ausgesagt hat[3433] (Negativtatsache!).

3427 Zu sonstigen frageberechtigten Prozessbeteiligten s. LR-*Gleß*[26] § 136a Rn. 7.

3428 Zu den Einzelheiten vgl. LR-*Gleß*[26] § 136a Rn. 19 ff. m.w.N.; zur Intensität des für die Annahme eines Beweisverwertungsverbotes erforderlichen Einsatzes einer solchen Methode LR-*Gleß*[26] § 136a Rn. 18.

3429 Dazu gehören auch vom Gericht oder von der Staatsanwaltschaft beauftragte Sachverständige: *LG Regensburg* StV 2012, 332.

3430 LR-*Gleß*[26] § 136a Rn. 4, 13, 15 ff. Zu dem Täuschungsverhalten eines Verdeckten Ermittlers s. *BGH* StV 2007, 509 = NJW 2007, 3138.

3431 *Meyer-Goßner/Schmitt*[60] § 250 Rn. 12.

3432 *BGHR* StPO § 344 Abs. 2 S. 2 Verwertungsverbot 2, 4, 5.

3433 LR-*Gleß*[26] § 136a Rn. 70.

Es ist ferner konkret auszuschließen, dass der Beschuldigte, Mitbeschuldigte, Zeuge oder Sachverständige erneut auf rechtmäßige Art vernommen worden ist bzw. keine qualifizierte Belehrung des Inhalts vor der erneuten Vernehmung erfolgte, wonach die frühere Aussage einem Beweisverwertungsverbot unterliege.[3434] Letzterenfalls ist darzulegen, inwiefern sich die unzulässige Vernehmungsmethode auf eine spätere – im Urteil verwertete – Vernehmung ausgewirkt hat.[3435]

4. Betrifft der Verstoß gegen § 136a StPO nicht die gesamte Aussage, ist der genaue Vernehmungsverlauf und der Inhalt der einzelnen Vernehmungsteile vorzutragen, da der ordnungsgemäß zustande gekommene Teil der Vernehmung auch bei Unverwertbarkeit im Übrigen verwertbar bleiben soll.[3436] Vorsorglich ist als Negativtatsache in entspr. Fällen vorzutragen, dass der Verstoß die gesamte Aussage betroffen hat.   **2159**

5. Sollte in der Hauptverhandlung eine Entscheidung des Tatgerichts über die Verwertung ergangen sein, muss auch diese vollständig wörtlich mitgeteilt werden wie auch die Tatsache und der Zeitpunkt eines etwaigen Verwertungswiderspruchs.   **2160**

6. Soll beanstandet werden, dass infolge der durch die unerlaubte Methode gewonnenen Aussage andere Beweise erlangt und diese unzulässig bei der Urteilsfindung verwertet wurden (Fernwirkung), ist nicht nur der Ursachenzusammenhang, sondern auch darzustellen, dass das mittelbare Beweisergebnis wahrscheinlich auf legalem Weg nicht erlangt worden wäre.[3437]   **2161**

Rüge 257

Wurden im Urteil Beweise verwertet, die Privatpersonen in einer dem Geist des § 136a StPO zuwiderlaufenden oder sonst rechtswidrigen Weise erlangt haben?   **2162**

I. Rechtsgrundlagen

Das Ergebnis privater Nachforschungen ist im Strafverfahren ohne weiteres verwertbar, wenn die betreffenden Informationen in zulässiger Weise erlangt worden sind. Dies soll auch gelten, wenn die Privatperson aus eigenem Antrieb unter Ver-   **2163**

3434   Siehe Rüge 240 Rn. 2044. Ferner *LG Frankfurt/M.* StV 2003, 325 m. Anm. *Weigend* StV 2003, 436.
3435   *BGH* StraFo 2001, 413 = NStZ 2001, 551; *BVerfG* NStZ 2002, 487.
3436   LR-*Gleß*[26] § 136a Rn. 71.
3437   Dies gilt, wenn man nicht der „fruits of the poisonous tree doctrine", sondern der gelegentlich auch von der Rspr. vertretenen Lehre vom hypothetischen Ersatzeingriff folgt: vgl. *Meyer-Goßner/Schmitt*[60] § 136a Rn. 31 und Einl. Rn. 57c; LR-*Hanack*[25] § 136a Rn. 66, 67 m.w.N.; ohne eigene Stellungnahme LR-*Gleß*[26] § 136a Rn. 76; s. auch LR-*G. Schäfer*[25] Vor § 94 Rn. 157 und 158.

heimlichung ihrer Absicht, polizeiliche Ermittlungen zu unterstützen, den Beschuldigten zu Angaben verleitet hat.[3438] Das bedeutet jedoch nicht, dass Beweismittel, die Privatpersonen in unzulässiger Weise erlangt haben, grundsätzlich unverwertbar seien. Die herrschende Meinung geht von einem Verwertungsverbot nur dann aus, wenn die Beweiserlangung in extrem menschenrechtswidriger Weise oder unter schwerer Verletzung der Menschenwürde erfolgte.[3439] In der Literatur wird in kritischer Abgrenzung zur herrschenden Meinung die Auffassung vertreten, dass die Verwertung solcher Beweise unzulässig sei, die grundrechtswidrig erlangt worden seien.[3440] Heimliche Tonbandaufnahmen durch Private, die durch § 201 StGB verboten sind, müssen danach wegen des mit ihnen verbundenen Einbruchs in die grundrechtlich geschützte Privatsphäre einem Verwertungsverbot unterliegen, wenn für die Aufnahme kein Rechtfertigungsgrund besteht und fortwirkt.[3441] Dasselbe muss für heimliche private Bildaufzeichnungen gelten, durch die in die Privat- oder Intimsphäre eingedrungen wurde.[3442] Schließlich gilt für solche Erklärungen, die unter besonders krassem Verstoß gegen die Menschenwürde, insbesondere durch Folter oder vergleichbare Zwangsmaßnahmen erlangt worden sind, ein Beweisverwertungsverbot.[3443]

3438 *BGH* v. 31.3.2011 – 3 StR 400/10 = StV 2012, 129 m. abl. Anm. *Roxin* = NStZ 2011, 596 = JR 2011, 409 m. abl. Anm. *Eisenberg.*

3439 KK-*Senge*[6] Vor § 48 Rn. 52; LR-*Gössel*[26] Einl. Abschn. L Rn. 115 jeweils m.w.N.; vgl. ausführlich *Bockemühl* Private Ermittlungen im Strafprozess, 1996, insbesondere S. 120 ff.

3440 *Burhoff* Handbuch für die strafrechtliche Hauptverhandlung[8] Rn. 1119, eingeschränkt auf Fälle der Verletzung des „Kernbereichs des Grundrechtsschutzes" LR-*Gleß*[26] § 136a Rn. 12. Dies muss auch in Fällen gelten, in denen sich Angehörige der Strafverfolgungsbehörden durch die Entgegennahme von durch Straftäter erlangte Beweismittel selbst strafbar gemacht haben; s. zur „Liechtensteiner Steueraffäre" *Sieber* NJW 2008, 881, 886 u. *Trüg/Habetha* NJW 2008, 887, 890 u. *Meyer-Goßner/Schmitt*[60] § 136a Rn. 3a m.w.N. Das *BVerfG* v. 9.11.2010 – 2 BvR 2101/09 = StV 2011, 65 = NStZ 2011, 103 hat die Verneinung eines Beweisverwertungsverbotes im Zusammenhang mit dem Ankauf von Steuerdaten durch Mitarbeiter des Bundesnachrichtendienstes verfassungsrechtlich nicht beanstandet. Damit ist ein Verwertungsverbot jedoch nicht generell unter allen Umständen ausgeschlossen, vgl. hierzu *Meyer-Goßner/ Schmitt* § 136a Rn. 3b. So ist es nach Auffassung des *VerfGH Rheinland-Pfalz* v. 24.2.2014 – VGH B 26/13, wistra 2014, 240 (Ls 3a) „im Hinblick auf den Ankauf von Steuerdaten CDs [...] denkbar, dass zukünftig gleichsam mosaikartig eine Situation entstehen könnte, die es als gerechtfertigt erscheinen lässt, das Handeln eines privaten Informanten, der in rechtswidriger oder strafbarer Weise ausländische Bankdaten deutscher Steuerpflichtiger übermittelt, der staatlichen Sphäre zuzurechnen. Die Verwertbarkeit für das Besteuerungsverfahren führt nicht automatisch zu einer Verwertbarkeit im Strafverfahren."

3441 LR-*Gleß*[26] § 136a Rn. 12 m.w.N.; demgegenüber einschränkend unter Heranziehung verschiedener Abwägungskriterien LR-*Menges*[26] § 94 Rn. 89; vgl. hierzu auch *BGH* v. 7.1.2016 – 2 StR 202/15 = StraFo 2016, 168 m. Anm. *Wohlers* JR 2016, 542.

3442 Siehe hierzu LR-*Menges*[26] § 94 Rn. 92 ebenfalls unter Heranziehung der Abwägungslehre.

3443 LR-*Gössel*[26] Einl. Abschn. L Rn. 113; LR-*Gleß*[26] § 136a Rn. 12.

II. Anforderungen an den Vortrag

- Es ist konkret mitzuteilen, welche Beweisgewinnungsmethoden welche Privat- **2164** person eingesetzt hat und dass diese in rechtswidriger Weise unter Eingriff in Grundrechte des davon Betroffenen erlangt worden sind. Es ist auszuschließen, dass für das Vorgehen ein Rechtfertigungsgrund bestand. Für die Frage der Rechtswidrigkeit kann bspw. auf §§ 201, 185 ff. StGB, §§ 22, 23, 33 Kunst-UrhG sowie § 136a StPO zurückgegriffen werden. Das Ergebnis der auf diese Art und Weise erlangten Erkenntnisse ist konkret vorzutragen.

- Es ist darzulegen, auf welche Art und Weise diese Erkenntnisse zum Gegenstand der Hauptverhandlung gemacht worden sind.

- Ein gegen die Verwertung in der Hauptverhandlung geltend gemachter Widerspruch, dessen Inhalt, der Zeitpunkt der Geltendmachung sowie ein etwa daraufhin ergangener Gerichtsbeschluss sind ebenfalls mitzuteilen.

- Bei der Erhebung der allgemeinen Sachrüge ergibt sich aus den Urteilsgründen, dass die kontaminierten Erkenntnisse tatsächlich verwendet worden sind.[3444]

Abschnitt 5
Hat das Urteil Erkenntnisse aus einer Durchsuchung bzw. einer Beschlagnahme oder Sicherstellung von Beweismitteln verwertet?

Rüge 258

Hat das Gericht bei der Urteilsfindung Erkenntnisse aus einer Durchsuchung oder einer **2165** Beschlagnahme verwertet, bei der es zu einem Verstoß gegen den Richtervorbehalt (§§ 98 Abs. 1, 105 Abs. 1, 108 StPO), zu Verstößen bei Annahme eines tragfähigen Tatverdachts, zu einem Verstoß gegen das Verhältnismäßigkeitsgebot oder zu anderen ein Beweisverwertungsverbot begründenden Rechtsverletzungen gekommen ist?

I. Rechtsgrundlagen

Fehler bei einer Durchsuchung oder Beschlagnahme können die Revision nicht be- **2166** gründen.[3445] Nur wenn Erkenntnisse aus einer rechtsfehlerhaften Durchsuchung oder Beschlagnahme bei der Urteilsfindung verwertet wurden, kann mit der Revision ggf. die Verletzung eines Beweisverwertungsverbots gerügt werden.

Wie unverwertbare Erkenntnisse aus einer Durchsuchung oder Beschlagnahme in **2167** die Hauptverhandlung eingeführt wurden, sei es durch Verlesung von Schriftstü-

---

3444 Dies ist auch für die Frage von Bedeutung, ob das Urteil auf den Beweisen beruht, die einem Verwertungsverbot unterliegen.
3445 LR-*Menges*[26] § 98 Rn. 78 und LR-*Tsambikakis*[26] § 105 Rn. 139.

cken, Augenscheinseinnahme sonstiger Beweisstücke, Vernehmung von der Durchsuchung bzw. Beschlagnahme beiwohnenden Personen als Zeugen oder Vernehmung eines die Ergebnisse der Durchsuchung/Beschlagnahme auswertenden Sachverständigen ist unter revisionsrechtlichen Gesichtspunkten unerheblich. Es ist allerdings in der Revisionsbegründung konkret vorzutragen, auf welche Weise die im Urteil verwerteten Beweise in die Hauptverhandlung eingeführt worden sind. Dies schon deshalb, weil die Revision nur dann auf die Verletzung eines Verwertungsverbots im Zusammenhang mit den Regelungsgegenständen im Bereich des Achten Abschnitts des Ersten Buches der StPO gestützt werden können soll, wenn der Verwertung rechtzeitig widersprochen wurde.[3446] Die Revision muss deshalb konkret vortragen, dass der Verwertung welcher Beweisinhalte durch welchen Angeklagten zu welchem Zeitpunkt widersprochen und dieser Widerspruch aufrechterhalten worden ist.[3447] Der 2. Strafsenat des BGH hält einen solchen Widerspruch bis zu dem in § 257 Abs. 1 StPO genannten Zeitpunkt wegen Fehlern bei der Durchsuchung oder Beschlagnahme allerdings nicht für erforderlich, ebenso wenig eine Beanstandung nach § 238 Abs. 2 StPO.[3448]

Welche Rechtsverstöße ein Verwertungsverbot auslösen, ist, soweit es nicht um materielle Beschlagnahmeverbote,[3449] sondern um solche gegen formelle Vorschriften geht, nicht generell zu beantworten und zusätzlich zwischen Literatur und Rspr. vielfach umstritten.[3450] Ansatzpunkte für die Annahme eines Beweisverwertungsverbotes sind insbesondere die Verletzung des Richtervorbehalts,[3451] das Fehlen

---

3446   LR-*G. Schäfer*[25] Vor § 94 Rn. 148 f.; *ders.* (Rn. 150) auch zur Frage, wer zum Widerspruch berechtigt ist und inwieweit andere Prozessbeteiligte sich auf die Verletzung subjektiver prozessualer Rechte bzw. auf die Unzulässigkeit der Verwertung von Erkenntnissen entgegen einem zulässig erhobenen Widerspruch berufen können. Ferner KK-*Greven*[7] Vor § 94 Rn. 12 u. 13.

3447   Generell zum Erfordernis eines ausgeführten, also begründeten Widerspruchs *BGH* StV 2008, 8.

3448   *BGH* v. 6.10.2016 – 2 StR 46/15 = StraFo 2017, 103 m. Anm. *Sommer.*

3449   Zu § 97 StPO s. Rüge 259 Rn. 2183, zu § 148 StPO s. Rüge 266 Rn. 2298; zu § 160a StPO s. Rüge 265a Rn. 2288.

3450   Siehe nur die Ausführungen und Nachweise bei LR-*Menges*[26] § 98 Rn. 75 ff.; LR-*Tsambikakis*[26] § 105 Rn. 138 ff. und § 108 Rn. 18 ff.; ferner KK-*Greven*[7] Vor § 94 Rn. 10 u. 11.

3451   Insbesondere in der Form, dass unzulässigerweise ohne richterliche Anordnung durchsucht oder beschlagnahmt wurde (*BGHSt* 51, 285 = StV 2007, 337 = NStZ 2007, 601; *BGH* v. 30.8.2011 – 3 StR 210/11 = StV 2012, 1 = NStZ 2012, 104; *BGH* v. 21.4.2016 – 2 StR 394/15 = StV 2016, 539; *BGH* v. 6.10.2016 – 2 StR 46/15; *OLG Düsseldorf* StraFo 2009, 280 m. Anm. *Kaps*; *OLG Hamm* StV 2009, 567 = NJW 2009, 3109 = StraFo 2009, 417; *OLG Köln* StV 2010, 14; *OLG Düsseldorf* v. 23.6.2016 – 3 RVs 46/16 = StV 2017, 12), dass die richterliche Anordnung nicht die erforderlichen Konkretisierungs- und Begrenzungsanforderungen erfüllte oder dass gegen die anlassbezogenen Begrenzungen der Maßnahme (§ 108 Abs. 1 StPO) verstoßen wurde.

eines tragfähigen Tatverdachts gegen den Betroffenen[3452] und die Verletzung des Verhältnismäßigkeitsgrundsatzes.[3453] Sonstige Verfahrensfehler sollen nur bei gewichtigen Verstößen im Einzelfall unter Abwägung der Interessen des Betroffenen am Schutz seiner Rechte mit denjenigen des Staates an der Strafverfolgung ein Beweisverwertungsverbot begründen.[3454]

Besonders hinzuweisen ist noch auf das sich aus § 108 Abs. 2 bzw. Abs. 3 StPO er- **2168** gebende Beweisverwertungsverbot[3455] und auf die im Zusammenhang mit einer Durchsuchung stehende Verletzung des § 136a Abs. 1 StPO in dem Fall, dass der Betroffene im Vertrauen darauf, nicht beschuldigt zu sein, freiwillig Beweismittel herausgibt, weil nach § 103 StPO durchsucht wurde, obwohl die Voraussetzungen des § 102 StPO gegeben gewesen wären.[3456]

Das Beweisverwertungsverbot ist vom Tatgericht im Falle eines Widerspruchs und **2169** vom Revisionsgericht auf entspr. Verfahrensrüge unabhängig davon zu beachten, ob der Angeklagte die Rechtsschutzmöglichkeit entspr. § 98 Abs. 2 S. 2 StPO genutzt hat oder nicht.[3457]

3452 *OLG Hamm* StV 2007, 69; *AG Köln* StV 2012, 280; vgl. auch *BVerfG* v. 14.7.2016 – 2 BvR 2474/14 = StRR 2016, 8: Wohnungsdurchsuchung aufgrund anonymer Strafanzeige; *AG Bautzen* v. 18.11.2014 – 41 Ds 600 Js 8781/14 = StraFo 2015, 20: Durchsuchung auf einen anonymen Anruf hin.

3453 *BVerfG* v. 11.2.2015 – 2 BvR 1694/14 = StV 2015, 615 = wistra 2015, 184; *BVerfG* v. 16.12.2014 – 2 BvR 2393/12 = StV 2015, 614. Zur Verhältnismäßigkeit der Durchsuchung einer Steuerberaterkanzlei vgl. *LG Saarbrücken* v. 12.3.2013 – 2 Qs 15/13 = NZWiSt 2013, 153 u. von Geschäftsräumen des Insolvenzverwalters s. *LG Dresden* v. 27.11.2013 – 5 Qs 113/13, 5 Qs 123/13 = StV 2015, 621.

3454 Nachweise aus der Rspr. auch bei MAH Strafverteidigung²-*Schlothauer* § 3 Rn. 79 und 80; *Burhoff* Ermittlungsverfahren⁷, Rn. 779 (Beschlagnahme) und 1461 (Durchsuchung). Zur Verwertung beschlagnahmter Steuerdaten, die illegal im Ausland (Liechtenstein/Schweiz) erlangt worden sind, s. Rüge 257 Rn. 2162; zu einem Beweisverwertungsverbot nach rechtswidriger Durchsuchung von Gegenständen an einem angeblichen Kriminalitätsschwerpunkt vgl. *AG Kehl* v. 29.4.2016 – 2 Cs 303 Js 19062/15 = StV 2017, 23; zu einem Zufallsfund zu Lasten eines nicht tatverdächtigen Dritten nach einer rechtswidrigen Durchsuchung vgl. *AG Pirmasens* v. 17.12.2015 – 1 Ls 4152 Js 25/15 = StV 2017, 25.

3455 Dazu LR-*Tsambikakis*²⁶ § 108 Rn. 22 f. Zu § 108 Abs. 3 SK-StPO-*Wohlers/Jäger*⁵ § 108 Rn. 19 u. KK-*Bruns*⁷ § 108 Rn. 12 f.

3456 Dazu LR-G. *Schäfer*²⁵ § 105 Rn. 120; *Krekeler* NStZ 1993, 263, 266.

3457 *BGH* v. 16.6.2009 – 3 StR 6/09 = StV 2009, 675 = NStZ 2009, 648 = StraFo 2009, 420.

II. Anforderungen an den Vortrag der Rüge der Verwertung der Ergebnisse unzulässiger Durchsuchungs- und Beschlagnahmemaßnahmen infolge Verletzung eines sich aus Verstößen gegen §§ 98, 105 ff. StPO ergebenden Beweisverwertungsverbots[3458]

1. Beweisverwertung

2170 Im Urteil verwertete konkret zu bezeichnende Erkenntnisse resultieren aus einer konkret zu bezeichnenden Durchsuchung oder Beschlagnahme und sind durch ebenfalls konkret zu bezeichnende Verlesung, Augenscheinseinnahme, Vernehmung von der Durchsuchung bzw. Beschlagnahme beiwohnenden Personen als Zeugen oder Vernehmung eines die Ergebnisse der Durchsuchung/Beschlagnahme auswertenden Sachverständigen in die Hauptverhandlung eingeführt worden. Art und Gegenstand der Erkenntnisse sind mitzuteilen. Unzulässig in die Hauptverhandlung eingeführte bzw. im Urteil verwertete Schriftstücke müssen vollständig im Wortlaut in der Revisionsbegründung wiedergegeben werden.

2. Keine Einwilligung des Gewahrsamsinhabers

2171 Es ist durch den berechtigten Grundrechtsträger nicht wirksam in eine Durchsuchung eingewilligt,[3459] ein verwertetes Beweismittel durch den/die berechtigten Gewahrsamsinhaber nicht wirksam freiwillig herausgegeben worden.[3460] Wird das Einverständnis später zurückgezogen, sind der Zeitpunkt, die Vorgeschichte und das dem Widerruf der Einwilligung folgende Verfahrensgeschehen darzustellen.

Der betroffene Gewahrsamsinhaber hat auch später nicht einer Verwertung zugestimmt. Diese Voraussetzungen müssen in der Revisionsbegründung (als Negativtatsachen) konkret dargelegt werden.

3. Rechtsverletzung

2172 • Es ist bei einem Verstoß gegen den Richtervorbehalt mitzuteilen, dass keine gerichtliche Anordnung durch einen sachlich, örtlich und funktionell zuständigen Richter erfolgte und die Voraussetzungen für die Anordnungskompetenz der Staatsanwaltschaft und ihrer Ermittlungspersonen nicht vorlagen. Folgt man der Rspr., muss insbesondere dargelegt werden, dass die Inanspruchnahme der Eilkompetenz[3461] auf einer objektiv unvertretbaren Annahme von „Gefahr in Ver-

---

3458 Siehe im Einzelnen auch *Trück* NStZ 2011, 202.

3459 Das heißt ausdrücklich und eindeutig in Kenntnis der Freiwilligkeit, also der rechtlichen Möglichkeit, sich zu weigern: LR-*Tsambikakis*[26] § 105 Rn. 4; *LG Bremen* StV 2005, 318; *LG Berlin* StV 2011, 89; vgl. auch *AG Kehl* v. 29.4.2016 – 2 Cs 303 Js 19062/15 = StV 2017, 23, 25 zu den Voraussetzungen an eine wirksame Einwilligung.

3460 KK-*Greven*[7] § 97 Rn. 4.

3461 Zu den Grenzen der Eilkompetenz der Ermittlungsbehörden für die Anordnung einer Durchsuchung vgl. *BVerfG* v. 16.6.2015 – 2 BvR 2718/10 u.a. = StV 2016, 67 m. Anm. *Jahn* JuS 2015, 1135 und *Bittmann* NJW 2015, 2794.

zug" beruhte, eine bewusste Umgehung des Richtervorbehalts darstellte[3462] oder die Anordnung durch einen Beamten erfolgte, der keine Ermittlungsperson i.S.d. § 152 GVG war. Prüfungsmaßstab ist danach „objektive Willkür".[3463] Ein solch schwerwiegender Verstoß liegt auch vor, wenn zielgerichtet die tatsächlichen Voraussetzungen einer Gefahr im Verzug durch die Beamten selbst herbeigeführt wurden, obwohl es – ohne den Verlust von Beweismitteln befürchten zu müssen – möglich gewesen wäre, eine richterliche Durchsuchungsanordnung zu erwirken.[3464] Ist beim Ermittlungsrichter ein Durchsuchungsbeschluss beantragt, lebt die Eilkompetenz der Ermittlungsbehörden auch dann nicht wieder auf, wenn sich der Richter ohne Vorlage der Akte außer Stande sieht, den Beschluss zu erlassen; etwas anderes gilt nur, wenn zwischenzeitlich neue Umstände vorliegen, die sich nicht aus dem vorangegangenen Prozess der Prüfung und Entscheidung über den ursprünglichen Antrag ergeben.[3465] Alle bei den Akten befindlichen Vorgänge, aus denen sich die Inanspruchnahme der Eilkompetenz ergibt (z.B. Vermerke der Ermittlungsbehörden[3466]) sind wörtlich mitzuteilen. Ebenso die Anknüpfungspunkte (z.B. Zeitpunkt der Verdachtsannahme, Zeitpunkt der Durchsuchungsmaßnahme, Erreichbarkeit eines Richters etc.) für die Umgehung des Richtervorbehalts.

- Liegt ein gerichtlicher Beschluss vor, sind der Zeitpunkt seines Erlasses, der Zeitpunkt der Durchsuchung oder Vornahme der Beschlagnahme (im Hinblick auf die zeitliche Begrenzung von 6 Monaten[3467]), sowie sein Wortlaut mitzuteilen (letzterer wenn auf die unzureichende Begründung[3468] und die fehlende Konkretisierung der zu suchenden Beweismittel das Beweisverwertungsverbot gestützt werden soll). **2173**

- Es ist mitzuteilen, dass und inwiefern die in einem im Wortlaut mitzuteilenden Beschluss bzw. bei einer nichtrichterlichen Anordnung die in einem im Wortlaut wiederzugebenden Aktenvermerk festgelegte Begrenzung der Maßnahme nach Zweck, Gegenstand und Räumlichkeit unbeachtet geblieben ist bzw. „Zufallsfunde" gezielt aufgespürt[3469] wurden, wobei nach der in der Rspr. vertretenen Auffassung sowohl der Verfahrensgegenstand des Ausgangsverfahrens als **2174**

3462 Vgl. *BGH* StV 2007, 337; *BGH* v. 6.10.2016 – 2 StR 46/15 = StraFo 2017, 103 m. Anm. *Sommer*; *BGH* v. 30.8.2011 – 3 StR 210/11 = StV 2012, 1; *AG Tiergarten* v. 22.1.2015 – (284b Cs) 274 Js 5378/13 (16/14), 284b Cs 16/14 = StV 2015, 624; *AG Frankfurt/M.* v. 10.12.2012 – 942 Ls 5320 Js 217998/12 = StV 2013, 380.
3463 *BGH* StV 2007, 337 m.w.N.; vgl. auch *BGH* v. 21.4.2016 – 2 StR 394/15 = StV 2016, 539. Danach kommt insbes. dem Aspekt eines möglichen hypothetischen rechtmäßigen Ermittlungsverlaufs bei Verkennung des Richtervorbehalts keine Bedeutung zu.
3464 *OLG Düsseldorf* v. 23.6.2016 – 3 RVs 46/16 = StV 2017, 12, 14 f.
3465 *BGH* v. 6.10.2016 – 2 StR 46/15 = StraFo 2017, 103 m. Anm. *Sommer*.
3466 *BGH* v. 24.1.2012 – 4 StR 493/11.
3467 *BVerfGE* 96, 44, 54 = StV 1997, 394.
3468 Vgl. *OLG München* wistra 2006, 472, 474.
3469 Vgl. *LG Kiel* v. 25.4.2016 – 7 Qs 24/16 = StV 2017, 22 f.

auch die Tat, zu deren Aburteilung der Zufallsfund herangezogen wurde (bei Erhebung der allgemeinen Sachrüge ergibt sich dies aus dem angefochtenen Urteil), konkret darzulegen sind.

2175 • Soll sich das Beweisverwertungsverbot aus einem für die Maßnahme nicht hinreichenden Tatverdacht ergeben, ist der im Zeitpunkt der Anordnung bzw. Durchführung der Maßnahme aus der Akte ersichtliche Ermittlungsstand mitzuteilen. Dazu gehören alle Aktenteile, Vermerke, Zwischenberichte etc., aus denen sich der Ermittlungsstand ergibt. Diese sind vollständig im Wortlaut wiederzugeben.

2176 • Findet die Durchsuchungs- bzw. Beschlagnahmemaßnahme bei einem Berufsgeheimnisträger i.S.d. §§ 53, 53a StPO statt, sind an den hinreichenden Tatverdacht erhöhte Anforderungen im Hinblick darauf zu stellen, dass bei der Maßnahme Erkenntnisse über Tatsachen aus geschützten Vertrauensbeziehungen zu Dritten gewonnen werden können.[3470] Es sind Grund und Inhalt des **geschützten** Vertrauensverhältnisses darzulegen und Tatsache und Umfang des Eingriffs in den geschützten Bereich und die Verwertung der dadurch erlangten Erkenntnisse im anhängigen Verfahren.[3471]

2177 • Im Falle der Annahme eines Beweisverwertungsverbotes infolge der Verletzung des Verhältnismäßigkeitsgrundsatzes sind die Schwere des Eingriffs, ggf. die Aufklärungsmöglichkeiten mit weniger einschneidenden Mitteln und Art und Schwere des Tatvorwurfs zum Zeitpunkt der Anordnung bzw. Durchführung der Maßnahme darzulegen.

2178 • Sonstige Verstöße gegen Formvorschriften bei Durchführung einer Durchsuchung sind im Einzelnen zu schildern, führen aber nur dann zu einem Beweisverwertungsverbot, wenn sie so gravierend sind, dass bei der nach Auffassung der Rspr. vorzunehmenden Abwägung zwischen den Interessen des Betroffenen und dem Interesse des Staates an angemessener Strafverfolgung erstere eindeutig überwiegen.[3472]

2179 • Handelt es sich um ein Strafverfahren wegen des Vorwurfs des Schwangerschaftsabbruchs (§ 218 StGB), unterliegen Zufallsfunde aus einem Strafverfahren gegen einen Arzt, die den Schwangerschaftsabbruch der angeklagten Patientin betreffen, einem Verwertungsverbot (§ 108 Abs. 2 StPO).[3473]

2180 • Nach § 108 Abs. 3 StPO unterliegen Gegenstände, die als Zufallsfunde bei einer in § 53 Abs. 1 S. 1 Nr. 5 StPO genannten Person sichergestellt werden, einem Verwertungsverbot, soweit sich auf diese das Zeugnisverweigerungsrecht der genannten Person erstreckt. Dies gilt aber dann nicht, wenn Gegenstand des

---

3470   *BVerfG* v. 29.1.2015 – 2 BvR 497/12 u.a. = StV 2016, 70; *BVerfG* StraFo 2006, 450; *BVerfG* NJW 2006, 3411.

3471   Zum Beweisverwertungsverbot des § 97 StPO s. Rüge 259 Rn. 2183.

3472   LR-*Tsambikakis*[26] § 106 Rn. 17 und § 110 Rn. 32.

3473   SK-StPO-*Wohlers/Jäger*[5] § 108 Rn. 18.

Strafverfahrens eine Straftat ist, die im Höchstmaß mit mindestens 5 Jahren Freiheitsstrafe bedroht ist und bei der es sich nicht um eine Straftat nach § 353b StGB handelt.[3474] Als Negativtatsache ist deshalb vorzutragen, dass Gegenstand des Strafverfahrens eine Straftat ist, die nicht im Höchstmaß mit mindestens 5 Jahren Freiheitsstrafe bedroht ist und es sich auch nicht um eine Straftat nach § 353b StGB handelt. Dabei ist für die Annahme des Beweisverwertungsverbots maßgeblich auf die abgeurteilte Tat und nicht auf den Anklagevorwurf abzustellen.

4. Widerspruch

Es ist mitzuteilen, dass ein von der Verletzung seiner Rechte betroffener verteidigter Angeklagter der Verwertung der in die Hauptverhandlung eingeführten Erkenntnisse spätestens im Zeitpunkt des § 257 StPO widersprochen hat. Der Inhalt des Widerspruchs, aus dessen Begründung sich nach Auffassung des BGH die Angriffsrichtung ergeben soll,[3475] ist mitzuteilen. Bei einem unverteidigten Angeklagten ist im Falle eines fehlenden Widerspruchs vorzutragen, dass er durch den Vorsitzenden nicht auf diese Möglichkeit hingewiesen wurde. Eine etwaige Entscheidung des Tatgerichts zur Verwertbarkeit ist im Wortlaut wiederzugeben. Nach einer Entscheidung des 2. Strafsenats des BGH ist ein Widerspruch indessen nicht erforderlich mit der Folge, dass hierzu in der Revisionsbegründung auch nicht vorgetragen werden muss;[3476] dennoch sollte aus Vorsichtsgründen an der vorstehend empfohlenen Vorgehensweise festgehalten werden.

2181

5. Fernwirkung des Beweisverwertungsverbots

Das Beweisverwertungsverbot im Rahmen einer Durchsuchung kann Fernwirkung im Hinblick auf die Angaben des Betroffenen entfalten, wenn diese unter dem Eindruck der in unzulässiger Weise gewonnenen Erkenntnisse erfolgten, mithin also für den Beschuldigten ein Zustand bestand, in dem aus seiner Sicht Leugnen oder Schweigen sinnlos war.[3477] In diesem Fall sind der Kausalzusammenhang und das Fehlen alternativer – verwertbarer – Ermittlungsansätze darzulegen.

2182

3474 SK-StPO-*Wohlers/Jäger*[5] § 108 Rn. 19; KK-*Bruns*[7] § 108 Rn. 13.
3475 *BGH* StV 2008, 8. Diese Auffassung des BGH müsste konsequenterweise dazu führen, dass nicht nur der Widerspruch, sondern auch sein Inhalt als wesentliche Förmlichkeit der Hauptverhandlung in die Sitzungsniederschrift gem. § 273 Abs. 1 StPO aufzunehmen ist.
3476 *BGH* v. 6.10.2016 – 2 StR 46/15 = StraFo 2017, 103 m. Anm. *Sommer*.
3477 *OLG Düsseldorf* v. 23.6.2016 – 3 RVs 46/16 = StV 2017, 12, 15.

Rüge 259

2183   Hat das Gericht bei der Urteilsfindung ein Beweisstück bzw. dessen gedanklichen Inhalt verwertet, das einem Beschlagnahmeverbot nach § 97 StPO unterfällt (Rüge der Verletzung der §§ 97, 261 StPO)?[2467]

I. Rechtsgrundlagen[3478]

2184   Soweit das Beschlagnahmeverbot des § 97 StPO reicht, besteht auch ein Beweisverwertungsverbot.[3479] Wird ein Beweisstück entgegen dem Verwertungsverbot bei der Urteilsfindung berücksichtigt, begründet dies die Revision, sofern das Urteil darauf beruht. Der entspr. Verfahrensfehler kann auch von einem Mitangeklagten gerügt werden, wenn das Beweismittel auch gegen ihn verwendet worden ist.[3480] Das gilt auch im Falle späterer Verfahrenstrennung, soweit die gegen den/die ursprünglichen Mitbeschuldigten erhobenen Vorwürfe dieselbe Tat im prozessualen Sinne betrafen.[3481]

2185   Das Beweisverwertungsverbot bezieht sich zunächst auf den gedanklichen Inhalt des beschlagnahmefreien Beweismittels gleichgültig, ob dieser durch Verlesung oder durch Vernehmung eines Zeugen oder des Angeklagten (ggf. auf Vorhalt) in die Hauptverhandlung eingeführt wurde.[3482] Verboten ist ferner, das Beweisstück selbst zur Urteilsfindung heranzuziehen, sei es nach Augenscheinseinnahme oder weil es bspw. zum Zwecke einer Schriftvergleichung benutzt wurde.[3483]

2186   Es ist bislang ungeklärt, ob bei beschlagnahmefreien Gegenständen die Aktivierung des Beweisverwertungsverbotes einen Widerspruch voraussetzt.[3484] Gegen das Er-

---

3478   Zur unzulässigen Verwertung von aus dem Verteidigungsinnenverhältnis rührenden Informationen s. Rüge 266 Rn. 2298.

3479   LR-*Menges*[26] § 97 Rn. 141. An diesem Befund hat sich durch das Gesetz zur Neuregelung der Telekommunikationsüberwachung und anderer verdeckter Ermittlungsmaßnahmen vom 21.12.2007 (BGBl. I 2007, 3198) nichts geändert. § 160a StPO, der Ermittlungsmaßnahmen gegen die in §§ 53 Abs. 1, 53a StPO genannten Personen regelt, bestimmt, dass dadurch § 97 StPO unberührt bleibe (§ 160a Abs. 5 StPO). Insoweit geht § 97 StPO dem § 160a StPO vor: SK-StPO-*Wolter/Greco*[5] § 160a Rn. 48, insbesondere Rn. 48a zum Verhältnis von § 97 und § 160a StPO im Zusammenhang mit „Internal Investigations"; vert. hierzu *Gercke* in: FS Wolter, 2013, S. 933. Nach Auffassung des *LG Mannheim* v. 3.7.2012 – 24 Qs 1, 2/12 = NStZ 2012, 713 ist die Beschlagnahmefreiheit von Unterlagen im Gewahrsam eines Zeugen nach § 97 Abs. 2 StPO zu beurteilen; lediglich ergänzt ist § 160 a Abs. 1 StPO – insbesondere zur Frage der Verwertbarkeit – heranzuziehen. Zu § 160a StPO s. Rüge 265a Rn. 2288 u. Rüge 265b Rn. 2295.

3480   LR-*Menges*[26] § 97 Rn. 151.

3481   *BGH* NStZ 1998, 471 m. Anm. *Rudolphi*; s. ferner *Schlothauer* in: AG Strafrecht des DAV, „Wahrheitsfindung und ihre Schranken", 1988, S. 80, 93.

3482   Zur Bedeutung von Einwilligung und Verzicht s. Rn. 2198 u. 2199.

3483   LR-*Menges*[26] § 97 Rn. 143.

3484   Bejahend LR-*Menges*[26] § 97 Rn. 142; s. auch *BGHSt* 44, 46 = StV 1998, 246 allerdings für Verteidigungsunterlagen des Beschuldigten.

fordernis eines Widerspruchs spricht, dass die von § 97 StPO geschützten Zeugnisverweigerungsrechte nicht zur Disposition des Angeklagten, sondern der des Zeugnisverweigerungsberechtigten stehen. Ebenso wie die Geltendmachung eines Beweisverwertungsverbotes bei einem Verstoß gegen die Zeugnisverweigerungsrechte nach §§ 52, 53, 53a StPO und der Verletzung der Belehrungspflicht nach § 52
Abs. 3 StPO im Revisionsverfahren keinen Widerspruch voraussetzt, kann dies
auch nicht für § 97 StPO gelten.

II. Anforderungen an den Vortrag der Rüge der Verletzung des § 97 StPO

- Die im Urteil verwerteten Erkenntnisse resultieren aus Schriftstücken oder Ge-   **2187**
genständen i.S.d. § 97 Abs. 1, Abs. 3 oder Abs. 5 StPO,[3485] die sich im Gewahrsam[3486] eines zur Verweigerung des Zeugnisses Berechtigten bzw. im Falle der
§ 97 Abs. 2 S. 2 und Abs. 5 StPO in den dort bezeichneten Räumlichkeiten befanden.[3487] Dies ist bezüglich der Person des Zeugnisverweigerungsberechtigten, dem Grund des Bestehens des Zeugnisverweigerungsrechts und der Ge-
wahrsamsverhältnisse am Auffindungsort näher darzulegen.

- Die Zeugnisverweigerungsberechtigten i.S.d. § 97 Abs. 1, Abs. 3, Abs. 4 und   **2188**
Abs. 5 StPO dürfen nicht selbst Beschuldigte bzw. Mitbeschuldigte[3488] der Tat
im prozessualen Sinne sein, zu deren Aufklärung das Beweismittel benötigt
wird[3489] (vorzutragende Negativtatsache). Es muss sich um ein Verfahren handeln, das sich gegen Dritte, nicht aber gegen den Zeugnisverweigerungsberechtigten selbst richtet.[3490]

- Im Falle eines Zeugnisverweigerungsberechtigten i.S.d. § 52 StPO muss das das   **2189**
Zeugnisverweigerungsrecht begründende Verhältnis zum Beschuldigten/Mitbe-
schuldigten bestanden haben, und zwar im Zeitpunkt der Beweismittelgewin-
nung. Der Zeitpunkt der Sicherstellung/Beschlagnahme und der Zeitpunkt des
Entstehens des das Zeugnisverweigerungsrecht begründenden Verhältnisses
sind deshalb mitzuteilen. Im Falle des Zeugnisverweigerungsrechts gem. § 52
Abs. 1 Nr. 1 StPO muss das Verlöbnis auch im Zeitpunkt der Urteilsfindung bestanden haben, weil durch die Auflösung eines Verlöbnisses ein zunächst be-
schlagnahmefreier Gegenstand für die Urteilsfindung verwertbar wird. Es muss
in diesem Falle als Negativtatsache vorgetragen werden, dass das Verlöbnis im
Zeitpunkt der Urteilsfindung noch bestanden hat.

3485 Dazu LR-*Menges*[26] § 97 Rn. 65 ff.
3486 Hierzu LR-*Menges*[26] § 97 Rn. 27 ff.
3487 Siehe auch § 108 Abs. 3 StPO, durch den die Verwertung von Zufallsfunden bei
      Durchsuchungen von Journalisten beschränkt wird (hierzu Rüge 258 Rn. 2168).
3488 Zum Begriff LR-*Menges*[26] § 97 Rn. 26.
3489 LR-*Menges*[26] § 97 Rn. 25; s. auch Rn. 2194.
3490 *BGH* v. 27.3.2009 – 2 StR 302/08 = *BGHSt* 53, 257 = StV 2010, 668 m. Anm. *Norouzi*
      = JZ 2010, 99 m. Anm. *Barton*.

2190 • Im Falle eines Abgeordneten bleibt es bei dem Beweisverwertungsverbot auch nach Beendigung des Mandats; im Falle von Journalisten etc. auch, wenn diese im Zeitpunkt der Urteilsfindung nicht mehr zu dem geschützten Personenkreis gehören.

2191 • Im Falle der Berufsgeheimnisträger i.S.d. § 53 Abs. 1 S. 1 Nr. 1–3b StPO und ihrer Helfer i.S.d. § 53a StPO endet die Beschlagnahmefreiheit und damit die Unverwertbarkeit ebenfalls nicht durch die Aufgabe des Berufs. Allerdings müssen die Beweisstücke einen Bezug zu dem zugrundeliegenden Vertrauensverhältnis haben, was darzulegen ist. Geschützt sind und damit einem Beweisverwertungsverbot unterliegen aber nur die in § 97 Abs. 1 Nr. 1 und 2 StPO genannten Gegenstände und die daraus resultierenden Erkenntnisse, soweit sie aus einem Vertrauensverhältnis herrühren, das zu dem *Beschuldigten* oder zu einem wegen derselben Tat verdächtigen (ehemaligen) *Mitbeschuldigten*[3491] besteht.[3492] Auch dies muss Gegenstand des Rügevorbringens sein. Für die Fälle des § 97 Abs. 1 Nr. 3 StPO ist strittig, ob zwischen dem Berufsgeheimnisträger und dem Beschuldigten ein geschütztes Vertrauensverhältnis bestehen muss oder ob auch das persönliche Vertrauensverhältnis zwischen dem Berufsgeheimnisträger und einem Dritten dem Schutz unterliegt.[3493]

2192 • Ist das das Zeugnisverweigerungsrecht begründende Verhältnis erst nach der Beweiserhebung entstanden, sollen Erkenntnisse, die zunächst in zulässiger Weise gewonnen worden sind und seinerzeit nicht § 97 StPO unterlagen, verwertbar bleiben.[3494] Dem wird im Hinblick auf die Vorschrift des § 252 StPO widersprochen,[3495] was unter dem Gesichtspunkt der Störung des geschützten Vertrauensverhältnisses im Falle der Verwertung plausibel ist. Andererseits ist zu bedenken, dass der Beschuldigte zu einem Zeitpunkt Informationen offenbart hat, zu dem, wie er wusste, kein Vertrauensschutz bestand. Es muss der Zeitpunkt der Beweisgewinnung und die Tatsache mitgeteilt werden, dass zumindest zu diesem Zeitpunkt ein das Zeugnisverweigerungsrecht begründendes Verhältnis bestand.

2193 • Es ist weiterhin vorzutragen, dass es sich bei den Beweisstücken, deren gedanklicher Inhalt im Urteil verwertet worden ist, nicht um Deliktsgegenstände han-

---

3491 Zum seitens der Rspr. aufgestellten Erfordernis einer früheren prozessualen Gemeinsamkeit: *BGHSt* 43, 300; **a.A.** *Rudolphi* NStZ 1998, 472; *Schlothauer* in: AG Strafrecht des DAV, „Wahrheitsfindung und ihre Schranken", 1988, S. 80, 88.

3492 LR-*Menges*[26] § 97 Rn. 21; **a.A.** AK-*Amelung* § 97 Rn. 15; *Krekeler* NStZ 1987, 199, 201.

3493 Siehe zum Meinungsstand *Meyer-Goßner/Schmitt*[60] § 97 Rn. 10a. Konkret zu dem von im Rahmen interner Ermittlungen von Rechtsanwälten eines Unternehmens bei Mitarbeitern recherchierten Material *LG Hamburg* StV 2011, 148 m. Anm. *Jahn/Kirsch* u. Anm. *Bauer* StV 2012, 277 = NJW 2011, 942; *LG Mannheim* ZWH 2012, 429; zu § 160a StPO s. Rüge 265a Rn. 2288.

3494 LR-*Menges*[26] § 97 Rn. 147 sowie Fn. 384.

3495 Vgl. Nachweise bei LR-*Menges*[26] § 97 Rn. 147 Fn. 384.

delt, die der Einziehung oder dem Verfall unterliegen (§ 97 Abs. 2 S. 3 StPO). Dass sie zugleich als Beweismittel Verwendung gefunden haben, begründet ein Verwertungsverbot nicht. Etwas anderes gilt nur für Beweisstücke, die sich im Gewahrsam von Abgeordneten (§ 97 Abs. 3 StPO) und ihren Helfern (§ 97 Abs. 4 StPO) befanden.[3496] Letzteres muss ggf. mitgeteilt werden.

- Das Revisionsvorbringen muss Ausführungen dazu enthalten, dass im Zeitpunkt **2194** der Beschlagnahme der ansonsten der Beschlagnahmefreiheit unterliegenden Gegenstände etc. bzw. der darauf beruhenden Erkenntnisgewinnung kein durch *bestimmte Tatsachen* begründeter Verdacht der Tatbeteiligung etc. i.S.d. § 97 Abs. 2 S. 3 StPO des Zeugnisverweigerungsberechtigten an der verfahrensgegenständlichen Tat bestand.[3497] Dies gilt allerdings nicht für Abgeordnete und ihre Helfer.[3498]

Entfällt später der zunächst vorhandene Beteiligungsverdacht, bleibt das Be- **2195** weismittel weiterhin verwertbar.[3499] Etwas anderes muss aber jedenfalls dann gelten, wenn nachträglich festgestellt wird, dass schon ursprünglich ein Tatbeteiligungsverdacht aus rechtlichen oder tatsächlichen Gründen hätte verneint werden müssen,[3500] was vom Revisionsgericht in vollem Umfang auf der Basis des Kenntnisstandes der Behörde im Zeitpunkt der Beschlagnahmemaßnahme zu überprüfen ist, ohne dass dieser ein Beurteilungsspielraum eingeräumt werden darf.[3501] Die betreffenden Anknüpfungstatsachen für diese Prüfung sind mitzuteilen.

Ist bei zunächst unzulässiger Beschlagnahme ein Beteiligungsverdacht erst spä- **2196** ter entstanden, so ist das Beweismittel verwertbar,[3502] es sei denn, dass er sich erst aus den zunächst beschlagnahmefreien Beweisstücken ergeben hat.[3503] Der Fortbestand des Beweisverwertungsverbots gilt aber nur dann, wenn das Beweismittel nicht freiwillig herausgegeben worden war.
Es ist deshalb darzulegen, dass auch bis zum Zeitpunkt der Urteilsfindung kein Tatbeteiligungsverdacht entstanden ist (Negativtatsache![3504]) bzw. ein solcher sich erst aufgrund der unzulässigen Beschlagnahme ergeben hat.

3496 LR-*Menges*[26] § 97 Rn. 128.
3497 Zu den an die Konkretisierung des Verdachts durch bestimmte Tatsachen zu stellenden Anforderungen KK-*Greven*[7] § 97 Rn. 35.
3498 LR-*Menges*[26] § 97 Rn. 128. Zu bei einem Verteidiger geltenden Einschränkungen s. Rüge 266 Rn. 2298.
3499 Nachweis bei LR-*Menges*[26] § 97 Rn. 147 Fn. 384.
3500 Dazu LR-*Menges*[26] § 97 Rn. 40.
3501 LR-*Menges*[26] § 97 Rn. 151; *Schlothauer* StraFo 1998, 402, 404; **a.A.** *BGHSt* 41, 30 für die Verwertung der Erkenntnisse aus einer Telekommunikationsüberwachung.
3502 H.M. *BGHSt* 25, 168; AK-StPO-*Amelung* § 97 Rn. 36; *Meyer-Goßner/Schmitt*[60] § 97 Rn. 48.
3503 *BGH* NStZ 2001, 604; *LG Koblenz* StV 1985, 9; *LG Saarbrücken* NStZ 1988, 424; *LG Köln* NJW 1960, 1875; LR-*Menges*[26] § 97 Rn. 146 und 32.
3504 *BGHSt* 37, 245, 249.

2197 • Auch im Falle des Entfallens der Beschlagnahmefreiheit infolge des Verdachts der Tatbeteiligung i.S.d. § 97 Abs. 2 S. 3 StPO darf eine Verwertung des gedanklichen Inhalts des Beweismittels nur wegen der Tat im verfahrensrechtlichen Sinn (§ 264 StPO) erfolgen, hinsichtlich welcher Beteiligungsverdacht bestanden hat, selbst wenn mehrere Taten Gegenstand desselben Verfahrens sind.[3505] Es ist deshalb konkret die Straftat zu bezeichnen, bezüglich derer der Zeugnisverweigerungsberechtigte im Beteiligungsverdacht stand und dass die Verwertung bezüglich einer anderen Tat als jener erfolgte.

2198 • Es muss vorgetragen werden, dass bei unzulässiger Beschlagnahme der frühere Gewahrsamsinhaber nicht gleichwohl in die Verwertung eingewilligt hat (Negativtatsache!). Hat sich ein Zeugnisverweigerungsberechtigter i.S.d. § 52 StPO mit der Verwertung einverstanden erklärt, ist dieses allerdings nur dann wirksam, wenn er zuvor darüber belehrt worden war, dass das Beweismittel ansonsten einem Beweisverwertungsverbot unterliege.[3506] Der Verzicht auf das Beschlagnahmeverbot kann aber widerrufen worden sein.[3507]

2199 • Es ist schließlich vorzutragen, dass ein Zeugnisverweigerungsberechtigter i.S.d. § 53 Abs. 1 S. 1 Nr. 2–3b StPO nicht seitens des Beschuldigten bzw. (früheren) Mitbeschuldigten (wirksam) von seiner Schweigepflicht entbunden worden ist (Negativtatsache!)[3508] oder der Beschuldigte/Mitbeschuldigte nicht auf das Beschlagnahmeverbot verzichtet bzw. in die Verwertung eingewilligt hat, wenn es um die Verwertung eines aus diesem beruflichen Vertrauensverhältnis resultierenden Gegenstandes/Schriftstücks oder einer Mitteilung geht. Verzicht/Einwilligung/Befreiung von der Schweigepflicht können aber widerrufen worden sein.[3509]

2200 • Ist der Verwertung des beschlagnahmefreien Beweismittels und seines gedanklichen Inhalts vor bzw. in der Hauptverhandlung widersprochen worden, ist auch dieser Umstand mit dem jeweiligen Zeitpunkt und der Inhalt einer für den Widerspruch ggf. gegebenen Begründung[3510] mitzuteilen. Der Inhalt einer daraufhin ggf. ergangenen Entscheidung sollte dann ebenfalls vorgetragen werden.

2201 • War das beschlagnahmefreie Beweismittel Gegenstand eines Beschlagnahmebeschlusses (§ 98 Abs. 1 StPO) bzw. einer richterlichen Bestätigung (§ 98 Abs. 2 StPO), sind Datum und Inhalt vollständig im Wortlaut mitzuteilen.[3511]

2202 • Ist der gedankliche Inhalt des beschlagnahmefreien Gegenstandes in die Hauptverhandlung eingeführt worden (auch durch Vernehmung eines Ermittlungsbeamten oder auf Vorhalt), sind dieser Umstand sowie das betreffende Schrift-

---

3505 *BGHSt* 18, 227, 229; KK-*Greven*[7] § 97 Rn. 9; LR-*Menges*[26] § 97 Rn. 148 m.w.N. d. h. M.
3506 *BGHSt* 18, 230, 231; LR-*Menges*[26] § 97 Rn. 145.
3507 Zu den Folgen LR-*Menges*[26] § 97 Rn. 63 f.
3508 LR-*Menges*[26] § 97 Rn. 49 m. N. in Fn. 178.
3509 Zu den Folgen LR-*Menges*[26] § 97 Rn. 60.
3510 Vgl. zu dieser weiteren Voraussetzung der von der Rspr. vertretenen Widerspruchslösung *BGH* StV 2008, 8.
3511 Zu den Folgen eines Verstoßes gegen den Richtervorbehalt s. *BGH* NJW 2001, 3793.

stück ebenfalls vollständig im Wortlaut mitzuteilen. Ebenso ist die Art und Weise der Einführung in die Hauptverhandlung darzulegen. So ist bspw. ein Zeuge, durch dessen Vernehmung der Inhalt eingeführt worden ist, namentlich zu benennen. Ist der Inhalt durch Verlesung eingeführt worden, sind Zeitpunkt und Inhalt der/des die Verlesung anordnenden Verfügung/Beschlusses sowie die Tatsache der Verlesung vorzutragen.

Abschnitt 6
Hat das Urteil Erkenntnisse aus einer verdeckten Ermittlungsmaßnahme verwertet?

Rüge 260

Hat das Urteil Erkenntnisse aus einer Überwachung der Telekommunikation (§ 100a StPO), aus einer Online-Durchsuchung (§ 100b StPO n.F.), aus Verkehrs- einschließlich Standortdaten i.S.d. § 100g Abs. 1 StPO i.V.m. § 96 Abs. 1 TKG, einer Funkzellenabfrage (§ 100g Abs. 3 StPO), aus Daten der Kennung oder des Standorts eines aktiv geschalteten Mobilfunkendgeräts (§ 100i Abs. 1 StPO) oder aus einer Bestandsdatenauskunft (§ 100j StPO) verwertet?

2203

I. Rechtsgrundlagen

Verfahrensfehler im Zusammenhang mit der Anordnung oder Durchführung einer Telekommunikationsüberwachung, einer Online-Durchsuchung, der Anordnung der Auskunftserteilung über Verkehrs- und Standortdaten eines im Stand-by-Modus mitgeführten Mobilfunkgeräts, einer Funkzellenabfrage oder der Anordnung von Ermittlungen der Geräte und Kartennummer sowie des Standorts eines aktiv geschalteten Mobilfunkgerätes[3512] können die Revision nur dann begründen, wenn sie zu einem Beweisverwertungsverbot führen[3513] und unverwertbare Erkenntnisse gleichwohl bei der Urteilsfindung berücksichtigt werden.

2204

3512   Zu den Auswirkungen der Neuregelung der Telekommunikationsüberwachung durch Gesetz vom 21.12.2007 (BGBl. I 2007, 3198) s. *Nöding* Die Novellierung der strafprozessualen Regelungen zur Telefonüberwachung, StraFo 2007, 456 u. *Puschke/Singelnstein* Neuregelung der TKÜ, NJW 2008, 112. Zur Verfassungsmäßigkeit der Neuregelung der Telekommunikationsüberwachung s. *BVerfG* v. 12.10.2011 – 2 BvR 236/08 = StV 2012, 257 m. Anm. *Gercke* = NJW 2012, 833; vgl. auch *BVerfG* v. 6.7.2016 – 2 BvR 1454/13 = NJW-Spezial 2016, 600.

3513   LR-*Hauck*[26] § 100a Rn. 167. Eine Übersicht über die Verwertungs- und Verwendungsverbote gibt *Knierim* StV 2008, 599; zur alten Rechtslage *Neuhaus* in: FS Rieß 2002, S. 375, insbesondere S. 401 ff. Zur Verwertbarkeit von Zufallsfunden aus der Telekommunikationsüberwachung, wenn sich zwischen der Durchführung der Maßnahme und der Verwendung der gewonnenen Erkenntnis die Anordnungsvorausset-

2205 Ferner können Verstöße gegen die ausdrücklichen Verwertungs- und Verwendungsregeln der §§ 100a Abs. 4 a.F., 100i Abs. 2 S. 2, 101 Abs. 8, 161 Abs. 2 und 477 Abs. 2 StPO zu einem Beweisverwertungsverbot führen mit der Folge, dass gleichwohl verwertete Erkenntnisse ebenfalls die Revision begründen. Schließlich begründet die nach § 160a StPO untersagte Verwendung bzw. Verwertung von Erkenntnissen, die von oder aus der Kommunikation mit Berufsgeheimnisträgern erlangt worden sind, die Revision.[3514]

Solange fehlerhaft gewonnene, aber verwendete Erkenntnisse nicht unmittelbar bei der Urteilsfindung Berücksichtigung finden, sondern nur als Ermittlungsansatz genutzt werden, soll dies nach Auffassung der Rspr. revisionsrechtlich unbeachtlich sein, weil den Beweisverwertungsverboten, gleichgültig ob sie aus einer fehlerhaften Anordnung oder Durchführung der Maßnahme oder aus einem Verstoß gegen eine gesetzliche Verwendungsregel resultieren, keine Fernwirkung zukomme.[3515] Diese Auffassung ist mit der herrschenden Meinung in der Literatur[3516] abzulehnen. Die durch das Telekommunikationsüberwachungsgesetz vom 21.12.2007 eingeführten Gesetzesvorschriften differenzieren zwischen dem Verbot der Verwertung (§ 100a Abs. 4 StPO a.F.), dem Verbot der Verwendung (§§ 101 Abs. 8 S. 3, 160a Abs. 1 StPO) und dem Verbot der Verwertung bzw. Verwendung „zu Beweiszwecken" (§§ 160a Abs. 2, 161 Abs. 2 und 477 Abs. 2 StPO). Letztere Formulierung soll die Verwendung der Erkenntnisse als Ansatz für weitere Ermittlungen nach den Vorstellungen des Gesetzgebers legitimieren.[3517] Im Umkehrschluss muss konsequenterweise den Beweisverwertungs-/-verwendungsverboten nach § 100a Abs. 4 StPO a.F. und § 160a Abs. 1 StPO Fernwirkung zukommen.[3518]

Über das Beweisverwertungsverbot des § 160a StPO[3519] hinaus unterliegt die Kommunikation zwischen Verteidiger und Mandant dem besonderen Schutz des § 148 StPO.[3520]

---

zungen änderten: *BGH* v. 27.11.2008 – 3 StR 342/08 = *BGHSt* 53, 64 = StV 2009, 398 = NStZ 2009, 224 = JR 2010, 493 m. Anm. *Beck*; zu den Verwertungsverboten vert. auch *Meyer-Mews* StraFo 2016, 177.

3514 S. Rüge 265a Rn. 2288 u. Rüge 265b Rn. 2295.

3515 *BGH* StV 2006, 225, 227 = NStZ 2006, 402; weitere Nachweise bei LR-*Hauck*[26] § 100a Rn. 166; zu § 100i StPO s. LR-*Hauck*[26] § 100i Rn. 57.

3516 Nachweise bei LR-*Hauck*[26] § 100a Rn. 166.

3517 *Puschke/Singelnstein* NJW 2008, 113, 117; KK-*Griesbaum*[7] § 161 Rn. 36.

3518 So für § 100h Abs. 2 S. 1 StPO a.F. schon LR-*G. Schäfer*[25] § 100h Rn. 26 und 20. Nunmehr für § 100a Abs. 4 a.F. u. § 160a Abs. 1 StPO auch KK-*Bruns*[7] § 100a Rn. 67, wonach auch Angaben aufgrund eines Vorhalts, der aus unverwertbaren Erkenntnissen resultiert, ihrerseits unverwertbar sind. Ebenso KK-*Griesbaum*[7] § 160a Rn. 9; *Meyer-Goßner/Schmitt*[60] § 100a Rn. 25 u. § 160a Rn. 4. Zu § 100a Abs. 4 StPO a.F. auch *BVerfG* v. 12.10.2011 – 2 BvR 236/08 = StV 2012, 257 m. Anm. *Gercke* = NJW 2012, 833 (Tz 220).

3519 S. Rüge 266a Rn. 2315.

3520 LR-*Hauck*[26] § 100a Rn. 94; s. hierzu Rüge 266 Rn. 2298.

Im OWi-Verfahren steht der Verwendung der durch die Telekommunikationsüberwachung gewonnenen Erkenntnisse, sei es unmittelbar oder als Spurenansatz, die Wertung des § 46 Abs. 3 S. 1 OWiG entgegen, der wiederum Ausfluss des Verhältnismäßigkeitsgrundsatzes ist. Dabei ist nicht nur die Anordnung einer Telekommunikationsüberwachung zum Zwecke der Aufklärung einer OWi ein unverhältnismäßiger Eingriff, sondern auch die Auswertung einer – zur Aufklärung einer Straftat – in zulässiger Weise angeordneten Telekommunikationsüberwachung im Hinblick darauf, ob Bußgeldtatbestände verwirklicht sind.[3521]

Seit der Entscheidung *BGH* StV 2001, 545 m. abl. Anm. *Ventzke* kann die Revision **2206** auf die Verletzung eines Beweisverwertungsverbotes im Telekommunikationsbereich nur gestützt werden, wenn der Verwertung nach der Einführung der unverwertbaren Erkenntnisse in die Hauptverhandlung spätestens bis zum Zeitpunkt der Möglichkeit zur Abgabe einer Erklärung gem. § 257 StPO widersprochen worden ist.[3522] Dieser Widerspruch muss ausdrücklich als solcher und nicht verklausuliert (z.B. Antrag auf Gerichtsbeschluss) erhoben werden[3523] und bedarf einer Begründung, aus der die spezielle Angriffsrichtung hervorgeht.[3524] Bei dem Verwendungsverbot des § 101 Abs. 8 S. 3 StPO ist als Negativtatsache vorzutragen, dass der von der Maßnahme betroffene Angeklagte in die Verwendung der dadurch erlangten Daten zur Strafverfolgung nicht eingewilligt hat.

Die Befugnisse der Ermittlungsbehörden sind zuletzt erneut ausgeweitet worden, **2207** insbesondere hinsichtlich der Möglichkeit eines staatlichen Eingriffs in von dem Beschuldigten genutzte informationstechnische Systeme mit technischen Mitteln („Quellen-TKÜ", § 100a Abs. 1 S. 2 StPO n.F.) inkl. Datenerhebung („Online-Durchsuchung", § 100b StPO n.F.). Durch die Neufassung des Gesetzes ist es auch zu einer Verschiebung bzw. Neufassung anderer Vorschriften gekommen, z.B. § 100d StPO n.F. (Kernbereich privater Lebensgestaltung) und § 100e StPO n.F. (Verfahren bei Maßnahmen nach den §§ 100a–100c StPO). Bei der Darstellung der Rüge ist also die jeweilige Fassung (a.F. bzw. n.F.) zu beachten.

3521   *OLG Oldenburg* v. 14.12.2015 – 2 Ss (OWi) 294/15 = StV 2017, 15 f.
3522   Siehe noch einmal ausdrücklich *BGH* StV 2006, 225 = NStZ 2006, 402; ferner KK-*Bruns*[7] § 100a Rn. 71. Vgl. auch *BGH* v. 16.2.2016 – 5 StR 10/16, wonach diese Voraussetzung auch zu wahren ist, wenn eine täuschungsähnliche Situation behauptet wird, aus der der Beschwerdeführer ein umfassendes Beweisverwertungsverbot hinsichtlich sämtlicher weiterer Überwachungsmaßnahmen herleitet.
3523   *BGH* StV 2008, 63 = wistra 2006, 311.
3524   *BGHSt* 52, 38 = StV 2008, 8.

II. Anforderungen an den Vortrag der Rüge

1. Urteilsfindung aufgrund von einem Beweisverwertungsverbot unterliegenden Erkenntnissen aus einer Maßnahme nach § 100a StPO

2208 Vorzutragen sind:

1. Inhalt der Anordnung, Zeitpunkt und die anordnende Instanz (§ 100b Abs. 1 und 2 StPO a.f.)

2209 Dies gilt jedenfalls dann, wenn der Gerichtsbeschluss oder die staatsanwaltschaftliche Anordnung im zugrundeliegenden Verfahren ergangen und aktenkundig ist.[3525] Es sind sämtliche Anknüpfungstatsachen mitzuteilen, die zur Beurteilung der Frage erforderlich sind, ob im Zeitpunkt der Anordnung die Annahme des Verdachts einer Katalogtat gerechtfertigt war.[3526] Dazu gehört auch die Antragsschrift der Staatsanwaltschaft. War die Erhebung der Daten rechtswidrig, kann der Mangel durch nachträgliche Änderung der Sachlage nicht ohne weiteres geheilt werden.[3527]

2. Art der erlangten und im Urteil verwerteten Erkenntnisse

2210
a) Bestands- bzw. Vertragsdaten des Kunden,[3528]

b) Verkehrsdaten, insbesondere Nummer oder Kennung des anrufenden oder angerufenen Anschlusses, Datum, Uhrzeit, Dauer der Verbindung,[3529] auch soweit SMS-, Telefax- und E-Mail-Verkehr[3530] betroffen sind.

c) Inhaltsdaten, d.h. Inhalt geführter Gespräche, Fernschreiben und E-Mail.[3531]

3. Art der Einführung der Erkenntnisse in die Hauptverhandlung

2211
a) Augenscheinseinnahme bei Einführung von Gesprächsinhalten durch Abspielen von analog oder digital gespeicherten Aufzeichnungen,

b) Urkundenbeweis durch Verlesung von Abdrucken, Ausdrucken (z.B. Listen mit Verbindungsdaten) oder sonstigen Schriftstücken,

c) Inaugenscheinnahme ggf. in Verbindung mit Verlesung von Datenträgerinhalten, die mittels eines PC visualisiert werden,

---

3525 *BGH* NStZ 2007, 117.

3526 *BGH* StV 2008, 63.

3527 *Puschke/Singelnstein* NJW 2008, 113, 117.

3528 LR-*Hauck*[26] § 100a Rn. 17.

3529 LR-*Hauck*[26] § 100a Rn. 58; KK-*Bruns*[7] § 100a Rn. 8 ff.

3530 Für die Sicherstellung von im Postfach bei einem E-Mail-Provider abgespeicherten E-Mails bedarf es lediglich der Voraussetzungen des § 99 StPO; der Vorgang unterliegt nicht § 100a StPO: *BGH* v. 31.3.2009 – 1 StR 76/09 = NStZ 2009, 397 = NJW 2009, 1828 = StraFo 2009, 203 (s. auch *BVerfG* v. 16.6.2009 – 2 BvR 902/06 = NJW 2009, 2431).

3531 Zur Verwertung von Inhalten, die mit Einwilligung eines Gesprächsinhabers am Endgerät mitgehört oder aufgezeichnet wurden: LR-*Hauck*[26] § 100a Rn. 39 und 33 sowie zur „Hörfalle" Rn. 153 und zur Verwertung mitgehörter „Raumgespräche" LR-*Hauck*[26] § 100a Rn. 69 jew. m.w.N.

d) Vernehmung von Zeugen, insbesondere solchen, die Gesprächsinhalte mit oder abgehört und ausgewertet haben,

e) Vernehmung von Sachverständigen oder sachverständigen Zeugen bspw. zur Einführung maschinell erstellter Listen,[3532]

f) Einführung durch auf Vorhalt unzulässig gewonnener Erkenntnisse beruhenden Aussagen des Angeklagten, von Zeugen oder Sachverständigen.[3533] In diesem Falle muss vorgetragen werden, welchen Inhalt der Vorhalt hatte und welche Aussage im Zusammenhang mit dem Vorhalt gemacht wurde.[3534]

4. Gegenstand und Inhalt der verwerteten Erkenntnisse durch vollständige wörtliche Wiedergabe

5. Bei Verletzung der Verwertungsverbote gem. §§ 100a, 160a StPO:

a) § 100a Abs. 4 S. 2 StPO a.f. begründet ein Verwertungsverbot[3535] für Erkenntnisse aus dem Kernbereich privater Lebensgestaltung,[3536] die durch eine Maßnahme nach § 100a Abs. 1 StPO erlangt worden sind. Letzteres ist darzulegen; die Verwertung ergibt sich aus den schriftlichen Urteilsgründen. **2212**

Es ist mitzuteilen, ob es sich bei dem/den von der Maßnahme Betroffenen um den Angeklagten, Mitangeklagte, Mitbeschuldigte, Nachrichtenmittler oder Dritte (insbesondere im Falle von Teilnehmern eines geschützten Vertrauensverhältnisses) handelt. **2213**

b) § 160a Abs. 1 StPO normiert für Seelsorger, Verteidiger von Beschuldigten,[3537] Rechtsanwälte etc. und Abgeordnete und deren Berufshelfer i.S.d. § 53a StPO (§ 160a Abs. 3 StPO) ein umfassendes Erhebungs- und Verwertungsverbot, dem Fernwirkung in dem Sinne zukommt, dass Erkenntnisse auch nicht als weiterer „Ermittlungsansatz" genutzt werden dürfen. Im Gegensatz zu § 160a Abs. 2 beschränkt sich § 160a Abs. 1 StPO nämlich nicht auf das Verbot der Verwertung von Erkenntnissen „zu Beweiszwecken".[3538] **2214**

c) § 160a Abs. 2 StPO normiert nur ein relatives Beweisverwertungsverbot für die in § 53 Abs. 1 S. 1 Nr. 3–3b und Nr. 5 StPO genannten Berufsgeheimnisträger und ihre Helfer (§ 160a Abs. 3 StPO). Hier sind alle Anknüpfungstatsachen für die Beachtung des zur Zulässigkeit der Verwertung von Daten „zu **2215**

3532 LR-*Hauck*[26] § 100a Rn. 95 ff.

3533 Zur Unverwertbarkeit *BGHSt* 27, 355; KK-*Bruns*[7] § 100a Rn. 67.

3534 KK-*Bruns*[7] § 100a Rn. 72, *BGH* MDR 1979, 108 (H).

3535 Zur Fernwirkung s. Rn. 2205.

3536 Siehe hierzu *BVerfGE* 109, 279 = NJW 2004, 999 = StV 2004, 169; *OLG Düsseldorf* StV 2008, 181; *LG Ellwangen* v. 28.5.2013 – 1 Qs 130/12 = StraFo 2013, 380; vert. zum Kernbereich privater Lebensgestaltung *Gercke* GA 2015, 339.

3537 Darüber hinaus ist das Verteidiger-Mandanten-Verhältnis durch die Vorschrift des § 148 StPO privilegiert. Siehe Rüge 266 Rn. 2298.

3538 Siehe Rn. 2205. Zur Fernwirkung des Verwertungsverbots des § 100h Abs. 2 StPO a.F. s. LR-*G. Schäfer*[25] § 100h Rn. 26.

Beweiszwecken" erforderlichen besonderen Verhältnismäßigkeitsmaßstabes vorzutragen, also insbesondere Art und Intensität des Vertrauensverhältnisses und Erheblichkeit der verfolgten Straftat sowie Ausmaß des öffentlichen Verfolgungsinteresses. Das Revisionsgericht hat seine Prüfung der Zulässigkeit der tatrichterlichen Verwertung einschlägiger Erkenntnisse nicht auf die Verletzung des Willkürmaßstabes zu beschränken.[3539]

Sowohl für das Beweisverwertungsverbot nach § 160a Abs. 1 StPO als auch dasjenige des § 160a Abs. 2 StPO muss als **Negativtatsache** ausgeführt werden, dass die Voraussetzungen des § 160a Abs. 4 StPO (auf bestimmte Tatsachen gründender Verstrickungsverdacht)[3540] nicht gegeben sind.[3541] Handelt es sich um Erkenntnisse aus einem Verteidigungsverhältnis, sind im Hinblick auf § 148 StPO an die Annahme der „Verstrickungsvoraussetzung" in der Person des Verteidigers erhöhte Anforderungen zu stellen.[3542]

Zusätzlich ist mitzuteilen, dass der Berufsgeheimnisträger nicht von der Schweigepflicht entbunden worden ist oder auf die Geltendmachung des Zeugnisverweigerungsrechts verzichtet hat (Negativtatsache!), weil ein Verwertungsverbot nur besteht, soweit das Zeugnisverweigerungsrecht reicht.

2216 6. Bei Verletzung des Verwendungsverbots nach § 101 Abs. 8 StPO

Nach § 101 Abs. 8 StPO sind Informationen, die für die Strafverfolgung nicht mehr erforderlich sind, unverzüglich zu vernichten. Unterbleibt dies, weil sie noch für eine etwaige gerichtliche Überprüfung der Rechtmäßigkeit der Anordnung sowie der Art und Weise des Vollzugs der Maßnahme (§ 101 Abs. 7 StPO) benötigt werden, dürfen sie nur zu diesem Zweck verwendet werden. Finden sie ohne Einwilligung des von der Maßnahme betroffenen Angeklagten dennoch im Rahmen der Urteilsfindung Berücksichtigung, begründet die Verletzung des § 101 Abs. 8 StPO die Revision.

Es ist vorzutragen, dass die bei der Urteilsfindung berücksichtigten Erkenntnisse aus einer Maßnahme nach § 100a Abs. 1 StPO herrührten und die Daten für die Strafverfolgung nicht mehr erforderlich waren (§ 101 Abs. 8 S. 1 StPO). Der von der Maßnahme Betroffene hat in die Verwertung nicht eingewilligt (Negativtatsache!).

2217 7. Bei Verletzung des Verwendungsverbots bei Verwertung von durch eine rechtmäßige Anordnung der Telekommunikationsüberwachung präventiv-polizeilich erlangten Erkenntnissen (§ 161 Abs. 2 StPO) oder solchen aus einem anderen, eine andere Tat im prozessualen Sinn betreffenden Strafverfahren (§ 477 Abs. 2 StPO):

3539   SK-StPO-*Wolter/Greco*[5] § 160a Rn. 49; **a.A.** KK-*Griesbaum*[7] § 160a Rn. 23 u. 24. Nicht so weitgehend wie Griesbaum *Meyer-Goßner/Schmitt*[60] § 160a Rn. 18 mit Verweis auf *BGH* v. 22.3.2012 – 1 StR 359/11 Rn. 28 = StV 2013, 1.

3540   Hierzu KK-*Griesbaum*[7] § 160a Rn. 18.

3541   *Meyer-Goßner/Schmitt*[60] § 160a Rn. 18.

3542   Siehe hierzu Rüge 266 Rn. 2311.

Danach wird gegen ein Beweisverwertungsverbot verstoßen, wenn Erkenntnisse zu Beweiszwecken zur Aburteilung einer Tat Verwendung finden, für die keine entspr. Überwachungsmaßnahme hätte angeordnet werden dürfen. Als Negativtatsache ist vorzutragen, dass die von der Maßnahme betroffene Person in die Verwertung nicht eingewilligt hat. Es müssen insoweit der Inhalt der staatsanwaltschaftlichen oder gerichtlichen Anordnung, Verlängerungsentscheidungen, in Bezug genommene Aktenteile, Antragsschriften der Staatsanwaltschaft vollständig im Wortlaut mitgeteilt werden. Bei Erhebung der allgemeinen Sachrüge ist der Nachweis der Verwendung der Erkenntnisse zur Aburteilung einer Straftat entbehrlich, zu deren Aufklärung die zu Erkenntnissen führende Überwachungsmaßnahme nicht hätte angeordnet werden dürfen.

8. Bei Verletzung des Verwendungsverbots bei Verwertung von durch eine recht-   **2218**
mäßige Anordnung der Telekommunikationsüberwachung erlangten Erkenntnissen (Zufallsfunden) im Ausgangsverfahren:
Hierzu gibt es in Rspr. und Literatur unterschiedliche Auffassungen.[3543] Nach überwiegender Meinung sollen nur solche Erkenntnisse für die Aburteilung von Straftaten unberücksichtigt bleiben, die selbst keine Katalogtat betreffen und auch keinen unmittelbaren Bezug zu einer Katalogtat haben.[3544] Betrifft ein Zufallsfund eine Tat, die im Zusammenhang mit einer Katalogtat steht,[3545] welche bei der Anordnung aber nicht Gegenstand der (richterlichen) Prüfung war, soll auch diese unverwertbar sein.[3546]
Vorzutragen sind auch hier die der Telekommunikationsüberwachung zugrunde liegenden Anordnungen etc. (siehe lit. a Rn. 2208 ff.). Die fehlende Einwilligung der von der Maßnahme betroffenen Person ist als Negativtatsache vorzutragen.

Für die Verwendung personenbezogener Daten aus nicht strafprozessualen – ins-   **2219**
besondere präventiven – Maßnahmen gilt die Vorschrift des § 161 Abs. 2 StPO, wonach die ohne Einwilligung der von der Maßnahme betroffenen Person erlangten personenbezogenen Daten nur zur Aufklärung solcher Straftaten verwendet werden dürfen, zu deren Aufklärung die betreffende Ermittlungsmaßnahme auch nach der StPO hätte angeordnet werden dürfen.[3547] Bei einer entspr. Rüge ist als Negativtatsache die fehlende Einwilligung in die Verwendung mitzuteilen.

3543   Vgl. LR-*Hauck*[26] § 100a Rn. 108 ff.; KK-*Bruns*[7] § 100a Rn. 58 ff.; *Meyer-Goßner/Schmitt*[60] § 100a Rn. 32 ff. m.w.N. aus Rspr. und Lit.

3544   LR-*Hauck*[26] § 100a Rn. 116; *BGH* StV 2001, 545.

3545   Zur Fragwürdigkeit der Zusammenhangsformel vgl. *Rieß* in: AG Strafrecht des DAV, „Wahrheitsfindung und ihre Schranken", 1989, S. 141 ff.

3546   KK-*Bruns*[7] § 100a Rn. 60, s. *BGH* NStZ 1998, 426 = StV 1998, 247.

3547   Siehe KK-*Griesbaum*[7] § 161 Rn. 35.

Erkenntnisse aus rechtswidrig angeordneten Überwachungsmaßnahmen dürfen nicht als Beweismittel verwertet werden.[3548]

2220 9. Bei fehlenden sachlichen Voraussetzungen: Wird die Verletzung eines Verwertungsverbots gerügt, das aus Mängeln bei den sachlichen Voraussetzungen der Anordnung (§ 100a StPO) abgeleitet wird, sind ebenfalls der Inhalt der der Überwachung zugrunde liegenden (richterlichen) Anordnungen, Verlängerungsentscheidungen, in Bezug genommene Aktenteile sowie Antragsschriften der Staatsanwaltschaft im Wortlaut mitzuteilen.

Ergibt sich daraus, dass wegen einer Straftat die Überwachung angeordnet wurde, die keine Katalogtat i.S.d. § 100a StPO ist oder der der Anordnung zugrunde liegende Sachverhalt rechtlich unzutreffend unter eine Katalogtat subsumiert wurde, begründet dies auch nach Auffassung der Rspr. ein Beweisverwertungsverbot.[3549] Es müssen dazu sämtliche – dem Beschwerdeführer zugängliche – Aktenbestandteile mitgeteilt werden, die dem Revisionsgericht die Beurteilung ermöglichen, ob der Tatrichter bei der Wertung, es habe der Verdacht einer Katalogtat bestanden, den ihm zustehenden Beurteilungsspielraum nicht verlassen hat.[3550]

2221 Ob Mängel bei der Begründung des Tatverdachts, der Behandlung der Subsidiaritätsklausel und der Beachtung des Verhältnismäßigkeitsgrundsatzes zu einem Beweisverwertungsverbot führen können, setzt zunächst voraus, dass das Revisionsgericht überhaupt die tatsächlichen Grundlagen der Anordnung zu prüfen bereit ist. Die Rspr. des BGH will hier dem zur Anordnung berufenen Richter oder Staatsanwalt einen Beurteilungsspielraum einräumen, den sowohl der Tatrichter bei der Entscheidung über die Verwertbarkeit als auch das Revisionsgericht bei der Prüfung einer Verfahrensrüge zu respektieren hätten.[3551] Lediglich eine objektiv willkürliche nicht mehr vertretbare Entscheidung sei vom Tat- und vom Revisionsgericht nicht hinzunehmen mit der Folge eines Verwertungsverbots.[3552]

Diese Auffassung ist abzulehnen. Es ist im Verwaltungsrecht anerkannt, dass auch unbestimmte Rechtsbegriffe und Entscheidungen innerhalb eines Beurteilungsspielraums in vollem Umfang der gerichtlichen Nachprüfung unterliegen.[3553] Es wäre auch widersinnig, wenn die (nachträgliche) Feststellung der

---

3548 KK-*Griesbaum*[7] § 161 Rn. 40.
3549 *BGHSt* 31, 304, 308 = StV 1983, 230; 32, 68, 70 = StV 1984, 1; 41, 30, 31 = StV 1995, 226; 47, 362 = StV 2003, 2 m. Anm. *Schlothauer* StV 2003, 208; LR-*Hauck*[26] § 100a Rn. 118; HK-StPO-*Gercke*[5] § 100a Rn. 40.
3550 *BGH* StV 2008, 65.
3551 *BGHSt* 41, 30 = StV 1995, 226; 47, 362 = StV 2003, 2 m. Anm. *Schlothauer* 208; *BGH* NJW 2003, 1880; zu dieser Rspr. s. *Schlothauer* StraFo 1998, 404.
3552 KK-*Bruns*[7] § 100a Rn. 55 m.w.N.
3553 Nachweise bei LR-*Hauck*[26] § 100a Rn. 122 und *Schlothauer* StraFo 1998, 404.

Rechtswidrigkeit der Anordnung im Rahmen eines nach § 101 Abs. 7 S. 2 StPO[3554] zulässigen gerichtlichen oder nach § 101 Abs. 7 S. 3 StPO möglichen Beschwerdeverfahrens eine intensivere Prüfung[3555] zuließe als die Überprüfung der Entscheidung über die Verwertbarkeit rechtswidrig erlangter Erkenntnisse.[3556]

Führt die Überprüfung zu dem Ergebnis, dass der Tatverdacht, die Beachtung des Subsidiaritätsgrundsatzes oder des Verhältnismäßigkeitsgebots zu Unrecht bejaht wurden, wobei der Sachstand im Zeitpunkt der Anordnung maßgeblich ist,[3557] muss dies angesichts der Schwere des Eingriffs in das Grundrecht des Art. 10 GG zu einem Beweisverwertungsverbot führen.[3558]

Im Falle einer Kette von aufeinander beruhenden Telekommunikations-Überwachungsmaßnahmen soll sich die Prüfung für die Frage der Verwertbarkeit zusätzlich auf diejenige Überwachungsmaßnahme beschränken, der die Erkenntnisse unmittelbar entstammen.[3559]

Soweit es um Mängel bei der Begründung der Anordnung geht, sollen diese ein **2222** Beweisverwertungsverbot ausschließen, wenn Tatrichter bzw. Revisionsrichter auf der Grundlage des im Zeitpunkt der Anordnung bekannten Sachstands zu dem Ergebnis kommen, dass die materiellen Voraussetzungen für die Anordnung seinerzeit tatsächlich gegeben waren. Diese in der Rspr.[3560] vertretene Auffassung läuft ebenfalls auf die Anerkennung der Figur des hypothetischen Ersatzeingriffs hinaus und führt dazu, dass dem Tat- bzw. Revisionsgericht die Befugnis zu einer Entscheidung beigemessen wird, für die es nicht zuständig ist.[3561] Auf alle Fälle muss im Rahmen der Revisionsbegründung dargelegt werden, welche Tatsachen für bzw. gegen den für die Anordnung erforderlichen Tatver-

---

3554 Vgl. hierzu *BGH* v. 11.8.2016 – StB 12/16.
3555 Zur Frage der Bindungswirkung der Feststellung der Rechtswidrigkeit der Anordnung der Maßnahme im Verfahren nach § 101 Abs. 7 S. 2 u. 3 StPO für die Annahme eines Beweisverwertungsverbots s. einerseits *Meyer-Goßner/Schmitt*[60] § 101 Rn. 26; KK-*Bruns*[7] § 101 Rn. 35 (keine), andererseits *Schlothauer* StV 2003, 208 (begrenzte Bindungswirkung).
3556 *Schlothauer* StV 2003, 208.
3557 *BGHSt* 47, 362 = StV 2003, 2 m. Anm. *Schlothauer* 208: Bei Verwertung von in anderen Verfahren gewonnenen Erkenntnissen muss der Tatrichter ggf. auch Akten dieser Verfahren beiziehen und eigenverantwortlich die Verwertbarkeit prüfen, anderenfalls dies verfahrensfehlerhaft ist.
3558 Einschränkend LR-*Hauck*[26] § 100a Rn. 125, dessen Ergebnisse trotz Ablehnung der Auffassung vom nur eingeschränkt überprüfbaren Beurteilungsspielraum kaum von denjenigen der höchstrichterlichen Rspr. abweichen.
3559 *BGH* StV 2006, 225 = NStZ 2006, 402.
3560 Siehe *BGH* NStZ 1997, 294.
3561 Gegen die Heranziehung der Figur des hypothetischen Ersatzeingriffs bei § 100a StPO s. KK-*Bruns*[7] § 100a Rn. 55. Zur Distanzierung von der Figur des hypothetischen rechtmäßigen Ermittlungsverlaufs in Bezug auf die Verletzung des Richtervorbehalts s. *BGH* StV 2007, 337, 339. Hierzu *Roxin* NStZ 2007, 616.

dacht sprachen,[3562] ob weniger einschneidende Ermittlungsmöglichkeiten anhand der Aktenlage ersichtlich waren und ob sich die Anordnung als verhältnismäßig darstellte. An die Verhältnismäßigkeitsprüfung sind bei Überwachungsmaßnahmen, von denen Berufsgeheimnisträger gem. §§ 53 Abs. 1 S. 1 Nr. 3–3b oder 5, 53a StPO betroffen sind, gesteigerte Anforderungen zu stellen (siehe § 160a Abs. 2 StPO).

2223   Ein Verwertungsverbot von Erkenntnissen aufgrund einer rechtlich einwandfreien Anordnung und Durchführung der Telekommunikationsüberwachung wird von der Literatur auch dann unter bestimmten Voraussetzungen angenommen, wenn die weiteren Ermittlungen die Voraussetzungen, die der Anordnung zugrunde lagen, sich nicht bestätigt haben.[3563] Da es auf die Zulässigkeit der Maßnahme im Zeitpunkt der Verwertung der Erkenntnisse ankommt, kann dies trotz rechtmäßiger Datenerhebung zu einem Beweisverwertungsverbot führen.[3564] Der Vortrag muss wiederum die ursprünglichen Anordnungen etc. sowie das weitere Schicksal des Verfahrens umfassen. Daraus muss sich ergeben, dass im Zeitpunkt der Verwertung die Voraussetzungen für eine rechtmäßige Ermittlungsmaßnahme nicht (mehr) vorlagen. Ist vor Beginn der Hauptverhandlung gem. § 101 Abs. 7 S. 2 oder 3 StPO die Rechtswidrigkeit der Anordnung festgestellt worden, ist die betreffende Entscheidung ebenfalls mitzuteilen.[3565]

2224   10. Bei fehlenden formellen Voraussetzungen: Wird die Verletzung eines Beweisverwertungsverbots auf Mängel bei den förmlichen Voraussetzungen für die Anordnung[3566] gestützt (ein Beweisverwertungsverbot ist zumindest bei einem Verstoß gegen den Richtervorbehalt, auch in Form der Fristüberschreitung[3567], unabhängig davon anzunehmen, ob die materiellen Voraussetzungen für eine solche Anordnung gegeben waren), sind ebenfalls die Tatsachen vollständig vorzutragen, die den Mangel begründen.

2225   Soweit geltend gemacht werden soll, dass die Staatsanwaltschaft die Eilkompetenz des § 100b Abs. 1 S. 2 StPO a.F. zu Unrecht in Anspruch genommen habe, kann auf die Ausführungen zur entspr. Verletzung der §§ 98 Abs. 1, 105 Abs. 1 StPO verwiesen werden.[3568] Liegt der Maßnahme weder eine richterliche noch

---

3562 Zu entspr. Anforderungen an das Rügevorbringen *BGH* (5. StS) NJW 2002, 1880 dagegen *BGH* (3. StS) St 47, 362; LR-*Hauck*[26] § 100d Rn. 73 rät gleichwohl, in solchen Fällen auch zur Beweislage vorzutragen. So auch *BGH* (1. StS) StV 2007, 63 = wistra 2006, 311.

3563 *Prittwitz* StV 1984, 302; *Welp* JURA 1981, 479; *Kretschmer* StV 1999, 225.

3564 *Puschke/Singelnstein* NJW 2008, 113, 117.

3565 Zur Frage der Bindungswirkung dieser Feststellung als Voraussetzung für die Annahme eines Beweisverwertungsverbots s. einerseits *Meyer-Goßner/Schmitt*[60] § 101 Rn. 26 (keine), andererseits *Schlothauer* StV 2003, 208 (begrenzte Bindungswirkung).

3566 Vgl. KK-*Bruns*[7] § 100a Rn. 52 f.

3567 **A.A.** *BGHSt* 44, 243 = StV 1999, 185 m. abl. Anm. *Asbrock*; ebenfalls abl. *Fezer* JZ 1999, 526 und *Wolters* JR 1999, 521.

3568 Siehe Rüge 258 Rn. 2165 u. Rn. 2172.

eine staatsanwaltschaftliche Anordnung zugrunde, ist dies mitzuteilen. Im Falle der Überschreitung der Frist des § 100b Abs. 1 S. 3 StPO a.f. sind das Datum der Anordnung und dasjenige der Überwachung mitzuteilen, anlässlich derer die verwerteten Erkenntnisse gewonnen worden sind. Ferner ist als Negativtatsache vorzutragen, dass keine richterliche Bestätigung erfolgte. Im Falle einer Überschreitung der Fristen des § 100b Abs. 2 S. 4 und 5 StPO a.f. sind ebenfalls die Daten der Anordnung und der zur Verwertung führenden Überwachungsmaßnahme und die Tatsache des Fehlens einer Verlängerungsentscheidung vorzutragen. Alle Aktenteile, die im Zusammenhang mit der Inanspruchnahme der Eilkompetenz stehen, sind wörtlich mitzuteilen.

Auch wenn der Inhalt der Anordnung wesentlichen Anforderungen des § 100b **2226** Abs. 2 StPO a.f. widerspricht (in diesem Fall ist zusätzlich die Antragsschrift der Staatsanwaltschaft im Wortlaut mitzuteilen, weil dadurch Mängel des Beschlusses kompensiert werden können), kann dies ein Beweisverwertungsverbot begründen. Ebenso sind solche Erkenntnisse unverwertbar, die zu einem Zeitpunkt gewonnen worden sind, zu dem die Maßnahme nach § 100b Abs. 4 StPO a.f. schon hätte beendet sein müssen. Dafür ist die zu diesem Zeitpunkt aus den Akten ersichtliche Verdachtslage etc. mitzuteilen.

11. Bei Fernwirkung: Soweit auch bzgl. solcher Erkenntnisse, die mit Hilfe rechts- **2227** widrig erlangter Beweise gewonnen wurden, ein Beweisverwertungsverbot geltend gemacht werden soll (Fernwirkung), ist in der Revisionsbegründung der Ursachenzusammenhang darzulegen und auszuschließen, dass die bei der Urteilsfindung verwerteten Beweise auf rechtmäßige Weise erhoben worden sind (Ausschluss eines tatsächlichen und nicht nur hypothetischen Ersatzeingriffs).

12. Tatsache und Inhalt des Widerspruchs gegen die Verwertung der Erkenntnisse **2228** sowie Zeitpunkt seiner Geltendmachung (bei dem Verwendungsverbot des § 101 Abs. 8 S. 3 StPO, dass der von der Maßnahme betroffene Angeklagte in die Verwendung der dadurch erlangten Daten für Zwecke der Strafverfolgung nicht eingewilligt hat).

13. Mitteilung des vollständigen Inhalts eines den Widerspruch zurückweisenden **2229** Gerichtsbeschlusses.

2. Urteilsfindung mittels einem Beweisverwertungsverbot unterliegenden Erkenntnissen aufgrund einer Maßnahme nach § 100g StPO

- Die Vorschrift wurde durch das Gesetz zur Einführung einer Speicherpflicht **2230** und einer Höchstspeicherfrist für Verkehrsdaten vom 10.12.2015 völlig neu gefasst.[3569] Die bei der Erhebung von Verkehrsdaten nach § 100g StPO zu beachtenden grundrechtssichernden Verfahrensregelungen sind in dem neu eingefügten § 101a StPO enthalten.[3570] Die Verfahrensrüge kann darauf gestützt werden,

---

3569 BGBl. I, 2218.
3570 Im Übrigen regelt der neue § 101b StPO die statistische Erfassung der Verkehrsdatenerhebung nach § 100g StPO,

dass die Beweiswürdigung auf Verkehrsdaten beruht, die nicht hätten verwertet werden dürfen.[3571]

2231 • Mitzuteilen sind der Inhalt der Anordnung und ihr Zeitpunkt. Bei einem Verstoß gegen die materiellen Anordnungsvoraussetzungen sind die allgemeinen Grundsätze über Beweisverwertungsverbote zu beachten. Unverwertbar sind Erkenntnisse, die unter Verletzung des Richtervorbehalts gewonnen wurden. Weiter unterliegen Daten einem Verwertungsverbot, bei denen die in § 113b Abs. 1 TKG genannten Speicherfristen überschritten sind. Im Übrigen gelten hinsichtlich der Verwertbarkeit die Ausführungen zu § 100a StPO entspr.[3572] Allerdings wird bei der Verwertung von Verkehrsdaten, die unter Verstoß gegen die materiellen Anordnungsvoraussetzungen des § 100g StPO oder die verfahrenssichernden Regelungen des § 101a StPO erlangt wurden, ein strenger Maßstab anzulegen sein.[3573]

2232 • Darzulegen ist, dass und konkret welche (auch Zeitpunkt der Erhebung der) Verkehrsdaten i.S.d. § 96 Abs. 1 TKG, über die den Strafverfolgungsbehörden bzw. dem Gericht Auskunft von einem Telekommunikationsdienstanbieter erteilt wurde, bei der Urteilsfindung berücksichtigt wurden einschließlich erhobener Standortdaten von Mobilfunkgeräten, auch wenn diese nur im Stand-by-Modus mitgeführt wurden. Die Erhebung von Standortdaten ist nach § 100g Abs. 1 S. 3 StPO nur für künftig anfallende Verkehrsdaten oder in Echtzeit zulässig; damit beschränkt sich der Anwendungsbereich der Vorschrift auf nicht gespeicherte Standortdaten. Auf gespeicherte Standortdaten darf nur unter den Voraussetzungen des Abs. 2 zugegriffen werden.[3574] Ggf. ist auch darzulegen, welche Erkenntnisse aus einer Funkzellenabfrage (§ 100g Abs. 3 StPO) im Urteil berücksichtigt wurden.

2233 • Es ist darzulegen, auf welche Weise die Erkenntnisse in die Hauptverhandlung eingeführt wurden (siehe im Einzelnen Rn. 2211). Ein Sachverständiger kann die zutreffende Erfassung und Wiedergabe der Verkehrsdaten bestätigen und damit auch den Inhalt der Listen zum Gegenstand seiner Aussage machen. Im Übrigen kann er aufgrund der Verkehrsdaten Rückschlüsse auf den Standort eines Handys ziehen.[3575]

2234 • Verwertung von aus dem Schutzbereich von Berufsgeheimnisträgern stammenden Erkenntnissen (§ 100g Abs. 4 StPO).
§ 100g Abs. 4 StPO beinhaltet ein grundsätzliches Verbot der Erhebung von Verkehrsdaten nach Abs. 2 oder Abs. 3 S. 2 (Funkzellenabfrage), die sich gegen die in § 53 Abs. 1 S. 1 Nr. 1 bis 5 StPO genannten Berufsgruppen richten. Damit erweitert die Vorschrift das Erhebungsverbot über die in § 160a StPO genannten Berufsgeheimnisträger hinaus,[3576] wobei jedoch zu kritisieren ist, dass

---

3571 *Meyer-Goßner/Schmitt*[60] § 101a Rn. 38.
3572 Vgl. Rüge 260 Rn. 2203 ff.
3573 So *Meyer-Goßner/Schmitt*[60] § 101a Rn. 21.
3574 *Meyer-Goßner/Schmitt*[60] § 100g Rn. 21.
3575 *Meyer-Goßner/Schmitt*[60] § 101a Rn. 22.
3576 *Meyer-Goßner/Schmitt*[60] § 100g Rn. 40 f.

der Gesetzgeber die Berufsgeheimnisträger nicht bereits von der Speicherung ihrer Daten ausgenommen hat.[3577] Das Erhebungsverbot wird gem. Abs. 4 S. 2 durch ein Verwendungsverbot für dennoch erlangte Erkenntnisse und ein in S. 3 normiertes Gebot zur unverzüglichen Löschung entspr. Aufzeichnungen ergänzt. Das Verwendungsverbot gilt außerdem, wenn durch eine Ermittlungsmaßnahme, die sich nicht gegen eine in § 53 Abs. 1 S. 1 Nr. 1 bis 5 StPO genannte Person richtet, von dieser Person Erkenntnisse erlangt werden, über die sie das Zeugnis verweigern dürfte (Abs. 4 S. 5). Im Übrigen gelten § 160a Abs. 3 und Abs. 4 StPO entspr. (Abs. 4 S. 6).[3578]

Es ist mitzuteilen, dass der Berufsangehörige nicht von der Schweigepflicht entbunden worden ist und auch nicht auf die Geltendmachung des Zeugnisverweigerungsrechts verzichtet hat (Negativtatsache!). Zudem sind die Tatsachen mitzuteilen, aus denen sich der Verstoß gegen das Verwendungsverbot ergibt. Als Negativtatsache ist vorzutragen, dass der Berufsgeheimnisträger oder sein Gehilfe nicht an der Tat oder einer Begünstigung, Strafvereitelung oder Hehlerei beteiligt war.

- Das Gesetz enthält hinsichtlich der Verwertbarkeit der Verkehrsdaten für andere **2235** Zwecke nun eine differenzierte Regelung, die davon abhängig ist, ob die Erkenntnisse nach § 100g Abs. 1, nach § 100g Abs. 2 StPO oder zu präventiven Zwecken erlangt wurden.[3579] Im Hinblick auf die Verwertbarkeit der erlangten Verkehrsdaten ist für § 100g Abs. 1 StPO die Regelung des § 477 Abs. 2 S. 2 StPO zu beachten. Es sind die Tatsachen vorzutragen, aus denen sich die Verletzung dieser Verwendungsregelung ergibt. Die Verkehrsdaten können für andere prozessuale Taten als die Anlasstat nur verwendet werden, wenn sie der Aufklärung einer Straftat dienen, aufgrund derer eine Maßnahme nach § 100g Abs. 1 StPO ebenfalls hätte angeordnet werden dürfen. Hingegen bestimmt sich die Verwendung der Verkehrsdaten für präventive Zwecke nach § 477 Abs. 2 S. 3 StPO. Die Nicht-Einwilligung des von der Maßnahme Betroffenen ist als Negativtatsache vorzutragen.

- Die durch eine Maßnahme nach § 100g Abs. 2 StPO (auch i.V.m. § 100g **2236** Abs. 3 S. 2 StPO) erlangten personenbezogenen Daten dürfen ohne Einwilligung der Betroffenen in anderen Strafverfahren nur zur Aufklärung einer Katalogtat nach § 100g Abs. 2 S. 2 StPO oder zur Ermittlung des Aufenthalts der einer solchen Straftat beschuldigten Person sowie bei Vorliegen der weiteren Voraussetzungen für die Anordnung der Maßnahme verwendet werden (§ 101a Abs. 4 S. 1 Nr. 1 StPO). Die Vorschrift unterscheidet sich von der allgemeinen Regelung des § 477 Abs. 2 S. 2 StPO insoweit, dass hier auch die materiellen Anordnungsvoraussetzungen für die jeweilige Maßnahme gegeben sein müs-

---

3577 Vgl. z.B. *Forgo/Hermann* K&R 2015, 753, 756 und *Nachbaur* ZRP 2015, 215 unter Hinweis auf *EuGH* v. 8.4.2014 – C-293/12, C-594/12 = NJW 2014, 2169, 2172.
3578 *Meyer-Goßner/Schmitt*[60] § 100g Rn. 42.
3579 *Meyer-Goßner/Schmitt*[60] § 101a Rn. 23.

sen.[3580] Zu präventiven Zwecken dürfen die nach § 100g Abs. 2 bzw. § 100g Abs. 3 S. 2 StPO erlangten Verkehrsdaten nur für die Abwehr von konkreten Gefahren für Leib, Leben oder Freiheit einer Person oder für den Bestand des Bundes oder eines Landes verwendet werden (vgl. § 101 Abs. 4 S. 1 Nr. 2 StPO). Unter welchen Umständen die Verkehrsdaten wieder zu löschen sind, ergibt sich aus § 101a Abs. 4 S. 3 und 5 StPO.[3581]

- Schließlich dürfen präventiv durch eine polizeiliche Maßnahme erhobene Verkehrsdaten, die nach § 113b TKG gespeichert waren, im Strafverfahren ohne Einwilligung der Beteiligten der betroffenen Telekommunikation nur zur Aufklärung einer Straftat verwendet werden, auf Grund derer eine Maßnahme nach § 100g Abs. 2 StPO, auch i.V.m. Abs. 3 S. 2, angeordnet werden könnte, oder zur Ermittlung des Aufenthalts der einer solchen Straftat beschuldigten Person (vgl. § 101a Abs. 5 StPO).[3582] Hinsichtlich der nach § 96 Abs. 1 TKG gespeicherten Verkehrsdaten gilt für die repressive Verwertung präventiv erlangter Daten § 161 Abs. 2 StPO.[3583]

2237 - Besondere Bedeutung gewinnen im Hinblick auf die erweiterte Zulässigkeit der Erfassung von Standortdaten Ausführungen zur Verhältnismäßigkeit dieser Maßnahme. Der Zugriff auf Standortdaten von lediglich im Stand-by-Modus mitgeführten Mobilfunkgeräten erlaubt die Erstellung engmaschiger Bewegungsprofile, wodurch nicht nur der Schutzbereich des Art. 10 GG, sondern auch derjenige des Art. 2 Abs. 1 GG tangiert ist.[3584]
Dem Vortrag zur Beachtung des Verhältnismäßigkeitsgrundsatzes ist auch bei der Verwertung der Ergebnisse einer Funkzellenabfrage (§ 100g Abs. 3 S. 2 StPO) erhöhte Bedeutung beizumessen, weil die Zielwahlsuche eine hohe Eingriffsintensität im Hinblick darauf aufweist, dass im Regelfall im großen Umfang Telekommunikationsdaten völlig unbeteiligter Personen erhoben werden.[3585]

2238 - Es ist – analog der Rspr. zur Verwertung von Erkenntnissen aus der Telefonüberwachung – im Einzelnen darzulegen, dass seitens des von der Maßnahme betroffenen Angeklagten rechtzeitig Widerspruch gegen die Verwertung erhoben wurde (siehe Rn. 2206).[3586]

3580 *Meyer-Goßner/Schmitt*[60] § 101a Rn. 24, 27 ist allerdings der Auffassung, dass die Anordnungsvoraussetzungen für den jeweiligen Eingriff auch bei der Verwertung nach § 477 Abs. 2 S. 2 StPO vorliegen müssten.
3581 Vgl. im Einzelnen hierzu *Meyer-Goßner/Schmitt*[60] § 101a Rn. 26 ff.
3582 *Meyer-Goßner/Schmitt*[60] § 101a Rn. 29.
3583 *Meyer-Goßner/Schmitt*[60] § 101a Rn. 30.
3584 Zu den verfassungsgerichtlichen Vorgaben zur Zulässigkeit der Erstellung eines Bewegungsbildes mittels Verbindungsdaten und Standortkennung vgl. *BVerfGE* 107, 299 = *NStZ* 2003, 441 und *BVerfGE* 113, 348, 383 = NJW 2005, 2603. Zur Bedeutung des Verhältnismäßigkeitsgrundsatzes s. *KK-Bruns*[7] § 100a Rn. 34.
3585 Siehe hierzu *Nöding* StraFo 2007, 456, 460. Zum Grundsatz der Verhältnismäßigkeit bei Maßnahmen nach § 100h Abs. 1 S. 2 StPO a.F. s. *LG Stade* StV 2005, 434 m. Anm. *Renzel-Rothe/Wesemann* und *LG Magdeburg* StV 2006, 125.
3586 *Meyer-Goßner/Schmitt*[60] § 101a Rn. 38.

Zudem ist der vollständige Inhalt eines diesen Widerspruch zurückweisenden Ge- **2239**
richtsbeschlusses mitzuteilen.

3. Urteilsfindung mittels aufgrund einer Maßnahme nach § 100i StPO gewonnener, einem Beweisverwertungsverbot unterliegender Erkenntnisse

Soweit ermittelte Daten überhaupt für die Schuld- oder Straffrage von Bedeutung **2240**
sind, kann sich ein Beweisverwertungsverbot, dessen Verletzung gerügt werden
soll, aus dem speziellen Verwendungsverbot des § 100i Abs. 2 S. 2 StPO[3587] (dieses
geht der allgemeinen Verwendungsregel des § 477 Abs. 2 StPO vor), dem Verwendungsverbot des § 101 Abs. 8 S. 3 StPO sowie aus sachlichen oder formellen Mängeln der Anordnung ergeben.

Zum Revisionsvorbringen kann auf die Ausführungen unter Ziffer 1 und 2 verwiesen werden.

4. Urteilsfindung mittels aufgrund einer Maßnahme nach § 100j StPO gewonnener, einem Beweisverwertungsverbot unterliegender Erkenntnisse

Die Vorschrift des § 100j StPO ist durch das „Gesetz zur Änderung des TKG und **2241**
zur Neuregelung der Bestandsdatenauskunft" vom 20.6.2013 in die StPO eingefügt
worden.[3588] Sie regelt also die Abfrage von Bestandsdaten. Da § 100j StPO keine
Regelung über die Verwendung bzw. Verwertung personenbezogener Informationen und Zufallsfunde enthält, die durch eine solche Bestandsdatenauskunft erlangt
wurden, gelten die allgemeinen Regeln; es ist also auf § 477 Abs. 2 S. 2 StPO zu-
rückzugreifen.[3589] Insofern kann auf die Ausführungen unter Rn. 2205, 2217 verwiesen werden. Auch für darüber hinausgehende Beweisverwertungsverbote gelten
die Ausführungen zur Telefonüberwachung.[3590] Im Übrigen muss der Verteidiger
im Hinblick auf die Rspr. des BGH der Verwertung von Erkenntnissen in der
Hauptverhandlung widersprechen.[3591]

III. Verwandte Rügen

1. Sind im Urteil verwertete Erkenntnisse einer Telekommunikationsüberwachung **2242**
prozessordnungsgemäß in die Hauptverhandlung eingeführt worden (anderenfalls Verletzung des § 261 StPO)[3592]?

3587 LR-*Hauck*[26] § 100i Rn. 30 und 50.
3588 BGBl. I, 1602.
3589 *Burhoff* Ermittlungsverfahren[7], Rn. 595.
3590 *Burhoff* Ermittlungsverfahren[7], Rn. 596.
3591 *BGH* StV 2001, 545.
3592 Dazu LR-*Hauck*[26] § 100a Rn. 95 und Rüge 226 Rn. 1930, 1933 und 1937.

2. Sind in die Hauptverhandlung eingeführte Erkenntnisse aus einer Telekommunikationsüberwachung zutreffend und soweit sachlich geboten in den Urteilsgründen berücksichtigt worden (anderenfalls Verletzung des § 261 StPO)[3593]?

Rüge 261

2243 Wurden bei der Urteilsfindung einem Beweisverwertungsverbot unterliegende Erkenntnisse aus einem maschinellen Datenabgleich (Rasterfahndung gem. §§ 98a f. StPO) berücksichtigt?

I. Rechtsgrundlagen

2244 Auf Erkenntnissen, die unmittelbar durch eine Rasterfahndung erlangt wurden, wird ein Urteil selten beruhen. Eher als eigenständiges Beweismittel kommt ihnen Bedeutung als Ansatz für weitere Ermittlungen zu. Nach herrschender Meinung besteht auch bei rechtswidrigen Maßnahmen keine Fernwirkung eines möglichen Verwertungsverbots.[3594] Eine Verletzung des Verwendungsverbots des § 98b Abs. 3 S. 3 StPO a.F., wonach durch den Abgleich erlangte personenbezogene Daten in anderen Strafverfahren zu Beweiszwecken nur verwendet werden durften, soweit sich daraus Erkenntnisse für die Aufklärung einer in § 98a Abs. 1 StPO bezeichneten Straftat ergaben, wäre nach dieser Auffassung weitgehend folgenlos geblieben. § 98b Abs. 3 S. 3 StPO a.F. ist nunmehr durch §§ 161 Abs. 2, 477 Abs. 2 S. 2 StPO ersetzt worden. Es wurde im Gesetzgebungsverfahren mit dieser Neuregelung die Vorstellung verbunden, dass die erlangten Daten als Ermittlungsansatz auch für die Aufklärung solcher Straftaten verwendet werden dürften, bei denen verdeckte Ermittlungsmaßnahmen wie die Rasterfahndung unzulässig gewesen wären.[3595] Sollte sich die Rspr. dem anschließen, wären §§ 161 Abs. 2, 477 Abs. 2 S. 2 StPO für die Rasterfahndung ohne praktische Bedeutung.

2245 Ein Beweisverwertungsverbot wird jedoch im Falle der rechtswidrigen Anordnung der Rasterfahndung angenommen.[3596] Es gelten hier wie auch für die Konsequenzen von Verstößen gegen Verfahrensvorschriften die gleichen Grundsätze wie bei Verstößen im Zusammenhang mit der Telekommunikationsüberwachung.[3597]

2246 Ein Beweisverwendungsverbot noch nicht gelöschter Daten, die zur Strafverfolgung nicht mehr benötigt werden, folgt aus § 101 Abs. 8 S. 3 StPO.

3593 Siehe Rüge 228 Rn. 1954.
3594 LR-*Menges*[26] § 98b Rn. 27 und 26; KK-*Greven*[7] § 98b Rn. 16.
3595 Siehe BT-Drucks. 16/5846, S. 64, 66.
3596 LR-*Menges*[26] § 98b Rn. 27 m. näheren Erläuterungen.
3597 SK-StPO-*Wohlers/Greco*[5] § 98b Rn. 13; HK-StPO-*Gercke*[5] § 98b Rn. 10 (s. hierzu Rüge 260 Rn. 2205).

II. Anforderungen an den Vortrag

Der in der Hauptverhandlung verwertete Beweisgegenstand und die Art seiner Ein- **2247**
führung in die Hauptverhandlung sind mitzuteilen. Ferner Inhalt und Zeitpunkt
eines gegen die Verwertung erhobenen Widerspruchs. Mitzuteilen sind der Anordnungsbeschluss bzw. der Antrag der Staatsanwaltschaft, die (ermittlungs-) richterliche Entscheidung, der Inhalt der diesbezüglich in die Beweisaufnahme eingeführten
Beweismittel und die Umstände, aus denen sich die Unzulässigkeit der Rasterfahndung ergibt.[3598]

Für das Verwendungsverbot des § 101 Abs. 8 S. 3 StPO ist vorzutragen, wie und **2248**
welche Daten in die Hauptverhandlung eingeführt wurden, die Umstände, aus denen sich die Verpflichtung zu ihrer Löschung gem. § 101 Abs. 8 S. 1 StPO ergab
und dass der Angeklagte oder ein anderer Betroffener in die Verwendung nicht eingewilligt hat (Negativtatsache – ein Widerspruch ist also nicht erforderlich).

Rüge 262

Wurden aus einer Wohnraumüberwachung i.S.d. § 100c StPO gewonnene Erkenntnisse **2249**
bei der Urteilsfindung verwertet, wenn das in einer Wohnung nichtöffentlich gesprochene
Wort trotz Bestehens eines Beweiserhebungsverbots abgehört und aufgezeichnet wurde
oder die Erkenntnisse einem Beweisverwertungsverbot unterlagen oder aber die für die
Anordnung und Durchführung der Wohnraumüberwachung vorgeschriebenen gesetzlichen Anforderungen missachtet wurden?

In Betracht kommende Beweisverwertungsverbote[3599] und Anforderungen an den **2250**
Vortrag:

I. Beweisverwertungsverbot wegen sachlicher Anordnungsmängel

Die Anordnung einer akustischen Wohnraumüberwachung ist nur unter den **mate-** **2251**
riellen Voraussetzungen des § 100c Abs. 1 und Abs. 2 StPO zulässig. Sie darf sich
nur gegen einen im Zeitpunkt der Anordnung im (qualifizierten[3600]) Verdacht einer
(besonders schweren) Katalogtat stehenden Beschuldigten richten und in seiner
Wohnung durchgeführt werden (§ 100c Abs. 3 S. 1 StPO a.F.). In Wohnungen anderer Personen darf sie nur nach Maßgabe des § 100c Abs. 3 S. 2 StPO a.F. durchgeführt werden.

3598 LR-*Menges*[26] § 98b Rn. 33.
3599 Siehe auch die Übersicht bei *Knierim* StV 2009, 206.
3600 *OLG Celle* StV 2011, 215.

Fehlt es an diesen materiellen Voraussetzungen (Katalogtat, Tatverdacht, Tatsachengrundlage i.S.d. § 100c Abs. 3 S. 2 StPO a.f., Beachtung des Subsidiaritäts- und Verhältnismäßigkeitsgrundsatzes), unterliegen die Erkenntnisse einem Beweisverwertungsverbot. Hierzu und zu den Rügevoraussetzungen kann auf die entspr. Ausführungen zur Verletzung eines Beweisverwertungsverbotes im Zusammenhang mit der Telekommunikationsüberwachung verwiesen werden.[3601]

Ein aus sachlichen Mängeln der Anordnung resultierendes Beweisverwertungsverbot kann mit der Revision nur gerügt werden, wenn der Verwertung im Falle der Einführung der betreffenden Erkenntnisse spätestens bis zu dem in § 257 StPO genannten Zeitpunkt mit einer die Angriffsrichtung erkennen lassenden Begründung[3602] widersprochen worden ist.[3603] Werden bei der Urteilsfindung trotz wirksamen Widerspruchs des betroffenen Angeklagten einem Beweisverwertungsverbot unterliegende Erkenntnisse verwertet, können sich auf diesen Verstoß auch von dem Grundrechtseingriff nicht betroffene Mitangeklagte berufen.

Ist vor Beginn der Hauptverhandlung gem. § 101 Abs. 7 S. 2 StPO die Rechtswidrigkeit der Anordnung festgestellt worden, ist die betreffende Entscheidung ebenfalls mitzuteilen.[3604]

II. Beweisverwertungsverbot wegen formeller Anordnungsmängel

2252 Wird die Verletzung eines Beweisverwertungsverbots auf Mängel bei den förmlichen Voraussetzungen für die Anordnung gestützt (ein Beweisverwertungsverbot ist bei Verletzung des Richtervorbehalts, auch in Form der unvertretbaren Annahme der Eilkompetenz des Vorsitzenden gem. § 100d Abs. 1 S. 2 StPO a.F. sowie der Überschreitung der in § 100d Abs. 1 S. 3–6 StPO a.F. genannten Fristen[3605] unabhängig davon anzunehmen, ob die materiellen Voraussetzungen für die Anordnung gegeben waren), sind ebenfalls die Tatsachen vollständig vorzutragen, die den Mangel begründen.[3606]

3601   Siehe Rüge 260 Rn. 2203 sowie insbesondere Rn. 2208 ff.
3602   *BGH* StV 2008, 8.
3603   KK-*Bruns*[7] § 100d Rn. 44, der die Widerspruchslösung zutreffend auf Verwertungsverbote beschränkt, über die der Beschuldigte alleine disponieren kann; gegen das Erfordernis eines Widerspruchs *Meyer-Goßner*[55] § 100d Rn. 13, der aber nicht zwischen den aus unterschiedlichen Gründen resultierenden Beweisverwertungsverboten im Zusammenhang mit den §§ 100c und 100d StPO a.F. differenziert.
3604   Zur Frage der Bindungswirkung dieser Feststellung als Voraussetzung für die Annahme eines Beweisverwertungsverbots s. einerseits *Meyer-Goßner/Schmitt*[60] § 101 Rn. 26; KK-*Bruns*[7] § 101 Rn. 35 (keine Bindungswirkung), andererseits *Schlothauer* StV 2003, 208 (begrenzte Bindungswirkung).
3605   Siehe dazu oben Rüge 260 Rn. 2225.
3606   Siehe näher Rüge 260 Rn. 2224.

Auch wenn der Inhalt der Anordnung wesentlichen Anforderungen des § 100d   **2253**
Abs. 2 und Abs. 3 StPO a.f. widerspricht (in diesem Fall ist auch die Antragsschrift
der Staatsanwaltschaft im Wortlaut mitzuteilen, weil dadurch Mängel des Beschlusses kompensiert werden können), kann dies ein Beweisverwertungsverbot begründen. Dies gilt ebenfalls für Erkenntnisse, die zu einem Zeitpunkt gewonnen wurden,
als die Voraussetzungen der Anordnung nicht mehr vorlagen (§ 100d Abs. 4 S. 2
StPO a.f.), unabhängig davon, ob Gespräche abgehört und aufgezeichnet wurden,
nachdem das Gericht bzw. die Staatsanwaltschaft bereits den Abbruch der Maßnahme angeordnet hatten oder dies trotz Vorliegens der Voraussetzungen für den Abbruch unterblieben ist. Dazu sind der Zeitpunkt der betreffenden Anordnung und
derjenige der durchgeführten Wohnraumüberwachung bzw. die zu diesem Zeitpunkt aus den Akten ersichtliche Verdachtslage etc. mitzuteilen.

Auch insoweit kann die Revision nur dann auf die Verletzung eines Beweisverwertungsverbotes gestützt werden, wenn der Verwertung der Erkenntnisse im Falle ihrer Einführung spätestens bis zu dem in § 257 StPO genannten Zeitpunkt mit einer
die Angriffsrichtung erkennen lassender Begründung[3607] widersprochen worden
ist.[3608]

Ist vor Beginn der Hauptverhandlung gem. § 101 Abs. 7 S. 2 StPO die Rechtswidrigkeit der Anordnung festgestellt worden, ist die betreffende Entscheidung ebenfalls mitzuteilen.[3609]

III. Ausdrückliche Verwertungsverbote

Zusätzlich zu den bislang angesprochenen enthalten ausdrücklich gesetzlich ange-   **2254**
ordnete Verwertungsverbote:

1. § 100c Abs. 5 i.V.m. Abs. 4 StPO a.f. betreffend dem Kernbereich privater Lebensgestaltung zuzurechnende Äußerungen[3610]

Der verwertete Inhalt solcher Äußerungen muss sich aus den schriftlichen Urteils-   **2255**
gründen ergeben, weil das Urteil ansonsten nicht auf den unzulässig verwerteten Erkenntnissen beruht. Eines gesonderten Vortrags bedarf es nicht, wenn die allgemeine Sachrüge erhoben worden ist.

Es muss aber ausgeführt werden, dass die betreffenden Erkenntnisse aus einer akustischen Wohnraumüberwachung stammen und wie diese in die Hauptverhandlung

---

3607   *BGH* StV 2008, 8.
3608   Siehe hierzu die Ausführungen bei Rn. 2251.
3609   Zur Frage der Bindungswirkung dieser Feststellung s. Fn. zu Rn. 2251 letzter Ab-
        satz a.E.
3610   Siehe hierzu *BVerfGE* 109, 279 = NJW 2004, 999 = StV 2004, 169 sowie die Erläute-
        rungen bei *Meyer-Goßner/Schmitt*[60] § 100c Rn. 13 ff. m.w.N. Ferner *OLG Düsseldorf*
        StV 2008, 181; vert. zum Kernbereich privater Lebensgestaltung *Gercke* GA 2015,
        339.

eingeführt worden sind. Die Umstände, weshalb die verwerteten Äußerungen dem Kernbereich der privaten Lebensgestaltung zuzurechnen sind, sind darzulegen.[3611]

Nach der von der Rspr. vertretenen Widerspruchslösung muss ihrer Verwertung spätestens bis zu dem in § 257 StPO genannten Zeitpunkt von dem durch die verwerteten Äußerungen betroffenen Angeklagten mit einer die Angriffsrichtung erkennen lassenden Begründung[3612] widersprochen worden sein, soweit ihre Verwertung seiner Dispositionsbefugnis unterliegt.[3613] Auf die Verletzung des Beweisverwertungsverbotes können bei wirksamem Widerspruch auch andere, nicht von der Maßnahme betroffene, aber wegen derselben Tat verurteilte Mitangeklagte die Revision stützen.

Ist es zu einer Entscheidung des anordnenden Gerichts über die Verwertbarkeit der erlangten Erkenntnisse gekommen (§ 100c Abs. 7 S. 1 StPO a.F.), ist deren Inhalt im Wortlaut mitzuteilen.

2. § 100c Abs. 6 S. 1 i.V.m. Abs. 5 S. 3 StPO a.F.

2256 Erkenntnisse, die durch das Abhören und Aufzeichnen von mit Berufsgeheimnisträgern i.S.d. § 53 StPO[3614] geführten Gesprächen gewonnen worden sind, unterliegen einem Beweisverwertungsverbot.

Dies gilt nach § 100c Abs. 6 S. 3 StPO a.F. i.V.m. § 160a Abs. 4 StPO allerdings nur, wenn die Zeugnisverweigerungsberechtigten im Zeitpunkt der Durchführung der Maßnahme[3615] keiner Beteiligung an der verfahrensgegenständlichen Tat oder einer Datenhehlerei, Begünstigung, Strafvereitelung oder Hehlerei verdächtig waren.[3616]

3611   Zur Zulässigkeit der Verwertbarkeit von Daten im Strafverfahren, die durch eine akustische Wohnraumüberwachung auf der Grundlage einer polizeirechtlichen Ermächtigung zur Gefahrenabwehr gewonnen worden sind, welche noch keine Regelung zum Schutz des Kernbereichs privater Lebensgestaltung enthielt, *BGH* v. 14.8.2009 – 3 StR 552/08 = *BGHSt* 54, 69 = StV 2009, 675 = NStZ 2010, 44.

3612   *BGH* StV 2008, 8.

3613   KK-*Bruns*[7] § 100d Rn. 44; zur Problematik unterschiedlichen Prozessverhaltens mehrerer von der Maßnahme betroffener Angeklagter s. KK-*Bruns*[7] § 100d Rn. 42 u. 43 m.w.N. sowie allgemein zum Problem der „Überkreuzverwertung" *Dencker* StV 1995, 232; s. auch *Weßlau* StV 2010, 41.

3614   Zu aus Verteidigergesprächen gewonnenen Erkenntnissen s. Rüge 266 Rn. 2306 u. 2307.

3615   Ergibt sich erst zu einem späteren Zeitpunkt ein entspr. Verdacht, muss es nach dem eindeutigen Wortlaut des § 100c Abs. 5 S. 3 StPO a.F. bei dem Verwertungsverbot bleiben für den Fall, dass die Aufzeichnungen entgegen § 100c Abs. 5 S. 2 StPO nicht unverzüglich gelöscht worden sein sollten. Sollte der ursprünglich im Zeitpunkt der Durchführung der Maßnahme bestehende Verdacht nachträglich entfallen sein, stellt sich für die Frage der Verwertbarkeit dieselbe Problematik wie bei § 97 Abs. 2 S. 3 StPO (vgl. hierzu *Meyer-Goßner/Schmitt*[60] § 97 Rn. 47 m. N. auch auf die **a.A.** in der Lit.).

3616   Der Verdacht muss durch bestimmte Tatsachen begründet sein (§ 160a Abs. 4 S. 1 StPO). Zu Einzelheiten und Einschränkungen dieser Rückausnahme s. KK-*Bruns*[7] § 100c Rn. 24 ff. Zur privilegierten Stellung eines Verteidigers s. Rüge 266 Rn. 2298.

Dies sollte als Negativtatsache grundsätzlich vorgetragen werden. Hat das Tatgericht die Verwertbarkeit mit einem entspr. Verdacht begründet, unterliegt auch diese Annahme der vollständigen Überprüfung durch das Revisionsgericht. Ein Beurteilungsspielraum besteht insofern nicht.[3617] Soweit allerdings die betreffende Feststellung Ergebnis der in der Hauptverhandlung durchgeführten Beweisaufnahme war, ist die Prüfung beschränkt auf die materiell-rechtlichen Voraussetzungen eines strafbaren Verhaltens und die Beweiswürdigung.

Verstöße gegen das Beweisverwertungsverbot des § 100c Abs. 6 S. 1 i.V.m. Abs. 5 **2257**
S. 3 StPO a.F. begründen die Revision unabhängig davon, ob der Verwertung von dem/den Angeklagten in der Hauptverhandlung widersprochen worden ist.[3618] Das gilt auch insoweit, als von der Maßnahme des § 100c Abs. 1 StPO nicht nur die Äußerungen des Zeugnisverweigerungsberechtigten, sondern auch die seines Gesprächspartners erfasst werden und auch letztere dem Erhebungs- und Verwertungsverbot unterliegen. Denn die Ausübung des Zeugnisverweigerungsrechts und damit mögliche Bekundungen zu den Äußerungen aller Gesprächsteilnehmer steht allein zur Disposition des Zeugnisverweigerungsberechtigten. Es muss allerdings vorgetragen werden, dass die in § 53 Abs. 1 S. 1 Nr. 2–3b StPO Genannten nicht von ihrer Verpflichtung zur Verschwiegenheit entbunden worden sind (Negativtatsache!) und dass die zur Verweigerung des Zeugnisses berechtigten Berufsgeheimnisträger in die Verwertung ihrer Äußerungen nicht eingewilligt haben (Negativtatsache!).

Soweit das Zeugnisverweigerungsrecht des § 53 StPO nicht auf einer Beziehung **2258**
zwischen dem Berufsgeheimnisträger und einem Angeklagten, sondern auf einer solchen zu einem Dritten beruht, ist fraglich, ob auch im Hinblick auf den/die Angeklagten ein Beweisverwertungsverbot besteht, dessen Verletzung mit der Revision gerügt werden könnte. Anders als bei § 97 StPO, bei dem aus dem Wortlaut des § 97 Abs. 1 Nr. 1 und 2 StPO geschlossen wird, dass das das Zeugnisverweigerungsrecht begründende Verhältnis gerade zu dem Beschuldigten bestehen müsse,[3619] spricht § 100c Abs. 6 S. 1 StPO a.F. ohne jede Einschränkung davon, dass „in Fällen des § 53 (StPO)" der Berufsgeheimnisträger einer Überwachungsmaßnahme nach § 100c Abs. 1 StPO nicht unterworfen werden darf. Auch die Verweisung in § 100c Abs. 6 S. 1 StPO a.F. auf § 100c Abs. 5 S. 3 StPO a.F. führt zu der Annahme, dass Erkenntnisse über gleichwohl abgehörte und aufgezeichnete Äußerungen ohne jede Einschränkung einem Beweisverwertungsverbot unterliegen.[3620]

Ist der Berufsgeheimnisträger nicht von der Schweigepflicht entbunden worden und hat er nicht in die Verwertung abgehörter und aufgezeichneter Äußerungen einge-

---

3617 LR-*Menges*[26] § 97 Rn. 151. Es gelten hier dieselben Grundsätze wie bei der Rüge der
Verletzung des § 97 StPO (s. Rüge 259 Rn. 2195).
3618 Vgl. KK-*Bruns*[7] § 100d Rn. 45 f.; **a.A.** LR-*Hauck*[26] § 100d Rn. 65. Im Hinblick darauf
sollte ein gleichwohl in der Hauptverhandlung geltend gemachter Widerspruch in der
Revisionsbegründung unbedingt vorgetragen werden.
3619 LR-*Menges*[26] § 97 Rn. 21.
3620 KK-*Bruns*[7] § 100c Rn. 33.

willigt, kann jeder (Mit-)Angeklagte auf die Verwertung von einem Beweisverwertungsverbot unterliegenden Erkenntnissen die Revision stützen.

2259 Ob dem Beweisverwertungsverbot auch Fernwirkung in dem Sinne zukommt, dass auch eine Verwertung als Spurenansatz untersagt ist und auch solche Erkenntnisse einem Beweisverwertungsverbot unterliegen, die als „fruits of the poisonous tree" zu qualifizieren wären, ist noch nicht abschließend geklärt.[3621] Im Hinblick auf das in die Zukunft gerichtete Beweiserhebungsverbot des § 100c Abs. 6 S. 1 StPO a.F., die Löschungsverpflichtung in dem in Bezug genommen § 100c Abs. 5 S. 2 StPO a.F. sowie dem ohne Einschränkung statuierten Verwertungsverbot in § 100c Abs. 5 S. 3 StPO a.F. muss aber diesem Beweisverwertungsverbot Fernwirkung beigemessen werden.[3622]

Ist es zu einer Entscheidung des anordnenden Gerichts über die Verwertbarkeit der erlangten Erkenntnisse gekommen (§ 100c Abs. 7 S. 1 StPO a.F.), ist deren Inhalt im Wortlaut mitzuteilen.

3. § 100c Abs. 6 S. 2 StPO a.F.

2260 Bei den Zeugnisverweigerungsberechtigten i.S.d. §§ 52, 53a StPO sieht § 100c StPO kein Beweiserhebungsverbot, sondern nur ein eingeschränktes Beweisverwertungsverbot vor. Die Verwertbarkeit ist davon abhängig, dass „dies unter Berücksichtigung der Bedeutung des zugrunde liegenden Vertrauensverhältnisses nicht außer Verhältnis zum Interesse an der Erforschung des Sachverhalts (…) steht".

Mit der Revision muss vorgetragen werden, dass Mitbetroffener der Gesprächsüberwachung und -aufzeichnung ein im Verhältnis zum Beschuldigten stehender Angehöriger i.S.d. § 52 Abs. 1 StPO war.[3623] Ferner muss vorgetragen werden, dass dieser der Verwertung nicht zugestimmt hat (Negativtatsache!).

Soweit es um Berufshelfer i.S.d. § 53a StPO geht,[3624] muss vorgetragen werden, dass die in § 53 StPO genannten Berufsangehörigen der Verwertung der Aufzeichnung nicht zugestimmt haben (§ 53a Abs. 1 S. 2 StPO) und die Berufshelfer der in § 53 Abs. 1 S. 2–3b StPO genannten Zeugnisverweigerungsberechtigten nicht von der Verpflichtung zur Verschwiegenheit entbunden worden sind (§ 53a Abs. 2 StPO).[3625]

3621 Verneinend LR-*Hauck*[26] § 100c Rn. 145; zurückhaltender KK-*Bruns*[7] § 100d Rn. 39.
3622 Zum Revisionsvortrag s. Rüge 260 Rn. 2227.
3623 KK-*Nack*[5] § 100c Rn. 25.
3624 Zur Kritik daran, die Berufshelfer anders als die Berufsangehörigen i.S.d. § 53 StPO zu behandeln: LR-*Hauck*[26] § 100c Rn. 147.
3625 Dass bzgl. der Berufshelfer der Schutz auf Gespräche mit Beschuldigten beschränkt sein soll (so KK-*Nack*[5] § 100c Rn. 25), ist nach der Änderung der Kommentierung (KK-*Nack*[6] § 100c Rn. 35; so auch KK-*Bruns*[7] § 100c Rn. 35) wohl nicht mehr anzunehmen.

Die Geltendmachung eines Widerspruchs gegen die Verwertung von nach § 100c Abs. 1 StPO erlangten personenbezogenen Informationen ist nicht erforderlich.[3626] Im Hinblick auf den in § 100c Abs. 6 S. 2 StPO a.f. geforderten Abwägungsvorgang sind Art und Inhalt des betroffenen Vertrauensverhältnisses darzulegen.[3627] Weiterhin muss vorgetragen werden, dass die Voraussetzungen für die Ausnahmevorschrift des § 100c Abs. 6 S. 3 StPO a.F. i.V.m. § 160a Abs. 4 StPO (sog. verstrickte Zeugnisverweigerungsberechtigte) nicht vorliegen (Negativtatsache!) oder zu Unrecht angenommen wurden.[3628]

4. § 100c Abs. 7 StPO a.f.

Wurden im Urteil Erkenntnisse verwertet, deren Verwertbarkeit von dem Gericht, **2261** das die Maßnahme angeordnet hatte, im Hinblick auf die Vorschrift des § 100c Abs. 5 StPO a.f. verneint worden war, ist auch dies rechtsfehlerhaft und kann mit der Revision gerügt werden. Infolge der Bindungswirkung der Entscheidung (§ 100c Abs. 7 S. 2 StPO a.f.) unterliegt deren Richtigkeit nicht der Beurteilung des Revisionsgerichts (§ 336 StPO).[3629] Vorzutragen sind der Inhalt der Entscheidung des anordnenden Gerichts und die Tatsachen, aus denen sich die untersagte Verwertung der erlangten Erkenntnisse ergibt.

IV. Gegenstand der Revision kann auch die Verletzung der Verwendungsregeln des § 101 Abs. 8 StPO und des § 100d Abs. 5 Nr. 1 und 3 StPO a.F. sein

1. Nach § 101 Abs. 8 StPO sind Informationen, die für die Strafverfolgung nicht **2262** mehr erforderlich sind, unverzüglich zu vernichten. Unterbleibt dies, weil sie noch für eine etwaige gerichtliche Überprüfung der Rechtmäßigkeit der Anordnung sowie der Art und Weise des Vollzugs der Maßnahme (§ 101 Abs. 7 StPO) benötigt werden, dürfen sie nur zu diesem Zweck verwendet werden. Finden sie dennoch im Rahmen der Urteilsfindung Berücksichtigung, begründet die Verletzung des § 101 Abs. 8 StPO die Revision.

Es ist vorzutragen, dass die bei der Urteilsfindung berücksichtigten Erkenntnisse aus einer Maßnahme nach § 100c Abs. 1 StPO herrührten. Außerdem ist der Inhalt der Anordnung mitzuteilen, aus der sich ergibt, dass die Aufbewahrung nur aus Gründen des Rechtsschutzes erfolgte oder sie gar nicht mehr gerechtfertigt war und die Daten unverzüglich hätten gelöscht werden müssen. Als Negativtatsache ist vor-

---

3626 Ist gleichwohl der Verwertung widersprochen worden, ist dies und der Inhalt eines darauf ggf. ergangenen Gerichtsbeschlusses mitzuteilen.

3627 Bei dieser Abwägung sind nach Auffassung von KK-*Bruns*[7] § 100c Rn. 35 die Grundsätze von *BGHSt* 42, 139 heranzuziehen.

3628 Siehe Rüge 259 Rn. 2194.

3629 KK-*Bruns*[7] § 100c Rn. 39.

zutragen, dass der von der Maßnahme betroffene Angeklagte in die Verwendung der dadurch erlangten Daten für Zwecke der Strafverfolgung nicht eingewilligt hat.

2263 **2.** § 100d Abs. 5 Nr. 1 und 3 StPO a.f. regeln die Verwendbarkeit von aus dem Abhören und Aufzeichnen des in einer Wohnung nicht öffentlich gesprochenen Wortes gewonnenen Erkenntnissen in (anderen) Strafverfahren.[3630] Die Regelung geht den allgemeinen Verwendungsregeln in §§ 161 Abs. 2 bzw. 477 Abs. 2 StPO vor.[3631]

Die bei der Informationsgewinnung erlangten Erkenntnisse dürfen nach Maßgabe der ihr zugrunde liegenden jeweiligen Ermächtigungsnorm keinem Beweisverwertungsverbot unterliegen. Bei Erkenntnissen aus einem anderen Strafverfahren (§ 100d Abs. 5 Nr. 1 StPO a.f.) gelten deshalb auch die Beweiserhebungs- und -verwertungsverbote nach § 100c Abs. 4, 5 und 6 StPO a.f.[3632] Bei Erkenntnissen aus den § 100c StPO entspr. polizeirechtlichen Maßnahmen (§ 100d Abs. 5 Nr. 3 StPO a.f.) müssen diese rechtmäßig erhoben und die dort jeweils geltenden Verwertbarkeitsvoraussetzungen gegeben sein.[3633]

Im Übrigen würde die auf § 100d Abs. 5 Nr. 1 und 3 StPO a.f. gestützte Verwendung von personenbezogenen Informationen zu einem Beweisverwertungsverbot führen,[3634] dessen Verletzung mit der Revision gerügt werden dürfte, wenn darauf die Verurteilung wegen einer anderen Tat gestützt würde, bei der die Anordnung einer Maßnahme nach § 100c StPO unzulässig gewesen wäre, was nicht nur bei einer fehlenden Katalogtat i.S.d. § 100c Abs. 2 StPO, sondern auch bei einer nicht konkretisierten Verdachtslage und der Nichtbeachtung der Subsidiaritätsklausel der Fall ist.[3635]

Das Revisionsvorbringen muss weiterhin ausschließen, dass die in dem anderen Strafverfahren (§ 100d Abs. 5 Nr. 1 StPO a.f.) bzw. die polizeirechtlich (§ 100d Abs. 5 Nr. 3 StPO a.f.) überwachte Person in die Verwendung der personenbezogenen Informationen eingewilligt hat (Negativtatsache!), wenn diese zur Aburteilung einer nicht zum Katalog des § 100c Abs. 2 StPO gehörenden Straftat herangezogen wurden.[3636]

3630 Zur Verwertbarkeit der Gesprächsaufzeichnung mit einem nach § 52 Abs. 1 StPO Zeugnisverweigerungsberechtigten s. *BGH* v. 14.8.2009 – 3 StR 552/08 = *BGHSt* 54, 69 = StV 2009, 675 = NStZ 2010, 44.

3631 *Meyer-Goßner/Schmitt*[60] § 161 Rn. 18b. Auf die Ausführungen zu den Rügeanforderungen (Rüge 260 Rn. 2217) kann aber zurückgegriffen werden.

3632 *BGH* v. 14.8.2009 – 3 StR 552/08 = *BGHSt* 54, 69 = StV 2009, 675 = NStZ 2010, 44; *Meyer-Goßner/Schmitt*[60] § 100d Rn. 6.

3633 *BGH* v. 14.8.2009 – 3 StR 552/08 = *BGHSt* 54, 69 = StV 2009, 675 = NStZ 2010, 44; KK-*Bruns*[7] § 100d Rn. 18 u. 19; *Meyer-Goßner/Schmitt*[60] § 100d Rn. 6.

3634 KK-*Bruns*[7] § 100d Rn. 13 ff.

3635 *Meyer-Goßner/Schmitt*[60] § 100d Rn. 7; KK-*Bruns*[7] § 100d Rn. 15.

3636 Zur Zulässigkeit der Verwertung im Falle der Einwilligung der überwachten Personen *Meyer-Goßner/Schmitt*[60] § 100d Rn. 7.

V. Generelle Rügevoraussetzungen

Bei allen Verfahrensverletzungen im Zusammenhang mit §§ 100c und 100d StPO **2264**
a.f. muss vorgetragen werden, dass es sich um eine mit technischen Mitteln durchgeführte Abhör- und Aufzeichnungsmaßnahme des in einer Wohnung nicht öffentlich gesprochenen Wortes gehandelt hat. Die tatsächlichen Voraussetzungen für die
Wohnungseigenschaft müssen ebenso dargelegt werden wie die Umstände, die die
abgehörten und aufgezeichneten Äußerungen als nichtöffentlich qualifizieren.

Rüge 263

Wurden bei der Urteilsfindung einem Beweisverwertungsverbot unterliegende Erkenntnis-   **2265**
se von personenbezogenen Informationen berücksichtigt, die durch Abhören und Aufzeichnen des außerhalb von Wohnungen nicht öffentlich gesprochenen Wortes mit technischen Mitteln gewonnen worden sind (§ 100f Abs. 1 StPO)?

---

1. Bezüglich der materiellen und formellen Voraussetzungen einer Anordnung   **2266**
nach § 100f Abs. 1 StPO und dem erforderlichen Revisionsvorbringen im Falle
der Rüge ihrer Verletzungen kann auf die entspr. Ausführungen zur Überwachung der Telekommunikation bzw. des Abhörens und Aufzeichnens des nichtöffentlich gesprochenen Wortes in einer Wohnung verwiesen werden.[3637] Die
Anordnung der Maßnahme setzt den Verdacht der Begehung einer (zumindest
versuchten) Katalogtat i.S.d. § 100a Abs. 2 StPO voraus, bei der es sich um eine
im Einzelfall schwerwiegende Straftat handeln muss. Zusätzlich muss der Subsi-
diaritätsgrundsatz beachtet sein.

Die Zulässigkeit der Erhebung einer Verfahrensrüge ist davon abhängig, dass   **2267**
der Verwertung des Inhalts der in die Hauptverhandlung eingeführten Erkenntnisse spätestens bis zu dem in § 257 StPO genannten Zeitpunkt widersprochen
worden ist.[3638] Der Widerspruch muss eine die Angriffsrichtung erkennen lassende Begründung enthalten. Im Falle der Verletzung des Verwendungsverbots
des § 101 Abs. 8 S. 3 StPO muss vorgetragen werden, dass der von der Maßnahme betroffene Angeklagte in die Verwertung der dadurch erlangten Informationen zu Strafverfolgungszwecken nicht eingewilligt hat.

Aus dem Revisionsvortrag muss sich ergeben, dass die verwerteten Erkenntnisse   **2268**
aus dem mittels technischer Mittel abgehörten und aufgezeichneten nichtöffentlich gesprochenen Wort resultieren.

3637   Rüge 260 Rn. 2208 ff. sowie Rüge 262 Rn. 2251 u. 2252. Zu Verwertungsverboten
     und Verwendungsbeschränkungen s. den Überblick bei *Knierim* StV 2009, 206.
3638   KK-*Bruns*[7] § 100f Rn. 27.

Die Verletzung des Richtervorbehalts darf nicht dadurch kompensiert werden, dass nach Art eines hypothetischen Ersatzeingriffs argumentiert wird, die Aufzeichnung des gesprochenen Wortes hätte auch auf eine Eilanordnung nach § 100f Abs. 1 i.V.m. § 100b Abs. 1 S. 2 StPO a.f. gestützt werden können.[3639]

2269 2. § 100f StPO sieht für die akustische Überwachung des nichtöffentlich gesprochenen Wortes außerhalb von Wohnungen keine dem § 100c Abs. 5 und Abs. 6 S. 1 und 2 StPO a.f. entspr. Verwertungsverbote vor. Dies kann aber nicht bedeuten, dass die akustische Überwachung von Gesprächen des Beschuldigten außerhalb des von Art. 13 GG geschützten Bereichs keinen besonderen Beschränkungen unterliegt. Auch insoweit müssen aus verfassungsrechtlichen Gründen dem Kernbereich privater Lebensgestaltung zuzurechnende Äußerungen einem Beweisverwertungsverbot unterliegen.[3640] Auf Gespräche des Beschuldigten mit Zeugnisverweigerungsberechtigten i.s.d. § 52 StPO sind die in § 100c Abs. 6 S. 2 StPO a.f. genannten Abwägungskriterien gem. § 160a Abs. 5 StPO anwendbar.[3641] Abhörmaßnahmen, von denen Berufsgeheimnisträger i.s.d. §§ 53, 53a StPO betroffen sind, unterliegen einem Beweisverwertungsverbot nach Maßgabe des § 160a StPO.[3642]

2270 Bezüglich des erforderlichen Rügevorbringens kann auf die Ausführungen zur Überwachung des in einer Wohnung nichtöffentlich gesprochenen Wortes verwiesen werden.[3643]

2271 3. Auch für Abhörmaßnahmen nach § 100f Abs. 1 StPO gelten die Verwendungsregeln der §§ 161 Abs. 2 und 477 Abs. 2 StPO, wonach die aus der Überwa-

---

3639 So aber *BGH* StV 2003, 370 m. **abl.** Anm. *Weßlau* StV 2003, 483; ebenfalls **abl.** *Braum* JZ 2004, 155 und *Fezer* NStZ 2003, 625; zweifelnd *Meyer-Goßner/Schmitt*[60] § 100f Rn. 20. Siehe auch *BGHSt* 51, 285 = StV 2007, 337 = NStZ 2007, 601 = JR 2007, 432 m. Anm. *Ransiek*, wonach dem Aspekt eines möglichen hypothetischen rechtmäßigen Ermittlungsverlaufs bei Verkennung des Richtervorbehalts nach § 105 StPO keine Bedeutung zukommen kann.

3640 SK-StPO-*Wolter/Greco*[5] § 100f Rn. 30. Für ein in einem Kraftfahrzeug geführtes Selbstgespräch, das mittels akustischer Überwachung aufgezeichnet wurde, hat der *BGH* v. 22.12.2011 – 2 StR 509/10 = StV 2012, 269 m. Anm. *Ladiges* StV 2012, 517 = NStZ 2012, 277 von Verfassungs wegen ein selbständiges Beweisverwertungsverbot bejaht. Zu dieser Entscheidung und den sich daraus ergebenden weiteren Konsequenzen s. auch *Jahn/Geck* JZ 2012, 561; *Wohlers* JR 2012, 389 u. *Warg* NStZ 2012, 237.

3641 So schon für § 100f StPO a.F. KK-*Nack*[5] § 100c Rn. 30; zu § 100f StPO n.F. KK-*Bruns*[7] § 100f Rn. 12. Wird bei einem Angeklagten bewusst die Fehlvorstellung hervorgerufen, er könne in der Untersuchungshaft unüberwacht mit seiner Ehefrau sprechen, überschreitet dies die Grenzen zulässiger kriminalistischer List mit der Folge, dass die Erkenntnisse dieser heimlichen Überwachung einem Beweisverwertungsverbot unterliegen: *BGH* v. 29.4.2009 – 1 StR 701/08 = *BGHSt* 53, 294 = StV 2010, 458 m. Anm. *Klesczewski* = NStZ 2009, 519 = StraFo 2009, 371.

3642 Siehe Rüge 266a Rn. 2315; ferner Rüge 260 Rn. 2234. Zur akustischen Überwachung von Verteidigergesprächen s. Rüge 266 Rn. 2306.

3643 Siehe Rüge 262 Rn. 2252 und 2254.

chung nach § 100f Abs. 1 StPO in anderen Verfahren bzw. aus zu präventiven Zwecken gewonnenen personenbezogenen Informationen[3644] nur für die Aufklärung solcher Straftaten verwertet werden dürfen, wegen derer im anhängigen Verfahren ebenfalls eine akustische Überwachung hätte angeordnet werden dürfen. Wurden gleichwohl die gem. § 100f Abs. 1 StPO erlangten personenbezogenen Informationen verwertet, ist zusätzlich vorzutragen, dass die überwachte Person nicht in die Verwertung zu Beweiszwecken im Strafverfahren eingewilligt hat.[3645]

Rüge 264

Wurden bei der Urteilsfindung einem Beweisverwertungsverbot unterliegende Erkenntnisse aus dem Einsatz technischer Mittel i.S.d. § 100h Abs. 1 StPO bzw. aufgrund einer längerfristigen Observation gem. § 163f StPO verwertet?   **2272**

Ob nach § 100h Abs. 1 StPO[3646] außerhalb von Wohnungen hergestellte Bildaufnahmen sowie Erkenntnisse, die aus unter Verwendung sonstiger technischer Mittel durchgeführten Observationen des Beschuldigten gewonnen wurden, einem Beweisverwertungsverbot unterliegen, dürfte im Hinblick auf den Verhältnismäßigkeitsgrundsatz nur dann zu diskutieren sein, wenn die betreffenden Ermittlungsmaßnahmen bei dem Verdacht von Straftaten von nicht erheblicher Bedeutung zum Einsatz kommen[3647] oder wenn ein erforderlicher Tatverdacht bei Beginn des Einsatzes dieser Mittel nicht vorlag und sich ein entspr. Verdacht erst aus den nach § 100h Abs. 1 StPO gewonnenen Erkenntnissen ergab.   **2273**

Darüber hinaus wird unter Berücksichtigung der Auffassung des BVerfG[3648] ein Beweisverwertungsverbot nur bei Erkenntnissen einer derartig engmaschigen Observation eines Beschuldigten anzunehmen sein, die den Kernbereich privater Lebensgestaltung tangieren.   **2274**

In Rspr. und Literatur wird diskutiert, ob und ggf. unter welchen Voraussetzungen private Dashcam-Aufzeichnungen im Strafverfahren zulässig eingeführt und ver-   **2275**

3644   Durfte schon der Einsatz verdeckter technischer Mittel nicht durchgeführt werden, muss jegliche Verwertung der hierdurch erlangten Beweisergebnisse unterbleiben: *Meyer-Goßner/Schmitt*[60] § 100f Rn. 20 unter Verweis auf *LG Stuttgart* StV 2005, 599. Zur Verwendung personenbezogener Daten aus präventiven Maßnahmen s. KK-*Bruns*[7] § 100f Rn. 24.
3645   Siehe im Übrigen Rüge 260 Rn. 2217.
3646   Siehe hierzu auch *Knierim* StV 2009, 206, 207.
3647   *Meyer-Goßner/Schmitt*[60] § 100h Rn. 1.
3648   *BVerfGE* 112, 304 = NJW 2005, 1338.

wertet werden dürfen.[3649] Das *AG Nienburg* geht davon aus, dass kein generelles Beweisverwertungsverbot für solche Aufnahmen besteht. Es handele sich vielmehr um eine Frage des Einzelfalls.[3650] Zu ihrer Beurteilung greift das Gericht auf die allgemeinen Grundsätze zur Verwertbarkeit von Beweismitteln mit Spannungsbezug zum allgemeinen Persönlichkeitsrecht Dritter zurück. Die genannten Grundsätze gelten sinngemäß auch für die Verwertung von Aufzeichnungen einer an einem Wohnhaus fest installierten Videokamera.[3651] Ebenso ist es bei der Überwachung von Zielpersonen mittels GPS-Empfängern durch Private (insbesondere Detekteien) eine Frage des Einzelfalls, ob berechtigte Interessen an der Erstellung eines Bewegungsprofils des Betroffenen oder dessen Interessen am Schutz seiner Privatsphäre überwiegen.[3652]

2276 Die Erhebung einer Verfahrensrüge wegen Verletzung eines Beweisverwertungsverbotes setzt voraus, dass der Verwertung der betreffenden Erkenntnisse im Zusammenhang mit deren Einführung in die Hauptverhandlung spätestens im Zeitpunkt des § 257 StPO mit einer die Angriffsrichtung erkennbar machenden Begründung widersprochen worden ist.[3653]

Handelt es sich um eine längerfristige Observation i.S.d. § 163f Abs. 1 Nr. 1 oder Nr. 2 StPO,[3654] die bei dem Verdacht einer Straftat von erheblicher Bedeutung nur durch das Gericht, bei Gefahr in Verzug auch durch die Staatsanwaltschaft und ihre Ermittlungspersonen angeordnet werden darf (§ 163f Abs. 3 StPO), unterliegen Erkenntnisse, die ohne die erforderliche Anordnung oder ohne gerichtliche Bestätigung über die zulässige Dauer (§ 163f Abs. 3 S. 2 StPO) hinaus gewonnen wurden, einem Beweisverwertungsverbot.[3655]

3649 Vgl. z.B. *AG Nienburg* v. 20.1.2015 – 4 Ds 155/14, 4 Ds 520 Js 39473/14 (155/14) = DAR 2015, 280; *Bachmeier* DAR 2014, 15; *Balzer/Nugel* NJW 2014, 1622; *Klann* DAR 2014, 451; vgl. hierzu auch *Burhoff* Handbuch für die strafrechtliche Hauptverhandlung[8] Rn. 1069 f. m.w.N.

3650 *AG Nienburg* v. 20.1.2015 – 4 Ds 155/14, 4 Ds 520 Js 39473/14 (155/14) = DAR 2015, 280 m. Anm. *Deutscher* StRR 2015, 185; vgl. auch *OLG Stuttgart* v. 4.5.2016 – 4 Ss 543/15 = StV 2017, 17 m. abl. Anm. *Wölky*.

3651 *Meyer-Goßner/Schmitt*[60] § 100h Rn. 1b mit Verweis auf *EuGH* v. 11.12.2014 – C-212/13 = CR 2015, 100.

3652 Vgl. hierzu im Einzelnen *Meyer-Goßner/Schmitt*[60] § 100h Rn. 3a mit Verweis auf *BGH* v. 4.6.2013 – 1 StR 32/13 = StV 2014, 221 m. Anm. *Cornelius* NJW 2013, 3340.

3653 *OLG Hamm* v. 11.9.2014 – III-1 RBs 145/14, 1 RBs 145/14; vgl. im Übrigen zu den Anforderungen an eine Verfahrensrüge wegen Verstoßes gegen §§ 163f, 100h StPO *OLG Hamm* v. 10.11.2015 – 3 RVs 69/15.

3654 Zur Abgrenzung einer längerfristigen von einer kurzfristigen Observation s. *OLG Hamburg* StraFo 2007, 374 = StV 2007, 628; s. auch *BVerfG* v. 2.7.2009 – 2 BvR 1691/07 = StraFo 2009, 453.

3655 *Meyer-Goßner/Schmitt*[60] § 163f Rn. 10; KK-*Moldenhauer*[7] § 163f Rn. 33; einschränkend in Fällen eines Verstoßes gegen das staatsanwaltschaftliche Anordnungserfordernis *OLG Hamburg* StraFo 2007, 374 = StV 2007, 628; vgl. auch *BVerfG* v. 2.7.2009 – 2 BvR 1691/07 = StraFo 2009, 453.

Vorsorglich sind Inhalt und Zeitpunkt eines gegen die Verwertung von in die Hauptverhandlung eingeführten Erkenntnissen geltend gemachten Widerspruchs in der Revisionsbegründung mitzuteilen.

Wird die Verletzung des Verwendungsverbots des § 101 Abs. 8 S. 3 StPO gerügt, ist **2277** vorzutragen, dass es sich um Erkenntnisse handelte, die durch eine Maßnahme nach §§ 100h bzw. 163f StPO erlangt wurden, diese im Zeitpunkt der Verwertung für Zwecke der Strafverfolgung nicht mehr erforderlich waren und der von der Observationsmaßnahme betroffene Angeklagte in die Verwendung nicht eingewilligt hat.

Rüge 265

Wurden bei der Urteilsfindung einem Beweisverwertungsverbot unterliegende Erkenntnis- **2278** se aus dem Einsatz eines Verdeckten Ermittlers (§§ 110a und 110b StPO) berücksichtigt?

I. Widerspruchserfordernis

Die Verwertung von einem Verwertungsverbot unterliegenden Erkenntnissen eines **2279** Verdeckten Ermittlers begründet die Revision.[3656] Die Frage, ob die Zulässigkeit einer entspr. Verfahrensrüge davon abhängt, dass der Verwertung der in die Hauptverhandlung eingeführten Erkenntnisse spätestens bis zu dem in § 257 StPO genannten Zeitpunkt widersprochen worden ist, ist umstritten.[3657] Vorsorglich sind der Inhalt[3658] eines vor oder in der Hauptverhandlung erhobenen Widerspruchs, der genaue Zeitpunkt sowie eine etwa daraufhin ergangene den Widerspruch zurückweisende Entscheidung im Wortlaut mitzuteilen.

II. Fehlende Einsatzvoraussetzungen

Ein Beweisverwertungsverbot für die Erkenntnisse eines Verdeckten Ermittlers **2280** kann sich aus den fehlenden materiellen und formellen Voraussetzungen seines Einsatzes ergeben:

1. Im Zeitpunkt der Anordnung des Einsatzes des Verdeckten Ermittlers müssen **2281** die Voraussetzungen des § 110a Abs. 1 StPO (Katalogtat, Tatverdacht, Beachtung des Subsidiaritätsgrundsatzes) gegeben gewesen sein. Die in der Rspr. vertretene Annahme eines nicht weiter überprüfbaren Beurteilungsspielraums[3659] ist abzuleh-

---

3656   *Meyer-Goßner/Schmitt*[60] § 110b Rn. 13.
3657   Das Widerspruchserfordernis bejahend LR-*Hauck*[26] § 110a Rn. 72; *BGH* StV 1996, 529; KK-*Bruns*[7] § 110b Rn. 20; **verneinend** *Meyer-Goßner/Schmitt*[60] § 110b Rn. 11.
3658   *BGH* StV 2008, 8.
3659   *BGHSt* 42, 103, 107 = StV 1996, 357 m. krit. Anm. *Weßlau* StV 1996, 579 = NStZ 1997, 249 m. krit. Anm. *Bernsmann;* abl. auch *Schlothauer* StraFo 1998, 402, 404.

nen. Vielmehr ist der Ermittlungsstand zum Zeitpunkt der Anordnung eigenständig zu rekonstruieren und auf dieser Grundlage die Verdachtsfrage, die Subsumtion des Sachverhalts unter eine der Katalogtaten sowie die Beachtung des Subsidiaritätsgrundsatzes zu beurteilen.[3660] Ein Beweisverwertungsverbot darf deshalb nicht nur auf Fälle grober – objektiv willkürlicher – Rechtsverstöße bei der Anordnung beschränkt bleiben.[3661]

Zu den Anforderungen an das Revisionsvorbringen kann auf die entspr. Ausführungen im Zusammenhang mit der Telekommunikationsüberwachung verwiesen werden.[3662]

2282 2. Mängel bei den förmlichen Voraussetzungen für die Anordnung können ebenfalls ein Beweisverwertungsverbot begründen. Dies gilt insbesondere im Falle der Verletzung des Richtervorbehalts. So muss die Anordnung des Einsatzes in Fällen des § 110b Abs. 2 StPO durch die Polizei ohne Zustimmung des Gerichts ein Beweisverwertungsverbot auslösen, wenn diese sich nicht auf Gefahr in Verzug beruft.[3663] Ebenfalls kann die fehlende Zustimmung des Gerichts in den Fällen des § 110b Abs. 2 StPO ein Beweisverwertungsverbot auslösen, wenn die Eilkompetenz der Staatsanwaltschaft zu Unrecht in Anspruch genommen wurde oder der Verdeckte Ermittler personenbezogene Informationen zu einem Zeitpunkt erlangt hat, zu dem spätestens eine Zustimmung des Gerichts hätte eingeholt werden müssen (§ 110b Abs. 2 S. 4 StPO).[3664]Ebenfalls müssen gravierende Mängel in der Zustimmungsbegründung zur Annahme eines Beweisverwertungsverbotes führen.[3665] Die fehlende Zustimmung der Staatsanwaltschaft in den Fällen des § 110b Abs. 2 S. 2 StPO begründet ebenfalls ein Beweisverwertungsverbot.[3666] Ein Fehlen der essentiellen Eingriffsvoraussetzungen darf nicht mit dem Gesichtspunkt des hypothetischen Ersatzeingriffs geheilt werden.[3667]

3660 Gegenüber den vergleichbaren Ausführungen zur Prüfungspflicht des erkennenden Richters und des Revisionsgerichts bei der Telekommunikationsüberwachung von LR-*G. Schäfer*[25] § 100a Rn. 108 (auch LR-*Menges*[26] § 100a Rn. 129), will dieser beim Einsatz Verdeckter Ermittler den Ermittlungsbehörden einen Beurteilungsspielraum einräumen, den Tat- und Revisionsgericht hinzunehmen hätten (LR-*G. Schäfer*[25] § 110e a.F. Rn. 15; ebenso KK-*Bruns*[7] § 110b Rn. 12).
3661 So aber LR-*G. Schäfer*[25] § 110e a.F. Rn. 15 sowie KK-*Bruns*[7] § 110b Rn. 13.
3662 Siehe Rüge 260 Rn. 2220 ff.
3663 LR-*G. Schäfer*[25] § 110b Rn. 21; *Meyer-Goßner/Schmitt*[60] § 110b Rn. 11; KK-*Bruns*[7] § 110b Rn. 13 beschränkt auf Fälle der Willkür.
3664 LR-*G. Schäfer*[25] § 110e a.F. Rn. 21 unter vier diskussionswürdigen Einschränkungen, denen bei dem Vortrag der Rüge der Verletzung des Beweisverwertungsverbots Rechnung getragen werden sollte. KK-*Bruns*[7] § 110b Rn. 13 beschränkt auf Fälle der Willkür.
3665 KK-*Bruns*[7] § 110b Rn. 13.
3666 KK-*Bruns*[7] § 110b Rn. 13 bei Willkür.
3667 KK-*Bruns*[7] § 110b Rn. 14.

Zum Revisionsvorbringen kann auf die entspr. Ausführungen im Zusammenhang mit der Telekommunikationsüberwachung verwiesen werden.[3668]

3. Ein Beweisverwertungsverbot muss sich schließlich für Erkenntnisse ergeben, **2283** die der Verdeckte Ermittler unter Verstoß gegen § 110c S. 2 StPO gewonnen hat, wenn er sich also den Zutritt zur Wohnung in unzulässiger Weise erschlichen hat.

Zur Begründung der Verfahrensrüge ist vorzutragen, dass im Urteil Erkenntnisse eines Verdeckten Ermittlers verwertet wurden. Neben den Anordnungs- bzw. Zustimmungsentscheidungen ist mitzuteilen, dass der Verdeckte Ermittler diese Erkenntnisse aufgrund seines Zutritts zu einer nicht allgemein zugänglichen Wohnung erlangt hat. Die Umstände, die dazu geführt haben, dass der Berechtigte sein Einverständnis zum Betreten der Wohnung erteilt hat und der Verdeckte Ermittler durch ein über die Nutzung der Legende hinausgehendes Vortäuschen eines Zutrittsrechts das Einverständnis herbeigeführt hat, sind konkret darzustellen.

Erst recht unterliegen Erkenntnisse einem Beweisverwertungsverbot, die ein Verdeckter Ermittler nach einem ohne Einverständnis des Berechtigten erfolgten Betreten der Wohnung erlangt hat.

III. Verwendungsbeschränkungen

Ein Beweisverwertungsverbot kann sich auch aus der Verwendung rechtmäßig ge- **2284** wonnener Erkenntnisse eines Verdeckten Ermittlers aufgrund eines präventivpolizeilichen Einsatzes oder anlässlich der Aufklärung anderer Straftaten in anderen Verfahren ergeben. Es gelten hier die Verwendungsregeln der §§ 161 Abs. 2 und 477 Abs. 2 StPO.[3669] Personenbezogene Daten, die aus einem Einsatz technischer Mittel zur Eigensicherung des nicht offen ermittelnden Beamten in oder aus einer Wohnung erlangt wurden, dürfen nur nach Maßgabe des § 161 Abs. 3 StPO verwendet werden.[3670]

IV. Beachtung der Selbstbelastungsfreiheit

Hat sich ein Beschuldigter im Rahmen seiner polizeilichen Vernehmung auf sein **2285** Schweigerecht berufen, unterliegen im Anschluss daran gemachte selbstbelastende Äußerungen zur Sache, die ihm von einem Verdeckten Ermittler unter Ausnutzung des von diesem geschaffenen Vertrauensverhältnisses entlockt worden sind, einem Beweisverwertungsverbot.[3671]

3668 Rüge 260 Rn. 2224.
3669 Siehe hierzu Rüge 260 Rn. 2217 u. 2218.
3670 Vgl. KK-*Griesbaum*[7] § 161 Rn. 41.
3671 *BGH* v. 27.1.2009 – 4 StR 296/08 = BGHSt 52, 11 = StV 2007, 509 = NStZ 2007, 714; *BGH* v. 27.1.2009 – 4 StR 296/08 = StV 2009, 225 = NStZ 2009, 343. Zu weiteren Einzelheiten s. Rüge 240 Rn. 2047.

V. Beachtung von Zeugnisverweigerungsrechten

2286   Sind von der Ermittlungsmaßnahme des Verdeckten Ermittlers Zeugnisverweigerungsberechtigte i.S.d. §§ 53, 53a StPO betroffen, gelten für die dadurch erlangten Erkenntnisse die Verwertungsverbotsregelungen in § 160a StPO.[3672]

VI. Anforderungen an den Revisionsvortrag

2287   Bezüglich des Revisionsvorbringens kann auf die entspr. Ausführungen im Zusammenhang mit der Telekommunikationsüberwachung verwiesen werden.[3673]

Abschnitt 7
Hat das Urteil Erkenntnisse zeugnisverweigerungsberechtigter Berufsgeheimnisträger verwertet (§ 160a StPO)?

Rüge 265a

2288   Hat das Urteil Erkenntnisse verwendet, die aus Ermittlungsmaßnahmen bei Geistlichen, Strafverteidigern, Rechtsanwälten, nach § 206 BRAO in eine Rechtsanwaltskammer aufgenommenen Personen oder Kammerrechtsbeiständen oder Abgeordneten etc. i.S.d. § 53 Abs. 1 Nr. 4 StPO resultierten und die von deren Zeugnisverweigerungsrecht umfasst waren (§ 160a Abs. 1 StPO)?[3674]

I. Rechtsgrundlagen

2289   § 160a Abs. 1 S. 1 StPO unterstellt Erkenntnisse jedweder Art einem absoluten Erhebungsverbot, die durch staatliche Ermittlungsmaßnahmen gegen zeugnisverweigerungsberechtigte Berufsgeheimnisträger i.S.d. § 53 Abs. 1 S. 1 Nr. 1, 2 u. 4 StPO sowie Rechtsanwälte, nach § 206 BRAO in eine Rechtsanwaltskammer aufgenommene Personen oder Kammerrechtsbeistände erlangt werden sollen, soweit sie dem Zeugnisverweigerungsrecht der Genannten unterliegen. Das durch § 160a Abs. 1 i.V.m. § 53 StPO geschützte berufsbezogene Vertrauensverhältnis beginnt nicht erst mit Abschluss des zivilrechtlichen Geschäftsbesorgungsvertrages, sondern umfasst

---

3672   KK-*Bruns*[7] § 110b Rn. 26. Siehe Rüge 260 Rn. 2203. Zum besonderen Schutz des Verteidiger-Mandanten-Verhältnisses s. Rüge 266 Rn. 2298.

3673   Rüge 260 Rn. 2208 ff.

3674   Zur Verfassungsmäßigkeit der durch die Neuregelung der Telekommunikationsüberwachung eingeführten Vorschrift des § 160a StPO s. *BVerfG* v. 12.10.2011 – 2 BvR 236/08 = StV 2012, 257 (Rn. 285 ff.) m. Anm. *Gercke* und *BVerfG* v. 6.11.2014 – 2 BvR 2928/10 = StraFo 2015, 61.

auch das entspr. Anbahnungsverhältnis.[3675] Die Vorschrift betrifft sämtliche verdeckte und offene Ermittlungsmaßnahmen und die auf diese Weise zu erlangenden Erkenntnisse. Dabei unterfallen nicht nur solche Erkenntnisse dem Anwendungsbereich des § 160a StPO, die aus Maßnahmen herrühren, die von vornherein als Ermittlungsmaßnahme gedacht waren, sondern auch solche, die diese Zweckbestimmung erst nach Anfall der Erkenntnisse erlangt haben.[3676]

Werden entgegen dem Erhebungsverbot dennoch Erkenntnisse erlangt, unterliegen diese nach § 160a Abs. 1 S. 2 StPO einem Verwendungsverbot. Dieser Begriff geht über das Verbot der unmittelbaren Verwertung des Inhalts der Erkenntnisse hinaus, indem er zusätzlich deren Verwendung zur Verfolgung von Spurenansätzen untersagt.[3677] Werden mit deren Hilfe gleichwohl Beweise erhoben, unterliegen auch sie einem mittelbaren Verwertungsverbot.[3678] Dem Verwendungsschutz unterliegen gem. § 160a Abs. 3 StPO auch Erkenntnisse, die bei den Berufshelfern (§ 53a StPO) der Berufsgeheimnisträger i.S.d. § 160a Abs. 1 S. 1 StPO erlangt worden sind. Das Verwertungsverbot gilt nicht nur für Erkenntnisse, die aus gegen die geschützten Berufsgeheimnisträger gerichteten Ermittlungsmaßnahmen resultieren, sondern auch für solche, die als Zufallserkenntnisse von ihnen erlangt wurden (§ 160a Abs. 1 S. 5 StPO). Dabei hat das Verwertungsverbot des § 160a Abs. 1 S. 5 i.V.m. S. 3 StPO Vorrang vor der Löschung der Daten nach § 101 Abs. 8 S. 1 StPO.[3679] Nicht erfasst werden Erkenntnisse, die von einem Dritten erlangt wurden, an den der Berufsgeheimnisträger Informationen weitergegeben hat.[3680] **2290**

Das Verwendungsverbot setzt voraus, **2291**

• dass von den geschützten Berufsgeheimnisträgern erlangte Erkenntnisse von deren Zeugnisverweigerungsrecht umfasst sind,

• dass der Berufsgeheimnisträger nicht gem. § 53 Abs. 2 S. 1 StPO von der Verschwiegenheit entbunden wurde[3681] und

• dass gegen den Berufsgeheimnisträger kein Beteiligungsverdacht i.S.d. § 160a Abs. 4 StPO besteht.

Bezüglich der aus einer Wohnraumüberwachung (§ 100c StPO), einer Beschlagnahme (§ 94 StPO) und der Erhebung von Verkehrsdaten (§ 100g StPO) erlangten Erkenntnisse gehen die diese Ermittlungsmaßnahmen betreffenden Sonderregelun- **2292**

3675 *BGH* v. 18.2.2014 – StB 8/13 = StV 2014, 388; *BGH* v. 4.2.2016 – StB 23/14 = StV 2016, 414.

3676 *LG Augsburg* v. 2.4.2014 – 8 Ks 401 Js 139206/13 = StV 2014, 666.

3677 *Meyer-Goßner/Schmitt*[60] § 160a Rn. 4.

3678 SK-StPO-*Wolter/Greco*[5] § 160a Rn. 26.

3679 *BGH* v. 18.2.2014 – StB 8/13 = StV 2014, 388.

3680 *Meyer-Goßner/Schmitt*[60] § 160a Rn. 7.

3681 Davon sind Geistliche i.S.d. § 53 Abs. 1 Nr. 1 StPO und Abgeordnete i.S.d. § 53 Abs. 1 Nr. 4 StPO ausgenommen: SK-StPO-*Wolter/Greco*[5] § 160a Rn. 12; zu den Konsequenzen eines Widerrufs der Entbindung von der Verschwiegenheit *Bertheau* StV 2012, 303, 304.

gen in §§ 100c Abs. 6 StPO a.F., 97 StPO und § 100g Abs. 4 StPO vor (§ 160a Abs. 5 StPO)[3682] mit der Folge, dass sich die Verwertung der durch diese Ermittlungsmaßnahmen gewonnenen Erkenntnisse nach diesen Spezialregelungen richtet.[3683] Die Telekommunikation mit dem Strafverteidiger wird durch § 148 StPO weitergehend geschützt.[3684]

2293 Im Hinblick auf die Absolutheit des Erhebungs- und Verwendungsverbots gem. § 160a Abs. 1 StPO bedarf es für seine Aktivierung keines Widerspruchs in der Hauptverhandlung.

II. Anforderungen an den Vortrag der Rüge der unzulässigen Verwertung von dem Schutz zeugnisverweigerungsberechtigter Berufsgeheimnisträger unterliegender Erkenntnisse (§ 160a Abs. 1 StPO)

2294
- Es wurden Erkenntnisse verwertet, die bei Berufsgeheimnisträgern i.S.d. § 160a Abs. 1 S. 1 StPO bzw. ihren Berufshelfern (§ 160a Abs. 3 StPO) erlangt wurden und die von deren Zeugnisverweigerungsrecht umfasst sind. Die diesbezüglichen Voraussetzungen sind konkret darzulegen.
- Die geschützten Geheimnisträger sind nicht gem. § 53 Abs. 2 S. 1 StPO von der Verschwiegenheit entbunden.
- Es liegen nicht die Voraussetzungen des § 160a Abs. 4 StPO vor (Negativtatsache).[3685] Ist die Möglichkeit einer solchen Beteiligung ernsthaft in Betracht zu ziehen oder hat sich das Gericht ausdrücklich auf § 160a Abs. 4 StPO berufen, muss die Revisionsbegründung vortragen, warum die einschlägigen Voraussetzungen nicht vorliegen.[3686]

3682 *Meyer-Goßner/Schmitt*[60] § 160a Rn. 17.
3683 HK-StPO-*Zöller*[5] § 160a Rn. 17; für § 97 StPO *LG Mannheim* v. 3.7.2012 – 24 Qs 1-2/12 = wistra 2012, 400; **a.A.** *Bertheau* StV 2012, 303, 306, wonach die betreffenden Verbote nebeneinander stehen und sich ergänzen.
3684 *Meyer-Goßner/Schmitt*[60] § 160a Rn. 3, § 148 Rn. 16, § 100a Rn. 21. Zu § 148 StPO s. Rüge 266 Rn. 2298.
3685 *Meyer-Goßner/Schmitt*[60] § 160a Rn. 18.
3686 SK-StPO-*Wolter/Greco*[5] § 160a Rn. 49; *Meyer-Goßner/Schmitt*[60] § 160a Rn. 18.

Rüge 265b

Hat das Urteil Erkenntnisse verwendet, die aus Ermittlungsmaßnahmen bei Berufsgeheimnisträgern i.S.d. § 160a Abs. 2 StPO resultierten und die von deren Zeugnisverweigerungsrecht umfasst sind (§ 160a Abs. 2 StPO)?

2295

I. Rechtsgrundlagen

§ 160a Abs. 2 StPO begründet nur ein relatives Verbot der Erhebung von Erkenntnissen zu Beweiszwecken, die aus Ermittlungsmaßnahmen resultierten, von denen die genannten Personen betroffen waren und die von dem diesen Personen zustehenden Zeugnisverweigerungsrecht umfasst sind. § 160a Abs. 2 S. 3 StPO begründet zusätzlich nur ein relatives Verbot der Verwertung solcher Erkenntnisse zu Beweiszwecken.[3687] Die Verwertbarkeit unterliegt nach Maßgabe des Verhältnismäßigkeitsgrundsatzes einem Abwägungsgebot zwischen den Strafverfolgungsinteressen einerseits und den vom Zeugnisverweigerungsrecht geschützten Interessen andererseits.[3688] Der sich daraus ergebende Beurteilungsspielraum soll nur beschränkt auf den Maßstab der Vertretbarkeit durch das Revisionsgericht überprüfbar sein.[3689] Allerdings unterliegen die der Abwägung zugrunde gelegten rechtlichen Maßstäbe der revisionsgerichtlichen Kontrolle.[3690]

2296

II. Anforderungen an den Vortrag der Rüge der unzulässigen Verwertung von dem Schutz zeugnisverweigerungsberechtigter Berufsgeheimnisträger unterliegender Erkenntnisse (§ 160a Abs. 2 StPO)

- Das Urteil verwertet Erkenntnisse, die bei einem Berufsgeheimnisträger i.S.d. § 160a Abs. 2 S. 1 StPO bzw. seinem Berufshelfer (§ 160a Abs. 3 StPO) erlangt worden sind und die von seinem Zeugnisverweigerungsrecht umfasst sind. Die diesbezüglichen Voraussetzungen sind konkret darzulegen.
- Die geschützten Zeugnisverweigerungsberechtigten sind nicht von ihrer Verschwiegenheit entbunden gewesen.
- Es lagen nicht die Voraussetzungen des § 160a Abs. 4 StPO vor (Negativtatsache)[3691]. Ist die Möglichkeit einer Beteiligung i.S.d. § 160a Abs. 4 StPO in Betracht zu ziehen oder hat sich das Gericht ausdrücklich auf diese Vorschrift be-

2297

3687 KK-*Griesbaum*[7] § 160a Rn. 16; *Meyer-Goßner/Schmitt*[60] § 160a Rn. 12, **a.A.** SK-StPO-*Wolter/Greco*[5] § 160a Rn. 41.

3688 *BGH* v. 4.2.2016 – StB 24/14 = wistra 2016, 281 = StV 2017, 1 m. Anm. *Gercke*; *Meyer-Goßner/Schmitt*[60] § 160a Rn. 9a; *Bertheau* StV 2012, 303, 305.

3689 *Meyer-Goßner/Schmitt*[60] § 160a Rn. 18; *BGH* v. 22.3.2012 – 1 StR 359/11 Rn. 28 = StV 2013, 1.

3690 Dazu *BGH* v. 22.3.2012 – 1 StR 359/11 = StV 2013, 1, Rn. 29 ff.

3691 *Meyer-Goßner/Schmitt*[60] § 160a Rn. 18.

rufen, muss die Revisionsbegründung vortragen, warum deren Voraussetzungen nicht vorlagen.[3692]

- Es ist darzulegen, welche Maßstäbe das Tatgericht im Rahmen der Verhältnismäßigkeitsprüfung bei der Entscheidung für die Verwertbarkeit angelegt hat oder ob eine Verhältnismäßigkeitsprüfung überhaupt nicht erfolgt ist. Ist die allgemeine Sachrüge erhoben worden, sind ergänzend die Urteilsgründe heranzuziehen.

- Ist der Verwertung in der Hauptverhandlung fristgerecht widersprochen worden,[3693] ist auch dies vorzutragen.

Abschnitt 8
Hat das Urteil von dem Verteidigungsprivileg geschützte Erkenntnisse verwertet?

Rüge 266

2298   Beruht das Urteil auf verteidigungsbezogenen Informationen des Angeklagten oder auf Informationen aus einem Verteidigungsverhältnis, die einem Beweisverwertungsverbot (§ 148 StPO) unterliegen?

I. Rechtsgrundlagen

2299   Der Verteidigung gegen strafrechtliche Beschuldigungen kommt im Hinblick auf die Unschuldsvermutung und das Gebot eines fairen Verfahrens (Art. 6 Abs. 1 und 2 EMRK) herausragende Bedeutung zu.[3694]

2300   Deshalb genießen nicht nur Informationen, die aus dem Verhältnis zwischen einem Beschuldigten und seinem Verteidiger stammen, sondern auch das der Vorbereitung seiner Verteidigung dienende Material des Beschuldigten einen besonderen Schutz. Gegenüber gesetzlich geschützten Vertrauensverhältnissen zu bestimmten Berufsgeheimnisträgern (vgl. § 53 Abs. 1 StPO) besteht für Verteidiger und das Verteidigungsverhältnis ein besonderer Schutz vor offenen ebenso wie heimlichen Ermittlungsmaßnahmen, den Rspr. und Literatur aus § 148 StPO ableiten.[3695] Für den Be-

---

3692   SK-StPO-*Wolter/Greco*[5] § 160a Rn. 49; *Meyer-Goßner/Schmitt*[60] § 160a Rn. 18.

3693   Die Frage, ob das Verwertungsverbot nach § 160a Abs. 2 StPO durch einen Widerspruch aktiviert werden muss (so KK-*Griesbaum*[7] § 160a Rn. 22), ist – soweit ersichtlich – noch nicht von der Rspr. beantwortet worden.

3694   Vgl. nur die eine Verteidigung ermöglichenden Mindestrechte des Art. 6 Abs. 3 EMRK.

3695   LR-G. *Schäfer*[25], Vor § 94 Rn. 125, § 97 Rn. 18.

schuldigten ergänzt Art. 6 Abs. 3 lit. c EMRK, der ihm die Wahl lässt, sich auch selbst zu verteidigen, die Regeln der §§ 97, 148 StPO.[3696]

Erkenntnisse, die die Strafverfolgungsbehörden aufgrund eines unzulässigen Zu- **2301** griffs auf diese Informationen gewonnen haben, unterliegen einem Beweisverwertungsverbot, dessen Verletzung die Revision begründet, wenn das Urteil darauf beruht.

Der Zugriff kann in unterschiedlicher Weise erfolgen: Aufzeichnungen und sonstige der Verteidigung dienende Gegenstände und Unterlagen eines Beschuldigten oder eines Verteidigers oder schriftliche oder elektronische Mitteilungen zwischen ihnen können durchgesehen oder sogar beschlagnahmt, der Verkehr und Informationsaustausch zwischen ihnen kann überwacht werden (vgl. insbesondere §§ 94, 99, 100a, 100c, 100f, 100g und 100h, 102, 110, 110a, 163f StPO).

Ein Beweisverwertungsverbot im Hinblick auf den Schutz des Verteidigerprivilegs **2302** ergibt sich unter folgenden Voraussetzungen:

1. Dem Schutz des besonderen Verteidigungsprivilegs unterfallende Informationen

a) Geschützt sind Verteidigungsunterlagen,[3697] die der Beschuldigte in seinem **2303** Gewahrsam hat.[3698] Dabei spielt es keine Rolle, ob es sich um schriftliche Mitteilungen oder sonstige Schriftstücke handelt, die der Beschuldigte im Rahmen des Verteidigungsverhältnisses[3699] von seinem Verteidiger erhalten hat[3700] oder solche, die er für den Verteidiger (im Entwurf oder in Kopie) sowie zu seiner eigenen Vorbereitung gefertigt hat.[3701] Ein Verteidigungsverhältnis kann auch schon vor förmlicher Einleitung eines Ermittlungsverfahrens begründet worden sein.[3702] Werden sie dennoch im Rahmen eines Zugriffs der Strafverfolgungsbehörden durchgesehen, ausgewertet oder gar beschlagnahmt, sind sie gegen seinen Widerspruch unverwertbar.[3703] Dieses Verwertungsverbot erstreckt sich auch auf Mitangeklagte, selbst wenn deren – denselben Lebenssachverhalt betreffendes Verfahren – abgetrennt

3696 LR-*Menges*[26] § 97 Rn. 108.
3697 Vgl. dazu *OLG Karlsruhe* v. 3.2.2014 – 2 (6) SsBs 628/13, 2 (6) SsBs 628/13 – AK 166/13 = StV 2014, 551.
3698 LR-*G. Schäfer*[25] Vor § 94 Rn. 148; *LG Braunschweig* v. 21.7.2015 – 6 Qs 116/15 = StV 2016, 352 = NStZ 2016, 368.
3699 Dazu LR-*Menges*[26] § 97 Rn. 83 und 106.
3700 Zum Umfang der beschlagnahmefreien Gegenstände LR-*Menges*[26] § 97 Rn. 87 i.V.m. Rn. 27.
3701 LR-*Menges*[26] § 97 Rn. 85, 105 und 108; *OLG München* JR 2007, 336 m. Anm. *Satzger.*
3702 *LG Gießen* v. 25.6.2012 – 7 Qs 100/12 = wistra 2012, 409; *LG Braunschweig* v. 21.7.2015 – 6 Qs 116/15 = StV 2016, 352 = NStZ 2016, 368.
3703 *BGHSt* 44, 46 = StV 1998, 246; LR-*G. Schäfer*[25] Vor § 94 Rn. 148.

worden ist, jedenfalls solange der unmittelbar von § 148 StPO Geschützte noch Beschuldigter ist.[3704]

Keinem Schutz unterliegen Deliktsgegenstände, die nach § 97 Abs. 2 S. 3 StPO der Beschlagnahme unterworfen sind.[3705] Briefe des Verteidigers an seinen Mandanten, die im Rahmen eines gegen den Verteidiger als Beschuldigten gerichteten Ermittlungsverfahrens bei dem Mandanten beschlagnahmt wurden, fallen nicht in den Schutzbereich des § 97 Abs. 1 Nr. 1 StPO; insoweit steht auch § 148 StPO der Beschlagnahme nicht entgegen.[3706] Das aus dieser Beschlagnahme erlangte Wissen ist allerdings nur in dem Verfahren gegen den beschuldigten Verteidiger verwertbar, während eine Verwertung in dem Verfahren gegen den Mandanten ausgeschlossen ist.[3707]

2304 **b)** In gleicher Weise sind Unterlagen und Gegenstände im Gewahrsam des Verteidigers geschützt, die im Zusammenhang mit einem Verteidigungsverhältnis stehen, es sei denn, dass es sich wiederum um Deliktsgegenstände i.S.d. § 97 Abs. 2 S. 3 StPO handelt.[3708] Gleichgültig ist es, ob das betreffende Material von dem Mandanten oder von Dritten[3709] stammt oder es sich um eigene Aufzeichnungen des Verteidigers handelt.[3710]

2305 **c)** Korrespondenz zwischen Beschuldigtem und Verteidiger in Form von Postsendungen und Telegrammen darf auch nicht nach § 99 StPO beschlagnahmt werden.[3711] Erkenntnisse, die aus einer gleichwohl durchgeführten Beschlagnahme gewonnen wurden, unterliegen einem Beweisverwertungsverbot (§ 160a Abs. 1 StPO).[3712]

2306 **d)** Unzulässig ist die Informationsgewinnung aus der Überwachung des Telekommunikationsverkehrs zwischen einem Verteidiger und seinem Mandanten.[3713] Das gilt nicht nur für die Kommunikationsinhalte, gleichgültig ob diese fernmündlich

---

3704   *OLG München* JR 2007, 336 m. Anm. *Satzger*. Zur Frage, ob und ggf. durch wen der Verwertung zu widersprechen ist, verhalten sich das *OLG München* und *Satzger* nicht.

3705   LR-*Menges*[26] § 97 Rn. 88.

3706   So *BGH* v. 27.3.2009 – 2 StR 302/08 = BGHSt 53, 257 = StV 2010, 667 m. Anm. *Norouzi* = NStZ 2009, 517 = StraFo 2009, 278 für die Beschlagnahme eines Dritte beleidigenden Briefes des beschuldigten Verteidigers an seinen Mandanten.

3707   So *BGH* v. 27.3.2009 – 2 StR 302/08 = BGHSt 53, 257 = StV 2010, 667 m. Anm. *Norouzi* = NStZ 2009, 517 = StraFo 2009, 278.

3708   LR-*Menges*[26] § 97 Rn. 42.

3709   Hier kann im Zusammenhang mit der Abgrenzung von Verteidigungsunterlagen und Beweismitteln (dazu LR-*Menges*[26] § 97 Rn. 92) von Bedeutung sein, ob die Unterlagen von einem Zeugnisverweigerungsberechtigten i.S.d. §§ 52 oder 53a StPO herrühren oder nicht.

3710   LR-*Menges*[26] § 97 Rn. 89 ff.

3711   LR-*Menges*[26] § 99 Rn. 9; KK-*Greven*[7] § 99 Rn. 12.

3712   LR-*Menges*[26] § 99 Rn. 32; KK-*Greven*[7] § 99 Rn. 12.

3713   BVerfG StV 2007, 399, KK-*Bruns*[7] § 100a Rn. 43; *Meyer-Goßner/Schmitt*[60] § 100a Rn. 21; *Beulke/Ruhmannseder* StV 2011, 180, 183 ff.

oder per Telefax oder per E-Mail übermittelt wurden, sondern auch für Erkenntnisse, die aus Verbindungs- oder Standortdaten gewonnen wurden.[3714] Gleichwohl erlangte Erkenntnisse dürfen nicht verwertet werden.[3715] § 160a Abs. 1 StPO kommt insoweit nur eine ergänzende Bedeutung zu.[3716] § 160a Abs. 4 StPO, dessen Wortlaut eine Überwachung des verstrickten Verteidigers in allen dort genannten Fällen erlauben würde, muss mit Rücksicht auf die Rechtsgarantie des § 148 StPO dahingehend eingeschränkt werden, dass der Verdacht einer Begünstigung, Strafvereitelung oder Hehlerei zu Gunsten des Beschuldigten für einen Ausschluss des Überwachungsverbotes nicht ausreicht.[3717] Das Beweisverwertungsverbot gem. § 148 StPO gilt auch für solche Erkenntnisse, die anlässlich der Überwachung des Beschuldigten gewonnen wurden, der mit seinem Verteidiger kommuniziert.[3718]

e) Das nichtöffentlich gesprochene Wort zwischen einem Verteidiger und seinem Mandanten[3719] unterliegt grundsätzlich einem Beweisverwertungsverbot unabhängig davon, ob das Gespräch innerhalb (vgl. § 100c Abs. 1 StPO)[3720] oder außerhalb (§ 100f Abs. 1 StPO)[3721] einer Wohnung abgehört wurde. **2307**

f) Sonstige Observationsmaßnahmen i.s.d. § 100h Abs. 1 bzw. § 163f Abs. 1 StPO dürfen gegen einen Verteidiger nicht angeordnet werden.[3722] Einem Beweisverwertungsverbot müssen auch Erkenntnisse unterliegen, die bei einer gegen einen Beschuldigten nach § 100h Abs. 1 bzw. § 163f Abs. 1 StPO zulässigerweise angeordneten Observation entstanden sind, wenn diese die Tatsache oder den Zeitpunkt einer Kontaktaufnahme zu seinem Verteidiger betreffen. **2308**

g) Schließlich unterliegen Erkenntnisse Verdeckter Ermittler einem Beweisverwertungsverbot, die den Verteidiger und den Kontakt zu seinem Mandanten betreffen (§ 160a Abs. 1 StPO).[3723] **2309**

3714 *Meyer-Goßner/Schmitt*[60] § 148 Rn. 16. Für § 100a StPO s. LR-*Hauck*[26] § 100a Rn. 94.

3715 *Meyer-Goßner/Schmitt*[60] § 100a Rn. 21; zur Frage der Nutzung unzulässig erlangter Erkenntnisse als Ermittlungsansatz (Fernwirkung) s. LR-*Hauck*[26] § 100a Rn. 166.

3716 *Meyer-Goßner/Schmitt*[60] § 100a Rn. 21.

3717 *Meyer-Goßner/Schmitt*[60] § 100a Rn. 21 m.w.N.

3718 KK-*Griesbaum*[7] § 160a Rn. 11; KK-*Bruns*[7] § 100a Rn. 41 u. 43.

3719 Zur Frage, ob Gespräche des Verteidigers mit Dritten geschützt werden: Für die Telekommunikationsüberwachung verneinend *BGH* NStZ 1988, 562 = StV 1990, 435 m. Anm. *Taschke*, anders aber zumindest angesichts des Wortlauts und der Systematik des § 100c Abs. 6 S. 1 i.V.m. Abs. 5 S. 2 und 3 StPO a.F. für die in einer Wohnung abgehörten Gespräche mit einem Verteidiger (s. oben Rüge 262 Rn. 2256).

3720 Siehe ausdrücklich § 100c Abs. 6 S. 1 i.V.m. Abs. 5 S. 3 StPO. Zur Ausnahme bei einem Beteiligungsverdacht s. *Meyer-Goßner/Schmitt*[60] § 100c Rn. 24.

3721 Zur Ausnahme im Falle eines gegen den Strafverteidiger bestehenden Beteiligungsverdachts: *Meyer-Goßner/Schmitt*[60] § 100f Rn. 12.

3722 KK-*Bruns*[7] § 100h Rn. 13; KK-*Moldenhauer*[7] § 163f Rn. 32; *Beulke/Ruhmannseder* StV 2011, 252, 253.

3723 *Beulke/Ruhmannseder* StV 2011, 252, 253. Beispielsweise Erkenntnisse eines Verdeckten Ermittlers, der als „Mandant" oder gar als „Mitarbeiter" eines Verteidigers Erkenntnisse gegen einen Beschuldigten gewinnen soll.

2. Personeller Schutzbereich

2310 Dem Verteidigungsprivileg unterliegen alle Erkenntnisse aus dem Verteidigungsverhältnis unabhängig davon, ob der Mandant im anhängigen Verfahren Angeklagter oder Mitangeklagter, (Mit-)Beschuldigter in einem anderen Verfahren oder Zeuge ist.[3724] Unabhängig von der für das Abhören des nichtöffentlich gesprochenen Wortes in einer Wohnung ausdrücklich in § 100c Abs. 6 S. 1 i.V.m. Abs. 5 S. 2 und 3 StPO a.f. getroffenen Regelung muss über § 160a Abs. 1 StPO hinausgehend im Hinblick auf die Vertraulichkeit des Instituts der Verteidigung als von § 148 StPO geschütztem Rechtsgut der Schutz des Verhältnisses zwischen dem Verteidiger und jedem Mandanten der Verwertbarkeit aller daraus gewonnenen Erkenntnisse entgegenstehen, auch wenn der Mandant nicht Angeklagter in dem Verfahren ist, in dem diese Erkenntnisse verwertet werden sollen bzw. wurden.

3. Verstrickung

2311 a) Entsprechend den Vorschriften der §§ 97 Abs. 2 S. 3 und 100c Abs. 6 S. 3 StPO a.f. führt jeder Fall des auf bestimmte Tatsachen gründende Verdacht der Verstrickung des Verteidigers als Teilnehmer der seinem Mandanten vorgeworfenen Tat zu einem Wegfall des Beweisverwertungsverbots. Mit Rücksicht auf die Rechtsgarantie des § 148 StPO ist die Vorschrift des § 160a Abs. 4 StPO dahingehend einzuschränken, dass der Verdacht einer Begünstigung, Strafvereitelung oder Hehlerei zu Gunsten des Beschuldigten für einen Ausschluss des Überwachungsverbotes nicht ausreicht.[3725] Zusätzlich muss dem Regelungsgefüge der §§ 138a ff. i.V.m. § 148 StPO "eine abschließende Regelung dahin entnommen werden, dass jedenfalls bis zur Entscheidung über das vorläufige Ruhen der Verteidigerrechte nach § 138c Abs. 3 StPO der freie Verkehr und damit das Vertrauensverhältnis zwischen dem Verteidiger und seinem Mandanten nicht berührt werden darf"[3726]. Denn erst durch diese Entscheidung wird nach der eindeutigen Regelung des § 138c Abs. 3 StPO § 148 StPO suspendiert.[3727]

Eine Heilung unter nachträglicher Zugrundelegung eines sich aus der Akte ergebenden Tatverdachts ist nicht möglich.[3728]

3724 Für die Verwertbarkeit von Erkenntnissen infolge Verzichts auf das Beweisverwertungsverbot durch den Mandanten bzw. durch den Zeugnisverweigerungsberechtigten ist diese Frage demgegenüber von Bedeutung: s. nachstehend Rn. 2312.

3725 *Meyer-Goßner/Schmitt*[60] § 148 Rn. 16 u. § 100a Rn. 21.

3726 LR-*Menges*[26] § 97 Rn. 96 m.w.N.; s. ferner LR-*Menges*[26] § 97 Rn. 37; LR-*Hauck*[26] § 100a Rn. 94.

3727 Unklar insoweit KK-*Griesbaum*[7] § 160a Rn. 20; einschränkend KK-*Greven*[7] § 97 Rn. 39 u. KK-*Bruns*[7] § 100a Rn. 46, der die Verstrickungsfälle auf solche im Sinne „echter Beteiligung", nicht also auf Begünstigung, Strafvereitelung und Hehlerei bezieht.

3728 *BVerfG* StV 2007, 399, 401.

b) Das Beweisverwertungsverbot entfällt ferner, wenn der Verteidiger darauf ver- **2312**
zichtet[3729] oder der Mandant ihn von der Schweigepflicht entbindet.[3730]

4. Widerspruch

Eines Widerspruchs des Angeklagten gegen die Verwertung von Erkenntnissen aus **2313**
dem Verteidigungsverhältnis[3731] bedarf es unabhängig davon nicht, ob verwertete
Erkenntnisse aus dem Verhältnis zwischen dem Verteidiger und dem Angeklagten
oder einem dritten Mandanten herrühren.[3732] Zu beachten ist allerdings, dass der
BGH von der Erforderlichkeit eines rechtzeitigen Widerspruchs ausgeht.[3733]

II. Anforderungen an den Vortrag der Rüge der unzulässigen Verwertung von das Verteidigungsverhältnis betreffenden Erkenntnissen

- Die Art der im Urteil verwerteten Erkenntnisse und die Tatsachen, aus denen **2314**
  sich ergibt, dass es sich um Verteidigungsmaterial bzw. aus einem Verteidigungsverhältnis herrührende Erkenntnisse handelt, müssen dargetan werden.
  Letzterenfalls sind konkrete Angaben zur Begründung des Verteidigungsverhältnisses erforderlich. Es muss also deutlich werden, dass es sich um dem Verteidigungsprivileg unterliegende Beweise handelt. Der Inhalt der verwerteten
  Erkenntnisse (d.h. z.B. Urkunden oder Aufzeichnungen einer Telekommunikationsüberwachung im Wortlaut) und die Art und Weise ihrer Einführung in die
  Hauptverhandlung müssen mitgeteilt werden.
- Im Fall von Erkenntnissen aus den Vorschriften der Beschlagnahme unterliegenden Gegenständen, Schriftstücken und Mitteilungen muss vorgetragen werden, dass es sich nicht um Deliktsgegenstände i.S.d. § 97 Abs. 2 S. 3 StPO handelt (Negativtatsache!).
- Es muss bei Erkenntnissen aus der Beschlagnahme unterliegenden Gegenständen, Schriftstücken und sonstigen Mitteilungen vorgetragen werden, dass diese
  sich in Gewahrsam des Beschuldigten bzw. des/eines Verteidigers oder auf dem
  Post oder Telekommunikationsweg zwischen ihnen befanden.
- Es muss vorgetragen werden, dass der Verteidiger nicht in die Tat seines Mandanten als Teilnehmer etc. verstrickt war (Negativtatsache!). Kann dies zweifelhaft sein, muss der gesamte zur Beurteilung der Verdachtslage erforderliche

---

3729 Für § 97 StPO LR-*Menges*[26] § 97 Rn. 55.
3730 Für § 97 StPO LR-*Menges*[26] § 97 Rn. 47; ob diese Entbindung zur Verwertbarkeit
      auch eines sog. Kernbereichs der Verteidigertätigkeit – hierzu LR-*Menges*[26] § 97
      Rn. 50 – berechtigt, bspw. von Erkenntnissen des Verteidigers aufgrund von Informa-
      tionen Dritter, darf noch nicht einmal ansatzweise als geklärt angesehen werden.
3731 Ausnahme s. oben Rn. 2303.
3732 Siehe hierzu Rüge 259 Rn. 2185.
3733 *BGHSt* 44, 46 = StV 1998, 246; ebenso LR-*G. Schäfer*[25] Vor § 94 Rn. 148.

Sachverhalt mitgeteilt werden. Es ist weiter mitzuteilen, dass die betreffende Erkenntnis aus einer Beweiserhebung resultierte, die vor einer Entscheidung über das vorläufige Ruhen der Verteidigerrechte nach § 138c Abs. 3 StPO stattfand oder aber eine solche Entscheidung noch nicht ergangen war (Negativtatsache!).

- Es ist mitzuteilen, dass der Verteidiger sich nicht mit der Verwertung der ansonsten einem Beweisverwertungsverbot unterfallenden Erkenntnisse einverstanden erklärt hatte (Negativtatsache!).

- Es ist mitzuteilen, dass der Mandant des Verteidigers diesen nicht von der Verpflichtung zur Verschwiegenheit entbunden bzw. sich mit der Verwertung von ansonsten einem Beweisverwertungsverbot unterliegenden Erkenntnissen einverstanden erklärt hat (Negativtatsache!).

- Nach Auffassung des BGH ist vorzutragen, dass der verteidigte Angeklagte oder ein von der Rechtsverletzung betroffener Mitangeklagter der Verwertung der in die Hauptverhandlung eingeführten Erkenntnisse mit einer die Angriffsrichtung erkennen lassenden Begründung widersprochen hat, und zwar spätestens bis zu dem in § 257 StPO bezeichneten Zeitpunkt. Letzterenfalls kann im Falle eines Verstoßes gegen das Beweisverwertungsverbot auch ein Angeklagter seine Revision auf diese Rechtsverletzung stützen, dessen Rechte nicht betroffen waren, wenn auch seine Verurteilung auf der Verwertung der einem Beweisverwertungsverbot unterliegenden Erkenntnisse beruht.[3734]

Abschnitt 9
Wurden im Urteil Untersuchungsergebnisse von im Verfahren gesicherten Körperflüssigkeiten oder von durchgeführten körperlichen Eingriffen verwertet?

Rüge 266a

2315 Hat das Urteil Untersuchungsergebnisse aus einer Blutprobenentnahme bei dem Beschuldigten verwertet (§ 81a Abs. 1 S. 2 StPO)?

I. Rechtsgrundlagen

2316 Nach § 81a Abs. 1 StPO sind auch ohne Einwilligung des Beschuldigten Entnahmen von Blutproben zulässig, wenn dies zur Feststellung verfahrenserheblicher Tatsachen erforderlich ist, diese von einem Arzt nach den Regeln der ärztlichen Kunst zu Untersuchungszwecken vorgenommen werden und kein Nachteil für die Gesundheit des Beschuldigten zu befürchten ist. Nach § 81a Abs. 2 S. 1 StPO steht die

---

3734 *OLG München* JR 2007, 336 m. Anm. *Satzger.*

Anordnung nur dem Richter zu, es sei denn, die Staatsanwaltschaft und ihre Ermittlungspersonen dürfen wegen Gefährdung des Untersuchungserfolges die entspr. Anordnung treffen. Gemäß § 81a Abs. 2 S. 2 StPO gilt der Richtervorbehalt allerdings nicht, wenn bestimmte Tatsachen den Verdacht begründen, dass eine Straftat nach § 315a Abs. 1 Nr. 1, § 315c Abs. 1 Nr. 1a) oder § 316 StGB begangen worden ist.

Berücksichtigt der Tatrichter das Untersuchungsergebnis einer Blutprobe, so begründet dies die Revision, wenn dem ein Beweisverwertungsverbot entgegenstand und das Urteil darauf beruht.

Die Ergebnisse einer Blutprobe können aus folgenden Gründen unverwertbar sein: **2317**

- Der Maßnahme liegt keine Anordnung zugrunde, weil der Beschuldigte in die **2318** Maßnahme eingewilligt hat, die Einwilligung jedoch an erheblichen Mängeln leidet.

Die Einwilligung soll allerdings dann noch nicht die Unverwertbarkeit des Eingriffs zur Folge haben, wenn der Beschuldigte diesen zugelassen hat, ohne zuvor darüber belehrt worden zu sein, dass er hierzu nicht verpflichtet sei.[3735] Anders verhält es sich zumindest dann, wenn der Beschuldigte über sein Recht, die Mitwirkung zu verweigern, getäuscht oder ein vorhandener Irrtum bewusst aufrechterhalten wurde.[3736] Dies entspricht dem Rechtsgedanken des § 136a StPO, der auch dann einschlägig ist, wenn die Einwilligung von einem erkennbar nicht einwilligungsfähigen Beschuldigten stammt.[3737] Jedoch stellt allein der Umstand, dass auf den Betroffenen Alkohol oder illegale Drogen einwirken, seine Einwilligungsfähigkeit in eine Blutentnahme nicht grundsätzlich in Frage.[3738]

- Anordnung der Maßnahme durch einen Staatsanwalt oder seine Ermittlungsperson, ohne dass Gefahr im Verzug vorlag. **2319**

Nach überwiegender Auffassung in der Rspr. begründet zumindest die bewusste Umgehung des Richtervorbehalts[3739] sowie die willkürliche Annahme von Gefahr im Verzug ein Verwertungsverbot für die Untersuchungsergebnisse.

Diese Voraussetzung ist von der Rspr. für folgende Fallkonstellationen bejaht worden: Der Polizeibeamte ging selbst davon aus, dass „Gefahr im Verzug" nicht vorlag, verzichtete jedoch auf die Einholung einer richterlichen Anordnung, weil dies **2320**

3735 LR-*Krause*[26] § 81a Rn. 95 m.w.N.
3736 LR-*Krause*[26] § 81a Rn. 95; vert. *Geppert* NStZ 2014, 481.
3737 LR-*Krause*[26] § 81a Rn. 97.
3738 *KG* v. 9.10.2014 – 3 Ws (B) 507/14, 3 Ws (B) 507/14 – 122 Ss 147/14 = NStZ-RR 2015, 25.
3739 Vgl. auch *OLG Oldenburg* v. 20.6.2016 – 2 Ss (OWi) 152/16, 2 Ss (OWi) 152/16, StRR 2016, 13 zu einem Beweisverwertungsverbot hinsichtlich einer durch die Polizei angeordneten Blutentnahme und der sich daraus ergebenden Befunde bei dauerhaftem negativen Kompetenzkonflikt zweier Amtsgerichte.

nicht der „Übung seiner Dienststelle" entsprach.[3740] Ebenfalls führt die Anordnung einer Blutentnahme ohne den Versuch, während der üblichen Dienstzeiten zumindest fernmündlich eine richterliche Entscheidung zu erlangen, nicht nur zu einem Beweiserhebungs-, sondern auch zu einem Beweisverwertungsverbot.[3741] Inwieweit der Umstand eines fehlenden richterlichen Eildienstes zur Nachtzeit für das Resultat einer durch einen Polizeibeamten angeordneten Blutprobenentnahme ein Beweisverwertungsverbot zur Folge hat, ist strittig.[3742]

2321 • Sonstige Rechtsfehler sollen i.d.R. nicht zur Unverwertbarkeit der Ergebnisse einer Blutprobenentnahme führen wie bspw. die Unzuständigkeit des die Anordnung treffenden Richters, der Verstoß gegen die Dokumentations- und Begründungspflicht bei Annahme von Gefahr im Verzug,[3743] die Missachtung des Verhältnismäßigkeitsgrundsatzes oder der Eingriff durch einen Sanitäter oder eine Krankenschwester anstelle eines Arztes.[3744] Bei einem ansonsten gesunden Beschuldigten ist durch die Blutentnahme auch kein Nachteil für dessen Gesundheit zu befürchten.

II. Anforderungen an den Vortrag der Berücksichtigung unverwertbarer Ergebnisse einer Blutentnahme[3745]

2322 Die Verfahrensrüge der Verletzung des § 81a StPO muss zunächst die genaue Angriffsrichtung erkennen lassen.

2323 1. Wird beanstandet, dass die Maßnahme ohne Anordnung durchgeführt wurde, weil zwar der Beschuldigte in den Eingriff eingewilligt habe, die Einwilligung aber unwirksam sei, sind die betreffenden Umstände im Einzelnen vorzutragen. Dazu gehören die Indizien für eine bewusste Täuschung des Beschuldigten über sein Recht, die Mitwirkung zu verweigern, die Umstände, aus denen sich die bewusste Aufrechterhaltung eines Irrtums des Beschuldigten über sein Weigerungsrecht ergeben, sowie der Zustand des Beschuldigten, der seine Einwilligungsfähigkeit ausschloss.

3740 *OLG Dresden* StV 2009, 458 = NJW 2009, 2149; *OLG Hamm* StV 2009, 459; *OLG Celle* StV 2009, 685; *SchlHOLG* StV 2010, 13 = StraFo 2010, 20; *OLG Oldenburg* StV 2010, 14; *OLG Nürnberg* StV 2010, 624 m. Anm. *Dallmeyer*; *OLG Naumburg* v. 5.11.2015 – 2 Ws 201/15, StraFo 2016, 22; vgl. *OLG Köln* v. 26.8.2011 – III-1 RBs 201/11, 1 RBs 201/11 = StV 2012, 6 zu einer allgemeinen Dienstanweisung.

3741 *OLG Celle* StV 2009, 518 = StraFo 2009, 330; *OLG Celle* StV 2010, 14; *SchlHOLG* StV 2010, 618 = StraFo 2010, 194; *OLG Köln* StV 2012, 6.

3742 Bejahend *OLG Hamm* StV 2009, 567; verneinend *OLG Bamberg* StV 2010, 621; *OLG Köln* StV 2010, 622 m. Anm. *Dallmeyer*.

3743 *KG* v. 9.10.2014 – 3 Ws (B) 507/14, 3 Ws (B) 507/14-122 Ss 147/14 = NStZ-RR 2015, 25.

3744 LR-*Krause*[26] § 81a Rn. 94 u. 96.

3745 Siehe hierzu auch *Trück* NStZ 2011, 202.

2. Wird die Missachtung des Richtervorbehalts angegriffen, ist Folgendes vorzutragen: **2324**

a) Die Tatsache der Anordnung der Entnahme einer Blutprobe durch einen Polizeibeamten oder Staatsanwalt einschließlich Zeitpunkt und Ort der Anordnung sowie etwaiger näherer Umstände,

b) das Fehlen einer richterlichen Anordnung,

c) das Fehlen einer Einwilligung des Beschuldigten in die Blutentnahme,

d) der Grund für die Anordnung der Blutentnahme,

e) die Tatsache der erfolgten Blutprobenentnahme einschließlich Ort, Datum, Uhrzeit und nähere Umstände,

f) die Umstände, aufgrund derer der Anordnende die Voraussetzungen von Gefahr in Verzug bejahte,

g) die Gründe für die Fehlerhaftigkeit dieser Annahme, etwa die Möglichkeit zum Erreichen eines Richters oder die Gründe für die Notwendigkeit der Einrichtung eines richterlichen Eildienstes.

3. Grundsätzlich ist Tatsache, Zeitpunkt und Inhalt eines in der Hauptverhandlung **2325** gegen die Verwertung des Ergebnisses der Blutprobenuntersuchung erhobenen Widerspruchs mitzuteilen.[3746]

4. Es ist die Art der Verwertung des Ergebnisses der Blutprobenuntersuchung in **2326** der Hauptverhandlung mitzuteilen in Form der Vernehmung eines Sachverständigen oder einer Gutachtenverlesung.

5. Ausführungen zum Beruhen des Urteils auf der Verletzung des Beweisverwertungsverbots sind entbehrlich bei Erhebung der allgemeinen Sachrüge. **2327**

Rüge 266b

Hat das Urteil Erkenntnisse eines anderen körperlichen Eingriffs verwertet (§ 81a Abs. 1 **2328** StPO)?

I. Rechtsgrundlagen

Andere körperliche Eingriffe als die Entnahme von Blutproben dürfen nur von **2329** einem Arzt nach den Regeln der ärztlichen Kunst zu Untersuchungszwecken vorgenommen werden, wenn kein Nachteil für die Gesundheit des Beschuldigten zu befürchten ist und Tatsachen festgestellt werden sollen, die für das Verfahren von Bedeutung sind (§ 81a Abs. 1 StPO). Die Zulässigkeit solcher Eingriffe steht unter

---

3746 *OLG Frankfurt* StV 2011, 611 = *OLG Frankfurt* NStZ-RR 2011, 45 (hierzu krit. *Kudlich* HRRS 2011, 114); *OLG Hamm* StV 2009, 462.

dem Vorbehalt der Verhältnismäßigkeit.[3747] Eingriffe dieser Art dürfen, wenn der Beschuldigte darin nicht rechtsfehlerfrei einwilligt, nach § 81a Abs. 2 StPO nur vom Richter und bei Gefährdung des Untersuchungserfolges durch Verzögerung auch von der Staatsanwaltschaft und ihren Ermittlungspersonen angeordnet werden.[3748] Schwere Eingriffe sind grundsätzlich dem Richter vorbehalten.[3749]

2330 Ein Verwertungsverbot für Untersuchungsergebnisse kommt für folgende Verstöße gegen § 81a StPO in Betracht:

- Vornahme unzulässiger Eingriffe,[3750]
- schwere Eingriffe bei Nichtbeachtung des Verhältnismäßigkeitsgrundsatzes,[3751]
- Durchführung des Eingriffs durch einen Nicht-Arzt,[3752]
- grobe Missachtung der Regeln der ärztlichen Kunst mit der erhöhten Gefahr gesundheitlicher Nachteile,[3753]
- schwerwiegende Verletzung des Verhältnismäßigkeitsgrundsatzes,[3754]
- Fehlen einer richterlichen Anordnung im Falle eines schweren Eingriffs[3755] bei fehlender oder fehlerhaft erlangter Einwilligung des Beschuldigten,[3756]
- fehlerhafte Anordnung durch die Staatsanwaltschaft oder ihre Ermittlungspersonen bei bewusster Umgehung des Richtervorbehalts oder bei willkürlicher Annahme von Gefahr im Verzug,[3757]
- bei fehlender oder rechtsfehlerhaft erlangter Einwilligung des Beschuldigten.[3758]

3747 Vgl. z.B. *LG Bayreuth* v. 24.4.2015 – 1 Qs 46/15 jug = StV 2015, 620.

3748 *BVerfG* v. 11.6.2010 – 2 BvR 1046/08, NJW 2010, 2864.

3749 *BVerfGE* 16, 194 = NJW 1963, 1597; *Meyer-Goßner/Schmitt*[60] § 81a Rn. 25a.

3750 Beispiele bei *Meyer-Goßner/Schmitt*[60] § 81a Rn. 21; LR-*Krause*[26] § 81a Rn. 38 ff.; vgl. auch *OLG Hamburg* v. 6.11.2015 – 1 Ws 148/15 = StV 2016, 419 m. Anm. *N. Schlothauer* zur Anordnung einer körperlichen Untersuchung – hier Bronchoskopie – zum Zwecke der Feststellung von Art und Umfang der Verhandlungsfähigkeit bei Verdacht auf eine hochansteckende Infektionskrankheit.

3751 *Meyer-Goßner/Schmitt*[60] § 81a Rn. 22; insbes. für die zwangsweise Verabreichung von Brech- und Abführmitteln *EGMR* StV 2006, 617; *OLG Frankfurt/M.* StV 1996, 651 m. Anm. *Weßlau* 1997, 341.

3752 *Meyer-Goßner/Schmitt*[60] § 81a Rn. 19.

3753 *Meyer-Goßner/Schmitt*[60] § 81a Rn. 16 f. Dabei ist nicht allein die Art des Eingriffs maßgebend, sondern der aktuelle Gesundheitszustand des Beschuldigten, *BGH* v. 20.6.2012 – 5 StR 536/11, NJW 2012, 2453.

3754 *BGH* v. 20.6.2012 – 5 StR 536/11, NJW 2012, 2453 (zum Brechmitteleinsatz); *BVerfG* NJW 2004, 3697 (mehrtägige stationäre Untersuchung zur Feststellung der Erektionsfähigkeit mittels einer sog. Nachtschlafuntersuchung).

3755 *BVerfGE* 16, 194 = NJW 1963, 1597; *Meyer-Goßner/Schmitt*[60] § 81a Rn. 25a.

3756 S.o. Rn. 2318.

3757 Siehe oben Rn. 2319.

3758 Siehe oben Rn. 2318.

II. Anforderungen an den Vortrag der Berücksichtigung unverwertbarer Untersuchungsergebnisse wegen fehlerhafter Anwendung des § 81a StPO

Bei der Vielzahl der in Betracht kommenden Fehlermöglichkeiten ist in besonderem Maße der von der Rspr. geforderten Konkretisierung der Angriffsrichtung Rechnung zu tragen. **2331**

- Es muss vorgetragen werden, dass der Verwertung (in der ersten Tatsacheninstanz) rechtzeitig und unter gebotener Darlegung der Angriffsrichtung widersprochen worden ist,[3759]
- es ist darzulegen, dass der Beschuldigte nicht (rechtsfehlerfrei) in den Eingriff eingewilligt hat,[3760]
- zur Rüge, der Eingriff beruhe auf einer fehlenden oder unwirksamen Anordnung,[3761]
- es ist die konkrete Art des Eingriffs sowie die näheren Umstände seiner Durchführung darzulegen,
- ggf. ist darzulegen, dass der Eingriff nicht von einem Arzt vorgenommen wurde,
- ggf. ist darzulegen, dass der Eingriff unter grober Missachtung der Regeln der ärztlichen Kunst stattfand und erhebliche gesundheitliche Nachteile für den Beschuldigten besorgen ließ,
- ggf. ist vorzutragen, dass der Eingriff unverhältnismäßig war. Dazu ist ergänzend vorzutragen, welcher Tatvorwurf Gegenstand der Anordnung war und dass die Maßnahme in keinem angemessenen Verhältnis zur Schwere der Tat stand und nicht unerlässlich war.[3762]

Rüge 266c

Hat das Urteil Ergebnisse von Untersuchungen anderer (insbes. zeugnisverweigerungsberechtigter) Personen verwertet (§ 81c StPO)? **2332**

I. Rechtsgrundlagen

1. Nach § 81c Abs. 2 StPO sind Untersuchungen zur Feststellung der Abstammung und die Entnahme von Blutproben bei anderen Personen als Beschuldigten ohne deren Einwilligung zulässig, wenn kein Nachteil für die Gesundheit zu be- **2333**

3759 Siehe dazu Rn. 2325.
3760 Siehe dazu Rn. 2318. Für den Fall, dass die rechtsfehlerhafte Erlangung der Einwilligung gerügt werden soll, sind die diesbzgl. Anforderungen zu beachten: s. Rn. 2323.
3761 Siehe dazu Rn. 2319.
3762 *BVerfG* NJW 2004, 3697.

fürchten und die Maßnahme zur Erforschung der Wahrheit unerlässlich ist, wobei diese Maßnahmen nur von einem Arzt vorgenommen werden dürfen. Sie stehen zusätzlich unter einem besonderen Verhältnismäßigkeitsvorbehalt (§ 81c Abs. 4 StPO). Sie müssen durch das Gericht angeordnet werden, sofern nicht eine Gefährdung des Untersuchungserfolges durch Verzögerung zu besorgen ist und dann die Anordnung der Staatsanwaltschaft oder ihrer Ermittlungspersonen genügt (§ 81c Abs. 5 StPO).

2334 Das Fehlen der Voraussetzungen des § 81c Abs. 2 und Abs. 5 StPO soll der Verwertbarkeit nicht entgegenstehen, weil die Vorschrift ausschließlich dem Schutz des Betroffenen diene und der Rechtskreis des Angeklagten dadurch nicht berührt werde.[3763] Dem kann für die Fälle eines schwerwiegenden Verstoßes gegen den Richtervorbehalt (§ 81c Abs. 5 StPO) nicht gefolgt werden.[3764] Durch die Beweiserhebung und -verwertung würde der Verstoß gegen § 81c Abs. 5 StPO perpetuiert, weshalb der Angeklagte diesen Verstoß zum Gegenstand einer Verfahrensrüge machen kann, auch wenn sein Rechtskreis nicht betroffen ist.

2335 2. Nach § 81c Abs. 3 StPO dürfen Untersuchungen oder Entnahmen von Blutproben aus den gleichen Gründen wie das Zeugnis verweigert werden. Über dieses Verweigerungsrecht sind die Betroffenen entspr. § 52 Abs. 3 StPO zu belehren. Haben Minderjährige wegen mangelnder Verstandesreife oder haben Minderjährige oder Betreute wegen einer psychischen Krankheit oder einer geistigen oder seelischen Behinderung von der Bedeutung ihres Weigerungsrechts keine genügende Vorstellung, hat ein gesetzlicher Vertreter zu entscheiden. Nur mit dessen Einwilligung dürfen erhobene Beweise im weiteren Verfahren verwertet werden (§ 81c Abs. 3 S. 5 StPO).

Bei Fehlern im Zusammenhang mit § 81c Abs. 3 StPO gelten die zu § 52 StPO entwickelten Grundsätze entspr..[3765] Ein mit der Revision zu rügender Aufklärungsmangel kann auch darin liegen, dass der Betroffene die Untersuchung nur deshalb verweigerte, weil er irrtümlich darüber belehrt wurde, dass er hierzu berechtigt sei.[3766]

II. Anforderungen an die Rüge der Verletzung des § 81c Abs. 3 StPO

2336 Es kann zunächst auf die Ausführungen zur Rüge der Verletzung des § 52 StPO verwiesen werden.[3767]

In den Fällen des § 81c Abs. 3 S. 2 StPO ist (als Negativtatsache) vorzutragen, dass der gesetzliche Vertreter in Kenntnis des Rechts, die Untersuchung zu verweigern,

---

3763 LR-*Krause*[26] § 81c Rn. 64; *Meyer-Goßner/Schmitt*[60] § 81c Rn. 32.
3764 *LG Dresden* StV 2012, 331.
3765 Siehe Rüge 80 Rn. 910.
3766 LR-*Krause*[26] § 81c Rn. 66.
3767 Siehe Rüge 80 Rn. 915 u. Rüge 77 Rn. 898.

in diese nicht bzw. in deren Verwertung im weiteren Verfahren nicht eingewilligt hat.[3768] Umstritten ist, ob bei einer Aufklärungsrüge wegen der unterlassenen Einholung eines Glaubwürdigkeitsgutachtens der Vortrag erforderlich ist, dass die zu begutachtende Person ihre Zustimmung zu der Exploration erklärt hat.[3769]

Rüge 266d

Hat das Urteil das Ergebnis molekulargenetischer Untersuchungen von bei dem Beschuldigten entnommenen Blutproben oder sonstigen Körperzellen verwertet (§§ 81e, 81f und 81h StPO)?

2337

I. Rechtsgrundlagen

1. Nach § 81a Abs. 3 StPO dürfen bei dem Beschuldigten entnommene Blutproben oder sonstige Körperzellen für Zwecke des der Entnahme zugrundeliegenden oder eines anderen anhängigen Strafverfahrens für molekulargenetische Untersuchungen nach Maßgabe des § 81e Abs. 1 StPO verwendet werden. § 81e Abs. 1 S. 2 StPO begründet ein Untersuchungsverbot, soweit die Untersuchung nicht der Zweckbeschränkung des § 81e Abs. 1 S. 1 StPO genügt. Unzulässig sind danach bspw. Untersuchungen, die der Ausforschung genetischer Anlagen und genetisch bedingter Persönlichkeitsmerkmale, der ethnischen Zuordnung oder der Bestimmung äußerer Körpermerkmale (z.B. Haar- und Augenfarbe) dienen.[3770] Ein Verstoß gegen diese Vorschrift führt zu einem Beweisverwertungsverbot.[3771]

2339

Da § 81e Abs. 1 StPO ausdrücklich auf § 81a Abs. 1 StPO und damit auf dessen Regelungen Bezug nimmt, führt ein im Rahmen dieser Vorschrift bestehendes Verwertungsverbot[3772] auch zur Nichtverwertbarkeit der molekulargenetischen Untersuchung und der dabei getroffenen Feststellungen nach § 81e StPO.[3773] Molekulargenetische Untersuchungen bedürfen einer (mangelfreien) schriftlichen Einwilligung des Beschuldigten oder einer Anordnung durch das Gericht (bei Gefahr im

---

3768 Siehe im einzelnen *BGHSt* 40, 336 = StV 1995, 171 m. abl. Anm. *Eisenberg* StV 1995, 625.
3769 So *BGH* v. 8.1.2013 – 1 StR 602/12 = NStZ 2013, 672; *BGH* v. 5.3.2013 – 1 StR 602/12 = NStZ-RR 2013, 218; **a.A.** aber der 3. StS, vgl. *BGH* v. 21.8.2014 – 3 StR 208/14 = NStZ-RR 2015, 17, der darauf hinweist, dass es regelmäßig möglich ist, dem Sachverständigen auf anderem Wege die erforderlichen Anknüpfungstatsachen für die Beurteilung der Glaubhaftigkeit der Angaben des Zeugen zu verschaffen.
3770 LR-*Krause*[26] § 81e Rn. 24.
3771 LR-*Krause*[26] § 81e Rn. 46.
3772 Siehe Rüge 266a Rn. 2315 u. Rüge 266b Rn. 2328.
3773 LR-*Krause*[26] § 81e Rn. 47.

Verzug ist die Anordnung durch die Staatsanwaltschaft und ihre Ermittlungspersonen ausreichend; § 81f Abs. 1 StPO). Die Ergebnisse einer ohne wirksame Einwilligung des Beschuldigten oder ohne wirksame Anordnung gem. § 81f Abs. 1 StPO vorgenommenen Untersuchung von Spurenmaterial des Beschuldigten sind unverwertbar.[3774]

Die Geltendmachung des Verwertungsverbotes setzt in Fortsetzung der Rspr. des BGH einen in der ersten Tatsacheninstanz rechtzeitig erhobenen und begründeten Verwertungswiderspruch voraus.[3775]

Mit der Durchführung der molekulargenetischen Untersuchung dürfen nur bestimmte, der ermittlungsführenden Behörde nicht angehörende Sachverständige beauftragt werden (§ 81f Abs. 2 S. 1 StPO). Ein Verstoß hiergegen soll allerdings nicht zur Unverwertbarkeit des Untersuchungsergebnisses führen.[3776]

2340 **2.** Nach § 81h StPO gestattet die Entnahme von Körperzellen und deren molekulargenetische Untersuchung zum Zwecke der Aufklärung von Verbrechen der in § 81h Abs. 1 StPO bezeichneten Art. Hat ein Betroffener in die Durchführung dieser Maßnahme nach gerichtlicher Anordnung rechtswirksam eingewilligt (§ 81h Abs. 2 und Abs. 4 StPO), darf deren Ergebnis gegen diesen als Beschuldigten[3777] in einem späteren Verfahren verwertet werden. Nach neuer Rechtslage dürfen allerdings auch solche Erkenntnisse zur Erforschung des Sachverhalts verwertet werden, die auf ein nahes Verwandtschaftsverhältnis zwischen dem Spurenverursacher und dem Probengeber hindeuten.[3778] Bei schwerwiegenden Mängeln der Anordnung und insbesondere bei Mängeln der gesetzlich vorgeschriebenen Einwilligung besteht ein Beweisverwertungsverbot.[3779] In der Konsequenz der BGH-Rspr. setzt die Aktivierung des Beweisverwertungsverbots einen rechtzeitigen Verwertungswiderspruch in der Hauptverhandlung voraus.

3774 *Meyer-Goßner/Schmitt*[60] § 81f Rn. 9; *Graalmann-Scheerer* in: FS Rieß, 2002, S. 153.

3775 *BGH* 5 StR 373/09 v. 15.10.2009 = NStZ 2010, 157; *Meyer-Goßner/Schmitt*[60] § 81f Rn. 9.

3776 LR-*Krause*[26] § 81f Rn. 39. Er berechtigt aber ggf. zur Erhebung einer Aufklärungsrüge oder rechtfertigt den Antrag auf Vernehmung eines weiteren Sachverständigen: *Graalmann-Scheerer* in: FS Rieß, 2002, S. 153, 159 f.

3777 § 81h Abs. 1 StPO a.F. erlaubte den Abgleich von DNA-Identifizierungsmustern bislang nur, soweit dies zur Feststellung erforderlich ist, ob das Spurenmaterial von einem der Teilnehmer der Reihenuntersuchung stammt. Die Auswertung von Proben von Teilnehmern der Reihenuntersuchung im Hinblick auf Verwandten als mutmaßlichen Täter durfte gegen diesen nicht als verdachtsbegründend verwendet werden: *BGH* Urt. v. 20.12.2012 – 3 StR 117/12 = StV 2013, 427 m. Anm. *Swoboda* StV 2013, 461 u. *Kranz* ZJS 2013, 518; vgl. auch Nichtannahmebeschluss des *BVerfG* v. 13.5.2015 – 2 BvR 616/13 = ZD 2015, 423. Dies hat sich durch Neufassung des § 81h Abs. 1 StPO n.F. geändert.

3778 Vgl. BT-Drucks. 18/11277, S. 20 ff.

3779 LR-*Krause*[26] § 81h Rn. 36; *Meyer-Goßner/Schmitt*[60] § 81h Rn. 15.

II. Anforderungen an den Vortrag der Verletzung der §§ 81e Abs. 1, 81f, 81h StPO

Angesichts der in Betracht kommenden Verfahrensfehler muss die konkrete An- **2341**
griffsrichtung durch die Verfahrensrüge deutlich gemacht werden.

Vorzutragen sind im Einzelnen:

- Dem Beschuldigten wurden Blutproben oder sonstige Körperzellen entnommen und diese einer molekulargenetischen Untersuchung unterzogen. Der Zeitpunkt der Entnahme der Körperzellen ist mitzuteilen.
- Der Beschuldigte hat in die Entnahme der Blutproben oder sonstigen Körperzellen nicht rechtswirksam eingewilligt.[3780] Im Falle einer molekulargenetischen Reihenuntersuchung (§ 81h StPO) genügte die Einwilligung nicht den Anforderungen des § 81h Abs. 1 und Abs. 4 StPO.
- Hat der Beschuldigte/Betroffene nicht wirksam seine Einwilligung erklärt, ist das Fehlen einer gerichtlichen Anordnung vorzutragen. Im Falle einer Anordnung nach § 81h Abs. 2 StPO ist ggf. vorzutragen, dass die Reihenuntersuchung nicht der Aufklärung des Verdachts einer Katalogtat i.S.d. § 81h Abs. 1 StPO diente.
- Im Falle der Annahme von Gefahr im Verzug (§ 81f Abs. 1 StPO) sind die konkreten Umstände einer bewussten Umgehung des Richtervorbehalts bzw. willkürlicher Annahme von Gefahr im Verzug darzulegen.[3781]
- Es ist die Anordnung für die Durchführung der Untersuchung im Wortlaut mitzuteilen.
- Wird die Verletzung von § 81e Abs. 1 S. 3 StPO gerügt, sind die Feststellungen, zu denen die Untersuchung gelangt ist, im Einzelnen mitzuteilen, um darzulegen, dass das Untersuchungsverbot verletzt wurde.
- Zeitpunkt und Inhalt eines in der Tatsacheninstanz erhobenen Verwertungswiderspruchs und eine etwaige Reaktion des Tatgerichts sind mitzuteilen.

3780   Zu den Voraussetzungen s. Rüge 266a Rn. 2318.
3781   Siehe Rüge 266a Rn. 2319.

Abschnitt 10
Hat das Urteil Vorstrafen des Angeklagten verwertet?

Rüge 267

2342   Berücksichtigen die Urteilsgründe bei der Beweiswürdigung oder der Strafzumessung zum Nachteil des Angeklagten Vorstrafen, die im Bundeszentralregister getilgt sind oder bezüglich derer im Zeitpunkt der Urteilsfindung Tilgungsreife eingetreten ist (Verletzung des § 51 BZRG) oder die aus dem Erziehungsregister entfernt worden sind oder zu entfernen wären (§ 63 Abs. 1 BZRG)?

I. Rechtsgrundlagen

2343   Nach § 51 Abs. 1 BZRG dürfen eine Tat und die Tatsache der Verurteilung dem Betroffenen im Rechtsverkehr nicht zu seinem Nachteil verwertet werden, wenn die Eintragung über die Verurteilung im Bundeszentralregister getilgt worden ist oder zu tilgen wäre.[3782] Entsprechendes gilt (§ 63 Abs. 4 BZRG) für Eintragungen im Erziehungsregister, sobald der Betroffene das 24. Lebensjahr vollendet hat. Weder die betroffenen Verurteilungen als solche noch die ihnen zugrundeliegenden Taten dürfen bei der Beweiswürdigung oder bei der Rechtsfolgenzumessung[3783] berücksichtigt werden.[3784]

Die Rspr. hat bislang die Auffassung vertreten, dass Verstöße gegen § 51 BZRG auf die Sachrüge zu prüfen seien.[3785] Gegen diese Auffassung werden allerdings in der Literatur begründete Vorbehalte angebracht.[3786] Angesichts der Tatsache, dass der Bundesgerichtshof zunehmend Rechtsverstöße nicht mehr auf die Sachrüge, sondern nur auf eine Verfahrensrüge hin beachtet,[3787] sollte eine Verletzung des Verwertungsverbots des § 51 BZRG vorsorglich mittels einer Verfahrensrüge beanstandet werden.

3782   Vgl. zur Tilgungsreife *BGH* v. 29.10.2015 – 3 StR 382/15 = StraFo 2016, 114; *BGH* v. 22.12.2015 – 2 StR 207/15 = StV 2016, 541.

3783   Dies gilt auch für die gem. § 56 Abs. 1 StGB (*BGH* v. 4.2.2010 – 3 StR 8/10 = StraFo 2010, 207) und die nach § 57 StGB (*OLG Karlsruhe* v. 3.6.2015 – 2 Ws 194/15 = StRR 2015, 283) zu treffende Prognoseentscheidung.

3784   Zur Verwertbarkeit von Sachverständigengutachten vgl. *OLG Hamm* v. 28.6.2016 – III-4 Ws 180/16 = RuP 2016, 212; zur strafschärfenden Berücksichtigung tilgungsreifer Vorstrafen vgl. im Einzelnen *BGH* v. 29.10.2015 – 3 StR 382/15 = StraFo 2016, 114.

3785   Vgl. nur *BGHSt* 24, 328; *BGH* StV 1998, 17; *BGH* StV 1999, 639.

3786   Vgl. *G. Schäfer* in: FS Rieß, 2002, S. 477, 484.

3787   Vgl. *Jähnke* in: FS *Meyer-Goßner*, 2001, S. 559, 566.

II. Anforderungen an den Vortrag der Rüge der Verletzung des § 51 (ggf. i.V.m. § 63 Abs. 1 und Abs. 4) BZRG

- Das bei Beweiswürdigung oder Strafzumessung berücksichtigte Urteil oder der **2344** Strafbefehl ist unter Bezeichnung des betreffenden Gerichts, des Aktenzeichens, des Tages des Urteils bzw. des Erlasses des Strafbefehls sowie dem sich aus dem Urteilstenor ergebenden Schuld- und Rechtsfolgenausspruch mitzuteilen.
- Es ist die nach § 46 BZRG zu berechnende Tilgungsfrist, die mit dem Tag des Urteils (§ 36 BZRG) beginnt, zu benennen.[3788]
- Es ist (als Negativtatsache) mitzuteilen, dass der Ablauf der Tilgungsfrist nicht gem. § 47 BZRG gehemmt war.
- Im Falle der Vorverurteilung des Angeklagten nach Jugendrecht ist ggf. mitzuteilen, dass der Angeklagte im Zeitpunkt der jetzigen Aburteilung das 24. Lebensjahr vollendet hatte (§ 63 Abs. 1 BZRG).
- Es ist (als Negativtatsache) mitzuteilen, dass die im Einzelnen aufzuführenden Ausnahmen vom Verwertungsverbot des § 51 Abs. 1 BZRG gem. § 52 BZRG (ggf. die Ausnahme des § 63 Abs. 2 BZRG) nicht vorlagen.
- Es ist der Tag der Urteilsverkündung im anhängigen Verfahren mitzuteilen, was allerdings bei der Erhebung der allgemeinen Sachrüge unterbleiben kann.
- Es ist (als Negativtatsache) vorzutragen, dass der Angeklagte sich nicht zu seiner Verteidigung auf die getilgte Verurteilung und die ihr zugrundeliegende Tat berufen hat.

3788 Für die Berechnung der Tilgungsfrist sind die allgemeinen Regelungen der §§ 186 ff. BGB heranzuziehen, *BGH* v. 15.7.2014 – 5 StR 270/14 = StV 2015, 172.

Kapitel 29
Besondere Verfahrensarten

Abschnitt 1
Richtet sich die Revision gegen das Urteil eines Berufungsgerichts?

I. Vorbemerkung

2346 Nach § 332 StPO gelten für die Berufungshauptverhandlung vorbehaltlich der besonderen Vorschriften im Dritten Abschnitt des Dritten Buches der StPO (§§ 312 ff.) die im Sechsten Abschnitt des Zweiten Buches über die Hauptverhandlung gegebenen Vorschriften. Insoweit kann auf die dafür bestehenden Rügemöglichkeiten verwiesen werden. Nachfolgend wird nur auf berufungsspezifische Abweichungen eingegangen.

II. Zuständigkeit des Berufungsgerichts und des Spruchkörpers und seine Besetzung

1. Unterbliebene Verweisung der Sache an das sachlich zuständige Gericht durch das Berufungsgericht

Rüge 267a

2347 Fand die erstinstanzliche Hauptverhandlung vor einem sachlich unzuständigen Gericht statt?

I. Rechtsgrundlagen

2348 Hat das Gericht des ersten Rechtszuges seine sachliche Zuständigkeit zu Unrecht angenommen, hat das Berufungsgericht die Sache unter Aufhebung des Urteils an das zuständige Gericht zu verweisen (§ 328 Abs. 2 StPO)[3789]. Hat es das unterlassen, obwohl das Schöffengericht an Stelle des Strafrichters seine sachliche Zuständigkeit willkürlich zu Unrecht angenommen hat, hat der *BGH* in seinem Beschluss vom 30.7.1996 – 5 StR 288/95[3790] entschieden, dass die Verletzung des § 328 Abs. 2 StPO nur auf eine Verfahrensrüge hin vom Revisionsgericht zu beachten sei.[3791] Eine Änderung der sachlichen Zuständigkeit kann auch schon vor Beginn der Berufungsverhandlung gem. § 225a StPO erfolgen, auch wenn § 323 Abs. 1 StPO nicht auf diese Vorschrift verweist.[3792]

II. Anforderungen an den Vortrag bei Erhebung der Verfahrensrüge des § 269 StPO, Art. 101 Abs. 1 S. 2 GG i.V.m. der Verletzung des § 328 Abs. 2 StPO: Revisionsgrund des § 338 Nr. 4 StPO

Bei der Rüge der Verletzung der §§ 328 Abs. 2, 269 StPO ist insbesondere mitzuteilen,[3793] dass das Berufungsgericht keine Verweisung an das zuständige Gericht ausgesprochen, sondern selbst in der Sache entschieden bzw. die Sache zu Unrecht an das unzuständige Gericht zurückverwiesen hat. Dazu ist das Berufungsurteil mitzuteilen. Daraus ergibt sich, vor welchem Gericht die erstinstanzliche Verhandlung stattgefunden hat. **2349**

3789 Hatte die fehlerhafte Zuständigkeit des Erstgerichts auch die Unzuständigkeit des Berufungsgerichts zu einer abschließenden Sachentscheidung zur Folge, weil das AG seine Strafgewalt überschritten und das Berufungsgericht dies nicht bemerkt hatte, hat das mit der Revision angerufene OLG auf die allgemeine Sachrüge von Amts wegen die sachliche Unzuständigkeit festzustellen: SK-StPO-*Frisch*[5] § 328 Rn. 35 u. oben Rüge 6 Rn. 169.

3790 *BGHSt* 42, 205 = StV 1996, 585 = JR 1997, 430 m. Anm. *Gollwitzer*; s. auch *OLG Hamm* NStZ-RR 2009, 379.

3791 Auch wenn diese Entscheidung erhebliche Kritik erfahren hat (vgl. *Meyer-Goßner/Schmitt*[60] § 269 Rn. 8 m.w.N.), ist dem Beschwerdeführer anzuraten, die Verfahrensrüge der Verletzung des § 328 Abs. 2 StPO im Hinblick auf die Nichtbeachtung des Verfahrensrechts durch das sachlich zuständige Berufungsgericht zu erheben. Im umgekehrten Fall, dass statt des zuständigen höheren das niedrigere Gericht die Verurteilung ausgesprochen hat, hat das *OLG Brandenburg* in Übereinstimmung mit dem 5. StS des *BGH* (NStZ 2000, 387) erkannt, dass das Revisionsgericht den Verstoß des Berufungsgerichts gegen § 328 Abs. 2 StPO von Amts wegen zu beachten habe: *OLG Brandenburg* NStZ 2001, 611 m. zust. Anm. *Meyer-Goßner*; ebenso *KG* v. 9.5.2012 – (3) 161 Ss 49/12 = StV 2013, 555.

3792 *BGH* v. 3.2.2016 – 2 StR 159/15 = StV 2016, 622: Nichterwähnung sei ein Redaktionsversehen.

3793 Zu den allgemeinen Voraussetzungen an den Rügevortrag s. Rn 178.

2. Unterbliebene Verweisung der Sache an das örtlich zuständige Gericht durch das Berufungsgericht

Rüge 267b

2350   Fand die erstinstanzliche Hauptverhandlung vor einem örtlich unzuständigen Amtsgericht statt und wurde der Einwand der örtlichen Unzuständigkeit zurückgewiesen?

I. Rechtsgrundlagen

2351   Nach § 328 Abs. 2 StPO muss das Berufungsgericht unter Aufhebung des angefochtenen Urteils das Verfahren an das örtlich zuständige Gericht verweisen, wenn das Gericht des ersten Rechtszuges seine örtliche Zuständigkeit zu Unrecht angenommen hat. Hat es das unterlassen und stattdessen durch Sachurteil nach § 328 Abs. 1 StPO über die Berufung entschieden, kann dies mit der Verfahrensrüge beanstandet werden. Die Rüge setzt voraus, dass der Angeklagte nach Eröffnung des Hauptverfahrens, spätestens bis zum Beginn seiner Vernehmung zur Sache in der erstinstanzlichen Hauptverhandlung den Einwand der örtlichen Unzuständigkeit geltend gemacht hat (§ 16 S. 2 StPO)[3794]. Der nochmaligen Erhebung des Einwandes nach § 16 S. 2 StPO bedarf es beim Berufungsgericht nicht.[3795] Aus dem Einwand muss hervorgehen, dass der Angeklagte das Gericht für örtlich unzuständig erachtet. Der Einwand muss weder eine Begründung noch Ausführungen dazu enthalten, welches Gericht tatsächlich örtlich zuständig wäre.[3796]

II. Anforderungen an die Rüge der Verletzung des § 328 Abs. 2 StPO durch das Berufungsgericht, wenn dieses der örtlichen Unzuständigkeit des Erstrichters nicht durch eine Verweisung Rechnung getragen hat

2352   Es ist vorzutragen,

- dass durch das Gericht des ersten Rechtszuges eine Entscheidung in der Sache ergangen ist,
- dass der Angeklagte die örtliche Unzuständigkeit des Amtsgerichts im ersten Rechtszug vor dem Amtsgericht rechtzeitig i.S.d. § 16 S. 3 StPO geltend gemacht hat,[3797]

3794   Zu den Einzelheiten s. Rn. 201.

3795   Etwas anderes gilt dann, wenn infolge eines Irrtums die Sache an das örtlich unzuständige Berufungsgericht geht, nachdem sie in der ersten Instanz beim örtlich zuständigen Gericht anhängig war. In diesem Fall muss der Angeklagte den Einwand spätestens bis zum Beginn seiner Vernehmung in der Berufungshauptverhandlung (§ 324 Abs. 2 StPO) geltend gemacht haben. LR-*Wendisch*[25] § 16 Rn. 21; *Meyer-Goßner/Schmitt*[60] § 16 Rn. 6; **a.A.** LR-*Erb*[26] § 16 Rn. 20.

3796   Siehe zum vergleichbaren (*Meyer-Goßner/Schmitt*[60] § 16 Rn. 3) Einwand nach § 6a S. 2 StPO *Meyer-Goßner/Schmitt*[60] § 6a Rn. 4.

3797   Siehe oben Rn. 204.

- dass er den Einwand später nicht zurückgenommen hat, wobei der Einwand im Wortlaut mitzuteilen ist,
- dass das Gericht den Einwand übergangen oder (zu Unrecht) zurückgewiesen hat, wobei der Beschluss in vollem Wortlaut mitzuteilen ist.
- Es sind die Umstände mitzuteilen, die ergeben, dass das Gericht erster Instanz tatsächlich örtlich unzuständig war.
- Es ist – wenn nicht ohnehin die allgemeine Sachrüge erhoben wird – die Entscheidung des Berufungsgerichts mitzuteilen, die eine Verweisung an das örtlich zuständige Gericht nicht ausgesprochen hat.

3. Unzulässige Verweisung

Rüge 267c

Hat das Berufungsgericht an Stelle einer Entscheidung durch Sachurteil gem. § 328 Abs. 1 StPO das Verfahren nach § 328 Abs. 2 StPO zu Unrecht wegen angeblicher sachlicher oder örtlicher Unzuständigkeit an ein Amtsgericht verwiesen?   **2353**

I. Rechtsgrundlagen

Auch das Urteil des Berufungsgerichts, durch das die Entscheidung des Schöffengerichts, das Hauptverfahren durchzuführen, zu Unrecht als Willkürmaßnahme bewertet und das Verfahren zu Unrecht nach § 328 Abs. 2 StPO an den Strafrichter zurückverwiesen wurde, kann wegen der darin liegenden Verletzung der §§ 328 Abs. 2, 269 StPO mit der Verfahrensrüge angegriffen werden.[3798] Ebenso begründet eine ungerechtfertigte Verweisung an das Amtsgericht wegen angeblich fehlender örtlicher Zuständigkeit des Erstgerichts die Revision.[3799]   **2354**

II. Anforderungen an die Rüge der Verletzung des § 328 Abs. 2 StPO, weil das Berufungsgericht anstelle einer Entscheidung durch Sachurteil nach § 328 Abs. 1 StPO das Verfahren nach § 328 Abs. 2 StPO zu Unrecht verwiesen hat[3800]

Es ist vorzutragen   **2355**
- das Verweisungsurteil (im Falle der irrigen Verweisung durch Beschluss statt durch Urteil ist der Beschluss mitzuteilen),
- dass das mit der Berufung angefochtene Urteil des Erstrichters ein solches des sachlich bzw. örtlich zuständigen Strafrichters bzw. Amtsgerichts war. Die Umstände, dass das Gericht erster Instanz sachlich bzw. örtlich zuständig war, sind im Einzelnen darzulegen.

3798   *OLG Karlsruhe* StV 1998, 252.
3799   *Meyer-Goßner/Schmitt*[60] § 328 Rn. 14; *OLG Brandenburg* NStZ-RR 2009, 57.
3800   In dieser Entscheidung liegt zusätzlich eine Verletzung des Anspruchs des Angeklagten auf Aburteilung durch den gesetzlichen Richter: SK-StPO-*Frisch*[5] § 328 Rn. 32.

Rüge 267d

2356   Hat die allgemeine (kleine) Strafkammer im Berufungsverfahren entschieden, nachdem ein rechtzeitig erhobener Unzuständigkeitseinwand wegen Verhandlung über eine Wirtschaftsstraftat i.S.d. § 74c Abs. 1 GVG zurückgewiesen worden ist (§ 6a StPO)?

I. Rechtsgrundlagen

2357   Im Berufungsverfahren ist § 6a StPO entspr. auf den Fall anzuwenden, dass im ersten Rechtszug ein Schöffengericht über eine Wirtschaftsstraftat i.S.d. § 74c Abs. 1 GVG entschieden hat,[3801] Nach § 6a StPO i.V.m. § 76 Abs. 1 S. 1 GVG ist dann eine kleine Strafkammer des Landgerichts als Wirtschaftsstrafkammer das zuständige Berufungsgericht.[3802] Hat allerdings das Amtsgericht – Schöffengericht – das Verfahren wegen Katalogtaten i.S.d. § 74c Abs. 1 GVG gem. § 154 Abs. 2 StPO vorläufig eingestellt und nur noch wegen in diesem Katalog nicht genannter Straftaten verurteilt, so ist im Berufungsverfahren die allgemeine (kleine) Strafkammer zuständig.[3803]

Voraussetzung einer Verfahrensrüge wegen vorschriftswidriger Verhandlung vor der allgemeinen (kleinen) Strafkammer ist, dass der Angeklagte in der Berufungshauptverhandlung rechtzeitig den Einwand der Unzuständigkeit der allgemeinen Strafkammer gem. § 6a StPO erhoben hat. Dies muss spätestens bis zum Beginn seiner Vernehmung zur Sache erfolgt sein.[3804] Anders verhält es sich, wenn das Schöffengericht den Verfahrensgegenstand abweichend vom Eröffnungsbeschluss nicht als Wirtschaftsstrafsache gewertet hat.[3805]

II. Anforderungen an den Vortrag der Rüge der Verletzung der §§ 74c Abs. 1, 76 Abs. 1 S. 1 GVG (§ 338 Nr. 4 StPO)

2358   • Es muss vorgetragen werden, dass die Berufungshauptverhandlung vor einer allgemeinen (kleinen) Strafkammer des Landgerichts verhandelt wurde, die also keine Zuständigkeit als Wirtschaftsstrafkammer hatte,

   • es ist vorzutragen, dass Gegenstand des angefochtenen amtsgerichtlichen Urteils eine Wirtschaftsstraftat i.S.d. § 74c Abs. 1 GVG war. Vorsorglich sollte mitgeteilt werden, dass das Amtsgericht – Schöffengericht – das Verfahren

---

3801   Hat das AG über eine Katalogtat i.S.d. § 74a Abs. 1 GVG verhandelt, für die die Staatsschutzkammer des LG als erstinstanzliches Gericht ausschließlich sachlich zuständig ist, ist dieser Fehler bei Erhebung der allgemeinen Sachrüge vom Amts wegen zu berücksichtigen: *KG* v. 9.5.2012 – (3) 161 Ss 49/12 = StV 2013, 555.

3802   *Meyer-Goßner/Schmitt*[60] § 6a Rn. 13 u. 14. Für erstinstanzliche Verhandlungen vor dem AG-Strafrichter gilt das demgegenüber nicht: *Meyer-Goßner/Schmitt*[60] § 74c GVG Rn. 6. Es ist dann auch in einer Wirtschaftsstrafsache eine allgemeine kleine Strafkammer als Berufungsgericht zuständig.

3803   *KG* NJW 2010, 3464 = NStZ 2011, 172 = StV 2011, 615 (Ls).

3804   *OLG Düsseldorf* JR 1982, 514 m. Anm. *Rieß; Meyer-Goßner/Schmitt*[60] § 6a Rn. 14.

3805   *OLG Stuttgart* MDR 1982, 252; *Meyer-Goßner/Schmitt*[60] § 74c GVG Rn. 6.

nicht wegen Katalogtaten i.S.d. § 74c Abs. 1 GVG gem. § 154 Abs. 2 StPO vorläufig eingestellt und nur noch wegen in diesem Katalog nicht genannter Straftaten verurteilt hat,

- es muss vorgetragen werden, dass der Angeklagte in der Berufungshauptverhandlung den Einwand der Unzuständigkeit der allgemeinen Strafkammer geltend gemacht hat. Der Einwand ist im Wortlaut mitzuteilen. Die Reaktion des Berufungsgerichts auf den Einwand ist ebenfalls darzulegen,
- es muss dargelegt werden, dass der Unzuständigkeitseinwand spätestens bis zum Beginn der Vernehmung des Angeklagten zur Sache geltend gemacht wurde.

Rüge 267e

Fand die Berufungshauptverhandlung vor einem nach dem Geschäftsverteilungsplan unzuständigen Spruchkörper des Gerichts statt oder war dieser nicht vorschriftgemäß besetzt (§ 338 Nr. 1 StPO)?

2359

Bei den Verhandlungen vor dem Landgericht als Berufungsinstanz erfolgt keine Besetzungsmitteilung, so dass es keines Besetzungseinwandes bedarf, um nicht mit der Verfahrungsrüge der Verhandlung vor einem nach dem Geschäftsverteilungsplan unzuständigen Spruchkörper des Gerichts bzw. der Verhandlung in vorschriftswidriger berufsrichterlicher oder Schöffenbesetzung präkludiert zu sein.

2360

Die Verfahrensrüge muss sämtliche Verfahrenstatsachen darlegen, aus denen sich die vorschriftswidrige Zuordnung des Spruchkörpers zu der verhandelten Sache ergibt.[3806] Ebenso sind die Umstände darzulegen, aus denen sich die vorschriftswidrige Besetzung des Gerichts (§ 76 Abs. 1 S. 1, Abs. 6 GVG) ergibt.[3807]

Rüge 267f

Hat das Berufungsgericht unter Urteilsaufhebung die Sache an das Amtsgericht aus einem anderen Grunde als demjenigen der Unzuständigkeit des Gerichts des ersten Rechtszuges zurückverwiesen?

2361

Hat das Berufungsgericht unter Urteilsaufhebung die Sache an das Amtsgericht aus einem anderen Grunde als demjenigen der Unzuständigkeit des Gerichts des ersten

2362

3806   Siehe hierzu Rüge 10 Rn. 222 ff.
3807   Siehe für die berufsrichterliche Besetzung Rüge 11 Rn. 274 ff. und für die Schöffenbesetzung Rüge 13 Rn. 307 ff.

Rechtszuges zurückverwiesen, ist dies grundsätzlich unzulässig und revisibel.[3808] Auch wenn das Verfahren in der erstinstanzlichen Hauptverhandlung bzgl. einzelner Tatteile nach § 154a StPO eingestellt worden war und die Staatsanwaltschaft gegen das erstinstanzliche Urteil Berufung eingelegt und zugleich die Wiedereinbeziehung der ausgeschiedenen Teile der Tat gem. § 154a Abs. 3 S. 2 StPO beantragt hat, ist es unzulässig, wenn das Berufungsgericht die angefochtene Entscheidung (im Rechtsfolgenausspruch) aufhebt und die Sache zur erneuten Verhandlung und Entscheidung auch über die wieder einzubeziehenden Tatteile an das Amtsgericht zurückverweist. Vielmehr war das Berufungsgericht auch zur Entscheidung über diese Tatteile berufen.[3809] Die unterbliebene Sachentscheidung des Landgerichts (§ 328 Abs. 1 StPO) und die Zurückverweisung an das Amtsgericht unter Verletzung des § 328 Abs. 2 StPO sind mit der Verfahrensrüge zu beanstanden. Neben der Tatsache der Berufungseinlegung durch die Staatsanwaltschaft ist deren Antrag auf Wiedereinbeziehung der in der erstinstanzlichen Hauptverhandlung eingestellten Tatteile vorzutragen. Ergänzend sollte der Inhalt des zur Hauptverhandlung zugelassenen Anklagesatzes mitgeteilt werden. Im Falle der Erhebung der allgemeinen Sachrüge nimmt das Revisionsgericht vom Inhalt des Urteils des Berufungsgerichts Kenntnis, durch das die Sache an das Amtsgericht zurückverwiesen worden ist.

III. Berufungsurteil gegen einen in der Berufungshauptverhandlung abwesenden oder einen sich in den Zustand der Verhandlungsunfähigkeit versetzenden Angeklagten

Rüge 268

2363 Wurde die Berufung des Angeklagten ohne Verhandlung zur Sache verworfen, weil bei Beginn der Hauptverhandlung weder er selbst noch in einem Fall, in dem dies zulässig ist, ein Vertreter erschienen und das Ausbleiben nicht genügend entschuldigt war?

I. Verletzung des § 329 Abs. 1 S. 4 StPO

1. Rechtsgrundlagen

2364 In Abwesenheit des Angeklagten darf die Berufungshauptverhandlung auch im Falle unentschuldigten Ausbleibens nicht durchgeführt werden, wenn ein vorausgegangenes Urteil des Berufungsgerichts vom Revisionsgericht aufgehoben worden und die Sache von dem Revisionsgericht zur erneuten Verhandlung an das Berufungsgericht zurückverwiesen worden war. Auch ein Verwerfungsurteil gem. § 329 Abs. 1

3808 Siehe *OLG Karlsruhe* v. 28.10.2013 – 2 (6) 417/13 AK 109/13 = StraFo 2013, 516 = StV 2014, 208.

3809 *OLG Karlsruhe* NZV 2005, 212 sowie *OLG Karlsruhe* NStZ-RR 2005, 208.

S. 1 StPO darf in diesem Falle in der gesamten Berufungsinstanz[3810] nicht ergehen, vorausgesetzt, dass das aufgehobene Berufungsurteil und die Entscheidung des Revisionsgerichts zur Sache selbst ergangen sind.[3811] Hat das OLG ein Sachurteil aus verfahrensrechtlichen Gründen aufgehoben, kann ausnahmsweise die Berufung des nicht erschienenen Angeklagten dann nicht nach § 329 Abs. 1 S. 1 StPO verworfen werden, wenn der Angeklagte in seiner Ladung zur Berufungshauptverhandlung nicht darauf hingewiesen wurde, dass ausnahmsweise eine Berufungsverwerfung erfolgen dürfe, weil die Berufung schon durch das aufgehobene Urteil nach § 329 Abs. 1 StPO verworfen worden war.[3812]

2. Anforderungen an den Vortrag der Rüge der Verletzung des § 329 Abs. 1 S. 4 StPO

- Die Berufung des Angeklagten wurde wegen unentschuldigten Ausbleibens zu **2365** Beginn der Hauptverhandlung vom Berufungsgericht verworfen.
- Der Berufungsverhandlung war die Aufhebung eines Berufungsurteils durch das Revisionsgericht vorausgegangen, wobei jeweils auf die Sache selbst eingegangen wurde. Zu dem Vortrag gehört deshalb die vollständige wörtliche Mitteilung der betreffenden Urteile.

Oder:

- Der Berufungshauptverhandlung war die Aufhebung des Urteils aus Verfahrensgründen vorausgegangen; es ist aber in der wörtlich mitzuteilenden Ladung des Angeklagten unterblieben, diesen darauf hinzuweisen, dass eine Berufungsverwerfung nach § 329 Abs. 1 S. 1 StPO erfolgen dürfe, weil die Berufung schon durch das aufgehobene Urteil nach § 329 Abs. 1 StPO verworfen worden war.

3. Im Zusammenhang stehende Rügemöglichkeit

Hat das Berufungsgericht in Abwesenheit des nicht erschienenen Angeklagten in **2366** der Sache selbst entschieden, ist die Verletzung des § 230 StPO (Revisionsgrund des § 338 Nr. 5 StPO) zu rügen. Es muss im Rahmen des Rügevorbringens ausgeschlossen werden, dass die Voraussetzungen der §§ 231a, 232, 233 StPO vorlagen. Im Übrigen kann auf die Ausführungen zur Rüge 23 (Rn. 419) verwiesen werden.

3810 *KG* v. 15.8.2013 – (4) 161 Ss 120/13 (185/13) = StraFo 2013, 469 = StV 2014, 213 (Ls).

3811 *Meyer-Goßner/Schmitt*[60] § 329 Rn. 4. Die Vorschrift des § 329 Abs. 1 S. 4 StPO gilt auch nicht bei einer Berufungsverhandlung nach vorausgegangener erfolgreicher Sprungrevision und anschließender Berufung gegen das erneute amtsgerichtliche Urteil.

3812 *OLG Oldenburg* StraFo 2009, 114.

II. Verfahrensrüge der Verletzung des § 329 Abs. 1 S. 1 StPO

1. Rechtsgrundlagen

2367 Mit der Revision kann auf die der Vorschrift des § 344 Abs. 2 S. 2 StPO entspr. Verfahrensrüge[3813] zunächst beanstandet werden, dass das Berufungsgericht den Begriff des Ausbleibens oder der genügenden Entschuldigung verkannt oder falsch konkretisiert[3814], die Voraussetzungen der ordnungsgemäßen Ladung[3815] falsch interpretiert habe oder dass es angesichts ihm selbst verbliebener Zweifel am Fehlen einer genügenden Entschuldigung die Berufung nicht habe verwerfen dürfen.[3816] Unabhängig von einer genügenden Entschuldigung darf nicht nach § 329 Abs. 1 S. 1 StPO verfahren werden, wenn der Angeklagte von der Verpflichtung zum persönlichen Erscheinen entbunden war.[3817]

2368 Die betreffenden Anknüpfungspunkte ergeben sich aus dem Berufungsurteil und unterliegen der revisionsgerichtlichen Prüfung, sofern dies mit der allgemeinen Sachrüge angefochten wurde.[3818] Es reicht dann der Vortrag gem. § 344 Abs. 2 S. 2 StPO, dass die Berufung des Angeklagten nicht wegen Ausbleibens hätte verworfen werden dürfen, weil das Berufungsgericht den Begriff des Ausbleibens bzw. der genügenden Entschuldigung verkannt habe. Dazu zählt auch die fehlende Auseinandersetzung mit der Voraussetzung, dass Säumnis eine Pflichtverletzung in subjektiver Hinsicht voraussetzt.[3819]

2369 Hat das Berufungsgericht Feststellungen zum Ausbleiben des Angeklagten und zur Frage der genügenden Entschuldigung getroffen, ist nach h. M. das Revisionsgericht an diese gebunden und darf sie auch bei entspr.m Revisionsvortrag weder im Wege des Freibeweises nachprüfen noch ergänzen.[3820] Die insoweit insbesondere in

---

3813 *Meyer-Goßner/Schmitt*[60] § 329 Rn. 48; *OLG Nürnberg* NJW 2009, 1761 = StraFo 2009, 292.

3814 Berufungsverwerfung wegen fehlender Glaubhaftmachung entschuldigender Umstände: *OLG Hamburg* v. 7.1.2016 – 2 Rev 87/15; *OLG Köln* v. 12.1.2016 – 1 RVs 251/15 = StraFo 2016, 112: Abstellen auf eine Verhandlungsunfähigkeit statt auf die Unzumutbarkeit der Teilnahme an der Hauptverhandlung.

3815 Ladung an einen der deutschen Sprache nicht mächtigen Angeklagten ohne Übersetzung: *OLG Hamm* v. 25.10.2016 – 3 RVs 72/16.

3816 SK-StPO-*Frisch*[5] § 329 Rn. 72. Das Berufungsgericht ist verpflichtet, konkret und schlüssig vorgetragene Entschuldigungsgründe bei Zweifeln durch freibeweisliche Ermittlungen aufzuklären: *OLG Hamburg* v. 7.1.2016 – 2 Rev 87/15.

3817 *OLG Braunschweig* v. 18.5.2016 – 1 Ss 27/16.

3818 Vgl. *OLG Brandenburg* NStZ 1996, 249.

3819 *OLG Dresden* v. 13.12.2016 – 1 OLG 13 Ss 802/16.

3820 *BGHSt* 28, 384, *Meyer-Goßner/Schmitt*[60] § 329 Rn. 48; *LR-Gössel*[26] § 329 Rn. 102, SK-StPO-*Frisch*[5] § 329 Rn. 75 m.w.N. auch auf die Vertreter der Auffassung der Mindermeinung (u.a. *Weßlau* StV 2014, 236, 238 f.). Nachträglich eingereichte Unterlagen zum Nachweis einer genügenden Entschuldigung des in der Berufungshauptverhandlung ausgebliebenen Angeklagten darf das Revisionsgericht nicht berücksichtigen, wenn diese Unterlagen auch dem Berufungsgericht zum Zeitpunkt seiner Entscheidung noch nicht vorlagen: *OLG Celle* v. 13.9.2011 – 32 Ss 119/11 = 2 Ws 253/11 (juris).

der Rspr. gezogenen Grenzen sind jedoch unscharf, weil bei unvollständigen tatsächlichen Feststellungen bzw. bei Anhaltspunkten für das Vorliegen denkbarer Entschuldigungsgründe oder bei naheliegenden Möglichkeiten für eine im Tatsächlichen liegende fehlerhafte Beurteilung des Ausbleibens des Angeklagten mit der Verfahrensrüge die Verletzung der Prüfungs- bzw. Aufklärungspflicht des Berufungsgerichts beanstandet werden kann.[3821] Um dem Revisionsgericht diese Prüfung zu ermöglichen, sind im Urteil die für erwiesen erachteten Tatsachen und deren Würdigung darzulegen.[3822] Um dem Revisionsgericht im Übrigen etwaige Feststellungen im Freibeweisverfahren zu ermöglichen, bedarf es einer entspr. ausgeführten Verfahrensrüge.[3823] Dazu die nachfolgenden Beispiele für die in Betracht kommenden Fallgruppen:

2. Anforderungen an den Vortrag der Rüge der Verletzung des § 329 Abs. 1 S. 1 StPO bei Berufungsverwerfung infolge rechtsfehlerhafter Annahme des unentschuldigten Ausbleibens des Angeklagten

a) Unterbliebene Ladung des Angeklagten: Es ist zu beanstanden, dass der Angeklagte nicht ordnungsgemäß geladen wurde. Wurde die Ladung in einer Wohnung zugestellt, in der der Angeklagte zu diesem Zeitpunkt nicht wohnhaft war, ist die tatsächliche Wohnanschrift und der Ladungsvorgang unter der unzutreffenden Anschrift[3824] mitzuteilen. Ebenso können die Voraussetzungen einer nicht ordnungsgemäßen öffentlichen Zustellung zur Überprüfung des Revisionsgerichts gestellt werden,[3825] wenn der gesamte Ladungsvorgang mitgeteilt wird. Im Rahmen der Verfahrensrüge müssen sämtliche für das gerügte Fehlen einer ordnungsgemäßen Ladung maßgeblichen Umstände umfassend und vollständig mitgeteilt werden.[3826] Ist einem der deutschen Sprache nicht mächtigen Angeklagten eine Ladung ohne Übersetzung zugestellt worden, bedarf es des Vortrags, dass der Angeklagte nicht bereits vor der Ladung bei Verkündung des amtsgerichtlichen Urteils in einer für ihn verständlichen Weise über die Folgen des Ausbleibens im Berufungstermin belehrt worden war.[3827]

2370

3821 *Meyer-Goßner/Schmitt*[60] § 329 Rn. 48 u. Rn. 22; LR-*Gössel*[26] § 329 Rn. 101; SK-StPO-*Frisch*[5] § 329 Rn. 73 und 74; s. Rn. 2377.

3822 *OLG Hamburg* v. 7.1.2016 – 2 Rev 87/15.

3823 Auf eine Sachrüge ist auch bei einem nach § 329 Abs. 1 S. 1 StPO ergangenen Verwerfungsurteil zu prüfen, ob Verfahrensvoraussetzungen oder Verfahrenshindernisse vorliegen: *OLG Düsseldorf* v. 8.4.2014 – 2 RVs 35/14.

3824 *KG* v. 16.2.2004 – (4) 1 Ss 458/03, SK-StPO-*Frisch*[5] § 329 Rn. 73 m.w.N. Das *OLG Düsseldorf* (StV 1982, 216) fordert eine entspr. Aufklärungsrüge. Demgegenüber lässt das *OLG Düsseldorf* (StV 1990, 58) die fehlerhafte Ladung auch dann ausreichen, wenn dem Berufungsgericht der tatsächliche Aufenthaltsort des Angeklagten nicht bekannt sein musste.

3825 Unwirksame öffentliche Zustellung bei Aushang für weniger als zwei Wochen: *OLG Bremen* v. 28.3.2014 – 2 Ss 10/14.

3826 *KG* StV 2009, 14 = NStZ 2009, 111 u. *KG* v. 5.4.2013 – (4) 161 Ss 78/13 = StV 2014, 13 zur Überprüfung einer Ladung im Wege der öffentlichen Zustellung.

3827 *OLG Hamm* v. 25.10.2016 – 3 RVs 72/16.

2371 **b)** Ist die Berufung nach § 329 Abs. 1 S. 1 StPO verworfen worden, obwohl der Angeklagte von der Verpflichtung zum persönlichen Erscheinen entbunden worden war, ist ergänzend vorzutragen (Negativtatsache!), dass die Voraussetzungen des § 329 Abs. 2 StPO nicht vorlagen.[3828]

2372 **c)** Der Angeklagte ist nur über seinen Verteidiger geladen worden: Es kann in diesem Falle mit der Verfahrensrüge beanstandet werden, dass dies ungenügend war, wenn der Verteidiger nicht die besondere Vollmacht des § 145a Abs. 2 StPO besaß.[3829] Es sind die Tatsache, dass ausschließlich der Verteidiger und nicht der Angeklagte geladen wurde, sowie der Inhalt der vom Verteidiger zur Akte gereichten Vollmacht mitzuteilen. Es ist auszuschließen (Negativtatsache), dass der Verteidiger durch eine weitere Erklärung gegenüber dem Gericht eine besondere Zustellungsvollmacht gem. § 145a Abs. 2 StPO zur Akte gereicht hat.

2373 **d)** In Fällen, in denen eine Vertretung des Angeklagten zulässig ist, kann gegen die Berufungsverwerfung vorgetragen werden, dass der in der Hauptverhandlung anwesende Verteidiger dem Gericht eine schriftliche Vollmacht vorgelegt hatte, die ihn auch zur Vertretung des Angeklagten berechtigte. Diese ist im Wortlaut mitzuteilen, ebenso der Zeitpunkt des Eingangs bei dem Tatgericht.[3830] Es sollte vorsorglich vorgetragen werden, dass der Verteidiger den Angeklagten auch hat vertreten wollen.[3831] Es ist weiterhin darzulegen, dass und warum ein Fall vorlag, in dem eine Vertretung des Angeklagten zulässig ist, sich der Verteidiger nicht ohne genügende Entschuldigung entfernt hat oder den Angeklagten nicht weiter vertritt (§ 329 Abs. 1 S. 2 Nr. 1 StPO).

2374 **e)** Ist die Ladung des Verteidigers unterblieben,[3832] kann darauf ein Urteil beruhen, das die Berufung des Angeklagten wegen unentschuldigten Ausbleibens verworfen hat.[3833]

Die Rüge setzt – wenn kein Fall notwendiger Verteidigung vorliegt – weiterhin den Vortrag voraus, dass der Verteidiger Vertretungsvollmacht hatte oder er vorhandene

---

3828 *OLG Braunschweig* v. 18.5.2016 – 1 Ss 27/16.
3829 *OLG Düsseldorf* StV 1982, 127.
3830 Der Eingang bei der allgemeinen Posteingangsstelle des Gerichts hindert den Erlass eines Verwerfungsurteils nicht. Die Vollmacht muss dem Tatgericht bis zu Beginn der Hauptverhandlung vorliegen oder vom Verteidiger dort vorgelegt werden; *OLG Köln* v. 24.3.2017 – 1 RVs 15/17 = StraFo 2017, 237.
3831 So *OLG Hamm* NStZ-RR 2006, 212. Nach Auffassung des *OLG Köln* StV 1993, 292 bedarf es einer ausdrücklichen Berufung des Verteidigers auf diese Vollmacht in der Hauptverhandlung nicht; ebenso jetzt auch *OLG Hamm* v. 6.9.2016 – 4 RVs 96/16 im Hinblick auf die Neufassung des § 329 StPO durch Gesetz v. 17.7.2015 – BGBl I, 1332 und *OLG Oldenburg* v. 20.12.2016 – 1 Ss 178/16 Ziff. II.2.
3832 Siehe dazu Rüge 51 Rn. 718.
3833 *BayObLG* StV 1985, 140 m. Anm. *Sieg* StV 1986, 3. Das gilt erst recht bei Abwesenheit des beigeordneten Verteidigers im Falle notwendiger Verteidigung: *OLG Köln* v. 24.6.2016 – 1 RVs 114/16 = StV 2016, 804 = StraFo 2016, 416.

Entschuldigungsgründe für den Angeklagten vorgebracht hätte und dadurch die Entscheidung des Berufungsgerichts hätte beeinflussen können.[3834]

Ist ein zur Vertretung berechtigter Verteidiger in einem Fall, in dem eine Vertretung des Angeklagten zulässig ist, nicht unter Einhaltung der Ladungsfrist zur Hauptverhandlung geladen worden und hat er vor der Hauptverhandlung deren Aussetzung beantragt, darf die Berufung ebenfalls nicht verworfen werden.[3835]

f) Erscheinen des Angeklagten nach Verkündung des Verwerfungsurteils: Es ist **2375** der Zeitpunkt des tatsächlichen Beginns der Verhandlung und derjenige der Verkündung der Verwerfungsentscheidung sowie derjenige mitzuteilen, zu dem der Angeklagte in der Hauptverhandlung erschienen ist. Ist der Angeklagte vor Ablauf der von der Rspr. anerkannten 15-minütigen Wartezeit erschienen, durfte der Angeklagte nicht als säumig angesehen werden.

Hatte der Angeklagte seine Verspätung angekündigt, hat der Verteidiger diesen Umstand sowie die betreffenden Zeitpunkte der Verkündung des Verwerfungsurteils und des Erscheinens des Angeklagten mitzuteilen, weil in diesem Falle auch eine über 15 Minuten hinausgehende Wartepflicht des Gerichts besteht.[3836]

3. Anforderungen an den Vortrag der Verfahrensrüge der Verletzung des § 329 Abs. 1 S. 1 StPO bei Berufungsverwerfung infolge rechtsfehlerhafter Annahme einer ungenügenden Entschuldigung

a) Die formelhafte Wendung, der Angeklagte sei trotz Ladung ohne Entschuldi- **2376** gung der Hauptverhandlung ferngeblieben, ist dann unzureichend, wenn mit der Verfahrensrüge vorgetragen wird, dass in der Hauptverhandlung der Verteidiger anwesend war und dieser im Hinblick auf eine Erkrankung des Angeklagten einen Aussetzungsantrag gestellt hat, den das Gericht ablehnte.[3837] Die entspr. Tatsachen einschließlich des Wortlauts des Antrags und des Ablehnungsbeschlusses sind vorzutragen.

b) Mit der Aufklärungsrüge[3838] kann beanstandet werden, dass das Berufungsge- **2377** richt trotz vorliegender Anhaltspunkte für einen bestimmten Entschuldigungssachverhalt diesem nicht nachgegangen ist und die Aufklärung das Vorliegen eines ge-

---

3834 *BayObLG* v. 19.3.2001 – 1 St RR 30/2001.

3835 Zum vergleichbaren Fall bei einer Verwerfung des Einspruchs gegen einen Strafbefehl *OLG Köln* StV 1986, 470.

3836 *OLG Köln* StraFo 2004, 143, *OLG Köln* v. 8.7.2013 – 2 Ws 354/13 = StV 2014, 209; *KG* v. 30.4.2013 – (4) 161 Ss 89/13 = StV 2014, 12; *OLG Zweibrücken* Beschl. v. 18.1.2007 – 1 Ss 188/06; *OLG Brandenburg* StraFo 2012, 270: Pflicht, mit dem Verhandlungsbeginn länger als eine Stunde zuzuwarten, wenn das Urteil keine Ausführungen macht, aus denen sich grobe Nachlässigkeit oder Mutwilligkeit des Angeklagten ergeben.

3837 *OLG Hamburg* v. 22.4.2003 – 1 Ss 54/03.

3838 *OLG Nürnberg* StraFo 2009, 292 = NJW 2009, 1761; *OLG München* StV 2012, 79; zu den allg. Voraussetzungen s. Rüge 190 Rn. 1707.

nügenden Entschuldigungsgrundes ergeben hätte. Es ist darzulegen, welcher konkrete Umstand aufgeklärt werden sollte, welches Beweismittel benutzt werden sollte, warum sich diese Aufklärung aufdrängte und was sie zugunsten des Beschwerdeführers ergeben hätte.[3839]

2378 **c)** Mit der Rüge, das Berufungsgericht habe seine Prüfungspflicht verletzt, können konkrete Anhaltspunkte für einen genügenden Entschuldigungsgrund behauptet werden, die das Gericht zu weiterer Prüfung hätten veranlassen müssen.[3840]

III. Verfahrensrüge der Verletzung des § 329 Abs. 1 S. 2 Nr. 1 StPO

(Berufungsverwerfung wegen unentschuldigten Sichentfernens des mit schriftlicher Vertretungsvollmacht erschienenen Verteidigers)

1. Rechtsgrundlagen

2379 Nach § 329 Abs. 1 S. 1 StPO darf eine Berufung des Angeklagten nicht ohne Verhandlung zur Sache verworfen werden, wenn dieser zwar ohne genügende Entschuldigung ausbleibt, jedoch ein Verteidiger mit schriftlicher Vertretungsvollmacht erschienen ist. Entfernt sich auch dieser ohne genügende Entschuldigung in Abwesenheit des nicht genügend entschuldigten Angeklagten oder beendet dieser das Vertretungsverhältnis des ohne genügende Entschuldigung nicht anwesenden Angeklagten, darf die Berufung des Angeklagten ohne Verhandlung zur Sache verworfen werden (§ 329 Abs. 1 S. 2 Nr. 1 StPO).

Für die Frage, ob sich der Verteidiger ohne genügende Entschuldigung entfernt hat, gelten im Wesentlichen die für den nicht erschienenen Angeklagten dargelegten Grundsätze (Rn. 2367).[3841]

2. Anforderungen an den Vortrag der Rüge der Verletzung des § 329 Abs.1 S. 2 Nr. 1 StPO

2380 Auch für die Anforderungen an den Rügevortrag kann auf die entspr. Ausführungen zur Verletzung des § 329 Abs. 1 S. 1 StPO verwiesen werden (Rn. 2370 ff.).

3839 *OLG München* StV 2012, 79; *Bick* StV 1987, 273, 274.
3840 SK-StPO-*Frisch*[5] § 329 Rn. 74 mit einzelnen Beispielen; s. auch *OLG Braunschweig* StV 2004, 366 für den Fall eines nicht erschienenen Angeklagten, dessen Verteidiger – erfolglos – kurz vor Beginn der Hauptverhandlung eine Terminsverlegung wegen Verhinderung beantragt hat, sowie vergleichbar *OLG München* NStZ-RR 2006, 20.
3841 SK-StPO-*Frisch*[5] § 329 Rn. 51g.

IV. Verfahrensrüge der Verletzung des § 329 Abs. 1 S. 2 Nr. 2 StPO

(Berufungsverwerfung wegen unentschuldigten Sichentfernens des Angeklagten)

1. Rechtsgrundlagen

Wird die Berufung des nicht durch einen Verteidiger vertretenen Angeklagten verworfen, ist dies auch dann zulässig, wenn sich der Angeklagte aus der Hauptverhandlung ohne genügende Entschuldigung entfernt hat. **2381**

Dem Sichentfernen aus der Berufungshauptverhandlung steht das Fernbleiben zu einem Fortsetzungstermin ohne genügende Entschuldigung gleich.[3842] Ob von einem Entfernen „ohne genügende Entschuldigung" gesprochen werden kann, kann nach Maßgabe des § 329 Abs. 1 S. 1 StPO entschieden werden; denkbar ist aber auch die Heranziehung des Maßstabs der Eigenmächtigkeit des Sichentfernens gem. § 231 Abs. 2 StPO.[3843]

2. Anforderungen an den Vortrag der Rüge der Verletzung des § 329 Abs. 1 S. 2 Nr. 2 StPO

Es kann auf die entspr. Ausführungen zu § 329 Abs. 1 S. 1 StPO (Rn. 2370 ff.) bzw. auf diejenigen zur Verletzung des § 231 Abs. 2 StPO (Rn. 464) verwiesen werden. **2382**

V. Verfahrensrüge der Verletzung des § 329 Abs. 1 S. 2 Nr. 3 StPO

(Berufungsverwerfung wegen vorsätzlicher Herbeiführung der Verhandlungsunfähigkeit)

1. Rechtsgrundlagen

Hat sich der Angeklagte vorsätzlich und schuldhaft in einen seine Verhandlungsfähigkeit ausschließenden Zustand versetzt und ist kein Verteidiger mit schriftlicher Vertretungsvollmacht anwesend, ist seine Berufung zu verwerfen (§ 329 Abs. 1 S. 2 Nr. 3 StPO). Die Vorschrift ist in ihren Voraussetzungen an § 231a Abs. 1 S. 1 StPO angelehnt.[3844] Anders als in § 231a Abs. 1 S. 1 StPO wird allerdings für die Berufungsverwerfung nicht gefordert, dass der Angeklagte durch sein Verhalten auch „wissentlich die ordnungsmäßige Durchführung oder Fortsetzung der Hauptverhandlung in seiner Gegenwart" verhindert (§ 231a Abs. 1 S. 1 StPO). Ist der Angeklagte vor wissentlicher und schuldhafter Herbeiführung seiner Verhandlungsun- **2383**

3842 *Meyer-Goßner/Schmitt*[60] § 329 Rn. 17.
3843 SK-StPO-*Frisch*[5] § 329 Rn. 46d. Soweit ersichtlich ist diese Frage in der Rspr. noch nicht behandelt worden.
3844 SK-StPO-*Frisch*[5] § 329 Rn. 46f.

fähigkeit in der Berufungshauptverhandlung schon vernommen worden, so dass das Verfahren ohne ihn zu Ende geführt werden kann, ist die Berufungsverwerfung ohne Sachverhandlung nicht legitimierbar.[3845] Mit der Verletzung des § 329 Abs. 1 S. 2 Nr. 3 StPO kann deshalb gerügt werden, dass die Voraussetzungen für die Annahme einer vorsätzlich und schuldhaft herbeigeführten Verhandlungsunfähigkeit nicht vorlagen.[3846] Für die betreffenden Anforderungen können Rspr. und Literatur zu § 231 Abs. 2 StPO herangezogen werden (vgl. Rn. 462).

Weiterhin kann die Berufungsverwerfung unter dem Gesichtspunkt gerügt werden, dass infolge der bereits erfolgten Vernehmung des Angeklagten in der Berufungsinstanz zur Sache die herbeigeführte Verhandlungsunfähigkeit zu keinen Verfahrensverzögerungen führt und deshalb die Verwerfung der Berufung unzulässig ist.

2. Anforderungen an den Vortrag der Rüge der Verletzung des § 329 Abs. 1 S. 2 Nr. 3 StPO

2384
- Es muss – wenn nicht die allgemeine Sachrüge erhoben wird – vorgetragen werden, dass die Berufung nach § 329 Abs. 1 S. 2 Nr. 3 StPO verworfen wurde.
- Es muss vorgetragen werden, dass die Voraussetzungen einer vorsätzlichen und schuldhaften Herbeiführung der Verhandlungsunfähigkeit nicht gegeben waren
- oder
- dass der Angeklagte bereits zur Sache in der Berufungshauptverhandlung vernommen worden ist, bevor es zur vorsätzlichen und schuldhaften Herbeiführung der Verhandlungsunfähigkeit gekommen ist.

VI. Verfahrensrüge der Verletzung des § 329 Abs. 2 S. 1 Alt. 1, Abs. 4 StPO

(Berufungsverwerfung wegen unentschuldigten Ausbleibens des Angeklagten trotz Erforderlichkeit seiner Anwesenheit)

1. Rechtsgrundlagen

2385 Auch wenn der in der Berufungshauptverhandlung nicht anwesende Angeklagte durch einen Verteidiger mit schriftlicher Vertretungsvollmacht vertreten wird, darf seine Berufung verworfen werden, wenn das Gericht seine Anwesenheit in der Hauptverhandlung trotz der Vertretung durch einen Verteidiger für erforderlich hält und er trotz der Anordnung seines persönlichen Erscheinens zur Fortsetzung der Hauptverhandlung ohne genügende Entschuldigung nicht erscheint, obwohl er über

---

3845   SK-StPO-*Frisch*[5] § 329 Rn. 46g.
3846   Da gegen die Berufungsverwerfung nicht entspr. § 231a Abs. 1 S. 2 StPO die sofortige Beschwerde zulässig ist, schließt die Sonderregelung nach § 336 S. 2 StPO es nicht aus, die Revision darauf zu stützen, dass das Gericht die Voraussetzungen des § 231a Abs. 1 StPO zu Unrecht angenommen habe (s. hierzu Rn. 469).

die Möglichkeit der Verwerfung mit seiner Ladung belehrt wurde (§ 329 Abs. 4 StPO). § 329 Abs. 4 S. 1 StPO trägt den auch nach Auffassung des EGMR[3847] legitimen Interessen der Justiz an einem persönlichen Erscheinen des Angeklagten Rechnung. Hier kann im Hinblick auf die gerichtliche Aufklärungspflicht die Anwesenheit des Angeklagten erforderlich sein, bspw. weil in der Hauptverhandlung eine Gegenüberstellung mit Zeugen erforderlich erscheint oder der persönliche Eindruck des Angeklagten für eine mögliche Aussetzung einer Freiheitsstrafe zur Bewährung geboten ist. Die Erforderlichkeit der persönlichen Anwesenheit des Angeklagten muss im Falle der Anordnung seines persönlichen Erscheinens konkret dargelegt werden. Entsprechende Ausführungen müssen die Urteilsgründe im Falle der Verwerfung der Berufung enthalten. Eine Überprüfung des Urteils in Bezug auf die diesbezüglich tatsächlichen Feststellungen ist dem Revisionsgericht allerdings verwehrt.[3848] Der gegenteiligen Auffassung, dass der Begriff der „Erforderlichkeit" weit auszulegen sei und im Umkehrschluss die Erforderlichkeit nur dann verneint werden dürfe, „wenn sich Fragen der Tatschuld und der Strafe gar nicht oder nicht mehr stellen"[3849], ist im Hinblick auf das von dem EGMR betonte Recht eines Angeklagten, sich im Falle seiner Abwesenheit durch einen Verteidiger vertreten zu lassen (Art. 6 Abs. 3 lit. c EMRK)[3850] abzulehnen. Auch der Umkehrschluss, die Erforderlichkeit der Anwesenheit des Angeklagten nicht begründen, sondern als Ausschlusskriterium widerlegen zu müssen, geht an dem Anliegen des Gerichtshofs vorbei.

2. Anforderungen an den Vortrag der Rüge der Verletzung des § 329 Abs. 2 S. 1 Alt. 1, Abs. 4 StPO

Unterbleibt die Erhebung der allgemeinen Sachrüge ist mitzuteilen, dass die Berufung des Angeklagten unter Verweis auf § 329 Abs. 4 S. 2 StPO verworfen wurde. **2386**

- Es ist darzulegen, dass der Angeklagte zur Fortsetzung der Hauptverhandlung nicht erschienen ist, weil er nicht ordnungsgemäß geladen wurde (siehe Rn. 2367 u. 2370), der Angeklagte über die Möglichkeit der Verwerfung seiner Berufung mit der Ladung nicht belehrt wurde (§ 329 Abs. 4 S. 3 StPO),
- es ist vorzutragen, dass in der gesamten Berufungshauptverhandlung bis zum Zeitpunkt der Berufungsverwerfung ein Verteidiger mit schriftlicher Vertretungsvollmacht anwesend war und dieser davon Gebrauch machen wollte (s. Rn. 2373) ,
- es ist darzulegen, dass die Abwesenheit des Angeklagten genügend entschuldigt war,

---

3847 *EGMR* v. 8.11.2012 – Nr. 30804/07 (Neziraj v. Deutschland) = StraFo 2012, 490 Rn. 40; s. i.E. SK-StPO-*Frisch*[5] § 329 Rn. 51c.
3848 SK-StPO-*Frisch*[5] § 329 Rn. 75.
3849 *OLG Hamburg* v. 21.10.2016 – 1 ReV 57/16 = StraFo 2016, 520 m. Anm. *Gerson*.
3850 *EGMR* v. 8.11.2012 – Nr. 30804/07 (Neziraj v. Deutschland) = StraFo 2012, 490.

- es ist darzulegen, dass die Annahme der Erforderlichkeit der Anwesenheit des Angeklagten in der auf seine Berufung hin durchgeführten Hauptverhandlung auf einer Verkennung der betreffenden Voraussetzungen im Lichte der Rspr. des EGMR beruht.

IV. Verfahrensrüge der Verletzung des § 329 Abs. 2 S. 1 Alt. 2, Abs. 3 StPO

Rüge 269

2387 Erging auf die Berufung der Staatsanwaltschaft ein Sachurteil aufgrund einer in Abwesenheit des Angeklagten durchgeführten Hauptverhandlung (§ 329 Abs. 2 S. 1 Alt. 2, Abs. 3 StPO)?

I. Rechtsgrundlagen

2388 Auf die Berufung der Staatsanwaltschaft darf in Abwesenheit des Angeklagten ein Sachurteil nur unter der Voraussetzung ergehen, dass der ordnungsgemäß zur Berufungshauptverhandlung geladene Angeklagte zu Beginn nicht erschienen, sein Ausbleiben nicht genügend entschuldigt und seine Anwesenheit nach Auffassung des Gerichts nicht erforderlich ist. Kann die Hauptverhandlung nicht ohne den Angeklagten abgeschlossen werden oder ist eine Verwerfung der Berufung in einer vom Revisionsgericht zurückverwiesenen Sache nicht zulässig (§ 329 Abs. 1 S. 4 StPO), ist die Vorführung oder Verhaftung des Angeklagten anzuordnen (§ 329 Abs. 3 StPO).

II. Anforderungen an den Vortrag der Rüge der Verletzung des § 329 Abs. 2 S. 1 StPO

2389 Zum Rügevortrag, ob der Angeklagte als ausgeblieben behandelt werden durfte und ob sein Ausbleiben genügend entschuldigt war oder nicht, kann auf die Ausführungen unter Rn. 2367 verwiesen werden. Es muss weiterhin vorgetragen werden, dass es sich um eine Berufung der Staatsanwaltschaft handelte, dass die Voraussetzungen der §§ 231a, 231b, 232, 233 StPO (str.)[3851] nicht vorlagen oder es sich um eine vom Revisionsgericht zurückverwiesene Sache handelte (siehe Rn. 2364 ff.). Dass seine Anwesenheit in der Berufungshauptverhandlung erforderlich gewesen sei, ist kein zulässiger Revisionsgrund (§ 340 StPO), wenn er dort durch einen Verteidiger mit schriftlicher Vollmacht vertreten wurde.

3851 Siehe dazu die Nachw. bei SK-StPO-*Frisch*[5] § 329 Rn. 48.

V. Vorschriftswidrige Durchführung der Berufungshauptverhandlung[3852]

Rüge 270

Ist im Falle einer Berufungseinlegung durch die Staatsanwaltschaft in der Hauptverhandlung der Antrag des Angeklagten auf Aussetzung der Berufungshauptverhandlung im Hinblick darauf, dass ihm die Berufungsrechtfertigung der Staatsanwaltschaft nicht rechtzeitig zugestellt wurde (§ 320 S. 2 StPO), abgelehnt worden oder hat es das Gericht unterlassen, den unverteidigten Angeklagten in einem solchen Fall auf die Möglichkeit der Stellung eines Aussetzungsantrages hinzuweisen, nachdem ihm die Berufungsbegründung der Staatsanwaltschaft zur Kenntnis gebracht worden ist?

2390

I. Rechtsgrundlagen

Auf den Umstand, dass die Staatsanwaltschaft im Falle einer von ihr eingelegten Berufung es unterlassen hat, dem Angeklagten die Schriftstücke über die Rechtfertigung der Berufung zuzustellen, kann die Revision nicht gestützt werden.[3853] Es kann aber gerügt werden, dass ein deswegen gestellter Aussetzungsantrag zu Unrecht abgelehnt wurde[3854] (§§ 228 Abs. 1, 238 Abs. 2, 265 Abs. 3, Abs. 4, 320 S. 2, 338 Nr. 8 StPO) bzw. der unverteidigte Angeklagte weder auf den Inhalt der ihm nicht zugestellten Rechtfertigungsschrift noch auf die Möglichkeit der Stellung eines Aussetzungsantrages hingewiesen worden ist (§§ 265 Abs. 3, Abs. 4, 337 StPO).

2391

II. Anforderungen an den Vortrag

- Dem Angeklagten ist vor der Hauptverhandlung die Rechtfertigung der von der Staatsanwaltschaft eingelegten Berufung nicht zugestellt worden.
- In der Hauptverhandlung ist ein Antrag auf Aussetzung der Hauptverhandlung durch Gerichtsbeschluss abgelehnt worden (Mitteilung des Antrages und des Ablehnungsbeschlusses im Wortlaut) oder
- der nicht verteidigte Angeklagte ist über den Inhalt der Berufungsrechtfertigung der Staatsanwaltschaft nicht in der Hauptverhandlung unterrichtet und auch nicht auf die Möglichkeit der Stellung eines Aussetzungsantrages hingewiesen worden und hat einen solchen auch nicht gestellt.[3855]

2392

3852 Zu Rügemöglichkeiten in Bezug auf § 257c StPO s. unten Rüge 300 Rn. 2588 und Rügen 301-301c Rn. 2589 ff.

3853 LR-*Gössel*[26] § 320 Rn. 10, SK-StPO-*Frisch*[5] § 320 Rn. 10.

3854 LR-*Gössel*[26] § 320 Rn. 10 m.w.N.; SK-StPO-*Frisch*[5] § 320 Rn. 10.

3855 Durch das Schweigen des Protokolls wird bewiesen, dass Unterrichtung, Hinweis und Stellung eines Aussetzungsantrages nicht erfolgt sind.

III. Beruhen

2393 Enthielt die Berufungsrechtfertigung der Staatsanwaltschaft Ausführungen, die für die Führung der Verteidigung des Angeklagten von Bedeutung sein konnten, ist nicht auszuschließen, dass das Berufungsurteil auf der gerügten Verletzung der Ablehnung eines Aussetzungsantrages bzw. der unterbliebenen Unterrichtung und Hinweiserteilung über die Aussetzungsmöglichkeit beruht.[3856]

Rüge 271

2394 Ist es in der Berufungshauptverhandlung unterblieben, über den Gegenstand der Berufungsverhandlung und die Ergebnisse des bisherigen Verfahrens Bericht zu erstatten und ist die Verlesung des erstinstanzlichen Urteils gänzlich unterblieben (§ 324 Abs. 1 S. 2 StPO)?

I. Rechtsgrundlagen

2395 Ist die Berichterstattung über den Gegenstand der Berufungsverhandlung und die Ergebnisse des bisherigen Verfahrens oder entgegen § 324 Abs. 1 S. 2 StPO die Verlesung des erstinstanzlichen Urteils gänzlich unterblieben,[3857] so liegt darin ein Rechtsfehler, der mit der Verfahrensrüge geltend gemacht werden kann.[3858] Die Verfahrensrüge führt zur Aufhebung des Berufungsurteils, wenn nach Lage des Einzelfalles nicht ausgeschlossen werden kann, dass das Berufungsurteil auf diesem Verfahrensverstoß beruht.[3859] Die Rüge, der Vortrag oder die Verlesung seien unvollständig gewesen, soll demgegenüber nach h.M. unzulässig sein, weil es dem Revisionsgericht verwehrt sei, den Umfang der Berichterstattung und der Verlesung zu rekonstruieren.[3860]

3856 SK-StPO-*Frisch*[5] § 320 Rn. 10.

3857 Dies wird durch das Schweigen der Sitzungsniederschrift bewiesen. Die Verlesung des mit der Berufung angefochtenen Urteils als Teil des Vortrags über die Ergebnisse des bisherigen Verfahrens ist nach *KG* StV 2013, 433 allerdings nicht Teil der Beweisaufnahme und nicht als Urkundsbeweis bei der Urteilsfindung verwertbar.

3858 LR-*Gössel*[26] § 324 Rn. 31; *BayObLG* MDR 1982, 249; *OLG Hamburg* NStZ 1985, 379.

3859 Siehe hierzu *Thür. OLG* v. 25.10.2016 – 1 OLG 181 Ss 77/16 = StraFo 2017, 159 sowie SK-StPO-*Frisch*[5] § 324 Rn. 29 m.w.N. aus der Rspr.

3860 Siehe hierzu und zu in Betracht kommenden Ausnahmen SK-StPO-*Frisch*[5] § 324 Rn. 29.

II. Anforderungen an den Vortrag der Rüge der Verletzung des § 324 Abs. 1 StPO

* Die Berichterstattung über den Gegenstand der Berufungshauptverhandlung   **2396**
  und die Ergebnisse des bisherigen Verfahrens sind in der Berufungshauptverhandlung vollständig unterblieben **oder**
* die Verlesung des erstinstanzlichen Urteils ist in der Berufungshauptverhandlung vollständig unterblieben.

Rüge 271a

Ist im Anschluss an den Bericht über die Ergebnisse des bisherigen Verfahrens und die   **2397**
Verlesung des Urteils des ersten Rechtszuges die Mitteilung unterblieben, ob Erörterungen
nach § 212 i.V.m. § 332 StPO stattgefunden haben, wenn deren Gegenstand die Möglichkeit einer Verständigung (§ 257c StPO) gewesen ist, und wenn ja, die Mitteilung von deren
wesentlichem Inhalt (§§ 243 Abs. 4 S. 1, 332 StPO)? Ist diese Pflicht auch im weiteren
Verlauf der Berufungshauptverhandlung erfüllt worden, soweit sich Änderungen gegenüber der Mitteilung zu Beginn der Hauptverhandlung ergeben haben (§§ 243 Abs. 4 S. 2,
332 StPO)?

I. Rechtsgrundlagen

Über § 332 StPO gelten die Vorschriften des erstinstanzlichen Verfahrens zur Ver-   **2398**
ständigung (§§ 212, 243 Abs. 4, 257c, 267 Abs. 3 S. 5, 273 Abs. 1a StPO) auch für
das Berufungsverfahren.[3861] Der Vorsitzende hat dementsprechend im Anschluss an
den Bericht über die Ergebnisse des bisherigen Verfahrens und die Verlesung des
Urteils des ersten Rechtszuges mitzuteilen, ob im Berufungsverfahren Erörterungen
i.S.d. §§ 212, 243 Abs. 4 S. 1 StPO stattgefunden haben, die die Möglichkeit einer
Verständigung (§ 257c StPO) zum Gegenstand hatten.[3862] Auch die Dokumentationspflicht des § 212 (i.V.m. § 202a) StPO gilt nicht nur für das erstinstanzliche Verfahren, sondern auch im Berufungsverfahren.[3863] Mitzuteilen und zu dokumentieren
sind alle Erörterungen ab dem Zeitpunkt des Eingangs der Verfahrensakten bei dem
Berufungsgericht (§ 321 StPO). Die Mitteilungspflicht besteht auch im weiteren
Verlauf der Hauptverhandlung, soweit es gegenüber der eingangs der Berufungshauptverhandlung erfolgten Mitteilung zu Änderungen gekommen ist.

Was den Inhalt der Mitteilung betrifft, kann zunächst auf die Ausführungen zu   **2399**
§ 243 Abs. 4 StPO verwiesen werden (siehe Rüge 67 Rn. 807 u. Rüge 67a Rn. 823).

3861   SK-StPO-*Frisch*[5] § 324 Rn. 25; *H. Schneider* NZWiSt 2015, 1.
3862   SK-StPO-*Frisch*[5] § 324 Rn. 25.
3863   *OLG Stuttgart* v. 26.3.2014 – 4a Ss 462/13 = StV 2014, 397, 398 = StraFo 2014, 152.

Gegenstand einer Verständigung kann auch eine Berufungsbeschränkung sein[3864], insbesondere als Gegenleistung für die in Aussicht gestellte Zusage eine Ober- und Untergrenze der Strafe. Gegenstand einer Verständigung im Falle einer Berufungsbeschränkung kann aber auch der sonstige Inhalt des Urteils sein, soweit es um die Rechtsfolgen geht (bspw. Anordnung und Dauer eines Fahrverbots gem. § 44 Abs. 1 StGB bzw. Aberkennung der Amtsfähigkeit etc. gem. § 45 Abs. 2 u. 5 StGB[3865]) und die dazugehörigen Beschlüsse (z.b. Bewährungs- und Untersuchungshaftbeschlüsse). Dementsprechend unterliegen auch darauf bezogene Erörterungen, die vor oder außerhalb der Hauptverhandlung stattgefunden haben, der Mitteilungspflicht nach §§ 243 Abs. 4, 232 StPO.[3866]

2400 Erstinstanzlich stattgefundene Erörterungen über die Möglichkeit einer Verständigung unterliegen keiner Mitteilungspflicht, auch wenn ihr Inhalt in den Akten dokumentiert ist (§§ 202a, 212 StPO). Dies gilt unabhängig davon, ob in der ersten Instanz eine Verständigung stattgefunden hat oder nicht. Ob die unterbliebene Aufklärung der Beachtung der Vorschriften des Verständigungsgesetzes im erstinstanzlichen Verfahren aus anderen Gründen in der Berufungshauptverhandlung zum Gegenstand einer Verfahrensrüge gemacht werden kann (z.b. Verwertbarkeit eines erstinstanzlichen Geständnisses), unterliegt jedenfalls nicht dem Regelungsbereich des § 243 Abs. 4 StPO.[3867]

2401 Die unterlassene oder unvollständige Mitteilung von Verständigungsgesprächen, die in der Berufungsinstanz vor der Hauptverhandlung stattgefunden haben, begründet einen Verfahrensfehler, der mit der Revision gerügt werden kann.[3868] Kann nicht ausgeschlossen werden, dass auf dem Verstoß gegen die Pflicht zur Dokumentation von den den Verfahrensstand betreffenden Erörterungen eine Berufungsbeschränkung des Angeklagten beruht, ist diese unwirksam.[3869]

3864 *LG Freiburg* StV 2010, 236; *OLG Karlsruhe* v. 14.6.2013 – 3 Ss 235/13 = StV 2014, 401 = NStZ 2014, 536; *OLG Nürnberg* v. 10.8.2016 – 2 OLG 8 Ss 289/15 = StraFo 2016, 473; *Schlothauer/Weider* StV 2009, 600, 603; *Wenske* NStZ 2015, 137, 139; *H. Schneider* NZWiSt 2015, 1, 5; SK-StPO-*Frisch*[5] § 324 Rn. 25; offen gelassen von *OLG Stuttgart* v. 26.3.2014 – 4a Ss 462/13 = StV 2014, 397, 398 = StraFo 2014, 152.

3865 *Niemöller* in: Niemöller/Schlothauer/Weider, VerstG 2010, § 257c Rn. 60 u. 61.

3866 *OLG Hamm* v. 29.12.2015 – 2 RVs 47/15 = StV 2016, 791 = NStZ 2016, 565 m. Anm. *Bittmann.*

3867 Siehe hierzu Rüge 301 Rn. 2589 u. Rüge 302 Rn. 2604.

3868 SK-StPO-*Frisch*[5] § 324 Rn. 30; *OLG Hamm* v. 29.12.2015 – 2 RVs 47/15 = StV 2016, 791 = NStZ 2016, 565 m. Anm. *Bittmann.*

3869 *OLG Stuttgart* v. 26.3.2014 – 4a Ss 462/13 = StV 2014, 397 = StraFo 2014, 152; s. aber auch *OLG Hamburg* v. 5.8.2014 – 1-27/14 (Rev) = NStZ 2014, 534 in Abgrenzung zu *OLG Stuttgart.*

II. Anforderungen an die Verfahrensrüge

- Es ist darzulegen, dass in der Berufungshauptverhandlung im Anschluss an den 2402
  Bericht über die Ergebnisse des bisherigen Verfahrens und die Verlesung des
  Urteils des ersten Rechtszuges die Mitteilung unterblieben ist, ob Erörterungen
  nach § 212 StPO stattgefunden haben, deren Gegenstand die Möglichkeit einer
  Verständigung gewesen ist.

- Soll gerügt werden, dass eine derartige Mitteilung zwar erfolgt ist, diese aber
  unvollständig oder unzutreffend war, ist zunächst deren Inhalt vollständig mitzuteilen sowie etwaige daraufhin erfolgte Reaktionen anderer Verfahrensbeteiligter. Ferner ist der Ablauf und der Inhalt der nicht oder unzutreffend mitgeteilten Erörterungen vorzutragen.

- Ist es außerhalb der Berufungshauptverhandlung zu Erörterungen gekommen,
  die nicht Gegenstand einer zu Beginn der Hauptverhandlung erfolgten Mitteilung waren bzw. von einer solchen abweichen, ist vorzutragen, dass darüber bis
  zum Ende der Berufungshauptverhandlung keine Mitteilung erfolgte oder eine
  solche unvollständig oder unzutreffend war.

- Im Übrigen kann auf die Ausführungen zu § 243 Abs. 4 StPO verwiesen werden
  (Rüge 67 Rn. 820 u. Rüge 67a Rn. 825).

Rüge 271b

Ist es in der dem Berufungsverfahren vorausgegangenen amtsgerichtlichen Hauptverhand- 2403
lung zu einer Verständigung gekommen, in deren Rahmen der Angeklagte ein Geständnis
abgelegt hat?

Siehe dazu Rüge 301 Rn. 2589 u. Rüge 302 Rn. 2604. 2404

Rüge 272

Hat das Berufungsgericht die Beweisaufnahme vor Einvernahme des Angeklagten zur Sa- 2405
che ganz oder teilweise durchgeführt (Verletzung des § 324 Abs. 2 StPO)?

Mit der entspr. Verfahrensrüge muss vorgetragen werden, welche Teile der Beweis- 2406
aufnahme vor der Einvernahme des Angeklagten zur Sache durchgeführt wurden,
dass der Angeklagte nach Belehrung über sein Recht, sich zur Sache zu äußern
(§ 243 Abs. 4 S. 1 StPO), von vornherein und nicht erst zu einem späteren Zeit-

punkt zur Äußerung bereit war und dass der Angeklagte sich im Laufe der Hauptverhandlung tatsächlich zur Sache geäußert hat.

Rüge 273

2407   Ist in der Berufungshauptverhandlung eine Aussage eines in der Hauptverhandlung des
ersten Rechtszuges vernommenen Zeugen oder Sachverständigen verlesen worden, obwohl der Angeklagte rechtzeitig vor der Hauptverhandlung die wiederholte Vorladung des
betreffenden Zeugen oder Sachverständigen beantragt hatte, diesem Antrag nicht nachgegangen worden ist und auch die Voraussetzungen für eine Verlesung nach § 251 Abs. 1
oder Abs. 2 StPO nicht vorgelegen haben (Verletzung des § 325 StPO)?

I. Rechtsgrundlagen

2408   Hat der Angeklagte rechtzeitig vor der Hauptverhandlung beantragt, in der Hauptverhandlung des ersten Rechtszuges vernommene Zeugen oder Sachverständigen
zur Berufungshauptverhandlung zu laden und ist das Berufungsgericht diesem Antrag nicht nachgegangen, darf deren Vernehmung nicht durch Verlesung der Protokolle über ihre Aussagen in der Hauptverhandlung des ersten Rechtszuges ersetzt
werden, sofern die Verlesung nicht nach § 251 StPO zulässig ist.[3870] Die Zulässigkeit der Verlesung hängt ferner davon ab, dass es sich um ein ordnungsgemäß errichtetes, den wesentlichen Formvorschriften genügendes Protokoll über eine Vernehmung in der erstinstanzlichen Hauptverhandlung handelt, die ihrerseits den wesentlichen Verfahrensvorschriften genügen muss.[3871]

II. Anforderungen an den Vortrag der Rüge der Verletzung des § 325 StPO

2409   • In der Hauptverhandlung ist die Niederschrift über die Vernehmung eines in der
Hauptverhandlung des ersten Rechtszuges vernommenen Zeugen oder Sachverständigen verlesen worden. Deren Inhalt ist wörtlich mitzuteilen.

   • Ggf. ist vorzutragen, dass es sich nicht um ein ordnungsgemäß errichtetes, den
wesentlichen Formvorschriften genügendes Protokoll über eine Vernehmung
handelte, die ihrerseits den wesentlichen Verfahrensvorschriften genügte.[3872]

   • Der betreffende Zeuge oder Sachverständige ist vom Berufungsgericht nicht zur
Hauptverhandlung geladen und dort nicht vernommen worden.

   • Der Angeklagte hatte rechtzeitig vor der Hauptverhandlung die wiederholte
Vorladung dieses Zeugen oder Sachverständigen beantragt. Es ist der Inhalt des

---

3870   LR-*Gössel*[26] § 325 Rn. 9.
3871   SK-StPO-*Frisch*[5] § 325 Rn. 10 m.w.N. und einzelnen Beispielen.
3872   Siehe hierzu Rüge 146 Rn. 1304.

Antrages sowie der Zeitpunkt seiner Einreichung bei Gericht mitzuteilen sowie der Zeitpunkt der Berufungshauptverhandlung.[3873]
- Es lagen nicht die im Einzelnen auszuführenden Voraussetzungen des § 251 Abs. 1 bzw. Abs. 2 StPO vor.

III. Im Zusammenhang mit der Rüge stehende Verfahrensfehler

1. Ist die protokollierte Aussage eines erstinstanzlich vernommenen Zeugen oder Sachverständigen verlesen worden, der trotz wiederholter Vorladung in der Hauptverhandlung ausgeblieben ist, ist dies nur mit Zustimmung der Staatsanwaltschaft und des Angeklagten oder sonst unter den Voraussetzungen des § 251 StPO zulässig.[3874]   **2410**

2. Trotz Vorliegens der Voraussetzungen des § 325 StPO hätte die gerichtliche Aufklärungspflicht die persönliche Anhörung der Beweisperson anstelle der Verlesung der früheren Vernehmungsniederschrift geboten.[3875]   **2411**

3. Wird im Urteil ein Schriftstück oder eine Aussage verwertet, ohne dass es/sie zum Zweck der Beweisaufnahme in der Berufungshauptverhandlung verlesen oder sonst ordnungsgemäß in diese eingeführt worden ist, ist § 261 StPO verletzt.[3876]   **2412**

Rüge 273a
Ist in der Berufungshauptverhandlung ein Beweisantrag auf Vernehmung eines erstinstanzliche vernommenen Zeugen oder Sachverständigen gestellt worden?   **2413**

Wird in der Berufungshauptverhandlung ein Beweisantrag auf Vernehmung eines erstinstanzlich vernommenen Zeugen oder Sachverständigen gestellt und wird dieser zurückgewiesen, bedarf es zur Begründung der Verletzung des § 244 Abs. 3 bzw. des § 244 Abs. 2 StPO neben dem Inhalt des Antrages und seiner Begründung sowie des gerichtlichen Ablehnungsbeschlusses der Darlegung, ob in der Berufungshauptverhandlung das Protokoll über die erstinstanzliche Vernehmung nach   **2414**

3873   Der Zeitraum zwischen dem Ladungsantrag des Angeklagten und dem Beginn der Berufungshauptverhandlung muss ausreichend gewesen sein, um die Ladung des betreffenden Zeugen oder Sachverständigen zur Hauptverhandlung noch bewirken zu können: LR-*Gössel*[26] § 325 Rn. 15.
3874   LR-*Gössel*[26] § 325 Rn. 9 u. 10.
3875   Zu den Anforderungen an die Aufklärungsrüge (§ 244 Abs. 2 StPO) s. Rüge 190 Rn. 1707.
3876   Siehe dazu Rüge 226 Rn. 1937.

§ 325 Hs. 2 StPO verlesen worden ist.[3877] Durch die Verlesung des Protokolls über Aussagen erstinstanzlich vernommener Zeugen und Sachverständigen gem. § 325 StPO wird die persönliche Vernehmung der betreffenden Person in der Berufungshauptverhandlung ersetzt.[3878] In diesem Fall handelt es sich um einen Antrag auf ergänzende Vernehmung des betreffenden Zeugen oder Sachverständigen jedenfalls dann, wenn Angeklagter und Verteidiger bei der amtsgerichtlichen Beweisaufnahme mitgewirkt haben.[3879] Ein solcher Antrag ist nicht nach § 244 Abs. 3 StPO, sondern nach § 244 Abs. 2 StPO und damit mit einem unterschiedlichen Ablehnungsmaßstab zu bescheiden. Dies gilt wiederum dann nicht, wenn der Antrag das Ziel verfolgt, den Zeugen oder Sachverständigen zu einem Beweisthema zu vernehmen, das nicht Gegenstand der erstinstanzlichen Hauptverhandlung war. Dementsprechend bedarf es in der Revisionsbegründung der Mitteilung bzw. des Ausschlusses der Verlesung des erstinstanzlichen Hauptverhandlungsprotokolls in der Berufungshauptverhandlung. Das Protokoll ist in Bezug auf den betreffenden Zeugen oder Sachverständigen vollständig und wörtlich im Rahmen der Verfahrensrüge vorzutragen.

Rüge 274

2415 Ist es einem Verfahrensbeteiligten verweigert worden, einen Schlussvortrag zu halten, hat die Staatsanwaltschaft keinen Schlussvortrag gehalten oder hatte der Angeklagte nicht das letzte Wort?

2416 Nach § 326 StPO werden nach dem Schluss der Beweisaufnahme die Staatsanwaltschaft sowie der Angeklagte und sein Verteidiger mit ihren Ausführungen und Anträgen gehört, und zwar der Beschwerdeführer zuerst. Dass das Gericht bei den Schlussausführungen die Reihenfolge nicht eingehalten hat, kann nach h.M. die Revision nicht begründen.[3880] Es kann aber mit der Revision gerügt werden, dass dem Angeklagten bzw. dem Verteidiger ein Schlussvortrag überhaupt verweigert worden ist[3881] oder die Staatsanwaltschaft gar keinen Schlussvortrag gehalten hat.[3882] Es begründet ferner die Revision, wenn dem Angeklagten entgegen § 326 S. 2 StPO

3877 *OLG Hamburg* v. 8.12.2015 – 1 Rev 58/15 = StV 2016, 803.
3878 *Meyer-Goßner/Schmitt*[60] § 325 Rn. 2.
3879 *OLG Hamburg* v. 8.12.2015 – 1 Rev 58/15 = StV 2016, 803.
3880 LR-*Gössel*[26] § 326 Rn. 6 m.w.N.
3881 SK-StPO-*Frisch*[5] § 326 Rn. 7. Die Rüge ist auch dann zulässig, wenn der Betroffene keinen Beschluss des Gerichts nach § 238 Abs. 2 StPO herbeigeführt hat: LR-*Gössel*[26] § 326 Rn. 6 m.w.N.; s. Rüge 212 Rn. 1852.
3882 Siehe hierzu Rüge 211 Rn. 1849.

das letzte Wort nicht gewährt bzw. nach Wiedereintritt in die Beweisaufnahme[3883] nicht erneut das letzte Wort gewährt wurde.

Rüge 275

Hat das Berufungsurteil auf die amtsgerichtlichen Urteilsfeststellungen Bezug genommen? **2417**

Zwar verbietet es sich nicht, hinsichtlich der persönlichen und wirtschaftlichen Ver- **2418** hältnisse des Angeklagten im Berufungsurteil auf die amtsgerichtlichen Urteilsfeststellungen Bezug zu nehmen. Voraussetzung für eine wirksame Bezugnahme insoweit ist aber, dass das Berufungsgericht selbst die gleichen Feststellungen zu den persönlichen und wirtschaftlichen Verhältnissen wie das Amtsgericht getroffen hat und dies auch eindeutig und unmissverständlich im Berufungsurteil zum Ausdruck kommt. Darüber hinaus muss genau angegeben werden, in welchem Umfang die erstinstanzlichen Feststellungen zur Person und zu den wirtschaftlichen Verhältnissen vom Berufungsgericht übernommen worden sind.[3884] Die fehlerhafte Bezugnahme auf die amtsgerichtlichen Urteilsfeststellungen ist bereits auf die allgemeine Sachrüge hin zu beachten. Soll allerdings zusätzlich beanstandet werden, dass in den Urteilsgründen Ausführungen zu den persönlichen Verhältnissen des Angeklagten fehlen, ist dies mit der Verfahrensrüge zu beanstanden.[3885]

VI. Revision gegen ein Berufungsurteil nach Durchführung der erstinstanzlichen Hauptverhandlung im beschleunigten Verfahren

Zu den diesbezüglich Rügemöglichkeiten siehe Rn. 2453 und 2454. **2419**

3883 Siehe hierzu Rüge 213 Rn. 1856.
3884 *OLG Hamm* StV 2009, 403.
3885 Siehe Rüge 233 Rn. 1982.

Abschnitt 2
Richtet sich die Revision gegen ein Urteil, das in einem Verfahren ergangen ist, in dem gegen einen Strafbefehl Einspruch eingelegt wurde?

Rüge 275a

2420   Ist der Strafbefehl rechtsfehlerhaft, weil er bei der Bezeichnung der Tat die einer Anklageschrift entsprechenden Voraussetzungen ausreichender Konkretisierung und Unterrichtung zwecks Vorbereitung des Angeklagten auf seine Verteidigung vermissen lässt?

I. Erfüllt der Strafbefehl bei der Bezeichnung der Tat die einer Anklageschrift entsprechenden Voraussetzungen ausreichender Konkretisierung und Unterrichtung zwecks Vorbereitung des Angeklagten auf seine Verteidigung?

2421   Die nach § 409 Abs. 1 S. 1 Nr. 3 StPO verlangte Bezeichnung der Tat, die dem Angeklagten zur Last gelegt wird, muss die einer Anklageschrift und einem Eröffnungsbeschluss zukommende Umgrenzungs- und Informationsfunktion erfüllen.[3886] Erfüllt der Strafbefehl diese Voraussetzungen nicht, ist bzgl. der Folgen zu differenzieren:

2422   Ist mangels ausreichender Konkretisierung nicht zu erkennen, welche Tat dem Angeklagten vorgeworfen wird, so dass Zweifel über die Identität der Tat bestehen, fehlt es an einer Prozessvoraussetzung mit der Folge, dass das Verfahren nach Einlegung des Einspruchs von Amts wegen eingestellt werden muss.[3887] Unterbleibt dies in der auf den Einspruch stattfindenden Hauptverhandlung bzw. (auch) in einer Berufungshauptverhandlung, erfolgt die Einstellung durch das Revisionsgericht bereits im Falle der Erhebung der allgemeinen Sachrüge. Es empfiehlt sich aber im Hinblick auf die nicht immer eindeutig mögliche Abgrenzung der Verletzung der Umgrenzungs und derjenigen der Informationsfunktion grundsätzlich die Erhebung einer Verfahrensrüge.[3888]

2423   Im Falle der Verletzung der Informationsfunktion kann dieser Fehler durch Belehrung des Angeklagten durch den Vorsitzenden in der Hauptverhandlung geheilt werden.[3889] Werden entspr. Hinweise unterlassen oder nur unzureichend erteilt, kann dies wegen Verletzung der §§ 411, 243 Abs. 3 S. 1 StPO zum Gegenstand einer Verfahrensrüge gemacht werden.[3890]

3886   LR-*Gössel*[26] § 409 Rn. 9; *OLG Karlsruhe* StV 2005, 598.
3887   *Meyer-Goßner/Schmitt*[60] § 409 Rn. 4; LR-*Gössel*[26] § 409 Rn. 12.
3888   Siehe auch Rüge 54 Rn. 737.
3889   LR-*Gössel*[26] § 409 Rn. 13.
3890   Vgl. hierzu und zu den Voraussetzungen oben Rüge 54 Rn. 737.

Rüge 275b

Hat der erlassene Strafbefehl auf eine Rechtsfolge erkannt, die nach § 407 Abs. 2 StPO nicht zugelassen ist?

2424

Ein Strafbefehl, der auf eine nach § 407 Abs. 2 StPO nicht zugelassene Rechtsfolge **2425** erkennt, ist in dem Fall, dass kein Einspruch eingelegt wird, unwirksam.[3891] Ist aber gegen den Strafbefehl Einspruch eingelegt worden, ist dieser Fehler für das weitere Verfahren folgenlos, weil durch das Urteil im Falle eines Schuldspruchs ohnehin eine eigene Entscheidung über die Rechtsfolgen getroffen werden muss,[3892] so dass das Urteil auf dem vorangegangenen Fehler nicht beruhen kann.

Rüge 275c

Ist die Hauptverhandlung nach Einspruch gegen den Strafbefehl rechtsfehlerhaft durchgeführt worden?

2426

I. Ist durch das Urteil der Einspruch gegen den Strafbefehl wegen unentschuldigten Ausbleibens des Angeklagten in der Hauptverhandlung gem. § 412 StPO bzw. die Berufung gegen das amtsgerichtliche Verwerfungsurteil verworfen worden?

Hat das Amtsgericht den Einspruch des Angeklagten gegen den Strafbefehl unter **2427** Berufung auf § 412 StPO (unentschuldigtes Ausbleiben des Angeklagten in der Hauptverhandlung) verworfen, ist diese Entscheidung im Wege der Sprungrevision gegen das Verwerfungsurteil des Amtsgerichts (§ 335 Abs. 1 StPO) sowie mit der Berufung (§ 333 StPO)[3893] überprüfbar. Letzterenfalls beschränkt sich die Prüfung des Berufungsgerichts darauf, ob der Einspruch zu Unrecht verworfen worden ist oder nicht. Wird die Berufung verworfen, weil die Verwerfung des Einspruchs gem. § 412 StPO nach Auffassung des Berufungsgerichts zurecht erfolgte,[3894] kann auch diese Entscheidung mit der Verfahrensrüge der Verletzung des § 412 StPO ange-

---

3891 SK-StPO-*Weßlau*[4] § 409 Rn. 32; LR-*Gössel*[26] § 409 Rn. 7 m.w.N.
3892 *Meyer-Goßner/Schmitt*[60] § 409 Rn. 7; SK-StPO-*Weßlau*[4] § 409 Rn. 32; **a.A.** LR-*Gössel*[26] § 409 Rn. 17.
3893 Die Berufung gegen das Verwerfungsurteil des Amtsgerichts unterliegt keinen Zulässigkeitsbeschränkungen; § 313 StPO findet keine Anwendung: *Meyer-Goßner/Schmitt*[60] § 412 Rn. 10; SK-StPO-*Weßlau*[4] § 412 Rn. 17.
3894 Die Verwerfung der Berufung wegen unentschuldigten Ausbleibens des Angeklagten in der Berufungshauptverhandlung ist nach § 329 Abs. 1 StPO zulässig: Siehe dazu Rüge 268 Rn. 2363.

griffen werden.[3895] Für die revisionsrechtliche Überprüfung eines Verwerfungsurteils nach § 412 S. 1 StPO bzw. des Urteils, durch das die Berufung gegen das Verwerfungsurteil verworfen wurde, gelten die gleichen Grundsätze wie bei einer Revision gegen ein Verwerfungsurteil nach § 329 StPO[3896]. Die bei § 329 StPO umstrittene Frage nach dem Umfang der Prüfungskompetenz des Revisionsgerichts stellt sich auch hier.[3897]

2428 Sind nach Auffassung des Revisionsgerichts die Voraussetzungen des § 412 StPO zu Unrecht angenommen worden, so verweist es die Sache an das Amtsgericht zurück, im Falle einer Revision gegen das Berufungsurteil unter Aufhebung beider Urteile.[3898]

II. Wurde nach Einspruch gegen einen nach § 408a StPO durch das Schöffengericht erlassenen Strafbefehl in der dortigen Hauptverhandlung bzw. im Falle der Berufung gegen das amtsgerichtliche Urteil in der Berufungshauptverhandlung ein in der Hauptverhandlung gestellter Beweisantrag nicht verbeschieden oder aus Gründen abgelehnt, die nicht von §§ 244 Abs. 3 bis 5, 245 Abs. 2 StPO gedeckt sind?

2429 Nach § 420 Abs. 4 StPO, der gem. § 411 Abs. 2 S. 2 StPO auch für die Hauptverhandlung nach Einspruch gegen einen Strafbefehl anzuwenden ist, bestimmt in Verfahren vor dem Strafrichter dieser unbeschadet des § 244 Abs. 2 StPO den Umfang der Beweisaufnahme. Die Vorschrift ist damit nicht anwendbar für Hauptverhandlungen vor dem Schöffengericht,[3899] zu denen es im Falle eines Einspruchs gegen einen nach § 408a Abs. 1 StPO erlassenen Strafbefehl kommen kann. Ebenfalls gilt die Vorschrift nicht im Berufungsverfahren.[3900]

2430 Die Ablehnung eines Beweisantrages aus Gründen, die nicht von den Ablehnungsgründen der §§ 244 Abs. 3–5, 245 Abs. 2 StPO gedeckt sind oder die Nichtbescheidung eines Beweisantrages entgegen § 244 Abs. 6 StPO im Falle der Nichterhebung

---

3895 *OLG Koblenz* StV 2010, 477 für den Fall, dass der Angeklagte der Einspruchsverhandlung vor dem Amtsgericht ferngeblieben ist, nachdem ein Terminsverlegungsantrag seines Verteidigers willkürlich zurückgewiesen worden war. Wird lediglich die allgemeine Sachrüge erhoben, beschränkt sich die revisionsgerichtliche Prüfung darauf, ob evtl. Verfahrenshindernisse vorliegen, die zur Verfahrenseinstellung hätten führen müssen: SK-StPO-*Weßlau*[4] § 412 Rn. 21.

3896 Siehe hierzu Rüge 268 Rn. 2363.

3897 Vgl. *Meyer-Goßner/Schmitt*[60] § 412 Rn. 11 m.w.N. einerseits, SK-StPO-*Weßlau*[4] § 412 Rn. 22 andererseits.

3898 *OLG Karlsruhe* StV 1995, 8; *Meyer-Goßner/Schmitt*[60] § 412 Rn. 11.

3899 *Meyer-Goßner/Schmitt*[60] § 420 Rn. 10.

3900 Str. wie hier *Meyer-Goßner/Schmitt*[60] § 411 Rn. 7; SK-StPO-*Weßlau*[4] § 411 Rn. 25; *Schlothauer* StV 1995, 46.

des beantragten Beweises kann deshalb bei Hauptverhandlungen vor dem Schöffengericht bzw. im Berufungsverfahren trotz der Vorschriften der §§ 411 Abs. 2 S. 2, 420 Abs. 4 StPO zum Gegenstand einer Verfahrensrüge gemacht werden.[3901] Bei Verhandlungen vor dem Strafrichter kommt nur die Rüge der Verletzung der Aufklärungspflicht gem. § 244 Abs. 2 StPO in Betracht.[3902] Ersterenfalls muss der Sachvortrag neben dem bei der Rüge der Verletzung der §§ 244 Abs. 3–6, 245 Abs. 2 StPO erforderlichen Vorbringen die Mitteilung enthalten, dass der Beweisantrag in der vor dem Schöffengericht bzw. vor dem Berufungsgericht stattgefundenen Hauptverhandlung gestellt worden ist.

III. Ist in der Hauptverhandlung nach Einspruch gegen den Strafbefehl die persönliche Vernehmung von Zeugen oder Sachverständigen, auch in ihrer Eigenschaft als Angehörige einer Behörde, durch Verlesung früherer Vernehmungsniederschriften, von ihnen stammender schriftlicher Äußerungen oder Erklärungen ersetzt worden, ohne dass dieser Verfahrensweise seitens des in der Hauptverhandlung anwesenden Angeklagten, eines anwesenden Verteidigers und der Staatsanwaltschaft zugestimmt worden ist (§§ 411 Abs. 2 S. 2, 420 Abs. 3 StPO)?

1. Rechtsgrundlagen

Nach § 420 Abs. 1 und Abs. 2 StPO ist in der Hauptverhandlung vor dem Strafrichter bzw. dem Schöffengericht nach Einspruch gegen einen Strafbefehl ein vereinfachtes Beweisverfahren zulässig, durch das sich die persönliche Vernehmung von Zeugen, Sachverständigen und Behördenangehörigen erübrigt, wenn Niederschriften über eine frühere Vernehmung, von ihnen stammende schriftliche Äußerungen oder Erklärungen vorliegen, die in der Hauptverhandlung verlesen werden können und dadurch die persönliche Vernehmung ersetzen. In der Berufungsinstanz und in der Hauptverhandlung nach Zurückverweisung durch das Revisionsgericht gilt § 420 Abs. 1 bzw. Abs. 2 StPO nicht.[3903]   **2431**

Nach §§ 420 Abs. 3, 411 Abs. 2 S. 2 StPO darf das vereinfachte Beweisverfahren nach § 420 Abs. 1 und 2 StPO nur mit Zustimmung des Angeklagten, des Verteidigers und der Staatsanwaltschaft, soweit sie in der Hauptverhandlung anwesend sind, durchgeführt werden. Fehlt die erforderliche Zustimmung eines Verfahrensbeteiligten zum vereinfachten Beweisverfahren, begründet dies die Verletzung des § 420   **2432**

3901   Siehe hierzu Kap. 21 Rn. 1417.
3902   Siehe hierzu Rüge 190 Rn. 1707.
3903   SK-StPO-*Paeffgen*[4] § 420 Rn. 30 f.; *Schlothauer* StV 1995, 46; **a.A.** KK-*Maur*[7] § 411 Rn. 21; *Meyer-Goßner/Schmitt*[60] § 420 Rn. 12.

Abs. 3 StPO[3904], was zum Gegenstand einer Verfahrensrüge gemacht werden kann. Die Rüge ist allerdings nur begründet, wenn die Ersetzung der persönlichen Vernehmung der in § 420 Abs. 1 und Abs. 2 StPO aufgeführten Beweispersonen durch Verlesung von Niederschriften über ihre frühere Vernehmung, von ihnen stammenden schriftlichen Äußerungen oder Erklärungen nicht nach anderen Vorschriften (§§ 251, 256 StPO) zulässig war. Dass die erforderlichen Voraussetzungen für eine Verlesbarkeit nach diesen Vorschriften nicht vorlagen, muss als Negativtatsache mitgeteilt werden:

2. Anforderungen an den Vortrag der Rüge der Verletzung der §§ 420, 250 StPO

2433
- Es ist mitzuteilen, dass in einer Hauptverhandlung vor dem Amtsgericht nach Einspruch gegen einen Strafbefehl Niederschriften über eine frühere Vernehmung eines Zeugen, Sachverständigen oder Mitbeschuldigten, Urkunden mit von ihnen stammenden schriftlichen Äußerungen oder Erklärungen von Behörden und sonstigen Stellen über ihre dienstlichen Wahrnehmungen, Untersuchungen und Erkenntnisse sowie über diejenigen ihrer Angehörigen verlesen worden sind.
- Die betreffenden Schriftstücke sind konkret zu bezeichnen; ihr Inhalt ist wörtlich mitzuteilen.
- Es ist mitzuteilen, dass im Falle der Anwesenheit der Angeklagte, sein Verteidiger oder der Sitzungsvertreter der Staatsanwaltschaft der Verlesung nicht vorher zugestimmt haben.[3905]
- Es muss im Falle des § 420 Abs. 1 StPO vorgetragen werden, dass die Voraussetzungen, unter denen nach § 251 Abs. 1 Nr. 1–3 bzw. Abs. 2 Nr. 1 und 2 StPO eine Verlesung erfolgen dürfte, nicht vorlagen.[3906] Im Falle einer Verlesung nach § 420 Abs. 2 StPO ist vorzutragen, dass die verlesenen Erklärungen dienstliche Wahrnehmungen, Untersuchungen und Erkenntnisse beinhalteten, die nicht schon nach § 256 Abs. 1 StPO verlesen werden durften.
- Es ist mitzuteilen, dass die Verletzung des § 420 Abs. 3 StPO nicht durch spätere Zustimmungserklärung und erneute Verlesung der betreffenden Schriftstücke geheilt worden ist.

3904 *Meyer-Goßner/Schmitt*[60] § 420 Rn. 13; SK-StPO-*Paeffgen*[4] § 420 Rn. 32 (Aufklärungsrüge).

3905 Das Schweigen des Hauptverhandlungsprotokolls zu den erforderlichen Zustimmungserklärungen liefert den Beweis für das Fehlen der Zustimmung, was nach h. M. allerdings nur in Fällen gilt, in denen der Angeklagte unverteidigt ist (*BayObLG* NJW 1978, 1817 f.; *OLG Stuttgart* JR 1977, 343 f. m. Anm. *Gollwitzer*), weil die Zustimmung ansonsten auch stillschweigend erfolgen könne (*OLG Köln* NStZ 1988, 31; zu § 251 StPO s. auch *BGH* StV 1983, 319 m. abl. Anm. *Schlothauer*). Es muss also ggf. vorgetragen werden, dass der Angeklagte zu dem betreffenden Zeitpunkt sich nicht im Beistand eines Verteidigers befunden hat, und er auch nicht über die Folgen seines Einverständnisses aufgeklärt wurde (*Meyer-Goßner/Schmitt*[60] § 420 Rn. 8).

3906 Siehe hierzu Rüge 145 Rn. 1279 u. Rüge. 146 Rn. 1296.

IV. Ist durch Ersetzung der persönlichen Vernehmung eines Zeugen oder Sachverständigen oder eines Behördenangehörigen durch Verlesung von Niederschriften über eine frühere Vernehmung sowie von schriftliche Äußerungen oder Erklärungen beinhaltenden Urkunden die gerichtliche Aufklärungspflicht (§ 244 Abs. 2 StPO) verletzt worden?

Ist das Gericht unter Verletzung seiner Aufklärungspflicht nach § 420 Abs. 1 oder Abs. 2 StPO verfahren, begründet die ordnungsgemäß erhobene Aufklärungsrüge[3907] die Revision.[3908]   **2434**

V. Ist trotz zulässiger Beschränkung des Einspruchs (§ 410 Abs. 2 StPO) auf den Rechtsfolgenausspruch der Strafausspruch zum Nachteil des Angeklagten abweichend vom Strafrahmen des unangefochten angewandten Strafgesetzes verändert bzw. sind von in Rechtskraft erwachsenen Tatsachen abweichende Feststellungen getroffen worden?

Bei einer wirksamen Beschränkung des Einspruchs auf den Rechtsfolgenausspruch erwachsen die Schuldfeststellungen[3909] in Rechtskraft. Ergänzende Feststellungen zum Rechtsfolgenausspruch dürfen nicht in Widerspruch zu den Schuldfeststellungen treten. Da bei der Rechtsfolgenentscheidung vom rechtlichen Gehalt des nicht angefochtenen Schuldspruchs auszugehen ist, muss die Tat nach dem Strafrahmen des unangefochten angewandten Strafgesetzes auch dann bewertet werden, wenn der Schuldspruch nachträglich für falsch erachtet wird.[3910] Dies gilt unbeschadet der Vorschrift des § 411 Abs. 4 StPO.   **2435**

Ein Abweichen zum Nachteil des Angeklagten ist vom Revisionsgericht von Amts wegen auf die zulässig erhobene Sachrüge hin zu überprüfen.[3911]

3907 Siehe Rüge 190 Rn. 1707.
3908 *Meyer-Goßner/Schmitt*[60] § 420 Rn. 13.
3909 Zum Umfang vgl. LR-*Gössel*[26] § 318 Rn. 79.
3910 LR-*Gössel*[26] § 318 Rn. 85.
3911 LR-*Gössel*[26] § 318 Rn. 126.

VI. Ist nach dem Einspruch gegen einen Strafbefehl durch das Urteil auf eine Rechtsfolge erkannt worden, durch die die Strafgewalt des Amtsgerichts (§ 24 GVG) überschritten wurde?

2436 Überschreitet das Gericht seine Strafgewalt, so ist dies auf die zulässig erhobene Sachrüge hin als sachliche Unzuständigkeit vom Revisionsgericht von Amts wegen zu berücksichtigen.[3912]

Abschnitt 3
Richtet sich die Revision gegen ein Urteil, das auf der Grundlage eines (zunächst gestellten) Antrags der Staatsanwaltschaft auf Entscheidung im beschleunigten Verfahren (§ 417 StPO) ergangen ist?

I. Sprungrevision (§ 335 Abs. 1 StPO) gegen eine amtsgerichtliche Verurteilung

Rüge 275d

2437 Ist das beschleunigte Verfahren ohne den nach § 417 StPO erforderlichen Antrag der Staatsanwaltschaft durchgeführt worden, wurde dieser zurückgenommen oder fehlte es an einer den Anforderungen des § 200 Abs. 1 StPO entsprechenden Anklageschrift oder an einer (im Hauptverhandlungsprotokoll schriftlich fixierten) den Vorwurf konkretisierenden mündlichen Anklage[3913] oder unterblieb in der Hauptverhandlung eine mündliche Anklageerhebung[3914]?

2438 Es fehlt in diesen Fällen an einer Verfahrensvoraussetzung mit der Folge, dass das Verfahren auf die mit der Sachrüge begründete Revision einzustellen ist. Es empfiehlt sich gleichwohl, die betreffenden Verfahrenstatsachen innerhalb der Revisionsbegründungsfrist vorzutragen, nämlich:

- Das Amtsgericht hat beschlossen, die Hauptverhandlung im beschleunigten Verfahren durchzuführen.
- Ein diesbezüglicher Antrag (§ 417 StPO) ist durch die Staatsanwaltschaft nicht gestellt oder wieder zurückgenommen worden.
- Der durchgeführten Hauptverhandlung lag keine schriftliche (bzw. keine den Anforderungen des § 200 StPO entspr.)[3915] Anklageschrift zugrunde.

3912 *Meyer-Goßner/Schmitt*[60] § 270 Rn. 27; s. Rüge 6 Rn. 169.
3913 *OLG Frankfurt/M.* StV 2000, 299.
3914 *OLG Frankfurt/M.* StV 2001, 341.
3915 Siehe dazu Rüge 54 Rn. 737. Diese ist dann vollständig im Wortlaut mitzuteilen.

- In der Hauptverhandlung unterblieb eine mündliche Anklageerhebung oder diese (in das Sitzungsprotokoll aufgenommene) ließ nicht erkennen, was dem Angeklagten konkret vorgeworfen wird (der im Sitzungsprotokoll fixierte Inhalt der mündlichen Anklageerhebung muss vollständig mitgeteilt werden).

Rüge 275e

Ist ein Urteil im beschleunigten Verfahren ergangen, obwohl die Hauptverhandlung nicht sofort oder in kurzer Frist nach Antragstellung durch die Staatsanwaltschaft gem. § 417 StPO durchgeführt worden ist (Rüge der Verletzung des § 418 Abs. 1 StPO)[3916]?   2439

- Es ist die Antragsschrift der Staatsanwaltschaft auf Durchführung der Hauptverhandlung im beschleunigten Verfahren im Wortlaut mitzuteilen sowie das Datum ihres Eingangs beim Amtsgericht.   2440
- Es ist Datum des Beginns der Hauptverhandlung mitzuteilen, aufgrund derer das angefochtene Urteil ergangen ist.
- Ist die 6-Wochenfrist des § 418 Abs. 1 S. 2 StPO überschritten worden, ist darzulegen, dass auch kein unvorhersehbares verzögerndes Ereignis dem früheren Beginn der Hauptverhandlung entgegengestanden hat.
- Es ist mitzuteilen, dass das Gericht nicht die Eröffnung des Verfahrens beschlossen und die Hauptverhandlung im Regelverfahren zu Ende geführt hat.[3917]

Rüge 275f

Ist der Angeklagte zu einer Freiheitsstrafe von mindestens 6 Monaten verurteilt worden und ist die Hauptverhandlung während eines wesentlichen Teils ohne einen Verteidiger durchgeführt worden?   2441

Anforderungen an den Vortrag der Rüge der Verletzung der §§ 418 Abs. 4, 338 Nr. 5 StPO[3918]:   2442

3916   *OLG Düsseldorf* StV 1999, 202 und *OLG Düsseldorf* StV 2003, 492.

3917   Hat das Gericht mit Ablehnung der Entscheidung im beschleunigten Verfahren zugleich einen Eröffnungsbeschluss erlassen, darf das Verfahren im gewöhnlichen Verfahren nur dann fortgesetzt werden, wenn das Gericht nach dem Geschäftsverteilungsplan auch für die Verhandlung im Normalverfahren zuständig gewesen wäre: *Sprenger* NStZ 1997, 576. Anderenfalls kann das Urteil mit der Sprungrevision angefochten werden: § 21e GVG, § 338 Nr. 1 StPO (s. Rüge 10 Rn. 205).

3918   *BayObLG* StV 1998, 366; *OLG Braunschweig* StV 2005, 493.

- Die Hauptverhandlung ist im beschleunigten Verfahren durchgeführt worden. Dafür sind der Antrag der Staatsanwaltschaft und die Entscheidung des Amtsgerichts nach §§ 417, 419 Abs. 1 StPO mitzuteilen.
- Der Angeklagte ist zu einer Freiheitsstrafe von mindestens 6 Monaten verurteilt worden.
- Zumindest ein wesentlicher Teil der Hauptverhandlung (dieser ist konkret und mit dem verhandelten Inhalt mitzuteilen) hat ohne Mitwirkung eines Verteidigers stattgefunden.
- Der betreffende Teil der Hauptverhandlung ist zu einem späteren Zeitpunkt nicht in Anwesenheit eines Verteidigers wiederholt worden.
- Die Hauptverhandlung ist nicht – nach zwischenzeitlicher Ablehnung, die Sache im beschleunigten Verfahren zu entscheiden und nach Eröffnung des Hauptverfahrens gem. § 419 Abs. 3 StPO – im gewöhnlichen Verfahren fortgesetzt worden.

Rüge 275g

2443 Ist der Angeklagte zu einer höheren Freiheitsstrafe als zu einer Freiheitsstrafe von einem Jahr verurteilt worden oder/und wurde gegen ihn eine Maßregel der Besserung und Sicherung verhängt?

2444 Anforderungen an den Vortrag der Rüge der Verletzung des § 419 Abs. 1 S. 2 StPO[3919]:

- Die Hauptverhandlung ist im beschleunigten Verfahren durchgeführt worden. Dafür sind der Antrag der Staatsanwaltschaft und die Entscheidung des Amtsgerichts nach §§ 417, 419 Abs. 1 StPO mitzuteilen.
- Der Angeklagte wurde zu einer höheren Freiheitsstrafe als zu einer Freiheitsstrafe von einem Jahr verurteilt[3920] und/oder gegen ihn wurde eine Maßregel der Besserung und Sicherung verhängt.
- Die Hauptverhandlung wurde nicht – nach zwischenzeitlicher Ablehnung, die Sache im beschleunigten Verfahren zu entscheiden und nach Eröffnung des

---

3919 Ob der Fehler bereits auf die allgemeine Sachrüge hin zur Urteilsaufhebung und Zurückverweisung führen muss, ist str.: Vgl. *Meyer-Goßner/Schmitt*[60] § 419 Rn. 18 m.w.N; da der *BGH* (*BGHSt* 35, 251 = StV 1988, 510) offen gelassen hat, ob der Verstoß nicht nur auf eine zulässige Verfahrensrüge zu beachten ist, empfiehlt es sich, die Rüge entspr. den Voraussetzungen des § 344 Abs. 2 S. 2 StPO zu erheben.

3920 Die Rüge ist auch dann begründet, wenn sich das Urteil innerhalb der Rechtsfolgenkompetenz des § 24 Abs. 2 GVG gehalten hat (str.): *Meyer-Goßner/Schmitt*[60] § 419 Rn. 16.

Hauptverfahrens gem. § 419 Abs. 3 StPO – im gewöhnlichen Verfahren fortgesetzt.

Rüge 275h

Wurde der Antrag der Staatsanwaltschaft auf Durchführung des beschleunigten Verfahrens ausdrücklich abgelehnt, sodann aber ohne Erlass eines Eröffnungsbeschlusses im Regelverfahren weiter prozediert? **2445**

Es handelt sich um ein zur Verfahrenseinstellung führendes Verfahrenshindernis, das auf die allgemeine Sachrüge zu beachten ist.[3921] Es empfiehlt sich gleichwohl, innerhalb der Revisionsbegründungsfrist die betreffenden Verfahrenstatsachen mitzuteilen, nämlich Antrag der Staatsanwaltschaft auf Durchführung des beschleunigten Verfahrens, Beschluss des Amtsgerichts, durch den dieser Antrag abgelehnt wurde, fehlender Eröffnungsbeschluss. **2446**

Rüge 275i

Ist nach Ablehnung der von der Staatsanwaltschaft beantragten Durchführung der Hauptverhandlung im beschleunigten Verfahren ein Eröffnungsbeschluss erlassen und die Hauptverhandlung unmittelbar im gewöhnlichen Verfahren fortgesetzt worden, ohne dem Angeklagten vor Erlass des Eröffnungsbeschlusses rechtliches Gehör zu gewähren (§§ 419 Abs. 3, 201 StPO)? **2447**

Dem Angeklagten ist im Falle der Ablehnung der Durchführung der Hauptverhandlung im beschleunigten Verfahren (der entspr. Antrag der Staatsanwaltschaft ist mitzuteilen) – falls noch nicht geschehen – eine Anklageschrift, im Falle der mündlichen Anklageerhebung eine Protokollabschrift auszuhändigen. Dem Angeklagten ist vor Erlass des Eröffnungsbeschlusses rechtliches Gehör zu gewähren,[3922] wobei der unverteidigte Angeklagte darauf hinzuweisen ist, dass er einen Aussetzungs oder Unterbrechungsantrag stellen kann. **2448**

Unterbleibt dieser Hinweis oder wird ein Antrag auf Aussetzung oder Unterbrechung der Hauptverhandlung abgelehnt, begründet dies die Revision (§ 228 Abs. 1, 265 Abs. 4, 338 Nr. 8 StPO)[3923].

3921 *OLG Köln* StV 2003, 493.
3922 *Meyer-Goßner/Schmitt*[60] § 419 Rn. 9.
3923 Siehe Rüge 60 Rn. 774 u. Rüge 61 Rn. 778.

Rüge 275j

2449   Fand im beschleunigten Verfahren eine Beweisaufnahme in Form der Verlesung von Niederschriften von Vernehmungen eines Zeugen, Sachverständigen oder Mitbeschuldigten oder von Erklärungen von Behörden und sonstigen Stellen anstelle der Vernehmung des Zeugen, Sachverständigen oder Behördenvertreters statt, ohne dass hierfür die Zustimmung des Angeklagten, des Verteidigers und der Staatsanwaltschaft vorlag?

2450   Anforderungen an den Vortrag der Rüge der Verletzung des § 420 Abs. 3 StPO[3924]:

- Es fand die Hauptverhandlung im beschleunigten Verfahren statt. Der Antrag der Staatsanwaltschaft und der Beschluss des Amtsgerichts (§§ 417, 419 Abs. 1 StPO) sind mitzuteilen.

- In der Hauptverhandlung wurden anstelle der Vernehmung eines Zeugen, Sachverständigen oder Mitbeschuldigten die Niederschrift über eine frühere Vernehmung oder Urkunden, die eine von ihnen stammende schriftliche Äußerung enthalten, verlesen.

- Hierzu erklärten der Angeklagte, der Verteidiger oder der Sitzungsvertreter der Staatsanwaltschaft nicht ihre Zustimmung.

- Es ist darzulegen, dass die Voraussetzungen für eine Verlesung nach §§ 251 Abs. 1 Nr. 2 und 3, Abs. 2 Nr. 1 und 2 und 256 Abs. 1 StPO nicht vorlagen.

Rüge 275k

2451   Ist in der Hauptverhandlung vor dem Strafrichter ein Beweisantrag abgelehnt worden bzw. ist ihm eine Beweisaufnahme unter Verletzung der Aufklärungspflicht vorzuwerfen (§ 420 Abs. 4 StPO)?

2452   Die Revision kann in diesem Fall nur auf eine ordnungsgemäß erhobene Aufklärungsrüge gestützt werden.[3925]

II.   Revision gegen eine Verurteilung durch das Berufungsgericht

2453   Das Fehlen eines Antrags der Staatsanwaltschaft auf Durchführung der Hauptverhandlung im beschleunigten Verfahren, die erstinstanzliche Verhandlung über eine den Anforderungen des § 200 StPO nicht entspr. Anklageschrift oder die Verhandlung auf der Grundlage einer den konkreten Vorwurf nicht erkennen lassenden mündlich erhobenen Anklage sowie eine Verhandlung bei unterbliebenem Ablehnungs- und Eröffnungsbeschluss in einer für das beschleunigte Verfahren nicht

---

3924   Siehe auch *Meyer-Goßner/Schmitt*[60] § 420 Rn. 13.
3925   Siehe Rüge 190 Rn. 1707.

mehr geeigneten Strafsache[3926] sowie das Überschreiten der Rechtsfolgengrenze des § 419 Abs. 1 S. 2 StPO können – auf entspr. Verfahrensrüge (siehe Ziff. I) – zum Gegenstand der Revision gegen ein Berufungsurteil gemacht werden.

Hat das Berufungsgericht von den Verfahrensvereinfachungen des § 420 StPO Ge- **2454** brauch gemacht, kann dies mit der Rüge der Verletzung des § 420 StPO beanstandet werden, weil die Verfahrensvereinfachungen des beschleunigten Verfahrens nicht für das Berufungsverfahren gelten.[3927]

Abschnitt 4
Ist dem Urteil eine zustande gekommene, versuchte oder widerrufene Verständigung oder eine (versuchte) heimliche Absprache vorausgegangen?

3926 *OLG Hamburg* StV 2000, 299.
3927 *BayObLG* StV 2005, 493 = NStZ 2005, 403 m. zust. Anm. *Metzger* m.w.N.; **a.A.** *Meyer-Goßner/Schmitt*[60] § 419 Rn. 12.

Vorbemerkung

2456 Die Vorschriften, die durch das VerstG in die StPO eingeführt wurden, sind (noch) verfassungskonform.[3928]Allerdings hat das *BVerfG* einige, die bisherige Rspr. korrigierende Auslegungen vorgenommen. So ist z.b. der Katalog der einer Verständigung entzogenen Gegenstände des § 257c Abs. 2 StPO um die Strafrahmenwahl erweitert worden. Eine Strafrahmenverschiebung darf nicht Gegenstand einer Verständigung sein, und zwar auch dann nicht, wenn sie sich auf Sonderstrafrahmen für besonders schwere oder minder schwere Fälle im Vergleich zum Regelstrafrahmen bezieht.[3929] Ferner ist die Überprüfung eines in Erfüllung der Verständigung abgelegten Geständnisses nur anhand der Akten entgegen der bisherigen Rspr. nicht ausreichend.[3930]

2457 Revisionsrechtlich besondere Bedeutung erlangen die durch die Entscheidung aufgewerteten Dokumentations- und Mitteilungspflichten, §§ 202a, 212, 243 Abs. 4, 273 Abs. 1 S. 2 und Abs. 1a StPO. Eine Verständigung ist, wenn überhaupt, nur dann zulässig, wenn die Transparenz ihres Zustandekommens und ihres Ergebnisses sichergestellt ist. Dazu dienen die im Gesetz normierten Dokumentations- und Mitteilungspflichten.[3931] Dokumentation und Verständigung sind untrennbar miteinander verbunden, sie bilden eine Einheit. Ein Verstoß gegen die Dokumentationspflicht und das Transparenzgebot infiziert die Verständigung und macht diese rechtswidrig. Die Einhaltung der Dokumentations- und Mitteilungspflichten unterliegt daher bei Erhebung einer entspr. Rüge einer besonderen revisionsrechtlichen Kontrolle. Obwohl der Gesetzgeber die Nichteinhaltung der vorgeschriebenen Dokumentation und Mitteilungen nicht zum absoluten Revisionsgrund erhoben hat, ist ein Beruhen des Urteils auf einem solchen Rechtsfehler in der Regel zu bejahen. Nur in ganz besonderen Ausnahmefällen kann ein Beruhen ausgeschlossen werden.[3932]

2458 Die revisionsrechtlichen Probleme im Zusammenhang mit einer (versuchten) Verständigung sind mannigfaltig und durch die höchst- und obergerichtliche Rspr. noch nicht umfassend gelöst.[3933] Dies gilt auch für die sich aus der Entscheidung des *BVerfG* ergebenden neuen revisionsrechtlichen Fragestellungen. Ganz grob können folgende Fallkonstellationen unterschieden werden: Ist dem Urteil eine Verständigung nach § 257c StPO vorausgegangen, stellt sich die Frage nach den Möglichkeiten der Erhebung von Verfahrensrügen wegen Verstoßes gegen die (allgemeinen)

3928 *BVerfG* v. 19.3.2013 – 2 BvR 2628/10 = StV 2013, 353 m. Anm. *Niemöller* StV 2013, 420 u. *Weigend* StV 2013, 424.
3929 *BVerfG* v. 19.3.2013 – 2 BvR 2628/10 Rn. 74, 109 = StV 2013, 353.
3930 *BVerfG* v. 19.3.2013 – 2 BvR 2628/10 Rn. 70 = StV 2013, 353.
3931 Siehe Kap. 13, Rügen 67 und 67a, Rn. 807 ff.
3932 *BVerfG* v. 19.3.2013 – 2 BvR 2628/10 Rn. 82, 85, 96 ff = StV 2013, 353.
3933 Siehe dazu etwa *Schlothauer* StraFo 2011, 487; *Ventzke* StraFo 2012, 212; *Jahn* StV 2011, 497; *Wenske* DRiZ 2011, 393 ff. (Teil 1) und 2012, 123 ff. (Teil 2); *B. Schmitt* StraFo 2012, 386; *Frisch* in: GS Weßlau, 2016, S. 127 ff.

Vorschriften der StPO sowie speziell gegen die „Verständigungsvorschriften" sowie die Frage materiell-rechtlicher Beanstandungen des Schuld- und/oder Rechtsfolgenausspruches. Ist eine zustande gekommene Verständigung vom Gericht widerrufen worden, ist zu prüfen, welche Konsequenzen der Widerruf für die vom Angeklagten erbrachten Leistungen hat und welche Rügemöglichkeiten sich daraus ergeben. Und schließlich stellt sich die Frage nach den Rügemöglichkeiten im Falle einer rechtswidrigen heimlichen Absprache.

A. Ist dem Urteil eine Verständigung nach § 257c StPO vorausgegangen?

I. Zulässigkeit (allgemeiner) formeller und materiell-rechtlicher Rügen bei Verständigungsurteil

1. Allgemeine Verfahrensrügen und sachlich-rechtliche Beanstandungen

Die StPO sieht keine irgendwie geartete Beschränkung der Anfechtungsmöglich-   **2459**
keiten im Falle eines Verständigungsurteils vor. Der Gesetzgeber hat bewusst auf
eine Lockerung der Rügemöglichkeiten verzichtet. Nach seinem eindeutigen Willen
soll eine vollumfängliche revisionsrechtliche Kontrolle stattfinden, um zu gewährleisten, dass auch Verfahren, in denen es zu einer Verständigung kommt, gesetzesgemäß ablaufen.[3934]

Danach haben die Verfahrensbeteiligten, also auch die Staatsanwaltschaft[3935] und
der Nebenkläger (in den Grenzen des § 400 Abs. 1 StPO), die Möglichkeit, das Urteil mit *allen* in Betracht kommenden Verfahrensrügen und sachlich-rechtlichen Beanstandungen anzufechten.

In der Rspr. sind bisher folgende Verfahrensrügen als zulässig angesehen worden:

*   fehlerhafte Annahme der Zuständigkeit nach § 74a GVG, § 338 Nr. 4 StPO,[3936]
*   fehlerhafte Annahme der örtlichen Zuständigkeit,[3937]
*   Verstoß gegen § 136a StPO (Drohung mit Sanktionsschere),[3938]

3934 *BVerfG* Urt. v. 19.3.2013 – 2 BvR 2628/10 Rn. 95 = StV 2013, 353; *BGH* StV 2012,
137; StV 2011, 607; StV 2009, 680; StV 2009, 628; *Meyer-Goßner*[55] § 257c Rn. 32a;
Weider in: Niemöller/Schlothauer/Weider, VerstG, 2010, S. 155, 160; *Pfister* StV
2009, 550, 553; *Beulke* StV 2009, 556; zweifelnd für eine Rüge der Nichtverbeschei-
dung eines Antrags auf Pflichtverteidigerwechsel, Verstoß gegen § 24 StPO und § 218
StPO = *BGH* Beschl. v. 24.2.2010 – 5 StR 23/10 = StV 2010, 470.
3935 *KG* v. 23.4.2012 – (3) 121 Ss 34/12 = StV 2012, 654.
3936 *BGH* StV 2012, 137.
3937 *BGH* StV 2009, 680.
3938 *BGH* StV 2010, 225; die Nichtangabe einer Strafobergrenze „für den Fall des Bestreitens" (sog. Sanktionsschere) stellt bei einem Urteil, dem eine Verständigung vorausgegangen ist, keinen Rechtsfehler dar: *BGH* v. 3.9.2013 – 5 StR 318/13 = StV 2013, 741
= StraFo 2013, 473. Der Angeklagte hat auf einen solchen Hinweis keinen Anspruch.

- Verstoß gegen §§ 230, 231c StPO,[3939]
- Verletzung der Aufklärungspflicht[3940],
- fehlerhaftes Selbstleseverfahren nach § 249 Abs. 2 StPO,[3941]
- Verstoß gegen § 258 Abs. 2 StPO,[3942]
- Verletzung der Hinweispflicht nach § 265 StPO.[3943]

Hinsichtlich der Anforderungen an den Vortrag muss auf die Ausführungen zu den jeweiligen Vorschriften, deren Verletzung gerügt werden soll, verwiesen werden. Soweit sich Besonderheiten ergeben, sind diese bei den nachfolgend dargestellten Rügen aufgeführt.

2460 Die Rüge der Verletzung materiellen Rechts umfasst auch und besonders die Rüge mangelhafter Beweiswürdigung (siehe dazu Rn. 2502) und eines fehlerhaften Rechtsfolgenausspruchs.

2461 So muss etwa bei Annahme eines falschen Strafrahmens (die Strafrahmenwahl selbst ist der Verständigung entzogen[3944]) der Rechtsfolgenausspruch ebenso aufgehoben werden wie bei Verstößen gegen § 46 Abs. 3 StGB oder bei Übergehen wesentlicher Strafmilderungsgründe i.S.d. § 267 Abs. 3 S. 1 StPO. Denn es kann nicht ausgeschlossen werden, dass sich der aus dem Urteil ergebende Strafzumessungsfehler auf die Bestimmung des vom Gericht nach § 257c Abs. 3 S. 2 StPO vorgeschlagenen Verständigungsstrafrahmens und die diesem Strafrahmen entnommene konkrete Strafe ausgewirkt hat. Es ist daher nicht auszuschließen, dass der vorgeschlagene Strafrahmen oder die konkrete Strafe ohne den Rechtsfehler geringer ausgefallen wären. Dass der Angeklagte (und die Staatsanwaltschaft) einer Verurteilung zu einer Strafe aus dem vorgeschlagenen Strafrahmen zugestimmt hat, kann weder den Fehler heilen noch das Beruhen ausschließen. Dies gilt schon deswegen, weil der Angeklagte bzw. sein Verteidiger bei Kenntnis, dass das Gericht bei der Strafzumessung rechtsfehlerhafte Erwägungen angestellt hat, auf diese hätte hinweisen können mit dem Ziel, einen niedrigen Verständigungsstrafrahmen zum Gegenstand der Verständigung zu machen bzw. auf eine niedrigere Strafe zu erkennen.[3945]

2462 Selbstverständlich prüft das Revisionsgericht auf die Sachrüge, ob der ausgeurteilte Tatbestand von den Feststellungen getragen wird. Dass der Angeklagte (und die Staatsanwaltschaft) der Verurteilung auf der Basis des Verständigungsvorschlags

---

3939 *BGH* StV 2009, 628.
3940 *BVerfG* v. 19.3.2013 – 2 BvR 2628/10 Rn. 68, 95 = StV 2013, 353; *BGH* StV 2011, 647 m. Anm. *Schlothauer*; s. dazu auch *Weider* in: Niemöller/Schlothauer/Weider, VerstG, 2010, 161.
3941 *BGH* v. 23.5.2012 – 1 StR 208/12.
3942 *BGH* StV 2010, 227.
3943 *BGHSt* 56, 235 = StV 2011, 607.
3944 *BVerfG* v. 19.3.2013 – 2 BvR 2628/10 Rn. 74 = StV 2013, 353.
3945 Vgl. dazu auch *Weider* in: Niemöller/Schlothauer/Weider, VerstG, 2010, 158 f.

zugestimmt hat, kann einen sachlich-rechtlichen Fehler nicht heilen, so dass ein solcher zur Urteilsaufhebung führen muss.[3946]

2. Verstöße gegen Verständigungsvorschriften bei Verständigungsurteil

Auch Verstöße gegen Vorschriften des im Gesetz geregelten Verständigungsverfahrens können zum Gegenstand formeller Rügen gemacht werden. Grundsätzlich können nen derartige Rechtsfehler nur mit einer Verfahrensrüge wegen Verstoßes gegen eine bestimmte Vorschrift angegriffen werden.[3947] Auch wenn in den Urteilsgründen, ohne dass dies erforderlich wäre,[3948] Einzelheiten der Verständigung mitgeteilt werden, bedarf es zur Beanstandung der Verletzung etwa der Verfahrensvorschrift des § 257c StPO der Erhebung einer formgerechten (§ 344 Abs. 2 S. 2 StPO) Verfahrensrüge.[3949] Der Umstand, dass das Revisionsgericht im Rahmen des § 344 Abs. 2 S. 2 StPO bei zugleich erhobener umfassender Sachrüge den Urteilsinhalt ergänzend berücksichtigen kann, befreit nicht von der Anbringung einer Verfahrensrüge.[3950] **2463**

II. Anforderungen an den Vortrag

Bei Verstößen gegen die Vorschriften des Verständigungsverfahrens sind grundsätzlich alle Vorgänge, die sich auf die Verständigung beziehen, im Einzelnen mitzuteilen. Dazu zählen u.a. **2464**

- Aktenvermerke der Staatsanwaltschaft nach § 160b S. 2 StPO,
- Aktenvermerke des Gerichts nach §§ 202a S. 2, 212 StPO,
- die Mitteilungen des Vorsitzenden gem. § 243 Abs. 4 i.V.m. § 273 Abs. 1a StPO,
- der gerichtliche Verständigungsvorschlag nach § 257c Abs. 3 S. 1 i.V.m. § 273 Abs. 1a StPO,
- die Zustimmungserklärungen des Angeklagten und der Staatsanwaltschaft,
- die Belehrung des Angeklagten nach § 257c Abs. 5 StPO.

Sofern es neben diesen im Protokoll enthaltenen Tatsachen weitere Vorgänge im Zusammenhang mit der Verständigung gegeben hat (etwa im Protokoll nicht festgehaltene Gespräche), kann es angebracht sein, auch diese mitzuteilen.

3946 *BGH* StV 2011, 78: fehlerhafte Annahme von Mittäterschaft statt Beihilfe.
3947 *Meyer-Goßner/Schmitt*[60] § 257c Rn. 33a.
3948 Vgl. u.a. *BGH* v. 11.10. 2010 – 1 StR 359/10 = NStZ 2011, 170, 171; *BGH* v. 19.8.2010 – 3 StR 226/10 = StV 2011, 76, 78.
3949 Vgl. auch *BGH* v. 13.1.2010 – 3 StR 528/09 = StV 2010, 227.
3950 *BGH* StV 2012, 134; vgl. dazu auch *Velten* StV 2012, 172.

Rüge 275l

2465 Wurde entgegen §§ 202a, 212 StPO kein Vermerk gefertigt über den wesentlichen Inhalt von vor oder außerhalb der Hauptverhandlung geführten Gesprächen, wenn deren Gegenstand die Möglichkeit einer Verständigung war?

I. Rechtsgrundlagen

2466 Der lückenlosen Dokumentation des Zustandekommens einer Verständigung kommt besondere Bedeutung zu. Ein Verstoß gegen die Dokumentationspflicht macht die Verständigung rechtswidrig (siehe dazu oben Rn. 2457). Die Pflicht, den wesentlichen Inhalt von vor oder außerhalb der Hauptverhandlung geführten Gesprächen aktenkundig zu machen, dient in besonderer Weise der Transparenz. Denn es geht um die „Geburtsstunde" einer später zustande gekommenen Verständigung, in der die Weichen für das weitere Verfahren gestellt wurden. Es ist kaum denkbar, dass es zu einer Verständigung kommt, ohne dass vor oder außerhalb der Hauptverhandlung die entscheidenden Gespräche darüber geführt wurden und das mögliche Ergebnis einer Verständigung nicht wenigstens in Umrissen skizziert wurde. Die Vermerkspflicht trifft das Mitglied des Gerichts, das das Gespräch geführt hat, also etwa den Berichterstatter ebenso wie den Vorsitzenden. Fehlt es allein am Vermerk und sind alle anderen Formvorschriften eingehalten worden, stellt sich allerdings die Frage, ob der Fehler der Nichtanfertigung des vorgeschriebenen Vermerks nicht durch die Mitteilung des Vorsitzenden in der Hauptverhandlung nach § 243 Abs. 4 StPO geheilt wurde. Allerdings ist darauf hinzuweisen, dass ein Verstoß gegen die Offenlegungspflicht immer den Verdacht nährt, dass die Anfertigung des Vermerks unterblieben ist, um rechtswidriges Procedere nicht dokumentieren oder nicht die Unwahrheit sagen zu müssen. Die Niederlegung unwahrer oder mindestens unvollständiger Angaben wird vermieden.[3951] Auch bei sonst vollständiger Dokumentation und Beachtung der Formvorschriften können in dem nicht dokumentierten Gespräch Vereinbarungen getroffen worden sein, die im offiziellen Verständigungsvorschlag nicht auftauchen, für die Verständigung selbst aber von fundamentaler Bedeutung sind. Dies können Schuldspruchzusagen ebenso sein wie Vereinbarungen über den Strafrahmen oder der Umgang mit nicht verfahrensgegenständlichen Verwürfen. Daher wird nicht sicher auszuschließen sein, dass die Anfertigung des Vermerks gerade deswegen unterlassen wurde, weil Unzulässiges und Rechtswidriges Gesprächsinhalt gewesen ist und dieses wesentlichen Einfluss auf die später zustande gekommene Verständigung hatte. Selbst wenn also die sonstigen Dokumentationspflichten beachtet wurden und die Verständigung selbst sonst keinen Rechtsfehler aufweist, kann ein Verstoß gegen §§ 202a, 212 StPO gerügt werden, da nicht sicher auszuschließen ist, dass Teile der Gesprächsinhalte rechtswidrig waren und

---

3951 Vgl. dazu *BVerfG* v. 19.3.2013 – 2 BvR 2628/10 Rn. 98 = StV 2013, 353 zum Fehlen des Negativattests.

gerade diese das Zustandekommen der Verständigung wesentlich beeinflusst haben. Ein Beruhen des Urteils auf der unterlassenen Dokumentation wird „regelmäßig" nicht auszuschließen sein.[3952]

II. Anforderungen an den Vortrag

Mitzuteilen sind alle Vorgänge der Verständigung, also z.b. die Mitteilung des Vor-   **2467** sitzenden nach § 243 Abs. 4 StPO, die Belehrung nach § 257c Abs. 5 StPO, die protokollierte Verständigung, die Zustimmungserklärungen von Staatsanwaltschaft und Angeklagten, der „Vollzug" der Verständigung (insbes. durch Mitteilung der vom Angeklagten erbrachten „Leistungen"), die Mitteilung im Urteil nach § 267 Abs. 3 S. 5 StPO sowie die Tatsache, dass vor oder außerhalb der Hauptverhandlung Gespräche über eine Verständigung stattgefunden haben, welchen rechtswidrigen Inhalt diese hatten und dass darüber entgegen §§ 202a, 212 StPO kein Vermerk gefertigt wurde. Außerdem sollte der Gang der Hauptverhandlung mitgeteilt werden, soweit sich daraus Anhaltspunkte dafür ergeben, dass die tatsächlich erzielte Verständigung über den nach § 257c Abs. 2 StPO zulässigen Umfang einer Verständigung hinausgeht einschl. einer etwaigen unzulässigen Vereinbarung über den anzuwendenden Strafrahmen.

Ob der Tatsachenvortrag der Revision zutreffend ist, klärt das Revisionsgericht im   **2468** Freibeweisverfahren. Hierbei gelten nach der Entscheidung des *BVerfG* vom 5. März 2012[3953] erhöhte Anforderungen an die gerichtliche Aufklärungspflicht, da die Schwierigkeit bei der Rekonstruktion des Sachverhalts auf einem Verstoß gegen die Dokumentationspflicht beruht. Auch der sonst im Freibeweisverfahren geltende Grundsatz, dass der Angeklagte seinen Vortrag *zu beweisen* hat, gilt nicht. Vielmehr gehen verbleibende Zweifel nicht zu Lasten des Angeklagten (vgl. dazu auch unten Rn. 2578).

Rüge 276

Ist eine Mitteilung des Vorsitzenden, ob und ggf. mit welchem wesentlichen Inhalt Ge-   **2469** spräche über eine Verständigung nach §§ 202a, 212 StPO stattgefunden haben, unterblieben (§ 243 Abs. 4 StPO)?

Siehe zum erstinstanzlichen Verfahren die Ausführungen zu Rügen 67 und 67a,   **2470** Rn. 807 ff. und zum Berufungsverfahren Rügen 271a und 271b Rn. 2397 ff.

3952 *BVerfG* v. 19.3.2013 – 2 BvR 2628/10 Rn. 97 f. = StV 2013, 353.
3953 *BVerfG* StV 2012, 385 m. Anm. *Niemöller* StV 2012, 648; ebenso *OLG Zweibrücken* StV 2012, 655.

Rüge 277

2471 Hat das Gericht gegen seine Aufklärungspflicht verstoßen (§ 257c Abs. 1 S. 2 StPO i.V.m. § 244 Abs. 2 StPO)?

I. Rechtsgrundlagen

2472 Nach § 257c Abs. 1 S. 2 StPO hat das Gericht auch in einem Verständigungsverfahren die Amtsaufklärungspflicht zu beachten. Daher kann auch bei einem Verständigungsurteil die Verletzung der gerichtlichen Aufklärungspflicht gerügt werden.[3954] Die Zustimmung des Angeklagten zum gerichtlichen Verständigungsvorschlag entbindet das Gericht nicht von der Pflicht zur Erhebung der gebotenen Beweise.[3955] Auch wenn der Angeklagte den Anklagevorwurf gestanden hat, ist das Gericht verpflichtet, die Angaben auf ihren Wahrheitsgehalt zu überprüfen. Denn der Angeklagte kann ein falsches Geständnis abgelegt haben, um z.b. den wahren Täter zu schützen oder aus Furcht, im kontradiktorischen Verfahren keinen Freispruch erreichen zu können und dann zu einer höheren Strafe verurteilt zu werden als in einem Verständigungsverfahren.[3956] Es bedarf daher grundsätzlich einer Überprüfung des Geständnisses *durch eine Beweisaufnahme in der Hauptverhandlung*, ein bloßer Abgleich mit dem Akteninhalt reicht nicht.[3957]

Auch in Bezug auf den Rechtsfolgenausspruch ist eine Aufklärungsrüge möglich. Diese kommt z.b. dann in Betracht, wenn etwa die Einholung eines Sachverständigengutachtens zur Frage verminderter Schuldfähigkeit unterlassen wurde, die besonderen Umstände jedoch dazu drängten.[3958]

II. Anforderungen an den Vortrag

2473 Sofern das Urteil entgegen § 267 Abs. 3 StPO keine Mitteilung enthält, dass dem Urteil eine Verständigung vorausgegangen ist,[3959] muss mitgeteilt werden, dass es sich um ein Verständigungsurteil handelt, also mindestens der protokollierte Verständigungsvorschlag des Gerichts gem. § 257c Abs. 3 S. 1 StPO, die Zustimmungserklärungen des Angeklagten und der Staatsanwaltschaft sowie der Umstand,

---

3954 *BGH* StV 2011, 647 m. Anm. *Schlothauer*; s. dazu auch *Weider* in: Niemöller/Schlothauer/Weider, VerstG, 2010, 161; zur Pflicht zur Überprüfung des Geständnisses s. auch *Wenske* DRiZ 2011, 393, 397.
3955 *BGH* StV 2012, 133.
3956 *BGH* v. 22.7.2009 – 5 StR 238/09 = StV 2009, 629; *BGH* v. 23.5.2012 – 5 StR 174/12 = StV 2012, 582.
3957 *BVerfG* v. 19.3.2013 – 2 BvR 2628/10 Rn. 70f, 219 ff. = StV 2013, 353; zu den Anforderungen an die Beweiswürdigung bei verständigungsbasierten Urteil s. Rüge 284 Rn. 2502.
3958 *BGH* StV 2011, 647 m. Anm. *Schlothauer.*
3959 Siehe dazu Rüge 283 Rn. 2499.

dass das Gericht nicht nach § 257c Abs. 4 StPO von der Verständigung wieder abgerückt ist.

Welcher weitere Vortrag im Einzelnen erforderlich ist, hängt von der Zielrichtung
der Aufklärungsrüge ab, d.h., welche unterlassene Aufklärung konkret gerügt wird.

Soll z.b. gerügt werden, das Gericht habe das im Rahmen der Verständigung ablegte **2474**
te Geständnis des Angeklagten nicht (ausreichend) überprüft oder hat es die Verurteilung nur auf ein „schlankes" Geständnis gestützt, kommt in erster Linie die materiell-rechtliche Beanstandung fehlerhafter, da lückenhafter Beweiswürdigung in Betracht. Denn wenn das Urteil keine Angaben dazu enthält, durch welche in der
Hauptverhandlung erhobenen Beweise sich das Gericht von der Richtigkeit des Geständnisses überzeugt hat, ergibt sich bereits daraus der sachlich-rechtliche Beweiswürdigungsmangel. Die Erhebung einer Aufklärungsrüge bedarf es dann nicht.

Soll allerdings gerügt werden, das Geständnis sei (teilweise) falsch oder es hätten **2475**
sich bei weiterer Aufklärung z.b. Tatsachen für die Anwendung eines milderen
Straftatbestandes oder Strafrahmens ergeben, erfordert dies die Erhebung einer Aufklärungsrüge. Es muss dann detailliert dargetan werden, durch die Erhebung welcher Beweise welche neuen Tatsachen hätten festgestellt werden können und warum sich dem Gericht diese Aufklärung hätte aufdrängen müssen. Die Aufklärungsrüge ist auch in den Fällen von Bedeutung, bei denen es um die Frage der Strafrahmenwahl geht. Diese ist der Verständigung entzogen (s. Rn. 2375), so dass das Gericht von Amts wegen verpflichtet ist, alle für das Finden des anzuwendenden Strafrahmens erforderlichen Tatsachen zu ermitteln. Da nicht alle Strafmilderungsgründe, die z.b. für die Anwendung eines minder schweren Falles von Bedeutung sind,
im Geständnis des Angeklagten enthalten sein müssen, muss der Sachverhalt, sofern sich dafür Anhaltspunkte aus der Akte ergeben, von Amts wegen aufgeklärt
werden. So kann es z.b. erforderlich sein, das Opfer als Zeugen zu vernehmen,
wenn dadurch erwiesen wird, dass das Opfer keine physischen und/oder psychischen Schäden davongetragen und dem Angeklagten verziehen hat. Wenn der Angeklagte davon nichts weiß und demzufolge nicht Entsprechendes aussagen kann,
kann mit der Aufklärungsrüge die Nichtvernehmung des Opfers gerügt werden.

Ansonsten gelten die an die Aufklärungsrüge gestellten Anforderungen (vgl. dazu
Rn. 1707 ff.). Vorzutragen ist ferner, warum das Gericht trotz der Zustimmung des
Angeklagten und der Staatsanwaltschaft zum Verständigungsvorschlag zur weiteren Aufklärung verpflichtet war und warum sich dies dem Gericht hätte aufdrängen
müssen.

Rüge 278

2476 Liegt dem Urteil eine unzulässige Schuldspruch- oder Maßregelabsprache oder eine sonst rechtswidrige Zusage des Gerichts zugrunde (Verstoß gegen § 257c Abs. 2 S. 3 StPO)?

I. Rechtsgrundlagen

2477 § 257c Abs. 2 S. 3 StPO verbietet ausdrücklich eine Verständigung über den Schuld-[3960] oder Maßregelausspruch. Nach der Entscheidung des *BVerfG* vom 19. März 2013 ist auch die Strafrahmenwahl einer Verständigung entzogen und zwar auch dann, wenn sie sich auf Sonderstrafrahmen für besonders schwere oder minder schwere Fälle im Vergleich zum Regelstrafrahmen bezieht.[3961] Dies dürfte auch für fakultative gesetzliche Strafmilderungsgründe gelten, die zu einer Strafrahmenverschiebung nach § 49 Abs. 1 StGB führen. Zum Gegenstand einer Verfahrensrüge kann deshalb der Schuldspruch gemacht werden, wenn dem Urteil eine Verfahrensabsprache zugrundelag, wonach für den Fall eines Geständnisses ein Sonderstrafrahmen zugesichert wird.[3962]

Die Höhe der Kompensation für eine hinsichtlich Art, Ausmaß und ihrer Ursachen prozessordnungsgemäß festgestellte überlange Verfahrensdauer ist ein zulässiger Verständigungsgegenstand.[3963]

Ebenso ist die nachträgliche Beschränkung der Berufung[3964] oder des Einspruchs gegen einen Strafbefehl[3965] auf den Rechtsfolgenausspruch ein in der Verständigung im Berufungsverfahren grundsätzlich zugänglicher Gegenstand, auch wenn dadurch der Schuldspruch rechtskräftig und dieser damit in eine Verständigung mit einbezogen wird. Unzulässig ist eine Verfahrensabsprache mit der Folge der Unwirksamkeit der Berufungsbeschränkung[3966] dann, wenn aus einer Geld- und einer Freiheits-

---

3960 Nach Auffassung des 2. StS des *BGH* v. 12.10.2016 – 2 StR 367/16 = NStZ 2017, 244 stellt es eine unzulässige Absprache über den Schuldspruch dar, wenn die Zusage des Einstellens wesentlicher Tatteile nach § 154a StPO zum Gegenstand einer Verständigung gemacht wird; s. hierzu die abl. Anm. von *Bittmann* NStZ 2017, 245 unter Hinweis auf abweichende Entscheidungen der anderen Strafsenate.

3961 *BVerfG* v. 19.3.2013 – 2 BvR 2628/10 Rn. 74, 109 = StV 2013, 353; dies gilt nach *BGH* v. 10.1.2017 – 3 StR 216/16 = NStZ 2017, 363 jedoch nicht für Sonderstrafrahmen in Form unbenannter minder schwerer Fälle.

3962 *BGH* v. 25.4.2013 – 5 StR 139/13 = StV 2013, 485; s. aber *BGH* v. 10.1.2017 – 3 StR 216/16 = NStZ 2017, 363.

3963 *BGH* v. 25.11.2015 – 1 StR 79/15 = StV 2016, 415 = NStZ 2016, 428 = *BGHSt* 61,43.

3964 *OLG Karlsruhe* v. 14.6.2013 – 3 Ss 233/13 AK 92/13 = StV 2014, 401 = NStZ 2014, 536; *OLG Nürnberg* v. 10.8.2016 – 2 OLG 8 Ss 289/15 = StraFo 2016, 473; s. auch Rüge 271a (Rn. 2397) zu den daran anknüpfenden Mitteilungs-, Transparenz- und Dokumentationspflichten m.w.N.

3965 *KG* v. 9.1.2017 – 161 Ss 180/16 = ZinsO 2017, 879 = NJW-Spezial 2017, 314.

3966 Die Wirksamkeit der Berufungsbeschränkung ist bei erhobener Sachrüge von Amts wegen zu prüfen. Gleichwohl sollten die dafür maßgeblichen Anknüpfungstatsachen wie bei einer Verfahrensrüge vorgetragen werden.

strafe eine Gesamtgeldstrafe gebildet wird.[3967] Kann nicht zweifelsfrei ausgeschlossen werden, dass eine Berufungsbeschränkung des Angeklagten auf dem Verstoß gegen die Pflicht zur Dokumentation von den Verfahrensstoff betreffenden Erörterungen beruht, ist diese unwirksam.[3968] Dies gilt auch, wenn der Berufungsbeschränkung ein auf einem gerichtlichen Verständigungsvorschlag beruhendes Geständnis vorausgegangen ist, ohne dass der Angeklagte zuvor gem. § 257c Abs. 5 StPO belehrt worden war.[3969] Zulässiger Gegenstand einer Verständigung ist die Rücknahme einer Berufung in einem Parallelverfahren.[3970]

Nach der Rspr. des *BGH* soll allein die unzulässige Verständigung über den Schuldspruch nicht zu einem Verwertungsverbot des auf Grund der Verständigung abgelegten Geständnisses des Angeklagten führen.[3971] Demgegenüber nimmt das *KG* bei einer Verständigung, die nach § 257c Abs. 2 StPO unzulässige und deshalb rechtswidrige Zusagen enthält, ein Verwertungsverbot an. Der Gesetzgeber habe in § 257c Abs. 4 StPO die Unverwertbarkeit ausdrücklich angeordnet, wenn infolge des Übersehens von rechtlich wie tatsächlich bedeutsamen Umständen der in Aussicht gestellte Strafrahmen nicht mehr tat- und schuldangemessen sei und eine Bindung des Gerichts an die Absprache entfalle. Nichts anderes könne gelten, wenn eine gesetzwidrige Rechtsfolge vereinbart wurde und der Angeklagte im Vertrauen auf deren Rechtmäßigkeit ein Geständnis abgelegt habe. Es sei mit dem Grundsatz des fairen Verfahrens unvereinbar, ihn an seiner auf einer gesetzwidrigen Grundlage abgegebenen Erklärung festzuhalten.[3972]

Gerügt werden kann daher ein Verstoß gegen das gesetzliche Verbot des § 257c Abs. 2 S. 3 StPO, die Unverwertbarkeit des Geständnisses des Angeklagten (gegen die Rspr. des BGH) sowie ein Verstoß gegen § 136a StPO wegen Versprechens eines gesetzlich nicht nur nicht vorgesehenen, sondern ausdrücklich verbotenen Vorteils.[3973] Ferner kann es zu einer die Selbstbelastungsfreiheit des Angeklagten sachwidrig beeinträchtigenden Drucksituation gekommen sein.[3974]

3967 *KG* v. 23.4.2012 – (3) 121 Ss 34/12 = StV 2012, 654.

3968 *OLG Stuttgart* v. 26.3.2014 – 4a Ss 462/13 = StV 2014, 397; **a.A.** in Abgrenzung zu dieser Entscheidung *OLG Hamburg* v. 5.8.2014 – 1-27/14 (Rev) = NStZ 2014, 534.

3969 *OLG München* v. 28.8.2013 – 4 StRR 174/13 = StV 2014, 79. Zur Unwirksamkeit der Beschränkung des Einspruchs gegen einen Strafbefehl bei unterlassener Belehrung nach § 257c Abs. 5 StPO s. *KG* v. 9.1.2017 – 181 Ss 180/16 = ZinsO 2017, 879 = NJW-Spezial 2017, 314.

3970 *KG* v. 17.2.2015 – 2 Ws 7/15 = NStZ 2015, 236 (dort unzutreffendes Datum) m. Anm. *Knauer/Pretsch* = StraFo 2015, 206; ebenso *OLG Hamburg* v. 31.10.2016 – 1 Ws 154/16 = NStZ 2017, 307 m. Anm. *Bittmann*.

3971 *BGH* StV 2011, 337; StV 2012, 134; vgl. dazu kritisch *Velten* StV 2012, 172.

3972 *KG* v. 23.4.2012 – (3) 121 Ss 34/12= StV 2012, 654: unvertretbare und im Gesetz nicht vorgesehene milde Strafe infolge Bildung einer Gesamtgeldstrafe aus einer Geld- und einer Freiheitsstrafe.

3973 Vgl. dazu *Schlothauer* StraFo 2011, 487, 489.

3974 *BGH* v. 25.4.2013 – 5 StR 139/13 = StV 2013, 485.

Ob der Angeklagte allerdings durch eine gesetzeswidrige Schuldspruchabsprache beschwert ist, muss bezweifelt werden. Es ist kaum vorstellbar, dass sich der Angeklagte mit der Revision gegen eine ihn begünstigende Schuldspruchabsprache wendet. Legt er dennoch Revision ein und beanstandet u.a. die Unzulässigkeit der Schuldspruchabsprache, ist zu befürchten, dass das Revisionsgericht den Schuldspruch zu seinem Nachteil ändert, sofern die Feststellungen dazu ausreichend sind und die Revision im Übrigen verwirft.[3975] Selbst wenn das Urteil wegen unzulässiger Schuldspruchabsprache aufgehoben würde, ist zu bezweifeln, dass der neue Tatrichter bei der vorzunehmenden Schuldspruchverschärfung auf eine niedrigere Strafe als im aufgehobenen Urteil erkennt.

2478 Das gleiche gilt, wenn unzulässiger Weise eine Absprache über eine Maßregel der Besserung und Sicherung getroffen wurde.[3976] Auch wenn auf deren Verhängung im Verständigungswege verzichtet wurde, kann der Angeklagte die Nichtanordnung nicht beanstanden, weil er dadurch nicht beschwert ist.[3977] Legt der Angeklagte jedoch gleichwohl Revision ein wegen angeblich anderer materiellrechtlicher oder formeller Fehler, kann das Urteil zur Nachholung der unterbliebenen Anordnung der Maßregel aufgehoben werden, sofern der Angeklagte die Nichtanordnung der Maßregel nicht vom Rechtsmittelangriff ausgenommen hat. Das Verbot der Schlechterstellung gilt für Maßregelanordnungen nicht, § 358 Abs. 2 S. 3 StPO (siehe dazu oben Rn. 34).

Die Rüge unzulässiger Schuldspruchabsprache käme allerdings dann in Betracht, wenn der Schuldspruch zum Nachteil des Angeklagten verschärft wurde (z.B. weil die Staatsanwaltschaft auf einem bestimmten Schuldausspruch bestanden hat), im Gegenzug dafür aber eine milde Strafe verhängt wurde, die dem Strafmaß des „weggedealten" milderen Tatbestands entspricht. In diesem Fall ist der Angeklagte durch die Anwendung des schärferen Strafgesetzes beschwert und es kann auch nicht ausgeschlossen werden, dass die Strafe bei Anwendung des „richtigen" Tatbestandes niedriger ausgefallen wäre.

II. Anforderungen an den Vortrag

2479 Es gelten die allgemeinen Anforderungen an den Vortrag bei Verstoß gegen die Vorschriften über die Verständigung (siehe Rn. 2464).

Soll die Unverwertbarkeit des Geständnisses gerügt werden, ist vorzutragen, dass der Angeklagte im Vertrauen auf den Bestand der Verständigung in Unkenntnis deren Rechtswidrigkeit das Geständnis abgelegt hat.

Hinsichtlich der Rüge eines Verstoßes wird ergänzend auf Rn. 2151 ff. verwiesen.

3975 Vgl. *Meyer-Goßner/Schmitt*[60] § 354 Rn. 12.
3976 Die Verständigung über die Dauer der Sperrfrist bei einem eventuellen Entzug der Fahrerlaubnis soll nach Auffassung des *OLG Nürnberg* v. 10.8.2016 – 2 OLG 8 Ss 289/15 = StraFo 2016, 473 zulässig sein (fragwürdig).
3977 *BGHSt* 37, 5, 7; *BGH* v. 19.1.2011 – 1 StR 664/10.

Rüge 279

Liegen der Verständigung andere als in § 257c Abs. 2 StPO normierte Verständigungsinhalte zugrunde? **2480**

I. Rechtsgrundlagen

Das Gesetz normiert in § 257c Abs. 2 StPO, was Gegenstand einer Verständigung **2481** sein darf.[3978] Alle darüber hinausgehenden Inhalte sind nicht zulässig und führen zur Rechtswidrigkeit der Absprache.[3979] Dies gilt nach der Entscheidung des *BVerfG* vom 19. März 2013 auch für die Strafrahmenwahl.[3980]

Unzulässig sind u.a. Zusagen, dass die verhängte Strafe zum Halbstrafenzeitpunkt zur Bewährung ausgesetzt wird[3981] oder die Staatsanwaltschaft zu einem gewissen Zeitpunkt von der weiteren Vollstreckung der Strafe gem. § 456a StPO absehen werde[3982]. Gegenstand einer Verständigung dürfen keine „Gesamtlösungen" sein, sondern nur das, was sich auf das der Verständigung zugrundeliegende Erkenntnisverfahren bezieht.[3983]

Höchstrichterlich ist bisher nicht entschieden, ob eine solche unzulässige (Teil-)Zusage mit der Revision angegriffen werden kann und wenn ja, mit welchen Konsequenzen.[3984]

Sind die vom Gericht gemachten Zusagen teilweise rechtsfehlerhaft, erfasst dieser Rechtsfehler die gesamte Verständigung. Der Angeklagte sieht das Angebot des Gerichts als „Gesamtpaket" und legt dieses seiner Entscheidung zugrunde. Entfällt ein Teil der gerichtlichen Zusage, entfällt ein Baustein des gesamten Verständigungsgebäudes. Es ist nicht auszuschließen, dass der Angeklagte ohne den rechtswidrigen Teil des Vorschlags diesem insgesamt nicht zugestimmt hätte. Etwas anderes könnte nur dann gelten, wenn sicher auszuschließen wäre, dass der Angeklagte ohne diesen Teil der Zusage der Verständigung zugestimmt hätte.

Erfasst die Unzulässigkeit eines Teils der Verständigung diese insgesamt, kommt zusätzlich ein Verwertungsverbot für ein in Vollzug der Verständigung abgelegtes

---

3978 Vgl. dazu *Meyer-Goßner/Schmitt*[60] § 257c Rn. 9; *Niemöller* in: Niemöller/Schlothauer/Weider, VerstG, 2010, S. 70 ff. Weitere Beispiele für als zulässig angesehene Verständigungsgegenstände s. Rüge 67, Rn. 808.

3979 *KG* v. 23.4.2012 – (3) 121 Ss 34/12 = StV 2012, 654 (Gesamtgeld – anstelle einer allein zulässigen Gesamtfreiheitsstrafe); ferner *BGH* Beschl. v. 22.6.2011 = StV 2011, 647 m. Anm. *Schlothauer*; s. aber *BGH* v. 25.11.2015 – 1 StR 79/15 = BGHSt 61, 43 = StV 2016, 415: Kompensation für überlange Verfahrensdauer.

3980 *BVerfG* v. 19.3.2013 – 2 BvR 2628/10 Rn. 74, 109 = StV 2013, 353.

3981 *BGH* StV 2011, 74.

3982 *BGH* StV 2011, 338; auch *BVerfG* v. 19.3.2013 – 2 BvR 2628/10 Rn. 79 = StV 2013, 353, wonach keine Bindungswirkung für Zusagen der Staatsanwaltschaft besteht.

3983 *BVerfG* v. 19.3.2013 – 2 BvR 2628/10 Rn. 79 = StV 2013, 353.

3984 Siehe dazu auch *Weider* in: Niemöller/Schlothauer/Weider, VerstG, 2010, S. 170 ff.

Geständnis wegen Rechtswidrigkeit der Verständigung in Betracht (siehe oben Rn. 2477).

In Erwägung zu ziehen ist auch ein Verstoß gegen § 136a StPO wegen des Versprechens eines gesetzlich nicht vorgesehenen Vorteils.

In jedem Fall stellt sich die Frage, ob das Urteil auf dem Verfahrensverstoß beruht.

II. Anforderungen an den Vortrag

2482 Es gelten die allgemeinen Grundsätze für die mitzuteilenden Tatsachen (siehe Rn. 2464).

Ferner muss dargetan werden, dass der Angeklagte der Verständigung nicht zugestimmt hätte, wenn das Verständigungsangebot die rechtswidrige Teilzusage nicht enthalten hätte. Dies kann z.b. dann der Fall sein, wenn der Angeklagte nur deswegen dem Verständigungsvorschlag mit einer aus seiner Sicht zu hohen Strafe zugestimmt hat, weil er auf die Halbstrafenaussetzung vertraut hat.

Schließlich muss besondere Sorgfalt auf die Ausführungen zur Beruhensfrage gelegt werden. Sofern möglich, muss dargetan werden, wie der Angeklagte sich im Falle eines kontradiktorischen Verfahrens verteidigt hätte und warum nicht auszuschließen ist, dass das Urteil in diesem Fall günstiger ausgefallen wäre.

Rüge 280

2483 Hat das Gericht im Verständigungsvorschlag nur eine Strafober- aber keine Strafuntergrenze angegeben (§ 257c Abs. 3 S. 2 StPO)?

I. Rechtsgrundlagen

2484 Die Benennung einer Strafuntergrenze trägt in erster Linie den Interessen der Staatsanwaltschaft Rechnung, deren Zustimmung für das Zustandekommen einer Verständigung Voraussetzung ist. Das Fehlen einer Strafuntergrenze im Verständigungsvorschlag soll nach Auffassung des BGH für den Angeklagten unbeachtlich sein, da sich das Gericht nicht auf eine Mindeststrafe festgelegt habe und daher bei der Bestimmung der konkreten Strafe „nach unten" frei sei. Fehlt es an der Angabe einer Strafuntergrenze durch das Gericht, kann dies nach der Rspr. daher in der Regel nur von der Staatsanwaltschaft im Rahmen einer Revision zum Nachteil des Angeklagten beanstandet werden.[3985] Dies erscheint zweifelhaft. Fehlt es an der Anga-

---

3985 *BGH* StV 2011, 75.

be einer Strafuntergrenze, wird zu besorgen sein, dass sich das Gericht bei der Festsetzung der konkreten Strafe allein an der mitgeteilten Strafobergrenze („anchorpoint") orientiert hat.[3986]

Rüge 281

Beinhaltet die Verständigung entgegen § 257c Abs. 3 S. 2 StPO eine Punktstrafe?   **2485**

I. Rechtsgrundlagen

Die Zusage einer Punktstrafe ist unzulässig.[3987] Die unter Verstoß gegen § 257c   **2486**
Abs. 3 StPO vom Gericht zugesagte und auf dieser Basis zustande gekomme Verständigung auf eine Punktstrafe sowie die Verhängung exakt dieser Strafe deuten darauf hin, dass das Gericht in der Urteilsberatung nach durchgeführter Hauptverhandlung nicht eine schuldangemessene Strafe bestimmt, sondern allein die vorher gemachte Zusage eingehalten hat, weshalb der gesamte Strafausspruch auf einer solchen schon vor den Schlussvorträgen der Verfahrensbeteiligten und der nachfolgenden Urteilsberatung vorgenommenen Selbstbindung des Gerichts beruht.[3988] Hierin besteht eine Verletzung von § 46 StGB, die auf die Sachrüge zu berücksichtigen ist.[3989] Gleichwohl ist es ratsam, eine Verfahrensrüge zu erheben.

II. Anforderungen an den Vortrag

Nach der bisher hierzu ergangenen Rspr.[3990] soll in der unzulässigen Zusage einer   **2487**
Punktstrafe ein Verstoß gegen § 46 StGB liegen. Wenn im Urteil der Wortlaut der Verständigung nicht mitgeteilt wird, sondern nur der Hinweis nach § 267 Abs. 5 StPO enthalten ist, bedarf es der Erhebung einer Verfahrensrüge, da das Revisionsgericht allein anhand der Urteilsgründe nicht feststellen kann, welchen konkreten Inhalt die Verständigung, also auch die Zusage einer Punktstrafe, hatte.

Es gelten die allgemeinen Anforderungen an den Vortrag (siehe Rn. 2464).

3986 *Meyer-Goßner/Schmitt*[60] § 257c Rn. 21; *Schlothauer* StraFo 2011, 491; *Jahn* StV 2011, 499.
3987 *BGH* StV 2011, 338; StV 2011, 78; *BGHSt* 51, 84 = StV 2007, 23; *Meyer-Goßner/ Schmitt*[60] § 257c Rn. 11.
3988 *KG* v. 16.1.2015 – (4) 161 Ss 240/14 = wistra 2015, 288.
3989 *BGH* StV 2011, 338; *Meyer-Goßner/Schmitt*[60] § 257c Rn. 11.
3990 *BGH* StV 2011, 338; StV 2011, 78; *BGHSt* 51, 84 = StV 2007, 23; *Meyer-Goßner/ Schmitt*[60] § 257c Rn. 11.

Rüge 281a

2488 Liegt dem Urteil eine Verständigung über eine zur Bewährung auszusetzende Freiheitsstrafe zugrunde?

I. Rechtsgrundlagen

2489 Ist Gegenstand einer Verständigung die Verhängung einer zur Bewährung auszusetzenden Freiheitsstrafe, gebietet es der Grundsatz des fairen Verfahrens (Art. 6 Abs. 1 EMRK), auf konkret in Betracht kommende Bewährungsauflagen gem. § 56b Abs. 1 S. 1 StGB hinzuweisen.[3991] Erforderlich ist bei einem Verstoß eine Verfahrensrüge.[3992] Die Zulässigkeit einer entspr. Verfahrensrüge, mit der die Verletzung des Anspruchs auf ein faires Verfahren (Art. 6 Abs. 1 S. 1 EMRK, Art. 20 Abs. 3 GG i.V.m. § 257c StPO) geltend gemacht wird, setzt voraus, dass der beanstandete unvollständige Verständigungsvorschlag des Gerichts einem von dem Angeklagten abgelegten Geständnis vorausging.[3993]

II. Anforderungen an den Vortrag

2490 Es gelten zunächst die allgemeinen Anforderungen an den Vortrag (siehe Rn. 2464).

Ergänzend ist der Verständigungsvorschlag des Gerichts vorzutragen, der sich bei einer zur Bewährung auszusetzenden Freiheitsstrafe nicht zur Frage einer in Betracht kommenden Bewährungsauflage verhielt. Weiterhin ist mitzuteilen, dass dem Angeklagten auch nicht im Rahmen eines Hinweises eine in Betracht kommende Bewährungsauflage mitgeteilt wurde.

Es ist weiterhin vorzutragen, dass der Angeklagte im Anschluss an den unvollständigen Verständigungsvorschlag ein Geständnis als Teil der ihm im Rahmen der Verständigung abverlangten Leistung abgelegt hat. Vorsorglich kann mitgeteilt werden, dass der Angeklagte auch nicht im weiteren Verlauf der Hauptverhandlung auf eine in Betracht kommende Bewährungsauflage hingewiesen und er sodann nicht dahingehend qualifiziert belehrt wurde, dass das von ihm abgelegte Geständnis nicht ohne seine Zustimmung verwertet werde.

3991 *BGH* v. 29.1.2014 – 4 StR 254/13 = *BGHSt* 59, 172 = StV 2014, 393; *BGH* v. 11.9.2014 – 4 StR 148/14 = StV 2015, 150; *BGH* v. 8.9.2016 – 1 StR 346/16 = wistra 2017, 115; *OLG Saarbrücken* v. 4.10.2013 – 1 Ws 106/13 = StV 2014, 82; *OLG Rostock* v. 2.6.2015 – 20 Ws 110/15 = StV 2016, 100; dies soll allerdings nicht gelten für den Fall, dass eine im Bewährungsbeschluss erteilte Weisung gem. § 56c Abs. 2 Ziff. 1 StGB nicht Gegenstand des gerichtlichen Vorschlags oder eines sonstigen Hinweises war: *BGH* v. 7.10.2014 – 1 StR 426/14 = StV 2015, 151 = NStZ 2015, 179.

3992 *OLG Rostock* v. 2.6.2015 – 20 Ws 110/15 = StV 2016, 100.

3993 *BGH* v. 7.10.2014 – 1 StR 182/14 = StV 2015, 277.

Rüge 281b

Ist das Gericht von einem Verständigungsvorschlag, der die Zustimmung der Staatsanwaltschaft und des Angeklagten hatte, abgewichen, ohne dass die Voraussetzungen für das Entfallen der Bindung des Gerichts an diese Verständigung (§ 257c Abs. 4 StPO) vorlagen?

2491

I. Rechtsgrundlagen

Liegen die Voraussetzungen des § 257c Abs. 4 StPO für das Entfallen der Bindung **2492** des Gerichts an eine zustandegekommene Verständigung nicht vor und hat das Gericht keine dahingehende Entscheidung getroffen,[3994] stellt es einen Rechtsfehler dar, wenn das Urteil von der zustandegekommenen Verständigung abweicht. Dies kann auch dann mit der Verfahrensrüge beanstandet werden, wenn das Gericht von einer im Rahmen der Verständigung zugesagten Einbeziehung rechtskräftiger Einzelstrafen aus einer Vorverurteilung in die zu bildende Gesamtstrafe abgesehen hat.[3995]

Eine Bindungswirkung an die im Rahmen der Verständigung zugesagte Strafobergrenze besteht aber nicht mehr nach Aufhebung und Zurückverweisung des Urteils durch das Revisionsgericht auf die Revision der Staatsanwaltschaft.[3996]

II. Anforderungen an den Vortrag

Es gelten die allgemeinen Anforderungen an den Vortrag (siehe Rn. 2464). **2493**

Insbesondere ist der gerichtliche Verständigungsvorschlag im Wortlaut mitzuteilen und die dazu erteilte Zustimmung der Staatsanwaltschaft[3997] und des Angeklagten.

Weiterhin ist mitzuteilen (Negativtatsache!), dass keine gerichtliche Entscheidung dahingehend ergangen ist, wonach die Bindungswirkung gem. § 257c Abs. 4 StPO entfallen ist.

Das Abweichen des Gerichts von der zustandegekommenen Verständigung ergibt sich aus dem – zumindest mit der allgemeinen Sachrüge angegriffenen – Urteil, wenn dessen Inhalt Gegenstand der Verständigung war. Anderenfalls ist darzulegen, dass von zugesagten Beschlüssen (z.B. Aufhebung eines Haftbefehls) oder sonstigen verfahrensbezogenen Maßnahmen Abstand genommen wurde.

3994 *BGH* v. 21.6.2012 – 4 StR 623/11 = *BGHSt* 57, 273 = StV 2012, 712.
3995 *BGH* v. 15.5.2013 – 1 StR 166/13 = StV 2014, 72.
3996 *BGH* v. 28.2.2013 – 4 StR 537/12 = StV 2013, 612.
3997 Für das Zustandekommen einer wirksamen Verständigung bedarf es einer eindeutigen Erklärung der Staatsanwaltschaft; eine konkludente Erklärung genügt nicht: *BGH* v. 7.12.2016 – 5 StR 39/16 = NJW 2017, 1336. Liegt eine wirksame Zustimmung vor, kann diese nicht einseitig widerrufen werden: *BGH* v. 1.12.2016 – 3 StR 331/16 = StV 2017, 287 = StraFo 2017, 110 = NStZ 2017, 373.

Rüge 282

2494   Ist der Angeklagte im Zusammenhang mit dem gerichtlichen Verständigungsvorschlag nicht über die Voraussetzungen und Folgen einer Abweichung des Gerichts von dem in Aussicht gestellten Ergebnis belehrt worden (§ 257c Abs. 5 StPO)?

I. Rechtsgrundlagen

2495   Die Belehrung[3998] dient dem Schutz des Angeklagten, dem vor Augen gehalten werden soll, dass und unter welchen Voraussetzungen und mit welchen Folgen das Gericht von der Strafrahmenzusage abweichen kann. Der Angeklagte soll damit in die Lage versetzt werden, eine „autonome Einschätzung" des mit seiner Mitwirkung an der Verständigung verbundenen Risikos vorzunehmen.[3999] Diese Belehrung muss zusammen mit der Bekanntgabe des gerichtlichen Verständigungsvorschlags (§ 257c Abs. 3 S. 1 StPO) erteilt werden, da nur so der Angeklagte in die Lage versetzt wird, in Kenntnis der Tragweite weiterer Äußerungen eine Stellungnahme zu dem gerichtlichen Vorschlag abzugeben (§ 257c Abs. 3 S. 3 StPO) sowie ggf. diesem zuzustimmen und damit – bei Zustimmung auch der Staatsanwaltschaft – die Verständigung zustande zu bringen (§ 257c Abs. 3 S. 4 StPO).[4000] Die Belehrung muss sich auf die Voraussetzungen und Folgen einer Abweichung des Gerichts von dem in Aussicht gestellten Ergebnis nach allen Alternativen des § 257c Abs. 4 StPO erstrecken.[4001]

Ein Verstoß gegen die Belehrungspflicht kann mit der Revision gerügt werden.[4002] Eine Heilung des Verstoßes ist nur möglich, wenn eine rechtsfehlerfreie Wiederholung des von dem Verfahrensfehler betroffenen Verfahrensabschnitts stattgefunden hat, der Angeklagte also ausdrücklich auf den Fehler hingewiesen wurde und auf die daraus folgende gänzliche Unverbindlichkeit seiner Zustimmung. Nach Nachholung der versäumten Belehrung muss ihm die erneute Erteilung einer nunmehr verbindlichen Zustimmung freigestellt worden sein.[4003]

2496   Entgegen der (früheren) Rspr. des *BGH*[4004] ist nach dem Urteil des *BVerfG* vom 19.3.2013 regelmäßig davon auszugehen, dass das Urteil auf der unterlassenen Be-

---

3998   Zum Umfang und Inhalt der Belehrung vgl. *BGH* StV 2011, 76 Rn. 9 ff.

3999   *BGH* v. 11.4.2013 – 1 StR 563/12 = StV 2013, 611 = StraFo 2013, 286.

4000   *BVerfG* v. 19.3.2013 – 2 BvR 2628/10 Rn. 99, 112, 125 ff. = StV 2013, 353; *BGH* StV 2011, 76; *Niemöller* in: Niemöller/Schlothauer/Weider, VerstG, 2010, S. 125; *Wenske* DRiZ 2012, 123; s. auch BT-Drucks. 16/12310 S. 15, abgedr. in: Niemöller/Schlothauer/Weider, VerstG, 2010, Anhang 7.

4001   *OLG München* v. 28.8.2013 – 4 StRR 174/13 = StV 2014, 79.

4002   *BGH* StV 2011, 76; StV 2011, 75; vgl. insgesamt dazu auch *Weider* in: Niemöller/Schlothauer/Weider, VerstG, 2010, S. 181 ff.

4003   *BGH* v. 7.8.2013 – 5 StR 253/13 = StV 2013, 682; *BGH* v. 21.3.2017 – 5 StR 73/17 = NStZ-RR 2017, 151.

4004   *BGH* StV 2011, 75; 2010, 675; *BGH* v. 8.10.2010 – 1 StR 443/10; v. 2.11.2010 – 1 StR 469/11; v. 3.11.2010 – 1 StR 449/10.

lehrung beruht.[4005] Dies gilt auch für einen verteidigten Angeklagten.[4006] Etwas anderes kann nur gelten, wenn sich sicher feststellen lässt, dass der Angeklagte das Geständnis auch bei ordnungsgemäßer Belehrung abgelegt hätte.[4007] In diesem Fall bedarf es besonderer Feststellungen des Revisionsgerichts.[4008] So kann das Urteil allein auf der fehlenden oder fehlerhaften Protokollierung der Belehrung nicht beruhen.[4009]

Das Unterlassen der Belehrung führte nach bisheriger Auffassung des *BGH* nicht zu **2497** einem Verwertungsverbot des im Rahmen der Verständigung abgelegten Geständnisses des Angeklagten, da das Gesetz das Verwertungsverbot nur für die für Fälle normiere, in denen das Gericht die Verständigung gem. § 257c Abs. 4 StPO „aufkündigt".[4010] Dies ist wenig überzeugend und lässt sich nach der Entscheidung des *BVerfG* vom 19. März 2013 so nicht mehr halten. Eine Verständigung ohne vorherige Belehrung nach § 257c Abs. 5 StPO verletzt den Angeklagten grundsätzlich in seinem Recht auf ein faires Verfahren und in seiner Selbstbelastungsfreiheit.[4011] Die Parallele zur unterlassenen Belehrung nach §§ 136 Abs. 1, 163a Abs. 4 StPO über das Schweigerecht drängt sich auf. Beide Vorschriften, § 136 Abs. 1 und § 257c Abs. 5 StPO sollen die Selbstbelastungsfreiheit des Angeklagten garantieren. Ein Verstoß dagegen kann nur einheitliche Folgen haben, nämlich ein Verwertungsverbot.[4012] Im Übrigen – lässt sich der Angeklagte auf die Verständigung ein – tritt er mit der Ablegung z.B. des verlangten Geständnisses in Vorleistung. Wäre ihm bewusst gewesen, dass das Gericht von der Verständigung wieder abrücken kann, hätte er sich möglicherweise selbst bei Kenntnis des Verwertungsverbots seines Geständnisses anders entschieden. Dies gilt erst recht, wenn weitere Leistungen von ihm verlangt worden sind, z.B. Schadenswiedergutmachung oder Schmerzensgeldzahlungen. Wäre ihm die Möglichkeit des Widerrufs bewusst gewesen, hätte er sich möglicherweise auf die Verständigung nicht eingelassen, um nicht finanzielle (Vor-) Leistungen zu erbringen, die im Falle des Widerrufs möglicherweise „verloren" sind. Zwar umfasst die Belehrung u.a. nur die Möglichkeit des Widerrufs und die daraus folgende Unverwertbarkeit des Geständnisses. Gleichwohl wird der Angeklagte in Bedacht nehmen müssen, ob etwaige weitere von ihm erbrachte Leistungen einem Verwertungsverbot unterfallen. Dies betrifft die Fälle, in denen etwa die

---

4005   *BGH* v. 11.4.2013 – 1 StR 563/12 = StV 2013, 611; *BGH* v. 5.2.2014 – 1 StR 706/13 = wistra 2014, 283; *OLG Köln* v. 18.7.2013 – III RVs 146/13 = StV 2014, 80; *OLG München* v. 28.8.2013 – 4 StRR 174/13 = StV 2014, 79.

4006   *BVerfG* v. 25.8.2014 – 2 BvR 2048/13 = StV 2015, 73 = StraFo 2014, 415.

4007   *BVerfG* v. 30.6.2013 – 2 BvR 85/13 = StV 2013, 674.

4008   *BVerfG* v. 19.3.2013 – 2 BvR 2628/10 Rn. 99, 112, 125 ff. = StV 2013, 353; auch *Weider* in: Niemöller/Schlothauer/Weider, VerstG, 2010, S. 183; *Altenhain/Haimerl* JZ 2010, 327, 332.

4009   *BGH* v. 12.12.2013 – 3 StR 210/13 = *BGHSt* 59, 130 = StV 2014, 395.

4010   *BGH* StV 2011, 76.

4011   *BVerfG* v. 19.3.2013 – 2 BvR 2628/10 Rn. 127 = StV 2013, 353.

4012   *OLG München* v. 28.8.2013 – 4 StRR 174/13 = StV 2014, 79.

Verständigung von der Bedingung abhängig gemacht wird, dass der Angeklagte Angaben zum Auffinden der Tatwaffe oder der Tatbeute macht oder sich bei dem Opfer schriftlich entschuldigt. Zwar ist im Falle des Widerrufs der Verständigung das Geständnis unverwertbar. Aber es ist streitig und höchst unsicher, ob das Verwertungsverbot auch Fernwirkung entfaltet mit der Folge, dass auch sonstige Leistungen des Angeklagten nicht als Schuldindiz verwertet werden dürfen. Diese Unsicherheit und die Gefahr, dass das Gericht zwar nicht das Geständnis, aber das sonstige Verhalten zu seinem Nachteil verwertet, sind auf der Hand liegende Gründe, die den Angeklagten im Falle der Belehrung dazu hätte bewegen können, sich auf die Verständigung nicht einzulassen. Die Zustimmung zur Verständigung ist ein so weitreichender Schritt unter weitestgehender Aufgabe der Verteidigungsmöglichkeiten, dass es unter dem Gesichtspunkt der Verfahrensfairness der Belehrung bedarf. Die Situation ist vergleichbar mit der unterlassenen Belehrung über das Schweigerecht oder das Recht auf Anwaltskonsultation. Auch in diesen Fällen sieht das Gesetz kein Verwertungsverbot vor, gleichwohl nimmt die Rspr. ein solches jedoch bei Verstößen gegen diese Belehrungspflichten an.

II. Anforderungen an den Vortrag

2498 Es gelten die allgemeinen Grundsätze (siehe Rn. 2464). Ferner muss vorgetragen werden, dass die Belehrung nach § 257c Abs. 5 StPO unterblieben ist, bevor der Angeklagte nach seiner Zustimmung zu dem Verständigungsvorschlag des Gerichts befragt und diese erklärt wurde. Gegebenenfals sollte dargelegt werden, dass der Angeklagte vom Inhalt der Belehrung keine Kenntnis hatte.[4013]

Besondere Sorgfalt muss auf Ausführungen zur Beruhensfrage gelegt werden.[4014] Es muss im Einzelnen nachvollziehbar dargetan werden, dass und warum der Angeklagte im Falle der (rechtzeitigen) Belehrung der Verständigung nicht zugestimmt, wie er sich in einem kontradiktorischen Verfahren verteidigt und warum eine solche Verteidigung – nicht ausschließbar – zu einem günstigeren Ergebnis geführt hätte.[4015]Gerade letzterem Punkt ist besondere Aufmerksamkeit zu widmen, da das Revisionsgericht im Zweifel davon ausgeht, dass in einem „streitigen" Verfahren kein besseres Ergebnis zu erzielen gewesen wäre. Allerdings braucht der ursächliche Zusammenhang zwischen Fehler und Urteil nicht ausdrücklich dargelegt zu werden.[4016]

4013 *BGH* v. 15.1.2014 – 1 StR 302/13 = StV 2014, 518 = StraFo 2014, 335.
4014 Vgl. dazu auch *BVerfG* v. 19.3.2013 – 2 BvR 2628/10 Rn. 127 = StV 2013, 353.
4015 Vgl. dazu *Weider* in: Niemöller/Schlothauer/Weider, VerstG, 2010, S. 183; *Jahn* StV 2011, 497, 502.
4016 *BGH* v. 15.1.2014 – 1 StR 302/13 = StV 2014, 518 = StraFo 2014, 335.

Rüge 283

Enthält das Urteil keinen (ausreichenden) Hinweis, dass dem Urteil eine Verständigung **2499**
vorausgegangen ist (§ 267 Abs. 3 S. 3 StPO)?

I. Rechtsgrundlagen

§ 267 Abs. 3 S. 3 StPO verlangt nur die Mitteilung im Urteil, dass diesem eine Ver- **2500**
ständigung vorausgegangen ist. Der konkrete Inhalt der Verständigung muss nicht
angegeben werden.[4017] Eine weitergehende Darstellung zu Einzelheiten vom Inhalt
der Verständigung im Urteil ist aber dann geboten, wenn dies zur revisionsrechtlichen Überprüfung der Beweiswürdigung zum Einlassungsverhalten des Angeklagten erforderlich ist.[4018]

Ein Verstoß gegen § 267 Abs. 3 S. 3 StPO stellt grundsätzlich einen revisiblen Verfahrensfehler dar.[4019] Allerdings wird es in der Regel an einem Beruhen des Urteils
auf dem Rechtsfehler fehlen, wenn sich das Gericht an den Inhalt der Verständigung
gehalten hat, das Zustandekommen und der Inhalt der Verständigung im Protokoll
der Hauptverhandlung dokumentiert sind und deshalb nicht zu besorgen ist, dass
das Gericht die Verständigung bei der Urteilsberatung außer Acht gelassen hat.

Sofern weitere Rechtsfehler gerügt werden sollen, etwa unzureichende Beweiswürdigung oder fehlerhafte Strafzumessung, kann das Revisionsgericht, sofern nur die
Sachrüge erhoben ist, allein anhand des Urteils wegen Fehlens der Mitteilung nach
§ 267 Abs. 3 S. 5 StPO nicht erkennen, dass dem Urteil eine Verständigung vorausgegangen ist. Daher ist es erforderlich, den Rechtsfehler mit der entspr. Rüge geltend zu machen, etwa mit der Rüge fehlerhafter Beweiswürdigung. Fehlt der Vermerk nach § 267 Abs. 3 S. 5 StPO, ist eine Verfahrensrüge zu erheben, vgl. dazu
unten Rn. 2502.[4020]

II. Anforderungen an den Vortrag

Ist die Sachrüge erhoben, ergibt sich das Fehlen der Mitteilung nach § 267 Abs. 3 **2501**
S. 5 StPO aus dem vom Revisionsgericht zur Kenntnis zu nehmenden Urteilsgründen.

4017 *BGH* StV 2010, 227; StV 2011, 78; *BGH* Urt. v. 21.6.2012 – 4 StR 623/11; *BGH* NStZ
     2011, 170; *Meyer-Goßner/Schmitt*[60] § 267 Rn. 23a.
4018 *BGH* v. 25.10.2012 – 4 StR 170/12 = StV 2013, 194 m. Anm. *Schlothauer.*
4019 *BGH* StV 2011, 76; *Meyer-Goßner/Schmitt*[60] § 267 Rn. 23a.
4020 Besondere Bedeutung kann die fehlende Mitteilung nach § 267 Abs. 3 S. 5 StPO je-
     doch erlangen, wenn der Angeklagte durch einen Zeugen belastet wird, dessen Anga-
     ben im Rahmen einer Verständigung in seinem Verfahren erfolgten, das Urteil gegen
     den Zeugen jedoch keinen Hinweis auf die Verständigung enthält. Wegen der sich aus
     dieser Konstellation ergebenden Besonderheiten wird verwiesen auf die Ausführungen
     zu Rn. 2609.

Die Tatsache, dass eine Verständigung mit welchem konkreten Inhalt stattgefunden hat, ist jedoch im Rahmen der Verfahrensrüge vorzutragen. Zum erforderlichen Vortrag vgl. Rn. 2464.

Zur Beruhensfrage müsste – soll die Rüge überhaupt erhoben werden – vorgetragen werden, dass das Gericht bei der Urteilsberatung die Verständigung nicht im Blick gehabt hat. Ob dies ausnahmsweise einmal – nicht ausschließbar – dargetan werden kann, ist Sache des Einzelfalles.

Rüge 284

2502 Enthält das Urteil keine ausreichende, die Verurteilung tragende Tatsachengrundlage und/oder eine unzureichende Beweiswürdigung (§ 261 StPO)?

I. Rechtsgrundlagen

2503 Allein die Bereitschaft des Angeklagten, wegen eines bestimmten Sachverhalts eine Strafe hinzunehmen, die das gerichtlich zugesagte Höchstmaß nicht überschreitet, entbindet das Gericht nicht von der Pflicht zur Aufklärung und Darlegung des Sachverhalts, soweit dies für den Tatbestand der dem Angeklagten vorgeworfenen Gesetzesverletzung erforderlich ist. Das Urteil muss eine in sich geschlossene Darstellung des in der Hauptverhandlung festgestellten Tatgeschehens zu den einzelnen dem Angeklagten angelasteten Fällen enthalten.[4021] Das (teilweise) bloße wörtliche Einrücken des konkreten Anklagesatzes genügt den gesetzlichen Anforderungen an eine Urteilsbegründung nicht.[4022]

Auch ist stets zu untersuchen und im Urteil darzulegen, ob das abgelegte Geständnis glaubhaft, mit dem Ermittlungsergebnis zu vereinbaren ist, ob es in sich stimmig ist und ob es die getroffenen Feststellungen trägt.[4023]

Eine Verurteilung aufgrund eines bloßen Formalgeständnisses oder nur der Erklärung, es werde der Anklage nicht entgegen getreten, stellt keine ausreichende Beweiswürdigung dar. Da im Rahmen von Verständigungen abgelegte Geständnisse wegen des Anreizes der „milden" Strafe und der Verlockungssituation der gerichtlichen Selbstbindung besonders fehleranfällig sind und die Gefahr von Falschgeständnissen besteht, reicht eine Überprüfung eines Geständnisses allein anhand des

---

4021 *BGH* v. 31.1.2012 – 3 StR 285/11; *Wenske* DRiZ 2011, 393, 397.

4022 *BGH* v. 28.10.2009 – 5 StR 171/09 = StV 2010, 60; StV 2012, 133; StV 2011, 608; StV 2009, 232; StV 2013, 194; *BGH* v. 10.2.2011 – 5 StR 594/10; anschaulich auch *OLG Celle* StV 2011, 341.

4023 Vgl. nur StV 2009, 232, so schon *BGHSt* 50, 40, 49 f. = StV 2005, 311 (Großer Senat).

Akteninhalts nicht aus. Die Kontrolle hat grundsätzlich in der Hauptverhandlung in der Beweisaufnahme zu erfolgen,[4024] wobei Vorhalte oder auch das Selbstleseverfahren ausreichend sein können.[4025] Das gilt nicht, wenn sich der Angeklagte nur verschriftet über seinen Verteidiger eingelassen und keine weiteren Nachfragen beantwortet hat.[4026] Die betreffenden Beweisergebnisse müssen im Urteil – jedenfalls gedrängt – wiedergegeben werden.[4027]

II. Anforderungen an den Vortrag

Bei der Beanstandung unzureichender Tatsachenfeststellungen oder Beweiswürdigung handelt es sich um eine materiell-rechtliche Rüge. Das Revisionsgericht ist bei Erhebung der (allgemeinen) Sachrüge zur Prüfung verpflichtet, ob die dem Urteil zugrundegelegten Tatsachenfeststellungen die Verurteilung tragen und die Beweiswürdigung rechtsfehlerfrei ist. Der Erhebung einer Verfahrensrüge bedarf es daher nicht. Auch kommt es nicht darauf an, ob das Urteil einen Hinweis gem. § 267 Abs. 3 S. 3 StPO enthält, dass dem Urteil eine Verständigung vorausgegangen ist.

2504

Rüge 284a

Weicht das Urteil von einer wirksam zustandegekommenen Verständigung ab (Verstoß gegen § 257c Abs. 4 StPO)?

2505

I. Rechtsgrundlagen

Haben Angeklagter und Staatsanwaltschaft dem vom Gericht unterbreiteten Verständigungsvorschlag zugestimmt, ist die Verständigung zustande gekommen mit der Folge, dass das Gericht an die Verständigung gebunden ist.[4028] Davon kann sich das Gericht nur unter den Voraussetzungen des § 257c Abs. 4 S. 1, 2 und 4 StPO lösen. Ein „Widerruf" der Staatsanwaltschaft lässt die Bindungswirkung nicht entfallen.[4029]

2506

4024   *KG* v. 16.1.2015 – (4) 161 Ss 240/14 = wistra 2015, 288.
4025   *BVerfG* v. 19.3.2013 – 2 BvR 2628/10 Rn. 68, 70f, 129 ff. = StV 2013, 353.
4026   *BGH* v. 5.11.2013 – 2 StR 265/13 = NStZ 2014, 170 m. Anm. *Jahn* = StV 2014, 723.
4027   *BGH* v. 29.12.2015 – 2 StR 322/15.
4028   Zur Bindungswirkung vgl. *Niemöller* in: Niemöller/Schlothauer/Weider, VerstG, 2010, S. 105 ff.
4029   Die Staatsanwaltschaft kann nach Zustandekommen der Verständigung diese nachträglich nicht wieder zu Fall bringen, auch wenn sie die Voraussetzungen von § 257c Abs. 4 S. 1 oder 2 StPO als gegeben ansieht: *BGH* v. 1.12.2016 – 3 StR 331/16 = StV 2017, 287 = StraFo 2017, 110 = NStZ 2017, 373.

Ist dies nicht geschehen, weicht das Urteil aber vom Inhalt der Verständigung ab, stellt dies einen Verstoß gegen § 257c StPO sowie eine Verletzung des Grundsatzes des fairen Verfahrens dar, was zur Urteilsaufhebung führt.[4030] Insoweit ergeben sich keine Besonderheiten gegenüber der vorgesetzlichen Rechtslage.[4031]

Ein Beruhen des Urteils auf der Abweichung ist in keinem Fall auszuschließen.

II. Anforderungen an den Vortrag

2507 Es kann auf die grundsätzlichen Anforderungen an den Vortrag verwiesen werden (s. Rn. 2464).

B. Ist das Urteil ergangen, nachdem das Gericht die Verständigung widerrufen hat (§ 257c Abs. 4 S. 1 und 2 StPO)?

I. Vorbemerkung

2508 Das Gericht kann eine wirksame Verständigung unter den Voraussetzungen des § 257c Abs. 4 S. 1 und 2 StPO „widerrufen". Eine Lösung von der Verständigung liegt nur dann vor, wenn das Gericht wegen veränderter Beurteilungsgrundlage oder wegen Abweichens des Angeklagten von dem erwarteten Prozessverhalten zu der Überzeugung gelangt, dass die in Aussicht gestellte Strafober- oder Strafuntergrenze (§ 257c Abs. 3 S. 2 StPO) nicht mehr tat- oder schuldangemessen ist. Das beabsichtigte Abweichen von der Verständigung hat es gem. § 257c Abs. 4 S. 4 StPO in einem protokollierungspflichtigen Hinweis unverzüglich mitzuteilen. Die Abweichung erfordert eine Entscheidung des Gerichts, nicht nur die bloße Mitteilung des Vorsitzenden. Ein vom Angeklagten im Vertrauen auf den Bestand der Verständigung abgelegtes Geständnis ist unverwertbar, § 257c Abs. 4 S. 3 StPO.

Daraus ergeben sich verschiedene revisionsgerichtliche Beanstandungsmöglichkeiten. Gerügt werden kann u. a., dass

- eine *Gerichtsentscheidung* über die Abweichung fehlt,
- eine *Begründung* für den Widerruf der Verständigung fehlt,
- die *Voraussetzungen* für eine Abweichung von der Bindung nach § 257c Abs. 4 S. 1 und 2 StPO nicht vorgelegen haben,
- das Gericht die beabsichtigte Abweichung nicht bzw. nicht unverzüglich in der Hauptverhandlung *mitgeteilt* hat,
- das Gericht das Geständnis sowie sonstige Leistungen, die der Angeklagte in Erfüllung der Verständigung erbracht hat, entgegen § 257c Abs. 4 S. 3 StPO *verwertet* hat.

4030 *Meyer-Goßner/Schmitt*[60] § 257c Rn. 33; s. auch *BGH* StV 2008, 561.
4031 Vgl. etwa *BGHSt* 43, 210; *BGH* StraFo 2009, 154.

II. Einzelne Rügen

Rüge 285

Weicht das Urteil von der zustandegekommenen Verständigung ab, ohne dass eine dahingehende Entscheidung *des Gerichts* ergangen ist (§ 257c Abs. 4 S. 4 StPO)? **2509**

I. Rechtsgrundlagen

Das Gesetz schreibt in § 257c Abs. 4 S. 4 StPO vor, dass „das Gericht" die Abweichung mitzuteilen hat. Erforderlich ist ein (zu begründender) Gerichtsbeschluss.[4032] Fehlt es daran, weil nur der Vorsitzende die beabsichtigte Abweichung mitgeteilt hat, kann dies als Verstoß gegen § 257c Abs. 4 S. 4 StPO gerügt werden. Insoweit gelten keine Besonderheiten gegenüber den Fällen, in denen das Gesetz einen Gerichtsbeschluss als Voraussetzung für eine gerichtliche Maßnahme vorschreibt.[4033] **2510**

Bei einer für den weiteren Verfahrensgang und die Urteilsfindung so weitreichenden Entscheidung wie dem Widerruf einer wirksamen Verständigung muss feststehen, dass das gesamte Gericht darüber beraten und entschieden hat. Ist die Mitteilung nur durch den Vorsitzenden erfolgt, ist nicht festzustellen, ob dieser eine Beratung des Gerichts vorausgegangen ist und ob die Entscheidung im Falle einer Gerichtsberatung nicht anders ausgefallen wäre.

Im Übrigen muss nicht jedes Abweichen von dem Verhalten des Angeklagten, das der Prognose des Gerichts bei seinem Verständigungsvorschlag zugrundegelegen hat, zur Folge haben, dass der in Aussicht gestellte Strafrahmen nicht mehr tat- oder schuldangemessen ist.[4034]

II. Anforderungen an den Vortrag

Vorzutragen sind alle Tatsachen über das Zustandekommen und den Inhalt der Verständigung (siehe Rn. 2464), der davon abweichende Urteilstenor (ggf. etwaige Nebenentscheidungen wie Bewährungsbeschluss, Entscheidungen zur Untersuchungshaft etc.) und die Tatsache, dass kein Gerichtsbeschluss über den Wegfall der Bindungswirkung ergangen ist. **2511**

4032 *BGH* Urt. v. 21.06.2012 – 4 StR 623/11 = StV 2012, 712; *BGH* v. 21.2.2013 – 1 StR 633/12 = StV 2013, 484; *Niemöller* in: Niemöller/Schlothauer/Weider, VerstG, 2010, S. 106; *Weider* in: Niemöller/Schlothauer/Weider, VerstG, 2010, S. 172; *Meyer-Goßner/Schmitt*[60] § 257c Rn. 29.

4033 Zum Beweisantragsrecht s. etwa StV 1994, 172; 1983, 441; *Meyer-Goßner/Schmitt*[60] § 244 Rn. 41a; zum Ausschluss des Angeklagten nach § 247 StPO *Meyer-Goßner/Schmitt*[60] § 247 Rn. 19; KK-*Diemer*[7] § 247 Rn. 15.

4034 *BGH* v. 21.2.2013 – 1 StR 633/12 = StV 2013, 484.

Rüge 286

2512 Ist das Gericht ohne Begründung von der Verständigung abgewichen (§ 257c Abs. 4 S. 1 und 2 StPO)?

I. Rechtsgrundlagen

2513 Die Entscheidung über das Abweichen von der Verständigung ist zu begründen.[4035] Die Begründung hat gegenüber dem Angeklagten eine wichtige Informationsfunktion. Nur wenn er die Gründe für die Abweichung kennt, kann er sein weiteres Prozessverhalten darauf einstellen und z.b. seine vom Gericht als unzureichend angesehenen „Leistungen" nachbessern, um den Bestand der Verständigung wieder herzustellen bzw. eine neue Verständigung herbeizuführen.[4036] Fehlt es daher gänzlich an einer Begründung, wird das Urteil schon deswegen auf dem Fehler beruhen. Dies gilt auch deshalb, weil bei einer Entscheidung ohne Begründung dem Revisionsgericht die Prüfung unmöglich wäre, ob die gesetzlichen Voraussetzungen für einen Widerruf der Verständigung nach § 257c Abs. 4 S. 1 und 2 StPO vorgelegen haben.

II. Anforderungen an den Vortrag

2514 Zum Rügevortrag siehe zunächst Rn. 2511. Weiterhin ist der Gerichtsbeschluss über die Mitteilung der beabsichtigten Abweichung in vollem Wortlaut mitzuteilen. Mitzuteilen ist ferner, dass die Begründung im weiteren Verfahrensablauf nicht nachgeholt wurde. Die Rüge sollte auch Ausführungen dazu enthalten, wie der Angeklagte sich im Falle einer Begründung verteidigt hätte.

4035 *Meyer-Goßner/Schmitt*[60] § 257c Rn. 29; *Niemöller* in: Niemöller/Schlothauer/Weider, VerstG, 2010, S. 106; *Weider* in: Niemöller/Schlothauer/Weider, VerstG, 2010, S. 173; zur Begründungspflicht vor Inkrafttreten des § 257c StPO *BGH* StV 2009, 239.

4036 Dazu bedarf es der Rücknahme des Widerrufsbeschlusses oder eines neuen (modifizierten) Verständigungsvorschlags des Gerichts sowie in beiden Fällen der (erneuten) Zustimmung des Angeklagten und der Staatsanwaltschaft zum Verständigungsvorschlag.

Rüge 287

Ist das Gericht ohne tragfähige Begründung von der Verständigung abgewichen (§ 257c   **2515**
Abs. 4 S. 1 und 2 StPO)?

I. Rechtsgrundlagen

Das Gesetz sieht ein Abweichen von einer wirksamen Verständigung nur unter den   **2516**
Voraussetzungen des § 257c Abs. 4 S. 1 und 2 StPO vor.[4037] Eine abweichende
rechtliche Einstufung des Tatbeitrags durch das Gericht führt nicht grundsätzlich
zum Wegfall der Bindungswirkung.[4038] Das Revisionsgericht prüft anhand der Beschlussbegründung, ob die Annahme von „rechtlichen und tatsächlichen Tatsachen"
und deren „Bedeutsamkeit" für den in Aussicht gestellten Strafrahmen rechtsfehlerhaft ist.[4039] Als Begründung dürfen nur Tatsachen herangezogen werden, die nach
dem Gesetz auch bei der Urteilsfindung berücksichtigt werden dürfen. Eine Begründung, die etwa einen Verstoß gegen § 46 Abs. 3 StGB enthält, ist ebenso rechtsfehlerhaft, wie z.B. die Begründung, der Angeklagte habe bestimmte Leistungen nicht
erbracht, obwohl diese nicht Gegenstand des von ihm im Verständigungsvorschlag
verlangten Verhaltens waren.[4040]

Bei der Frage, ob die vom Gericht im Hinblick auf die Tat- und Schuldangemessen-   **2517**
heit des vorgeschlagenen Strafrahmens angegebenen Umstände „bedeutsam" waren, ist zu beachten, dass dem Tatrichter bei der Strafzumessung ein weiter Beurteilungsspielraum zusteht, der auch in vorliegendem Zusammenhang zu beachten ist.
Allerdings können neu hervorgetretene oder übersehene einfache Strafzumessungstatsachen im Rahmen der Festsetzung der Strafe innerhalb des vom Gericht vorgeschlagenen Strafrahmens Berücksichtigung finden, so dass es eines Widerrufs der
Verständigung nicht bedarf. Denn der Verständigungsstrafrahmen dient ja gerade
dazu, dem Gericht einen Spielraum für die Festlegung der konkreten Strafe zu erhalten, so dass neu hervorgetretene oder übersehene Strafzumessungstatsachen hier
Berücksichtigung finden können, ohne dass es eines Widerrufs der Verständigung
bedarf.[4041] Bedeutsame Umstände sind jedenfalls „bestimmende" Strafzumessungs-
umstände i.S.d. § 267 Abs. 3 S. 1 StPO.

Das Revisionsgericht prüft auf die entspr. Rüge den Widerrufsbeschluss auf Rechtsfehler. Schwierigkeiten ergeben sich bei dem Widerrufsgrund des § 257c Abs. 4

4037   Vgl. insgesamt zu den Gründen für ein Abweichen SK-StPO-*Velten*[5] § 257c Rn. 39 ff.;
     Wenske DRiZ 2012,123, 124.
4038   *BGH* Beschl. v. 25.10.2012 – 1 StR 421/12 = StV 2013, 193.
4039   Vgl. *Niemöller* in: Niemöller/Schlothauer/Weider, VerstG, 2010, S. 115 zu rechtlich
     bedeutsamen Umständen; zu tatsächlichen Umständen S. 108; zu sich neu ergebenden
     Umständen S. 108 f.
4040   *Weider* in: Niemöller/Schlothauer/Weider, VerstG, 2010, S. 173.
4041   *BGH* Urt. v. 21.6.2012 – 4 StR 623/12 Rn. 14, 16 = StV 2012, 712; *Weider* in: Niemöl-
     ler/Schlothauer/Weider, VerstG, 2010, S. 174.

S. 3 StPO. Zwar ist der Verständigungsvorschlag mit den vom Angeklagten erwarteten Leistungen sowie der Widerrufsbeschluss im Protokoll enthalten, nicht dagegen etwa eine geständige Einlassung des Angeklagten. Wird der Widerruf mit einem unzureichenden Geständnis begründet, ist ein Nachweis, dass der Angeklagte entgegen der Auffassung des Gerichts die Verständigungsbedingungen erfüllt hat, kaum zu führen. Wenn in der Tatsacheninstanz gegen den Widerrufsbeschluss nicht interveniert wurde, bedürfte es einer im Revisionsverfahren unzulässigen Rekonstruktion der Beweisaufnahme, um dem Revisionsgericht den Inhalt des Geständnisses zur Kenntnis zu bringen als Voraussetzung für die Überprüfung, ob die Auffassung des Tatrichters von der Mangelhaftigkeit des Geständnisses rechtsfehlerhaft ist. Etwas anderes gilt nur dann, wenn der Inhalt des Geständnisses auf andere Weise nachgewiesen werden kann, etwa durch Urkunden, die Gegenstand der Hauptverhandlung waren.

II. Anforderungen an den Vortrag

2518 Mitzuteilen sind alle Vorgänge über das Zustandekommen und der Inhalt der Verständigung sowie der Beschluss im Wortlaut, durch den das Gericht sich von der Verständigung gelöst hat. Es ist darzulegen, warum die vom Gericht gegebene Begründung den Widerruf der Verständigung nicht trägt. Im Falle des § 257c Abs. 4 S. 2 StPO ist das Prozessverhalten des Angeklagten im Einzelnen darzulegen und vorzutragen, warum die Einlassung des Angeklagten die Verständigungsbedingungen des Gerichts entgegen den Angaben im Widerrufsbeschluss erfüllt. Ergibt sich der Inhalt der Einlassung aus Urkunden, sind diese im Wortlaut mitzuteilen. Ist gegen den Widerrufsbeschluss Gegenvorstellung erhoben worden, sind alle Vorgänge darum und die gerichtliche Reaktion darauf ebenfalls im Einzelnen darzulegen.

Rüge 288

2519 Hat es das Gericht unterlassen, außer dem Beschluss über den Widerruf der Verständigung einen rechtlichen Hinweis nach § 265 Abs. 1 StPO zu erteilen?

I. Rechtsgrundlagen

2520 Bei den Widerrufsgründen des Abs. 4 kommt es zu Überschneidungen mit den Hinweispflichten nach § 265 StPO.[4042] Wenn nach Auffassung des Gerichts wegen neu hervorgetretener Umstände ein anderes als das angeklagte Strafgesetz Anwendung finden soll oder Tatsachen hervorgetreten sind, die die Strafbarkeit erhöhen und

---

4042   Vgl. dazu auch *Niemöller* NZWiSt 2012, 290, 294; *Wenske* DRiZ 2011, 393, 394.

deswegen die Verständigung widerrufen wird, liegt gleichzeitig ein Fall des § 265 Abs. 1, 2 StPO vor. In diesen Fällen ist zu prüfen, ob ein erforderlicher Hinweis nach § 265 Abs. 1 oder 2 StPO unterlassen wurde. Die Hinweispflichten nach § 257c Abs. 4 S. 4 und § 265 Abs. 1 und 2 StPO bestehen nebeneinander (zu den Rügen der Verletzung der Hinweispflicht siehe oben Rn. 1713 ff.) Der bloße Hinweis auf den Wegfall der Bindungswirkung kann den Hinweis nach § 265 StPO nicht ersetzen. Allerdings kann der Beschluss über den Wegfall der Bindungswirkung nach § 257c Abs. 4 S. 4 StPO alle Elemente des Hinweises nach § 265 Abs. 1, 2 StPO enthalten, so dass der Angeklagte allein aufgrund dieser Mitteilung seine Verteidigung darauf einrichten kann. In diesem Fall erscheint ein nochmaliger Hinweis nach § 265 Abs. 1, 2 StPO entbehrlich. Fehlt es jedoch im Beschluss über den Widerruf der Verständigung an der für einen Hinweis nach § 265 StPO erforderlichen Konkretisierung, ist das Unterlassen eines Hinweises nach § 265 StPO selbst dann rechtsfehlerhaft, wenn die Begründung des Beschlusses für den Widerruf diesen trägt. Dies kann z.B. dann der Fall sein, wenn im Widerrufsbeschluss nur angegeben ist, dass im Hinblick auf die im Beschluss mitgeteilten neu hervor getretenen Umstände der in Aussicht gestellte Strafrahmen nicht mehr tat- und schuldangemessen sei. Wenn aber die neu hervorgetretenen Umstände die Anwendung eines gesetzlich vorgesehenen schärferen Strafrahmens rechtfertigen (z.B. § 239 Abs. 3 statt Abs. 1 StGB, § 246 Abs. 2 statt Abs. 1 StGB, § 250 Abs. 3 statt Abs. 1 StGB), ist ein Hinweis nach § 265 Abs. 2 StPO erforderlich, so dass die bloße Mitteilung im Widerrufsbeschluss, der vorgeschlagene Strafrahmen sei nicht mehr angemessen, unzureichend ist.

Ob neben dem Widerrufbeschluss und der dort gegebenen Begründung ein zusätzlicher Hinweis nach § 265 StPO erforderlich ist, ist Frage des Einzelfalles.

II. Anforderungen an den Vortrag

Mitzuteilen sind alle Tatsachen über das Zustandekommen und der Inhalt der Verständigung (oben Rn. 2464) sowie der Widerrufsbeschluss im Wortlaut. Vorzutragen ist ferner, dass ein förmlicher Hinweis nach § 265 StPO nicht erfolgte. Es ist darzulegen, warum der Widerrufsbeschluss nicht die Qualität eines Hinweises nach § 265 StPO hatte (siehe dazu oben Rn. 1713 ff.). Vorsorglich ist vorzutragen, dass ein gebotener Hinweis auch nicht bis zum Ende der Hauptverhandlung nachgeholt wurde. **2521**

III. Im Zusammenhang stehende Rügemöglichkeiten

Ist es nicht zu einer Verständigung gekommen, weil das Gericht darauf hingewiesen hat, auch ohne eine Verständigung zu der von dem Angeklagten angestrebten Rechtsfolge zu kommen, bedarf es eines ausdrücklichen Hinweises (§ 265 Abs. 2 Nr. 2 StPO, Art. 6 Abs. 1 EMRK), wenn das Gericht von diesem in Aussicht gestellten Ergebnis abweichen will[4043] (vgl. Rüge 202 Rn. 1805). **2522**

4043   *BGH* v. 30.6.2011 – 3 StR 39/11 = StV 2012, 135.

> **Rüge 289**
>
> Nicht vergeben.

> **Rüge 290**
>
> 2523 Hat das Gericht nicht unverzüglich in der Hauptverhandlung mitgeteilt, dass es an die Verständigung nicht mehr gebunden ist?

I. Rechtsgrundlagen

2524 § 257c Abs. 4 S. 4 StPO erfordert die „unverzügliche" Mitteilung, dass das Gericht sich von der Verständigung löst.[4044] Die Rüge, das Gericht habe den Hinweis verspätet, also nicht „unverzüglich" erteilt, beinhaltet die Rüge der Behinderung der Verteidigung. Denn mit der Rüge soll geltend gemacht werden, dass sich die Verteidigung nicht rechtzeitig auf den Wegfall der Bindungswirkung hat einstellen können und daher mögliches weitergehendes oder anderes Verteidigungsvorbringen unterlassen wurde. Sind jedoch keine Unterbrechungs- oder Aussetzungsanträge gestellt und zurückgewiesen worden (vgl. dazu unten Rn. 2546), wird allein die Rüge, der Hinweis sei verspätet erteilt worden, kaum Erfolg haben können. Ganz abgesehen davon wird der Nachweis, dass der Hinweis nicht unverzüglich erteilt wurde, kaum möglich sein. Denn wann das *Gericht* zur Überzeugung gelangt, dass der Verständigungsstrafrahmen nicht mehr tat- und schuldangemessen ist oder die vom Angeklagten erbrachten Leistungen nicht den Verständigungsbedingungen entsprechen, bleibt der Verteidigung verborgen. Etwas anderes kann dann gelten, wenn sich aus dem Widerrufsbeschluss selbst Hinweise auf eine verspätete Mitteilung ergeben. Dies könnte dann der Fall sein, wenn der Widerruf auf das Ergebnis einer Zeugenvernehmung gestützt wird, die Verkündung des Beschlusses jedoch erst nach mehreren Hauptverhandlungstagen nach Abschluss der Zeugenvernehmung erfolgt.

4044 *Meyer-Goßner/Schmitt*[60] § 257c Rn. 29.

Rüge 291

Hat das Gericht nach Widerruf der Verständigung das Geständnis des Angeklagten ver-   **2525**
wertet (Verstoß gegen § 257c Abs. 4 S. 3 StPO)?

I. Rechtsgrundlagen

Das in § 257c Abs. 4 S. 3 StPO normierte Verwertungsverbot gilt bei einem Wider-   **2526**
ruf der Verständigung durch das Gericht[4045] grundsätzlich, also unabhängig davon,
aus welchen Gründen das Gericht von der Verständigung abrückt. Das bedeutet,
dass die Angaben des Angeklagten auch dann unverwertbar sind, wenn er selbst den
Widerruf der Verständigung verursacht hat, weil er etwa die Bedingungen für die
Verständigung nicht oder nur unzureichend erfüllt hat („halbes Geständnis"). Das
Verwertungsverbot gilt umfassend, was bedeutet, dass das Gericht auch gehindert
ist, die Verurteilung auch auf sich aus dem Geständnis ergebende für den Angeklagten günstige Umstände zu stützen.[4046] Eines Widerspruchs gegen die Verwertung
bedarf es nicht, da das Verwertungsverbot von Gesetzes wegen mit der Verkündung
des Widerrufsbeschlusses eintritt.[4047] Ein Verstoß gegen das Verwertungsverbot
kann selbstverständlich mit der Verfahrensrüge angegriffen werden.

Das Verwertungsverbot gilt auch für Mitangeklagte in demselben oder in einem ab-   **2527**
getrennten Verfahren. Ein Verstoß gegen § 257c Abs. 4 S. 3 StPO kann auch von
Mitangeklagten gerügt werden, wenn ihre Verurteilung auf die Angaben in dem unverwertbaren Geständnis gestützt werden.[4048]

II. Anforderungen an den Vortrag

Vorzutragen sind alle Tatsachen über das Zustandekommen der Verständigung ein-   **2528**
schließlich des gerichtlichen Verständigungsvorschlags, der Zustimmung dazu
durch die Staatsanwaltschaft und den Angeklagten (oben Rn. 2464), der Widerrufsbeschluss sowie die Tatsache, dass es im weiteren Verlauf des Verfahrens nicht zu
einer erneuten Verständigung oder zu einer Rücknahme des Widerrufsbeschlusses
gekommen ist.

4045   Ohne Lösung von der Verständigung gem. § 257c Abs. 4 StPO greift das Verwer-
       tungsverbot auch dann nicht ein, wenn es sich um eine rechtswidrige Verständigung
       handelt: *BGH* v. 16.3.2011 – 1 StR 60/11 = StV 2012, 134.
4046   *Meyer-Goßner/Schmitt*[60] § 257c Rn. 28.
4047   SK-StPO-*Velten*[5] § 257c Rn. 51; *Niemöller* in: Niemöller/Schlothauer/Weider,
       VerstG, 2010, S. 125 und *Weider* S. 177.
4048   *Weider* in: Niemöller/Schlothauer/Weider, VerstG, 2010, S. 178 und *Niemöller* S. 149.

Rüge 292

2529   Hat das Gericht nach Widerruf der Verständigung aus dem unverwertbaren Geständnis erlangte Erkenntnisse verwertet (Verstoß gegen § 257c Abs. 4 S. 3 StPO – Fernwirkung)?

I. Rechtsgrundlagen

2530   Das Gesetz schreibt nur die Unverwertbarkeit des „Geständnisses" vor. Die Fälle sind jedoch zahlreich, in denen der Angeklagte im Rahmen seines Geständnisses weitere ihn belastende Umstände offenbart (z.b. Hinweise, die zur Auffindung des Tatwerkzeugs oder der Tatbeute geführt haben). Auch können vom Angeklagten über das Geständnis hinaus weitere Leistungen verlangt worden sein, die er in Erfüllung der Verständigung erbracht hat (z.b. Entschuldigung beim Opfer, die der Angeklagte in einem Schreiben ausgesprochen hat; finanzielle Schadenswiedergutmachung oder Zahlung eines Schmerzensgeldes). In diesen Fällen stellt sich die Frage, ob diese vom Angeklagten erbrachten, ihn belastenden, über das Geständnis hinausgehenden Leistungen zu seinem Nachteil verwertet werden dürfen. Es stellt sich die Frage, ob z.b. ein Entschuldigungsschreiben des Angeklagten an das Opfer oder die Tatsache der Schadenswiedergutmachung oder Schmerzensgeldzahlung als Schuldindiz verwertet werden darf. Die Frage ist höchstrichterlich[4049] noch nicht entschieden und in der Literatur streitig. Ein Verwertungsverbot wird z.t. unter Hinweis auf die sonst zur Fernwirkung aufgestellten Regeln[4050] verneint.[4051] Andererseits wird danach differenziert, aus welchem Grund die Verständigung widerrufen wurde und in wessen Verantwortungsbereich dies fällt.[4052] Das Verwertungsverbot soll verhindern, dass der Angeklagte seine Verteidigungsposition im Vertrauen auf den Bestand der Verständigung aufgibt, durch den Widerruf der Verständigung dieses Vertrauen jedoch enttäuscht wird. Da es um die Verteidigungsinteressen und -strategie geht und der Angeklagte in seiner Entscheidung frei sein muss, sich auf die Verständigung einzulassen, stellt es nicht nur einen Verstoß gegen den Grundsatz des fairen Verfahrens dar, wenn das Geständnis selbst verwertet wird, sondern auch dann, wenn daraus erlangte Beweismittel zum Nachteil des Angeklagten verwertet werden.[4053]

2531   Danach wird ein Verwertungsverbot insbesondere dann anzunehmen sein, wenn der Widerruf aus Gründen erfolgt, die in den Verantwortungsbereich des Gerichts fal-

---

4049   Ausdrücklich offen gelassen in *BGH* Beschl. v. 23.5.2012 – 5 StR 174/12 Rn. 12 = StV 2012, 582.

4050   *Meyer-Goßner/Schmitt*⁶⁰ Einleitung Rn. 57 m. zahlr. Nachw.; LR-*Gleß*²⁶ § 136a Rn. 75 f.

4051   *Meyer-Goßner/Schmitt*⁶⁰ § 257c Rn. 28; *Niemöller* in: Niemöller/Schlothauer/Weider, VerstG, 2010, S. 150.

4052   SK-StPO-*Velten*⁵ § 257c Rn. 51; *Weider* in: Niemöller/Schlothauer/Weider, VerstG, 2010, S. 178 und 187; *Jahn/Müller* NJW 2009, 2626, 2629; *Schlothauer/Weider* StV 2009, 605.

4053   SK-StPO-*Velten*⁵ § 257c Rn. 51.

len. Dies ist dann der Fall, wenn das Gericht bei der Unterbreitung des Verständigungsvorschlags bedeutende, sich aus den Akten oder sonst ersichtliche Umstände übersehen hat und nach Bemerken dieses Fehlers die Verständigung widerruft (z.b. Übersehen einer notwendigen Gesamtstrafenbildung, Annahme eines falschen Strafrahmens). „Letztlich erlaubt jede Schludrigkeit des Gerichts bei der Aktenlektüre ein Abweichen".[4054] In diesen Fällen beruht der Widerruf auf einem Fehler des Gerichts, so dass der Angeklagte durch einen rechtswidrigen Verständigungsvorschlag im Vertrauen auf den Bestand der Verständigung zu den ihn belastenden Angaben und sonstigen Leistungen verleitet wurde. Es wäre mit dem Grundsatz des fairen Verfahrens nicht zu vereinbaren, wenn das Gericht die Verurteilung auf die vom ihm selbst rechtswidrig „provozierten" oder im Rahmen der Verständigung sogar abverlangten Leistungen des Angeklagten stützen würde.

II. Anforderungen an den Vortrag

Vorzutragen ist das Zustandekommen der Verständigung, der Verständigungsvorschlag (oben Rn. 2464), alle vom Angeklagten in Erfüllung der Verständigung erbrachten Leistungen sowie der Widerrufsbeschluss im Wortlaut. Es ist ferner darzulegen, dass die im Urteil verwerteten Beweismittel im Rahmen der Erfüllung der Verständigung von dem Angeklagten offengelegt oder durch sonstige Leistungen des Angeklagten erbracht wurden, und sonst nicht bekannt geworden wären. **2532**

Rüge 293

Hat das Gericht nach Widerruf der Verständigung sonstiges prozessuales Verhalten des Angeklagten verwertet? **2533**

I. Vorbemerkung

Ist es (zunächst) zu einer Verständigung gekommen, wird der Angeklagte seine Verteidigung darauf eingestellt haben, dass die Verständigung Bestand hat. Er kann Verteidigungsaktivitäten, wie sie in einem kontradiktorischen Verfahren angezeigt wären, unterlassen haben. **2534**

So kann der Angeklagte (und sein Verteidiger) z.B. Zustimmungserklärungen zu Verlesungen nach § 251 Abs. 1 Nr. 1, Abs. 2 Nr. 3 StPO abgegeben haben. Solche Erklärungen können sogar als „Prozessverhalten" i.S.d. § 257c Abs. 2 S. 1 StPO Bestandteil des gerichtlichen Verständigungsvorschlags gewesen sein. Der Angeklagte kann es ferner unterlassen haben, (rechtzeitig) Verwertungswidersprüche zu **2535**

4054 *Murmann* ZIS 2009, 538.

erheben. Er kann schließlich von Beweisantragstellungen Abstand genommen oder auf eine (ausführliche) Befragung von (Belastungs-) Zeugen verzichtet haben. In all diesen Fällen stellt sich die Frage, ob nach Widerruf der Verständigung der Angeklagte an seinem früheren Verteidigungsverhalten festgehalten werden kann, also auch, ob seine früheren prozessualen Erklärungen weiterhin bindend sind.

2536 Der im Vertrauen auf den Bestand der Verständigung ausgerichteten Verteidigungsstrategie wird mit dem Widerruf der Verständigung der Boden entzogen. Mit dem Widerruf geht das Verfahren in ein streitiges über.

Das Gesetz schreibt in § 257c Abs. 4 S. 3 StPO nur ein Verwertungsverbot für das Geständnis vor. Aus dem Schweigen des Gesetzes kann allerdings nicht entnommen werden, dass alle anderen Leistungen des Angeklagten, die er in Erfüllung oder im Vertrauen auf den Bestand der Verständigung erbracht hat, wirksam bleiben. Mit dem Widerruf der Verständigung und dem Übergang in das kontradiktorische Verfahren wird das Verfahren in den Stand vor der Verständigung zurück versetzt.[4055] Das gesetzliche Verwertungsverbot würde bei der Wirksamkeit des sonstigen Prozessverhaltens des Angeklagten sogar unterlaufen: Erhebt der Angeklagte z.b. gegen die Verwertung eines im Ermittlungsverfahren abgelegten Geständnisses (z.B. wegen Unterlassung der Belehrung über das Schweigerecht) im Vertrauen auf den Bestand der Verständigung keinen Widerspruch und wiederholt er dieses Geständnis in Erfüllung der Verständigung, wäre nur dieses im Falle des Widerrufs verwertbar, nicht aber das frühere. Das Gericht könnte eine Verurteilung mangels Widerspruchs gegen die Verwertung des früheren Geständnisses allein auf dieses, im Falle rechtzeitigen Widerspruchs jedoch unverwertbare Geständnis stützen.

Rüge 294

2537 Hat das Gericht im Urteil eine Aussage verwertet, die mit Zustimmung der Verteidigung vor dem Widerruf verlesen wurde?

I. Rechtsgrundlagen

2538 Mit dem Widerruf der Verständigung verlieren auch im Vertrauen auf den Bestand der Verständigung abgegebene Zustimmungserklärungen ihre Wirksamkeit.[4056] In der Zustimmung zu einer Verlesung liegt eine partielle Aufgabe der Verteidigung,

---

4055 *Weider* in: Niemöller/Schlothauer/Weider, VerstG 2010, S. 186 ff.; SK-StPO-*Velten*[5] § 257c Rn. 48; *Wenske* DRiZ 2012, 123, 125: „sämtliche durch die Verständigung verbundenen Leistungspflichten sollen miteinander stehen und fallen"; **a.A.** *Niemöller* in: Niemöller/Schlothauer/Weider, VerstG 2010, S. 113, 146.

4056 *Weider* in: Niemöller/Schlothauer/Weider, VerstG, S. 188.

weil auf eine (kritische) Befragung des Zeugen verzichtet wird. Wird die Verständigung widerrufen, muss dem Angeklagten die Möglichkeit gegeben werden, seine Verteidigung so zu gestalten, als hätte es eine Verständigung nicht gegeben. Daraus folgt, dass das Gericht nach Widerruf der Verständigung die verlesene Aussage im Urteil nicht ohne erneute Zustimmung des Angeklagten und Verteidigers verwerten darf. Geschieht dies gleichwohl, ist eine Verletzung der §§ 250, 251 Abs. 1 Nr. 1 oder § 251 Abs. 2 Nr. 3 StPO zu rügen.

II. Anforderungen an den Vortrag

Vorzutragen sind alle Tatsachen zum Zustandekommen und das Ergebnis der Verständigung und die Zustimmung von der Staatsanwaltschaft und des Angeklagten im Detail (Rn. 2464). Ferner ist vorzutragen, welche Leistungen der Angeklagte in Erfüllung der Verständigung erbracht hat und dass er und der Verteidiger sowie die Staatsanwaltschaft der Verlesung zugestimmt haben. Der Zeitpunkt der Zustimmung (nach Zustandekommen der Verständigung und vor dem Widerrufsbeschluss) ist ebenso mitzuteilen wie die Tatsache, dass die Zustimmung entweder Teilbedingung der Verständigung war oder sie im Vertrauen auf den Bestand der Verständigung erteilt wurde. Mitzuteilen ist die Anordnung und Durchführung der Verlesung sowie die verlesene Vernehmungsniederschrift im Wortlaut. Schließlich ist der Beschluss über den Widerruf im Wortlaut mitzuteilen und dass der Angeklagte und sein Verteidiger der Verlesung nicht (erneut) zugestimmt haben (vgl. dazu ergänzend oben Rn. 1270 ff.). **2539**

Rüge 295
Hat das Gericht mangels vor dem Widerruf erhobenen Verwertungswiderspruchs Aussagen oder Beweismittel verwertet? **2540**

I. Rechtsgrundlagen

Der Angeklagte kann im Vertrauen auf den Bestand der Verständigung die rechtzeitige Erhebung von Verwertungswidersprüchen z.B. gegen die Verwertung eines früheren Geständnisses, einer Zeugenaussage oder der Ergebnisse einer TKÜ etc. unterlassen haben. Hat das Gericht den Beweis erhoben, könnte dieser mangels Verwertungswiderspruchs auch verwertet werden. Da der Angeklagte mit dem Widerruf der Verständigung in seinen Verteidigungsmöglichkeiten so gestellt werden muss, also ob es eine Verständigung nicht gegeben hätte, hat er die Möglichkeit, nunmehr der Verwertung zu widersprechen, ohne dass ihm die Verfristung des Widerspruchs nach § 257 Abs. 1 StPO entgegen gehalten werden kann. Ist daher der **2541**

Verwertung eines bereits erhobenen Beweises nach dem Widerruf der Verständigung widersprochen worden, so darf das Beweismittel nicht verwertet werden. Geschieht dies gleichwohl, kann die fehlerhafte Verwertung des unverwertbaren Beweismittels gerügt werden.

II. Anforderungen an den Vortrag

2542   Im Hinblick auf die zahlreichen Fallgestaltungen, in denen nach erfolgtem Verwertungswiderspruch das Beweismittel unverwertbar ist, können nur allgemeine Hinweise erteilt werden.

Vorzutragen ist das Zustandekommen und das Ergebnis der Verständigung, die Zustimmung der Staatsanwaltschaft und des Angeklagten (oben Rn. 2464), die Erhebung des Beweises, dass gegen die Verwertung im Vertrauen auf den Bestand der Verständigung kein Widerspruch erhoben wurde, der Beschluss über den Verständigungswiderruf sowie der Zeitpunkt und die Tatsache des nunmehr erhobenen Verwertungswiderspruchs und, soweit erfolgt, die Reaktion des Gerichts darauf (z.B. Ablehnung durch Gerichtsbeschluss).

Rüge 296

2543   Hat das Gericht Anträge auf erneute Vernehmung eines bereits vernommenen Zeugen zurückgewiesen?

I. Rechtsgrundlagen

2544   Ist eine Verständigung zustande gekommen und im Anschluss eine abgekürzte Beweisaufnahme mit Zeugenvernehmungen durchgeführt worden, wird der Angeklagte bzw. sein Verteidiger im Vertrauen auf den Bestand der Verständigung in der Regel auf eine ausführliche und kritische Zeugenbefragung verzichtet haben. Nach Widerruf der Verständigung ist jedoch die Grundlage für die an der Verständigung ausgerichtete Verteidigungsstrategie entfallen. Der Verteidigung darf daher die Möglichkeit, einen zunächst unbefragten oder nur unvollständig befragten Zeugen nunmehr zu befragen, nicht genommen werden. Die Begründung des RegE hebt ausdrücklich hervor, dass eine erneute Zeugenvernehmung insbesondere dann nicht fern liege, wenn eine ausführliche Befragung im Hinblick auf die Verständigung unterlassen wurde.[4057] Daher können die sonst für den Antrag auf wiederholte Zeu-

---

4057   BRegE BT-Drucks. 16/12310 S. 15.

genvernehmungen geltenden Grundsätze[4058] auf die vorliegende Fallkonstellation nicht übertragen werden.[4059]

Ist ein Beweisantrag auf nochmalige Zeugenvernehmung gestellt, ist die fehlerhafte Zurückweisung des Antrag zu rügen (vgl. dazu oben Rn. 1648 ff.) Ist nur ein „schlichter" Antrag auf erneute Vernehmung gestellt worden, der abgelehnt oder übergangen wurde, muss die Behinderung der Verteidigung und u.U. auch die Aufklärungsrüge erhoben werden.

II. Anforderungen an den Vortrag

Vorzutragen ist das Zustandekommen und das Ergebnis der Verständigung, die Zustimmung der Staatsanwaltschaft und des Angeklagten (oben Rn. 2464), die Tatsache der im Anschluss daran erfolgten Vernehmung des Zeugen und, soweit möglich, deren Dauer, dass der Zeuge von der Verteidigung im Vertrauen auf den Bestand der Verständigung nicht oder nur unzureichend befragt wurde, der Beschluss über den Widerruf der Verständigung, der Antrag auf erneute Zeugenvernehmung, der ablehnende Gerichtsbeschluss und die Tatsache, dass der Zeuge nicht erneut vernommen wurde. Mitzuteilen ist ferner, welche Fragen bzw. zu welchen Themenkomplexen Fragen nicht gestellt wurden, aber bei einer erneuten Vernehmung hätten gestellt werden sollen. Erforderlich ist auch ein Vortrag, zu welchem Ergebnis die Befragung geführt hätte, wenn die Verletzung der Aufklärungspflicht gerügt wird. **2545**

Rüge 297

Hat das Gericht einen nach Widerruf der Verständigung gestellten Antrag auf Aussetzung oder Unterbrechung der Hauptverhandlung zurückgewiesen? **2546**

I. Rechtsgrundlagen

Da mit dem Wegfall der Bindungswirkung eine neue Sach- und Rechtslage eintritt, liegt ein Fall des § 265 Abs. 4 StPO vor.[4060] Der Angeklagte muss seine Verteidigungsstrategie völlig neu überdenken. Die Erhebung von Verwertungswidersprüchen, das Stellen von Anträgen auf erneute Zeugenvernehmung, Beweisanträgen und das weitere Einlassungsverhalten nach Eintritt der Unverwertbarkeit des zu- **2547**

4058   Oben Rn. 1648 und die dortigen Nachw.; KK-*Krehl*[7] § 244 Rn. 70; *Meyer-Goßner/Schmitt*[60] § 244 Rn. 26.
4059   Eingehend dazu *Weider* in: Niemöller/Schlothauer/Weider, VerstG 2010, S. 190 ff.
4060   *Weider* in: Niemöller/Schlothauer/Weider, VerstG 2010, S. 189.

nächst abgelegten Geständnisses müssen erwogen werden. Dies alles hat erheblichen Erörterungsbedarf zwischen dem Verteidiger und seinem Mandanten zur Folge. Im Hinblick auf die Möglichkeit einer Unterbrechung der Hauptverhandlung von bis zu 3 Wochen nach § 229 Abs. 1 StPO wird ein Aussetzungsantrag wohl nur in Ausnahmefällen in Betracht kommen bzw. Erfolg haben. Ein Unterbrechungsantrag dagegen wird wohl selten abgelehnt werden können. Hat nur der Vorsitzende den Antrag abgelehnt, muss ein Gerichtsbeschluss nach § 238 Abs. 2 StPO beantragt werden.

2548 Ist eine Unterbrechung bewilligt worden, reicht diese aber nach Ansicht der Verteidigung zur Einstellung auf die neue Verfahrenssituation nicht aus, ist ebenfalls ein Gerichtsbeschluss zu beantragen.

2549 Ist die Unterbrechung abgelehnt oder zu kurz bemessen worden, muss die Rüge der Verletzung des § 265 Abs. 4 StPO[4061] erhoben und ergänzend die Behinderung der Verteidigung gerügt werden.

II. Anforderungen an den Vortrag

2550 Vorzutragen sind das Zustandekommen und das Ergebnis der Verständigung, die Zustimmung der Staatsanwaltschaft und des Angeklagten, der Beschluss über den Widerruf der Verständigung, der Aussetzungs- bzw. Unterbrechungsantrag sowie die Entscheidung des Vorsitzenden, der Antrag auf Gerichtsbeschluss, der ablehnende Gerichtsbeschluss (beides im Wortlaut). Es ist ferner darzulegen, welche Bedeutung der Widerruf der Verständigung für die Verteidigung hatte und inwieweit die Verteidigungsstrategie völlig neu besprochen und festgelegt werden musste. U.U. sollte dargelegt werden, welche Verteidigungsaktivitäten mangels Besprechungs- und Vorbereitungszeit nicht entfaltet werden konnten. Ergänzend wird auf die Ausführungen zu Rn. 1799 verwiesen.

Ist eine Unterbrechung der Hauptverhandlung angeordnet worden und soll gerügt werden, dass die Zeit der Unterbrechung nicht ausreichend war, sind neben den soeben erwähnten Tatsachen die Anordnung der Unterbrechung im Detail, die Beantragung des Gerichtsbeschlusses und der zurückweisende Gerichtsbeschluss mitzuteilen. Besondere Ausführungen dazu, warum die angeordnete Zeit der Unterbrechung nicht ausgereicht hat, sind erforderlich.

4061   Siehe Rüge 201 Rn. 1799.

C. Ist das Urteil nach einer versuchten Verständigung ergangen?

Vorbemerkung

Unter versuchter Verständigung werden die Fälle verstanden, in denen es zwar zu **2551**
Gesprächen vor oder während der Hauptverhandlung zwischen den Verfahrensbeteiligten mit dem Ziel der Herbeiführung einer Verständigung gekommen ist, das
Gericht, die Staatsanwaltschaft oder der Angeklagte aber erklärt haben, auf der Basis der erfolgten Erörterungen keiner Verständigung zuzustimmen. Darunter fallen
auch die Fälle, in denen das Gericht einen Verständigungsvorschlag unterbreitet
hat, die Staatsanwaltschaft oder der Angeklagte diesem aber die Zustimmung verweigert haben. In diesen Fällen wird das Verfahren als „normales" kontradiktori-
sches Verfahren fortgeführt. Es stellt sich allein die Frage, ob Inhalte der Verständigungsgespräche Einfluss auf das kontradiktorische Verfahren haben bzw. der vom
Gericht unterbreitete Verständigungsvorschlag Orientierungsfunktion oder „Fernwirkung" für die Strafzumessung haben konnte.

Scheitern bereits die Verständigungsgespräche, ohne dass es zu verbindlichen Äu- **2552**
ßerungen des Gerichts etwa zu einem Verständigungsstrafrahmen kommt, haben die
in diesen Gesprächen als unverbindlich zu wertenden Äußerungen keinerlei Konsequenzen. Auch Äußerungen allein des Vorsitzenden zu einer möglichen Straferwartung lösen keinerlei Bindung des Gerichts aus.[4062]

Rüge 298
Hat das Gericht eine wesentlich über der Strafobergrenze des Verständigungsvorschlags **2553**
liegende Strafe verhängt?

I. Rechtsgrundlagen

In den Fällen, in denen in den gescheiterten Vorgesprächen das Gericht (und nicht **2554**
nur ein Gerichtsmitglied) für den Fall bestimmter Leistungen des Angeklagten
einen konkreten Strafrahmen benannt hat oder das Gericht in der Hauptverhandlung
einen Verständigungsvorschlag mit einem bestimmten Strafrahmen unterbreitet hat,
der jedoch keine Zustimmung erfahren hat, gelten folgende Grundsätze. Kommt die
Verständigung nicht zustande, entfaltet der gerichtlich unterbreitete Vorschlag weder eine Bindungswirkung für das Gericht, noch wird dadurch ein Vertrauenstatbestand für den Angeklagten dahin geschaffen, das Gericht werde sich an den Vor-

---

4062 *BGH* StV 2012, 392.

schlag halten.[4063] Gleichwohl haben in diesen Fällen die vom Gericht unterbreiteten Strafmaßvorstellungen eine gewisse Orientierungsfunktion mit der Folge, dass auch in einem streitigen Verfahren unter Wegfall der strafmildernden Wirkung eines Geständnisses und ohne das Hinzutreten weiterer und neuer Straferschwerungsgründe keine beliebig höhere Strafe verhängt werden darf. Bereits der Große Senat des *BGH* hatte darauf hingewiesen, dass die Differenz zwischen der im Rahmen der Absprache und der bei einem „streitigen" Verfahren zu erwartenden Sanktion nicht so groß sein dürfe, dass sie strafzumessungsrechtlich unvertretbar und allein mit der strafmildernden Wirkung eines Geständnisses nicht mehr begründbar sei.[4064] Die Rspr. dazu ist uneinheitlich. Nach der wohl inzwischen überwiegenden Auffassung rechtfertigt allein der Wegfall des Strafmilderungsgrundes des Geständnisses keine unverhältnismäßig höhere Strafe.[4065] Denn das Gericht hat den Vorschlag für den Verständigungsstrafrahmen nach gründlicher Prüfung der Sach- und Rechtslage unter Berücksichtigung aller bekannten Strafschärfungs- und Milderungsgründe sowie der prognostizierten Milderung eines Geständnisses unterbreitet, so dass diese Einschätzung für den weiteren Verfahrensverlauf nicht jede Bedeutung verliert. In der Literatur wird daher als Richtlinie vorgeschlagen, dass ohne das Hinzutreten besonderer Umstände die Strafe ohne Geständnis im streitigen Verfahren nicht mehr als zwei Drittel über der Strafobergrenze des gerichtlich angebotenen Strafrahmens liegen sollte.[4066] Nach anderer Auffassung soll einem für den Fall eines Geständnisses vor oder zu Beginn einer Hauptverhandlung in den Raum gestellten Strafrahmen für die Strafzumessung nach langer streitiger Hauptverhandlung „in der Regel" keine Bedeutung mehr zukommen.[4067]

2555 Unstreitig ist allerdings, dass dem Angeklagten nicht mit der Sanktionsschere gedroht werden darf. Wenn das Gericht in den Verständigungsgesprächen einen Straf-

---

4063 *BGH* Beschl. v. 12.7.2011 – 1 StR 274/11; *BGH* Beschl. v. 14.4.2011 – 1 StR 458/10 = StV 2011, 728 Rn. 38; *BGH* StV 2010, 673; auch *BGH* StV 2011, 74.

4064 *BGHSt* 50, 40, 50 = StV 2005, 311.

4065 *BGH* Beschl. v. 23.5.2012 – 5 StR 174/12 Rn. 16 = StV 2012, 582 (Bewährungsstrafe und verhängte 6 Jahre und 6 Monate); *BGH* StV 2009, 629 (4 Jahre und verhängte 5 Jahre und 9 Monate); *BGH* StV 2002, 637 (Bewährungsstrafe und verhängte 7 Jahre); *BGHSt* 49, 84, 89 = StV 2004, 314 (1 Jahr 9 Monate und verhängte 5 Jahre und 9 Monate); *OLG Celle* StV 2012, 394, 396 unter bb) grundsätzlich zustimmend, wobei eine Überschreitung der angebotenen Strafobergrenze um 50 % jedoch unbeanstandet bleibt, vgl. dazu die krit Anm. von *Altenhain/Haimerl* StV 2012, 397, 399 unter II. 2.; *Meyer-Goßner/Schmitt*[60] § 257c Rn. 19 und 29; *Weider* in: Niemöller/Schlothauer/ Weider, VerstG, 2010, S. 193 f.; *Weider* NStZ 2002, 174 und 2004, 339.

4066 *Meyer-Goßner/Schmitt*[60] § 257c Rn. 19; *Altenhain/Hagemeier/Haimerl* NStZ 2007, 71, 78; dagegen *BGH* StV 2011, 202.

4067 *BGH* Beschl. v. 12.7.2011 – 1 StR 274/11; *BGH* StV 2011, 202, wonach einem für den Fall eines Geständnisses vor oder zu Beginn einer Hauptverhandlung in den Raum gestellten Strafrahmen für die Strafzumessung *nach langer streitiger Hauptverhandlung* „in der Regel" keine Bedeutung mehr zukommen soll; ebenso *BGH* StV 2011, 728 Rn. 37 ff.

rahmen für den Fall der Verständigung und einen Alternativstrafrahmen im Falle streitiger Verhandlung angibt, darf die Differenz zwischen der absprachegemäßen und der bei einem „streitigen" Verfahren zu erwartenden Sanktion nicht so groß sein, dass sie strafzumessungsrechtlich unvertretbar und mit einer angemessenen Strafmilderung wegen eines Geständnisses nicht mehr vereinbar ist.[4068] Was das Gericht danach in den Verständigungsgesprächen nicht androhen darf, darf es auch bei einem Scheitern der Verständigung nicht im Urteil in die Tat umsetzen.

Mit der Revision kann daher geltend gemacht werden, dass eine Strafe verhängt **2556** wurde, die unvertretbar hoch über der Obergrenze des im Verständigungsvorschlag unterbreiteten Strafrahmens liegt, ohne dass ungeachtet des Wegfalls des Strafmilderungsgrundes des Geständnisses dafür nachvollziehbare Gründe vorhanden sind.

Einen Sonderfall stellt die Konstellation dar, dass der Vorsitzende in Anwesenheit **2557** aller Verfahrensbeteiligten (einschl. der Schöffen) ohne Widerspruch der anderen Gerichtsmitglieder darauf hinweist, es bedürfe keiner Verständigung, weil ohnehin nur eine bestimmte Rechtsfolge in Betracht komme. Dies schafft einen Vertrauenstatbestand für den Angeklagten. Die Äußerungen des Vorsitzenden lösen zwar keine Bindungswirkung des Gerichts aus mit der Folge, dass die vom Vorsitzenden genannte Rechtsfolge ausgeurteilt werden müsste. Denn eine Bindungswirkung entfaltet nur eine förmliche Verständigung nach § 257c StPO. Aufgrund des durch die unwidersprochenen Äußerungen des Vorsitzenden geschaffenen Vertrauenstatbestands ist das Gericht jedoch verpflichtet, dem Angeklagten einen Hinweis zu erteilen, wenn das Gericht von dem in Aussicht gestellten Ergebnis abweichen will.[4069]

II. Anforderungen an den Vortrag

Vorzutragen sind alle Tatsachen über die Verständigungsgespräche, ggf. Aktenver- **2558** merke nach § 202a S. 2 und/oder § 212 StPO; Mitteilungen des Vorsitzenden nach § 243 Abs. 4 StPO sowie die Tatsache, dass es sich um einen Verständigungsvorschlag *des Gerichts* gehandelt hat, die Gespräche jedoch gescheitert sind und es deshalb zu keinem in der Hauptverhandlung zu protokollierenden Vorschlag des Gerichts gekommen ist. Ist ein Verständigungsvorschlag in der Hauptverhandlung unterbreitet worden, ist auch dieser (im Wortlaut) mitzuteilen sowie die Tatsache, dass Staatsanwaltschaft oder Angeklagter nicht zugestimmt haben. Vorzutragen ist ferner, dass sich weder aus dem Urteil noch sonst gegenüber dem Verständigungsvorschlag (außer dem Wegfall des Geständnisses) neue Straferschwerungsgründe ergeben haben. Aus diesem Grund sollten auch die Dauer der Hauptverhandlung, der Zeitpunkt und der Stand der Beweisaufnahme bei Abgabe des gerichtlichen Verständigungsvorschlags, der Zeitpunkt der Nichtzustimmung und der Zeitraum bis zur Urteilsfindung mitgeteilt werden.

4068 *BGHSt* 50, 40, 50 = StV 2005, 311 (Großer Senat); *BGH* StV 2011, 202; StV 2007, 619, StV 2004, 470, 2002, 637, 639; *Meyer-Goßner/Schmitt*[60] § 257c Rn. 19.
4069 *BGH* StV 2012, 135.

2559 Soll gerügt werden, das Gericht sei von den verbindlichen Strafmaßäußerungen des Vorsitzenden abgewichen, ist eine Rüge der Verletzung des § 265 StPO und des Grundsatzes des fairen Verfahrens zu erheben. Vorzutragen sind die Einzelheiten des Gesprächs einschl. der dabei Anwesenden, der konkreten Aussage des Vorsitzenden, etwaige Äußerungen der Anwesenden dazu (auch Schweigen), die Tatsachen, dass sich im weiteren Verlauf des Verfahrens keine neuen Aspekte ergeben haben, die auch für den Angeklagten eine Abweichung nachvollziehbar gemacht hätten, sowie, dass kein Hinweis auf die Abweichung erteilt wurde.

D. Liegt dem Urteil eine heimliche oder informelle Absprache zugrunde?

Rüge 298a

2560 Enthält das Hauptverhandlungsprotokoll keinen Vermerk, dass eine Verständigung nicht stattgefunden hat, § 273 Abs. 1a S. 3 StPO (Fehlen des sog. Negativattestes)?

I. Rechtsgrundlagen

2561 Die gesetzlichen Regelungen über eine Verständigung haben abschließenden Charakter. Heimliche oder informelle Absprachen, bei denen die gesetzlichen Vorgaben des VerstG nicht umfassend beachtet werden, sind daher unzulässig.[4070] Das Gesetz sieht umfassende Dokumentations- und Mitteilungspflichten vor, um die Einhaltung der Verständigungsvorschriften zu gewährleisten, z.B. §§ 202a, 212, 243 Abs. 4 und § 273 Abs. 1a StPO. Gibt das Protokoll keine Auskunft darüber, ob dem Urteil eine Verständigung zugrunde liegt und enthält es auch kein sog. Negativattest, dass eine Verständigung nicht stattgefunden hat, kommt dem fehlenden Negativattest für den Nachweis einer heimlichen Absprache besondere Bedeutung zu. Das insoweit uneindeutige und lückenhafte Protokoll verliert seine Beweiskraft gem. § 274 StPO. [4071] Die Dokumentationspflichten des § 273 Abs. 1a StPO dienen der Verfahrenstransparenz. Bei einem Verstoß gegen die Offenlegungspflicht, dass dem Urteil keine Verständigung zugrunde liegt, lässt sich in den meisten Fällen nicht sicher ausschließen, dass das Urteil auf eine gesetzwidrige „informelle" Absprache oder diesbezügliche Gesprächsbemühungen zurückgeht. Das Schweigen des Protokolls schürt gerade den Verdacht, die Protokollierung sei unterblieben, um die illegale Absprache geheim zu halten. Damit indiziert das Fehlen des Negativattestes eine rechtswidrige heimliche Absprache. Das Revisionsgericht ist in diesem Falle gehal-

---

4070 *BVerfG* v. 19.3.2013 – 2 BvR 2628/10 Rn. 75 f., 115 = StV 2013, 353.
4071 *BGH* v. 29.9.2010 – 2 StR 371/10 = StV 2011, 79 = NJW 2011, 321; *OLG Köln* v. 7.8.2014 – 2 Ws 435/14 = StV 2015, 281 = NStZ 2014, 727 m. Anm. *H. Schneider* NStZ 2015, 53; *OLG Hamm* v. 29.12.2015 – 2 RVs 47/15 = StV 2016, 791 = NStZ 2016, 565 m. Anm. *Bittmann.*

ten, auf eine diesbezügliche zulässige Verfahrensrüge im Freibeweisverfahren zu prüfen, ob eine Verfahrensabsprache getroffen worden ist.[4072] In diesem Fall ist ein Beruhen des Urteils auf dem dann gegebenen Verstoß gegen § 257c StPO grundsätzlich nicht auszuschließen.[4073]

II. Anforderungen an den Vortrag

Es empfiehlt sich, den gesamten Verfahrensgang vom Aufruf der Sache bis zur Urteilsverkündung mitzuteilen. Als Negativtatsachen sind vorzutragen, dass kein Vermerk gem. §§ 202a, 212 StPO existiert, keine Mitteilung des Vorsitzenden nach § 243 Abs. 4 S. 1 und 2 StPO erfolgte, das Gericht in der Hauptverhandlung keinen Verständigungsvorschlag unterbreitete, dem Staatsanwaltschaft und Angeklagter hätten zustimmen können und es keine Mitteilungen bzw. Belehrungen nach § 257c Abs. 4 S. 4 und Abs. 5 StPO gegeben hat. Vorzutragen ist ferner, dass das Negativattest nach § 273 Abs. 1a S. 3 StPO nicht erteilt wurde. **2562**

Rüge 298b

Liegt dem Urteil eine heimliche oder informelle Absprache entgegen der im Hauptverhandlungsprotokoll vermerkten Feststellung zugrunde, dass es zu keiner (ausdrücklichen oder gar konkludenten) Absprache gekommen sei bzw. eine Verständigung nicht stattgefunden habe (§ 273 Abs. 1a S. 3 StPO)? **2563**

I. Rechtsgrundlagen

Zu einer unzulässigen, gesetzeswidrigen informellen Absprache kann es auch dann kommen, wenn dies seitens des Gerichts/Vorsitzenden ausdrücklich in Abrede gestellt wird. Dabei sind unterschiedliche Fallkonstellationen in den Blick zu nehmen. In Betracht kommen Fälle, in denen sich das Gericht bewusst über die Vorschriften des Verständigungsgesetzes, insbesondere §§ 257c, 273 Abs. 1a S. 3 StPO hinwegsetzt;[4074] in Betracht kommen auch Fälle, in denen rechtsirrtümlich das Vorliegen der Voraussetzungen des § 257c Abs. 2 StPO verkannt wird.[4075] Ein derartiges Urteil unterliegt bei der Rüge der Verletzung des § 257c StPO der Aufhebung. Ist **2564**

4072 *OLG Celle* v. 27.9.2011 – 1 Ws 381/11 = StV 2012, 141 m. Anm. *Meyer-Goßner*; *OLG Köln* v. 7.8.2014 – 2 Ws 435/14 = StV 2015, 281 = NStZ 2014, 727 m. Anm. *H. Schneider* NStZ 2015, 53; *OLG Hamm* v. 29.12.2015 – 2 RVs 47/15 = StV 2016, 791 = NStZ 2016, 565 m. Anm. *Bittmann*.
4073 *BVerfG* v. 19.3.2013 – 2 BvR 2628/10 Rn. 98 = StV 2013, 353.
4074 Vgl. *OLG München* v. 9.1.2014 – 4 StRR 261/13 = StV 2014, 523 m. Anm. *Wenske*.
4075 Vgl. *BVerfG* v. 21.4.2016 – 2 BvR 1422/15 = StV 2016, 409 = NStZ 2016, 422 m. Anm. *Bittmann*; *BGH* v. 25.10.2016 – 1 StR 120/15.

Teil der unzulässigen Absprache eine vorgenommene Verfahrensbeschränkung nach § 154a Abs. 2 StPO, ist auch diese unwirksam.[4076]

II. Anforderungen an den Vortrag

2565 Die Rügeanforderungen sind von den konkreten Umständen des Einzelfalles abhängig. Fanden die der informellen Absprache zugrundeliegenden Erörterungen außerhalb der Hauptverhandlung statt, sind die dafür sprechenden Indizien detailliert vorzutragen, aus denen das Revisionsgericht im Wege freibeweislich gewonnener Überzeugung zu seiner Entscheidung kommen muss.[4077] Fanden die zu einer unzulässigen Absprache führenden Vorgänge in der Hauptverhandlung statt, sind die aus dem Protokoll ersichtlichen Anknüpfungstatsachen vollständig und im Detail vorzutragen.[4078] Parallel sollte ein Antrag auf Protokollberichtigung des Inhalts gestellt werden, dass dem Urteil eine – wenn auch nicht den Anforderungen der §§ 243 Abs. 4, 257c StPO entspr. – Verständigung vorausgegangen ist. Zusätzlich ist der Inhalt dessen mitzuteilen, was Gegenstand der informellen Verständigung war.[4079]

Rüge 299

2566 Ist das Gericht ohne Hinweis an den Angeklagten von einer informellen Absprache abgewichen?

I. Rechtsgrundlagen

2567 Absprachen – „Deals" – außerhalb des in der StPO geregelten Verständigungsverfahrens sind unzulässig und rechtswidrig.[4080] Sie lösen nach der Rspr. weder eine Bindung des Gerichts an den dabei in Aussicht gestellten Strafrahmen aus, noch wird dadurch für den Angeklagten ein Vertrauenstatbestand hinsichtlich der Bindung des Gerichts an den Vorschlag geschaffen.[4081]

4076 *BGH* v. 25.10.2016 – 1 StR 120/15.
4077 *OLG München* v. 9.1.2014 – 4 StRR 261/13 = StV 2014, 523 m. Anm. *Wenske*; s. auch *BGH* v. 10.9.2014 – 5 StR 351/14 = StV 2015, 153.
4078 *BVerfG* v. 21.4.2016 – 2 BvR 1422/15 = StV 2016, 409 = NStZ 2016, 422 m. Anm. *Bittmann.*
4079 *OLG Hamm* v. 29.12.2015 – 2 RVs 47/15 = StV 2016, 791 = NStZ 2016, 565 m. Anm. *Bittmann.*
4080 *BVerfG* v. 19.3.2013 – 2 BvR 2628/10 Rn. 76 ff., 115 = StV 2013, 353.
4081 *BGH* v. 12.7.2011 – 1 StR 274/11; *BGH* v. 14.4.2011 – 1 StR 458/10 = StV 2011, 728 Rn. 38; *BGH* StV 2010, 673; auch *BGH* StV 2011, 74; SK-StPO-*Velten*[5] § 257c Rn. 32; krit. *dies.* StV 2012, 172.

Durch diese Rspr. wird Druck auf die Verteidigung ausgeübt, um gegenüber dem **2568** Gericht auf die Einhaltung des gesetzlichen Verständigungsverfahrens zu dringen. Denn bei einer heimlichen Absprache gelten die Schutzvorschriften des § 257c StPO, also insbesondere die Bindungswirkung des gerichtlichen Verständigungsvorschlags für das Gericht und das Verwertungsverbot des Geständnisses bei Widerruf der Verständigung nicht. Die Folgen einer heimlichen rechtswidrigen Absprache sind für das Gericht völlig folgenlos und treffen allein den Angeklagten. Will die Verteidigung den Schutz des förmlichen Verständigungsverfahrens erhalten, muss sie auf einer gesetzlichen Vorgehensweise bestehen.

Diese rigide Rspr., nach der informelle Absprachen keinen Vertrauenstatbestand für **2569** den Angeklagten schaffen, benachteiligt diesen in erheblicher Weise. Der Angeklagte als juristischer Laie kennt das Gesetz nicht. Er vertraut darauf, dass Gericht, Staatsanwaltschaft und Verteidiger sich gesetzesgemäß verhalten. Er kann nicht wissen, dass einer nur informellen Zusage des Gerichts keinerlei Bedeutung zukommt. Er wird zum Spielball der juristischen Verfahrensbeteiligten und *er* wird dafür „bestraft", dass sich die Juristen rechtswidrig verhalten.[4082]

Die Rspr., nach der eine heimliche Absprache *keinerlei* Vertrauenstatbestand für **2570** den Angeklagten schafft, ist in dieser Allgemeinheit nicht richtig. Zutreffend ist allein, dass informelle Absprachen weder eine Bindungswirkung für das Gericht erzeugen, noch das Gericht bei einer beabsichtigten Abweichung von der Zusage an die Voraussetzungen des § 257c Abs. 4 S. 1 und 2 StPO gebunden wäre. Ein *dahingehender* Vertrauenstatbestand wird nicht geschaffen, da die Schutzwirkungen des § 257c StPO nur greifen, wenn das förmliche Verständigungsverfahren eingehalten ist. Bei einer informellen Absprache ist das Gericht daher völlig frei, sich von einer einmal gegebenen Zusage wieder zu lösen. Dies besagt jedoch *nicht*, dass auch außerhalb des Verständigungsverfahrens gemachte Zusagen keinen Vertrauenstatbestand für den Angeklagten schaffen. In einem Fall, in dem der Vorsitzende erklärte, eine Verständigung sei nicht notwendig, da der Angeklagte sowieso Bewährung bekomme, hat der *3. Strafsenat* des *BGH* einen Vertrauenstatbestand zugunsten des Angeklagten angenommen mit der Folge, dass das Gericht bei Abweichung von der Zusage dem Angeklagten einen entspr. Hinweis erteilen muss.[4083]

Der 3. Strafsenat führt aus:

> *„Aus § 257c Abs. 2 S. 1, Abs. 3 S. 4, Abs. 4 S. 1 und 2, § 273 Abs. 1a S. 1 StPO lässt sich nicht etwa ableiten, dass sich der Angeklagte nur noch auf solche Aussagen des Gerichts in materiell- oder verfahrensrechtlicher Hinsicht verlassen darf, die zum Inhalt einer förmlich zustande gekommenen Verständigung und damit für das Gericht grundsätzlich bindend geworden sind. Diese Vorschriften regeln allein die formalen Bedingungen des Zustandekommens einer Verständigung, die sich aus einer*

4082   Vgl. dazu anschaulich *Schlothauer* StV 2003, 481 (Anm.).
4083   *BGH* StV 2012, 135.

solchen Verständigung ergebende Bindung des Gerichts sowie die Voraussetzungen, unter denen das Gericht von dieser Bindung frei wird. Sie schließen es indes nicht aus, dass durch sonstige Äußerungen des Gerichts außerhalb des förmlichen Verständigungsverfahrens ein berechtigtes Vertrauen des Angeklagten in eine bestimmte Verfahrensweise des Gerichts oder ein bestimmtes Verfahrensergebnis begründet wird."[4084]

Der Unterschied zum förmlichen Verständigungsverfahren liege darin, dass nur im Rahmen dieses Verfahrens vom Gericht abgegebenen Zusagen eine Bindung zukomme, dies aber nicht für sonstige Erklärungen des Gerichts gelte, selbst wenn sie ein berechtigtes Vertrauen des Angeklagten begründeten. Der geschaffene Vertrauenstatbestand verpflichte das Gericht daher nicht, die in Aussicht gestellte Sanktion zu verhängen (fehlende Bindungswirkung), allerdings sei im Hinblick auf das hervorgerufene Vertrauen ein Hinweis im Falle des Abweichens erforderlich.

2571 Da danach verbindliche Äußerungen des Gerichts auch außerhalb des förmlichen Verständigungsverfahrens ein „berechtigtes Vertrauen" des Angeklagten in eine bestimmte Verfahrensweise begründen, sind diese Grundsätze auf die Fälle informeller Absprachen zu übertragen. Denn es ist nicht einzusehen, dass verbindliche Äußerungen des Gerichts jenseits einer Verständigung eine Hinweispflicht auslösen, dies aber nicht gelten soll, wenn die Zusage des Gerichts im Rahmen einer informellen Absprache erfolgen. Die sich aus der prozessualen Fürsorgepflicht und dem Fairnessgrundsatz ergebende Hinweispflicht wird nicht dadurch außer Kraft gesetzt, dass die Zusagen im Rahmen einer informellen Verständigung erfolgen. Eine sachliche Rechtfertigung für die Ungleichbehandlung ist nicht ersichtlich.

2572 Dem kann nicht entgegen gehalten werden, heimliche Absprachen seien rechtswidrig und daraus folge, dass kein Vertrauenstatbestand begründet werden könne. Dies wäre nur dann zutreffend, wenn der *Angeklagte* die Rechtswidrigkeit kennt. Davon kann bei einem juristischen Laien nicht ausgegangen werden. Im Gegenteil: dieser muss davon ausgehen, dass das von den juristischen Verfahrensbeteiligten, also insbesondere Gericht und Staatsanwaltschaft (!) gewählte Verfahren zulässig ist.[4085] Solange also der Angeklagte die Unzulässigkeit informeller Zusagen nicht kennt, schaffen diese für ihn einen Vertrauenstatbestand mit der Folge, dass das Gericht verpflichtet ist, im Falle des Abweichens den Angeklagten auf die beabsichtigte Abweichung hinzuweisen, damit der Angeklagte seine Verteidigung darauf einrichten kann.

2573 Die beinahe textbausteinartige Aussage in der Rspr., dass informelle Absprachen keinen durch das fair-trial-Gebot geschützten Vertrauenstatbestand schafften, kann daher in dieser Allgemeinheit nicht zutreffen. Ernst gemeinte Äußerungen des Ge-

---

4084 *BGH* StV 2012, 135, 136 Rn. 12.
4085 *Schlothauer* StV 2003, 481.

richts, auch im Rahmen informeller Absprachen, begründen immer einen Vertrauenstatbestand für den Angeklagten.[4086]

Danach ist zu differenzieren. Informelle Absprachen außerhalb des förmlichen Verständigungsverfahrens schaffen keinen Vertrauenstatbestand dahingehend, *dass das Gericht die gegebene Zusage einhält.* Die Voraussetzungen für ein Abrücken von der Verständigung nach § 257c Abs. 4 S. 1 und 2 StPO gelten nicht. Andererseits wird durch die Äußerungen des Gerichts auch in informellen Gesprächen ein Vertrauen des Angeklagten dahingehend hervorgerufen, dass das Gericht seine an der Zusage ausgerichtete Verteidigungsstrategie nicht dadurch unterläuft und „ins Leere laufen lässt", dass es ohne jeden Hinweis von der Zusage abrückt und eine Ausrichtung der Verteidigung an der neuen Sachlage verhindert.
2574

Daraus folgt, dass im Falle einer heimlichen Absprache die Rüge erhoben werden kann, dass das Gericht keinen Hinweis auf ein Abweichen von der Zusage gegeben hat.

Da eine heimliche Absprache unzulässig und rechtswidrig ist, hat sie ein Verwertungsverbot für das im Vertrauen auf den Bestand der Verständigung abgelegte Geständnis des Angeklagten zur Folge. Nach der Rspr. des *KG* gilt das Verwertungsverbot des § 257c Abs. 4 StPO auch dann, wenn eine gesetzwidrige Absprache vorliegt und der Angeklagte im Vertrauen auf deren Rechtmäßigkeit ein Geständnis abgelegt hat. Es wäre mit dem Grundsatz des fairen Verfahrens unvereinbar, ihn an seiner auf einer gesetzwidrigen Grundlage abgegebenen Erklärung festzuhalten.[4087]
2575

II. Anforderungen an den Vortrag

Die Schwierigkeit liegt darin, dass in Fällen heimlicher Absprachen die Protokollierungsvorschriften der §§ 202a, 212 und insbesondere § 273 Abs. 1a S. 1 StPO weder gelten noch von den Tatgerichten eingehalten werden, so dass der Nachweis einer informellen Absprache schwierig ist.
2576

Insoweit kommt § 273 Abs. 1a S. 3 StPO (sog. Negativattest) besondere Bedeutung zu. Der nach § 273 Abs. 1a S. 3 StPO zwingend vorgeschriebene Vermerk, dass eine Verständigung (nach § 257c StPO) nicht stattgefunden hat, gehört zu den wesentlichen Förmlichkeiten i.S.d. § 274 S. 1 StPO und entfaltet absolute Beweiskraft.
2577

4086 *Niemöller* NZWiSt 2012, 290, 921 unter Hinweis auf *BGH* StV 2010, 673 m. Anm. *Schlothauer* = NStZ 2011, 592; *F. Meyer* HRRS 11, 17; auch *Wenske* DRiZ 2011, 393, 394 einerseits, DRiZ 2012, 123, 127 andererseits; auch *Meyer-Goßner/Schmitt*[60] § 202a Rn. 2; vgl. auch *BGH* StV 2012, 135 Rn. 8 mit Hinweis auf Äußerungen des Vorsitzenden in der Hauptverhandlung, eine aufgestellte Beweisbehauptung könne als wahr unterstellt werden.

4087 *KG* v. 23.4.2012 – (3) 121 Ss 34/12 = StV 2012, 654 für den Fall des Versprechens einer schuldunangemessenen und gesetzeswidrigen Strafe; auch *OLG Düsseldorf* StV 2011, 80 m. Anm. *Kuhn* StV 2012, 10.

Ist entgegen einer tatsächlich erfolgten informellen Verständigung im Protokoll vermerkt, es habe keine Verständigung stattgefunden, kann daher bei dennoch erfolgter Verständigung nur der Einwand der Protokollfälschung nach § 274 S. 2 StPO erhoben werden.[4088]

2578 Fehlt ein Protokollvermerk nach § 273 Abs. 1a S. 3 StPO, wird durch das völlige Schweigen des Protokolls das Fehlen einer Verständigung nicht bewiesen. Enthält das Protokoll weder den nach § 273 Abs. 1 S. 2, Abs. 1a S. 1 und 2 StPO zwingend vorgeschriebenen Vermerk, dass eine Verständigung stattgefunden hat, noch den ebenso zwingend vorgeschriebenen Vermerk nach § 273 Abs. 1a S. 3 StPO, dass eine Verständigung nicht stattgefunden hat, ist das Protokoll in diesem Punkt widersprüchlich bzw. lückenhaft und verliert insoweit seine Beweiskraft. Das Revisionsgericht kann dann im Wege des Freibeweisverfahrens zum Beispiel durch die Einholung dienstlicher Erklärungen der Prozessbeteiligten klären, ob dem Urteil eine Verständigung vorausgegangen ist.[4089] Dies gilt auch dann, wenn das Protokoll die Eintragung enthält, dass eine Erörterung nach §§ 202a, 212 StPO mit dem Ziel einer Verständigung nicht stattgefunden hat.[4090] Denn das Fehlen der Erklärungen nach § 273 Abs. 1a S. 1 und 3 StPO führt zum Wegfall der (negativen) Beweiskraft des Protokolls. Hinsichtlich des Freibeweisverfahrens hat das *BVerfG* entschieden, dass nicht nur hohe Anforderungen an die gerichtliche Aufklärungspflicht hinsichtlich des Vorliegens einer informellen Verständigung zu stellen sind, sondern auch, dass – entgegen den sonst im Freibeweisverfahren geltenden Grundsätzen, dass der Vortrag des Angeklagten *bewiesen* sein muss – nach Durchführung des Freibeweisverfahrens verbleibende Zweifel an einer Absprache dann nicht zu Lasten des Angeklagten gehen dürfen, wenn die Unaufklärbarkeit des Sachverhalts auf einem Verstoß des Gerichts gegen gesetzlich vorgeschriebene Dokumentationspflichten beruht.[4091] Diese Grundsätze gelten generell, also sowohl dann, wenn es um die Unwirksamkeit eines nach einer informellen Verständigung abgelegten Rechtsmittelverzichts geht, als auch dann, wenn es um eine Abweichung des Gerichts von einer informellen Zusage geht. Wird eine solche substantiiert behauptet, liegt darin gleichzeitig ein Hinweis auf den Verstoß gegen die Dokumentationspflichten des

---

4088 *BGH* StV 2010, 346; *Meyer-Goßner/Schmitt*[60] § 273 Rn. 12c; nach der Entscheidung des *BVerfG* v. 19.3.2013 – 2 BvR 2628/10 Rn. 78 = StV 2013, 353 kann ein falsches Negativattest eine Falschbeurkundung im Amt darstellen. Das *OLG München* v. 9.1.2014 – 4 StRR 261/13 = StV 2014, 523 m. Anm. *Wenske* hat seine Feststellungen zum Vorliegen einer informellen Absprache im Freibeweisverfahren getroffen, ohne sich daran durch die Beweiskraft des Protokolleintrags des § 273 Abs. 1a S. 3 StPO gehindert zu sehen.

4089 *BGHSt* 56, 3 = StV 2011, 79; *OLG Celle* StV 2012, 141 m. Anm. *Meyer-Goßner; OLG Düsseldorf* StV 2010, 80 m. zust. Anm. *Kuhn; OLG Zweibrücken* Beschl. v. 31.7.2012 – 1 Ws 169/12 = StV 2012, 655; *Meyer-Goßner/Schmitt*[60] § 273 Rn. 12c.

4090 *OLG Zweibrücken* Beschl. v. 31.7.2012 – 1 Ws 169/12 = StV 2012, 655.

4091 *BVerfG* StV 2012, 385 m. Anm. *Niemöller* und *Bauer* StV 2012, 648; ebenso *OLG Zweibrücken* Beschl. v. 31.7.2012 – 1 Ws 169/12 = StV 2012, 655.

§ 273 Abs. 1a StPO. Verbleiben also nach dem Freibeweisverfahren Zweifel an einer heimlichen Verständigung, dürfen diese nicht zu Lasten des Angeklagten gehen.

Zunächst ist daher vorzutragen, dass das Protokoll keinen Vermerk gem. § 273 **2579** Abs. 1a StPO enthält.

Sodann sind alle Einzelheiten des Zustandekommens der informellen Verständigung so detailliert wie möglich darzulegen, u.a. in welchem Verfahrensstadium, unter Beteiligung welcher Personen, in welcher Form und mit welchem Inhalt die Verständigung zustande gekommen ist.[4092] Ferner sollten die Umstände vorgetragen werden, die indiziellen Charakter für eine getroffene heimliche Absprache haben. Dies kann z. B. dadurch geschehen, dass dargelegt wird, dass bei einer umfangreichen Anklage mit einer Vielzahl von Beweismitteln die Hauptverhandlung nur kurze Zeit gedauert hat, keine Zeugen vernommen oder sonstige Beweise erhoben wurden, der bis zur Hauptverhandlung bestreitende Angeklagte ein nach dem bisherigen Einlassungsverhalten überraschendes Geständnis abgelegt hat und (weitgehend) übereinstimmende Schlussanträge von Staatsanwaltschaft und Verteidigung gestellt wurden.

Ferner ist vorzutragen, dass das Gericht weder in noch außerhalb der Hauptverhandlung auf eine Abweichung von der Verständigung hingewiesen hat, noch sonst Umstände eingetreten sind, die eine Abweichung hätten offenkundig machen können.

Es ist ratsam, umfassend zur Beruhensfrage vorzutragen, also insbesondere dazu, welche Verteidigungsaktivitäten unternommen worden wären, wenn der Hinweis erfolgt wäre (z.B. Widerruf des Geständnisses, vgl. dazu aber die folgende Rüge Rn. 2580; Beweisanträge zum Schuld- und insbesondere Rechtsfolgenausspruch).

Wird die Verwertung des Geständnisses gerügt, ist vorzutragen, dass der Angeklagte im Vertrauen auf den Bestand der Verständigung und in Unkenntnis von deren Rechtswidrigkeit das Geständnis abgelegt hat.

4092 *BGHSt* 56, 3 = StV 2011, 79; *Meyer-Goßner/Schmitt*[60] § 273 Rn. 12c.

Rüge 300

2580   Ist das Gericht von einer informellen Zusage abgewichen und hat es das Geständnis des Angeklagten verwertet?

I. Rechtsgrundlagen

2581   Heimliche und unter Umgehung des § 257c StPO zustande gekommene Absprachen sind rechtswidrig. Die Rechtswidrigkeit des Vorgehens erfasst auch das vom Angeklagten im Vertrauen auf den Bestand der (heimlichen) Zusage abgelegte Geständnis mit der Folge, dass das Geständnis unverwertbar ist.[4093]

2582   In Betracht kommt auch eine Rüge des Verstoßes gegen § 136a StPO. Wenn die heimliche Zusage gesetzes- und rechtswidrig ist,[4094] dann liegt in der rechtswidrigen Strafrahmenzusage das Versprechen eines gesetzlich nicht vorgesehenen Vorteils i.S.d. § 136a Abs. 1 S. 3 StPO.[4095]

II. Anforderungen an den Vortrag

2583   Es gelten die oben unter Rn. 2579 dargelegten Anforderungen an den Vortrag des Vorliegens einer heimlichen Absprache. Ergänzend sollte vorgetragen werden, dass kein Hinweis auf das beabsichtigte Abweichen erfolgte. Im Falle der Rüge der Verletzung des § 136a StPO wird ergänzend auf Rn. 2151 ff. verwiesen.

E. Hat der Angeklagte nach einer förmlichen oder informellen Verständigung Rechtsmittelverzicht erklärt?

I. Rechtsmittelverzicht bei förmlicher Verständigung[4096]

2584   Nach § 35a S. 3 StPO ist der Angeklagte nach einem Verständigungsurteil qualifiziert dahingehend zu belehren, dass er trotz seiner Zustimmung zu der Verständigung Rechtsmittel gegen das Urteil einlegen kann.

4093   *Meyer-Goßner/Schmitt*⁶⁰ § 257c Rn. 31; *ders.* StraFo 2003, 401; SK-StPO-*Velten*⁵ § 257c Rn. 49; *Niemöller* NZWiSt 2012, 290, 295; *Schlothauer* StV 2003 481; auch *Velten* StV 2012, 172; s. aber *BGH* StV 2011, 337 und 2012, 134, wonach das Verwertungsverbot ausschließlich im Falle des gerichtlichen Widerrufs der Verständigung gilt.

4094   *BGH* Beschl. v. 12.7.2011 – 1 StR 274/11; *BGH* Beschl. v. 14.4.2011 – 1 StR 458/10 = StV 2011, 728 Rn. 38; *BGH* StV 2010, 673; auch *BGH* StV 2011, 74; *Meyer-Goßner/Schmitt*⁶⁰ § 257c Rn. 31; SK-StPO-*Velten*⁵ § 257c Rn. 32; krit. *dies.* StV 2012, 172.

4095   *Schlothauer* StV 2003, 481, 482.

4096   Siehe hierzu umfassend *Eschelbach* ZAP Nr. 9/2014, 523 ff. = Fach 22, S. 727.

§ 302 S. 2 StPO schließt ferner einen Rechtsmittelverzicht bei vorausgegangenem Verständigungsurteil aus. Ein gleichwohl abgegebener Rechtsmittelverzicht ist unwirksam[4097], so dass innerhalb der Revisionseinlegungsfrist Revision eingelegt werden kann.

Hat der Angeklagte entgegen dem Verbot des § 302 S. 2 StPO auf Rechtsmittel verzichtet und nicht innerhalb der Revisionseinlegungsfrist Revision eingelegt, kann er eine Wiedereinsetzung gegen die Versäumung der Einlegungsfrist nicht mit der Begründung beantragen, er (und sein Verteidiger) habe keine Kenntnis von der Unwirksamkeit des Rechtsmittelverzichts gehabt. Die Unkenntnis gesetzlicher Bestimmungen stellt keine Verhinderung i.S.d. § 44 S. 1 StPO dar.[4098]

Der *1. Strafsenat* des *BGH* hat jedoch Umgehungsstrategien des Verbots des Rechtsmittelverzichts gebilligt. Danach soll es zulässig sein, zunächst Rechtsmittel einzulegen, dieses jedoch sofort, d.h. innerhalb der Einlegungsfrist wieder zurückzunehmen.[4099]

Nicht unter das Verbot des § 302 Abs. 1 S. 2 StPO fällt die Rücknahme eines in einem anderen Verfahren eingelegten Rechtsmittels, auch wenn diese Gegenstand der Verständigung in dem anhängigen Verfahren ist.[4100]

II. Rechtsmittelverzicht bei informeller Absprache

Bedeutsam sind die Fälle, in denen nach einer informellen Absprache Rechtmittelverzicht erklärt wurde. Die sofortige Rechtskraft des Urteils scheint eine solch große Verlockung zu sein, dass Absprachen heimlich und ohne jede Protokollierung erfolgen, um die Möglichkeit des sofortigen Rechtsmittelverzichts unter Umgehung von § 302 S. 2 StPO zu ermöglichen. Das Verbot des Rechtsmittelverzichts des § 302 S. 2 StPO gilt jedoch auch für Urteile, die auf Absprachen beruhen, die unter Verstoß gegen die gesetzlichen Vorschriften zustande gekommen sind.[4101]

2585

4097 *Meyer-Goßner/Schmitt*[60] § 302 Rn. 26b.
4098 *BGH* StV 2010, 475.
4099 *BGHSt* 55, 82 = StV 2010, 346 m. abl. Anm. *Niemöller* StV 2010, 474 und *Meyer-Goßner* StV 2011, 53 und *Niemöller* StV 2011,54.
4100 *BGH* v. 24.11.2015 – 3 StR 312/15 = NStZ 2016, 177 m. Anm. *Ventzke* für die Rücknahme der Revision; *KG* v. 17.2.2015 – 2 Ws 7/15 = NStZ 2015, 236 (***dort fälschlicherweise Beschl. v. 9.12.2014***) m. Anm. *Knauer/Pretsch* = StraFo 2015, 206; ebenso *OLG Hamburg* v. 31.10.2016 – 1 Ws 154/16 = NStZ 2017, 307 m. Anm. *Bittmann*.
4101 *BVerfG* v. 19.3.2013 – 2 BvR 2628/10 Rn. 78 = StV 2013, 353; *BVerfG* v. 5.3.2012 – 2 BvR 1464/11 = StV 2012, 385 m. Anm. *Niemöller* und Anm. *Bauer* StV 2012, 648; *BGHSt* 56, 3 = StV 2011, 79 m. Anm. *Bauer* StV 2011, 340; *BGH* v. 24.9.2013 – 2 StR 267/13 = *BGHSt* 59, 21 = StV 2014, 201; *OLG Celle* StV 2012, 141 m. Anm. *Meyer-Goßner; OLG München* v. 31.5.2013 – 1 Ws 469/13 = StV 2013, 493; *OLG Köln* v. 7.8.2014 – 2 Ws 435/14 = StV 2015, 281 = NStZ 2014, 727 m. abl. Anm. *H. Schneider* NStZ 2015, 53; *Meyer-Goßner/Schmitt*[60] § 302 Rn. 26c.

2586 Ist das Urteil aufgrund einer heimlichen Absprache mit sofort erklärtem Rechtsmittelverzicht ergangen und soll dagegen Rechtsmittel eingelegt werden, ergeben sich besondere Probleme. Da die Absprache verheimlicht wurde, also das Hauptverhandlungsprotokoll keinerlei Hinweise auf eine Verständigung enthält, kann sich der Revisionsführer nicht ohne weiteren Vortrag auf § 302 S. 2 StPO berufen.

2587 Um zu verhindern, dass das eingelegte Rechtsmittel wegen des erklärten Rechtsmittelverzichts als unzulässig verworfen wird, muss mit der Rechtsmitteleinlegung dargelegt werden, dass dem Urteil eine informelle Verständigung vorausgegangen ist. Insoweit gelten die gleichen Grundsätze wie für einen Revisionsangriff gegen ein heimliches Absprachurteil (vgl. dazu oben Rn. 2576). Schweigt das Protokoll gänzlich zur Frage der Verständigung und fehlt es insbesondere an einem Vermerk nach § 273 Abs. 1a StPO, so klärt das Revisionsgericht im Freibeweisverfahren, ob eine Verständigung stattgefunden hat, sofern der Beschwerdeführer detailliert vorträgt, in welchem Verfahrensstadium, unter Beteiligung welcher Personen, in welcher Form und mit welchem Inhalt die Verständigung zustande gekommen ist.[4102] Das *BVerfG* hat an die gerichtliche Aufklärungspflicht in einem solchen Fall hohe Anforderungen gestellt und ferner entschieden, dass nach Durchführung des Freibeweisverfahrens verbleibende Zweifel an einer Absprache dann nicht zu Lasten des Angeklagten gehen, wenn die Unaufklärbarkeit des Sachverhalts auf einem Verstoß des Gerichts gegen gesetzlich vorgeschriebene Dokumentationspflichten beruht.[4103] Da im Falle des Schweigens des Protokolls zur Frage der Verständigung und bei Fehlen des sog. Negativattestes nach § 273 Abs. 1a S. 3 StPO immer ein derartiger Verstoß vorliegt, liegt die Feststellung der Unwirksamkeit des Rechtsmittelverzichts bei einem entspr. ausführlichen und belegten Verteidigungsvortrag nahe.[4104]

4102 *BGHSt* 56, 3 = StV 2011, 79; *OLG Zweibrücken* v. 31.7.2012 – 1 Ws 169/12 = StV 2012, 655; *OLG München* v. 31.5.2013 – 1 Ws 469/13 = StV 2013, 493 mit Indizien für Vorliegen einer informellen Verständigung; *OLG Köln* v. 7.8.2014 – 2 Ws 435/14 = StV 2015, 281 = NStZ 2014, 727 m. abl. Anm. *H. Schneider* NStZ 2015, 53; *Meyer-Goßner/Schmitt*[60] § 273 Rn. 12c.

4103 *BVerfG* StV 2012, 385 m. Anm. *Niemöller* und Anm. *Bauer* StV 2012, 648; *OLG Zweibrücken* v. 31.7.2012 – 1 Ws 169/12 = StV 2012, 655; s. auch *OLG Stuttgart* v. 26.3.2014 – 4a Ss 462/13 = StV 2014, 397 = StraFo 2014, 152 für den Fall einer unter Verletzung der Dokumentationspflicht im §§ 243 Abs. 4, 273 Abs. 1a StPO erfolgten Berufungsbeschränkung; ferner *Meyer-Goßner/Schmitt*[60] § 302 Rn. 26c.

4104 Zur aus der Unwirksamkeit des Rechtsmittelverzichts nach informeller Verständigung resultierenden Nichtigkeit des Urteils s. *OLG München* v. 17.5.2013 – 2 Ws 1149, 1150/12 = NJW 2013, 2371 = StV 2013, 495 m. Anm. *Förschner* sowie Anm. *Meyer-Goßner* StV 2013, 613.

F. Ist es auf der Grundlage einer unzulässigen und damit unwirksamen informellen Verständigung zu einer Berufungsbeschränkung (§ 318 StPO) gekommen?

Ist es zu einer Berufungsbeschränkung auf der Grundlage einer unzulässigen und **2588** damit unwirksamen informellen Verständigung und einem damit einhergehenden Verstoß gegen §§ 243 Abs. 4, 273 Abs. 1a StPO gekommen, ist die Berufungsbeschränkung unwirksam mit der Folge, dass eine vollständige Rückabwicklung der getroffenen Verständigung dergestalt vorgenommen werden muss und der Angeklagte so zu stellen ist, als habe er die Berufungsbeschränkung nicht erklärt.[4105] Dies gilt entsprechend für die Beschränkung des Einspruchs gegen einen Strafbefehl.

G. Rügemöglichkeiten bei einem auf Berufung der Staatsanwaltschaft gegen ein amtsgerichtliches Verständigungsurteil ergangenen Urteil

Rüge 301

Hat das Berufungsgericht den Angeklagten ohne Hinweis auf ein Abweichen von der erst- **2589**
instanzlichen Verständigung zu einer über die Strafobergrenze der erstinstanzlichen Verständigung hinausgehenden Strafe verurteilt und dabei das absprachegemäße erstinstanzliche Geständnis des Angeklagten verwertet?

I. Rechtsgrundlagen

Die Bindungswirkung des Gerichts an die Verständigung nach § 257c Abs. 4 StPO **2590** gilt nur für das Tatgericht, bei dem die Verständigung zustande gekommen ist, nicht jedoch für das Berufungs- oder Revisionsgericht.[4106] Auch das Verwertungsverbot des § 257c Abs. 4 S. 3 StPO soll nur für das Verfahren gelten, in dem die Verständigung zustande gekommen ist und sich das Gericht von der Verständigung gelöst hat. Ein instanzübergreifendes und vom Lösungstatbestand unabhängiges Verwertungsverbot soll nicht bestehen.[4107]

Allerdings darf eine den Angeklagten beschwerende Abänderung des erstinstanzli- **2591** chen Urteils nicht ohne Weiteres erfolgen, wenn eine Verständigung i.S.d. § 257c StPO oder auch eine unzulässige Absprache in erster Instanz erfolgt ist. Wenn die

---

4105　*OLG Hamm* v. 29.12.2015 – 2 RVs 47/15 = StV 2016, 791 = NStZ 2016, 565 m. Anm. *Bittmann.*
4106　So ausdrücklich die Begründung des BRegE BT-Drucks. 16/12310 S. 15 linke Spalte; *OLG Nürnberg* v. 29.2.2012 – 1 St OLG Ss 292/11= StV 2012, 590; *OLG Düsseldorf* StV 2011, 80 m. Anm. *Kuhn* StV 2012, 10; s. aber *Velten* StV 2012, 172, 176; insgesamt auch *Wenske* DRiZ 2012, 123, 126.
4107　*OLG Nürnberg* Beschl. v. 29.2.2012 – 1 St OLG Ss 292/11 = StV 2012, 590.

Grundlage des Geständnisses – die Verständigung – entfallen ist, darf auch das Geständnis keinen Bestand mehr haben, und zwar auch nicht für die nächste Instanz. Das Geständnis unterliegt in diesem Fall einem Beweisverwertungsverbot.[4108] Dies ergibt sich für die in gesetzlich zulässiger Weise zustande gekommene Verständigung aus § 257c Abs. 4 S. 3 StPO, wonach ein Verwertungsverbot hinsichtlich des abgelegten Geständnisses des Angeklagten besteht, wenn das Gericht sich von der Absprache lösen will. Dies hat in entspr. Anwendung der Vorschrift auch für das Gericht höherer Instanz zu gelten. Anderenfalls würden Sinn und Zweck der Norm ins Gegenteil verkehrt. Dem fair-trial-Grundsatz widerspräche es, wenn Gericht, Staatsanwaltschaft und Angeklagter sich auf einen bestimmten Strafrahmen verständigt hatten, der Angeklagte mit Rücksicht darauf ein Geständnis abgibt, das Gericht absprachegemäß verurteilt, die Staatsanwaltschaft sodann aber gegen das Urteil Rechtsmittel mit dem Ziel einer über die Strafobergrenze hinausgehenden Bestrafung einlegt, welche dann – letztlich auf der Grundlage des erstinstanzlichen Geständnisses – erfolgt.[4109]

2592 Daraus folgt, dass für den Fall, dass das Berufungsgericht den Angeklagten auf die Berufung der Staatsanwaltschaft unter Verwertung seines erstinstanzlichen Geständnisses zu einer über der Strafobergrenze der erstinstanzlichen Verständigung liegenden Strafe verurteilt, ohne ihn zu Beginn der Verhandlung qualifiziert auf diese Möglichkeit hingewiesen zu haben, ein Verstoß gegen das Verwertungsverbot gerügt werden kann, § 257c Abs. 4 S. 3 StPO, Art. 6 Abs. 1 EMRK.[4110]

II. Anforderungen an den Vortrag

2593 Es müssen alle Tatsachen über das Zustandekommen der Verständigung sowie das erstinstanzlich abgelegte Geständnis und das Ergebnis der erstinstanzlichen Hauptverhandlung vorgetragen werden sowie die Tatsache, dass das Berufungsgericht keinen Hinweis auf ein Abweichen von der erstinstanzlichen Verständigung und die Verwertung des erstinstanzlichen Geständnisses gegeben hat und wie dieses ggf. in die Hauptverhandlung eingeführt wurde (z.B. Verlesung nach § 254 Abs. 1 StPO).[4111]

4108   *OLG Düsseldorf* StV 2011, 80 m. Anm. *Kuhn* StV 2012, 10; *OLG Karlsruhe* v. 7.3.2014 – 3 (6) Ss 642/13 – AK 242/13 = StV 2014, 659 m. Anm. *Norouzi* = NStZ 2014, 294 m. Anm. *Moldenhauer* NStZ 2014, 493; für ein Verwertungsverbot *Jahn* StV 2011, 497, 501; SK-StPO-*Frisch*[5] § 324 Rn. 27; vgl. auch *BGH* StV 2010, 470; *Schlothauer/Weider* StV 2009, 600, 605.

4109   *OLG Düsseldorf* StV 2011, 80 m. Anm. *Kuhn* StV 2012, 10.

4110   Das *OLG Karlsruhe* v. 7.3.2014 – 3 (6) Ss 642/13 – AK 242/13 = StV 2014, 659 m. Anm. *Norouzi* = NStZ 2014, 294 m. Anm. *Moldenhauer* NStZ 2014, 493 will nur unter zusätzlicher Zugrundelegung der von der höchstrichterlichen Rspr. praktizierten Abwägungslehre ein Verwertungsverbot anerkennen.

4111   Zu den Anforderungen an den Vortrag s. auch *OLG Nürnberg* v. 29.2.2012 – 1 St OLG Ss 292/11 = StV 2012, 590; *OLG Karlsruhe* v. 7.3.2014 – 3 (6) Ss 642/13 AK 242/13 = StV 2014, 659 m. Anm. *Norouzi* = NStZ 2014, 294 m. Anm. *Moldenhauer* NStZ 2014, 493.

Sollte der Angeklagte spätestens im Zeitpunkt des § 257 Abs. 2 StPO der Verwertung des Geständnisses widersprochen haben,[4112] ist auch dies und ggf. die Reaktion des Gerichts vorzutragen. Anderenfalls ist darzulegen, dass der Angeklagte der Verwertung des Geständnisses nicht zugestimmt hat.

Rüge 301a

Hat das Berufungsgericht den Angeklagten zu einer höheren, aber noch im Rahmen des erstinstanzlichen Verständigungsstrafrahmens liegenden Strafe verurteilt, ohne ihn zu Beginn der Berufungshauptverhandlung auf die Möglichkeit der Verwertung seines erstinstanzlich abgelegten Geständnisses qualifiziert hingewiesen zu haben?   2594

I. Rechtsgrundlagen

Kommt das Berufungsgericht auf die Berufung der Staatsanwaltschaft zur Verhängung einer höheren Strafe, die aber noch im Rahmen zwischen der dem Angeklagten im erstinstanzlichen Verfahren zugesagten Strafunter- und Strafobergrenze verbleibt, unterliegt dessen im erstinstanzlichen Verfahren abgelegtes Geständnis nicht dem Verwertungsverbot des § 257c Abs. 4 S. 3 StPO. Denn das Berufungsgericht hat sich in diesem Falle nicht von der durch die erstinstanzliche Verständigung eingetretenen Bindung des § 257c Abs. 4 StPO gelöst. Will sich das Berufungsgericht möglicherweise an die Verständigungszusage des Erstgerichts binden, muss der Angeklagte zu Beginn der Berufungshauptverhandlung über sein Schweigerecht nach § 243 Abs. 5 StPO hinaus über diese Selbstbindung qualifiziert belehrt werden, um ihm eine sinnvolle Entscheidung über sein weiteres Prozessverhalten in der Berufungshauptverhandlung zu ermöglichen.[4113]   2595

II. Anforderungen an den Vortrag

Es müssen alle Tatsachen über das Zustandekommen und den Inhalt der Verständigung sowie das erstinstanzlich abgelegte Geständnis und das Ergebnis der erstinstanzlichen Hauptverhandlung vorgetragen werden. Dabei ist insbesondere die Ober- und Untergrenze der Strafe anzugeben, die Gegenstand der erstinstanzlichen Verständigung war.   2596

Es ist weiterhin mitzuteilen, dass das Berufungsgericht den Angeklagten nicht (zu Beginn der Hauptverhandlung) darüber belehrt hat, dass es das vor dem Amtsge-

---

4112   Für die Notwendigkeit eines Widerspruchs *Wenske* NStZ 2015, 137, 143; **a.A.** SK-StPO-*Frisch*[5] § 324 Rn. 27, der die Verwertung von einer ausdrücklichen Zustimmung des Angeklagten abhängig machen will (als Negativtatsache ist dann die fehlende Zustimmung vorzutragen).

4113   SK-StPO-*Frisch*[5] § 324 Rn. 26; *H. Schneider* NZWiSt 2015, 1, 5.

richt vereinbarte Höchstmaß der Strafe zu akzeptieren gewillt sein könne mit der Folge der damit einhergehenden Verwertbarkeit seiner früheren geständigen Einlassung.[4114] Es ist vorzutragen, dass und auf welche Weise (z.b. Verlesung nach § 254 Abs. 1 StPO) das erstinstanzliche Geständnis in die Berufungshauptverhandlung eingeführt wurde.

Rüge 301b

2597 Hat das Berufungsgericht ein im Rahmen einer rechtsfehlerhaft zustandegekommenen erstinstanzlichen Verständigung abgelegtes Geständnis in die Berufungshauptverhandlung eingeführt und bei seiner Verurteilung verwertet?

I. Rechtsgrundlagen

2598 Ist es im Rahmen eines erstinstanzlichen Verständigungsverfahrens zu einem Verstoß gegen Mitteilungs-, Dokumentations- oder Belehrungspflichten gekommen (§§ 243 Abs. 4, 257c Abs. 5, 273 Abs. 1a StPO), ist ein daraufhin abgelegtes Geständnis kontaminiert und unterliegt einem Verwertungsverbot.[4115] In einem solchen Fall wird seitens des Schrifttums bei einem verteidigten Angeklagten allerdings die Aktivierung des Verwertungsverbots durch einen spätestens bis zum Zeitpunkt des § 257 Abs. 2 StPO angebrachten Widerspruch gefordert.[4116] Dieser Auffassung kann nicht gefolgt werden. Auch wenn der Angeklagte über die Verwertbarkeit seines erstinstanzlich abgelegten Geständnisses disponieren können muss, darf die Verwertbarkeit nur davon abhängig gemacht werden, ob er auf Nachfrage des Gerichts der Verwertung zustimmt oder die Zustimmung verweigert.[4117]

II. Anforderungen an den Vortrag

2599 Es müssen alle Tatsachen über das Zustandekommen und den Inhalt der erstinstanzlichen Verständigung sowie das erstinstanzlich abgelegte Geständnis und das Ergebnis der erstinstanzlichen Hauptverhandlung vorgetragen werden. Dabei ist insbesondere die Ober- und Untergrenze der Strafe anzugeben, die Gegenstand der erstinstanzlichen Verständigung war.

4114 Bei der Belehrung handelt es sich um eine wesentliche Verfahrensförmlichkeit, die in die Sitzungsniederschrift aufzunehmen ist: *OLG Karlsruhe* v. 7.3.2014 – 3 (6) Ss 642/ 13 AK 242/13 = StV 2014, 659 m. Anm. *Norouzi* = NStZ 2014, 294 m. Anm. *Moldenhauer* NStZ 2014, 493; *H. Schneider* NZWiSt 2015, 1, 5.

4115 SK-StPO-*Frisch*[5] § 324 Rn. 27; *H. Schneider* NZWiSt 2015, 1, 3; *Meyer-Goßner/ Schmitt*[60] § 257c Rn. 31.

4116 *Wenske* NStZ 2015, 137, 143; *H. Schneider* NZWiSt 2015, 1, 3.

4117 SK-StPO-*Frisch*[5] § 324 Rn. 27; ferner *Schlothauer/Jahn* RuP 2012, 222.

Es ist weiterhin mitzuteilen, dass und auf welche Weise (z.b. Verlesung nach § 254 Abs. 1 StPO) das erstinstanzliche Geständnis in die Berufungshauptverhandlung eingeführt wurde. Sollte der verteidigte Angeklagte in der Berufungshauptverhandlung der Verwertung seines erstinstanzlich abgelegten Geständnisses spätestens zum Zeitpunkt des § 257 Abs. 2 StPO widersprochen haben, sollte vorsorglich auch diese Tatsache und eine etwaige Reaktion des Gerichts mitgeteilt werden. Anderenfalls ist darzulegen, dass der Angeklagte der Verwertung des Geständnisses nicht zugestimmt hat.

H. Rügemöglichkeiten bei einem auf Berufung des Angeklagten gegen ein amtsgerichtliches Verständigungsurteil ergangenen Urteil

Vorbemerkung

Die Bindungswirkung des Gerichts an die Verständigung nach § 257c Abs. 4 StPO gilt nur für das Tatgericht, nicht jedoch für das Berufungs- oder Revisionsgericht.[4118] Das Verwertungsverbot des § 257c Abs. 4 S. 3 StPO soll nur für das Verfahren gelten, in dem die Verständigung zustande gekommen ist und sich das Gericht von der Verständigung gelöst hat. Ein instanzübergreifendes und vom Lösungstatbestand unabhängiges Verwertungsverbot soll nicht bestehen.[4119] Im Übrigen schützt im Falle, in dem nur der Angeklagte oder die Staatsanwaltschaft zu seinen Gunsten Berufung eingelegt hat, das Verbot der reformatio in peius vor der Verurteilung zu einer höheren Strafe, § 358 Abs. 2 StPO. Allerdings muss bedacht werden, dass § 358 Abs. 2 StPO einer Verschärfung des Schuldspruchs bei Beibehaltung der erstinstanzlich verhängten Strafe nicht entgegen steht. Auch ist die Anordnung der Unterbringung in einer Entziehungsanstalt nach § 64 StGB möglich, § 358 Abs. 2 S. 3 StPO. Insoweit kann der Schuld- und Rechtsfolgenausspruch verschärft werden. In einem solchen Fall, in dem das Berufungsgericht das angefochtene Urteil zum Nachteil des Angeklagten in diesem Sinne verschärfen will, stellt sich die Frage des Verwertungsverbots des im erstinstanzlichen Verfahren in Erfüllung der Verständigung abgelegten Geständnisses. Bei einer Schuldspruchverschärfung oder der Anordnung einer Maßregel nach § 64 StGB bleibt jedoch die aufgrund der Verständigung verhängte Strafe unangetastet. Von *dieser* löst sich das Gericht

2600

4118 So ausdrücklich die Begründung des BRegE BT-Drucks. 16/12310 S. 15 linke Spalte; *OLG Nürnberg* v. 29.2.2012 – 1 St OLG Ss 292/11 = StV 2012, 590; *OLG Düsseldorf* StV 2011, 80 m. Anm. *Kuhn* StV 2012, 10; *OLG Rostock* v. 5.8.2013 – 1 Ss 86/12 = StV 2014, 81 für das nach Zurückverweisung durch das Revisionsgericht neu mit der Sache befasste Gericht; s. aber *Velten* StV 2012, 172, 176; insgesamt auch *Wenske* DRiZ 2012, 123, 126.

4119 *OLG Nürnberg* v. 29.2.2012 – 1 St OLG Ss 292/11 = StV 2012, 590; *H. Schneider* NZWiSt 2015, 1, 2.

nicht, so dass ein Abweichen von der Verständigung i.S.d. § 257c Abs. 4 StPO mit der Folge eines Verwertungsverbots nach Abs. 4 S. 3 auch dann nicht vorliegt, wenn man ein instanzübergreifendes Verwertungsverbot für den Fall der Abweichung von der Verständigung bejahen wollte. Da im Übrigen eine Absprache über den Schuldspruch und die Anordnung von Maßregeln der Besserung und Sicherung einer Verständigung entzogen ist, § 257c Abs. 2 S. 3 StPO, würde das Berufungsgericht bei Beibehaltung der Strafe im Sinne der erstinstanzlichen Verständigung davon nicht zum Nachteil des Angeklagten abweichen. Das Geständnis bleibt also auch in diesem Falle verwertbar.

Rüge 301c

2601 Hat das Berufungsgericht ein im Rahmen eines rechtswidrigen erstinstanzlichen Verständigungsverfahrens abgelegtes Geständnis bei der Verurteilung des Angeklagten verwertet?

I. Rechtsgrundlagen

2602 Wird die Berufung des Angeklagten verworfen und verwertet das Berufungsgericht ein im Rahmen einer rechtswidrig durchgeführten Verständigung im amtsgerichtlichen Verfahren abgelegtes Geständnis des Angeklagten, kann dies zum Gegenstand einer Verfahrensrüge gemacht werden.

Ist es bei dem Zustandekommen der erstinstanzlichen Verständigung zu einer Verletzung der Mitteilungs-, Dokumentations- und Belehrungspflichten gekommen, unterliegt ein im Rahmen der Verständigung abgelegtes Geständnis des Angeklagten einem Verwertungsverbot.[4120] Auch hier soll der verteidigte Angeklagte das Recht zur Rüge des Fehlers verlieren, wenn er der Verwertung des Geständnisses in der Berufungsinstanz nicht rechtzeitig widersprochen hat.[4121] Statt des Widerspruchserfordernisses wäre es angemessener, die Verwertbarkeit des Geständnisses davon abhängig zu machen, ob der Angeklagte auf die Nachfrage des Gerichts der Verwertung zugestimmt hat oder nicht.[4122]

4120 *OLG Rostock* v. 5.8.2013 – 1 Ss 86/12 = StV 2014, 81 für den Fall eines Verstoßes gegen die Belehrungspflicht des § 257c Abs. 5 StPO. In dieser Entscheidung ging es um die Verwertung eines Geständnisses durch das neu mit der Sache befasste Gericht nach Zurückverweisung des Verfahrens durch das Revisionsgericht.
4121 *H. Schneider* NZWiSt 2015, 1, 3; *Wenske* NStZ 2015, 137, 142 f.
4122 SK-StPO-*Frisch*[5] § 324 Rn. 27; *Schlothauer/Jahn* RuP 2012, 222.

II. Anforderungen an den Vortrag

Es müssen alle Tatsachen über das Zustandekommen und den Inhalt der Verständi- **2603** gung sowie das erstinstanzlich abgelegte Geständnis und das Ergebnis der erstinstanzlichen Hauptverhandlung vorgetragen werden. Dabei ist insbesondere die Ober- und Untergrenze der Strafe anzugeben, die Gegenstand der erstinstanzlichen Verständigung war.

Es ist weiterhin mitzuteilen, dass und auf welche Weise (z.B. Verlesung nach § 254 Abs. 1 StPO) das erstinstanzliche Geständnis in die Berufungshauptverhandlung eingeführt wurde. Sollte der verteidigte Angeklagte in der Berufungshauptverhandlung der Verwertung seines erstinstanzlich abgelegten Geständnisses spätestens zum Zeitpunkt des § 257 Abs. 2 StPO widersprochen haben, sollte vorsorglich auch diese Tatsache und eine etwaige Reaktion des Gerichts mitgeteilt werden. Anderenfalls ist darzulegen, dass der Angeklagte der Verwertung des Geständnisses nicht zugestimmt hat.

I. Unzulässige Einwirkung auf den Angeklagten zur Zustimmung zu einer Verständigung

Rüge 302

Ist dem Angeklagten für den Fall der Durchführung eines streitigen Verfahrens mit einer **2604** unvertretbar hohen Strafe gedroht worden (Sanktionsschere) oder ist seine Selbstbelastungsfreiheit in anderer Weise sachwidrig beeinträchtigt worden?

I. Rechtsgrundlagen

Die in §§ 202a, 212 StPO normierte Erlaubnis des Gerichts, mit den Verfahrensbe- **2605** teiligten vor oder während der Hauptverhandlung Gespräche mit dem Ziel der Herbeiführung einer Verständigung zu führen, berechtigt dieses nicht, die Willensfreiheit des Angeklagten bei der Entscheidung über eine Zustimmung zu einer Verständigung in unzulässiger Weise zu beeinflussen.[4123] Wann das der Fall ist, ist Frage des Einzelfalles. Nach der Entscheidung des *BVerfG* vom 19. März 2013[4124] ist die Grenze zur Unzulässigkeit überschritten, wenn im Falle einer streitigen Verhandlung 3 oder 4 Jahre Freiheitsstrafe „angedroht werden, im Falle einer Verständigung eine Bewährungsstrafe.[4125] Als unzulässig wurden ferner angesehen: Bewährungs-

---

4123 *BVerfG* v. 19.3.2013 – 2 BvR 2628/10 = StV 2013, 353; *BGHSt* 50, 40, 50 = StV 2005, 311 (GrS); *BGH* v. 23.5.2012 – 5 StR 174/12 Rn. 16 = StV 2012, 582; *BGH* StV 2011, 202; *BGH* StV 2010, 225; *BGH* StV 2009, 629; *BGH* StV 2007, 619; *BGH* StV 2002, 637; *BGHSt* 49, 84, 89 = StV 2004, 314; *OLG Celle* StV 2012, 394, 396; *Meyer-Goß-ner/Schmitt*[60] § 257c Rn. 19; *Wenske* DRiZ 2011, 393, 396.
4124 *BVerfG* v. 19.3.2013 – 2 BvR 2628/10 = StV 2013, 353.
4125 *BVerfG* v. 19.3.2013 – 2 BvR 2628/10 Rn. 130 = StV 2013, 353.

strafe gegen 6 Jahre und 6 Monate[4126]; Bewährungsstrafe gegen 7 Jahre[4127]; 1 Jahr 9 Monate gegen 5 Jahre und 9 Monate[4128]; 3 Jahre und 6 Monate gegen 7-8 Jahre[4129]; 4 Jahre gegen 5 Jahre und 9 Monate.[4130] Das *OLG Celle* hat im Falle einer streitigen Verhandlung eine um 50 % über der Obergrenze des Verständigungsvorschlags liegende Freiheitsstrafe allerdings unbeanstandet gelassen.[4131] Aber auch ohne Androhung einer „Sanktionsschere" kann durch die Inaussichtstellung einer unangemessen milden Strafe für den Fall eines umfassenden Geständnisses eine die Selbstbelastungsfreiheit des Angeklagten sachwidrig beeinträchtigende Drucksituation ausgelöst werden.[4132] Eine unzulässige Drucksituation kann auch dadurch ausgelöst werden, dass die Staatsanwaltschaft oder das Gericht die Bereitschaft zu einer Verständigung davon abhängig macht, dass bei mehreren Angeklagten sämtliche Angeklagte ihre Zustimmung erteilen und hierzu bspw. die zwischen den Angeklagten bestehenden familiären Bindungen instrumentalisiert werden.[4133]

2606 Hat sich der Angeklagte im Hinblick auf eine (unzulässige) Drohung auf die Verständigung eingelassen, beschränken sich seine Rügemöglichkeiten auf einen Verstoß gegen § 136a StPO. Die Rüge eines Verstoßes gegen den Grundsatz des fairen Verfahrens kann nicht erhoben werden. Der *BGH* verweist den Angeklagten auf seine Interventionsmöglichkeiten in der Tatsacheninstanz. Danach hätte er entweder den Richter, der bei den Gesprächen über die einvernehmliche Verfahrensbeendigung unzulässigen Druck ausübte, wegen Besorgnis der Befangenheit ablehnen und nach Zurückweisung des Ablehnungsantrags den absoluten Revisionsgrund nach § 338 Nr. 3 StPO geltend machen oder gegebenenfalls die Unverwertbarkeit seines unter Druck zustande gekommenen Geständnisses rügen können (§§ 136a, 337 StPO).[4134]

Daher kann auch bei einer verständigungsgemäßen Verurteilung ein Verstoß gegen § 136a StPO wegen einer unzulässigen Sanktionsschere gerügt werden.

Kein unzulässiger Druck geht von der Ankündigung der Staatsanwaltschaft aus, ein bei ihr anhängiges Ermittlungsverfahren nach § 154 Abs. 1 StPO im Hinblick auf die zu erwartende verständigungsbasierte Verurteilung einzustellen, wenn der Angeklagte darüber belehrt wird, dass die Ankündigung keine Bindungswirkung entfaltet.[4135]

4126 *BGH* v. 23.5.2012 – 5 StR 174/12 Rn. 16 = StV 2012, 582: kein Fall der Sanktionsschere, nur allgemeiner Hinweis.
4127 *BGH* StV 2002, 637.
4128 *BGHSt* 49, 84, 89 = StV 2004, 314.
4129 *BGH* StV 2007, 619
4130 *BGH* StV 2009, 629.
4131 *OLG Celle* StV 2012, 394, 396 m. abl. Anm. *Altenhain/Haimerl* StV 2012, 397, 399.
4132 *BGH* v. 25.4.2013 – 5 StR 139/13 = StV 2013, 485 = StraFo 2013, 287.
4133 *BGH* v. 14.4.2015 – 5 StR 20/15 = StV 2016, 96 = NStZ 2015, 537.
4134 *BGH* StV 2009, 171; *BGH* StV 2005, 372.
4135 *BGH* v. 12.7.2016 – 1 StR 136/16 = NStZ 2017, 56 = StraFo 2016, 472.

II. Anforderungen an den Vortrag

Es gelten zunächst die für die Rüge der Verletzung des § 136a StPO aufgestellten **2607** Grundsätze, siehe dazu oben Rn. 2151 ff. Vorzutragen sind alle Details über das Zustandekommen der Verständigung, die näheren Umstände des Verständigungsgesprächs, die Personen, die an dem Gespräch teilgenommen haben, die Äußerungen, die die unzulässige Drohung mit der Sanktionsschere oder einer sonstigen Drucksituation beinhalten, die Reaktionen der bei dem Gespräch Anwesenden dazu,[4136] ggf. die Vermerke nach §§ 202a, 212 StPO, die Protokolleintragungen nach 273 Abs. 1a StPO, die Verteidigungsreaktionen auf die Drohung mit der Sanktionsschere, z.b. Ablehnungsantrag, ggf. dessen Zurückweisung, Widersprüche gegen den protokollierten Ablauf der Verständigungsgespräche wegen Auslassung der Androhung der Sanktionsschere. Vorzutragen ist ferner die Ursächlichkeit der unzulässigen Drohung für die Zustimmung des Angeklagten zur Verständigung und die Ablegung des Geständnisses.

III. Im Zusammenhang stehende Rügen

Ist ein im Hinblick auf eine angedrohte Sanktionsschere gestelltes Ablehnungsgesuch **2608** als unbegründet zurückgewiesen worden, kommt eine Verfahrensrüge gem. §§ 26, 338 Nr. 3 StPO in Betracht (siehe Rüge 16, Rn. 356 ff.)

J. Beruht das Urteil auf der Aussage eines Zeugen, der in seinem eigenen Verfahren im Rahmen einer Verständigung ein den Angeklagten belastendes Geständnis abgelegt hat?

Rüge 303

Hat es das Gericht unterlassen, das Zustandekommen und das Ergebnis der Absprache in **2609** dem Verfahren gegen den Zeugen aufzuklären und in die Beweiswürdigung einzustellen?

I. Rechtsgrundlagen

Staatsanwaltschaft und Gericht haben oftmals ein großes Interesse daran, dass ein **2610** Angeklagter über das Geständnis seines eigenen Tatbeitrags hinaus mögliche weitere Tatbeteiligte belastet. Eine solche Aussage erleichtert nicht nur der Staatsanwaltschaft die Beweisführung bei Anklageerhebung sondern auch dem Gericht, bei dem weitere Verfahren aus dem gleichen Tatkomplex anhängig sind, eine Verurteilung in diesen Fällen. Es ist daher naheliegend, dass in Verständigungsgesprächen auch mit Blick auf § 46b StGB dem Angeklagten für den Fall der Belastung Dritter ein besonderer „Strafrabatt" in Aussicht gestellt wird. Die Bedingung für einen darauf

---

4136   Zu den Anforderungen an den notwendigen Vortrag vgl. auch *BGH* StV 2010, 225.

basierenden reduzierten Verständigungsstrafrahmen wird meist informell erfolgen und sich in dem gerichtlichen Verständigungsvorschlag hinter der Formulierung „umfassendes Geständnis" verbergen.

2611 Die Verlockung für den Angeklagten, sich durch eine (teilweise) Falschbelastung Dritter einen besonderen Vorteil zu verschaffen, ist groß. Deshalb sind nach der Rspr. des *BGH* an die Beweiswürdigung besondere Anforderungen zu stellen, wenn der Angeklagte aufgrund einer Zeugenaussage verurteilt wird, die ihren Ursprung in einer in seinem Verfahren getroffenen Verständigung hat.[4137] Zur Begründung der strengen Aufklärungs- und Beweiswürdigungsanforderungen wird zutreffend darauf hingewiesen, dass die Gefahr bestehe, dass der Angeklagte und jetzige Zeuge Dritte zu Unrecht belaste, weil er sich dadurch für die eigene Verteidigung Vorteile verspricht, insbesondere eine über den „normalen Geständnisrabatt" hinausgehende Strafmilderung, ggf. unter Verschleierung seiner eigenen tatsächlichen Beteiligung.

2612 Bereits in seinem Beschluss vom 23.1.2003[4138] hatte der 1. Senat des *BGH* entschieden, dass bei einer Verurteilung eines Angeklagten aufgrund von Geständnissen von Mitangeklagten, die Gegenstand einer Verständigung waren, die Glaubhaftigkeit dieser Geständnisse in einer für das Revisionsgericht nachprüfbaren Weise gewürdigt werden müssten. Dazu gehörten insbesondere das Zustandekommen und der Inhalt der Absprache. Diese Rspr. hat der Senat in weiteren Entscheidungen fortgesetzt und erweitert.[4139] Während die Entscheidung aus dem Jahre 2003[4140] nur die Belastung eines Mitangeklagten durch ein Absprachegeständnis in demselben Verfahren zum Gegenstand hatte, wurden die Anforderungen an die Beweiswürdigung in einer Folgeentscheidung aus dem Jahre 2007[4141] auf die Konstellationen ausgedehnt, in denen die belastende Aussage in einem „formal eigenständigen" Verfahren erfolgte. In einer weiteren Entscheidung geht der 1. Strafsenat noch einen Schritt weiter. Die besondere Würdigung einer entscheidungserheblichen, d.h. einer belastenden Aussage hat auch dann zu erfolgen, wenn sie im Rahmen „einer im Raum stehenden Verständigung" gemacht worden sei.[4142] Das Gleiche gelte, wenn die Verständigungsgespräche im Wesentlichen zwischen Staatsanwaltschaft und Verteidigung geführt worden waren.[4143] Damit gelten die besonderen Aufklärungs- und Erörterungspflichten im Urteil für alle Fälle, in denen es eine Verständigung gegeben hat, diese nur im Raum stand oder die Gespräche im Wesentlichen zwischen Staatsanwaltschaft und Verteidigung geführt wurden, und zwar unabhängig davon, ob das Dritte belastende Geständnis in demselben oder in einem eigenständigen Verfahren abgelegt wurde.

4137 Ausführlich dazu *Weider* StV 2003, 266 in Anm. zu *BGHSt* 48, 161 = StV 2003, 264.
4138 *BGHSt* 48, 161 = StV 2003, 264 m. Anm. *Weider.*
4139 *BGHSt* 52, 78 = StV 2008, 60.
4140 *BGHSt* 48, 161 = StV 2003, 264 m. Anm. *Weider.*
4141 *BGHSt* 52, 78 = StV 2008, 60.
4142 *BGH* v. 6.3.2012 – 1 StR 17/12 = StV 2012, 652.
4143 *BGH* v. 22.2.2012 – 1 StR 349/11 = StV 2012, 649.

Die Glaubwürdigkeit eines Zeugen ist eine für den Schuld- und Rechtsfolgenaus- **2613** spruch bedeutsame Frage. In diesem Zusammenhang bedeutsame Feststellungen können daher in der Regel nur im Strengbeweisverfahren getroffen werden.[4144]

Zwar ist die Rüge fehlerhafter (weil unvollständiger) Beweiswürdigung dem Grun- **2614** de nach eine materiellrechtliche Rüge, so dass das Revisionsgericht bereits auf die Sachrüge hin eine entspr. Prüfung vornehmen muss. Die revisionsrechtliche Beanstandung, im Urteil fehle es an der nach den obigen Grundsätzen gebotenen Prüfung der Glaubhaftigkeit einer auf einer Absprache beruhenden Dritte belastenden Aussage erfordert jedoch eine Verfahrensrüge, wenn das Urteil den in Rede stehenden Hintergrund der Zeugenaussage nicht erhellt.[4145]

II. Anforderungen an den Vortrag

Welche Rügen zu erheben sind,[4146] hängt davon ab, welche Verteidigungsaktivitä- **2615** ten in der Hauptverhandlung zur Aufklärung des Zustandekommens der im Rahmen der Verständigung erfolgten Aussage unternommen wurden.[4147] Sind Beweisanträge zum Nachweis der Verständigung bzw. der Gespräche (auch nur mit der Staatsanwaltschaft) gestellt und sind diese zurückgewiesen worden, ist die Rüge fehlerhafter Zurückweisung von Beweisanträgen zu erheben. Gleiches gilt, wenn ein Beweisantrag gestellt wurde auf Beiziehung der Akten[4148] und Verlesung der darin befindlichen Protokolleintragungen nach § 273 Abs. 1a StPO, also insbesondere der Aktenvermerke nach §§ 202a, 212 StPO und/oder der Mitteilung des Vorsitzenden nach § 243 Abs. 4 StPO, des gerichtlichen Verständigungsvorschlags und der Zustimmungserklärungen der Staatsanwaltschaft und des Angeklagten (§ 257c Abs. 3 StPO).

Sind in der Hauptverhandlung keinerlei Anträge zur Aufklärung des Zustandekom- **2616** mens der Aussage gestellt worden, bleibt nur die Erhebung einer Aufklärungsrüge (s. Rüge 190 Rn. 1707).

Im Einzelnen ist vorzutragen, welche Beweismittel das Gericht hätte verwenden müssen, z.B. Vernehmung des Staatsanwalts und der beteiligten Richter (bzw. Einholung dienstlicher Erklärungen[4149]), Beiziehung der Akten und Verlesung der im

---

4144   *BGH* v. 22.2.2012 – 1 StR 349/11 = StV 2012, 649.

4145   *BGH* v. 22.2.2012 – 1 StR 349/11 = StV 2012, 649; vgl. ferner *BGH* v. 6.3.2012 – 1 StR 17/12 = StV 2012, 652 u. *BGH* v. 6.3.2013 – 5 StR 423/12 = StV 2013, 376 = NStZ 2013, 415.

4146   Vgl. dazu *BGH* v. 6.3.2013 – 5 StR 423/12 = StV 2013, 376 = NStZ 2013, 415.

4147   Zu möglichen Rügen und dem notwendigen Vortrag vgl. anschaulich *BGH* v. 22.2.2012 – 1 StR 349/11 = StV 2012, 649.

4148   Vgl. allgemein zur Rüge fehlerhafter Ablehnung eines Antrags auf Aktenbeiziehung oben Rn. 1439.

4149   *BGH* v. 22.2.2012 – 1 StR 349/11 = StV 2012, 649.

Protokoll enthaltenen Eintragungen nach § 273 Abs. 1a StPO. Soweit möglich, sollten entspr. Urkunden in die Revisionsbegründung einkopiert werden.

2617 Eines besonderen Vortrags bedarf es, warum sich dem Gericht die Aufklärung hätte aufdrängen müssen. Das Erfordernis einer kritischen Überprüfung der im Rahmen einer Verständigung oder Gesprächen darüber entstandenen Aussage ergibt sich aus der als bekannt vorauszusetzenden Rspr.. Entscheidend ist jedoch, ob für das Gericht ersichtlich gewichtige Anhaltspunkte dafür vorlagen, dass in dem Verfahren gegen den Zeugen eine Verständigung stattgefunden hatte oder wenigstens versucht worden war. Das kann z.B. dann der Fall sein, wenn das Urteil gegen den Zeugen Aktenbestandteil ist und dieses gem. § 267 Abs. 3 S. 5 StPO die Mitteilung enthält, dass dem Urteil eine Verständigung vorausgegangen ist. Ergeben sich aus den Akten keine Hinweise auf eine Verständigung im Verfahren gegen den Zeugen, muss dargetan werden, welche sonstigen dem Gericht bekannten Umstände eine (versuchte) Verständigung im Verfahren gegen den Zeugen nahe legen. Dies ist eine Frage des Einzelfalles.

Und schließlich muss dargetan werden, welches Ergebnis die unterlassene Aufklärung erbracht hätte, also dass es eine Verständigung gegeben hat, diese jedenfalls versucht wurde und Gespräche darüber geführt wurden oder Gespräche nur zwischen Staatsanwaltschaft und Verteidigung stattfanden. Sofern möglich muss auch dargetan werden, dass Gegenstand der Verständigung oder der darüber geführten Gespräche auch die Belastung Dritter war.

2618 Ansonsten kommt auch eine verfahrensrechtlich zu rügende Verletzung des § 261 StPO in Betracht.[4150] Hierfür ist darzulegen, dass der Zeuge wegen desselben Sachverhalts, dessentwegen der Angeklagte verurteilt wurde, strafrechtlich verfolgt wurde und es in seinem Verfahren zu einer Verständigung gekommen ist, deren Gegenstand ein – den Angeklagten belastendes – Geständnis war und dass der Zeuge in der Hauptverhandlung vernommen und/oder sein seinerzeitiges Geständnis in die Hauptverhandlung eingeführt wurde.

4150 *BGH* v. 6.3.2015 – 5 StR 423/12 = StV 2013, 376 = NStZ 2013, 415.

K. Beruht das Urteil auf der Aussage eines Zeugen, dessen Angaben im Rahmen einer rechtswidrigen Verständigung erfolgt sind?

Rüge 304

Hat das Gericht eine wegen einer rechtswidrigen Absprache unverwertbare Aussage eines Zeugen verwertet? **2619**

I. Rechtsgrundlagen

Ist der Zeuge, der den Angeklagten durch eine im Rahmen einer Verständigung ent- **2620** standene Aussage belastet hat, nicht in der Hauptverhandlung vernommen worden und sind seine früheren Aussagen durch Beweissurrogate in die Hauptverhandlung eingeführt (z.b. Verlesung des Urteils gegen den Zeugen, Vernehmung des Staatsanwalts oder der Richter des Verfahrens gegen den Zeugen) und im Urteil verwertet worden, so kann gerügt werden, dass die Aussage des Zeugen unverwertbar war. Dies kann insbesondere dann in Betracht kommen, wenn die Aussage des Zeugen wegen Verstoßes gegen § 136a StPO unverwertbar ist. Auch der Angeklagte kann die unzulässige Herbeiführung der Aussage eines Zeugen oder Mitangeklagten rügen (§§ 69, 136a StPO).[4151]

Nach Auffassung des *BGH* soll der Umstand, dass eine heimliche und damit rechts- **2621** widrige Verständigung stattgefunden hat, nicht zu einem Verwertungsverbot des Geständnisses des Angeklagten führen.[4152] Dies schließt jedoch nicht aus, dass eine Unverwertbarkeit wegen Verstoßes gegen § 136a StPO erhoben werden kann. Eine informelle Zusage des Gerichts jenseits des Verfahrens nach § 257c StPO ist unzulässig und rechtswidrig. Bei einer heimlichen Verständigungszusage des Gerichts handelt es sich daher um das Versprechen eines gesetzlich nicht vorgesehenen Vorteils i.S.d. § 136a StPO.

Gleiches gilt, wenn es zu einer nach § 257c Abs. 2 S. 2 StPO unzulässigen Schuld- **2622** spruchabsprache[4153] oder Absprache über eine Maßregel der Besserung und Sicherung gekommen ist. Dies gilt ferner, wenn die dem Zeugen zugesagte Sanktion unvertretbar milde oder hoch war[4154] oder dem Zeugen Zusagen gemacht wurden, die von § 257c Abs. 2 StPO nicht gedeckt sind (z.B. Halbstrafenzusage).

In all diesen Fällen kann die Rüge der Unverwertbarkeit der durch ein Beweissurrogat eingeführten Aussage erhoben werden.

4151 *Meyer-Goßner/Schmitt*[60] § 136a Rn. 33.
4152 Nur *BGH* v. 22.2.2012 – 1 StR 349/11 = StV 2012, 649 m.w.N.
4153 *BGH* StV 2007, 453.
4154 *BGH* StV 2002, 637; *KG* v. 23.4.2012 – (3) 121 Ss 34/12 = StV 2012, 654; *Meyer-Goßner/Schmitt*[60] § 136a Rn. 23; LR-*Gleß*[26] § 136a Rn. 63.

2623 Aber auch dann, wenn der Zeuge in der Hauptverhandlung die belastenden früheren Aussagen wiederholt, kann der Verstoß gegen § 136a StPO insoweit Gegenstand einer Rüge sein, als sich daraus gewichtige Tatsachen zur Überprüfung der Glaubwürdigkeit des Zeugen ergeben. Denn der Zeuge kann bestrebt sein, seine Glaubwürdigkeit nicht selbst durch abweichende Angaben in Frage zu stellen und daher zum Nachweis der Aussagekonstanz an den bisherigen Angaben festhalten. Ist eine qualifizierte Belehrung des Zeugen in der Hauptverhandlung im Hinblick auf die Unverwertbarkeit der früheren Aussage wegen Verstoßes gegen § 136a StPO unterblieben, stellt sich auch die Frage der Verwertbarkeit der nunmehr als Zeuge gemachten Angaben.[4155]

II. Anforderungen an den Vortrag

2624 Diese Rüge setzt voraus, dass die Verständigung, aus der sich der Verstoß gegen § 136a StPO ergibt, nachgewiesen werden muss. Dazu kann auf die Ausführungen zu Rn. 2151 ff. verwiesen werden. Insbesondere muss detailliert vorgetragen werden, welches unzulässige Versprechen dem Zeugen im Rahmen der Verständigung gemacht wurde.

Das Revisionsgericht prüft auf den entspr. Tatsachenvortrag in der Verfahrensrüge im Freibeweisverfahren, ob die einen Verstoß gegen § 136a StPO begründenden Voraussetzungen gegeben sind, also insbesondere, ob dem Urteil gegen den Zeugen eine Absprache mit gesetzeswidrigen Zusagen zugrunde gelegen hat.

Wird das Verwertungsverbot aus der Zusage einer unverhältnismäßig milden Strafe hergeleitet und wird das Urteil gegen den Zeugen mitgeteilt, kann das Revisionsgericht die Schuldangemessenheit der Strafe bzw. deren Unterschreitung anhand des Urteils zu prüfen.

4155 Vgl. dazu *Meyer-Goßner/Schmitt*[60] § 136a Rn. 30.

Teil III
Die Begründung der Sachrüge

I. Allgemeine Grundsätze

Es wurde bereits oben Rn. 36 darauf hingewiesen, dass das Revisionsgericht allein **2625** aufgrund einer allgemein erhobenen Sachrüge („Gerügt wird die Verletzung materiellen Rechts") das Urteil umfassend auf materiell-rechtliche Fehler überprüft. Diese Überprüfung umfasst u.a. die Subsumtion des im Urteil festgestellten (tragfähigen[1]) Sachverhalts unter den dem Urteil zugrunde gelegten Tatbestand, die Beweiswürdigung sowie die Strafzumessung. Grundlage dieser Prüfung sind nur die Urteilsurkunde und die Abbildungen, auf die nach § 267 Abs. 1 S. 3 StPO verwiesen worden ist, nicht dagegen der Akteninhalt.[2]

Es sollte selbstverständlich sein, dass die umfassende Prüfungspflicht des Revisionsgerichts den Revisionsführer nicht davon abhalten sollte, die sachlich-rechtliche Fehlerhaftigkeit des Urteils eigenständig zu prüfen und – sofern Fehler aufgefunden werden – diese im Rahmen ergänzender Ausführungen zur allgemein erhobenen Sachrüge darzulegen. Dabei ist es angebracht, alle zu rügenden Rechtsfehler anzuführen, also auch etwa solche zur Strafzumessung, wenn ein den Schuldspruch betreffender Rechtsfehler gerügt wird. Das Aufspüren eines materiell-rechtlichen Fehlers setzt eine umfassende Kenntnis des materiellen Strafrechts sowie der Grundsätze der Strafzumessung und der Beweiswürdigung voraus. Stets ist es erforderlich, die im Urteil vorgenommene Subsumtion des festgestellten Tatbestandes unter die angewendete Strafnorm anhand der einschlägigen Rechtsprechung und (Kommentar-) Literatur zu überprüfen.

Die Ausführungen zur Sachrüge können wie folgt aufgebaut werden. Zunächst sollte (zusammenfassend) der Teil des Urteils dargestellt werden, aus dem sich der Rechtsfehler ergibt. Im Anschluss daran ist auszuführen, worin der Rechtsfehler liegt. Ein Beispiel für eine ausgeführte Sachrüge:

„Das Landgericht hat den Angeklagten wegen vollendeten Raubes verurteilt. Es hat festgestellt (UA S. 12), der Angeklagte habe dem Geschädigten mit Gewalt ein Mobiltelefon weggenommen, um die darauf enthaltenen Bilddateien zu kopieren und zu verbreiten. Ob der Geschädigte das Handy zurückerhalten würde, war dem Angeklagten gleichgültig.

Die Verurteilung wegen vollendeten Raubes ist rechtsfehlerhaft. Voraussetzung für die Annahme eines Raubes ist, dass der Täter in der Absicht handelt, sich die Sache

---

1   Zur sog. Darstellungsrüge im Einzelnen LR-*Franke*[26] § 337 Rn. 94 ff.
2   *Meyer-Goßner/Schmitt*[60] § 337 Rn. 22 f.

rechtswidrig zuzueignen. Daran fehlt es hier. Ein für die Aneignung erforderlicher Wille des Angeklagten, den Bestand seines Vermögens oder den eines Dritten zu ändern, ist nicht festgestellt. In dem Einsatz eines Nötigungsmittels zur Erzwingung einer Gebrauchsanmaßung liegt ebenso wenig eine Zueignungsabsicht wie in der Wegnahme in der Absicht, die Sache zu zerstören, beiseite zu schaffen oder als Druckmittel zur Durchsetzung einer Forderung zu benutzen (st. Rspr. *BGH* StV 2012, 465 m. zahlr. Nachw.)."

Im Hinblick auf die Fülle der möglichen sachlich-rechtlichen Fehler bei der Anwendung eines Straftatbestandes, der Beweiswürdigung und der Strafzumessung ist eine auch nur annähernd erschöpfende Darstellung ausgeschlossen. Im Rahmen der vorliegenden Abhandlung kann daher nur fragmentarisch auf zwei Problembereiche sachlich-rechtlicher Beanstandungen eingegangen werden, nämlich auf den Angriff gegen die tatrichterliche Beweiswürdigung und die Beanstandung der Strafzumessung.

II. Beweiswürdigung

1. Allgemeine Beweiswürdigungsfehler

2626 Bei der Lektüre der Beweiswürdigung wird gerade der Instanzverteidiger oftmals zu dem Schluss kommen, die Erwägungen des Gerichts seien wenig überzeugend, Argumente der Verteidigung seien übergangen worden, gezogene Schlussfolgerungen seien wenig wahrscheinlich, eine andere Bewertung einer Zeugenaussage sei naheliegender etc. Dies verleitet dazu, der gerichtlichen Beweiswürdigung eine eigene alternative Bewertung entgegen zu stellen und damit die gerichtliche Beweiswürdigung anzugreifen. Damit kann der Revisionsführer jedoch grundsätzlich nicht gehört werden. Denn dies stellt einen unzulässigen Angriff gegen die tatrichterliche Beweiswürdigung dar.

Will der Verteidiger die fehlerhafte Beweiswürdigung rügen, muss er sich stets vor Augen halten, dass die Beweiswürdigung (ureigenste) Aufgabe des Tatrichters ist. Die von ihm gezogenen Schlussfolgerungen müssen nicht zwingend sondern nur möglich, noch nicht einmal wahrscheinlich sein. Das Revisionsgericht kann die Beweiswürdigung nur auf *Rechtsfehler* überprüfen.[3]

Solche Rechtsfehler[4] liegen u.a. nur dann vor, wenn

– sich die vom Tatrichter gezogenen Schlussfolgerungen so sehr von einer gesicherten Tatsachengrundlage entfernen, dass sie sich letztlich als bloße Vermutung erweisen, die nicht mehr als einen schwerwiegenden Verdacht begründen,[5]

---

3 Vgl. dazu insgesamt *Miebach* NStZ-RR 2014, 233; *Nack* StV 2002, 510 ff. und 558 ff.; *Brause* NStZ 2007, 505.

4 Vgl. insges. *BGH* StraFo 2011, 358; KK-*Gericke*[7] § 337 Rn. 28 ff.

5 Etwa *BGH* StV 1982, 256 und 1987, 423; *BGH* NStZ 1986, 373.

– die Beweiswürdigung widersprüchlich oder unklar ist[6] oder Lücken aufweist,

– einen Verstoß gegen die Denkgesetze enthält,[7]

– Erfahrungssätze nicht beachtet oder einen nicht existierenden Erfahrungssatz enthält,[8]

– auf einem Zirkelschluss beruht[9]

– oder sich aufdrängende alternative Möglichkeiten nicht erörtert werden.[10]

Darüberhinaus zu beobachten ist eine Tendenz, nach der die Revisionsgerichte auch danach fragen, ob die Beweiswürdigung des Tatrichters plausibel – d.h. für das Revisionsgericht nachvollziehbar – ist.[11] Eine mangelnde Plausibilität der Tatsachenfeststellungen kann danach als revisibler Rechtsfehler anzusehen sein.

Die Frage, ob ein derartiger Rechtsfehler vorliegt, hängt vom Einzelfall und den konkreten Ausführungen im Urteil ab, so dass generalisierende Ausführungen nicht möglich sind. Zur Beweiswürdigung und den Anforderungen an die Urteilsfeststellungen bei einem Urteil, dem eine Verständigung vorausgegangen ist vgl. Rn. 2460 ff. **2627**

Stets sollte der Verteidiger darauf Bedacht nehmen, einen oder mehrere der erwähnten Rechtsfehler anhand der Urteilsgründe präzise aufzuzeigen und sich einer eigenen Bewertung enthalten.

Soweit im Folgenden mögliche Fehler bei der Beweiswürdigung abgehandelt werden, sind die Ausführungen und Beispiele nur exemplarisch.

2. Würdigung von Zeugenaussagen

a) Besondere Beweiskonstellationen

In der Rechtsprechung des *BGH* der letzten Jahre ist die Tendenz zu verzeichnen, sehr strenge Anforderungen an die tatrichterliche Beweiswürdigung in besonderen Konstellationen zu stellen, insbesondere in Fällen von **Aussage gegen Aussage**.[12] In einem solchen Fall muss der Tatrichter sich bewusst sein, dass die Aussage dieses Zeugen einer besonderen Glaubhaftigkeitsprüfung zu unterziehen ist, zumal der Angeklagte in solchen Fällen wenig Verteidigungsmöglichkeiten durch eigene Äußerungen zur Sachlage besitzt. Eine lückenlose Gesamtwürdigung der Indizien ist **2628**

---

6 Vgl. dazu *Meyer-Goßner/Schmitt*[60] § 337 Rn. 27 f.

7 *Meyer-Goßner/Schmitt*[60] § 337 Rn. 30 f.

8 *Meyer-Goßner/Schmitt*[60] § 337 Rn. 31.

9 Vgl. etwa *BGH* StV 1996, 366; *Meyer-Goßner/Schmitt*[60] § 337 Rn. 30a.

10 Vgl. dazu insgesamt *Nack* StV 2002, 510 ff. und 558 ff.; *Meyer-Goßner/Schmitt*[60] § 337 Rn. 26 ff.; *KK-Gericke*[7] § 337 Rn. 28 ff. jew. m.w.N.

11 *Meyer-Goßner/Schmitt*[60] § 337 Rn. 26 m.w.N.

12 *BVerfG* StV 2003, 593: vgl. dazu insgesamt *Meyer-Goßner/Schmitt*[60] § 261 Rn 11a; *KK-Ott*[7] § 261 Rn 29b. jew. m. zahlr. Rspr.-Nachw.; *Sander* StV 2000, 45; *Nack* StraFo 2001, 1 ff.

dann von besonderer Bedeutung. Die Urteilsgründe müssen erkennen lassen, dass der Tatrichter alle Umstände, die die Entscheidung beeinflussen können, erkannt und in seine Überlegungen einbezogen hat[13] Dazu ist es erforderlich, die Entstehungsgeschichte der Aussage aufzuklären und zu erörtern. Es kann erforderlich sein, die in den verschiedenen Stadien des Strafverfahrens getätigte Aussage eines Belastungszeugen in den Urteilsgründen zur Beurteilung der Aussageentwicklung und -konstanz wiederzugeben, um dem Revisionsgericht eine Überprüfung der Entscheidung zu ermöglichen.[14]

Qualitätsmängel der Aussage, unerklärliche Erinnerungslücken[15] sowie „Rache" als ein mögliches Motiv für eine wahrheitswidrige Belastung[16] sind bei der Beweiswürdigung zu behandeln. Das Schweigen des Urteils dazu kann die Beweiswürdigung rechtsfehlerhaft machen.[17]

2629 Eine (**teilweise**) **Falschbelastung** durch einen Zeugen beeinträchtigt dessen Glaubwürdigkeit in erheblichen Maße. Wird bei Aussage gegen Aussage diejenige des einzigen Belastungszeugen hinsichtlich einzelner Taten oder Tatmodalitäten widerlegt, kann seinen übrigen Angaben nur gefolgt werden, wenn außerhalb der Aussage Gründe von Gewicht für ihre Glaubhaftigkeit vorliegen.[18] Dies ist in den Urteilsgründen darzulegen. Das Gleiche gilt, wenn der Belastungszeuge in der Hauptverhandlung seine Vorwürfe ganz oder teilweise nicht mehr aufrechterhält. In diesen Fällen kann eine Verurteilung nur auf die Aussage des Zeugen gestützt werden, wenn die Aussage durch weitere außerhalb der Aussage liegende Beweisanzeichen gestützt wird.[19] Auch ein naheliegendes **Falschbelastungsmotiv** ist im Urteil zu erörtern. Fehlt es daran, kann die Beweiswürdigung lückenhaft und damit rechtsfehlerhaft sein.[20] Dies gilt insbesondere dann, wenn es sich bei dem Zeugen um einen Tatbeteiligten handelt und es in dem gegen diesen geführten Verfahren zu einer **Verständigung** kam.[21]

---

13 Nur *BGH* StV 2014, 720, 721; *BGH* StV 1998, 580; *BGHR* StPO § 261 Indizien 1, 2; *BGH* StV 1996, 582; 1997, 513; *BGH* NStZ-RR 1998, 16; *BGHR* StPO § 261 Beweiswürdigung 1, 13; § 267 Abs. 1 S. 1 Beweisergebnis 8; *BGH* StV 1995, 6, 7; 1997, 513; StV 1998, 362; *Meyer-Goßner/Schmitt*[60] § 261 Rn 11a m. zahlr. Rspr.-Nachw.
14 *BGH* v. 19.7.2016 – 5 StR 231/16; *BGH* v. 14.3.2012 – 5 StR 63/12 = StV 2013, 7; *BGH* v. 10.08.2011 – 1 StR 114/11 = StV 2013, 8.
15 *BGH* v. 14.3.2012 – 5 StR 28/12 = StV 2013, 5 m. Anm. *Ventzke*; *BGH* StV 1997, 513; *BGH* NStZ 2006, 713.
16 Zur Rache als Falschbelastungsmotiv siehe *BGH* v. 14.3.2012 – 5 StR 28/12; *BGH* v. 24.1.2012 – 5 StR 433/11; *BGH* StV 2003, 486.
17 *BGH* v. 14.3.2012 – 5 StR 28/12 = StV 2013, 5 m. Anm. *Ventzke*.
18 *BGHSt* 44, 153 = StV 1998, 580.
19 *BGHSt* 44, 153 = StV 1998, 580; *BGH* NStZ 1996, 294; NJW 1996, 206; StV 1998, 250 und 469.
20 *BGH* v. 14.03.2012 – 5 StR 28/12 = StV 2013, 5 m. Anm. *Ventzke*.
21 *BGH* v. 9.2.2012 – 1 StR 438/11 = StraFo 2012, 137; *BGH* v. 6.3.2012 – 1 StR 17/12 = NStZ-RR 2012, 179.

Eine besondere Begründungspflicht besteht auch dann, wenn das Gericht nur einen **2630** **Teil der Aussage** eines Zeugen für glaubhaft hält, einen andere dagegen nicht.[22]

In Fällen von **Kronzeugen** i.S.d. § 31 BtMG und § 46b StGB ist stets zu prüfen, ob **2631** sich der Zeuge nicht durch eine (teilweise) Falschbelastung Vorteile in seinem eigenen Verfahren verschaffen und sich durch die Aussage selbst entlasten wollte.[23] Eine besonders vorsichtige Beweiswürdigung ist in diesen Fällen insbes. dann erforderlich, wenn die Aussage des Kronzeugen lediglich durch einen **Zeugen vom Hörensagen**[24] in die Hauptverhandlung eingeführt worden ist, denn dann besteht eine erhöhte Gefahr dafür, dass der unmittelbare Tatzeuge den Angeklagten zu Unrecht oder jedenfalls zu stark belastet haben könnte, ohne dass dies durch ergänzende Befragung in der Hauptverhandlung überprüft werden kann.[25] Besondere Anforderungen an die Würdigung bestehen auch dann, wenn der Zeuge vom Hörensagen über die Angaben einer anonymen Gewährsperson berichtet.[26]

b) Beweiswürdigung bei Wahrnehmung prozessualer Rechte

Das **Schweigen eines Zeugen** aufgrund **berechtigter Zeugnisverweigerung nach** **2632** **§ 52 StPO** darf grundsätzlich nicht verwertet werden. Dies gilt auch dann, wenn der Zeuge zunächst ausgesagt hat, in der Hauptverhandlung jedoch das Zeugnis verweigert und umgekehrt. Selbst im Falle, dass der Zeuge die Zeugnisverweigerung damit begründet, er wolle den Angeklagten nicht belasten, darf dies nicht verwertet werden[27] (vgl. dazu auch Rüge 81, Rn. 918).

Aus einer berechtigten **Auskunftsverweigerung** eines Zeugen **nach § 55 StPO** **2633** können für den Angeklagten günstige Schlüsse gezogen werden. Ergibt sich die Tatsache der Auskunftsverweigerung aus dem Urteil und ist eine Auseinandersetzung damit bei der Beweiswürdigung unterblieben, kann dies einen sachlich-rechtlichen Beweiswürdigungsfehler darstellen.[28] Fehlt es an der Mitteilung der Auskunftsverweigerung im Urteil, ist die Erhebung einer Verfahrensrüge erforderlich (vgl. dazu Rüge 90, Rn. 957).

c) Beweiswürdigung bei Wiedererkennen

Einem (wiederholten) **Wiedererkennen**[29] in der Hauptverhandlung nach vorange- **2634** gangener Wahllichtbildvorlage oder Gegenüberstellung kommt nur eingeschränkter

---

22 KK-*Ott*[7] § 261 Rn 29b m.w.N.
23 *BGHSt* 48, 161, 168; *BGH* StV 1995, 62; *BGH* NStZ-RR 2012, 52; *BGH* NStZ 2004, 691, 692; *Meyer-Goßner/Schmitt*[60] § 261 Rn. 11a, 11b.
24 Vgl. dazu insgesamt KK-*Ott*[7] § 261 Rn 29a.
25 *BGH* v. 8.6.2016 – 2 StR 539/15 (Rn. 23).
26 *BVerfG* v. 26.5.1981 – 2 BvR 215/81 = *BVerfGE* 57, 250, 292.
27 *Meyer-Goßner/Schmitt*[60] § 261 Rn. 20 m. zahlr. Rspr.-Nachw.
28 *BGH* StV 1984, 233; 1983, 445; *Meyer-Goßner/Schmitt*[60] § 261 Rn. 20.
29 Vgl. zu Fehlerquellen bei Lichtbildvorlagen *Odenthal* StV 2012, 683.

Beweiswert zu.[30] In diesen Fällen ist stets zu prüfen und im Urteil zu erörtern, ob sich der Zeuge beim „Wiedererkennen" des Angeklagten in der Hauptverhandlung an der Lichtbildvorlage orientiert haben könnte.[31] Hat ein Zeuge den Angeklagten im Ermittlungsverfahren bei einer Lichtbildvorlage oder Gegenüberstellung identifiziert, den Angeklagten aber in der Hauptverhandlung nicht wiedererkannt, so liegt darin ein gewichtiger Umstand, der gegen die Zuverlässigkeit der früheren Identifizierung durch den Zeugen sprechen könnte.[32]

Einer fehlerhaften Wahllichtbildvorlage kommt nur ein begrenzter Beweiswert zu.[33] Bei einer Wahllichtbildvorlage sollten einem Zeugen Lichtbilder von wenigstens acht Personen vorgelegt werden. Dabei ist es vorzugswürdig, ihm diese nicht gleichzeitig, sondern nacheinander (sequentiell) vorzulegen oder (bei Einsatz von Videotechnik) vorzuspielen. Wird die Wahllichtbildvorlage vor der Vorlage bzw. dem Vorspielen von acht Lichtbildern abgebrochen, weil der Zeuge erklärt hat, eine Person wiedererkannt zu haben, macht dies das Ergebnis der Wahllichtbildvorlage zwar nicht wertlos, kann aber ihren Beweiswert mindern.[34] Das Gleiche gilt, wenn dem Zeugen vor der Lichtbildvorlage mitgeteilt wird, unter den Bildern befände sich das vom Tatverdächtigen.[35]

3. Würdigung des Aussageverhaltens des Angeklagten

2635 Grundsätzlich dürfen aus dem **Schweigen des Angeklagten** keine nachteiligen Schlüsse gezogen werden. Dies gilt auch bei wechselndem Einlassungsverhalten, also Schweigen im Ermittlungsverfahren und Einlassung in der Hauptverhandlung und umgekehrt.[36] Auch der Zeitpunkt, zu dem der Angeklagte entlastende Äußerungen macht (z.B. Alibibehauptung erst in der Hauptverhandlung), darf nicht zu seinem Nachteil verwendet werden.[37] Erst recht darf nicht aus dem Zeitpunkt, zu dem ein Verteidiger einen Beweisantrag stellt, etwas zum Nachteil des bis dahin schweigenden Angeklagten hergeleitet werden.[38] Als eigene Erklärung des Angeklagten könnten der Beweisantrag und seine Begründung ohnehin nur dann behandelt werden, wenn der Angeklagte erklärt, er mache sich das Vorbringen als Erklärung zu eigen.

---

30   *BGH* StV 1997, 454; StV 1998, 249; insges. *Meyer-Goßner/Schmitt*[60] § 261 Rn. 11b.
31   *BGH* v. 30.3.2016 – 4 StR 102/16 = NStZ-RR 2016, 223 (Ls); *BGHSt* 16, 204, 205 f.; *BGH* StV 1998, 249 *BGHR* StPO § 261 Identifizierung 3, 10, Indizien 5; *BGH* NStZ 1996, 350; *BGH* StV 1996, 649.
32   Vgl. *BGH* StV 2010, 170; StV 1997, 454; StV 2005, 421.
33   *BGH* v. 9.11.2011 – 1 StR 524/11 = StV 2012, 325.
34   *BGH* v. 9.11.2011 – 1 StR 524/11 = StV 2012, 325; *BGH* StV 2000, 603; *BGH* NStZ 1997, 377; *Odenthal* NStZ 2001, 580 ff. m.w.N.
35   *BGH* v. 14.4.2011 – 4 StR 501/11 = StV 2012, 326.
36   Vgl. dazu insgesamt *Meyer-Goßner/Schmitt*[60] § 261 Rn. 11a; KK-*Ott*[7] § 261 Rn 38 ff. jew. m. zahlr. Rspr.-Nachw.
37   KK-*Ott*[7] § 261 Rn 39 f. jew. m. Rspr.-Nachw.
38   *BGH* v. 17.9.2015 – 3 StR 11/15 = StV 2016, 132, 133.

Auch eine für **widerlegt erachtete Behauptung** des Angeklagten darf nicht ohne **2636** weiteres als Täterschaftsindiz herangezogen werden.[39] Ebenso ist das **Scheitern eines Alibibeweises** für sich allein kein Indiz für eine Täterschaft. Der Fehlschlag des Beweises kann für sich allein, das heißt ohne Rücksicht auf seine Gründe und Begleitumstände, noch kein Beweisanzeichen dafür sein, dass der Angeklagte der Täter ist.[40] Dies gilt auch, wenn das Gericht aus einer „Vorwegverteidigung" auf das Vorliegen von Täterwissen schließen möchte.[41]

4. In dubio pro reo

Der Grundsatz „im Zweifel für den Angeklagten" verleitet oftmals zu der Rüge, bei **2637** der gegebenen Beweislage hätte der Tatrichter nach diesem Grundsatz freisprechen müssen. Damit kann der Revisionsführer grundsätzlich nicht gehört werden.

Der Zweifelsgrundsatz ist keine Beweis-, sondern eine Entscheidungsregel, die das Gericht erst dann zu befolgen hat, wenn es nach abgeschlossener Beweiswürdigung nicht die volle Überzeugung vom Vorliegen einer für den Schuld- und Rechtsfolgenausspruch unmittelbar entscheidungserheblichen Tatsache zu gewinnen vermag. Der Zweifelssatz ist nicht auf einzelne Indizien anzuwenden; er kann erst bei der abschließenden Gesamtwürdigung zum Tragen kommen.[42] Der Grundsatz „in dubio pro reo" ist nicht schon dann verletzt, wenn der Richter hätte zweifeln *müssen*, sondern nur, wenn er verurteilt, *obwohl* er zweifelt.[43]

Die Rüge der Verletzung des Zweifelsgrundsatzes kann daher nur dann Erfolg haben, wenn sich die Zweifel des Gerichts aus dem Urteil selbst ergeben.

III. Strafzumessung

Auch die Strafzumessungserwägungen im Urteil verleiten den Verteidiger immer **2638** wieder dazu, diese als unvollständig oder einseitig zu beanstanden.

Auch hier ist zu beachten, dass die Strafzumessung allein Sache des Tatrichters ist und das Revisionsgericht nur bei *Rechtsfehlern* eingreifen kann. [44] Eine erschöpfende Darstellung aller Strafzumessungserwägungen ist weder nötig noch möglich. Im

---

39   St. Rspr. *BGHSt* 41, 153; *BGH* StV 1985, 356; 1986, 286; 1986, 369; *BGHR* StPO § 261 Aussageverhalten 5 und Beweiskraft 3; StV 2001, 439.
40   *BGHSt* 41, 153, *BGH* StV 1982, 158; 1982, 158 f. mit Anm. *Strate*; vgl. *BGHSt* 25, 285, 287; *BGH* StV 1983, 267; *BGHR* StPO § 261 Überzeugungsbildung 11; *BGH* StV 1995, 366; StV 2001, 439.
41   *BGH* v. 30.9.2015 – 1 StR 445/15 = StraFo 2016, 26, 27.
42   *BGHSt* 49, 112, 122 f.; *BGH* StV 2008, 239; *BGHR* StPO § 261 Beweiswürdigung 20; *BGH* NStZ 2001, 609; NStZ-RR 2004, 238, 239; *Meyer-Goßner/Schmitt*[60] § 261 Rn. 26; *KK-Ott*[7] § 261 Rn. 52, 56.
43   *BVerfG* NJW 1988, 477.
44   Vgl. zur Strafzumessung in der Revision insgesamt *Sander* StraFo 2010, 365 ff.

Urteil sind lediglich die „bestimmenden" Strafzumessungsgründe mitzuteilen, § 267 Abs. 3 StPO.

1. Strafrahmenwahl

2639 Dem Urteil muss der sich aus dem Gesetz ergebende zutreffende Strafrahmen zugrunde gelegt sein.

Sieht das Gesetz einen minder schweren Fall vor, so muss aus dem Urteil hervorgehen, dass das Gericht geprüft hat, ob ein solcher vorliegt, wenn die mitgeteilten Strafmilderungsgründe dazu Anlass geben. Für das Vorliegen eines minder schweren Falles ist entscheidend, ob das gesamte Tatbild einschließlich aller subjektiven Momente und der Täterpersönlichkeit vom Durchschnitt der erfahrungsgemäß vorkommenden Fälle in einem Maße abweicht, dass die Anwendung des Ausnahmestrafrahmens geboten erscheint. Dabei ist eine Gesamtbetrachtung aller Umstände erforderlich, gleichgültig, ob sie der Tat innewohnen, sie begleiten oder ihr nachfolgen.

2640 Sieht das Gesetz einen minder schweren Fall vor und liegen sog. vertypte Milderungsgründe vor (z.B. §§ 21, 22, 27, 46a, 46b StGB, § 31 BtMG) vor, so hat das Gericht zunächst zu prüfen, ob die normalen Strafmilderungsgründe die Annahme eines minder schweren Falles rechtfertigen. Ist dies der Fall, ist bei fakultativen gesetzlichen Strafmilderungsgründen zu prüfen, ob der Strafrahmen des minder schweren Falles nochmals nach den Grundsätzen des vertypten Milderungsgrundes zu mildern ist (doppelte Strafrahmenmilderung).

Reichen die normalen Milderungsgründe für die Annahme eines minder schweren Falles nicht aus, ist unter Einbeziehung des vertypten Milderungsgrundes ein minder schwerer Fall zu prüfen. Allein das Vorliegen eines vertypten Milderungsgrundes kann die Annahme eines minder schweren Falles rechtfertigen.

Erst wenn alle Strafmilderungsgründe unter Einschluss des vertypten Milderungsgrundes keinen minder schweren Fall ergeben, ist eine Strafrahmenmilderung anhand des vertypten Milderungsgrundes zu prüfen.[45]

2641 Ähnlich ist vorzugehen, wenn eine Verurteilung wegen eines im Gesetz vorgesehenen besonders schweren Falles erfolgt. Liegen besondere Milderungsgründe vor, ist zunächst zu prüfen, ob nicht trotz Vorliegens eines Regelbeispiels die Anwendung des Normalstrafrahmens ist Betracht kommt. Ist dies der Fall, kann der Normalstrafrahmen im Falle des Vorliegens eines vertypten Milderungsgrundes erneut gemildert werden. Reichen die normalen Milderungsgründe für die Anwendung des Normalstrafrahmens nicht aus, liegt aber ein vertypter Milderungsgrund vor, ist zu prüfen, ob dies nicht die Anwendung des Normalstrafrahmens rechtfertigt.[46]

---

45 *BGH* NStZ 1983, 407, 408; 1984, 357; 1987, 72; vgl. auch *Fischer*[64] § 50 Rn. 4 m.w.N.
46 *BGH* v. 14.6.2016 – 1 StR 239/16 (Rn. 15); *Fischer*[64] § 46 Rn. 92.

Eine Nichtbeachtung dieser Grundsätze bei der Strafrahmenwahl stellt einen Rechtsfehler dar.

Welche Strafmilderungsgründe bei welchen Tatbeständen die Annahme eines minder schweren Falles nahe legen, ist Frage des Einzelfalles und kann nicht generell beantwortet werden.

2. Strafzumessung im engeren Sinn

Da die Strafzumessung allein Aufgabe des Tatrichters ist und das Revisionsgericht **2642** dessen Wertung im Zweifel zu respektieren hat,[47] kann das Revisionsgericht nur dann eingreifen, wenn die tatrichterliche Strafzumessung Rechtsfehler enthält. Dabei ist auch zu beachten, dass nach § 267 Abs. 3 S. 1 StPO im Urteil nur die „bestimmenden" Strafzumessungsgründe aufzuführen sind.[48] An die Wiedergabe der Strafzumessung sind jedoch umso höhere Anforderungen zu stellen, je mehr sich die Strafe dem zulässigen Höchstmaß nähert.[49] Eine ungewöhnlich hohe Strafe bedarf einer besonderen Rechtfertigung.[50]

Die folgenden Fälle von Rechtsfehlern bei der Strafzumessung sind nur beispiel- **2643** haft, da in Anbetracht der Fülle der im Einzelfall in Frage kommenden Strafzumessungserwägungen eine erschöpfende Darstellung ausgeschlossen ist.

Grundsätzlich sind die **persönlichen und wirtschaftlichen Verhältnisse des An- 2644 geklagten** und die sich daraus ergebenden Wirkungen für das künftige Leben in die Strafzumessung einzubeziehen. Fehlt es daran, kann die Strafzumessung rechtsfehlerhaft sein.[51] Hier kann es allerdings erforderlich sein, eine Verfahrensrüge zu erheben (vgl. dazu oben Rüge 233, Rn. 1982). Auch eine **Lebensführungsschuld** („der Angeklagte habe nichts unternommen, um seinen Lebenswandel zu ändern" oder „zeige eine ignorante Haltung gegenüber der Rechtsordnung") darf nicht strafschärfend verwertet werden.[52]

Die **berufliche Stellung** des Täters darf nur dann zu seinen Lasten berücksichtigt **2645** werden, wenn zwischen dem Beruf und der Straftat eine innere Beziehung besteht.[53]

Die **Ausländereigenschaft** oder die Tatsache, dass der Angeklagte **Asylbewerber 2646** ist, darf nicht strafschärfend herangezogen werden („Missbrauch des Gastrechts").[54]

Ein nahezu klassischer Strafzumessungsfehler liegt bei einem **Verstoß gegen das 2647 Doppelverwertungsverbot** des § 46 Abs. 3 StGB vor. Danach dürfen Merkmale

---

47   *BGH* StV 1983, 502; *Meyer-Goßner/Schmitt*[60] § 337 Rn. 34.
48   *Meyer-Goßner/Schmitt*[60] § 267 Rn. 18.
49   *BGH* StV 1984, 152; *Meyer-Goßner/Schmitt*[60] § 267 Rn. 18.
50   *BGH* v. 2.12.2015 – 2 StR 317/15 = StV 2016, 559.
51   *BGH* v. 30.5.2012 – 5 StR 98/12; StV 1981, 169; 1983, 456; *Fischer*[64] § 46, Rn. 42 f.
52   *BGH* StV 2006, 630; *Fischer*[64] § 46 Rn. 42a.
53   *BGH* NStZ 2000, 366; *Fischer*[64] § 46 Rn. 44; LK-*Theune*[12] § 46 Rn. 121 und 185.
54   *BGH* StV 1993, 358; *BGH* v. 13.11.1991 – 3 StR 384/91; *Fischer*[64] § 46 Rn. 43.

des Tatbestands, die die Strafbarkeit begründen und der Bestimmung des gesetzlichen Strafrahmens zugrundegelegt sind, sowie die Motive, die den Gesetzgeber zur Einführung des entsprechenden Tatbestands veranlasst haben, bei der Strafzumessung nicht verwertet werden.[55] Dazu gehört z.b. die strafschärfende Erwägung, der Angeklagte habe die Tat begangen, obwohl er die Durchführung ohne weiteres hätte aufgeben können, der Täter habe mit direktem Vorsatz gehandelt, der Gehilfe sei aus eigenem Antrieb oder freiwillig tätig geworden, der Anstifter sei der „Initiator" der Tat gewesen[56] oder sei nur dem Einsatz Dritter zu verdanken, dass die Tat nicht vollendet wurde[57]. Gegen das Doppelverwertungsverbot verstößt es auch, zu Lasten des Angeklagten in die Strafzumessung einzustellen, dass der Geschädigte dem Angeklagten keine nachvollziehbare Veranlassung zur Tat geboten habe, oder die Berücksichtigung einer kriminellen Energie und Gewaltbereitschaft, welche über typischerweise mit der Begehung einer Körperverletzung verbundenes Tatunrecht nicht hinausgehen.[58] Die strafschärfende Berücksichtigung der Tötungs*absicht* bei einer Verurteilung wegen Totschlags kann dagegen u.U. zulässig sein.[59]

2648 Bei Straftaten, die ausschließlich gegen die sexuelle Selbstbestimmung gerichtet sind, kann allein der Umstand, dass der Täter den Willen des Opfers durch Gewalt oder Drohung mit Gewalt gebrochen und er es dadurch zum Sexualobjekt degradiert hat, nicht strafschärfend berücksichtigt werden.[60]

2649 Bei einer Verurteilung wegen unerlaubten Handeltreibens mit Betäubungsmitteln darf das Gewinnstreben des Angeklagten sowie die Erwägung, er habe sich am Unglück anderer bereichern wollen, nicht strafschärfend berücksichtigt werden, weil die Eigennützigkeit Merkmal des Tatbestandes des unerlaubten Handeltreibens mit Betäubungsmitteln ist.[61]

Im Hinblick auf die Fülle der Straftatbestände des StGB und der Nebengesetze ist es nicht möglich, die insoweit in Frage kommenden wegen Verstoßes gegen § 46 Abs. 3 StGB rechtsfehlerhaften Erwägungen aufzuführen. Es muss auf die einschlägigen Kommentierungen verwiesen werden.[62]

2650 Das (zulässige) *Verteidigungsverhalten* **des Angeklagten** darf grundsätzlich nicht strafschärfend verwertet werden. Dazu zählen z.B. die Erwägungen, dass der Angeklagte kein Geständnis abgelegt hat,[63] er trotz erdrückender Beweislage die Tat

---

55 *Fischer*[64] § 46 Rn. 76; LK-*Theune*[12] § 46 Rn. 263.
56 Vgl. *Fischer*[64] § 46 Rn. 76 ff.
57 *BGH* StV 1997, 129.
58 *BGH* v. 15.9.2015 – 2 StR 21/15 = StV 2016, 561.
59 Vgl. *BGH* v. 1.6.2016 – 2 StR 150/15 = StV 2017, 523.
60 *BGH* StV 2000, 653; *BGHR* StGB § 46 Abs. 3 Sexualdelikte 4; *BGHR* StGB § 46 Abs. 3 Vergewaltigung 1.
61 *BGH* StV 1985, 102; *Fischer*[64] § 46 Rn. 78; LK-*Theune*[12] § 46 Rn. 275 am Ende.
62 Vgl. insoweit nur die Übersichten bei *Fischer*[64] § 46 Rn. 77 ff. und LK-*Theune*[12] § 46 Rn. 275 ff.
63 *Fischer*[64] § 46 Rn. 50b m.w. Rspr.-Nachw.

leugnet („sich nicht zu einem Geständnis durchgerungen hat"),[64] keine Einsicht und Reue gezeigt hat, keine Schadenswiedergutmachung geleistet oder die Tatbeute nicht herausgegeben hat,[65] seinen eigenen Tatbetrag (zulasten eines Mitangeklagten) heruntergespielt, über das Leugnen der Tat hinaus alle Schuld auf Dritte abgeschoben[66] oder dem Tatopfer die Zeugenaussage nicht erspart hat,[67] Unzulässig ist auch die strafschärfende Verwertung der Tatsache, dass **der Angeklagte versucht hat, sich der Strafverfolgung zu entziehen, geflohen ist oder Tatspuren beseitigt hat.**[68]

Eine strafverschärfende Berücksichtigung **verjährter Taten** darf nicht mit demselben Gewicht erfolgen wie eine den Schuldspruch tragende Tat.[69] In jedem Fall vorausgesetzt ist, dass diese prozessordnungsgemäß und so bestimmt festgestellt sind, dass ihr wesentlicher Unwertgehalt abgeschätzt und eine unzulässige strafschärfende Berücksichtigung eines bloßen Verdachts ausgeschlossen werden kann.[70]   **2651**

Ein Rechtsfehler bei der Strafzumessung kann auch dann vorliegen, wenn **„bestimmende" Strafmilderungsgründe** i.S.d. § 267 Abs. 3 S. 1 StPO **nicht berücksichtigt** bzw. im Urteil nicht erörtert wurden. Wann allerdings eine Strafzumessungstatsache „bestimmend" ist, ist Frage des Einzelfalles. Die Rechtsprechung dazu ist uneinheitlich.[71] Die folgende Aufzählung ist nur bruchstückhaft.   **2652**

Als bestimmende Strafmilderungsgründe können u.a. folgende Umstände in Betracht kommen: **2653**

- ein (Teil-) **Geständnis**. Dabei ist zu beachten, dass der strafmildernde Wert eines Geständnisses dann an Bedeutung verlieren kann, wenn es im Hinblick auf eine erdrückende Beweislage oder aus taktischen Gründen abgelegt wurde,[72]
- die **Vorstrafenfreiheit**. In aller Regel gestattet die bisherige Rechtstreue wichtige Schlüsse auf die Persönlichkeit des Angeklagten. Dies darf nicht übergangen werden.[73]
- **Verlust der beruflichen oder wirtschaftlichen Basis.** Dazu gehören insbesondere der Verlust der Beamtenrechte bzw. das Erlöschen von Ruhestandsbezügen, der Widerruf der Zulassung zur Rechtsanwaltschaft oder der Approbation,[74]

---

64 *Fischer*[64] § 46 Rn. 52 m.w. Rspr.-Nachw.
65 *BGH* StV 2003, 444; *Fischer*[64] § 46 Rn. 50b m.w. Rspr.-Nachw.
66 *Fischer*[64] § 46 Rn. 53 m.w. Rspr.-Nachw.
67 *Fischer*[64] § 46 Rn. 52 m.w. Rspr.-Nachw.
68 *BGH* v. 19.01.2012 – 3 StR 413/11; *Fischer*[64] § 46 Rn. 49; LK-*Theune*[12] § 46 Rn. 203 f. jew. m.w. Rspr.-Nachw.
69 *BGH* v. 24.11.2000 – 3 StR 481/00.
70 *BGH* v. 15.10.2015 – 3 StR 350/15 = StV 2016, 558.
71 Siehe dazu *Meyer-Goßner/Schmitt*[60] § 267 Rn. 18; KK-*Kuckein*[7] § 267 Rn. 24; LR-*Gollwitzer*[25] § 267 Rn. 83 ff.
72 Vgl. dazu *Fischer*[64] § 46 Rn. 50 m. w. Nachw.; LK-*Theune*[12] § 46 Rn. 206.
73 LK-*Theune*[12] § 46 Rn. 182; *Fischer*[64] § 46 Rn. 37a m.w.N.
74 *Fischer*[64] § 46 Rn. 9 m. Rspr.-Nachw.

- **Mitverschulden des Opfers** oder Dritter,[75]
- **Tatprovokation.** Eine Tatprovokation liegt vor, wenn auf den Täter mit einiger Erheblichkeit eingewirkt wurde, um seine Tatbereitschaft zu wecken oder ihn zu einer wesentliche schwereren Tat zu veranlassen („Quantensprung", z.b. Wechsel vom Handeltreiben mit weichen zu harten Drogen, erhebliche Mengensteigerung). Die Fallgestaltungen sind mannigfaltig. Sie reichen von der Einwirkung auf einen bereits tatgeneigten Täter bis hin zur Anstiftung eines völlig Unverdächtigen.[76] Eine Tatprovokation war nach der bislang geltenden Rspr. allein bei der Strafzumessung zu berücksichtigen, wobei es im Einzelfall auf die Art und Intensität der Einwirkung sowie die Tatgeneigtheit des Provozierten ankam. Nach neuerer Rspr. des 2. Strafsenats des BGH kann eine Tatprovokation in denjenigen Fällen, in denen der Täter keine Veranlassung zu der Provokation gegeben hat, die staatliche Provokation also von vornherein einen Unverdächtigen aktiv und gezielt in strafbares Tun verstrickt (rechtsstaatswidrige Tatprovokation), indessen ein Verfahrenshindernis darstellen.[77] Liegt eine unzulässige Anstiftung eines Unverdächtigen und nicht Tatbereiten vor, stellt dies einen Verstoß gegen den Grundsatz des fairen Verfahrens nach Art. 6 Abs. 1 S. 1 EMRK dar; die Strafzumessungslösung ist in solchen Fällen keine angemessene Kompensation mehr.[78] Nach der Rspr. des 1. Strafsenats des BGH soll dies allerdings nur bei Vorliegen eines „extremen Ausnahmefalls" in Betracht kommen.[79]

Die zugrunde liegenden Umstände sind in der Regel im Urteil darzustellen und zu erörtern.[80] Sofern sich nicht alle Einzelheiten der Tatprovokation aus dem Urteil ergeben, kann die Erhebung einer Verfahrensrüge erforderlich sein (vgl. dazu Rüge 234, Rn. 1986);

- **lange Verfahrensdauer** und **lange Zeit zwischen Tat und Urteil.** Nach der Rechtsprechung des *BGH* sind u. a. folgende *selbstständige* Strafmilderungsgründe zu unterscheiden: a) ein langer Zeitraum zwischen Tat und Urteil, b) eine lange Verfahrensdauer (Zeitraum zwischen Einleitung des Ermittlungsverfahrens und Kenntnis des Angeklagten davon bis zum Urteil)[81] und c) eine rechtsstaatswidrige Verfahrensverzögerung.[82] Der Zeitraum zwischen Tat und Urteil ergibt sich aus dem Urteil selbst, so dass es keiner Verfahrensrüge bedarf.

---

75 *Fischer*[64] § 46 Rn. 60; LK-*Theune*[12] § 46 Rn. 227.
76 Vgl. dazu insgesamt *Fischer*[64] § 46 Rn. 66 ff.; LK-*Theune*[12] § 46 Rn. 253 ff. jew. m. zahlr. Rspr.-Nachw.
77 *BGH* v. 10.6.2015 – 2 StR 97/14 = StV 2016, 70, 72 ff.
78 *EGMR* v. 23.10.2014 – 54648/09 = StV 2015, 405 ff.
79 *BGH* v. 19.5.2015 – 1 StR 128/15 = StV 2016, 78 ff.
80 Vgl. dazu etwa *BGHSt* 45, 321 = StV 2000, 57 m. Anm. *Kreuzer/Sinner* StV 2000, 114; *Fischer*[64] § 46 Rn. 67.
81 *BGH* StV 2011, 406; StV 2002, 598; StV 1992, 452; StV 1994, 652; StV 1998, 377.
82 Zuletzt *BGHSt* 52, 124 = StV 2008,133 (GrS); *Fischer*[64] § 46 Rn. 61 ff. m. zahlr. Rspr.-Nachw.

Ergeben sich die Daten zur Berechnung der Verfahrensdauer oder alle Einzelheiten einer rechtsstaatswidrigen Verfahrensverzögerung nicht aus den Urteilgründen, ist die Erhebung einer Verfahrensrüge erforderlich (vgl. dazu Rüge 235 Rn. 1993). Während die rechtsstaatswidrige Verfahrensverzögerung im Wege der Vollstreckungslösung zu kompensieren ist, sind der lange Zeitraum zwischen Tat und Urteil und die Verfahrensdauer bei der Strafzumessung zu berücksichtigende Milderungsgründe. Dies hat seinen Grund u.a. darin, dass allein schon durch einen besonders langen Zeitraum, der zwischen der Tat und dem Urteil liegt, das Strafbedürfnis allgemein abnimmt.[83] Ob es hierbei in der Art der begangenen Tat liegende Unterschiede geben kann, ist umstritten.[84] Um das Gewicht der langen Verfahrensdauer als Strafmilderungsgrund zu unterstreichen, sollten die besonderen Belastungen des Angeklagten durch das Strafverfahren dargelegt werden, soweit sich diese den Urteilsgründen entnehmen lassen. Je größer die Belastung durch das lange Verfahren und die daraus resultierenden Nachteile waren, desto mehr gewinnt dieser Strafmilderungsgrund an Bedeutung. Das Bedürfnis nach einer Kompensation und/oder einer Strafmilderung kann sich in diesen Zusammenhängen auch noch im Revisionsverfahren ergeben.[85]

Bei Rechtsfehlern bei der Strafzumessung hat § 354 Abs. 1a StPO besondere Bedeutung, der unter bestimmten Voraussetzungen ein „Durchentscheiden" des Revisionsgerichts ermöglicht.[86] **2654**

Das BVerfG[87] hat diese Vorschrift (einschränkend) verfassungskonform ausgelegt.[88]

Danach muss das Revisionsgericht, will es nach § 354 Abs. 1a S. 1 StPO verfahren, der Entscheidung einen zutreffend ermittelten, vollständigen und aktuellen Strafzumessungssachverhalt zugrunde legen. Eine Strafzumessungsentscheidung ist ausgeschlossen, wenn der Schuldspruch fehlerhaft ist und das Revisionsgericht gegebenenfalls eine Schuldspruchberichtigung vornimmt.

Ferner hat das Revisionsgericht den Angeklagten auf die Möglichkeit einer Entscheidung nach § 354 Abs. 1a S. 1 StPO hinzuweisen und ihm die dafür sprechenden Gründe mitzuteilen, damit dem Angeklagten die Möglichkeit gegeben wird, dazu Stellung zu nehmen. Einer Entscheidung nach § 354 Abs. 1a S. 1 StPO muss daher ein schriftliches Anhörungsverfahren vorangehen. Da im tatrichterlichen Urteil nicht alle Strafzumessungserwägungen mitgeteilt sein müssen, bietet das Anhö-

---

83 *BGHSt* 52, 124 = StV 2008, 133.
84 Vgl. *BGH* v. 29.10.2015 – 3 StR 342/15 = StV 2016, 559, 560.
85 Vgl. *BGH* v. 12.2.2015 – 4 StR 391/14 = wistra 2015, 241, 242.
86 Vgl. dazu insgesamt krit. *Meyer-Goßner/Schmitt*[60] § 354 Rn. 28a; krit. *Fischer*[64] § 46 Rn. 153 ff.; *Hamm* StV 2008, 205.
87 *BVerfG* StV 2007, 393.
88 *BGH* StV 2011, 136 m. abl. Anm. *Gaede*.

rungsverfahren die Möglichkeit, dem Revisionsgericht weitere, sich aus den Feststellungen ergebende und von diesen getragene Strafzumessungstatsachen ergänzend vorzutragen, damit das Revisionsgericht bei seiner Entscheidung von einem *vollständigen* Strafzumessungssachverhalt ausgehen kann.[89]

2655 Von besonderer Bedeutung ist die Forderung des *BVerfG* nach dem „aktuellen" Strafzumessungssachverhalt als Grundlage der Revisionsentscheidung.

Nach der hier vertretenen Auffassung bedeutet dies, dass das Revisionsgericht den Strafzumessungssachverhalt zugrunde legen muss, der im Zeitpunkt *seiner* Entscheidung vorliegt. Das heißt, dass gegebenenfalls auch solche Strafzumessungstatsachen berücksichtigt werden müssen, die erst nach der tatrichterlichen Entscheidung entstanden sind.[90] Dies ist nicht systemfremd. Denn auch eine nach Erlass des erstinstanzlichen Urteils und nach Ablauf der Revisionsbegründungsfrist eingetretene rechtsstaatswidrige Verfahrensverzögerung ist vom Revisionsgericht von Amts wegen festzustellen und muss ggf. zu einer vom Revisionsgericht auszusprechenden Kompensation führen.[91]

2656 Denn würde das Revisionsgericht das Urteil wegen eines Strafzumessungsfehlers aufheben, müsste der neue Tatrichter zwischenzeitlich eingetretene Strafmilderungsgründe bei der neuen Strafzumessung berücksichtigen. Nichts anderes kann für den Fall gelten, in dem das Revisionsgericht einen Strafzumessungsfehler feststellt, von der Urteilsaufhebung jedoch nach § 354 Abs. 1a S. 1 StPO absehen will. Nur dann, wenn der aktuelle Strafzumessungsstand der Entscheidung zugrunde gelegt wird, kann ein Absehen von der Urteilsaufhebung überhaupt gerechtfertigt sein. Denn anderenfalls läge eine sachlich nicht gerechtfertigte Ungleichbehandlung bei festgestellten Rechtsfehlern und damit eine Beeinträchtigung der Rechtsposition des Angeklagten vor.

In diesen Fällen besteht die Schwierigkeit darin, dass das Revisionsgericht – selbstverständlich – keine eigene Beweisaufnahme zur Strafzumessung etwa durch Vernehmung von Zeugen durchführen kann.

2657 Dies bedeutet, dass der Verteidiger neu hervorgetretene Strafmilderungsgründe im schriftlichen Anhörungsverfahren durch Urkunden belegen muss. Als Beispiele für nach dem ersten Urteil eingetretene Strafmilderungsgründe kommen in Betracht:

die Schadenswiedergutmachung, ein durchgeführter Täter-Opfer-Ausgleich, der zur Anwendung des § 46a StGB führen kann, das Eintreten des Aufklärungserfolges im Sinne von § 31 BtMG oder – bei langer Dauer des Revisionsverfahrens – die Stabi-

---

89   *BGH* v. 21.4.2010 – 4 StR 245/09; vgl. auch *BGH* v. 4.8.2015 – 3 StR 224/15 = StV 2016, 542 (Ls).
90   Vgl. dazu auch *Hamm* StV 2008, 205.
91   *BGH* v. 12.2.2015 – 4 StR 391/14 = wistra 2015, 241, 242; *BGH* StV 1995, 183; *Fischer*[64] § 46 Rn. 127.

lisierung der Lebensverhältnisse des Angeklagten durch Eheschließung, festes Arbeitsverhältnis oder erfolgreichem Abschluss einer Therapie.

Diese (wesentlichen) Strafmilderungsgründe können problemlos durch entsprechende schriftliche Unterlagen nachgewiesen werden, so dass das Revisionsgericht diese ohne eigene Beweisaufnahme zur Kenntnis nehmen kann und der Entscheidung zugrunde legen muss.

Literaturverzeichnis

Ahlbrecht, Heiko/Böhm, Klaus Michael/Esser, Robert/Hugger, Heiner/Kirsch, Stefan/Rosenthal, Michael Internationales Strafrecht in der Praxis, 2008

AK Kommentar zur Strafprozessordnung in der Reihe Alternativkommentare (Hrsg. *Wassermann*), Band 1 (1988); Band 2, Teilband 1 (1992), Teilband 2 (1993); Band 3 (1996) (zitiert: AK-*Bearbeiter*)

Albrecht, Diedlinde Das Verhältnis der audiovisuellen Vernehmung gem. § 247a StPO zu anderen Formen der Beweiserhebung, insbesondere zur Verlesung von Vernehmungsniederschriften gem. § 251 Abs. 1 Nr. 2 StPO, StV 2001, 364

Alsberg, Max/Güntge, Georg-Friedrich Der Beweisantrag im Strafprozess, 6. A. 2013

Bachmeier, Werner Dash-Cam & Co. – Beweismittel der ZPO?, DAR 2014, 15

Balzer, Thomas/Nugel, Michael Minikameras im Straßenverkehr – Datenschutzrechtliche Grenzen und zivilprozessuale Verwertbarkeit der Videoaufnahme, NJW 2014, 1622

Bartel, Louisa Das Verbot der Rekonstruktion der Hauptverhandlung, 2014

Barton, Stephan Die Revisionsrechtsprechung des BGH in Strafsachen, 1999

ders. Schonung der Ressourcen der Justiz oder effektiver Rechtsschutz?, StRR 2014, 404

Basdorf, Clemens Änderungen des Beweisantragsrechts und Revision, StV 1995, 310

Bernsmann, Klaus Verwertungsverbot bei fehlender und mangelhafter Belehrung, StraFO 1998, 73

Bertheau, Camilla § 160a StPO neuer Fassung – doch offene Fragen bleiben, StV 2012, 303

Beulke, Werner Empirische und normative Probleme der Verwendung neuer Medien in der Hauptverhandlung, ZStW 113 (2001), 709

ders. Muß die Polizei dem Beschuldigten vor der Vernehmung „Erste Hilfe" bei der Verteidigerkonsultation leisten?, NStZ 1996, 257

ders. Strafprozessrecht, 6. A. 2013

Beulke, Werner/Ruhmannseder, Felix Strafprozessuale Zwangsmaßnahmen in der Verteidigungssphäre, (Teil 1) StV 2011, 180; (Teil 2) StV 2011, 252

Beulke, Werner/Stoffer, Hannah Die strafschärfende Berücksichtigung von nach §§ 154, 154a StPO ausgeschiedenem Prozessstoff, StV 2011, 442

Bick, Udo Die Anfechtung von Verwerfungsurteilen nach § 329 I StPO und § 74 II OWiG, StV 1987, 273

Bohlander, Michael Zur Verlesbarkeit polizeilicher Protokolle von Beschuldigtenvernehmungen bei Zustimmung des Angeklagten, NStZ 1998, 396

Böhm, Alexander Aus der neueren Rechtsprechung zum Jugendstrafrecht, NStZ 1983, 448

Börner, René Die Verhinderung des Ergänzungsrichters im Strafprozess, JR 2017, 16

Böse, Martin Wirtschaftsaufsicht und Strafverfolgung, 2005

ders. Die Verwertung im Ausland gewonnener Beweismittel im deutschen Strafverfahren, ZStW 114 (2002), 148

Braum, Stefan Expansive Tendenzen der Telekommunikationsüberwachung, JZ 2004, 128

Brunner, Rudolf/Dölling, Dieter Jugendgerichtsgesetz, Kommentar, 12. A. 2011 (zitiert *Brunner/Dölling* JGG[11])

Bruns, Hans-Jürgen Inwieweit unterliegt die Mitwirkung eines als befangen abgelehnten Staatsanwaltes der revisionsgerichtlichen Kontrolle – Fortentwicklung der Rechtsprechung?, JR 1980, 397

Brüssow, Rainer (Hrsg.), Strafverteidigung und Strafprozess, Festgabe für Ludwig Koch, 1989

Burhoff, Detlef Handbuch für das strafrechtliche Ermittlungsverfahren, 7. A. 2015

ders. Handbuch für die strafrechtliche Hauptverhandlung, 8. A. 2015

Burkhard, Jörg Erklärungsrecht des Verteidigers, § 257 Abs. 2 StPO, StV 2004, 390

Christl, Erik Europäische Mindeststandards für Beschuldigtenrechte – Zur Umsetzung der EU-Richtlinien über Sprachmittlung und Information im Strafverfahren, NStZ 2014, 376

Dahs, Hans „Wahrheitserforschung" contra Unmittelbarkeitsprinzip?, StV 1988, 169

Dahs, Hans Die Revision im Strafprozess, 9. A. 2017

Dahs, Hans/Dahs, Hans Die Revision im Strafprozess, 6. A. 2001

Dahs, Hans/Langkeit, Jochen Das Schweigerecht des Beschuldigten und seine Auskunftsverweigerung als „verdächtiger Zeuge", NStZ 1993, 213

Deckers, Rüdiger, Schöch, Heinz, Nedopil, Norbert, Dittmann, Müller, Nowara, Saimeh, Boetticher, Wolf Pflicht zur Einholung eines vorläufigen schriftlichen Gutachtens eines Psychiaters bei Anordnung einer Maßregel nach §§ 63, 66, 66a StGB?, NStZ 2011, 69

Degener, Wilhelm Zum Fragerecht des Strafverteidigers gem. § 240 Abs. 2 StPO, StV 2002, 618

Dencker, Friedrich Verwertungsverbote und Verwendungsverbote im Strafprozeß, in: Eser, Albin/Goydke, Jürgen/Maatz, Kurt Rüdiger/Meurer, Dieter (Hrsg.), Strafverfahrensrecht in Theorie und Praxis. Festschrift für Lutz Meyer-Goßner zum 65. Geburtstag, 2001, S. 237

Detter, Klaus Einige Gedanken zu audiovisueller Vernehmung, V-Mann in der Hauptverhandlung und der Entscheidung des Bundesgerichtshofs in der Sache El Motassadeq, StV 2006, 544

Diehm, Dirk Die Entscheidung über die (Nicht-)Vereidigung im Strafprozeß, StV 2007, 444

Diemer, Herbert Zur Bedeutung der Videoaufzeichnung im Revisionsverfahren, NStZ 2002, 16

Dölling, Dieter Verlesbarkeit schriftlicher Erklärungen und Auskunftsverweigerung nach § 55 StPO, NStZ 1988, 6

Dölp, Michael Auswirkungen der Tatprovokationen auf Schuld- und Rechtsfolgen-ausspruch, StraFo 2016, 265

Drees, Rainer Einfluß von Teileinstellungen nach § 154 StPO auf die Anwendbar-keit von formellem und materiellem Jugendstrafrecht, NStZ 1995, 481

Ebert, Udo (Hrsg.), Aktuelle Probleme der Strafrechtspflege, 1991

Endriß, Rainer Vom Fragerecht des Beschuldigten im Vorverfahren in: Hanack, Ernst-Walter/Hilger, Hans/Mehle, Volkmar/Widmaier, Gunter (Hrsg.), Fest-schrift für Peter Rieß zum 70. Geburtstag am 4. Juni 2002, 2002, S. 185

Endriß, Rainer/Kinzig, Jörg Tatprovokation ohne Tatverdacht: Grenzenlos mög-lich?, StraFo 1998, 299

Eisenberg, Ulrich Jugendgerichtsgesetz,19. A. 2017 (zitiert: *Eisenberg* JGG[19])

ders. Beweisrecht der StPO, Spezialkommentar, 9. A. 2015 (zitiert: *Eisenberg* Be-weisrecht der StPO[9])

Eschelbach, Ralf Rechtsmittelverzicht nach Urteilsabsprachen im Strafverfahren, ZAP Nr. 9/2014, 523 (= Fach 22, S. 727)

Esser, Robert (Nichts) Neues aus Straßburg – Effektive Verteidigung bei Nichter-scheinen des verteidigten Angeklagten in der Berufungshauptverhandlung, StV 2013, lll

Fezer, Gerhard Überwachung der Telekommunikation und Verwertung eines „Raum-gesprächs", NStZ 2003, 625

ders. Pragmatismus und Formalismus in der revisionsgerichtlichen Rechtsprechung, in: Ebert, Udo/Roxin, Claus/Rieß, Peter/Wahle, Eberhard (Hrsg.), Festschrift für Ernst-Walter Hanack zum 70. Geburtstag am 30. August 1999, 1999, S. 352

ders. Rechtsprechung des Bundesgerichtshofes zum Strafverfahrensrecht – Teil 2, JZ 1996, 665

ders. Grundfälle zum Verlesungs- und Verwertungsverbot im Strafprozeß, JuS 1978, 325

ders. Wider die „Beweiswürdigungs-Lösung" des BGH bei verfahrensfehlerhafter Beweiserhebung, in: Festschrift für Karl Heinz Gössel zum 70. Geburtstag, 2002, S. 627

El-Ghazi, Mohamad/Merold, Andreas Die Vernehmung des Richters als Verhörs-person vor dem Hintergrund des § 252 StPO, StV 2012, 250

dies. Der Widerspruch zur rechten Zeit, HRRS 2013, 412

Fischer, Thomas Strafgesetzbuch und Nebengesetze, 64. A. 2017 (zitiert: *Fischer*[64])

Fischer, Thomas/Eschelbach, Ralf/Krehl, Christoph Das Zehn-Augen-Prinzip, StV 2013, 395

Fischer, Thomas/Krehl, Christoph Strafrechtliche Revision, „Vieraugenprinzip" gesetzlicher Richter und rechtliches Gehör, StV 2012, 550

Fischer, Thomas/Maul, Heinrich Tatprovozierendes Verhalten als polizeiliche Ermittlungsmaßnahme NStZ 1992, 7

Forgó, Nikolaus/Heermann, Thorsten Vorratsdatenspeicherung 2015 – Das Gesetz zur Einführung einer Speicherpflicht und einer Höchstspeicherpflicht für Verkehrsdaten, K&R 2015, 753

Franzen, Klaus/Gast-De Haan, Brigitte/Joecks, Wolfgang Steuerstrafrecht mit Zoll- und Verbrauchsteuerstrafrecht, 8. A. 2015

Frisch, Wolfgang Zur Renaissance der Verfahrensrüge in der Judikatur zur Verständigung, in: Gedächtnisschrift für Edda Weßlau, 2016, S. 127

Geppert, Klaus Zur Belehrungspflicht über die Freiwilligkeit der Mitwirkung an einer Atemalkoholmessung und zu den Folgen ihrer Verletzung, NStZ 2014, 481

Gercke, Björn Ein „letztes Refugium" – Der Kernbereich privater Lebensgestaltung als absolute Grenze der Wahrheitsermittlung im Strafverfahren, GA 2015, 339

ders. Zum Beschlagnahmeschutz anwaltlicher Unterlagen bei unternehmensinternen Ermittlungen, in: Zöller, Mark (Hrsg.), Gesamte Strafrechtswissenschaft in internationaler Dimension, Festschrift für Jürgen Wolter zum 70. Geburtstag am 7. September 2013, S. 933

Gercke, Björn/Wollschläger, Sebastian Videoaufzeichnungen und digitale Daten als Grundlage des Urteils, StV 2013, 106

Gieg, Georg/Widmaier, Gunter Der bestellte Verwerfungsantrag – Aspekte einer Subkultur des oberlandesgerichtlichen Revisionsverfahrens, NStZ 2001, 57

Gleß, Sabine Das Verhältnis von Beweiserhebungs- und Beweisverwertungsverboten und das Prinzip „locus regit actum", in: Samson, Erich/Dencker, Friedrich/Frisch, Peter/Frister, Helmut/Reiß, Wolfram (Hrsg.), Festschrift für Gerald Grünwald zum siebzigsten Geburtstag, 1999, S. 197

dies. Zur „Beweiswürdigungs-Lösung" des BGH, NJW 2001, 3606

Gleß, Sabine/Peters, Anne Verwertungsverbot bei Verletzung der Pflicht zur Belehrung nach Art. 36 WÜK? StV 2011, 369

Graalmann-Scheerer, Kirsten Molekulargenetische Untersuchung und Revision, in: Festschrift für Peter Rieß zum 70. Geburtstag, 2002, S. 153

Graf, Peter Strafprozessordnung, 2. A. 2013 (zitiert: Graf/*Bearbeiter*[2])

Habetha, Jörg Anfechtung sitzungspolizeilicher Maßnahmen im Strafprozess, NJW 2015, 3627

Häger, Joachim Zu den Folgen staatsanwaltlicher in der Hauptverhandlung begangener Verfahrensfehler, in: Geppert, Klaus/Dehnicke, Dieter (Hrsg.), Gedächtnisschrift für Karlheinz Meyer, 1990, S. 171

Hamm, Rainer Eingriff in die „Domäne(n) des Tatrichters" – Besprechung von BVerfG StV 2007, 393 und StV 2007, 51; StV 2008, 205

ders. Hilfsstrafkammern als Dauereinrichtung, StV 1981, 38 *ders.* Verkümmerung der Form durch Große Senate oder: Die Pilatusfrage zum Hauptverhandlungsprotokoll, NJW 2007, 3166

ders. Verfahrensspaltung bei gegenläufigen Revisionen des Angeklagten und der Staatsanwaltschaft, StV 2000, 637

ders. Die Revision im Strafverfahren, 7. A. 2011

Hamm, Rainer/Hassemer, Winfried/Pauly, Jürgen Beweisantragsrecht, 2. A. 2007

Hamm, Rainer/Krehl, Christoph Vier oder zehn Augen bei der strafprozessualen Revisionsverwerfung durch Beschluss? – Worum es wirklich geht, NJW 2014, 903

Hartmann, Hans A./Rubach, Walter Verteidiger und Sachverständiger, Eine Falldarstellung, StV 1990, 425

Hefendehl, Roland Beweisermittlungs- und Beweisverwertungsverbote bei Auskunfts- und Mitwirkungspflichten – das sog. Verwendungsverbot nach § 97 Abs. 1 S. 3 InsO, wistra 2003, 1

Heidelberger Kommentar zur Strafprozessordnung hrsg. von Gercke, Björn/Julius, Karl-Peter/Temming, Dieter/Zöller, Mark A., 5. A. 2012 (zitiert: HK-*Bearbeiter*⁵)

Herdegen, Gerhard Die Rüge der Nichtausschöpfung eines Beweismittels, in: Eser, Albin/Kullmann, Hans Josef/Meyer-Goßner, Lutz/Odersky, Walter/Voss, Rainer (Hrsg.), Straf- und Strafverfahrensrecht, Recht und Verkehr, Recht und Medizin. Festschrift für Hannskarl Salger zum Abschied aus dem Amt als Vizepräsident des Bundesgerichtshofes, 1995, S. 301

Hofmann, Manfred Videoaufzeichnungen und revisionsgerichtliche Kontrolle, NStZ 2002, 569

Hohmann, Ralf Das Erklärungsrecht von Angeklagtem und Verteidiger nach § 257 StPO, StraFo 1999, 153

Ignor, Alexander Plädoyer für die Widerspruchslösung, in: Hanack, Ernst-Walter/Hilger, Hans/Mehle, Volkmar/Widmaier, Gunter (Hrsg.), Festschrift für Peter Rieß zum 70. Geburtstag am 4. Juni 2002, 2002, S. 185

Jahn, Matthias Die Änderungen im Recht der Strafverteidigung durch das 2. Opferrechtsreformgesetz in: NJW-Sonderheft zum 65. Geburtstag von Ingeborg Tepperwien, 2010, S. 25

ders. Entwicklungen und Tendenzen zwei Jahre nach Inkrafttreten des Verständigungsgesetzes, StV 2011, 497

Jahn, Matthias/Geck, Elena Tagebuchfall revisited – Der BGH, die Gedankenfreiheit und ein Selbstgespräch im Auto, JZ 2012, 561

Jahn, Matthias/Krehl, Christoph/Löffelmann, Markus/Güntge, Georg-Friedrich Die Verfassungsbeschwerde in Strafsachen, 2. A. 2017

Jähnke, Burkhard Zur Abgrenzung von Verfahrens- und Sachrüge, in: Eser, Albin/Goydke, Jürgen/Maatz, Kurt Rüdiger/Meurer, Dieter (Hrsg.), Strafverfahrensrecht in Theorie und Praxis. Festschrift für Lutz Meyer-Goßner zum 65. Geburtstag, 2001, S. 559

Jungfer, Gerhard Zum Anspruch auf Erstellung eines schriftlichen Sachverständigengutachtens und zur Beiziehung der Sachverständigenunterlagen, R&P 1995, 29

Kabbani, Sam Dolmetscher im Strafprozeß, StV 1987, 410

Karlsruher Kommentar zur Strafprozessordnung, hrsg. von Hannich, Rolf, 7. A. 2013 (zitiert: KK-*Bearbeiter*[7])

Karlsruher Kommentar zur Strafprozessordnung und zum Gerichtsverfassungsgesetz, hrsg. von Pfeiffer, Gerd, 5. A. 2003 (zitiert: KK-*Bearbeiter*[5])

Kelker, Brigitte Wohin will der BGH beim Zeugenstaatsanwalt? StV 2008, 381

Kirsch, Stefan Die gesetzliche Regelung der Verständigung im Strafverfahren, StraFo 2010, 96

Kissel, Otto Rudolf/Mayer, Herbert Gerichtsverfassungsgesetz, Kommentar, 6. A. 2010 (zitiert: *Kissel/Meyer* GVG[6])

dies. Gerichtsverfassungsgesetz, Kommentar, 8. A. 2015 (zitiert: *Kissel/Meyer* GVG[8])

Klann, Thomas Aktualisierung: Zur Zulässigkeit der Verwendung privater Verkehrsüberwachungskameras – Dashcams – zu Beweiszwecken, DAR 2014, 451

KMR Loseblattkommentar zur Strafprozeßordnung, begründet von Kleinknecht/Müller/Reitberger, hrsg. von Fezer/Paulus, ab 14. Lieferung von von Heintschel-Heinegg, Bernd/Stöckel, Heinz, jeweils mit Ergänzungslieferungen, 8. A. ab 1990 (zitiert: KMR-*Bearbeiter*, Aufl./Lfg.)

Knauer, Christoph/Wolf, Christian Zivilprozessuale und strafprozessuale Änderungen durch das Erste Justizmodernisierungsgesetz – Teil 2: Änderungen der StPO, NJW 2004, 2932

Knierim, Thomas Fallrepetitorium zur Telekommunikationsüberwachung nach neuem Recht, StV 2008, 599

ders. Fallrepetitorium zur Wohnraumüberwachung und anderen verdeckten Eingriffen nach neuem Recht, StV 2009, 206

König, Stefan Zum Einsatz von Proberichtern in der Großen Strafkammer, StV 1995, 39

Krekeler, Wilhelm Beweisverwertungsverbote bei fehlerhaften Durchsuchungen, NStZ 1993, 263

ders. Zufallsfunde bei Berufsgeheimnisträgern und ihre Verwertbarkeit, NStZ 1987, 199

Kretschmer, Joachim Die Verwertung sogenannter Zufallsfunde bei der strafprozessualen Telefonüberwachung, StV 1999, 221

Kukuk, Jörn-Peter Das Erfordernis des Vortrags von „Negativtatsachen" nach § 344 Abs. 2 Satz 2 StPO, 2000

Kusch, Roger Aus der Rechtsprechung des BGH zum Strafverfahrensrecht – Januar bis Juli 1992, NStZ 1993, 27

Langkeit, Jochen/Cramer, Steffen Vorrang des Personalbeweises bei gemäß § 55 StPO schweigenden Zeugen, StV 1996, 230

Leipold, Klaus Form und Umfang des Erklärungsrechts nach § 257 StPO und seine Auswirkungen auf die Widerspruchslösung des Bundesgerichtshofes, StraFO 2001, 300

ders. Die Hauptverhandlung vor dem Revisionsgericht, StraFo 2010, 353

Leipziger Kommentar Strafgesetzbuch, Großkommentar, hrsg. von Laufhütte, Heinrich Wilhelm/Rissing-van Saan, Ruth/Tiedemann, Klaus, 12. A. 2007 ff. (zitiert: LK-*Bearbeiter*[12])

Leitner, Werner Videoaufzeichnung in der Hauptverhandlung und Rekonstruktionsverbot, StraFo 2004, 306

ders. Das Verteidigermandat und seine Inhalte als Beweisthema, StraFo 2012, 344

Lilie, Hans Augenscheinseinnahme und Öffentlichkeit der Hauptverhandlung, NStZ 1993, 121

Löwe/Rosenberg Die Strafprozeßordnung und das Gerichtsverfassungsgesetz mit Nebengesetzen, Großkommentar, hrsg. von Peter Rieß, 24. A. 1984 ff.; 25. A. 1997 ff.; 26. A. 2006 ff. hrsg. von Volker Erb, Robert Esser, Ulrich Franke, Kirsten Graalmann-Scheerer, Hans Hilger, Alexander Ignor; ab 27. A. 2016 ff. hrsg. von Jörg-Peter Becker, Volker Erb, Robert Esser, Kirsten Graalmann-Scheerer, Hans Hilger, Alexander Ignor (zitiert: LR-*Bearbeiter*[A])

Malek, Klaus Verteidigung in der Hauptverhandlung, 5. A. 2017

Malek, Klaus/Wohlers,Wolfgang Zwangsmaßnahmen im Ermittlungsverfahren – Verteidigerstrategien. 2. A. 2001

Malmendier, Bertrand „Konfliktverteidigung" – ein neues Prozeßhindernis?, NJW 1997, 227

Mehle, Volkmar Die schriftliche Stellungnahme des Angeklagten außerhalb der Hauptverhandlung als Ersatz der mündlichen Einlassung – eine Analyse der Rechtsprechung, in: AG Strafrecht des DAV (Hrsg.), FS 25 Jahre Arbeitsgemeinschaft Strafrecht des DAV, 2009, S. 655

Meyer-Goßner, Lutz Sind Verfahrenshindernisse von Amts wegen zu beachten?, NStZ 2003, 169

ders. Strafprozessordnung, Gerichtsverfassungsgesetz, Nebengesetze und ergänzende Bestimmungen, 48. A. 2005; 49. A. 2006; 55. A. 2012 (zitiert: *Meyer-Goßner*[A])

Meyer-Goßner, Lutz/Schmitt, Bertram Strafprozessordnung, Gerichtsverfassungsgesetz, Nebengesetze und ergänzende Bestimmungen, 58. A. 2015, 59. A. 2016, 60. A. 2017 (zitiert: *Meyer-Goßner/Schmitt*[A])

Meyer-Mews, Hans Telekommunikationsüberwachung im Strafverfahren: Verwertungsverbote, StraFo 2016, 177

Miebach, Klaus Die freie Beweiswürdigung der Zeugenaussage in der neueren Rechtsprechung des BGH, NStZ-RR 2014, 233

Mitsch, Wolfgang Protokollverlesung nach berechtigter Auskunftsverweigerung (§ 55 StPO) in der Hauptverhandlung, JZ 1992, 174

Möller, Olaf Führen Verstöße gegen § 67 I JGG bei polizeilichen Vernehmungen eines jugendlichen Beschuldigten zu einem Beweisverwertungsverbot? NStZ 2012, 113

Mosbacher, Andreas Zur Zulässigkeit vernehmungsergänzender Verlesung, NStZ 2014, 1

Müller-Gabriel, Wolfgang Neue Rechtsprechung des BGH zum Ausschluß des „Zeugen-Staatsanwalts", StV 1991, 235

Münchener Kommentar zur Strafprozessordnung, Band 1 §§ 1-150, 2014; Band 2 §§ 151-332, 2016 (zitiert: MüKo-StPO-*Bearbeiter*)

Nachbaur, Andreas Vorratsdatenspeicherung „light" – Rechtswidrig und allenfalls bedingt von Nutzen, ZRP 2015, 215

Nack, Armin Revisibilität der Beweiswürdigung – Teil 1 und 2, StV 2002, 510 und 558

ders. Das Verteidigermandat und seine Inhalte als Beweisthema, StraFo 2012, 341

Neuhaus, Ralf Die Revisibilität der sachlichen Zuständigkeit des Schöffengerichts im Verhältnis zu der des Strafrichters (§ 25 Nr. 2 GVG), StV 1995, 212

ders. Das Beweisverwertungsverbot des § 393 Abs. 2 AO, Teil 1 ZAP 21 (2000), Fach 22, 323; Teil 2 ZAP 15 (2001), Fach 22, 339

ders. Ungeschriebene Belehrungspflichten im Rahmen des § 136 Abs. 1 S. 2 StPO und die Folgen ihrer Verletzung, StV 2011, 45

ders. Ungeschriebene Belehrungspflichten im Rahmen des § 136 Abs. 1 S. 2 StPO und die Folgen ihrer Verletzung, StV 2010, 45

ders. Die strafprozessuale Überwachung der Telekommunikation, Festschrift für Peter Rieß zum 70. Geburtstag, 2002, S. 375

Niemöller, Martin Negativbehauptungen als Gegenstand strafprozessualer Beweisanträge, StV 2003, 687

ders. Besetzungsrüge und „Willkürformel", StV 1987, 311

ders. Der Deal in der Rechtsprechung zum Verständigungsgesetz, NZWiSt 2012, 290

Niemöller, Martin/Schlothauer, Reinhold/Weider, Hans-Joachim Gesetz zur Verständigung im Strafverfahren, 2010 (zitiert: *Bearbeiter* in: Niemöller/Schlothauer/Weider, VerstG)

Nöding, Toralf Die Novellierung der strafprozessualen Regelungen zur Telefonüberwachung, StraFo 2007, 456

Ostendorf, Heribert Jugendgerichtsgesetz, 10. A. 2016

Park, Tido Die Erwiderung der Verteidigung auf einen Revisionsverwerfungsantrag gem. § 349 Abs. 2 StPO, StV 1997, 550

Pauka, Benedikt/Link, Holger/Armenat,Christin Die Verweisung nach § 270 StPO im Lichte des Art. 101 Abs. 1 S. 2 GG, StraFo 2017, 10

Paulus, Andreas L./Müller, Jörn Konsularische Information vor deutschen Gerichten – Never Ending Story oder Happy End?, StV 2009, 495

Pest, Robert Die konsularische Unterstützung im Strafverfahren, JR 2015, 359

Pfister, Wolfgang Neue Formen der Einlassung des Angeklagten in der Hauptverhandlung – neue Chancen, neue Risiken, in: NStZ-Sonderheft 2009, 25

ders. Der Öffentlichkeitsausschluß und die Begründungsanforderungen des § 174 I 3 GVG, NJW 1996, 2213

Prittwitz, Cornelius Das Zeugnisverweigerungsrecht des Angehörigen und seine Wirkung für Mitbeschuldigte, NStZ 1986, 64

ders. Die Grenzen der Verwertbarkeit von Erkenntnissen aus der Telefonüberwachung gemäß § 100a StPO, StV 1984, 302

Puschke, Jens/Singelnstein, Tobias Telekommunikationsüberwachung, Vorratsdatenspeicherung und (sonstige) heimliche Ermittlungsmaßnahmen der StPO nach der Neuregelung zum 1.1.2008, NJW 2008, 113

Quedenfeld, Dietrich/Füllsack, Markus Verteidigung in Steuerstrafsachen, 5. A. 2016

Radtke, Henning/Hohmann, Olaf Strafprozessordnung, 2011 (zitiert: Radtke/Hohmann-*Bearbeiter*)

Ransiek, Andreas Belehrung über Aussagefreiheit und Recht der Verteidigerkonsultation: Folgerungen für die Beschuldigtenvernehmung, StV 1994, 344

Rieß, Peter Das neue Zeugenschutzgesetz, insbesondere Video-Aufzeichnungen von Aussagen im Ermittlungsverfahren und in der Hauptverhandlung, StraFO 1999, 1

ders. Verwertungsprobleme bei der Aufklärung von Katalogtaten am Beispiel der Fernmeldeüberwachung (§ 100a StPO), in: II. Strafverteidiger-Frühjahrssymposium 1988 der Arbeitsgemeinschaft Strafrecht des Deutschen Anwaltvereins, Karlsruhe, 27. und 28. Mai 1988: Wahrheitsfindung und ihre Schranken, Essen 1989, S. 141

ders. Der Hauptinhalt des Ersten Gesetzes zur Reform des Strafverfahrensrechts (1. StVRG), NJW 1975, 94

Ritter, Ralf Die Begründungsanforderungen bei der Erhebung der Verfahrensrüge gemäß § 344 Abs. 2 Satz 2 StPO, 2007

Roxin, Claus Zum Beweisverwertungsverbot bei bewusster Missachtung des Richtervorbehalts nach § 105 I 1 StPO, NStZ 2007, 616

ders. Das Recht des Beschuldigten auf Verteidigerkonsultation in der neuesten Rechtsprechung. JZ 1997, 343

Roxin, Claus/Schünemann, Bernd Strafverfahrensrecht, 29. A. 2017

Rückel, Christoph Strafverteidigung und Zeugenbeweis, 1988

Sarstedt, Werner/Hamm Rainer Die Revision in Strafsachen, 6. A. 1998, ab der 7. A. 2011 fortgeführt von *Hamm, Rainer*

Satzger, Helmut/Schluckebier, Wilhelm Strafprozessordnung, 2. A. 2016 (zitiert: SSW-StPO-*Bearbeiter*)

Schäfer, Gerhard Die Abgrenzung der Verfahrensrüge von der Sachrüge, in: Hanack, Ernst-Walter/Hilger, Hans/Mehle, Volkmar/Widmaier, Gunter (Hrsg.), Festschrift für Peter Rieß zum 70. Geburtstag am 4. Juni 2002, 2002, S. 477

ders. Freie Beweiswürdigung und revisionsrechtliche Kontrolle, StV 1995, 147

Schäfer, Gerhard/Sander, Günther/van Gemmeren, Gerhard Praxis der Strafzumessung, 6. A. 2017

Schlothauer, Reinhold Zur Immunisierung tatrichterlicher Urteile gegen verfahrensrechtlich begründete Revisionen, in: Michalke, Regina/Köberer, Wolfgang/Pauly, Jürgen/Kirsch, Stefan (Hrsg.), Festschrift für Rainer Hamm zum 65. Geburtstag am 24. Februar 2008, 2008, S. 655

ders. Eintritt des Ergänzungsrichters in die Hauptverhandlung oder Hemmung der Unterbrechungsfrist, in: FS für Egon Müller, 2008, S. 437

ders. Strafprozessuale Verwertung selbstbelastender Angaben in Verwaltungsverfahren, in: FS für Gerhard Fezer, 2008, S. 267

ders. Video-Vernehmung und Zeugenschutz. StV 1999, 47

ders. Vorbereitung der Hauptverhandlung durch den Verteidiger, 2. A. 1998

ders. Ermittlungsrichterliche Entscheidungen und ihre Revisibilität, StraFo 1998, 402

ders. Vereinfachte Beweisaufnahme nach dem Verbrechensbekämpfungsgesetz auch in der Berufungsinstanz?, StV 1995, 46

ders. Verfahrens- und Besetzungsfragen bei Hauptverhandlungen vor der reduzierten Strafkammer nach dem Rechtspflegeentlastungsgesetz, StV 1993, 147

ders. Wiedereröffnung der Hauptverhandlung und letztes Wort, StV 1992, 134

ders. Abwesenheitsverhandlung wegen Beurlaubung oder vorübergehender Verfahrenstrennung und Revision, in: Strafverteidigung und Strafprozeß, Festgabe für Ludwig Koch, hrsg. von Brüssow, Rainer/Gatzweiler, Norbert/Jungfer, Gerhard/Mehle, Volkmar/Christian Richter, 1989, S. 249

ders. Zeugnisverweigerungsrechte, Auskunftsverweigerungsrecht und Rechtskreistheorie, in: II. Strafverteidiger-Frühjahrssymposium 1988 der Arbeitsgemeinschaft Strafrecht des Deutschen Anwaltvereins, Karlsruhe, 27. und 28. Mai 1988, Wahrheitsfindung und ihre Schranken, 1989, S. 80

ders. Hilfsbeweisantrag – Eventualbeweisantrag – bedingter Beweisantrag, StV 1988, 542

ders. Gerichtliche Hinweispflichten in der Hauptverhandlung, StV 1986, 213

ders. Wiedereröffnung der Hauptverhandlung und letztes Wort, StV 1984, 134

ders. Die Flucht aus der Justizförmigkeit durch die europäische Hintertür, StV 2001, 127

ders. Pflichtverteidigerbeiordnung nach Inhaftierung in: Recht-Wirtschaft-Strafe, Festschrift für Erich Samson, 2010, S. 708

ders. Die Besetzung der großen Straf- und Jugendkammern in der Hauptverhandlung, StV 2012, 749

ders. Verteidigung, Vertretung, Verständigung, in: FS für Werner Beulke, 2015, S. 1023.

ders. Neuregelung der Pflichtverteidigung: effektiver und praxistauglicher!?, StV 2017, 557

Schlothauer, Reinhold/Jahn, Matthias Zustimmung statt Widerspruch bei Beweisverwertungsverboten im Strafverfahren, RuP 2012, 222

Schlothauer, Reinhold/Weider, Hans-Joachim Das Gesetz zur Regelung des Verständigung im Strafverfahren, StV 2009, 600

Schlothauer, Reinhold/Weider, Hans-Joachim/Nobis, Frank, Untersuchungshaft, 5. A. 2016

Schmidt, Eberhard Sinn und Tragweite des Hinweises auf die Aussagefreiheit des Beschuldigten, NJW 1968, 1209

Schmidt, Jens Verteidigung von Ausländern, 3. A. 2012

Schmitt, Bertram Die Verständigung in der Revision, StraFo 2012, 386

Schmitz, Christian Rangierkunst oder Entgleisung – Die Besetzungsrüge nach Änderung des Geschäftsverteilungsplans, StraFo 2016, 397

Schneider, Anne Der Anspruch des Beschuldigten auf Übersetzung wesentlicher Unterlagen, StV 2015, 379.

Schneider, Hartmut Gedanken zur Problematik des infolge einer Zeugenvernehmung „befangenen" Staatsanwalts, NStZ 1994, 457

ders. Verständigung in der Berufungsinstanz, NZWiSt 2015, 1

Schneiders, Uwe Verletzung der Öffentlichkeit durch Bitte an einen Zuhörer, den Sitzungssaal zu verlassen?, StV 1990, 91

Schrader, Henning Die Feststellung der Verhinderung eines Richters, StV 1991, 540

Schuster, Frank Peter Die Verwertbarkeit im Ausland gewonnener Beweise im deutschen Strafprozess, 2006

ders. Das neue Vereidigungsrecht nach dem Justizmodernisierungsgesetz aus revisionsrechtlicher Sicht, StV 2005, 628

Schünemann, Bernd Der deutsche Strafprozeß im Spannungsfeld von Zeugenschutz und materieller Wahrheit, StV 1998, 391

Sieg, Hans-O. Eigene Beweiserhebung durch das Revisionsgericht, NJW 1983, 2014

Sowada, Christoph Der gesetzliche Richter im Strafverfahren, 2002

ders. Änderungen des Geschäftsverteilungsplans (§ 21e Abs. 3 S. 1 GVG) und Beschleunigungsgrundsatz, HRRS 2015, 16

Spickhoff, Andreas Behandlungsfehler und Offenbarungspflicht: Gründe und Grenzen, JZ 2015, 15

Spiess, Kerstin Das Gesetz zur Sicherung der Unterbringung in einem psychiatrischen Krankenhaus und in einer Entziehungsanstalt, StV 2008, 160

Sprenger, Wolfgang Fördert die Neuregelung des beschleunigten Verfahrens seine breitere Anwendung?, NStZ 1997, 574

Stam, Fabian Die strafprozessuale Unverwendbarkeit der zwangsvollstreckungsrechtlichen Vermögensauskunft, StV 2015, 130

Strate, Gerhard Zur zeitweiligen Ausschließung des Angeklagten von der Hauptverhandlung, NJW 1979, 909

Strate, Gerhard/Ventzke, Klaus-Ulrich Unbeachtlichkeit einer Verletzung des § 137 Abs. 1 S. 1 StPO im Ermittlungsverfahren?, StV 1986, 31

Systematischer Kommentar zur Strafprozeßordnung und zum Gerichtsverfassungsgesetz Bearbeitet von Rudolphi/Degener/Frisch/Frister/Paeffgen/Rogall/Schlüchter/Velten/Weßlau/Wohlers/Wolter, 4. A. 2010; 5. A. 2015 ff. (zitiert: SK-StPO-*Bearbeiter*[A])

Tolksdorf, Klaus Mitwirkungsverbot für den befangenen Staatsanwalt, 1989

Tondorf, Günter/Tondorf, Babette Psychologische und psychiatrische Sachverständige im Strafverfahren, 3. A. 2010

Trück, Thomas Die revisionsrechtliche Einordnung der Rüge rechtsfehlerhafter Anwendung des Richtervorbehalts bei Durchsuchung und Blutprobenentnahme, NStZ 2011, 202

Ulsenheimer, Klaus Arztstrafrecht in der Praxis, 5. A. 2015

Warg, Gunter Anmerkungen zum Kernbereich privater Lebensgestaltung, NStZ 2012, 237

Weider, Hans-Joachim Revisionsrechtliche Kontrolle bei gescheiterter Absprache, NStZ 2002, 174

ders. Sinkende Verfahrenskontrolle und steigende Rügeanforderungen im Revisionsverfahren, StraFo 2000, 328

Weider, Hans-Joachim/Staechelin, Gregor Das Zeugenschutzgesetz und der gesperrte V-Mann, StV 1999, 53

Weigend, Thomas Festgenommene Ausländer haben ein Recht auf Benachrichtigung ihres Konsulats, StV 2008, 39

Welp, Jürgen Zufallsfunde bei der Telefonüberwachung, JURA 1981, 472

Wenske, Marc Das Verständigungsgesetz und das Rechtsmittel der Berufung, NStZ 2015, 137

ders. Die Verständigung im Strafverfahren – Teil 1, DRiZ 2011, 393; Teil 2, DRiZ 2012, 123; Teil 3, DRiZ 2012, 198

Weßlau, Edda Gespaltene Tatsachenfeststellungen, Überkreuzverwertungen und advokatorische Dilemmata – Beweisverwertung zum Nachteil von Mitbeschuldigten, StV 2010, 41

dies. Kann das Revisionsgericht an tatrichterliche Feststellungen zum „eigenmächtigen Ausbleiben" (§ 231 Abs. 2 StPO) gebunden sein?, StV 2014, 236

Widmaier, Gunter (Hrsg.), Münchener Anwaltshandbuch Strafverteidigung, 2006 (zitiert: MAH-*Bearbeiter*)

ders. Kritische Gedanken zur diskutierten Reform des Beweisantrags- und Revisionsrechts, NStZ 1994, 414

Widmaier, Gunter/Müller, Eckhart/Schlothauer, Reinhold (Hrsg.), Münchener Anwaltshandbuch Strafverteidigung, 2. A. 2014 (zitiert: MAH[2]-*Bearbeiter*)

Wilhelm, Endrik „Versteckte Gesetzesverstöße" in der Revision: Zur Revisibilität der fehlerhaften oder unvollständigen Mitteilung der Ergebnisse der Beweisaufnahme in der Urteilsniederschrift, ZStW 117 (2005), 143

Wohlers, Wolfgang Verwertungsverbot bei Verstoß gegen § 168c Abs. 5 Satz 1 StPO: Einschränkungen der Prüfungskompetenz des Tat- und Revisionsgerichts?, GA 2003, 898

ders. Rechtliches Gehör im strafrechtlichen Revisionsverfahren, JZ 2011, 78

ders. „Unerhörte Revisionen" – zur Praxis der begründungslosen Beschlussverwerfung nach § 349 Abs. 2 StPO, HRRS 2015, 271

ders. Die „besonders vorsichtige Beweiswürdigung" bei gesperrten Beweismitteln, StV 2014, 563

Wolff, Hagen Zur Bedeutung von § 6 StPO im Revisionsverfahren, JR 2006, 232

Wolff, Heinrich Amadeus Selbstbelastung und Verfahrenstrennung, 1997

Wollweber, Harald Besondere Fürsorge trotz besonderer Schuldschwere?, NJW 1998, 121

Wömpner, Hans Bernd Ergänzender Urkundenbeweis neben §§ 253, 254 StPO? – Zur Bedeutung und zum wechselseitigen Verhältnis der §§ 250, 253, 254 StPO, NStZ 1983, 293

Zieger, Matthias Verteidigung in Jugendstrafsachen, 6. A. 2012

Ziegert, Ulrich Zur alternativen Feststellung einer Verletzung verfahrensrechtlicher Normen, StV 1996, 279

Stichwortverzeichnis

Die Zahlen verweisen auf die jeweilige Randnummer.

In der Reihe *Praxis der Strafverteidigung* sind erschienen:

Ahlbrecht/Böhm/Esser/Eckelmans, **Internationales Strafrecht in der Praxis.**
2. A. 2018. € 99,99. ISBN 978-3-8114-6352-3

Beck/Berr/Schäpe, **OWi-Sachen im Straßenverkehrsrecht.**
7. A. 2017. € 64,99. ISBN 978-3-8114-3967-2

Bernd/Theile, **Unternehmensstrafrecht und Unternehmensverteidigung**
2016. € 54,99. ISBN 978-3-8114-5463-7

Bernsmann/Gatzweiler, **Verteidigung bei Korruptionsfällen.**
2. A. 2014. € 54,99. ISBN 978-3-8114-4363-1

Beulke/Ruhmannseder, **Die Strafbarkeit des Verteidigers.**
2. A. 2010. € 59,95. ISBN 978-3-8114-4038-8

Bosbach, **Verteidigung im Ermittlungsverfahren.**
8. A. 2015. € 49,99. ISBN 978-3-8114-6025-6

Dannecker/Knierim, **Insolvenzstrafrecht.**
3. A. 2018. Ca. € 69,99. ISBN 978-3-8114-3971-9

Eberth/Müller/Schütrumpf, **Verteidigung in Betäubungsmittelsachen.**
6. A. 2013. € 44,99. ISBN 978-3-8114-3712-8

Freyschmidt/Krumm, **Verteidigung in Straßenverkehrssachen.**
10. A. 2013. € 49,99. ISBN 978-3-8114-5461-3

Hamm/Hassemer/Pauly, **Beweisantragsrecht.**
3. A. 2018. Ca. € 44,99. ISBN 978-3-8114-6056-0

Himmelreich/Krumm/Staub, **Verkehrsunfallflucht.**
6. A. 2013. € 54,99. ISBN 978-3-8114-5462-0

Jahn/Krehl/Löffelmann/Güntge, **Die Verfassungsbeschwerde in Strafsachen.**
2. A. 2017. € 69,99. ISBN 978-3-8114-3975-7

Jansen, **Zeuge und Aussagepsychologie.**
2. A. 2012. € 44,99. ISBN 978-3-8114-4861-2

Janssen, **Gewinnabschöpfung im Strafverfahren.**
2. A. 2018. Ca. € 54,99. ISBN 978-3-8114-4464-5

Klemke/Elbs, **Einführung in die Praxis der Strafverteidigung.**
3. A. 2013. € 39,99. ISBN 978-3-8114-4714-1

Malek, **Verteidigung in der Hauptverhandlung.**
5. A. 2017. € 49,99. ISBN 978-3-8114-4523-9

Malek/Popp, **Strafsachen im Internet.**
2. A. 2015. € 44,99. ISBN 978-3-8114-8853-3

Marxen/Tiemann, **Die Wiederaufnahme in Strafsachen.**
3. A. 2014. € 49,99. ISBN 978-3-8114-4320-4

Mertens/Stuff/Mück, **Verteidigervergütung.**
2. A. 2016. € 49,99. ISBN 978-3-8114-6023-2

Pollähne/Woynar, **Verteidigung in Vollstreckung und Vollzug.**
5. A. 2014. € 49,99. ISBN 978-3-8114-4615-1

Quedenfeld/Füllsack, **Verteidigung in Steuerstrafsachen.**
5. A. 2016. € 79,99. ISBN 978-3-8114-6017-1

Sauer/Münkel, **Absprachen im Strafprozess.**
2. A. 2014. € 49,99. ISBN 978-3-8114-3642-8

Schlothauer, **Vorbereitung der Hauptverhandlung.**
2. A. 1998. € 32,70. ISBN 978-3-8114-1798-4

Schlothauer/Weider/Nobis, **Untersuchungshaft.**
5. A. 2016. € 69,99. ISBN 978-3-8114-4311-2

Schlothauer/Weider/Wollschläger, **Verteidigung im Revisionsverfahren.**
3. A. 2018. € 139,99. ISBN 978-3-8114-4467-6

Schmidt, **Verteidigung von Ausländern.**
4. A. 2016. € 49,99. ISBN 978-3-8114-4323-5

Schroth, **Die Rechte des Opfers im Strafprozess.**
2. A. 2011. € 44,99. ISBN 978-3-8114-4317-4

Stern, **Verteidigung in Mord- und Totschlagsverfahren.**
3. A. 2013. € 89,99. ISBN 978-3-8114-4911-4

Tondorf/Tondorf, **Psychologische und psychiatrische Sachverständige im Strafverfahren.**
3. A. 2011. € 44,99. ISBN 978-3-8114-3655-8

Ulsenheimer, **Arztstrafrecht in der Praxis.**
5. A. 2015. € 84,99. ISBN 978-3-8114-4610-6

Zieger, **Verteidigung in Jugendstrafsachen.**
6. A. 2013. € 42,99. ISBN 978-3-8114-3966-5

Alle Titel sind auch als E-Book erhältlich.

Nähere Informationen zu den einzelnen Titeln unter **www.cfmueller.de**